Semler / Volhard / Reichert
Arbeitshandbuch für die Hauptversammlung

Arbeitshandbuch für die Hauptversammlung

begründet von
Prof. Dr. Johannes Semler
Rechtsanwalt, Frankfurt am Main
und
Dr. Rüdiger Volhard
Rechtsanwalt, Notar a.D., Frankfurt am Main

herausgegeben von
Prof. Dr. Jochem Reichert
Rechtsanwalt, Mannheim

4. Auflage 2018

Zitiervorschlag:
Bearbeiter in Semler/Volhard/Reichert Hauptversammlung-HdB § … Rn. …

www.beck.de
www.vahlen.de

ISBN 978 3 8006 5167 2

© 2018 Verlag Franz Vahlen GmbH
Wilhelmstraße 9, 80801 München
Druck und Bindung: Beltz Bad Langensalza GmbH,
Am Fliegerhorst 8, 99947 Bad Langensalza
Satz: Konrad Triltsch Print und digitale Medien GmbH,
Ochsenfurt-Hohestadt
Umschlag: Druckerei C.H. Beck Nördlingen

Gedruckt auf säurefreiem, alterungsbeständigem Papier
(hergestellt aus chlorfrei gebleichtem Zellstoff)

Vorwort des Herausgebers

Die dritte Auflage dieses von der Praxis gut angenommenen Arbeitshandbuchs liegt mittlerweile sechs Jahre zurück. Der Gesetzgeber ist in dieser Zeit nicht untätig geblieben, die „Aktienrechtsreform in Permanenz" hat auch im Recht der Hauptversammlung Spuren hinterlassen. Verwiesen sei nur auf die Aktienrechtsnovelle 2016, das Bilanzrichtlinie-Umsetzungsgesetz (BilRUG) oder das Abschlussprüfungsreformgesetz (AReG). Hinzu kommt eine Neuauflage des Deutschen Corporate Governance Kodex, der für die Organe börsennotierter Gesellschaften bislang noch unbekannte Verhaltensregeln definiert. Zudem war eine Vielzahl an obergerichtlichen und höchstrichterlichen Entscheidungen sowie Beiträgen aus der Literatur zu berücksichtigen. Diese Änderungen haben umfangreiche Aktualisierungen des vorliegenden Werks notwendig gemacht.

Auch auf der Ebene der Verfasser und Herausgeber haben sich Änderungen zur Vorauflage ergeben. Mit der vorliegenden Auflage scheidet Rüdiger Volhard – der gemeinsam mit Johannes Semler dieses Werk begründet und maßgeblich geprägt hat – aus dem Kreis der Autoren und Herausgeber aus. Für die von ihm bearbeiteten und weitere Abschnitte konnten neue Autoren gewonnen werden. Unverändert bleibt aber auch in dieser Neuauflage, dass das Autorenteam sich weiterhin aus Beraterpersönlichkeiten zusammensetzt, die über langjährige praktische Erfahrung mit dem Phänomen der Hauptversammlung und den hiermit zusammenhängenden rechtlichen Fragestellungen verfügen. Das Arbeitshandbuch für die Hauptversammlung wird damit auch weiterhin „von Praktikern für Praktiker" geschrieben und bearbeitet.

Das Manuskript zur Neuauflage dieses Arbeitshandbuchs wurde im September 2017 abgeschlossen, die bis zu diesem Zeitpunkt erschienene Literatur wurde ausgewertet. Wesentliche gerichtliche Entscheidungen und Gesetzesänderungen, insbesondere die Änderung des WpHG zum 3. Januar 2018 durch das Zweite Finanzmarktnovellierungsgesetz, wurden bis zum Stand Januar 2018 berücksichtigt. Für Anregungen und Kritik, die zur Verbesserung des Werks beitragen, bin ich dankbar.

Mannheim, im Januar 2018 *Jochem Reichert*

Bearbeiter der 4. Auflage

Dr. Michaela Balke
Rechtsanwältin, Mannheim

Roman Bärwaldt
Rechtsanwalt, Notar, Berlin

Dr. Matthias Heusel
Rechtsanwalt, Mannheim

Christian Gehling
Rechtsanwalt, Frankfurt am Main

Matthias Höreth
Rechtsanwalt, München

Prof. Dr. Dieter Leuering
Rechtsanwalt, Bonn

Dr. Thomas Liebscher
Rechtsanwalt, Mannheim

Dr. Nicolas Ott
Rechtsanwalt, Mannheim

Ralf Pickert
Key Account Manager, Frankfurt am Main

Dr. Moritz Pöschke, LL.M. (Harvard)
Akademischer Rat, Universität zu Köln

Prof. Dr. Jochem Reichert
Rechtsanwalt, Mannheim

Dr. Heinrich J. Rodewig
Rechtsanwalt, München

Prof. Dr. Michael Schlitt
Rechtsanwalt, Frankfurt am Main

Dr. Henning Schröer
Rechtsanwalt, Frankfurt am Main

Prof. Dr. Stefan Simon
Rechtsanwalt, Steuerberater, CH-Freienbach

Dr. Christian Vogel, LL.M.
Rechtsanwalt, Düsseldorf

Dr. Hartmut Wicke, LL.M.
Notar, München

Inhaltsübersicht

Vorwort des Herausgebers V
Bearbeiter der 4. Auflage VII
Inhaltsverzeichnis XI
Abkürzungs- und Literaturverzeichnis XXXI

§ 1 Einleitung *(Reichert)* 1
§ 2 Der Jahresabschluss *(Ott)* 15
§ 3 Technische Vorbereitungen *(Höreth)* 41
§ 4 Die Einberufung *(Reichert/Balke/Schlitt)* 63
§ 5 Berichtspflichten *(Reichert/Balke)* 175
§ 6 Auslegung und Zugänglichmachen von Unterlagen, Übersendung an Aktionäre *(Schlitt)* 229
§ 7 Virtuelle Hauptversammlung *(Höreth/Pickert)* 239
§ 8 Die Teilnahme an der Hauptversammlung *(Bärwaldt)* 263
§ 9 Die Versammlungsleitung *(Gehling/Pickert)* 303
§ 10 Die Pflichten des Vorstands in der Hauptversammlung *(Rodewig/Schlitt)* 413
§ 11 Die Rechte der Aktionäre in der Hauptversammlung *(Pöschke/Vogel)* 461
§ 12 Das Zustandekommen von Beschlüssen *(Pöschke/Vogel)* 503
§ 13 Die Protokollierung *(Pöschke/Vogel)* 515
§ 14 Feststellung des Jahresabschlusses *(Pöschke/Vogel)* 543
§ 15 Gewinnverwendung *(Pöschke/Vogel)* 545
§ 16 Entlastung von Vorstand und Aufsichtsrat *(Pöschke/Vogel)* 551
§ 17 Aufsichtsratswahlen *(Pöschke/Vogel)* 559
§ 18 Prüferbestellung *(Leuering)* 575
§ 19 Satzungsänderungen (allgemein) *(Schröer/Heusel)* 603
§ 20 Reguläre Kapitalerhöhung *(Schröer/Heusel)* 609
§ 21 Kapitalerhöhung gegen Sacheinlagen *(Schröer/Heusel)* 637
§ 22 Genehmigtes Kapital *(Schröer/Heusel)* 645
§ 23 Bedingte Kapitalerhöhung *(Schröer/Heusel)* 663
§ 24 Aktienoptionspläne *(Schröer/Heusel)* 689
§ 25 Belegschaftsaktien *(Schröer/Heusel)* 701
§ 26 Kapitalerhöhung aus Gesellschaftsmitteln *(Schröer/Heusel)* 705
§ 27 Kapitalherabsetzung *(Schröer/Heusel)* 715
§ 28 Genussrechte *(Ott)* 727

Inhaltsübersicht

§ 29 Umwandlung von Vorzugs- in Stammaktien *(Ott)* 731
§ 30 Umwandlung von Inhaber- in Namensaktien *(Schröer/Heusel)* 735
§ 31 Einführung der Stückaktie *(Schröer/Heusel)* 741
§ 32 Erwerb und Veräußerung eigener Aktien *(Gehling)* 745
§ 33 Unternehmensverträge *(Liebscher)* 757
§ 34 Eingliederung *(Liebscher)* 773
§ 35 Squeeze out *(Liebscher)* 783
§ 36 Hauptversammlungsbeschlüsse des Bieters bei einem öffentlichen Angebot zum Erwerb von Wertpapieren *(Ott)* 793
§ 37 Die Stellung der Hauptversammlung der Zielgesellschaft vor und bei einem öffentlichen Angebot zum Erwerb ihrer Wertpapiere *(Ott)* 805
§ 38 Sonstige Zustimmungen zu Geschäftsführungsmaßnahmen *(Ott)* ... 831
§ 39 Umwandlungen *(Simon)* 843
§ 40 Sonstige Beschlüsse *(Ott)* 869
§ 41 Organhaftung und Hauptversammlung *(Balke)* 883
§ 42 Registergericht *(Wicke)* 897
§ 43 Auskunftserzwingungsverfahren *(Wicke)* 941
§ 44 Anfechtungs- und Nichtigkeitsklage *(Leuering)* 947
§ 45 Freigabeverfahren *(Leuering)* 979
§ 46 Spruchverfahren *(Leuering)* 993
§ 47 Sonstige gerichtliche Verfahren *(Leuering)* 1011
§ 48 Besonderheiten der Hauptversammlung der KGaA *(Reichert/Balke)* 1027
§ 49 Besonderheiten der Hauptversammlung der SE *(Liebscher)* 1047

Anhang 1 Hauptleitfaden *(Gehling)* 1057
Anhang 2 Sonderleitfäden *(Gehling)* 1071
Anhang 3 Notarielles Protokoll der Hauptversammlung einer börsennotierten Gesellschaft *(Gehling)* 1099
Anhang 4 Einfache (nicht-notarielle) Niederschrift über die Hauptversammlung einer nichtbörsennotierten Gesellschaft *(Gehling)* 1105
Sachverzeichnis 1109

Inhaltsverzeichnis

Vorwort des Herausgebers V
Bearbeiter der 4. Auflage VII
Inhaltsübersicht IX
Abkürzungs- und Literaturverzeichnis XXXI

§ 1 Einleitung

I.	Überblick	2
II.	Gesetzliche Grundlagen und Reformen	2
III.	Ordentliche und außerordentliche Hauptversammlung	4
IV.	Zuständigkeit	5
V.	Einberufung	7
VI.	Teilnahme	8
VII.	Durchführung	9
VIII.	Beschlussfassung	10
IX.	Dokumentation	11
X.	Elektronische Kommunikation	11
XI.	Gerichtliche Auseinandersetzungen	12

§ 2 Der Jahresabschluss

I.	Überblick	16
II.	Verfahren	16
III.	Aufstellung	17
IV.	Prüfung	21
	1. Allgemein	21
	2. Bestellung des Prüfers	21
	3. Gegenstand und Umfang der Prüfung	25
	4. Prüfungsbericht	27
	5. Bestätigungsvermerk	28
	6. Änderung des Jahresabschlusses nach Prüfung	30
	7. Prüfung durch den Aufsichtsrat	31
V.	Feststellung	33
	1. Billigung durch den Aufsichtsrat	33
	2. Feststellung durch die Hauptversammlung	34
	3. Änderung des Jahresabschlusses nach Feststellung	36
	4. Konzernabschluss	37
VI.	Publizitätspflichten	37

§ 3 Technische Vorbereitungen

I.	Überblick	42
II.	Relevanz der technischen Vorbereitungen	43

Inhaltsverzeichnis

III.	Wichtige Planungsschritte	43
IV.	Langfristige Planungsphase	43
	1. Erste Schritte	43
	2. Grobterminplanung	44
	3. Terminplanung im Detail	46
	4. Beauftragung der Dienstleister	47
	5. Bestellung der Stimmrechtsvertreter der Gesellschaft	48
	6. Erste Kommunikation des HV-Termins	48
	7. Inhaltliche Vorbereitung der HV	48
	8. Bei Namensaktien: Abstimmung mit dem Registerführer	49
V.	Kurzfristige Planungsphase	49
	1. Organisatorische Vorbereitung von Unterlagen	49
	2. Einreichung des Abschlusses und Bilanzpressekonferenz	50
	3. Vorbereitung der Einberufung im BAnz und sonstiger Veröffentlichungen	50
	4. Einberufung im BAnz, sonstige Veröffentlichungen	51
	5. Ergänzungsverlangen und Mitteilungen nach § 125 AktG	52
	6. Anmeldeprozess	53
	7. Leitfaden für den Versammlungsleiter	54
	8. Bekanntmachung von Gegenanträgen	54
	9. Bei Namensaktien: Schlussversand	55
	10. Vorbereitung des Abstimmungssystems	55
	11. Vorbereitung von Fragen und Antworten	56
	12. Umgang mit Stimmverboten und eigenen Aktien	56
	13. Erstellung des Anmeldeverzeichnisses, Prognose der Teilnehmerzahl, Gäste	57
	14. Anmeldeverzeichnis und Meldepflichten nach WpHG bzw. AktG, Fremdbesitz	58
	15. Erarbeitung und Vervielfältigung von Hilfsmaterialien	58
VI.	Unmittelbar vor der Versammlung	59
	1. Ausstattung, Standarddokumente, Checklisten	59
	2. Instruktion der Mitarbeiter	59
	3. Generalprobe	60
	4. Systemabnahme mit dem Notar	60

§ 4 Die Einberufung

I.	Überblick	67
II.	Anlass	69
	1. Gesetzliche Einberufungsgründe	70
	2. Statutarische Einberufungsgründe	72
	3. Wohl der Gesellschaft	73
	4. Fakultative Einberufung	73
	5. Rechtsfolgen unterbliebener Einberufung	74
	6. Anfechtungsrisiken	75
III.	Zuständigkeit	75
	1. Vorstand	75
	2. Aufsichtsrat	77
	3. Einberufung auf Verlangen einer Minderheit	78
	4. Einberufungsberechtigung aufgrund Satzungsbestimmung	89
	5. Nichtigkeits- und Anfechtungsrisiken	90

Inhaltsverzeichnis

IV. Art und Weise der Einberufung	91
1. Einberufungsfrist – Grundsatz	91
2. Verlängerung der Einberufungsfrist bei Anmeldung und Berechtigungsnachweis zur Teilnahme und Stimmrechtsausübung	93
3. Besonderheiten bei der Einberufung in Übernahmesituationen	102
4. Mindestangaben der Einberufung	103
5. Bekanntmachung	113
6. Vertagung, Verschiebung, Absetzung	117
7. Anfechtungsrisiken	118
V. Übersichten	120
VI. Tagesordnung; weitere Bekanntmachungen	123
1. Aufstellung der Tagesordnung	123
2. Bekanntmachung	124
3. Vorschläge der Verwaltung zu den Gegenständen der Tagesordnung	136
4. Ergänzung der Tagesordnung	141
5. Anfechtungsrisiken	146
VII. Mitteilungen	148
1. Allgemeines	148
2. Mitteilungsschuldner	148
3. Mitteilungsempfänger	149
4. Gegenstand der Mitteilung	150
5. Form und Frist	152
6. Mitteilungspflichten bei Einladung durch eingeschriebenen Brief	153
7. Anfechtungsrisiken	154
VIII. Übermittlung der Mitteilungen durch Kreditinstitute; Abstimmungsvorschläge	154
1. Übermittlungspflicht	154
2. Abstimmungsvorschläge	157
3. Schadensersatzpflicht	160
4. Anfechtungsrisiken	161
IX. Gegenanträge der Aktionäre	161
1. Allgemeines	161
2. Zugänglich zu machende Gegenanträge	162
3. Unzulässige Gegenanträge	166
4. Zusammenfassung von Gegenanträgen	170
5. Stellungnahme der Verwaltung	170
6. Zugänglichmachung	171
X. Wahlvorschläge von Aktionären	171
X. Vollversammlung	172
1. Allgemeines	172
2. Begriff	172
3. Nichteinhaltung von Einberufungsformalitäten	173
4. Widerspruch	174
5. Hauptversammlung im schriftlichen Umlaufverfahren?	174
6. Anfechtungsrisiken	174

Inhaltsverzeichnis

§ 5 Berichtspflichten

I. Überblick 178

II. Gesetzliche Berichtspflichten 178
    1. Berichtspflichten des Vorstands 178
    2. Allgemeine Grundsätze bei Berichtspflichten 179
    3. Einzelne Berichtspflichten 183
    4. Sonstige gesetzliche Berichtspflichten 205

III. Ungeschriebene Berichtspflichten 211
    1. Allgemeine Voraussetzungen einer Berichtspflicht 211
    2. Inhaltliche Anforderungen an den Bericht 214
    3. Einzelne Strukturentscheidungen 214

IV. Rechtsfolgen bei Berichtspflichtverletzungen 224
    1. Heilung von Berichtsmängeln 224
    2. Anfechtung wegen mangelhafter Informationen 224
    3. Anfechtungsausschluss bei wertbezogenen Informationen 225

§ 6 Auslegung und Zugänglichmachen von Unterlagen, Übersendung an Aktionäre

I. Überblick 229

II. Gegenstand der Auslegungspflicht und des Zugänglichmachens 230
    1. Verträge; Beschlussentwürfe 230
    2. Berichte 231
    3. Jahresabschlüsse, Zwischenbilanzen 232

III. Ort, Zeitpunkt und Form der Auslegung und des Zugänglichmachens 233
    1. Auslegung von Unterlagen 234
    2. Zugänglichmachen auf der Internetseite der Gesellschaft 234

IV. Übersendung einer Abschrift an die Aktionäre 234

V. Änderung des Vertrags, Aktualisierungen 235

VI. Besonderheiten bei Unternehmensübernahmen 236

VII. Anfechtungsrisiken 236

VIII. Verzicht 237

§ 7 Virtuelle Hauptversammlung

I. Überblick 240

II. Rechtlicher und tatsächlicher Rahmen 240
    1. Begriffe und Definitionen 241
    2. Mögliche Problemkreise 245

III. Zwingende Online-Elemente der Präsenz-HV 247
    1. Einberufung im Bundesanzeiger (BAnz) 247
    2. Veröffentlichungen auf der eigenen Internetseite 247
    3. Elektronischer Weg für Vollmachten 248

IV. Optionale Online-Elemente der Präsenz-HV 248
    1. Informationen im Internet 249
    2. Elektronische Mitteilungen an Aktionäre 249
    3. Aktionärsforum 250
    4. Aktionärsfragen im Internet 250

Inhaltsverzeichnis

5. Übertragung der Vorstandsrede	250
6. Übertragung der gesamten HV	251
7. Zuschaltung eines verhinderten Aufsichtsratsmitglieds	251
8. Vollmachten und Weisungen über das Internet	251
9. Eintrittskartenbestellung über das Internet	255
V. Briefwahl	255
VI. Online-HV	257
1. Teilnehmerverzeichnis	258
2. Frage- und Rederecht	259
3. Antragsrecht	260
4. Bevollmächtigung	260
5. Stimmrechtsausübung, Beteiligung an einem Minderheitsvotum	260
6. Sonstige Aktionärsrechte	261

§ 8 Die Teilnahme an der Hauptversammlung

I. Überblick	265
II. Allgemeines	265
III. Teilnahmerecht	267
1. Virtuelle Hauptversammlung	267
2. Online-Teilnahme	268
3. Abstimmung ohne Teilnahme an der Versammlung („Briefwahl")	270
4. Teilnahme an der Versammlung trotz Teilnahme an der Briefwahl	272
5. Durchsetzung des Teilnahmerechts	272
IV. Teilnahmeberechtigte	272
1. Aktionäre und Aktionärsvertreter	272
2. Vorstands- und Aufsichtsratsmitglieder	288
3. Besonderer Vertreter	288
4. Abschlussprüfer	289
5. Behördenvertreter	290
6. Medienvertreter	291
7. Notar	292
8. Gäste	292
V. Teilnahmepflicht	293
1. Vorstandsmitglieder	293
2. Aufsichtsratsmitglieder	295
3. Abschlussprüfer	295
4. Besonderer Vertreter	296
5. Übersicht: Folgen der Teilnahmepflichtverletzung	297
VI. Prüfung der Legitimation der Teilnehmer	297
1. Aktionäre	298
2. Nichtaktionäre	299

§ 9 Die Versammlungsleitung

I. Überblick	307
II. Der Versammlungsleiter	309
1. Generalzuständigkeit des Versammlungsleiters	309
2. Leitungsermessen	309
3. Grundsatz der Verfahrenökonomie	310

Inhaltsverzeichnis

III. Bestellung und Abberufung	311
1. Bestimmung durch die Satzung oder Geschäftsordnung	311
2. Wahl durch die Hauptversammlung	311
3. Bestimmung des Versammlungsleiters durch das Gericht	312
4. Abberufung des Versammlungsleiters	313
5. Risiken für die Wirksamkeit von Hauptversammlungsbeschlüssen	317
IV. Entscheidungsbefugnisse der Hauptversammlung in Verfahrensfragen	317
1. Geschäftsordnung	317
2. Gesetzliche Mitwirkungsbefugnisse	317
3. Ungeschriebene Mitwirkungsbefugnisse der Hauptversammlung?	317
V. Eröffnung der Hauptversammlung	323
1. Einlasskontrolle	323
2. Ausgangskontrolle	325
3. Eröffnung der Hauptversammlung	325
4. Bericht des Aufsichtsrats	332
5. Berichte des Vorstands	333
6. Teilnehmerverzeichnis	334
VI. Aktionärsdebatte	339
1. Leitung der Aktionärsdebatte	339
2. Beschränkung der Rede- und Fragezeit	345
3. Schließung der Rednerliste/Anordnung des Schlusses der Debatte vor Erledigung der Wortmeldungen	350
4. Behandlung von Aktionärsanträgen	351
5. Ordnungsmaßnahmen zur Störungsabwehr	365
VII. Leitung der Abstimmungen	370
1. Art der Abstimmung	370
2. Ort der Abstimmung	374
3. Reihenfolge der Abstimmung	374
4. Ermittlung des Abstimmungsergebnisses	377
5. Verkündung des Ergebnisses	382
6. Art der Auszählung	383
VIII. Beendigung, Wiedereröffnung und Vertagung der Hauptversammlung	410
1. Beendigung	410
2. Wiedereröffnung	410
3. Vertagung	411

§ 10 Die Pflichten des Vorstands in der Hauptversammlung

I. Überblick	415
II. Einberufungspflicht	416
1. Einberufungsgrund	416
2. Entscheidung des Vorstands	417
3. Umsetzung des Einberufungsbeschlusses	418
III. Vorbereitung von Hauptversammlungsbeschlüssen	420
1. Allgemeines	420
2. Zuständigkeit der Hauptversammlung	420
3. Weisungsbeschluss der Hauptversammlung	423
IV. Aufstellung des Teilnehmerverzeichnisses	424

Inhaltsverzeichnis

V. Teilnahmepflicht	425
1. Grundsatz	425
2. Anfechtungsrisiken, Sanktionen	426
VI. Vorlagepflichten	426
1. Vorbemerkung	426
2. Vorlage von Jahresabschluss, Lagebericht, Bericht des Aufsichtsrats und Gewinnverwendungsvorschlag	429
3. Unternehmensverträge	431
4. Nachgründungsverträge	432
5. Vermögensübertragungen	432
6. Umwandlungsvorgänge	433
7. Sonstige strukturändernde Maßnahmen	434
8. Verzicht auf die Auslegung	435
9. Anfechtungsrisiken	436
VII. Erläuterung der Vorlagen	437
1. Jahresabschluss, Lagebericht und Gewinnverwendungsbeschluss	437
2. Unternehmensverträge	440
3. Vermögensübertragungen	441
4. Nachgründungsverträge	442
5. Umwandlungsvorgänge	442
6. Eingliederung	445
7. Ausschluss von Minderheitsaktionären (Squeeze out)	445
8. Sonstige strukturändernde Maßnahmen	446
9. Verzichtsmöglichkeit	446
10. Anfechtungsrisiken	446
VIII. Weitere Darlegungs- und Erläuterungspflichten	448
1. Erwerb eigener Aktien	448
2. Ausnutzung eines genehmigten Kapitals	448
IX. Auskunftspflichten	448
1. Adressat der Auskunftspflicht	448
2. Erteilung der Auskunft durch den Vorstand	449
3. Art und Weise der Auskunftserteilung	451
4. Vorbereitung auf die Auskunftserteilung	453
5. Beschränkung des Auskunftsrechts	455
X. Pflichten im Nachgang der Hauptversammlung	455
1. Ausführung von Hauptversammlungsbeschlüssen	455
2. Einreichung der Niederschrift zum Handelsregister	457
3. Erteilung von Abschriften des Tonbandprotokolls?	458
4. Mitteilung von Hauptversammlungsbeschlüssen	459

§ 11 Die Rechte der Aktionäre in der Hauptversammlung

I. Überblick	463
II. Rederecht	464
1. Allgemein	464
2. Wortmeldung	465
3. Worterteilung	465
III. Fragerecht	467
1. Der Auskunftsanspruch	467
2. Die Auskunftsverweigerung	474

Inhaltsverzeichnis

	3. Alphabetische Übersicht	478
	4. Protokollierung von Auskunftsverlangen	486
	5. Schluss der Debatte	486
IV.	Einsichtsrecht	487
V.	Stimmrecht	489
	1. Allgemein	489
	2. Feststellung des Stimmrechts	491
	3. Stimmrechtslose Vorzugsaktien	495
	4. Stimmverbote	498
	5. Stimmpflichten	500
	6. Depotstimmrecht	500
VI.	Wort-, Ton-, Bild-Aufzeichnungen	502

§ 12 Das Zustandekommen von Beschlüssen

I.	Überblick	504
II.	Beschlussfähigkeit	504
III.	Abstimmung	505
	1. Stimmabgabe	505
	2. Abstimmungsverbote	505
	3. Reihenfolge der Abstimmungen	506
	4. Zusammengefasste Abstimmungen, Block- oder Listen- und Simultanwahl	506
IV.	Mehrheitserfordernisse	507
	1. Gesetzliche Mehrheitserfordernisse	507
	2. Stimmquoren zum Schutz der Minderheit	507
	3. Satzungsmäßige Mehrheitserfordernisse	510
V.	Erfordernis der sachlichen Rechtfertigung	510
	1. Die gesellschaftsrechtliche Treupflicht	510
	2. Insbesondere: Die materielle Beschlusskontrolle	511
VI.	Protokollierung als Wirksamkeitsvoraussetzung	513

§ 13 Die Protokollierung

I.	Überblick	517
II.	Allgemein	517
	1. Beurkundungspflicht generell	517
	2. Besonderheiten der Einpersonen-AG	519
III.	Notarielle Protokollierung	520
	1. Der Notar	520
	2. Zwingender Inhalt des Protokolls	526
	3. Üblicher weiterer Inhalt des Protokolls	534
	4. Vorgeschriebene Anlagen	535
	5. Übliche Anlagen	537
	6. Ausfertigung und Einreichung des Protokolls	537
	7. Berichtigung des Protokolls	538
	8. Anmeldungen	540
IV.	Einfache Niederschrift	540

V.	Stenografisches Protokoll	....	541
VI.	Tonbandaufnahmen/Videoaufzeichnung/Übertragung (Internet)	....	542

§ 14 Feststellung des Jahresabschlusses

I.	Feststellung durch Vorstand und Aufsichtsrat	....	1
II.	Feststellung durch die Hauptversammlung	....	1
III.	Nichtigerklärung	....	2

§ 15 Gewinnverwendung

I.	Überblick	....	545
II.	Grundlagen	....	546
III.	Bardividende	....	547
IV.	Sachdividende	....	548

§ 16 Entlastung von Vorstand und Aufsichtsrat

I.	Überblick	....	552
II.	Bedeutung der Entlastung	....	552
III.	Entlastungszeitraum	....	553
IV.	Beschlussfassung	....	554
	1. Beschlussvorschlag	....	554
	2. Getrennte Abstimmungen für Vorstand und Aufsichtsrat	....	554
	3. Stimmrechtsausschluss bei der Entlastung	....	554
	4. Gesamt- und Einzelentlastung	....	555
V.	Verweigerung der Entlastung	....	556
VI.	Nichtigkeit der Entlastung	....	557

§ 17 Aufsichtsratswahlen

I.	Überblick	....	560
II.	Zusammensetzung des Aufsichtsrats	....	561
III.	Wählbarkeit	....	562
	1. Persönliche Voraussetzungen	....	562
	2. Fachliche Eignung	....	564
IV.	Amtszeit	....	564
V.	Wahlvorschläge	....	565
VI.	Wahl	....	566
	1. Anteilseignervertreter	....	567
	2. Arbeitnehmervertreter	....	568
VII.	Ersatzmitgliedschaft	....	569
VIII.	Abberufung	....	569
	1. Anteilseignervertreter	....	569
	2. Arbeitnehmervertreter	....	570
	3. Alle Aufsichtsratsmitglieder	....	570
IX.	Amtsniederlegung	....	570

Inhaltsverzeichnis

X.	Fehlerhafte Bestellung	570
XI.	Gerichtliche Bestellung	572
XII.	Ergänzungswahl	572
XIII.	Bekanntmachung/Anmeldung	573

§ 18 Prüferbestellung

I.	Überblick	576
II.	Abschlussprüfer	576
	1. Das reguläre Bestellungsverfahren	577
	2. Bestellung und Ersetzung durch das Gericht	588
III.	Konzernabschlussprüfer	591
IV.	Prüfer des Halbjahresfinanzberichts; Quartalsfinanzbericht	591
	1. Halbjahresfinanzbericht	591
	2. Quartalsfinanzbericht	593
V.	Schlussbilanzprüfer	594
VI.	Sonderprüfer	595
	1. Bestellung durch die Hauptversammlung	596
	2. Bestellung durch das Gericht	598
	3. Erteilung des Prüfungsauftrags, Widerruf und Prüfungskosten	599
VII.	Weitere Prüferbestellungen	601

§ 19 Satzungsänderungen (allgemein)

I.	Überblick	603
II.	Begriff	603
III.	Inhaltliche Schranken	604
IV.	Beschlussmehrheit	605
V.	Verschiedene Aktiengattungen	606
VI.	Sonstiges	607

§ 20 Reguläre Kapitalerhöhung

I.	Überblick	610
II.	Allgemeines	611
III.	Hauptversammlungsbeschluss	611
	1. Inhalt des Beschlusses	611
	2. Beschlussmuster	614
	3. Beschlussmehrheit	615
	4. Verschiedene Aktiengattungen	616
	5. Verpflichtung zur Unterlassung von Kapitalerhöhungen	616
	6. Sonstiges	617
IV.	Bezugsrecht	617
	1. Allgemeines	617
	2. Bezugsrecht bei verschiedenen Gattungen	618
	3. Kein Bezugsrecht bei Börsengang einer Tochtergesellschaft	619

V.	Mittelbares Bezugsrecht	619
	1. Praktische Bedeutung	619
	2. Voraussetzungen	620
	3. Beschlussmuster	621
	4. Abwicklung	622
VI.	Bezugsrechtsausschluss	623
	1. Formelle Anforderungen	623
	2. Materielle Anforderungen	624
	3. Anfechtungsrisiken	629
	4. Erleichterter Bezugsrechtsausschluss	630
	5. Faktischer Bezugsrechtsausschluss	633
	6. Zuweisung der neuen Aktien	634
VII.	Erstmalige Ausgabe von Vorzugsaktien	634

§ 21 Kapitalerhöhung gegen Sacheinlagen

I.	Überblick	637
II.	Allgemeines	638
III.	Vereinbarte Sacheinlagen	638
	1. Kapitalerhöhungsbeschluss	639
	2. Bezugsrechtsausschluss	640
	3. Wert der Sacheinlage	641
IV.	Verdeckte Sacheinlagen	643
V.	Gemischte Bar-/Sachkapitalerhöhung	644

§ 22 Genehmigtes Kapital

I.	Überblick	646
II.	Allgemeines	646
III.	Voraussetzungen und Verfahren	647
IV.	Hauptversammlungsbeschluss	648
	1. Inhalt des Beschlusses	648
	2. Beschlussmuster	650
	3. Sonstige Beschlussanforderungen	651
	4. Aufhebung des Beschlusses	651
V.	Mehrere genehmigte Kapitalien	652
VI.	Sacheinlage	652
VII.	Bezugsrechtsausschluss	653
	1. Formelle Voraussetzungen	653
	2. Materielle Voraussetzungen	654
	3. Anfechtungsrisiken und Rechtsschutz der Aktionäre	656
	4. Erleichterter Bezugsrechtsausschluss	657
VIII.	Sonstiges	660
	1. Internationale Platzierung	660
	2. Bookbuilding-Verfahren	660
	3. Greenshoe	661

Inhaltsverzeichnis

§ 23 Bedingte Kapitalerhöhung

- I. Überblick ... 664
- II. Allgemeines ... 665
  - 1. Zweck ... 665
  - 2. Hauptversammlungsbeschluss ... 665
- III. Wandelschuldverschreibungen ... 670
  - 1. Hauptversammlungsbeschluss ... 670
  - 2. Bezugsrecht ... 679
  - 3. Bezugsrechtsausschluss ... 679
  - 4. Erleichterter Bezugsrechtsausschluss ... 680
  - 5. Umgekehrte Wandelanleihen ... 682
- IV. Unternehmenszusammenschluss ... 683
- V. Aktienoptionspläne ... 683
- VI. Sacheinlagen ... 683
- VII. Ähnliche Fälle ... 684
  - 1. Optionsanleihen ausländischer Tochtergesellschaften ... 684
  - 2. Optionsrechte ohne Optionsanleihe ... 685
  - 3. Wandelanleihe mit Wandlungspflicht und CoCo-Bonds ... 686

§ 24 Aktienoptionspläne

- I. Überblick ... 690
- II. Allgemeines ... 690
- III. Gestaltungsformen ... 692
  - 1. Bedingtes Kapital zur Absicherung nackter Optionen ... 692
  - 2. Bedingtes Kapital zur Absicherung einer Wandelschuldverschreibung ... 692
  - 3. Genehmigtes Kapital ... 693
  - 4. Erwerb eigener Aktien ... 693
- IV. Inhalt des Hauptversammlungsbeschlusses ... 694
  - 1. Obligatorischer Inhalt des Hauptversammlungsbeschlusses ... 694
  - 2. Fakultativer Inhalt des Hauptversammlungsbeschlusses ... 699
  - 3. Abweichen von den gesetzlichen Voraussetzungen ... 699
  - 4. Beschlussformen ... 700
  - 5. Vorstandsbericht ... 700

§ 25 Belegschaftsaktien

- I. Überblick ... 701
- II. Allgemeines ... 701
- III. Gestaltungsformen ... 702
- IV. Hauptversammlungsbeschluss ... 702

§ 26 Kapitalerhöhung aus Gesellschaftsmitteln

- I. Überblick ... 706
- II. Allgemeines ... 706
- III. Hauptversammlungsbeschluss ... 707
  - 1. Inhalt des Beschlusses ... 707
  - 2. Beschlussmuster ... 709

	3. Beschlussmehrheit	710
IV.	Weitere Voraussetzungen	710
	1. Vorbereitende Maßnahmen	710
	2. Verwendbare Rücklagen	711
V.	Gestaltungsmöglichkeiten	712
	1. Bezugsverhältnis	712
	2. Kapitalerhöhung ohne Ausgabe neuer Aktien	712
	3. Kombination mit anderen Kapitalmaßnahmen	713

§ 27 Kapitalherabsetzung

I.	Überblick	715
II.	Allgemein	716
III.	Die ordentliche Kapitalherabsetzung	716
IV.	Die vereinfachte Kapitalherabsetzung	719
V.	Die Kapitalherabsetzung durch Einziehung	720
	1. Allgemein	720
	2. Zwangseinziehung	720
	3. Einziehung eigener Aktien	722
	4. Ordentliches Einziehungsverfahren	722
	5. Vereinfachtes Einziehungsverfahren	723
	6. Anmeldung, Durchführung und Anmeldung der Durchführung	724
VI.	„Kapitalschnitt"	725

§ 28 Genussrechte

I.	Überblick	727
II.	Ausgabe von Genussrechten	727

§ 29 Umwandlung von Vorzugs- in Stammaktien

I.	Überblick	731
II.	Allgemein	731
III.	Umgestaltung durch Satzungsänderung	732
IV.	Tauschangebot der AG an die Vorzugsaktionäre	733
V.	Erwerb, Einziehung und Kapitalerhöhung	734

§ 30 Umwandlung von Inhaber- in Namensaktien

I.	Überblick	735
II.	Allgemeines	735
III.	Umstellung der Inhaber- auf Namensaktien	736
	1. Beschlussmehrheit	737
	2. Zustimmungserfordernis einzelner Aktionäre	737
	3. Satzungsänderungen	738

§ 31 Einführung der Stückaktie

I.	Überblick	741
II.	Das Rechtsinstrument Stückaktie	741

Inhaltsverzeichnis

III.	Einführung der Stückaktie	742
	1. Einführungsbeschluss	742
	2. Anpassung früherer Kapitalerhöhungsbeschlüsse	743
	3. Sonstiger Anpassungsbedarf	744

§ 32 Erwerb und Veräußerung eigener Aktien

I.	Überblick	746
II.	Ermächtigung nach § 71 Abs. 1 Nr. 8 AktG	746
	1. Ermächtigung zum Erwerb eigener Aktien	746
	2. Veräußerung der eigenen Aktien/Ermächtigung zum Ausschluss des Bezugsrechts der Aktionäre	749
	3. Ermächtigung zur Einziehung von eigenen Aktien	751
	4. Ermächtigung zum Erwerb und zur Veräußerung von eigenen Aktien unter Einsatz von Derivaten	752
	5. Publizität	754
III.	Erwerbsermächtigung zwecks Handels in eigenen Aktien	754
IV.	Einziehungsbeschluss nach § 237 Abs. 1 AktG	755

§ 33 Unternehmensverträge

I.	Überblick	758
II.	Allgemein	758
III.	Beherrschungs- und Gewinnabführungsverträge	760
IV.	Entherrschungsvertrag	769
V.	Gewinngemeinschaft	770
VI.	Teilgewinnabführungsvertrag	771
VII.	Betriebspacht/Betriebsüberlassung	772

§ 34 Eingliederung

I.	Überblick	773
II.	Allgemein	773
III.	Eingliederung durch die Alleinaktionärin	775
IV.	Eingliederung durch Mehrheitsbeschluss	778
V.	Beendigung der Eingliederung	781

§ 35 Squeeze out

I.	Überblick	784
II.	Gesetzlicher Rahmen	784
III.	Zulässigkeit	786
	1. Beteiligungsquote	786
	2. Angebot der Barabfindung	787
	3. Sicherstellung der Barabfindung	788
IV.	Verfahren	789

§ 36 Hauptversammlungsbeschlüsse des Bieters bei einem öffentlichen Angebot zum Erwerb von Wertpapieren

I. Überblick 793
II. Allgemein 794
III. Einzelfälle der Hauptversammlungsbefassung 796
    1. Beschaffung von Eigenkapital oder Aktien als Gegenleistung 796
    2. Zustimmung der Hauptversammlung als Bedingung des freiwilligen Angebots 798
    3. Erforderliche Satzungsänderungen 802
    4. Umwandlungsvorgänge 803
    5. Nachgründungsfälle 804

§ 37 Die Stellung der Hauptversammlung der Zielgesellschaft vor und bei einem öffentlichen Angebot zum Erwerb ihrer Wertpapiere

I. Überblick 806
II. Die Hauptversammlung der Zielgesellschaft und das WpÜG 807
    1. Zuständigkeit der Hauptversammlung nach Aktienrecht 807
    2. Sonderzuständigkeit der Hauptversammlung nach dem WpÜG 810
III. Echte Vorratsbeschlüsse 812
    1. Allgemein 812
    2. Inhalt der Ermächtigung 812
    3. Bestimmtheit der Ermächtigung 813
    4. Beschlussfassung 815
    5. Das Ausnutzen eines echten Vorratsbeschlusses 816
    6. Zustimmung des Aufsichtsrats 816
    7. Das Europäische Verhinderungsverbot 817
IV. Abwehr-Hauptversammlung 818
    1. Allgemein 818
    2. Anwendungsbereich 819
    3. Zusammenhang mit Angebot 819
    4. Rechtsfolge: Fristverlängerung 821
    5. Absetzung der Abwehr-Hauptversammlung 822
    6. Einberufungsgründe 822
    7. Einberufungszuständigkeit 823
    8. Mitteilungspflicht des Vorstands 823
    9. Veröffentlichungspflicht des Bieters 824
    10. Erleichterungen 825

§ 38 Sonstige Zustimmungen zu Geschäftsführungsmaßnahmen

I. Überblick 831
II. Nachgründung 832
    1. Allgemein 832
    2. Anwendungsbereich 833
    3. Verfahren 834
III. Aufsichtsratsvorbehalte 836

Inhaltsverzeichnis

IV. Vermögensübertragung	837
V. „Holzmüller/Gelatine"	838
VI. Verzicht auf und Vergleich über Ersatz- und Ausgleichsansprüche	841

§ 39 Umwandlungen

I. Überblick	844
II. Grundlagen	844
1. Rechtsgeschäftliche Grundlage	845
2. Umwandlungsbericht und -prüfung	848
3. Zustimmungsbeschluss	850
4. Vorbereitung und Durchführung der Umwandlungs-HV	851
5. Anmeldung und Eintragung zum Register	853
6. Kapitaländerungen	855
III. Verschmelzung	855
1. Verschmelzung durch Aufnahme	855
2. Verschmelzung durch Neugründung	858
3. Exkurs: grenzüberschreitende Verschmelzung	859
IV. Aufspaltung	861
1. Aufspaltung zur Aufnahme	861
2. Aufspaltung zur Neugründung	863
V. Abspaltung	864
1. Abspaltung zur Aufnahme	864
2. Abspaltung zur Neugründung	864
VI. Ausgliederung	864
1. Ausgliederung zur Aufnahme	864
2. Ausgliederung zur Neugründung	865
VII. Formwechsel	865

§ 40 Sonstige Beschlüsse

I. Überblick	869
II. Vertrauensentzug	870
III. Bewilligung der Aufsichtsratsvergütung	870
IV. Geschäftsordnungsbeschlüsse/Erlass einer Geschäftsordnung	872
V. „Delisting"	873
VI. Sonderbeschlüsse	874
1. Allgemein	874
2. Sonderbeschlüsse bei Vorhandensein verschiedener stimmberechtigter Aktiengattungen	875
3. Sonderbeschlüsse nicht stimmberechtigter Vorzugsaktionäre	876
4. Sonderbeschlüsse der außenstehenden Aktionäre	876
VII. Fortgeltung/Beseitigung von Mehrstimmrechten	877
1. Fortgeltung von Mehrstimmrechten	877
2. Beseitigung fortgeltender Mehrstimmrechte	878
3. Ausgleich	878
VIII. Neueinteilung des Grundkapitals	878

IX.	Geltendmachung von Ersatzansprüchen	879
X.	Bestätigungsbeschlüsse	880
XI.	Aufhebung von Beschlüssen	881
XII.	Beschlüsse in Übernahmesituationen	882

§ 41 Organhaftung und Hauptversammlung

I.	Überblick	884
II.	Allgemeines	884
III.	Dispositionsbefugnis der Hauptversammlung über Organhaftungsansprüche	884
	1. Enthaftung durch vorherigen Beschluss nach § 93 Abs. 4 S. 1 AktG	885
	2. Zustimmung zu Vergleich und Verzicht nach § 93 Abs. 4 S. 3	886
IV.	Durchsetzungsmöglichkeiten und -rechte der Hauptversammlung sowie einzelner Aktionäre	890
	1. Beschluss über die Anspruchsdurchsetzung nach § 147 Abs. 1 AktG	891
	2. Geltendmachung von Organhaftungsansprüchen durch besondere Vertreter nach § 147 Abs. 2 AktG („Klageerzwingungsverfahren")	893
	3. Klagezulassungsverfahren nach § 148 AktG	896

§ 42 Registergericht

I.	Überblick	899
II.	Registergericht und Hauptversammlung	899
III.	Das Handelsregister	899
	1. Die Führung des Handelsregisters	899
	2. Einzutragende Tatsachen	900
	3. Bedeutung von Eintragungen	901
IV.	Das Verfahren vor den Registergerichten	902
	1. Anmeldung	902
	2. Anmeldepflichtige Personen	903
	3. Vertretung bei der Anmeldung	903
	4. Prüfung der Anmeldung	904
	5. Eintragung und Bekanntmachung	907
	6. Löschung	908
	7. Verletzung der Anmeldepflicht	908
	8. Strafbarkeit bei unrichtigen oder unvollständigen Angaben	909
	9. Rechtsmittel gegen Entscheidungen des Registergerichts	909
	10. Anmeldungen mit Auslandsberührung	909
	11. Europäische Aktiengesellschaft (SE)	912
	12. Kosten der Handelsregisteranmeldung und -eintragung	912
V.	Die einzelnen Anmeldungen	912
	1. Satzungsänderungen allgemein	912
	2. Kapitalerhöhung	916
	3. Kapitalherabsetzung	925
	4. Kapitalerhöhung und Kapitalherabsetzung zur Umstellung des Grundkapitals auf den Euro	929
	5. Auflösung und Abwicklung	929
	6. Anmeldungen mit Registersperre	930

Inhaltsverzeichnis

VI.	Amtslöschung durch das Registergericht	939

§ 43 Auskunftserzwingungsverfahren

I.	Überblick	941
II.	Allgemeines	942
III.	Zuständiges Gericht	943
IV.	Verfahren	943
	1. Verfahrensregeln	943
	2. Antrag	943
	3. Antragsberechtigter und Antragsgegner	944
	4. Entscheidung des Gerichts, Rechtsmittel	945
	5. Auskunftserteilung, Eintragung im Handelsregister, Zwangsvollstreckung	945
	6. Kosten	946

§ 44 Anfechtungs- und Nichtigkeitsklage

I.	Überblick	948
II.	Einleitung	948
III.	Nichtigkeit von Hauptversammlungsbeschlüssen	950
	1. Begriff der Nichtigkeit	950
	2. Nichtigkeitsgründe	951
IV.	Anfechtbarkeit von Hauptversammlungsbeschlüssen	955
	1. Begriff der Anfechtung	955
	2. Anfechtungsgründe	956
V.	Anfechtungsklage	965
	1. Zuständigkeit; Schiedsfähigkeit	965
	2. Anfechtungsbefugnis; missbräuchliche Klagen	967
	3. Verfahren	970
	4. Registerverfahren	973
	5. Urteil und weiterer Gang der Dinge	974
	6. Positive Beschlussfeststellungsklage	977
VI.	Nichtigkeitsklage	978

§ 45 Freigabeverfahren

I.	Überblick	979
II.	Allgemeines	980
	1. Blockadewirkung von Beschlussmängelklagen	980
	2. Freigabeverfahren	981
III.	Voraussetzungen der Freigabe	982
	1. Unzulässigkeit	983
	2. Offensichtliche Unbegründetheit	983
	3. Bagatellquorum	984
	4. Vorrangiges Vollzugsinteresse	985
IV.	Verfahren	987
	1. Statthaftigkeit des Freigabeverfahrens	987
	2. Antragsverfahren	988

	3. Glaubhaftmachung	989
	4. Entscheidung des Gerichts	990
V.	Rechtsfolgen	990
VI.	Bestandskraft und Schadensersatzpflicht	991

§ 46 Spruchverfahren

I.	Überblick	994
II.	Einleitung	994
III.	Sachlicher Anwendungsbereich	994
IV.	Gerichtliche Zuständigkeit	995
V.	Antragsberechtigung	996
	1. Unternehmensvertrag	996
	2. Eingliederung und Squeeze-out	996
	3. Umwandlungsmaßnahmen	997
	4. Gründung oder Sitzverlegung einer SE	998
	5. Gründung einer Europäischen Genossenschaft	998
	6. Antragsberechtigung jenseits des Katalogs des § 3 S. 1 SpruchG	999
VI.	Antragstellung	999
	1. Antrag	999
	2. Antragsfrist und Antragsbegründungsfrist	1000
	3. Begründung des Antrags	1001
	4. Gemeinsame Vertreter	1002
VII.	Weiterer Verfahrensablauf	1003
	1. Vorbereitung der mündlichen Verhandlung	1003
	2. Durchführung der mündlichen Verhandlung	1004
VIII.	Beendigung des Verfahrens	1006
	1. Entscheidung des Gerichts	1006
	2. Antragsrücknahme, Erledigung und Vergleich	1008
IX.	Kosten	1008
	1. Gerichtskosten	1008
	2. Außergerichtliche Kosten	1009

§ 47 Sonstige gerichtliche Verfahren

I.	Überblick	1012
II.	Einleitung	1012
III.	Unterlassungs- und Beseitigungsklage gegen rechtswidriges Verwaltungshandeln	1013
	1. Ausgangspunkt: Keine allgemeine Rechtmäßigkeitskontrolle	1013
	2. Abwehrklage als Ergänzung der Beschlussmängelklage	1013
	3. Abwehrklage gegen Verletzung aktionärsschützender Vorschriften	1014
	4. Deliktischer Schutz	1017
IV.	Vorbeugender Rechtsschutz gegen Beschlussfassung	1018
V.	Verpflichtungsklagen	1019
	1. Auskunftserzwingungsverfahren	1019
	2. Gesetzlich nicht geregelte Fälle	1019

Inhaltsverzeichnis

VI.	Individualschadensersatzklage	1020
VII.	Schadensersatzklage aus abgeleitetem Recht (Verfolgungsrecht)	1021
	1. Geltendmachung aufgrund eines Hauptversammlungsbeschlusses	1021
	2. Verfolgungsrecht einer Minderheit	1022
	3. Bestellung eines Sonderprüfers als Begleitmaßnahme	1022
VIII.	Kapitalanleger-Musterverfahrensgesetz	1023
	1. Wesentlicher Gegenstand eines KapMuG-Verfahrens	1023
	2. Verfahrensabschnitte unter Einbeziehung eines KapMuG-Verfahrens	1024

§ 48 Besonderheiten der Hauptversammlung der KGaA

I.	Überblick	1028
II.	Grundsätzliches zum Recht der KGaA	1028
	1. Rechtsnatur der KGaA	1028
	2. Anwendbare Vorschriften	1028
III.	Die Hauptversammlung der KGaA	1030
	1. Einberufung	1030
	2. Teilnehmerkreis	1031
	3. Stimmrecht und Stimmrechtsbeschränkungen	1032
	4. Kompetenzen der Hauptversammlung	1035
IV.	Besonderheiten der Publikums-KGaA	1044
	1. Einschränkung der Kompetenzen der Hauptversammlung	1044
	2. Erweiterung des Zustimmungsvorbehalts der Komplementäre	1045

§ 49 Besonderheiten der Hauptversammlung der SE

I.	Überblick	1048
II.	Einleitung	1048
	1. Das Organ „Hauptversammlung"	1048
	2. Erscheinungsformen der Hauptversammlung	1048
III.	Zuständigkeiten	1049
	1. Besondere Zuständigkeiten der SE-VO	1049
	2. Zuständigkeiten nach dem AktG	1050
	3. Ungeschriebene Zuständigkeiten	1051
IV.	Verfahren der Hauptversammlung	1051
	1. Zeit und Ort der Hauptversammlung	1051
	2. Einberufung	1052
	3. Ablauf und Leitung	1054
	4. Beschlussfassung	1054
V.	Anfechtungs- und Nichtigkeitsklage gegen Beschlüsse der Hauptversammlung	1055

Anhang 1 Hauptleitfaden	1057
Anhang 2 Sonderleitfäden	1071
Anhang 3 Notarielles Protokoll der Hauptversammlung einer börsennotierten Gesellschaft	1099
Anhang 4 Einfache (nicht-notarielle) Niederschrift über die Hauptversammlung einer nichtbörsennotierten Gesellschaft	1105
Sachverzeichnis	1109

Abkürzungs- und Literaturverzeichnis

aA	anderer Ansicht
aaO	am angegebenen Ort
abgedr.	abgedruckt
abl.	ablehnend
Abs.	Absatz (Absätze)
abw.	abweichend
AcP	Archiv für die civilistische Praxis
Adler/Düring/Schmaltz	Adler/Düring/Schmaltz, Rechnungslegung nach Internationalen Standards, Loseblatt, 7. EL 2011, Stand 8/2011
aE	am Ende
aF	alte Fassung
AG	Aktiengesellschaft; Die Aktiengesellschaft (Zeitschrift); Amtsgericht
AktFoV	Aktionärsforumsverordnung
AktG	Aktiengesetz
allg.	allgemein
allgM	allgemeine Meinung
aM	anderer Meinung
amtl.	amtlich
Angerer/Geibel/Süßmann	Angerer/Geibel/Süßmann, Werpapiererwerbs- und Übernahmegesetz (WpÜG), 3. Aufl. 2017
Anh.	Anhang
Anm.	Anmerkung(en)
AnSVG	Anlegerschutzverbesserungsgesetz
AO	Abgabenordnung
ArbG	Arbeitsgericht
arg.	argumentum
Armbrüster/Preuß/Renner	Armbrüster/Preuß/Renner, Beurkundungsgesetz und Dienstordnung für Notarinnen und Notare, Kommentar, 7. Aufl. 2015
Art.	Artikel
ARUG	Gesetz zur Umsetzung der Aktionärsrechterichtlinie
Assmann/Pötzsch/Schneider	Assmann/Pötzsch/Schneider, Wertpapiererwerbs- und Übernahmegesetz, 2. Aufl. 2013
Assmann/Schneider	Assmann/Schneider, Wertpapierhandelsgesetz, Kommentar, 6. Aufl. 2012
AT	Allgemeiner Teil
Aufl.	Auflage
ausdr.	ausdrücklich
ausf.	ausführlich
AusschussB	Ausschussbericht
AWD	Außenwirtschaftsdienst des Betriebs-Beraters
BaFin	Bundesanstalt für Finanzdienstleistungsaufsicht
BAG	Gesetz über die Errichtung eines Bundesaufsichtsamtes für das Versicherungswesen; Bundesarbeitsgericht
BAKred	Bundesaufsichtsamt für das Kreditwesen
BAnz.	Bundesanzeiger

Abkürzungs- und Literaturverzeichnis

Baumbach/Hopt	Baumbach/Hopt, Handelsgesetzbuch (ohne Seerecht), 37. Aufl. 2016
Baumbach/Hueck	Baumbach/Hueck, GmbHG, Kommentar, 21. Aufl. 2017
Baumbach/Hueck AktG	Baumbach/Hueck, Aktiengesetz, 13. Aufl. 1968, ergänzt 1970
Baums	Baums, Bericht der Regierungskommission Corporate Governance, 2001
Baums/Thoma	Baums/Thoma, WpÜG, Kommentar zum Wertpapiererwerbs- und Übernahmegesetz, Loseblatt, 11. EL 2016, Stand 8/2016
BAWe	Bundesamt für den Wertpapierhandel
BayObLG	Bayerisches Oberstes Landesgericht
BayObLGZ	Entscheidungen des Bayerischen Obersten Landesgerichts in Zivilsachen
BB	Der Betriebs-Berater
BBankG	Bundesbankgesetz
BBG	Bundesbeamtengesetz
Bd(e).	Band (Bände)
BeBiKo	Beck'scher Bilanzkommentar, 10. Aufl. 2016 (11. Aufl. 2018 erschienen)
BeckFormB BHW	Beck'sches Formularbuch Bürgerliches, Handels- und Wirtschaftsrecht, 12. Aufl. 2016
BeckFormB AktR	Beck'sches Formularbuch Aktienrecht, 2005
BeckHdB AG	Beck'sches Handbuch der AG, 2. Aufl. 2009
BeckHdB PersGes	Beck'sches Handbuch der Personengesellschaften, 4. Aufl. 2014
BeckNotar-HdB	Beck'sches Notar-Handbuch, 6. Aufl. 2015
BeckOGK	Gsell/Krüger/Lorenz/Mayer, beck-online. GROSSKOMMENTAR
BeckOK BGB	Bamberger/Roth, Beck'scher Online-Kommentar BGB
bedenkl.	bedenklich
befürw.	befürwortend
Begr.	Begründung
Beil.	Beilage
ber.	berichtigt
bes.	besondere(r), besonders
Beschl.	Beschluss
Bespr.	Besprechung
betr.	betreffen(d), betrifft
BetrAVG	Gesetz zur Verbesserung der betrieblichen Altersversorgung
BetrVG	Betriebsverfassungsgesetz
BFH	Bundesfinanzhof
BFHE	Sammlung der Entscheidungen des Bundesfinanzhofs
BFuP	Betriebswirtschaftliche Forschung und Praxis
BGB	Bürgerliches Gesetzbuch
BGBl.	Bundesgesetzblatt
BGH	Bundesgerichtshof
BGHZ	Entscheidungen des Bundesgerichtshofs in Zivilsachen
BLAH	Baumbach/Lauterbach/Albers/Hartmann, Zivilprozessordnung, Kommentar, 75. Aufl. 2017 (76. Aufl. 2018 erschienen)
BMF	Bundesministerium der Finanzen
BörsG	Börsengesetz
BörsZulV	Börsenzulassungsverordnung
BRAO	Bundesrechtsanwaltsordnung
BR-Drs.	Bundesrats-Drucksache

Abkürzungs- und Literaturverzeichnis

BReg.	Bundesregierung
BRRG	Rahmengesetz zur Vereinheitlichung des Beamtenrechts
BSG	Bundessozialgericht
Bsp.	Beispiel(e)
bspw.	beispielsweise
BStBl.	Bundessteuerblatt
BT-Drs.	Bundestags-Drucksache
Buchst.	Buchstabe
BUrlG	Bundesurlaubsgesetz
Bürgers/Fett	Bürgers/Fett, Die Kommanditgesellschaften auf Aktien, 2. Aufl. 2015; zur 1. Aufl. 2004 s. Schütz/Bürgers/Riotte
Bürgers/Körber	Bürgers/Körber, Heidelberger Kommentar zum Aktiengesetz, 4. Aufl. 2017
Butzke	Butzke, Die Hauptversammlung der Aktiengesellschaft, 5. Aufl. 2011
BVerfG	Bundesverfassungsgericht
BVerfGE	Entscheidungen des Bundesverfassungsgerichts
bzgl.	bezüglich
bzw.	beziehungsweise
ca.	circa
CEO	Chief Executive Officer
cic	culpa in contrahendo
dh	das heißt
DAV	Deutscher Anwaltsverein
DB	Der Betrieb
DBW	Die Betriebswirtschaft
DCGK	Deutscher Corporate Governance Kodex
dens.	denselben
dgl.	dergleichen; desgleichen
ders.	derselbe
dies.	dieselbe(n)
Diss.	Dissertation
DÖV	Die öffentliche Verwaltung
DR	Deutsches Recht
DrittelbG	Drittelbeteiligungsgesetz
DRSC	Deutsches Rechnungslegungs Standards Committee e. V.
DStR	Deutsches Steuerrecht
DStZ	Deutsche Steuer-Zeitung
DZWiR	Deutsche Zeitschrift für Wirtschaftsrecht
Ebenroth/Boujong/Joost/Strohn	s. EBJS
EBJS	Ebenroth/Boujong/Joost/Strohn, Handelsgesetzbuch, Kommentar, 2 Bände, 3. Aufl. 2014/2015
EFG	Entscheidungen der Finanzgerichte
eG	eingetragene Genossenschaft
EG	Europäische Gemeinschaften
EGInsO	Einführungsgesetz zur Insolvenzordnung
EHUG	Gesetz über elektronische Handelsregister und Genossenschaftsregister sowie das Unternehmensregister

Abkürzungs- und Literaturverzeichnis

Ehricke/Ekkenga/ Oechsler	Ehricke/Ekkenga/Oechsler, Wertpapiererwerbs- und Übernahmegesetz: WpÜG, 2003
Einf.	Einführung
Einl.	Einleitung
Emmerich/ Habersack Aktien/ GmbH-KonzernR	Emmerich/Habersack, Aktien- und GmbH-Konzernrecht, 8. Aufl. 2016
Emmerich/ Habersack KonzernR	Emmerich/Habersack, Konzernrecht, 10. Aufl. 2013
Ekkenga/Schröer HdB AG-Finanzierung	Ekkenga/Schröer, Handbuch der AG-Finanzierung, 2014
entspr.	entsprechen(d), entspricht
Entw.	Entwurf
etc	et cetera
EStG	Einkommensteuergesetz
EuGH	Europäischer Gerichtshof
Euro-EG	Gesetz zur Einführung des Euro (Euro-Einführungsgesetz)
EvBl.	Evidenzblatt der Rechtsmittelentscheidungen
evtl.	eventuell
EWiR	Entscheidungen zum Wirtschaftsrecht
f., ff.	folgende
FG	Festgabe; Finanzgericht
FGG	Gesetz über die Angelegenheiten der freiwilligen Gerichts-barkeit
FMFG	Finanzmarktförderungsgesetz
Fn.	Fußnote
Form.	Formular
freiw.	freiwillig(e)(en)
Frodermann/ Jannott AktienR-HdB	Frodermann/Jannott, Handbuch des Aktienrechts, 9. Aufl. 2017
FS	Festschrift
Geibel/Süßmann	Geibel/Süßmann, Wertpapiererwerbs- und Übernahmegesetz: WpÜG, 2. Aufl. 2008; 3. Aufl. 2017 s. Angerer/Geibel/Süßmann
gem.	gemäß
GenG	Genossenschaftsgesetz
Ges.	Gesetz(e)
ges.	gesetzlich
GesR	Gesellschaftsrecht
GesRZ	Der Gesellschafter, Zeitschrift für Gesellschafts- und Unternehmensrecht (Österreich)
Geßler/Hefermehl	Geßler/Hefermehl/Eckhardt/Kropff, Aktiengesetz, Kommentar, 2. Aufl. 1973 ff., s. MüKoAktG
GewO	Gewerbeordnung
GG	Grundgesetz
ggf.	gegebenenfalls
GmbH	Gesellschaft mit beschränkter Haftung
GmbHG	Gesetz betreffend die Gesellschaften mit beschränkter Haftung

Abkürzungs- und Literaturverzeichnis

GmbHR	GmbH-Rundschau
GO	Geschäftsordnung/Gemeindeordnung
GoB	Grundsätze ordnungsmäßiger Buchführung
v. Godin/Wilhelmi	v. Godin/Wilhelmi, Aktiengesetz, Kommentar, 4. Aufl. 1971
grds.	grundsätzlich
Grigoleit	Grigoleit, Aktiengesetz, 2013
GroßkommAktG	*Hirte/Mülbert/Roth,* Großkommentar AktG, Aktiengesetz, Großkommentar, 3. Aufl. 1970ff., soweit erschienen 4. Aufl. 1992ff.
GRUR	Gewerblicher Rechtsschutz und Urheberrecht (Zeitschrift)
GuV	Gewinn- und Verlustrechnung
GVG	Gesetz- und Verordnungsblatt
GWB	Gesetz gegen Wettbewerbsbeschränkungen
hA	herrschende Ansicht
Haarmann/Schüppen	Haarmann/Schüppen, Frankfurter Kommentar zum WpÜG, 3. Aufl. 2008
Habersack/Bayer AktienR im Wandel	Habersack/Bayer, Aktienrecht im Wandel, Band I: Entwicklung des Aktienrechts, Band II: Grundsatzfragen des Aktienrechts, 2007
Habersack/Mülbert/Schlitt Unternehmensfinanz-HdB	Habersack/Mülbert/Schlitt, Unternehmensfinanzierung am Kapitalmarkt, 3. Aufl. 2013
Hachenburg	Hachenburg, Kommentar zum Gesetz betreffend die Gesellschaften mit beschränkter Haftung, 3 Bände, 8. Aufl. 1992/1997
Hans.	Hanseatisches
Happ/Groß AktienR	Happ/Groß, Aktienrecht, Handbuch – Mustertexte – Kommentar, 4. Aufl. 2015
HdB	Handbuch
Henn/Frodermann/Jannott AktienR-HdB	s. Frodermann/Jannott
Henssler/Strohn	Henssler/Strohn, Gesellschaftsrecht, Kommentar, 3. Aufl. 2016
Henze/Born/Drescher HRR AktienR	Henze/Born/Drescher, Aktienrecht – Höchstrichterliche Rechtsprechung, 6. Aufl. 2015
HFA	Hauptfachausschuss
HGB	Handelsgesetzbuch
HGrG	Gesetz über die Grundsätze des Haushaltsrechts des Bundes und der Länder (Haushaltsgrundsätzegesetz)
hL	herrschende Lehre
hM	herrschende Meinung
Hölters	Hölters, AktG, Kommentar, 2. Aufl. 2014 (3. Aufl. 2017 erschienen)
HR	Handelsregister

Abkürzungs- und Literaturverzeichnis

HRA	Handelsrechtsausschuss des Deutschen Anwaltsvereins
HRefG	Handelsrechtsreformgesetz
HRR	Höchstrichterliche Rechtsprechung
Hrsg.	Herausgeber
hrsg.	herausgegeben
HS	Sammlung handelsrechtlicher Entscheidungen des obersten Gerichtshofs (Österreich)
Hüffer/Koch	Hüffer/Koch, Aktiengesetz, Kommentar, 12. Aufl. 2016
Huhn/v. Schuckmann	Huhn/v. Schuckmann, Beurkundungsgesetz, 3. Aufl. 1995; zur 7. Aufl. 2015 s. Armbrüster/Preuß/Renner
idF	in der Fassung
idR	in der Regel
IdW	Institut der Wirtschaftsprüfer
iHv	in Höhe von
ILM	International Legal Materials
insbes.	insbesondere
InsO	Insolvenzordnung
iS	im Sinne
iVm	in Verbindung mit
Jansen FGG	Jansen, FGG, Kommentar, 3. Aufl. 2006
jur.	juristisch
KAG	Kapitalanlagegesellschaft
KAGG	Gesetz über Kapitalanlagegesellschaften
Kallmeyer	Kallmeyer, Umwandlungsgesetz, Kommentar, 6. Aufl. 2017
KapAEG	Kapitalaufnahmeerleichterungsgesetz
Kapitalrichtlinie	RL 2012/30/EU
KapMuG	Kapitalanleger-Musterverfahrensgesetz
Keidel	Keidel, FamFG, Kommentar, 19. Aufl. 2017
KG	Kammergericht; Kommanditgesellschaft
KGaA	Kommanditgesellschaft auf Aktien
Kölner Komm. AktG	Zöllner/Noack, Kölner Kommentar zum Aktiengesetz, 9 Bände, 3. Aufl. 2004 ff.
Kölner Komm. UmwG	Dauner-Lieb/Simon, Kölner Kommentar zum Umwandlungsgesetz, 2009
Komm.	Kommentar
KonTraG	Gesetz zur Kontrolle und Transparenz im Unternehmensbereich
Korintenberg	Korintenberg, GNotKG, 20. Aufl. 2017
Krafka/Kühn RegisterR	Krafka/Kühn, Registerrecht, 10. Aufl. 2017
krit.	kritisch
Kropff	Kropff, Aktiengesetz, Textausgabe des Aktiengesetzes 1965 mit Begründung des Regierungsentwurfs und Bericht des Rechtsausschusses des Deutschen Bundestags, 1965
KStG	Körperschaftsteuergesetz
Kübler/Assmann GesR	Kübler/Assmann, Gesellschaftsrecht, 6. Aufl. 2006

Abkürzungs- und Literaturverzeichnis

Küting/Pfizer/Weber Rechnungslegung-HdB	Küting/Pfitzer/Weber, Handbuch der Rechnungslegung – Einzelabschluss, Loseblatt, 25. EL 2017, Stand 5/2017 (26. EL 2017, Stand 12/2017 erschienen)
Küting/Weber Konzernrechnungslegung-HdB	Küting/Weber, Handbuch der Konzernrechnungslegung, 2. Aufl. 1998
KWG	Kreditwesengesetz
LAG	Landesarbeitsgericht
LG	Landgericht
liSp	linke Spalte
Lit.	Literatur
lit.	litera
LM	Nachschlagewerk des Bundesgerichtshofs, hrsg. von Lindenmaier, Möhring ua
Ls.	Leitsatz
LO	Leistungsordnung
Lutter	Lutter, Umwandlungsgesetz, 5. Aufl. 2014 (ehemals Lutter/Winter)
Lutter/Hommelhoff	Lutter/Hommelhoff, GmbH-Gesetz, 19. Aufl. 2016
Lutter/Krieger/Verse Rechte und Pflichten Aufsichtsrat	Lutter/Krieger/Verse, Rechte und Pflichten des Aufsichtsrats, 6. Aufl. 2014
mAnm	mit Anmerkung
MAR	Marktmissbrauchsverordnung
Marsch-Barner/Schäfer Börsennotierte AG-HdB	Marsch-Barner/Schäfer, Handbuch börsennotierte AG, 3. Aufl. 2014 (4. Aufl. 2017 erschienen)
Martens	Martens, Leitfaden für die Leitung der Hauptversammlung einer Aktiengesellschaft, 2003
mE	meines Erachtens
MgVG	Gesetz über die Mitbestimmung der Arbeitnehmer bei einer grenzüberschreitenden Verschmelzung
mH	mit Hinweis(en)
MHdB AG	Hoffmann-Becking, Münchener Handbuch des Gesellschaftsrechts, Band 4: Aktiengesellschaft, 4. Aufl. 2015
MinBl.	Ministerialblatt
Mio.	Million(en)
MitbestErgG	Mitbestimmungsergänzungsgesetz
MitbestG	Mitbestimmungsgesetz
MittRhNotK	Mitteilungen der Rheinischen Notarkammer
mN	mit Nachweis(en)
MontanMitbestG	Montan-Mitbestimmungsgesetz
MüKo	Münchener Kommentar

Abkürzungs- und Literaturverzeichnis

MüKoAktG	Goette/Habersack, Münchener Kommentar zum Aktiengesetz (AktG), 7 Bände, 3. Aufl. 2008 ff.; soweit erschienen 4. Aufl. 2014 ff. (4. Aufl. vollständig erschienen)
MüKoBGB	Säcker/Rixecker/Oetker/Limperg, Münchener Kommentar zum Bürgerlichen Gesetzbuch (BGB), 11 Bände, 6. Aufl. 2011 ff.; soweit erschienen 7. Aufl. 2015 ff.
MüKoZPO	Krüger/Rauscher, Münchener Kommentar zur Zivilprozeßordnung (ZPO), 3 Bände, 5. Aufl. 2016 f.
MVHdB I GesR	Heidenhain/Meister, Münchener Vertragshandbuch, Band 1: Gesellschaftsrecht, 7. Aufl. 2011
mwH	mit weiteren Hinweisen
mwN	mit weiteren Nachweisen
Nachw.	Nachweis(e)
nF	neue Fassung
Nirk/Ziemons/Binnewies AG-HdB	Nirk/Ziemons/Binnewies, Handbuch der Aktiengesellschaft, Loseblatt, 75. EL 2017, Stand 5/2017 (77. EL 2017, Stand 10/2017 erschienen)
NJW	Neue Juristische Wochenschrift
NJW-RR	NJW-Rechtsprechungs-Report Zivilrecht
NK-AktG	Heidel (Hrsg.), Aktienrecht und Kapitalmarktrecht, 4. Aufl. 2014
Not.	Notar
Nr.	Nummer
NYSE	New York Stock Exchange
OECD	Organization for Economic Cooperation and Development (Organisation für wirtschaftliche Zusammenarbeit und Entwicklung)
öAktG	Österreichisches Aktiengesetz
Oetker	Oetker, Kommentar zum Handelsgesetzbuch (HGB), 5. Aufl. 2017
öGmbHG	Österreichisches Gesetz betreffend die Gesellschaften mit beschränkter Haftung
öOGH	Oberster Gerichtshof (Österreich)
ÖZW	Österreichische Zeitschrift für Wirtschaftsrecht (Österreich)
OFD	Oberfinanzdirektion
OLG	Oberlandesgericht
OWiG	Gesetz über Ordnungswidrigkeiten
Palandt	Palandt, Bürgerliches Gesetzbuch, Kommentar, 76. Aufl. 2017 (77. Aufl. 2018 erschienen)
PublizitätsG	Publizitätsgesetz
Raiser/Veil KapGesR	Raiser/Veil, Recht der Kapitalgesellschaften, 6. Aufl. 2015
rd.	rund
Recht	Das Recht
RefEBilMoG	Referentenentwurf eines Gesetzes zur Modernisierung des Bilanzrechts (Bilanzrechtsmodernisierungsgesetz)
RegEBilMoG	Regierungsentwurf eines Gesetzes zur Modernisierung des Bilanzrechts (Bilanzrechtsmodernisierungsgesetz)
RegBegr.	Regierungsbegründung
RegE	Regierungsentwurf

Abkürzungs- und Literaturverzeichnis

reSp	rechte Spalte
RG	Reichsgericht
RGZ	Entscheidungen des Reichsgerichts in Zivilsachen
RIW	Recht der internationalen Wirtschaft
Rn.	Randnummer(n)
Röhricht/ v. Westphalen/Haas	Röhricht/Graf von Westphalen/Haas, Handelsgesetzbuch, 4. Aufl. 2014
v. Rosen/Seifert Namensaktie	v. Rosen/Seifert, Die Namensaktie, 2000
Roth/Altmeppen	Roth/Altmeppen, Gesetz betreffend die Gesellschaften mit beschränkter Haftung, Kommentar, 8. Aufl. 2015
Rowedder/ Schmidt-Leithoff	Rowedder/Schmidt-Leithoff, Gesetz betreffend die Gesellschaften mit beschränkter Haftung, Kommentar, 5. Aufl. 2013 (6. Aufl. 2017 erschienen)
Rspr.	Rechtsprechung
S.	Satz; Seite
SCEAG	SCE-Ausführungsgesetz
SCE-VO	Verordnung (EG) Nr. 1435/2003 des Rates v. 22.7.2003 über das Statut der Europäischen Genossenschaft (SCE)
Schaaf Praxis der HV	Schaaf, Die Praxis der Hauptversammlung, 3. Aufl. 2011
Schlegelberger	Schlegelberger, Handelsgesetzbuch, Kommentar, 5. Aufl. 1973 ff.
K. Schmidt GesR	Karsten Schmidt, Gesellschaftsrecht, Unternehmensrecht II, 4. Aufl. 2002
K. Schmidt HandelsR	Karsten Schmidt, Handelsrecht, Unternehmensrecht I, 6. Aufl. 2014
K. Schmidt/Lutter	Karsten Schmidt/Lutter, Aktiengesetz, 3. Aufl. 2015
Schmitt/Hörtnagl/ Stratz	Schmitt/Hörtnagl/Stratz, Umwandlungsgesetz – Umwandlungssteuergesetz, 7. Aufl. 2016
Scholz	Scholz, Kommentar zum GmbH-Gesetz, 3 Bände, 11. Aufl. 2012 ff. (Band 1 in 12. Aufl. 2018 erschienen)
Schütz/Bürgers/ Riotte	Schütz/Bürgers/Riotte, Die Kommanditgesellschaft auf Aktien, 2004; zur 2. Aufl. 2015 s. Bürgers/Fett
SE	Societas Europaea; Europäische Gesellschaft
SE-VO	Verordnung (EG) Nr. 2157/2001 v. 8.10.2001
SEAG	SE-Ausführungsgesetz
SEBG	SE-Beteiligungsgesetz
SEC	Securities and Exchange Commission – USA
Seibert/Kiem/ Schüppen	Seibert/Kiem/Schüppen, Handbuch der kleinen AG, 5. Aufl. 2008
Semler/Stengel	Johannes Semler/Stengel, Umwandlungsgesetz, Kommentar, 4. Aufl. 2017

Abkürzungs- und Literaturverzeichnis

Semler/Volhard Unternehmensübernahmen-HdB	Johannes Semler/Volhard, Arbeitshandbuch für Unternehmensübernahmen, Band 1: 2001, Band 2: 2003
SGB	Sozialgesetzbuch
Simon	Simon, Spruchverfahrensgesetz: SpruchG, Kommentar, 2007
Slg.	Sammlung
SOA	Sarbanes-Oxley Act
Soergel	Soergel/Siebert/Hadding/Kießling, Bürgerliches Gesetzbuch (BGB) mit Einführungsgesetz und Nebengesetzen, Kommentar, 13. Aufl. 2011 ff.
sog.	sogenannt
Sp.	Spalte
Spindler/Stilz	Spindler/Stilz, Kommentar zum Aktiengesetz, 2 Bände, 3. Aufl. 2015
Staudinger	Staudinger, Kommentar zum Bürgerlichen Gesetzbuch (BGB) mit Einführungsgesetz und Nebengesetzen, 13. Aufl. 1993 ff.
Staudinger/ Großfeld IntGesR	Staudinger, Kommentar zum Bürgerlichen Gesetzbuch – EGBGB/ Internationales Privatrecht, Internationales Gesellschafts- und Unternehmensrecht, 1993 ff.
StBerG	Steuerberatungsgesetz
StBp	Die steuerliche Betriebsprüfung
Steiner HV der AG	Steiner, Die Hauptversammlung der Aktiengesellschaft, 1995
Steinmeyer	Steinmeyer, WpÜG: Wertpapiererwerbs- und Übernahmegesetz, 3. Aufl. 2013
StGB	Strafgesetzbuch
str.	streitig
stRspr	ständige Rechtsprechung
StückAG	Stückaktiengesetz
teilw.	teilweise
TOP	Tagesordnungspunkt
TransPuG	Transparenz- und Publizitätsgesetz
ua	und andere; unter anderem
uÄ	und Ähnliche(s)
UmwG	Umwandlungsgesetz
unstr.	unstreitig
Urt.	Urteil
UStG	Umsatzsteuergesetz
usw	und so weiter
uE	unseres Erachtens
uU	unter Umständen
VAG	Gesetz über die Beaufsichtigung von Versicherungsunternehmen (Versicherungsaufsichtsgesetz)
Var.	Variante
VerBAV	Veröffentlichungen des Bundesaufsichtsamtes für das Versicherungswesen
VersR	Versicherungsrecht
vGA	verdeckte Gewinnausschüttung
vgl.	vergleiche

Abkürzungs- und Literaturverzeichnis

VO	Verordnung
Vor(b).	Vorbemerkung(en)
VorstOG	Vorstandsvergütungs-Offenlegungsgesetz
VVG	Versicherungsvertragsgesetz
VwVfG	Verwaltungsverfahrensgesetz
WährG	Währungsgesetz
WiB	Wirtschaftsrechtliche Beratung
Wicke	Wicke, Gesetz betreffend die Gesellschaften mit beschränkter Haftung (GmbHG), 3. Aufl. 2016
Widmann/Mayer	Widmann/Mayer, Umwandlungsrecht, Loseblatt, 163. EL 2017, Stand 6/2017 (168. EL 2018, Stand 1/2018 erschienen)
Wiedemann/Frey GesR	Wiedemann/Frey, Gesellschaftsrecht, 9. Auf. 2016
WM	Wertpapier-Mitteilungen
wN	weitere Nachweise
WO	Wahlordnung
WP	Wirtschaftsprüfer
WpAIV	Wertpapierhandelsanzeige- und Insiderverzeichnisverordnung
WPg	Die Wirtschaftsprüfung
WpHG	Wertpapierhandelsgesetz
WPO	Wirtschaftsprüferordnung
WpPG	Wertpapierprospektgesetz
WP-HdB	Institut der Wirtschaftsprüfer in Deutschland eV, Wirtschaftsprüfer-Handbuch, Band I: 14. Aufl. 2012, Band II: 14. Aufl. 2014
WuB	Entscheidungssammlung zum Wirtschafts- und Bankrecht
zahlr.	zahlreich
zB	zum Beispiel
ZBB	Zeitschrift für Bankrecht und Bankwirtschaft
ZCG	Zeitschrift für Corporate Governance
Zetzsche	Zetzsche, Die virtuelle Hauptversammlung, 2002
ZfbF	Schmalenbachs Zeitschrift für betriebswirtschaftliche Forschung
ZGR	Zeitschrift für Unternehmens- und Gesellschaftsrecht
ZHR	Zeitschrift für das gesamte Handels- und Wirtschaftsrecht
Ziff.	Ziffer(n)
ZIP	Zeitschrift für Wirtschaftsrecht
zit.	zitiert
Zöller	Zöller, Zivilprozessordnung, 31. Aufl. 2016 (32. Aufl. 2018 erschienen)
ZPO	Zivilprozessordnung
zT	zum Teil
zust.	zustimmend
zutr.	zutreffend
zZt	zur Zeit

§ 1 Einleitung

Übersicht

	Rn.
I. Überblick	1
II. Gesetzliche Grundlagen und Reformen	2
III. Ordentliche und außerordentliche Hauptversammlung	11
IV. Zuständigkeit	15
V. Einberufung	27
VI. Teilnahme	33
VII. Durchführung	38
VIII. Beschlussfassung	43
IX. Dokumentation	49
X. Elektronische Kommunikation	52
XI. Gerichtliche Auseinandersetzungen	59

Stichworte

Beschluss
– Anfechtung Rn. 59 ff.
– Fassung Rn. 43
Beurkundung, notarielle Rn. 50
Deutscher Corporate Governance Kodex Rn. 5
Einberufung
– Gründe Rn. 27 ff.
– mittels elektronischer Kommunikation Rn. 53
Freigabeverfahren Rn. 63 ff.
Hauptversammlung
– außerordentliche Rn. 14
– ordentliche Rn. 12, 20

Publikumsgesellschaften Rn. 4, 32
Reformen
– Aktienrechtsnovelle 2016 Rn. 9
– Aktionärsrechterichtlinie Rn. 10
– ARUG Rn. 7
– VorstAG Rn. 8
Stimmrecht Rn. 43 ff.
Tagesordnung Rn. 39, 54
Teilnahmerecht Rn. 33 ff.
Verfahrensfehler Rn. 61 ff.
Verhandlungsgegenstände Rn. 19 ff.
Versammlungsleitung Rn. 38 ff.

Schrifttum:

Arnold, Aktionärsrechte und Hauptversammlung nach dem ARUG, Der Konzern 2009, 88; *Borges*, Selbstregulierung im Gesellschaftsrecht – zur Bindung an Corporate Governance Kodizes, ZGR 2003, 508; *Drinhausen/Keinath*, Regierungsentwurf eines Gesetzes zur Umsetzung der Aktionärsrechterichtlinie (ARUG) – Überblick über die Änderungen gegenüber dem Referentenentwurf, BB 2009, 64; *Ederle*, Die jährliche Entsprechenserklärung und die Mär von der Selbstbindung, NZG 2010, 655; *Habersack*, Wandlungen des Aktienrechts, AG 2009, 1; *Harbarth/Freiherr von Kort*, Die Außenhaftung des Vorstands bei der Abgabe von Erklärungen nach § 161 AktG, FS Raiser, 2005, 203; *Löbbe/Fischbach*, Das Vergütungsvotum der Hauptversammlung nach § 120 Abs. 4 AktG nF, WM 2013, 1625; *Paschos/Goslar*, Der Regierungsentwurf des Gesetzes zur Umsetzung der Aktionärsrechterichtlinie (ARUG), AG 2009, 14; *Plagemann/Rahlmeyer*, Vier Corporate Governance Trends für 2015, NZG 2015, 895; *Plettenberg*, Aktienrechtsnovelle 2016: Punktuelle Fortentwicklung des Aktienrechts, AG 2016, 145; *Reichert*, Reformbedarf im Aktienrecht, AG 2016, 677; *ders.*, Mitwirkungsrechte und Rechtsschutz der Aktionäre nach Macrotron und Gelatine, AG 2005, 150; *Schockenhoff/Culmann*, Shareholder Activism in Deutschland, ZIP 2015, 297; *Schüppen/Tretter*, Hauptversammlungssaison 2009 – Satzungsgestaltung in Zeiten des Trommelfeuers, ZIP 2009, 493; *Seibert/Florstedt*, Der Regierungsentwurf des ARUG – Inhalt und wesentliche Änderungen gegenüber dem Referentenentwurf, ZIP 2008, 2145; *Seibt*, Deutscher Corporate Governance Kodex und Entsprechens-Erklärung (§ 161 AktG-E), AG 2002, 249; *Söhner*, Die Aktienrechtsnovelle 2016, ZIP 2016, 151; *Stöber*, Die Aktienrechtsnovelle 2016, DStR 2016, 611; *Ulmer*, Der Deutsche Corporate Governance Kodex – ein neues Regulierungsinstrument für börsennotierte Aktiengesellschaften, ZHR 166 (2002), 150; *ders.*, Aktienrecht im Wandel, AcP 202 (2002) 143; *Vetter*, Begrenzung der Vorstandsbezüge durch Hauptversammlungsbeschluss?, ZIP 2009, 1308; *Wälzholz/Graf Wolffskeel v. Reichenberg*, Die Aktienrechtsnovelle 2016 und weitere aktienrechtliche Gesetzesänderungen, MittBayNot 2016, 197.

I. Überblick

1 Das Recht der Hauptversammlung ist ein zentraler Bestandteil des Binnenrechts der Aktiengesellschaft und war daher in der Vergangenheit schon zahlreichen Reformen und Änderungen unterworfen, weitere Änderungen sind für die Zukunft zu erwarten (→ Rn. 6 ff.). Hauptversammlungen lassen sich nach den in ihnen behandelten Beschlussinhalten in ordentliche und außerordentliche Hauptversammlungen einteilen (→ Rn. 11 ff.). Die Einberufung der Hauptversammlung muss den gesetzlichen Vorgaben genügen, um die Teilnahmerechte der Aktionäre nicht zu beschneiden (→ Rn. 27 ff.). Die wirksame Beschlussfassung der Hauptversammlung (→ Rn. 43 ff.) setzt deren ordnungsgemäße Leitung voraus (→ Rn. 38 ff.). Über den Ablauf der Hauptversammlung, insbesondere die hierin gefassten Beschlüsse, ist ein, in manchen Fällen notariell zu beurkundendes, Protokoll zu erstellen (→ Rn. 49 ff.). Sowohl bei der Einberufung als auch bei der Durchführung der Hauptversammlung kann auf Mittel elektronischer Kommunikation zurückgegriffen werden, eine gänzlich virtuelle Hauptversammlung ist indes nicht zulässig (→ Rn. 52 ff.). Fehler bei der Einberufung oder Durchführung der Hauptverhandlung können zu gerichtlichen Auseinandersetzungen zwischen Gesellschaft und Aktionären führen, insbesondere mittels Nichtigkeits- und Anfechtungsklagen gegen die in der Hauptversammlung gefassten Beschlüsse (→ Rn. 59 ff.).

II. Gesetzliche Grundlagen und Reformen

2 Die Hauptversammlung der AG nimmt die **Rechte der Aktionäre** in den Angelegenheiten der Gesellschaft wahr, die ihr kraft Gesetzes (oder Satzung) zugewiesen sind. Neben den gesetzlichen gibt es weitere, vom Schrifttum und der Rechtsprechung entwickelte Kompetenzen der Hauptversammlung, die ihrem Wesensgehalt nach den gesetzlich definierten Kompetenzen entsprechen.

3 Aufgrund ihres Verhältnisses zu den anderen Gesellschaftsorganen wird die Hauptversammlung als **oberstes Organ** der Aktiengesellschaft bezeichnet,[1] denn die Hauptversammlung bestimmt gem. § 119 Abs. 1 Nr. 1 AktG den Aufsichtsrat, der wiederum nach § 84 Abs. 1 AktG den Vorstand bestellt. Zudem obliegen der Hauptversammlung grundlegende Entscheidungen in der Gesellschaft, insbesondere die Ausformung des Gesellschaftsstatuts (vgl. § 119 Abs. 1 Nr. 5 AktG).

4 Neben der eigentlichen Aufgabenzuweisung spielt die Hauptversammlung bei großen Publikumsgesellschaften auch deswegen eine große Rolle, weil sie der Unternehmensführung die Möglichkeit eröffnet, das Unternehmen der Öffentlichkeit zu präsentieren. Andererseits werden die Hauptversammlungen – gerade bei Publikumsgesellschaften – häufig auch durch Minderheitsaktionäre dominiert, die sie entweder als Plattform für weltanschauliche Äußerungen nutzen oder ihre Minderheitsrechte in extensiver, teils auch missbräuchlicher Weise ausüben.

5 Die wichtigsten gesetzlichen Regelungen enthält das AktG. Der vierte Abschnitt des Gesetzes (§§ 118–149 AktG) behandelt ausschließlich das Recht der Hauptversammlung. Von Relevanz ist ferner der **Deutsche Corporate Governance Kodex (DCGK)**.[2] Dieser gibt wesentliche Vorschriften zur Leitung und Überwachung deutscher börsennotierter Gesellschaften wieder und beinhaltet international und national anerkannte Standards guter und verantwortungsvoller Unternehmensführung. Nach § 161 Abs. 1 S. 1 AktG ha-

---

[1] *Bungert* in MHdB AG § 35 Rn. 4; differenzierend *Kubis* in MüKoAktG AktG § 118 Rn. 10.
[2] Der Kodex wurde von der im September 2001 von der Bundesministerin der Justiz berufenen Regierungskommission Deutscher Corporate Governance Kodex ausgearbeitet und am 26.2.2002 übergeben. Die jeweils aktuelle Version des Kodex kann abgerufen werden unter http://www.dcgk.de/de/kodex.html.

ben Vorstand und Aufsichtsrat der börsennotierten Gesellschaft jährlich zu erklären, dass den Empfehlungen der „Regierungskommission Deutscher Corporate Governance Kodex" entsprochen wurde und wird bzw. welche Empfehlungen nicht angewendet wurden oder werden.[3] Die Erklärung ist den Aktionären dauerhaft zugänglich zu machen, namentlich auf der Internetseite der Gesellschaft zu veröffentlichen (§ 161 Abs. 2 AktG).

Das Recht der Hauptversammlung hat in den letzten Jahren – wie das Aktienrecht im Allgemeinen – viele Modifikationen erfahren.[4] Zu der „Aktienrechtsreform in Permanenz" (*Zöllner*)[5] tragen neben den europäischen Vorgaben, die an den deutschen Gesetzgeber herangetragen werden, die seit den 1990er Jahren zu registrierenden Veränderungen der tatsächlichen Gegebenheiten bei (ua der starke Anstieg der Anzahl der Aktiengesellschaften, das große Aufkommen institutioneller und aktivistischer Anleger, die zunehmende Internationalisierung).[6] Allein seit 2011 hat der Gesetzgeber zehn einschlägige Gesetze erlassen und dabei zahlreiche Veränderungen im AktG vorgenommen:[7] 6

– das Gesetz zur Umsetzung der Richtlinie 2013/34/EU des Europäischen Parlaments und des Rates vom 26. 6. 2013 über den Jahresabschluss, den konsolidierten Abschluss und damit verbundene Berichte von Unternehmen bestimmter Rechtsformen und zur Änderung der Richtlinie 2006/43/EG des Europäischen Parlaments und des Rates und zur Aufhebung der Richtlinien 78/660/EWG und 83/349/EWG des Rates (Bilanzrichtlinie-Umsetzungsgesetz – BilRUG).[8]
– das Gesetz zur Änderung des Aktiengesetzes (Aktienrechtsnovelle 2016).[9]
– das Gesetz zur Umsetzung der prüfungsbezogenen Regelungen der Richtlinie 2014/56/EU sowie zur Ausführung der entsprechenden Vorgaben der Verordnung (EU) Nr. 537/2014 im Hinblick auf die Abschlussprüfung bei Unternehmen von öffentlichem Interesse (Abschlussprüfungsreformgesetz – AReG).[10]

Für die Gestaltung der Hauptversammlung kommt dem **ARUG** eine herausragende Bedeutung zu. Es geht zurück auf die Richtlinie 2007/36/EG des Europäischen Parlaments und des Rates vom 11. 7. 2007 über die Ausübung bestimmter Rechte von Aktionären in börsennotierten Gesellschaften („Aktionärsrichtlinie"). Durch das ARUG ergeben sich Änderungen zB in Bezug auf die Präsenz in der Hauptversammlung und die Stimmabgabe, da Gesellschaften ihren Aktionären die Teilnahme an der Hauptversammlung nunmehr auch auf elektronischem Wege gestatten sowie die Möglichkeit der Briefwahl (auch in elektronischer Form) einräumen können. Änderungen in Bezug auf die Stimmrechtsvertretung sollen das Verfahren der Bevollmächtigung grundlegend flexibilisieren. Schließlich nahm der deutsche Gesetzgeber im Rahmen der Umsetzung auch die Möglichkeit wahr, missbräuchliche Aktionärsklagen weiter einzudämmen. Im Zuge dessen hat man insbesondere das Freigabeverfahren grundlegend reformiert.[11] 7

Durch das am 5. 8. 2009 in Kraft getretene **Gesetz zur Angemessenheit der Vorstandsvergütung (VorstAG)**[12] wurde in § 120 Abs. 4 AktG eine neue Regelung einge- 8

---

[3] Zur Haftung bei unrichtiger Entsprechenserklärung vgl. *Ulmer* ZHR 166 (2002), 150 (166 ff.); *Seibt* AG 2002, 249 (254 ff.); *Borges* ZGR 2003, 508 (532 ff.); *Kort* FS Raiser, 2005, 203 (207 ff., 218 ff.).
[4] Vgl. den Überblick bei *Habersack* AG 2009, 1 ff. Zu weiterem Reformbedarf siehe *Reichert* AG 2016, 677.
[5] *Zöllner* AG 1994, 336.
[6] Eingehend: *Ulmer* AcP 202 (2002) 143 (144 f.); zu neueren Entwicklungen siehe *Plagemann/Rahlmeyer* NZG 2015, 895 ff. Zur Fallgruppe der aktivistischen Aktionäre vgl. *Schockenhoff/Culmann* ZIP 2015, 297 ff.
[7] Zu älteren Reformgesetzen vgl. *Schüppen/Tretter* ZIP 2009, 493 (493 f.).
[8] BGBl. 2015 I 1245.
[9] BGBl. 2015 I 2565.
[10] BGBl. 2016 I 1142.
[11] Vgl. zum Regierungsentwurf des ARUG zB *Arnold* Der Konzern 2009, 88 ff.; *Seibert/Florstedt* ZIP 2008, 2145 ff.; ZIP-Beilage zu Heft 45/2008; *Drinhausen/Keinath* BB 2009, 64 ff.; *Paschos/Goslar* AG 2009, 14 ff.
[12] BGBl. 2009 I 2509; siehe auch Gesetzesbeschluss des Deutschen Bundestages v. 19. 6. 2009, BR-Drs. 592/09; durch die Gesetzesänderung werden keine Hauptversammlungen betroffen, die bei Inkrafttreten am 5. 8. 2009 bereits einberufen waren (§ 23 Abs. 3 EGAktG iVm Art. 6 VorstAG). Vgl. hierzu *Löbbe/Fischbach* WM 2013, 1625.

fügt, wonach die Hauptversammlung bei börsennotierten Gesellschaften zur Verbesserung der Kontrollmöglichkeiten der Aktionäre ein unverbindliches Votum zum System der Vorstandsvergütung abgeben kann. Es handelt sich dabei nicht um einen in regelmäßigen Zeitabständen wiederkehrenden Beschlussgegenstand. Zudem besteht für die Verwaltung keine Verpflichtung, den Gegenstand auf die Tagesordnung zu setzen. Durch die ausdrückliche Hauptversammlungskompetenz soll den Aktionären lediglich ein Instrument zur Kontrolle des bestehenden Vergütungssystems an die Hand gegeben werden. Eine direkte Einwirkung der Hauptversammlung auf die Höhe der Vergütung des Vorstands bleibt jedoch ausgeschlossen. Auch das VorstAG will den Aufsichtsrat richtigerweise nicht durch einen Hauptversammlungsbeschluss von seiner Verantwortung für die Höhe der Vergütung des Vorstands befreien.[13]

9 Das am 31.12.2015 in Kraft getretene **Gesetz zur Änderung des Aktiengesetzes (Aktienrechtsnovelle 2016)**[14] brachte in Bezug auf die Hauptversammlung überschaubare Neuregelungen. So wurden die Regelungen, wie die Aktionäre ihre Teilnahme- und Stimmberechtigung in nicht-börsennotierten Gesellschaften nachzuweisen haben, in Bezug auf Inhaber- und Namensaktien vereinheitlicht; § 123 Abs. 3 AktG ordnet nun an, dass insoweit auch bei Namensaktien statuarische Regelungen möglich sind. Nicht in das Gesetz aufgenommen wurde hingegen die in frühen Entwurfsfassungen noch vorhandene Regelung, dass bei Namensaktien börsennotierter Gesellschaften entsprechend der Rechtslage bei Inhaberaktien der Nachweis des Aktienbesitzes auf einen Stichtag 21 Tage vor der Hauptversammlung *("record date")* geführt werden muss. In § 122 Abs. 1 S. 3 und 4 AktG wurde indes die schon davor bestehende hM kodifiziert, dass im Falle des Einberufungsverlangens einer Minderheit die einberufenden Aktionäre nachweisen müssen, dass sie seit mindestens 90 Tagen vor dem Eingang des Einberufungsverlangens bei der Gesellschaft Inhaber der Aktien sind.

10 Für die Zukunft sind weitere Reformen des Rechts der Hauptversammlung auf Grundlage des europäischen Gemeinschaftsrechts zu erwarten. Mit Beschluss vom 14.3.2017 verabschiedete das Europäische Parlament die **Neufassung der EU-Aktionärsrechte-RL 2007/36/EG,** die Zustimmung des Rates erfolgte am 3.4.2017.[15] Diese Richtlinie sieht etwa erweiterte Mitwirkungskompetenzen der Aktionäre in Bezug auf die Vorstandsvergütung *(say on pay)*, Rechte der Gesellschaft zur Erlangung von Informationen zur Identität ihrer Aktionäre, Pflichten zur Offenlegung von Geschäften mit nahestehenden Dritten sowie Pflichten institutioneller Aktionäre und Vermögensverwalter zur Offenlegung ihrer Anlagestrategie betreffend die konkrete Gesellschaft vor.[16] Nach Inkrafttreten dieser Richtlinie ist deren Inhalt durch den deutschen Gesetzgeber innerhalb von zwei Jahren in das deutsche Gesellschaftsrecht zu überführen.

III. Ordentliche und außerordentliche Hauptversammlung

11 Die Praxis differenziert zwischen der regelmäßig stattfindenden **ordentlichen** Hauptversammlung und der Sonderfällen vorbehaltenen **außerordentlichen Hauptversammlung,** auf die im Übrigen die gleichen Vorschriften anwendbar sind.[17]

---

[13] Vgl. *Vetter* ZIP 2009, 1308.
[14] BGBl. 2015 I 2565. Vgl. hierzu auch *Harbarth/Freiherr von Plettenberg* AG 2016, 145; *Stöber* DStR 2016, 611; *Wälzholz/Graf Wolffskeel v. Reichenberg* MittBayNot 2016, 197; *Paschos/Goslar* NJW 2016, 359; *Söhner* ZIP 2016, 151.
[15] ABl. 2017 L 132.
[16] Zur Frage des „say on pay" vgl. *Velte* NZG 2017, 368 ff.; zur aktuellen Rechtslage vgl. *Löbbe/Fischbach* WM 2013, 1625 ff. Zur Frage der Geschäfte mit nahestehenden Unternehmen oder Personen siehe *Veil* NZG 2017, 521.
[17] *Bungert* in MHdB AG § 35 Rn. 69; *Kubis* in MüKoAktG AktG § 118 Rn. 2.

In der **ordentlichen Hauptversammlung,** die in den ersten acht Monaten eines Ge- 12
schäftsjahrs einberufen werden muss, sind jedenfalls folgende Tagesordnungspunkte zu er-
örtern:
– Entgegennahme des Jahresabschlusses (und ggf. des Konzernabschlusses sowie ggf. des
  Abhängigkeitsberichts),
– Verwendung des Bilanzgewinns,
– Entlastung der Mitglieder des Vorstands und des Aufsichtsrats,
– Bestellung des Abschlussprüfers für das angelaufene Geschäftsjahr.

Die Hauptversammlung bleibt auch dann die ordentliche Hauptversammlung der Gesell- 13
schaft, wenn die Tagesordnung um weitere, der Beschlussfassung der Hauptversammlung
unterliegende Tagesordnungspunkte (zB Satzungsänderungen, insbes. Kapitalmaßnahmen,
Zustimmung zu Unternehmensverträgen, Wahl von Aufsichtsratsmitgliedern) erweitert
wird.

Um eine **außerordentliche Hauptversammlung** handelt es sich, wenn nicht die 14
jährlich wiederkehrenden Tagesordnungspunkte behandelt werden sollen.[18] Dies ist regelmäßig dann der Fall, wenn sich zeitlich nach der ordentlichen Hauptversammlung eines
Jahres die Notwendigkeit der Behandlung besonderer Punkte durch die Hauptversammlung ergibt, oder wenn die Behandlung besonderer Angelegenheiten in einer Hauptversammlung notwendig wird, bevor die ordentliche Hauptversammlung auf der Grundlage
fristgerecht erstellter Vorlagen stattfinden kann.

IV. Zuständigkeit

Die Kompetenzen der Hauptversammlung lassen sich einerseits nach den Verhandlungs- 15
formen, andererseits nach den Verhandlungsgegenständen gliedern.

Als **Verhandlungsformen** sind die Entgegennahme von Informationen, die Vorberei- 16
tung von Entscheidungen, die Beschlussfassungen selbst sowie die Beratung der Verwaltung durch die Aktionäre zu unterscheiden. Beispiele für die Entgegennahme von Informationen sind etwa die Kenntnisnahme von den Abschlussunterlagen, die Kenntnisnahme
von einer Verlustanzeige sowie die Kenntnisnahme von Strukturberichten, Auskünften
oder Nachauskünften.

Die sicherlich wichtigste Kompetenz der Hauptversammlung liegt in der Beschlussfas- 17
sung, die nicht selten durch entsprechende Berichte und Erläuterungen des Vorstandes,
die von der Hauptversammlung entgegenzunehmen sind, vorzubereiten ist.

Der Hauptversammlung kommt nicht die Aufgabe zu, die Verwaltungsorgane der Ge- 18
sellschaft zu beraten. Dies ändert indessen nichts daran, dass es den Aktionären in der
Hauptversammlung unbenommen ist, Ratschläge zu Gegenständen der Tagesordnung zu
erteilen, im Rahmen des § 131 AktG weitere Auskünfte zu den anstehenden Tagesordnungspunkten einzuholen und hierzu Stellung zu nehmen.

Die **Verhandlungsgegenstände** ergeben sich aus den im Gesetz geregelten und teil- 19
weise durch Schrifttum und Rechtsprechung erweiterten Hauptversammlungskompetenzen. § 119 Abs. 1 AktG enthält einen Katalog wesentlicher Zuständigkeiten der Hauptversammlung. Die dort aufgelisteten Befugnisse sind zwingend; sie können weder auf ein
anderes Organ der Gesellschaft noch auf Dritte übertragen werden.[19] Die insbesondere in
§ 119 Abs. 1 AktG geregelten **gesetzlichen Entscheidungsbefugnisse** der Hauptversammlung lassen sich wiederum in periodisch wiederkehrende Entscheidungen, Grundla-
genentscheidungen (auch als Entscheidungen über Strukturmaßnahmen bezeichnet) und
Sonderfälle unterteilen.[20]

---

[18] *Bungert* in MHdB AG § 35 Rn. 69; *Kubis* in MüKoAktG AktG § 118 Rn. 2.
[19] *Bungert* in MHdB AG § 35 Rn. 10.
[20] *Koch* in Hüffer/Koch AktG § 119 Rn. 5 ff.; *Kubis* in MüKoAktG AktG § 119 Rn. 10.

20 Die (ordentliche) Hauptversammlung ist **regelmäßig** innerhalb der ersten acht Monate des Geschäftsjahrs zu berufen (§ 175 Abs. 1 S. 2 AktG). Auf Grundlage der Abschlussunterlagen beschließt sie über die folgenden Angelegenheiten:
- Verwendung des Bilanzgewinns (§ 119 Abs. 1 Nr. 2 AktG),
- Entlastung der Mitglieder des Vorstandes und des Aufsichtsrates (§ 119 Abs. 1 Nr. 3 AktG),
- Wahl der Aufsichtsratsmitglieder (§§ 119 Abs. 1 Nr. 1, 101 Abs. 1 AktG),
- Bestellung des Abschlussprüfers (§ 119 Abs. 1 Nr. 4 AktG, § 318 Abs. 1 S. 1 HGB).[21]

21 Die **Grundlagen** der Aktiengesellschaft sind durch die Satzung geregelt. § 119 Abs. 1 Nr. 5, 6 und 8 AktG betreffen Änderungen dieser Grundlagen, die ebenfalls in die Zuständigkeit der Hauptversammlung fallen:
- Satzungsänderungen (§ 119 Abs. 1 Nr. 5 AktG),
- Maßnahmen der Kapitalbeschaffung und Kapitalherabsetzung (§ 119 Abs. 1 Nr. 6 AktG),
- Auflösung der Gesellschaft (§ 119 Abs. 1 Nr. 8 AktG).
- Übertragung des Gesellschaftsvermögens im Ganzen (§ 179a AktG).

22 Weitere, im Katalog des § 119 Abs. 1 AktG nicht genannte (gesetzliche) Kompetenzen der Hauptversammlung bei Grundlagengeschäften bestehen zum Beispiel in der Zustimmung zum Abschluss und zur Änderung eines Unternehmensvertrages (§§ 293 Abs. 1, 295 Abs. 1 AktG) oder in der Zustimmung der Hauptversammlung der zukünftigen Hauptgesellschaft zur Eingliederung einer Tochtergesellschaft (§§ 319 Abs. 2, 320 Abs. 1 S. 3 AktG). Auch das Umwandlungsgesetz begründet eine Reihe von Kompetenzen der Hauptversammlung. Sie betreffen die Zustimmung zur Verschmelzung (§§ 65, 73 UmwG), zur Spaltung oder Ausgliederung (§ 125 iVm §§ 65, 73 UmwG), zur Vermögensübertragung im Wege der Gesamtrechtsnachfolge nach dem Umwandlungsgesetz (§ 176 iVm §§ 65, 73 UmwG) sowie die Zustimmung zum Formwechsel (§§ 233, 240 UmwG).

23 Neben den gesetzlichen gibt es auch noch **satzungsgemäße Zuständigkeiten.** Nach § 119 Abs. 1 AktG beschließt die Hauptversammlung auch in den in der Satzung ausdrücklich bestimmten Fällen. Der praktische Anwendungsbereich dieser Bestimmung ist indessen sehr eingeschränkt. Denn nach § 23 Abs. 5 AktG kann die Satzung nur in den ausdrücklich durch das Gesetz zugelassenen Fällen von den Vorschriften des Gesetzes abweichen.

24 Fest steht, dass die Hauptversammlung zudem **ungeschriebene Zuständigkeiten** für sich reklamieren kann; die Einzelheiten sind indes umstritten. Der gesetzliche Schutzrahmen wurde namentlich durch die bekannte „Holzmüller"-Entscheidung erweitert.[22] Im „Holzmüller"-Fall ging es darum, dass der Kernbereich der unternehmerischen Tätigkeit der Gesellschaft, der etwa 80% des Betriebsvermögens ausmachte, auf eine Tochtergesellschaft ausgegliedert werden sollte. Der BGH stellte fest, dass es grundlegende Entscheidungen gebe, die zwar durch die Außenvertretungsbefugnis des Vorstands gedeckt seien, andererseits jedoch so tief in die Mitgliedschaftsrechte der Aktionäre eingriffen, dass der Vorstand vernünftigerweise nicht annehmen könne, er dürfe sie unter ausschließlich eigener Verantwortung treffen.

25 Die Auswirkungen der „Holzmüller"-Entscheidung auf die Instanzgerichte, die sich in einer Vielzahl von Entscheidungen mit den Grundsätzen des Bundesgerichtshofs auseinander setzten, waren sehr unterschiedlich.[23] In den beiden „Gelatine"-Entscheidungen aus dem Jahr 2004 hat der BGH nunmehr deutlich gemacht, dass er grundsätzlich einen restriktiven, auf gravierende Fälle begrenzten Umgang mit ungeschriebenen Hauptver-

---

[21] Gleiches gilt für den Widerruf der Wahl, § 318 Abs. 1 S. 5 HGB; Ausnahmen sieht etwa § 341k Abs. 2 HGB vor, wonach bei Versicherungsunternehmen die Wahl des Wirtschaftsprüfers durch den Aufsichtsrat erfolgt.
[22] BGHZ 83, 122 ff. = NJW 1982, 1703 ff.
[23] Vgl. die Nachw. bei *Bungert* in MHdB AG § 35 Rn. 49.

sammlungszuständigkeiten befürwortet.[24] Das entsprach der Auffassung eines großen Teils der Literatur.[25] Einige Streitfragen konnten hierdurch gelöst werden. Keine abschließende Klärung hat dagegen die Frage erfahren, ob ungeschriebene Hauptversammlungszuständigkeiten allein in Fällen der Ausgliederung greifen. Die „Gelatine"-Entscheidungen betrafen eben solche Fälle; nämlich die Umstrukturierungen von Tochter- in Enkelgesellschaften. Der BGH hat aber immerhin verdeutlicht, dass der Aspekt der Mediatisierung der Mitgliedschaftsrechte für seine Beurteilung von entscheidender Bedeutung ist.[26]

Neben den vorerwähnten Entscheidungszuständigkeiten bestehen noch weitere **geson- 26 derte Zuständigkeiten** der Hauptversammlung. Hierzu gehören etwa die Entgegennahme des festgestellten Jahresabschlusses, des Lageberichts – bei einem Mutterunternehmen auch des Konzernabschlusses und des Konzernlageberichts –, des Aufsichtsratsberichts sowie des Gewinnverwendungsvorschlags des Vorstands.[27]

V. Einberufung[28]

Unverzüglich **nach Eingang des Berichts des Aufsichtsrats** (vgl. § 171 AktG) über 27 die Prüfung des Jahresabschlusses, des Lageberichts, des Gewinnverwendungsbeschlusses sowie ggf. des Konzernabschlusses und des Konzernlageberichts ist eine Hauptversammlung zur Entgegennahme dieser Berichte sowie zur Beschlussfassung über den Bilanzgewinn einzuberufen (vgl. § 175 Abs. 1 S. 1 AktG).

Weitere gesetzliche Gründe für die Einberufung einer Hauptversammlung sind ge- 28 geben, wenn
– ein Verlust in Höhe der Hälfte des Grundkapitals besteht (§ 92 Abs. 1 AktG),
– Aufsichtsratsmitglieder zu bestellen sind (§§ 101, 102 AktG),
– eine Aktionärsminderheit, deren Anteil am Grundkapital mindestens 5% beträgt, eine Einberufung verlangt (§ 122 AktG),
– im Fall einer Konzernverschmelzung Aktionäre, die 5% des Grundkapitals der übernehmenden Gesellschaft auf sich vereinigen, die Einberufung verlangen (§ 62 Abs. 2 UmwG),
– zur Fassung eines Sonderbeschlusses berechtigte Aktionäre die Einberufung einer gesonderten Versammlung beantragen (§ 138 Satz 3 AktG),
– die letzte Hauptversammlung selbst die Einberufung einer neuen Hauptversammlung beschlossen hat (Rechtsgedanke aus § 124 Abs. 4 S. 2 AktG),
– in der Kredit- und Versicherungswirtschaft auch auf Verlangen von Aufsichtsbehörden (§ 44 Abs. 5 KWG, § 3 Abs. 1 BauSparkG, § 14 Abs. 3 ZAG) oder
– bei Investmentaktiengesellschaften nach dem KAGB, wenn das Gesellschaftsvermögen den Wert des Anfangskapitals oder den Wert der zusätzlich erforderlichen Eigenmittel nach § 25 KAGB unterschreitet (§ 114 KAGB).

Aufgrund der im Aktienrecht geltenden Satzungsstrenge (§ 23 Abs. 5 AktG) ist für die 29 Schaffung **statutarischer Einberufungsgründe** nur wenig Raum. Zu erwähnen ist etwa die Möglichkeit einer Satzungsbestimmung, wonach die Hauptversammlung bei einer be-

---

[24] BGHZ 159, 30ff. = NJW 2004, 1860ff. (Gelatine I); BGH ZIP 2004, 1001ff. (Gelatine II).
[25] Vgl. den Überblick bei *Reichert* AG 2005, 150.
[26] Vgl. *Reichert* AG 2005, 150 (154f.).
[27] § 175 Abs. 1 und 2, § 176 Abs. 1 AktG. Durch das Zweite Gesetz zur Änderung des UmwG vom 19.4. 2007 (BGBl. 2007 I 542ff.) ist zudem der Bericht des Vorstands zu den Angaben nach §§ 289 Abs. 4, 315 Abs. 4 HGB zugänglich zu machen (vgl. § 176 Abs. 1 S. 1 AktG). Hinzu kommt die durch das BilMoG geschaffene Verpflichtung börsennotierter Gesellschaften, eine Erklärung zur Unternehmensführung in den Lagebericht aufzunehmen und zugänglich zu machen, die auch die Entsprechenserklärung zum Corporate Governance Kodex gem. § 161 S. 1 AktG beinhalten muss (§ 289a HGB).
[28] Dazu § 4.

absichtigten Übertragung von vinkulierten Namensaktien zur Entscheidung über die Zustimmung einzuberufen ist.[29]

30 §§ 111 Abs. 3, 121 Abs. 1 AktG verlangen darüber hinaus die Einberufung der Hauptversammlung, wenn es das **Wohl der Gesellschaft** erfordert. Es handelt sich mithin ebenfalls um einen gesetzlichen Einberufungsgrund. Die Verpflichtung trifft sowohl den Vorstand (§ 121 Abs. 1 AktG) als auch den Aufsichtsrat (§ 111 Abs. 3 AktG).[30] In der Praxis spielt dieser Einberufungsgrund indes keine bedeutende Rolle, da die übrigen gesetzlichen Einberufungsgründe schon weit gefasst sind.

31 Schließlich ist es der Unternehmensleitung unbenommen, **freiwillig** eine Hauptversammlung einzuberufen, wenn dies zweckmäßig und aus Kostengründen vertretbar ist. Im Falle des § 119 Abs. 2 AktG kann die Hauptversammlung vom Vorstand zur Entscheidung über Fragen der Geschäftsführung einberufen werden. Nach den von der Rechtsprechung entwickelten Grundsätzen im Anschluss an die „Holzmüller"-Entscheidung ist eine Einberufung der Hauptversammlung für Maßnahmen der Geschäftsführung jedoch zwingend erforderlich, wenn durch die geplanten Maßnahmen die Mitgliedsrechte oder die Rechtsstellung der Aktionäre maßgeblich betroffen werden.

32 Sowohl aus organisatorischer als auch aus rechtlicher Sicht sind die Einberufung und die gesamte **Vorbereitung** einer Hauptversammlung anspruchsvoll. Insbesondere bei Publikumsgesellschaften wird bereits kurz nach Beendigung einer Hauptversammlung mit den Planungen für die nächste Hauptversammlung zu beginnen sein. Zu beachten sind die spezifischen Einberufungsfristen, die Mindestangaben, die das Gesetz für die Einberufung in § 121 Abs. 3 AktG vorsieht, die Anforderungen an eine ordnungsgemäße Bekanntgabe, die gesetzlichen sowie ungeschriebenen Berichtspflichten und einiges mehr.

VI. Teilnahme[31]

33 Das Teilnahmerecht der Aktionäre an der Hauptversammlung gem. § 118 Abs. 1 AktG ist das fundamentale Recht der Aktionäre, da sie ihre Rechte in den Angelegenheiten der Gesellschaft in der Hauptversammlung ausüben. Das Teilnahmerecht steht daher grundsätzlich jedem Aktionär zu. Da das Teilnahmerecht an der Hauptversammlung nicht mit dem Stimmrecht identisch ist,[32] sind auch Inhaber stimmrechtsloser Vorzugsaktien zur Teilnahme an der Hauptversammlung berechtigt. Dagegen steht Inhabern von Optionsscheinen oder von Schuldverschreibungen kein Teilnahmerecht zu.[33]

34 Inhaltlich umfasst das Teilnahmerecht der Aktionäre neben dem Recht auf Anwesenheit auch das Recht, durch Redebeiträge aktiv in das Geschehen einzugreifen (Anwesenheits- und Rederecht). Ebenso ist das Recht, Anträge zu den Gegenständen der Tagesordnung zu stellen (Antragsrecht), Bestandteil des Teilnahmerechts. Die Beschränkung des Teilnahmerechts durch die Satzung der Gesellschaft ist nur in engen Grenzen zulässig.

35 Da das Teilnahmerecht kein höchstpersönliches Recht des Aktionärs ist, kann auch ein rechtsgeschäftlich bestellter Vertreter (Aktionärsvertreter) für den Aktionär an der Hauptversammlung teilnehmen. Die Erstellung eines Verzeichnisses der erschienenen oder vertretenen Aktionäre und der Vertreter von Aktionären in der Hauptversammlung gem. § 129 Abs. 1 S. 2 AktG dient dazu, vor einer Beschlussfassung die vorhandene Präsenz zu ermitteln.

---

[29] § 68 Abs. 2 S. 3 AktG. Vgl. hierzu *Werner* in GK-AktG § 121 Rn. 11; *Bayer* in MüKoAktG AktG § 68 Rn. 65.
[30] → § 4 Rn. 15; *Butzke* B Rn. 42.
[31] Dazu § 8.
[32] *Zöllner* in Kölner Komm. AktG § 118 Rn. 17; *Kubis* in MüKoAktG AktG § 118 Rn. 37.
[33] *Koch* in Hüffer/Koch AktG § 118 Rn. 7; *Mülbert* in GroßkommAktG AktG § 118 Rn. 71.

Das Gesetz ordnet an, dass die Mitglieder des Vorstands und des Aufsichtsrats an der Hauptversammlung teilnehmen „sollen".[34] Aus diesem Gesetzeswortlaut leitet die herrschende Meinung nicht nur ein Teilnahmerecht, sondern auch eine Teilnahmepflicht dieser Personen ab.[35]

Als sonstige Teilnehmer kommen der Notar, die Abschlussprüfer, aufsichtsbehördliche Vertreter und Medien in Betracht.

VII. Durchführung[36]

Das Gesetz normiert nicht, wer die Hauptversammlung zu leiten hat. Es setzt allerdings an verschiedenen Stellen voraus, dass es einen **Vorsitzenden** für die Hauptversammlung gibt (zB in § 122 Abs. 3 S. 2 AktG). Aufgrund des Fehlens einer gesetzlichen Regelung sehen die Satzungen oder Geschäftsordnungen (vgl. § 129 Abs. 1 S. 1 AktG) der Gesellschaften regelmäßig eine Bestimmung über den Vorsitz in der Hauptversammlung vor. Überwiegend wird dabei der Aufsichtsratsvorsitzende als Vorsitzender bestimmt.[37]

Eine wesentliche Aufgabe des Versammlungsleiters ist es, für eine **ordnungsgemäße Durchführung** der Hauptversammlung zu sorgen.[38] Hieraus folgt, dass jeder Tagesordnungspunkt in einem geordneten und zügigen Verfahren ausreichend zu erörtern ist und entsprechende Beschlüsse zur Tagesordnung herbeizuführen sind. Der Versammlungsleiter hat bei allen Maßnahmen, die er zur Erfüllung seiner Aufgaben ergreift, den Grundsatz der gleichmäßigen Behandlung aller Aktionäre zu beachten.[39] Der Verhältnismäßigkeitsgrundsatz verpflichtet ihn dazu, nur solche Maßnahmen zu treffen, die zur Durchführung der Hauptversammlung geeignet und erforderlich sind.

Liegen zu viele Redemeldungen vor, kann der Versammlungsleiter das **Rederecht** beschränken, um eine Durchführung der Hauptversammlung in angemessener Zeit zu gewährleisten.[40] Einer satzungsmäßigen Ermächtigung bedarf es hierzu nicht.[41]

Neben dem Rederecht steht jedem Aktionär gem. § 131 Abs. 1 AktG das Recht zu, vom Vorstand in der Hauptversammlung Auskünfte über Angelegenheiten der Gesellschaft zu verlangen, soweit sie zur sachgemäßen Beurteilung des Gegenstands der Tagesordnung erforderlich sind.[42] Die Einschränkbarkeit dieses **Informationsrechts** der Aktionäre ist von der Einschränkbarkeit des Rederechts zu unterscheiden. Das Informationsrecht der Aktionäre gem. § 131 AktG lässt sich grds. zeitlich nicht in demselben Maße einschränken wie das Rederecht. Durch den durch das UMAG[43] neu eingeführten § 131 Abs. 2 S. 2 AktG kann die Satzung oder die Geschäftsordnung den Versammlungsleiter aber zu einer behutsamen generellen Beschränkung des Fragerechts ermächtigen.[44] Dieser hat im Übrigen das Recht, die **missbräuchliche Ausübung** des Fragerechts zu unterbinden.

Außerdem trifft der Versammlungsleiter die Entscheidung über die Art und Weise der **Abstimmung,** sofern weder die Satzung (§ 134 Abs. 4 AktG) noch eine Geschäftsord-

---

[34] § 118 Abs. 3 S. 1 AktG. Nach § 118 Abs. 3 S. 2 AktG kann die Satzung jedoch bestimmte Fälle vorsehen, in denen die Teilnahme von Mitgliedern des Aufsichtsrats im Wege der Bild- und Tonübertragung erfolgen darf.
[35] *Zöllner* in Kölner Komm. AktG § 118 Rn. 29; *Koch* in Hüffer/Koch AktG § 118 Rn. 21.
[36] Dazu § 9.
[37] *Steiner* HV der AG § 6 Rn. 1. Vgl. auch *Hoffmann-Becking* NZG 2017, 281.
[38] *Zöllner* in Kölner Komm. AktG § 119 Rn. 57; *Hoffmann-Becking* in MHdB AG § 37 Rn. 42.
[39] BGHZ 44, 245 (255) = NJW 1966, 43 (45 f.); OLG Frankfurt BeckRS 2011, 17968.
[40] Vgl. BVerfG AG 2000, 74 (75); Vorinstanz: OLG Stuttgart AG 1995, 234; OLG Frankfurt BeckRS 2011, 17968; OLG Frankfurt NZG 2015 1357 (1359).
[41] *Hoffmann-Becking* in MHdB AG § 37 Rn. 60; *Koch* in Hüffer/Koch AktG § 131 Rn. 22d.
[42] Vgl. zum Auskunftsrecht des Aktionärs § 11 Rn. 14 ff.
[43] BGBl. 2005 I 2802.
[44] Vgl. auch *Koch* in Hüffer/Koch AktG § 131 Rn. 22a aE.; *Kubis* in MüKoAktG AktG § 131 Rn. 98.

nung der Hauptversammlung (§ 129 Abs. 1 S. 1 AktG) eine entsprechende Regelung enthält.[45]

VIII. Beschlussfassung[46]

43 Die Aktionäre entscheiden über die Beschlussanträge durch Ausübung ihres Stimmrechts im Rahmen einer Abstimmung. Das Gesetz selbst stellt keine Mindestanforderungen an die **Beschlussfähigkeit** auf. Sofern die Satzung keine abweichende Regelung enthält, was grds. zulässig und in der Praxis auch weit verbreitet ist,[47] ist die Hauptversammlung auch dann beschlussfähig, wenn nur eine Aktie mit einer Stimme vertreten ist. Allerdings können sich aus Mehrheitserfordernissen Anforderungen an die Beschlussfähigkeit der Hauptversammlung ergeben (vgl. § 52 Abs. 5 S. 2 AktG). Das **Stimmrecht** kann dem Aktionär als Mitgliedschaftsrecht grds. **nicht entzogen** werden. Ausnahmen gelten insofern aber für stimmrechtslose Vorzugsaktien (§ 139 Abs. 1 AktG), bei einer Beschränkung des Stimmrechts durch Einführung eines Höchststimmrechts in nicht börsennotierten Gesellschaften (§ 134 Abs. 1 S. 2 AktG) oder bei sonstigen gesetzlichen oder satzungsgemäßen Stimmrechtsverboten.

44 Im Gesetz werden regelmäßig der **Gegenstand**, über den die Hauptversammlung zu beschließen hat, und die **Mehrheit**, mit der dieser Beschluss gefasst werden muss, festgelegt. Das Gesetz unterscheidet die Mehrheit der sich an der Abstimmung beteiligenden Stimmen (Stimmenmehrheit) und die Mehrheit des sich an der Abstimmung beteiligenden Kapitals (Kapitalmehrheit).[48]

45 Für das Zustandekommen eines Beschlusses ist **stets** die Mehrheit der abgegebenen Stimmen erforderlich **(einfache Stimmenmehrheit)**. Das Gesetz oder idR auch die Satzung können eine größere Mehrheit und weitere Erfordernisse (zB eine Kapitalmehrheit) festlegen (§ 133 Abs. 1 AktG).

46 In vielen Fällen verlangt das Gesetz neben der Stimmenmehrheit die Zustimmung einer **qualifizierten Mehrheit des vertretenen Grundkapitals:** Für den Beschluss ist dann regelmäßig eine Mehrheit von drei Vierteln des vertretenen Grundkapitals erforderlich. Als Beispiele seien genannt die Kapitalerhöhung gegen Einlagen mit Bezugsrecht oder unter Ausschluss des Bezugsrechts (§§ 182 ff. AktG), die Schaffung bedingten Kapitals (§§ 192 ff. AktG), die Schaffung genehmigten Kapitals (§§ 202 ff. AktG), die ordentliche und vereinfachte Kapitalherabsetzung (§§ 222 ff. resp. §§ 229 ff. AktG), ferner die Zustimmung zum Abschluss und zur Änderung eines Unternehmensvertrages (§§ 293 Abs. 1, 295 Abs. 1 AktG) sowie die Zustimmung der Hauptversammlung der zukünftigen Hauptgesellschaft zur Eingliederung einer Tochtergesellschaft (§§ 319 Abs. 2, 320 Abs. 1 S. 3 AktG). Bei einer Nachgründung im ersten Jahr des Bestehens einer AG muss die Mehrheit drei Viertel des vertretenen Kapitals, jedoch mindestens ein Viertel des vorhandenen Grundkapitals ausmachen (§ 52 Abs. 5 S. 2 AktG).

47 Das Gesetz bestimmt in einigen Fällen,[49] dass für die Annahme des Beschlussantrags eine **Dreiviertelmehrheit der abgegebenen Stimmen** erforderlich ist. Die Satzung kann allerdings eine hiervon abweichende Stimmenmehrheit festlegen.

48 In besonderen Umwandlungsfällen fordert das Gesetz für das Zustandekommen eines Beschlusses die **Einstimmigkeit** der anwesenden Aktionäre und zusätzlich die **Zustim-**

---

[45] *Koch* in Hüffer/Koch AktG § 134 Rn. 34.
[46] Dazu § 12.
[47] *Butzke* F Rn. 40.
[48] *Austmann* in MHdB AG § 40 Rn. 37 ff.
[49] Vgl. § 103 Abs. 1 AktG (Abberufung eines Aufsichtsratsmitglieds); § 111 Abs. 4 S. 4 AktG (Ersetzung der Zustimmung des Aufsichtsrats bei zustimmungspflichtigen Geschäften); § 141 Abs. 3 S. 2 AktG (Sonderbeschluss der Vorzugsaktionäre bei Aufhebung oder Beschränkung des Vorzugs).

mung der nicht erschienenen Aktionäre. Dies ist jeweils dann erforderlich, wenn sich für die Aktionäre nach der Rechtsänderung Auswirkungen auf ihre persönliche Rechtsstellung ergeben (§§ 233, 242, 252 UmwG).

IX. Dokumentation[50]

Über jede Hauptversammlung, in der Beschlüsse gefasst werden, ist gem. § 130 Abs. 1 AktG eine Niederschrift anzufertigen. Sinn und Zweck der Niederschrift ist die Dokumentation der Willensbildung der Hauptversammlung im Interesse der an ihr Beteiligten, aber auch der Gläubiger und der künftigen Aktionäre der Gesellschaft.[51] Insbesondere bei börsennotierten Aktiengesellschaften soll durch die Hinzuziehung eines Notars bei der Aufnahme der Niederschrift die Beachtung der gesetzlichen Vorgaben bei der Beschlussfassung gewährleistet werden.[52] Aufgrund der Einreichungspflicht der Niederschrift und ihrer Anlagen zum Handelsregister (§ 130 Abs. 5 AktG) wird zugleich eine Publizitätswirkung der Niederschrift bewirkt. 49

Für Hauptversammlungen von Gesellschaften, die an einer deutschen Börse zum Handel zugelassen sind, gilt die Pflicht zur notariellen Aufnahme der Niederschrift generell. Für Hauptversammlungen von **nicht börsennotierten Gesellschaften** besteht das Erfordernis nur, insoweit Beschlüsse gefasst werden, für die das Gesetz eine Dreiviertel- oder größere Mehrheit vorsieht (§ 130 Abs. 1 S. 3 AktG), für alle übrigen Beschlüsse ist deren Aufnahme in eine nicht notariell beurkundete Niederschrift ausreichend.[53] 50

In der Praxis bereitet der Notar bzw. der Protokollführer regelmäßig die Niederschrift bereits vor der Hauptversammlung soweit vor, dass in der Hauptversammlung nur noch Ergänzungen hinsichtlich der tatsächlichen Vorgänge, insbesondere der Abstimmungsergebnisse, eingefügt werden müssen. Die Niederschrift kann so unmittelbar nach der Hauptversammlung fertig gestellt und, wie von § 130 Abs. 4 AktG verlangt, vom Notar bzw. im Falle der privatschriftlichen Niederschrift vom Aufsichtsratsvorsitzenden (§ 130 Abs. 1 S. 3 AktG) eigenhändig unterschrieben werden. 51

X. Elektronische Kommunikation[54]

Der Gesetzgeber zieht zunehmend das Potential der elektronischen Kommunikation in Betracht, um Aktionären die Wahrnehmung ihrer Rechte zu erleichtern und das bei der Hauptversammlung vertretene Grundkapital weiter zu stärken. Namentlich das ARUG hat manche Veränderungen gebracht. 52

Das gilt insbesondere für die **Einberufung.** Wegen des erheblichen Umfangs an Druckmaterial bei Aktiengesellschaften mit großem Aktionärskreis ist rechtzeitig für eine rasche Anfertigung und Versendung der Unterlagen innerhalb der kurzen Frist des § 125 Abs. 1 AktG Sorge zu tragen. Da die elektronische Übermittlung gegenüber dem Versand in materialisierter Form deutlich kostengünstiger und effizienter ist, kann es sich empfehlen, von der Möglichkeit Gebrauch zu machen, die Übermittlung statutarisch auf den Weg der elektronischen Kommunikation zu beschränken (§§ 128 Abs. 1 S. 2 und 125 Abs. 2 S. 2 AktG). Die elektronische Übermittlung kann zB per E-Mail oder durch Be- 53

---

[50] Dazu § 13.
[51] *Kubis* in MüKoAktG AktG § 130 Rn. 1; *Zöllner* in Kölner Komm. AktG § 130 Rn. 2; *Steiner* HV der AG § 21 Rn. 1.
[52] *Koch* in Hüffer/Koch AktG § 130 Rn. 1; *Kubis* in MüKoAktG AktG § 130 Rn. 1.
[53] BGH NZG 2015, 867, 869.
[54] Dazu §§ 3, 4, 7.

54 Nach § 121 Abs. 4 S. 1 AktG ist die **Tagesordnung** der Hauptversammlung mit der Einberufung in den Gesellschaftsblättern bekannt zu machen (vgl. § 25 AktG) und gem. § 121 Abs. 4a AktG bei börsennotierten Gesellschaften spätestens zum gleichen Zeitpunkt solchen Medien zur Veröffentlichung zuzuleiten, bei denen davon ausgegangen werden kann, dass sie die Information in der gesamten Europäischen Union verbreiten. Außerdem sind börsennotierte Gesellschaften verpflichtet, „alsbald" nach der Einberufung der Hauptversammlung die vom Gesetz für die Versammlung verlangten **Berichte und Unterlagen** leicht zugänglich **auf der Internetseite** der Gesellschaft zusammen mit der Tagesordnung zu veröffentlichen (§ 124a AktG). Durch die Regelung soll die Internetpräsenz börsennotierter Gesellschaften zum „zentralen Medium des Informationsaustauschs zwischen Gesellschaft und Aktionär" ausgebaut werden.[56] Das Zugänglichmachen dient der Aufgabe der vorherigen Medienfestlegung auf Papier und damit zugleich dem Abbau des Bürokratie- und Kostenaufwandes im Rahmen der Hauptversammlung.

55 Die Satzung kann ferner vorsehen oder den Vorstand dazu ermächtigen vorzusehen, dass bei der Durchführung der Hauptversammlung moderne Medien in größerem Umfang genutzt werden (§ 118 Abs. 1 S. 2 AktG). Es ist jetzt möglich, dass die Aktionäre an der Hauptversammlung auch ohne Anwesenheit an deren Ort und ohne einen Bevollmächtigten teilnehmen und ihre Rechte im Wege der elektronischen Kommunikation ausüben. Dadurch soll die Mitwirkungsmöglichkeit der Aktionäre am Entscheidungsprozess der Hauptversammlung verbessert und „Zufallsmehrheiten" verhindert werden.[57]

56 Noch ist zwar nicht die **„virtuelle Hauptversammlung"**[58], also eine Versammlung, die in keinem physischen Raum mehr stattfindet, eingeführt, da die Präsenzhauptversammlung weiterhin die Basis für die Online-Zuschaltung darstellt, doch besteht die theoretische Möglichkeit, dass alle Aktionäre online zugeschaltet sind, so dass die Regelung im Ergebnis der „virtuellen Hauptversammlung" sehr nahe kommt.[59]

57 Die Gesellschaften können ihren Aktionären ferner gestatten, ihre Stimme im Wege der **Briefwahl** – schriftlich oder elektronisch – abzugeben (§ 118 Abs. 2 AktG). Der entscheidende Unterschied zur online zugeschaltet erfolgenden Stimmabgabe nach § 118 Abs. 1 S. 2 AktG liegt darin, dass der Erklärende bei der Briefwahl nicht als „erschienen" oder als „Teilnehmer der Hauptversammlung" qualifiziert wird. Aufgrund der fehlenden Teilnehmereigenschaft kann der Aktionär keinen Widerspruch zur Niederschrift erklären; folglich ist eine Beschlussanfechtung im Falle der Briefwahl nicht möglich.

58 Das ARUG begründete indes auch neue *Pflichten*. So müssen börsennotierte Gesellschaften gem. § 130 Abs. 6 AktG nunmehr innerhalb von sieben Tagen nach der Hauptversammlung die festgestellten **Abstimmungsergebnisse** (einschließlich der umfassenden Angaben nach § 130 Abs. 2 S. 2 AktG) **auf ihrer Internetseite** veröffentlichen.

XI. Gerichtliche Auseinandersetzungen[60]

59 Für das Verständnis des Ablaufs einer Hauptversammlung ist das Wissen um die prozessualen Risiken bei Fehlverhalten elementar. Dieser Bereich ist besonders umstritten und seit Jahren regelmäßig Gegenstand von Gesetzesvorhaben. Daher seien an der Stelle die wich-

---

[55] Vgl. BegrRegE zum ARUG v. 5.11.2008, BT-Drs. 16/11642, 47.
[56] Vgl. BegrRegE zum ARUG v. 5.11.2008, BT-Drs. 16/11642, 44.
[57] Vgl. BegrRegE zum ARUG v. 5.11.2008, BT-Drs. 16/11642, 37 sowie die Pressemitteilung des Bundesjustizministeriums v. 29.5.2009, abrufbar unter http://www.dnoti.de/DOC/2009/290509_ARUG_fin.pdf.
[58] Dazu § 7.
[59] Vgl. BegrRegE zum ARUG v. 21.1.2009, BT-Drs. 16/11642, 26.
[60] Dazu §§ 41–47.

tigsten Formen der gerichtlichen Auseinandersetzung – Anfechtungsklage, Nichtigkeitsklage, Freigabeverfahren und Spruchverfahren – nur in Umrissen skizziert.

Voraussetzung für die **Anfechtbarkeit** von Hauptversammlungsbeschlüssen ist das Vorliegen eines Anfechtungsgrunds. Ein solcher ist gegeben, wenn der Beschluss das Gesetz oder die Satzung der Gesellschaft verletzt.[61] Eine Gesetzesverletzung liegt auch im Verstoß gegen gewohnheitsrechtlich und richterrechtlich begründete Prinzipien wie etwa den Grundsatz der gesellschaftsrechtlichen Treuepflicht.[62] Demgegenüber führen Verstöße gegen bloße formale Ordnungsbestimmungen nicht zur Anfechtbarkeit.[63] Zu unterscheiden ist zwischen Fehlern, die das Zustandekommen des Beschlusses betreffen (Verfahrensfehler), und solchen, die die von der Hauptversammlung getroffene Entscheidung selbst betreffen (Inhaltsfehler). 60

In der Praxis hat im Bereich der **Verfahrensfehler** die Anfechtung wegen **Mängeln bei der Informationserteilung** die größte Bedeutung erlangt. Der wohl häufigste Anfechtungsgrund ist die Verletzung des Auskunftsrechts des Aktionärs nach § 131 AktG durch unberechtigte Auskunftsverweigerung oder unrichtige oder unvollständige Auskunftserteilung.[64] Bei den **Inhaltsfehlern** spielen die **Verstöße gegen Generalklauseln** und gesellschaftsrechtliche Grundsätze eine zentrale Rolle. Zu diesen zählen insbesondere die gesellschaftsrechtliche Treuepflicht und der Gleichbehandlungsgrundsatz (§ 53a AktG). Zunehmend werden aber auch Klagen darauf gestützt, dass ein Großaktionär seine Mitteilungspflichten nach den §§ 21 ff. WpHG (ab 3.1.2018 § 33 WpHG) verletzt und damit aus seinen Aktien zeitweilig keine Stimmrechte herleiten kann (§ 28 WpHG [ab 3.1.2018 § 44 WpHG]).[65] 61

Allen Aktionären, dem Vorstand sowie einem einzelnen Mitglied des Vorstands oder des Aufsichtsrats steht ferner der Rechtsbehelf der **Nichtigkeitsklage** gem. § 249 AktG zur Verfügung. Die Nichtigkeitsgründe für Beschlüsse sind in den Vorschriften der §§ 241, 250, 253 und 256 AktG abschließend geregelt. Ist danach kein Nichtigkeitsgrund gegeben, kann der fehlerhafte Beschluss nur mit der Anfechtungsklage angefochten werden. 62

Umwandlungen, also Verschmelzung, Spaltung, Vermögensübertragung und Formwechsel werden erst mit Eintragung im Handelsregister wirksam. Gleiches gilt für die Eingliederung sowie für den Aktienübergang im Falle des Squeeze Out. Für alle diese Fälle ordnet das Gesetz eine **Registersperre** an. Die Vertretungsorgane der betroffenen Gesellschaften haben bei der Anmeldung der Umwandlung, der Eingliederung oder des Squeeze Out dem Registergericht zu erklären, dass eine Klage gegen die Wirksamkeit des betroffenen Beschlusses nicht oder nicht rechtzeitig erhoben oder eine solche Klage rechtskräftig abgewiesen oder zurückgenommen worden ist. Ohne eine solche **Negativerklärung** darf die Maßnahme nach § 16 Abs. 2 S. 2 UmwG bzw. § 319 Abs. 5 S. 2 AktG grundsätzlich nicht eingetragen werden. Gerade diese Registersperre begünstigte das Phänomen der so genannten räuberischen Aktionäre, die durch Klage gegen den Umwandlungsbeschluss die Eintragung erheblich verzögern und damit den Druck erzeugen konnten, der notwendig war, um die Gesellschaft zum Abkauf von Klagen zu veranlassen. Der Gesetzgeber ist dem dadurch entgegengetreten, dass er das Prinzip der Registersperre durch die Schaffung eines so genannten **Freigabeverfahrens** – auch als Unbedenklichkeitsverfahren bezeichnet – ergänzt hat. Ein solches Freigabeverfahren ist in § 16 63

---

[61] § 243 Abs. 1 AktG. Nach einer Entscheidung des LG München NZG 2008, 150 ff. besteht kein Anfechtungsrecht gegen einen Hauptversammlungsbeschluss wegen Verstoßes gegen den Corporate Governance Kodex, da es sich beim Kodex weder um ein Gesetz handele noch eine satzungsgleiche Wirkung feststellbar sei. Allerdings kann ein Verstoß gegen den Corporate Governance Kodex eine Abweichung von der Entsprechenserklärung nach § 161 AktG und damit einen zur Anfechtung berechtigenden Gesetzesverstoß darstellen, OLG München, NZG 2009, 508 ff.; kritisch allerdings *Ederle* NZG 2010, 655, 657.
[62] *Koch* in Hüffer/Koch AktG § 243 Rn. 5; *Hüffer/Schäfer* in MüKoAktG AktG § 243 Rn. 17.
[63] Vgl. *Hüffer/Schäfer* in MüKoAktG AktG § 243 Rn. 19; *Schmidt* in GroßkommAktG AktG § 243 Rn. 11.
[64] Vgl. BGH DB 1993, 1074 (1080); OLG München DB 1998, 301; KG NZG 2001, 803 (804).
[65] Vgl. *Baums/Drinhausen/Keinath* ZIP 2011, 2329 (2339).

Abs. 3 UmwG bzw. in § 319 Abs. 6 AktG vorgesehen. Durch das UMAG wurde ein entsprechendes Freigabeverfahren für Maßnahmen der Kapitalbeschaffung, der Kapitalherabsetzung (§§ 182–240 AktG) sowie für Unternehmensverträge (§§ 291–307 AktG), bei denen eine faktische Registersperre besteht, eingeführt (§ 246a AktG).

64 Im Zuge der Umsetzung der Aktionärsrechterichtlinie durch das **ARUG**[66] wurde das Freigabeverfahren grundlegend reformiert, um missbräuchliche Aktionärsklagen effektiver zu bekämpfen. Wesentliches Druckmittel der Anfechtungskläger in diesen Fällen ist die Verzögerung der Umsetzung wichtiger Hauptversammlungsbeschlüsse. Die verschiedenen Neuregelungen sollen daher die Dauer des Freigabeverfahrens deutlich verkürzen. So wurden nunmehr als erste und **einzige Instanz die Oberlandesgerichte** bestimmt und die Freigabeentscheidung unanfechtbar gestellt.[67] Die **materiellen Freigabekriterien** sind bei allen Freigabeverfahren identisch und wurden nunmehr durch das ARUG kodifiziert (§ 246a Abs. 2 AktG). Dadurch sollen die Gerichte eine klare Entscheidungslinie erhalten, um legitime von missbräuchlichen Anfechtungsklagen trennen zu können.

65 Neu hinzugekommen ist die Regelung in § 246a Abs. 2 Nr. 2 AktG, wonach die Freigabe auch dann erfolgt, wenn der Kläger nicht binnen einer Woche nach Zustellung des Antrags durch Urkunden nachgewiesen hat, dass er seit Bekanntmachung der Einberufung einen anteiligen Betrag von **mindestens 1.000 EUR an Aktien** hält.

66 Für eine Reihe von Streitigkeiten über Fragen der Bewertung eröffnet das Gesetz außerdem das so genannte **Spruchverfahren,** welches weitgehend im SpruchG geregelt ist. Soweit ein Spruchverfahren eröffnet ist, kann die Anfechtungsklage nicht auf Bewertungsrügen gestützt werden; dies gilt auch, soweit eine unrichtige, unvollständige oder unzureichende Information über die für die Bewertung relevanten Tatsachen in der Hauptversammlung im Raum steht (§ 243 Abs. 4 S. 2 AktG).

---

[66] BGBl. 2009 I 2479.
[67] § 246a Abs. 1 S. 3, Abs. 3 S. 4 AktG. Parallelregelungen in §§ 319 Abs. 6 S. 7 und 9, 327e Abs. 2 AktG, § 16 Abs. 3 S. 7 und 9 UmwG.

§ 2 Der Jahresabschluss

Übersicht

	Rn.
I. Überblick	1
II. Verfahren	1a
III. Aufstellung	4
IV. Prüfung	23
1. Allgemein	23
2. Bestellung des Prüfers	27
3. Gegenstand und Umfang der Prüfung	48
4. Prüfungsbericht	57
5. Bestätigungsvermerk	63
6. Änderung des Jahresabschlusses nach Prüfung	72
7. Prüfung durch den Aufsichtsrat	75
V. Feststellung	89
1. Billigung durch den Aufsichtsrat	89
2. Feststellung durch die Hauptversammlung	95
3. Änderung des Jahresabschlusses nach Feststellung	102
4. Konzernabschluss	106
VI. Publizitätspflichten	108

Stichworte

Abschlussprüfung
- Änderung nach Prüfung Rn. 72 ff.
- Bestätigungsvermerk Rn. 63 ff.
- Bestellung des Prüfers Rn. 27 ff.
- Gegenstand und Umfang Rn. 48 ff.
- Prüfung durch den Aufsichtsrat Rn. 75 ff.
- Prüfungsbericht Rn. 57 ff.

Aufstellung
- Erleichterungen bei Konzerngesellschaften Rn. 15 f.
- Fehler und Folgen Rn. 14
- Inhalt des Jahresabschlusses Rn. 10 ff.

- Konzernabschluss Rn. 17 ff.
- Zuständigkeiten Rn. 6 ff.

Feststellung
- Änderung nach Feststellung Rn. 102 ff.
- Billigung des Konzernabschlusses Rn. 106 f.
- Billigung durch den Aufsichtsrat Rn. 89 ff.
- Feststellung durch die Hauptversammlung Rn. 95 ff.

Publizitätspflichten Rn. 108 ff.

Verfahren
- Größenklassen Rn. 3

Schrifttum:

Eschenfelder, Accounting Compliance – Haftungsrisiken und Organisationsanforderungen bei der Rechnungslegung in Kapitalgesellschaften, BB 2014, 685; *Fleischer*, Buchführungsverantwortung des Vorstands und Haftung der Vorstandsmitglieder für fehlerhafte Buchführung, WM 2006, 2021; *Forster*, Zur „Erwartungslücke" bei der Abschlußprüfung, WPg 1994, 789; *Gernoth/Wicke*, Neue Entwicklungen zum Bericht des Aufsichtsrats an die Hauptversammlung, NZG 2010, 531; *Kühne/Richter*, Einstandspflicht des Mutterunternehmens als Voraussetzung für Erleichterungen bei Tochter-Kapitalgesellschaften nach BilRUG-RegE, BB 2015, 877; *Kütting/Eichenlaub*, Verabschiedung des MicroBilG – Der „vereinfachte" Jahresabschluss für Kleinstkapitalgesellschaften, DStR 2012, 2615; *Merkt*, Die Bedeutung der International Standards on Auditing (ISA) für die Abschlussprüfung in Europa und Deutschland, ZGR 2012, 212; *ders.*, Die Zusammenarbeit von Aufsichtsrat und Abschlussprüfernach der EU-Reform: Mut zur Erwartungslücke?, ZHR 179 (2015), 601; *Paefgen*, „Compliance" als gesellschaftsrechtliche Organpflicht?, WM 2016, 433; *Weber/Velte/Stock*, Wie wirkt sich die externe Pflichtrotation auf den deutschen Prüfungsmarkt aus?, WPg 2016, 660, *Zwirner*, Reform durch das BilRUG – Sonstige Änderungen, DStR 2014, 1889; *Zwirner/Petersen*, Wie reformiert das BilRUG das Bilanzrecht?, WPg 2015, 811.

I. Überblick

1 Im nachfolgenden Abschnitt werden die Grundzüge der Aufstellung (→ Rn. 4 ff.), Prüfung (→ Rn. 23 ff.) und Feststellung (→ Rn. 89 ff.) des Jahresabschlusses dargestellt und insbesondere die entsprechenden Zuständigkeiten der Hauptversammlung erörtert. So wird etwa der **Abschlussprüfer** auf Vorschlag des Aufsichtsrats durch die **Hauptversammlung** gewählt, da die Aktionäre ein berechtigtes Interesse an unabhängig geprüften Abschlüssen, die ein wesentliches Informationsinstrument für sie darstellen, haben (→ Rn. 28). Ferner kommt in bestimmten Fällen auch die **Feststellung des Jahresabschlusses** durch die Hauptversammlung anstelle des Aufsichtsrats in Betracht (→ Rn. 95 ff.). Bei der KGaA ist allein die Hauptversammlung zur Feststellung befugt (→ Rn. 101).

II. Verfahren

1a Der Vorstand einer AG hat unter Anwendung der Vorschriften des zweiten Abschnitts des dritten Buchs des HGB und der Vorschriften des AktG einen **Jahresabschluss** aufzustellen. Dieser ist von dem Aufsichtsrat der Gesellschaft und grundsätzlich auch von einem externen Abschlussprüfer zu prüfen. Danach wird der Jahresabschluss festgestellt. Die Feststellung geschieht in aller Regel dadurch, dass der Aufsichtsrat den Jahresabschluss billigt (§ 172 AktG). Schließlich ist der Jahresabschluss offenzulegen (§ 325 HGB).

2 Fungiert die AG als Mutterunternehmen eines Konzerns iSd § 290 Abs. 1 HGB, hat der Vorstand neben dem Jahresabschluss einen **Konzernabschluss** aufzustellen. Dieser hat im Ergebnis dasselbe Verfahren wie der Jahresabschluss zu durchlaufen, wobei der Konzernabschluss allerdings lediglich gebilligt wird (§ 316 Abs. 2 S. 2 HGB).

3 Für das Verfahren ist zu berücksichtigen, dass die Kapitalgesellschaften handelsrechtlich grundsätzlich in drei **Größenklassen** unterteilt werden. Je nach Zuordnung in diese Größenklassen gelten bestimmte **Erleichterungen bzw. Alternativen im Bereich der Aufstellung, Prüfung und Offenlegung**.[1] Die Rechtsfolgen der Größenmerkmale treten ein, wenn mindestens zwei von drei Merkmalen an den Abschlussstichtagen von zwei aufeinander folgenden Geschäftsjahren jeweils über- bzw. unterschritten werden.

3a **Kleine Kapitalgesellschaften** sind solche, die mindestens zwei der folgenden Merkmale nicht überschreiten (§ 267 Abs. 1 HGB idF des BilRUG):
– 6.000.000 EUR Bilanzsumme
– 12.000.000 EUR Umsatzerlöse in den zwölf Monaten vor dem Abschlussstichtag,
– 50 Arbeitnehmer im Jahresdurchschnitt.
Mittelgroße Kapitalgesellschaften sind solche, die mindestens zwei der drei vorgenannten Merkmale überschreiten und jeweils mindestens zwei der drei nachstehenden Merkmale nicht überschreiten (§ 267 Abs. 2 HGB idF des BilRUG):
– 20.000.000 EUR Bilanzsumme
– 40.000.000 EUR Umsatzerlöse in den zwölf Monaten vor dem Abschlussstichtag,
– 250 Arbeitnehmer im Jahresdurchschnitt.
Groß sind Kapitalgesellschaften, die mindestens zwei der vorstehenden Merkmale überschreiten. Daneben gelten kapitalmarktorientierte Kapitalgesellschaften stets als große Kapitalgesellschaften (§ 267 Abs. 3 S. 2, 264d HGB idF des BilRUG).

3b Hinzugekommen ist im Jahr 2013 darüber hinaus die Größenklasse der Kleinstkapitalgesellschaft, der weitere Erleichterungen im Rahmen der Bilanzierung gewährt werden.[2] Eine **Kleinstkapitalgesellschaft** ist eine kleine Kapitalgesellschaft, die mindestens zwei der folgenden Merkmale nicht überschreitet (§ 267a Abs. 1 HGB idF des BilRUG):

---

[1] Vgl. hierzu Übersicht in WP-HdB Bd. I F 77.
[2] Vgl. *Kütting/Eichenlaub* DStR 2012, 2615 ff.

- 350.000 EUR Bilanzsumme
- 700.000 EUR Umsatzerlöse in den zwölf Monaten vor dem Abschlussstichtag,
- 10 Arbeitnehmer im Jahresdurchschnitt.

III. Aufstellung

Die **gesetzlichen Vertreter** einer Kapitalgesellschaft haben für jedes abgelaufene Geschäftsjahr einen Jahresabschluss aufzustellen. Er besteht aus einer **Bilanz**, einer **Gewinn- und Verlustrechnung** und einem **Anhang**, bei kapitalmarktorientierten Kapitalgesellschaften, die nicht zur Aufstellung eines Konzernabschlusses verpflichtet sind, außerdem aus einer **Kapitalflussrechnung** und einem **Eigenkapitalspiegel** (§ 242 iVm § 264 Abs. 1 HGB idF des BilRUG). Zusätzlich zum Jahresabschluss ist ein **Lagebericht** zu verfassen (§ 264 Abs. 1 S. 1 HGB idF des BilRUG). Hiervon können kleine Kapitalgesellschaften allerdings absehen (§ 264 Abs. 1 S. 4 HGB idF des BilRUG). Darüber hinaus brauchen Kleinstkapitalgesellschaften den Jahresabschluss bei Ergänzung bestimmer Angaben unter der Bilanz nicht um einen Anhang erweitern (§ 264 Abs. 1 S. 5 HGB idF des BilRUG). 4

Die Aufgaben des Jahresabschlusses sind insbesondere 5
- die Bereitstellung von Informationen **(Informationsfunktion)**;
- die **Rechenschaftslegung**;
- die **vorsichtige Ermittlung des ausschüttbaren Gewinns**.

Die vorsichtige Ergebnisermittlung dient dem Gläubigerschutz. Sie ist **Grundlage des Ergebnisverwendungsbeschlusses** und damit Basis für den **Ausschüttungsanspruch der Aktionäre**.

Bei der AG ist der Gesamtvorstand zur Aufstellung des Jahresabschlusses und des Lageberichts verpflichtet (vgl. § 77 Abs. 1 S. 1 AktG). Diese Verpflichtung ist öffentlich-rechtlicher Art. Ihre Erfüllung obliegt dem **Kollektivgremium.** In der Satzung ist eine abweichende Regelung nicht zulässig.[3] Im Innenverhältnis kann die Aufstellung jedoch einem oder mehreren Vorstandsmitgliedern übertragen werden. Bei Nichtbeachtung der Aufstellungspflicht wird vom Bundesamt für Justiz wegen der fehlenden Offenlegung des Jahresabschlusses ein Ordnungsgeldverfahren durchgeführt (§ 335 Abs. 1 S. 1 Nr. 1 HGB). 6

Bei der **KGaA** sind idR alle persönlich haftenden Gesellschafter zur Geschäftsführung und Vertretung der Gesellschaft berufen, so dass sie auch in ihrer Gesamtheit zur Aufstellung des Jahresabschlusses und des Lageberichts verpflichtet sind (§ 278 Abs. 3 AktG iVm §§ 161 Abs. 2, 114 ff. HGB). Die Satzung kann jedoch einzelne Komplementäre von der Geschäftsführung und Vertretung ausschließen; dann beschränkt sich die Verantwortlichkeit für die Aufstellung des Jahresabschlusses und des Lageberichts auf die verbleibenden geschäftsführungs- und vertretungsbefugten Komplementäre.[4] Auch bei der KGaA kann zwar die Aufstellung des Jahresabschlusses und des Lageberichts delegiert werden, es bleibt dabei aber bei der Gesamtverantwortlichkeit. 7

Der Jahresabschluss und der Lagebericht sind in den **ersten drei Monaten** des Geschäftsjahrs für das vergangene Geschäftsjahr aufzustellen (§ 264 Abs. 1 S. 3 HGB). Zur Aufstellung gehört, dass die Unterlagen prüfbereit sind bzw. bei nicht prüfungspflichtigen Gesellschaften zur Feststellung vorgelegt werden können.[5] Satzungsmäßige Fristverlängerungen oder -verkürzungen sind nicht zulässig. **Kleine Kapitalgesellschaften** dürfen 8

---
[3] *Spindler* in MüKoAktG AktG § 77 Rn. 62; *Winkeljohann/Schellhorn* in BeBiKo HGB § 264 Rn. 12; *Adler/Düring/Schmalz* HGB § 264 Rn. 23: „Die Zuständigkeit der gesetzlichen Vertreter ist abschließend und ausschließlich. Satzung oder Gesellschaftsvertrag können eine abweichende Regelung nicht vorsehen, entgegenstehende Bestimmungen wären nichtig."
[4] *Perlitt* in MüKoAktG AktG § 283 Rn. 33.
[5] Vgl. *Adler/Düring/Schmalz* HGB § 264 Rn. 30; *Winkeljohann/Schellhorn* in BeBiKo HGB § 264 Rn. 19.

den Jahresabschluss auch später, nämlich innerhalb der **ersten sechs Monate** des neuen Geschäftsjahrs (§ 264 Abs. 1 S. 4 HGB), aufstellen, wenn dies einem ordnungsgemäßen Geschäftsgang entspricht.

9 Der Jahresabschluss ist in deutscher Sprache und in Euro (§ 244 HGB) aufzustellen. Er ist von allen Vorstandsmitgliedern zu unterzeichnen (§ 245 HGB).[6] Der Zeitpunkt der **Unterzeichnung** ist gesetzlich nicht eindeutig geregelt. Nach hM ist der festgestellte Jahresabschluss zu unterschreiben.[7] Demzufolge ist der Jahresabschluss von allen Vorstandsmitgliedern zu unterschreiben, die zum Zeitpunkt der Feststellung dem Vorstand angehör(t)en,[8] bei der KGaA entsprechend von allen Komplementären, die zu diesem Zeitpunkt geschäftsführungs- und vertretungsbefugt sind (waren). Die gesetzlichen Vertreter einer Kapitalgesellschaft, die Inlandsemittent iSd § 2 Abs. 7 WpHG (ab 3. 1. 2018 § 2 Abs. 14 WpHG) und keine Kapitalgesellschaft iSd § 327a HGB ist, haben bei der Unterzeichnung von Jahresabschlusses und Konzernabschluss schriftlich zu versichern, dass diese nach besten Wissen ein den tatsächlichen Verhältnissen entsprechendes Bild vermitteln oder der Anhang zusätzliche Angaben enthält (sog **Bilanzeid**).[9] Zudem haben die gesetzlichen Vertreter solcher Kapitalgesellschaften zu versichern, dass nach bestem Wissen im Lagebericht der Geschäftsverlauf einschließlich des Geschäftsergebnisses und die Lage der Kapitalgesellschaft bzw. des Konzerns so dargestellt sind, dass ein den tatsächlichen Verhältnissen entsprechendes Bild vermittelt wird, und dass die wesentlichen Chancen und Risiken beschrieben sind.[10]

10 Der Jahresabschluss hat ein den tatsächlichen Verhältnissen entsprechendes Bild der Vermögens-, Finanz- und Ertragslage zu vermitteln (§ 264 Abs. 2 HGB). Die **Vermögenslage** stellt dar, „wie ‚reich' oder ‚arm' das Unternehmen, dh wie groß der Saldo zwischen den ihm gehörenden Vermögensposten und seinen Schulden im weitesten Sinn ist".[11] Die Darstellung der **Finanzlage** informiert über das Vorhandensein, die Herkunft und die Verwendung sowie die Fristigkeit der liquiden Mittel. Damit gibt die Finanzlage Auskunft darüber, wie liquide ein Unternehmen ist, dh ob bzw. in welchem Maß es seinen finanziellen Verpflichtungen nachkommen kann.[12] Die **Ertragslage** dokumentiert, wie und aus welchen Gründen sich das Reinvermögen der Gesellschaft innerhalb des Geschäftsjahrs verändert hat.

11 Bei der Aufstellung des Jahresabschlusses sind **die Grundsätze ordnungsmäßiger Buchführung (GoB)** zu beachten. Der Begriff GoB ist ein **unbestimmter Rechtsbegriff**.[13] Teilweise sind die GoB – mehr oder weniger konkret – kodifiziert, so dass es neben der Ermittlung außergesetzlicher Grundsätze auch der Auslegung gesetzlicher Vorschriften bedarf. Eine Besonderheit besteht dabei für die Konzernrechnungslegung. Die Beachtung der sie betreffenden GoB wird jeweils vermutet, soweit die vom Bundesjustizministerium bekannt gemachten Empfehlungen des Deutschen Standardisierungsrats für die Konzernrechnungslegung beachtet wurden (§ 342 Abs. 2 HGB).

12 Die bei der Aufstellung des Jahresabschlusses zu beachtenden Vorschriften des HGB werden durch **spezielle Vorschriften im AktG**[14] zur Dotierung und Auflösung der gesetzlichen Rücklagen und der Kapitalrücklage, zur Darstellung des Eigenkapitals, zur Gewinnverwendungsrechnung und zu weiteren Angaben im Anhang ergänzt. Für die KGaA

---

[6] *Adler/Düring/Schmalz* HGB § 245 Rn. 12; *Winkeljohann/Schellhorn* in BeBiKo HGB § 264 Rn. 14.
[7] Vgl. BGH WM 1985, 569; *Adler/Düring/Schmalz* HGB § 245 Rn. 7 f.
[8] Vgl. *Adler/Düring/Schmalz* HGB § 245 Rn. 13; *Winkeljohann/Schellhorn* in BeBiKo HGB § 264 Rn. 14.
[9] § 264 Abs. 2 S. 3 HGB (Jahresabschluss) bzw. § 297 Abs. 2 S. 4 (Konzernabschluss); vgl. hierzu *Reiner* in MüKoHGB HGB § 264 Rn. 95 ff.
[10] § 289 Abs. 1 S. 5 HGB (Lagebericht) bzw. § 315 Abs. 1 S. 6 HGB (Konzernlagebericht).
[11] *Winkeljohann/Schellhorn* in BeBiKo HGB § 264 Rn. 37.
[12] *Winkeljohann/Schellhorn* in BeBiKo HGB § 264 Rn. 37.
[13] *Schmidt/Usinger* in BeBiKo HGB § 243 Rn. 12.
[14] §§ 150–160 AktG. Für börsennotierte Aktiengesellschaften sind auch einzelne Bestimmungen des Deutschen Corporate Governance Kodex von Bedeutung.

sind ebenfalls einige Sondervorschriften zu Ausweisfragen im AktG geregelt (§ 286 Abs. 2–4 AktG).[15]

Bei der Aufstellung des Jahresabschlusses sind gesetzlich festgelegte **Gliederungsschemata** für die Bilanz und die Gewinn- und Verlustrechnung einzuhalten.[16] Dabei gelten für kleine sowie für Kleinstkapitalgesellschaften eine Reihe von Erleichterungen.[17]

Ist der **Jahresabschluss** fehlerhaft, kann er **nichtig** sein. Dies ist etwa der Fall, wenn er eine Vorschrift verletzt, die überwiegend dem Schutz der Gläubiger dient (§ 256 Abs. 1 Nr. 1 AktG). Auch eine Überbewertung oder eine vorsätzliche Unterbewertung führt zur Nichtigkeit des Jahresabschlusses (§ 256 Abs. 5 AktG). Verletzt der Vorstand seine Rechnungslegungspflichten, kann dies auch zur **Schadensersatzpflicht** führen (§ 93 Abs. 2 S. 1 AktG).[18] Weiter kann eine **Sonderprüfung** durchzuführen sein, wenn bestimmte Posten im festgestellten Jahresabschluss wesentlich unterbewertet sind oder wenn der Vorstand fehlende Anhangangaben trotz Nachfrage in der Hauptversammlung nicht gemacht hat (§ 258 AktG).

Besonderheiten bestehen für Kapitalgesellschaften, die **Tochtergesellschaften eines zur Aufstellung eines Konzernabschlusses verpflichteten Mutterunternehmens** sind. Für sie sind umfängliche Erleichterungen vorgesehen. Im Einzelnen handelt es sich um folgende Punkte (§ 264 Abs. 3 HGB idF des BilRUG):
– Der Jahresabschluss braucht nicht um einen **Anhang** erweitert zu werden.
– Ein **Lagebericht** muss nicht aufgestellt werden.
– Die kürzere **Aufstellungsfrist** von drei Monaten gilt nicht. Es gilt der allgemeine Grundsatz, dass der Jahresabschluss innerhalb der einem ordnungsgemäßen Geschäftsgang entsprechenden Zeit aufzustellen ist.[19]
– Die **Bewertungsvorschriften** für Kapitalgesellschaften sind nicht anzuwenden.
– Die **Gliederungsvorschriften** für Kapitalgesellschaften sind nicht anzuwenden.
– Es besteht **keine Prüfungspflicht** für den Jahresabschluss.
– Es besteht **keine Offenlegungspflicht** für den Jahresabschluss.

Die **Voraussetzungen** für die Inanspruchnahme der **Erleichterungen** sind unter anderem (§ 264 Abs. 3 HGB idF des BilRUG):
– Die Gesellschafter des Tochterunternehmens haben der Befreiung für das jeweilige Geschäftsjahr zugestimmt.
– Das Mutterunternehmen hat sich bereit erklärt, für die von dem Tochterunternehmen bis zum Abschlussstichtag eingegangenen Verpflichtungen im folgenden Geschäftsjahr einzustehen.
– Der Konzernabschluss und der Konzernlagebericht des Mutterunternehmens sind nach den Rechtsvorschriften des Staates, in dem das Mutterunternehmen seinen Sitz hat, und im Einklang mit den in § 264 Abs. 3 Nr. 3 lit. a) und b) HGB idF des BilRUG genannten Richtlinien aufgestellt und geprüft worden.
– Die Befreiung des Tochterunternehmens ist im Anhang des Konzernabschlusses des Mutterunternehmens – unter Beachtung der in der Norm genannten Offenlegungsvorschriften – angegeben.
– Für das Tochterunternehmen wurde die Offenlegungspflichten nach § 264 Abs. 3 Nr. 5 iVm. § 325 Abs. 1 bis 1b HGB befolgt.

Für die gesetzlichen Vertreter einer Kapitalgesellschaft mit Sitz im Inland besteht neben der Verpflichtung, einen Jahresabschluss und einen Lagebericht aufzustellen, die Pflicht

---

[15] Eine Zusammenfassung der Besonderheiten findet sich in *Sethe* DB 1998, 1045 ff.
[16] §§ 266, 275 HGB sowie die allgemeinen Grundsätze für die Gliederung in § 265 HGB.
[17] Vgl. §§ 266 Abs. 1 S. 3 und 4, 275 Abs. 5 HGB (Bilanz), § 276 HGB (Gewinn- und Verlustrechnung).
[18] Vgl. *Fleischer* WM 2006, 2021 (2025 f.); Wirkt der Aufsichtsrat an der Feststellung des Jahresabschlusses mit, kommt für ihn eine Haftung nach § 116 AktG iVm § 93 AktG in Frage; vgl. *Eschenfelder* BB 2014, 685 (686).
[19] § 243 Abs. 3 HGB; idR gilt eine Frist von sechs bis zwölf Monaten, vgl. *Ballwieser* in MüKoHGB HGB § 243 Rn. 78; *Adler/Düring/Schmalz* HGB § 243 Rn. 44 f.

zur **Aufstellung eines Konzernabschlusses und Konzernlageberichts,** wenn ein sog Mutter-Tochter-Verhältnis vorliegt. Ein solches Verhältnis liegt vor, wenn die Kapitalgesellschaft (Mutterunternehmen) unmittel- oder mittelbar einen beherrschenden Einfluss auf ein anderes Unternehmen (Tochterunternehmen) ausüben kann.[20]

18 Das Mutterunternehmen hat nach § 290 Abs. 2 HGB beherrschenden Einfluss, wenn
– ihm bei einem anderen Unternehmen die Mehrheit der Stimmrechte der Gesellschafter zusteht, oder
– ihm bei einem anderen Unternehmen das Recht zusteht, die Mehrheit der Mitglieder des die Finanz- und Geschäftspolitik bestimmenden Verwaltungs-, Leitungs- oder Aufsichtsorgans zu bestellen oder abzuberufen, und es gleichzeitig Gesellschafter ist, oder
– ihm das Recht zusteht, die Finanz- und Geschäftspolitik auf Grund eines mit einem anderen Unternehmen geschlossenen Beherrschungsvertrages oder auf Grund einer Bestimmung in der Satzung des anderen Unternehmens zu bestimmen, oder
– es bei wirtschaftlicher Betrachtung die Mehrheit der Risiken und Chancen eines Unternehmens trägt, das zur Erreichung eines eng begrenzten und genau definierten Ziels des Mutterunternehmens dient (Zweckgesellschaft).

19 Der **handelsrechtliche Konzernabschluss** besteht aus einer **Bilanz,** einer **Gewinn- und Verlustrechnung,** einem **Anhang,** einer **Kapitalflussrechnung** und einem **Eigenkapitalspiegel;** er kann um eine **Segmentberichterstattung** erweitert werden (§ 297 Abs. 1 S. 2 HGB). Nach Art. 4 der unmittelbar auch im nationalen Recht geltenden sog **IAS-Verordnung**[21] haben deutsche Aktiengesellschaften ihre Konzernabschlüsse nach den internationalen Rechnungslegungsstandards (IFRS) aufzustellen, wenn am Bilanzstichtag ihre Wertpapiere in einem beliebigen Mitgliedstaat zum Handel in einem geregelten Markt zugelassen sind.

20 Die **Frist** für die Aufstellung des Konzernabschlusses beträgt **fünf Monate** nach dem Stichtag des Konzernabschlusses (§ 290 Abs. 1 S. 1 HGB). Für kapitalmarktorientierte Mutterunternehmen iSd § 264d HGB, die nicht zugleich Kapitalgesellschaften iSd § 327a HGB sind, beträgt die Frist **vier Monate** (§ 290 Abs. 1 S. 2 HGB). Die dem Konzernabschluss zugrunde gelegten Jahresabschlüsse dürften bei der Aufstellung des Konzernabschlusses regelmäßig geprüft und festgestellt sein. Aufgrund der schmalen Zeitspanne zwischen Aufstellung und Prüfung der Jahresabschlüsse und des Konzernabschlusses wird diese Bedingung aber nicht immer erfüllt sein. Dies ist unproblematisch, sofern anzunehmen ist, dass der in den Konzernabschluss einbezogene Jahresabschluss bis zu seiner Feststellung nicht mehr geändert wird. Bestehen insoweit Zweifel, sind Erläuterungen im Konzernanhang oder -lagebericht erforderlich.[22]

21 Die Verpflichtung zur Aufstellung eines Konzernabschlusses entfällt, wenn ein übergeordnetes Mutterunternehmen einen **befreienden Konzernabschluss** aufstellt.[23] Dies gilt jedoch nicht für Aktiengesellschaften, die einen organisierten Markt iSd § 2 Abs. 5 WpHG (ab 3.1.2018 § 2 Abs. 11 WpHG) durch von ihnen ausgegebene Wertpapiere iSd § 2 Abs. 1 S. 1 WpHG in Anspruch nehmen (§ 291 Abs. 3 Nr. 1 HGB). Darüber hinaus gilt hier ein **Minderheitenschutz,** der es Minderheitsgesellschaftern unter bestimmten, gesetzlich niedergelegten Voraussetzungen ermöglicht, die Aufstellung eines Teilkonzernabschlusses zu verlangen (§ 291 Abs. 3 Nr. 2 HGB). Weiter ist eine **größenabhängige Befreiung** von der Aufstellung eines Konzernabschlusses möglich (§ 293 HGB).

22 Zusätzlich ist vom Vorstand einer AG (bzw. von den persönlich haftenden Gesellschaftern einer KGaA) ein sog **Abhängigkeitsbericht**[24] über die Beziehungen der Gesellschaft zu verbundenen Unternehmen zu erstellen, wenn ein Abhängigkeitsverhältnis iSd

---

[20] § 290 Abs. 1 S. 1 HGB.
[21] Verordnung (EG) Nr. 1606/2002 des Europäischen Parlaments und des Rates vom 19.7.2002 betreffend die Anwendung internationaler Rechnungslegungsstandards.
[22] Vgl. *Adler/Düring/Schmalz* HGB § 290 Rn. 158; *Busse von Colbe* in MüKoHGB HGB § 290 Rn. 75.
[23] § 291 HGB; ausf. *Adler/Düring/Schmalz* HGB § 291 Rn. 1 ff.
[24] Ausf. zum Abhängigkeitsbericht *Adler/Düring/Schmalz* § 311 und § 312 AktG.

§ 17 AktG besteht (§ 312 AktG). Diese Verpflichtung besteht allerdings nicht, wenn zwischen der abhängigen AG und dem herrschenden Unternehmen ein Beherrschungs- oder Gewinnabführungsvertrag besteht[25] oder wenn das Unternehmen in eine andere AG mit Sitz im Inland eingegliedert ist (§ 323 Abs. 1 S. 3 AktG). Der Abhängigkeitsbericht ist innerhalb der ersten drei Monate des Geschäftsjahrs aufzustellen. Da die Berichterstattung zeitgleich mit der Aufstellung des Jahresabschlusses erfolgen soll, ergibt sich für kleine Kapitalgesellschaften eine Verlängerung der Frist auf sechs Monate.[26]

IV. Prüfung

1. Allgemein

Der Jahresabschluss und der Lagebericht von Kapitalgesellschaften, die nicht kleine iSd § 267 Abs. 1 HGB sind, sowie ggf. der Konzernabschluss und Konzernlagebericht von Kapitalgesellschaften sind durch einen **externen Abschlussprüfer** zu prüfen (§ 316 HGB). Im Anschluss an die externe Prüfung befasst sich der **Aufsichtsrat** mit den Unterlagen (§§ 170, 171 AktG).

Die Abschlussprüfung verfolgt dabei im Wesentlichen folgende Ziele:
- **Kontrolle** im Sinn einer Gesetz- und Ordnungsmäßigkeitsprüfung;
- **Information** durch den Prüfungsbericht;
- **Beglaubigung** in Form des Bestätigungsvermerks.[27]

Während die Prüfungspflicht beim Jahresabschluss von der Einstufung in die Größenklassen abhängt (kleine Kapitalgesellschaften sind nicht prüfungspflichtig),[28] haben Gesellschaften, die einen Konzernabschluss aufstellen müssen, diesen auch prüfen zu lassen.[29] Kapitalmarktorientierte Aktiengesellschaften iSd § 264d HGB sind als große Kapitalgesellschaften stets prüfungspflichtig (§ 267 Abs. 3 S. 2 HGB).

Ohne Prüfung kann der Jahresabschlusses nicht festgestellt und der Konzernabschluss kann nicht gebilligt werden.

2. Bestellung des Prüfers

Die externe Prüfung wird von dem **bestellten Abschlussprüfer** durchgeführt. Hierfür wird zunächst ein Abschlussprüfer gewählt und anschließend beauftragt (siehe § 20). Erst mit Annahme des Auftrags erhält der gewählte Prüfer die Stellung als gesetzlicher Abschlussprüfer.[30]

Der **Abschlussprüfer** wird auf Vorschlag des Aufsichtsrats[31] **durch die Hauptversammlung gewählt** (§ 119 Abs. 1 Nr. 4 AktG; § 318 Abs. 1 HGB), da die Aktionäre ein berechtigtes Interesse an unabhängig geprüften Abschlüssen haben, welche ein wesentliches Informationsinstrument der Gesellschafter darstellen. Darüber hinaus ist der Jahresabschluss Grundlage der Gewinnverwendung. Die Wahl des Abschlussprüfers kann nicht auf

---

[25] §§ 312 Abs. 1 S. 1, 316 AktG. Bei mehrstufigen Unternehmensverbindungen gilt dies auch für die Enkelgesellschaft, falls eine lückenlose Kette von entsprechenden Unternehmensverträgen besteht, OLG Frankfurt a.M. WM 2000, 1402.
[26] *Altmeppen* in MüKoAktG AktG § 312 Rn. 53 f.
[27] *Adler/Düring/Schmalz* HGB § 316 Rn. 16 ff., *Ebke* in MüKoHGB § 316 Rn. 24 ff.
[28] § 316 Abs. 1 S. 1 HGB.
[29] Für „kleine Konzerne" sieht § 293 HGB (ähnlich wie § 267 HGB für die Jahresrechnungslegung) eine größenabhängige Befreiung von der Konzernrechnungslegung nach §§ 290 ff. HGB vor.
[30] *Hopt/Merkt* in Baumbach/Hopt HGB § 318 Rn. 2; *Adler/Düring/Schmalz* HGB § 318 Rn. 15.
[31] § 124 Abs. 3 S. 1 AktG. Bei kapitalmarktorientierten Gesellschaften (und bestimmten Kreditinstituten und Versicherungsunternehmen) ist der Vorschlag nach § 124 Abs. 3 S. 2 AktG idF des BilRUG auf die Empfehlung des Prüfungsausschusses zu stützen.

andere Organe der AG übertragen werden. Ebenso wenig sind Beschränkungen des Wahlrechts durch Satzungsregelungen möglich. Die Hauptversammlung ist nicht an den Vorschlag des Aufsichtsrats gebunden.[32]

29 Bei der **KGaA** wird der Abschlussprüfer gleichfalls durch die Hauptversammlung idR entsprechend dem Vorschlag des Aufsichtsrats gewählt.[33] Die **persönlich haftenden Gesellschafter** haben bei der Wahl indes **kein Stimmrecht** (§ 285 Abs. 1 S. 2 Nr. 6 AktG), um einen Einfluss auf Personen, die Teile ihrer Geschäftsführung überwachen sollen, zu vermeiden. Das Stimmrechtsverbot ist zwingende gesetzliche Vorschrift, die nicht durch die Satzung abbedungen werden kann.

30 Das **Wahlverfahren für den Konzernabschlussprüfer** ist mit dem für den Jahresabschlussprüfer identisch.[34] Unterbleibt eine gesonderte Wahl eines Konzernabschlussprüfers, gilt der Prüfer des Jahresabschlusses des Mutterunternehmens auch für die Prüfung des Konzernabschlusses als gewählt (§ 318 Abs. 2 S. 1 HGB). Entbehrlich ist indes nur ein gesonderter Wahlakt, nicht aber die Erteilung eines auf die Konzernabschlussprüfung bezogenen Prüfungsauftrags.[35]

31 Bei der **Gründung einer AG** bestellen die Gründer den Abschlussprüfer. Die Bestellung bedarf der notariellen Beurkundung (§ 30 Abs. 1 AktG).[36]

32 Gegen die Wahl des Abschlussprüfers kann, sofern gegen Gesetz oder Satzung verstoßen wird, etwa bei fehlerhafter Einberufung der Hauptversammlung, ein **Antrag auf Feststellung ihrer Nichtigkeit** gestellt werden.[37]

33 Der Vorstand, der Aufsichtsrat und die Aktionäre können einen Antrag auf **gerichtliche Ersetzung** des Abschlussprüfers stellen, wenn dies aus einem in der Person des gewählten Prüfers liegenden Grund geboten erscheint, insbesondere wenn **Besorgnis der Befangenheit** besteht (§ 318 Abs. 3 HGB). Der bisherige Abschlussprüfer wird in der Folge abberufen und ein neuer durch das Gericht bestellt. Der Vorstand und der Aufsichtsrat sind jeweils nur als Gesamtorgan antragsberechtigt. Die Aktionäre haben ein Antragsrecht, wenn ihre Anteile den zwanzigsten Teil des Grundkapitals oder einen Börsenwert von 500.000 EUR erreichen und sie die Aktien bereits drei Monate vor dem Tag der Hauptversammlung besaßen.[38] Bei der **KGaA** haben auch die persönlich haftenden Gesellschafter ein Antragsrecht, da sie durch gesetzliche Vorschrift von der Wahl des Abschlussprüfers ausgeschlossen sind.[39]

34 Bezüglich des Konzernabschlussprüfers sind nur die **Gesellschaftsorgane des Mutterunternehmens** zur Antragstellung berechtigt.[40]

35 Ist bis zum Ende des Geschäftsjahrs **kein Abschlussprüfer gewählt** worden, ist der **Abschlussprüfer** auf Antrag des Vorstands, des Aufsichtsrats oder eines Aktionärs **durch das Gericht zu bestellen** (§ 318 Abs. 4 S. 1 HGB). Gleiches gilt, wenn ein gewählter Abschlussprüfer den Prüfungsauftrag ablehnt, weggefallen oder an einem rechtzeitigen Abschluss der Prüfung gehindert ist und kein anderer Abschlussprüfer gewählt wurde (§ 318 Abs. 4 S. 2 HGB). Der Vorstand ist verpflichtet, den Antrag zu stellen. Im Gegensatz zur gerichtlichen Ersetzung haben hier die **einzelnen Aktionäre** ein Antragsrecht,

---

[32] *Adler/Düring/Schmalz* HGB § 318 Rn. 107; *Schmidt/Heinz* in BeBiKo HGB § 318 Rn. 4.
[33] Vgl. *Adler/Düring/Schmalz* HGB § 318 Rn. 112 ff.; *Baetge/Thiele* in Küting/Pfizer/Weber Rechnungslegung-HdB Bd. III HGB § 318 Rn. 11; *Schmidt/Heinz* in BeBiKo HGB § 318 Rn. 5.
[34] *Schmidt/Heinz* in BeBiKo HGB § 318 Rn. 10.
[35] *Adler/Düring/Schmalz* HGB § 318 Rn. 302; *Ebke* in MüKoHGB § 318 Rn. 39.
[36] Vgl. ausf. *Adler/Düring/Schmalz* HGB § 318 Rn. 17 ff.
[37] *Schmidt/Heinz* in BeBiKo HGB § 318 Rn. 4; *Ebke* in MüKoHGB § 318 Rn. 4.
[38] Zu den weiteren Voraussetzungen vgl. *Adler/Düring/Schmalz* HGB § 318 Rn. 333 ff.; *Ebke* in MüKoHGB § 318 Rn. 53 ff.; *Baetge/Thiele* in Küting/Pfizer/Weber Rechnungslegungs-HdB Bd. III HGB § 318 Rn. 87 ff.; *Schmidt/Heinz* in BeBiKo HGB § 318 Rn. 18 ff.
[39] *Baetge/Thiele* in Küting/Pfizer/Weber Rechnungslegungs-HdB Bd. III HGB § 318 Rn. 88.
[40] *Adler/Düring/Schmalz* HGB § 318 Rn. 331.

auch der stimmrechtslose Vorzugsaktionär, aber nicht die Inhaber von Genussscheinen oder Obligationen.[41]

Der Abschlussprüfer wird jeweils **für ein Geschäftsjahr gewählt.** Eine Wiederwahl ist grundsätzlich zulässig und allgemein üblich.[42] Zu beachten ist in diesem Zusammenhang, dass als Resultat der EU-Abschlussprüferreform Prüfungsgesellschaften in der Regel nach zehn Jahren ihr Prüfungsmandat bei Public Interest Entities (PIE) abgeben müssen.[43] 36

Die Wahl soll vor Ablauf des Geschäftsjahrs erfolgen (§ 318 Abs. 1 S. 3 HGB), um ihm genügend Zeit für die Planung, Vorbereitung und Durchführung der Prüfung zu gewähren.[44] IdR wird er in der ordentlichen Hauptversammlung gewählt, die in dem Geschäftsjahr stattfindet, auf das sich die Prüfung bezieht. 36a

Als Abschlussprüfer der Jahresabschlüsse und der Konzernabschlüsse von Aktiengesellschaften sind nur **Wirtschaftsprüfer und Wirtschaftsprüfungsgesellschaften** zugelassen (§ 319 Abs. 1 S. 1 HGB).[45] Sie müssen über einen Auszug aus dem Berufsregister verfügen, aus dem sich ergibt, dass die Eintragung nach § 38 Nr. 1 lit. h oder Nr. 2 lit. f der Wirtschaftsprüferordnung vorgenommen worden ist (§ 319 Abs. 1 S. 3 HGB).[46] Ein **Jahresabschluss,** der von einem nicht bestellten oder von einem Abschlussprüfer geprüft wurde, der nicht die Qualifikation zur Wirtschaftsprüfung besitzt, ist **nichtig** (§ 256 Abs. 1 Nr. 3 AktG), in letzterem Fall auch die **Bestellung** und der **Wahlbeschluss** (§ 241 Nr. 3 AktG).[47] 37

Im HGB findet sich eine Aufzählung der **Ausschlusstatbestände.**[48] Sie sollen die Unabhängigkeit und Unbefangenheit des Abschlussprüfers gewährleisten. Die Tatbestände betreffen Verflechtungen des Abschlussprüfers oder seines Netzwerks mit der zu prüfenden Kapitalgesellschaft, die Mitwirkung des Prüfers bei der Erstellung der zu prüfenden Unterlagen und die finanzielle Abhängigkeit des Prüfers von der zu prüfenden Kapitalgesellschaft[49] und gelten sowohl für den Einzel- als auch für den Konzernabschluss. Der Abschlussprüfer ist gegenüber dem Mandanten verpflichtet, ihn über eine Inhabilität zu informieren.[50] Entsprechend besteht für den Aufsichtsrat die Pflicht, sich der beruflichen Unabhängigkeit des Abschlussprüfers zu vergewissern (§ 116 iVm § 93 AktG). So soll der Aufsichtsrat börsennotierter Aktiengesellschaften nach den Bestimmungen des Deutschen Corporate Governance Kodex vor der Wahl des Abschlussprüfers eine Erklärung zu dessen Unabhängigkeit einholen (Ziff. 7.2.1 DCGK). 38

Hat die Hauptversammlung einer AG einen Abschlussprüfer gewählt, ist diesem **durch den Aufsichtsrat der Auftrag zu erteilen** (§ 111 Abs. 2 S. 3 AktG iVm § 318 Abs. 1 S. 4 HGB). 39

Der Abschlussprüfer muss den Prüfungsauftrag ablehnen, wenn 40
– einer oder mehrere der Ausschlussgründe der §§ 319, 319a oder 319b HGB vorliegen oder
– ihm die Kenntnisse fehlen, um eine Prüfung ordnungsgemäß durchzuführen, oder
– er nicht genügend personelle Kapazitäten hat.

---

[41] Vgl. *Adler/Düring/Schmalz* HGB § 318 Rn. 390 ff.; *Baetge/Thiele* in Küting/Pfizer/Weber Rechnungslegungs-HdB Bd. III HGB § 318 Rn. 123.
[42] Vgl. *Hopt/Merkt* in Baumbach/Hopt HGB § 318 Rn. 2.
[43] Vgl. Art 17 EU-AbschlussprüfungsVO 2014; vgl. zur externen Pflichtrotation *Merkt* ZHR 179 (2015), 601, 622 ff.; *Weber/Velte/Stock* WPg 2016, 660 ff.
[44] Vgl. *Ebke* in MüKoHGB HGB § 318 Rn. 11.
[45] Vgl. *Adler/Düring/Schmalz* HGB § 319 Rn. 21 ff.
[46] *Hopt/Merkt* in Baumbach/Hopt HGB § 319 Rn. 2.
[47] Vgl. *Adler/Düring/Schmalz* HGB § 319 Rn. 243 ff.; *Schmidt/Nagel* in BeBiKo HGB § 319 Rn. 92 ff.
[48] § 319 Abs. 2–5, § 319a und § 319b HGB.
[49] Hierzu ausf. *Adler/Düring/Schmalz* HGB § 319 Rn. 42 ff.; *Baetge/Thiele* in Küting/Pfizer/Weber Rechnungslegung-HdB Bd. III HGB § 319 Rn. 30 ff.; *Hopt/Merkt* in Baumbach/Hopt HGB § 319 Rn. 4 ff.; *Schmidt/Nagel* in BeBiKo HGB § 319 Rn. 20 ff.
[50] Vgl. auch § 171 Abs. 1 S. 3 AktG idF des BilMoG; vgl. für börsennotierte Aktiengesellschaften Ziff. 7.2.1 DCGK; vgl. auch *Hopt/Merkt* in Baumbach/Hopt HGB § 319 Rn. 12.

Der Prüfer muss die **Ablehnung** dem Auftraggeber **unverzüglich anzeigen,** anderenfalls macht er sich schadensersatzpflichtig (§ 51 WPO).[51]

41 Nach Annahme des Prüfungsauftrags ist der Prüfer verpflichtet, die Prüfung selbst durchzuführen. Die Weitergabe an einen anderen Abschlussprüfer ist – auch mit Zustimmung des Auftraggebers – nicht möglich.[52]

42 IdR wird ein **schriftlicher Prüfungsvertrag** geschlossen, dessen Inhalt eine Geschäftsbesorgung ist (§ 675 BGB). Neben dem Einschluss der Allgemeinen Auftragsbedingungen für Wirtschaftsprüfer und Wirtschaftsprüfungsgesellschaften enthält der Vertrag Honorarvereinbarungen sowie Haftungsbedingungen des Wirtschaftsprüfers.[53] Der Aufsichtsrat börsennotierter sowie bestimmter weiterer (§ 161 Abs. 1 S. 2 idF des BilMoG) Aktiengesellschaften soll bei der Auftragsgestaltung die Bestimmungen des Deutschen Corporate Governance Kodex beachten, die eine Ausweitung der Berichtspflichten des Abschlussprüfers vorsehen (Ziff. 7.2.1 und 7.2.3 DCGK). Eine Gebührenordnung existiert für Wirtschaftsprüfer nicht. Die Honorierung – meist auf Zeitbasis – ist vertraglich festzulegen. Erfolgshonorare für die Abschlussprüfung sind berufsrechtlich nicht zulässig, Pauschalhonorare grundsätzlich nur, wenn festgelegt wird, dass bei Erhöhung des Prüfungsaufwandes aufgrund unvorhersehbarer Umstände das Honorar zu erhöhen ist.[54]

43 Der Abschlussprüfer, nicht aber die Gesellschaft, kann den Prüfungsvertrag **aus wichtigem Grund kündigen** (§ 318 Abs. 6 HGB). Zur Auslegung des Begriffs „wichtiger Grund" kann auf die allgemeinen Kündigungsvorschriften des BGB zurückgegriffen werden. Meinungsverschiedenheiten über die Erteilung, Einschränkung oder Versagung des Bestätigungsvermerks gelten nicht als wichtiger Grund. Die Kündigung ist **schriftlich zu begründen.** Die **Wirtschaftsprüferkammer** ist unverzüglich und schriftlich begründet durch den Abschlussprüfer und die gesetzlichen Vertreter der geprüften Gesellschaft von der Kündigung **zu unterrichten** (§ 318 Abs. 8 HGB). Über das bisherige Ergebnis der Prüfungshandlungen hat der Abschlussprüfer **schriftlich zu berichten.** Der Vorstand ist verpflichtet, die Kündigung dem Aufsichtsrat und der nächsten Hauptversammlung mitzuteilen. Der Prüfungsbericht über das bisherige Ergebnis ist unverzüglich dem Aufsichtsrat vorzulegen. Jedes Aufsichtsratsmitglied hat ein Recht auf Kenntnisnahme und kann die Aushändigung des Prüfungsberichts verlangen, soweit der Aufsichtsrat nichts Gegenteiliges beschlossen hat.[55]

44 Es ist auch zulässig, die Prüfung von mehreren Abschlussprüfern durchführen zu lassen. Dabei kann es sich um eine **gemeinschaftliche Durchführung der Prüfung** handeln, die mit einem gemeinsamen Prüfungsbericht und Testat beendet wird, oder eine **getrennte Prüfungsdurchführung nebeneinander,** aus der zwei Prüfungsberichte und zwei Testate resultieren, die beide zu veröffentlichen sind. Ebenso ist es möglich, einen **Ersatzprüfer** zu wählen, der bei Wegfall des gewählten Abschlussprüfers tätig wird.[56]

45 Die Pflichten des Abschlussprüfers sind außer im Berufsrecht auch im HGB kodifiziert (§ 323 HGB; § 43 Abs. 1 WPO). Danach sind der Prüfer sowie seine Mitarbeiter verpflichtet, eine **gewissenhafte und unparteiische Prüfung** durchzuführen, über die bei der Durchführung erlangten Erkenntnisse **Verschwiegenheit** zu wahren und Geschäfts- und Betriebsgeheimnisse nicht zu verwerten.[57]

46 Eine Verletzung der Pflichten kann zu **Schadensersatzpflichten** führen. Die Ersatzpflicht beschränkt sich bei Fahrlässigkeit für eine Prüfung auf 1 Mio. EUR und für die

---

[51] *Schmidt/Heinz* in BeBiKo HGB § 318 Rn. 15.
[52] *Adler/Düring/Schmalz* HGB § 318 Rn. 210.
[53] Vgl. *Baetge/Thiele* in Küting/Pfizer/Weber Rechnungslegung-HdB Bd. III HGB § 318 Rn. 61 ff.; *Schmidt/Heinz* in BeBiKo HGB § 318 Rn. 16.
[54] *Schmidt/Heinz* in BeBiKo HGB § 318 Rn. 16.
[55] *Adler/Düring/Schmalz* HGB § 318 Rn. 432 ff.; *Ebke* in MüKoHGB HGB § 318 Rn. 81 ff.; *Schmidt/Heinz* in BeBiKo HGB § 318 Rn. 34 ff.
[56] Vgl. *Adler/Düring/Schmalz* HGB § 318 Rn. 65 ff.; *Baetge/Thiele* in Küting/Pfizer/Weber Rechnungslegung-HdB Bd. III HGB § 318 Rn. 49 ff.; *Schmidt/Heinz* in BeBiKo HGB § 318 Rn. 12.
[57] Vgl. *Adler/Düring/Schmalz* HGB § 323 Rn. 20 ff.; *Ebke* in MüKoHGB HGB § 323 Rn. 27 ff.

Prüfung einer AG, deren Aktien zum Handel im regulierten Markt zugelassen sind, auf 4 Mio. EUR (§ 323 Abs. 2 HGB).

Zur Beilegung von **Meinungsverschiedenheiten** zwischen dem Abschlussprüfer und der Kapitalgesellschaft ist ein besonderes gerichtliches Verfahren nicht mehr vorgesehen.[58] 47

3. Gegenstand und Umfang der Prüfung

Der **Gegenstand der Abschlussprüfung** ist gesetzlich geregelt (§ 317 HGB) und umfasst für den **Jahresabschluss** die Bereiche Buchführung, Bilanz, Gewinn- und Verlustrechnung, Anhang und Lagebericht und für den handelsrechtlichen Konzernabschluss die Bereiche Bilanz, Gewinn- und Verlustrechnung, Anhang, Kapitalflussrechnung, Eigenkapitalspiegel, Segmentberichterstattung – sofern freiwillig aufgestellt[59] – und Lagebericht sowie für börsennotierte Gesellschaften das nach § 91 Abs. 2 AktG einzurichtende **Risikofrüherkennungssystem** des Unternehmens bzw. Konzerns (§ 317 Abs. 4 HGB).[60] Bei einer abhängigen AG (§ 17 Abs. 1 AktG) ist zusätzlich **der Abhängigkeitsbericht** (§§ 312, 313 AktG) zu prüfen. 48

Der **Prüfungsumfang** wird durch den Prüfungsgegenstand sowie die gesetzlich geforderten Prüfungsaussagen eingegrenzt. Insbesondere ist festzustellen, ob die gesetzlichen Vorschriften zur Rechnungslegung und diese ergänzende Bestimmungen der Satzung eingehalten wurden. Dabei ist die Prüfung im Hinblick auf § 91 Abs. 2 AktG so anzulegen, dass Unrichtigkeiten und Verstöße gegen die Rechnungslegungsvorschriften und Satzungsbestimmungen, soweit sie sich auf die Darstellung der Vermögens-, Finanz- und Ertragslage des Unternehmens wesentlich auswirken, erkannt werden.[61] Der Lagebericht ist daraufhin zu prüfen, ob er in Einklang mit dem Jahresabschluss steht und ob die Chancen und Risiken der künftigen Entwicklung richtig dargestellt sind.[62] Die diesbezüglichen Aussagen werden im **Bestätigungsvermerk** (§ 322 HGB) dokumentiert. Der Abschlussprüfer muss die Einhaltung anderer gesetzlicher Vorschriften nur insoweit prüfen, als sich hieraus wesentliche Rückwirkungen auf den Jahresabschluss oder den Lagebericht ergeben.[63] 49

Bei der **Prüfung des Konzernabschlusses**[64] umfasst der Prüfungsgegenstand neben dem Konzernabschluss und dem Konzernlagebericht auch die im Konzernabschluss zusammengefassten Jahresabschlüsse, soweit sie nicht bereits durch einen anderen Abschlussprüfer geprüft worden sind (§ 317 Abs. 3 HGB).[65] 50

Die Abschlussprüfung hat entsprechend den **Grundsätzen ordnungsmäßiger Abschlussprüfung** zu erfolgen. Diese sind im Wesentlichen nicht gesetzlich kodifiziert; von Bedeutung sind hier die nationalen Prüfungs- und Rechnungslegungsstandards des IDW.[66] In Zukunft werden vom Abschlussprüfer die internationalen Prüfungsstandards anzuwenden sein, die von der Europäischen Kommission in einem besonderen Verfahren angenommen werden (§ 317 Abs. 5 HGB idF des BilMoG).[67] Zudem wurde durch das 51

---

[58] Ein entsprechendes, besonderes Verfahren in § 324 HGB aF wurde durch das BilMoG abgeschafft; vgl. *Ebke* in MüKoHGB HGB § 324 Rn. 1 ff.
[59] *Schmidt/Ameling* in BeBiKo HGB § 317 Rn. 30.
[60] Vgl. hierzu *Ebke* in MüKoHGB HGB § 317 Rn. 79 ff.; *Hopt/Merkt* in Baumbach/Hopt HGB § 317 Rn. 10 f. sowie insbesondere zur Prüfung des Risikofrüherkennungssystems IDW PS 340.
[61] Vgl. BT-Drs. 13/9712, 15; *Spindler* in MüKoAktG AktG § 91 Rn. 52.
[62] Vgl. zur Prüfung des Lageberichts IDW PS 350.
[63] *Kort* in GroßKommAktG AktG § 91 Rn. 36; *Fleischer* in Spindler/Stilz AktG § 91 Rn. 32; *Paefgen* WM 2016, 433 (438).
[64] Es gelten dieselben Vorschriften wie für den Einzelabschluss, vgl. § 317 Abs. 3 S. 1 HGB.
[65] Vgl. ausf. *Adler/Düring/Schmalz* HGB § 317 Rn. 180 ff.; *Schmidt/Almeling* in BeBiKo HGB § 317 Rn. 35 ff.
[66] Insbes. IDW PS 200 und 201.
[67] Vgl. zur Bedeutung der International Standards on Auditing (ISA) für die Abschlussprüfung in Europa und Deutschland *Merkt* ZGR 2012, 212.

BilMoG die Möglichkeit vorgesehen, weitere Abschlussprüfungsanforderungen oder die Nichtanwendung von Teilen der internationalen Prüfungsstandards vorzuschreiben (§ 317 Abs. 6 HGB).

52 Grundlage für die Abschlussprüfung ist eine **Prüfungsplanung,** die alle Maßnahmen in sachlicher, personeller und zeitlicher Hinsicht erfasst, die der Vorbereitung und Durchführung der Prüfung dienen. Es handelt sich dabei nicht um eine statische Planung. Sie ist vielmehr entsprechend den neu gewonnenen Erkenntnissen laufend anzupassen. Hierzu benötigt der Prüfer **Informationen** über das Unternehmen, die die Geschäftstätigkeit, das wirtschaftliche Umfeld, das Rechnungswesen und das Interne Kontrollsystem („IKS") betreffen. Anhand dieser Informationen und einer vorläufigen Einschätzung des IKS hat der Prüfer **kritische Prüfungsgebiete** zu identifizieren, **Prüfungsstrategien** zu entwickeln und **Prüfungsprogramme** zu erstellen (risikoorientierte Prüfung).[68] Die Abschlussprüfung umfasst **System- und Funktionsprüfungen des IKS,** bei denen sich der Prüfer von den Aufgaben, der Gestaltung und der Wirksamkeit des Systems von Regelungen und Abläufen überzeugen muss, sowie **Einzelprüfungen** in Form von Plausibilitätsbeurteilungen und Prüfungen von Geschäftsvorfällen und Beständen, die dem Nachweis der Vollständigkeit, Richtigkeit und buchmäßig richtigen Erfassung der verarbeiteten Daten dienen.[69]

53 Durch Einführung der Prüfungspflicht für das vom Vorstand einzurichtende **Risikofrüherkennungssystem** hat sich der Prüfungsumfang für börsennotierte Aktiengesellschaften wesentlich ausgedehnt. Zu überprüfen ist, ob ein entsprechendes System, das sich nicht nur auf das Rechnungswesen, sondern auf das gesamte Unternehmen bezieht,[70] eingerichtet wurde und ob dieses System zur Risikoüberwachung geeignet ist.[71]

54 Um dem Abschlussprüfer seine Tätigkeit zu ermöglichen, hat der Vorstand der Gesellschaft ihm den Jahresabschluss und den Lagebericht **unverzüglich nach der Aufstellung zur Prüfung vorzulegen** (§ 320 Abs. 1 S. 1 HGB). Für den Konzernabschluss und den Konzernlagebericht gilt die Vorlagepflicht ebenfalls. Sie umfasst außerdem neben den Konzernabschlussunterlagen (einschließlich der Konsolidierungsbögen etc) auch die Unterlagen zu den Jahresabschlüssen des Mutterunternehmens und der Tochtergesellschaften sowie die entsprechenden Lageberichte (ggf. einschließlich der Prüfungsberichte), § 320 Abs. 3 S. 1 HGB.

55 Dem Abschlussprüfer steht bei der Prüfung ein **Einsichts- und Prüfungsrecht** zu (§ 320 Abs. 1 S. 2 HGB), das sich auf die Bücher und Schriften sowie auf die Vermögensgegenstände und Schulden der Kapitalgesellschaft erstreckt. Daneben hat er ein **Auskunftsrecht** (§ 320 Abs. 2 HGB), das sich auf alle Aufklärungen und Nachweise bezieht, die für eine sorgfältige Prüfung notwendig sind. IdR wird von den gesetzlichen Vertretern eine **Vollständigkeitserklärung** verlangt, die eine umfassende Bestätigung der Vollständigkeit der erteilten Auskünfte und Nachweise darstellt. Sie ist jedoch kein Ersatz von Prüfungshandlungen.[72]

56 Die Rechte stehen dem Abschlussprüfer – soweit es die Vorbereitung der Abschlussprüfung erfordert – auch schon vor der Aufstellung des Abschlusses zu, also auch für **Vor- oder Zwischenprüfungen** (§ 320 Abs. 2 S. 2 HGB). Für den Konzernabschluss gelten die gleichen Prüfungs- und Auskunftsrechte, wie sie dem Abschlussprüfer für den Jahresabschluss zustehen (§ 320 Abs. 3 S. 2 HGB).

---

[68] Ausf. zur Prüfungsplanung WP-HdB 2012 Bd. I R II.
[69] Ausf. zur Prüfungsdurchführung WP-HdB 2012 Bd. I R IV.
[70] Vgl. IDW PS 340 Tz. 7.
[71] Vgl. IDW PS 340; *Schmidt/Almeling* in BeBiKo HGB § 317 Rn. 85 ff.; *Ebke* in MüKoHGB HGB § 317 Rn. 82.
[72] WP-HdB Bd. I R IX.; *Schmidt/Heinz* in BeBiKo HGB § 320 Rn. 13.

4. Prüfungsbericht

Über das Ergebnis der Prüfung hat der Abschlussprüfer schriftlich und mit der gebotenen Klarheit zu berichten (§ 321 Abs. 1 HGB). Aus dem Gebot der Klarheit der Berichterstattung folgt, dass der Prüfungsbericht für den jeweiligen Adressatenkreis verständlich ist. Dabei kann von einem Grundverständnis für die wirtschaftlichen Gegebenheiten des Unternehmens und für die Grundlagen der Rechnungslegung ausgegangen werden.[73] Die Erstattung des **schriftlichen Prüfungsberichts** gehört zu den Vertragspflichten des Abschlussprüfers. In dem Bericht ist vorweg zu der Beurteilung der Lage des Unternehmens oder Konzerns durch die gesetzlichen Vertreter Stellung zu nehmen, wobei insbesondere auf die Beurteilung des Fortbestandes und der künftigen Entwicklung des Unternehmens einzugehen ist (§ 321 Abs. 1 S. 2 HGB). Allerdings ist es nicht Aufgabe des Prüfers, eine eigene Prognoseentscheidung zu treffen, sondern er hat die vom Vorstand dargestellte Prognose zu überprüfen.[74]

Daneben ist über bei Durchführung der Prüfung festgestellte **Unrichtigkeiten oder Verstöße gegen gesetzliche Vorschriften** sowie über Tatsachen zu berichten, die den Bestand des Unternehmens oder des Konzerns gefährden oder seine Entwicklung wesentlich beeinträchtigen können oder die schwerwiegende Verstöße der gesetzlichen Vertreter oder der Arbeitnehmer gegen Gesetz oder Satzung erkennen lassen (§ 321 Abs. 1 S. 3 HGB).

Im **Hauptteil des Prüfungsberichts** ist festzustellen, ob die Buchführung und die weiteren geprüften Unterlagen, der Jahresabschluss, der Lagebericht bzw. der Konzernabschluss und Konzernlagebericht den gesetzlichen Vorschriften und den ergänzenden Bestimmungen der Satzung entsprechen. Dabei ist auch darauf einzugehen, ob der Abschluss unter Beachtung der Grundsätze ordnungsgemäßer Buchführung ein den tatsächlichen Verhältnissen entsprechendes Bild der Vermögens-, Finanz- und Ertragslage der Kapitalgesellschaft bzw. des Konzerns vermittelt. Dazu ist auf die Bewertungsgrundlagen und ggf. auf ihre Änderungen einzugehen. Zu diesem Zweck sind die Posten des Jahres- bzw. des Konzernabschlusses aufzugliedern und zu erläutern, soweit dies nicht schon im entsprechenden Anhang geschehen ist (§ 321 Abs. 2 HGB).

In einem gesonderten Abschnitt sind ferner Angaben über den **Gegenstand, die Art und den Umfang der Prüfung** zu machen (§ 321 Abs. 3 S. 1 HGB). Dabei ist auch auf die angewandten Rechnungslegungs- und Prüfungsgrundsätze einzugehen (§ 321 Abs. 3 S. 2 HGB). In einem besonderen Teil ist zudem auf die Beurteilung des **Frühwarn- und Überwachungssystems** sowie ggf. erforderliche Verbesserungsmaßnahmen einzugehen (§ 321 Abs. 4 HGB). Ferner hat der Abschlussprüfer im Prüfungsbericht seine **Unabhängigkeit** zu bestätigen (§ 321 Abs. 4a HGB).

Für den Prüfungsbericht gelten weiter die **Grundsätze ordnungsmäßiger Berichterstattung,** wie sie im IDW PS 450 festgelegt sind. Danach hat der Abschlussprüfer über das Ergebnis seiner **Prüfung unparteiisch, vollständig, wahrheitsgetreu und mit der gebotenen Klarheit** zu berichten.[75] Der **Inhalt des Prüfungsberichts** kann wie folgt zusammengefasst werden:
- Stellungnahme zur dargestellten Lage des Unternehmens;
- besondere Berichtspflicht gem. § 321 Abs. 1 S. 3 HGB (Redepflicht des Abschlussprüfers);
- allgemeine Angaben bzgl. des Prüfungsgegenstands, der Art und des Umfangs der Prüfung;

---
[73] IDW PS 450 Tz. 15; *Adler/Düring/Schmalz* HGB § 321 Rn. 41.
[74] Vgl. *Hopt/Merkt* in Baumbach/Hopt HGB § 321 Rn. 1; *Ebke* in MüKoHGB § 321 Rn. 37.
[75] Zu weiteren Ausführungen bzgl. der allgemeinen Berichtsgrundsätze vgl. *Adler/Düring/Schmalz* HGB § 321 Rn. 37 ff.; *Schmidt/Poullie* in BeBiKo HGB § 321 Rn. 8 ff.; *Ebke* in MüKoHGB § 321 Rn. 16 ff.

- Zusammenfassung der rechtlichen und Beurteilung der wirtschaftlichen Verhältnisse, insbesondere der Vermögens-, Finanz- und Ertragslage;
- Feststellungen zur Rechnungslegung;
- ggf. Beurteilung des Risikofrüherkennungssystems;
- Zusammenfassung des Prüfungsergebnisses.

62 Der **Prüfungsbericht** ist von dem Prüfer zu **unterzeichnen** und **an den Aufsichtsrat** als Auftraggeber **weiterzuleiten,** wobei dem Vorstand vorher Gelegenheit zur Stellungnahme zu geben ist (§ 321 Abs. 5 S. 2 HGB). Gleichzeitig ist der Bericht einem etwa eingerichteten Prüfungsausschuss vorzulegen. Erst nach Vorlage des Prüfungsberichts an den Aufsichtsrat ist die Prüfung abgeschlossen.[76] Da der Prüfungsbericht vertrauliche Angaben enthält, ist **der Kreis der Empfänger** bei der AG auf den Vorstand und den Aufsichtsrat (bei der KGaA auf die persönlich haftenden Gesellschafter und den Aufsichtsrat)[77] beschränkt.[78] Die Hauptversammlung und einzelne Aktionäre haben keinen Anspruch auf Einsicht in den Prüfungsbericht, auch dann nicht, wenn die Hauptversammlung den Jahresabschluss feststellt.[79] In der Satzung kann nichts Gegenteiliges festgelegt werden. Allerdings werden die Aktionäre durch den Bericht des Aufsichtsrats unterrichtet, der auch zu dem Ergebnis der Abschlussprüfung Stellung zu nehmen hat. Durch das BilReG wurde mit § 321a HGB für Gläubiger und Aktionäre ein **Recht auf Einsicht in die Prüfungsberichte** der letzten drei Geschäftsjahre für den Fall eingeführt, dass über das Vermögen der Gesellschaft ein Insolvenzverfahren eröffnet oder ein Eröffnungsantrag mangels Masse abgewiesen wird. Dieses Recht betrifft nur die aufgrund gesetzlicher Vorschriften durchzuführenden Prüfungen und steht Aktionären nur zu, wenn ihre Anteile zusammen den einhundertsten Teil des Grundkapitals oder einen Börsenwert von 100.000 EUR erreichen.

5. Bestätigungsvermerk

63 Das Ergebnis der Prüfung wird im **Bestätigungsvermerk** (§ 322 HGB) zusammengefasst. Seine Aufgabe besteht darin, die Öffentlichkeit über das Ergebnis der Abschlussprüfung zu informieren.[80] Das Gesetz schreibt keinen bestimmten Wortlaut für den Bestätigungsvermerk vor.[81] Dadurch soll die sog Erwartungslücke,[82] die die Diskrepanz zwischen den Erwartungen der Leser und der materiellen Aussagekraft des Testats widerspiegelt, geschlossen werden. Aus diesem Grund soll nach Ansicht des Gesetzgebers im Bestätigungsvermerk auch auf die Grenzen der Prüfung und die Verantwortung der Geschäftsführung für die Rechnungslegung sowie auf erkannte fortbestandsgefährdende Risiken hingewiesen werden.[83]

64 Hat die Prüfung zu keinen Einwendungen geführt, erklärt der Abschlussprüfer als zentrale **Kernaussage,** „... dass die von ihm nach § 317 durchgeführte Prüfung zu keinen Einwendungen geführt hat und dass der von den gesetzlichen Vertretern der Gesellschaft aufgestellte Jahres- oder Konzernabschluss auf Grund der bei der Prüfung gewonnenen Erkenntnisse des Abschlussprüfers nach seiner Beurteilung den gesetzlichen Vorschriften entspricht und unter Beachtung der Grundsätze ordnungsmäßiger Buchführung oder sonstiger maßgeblicher Rechnungslegungsgrundsätze ein den tatsächlichen Verhältnissen

---

[76] *Schmidt/Poullie* in BeBiKo HGB § 321 Rn. 1.
[77] Für die persönlich haftenden Gesellschafter gilt § 321 Abs. 5 S. 2 HGB iVm § 278 Abs. 2 AktG, für den Aufsichtsrat § 278 Abs. 3 AktG iVm § 170 Abs. 1 und 3 AktG.
[78] Für den Konzernprüfungsbericht gilt dasselbe, § 170 Abs. 1 S. 2 AktG, § 321 Abs. 5 S. 2 HGB.
[79] *Adler/Düring/Schmalz* HGB § 321 Rn. 23.
[80] *Ebke* in MüKoHGB HGB § 322 Rn. 2.
[81] *Schmidt/Küster* in BeBiKo HGB § 322 Rn. 2.
[82] Vgl. hierzu die Ausführungen von *Forster* WPg 1994, 789 ff.
[83] BR-Drs. 872/97, 78.

entsprechendes Bild der Vermögens-, Finanz- und Ertragslage des Unternehmens oder des Konzerns vermittelt" (§ 322 Abs. 3 S. 1 HGB).

Zusätzlich ist im Bestätigungsvermerk auf **den Gegenstand, die Art und den Umfang der Prüfung** einzugehen und eine Beurteilung des **Prüfungsergebnisses** abzugeben (§ 322 Abs. 1 S. 2 HGB). Daneben sind **Risiken,** die den Fortbestand des Unternehmens gefährden, darzustellen, und es ist darauf einzugehen, ob der Lagebericht mit dem Jahresabschluss in Einklang steht, eine zutreffende Vorstellung von der Lage des Unternehmens bzw. Konzerns vermittelt und ob die Chancen und Risiken der zukünftigen Entwicklung im Lagebericht zutreffend dargestellt sind (§ 322 Abs. 2 S. 3 und Abs. 6 HGB). 65

Unter Berücksichtigung der gesetzlichen Vorgaben hat der Berufsstand bestimmte Standards für die Formulierung von Bestätigungsvermerken entwickelt.[84] Danach hat der Bestätigungsvermerk sechs grundlegende Bestandteile zu enthalten:[85] 66
– Überschrift;
– einleitender Abschnitt;
– beschreibender Abschnitt;
– Beurteilung durch den Abschlussprüfer;
– ggf. Hinweis zur Beurteilung des Prüfungsergebnisses;
– ggf. Hinweis auf Bestandsgefährdungen.

Zu beachten ist, dass für Unternehmen von öffentlichem Interesse (PIE) gemäß der EU-Abschlussprüfer-VO ergänzend zu § 322 HGB besondere Regelungen gelten. Die EU-Abschlussprüfer-VO beinhaltet in Art. 10 über die allgemeinen Anforderungen hinausgehende, detaillierte Regelungen zum Bestätigungsvermerk, die für Geschäftsjahre anzuwenden sind, die nach dem 16.6.2016 beginnen.[86] 66a

Der Abschlussprüfer hat die Möglichkeit, den Bestätigungsvermerk **einzuschränken** oder ganz zu **versagen** (§ 322 Abs. 2, 4 und 5 HGB).[87] Beide Entscheidungen sind zu begründen (§ 322 Abs. 4 S. 3 und Abs. 5 S. 2 HGB). Bei der Einschränkung muss ihre Tragweite hinreichend verdeutlicht werden (§ 322 Abs. 4 S. 4 HGB).[88] Die Entscheidung über die Einschränkung bzw. Versagung des Bestätigungsvermerks liegt im **pflichtgemäßen Ermessen des Abschlussprüfers.** Einschränkungen sind vorzunehmen, wenn wesentliche Beanstandungen vorliegen[89] und gleichwohl zu den wesentlichen Teilen der Rechnungslegung noch ein Positivbefund möglich ist.[90] Der Bestätigungsvermerk ist zu versagen, wenn wesentliche Beanstandungen gegen die Buchführung, den Jahresabschluss oder den Lagebericht zu erheben sind, die keinen positiven Gesamtbefund mehr zulassen[91] oder der Abschlussprüfer nach Ausschöpfung aller angemessenen Möglichkeiten zur Klärung des Sachverhalts nicht in der Lage ist, ein Prüfungsurteil abzugeben (§ 322 Abs. 2 Nr. 4, Abs. 5 HGB). 67

Der Grund für eine Einschränkung kann durch **Änderung des Jahresabschlusses** beseitigt werden. Dementsprechend ist eine bereits erteilte Einschränkung oder Versagung zurückzunehmen, wenn der Vorstand den Bedenken des Abschlussprüfers durch die Änderung des Jahresabschlusses oder des Lageberichts Rechnung trägt.[92] Der Jahresabschluss kann allerdings auch mit einem eingeschränkten Testat bzw. nach dessen Versagung rechtswirksam festgestellt werden. 68

---

[84] Vgl. IDW PS 400.
[85] Vgl. ausf. zu den einzelnen Bestandteilen IDW PS 400 Tz. 17 ff.; *Ebke* in MüKoHGB HGB § 322 Rn. 13 ff.
[86] Vgl. hierzu *Schmidt/Küster* in BeBiKo HGB § 322 Rn. 4b, 200.
[87] Vgl. auch IDW PS 400 Tz. 50 ff.
[88] Vgl. *Adler/Düring/Schmalz* HGB § 322 Rn. 252 ff.
[89] Hierzu ausf. *Adler/Düring/Schmalz* HGB § 322 Rn. 208 ff.; *Schmidt/Küster* in BeBiKo HGB § 322 Rn. 41 ff.
[90] Vgl. IDW PS 400 Tz. 50; *Hopt/Merkt* in Baumbach/Hopt HGB § 322 Rn. 9.
[91] Zur Abgrenzung zwischen Einschränkung und Versagung *Adler/Düring/Schmalz* HGB § 322 Rn. 227 ff.
[92] IDW PS 400 Tz. 52; *Adler/Düring/Schmalz* HGB § 322 Rn. 214.

69 Der Bestätigungsvermerk oder der Vermerk über seine Versagung sind unter Angabe von Ort und Tag vom Prüfer zu **unterzeichnen** und **in den Prüfungsbericht aufzunehmen** (§ 322 Abs. 7 HGB).

70 Wird dem Abschlussprüfer nachträglich bekannt, dass die Voraussetzungen für die Erteilung eines Bestätigungsvermerks nicht vorgelegen haben, ist er zum **Widerruf** verpflichtet.[93] Dies bedeutet, dass neben der Erkenntnis von bislang unbekannten Tatsachen oder auf Grund von Täuschung auch bei nachträglichem Erkennen eines eigenen Fehlers, weil Tatsachen übersehen oder falsch beurteilt wurden, eine Verpflichtung zum Widerruf gegeben ist. Der Widerruf ist gegenüber der Gesellschaft nach Erkennen der Notwendigkeit ohne schuldhaftes Zögern **schriftlich zu erklären** und **zu begründen** und kann zu jeder Zeit erfolgen, dh auch nach Feststellung des Jahresabschlusses. Ein widerrufener Bestätigungsvermerk und der Prüfungsbericht dürfen von der Gesellschaft nicht mehr verwendet werden. Ist der Bestätigungsvermerk bereits veröffentlicht worden, wird der Abschlussprüfer von der Gesellschaft die Bekanntgabe des Widerrufs verlangen oder, falls diese sie unterlässt, selbst für die Publizität Sorge tragen.[94]

71 Die **Prüfungsberichte und die Bestätigungsvermerke** für den Jahresabschluss und den Konzernabschluss eines Mutterunternehmens dürfen **zusammengefasst** werden, wenn der Konzernabschluss zusammen mit dem Jahresabschluss des Mutterunternehmens bekannt gemacht wird (§ 325 Abs. 3a HGB). Auch über die **Prüfung des Abhängigkeitsberichts** hat der Abschlussprüfer schriftlich **zu berichten** (§ 313 Abs. 2 AktG). Das Ergebnis der Prüfung ist in einer abschließenden Erklärung zusammenzufassen. Hat die Prüfung zu keinen Einwendungen geführt, ist der Wortlaut der Erklärung dem Gesetz zu entnehmen (§ 313 Abs. 3 AktG). Sind Einwendungen zu erheben, ist der Bestätigungsvermerk zur Prüfung des Abhängigkeitsberichts einzuschränken oder gar zu versagen (§ 313 Abs. 4 AktG).

6. Änderung des Jahresabschlusses nach Prüfung

72 Auch nach Beendigung der Abschlussprüfung kann der Jahresabschluss grundsätzlich bis zu seiner Feststellung geändert werden. Allerdings ist in diesem Fall eine **Nachtragsprüfung** erforderlich (§ 316 Abs. 3 HGB). Der bereits erteilte **Bestätigungsvermerk** bleibt als solcher wirksam, ist jedoch um das Ergebnis der Nachtragsprüfung zu **ergänzen** (§ 316 Abs. 3 S. 2 HGB).[95]

73 Besondere Bedeutung hat die Nachtragsprüfung, wenn der **Jahresabschluss durch die Hauptversammlung festgestellt** wird und diese eine **Änderung vornimmt**. In diesem Fall werden die gefassten Beschlüsse nur wirksam, wenn die Nachtragsprüfung innerhalb von zwei Wochen seit der Beschlussfassung stattgefunden und der Abschlussprüfer für die Änderungen einen uneingeschränkten Bestätigungsvermerk erteilt hat (§ 173 Abs. 3 AktG; → Rn. 102).

74 Über das Ergebnis einer Nachtragsprüfung ist gleichfalls schriftlich zu berichten (vgl. § 321 Abs. 1 S. 1 HGB). Allerdings ist nicht eindeutig gesetzlich geregelt, ob ein separater **Nachtragsprüfungsbericht** erforderlich ist oder der bisherige Prüfungsbericht um die Angaben zur Nachtragsprüfung ergänzt werden soll.[96]

---

[93] Vgl. IDW PS 400 Tz. 111 ff.; *Hopt/Merkt* in Baumbach/Hopt HGB § 322 Rn. 13; *Ebke* in MüKoHGB HGB § 322 Rn. 64; vgl. auch *Adler/Düring/Schmalz* HGB § 322 Rn. 362, die nur eine Pflicht zur Prüfung, ob der Bestätigungsvermerk zu widerrufen ist, sehen.

[94] Vgl. *Ebke* in MüKoHGB HGB § 322 Rn. 64; *Adler/Düring/Schmalz* HGB § 322 Rn. 369 ff.

[95] Vgl. IDW PS 400 Tz. 105 ff.; IDW PS 450 Tz. 144 ff.; *Bormann* in MüKo Bilanzrecht HGB § 37 ff.

[96] Vgl. *Ebke* in MüKoHGB HGB § 316 Rn. 19; *Schmidt/Küster* in BeBiKo HGB § 316 Rn. 28; vgl. auch *Adler/Düring/Schmalz* HGB § 316 Rn. 70.

7. Prüfung durch den Aufsichtsrat

Die **Prüfung des Aufsichtsrats** erstreckt sich unter Einbeziehung der Prüfungsberichte des Abschlussprüfers auf den Jahresabschluss und Lagebericht, den Konzernabschluss und Konzernlagebericht und den Vorschlag des Vorstands zur Verwendung des Bilanzgewinns (§ 171 AktG). 75

Voraussetzung dafür ist zunächst die **unverzügliche Vorlage** des Jahresabschlusses und Lageberichts sowie des Konzernabschlusses und Konzernlageberichts durch den Vorstand (§ 170 Abs. 1 AktG). Die Vorlage geht an den Aufsichtsrat als Gremium, doch idR ist der Aufsichtsratsvorsitzende Empfangsberechtigter.[97] Kommt der Vorstand seiner Pflicht nicht nach, kann er vom Registergericht durch ein **Zwangsgeld** zur Vorlage angehalten werden (§ 407 Abs. 1 AktG). Daneben macht er sich ggf. **schadenersatzpflichtig** (§ 93 Abs. 2 AktG).[98] 76

Zusätzlich hat der Vorstand dem Aufsichtsrat **einen Gewinnverwendungsvorschlag** für die Hauptversammlung vorzulegen, der nach dem Gesetz wie folgt zu gliedern ist § 170 Abs. 2 AktG):[99] 77
1. Verteilung an die Aktionäre,
2. Einstellung in die Gewinnrücklagen,
3. Gewinnvortrag und
4. Bilanzgewinn.

Von dem gesetzlichen Gliederungsschema kann abgewichen werden, wenn der Gewinnverwendungsvorschlag eine andere Gliederung erfordert. Zu beachten ist dabei allerdings, dass die Hauptversammlung durch die Satzung zu der abweichenden Gewinnverwendung ermächtigt sein muss.[100]

Jedes Aufsichtsratsmitglied hat das Recht, von den im Gesetz genannten Vorlagen und den Prüfungsberichten **Kenntnis zu nehmen** (§ 170 Abs. 3 S. 1 AktG). Sie sind den Aufsichtsratsmitgliedern oder, soweit der Aufsichtsrat dies beschlossen hat, den Mitgliedern eines Bilanzausschusses auszuhändigen (§ 170 Abs. 3 S. 2 AktG). Das Recht auf Kenntnisnahme ist nicht einschränkbar und nicht übertragbar.[101] Die Bildung eines Bilanzausschusses mit in der Rechnungslegung besonders sachverständigen Aufsichtsratsmitgliedern zur Vorbereitung der Bilanzsitzung und intensiven Durchsicht des Prüfungsberichts ist empfehlenswert und in der Praxis oft vorzufinden.[102] Durch das BilMoG ist in § 324 HGB für bestimmte kapitalmarktorientierte Kapitalgesellschaften die Verpflichtung zur Einrichtung eines Prüfungsausschusses eingeführt worden. Börsennotierte Aktiengesellschaften sollen nach Ziff. 5.3.2 DCGK einen Prüfungsausschuss bilden. 78

Für die **KGaA** gelten die obigen Rechte und Pflichten entsprechend, wobei hier die persönlich haftenden Gesellschafter (geschäftsführende Komplementäre) die Vorlagepflichten zu erfüllen haben. 79

Die Verpflichtung des Aufsichtsrats zur Prüfung des Jahresabschlusses und Lageberichts, des Konzernabschlusses und Konzernlageberichts sowie des Gewinnverwendungsvorschlags gehört zu den **allgemeinen Überwachungspflichten des Aufsichtsrats.** Jedes einzelne Mitglied hat dieser Verpflichtung nachzukommen; die Prüfung kann nicht abschließend durch einzelne sachverständige Mitglieder oder einen (Prüfungs-)Ausschuss mit befreiender Wirkung durchgeführt werden.[103] Gleichwohl besteht die Möglichkeit, Sachverständige und Auskunftspersonen beizuziehen. Wenn der Jahresabschluss oder der Kon- 80

---
[97] Vgl. Adler/Düring/Schmalz AktG § 170 Rn. 8; Hennrichs/Pöschke in MüKoAktG AktG § 170 Rn. 32.
[98] Hennrichs/Pöschke in MüKoAktG AktG § 170 Rn. 36.
[99] Vgl. dazu Adler/Düring/Schmalz AktG § 170 Rn. 24ff.; Hennrichs/Pöschke in MüKoAktG AktG § 170 Rn. 58ff.
[100] Adler/Düring/Schmalz AktG § 170 Rn. 47; Hennrichs/Pöschke in MüKoAktG AktG § 170 Rn. 80.
[101] Koch in Hüffer/Koch AktG § 170 Rn. 12; Hennrichs/Pöschke in MüKoAktG AktG § 170 Rn. 85.
[102] Vgl. Spindler in Spindler/Stilz AktG § 107 Rn. 139ff.
[103] Hennrichs/Pöschke in MüKoAktG AktG § 170 Rn. 111; Euler/Klein in Spindler/Stilz AktG § 170 Rn. 50.

zernabschluss von einem **Abschlussprüfer** geprüft wurde, **hat** dieser **an den Verhandlungen** des Aufsichtsrats oder des Prüfungsausschusses **über die Unterlagen teilzunehmen.** Der Abschlussprüfer hat über die **wesentlichen Ergebnisse seiner Prüfung,** insbesondere Schwächen des internen Kontroll- und des Risikomanagementsystems, **zu berichten** und über befangenheitsrelevante Umstände sowie zusätzlich zur Abschlussprüfungsleistung erbrachte Leistungen zu informieren (§ 171 Abs. 1 S. 2 und 3 AktG). Der Aufsichtsrat hat dadurch die Möglichkeit, gezielte Erläuterungen einzuholen.

81 Der **Umfang der Prüfung durch den Aufsichtsrat** ist nicht gesetzlich kodifiziert. Es handelt sich folglich um **eine uneingeschränkte Prüfung,** die sich außer auf die Vorschriften zu den Rechnungslegungsunterlagen auch auf die Untersuchung der Geschäftsführung und die Zweckmäßigkeit der gewählten Bilanzierungsmethode bezieht.[104]

82 Der **Aufsichtsrat ist nicht ermächtigt, die Vorlagen zu ändern.** Er kann sich aber mit dem Vorstand über nach seiner Ansicht zu ändernde Sachverhalte, wie zB inhaltliche Mängel, abweichende Ausübung von Wahlrechten, oder andere Darstellungen einigen. In diesem Fall wird eine Nachtragsprüfung durch den Abschlussprüfer notwendig. Wird eine Einigung nicht erzielt, muss der Aufsichtsrat darüber an die Hauptversammlung berichten.[105]

83 Ist der **Bestätigungsvermerk eingeschränkt oder versagt** worden, hat der Aufsichtsrat im Rahmen seiner Prüfung den Einwendungen des Abschlussprüfers nachzugehen und in seinem Bericht dazu Stellung zu nehmen. Er kann den Jahresabschluss auch mit eingeschränktem oder versagtem Bestätigungsvermerk billigen und damit feststellen bzw. von der Hauptversammlung feststellen lassen.[106] In seinem Bericht hat der Aufsichtsrat sein Vorgehen zu begründen. Die Hauptversammlung kann einen solchen Jahresabschluss auch dem Gewinnverwendungsbeschluss zugrunde legen. Ist der festgestellte Jahresabschluss jedoch nichtig, ist es der Gewinnverwendungsbeschluss gleichfalls (§ 253 AktG).

84 Der Aufsichtsrat hat über das Ergebnis seiner Prüfung **schriftlich an die Hauptversammlung zu berichten** (§ 171 Abs. 2 AktG). Nach den gesetzlichen Bestimmungen muss der Bericht enthalten:
– Mitteilungen zu **Art und Umfang der Prüfung der Geschäftsführung** der Gesellschaft während des Geschäftsjahrs;
– Angabe, welche **Ausschüsse** bei börsennotierten Gesellschaften gebildet wurden, sowie die **Anzahl** seiner **Sitzungen** und die der Ausschüsse;
– **Stellungnahme zum Ergebnis der Prüfung** des Jahresabschlusses und ggf. des Konzernabschlusses **durch den Abschlussprüfer;**
– Erklärung, ob **Einwendungen** zu erheben sind;
– Erklärung zur **Billigung des** vom Vorstand aufgestellten **Jahresabschlusses und ggf. des Konzernabschlusses.**

85 Die Berichtpflicht trifft den **Gesamtaufsichtsrat** und kann nicht auf einen Ausschuss übertragen werden. Das Ergebnis der Prüfung ist durch Beschluss festzustellen (vgl. §§ 108, 172 AktG).[107]

86 Die Prüfungs- und Berichtspflicht des Aufsichtsrats gilt auch für den sog **Abhängigkeitsbericht** (§ 314 AktG). Daher sind der Abhängigkeitsbericht und der diesbezügliche Prüfungsbericht des Abschlussprüfers dem Aufsichtsrat vorzulegen (§§ 313 Abs. 2 S. 3, 314 Abs. 1 S. 1 AktG). Der Bericht des Aufsichtsrats muss Aussagen zum Ergebnis seiner Prüfung des Abhängigkeitsberichts, eine Stellungnahme zum diesbezüglichen Prüfungsergebnis des Abschlussprüfers, eine wörtliche Wiedergabe des Bestätigungsvermerks und die Erklärung, ob Einwendungen gegen die Erklärungen des Vorstands am Schluss des Be-

---

[104] Ausf. *Adler/Düring/Schmalz* AktG § 171 Rn. 17 ff.; *Hennrichs/Pöschke* in MüKoAktG AktG § 171 Rn. 41.
[105] *Adler/Düring/Schmalz* AktG § 171 Rn. 43 f.
[106] *Euler/Klein* in Spindler/Stilz AktG § 171 Rn. 46.
[107] *Gernoth/Wernicke* NZG 2010, 531 (533); *Hennrichs/Pöschke* in MüKoAktG AktG § 171 Rn. 212 ff.

richts erhoben werden, enthalten (§ 314 Abs. 2 und 3 AktG). Die Wiedergabe des Bestätigungsvermerks ist erforderlich, damit ggf. eine Sonderprüfung beantragt werden kann (§ 315 AktG). Darin erschöpft sich die Publizität des – nicht offenlegungspflichtigen – Abhängigkeitsberichts.[108]

Der Bericht des Aufsichtsrats ist **innerhalb eines Monats** nach Zugang der Vorlagen dem **Vorstand zuzuleiten.** Wird diese Frist nicht eingehalten, muss der Vorstand dem Aufsichtsrat unverzüglich eine weitere Frist von nicht mehr als einem Monat setzen, um die fristgemäße Feststellung des Jahresabschlusses sicherzustellen. Wird diese Frist gleichfalls nicht eingehalten, gilt der Jahresabschluss als vom Aufsichtsrat nicht gebilligt.[109] 87

Als **Rechtsfolge einer Verletzung der Prüfungs- und Berichtspflichten** des Aufsichtsrats kann eine Schadensersatzpflicht eintreten (§ 116 AktG iVm § 93 AktG). Außerdem könnte die Pflichtverletzung zur Versagung der Entlastung des Aufsichtsrats durch die Hauptversammlung führen. Eine unrichtige oder verschleierte Darstellung über die Verhältnisse der Gesellschaft im Aufsichtsratsbericht kann mit Geld- oder Freiheitsstrafe bis zu drei Jahren geahndet werden (§ 400 Abs. 1 AktG).[110] 88

V. Feststellung

1. Billigung durch den Aufsichtsrat

Im Anschluss an die Prüfung durch den Abschlussprüfer und den Aufsichtsrat ist der Jahresabschluss festzustellen. Die Feststellung ist dabei abhängig vom Verhalten des Aufsichtsrats aufgrund seiner Prüfung der vom Vorstand vorgelegten Unterlagen. IdR **billigt der Aufsichtsrat den Jahresabschluss** (§ 171 Abs. 2 S. 4 AktG). Mit diesem Beschluss, den der Aufsichtsrat in seinen Bericht an die Hauptversammlung aufzunehmen hat, ist der Jahresabschluss dann auch regelmäßig festgestellt (§ 172 S. 1 AktG). 89

Umstritten ist, ob der Aufsichtsrat den Jahresabschluss unter der Bedingung billigen kann, dass der Vorstand noch bestimmte Posten ändert.[111] Eine solche **bedingte Feststellung** wird von Teilen der Literatur für zulässig erachtet, wenn die zu ändernden Posten im Bericht des Aufsichtsrats so deutlich dargestellt sind, dass die Aktionäre erkennen können, ob die Änderungen tatsächlich vorgenommen wurden. Hat der Vorstand die Auffassung des Aufsichtsrats nachvollzogen und hat eine eventuell erforderliche Nachtragsprüfung stattgefunden (→ Rn. 72), ist der **Jahresabschluss in der geänderten Form festgestellt.**[112] Die Wirkung der Feststellung tritt nicht ein, wenn eine Nachtragsprüfung unterlassen wird, die aufgrund der Änderung des Jahresabschlusses erforderlich geworden ist (§ 316 Abs. 3 HGB iVm § 316 Abs. 1 S. 2 HGB). Ändert der Vorstand den Jahresabschluss nicht, gilt er als nicht gebilligt, so dass die Hauptversammlung zur Feststellung berufen ist (§ 173 Abs. 1 AktG). 90

Trotz Billigung des Jahresabschlusses können **Vorstand und Aufsichtsrat beschließen, die Feststellung von der Hauptversammlung** durchführen zu lassen (§ 172 S. 1 AktG). Dazu sind zwei getrennte, übereinstimmende Beschlüsse beider Organe erforderlich. Die Feststellung durch die Hauptversammlung kann **jeweils nur für ein Jahr** bestimmt werden, da sonst das Recht der Verwaltung auf Feststellung des Jahresabschlusses 91

---

[108] Vgl. *Altmeppen* in MüKoAktG AktG § 314 Rn. 1 ff.
[109] § 171 Abs. 3 S. 3 AktG. Dann hat die Hauptversammlung über die Feststellung zu beschließen, § 173 Abs. 1 AktG.
[110] *Hennrichs/Pöschke* in MüKoAktG AktG § 171 Rn. 225 ff.
[111] So *Adler/Düring/Schmalz* AktG § 171 Rn. 44, AktG § 172 Rn. 18; gegenteiliger Ansicht *Ekkenga* in Kölner Komm. AktG § 172 Rn. 15; *Brönner* in GroßkommAktG AktG § 172 Rn. 15; *Koch* in Hüffer/Koch AktG § 172 Rn. 4; *Euler/Klein* in Spindler/Stilz AktG § 172 Rn. 11.
[112] *Adler/Düring/Schmalz* AktG § 172 Rn. 19.

beeinträchtigt würde.[113] Die Hauptversammlung ist im Fall der Anrufung nicht an den gebilligten Jahresabschluss gebunden. Eine **Bindung** tritt nur bei Feststellung des Jahresabschlusses durch den Aufsichtsrat ein (§ 174 Abs. 1 S. 2 AktG).

92 Bis zur Einberufung der Hauptversammlung können Vorstand und Aufsichtsrat ihre **Beschlüsse,** der Hauptversammlung die Feststellung zu überlassen, **zurücknehmen** (§ 175 Abs. 4 AktG). In diesem Fall ist der vom Aufsichtsrat gebilligte Jahresabschluss festgestellt.

93 Die Beschlüsse, der Hauptversammlung die Feststellung des Jahresabschlusses zu überlassen, können auch noch gefasst werden, nachdem der Aufsichtsrat den Jahresabschluss gebilligt hat.[114] Demnach bleibt die **Feststellung** zunächst in der Schwebe und **entfaltet erst mit Einberufung der Hauptversammlung ihre Wirkung.**[115] Ansprüche, die an den festgestellten Jahresabschluss knüpfen, entstehen folglich erst ab diesem Zeitpunkt. Da der Vorstand die Hauptversammlung **unverzüglich** nach Erhalt des Aufsichtsratsberichts einzuberufen hat (§ 175 Abs. 1 S. 1 AktG), entstehen hieraus in der Praxis keine Probleme.

94 **Billigt der Aufsichtsrat** den Jahresabschluss ausdrücklich **nicht,** ist der Jahresabschluss durch die **Hauptversammlung festzustellen** (§ 173 Abs. 1 S. 1 Alt. 2 AktG). Dasselbe gilt, wenn der Aufsichtsrat seiner Pflicht zur Prüfung und Berichterstattung auch nach Fristsetzung durch den Vorstand nicht nachkommt. Gemäß der gesetzlichen Fiktion gilt der Jahresabschluss in diesem Fall als nicht gebilligt, unabhängig von den Versäumnisgründen (§ 172 Abs. 3 S. 3 AktG). Strittig ist, ob ein vom Aufsichtsrat bis zur Einberufung der Hauptversammlung nachgereichter Bericht noch zur nachträglichen Feststellung des Jahresabschlusses führt.[116] Da endgültige Rechtssicherheit erst ab dem Zeitpunkt der Einberufung der Hauptversammlung gefordert ist und die Feststellung durch die Verwaltung Vorrang hat, wird eine nachholende Feststellung teilweise als zulässig erachtet.[117]

2. Feststellung durch die Hauptversammlung

95 Die Feststellung durch die Hauptversammlung kommt in folgenden Fällen in Betracht:
– Der Aufsichtsrat hat den vom Vorstand aufgestellten Jahresabschluss (willentlich oder fiktiv wegen Zeitablaufs) nicht gebilligt;
– Vorstand und Aufsichtsrat haben die Feststellung durch übereinstimmende Beschlüsse der Hauptversammlung überlassen; außerdem im Fall der
– rückwirkenden Kapitalherabsetzung (§ 234 Abs. 2 AktG) und der
– Abwicklung der Gesellschaft (§ 270 Abs. 2 AktG).

96 Die Feststellung durch die Hauptversammlung ist in der Praxis **relativ selten.**[118] Stellt sie den Jahresabschluss fest, ist sie nicht an die Vorlagen des Vorstands gebunden, dh sie kann den Jahresabschluss selbst gestalten, ohne für die richtige Bilanzierung strafrechtlich verantwortlich zu sein.[119] Dies kann einerseits wegen der Meinungsvielfalt im Gremium, andererseits wegen eventueller Überforderung der Aktionäre bezüglich der richtigen Anwendung des Bilanzrechts problematisch werden.[120] Dem steht aber gegenüber, dass eine Änderung des geprüften Jahresabschlusses eine **Nachtragsprüfung** nach sich zieht (§ 173 Abs. 3 AktG), über die ein Nachtragsprüfungsbericht zu erstatten ist. Stellt die Hauptver-

---

[113] Vgl. *Adler/Düring/Schmalz* AktG § 172 Rn. 21.
[114] Vgl. *Ekkenga* in Kölner Komm. AktG § 175 Rn. 34 f.
[115] *Adler/Düring/Schmalz* AktG § 172 Rn. 14 f.
[116] Abl. *Brönner* in GroßkommAktG AktG § 171 Rn. 42; *Ekkenga* in Kölner Komm. AktG § 171 Rn. 89; *Euler/Klein* in Spindler/Stilz AktG § 171 Rn. 87; *Hennrichs/Pöschke* in MüKoAktG AktG § 171 Rn. 221.
[117] Vgl. *Adler/Düring/Schmalz* AktG § 171 Rn. 87, AktG § 173 Rn. 12.
[118] *Hennrichs/Pöschke* in MüKoAktG AktG § 173 Rn. 11.
[119] Vgl. *Adler/Düring/Schmalz* AktG § 173 Rn. 2; *Euler/Klein* in Spindler/Stilz AktG § 172 Rn. 13.
[120] Vgl. *Adler/Düring/Schmalz* AktG § 173 Rn. 16; aA *Hennrichs/Pöschke* in MüKoAktG AktG § 173 Rn. 6.

sammlung den Jahresabschluss in unveränderter Form fest, entfaltet der Beschluss sofortige Wirkung. Soweit die Satzung keine anderen Bestimmungen vorsieht, kommt der Feststellungsbeschluss mit **einfacher Mehrheit** der abgegebenen Stimmen zustande (§ 133 AktG).

Stellt die Hauptversammlung den Jahresabschluss fest, ist der **Abschlussprüfer verpflichtet, an der Sitzung teilzunehmen** (§ 176 Abs. 2 AktG). Nimmt die Hauptversammlung am Jahresabschluss Änderungen vor, werden die Feststellung des Jahresabschlusses und ebenso der Gewinnverwendungsbeschluss erst **wirksam, wenn der Abschlussprüfer einen uneingeschränkten Bestätigungsvermerk bezüglich der Änderungen erteilt** (§ 173 Abs. 3 S. 1 AktG). Für diesen ist gesetzlich eine **Frist von zwei Wochen** seit dem Hauptversammlungsbeschluss vorgesehen (§ 173 Abs. 3 S. 2 AktG). Bei kleinen und Kleinstkapitalgesellschaften entfallen vorstehende Vorschriften, da sie nicht prüfungspflichtig sind (§ 316 Abs. 1 iVm § 267 Abs. 1, 267a HGB). Wird hinsichtlich der Nachtragsprüfung ein (ggf. eingeschränkter) Bestätigungsvermerk nicht oder nicht innerhalb der Frist erteilt, ist der **Jahresabschluss nichtig.** Eine Heilung ist in diesen Fällen nicht möglich (§ 256 Abs. 1 Nr. 2 iVm § 256 Abs. 6 AktG).[121] Vielmehr hat der Vorstand den Jahresabschluss erneut aufzustellen und prüfen zu lassen. Nach Durchführung der Nachtragsprüfung bleibt die Hauptversammlung zur Feststellung ermächtigt. 97

Bei Feststellung durch die Hauptversammlung ist die **Dotierung der Gewinnrücklagen** gesetzlich besonders geregelt (§ 173 Abs. 2 S. 2 AktG). Danach darf sie Beträge aus dem Bilanzgewinn nur in die **gesetzliche Rücklage**, in die **Rücklage für eigene Anteile** und in **satzungsmäßige Rücklagen** einstellen, dh eine Zuführung zu den Gewinnrücklagen ist nur im Fall einer satzungsmäßigen Ermächtigung zulässig. 98

Abhängig von der Feststellung durch die Verwaltung oder durch die Hauptversammlung können sich daher **Probleme bei der Rücklagenbildung** ergeben. Das ist der Fall, wenn der Vorstand den Jahresabschluss nach Berücksichtigung der Zuführungen zu Gewinnrücklagen aufgestellt hat und nun die Hauptversammlung für die Feststellung zuständig ist. In der Literatur werden dazu zwei Lösungen vorgeschlagen:[122] 99

- Der **Vorstand ändert** den Jahresabschluss bezüglich der Rücklagenbildung, indem er die ursprüngliche Zuführung rückgängig macht und nur die Zuführung vornimmt, die in der Satzung als zulässig vorgesehen ist.[123] Dabei können auch weitere Bilanzposten, wie zB die Steuerrückstellungen betroffen sein. Anschließend hat in Bezug auf die Änderungen eine Nachtragsprüfung durch den Abschlussprüfer stattzufinden.
- Die Hauptversammlung wird vom Vorstand unter Vorlage des **unveränderten** Jahresabschlusses darauf hingewiesen, dass eine Feststellung nur bei Rückgängigmachung der freiwilligen Rücklagenzuführung möglich ist. Auch in diesem Fall hat eine Nachtragsprüfung stattzufinden.

Bei Feststellung des Jahresabschlusses durch die Hauptversammlung haben die Aktionäre ein **erweitertes Auskunftsrecht** hinsichtlich der Bilanzierungs- und Bewertungsmethoden (§ 131 Abs. 3 Nr. 4 Hs. 2 AktG), um ihnen eine Entscheidung über die für die Bilanzierung wesentlichen Sachverhalte zu ermöglichen.[124] 100

Bei der **KGaA** ist nur die Hauptversammlung zur Feststellung des Jahresabschlusses befugt (§ 286 Abs. 1 S. 1 AktG). Der Beschluss bedarf der Zustimmung der persönlich haftenden Gesellschafter (auch der nicht geschäftsführungsbefugten Komplementäre). Die Zustimmung kann nicht durch die Satzung abbedungen werden, diese kann aber die Umstände der Zustimmung näher regeln (zB Mehrheitsentscheid, nur geschäftsführungsbefugte Komplementäre brauchen zuzustimmen).[125] Der Beschluss bezüglich der Gewinn- 101

---

[121] *Rölike* in Spindler/Stilz AktG § 256 Rn. 26.
[122] Vgl. *Brönner* in GroßkommAktG AktG § 172 Rn. 18; *Adler/Düring/Schmalz* AktG § 172 Rn. 30 f.
[123] Rückgängigmachung der Zuführung nach § 58 Abs. 2 AktG und neue Zuführung nach § 58 Abs. 1 AktG.
[124] *Hennrichs/Pöschke* in MüKoAktG AktG § 173 Rn. 34.
[125] Vgl. *Bachmann* in Spindler/Stilz AktG § 286 Rn. 2; *Perlitt* in MüKoAktG AktG § 286 Rn. 60 ff.

verwendung, der nur noch den unter den Kommanditaktionären zu verteilenden Gewinn betrifft, da der auf die Komplementäre entfallende Gewinn bereits als Aufwand im Jahresabschluss erfasst ist, wird von der Hauptversammlung gefasst (§ 278 Abs. 3 iVm § 174 AktG). Die Zustimmung der Komplementäre ist hierfür nicht notwendig, kann jedoch in der Satzung verlangt werden.

3. Änderung des Jahresabschlusses nach Feststellung

102   Zur **Änderung festgestellter Jahresabschlüsse** gibt es unterschiedliche Meinungen. Überwiegend wird sie im Grundsatz als zulässig angesehen, soweit es sich nicht um willkürliche Änderungen handelt und die Rechte Dritter nicht verletzt werden.[126] Es hat stets eine Abwägung der Interessen der Gesellschaft an der Änderung mit den Interessen der Aktionäre sowie der Öffentlichkeit an der Bestandskraft des Jahresabschlusses stattzufinden.

103   Bei den Änderungen ist nach **verschiedenen Fallgruppen** zu unterscheiden:[127]
– Ist ein **festgestellter Jahresabschluss nichtig,** fehlt es an einem wirksamen Jahresabschluss, so dass es sich nicht um eine Änderung, sondern vielmehr um eine **neue Aufstellung** handelt.
– **Inhaltliche Mängel,** die nicht zur Nichtigkeit führen, **können ohne besondere Gründe behoben werden.**[128]
– Soweit eine Übereinstimmung des Jahresabschlusses mit gesetzlichen Vorschriften erreicht werden soll, handelt es sich nicht um eine willkürliche Änderung. Voraussetzung ist jedoch, dass der Vorstand den Mangel bei der Aufstellung des Jahresabschlusses hätte erkennen können.
– Unter besonderen Umständen ist auch die **Änderung eines gesetzlich zulässigen Jahresabschlusses nach der Feststellung und Durchführung der Hauptversammlung** möglich. Dazu müssen rechtlich, wirtschaftlich oder steuerrechtlich **gewichtige Gründe**[129] vorliegen, die das Interesse der Aktionäre und der Öffentlichkeit an der Aufrechterhaltung des Jahresabschlusses überwiegen. Gewichtige Gründe sind solche Ereignisse oder Erkenntnisse, aus denen sich erhebliche Risiken für die Gesellschaft ergeben. Sie sind jeweils einzelfallbezogen zu beurteilen.

104   Bei der Änderung eines zulässigen oder eines Jahresabschlusses, der mit Mängeln behaftet ist, die nicht zu seiner Nichtigkeit führen, ist zu beachten, dass der mit dem Gewinnverwendungsbeschluss entstandene **Dividendenanspruch der Aktionäre** nicht nachträglich verkürzt werden kann.[130] Reicht das in dem geänderten Jahresabschluss ausgewiesene Jahresergebnis nicht zur Ausschüttung aus, kann versucht werden, durch andere Maßnahmen (Erhöhung des Bilanzgewinns, Auflösung von Rücklagen) eine Kompensation zu erreichen. Ebenso könnte die Hauptversammlung ihren früheren Gewinnverwendungsbeschluss ändern, oder die Aktionäre könnten auf ihre Dividendenansprüche verzichten. Falls keine der Maßnahmen greift, ist eine Änderung des festgestellten Jahresabschlusses unzulässig. Führt die Änderung zu einer Erhöhung des Jahresergebnisses, muss die Hauptversammlung erneut über die Gewinnverwendung beschließen.[131]

105   Die Feststellung eines geänderten Jahresabschlusses ist stets von denselben Organen vorzunehmen, die den ursprünglichen Jahresabschluss festgestellt haben.

---

[126] BGH DB 1957, 160; *Adler/Düring/Schmalz* AktG § 172 Rn. 34; vgl. IDW RS HFA 6; aA *Brönner* in GroßkommAktG AktG § 175 Rn. 26; dezidiert *Ekkenga* in Kölner Komm. AktG § 172 Rn. 24 ff.
[127] Vgl. zu den einzelnen Fällen ausf. *Adler/Düring/Schmalz* AktG § 172 Rn. 36 ff.; *Euler/Klein* in Spindler/Stilz AktG § 172 Rn. 31; *Hennrichs/Pöschke* in MüKoAktG AktG § 172 Rn. 56 ff.
[128] IDW RS HFA 6 Tz. 7; vgl. *Adler/Düring/Schmalz* AktG § 172 Rn. 43.
[129] Vgl. *Adler/Düring/Schmalz* AktG § 172 Rn. 49; *Hennrichs/Pöschke* in MüKoAktG AktG § 172 Rn. 65.
[130] *Hennrichs/Pöschke* in MüKoAktG AktG § 172 Rn. 72; *Euler/Klein* in Spindler/Stilz AktG § 172 Rn. 34.
[131] Vgl. *Adler/Düring/Schmalz* AktG § 172 Rn. 63 ff.

4. Konzernabschluss

Nach seiner Prüfung ist auch der **Konzernabschluss zu billigen** (§ 171 Abs. 2 S. 5 AktG). Die Billigung des Konzernabschlusses ist allerdings nicht – wie die des Jahresabschlusses – mit einer Feststellung verbunden. Der Feststellung des Jahresabschlusses kommt deswegen eine besondere Bedeutung zu, weil der festgestellte Jahresabschluss Grundlage der Gewinnverwendung ist. Im Übrigen entspricht das Billigungsverfahren jedoch dem des Jahresabschlusses.[132]

106

Auch die **Billigung** des Konzernabschlusses erfolgt **regelmäßig durch den Aufsichtsrat.** Sie ist in den Bericht des Aufsichtsrats aufzunehmen (§ 171 Abs. 2 S. 5 AktG).[133] Bleibt eine Billigung durch den Aufsichtsrat aus, entscheidet die Hauptversammlung über die Billigung des Konzernabschlusses (§ 173 Abs. 1 S. 2 AktG). Eine Billigung des Konzernabschlusses ist rechtlich nicht möglich, solange der Abschluss nicht der gesetzlichen Abschlussprüfung unterzogen wurde (§ 316 Abs. 2 S. 2 HGB).

107

VI. Publizitätspflichten

Der Vierte Unterabschnitt des Zweiten Abschnitts des Dritten Buchs des HGB enthält Offenlegungs- und Veröffentlichungsvorschriften für die Jahres- und Konzernabschlüsse von Kapitalgesellschaften. **Offenlegung** bedeutet die elektronische **Einreichung** der gesetzlich geforderten **Unterlagen beim Betreiber des Bundesanzeigers** (Bundesanzeiger Verlagsgesellschaft mbH) und die **Bekanntmachung im (elektronischen) Bundesanzeiger. Veröffentlichung** ist dagegen die **Bekanntgabe an die Öffentlichkeit** unabhängig von den gesetzlichen Vorschriften.[134] Für sog Tochter-Kapitalgesellschaften ist es unter bestimmten Voraussetzungen möglich, von der **Offenlegungspflicht befreit** zu werden.[135]

108

Für die elektronische Einreichung genügt die Übermittlung einer elektronischen Aufzeichnung in einem bestimmten Format über die Internetseiten des Betreibers des Bundesanzeigers (§ 325 Abs. 1 S. 2, Abs. 6, § 12 Abs. 2 HGB).

109

Verantwortlich für die Offenlegung sind die gesetzlichen Vertreter, also der **Vorstand** bei der AG und die **persönlich haftenden Gesellschafter** bei der KGaA. Die Offenlegung muss dabei nicht durch sämtliche gesetzlichen Vertreter höchstpersönlich wahrgenommen werden. Die Aufgabe kann vielmehr einem Mitglied des vertretungsberechtigten Organs übertragen werden.[136] Bei Nichteinreichung oder unvollständiger Einreichung der Unterlagen verletzen die gesetzlichen Vertreter ihre Sorgfaltspflicht und es wird gegen sie von Amts wegen vom Bundesamt für Justiz ein Ordnungsgeldverfahren zur Erzwingung der Offenlegung durchgeführt (§ 335 HGB). Das Ordnungsgeldverfahren kann auch gegen die Kapitalgesellschaft durchgeführt werden (§ 335 Abs. 1 S. 2 HGB).

110

Neben dem **Jahresabschluss** sind folgende Unterlagen offen zu legen:
– der Lagebericht;
– der Bestätigungsvermerk oder der Vermerk über dessen Versagung;
– der Bericht des Aufsichtsrats;
– der Gewinnverwendungsvorschlag und -beschluss unter Angabe des Jahresergebnisses, soweit aus dem Jahresabschluss nicht ersichtlich;
– ggf. die Erklärung zum Corporate Governance Kodex (§ 161 AktG);
– ggf. nachträgliche Änderungen des Jahresabschlusses;

111

---

[132] Vgl. *Hennrichs/Pöschke* in MüKoAktG AktG § 172 Rn. 103.
[133] Vgl. *Hennrichs/Pöschke* in MüKoAktG AktG § 171 Rn. 120.
[134] Vgl. *Fehrenbacher* in MüKoHGB HGB § 325 Rn. 2, § 328 Rn. 7 f.
[135] Vgl. *Winkeljohann/Schellhorn* in BeBiKo HGB § 264 Rn. 101 ff.; *Kühne/Richter* BB 2015, 877 ff.
[136] *Grottel* in BeBiKo HGB § 325 Rn. 32; *Fehrenbacher* in MüKoHGB HGB § 325 Rn. 18.

- ggf. Änderungen des Bestätigungsvermerk oder Versagungsvermerks aufgrund einer Nachprüfung;
- ggf. die Versicherungen nach den §§ 264 Abs. 2 S. 3, 289 Abs. 1 S. 5 HGB (sog Bilanzeid).[137]

112 Seit der Neufassung im Rahmen des BilRuG stellt § 325 Abs. 1 HGB klar, dass Jahresabschluss, Lagebericht und Bestätigungsvermerk bzw. Versagungsvermerk gemeinsam innerhalb der entsprechenden Fristen offenzulegen sind. Es ist demnach nicht mehr zulässig, zunächst ungeprüfte Jahres- oder Konzernabschlüsse einreichen, um etwaige Offenlegungsfristen einzuhalten.[138]

113 Die Unterlagen sind **unverzüglich nach ihrer Vorlage an die Gesellschafter,** gem. § 325 Abs. 1a S. 1 HGB indes **spätestens ein Jahr nach dem Abschlussstichtag des Geschäftsjahrs,** auf das sie sich beziehen, einzureichen. Liegen der Bericht des Aufsichtsrats oder die DCGK-Entsprechenserklärung nicht innerhalb der vorgenannten Frist vor, sind sie unverzüglich nach ihrem Vorliegen offenzulegen, § 325 Abs. 1a S. 2 HGB. Sofern der Jahresabschluss oder der Lagebericht geändert wird, ist die Änderung nach § 325 Abs. 1b HGB gesondert offenzulegen. Für **kapitalmarktorientierte** Gesellschaften (§ 264d HGB), die keine Gesellschaften im Sinn des § 327a HGB sind, beträgt die Frist zur Einreichung der Unterlagen längstens **vier Monate** (§ 325 Abs. 4 HGB). Im Anschluss an die Einreichung hat der Vorstand die Unterlagen nach § 325 Abs. 2 HGB **unverzüglich,** dh ohne schuldhaftes Zögern, **bekannt machen** zu lassen.

114 Für **kleine Kapitalgesellschaften** gilt eine **eingeschränkte Offenlegungspflicht.** Sie brauchen nur Teile des Jahresabschlusses, nämlich die Bilanz und den Anhang zu veröffentlichen, wobei der Anhang die Angaben, die die Gewinn- und Verlustrechnung betreffen, nicht enthalten muss (§ 326 Abs. 1 HGB).

Kleinstkapitalgesellschaften wird darüber hinaus die Möglichkeit eingeräumt, ihren Offenlegungspflichten aus § 325 dadurch gerecht zu werden, dass nur die Bilanz dauerhaft beim Betreiber des Bundesanzeigers einzureichen und zu hinterlegen ist (§ 326 Abs. 2 HGB) Eine Bekanntmachung im Bundesanzeiger entfällt.[139] Der im Rahmen des BilRUG einschränkte Verweis in § 326 Abs. 2 S. 1 HGB auf § 325 Abs. 1 bis 2 stellt jedoch klar, dass mit der Hinterlegung nur die Offenlegungspflichten für einen Jahresabschluss der Kleinstkapitalgesellschaft erfüllt werden können. Hat die Kleinstkapitalgesellschaft einen Konzernabschluss aufzustellen, gelten die Offenlegungspflichten gem. § 325 Abs. 3 HGB. Die Erfüllung der Offenlegungspflichten durch Hinterlegung kommt für den Konzernabschluss nicht in Betracht.[140]

115 **Mittelgroße Kapitalgesellschaften** müssen zwar die oben (Rn. 111) aufgeführten Unterlagen vollständig einreichen. Für sie bestehen jedoch **Erleichterungen.** So kann die Bilanz in verkürzter Form eingereicht werden und einige Anhangangaben können entfallen (§ 327 HGB).

116 Die **Prüfung,** ob die einzureichenden Unterlagen fristgemäß und vollzählig eingereicht worden sind, obliegt dem **Betreiber des Bundesanzeigers** (§ 329 HGB).

117 Die geschilderten Erleichterungen der Offenlegung für Kleinst-, kleine und mittelgroße Kapitalgesellschaften gelten nicht gegenüber deren Aktionären. Insofern wird von einer **gespaltenen Publizität** dieser Gesellschaften gesprochen.[141] Der Jahresabschluss, ein vom Aufsichtsrat gebilligter Einzelabschluss nach § 325 Abs. 2a HGB, der Lagebericht, der Bericht des Aufsichtsrats und der Vorschlag des Vorstands für die Verwendung des Bilanzgewinns sind von der Einberufung an in dem Geschäftsraum der Gesellschaft zur Einsicht durch die Aktionäre auszulegen und auf Verlangen den Aktionären in Abschrift zuzusenden (§ 175 Abs. 2 AktG), wenn diese Dokumente nicht über die Internetseiten der Ge-

---

[137] *Grottel* in BeBiKo HGB § 325 Rn. 6.
[138] *Zwirner/Petersen* WPg 2015, 811 (816); *Grottel* in BeBiKo HGB § 325 Rn. 44.
[139] *Grottel* in BeBiKo HGB § 326 Rn. 40ff.
[140] *Zwirner* DStR 2014, 1889 (1890); *Grottel* in BeBiKo HGB § 326 Rn. 40.
[141] Vgl. *Adler/Düring/Schmalz* HGB § 326 Rn. 32, HGB § 327 Rn. 16.

VI. Publizitätspflichten § 2

sellschaft zugänglich sind (§ 175 Abs. 2 S. 4 AktG). Zusätzlich hat jeder einzelne Aktionär das **Recht, in der Hauptversammlung die Vorlage eines Jahresabschlusses ohne etwaige Aufstellungserleichterungen zu verlangen** (§ 131 Abs. 1 S. 3 AktG).

Der durch das BilRUG redaktionell geänderte § 325 Abs. 3 HGB erklärt die Vorschriften über die Einreichung, die Bekanntmachung und die für kapitalmarktorientierte Unternehmen auf vier Monate verkürzte Einreichungsfrist auf den **Konzernabschluss** für entsprechend anwendbar. Der Konzernabschluss ist somit zusammen mit dem Konzernlagebericht, dem Bestätigungsvermerk oder dem Vermerk über dessen Versagung sowie dem Aufsichtsratsbericht beim Betreiber des Bundesanzeigers einzureichen und bekannt zu machen.[142] 118

Das HGB regelt **Form und Inhalt** der Offenlegung, Veröffentlichung oder Vervielfältigung des Jahresabschlusses und Konzernabschlusses (§ 328 HGB). Für alle Unterlagen gilt der **Grundsatz der Vollständigkeit und Richtigkeit.**[143] 119

Demnach ist Folgendes zu beachten: 120
- Die Abschlüsse sind entsprechend den für die Aufstellung maßgeblichen Vorschriften wiederzugeben.
- Das Feststellungsdatum (Jahresabschluss) bzw. das Billigungsdatum (Konzernabschluss) ist anzugeben.
- Ein vom Abschlussprüfer erteilter Bestätigungsvermerk oder Vermerk über die Versagung ist wortgetreu wiederzugeben.

Bei **freiwilligen Veröffentlichungen** (§ 328 Abs. 2 HGB) mit über die gesetzlichen Mindestanforderungen hinausgehenden Informationen ist zwischen den freiwilligen und den gesetzlich vorgeschriebenen Informationen deutlich zu trennen. Bei Mitteilung des Bestätigungsvermerks muss der Umfang, der durch das Testat abgedeckt ist, eindeutig erkennbar sein. 121

Werden bei freiwilligen Veröffentlichungen obige Vorschriften nicht beachtet, sondern Abschlüsse in verkürzter Form publiziert, ist in der Überschrift auf die Kurzfassung hinzuweisen und es darf kein Bestätigungsvermerk beigefügt werden. Allerdings ist bei erfolgter Abschlussprüfung anzugeben, ob und in welcher Form der Abschluss bestätigt wurde. Außerdem ist anzugeben, ob die Unterlagen bei dem Betreiber des elektronischen Bundesanzeigers eingereicht worden sind. 122

Die im HGB geregelten Publizitätspflichten berühren ausdrücklich nicht **andere auf Gesetz oder Satzung beruhende Publizitätspflichten** der Gesellschaft (§ 325 Abs. 5 HGB).[144] 123

---

[142] *Merkt* in Baumbach/Hopt HGB § 325 Rn. 9.
[143] Vgl. *Grottel* in BeBiKo HGB § 328 Rn. 6 ff.
[144] Vgl. dazu *Fehrenbacher* in MüKoHGB HGB § 325 Rn. 117 ff.

§ 3 Technische Vorbereitungen

Übersicht

	Rn.
I. Überblick	1
II. Relevanz der technischen Vorbereitungen	2
III. Wichtige Planungsschritte	4
IV. Langfristige Planungsphase	5
1. Erste Schritte	5
2. Grobterminplanung	
a) Zeitliche Vorgaben für die ordentliche HV	8
b) Organisatorischer Rahmen	12
c) Notfallplanung	18
3. Terminplanung im Detail	19
4. Beauftragung der Dienstleister	23
5. Bestellung der Stimmrechtsvertreter der Gesellschaft	26
6. Erste Kommunikation des HV-Termins	28
7. Inhaltliche Vorbereitung der HV	31
8. Bei Namensaktien: Abstimmung mit dem Registerführer	33
V. Kurzfristige Planungsphase	35
1. Organisatorische Vorbereitung von Unterlagen	35
2. Einreichung des Abschlusses und Bilanzpressekonferenz	38
3. Vorbereitung der Einberufung im BAnz und sonstiger Veröffentlichungen	39
4. Einberufung im BAnz, sonstige Veröffentlichungen	45
5. Ergänzungsverlangen und Mitteilungen nach § 125 AktG	50
6. Anmeldeprozess	58
7. Leitfaden für den Versammlungsleiter	61
8. Bekanntmachung von Gegenanträgen	64
9. Bei Namensaktien: Schlussversand	67
10. Vorbereitung des Abstimmungssystems	69
11. Vorbereitung von Fragen und Antworten	72
12. Umgang mit Stimmverboten und eigenen Aktien	76
13. Erstellung des Anmeldeverzeichnisses, Prognose der Teilnehmerzahl, Gäste	79
14. Anmeldeverzeichnis und Meldepflichten nach WpHG bzw. AktG, Fremdbesitz	81
15. Erarbeitung und Vervielfältigung von Hilfsmaterialien	84
VI. Unmittelbar vor der Versammlung	87
1. Ausstattung, Standarddokumente, Checklisten	87
2. Instruktion der Mitarbeiter	91
3. Generalprobe	95
4. Systemabnahme mit dem Notar	98

Stichworte

Abstimmungssystem Rn. 69 ff.
Aktionärsforum Rn. 75
Aktionärsvereinigungen Rn. 74
Aktivistische Investoren Rn. 6
Anmeldeprozess Rn. 58 ff.
Anmeldeverzeichnis Rn. 79 ff.
Betriebshaftpflichtversicherung Rn. 6
Budget Rn. 6
Bundesanzeiger Rn. 38 ff., 45 ff.
DAMBA-System Rn. 59
Dienstleister Rn. 16, 23 ff.
Eigene Aktien Rn. 78

Einberufung im Bundesanzeiger Rn. 38 ff., 45 ff.
Ergänzungsverlangen Rn. 50, 54
Formulare zur Stimmabgabe bei Vertretung Rn. 49, 88
Fragen und Antworten, Vorbereitung Rn. 72 ff.
Freie Meldebestände, Bereinigung Rn. 33
Gäste Rn. 80
Geeignete Räumlichkeiten Rn. 13
Gegenanträge Rn. 64 ff.
Generalprobe Rn. 95 ff.

§ 3 Technische Vorbereitungen

Hinweisblatt Rn. 85
HV im Ausland Rn. 13
Insiderinformation Rn. 17, 32
Leitfaden für den Versammlungsleiter Rn. 61 ff.
Meldepflichten nach WpHG Rn. 10, 81
Notar, Beauftragung Rn. 14
Notarielles Protokoll, Vorbereitung Rn. 98 ff.
Notfallplanung Rn. 18
Planungsphasen Rn. 4
Projektteam Rn. 4
Registerführer Rn. 33, 59 f.
Sicherheitskontrollen Rn. 2
Sicherheitspersonal Rn. 93
Stimmrechtsberater Rn. 7, 74
Stimmrechtsvertreter der Gesellschaft Rn. 26, 27
Stimmverbote Rn. 76 f.
Teilnehmerzahl, Prognose Rn. 89
Terminplanung Rn. 5, 19 ff.
Unterlagen, Auslegungspflicht bzw. Zugänglichmachungspflicht Rn. 35 ff.
Veranstaltungsort Rn. 2
Verpflegung der Aktionäre Rn. 2
Versammlung, Dauer Rn. 2
Versammlungsraum, Größe Rn. 14
Versand, elektronisch Rn. 55 ff.
Versand nach § 125 AktG Rn. 50 ff.
Weg elektronischer Kommunikation Rn. 44
WM-Datenservice Rn. 29 f.

Schrifttum:

Arnold/Born, Bei großen Hauptversammlungen zwei Notare?, AG Report 2005 R 41; *Bayer/Hoffmann*, Aktionärsverpflegung, Verpflegungsaktionäre und Aktienrecht, AG Report 2016 R 151; *dies.*, Das Aktionärsforum im Dornröschenschlaf, AG Report 2013 R 61; *Bedkowski/Kocher*, Termin der ordentlichen Hauptversammlung nach EHUG und TUG, AG 2007, 341; *Bosse*, Grünes Licht für das ARUG: das Aktienrecht geht online, NZG 2009, 807; *Drinhausen/Keinath*, Auswirkungen des ARUG auf die künftige Hauptversammlungspraxis, BB 2009, 2322; *Ek*, Praxisleitfaden für die Hauptversammlung, 2. Aufl., 2010; *Fleischer*, Zur Rolle und Regulierung von Stimmrechtsberatern (Proxy Advisors) im deutschen und europäischen Aktien- und Kapitalmarktrecht, AG 2012, 2; *Florstedt*, Fristen und Termine im Recht der Hauptversammlung, ZIP 2010, 761; *Götze*, Erteilung von Stimmrechtsvollmacht nach dem ARUG, NZG 2010, 93; *Harnos*, Protokollierung der Hauptversammlungsbeschlüsse in der kleinen Aktiengesellschaft, AG 2015, 732; *Höreth/Linnerz*, Die Terminplanung der Hauptversammlung nach dem ARUG – Handlungsempfehlungen für die Praxis, GWR 2010, 155; *Höreth*, Praxishinweise zur Zugänglichmachung von Gegenanträgen, AG 2015 R 124; *Mutter*, Europaweite Einberufung der Hauptversammlung – wie geht's? AG Report 2009 R 418; *Mutter/Wagner*, Wann ist die Hauptversammlung einzuberufen bzw. abzuhalten? AG Report 2007 R 395; *Noack*, Der elektronische Bundesanzeiger im Aktienrecht – Ein Überblick, BB 2002, 2025; *ders.*, Hauptversammlung der Aktiengesellschaft und moderne Kommunikationstechnik – aktuelle Bestandsaufnahme und Ausblick, NZG 2003, 241; *ders.*, Das neue Recht der Gegenanträge nach § 126 AktG, BB 2003, 1393; *ders.*, ARUG: das nächste Stück der Aktienrechtsreform in Permanenz, NZG 2008, 441; *v. Nussbaum*, Zu Nachweisstichtag (record date) und Eintragungssperre bei Namensaktien, NZG 2009, 456; *Peschos/Goslar*, Der Regierungsentwurf zur Umsetzung der Aktionärsrechterichtlinie (ARUG), AG 2009, 14; *Quass*, Nichtigkeit von Hauptversammlungsbeschlüssen wegen eines Umschreibestopps im Aktienregister, AG 2009, 432; *Reul*, Die notarielle Beurkundung der Hauptversammlung, AG 2002, 543; *Reul/Zetzsche*, Zwei Notare – eine Hauptversammlung, AG 2007, 561; *Sasse*, § 126 AktG – Rechtsunsicherheiten bei der Behandlung von Gegenanträgen, NZG 2004, 153; *Schockenhoff/Culmann*, Shareholder Activism in Deutschland, ZIP 2015, 297; *Scholz*, Verlust von Aktionärsrechten gem. § 28 WpHG, AG 2009, 313; *Schwartzkopff/Hoppe*, Wann muss der Versammlungsleiter Legitimationsaktionäre bei Abstimmungen zulassen? Board 2014, 73; *Sigel/Schäfer*, Die Hauptversammlung der Aktiengesellschaft aus notarieller Sicht, BB 2005, 2137; *Wilsing/v. d. Linden*, Versammlungsleitung durch einen Unternehmensfremden, ZIP 2009, 641.

I. Überblick

1 Die technischen Vorbereitungen können durchaus Beschlussrelevanz entfalten (→ Rn. 2 f.). Die Planungsschritte (→ Rn. 4) lassen sich in langfristige Planungsphase (→ Rn. 5 ff.), kurzfristige Planungsphase (→ Rn. 35 ff.), und eine Phase unmittelbar vor der Versammlung (→ Rn. 87 ff.) gliedern. Grob- und Detailterminplanung (→ Rn. 8 ff. sowie Rn. 19 ff.), bilden den zeitlichen Rahmen, der organisatorische Rahmen (→ Rn. 12 ff.) wird sowohl durch tatsächliche als auch durch juristische Gegebenheiten gesetzt. Hiernach bestimmt sich insbesondere auch der Umfang des Outsourcing an externe Dienstleister (→ Rn. 23 ff.). Zentrale Aufgaben im Rahmen der technischen Vorbereitungen sind Einberufung und sonstige Veröffentlichungen (→ Rn. 39 ff.), der Versand von Mitteilungen (→ Rn. 51 ff. und

67 f.), der Anmeldeprozess (→ Rn. 58 ff.), die Erstellung des Leitfadens für den Versammlungsleiter (→ Rn. 61 ff.), der Umgang mit Gegenanträgen (→ Rn. 64 ff.), die Vorbereitung der Abstimmungen (→ Rn. 69 f. und 77 f.), die Vorbereitung auf Aktionärsfragen (→ Rn. 72 ff.) und schließlich die Generalprobe (→ Rn. 95 ff.). Die Systemabnahme mit dem Notar (→ Rn. 98 ff.) ist nicht verpflichtend, kann aber sinnvoll sein.

II. Relevanz der technischen Vorbereitungen

Jede Veranstaltung eines Unternehmens ist mit einem **Organisationsrisiko** behaftet. Die **2** Hauptversammlung (HV) ist sowohl Veranstaltung als auch Organ. Vorbereitungsmängel können juristische Fehler herbeiführen und somit die **Ordnungsmäßigkeit der Willensbildung** des Organs beeinträchtigen. Häufig gegen HV-Beschlüsse klagende Aktionäre kennen die Relevanz der Organisation und versuchen oftmals, formale Fehler nachzuweisen oder auch selbst herbeizuführen. Beispiele für Organisationsfragen in der Rechtsprechung finden sich etwa bei Fragen des zulässigen Veranstaltungsorts,[1] der Zulässigkeit von Sicherheitskontrollen am Zugang[2], einer unzumutbaren Dauer der Versammlung[3] oder auch zur Notwendigkeit einer Verpflegung der Aktionäre.[4]

Art und Umfang der erforderlichen technischen Vorbereitung wird durch folgende **3** Faktoren wesentlich beeinflusst: Aktionärsstruktur, Börsennotierung, Teilnehmerzahl, ordentliche oder außerordentliche HV, Erfahrungen aus Vorjahr(en), wirtschaftliche Lage der Gesellschaft, besondere geplante Beschlussgegenstände, öffentliche Aufmerksamkeit am Unternehmen.

III. Wichtige Planungsschritte

Die Planung der HV lässt sich grob in eine **langfristige Planungsphase** bis ca. zwei bis **4** drei Monate vor der HV, eine **kurzfristige Planungsphase** bis wenige Tage vor HV und eine **Phase unmittelbar vor der HV** gliedern. Der Beginn der Arbeiten kann dabei durchaus mehr als ein Jahr vor der Veranstaltung ansetzen – DAX-Werte mit vielen Teilnehmern reservieren zB große Messehallen teilweise schon auf Jahre im Voraus.

IV. Langfristige Planungsphase

1. Erste Schritte

Zuerst bietet sich an, ein **Projektteam** zusammenzustellen, **Verantwortlichkeiten** fest- **5** zulegen und eine **Grobterminplanung** vorzunehmen. Hierbei sollte die **juristische Relevanz** der zu treffenden Maßnahmen immer im Blick behalten werden. Projektmitarbeiter aus anderen Abteilungen vermögen dies nicht immer nachzuvollziehen, so dass die Kommunikation innerhalb des Teams für den Juristen eine Herausforderung darstellen kann. **Primat** aller Entscheidungen sollte das Zustandekommen **rechtswirksamer Beschlüsse** sein.

Im Rahmen der ersten Schritte sollte auch geklärt werden, welches **Budget** zur Verfü- **6** gung steht, ob die Veranstaltung in der allgemeinen **Betriebshaftpflicht** mitversichert ist

---

[1] OLG Dresden AG 2001, 489; LG Frankfurt a.M. AG 2007, 824.
[2] OLG Frankfurt a.M. AG 2007, 357; AG München AG 1995, 335.
[3] LG München I AG 2008, 340.
[4] Vgl. *Bayer/Hoffmann* AG-Report 2016, R 151, *Kubis* in MüKoAktG AktG § 121 Rn. 40.

und ob bzw. welche **anderen Ziele** über den Beschlusscharakter hinaus mit der HV verknüpft werden sollen. Bereits hier sollte geklärt werden, ob neue Aspekte oder innovative Technologien zum Einsatz kommen sollen, wie etwa eine Online-HV[5] oder zB ein Funkabstimmungssystem.

7 Gesellschaften, die schon einige Publikumsversammlungen erfolgreich durchgeführt haben, können naturgemäß auf diesen **Erfahrungen** aufsetzen und haben somit Vorteile gegenüber Gesellschaften, die gerade erst ihren Börsengang absolviert haben. Gleichwohl sollten auch erfahrene Organisationsteams nicht blindlings die Vorjahresabläufe wiederholen, sondern ermitteln, ob **neue Gesichtspunkte,** etwa aus Gesetzgebung, Rechtsprechung, den jährlichen Novellen des Deutschen Corporate Governance Kodex (DCGK) oder den Abstimmungsrichtlinien der Stimmrechtsberater[6], Änderungen erfordern.[7] Neben diesen externen Faktoren sollten auch interne Aspekte berücksichtigt werden. Dass Personal- und Strategieänderungen, Umstrukturierungen oder bedeutende Geschäftsvorfälle Aufmerksamkeit auf sich ziehen bzw. erhöhen kann, und diese uU in die Hauptversammlung hineinreicht, versteht sich von selbst. Aber auch eine kleine Veränderung der Aktionärsstruktur durch sog. aktivistische Investoren[8] kann deutlich größere Aufwände bei der Vorbereitung der HV bedeuten. Neben öffentlichen Kampagnen nutzen aktivistische Investoren insbesondere die Hauptversammlung zur Durchsetzung ihrer Interessen, indem sie Ergänzungsverlangen, Gegenanträge, Wahlvorschläge und eine Vielzahl von Fragen stellen.

2. Grobterminplanung

a) Zeitliche Vorgaben für die ordentliche HV

8 Die ordentliche HV der AG und der KGaA hat innerhalb der **ersten acht Monate des Geschäftsjahrs** stattzufinden, § 175 Abs. 1 S. 2 AktG.[9] Weitere unmittelbare zeitliche Vorgaben enthält das Aktiengesetz nicht. Sie ergeben sich jedoch mittelbar aus dem Zusammenspiel mit den Normen zur Abschlusspublizität. Der testierte Abschluss ist nach § 325 Abs. 4 HGB innerhalb der **ersten vier Monate des Geschäftsjahrs** beim Betreiber des Bundesanzeigers (BAnz)[10] einzureichen.[11] Die Einberufung der ordentlichen Hauptversammlung hat **unverzüglich** nach Eingang des Berichts des Aufsichtsrats stattzufinden, § 175 Abs. 1 S. 1 AktG.[12]

---

[5] Voraussetzung hierfür ist eine entsprechende Satzungsregelung, vgl. § 118 Abs. 1 S. 2 AktG.
[6] Stimmrechtsberater (Proxy Advisors) sind Dienstleister, die institutionelle Investoren bei der Ausübung ihrer Stimmrechte in Hauptversammlungen unterstützen und auch Abstimmempfehlungen erarbeiten. Zustimmung bzw. Ablehnung von Beschlussvorschlägen hängen von inhaltlichen Richtlinien ab, die seitens der Stimmrechtsberater veröffentlicht werden. Wichtige Stimmrechtsberater sind zB Institutional Shareholder Services Inc. (ISS), https://www.issgovernance.com/ und Glass-Lewis & Co., http://www.glasslewis.com/, vgl. zum Ganzen *Fleischer* AG 2012, 2.
[7] Vgl. zB LG Frankfurt a.M. BeckRS 2008, 19240; hier wurde über Jahre hinweg der vor dem NaStraG zutreffende Hinweis auf die Notwendigkeit des Verbleibs der Vollmachtsurkunden bei der Gesellschaft immer wieder in der Einberufung wiederholt.
[8] Aktionärsaktivismus wird als direkte Einflussnahme auf die Unternehmensführung durch Anteilseigner, die nicht direkt mit der Geschäftsführung betraut sind, bezeichnet. Vgl. zum Ganzen *Schockenhoff/Culmann* ZIP 2015, 297.
[9] Die ordentliche HV der SE hat bereits innerhalb der ersten sechs Monate stattzufinden, Art. 54 Abs. 1 SEVO.
[10] Seit dem 1.4.2012 heißt der elektronische Bundesanzeiger nur noch Bundesanzeiger, die herkömmliche Papierfassung ist eingestellt, vgl. Gesetz zur Änderung von Vorschriften über Verkündung und Bekanntmachungen vom 22.12.2011 (BGBl. I 2011, 3044 ff.).
[11] Dies korrespondiert zB mit § 65 Abs. 3 BörsO-FWB, der ebenfalls vier Monate vorgibt und wird durch Ziff. 7.1.2 S. 4 DCGK noch verschärft, der für den Konzernabschluss 90 Tage empfiehlt.
[12] Für den Einberufungstermin wohl zu eng: *Bedkowski/Kocher* AG 2007, 341 (346).

IV. Langfristige Planungsphase § 3

Auch wenn „unverzüglich" hierbei nicht „sofort" bedeutet,[13] wird die 8-Monats-Frist in 9
der Praxis üblicherweise nicht unbedingt ausgeschöpft. Die meisten Publikums-Hauptversammlungen von Gesellschaften, deren Geschäftsjahr dem Kalenderjahr gleicht, finden daher in einem Zeitraum von **April bis Juni**[14] statt.

Ist die börsennotierte Gesellschaft Mitglied einer Konzernfamilie, sollte der Festlegung 10
des HV-Termins eine Prüfung vorangehen, ob zB bei Änderungen von Beteiligungsverhältnissen tatsächlich alle **nach WpHG meldepflichtigen Tatbestände** (vgl. §§ 21 ff. WpHG [ab 3.1.2018 §§ 33 ff. WpHG]) erfasst wurden. Ist dies nicht gegeben, könnte gem. § 28 WpHG (ab 3.1.2018 § 44 WpHG) ein Rechtsverlust eintreten. Bei nachgeholter Meldung lebt das Stimmrecht uU erst nach sechs Monaten wieder auf, § 28 S. 3 WpHG (ab 3.1.2018 § 44 Abs. 1 S. 3 WpHG). Eine entsprechende Terminplanung kann dann die wirksame Stimmabgabe unterstützen.

Die meisten Hauptversammlungen werden auf **einen Tag** einberufen. Von einer vor- 11
sorglichen Einberufung auf zwei Tage, wie sie vor einigen Jahren bei schwierigen Versammlungen vereinzelt anzutreffen war, wird weithin abgesehen. (→ § 4 Rn. 115–117).

b) Organisatorischer Rahmen

Für die ordentliche HV sind zunächst die Termine für die **Erstellung und Prüfung des** 12
Jahresabschlusses zugrunde zu legen. Ebenso sollten Termine von Vorstand und Aufsichtsrat sowie Konkurrenztermine aus dem Unternehmensbereich, zB wichtige Messen ermittelt und evtl. Kollisionen ausgeschlossen werden.

Zu prüfen ist weiter die Verfügbarkeit von **geeigneten Räumlichkeiten;** es sollten 13
insbesondere folgende Belange beachtet werden: Die Räumlichkeiten sollten in einem Versammlungsort liegen, der nach der Satzung für die HV zulässig ist.[15] Hierbei handelt es sich meist um den Sitz der Gesellschaft bzw. um eine Großstadt, und zwar jeweils in Deutschland. Zwar ist eine **HV im Ausland** prinzipiell möglich,[16] die Gestaltung und Ausfüllung einer solchen Satzungsregelung ist aber bisher nicht erprobt. In der Praxis bleibt es daher derzeit bei der HV im Inland. Die Sicherung und Beschallung des Präsenzbereichs sollte möglich sein bzw. hergestellt werden können.[17] Bewirtungs- und Kommunikationsmöglichkeiten, Belange körperlich beeinträchtigter Teilnehmer, Anreise- und Parkmöglichkeiten, Erweiterungsoptionen, Raum für den Beraterstab, Raum für die Aufsichtsratssitzung nach der HV, Übernachtungsmöglichkeiten für Vorstand, Aufsichtsrat und Mitarbeiter sind weitere einzubeziehende Gesichtspunkte. Die Räumlichkeiten sollten nicht nur zur Versammlung,[18] sondern auch zu den **Zeiten des Auf- und Abbaus und der Generalprobe** zur Verfügung stehen.

Die Größe des Versammlungsraums muss an der **Zahl der erwarteten Aktionäre** 14
ausgerichtet werden. Da den Aktionären ein im Kern unentziehbares Teilnahmerecht zusteht,[19] ist eine Zurückweisung eines teilnahmeberechtigten Aktionärs aus Kapazitätsgründen nicht zulässig. (Zum Teilnahmerecht → § 8 Rn. 5 ff. und insbes. → Rn. 24) Die Gesellschaft trägt somit das **Prognoserisiko** und sollte daher eine sorgfältige Pla-

---

[13] Vgl. *Kropff* in MüKoAktG AktG § 175 Rn. 9, wonach der Vorstand nicht gegen das Gebot unverzüglicher Einberufung verstößt, wenn er insbesondere die für den Druck erforderliche Zeit abwartet, sowie *Mutter/Wagner* AG-Report 2007, R395, R396.
[14] Siehe hierzu den zweiwöchigen HV-Termin-Service im AG-Report „Die Aktiengesellschaft".
[15] Nach LG Frankfurt a.M. AG 2007, 824, soll es hierauf zwar nicht ankommen, jedoch waren diese Erwägungen nicht entscheidungserheblich, so dass vorsichtshalber vom satzungsmäßigen HV-Ort nicht abgewichen werden sollte.
[16] BGH NJW 2015, 336.
[17] Nach BGH 8.10.2013 – II ZR 329/12 ist eine Beschallung des gesamten Präzenzbereichs der Hauptversammlung (des gesamten Raums, in dem die Hauptversammlung stattfindet) zwar nicht mehr erforderlich, es wird jedoch weithin als Aktionärsservice hieran festgehalten.
[18] Da die Versammlung bis 24.00 Uhr dauern kann, sollte zumindest dieser Zeitraum auch gebucht sein.
[19] *Kubis* in MüKoAktG AktG § 118 Rn. 58; *Koch* in Hüffer/Koch AktG § 118 Rn. 12.

nung der voraussichtlichen Teilnehmerzahlen vornehmen (→ Rn. 30 und → Rn. 79) sowie ggf. mit flexibel gestaltbaren Versammlungsräumlichkeiten Auffangmöglichkeiten vorhalten.

15 Auch die Verfügbarkeiten eines HV-erfahrenen **Notars**[20] (gelegentlich werden sogar sicherheitshalber zwei Notare beauftragt),[21] sowie wichtiger interner und externer Informationspersonen, Berater im Backoffice, Stenographen und auch der Dienstleister sollten in die Terminplanung einbezogen werden.

16 Die meisten Gesellschaften mit etwas größerem Aktionärskreis beauftragen für die Präsenz- und Ergebnisermittlung sowie die Unterstützung beim Fragen- und Antwortenmanagement spezielle **HV-Dienstleister**.[22] Da diese auch bei der Prognose der Teilnehmerzahl unterstützen und sonstige organisatorische Hilfestellungen im Vorfeld leisten können, empfiehlt sich eine **frühzeitige Auswahl und Beauftragung**. Gleiches gilt – schon aus Kapazitätsgründen – für die Beauftragung des Notars und ggf. auch HV-erfahrener Rechtsberater.

17 Die **finale Festlegung** des HV-Termins liegt grundsätzlich in der Zuständigkeit des Vorstands (→ § 4 Rn. 22 ff.). In der Praxis empfiehlt sich hierbei aber selbstverständlich eine terminliche Abstimmung mit dem Aufsichtsrat. An sich ist weder eine ordentliche Hauptversammlung noch ihr Termin eine **Insiderinformation** iSd Art. 7 Marktmissbrauchsverordnung (MAR). In ungewöhnlichen Situationen bzw. – je nach Einberufungsgrund – bei einer außerordentlichen Hauptversammlung mag dies anders beurteilt werden. Im Zweifel sollte also geprüft werden, ob eine Insiderinformation und damit eine entsprechende Meldepflicht nach Art. 17 MAR besteht und ob ggf. eine Selbstbefreiung in Betracht kommt.

c) Notfallplanung

18 Je nach Art und Größe der Versammlung sollten die Reaktionen auf mögliche **Störungen** und **Notfälle** sowie die **Absicherung** der Veranstaltung durchdacht werden. Dies beginnt bei der Absicherung der EDV gegen Stromausfälle und das Bereithalten eines Megaphons bzw. Funkmikrophons, geht über die Beauftragung von Sanitätern und die Vorbereitung auf mögliche Störungsszenarien demonstrierender oder sonst auffälliger Aktionäre bis hin zur Planung einer Saalräumung aufgrund Bombendrohung. Bei eingeschätztem höherem Sicherheitsrisiko sollte die Kommunikation mit den **Ordnungsbehörden** gesucht werden und ggf. auch eine Erreichbarkeit eines **Ansprechpartners** am HV-Tag bzw. die Anwesenheit von Beamten vor Ort vereinbart werden.

3. Terminplanung im Detail

19 Sinnvollerweise werden sämtliche zu erledigenden Aufgaben inklusive Zuständigkeiten, und zwar sowohl die juristischen Fixtermine als auch die technisch-organisatorischen Termine, in einem einzigen verbindlichen **Terminplan** zusammengefasst. Die Angabe der geplanten sowie der letztmöglichen Termine gibt dabei Orientierung über die Prioritäten und evtl. Reserven.

---

[20] Nicht-börsennotierte Gesellschaften können nach BGH ZIP 2015, 1429 die notarielle Beurkundung auf Beschlüsse mit qualifiziertem Mehrheitserfordernis beschränken, vgl. hierzu auch *Harnos* AG 2015, 732 ff.
[21] Zum Ganzen: *Arnold/Born* AG Report 2005 R.041, *Reul/Zetzsche* AG 2007, 561; zur Zulässigkeit: OLG Frankfurt a.M. AG 2010, 39.
[22] Einige Dienstleister sind: Better Orange IR & HV AG http://www.better-orange.de, Computershare Deutschland GmbH & Co. KG http://www.computershare.de, HV Best Event-Service GmbH http://www.hvbest.de, Link Market Services GmbH https://www.linkmarketservices.de/.

IV. Langfristige Planungsphase §3

Die Planung der **juristischen Termine**[23] ist seit Inkrafttreten des ARUG[24] gegenüber 20
dem vorherigen Zustand stark vereinfacht worden: Grundsätzlich sind alle Fristen bzw.
Termine **in Tagen** ausgedrückt vom nicht mitzählenden HV-Tag **rückzurechnen**, § 121
Abs. 7 S. 1 AktG. Der Tag des Ereignisses bleibt ebenfalls außer Betracht, so dass die volle
Anzahl von Tagen zwischen den beiden Daten liegen muss.[25] Samstage, Sonntage und
Feiertage spielen bei diesen Fristen und Terminen zumindest bei börsennotierten Gesellschaften keine Rolle mehr (§ 123 Abs. 7 S. 2 AktG).

Die **wichtigsten** Fristen bzw. Termine sind: Anmeldefrist – bis zu sechs Tage vor HV 21
(§ 123 Abs. 2 S. 2 und 3 AktG), Gegenantragsfrist – vierzehn Tage vor HV (§ 126 Abs. 1
S. 1 AktG); Nachweisstichtag, Record Date (nur bei Inhaberaktien)[26] – am einundzwanzigsten Tag vor HV (§ 123 Abs. 3 S. 3 AktG); Versand an Kreditinstitute, Aktionäre,
Schutzgemeinschaften – einundzwanzig Tage vor HV (§ 125 Abs. 1 S. 1, Abs. 2 und 3
AktG), Ergänzungsantragsfrist – 30 bzw. 24 Tage vor HV (§ 122 Abs. 2 S. 3 AktG) und
die Einberufungsfrist von 30 Tagen vor HV bzw. sich verlängernd um die Tage der Anmeldefrist (§ 123 Abs. 1, Abs. 2 S. 5 AktG).

Bei **Namensaktien** ist darüber hinaus die Pflicht zur Übersendung der Einladung an 22
alle Aktionäre, die am 14. Tag vor der HV im Aktienregister eingetragen sind, zu beachten (§ 125 Abs. 2 S. 1 Alt. 2 AktG). Weiter ist zu überlegen, ob in der Einberufung ein
Umschreibungsstopp[27] kurz vor der HV statuiert werden soll.

4. Beauftragung der Dienstleister

Die langfristige Beauftragung von Dienstleistern ist schon aus Gründen der **Planungssi-** 23
cherheit sinnvoll. Zusätzlich können Dienstleister zT auch bei der weiteren Planung unterstützen und organisatorische Hinweise geben.

Über folgende **externe Dienstleister** bzw. Dienstleistungen sollte je nach Art und 24
Größe der Veranstaltung nachgedacht werden: Aktionärsidentifikation (Shareholder Identification), Überzeugungsarbeit bzgl. der Beschlussvorschläge (Proxy Solicitation),[28] Anmeldestelle, Präsenz- und Ergebnisermittlung, Externer Versammlungsleiter,[29] Fragen- und
Antwortmanagement, Internetvoting, Briefwahl, Catering, Stenographen, Bild- und Tontechnik, Internetstreaming, Bühnenbau und Dekoration, Dolmetscher, Sicherheitsdienst,
Hostessen, Druckerei, Mailer, Sanitäter, Fahrdienst, öffentliche Verkehrsmittel[30].

Statt der Beauftragung einzelner Dienstleister kann die Gesellschaft auch einen sog 25
Full-Service Provider mit der Organisation beauftragen. Zu bedenken ist hierbei, dass
gleichwohl die Gesamtverantwortung bei der Gesellschaft verbleibt und auch die Beauftragung eines Gesamtdienstleisters nicht von der Organisationsüberwachung entbindet,
wohl aber von der Befassung mit einer Vielzahl von Einzelfragen.

---

[23] *Florstedt* ZIP 2010, 761; *Höreth/Linnerz* GWR 2010, 155.
[24] Gesetz zur Umsetzung der Aktionärsrechterichtlinie, BGBl. 2009 I 2479.
[25] *Bosse* NZG 2009, 807 (808); *Drinhausen/Keinath* BB 2009, 2322 (2324); *Florstedt* ZIP 2010, 761 (762).
[26] Im Gesetzgebungsverfahren zur Aktienrechtsnovelle wurde zeitweise auch für Namensaktien ein Record Date diskutiert, dies fand jedoch keinen Eingang in die finale Fassung, vgl. Gesetzentwurf der Bundesregierung – Entwurf eines Gesetzes zur Änderung des Aktiengesetzes (Aktienrechtsnovelle 2014) BtDrs. 18/4349 Anl. 1 Ziff. 10 S. 8.
[27] Zur Zulässigkeit vgl. BGH DStR 2009, 2207; *Bayer* in MüKoAktG AktG § 67 Rn. 93; *Koch* in Hüffer/Koch AktG § 67 Rn. 20; *v. Nussbaum* NZG 2009, 456; *Quass* AG 2009, 432 (433 f.).
[28] Anbieter sind zB D.F. King, http://main.dfking.com/; Georgeson, http://www.georgeson.com/de/.
[29] Vgl. zum Ganzen *Wilsing/v. d. Linden* ZIP 2009, 641 ff.
[30] Die einst recht verbreitete teilweise Übernahme von Anreisekosten, etwa durch Zurverfügungstellung eines Tickets für den Verkehrsverbund am HV-Ort, findet nicht zuletzt aus Kostengründen immer weniger Verbreitung.

5. Bestellung der Stimmrechtsvertreter der Gesellschaft

26 Nach Ziff. 2.3.2 S. 2 DCGK soll der Vorstand für die Bestellung eines weisungsgebundenen Stimmrechtsvertreters sorgen.

27 Die Bestellung des bzw. der Stimmrechtsvertreter[31] sollte schon aus Nachweisgründen **schriftlich** erfolgen und mit einer Erklärung versehen sein, die ihn bzw. sie ausdrücklich für die Stimmrechtsausübung von einer eventuellen Weisungsgebundenheit gegenüber dem Vorstand entbindet und **ausschließlich auf die Weisungen der Aktionäre verpflichtet.**

6. Erste Kommunikation des HV-Termins

28 Der Termin der ordentlichen HV ist zwar nicht mehr in den **Finanzkalender** des Unternehmens einzustellen, es dürfte gleichwohl sinnvoll sein, ihn frühzeitig über die Internetseite des Unternehmens zu kommunizieren.

29 Für die Organisation der Versammlung empfiehlt sich eine (für die erste Veröffentlichung gebührenfreie, bei erneuten Veröffentlichungen kostenpflichtige) Notiz des HV-Termins in Teil III. der **Wertpapier-Mitteilungen.**[32] Der WM Datenservice bündelt hierin die aus seiner Sicht für den Versand nach § 125 AktG wesentlichen Informationen für die Kreditinstitute, die daraufhin den Gesellschaften Anforderungen für Mitteilungen zur Weiterleitung an die Aktionäre übersenden. Schaltet die Gesellschaft keinen eigenen Hinweis, extrahiert der WM Datenservice die Informationen aus der Einberufung im BAnz.

30 Die Gesellschaft sollte die Anzeige bereits vor der Einberufung im BAnz schalten, ein Termin **ca. 3 Monate vor der Hauptversammlung** hat sich hier durchaus als sinnvoll erwiesen. Damit können die Anforderungen entzerrt, die Druckauflage für die Mitteilungen nach § 125 AktG kann präziser geplant werden, es kann zB auch eine externe Stelle für die Übersendung von Anforderungen angegeben werden und nicht zuletzt lassen sich aus der Anzahl der Anforderungen Rückschlüsse auf die voraussichtliche Entwicklung der Teilnehmerzahl gewinnen. Gerade für die erste Publikums-HV nach dem Börsengang oder nach einer umfangreichen Kapitalmaßnahme ist die zeitige Mitteilung des Termins in Teil III der Wertpapiermitteilungen von zentraler Bedeutung.[33]

7. Inhaltliche Vorbereitung der HV

31 Zur Aufstellung und Prüfung des Jahresabschlusses vgl. § 14, zu den inhaltlichen Beschlussgegenständen vgl. §§ 15 ff. Hinsichtlich der jeweiligen Gremiensitzungen sollte ebenfalls auf das ordnungsgemäße Zustandekommen der Beschlüsse[34] geachtet werden, dies betrifft insbesondere die Einhaltung von Ladungsfristen, die Beachtung von **Zuständigkeiten**[35] und Beschlusserfordernissen und die Dokumentation der Beschlüsse.

32 Auch Vorstands- bzw. Aufsichtsratsbeschlüsse können uU **Insiderinformationen** sein und entsprechende Veröffentlichungspflichten nach Art. 17 MAR auslösen. Die Mittei-

---

[31] Vielfach werden zwei Stimmrechtsvertreter bestellt, die hiermit beabsichtigte Ausfallsicherheit lässt sich aber auch durch eine schlichte vorsorgliche Untervollmacht erzielen.
[32] http://www.wmdaten.de.
[33] Der Umgang mit den Inhalten der Notiz in den WM wird seitens WM Datenservice allerdings recht formalistisch gehandhabt, bestimmte Änderungs- oder Auslassungswünsche werden gelegentlich schlicht ignoriert.
[34] BGH BeckRS 2001, 30218701.
[35] Vgl. BGH BKR 2003, 202.

lungspflicht **geplanter Satzungsänderungen** börsennotierter Gesellschaften nach § 30c WpHG aF besteht nicht mehr.

8. Bei Namensaktien: Abstimmung mit dem Registerführer

Bei Namensaktien besteht oft ein Interesse an der **Bereinigung der sog freien Meldebestände,** also derjenigen Eintragungen von Kreditinstituten, hinter denen andere Aktionäre stehen. Aufforderungen gem. § 67 Abs. 4 S. 2 und 3 AktG an im Register eingetragene Kreditinstitute mitzuteilen, ob ihnen die Aktien auch gehören bzw. die Angaben dessen, für die sie die Aktien halten, zu übermitteln, sollten somit frühzeitig erfolgen. Hierdurch kann ausreichend Zeit für die entsprechenden Mitteilungen eingeplant und die Gefahr eines Stimmverlustes nach § 67 Abs. 2 S. 3 AktG minimiert werden. 33

Organisatorisch sind mit dem Registerführer[36] insbesondere Zugriffsberechtigungen, Testdatenabzüge, Datenabzüge und evtl. Usancen eines Umschreibungsstopps zu klären. 34

V. Kurzfristige Planungsphase

1. Organisatorische Vorbereitung von Unterlagen

Zu Inhalt und Umfang der Auslegungspflicht bzw. Zugänglichmachungspflicht von Unterlagen vgl. § 6. Grundsätzlich sind für die HV relevante Unterlagen ab der Einberufung **in den Geschäftsräumen** der Gesellschaft auszulegen und auf Verlangen zu übersenden.[37] Daher sollten sowohl die Unterlagen als auch die Geschäftsräume und deren Zugang auf mögliche interessierte Aktionäre vorbereitet werden. Es sollte festgelegt werden, an welchem Ort im Bürogebäude ein Aktionär ggf. Einsicht nehmen kann, welcher Mitarbeiter den Aktionär in Empfang nimmt und die **Mitarbeiter am Eingang** bzw. der externe Pförtnerdienst sollte darauf hingewiesen werden, dass ein Aktionär kommen kann und diesem auch Zutritt zu gewähren ist. 35

Die Abschlussunterlagen sind meist nahezu vollständig im **Geschäftsbericht** aufgeführt, manchmal ist hierin aber der Vorschlag des Vorstands für die Verwendung des Bilanzgewinns nicht explizit wiedergegeben, bei Konzernen wird hierbei auch gerne von einem Abdruck des Einzelabschlusses abgesehen. Diese Unterlagen sollten dann als Ausdruck bzw. Kopie bereitgestellt werden. 36

Soweit die Informationen nach § 175 Abs. 2 AktG auf der **Internetseite** der Gesellschaft zu Verfügung gestellt werden, kann auf die Auslage in den Geschäftsräumen sowie die Übersendung auf Anfrage verzichtet werden. Hierbei muss sichergestellt sein, dass die Informationen ab dem Zeitpunkt der Einberufung auch tatsächlich und vollständig auf der Internetseite zur Verfügung stehen. Die Praxis macht hiervon rege Gebrauch, sehr häufig erfolgt mittlerweile die Bereitstellung in den Geschäftsräumen bzw. postalische Übersendung lediglich zusätzlich und freiwillig. Nach der Rechtsprechung schützt die Bereitstellung der Unterlagen in den Geschäftsräumen nicht vor der unzutreffenden Angabe eines Links zu den Unterlagen im Internet,[38] so dass die Empfehlung, die Unterlagen vorsorglich in den Geschäftsräumen bereitzuhalten und auf Verlangen zu übersenden,[39] durchaus ins Leere gehen kann. 37

---

[36] Registerführer sind insbes.: Adeus Aktienregister-Service-GmbH, http://www.adeus.de; Computershare Deutschland GmbH & Co. KG, http://www.computershare.de; registrar services GmbH, http://www.registrar-services.com.
[37] Vgl. für die Jahresabschlussunterlagen § 175 Abs. 2 S. 1, 3 AktG.
[38] LG Frankfurt a.M. BeckRS 2012, 02303.
[39] *Bosse* NZG 2009, 807 (810); *Ek* Praxisleitfaden Rn. 164.

2. Einreichung des Abschlusses und Bilanzpressekonferenz

38 Der testierte Abschluss muss innerhalb der ersten vier Monate des Geschäftsjahrs beim BAnz eingereicht werden, § 325 Abs. 4 HGB. Von der Einberufung an müssen die Abschlussunterlagen ausgelegt werden, § 175 Abs. 2 AktG. Somit empfiehlt sich die Bekanntmachung und Erläuterung der wichtigsten Kennzahlen im Rahmen der Bilanzpressekonferenz **vor der Einberufung** im BAnz.

3. Vorbereitung der Einberufung im BAnz und sonstiger Veröffentlichungen

39 In der Vergangenheit mussten für Einberufungen im Bundesanzeiger (Papier) und im Börsenpflichtblatt **Reservierungen** vorgenommen werden, um die fristgerechte Veröffentlichung sicherzustellen.

40 Im rein elektronischen BAnz ist dies nicht mehr erforderlich.[40] Jedoch sind die **Erscheinungs- und Redaktionszeiten des BAnz** zu beachten.[41] Der BAnz erscheint von Montag bis Freitag außer an Feiertagen am Sitz des Bundesanzeigerverlags in Nordrhein-Westfalen. Veröffentlichungen bis 25 Seiten DIN-A4 erfolgen bei elektronischer Übersendung bis 14.00 Uhr am übernächsten Publikationstag des BAnz, für längere Texte sollte eine vorherige Absprache erfolgen. Bei der Planung der Veröffentlichung müssen also insbesondere die Feiertage in Nordrhein-Westfalen beachtet werden. Das Einstellen selbst erfolgt recht komfortabel über die Internetseite des BAnz.[42] Hier sind einige zusätzliche Angaben zu machen, so dass dieser Vorgang bereits vor dem eigentlichen Einstellen vorbereitet werden sollte. Als elektronische Datenformate werden MS-Word-Dokumente ab Microsoft Office 2000 (Version 9), RTF-Dokumente sowie ein bundesanzeigerspezifisches Format angenommen.[43]

41 Auch das Einstellen in ein sog **europäisches Medienbündel** begegnet keinen organisatorischen Schwierigkeiten. Ein Zusatzbutton in der Veröffentlichungsplattform des BAnz und einige weitere Angaben lösen die Erfüllung dieser Pflicht und die Verpflichtung zur Zahlung einer weiteren Gebühr aus.[44] Obgleich umstritten ist, ob die Pflicht zur europaweiten Bekanntmachung nicht ohnehin schon mit dem Einstellen in den BAnz erfüllt wäre[45] und eine Verletzung auch kein Anfechtungsrisiko auslösen würde, stellen die meisten Gesellschaften ihre Einberufung auch in das sog push-System, das mit dem BAnz verbunden ist, ein.

42 Auf die bis zum 31.12.2010 für börsennotierte Gesellschaften bestehende Pflicht zur Veröffentlichung der Einberufung in einem **Börsenpflichtblatt** soll nicht näher eingegangen werden; selbst wenn die Satzung noch eine solche Verpflichtung statuieren sollte, ist seit dem 1.2.2016 für einen Fristbeginn oder das sonstige Eintreten von Rechtsfolgen ausschließlich die Bekanntmachung im Bundesanzeiger maßgeblich, vgl. § 26h Abs. 3 S. 2 EGAktG.

43 Mit dem ARUG haben gerade für börsennotierte Gesellschaften die Pflichten zum Einstellen von Informationen auf der **eigenen Internetseite** mit der Einberufung bzw.

---

[40] Vgl. zum BAnz insgesamt bereits *Noack* BB 2002, 2025.
[41] Vgl. Allgemeine Geschäftsbedingungen für die entgeltliche Einreichung zur Publikation im Bundesanzeiger, https://www.bundesanzeiger.de/ebanzwww/wexsservlet?page.navid=to_agb.
[42] https://publikations-plattform.de/sp/wexsservlet; zwar ist nach wie vor auch eine postalische Übersendung oder auch per Telefax möglich, gegenüber der elektronischen Übersendung aber recht unkomfortabel.
[43] Vgl. Allgemeine Geschäftsbedingungen für die entgeltliche Einreichung zur Publikation im Bundesanzeiger, abrufbar unter https://www.bundesanzeiger.de/ebanzwww/wexsservlet?page.navid=to_agb.
[44] Außer dem BAnz, der hier mit der Deutschen Gesellschaft für ad-hoc-Publizität (http://www.dgap.de) zusammenarbeitet, bieten auch andere Dienstleister diesen Service an, etwa euro adhoc, http://www.news aktuell.de; Business Wire, http://www.businesswire.com; pressetext. adhoc, http://adhoc.pressetext.com/product.
[45] Vgl. *Mutter* AG Report 2009, R418; *Noack* NZG 2008, 441 (442); *Paschos/Goslar* AG 2009, 14 (16).

alsbald nach der Einberufung im BAnz erheblich zugenommen. Hinzu kommen zwar nicht verpflichtende, mittlerweile weithin übliche Informationen, wie zB die Lebensläufe der Aufsichtsratskandidaten, die zT auf Forderungen etwa der Stimmrechtsberater erfolgen. Es empfiehlt sich somit langfristig die Veröffentlichungsmodi mit der für die Gestaltung der eigenen Internetseite verantwortlichen Stelle zu klären und hierbei auch die Möglichkeiten kurzfristiger Zusatzveröffentlichungen und die Dokumentation der Erfüllung der Veröffentlichungspflichten festzulegen.

Börsennotierte Gesellschaften müssen nach § 134 Abs. 3 S. 4 AktG weiter mindestens einen **Weg elektronischer Kommunikation** für die Übermittlung des Nachweises der Bevollmächtigung anbieten. Da dieser nach § 121 Abs. 3 Ziff. 2. a) AktG auch in der Einberufung anzugeben ist, sollte er vor der Einberufung vorbereitet werden. Der Weg elektronischer Kommunikation kann entweder über eine E-Mailadresse und/oder über eine gesicherte Internetverbindung realisiert werden.[46] Soweit E-Mail[47] angeboten wird, empfiehlt sich die Einrichtung einer gesonderten Adresse ausschließlich für Vollmachten zur aktuellen Versammlung, um Zuordnungsschwierigkeiten, Verwechslungsgefahren und die Belastung des Postfachs mit Massen-E-Mails (SPAM)[48] zu minimieren. Da das Gesetz keine zeitliche Bestimmung für die Bereitstellung des elektronischen Weges enthält, sollte dieser sicherheitshalber bis in die Hauptversammlung hinein verwendbar sein. 44

4. Einberufung im BAnz, sonstige Veröffentlichungen

Zu den Inhalten der Einberufung → § 4 Rn. 111 ff. Zur **Angabe des Versammlungsorts** eine ergänzende organisatorische Anmerkung: Neben der Angabe von Ort, Straße, Hausnummer und ggf. Gebäude ist die Nennung eines bestimmten Saals oder Raums innerhalb des Gebäudes regelmäßig nicht erforderlich. Dann kann auch auf Veränderungen der zu erwartenden Teilnehmerzahl durch Hinzunahme eines weiteren Raums reagiert werden, ohne sich dem zwar im Ergebnis haltlosen, gleichwohl äußerst lästigen Vorwurf eines angeblichen Einberufungsmangels auszusetzen. 45

Der letztmögliche Einberufungstermin ergibt sich aus og juristischer Fristberechnung. Die Einberufung kann und sollte aber mindestens **drei Arbeitstage früher** erfolgen, um jede Form möglicher Einberufungsfehler noch sicher durch eine Neuvornahme der Einberufung beheben zu können. Zeitsynchron mit der Einberufung findet auch die Weiterleitung des Textes an das europäische Medienbündel statt. 46

Für die Beobachtung der **tatsächlichen Veröffentlichung** sei auf folgenden Modus des Bundesanzeigerverlags hingewiesen: Im BAnz erfolgen nicht sämtliche Veröffentlichungen des Tages zeitgleich um 15.00 Uhr, sondern sukzessive **ab 15.00 Uhr**. Es ist daher durchaus möglich, dass eine Einberufung im Internet erst um ca. 15.30 Uhr veröffentlicht wird. Entscheidend für die Veröffentlichung ist das Tagesdatum, so dass der Gesellschaft hieraus kein Nachteil erwächst. 47

Für die Zugänglichmachung von Unterlagen auf der **Internetseite der Gesellschaft** sollte vorab geklärt sein, welche Informationen hier zu welchem Zeitpunkt veröffentlicht werden. Um Zuordnungsschwierigkeiten zu vermeiden, empfiehlt es sich, sowohl die 48

---

[46] Es muss ein computergestütztes Kommunikationsmittel sein, ein Telefaxgerät genügt nicht, *Drinhausen/Keinath* BB 2009, 2322.
[47] Vgl. *Götze* NZG 2010, 93 (94).
[48] Mit SPAM- oder JUNK-Mail (englisch für ‚Abfall' oder ‚Plunder') werden zumeist massenweise auf elektronischem Weg übertragene Nachrichten bezeichnet. In der weltweiten Kommunikation verursacht Massenmailverkehr erheblichen Schaden, der im Wesentlichen aus der zusätzlichen Datenmenge und dem technischen und zeitlichen Aufwand der damit verbun-denen Bearbeitung herrührt. An SPAM-Mails angehangene harmlos erscheinende Dateien (Bilder, pdf-Dokumente, aber auch Dokumente aus Textbearbeitungs-, Tabellenkalkulations- und Präsentationsprogrammen etc) können durch Sicherheitslücken in den damit verknüpften Anwendungen Schadprogramme aktivieren. Vgl. http://de.wikipedia.org/wiki/Spam und http://de.wikipedia.org/wiki/Computervirus.

gem. § 175 Abs. 2 AktG „von der Einberufung an" als auch die gem. § 124a AktG „alsbald" nach der Einberufung zu veröffentlichenden **Unterlagen und Informationen zeitgleich bereitzustellen.**[49]

49 Nach § 124a Ziff. 5 AktG müssen börsennotierte Gesellschaften auf ihrer Internetseite gegebenenfalls **Formulare** zugänglich machen, die bei **Stimmabgabe durch Vertretung** zu verwenden sind, soweit diese nicht den Aktionären direkt übersandt werden. Eine Verpflichtung zur Bereitstellung besteht also nur, wenn diese Formulare zwingend vorgegeben werden sollen.[50] Eine strikte Bindung an vorgegebene Formulare scheint jedoch nicht ganz mit dem Textformerfordernis nach § 134 Abs. 3 S. 3 AktG vereinbar[51] und würde außerdem die in der Praxis vielfach verwendeten Vollmachten, bei denen der Aktionär die Erklärung eigenständig formuliert, entwerten. Dennoch werden vielfach Formulare, häufig unter Hinweis auf ihren nicht-verpflichtenden Charakter, zur Verfügung gestellt, die Aktionäre bevorzugen hingegen meist die direkt mit der Eintrittskarte übersandten Formulare. Somit sollte der mit der Gestaltung dieser Formulare einhergehende Aufwand überschaubar gehalten werden, zumal eine Verletzung des § 124a Ziff. 5 AktG keinen Anfechtungsgrund darstellt, vgl. § 243 Abs. 3 Ziff. 3 AktG.

5. Ergänzungsverlangen und Mitteilungen nach § 125 AktG

50 Aus dem Text der Einberufung werden die **Einladungen nach § 125 AktG** erstellt. Bei der Vorbereitung des Drucks ist zu beachten, dass börsennotierte Gesellschaften nach § 125 Abs. 1 S. 3 AktG verpflichtet sind, **Ergänzungsverlangen** nach § 122 Abs. 2 AktG ebenfalls mit der Einladung zu versenden. (Zu Ergänzungsverlangen insgesamt → § 4 Rn. 226 ff.)

51 Der Versand hat nach § 125 Abs. 1 S. 1 AktG mindestens 21 Tage vor der Versammlung zu erfolgen, die Frist zur Übersendung von Ergänzungsverlangen beträgt bei börsennotierten Gesellschaften 30 Tage vor der HV, § 122 Abs. 2 S. 3 Alt. 2 AktG. Unter Berücksichtigung einer kurzen Zeit für die Prüfung der Zulässigkeit des Verlangens verbleibt bei einer hohen Druckauflage **nur sehr wenig Zeit,** dieses mit in den bereits drucktechnisch gesetzten Einladungstext aufzunehmen. Der Pflicht zur Übersendung von Ergänzungsverlangen mit der Einladung kann aber auch durch **Beifügung eines** einfach gestalteten **Einlegeblatts** genüge getan werden.

52 Für die Einhaltung der Frist des § 125 Abs. 1 S. 1 AktG ist zwar ausreichend, dass die Mitteilungen am letzten Tag des Fristablaufs abgesandt werden,[52] jedoch **sollte** gerade bei Inhaberaktien die **Frist nicht ausgeschöpft werden.** Denn die Einladungen werden zunächst von der Gesellschaft an die Depotbanken versandt. Von dort erfolgt ein weiterer Versand an die Aktionäre zusammen mit einem Formular zur Anmeldung zur Hauptversammlung, dass der Aktionär seinerseits an die Depotbank zurücksenden soll. Die hieraus gewonnenen Informationen sendet die Depotbank zusammen mit dem Nachweis der Aktionärseigenschaft an die Anmeldestelle, welche ihrerseits eine Eintrittskarte ausstellt und dem Aktionär zusendet. Es finden somit **mindestens vier Versandvorgänge** statt. Kalkuliert man hier noch die entsprechenden Versandzeiten und Bearbeitungszeiten sowie evtl. Wochenenden und Feiertage ein, wird deutlich, dass die Handlungsspielräume extrem verengt sind.

53 Bei **Namensaktien** wird der Einladung ein Anmeldeformular beigefügt, es erfolgt ein Versand vom Registerführer an den Aktionär, der Rücklauf dieses Formulars an den Registerführer und der Versand der Eintrittskarte an den Aktionär. Insofern liegt hier zwar

---

[49] *Paschos/Goslar* AG 2009, 14 (17); *Höreth/Linnerz* GWR 2010, 155 (157).
[50] *Bosse* NZG 2009, 807 (810); *Ek* Praxisleitfaden Rn. 132; *Paschos/Goslar* AG 2009 14 (17).
[51] *Götze* NZG 2010, 93 (94).
[52] *Koch* in AktG § 125 Rn. 5a; *Kubis* in MüKoAktG § 125 Rn. 22; *Ek* Praxisleitfaden Rn. 171.

mindestens ein Versandvorgang weniger vor, dies sollte jedoch nicht zu einem trügerischen Komfortgefühl verleiten. Allein um die Rückläuferbearbeitung zeitlich zu entzerren, sollte auch hier ein möglichst frühzeitiger Versand geplant werden. Da nach § 125 Abs. 2 AktG später ein weiterer Versand erforderlich ist, wird der frühere Versand häufig **Erstversand** genannt.

Ergänzungsverlangen sind eher die Ausnahme als die Regel. Sobald also feststeht, dass kein Antrag vorliegt, sollte der Versand nach § 125 AktG erfolgen.[53] Dies ist im Ergebnis **ca. eine Woche vor dem Ende der Frist.** 54

Mit dem ARUG wurde in § 125 Abs. 2 S. 2 AktG die Möglichkeit geschaffen, den Versand von Unterlagen durch Satzungsregelung ausschließlich auf den **elektronischen Weg** zu begrenzen. Hierbei ist zu beachten, dass nach § 30b Abs. 3 Nr. 1 WpHG (ab 3.1.2018 § 49 Abs. 3 S. 1 Nr. 1 WpHG) elektronische Informationen an Aktionäre insbes. nur aufgrund entsprechenden HV-Beschlusses und mit deren Einwilligung bzw. fingierter Einwilligung zulässig sind. 55

Von der satzungsmäßigen Möglichkeit, den Papierversand von der Gesellschaft an die Depotbanken auszuschließen ist der Umgang mit **Anforderungen von Depotbanken nach elektronischen Mitteilungen** zu unterscheiden. Während erstgenannte Option einer Satzungsregelung bedarf, beruht die Anforderung des Kreditinstituts auf einer Vereinbarung zwischen ihm und dem Aktionär. Die Gesellschaft darf also auch ohne entsprechende Satzungsregelung dem Wunsch nach elektronischen Mitteilungen nachkommen. Sie kann hierdurch deutliche **Einsparungseffekte** erzielen, da sie weniger Exemplare drucken muss, der elektronische Versand deutlich günstiger ist und für den elektronischen Weiterversand nach der Verordnung für den Ersatz der Aufwendungen der Kreditinstitute[54] geringere Weiterversandgebühren berechnet werden. Es sollte also eine Datei mit der Einladung erstellt werden, gängig ist das Adobe-Acrobat-Format (.pdf). 56

Neben den Veröffentlichungs- und Mitteilungspflichten zulässiger Ergänzungsverlangen sollten die hierdurch auf die Tagesordnung gesetzten Beschlussvorschläge auch bei den **Formularen für Weisungen an Stimmrechtsvertreter** berücksichtigt werden. Hierbei ist auf eine für den weisungsgebenden Aktionär verständliche Gestaltung zu achten; insbesondere sollte deutlich dargestellt werden, dass es sich bei diesen Tagesordnungspunkten um Vorschläge bestimmter Aktionäre handelt. 57

6. Anmeldeprozess

Da die Vorbereitung der Publikums-Hauptversammlung ohne Anmeldeerfordernis nur sehr schwierig umsetzbar ist, haben alle Publikums-Gesellschaften ein **Anmeldeerfordernis in der Satzung** statuiert (Zum Anmeldeerfordernis → § 8 Rn. 61 f.).[55] 58

Bei Namensaktien wird der Anmeldeprozess über die sog Anmeldestelle und/oder den **Registerführer** organisiert, bei Inhaberaktien erfolgt dies über die **Anmeldestelle.** Diese sammelt die von den Depotbanken eingehenden Anmeldungen und Anteilsbesitznachweise und erstellt hieraus einerseits das Anmeldeverzeichnis und andererseits die Eintrittskarten, welche dann über die Depotbanken den angemeldeten Aktionären übersandt werden. In der Kommunikation zwischen Depotbanken und Anmeldestelle kommt dabei meist das sog **DAMBA-System**[56] zur elektronischen Datenübertragung zum Einsatz. Vorzubereiten ist hier neben den notwendigen Vereinbarungen der Datenformate ggf. die 59

---

[53] Teilweise versenden Gesellschaften sogar bereits vor diesem Termin in bewusster Inkaufnahme des Risikos, im Falle eines Ergänzungsantrags einen Nachversand vornehmen zu müssen.
[54] Verordnung über den Ersatz von Aufwendungen der Kreditinstitute vom 17.6.2003 (BGBl. I 885).
[55] Bei Inhaberaktiengesellschaften findet sich teilweise kein ausdrückliches Anmeldeerfordernis, sondern lediglich ein Erfordernis zur fristgerechten Übersendung des Anteilsbesitznachweises, dies kommt faktisch jedoch einem Anmeldeerfordernis gleich.
[56] DAMBA = Datenaustausch mit Banken.

Bereitstellung von Vordrucken für sog Weisungseintrittskarten, die neben der Eintrittskarte ein Formular zur Bevollmächtigung ua der Stimmrechtsvertreter der Gesellschaft beinhalten.

60 Die Adresse der Anmeldestelle bzw. des Registerführers ist nach § 123 Abs. 2 S. 2 AktG bereits in der **Einberufung** aufzuführen. Dies ist auch sinnvoll, um zu vermeiden, dass an die Gesellschaft gerichtete Anmeldungen aufwändig weitergeleitet werden müssten.

7. Leitfaden für den Versammlungsleiter

61 Zur Unterstützung des Versammlungsleiters[57] wird üblicherweise ein sog **Leitfaden** erarbeitet, der einerseits den prognostizierten Versammlungsablauf darstellt, andererseits **Sonderfälle** wie Gegen- und Verfahrensanträge, Störungen usw abbildet. Der Leitfaden ist auch ein wichtiges Hilfsmittel zu Vorbereitung des notariellen Protokolls bzw. der Niederschrift. (Muster siehe Anh. 1.)

62 Die Finalisierung kann erst relativ kurz vor der Versammlung erfolgen, um ggf. Gegenanträge und andere **aktuelle Ereignisse** zu berücksichtigen. Häufige kurzfristige Änderungen, auf die hier ggf. einzugehen ist, sind etwa Änderungen im Bestand der eigenen Aktien oder bei den sonstigen Mandaten vorgeschlagener Aufsichtsratskandidaten.

63 Zu bedenken ist auch, dass sich der Versammlungsleiter und auch der für den Verhinderungsfall vorgesehene Ersatzversammlungsleiter mit diesem Text vertraut machen sollten. Insofern bietet sich eine Fertigstellung der Entwurfsfassung unmittelbar **nach dem Gegenantragsfristende** an. Hat der Versammlungsleiter noch eher weniger eigene Erfahrung mit der Versammlungsleitung, bietet sich eine gemeinsame Durchsprache des vorgesehenen Ablaufs und evtl. Sondersituationen an.

8. Bekanntmachung von Gegenanträgen

64 Gegenanträge[58] von Aktionären sind unter den Voraussetzungen des § 126 AktG zugänglich zu machen, bei börsennotierten Gesellschaften insbesondere über die **Internetseite** der Gesellschaft.[59] Da Bestandteil der in der Einberufung hierfür mitgeteilte Adresse ua eine E-Mail-Adresse sein kann,[60] sind Missbräuche eher denkbar als bei anderen Übersendungsformen. Die Gesellschaft sollte daher den Übersender im Zweifel[61] um einen **Nachweis der Aktionärseigenschaft,** etwa in Form eines Depotauszugs bitten. Zum Nachweis der Aktionärseigenschaft vgl. → § 8 Rn. 63 ff. Bei der Veröffentlichung auf der Homepage der Gesellschaft sollte wie bei der Zugänglichmachung von Unterlagen auf die **Auffindbarkeit** geachtet[62] und die Bereitstellung der Informationen sollte in geeigneter Form dokumentiert werden.

65 Manche Gegenanträge haben **skurrile Inhalte** oder noch **merkwürdigere Begründungen.** Viele Gesellschaften veröffentlichen rein vorsorglich auch solche eher humoristisch anmutende Begehren 1:1, häufig als Faksimile im Adobe-Acrobat-Format (.pdf), da der Aufwand zur Prüfung der Veröffentlichungspflicht von Antrag oder Begründung

---

[57] Die meisten Satzungen bestimmen den Aufsichtsratsvorsitzenden zum Versammlungsleiter, andere Gestaltungen, bis hin zur Versammlungsleitung durch einen Dritten, sind denkbar und auch gelegentlich in der Praxis anzutreffen, zur Versammlungsleitung durch einen Dritten vgl. *Wilsing/v. d. Linden* ZIP 2009, 641 ff.
[58] Nach § 127 S. 1 AktG gelten für Wahlvorschläge die Regelungen über Gegenanträge sinngemäß.
[59] Vgl. zur Übersendung und Zugänglichmachung von Gegenanträgen *Sasse* NZG 2004, 153.
[60] Vgl. *Koch* in Hüffer/Koch AktG § 126 Rn. 5; *Noack* BB 2003, 1393 (1394).
[61] *Butzke* B Rn. 153; *Ek* Praxisleitfaden Rn. 187.
[62] *Noack* NZG 2003, 241 (242).

meist höher ist als der Aufwand des schlichten Zugänglichmachens auf der Internetseite. Bei offenkundigem Vorliegen der Gründe des § 126 Abs. 2 AktG kann jedoch von einem Zugänglichmachen guten Gewissens abgesehen werden. Entschließt sich der Vorstand zu einer Zugänglichmachung 1:1, so sollten über § 126 Abs. 1 S. 1 AktG hinausgehende Angaben, wie etwa Adress- und Telefondaten des übersendenden Aktionärs, aus Datenschutzgründen unterbleiben bzw. geschwärzt werden.[63]

Gegenanträge sollen nach der Vorstellung des Gesetzgebers[64] **unverzüglich nach ihrem Eingang** veröffentlicht werden. Hieraus wird überwiegend abgeleitet, dass ein Zuwarten und Sammeln bis zum Fristablauf unzulässig wäre (§ 4 Rn. 332).[65] Auch wenn für die Gegenansicht gute Gründe sprechen – nur so wäre ein evtl. Zusammenfassen von Begründungen überhaupt möglich[66] – veröffentlicht die ganz überwiegende Praxis unverzüglich nach Eingang. Hinweise zu den weiteren Usancen bzgl. der Gegenanträge vgl. → § 4 Rn. 303 ff.

9. Bei Namensaktien: Schlussversand

Nach § 125 Abs. 2 S. 1 Alt. 2 AktG ist die Einberufung allen Aktionären zuzusenden, die spätestens am 14. Tag vor der Versammlung im Aktienregister der Gesellschaft eingetragen sind. Normalerweise ist die weit überwiegende Zahl von Aktionären bereits mit dem Erstversand angeschrieben worden, so dass bei diesem sog Schlussversand **nur noch die zwischenzeitlich neu eingetragenen Aktionäre** eingeladen werden müssen.

Viele Gesellschaften übersenden die Einladung rein sicherheitshalber auch noch Aktionären, die **am Folgetag neu eingetragen** wurden. Eine Verpflichtung hierzu besteht jedoch nicht.

10. Vorbereitung des Abstimmungssystems

Der Umfang der meisten Publikums-Hauptversammlungen legt nahe, zur Ermittlung des Teilnehmerverzeichnisses, der Präsenz und der Abstimmungsergebnisse ein **EDV-System** einzusetzen. Hierin wird das Anmeldeverzeichnis erstellt bzw. eingespielt, das Teilnehmerverzeichnis und seine Nachträge erstellt, die einzelnen Beschlussauswertungen mit erforderlichen Stimmmehrheiten und ggf. -ausschlüssen vorbereitet und später vorgenommen.

Je nach Wahl des **Abstimmungsmediums** müssen vorab Stimmtafeln (für die Abstimmung per Akklamation, sog Handaufhebeverfahren) Stimmabschnittsbögen bzw. Stimmblöcke (für beleghafte Verfahren) oder Stimmkarten, Funkvoter bzw. Tablet- oder ähnliche Systeme (für Funkverfahren) in der erforderlichen Anzahl vorbereitet werden. (Zu den zulässigen Abstimmverfahren → § 9 Rn. 200 ff.) Hierbei sollten die Materialien sowohl für die **veröffentlichten Beschlussgegenstände** als auch für evtl. **Sonderabstimmungen** vorbereitet werden. Darüber hinaus bedarf es ggf. entsprechender Sammelurnen, Kartenlesegeräte, Terminals, EDV-Technik usw.

Der **zeitliche Vorlauf** für die Erstellung von Stimmunterlagen richtet sich nach Wahl des Verfahrens und Auflage. Während Stimmbögen für kleine Versammlungen teilweise noch am Vortag produziert werden und Funksysteme lediglich der EDV-technischen Einrichtung bedürfen, kann die Erstellung spezieller maschinenlesbarer Abstimmblöcke durchaus einige Wochen in Anspruch nehmen.

---

[63] *Höreth* AG 2015, R214.
[64] Vgl. etwa Begründung zum Regierungsentwurf des Transparenz- und Publizitätsgesetzes v. 6.2.2002, zu Nr. 13a (§ 126 Abs. 1 AktG), S. 47.
[65] *Noack* BB 2003, 1393 (1396).
[66] *Ek* Praxisleitfaden Rn. 199.

11. Vorbereitung von Fragen und Antworten

72 Bei kleineren Gesellschaften mit vergleichsweise überschaubarem Geschäftsumfang mag eine direkte Beantwortung möglicher Fragen durch den Vorstand aufgrund eigener präsenter Kenntnis denkbar sein, bei größeren Gesellschaften lässt sich dies sicher nicht mehr leisten. Hier wird der Vorstand bei der Beantwortung üblicherweise von einem **Expertenteam,** meist den entsprechenden Abteilungs- oder Ressortleitern unterstützt – „backoffice" oder auch Beraterstab genannt.

73 **In der Hauptversammlung** sollte der Beraterstab nicht nur auf Unterlagen und die eigenen Kenntnisse zurückgreifen können, sondern es sollten sowohl **Kommunikationsmittel** als auch qualifizierte **Ansprechpartner im Unternehmen** zur Verfügung stehen, um ggf. notwendige Unterlagen oder Informationen zu recherchieren und zur Verfügung zu stellen („back-back-office").

Grundlage für die Beantwortung in der Hauptversammlung bildet ein im Voraus erarbeiteter **Katalog mit möglichen Aktionärsfragen** und den hierauf vorgesehenen Antworten. Mit der Vorbereitung auf mögliche Aktionärsfragen sollte nicht erst kurz vor der Versammlung begonnen werden, sondern **während des gesamten Geschäftsjahres** sollten grundsätzlich wichtige Ereignisse dokumentiert und für evtl. Fragen bearbeitet werden. Auch hierzu werden häufig spezielle **Softwaresysteme** eingesetzt.

74 Neben den eigenen Kenntnissen der Experten und ihrer Vorstellungskraft sowie den Auswertungen möglicher Fragen aus dem Vorjahr und allgemeinen Fragen auf anderen aktuellen Hauptversammlungen lassen sich aus den Abstimmungsempfehlungen der Stimmrechtsberater und allgemein verfügbaren Fragenkatalogen, wie zB denjenigen des Dachverbands der kritischen AktionärInnen e.V. oder dem Deutschen Juristinnenbund mögliche Fragen ableiten. Darüber hinaus kommt dem unmittelbaren **Kontakt mit Aktionärsvereinigungen,** namentlich den beiden prominentesten **DSW**[67] und **SdK.**[68] eine ganz besondere Bedeutung zu. Meist sind die Vertreter dieser Schutzvereinigungen gerne bereit, Ihre beabsichtigten Fragen vorab zur Verfügung zu stellen, um eine erschöpfenden Auskunft zu erlangen. Darüber hinaus bietet sich an, bereits in der **Einberufung** um eine vorherige Übersendung von Fragen zu bitten, wobei diese Bitte lediglich appellativen Charakter hat.

75 Spätestens ab der Einberufung sollte sporadisch im **Internet** nach dem Gesellschaftsnamen gesucht werden.[69] Aktionäre tauschen sich zB in einschlägigen **Foren**[70] zwar anonym, aber teilweise überraschend offen über ihre Investments aus. Das Aktionärsforum des BAnz nach § 127a AktG[71] erweist sich demgegenüber in der Praxis als völlig unergiebig.[72]

12. Umgang mit Stimmverboten und eigenen Aktien

76 Aktien von Vorstand bzw. Aufsichtsrat bzw. solche, die sie vertreten, unterliegen nach § 136 Abs. 1 AktG bei den jeweiligen Entlastungsbeschlüssen einem **Stimmverbot.**[73] Eigene Anmeldungen von Vorstand und Aufsichtsrat lassen sich aus dem **Anmeldeverzeichnis** erkennen. Bei Anmeldungen auf einen Dritten im sog Fremdbesitz[74] oder im

---

[67] Deutsche Schutzvereinigung für Wertpapierbesitz, http://www.dsw-info.de.
[68] Schutzgemeinschaft der Kapitalanleger, http://www.sdk.org.
[69] http://www.google.de.
[70] http://www.boerse-online.de.
[71] https://www.bundesanzeiger.de/.
[72] *Bayer/Hofmann* AG 2013 R61.
[73] Weitere Stimmverbote kommen aus § 142 Abs. 1 S. 2 und 3 AktG bei Bestellung eines Sonderprüfers, aus § 286 Abs. 5 S. 3 HGB bei Absehen von der individuellen Angabe der Vorstandsvergütungen sowie aus § 285 Abs. 1 AktG für persönlich haftende Gesellschafter der KGaA in Betracht.
[74] *Koch* in Hüffer/Koch AktG § 129 Rn. 12; *Kubis* in MüKoAktG AktG § 129 Rn. 33, 34.

sog Vollmachtsbesitz[75] ist dies nicht ohne Weiteres möglich, ebenso wenig bei Anmeldung einer juristischen Person, die vom jeweiligen Organmitglied beherrscht wird.

Zur Einhaltung der Stimmverbote bietet es sich an, **Vorstand und Aufsichtsrat** vor der Hauptversammlung anzuschreiben und hierauf **höflich hinzuweisen.** Stimmverbote können durch Nichtanmeldung der Aktien, Stimmenthaltung bei den entsprechenden Beschlüssen oder Absetzung von der stimmberechtigten Präsenz bei den jeweiligen Beschlüssen[76] sichergestellt werden. (→ § 16 Rn. 12.) Für den letzten Fall ist eine Rückmeldung des Organmitglieds mit Angabe der jeweiligen Anmeldedaten erforderlich. Dann kann **im EDV-Abstimmungssystem** ein **Kennzeichen** gesetzt werden, dass zur automatischen Berücksichtigung des Stimmverbots bei der entsprechenden Abstimmung führt. 77

Der Gesellschaft stehen nach § 71b AktG aus **eigenen Aktien** keine Stimmrechte zu. Es sollte also tunlichst vermieden werden, diese Aktien überhaupt zur Teilnahme an der Hauptversammlung anzumelden. 78

13. Erstellung des Anmeldeverzeichnisses, Prognose der Teilnehmerzahl, Gäste

Erst nach Ablauf der Anmeldefrist nach § 123 Abs. 2 AktG kann das finale Anmeldeverzeichnis fertiggestellt werden.[77] Es beinhaltet die Namen **aller angemeldeten Aktionäre und Vertreter,** so dass am Zugang zur Versammlung hieraus die Teilnahmeberechtigung abgelesen werden kann. Darüber hinaus kann man aus dem Anmeldeverzeichnis eine recht genaue **geographische Prognose der Teilnehmerzahl** gewinnen – anhand der gemeldeten Orte und ihrer Entfernung zum Hauptversammlungsort lässt sich eine statistische Größe von Teilnahmewahrscheinlichkeiten nach Entfernungen und somit die voraussichtliche Gesamtzahl ermitteln. Wenngleich diese Zahl für langfristige Planungen zu spät ermittelt wird, ist sie doch für kurzfristige Anpassungen äußerst hilfreich, etwa bei der Bestellung der Verpflegung, der Gestaltung der Bestuhlung oder der Entscheidung, einen Reserveraum zu nutzen. 79

Die Vorbereitungen für den **Zugang** sollten nicht nur angemeldete Aktionäre und ihre Vertreter umfassen, sondern auch Vorstand und Aufsichtsrat, Notar, Mitarbeiter, Gäste und ggf. Pressevertreter. Außerdem sollten Vorkehrungen für das **Ausstellen weiterer Gästekarten** getroffen werden. Wenngleich nur äußerst selten ein Zugangsanspruch für einen Gast bestehen mag – etwa als Hilfsperson eines körperlich beeinträchtigten Aktionärs – so hat sich doch in der Praxis eine **relative Großzügigkeit** hinsichtlich der Zulassung zB von Begleitpersonen herausgebildet (→ § 8 Rn. 95 ff.). Da sich hauptsächlich an der Verpflegung orientierte Personen häufig auch eine Eintrittskarte mit Vollmacht organisieren und Aktionäre mit mehreren Eintrittskarten gerne die eine oder andere mit entsprechender Vollmacht zB auch an interessierte Pressevertreter weitergeben, läuft eine restriktive Handhabung meist ohnehin ins Leere. 80

---

[75] *Koch* in Hüffer/Koch AktG § 129 Rn. 11; *Kubis* in MüKoAktG AktG § 129 Rn. 31, 32.
[76] *Schröer* in MüKoAktG AktG § 136 Rn. 50; *Ek* Praxisleitfaden Rn. 463.
[77] Zuvor sind sog Zwischenmeldungen zwar möglich, aber nur bedingt aussagekräftig.

14. Anmeldeverzeichnis und Meldepflichten nach WpHG bzw. AktG, Fremdbesitz

81 Bei Erreichen, Über- oder Unterschreiten bestimmter **Beteiligungsschwellen** sind Aktionäre börsennotierter Gesellschaften nach § 21 Abs. 1 WpHG (ab 3.1.2018 § 33 Abs. 1 WpHG) zur **Meldung** an die Gesellschaft verpflichtet.[78] Erfolgt diese nicht unverzüglich, so tritt ein **Stimmverbot** ein, § 28 WpHG (ab 3.1.2018 § 44 WpHG).[79] Entsprechende, wenngleich weniger weitreichende Normen enthält § 20 AktG für **nichtbörsennotierte Gesellschaften.** Hier kann insbesondere eine unmittelbare Heilung durch Nachholung bewirkt werden, eine sechsmonatige Sperrfrist besteht hier nicht.

82 Für beide Konstellationen sollten die Anmeldungen mit den vorliegenden **Beteiligungsmitteilungen** abgeglichen werden. Hierbei ist zu beachten, dass das Vorliegen einer Anmeldung zur Hauptversammlung in entsprechender Höhe noch nicht automatisch zum Bestehen einer Meldepflicht führen muss. Gerade bei Aktien, die im Vollmachtsbesitz angemeldet werden, stehen hinter der Anmeldung oftmals eine Vielzahl von Aktionären, die konkrete Stimmrechtsweisungen erteilt haben, wodurch gerade keine Meldepflicht besteht, vgl. § 22 Abs. 1 Nr. 6 WpHG (ab 3.1.2018 § 34 Abs. 1 Nr. 6 WpHG). Liegt eine Meldepflichtverletzung vor, kann im Fall der nichtbörsennotierten AG ein **Hinweis an den Aktionär** zur Nachholung und damit Herstellung des Stimmrechts führen. Bei der börsennotierten Gesellschaft könnte tatsächlich ein für die aktuelle Versammlung irreversibler Stimmverlust eingetreten sein. Auch dann erscheint eine **Kontaktaufnahme vor der Versammlung** sinnvoller, als den Aktionär erst am Zugang zur HV mit dem für ihn vermutlich überraschenden Sachverhalt zu konfrontieren.

83 Nicht unproblematisch ist darüber hinaus die Anmeldung von Inhaberaktien im Fremdbesitz. Hierbei ist nämlich ungeklärt, ob der Aktionär dem sog Legitimationsaktionär den Besitz an den Aktien übertragen muss bzw. und ob die Gesellschaft berechtigt oder gar verpflichtet ist, einen Nachweis des Besitzübergangs zu fordern.[80] Bei Anmeldungen, die einige Zeit vor Ablauf der Anmeldefrist erfolgen kann uU auch ein Hinweis an den Aktionär und daraufhin eine Änderung der Anmeldung im Eigenbesitz diese Unsicherheit eliminieren.

15. Erarbeitung und Vervielfältigung von Hilfsmaterialien

84 Neben den **Organisationshilfsmitteln** wie Namensschildern, Wegweisern und dgl. gibt es in der Hauptversammlung auch einige **Hilfstexte** mit besonderem, auch juristischem Gehalt. Angesichts der akribischen Suche mancher Aktionäre nach Fehlern ist bei deren Erstellung ebenfalls besondere Sorgfalt geboten.

85 Oft werden zB in Hinweisblättern Fingerzeige auf die Verortung von Garderobe, Buffet und Toiletten mit Ausführungen zur Teilnahme an der Versammlung und zum **Abstimmverfahren** vermengt. Gerade solche Texte sollten nicht allein von einer wohlmeinenden IR- oder PR-Abteilung erstellt, sondern gründlich **juristisch geprüft** werden, um hier Diskrepanzen etwa zu den veröffentlichten Teilnahmebedingungen oder den Ausführungen des Versammlungsleiters zum Verfahren sicher auszuschließen.

86 Ähnliches gilt für langjährig tradierte Formulare. So war bis zum Inkrafttreten des ARUG die Schriftform für Vollmachten der Regelfall, § 134 Abs. 3 S. 2 AktG aF. Konse-

---

[78] Auf die Pflicht zur Mitteilung der mit dem Erwerb der Stimmrechte verfolgten Ziele und der Herkunft der für den Erwerb verwendeten Mittel bei Erreichen bzw. Überschreiten von 10% der Stimmrechte gem. § 27a Abs. 1 S. 1 WpHG (ab 3.1.2018 § 43 Abs. 1 WpHG) sei hier nur am Rande verwiesen, da Verletzungen diesbezüglich sanktionslos bleiben, auf die Stimmberechtigung somit keine Auswirkungen haben.

[79] Vgl. zum Ganzen: *Scholz* AG 2009, 313.

[80] Vgl. zum Ganzen: *Schwartzkopff/Hoppe* Board 2014, 73 f.

quenterweise sahen gängige **Vollmachtsformulare** eine Unterschriftszeile vor, die auch mit „Unterschrift" erläutert war. Seit dem ARUG gilt für börsennotierte Gesellschaften höchstens die Textform, § 134 Abs. 3 S. 3 AktG. In § 126b BGB ist nunmehr auch das bisherige Tatbestandsmerkmal des Abschlusses der Erklärung weggefallen,[81] so dass mittlerweile häufig zwar die Unterschriftszeile beibehalten wird, um den Erwartungen der Aktionäre Rechnung zu tragen, beschrieben durch „Unterschrift bzw. Person des Erklärenden gemäß § 126b BGB", um kein unzutreffendes Formerfordernis zu suggerieren.

VI. Unmittelbar vor der Versammlung

1. Ausstattung, Standarddokumente, Checklisten

Am Vortag der Versammlung sollte die Ausstattung mit **Arbeits- und Organisationsmitteln** überprüft werden. Vor allem simples Büromaterial sollte für alle Arbeitsbereiche zur Verfügung stehen, von der Büroklammer bis hin zum Kopierer sollten eventuelle Arbeitserfordernisse erfüllt werden können. 87

Gesellschaften im öffentlichen Interesse sollten weiter einen **Zugang zu einem ad-hoc-Publizitätssystem** sicherstellen. In der Antwort auf eine Aktionärsfrage könnte nämlich durchaus eine Insiderinformation nach Art. 7 MAR liegen, die nicht nur aufgrund des Auskunftsrechts den anwesenden Aktionären, sondern aufgrund der Insidervorschriften dem Kapitalmarkt zur Kenntnis zu geben ist. Außerdem sollten Empfangsmöglichkeiten für **Telefax** und **E-Mail** bestehen, insbesondere um ggf. **Vollmachten in Textform** übersenden bzw. nachweisen (vgl. § 134 Abs. 3 S. 4 AktG) zu können. 88

Bestimmte, **häufig wiederkehrende Situationen** in Hauptversammlungen lassen sich antizipieren und mit formularartigen Dokumenten, in die jeweils nur die Daten eingefügt werden müssen, vorbereiten, sog Standarddokumente. Hierzu zählen etwa Formulare für Untervollmachten, den versehentlichen Verlust von Stimmunterlagen oder schlichte Aktennotizen. 89

Für andere Situationen bieten sich **Check- bzw. Nachweislisten** an. Bei der **Auslage von Unterlagen** kann es sinnvoll sein, den Namen des Teilnehmers und seine Einsichtnahmedauer in das jeweilige Dokument festzuhalten. So kann dem gerne geäußerten Vorwurf begegnet werden, es hätten nicht genügend Einsichtsexemplare zur Verfügung gestanden und die Einsichtnahme sei daher unzumutbar erschwert worden. 90

2. Instruktion der Mitarbeiter

Zur Unterstützung der HV werden meist eine Vielzahl **interner wie externer** Mitarbeiter eingesetzt. Während der Unterrichtungsaufwand von Mitarbeitern aus der eigenen Rechtsabteilung, externer Anwälte oder auch erfahrener HV-Dienstleister überschaubar sein mag, kann die Notwendigkeit der Erläuterung der Bedeutung jedes Vorgangs gegenüber nicht-juristischen, mit den Usancen einer Hauptversammlung nicht vertrauten Personen nicht hoch genug eingeschätzt werden. Exemplarisch sei hier die Bedeutung der **Sicherung des Präsenzbereichs** bei Anwendung des sog Subtraktionsverfahrens genannt oder auch diejenige der Eintrittskarte lediglich als Organisationsmittel. 91

Gerade für die Mitarbeiter am Zugang bietet sich das **Einüben von Standardabläufen und Standardformulierungen** an. Darüber hinaus sollten Mitarbeiter so instruiert sein, dass sie bei Unsicherheiten immer auf entsprechend benannte Mitarbeiter, zB Kolle- 92

---

[81] Gesetz zur Umsetzung der Verbraucherrechterichtlinie und zur Änderung des Gesetzes zur Regelung der Wohnungsvermittlung vom 20.9.2013 (BGBl. I 2013, 642).

gen aus der Rechtsabteilung, zurückgreifen sollen und hier eher einmal zu viel als einmal zu wenig nachfragen.

93 Besondere Sorgfalt ist bei der Auswahl und Instruktion des **Sicherheitspersonals** erforderlich: sowohl der Zugang zur HV als auch die Sicherung von Notausgangstüren und die mögliche Umsetzung versammlungsleitender Maßnahmen wie zB ein Saalverweis bilden äußerst sensible Aufgaben, die nicht nur ggf. handfestes Zupacken, sondern vor allem Fingerspitzengefühl erfordern.

94 Im Rahmen eines Ernstfallszenarios sollte ebenfalls festgelegt und intern mitgeteilt sein, ob bzw. ab welcher Eskalationsstufe die **Polizei** eingeschaltet wird und über welchen Kommunikationsweg. Hierbei darf nicht verkannt werden, dass das Eintreffen der Polizei, auch wenn sie vorab informiert ist, häufig zeitverzögert erfolgt und daher auch ein Szenario für die Zwischenzeit einzuplanen ist.

3. Generalprobe

95 Ein wichtiger Schritt unmittelbar vor der Versammlung ist die Generalprobe. Sie sollte **möglichst realistisch** gestaltet werden, um allen Beteiligten eine unverzügliche Behebung evtl. auftretender Probleme zu ermöglichen. Gerade auf den ersten Blick banal anmutende Fragen, wie etwa ein unbequemer Sitz des Versammlungsleiters, eine stark blendende Beleuchtung oder eine schlecht ausgesteuerte Mikrofonanlage können Ablenkungsfaktoren darstellen, die die Durchführung der Versammlung übermäßig erschweren.

96 Der Umgang mit den **bereitgestellten Systemen** will genauso geübt sein wie zB das Abarbeiten der versammlungsleitenden Maßnahmen oder die Erfassung von Aktionärsfragen, ihre Verteilung an die Experten und die Erarbeitung und Weiterleitung von Antwortvorschlägen. Vor kritisch einzuschätzenden Hauptversammlungen findet gelegentlich auch eine Probe der Versammlung und Generaldebatte inklusive **kritischer Fragen, Simulation von Störungen** und Übung der angemessenen Reaktion hierauf statt.

97 Soweit die Ausstattung der Versammlung mit derjenigen des Vorjahres weitgehend identisch ist, bzw. bei Einsatz eines qualifizierten externen Versammlungsleiters, mag der Aufwand der Generalprobe reduziert werden können. Die Beteiligten sollten sich jedoch darüber bewusst sein, dass eine Behebung evtl. Probleme im laufenden Betrieb der Versammlung meist nur unter größeren Schwierigkeiten möglich ist.

4. Systemabnahme mit dem Notar

98 Üblicherweise erstellt der Notar bereits vor der Versammlung eine **Art Vordruck** des Protokolls, in den er während der Versammlung die tatsächlichen Daten und ggf. Widersprüche, Rügen angeblich nicht beantworteter Fragen und dgl. einträgt.[82] Dieser **Entwurf** wird unmittelbar nach Ende der HV vorsichtshalber bereits unterzeichnet und in den Folgetagen durch eine **Reinschrift** ersetzt. Diese Praxis ist nicht zu beanstanden und stellt auch bezüglich des Entwurfs keine Urkundenunterdrückung dar.[83]

99 Zur Vorbereitung[84] des Entwurfs bietet sich die Übersendung des **Leitfadens** für den Versammlungsleiter an, dem der Notar bereits Daten wie voraussichtlich anwesende bzw. abwesende Organmitglieder, Einberufung, Tagesordnung, Beschlussgegenstände, geplantes Abstimmverfahren, Umgang mit Stimmverboten, Beschlussmehrheiten und geplante Verfahren in Sondersituationen entnehmen kann.

---

[82] Zum Inhalt der Niederschrift vgl. *Reul* AG 2002, 543 (545).
[83] BGH BeckRS 2009, 06133.
[84] Zur Vorbereitung aus notarieller Sicht *Sigl/Schäfer* BB 2005, 2137.

VI. Unmittelbar vor der Versammlung § 3

Im Rahmen der Generalprobe kann er sich – soweit gewünscht – bei einer **Testabstimmung** mit fiktiven Abstimmungsdaten von der Ordnungsgemäßheit des Systems überzeugen und diese Wahrnehmungen ggf. in einem **Nebenprotokoll** festhalten. 100

Zwar ist die **Überwachung des Auszählungsvorgangs** durch den Notar nicht zwingend erforderlich,[85] hat sich jedoch bei sehr vielen Gesellschaften als üblich eingebürgert. Es sollte also abgesprochen werden, in welcher Weise der Notar diese ggf. durchführt. 101

Darüber hinaus sollte mit dem Notar abgesprochen werden, wann und wie er evtl. **Widersprüche zu Protokoll** und **Rügen unbeantworteter Fragen** aufnimmt und ob er sich hierzu ggf. einer Hilfsperson[86] bedient bzw. zB durch einen Stenographen unterstützt werden soll. 102

---

[85] BGH BeckRS 2009, 06133; *Reul* AG 2002, 543 (550); *Koch* in Hüffer/Koch AktG § 130 Rn. 19.
[86] *Arnold/Born* AG Report 2005, R041.

§ 4 Die Einberufung

Übersicht

	Rn.
I. Überblick	1
II. Anlass	2
1. Gesetzliche Einberufungsgründe	5
a) Ordentliche Hauptversammlung	6
b) Außerordentliche Hauptversammlung	9
c) Weitere gesetzliche Einberufungsgründe	10
d) Maßnahmen der Geschäftsführung	11
2. Statutarische Einberufungsgründe	12
3. Wohl der Gesellschaft	15
4. Fakultative Einberufung	18
5. Rechtsfolgen unterbliebener Einberufung	20
6. Anfechtungsrisiken	21
III. Zuständigkeit	22
1. Vorstand	22
2. Aufsichtsrat	29
3. Einberufung auf Verlangen einer Minderheit	33
a) Recht auf Einberufung	33
b) Entscheidung des Vorstands	47
c) Gerichtliche Ermächtigung	49
d) Einberufung durch die Aktionärsminderheit	57
4. Einberufungsberechtigung aufgrund Satzungsbestimmung	64
5. Nichtigkeits- und Anfechtungsrisiken	65
IV. Art und Weise der Einberufung	70
1. Einberufungsfrist – Grundsatz	70
2. Verlängerung der Einberufungsfrist bei Anmeldung und Berechtigungsnachweis zur Teilnahme und Stimmrechtsausübung	77
a) Anmeldung und Berechtigungsnachweis als Voraussetzungen für die Teilnahme an der Hauptversammlung und die Stimmrechtsausübung	77
b) Auswirkung von Teilnahmebedingungen auf die Fristberechnung	104
3. Besonderheiten bei der Einberufung in Übernahmesituationen	108
4. Mindestangaben der Einberufung	111
a) Angabe des Einberufenden	112
b) Firma und Sitz der Gesellschaft	113
c) Zeit	114
d) Ort (Inland)	118
e) Ort (Ausland)	121
f) Tagesordnung	124
g) Besondere Angabepflichten für börsennotierte Gesellschaften	125
5. Bekanntmachung	133
a) Veröffentlichung in den Gesellschaftsblättern	134
b) Veröffentlichung im Internet	137
c) Einladung durch eingeschriebenen Brief	138
6. Vertagung, Verschiebung, Absetzung	148
7. Anfechtungsrisiken	151
V. Übersichten	156
VI. Tagesordnung; weitere Bekanntmachungen	158
1. Aufstellung der Tagesordnung	158
2. Bekanntmachung	162
a) Allgemeines	162
b) Bekanntmachungsfreie Gegenstände	164
c) Bekanntmachungsbedürftige Gegenstände	174
3. Vorschläge der Verwaltung zu den Gegenständen der Tagesordnung	207
a) Grundsatz	207

	Rn.
b) Adressaten der Vorschlagspflicht	212
c) Vorschlagsfreie Gegenstände	215
d) Wahl von Aufsichtsratsmitgliedern	217
e) Wahl des Abschlussprüfers	223
f) Gewinnverwendungsvorschlag	224
g) Strukturändernde Maßnahmen	225
4. Ergänzung der Tagesordnung	226
a) Antragsberechtigte	226
b) Inhalt und Form des Ergänzungsverlangens	228
c) Fristen, Bekanntmachung	232
d) Aktionärsforum	240
5. Anfechtungsrisiken	247
VII. Mitteilungen	253
1. Allgemeines	253
2. Mitteilungsschuldner	255
3. Mitteilungsempfänger	256
a) Kreditinstitute und Aktionärsvereinigungen	256
b) Aktionäre	259
c) Aufsichtsratsmitglieder	260
4. Gegenstand der Mitteilung	261
5. Form und Frist	266
6. Mitteilungspflichten bei Einladung durch eingeschriebenen Brief	270
7. Anfechtungsrisiken	273
VIII. Übermittlung der Mitteilungen durch Kreditinstitute; Abstimmungsvorschläge	275
1. Übermittlungspflicht	275
a) Grundsatz	275
b) Schuldner der Übermittlungspflicht	276
c) Begünstigte der Weitergabepflicht	278
d) Gegenstand der Weitergabepflicht	281
e) Form und Frist	282
f) Kosten der Weitergabe	284
2. Abstimmungsvorschläge	285
a) Zugänglichmachen eigener Vorschläge	287
b) Zugänglichmachen von Verwaltungsvorschlägen	290
c) Einholung von Weisungen	292
d) Hinweis auf personelle Verflechtungen	297
3. Schadensersatzpflicht	300
4. Anfechtungsrisiken	301
IX. Gegenanträge der Aktionäre	303
1. Allgemeines	303
2. Zugänglich zu machende Gegenanträge	305
a) Antragsteller	305
b) Ankündigung eines Gegenantrags	306
c) Begründung	310
d) Form	311
e) Frist	314
3. Unzulässige Gegenanträge	317
a) Europarechtskonforme Auslegung	318
b) Strafbare Mitteilung	320
c) Gesetz- oder satzungswidriger Beschluss	321
d) Falsche und irreführende Angaben	322
e) Bereits mitgeteilte Anträge	324
f) Fehlende Ernstlichkeit des Antrags	326
g) Überlange Begründungen	328
4. Zusammenfassung von Gegenanträgen	330
5. Stellungnahme der Verwaltung	331
6. Zugänglichmachung	332

	Rn.
X. Wahlvorschläge von Aktionären	333
X. Vollversammlung	338
1. Allgemeines	338
2. Begriff	339
3. Nichteinhaltung von Einberufungsformalitäten	340
4. Widerspruch	346
5. Hauptversammlung im schriftlichen Umlaufverfahren?	348
6. Anfechtungsrisiken	349

Stichworte

Absage der Hauptversammlung Rn. 150
Abschlussprüfer Rn. 7
Abstimmungsvorschläge Rn. 285
– Einholung von Weisungen Rn. 292
– Hinweis auf personelle Verflechtungen Rn. 297
– Zugänglichmachen eigener Vorschläge des Kreditinstituts Rn. 287
– Zugänglichmachen von Verwaltungsvorschlägen Rn. 290
Aktienregister Rn. 35, 94 ff.
Aktionärsforum Rn. 240
– Acting in Concert Rn. 245
– Berichtigung Rn. 244
– Löschung Rn. 244
– Missbrauch Rn. 244
– Veröffentlichung von Aufforderungen Rn. 242
Anmeldung zur Hauptversammlung Rn. 77 f., 80 ff., 94, 126
Anträge zu den Gegenständen der Tagesordnung Rn. 168
– Gegenanträge Rn. 169
– Geschäftsordnungsanträge Rn. 172
– sachlich ergänzende Anträge Rn. 170
Außerordentliche Hauptversammlung Rn. 9
Bekanntmachung der Einberufung Rn. 133 ff.
Bekanntmachung der Tagesordnung Rn. 162
– Allgemeines Rn. 162
– bekanntmachungsbedürftige Gegenstände Rn. 174
– bekanntmachungsfreie Gegenstände Rn. 164
Bekanntmachungsbedürftige Gegenstände Rn. 174
– Allgemeines Rn. 174
– Eingliederung Rn. 198
– Kapitalerhöhung, -herabsetzung Rn. 185
– Satzungsänderung Rn. 182
– Sonderbeschlüsse Rn. 204
– sonstige Strukturentscheidungen Rn. 200
– Squeeze out Rn. 198
– Vorstandsberichte Rn. 203
– Wahl von Aufsichtsratsmitgliedern Rn. 179
– zustimmungsbedürftige Geschäftsführungsmaßnahmen Rn. 200
– zustimmungsbedürftige Verträge Rn. 193
Bekanntmachungsfreie Gegenstände Rn. 164
– Anträge zu den Gegenständen der Tagesordnung Rn. 168
– Einberufung einer weiteren Hauptversammlung Rn. 173
– Verhandlung ohne Beschlussfassung Rn. 165
Berechtigungsnachweis Rn. 77, 84 ff., 94 ff.
Beschwerde gegen Gerichtsbeschluss Rn. 56
Börsennotierte Gesellschaft Rn. 57, 74 f., 86 f., 94, 111, 125 ff., 129 ff., 137, 139
Bundesanzeiger Rn. 57, 73, 133 ff., 140, 150
Einberufung durch den Aufsichtsrat Rn. 29 ff.
Einberufung durch den Vorstand Rn. 22 ff.
Einberufungsberechtigung aus Satzung Rn. 64
Einberufungsbeschluss des Vorstands Rn. 23 ff.
Einberufungsfrist Rn. 70 ff.
Einberufungsverlangen einer Minderheit Rn. 33 ff.
Einschreiben Rn. 76, 138 ff., 142
Entlastung Rn. 7
Ergänzung der Tagesordnung Rn. 226
– Aktionärsforum Rn. 240
– Antragsberechtigte Rn. 226
– Fristen, Bekanntmachung Rn. 232
– Inhalt und Form Rn. 228
Fakultative Einberufung Rn. 18 f.
Formerfordernis Rn. 38
Fristberechnung Rn. 70 f., 88, 104 ff., 143
Gegenanträge der Aktionäre Rn. 303
– Allgemeines Rn. 303
– Ankündigung Rn. 306
– Antragsteller Rn. 305
– Begründung Rn. 310
– Form Rn. 311
– Frist Rn. 314
– Stellungnahme der Verwaltung Rn. 331
– unzulässige Gegenanträge Rn. 317
– Zugänglichmachung Rn. 332

– Zusammenfassung von Gegenanträgen Rn. 330
Gerichtliche Ermächtigung der Aktionärsminderheit Rn. 49 ff.
Gerichtskosten Rn. 56
Gesellschaftsblätter → Bundesanzeiger
Gesetzliche Einberufungsgründe Rn. 10
„Holzmüller"-Entscheidung Rn. 11, 13, 41
Inhaberaktien 35, 80, 83, 84 ff., 95
Jahresabschluss Rn. 7
Konzernabschluss Rn. 8
Kosten der Hauptversammlung Rn. 32, 63
Legitimationsnachweis s. *Berechtigungsnachweis*
Mindestangaben bei Einberufung Rn. 111 ff.
Mindestbeteiligung der Minderheitenaktionäre Rn. 35
Mitteilungen Rn. 253
– Allgemeines Rn. 253
– Anfechtung Rn. 273
– Einladung durch eingeschriebenen Brief Rn. 270
– Empfänger Rn. 256
– Form und Frist Rn. 266
– Gegenstand Rn. 261
– Schuldner Rn. 255
– Übermittlung Rn. 275
Namensaktien Rn. 35, 94, 96 ff., 126, 139 f.
Nichtige Einberufung einer Hauptversammlung Rn. 66 ff.
Notvorstand Rn. 28, 37, 53
Ordentliche Hauptversammlung Rn. 6 ff.
Ort der Hauptversammlung Rn. 110 f., 118 ff., 121 ff., 149
Publikumsgesellschaft Rn. 94, 98 f., 114
Rechtsbeschwerde gegen Gerichtsbeschluss Rn. 56
Rechtsmissbräuchlichkeit der Einberufung durch Aktionärsminderheit Rn. 45
Record DateRegelung Rn. 85, 87 ff.
Tagesordnung Rn. 39, 58, 60, 62, 111, 124, 137, 158
– Anfechtung Rn. 247
– Aufstellung Rn. 158
– Bekanntmachung Rn. 162
– Ergänzung Rn. 226
– Vorschläge der Verwaltung Rn. 207
Tag und Uhrzeit der Hauptversammlung Rn. 114 ff., 153

Übermittlung von Mitteilungen durch Kreditinstitute Rn. 275
– Abstimmungsvorschläge Rn. 285
– Anfechtung Rn. 301
– Schadensersatzpflicht Rn. 300
– Übermittlungspflicht Rn. 275
Übermittlungspflicht Rn. 275
– Begünstigte Rn. 278
– Form und Frist Rn. 282
– Gegenstand Rn. 281
– Grundsatz Rn. 275
– Kosten der Übermittlung Rn. 284
– Schuldner Rn. 276
Übernahmesituation Rn. 108 f.
Uhrzeit der Hauptversammlung s. *Tag und Uhrzeit der Hauptversammlung*
Unzulässige Gegenanträge Rn. 317
– bereits mitgeteilte Anträge Rn. 324
– europarechtskonforme Auslegung Rn. 318
– falsche und irreführende Angaben Rn. 322
– fehlende Ernstlichkeit Rn. 326
– gesetz- oder satzungswidriger Beschluss Rn. 321
– strafbare Mitteilung Rn. 320
– überlange Begründungen Rn. 328
Verschiebung der Hauptversammlung Rn. 148 f.
Verwendung des Bilanzgewinns Rn. 7
Vollmacht Rn. 38, 83, 127 ff.
Vollversammlung Rn. 338
– Allgemeines Rn. 338
– Anfechtung Rn. 349
– Begriff Rn. 339
– Hauptversammlung im schriftlichen Umlaufverfahren Rn. 348
– Nichteinhaltung von Einberufungsformalitäten Rn. 340
– Widerspruch Rn. 346
Vorschläge der Verwaltung Rn. 207
– Adressaten der Vorschlagspflicht Rn. 212
– Gewinnverwendungsvorschlag Rn. 224
– Grundsatz Rn. 207
– strukturändernde Maßnahmen Rn. 225
– vorschlagsfreie Gegenstände Rn. 215
– Wahl des Abschlussprüfers Rn. 223
– Wahl von Aufsichtsratsmitgliedern Rn. 217
Wahlvorschläge von Aktionären Rn. 333
Zurückweisung des Minderheitenantrags Rn. 48

Schrifttum:

Ammon/Görlitz, Die kleine Aktiengesellschaft, 1995; *Arnold,* Aktionärsrechte und Hauptversammlung nach dem ARUG, Der Konzern 2009, 88; *Bayer/Scholz/Weiß,* Anmeldung und Berechtigungsnachweis bei Einberufung einer Hauptversammlung durch die Aktionärsminderheit gem. § 122 Abs. 3 AktG, AG 2013, 742; *Blumenwitz,* Zum Kollisionsrecht der notariellen Urkunde, DNotZ 1968, 712; *Burmeister,* Weitergabe-, Mitteilungspflichten und Stimmrechtsvollmacht für Kreditinstitute (§§ 128, 135 AktG), AG 1976, 262; *Butzke,* Hinterlegung, Record Date und Einberufungsfrist, WM 2005, 1981; *Habersack/Mülbert,* Zur Einberufung der Hauptversammlung durch die nach § 122 Abs. 3 AktG ermächtigte Aktionärsminderheit, ZGR 2014, 1; *Halberkamp/Gierke,* Das Recht der Aktionäre auf Einberufung einer Hauptversammlung, NZG 2004, 494;

Hellwig, Beratungsverträge des Abschlußprüfers – Genehmigungspflicht analog § 114 AktG und Publizitätspflicht analog § 125 Abs. 1 Satz 3 AktG, ZIP 1999, 2117; *Hölters/Deilmann/Buchta*, Die kleine AG, 2. Aufl., 2002; *Huber*, Die „geplant beschlußlose" Hauptversammlung, ZIP 1995, 1740; *Ihrig/Wagner*, Rechtsfragen bei der Vorbereitung von Hauptversammlungen börsennotierter Gesellschaften, FS Spiegelberger, 2009, 722 ff.; *Johansson*, Die Ausübung des Depotstimmrechts aufgrund eigener Vorschläge des Kreditinstituts, BB 1967, 1315; *Kemmerer*, Vertagung von Tagesordnungspunkten als taktisches Instrument der Verwaltung, BB 2011, 3018; *Kühn*, Der Minderheitenschutz nach dem neuen Aktiengesetz, BB 1965, 1170; *Lehmann*, Die groben und feinen Maschen des § 126 AktG, FS Quack 1991, S. 287; *Lingemann/Wasmann*, Mehr Kontrolle und Transparenz im Aktienrecht: Das KonTraG tritt in Kraft, BB 1998, 853; *Marsch-Barner*, Neuere Entwicklungen im Vollmachtstimmrecht der Banken, FS Peltzer, 2001, 261; *Mertens*, Das Minderheitsrecht nach § 122 Abs. 2 AktG und seine Grenzen, AG 1997, 481; *Mimberg*, Die Frist zur Einberufung der Hauptversammlung nach dem UMAG, AG 2005, 716; *Mülbert/Bux*, Dem Aufsichtsrat vergleichbare in- und ausländische Kontrollgremien von Wirtschaftsunternehmen (§ 125 Abs. 1 Satz 3 2. Halbs. AktG nF), WM 2000, 1665; *Nagel/Ziegenhahn*, Die Dauer von Hauptversammlungen als Rechtsproblem, WM 2010, 1005; *Noack*, Neuerungen im Recht der Hauptversammlung durch das Transparenz- und Publizitätsgesetz und den deutschen Corporate Governance Kodex, DB 2002, 620; *Planck*, Kleine AG als Rechtsformalternative zur GmbH, GmbHR 1994, 501; *Prigge*, Ablauf der Wochenfrist des § 126 Abs. 1 AktG bei Gegenanträgen des Aktionärs, ZIP 1998, 1866; *Repgen*, Der Sonntag und die Berechnung rückwärtslaufender Fristen im Aktienrecht, ZGR 2006, 121; *Dirk Schmidt*, Die Ausübung des sog. Depotstimmrechts durch Kreditinstitute, BB 1967, 818; *Spindler*, Die Reform der Hauptversammlung und der Anfechtungsklage durch das UMAG, NZG 2005, 825; *Tröger*, Neues zur Anfechtung bei Informationspflichtverletzungen, NZG 2002, 211; *v. Falkenhausen*, Das Bankenstimmrecht im neuen Aktienrecht, AG 1966, 69; *Weisner/Heins*, Das Schriftformerfordernis in § 122 AktG, AG 2012, 706; *Zetzsche*, Die Aktionärslegitimation durch Berechtigungsnachweis – von der Verkörperungs- zur Registertheorie, Der Konzern 2007, 180.

I. Überblick

Die Einberufung der Hauptversammlung ist Grundbedingung dafür, dass die Aktionäre 1 ihre Interessen und Rechte wahren und ausüben können. Es muss grds. zwischen obligatorisch (→ Rn. 5 ff.) und fakultativ (→ Rn. 18 f.) einzuberufenden Hauptversammlungen unterschieden werden. Gründe für eine Einberufung ergeben sich sowohl aus dem Gesetz (→ Rn. 5 ff.) als auch aus der Satzung (→ Rn. 12 ff.) oder dem Wohl der Gesellschaft (→ Rn. 15 ff.). Zuständig für die Einberufung ist grds. der Vorstand (→ Rn. 22 ff.). Wenn das Wohl der Gesellschaft es verlangt, muss die Hauptversammlung durch den Aufsichtsrat einberufen werden (→ Rn. 29 ff.). Unter gewissen Umständen ist auch eine Einberufung aufgrund eines Verlangens einer Minderheit der Aktionäre möglich (→ Rn. 33 ff.). Wird die Hauptversammlung einberufen, muss die Einberufungsfrist beachtet werden (→ Rn. 70 ff.), die sich unter gewissen Voraussetzungen verlängern kann (→ Rn. 77 ff.). Inhaltlich müssen bei der Einberufung gewisse Mindestangaben beachtet werden (→ Rn. 111 ff.). Wurde die Hauptversammlung einberufen, so muss dies im (elektronischen) Bundesanzeiger bekanntgemacht werden (→ Rn. 133 ff.).

In der Einberufung der Hauptversammlung muss die Tagesordnung mitgeteilt werden. 1a Diese ist idR vom Vorstand aufzustellen und in den einzelnen Punkten konkret auszufertigen (→ Rn. 158 ff.). Zusammen mit der Einberufung ist die Tagesordnung grundsätzlich in den Gesellschaftsblättern bekannt zu machen (→ Rn. 162 f.). Ausnahmsweise sind Gegenstände der Tagesordnung dagegen bekanntmachungsfrei. Darunter fallen Verhandlungen zur Tagesordnung ohne Beschlussfassung (→ Rn. 165), sowie Anträge zu den Gegenständen der Tagesordnung zB Gegenanträge der Aktionäre (→ Rn. 169), sachlich ergänzende Anträge (→ Rn. 170 f.) und Geschäftsordnungsanträge (→ Rn. 172). Auch der Antrag auf Einberufung einer weiteren Hauptversammlung bedarf nicht der Bekanntmachung (→ Rn. 173). Die Mehrzahl der Gegenstände der Tagesordnung bleibt jedoch bekanntmachungsbedürftig (→ Rn. 174 ff.). Hierunter fallen Angaben zur Wahl von Aufsichtsratsmitgliedern (→ Rn. 179 ff.), zu Satzungsänderungen (→ Rn. 182 ff.), zu Kapitalerhöhungen und –herabsetzungen (→ Rn. 185 ff.), zu Verträgen, die der Zustimmung der Hauptversammlung bedürfen (→ Rn. 193 ff.), zur Eingliederung und zum Squeeze out von Minderheitsgesellschaften (→ Rn. 198 f.), zu zustimmungsbedürftigen Geschäftsführungsmaßnahmen und weiteren Strukturentscheidungen (→ Rn. 200 ff.), zu Vorstandsberichten (→ Rn. 203) und zu Sonderbeschlüssen (→ Rn. 204 ff.).

1b In der Bekanntmachung haben Vorstand und Aufsichtsrat grundsätzlich zu bestimmten Gegenständen der Tagesordnung einen antragsmäßig formulierten Beschlussvorschlag zu unterbreiten (→ Rn. 207 ff.). Keine Vorschlagspflicht besteht im Hinblick auf solche Gegenstände der Tagesordnung, zu denen keine Beschlussfassung der Hauptversammlung erfolgt (→ Rn. 215). Vorschläge zur Wahl von Aufsichtsratsmitgliedern dürfen nur durch den Aufsichtsrat gemacht werden und können unterbleiben, wenn die Hauptversammlung bei der Wahl des Aufsichtsrats keinen Ermessensspielraum hat (→ Rn. 217 ff.). Auch Vorschläge zur Wahl des Abschlussprüfers erfolgen ausschließlich durch den Aufsichtsrat (→ Rn. 223). Weitere Vorschläge sind zur Gewinnverwendung (→ Rn. 224) und zu strukturändernden Maßnahmen zu unterbreiten (→ Rn. 225).

1c Die Aktionäre können die Ergänzung der Tagesordnung um weitere Beschlussgegenstände verlangen (→ Rn. 226 f.). Das Ergänzungsverlangen ist schriftlich an den Vorstand zu richten und muss der Gesellschaft mind. 24 Tage (bei börsennotierten Gesellschaften mind. 30 Tage) vor der Hauptversammlung zugehen (→ Rn. 228 ff.) Es ist im Anschluss vom Vorstand bekannt zu machen (→ Rn. 239). Um die für das Ergänzungsverlangen erforderliche Quote von 5% des Grundkapitals bzw. von Aktienbesitz in Höhe von mind. 500.000 EUR zu erreichen, kann der Aktionär auf das internetbasierte Aktionärsforum des elektronischen Bundesanzeigers zurückgreifen und dort andere Aktionäre auffordern, mit ihm gemeinsam das Verlangen zu stellen (→ Rn. 240 ff.). Hierin liegt kein *„acting in concert"* iSd § 22 Abs. 2 S. 1 WpHG bzw. des § 30 Abs. 2 S. 1 WpÜG (→ Rn. 245 f.). Beschlüsse über Gegenstände der Tagesordnung, die nicht ordnungsgemäß bekannt gemacht wurden, unterliegen dem Risiko der Anfechtung (→ Rn. 247 ff.).

1d Nach § 125 Abs. 1 S. 1 AktG ist bestimmten Aktionären die Einberufung der Hauptversammlung mitzuteilen (→ Rn. 253 ff.). Mitteilungsempfänger sind neben Kreditinstituten und Aktionärsvereinigungen (→ Rn. 256 ff.), Aktionären, die dies verlangen bzw. 14 Tage vor der Versammlung im Aktienregister der Gesellschaft eingetragen sind (→ Rn. 259), auch Aufsichtsratsmitglieder, die eine solche Mitteilung verlangen (→ Rn. 260). Gegenstand der Mitteilung können neben der Einberufung zB auch Gegenanträge und Wahlvorschläge der Aktionäre sein (→ Rn. 261 ff.). Die Mitteilung kann in elektronischer Form erfolgen und muss mind. 21 Tage vor der Hauptversammlung abgesendet werden (→ Rn. 266 ff.). Erfolgt die Einberufung der Hauptversammlung bei namentlicher Bekanntheit aller Aktionäre durch eingeschriebenen Brief, so entfällt eine Mitteilungspflicht nur dann, wenn die entsprechenden Informationen bereits in der Einberufung enthalten war (→ Rn. 270 f.). Kommt der Vorstand seiner Mitteilungspflicht nicht nach, so besteht im Hinblick auf die in der Hauptversammlung gefassten Beschlüsse das Risiko der Anfechtung (→ Rn. 273 f.).

1e Die Kreditinstitute sind zur Übermittlung der zuvor genannten Mitteilungen an die Aktionäre verpflichtet, die dem Kreditinstitut ihre Inhaberaktien spätestens bis zum 21. Tag vor der Hauptversammlung zur Verwahrung gegeben haben (→ Rn. 275 ff.). Üben Kreditinstitute, Aktionärsvereinigungen oder professionelle Stimmrechtsvertreter in der Hauptversammlung das Stimmrecht aufgrund einer Vollmacht des Aktionärs iSd § 135 Abs. 1 S. 1 AktG aus und hat der Aktionär keine Einzelweisung erteilt, können sie die Stimmrechtsausübung nach eigenen Abstimmungsvorschlägen anbieten, bei denen sie sich vom Aktionärsinteresse zu leiten lassen haben (→ Rn. 285 ff.). Die Abstimmungsvorschläge sind dem Aktionär rechtzeitig zugänglich zu machen (→ Rn. 287 ff.) Das Gleiche gilt bei der Ausübung des Stimmrechts entsprechend den Vorschlägen von Aufsichtsrat und Vorstand (→ Rn. 290). Zuvor hat das Kreditinstitut, die Aktionärsvereinigung oder der professionelle Stimmrechtsvertreter jedoch auf die Erteilung einer rechtzeitigen Weisung des Aktionärs und die andernfalls erfolgende Ausübung des Stimmrechts nach eigenen Vorschlägen bzw. Verwaltungsvorschlägen hinzuweisen (→ Rn. 292 ff.). Weiterhin hat das Kreditinstitut, die Aktionärsvereinigung oder der professionelle Stimmrechtsvertreter auf etwaige personelle oder kapitalmäßige Verflechtungen bzw. die zurückliegende Mitgliedschaft in Emissionskonsortien hinzuweisen (→ Rn. 297 f.). Kommen sie diesen Verpflichtungen nicht nach, so machen sich das Kreditinstitut, die Aktionärsvereinigung oder der professionelle Stimmrechtsvertreter gegenüber dem Aktionär gegebenenfalls schadensersatzpflichtig (→ Rn. 300). Verletzt das Kreditinstitut, die Aktionärsvereinigung oder der professionelle Stimmrechtsvertreter die Pflicht zur Mitteilungsweitergabe, hat dies auf den Hauptversammlungsbeschluss keine Auswirkungen (→ Rn. 301 f.).

Jeder Aktionär ist berechtigt, in der Hauptversammlung einen Gegenantrag zu einem Vorschlag der Verwaltung zu stellen (→ Rn. 303 ff.). Dieser ist den Kreditinstituten, den Aktionärsvereinigungen, bestimmten Aktionären oder Aufsichtsratsmitgliedern zugänglich zu machen (→ Rn. 305). Um die Pflicht zur Zugänglichmachung auszulösen muss der Aktionär seinen Gegenantrag mind. 14 Tage vor der Hauptversammlung der Gesellschaft übersenden, sich auf einen bestimmten Tagesordnungspunkt beziehen und deutlich machen, dass er einem Verwaltungsvorschlag widersprechen will (→ Rn. 314 ff.). Eine Begründung muss dem Gegenantrag dagegen nicht beigefügt werden (→ Rn. 310). Nicht zugänglich zu machen sind unzulässige Gegenanträge (→ Rn. 317 ff.). Hierunter fallen Mitteilungen, durch die sich der Vorstand strafbar machen würde (→ Rn. 320), gesetzes- oder satzungswidrige Beschlüsse (→ Rn. 321), falsche und irreführende Angaben (→ Rn. 322 f.), bereits mitgeteilte Anträge (→ Rn. 324 f.), Anträge mit fehlender Ernstlichkeit (→ Rn. 326) und überlange Begründungen (→ Rn. 328 f.). **1f**

Gegenanträge von Aktionären, die zu demselben Beschlussgegenstand gestellt wurden, kann der Vorstand zusammenfassen (→ Rn. 330). Die Verwaltung kann zu den Gegenanträgen Stellung nehmen (→ Rn. 331). **1g**

Zugänglich zu machen sind weiterhin von den Vorschlägen der Verwaltung abweichende Wahlvorschläge der Aktionäre zu Aufsichtsratsmitgliedern und Abschlussprüfern (→ Rn. 333 ff.). **1h**

Unter Verzicht auf Form- und Fristbestimmungen, zb auf die Einberufungsmodalitäten, können die Aktionäre Vollversammlungen durchführen (→ Rn. 338 ff.) und Beschlüsse fassen, sofern kein Aktionär der Nichtwahrung der Form- und Fristbestimmungen widerspricht (→ Rn. 346 f.). Im schriftlichen Umlaufverfahren sind Beschlussfassungen dagegen nicht möglich (→ Rn. 348). Widerspricht ein Aktionär der Beschlussfassung unter Einberufungsmängeln, so sind die gefassten Beschlüsse nichtig (→ Rn. 349). **1i**

II. Anlass

Die Einberufung der Hauptversammlung[1] dient der Wahrung der Interessen der Aktionäre, indem sie ihnen von Ort, Zeit, Tagesordnung und Teilnahmebedingungen der Hauptversammlung Kenntnis gibt.[2] Durch die Einberufung, die dogmatisch betrachtet eine innergesellschaftliche Verfahrenshandlung ohne rechtsgeschäftlichen Charakter darstellt,[3] wird die Hauptversammlung als Willensbildungsorgan der Gesellschaft konstituiert.[4] **2**

Die Einberufung einer **Hauptversammlung** bestimmt sich nach dem Zweiten Unterabschnitt des Vierten Abschnitts des Aktiengesetzes (§§ 121–128 AktG). Soweit das Gesetz eine Beschlussfassung bestimmter Aktionäre in einer **gesonderten Versammlung** vorsieht, finden die für die Einberufung der Hauptversammlung geltenden Vorschriften entsprechende Anwendung (§ 138 S. 2 AktG). **3**

---

[1] Muster siehe *Happ/Groß* AktienR 10.05.
[2] *Werner* in GroßkommAktG AktG § 121 Rn. 2; *Kubis* in MüKoAktG AktG § 121 Rn. 1.
[3] *Koch* in Hüffer/Koch AktG § 121 Rn. 1; *Rieckers* in Spindler/Stilz AktG § 121 Rn. 2.
[4] *Koch* in Hüffer/Koch AktG § 121 Rn. 1; *Rieckers* in Spindler/Stilz AktG § 121 Rn. 2.

4 Eine Hauptversammlung ist in den gesetzlich oder in den in der Satzung der Gesellschaft geregelten Fällen sowie dann einzuberufen, wenn es das Wohl der Gesellschaft erfordert (§ 121 Abs. 1 AktG).

1. Gesetzliche Einberufungsgründe

5 Eine Notwendigkeit zur Einberufung einer Hauptversammlung besteht dann, wenn eine ausdrückliche gesetzliche Anordnung vorhanden ist, oder wenn über eine Maßnahme Beschluss zu fassen ist, die in den Zuständigkeitsbereich der Hauptversammlung fällt.[5]

a) Ordentliche Hauptversammlung

6 Innerhalb der ersten acht Monate eines Geschäftsjahres ist die ordentliche Hauptversammlung einzuberufen (§ 175 Abs. 1 S. 2 AktG). Der Vorstand hat die Hauptversammlung **unverzüglich** nach Eingang des Berichts des Aufsichtsrats über die Prüfung des Jahresabschlusses einzuberufen (§ 175 Abs. 1 S. 1 AktG), wodurch sich die Achtmonatsfrist **verkürzen** kann. Eine statutarische Verlängerung der Frist, innerhalb derer die ordentliche Hauptversammlung abzuhalten ist, kommt nicht in Betracht;[6] eine Verkürzung dieser Frist ist hingegen zulässig.[7] Zwar wird dies zum Teil mit den Argumenten bestritten, die Achtmonatsfrist hätte zum einen abschließenden Charakter und zum anderen unter anderem zum Ziel, einen übermäßigen Zeitdruck zu verhindern, um eine ordentliche Abschlussprüfung zu gewährleisten.[8] Dem kann jedoch mit Blick auf den durch moderne EDV-Technik überschaubaren Aufwand, wodurch eine ordentliche Abschlussprüfung auch in kürzerer Zeit möglich ist, entgegengetreten werden.[9]

7 Gegenstand der ordentlichen Hauptversammlung sind regelmäßig die **Entgegennahme** des festgestellten **Jahresabschlusses** und des Lageberichts (bzw. die Feststellung des Jahresabschlusses, sofern Vorstand und Aufsichtsrat beschlossen haben, die Feststellung der Hauptversammlung zu überlassen oder der Aufsichtsrat den Jahresabschluss nicht gebilligt hat, §§ 173, 175 Abs. 3 AktG),[10] eines vom Aufsichtsrat gebilligten Einzelabschlusses nach § 325 Abs. 2a HGB sowie die Beschlussfassung über die **Verwendung des Bilanzgewinns** (§ 175 Abs. 1 S. 1 AktG). Die Beschlussfassung über die Gewinnverwendung soll mit der Entscheidung über die **Entlastung**[11] der Mitglieder des Aufsichtsrats und des Vorstands verbunden werden (§ 120 Abs. 1, 3 AktG). In aller Regel wird im Rahmen der ordentlichen Hauptversammlung auch die in jedem Geschäftsjahr neu vorzunehmende Wahl des **Abschlussprüfers**[12] durchgeführt (§ 318 Abs. 1 S. 1 Hs. 1 HGB, § 119 Abs. 1 Nr. 4 AktG). Im Rahmen der ordentlichen Hauptversammlung erfolgt häufig auch die Beschlussfassung über andere Gegenstände (Wahl von Aufsichtsratsmitgliedern, Satzungsänderungen, Kapitalmaßnahmen etc).

---

[5] *Kubis* in MüKoAktG AktG § 121 Rn. 6 f.; *Werner* in GroßkommAktG AktG § 121 Rn. 4.
[6] *Koch* in Hüffer/Koch AktG § 175 Rn. 4; *Bröner* in GroßkommAktG AktG § 175 Rn. 10; *Ekkenga* in Kölner Komm. AktG § 175 Rn. 11; *Hennrichs/Pöschke* in MüKoAktG AktG § 175 Rn. 16.
[7] *Bungert* in MHdB AG § 35 Rn. 68; *Drygala* in K. Schmidt/Lutter AktG § 175 Rn. 7; *Hennrichs/Pöschke* in MüKoAktG AktG § 175 Rn. 16 mwN.
[8] Vgl. *Koch* in Hüffer/Koch AktG § 175 Rn. 4; *Ekkenga* in Kölner Komm. AktG § 175 Rn. 11; *Bröner* in GroßkommAktG AktG § 175 Rn. 10.
[9] Vgl. *Hennrichs/Pöschke* in MüKoAktG AktG § 175 Rn. 16; *Drygala* in K. Schmidt/Lutter AktG § 175 Rn. 7.
[10] Vgl. ferner § 270 Abs. 2 AktG.
[11] Mit der Entlastung verbindet sich kein Verzicht der Gesellschaft auf Ersatzansprüche, § 120 Abs. 2 S. 2 AktG. Zum Verfahren bei der Entlastung der Mitglieder von Vorstand und Aufsichtsrat vgl. → § 16 Rn. 6 ff.
[12] Die Wahl der Abschlussprüfer obliegt der Hauptversammlung. Der Prüfungsauftrag wird nicht vom Vorstand, sondern vom Aufsichtsrat erteilt.

Bei einem Mutterunternehmen (§ 290 Abs. 1, 2 HGB) ist auch die Entgegennahme eines **Konzernabschlusses** und eines Konzernlageberichts Gegenstand der ordentlichen Hauptversammlung (§ 175 Abs. 1 S. 1 letzter Hs. AktG). Der Konzernabschluss muss durch den Aufsichtsrat gebilligt werden, anderenfalls greift eine Billigungszuständigkeit der Hauptversammlung (§§ 171 Abs. 2 S. 5, 173 Abs. 1 S. 2 AktG). Billigt die Hauptversammlung den Konzernabschluss nicht, findet § 173 Abs. 2, 3 AktG allerdings keine Anwendung. Denn die Gewinnverwendung richtet sich nach dem Einzel-, nicht nach dem Konzernabschluss. Eine der Informationsfunktion des Konzernabschlusses entsprechende Sanktion soll schon darin liegen, dass mit dem entsprechend der Regelungen für den Jahresabschluss offenzulegenden Aufsichtsratsbericht (§ 325 Abs. 3, 1 Nr. 2 HGB) auch das Fehlen der Billigung des Konzernabschlusses öffentlich gemacht wird.[13] Die fehlende Vorlage des Konzernabschlusses bzw. des Konzernlageberichts an die Hauptversammlung der Konzernmutter begründet zudem die Anfechtbarkeit der Entlastungsbeschlüsse.[14]

b) Außerordentliche Hauptversammlung

Der Begriff der außerordentlichen Hauptversammlung ist gesetzlich nicht definiert. Von einer außerordentlichen Hauptversammlung spricht man, wenn Gegenstand der Tagesordnung nicht die Vorlage des Jahresabschlusses, die Gewinnverwendung und die Entlastung der Mitglieder der Verwaltung ist[15] oder wenn die Beschlussfassung über die Gewinnverwendung ausnahmsweise in einer gesonderten Hauptversammlung erfolgen soll. Im Hinblick auf die mit der Einberufung einer weiteren Hauptversammlung verbundenen Kosten wird eine außerordentliche Hauptversammlung idR nur dann anberaumt, wenn eine **kurzfristige Entscheidung** über Satzungsänderungen, Kapital- oder sonstige Strukturmaßnahmen zu treffen ist. Besondere gesetzliche Bestimmungen für die Einberufung einer außerordentlichen Hauptversammlung bestehen nicht. Es gelten die allgemeinen Bestimmungen.[16]

c) Weitere gesetzliche Einberufungsgründe

Über die Gegenstände hinaus, die im Rahmen der ordentlichen Hauptversammlung Behandlung finden, besteht eine Verpflichtung zur Einberufung einer Hauptversammlung,[17] wenn
- die **Hälfte des Grundkapitals** verloren gegangen ist (§ 92 Abs. 1 AktG);
- sich die Notwendigkeit zur Bestellung von **Aufsichtsratsmitgliedern** ergibt (§§ 101, 102 AktG);[18]
- eine **Aktionärsminderheit,** deren Aktienbesitz mindestens 5% des Grundkapitals beträgt, die Einberufung verlangt (§ 122 Abs. 1 AktG);
- die Hauptversammlung die Einberufung einer **neuen Hauptversammlung** beschlossen hat, § 124 Abs. 4 S. 2 AktG;[19]
- zur Fassung eines **Sonderbeschlusses** berechtigte Aktionäre die Einberufung einer gesonderten Hauptversammlung beantragen (§ 138 S. 3 AktG) oder

---

[13] Vgl. RegBegr. TranspuG, BT-Drs. 14/8769, 22 (noch zu § 325 Abs. 3 S. 1 HGB aF).
[14] LG Frankfurt a.M. NZG 1998, 640 (zu § 337 AktG aF).
[15] *Werner* in GroßkommAktG AktG § 121 Rn. 6; *Göhmann* in Frodermann/Jannott AktienR-HdB § 9 Rn. 25 f.; *Koch* in Hüffer/Koch AktG § 118 Rn. 6.
[16] *Koch* in Hüffer/Koch AktG § 118 Rn. 6; *Kubis* in MüKoAktG AktG § 118 Rn. 2.
[17] Spezielle gesetzliche Einberufungsgründe finden sich darüber hinaus in § 44 Abs. 5 KWG, § 3 Abs. 1 BausparKG, § 14 Abs. 3 ZAG.
[18] Die Möglichkeit, den Aufsichtsrat durch gerichtliche Entscheidung ergänzen zu lassen (§ 104 AktG), entbindet den Vorstand nicht davon, für eine Nachwahl des Aufsichtsrats durch die Hauptversammlung zu sorgen, vgl. *Noack/Zetzsche* in Kölner Komm. AktG § 121 Rn. 20.
[19] Zutr. *Bungert* in MHdB AG § 36 Rn. 2; *Werner* in GroßkommAktG AktG § 121 Rn. 7; *Schaaf* Praxis der HV Rn. 78.

– im Fall einer **Konzernverschmelzung** Aktionäre, die 5% des Grundkapitals der übernehmenden Gesellschaft auf sich vereinigen, die Einberufung einer Hauptversammlung verlangen (§ 62 Abs. 2 UmwG).[20]

d) Maßnahmen der Geschäftsführung

11 Über Fragen der **Geschäftsführung** entscheidet die Hauptversammlung nur dann, wenn der Vorstand sie der Hauptversammlung zur Entscheidung vorlegt (§ 119 Abs. 2 AktG) oder wenn der Aufsichtsrat seine Zustimmung zu der Maßnahme verweigert (§ 111 Abs. 4 S. 3 AktG). Demgemäß bedarf es der Einberufung einer Hauptversammlung vor Durchführung von Geschäftsführungsmaßnahmen grds. nicht. Nach den von der Rspr. im Anschluss an die **„Holzmüller"-Entscheidung**[21] entwickelten Grundsätzen erweist sich eine Einberufung jedoch als erforderlich, wenn die Geschäftsführungsmaßnahme in der Gesellschaft oder in einer ihrer Beteiligungsgesellschaften, wie es etwa bei Ausgliederung eines wesentlichen Unternehmensteils der Fall ist, einen tiefen Eingriff in die Mitgliedschaftsrechte der Aktionäre bedeutet und damit weitreichende Folgen für die Rechtsstellung der Aktionäre hat. Da der Vorstand bei solchen Maßnahmen vernünftigerweise nicht davon ausgehen kann, sie in alleiniger Verantwortung treffen zu können, hat er sie den Aktionären zur Entscheidung vorzulegen, was die Einberufung einer Hauptversammlung notwendig macht.[22]

2. Statutarische Einberufungsgründe

12 In der Satzung der Gesellschaft können weitere Einberufungsgründe vorgesehen werden. Die Etablierung **ergänzender** Einberufungsgründe kommt jedoch nur insoweit in Betracht, als der die Gestaltungsfreiheit erheblich einengende Grundsatz der Satzungsstrenge (§ 23 Abs. 5 S. 2 AktG) noch Raum für eine entsprechende Regelung lässt.

13 So kann etwa bestimmt werden, dass die Hauptversammlung – ggf. innerhalb einer bestimmten Frist – bei einer beabsichtigten Übertragung von **Namensaktien** zur Entscheidung über die Erteilung der **Zustimmung** einzuberufen ist, § 68 Abs. 2 S. 3 AktG.[23] Allgemein kann eine Verpflichtung zur Einberufung einer Hauptversammlung in der Satzung immer dann vorgesehen werden, wenn eine ungeschriebene Zuständigkeit der Hauptversammlung nach dem Gesetz oder den von der Rspr. im Anschluss an die „Holzmüller"-Entscheidung entwickelten Grundsätzen besteht.[24] Über den durch § 119 AktG und die „Holzmüller"-Grundsätze gezogenen Rahmen hinaus kann die Satzung jedoch keine Verpflichtung zur Einberufung auferlegen, um die Hauptversammlung mit Fragen der Geschäftsführung zu befassen.[25] Eine Satzungsbestimmung, die den Vorstand verpflichtet, die Hauptversammlung zur **Erörterung** von nicht der Zustimmung der

---

[20] Ein Recht, aber keine Pflicht zur Einberufung der Hauptversammlung besteht bei § 16 Abs. 3 WpÜG (Vorliegen eines Übernahmeangebots); keine Hauptversammlungszuständigkeit bei Delisting (BGH NJW 2014, 146 („Frosta"); Aufgabe von „Macrotron", BGHZ 153, 47, im Anschluss an BVerfGE 132, 99).

[21] BGHZ 83, 122ff.; konkretisierend und lediglich auf solche Maßnahmen abstellend, die mit ähnlich schwerwiegenden Beeinträchtigungen der Aktionärsinteressen wie im Ausgangsfall „Holzmüller" verbunden sind, die „Gelatine"-Urteile BGH NZG 2004, 571 und 575.

[22] BGHZ 83, 122 (131); BGH NZG 2004, 571 und 575 („Gelatine" I und II); vgl. dazu im Einzelnen → § 5 Rn. 95ff.; → § 38 Rn. 31 ff. sowie *Reichert* in BeckHdB AG § 5 Rn. 25 ff.; *Habersack* AG 2005, 137; *Reichert* AG 2005, 150.

[23] *Werner* in GroßkommAktG AktG § 121 Rn. 11; *Noack/Zetzsche* in Kölner Komm. AktG § 121 Rn. 25; *Rieckers* in Spindler/Stilz AktG § 121 Rn. 9.

[24] *Werner* in GroßkommAktG AktG § 121 Rn. 14; zu den ungeschriebenen Zuständigkeiten der Hauptversammlung *Koch* in Hüffer/Koch AktG § 119 Rn. 16ff.; *Bungert* in MHdB AG § 35 Rn. 46ff.

[25] *Kubis* in MüKoAktG AktG § 121 Rn. 8; *Rieckers* in Spindler/Stilz AktG § 121 Rn. 9.

Hauptversammlung unterliegenden Angelegenheiten einzuberufen, ist mithin aufgrund der Abweichung von der zwingenden aktienrechtlichen Kompetenzordnung unzulässig.[26]

Daneben können die bestehenden gesetzlichen Einberufungsgründe **erweitert** werden. So kann die Satzung bspw. das Recht einer qualifizierten Aktionärsminderheit zur Einberufung einer Hauptversammlung an ein geringeres Quorum knüpfen.[27]

3. Wohl der Gesellschaft

Neben den gesetzlichen und in der Satzung vorgesehenen Gründen hat der Vorstand eine Hauptversammlung anzuberaumen, wenn das Wohl der Gesellschaft es fordert, § 121 Abs. 1 Alt. 3 AktG. Eine entsprechende Verpflichtung trifft auch den Aufsichtsrat, § 111 Abs. 3 S. 1 AktG.[28] In der Praxis kommt diesem Einberufungsgrund indessen kaum Bedeutung zu, da der Rahmen der übrigen gesetzlichen Einberufungsgründe bereits sehr weit gefasst ist.

Eine Hauptversammlung ist zum Wohl der Gesellschaft abzuhalten, wenn die Beschlussfassung im **dringenden Interesse** der Gesellschaft liegt und die Hauptversammlung zur Entscheidung **zuständig** ist.[29] Ob die Einberufung einer Hauptversammlung danach erforderlich ist, haben Vorstand und Aufsichtsrat unter Abwägung sämtlicher Umstände im Rahmen pflichtgemäßen **Ermessens** zu beurteilen.[30] Dabei ist kein zu enger Maßstab anzulegen.[31]

Denkbare Fälle einer Einberufung zum Wohl der Gesellschaft sind etwa die wirtschaftlich gebotene Anpassung der Satzung an einen geänderten Unternehmensgegenstand,[32] die Vornahme dringend erforderlicher Kapitalmaßnahmen,[33] die Vorbereitung einer Abberufung von Vorstandsmitgliedern durch den Aufsichtsrat mittels Vertrauensentzugs durch die Hauptversammlung (§ 84 Abs. 3 S. 2 AktG) oder die Abberufung eines für die Gesellschaft untragbar gewordenen Aufsichtsratsmitglieds (§ 103 Abs. 1 AktG).[34]

4. Fakultative Einberufung

In bestimmten Fällen kann die Hauptversammlung auch fakultativ einberufen werden. So kann eine Hauptversammlung auch dann abgehalten werden, wenn keine gesetzliche Pflicht hierzu besteht, die Einberufung sich aber aus anderen Gründen als **zweckmäßig** erweist.[35] Hierzu zählen insbes. die oben bereits genannten Fälle, in denen der Vorstand die Hauptversammlung ausnahmsweise von sich aus mit Maßnahmen der Geschäftsführung befassen will oder weil der Aufsichtsrat seine Zustimmung zur Durchführung der Maßnahme verweigert hat.[36] Die Anberaumung einer Hauptversammlung kommt demnach auch dann in Betracht, wenn mit der Entscheidung über den Abschluss von Unternehmensverträgen, über die Durchführung von Kapitalmaßnahmen oder über sonstige

---

[26] *Mülbert* in GroßkommAktG Vor §§ 118–147 Rn. 58; *Butzke* B Rn. 35; ähnlich auch *Kubis* in MüKo-AktG AktG § 121 Rn. 8.
[27] *Koch* in Hüffer/Koch AktG § 122 Rn. 8; *Butzke* B Rn. 35. Eine Erhöhung des Quorums scheidet jedoch aus.
[28] Vgl. *Koch* in Hüffer/Koch AktG § 121 Rn. 5.
[29] *Zöllner* in Kölner Komm. AktG § 119 Rn. 13; *Rieckers* in Spindler/Stilz AktG § 121 Rn. 10; *Koch* in Hüffer/Koch AktG § 121 Rn. 5, § 111 Rn. 30.
[30] *Werner* in GroßkommAktG AktG § 121 Rn. 16; *Bungert* in MHdB AG § 36 Rn. 5; Einzelfälle etwa bei *Zöllner* in Kölner Komm. AktG, 1. Aufl. 1985, § 121 Rn. 13.
[31] *Göhmann* in Frodermann/Jannott AktienR-HdB § 9 Rn. 22, 27.
[32] *Bungert* in MHdB AG § 36 Rn. 5.
[33] HV der AG § 1 Rn. 4.
[34] Vgl. *Bungert* in MHdB AG § 36 Rn. 5.
[35] So zutr. *Noack/Zetzsche* in Kölner Komm. AktG § 121 Rn. 22.
[36] Vgl. *Werner* in GroßkommAktG AktG § 121 Rn. 23; *Noack/Zetzsche* in Kölner Komm. AktG § 121 Rn. 22.

19 Ob eine Hauptversammlung zur bloßen **Information und Unterrichtung** der Aktionäre fakultativ einberufen werden kann, ohne dass damit eine konkrete Beschlussfassung verbunden wäre, ist umstritten. Eine teilweise vertretene Meinung hält eine Hauptversammlung zu bloßen Informationszwecken im Grundsatz für unzulässig, da die vom Gesetzgeber gewollte Zuständigkeitsverteilung zwischen Vorstand, Aufsichtsrat und Hauptversammlung entgegenstehe.[37] Nach zutreffender herrschender Ansicht ist die Einberufung **beschlussloser Hauptversammlungen** zur Unterrichtung und Diskussion bestimmter Maßnahmen und Vorhaben zulässig (und mitunter sogar geboten).[38] Es beschneidet die Leitungsautonomie des Vorstands nicht, sondern ist vielmehr gerade Ausdruck seiner Leitungsautonomie, sich im Rahmen einer beschlusslosen Hauptversammlung die Meinung der Aktionäre einzuholen.[39] Daher ist im Grundsatz kein schutzwürdiges Interesse ersichtlich, das gegen die Einberufung einer solchen Hauptversammlung spricht.[40] Zudem sieht das Gesetz selbst zwingende Gründe der Einberufung einer Hauptversammlung vor, die aber keine Beschlussfassung erfordern (§ 92 Abs. 1 AktG sowie § 175 Abs. 1 AktG).[41] Letztlich ist diese Frage im Einzelfall anhand von § 93 Abs. 1 S. 1 AktG zu entscheiden. Der Vorstand hat jeweils abzuwägen, ob die fakultative Einberufung einer beschlusslosen Hauptversammlung trotz der hierdurch entstehenden Kosten dem Wohle der Gesellschaft dient.[42] Dies wird man etwa dann nicht beanstanden können, wenn durch eine solche Hauptversammlung eine spätere **Beschlussfassung** über ein in den Zuständigkeitsbereich der Hauptversammlung fallendes Vorhaben, namentlich strukturändernde Maßnahmen, **vorbereitet** werden soll.[43] Gerade in Gesellschaften mit einem überschaubaren Aktionärskreis muss es möglich sein, vor der Durchführung weitreichender Vorhaben und Projekte zur Vermeidung späterer Auseinandersetzungen den Aktionärswillen zu ermitteln.[44] Angesichts des mit einer Einberufung verbundenen finanziellen und organisatorischen Aufwands dürfte dagegen bei großen, insbes. börsennotierten Publikumsgesellschaften in aller Regel eine Unterrichtung der Aktionäre durch Informationsschreiben oder Pressemitteilungen vorzugswürdig sein.[45]

5. Rechtsfolgen unterbliebener Einberufung

20 Kommt der Vorstand seiner Pflicht zur Einberufung der ordentlichen Haupt-versammlung nicht nach, kann er vom Registergericht hierzu durch **Zwangsgeld** angehalten werden (§§ 407 Abs. 1 iVm 175 AktG). Haben Vorstand und Aufsichtsrat versäumt, eine außerordentliche Hauptversammlung abzuhalten, obwohl wegen besonderer Ereignisse

---

[37] *Steiner* HV der AG § 1 Rn. 7; *Schaaf* Praxis der HV Rn. 85.
[38] *Kubis* in MüKoAktG AktG § 119 Rn. 6; *Werner* in GroßkommAktG AktG § 121 Rn. 13, 23; *Bungert* in MHdB AG § 36 Rn. 6; *Lutter/Krieger/Verse* Rechte und Pflichten des Aufsichtsrats Rn. 136; *Geßler* in Geßler/Hefermehl AktG § 111 Rn. 54; *Rieckers* in Spindler/Stilz AktG § 121 Rn. 11 mwN; ausf. hierzu *Huber* ZIP 1995, 1740 (1742).
[39] *Ziemons* in K. Schmidt/Lutter AktG § 121 Rn. 13.
[40] *Rieckers* in Spindler/Stilz AktG § 121 Rn. 11; *Kubis* in MüKoAktG AktG § 119 Rn. 6; § 121 Rn. 10.
[41] *Butzke* B. Rn. 37; *Koch* in Hüffer/Koch AktG § 119 Rn. 4.
[42] Auf die eventuelle Schadenersatzpflicht des Vorstands hinweisend auch *Koch* in Hüffer/Koch AktG § 119 Rn. 4.
[43] *Kubis* in MüKoAktG AktG § 119 Rn. 6 hält den vorbereitenden Charakter einer informatorischen Hauptversammlung für den Regelfall. Eine beschlusslose Hauptversammlung ist zudem denkbar für den Fall, dass sich die Aktionäre über ein (vorliegendes oder antizipiertes) Übernahmeangebot beraten sollen („Abwehr-Hauptversammlung"); → § 37 Rn. 47.
[44] Ähnlich *Mülbert* in GroßkommAktG Vor §§ 118–147 Rn. 56.
[45] *Noack/Zetzsche* in Kölner Komm. AktG § 121 Rn. 28; dies ebenfalls anerkennend *Bungert* in MHdB AG § 36 Rn. 6.

ausnahmsweise Anlass zur Einberufung bestand, droht zwar keine Verhängung eines Zwangsgelds; auch eine Klage auf Einberufung kommt nicht in Betracht. Die Mitglieder der Verwaltung können sich aber der Gesellschaft gegenüber **schadensersatzpflichtig** machen, wenn sie nicht für die rechtzeitige Einberufung einer Hauptversammlung sorgen (§§ 93, 116, 147 AktG).[46] Bezüglich unmittelbarer Schadensersatzansprüche der einzelnen Aktionäre ist zu differenzieren: Diese bestehen mangels Schutzgesetzes iSd § 823 Abs. 2 BGB nicht bei Verstoß gegen die Einberufungsgründe der § 121 AktG und § 111 Abs. 3 AktG; § 92 Abs. 1 AktG stellt hingegen ein solches Schutzgesetz dar, der Verstoß gegen diesen Einberufungsgrund kann somit einen Schadensersatzanspruch eines Aktionärs gegen den Vorstand auslösen.[47] Die unterlassene Anzeige des Verlusts des hälftigen Grundkapitals ist zudem strafbewehrt (§§ 401 iVm 92 Abs. 1 AktG).

6. Anfechtungsrisiken

21 Wurde die ordentliche Hauptversammlung auf einen zu späten Zeitpunkt einberufen,[48] begründet dies nicht die Anfechtbarkeit der in der Hauptversammlung gefassten Beschlüsse.[49] Wurde die Hauptversammlung von den hierfür zuständigen Organen einberufen, ohne dass hierfür ein gesetzlicher oder satzungsmäßiger **Grund** vorgelegen hat, ist dies auf die in der Hauptversammlung gefassten Beschlüsse ebenfalls ohne Auswirkung.[50] Gleiches gilt, wenn die Einberufung der Hauptversammlung zum Wohl der Gesellschaft nicht unbedingt erforderlich war.[51]

III. Zuständigkeit

1. Vorstand

22 Die Einberufung der Hauptversammlung obliegt in erster Linie dem Vorstand, da es sich dabei um eine Geschäftsführungsmaßnahme handelt (§ 121 Abs. 2 S. 1 AktG).[52] Einberufungsberechtigt ist der **Vorstand als Gesamtorgan**.[53] Da die Vertretungsmacht nur für rechtsgeschäftliche Handlungen gegenüber Dritten im Außenverhältnis Bedeutung erlangt, die Einberufung aber eine innergesellschaftliche Maßnahme darstellt, können einzelne Vorstandsmitglieder die Hauptversammlung auch nicht aufgrund einer ihnen zustehenden Alleinvertretungsbefugnis einberufen.[54] Dies gilt selbst für den Vorstandsvorsitzenden.

23 Der Vorstand entscheidet über die Einberufung per **Beschluss.** Ein wirksamer Einberufungsbeschluss kann vom Vorstand nur gefasst werden, wenn er **handlungsfähig** ist. Wirkt bei der Abstimmung die nach dem Gesetz oder der Satzung (vgl. § 76 Abs. 2 S. 2 AktG) erforderliche Mindestanzahl von Personen nicht mit, kann eine Einberufung erst

---

[46] Vgl. *Bungert* in MHdB AG § 36 Rn. 7; *Göhmann* in Frodermann/Jannott AktienR-HdB § 9 Rn. 28.
[47] *Rieckers* in Spindler/Stilz AktG § 121 Rn. 98; *Kubis* in MüKoAktG AktG § 121 Rn. 98 mwN. Zu § 92 Abs. 1 AktG vgl. *Spindler* in MüKoAktG AktG § 92 Rn. 20.
[48] Die Einberufung der ordentlichen Hauptversammlung hat in den ersten acht Monaten des Geschäftsjahres zu erfolgen, § 175 Abs. 1 S. 2 AktG.
[49] *Koch* in Hüffer/Koch AktG § 175 Rn. 4; *Butzke* B Rn. 7; ebenso *Euler/Klein* in Spindler/Stilz AktG § 175 Rn. 15.
[50] *Koch* in Hüffer/Koch AktG § 121 Rn. 1; *Bungert* in MHdB AG § 36 Rn. 122; *Kubis* in MüKoAktG AktG § 121 Rn. 14.
[51] *Kubis* in MüKoAktG AktG § 121 Rn. 14; *Werner* in GroßkommAktG AktG § 121 Rn. 19.
[52] Vgl. *Werner* in GroßkommAktG AktG § 121 Rn. 25. Auch → § 10 Rn. 5.
[53] BGH AG 2002, 241 (242); *Koch* in Hüffer/Koch AktG § 121 Rn. 6; *Bungert* in MHdB AG § 36 Rn. 8.
[54] LG Münster DB 1998, 665; *Kubis* in MüKoAktG AktG § 121 Rn. 15. Zur Möglichkeit, einzelne Mitglieder zur Durchführung der Hauptversammlung zu ermächtigen, → Rn. 25.

erfolgen, wenn zuvor die erforderliche Anzahl von Vorstandsmitgliedern, ggf. im Weg der gerichtlichen **Notbestellung,** ernannt wurde (§ 85 AktG).[55] Von der **Zustimmung des Aufsichtsrats** kann die Einberufung durch den Vorstand weder in der Satzung noch in der Geschäftsordnung abhängig gemacht werden.[56]

24 Für den dem Einberufungsverlangen zugrunde liegenden Vorstandsbeschluss genügt die **einfache** Mehrheit (§ 121 Abs. 2 S. 1 AktG). Damit weicht das Gesetz von dem allgemeinen Prinzip ab, wonach die Vorstandsmitglieder – vorbehaltlich einer abweichenden Regelung in der Satzung oder der Geschäftsordnung – grds. nur gemeinsam zur Geschäftsführung befugt sind (vgl. § 77 Abs. 1 S. 1 AktG). Für die Einberufung einer Hauptversammlung kann ein Erfordernis einer qualifizierten Mehrheit weder in der Satzung noch in einer Geschäftsordnung für den Vorstand vorgesehen werden.[57] Nach wohl herrschender Ansicht reicht die einfache Mehrheit der **abgegebenen Stimmen** aus, so dass Stimmenthaltungen nicht mitgezählt werden und an der Beschlussfassung nicht teilnehmende Vorstandsmitglieder unberücksichtigt bleiben.[58]

25 Wenn das Gesetz für die Einberufung einer Hauptversammlung einen Vorstandsbeschluss fordert, besagt dies nicht, dass auch die **Durchführung der Einberufung** zwingend vom gesamten Vorstand vorgenommen werden müsste. Die konkrete Umsetzung des Vorstandsbeschlusses kann ohne Weiteres, auch konkludent, einem oder mehreren Vorstandsmitgliedern übertragen werden.[59] In der Praxis wird häufig der Vorstandsvorsitzende, sei es aufgrund einer Regelung in der Geschäftsordnung, sei es aufgrund eines gesonderten Beschlusses, mit der **Umsetzung** des Einberufungsbeschlusses beauftragt.[60]

26 Zur Einladung gelten solche Vorstandsmitglieder als befugt, die im Zeitpunkt der Veröffentlichung der Einberufung in das **Handelsregister** als Vorstand **eingetragen** sind (§ 121 Abs. 2 S. 2 AktG).[61] Das Gesetz sieht diese unwiderlegbare Vermutung vor, um Einberufungsmängel zu vermeiden.[62] Ist die Eintragung erfolgt, ist es unschädlich, wenn die Bestellung von Anfang an unwirksam war oder im Nachhinein – etwa durch Abberufung des Vorstandsmitglieds – entfallen ist.[63] Selbst die **Kenntnis** aller Aktionäre von der Unwirksamkeit der Bestellung schadet nicht.

27 **Wirksam bestellte** Vorstandsmitglieder sind zur Einberufung auch dann befugt, wenn ihre Bestellung noch nicht in das Handelsregister eingetragen wurde.[64] Aus dem Gesetzeswortlaut kann auch nicht gefolgert werden, dass ein noch im Handelsregister eingetragenes Vorstandsmitglied, das sein Amt niedergelegt hat oder wirksam abberufen wurde, an der Beschlussfassung im Vorstand beteiligt werden müsste.[65] Die Vermutungsregelung

---

[55] BGH AG 2002, 241 (242) mwN; LG Münster DB 1998, 665; *Werner* in GroßkommAktG AktG § 121 Rn. 27; *Kubis* in MüKoAktG AktG § 121 Rn. 16; aA noch *Eckardt* in Geßler/Hefermehl AktG § 121 Rn. 21.
[56] *Kubis* in MüKoAktG AktG § 121 Rn. 19; *Werner* in GroßkommAktG AktG § 121 Rn. 28.
[57] *Werner* in GroßkommAktG AktG § 121 Rn. 26; *Bungert* in MHdB AG § 36 Rn. 8; *Göhmann* in Frodermann/Jannott AktienR-HdB § 9 Rn. 29.
[58] *Kubis* in MüKoAktG AktG § 121 Rn. 18; *Rieckers* in Spindler/Stilz AktG § 121 Rn. 13; *Werner* in GroßkommAktG AktG § 121 Rn. 29.
[59] So zutr. *Rieckers* in Spindler/Stilz AktG § 121 Rn. 12; *Koch* in Hüffer/Koch AktG § 121 Rn. 6; *Werner* in GroßkommAktG AktG § 121 Rn. 25; *Noack/Zetzsche* in Kölner Komm. AktG § 121 Rn. 34; *Butzke* B Rn. 33.
[60] Von einer stillschweigenden Vollzugskompetenz des Vorstandsvorsitzenden ausgehend etwa *Kubis* in MüKoAktG AktG § 121 Rn. 15; *Rieckers* in Spindler/Stilz AktG § 121 Rn. 12.
[61] *Rieckers* in Spindler/Stilz AktG § 121 Rn. 14; *Bungert* in MHdB AG § 36 Rn. 10.
[62] *Koch* in Hüffer/Koch AktG § 121 Rn. 7; *Rieckers* in Spindler/Stilz AktG § 121 Rn. 14.
[63] *Kubis* in MüKoAktG AktG § 121 Rn. 20; *Werner* in GroßkommAktG AktG § 121 Rn. 30. Vgl. aber die Nachweise in Fn. 68.
[64] OLG Stuttgart AG 2009, 124 (125); *Rieckers* in Spindler/Stilz AktG § 121 Rn. 14; *Werner* in GroßkommAktG AktG § 121 Rn. 21; *Kubis* in MüKoAktG AktG § 121 Rn. 20; *Koch* in Hüffer/Koch AktG § 121 Rn. 7.
[65] Zutr. OLG Frankfurt a.M. NJW-RR 1989, 546 (547 f.); *Bungert* in MHdB AG § 36 Rn. 10; *Butzke* B Rn. 32.

kann schließlich nur über das Fehlen einer wirksamen Bestellung hinweghelfen, nicht hingegen über eine **fehlende Geschäftsfähigkeit** eines Vorstandsmitglieds.[66]

Ein **Notvorstand** ist in gleicher Weise wie ein ordentlich bestellter Vorstand zur Einberufung berechtigt. In der aufgelösten Gesellschaft sind anstelle des Vorstands die **Abwickler** zur Einberufung befugt (§ 268 Abs. 2 S. 1 AktG). Nach Eröffnung des Insolvenzverfahrens bleibt der Vorstand zur Einberufung berechtigt, hat sich insoweit aber mit dem Insolvenzverwalter abzustimmen.[67] In der KGaA obliegt die Einberufung den persönlich haftenden Gesellschaftern (§ 283 Nr. 6 AktG); handelt es sich dabei um eine Gesellschaft, deren Vertretungsorgan. 28

2. Aufsichtsrat

Der Aufsichtsrat hat eine Hauptversammlung einzuberufen, wenn es das **Wohl der Gesellschaft** verlangt (§ 111 Abs. 3 S. 1 AktG). Einberufungen von Hauptversammlungen durch den Aufsichtsrat bilden in der Praxis die Ausnahme. Sie kommen idR nur dann vor, wenn der Aufsichtsrat über einen Vertrauensentzug durch die Hauptversammlung die Abberufung eines Vorstandsmitglieds betreiben oder die Geltendmachung von Ersatzansprüchen gegen einzelne oder alle Mitglieder des Vorstands beschließen lassen will.[68] 29

Für die Fassung des Einberufungsbeschlusses ist der **Gesamtaufsichtsrat** zuständig.[69] Ein Aufsichtsratsausschuss kann mit der Einberufung der Hauptversammlung nicht betraut werden (§ 107 Abs. 3 S. 3 AktG).[70] Für die Beschlussfassung im Aufsichtsrat genügt die einfache **Mehrheit** (§ 111 Abs. 3 S. 2 AktG). Die Satzung kann insoweit kein qualifiziertes Mehrheitserfordernis vorsehen.[71] 30

Die Einberufung durch den Aufsichtsrat ist nur zulässig, wenn es das Wohl der Gesellschaft erfordert; in anderen Fällen besteht keine Einberufungsbefugnis. Über **Geschäftsführungsmaßnahmen** kann die Hauptversammlung – lässt man einmal die nach den „Holzmüller"-Grundsätzen zu beurteilenden Fälle außer Acht (dazu im Einzelnen → § 5 Rn. 95 ff. sowie § 38 Rn. 31 ff.) – nur beschließen, wenn der Vorstand eine solche Beschlussfassung verlangt (§ 119 Abs. 2 AktG). Die Einberufung einer Hauptversammlung durch den Aufsichtsrat zur Beschlussfassung über eine konkrete Angelegenheit der Geschäftsführung wäre ein unzulässiger Eingriff in die eigenverantwortliche Geschäftsführung des Vorstands (§ 76 Abs. 1 AktG).[72] Umstritten ist, ob eine Einberufung zur beschlusslosen Erörterung von Geschäftsführungsangelegenheiten durch den Aufsichtsrat dem Wohle der Gesellschaft dienen und damit zulässig sein kann. Dies wird teilweise mit Hinweis auf die in § 119 Abs. 2 AktG zum Ausdruck kommende fehlende Beschlusskompetenz der Hauptversammlung in Geschäftsführungsfragen verneint.[73] Richtigerweise ist eine solche Einberufung zulässig.[74] Es kann durchaus dem Wohl der Gesellschaft dienen, wenn sich der Aufsichtsrat ein Bild von der Meinung der Aktionäre macht.[75] Dies kann etwa dann der Fall sein, wenn die Erörterung einer Angelegenheit durch die Hauptver- 31

---

[66] *Werner* in GroßkommAktG AktG § 121 Rn. 32; *Eckardt* in Geßler/Hefermehl AktG § 121 Rn. 25; aA *Kubis* in MüKoAktG AktG § 121 Rn. 30; *Noack/Zetzsche* in Kölner Komm. AktG § 121 Rn. 60.
[67] *Steffan* in Semler/Peltzer/Kubis, Arbeitshandbuch für Vorstandsmitglieder, 2. Aufl. 2015, § 9 Rn. 148.
[68] *Bungert* in MHdB AG § 36 Rn. 11; *Butzke* B Rn. 42.
[69] Zu weiteren Einzelheiten *Butzke* B Rn. 40 f.
[70] Zur statutarischen Einberufungsbefugnis einzelner Aufsichtsratsmitglieder → Rn. 64.
[71] *Drygala* in K. Schmidt/Lutter AktG § 111 Rn. 47; *Werner* in GroßkommAktG AktG § 121 Rn. 35.
[72] *Bungert* in MHdB AG § 36 Rn. 12; *Kubis* in MüKoAktG AktG § 121 Rn. 21; *Butzke* B Rn. 43; *Noack/Zetzsche* in Kölner Komm. AktG § 121 Rn. 45; *Werner* in GroßkommAktG AktG § 121 Rn. 34.
[73] *Grigoleit/Tomasic* in Grigoleit AktG § 111 Rn. 37; *Koch* in Hüffer/Koch AktG § 111 Rn. 31; *Rieckers* in Spindler/Stilz AktG § 111 Rn. 58 mwN.
[74] So auch *Bungert* in MHdB AG § 36 Rn. 12; *Butzke* B Rn. 43; *Drygala* in K. Schmidt/Lutter AktG § 111 Rn. 46; *Lutter/Krieger/Verse* Rechte und Pflichten des Aufsichtsrats Rn. 136; *Werner* in GroßkommAktG AktG § 121 Rn. 34 Fn. 22.
[75] *Bungert* in MHdB AG § 36 Rn. 12.

sammlung die scharfe Sanktion des Vertrauensentzugs gegenüber dem Vorstand verhindert.[76] Aufgrund der Unverbindlichkeit der Stellungnahmen der Hauptversammlung wird hierdurch nicht in die Geschäftsleitungskompetenz des Vorstands eingegriffen.[77]

32   Beschließt der Aufsichtsrat die Einberufung einer Hauptversammlung, hat er die für die **Durchführung** der Einberufung erforderlichen Maßnahmen selbst zu treffen. Die Durchführung kann einzelnen Aufsichtsratsmitgliedern überlassen werden.[78] Darüber hinaus umfasst die Einberufungsbefugnis des Aufsichtsrats kraft Annexkompetenz auch die Beauftragung eines Hauptversammlungsdienstleisters.[79] Die Kosten der Einberufung trägt die Gesellschaft.[80] Liegen die Voraussetzungen des § 111 Abs. 3 AktG nicht vor, stellt die Einberufung der Hauptversammlung eine pflichtwidrige Handlung des Aufsichtsrats dar; dies begründet unter den weiteren Voraussetzungen der §§ 116 S. 1, 93 Abs. 2 AktG eine Schadenersatzpflicht.[81] Dasselbe gilt in dem Fall, wenn die Hauptversammlung durch den Aufsichtsrat pflichtwidrig nicht einberufen wird, obwohl das Wohl der Gesellschaft dies nach § 111 Abs. 3 AktG erfordert hätte.[82]

3. Einberufung auf Verlangen einer Minderheit

a) Recht auf Einberufung

33   Jedem Aktionär steht es frei, sich an den Vorstand mit der Bitte um Einberufung einer Hauptversammlung zu wenden. Der Vorstand hat dem Petitum jedoch nur dann nachzukommen, wenn es von Aktionären ausgeht, deren Anteile zusammen den **zwanzigsten Teil des Grundkapitals** erreichen und die die Einberufung einer Hauptversammlung schriftlich unter Angabe des Zwecks und der Gründe verlangt haben (§ 122 Abs. 1 S. 1 AktG). Ist im Rahmen einer gesonderten Versammlung oder einer getrennten Abstimmung ein Sonderbeschluss zu fassen, können Aktionäre die Einberufung einer **Sonderversammlung** verlangen, wenn ihr Anteil, mit dem sie an der Sonderbeschlussfassung teilnehmen können, den **zehnten Teil** der bei der Sonderbeschlussfassung stimmberechtigten Anteile erreicht (§ 138 S. 3 AktG). Zur Wahrung des Minderheitenschutzes können diese **Quoren** in der Satzung herabgesetzt, nicht aber erhöht werden (§ 122 Abs. 1 S. 2 AktG iVm § 138 S. 2 AktG).

34   Bei der **Berechnung** des zur Stellung eines Einberufungsantrags berechtigenden Kapitalanteils ist vom satzungsmäßigen **Grundkapital** auszugehen, wie es im Handelsregister eingetragen ist. Noch nicht in das Handelsregister eingetragene **Kapitalerhöhungen** oder **-herabsetzungen** des Grundkapitals bleiben außer Betracht (vgl. §§ 181 Abs. 3, 211, 224 AktG).[83] Erfolgt die Kapitalherabsetzung durch Einziehung von Aktien, tritt die Herabsetzung des Kapitals bereits mit Durchführung der Einziehung ein. Da die Eintragung der Durchführung der Einziehung in das Handelsregister nur deklaratorische Bedeutung hat, ist die Einziehung in dem bereits erfolgten Umfang zu berücksichtigen.[84] Auch Aktien aus einem **bedingten Kapital,** die unterjährig ausgegeben wurden, sind in die Berechnung mit einzubeziehen, selbst wenn die Eintragung der Ausgabe noch nicht in das Han-

---

[76] *Lutter/Krieger/Verse* Rechte und Pflichten des Aufsichtsrats Rn. 136; *Drygala* in K. Schmidt/Lutter AktG § 111 Rn. 46.
[77] *Drygala* in K. Schmidt/Lutter AktG § 111 Rn. 46.
[78] *Rieckers* in Spindler/Stilz AktG § 121 Rn. 16.
[79] LG Frankfurt a.M. NZG 2014, 1232; *Rahlmeyer/Groh* NZG 2014, 1232 ff.; *Rieckers* in Spindler/Stilz AktG § 121 Rn. 16.
[80] *Bungert* in MHdB AG § 36 Rn. 12; *Habersack* in MüKoAktG AktG § 111 Rn. 95.
[81] *Habersack* in MüKoAktG AktG § 111 Rn. 95; *Koch* in Hüffer/Koch AktG § 111 Rn. 32.
[82] *Habersack* in MüKoAktG AktG § 111 Rn. 89; *Spindler* in Spindler/Stilz AktG § 111 Rn. 60.
[83] *Kubis* in MüKoAktG AktG § 122 Rn. 6; *Noack/Zetzsche* in Kölner Komm. AktG § 122 Rn. 26; *Werner* in GroßkommAktG AktG § 122 Rn. 5; *Kühn* BB 1965, 1170.
[84] *Koch* in Hüffer/Koch AktG § 239 Rn. 1; vgl. auch *Bungert* in MHdB AG § 36 Rn. 20.

delsregister erfolgt ist, da die Erhöhung des Grundkapitals bereits mit Ausgabe der Bezugsaktien eintritt (vgl. § 200 AktG).[85] Verfügt die Gesellschaft über **eigene Aktien,** bleibt die Höhe des Grundkapitals maßgeblich. Es tritt nicht etwa eine Reduzierung in dem Umfang ein, in dem die Gesellschaft eigene Aktien besitzt.[86] Ob die Aktien voll einbezahlt oder stimmberechtigt sind, ist für die Berechnung des Quorums ohne Belang.[87] Demgemäß können auch Inhaber stimmrechtsloser **Vorzugsaktien** die Einberufung einer Hauptversammlung verlangen; bei der Berechnung des Quorums wird der Anteil der stimmrechtslosen Vorzugsaktien mitberücksichtigt.[88] Aktien, die wegen der Verletzung von Mitteilungspflichten keine Stimmrechte gewähren (vgl. § 20 Abs. 7 AktG; § 28 WpHG [ab 3.1.2018 § 44 WpHG]), sind bei der Ermittlung des Quorums nicht einzubeziehen.[89] **Legitimationsaktionäre** – also solche, die aufgrund einer Ermächtigung zur Abstimmung in eigenem Namen aus fremdem Stimmrecht („Legitimationszession") die Aktionärsrechte ausüben – sind demgegenüber antragsberechtigt und bei der Berechnung des Quorums mit zu erfassen.[90] Gleiches gilt für **Nießbraucher,** wenn ihnen aufgrund der Ausgestaltung des Nießbrauchsvertrags das Stimmrecht zugewiesen ist.[91]

Die Aktionäre müssen ihre **Mindestbeteiligung nachweisen** (§ 122 Abs. 1 S. 1 AktG); seit Inkrafttreten der **Aktienrechtsnovelle 2016**[92] müssen sie zudem nachweisen, dass sie seit mindestens **90 Tagen** Inhaber der Aktien sind (§ 122 Abs. 1 S. 3 AktG).[93] Bei Namensaktien erfolgt der Nachweis üblicherweise durch Verweis auf das Aktienregister,[94] bei Inhaberaktien durch Vorlage einer Bankbescheinigung.[95] Möglich ist auch eine Hinterlegung. Der Vorstand kann sie jedoch nicht verlangen, da dies einer unzulässigen Erschwerung der Minderheitsrechte gleichkäme.[96] Es genügt der Nachweis des Aktienbesitzes; der Nachweis des Eigentums muss nicht erbracht werden.[97] Ferner müssen die Aktionäre nachweisen, dass sie die Aktien bis zur Entscheidung des Vorstands über den Antrag halten werden (§ 122 Abs. 1 S. 3 AktG).[98] Dieser Nachweis kann erfolgen durch

35

---

[85] *Kubis* in MüKoAktG AktG § 122 Rn. 6; *Werner* in GroßkommAktG AktG § 122 Rn. 6; *Steiner* HV der AG § 1 Rn. 14. Nach § 201 AktG hat der Vorstand innerhalb eines Monats nach Ablauf des Geschäftsjahres den Umfang der im abgelaufenen Geschäftsjahr ausgegebenen Aktien zum Handelsregister anzumelden.
[86] *Noack/Zetzsche* in Kölner Komm. AktG § 122 Rn. 26; *Koch* in Hüffer/Koch AktG § 122 Rn. 2 f. Anders ist die Rechtslage bei der GmbH. Im Rahmen eines Minderheitsverlangens gem. § 50 GmbHG sind eigene Anteile in Abzug zu bringen, vgl. *Zöllner* in Baumbach/Hueck GmbHG § 50 Rn. 23.
[87] *Kubis* in MüKoAktG AktG § 122 Rn. 3, 6; *Werner* in GroßkommAktG AktG § 122 Rn. 5.
[88] *Noack/Zetzsche* in Kölner Komm. AktG § 122 Rn. 26; *Kubis* in MüKoAktG AktG § 122 Rn. 3; *Koch* in Hüffer/Koch AktG § 122 Rn. 2; *Kühn* BB 1965, 1170.
[89] *Ziemons* in K. Schmidt/Lutter AktG § 122 Rn. 7; *Werner* in GroßkommAktG AktG § 122 Rn. 5; *Koppensteiner* in Kölner Komm. AktG § 20 Rn. 63, 68; *Butzke* B Rn. 103.
[90] *Kubis* in MüKoAktG AktG § 122 Rn. 5; *Rieckers* in Spindler/Stilz AktG § 122 Rn. 7. Das Recht kann grds. auch vom Abwesenheitspfleger ausgeübt werden, vgl. OLG Frankfurt a.M. WM 1986, 642; zust. *Werner* in GroßkommAktG AktG § 122 Rn. 13.
[91] Zur Rechtslage bei der Wertpapierleihe vgl. *Werner* in GroßkommAktG AktG § 122 Rn. 9.
[92] Gesetz zur Änderung des Aktiengesetzes (Aktienrechtsnovelle 2016) vom 22.12.2015, BGBl. I 2565.
[93] Alte Rechtslage gemäß dem Gesetz zur Unternehmensintegrität und Modernisierung des Anfechtungsrechts (UMAG) vom 22.9.2005, BGBl. I S. 2802: Drei Monate. Zum Hintergrund der Änderung vgl. RegBegrE Gesetz zur Änderung des Aktiengesetzes (Aktienrechtsnovelle 2014), BT-Drs. 18/4349, 22 sowie *Ihrig/Wandt* BB 2016, 6 (8).
[94] *Bungert* in MHdB AG § 36 Rn. 19; *Koch* in Hüffer/Koch AktG § 122 Rn. 3. Nach Ansicht des OLG Zweibrücken WM 1997, 622 (624) gilt dies auch dann, wenn eine materiell unrichtige Eintragung im Aktienregister unter Nichtbeachtung des Verfahrens nach § 67 Abs. 3 AktG rechtsmissbräuchlich gelöscht wird.
[95] *Werner* in GroßkommAktG AktG § 122 Rn. 11 f.; *Noack/Zetzsche* in Kölner Komm. AktG § 122 Rn. 33; *Bungert* in MHdB AG § 36 Rn. 19; *Ziemons* in K. Schmidt/Lutter AktG § 122 Rn. 24; *Rieckers* in Spindler/Stilz AktG § 122 Rn. 15.
[96] *Koch* in Hüffer/Koch AktG § 122 Rn. 3; *Werner* in GroßkommAktG AktG § 122 Rn. 12.
[97] *Werner* in GroßkommAktG AktG § 122 Rn. 11; *Göhmann* in Frodermann/Jannott AktienR-HdB § 9 Rn. 61.
[98] Zum Streitstand vor der Aktienrechtsnovelle, bis zu welchem Zeitpunkt dieses Quorum bestehen musste, vgl. etwa *Werner* in GroßkommAktG AktG § 122 Rn. 10 (Zeitpunkt der Hauptversammlung); *Kubis* in

Hinterlegungsbescheinigung, durch Bestätigung des depotführenden Instituts, welche den Stand bei Antragstellung sowie bei Verfahrensende erfassen muss, oder durch Depotbestätigung mit Sperrvermerk.[99]

36 Kommt der Vorstand dem Einberufungsbegehren nicht nach, muss das Quorum noch bis zur Entscheidung über den gerichtlichen Ermächtigungsantrag (ggf. einschließlich eines Beschwerdeverfahrens) vorhanden sein (vgl. § 122 Abs. 3 S. 5 AktG).[100] Bei Ermittlung des Quorums werden auch Gesamtrechtsnachfolger derjenigen, die die Einberufung zunächst verlangt haben,[101] mitgerechnet.

37 Die Aktionäre haben ihr Petitum in schriftlicher Form an den **Vorstand** zu richten. Dabei reicht es aus, wenn das Begehren einem Vorstandsmitglied zugeht.[102] Es genügt auch, wenn die Erklärung an die Gesellschaft adressiert ist.[103] Demgegenüber reicht ein an den Aufsichtsrat gerichtetes Verlangen nicht. Daran ändert auch der Umstand nichts, dass der Aufsichtsratsvorsitzende nach der Neufassung des DCGK nun zur Kommunikation mit Investoren/Großaktionären befugt sein soll.[104] Der Aufsichtsrat hat den Antrag jedoch, soweit ihm nichts Gegenteiliges zu entnehmen ist, an den Vorstand weiterzuleiten, damit dieser prüfen kann, ob aus seiner Sicht ein Anlass zur Einberufung der Hauptversammlung besteht.[105] Bei der Unzuständigkeit des Aufsichtsrats bleibt es selbst dann, wenn der Vorstand handlungsunfähig ist.[106] Ist dies der Fall oder fehlt ein Vorstand gänzlich, so muss nach § 85 AktG ein Notvorstand bestellt werden.[107] Dem Aufsichtsrat ist es selbstverständlich unbenommen, seinerseits eine Hauptversammlung einzuberufen, wenn dies zum Wohl der Gesellschaft erforderlich ist.[108]

38 Dem Einberufungsverlangen muss unzweifelhaft (dh eindeutig und unbedingt) zu entnehmen sein, dass die Aktionäre die Einberufung einer Hauptversammlung wünschen.[109] Das Einberufungsbegehren muss **schriftlich** formuliert und von den Aktionären, die über das erforderliche Quorum verfügen, eigenhändig **unterzeichnet** sein.[110] Die Schriftform kann durch die **elektronische Form** ersetzt werden (vgl. §§ 126 Abs. 3, 126a BGB).[111]

MüKoAktG AktG § 122 Rn. 7; *Schaaf* Praxis der HV Rn. 101 f.; *Drinhausen* in Hölters AktG § 122 Rn. 8 (jeweils Zeitpunkt der Antragstellung); *Bungert* in MHdB AG § 36 Rn. 19; *Noack/Zetzsche* in Kölner Komm. AktG § 122 Rn. 30; *Butzke* B Rn. 105; *Ziemons* in K. Schmidt/Lutter AktG § 122 Rn. 12 (jeweils Zeitpunkt der Einberufung der Hauptversammlung).

[99] Insoweit bestehen keine Unterschiede zur Rechtslage vor der Aktienrechtsnovelle 2016, vgl. hierzu RegBegr. UMAG, BT-Drs. 15/5092, 18; *Koch* in Hüffer/Koch AktG § 142 Rn. 23; *Rieckers* in Spindler/Stilz AktG § 122 Rn. 15.

[100] Zur Rechtslage vor der Aktienrechtsnovelle 2016 (§ 122 Abs. 1 S. 3 AktG aF iVm § 142 Abs. 2 S. 2 AktG) vgl. *Bungert* in MHdB AG § 36 Rn. 19; *Rieckers* in Spindler/Stilz AktG § 122 Rn. 13; *Ziemons* in K. Schmidt/Lutter AktG § 122 Rn. 12; OLG Düsseldorf NZG 2004, 239. Das alte Recht bleibt anwendbar für Einberufungsverlangen, die der Gesellschaft bis zum 31.5.2016 zugingen, vgl. § 26h Abs. 4 EGAktG.

[101] OLG Düsseldorf FGPrax 2004, 87 (88); insoweit zutr. *Werner* in GroßkommAktG AktG § 122 Rn. 10; *Koch* in Hüffer/Koch AktG § 122 Rn. 3a, 10.

[102] *Koch* in Hüffer/Koch AktG § 122 Rn. 5.

[103] *Bungert* in MHdB AG § 36 Rn. 23 mwN.

[104] Ziffer 5.2 Deutscher Corporate Governance Kodex idF v. 7.2.2017, abrufbar unter http://www.dcgk.de/files/dcgk/usercontent/de/download/kodex/170424_Kodex_finale_Version_D.pdf.

[105] *Eckardt* in Geßler/Hefermehl AktG § 122 Rn. 6.

[106] *Bungert* in MHdB AG § 36 Rn. 23; *Werner* in GroßkommAktG AktG § 122 Rn. 20; *Drinhausen* in Hölters AktG § 122 Rn. 12; aA *Kubis* in MüKoAktG AktG § 122 Rn. 11; *Noack/Zetzsche* in Kölner Komm. AktG § 122 Rn. 41 (Ersatz-Empfangszuständigkeit des Aufsichtsrats).

[107] *Werner* in GroßkommAktG AktG § 122 Rn. 20; *Koch* in Hüffer/Koch AktG § 122 Rn. 5; vgl. auch *Drinhausen* in Hölters AktG § 122 Rn. 12.

[108] *Bungert* in MHdB AG § 36 Rn. 23.

[109] *Koch* in Hüffer/Koch AktG § 122 Rn. 4; *Rieckers* in Spindler/Stilz AktG § 122 Rn. 19; *Ziemons* in K. Schmidt/Lutter AktG § 122 Rn. 17.

[110] *Rieckers* in Spindler/Stilz AktG § 122 Rn. 18; *Noack/Zetzsche* in Kölner Komm. AktG § 122 Rn. 47; *Werner* in GroßkommAktG AktG § 122 Rn. 14.

[111] *Koch* in Hüffer/Koch AktG § 122 Rn. 4; *Noack/Zetzsche* in Kölner Komm. AktG § 122 Rn. 47; *Rieckers* in Spindler/Stilz AktG § 122 Rn. 18.

Die **Textform** (§ 126b BGB) genügt indes nicht.[112] Sowohl der Wortlaut der Norm als auch der Wille des Gesetzgebers sind insoweit eindeutig.[113] Dies steht auch im Einklang mit den europarechtlichen Vorgaben der Aktionärsrechterichtlinie (Art. 6 Abs. 1 RL 2007/36/EG [Aktionärsrechte-RL]), welche den Mitgliedstaaten ermöglicht, die Rechte der Aktionäre an das Schriftlichkeitserfordernis zu binden (Hinweis auf postalische oder elektronische Übermittlung). Eine **Bevollmächtigung** ist zulässig. Die Vollmacht muss sich jedoch ausdrücklich auch auf die Einberufung einer Hauptversammlung erstrecken; eine bloße Stimmrechtsvollmacht reicht nicht aus.[114] Umstritten ist, ob sich das Schriftformerfordernis auch auf die Vollmacht erstreckt.[115] In der Praxis kommt dieser Frage wenig Bedeutung zu, da die Gesellschaft jedenfalls den Nachweis der Bevollmächtigung verlangen kann (§ 174 S. 1 BGB) und üblicherweise verlangt. Können die in fremdem Namen handelnden Einberufenden keine Vollmachtsurkunde vorlegen, kann der Vorstand das Begehren zurückweisen.[116] Er muss dies jedoch unverzüglich tun.[117]

In dem Einberufungsbegehren sind der **Zweck** und die **Gründe** für die Einberufung einer Hauptversammlung anzugeben. Da sich aus dem Verlangen ergeben muss, über welche Gegenstände die Aktionärsminderheit Beschluss zu fassen wünscht, sind mithin die in der Hauptversammlung zu behandelnden Beschlussgegenstände zu benennen.[118] Eine Pflicht, zu jedem Tagesordnungspunkt konkrete **Beschlussvorschläge** zu unterbreiten und bekannt zu geben, trifft die Aktionäre hingegen nur ausnahmsweise:[119] Sofern die Hauptversammlung Beschlüsse über Satzungsänderungen fassen soll, ist der Wortlaut des vorgeschlagenen neuen **Satzungstextes** anzugeben (§ 124 Abs. 2 S. 3 AktG). Soll die Hauptversammlung über die Zustimmung zu einem **Vertrag** entscheiden, ist dessen wesentlicher Inhalt anzugeben. Bei der Abberufung und Wahl von **Aufsichtsratsmitgliedern** sind die betroffenen Personen namentlich zu bezeichnen;[120] zudem sind ausgeübter Beruf und Wohnort der zur Wahl vorgeschlagenen Kandidaten anzugeben (§ 124 Abs. 3 S. 4 AktG analog).[121] In allen anderen Fällen müssen die Aktionäre keine konkreten Beschlussvorschläge unterbreiten, sofern sie den Gegenstand der Beschlussfassung ausreichend konkret angegeben haben. 39

Das Recht auf Einberufung einer Hauptversammlung findet seine **Schranken** dort, wo es an einer Hauptversammlungskompetenz fehlt.[122] Die Aktionärsminderheit kann also nicht etwa die Einberufung einer Hauptversammlung verlangen, um ein Vorstandsmit- 40

---

[112] *Koch* in Hüffer/Koch AktG § 122 Rn. 4; *Rieckers* in Spindler/Stilz AktG § 122 Rn. 18; *Drinhausen* in Hölters AktG § 122 Rn. 9; *Ziemons* in K. Schmidt/Lutter AktG § 122 Rn. 15; *Wettich* NZG 2011, 721 (724f.); ausführlich *Weisner/Heins* AG 2012, 706ff.
[113] Eingehend hierzu *Weisner/Heins* AG 2012, 706 (706f.). Für die Orientierung am Wortlaut auch *Koch* in Hüffer/Koch AktG § 122 Rn. 4; *Wettich* NZG 2011, 721 (725). Kritisch hierzu aus rechtspolitischer Sicht *Kubis* in MüKoAktG AktG § 122 Rn. 12 (Telefax); *Noack/Zetzsche* in Kölner Komm. AktG § 122 Rn. 47 (Telefax und E-Mail); Textform als ausreichend ansehen auch *Kemmerer* BB 2011, 3018 (3019).
[114] OLG Celle AG 2015, 363 *Koch* in Hüffer/Koch AktG § 122 Rn. 5.
[115] Mit Recht bejahend *Koch* in Hüffer/Koch AktG § 122 Rn. 3 (§ 134 Abs. 3 S. 3 AktG analog); *Ziemons* in K. Schmidt/Lutter AktG § 122 Rn. 15, die beide mindestens Textform fordern; abl. etwa *Werner* in GroßkommAktG AktG § 122 Rn. 14.
[116] Vgl. *Koch* in Hüffer/Koch AktG § 122 Rn. 3; *Werner* in GroßkommAktG AktG § 122 Rn. 14; *Kubis* in MüKoAktG AktG § 122 Rn. 10 (§ 178 BGB analog); siehe auch OLG Düsseldorf AG 2013, 264 (264).
[117] *Koch* in Hüffer/Koch AktG § 122 Rn. 3.
[118] *Koch* in Hüffer/Koch AktG § 122 Rn. 4; die Mitteilung einer Tagesordnung iSv § 121 Abs. 3 AktG ist jedenfalls ausreichend, aber nicht erforderlich.
[119] OLG München WM 2010, 517 (519); OLG Köln WM 1959, 1402; *Noack/Zetzsche* in Kölner Komm. AktG § 122 Rn. 55; *Bungert* in MHdB AG § 36 Rn. 24; *Werner* in GroßkommAktG AktG § 122 Rn. 17; *Götmann* in Frodermann/Jannott AktienR-HdB § 9 Rn. 63.
[120] Bei börsennotierten Gesellschaften sind Angaben zu Mitgliedschaften der zur Wahl vorgeschlagenen Aufsichtsratsmitglieder in anderen gesetzlich zu bildenden Aufsichtsräten beizufügen, § 125 Abs. 1 S. 5 AktG.
[121] Vgl. *Werner* in GroßkommAktG AktG § 122 Rn. 17.
[122] OLG München WM 2010, 517 (518); OLG Stuttgart AG 2009, 169 (170); *Werner* in GroßkommAktG AktG § 122 Rn. 26; *Ziemons* in K. Schmidt/Lutter AktG § 122 Rn. 18, 19; *Rieckers* in Spindler/Stilz AktG § 122 Rn. 22.

glied zu bestellen; dies ist allein Sache des Aufsichtsrats (§ 84 Abs. 1 S. 1 AktG).[123] Da die Hauptversammlung über Maßnahmen der Geschäftsführung nur auf Verlangen des Vorstands zu entscheiden hat (§ 119 Abs. 2 AktG), ist auch ein Minderheitsverlangen nicht zulässig, das lediglich darauf abzielt, nicht zustimmungsbedürftige **Geschäftsführungsangelegenheiten** zu erörtern oder hierüber – notwendigerweise – unverbindliche Beschlüsse zu fassen.[124]

41   Das Initiativrecht für Maßnahmen, die der „Holzmüller"-Doktrin (→ § 5 Rn. 95 ff.; → § 38 Rn. 31 ff.) unterfallen, liegt allein beim Vorstand. Unterlässt es der Vorstand pflichtwidrig, der Hauptversammlung eine der „Holzmüller"-Doktrin zuzuordnende Maßnahme zur Zustimmung vorzulegen, kann die Minderheit die konkrete Vorstandsmaßnahme zum Gegenstand eines Einberufungsverlangens machen.[125]

42   Anders als der Vorstand kann die Aktionärsminderheit die Einberufung einer Hauptversammlung im Grundsatz nur zur **Beschlussfassung,** nicht aber ausschließlich zum Zweck der **Diskussion** über bestimmte Vorhaben oder Maßnahmen der Geschäftsführung verlangen.[126] Zulässig ist es etwa, wenn die Erörterung über Geschäftsführungsangelegenheiten eine in derselben Hauptversammlung zu treffende Entscheidung über die Entziehung des Vertrauens vorbereiten soll (vgl. § 84 Abs. 3 AktG).[127]

43   In dem Minderheitsbegehren ist des Weiteren in kurzer Form darzulegen, warum die Hauptversammlung gerade jetzt einzuberufen ist, mit der Beschlussfassung also **nicht** bis zur nächsten ordentlichen Hauptversammlung **gewartet** werden kann.[128] Einer ausführlichen Begründung bedarf es dazu nicht,[129] allerdings wird die Begründungslast umso höher einzustufen sein, je kürzer der Zeitraum bis zur nächsten ordentlichen Hauptversammlung ist.[130]

44   Ist das Minderheitsverlangen auf die Behandlung von Tagesordnungspunkten gerichtet, die üblicherweise Gegenstand der **ordentlichen Hauptversammlung** sind (Entgegennahme des Jahresabschlusses, Entscheidung über die Gewinnverwendung, Entlastung der Mitglieder der Verwaltung, Wahl des Abschlussprüfers),[131] kann es erst dann gestellt werden, wenn der Vorstand die Hauptversammlung nicht innerhalb der ersten acht Monate des Geschäftsjahrs (bzw. einer kürzeren in der Satzung vorgesehenen Frist) oder nicht unverzüglich nach Eingang des Berichts des Aufsichtsrats einberufen hat (vgl. §§ 175 Abs. 1, 171 Abs. 2 AktG).

45   Das Einberufungsbegehren kann – in Ausnahmefällen – **rechtsmissbräuchlich** sein.[132] An die Rechtsmissbräuchlichkeit sind jedoch hohe Anforderungen zu stellen, da anderenfalls der Charakter des Einberufungsrechts als Minderheitsrecht ausgehöhlt würde.[133] Al-

---

[123] *Göhmann* in Frodermann/Jannott AktienR-HdB § 9 Rn. 64.
[124] *Bungert* in MHdB AG § 36 Rn. 26; *Noack/Zetzsche* in Kölner Komm. AktG § 122 Rn. 60; *Schaaf* Praxis der HV Rn. 106; *Ziemons* in K. Schmidt/Lutter AktG § 122 Rn. 18.
[125] *Bungert* in MHdB AG § 36 Rn. 27 f.; *Kubis* in MüKoAktG AktG § 122 Rn. 15; *Rieckers* in Spindler/Stilz AktG § 122 Rn. 22; wohl auch *Werner* in GroßkommAktG AktG § 122 Rn. 28; weitergehend *Ziemons* in K. Schmidt/Lutter AktG § 122 Rn. 17, die von einer vollständigen Einberufungsmöglichkeit der Minderheitsaktionäre bei nach den „Holzmüller/Gelantine"-Grundsätzen erforderlichen Beschlüsse ausgeht.
[126] OLG München WM 2010, 517 (518); *Mülbert* in GroßkommAktG Vor §§ 118–147 Rn. 54; *Werner* in GroßkommAktG AktG § 122 Rn. 16; *Ziemons* in K. Schmidt/Lutter AktG § 122 Rn. 18. Anderes gilt nur, wenn der Vorstand den Jahresabschluss nicht innerhalb der vorgesehenen Fristen vorlegt (§ 175 AktG) oder nicht rechtzeitig die Anzeige nach § 92 AktG macht.
[127] *Bungert* in MHdB AG § 36 Rn. 28.
[128] *Noack/Zetzsche* in Kölner Komm. AktG § 122 Rn. 55; *Bungert* in MHdB AG § 36 Rn. 24; *Koch* in Hüffer/Koch AktG § 122 Rn. 4; *Butzke* B Rn. 106; aA *Steiner* HV der AG § 1 Rn. 14; offenlassend OLG Karlsruhe ZIP 2015, 125 (126).
[129] *Bungert* in MHdB AG § 36 Rn. 24.
[130] *Kubis* in MüKoAktG AktG § 122 Rn. 13; *Rieckers* in Spindler/Stilz AktG § 122 Rn. 19.
[131] Vgl. → Rn. 7.
[132] OLG Düsseldorf NZG 2013, 546 (547); OLG Köln WM 1959, 1402 (1404); KG AG 1980, 78; *Koch* in Hüffer/Koch AktG § 122 Rn. 6; *Kühn* BB 1965, 1170 (1171).
[133] OLG Düsseldorf NZG 2013, 546 (547); KG NZG 2011 1429 (1431); OLG Stuttgart AG 2009, 169 (170); *Kubis* in MüKoAktG AktG § 122 Rn. 18.

lein der Umstand, dass die Durchführung einer Hauptversammlung für die Gesellschaft mit einem großen organisatorischen und finanziellen Aufwand verbunden ist, kann die Rechtsmissbräuchlichkeit nicht begründen.[134] Das Minderheitsverlangen ist bspw. rechtsmissbräuchlich, wenn es in beleidigender Form[135] gestellt wird oder eine Schädigung der Gesellschaft bezweckt.[136] Ebenfalls liegt Rechtsmissbräuchlichkeit vor, wenn der angestrebte Beschluss mit der Rechtsordnung oder der Satzung unvereinbar wäre.[137] Dabei ist es nicht von Bedeutung, ob der Beschluss nichtig oder lediglich anfechtbar wäre.[138] Im Übrigen wird man einen Rechtsmissbrauch nur ausnahmsweise dann annehmen können, wenn mit der Behandlung der vorgegebenen Tagesordnungspunkte ohne Weiteres bis zur nächsten ordentlichen Hauptversammlung **gewartet** werden könnte, die Eilbedürftigkeit also nur vorgeschoben wird.[139] Ein Abwarten wird der Minderheit zuzumuten sein, wenn die ordentliche Hauptversammlung ohnehin bald stattfindet und die Durchführung einer weiteren Hauptversammlung mit erheblichem Aufwand verbunden wäre, wie dies bei Publikumsgesellschaften regelmäßig der Fall ist; bei einer Familien-AG mit nur wenigen, namentlich bekannten Aktionären wird hingegen weiteres Zuwarten nur unter strengen Voraussetzungen zumutbar sein. Ist die Durchführung einer zusätzlichen Hauptversammlung ausnahmsweise unzumutbar, kann die Aktionärsminderheit auf ihr Recht verwiesen werden, eine **Ergänzung der Tagesordnung** der bevorstehenden ordentlichen Hauptversammlung zu verlangen (vgl. § 122 Abs. 2 AktG). Rechtsmissbräuchlich wäre ein Einberufungsverlangen auch dann, wenn offensichtlich kein Anlass für die Behandlung der auf der Tagesordnung befindlichen Gegenstände besteht, etwa weil hierüber in der letzten Hauptversammlung bereits beschlossen wurde und keine Änderung der Umstände eingetreten ist, durch die eine erneute Beschlussfassung veranlasst ist.[140] Als weiteres Beispiel für ein rechtsmissbräuchliches Einberufungsverlangen wird der Fall angeführt, dass für eine beantragte Kapitalmaßnahme keinerlei Notwendigkeit besteht.[141]

Ein Minderheitsbegehren kann von den Aktionären jederzeit **zurückgenommen** werden. Damit entfällt die Verpflichtung des Vorstands zur Einberufung der Hauptversammlung.[142] Der Vorstand kann dann eine bereits einberufene Hauptversammlung absagen, falls er ihre Durchführung nicht aus Gründen des Wohls der Gesellschaft für erforderlich hält.[143] Ist die Einladung bereits in den Gesellschaftsblättern veröffentlicht, berührt die **Rücknahme** des Einberufungsbegehrens die Wirksamkeit der Einberufung nicht.[144]

46

---

[134] *Drinhausen* in Hölters AktG § 122 Rn. 14; *Kubis* in MüKoAktG AktG § 122 Rn. 22.
[135] *Kubis* in MüKoAktG AktG § 122 Rn. 23; *Werner* in GroßkommAktG AktG § 122 Rn. 36.
[136] *Kubis* in MüKoAktG AktG § 122 Rn. 23; *Werner* in GroßkommAktG AktG § 122 Rn. 37.
[137] OLG Karlsruhe ZIP 2015, 125 (127 f.), das jedoch auf eine vorsichtige Handhabung dieses Missbrauchsgrunds abstellt, da die Prüfung der Rechtmäßigkeit von Beschlüssen in erster Linie dem aktienrechtlichen Anfechtungsprozess vorbehalten; OLG Düsseldorf NZG 2013, 546 (547); OLG München WM 2010, 517 (518); *Koch* in Hüffer/Koch AktG § 122 Rn. 6; *Rieckers* in Spindler/Stilz AktG § 122 Rn. 24 mwN.
[138] *Rieckers* in Spindler/Stilz AktG § 122 Rn. 24; vgl. auch *Werner* in GroßkommAktG AktG § 122 Rn. 25; *Kubis* in MüKoAktG AktG § 122 Rn. 17.
[139] OLG München WM 2010, 517 (518); OLG Stuttgart AG 2009, 169 (170); *Kubis* in MüKoAktG AktG § 122 Rn. 19; *Werner* in GroßkommAktG AktG § 122 Rn. 35 mit Nachweisen zur Gegenansicht.
[140] KG NZG 2011 1429 (1431); *Noack/Zetzsche* in Kölner Komm. AktG § 122 Rn. 67; *Butzke* B Rn. 108; *Ziemons* in K. Schmidt/Lutter AktG § 122 Rn. 21.
[141] *Noack/Zetzsche* in Kölner Komm. AktG § 122 Rn. 68; *Werner* in GroßkommAktG AktG § 122 Rn. 34; *Butzke* B Rn. 108.
[142] *Bungert* in MHdB AG § 36 Rn. 25 mwN.
[143] LG Frankfurt a.M. NZG 2013, 748 (749); *Kubis* in MüKoAktG AktG § 122 Rn. 14; *Rieckers* in Spindler/Stilz AktG § 122 Rn. 20; LG Frankfurt a.M. NZG 2013, 748 (749); *Kubis* in MüKoAktG AktG § 122 Rn. 14; *Rieckers* in Spindler/Stilz AktG § 122 Rn. 20; *Werner* in GroßkommAktG AktG § 122 Rn. 41; *Koch* in Hüffer/Koch AktG § 122 Rn. 4; *Bungert* in MHdB AG § 36 Rn. 25.
[144] Vgl. auch *Bungert* in MHdB AG § 36 Rn. 25.

b) Entscheidung des Vorstands

47 Ist das Einberufungsbegehren ordnungsgemäß gestellt, ist der **Vorstand verpflichtet,** die Hauptversammlung unverzüglich, dh ohne schuldhaftes Zögern, einzuberufen.[145] Die Einberufung sollte demnach innerhalb von **zwei bis vier Wochen** auf einen die mindestens dreißigtägige Einberufungsfrist wahrenden Termin erfolgen.[146] Die Entscheidung über die Einberufung trifft der Vorstand mit einfacher Mehrheit.[147] Die Einberufung kann weder in der Satzung noch in der Geschäftsordnung von der Zustimmung des Aufsichtsrats abhängig gemacht werden.[148] Der Vorstand hat den **Aufsichtsrat** von dem Minderheitsbegehren jedoch zu **unterrichten** und mit ihm den Termin der Hauptversammlung abzustimmen. Bei der Einladung sind die gesetzlichen oder statutarischen Mindestfristen einzuhalten, sie dürfen jedoch nicht unangemessen ausgedehnt werden. Zur Unterbreitung von **Beschlussvorschlägen** zu den von der Aktionärsminderheit verlangten Tagesordnungspunkten ist der Vorstand nicht verpflichtet; es ist ihm jedoch unbenommen, abweichende Beschlussvorschläge zu machen oder die von der Minderheit vorgeschlagene Tagesordnung um weitere **Tagesordnungspunkte** zu ergänzen.[149]

48 Zu einer **Zurückweisung** des Antrags ist der Vorstand nur dann berechtigt, wenn die Hauptversammlung nicht zuständig oder das Begehren ausnahmsweise rechtsmissbräuchlich ist. Er kann das Einberufungsverlangen jedoch nicht bereits deswegen ablehnen, weil er die Ansicht der Aktionärsminderheit nicht teilt, den angegebenen Zweck für unzutreffend oder das Verlangen für gesellschaftsschädlich hält.[150] Dass der begehrte Antrag die **erforderliche Mehrheit** aller Voraussicht nach nicht erreichen wird, kann ein Ablehnungsrecht für sich allein ebenfalls nicht begründen, da dies auf eine Verkürzung des Minderheitenschutzes hinauslaufen würde.[151] Als ein die Ablehnung rechtfertigender Umstand wird indessen angesehen, dass mit Sicherheit feststeht, dass das mit der Einberufung der Hauptversammlung verfolgte Begehren erfolglos bleiben wird, weil sich die verfolgten Ziele wirtschaftlich nicht realisieren lassen.[152] Eine Pflicht zur Ablehnung eines formell ordnungsgemäßen, jedoch missbräuchlichen Antrags besteht indessen nicht, da der Vorstand ansonsten in eine unzumutbar schwierige Entscheidungssituation gedrängt würde.[153]

c) Gerichtliche Ermächtigung

49 Lehnt der Vorstand das Begehren ab oder kommt er ihm nicht, nicht unverzüglich oder mit einer anderen Tagesordnung[154] nach, können die Aktionäre die Einberufung der Hauptversammlung selbst betreiben, indem sie sich hierzu **gerichtlich ermächtigen** lassen (§ 122 Abs. 3 S. 1 AktG).

---

[145] *Koch* in Hüffer/Koch AktG § 122 Rn. 7; *Kubis* in MüKoAktG AktG § 122 Rn. 36; *Noack/Zetzsche* in Kölner Komm. AktG § 122 Rn. 73 ff.; zur Einberufungspflicht auch OLG Düsseldorf NZG 2013, 546 (548).
[146] Vgl. RGZ 92, 409 (410) (eine Woche ausreichend); BGH WM 1985, 567 (568) (sieben Wochen zu lang). Geben die Aktionäre dem Vorstand eine weiträumigere Frist vor, müssen sie sich hieran indessen festhalten lassen, vgl. BGHZ 87, 1 (3) (zur GmbH).
[147] *Koch* in Hüffer/Koch AktG § 122 Rn. 7; *Kubis* in MüKoAktG AktG § 122 Rn. 36.
[148] *Werner* in GroßkommAktG AktG § 122 Rn. 38 m. Fn. 41; *Kubis* in MüKoAktG AktG § 122 Rn. 40; aA noch *Eckardt* in Geßler/Hefermehl AktG § 122 Rn. 37.
[149] *Ziemons* in K. Schmidt/Lutter AktG § 122 Rn. 27; *Rieckers* in Spindler/Stilz AktG § 122 Rn. 30 f.; *Noack/Zetzsche* in Kölner Komm. AktG § 122 Rn. 73, 80; *Werner* in GroßkommAktG AktG § 122 Rn. 39.
[150] *Eckardt* in Geßler/Hefermehl AktG § 122 Rn. 29; *Werner* in GroßkommAktG AktG § 122 Rn. 23; zu letzterem auch *Kubis* in MüKoAktG AktG § 122 Rn. 36.
[151] *Koch* in Hüffer/Koch AktG § 122 Rn. 6; *Kubis* in MüKoAktG AktG § 122 Rn. 26; *Bungert* in MHdB AG § 36 Rn. 30; *Noack/Zetzsche* in Kölner Komm. AktG § 122 Rn. 70.
[152] KG AG 1980, 78 (79); vgl. auch *Werner* in GroßkommAktG AktG § 122 Rn. 30.
[153] OLG Düsseldorf NZG 2013, 546 (547 f.); *Reger* NZG 2013, 536 (537); *Koch* in Hüffer/Koch AktG § 122 Rn. 6; *Bungert* in MHdB AG § 36 Rn. 29; aA *Halberkamp/Gierke* NZG 2004, 494 (499).
[154] Ergänzungen durch den Vorstand sind jedoch zulässig, vgl. *Koch* in Hüffer/Koch AktG § 122 Rn. 7.

Der Antrag ist grds. von den Aktionären zu stellen, die den Vorstand erfolglos zur Einberufung aufgefordert haben.[155] Dabei ist es nicht erforderlich, dass der Antrag von allen Aktionären getragen wird, die auch das Einberufungsbegehren gegenüber dem Vorstand unterstützt haben.[156] Voraussetzung für einen erfolgreichen Antrag ist aber, dass die Aktionäre, die das Petitum an den Vorstand gerichtet haben und das Einberufungsbegehren weiterhin tragen, noch mindestens 5% des Grundkapitals auf sich vereinigen,[157] wobei Aktionären deren Gesamtrechtsnachfolger gleichstehen.[158] Nach der Aktienrechtsnovelle 2016 ist nun gesetzlich klargestellt, dass das erforderliche Quorum bis zum Abschluss des Verfahrens, dh bis zur rechtskräftigen, gerichtlichen Entscheidung über den Antrag der Aktionäre, gehalten werden muss, § 122 Abs. 3 S. 5 AktG.[159] Erreichen bei einem **Wechsel in der Zusammensetzung** des Quorums diejenigen Aktionäre, die das Verlangen an den Vorstand gestellt haben, die 5%-Schwelle nicht mehr, muss dem gerichtlichen Antrag zunächst ein neues Begehren an den Vorstand vorgeschaltet werden, selbst wenn das Quorum wegen des Hinzutretens weiterer Aktionäre überschritten ist.[160]

Eine **Frist** zur Stellung des gerichtlichen Antrags sieht das Gesetz nicht vor; der Antrag muss jedoch innerhalb eines **angemessenen** Zeitraums gestellt werden.[161] Anderenfalls muss das Einberufungsbegehren vor Antragstellung nochmals an den Vorstand gerichtet werden.[162] Mit der ordnungsgemäßen Einberufung und Durchführung der Hauptversammlung tritt jedenfalls die Erledigung der Hauptsache vor Gericht ein.[163]

Zuständig für die Entscheidung über den Antrag ist das für den Sitz der Gesellschaft zuständige **Amtsgericht**, und zwar nach richtiger Auffassung das Amtsgericht als solches und nicht in seiner Eigenschaft als Registergericht (§ 375 Nr. 3 FamFG, § 23a Abs. 1 Nr. 2, Abs. 2 Nr. 4 GVG, § 14 AktG).[164]

Der Antrag ist – schon aus Gründen der Dokumentierung ist dies empfehlenswert – **schriftlich** oder zur **Niederschrift** der Geschäftsstelle (§ 25 FamFG) zu stellen.[165] Dabei ist von den Antragstellern der Nachweis des erforderlichen Aktienbesitzes sowie des erfolglosen Verlangens an den Vorstand zu erbringen.[166] Dies gilt auch dann, wenn die Gesellschaft ausnahmsweise über keinen Vorstand verfügt. In diesem Fall ist zuvor die Bestellung eines **Notvorstandes** einzuleiten (vgl. § 85 AktG).[167] Ferner sind unter Angabe der Tagesordnung der Zweck und die Gründe des Einberufungsbegehrens mitzuteilen.

Der Wortlaut des Gesetzes („kann") legt die Annahme nahe, dem **Gericht** stehe auch bei Vorliegen aller Voraussetzungen für ein Minderheitsverlangen ein Ermessensspielraum

---

[155] Koch in Hüffer/Koch AktG § 122 Rn. 10.
[156] Bunger in MHdB AG § 36 Rn. 32; Butzke B Rn. 123.
[157] Koch in Hüffer/Koch AktG § 122 Rn. 10; Noack/Zetzsche in Kölner Komm. AktG § 122 Rn. 87; Werner in GroßkommAktG AktG § 122 Rn. 54.
[158] Ziemons in K. Schmidt/Lutter AktG § 122 Rn. 52; ob dies auch für den rechtsgeschäftlichen Erwerber gilt, ist streitig: dagegen Koch in Hüffer/Koch AktG § 122 Rn. 10; Noack/Zetzsche in Kölner Komm. AktG § 122 Rn. 88; Rieckers in Spindler/Stilz AktG § 122 Rn. 50 mwN; dafür (mit Recht) Reger in Bürgers/Körber AktG § 122 Rn. 18; wohl auch Werner in GroßkommAktG AktG § 122 Rn. 55.
[159] Vgl. dazu Ziemons in K. Schmidt/Lutter AktG § 122 Rn. 53.
[160] Vgl. Koch in Hüffer/Koch AktG § 122 Rn. 10 sowie Noack/Zetzsche in Kölner Komm. AktG § 122 Rn. 89.
[161] Baumbach/Hueck AktG § 122 Rn. 5; Koch in Hüffer/Koch AktG § 122 Rn. 10; Rieckers in Spindler/Stilz AktG § 122 Rn. 53.
[162] Noack/Zetzsche in Kölner Komm. AktG § 122 Rn. 86; Werner in GroßkommAktG AktG § 122 Rn. 55; Butzke B Rn. 123.
[163] BGH NZG 2012, 793 (794) mwN; OLG Düsseldorf AG 2013, 468; Koch in Hüffer/Koch AktG § 122 Rn. 10.
[164] Noack/Zetzsche in Kölner Komm. AktG § 122 Rn. 90; Kubis in MüKoAktG AktG § 122 Rn. 44; Werner in GroßkommAktG AktG § 122 Rn. 57; aA BayObLG AG 1968, 330 (331) (im Tatbestand).
[165] Kubis in MüKoAktG AktG § 122 Rn. 48; Rieckers in Spindler/Stilz AktG § 122 Rn. 52; anders Werner in GroßkommAktG AktG § 122 Rn. 58, der von einer grds. Formfreiheit des Antrags ausgeht, jedoch aus praktischen Gründen ebenfalls die schriftliche Antragstellung bzw. die Niederschrift zur Geschäftsstelle empfiehlt.
[166] Werner in GroßkommAktG AktG § 122 Rn. 58.
[167] Werner in GroßkommAktG AktG § 122 Rn. 56.

zu, ob es die Aktionäre zur Einberufung einer Hauptversammlung ermächtigt. Es entspricht jedoch allgemeiner Meinung, dass das Gericht in diesem Fall dem Antrag stattzugeben hat, zu einer Prüfung des Antrags unter **Zweckmäßigkeitsgesichtspunkten** also **nicht** befugt ist.[168]

55 Das Gericht hat im Ermächtigungsbeschluss den Zweck und den Gegenstand der einzuberufenden Hauptversammlung anzugeben.[169] An den **Wortlaut** des Antrags der Aktionärsminderheit ist es dabei jedoch nicht gebunden, sondern kann eine andere Fassung wählen.[170] Zu einer **Terminierung** der Hauptversammlung und der Bestimmung des Versammlungsorts ist das Gericht nicht berechtigt; dies obliegt den antragstellenden Aktionären.[171] Das Gericht kann jedoch eine **Frist** bestimmen, innerhalb derer die Aktionäre die Hauptversammlung einzuberufen haben.[172] Sieht das Gericht keine Frist vor, ist die Einberufung innerhalb einer angemessenen Frist zu bewirken.[173] Gleichzeitig mit der Ermächtigung zur Einberufung kann das Gericht – auch ohne einen darauf gerichteten Antrag der Aktionärsminderheit – den **Vorsitzenden** der Hauptversammlung bestimmen (§ 122 Abs. 3 S. 2 AktG).[174] Das Gericht kann und wird dies jedoch nur dann anordnen, wenn es die begründete Sorge hat, dass der nach dem Gesetz oder der Satzung vorgesehene oder zu wählende Vorsitzende eine neutrale Verhandlungsleitung nicht gewährleistet.[175] Das Gericht ist hingegen nicht dazu befugt, die Auswahl des Vorsitzenden den antragsstellenden Aktionären oder einem Dritten zu übertragen.[176]

56 Die **Kosten** des gerichtlichen Verfahrens trägt die Gesellschaft, sofern das Gericht dem Antrag stattgibt (§ 122 Abs. 4 AktG). Die außergerichtlichen Kosten sind von den Aktionären auch bei einem erfolgreichen Antrag zu tragen, es sei denn, diese wurden vom Gericht ausnahmsweise der Gesellschaft auferlegt (§ 81 FamFG). Gegen den Beschluss des Gerichts ist das Rechtsmittel der **Beschwerde** (§ 122 Abs. 3 S. 4 AktG; §§ 58 ff. FamFG, vgl. auch § 402 Abs. 1, 375 Nr. 3 FamFG) sowie der **Rechtsbeschwerde** (§§ 70 ff. FamFG) gegeben. Bei Ablehnung des Antrags sind die antragstellenden Aktionäre beschwerdeberechtigt, sofern sie im Zeitpunkt der Beschwerdeeinlegung noch über das erforderliche Quorum verfügen. Gibt das Gericht dem Antrag statt, ist die Gesellschaft, nicht jedoch jeder weitere Aktionär zur Einlegung einer Beschwerde berechtigt.[177] Die Beschwerde hat keine aufschiebende Wirkung. Um im Fall einer stattgebenden Entscheidung die Durchführung der Hauptversammlung zunächst zu verhindern, kann beim Beschwerdegericht die **Aussetzung der Vollziehung** des Ermächtigungsbeschlusses beantragt werden (§ 64 Abs. 3 FamFG).[178] Wird der Antrag der Aktionärsminderheit unan-

---

[168] OLG Köln WM 1959, 1402; BayObLG AG 1968, 330 (331); KG NZG 2011, 1429 (1430); vgl. auch OLG München WM 2010, 517 (518); *Kubis* in MüKoAktG AktG § 122 Rn. 57; *Bungert* in MHdB AG § 36 Rn. 33; *Kühn* BB 1965, 1170 (1171).
[169] OLG Düsseldorf DB 1997, 1170 (1172); *Noack/Zetzsche* in Kölner Komm. AktG § 122 Rn. 96; vgl. auch *Kubis* in MüKoAktG AktG § 122 Rn. 58.
[170] OLG Köln WM 1959, 1402 (1404); *Kubis* in MüKoAktG AktG § 122 Rn. 56.
[171] *Ziemons* in K. Schmidt/Lutter AktG § 122 Rn. 57; *Rieckers* in Spindler/Stilz AktG § 122 Rn. 55; *Noack/Zetzsche* in Kölner Komm. AktG § 122 Rn. 97; *Werner* in GroßkommAktG AktG § 122 Rn. 61.
[172] *Bungert* in MHdB AG § 36 Rn. 35.
[173] Die Hauptversammlung darf jedenfalls nicht mehrere Monate später anberaumt werden, *Bungert* in MHdB AG § 36 Rn. 35.
[174] Die Anordnung kann auch noch zu einem späteren Zeitpunkt erfolgen, OLG Hamburg AG 2012, 294 (295); dazu *Linnerz* GWR 2012, 247; vgl. auch *Bungert* in MHdB AG § 36 Rn. 33; *Ziemons* in K. Schmidt/Lutter AktG § 122 Rn. 58; zur Frage der Zuständigkeit des Versammlungsleiters, wenn sich die Ermächtigung auf die Ankündigung eines Beschlussgegenstands beschränkt, vgl. *Werner* in GroßkommAktG AktG § 122 Rn. 61.
[175] OLG Hamburg AG 2012, 294 (295); *Linnerz* GWR 2012, 247; *Werner* in GroßkommAktG AktG § 122 Rn. 62; *Ziemons* in K. Schmidt/Lutter AktG § 122 Rn. 58.
[176] OLG Düsseldorf AG 2013, 468 (469); *Rieckers* in Spindler/Stilz AktG § 122 Rn. 56.
[177] *Bungert* in MHdB AG § 36 Rn. 34; *Kubis* in MüKoAktG AktG § 122 Rn. 64; *Werner* in GroßkommAktG AktG § 122 Rn. 64; *Noack/Zetzsche* in Kölner Komm. AktG § 122 Rn. 106 (anders noch die Vorauflage).
[178] Vgl. *Bungert* in MHdB AG § 36 Rn. 34; *Butzke* B Rn. 122.

fechtbar zurückgewiesen, kann ein **neuer Antrag** nur dann gestellt werden, wenn sich die Umstände zwischenzeitlich geändert haben.[179]

d) Einberufung durch die Aktionärsminderheit

Gibt das Gericht dem Antrag statt, haben die Aktionäre die Einberufung – sofern das Gericht keine Frist gesetzt hat (→ Rn. 55) – innerhalb eines **angemessenen Zeitraums** zu bewirken.[180] Dabei muss das erforderliche **Quorum** bis zum Zeitpunkt der gerichtlichen Entscheidung bestehen.[181] Bei der Einberufung der Hauptversammlung sind die allgemeinen Vorschriften zu beachten (→ Rn. 70). Die Einberufung ist von den Aktionären demnach im Bundesanzeiger zu **veröffentlichen** (§ 25 AktG). Bei börsennotierten Gesellschaften ist die Einberufung den Medien zur EU-weiten Verbreitung zuzuleiten, sofern die Gesellschaft nicht ausschließlich Namensaktionäre hat oder[182] die Einberufung durch eingeschriebenen Brief erfolgt (§ 121 Abs. 4a AktG). Einen eigenständigen Anwendungsbereich hat § 121 Abs. 4a AktG indes nicht. Bereits vor der Aktienrechtsnovelle 2016 war eine Veröffentlichung im Bundesanzeiger nach dem Verständnis des Gesetzgebers[183] und der überwiegenden Auffassung in der Lit.[184] hinreichend iSd Abs. 4a. Eine zusätzliche Weiterleitung der Einberufung etwa an Nachrichtenagenturen oder Kommunikationsanbieter für kapitalmarktrechtliche Meldungen wurde nicht gefordert. Nachdem der Bundesanzeiger seit der Aktienrechtsnovelle gemäß § 25 AktG in jedem Fall zwingendes Veröffentlichungsmedium schon iSd Abs. 4 S. 1 ist, ergeben sich für börsennotierte Gesellschaften keine praktischen Unterschiede bei den Einberufungsmodalitäten.

57

In der Einberufung sind Zeit und Ort der Hauptversammlung zu benennen und die Tagesordnung sowie etwaige Bedingungen für die Teilnahme und die Stimmrechtsausübung anzugeben. Damit die Verwaltung und die übrigen Aktionäre die Einberufungsberechtigung überprüfen können, ist bei der Einberufung oder Bekanntgabe **auf die gerichtliche Ermächtigung hinzuweisen** (vgl. § 122 Abs. 3 S. 3 AktG). Detaillierte Angaben über Datum und Aktenzeichen der gerichtlichen Entscheidung sind nicht erforderlich; es genügt der Hinweis „aufgrund richterlicher Ermächtigung".[185]

58

Trotz der Einberufung durch die Aktionärsminderheit obliegt die Durchführung der Hauptversammlung der Gesellschaft. Wie sich schon aus dem Wortlaut[186] des § 123 Abs. 2 S. 2, Abs. 4 S. 2 AktG ergibt, müssen Anmeldung und Nachweis des Aktienbesitzes der Gesellschaft zugehen, sodass die einberufende Aktionärsminderheit hierfür **keine Zu-**

59

---

[179] *Kubis* in MüKoAktG AktG § 122 Rn. 61; *Werner* in GroßkommAktG AktG § 122 Rn. 63.
[180] *Kubis* in MüKoAktG AktG § 122 Rn. 68; zu Einzelheiten vgl. *Werner* in GroßkommAktG AktG § 122 Rn. 71.
[181] *Koch* in Hüffer/Koch AktG § 122 Rn. 3a; *Kubis* in MüKoAktG AktG § 122 Rn. 67; *Göhmann* in Frodermann/Jannott AktienR-HdB § 9 Rn. 66; *Ziemons* in K. Schmidt/Lutter AktG § 122 Rn. 53; *Noack/Zetzsche* in Kölner Komm. AktG § 122 Rn. 87 ff.; *Butzke* B Rn. 125 Fn. 248.
[182] Der Wortlaut des § 121 Abs. 4a AktG wurde durch die Aktienrechtsnovelle 2016 von „und" in „oder" geändert. Damit wurde klar gestellt, dass die Voraussetzungen – entgegen einer teilweise vertretenen Ansicht im Schrifttum – nicht kumulativ vorliegen müssen, vgl. RegBegrE Gesetz zur Änderung des Aktiengesetzes (Aktienrechtsnovelle 2014), BT-Drs. 18/4349, 21; *Koch* in Hüffer/Koch AktG § 122 Rn. 11i; *Söhner* ZIP 2016, 151 (155) mwN zu den bis zur Gesetzesänderung vertretenen Auffassungen.
[183] Vgl. RegBegr. ARUG, BR-Drs. 847/08, 42: „[...] auch der Betreiber des elektronischen Bundesanzeigers, sofern der vom Gesetz geforderte Verbreitungsdienst [von ihnen] angeboten wird".
[184] *Rieckers* in Spindler/Stilz AktG § 121 Rn. 67; *Noack* NZG 2008, 441 (442); *Zetzsche* Der Konzern, 2008, 331 (332); *Seibert/Florstedt* ZIP 2008, 2145 (2147); *Paschos/Goslar* AG 2008, 605 (608); *Ratschow* DStR 2007, 1402 (1404) (zu Art. 5 Abs. 2 der Richtlinie); krit. *Horn* ZIP 2008, 1558 (1560).
[185] RGZ 170, 83 (95) (Genossenschaft); *Bungert* in MHdB AG § 36 Rn. 35; *Koch* in Hüffer/Koch AktG § 122 Rn. 12; *Werner* in GroßkommAktG AktG § 122 Rn. 69; *Schaaf* Praxis der HV Rn. 112; etwas enger *Noack/Zetzsche* in Kölner Komm. AktG § 122 Rn. 118.
[186] *Koch* in Hüffer/Koch AktG § 122 Rn. 12; *Bayer/Scholz/Weiß* AG 2013, 742 (747): aA aber *Rieckers* in Spindler/Stilz AktG § 123 Rn. 64a; *Habersack/Mülbert* ZGR 2014, 1 (16, 21 f.); eine Befugnis zur freien Wahl der Zugangsadresse annehmend wohl auch *Noack/Zetzsche* in Kölner Komm. AktG § 123 Rn. 103.

gangsadresse außerhalb des Herrschaftsbereichs der Gesellschaft angeben darf.[187] Auch in derart einberufenen Hauptversammlungen muss die Gesellschaft die Legitimationsprüfung (→ Rn. 77 ff.) selbst vornehmen können.[188]

60   Die **Tagesordnung** der Hauptversammlung darf seitens der Minderheitsaktionäre nur die Punkte umfassen, die auch im Einberufungsbegehren aufgeführt waren.[189] Hierbei sind die Aktionäre jedenfalls berechtigt, konkrete **Beschlussvorschläge** mit anzukündigen.

61   Nicht abschließend geklärt ist weiterhin, ob trotz des § 122 Abs. 2 S. 2 AktG keine Pflicht der einberufenden Minderheitsaktionäre angenommen werden soll, Beschlussvorschläge zu unterbreiten. Man mag zwar annehmen, dass eine solche Pflicht nicht besteht, da die Minderheit nicht in die Organstellung des Vorstandes einrückt.[190] Auch fordert der Gesetzgeber zwar eine konkrete Beschlussvorlage für das Ergänzungsverlangen (§ 122 Abs. 2 S. 2 Alt. 2 AktG), nicht aber für das Verlangen einer Minderheit auf Einberufung der Hauptversammlung (vgl. § 122 Abs. 1 AktG). Für beide Verlangen ist aber dem Wortlaut nach die Beilage einer Begründung ausreichend. Indessen dürften letztlich die besseren Gründe dafür sprechen, für das Einberufungsverlangen die Ankündigung konkreter Vorschläge zu verlangen. Denn mit dem – der gerichtlichen Ermächtigung folgenden – Übergang der Berechtigung von Vorstand und Aufsichtsrat auf die Minderheitsaktionäre, die Hauptversammlung einzuberufen, geht auch die Verpflichtung einher, im Übrigen die allgemeinen Vorschriften für die Einberufung der Hauptversammlung zu beachten (§ 124 Abs. 3 S. 1 AktG)[191] und demnach entsprechend der allgemeinen Regelungen über die Bekanntmachung konkrete Vorschläge zur Beschlussfassung zu unterbreiten.[192]

62   Die **Verwaltung** kann ihrerseits Vorschläge zu den Tagesordnungspunkten unterbreiten und diese dann bekannt zu geben. Der Vorstand ist auch nach der gerichtlichen Ermächtigung berechtigt, die Tagesordnung der Hauptversammlung um andere Gegenstände zu ergänzen.[193] Bisher nicht geklärt ist, wer zur Bekanntmachung der Ergänzungsvorschläge der Verwaltung verpflichtet ist. Die besseren Gründe sprechen unseres Erachtens dafür, dass die Bekanntmachung durch den Vorstand selbst zu erfolgen hat. Zwar sind die allgemeinen Vorschriften für die Einberufung der Hauptversammlung von der Aktionärsminderheit zu beachten; jedoch obliegt die Bekanntmachung von Beschlussvorschlägen der Verwaltung grds. dem Vorstand. Mangels einer gesetzlichen Regelung für diesen Fall ist von diesem Grundsatz nicht abzurücken, zumal die Annahme einer Pflicht der Aktionärsminderheit zur Bekanntmachung der Verwaltungsvorschläge weitere praktische Probleme nach sich ziehen würde. Da der Zugang für die Fristwahrung entscheidend ist, ist fraglich, wem die Vorschläge in diesem Fall zugestellt werden sollen. Darüber hinaus fragt es sich, welche Folgen es hat, wenn die Aktionäre den Vorschlag nicht oder nur fehlerhaft bzw. abgeändert bekanntmachen. Man sollte die in der Natur der Sache liegende Antagonie zwischen Vorstand und Aktionärsminderheit gerade für den Fall, dass der Vorstand die Einberufung im Vorfeld abgelehnt hat, nicht noch zusätzlich dadurch schüren, dass man Kooperation verlangt, wo es ihrer nicht einmal bedarf bzw. eine andere Lösung praktikabler, sicherer und einfacher ist. Eine Beschlussfassung über diese Gegenstände ist jedoch nur zulässig, wenn die Ergänzung der Tagesordnung entsprechend der

---

[187] Im Fall der gerichtlichen Bestimmung eines Versammlungsleiters nach § 122 Abs. 3 S. 2 AktG darf freilich auch dessen Adresse angegeben werden, so auch *Bayer/Scholz/Weiß* AG 2013, 742 (748).
[188] *Koch* in Hüffer/Koch AktG § 122 Rn. 12; *Bayer/Scholz/Weiß* AG 2013, 742 (747).
[189] *Bungert* in MHdB AG § 36 Rn. 36.
[190] So die wohl hM OLG München WM 2010, 517 (519); *Kubis* in MüKoAktG AktG § 122 Rn. 67, 70 f.; *Werner* in GroßkommAktG AktG § 122 Rn. 70; *Rieckers* in Spindler/Stilz AktG § 122 Rn. 64 mwN.
[191] Vgl. *Ziemons* in K. Schmidt/Lutter AktG § 122 Rn. 61; *Koch* in Hüffer/Koch AktG § 122 Rn. 12; *Kubis* in MüKoAktG AktG § 122 Rn. 70.
[192] So auch *Ziemons* in K. Schmidt/Lutter AktG § 122 Rn. 61; eine Pflicht zu Beschlussvorschlägen ebenfalls annehmend *Butzke* B Rn. 125, allerdings gestützt auf § 122 Abs. 2 AktG.
[193] *Bungert* in MHdB AG § 36 Rn. 36; *Kubis* in MüKoAktG AktG § 122 Rn. 70.

Neuregelung für diese Frist spätestens 24 Tage vor der Versammlung bekannt gemacht worden ist (vgl. § 122 Abs. 2 S. 3 AktG).[194]

Die **organisatorischen Vorkehrungen** für die Durchführung der Hauptversammlung (Anmietung eines Raums, Stellung eines Notars etc) obliegen der Aktionärsminderheit.[195] Die Aktionäre handeln bei der Vorbereitung der Hauptversammlung nicht im Namen der Gesellschaft, sondern in eigenem Namen.[196] Die **Kosten** einer aufgrund eines Minderheitsverlangens einberufenen Hauptversammlung hat die Gesellschaft zu tragen (§ 122 Abs. 4 AktG).[197] Haben also etwa die Aktionäre für die Durchführung der Hauptversammlung einen Tagungsraum angemietet, steht ihnen gegenüber der Gesellschaft ein **Erstattungsanspruch** zu. Umgekehrt hat die Gesellschaft keinen Erstattungsanspruch gegen die Aktionärsminderheit.[198]

63

4. Einberufungsberechtigung aufgrund Satzungsbestimmung

Die Satzung kann die gesetzlichen Einberufungsbefugnisse nicht einschränken. Möglich ist jedoch eine Erweiterung des zur Einberufung einer Hauptversammlung berechtigten Personenkreises.[199] In der Praxis sind solche Bestimmungen selten; sie kommen allenfalls bei besonderen Konstellationen – etwa bei einer Familien-AG oder einem als AG verfassten kommunalen Unternehmen – in Betracht. Denkbar ist, dass das Einberufungsrecht durch statutarische Bestimmung einzelnen **Aktionären** oder **Aktionärsgruppen** zugebilligt wird.[200] Adressat solcher Satzungsbestimmungen können ferner der Aufsichtsratsvorsitzende, einzelne Mitglieder des **Aufsichtsrats** oder des Vorstands, aber auch andere Personen, etwa Prokuristen der Gesellschaft, sein.[201] Dass die Einberufungsbefugnis einem Aufsichtsratsausschuss nicht übertragen werden kann (§§ 107 Abs. 3 S. 4, 111 Abs. 3 AktG), steht dem nicht entgegen.[202] Denkbar, wenn auch in der Praxis selten anzutreffen, sind ferner Regelungen, die gesellschaftsfremden **Dritten,** wie zB Behörden oder Stiftungen, eine Einberufungskompetenz zuweisen.[203] Entsprechende Satzungsbestimmungen sollten auch vorsehen, wie der Einberufende seine Berechtigung **nachzuweisen** hat.[204] Nicht in Betracht kommt hingegen die Etablierung eines Einberufungsrechts außerhalb der Satzung (vgl. § 121 Abs. 2 S. 3).[205]

64

---

[194] Ähnlich *Rieckers* in Spindler/Stilz AktG § 121 Rn. 65. Für die analoge Anwendung von § 124 Abs. 1 S. 2 AktG aF vgl. *Werner* in GroßkommAktG AktG § 122 Rn. 74; *Zöllner* in Kölner Komm. AktG, 1. Aufl. 1985, § 124 Rn. 20; *Butzke* B Rn. 126.
[195] *Kubis* in MüKoAktG AktG § 122 Rn. 71; *Werner* in GroßkommAktG AktG § 122 Rn. 73.
[196] Vgl. *Bungert* in MHdB AG § 36 Rn. 37; *Koch* in Hüffer/Koch AktG § 122 Rn. 13.
[197] Dazu gehören etwa die Kosten für die Einberufung, Bekanntmachung, Durchführung der Hauptversammlung, nicht aber die außergerichtlichen Kosten der Aktionärsminderheit, es sei denn das Gericht ordnet gem. § 81 FamFG ausnahmsweise an, dass die Gesellschaft auch diese Kosten zu tragen hat, vgl. *Werner* in GroßkommAktG AktG § 122 Rn. 78 f.; *Bungert* in MHdB AG § 36 Rn. 37; *Ziemons* in K. Schmidt/Lutter AktG § 122 Rn. 63 f.
[198] Vgl. *Kubis* in MüKoAktG AktG § 122 Rn. 73 f.
[199] *Kubis* in MüKoAktG AktG § 121 Rn. 24, 26; *Werner* in GroßkommAktG AktG § 121 Rn. 38.
[200] *Noack/Zetzsche* in Kölner Komm. AktG § 121 Rn. 51; *Werner* in GroßkommAktG AktG § 121 Rn. 38; *Koch* in Hüffer/Koch AktG § 121 Rn. 8.
[201] *Werner* in GroßkommAktG AktG § 121 Rn. 38; *Schaaf* Praxis der HV Rn. 117; *Steiner* HV der AG § 1 Rn. 12; *Ziemons* in K. Schmidt/Lutter AktG § 121 Rn. 22.
[202] *Kubis* in MüKoAktG AktG § 121 Rn. 26; *Werner* in GroßkommAktG AktG § 121 Rn. 38.
[203] *Koch* in Hüffer/Koch AktG § 121 Rn. 8; *Butzke* B Rn. 48.
[204] *Bungert* in MHdB AG § 36 Rn. 15.
[205] Vgl. *Werner* in GroßkommAktG AktG § 121 Rn. 38.

5. Nichtigkeits- und Anfechtungsrisiken

65 Wird die Hauptversammlung einberufen, obwohl es an einem **Einberufungsgrund** (gesetzliche oder statutarische Verpflichtung, Wohl der Gesellschaft) gemangelt hat, ist die Einberufung, lässt man Missbrauchsfälle außer Betracht, wirksam. Demzufolge verbinden sich mit dem Fehlen eines Einberufungsgrunds auch keine negativen Auswirkungen auf die Wirksamkeit der in der Hauptversammlung gefassten Beschlüsse.[206]

66 Stellt sich ausnahmsweise heraus, dass die Hauptversammlung durch hierzu **nicht berechtigte Personen** einberufen wurde, sind die im Rahmen der auf dieser Grundlage abgehaltenen Hauptversammlung getroffenen Beschlüsse im Grundsatz **nichtig** (§ 241 Nr. 1 iVm § 121 Abs. 2 AktG).[207] Hierbei ist in erster Linie an eine Einberufung durch **nicht wirksam bestellte** Vorstandsmitglieder zu denken. Die Einberufung der Hauptversammlung durch ein nicht wirksam bestelltes oder ein in der Zwischenzeit abberufenes, aber (noch) im **Handelsregister** eingetragenes Vorstandsmitglied ist allerdings wirksam (§ 121 Abs. 2 S. 2 AktG).[208] Fehlt es nur bei einem oder einzelnen Vorstandsmitgliedern an der wirksamen Bestellung und der Eintragung in das Handelsregister, kommt es darauf an, ob die übrigen die Einberufung tragenden Vorstandsmitglieder über die erforderliche Mehrheit im Vorstand verfügen.[209] Ist der zugrunde liegende Vorstandsbeschluss nichtig, begründet dies lediglich einen **Anfechtungstatbestand** für die in der Hauptversammlung gefassten Beschlüsse.[210]

67 Im Fall einer Einberufung durch den **Aufsichtsrat** sind die in der Hauptversammlung gefassten Beschlüsse nichtig, wenn die Wahl des einberufenden Aufsichtsrats ihrerseits nichtig ist (vgl. § 250 AktG).[211] Anders liegt es, wenn die Wahl des Aufsichtsrats nur anfechtbar ist. In diesem Fall bleibt die Einberufung einer Hauptversammlung wirksam. Auch wenn der Anfechtungsklage nach der erfolgten Einberufung stattgegeben wird, vermag die Feststellung der Nichtigkeit der Wahl die Wirksamkeit der Einberufung indessen nicht mehr zu tangieren.[212] Ist die Bestellung nur eines Aufsichtsratsmitglieds nicht wirksam, kommt es – wie beim Vorstand – darauf an, ob die übrigen Mitglieder über die erforderliche Mehrheit im Aufsichtsrat verfügen.[213]

68 Streitig ist, ob eine unwirksame Einberufung durch einen Nichtberechtigten (zB durch einen unwirksam bestellten Alleinvorstand) geheilt werden kann, indem ein Berechtigter (zB Aufsichtsrat) sie **genehmigt.** Da die Legitimation des Einberufenden im Zeitpunkt der Einladung vorhanden sein muss, sprechen die besseren Gründe dafür, eine solche Genehmigung nicht zuzulassen.[214]

---

[206] *Kubis* in MüKoAktG AktG § 121 Rn. 14; *Noack/Zetzsche* in Kölner Komm. AktG § 121 Rn. 17; *Werner* in GroßkommAktG AktG § 121 Rn. 73.

[207] Vgl. BGHZ 11, 231 (236); 87, 1 (2); OLG Düsseldorf DB 1997, 1170 (1171); *K. Schmidt* in GroßkommAktG AktG § 241 Rn. 44; *Rieckers* in Spindler/Stilz AktG § 121 Rn. 100; *Ziemons* in K. Schmidt/Lutter AktG § 121 Rn. 24 f.

[208] Anders ist es hingegen nach umstrittener Ansicht, wenn in der Person eines Vorstandsmitglieds ein Unfähigkeitsgrund, insbes. mangelnde Geschäftsfähigkeit, vorliegt. In diesem Fall kann die Eintragung in das Handelsregister nicht über dessen fehlende Berechtigung zur Einberufung hinweghelfen; vgl. KG WM 1959, 513 (516); *Werner* in GroßkommAktG AktG § 121 Rn. 32, 77; ebenso bei Geßler/Hefermehl AktG § 121 Rn. 25; aA *Kubis* in MüKoAktG AktG § 121 Rn. 30; *Noack/Zetzsche* in Kölner Komm. AktG § 121 Rn. 60; vgl. dazu bereits → Rn. 27.

[209] *Kubis* in MüKoAktG AktG § 121 Rn. 28; *Werner* in GroßkommAktG AktG § 121 Rn. 76.

[210] *Koch* in Hüffer/Koch AktG § 241 Rn. 10.

[211] *Kubis* in MüKoAktG AktG § 121 Rn. 28; *Werner* in GroßkommAktG AktG § 121 AktG Rn. 78.

[212] BGHZ 32, 114 (116); 36, 207 (208); *Kubis* in MüKoAktG AktG § 121 Rn. 28; *Noack/Zetzsche* in Kölner Komm. AktG § 121 Rn. 59; *Werner* in GroßkommAktG AktG § 121 Rn. 78; *Göhmann* in Frodermann/Jannott AktienR-HdB § 9 Rn. 31.

[213] *Kubis* in MüKoAktG AktG § 121 Rn. 28; *Werner* in GroßkommAktG AktG § 121 Rn. 79; vgl. auch BGH AG 2013, 387 (388).

[214] Vgl. *Kubis* in MüKoAktG AktG § 121 Rn. 31; *Ziemons* in K. Schmidt/Lutter AktG § 121 Rn. 25; so wohl auch LG Münster DB 1998, 665; aA *Werner* in GroßkommAktG AktG § 121 Rn. 81 mwN zur (überkommenen) Gegenansicht.

Beruft der Vorstand aufgrund eines **Minderheitsverlangens** nach § 122 AktG in der irrigen Annahme, das erforderliche Quorum wäre vorhanden, die Hauptversammlung ein, lässt dies die Wirksamkeit der Einberufung unberührt.[215] Ermächtigt das Gericht eine Aktionärsminderheit zur Einberufung der Hauptversammlung, obwohl die Voraussetzungen für ein Minderheitsverlangen nicht vorliegen, macht das fehlende Quorum die in der Hauptversammlung gefassten Beschlüsse nach zutreffender Ansicht nicht anfechtbar, da die Unrichtigkeit des Ermächtigungsbeschlusses nur im Beschwerdeverfahren geltend gemacht werden kann.[216] Die Aufhebung des die Einberufungsermächtigung aussprechenden erstinstanzlichen Beschlusses durch das Beschwerdegericht begründet einen Anfechtungstatbestand, sofern von der Ermächtigung erst nach der Aufhebung Gebrauch gemacht wurde.[217] Ist die Hauptversammlung bereits einberufen, hat der Wegfall der Ermächtigung auf die Beschlüsse keinen Einfluss.[218] Unterbleibt in der Einberufung durch die Aktionäre der Hinweis auf die gerichtliche Ermächtigung, sind die in der Hauptversammlung gefassten Beschlüsse anfechtbar;[219] fehlt die gerichtliche Ermächtigung ganz, sind sie sogar nichtig.[220] 69

IV. Art und Weise der Einberufung

1. Einberufungsfrist – Grundsatz

Das aktienrechtliche Fristensystem wurde durch das **Gesetz zur Umsetzung der Aktionärsrechterichtlinie (ARUG)**[221] grundlegend reformiert. Sämtliche Fristen im Rahmen einer Hauptversammlung werden nunmehr einheitlich vom Tag der Versammlung zurückberechnet. Bei der Berechnung werden weder der Tag der Versammlung noch der Tag des zu bewirkenden Erfolges oder der vorzunehmenden Handlung mitgezählt (§ 121 Abs. 7 S. 1 AktG). Ein weiterer zentraler Punkt der Neuregelung ist die Preisgabe des Feiertagsschutzes, der als nicht mehr zeitgemäß erachtet wurde.[222] Nunmehr kann das Ende einer Frist auch auf einen Sonnabend, Sonn- oder Feiertag fallen; eine Verlegung auf einen zeitlich vorausgehenden oder nachfolgenden Werktag kommt nicht mehr in Betracht. Zur Klarstellung wurde die entsprechende Anwendung der §§ 187–193 BGB ausdrücklich ausgeschlossen (§ 121 Abs. 7 S. 2 und 3 AktG). Des Weiteren wurde der Begriff des „Termins" eingeführt (§ 121 Abs. 7 S. 1 AktG). Diese Termine sind juristische Sekunden, die auf den Beginn des errechneten Tages, also 0.00 Uhr fallen.[223] Die bisher bestehenden Streitpunkte, ob bei der Fristberechnung der Tag der Hauptversammlung zu berücksichtigen ist und inwiefern die Verlegung des Fristendes von einem Samstag, Sonn- oder Feiertag in Betracht kommt, wurden somit einer klaren Regelung zugeführt.[224] Bei nichtbörsennotierten Gesellschaften kann die Satzung jedoch weiterhin eine andere Berechnungsmethode bestimmen (§ 121 Abs. 7 S. 4 AktG).[225] 70

---

[215] *Bungert* in MHdB AG § 36 Rn. 22.
[216] RGZ 170, 83 (93); OLG Düsseldorf DB 1997, 1170 (1171); *Bungert* in MHdB AG § 36 Rn. 122; *Noack/ Zetzsche* in Kölner Komm. AktG § 122 Rn. 122; aA *Hüffer/Schäfer* in MüKoAktG AktG § 241 Rn. 29; *Koch* in Hüffer/Koch AktG § 241 Rn. 10.
[217] *Kubis* in MüKoAktG AktG § 121 Rn. 72; *Werner* in GroßkommAktG AktG § 122 Rn. 84.
[218] *Werner* in GroßkommAktG AktG § 122 Rn. 85.
[219] *Koch* in Hüffer/Koch AktG § 122 Rn. 12; *Kubis* in MüKoAktG AktG § 122 Rn. 69; *Rieckers* in Spindler/Stilz AktG § 122 Rn. 66; aA (Nichtigkeit) *Englisch* in Hölters AktG § 241 Rn. 23; *Schmidt* in GroßkommAktG AktG § 241 Rn. 45.
[220] *Zöllner* in Kölner Komm. AktG § 241 Rn. 78; *Koch* in Hüffer/Koch AktG § 241 Rn. 10.
[221] Gesetz vom 30.7.2009, BGBl. I 2479.
[222] RegBegr. ARUG BR-Drs. 847/08, 42.
[223] So zB für den Nachweis der Aktionärslegitimation nach § 123 Abs. 4 S. 2 AktG und bei den Mitteilungen nach § 125 Abs. 2 AktG und § 128 Abs. 1 AktG.
[224] Zur alten Rechtslage siehe *Repgen* ZGR 2006, 121 (123).
[225] ZB mit Feiertagsschutz oder Sonntagsruhe.

71 Die Hauptversammlung ist mit einer Frist von **dreißig Tagen** vor der Versammlung einzuberufen, wobei weder der Tag der Einberufung (§ 123 Abs. 1 AktG) noch der Tag der Hauptversammlung (§ 121 Abs. 7 S. 1 AktG) mitzurechnen ist. Zwischen dem Einberufungstag und dem Tag der Versammlung müssen daher mindestens dreißig Tage liegen. Der Tag der Einberufung ist vom Tag der Hauptversammlung zurück zu berechnen. Soll eine Hauptversammlung also zB am Freitag, den 12.5.2017 stattfinden, genügt demnach die Bekanntmachung der Einberufung bis zum Dienstag, den 11.4.2017.

72 Die **Satzung** kann die Einberufungsfrist verlängern, nicht jedoch verkürzen.[226] Denn die Einberufungsfrist dient dem Planungs- und Vorbereitungsinteresse der Aktionäre.[227] Auch ohne eine entsprechende Bestimmung in der Satzung ist die Einhaltung einer **längeren Frist** solange unschädlich, wie noch ein enger zeitlicher Zusammenhang zu der einberufenen Hauptversammlung besteht.[228] Damit die Anberaumung der Hauptversammlung bei den Aktionären nicht in Vergessenheit gerät, darf die Bekanntmachung jedoch nicht unangemessen[229] früh erfolgen. Wurde die bisherige gesetzliche Einberufungsfrist von einem Monat wiederholend in die Satzung aufgenommen, ist die betreffende Satzungsregelung für alle nach dem 31.10.2009 einberufenen Hauptversammlungen unwirksam und die Satzung daher an die neue Gesetzeslage anzupassen (§ 20 Abs. 1 EG-AktG).

73 Als **Tag der Einberufung** ist das Datum anzusehen, an dem alle gesetzlichen und statutarischen Voraussetzungen der Einberufung erfüllt sind. Bei Einladung durch Veröffentlichung in den **Gesellschaftsblättern** (→ Rn. 133 ff.) ist dies der Tag der Veröffentlichung im Bundesanzeiger (§ 25 AktG); die Veröffentlichung in anderen Medien setzt die Einberufungsfrist nicht in Gang.[230]

74 Soweit eine Satzung auch nach der Aktienrechtsnovelle 2016 die Einberufung der Hauptversammlung in weiteren Gesellschaftsblättern vorsieht, bleiben diese Bestimmungen wirksam, sodass die Einberufung auch zukünftig in diesen Medien veröffentlicht werden muss (vgl. § 26h Abs. 3 EGAktG).[231] Bei börsennotierten Gesellschaften ist die Einberufung zudem solchen Medien zuzuleiten, bei denen davon ausgegangen werden kann, dass die Information in der gesamten Europäischen Union verbreitet wird (§ 121 Abs. 4a AktG; → Rn. 57). Diese Voraussetzungen gelten nicht für zusätzliche Bekanntmachungen auf freiwilliger Basis. Nicht zu den Voraussetzungen der Einberufung gehört zudem das Zugänglichmachen der Angaben nach § 124a AktG.[232]

75 Hat die Minderheit nach § 122 Abs. 2 AktG verlangt, dass Gegenstände auf die Tagesordnung gesetzt werden, so sind diese entweder bereits mit der Einberufung oder jedenfalls unverzüglich nach Zugang des Verlangens bekannt zu machen (§ 124 Abs. 1 S. 1 AktG). Dabei hat die Bekanntmachung und Zuleitung in der gleichen Weise zu erfolgen wie die Einberufung selbst (§ 124 Abs. 1 S. 3 AktG). Zudem gilt bei börsennotierten Gesellschaften die Pflicht zur Zuleitung an Medien zur EU-weiten Verbreitung entsprechend (§ 124 Abs. 1 S. 2 Hs. 2 AktG iVm § 121 Abs. 4a AktG).

---

[226] *Kubis* in MüKoAktG AktG § 123 Rn. 7; *Werner* in GroßkommAktG AktG § 123 Rn. 15; *Steiner* HV der AG § 1 Rn. 32.
[227] *Koch* in Hüffer/Koch AktG § 123 Rn. 1.
[228] *Kubis* in MüKoAktG AktG § 123 Rn. 6; *Werner* in GroßkommAktG AktG § 123 Rn. 16; *Bungert* in MHdB AG § 36 Rn. 41.
[229] Die zeitliche Grenze wird im Schrifttum nicht ganz einheitlich bestimmt: *Kubis* in MüKoAktG AktG § 123 Rn. 6 (Maximal zehn bis zwölf Wochen vorher,); *Rieckers* in Spindler/Stilz AktG § 123 Rn. 4 (90 Tage); *Noack/Zetzsche* in Kölner Komm. AktG § 123 Rn. 38 (100 Tage).
[230] Stichtag für diese Regelung nach § 26h Abs. 3 EGAktG: 1.2.2016; vgl. auch RegBegrE Gesetz zur Änderung des Aktiengesetzes (Aktienrechtsnovelle 2016), BT-Drs. 18/4349, 18 f.; *Ziemons* in K. Schmidt/Lutter AktG § 121 Rn. 124; *Bungert* in MHdB AG § 36 Rn. 41.
[231] *Ziemons* in K. Schmidt/Lutter AktG § 121 Rn. 124; *Koch* in Hüffer/Koch § 25 Rn. 1.
[232] Vgl. den Wortlaut des § 124a AktG („alsbald *nach* der Einberufung").

IV. Art und Weise der Einberufung   § 4

Erfolgt die Einberufung durch **eingeschriebenen Brief,** weil die Aktionäre der Gesell- 76
schaft alle namentlich bekannt sind, gilt der Tag der Absendung des Schreibens als Tag der
Bekanntmachung (§ 121 Abs. 4 S. 2 AktG).

2. Verlängerung der Einberufungsfrist bei Anmeldung und Berechtigungsnachweis zur Teilnahme und Stimmrechtsausübung

a) Anmeldung und Berechtigungsnachweis als Voraussetzungen für die Teilnahme an der Hauptversammlung und die Stimmrechtsausübung

Der Gesetzgeber hat den Aktiengesellschaften ein Wahlrecht eingeräumt, ob sie die Teil- 77
nahme an der Hauptversammlung bzw. die Stimmrechtsausübung von einer Anmeldung
und/oder der Vorlage eines Legitimationsnachweises abhängig machen wollen (§ 123
Abs. 2 und 3 AktG). Von diesem **Wahlrecht** können die Aktiengesellschaften durch entsprechende Satzungsregelungen Gebrauch machen. Sie können dabei die Anmeldung und
Vorlage eines Legitimationsnachweises entweder jeweils als alleinige Teilnahmebedingung
oder kumulativ verlangen.[233] Dagegen sind sonstige, das Teilnahme- oder Stimmrecht erschwerende Bestimmungen unzulässig.[234] Hinsichtlich der Ausgestaltung der Teilnahmebedingungen sind (insbes. für börsennotierte Gesellschaften) die gesetzlichen Grenzen zu
beachten (vgl. § 123 Abs. 2 bis 5 AktG). Erleichterungen der Teilnahme- und Stimmrechtsausübungsvoraussetzungen sind im Grundsatz nicht möglich;[235] es besteht lediglich
die Möglichkeit, auf die Einführung von Teilnahmebedingungen gänzlich zu verzichten.

Weiterhin ist umstritten, ob die Satzung die einberufenden Organe ermächtigen kann, 78
über etwaige Teilnahmebedingungen im Rahmen der Einberufung zur Hauptversammlung selbst zu befinden.[236] Dieser Streit wurde auch durch die Neuregelungen der Einberufungsregelungen im Rahmen des ARUG sowie durch die Aktienrechtsnovelle 2016
nicht entschieden. Vielmehr ist im Gesetz nach der Neufassung durch das ARUG vorgesehen, dass die einberufenden Organe in der Einberufung aufgrund einer Ermächtigung
durch die Satzung eine kürzere Frist als die grds.e Frist von sechs Tagen für die Anmeldung bzw. die Vorlage des Legitimationsnachweises bestimmen können (§ 123 Abs. 2 S. 3
bzw. Abs. 4 S. 3 AktG). Diese Änderung, die auf Vorschlag des Handelsrechtsausschusses
erst im Rahmen der Beschlussempfehlung des Rechtsausschusses in das ARUG aufgenommen wurde, soll lediglich dazu dienen, die bis dahin vorhandene Praxis weiterhin für
zulässig zu erklären.[237] Der Rechtsausschuss weist in seiner Begründung ausdrücklich dar-

---

[233] RegBegr. UMAG, BT-Drs. 15/5092, 13. Sofern der Nachweis, etwa in Form einer Bankbescheinigung iSd § 123 Abs. 4 S. 1 AktG, mit der Anmeldung verbunden wird, werden weder die Aktionäre übermäßig belastet noch die Vorbereitung der Hauptversammlung erschwert. Es wird lediglich klargestellt, dass die Vorlage des Legitimationsnachweises eine dem gesetzlichen Instrumentarium entsprechende statutarische Voraussetzung für die Teilnahme an der und die Ausübung des Stimmrechts ist. Auch die entsprechenden Fristen sind aufeinander abgestimmt. Der (börsennotierten) Gesellschaft müssen sowohl Berechtigungsnachweis als auch Anmeldung mindestens sechs Tagevor der Versammlung zugehen, § 123 Abs. 2 S. 2, Abs. 4 S. 2 AktG.

[234] OLG Düsseldorf WM 1991, 2145 (2147) (Vorlage einer Vollmacht am letzten Tag vor der Hauptversammlung); *Werner* in GroßkommAktG AktG § 123 Rn. 63; *Kubis* in MüKoAktG AktG § 123 Rn. 47. Soweit Satzungen die Vorlage eines doppelten Nummernverzeichnisses vorschreiben, ist dies wohl unbedenklich, vgl. *Schäfer* BB 1966, 229 (233); *Werner* in GroßkommAktG AktG § 123 Rn. 63.

[235] *Zöllner* in Kölner Komm. AktG, 1. Aufl. 1985, § 123 Rn. 42; aA *Werner* in GroßkommAktG AktG § 123 Rn. 64 und *Kubis* in MüKoAktG AktG § 123 Rn. 47, die bei den Teilnahmevoraussetzungen Erleichterungen zulassen.

[236] So *Kubis* in MüKoAktG AktG § 123 Rn. 48; *Noack/Zetzsche* in Kölner Komm. AktG § 123 Rn. 95; aA noch *Eckardt* in Geßler/Hefermehl AktG § 123 Rn. 62; *Werner* in GroßkommAktG AktG § 123 Rn. 33, außer für den Fall, dass keine oder noch keine Aktienurkunden ausgegeben sind, sowie *Rieckers* in Spindler/Stilz AktG § 123 Rn. 9.

[237] Vgl. Begründung des Rechtsausschusses, BT-Drs. 16/13098, 57. Eine Klarstellung war notwendig aufgrund einer Entscheidung des OLG München NZG 2008, 599, die diese Praxis für unzulässig erklärte.

auf hin, dass „aus den genannten Ergänzungen keine Rückschlüsse auf die Zulässigkeit und die Auslegung weiterer Satzungsöffnungsklauseln zu ziehen [sind]" und, soweit solche Klauseln bislang für zulässig erachtet wurden, „sich dies durch die Ergänzungen in §§ 118, 123 und 134 AktG nicht ändern [soll]".[238] Die Praxis hat von statutarischen Ermächtigungen zur Anordnung von Teilnahmebedingungen – soweit ersichtlich – kaum Gebrauch gemacht. Eine Klärung durch den Gesetzgeber wäre wünschenswert; Sachgründe, die der Zulässigkeit einer Delegation der Entscheidung über die Anordnung generell zulässiger Teilnahmebedingungen auf die Einberufungsorgane entgegenstehen, sind nicht ersichtlich.

79 Zu den Teilnahme- bzw. Stimmrechtsausübungsbedingungen im Einzelnen:

aa) Anmeldung

80 Die Etablierung eines Anmeldeerfordernisses nach § 123 Abs. 2 AktG verfolgt den **Zweck,** der Gesellschaft die Vorbereitung der Hauptversammlung, insbes. die Erstellung des Teilnehmerverzeichnisses, zu erleichtern. Die Anmeldung kann sowohl bei Inhaberaktien als auch bei Namensaktien gefordert werden.[239] Da sich mit der Anmeldung keine Nachweisfunktion verbindet, hat sie insbes. Bedeutung bei Namensaktien, bei denen die Legitimationsfunktion von dem Aktienregister wahrgenommen wird (vgl. § 67 Abs. 2 AktG).[240] Hinsichtlich des Anmeldeerfordernisses wird in § 123 Abs. 2 AktG nicht zwischen börsennotierten und nicht börsennotierten Gesellschaften unterschieden.

81 Die Anmeldung ist die Mitteilung des Aktionärs, dass er an der Hauptversammlung teilzunehmen beabsichtigt. Sie kann grds. **formlos** erfolgen. Die Satzung kann für die Anmeldung jedoch auch die **Schriftform** vorsehen und bestimmen, dass die Zahl und die Gattung der Aktien, mit denen der Aktionär teilnehmen und sein Stimmrecht ausüben will, anzugeben sind.[241]

82 Die **Anmeldefrist** darf nicht länger als die gesetzlich vorgesehene Frist sein, nach der es ausreichend ist, wenn die Anmeldung der Gesellschaft unter der in der Einberufung mitgeteilten Adresse bis spätestens **sechs Tage** vor der Hauptversammlung **zugeht.**[242] Diese Frist darf durch die Satzung nicht verlängert, sondern nur verkürzt werden (§ 123 Abs. 2 S. 3 AktG).[243] Die Verkürzung kann in der Satzung selbst oder durch eine satzungsmäßige Ermächtigung des Vorstands zur Verkürzung der Anmeldefrist in der Einberufung vorgenommen werden (§ 123 Abs. 2 S. 3 AktG). Der fristgerechte Zugang am Ort der Hauptverwaltung oder der Geschäftsleitung genügt, wenn in der Einberufung keine anderweitige Adresse mitgeteilt wurde.[244]

83 Bei Inhaberaktien kann die Anmeldung durch einen **Bevollmächtigten** erfolgen, ohne dass der Bevollmächtigte schon bei der Anmeldung offen legen müsste, für wen er handelt.[245] Demgegenüber muss der Bevollmächtigte des Inhabers einer Namensaktie seine Legitimation von dem im Aktienregister eingetragenen Aktionär ableiten. Der Aktionär kann indessen, auch wenn er sich persönlich angemeldet hat, einen Bevollmächtigten mit der Wahrnehmung seines Teilnahme- und Stimmrechts beauftragen; die Vollmachtserteilung ist auch noch während der Hauptversammlung möglich.[246] In der Praxis wird

---

[238] Rechtsausschuss BT-Drs. 16/13098, 57.
[239] *Koch* in Hüffer/Koch AktG § 123 Rn. 6.
[240] Bei der Ausgabe von Namensaktien lassen sich mit Hilfe der Anmeldung etwaige Differenzen zum Inhalt des Aktienregisters feststellen, vgl. *Noack/Zetzsche* in Kölner Komm. AktG § 123 Rn. 3; vgl. dazu näher → Rn. 94.
[241] *Kubis* in MüKoAktG AktG § 123 Rn. 11; *Werner* in GroßkommAktG AktG § 123 Rn. 57.
[242] OLG Frankfurt a.M. NZG 2008, 343; Anmeldungen sind bis 24.00 Uhr möglich, vgl. *Diekmann* BB 1999, 1985 ff.; auch → § 8 Rn. 60 ff.
[243] Vgl. *Koch* in Hüffer/Koch AktG § 123 Rn. 7; OLG Frankfurt a.M. NZG 2008, 343.
[244] *Koch* in Hüffer/Koch AktG § 123 Rn. 7, *Ziemons* in K. Schmidt/Lutter AktG § 123 Rn. 26.
[245] *Kubis* in MüKoAktG AktG § 123 Rn. 10; *Werner* in GroßkommAktG AktG § 123 Rn. 59; aA *Bungert* in MHdB AG § 36 Rn. 10.
[246] *Kubis* in MüKoAktG AktG § 123 Rn. 10; *Rieckers* in Spindler/Stilz AktG § 123 Rn. 10.

IV. Art und Weise der Einberufung § 4

davon insbes. bei Publikumsgesellschaften, in denen sich die Abstimmungen teilweise bis zu den späten Abendstunden hinauszögern, häufig Gebrauch gemacht.

bb) Berechtigungsnachweis

Der Gesellschaft ist jedenfalls für Inhaberaktien die Möglichkeit eröffnet, durch die Satzung einen Berechtigungsnachweis für die Teilnahme an der Hauptversammlung und/oder die Stimmrechtsausübung zu fordern (§ 123 Abs. 3 AktG).[247] 84

Dieser Nachweis soll die ehemalige Hinterlegung der Aktien ersetzen. Diese wurde insbes. von ausländischen Investoren dahingehend missverstanden, dass die Veräußerung der Aktien während der Hinterlegungsfrist ausgeschlossen sei. Es wurde daher eine (international übliche) Nachweisstichtags- oder sog. **Record Date**-Regelung eingeführt.[248] Diese trägt zudem der bisherigen Praxis Rechnung, nach der die Hinterlegung faktisch ohnehin bereits durch die Vorlage einer Bankbescheinigung ersetzt wurde.[249] 85

Bei **börsennotierten Gesellschaften mit Inhaberaktien** genügt in jedem Fall ein Nachweis des Anteilsbesitzes durch das depotführende Institut (§ 123 Abs. 4 S. 1 AktG).[250] Dieser soll nunmehr als gesetzliches, nicht abdingbares Grundmodell der Legitimation gelten. Der Nachweis muss in Textform erfolgen; eine den Textformnachweis ausschließende Satzungsregelung ist nicht zulässig (§ 126b BGB).[251] Ausstellungsberechtigt sind Kreditinstitute oder Finanzdienstleistungsinstitute, auch ausländische Finanzinstitute.[252] Gegen eine statutarische Beschränkung auf Nachweise in bestimmten Sprachen, insbes. Deutsch und Englisch, sollten keine Einwände bestehen.[253] Neben der Bankbescheinigung, die als nicht dispositive Möglichkeit zur Erbringung des Nachweises stets zur Verfügung stehen soll, können auch alternativ andere Nachweisformen zugelassen werden.[254] 86

Der Nachweis des Anteilsbesitzes an einer börsennotierten Gesellschaft muss sich auf den Beginn des **einundzwanzigsten Tages vor der Versammlung** beziehen **(Record Date)** und der Gesellschaft, ebenso wie die Anmeldung, bis spätestens **sechs Tage vor der Versammlung** zugehen (§ 123 Abs. 4 S. 2 AktG). Der Bescheinigung muss zu entnehmen sein, welche Aktien in welcher Höhe die bezeichnete Person zu Beginn des einundzwanzigsten Tages vor der Hauptversammlung hielt.[255] Die Bescheinigung kann dabei auch nach dem Stichtag ausgestellt werden, sofern sie sich auf diesen bezieht;[256] eine Bescheinigung, die sich auf einen Zeitpunkt vor dem Legitimationsstichtag bezieht, genügt den gesetzlichen Erfordernissen indes nicht (vgl. § 123 Abs. 4 AktG). 87

Die Regelungen zum Nachweisstichtag und der Zugangsfrist zur Vorlage des Legitimationsnachweises gelten unabhängig von der gewählten Nachweisform (§ 123 Abs. 4 S. 2 AktG).[257] Bei dem Record Date handelt es sich um einen Termin (vgl. § 121 Abs. 7 AktG). Dieser Stichtag kann auch auf einen Sonnabend, Sonn- oder Feiertag fallen.[258] 88

---

[247] Wie diese Frage im Nachgang der Aktienrechtsnovelle 2016 in Bezug auf Namensaktien zu entscheiden ist, ist umstritten, vgl. *Ihrig/Wandt* BB 2016, 6 (9); *Rieckers* in Spindler/Stilz AktG § 123 Rn. 18; *Koch* in Hüffer/Koch AktG § 123 Rn. 9 (vgl. auch Rn. 96 f.).
[248] RegBegr. UMAG, BT-Drs. 15/5092, 13, 14.
[249] RegBegr. UMAG, BT-Drs. 15/5092, 13.
[250] *Heidinger/Blath* DB 2006, 2275 f.
[251] Vgl. *Gätsch/Mimberg* AG 2006, 746 f.; *Fleischer* NJW 2005, 3525 (3530). Ausreichend ist zB auch eine Bescheinigung per E-Mail, vgl. *Spindler* NZG 2005, 825 (827).
[252] RegBegr. UMAG, BT-Drs. 15/5092, 13.
[253] *Bungert*, in: Gesellschaftsrechtliche Vereinigung (VGR) (Hrsg.), Gesellschaftsrecht in der Diskussion 2004, 2005, S. 59, 65; *ders.* MHdB AG § 37 Rn. 10; vgl. auch *Ziemons* in K. Schmidt/Lutter AktG § 123 Rn. 50.
[254] § 123 Abs. 4 S. 1 AktG: „[...] **reicht** ein durch das depotführende Institut in Textform erstellter besonderer Nachweis des Anteilsbesitzes **aus**.".
[255] Vgl. *Kubis* in MüKoAktG AktG § 123 Rn. 31.
[256] *Koch* in Hüffer/Koch AktG § 123 Rn. 12a; *Kubis* in MüKoAktG AktG § 123 Rn. 35.
[257] *Heidinger/Blath* DB 2006, 2275 (2277).
[258] Die diesbezügliche Klarstellung durch das ARUG wurde erforderlich, da das LG Frankfurt a.M. NZG 2008, 112 ff. in einem Freigabeverfahren nach § 16 Abs. 3 UmwG bzw. § 246a AktG entschieden hatte,

Bezüglich der Fristberechnung ist bestimmt, dass bei der 6-Tage-Frist zur Erbringung des Nachweises der Tag der Hauptversammlung und der Tag des Zugangs nicht mitzurechnen sind (§§ 121 Abs. 7 S. 1, 123 Abs. 4 S. 4 AktG). Die Satzung oder die Einberufung aufgrund einer Ermächtigung durch die Satzung kann die gesetzlich vorgesehene Zugangsfrist zwar verkürzen, nicht aber verlängern (§ 123 Abs. 4 S. 3 AktG), da das Recht der Aktionäre auf Teilnahme an der Hauptversammlung anderenfalls unzulässig erschwert würde.

89 Nur wer den Nachweis erbracht hat, gilt im Verhältnis zur Gesellschaft als Aktionär (§ 123 Abs. 4 S. 5 AktG). Der Legitimationsnachweis führt damit zu einer **relativen Berechtigung** gegenüber der Gesellschaft hinsichtlich der Teilnahme und Stimmrechtsausübung. Aktionäre, welche die Anforderungen des Legitimationsnachweises nicht erfüllen, müssen und dürfen zur Hauptversammlung nicht zugelassen werden. Bewusst wurde vom Gesetzgeber dabei in Kauf genommen, dass solche Aktionäre nicht teilnahme- und stimmrechtsausübungsberechtigt sind, welche Aktien noch vor der Hauptversammlung, aber nach Ablauf des Record Date erwerben. Andererseits bleiben solche Aktionäre berechtigt, die zwischenzeitlich ihre Anteile veräußert haben und daher materiell nichtberechtigt sind. Wer also zu Beginn des Nachweisstichtags Aktionär war und sich entsprechend legitimieren kann, behält also seine versammlungsbezogenen Rechte auch dann, wenn er seine Aktien noch vor der Hauptversammlung veräußert. Umgekehrt wird der Erwerber zwar Aktionär, erhält aber keine Berechtigung zur Teilnahme an der Hauptversammlung und zur Ausübung des Stimmrechts. Für die Ausübung der versammlungsbezogenen Rechte wird der Aktionärsbestand also „eingefroren", um die Vorbereitung der Hauptversammlung auf eine sichere Basis zu stellen.[259] Das damit verbundene Auseinanderfallen der formellen und der materiellen Berechtigung gegenüber der Gesellschaft ist bei Kleinbeteiligungen praktisch irrelevant. Bei größeren Beteiligungen bestehen zwischen Veräußerer und Erwerber ohnehin regelmäßig Stimmrechtsausübungsregelungen oder Vollmachtserteilungen.[260]

90 **Umstritten** ist die Frage, wie sich eine zwischen Record Date und Hauptversammlung eintretende Gesamtrechtsnachfolge (Verschmelzung, Erbfall) auf die Berechtigung auswirkt. Hier fehlt es jeweils an einem Rechtsvorgänger, der die versammlungsbezogenen Rechte ausüben kann. Aufgrund dessen, dass der Gesamtrechtsnachfolger vollständig in die Rechtsposition seines Vorgängers einrückt, wird zum Teil von der Berechtigung des Gesamtrechtsnachfolgers ausgegangen.[261] Dies findet jedoch im Wortlaut der Norm keine Stütze und beeinträchtigt als Ausnahme des formalen Stichtagsprinzips die Rechtssicherheit.[262] Weder der Einzel- noch der Gesamtrechtsnachfolger sind daher in der Hauptversammlung teilnahme- oder stimmberechtigt. Diesem Umstand lässt sich durch die Erteilung einer (postmortalen) Vollmacht durch den ursprünglichen Aktionär betreffend die Ausübung der Stimmrechte[263] oder – im Verschmelzungsfall – durch zeitliche Verschiebung der Wirksamkeit der Verschmelzung auf das Ende der anstehenden Hauptversammlung begegnen.

91 Für die Auszahlung der Dividende gilt dagegen die materielle Berechtigung, so dass diese an den Erwerber erfolgt, auch wenn er die Aktien nach dem Record Date erworben hat.[264] Der Gesellschaft gegenüber dividendenberechtigt sind also diejenigen Aktionä-

---

dass der Feiertagsschutz des § 123 Abs. 4 AktG aF auch auf den Record Date anzuwenden sei; vgl. zu der Rechtslage vor dem ARUG etwa *Ihrig/Wagner* FS Spiegelberger, 2009, 722 (724).
[259] *Koch* in Hüffer/Koch AktG § 123 Rn. 12.
[260] RegBegr. UMAG, BT-Drs. 15/5092, 14.
[261] *Rieckers* in Spindler/Stilz AktG § 123 Rn. 38; *Noack/Zetzsche* in Kölner Komm. AktG § 123 Rn. 201; so auch *Zetzsche* Der Konzern 2007, 180 (187f.).
[262] *Heidinger/Blath* DB 2006, 2275 (2277f.); *Koch* in Hüffer/Koch AktG § 123 Rn. 12a; ebenso *Kubis* in MüKoAktG AktG § 123 Rn. 38; *Ziemons* in K. Schmidt/Lutter AktG § 123 Rn. 55.
[263] *Heidinger/Blath* DB 2006, 2275 (2278).
[264] RegBegr. UMAG, BT-Drs. 15/5092, 14; *Koch* in Hüffer/Koch AktG § 123 Rn. 12; *Mutter* AG 2004, R 202, R 204; vgl. auch → Rn. 103.

IV. Art und Weise der Einberufung § 4

re, die zum Zeitpunkt des Entstehens des Dividendenanspruchs – also mit der Beschlussfassung in der Hauptversammlung – Aktionäre sind.[265]

Nur inhaltlich richtige und ordnungsgemäß ausgestellte, den gesetzlichen Vorgaben genügende Nachweise sind als ausreichend anzusehen. Die Gesellschaft ist daher befugt, bei **Verdacht eines unrichtigen oder gefälschten Nachweises** den Aktionär abzuweisen oder weitere Nachweise zu verlangen.[266] Die falsche Ausstellung oder Verfälschung von Berechtigungsnachweisen ist strafbar (§ 402 AktG). 92

Das Erfordernis eines Legitimationsnachweises beschränkt in der Regel nicht nur die **Teilnahme** an der Hauptversammlung, sondern auch die Ausübung des **Stimmrechts,** selbst wenn die Satzung keine entsprechende Regelung enthält.[267] Umgekehrt berühren Beschränkungen des Stimmrechts das Recht zur Teilnahme nicht.[268] Entsprechendes gilt für Regelungen über eine Anmeldepflicht, sofern die Anmeldung nur als Voraussetzung zur Ausübung des Stimmrechts ausgestaltet ist. 93

Für **börsennotierte Gesellschaften** mit Namensaktien stellt das Gesetz nur das Rechtsinstitut der Anmeldung als Voraussetzung für die Teilnahme und Stimmrechtsausübung in der Hauptversammlung zur Verfügung. Den Berechtigungsnachweis für Teilnahme und Stimmrechtsausübung stellt nur die Eintragung im Aktienregister dar, nach § 123 Abs. 5 AktG ist ein über diese Eintragung hinausgehender Berechtigungsnachweis bei Namensaktien nicht vorgesehen.[269] Insbesondere bei **Publikumsgesellschaften** bereitet das Schwierigkeiten (vgl. dazu → Rn. 98). Früher ist dies weniger ins Gewicht gefallen, da **Namensaktien** bei börsennotierten Publikumsgesellschaften nur ausnahmsweise und zudem bisweilen als vinkulierte Namensaktien ausgegeben wurden. Seit Inkrafttreten der Aktienrechtsnovelle 2016 sind nunmehr Namensaktien der gesetzliche Standard (vgl. § 10 Abs. 1 S. 1 AktG) wovon nur unter den gesetzlich geregelten Voraussetzungen abgewichen werden kann (§ 10 Abs. 1 S. 2 AktG).[270] 94

Anders stellt sich die Rechtslage bei nicht-börsennotierten Gesellschaften dar. Für **nicht-börsennotierte Gesellschaften mit Inhaberaktien** besteht Satzungsfreiheit, ob sie die Teilnahme an der Hauptversammlung und/oder die Stimmrechtsausübung von der Vorlage eines Berechtigungsnachweises abhängig machen wollen, und wenn ja, wie die Berechtigung nachzuweisen ist (§ 123 Abs. 3 AktG).[271] Zulässig und in der Regel am praktikabelsten wird das Verlangen nach einem Berechtigungsnachweis sein, wie das Gesetz ihn für börsennotierte Gesellschaften als hinreichend erachtet (§ 123 Abs. 4 S. 1 und 2 AktG). Auch Hinterlegungsklauseln dürfen bei nicht börsennotierten Gesellschaften beibehalten oder sogar neu eingeführt werden.[272] Trifft die Satzung hierzu keine Regelung, so ist nach allgemeinen Grundsätzen dennoch ein Nachweis zu erbringen. Die Gesellschaft muss aber in diesem Falle jeden geeigneten Nachweis akzeptieren, bspw. die Vorlage der Aktienurkunde oder eine Bescheinigung des depotführenden Instituts.[273] Als Zeitpunkt, auf den sich der Nachweis zu beziehen hat, gilt der Tag der Hauptversammlung. 95

---

[265] *Koch* in Hüffer/Koch AktG § 58 Rn. 28; *Hennrichs/Pöschke* in MüKoAktG AktG § 174 Rn. 18, 43.
[266] RegBegr. UMAG, BT-Drs. 15/5092, 13.
[267] Vgl. RGZ 112, 111; *Werner* in GroßkommAktG AktG § 123 Rn. 62; *Rieckers* in Spindler/Stilz AktG § 123 Rn. 18f.
[268] Vgl. RGZ 112, 111; *Baumbach/Hueck* AktG § 118 Rn. 10; *Werner* in GroßkommAktG AktG § 123 Rn. 62; *Rieckers* in Spindler/Stilz AktG § 123 Rn. 11, 19.
[269] *Ihrig/Wandt* BB 2016, 6 (9); *Söhner* ZIP 2016, 151 (156); zur bisherigen Rechtslage siehe *Kubis* in MüKoAktG AktG § 123 Rn. 16, 40.
[270] → § 30.
[271] Vgl. *Ziemons* in K. Schmidt/Lutter AktG § 123 Rn. 38; *Koch* in Hüffer/Koch AktG § 123 Rn. 10; *Butzke* WM 2005, 1981 (1983).
[272] Vgl. *Koch* in Hüffer/Koch AktG § 123 Rn. 10; *Spindler* NZG 2005, 825 (827); *Simon/Zetzsche* NZG 2005, 369 (371). Vgl. zu den Einzelheiten der Hinterlegungsanforderungen die Ausführungen in der 2. Aufl. → Rn. 75ff.
[273] *Heidinger/Blath* DB 2006, 2275 (2277); vgl. auch *Koch* in Hüffer/Koch AktG § 123 Rn. 9, 3ff.; *Ziemons* in K. Schmidt/Lutter AktG § 123 Rn. 41f.

96 Umstritten ist, inwieweit Berechtigungsnachweise bei **nicht-börsennotierten Gesellschaften mit Namensaktien**, auf die § 123 Abs. 5 AktG keine Anwendung findet, gefordert werden können. Gegen die Annahme, dass die Satzungen solcher Gesellschaften weitere Anforderungen an Berechtigungsnachweise für Namensaktien stellen können, lässt sich der Zweck des Aktienregisters nach § 67 Abs. 1 AktG als Legitimationsgrundlage für die Aktionärsstellung anführen. Dieser Zweck würde eingeschränkt, wenn die Gesellschaft statuieren könnte, dass über die Eintragung im Aktienregister hinaus weitere Nachweise der Aktionäre erforderlich sind.[274] Dieser Auffassung steht aber der eindeutige Wortlaut des Gesetzes entgegen. Dafür, dass die Satzungen solcher Gesellschaften weitere Anforderungen an Berechtigungsnachweise für Namensaktien stellen können, lassen sich zwei Argumente anführen: Erstens ein Umkehrschluss aus § 123 Abs. 5 AktG, für nicht-börsennotierte Gesellschaften ist ein beschränkender Verweis auf § 67 Abs. 2 AktG gerade nicht enthalten. Zweitens differenziert § 123 Abs. 3 AktG, der für nicht-börsennotierte Gesellschaften die maßgebliche Norm betreffend die Berechtigungsnachweise darstellt, ausdrücklich nicht zwischen Inhaber- und Namensaktien.[275] Die Argumentation mit dem Zweck des Aktienregisters nach § 67 Abs. 2 AktG, der sich bei börsennotierten Gesellschaften nach wie vor in vollem Umfang realisiert, kann dem nicht überzeugend entgegengehalten werden. Richtigerweise besteht also bei nicht-börsennotierten Gesellschaften die Möglichkeit, in Bezug auf die Hauptversammlung die Teilnahme und Stimmrechtsausübung der Inhaber von Namensaktien statuarisch durch die Vorlage weiterer Berechtigungsnachweise zu bedingen.

97 Ob eine derartige Satzungsregelung zulässig wäre, ist allerdings bislang von der Rechtsprechung nicht entschieden worden. Welcher Auffassung sich die Rechtsprechung im Streitfalle anschließen würde, ist nicht gesichert. Sollte daher dem Inhaber einer Namensaktie bei Fehlen eines von der Satzung geforderten weiteren Berechtigungsnachweises unter Verweis hierauf die Teilnahme an der Hauptversammlung verweigert werden, begründet dies die Gefahr, dass die auf dieser Hauptversammlung gefassten Beschlüsse anfechtbar sind.

98 Jedenfalls bei börsennotierten Publikumsgesellschaften erschwert die Namensaktie die **Vorbereitung** und Durchführung von **Hauptversammlungen** somit insofern, als ausschließlich derjenige als Aktionär gilt, der als solcher im Aktienregister eingetragen ist (§ 67 Abs. 2 S. 1 AktG). Es stellt sich daher die Frage, wie **aktuell** das **Aktienregister** am Tag der Hauptversammlung sein muss: Muss die Gesellschaft einen Aktionär im Aktienregister umschreiben, der unmittelbar vor der Hauptversammlung Aktien erworben hat? Darf sie einen Aktionär zulassen, der mitgeteilt hat, dass er seine Aktien veräußert hat, aber dessen Austragung aus dem Aktienregister noch nicht erfolgt ist? Muss sie die Umschreibung noch kurzfristig vornehmen und am Tag der Hauptversammlung die Teilnahme- und Stimmberechtigung eines jeden Aktionärs, auch wenn sie ihm bereits Eintrittskarten übersandt hat, durch einen Abgleich mit dem Aktienregister überprüfen? Hat man Hauptversammlungen mit mehreren Tausenden von Aktionären vor Augen, kann man sich die damit verbundenen praktischen Schwierigkeiten vorstellen.

99 Die Publikumsgesellschaften, die vinkulierte Namensaktien ausgegeben haben, haben in der Praxis oft das **Aktienregister** bereits einige Wochen vor der Hauptversammlung **geschlossen**. Sie können sich immerhin darauf berufen, dass eine Entscheidung über die Zustimmung der Übertragung der Aktie nur innerhalb eines angemessenen Zeitraums[276]

---

[274] *Söhner* ZIP 2016, 151 (156); *Ihrig/Wandt* BB 2016, 6 (9); *Söhner* ZIP 2016, 151 (156); so im Ergebnis auch *Rieckers* in Spindler/Stilz AktG § 123 Rn. 20; siehe auch den RegBegrE zur Aktienrechtsnovelle (BT-Drs. 18/4349, 23).

[275] *Koch* in Hüffer/Koch AktG § 123 Rn. 10; in diese Richtung auch *Götze* NZG 2016, 48 (49); so auch *Götze/Nartowska* NZG 2015, 298 (301); *Ziemons* in K. Schmidt/Lutter AktG § 123 Rn. 71.

[276] Die Länge des angemessenen Zeitraums ist str., als angemessen angesehen werden: höchstens zwei Tage: *Merkt* in GroßkommAktG AktG § 67 Rn. 105; höchstens drei Tage: *Noack* ZIP 1999, 1993 (1997); sechs Tage: *Bayer/Lieder* NZG 2009, 1361 (1363); *Koch* in Hüffer/Koch AktG § 67 Rn. 20; keinesfalls länger

getroffen werden muss; ein Argument, das bei nicht vinkulierten Namensaktien nicht zur Verfügung steht. Sie weisen auf die Schließung des Aktienregisters teils nicht, teils in der Mitteilung nach § 125 AktG, teils aber auch, was uE für zwingend geboten zu halten ist, bereits in der Einladung zur Hauptversammlung hin. Damit wird – über die Sperrung des Aktienregisters – mittelbar eine weitere Teilnahmevoraussetzung eingeführt, um zu vermeiden, dass sich zwischen der Ausgabe der Eintrittskarten und dem Beginn der Hauptversammlung noch Veränderungen der Stimm- und Teilnahmeberechtigungen ergeben. Ein derartiger Eintragungsstopp kann vom Vorstand festgelegt werden, ohne dass es hierfür einer statutarischen Bestimmung oder Ermächtigung bedarf.[277] Der Sache nach ähnelt diese Lösung dem bei börsennotierten Gesellschaften mit Inhaberaktien vorgesehenen, auf einen **„Record Date"** zu erbringenden Legitimationsnachweis (§ 123 Abs. 4 AktG), wie er auch in ausländischen Rechtsordnungen – etwa in den USA – üblich ist. Danach ist nur stimmberechtigt, wer zu einem bestimmten, nicht mit dem Tag der Hauptversammlung übereinstimmenden Stichtag Aktionär ist.

Die Festlegung eines Umschreibungsstopps ist praktischen Bedürfnissen geschuldet, da gemäß § 129 Abs. 1 S. 2 AktG das Teilnehmerverzeichnis mit dem Aktienregister übereinstimmen muss. Bei kontinuierlich möglichem Aktienhandel kann dies nur erreicht werden, indem die Eintragung kurzzeitig ausgesetzt wird.[278] 100

Eine gewisse Entschärfung dieses Problems ist insoweit eingetreten, als zuerst mit dem NaStraG die Anmeldefrist auf 7 Tage (von zuvor 3 Tagen) ausgedehnt und mit dem ARUG auf 6 Tage festgelegt wurde (§ 123 Abs. 2 S. 2 AktG). Durch die gleichzeitig erfolgte Verkürzung der Frist zur Erbringung des Nachweises über die Teilnahmeberechtigung auf ebenfalls 6 Tage entfiel die nicht zweifelsfreie Möglichkeit der Verlängerung der Vorbereitungszeit für die Gesellschaft dadurch, dass die Teilnahme und die Rechtsausübung nicht nur von einer Anmeldung, sondern auch von einem Legitimationsnachweis abhängig gemacht wurde. Mit der Neufassung des § 123 AktG durch die Aktienrechtsnovelle 2016 bleibt der Legitimationsnachweis bei Namensaktien nach umstrittener Auffassung gänzlich gestrichen, bei Inhaberaktien (und Börsennotierungen der Gesellschaft) bleibt es bei der Frist von 6 Tagen vor der Hauptversammlung sowohl für die Anmeldung als auch für den Legitimationsnachweis. 101

Wenngleich vereinzelte Bedenken gegen die Zulässigkeit eines Eintragungsstopps damit begründet werden, dass es sich dabei um eine im Gesetz nicht vorgesehene Beschränkung des Stimm- und Teilnahmerechts handle,[279] ist heute mit der Rechtsprechung und der ganz herrschenden Ansicht in der Literatur von der **Zulässigkeit** eines Eintragungs- bzw. Umschreibungsstopps auszugehen.[280] Daran hat sich auch durch die Aktienrechtsnovelle 2016 nichts geändert.[281] Die Festsetzung einer Unterbrechung der Bearbeitung von Umschreibungsanträgen stellt keine gesetzes- oder satzungswidrige Teilnahmebeschränkung oder unrichtige Teilnahmebedingung dar. Das Interesse der Gesellschaft an einer ordnungsgemäßen Vorbereitung der Hauptversammlung überwiegt das Interesse eines Erwerbers an einer raschen Eintragung im Aktienregister, sodass die Gesellschaft eine gewisse 102

---

als sieben Tage, abhängig von den technischen Entwicklungen: BegrRegE, BT-Drs. 14/4051, 11:, zwischen drei und sieben Tagen: LG Köln NZG 2009, 467 (468); *Baums* FS Hüffer, 2009, 15 (26f.); *v. Nussbaum*, NZG 2009, 456 (457).

[277] *Baums* FS Hüffer, 2009, 15 (28); *Cahn* in Spindler/Stilz AktG § 67 Rn. 81; aA *Schäfer* in *Happ/Groß* AktienR 4.08 Rn. 7 Fn. 55.

[278] Ausführlich *Baums* FS Hüffer, 2009, 15 (16 ff.); *Cahn* in Spindler/Stilz AktG § 67 Rn. 81; *Quass* AG 2009, 432 (434).

[279] So etwa *Merkt* in GroßkommAktG AktG § 67 Rn. 102 ff.; zur grds. Unentziehbarkeit des Stimmrechts als Kernbereich der Mitgliedschaft vgl. *Hoffmann-Becking* in MHdB AG § 39 Rn. 1; *Tröger* in Kölner Komm. AktG § 134 Rn. 7.

[280] BGH AG 2009, 824 (825); OLG Köln AG 2009, 448; LG Köln NZG 2009, 467 (468); eingehend *Baums* FS Hüffer, 2009, 15 (19 ff.); *Bayer* in MüKoAktG AktG § 67 Rn. 112; *Koch* in Hüffer/Koch AktG § 67 Rn. 20; *Cahn* in Spindler/Stilz AktG § 67 Rn. 81; *Bayer/Lieder* NZG 2009, 1361 (1362 f.); *Grobecker* NZG 2010, 165 (166).

[281] *Ihrig/Wandt* BB 2016, 6 (9, 10); *Söhner* ZIP 2016, 151 (157).

Bearbeitungszeit in Anspruch nehmen kann, um die Teilnehmerliste und das Aktienregister in Übereinstimmung zu bringen.[282] Diesen Interessenvorrang hat der Gesetzgeber bei Namensaktien als so selbstverständlich erachtet, dass auf eine gesetzliche Regelung ausdrücklich verzichtet wurde.[283] Der Zeitraum, in dem die Bearbeitung der Umschreibungsanträge eingestellt wird, ist dabei nicht auf den technisch unvermeidbaren Zeitraum beschränkt.[284] Vielmehr sind die ebenfalls dem Zweck der Vorbereitung der Hauptversammlung dienenden Fristen für den Zugang des Nachweises der Teilnahmeberechtigung bei Inhaberaktien bzw. die Anmeldefrist (§ 123 Abs. 2 und 4 AktG) heranzuziehen.[285] Die demgegenüber teilweise vertretenen Auffassungen, dass – unbeschadet einer etwaigen Anmeldefrist – Umschreibungen noch bis zu 24 Stunden oder unverzüglich vor der Hauptversammlung vorzunehmen seien,[286] deckt sich nur schwerlich mit der gesetzgeberischen Intention, der Gesellschaft durch die Anmeldefrist einen angemessenen Prüfungszeitraum zu eröffnen.[287] In der Satzung können Bestimmungen hinsichtlich des Eintragungsstopps getroffen werden, jedoch ist dabei zu beachten, dass der Eintragungsstopp jedenfalls nicht vor Ablauf der Frist für die Anmeldung zur Teilnahme an der Hauptversammlung beginnen darf, da erst nach deren Ablauf der endgültige Abgleich zwischen den eingegangenen Anmeldungen und dem Aktienregister vorgenommen werden kann.[288] Bei börsennotierten Gesellschaften ist der maßgebliche Zeitpunkt bekannt zu machen, bis zu dem Umschreibungsanträge einzureichen sind, die noch vor der Hauptversammlung bearbeitet werden können.[289]

103 Ein insoweit auf den ersten Blick entgegenstehendes Problem lässt sich hierbei ohne Weiteres bewältigen. Der Gesellschaft gegenüber dividendenberechtigt sind diejenigen Aktionäre, die zum Zeitpunkt des Entstehens des Dividendenanspruchs – also mit der Beschlussfassung in der Hauptversammlung – Aktionäre sind und keinem Rechtsverlust unterliegen.[290] Wird das Aktienregister vor der Hauptversammlung geschlossen und werden daher keine Eintragungen mehr vorgenommen, gelten diejenigen, die Namensaktien nach der Schließung, aber noch bis zur Hauptversammlung erworben haben, der Gesellschaft gegenüber nicht als Aktionär (vgl. § 67 Abs. 2 S. 1 AktG) und sind daher ihr gegenüber für diesen Zeitpunkt nicht dividendenberechtigt, wenn die Aktien wie üblich nicht schon beim Eintragungsstopp, sondern erst nach dem Dividendenbeschluss „ex Dividende" notiert werden. Diesem Problem begegnet man durch Ausgabe von sog **Dividendencoupons** als Inhaberpapieren, die den Dividendenanspruch verbriefen und damit den Inhaber

---

[282] BGH AG 2009, 824 (825); vgl. auch RegBegr. zum NaStraG (BT-Drs. 14/4051, 11).
[283] Vgl. BT-Drs. 15/5092, 14.
[284] So noch die RegBegr. zum NaStraG (BT-Drs. 15/4051, 11): „Der Vorstand hat grundsätzlich die Umschreibung unverzüglich nach Dateneingang vorzunehmen. Unmittelbar vor der Hauptversammlung kann er zur Vermeidung technischer Schwierigkeiten die Umschreibung stoppen (dies entspricht dem sog. Record Date). Wie lange diese Frist beträgt, hängt von den technischen Entwicklungen ab. Sie sollte keinesfalls länger als 7 Tage sein."
[285] BGH AG 2009, 824 (825); LG Köln NZG 2009, 467 (468) (zwischen drei und sieben Tagen); *Baums* FS Hüffer, 2009, 15 (26 f.); *Merkt* in GroßkommAktG AktG § 67 Rn. 102; *Koch* in Hüffer/Koch AktG § 67 Rn. 20; *Cahn* in Spindler/Stilz AktG § 67 Rn. 81; *v. Nussbaum* NZG 2009, 456 (457); *Bayer/Lieder* NZG 2009, 1361 (1363) (sechs Tage).
[286] So etwa *Diekmann* BB 1999, 1985 (1989), der für eine Berücksichtigung aller An- und Abmeldungen bis unmittelbar vor der Hauptversammlung eintritt, soweit dies technisch möglich ist; *Huep* WM 2000, 1623 (1629 f.) und *Glumann/Soehlke* DB 2001, 576 (579) halten einen Eintragungsstopp nur 24 Stunden vor der Hauptversammlung für zulässig; dagegen *Butzke* E Rn. 101; ähnlich auch *Noack* ZIP 1999, 1993 (1997) (3 Tage).
[287] Der BGH (AG 2009, 824 (825)) weist in diesem Zusammenhang darauf hin, dass die Überprüfung der Umschreibungsvoraussetzungen eine gewisse Zeit beanspruchen könne; dies gelte insbesondere bei einer Vinkulierung der Namensaktien, weil nicht immer kurzfristig zu klären sei, ob die Umschreibung nur mit oder auch ohne die individuelle Zustimmung des Aufsichtsrats vorgenommen werden kann.
[288] So zutreffend *Cahn* in Spindler/Stilz AktG § 67 Rn. 81; *Leuering* ZIP 1999, 1745 (1747).
[289] LG Köln NZG 2009, 467 (468); *Merkt* in GroßkommAktG AktG § 67 Rn. 102; *Bayer* in MüKoAktG AktG § 67 Rn. 112; *Bayer/Lieder* NZG 2009, 1361 (1363); *Weber* NZG 2001, 337 (339); aA *Baums* FS Hüffer, 2009, 15 (28 ff.); *Quass* AG 2009, 432 (434).
[290] *Koch* in Hüffer/Koch AktG § 58 Rn. 28; *Hennrichs/Pöschke* in MüKoAktG AktG § 174 Rn. 19, 43.

unabhängig von seiner (mangelnden) Eintragung im Aktienregister legitimieren.[291] Alternativ erfolgt der Ausgleich zwischen Veräußerer und Erwerber nach zivilrechtlichen Regeln (§§ 677ff., 812ff. BGB).[292]

b) Auswirkung von Teilnahmebedingungen auf die Fristberechnung

104 Die dreißigtägige Einberufungsfrist verlängert sich, wenn in der Satzung von der Möglichkeit Gebrauch gemacht wird, das Recht zur Teilnahme an der Hauptversammlung von der **Anmeldung** der Aktionäre zur Hauptversammlung (§ 123 Abs. 2 AktG) oder von dem **Nachweis der Teilnahmeberechtigung** (§ 123 Abs. 3 AktG) bis zu einem bestimmten Zeitpunkt vor der Hauptversammlung abhängig zu machen, um die Tage der Anmeldungs- (§ 123 Abs. 2 S. 5 AktG) bzw. Nachweisfrist (§ 123 Abs. 3 Hs. 2 AktG). Die gesetzliche Frist, nach der die Anmeldung bzw. bei Inhaberaktien börsennotierter Gesellschaften der Legitimationsnachweis der Gesellschaft mindestens sechs Tage vor der Hauptversammlung zugehen muss,[293] kann durch die Satzung oder in der Einberufung aufgrund einer Ermächtigung durch die Satzung verkürzt, jedoch nicht verlängert werden, wobei die Frist in Tagen zu bemessen ist (§ 123 Abs. 2 S. 3 AktG bzw. § 123 Abs. 4 S. 3 AktG).

105 Da der Wortlaut des § 123 Abs. 2 S. 5 AktG aF, der auf die Anmeldefrist in § 123 Abs. 2 S. 2 AktG verwies, fälschlicherweise auch so verstanden werden konnte, dass eine Verlängerung der Einberufungsfrist um sechs Tage auch in dem Fall erfolgt, wenn die sechstägige Anmeldefrist durch Satzungsregelung verkürzt wurde, wurde dies mit der Streichung der Wörter „des Satzes 2" im Rahmen der Aktienrechtsnovelle 2016 geändert. Dadurch ist nun klargestellt, dass eine Verlängerung der Einberufungsfrist lediglich um die tatsächliche (ggf. verkürzte) Anmeldefrist erfolgt.[294]

106 Sieht die Satzung sowohl die Anmeldung als auch den Berechtigungsnachweis vor, so ist zum Schutz der Aktionäre als Einberufungsfrist die längere der aus den beiden Bedingungen resultierenden Fristen anzusehen.[295] In der Praxis wird es sich allerdings anbieten, die Fristen zum Zugang der Anmeldung und zum Zugang des Berechtigungsnachweises parallel auszugestalten. Sieht die Satzung sowohl das Erfordernis einer Anmeldung als auch das Erfordernis der Vorlage eines Legitimationsnachweises vor, bestimmt aber weder die Satzung noch die Einberufung aufgrund einer Ermächtigung eine kürzere, in Tagen zu bemessende Frist, müssen sowohl die Anmeldung als auch der Berechtigungsnachweis der Gesellschaft mindestens sechs Tage vor der Versammlung zugehen; der Tag des Zugangs wird hierbei nicht mitgerechnet (§ 123 Abs. 2 S. 4 AktG; § 123 Abs. 4 S. 4 AktG). Fällt das Fristende auf einen Sonnabend, Sonn- oder Feiertag, kommt eine Verschiebung auf den nächsten oder vorherigen Werktag nicht in Betracht (§ 121 Abs. 7 S. 2 AktG). Entsprechendes gilt auch dann, wenn die Satzung keine Regelungen zur Legitimation trifft und daher der Nachweis kraft Gesetzes in Form einer Bescheinigung des depotführenden Instituts erbracht werden kann.[296] Führt man das oben angegebene Beispiel fort (vgl. → Rn. 71), müsste die Anmeldung und der Legitimationsnachweis für eine am Freitag, den 12.5.2017 geplante Hauptversammlung der Gesellschaft bis spätestens Freitag,

---

[291] Vgl. hierzu *Koch* in Hüffer/Koch AktG § 58 Rn. 29; *Leuering* ZIP 1999, 1745 (1749); *Diekmann* BB 1999, 1985 (1987).
[292] Vgl. *Koch* in Hüffer/Koch AktG § 67 Rn. 15.
[293] § 123 Abs. 2 S. 2 AktG für die Anmeldung als Teilnahmevoraussetzung; § 123 Abs. 4 S. 2 AktG für den Nachweis der Teilnahmeberechtigung.
[294] RegBegrE Aktienrechtsnovelle 2014 (BT-Drs. 18/4349, 22f.); *Söhner* ZIP 2016, 151 (156); *Drinhausen/Keinath* BB 2012, 395 (400).
[295] *Mimberg* AG 2005, 716 (722).
[296] § 123 Abs. 4 S. 1 AktG verweist zwar nicht auf die Fristberechnung nach § 123 Abs. 2 S. 2 AktG (anders als § 123 Abs. 3 Hs. 2 AktG für statutarisch geforderte Berechtigungsnachweise). Entstehungsgeschichte und Gesetzeszweck legen jedoch nahe, dass hier § 123 Abs. 2 S. 2 AktG entsprechend anzuwenden ist. Eingehend *Kiefner/Zetsche* ZIP 2006, 551 (553).

den 5.5.2017 zugehen. Die Einberufungsfrist von grds. 30 Tagen (§ 123 Abs. 1 S. 1 AktG) verlängert sich um sechs Tage, so dass die Einberufung nicht mehr bis zum 11.4. 2017, sondern bis spätestens Mittwoch den 5.4.2017 erfolgen müsste. Bei der Verlängerung der Frist gilt lediglich § 123 Abs. 2 S. 5 AktG (ggf. über den Verweis in § 123 Abs. 3 Hs. 2 AktG), wonach sich die Mindestfrist verlängert; § 123 Abs. 2 S. 4, Abs. 4 S. 4 AktG sind für die Berechnung der verlängerten Frist unerheblich.

107 **Nicht börsennotierte Gesellschaften** dagegen können die Frist zur Erbringung des Nachweises (jedenfalls in Bezug auf Inhaberaktien, → Rn. 95) grds. frei bestimmen, wobei den Aktionären die Wahrnehmung ihrer Teilnahme- und Stimmausübungsrechte nicht übermäßig erschwert werden darf. Es ist insofern ratsam, sich an den für börsennotierte Gesellschaften gesetzten Grenzen zu orientieren.[297] Trifft die Satzung keine Regelung, kann der Nachweis noch am Tag der Versammlung erbracht werden, die Einberufungsfrist ändert sich folglich nicht. Der Nachweis hat sich dabei auf den Tag der Hauptversammlung zu beziehen (→ Rn. 95).

3. Besonderheiten bei der Einberufung in Übernahmesituationen

108 Für den Fall der Einberufung einer Hauptversammlung einer Gesellschaft im Zusammenhang mit einem Angebot zum Erwerb ihrer Aktien enthält § 16 WpÜG zahlreiche Sonderregelungen (ausführlich hierzu → § 37 Rn. 44ff.). Voraussetzung für das Eingreifen dieser Sonderregelungen ist die Veröffentlichung einer Angebotsunterlage (§ 16 Abs. 3 S. 1 iVm § 14 Abs. 3 S. 1 WpÜG. Hinsichtlich des weiteren Gangs des Übernahmeverfahrens legt § 16 Abs. 3 S. 1 WpÜG fest, dass sich für den Fall der Einberufung einer Hauptversammlung die Annahmefrist für das Angebot auf zehn Wochen ab Veröffentlichung der Angebotsunterlage verlängert. Hierdurch soll insbes. dem Vorstand die Möglichkeit eröffnet werden, die in der Hauptversammlung gefassten Beschlüsse umzusetzen.[298] Derartige Beschlüsse, die in der Übernahmesituation gefasst werden können, betreffen insbes. die Einschränkung der Neutralitätspflicht des Vorstands (§ 33 WpÜG).[299] Einerseits kann eine solche Aufhebung der Neutralitätspflicht, die für die Zulässigkeit von Abwehrmaßnahmen erforderlich ist, durch eine – für höchstens 18 Monate erteilbare – Ermächtigung durch die Hauptversammlung nach § 33 Abs. 2 WpÜG erfolgen. Andererseits ist auch eine Ad hoc-Entscheidung der Hauptversammlung über die Ergreifung von Abwehrmaßnahmen in der konkreten Übernahmesituation zulässig.[300]

109 § 16 Abs. 4 WpÜG regelt die für die Durchführung einer solchen Hauptversammlung zu beachtenden Fristen und Formalien. Die Zielgesellschaft soll nicht durch den Zwang zur Einhaltung von Formalien der in Übernahmesituationen erforderlichen Flexibilität beraubt werden.[301] Dementsprechend wird die Möglichkeit eröffnet, die Frist des § 123 Abs. 1 AktG zu unterschreiten und eine Hauptversammlung mit einer **Frist von mindestens 14 Tagen** einzuberufen (§ 16 Abs. 4 S. 1 WpÜG). Bei der Berechnung der Frist ist der Tag der Einberufung der Hauptversammlung nicht mitzurechnen (§ 16 Abs. 4 S. 2 WpÜG), und es sind die Bestimmungen des § 121 Abs. 7 AktG zu beachten (§ 16 Abs. 4 S. 3 WpÜG) (zur Anwendbarkeit dieser Fristverkürzung bei entgegenstehender statuarischer Regelung → § 37 Rn. 76ff., 78).[302] Macht die Gesellschaft von dieser Möglichkeit Gebrauch, beträgt die Anmeldefrist **vier Tage** (§ 16 Abs. 4 S. 5 WpÜG). Für die Nach-

---

[297] Vgl. Butzke WM 2005, 1981 (1983).
[298] Steinmeyer in Steinmeyer WpÜG § 16 Rn. 8; Geibel in Geibel/Süßmann WpÜG § 16 Rn. 52.
[299] Vgl. zur Neutralitätspflicht des Vorstands Liebscher ZIP 2001, 853 (866f.); Thoma NZG 2002, 105 (110f.); Winter/Harbarth ZIP 2002, 1ff.
[300] Vgl. hierzu Winter/Harbarth ZIP 2002, 1 (13f.).
[301] RegBegr. zu § 16 Abs. 4 WpÜG, abgedruckt bei Pötzsch, Das neue Übernahmerecht, 2002, 213.
[302] S. zu Fristbeginn und -berechnung auch Steinmeyer in Steinmeyer WpÜG § 16 Rn. 28; Merkner/Sustmann in Baums/Thoma WpÜG § 16 Rn. 92ff.

weisfrist in § 123 Abs. 4 S. 2 AktG wurde diese Verkürzung nicht ins Gesetz übernommen. Aufgrund des in § 123 AktG vorgesehenen Gleichlaufs von Anmeldungs- und Nachweisfrist und der Zweckbestimmung des § 16 Abs. 3 und 4 WpÜG, der Gesellschaft im Falle eines Übernahmeangebots die zügige Durchführung einer Hauptversammlung zu ermöglichen, ist jedoch zweckmäßigerweise auch die Verkürzung dieser Frist anzunehmen. Im Falle eines kumulativen Vorliegens von Anmeldungs- und Legitimationserfordernis würde sich die Einberufungsfrist ansonsten immer um die Legitimationsfrist von sechs Tagen als längere Frist verlängern, solange diese nicht durch die Satzung oder in der Einberufung aufgrund Satzungsermächtigung auf vier Tage oder weniger verkürzt wurde. Die durch § 16 Abs. 4 S. 1, 5 AktG an sich bezweckte Verkürzung der Einberufungsfrist könnte somit nicht erlangt werden. Die Mitteilungspflicht nach § 125 Abs. 1 S. 1 AktG wird im Rahmen des Gebrauchs der Möglichkeit der verkürzten Einberufungsfrist nach § 16 Abs. 4 S. 1 WpÜG dahingehend modifiziert, dass derartige Mitteilungen unverzüglich erbracht werden müssen (§ 16 Abs. 4 S. 5 WpÜG). Da die Einberufung der Hauptversammlung sowohl der BaFin als auch dem Bieter gegenüber unverzüglich bekanntzumachen ist (§ 16 Abs. 3 S. 2 WpÜG), wird ein Gleichlauf der Mitteilungspflichten erreicht.[303] Aufgrund dessen, dass auf das auslegungsbedürftige Merkmal der Unverzüglichkeit abgestellt wird, dürfte der Verweis auf die Bestimmung des § 125 Abs. 1 S. 2 AktG bedeutungslos sein.[304]

In der Wahl eines geeigneten Versammlungsorts ist die Gesellschaft flexibel (vgl. § 16 **110** Abs. 4 S. 4 WpÜG), um mit möglichst kurzer Vorlaufzeit auszukommen. So kann die Hauptversammlung an jedem für die Teilnehmer zumutbaren Ort abgehalten werden, welcher durchaus auch im Ausland liegen kann, solange die notarielle Protokollierung, soweit erforderlich (vgl. § 130 Abs. 1 S. 3 AktG), gewährleistet ist.[305] Insoweit kann der Einberufende bei Vorliegen zwingender sachlicher Gründe von der gesetzlichen (§ 121 Abs. 5 AktG) oder satzungsmäßigen Regelung über den Hauptversammlungsort abweichen.[306] Erforderlich ist aber, dass der gewählte Ort verkehrstechnisch ohne unverhältnismäßige Schwierigkeiten erreicht werden kann und jeder Aktionär freien Zugang zu diesem hat.[307] Weiter sieht § 16 WpÜG Erleichterungen hinsichtlich der Erteilung von Stimmrechtsvollmachten (§ 16 Abs. 4 S. 6 WpÜG), der Mitteilungen an die Aktionäre, der Berichtspflicht nach § 186 Abs. 4 S. 2 AktG und hinsichtlich der Anträge von Aktionären vor (§ 16 Abs. 4 S. 7, 8 WpÜG).[308]

4. Mindestangaben der Einberufung

Die Einberufung muss den Einberufenden, die Firma und den Sitz der Gesellschaft, Zeit **111** und Ort der Hauptversammlung angeben (§ 121 Abs. 3 S. 1 AktG).[309] Daneben muss die Einberufung die Tagesordnung enthalten (§ 121 Abs. 3 S. 2 AktG). Die einberufenden

---

[303] *Steinmeyer* in Steinmeyer WpÜG § 16 Rn. 30; vgl. auch *Merkner/Sustmann* in Baums/Thoma WpÜG § 16 Rn. 100.
[304] *Steinmeyer* in Steinmeyer WpÜG § 16 Rn. 30; *Merkner/Sustmann* in Baums/Thoma WpÜG § 16 Rn. 101.
[305] *Geibel* in Geibel/Süßmann WpÜG § 16 Rn. 87; einschränkend *Koch* in Hüffer/Koch AktG § 121 Rn. 16a; *Merkner/Sustmann* in Baums/Thoma WpÜG § 16 Rn. 96 (nur im Ausnahmefall). Bei einem ausländischen Hauptversammlungsort ist darauf zu achten, dass dem Erfordernis der notariellen Beurkundung genügt werden kann; vgl. dazu hier → Rn. 121 f. mwN sowie → § 37 Rn. 80.
[306] *Hasselbach* in Kölner Komm. WpÜG § 16 Rn. 77; *Steinmeyer* in Steinmeyer WpÜG § 16 Rn. 35.
[307] *Merkner/Sustmann* in Baums/Thoma WpÜG § 16 Rn. 95; *Geibel* in Geibel/Süßmann WpÜG § 16 Rn. 87.
[308] Ausführlich zu diesen weiteren Erleichterungen *Merkner/Sustmann* in Baums/Thoma WpÜG § 16 Rn. 102 ff.
[309] Vgl. die Übersicht → Rn. 156.

Organe börsennotierter Gesellschaften sind zudem zur Angabe zusätzlicher Informationen in der Einberufung verpflichtet, § 121 Abs. 3 S. 3 AktG.

a) Angabe des Einberufenden

112 Unbeschadet einer fehlenden gesetzlichen Anordnung besteht eine Pflicht zur Angabe des Einberufenden, um den eingeladenen Aktionären die Prüfung zu ermöglichen, ob er für die Anberaumung einer Hauptversammlung zuständig ist.[310] Die Angabe des **einberufenden Gremiums** („Vorstand" bzw. „Aufsichtsrat") ist dabei ausreichend, die Benennung einzelner Verwaltungsmitglieder ist nicht erforderlich.[311] Erfolgt die Einberufung durch gesetzlich, statutarisch oder gerichtlich ermächtigte Aktionäre, ist hierauf ebenfalls hinzuweisen.

b) Firma und Sitz der Gesellschaft

113 In der Einberufung sind Firma und Sitz der Gesellschaft anzugeben. Eine Abkürzung des in der **Firma** enthaltenen Rechtsformzusatzes, etwa „AG" statt „Aktiengesellschaft", schadet nicht.[312] Auch sonstige Unrichtigkeiten oder Schreibversehen bei der Firmenbezeichnung bleiben ohne Auswirkung, solange die Gesellschaft noch eindeutig identifizierbar bleibt.[313] Verfügt die Gesellschaft über einen **Doppelsitz**, ist in der Einberufung auf beide Sitze hinzuweisen.[314]

c) Zeit

114 Die Einberufung muss zudem Angaben über den **Hauptversammlungstermin** machen. Gesetzliche Vorgaben für **Tag und Uhrzeit** fehlen; auch die Satzungen schweigen zu diesem Punkt regelmäßig. Damit steht die Wahl von Tag und Uhrzeit grds. im Ermessen des Einberufenden.[315] Eine unzumutbare Terminierung der Hauptversammlung würde jedoch das Recht der Aktionäre auf Teilnahme und ihr Stimmrecht unzulässig beeinträchtigen. Nach allgemeiner Meinung dürfen Hauptversammlungen von Publikumsgesellschaften daher nicht auf **Sonn- oder Feiertage** anberaumt werden.[316] Für Einmann-Gesellschaften gelten die Einschränkungen naturgemäß nicht; Gleiches dürfte für Gesellschaften mit einem engen Aktionärskreis gelten.[317] Eine Terminierung auf Heiligabend

---

[310] *Rieckers* in Spindler/Stilz AktG § 125 Rn. 34; *Kubis* in MüKoAktG AktG § 125 Rn. 70; *Ziemons* in K. Schmidt/Lutter AktG § 125 Rn. 69.
[311] *Ziemons* in K. Schmidt/Lutter AktG § 121 Rn. 71; *Noack/Zetzsche* in Kölner Komm. AktG § 121 Rn. 84; *Werner* in GroßkommAktG AktG § 121 Rn. 43.
[312] *Koch* in Hüffer/Koch AktG § 121 Rn. 9. Nach § 4 AktG idF des HRefG vom 22.6.1998 ist die Zulässigkeit allgemein verständlicher Abkürzungen von „Aktiengesellschaft" nunmehr gesetzlich verankert.
[313] OLG Hamburg AG 1981, 193 (195); *Bungert* in MHdB AG § 36 Rn. 42; ähnlich, jedoch etwas strenger *Hüffer/Schäfer* in MüKoAktG AktG § 241 Rn. 33; vgl. auch *Butzke* B Rn. 73.
[314] *Kubis* in MüKoAktG AktG § 121 Rn. 33; *Werner* in GroßkommAktG AktG § 121 Rn. 44.
[315] Zu Zeit- und Ortsplanung aus Investor-Relation-Sicht vgl. *Link* AG 1994, 364 (366).
[316] *Noack/Zetzsche* in Kölner Komm. AktG § 121 Rn. 68 (mit Ausnahmen bei dringenden Beschlussfassungen im Rahmen von außerordentlichen Hauptversammlungen); *Kubis* in MüKoAktG AktG § 121 Rn. 36; *Werner* in GroßkommAktG AktG § 121 Rn. 53; *Ziemons* in K. Schmidt/Lutter AktG § 121 Rn. 32; *Göhmann* in Frodermann/Jannott AktienR-HdB § 9 Rn. 53; LG Darmstadt BB 1981, 72 (zur GmbH); einschränkend *Schaaf* Praxis der HV Rn. 143.
[317] In diese Richtung *Koch* in Hüffer/Koch AktG § 121 Rn. 17, der eine Ausnahme vom Verbot des Sonn- und Feiertags aber nur unter den Voraussetzungen einer Vollversammlung zulassen möchte; eine Ausnahme für Vollversammlungen ebenfalls annehmend *Noack/Zetzsche* in Kölner Komm. AktG § 121 Rn. 68; *Ziemons* in K. Schmidt/Lutter AktG § 121 Rn. 32; aA LG Darmstadt BB 1981, 72 f.; Nach Ansicht von *Bungert* in MHdB AG § 36 Rn. 48 kann eine Hauptversammlung an Sonn- und Feiertagen nur mit Zustimmung aller Aktionäre abgehalten werden.

IV. Art und Weise der Einberufung § 4

oder Silvester ist auch bei kleinem Aktionärskreis unzulässig,[318] sofern nicht sämtliche Aktionäre zustimmen. Keine grds.en Bedenken bestehen hingegen, eine Hauptversammlung an einem Samstag durchzuführen, zumal den Aktionären die Teilnahme an diesem Tag vielfach leichter fallen dürfte als an einem Werktag.[319] Dass der Versammlungstag – anders als am Sitz der Gesellschaft – in anderen Bundesländern oder im Ausland ein Feiertag ist, ist ohne Relevanz.[320]

Auch die Versammlungszeit sollte **üblich und zumutbar** gewählt werden.[321] Der oftmals gewählte Beginn von 10.00 Uhr morgens ist angemessen.[322] Eine spätere Uhrzeit ist ohne Weiteres zulässig, solange gewährleistet bleibt, dass die Hauptversammlung noch zu einer zumutbaren Tages- bzw. Nachtzeit geschlossen werden kann.[323] Eine Terminierung am frühen Morgen (vor 8.00 Uhr) und zum späten Abend (nach 20.00 Uhr) dürfte als Beginn der Hauptversammlung regelmäßig ausscheiden.[324] Nach vorherrschender, aber umstrittener Meinung muss die Hauptversammlung noch am **selben Tag** abgeschlossen sein; nach Mitternacht gefasste Beschlüsse seien anfechtbar[325] bzw. gar nichtig.[326] Die Anfechtbarkeits- bzw. Nichtigkeitsfolge wird dabei teilweise lediglich für Beschlüsse angenommen, die nach Mitternacht gefasst werden, nicht aber auf solche, die zwar vor 24.00 Uhr gefasst werden, aber die Versammlung bspw. wegen eines unerwartet langen Auszählungsvorgangs erst nach 0.00 Uhr geschlossen wird.[327] Insbes. die Nichtigkeitsfolge wird in Rspr. und Lit. kontrovers diskutiert und von der wohl überwiegenden Auffassung verneint.[328] Die Erfahrungen aus dem Ablauf von Hauptversammlungen großer Publikumsgesellschaften lassen indessen Zweifel aufkommen, ob an der Prämisse, dass eine Fortführung der Hauptversammlung über Mitternacht hinaus immer unzulässig sein soll, wirklich strikt festgehalten werden kann. Mag die von der herrschenden Meinung favorisierte Datumsgrenze aufgrund einer damit möglichen exakten Bestimmung der zeitlichen Grenze grds. anerkennenswert sein, sprechen doch gewichtige Gründe dafür, diese Grenze nicht zu fixieren, sondern für den jeweiligen Einzelfall zu bestimmen. Kann es wirklich einen Unterschied machen, ob die Abstimmung um 23.30 Uhr oder um 0.15 Uhr erfolgt? Diese Frage stellt sich insbes. dann, wenn sämtliche Beschlüsse vor Mitternacht gefasst werden, aber die Hauptversammlung erst am neuen Tag geschlossen wird.[329] Entscheidend dürfte es daher nicht sein, ob die Abstimmung noch am Tag der Hauptversammlung, wie sie einberufen wurde, erfolgt, da die Nennung des jeweiligen Tages in der Einberufung nicht gleichzeitig auch eine Begrenzung der Dauer der Versammlung bis spä-

115

---

[318] *Werner* in GroßkommAktG AktG § 121 Rn. 53; *Steiner* HV der AG § 1 Rn. 23; nach *Ziemons* in Schmidt/Lutter AktG § 121 Rn. 32 gilt diese Einschränkung nur für Publikumsgesellschaften, deren Aktien im regulierten Markt oder im Freiverkehr gehandelt werden; aA *Kubis* in MüKoAktG AktG § 121 Rn. 36.
[319] *Noack/Zetzsche* in Kölner Komm. AktG § 121 Rn. 69; *Steiner* HV der AG § 1 Rn. 23; *Bungert* in MHdb AG § 36 Rn. 48.
[320] *Werner* in GroßkommAktG AktG § 123 Rn. 20; vgl. *Ziemons* in K. Schmidt/Lutter AktG § 121 Rn. 32.
[321] OLG München AG 2011, 840 (841); *Koch* in Hüffer/Koch AktG § 121 Rn. 17.
[322] Vgl. LG Stuttgart ZIP 1994, 950 (952); s. dazu auch *Rieckers* in Spindler/Stilz AktG § 121 Rn. 80.
[323] Ähnlich *Werner* in GroßkommAktG AktG § 121 Rn. 55; *Kubis* in MüKoAktG AktG § 121 Rn. 36.
[324] *Koch* in Hüffer/Koch AktG § 121 Rn. 17; *Butzke* B Rn. 9.
[325] OLG Koblenz ZIP 2001, 1093; *Liebscher* in Hennsler/Strohn, Gesellschaftsrecht, § 121 AktG Rn. 28; *Ziemons* in K. Schmidt/Lutter AktG § 121 Rn. 35 mwN; siehe aber *Happ/Freitag* AG 1998, 493; krit. auch *Butzke* D Rn. 57.
[326] LG Mainz NZG 2005, 819; LG Düsseldorf ZIP 2007, 1859 (1860); *Kubis* in MüKoAktG AktG § 121 Rn. 35 mwN.
[327] Diese Rechtsfolgen explizit für Beschlussfassungen *nach* Mitternacht fordernd *Ziemons* in K. Schmidt/Lutter AktG § 121 Rn. 35; *Kubis* in MüKoAktG AktG § 121 Rn. 35 mwN; LG Mainz NZG 2005, 819; dafür LG Düsseldorf ZIP 2007, 1859 (1860).
[328] OLG Koblenz ZIP 2001, 1093; vgl. auch OLG München AG 2011, 840 (842); *Koch* in Hüffer/Koch AktG § 121 Rn. 17; *Ziemons* in K. Schmidt/Lutter AktG § 121 Rn. 35; *Würthwein* in Spindler/Stilz AktG § 241 Rn. 147.
[329] Vgl. oben.

testens 24.00 Uhr bedeutet.[330] Maßgeblich ist vielmehr, wie lange einem Aktionär ein Zuwarten auf den Abstimmungsvorgang im Rahmen der Hauptversammlung **zuzumuten** ist. Zur Entscheidung dieser Frage sollte man nicht auf den Wechsel von 24.00 Uhr auf 0.00 Uhr abstellen, sondern auf die Umstände des Einzelfalls.[331] Insoweit sind auf der einen Seite die Zumutbarkeit der Versammlungsdauer für die Aktionäre, auf der anderen Seite die Erforderlichkeit der Versammlungsdauer für eine sinnvolle Beschlussfassung zu beachten.[332] Die in der Literatur vertretenen Werte von höchstens 10 bis 14 Stunden maximaler Versammlungsdauer können insoweit nur als unverbindliche Richtwerte dienen.[333] Die Dauer einer Hauptversammlung über die Datumsgrenze hinaus wird dann als zulässig anzusehen sein, wenn die Aktionäre dadurch nicht unverhältnismäßig belastet werden.[334] Dabei sind bei einer Abwägung auch diejenigen Umstände zu berücksichtigen, die den Aktionären zugemutet würden, wenn eine Vertagung der Hauptversammlung beschlossen wird oder wenn – wie es in der vergangenen Zeit häufiger in der Praxis zu beobachten war[335] – die Versammlung bereits in der Einberufung fakultativ auf die Dauer von **zwei Tagen** angesetzt wird. Danach sei es zulässig bzw. sogar als zweckmäßig anzusehen, die Hauptversammlung bereits in der Einladung wegen umfangreicher Auskunftsbegehren und langer Redebeiträge fakultativ auf die Dauer von zwei Tagen anzusetzen,[336] indem in der Einberufung (zT vorsorglich) die Fortsetzung am nächsten Tag unter Angabe der Uhrzeit angekündigt wird.[337] Dagegen soll eine Unterbrechung gegen Mitternacht und Fortsetzung am nächsten Tag ausscheiden, wenn die Hauptversammlung nur für einen Tag einberufen ist.[338] Abzulehnen ist in jedem Fall eine Pflicht des Vorstands zur Einberufung der Hauptversammlung auf zwei Tage, auch komplexe und umstrittene Beschlussangelegenheiten lassen sich mittels vorheriger Information der Aktionäre sowie einer effektiven Rede- und Fragezeitbegrenzung (s. auch → Rn. 117) innerhalb eines Tages erledigen.[339] Es erscheint zudem zweifelhaft, ob es den Aktionärsinteressen – und insbes. einer sachgerechten Information der Aktionäre – wirklich dienlich ist, als Reaktion auf die ausgedehnten, oft nicht den Kern der Angelegenheit betreffenden Redebeiträge

---

[330] Vgl. *Ek* Praxisleitfaden für die Hauptversammlung, 2. Aufl. 2010, § 5 Rn. 86 ff.
[331] So auch *Koch* in Hüffer/Koch AktG § 121 Rn. 17; *Rieckers* in Spindler/Stilz AktG § 121 Rn. 108; *Ek*, Praxisleitfaden für die Hauptversammlung, 2. Aufl. 2010, § 5 Rn. 87 ff.; *Noack/Zetzsche* in Kölner Komm. AktG § 121 Rn. 70; *Martens* 56; grds. auch *Linnerz* NZG 2006, 208 (210), nach dessen Ansicht aber demzufolge Unwägbarkeiten bei der Bestimmung der Zumutbarkeitsgrenze auftreten.
[332] Vgl. *Butzke* D Rn. 56.
[333] So *Butzke* D Rn. 56; *Quack* AG 1985, 145 (147): höchstens 10 Stunden; *Mülbert* in GroßkommAktG Vor §§ 118–147 Rn. 132; *Noack/Zetzsche* in KölnKomm. AktG § 121 Rn. 70; *Kubis* in MüKoAktG AktG § 121 Rn. 38: höchstens 12 Stunden; *Rieckers* in Spindler/Stilz AktG § 121 Rn. 80; *Herrler* in Grigoleit AktG § 121 Rn. 29; *Ziemons* in K. Schmidt/Lutter AktG § 121 Rn. 34: höchstens 12 bis 14 Stunden; *Reger* in Bürgers/Körber § 121 Rn. 28.
[334] Vgl. *Ek*, Praxisleitfaden für die Hauptversammlung, 2. Aufl. 2010, § 5 Rn. 88.
[335] Vgl. Einberufung zur Hauptversammlung der HypoVereinsbank am 29. und ggf. am 30.7.2008 sowie die Einberufung zur Hauptversammlung der Commerzbank am 15. sowie ggf. am 16.5.2009; jeweils abrufbar auf den Internetseiten der Unternehmen; weitere Beispiele bei *Nagel/Ziegenhahn* WM 2010, 1005 Fn. 4–8. Dieser Trend ist jedoch wieder zurückgegangen, vgl. *Nagel/Ziegenhahn* WM 2010, 1005; *Arnold/Carl/Götz* AG 2011, 349 (350).
[336] OLG München AG 2011, 840 (842); LG Düsseldorf ZIP 2007, 1859; LG Mainz NZG 2005, 819; *Koch* in Hüffer/Koch AktG § 121 Rn. 17a; *Kubis* in MüKoAktG AktG § 121 Rn. 36; *Butzke* B Rn. 16 f.; deutlich enger *Noack/Zetzsche* in Kölner Komm. AktG § 121 Rn. 70; *Werner* in GroßkommAktG AktG § 121 Rn. 55 (Ansetzung auf zwei Tage nur im Ausnahmefall).
[337] *Steiner* HV der AG § 1 Rn. 23; Formulierungsvorschläge bei *Butzke* B Rn. 69; nach *Ziemons* in K. Schmidt/Lutter AktG § 121 Rn. 30 sollte in der Einberufung darauf hingewiesen werden, dass eine Fortsetzung am zweiten Tag nur dann stattfindet, wenn sie nicht bereits am ersten Tag geschlossen wurde.
[338] *Mülbert* in GroßkommAktG vor §§ 118–147 Rn. 131; *Werner* in GroßkommAktG AktG § 121 Rn. 55; *Würthwein* in Spindler/Stilz AktG § 241 Rn. 149; vgl. *Ziemons* in K. Schmidt/Lutter AktG § 121 Rn. 34.
[339] Für eine derartige Pflicht aber *Kubis* in MüKoAktG AktG AktG § 121 Rn. 36; LG Frankfurt a.M. ZIP 2007, 1861 (1863); ähnlich LG Mainz NZG 2005, 819 (819 f.).

und die schier unerschöpflichen Fragenkataloge einzelner Aktionäre eine Ausdehnung der Hauptversammlungen auf zwei Tage zu befürworten.

Zweckmäßig – oder gar geboten – wird eine Ausdehnung der Hauptversammlung auf zwei Tage daher regelmäßig nicht sein. Dem Aktionär wird durch die Einberufung einer zweitägigen Hauptversammlung zugemutet, zwei Tage für die Teilnahme an der Hauptversammlung bereit zu halten und eine Übernachtung vorzusehen. Wägt man diesen wohl von der Mehrzahl der Aktionäre als unzumutbare Belastung empfundenen Nachteil gegen die mit der Ausdehnung gewonnene Möglichkeit, einer Minderheit weitere Zeit für Redebeiträge und Fragen einzuräumen, ab, spricht alles **gegen die Notwendigkeit bzw. Gebotenheit einer Ausdehnung der Hauptversammlung auf zwei Tage.**[340] Nicht ohne Grund spricht auch der Deutsche Corporate Governance Kodex (Ziff. 2.2.4) die Anregung aus, dass der Versammlungsleiter für eine zügige Abwicklung der Hauptversammlung zu sorgen hat. Zwar kann man davon ausgehen, dass eine Versammlung, die die Datumsgrenze überschreitet, nicht dem Idealbild des Kodex von „4 bis 6 Stunden"[341] entspricht; eine Versammlung, die sich über zwei Tage erstreckt, jedoch erst recht nicht. Da Ziff. 2.2.4 des DCGK keine Empfehlung darstellt, sondern nur Anregungscharakter hat, ist ein Abweichen hiervon, etwa durch Einberufung einer mehrtägigen Hauptversammlung, nicht nach § 161 AktG in der Entsprechenserklärung offenzulegen. 116

Eine Vorbereitung durch eingehende Informationen, insbes. durch entsprechende Berichte bei Grundlagenbeschlüssen (→ § 5), wird es in der Regel ermöglichen, auch schwierige Beschlussfassungen an einem Tag zu bewältigen. Durch sinnvolle Beschränkungen der Redezeit und ab einem gewissen Zeitpunkt Beschränkungen auf Fragen sollte es gelingen, die Hauptversammlung zu einer straffen, auf die wesentlichen strategischen Entscheidungen konzentrierten Plattform werden zu lassen.[342] Durch das Abrücken von einer starren Datumsgrenze lässt sich zugleich dem in Hauptversammlungen von Publikumsgesellschaften zu beobachtenden Bemühen oppositioneller Aktionärsgruppen Einhalt gebieten, die durch eine gezielte Häufung von Einzelfragen gegen Ende der Hauptversammlung eine Ausdehnung über 24.00 Uhr hinaus zu provozieren und damit einen vermeintlichen Anfechtungsgrund zu schaffen versuchen. Auch dies entspricht dem Sinn und Zweck der insbes. mit dem UMAG und dem ARUG verfolgten gesetzgeberischen Intention der Eindämmung missbräuchlicher Aktionärsklagen. 117

d) Ort (Inland)

In der Einberufung ist der **Ort** anzugeben, an dem die Hauptversammlung stattfinden soll (§ 121 Abs. 3 S. 1 AktG). Wo die Hauptversammlung stattzufinden hat, bestimmt sich in erster Linie nach der **Satzung der Gesellschaft.** Dabei kann die Satzung jeden Ort als Hauptversammlungsort bestimmen, solange der Ort für den Aktionär unter normalen Bedingungen erreichbar ist.[343] Ausreichend ist hierbei eine Eingrenzung der möglichen Versammlungsorte durch die Angabe allgemeiner objektiver Kriterien (zB 118

---

[340] *Rieckers* in Spindler/Stilz AktG § 121 Rn. 80; *Koch* in Hüffer/Koch AktG § 121 Rn. 17a; eine Pflicht ablehnend auch *Reger* in Bürgers/Körber, § 121 Rn. 28; *Nagel/Ziegenhahn* WM 2010, 1005 (1008); aA aber *Kubis* in MüKoAktG AktG § 121 Rn. 36; LG Frankfurt a.M. ZIP 2007, 1861 (1863); ähnlich LG Mainz NZG 2005, 819 (819 f.); offenlassend OLG München AG 2011, 840 (842); zu den Möglichkeiten der zeitlichen Straffung der Hauptversammlung durch das UMAG und das ARUG s. *Nagel/Ziegenhahn* WM 2010, 1005 (1006 f.). Ähnlich *Arnold/Carl/Götze* AG 2011, 349 (350).
[341] Deutscher Corporate Governance Kodex (DCGK) idF vom 7.2.2017, abrufbar unter http://dcgk.de//files/dcgk/usercontent/de/download/kodex/170424_Kodex_finale_Version_D.pdf, Ziff. 2.2.4: „Der Versammlungsleiter sorgt für eine zügige Abwicklung der Hauptversammlung. Dabei sollte er sich davon leiten lassen, dass eine ordentliche Hauptversammlung spätestens nach vier bis sechs Stunden beendet ist."
[342] Vgl. RegBegr. UMAG, BR-Drs. 15/5092, 17. Vgl. zu den Voraussetzungen zulässiger Beschränkungen des Rede- und Fragerechts: § 11, insbes. → § 11 Rn. 38 ff.
[343] *Werner* in GroßkommAktG AktG § 121 Rn. 46 f.; in der Satzung können dabei mehrere Orte genannt werden, die dem Einberufenden zur Auswahl stehen, *Kubis* in MüKoAktG AktG § 121 Rn. 91.

geographische Vorgaben, etwa „Stadt in Baden-Württemberg" oder Größenmerkmale, etwa „deutsche Stadt mit mehr als 200.000 Einwohnern"), anhand derer der Einberufende den Versammlungsort wählen kann.[344] Um den Schutz der (Minderheits)Aktionäre vor einer willkürlichen Ortswahl zu gewährleisten, ist die statuarische Einräumung einer zu weitgehende Ermessensfreiheit des Einzuberufenden – etwa „ein Ort in Deutschland" oder die Nennung mehrerer alternativer, weit voneinander entfernter Orte – allerdings unzulässig.[345]

119 Trifft die **Satzung keine Regelung,** soll die Hauptversammlung am **Sitz der Gesellschaft** stattfinden (§ 121 Abs. 5 S. 1 AktG).[346] Sind die Aktien der Gesellschaft an einer deutschen Börse zum Handel im regulierten Markt zugelassen, kann die Hauptversammlung auch am **Sitz der Börse** stattfinden, selbst wenn die Satzung dies nicht ausdrücklich regelt (§ 121 Abs. 5 S. 2 AktG). Die Abhaltung der Hauptversammlung an einem anderen Ort als dem Sitz der Gesellschaft oder dem in der Satzung der Gesellschaft bestimmten Versammlungsort ist zulässig, wenn am Sitz der Gesellschaft kein geeignetes Versammlungslokal vorhanden ist, oder bei einer Gesellschaft mit kleinem Aktionärskreis eindeutig feststeht, dass der andere Ort für alle Gesellschafter günstiger zu erreichen ist.[347] Der Versammlungsraum muss hinreichend groß sein, damit den Aktionären ermöglicht wird, ihr Teilnahme-, Stimm- und Auskunftsrecht auszuüben.[348]

120 Der Ort der Hauptversammlung muss in der Einladung so eindeutig bezeichnet werden, dass sein **Auffinden** jedem Aktionär ohne Weiteres möglich ist. Die Angabe des Ortes umfasst auch die Benennung des Versammlungslokals, in dem die Hauptversammlung stattfinden soll, erforderlich ist die Angabe der Adresse sowie ggf. bei größeren, unübersichtlichen Gebäuden zusätzlich die Angabe des Raums.[349] Die Wahl eines **anderen Versammlungsorts** ist nur unter den gleichen Voraussetzungen wie eine Verlegung möglich; der in der Einberufung genannte Ort der Hauptversammlung ist bindend.[350] Ein Wechsel des **Versammlungslokals** ist zulässig, wenn der Weg vom ursprünglichen Versammlungslokal dorthin bezeichnet und den Aktionären zumutbar ist.[351] Dies ist bei unbedeutenden Veränderungen der Fall oder auch bei weiteren Entfernungen im Ortsbereich, wenn Transportmöglichkeiten zur Verfügung stehen.[352] In jedem Fall sollte ein Hinweis am ursprünglichen Versammlungsort angebracht und die Hauptversammlung spä-

---

[344] *Rieckers* in Spindler/Stilz AktG § 121 Rn. 72; *Bungert* in MHdB AG § 36 Rn. 49; *Kubis* in MüKoAktG AktG § 121 Rn. 91.

[345] BGH NJW 2015, 336 (338); ausführlich zu dieser Entscheidung *Herrler* ZGR 2015, 918 (922 ff.); kritisch hingegen *Bungert/Leyendecker-Langner* BB 2015, 268 (269) sowie *Wettich* AG 2015, 681 (685), der die Entscheidung ausschließlich in Bezug auf ausländische Orte versteht (→ Rn. 121 ff.); vgl. auch BGH NJW 1994, 320 (322); *Koch* in Hüffer/Koch AktG § 121 Rn. 13 *Rieckers* in Spindler/Stilz AktG § 121 Rn. 72 mwN; *Werner* in GroßkommAktG AktG § 121 Rn. 50; *Bungert* in MHdB AG § 36 Rn. 49; *Eiff* GWR 2015, 29; aA *Noack/Zetzsche* in Kölner Komm. AktG § 121 Rn. 181 ff.

[346] Hat die Gesellschaft einen Doppelsitz, kann an jedem Sitz einberufen werden; vgl. auch *Koch* in Hüffer/Koch AktG § 121 Rn. 12.

[347] BGH WM 1985, 567 (568); OLG Dresden AG 2001, 489; *Koch* in Hüffer/Koch AktG § 121 Rn. 12; *Rieckers* in Spindler/Stilz AktG § 121 Rn. 70.

[348] *Max* AG 1991, 77 (80) re. Sp.; vgl. auch *Kubis* in MüKoAktG AktG § 121 Rn. 40. Die Bedingungen im Versammlungsraum müssen zumutbar sein, die Teilnehmer müssen der Versammlung uneingeschränkt folgen können; *Noack/Zetzsche* in Kölner Komm. AktG § 121 Rn. 191. Dies kann auch bei unerwartet hohen, die Raumkapazität übersteigenden Teilnehmerzahlen gegeben sein, wenn die Aktionäre die Hauptversammlung in Nebenräumen verfolgen und gewährleistet ist, dass Wortmeldungen und die Stimmabgabe möglich ist; vgl. *Martens* 39. Der Notar muss in diesem Fall – ggf. durch Hilfspersonen – den ordnungsgemäßen Ablauf der Versammlung in den Nebenräumen überprüfen können.

[349] *Werner* in GroßkommAktG AktG § 121 Rn. 45; *Steiner* HV der AG § 1 Rn. 24; *Ziemons* in K. Schmidt/Lutter AktG § 121 Rn. 36.

[350] Vgl. *Kubis* in MüKoAktG AktG § 121 Rn. 104; *Koch* in Hüffer/Koch AktG § 121 Rn. 18.

[351] *Koch* in Hüffer/Koch AktG § 121 Rn. 18; *Butzke* B Rn. 69; *Rieckers* in Spindler/Stilz AktG § 121 Rn. 23, 82.

[352] *Göhmann* in Frodermann/Janott § 9 Rn. 52; *Martens* 25 f.; vgl. auch *Rieckers* in Spindler/Stilz AktG § 121 Rn. 23.

ter begonnen werden; wenn es zeitlich noch möglich ist, sollte in den Gesellschaftsblättern auf die Verlegung des Versammlungsraums hingewiesen werden.[353]

e) Ort (Ausland)

Entgegen einer überkommenen Auffassung[354] kann die Hauptversammlung, nun höchstrichterlich bestätigt,[355] auch an einen **Ort im Ausland** einberufen werden, sofern die Satzung dies zulässt.[356] Anders als bisweilen angenommen, enthält das Gesetz keine Beschränkung auf die Durchführung der Hauptversammlung in Deutschland.[357] Der im Schrifttum bisweilen geäußerte Gedanke, die Durchführung von Hauptversammlungen im Ausland könnte für die Aktionäre unzumutbar sein, verliert im Hinblick auf die **ständig fortschreitende Internationalisierung** von Aktiengesellschaften an Bedeutung. Gerade Aktiengesellschaften, die über eine große Zahl ausländischer Aktionäre verfügen,[358] muss die Möglichkeit eingeräumt werden, den Ort der Hauptversammlung zu wechseln und diese auch dort durchzuführen, wo andere Aktionäre einen leichteren Zugang haben als in Deutschland. Eine diesbezügliche Satzungsbestimmung ist jedoch erforderlich, da die möglichen Versammlungsorte ohne eine solche Regelung zwingend im Inland liegen (vgl. § 121 Abs. 5 AktG). Die oben genannten Beschränkungen der statuarischen Bestimmung des Hauptversammlungsortes (→ Rn. 118), gelten auch für Bestimmungen, die einen Ort im Ausland vorsehen.[359]

121

Die eigentliche Problematik eines im Ausland liegenden Versammlungsortes liegt letztlich in der Frage, ob und wie im Ausland dem Erfordernis der notariellen Beurkundung der Hauptversammlungsbeschlüsse (§ 130 Abs. 1 S. 1 AktG) Rechnung getragen werden kann. Die Frage stellt sich mithin nur bei börsennotierten Gesellschaften sowie für nicht börsennotierte Gesellschaften, in deren Hauptversammlung Beschlüsse gefasst werden, für die das Gesetz eine Dreiviertel- oder größere Mehrheit bestimmt, wofür eine notarielle Niederschrift angeordnet ist (§ 130 Abs. 1 S. 3 AktG).[360] Dieses Formerfordernis gilt auch bei der im Ausland abgehaltenen Hauptversammlung, es wird nicht durch die im jeweiligen Land geltende Form ersetzt.[361]

122

Auch in der Fertigung der notariellen Niederschrift liegt jedoch bei näherer Betrachtung unseres Erachtens kein unüberwindbares Problem: Zwar können **deutsche Notare Beurkundungen** und sonstige Amtshandlungen **nicht im Ausland** vornehmen, da die

123

---

[353] Steiner HV der AG § 1 Rn. 24; s. auch Noack/Zetzsche in Kölner Komm. AktG § 121 Rn. 193.
[354] OLG Hamburg OLGZ 94, 42 ff.; OLG Hamm NJW 1974, 1057; möglicherweise auch obiter LG Stuttgart AG 1992, 236 (237) („ASS"); Werner in GroßkommAktG AktG § 121 Rn. 48 f.; siehe ferner aus dem älteren Schrifttum: Barz in GroßkommAktG 3. Aufl. § 121 AktG Anm. 15; Baumbach/Hueck AktG § 121 Rn. 9; v. Godin/Wilhelmi § 121 AktG Anm. 10; Obermüller/Werner/Winden, 3. Aufl. 1967, S. 41; Schlegelberger/Quassowski § 105 AktG Anm. 11; Wilhelmi BB 1987, 1331 ff.; Winkler NJW 1972, 981; ders. NJW 1973, 222.
[355] BGH NJW 2015, 336 (337 f.).
[356] Vgl. Kubis in MüKoAktG AktG § 121 Rn. 88; Noack/Zetzsche in Kölner Komm. AktG § 121 Rn. 187 f.; Koch in Hüffer/Koch AktG § 121 Rn. 14 f.; Bungert MHdB AG § 36 Rn. 50 f.; Spellenberg in MüKoBGB Art. 11 EGBGB Rn. 82; Ziemons in K. Schmidt/Lutter AktG § 121 Rn. 96 f.; Rieckers in Spindler/Stilz AktG § 121 Rn. 74; Bungert/Leyendecker-Langner BB 2015, 268 (269 ff.); v. Bar/Grothe IPRax 1994, 269 f.; Biehler NJW 2000, 1243 ff.; Blumenwitz DNotZ 1968, 712 (720); Bokelmann NJW 2015, 1729 ff.; Bungert AG 1995, 26 (27 ff.); Deutler ZHR 140 (1976) 520 (523); Kleinmann NJW 1972, 373 ff.; Mann ZHR 138 (1974), 448 (452); Butzke B Rn. 14; Schiessl DB 1992, 823 f.; Schulte AG 1985, 33 (37); Stauch, Die Geltung ausländischer notarieller Urkunden in der Bundesrepublik Deutschland, 1983, 33; Göhmann in Frodermann/Jannott AktienR-HdB § 9 Rn. 49, der aber gleichwohl von der Durchführung einer Hauptversammlung im Ausland abrät.
[357] Vgl. den Wortlaut des § 121 Abs. 5 AktG; so nun explizit auch BGH NJW 2015, 336 (337).
[358] Vgl. zur Berücksichtigung dieses Umstands im Gesetzgebungsverfahren des TransPuG Seibert NZG 2002, 608 (611).
[359] BGH NJW 2015, 336 (338).
[360] Zur einfachen Niederschrift vgl. auch → § 13 Rn. 5, 92.
[361] Rieckers in Spindler/Stilz AktG § 121 Rn. 75 mwN; Koch in Hüffer/Koch AktG § 121 Rn. 16; vgl. auch Hüren DNotZ 2015, 207 (213).

Amtsbefugnisse eines Notars auf das Inland beschränkt sind.[362] Da es sich allerdings bei einer Hauptversammlung nicht um die Beurkundung einer Willenserklärung iSd §§ 6 ff. BeurkG handelt, sondern um eine Niederschrift iSd §§ 36 ff. BeurkG, könnte die bisher allerdings nur vereinzelt vertretene Auffassung, dass eine Auslandsbeurkundung eines deutschen Notars wirksam sei, wenn der deutsche Notar an dem ausländischen Ort der Versammlung nur einen Entwurf, die eigentliche Niederschrift jedoch später innerhalb seines Amtsbezirks fertigt,[363] über die praktischen Schwierigkeiten hinweghelfen. Die Zulässigkeit der Beauftragung eines ausländischen Notars setzt demgegenüber die funktionelle Gleichwertigkeit der Urkundsperson und des Beurkundungsvorgangs mit der Beurkundung durch einen deutschen Notar voraus („Substitution").[364] Wann diese Voraussetzung erfüllt ist,[365] hängt von den Gegebenheiten des jeweiligen Landes ab und ist mit Unsicherheiten behaftet.[366] Ob eine Substitution bei der Fassung von strukturändernden Beschlüssen möglich ist, muss weiterhin als offen bezeichnet werden.[367] Einer verbreiteten Auffassung folgend muss es indessen zulässig sein, die **Beurkundung einem Konsularbeamten zu übertragen.** Versammlungsbeschlüsse sind zwar in § 10 KonsularG – anders als in § 20 Abs. 1 S. 2 BNotO – nicht erwähnt; gleichwohl geht die hM zutreffend davon aus, dass auch solche Beurkundungen unter § 10 Abs. 1 KonsularG fallen.[368]

f) Tagesordnung

124 Die Tagesordnung ist nunmehr zwingender Bestandteil der Einberufung selbst; es genügt nicht mehr, sie bei der Einberufung in den Gesellschaftsblättern bekannt zu machen (§ 121 Abs. 3 S. 2 AktG).[369] Daraus folgt insbes., dass bei börsennotierten Gesellschaften auch die Tagesordnung als Pflichtangabe in der Einberufung auf der Internetseite der Ge-

---

[362] *Litzenburger* in BeckOK BGB BeurkG § 2 Rn. 2.
[363] So etwa *Armbrüster/Preuß/Renner* BeurkG § 2 Rn. 20; *Jansen,* FGG, 2. Aufl., BeurkG § 2 Rn. 7; *Winkler,* Beurkundungsgesetz, 18. Aufl. 2017, BeurkG § 2 Rn. 3; *Arndt/Lerch/Sandkühler,* Bundesnotarordnung, 8. Aufl. 2016, BNotO § 11 Rn. 14; *Zimmermann* in BeckNotar-HdB H Rn. 6. Dagegen allerdings: *Blumenwitz* DNotZ 1968, 712 (720 f.); *Winkler von Mohrenfels* in Staudinger BGB Art. 11 EGBGB Rn. 252; *Schiessl* DB 1992, 823 (834).
[364] Vgl. grundlegend BGH NJW 1981, 1160; BGH NJW 2015, 336 (338); OLG Frankfurt a.M. GmbHR 2005, 764 (766); OLG Düsseldorf NJW 1989, 2200; *Bungert* in MHdB AG § 35 Rn. 53 f.; *Mäsch* in BeckOK BGB EGBGB Art. 11 Rn. 36 mit zahlreichen Nachweisen auch zur Gegenauffassung; vgl. auch *Ulrich/Böhle* GmbHR 2007, 566 (570); *Reichert/Weller* DStR 2005, 250 (252); *Braun* DNotZ 2009, 585; *Biehler* NJW 2000, 1243 (1245); *Bungert* AG 1995, 26 (32); *Kropholler* ZHR 140 (1976) 394 (411 f.); aA *Goette* FS Boujong, 1996, 131.
[365] Für mögliche funktionelle Gleichwertigkeit, sofern die Beurkundungsperson die deutsche Sprache in Wort und Schrift perfekt beherrscht, *Kubis* in MüKoAktG AktG § 121 Rn. 93; jedenfalls ist auf Prüfung und Belehrung kein entscheidendes Gewicht zu legen; auch die Sicherung eines rechtlich geordneten Verfahrensablauf ist nicht Hauptzweck der notariellen Beurkundung: BGH NJW 2015, 336 (338); *Koch* in Hüffer/Koch AktG § 121 Rn. 16; vgl. dazu auch *Herrler* ZGR 2015, 918 (929 ff.); kritisch *Hüren* DNotZ 2015, 207 (214 f.).
[366] Vgl. zB BGH NJW 1981, 1160, der für einen Schweizer Notar (Kanton Zürich-Altstadt) die Gleichwertigkeit annimmt, ebenso OLG Frankfurt a.M. GmbHR 2005, 764 (766) (Kanton Basel-Stadt); BGH GmbHR 1990, 25 für einen „Schweizer Notar" ohne Differenzierung; vgl. außerdem *Mäsch* in BeckOK BGB EGBGB Art. 11 Rn. 36, *Ulrich/Böhle* GmbHR 2007, 566 (570 Fn. 48) und *Reichert/Weller* DStR 2005, 250 (252 f.) mit zahlreichen weiteren Nachweisen.
[367] Dagegen *Goette* DStR 1996, 709 ff.; LG Augsburg DB 1996, 1666; vgl. auch *Saenger/Scheuch* BB 2008, 65 (69); *Zimmermann,* Beck'sches Notar-Handbuch H Rn. 301; *Hüren* DNotZ 2015, 207 (214), zum GmbH-Recht; dafür *Ulmer* GmbHG § 53 Rn. 52; *Spellenberg* in MüKoBGB Art. 11 EGBGB Rn. 103 ff., der die Gegenauffassung aufgrund einer damit verbundenen Beschränkung der Dienstleistungsfreiheit für europarechtswidrig hält. Übersicht zum Meinungsstand bei *Mäsch* in BeckOK BGB EGBGB Art. 11 Rn. 65 ff.
[368] BGH NJW 2015, 336 (337). So auch *Geimer* DNotZ 1978, 3 (16); siehe ferner *Blumenwitz* DNotZ 1968, 712 (720) in Fn. 23. Zu Unrecht zweifelnd: *Jansen* FGG BeurkG § 1 Rn. 57; BeurkG § 37 Rn. 8; vgl. auch *Schiessl* DB 1992, 823 (824); eine Beurkundung durch Konsularbeamte wegen derer „anderweitigen Einsatzplanung" ablehnend *Kubis* in MüKoAktG AktG § 121 Rn. 93, dagegen auch noch *Eckardt* in Geßler/Hefermehl AktG § 121 Rn. 42 aE.
[369] RegBegr. ARUG, BR-Drs. 847/08, 40; vgl. dazu im Einzelnen → Rn. 156 ff.

IV. Art und Weise der Einberufung   § 4

sellschaft zu veröffentlichen sowie ggf. den Medien zur EU-weiten Verbreitung zuzuleiten ist (§§ 121 Abs. 4a, 124a AktG).

g) Besondere Angabepflichten für börsennotierte Gesellschaften

Börsennotierte Gesellschaften sind darüber hinaus verpflichtet, die folgenden zusätzlichen Informationen in die Einberufung aufzunehmen (§ 121 Abs. 3 S. 3 AktG): 125

aa) Bedingungen für Teilnahme und Stimmrechtsausübung

In der Einberufung einer börsennotierten Gesellschaft sind die Voraussetzungen anzugeben, von denen die **Teilnahme** an der Hauptversammlung und die **Ausübung des Stimmrechts** abhängen; für nicht börsennotierte Gesellschaften besteht diese Pflicht nicht (§ 121 Abs. 3 S. 3 Nr. 1 AktG). Zum Zweck der besseren Unterrichtung der Aktionäre sind die Satzungsbestimmungen zur **Anmeldung** und zum **Nachweis der Berechtigung** zur Teilnahme an der Hauptversammlung oder zur Ausübung des Stimmrechts darzulegen.[370] Die in der Satzung enthaltenen Teilnahmebedingungen sind zwar nicht notwendigerweise wörtlich, jedoch inhaltlich zutreffend wiederzugeben.[371] Dies gilt insbes. für den Fall, dass die Gesellschaft von den durch das ARUG eingeführten Möglichkeiten der Teilnahme und Ausübung der Rechte im Wege der elektronischen Kommunikation („Online-Teilnahme") sowie die Stimmausübung auf schriftlichem oder elektronischem Wege („Briefwahl") Gebrauch gemacht hat (§ 118 Abs. 1 und 2 AktG).[372] In der Praxis werden die Bestimmungen zumeist in ihrem Wortlaut wiederholt. Darüber hinaus ist auch die (satzungsmäßige) **Frist,** vor deren Ablauf die Anmeldung bzw. der Berechtigungsnachweis der Gesellschaft zugegangen sein muss, zu benennen und die genaue **Adresse,** an welche Anmeldung bzw. Nachweis zu richten sind, in der Einberufung mitzuteilen (§ 123 Abs. 2 S. 2, Abs. 4 S. 2 AktG). Sieht die Satzung für die Anmeldung, was zulässig und sinnvoll ist, eine besondere **Form** vor, ist auch hierauf hinzuweisen. Etwaige in der Satzung vorgesehene **Stimmrechtsbeschränkungen** (vgl. § 134 Abs. 1 S. 2, Abs. 2 S. 3 AktG) unterliegen der Angabepflicht hingegen nicht.[373] Ferner ist vorgesehen, dass die Einberufung – soweit erforderlich – Angaben hinsichtlich des Nachweisstichtags nach § 123 Abs. 4 S. 2 AktG und dessen Bedeutung enthalten muss (§ 121 Abs. 3 S. 3 Nr. 1 AktG). Einer darüber hinausgehenden warnenden Erläuterung, wie sie die Richtlinie fordert,[374] dass nur Personen zur Teilnahme an der Hauptversammlung und zur Stimmabgabe berechtigt sind, die an dem Stichtag Aktionäre sind, bedarf es hingegen nicht.[375] Umstritten ist, ob der Eintragungsstopp bei Namensaktien von § 121 Abs. 3 S. 3 Nr. 1 AktG erfasst ist und bei Namensaktien der Tag des Umschreibungsstopps im Aktienregister anzugeben ist.[376] Der Praxis ist eine vorsorgliche Aufnahme jedenfalls zu empfehlen.[377] 126

---

[370] *Koch* in Hüffer/Koch AktG § 121 Rn. 10.
[371] *Butzke* B Rn. 70; vgl. *Ziemons* in K. Schmidt/Lutter AktG § 121 Rn. 45, die allerdings verlangt, dass auch gesetzliche Teilnahmebedingungen wiedergegeben werden.
[372] Vgl. *Koch* in Hüffer/Koch AktG § 118 Rn. 15; *Wettich* NZG 2011 721 (725).
[373] *Kubis* in MüKoAktG AktG § 121 Rn. 62; *Werner* in GroßkommAktG AktG § 121 Rn. 57.
[374] Art. 5 Abs. 3 lit. c Richtlinie 2007/36/EG („Aktionärsrechterichtlinie").
[375] RegBegr. ARUG, BR-Drs. 847/08, 41; aA *Koch* in Hüffer/Koch AktG § 121 Rn. 10a.
[376] Bejahend OLG Köln AG 2009, 448 (449); LG Köln NZG 2009, 467 (468); *Kubis* in MüKoAktG § 121 Rn. 64; *Ziemons* in K. Schmidt/Lutter AktG § 121 Rn. 48f.; ablehnend *Koch* in Hüffer/Koch AktG § 121 Rn. 10; *Rieckers* in Spindler/Stilz AktG § 121 Rn. 36; *v. Nussbaum* NZG 2009, 456 (458).
[377] Vgl. *Koch* in Hüffer/Koch AktG § 121 Rn. 10; vgl. bspw. die Hauptversammlungseinladung der adidas AG 2017, S. 21.

bb) Verfahren für Stimmabgabe

127 Bei börsennotierten Gesellschaften sind in die Einberufung zudem Angaben über bestimmte Verfahren für die Stimmabgabe aufzunehmen. Darin muss das Verfahren für die **Stimmabgabe durch einen Bevollmächtigen** unter Hinweis auf die Formulare, die für die Erteilung einer Stimmrechtsvollmacht zu verwenden sind, und auf die Art und Weise, wie der Gesellschaft ein Nachweis über die Bestellung eines Bevollmächtigten elektronisch übermittelt werden kann, angegeben werden (§ 121 Abs. 3 S. 3 Nr. 2a) AktG).[378] Sieht die Satzung die Möglichkeit der **Briefwahl** oder der **elektronischen Stimmausübung** im Rahmen der Online-Teilnahme vor (§ 118 Abs. 1 und 2 AktG), ist auch dieses Verfahren anzugeben (§ 121 Abs. 3 S. 3 Nr. 2b) AktG).

128 Enthält die Einberufung zur Hauptversammlung unvollständige oder falsche Angaben hinsichtlich der Form der Vollmacht oder weiterer Modalitäten der Stimmabgabe, führt dies nicht zur Fehlerhaftigkeit der in der betreffenden Hauptversammlung gefassten Beschlüsse. Aus einem Umkehrschluss aus § 241 Nr. 1 AktG, der nicht auf § 121 Abs. 3 S. 3 AktG verweist, ergibt sich, dass dieser Gesetzesverstoß nicht zur Nichtigkeit der in der Hauptversammlung gefassten Beschlüsse führt.[379] Diese Beschlüsse sind auch nicht nach § 243 AktG anfechtbar. Dies ergibt sich daraus, dass der Gesetzgeber im ARUG hinsichtlich der Einberufungsinhalte eindeutig zwischen den Teilnahmebedingungen nach § 121 Abs. 3 S. 3 Nr. 1 AktG und dem Verfahren der Stimmabgabe nach § 121 Abs. 3 S. 3 Nr. 2 AktG differenzierte. Hierdurch bestätigte der Gesetzgeber unseres Erachtens die bereits vor dem ARUG bestehende, überzeugende Auffassung in Rspr.[380] und Lit.[381], derzufolge nur Bestimmungen der Satzung zur Anmeldung und zur Legitimation der Aktionäre als „Bedingungen" iSd § 121 Abs. 3 AktG aF galten und fehlerhafte Angaben über die bei der Stimmrechtsbevollmächtigung einzuhaltende Form keinen Einberufungsmangel darstellen.[382] Der sog. „Leica-Rechtsprechung"[383] des LG sowie des OLG Frankfurt a.M., die bei Einberufungsfehlern betreffend die notwendige Form einer Stimmrechtsvollmacht die in der Hauptversammlung gefassten Beschlüsse als anfechtbar beurteilte, ist damit aus unserer Sicht der Boden entzogen.[384]

129 Durch den gleichzeitig neu eingefügten § 134 Abs. 3 S. 3 AktG wurde darüber hinaus klargestellt, dass die Bevollmächtigung grds. nur noch der Textform bedarf; bei börsennotierten Gesellschaften darf dieses Erfordernis durch die Satzung lediglich weiter vereinfacht, nicht jedoch verschärft werden. Es ist nun mindestens ein Weg elektronischer Kommunikation für die Übermittlung des Nachweises anzubieten (§ 134 Abs. 3 S. 4 AktG). Auch statuiert § 135 Abs. 1 S. 2 AktG weiterhin kein eigenes Formerfordernis, sondern schreibt nur vor, dass die Vollmacht nur einem bestimmten Kreditinstitut erteilt werden darf und von diesem nachprüfbar festzuhalten ist. Damit wurde dem Erfordernis der Schriftform eine deutliche Absage erteilt; ein solches hätte schlechterdings auch nicht mehr in das Zeitalter elektronischer Kommunikation gepasst. Umstritten ist insoweit al-

---

[378] Anders ist dies bei nicht-börsennotierten Gesellschaften, hier ist auf diese Möglichkeit nur in einer Mitteilung an die Aktionäre hinzuweisen (§ 125 Abs. 1 S. 4 AktG; vgl. dazu im Einzelnen → Rn. 265).
[379] So jetzt auch BGH NZG 2011, 1105 und BGH NZG 2012, 1222.
[380] OLG München BB 2008, 2366; LG Hamburg BeckRS 2009, 08563.
[381] *Wilken/Felke* BB 2008, 2369 (2370); *Göhmann/v. Oppen* BB 2009, 513 (514); *Stohlmeier/Mock* BB 2008, 2143 (2144); *Arnold* Der Konzern 2009, 88 (89).
[382] So ebenfalls KG NZG 2009, 1389 (1390ff.); OLG München ZIP 2008, 2117, 2120; OLG Düsseldorf 3.7.2009 – I-17 W 34/09, Rz. 34 (juris); LG München I AG 2009, 296 (298); vgl. auch *Rieckers* in Spindler/Stilz AktG § 121 Rn. 35 mwN.
[383] So vor allem LG Frankfurt BB 2008, 2141 und OLG Frankfurt a.M. BB 2008, 2169 – Leica; zuletzt noch das LG Frankfurt a.M. 31.8.2009 – 3–5 O 115/08; OLG Frankfurt a.M. WM 2010, 1656; OLG Frankfurt a.M. NZG 2010, 1306.
[384] In diesem Sinne bereits zum RegE des ARUG *Göhmann/v. Oppen* BB 2009, 513 (514); *Arnold* Der Konzern 2009, 88 (89); zum RefE des ARUG *Stohlmeier/Mock* BB 2008, 2143 (2144). Die Rechtsprechung des LG und OLG Frankfurt ablehnend auch *Rieckers* in Spindler/Stilz AktG § 121 Rn. 35 mit zahlreichen weiteren Nachweisen aus dem Schrifttum; *Hüffer*, 9. Aufl. 2010, AktG § 121 Rn. 10; *Rothley* GWR 2010, 475.

IV. Art und Weise der Einberufung §4

lerdings, ob diese Regelung wegen Art. 11 Abs. 2 S. 1 der AktionärsrechteRL, mit dem Ergebnis, dass auch hier Textform zu verlangen ist, richtlinienkonform ausgelegt werden muss.[385]

Daher sollten börsennotierte Gesellschaften ihre Satzungsregelungen daraufhin überprüfen, ob sie ein generelles Schriftformerfordernis für die Bevollmächtigung vorsehen. Denn ein solches Schriftformerfordernis steht den neuen Formvorschriften entgegen und ist entsprechend anzupassen. Dabei ist klar zwischen allgemeiner Bevollmächtigung (Textform, sofern keine statutarische Erleichterung besteht – § 134 Abs. 3 S. 3 AktG) und der Bevollmächtigung eines Kreditinstituts oder einer Aktionärsvereinigung, die lediglich ein nachprüfbares Festhalten und damit keine spezielle Form mehr erfordert (§ 135 Abs. 1 S. 2 AktG),[386] zu unterscheiden. Zweckmäßigerweise sollte dabei auf die Besonderheiten hingewiesen werden, die bei der Bevollmächtigung von Kreditinstituten, Aktionärsvereinigungen oder diesen nach § 135 Abs. 8 oder 10 AktG gleichgestellten Instituten, Unternehmen und Personen regelmäßig zu beachten sind. 130

cc) Hinweis auf Aktionärsrechte

Bei börsennotierten Gesellschaften muss auf die Rechte der Aktionäre nach § 122 Abs. 2, § 126 Abs. 1, §§ 127, 131 Abs. 1 AktG hingewiesen werden (§ 121 Abs. 3 S. 3 Nr. 3 Hs. 1 AktG). Die Angaben können sich jedoch auf die Fristen der Ausübung der Rechte beschränken, wenn in der Einberufung im Übrigen auf weitergehende Erläuterungen auf der Internetseite hingewiesen wird. Dabei sind die Fristen zweckmäßigerweise konkret zu berechnen und anzugeben bzw. der Tag des Fristablaufs zu benennen, da ausländische Investoren durch Angaben wie „innerhalb der gesetzlichen Frist" nicht hinreichend informiert werden und der Gesellschaft die Pflicht zu konkreten Angaben zuzumuten ist.[387] Die in der Gesetzesbegründung geforderte Nennung genauer Daten entspricht auch dem gängigen Vorgehen in der Praxis.[388] 131

dd) Informationen im Internet

Schließlich muss die Internetseite der Gesellschaft angegeben werden, über die die Informationen nach § 124a AktG[389] zugänglich sind (§ 121 Abs. 3 S. 3 Nr. 4 AktG). 132

5. Bekanntmachung

Bekanntmachung der Hauptversammlungseinladung erfolgt in den Gesellschaftsblättern (→ Rn. 134 ff.), bei börsennotierten Gesellschaften auch im Internet (→ Rn. 137 ff.). Bekanntgabe per eingeschriebenem Brief bleibt möglich, wenn Aktionärskreis namentlich bekannt (→ Rn. 138 ff.). 133

a) Veröffentlichung in den Gesellschaftsblättern

Die Einberufung der Hauptversammlung erfolgt durch Bekanntgabe in den **Gesellschaftsblättern** (§ 121 Abs. 4 S. 1 AktG), nach § 25 AktG ist dies der Bundesanzeiger. 134

---

[385] Für Textform: *Grundmann* BKR 2009, 31 (37); *Schmidt* WM 2009, 2350 (2356); gegen Textform: *Rieckers* in Spindler/Stilz AktG § 135 Rn. 16; *Schröer* in MüKoAktG AktG § 135 Rn. 45; differenzierend: *Koch* in Hüffer/Koch AktG § 135 Rn. 9.

[386] Vgl. *Koch* in Hüffer/Koch AktG § 135 Rn. 9; *Schröer* in MüKoAktG AktG § 135 Rn. 45.

[387] RegBegr. ARUG, BR-Drs. 847/08, 41; vgl. auch *Paschos/Goslar* AG 2008, 605 (606 f.); *Zetzsche*, Der Konzern, 2008, 321 (322); *Seibert/Florstedt* ZIP 2008, 2145 (2147).

[388] *Miettinen/Rothbächer* BB 2008, 2084 (2085) zur Angabe der Gegenantragsfrist: etwa 2/3 der DAX30-Unternehmen; *Paschos/Goslar* AG 2008, 605 (606); *Drinhausen/Keinath* BB 2009, 64, 66.

[389] Siehe hierzu noch nachfolgend → Rn. 137.

Soweit Altsatzungen weitere Medien als Gesellschaftsblätter vorsehen, bleiben diese Bestimmungen wirksam, sodass die Einberufung auch zukünftig in diesen Medien veröffentlicht werden muss (vgl. § 26h Abs. 3 EGAktG).[390] Rechtswirkungen entfaltet allerdings allein die Veröffentlichung im Bundesanzeiger (§ 26h Abs. 3 S. 2 EGAktG).

Die ursprünglich als Pflicht-Gesellschaftsblatt maßgebende Druckausgabe wurde zunächst durch das TransPuG[391] zum 1.1.2003 durch den elektronischen Bundesanzeiger ersetzt. Nachdem die gedruckte Ausgabe des Bundesanzeigers zum 1.4.2012 eingestellt wurde, wurde der bisherige Zusatz „elektronischen" gestrichen.[392] Der Bundesanzeiger in elektronischer Form ist nun alleiniges Pflichtmedium.[393]

135 Der Bundesanzeiger erscheint montags bis freitags mit Ausnahme gesetzlicher Feiertage. Nach den Geschäftsbedingungen des Bundesanzeigers müssen termingebundene Veröffentlichungsersuchen im PDF-Format oder als Papiermanuskript der Bundesanzeigerredaktion spätestens **drei Arbeitstage** vor dem gewünschten Veröffentlichungstermin zugehen, sofern die Publikation nicht mehr als drei DIN A 4-Seiten umfasst, wobei der Manuskripteingang bis spätestens 12.00 Uhr erfolgt sein muss. Für Dokumente in anderen elektronischen Datenformaten gelten andere, uU kürzere Publikationsfristen. Weitere Informationen zur Erscheinungsweise und den Geschäftsbedingungen des Bundesanzeigers sind im Internet unter www.bundesanzeiger.de abrufbar.

136 Hat eine börsennotierte Gesellschaft nicht lediglich Namensaktien ausgegeben und wird die Einberufung nicht unmittelbar durch eingeschriebenen Brief übersendet, muss die Einberufung spätestens zum Zeitpunkt der Bekanntmachung solchen Medien zur Verfügung gestellt werden, bei denen davon ausgegangen werden kann, dass sie die Informationen in der gesamten Europäischen Union verbreiten (§ 121 Abs. 4a AktG). Die Veröffentlichung im Bundesanzeiger genügt diesen Erfordernissen.[394]

b) Veröffentlichung im Internet

137 Börsennotierte Gesellschaften sind nunmehr verpflichtet, „alsbald" nach der Einberufung der Hauptversammlung die vom Gesetz für die Versammlung verlangten Berichte und Unterlagen einschließlich des Geschäftsberichts leicht zugänglich auf der Internetseite der Gesellschaft zusammen mit der Tagesordnung zu veröffentlichen (§ 124a AktG). Durch die Regelung soll die Internetpräsenz börsennotierter Gesellschaften zum „zentralen Medium des Informationsaustauschs zwischen Gesellschaft und Aktionär"[395] ausgebaut werden. Die Angabe „alsbald" wird dabei nicht näher präzisiert, jedoch soll für das Einstellen der Informationen auf die Unternehmenswebsite „eine gewisse Zeit" zugestanden werden.[396] Dem gesetzgeberischen Ziel der Ermöglichung eines erleichterten Zugriffs auf hauptversammlungsrelevante Informationen folgend sollte dies nicht länger als eine Woche in Anspruch nehmen. Die Gesellschaft hat die folgenden Informationen auf ihrer Internetseite zugänglich zu machen (§ 124a AktG):
– den Inhalt der Einberufung sowie die Erläuterung zu Tagesordnungspunkten, hinsichtlich derer kein Beschluss der Hauptversammlung herbeigeführt werden soll (Nr. 1 und 2);
– die Pflichtunterlagen (Nr. 3);

---

[390] *Ziemons* in K. Schmidt/Lutter AktG § 121 Rn. 124; *Koch* in Hüffer/Koch § 25 Rn. 1.
[391] Art. 5 Gesetz zur weiteren Reform des Aktien- und Bilanzrechts, zu Transparenz und Publizität (TransPuG) vom 29.7.2002, BGBl. I 2681.
[392] BGBl. I 2011, 3044.
[393] *Koch* in Hüffer/Koch AktG § 25 Rn. 3.
[394] *Rieckers* in Spindler/Stilz AktG § 121 Rn. 67; *Noack* NZG 2008, 441 (442); *Zetzsche* Der Konzern, 2008, 331 (332); *Seibert/Florstedt* ZIP 2008, 2145 (2147); *Paschos/Goslar* AG 2008, 605 (608); *Ratschow* DStR 2007, 1402 (1404) (zu Art. 5 Abs. 2 der Richtlinie); krit. *Horn* ZIP 2008, 1558 (1560).
[395] RegBegr. ARUG, BT-Drs. 16/11642, 30.
[396] Vgl. RegBegr ARUG, BR-Drs. 847/08, 44.

IV. Art und Weise der Einberufung § 4

- die Gesamtzahl der Aktien und der Stimmrechte im Zeitpunkt der Einberufung; bestehen verschiedene Aktiengattungen, sind die Gesamtzahlen getrennt anzugeben; eigene Aktien sind einzurechnen (Nr. 4);
- ggf. die Formulare, die bei Stimmabgabe durch Vertretungen oder mittels Briefwahl zu verwenden sind (Nr. 5);
- ggf. das Ergänzungsverlangen von Minderheitsaktionären (§ 124a S. 2 AktG), vgl. § 122 Abs. 2 AktG.

c) Einladung durch eingeschriebenen Brief

138 Anstelle einer Bekanntmachung in den Gesellschaftsblättern kann die Einberufung auch durch eingeschriebenen Brief erfolgen, wenn die **Aktionäre** der Gesellschaft **namentlich bekannt** sind (§ 121 Abs. 4 S. 2 AktG). IdR wird diese Erleichterung von Gesellschaften mit einem überschaubaren Aktionärskreis, vornehmlich von Familiengesellschaften, in Anspruch genommen, die eine Einberufung der Hauptversammlung durch Bekanntmachung in den Gesellschaftsblättern als umständlich und hinderlich empfinden.[397]

139 Theoretisch ist eine Einladung per eingeschriebenem Brief auch dann möglich, wenn die Aktien der Gesellschaft **börsennotiert** sind;[398] dies gilt namentlich für börsennotierte **Namensaktien,** bei denen der Gesellschaft die Aktionäre von Gesetzes wegen bekannt sind, denn im Verhältnis zur Gesellschaft gilt nur derjenige als Aktionär, der im Aktienregister eingetragen ist.[399] Dies trifft selbst für mit einem Blankoindossament versehene, zum Börsenhandel zugelassene Namensaktien zu.[400] Auch in diesem Fall bleibt der Veräußerer solange gegenüber der Gesellschaft Aktionär, bis der Erwerber der Aktie in das Aktienregister eingetragen ist bzw. wird.[401]

140 Das Risiko, infolge einer nicht der Gesellschaft mitgeteilten Adressänderung die Einladung zur Hauptversammlung nicht zu erhalten, trägt bei **Namensaktien** der Aktionär. Die Fiktion des § 67 Abs. 2 AktG umfasst neben der Inhaberstellung des Aktionärs an den ihm durch das Aktienregister zugeschriebenen Aktien auch seine Anschrift, so dass ein Aktionär dann wirksam zur Hauptversammlung geladen ist, wenn die Einladung bei der im Aktienregister hinterlegten Adresse eingeht.[402] Ob der Aktionär dort noch seinen Wohnsitz hat, ist ohne Belang. Da für die Aktionäre ein Anmeldeerfordernis gegenüber der Gesellschaft grds. nicht besteht, kommt es bei der Ausgabe von **Inhaberaktien** auf die Kenntnis des einberufenden Organs von Name und Anschrift der Aktionäre an. Zwar können die Aktionäre untereinander durch Abschluss schuldrechtlicher Vereinbarungen über Anmeldeverpflichtungen oder durch die Etablierung eines sonstigen **gesellschaftsinternen Informationssystems** Vorkehrung darüber treffen, dass der Gesellschaft ihre jeweiligen Aktionäre immer bekannt sind.[403] Indes wirken solche Abreden nur unter den Aktionären und nicht gegenüber dem Erwerber von Aktien.[404] Folglich können Aktien von Dritten erworben werden, ohne dass die Gesellschaft hiervon Kenntnis erlangt, wenn die an dem Veräußerungsgeschäft beteiligten Parteien sich an die getroffenen Vereinbarungen nicht halten. Gleichwohl ist nach richtiger – wiewohl in der Literatur nicht unkritisch gebliebener – Ansicht solchen schuldrechtlichen Abreden nicht jede rechtliche Relevanz abzusprechen: Konnte der Vorstand bei der Einberufung davon ausgehen, dass

---

[397] *Planck* GmbHR 1994, 501 (503).
[398] *Lutter* AG 1994, 429 (437); *Hoffmann-Becking* ZIP 1995, 1 (6); *Hölters/Deilmann/Buchta* S. 80.
[399] *Koch* in Hüffer/Koch AktG § 121 Rn. 11c; *Zimmermann* in Seibert/Kiem/Schüppen Rn. 4.235; *Ammon/Görlitz* S. 53; *Blanke* BB 1994, 1505 (1508); *Planck* GmbHR 1994, 501 (503); *Lutter* AG 1994, 429 (437); *Hoffmann-Becking* ZIP 1995, 1 (6).
[400] *Koch* in Hüffer/Koch AktG § 121 Rn. 11c; *Lutter* AG 1994, 429 (437f.); *Hahn* BB 1994, 1659 (1664).
[401] So zutr. *Koch* in Hüffer/Koch AktG § 121 Rn. 11c; *Lutter* AG 1994, 429 (438).
[402] *Kubis* in MüKoAktG AktG § 121 Rn. 78; aA *Ziemons* in K. Schmidt/Lutter AktG § 121 Rn. 75.
[403] Vgl. Fraktionsbegr. BT-Drs. 12/6721, 8, abgedruckt in ZIP 1994, 249.
[404] *Koch* in Hüffer/Koch AktG § 121 Rn. 11d; *Lutter* AG 1994, 429 (438); aA *Planck* GmbHR 1994, 501 (503).

sich die Aktionäre an eine getroffene Vereinbarung über eine Anmeldeverpflichtung halten und eine Veräußerung von Aktien gegenüber der Gesellschaft anmelden, stellt es keinen Einberufungsmangel dar, wenn die Einladung gegenüber einem ehemaligen Aktionär ergeht, der seinen Aktienbestand ohne Wissen der Gesellschaft an einen Dritten veräußert hat. Auch im Übrigen wird man nicht zu vertretende Irrtümer über die Personen der Aktionäre als unbeachtlich ansehen können.[405] Im Hinblick auf das Fehlen einschlägiger Rspr. dürfte sich in der Praxis die Einladung per eingeschriebenem Brief gleichwohl nicht empfehlen, wenn die Aktien börsennotiert oder die Aktionärsverhältnisse wegen der Vielzahl der Mitglieder unübersichtlich sind.[406] Vielmehr sollte aus Gründen der Sicherheit dann die Einberufung im Bundesanzeiger bekannt gemacht werden.[407] In jedem Fall ist bei Vorliegen von Inhaberaktien dazu zu raten, die Verpflichtung der Aktionäre, Adressänderungen der Gesellschaft unverzüglich mitzuteilen, in der Satzung zu regeln; der oben beschriebenen Schwäche rein schuldrechtlicher Regelungen in Bezug auf die Erwerber von Aktien wäre damit abgeholfen.[408]

141   Ist Aktionär eine **Rechtsgemeinschaft,** so genügt die Einladung gegenüber einem ihrer Mitglieder, wenn die Mitglieder keinen gemeinschaftlichen Vertreter benannt haben (§ 69 Abs. 3 S. 1 AktG). Bei einer Erbengemeinschaft kommt diese Regelung nur eingeschränkt zur Anwendung. Hier genügt der Zugang bei einem Mitglied nur dann, wenn die Einladung nach Ablauf eines Monats seit dem Anfall der Erbschaft erfolgt (§ 69 Abs. 3 S. 2 AktG). Einladungen, die innerhalb der Monatsfrist ausgesprochen werden, sind an alle Miterben der Erbengemeinschaft zu richten.[409]

142   Die Einladung hat durch **eingeschriebenen Brief** zu erfolgen. Hieraus folgt, dass der Gesellschaft nicht nur die Aktionäre selbst, sondern auch deren **Anschriften** bekannt sein müssen.[410] Eine **Unterschrift** muss der Brief nicht notwendigerweise tragen, wiewohl sich eine Unterzeichnung durch mindestens ein Vorstandsmitglied empfiehlt.[411] Die Verwendung eines Rückscheins ist nicht erforderlich, erleichtert jedoch dem Einberufenden den Nachweis des Zugangs.

143   Als Tag der Bekanntmachung gilt der **Tag der Absendung.** Demnach kommt es auf den Tag des tatsächlichen oder erwarteten Zugangs nicht an;[412] anders als bei der GmbH[413] bleibt die **Postlaufzeit** bei der Fristberechnung also unberücksichtigt, was angemessen ist, da die Frist zur Einladung einer Hauptversammlung erheblich länger bemessen ist (vgl. § 121 Abs. 4 S. 1 Hs. 2 AktG).[414] Die Absendung des Schreibens stellt dessen Aufgabe zur Post dar.[415] Bei Versendung mehrerer Briefe kommt es auf die Absendung des letzten Briefs an.[416]

144   Der **Inhalt** des Einberufungsschreibens muss der Einladung in den Gesellschaftsblättern entsprechen. Der Brief muss daher ebenfalls Angaben zum Einberufenden, Firma und Sitz

---

[405] So weiterhin auch *Drinhausen* in Hölters AktG § 121 Rn. 35; *Lutter* AG 1994, 429 (438); *Planck* GmbHR 1994, 501 (503); aA allerdings *Koch* in Hüffer/Koch AktG § 121 Rn. 11d; *Kubis* in MüKoAktG AktG § 121 Rn. 79; *Rieckers* in Spindler/Stilz AktG § 121 Rn. 56; *Ziemons* in K. Schmidt/Lutter AktG § 121 Rn. 81; *Hoffmann-Becking* ZIP 1995, 1 (6); *Steiner* HV der AG § 1 Rn. 40; *Hölters/Deilmann/Buchta* 80; *Ammon/Görlitz* 55. Danach trägt der Vorstand das Risiko für einen der Gesellschaft nicht zur Kenntnis gebrachten Aktionärswechsel. – Die für Inhaberaktien entwickelten Grundsätze gelten auch für unverbriefte Aktien. Eine Börsennotierung kommt dann indessen nicht in Betracht, vgl. *Koch* in Hüffer/Koch AktG § 121 Rn. 11e.
[406] *Koch* in Hüffer/Koch AktG § 121 Rn. 11d; *Lutter* AG 1994, 429 (437); *Blanke* BB 1995, 681.
[407] Vgl. *Koch* in Hüffer/Koch AktG § 121 Rn. 11 d.
[408] *Kubis* in MüKoAktG AktG § 121 Rn. 79; *Hoffmann-Becking* ZIP 1995, 1 (6).
[409] *Hölters/Deilmann/Buchta* 81.
[410] *Lutter* AG 1994, 429 (438); *Hölters/Deilmann/Buchta* 79.
[411] *Hölters/Deilmann/Buchta* 82.
[412] *Zimmermann* in Seibert/Kiem/Schüppen Rn. 4.235; *Rieckers* in Spindler/Stilz AktG § 121 Rn. 63.
[413] BGHZ 100, 264 (268).
[414] Vgl. ferner *Ammon/Görlitz* S. 52.
[415] *Koch* in Hüffer/Koch AktG § 121 Rn. 11g; *Zimmermann* in Seibert/Kiem/Schüppen Rn. 4.235.
[416] *Koch* in Hüffer/Koch AktG § 121 Rn. 11g.

der Gesellschaft, Zeit und Ort der Hauptversammlung und den Bedingungen enthalten, von denen die Teilnahme an der Hauptversammlung und die Ausübung des Stimmrechts abhängt. Die **Kosten** für die Einberufung per eingeschriebenem Brief trägt die Gesellschaft.

Im Übrigen gelten die Bestimmungen über die Pflicht der Gesellschaft zur Vornahme von **Mitteilungen** an Kreditinstitute, Aktionärsvereinigungen und Aktionäre sowie über die Zugänglichmachung der Anträge und Wahlvorschläge von Aktionären entsprechend (§§ 121 Abs. 4 S. 2 iVm 125–127 AktG).[417]

145

Von der Möglichkeit einer Einberufung durch eingeschriebenen Brief kann nicht nur der Vorstand Gebrauch machen. Auch die **Aktionäre** können diese Erleichterung nutzen, sofern sie aufgrund der Satzung oder aufgrund gerichtlicher Ermächtigung zur Einberufung einer Hauptversammlung berechtigt sind und ihnen Namen und Anschriften der Aktionäre bekannt sind.[418] Für die Einberufung durch die ermächtigten Aktionäre gelten die allgemeinen Einberufungsvorschriften.[419]

146

Aktionäre, die bei der brieflichen Ladung übergangen wurden, können den Hauptversammlungsbeschluss **genehmigen** (§ 242 Abs. 2 S. 4 AktG).

147

6. Vertagung, Verschiebung, Absetzung

Die Hauptversammlung hat grds. zu dem vorgesehenen Zeitpunkt zu beginnen.[420] Eine **Verschiebung** der Hauptversammlung um einen kurzen Zeitraum (15 bis 30 Minuten) unterliegt diesen Förmlichkeiten nicht. Sie kann gerade bei größeren Publikumsgesellschaften zweckmäßig sein, um den durch die üblich gewordene Sicherheits- oder Eingangskontrolle aufgehaltenen oder auch mit leichter Verspätung eingetroffenen Aktionären die Teilnahme von Beginn an zu ermöglichen.[421] Sofern den Teilnehmern der Verspätungsgrund mitgeteilt wird, bestehen gegen eine geringfügige Verschiebung keine Bedenken.

148

Bei einer **Vertagung** oder **Verlegung** auf einen anderen Versammlungsort muss die Hauptversammlung unter Beachtung aller Formalitäten, insbes. unter Wahrung der Einberufungsfrist, erneut einberufen werden.[422]

149

Eine Hauptversammlung kann nach ihrer Einberufung abgesagt werden. Eine **Absage** bzw. **Absetzung** empfiehlt sich insbes. dann, wenn die Einberufung mit unheilbaren Mängeln behaftet ist. Eine Absage kann unbeschadet der Einberufungskompetenz anderer Organe oder Personen nur durch den Einberufenden selbst ausgesprochen werden.[423] Dass eine Hauptversammlung vom Vorstand aufgrund eines Verlangens von Aktionären gemäß § 122 Abs. 1 S. 1 AktG (Minderheitsverlangen) einberufen worden ist, ändert an der grds.en Kompetenz des Vorstands zur Zurücknahme der Einladung nichts.[424] Die Zurücknahme der Einberufung durch ein einzelnes Mitglied des einberufenden Gremiums kommt grds. nicht in Betracht.[425] Nach vereinzelt vertretener Auffassung müssen bei der

150

---

[417] Im Einzelnen → Rn. 253 ff.
[418] Vgl. *Hölters/Deilmann/Buchta* 83.
[419] *Ziemons* in K. Schmidt/Lutter AktG § 122 Rn. 61.
[420] *Kubis* in MüKoAktG AktG § 121 Rn. 37; *Werner* in GroßkommAktG AktG § 121 Rn. 56.
[421] Vgl. LG Stuttgart ZIP 1994, 950 (952); *Rieckers* in Spindler/Stilz AktG § 121 Rn. 82.
[422] Vgl. BGHZ 100, 264 (266) (GmbH); *Koch* in Hüffer/Koch AktG § 121 Rn. 18; *Steiner* HV der AG § 1 Rn. 23.
[423] RGZ 166, 129 (133); *Baumbach/Hueck* AktG § 121 Rn. 6; *Zöllner* in Kölner Komm. AktG § 121 Rn. 39; *Werner* in GroßkommAktG AktG § 121 Rn. 69.
[424] BGH BB 2015, 2636 (2637 f.); so auch *Rieckers* in Spindler/Stilz AktG § 121 Rn. 81; *Bayer/Scholz/Weiß* ZIP 2014, 1 (2 ff.); aA noch LG Frankfurt a.M. NZG 2013, 748; *Selter* NZG 2013, 1133 (1136); *Weber* NZG 2013, 890 (892).
[425] Dazu näher *Werner* in GroßkommAktG AktG § 121 Rn. 69; *Kubis* in MüKoAktG AktG § 121 Rn. 102.

Abberufung die gleichen **Förmlichkeiten** wie bei der Einladung eingehalten werden,[426] dh durch Einrückung im Bundesanzeiger oder durch eingeschriebenen Brief bei namentlich bekannten Aktionären (vgl. § 121 Abs. 4 S. 1 AktG). Dieser Auffassung ist nicht zuzustimmen. Erforderlich, aber auch ausreichend ist vielmehr eine unmissverständliche Erklärung der die Einberufung zurücknehmenden Stelle an die Aktionäre, durch die möglichst alle Aktionäre rechtzeitig von der Absage Kenntnis erhalten können.[427] Eine Frist ist dabei grds. nicht zu beachten, allerdings kann die Absage der Hauptversammlung jedenfalls dann nicht mehr erfolgen, wenn zur bekannt gegebenen Zeit bereits Aktionäre die Einlasskontrolle passiert und sich im Versammlungssaal eingefunden haben.[428] Sofern noch ausreichend Zeit zur Verfügung steht, empfiehlt es sich allerdings, die Absetzung **unverzüglich** im Bundesanzeiger und in etwaigen weiteren Gesellschaftsblättern bekanntzumachen.[429] Unproblematisch sollte die Veröffentlichung der Absage der Hauptversammlung auf der Internetseite der Gesellschaft sein, die ebenso zeitnah erfolgen sollte.[430] Anderenfalls besteht die Gefahr, dass sich die Gesellschaft möglichen **Schadensersatzansprüchen** der Aktionäre wegen vergeblich aufgewendeter Reisekosten aussetzt.[431]

7. Anfechtungsrisiken

151 Fehlen in der Einberufung **Angaben** über die Firma, den **Sitz** der Gesellschaft oder die **Zeit** und den **Ort** der Versammlung, führt dies zur Nichtigkeit der in der Hauptversammlung gefassten Beschlüsse (§ 241 Nr. 1 iVm § 121 Abs. 3 S. 2 AktG). Auch wenn die Einladung keine Angaben über die genaue Adresse des Versammlungslokals enthält, sind die in der Hauptversammlung gefassten Beschlüsse nichtig. Die Nichtigkeitsfolge gilt nicht mehr bei fehlenden oder nicht vollständigen Angaben über die **Teilnahmebedingungen.**[432] Solche Einberufungsfehler bleiben jedoch bei börsennotierten Gesellschaften anfechtbar. Sind in der Einladung pflichtwidrig Angaben über den **Einberufenden** unterblieben, begründet dies dagegen keine Anfechtungsmöglichkeit.[433] Die Nichtigkeit des Beschlusses kann nicht mehr geltend gemacht werden, wenn nach Eintragung des Beschlusses in das Handelsregister drei Jahre verstrichen sind (§ 242 Abs. 2 S. 1 AktG).

152 **Bagatellverstöße** bei den **Angaben** in der Einberufung bleiben ohne beschlussrechtliche Auswirkungen.[434] Nicht ins Gewicht fallen insbes. Verstöße bei der Angabe der **Firma,** wenn zweifelsfrei klar ist, für welche Gesellschaft die Hauptversammlung einberufen werden soll.[435] Auch genügt es, wenn sich der **Sitz** der Gesellschaft zumindest mittelbar aus der Einladung eindeutig erschließt.[436] Ähnliches gilt bei einer nicht

---

[426] *Steiner* HV der AG § 1 Rn. 23.
[427] *Werner* in GroßkommAktG AktG § 121 Rn. 70; *Göhmann* in Frodermann/Janott § 9 Rn. 34; *Koch* in Hüffer/Koch AktG § 121 Rn. 18; *Ziemons* in K. Schmidt/Lutter AktG § 121 Rn. 98; ähnlich auch *Bungert* in MHdB AG § 36 Rn. 125 (abstellend auf ausreichende Bekanntmachung).
[428] BGH BB 2015, 2636. Abstellend auf den späteren Zeitpunkt der förmlichen Eröffnung der Hauptversammlung hingegen *Koch* in Hüffer/Koch AktG § 121 Rn. 18; *Kubis* in MüKoAktG AktG § 121 Rn. 102.
[429] *Rieckers* in Spindler/Stilz AktG § 121 Rn. 81; *Bungert* in MHdB AG § 36 Rn. 125.
[430] Eine gleichzeitige Publikation in einer regionalen und einer überregionalen Tageszeitung wird man indessen als ausreichend ansehen können.
[431] Vgl. *Werner* in GroßkommAktG AktG § 121 Rn. 70; *Kubis* in MüKoAktG AktG § 121 Rn. 103.
[432] § 241 Nr. 1 AktG wurde durch die ARUG-Reform neu gefasst und umfasst nur noch Einberufungsverstöße gegen § 121 Abs. 2, 3 S. 1 und Abs. 4 AktG.
[433] *Zöllner* in Kölner Komm. AktG § 121 Rn. 30; *Werner* in GroßkommAktG AktG § 121 Rn. 85; aA *Kubis* in MüKoAktG AktG § 121 Rn. 70; *Würthwein* in Spindler/Stilz AktG § 243 Rn. 97; *Ziemons* in K. Schmidt/Lutter AktG § 121 Rn. 72.
[434] OLG Düsseldorf DB 1997, 1170 (1172).
[435] RGZ 34, 110 (113); OLG Hamburg AG 1981, 193 (195); *K. Schmidt* in GroßkommAktG AktG § 241 Rn. 46; *Ziemons* in K. Schmidt/Lutter AktG § 121 Rn. 29.
[436] OLG Düsseldorf DB 1997, 1170 (1173).

IV. Art und Weise der Einberufung § 4

korrekten Bekanntmachung der **Teilnahmebedingungen**.[437] Die fehlende Angabe der Teilnahmebedingungen ist überdies dann unschädlich, wenn die Gesellschaft nur über einen kleinen Aktionärskreis verfügt und diesem die Teilnahmebedingungen bekannt sind.[438]

Findet die Hauptversammlung an einem unzulässigen **Ort** statt, sind die gefassten Beschlüsse zwar nicht nichtig, jedoch **anfechtbar**.[439] Dies ist bspw. der Fall, wenn ohne sachlichen Grund die Einberufung an einen nach der Satzung unzulässigen Ort erfolgt oder, bei fehlender Satzungsbestimmung, wenn ohne sachlichen Grund von der gesetzlichen Regelung abgewichen wird.[440] Die **Uhrzeit** für den Beginn der Hauptversammlung sollte nicht zu spät gewählt werden. Anderenfalls könnte sich die Verwaltung dem Einwand der Aktionäre ausgesetzt sehen, dass sie nicht ihrerseits alles Erforderliche getan hat, um eine Beendigung der Hauptversammlung noch am selben Tag sicherzustellen. Verfahrensleitende Maßnahmen des Vorsitzenden, wie etwa individuelle oder generelle Redezeitbeschränkungen, der Schluss der Rednerliste oder die Beendigung der Debatte,[441] könnten dann unangemessen sein, was die Anfechtungsrisiken vergrößert. Ist die **Einberufungsfrist** zu kurz bemessen, begründet dies grds. einen Anfechtungsgrund.[442] Ebenfalls werden Beschlüsse anfechtbar bei Falschangaben über die für die Ausübung der Aktionärsrechte einzuhaltenden Fristen.[443] Zur Anfechtung berechtigt sind auch die **nicht erschienenen** Aktionäre (§ 245 Nr. 2 AktG). 153

Das Risiko der Anfechtung von Hauptversammlungsbeschlüssen besteht ferner dann, wenn die Gesellschaft unzulässigerweise Aktionären die Teilnahme an der Hauptversammlung verwehrt. Namentlich bei dem Ausschluss von Aktionären wegen zweifelhafter Berechtigungsnachweise iSd § 123 Abs. 3 AktG ist Vorsicht geboten.[444] 154

Nicht zur Anfechtbarkeit von Beschlüssen führt ein Versäumnis der Verbreitung nach § 121 Abs. 4a AktG. Ein Verstoß gegen die Verpflichtung zur Zugänglichmachung der Angaben nach § 124a AktG ist nach § 405 Abs. 3a Nr. 2, Abs. 4 AktG zwar mit einem Bußgeld nicht jedoch mit einer Beschlussanfechtung bedroht (§ 243 Abs. 3 Nr. 2 AktG). Dies gilt allerdings nicht für Fehler beim Zugänglichmachen der Aktionärsanträge nach § 126 Abs. 1 S. 1 AktG und der Vorschläge nach § 127 AktG. 155

---

[437] Im Rahmen von § 123 Abs. 2, 3 AktG aF führten hierbei nach umstrittener Ansicht auch die Angabe einer unzutreffenden Hinterlegungsfrist und die unvollständige Wiedergabe der Hinterlegungsstellen nicht zur Nichtigkeit gefasster Beschlüsse, da in diesem Fall die Nichtigkeit des Beschlusses eine unverhältnismäßige Sanktion wäre, OLG Frankfurt a.M. NJW-RR 1991, 805 ff.; vgl. auch OLG Frankfurt a.M. DB 1989, 1664 (1665); iE zust. *Werner* in GroßkommAktG AktG § 121 Rn. 83 f., AktG § 123 Rn. 60; aA noch *Ziemons* in K. Schmidt/Lutter, 1. Aufl. 2008, AktG § 121 Rn. 38. Entsprechendes dürfte für die nach § 123 Abs. 3 AktG nF an die Stelle der Hinterlegung getretene Teilnahmebedingung des Berechtigungsnachweises gelten.
[438] Vgl. LG Düsseldorf ZIP 1995, 1985 (im dort entschiedenen Fall verfügte die Gesellschaft nur über zwei Aktionäre).
[439] BGH WM 1985, 567 (568); *Koch* in Hüffer/Koch AktG § 121 Rn. 12; *Werner* in GroßkommAktG AktG § 121 Rn. 86; *Zöllner* in Kölner Komm. AktG § 121 Rn. 47; *Kubis* in MüKoAktG AktG § 121 Rn. 94; *Eckardt* in Geßler/Hefermehl AktG § 121 Rn. 44.
[440] BGH AG 1985, 188 (189); *Zöllner* in Kölner Komm. AktG § 121 Rn. 47 mwN, aA *Eckardt* in Geßler/Hefermehl AktG § 121 Rn. 44. Die Kausalität des Fehlers für das Beschlussergebnis ist nach nunmehr hM nicht mehr erforderlich; ausreichend ist die Relevanz des Verstoßes gemäß einer am Zweck der verletzten Norm orientierten wertenden Betrachtung; vgl. BGHZ 149, 158 (163 ff.) = NJW 2002, 1128; *Koch* in Hüffer/Koch AktG § 243 Rn. 13 mwN.
[441] Vgl. dazu im Einzelnen → § 9 Rn. 146 ff., 150 ff.
[442] Vgl. *Kubis* in MüKoAktG AktG § 123 Rn. 49; *Zöllner* in Kölner Komm. AktG § 243 Rn. 76 ff.; *Werner* in GroßkommAktG AktG § 123 Rn. 70.
[443] Etwa bei Angaben entgegen § 121 Abs. 3 AktG; vgl. auch *Seibert/Florstedt* ZIP 2008, 2145 (2147).
[444] Vgl. *Bungert* in: Gesellschaftsrechtliche Vereinigung (VGR) (Hrsg.), Gesellschaftsrecht in der Diskussion 2004, 2005, 59, 65.

V. Übersichten

Übersicht 1: Notwendige Angaben bei Einberufung einer Hauptversammlung

156 **Einberufung der Hauptversammlung und Bekanntmachung in den Gesellschaftsblättern**
- Angabe des Einberufenden
- Firma und Sitz der Gesellschaft
- Ort (Ort, Straße, Tagungslokal) der Hauptversammlung
- Zeit (Datum, Uhrzeit) der Hauptversammlung
- Angabe der Tagesordnung
  - Ordentliche Hauptversammlung:
    - Vorlage des festgestellten Jahresabschlusses, des Konzernabschlusses, des Lageberichts, des Konzernlageberichts des Vorstands, des Berichts des Aufsichtsrats (Hinweis auf Auslage und Übermittlung einer Abschrift gem. § 175 Abs. 2 AktG) und des erläuternden Berichts
    - Verwendung des Bilanzgewinns
    - Entlastung des Vorstands
    - Entlastung des Aufsichtsrats
    - Wahl des Abschlussprüfers für das laufende Geschäftsjahr und ggf. des Prüfers für eine etwaige prüferische Durchsicht zusätzlicher unterjähriger Finanzinformationen (vgl. § 37w Abs. 5 WpHG [ab 3.1.2018 § 115 Abs. 5 WpHG])
  - ergänzende Tagesordnungspunkte:
    - Anzeige des Verlusts der Hälfte des Grundkapitals
    - Wahlen zum Aufsichtsrat: Vorschriften, nach den sich der Aufsichtsrat zusammensetzt; Bindung an Wahlvorschläge
    - Satzungsänderungen: Wortlaut der vorgeschlagenen Satzungsänderung
    - Zustimmung zu Verträgen: wesentlicher Inhalt des Vertrags
    - Kapitalmaßnahmen: Essentialia des Erhöhungsbeschlusses und damit verbundene Satzungsänderungen; ggf. Bezugsrechtsausschluss; bei Kapitalerhöhung gegen Sacheinlagen: Gegenstand der Sacheinlage, Inferent, bei Ausgabe von Nennbetragsaktien der Nennbetrag der für die Sacheinlage zu gewährenden Aktien
    - zustimmungsbedürftige Strukturmaßnahmen: Darstellung des Vorhabens in seinen wesentlichen Zügen (wesentlicher Inhalt des Strukturberichts); Hinweis auf ausliegende und den Aktionären auf Anforderung zur Verfügung stehende Unterlagen
    - Vorstandsberichte
- Vorschläge der Verwaltung
  - zu allen Gegenständen der Beschlussfassung
  - bei Wahlen zum Aufsichtsrat: Name, Wohnort, ausgeübter Beruf des Kandidaten
- Bedingungen für Teilnahme und Stimmrechtsausübung:
  - Berechtigungsnachweis
    - Zugangsfrist bzw. Nachweisstichtag und dessen Bedeutung
    - Adresse
    - Anmeldung
    - Anmeldefrist
- bei Einberufung durch Aktionärsminderheit:
  - Hinweis auf Quorum
  - Hinweis auf richterliche Ermächtigung

Mitteilungen an die Aktionäre (§ 125 AktG)
- Einberufung der Hauptversammlung
- Tagesordnung
- Hinweis auf Möglichkeit der Stimmrechtsausübung durch einen Bevollmächtigten

- Vorschläge der Verwaltung
  - bei Wahlen zum Aufsichtsrat einer börsennotierten Gesellschaft: weitere Mandate der Kandidaten in gesetzlich zu bildenden Aufsichtsräten und ggf. Mitgliedschaften in vergleichbaren in- und ausländischen Kontrollgremien von Wirtschaftsunternehmen
  - Gegenanträge der Aktionäre
  - Wahlvorschläge der Aktionäre

Veröffentlichungen auf der Internetseite der Gesellschaft (§ 124a AktG)
- Inhalt der Einberufung
- Erläuterung für den Fall, dass zu einem Tagesordnungspunkt kein Beschluss gefasst werden soll
- Unterlagen, die der Hauptversammlung zugänglich gemacht werden
- Gesamtzahl der Aktien und Stimmrechte im Zeitpunkt der Einberufung; getrennte Angaben für jede Aktiengattung
- Formulare für die Stimmabgabe durch Vertretung oder mittels Briefwahl, falls keine direkte Übermittlung erfolgt

Übersicht 2: Fristen bei der Einberufung einer Hauptversammlung

Ereignis	Frist (spätestens)
Zugang des Textes der Einladungsbekanntmachung an den **elektronischen Bundesanzeiger**	Vgl. im Einzelnen unter www.ebundesanzeiger.de
Einberufung der Hauptversammlung und Bekanntmachung der Tagesordnung	a) ohne Nachweis- oder Anmeldeerfordernis: Satzung; mindestens 30 Tage vor Hauptversammlung[445] b) bei Nachweis- oder Anmeldeerfordernis: Einberufungsfrist von 30 Tagen verlängert sich um die Tage der Nachweis- oder Anmeldefrist[446] c) Hauptversammlung der Zielgesellschaft in Übernahmesituationen: mindestens 14 Tage vor der Hauptversammlung[447]
Zuleitung der Einberufung an Medien zur EU-weiten Verbreitung bei börsennotierten Gesellschaften	Spätestens zum Zeitpunkt der Bekanntmachung[448]
Auslage bzw. Zugänglichmachen des Jahresabschlusses, des Lageberichts, des Berichts des Aufsichtsrats, des Vorschlags für Verwendung des Bilanzgewinns; ggf. Auslage von Konzernabschluss, Konzernlagebericht, erläuterndem Bericht, Erklärung zur Unternehmensführung, Abschlüssen zurückliegender Geschäftsjahre, ggf. auch von anderen durch die Beschlussfassung betroffenen Gesellschaften (zB bei Unternehmensverträgen, Verschmelzung, Spaltung, Ausgliederung nach UmwG) und von Strukturberichten	Vom Tag der Einberufung an in den Geschäftsräumen der Gesellschaft[449] bzw. über die Internetseite der Gesellschaft[450]

---

[445] § 123 Abs. 1 AktG.
[446] § 123 Abs. 2 S. 2 und 5, Abs. 3 S. 3 und 4 AktG.
[447] § 16 Abs. 4 S. 1 WpÜG.
[448] § 121 Abs. 4a AktG.
[449] § 175 Abs. 2 S. 1 AktG.
[450] § 175 Abs. 2 S. 4 AktG.

Ereignis	Frist (spätestens)
Veröffentlichung von Informationen zur Hauptversammlung auf der Internetseite der Gesellschaft	Alsbald nach der Einberufung[451]
Verlangen einer Aktionärsminderheit auf **Erweiterung der Tagesordnung**	Zugang des Verlangens mindestens 24 Tage, bei börsennotierten Gesellschaften mindestens 30 Tage vor der Hauptversammlung[452]
Bekanntmachung von Tagesordnungserweiterungsanträgen einer Aktionärsminderheit	Mit der Einberufung oder andernfalls unverzüglich nach Zugang des Verlangens[453]
Mitteilung an die Aktionäre, Kreditinstitute und Aktionärsvereinigungen	Mindestens 21 Tage vor der Hauptversammlung[454]
Zugänglichmachung von **Gegenanträgen und Vorschlägen zur Wahl** von Aufsichtsratsmitgliedern aus dem Aktionärskreis	Unverzüglich, wenn bis Zugang des Antrags mindestens 14 Tage vor der Hauptversammlung[455]
Zugang des **Berechtigungsnachweises** zur Teilnahme an der Hauptversammlung und Stimmrechtsausübung	Satzung; bei börsennotierter Gesellschaft genügt jedoch stets eine Bankbescheinigung, die mindestens sechs Tage vor der Versammlung zugeht[456]
Anmeldung zur Hauptversammlung durch Aktionäre	Satzung; Satzung darf nicht anordnen, dass Anmeldung früher als mindestens sechs Tage vor Hauptversammlung erfolgen muss[457]
Hauptversammlung	Ordentliche Hauptversammlung innerhalb der ersten acht Monate eines Geschäftsjahrs[458]
Einreichung **Niederschrift** zum Handelsregister	Unverzüglich[459]
Veröffentlichung der festgestellten Abstimmungsergebnisse und der zusätzlichen Angaben auf der Internetseite der Gesellschaft	Innerhalb von sieben Tagen nach der Hauptversammlung[460]
Stellung des Antrags auf **Auskunftserzwingung** bzw. des Antrags auf Bestellung eines anderen **Sonderprüfers**	Zwei Wochen nach Hauptversammlung[461]
Erhebung der **Anfechtungsklage**	Ein Monat nach Hauptversammlung[462]

---

[451] § 124a AktG.
[452] § 122 Abs. 2 S. 2 AktG.
[453] § 124 Abs. 1 AktG.
[454] § 125 Abs. 1 AktG; vgl. auch § 16 Abs. 4 S. 5 WpÜG.
[455] § 126 Abs. 1 S. 1 AktG; *Koch* in Hüffer/Koch AktG § 126 Rn. 6.
[456] § 123 Abs. 3 AktG; vgl. auch § 16 Abs. 4 S. 5 WpÜG.
[457] § 123 Abs. 2 AktG; vgl. auch § 16 Abs. 4 S. 5 WpÜG.
[458] § 175 Abs. 1 S. 2 AktG.
[459] § 130 Abs. 5 AktG.
[460] § 130 Abs. 6 AktG.
[461] §§ 132 Abs. 2 S. 2, 142 Abs. 4 S. 2 AktG.
[462] § 246 Abs. 1 AktG.

VI. Tagesordnung; weitere Bekanntmachungen*

1. Aufstellung der Tagesordnung

In der Einberufung der Hauptversammlung ist die Tagesordnung anzugeben (§ 121 Abs. 3 S. 2 AktG). Unter der Tagesordnung ist die konkrete und geordnete Aufstellung der zur Behandlung anstehenden Verhandlungsgegenstände, vor allem, aber nicht ausschließlich, der Beschlussgegenstände sowie die Festlegung der Reihenfolge ihrer Behandlung zu verstehen.[463] Sie bildet zum einen die Grundlage für die Beschlussfassung der Hauptversammlung. Zum anderen enthält sie die Gegenstände, die von der Hauptversammlung behandelt werden, ohne dass es zu einer Sachentscheidung käme. Hierzu gehören etwa die Vorlage des Jahresabschlusses und des Lageberichts (§ 175 Abs. 1 AktG) oder eines Sonderprüferberichts (§ 145 Abs. 6 S. 5 AktG), die Anzeige des Verlusts in Höhe der Hälfte des Grundkapitals (§ 92 Abs. 1 AktG) sowie die Mitteilung der Kündigung des Prüfungsauftrags durch den Abschlussprüfer (§ 318 Abs. 7 S. 1 HGB).

158

Die **Aufstellung** der Tagesordnung obliegt dem Organ, das die Einberufung bewirkt.[464] IdR ist dies der Vorstand der Gesellschaft (→ Rn. 22). Er ist für die Aufstellung auch dann zuständig, wenn er die Einberufung der Hauptversammlung auf Verlangen der **Minderheit** vornimmt (vgl. § 122 Abs. 1 AktG).[465] Zwar ist er dann an die von der Minderheit angegebenen Gründe gebunden, andererseits jedoch berechtigt, die Tagesordnung um eigene Punkte zu ergänzen.[466] Nur, wenn die Einberufung durch die Aktionäre aufgrund einer gerichtlichen Ermächtigung erfolgt (§ 122 Abs. 3 AktG; → Rn. 49 und → Rn. 58), sind diese für die Aufstellung der Tagesordnung zuständig.[467]

159

Um sicherzustellen, dass sich der Aktionär in ausreichendem Maße auf die Hauptversammlung vorbereiten kann, sind die einzelnen Punkte der Tagesordnung so **konkret** zu bezeichnen, dass sich der Gegenstand der Verhandlung hinreichend klar und unmissverständlich erkennen lässt.[468] Die Gegenstände der Tagesordnung dürfen nicht zu allgemein gehalten, sondern müssen inhaltlich so bestimmt sein, dass jeder Aktionär der Tagesordnung entnehmen kann, über welche Angelegenheiten verhandelt und ggf. Beschluss gefasst werden soll.[469] Der Aktionär muss aufgrund der **Angaben** in der Tagesordnung in der Lage sein, einem Vertreter Weisungen zur Stimmabgabe zu erteilen. Die Bekanntmachung des **Grunds,** aus dem der Gegenstand auf die Tagesordnung gesetzt wurde, ist nicht erforderlich.[470] Verlangt jedoch die Minderheit die Aufnahme von Beschlussgegenständen, muss diesen eine Begründung oder eine Beschlussvorlage beiliegen, vgl. § 122 Abs. 2 AktG. In vielen Fällen werden in die Einberufungsbekanntmachung – vor den Beschlussvorschlag der Verwaltung – einige erläuternde Bemerkungen aufgenommen. Im Übrigen sind Tagesordnungspunkte nur in etwaigen schriftlichen Berichten des Vorstands und mündlich in der Hauptversammlung zu erläutern.[471]

160

---

* Ich danke *Jennifer Klein* und *Maurice Heine* für die Unterstützung bei der Erstellung dieses Beitrags.
[463] Vgl. *Noack/Zetzsche* in Kölner Komm. AktG § 121 Rn. 77; *Werner* in GroßkommAktG AktG § 124 Rn. 14; *Bungert* in MHdB AG § 36 Rn. 56; *Rieckers* in Spindler/Stilz AktG § 121 Rn. 25.
[464] *Bungert* in MHdB AG § 36 Rn. 57; *Steiner* HV der AG § 1 Rn. 35.
[465] *Bungert* in MHdB AG § 36 Rn. 57.
[466] *Bungert* in MHdB AG § 36 Rn. 57; vgl. *Kubis* in MüKoAktG AktG § 122 Rn. 36, 40; vgl. auch → Rn. 47.
[467] *Bungert* in MHdB AG § 36 Rn. 57; *Werner* in GroßkommAktG AktG § 122 Rn. 60.
[468] OLG Düsseldorf DB 1997, 1170 (1171); *Noack/Zetzsche* in Kölner Komm. AktG § 121 Rn. 78 f.; *Werner* FS Fleck, 1988, 401 (405); *Bungert* in MHdB AG § 36 Rn. 63; *Göhmann* in Frodermann/Jannott AktienR-HdB Kap. 9 Rn. 73; *Kubis* in MüKoAktG AktG § 121 Rn. 44.
[469] Demgegenüber kommt es auf eine Einengung im Sinn einer formalen Eingrenzung nicht an, vgl. OLG Stuttgart AG 1995, 283 (284); *Rieckers* in Spindler/Stilz AktG § 121 Rn. 25.
[470] BGH BB 1962, 110; *Eckardt* in Geßler/Hefermehl AktG § 124 Rn. 10; *Werner* in GroßkommAktG AktG § 124 Rn. 17.
[471] Zur Erläuterungspflicht des Vorstands in der Hauptversammlung → § 10 Rn. 57 ff.

161 Die Tagesordnungspunkte geben den Rahmen für die Beschlussfassung vor.[472] Sie sind von den **Vorschlägen der Verwaltung** zu den einzelnen Tagesordnungspunkten zu unterscheiden (im Einzelnen → Rn. 207 ff.). Je enger der Tagesordnungspunkt gefasst ist, desto geringer ist der Spielraum, innerhalb dessen eine von den Vorschlägen der Verwaltung abweichende Beschlussfassung zulässig ist (näher → Rn. 210). So empfiehlt es sich etwa bei Satzungsänderungen regelmäßig, die zur Änderung vorgeschlagene Vorschrift im Tagesordnungspunkt zu nennen, um Anträge von Aktionären in der Hauptversammlung auf Änderungen anderer Vorschriften zu vermeiden. Die Differenzierung zwischen der Tagesordnung und den Vorschlägen zur Tagesordnung wird in der Praxis in vielen Fällen nicht streng durchgehalten. Häufig werden, insbesondere bei Satzungsänderungen, eigentlich der notwendigen Konkretisierung des Beschlussgegenstands dienende Zusätze in den Verwaltungsvorschlag integriert. Solange der Tagesordnungspunkt gemeinsam mit dem Vorschlag der Verwaltung dem Konkretisierungsbedürfnis der Aktionäre Rechnung trägt, bestehen jedoch gegen eine solche Praxis keine Bedenken.[473]

2. Bekanntmachung

a) Allgemeines

162 Die Tagesordnung ist als integrierter Bestandteil der Einberufung mit dieser bekannt zu machen (§ 121 Abs. 4 S. 1, Abs. 3 S. 2 AktG).[474] Die Bekanntmachung hat den **Zweck,** den Aktionär über die Gegenstände der Erörterung und Beschlussfassung zu informieren und ihm eine Grundlage für seine Entscheidung zu geben, ob er selbst an der Hauptversammlung teilnimmt oder einen Vertreter mit der Ausübung seines Stimmrechts bevollmächtigt und in welchem Sinn er von seinem Stimmrecht in der Hauptversammlung Gebrauch macht bzw. machen lässt.[475] Über nicht ordnungsgemäß angekündigte Anträge darf der Vorsitzende, sofern es sich nicht ausnahmsweise um bekanntmachungsfreie Gegenstände handelt (näher → Rn. 164 ff.), grundsätzlich nicht abstimmen lassen.

163 Die Bekanntmachung hat in den **Gesellschaftsblättern,** dh zumindest im Bundesanzeiger, zu erfolgen (§§ 121 Abs. 4 S. 1, 25 AktG).[476] Sind die Aktionäre namentlich bekannt, kann mit eingeschriebenem Brief einberufen und bekannt gemacht werden sofern die Satzung nichts anderes bestimmt.[477]

b) Bekanntmachungsfreie Gegenstände

164 Für bestimmte Gegenstände der Tagesordnung sieht das Gesetz eine Ausnahme vom Bekanntmachungserfordernis vor (§ 124 Abs. 4 S. 2 AktG).

---

[472] *Butzke* B Rn. 75 mwN; *Kubis* in MüKoAktG AktG § 121 Rn. 46.
[473] *Noack/Zetzsche* in Kölner Komm. AktG § 121 Rn. 81; *Werner* in GroßkommAktG AktG § 124 Rn. 23.
[474] Durch das ARUG wurde im praktischen Ergebnis nur eine sprachliche Anpassung gegenüber der zuvor in § 124 Abs. 1 S. 1 AktG vorgesehenen Bekanntmachung „bei der Einberufung" vorgenommen. Einberufung und Tagesordnung wurden auch zuvor bereits regelmäßig in einem Text bekannt gemacht, obwohl die alte Regelung dies auch in zwei separaten Dokumenten gestattete; vgl. RegBegr. BT-Drs. 16/11642, 40.
[475] Vgl. LG München I AG 2007, 336 (337); OLG München NJW-RR 1997, 544 (545); OLG Celle AG 1993, 178 (179); *Bungert* in MHdB AG § 36 Rn. 63.
[476] Zu möglichen Satzungsbestimmungen vgl. *Werner* in GroßkommAktG AktG § 124 Rn. 13. Näher → Rn. 134.
[477] Dazu eingehend → Rn. 138 ff. Durch die Änderungen des ARUG hat sich der Streit über die Zulässigkeit eines Wechsels des Publikationsmediums, wenn die Einberufung durch eingeschriebenen Brief, die Tagesordnung hingegen durch Veröffentlichung im Bundesanzeiger vorgenommen werden sollte, erledigt. Vgl. auch *Koch* in Hüffer/Koch AktG § 121 Rn. 11 f.

VI. Tagesordnung; weitere Bekanntmachungen § 4

aa) Verhandlung ohne Beschlussfassung

Eine Bekanntmachung von Gegenständen der Tagesordnung ist entbehrlich, wenn sich an 165 ihre Verhandlung keine Beschlussfassung anschließt (§ 124 Abs. 4 S. 2 Alt. 3 AktG). Hierbei handelt es sich um Gegenstände, deren **Diskussion** die Hauptversammlung meist spontan wünscht, ohne dass im Anschluss eine Beschlussfassung erfolgen würde. So bedarf der Tagesordnungspunkt „Verschiedenes" keiner Bekanntmachung, da eine Beschlussfassung unter diesem Tagesordnungspunkt ohnehin nicht erfolgen kann.[478]

Die Vorschrift ist eng auszulegen.[479] Sie soll ermöglichen, dass im Interesse des Unter- 166 nehmens liegende Angelegenheiten im Rahmen der Hauptversammlung **Erörterung** finden, ohne dass sie zuvor angekündigt wurden.[480]

Orientiert man sich am Wortlaut des Gesetzes, fallen unter diesen Ausnahmetatbestand 167 auch die Vorlage des von Vorstand und Aufsichtsrat festgestellten **Jahresabschlusses** und des Lageberichts, des Konzernabschlusses und des Konzernlageberichts sowie die Anzeige des **Verlusts des hälftigen Grundkapitals.** Auch wenn über diese Gegenstände eine Sachentscheidung durch die Hauptversammlung unterbleibt, entspricht es der ganz überwiegenden Meinung, dass ihre Bekanntmachung wegen ihrer Bedeutsamkeit erforderlich ist.[481]

bb) Anträge zu den Gegenständen der Tagesordnung

Keiner Bekanntmachung bedürfen Anträge zu den Gegenständen der Tagesordnung 168 (§ 124 Abs. 4 S. 2 Alt. 2 AktG).

(1) Gegenanträge. Hierzu zählen zunächst Gegenanträge aus dem Aktionärskreis. Sie 169 bedürfen keiner gesonderten Bekanntmachung, soweit sie sich innerhalb des Gegenstands der Tagesordnung bewegen.[482] Diese Voraussetzungen sind bei solchen Anträgen erfüllt, die auf Ablehnung oder Änderung des Verwaltungsvorschlags zielen.[483] So können die Aktionäre beispielsweise in der Hauptversammlung ohne Weiteres beantragen, den Verwaltungsmitgliedern die vorgeschlagene Entlastung zu verweigern.[484] Auch bewegt sich der Antrag, eine höhere Dividende auszuschütten oder einen geringeren Teil des Bilanzgewinns in die Gewinnrücklagen einzustellen, noch innerhalb des Tagesordnungspunktes „Beschlussfassung über die Verwendung des Bilanzgewinns".[485] Bei der Wahl von Aufsichtsratsmitgliedern können die Aktionäre abweichende Vorschläge unterbreiten, ohne dass es insoweit einer besonderen Bekanntmachung bedürfte.[486] Der Tagesordnungspunkt „Abberufung von Aufsichtsratsmitgliedern" deckt den Antrag, eine zwischenzeitlich erfolgte Amtsniederlegung anzunehmen.[487] Ein bekanntmachungsfreier Gegenantrag bleibt auch dann bekanntmachungsfrei, wenn ihn sich die Verwaltung zu eigen macht und über ihn statt des ursprünglichen Verwaltungsvorschlages abstimmen lässt.[488]

---

[478] *Werner* in GroßkommAktG AktG § 124 Rn. 27; krit.: *Kubis* in MüKoAktG AktG § 121 Rn. 58.
[479] *Werner* in GroßkommAktG AktG § 124 Rn. 15; *Bungert* in MHdB AG § 36 Rn. 64.
[480] *Werner* in GroßkommAktG AktG § 124 Rn. 15.
[481] *Bungert* in MHdB AG § 36 Rn. 64; *Eckardt* in Geßler/Hefermehl AktG § 124 Rn. 14; *Werner* in GroßkommAktG AktG § 124 Rn. 16; *Kubis* in MüKoAktG AktG § 124 Rn. 64; *Noack/Zetzsche* in Kölner Komm. AktG § 124 Rn. 113.
[482] *Bungert* in MHdB AG § 36 Rn. 66; LG München I AG 2007, 255 (256).
[483] *Werner* in GroßkommAktG AktG § 124 Rn. 86; *Kubis* in MüKoAktG AktG § 124 Rn. 59. Zu Gegenanträgen allgemein → Rn. 303 ff.
[484] *Werner* FS Fleck, 1988, 401 (414); *Kubis* in MüKoAktG AktG § 124 Rn. 59.
[485] *Werner* FS Fleck, 1988, 401 (414); *Steiner* HV der AG § 1 Rn. 38; *Reger* in Bürgers/Körber AktG § 124 Rn. 25; *Kubis* in MüKoAktG AktG § 124 Rn. 59.
[486] *Werner* FS Fleck, 1988, 401 (414). Unter den Voraussetzungen der §§ 125, 126 AktG können die Aktionäre die Mitteilung ihrer Gegenanträge verlangen. Dazu → Rn. 332.
[487] LG Mannheim WM 1990, 760.
[488] OLG Hamm DB 2005, 2236; *Reger* in Bürgers/Körber AktG § 124 Rn. 25.

170 **(2) Sachlich ergänzende Anträge.** Unter die bekanntmachungsfreien Anträge fallen ferner Anträge auf Ergänzung eines bekannt gemachten Gegenstands der Tagesordnung.[489] Im Rahmen des Tagesordnungspunkts „Vorlage des festgestellten Jahresabschlusses" oder „Entlastung von Vorstand und Aufsichtsrat" kann ein Antrag auf Bestellung eines **Sonderprüfers** gestellt werden.[490] Zumindest wenn sich die Sonderprüfung auf Umstände des Geschäftsjahrs bezieht, für das Entlastung erteilt werden soll, müssen die Aktionäre mit einer derartigen Antragserweiterung rechnen. Als zulässiger sachlich ergänzender Antrag ist im Rahmen eines Entlastungsantrags auch ein Antrag auf **Entzug des Vertrauens** anzusehen.[491] Hingegen müssen die Aktionäre mit einem Antrag auf Geltendmachung von Schadensersatzansprüchen im Rahmen des bekannt gemachten Tagesordnungspunkts „Entlastung von Vorstand und Aufsichtsrat" nicht notwendigerweise rechnen.[492] Anders ist dies nur, wenn eine Sonderprüfung stattgefunden hat und die Vorlage des Sonderprüferberichts Gegenstand der Tagesordnung ist.[493] Die Bekanntmachung des Tagesordnungspunkts „Abberufung eines Aufsichtsratsmitglieds" deckt die Neuwahl des Aufsichtsrats – anders als die oben angesprochene Annahme der Amtsniederlegung – ebenfalls nicht.[494]

171 Ausnahmsweise sind auch Anträge bekanntmachungsfrei, die von einem bekannt gemachten Tagesordnungspunkt inhaltlich **abweichen.** Dazu zählen zunächst Anträge auf stilistische oder redaktionelle Änderungen, sowie solche, die auf eine Korrektur offensichtlicher Unrichtigkeiten gerichtet sind.[495] Weichen die gestellten Anträge materiell von den angekündigten ab, kommt es darauf an, ob sich der neue Antrag bei wirtschaftlicher Betrachtung noch im Rahmen des bekannt gemachten Antrags bewegt. Die Beschlussfassung über eine **Kapitalerhöhung** mit Bezugsrecht der Altaktionäre kann zulässig sein, wenn zuvor eine Kapitalerhöhung unter Ausschluss des Bezugsrechts angekündigt wurde, ebenso der Beschluss über eine Kapitalerhöhung gegen Bareinlagen, wenn der bekannt gemachte Antrag eine Erhöhung gegen Sacheinlagen vorsah.[496] Im Hinblick auf die speziellen Bekanntmachungserfordernisse (§§ 183 Abs. 1, 186 Abs. 4 AktG; → Rn. 185 ff.) kann dies jedoch nicht für die umgekehrten Fälle gelten. Inwieweit bei einer Kapitalerhöhung bzw. -herabsetzung der Erhöhungs- bzw. Herabsetzungsbetrag nachträglich noch erhöht oder reduziert werden kann, ist eine Frage des Einzelfalls.

172 **(3) Geschäftsordnungsanträge.** Zu den bekanntmachungsfreien Anträgen zählen ferner Geschäftsordnungsanträge, unabhängig davon, ob sich diese auf einen speziellen Tagesordnungspunkt oder mehrere Punkte der Tagesordnung beziehen.[497] Zulässig ist beispielsweise der Geschäftsordnungsantrag zur Wahl des Versammlungsleiters, sofern die Satzung keine entsprechende Regelung trifft.[498] Keiner Bekanntmachung bedarf auch der Antrag, die Hauptversammlung zu vertagen.[499] Hingegen ist das auf Erlass einer Geschäftsordnung für die Hauptversammlung gerichtete Petitum kein bekanntmachungsfreier Antrag.[500]

---

[489] *Werner* FS Fleck, 1988, 401 (414); *Kubis* in MüKoAktG AktG § 124 Rn. 61; *Reger* in Bürgers/Körber AktG § 124 Rn. 26.
[490] *Noack/Zetzsche* in Kölner Komm. AktG § 124 Rn. 104; *Koch* in Hüffer/Koch AktG § 124 Rn. 29; *Steiner* HV der AG § 1 Rn. 38; *Werner* FS Fleck, 1988, 401 (414).
[491] *Noack/Zetzsche* in Kölner Komm. AktG § 124 Rn. 105; *Koch* in Hüffer/Koch AktG § 124 Rn. 29; abl. *Werner* FS Fleck, 1988, 401 (415); *Kubis* in MüKoAktG AktG § 124 Rn. 60. In der Entlastungsverweigerung kann, muss aber nicht notwendigerweise ein Vertrauensentzug liegen, vgl. *Koch* in Hüffer/Koch AktG § 120 Rn. 16.
[492] *Werner* FS Fleck, 1988, 401 (414); *Kubis* in MüKoAktG AktG § 124 Rn. 60.
[493] *Noack/Zetzsche* in Kölner Komm. AktG § 124 Rn. 106; *Werner* FS Fleck, 1988, 401 (415).
[494] *Werner* in GroßkommAktG AktG § 124 Rn. 56.
[495] *Werner* in GroßkommAktG AktG § 124 Rn. 91 f.
[496] Vgl. *Werner* in GroßkommAktG AktG § 124 Rn. 94; *Kubis* in MüKoAktG AktG § 124 Rn. 61.
[497] *Eckardt* in Geßler/Hefermehl AktG § 124 Rn. 16; *Werner* FS Fleck, 1988, 401 (413).
[498] Zum Antrag auf Abwahl des Versammlungsleiters siehe *Ziemons* in K. Schmidt/Lutter AktG § 124 Rn. 67 mwN.
[499] *Werner* FS Fleck, 1988, 401 (413).

cc) Einberufung einer weiteren Hauptversammlung

Bekanntmachungsfrei ist schließlich der Antrag auf Einberufung einer weiteren Hauptversammlung (§ 124 Abs. 4 S. 2 Alt. 1 AktG). Zumeist wird dieser Antrag mit dem Antrag auf Vertagung eines oder mehrerer Gegenstände der Tagesordnung verbunden.[501] Nach zutreffender Ansicht ist von der Ausnahmevorschrift auch das Begehren auf Einberufung einer weiteren Hauptversammlung mit **anderen Gegenständen der Tagesordnung** erfasst; es muss daher nicht gesondert angekündigt werden.[502] Schließlich kann ein (bekanntmachungsfreier) Antrag auf Einberufung einer Hauptversammlung mit dem an den Vorstand gerichteten Verlangen verbunden werden, sich auf Maßnahmen **vorzubereiten,** die in den Zuständigkeitsbereich der Hauptversammlung fallen.[503]

173

c) Bekanntmachungsbedürftige Gegenstände

aa) Allgemeines

Die Mehrzahl der Gegenstände der Tagesordnung ist demgegenüber bekanntmachungsbedürftig. Dabei ist die Verpflichtung, den Gegenstand der Beschlussfassung bekannt zu machen, von der dem Vorstand und/oder Aufsichtsrat obliegenden Verpflichtung zu unterscheiden, zu jedem Gegenstand der Tagesordnung einen Beschlussvorschlag zu unterbreiten (§ 124 Abs. 3 S. 1 AktG), der dann gemeinsam mit dem Beschlussgegenstand bekannt zu machen ist. Die nachfolgend dargestellten Erfordernisse für die Bekanntmachung des Beschlussgegenstands werden daher jeweils durch die Anforderungen an den Inhalt des Beschlussvorschlags der Verwaltung ergänzt.[504]

174

Die Tagesordnungspunkte, die typischerweise Gegenstand der **ordentlichen Hauptversammlung** sind, namentlich „Vorlage bzw. Feststellung des Jahresabschlusses", „Beschlussfassung über die Verwendung des Bilanzgewinns", „Entlastung von Vorstand und Aufsichtsrat" und „Wahl des Abschlussprüfers", sind ausreichend klar, so dass es einer weiteren Konkretisierung nicht mehr bedarf.[505] Nicht genügend wäre indessen die bloße „Einladung zur ordentlichen Hauptversammlung", ohne die vorgenannten Beschlussgegenstände im Einzelnen zu benennen.[506]

175

Bei **Satzungsänderungen** ist die zu ändernde Bestimmung der Satzung gemeinsam mit dem Wortlaut der vorgeschlagenen Satzungsänderung anzugeben (→ Rn. 182 ff.). Wird eine **Kapitalerhöhung** zur Beschlussfassung vorgeschlagen, sind die Art der Kapitalerhöhung (Bar- und/oder Sacheinlage, Kapitalerhöhung aus Gesellschaftsmitteln) und ihr Umfang zu bezeichnen (→ Rn. 185 ff.). Soll die Hauptversammlung dem Abschluss eines **Unternehmensvertrags** zustimmen, sind Vertragsart und -partner sowie der wesentliche Inhalt des Vertrags bekannt zu machen (→ Rn. 193 ff.). Entsprechendes gilt im Falle der Verschmelzung. Bei einem **Formwechsel** unterliegt sowohl der Gesellschafterbeschluss als auch die neue Satzung der Gesellschaft der Bekanntmachungspflicht.[507] Bei **Spaltungen** ist der betroffene Unternehmensbereich zu spezifizieren und der Erwerber der zu übertragenden Vermögensgegenstände zu benennen.[508]

176

---

[500] *Noack/Zetzsche* in Kölner Komm. AktG § 124 Rn. 111. Es bedarf hierzu eines Beschlusses der Hauptversammlung mit einer Mehrheit von mindestens drei Vierteln des bei der Beschlussfassung vertretenen Grundkapitals, vgl. *Hoffmann-Becking* in MHdB AG § 37 Rn. 30.
[501] *Werner* FS Fleck, 1988, 401 (418).
[502] *Koch* in Hüffer/Koch AktG § 124 Rn. 29; *Werner* FS Fleck, 1988, 401 (418).
[503] Vgl. § 83 AktG; *Werner* FS Fleck, 1988, 401 (419); Zur Vorbereitungspflicht des Vorstands → § 10 Rn. 18.
[504] Nachfolgend → Rn. 207 ff.
[505] *Werner* FS Fleck, 1988, 401 (406); *ders.* in GroßkommAktG AktG § 124 Rn. 24–26.
[506] *Werner* in GroßkommAktG AktG § 124 Rn. 18.
[507] LG Hanau ZIP 1996, 422.
[508] *Hüffer*, 8. Aufl. 2008, AktG § 124 Rn. 4. Zur Zuständigkeit der Hauptversammlung bei Ausgliederungsvorgängen auch *Schlitt* in Semler/Stengel UmwG Anh. § 173 Rn. 21 ff.; zu Umwandlungen siehe § 39.

177 Die Aufnahme und Bekanntmachung des Tagesordnungspunkts **„Verschiedenes"** ist zwar im Ausgangspunkt rechtlich unbedenklich, sie kann indessen die Beschlussfassung über im Übrigen nicht bekannt gemachte Gegenstände nicht rechtfertigen.[509] Eine Ergänzung der Tagesordnung um den Punkt „Verschiedenes" dürfte daher nur in den seltensten Fällen zweckmäßig sein, da eine Sachentscheidung nicht möglich ist, den Aktionären aber die Gelegenheit geboten wird, sich zu beliebigen mit der Gesellschaft zusammenhängenden Themen zu äußern,[510] was zu einer erheblichen Ausdehnung der Dauer der Hauptversammlung führen dürfte.

178 Nicht ausreichen dürfte die Ankündigung „Änderung der **Aufsichtsratsvergütung**", wenn der Umfang der Änderung nicht angegeben ist.[511] Wurde in der Bekanntmachung der Tagesordnung lediglich auf **Bilanzierungsfehler** hingewiesen, scheidet eine Beschlussfassung über Geschäftsführungsmaßnahmen aus.[512] Keinesfalls kann eine Beschlussfassung über eine **Sanierungsmaßnahme,** etwa in Form eines Kapitalschnitts, erfolgen, wenn der Hauptversammlung lediglich der Verlust in Höhe der Hälfte des Grundkapitals angezeigt wurde.[513]

bb) Wahl von Aufsichtsratsmitgliedern

179 Bei der Wahl von Aufsichtsratsmitgliedern ist in der Bekanntmachung anzugeben, nach welchen **gesetzlichen Vorschriften** sich die Zusammensetzung des Aufsichtsrats bestimmt (§ 124 Abs. 2 S. 1 AktG). Bei diesen Vorschriften handelt es sich im Wesentlichen um das Mitbestimmungsgesetz 1976, das Montan-Mitbestimmungsgesetz, das Mitbestimmungsergänzungsgesetz, sowie das Drittelbeteiligungsgesetz. Diesem Erfordernis wird durch die Angabe der entsprechenden gesetzlichen Vorschriften genügt.[514] Der Inhalt dieser Vorschriften und die Zahl der Aufsichtsratsmitglieder müssen nicht angegeben werden.[515] Bei der Bekanntmachung ist das Kontinuitätsprinzip des § 96 Abs. 2 AktG zu beachten, nach dem die bisherige Zusammensetzung des Aufsichtsrats solange maßgebend ist, bis nach Abschluss des gem. §§ 97, 98 AktG durchzuführenden Statusverfahrens eine andere gesetzliche Grundlage zur Anwendung kommt.[516]

180 Bei der Wahl von Aufsichtsratsmitgliedern ist ferner anzugeben, ob die Hauptversammlung an Wahlvorschläge gebunden ist. Grundsätzlich ist eine **Bindung an Wahlvorschläge** ausgeschlossen (§ 101 Abs. 1 S. 2 AktG). Anders ist es nur im Anwendungsbereich des Montan-Mitbestimmungsgesetzes und des Mitbestimmungsergänzungsgesetzes. Hier reicht der Hinweis, dass eine Bindung an Wahlvorschläge nach Maßgabe der §§ 6, 8 Montan-MitbestG oder § 5 Abs. 3 MitbestErgG besteht.[517] Bislang durfte auch dann, wenn die Hauptversammlung an Beschlussvorschläge nicht gebunden ist, auf den vom Gesetz geforderten (deklaratorischen) Hinweis in der Bekanntmachung nicht verzichtet werden („Die Hauptversammlung ist an Wahlvorschläge nicht gebunden").[518] Im Zuge der Aktienrechtsnovelle 2016 wurde dieses Bekanntmachungserfordernis jedoch als bloße Formalität gestrichen.[519] Sieht die Satzung zugunsten einzelner Aktionäre ein **Entsendungsrecht** (§ 101 Abs. 2 AktG) vor, liegt eine Bindung an einen Wahlvorschlag im

---

[509] *Eckardt* in Geßler/Hefermehl AktG § 124 Rn. 9; *Werner* in GroßkommAktG AktG § 124 Rn. 27; *Bungert* in MHdB AG § 36 Rn. 63.
[510] *Bungert* in MHdB AG § 36 Rn. 63; *Butzke* B Rn. 83; *Kubis* in MüKoAktG AktG § 121 Rn. 58.
[511] *Steiner* HV der AG § 1 Rn. 41.
[512] OLG Köln WM 1959, 1402; *Hüffer*, 8. Aufl. 2008, AktG § 124 Rn. 2.
[513] OLG Oldenburg DB 1994, 1024 (zum Verkauf eigener Aktien an einen Dritten).
[514] §§ 96 ff. AktG, §§ 5 ff. DrittelbG, §§ 6, 7 MitbestG 1976, §§ 3 ff. Montan-MitbestG, §§ 5 ff. MitbestErgG; §§ 22 ff. MgVG.
[515] *Werner* in GroßkommAktG AktG § 124 Rn. 28; *Reger* in Bürgers/Körber AktG § 124 Rn. 9.
[516] *Werner* in GroßkommAktG AktG § 124 Rn. 29; *Koch* in Hüffer/Koch AktG § 124 Rn. 6.
[517] *Werner* in GroßkommAktG AktG § 124 Rn. 31.
[518] *Koch* in Hüffer/Koch AktG § 124 Rn. 6; *Kubis* in MüKoAktG AktG § 124 Rn. 11.
[519] RegBegr. BT-Drs. 18/4349, 24; *Koch* in Hüffer/Koch AktG § 124 Rn. 6.

Sinn dieser Vorschrift nicht vor, da insoweit keine Wahl stattfindet.[520] Auf Entsendungsrechte muss in der Bekanntmachung nicht ausdrücklich hingewiesen werden.[521]

Aufsichtsräte börsennotierter und der Mitbestimmung unterliegender Gesellschaften müssen seit 24.4.2015[522] im Rahmen der sog. **„Geschlechterquote"** zu je mind. 30% aus Frauen bzw. Männern bestehen (§ 96 Abs. 2 AktG).[523] Bei der Wahl von Aufsichtsratsmitgliedern börsennotierter Gesellschaften, für die das Mitbestimmungsgesetz, das Montan-Mitbestimmungsgesetz oder das Mitbestimmungsergänzungsgesetz gilt, hat die Bekanntmachung daher zusätzlich die Angabe zu enthalten, ob der Gesamterfüllung der Geschlechterquote nach § 96 Abs. 2 S. 3 AktG widersprochen wurde[524] und wie viele der Aufsichtsratssitze mindestens jeweils von Frauen und Männern besetzt sein müssen, um den Anforderungen nach § 96 Abs. 2 S. 1 AktG zu genügen (§ 124 Abs. 2 S. 2 AktG).[525] Die Regelung soll laut Regierungsbegründung die sachgerechte Vorbereitung auf die Aufsichtsratwahl sicherstellen und dafür Sorge tragen, dass nicht nur die Wahl selbst, sondern auch der vorbereitende Wahlvorschlag den Anforderungen des § 96 Abs. 2 AktG genügen.[526]

cc) Satzungsänderung

Soll die Hauptversammlung über eine Satzungsänderung Beschluss fassen, ist – in Ergänzung zum Tagesordnungspunkt – die vorgeschlagene Satzungsänderung in ihrem vollständigen **Wortlaut** und nicht nur ihrem wesentlichen Inhalt nach bekannt zu machen, um den Aktionären so eine sachgerechte Vorbereitung auf die Hauptversammlung zu ermöglichen (§ 124 Abs. 2 S. 3 AktG).[527] Dabei spielt es keine Rolle, ob es sich um einen Vorschlag der Verwaltung oder einer Aktionärsminderheit handelt.[528] Ein Erfordernis, neben dem Wortlaut der vorgeschlagenen Satzungsänderung auch noch den Text der zu ändernden Fassung, gar im Sinn einer **synoptischen Gegenüberstellung,** anzugeben, besteht nicht.[529]

In der Praxis werden die vorgeschlagenen Satzungsänderungen indessen nicht nur wörtlich wiedergegeben, sondern auch vielfach noch erläutert. Wiewohl solche **Begründungen** für den Aktionär hilfreich sind, zwingen rechtliche Gründe zu einer solchen Vorgehensweise nicht.[530] Das Gesetz sieht keine Verpflichtung vor, die Neufassung zu kommentieren, wesentliche Änderungen hervorzuheben oder Verweise zu erläutern. Gerade in den Fällen, in denen der Wortlaut der Satzung komplett neu gefasst werden soll, würde dies zu fast unüberwindbaren praktischen Schwierigkeiten führen.[531] Eine **Ausnahme** ist nur für den Fall zu machen, dass die zur Änderung vorgeschlagene Satzungsbestimmung aus sich heraus nicht verständlich ist oder die isolierte Änderung eines Teils der Satzungsbestimmung mit einer Änderung ihres Sinns verbunden wäre, die der geän-

---

[520] *Bungert* in MHdB AG § 36 Rn. 70; *Kubis* in MüKoAktG AktG § 124 Rn. 11; *Reger* in Bürgers/Körber AktG § 124 Rn. 10.
[521] *Koch* in Hüffer/Koch AktG § 124 Rn. 6; *Kubis* in MüKoAktG AktG § 124 Rn. 11; aA *v. Falkenhausen* BB 1966, 337 (339).
[522] Gesetz für die gleichberechtigte Teilhabe von Frauen und Männern an Führungspositionen in der Privatwirtschaft und im öffentlichen Dienst v. 24.4.2015, BGBl 2015 I 642.
[523] *Israel* in Bürgers/Körber AktG § 96 Rn. 7a.
[524] *Reger* in Bürgers/Körber AktG § 124 Rn. 10a; für eine Negativanzeige: *Ziemons* in K. Schmidt/Lutter AktG § 124 Rn. 94.
[525] *Koch* in Hüffer/Koch AktG § 124 Rn. 6a; Formulierungsbeispiele bei *Ziemons* in K. Schmidt/Lutter AktG § 124 Rn. 96f.
[526] RegBegr BT-Drs. 18/3784, 124; *Koch* in Hüffer/Koch AktG § 124 Rn. 6a.
[527] Vgl. auch OLG Celle AG 1993, 178 (179).
[528] *Kubis* in MüKoAktG AktG § 127 Rn. 13; *Werner* in GroßkommAktG AktG § 124 Rn. 36.
[529] KG WM 1996, 1454 (1457); vgl. auch BGHZ 119, 1 (12); *Eckardt* in Geßler/Hefermehl AktG § 124 Rn. 53; *Butzke* B Rn. 90; *Kubis* in MüKoAktG AktG § 124 Rn. 14.
[530] Vgl. LG Mannheim AG 1967, 83; *Werner* in GroßkommAktG AktG § 124 Rn. 35.
[531] So zutr. *Werner* in GroßkommAktG AktG § 124 Rn. 35. Zweckmäßig ist in diesem Fall ein Hinweis in der Bekanntmachung, dass die Satzung völlig neu gefasst werden soll.

derten Satzungsbestimmung selbst nicht zu entnehmen ist. Hier ist die Veröffentlichung des Textes der gesamten Satzungsbestimmung oder eine Erläuterung geboten.[532]

184 Eine andere Frage ist, ob eine so ordnungsgemäß erfolgte Bekanntmachung es ausschließt, dass die Aktionäre in der Hauptversammlung, etwa aufgrund eines vom Verwaltungsvorschlag abweichenden Antrags, eine **andere Fassung** der Satzungsänderung beschließen. Nach einer Mindermeinung hat die wörtliche Angabe der zur Änderung vorgeschlagenen Satzungsänderung im Beschlussvorschlag die Funktion, den Kreis der zulässigen Beschlussgegenstände einzugrenzen.[533] Dem kann nicht gefolgt werden, da Grenzen der zulässigen Beschlussfassungen in erster Linie durch den Tagesordnungspunkt gezogen werden. Andererseits erscheint es zu weitgehend, mit einer vereinzelt vertretenen Auffassung die bloße Ankündigung des Tagesordnungspunkts „Satzungsänderung" ausreichen zu lassen, um über jedwede, also auch eine nicht vorgeschlagene Änderung einer anderen Satzungsbestimmung, beschließen zu können.[534] Richtigerweise ist, der hM folgend,[535] eine Beschlussfassung über eine von dem bekannt gemachten Satzungstext abweichende Satzungsänderung ohne erneute Bekanntmachung nur, aber auch immer dann zulässig, wenn sich der Beschluss im Rahmen des bekannt gegebenen **Tagesordnungspunkts** bewegt. Der Beschlussvorschlag dient nur dazu, den Aktionären zusätzliche Informationen zu liefern, nicht aber den Beschlussgegenstand einzugrenzen.[536] Eine Beschlussfassung über einen abweichenden Formulierungsvorschlag ist danach nur ausgeschlossen, wenn der Gegenstand der Tagesordnung ausnahmsweise ausdrücklich auf die Beschlussfassung über eine Satzungsänderung „gemäß nachstehendem Vorschlag" beschränkt ist.[537] Auch in diesem Rahmen bleiben redaktionelle Änderungen jedoch zulässig.[538]

dd) Kapitalerhöhung, -herabsetzung

185 Eine besondere Form der Satzungsänderung stellen Kapitalmaßnahmen dar. Soll die Hauptversammlung über eine **Kapitalerhöhung** Beschluss fassen, ist neben den Essentialia des Kapitalerhöhungsbeschlusses der Wortlaut der damit verbundenen Satzungsänderung bekannt zu machen.[539] Zu den bekanntmachungsbedürftigen Elementen eines Kapitalerhöhungsbeschlusses zählt der (Höchst-)Betrag,[540] um den das Kapital erhöht werden soll, sowie die Anzahl, Stückelung und Gattung der neuen Aktien. Lautet der Antrag auf einen bestimmten Erhöhungsbetrag, kann innerhalb eines angemessenen Rahmens nach oben oder unten ein **abweichender** Erhöhungsbetrag beschlossen werden, ohne dass es einer gesonderten Bekanntmachung bedürfte.[541] Demgegenüber kann eine Kapitalerhö-

---

[532] Vgl. auch OLG Celle AG 1993, 178 (dort verneint); *Werner* in GroßkommAktG AktG § 124 Rn. 35; *Reger* in Bürgers/Körber AktG § 124 Rn. 11.
[533] *Werner* FS Fleck, 1988, 401 (407); *Werner* in GroßkommAktG AktG § 124 Rn. 34.
[534] *Eckardt* in Geßler/Hefermehl AktG Vor § 118 Rn. 53; zu weitgehend auch *Steiner* HV der AG § 1 Rn. 50, der eine Beschlussfassung auch dann für zulässig hält, wenn die allgemeine Kennzeichnung des Beschlussgegenstands fehlt.
[535] OLG Celle AG 1993, 178 (179); *Koch* in Hüffer/Koch AktG § 124 Rn. 8; *Noack/Zetzsche* in Kölner Komm. AktG § 124 Rn. 39 ff.; *Kubis* in MüKoAktG AktG § 124 Rn. 13; *Reger* in Bürgers/Körber AktG § 124 Rn. 12; ähnlich *Butzke* B Rn. 79 ff.
[536] Im Einzelfall kann er als Auslegungshilfe dienen, *Butzke* B Rn. 82.
[537] LG Mannheim AG 1967, 83; *Bungert* in MHdB AG § 36 Rn. 71; *Noack/Zetzsche* in Kölner Komm. AktG § 124 Rn. 40; *Kubis* in MüKoAktG AktG § 124 Rn. 13. Eine solche Beschränkung tritt etwa bei folgender Formulierung ein: „Satzungsänderung: Vorstand und Aufsichtsrat schlagen vor, § 1 Abs. 2 der Satzung über den Sitz der Gesellschaft wie folgt neu zu fassen: ‚Sitz der Gesellschaft ist München'." Auch hier steht keineswegs der gesamte Satzungsinhalt zur Disposition; insoweit zutr. *Werner* in GroßkommAktG AktG § 124 Rn. 34.
[538] *Noack/Zetzsche* in Kölner Komm. AktG § 124 Rn. 40.
[539] *Werner* in GroßkommAktG AktG § 124 Rn. 37; *Kubis* in MüKoAktG AktG § 124 Rn. 15.
[540] Die Angabe des Höchstbetrags ist dann erforderlich, wenn nicht gesichert ist, dass die neuen Aktien in vollem Umfang gezeichnet werden. Zur Zulässigkeit sog „Bis-zu-Kapitalerhöhungen" *Koch* in Hüffer/Koch AktG § 182 Rn. 12.
[541] *Werner* FS Fleck, 1988, 401 (417) nennt eine Größenordnung von 20 %.

VI. Tagesordnung; weitere Bekanntmachungen § 4

hung gegen **Sacheinlagen** anstelle einer angekündigten Barkapitalerhöhung schon wegen der besonderen Bekanntmachungserfordernisse nicht beschlossen werden.[542]

Während Einigkeit darüber besteht, dass der **Beginn des Gewinnbezugsrechts** nicht notwendiger Gegenstand der Bekanntmachung ist,[543] sind die Meinungen darüber geteilt, ob der **Ausgabebetrag** von der Bekanntmachungspflicht umfasst ist. Zum Teil wird ein Bekanntmachungserfordernis mit dem Hinweis darauf angenommen, der Aktionär könne über die Kapitalerhöhung nur dann sachgerecht entscheiden, wenn er auch den Ausgabekurs kenne.[544] Demgegenüber lehnt die herrschende Meinung ein Bekanntmachungserfordernis unter Hinweis auf den Wortlaut des Gesetzes zu Recht ab.[545]

Bei einer **Kapitalerhöhung gegen Sacheinlagen** sind der Gegenstand der Sacheinlage, der Inferent und bei Ausgabe von Nennbetragsaktien der Nennbetrag, bei Stückaktien die Zahl der für die Erbringung der Sacheinlage zu gewährenden Aktien bekannt zu machen (§ 183 Abs. 1 S. 2 AktG).

Soll das **Bezugsrecht** der Aktionäre ganz oder zum Teil **ausgeschlossen** werden, kann der Kapitalerhöhungsbeschluss nur gefasst werden, wenn die Ausschließung zuvor ausdrücklich und ordnungsgemäß bekannt gemacht worden ist (§ 186 Abs. 4 S. 1 AktG).[546]

Bei einer **bedingten Kapitalerhöhung** erstreckt sich die Bekanntmachungspflicht auf den Zweck, zu dem die Kapitalerhöhung beschlossen werden soll.[547] Soll eine bedingte Kapitalerhöhung gegen Erbringung von Sacheinlagen beschlossen werden, sind ebenfalls der Gegenstand der Einlage, der Inferent und bei der Ausgabe von Nennbetragsaktien der Nennbetrag, bei Stückaktien die Zahl der für die Sacheinlage zu gewährenden Aktien bekannt zu machen (§ 194 Abs. 1 S. 1 und 3 AktG).

Besonderheiten gelten für die Beschlussfassung über ein **genehmigtes Kapital.** Da hier der Vorstand mit Zustimmung des Aufsichtsrats über den Inhalt der Aktienrechte und die Bedingungen der Aktienausgabe entscheidet, wenn die Ermächtigung keine diesbezüglichen Bestimmungen enthält (§ 204 Abs. 1 S. 1 AktG), ist nur der Inhalt der Ermächtigung bekannt zu machen.[548] Zum bekanntmachungsbedürftigen Inhalt der Ermächtigung zählt ihre Dauer, der Betrag, um den das Kapital erhöht werden darf, bei Vorhandensein stimmrechtsloser Vorzugsaktien der Umstand, dass weitere Vorzugsaktien ausgegeben werden sollen (§ 204 Abs. 2 AktG), oder die Befugnis, neue Aktien gegen Sacheinlagen auszugeben (§ 205 Abs. 1 AktG), sowie eine etwaige Ermächtigung des Vorstands, das Bezugsrecht der Aktionäre auszuschließen (vgl. § 203 Abs. 2 AktG).

Zu den Essentialia eines **Kapitalherabsetzungsbeschlusses** gehört zunächst die Art der Kapitalherabsetzung (ordentliche oder vereinfachte Kapitalherabsetzung zwecks Einziehung von Aktien). Des Weiteren ist die Höhe der Kapitalherabsetzung bekannt zu machen und, ob der Nennbetrag (bei Nennbetragsaktien) herabgesetzt oder ob Aktien zusammengelegt werden sollen.[549]

Bei allen Kapitalmaßnahmen bedarf es neben dem Beschluss über die Kapitalerhöhung bzw. -herabsetzung eines Beschlusses über eine entsprechende **Satzungsänderung.** Diese ist nur entbehrlich, wenn der Aufsichtsrat nach der Satzung berechtigt ist, über eine Anpassung der Satzungsfassung zu entscheiden (§ 179 Abs. 1 S. 2 AktG).

---

[542] *Werner* FS Fleck, 1988, 401 (417).
[543] Vgl. statt aller *Werner* in GroßkommAktG AktG § 124 Rn. 42.
[544] *Werner* FS Fleck, 1988, 401 (410); *ders.* in GroßkommAktG AktG § 124 Rn. 41.
[545] *Koch* in Hüffer/Koch AktG § 183 Rn. 9; *Hefermehl/Bungeroth* in Geßler/Hefermehl AktG § 183 Rn. 46; *Kubis* in MüKoAktG AktG § 124 Rn. 15.
[546] Zum Erfordernis eines Berichts über den Ausschluss des Bezugsrechts → § 5 Rn. 12 ff.
[547] Vgl. § 192 Abs. 2 AktG; *Werner* in GroßkommAktG AktG § 124 Rn. 43.
[548] *Werner* in GroßkommAktG AktG § 124 Rn. 45.
[549] *Werner* in GroßkommAktG AktG § 124 Rn. 47.

ee) Zustimmungsbedürftige Verträge

193 Verträge, die nur mit Zustimmung der Hauptversammlung wirksam werden, sind in ihrem **wesentlichen Inhalt** bekannt zu machen (§ 124 Abs. 2 S. 3 AktG). Zu den zustimmungsbedürftigen Verträgen zählen etwa Nachgründungsverträge (§ 52 AktG), Unternehmensverträge,[550] auf Vermögensübertragungen gerichtete Verträge (§ 179a AktG, §§ 174ff. UmwG), Verträge über einen (teilweisen) Verzicht auf Ersatzansprüche der Gesellschaft gegen Vorstands- und Aufsichtsratsmitglieder und ihre Gründer,[551] Verschmelzungsverträge (§ 13 UmwG) und Spaltungsverträge einschließlich Ausgliederungsverträgen nach dem UmwG.[552] Die daneben bestehende Auslegungs- bzw. Pflicht zum Zugänglichmachen, lässt die Bekanntmachungspflicht nicht entfallen.

194 Über diese gesetzlich speziell geregelten Fälle hinaus fallen unter dieses besondere Bekanntmachungserfordernis auch solche Verträge, die der **Vorstand** der Hauptversammlung von sich aus zur Zustimmung **vorlegt** (§ 119 Abs. 2 AktG)[553] oder – nach den Kriterien der „Holzmüller/Gelatine"-Entscheidungen – vorlegen muss.[554] Gleiches gilt, wenn der Vorstand den Vertrag unter dem **Vorbehalt** geschlossen hat, dass die Hauptversammlung dem Vertragsschluss zustimmt.[555] Auch in diesen Fällen kann die Hauptversammlung ohne Bekanntmachung des wesentlichen Inhalts keine sachgerechte Entscheidung treffen. Dies ist vielmehr nur gewährleistet, wenn sie durch die Bekanntmachung Kenntnis vom wesentlichen Inhalt des Vertrags erlangen kann. Steht ein **weiterer Vertrag** mit dem bekanntmachungsbedürftigen Vertrag in einem derart engen Zusammenhang, dass auch dieser weitere Vertrag der Zustimmung der Hauptversammlung unterliegt, erstreckt sich das Bekanntmachungserfordernis auch auf diesen Vertrag.[556] Die Bekanntmachungsbedürftigkeit besteht schließlich auch dann, wenn ein zustimmungspflichtiger Vertrag eine wesentliche **Änderung** erfahren soll (für die Änderung eines Unternehmensvertrags folgt dies aus § 295 AktG). Bei einer Vertragsänderung eine generelle Verpflichtung anzunehmen, auch den Text des ursprünglichen Vertrags bekannt zu machen, würde indessen zu weit führen.[557] Es genügt vielmehr sicherzustellen, dass aus der Bekanntmachung verständlich wird, worin die wesentlichen Änderungen liegen.

195 Bekannt zu machen ist nicht der vollständige Vertragstext, sondern nur der **wesentliche Inhalt** des Vertrags.[558] Unter dem wesentlichen Inhalt sind diejenigen Regelungen zu verstehen, von deren Kenntnis ein verständiger Dritter seine Entscheidung zur Zustim-

---

[550] §§ 293 Abs. 1 und 2, 295 Abs. 1 AktG. Nachdem sich die Rspr. des BGH, nach der ein mit einer abhängigen GmbH geschlossener Beherrschungsvertrag der Zustimmung der Hauptversammlung der beherrschenden AG bedarf (BGHZ 105, 324ff. – Supermarkt; BGH NJW 1992, 1452 – Siemens), gerade in großen Konzernen als umständlich erwiesen hatte, hat sich die Praxis durch Einholung der Zustimmung in einem Beschluss in Form einer Sammelabstimmung beholfen.
[551] §§ 50 S. 1, 53, 93 Abs. 4, 116, 117 Abs. 4, 309 Abs. 3, 310 Abs. 4, 317 Abs. 4, 318 Abs. 4 AktG.
[552] OLG Stuttgart DB 1997, 217; demgegenüber hängt die Wirksamkeit von Verträgen, die nach den Kriterien der „Holzmüller"-Entscheidung der Hauptversammlung zur Zustimmung vorzulegen sind, nicht vom Zustimmungsbeschluss ab. Gleichwohl besteht auch in diesen Fällen eine entsprechende Bekanntmachungspflicht.
[553] Vgl. OLG München NJW-RR 1997, 544; OLG Schleswig WM 2006, 231; *Koch* in Hüffer/Koch AktG § 124 Rn. 11; *Werner* FS Fleck, 1988, 401 (412); *ders.* in GroßkommAktG AktG § 124 Rn. 49; *Lutter* FS Fleck, 1988, 169 (176); aA *Noack/Zetzsche* in Kölner Komm. AktG § 124 Rn. 53; wohl auch *Eckardt* in Geßler/Hefermehl AktG § 119 Rn. 21.
[554] Zur Vorlagepflicht bei Ausgliederungen im Wege der Einzelrechtsnachfolge *Schlitt* in Semler/Stengel UmwG Anh. § 173 Rn. 29ff.
[555] *Werner* FS Fleck, 1988, 401 (412).
[556] *Werner* in GroßkommAktG AktG § 124 Rn. 52; vgl. auch BGHZ 82, 188 (195); OLG München ZIP 2008, 555; OLG Schleswig AG 2006, 120.
[557] OLG Karlsruhe NJW-RR 1991, 553 (555).
[558] BGHZ 119, 1 (11f.); *Koch* in Hüffer/Koch AktG § 124 Rn. 10; *Raiser/Veil* KapGesR § 16 Rn. 25; zu weitgehend LG Hanau ZIP 1996, 184 (185), das bei einer Umwandlung eine Verpflichtung zur Wiedergabe der vollständigen GmbH-Satzung angenommen hat.

mung abhängig machen würde.[559] Damit die Aktionäre ihre Rechte sinnvoll ausüben können, müssen sie zumindest den **Gegenstand** des Vertrags, die **Hauptleistungspflichten**, bei einem Kauf insbesondere der Kaufpreis,[560] die Vertragsdauer, die Kündigungsmöglichkeiten sowie die Vor- und Nachteile des Vertrags erkennen können.[561] Die Bekanntmachungspflicht besteht grundsätzlich auch, wenn der Vertrag sonst für die Gesellschaft nachteilige Bestimmungen enthält.[562]

Auch wenn eine verbreitete Ansicht wegen der gesetzlichen Pflicht, zustimmungsbedürftige Verträge ab der Einberufung der Hauptversammlung zur Einsicht für die Aktionäre auszulegen bzw. zugänglich zu machen, an den Umfang der Bekanntmachung keine allzu hohen Anforderungen stellt,[563] wird der Vertragstext aus Gründen der Vorsicht häufig in voller Länge veröffentlicht. Es empfiehlt sich aus Vorsicht, an dieser Praxis fest zu halten. Dem bisweilen vorgetragenen Einwand, die Bekanntmachung des **vollständigen Vertragstextes** sei kein Äquivalent für die Bekanntgabe des wesentlichen Inhalts,[564] sofern es sich um sehr komplexe und unübersichtliche Verträge handelt, kann dadurch Rechnung getragen werden, dass in solchen Ausnahmefällen über den vollständigen Vertragstext hinaus noch eine kurze, auf die wesentlichen Punkte hinweisende Erläuterung angefügt wird.

196

Wird von der Hauptversammlung die Zustimmung zu einem bestimmten Vertrag – etwa einem Unternehmens-, Spaltungs- oder Verschmelzungsvertrag – begehrt, fragt es sich, ob die Hauptversammlung eine von dem bekannt gemachten Text abweichende Fassung beschließen kann. Ebenso kann sich diese Frage bei anderen Verträgen stellen, die – etwa unter Beachtung der „Holzmüller/Gelatine"-Kriterien – der Hauptversammlung vorzulegen sind (→ Rn. 200 ff.). Dass sich der Zustimmungsbeschluss jedenfalls in den Fällen des Unternehmensvertrags, des Verschmelzungsvertrags, des Spaltungsvertrags und des Ausgliederungsvertrags nach Umwandlungsgesetz notwendigerweise auf eine bestimmte Vertragsfassung – oder, soweit gesetzlich zugelassen, eine Entwurfsfassung – bezieht, könnte dafür sprechen, dass eine **Abweichung von den unterbreiteten Beschlusstexten** nicht mehr möglich ist. Dies wäre indessen nicht sinnvoll, soweit es um redaktionelle Korrekturen geht. Selbst über den Bereich des Redaktionellen hinaus erscheint es sachgerecht, Änderungen, die der Rechtslage Rechnung tragen oder Ergänzungen enthalten, ohne zu substantiellen Eingriffen zu führen, zuzulassen, ohne dass dadurch das Erfordernis einer neuerlichen Hauptversammlung ausgelöst würde.[565] Es muss zulässig sein, dass die Hauptversammlung dem Vertrag in einer im Beschlussantrag – und damit auch der protokollierten Beschlussfassung – textlich genau festgehaltenen, von der Bekanntmachung abweichenden Fassung zustimmt. Der Vorstand ist danach verpflichtet, den Vertrag in der modifizierten Form abzuschließen; erst dann und unter dieser Voraussetzung wird der Vertrag – vorbehaltlich der weiteren Wirksamkeitserfordernisse – wirksam.

197

ff) Eingliederung; Squeeze out

Spezielle Vorgaben für die Bekanntmachung gelten auch für die Eingliederung und den Ausschluss von Minderheitsgesellschaftern **(Squeeze out)**. Im Fall der **Mehrheitseingliederung** muss die Bekanntmachung der Tagesordnung die Firma und den Sitz der zu-

198

---

[559] LG Frankfurt a.M. ZIP 2005, 579 (580); *Eckardt* in Geßler/Hefermehl AktG § 124 Rn. 58; *Noack/Zetzsche* in Kölner Komm. AktG § 124 Rn. 47; *Bungert* in MHdB AG § 36 Rn. 72; *Groß* AG 1996, 111 (115)
[560] OLG München NZG 2002, 678 (679).
[561] OLG Stuttgart AG 1997, 139 (139); vgl. auch *Werner* in GroßkommAktG AktG § 124 Rn. 50.
[562] Zu den Ausnahmen vgl. *Werner* in GroßkommAktG AktG § 124 Rn. 51.
[563] *Bungert* in MHdB AG § 36 Rn. 72; *Steiner* HV der AG § 1 Rn. 53.
[564] *Eckardt* in Geßler/Hefermehl AktG § 124 Rn. 58; in diese Richtung auch *Butzke* B Rn. 94; offen gelassen von BGHZ 119, 1 (12).
[565] Zust. *Butzke* B Rn. 94.

künftigen Hauptgesellschaft enthalten (§ 320 Abs. 2 Nr. 1 AktG). Des Weiteren muss eine Erklärung der zukünftigen Hauptgesellschaft beigefügt sein, in der diese den ausscheidenden Aktionären als Abfindung für ihre Aktien eigene Aktien und – wenn die Hauptgesellschaft ihrerseits abhängig ist – außerdem eine Barabfindung anbietet (§ 320 Abs. 2 Nr. 2 AktG).[566]

199 Soll die Hauptversammlung über den **Ausschluss von Minderheitsgesellschaftern** beschließen, hat die Bekanntmachung Firma und Sitz des Hauptaktionärs, bei natürlichen Personen Namen und Adresse sowie die vom Hauptaktionär festgesetzte Barabfindung zu enthalten (§ 327c Abs. 1 AktG).[567]

gg) Zustimmungsbedürftige Geschäftsführungsmaßnahmen und sonstige Strukturentscheidungen

200 Die Rspr. hat in den sog **„Holzmüller"- und „Gelatine"-Entscheidungen**[568] unter bestimmten Voraussetzungen eine Kompetenz der Hauptversammlung für bestimmte Maßnahmen anerkannt, für die der Hauptversammlung eine Zuständigkeit gesetzlich an sich nicht zugewiesen wurde.[569]

201 Wird eine Maßnahme der Hauptversammlung zur Zustimmung vorgelegt, muss sich der Aktionär vor der Hauptversammlung über die Reichweite der geplanten Maßnahme ebenso informieren können wie in den Fällen, in denen sich das Zustimmungserfordernis der Hauptversammlung aus spezialgesetzlichen Anordnungen ergibt. Zwar liegt, anders als bei Satzungsänderungen, Unternehmensverträgen, Umwandlungen und Vermögensübernahmen, kein Fall vor, bei dem die Zustimmung der Hauptversammlung Voraussetzung für die Wirksamkeit der Maßnahme ist. Gleichwohl unterscheidet sich das Informationsbedürfnis der Aktionäre nicht von dem in § 124 Abs. 2 AktG unmittelbar geregelten Fall. Es besteht daher eine **Bekanntmachungspflicht** in analoger Anwendung von § 124 Abs. 2 S. 3 AktG.[570]

202 Entgegen vereinzelter Stimmen ist es auch zulässig, die Hauptversammlung bereits im Vorfeld einer Strukturentscheidung mit dem dieser zugrunde liegenden unternehmerischen Konzept zu befassen.[571] Im Hinblick auf die zwingenden gesetzlichen Bestimmungen kommt die Fassung eines **Ermächtigungsbeschlusses** jedoch nur im Bereich der ungeschriebenen Hauptversammlungskompetenzen in Betracht.[572] Gegenstand eines solchen Beschlusses ist die Zustimmung zum unternehmerischen **Konzept** und die Ermächtigung des Vorstands, die zu seiner Umsetzung erforderlichen Maßnahmen durchzuführen. Eine solche Vorgehensweise setzt indessen voraus, dass das unternehmerische Konzept, der Beschlussgegenstand und die Umsetzungsermächtigung bereits hinreichend konkretisiert sind und ihre Umsetzung ohne Weiteres möglich ist.[573] In solchen Fällen besteht die Verpflichtung, das unternehmerische Konzept in seinen **Eckpunkten** bekannt zu machen. Es genügt, in der Bekanntmachung die wesentlichen Eckpunkte des Vorhabens darzustellen, zu erläutern und zu bewerten und seine Essentialia in den Ermächti-

---

[566] Siehe dazu näher § 34.
[567] Siehe dazu § 35.
[568] BGHZ 83, 122 = NJW 1982, 1703 BGHZ 159, 30 – Gelatine I; BGH ZIP 2004, 1001 – Gelatine II; → § 38 Rn. 31 ff.
[569] Zu den Einzelheiten → § 5 Rn. 106 ff. und *Schlitt* in Semler/Stengel UmwG Anh. § 173 Rn. 29 ff.
[570] BGHZ 146, 288 – ALTANA/Milupa; *Koch* in Hüffer/Koch AktG § 124 Rn. 11; *Raiser/Veil* KapGesR § 16 Rn. 25; *Reger* in Bürgers/Körber AktG § 124 Rn. 15; weitere Nachweise zum Streitstand bei *Schlitt* in Semler/Stengel UmwG Anh. § 173 Rn. 63 ff.
[571] *Groß* AG 1996, 111 (114); *Reichert* ZHR Beiheft Bd. 68, S. 26 (59); krit. *Zeidler* NZG 1998, 91 (92), vgl. zur Vorabermächtigung zur Kapitalerhöhung mit Bezugsrechtsausschluss BGH NJW 1997, 2815 – Siemens Nold – mit Anm. *Ihrig* WiB 1997, 1181; vgl. auch *Lutter/Leinekugel* ZIP 1998, 225 ff.
[572] *Lutter/Leinekugel* ZIP 1998, 225 ff.
[573] Vgl. *Reger* in Bürgers/Körber AktG § 119 Rn. 26.

gungsbeschluss aufzunehmen.[574] Erteilt die Hauptversammlung die Zustimmung, sind die später geschlossenen Verträge nicht noch einmal vorzulegen, soweit sich nicht in der Zwischenzeit noch **Änderungen** des Konzepts ergeben haben, die von der Zustimmung der Hauptversammlung nicht gedeckt sind.[575]

hh) Vorstandsberichte

Soweit der Vorstand der Hauptversammlung über bestimmte zur Beschlussfassung anstehende Maßnahmen **Bericht** zu erstatten hat, besteht eine Verpflichtung der Gesellschaft, diese Berichte zur Einsicht in dem Geschäftsraum der Gesellschaft auszulegen und den Aktionären auf deren Verlangen eine Abschrift zu übersenden (→ § 6 Rn. 1 ff. und 17 ff.). Ob analog § 124 Abs. 2 S. 3 AktG auch eine Pflicht besteht, zumindest den **wesentlichen Kern** des Berichts in der Bekanntmachung zu veröffentlichen, ist streitig. Eine Bekanntmachungspflicht wird insbesondere für den ganzen oder teilweisen Ausschluss des Bezugsrechts bejaht.[576] Es empfiehlt sich indessen auch bei sonstigen, gesetzlich nicht geregelten, gleichwohl der Zustimmung der Hauptversammlung unterliegenden strukturändernden Maßnahmen, nicht nur den wesentlichen Inhalt der Verträge darzulegen, sondern zugleich den wesentlichen Inhalt des erforderlichen Strukturberichts bekannt zu machen.[577] Allerdings dürfen, insbesondere bei komplexen Vorhaben, die Anforderungen an den Inhalt einer solchen Bekanntmachung nicht überspannt werden; es genügt eine knappe, gedrängte Übersicht, die die wesentlichsten Eckpunkte angibt. Allen Aktionären, die sich eingehender informieren wollen, ist es zumutbar, den Strukturbericht einzusehen bzw. seine Übersendung zu verlangen.

203

ii) Sonderbeschlüsse

Tangiert die Beschlussfassung nur die Rechtsstellung bestimmter Aktionärsgruppen, fordert das Gesetz an verschiedenen Stellen neben dem Hauptversammlungsbeschluss die Fassung eines (zusätzlichen) **Sonderbeschlusses** (→ § 40 Rn. 20 ff.).[578] Ein solches Erfordernis kann etwa bei Satzungsänderungen oder Kapitalerhöhungen bestehen (§§ 179 Abs. 3, 182 Abs. 2 AktG). In anderen Fällen, insbesondere in Konzernkonstellationen, ist kein Hauptversammlungsbeschluss, sondern nur ein **isolierter Sonderbeschluss** der **außenstehenden Aktionäre** herbeizuführen (→ § 40 Rn. 29 ff.). Zu nennen ist etwa der Abschluss eines Verzichts- oder Vergleichsvertrags zwischen dem herrschenden Unternehmen und den Mitgliedern des Vorstands und Aufsichtsrats der abhängigen Gesellschaft.[579]

204

Soweit Beschlussgegenstände **zusätzlich** der Zustimmung bestimmter Gruppen von Aktionären unterliegen, gelten die für Hauptversammlungsbeschlüsse bestehenden Bekanntmachungserfordernisse entsprechend.[580] Die der Sonderbeschlussfassung unterliegenden Verträge sind ebenfalls dem wesentlichen Inhalt nach bekannt zu machen. Dabei macht es keinen Unterschied, ob die isolierte Beschlussfassung in einer **gesonderten Versammlung** oder nur in einem **separaten Abstimmungsvorgang** zu erfolgen hat.[581] Anders ist es nur, wenn der zusätzliche Sonderbeschluss in einer gesonderten Abstimmung

205

---

[574] Vgl. *Lutter* FS Fleck, 1988, 169 (176); *Lutter/Leinekugel* ZIP 1998, 805 (814); *Reichert* ZHR Beiheft Bd. 68, 26 (59).
[575] *Groß* AG 1996, 111 (115 f.).
[576] Vgl. BGHZ 120, 141 (156); *Koch* in Hüffer/Koch AktG § 186 Rn. 22; *Hüffer* NJW 1979, 1065 (1070); *Butzke* B Rn. 92; *Quack* ZGR 1983, 257 (263); *Timm* DB 1982, 211 (217); aA *Marsch* AG 1981, 211 (213); *Becker* BB 1981, 394 (395); wohl auch *Werner* in GroßkommAktG AktG § 124 Rn. 39; *Servatius* in Spindler/Stilz AktG § 186 Rn. 32.
[577] Zust. *Groß* AG 1996, 111 (116); aA *Butzke* B Rn. 95; *Steiner* HV der AG § 1 Rn. 57.
[578] Das Erfordernis eines Sonderbeschlusses kann auch statutarisch angeordnet werden, § 138 S. 1 AktG.
[579] §§ 309 Abs. 3, 310 Abs. 4, 317 Abs. 4, 318 Abs. 4 AktG. Zu der Unterscheidung siehe auch *Koch* in Hüffer/Koch AktG § 138 Rn. 2.
[580] *Werner* in GroßkommAktG AktG § 124 Rn. 59.
[581] *Werner* FS Fleck, 1988, 401 (412).

gefasst werden soll, die in **enger Verbindung** mit dem Hauptversammlungsbeschluss steht. In diesem Fall reicht es aus, wenn dem Bekanntmachungserfordernis einmal genügt wird, da sich eine doppelte Bekanntmachung als unnötiger Formalismus erweisen würde (zB § 182 Abs. 2 AktG).[582]

206 Bei **isolierten Sonderbeschlüssen** der außenstehenden Aktionäre gelten die Bekanntmachungserfordernisse ebenfalls entsprechend.[583] Erfolgt die isolierte Beschlussfassung in einer gesonderten Abstimmung, muss diese als eigener Tagesordnungspunkt angekündigt werden (§§ 124 Abs. 1 S. 1 iVm 138 S. 2 AktG).[584]

3. Vorschläge der Verwaltung zu den Gegenständen der Tagesordnung

a) Grundsatz

207 Vorstand und/oder Aufsichtsrat haben in der Bekanntmachung grundsätzlich zu jedem Gegenstand der Tagesordnung einen antragsmäßig zu formulierenden **Beschlussvorschlag** zu unterbreiten (§ 124 Abs. 3 S. 1 AktG). Diese Regelung **bezweckt,** den Aktionären den Beschlussgegenstand – über dessen zumeist nur grobe Konkretisierung in der Tagesordnung hinaus – näher zu erläutern, um den Aktionären so eine sachgerechte Vorbereitung auf die Hauptversammlung und ggf. die Bevollmächtigung eines Dritten zur Stimmausübung zu ermöglichen.[585]

208 Zu – von den Tagesordnungspunkten und den dazu gemachten Vorschlägen der Verwaltung zu unterscheidenden – **Anträgen** werden die Vorschläge der Verwaltung erst, wenn sie in der Hauptversammlung tatsächlich gestellt werden.[586] Auch wenn das Gesetz davon spricht, dass Beschlüsse über die Gegenstände der Tagesordnung gefasst werden (§ 124 Abs. 4 S. 1 AktG), erfolgt die Beschlussfassung genau genommen über die konkreten, dazu gestellten Anträge.[587] Die Vorschläge der Verwaltung sind antragsmäßig zu formulieren.[588] Eine Begründung ist ihnen nicht notwendigerweise beizufügen,[589] wiewohl in der Praxis häufig einige erläuternde Bemerkungen vorangestellt werden.

209 Die Unterbreitung von **Alternativ- oder Eventualvorschlägen** wird überwiegend für zulässig gehalten.[590] Dem ist zu folgen, da der Vorstand durch einen Alternativ- oder Eventualvorschlag der Hauptversammlung lediglich signalisiert, dass es nicht nur eine im Interesse der Gesellschaft liegende Entscheidung gibt. Dies gilt auch für die Wahl von Aufsichtsratsmitgliedern.[591] Ein Alternativvorschlag liegt bspw. vor, wenn der Vorstand vorschlägt, die Satzung entweder in der einen oder der anderen Form zu ändern. Bei einem Eventualvorschlag handelt es sich um einen Vorschlag, der von dem Eintritt einer Bedingung abhängig ist, zB dass zum Zeitpunkt der Beschlussfassung eine bestimmte Sach- oder Rechtslage eingetreten ist, oder ein anderer Beschlussantrag die erforderliche Mehrheit erreicht bzw. gerade nicht erreicht hat.[592] Auch wenn sich zwei Vorschläge als

---

[582] Vgl. *Werner* in GroßkommAktG AktG § 124 Rn. 59.
[583] *Werner* in GroßkommAktG AktG § 124 Rn. 59.
[584] *Koch* in Hüffer/Koch AktG § 138 Rn. 5.
[585] *Werner* in GroßkommAktG AktG § 124 Rn. 66.
[586] *Koch* in Hüffer/Koch AktG § 124 Rn. 17; *Reger* in Bürgers/Körber AktG § 124 Rn. 17.
[587] *Steiner* HV der AG § 1 Rn. 46.
[588] *Reger* in Bürgers/Körber AktG § 124 Rn. 17.
[589] *Eckardt* in Geßler/Hefermehl AktG § 124 Rn. 29; *Werner* in GroßkommAktG AktG § 124 Rn. 74.
[590] OLG Frankfurt a.M. ZIP 2011, 24 (28) – Deutsche Bank; *Werner* in GroßkommAktG AktG § 124 Rn. 76; *Koch* in Hüffer/Koch AktG § 124 Rn. 17; *Steiner* HV der AG § 1 Rn. 47; *Rieckers* in Spindler/Stilz AktG § 124 Rn. 37.
[591] *Werner* in GroßkommAktG AktG § 124 Rn. 77; aA *Laabs* BB 1968, 1014.
[592] *Ziemons* in K. Schmidt/Lutter AktG § 124 Rn. 18. Als ein Beispiel für einen im Gesetz angelegten Eventualvorschlag wird zB § 100 Abs. 2 Nr. 4 AktG genannt, *Rieckers* in Spindler/Stilz § 124 Rn. 37.

VI. Tagesordnung; weitere Bekanntmachungen § 4

noch so gleichwertig aufzudrängen scheinen, besteht indessen keine **Verpflichtung** der Verwaltung, Alternativvorschläge zu unterbreiten.[593]

Die **Hauptversammlung** ist an die Vorschläge der Verwaltung **nicht gebunden**.[594] Soweit sich die Beschlussfassung noch im Rahmen des bekannt gemachten Tagesordnungspunkts hält (wofür der Inhalt des Beschlussvorschlags durchaus von Bedeutung sein kann),[595] ist die Hauptversammlung nicht darauf beschränkt, den Antrag entweder anzunehmen oder abzulehnen, sondern kann einen von den Vorschlägen abweichenden Beschluss fassen. 210

Davon zu unterscheiden ist die Frage, ob die **Verwaltung** an ihre Anträge gebunden ist. Einigkeit besteht darüber, dass Vorstand und Aufsichtsrat ihre Vorschläge in der Hauptversammlung **fallen lassen** können, also nicht gezwungen sind, ihre Vorschläge tatsächlich zur Abstimmung zu stellen.[596] Unter gewissen Umständen können Vorstand und Aufsichtsrat in der Hauptversammlung auch von ihren Vorschlägen **abweichende Anträge** stellen. Dies gilt nicht nur, wenn nach der Bekanntmachung neue Tatsachen entstanden oder bekannt geworden sind,[597] sondern auch dann, wenn die Verwaltung zu der Einsicht gelangt ist, dass ein abweichender Vorschlag dem Gesellschaftsinteresse besser Rechnung trägt.[598] Im Hinblick auf die damit für Kreditinstitute verbundenen Schwierigkeiten, die von ihren Depotkunden mit der Ausübung des Stimmrechts beauftragt wurden, sollte mit dieser Befugnis indessen zurückhaltend umgegangen werden.[599] 211

b) Adressaten der Vorschlagspflicht

Die Pflicht, Vorschläge zu den Gegenständen der Tagesordnung zu unterbreiten, trifft **Vorstand** und **Aufsichtsrat**. Verlangt eine Aktionärsminderheit, dass Gegenstände auf die Tagesordnung gesetzt werden, muss diese jedem neuen Gegenstand eine Begründung oder eine Beschlussvorlage beilegen (→ Rn. 57 ff. und 226; § 122 Abs. 2 S. 2 AktG). 212

Die **Beschlussfassung** im Vorstand und im Aufsichtsrat über die zu unterbreitenden Vorschläge stellt eine Leitungsaufgabe dar, für die das Gesamtorgan zuständig ist. Der Vorstand muss folglich beschlussfähig besetzt sein.[600] Die Beschlussfassung kann aber auch im Umlaufverfahren erfolgen (§ 108 Abs. 4 AktG). Der Aufsichtsrat kann die Entscheidung über die Verabschiedung des Vorschlags allerdings auch einem **Ausschuss** übertragen.[601] 213

In der Praxis schließt sich der Aufsichtsrat dem Vorschlag des Vorstands zumeist an, so dass ein **gemeinsamer Vorschlag** bekannt gemacht werden kann.[602] Auch bei Übereinstimmung mit den Vorschlägen des Vorstands handelt es sich aber – formal betrachtet – um getrennte Vorschläge beider Gremien.[603] Vorstand und Aufsichtsrat können daher auch unterschiedliche Vorschläge unterbreiten. **Divergieren** die Vorschläge, muss die Be- 214

---

[593] *Butzke* B Rn. 87.
[594] *Werner* in GroßkommAktG AktG § 124 Rn. 4. Eine Ausnahme bildet die Regelung des § 6 Abs. 6 MontanMitbestG, dazu → Rn. 180.
[595] → Rn. 184.
[596] *Koch* in Hüffer/Koch AktG § 124 Rn. 17.
[597] *Koch* in Hüffer/Koch AktG § 124 Rn. 17.
[598] *Noack/Zetzsche* in Kölner Komm. AktG § 124 Rn. 62; *Werner* in GroßkommAktG AktG § 124 Rn. 80; *Butzke* B Rn. 87; *Koch* in Hüffer/Koch AktG § 124 Rn. 17; aA *Eckardt* in Geßler/Hefermehl AktG § 124 Rn 32.
[599] Vgl dazu auch *Werner* in GroßkommAktG AktG § 124 Rn. 81.
[600] BGH ZIP 2002, 172 – Sachsenmilch III; OLG Dresden AG 2000, 43 (44); OLG Dresden AG 1999, 517 (513); LG Dresden DB 1998, 2157; LG Heilbronn AG 2000, 373 (374); *Koch* in Hüffer/Koch AktG § 124 Rn. 16; *Tröger* NZG 2002, 211; aA *Rottnauer* NZG 2000, 414 ff.; *Götz* ZIP 2002, 1745 ff.
[601] *Werner* in GroßkommAktG AktG § 124 Rn. 71; *Bungert* in MHdB AG § 36 Rn. 76; *Koch* in Hüffer/Koch AktG § 124 Rn. 16; *Ziemons* in K. Schmidt/Lutter AktG § 124 Rn. 25.
[602] *Bungert* in MHdB AG § 36 Rn. 75; *Rieckers* in Spindler/Stilz AktG § 124 Rn. 27.
[603] *Werner* in GroßkommAktG AktG § 124 Rn. 72; *Koch* in Hüffer/Koch AktG § 124 Rn. 16; *Reger* in Bürgers/Körber AktG § 124 Rn. 16.

kanntmachung erkennen lassen, welches Organ welchen Vorschlag unterbreitet.[604] Dass sich Gremien nicht auf einen gemeinsam abgestimmten Vorschlag einigen können, befreit sie nicht von ihrer Vorschlagspflicht.[605] Sieht man von den Fällen der Wahl von Aufsichtsratsmitgliedern und des Abschlussprüfers ab, bei denen nur der Aufsichtsrat vorschlagsberechtigt ist (§ 318 Abs. 1 HGB, §§ 142, 124 Abs. 3 AktG), ist es nicht zulässig, dass nur eines der beiden Organe einen Beschlussvorschlag unterbreitet. Hat eines der beiden Organe keinen oder nur einen mangelhaften Beschluss gefasst, liegt kein ordnungsgemäßer Beschlussvorschlag vor. Die gefassten Beschlüsse der Hauptversammlung sind dann anfechtbar.[606]

c) Vorschlagsfreie Gegenstände

215 Vorschläge der Verwaltung sind nur zu denjenigen Gegenständen der Tagesordnung zu unterbreiten, bei denen eine **Beschlussfassung** in der Hauptversammlung erfolgt. Ein Beschlussvorschlag kommt demnach nicht in Betracht, soweit es sich um reine **Vorlagen** (§ 175 Abs. 1 AktG), **Anzeigen** (§ 92 Abs. 1 AktG) oder sonstige Gegenstände ohne Beschlussfassung handelt.[607]

216 Eines Vorschlags von Vorstand und Aufsichtsrat bedarf es nicht, soweit Beschlussgegenstände in Rede stehen, um die die Tagesordnung auf **Verlangen einer Minderheit** einer vom Vorstand einberufenen Hauptversammlung ergänzt wurde (§ 124 Abs. 3 S. 3 iVm § 122 Abs. 2 AktG).[608] Die Verwaltung muss auch dann keine Vorschläge zu den Beschlussgegenständen unterbreiten, wenn die Hauptversammlung aufgrund des Verlangens einer Aktionärsminderheit durch den Vorstand (§ 122 Abs. 1 AktG) oder aufgrund einer gerichtlichen Ermächtigung durch die Minderheit (§ 122 Abs. 3 AktG) selbst einberufen wurde. Freilich ist die Verwaltung nicht daran gehindert, ihrerseits Vorschläge zu den Tagesordnungspunkten zu machen, die auf die Ablehnung des von der Minderheit begehrten Beschlusses gerichtet sind.[609] Eine Vorschlagspflicht entfällt ebenfalls bei Einberufung der Hauptversammlung auf Verlangen eines Hauptaktionärs im Rahmen eines Squeeze Out Beschlusses nach § 327c AktG.[610]

d) Wahl von Aufsichtsratsmitgliedern

217 Ein Wahlvorschlag durch die Verwaltung ist auch dann nicht erforderlich, wenn die Hauptversammlung bei der Wahl von Aufsichtsratsmitgliedern keinen Ermessensspielraum hat (§ 124 Abs. 3 S. 3 AktG iVm § 6 Montan-MitbestG). Eine solche **Bindung** sieht § 6 Abs. 7 Montan-MitbestG für die **Wahlvorschläge** des Betriebsrats vor. Eine solche Bindung besteht nicht für die Wahl des elften Mitglieds (§ 8 Abs. 1 iVm § 4 Abs. 1 lit. c Montan-MitbestG). Für dieses sog neutrale Aufsichtsratsmitglied muss der Aufsichtsrat folglich einen Beschlussvorschlag unterbreiten.[611] Über diesen Vorschlag entscheiden die übrigen Aufsichtsratsmitglieder dann mit der Mehrheit aller Stimmen.

---

[604] *Baumbach/Hueck* AktG § 124 Anm. 7; *Bungert* in MHdB AG § 36 Rn. 75; *Werner* in GroßkommAktG AktG § 124 Rn. 72.
[605] *Ziemons* in K. Schmidt/Lutter AktG § 124 Rn. 22.
[606] BGH ZIP 2002, 172; LG Frankfurt a.M. NZG 2004, 672 (674).
[607] *Werner* in GroßkommAktG AktG § 124 Rn. 67.
[608] Zur Begründungspflicht der Aktionärsminderheit nach § 122 Abs. 2 S. 2 AktG → Rn. 228.
[609] *Eckardt* in Geßler/Hefermehl AktG § 124 Rn. 33; *Noack/Zetzsche* in Kölner Komm. AktG § 124 Rn. 81; *Koch* in Hüffer/Koch AktG § 124 Rn. 24; *Reger* in Bürgers/Körber AktG § 124 Rn. 20; *v. Falkenhausen* BB 1966, 337 (339); *Göhmann* in Frodermann/Jannott AktienR-HdB Kap. 9 Rn. 64.
[610] *Ziemons* in K. Schmidt/Lutter AktG § 124 Rn. 40; *Krieger* BB 2002, 53 (59); *Angerer* BKR 2002, 260 (265); aA *Koch* in Hüffer/Koch AktG § 327a Rn. 11; *Vetter* AG 2002, 176 (186).
[611] *Werner* in GroßkommAktG AktG § 124 Rn. 79; *Koch* in Hüffer/Koch AktG § 124 Rn. 23; *Reger* in Bürgers/Körber AktG § 124 Rn. 19.

Bei der Wahl von Aufsichtsratsmitgliedern darf nur der **Aufsichtsrat** einen Vorschlag machen. Gleiches gilt für die Wahl von Abschluss- und Sonderprüfern (§ 318 Abs. 1 HGB, § 142 AktG).[612] Dass ein Vorschlag des Vorstands in beiden Fällen nicht zulässig ist, beruht auf der Überlegung, dass der Vorstand keinen Einfluss auf die Zusammensetzung des ihn kontrollierenden Organs und damit auf seine eigene Überwachung nehmen darf.[613] Auch wenn der Vorstand in Publikumsgesellschaften de facto erheblichen Einfluss auf die Auswahl der Kandidaten hat, handelt es sich doch de iure um einen alleinigen Vorschlag des Aufsichtsrats.[614]

218

Für den **Inhalt des Wahlvorschlags** enthält das Gesetz genaue Vorgaben. Der Wahlvorschlag hat neben dem **Namen** und dem **Wohnort** auch den **ausgeübten Beruf** der Kandidaten zu enthalten.[615] Auf diese Weise sollen den Aktionären die Eignung, die individuelle Belastungssituation und mögliche Interessenkonflikte der zur Wahl Vorgeschlagenen besser vor Augen geführt werden.[616] Die Angabe tatsächlich gar nicht mehr praktizierter Berufe, wie etwa „Rechtsanwalt", ist nicht ausreichend. Vielmehr ist auch die Stelle (Unternehmen etc) anzugeben, bei der der Kandidat seiner hauptberuflichen Tätigkeit nachgeht (zB Vertriebsleiter der XY-GmbH).[617] Diese Angaben gewinnen besondere Bedeutung vor dem Hintergrund der im Deutschen Corporate Governance Kodex enthaltenen Regelung, nach der dem Aufsichtsrat nur solche Mitglieder angehören sollen, die den zu erwartenden Zeitaufwand erbringen können und über die erforderlichen Kenntnisse, Fähigkeiten und fachlichen Erfahrungen verfügen (Ziff. 5.4.1 Abs 1 und Abs. 5 DCGK). Um dies zu gewährleisten soll dem Wahlvorschlag ein Lebenslauf beigefügt werden, der Auskunft über die relevanten Kenntnisse, Fähigkeiten und Erfahrungen des Kandidaten sowie Aufschluss über dessen Tätigkeiten neben dem Aufsichtsratsmandat gibt (Ziff. 5.4.1 Abs. 5 DCGK). Weitere Angaben zur Person sind indessen nicht erforderlich.

219

Weitere Mandate in anderen gesetzlich zu bildenden Aufsichtsräten muss die Tagesordnung nicht notwendigerweise aufführen. Diese sind auch bei börsennotierten Gesellschaften nur Gegenstand der **Mitteilung** an die Depotbanken und Aktionärsvereinigungen (§ 125 Abs. 1 S. 5 AktG; → Rn. 253 f.). Die Praxis verfährt gleichwohl in vielen Fällen so, diese Angaben auch in die Einberufungsbekanntmachung mit aufzunehmen. Der Vorschlag des Aufsichtsrats muss so viele Personen enthalten, wie Mitglieder in den Aufsichtsrat zu wählen sind.

220

Beschlüsse des Aufsichtsrats über Wahlvorschläge bedürfen der **Mehrheit der Anteilseignervertreter** im Aufsichtsrat (§ 124 Abs. 3 S. 5 Hs. 1 AktG). Das Sonderbeschlussrecht der Anteilseignervertreter soll vermeiden, dass die Arbeitnehmervertreter Einfluss auf die Auswahl der von den Aktionären zu wählenden Personen nehmen. Folgerichtig haben die Arbeitnehmervertreter auch kein Recht zur Mitberatung.[618]

221

Problematisch ist, ob die Wahl eines Aufsichtsratsmitglieds auch ohne Unterbreitung und **Bekanntmachung eines Wahlvorschlags** zulässig ist, wenn der zunächst vorgeschlagene Kandidat zwischen Einberufung und Hauptversammlung seine Kandidatur zu-

222

---
[612] Siehe auch OLG München AG 2003, 645. Vgl. *Noack/Zetzsche* in Kölner Komm. AktG § 124 Rn. 70; vgl. auch BGH ZIP 2003, 290 – HypoVereinsbank, wonach die gesetzeswidrige Bekanntmachung eines Vorschlags von Vorstand und Aufsichtsrat über die Wahl eines Sonderprüfers nicht dadurch geheilt werden kann, dass vor der Abstimmung erklärt wird, der Vorschlag werde nur vom Aufsichtsrat unterbreitet.
[613] *Koch* in Hüffer/Koch AktG § 124 Rn. 18; *Steiner* HV der AG § 1 Rn. 48. Zur Anfechtbarkeit des Beschlusses bei einem Vorstandsvorschlag → Rn. 248.
[614] *Werner* in GroßkommAktG AktG § 124 Rn. 73. In der Praxis unterbreitet der Vorstand dem Aufsichtsrat regelmäßig einen oder mehrere Vorschläge für den künftigen Abschlussprüfer, vgl. *Forster* AG 1995, 1 (2).
[615] § 124 Abs. 3 S. 4 idF des KonTraG vom 27.4.1998, BGBl. I 786. Nicht zu den Pflichtangaben gehört die Eigenschaft nach § 100 Abs. 5 AktG als sog Financial Expert, *Mutter/Quinke* AG 2010, R102.
[616] *Koch* in Hüffer/Koch AktG § 124 Rn. 25; *Claussen* DB 1998, 177 (182); *Lingemann/Wasmann* BB 1998, 853 (857).
[617] LG München Der Konzern 2007, 448; *Lingemann/Wasmann* BB 1998, 853 (857).
[618] *Koch* in Hüffer/Koch AktG § 124 Rn. 26.

rückzieht oder stirbt. Nach richtiger, den praktischen Bedürfnissen Rechnung tragender, wenn auch bestrittener Ansicht ist eine Wahl in diesem Fall zulässig, da auch ein Gegenantrag der Aktionäre zur Aufsichtsratswahl nicht bekannt gemacht werden müsste.[619] Gleiches muss gelten, wenn der von der Verwaltung vorgeschlagene Kandidat nicht die erforderliche Mehrheit der Stimmen auf sich vereinigt und in der Hauptversammlung ein neuer Kandidat vorgeschlagen wird.

e) Wahl des Abschlussprüfers

223 Der Beschlussvorschlag für die Wahl von Prüfern, insbesondere des Abschlussprüfers, ist ebenfalls ausschließlich vom Aufsichtsrat zu unterbreiten (→ Rn. 212). Der Vorschlag hat Namen, ausgeübten Beruf und Wohnort anzugeben (§ 124 Abs. 3 S. 4 AktG). Wird eine Wirtschaftsprüfungsgesellschaft zum **Abschlussprüfer** vorgeschlagen, sind deren Firma und Sitz anzugeben.[620] Entgegen einer vereinzelt vertretenen Auffassung besteht keine Pflicht, bestehende Beraterverträge iSv § 114 AktG bekannt zu machen.[621]

f) Gewinnverwendungsvorschlag

224 Der Vorschlag des Vorstands und des Aufsichtsrats zur Beschlussfassung über die Verwendung des Bilanzgewinns ist in gleicher Weise zu **untergliedern** wie der sich anschließende Beschluss der Hauptversammlung (vgl. § 170 Abs. 2 S. 2 AktG). Der Vorschlag muss daher den Bilanzgewinn, den zur Verteilung an die Aktionäre auszuschüttenden Betrag, den in die Gewinnrücklagen einzustellenden Betrag sowie den Gewinnvortrag ausweisen. Im Hauptversammlungsbeschluss ist darüber hinaus noch ein etwa **zusätzlich entstehender Aufwand** infolge einer Abweichung vom Vorschlag der Verwaltung auszuweisen (§ 174 Abs. 2 AktG). Dieser kann naturgemäß im Vorschlag der Verwaltung noch nicht genannt werden.[622]

g) Strukturändernde Maßnahmen

225 Legt der Vorstand der Hauptversammlung einen bereits ausgehandelten oder abgeschlossenen, jedoch unter Zustimmungs- oder Rücktrittsvorbehalt stehenden **Vertrag** mit erheblichen strukturändernden Auswirkungen zur Entscheidung vor, kann sich sein Vorschlag auf die **Zustimmung** zum Abschluss dieses Vertrags beschränken. Unterbreitet der Vorstand der Hauptversammlung demgegenüber nur das unternehmerische **Konzept** der Maßnahme (zu den Voraussetzungen → Rn. 197), weil zur Umsetzung des Vorhabens noch weitere Verhandlungen oder Schritte erforderlich sind, ist in den Beschlussvorschlag eine nähere, ggf. auch durch Verweisung auf die Darstellung im Strukturbericht erfolgende Konkretisierung des Konzepts sowie die Ermächtigung zur Durchführung der Maßnahme aufzunehmen.[623]

---

[619] *Steiner* HV der AG § 1 Rn. 49.
[620] *Eckardt* in Geßler/Hefermehl AktG § 124 Rn. 40; *Werner* in GroßkommAktG AktG § 124 Rn. 75; *Ziemons* in K. Schmidt/Lutter AktG § 124 Rn. 45.
[621] So aber *Hellwig* ZIP 1999, 2117 (2128), der eine Mitteilungspflicht jedenfalls bei börsennotierten Gesellschaften annimmt.
[622] *Koch* in Hüffer/Koch AktG § 170 Rn. 6. Dieser zusätzliche Aufwand gem. § 174 Abs. 2 Nr. 5 AktG bezog sich im Grunde nur auf Steuerrückstellungen und Steueraufwand infolge des zuvor geltenden gespaltenen Steuersatzes bei der Abweichung vom Vorschlag der Verwaltung. Der inzwischen unabhängig von der Rücklagenbildung einheitliche Körperschaftsteuersatz gem. § 23 KStG lässt den in § 174 Abs. 2 Nr. 5 erwähnten Zusatzaufwand nur noch selten Relevanz zukommen, vgl. *Euler/Klein* in Spindler/Stilz AktG § 174 Rn. 19.
[623] *Groß* AG 1996, 111 (114); *Reichert* ZHR Beiheft Bd. 68, 26 (59).

4. Ergänzung der Tagesordnung

a) Antragsberechtigte

Eine Aktionärsminderheit kann nicht nur die Einberufung der Hauptversammlung, sondern auch die **Aufnahme weiterer Beschlussgegenstände** in die Tagesordnung und deren Bekanntgabe verlangen (§ 122 Abs. 2 S. 1 AktG). Dieses Recht besteht unabhängig davon, welches Organ die Hauptversammlung einberufen hat.[624] Im Vergleich zum Einberufungsverlangen ist das Tagesordnungsergänzungsverlangen an geringere Voraussetzungen geknüpft. Es kann nicht nur von Aktionären, die eine Mindestbeteiligung von **5 % des Grundkapitals** auf sich vereinigen, ausgeübt werden, sondern auch von solchen, deren anteiliger Aktienbesitz zusammen mindestens **500.000 EUR** erreicht.[625] Der die Ergänzung begehrende Aktionär muss daher nicht tatsächlich einen Minderheitsanteil halten – auch der Mehrheitsaktionär kann die Ergänzung der Tagesordnung verlangen.[626] Für das Einberufungsverlangen wie für den Tagesordnungspunkt „Geltendmachung von Ersatzansprüchen" muss die Aktionärsminderheit auch eine Mindestbesitzzeit glaubhaft machen (§ 122 Abs. 2 iVm Abs. 1 S. 3 AktG). Bislang wurde die Mindestbesitzzeit durch den Verweis des § 122 Abs. 1 S. 3 AktG aF auf § 142 Abs. 2 S. 2 AktG geregelt, was bisweilen etwa zu Unsicherheiten hinsichtlich des zeitlichen Bezugspunktes zur Berechnung der Aktienbesitzzeit führte.[627] Der durch die Aktienrechtsnovelle 2016 neu eingefügte § 122 Abs. 1 S. 3 AktG enthält klarstellende und präzisere Regelungen und macht zum Einen den Nachweis einer Mindestbesitzzeit von 90 Tagen vor dem Tag des Zugangs des Verlangens erforderlich, und stellt zum Anderen klar, dass die Aktionäre die Aktien noch bis zur Entscheidung des Vorstands über den Antrag in ihrem Besitz halten müssen.[628]

Die gesetzlichen Schwellenwerte können durch die **Satzung** der Gesellschaft weiter herabgesetzt, nicht jedoch erhöht werden.[629] Setzt die Satzung das für die **Einberufung** einer Hauptversammlung maßgebliche Quorum herab, soll sich damit – anders als im umgekehrten Fall – auch ohne eine entsprechende statutarische Bestimmung eine Erleichterung für das **Tagesordnungsbegehren** verbinden.[630] Hinsichtlich der **Berechnung** des Quorums und des **Nachweises** der Aktionärseigenschaft gilt das zum Einberufungsbegehren Gesagte entsprechend (→ Rn. 33 ff. und → Rn. 57).

b) Inhalt und Form des Ergänzungsverlangens

Das Begehren nach Ergänzung der Tagesordnung muss nunmehr entweder begründet oder mit einer Beschlussvorlage versehen werden (§ 122 Abs. 2 S. 2 AktG). Der Antrag ist **schriftlich** zu stellen und an den **Vorstand** der Gesellschaft zu adressieren, auch wenn die Einberufung der Hauptversammlung durch den Aufsichtsrat erfolgt.[631]

§ 122 AktG ermöglicht es den Minderheitsaktionären eine Ergänzung der Tagesordnung nicht nur um Beschlussgegenstände, sondern auch um Verhandlungspunkte ohne Beschlussfassung zu verlangen.[632] Damit geht jedoch keine Erweiterung der Kompetenzen der Hauptversammlung dergestalt einher, dass zukünftig eine Aussprache zu vielseitigen

---

[624] *Werner* in GroßkommAktG AktG § 122 Rn. 47.
[625] § 122 Abs. 2 S. 1 AktG idF des Art. 3 § 1 Ziff. 7 EuroEG vom 9.6.1998, BGBl. I 1242. Bis zum 31.12.1998 DM 1 Mio.
[626] Vgl. OLG Hamm BeckRS 2007, 12960 mAnm *König/Römer* DStr 2003, 219; *Halberkamp/Gierke* NZG 2004, 494 (495 f.); *Rieckers* in Spindler/Stilz AktG § 122 Rn. 8.
[627] Vgl. *Koch* in Hüffer/Koch AktG § 122 Rn. 3a.
[628] *Koch* in Hüffer/Koch AktG § 122 Rn. 3a.
[629] *Werner* in GroßkommAktG AktG § 122 Rn. 44; *Koch* in Hüffer/Koch AktG § 122 Rn. 8.
[630] *Eckardt* in Geßler/Hefermehl AktG § 122 Rn. 18; *Werner* in GroßkommAktG AktG § 122 Rn. 44.
[631] *Bungert* in MHdB AG § 36 Rn. 61; *Baumbach/Hueck* AktG § 122 Anm. 4.
[632] *Rieckers* in Spindler/Stilz AktG § 122 Rn. 35; *Seibert/Florstedt* ZIP 2008, 2145 (2149); *Horn* ZIP 2008, 1558 (1562).

Themen verlangt werden könnte. Die Hauptversammlung bleibt auch künftig nur im Ausnahmefall für Verhandlungspunkte ohne Beschlussfassung zuständig. Dies sind etwa die Entgegennahme der Verlustanzeige (§ 92 Abs. 1 AktG), des Jahresabschlusses und des Lageberichts (§ 175 Abs. 1 AktG). Das Minderheitsverlangen muss sich im Rahmen dieser Kompetenzen bewegen.[633]

230 Will die Aktionärsminderheit lediglich **Gegenanträge** zu den Vorschlägen der Verwaltung unterbreiten, bedarf es keines Tagesordnungsergänzungsbegehrens. Unabhängig vom Erreichen eines bestimmten Quorums und einer Bekanntmachung kann jeder Aktionär in der Hauptversammlung Gegenanträge zu den Gegenständen der Tagesordnung stellen, ohne dass es insoweit einer Bekanntmachung bedürfte.[634]

231 Davon zu trennen ist die Frage, ob das Ergänzungsverlangen konkrete **Anträge** enthalten muss. Dies ist richtigerweise grundsätzlich zu verneinen, da das Gesetz nur die Benennung von Tagesordnungspunkten verlangt.[635] Anträge müssen nur dann ausnahmsweise konkret formuliert werden, wenn eine Beschlussfassung über eine Änderung der Satzung der Gesellschaft erstrebt wird.[636] In diesem Fall ist der gewünschte Satzungstext anzugeben.

c) Fristen, Bekanntmachung

232 Das Verlangen der Tagesordnungsergänzung muss der Gesellschaft mindestens 24 Tage, bei börsennotierten Gesellschaften mindestens 30 Tage vor der Hauptversammlung zugehen (§ 122 Abs. 2 S. 3 AktG). Dabei ist der Tag des Zugangs und der Tag der Hauptversammlung nicht mitzurechnen (§§ 121 Abs. 7, 122 Abs. 2 S. 3 AktG). Fällt die Frist auf einen Sonn- oder Feiertag, wird dieser mitgezählt (§ 121 Abs. 7 S. 2 AktG).[637] Damit besteht künftig Rechtsklarheit, wann ein Minderheitsverlangen bei der Gesellschaft eingegangen sein muss, um noch auf die Tagesordnung für die bereits einberufene Hauptversammlung gesetzt werden zu können.[638] Ob die Hauptversammlung von der Verwaltung **bereits einberufen** wurde oder ob sich der Tagesordnungsergänzungsantrag auf die **nächste ordentliche Hauptversammlung** der Gesellschaft bezieht, ist unerheblich.[639] Die Ergänzung der Tagesordnung kann während des gesamten Geschäftsjahrs für die nächste ordentliche Hauptversammlung gestellt werden.[640] Die Aufnahme eines Tagesordnungspunkts kann danach auch vor Einberufung der Hauptversammlung verlangt werden. Auf die Reihenfolge, in der die Gegenstände der Tagesordnung zur Behandlung kommen, kann die Minderheit keinen Einfluss nehmen.[641]

233 Ein auf die Ergänzung der Tagesordnung gerichtetes Minderheitsverlangen kann durch **eingeschriebenen** Brief bekannt gemacht werden, wenn der Gesellschaft sämtliche Aktionäre namentlich bekannt sind.[642]

234 Wird im Zusammenhang mit einem öffentlichen Angebot zum Erwerb von Wertpapieren, insbesondere einem **Übernahmeangebot,** eine Hauptversammlung der Zielgesellschaft einberufen, genügt die Bekanntgabe der Minderheitsanträge auf Ergänzung der Ta-

---

[633] So auch *Horn* ZIP 2008, 1558 (1561 f.).
[634] *Bungert* in MHdB AG § 36 Rn. 66. Die Mitteilung der Anträge kann unter den Voraussetzungen der §§ 125, 126 AktG verlangt werden.
[635] *Kubis* in MüKoAktG AktG § 122 Rn. 32; *Koch* in Hüffer/Koch AktG § 122 Rn. 9; aA *Steiner* HV der AG § 1 Rn. 36, der eine Pflicht zur Formulierung von Beschlussanträgen annimmt.
[636] *Bungert* in MHdB AG § 36 Rn. 60, 24; *Butzke* B Rn. 118.
[637] Das sog. „Feiertagsprivileg" ist bereits 2009 durch das ARUG abgeschafft worden; vgl. auch *Drinhausen/Keinath* BB 2009, 64 (65).
[638] RegBegr. BT-Drs. 16/11642, 29; *Drinhausen/Keinath* in BB 2009, 64 (65 f.); *Seibert/Florstedt* ZIP 2008, 2145 (2148 f.).
[639] *Noack/Zetzsche* in Kölner Komm. AktG § 122 Rn. 46; *Werner* in GroßkommAktG AktG § 122 Rn. 49; *Göhmann* in Frodermann/Jannott Kap. 9 Rn. 93; aA *Baumbach/Hueck* AktG § 122 Anm. 4.
[640] *Bungert* in MHdB AG § 36 Rn. 59.
[641] *Werner* in GroßkommAktG AktG § 122 Rn. 51.
[642] *Koch* in Hüffer/Koch AktG § 124 Rn. 4.

VI. Tagesordnung; weitere Bekanntmachungen § 4

gesordnung in Kurzfassung, sofern sie allen Aktionären zugänglich gemacht werden (§ 16 Abs. 4 S. 7 WpÜG).[643] Die Bekanntmachung in Kurzfassung kann in einer bloßen Hinweisbekanntmachung bestehen, sofern sie einen Hinweis auf den Langtext auf der Website der Gesellschaft enthält.[644]

Wird das Einberufungsverlangen **verspätet** gestellt oder unterbleibt die Bekanntmachung der Tagesordnungspunkte aus anderen Gründen, bleibt das Ergänzungsverlangen im Zweifel für die **nächste Hauptversammlung** wirksam, es sei denn, aus dem Antrag ergibt sich, dass eine Beschlussfassung im Rahmen der nächsten Hauptversammlung aus Sicht der antragstellenden Aktionärsminderheit nicht mehr sachgerecht wäre.[645] Will die qualifizierte Minderheit gleichwohl eine Beschlussfassung vor der nächsten ordentlichen Hauptversammlung erzwingen, ist sie darauf verwiesen, die Einberufung einer Hauptversammlung und die Bekanntgabe der Tagesordnungspunkte zu verlangen (§ 122 Abs. 1 AktG; → Rn. 33 ff.). 235

Das Bekanntgabeverlangen kann unter Umständen **rechtsmissbräuchlich** sein. Da die Folgen einer Ergänzung der Tagesordnung für die Gesellschaft allerdings weniger einschneidend sind als bei Einberufung einer Hauptversammlung, sind an ein rechtsmissbräuchliches Verhalten hohe Anforderungen zu stellen.[646] In keinem Fall kann die Ablehnung der Aufnahme in die Tagesordnung darauf gestützt werden, dass die Beschlussfassung über den Tagesordnungspunkt aus Sicht des Vorstands nicht dringlich erscheint.[647] 236

Das Tagesordnungsergänzungsbegehren kann wie das Verlangen nach Einberufung einer Hauptversammlung **zurückgenommen** werden. Ist die ergänzte Tagesordnung bereits bekannt gegeben, ist indessen nur noch die Hauptversammlung selbst zu einer Absetzung der Tagesordnungspunkte berechtigt.[648] 237

Kommt der Vorstand dem Minderheitsbegehren nicht nach, können die Aktionäre sich **gerichtlich ermächtigen** lassen, den Gegenstand der Tagesordnung bekannt zu machen (§ 122 Abs. 3 AktG). Auch insoweit gilt das zum Einberufungsverlangen Gesagte entsprechend (→ Rn. 49 ff.). 238

Die **Bekanntmachung** der Ergänzung der Tagesordnung hat in gleicher Weise wie die Einberufung, bei börsennotierten Gesellschaften also auch durch Zuleitung an zur Verbreitung in Europa geeignete Medien zu erfolgen (§ 124 Abs. 1 S. 3 iVm § 121 Abs. 4 und 4a AktG). Die Bekanntmachung ist entweder mit der Einberufung oder andernfalls unverzüglich nach Zugang des Verlangens bekannt zu machen (§ 124 Abs. 1 S. 1 AktG). Dabei ist dem Vorstand eine Mindestfrist zur Prüfung des Ergänzungsantrages und der Bekanntmachung der geänderten Tagesordnung zuzubilligen.[649] Eine Aufnahme in die Mitteilung an die Aktionäre nach § 125 AktG ist nicht ausreichend. Auch ein von der Minderheit vorgebrachter Beschlussvorschlag ist mit zu veröffentlichen.[650] Anderes gilt für eine zusätzliche Beschlussbegründung; der Vorstand ist jedoch berechtigt, diese ebenfalls zu veröffentlichen.[651] Sind der Gesellschaft die Aktionäre und deren Anschriften bekannt, kann die Ergänzung der Tagesordnung den Aktionären auch durch **eingeschriebenen Brief** mitgeteilt werden.[652] 239

---

[643] Das Zugänglichmachen kann etwa durch Auslage im Geschäftsraum der AG und Einstellung in die Homepage der Gesellschaft erfolgen; RegBegr. BT-Drs. 14/7034, 47.
[644] RegBegr. BT-Drs. 14/7034, 47.
[645] *Bungert* in MHdB AG § 36 Rn. 59.
[646] Zutr. *Koch* in Hüffer/Koch AktG § 122 Rn. 9a; ähnlich LG Frankfurt a.M. AG 2004, 218.
[647] *Werner* in GroßkommAktG AktG § 122 Rn. 51.
[648] *Noack/Zetzsche* in Kölner Komm. AktG § 122 Rn. 53; *Koch* in Hüffer/Koch AktG § 122 Rn. 9a; *Butzke* B Rn. 119; vgl. aber auch *Werner* in GroßkommAktG AktG § 122 Rn. 52.
[649] RegBegr. BT-Drs. 16/11642, 30; *Horn* ZIP 2008, 1558 (1562).
[650] *Butzke* B Rn. 118; aA *Mertens* AG 1997, 481 (487).
[651] *Butzke* B Rn. 118.
[652] *Blanke* BB 1994, 1505 (1508).

d) Aktionärsforum

240 Um das für ein Ergänzungsverlangen erforderliche Quorum zu erreichen, kann ein Aktionär oder eine Aktionärsvereinigung auf das internetbasierte Aktionärsforum des elektronischen Bundesanzeigers zurückgreifen und dort andere Aktionäre auffordern, gemeinsam ein solches Verlangen zu stellen.[653]

241 Das Aktionärsforum soll als Korrelat zu zunehmendem Streubesitz und fortschreitender Internationalisierung der Aktionärsstruktur die **Kontaktaufnahme** zwischen den Aktionären **erleichtern** und einer durch wachsende Anonymität verursachten mangelnden Eigentümerkontrolle entgegenwirken.[654] In einem solchen Forum kann die Unterstützung für sämtliche den Aktionären zustehende Verlangen und Anträge nach dem Aktiengesetz eingeworben oder zur gemeinsamen Stimmrechtsausübung auf der Hauptversammlung aufgefordert werden.[655] Einzelheiten zu Aufbau, Funktionsweise und Bedienung des Forums sind in der Aktionärsforumsverordnung enthalten.[656] Ergänzend gelten die allgemeinen Geschäftsbedingungen des Betreibers des elektronischen Bundesanzeigers.[657]

aa) Veröffentlichung von Aufforderungen

242 Zur Veröffentlichung einer Aufforderung, wie etwa dem Aufruf, ein Ergänzungsverlangen zu unterstützen, muss sich der Aktionär bzw. die Aktionärsvereinigung hiernach zunächst einmalig auf der Internetseite des Aktionärsforums **registrieren** (§ 3 AktFoV),[658] um ein (mittels Benutzernamen und Kennwort zugängliches) Benutzerkonto zu erstellen, das für alle nachfolgenden Aufforderungen verwendet werden kann.

243 Die Eingabe der Aufforderung erfolgt anhand eines Web-Formulars, in das der Auffordernde zunächst seine Identität (Name, Firma, Anschrift, E-Mail-Adresse) sowie den Umstand, ob er als Aktionär oder Aktionärsvereinigung handelt, einzutragen hat (§ 3 Abs. 3 S. 1 AktFoV). Darüber hinaus hat er im Rahmen der Eintragung zu versichern, dass er Aktionär der betreffenden Gesellschaft bzw. eine Aktionärsvereinigung iSd § 135 Abs. 8 AktG ist (§ 3 Abs. 2 S. 1 AktFoV). Bezieht sich die Aufforderung auf eine bestimmte Hauptversammlung, ist ferner deren Datum anzugeben (§ 3 Abs. 3 S. 2 AktFoV). Aus dem Datenbestand des Betreibers werden im Formularbereich neben einer Liste mit sämtlichen Firmen, die von einer Aufforderung betroffen sein können, auch vorformulierte Aufforderungsgegenstände zur Auswahl durch den Auffordernden bereitgehalten. Eingaben, die der Benutzer außerhalb dieser vorbereiteten Inhalte im Freitext vornimmt, sind auf 500 Zeichen beschränkt (§ 3 Abs. 3 S. 3 AktFoV).[659] Die Aufforderung darf lediglich als neutraler Aufruf, dh ohne direkte Angabe einer Begründung für das Begehren oder den Abstimmungsvorschlag, formuliert werden.[660] Statthaft ist es jedoch, in der Aufforderung auf eine Begründung auf der Internetseite des Auffordernden und dessen elektronische Adresse hinzuweisen (§ 127a Abs. 3 AktG). Im Gegenzug hat die von der Auf-

---

[653] § 127a AktG – eingefügt durch das UMAG, BGBl. 2005 I 2802. Das Forum kann ua über die Internetseite des Bundesanzeigers, http://www.bundesanzeiger.de aufgerufen werden.
[654] RegBegr. zum UMAG BR-Drs. 3/05, 28; *Kort* NZG 2007, 653 (653); *Seibert* AG 2006, 16 (16).
[655] Dies sind neben dem Ergänzungs- und Einberufungsverlangen nach § 122 Abs. 1 und Abs. 2 AktG etwa die Anträge nach den §§ 126, 127, 258 Abs. 2 S. 3, 148 Abs. 2 S. 1 und Abs. 4 S. 1, 120 Abs. 1 S. 2 AktG, vgl. *Koch* in Hüffer/Koch AktG § 127a Rn. 1; *Maul* in BeckHdB AG § 4 Rn. 49.
[656] BGBl. 2005 I 3193; vgl. § 127a Abs. 5 AktG.
[657] Betreiber ist die Bundesanzeiger Verlagsgesellschaft mbH. Dessen Allgemeine Geschäftsbedingungen für das „Aktionärsforum" im „Elektronischen Bundesanzeiger", sind ua auf der Startseite des Aktionärsforums unter www.bundesanzeiger.de erhältlich.
[658] Angegeben werden müssen etwa Name bzw. Firma, Anschrift bzw. Sitz, Zahlungsweg sowie eine elektronischen Postadresse. Zur bloßen Einsichtnahme in das Forum bedarf es weder der Registrierung noch der Anmeldung.
[659] Bei komplexen Gegen- oder Ergänzungsanträgen kann der Aktionär auf seine Internetseite verweisen, wenn die vorgegebenen 500 Zeichen nicht ausreichend sind, vgl. *Ziemons* in K. Schmidt/Lutter, 2. Aufl. 2010, AktG § 127a Rn. 9.
[660] RegBegr. zum UMAG BR-Drs. 3/05, 29; *Seibert* AG 2006, 16 (17).

forderung betroffene Gesellschaft die Möglichkeit, einen Hinweis auf eine Stellungnahme zu der Aufforderung auf ihrer Internetseite anzubringen (§ 127a Abs. 4 AktG).[661] In beiden Fällen soll der Hinweis in Form eines „Link" angebracht werden, so dass sich die Internetseite bzw. ein Dokument[662] mit der Begründung oder der Stellungnahme unmittelbar, dh ohne dass zB eine weitere Internetseite zwischengeschaltet wäre,[663] durch anklicken öffnet.[664] Die so erstellte Aufforderung wird, wie alle zu veröffentlichen Beiträge, in der Zeit von 8.00 Uhr bis 15.00 Uhr an den Erscheinungstagen (montags bis freitags) in das Aktionärsforum eingestellt und ist ab dann für jedermann einsehbar.[665] Während die Registrierung und die Einsicht in das Forum kostenfrei sind, wird für eine Eintragung (Aufforderung, Hinweis oder Berichtigung) eine pauschale Gebühr von 25 EUR erhoben.[666] Die Löschung einer Eintragung ist kostenfrei.

bb) Berichtigung, Löschung, Missbrauch

Eintragungen im Aktionärsforum können vom Eintragenden jederzeit berichtigt oder gelöscht werden (§ 6 Abs. 1 und 2 AktFoV). Unter bestimmten Umständen kann auch der Betreiber des Aktionärsforums eine Eintragung löschen oder unterbinden. Dies gilt etwa für den Fall, dass die Bestätigung des Betreibers über die Eintragung, die standardmäßig nach Abschluss der Eingabe versandt wird, unzustellbar ist (§ 3 Abs. 4 S. 3 AktFoV), der in Zweifelsfällen vom Betreiber geforderte Nachweis über die Aktionärs- oder Aktionärsvereinigungseigenschaft nicht in der vom Betreiber gesetzten Frist beigebracht worden ist (§ 3 Abs. 2 S. 3 AktFoV) sowie für Eintragungen, für die das Entgelt nicht entrichtet wird oder die missbräuchlich sind (§ 3 Abs. 5 S. 2 AktFoV).[667] Als missbräuchlich können Eintragungen insbesondere dann gelöscht oder unterbunden werden, wenn sie offensichtlich nicht den Voraussetzungen von § 127a AktG oder Vorgaben der AktFoV entsprechen. Dies ist beispielsweise dann der Fall, wenn sie Angaben oder Meinungsäußerungen enthalten, die über den gesetzlich vorgesehenen Inhalt hinausgehen, sie nicht von einem Aktionär oder einer Aktionärsvereinigung bzw. einer betroffenen Gesellschaft stammen, oder irreführende oder strafbare Angaben, falsche Angaben zur Person des Auffordernden oder Werbung für Produkte bzw. nicht mit der Durchführung der Aufforderung verbundene Dienstleistungen enthalten.[668] Des Weiteren kann der Betreiber eine Eintragung löschen oder unterbinden, wenn die Internetseite, auf die zwecks Begründung oder Stellungnahme zu der Aufforderung verwiesen wird, missbräuchliche Inhalte enthält. Schließlich wird eine Eintragung auch nach Ablauf der Vorhaltezeit von 3 Jahren gelöscht (§ 6 Abs. 3 AktFoV).

---

[661] Damit die Gesellschaft von der Möglichkeit des Hinweises auf ihre Stellungnahme Gebrauch machen kann, muss sie sich ebenfalls im Aktionärsforum registriert haben und die Vorschriften der AktFoV gegen Missbrauch beachten (§ 4 Abs. 2 AktFoV); dazu *Seibert* AG 2006, 16 (22).
[662] Ein solches ist auf Viren zu überprüfen, vgl. die Allgemeinen Geschäftsbedingungen für das „Aktionärsforum" im elektronischen Bundesanzeiger im Abschnitt „Verweis auf andere Internetseite".
[663] Die Stellungnahme bzw. die Begründung muss zudem klar erkennbar sein. Die entsprechende Internetseite sollte zudem keine Werbung enthalten.
[664] *Seibert* AG 2006, 16 (17).
[665] Vgl. die Allgemeinen Geschäftsbedingungen für das „Aktionärsforum" im elektronischen Bundesanzeiger im Abschnitt „Erscheinungsdaten".
[666] Vgl. die Allgemeinen Geschäftsbedingungen für das „Aktionärsforum" im elektronischen Bundesanzeiger im Abschnitt „Entgelte" und die auf der Internetseite des Bundesanzeigers veröffentlichte Preisliste „Aktionärsforum". Stand der Angaben: September 2017.
[667] In Zweifelsfällen hat der Betreiber des Aktionärsforums den Aktionär oder die Aktionärsvereinigung bei missbräuchlichen Aufforderungen vor der Löschung zu befragen, § 3 Abs. 5 S. 3 AktFoV.
[668] Zu den Möglichkeiten des Betreibers gegen Missbrauch des Aktionärsforums vorzugehen *Seibert* AG 2006, 16 (20).

cc) Acting in Concert

245 Aufgrund der Zielrichtung des Forums, Aktionären ein gemeinsames Vorgehen zu erleichtern, stellt sich die Frage, ob ein Aufruf im Aktionärsforum den Tatbestand des **„abgestimmten Verhaltens"** *(acting in concert)* iSd § 22 Abs. 2 S. 1 WpHG (ab 3.1.2018 § 34 Abs. 2 S. 1 WpHG) bzw. des § 30 Abs. 2 S. 1 WpÜG erfüllen kann. Ein abgestimmtes Verhalten liegt danach vor, soweit Personen in Bezug auf die Gesellschaft aufgrund einer Vereinbarung oder in sonstiger Weise über die Ausübung von Stimmrechten verständigen oder mit dem Ziel einer dauerhaften und erheblichen Änderung der unternehmerischen Ausrichtung der Gesellschaft in sonstiger Weise zusammenwirken. Vereinbarungen in Einzelfällen stellen jedoch grundsätzlich kein abgestimmtes Verhalten dar. Nach der Regierungsbegründung[669] stellt § 127a AktG keine Sonderregelung zu den Vorschriften des WpHG und des WpÜG dar. Die Aktionäre haben diese, und somit auch die Normen zum abgestimmten Verhalten, daher in eigener Verantwortung zu beachten.

246 Aufforderungen im Aktionärsforum sind geeignet, zu einer Verständigung über die Ausübung von Stimmrechten oder einem Zusammenwirken in sonstiger Weise beizutragen. Ob dies jedoch tatsächlich zu einer Verhaltensabstimmung iSd genannten Vorschriften führt, hängt vom weiteren Vorgehen der Beteiligten und damit von Umständen außerhalb des Aktionärsforums, wie etwa dem Bestehen einer gemeinsamen längerfristigen Strategie, ab. Die Veröffentlichung der Aufforderung stellt lediglich einen neutralen Kommunikationsvorgang dar und kann den Tatbestand des abgestimmten Verhaltens somit alleine nicht erfüllen.[670] Darüber hinaus steht es dem Aktionär frei, öffentlich bekanntes Stimmverhalten anderer Aktionäre in sein Verhalten mit einzubeziehen, ohne dass dies zu einem *„acting in concert"* führt.[671] Nichts anderes kann daher gelten, wenn Aktionäre zur Veröffentlichung ihres Stimmverhaltens das Aktionärsforum nutzen. Schließlich ermöglicht das Aktionärsforum auch kein umfassendes und dauerhaftes Zusammenwirken, sondern stellt Verständigungsmöglichkeiten für einzelne Anträge, Verlangen oder Stimmrechtsausübungen zur Verfügung. Es ist damit grundsätzlich auf ein punktuelles Zusammenwirken in Einzelfällen ausgerichtet,[672] welches grundsätzlich nicht die Kriterien für ein abgestimmtes Verhalten erfüllt (vgl. §§ 22 Abs. 2 S. 1 Hs. 2 WpHG [ab 3.1.2018 § 34 Abs. 2 S. 1 Hs. 1 WpHG], 30 Abs. 2 S. 1 Hs. 2 WpÜG).[673] Das Vorliegen eines „acting in concert" durch die Veröffentlichung von Aufforderungen im Aktionärsforum scheidet daher grundsätzlich aus.[674]

5. Anfechtungsrisiken

247 Die Tagesordnung ist nunmehr als integrierter Bestandteil der Einberufung bekannt zu machen.[675] Andernfalls wäre die Einberufung nicht ordnungsgemäß. Beschlüsse über Gegenstände der Tagesordnung, die **nicht ordnungsgemäß bekannt gemacht** wurden, können nicht gefasst werden. Gleichwohl gefasste Beschlüsse sind zwar nicht nichtig, je-

---

[669] RegBegr. zum UMAG BR-Drs. 3/05, 31.
[670] Das Aktionärsforum ist lediglich ein „Kontakt-Medium" vgl. *Seibert* WM 2005, 157 (159); *Seibert* AG 2006, 16 (18); *Reger* in Bürgers/Körber AktG § 127a Rn. 5.
[671] Es handelt sich lediglich um ein paralleles bzw. gleichgerichtetes Stimmverhalten; vgl. BT-Drs. 16/7438, 11.
[672] RegBegr. zum UMAG BR-Drs. 3/05, 31. Vgl. hierzu etwa OLG Frankfurt a.M. DB 2004, 1718 (1719).
[673] Bericht des Finanzausschusses zum Regierungsentwurf des Risikobegrenzungsgesetzes BT-Drs. 16/9821, 11 f. Konkret bezogen auf § 127a AktG: RegBegr. zum UMAG BR-Drs. 3/05, 31. Vgl. zur (streitigen) Definition des „Einzelfalls" *Wackerbarth* ZIP 2007, 2340 (2344).
[674] Krit.: *Ziemons* in K. Schmidt/Lutter AktG 2. Aufl. § 127a Rn. 3.
[675] RegBegr BT-Drs. 16/11 642, 27; *Seibert/Florstedt* in ZIP 2008, 2145 (2146 f.); *Horn* in ZIP 2008, 1558 (1558); → Rn. 158.

doch anfechtbar.⁶⁷⁶ In Ausnahmefällen ist eine versehentlich unterbliebene oder unvollständige Bekanntmachung unbeachtlich. Die Unbeachtlichkeit kommt insbesondere bei Mängeln, die letztlich dem Bagatellbereich zuzuordnen sind, in Betracht.⁶⁷⁷

Ist der Vorstand bei der Beschlussfassung über die **Beschlussvorschläge** an die Hauptversammlung **unterbesetzt,** führt dies zur Nichtigkeit des Beschlussvorschlags und damit zur Anfechtbarkeit des Hauptversammlungsbeschlusses.⁶⁷⁸ Macht der Vorstand einen Vorschlag für die Wahl der **Aufsichtsratsmitglieder,** obwohl hierzu ausschließlich der Aufsichtsrat berechtigt ist, führt dies nach herrschender Meinung zur Anfechtbarkeit des Wahlbeschlusses.⁶⁷⁹ Dies überzeugt nicht nur dann, wenn der Vorstand seinen Vorschlag in der Hauptversammlung tatsächlich zur Abstimmung stellt, sondern auch wenn er von ihm abrückt.⁶⁸⁰ Auch das gänzliche Fehlen eines Verwaltungsvorschlags kann im Einzelfall zur Anfechtbarkeit des gefassten Beschlusses führen.⁶⁸¹ 248

Nimmt man mit der hier vertretenen Auffassung eine Pflicht an, die **Berichte** des Vorstands in ihrem wesentlichen Inhalt bekannt zu machen, sind die gefassten Beschlüsse anfechtbar, wenn der Bekanntmachungspflicht insoweit nicht Genüge getan wurde. Daran kann auch das Einverständnis aller Anwesenden mit der Beschlussfassung nichts ändern, da anderenfalls der Schutz der nicht erschienenen Aktionäre missachtet würde.⁶⁸² 249

Anfechtungsberechtigt wegen Bekanntmachungsmängeln ist auch ein in der Hauptversammlung nicht erschienener Aktionär ohne Rücksicht darauf, ob in der Hauptversammlung gegen den Beschluss Widerspruch zu Protokoll erklärt wurde (§ 245 Nr. 2 AktG). 250

In Anlehnung an die **Relevanztheorie**⁶⁸³ und die jüngere Rspr. des BGH.⁶⁸⁴ kommt es nunmehr darauf an, ob ein objektiv urteilender Aktionär die mangelhafte Information als wesentliche Voraussetzung für die Wahrnehmung seiner Rechte angesehen hätte. Maßgeblich ist mithin, ob sich der Aktionär im Falle vorenthaltener Informationen geweigert hätte an der Abstimmung teilzunehmen, oder ob er, im Falle einer unvollständigen oder unrichtigen Information, Wert auf eine richtige und vollständige Information gelegt hätte, ehe er abstimmt.⁶⁸⁵ 251

Fraglich ist, ob der Vorstand in der Erwartung, es werde keine Anfechtungsklage erhoben, einen nicht ordnungsgemäß bekannt gemachten **Vorschlag zur Abstimmung** stellen darf, ohne pflichtwidrig zu handeln. Dies ist zu bejahen, wenn der Gesetzesverstoß nicht gravierend ist und mit der Erhebung einer Anfechtungsklage nicht ernstlich zu rechnen ist. Ein generelles Verbot, die Beschlussfassung bei drohender Anfechtung zuzulassen, ist nicht anzuerkennen.⁶⁸⁶ 252

---

⁶⁷⁶ § 243 Abs. 1 AktG iVm § 124 Abs. 4 S. 1 AktG; LG Köln AG 1996, 37; BGH NJW-RR 2006, 472 (474); OLG Schleswig ZIP 2006, 421 (426); *Eckardt* in Geßler/Hefermehl AktG § 124 Rn. 62; *Noack/Zetzsche* in Kölner Komm. AktG Vor §§ 121 ff. Rn. 21; *Werner* in GroßkommAktG AktG § 124 Rn. 97.
⁶⁷⁷ BGHZ 149, 158; 153, 32; zB die fehlende oder verwechselte Wohnortangabe eines Aufsichtsratskandidaten oder die Angabe eines falschen Berufs, vgl. *Koch* in Hüffer/Koch AktG § 124 Rn. 28; *Steiner* HV der AG § 1 Rn. 43. Zu formalistisch OLG München ZIP 2000, 272 – E'ZWO – und LG Berlin ZIP 2003, 1352; noch strenger die Vorinstanz LG München ZIP 1999, 1213 – Nichtigkeit.
⁶⁷⁸ BGH ZIP 2002, 172 (174).
⁶⁷⁹ OLG Hamm AG 1986, 260 (261); *Werner* in GroßkommAktG AktG § 124 Rn. 73; *Bungert* in MHdB AG § 36 Rn. 81; *Noack/Zetzsche* in Kölner Komm. AktG § 124 Rn. 23.
⁶⁸⁰ BGH NJW 2003, 970 (971).
⁶⁸¹ *Werner* in GroßkommAktG AktG § 124 Rn. 100.
⁶⁸² Zur Möglichkeit des Verzichts auf die Berichterstattung im Rahmen einer Universalversammlung → Rn. 343.
⁶⁸³ *Hüffer/Schäfer* in MüKoAktG AktG § 243 Rn. 30 ff.; *K. Schmidt* in GroßkommAktG AktG § 243 Rn. 24 ff.; vgl. auch *Henze* BB 2002, 893 (900); *Tröger* NZG 2002, 211 (212 f.).
⁶⁸⁴ BGHZ 149, 158 (164 ff.); vgl. § 243 Abs. 4 S. 1; nach verbreiteter Einschätzung spiegelt die Norm die Relevanztheorie jedoch nicht in Reinform wieder, vgl. *Schwab* in K. Schmidt/Lutter AktG § 243 Rn. 34.
⁶⁸⁵ *Schwab* in K. Schmidt/Lutter AktG § 243 Rn. 35; näher zu der Neuregelung und ihren Voraussetzungen, unten § 10.
⁶⁸⁶ *Werner* in GroßkommAktG AktG § 124 Rn. 102; Vgl. *Reger* in Bürgers/Körber AktG § 124 Rn. 29.

VII. Mitteilungen

1. Allgemeines

253 Aktionäre von Publikumsgesellschaften, die die Bekanntmachungen im Bundesanzeiger nicht verfolgen, würden von der Einberufung einer Hauptversammlung regelmäßig keine Kenntnis erlangen, wenn nicht das Gesetz einen besonderen hauptversammlungsbezogenen Informationsmechanismus etabliert hätte. Aus diesem Grund sieht das Gesetz eine Pflicht des Vorstands vor, Kreditinstituten, Aktionärsvereinigungen und bestimmten Aktionärsgruppen die Einberufung der Hauptversammlung mitzuteilen (§ 125 Abs. 1 S. 1 AktG).[687] Die Mitteilungspflicht dient dazu, den Aktionären die Wahrnehmung ihrer Mitgliedschaftsrechte zu ermöglichen und damit die Präsenz auf Hauptversammlungen zu stärken sowie die Aktionäre über eine etwaige Opposition frühzeitig zu informieren. Sie korrespondiert mit einer **Übermittlungspflicht** der als Informationsvermittler tätig werdenden Kreditinstitute gegenüber den Aktionären (§ 128 AktG).[688] Diese Informationspflichten können durch die Satzung – abgesehen von der Beschränkung der Übermittlung auf die elektronische Kommunikation (§ 128 Abs. 1 S. 2 AktG)[689] – nicht eingeschränkt werden.[690]

254 Wird im Zusammenhang mit einem öffentlichen Angebot zum Erwerb von Wertpapieren, insbesondere einem **Übernahmeangebot,** eine Hauptversammlung der Zielgesellschaft einberufen, genügt es, wenn die Mitteilung an die Aktionäre und Anträge von Aktionären in Kurzfassung bekannt gegeben werden, sofern sie allen Aktionären zugänglich gemacht werden.[691] Die Zusendung von Mitteilungen und Gegenanträgen darf **unterbleiben,** wenn zur Überzeugung des Vorstands der rechtzeitige Eingang der Mitteilung bei den Aktionären nicht wahrscheinlich ist (§ 16 Abs. 4 S. 8 WpÜG). Dabei kommt es darauf an, ob damit zu rechnen ist, dass die Unterlagen bei einem nicht unerheblichen Teil der Aktionäre nicht rechtzeitig ankommen.[692] Die Entscheidung des Vorstands bedarf der Zustimmung des Aufsichtsrats. Ein solcher Verzicht auf die Mitteilung kann insbesondere dann praktisch werden, wenn die Hauptversammlung unter Einhaltung einer Zweiwochenfrist einberufen wird (§ 16 Abs. 4 S. 1 WpÜG).

2. Mitteilungsschuldner

255 Die Mitteilung obliegt dem **Vorstand.**[693] Der Vorstand ist zu einer Vornahme der Mitteilung selbst dann verpflichtet, wenn er wegen Fehlens einzelner seiner Mitglieder nicht handlungsfähig ist.[694]

---

[687] Übersicht → Rn. 156.
[688] Vgl. *Koch* in Hüffer/Koch AktG § 128 Rn. 1. Dazu im Einzelnen → Rn. 275 ff. Die früher auch für Aktionärsvereinigungen geltende Weitergabepflicht ist im Zuge des ARUG entfallen.
[689] Für Emittenten deutscher Herkunft, ist die Sonderregel des § 30b Abs. 3 S. 1 Nr. 1 WpHG (ab 3.1.2018 § 49 Abs. 3 S. 1 Nr. 1 WpHG) zu beachten, nach der Informationen an die Inhaber zugelassener Wertpapiere im Wege der Datenfernübertragung übermittelt werden können.
[690] *Koch* in Hüffer/Koch AktG § 125 Rn. 1. Nach hA kann die Satzung weitergehende Informationen vorsehen, vgl. *Eckardt* in Geßler/Hefermehl AktG § 125 Rn. 6; *Werner* in GroßkommAktG AktG § 125 Rn. 5; aA *Noack/Zetzsche* in Kölner Komm. AktG § 125 Rn. 63.
[691] § 16 Abs. 4 S. 7 WpÜG. Das Zugänglichmachen kann etwa durch Auslage im Geschäftsraum der AG und Einstellung in die Homepage der Gesellschaft erfolgen; RegBegr. BT-Drs. 14/7034, 47.
[692] RegBegr. BT-Drs. 14/7034, 47.
[693] Die in § 125 AktG geforderten Mitteilungen sind zwar per se keine Geschäftsführungsmaßnahmen, so dass Mitteilungsschuldner die Gesellschaft als solche ist. Diese handelt freilich durch ihren Vorstand. *Reger* in Bürgers/Körber AktG § 125 Rn. 8; *Koch* in Hüffer/Koch AktG § 125 Rn. 1; OLG Frankfurt a.M. WM 1975, 336 (338 f.).
[694] *Werner* in GroßkommAktG AktG § 125 Rn. 27.

VII. Mitteilungen   § 4

3. Mitteilungsempfänger

a) Kreditinstitute und Aktionärsvereinigungen

Zu richten sind die Mitteilungen an die Kreditinstitute und Aktionärsvereinigungen (§ 125 Abs. 1 S. 1 AktG). **Kreditinstitute** sind gesetzlich in § 1 KWG definiert.[695] Ob die Mitteilungen auch gegenüber ausländischen Kreditinstituten zu machen sind, ist streitig.[696] Verfügt ein Kreditinstitut über Filialen, bezieht sich die Mitteilungspflicht nur auf die Zentralverwaltung, die ihrerseits die Mitteilungen an die Filialen weiterzuleiten hat.[697] Unter **Aktionärsvereinigungen** sind typischer-, aber nicht notwendigerweise in der Rechtsform des Vereins (die Aktionärsvereinigungen können durchaus auch als GmbH oder GbR organisiert sein) organisierte, auf die Aufnahme einer unbeschränkten Anzahl von Personen angelegte Zusammenschlüsse zu verstehen, die den Zweck verfolgen, die Interessen und Aktionärsrechte ihrer Mitglieder geltend zu machen.[698] Der Zusammenschluss von Aktionären in Form eines Pools erfüllt den Tatbestand einer Aktionärsvereinigung nicht.[699] 256

Die Mitteilungspflicht besteht nur gegenüber solchen Kreditinstituten und Aktionärsvereinigungen, die in der letzten ordentlichen oder außerordentlichen Hauptversammlung **Stimmrechte** für Aktionäre ausgeübt oder die Mitteilung **verlangt** haben.[700] Ob Kreditinstitute oder Aktionärsvereinigungen in der letzten Hauptversammlung Stimmrechte ausgeübt haben, muss die Gesellschaft anhand des Teilnehmerverzeichnisses überprüfen.[701] 257

Ein Verlangen nach Übermittlung der Mitteilung kann **schriftlich, telefonisch** oder auf sonstige Weise geäußert werden, sofern es nur hinreichend klar ist. Eine Bitte um fortlaufende unaufgeforderte Übermittlung der Unterlagen im Sinne eines **Dauerauftrags** ist nicht ausreichend.[702] Übt das Kreditinstitut in der Hauptversammlung keine Stimmrechte aus, muss es das Verlangen demnach vor der nächsten Hauptversammlung wiederholen. Ein Mitteilungsverlangen, das erst nach Ablauf der Mitteilungsfrist (→ Rn. 268f.) gestellt wurde, braucht von der Gesellschaft nicht beachtet zu werden.[703] 258

b) Aktionäre

Die Mitteilung ist auch an bestimmte Aktionäre zu richten. Hierzu zählen zunächst die Aktionäre die eine solche Mitteilung verlangen (§ 125 Abs. 2 Alt. 1 AktG).[704] Für Aktionäre genügt das Verlangen fortlaufender unaufgeforderter Übermittlung der Mitteilungen in Form eines „Dauerauftrags".[705] Schließlich ist die Mitteilung auch solchen Aktionären 259

---

[695] Gleichgestellt sind Finanzdienstleistungsinstitute und die weiteren in § 125 Abs. 5 AktG genannten Unternehmen.
[696] Abl. etwa *Eckardt* in Geßler/Hefermehl AktG § 125 Rn. 25; bejahend *Noack/Zetzsche* in Kölner Komm. AktG § 125 Rn. 106; diff. *Werner* in GroßkommAktG AktG § 125 Rn. 33 ff. In jedem Fall sind die Mitteilungen an inländische Niederlassungen ausländischer Kreditinstitute zu richten, *Butzke* B Rn. 137.
[697] *Eckardt* in Geßler/Hefermehl AktG § 125 Rn. 26.
[698] *Eckardt* in Geßler/Hefermehl AktG § 125 Rn. 33; *Koch* in Hüffer/Koch AktG § 125 Rn. 3. Zu nennen sind zB die Deutsche Schutzvereinigung für Wertpapierbesitz eV und die Schutzgemeinschaft der Kleinaktionäre eV.
[699] *Noack/Zetzsche* in Kölner Komm. AktG § 125 Rn. 115; *Koch* in Hüffer/Koch AktG § 125 Rn. 3.
[700] In der Praxis werden die Kreditinstitute zumeist etwa sieben Wochen vor der Bekanntmachung der Einberufung der Hauptversammlung durch einen Hinweis in den Wertpapiermitteilungen aufgefordert, der Gesellschaft ihren Bedarf an Mitteilungen zu melden, siehe auch *Butzke* B Rn. 135.
[701] *Koch* in Hüffer/Koch AktG § 125 Rn. 2.
[702] *Eckardt* in Geßler/Hefermehl AktG § 125 Rn. 30; *Werner* in GroßkommAktG AktG § 125 Rn. 42; *Koch* in Hüffer/Koch AktG § 125 Rn. 4; aA *Schmidt* BB 1967, 818.
[703] So wohl auch *Reger* in Bürgers/Körber AktG § 125 Rn. 13; aA *Koch* in Hüffer/Koch AktG § 125 Rn. 10.
[704] Die Möglichkeit, den Mitteilungsanspruch durch Hinterlegung einer Aktie zu begründen, ist bereits durch das UMAG 2005 entfallen. vgl. *Koch* in Hüffer/Koch AktG § 125 Rn. 14.
[705] *Koch* in Hüffer/Koch AktG § 125 Rn. 14; *Ziemons* in K. Schmidt/Lutter AktG § 125 Rn. 27.

gegenüber zu machen, die zu Beginn des 14. Tages vor der Versammlung als Aktionär im Aktienregister der Gesellschaft eingetragen sind (§ 125 Abs. 2 Alt. 2 AktG). Der Termin des Beginns des 14. Tages vor der Hauptversammlung bewirkt einen Versendungsstopp, der die Mitteilungspflicht der Gesellschaft in vernünftiger Weise begrenzt[706] – nicht zuletzt um das Anfechtungsrisiko zu reduzieren.[707]

c) Aufsichtsratsmitglieder

260 Darüber hinaus können auch die Aufsichtsratsmitglieder verlangen, dass ihnen die Mitteilungen vom Vorstand übersendet werden (§ 125 Abs. 3 AktG). Eine zeitliche Begrenzung greift insoweit nicht ein; vielmehr können die Aufsichtsratsmitglieder die Mitteilungen für ihre gesamte Amtszeit verlangen.[708] Das Recht auf Mitteilung ist ein Individualrecht des Aufsichtsrates, das weder durch Beschluss entzogen, noch inhaltlich beschränkt werden kann.[709]

4. Gegenstand der Mitteilung

261 Notwendiger Inhalt der Mitteilung ist in erster Linie die **Einberufung** der Hauptversammlung, wie sie bekannt gemacht wurde. Es müssen demnach Sitz und Firma der Gesellschaft, Zeit und Ort der Hauptversammlung und die Tagesordnung (einschließlich der Vorschläge der Verwaltung) in die Mitteilung aufgenommen werden. Bei börsennotierten Gesellschaften sind in der Einberufung ferner die Teilnahmevoraussetzungen, die Voraussetzung zur Ausübung des Stimmrechts, das Verfahren für die Stimmabgabe, die Rechte der Aktionäre nach §§ 122 Abs. 2, 126 Abs. 1, 127, 131 Abs. 1 AktG sowie die Internetseite der Gesellschaft, über die die Informationen nach § 124a AktG zugänglich sind, anzugeben.[710] Soll die Hauptversammlung etwa über eine Satzungsänderung oder die Zustimmung zu einem Vertrag Beschluss fassen, ist der Wortlaut der vorgeschlagenen Satzungsänderung bzw. der wesentliche Inhalt des Vertrags mitzuteilen (ausf. dazu → Rn. 193 ff.). Die Übermittlung einer Kurzfassung unter Verweis auf die Veröffentlichung in den Gesellschaftsblättern reicht nicht aus.[711] Haben Vorstand und Aufsichtsrat in die Bekanntmachung **freiwillige Angaben** aufgenommen, müssen auch diese Bestandteil der Mitteilung sein.[712]

262 Ist die Tagesordnung aufgrund eines Minderheitsverlangens zu ändern, so ist bei börsennotierten Gesellschaften auch die geänderte Tagesordnung mitzuteilen (§§ 122 Abs. 2 iVm 125 Abs. 1 S. 3 AktG). Gegenstand der Mitteilung sind daher ferner die von einer **Aktionärsminderheit** in zulässiger Weise ergänzten Tagesordnungspunkte. Hat der Vorstand der Hauptversammlung in den gesetzlich vorgesehenen Fällen und bei sonstigen strukturändernden Maßnahmen **Bericht** zu erstatten, ist auch der wesentliche Inhalt des Berichts mitzuteilen.[713] Demgegenüber sind Unterlagen, für die das Gesetz nur eine Pflicht zur Auslegung im Geschäftsraum bzw. zum Zugänglichmachen von der Einberufung der Hauptversammlung an vorsieht, wie etwa der **Jahresabschluss** und der Lagebe-

---

[706] RegBegr. BT-Drs. 14/4051, 12 f.
[707] Bei der Zweiwochenfrist handelt es sich um keine dem US-amerikanischen „Record Date" vergleichbare Präklusionsfrist, die die Teilnahme an der Hauptversammlung und die Ausübung der Stimmrechte der bis zu diesem Tag nicht in das Aktienregister eingetragenen Aktionäre ausschließen würde, zur früheren Rechtslage *Koch* in Hüffer/Koch AktG § 125 Rn. 15; *Preissler* WM 2001, 113 (114).
[708] *Noack/Zetzsche* in Kölner Komm. AktG § 125 Rn. 146; *Eckardt* in Geßler/Hefermehl AktG § 125 Rn. 50; *Koch* in Hüffer/Koch AktG § 125 Rn. 16.
[709] *Reger* in Bürgers/Körber AktG § 125 Rn. 7.
[710] Dazu *Drinhausen/Keinath* BB 2009, 64 (66).
[711] *Koch* in Hüffer/Koch AktG § 125 Rn. 5.
[712] *Eckardt* in Geßler/Hefermehl AktG § 125 Rn. 10; *Werner* in GroßkommAktG AktG § 125 Rn. 11.
[713] *Werner* in GroßkommAktG AktG § 125 Rn. 15.

VII. Mitteilungen § 4

richt, nicht Gegenstand der Mitteilungspflicht.[714] Ein gesetzliches Erfordernis, den Kreditinstituten und Aktionärsvereinigungen auch den **Geschäftsbericht** bzw. eine Kurzfassung dessen zu übersenden, besteht nicht, wiewohl in vielen Fällen entsprechend verfahren wird.[715]

Auch aus dem Aktionärskreis gestellte **Gegenanträge** und **Wahlvorschläge**, einschließlich des Namens des Aktionärs sowie der Begründung, sind mitzuteilen.[716] Auch die Begründung eines Wahlvorschlags ist mitzuteilen, obwohl eine Begründung nicht vorgeschrieben ist.[717] Von der Mitteilungspflicht ausgenommen sind nur solche Gegenanträge und Wahlvorschläge, die den gesetzlichen Anforderungen nicht genügen.[718] Eine Pflicht zur Mitteilung anonymer Gegenanträge und Wahlvorschläge besteht nicht.[719] Macht die Verwaltung von ihrem Recht Gebrauch, die Gegenanträge mit einer Stellungnahme zu versehen (→ Rn. 331), ist diese ebenfalls in die Mitteilung aufzunehmen.[720] 263

Bei **börsennotierten Gesellschaften** sind einem Vorschlag zur Wahl von Aufsichtsratsmitgliedern Angaben zu ihrer Mitgliedschaft in anderen gesetzlich zu bildenden **Aufsichtsräten** beizufügen (§ 125 Abs. 1 S. 5 Hs. 1 AktG). Auf diese Weise können sich die Aktionäre leichter ein Bild von der individuellen Belastungssituation und etwaigen Interessenkollisionen der Kandidaten verschaffen.[721] Des Weiteren sollen Angaben zu den Mitgliedschaften der Kandidaten in **vergleichbaren in- und ausländischen Kontrollgremien** mit Wirtschaftsunternehmen beigefügt werden.[722] Hierzu können Verwaltungs- und Beiräte von im Inland oder Ausland belegenen Wirtschaftsunternehmen gehören, nicht jedoch von karitativen oder wissenschaftlichen Einrichtungen.[723] Entscheidend ist, dass den Gremien funktionell die Kontrolle der Unternehmenspolitik zugewiesen ist.[724] Diese Vorgabe gewinnt besondere Bedeutung im Hinblick auf die im Deutschen Corporate Governance Kodex enthaltene Empfehlung, nach welcher Personen, die wesentlichen und nicht nur vorübergehenden Interessenkonflikten unterliegen, nicht Mitglied des Aufsichtsrats sein sollen (Ziff. 5.5.3 DCGK). Abzustellen ist dabei auf den Zeitpunkt des Wahlvorschlags; spätere Änderungen können in den Mitteilungen noch berücksichtigt werden.[725] Die Angabe von Konzern- und Vorsitzmandaten ist auch im Hinblick auf die Begrenzung der Höchstzahl von Aufsichtsratsmandaten (§ 100 Abs. 2 AktG) nicht zwingend geboten,[726] wiewohl zunehmend üblich und auch aktionärsfreundlich. Entgegen einer vereinzelt vertretenen Auffassung müssen auch Beraterverträge iSv § 114 AktG nicht bekannt gemacht werden.[727] Die erweiterte Mitteilungspflicht gilt nicht für Wahlvorschläge von Aktionären. Dies folgt schon daraus, dass in § 127 S. 1 AktG nicht auf § 125 AktG verwiesen wird.[728] 264

Darüber hinaus muss in der Mitteilung auch auf die Möglichkeit einer **Stimmrechtsausübung** durch einen **Bevollmächtigten**, insbes. durch eine Aktionärsvereinigung, 265

---

[714] Kubis in MüKoAktG AktG § 125 Rn. 10.
[715] Vgl. Koch in Hüffer/Koch AktG § 125 Rn. 5.
[716] Mitunter kann es empfehlen, zunächst die Einberufung der Hauptversammlung mitzuteilen und etwaige Aktionärsanträge nachzureichen, vgl. Hüffer, 8. Aufl. 2008, AktG § 125 Rn. 5.
[717] Die Begründung muss analog § 126 Abs. 2 S. 2 AktG dann nicht mitgeteilt werden, wenn sie 5.000 Zeichen überschreitet; vgl. Eckardt in Geßler/Hefermehl AktG § 125 Rn. 15.
[718] Bungert in MhdB AG § 36 Rn. 95, 114. → Rn. 317 ff.
[719] Werner in GroßkommAktG AktG § 125 Rn. 20.
[720] Werner in GroßkommAktG AktG § 125 Rn. 23.
[721] Vgl. Claussen DB 1998, 177 (182). Zu Interessenkollisionen von Aufsichtsratsmitgliedern etwa Reichert/Schlitt AG 1995, 241 ff.; Semler/Stengel NZG 2003, 1 ff.
[722] § 125 Abs. 1 S. 5 Hs. 2 AktG idF des KonTraG vom 27. 4. 1998, BGBl. I 786.
[723] Koch in Hüffer/Koch AktG § 125 Rn. 6, instruktiv Mülbert/Bux WM 2000, 1665 (1670) mit umfassenden Beispielen.
[724] Mülbert/Bux WM 2000, 1665 (1670).
[725] Wohl auch Koch in Hüffer/Koch AktG § 125 Rn. 6.
[726] Koch in Hüffer/Koch AktG § 125 Rn. 6.
[727] So aber Hellwig ZIP 1999, 2117 (2128), der eine Mitteilungspflicht jedenfalls bei börsennotierten Gesellschaften annimmt.
[728] Koch in Hüffer/Koch AktG § 125 Rn. 6.

hingewiesen werden (§ 125 Abs. 1 S. 4 AktG).[729] Auf diese Weise soll verdeutlicht werden, dass die Kreditinstitute kein „Vertretungsmonopol" innehaben.[730] Eine Pflicht, Namen oder gar Adressen von sich um die Stimmrechtsausübung bemühenden Aktionärsvereinigungen zu benennen, besteht hingegen nicht.[731] Angesichts der Vielzahl solcher Organisationen wäre das auch unpraktikabel. Eine Pflicht, auf einen von der Gesellschaft benannten Stimmrechtsvertreter hinzuweisen, besteht ebenfalls nicht.[732] Auch ist die Gesellschaft nicht gehalten, auf ihrer Homepage einen Link zu der Homepage von Stimmrechtsvertretern einzurichten.[733]

5. Form und Frist

266 Die Mitteilung durch den Vorstand kann sowohl in **Schriftform** als auch in jeder **anderen Form** erfolgen, sofern der Zugang bei den Kreditinstituten und Aktionärsvereinigungen gesichert ist. Kreditinstitute müssen zudem in der Lage sein, ihrer Pflicht zur sofortigen Weiterleitung an die Aktionäre nachzukommen.[734] Die Mitteilung ist aktiv zu übermitteln, das bloße Zur-Verfügung-Stellen auf der Internetseite der Gesellschaft genügt daher nicht.[735] Die Übermittlung an die Aktionäre kann durch die Gesellschaft mithin auch **elektronisch,** etwa per E-Mail, erfolgen,[736] sofern die Aktionäre der Gesellschaft ihre E-Mail-Adresse zur Verfügung gestellt haben.[737] Die Satzung der Gesellschaft kann die Übermittlung der Mitteilungen auch auf den Weg der elektronischen Kommunikation beschränken (§ 125 Abs. 2 S. 2 AktG).

267 Die Mitteilung des Vorstands gegenüber den Kreditinstituten und Aktionärsvereinigungen hat mindestens 21 Tage vor der Hauptversammlung zu erfolgen (§ 125 Abs. 1 S. 1 AktG). Der Tag der Mitteilung sowie der Tag der Hauptversammlung sind nicht mitzurechnen (§§ 121 Abs. 7, 125 Abs. 1 S. 2 AktG). Seit Entfallen des „Feiertagsprivilegs" im Zuge des ARUG genügt es nicht mehr, die Mitteilung am nächsten Werktag abzusenden, sofern der letzte Tag der Frist auf einen Samstag, Sonntag oder Feiertag fällt. Wird im Zusammenhang mit einem öffentlichen Angebot zum Erwerb von Wertpapieren, insbesondere einem **Übernahmeangebot,** eine Hauptversammlung der Zielgesellschaft einberufen, so sind die Mitteilungen unverzüglich zu machen (§ 16 Abs. 4 S. 5 WpÜG).

268 Nach hM ist die Frist gewahrt, wenn die **Absendung** der Mitteilung innerhalb der Frist erfolgt.[738] Da die Mitteilung keine Willenserklärung oder geschäftsähnliche Handlung ist, kommt es auf ihren Zugang – anders als bei der Übermittlung von Gegenanträgen und Wahlvorschlägen durch die Aktionäre – nicht an. **Versäumt** der Vorstand die Vornahme der Mitteilung 21 Tage vor der Hauptversammlung, lässt dies die Mitteilungspflicht nicht entfallen.[739] Die verspätete Mitteilung heilt zwar die Fristüberschreitung

---

[729] In der Hauptversammlungseinladung findet sich meistens die Formulierung, dass sich die Aktionäre nach ihrer Wahl durch einen Bevollmächtigten, eine Aktionärsvereinigung oder ein Kreditinstitut vertreten lassen können, vgl. *Marsch-Barner* FS Peltzer, 2001, 261 (263).
[730] RegBegr. BT-Drs. 13/9712, 17 f.
[731] *Claussen* DB 1998, 177 (184).
[732] *Lommatzsch* NZG 2001, 1017.
[733] *Lommatzsch* NZG 2001, 1017 (1022).
[734] *Koch* in Hüffer/Koch AktG § 125 Rn. 8; ähnlich *Noack* NZG 2001, 1058 (1059).
[735] *Noack* NZG 2003, 241 (243).
[736] RegBegr. BT-Drs. 14/4051, 12.
[737] *Koch* in Hüffer/Koch § 125 Rn. 11; *Noack* NZG 2001, 1058 (1059). Zur Rechtslage bei technischen Problemen *Lommatzsch* NZG 2001, 1017 (1018).
[738] *Noack/Zetzsche* in Kölner Komm. AktG § 125 Rn. 83; *Eckardt* in Geßler/Hefermehl AktG § 125 Rn. 56 f.; *Koch* in Hüffer/Koch AktG § 125 Rn. 10; *Bungert* in MHdB AG § 36 Rn. 90; *v. Falkenhausen* BB 1966, 337 (340); *Schmidt* BB 1967, 818; *Schaaf* Praxis der HV Rn. 201; *Butzke* B Rn. 136; aA *Boetius* DB 1968, 1845.
[739] *Kubis* in MüKoAktG AktG § 125 Rn. 18; vgl. *Koch* in Hüffer/Koch AktG § 125 Rn. 10; aA *Eckardt* in Geßler/Hefermehl AktG § 125 Rn. 58.

nicht, kann jedoch im Einzelfall die Relevanz des Verfahrensfehlers für das Beschlussergebnis ausschließen.[740] Treten die Voraussetzungen der Mitteilungspflicht erst nach dem 21. Tag vor der Hauptversammlung ein, ist die Mitteilung unverzüglich vorzunehmen.[741] Im Hinblick auf den Sinn und Zweck der Vorschrift, den Aktionär vor verspäteter Information zu bewahren, ist eine Mitteilungspflicht auch dann anzunehmen, wenn das Mitteilungsverlangen so spät gestellt wird, dass die Frist von der Gesellschaft nicht mehr eingehalten werden kann.[742]

Da Gegenanträge verschiedener Aktionäre zu dem selben Tagesordnungspunkt gemeinsam mit der jeweiligen Begründung in einer Mitteilung zusammengefasst werden können, ist es zweckmäßig, wenn die Gesellschaft Gegenanträge und Wahlvorschläge, die ihr innerhalb der Wochenfrist zugegangen sind, **sammelt** und kurz vor dem 21. Tag vor der Hauptversammlung eine Mitteilung vornimmt, die alle bis dahin eingegangenen Oppositionsanträge und Wahlvorschläge enthält. Gegenanträge und Wahlvorschläge können jedoch auch nach Mitteilung der Einberufung der Hauptversammlung nachgereicht werden.[743]

269

6. Mitteilungspflichten bei Einladung durch eingeschriebenen Brief

Sind der Gesellschaft alle Aktionäre namentlich bekannt, kann die Einberufung der Hauptversammlung durch eingeschriebenen Brief erfolgen (im Einzelnen → Rn. 138 ff.). Der Tag der Absendung des eingeschriebenen Briefes gilt dabei als Tag der Bekanntmachung (§ 121 Abs. 4 S. 2 AktG).

270

Im Zuge der Aktienrechtsnovelle 2016 wurde § 121 Abs. 4 S. 3 AktG gestrichen, nach dem die §§ 125–127 AktG auf die Einberufung durch eingeschriebenen Brief ausdrücklich für anwendbar erklärt wurden. Die Anwendbarkeit der entsprechenden Vorschriften im Rahmen des § 121 AktG ergibt sich nach geltender Rechtslage nun allein aus der allgemeinen Gesetzessystematik.[744] Unklarheit herrschte im Rahmen der vormaligen Rechtslage derweil insbesondere darüber, ob und wenn ja in welchem Umfang darüber hinaus noch Raum ist für eine **Mitteilungspflicht der Gesellschaft gegenüber Kreditinstituten und Aktionärsvereinigungen** und einer damit korrespondierenden Weitergabepflicht an die Aktionäre. Die bislang wohl herrschende Meinung ließ die Mitteilungspflicht der Gesellschaft gegenüber den Kreditinstituten und Aktionärsvereinigungen nicht entfallen.[745] Unabhängig von einer Kenntnis der Aktionäre müssten auch die Kreditinstitute und Aktionärsvereinigungen über die anstehende Hauptversammlung informiert werden.

271

Dieser Ansicht ist auch im Hinblick auf die aktuelle Gesetzeslage und den gestrichenen Verweis auf die §§ 125–127 AktG weiterhin zu folgen. Die Mitteilungspflicht der Gesellschaft gegenüber Kreditinstituten und Aktionärsvereinigungen entfällt nur in dem Fall, in dem die Informationen über die Ausübung des Stimmrechts durch einen Bevollmächtigten (§ 125 Abs. 1 S. 4 AktG) und bei börsennotierten Gesellschaften die Informationen über die Mitgliedschaft von zur Wahl vorgeschlagenen Aufsichtsratsmitgliedern in anderen Aufsichtsräten und Kontrollgremien (§ 125 Abs. 1 S. 5 AktG) bereits in der Einberufung zur Hauptversammlung enthalten waren.[746] Haben die Aktionäre eine erforderliche

272

---

[740] *Kubis* in MüKoAktG AktG § 125 Rn. 18. Zur Anfechtbarkeit eines gleichwohl gefassten Beschlusses → Rn. 247 ff.
[741] *Kubis* in MüKoAktG AktG § 125 Rn. 18; *Butzke* B Rn. 136.
[742] *Koch* in Hüffer/Koch AktG § 125 Rn. 10; *Kubis* in MüKoAktG AktG § 125 Rn. 18; *Ziemons* in K. Schmidt/Lutter AktG § 125 Rn. 42.
[743] *Hüffer*, 8. Aufl. 2008, AktG § 125 Rn. 5.
[744] Vgl. RegBegr. BT-Drs. 18/4349, 21; vgl. *Koch* in Hüffer/Koch AktG § 121 Rn. 11h.
[745] *Koch* in Hüffer/Koch AktG § 121 Rn. 11h; *Rieckers* in Spindler/Stilz AktG § 121 Rn. 65; vgl. auch die Fraktionsbegründung BT-Drs. 12/6721, 8/9.
[746] *Rieckers* in Spindler/Stilz AktG § 121 Rn. 65; *Koch* in Hüffer/Koch AktG § 121 Rn. 11h.

Information schon durch eingeschriebenen Brief erhalten, so entfällt ebenfalls die Mitteilungspflicht des Vorstands gegenüber Aktionären, die es verlangen, oder die zu Beginn des 14. Tages vor der Hauptversammlung als Aktionär im Aktienregister der Gesellschaft eingetragen sind (§ 125 Abs. 2 AktG).[747] Über Gegenanträge und Wahlvorschläge aus dem Aktionärskreis, die nicht Gegenstand der brieflichen Mitteilung gewesen sind, ist den Kreditinstituten und Aktionärsvereinigungen dagegen Mitteilung zu machen, die dann ihrerseits nach Maßgabe von § 128 AktG zur Information der Aktionäre verpflichtet seien.[748] Dem sollte auch weiterhin aus Gründen der Sicherheit Rechnung getragen werden.

7. Anfechtungsrisiken

273   Kommt der Vorstand seiner Mitteilungspflicht nicht nach, sind die in der Hauptversammlung gefassten Beschlüsse anfechtbar, es sei denn, die Gesellschaft kann nachweisen, dass der Hauptversammlungsbeschluss nicht auf dem Unterbleiben der Mitteilung beruht.[749] Ist die Mitteilung gegenüber einem Aufsichtsratsmitglied unterblieben, kann sich hierauf nur das Aufsichtsratsmitglied, nicht aber ein Aktionär berufen.[750] Hat der Vorstand die Frist versäumt, sollte die Mitteilung nach Möglichkeit nachgeholt werden, weil es dann ggf. an der Relevanz des Mangels fehlt.[751] Bei der Verletzung der Mitteilungspflicht gegenüber den Kreditinstituten und Aktionärsvereinigungen sind anfechtungsberechtigt nur diejenigen Aktionäre, die Mitglied einer Aktionärsvereinigung sind oder die ihre Aktien bei einem Kreditinstitut in Verwahrung gegeben haben.

274   Die Verletzung der Soll-Vorschrift, in der Mitteilung an die Aktionäre **börsennotierter Gesellschaften** Angaben zu Mitgliedschaften der Aufsichtsratskandidaten in vergleichbaren inländischen und ausländischen Kontrollgremien zu machen (§ 125 Abs. 1 S. 5 AktG), rechtfertigt eine Anfechtung nicht.[752]

VIII. Übermittlung der Mitteilungen durch Kreditinstitute; Abstimmungsvorschläge

1. Übermittlungspflicht

a) Grundsatz

275   Die Mitteilungen der Gesellschaft an die **Kreditinstitute** und Aktionärsvereinigungen dienen letztlich der Information der Aktionäre. Aus diesem Grund sieht das Gesetz eine Verpflichtung der Kreditinstitute vor, die Mitteilung an die Aktionäre zu übermitteln, deren Inhaberaktien vom Kreditinstitut zu Beginn des 21. Tages vor der Hauptversammlung in Verwahrung gehalten werden oder für deren Namensaktien das Kreditinstitut im Aktienregister eingetragen ist (§ 128 Abs. 1 AktG).[753] In der neuen Richtlinie des europäischen Parlaments und des Rates zur Änderung der Richtlinie 2007/36/EG[754] wird die Weitergabepflicht von Informationen an den Aktionär, die zur Ausübung seiner Aktionärsrechte erforderlich sind, durch die Kreditinstitute als Intermediäre festgeschrieben

---

[747] *Koch* in Hüffer/Koch AktG § 121 Rn. 11h.
[748] *Rieckers* in Spindler/Stilz AktG § 121 Rn. 65.
[749] *Eckardt* in Geßler/Hefermehl AktG § 125 Rn. 74; *Koch* in Hüffer/Koch AktG § 125 Rn. 19; *Lehmann* FS Quack, 1991, 287 (288); siehe auch *Butzke* B Rn. 143.
[750] *Koch* in Hüffer/Koch AktG § 125 Rn. 19.
[751] *Koch* in Hüffer/Koch AktG § 125 Rn. 19.
[752] *Lingemann/Wasmann* BB 1998, 853 (857); *Koch* in Hüffer/Koch AktG § 125 Rn. 19; *Reger* in Bürgers/Körber AktG § 125 Rn. 16; *Rieckers* in Spindler/Stilz AktG § 125 Rn. 41.
[753] Dazu allgemein vor dem ARUG auch *Grumann/Soehlke* DB 2001, 576 (577).
[754] RL 2017/828/EU, ABl. 2017 L 132.

VIII. Übermittlung der Mitteilungen durch Kreditinstitute; Abstimmungsvorschläge § 4

(Art. 1 3. Änderungsrichtlinie). Die Änderungsrichtlinie wird auf mittelfristige Sicht von den Mitgliedstaaten umzusetzen sein (Art. 2 Änderungsrichtlinie). Die früher bestehende Weitergabepflicht der **Aktionärsvereinigungen** gegenüber ihren Mitgliedern ist entfallen. Eine auf eine Übermittlung gerichtete Vereinbarung kann freilich zwischen Vereinigung und Mitglied vertraglich geschlossen werden. Die Kreditinstitute werden insoweit also als Informationsvermittler für die Aktionäre tätig.[755]

b) Schuldner der Übermittlungspflicht

Zur Übermittlung der Mitteilungen sind solche **Kreditinstitute** verpflichtet, die zu Beginn des 21. Tages vor der Hauptversammlung die Inhaberaktien in Verwahrung genommen haben oder für Namensaktien, die ihnen nicht gehören, im Aktienregister eingetragen sind (§ 128 Abs. 1 S. 1 AktG). Die Mitteilungsübermittlung ist von den Kreditinstituten unaufgefordert vorzunehmen.[756] Die Satzung der Gesellschaft kann die Übermittlung auf den Weg elektronischer Kommunikation zu beschränken (§ 128 Abs. 1 S. 2 Hs. 1 AktG).[757] Wird eine solche Satzungsregelung beschlossen, kann das Kreditinstitut auch nicht aus anderen Gründen (Auftragsrecht, Sondervereinbarungen) verpflichtet werden, in Papier zu versenden (§ 128 Abs. 1 S. 2 Hs. 2 AktG).[758] Übermittlungsverpflichtet sind nur inländische Kreditinstitute und die inländischen Zweigniederlassungen ausländischer Banken.[759] Ob die Aktien in Sonder- oder Sammelverwahrung (§§ 2, 5 DepotG) gehalten werden, spielt keine Rolle. Gibt das Kreditinstitut die Aktien bei einer Wertpapiersammelbank (Clearstream) in Verwahrung (§ 3 Abs. 2 DepotG), bleibt es als Zwischenverwahrer weitergabepflichtig.[760] Indem die Mitteilung bei Namensaktien entweder durch die Gesellschaft, handelnd durch ihren Vorstand (wenn der Aktionär selbst eingetragen ist)[761] oder das Kreditinstitut (wenn das Kreditinstitut als Treuhänder oder Legitimationsaktionär eingetragen ist) vorgenommen wird, werden Doppelmitteilungen vermieden.[762]

276

Die Weitergabepflicht setzt voraus, dass das Kreditinstitut die für die Aktionäre bestimmten **Mitteilungen erhalten** hat. Hat das Kreditinstitut in der letzten Hauptversammlung keine Stimmrechte für Aktionäre ausgeübt, erhält es die Mitteilungen nur, wenn es an die Gesellschaft ein entsprechendes Petitum richtet (§ 125 Abs. 1 AktG). Fraglich ist, ob das Kreditinstitut verpflichtet ist, die Mitteilungen von sich aus bei der Gesellschaft **anzufordern.** Da die Weitergabepflicht an die Aktionäre durch die Kreditinstitute als Informationsvermittler im öffentlichen Interesse begründet wurde, ist dies mit der herrschenden Meinung zu bejahen.[763] Das Kreditinstitut ist gehalten, die ihm von der Gesellschaft zugeleiteten Mitteilungen an die Aktionäre **weiterzuleiten,** für die es Aktien

277

---

[755] Koch in Hüffer/Koch AktG § 128 Rn. 1.
[756] Drinhausen/Keinath BB 2009, 64 (67); Paschos/Goslar AG 2009, 14 (17).
[757] Dies trifft gerade im Fall von Inhaberaktien zu, wo die Versendung mittels mindestens eines zwischengeschaltetem Finanzdienstleisters erfolgt und so klargestellt wird, dass die Satzungsbeschränkung nicht nur zwischen Gesellschaft und Kreditinstitut, sondern auch zwischen Gesellschaft und Aktionären gilt siehe RegBegr-BT-Drs. 16/11 642, 47.
[758] Krit. zu derartiger Einschränkung der Vertragsfreiheit zwischen Kreditinstitut und Aktionär Arnold Der Konzern 2009, 88 (90) und Horn ZIP 2008, 1558 (1563).
[759] Werner in GroßkommAktG AktG § 128 Rn. 5; Noack/Zetzsche in Kölner Komm. AktG § 128 Rn. 25 ff.; Koch in Hüffer/Koch AktG § 128 Rn. 4.
[760] Koch in Hüffer/Koch AktG § 128 Rn. 4; Kubis in MüKoAktG AktG § 128 Rn. 4; Reger in Bürgers/Körber AktG § 128 Rn. 3.
[761] In diesem Fall richtet sich die Weitergabepflicht nach § 125 Abs. 2 S. 1 AktG.
[762] Dazu etwa Bachmann WM 1999, 2100 (2101 f.); Grumann/Soehlke DB 2001, 576 (577 f.); Lommatzsch NZG 2001, 1017 (1022); Reger in Bürgers/Körber AktG § 128 Rn. 7; Rieckers in Spindler/Stilz AktG § 128 Rn. 10.
[763] Koch in Hüffer/Koch AktG § 128 Rn. 8; Noack/Zetzsche in Kölner Komm. AktG § 128 Rn. 54; Werner in GroßkommAktG AktG § 128 Rn. 15; aA v. Falkenhausen AG 1966, 69 (73); Schmidt BB 1967, 818 (819); Burmeister AG 1976, 262 (263).

der Gesellschaft verwahrt.⁷⁶⁴ Von der Weitergabepflicht wird das Kreditinstitut schließlich auch nicht durch den Umstand befreit, dass es beabsichtigt, die Stimmrechte aus den verwahrten Aktien nicht wahrzunehmen.⁷⁶⁵

c) Begünstigte der Weitergabepflicht

278 Anspruch auf Erhalt der Mitteilungen haben zunächst die Aktionäre, die dem Kreditinstitut ihre Inhaberaktien spätestens zu Beginn des 21. Tages vor der Hauptversammlung zur Verwahrung gegeben haben (§ 128 Abs. 1 S. 1 Alt. 1 AktG). Die Mitteilung ist ferner an Aktionäre zu richten, für deren **Namensaktien** das Kreditinstitut im Aktienregister eingetragen ist, ohne dass ihm die Aktien gehören.⁷⁶⁶ Die Pflicht besteht dann nicht, wenn auch das Kreditinstitut nicht in das Aktienregister eingetragen ist, sich die Aktien also im freien Meldebestand befinden.⁷⁶⁷

279 Begünstigter der Weitergabe kann auch der Stimmrechtsvertreter des Aktionärs sein. Bietet ein Kreditinstitut seine Stimmrechtsausübung an, so hat es sich gleichzeitig zu erbieten, im Rahmen des Zumutbaren und bis auf Widerruf einer Aktionärsvereinigung oder einem sonstigen Vertreter nach Wahl des Aktionärs die zur Stimmrechtsausübung erforderlichen Unterlagen zuzuleiten (§ 135 Abs. 1 S. 5 AktG).⁷⁶⁸ Sofern der Aktionär daher bei Depoteröffnung oder als Antwort auf einen jährlich zu wiederholenden Hinweis des Kreditinstituts⁷⁶⁹ Name und Adresse einer Aktionärsvereinigung oder eines Vertreters benennt, ist dann der Vertreter oder die Vereinigung bevollmächtigt.

280 Auf den Erhalt der Mitteilungen kann der Aktionär gegenüber dem Kreditinstitut nicht **verzichten,** da die Weitergabepflicht ihre Grundlage nicht im Depotvertrag hat, sondern gesetzlicher Natur ist und im öffentlichen Interesse liegt.⁷⁷⁰

d) Gegenstand der Weitergabepflicht

281 Gegenstand der Weitergabepflicht sind ausschließlich die Mitteilungen der Gesellschaft nach § 125 Abs. 1 AktG. Quartalsberichte, Aktionärsbriefe oder sonstige Informationen müssen nicht weitergeleitet werden,⁷⁷¹ selbst wenn sie im zeitlichen und sachlichen Zusammenhang mit der Hauptversammlung veröffentlicht werden. Die Mitteilungen sind ungeschmälert und unverändert weiterzugeben, auch wenn sie Informationen erhalten, die von § 125 Abs. 1 AktG nicht gefordert werden.⁷⁷²

e) Form und Frist

282 Die Mitteilungen sind an die Aktionäre **weiterzugeben.** Hierfür reicht eine Bekanntmachung im Internet nicht aus.⁷⁷³ Die Übermittlung per E-Mail genügt, wenn dies mit dem Aktionär vereinbart wurde oder die Satzung der Gesellschaft die Übermittlung auf elektronischem Wege vorsieht. Nach neuer Rechtslage kann die Hauptversammlung im Wege der Satzungsänderung darüber entscheiden, ob die Versendung noch in Papierform oder

---

⁷⁶⁴ *Burmeister* AG 1976, 262 (263); *Schmidt* BB 1967, 818 (819).
⁷⁶⁵ *Koch* in Hüffer/Koch AktG § 128 Rn. 5.
⁷⁶⁶ Die Weitergabepflicht besteht nicht nur bei Legitimationsaktien iSv § 129 Abs. 3 AktG, sondern auch bei Treuhandkonstellationen, RegBegr BT-Drs. 14/4051, 13; *Koch* in Hüffer/Koch AktG § 128 Rn. 3.
⁷⁶⁷ *Koch* in Hüffer/Koch AktG § 128 Rn. 3.
⁷⁶⁸ Eingehend dazu *Seibert/Florstedt* ZIP 2008, 2145 (2151); *Drinhausen/Keinath* BB 2009 64, 68.
⁷⁶⁹ Zu dessen Abgabe ist das Institut nach § 135 Abs. 1 S. 6 AktG verpflichtet.
⁷⁷⁰ *Koch* in Hüffer/Koch AktG § 128 Rn. 6; *Burmeister* AG 1976, 262 (263); *Schmidt* BB 1967, 818 (819); aA v. *Falkenhausen* AG 1966, 69 (76); *Bungert* in MHdB AG § 36 Rn. 117; *Butzke* B Rn. 181; *Ziemons* in K. Schmidt/Lutter AktG § 128 Rn. 9.
⁷⁷¹ *Koch* in Hüffer/Koch AktG § 128 Rn. 5.
⁷⁷² *Werner* in GroßkommAktG AktG § 128 Rn. 13; *Reger* in Bürgers/Körber AktG § 128 Rn. 8.
⁷⁷³ *Noack* NZG 2001, 1058 (1059).

VIII. Übermittlung der Mitteilungen durch Kreditinstitute; Abstimmungsvorschläge § 4

auf elektronischem Weg erfolgen soll. Eine Entscheidung kann insoweit auch für das Verhältnis der Weiterleitung von Bank an Aktionär getroffen werden.[774]

Aus der Bezugnahme in § 128 Abs. 1 AktG auf § 125 Abs. 1 AktG könnte man folgern, dass nur Mitteilungen weitergeleitet werden müssten, die die Gesellschaft mindestens 21 Tage vor der Hauptversammlung vorgenommen hat. Ein solches Verständnis würde jedoch dem Informationsinteresse der Aktionäre nicht gerecht. Da auch nach Ablauf der 21 Tage vor der Hauptversammlung die Mitteilungspflicht der Gesellschaft nicht entfällt, sind auch solche Mitteilungen an die Aktionäre weiterzuleiten, die dem Kreditinstitut von der Gesellschaft **verspätet** übermittelt wurden.[775] Die Weitergabepflicht entfällt erst, wenn nicht mehr ernstlich damit gerechnet werden kann, dass die Mitteilung den Aktionär noch rechtzeitig vor der Hauptversammlung erreicht. 283

f) Kosten der Weitergabe

Die Kosten der Weitergabe sind im Ausgangspunkt von den Kreditinstituten selbst zu tragen. Nach der vom Bundesministerium der Justiz aufgrund der Ermächtigung des § 128 Abs. 3 Ziff. 2 AktG erlassenen **Verordnung** über den Ersatz von Aufwendungen der Kreditinstitute[776] steht allerdings den Kreditinstituten ein Anspruch auf Ersatz ihrer Aufwendungen für die Vervielfältigungen und Weitergabe der Mitteilungen zu. Neben den Postgebühren besteht Anspruch auf Zahlung eines höhenmäßig von der Zahl der Versendung abhängigen Pauschalbetrags. 284

2. Abstimmungsvorschläge

Kreditinstitute, die in der Hauptversammlung das Stimmrecht für die Aktionäre aufgrund einer Vollmacht gemäß § 135 Abs. 1 S. 1 AktG ausüben, sind grundsätzlich nicht verpflichtet, selbst Abstimmungsvorschläge zu unterbreiten (§ 135 Abs. 1 AktG). Wenn der Aktionär keine ausdrückliche Einzelweisung erteilt, kann das Kreditinstitut die generelle Stimmrechtsausübung nach eigenen Abstimmungsvorschlägen anbieten (§ 135 Abs. 1 S. 4 Nr. 1 AktG) oder eine Stimmrechtsausübung entsprechend den Vorschlägen des Vorstands oder des Aufsichtsrats oder für den Fall voneinander abweichender Vorschläge den Vorschlägen des Aufsichtsrats vorsehen (§ 135 Abs. 1 S. 4 Nr. 2 AktG). 285

Dies gilt auch für **Aktionärsvereinigungen** und für Personen, die sich gewerbsmäßig gegenüber Aktionären zur Ausübung des Stimmrechts in der Hauptversammlung erbieten (§ 135 Abs. 8 AktG). Ausnahmen macht das Gesetz bei gesetzlichen Vertretern, Ehegatten und Lebenspartnern des Aktionärs, sowie bei Personen, die mit ihm bis zum vierten Grad verwandt oder verschwägert sind. 286

a) Zugänglichmachen eigener Vorschläge

Will ein Kreditinstitut eine Vollmacht ausüben, die eine Stimmrechtsausübung entsprechend eigenen Abstimmungsvorschlägen vorsieht, so muss es dem Aktionär seine Abstimmungsvorschläge rechtzeitig zugänglich machen (§ 135 Abs. 2 S. 1 AktG). Es genügt insofern eine Veröffentlichung auf der Internetseite.[777] 287

Bei ihren Vorschlägen haben sich die Kreditinstitute, Aktionärsvereinigungen oder professionellen Stimmrechtsvertreter vom **Interesse der Aktionäre** leiten zu lassen (§ 135 288

---

[774] RegBegr. BT-Drs. 16/11642, 47; vgl. auch *Noack* NZG 2001, 1058 (1059).
[775] *Bungert* in MHdB AG § 36 Rn. 119; *Burmeister* AG 1976, 262 (264); *Schmidt* BB 1967, 818; aA *v. Falkenhausen* BB 1966, 69 (75).
[776] VO vom 17.6.2003, BGBl. 2003 I 885; zuletzt geändert durch Art. 156 vom 30.7.2009, BGBl. 2009 I 2479.
[777] *Seibert/Forstedt* NZG 2008, 2145 (2151).

Abs. 2 S. 2 AktG). Damit will das Gesetz klarstellen, dass das Kreditinstitut oder die Aktionärsvereinigung bei der Stimmabgabe nicht die eigenen Interessen berücksichtigen darf, sofern diese mit dem Aktionärsinteresse nicht identisch sind. Da die Interessen der verschiedenen Aktionäre naturgemäß nie gleich gelagert sein können, muss das Kreditinstitut, die Aktionärsvereinigung oder der professionelle Stimmrechtsvertreter nicht das Interesse des jeweiligen Depotinhabers bzw. Mitglieds im Auge haben. Vielmehr kommt es darauf an, ob bei der Stimmabgabe das **typische Aktionärsinteresse,** das auf eine langfristige Wertsteigerung der Anlage gerichtet ist, berücksichtigt wird.[778] Im Interesse eines Aktionärs liegt eine solche Stimmrechtsausübung, die ein verständiger Aktionär in Kenntnis der tatsächlichen Umstände als in seinem Interesse liegend ansehen würde.[779]

289 Um sicherzustellen, dass die Vorschläge tatsächlich dem Interesse des Aktionärs entsprechen, besteht eine Verpflichtung der Gesellschaft, die **organisatorischen Vorkehrungen** dafür zu treffen, dass Eigeninteressen aus anderen Geschäftsbereichen nicht in die Vorschläge einfließen (§ 135 Abs. 2 S. 2 Hs. 1 AktG). Eine solche organisatorische Maßnahme kann etwa in einer Separierung des mit der Stimmrechtsausübung betrauten Geschäftsbereichs von den anderen Abteilungen des Kreditinstituts (Kredit- und Emissionsabteilung, Beteiligungsverwaltung) bestehen (Chinese Walls).[780] Des Weiteren muss ein **Mitglied der Geschäftsleitung** benannt werden, das die Einhaltung dieser Pflichten sowie die ordnungsgemäße Ausübung des Stimmrechts zu überwachen hat. Schließlich bedarf es einer **Dokumentation** über die Ausübung des Stimmrechts (§ 135 Abs. 2 S. 2 Hs. 2 AktG).

b) Zugänglichmachen von Verwaltungsvorschlägen

290 Soll das Stimmrecht in der Hauptversammlung durch eine Vollmacht entsprechend den Vorschlägen des Vorstands oder des Aufsichtsrats ausgeübt werden, sind diese Vorschläge den Aktionären zugänglich zu machen, sofern dies nicht anderweitig erfolgt (§ 135 Abs. 4 S. 1 AktG). Letzteres entspricht dem Regelfall, denn die Verwaltungsvorschläge sind dem Aktionär bereits über die Gesellschafts-Website oder über die Bekanntmachung im elektronischen Bundesanzeiger zugänglich.[781]

291 **Kostenersatz** für das Zugänglichmachen von eigenen Vorschlägen oder solchen der Verwaltung kann nicht verlangt werden.[782]

c) Einholung von Weisungen

292 Kreditinstitute, Aktionärsvereinigungen und professionelle Stimmrechtsvertreter, die das Stimmrecht nach eigenen Abstimmungsvorschlägen oder nach den Vorschlägen der Verwaltung ausüben wollen, haben darauf hinzuweisen, dass sie das Stimmrecht dementsprechend ausüben werden, sofern nicht der Aktionär rechtzeitig eine andere Weisung erteilt (§ 135 Abs. 2 S. 3 AktG). **Gegenstand** der Weisung ist die Zustimmung, Ablehnung oder Enthaltung zu den Vorschlägen der Verwaltung oder den Anträgen aus dem Aktionärskreis. Nach mittlerweile unstreitiger Ansicht wird man eine Verpflichtung des Kreditinstituts, auf Weisung des Depotkunden Anträge zu stellen, nicht anerkennen können.[783]

---

[778] Vgl. *Zetzsche* in Kölner Komm. AktG § 135 Rn. 338f.; *Claussen* DB 1998, 177 (184); *Marsch-Barner* FS Peltzer, 2001, 261 (266). *Johannson* BB 1967, 1315 (1318) stellt auf die speziellen Interessen der Aktionäre ab, für die das Kreditinstitut Aktien verwahrt.
[779] *Koch* in Hüffer/Koch AktG § 135 Rn. 20; *Butzke* B Rn. 176.
[780] Vgl. *Claussen* DB 1998, 177 (184); *Butzke* B Rn. 177; andere halten „Chinese Walls" nicht für notwendig: *Koch* in Hüffer/Koch AktG § 135 Rn. 21; *Rieckers* in Spindler/Stilz AktG § 135 Rn. 54.
[781] Letztlich ist die Regelung daher ohne praktische Relevanz. Hierzu und zu einem hypothetischen Anwendungsfall RegBegr. BT-Drs. 16/11642, 52.
[782] Siehe insoweit zur Vorgängernorm § 128 Abs. 6 AktG aF, *Hüffer*, 8. Aufl. 2008, AktG § 128 Rn. 19.
[783] *Zetzsche* in Kölner Komm. AktG § 135 Rn. 218; *Koch* in Hüffer/Koch AktG § 135 Rn. 24; *Rieckers* in Spindler/Stilz AktG § 135 Rn. 65.

VIII. Übermittlung der Mitteilungen durch Kreditinstitute; Abstimmungsvorschläge   § 4

Selbstverständlich steht es der Bank jedoch frei, eine entsprechende Verpflichtung durch Annahme eines darauf gerichteten Auftrags zu übernehmen.[784] Auch hinsichtlich der Begründung von Anträgen, der Abgabe sonstiger Erklärungen in der Hauptversammlung und der Ausübung des Auskunftsrechts kann der Aktionär dem Kreditinstitut keine verpflichtenden Vorgaben machen.

Die Erteilung von Weisungen zu den einzelnen Gegenständen der Tagesordnung ist dem Aktionär, etwa durch ein Formblatt oder ein Bildschirmformular, zu **erleichtern** (§ 135 Abs. 1 S. 7 AktG).[785] In der Praxis wird nach wie vor zumeist das vom Bundesverband des privaten Bankgewerbes herausgegebene Formblatt benutzt.[786] Im Hinblick darauf, dass der Gesetzgeber eine Erleichterung der Weisungserteilung bezweckt, kann der Aktionär eine entsprechende Erklärung auch fernmündlich abgeben.[787] In jedem Fall muss es dem Aktionär möglich sein, etwa durch Ergänzung des Formulars, Einzelweisungen zu erteilen.[788]   293

Weichen – im Fall der Stimmrechtsausübung nach Verwaltungsvorschlägen – die Vorschläge von Vorstand und Aufsichtsrat voneinander **ab,** ist im Formblatt hierauf hinzuweisen. Das vom Bundesverband des privaten Bankgewerbes herausgegebene Formular setzt übereinstimmende Vorschläge von Vorstand und Aufsichtsrat voraus und kann demnach nicht verwandt werden, sofern die Vorschläge abweichen.[789]   294

Die Weisung des Depotkunden ist **rechtzeitig,** wenn sie nach dem ordentlichen Geschäftsgang in der Hauptversammlung bei der Abstimmung noch berücksichtigt werden kann.[790] Das Kreditinstitut kann zwar eine Rücksendungsfrist angeben. Eine solche **Frist** darf jedoch nicht im Sinn einer Ausschlussfrist behandelt werden, wenn die Weisungen des Aktionärs so rechtzeitig eingehen, dass sie in der Hauptversammlung noch berücksichtigt werden können.[791]   295

Die Möglichkeit, eine Stimmrechtsausübung nach eigenen Vorschlägen oder denen der Verwaltung vorzunehmen **entfällt,** wenn der Aktionär dem Kreditinstitut zu den einzelnen Gegenständen der Tagesordnung nach Einberufung der Hauptversammlung bereits Weisung für die Ausübung des Stimmrechts erteilt hat (Umkehrschluss aus § 135 Abs. 3 S. 1 AktG). Dazu bedarf es nicht notwendigerweise einer schriftlichen Anweisung. Der Aktionär kann die Weisungen auch mündlich oder telefonisch erteilen.[792] Hat der Aktionär nur zu **einzelnen** Gegenständen der Tagesordnung Weisungen erteilt, können die Stimmrechte hinsichtlich der übrigen Tagesordnungspunkte entsprechend der generellen Vollmacht ausgeübt werden, sofern die Zugänglichmachung der zugrunde liegenden Vorschläge erfolgt ist. Die Weisung des Aktionärs kann auch in der Vorgabe bestehen, grundsätzlich so abzustimmen, wie es Vorstand und Aufsichtsrat der betreffenden Gesellschaft vorschlagen.[793]   296

d) Hinweis auf personelle Verflechtungen

Um etwaige personelle Verflechtungen zwischen Kreditinstituten, Aktionärsvereinigungen und professionellen Stimmrechtsvertretern einerseits und der Gesellschaft andererseits transparent zu machen, ist dem Aktionär mitzuteilen, wenn ein Vorstandsmitglied oder   297

---

[784] *Zetzsche* in Kölner Komm. AktG § 135 Rn. 219.
[785] Dazu *Lemmatzsch* NZG 2001, 1017 (1020).
[786] Abgedruckt in WM 1965, 1090; vgl. auch das Formular bei *Kümpel* Bankrecht und Bankpraxis, 8/300.
[787] *Koch* in Hüffer/Koch AktG § 135 Rn. 16.
[788] *Koch* in Hüffer/Koch AktG § 135 Rn. 16.
[789] *Hüffer*, 8. Aufl. 2008, AktG § 128 Rn. 12.
[790] Vgl. *Zetzsche* in Kölner Komm. AktG § 135 Rn. 186; *Eckardt* in Geßler/Hefermehl AktG § 128 Rn. 60; *Koch* in Hüffer/Koch AktG § 135 Rn. 24.
[791] *Koch* in Hüffer/Koch AktG § 135 Rn. 24.
[792] *Rieckers* in Spindler/Stilz AktG § 135 Rn. 66; *Spindler* in K. Schmidt/Lutter AktG § 135 Rn. 31.
[793] RegBegr BT-Drs. 16/11642, 49 f.; dazu eingehender *Seibert/Florstedt* ZIP 2008, 2145 (2150 f.); → Rn. 285.

Schlitt

ein Mitarbeiter des Kreditinstituts[794] (oder der Aktionärsvereinigung bzw. des professionellen Stimmrechtsvertreters) dem **Aufsichtsrat der Gesellschaft** angehört oder umgekehrt ein Vorstandsmitglied oder ein Mitarbeiter der Gesellschaft dem **Aufsichtsrat des Kreditinstituts (oder der Aktionärsvereinigung, ggf. auch des professionellen Stimmrechtsvertreters).**[795] Den Vorstandsmitgliedern stehen persönlich haftende Gesellschafter einer KGaA gleich (§ 283 Nr. 6 AktG). Ist das Kreditinstitut nicht als AG organisiert, ist auf Verflechtungen **vergleichbarer Organmitglieder** hinzuweisen.[796] Die Mitteilungspflicht besteht auch dann, wenn ein Vorstandsmitglied des Kreditinstituts dem Vorstand der Gesellschaft angehört.[797] Die Hinweispflicht obliegt dem **Kreditinstitut**, nicht jedoch der Gesellschaft.

298 Darüber hinaus ist auf **kapitalmäßige Verflechtungen** und zurückliegende **Mitgliedschaften in Emissionskonsortien** hinzuweisen (§ 135 Abs. 2 S. 5 AktG). Im Einzelnen besteht eine Meldepflicht auch dann, wenn das Kreditinstitut an der Gesellschaft eine Beteiligung hält, die nach § 21 WpHG (ab 3.1.2018 § 33 WpHG) meldepflichtig ist,[798] oder wenn es einem Konsortium angehörte, das die innerhalb von fünf Jahren zeitlich letzte Emission von Wertpapieren der Gesellschaft, sei es in Form von Aktien, Anleihen oder sonstigen Wertpapieren, übernommen hatte.[799]

299 Auf das Bestehen personeller oder kapitalmäßiger Verflechtungen hat das Kreditinstitut auch dann noch hinzuweisen, wenn der Aktionär bereits zu allen Gegenständen der Tagesordnung Weisungen erteilt hat, damit der Aktionär eventuell erteilte Weisungen aufgrund der ihm erteilten Informationen noch **widerrufen** kann.[800]

3. Schadensersatzpflicht

300 Kommt das Kreditinstitut (die Aktionärsvereinigung oder der sonstige professionelle Stimmrechtsvertreter) den Verpflichtungen nach § 135 AktG nicht nach, kann es sich gegenüber den Aktionären schadensersatzpflichtig machen.[801] Die Schadensersatzpflicht kann nicht im Voraus ausgeschlossen oder beschränkt werden (§ 135 Abs. 9 AktG). Nach Anspruchsentstehung ist ein Erlassvertrag oder ein Vergleich über die Schadensersatzpflicht durchaus zulässig.[802] Große praktische Bedeutung hat dieser Schadensanspruch bisher nicht erlangt, da sich ein **kausaler Schaden** des Aktionärs nur schwer nachweisen lässt.

---

[794] Vor dem Inkrafttreten des KonTraG vom 27.4.1998, BGBl. 1998 I 786 betraf die Mitteilungspflicht nur Vorstandsmitglieder.
[795] § 135 Abs. 2 S. 4 AktG.
[796] Dies entsprach bereits vor Inkrafttreten des KonTraG der herrschenden Meinung zu § 128 Abs. 2 AktG aF. Auch wenn der Gesetzgeber bislang zahlreiche Gelegenheiten – zuletzt durch das Gesetz zur Umsetzung der Transparenzrichtlinie-Änderungsrichtlinie 2015 – ausgelassen hat, einen klarstellenden Hinweis in das Gesetz aufzunehmen, kann heute nichts anderes gelten; *Koch* in Hüffer/Koch AktG § 135 Rn. 25; *Zetzsche* in Kölner Komm. AktG § 135 Rn. 382; *Marsch-Barner* FS Peltzer, 2001, 261 (264).
[797] *Holzborn* in Bürgers/Körber AktG § 135 Rn. 26; *Zetzsche* in Kölner Komm. AktG § 135 Rn. 383; Zust. *Marsch-Barner* FS Peltzer, 2001, 261 (264).
[798] Zu den sich in diesem Zusammenhang stellenden Folgefragen siehe etwa *Koch* in Hüffer/Koch AktG § 135 Rn. 26.
[799] Vgl. dazu etwa *Claussen* DB 1998, 177 (184).
[800] *Hüffer*, 8. Aufl. 2008, AktG § 128 Rn. 14.
[801] Als Anspruchsgrundlagen kommen positive Vertragsverletzung des Depotvertrags bzw. § 823 Abs. 2 BGB iVm § 135 AktG in Betracht; vgl. *Koch* in Hüffer/Koch AktG § 135 Rn. 51.
[802] Vgl. *Koch* in Hüffer/Koch AktG § 135 Rn. 51; *Rieckers* in Spindler/Stilz AktG § 128 Rn. 25.

4. Anfechtungsrisiken

Verletzt das Kreditinstitut (die Aktionärsvereinigung oder der sonstige professionelle Stimmrechtsvertreter) die Verpflichtung zur Weitergabe der Aktionärsmitteilungen, bleibt dies auf die Beschlussfassung in der Hauptversammlung **ohne Auswirkung**.[803] Ein Nichtigkeits- oder Anfechtungstatbestand wird hierdurch nicht begründet. Der Aktionär ist vielmehr auf seinen Schadensersatzanspruch gegen das Kreditinstitut (oder die Aktionärsvereinigung) verwiesen. 301

Hat das Kreditinstitut bei Nutzung einer entsprechenden generellen Vollmacht keine eigenen Vorschläge zur Stimmrechtsausübung unterbreitet, ist die Ausübung des Stimmrechts durch das Kreditinstitut unzulässig, so dass die Gesellschaft berechtigt ist, das Kreditinstitut bei der Stimmrechtsabgabe in der Hauptversammlung **nicht zuzulassen.**[804] Macht die Gesellschaft, etwa wegen Unkenntnis, hiervon keinen Gebrauch, bleibt eine unzulässigerweise abgegebene Stimme gleichwohl **gültig** und berechtigt die Aktionäre nicht zur Anfechtung des gefassten Beschlusses.[805] Anderenfalls würde die Wertung des § 243 Abs. 3 AktG übergangen.[806] 302

IX. Gegenanträge der Aktionäre

1. Allgemeines

Jeder Aktionär kann, unabhängig von der Höhe seiner Beteiligung, in der Hauptversammlung einen Gegenantrag stellen. Unter einem **Gegenantrag** versteht man einen Antrag eines Aktionärs, der darauf gerichtet ist, einen entgegengesetzten oder vom Vorschlag der Verwaltung inhaltlich abweichenden Beschluss herbeizuführen bzw. eine Beschlussfassung, etwa durch Absetzung von der Tagesordnung oder Vertagung, zu verhindern.[807] Will der Aktionär allerdings erreichen, dass sein Antrag gegen einen Vorschlag von Vorstand und Aufsichtsrat zu einem bestimmten Punkt der Tagesordnung einschließlich seines Namens, der Begründung und einer etwaigen Stellungnahme der Verwaltung vor der Hauptversammlung zugänglich gemacht wird (vgl. § 125 AktG),[808] muss er der Gesellschaft seinen Antrag mindestens 14 Tage vor der Hauptversammlung mit der Begründung an die in der Einberufung mitgeteilte Adresse übersenden (§ 126 Abs. 1 AktG). 303

Die nach früherem Recht bestehende Pflicht der Gesellschaft, Gegenanträge mit der Einberufung der Hauptversammlung mitzuteilen, ist wegen des damit verbundenen Kostenaufwands und der Fehleranfälligkeit dieses Verfahrens im Rahmen des TransPuG durch die bloße Pflicht zur **Zugänglichmachung** ersetzt worden. Die Zugänglichmachung hat gegenüber den gleichen **Personen** zu erfolgen, die berechtigt sind, die Mitteilung nach § 125 AktG zu erhalten, also gegenüber Kreditinstituten, Aktionärsvereinigungen, be- 304

---

[803] *Koch* in Hüffer/Koch AktG § 128 Rn. 10. Das ARUG 2009 hat die Regelung über die Stimmrechtsvollmacht an Kreditinstitute aus § 128 AktG herausgelöst und in § 135 AktG verankert. Nach alter Rechtslage war diese Konstellation daher durch die Verweisung auf § 128 AktG in § 243 Abs. 3 AktG erfasst. Offensichtlich hat der Gesetzgeber versäumt, die Verweisung in § 243 Abs. 3 AktG entsprechend anzupassen, so dass es sich dabei um ein Redaktionsversehen handeln dürfte – zumal sich in der Regierungsbegründung keine Hinweise darauf finden, dass die Rechtslage insoweit geändert werden sollte. *Rieckers* in Spindler/Stilz AktG § 128 Rn. 27; vgl. zur alten Rechtslage *v. Falkenhausen* BB 1966, 69 (77).
[804] Zutr. *Hüffer*, 8. Aufl. 2008, AktG § 128 Rn. 16; aA *Eckardt* in Geßler/Hefermehl AktG § 128 Rn. 86.
[805] *Werner* in GroßkommAktG § 128 Rn. 88; vgl. *Koch* in Hüffer/Koch AktG § 135 Rn. 46.
[806] § 243 Abs. 3 AktG erfasst auch Sachverhalte im Zusammenhang mit den Stimmrechtsvollmachten der Kreditinstitute nach § 135 AktG. Siehe hierzu Fn. 810.
[807] *Noack/Zetzsche* in Kölner Komm. AktG § 126 Rn. 22; *Eckardt* in Geßler/Hefermehl AktG § 126 Rn. 14; *Koch* in Hüffer/Koch AktG § 126 Rn. 2.
[808] Im Einzelnen → Rn. 261 ff.

stimmten Aktionären und Aufsichtsratsmitgliedern.[809] Bei börsennotierten Gesellschaften hat das Zugänglichmachen über die Internetseite der Gesellschaft zu erfolgen (§ 126 Abs. 1 S. 3 AktG).

2. Zugänglich zu machende Gegenanträge

a) Antragsteller

305 Ein Gegenantrag kann von jedem **Aktionär** gestellt werden, der berechtigt ist, an der Hauptversammlung teilzunehmen. Darauf, ob der Aktionär mit Stimmrecht ausgestattete Aktien oder nur stimmrechtslose Vorzugsaktien besitzt, kommt es nicht an.[810] Hat die Gesellschaft berechtigte Zweifel an der Aktionärseigenschaft des Antragstellers, kann sie von ihm einen Legitimationsnachweis verlangen. Die Gesellschaft ist jedoch nicht verpflichtet, den **Nachweis** zu verlangen, sondern kann dies auf Zweifelsfälle beschränken, soweit sie damit nicht den Gleichbehandlungsgrundsatz verletzt.[811] Wenn sie die Vorlage verlangt, hat sie den Nachweis **unverzüglich** zu fordern. Der Aktionär kann den Nachweis etwa in Form einer Hinterlegungsbescheinigung eines Notars oder Kreditinstituts erbringen.[812] Mehrere Aktionäre können einen Gegenantrag auch **gemeinsam** stellen. Der Aktionär kann mit der Stellung eines Oppositionsantrags auch einen **Bevollmächtigten** beauftragen, der in offener Stellvertretung handeln muss.[813] Die Behandlung des Gegenantrags in der Hauptversammlung setzt voraus, dass der Antrag dort nochmals gestellt wird.[814]

b) Ankündigung eines Gegenantrags

306 Nach früherem Recht wurde die Pflicht der Gesellschaft, den Gegenantrag mitzuteilen, nur dann ausgelöst, wenn er mit einer Ankündigung des Aktionärs verknüpft war, er wolle in der Versammlung einem Vorschlag des Vorstands und des Aufsichtsrats **widersprechen** und die anderen Aktionäre **veranlassen**, für seinen Antrag zu stimmen. Der aktuelle Gesetzeswortlaut weist dieses Erfordernis nicht mehr auf, ohne dass sich damit sachliche Änderungen verbinden würden.[815] Bereits für die früheren Gesetzesfassungen war anerkannt, dass der Aktionär bei Ankündigung seines Gegenantrags die im Gesetz enthaltene formelhafte Erklärung nicht wörtlich verwenden musste.[816] Dem Begehren des Aktionärs muss jedoch unter Einbeziehung seiner Begründung zumindest im Wege der Auslegung entnommen werden können, dass er einen **Oppositionsantrag** zu stellen gedenkt.[817] Damit bleibt es dabei, dass kein zugänglich zu machender Gegenantrag vorliegt, wenn sich der Aktionär auf die bloße Ankündigung beschränkt, abweichend von den Vorschlägen von Vorstand und Aufsichtsrat **stimmen** zu wollen.[818] Vielmehr muss der

---

[809] Im Einzelnen → Rn. 256 ff.
[810] *Werner* in GroßkommAktG AktG § 126 Rn. 2; vgl. zum Stimmrechtsausschluss *Reger* in Bürgers/Körber AktG § 126 Rn. 3; *Kubis* in MüKoAktG AktG § 126 Rn. 3.
[811] *Lehmann* FS Quack, 1991, 287 (288).
[812] *Lehmann* FS Quack, 1991, 287 (288); vgl. *Reger* in Bürgers/Körber AktG § 126 Rn. 4; vgl. auch BGH AG 1990, 78 (81).
[813] *Werner* in GroßkommAktG AktG § 126 Rn. 10; *Butzke* B Rn. 155; *Ziemons* in K. Schmidt/Lutter AktG § 126 Rn. 16.
[814] RegBegr. BT-Drs. 14/8769, 20.
[815] Vgl. RegBegr. BT-Drs. 14/8769, 20.
[816] So aber *v. Falkenhausen* BB 1966, 337 (339); *Eckardt* in Geßler/Hefermehl AktG § 126 Rn. 22; wie hier wohl auch *Rieckers* in Spindler/Stilz AktG § 126 Rn. 8. Der Hinweis des Aktionärs, er wolle den Antrag „nach §§ 125 ff. AktG" stellen, reicht jedenfalls aus, so zutr. *Lehmann* FS Quack, 1991, 287 (289).
[817] RegBegr. BT-Drs. 14/8769, 20. Folglich muss der Aktionär seinen Gegenantrag so formulieren, dass er einen über die Negierung des Verwaltungsvorschlages hinausgehenden Inhalt hat, so zutr. *Butzke* B Rn. 153; *Bungert* in MHdB AG § 36 Rn. 99.
[818] *Koch* in Hüffer/Koch AktG § 126 Rn. 2; *Butzke* Rn. B 153; vgl. auch *v. Falkenhausen* BB 1966, 337 (339); *Lehmann* FS Quack, 1991, 287 (289) wohl auch *Bungert* in MHdB AG § 36 Rn. 99; zur Gegenan-

Aktionär deutlich machen, dass er dem Verwaltungsvorschlag widersprechen will, ohne dass er allerdings einen eigenen Vorschlag unterbreiten müsste. So stellt die Ankündigung des Aktionärs, er werde in der Hauptversammlung **beantragen,** die vorgeschlagene Entlastung zu verweigern oder eine höhere Dividende auszuschütten, einen zugänglich zu machenden Gegenantrag dar.[819]

Der vom Aktionär gestellte Gegenantrag muss **konkret** sein und sich auf einen **bestimmten Tagesordnungspunkt** beziehen. Zu viel verlangt wäre indessen, dass der Aktionär einen ausformulierten Antrag stellen müsste.[820] Dem Konkretisierungserfordernis ist Genüge getan, wenn der Aktionär ankündigt, den Vorschlag von Vorstand und Aufsichtsrat abzulehnen, ohne einen eigenen Vorschlag zu unterbreiten.[821] Es reicht bspw. auch aus, wenn der Antrag auf Vertagung oder Absetzung eines Tagesordnungspunkts gerichtet ist.[822] Lehnt der Aktionär die beantragte Entlastung von Vorstand und Aufsichtsrat oder die von der Verwaltung vorgeschlagene Satzungsänderung vollständig ab, kann sich der Aktionär auf die bloße **Negierung** des Verwaltungsantrags beschränken.[823] Der Aktionär kann einen Hauptgegenantrag auch mit einem Hilfsgegenantrag verbinden für den Fall, dass sein Hauptantrag nicht die erforderliche Zustimmung findet.[824] Kein Gegenantrag liegt nach zutreffender, allerdings umstrittener Meinung vor, wenn der Aktionär ankündigt, er werde bei divergierenden Vorschlägen von Vorstand und Aufsichtsrat den einen Vorschlag annehmen und den anderen ablehnen.[825] Bei einem gemeinsamen Alternativantrag der Verwaltung ist es dagegen – zulässiger – Gegenantrag, wenn der Aktionär beantragt, einen der beiden zur Abstimmung gestellten Anträge anzunehmen.[826] Im Gegensatz zur Verwaltung ist der Aktionär selbst zur Stellung eines Alternativgegenantrags nicht berechtigt.[827] Auch eine bedingte Antragstellung des Aktionärs wäre unzulässig.[828] 307

Ein Gegenantrag setzt die **Veröffentlichung** der Tagesordnung und des Vorschlags der Verwaltung voraus, gegen den er sich richtet. Vor Einberufung der Hauptversammlung kann kein Gegenantrag gestellt werden.[829] Anträge, in denen ein Aktionär **vorsorglich** Opposition gegen einen zu erwartenden Verwaltungsvorschlag ankündigt, müssen daher nicht zugänglich gemacht werden.[830] 308

Da der Aktionär in der Hauptversammlung auch ohne vorherige Ankündigung Anträge stellen kann, kann er seinen Gegenantrag im Rahmen der Hauptversammlung auch ändern oder einen völlig neuen Antrag stellen.[831] Will der Aktionär dagegen einen **zusätzlichen Tagesordnungspunkt** in der Hauptversammlung behandelt wissen, kann er dies nur mit Hilfe eines Tagesordnungsergänzungsbegehrens erzwingen (vgl. § 122 Abs. 2 AktG; → Rn. 170, 226 ff.). 309

---

tragsqualität bei unterschiedlichen Vorschlägen von Vorstand und Hauptversammlung *Reger* in Bürgers/Körber AktG § 126 Rn. 7; *Kubis* in MüKoAktG AktG § 126 Rn. 10.
[819] *Eckardt* in Geßler/Hefermehl AktG § 126 Rn. 21; *Lehmann* FS Quack, 1991, 287 (289).
[820] *Koch* in Hüffer/Koch AktG § 126 Rn. 2.
[821] *Rieckers* in Spindler/Stilz AktG § 126 Rn. 8.
[822] *Bungert* in MHdB AG § 36 Rn. 99.
[823] *Steiner* HV der AG § 2 Rn. 9; *Werner* in GroßkommAktG AktG § 126 Rn. 16.
[824] *Rieckers* in Spindler/Stilz AktG § 126 Rn. 10; vgl. *Koch* in Hüffer/Koch AktG § 126 Rn. 7; *Reger* in Bürgers/Körber AktG § 126 Rn. 7.
[825] *Koch* in Hüffer/Koch AktG § 126 Rn. 2; *Eckardt* in Geßler/Hefermehl § 126 Rn. 15; *Rieckers* in Spindler/Stilz AktG § 126 Rn. 10; aA *Kubis* in MüKoAktG AktG § 126 Rn. 10; *Werner* in GroßkommAktG AktG § 126 Rn. 18; *Butzke* B Rn. 153.
[826] *Steiner* HV der AG § 2 Rn. 9.
[827] *Kubis* in MüKoAktG AktG § 126 Rn. 11; *Koch* in Hüffer/Koch AktG § 126 Rn. 7.
[828] *Kubis* in MüKoAktG AktG § 126 Rn. 11; *Reger* in Bürgers/Körber AktG § 126 Rn. 7.
[829] *Steiner* HV der AG § 2 Rn. 6; *Horn* ZIP 2008, 1558 (1562 f.).
[830] OLG Frankfurt a.M. WM 1975, 336 (337).
[831] *Steiner* HV der AG § 2 Rn. 7.

c) Begründung

310 Um ihn von einer bloßen Ankündigung eines abweichenden Abstimmverhaltens zu unterscheiden, war der Gegenantrag – anders als die Vorschläge der Verwaltung – nach früher hM stets zu begründen.[832] Der Aktionär musste zumindest knapp, ggf. stichwortartig die **wesentlichen Argumente** für seine gegenteilige Ansicht darlegen (→ Rn. 328 f.). Mit Ablauf der Umsetzungsfrist für die Aktionärsrechterichtlinie ist § 126 Abs. 1 AktG im Hinblick auf Art. 5 Abs. 4 lit. d und Art. 6 Abs. 1 S. 1 lit. b AktionärsrechteRL in richtlinienkonformer Weise dahingehend auszulegen, dass das Begründungserfordernis zwingend jedenfalls für börsennotierte Aktiengesellschaften abzuschaffen ist.[833] Denn im Gegensatz zu Art. 6 Abs. 1 S. 1 lit. a AktionärsrechteRL verlangen Art. 5 Abs. 4 lit. d und Art. 6 Abs. 1 S. 1 lit. b AktionärsrechteRL keine Begründung des Gegenantrags mehr.[834] Das Begründungserfordernisses ist im Hinblick auf die Richtlinie grundsätzlich zwar nur für die börsennotierte Aktiengesellschaft entfallen, eine Differenzierung nach börsennotierter Aktiengesellschaft oder nicht börsennotierter Aktiengesellschaft findet allerdings keine Anhaltspunkte im Wortlaut der Richtlinie, so dass diese Sichtweise nach dem Grundsatz der Rechtssicherheit nicht geboten ist.[835] Der Gegenantrag muss demnach im Ergebnis nicht mehr begründet werden, kann aber wie bislang praxisüblich trotzdem erläutert werden.

d) Form

311 Gegenanträge sind der Gesellschaft zu „übersenden", was nach früherem Verständnis die Schriftlichkeit des Gegenantrags voraussetzte. Durch die weite Verbreitung der elektronischen Kommunikation ist dieses Verständnis allerdings nicht mehr zwingend. Da die Gesellschaft Gegenanträge der Aktionäre lediglich „zugänglich" zu machen hat, wird dem Formerfordernis bereits genüge getan, wenn der Gegenantrag in einer Form übermittelt wird, die der Gesellschaft das Zugänglichmachen ermöglicht.[836] Die eigenhändige Unterzeichnung des Antrags ist nicht erforderlich.

312 Der Antrag ist an die in der Einberufung mitgeteilte **Adresse** zu übersenden. Dabei muss es sich nicht notwendigerweise um die postalische Hausanschrift oder das Postfach handeln. Nach der Regierungsbegründung zum TransPuG kann die Adresse auch in einer Fax-Nummer oder E-Mail-Adresse bestehen.[837] Sofern dies der Fall ist, ist eine Übermittlung des Gegenantrags via Telefax oder E-Mail bereits aus diesem Grunde zulässig.[838] Die Übersendung an eine andere Adresse, etwa an eine Niederlassung der Gesellschaft, reicht dann nicht aus. Teilt die Gesellschaft in der Einberufung keine Adresse mit, gilt das allgemeine Vertretungsrecht. Der Zugang kann dann am Hauptsitz der Gesellschaft und allen (Zweig-) Niederlassungen erfolgen.[839]

313 Der Aktionär kann den Antrag auch bei der Gesellschaft persönlich aushändigen, statt ihn zu übersenden.

---

[832] Vgl. dazu noch *Werner* in GroßkommAktG AktG § 126 Rn. 23.
[833] *Ziemons* in K. Schmidt/Lutter AktG § 126 Rn. 18.
[834] *Koch* in Hüffer/Koch AktG § 126 Rn. 3; *Ziemons* in K. Schmidt/Lutter AktG § 126 Rn. 18; *Noack/Zetzsche* in Kölner Komm. AktG § 126 Rn. 33; aA *Kubis* in MüKoAktG § 126 Rn. 14; *Reger* in Bürgers/Körber AktG § 126 Rn. 11.
[835] *Ziemons* in K. Schmidt/Lutter AktG § 126 Rn. 18.
[836] *Koch* in Hüffer/Koch AktG § 126 Rn. 4; *Ziemons* in K. Schmidt/Lutter AktG § 126 Rn. 19; *Bungert* in MHdB AG § 36 Rn. 108. Bei börsennotierten Gesellschaften ist daher die elektronische Übersendung (vgl. § 124a AktG) – etwa in Form einer PDF-Datei als E-Mail – ausreichend.
[837] Die Adresse ist nach dem Willen des Gesetzgebers konkret als solche zum Einreichen von Gegenanträgen zu bezeichnen; vgl. RegBegr. BT-Drs. 14/8769, 20; *Noack* NZG 2001, 1058 (1059 f.).
[838] *Reger* in Bürgers/Körber AktG § 126 Rn. 8; *Sasse* NZG 2004, 153 (155); *Kubis* in MüKoAktG AktG § 126 Rn. 17; *Rieckers* in Spindler/Stilz AktG § 126 Rn. 16; *Lehmann* FS Quack, 1991, 287 (292); *Ziemons* in K. Schmidt/Lutter AktG § 126 Rn. 20.
[839] *Kubis* in MüKoAktG AktG § 126 Rn. 18; *Werner* in GroßkommAktG AktG § 126 Rn. 33.

IX. Gegenanträge der Aktionäre § 4

e) Frist

Der Antrag, um die Pflicht zur Zugänglichmachung auszulösen, muss **mindestens 14 Tage** vor der Hauptversammlung der Gesellschaft übersandt worden sein (§ 126 Abs. 1 S. 1 AktG). Der Tag des Zugangs ist nicht mitzurechnen (§ 126 Abs. 1 S. 2 AktG). Für die Fristwahrung entscheidet – anders als bei der Mitteilung für die Aktionäre durch die Gesellschaft (→ Rn. 268) – der **Zugang** bei der Gesellschaft, nicht die Absendung des Gegenantrags.[840] Fristgerecht ist die Übersendung des Gegenantrags nur, wenn sowohl der Antrag als auch seine Begründung die Gesellschaft innerhalb der Frist erreicht haben. Fällt der letzte Tag der Frist ausnahmsweise auf einen Samstag, Sonn- oder Feiertag, reicht ein Zugang bei der Gesellschaft am nächsten Werktag nicht mehr aus (§ 121 Abs. 7 AktG). Der Zugang muss daher auch an diesen Tagen erfolgen, es sei denn, die Satzung einer nicht börsennotierten Gesellschaft bestimmt etwas anderes (§ 121 Abs. 7 S. 4 AktG). 314

Problematisch ist nach wie vor, bis zu welcher **Uhrzeit** am letzten Tag der Frist der Gegenantrag rechtzeitig mitgeteilt werden kann. Nach einer Entscheidung des BGH ist die Frist noch gewahrt, wenn der Gegenantrag des Aktionärs bis **24:00 Uhr** des letzten Tags bei der Gesellschaft eingeht.[841] Eine Anwendung des § 130 Abs. 1 BGB scheide aus, da es sich beim Gegenantrag um keine rechtsgeschäftliche Willenserklärung handelt. Dies überzeugt nicht. Übersendet oder übergibt der Aktionär den Gegenantrag erst in den späten Abendstunden muss er davon ausgehen, dass zu diesem Zeitpunkt mit einer Kenntnisnahme normalerweise nicht mehr gerechnet werden kann.[842] Fristgerecht zugegangen ist der Gegenantrag daher nur, wenn er so rechtzeitig in den Machtbereich der Gesellschaft gelangt ist, dass bei normalen Geschäftsgepflogenheiten mit der Kenntnisnahme gerechnet werden kann,[843] wobei es auf die konkrete Kenntnisnahme durch den Vorstand nicht ankommt.[844] Dementsprechend ist ein per **Telefax** übermittelter Gegenantrag nur rechtzeitig zugegangen, wenn er bei der Gesellschaft während der gewöhnlichen Geschäftszeiten eingeht, da der Aktionär nicht mehr damit rechnen kann, dass die Empfangsstellen zu späten Abendstunden noch besetzt sind.[845] Die Praxis wird sich indessen auf das Urteil des BGH einzustellen haben und demgemäß am Tag des Fristablaufs eingehende Gegenanträge noch zu berücksichtigen und mitzuteilen haben. 315

Die Übersendung des Gegenantrags an eine Zweigstelle reicht (außer bei generellem Fehlen einer Adresse) nicht aus, da es sich bei der Entgegennahme von Gegenanträgen um keine Angelegenheit handelt, wie sie von der **Zweigstelle** regelmäßig erledigt werden. Vielmehr kommt es darauf an, ob der Gegenantrag bei normalem Geschäftsgang noch innerhalb der Frist an die **Hauptniederlassung** weitergeleitet wird.[846] Geht der Antrag bei der Filiale nach Geschäftsschluss ein, kann der Aktionär nicht damit rechnen, dass er der Hauptniederlassung noch am selben Tag zugeleitet wird.[847] 316

---

[840] *Noack/Zetzsche* in Kölner Komm. AktG § 126 Rn. 40; *Eckardt* in Geßler/Hefermehl AktG § 126 Rn. 30; *Koch* in Hüffer/Koch AktG § 126 Rn. 5; *Bungert* in MHdB AG § 36 Rn. 108; *Lehmann* FS Quack, 1991, 287 (290); *Prigge* ZIP 1998, 1866 (1867f.).

[841] BGH ZIP 2000, 409; so auch bereits OLG Frankfurt a.M. ZIP 1998, 1532; *Werner* in GroßkommAktG AktG § 126 Rn. 32; zust. *Butzke* B Rn. 156; *Koch* in Hüffer/Koch AktG § 126 Rn. 5; *Noack/Zetzsche* in Kölner Komm. AktG § 126 Rn. 40; *Heermann* NZG 2000, 479 (Anm. zu BGH NZG 2000, 372).

[842] LG Frankfurt a.M. EWiR 1997, 385 mAnm *Keil* (Vorinstanz zu OLG Frankfurt a.M. Fn. 775: Zugang per Telefax um 22.00 Uhr am letzten Tag der Frist ist verspätet); *Prigge* ZIP 1998, 1866 (1867); mit *Lehmann* FS Quack, 1991, 287 (291), dürfte die Grenze bei ca. 19.00 Uhr anzusetzen sein.

[843] Vgl. RGZ 142, 402 ff.

[844] *Lehmann* FS Quack, 1991, 287 (290).

[845] *Lehmann* FS Quack, 1991, 287 (292).

[846] *Lehmann* FS Quack, 1991, 287 (292); *Werner* in GroßkommAktG AktG § 126 Rn. 33; *Ek* NZG 2002, 664 (665).

[847] *Lehmann* FS Quack, 1991, 287 (292).

3. Unzulässige Gegenanträge

317 Das Gesetz bestimmt, dass Gegenanträge unter bestimmten Voraussetzungen **unzulässig** bzw. **rechtsmissbräuchlich** sind und daher mit ihrer Begründung nicht zugänglich zu machen sind. Die Regelung kann durch die Satzung nicht erweitert werden.[848] Bei der Zurückweisung von Gegenanträgen hat der Vorstand den Gleichbehandlungsgrundsatz zu beachten.[849]

a) Europarechtskonforme Auslegung

318 Fraglich ist, ob und inwieweit eine Einschränkung der Veröffentlichungspflicht von Gegenanträgen (§ 126 Abs. 2 AktG) bei börsennotierten Gesellschaften mit geltendem Europarecht konform ist. Durch die Aktionärsrechterichtlinie[850] werden börsennotierte Unternehmen dazu verpflichtet, Gegenanträge auf ihrer Internetseite zugänglich zu machen (Art. 5 Abs. 4 S. 1 lit. d AktionärsrechteRL).[851] Ebenso schränkt die Aktionärsrechterichtlinie das Recht, Beschlussvorlagen einzubringen, nicht ein (vgl. Art. 6 Abs. 1 lit. b AktionärsrechteRL).[852] Die nationalen Regelungen und Einschränkungen der Pflicht zur Zugänglichmachung von Gegenanträgen (§ 126 Abs. 2 AktG) stehen hierzu augenscheinlich in einem Kontrastverhältnis. Berücksichtigt man zunächst das auch im Europarecht verankerte Legalitätsprinzip, so gelangt man zu dem Schluss, dass die Einschränkungen im Hinblick auf strafbare Mitteilungen und gesetzes- oder satzungswidrige Beschlüsse (§ 126 Abs. 2 S. 1 Nr. 1 und 2 AktG) unbedenklich und uneingeschränkt anwendbar sein müssen.[853] Mit der hM ist weiterhin davon auszugehen, dass die Pflicht zur Zugänglichmachung bei Gegenanträgen, die falsche und irreführende Angaben enthalten oder bei bereits mitgeteilten Anträgen (§ 126 Abs. 2 S. 1 Nr. 3–5 AktG) im Rahmen der Missbrauchsprävention eingeschränkt werden kann und durch den nationalen Gesetzgeber Regelungen zur Konkretisierung erlassen werden durften.[854] Höchst umstritten bleibt jedoch die Einschränkung der Veröffentlichungspflicht in den Fällen der fehlenden Ernstlichkeit des Gegenantrags (§ 126 Abs. 2 Nr. 6 und 7 AktG). Auch hier ist im Ergebnis jedoch davon auszugehen, dass im Rahmen der von Erwägungsgrund 7 der AktionärsrechteRL tolerierten „Zeitrahmen und Modalitäten" und auf Basis der Missbrauchsprävention die Vorschriften des § 126 Abs. 2 Nr. 6 und 7 AktG keine unzumutbare Einschränkung der Aktionärsrechte darstellen und somit uneingeschränkt Anwendung finden können.[855]

319 Im Hinblick auf die Veröffentlichungspflicht der **Begründung** von Gegenanträgen finden die genannten Vorschriften (§ 126 Abs. 2 Nr. 1–7 AktG) unproblematisch Anwendung, da die Aktionärsrechterichtlinie kein Begründungserfordernis vorsieht und nationale Restriktionen damit uneingeschränkt erlassen werden können.[856]

---

[848] LG Frankfurt a.M. AG 1992, 235 (236); vgl. *Koch* in Hüffer/Koch AktG § 126 Rn. 1.
[849] *Lehmann* FS Quack, 1991, 287 (300).
[850] RL 2007/36/EG des europäischen Parlaments und des Rates v. 11.7.2007, ABl. 2007 L 184, 17.
[851] *Ziemons* in K. Schmidt/Lutter AktG § 126 Rn. 33, *Rieckers* in Spindler/Stilz AktG § 126 Rn. 27a.
[852] *Rieckers* in Spindler/Stilz AktG § 126 Rn. 27a.
[853] *Noack/Zetzsche* in Kölner Komm. AktG § 126 Rn. 70.
[854] *Rieckers* in Spindler/Stilz AktG § 126 Rn. 27a; *Noack/Zetzsche* in Kölner Komm. AktG § 126 Rn. 70; aA *Ziemons* in K. Schmidt/Lutter AktG § 126 Rn. 35.
[855] *Rieckers* in Spindler/Stilz AktG § 126 Rn. 27a; aA *Noack/Zetzsche* in Kölner Komm. AktG § 126 Rn. 70; *Ziemons* in K. Schmidt/Lutter AktG § 126 Rn. 35.
[856] *Noack/Zetzsche* in Kölner Komm. AktG § 126 Rn. 69; *Ziemons* in K. Schmidt/Lutter AktG § 126 Rn. 34; *Rieckers* in Spindler/Stilz AktG § 126 Rn. 27a.

b) Strafbare Mitteilung

Die Pflicht, den Gegenantrag zugänglich zu machen, entfällt, wenn sich der Vorstand 320 durch die Mitteilung strafbar machen würde (§ 126 Abs. 2 Nr. 1 AktG).[857] Dies gilt nicht nur für den Inhalt des Antrags selbst, sondern auch für dessen Begründung, sofern sie mitgeliefert wird.[858] Der Vorstand würde sich insbesondere dann strafbar machen, wenn er durch die Mitteilung Betriebs- oder Geschäftsgeheimnisse offenbaren würde (vgl. § 17 UWG).[859] Besteht die Möglichkeit, den strafbaren Inhalt des Gegenantrags oder der Begründung ohne große Schwierigkeiten zu eliminieren, so ergibt sich eine entsprechende Pflicht des Vorstands zur Kürzung und Veröffentlichung des gekürzten Gegenantrags bzw. der gekürzten Begründung aus der Verwendung des Wortes „soweit" § 126 Abs. 2 S. 1 Nr. 1 AktG.[860]

c) Gesetz- oder satzungswidriger Beschluss

Der Vorstand muss einen Gegenantrag auch dann nicht zugänglich machen, wenn dessen 321 Verabschiedung zu einem gesetz- oder satzungswidrigen Beschluss der Hauptversammlung führen würde (§ 126 Abs. 2 Nr. 2 AktG), der Beschluss also **nichtig oder anfechtbar** wäre.[861] Anfechtbarkeit ist bspw. zu bejahen, wenn sich der Antrag nicht im Rahmen eines Tagesordnungspunkts bewegt und nicht bekanntmachungsfrei ist.[862] Gesetzwidrig sind auch Beschlüsse, die nicht in den Zuständigkeitsbereich der Hauptversammlung fallen. Insbesondere kann eine Entscheidung über reine Geschäftsführungsmaßnahmen nicht Gegenstand eines Gegenantrags sein, sofern es sich nicht ausnahmsweise um grundlegende Strukturmaßnahmen handelt, die nach den „Holzmüller/Gelatine"-Grundsätzen in den Zuständigkeitsbereich der Hauptversammlung fallen.[863] Einem Gegenantrag unzugängliche Geschäftsführungsmaßnahmen sind etwa Personalia, Fragen der Produktion, der Erforschung alternativer Energien etc.[864] Gesetzwidrig ist auch der Antrag, einen höheren Betrag als den Bilanzgewinn auszuschütten oder den Bilanzgewinn für bestimmte Zwecke zu widmen.[865] Wenn aber in der Hauptversammlung eine Sammelentlastung vorgenommen werden soll (§ 120 Abs. 1 AktG), ist ein Antrag, nur einzelnen Mitgliedern des Aufsichtsrats die Entlastung zu verweigern, zulässig und damit zugänglich zu machen.[866]

d) Falsche und irreführende Angaben

Eine Mitteilungspflicht besteht ferner dann nicht, wenn die Begründung des Antrags bzw. 322 der Antrag selbst[867], in wesentlichen Punkten offensichtlich falsche oder irreführende Angaben enthält (§ 126 Abs. 2 Nr. 3 AktG). Die Ausführungen sind falsch, wenn sie nicht der Wahrheit entsprechen. Irreführend sind sie, wenn sie einen unrichtigen Eindruck vermitteln.[868] Allerdings ist nicht jede unzutreffende Sachverhaltsdarstellung unzulässig, son-

---

[857] *Werner* in GroßkommAktG AktG § 126 Rn. 40.
[858] *Reger* in Bürgers/Körber AktG § 126 Rn. 15.
[859] *Werner* in GroßkommAktG AktG § 126 Rn. 40.
[860] *Rieckers* in Spindler/Stilz AktG § 126 Rn. 28; *Kubis* in MüKoAktG AktG § 126 Rn. 26; *Ziemons* in K. Schmidt/Lutter AktG § 126 Rn. 29; aA *Noack/Zetzsche* in Kölner Komm. AktG § 126 Rn. 80.
[861] *Eckardt* in Geßler/Hefermehl AktG § 126 Rn. 38; *Koch* in Hüffer/Koch AktG § 126 Rn. 8; *Ziemons* in K. Schmidt/Lutter AktG § 126 Rn. 37.
[862] *Koch* in Hüffer/Koch AktG § 126 Rn. 8; *Steiner* HV der AG § 2 Rn. 13; *Lehmann* FS Quack, 1991, 287 (294); *Reger* in Bürgers/Körber AktG § 126 Rn. 16.
[863] *Steiner* HV der AG § 2 Rn. 13.
[864] Weitere Beispiele bei *Koch* in Hüffer/Koch AktG § 126 Rn. 8.
[865] *Butzke* B Rn. 158.
[866] *Lehmann* FS Quack, 1991, 287 (295) mit weiteren Beispielen.
[867] HM, vgl. *Noack/Zetzsche* in Kölner Komm. AktG § 126 Rn. 87; *Kubis* in MüKoAktG AktG § 126 Rn. 30; *Rieckers* in Spindler/Stilz AktG § 126 Rn. 31.
[868] *Steiner* HV der AG § 2 Rn. 14.

dern nur, wenn sie in **wesentlichen Punkten** falsch oder irreführend ist. Wesentlich sind diejenigen Begründungselemente, von denen ein Aktionär die Ausübung seines Stimmrechts abhängig machen würde.[869] Allein der Umstand, dass die Begründung ungenau, inhaltlich unzutreffend oder nicht nachvollziehbar ist, entbindet den Vorstand von seiner Mitteilungspflicht hingegen nicht.[870] **Offensichtlich** falsch oder irreführend ist die Begründung dann, wenn sich dies für einen verständigen, unbefangenen und mit den Verhältnissen nicht vertrauten Dritten ohne Weiteres ergibt.[871] Der Verkaufspreis ist nicht offensichtlich falsch, wenn er einem Wertgutachten entnommen wurde.[872]

323 Nicht zugänglich zu machen sind ferner Anträge, die entweder selbst[873] oder deren Begründung **Beleidigungen** enthalten. Darüber hinaus entspricht es der ganz hM, dass auch die Erfüllung der Tatbestände der üblen Nachrede und der Verleumdung von der Mitteilungspflicht befreit, auch wenn das Gesetz die Befreiung von der Mitteilungspflicht nur für Beleidigungen vorsieht (§§ 186, 187 StGB).[874] Enthält der Gegenantrag bzw. die Begründung Beleidigungen, ist der Vorstand nicht verpflichtet, Antrag oder Begründung um die ehrverletzenden Äußerungen zu kürzen. In diesem Fall entfällt die Pflicht zur Zugänglichmachung insgesamt.[875] Fällt entweder die Begründung oder der Gegenantrag unter die Voraussetzungen des § 126 Abs. 2 S. 1 Nr. 3 AktG, so muss weder der Gegenantrag noch die Begründung zugänglich gemacht werden.[876]

e) Bereits mitgeteilte Anträge

324 Ein Gegenantrag ist auch dann nicht zugänglich zu machen, wenn ein auf denselben Sachverhalt gestützter Antrag des Aktionärs bereits zu einer früheren Hauptversammlung der Gesellschaft zugänglich gemacht worden ist (§ 126 Abs. 2 Nr. 4 AktG). Die Unzulässigkeit des Antrags setzt danach voraus, dass der dem Antrag des Aktionärs zugrunde liegende **Sachverhalt identisch** ist. Sachverhaltsidentität liegt vor, wenn es sich im Kern um denselben Vorgang handelt.[877] Die Feststellung, wann derselbe Sachverhalt vorliegt, bereitet in der Praxis häufig Schwierigkeiten. Um zu verhindern, dass die Gesellschaft die im Wesentlichen gleichen Anträge jedes Jahr erneut mitteilen muss, sind an die Auslegung des Begriffs „derselbe Sachverhalt" keine zu engen Maßstäbe anzulegen.[878] Eine Identität ist etwa anzunehmen, wenn die Entlastung eines Vorstands- oder Aufsichtsratsmitglieds aus Gründen verweigert werden soll, die bereits in der letzten Hauptversammlung bestanden.[879] Keinen Zurückweisungsgrund stellt es hingegen dar, wenn ein gleicher Antrag von einem **anderen Aktionär** bei unverändertem Sachverhalt gestellt wird, es sei denn, es handelt sich um den kaum nachweisbaren Fall, dass der Aktionär einen Dritten zur Antragstellung vorschiebt.[880]

325 Die Pflicht zur Zugänglichmachung entfällt ferner, wenn derselbe Gegenantrag mit im Wesentlichen gleicher Begründung in den letzten fünf Jahren bereits zu mindestens **zwei Hauptversammlungen** der Gesellschaft nach § 125 AktG mitgeteilt worden ist und in

---

[869] *Steiner* HV der AG § 2 Rn. 14.
[870] *Lehmann* FS Quack, 1991, 287 (297 f.); *Steiner* HV der AG § 2 Rn. 14.
[871] *Noack/Zetzsche* in Kölner Komm. AktG § 126 Rn. 88.
[872] Vgl. OLG Stuttgart AG 1995, 236.
[873] Vgl. Nachweise in Fn. 871.
[874] Vgl. *Steiner* HV der AG § 2 Rn. 14; *Koch* in Hüffer/Koch AktG § 126 Rn. 8a; *Reger* in Bürgers/Körber AktG § 126 Rn. 19.
[875] *Werner* in GroßkommAktG AktG § 126 Rn. 64; *Rieckers* in Spindler/Stilz AktG § 126 Rn. 31; *Noack/Zetzsche* in Kölner Komm. AktG § 126 Rn. 91.
[876] *Rieckers* in Spindler/Stilz AktG § 126 Rn. 31; *Kubis* in MüKoAktG AktG § 126 Rn. 30; aA *Noack/Zetzsche* in Kölner Komm. AktG § 126 Rn. 72.
[877] LG Frankfurt a.M. AG 1992, 335 f.
[878] *Lehmann* FS Quack, 1991, 287 (297).
[879] Weitere Beispiele bei *Bungert* in MHdB AG § 36 Rn. 105; *Werner* in GroßkommAktG AktG § 126 Rn. 65; *Reger* in Bürgers/Körber AktG § 126 Rn. 20.
[880] *Werner* GroßkommAktG AktG § 126 Rn. 69.

der Hauptversammlung weniger als der zwanzigste Teil des vertretenen Grundkapitals für ihn gestimmt hat (§ 126 Abs. 2 Nr. 5 AktG). Die Fünfjahresfrist rechnet sich rückwärts von dem Tag an, an dem der Gegenantrag der Gesellschaft zugegangen ist.[881] Ein Gegenantrag ist hiernach nur unzulässig, wenn Antragsidentität anzunehmen ist.[882] Nach einer verbreiteten Auffassung fehlt es an der Antragsidentität bereits, wenn ein inhaltlich gleicher Antrag sich auf verschiedene Geschäftsjahre bezieht.[883] Dem ist nicht zu folgen, da der Anwendungsbereich dieser Bestimmung dann nur noch sehr eng und mithin das gesetzgeberische Ziel, querulatorischen Anträgen Einhalt zu gebieten, nicht erreichbar wäre.[884] Dem Minderheitsschutz kann dadurch Rechnung getragen werden, dass bei der Beurteilung, ob eine im Wesentlichen gleiche Begründung vorliegt, ein strenger Maßstab angelegt wird; dabei kann auch der zeitliche Aspekt eine Rolle spielen.

f) Fehlende Ernstlichkeit des Antrags

Einer Zugänglichmachung bedarf es auch dann nicht, wenn der Aktionär zu erkennen gibt, dass er an der Hauptversammlung **nicht teilnehmen** und sich **nicht vertreten** lassen wird (§ 126 Abs. 2 Nr. 6 AktG). Allerdings reicht das Vorliegen eines bloßen Verdachts der Gesellschaft nicht aus; vielmehr müssen konkrete Anhaltspunkte für das Fernbleiben des Aktionärs vorliegen.[885] Der Anwendungsbereich der Vorschrift beschränkt sich in erster Linie auf die Fälle, in denen der Aktionär erst nach der Stellung des Oppositionsantrags deutlich macht, er werde weder persönlich noch über einen bevollmächtigten Dritten an der Hauptversammlung teilnehmen, da es andererseits bereits an einem wirksamen Gegenantrag fehlt.[886]

326

Einen Fall der fehlenden Ernstlichkeit des Gegenantrags stellt auch dar, wenn der Aktionär in den letzten **zwei Jahren** in zwei Hauptversammlungen jeweils einen von ihm angekündigten Gegenantrag **nicht gestellt** hat oder nicht hat stellen lassen (§ 126 Abs. 2 Nr. 7 AktG). Auch in einer solchen Situation muss der Gegenantrag nicht zugänglich gemacht werden. Hauptversammlungen im Sinn dieser Vorschrift sind nicht nur Hauptversammlungen der betroffenen Gesellschaft, sondern auch Hauptversammlungen anderer deutscher Aktiengesellschaften (oder KGaA), was sich in der Praxis jedoch häufig nur schwer feststellen lässt.[887] Dabei kommt es grundsätzlich nicht darauf an, aus welchen **Gründen** der Aktionär seinen Gegenantrag nicht gestellt hat. Eine Ausnahme wird man nur machen müssen, wenn der Aktionär aus Gründen **höherer Gewalt** an der Stellung seines Antrags verhindert war.[888] Dass solche Umstände seine Antragstellung verhindert haben, hat der opponierende Aktionär jedoch darzulegen und zu beweisen.

327

---

[881] *Eckardt* in Geßler/Hefermehl AktG § 126 Rn. 46; *Werner* in GroßkommAktG AktG § 126 Rn. 79; *Steiner* HV der AG § 2 Rn. 16.
[882] *Butzke* B Rn. 158; *Werner* in GroßkommAktG AktG § 126 Rn. 73; Beispiele bei *Lehmann* FS Quack, 1991, 287 (298).
[883] *Barz* in GroßkommAktG AktG, 3. Aufl. 1970 ff., § 126 AktG Anm. 11.
[884] So zutr. *Noack/Zetzsche* in Kölner Komm. AktG § 126 Rn. 96; *Werner* in GroßkommAktG AktG § 126 Rn. 74.
[885] *Eckardt* in Geßler/Hefermehl AktG § 126 Rn. 47; *Reger* in Bürgers/Körber AktG § 126 Rn. 23.
[886] *Noack/Zetzsche* in Kölner Komm. AktG § 126 Rn. 102; *Werner* in GroßkommAktG AktG § 126 Rn. 82.
[887] *Lehmann* FS Quack, 1991, 287 (298), *Reger* in Bürgers/Körber AktG § 126 Rn. 23; *Steiner* HV der AG § 2 Rn. 18; *Bungert* in MHdB AG § 36 Rn. 105.
[888] *Eckardt* in Geßler/Hefermehl AktG § 126 Rn. 52; *Steiner* HV der AG § 2 Rn. 18. Mit *Werner* in GroßkommAktG AktG § 126 Rn. 87 wird man die Krankheit eines Aktionärs nicht ausreichen lassen, soweit noch eine Bevollmächtigung möglich war.

g) Überlange Begründungen

328 Die Begründung zum Gegenantrag braucht dann nicht zugänglich gemacht zu werden, wenn sie insgesamt **mehr** als **5.000 Zeichen** beträgt (§ 126 Abs. 2 S. 2 AktG).[889] In diesem Fall entfällt die Mitteilungspflicht nur hinsichtlich der **Begründung**, nicht aber hinsichtlich des Antrags. Übersteigt der Umfang der Begründung eines Antrags 5.000 Zeichen, steht es dem Vorstand bei Beachtung des Gleichbehandlungsgrundsatzes frei, die Begründung trotzdem in **voller Länge** mitzuteilen.[890]

329 Streitig ist, ob der Vorstand zu einer **Kürzung** des Texts auf 5.000 Zeichen berechtigt ist. Zum Teil wird eine Kürzung für unzulässig gehalten.[891] Richtigerweise wird man dem Vorstand eine Kürzungsmöglichkeit zubilligen müssen, sofern durch die Kürzung die Kernaussage des Textes unberührt bleibt.[892] In jedem Fall ist der Vorstand zu einer verkürzten Veröffentlichung **nicht verpflichtet.** Auch ist er weder verpflichtet noch berechtigt, nur die ersten 5.000 Zeichen der Begründung zugänglich zu machen.[893] Eine auf die Vermeidung von Anfechtungsklagen ausgerichtete Praxis wird mit Kürzungen insgesamt zurückhaltend umgehen.

4. Zusammenfassung von Gegenanträgen

330 Haben mehrere Aktionäre zu demselben Beschlussgegenstand Gegenanträge gestellt, ist der Vorstand berechtigt, die Gegenanträge und die dazu vorgebrachten Begründungen zusammenzufassen (§ 126 Abs. 3 AktG). Dabei ist nur die **Identität der Beschlussgegenstände,** nicht die der Gegenanträge erforderlich.[894] Im Rahmen der Zusammenfassung kann der Vorstand Wiederholungen und überflüssige Elemente auslassen, soweit mit solchen redaktionellen Änderungen und sprachlichen Glättungen keine inhaltlichen Verfälschungen oder Verkürzungen verbunden und die **wesentlichen Begründungselemente** noch enthalten sind.[895] Der Umfang der Veröffentlichung ist in diesem Fall gesetzlich nicht begrenzt.[896]

5. Stellungnahme der Verwaltung

331 Zu einer Stellungnahme zu den Gegenanträgen und Wahlvorschlägen ist die Verwaltung **nicht verpflichtet, aber berechtigt.**[897] In der Praxis werden Gegenanträge häufig mit einer kurzen Stellungnahme kommentiert und nähere Ausführungen in der Hauptversammlung vorbehalten. Formale oder inhaltliche Vorgaben macht das Gesetz nicht. Die Stellungnahme ist dann ebenfalls zugänglich zu machen (§ 126 Abs. 1 AktG).

---

[889] Siehe dazu *Mutter* ZIP 2002, 1759. Durch diese durch das TransPuG erfolgte Änderung wurde der zugänglich zu machende Umfang von 100 Worten auf 5.000 Zeichen erweitert. Gleichzeitig hat sich die Problematik, was unter einem Wort zu verstehen ist, erledigt.
[890] *Werner* in GroßkommAktG AktG § 126 Rn. 92; *Bungert* in MHdB AG § 36 Rn. 102.
[891] *Eckardt* in Geßler/Hefermehl AktG § 126 Rn. 53; *Noack/Zetzsche* in Kölner Komm. AktG § 126 Rn. 107; *Steiner* HV der AG § 2 Rn. 19.
[892] *Werner* in GroßkommAktG AktG § 126 Rn. 92; *Bungert* in MHdB AG § 36 Rn. 102; *Reger* in Bürgers/Körber AktG § 126 Rn. 24.
[893] *Koch* in Hüffer/Koch AktG § 126 Rn. 9.
[894] *Koch* in Hüffer/Koch AktG § 126 Rn. 10; *Reger* in Bürgers/Körber AktG § 126 Rn. 28.
[895] *Noack/Zetzsche* in Kölner Komm. AktG § 126 Rn. 112; *Werner* in GroßkommAktG AktG § 126 Rn. 94; *Koch* in Hüffer/Koch AktG § 126 Rn. 10.
[896] *Koch* in Hüffer/Koch AktG § 126 Rn. 10.
[897] *Butzke* B Rn. 166.

6. Zugänglichmachung

Gegenanträge müssen nicht mehr in gedruckter Form mitgeteilt werden. Vielmehr kann 332
die Zugänglichmachung durch Veröffentlichung auf der Website der Gesellschaft erfolgen.[898] Die börsennotierte Gesellschaft ist hierzu verpflichtet (§ 126 Abs. 1 S. 3 AktG). Die Gesellschaft hat, auch wenn sich dies nicht ausdrücklich aus dem Gesetzeswortlaut ergibt, die Gegenanträge unverzüglich bekannt zu machen.[899]

X. Wahlvorschläge von Aktionären

Von den Verwaltungsvorschlägen abweichende Vorschläge der Aktionäre zur Wahl von 333
Aufsichtsratsmitgliedern oder von **Abschlussprüfern** sind ebenfalls zugänglich zu machen (§ 127 S. 1 iVm § 126 AktG). Wegen der ähnlichen Interessenlage ist dies auch auf die Wahl von **Sonderprüfern** und **Liquidatoren** der Gesellschaft anzuwenden.[900]

Wahlvorschläge der Aktionäre müssen **nicht begründet** werden (§ 127 S. 2 AktG). 334
Demnach ist auch ein solcher Wahlvorschlag mitzuteilen, der keine Begründung enthält. Gibt der Aktionär eine Begründung an, muss diese ebenfalls zugänglich gemacht werden.[901] Die Pflicht zur Zugänglichmachung **entfällt**, wenn der Wahlvorschlag nicht die erforderlichen Angaben von Namen, ausgeübtem Beruf und Wohnort des Vorgeschlagenen enthält (§ 127 S. 3 iVm §§ 124 Abs. 3 S. 4, 125 Abs. 1 S. 5 AktG). Demnach erfüllt der auf eine reine **Ablehnung** der Verwaltungsvorschläge gerichtete Antrag nach richtiger, allerdings nicht unumstrittener Auffassung nicht die Anforderungen an einen Wahlvorschlag.[902] Sofern allerdings die Voraussetzungen des § 126 Abs. 1 AktG gegeben sind, ist der Wahlvorschlag nach dieser Vorschrift veröffentlichungsbedürftig.[903]

Dem Wahlvorschlag sind bei börsennotierten Gesellschaften gleichzeitig Angaben zu 335
Mitgliedschaften der Kandidaten in **anderen gesetzlich zu bildenden Aufsichtsräten** beizufügen (§ 125 Abs. 1 S. 5 AktG). Enthält der Vorschlag diese Angaben nicht, wird vereinzelt eine Pflicht des Vorstands bejaht, dem Antragsteller durch einen Hinweis die Möglichkeit zur Abhilfe zu geben.[904] Dem ist nicht zu folgen, da der Aktionär grundsätzlich selbst für die Stellung eines ordnungsgemäßen Antrags sorgen muss. Erfüllt der Vorgeschlagene nicht die persönlichen Voraussetzungen für Aufsichtsratsmitglieder (§ 100 AktG), muss der Vorstand nach zutreffender Ansicht die Zugänglichmachung verweigern.[905] Der Vorschlag muss keine Erklärung enthalten, dass der vorgeschlagene Kandidat auch zur Annahme der Wahl bereit ist.[906] **Gesetzwidrig** und damit nicht mitteilungspflichtig ist ein Vorschlag, wenn er von einem Wahlvorschlag abweicht, an den die Hauptversammlung nach den Bestimmungen des Montan-MitbestG oder des MitbestErgG gebunden ist.[907] Die Verwaltung kann den Wahlvorschlag mit einer Stellungnahme versehen (→ Rn. 323).

Eine Pflicht des Vorstands zur Ergänzung von Angaben sieht der durch das **Gesetz für** 336
die gleichberechtigte Teilhabe von Frauen und Männern an Führungspositionen

---

[898] RegBegr. BT-Drs. 14/8769, 20.
[899] RegBegr. BT-Drs. 14/8769, 20.
[900] *Werner* in GroßkommAktG AktG § 127 Rn. 2; *Bungert* in MHdB AG § 36 Rn. 113; *Butzke* B Rn. 165; aA *Eckardt* in Geßler/Hefermehl AktG § 127 Rn. 8.
[901] *Koch* in Hüffer/Koch AktG § 127 Rn. 1.
[902] *Kubis* in MüKoAktG AktG § 127 Rn. 4; *Bungert* in MHdB AG § 36 Rn. 114; *Noack/Zetzsche* in Kölner Komm. AktG § 127 Rn. 10; aA *Werner* in GroßkommAktG AktG § 127 Rn. 3.
[903] *Bungert* in MHdB AG § 36 Rn. 114.
[904] *Steiner* HV der AG § 2 Rn. 20.
[905] *Butzke* B Rn. 163.
[906] *Werner* in GroßkommAktG AktG § 127 Rn. 6.
[907] *Bungert* in MHdB AG § 36 Rn. 114.

vom 24.4.2015 eingefügte § 127 S. 4 AktG vor. Hiernach muss der Vorstand den Wahlvorschlag eines Aktionärs zur Wahl von Aufsichtsratsmitgliedern börsennotierter Gesellschaften, für die das MitbestG, das Montan-MitbestG oder das MitbestErgG gilt, mit zusätzlichen Angaben versehen, die der Durchsetzung der Geschlechterquote dienen (§ 96 Abs. 2 AktG).[908] Erforderlich ist (i) ein genereller Hinweis auf die Anforderungen des § 96 Abs. 2 AktG, (ii) die Angabe, ob der Gesamterfüllung der Geschlechterquote widersprochen wurde (§ 96 Abs. 2 S. 3 AktG) und (iii) wie viele der Aufsichtsratssitze mindestens jeweils von einem Mann und einer Frau besetzt sein müssen, um die Geschlechterquote des § 96 Abs. 2 S. 1 AktG zu erfüllen. Der Umfang an erforderlichen Angaben stimmt nicht mit denen des § 124 Abs. 2 S. 2 AktG für die Wahlvorschläge des Aufsichtsrates überein, denn § 124 Abs. 2 S. 2 AktG erfordert keinen generellen Hinweis auf die Anforderungen des § 96 Abs. 2 AktG (→ Rn. 176). Dies führt allerdings nicht zu einer teleologischen Reduktion von § 127 S. 4 AktG.[909]

337 Beantragt der Aktionär in der Hauptversammlung die Wahl des von ihm Vorgeschlagenen, ist – in Abweichung vom allgemeinen Grundsatz, dass der Versammlungsleiter über die Reihenfolge der **Abstimmung** zu entscheiden hat – über den Aktionärsantrag vor dem Vorschlag des Aufsichtsrats zu beschließen, wenn dies eine **Minderheit** verlangt, deren Anteile zusammen den zehnten Anteil des vertretenen Grundkapitals erreichen (§ 137 AktG).

X. Vollversammlung

1. Allgemeines

338 Der durch das Gesetz für kleine Aktiengesellschaften und zur Deregulierung des Aktienrechts[910] neu eingefügte § 121 Abs. 6 AktG sieht Erleichterungen für eine Vollversammlung der Aktionäre vor. Danach kann die Hauptversammlung auch ohne Einhaltung der Bestimmungen der §§ 121–128 AktG Beschlüsse fassen, wenn alle Aktionäre erschienen oder vertreten sind und kein Aktionär der Beschlussfassung widerspricht. Damit wurde die Zulässigkeit der vor Inkrafttreten dieser Vorschrift bestehenden Praxis, bei Gesellschaften mit einem überschaubaren Aktionärskreis unter Verzicht auf Form- und Fristbestimmungen **Vollversammlungen** oder **Universalversammlungen** durchzuführen, determiniert und zugleich auf alle möglichen Einberufungsmängel erweitert.[911]

2. Begriff

339 Eine **Vollversammlung** liegt vor, wenn alle Aktionäre der Gesellschaft selbst erschienen oder vertreten sind. Für eine Vollversammlung genügt es demnach nicht, dass alle stimmberechtigten Aktionäre anwesend oder vertreten sind. Vielmehr müssen alle **teilnahmeberechtigten** Aktionäre, dh unter Einschluss der Inhaber stimmrechtsloser Vorzugsaktien und vom Stimmrecht ausgeschlossener Aktionäre (vgl. § 136 AktG), zugegen oder vertreten sein.[912] Die **Vertretung** kann durch Legitimationsaktionäre, rechtsgeschäftlich Bevollmächtigte oder gesetzliche Vertreter erfolgen. Die Hauptversammlung eines Alleinaktionärs ist naturgemäß stets Vollversammlung.[913]

---

[908] *Rieckers* in Spindler/Stilz AktG § 127 Rn. 9a.
[909] *Koch* in Hüffer/Koch AktG § 127 Rn. 2; aA *Ziemons* in K. Schmidt/Lutter AktG § 127 Rn. 12.
[910] G vom 2.8.1994, BGBl. 1994 I 1961.
[911] Vgl. *Lutter* AG 1994, 429 (439); *Blanke* BB 1995, 681; *Hölters/Deilmann/Buchta* 85 f.
[912] *Koch* in Hüffer/Koch AktG § 121 Rn. 20; *Steiner* HV der AG § 1 Rn. 29.
[913] *Koch* in Hüffer/Koch AktG § 121 Rn. 20.

3. Nichteinhaltung von Einberufungsformalitäten

Im Rahmen einer Vollversammlung können die Aktionäre Beschlüsse ohne die Beachtung der Einberufungsförmlichkeiten fassen. Damit erweist sich etwa eine **Einladung** durch einen hierzu statutarisch nicht ermächtigten Aktionär anstelle des Vorstands bzw. des Aufsichtsrats als unschädlich. Möglich ist auch die Abhaltung der Hauptversammlung ohne Einhaltung der nach der Satzung erforderlichen **Hinterlegung** von Aktien oder **Anmeldung** der Aktionäre unter Verkürzung der **Einladungsfrist** oder ohne Bekanntgabe der **Tagesordnung,** selbst wenn das Gesetz besondere Vorschriften der Bekanntgabe enthält.[914] Eine Beschlussfassung ist unter diesen Voraussetzungen auch zulässig, wenn die Einladung nach erfolgter Veräußerung von Aktien dem bisherigen Aktionär zugegangen, aber der Erwerber anwesend oder vertreten ist. 340

Zulässig sind auch **schuldrechtliche Vereinbarungen** unter den Aktionären, die sich zu einer Vollversammlung zusammenzufinden.[915] Eine solche Verpflichtung lässt jedoch das Recht des Aktionärs, der Beschlussfassung in der Vollversammlung zu widersprechen, unberührt.[916] 341

Für Aktiengesellschaften, die Tochtergesellschaften eines ausländischen Konzerns sind, eröffnet sich die Möglichkeit, die Hauptversammlung am Sitz der Hauptverwaltung im **Ausland** stattfinden zu lassen, sofern die Satzung dies zulässt (→ Rn. 121 ff.). Dies gilt zumindest dann, wenn die Gesellschaft nichtbörsennotiert ist und keine Beschlüsse zu fassen sind, für die das Gesetz eine Dreiviertel- oder größere Mehrheit bestimmt, so dass sie keiner unproblematischen Beurkundung bedürfen.[917] ME lässt sich indessen auch das Problem der Auslandsbeurkundung durch Beauftragung eines Konsularbeamten lösen (→ Rn. 123). 342

Der Verzicht auf die Einhaltung der Formvorschriften durch die Aktionäre kann auch **konkludent** erfolgen. Eines ausdrücklichen Verzichts bedarf es nicht.[918] 343

Die Frage, ob die Aktionäre im Rahmen einer Universalversammlung auch auf **andere** als die in den §§ 121–128 AktG geregelten **Form- und Informationspflichten** wirksam verzichten können, ist im Gesetz nicht ausdrücklich geregelt. Praktische Relevanz hat dies insbes. für die Verpflichtung des Vorstands zur **schriftlichen Berichterstattung** gegenüber den Aktionären, zur Auslegung von Unterlagen sowie zur **Erläuterung** in der Hauptversammlung. Man wird eine solche Verzichtsmöglichkeit mit der Einschränkung bejahen können, dass ein konkludenter Verzicht nicht ausreichend ist, die Aktionäre hier also ausdrücklich erklären müssen, dass sie auch auf diese Informationen durch den Vorstand verzichten.[919] 344

Die Pflicht, ein **Teilnehmerverzeichnis** zu erstellen und eine **Niederschrift** aufzunehmen, besteht auch bei einer Vollversammlung.[920] 345

---

[914] So bspw. in §§ 183 Abs. 1 S. 2, 186 Abs. 4 S. 1, 203 Abs. 2 S. 2 AktG; vgl. *Koch* in Hüffer/Koch AktG § 121 Rn. 23; *Hoffmann-Becking* ZIP 1995, 1 (7).
[915] *Lutter* AG 1994, 429 (439).
[916] So wohl auch *Koch* in Hüffer/Koch AktG § 121 Rn. 23.
[917] Vgl. *Ammon/Görlitz* 59; *Blanke* BB 1995, 681 (682); *Hahn* DB 1994, 1659 (1664). § 130 Abs. 1 S. 3 AktG befreit in diesem Fall von der Pflicht zur notariellen Beurkundung des Hauptversammlungsbeschlusses und lässt eine vom Aufsichtsratsvorsitzenden unterzeichnete Niederschrift ausreichen. Ob eine Hauptversammlung auch dann im Ausland durchgeführt werden kann, wenn ein Beurkundungserfordernis besteht, ist streitig. Vgl. etwa *Schiessl* DB 1992, 823 ff.; *Bungert* AG 1995, 26 ff.; → Rn. 122 f.
[918] Vgl. *Koch* in Hüffer/Koch AktG § 121 Rn. 22. Dies entspricht der Rechtslage bei der GmbH, wo die Abhaltung einer Vollversammlung zulässig ist, wenn die Gesellschafter ihr Einverständnis zumindest konkludent erteilt haben, vgl. BGHZ 100, 264 (269).
[919] *Hoffmann-Becking* ZIP 1995, 1 (7); *Hölters/Deilmann/Buchta* 86 f.; *Ammon/Görlitz* S. 60.
[920] *Hölters/Deilmann/Buchta* 87; *Ammon/Görlitz* S. 60.

4. Widerspruch

346 Auch wenn sämtliche Aktionäre anwesend bzw. vertreten sind, ist eine Beschlussfassung dann unzulässig, wenn ein Aktionär der Nichtwahrung von Form und Frist der Einberufung widerspricht. Der Wille eines Aktionärs, der an der Hauptversammlung teilnimmt, die Beschlussfassung nicht mitzutragen, ist nur beachtlich, wenn er der Beschlussfassung in der Hauptversammlung widerspricht.[921] Anderenfalls liegt in seinem Verhalten ein Verzicht auf sein Widerspruchsrecht.[922]

347 Es empfiehlt sich, die vollständige Präsenz und das Fehlen von Widersprüchen gegen die Beschlussfassung in die Niederschrift der Hauptversammlung aufzunehmen.[923]

5. Hauptversammlung im schriftlichen Umlaufverfahren?

348 Die Gesellschafter einer GmbH haben die Möglichkeit, Gesellschafterbeschlüsse im schriftlichen Beschlusswege zu fassen (§ 48 Abs. 2 GmbHG). Sofern sich die Gesellschafter auf eine Beschlussfassung im Umlaufverfahren einigen, können sie den mit der Abhaltung einer Gesellschafterversammlung verbundenen Unannehmlichkeiten entgehen. Es fragt sich, ob die Zulässigkeit einer Vollversammlung auch für Aktiengesellschaften den Weg eröffnet, Beschlussfassungen im schriftlichen Umlaufverfahren herbeizuführen. Dies könnte sich insbesondere für Gesellschaften, die in einen Konzernverbund eingegliedert sind oder nur über einen überschaubaren Kreis von Aktionären verfügen, als vorteilhaft erweisen. Der Gesetzgeber hat jedoch ausdrücklich darauf verzichtet, für die AG eine entsprechende Regelung in das AktG aufzunehmen, so dass ein schriftliches Verfahren, auch wenn es den Bedürfnissen der Praxis entgegen käme, für unzulässig gehalten wird. Es bleibt daher dabei, dass Beschlussfassungen nur **im Rahmen einer Hauptversammlung** erfolgen können.[924] Können oder wollen die Aktionäre an der Hauptversammlung nicht persönlich teilnehmen, bleibt ihnen nur die Möglichkeit, einen Aktionär oder einen Dritten zu bevollmächtigen, der sodann auf Grundlage der von allen nicht erschienenen Aktionären erteilten Vollmachten eine Vollversammlung abhalten kann.

6. Anfechtungsrisiken

349 Nimmt ein Aktionär an der Hauptversammlung teil, widerspricht er aber der Beschlussfassung, sind die trotz Bestehens von Einberufungsmängeln (§§ 121 Abs. 2, Abs. 3 S. 1 und Abs. 4 AktG) gefassten Beschlüsse nichtig.[925]

---

[921] *Lutter* AG 1994, 429 (439); *Hölters/Deilmann/Buchta* S. 85.
[922] *Steiner* HV der AG § 1 Rn. 29.
[923] *Koch* in Hüffer/Koch AktG § 121 Rn. 22.
[924] *Lutter* AG 1994, 429 (437); *Blanke* BB 1995, 681 (682); *Kubis* in MüKoAktG AktG § 121 Rn. 96.
[925] *Würthwein* in Spindler/Stilz AktG § 241 Rn. 169; *Hüffer/Schäfer* in MüKoAktG AktG § 241 Rn. 35.

§ 5 Berichtspflichten

Übersicht

	Rn.
I. Überblick	1
II. Gesetzliche Berichtspflichten	1d
1. Berichtspflichten des Vorstands	1d
2. Allgemeine Grundsätze bei Berichtspflichten	3
a) Informationspflichten des Vorstands	3
b) Formerfordernisse	9
3. Einzelne Berichtspflichten	12
a) Ausschluss des Bezugsrechts	12
b) Verschmelzung	23
c) Spaltung	38
d) Formwechselnde Umwandlung	52
e) Unternehmensvertrag	61
f) Eingliederung	71
4. Sonstige gesetzliche Berichtspflichten	78
a) Bericht des Hauptaktionärs beim (aktienrechtlichen) Squeeze out	78
b) Berichtspflichten des Aufsichtsrats	85
c) Berichtspflichten weiterer Personen	95
III. Ungeschriebene Berichtspflichten	96
1. Allgemeine Voraussetzungen einer Berichtspflicht	96
2. Inhaltliche Anforderungen an den Bericht	105
3. Einzelne Strukturentscheidungen	106
a) Ausgliederungen im Wege der Einzelrechtsnachfolge	106
b) Erwerb von Beteiligungen	108
c) Veräußerung von Unternehmensteilen und Beteiligungen	111
d) Übertragende Auflösung	114
e) Going Public und Going Private	117
f) Maßnahmen bei Konzerngesellschaften	120
g) Konzeptbeschlüsse	125
IV. Rechtsfolgen bei Berichtspflichtverletzungen	129
1. Heilung von Berichtsmängeln	129
2. Anfechtung wegen mangelhafter Informationen	131
3. Anfechtungsausschluss bei wertbezogenen Informationen	134

Stichworte

Anfechtung s. *Rechtsfolgen unzureichender Berichterstattung*
Aufsichtsrat Rn. 85 ff.
– Grenzen der Berichtspflicht Rn. 92
– Nachgründungsbericht Rn. 85
– unzureichende Berichterstattung Rn. 93
Ausgliederung s. *ungeschriebene Berichtspflichten*
Beteiligungserwerb s. *ungeschriebene Berichtspflichten*
Bezugsrechtsausschluss
– anschließende Berichtspflicht nach Ausnutzung des genehmigten Kapitals in folgender Hauptversammlung Rn. 19
– Vorabberichtspflicht Rn. 18
Eingliederung Rn. 71 ff
– Inhalt des Eingliederungsberichts Rn. 72 ff.
– Verzicht auf die Berichterstattung Rn. 77
Form Rn. 5, 9 ff.

– Auslegung in den Geschäftsräumen der Gesellschaft Rn. 3
– börsennotierte Gesellschaft Rn. 7
– elektronisch Rn. 5
– Internet Rn. 4, 7, 21, 23
– schriftlich Rn. 4, 16, 23, 38, 52, 61, 71, 78, 107

„**Frosta**"-Entscheidung s. *ungeschriebene Berichtspflichten*
„**Holzmüller/Gelatine**"-Rechtsprechung s. *ungeschriebene Berichtspflichten*
Konzeptbeschluss s. *ungeschriebene Berichtspflichten*
„**Macrotron**"-Entscheidung s. *ungeschriebene Berichtspflichten*
Maßnahmen in Konzerngesellschaften s. *ungeschriebene Berichtspflichten*
Spaltung Rn. 38 ff.

- Entbehrlichkeit der Berichterstattung Rn. 49 ff.
- Inhalt des Spaltungsberichts Rn. 39 ff.
- Umtauschverhältnis Rn. 38
- Verzicht auf die Berichterstattung Rn. 49

Rechtsfolgen unzureichender Berichterstattung Rn. 129 ff.
- Anfechtung wegen mangelhafter Information Rn. 131 ff.
- Anfechtungsausschluss bei wertbezogenen Informationen Rn. 134 ff.
- Heilung Rn. 94, 129 f
- Umfang des Anfechtungsausschlusses Rn. 134 ff.
- Wirkungen des Spruchverfahrens Rn. 134 ff.

Squeeze Out Rn. 78 ff.
- Inhalt des Berichts Rn. 81 ff.
- Prüfungsbericht Rn. 79

Umwandlung Rn. 52 ff.
- Inhalt des Umwandlungsberichts Rn. 53 ff.
- Verzicht auf die Berichterstattung Rn. 60

Ungeschriebene Berichtspflichten Rn. 96 ff.
- allgemeine Voraussetzungen Rn. 96 ff.
- Ausgliederung Rn. 106 ff.
- Ausnahmen Rn. 100
- Beteiligungserwerb Rn. 108 ff.
- Delisting Rn. 117 ff.
- „Frosta"-Entscheidung Rn. 119
- generelle Berichtspflicht für strukturelle Änderungen Rn. 96 ff.
- Going Private Rn. 117, 118 ff
- Going Public Rn. 117
- „Holzmüller/Gelatine" Rechtsprechung Rn. 96 ff.

- inhaltliche Anforderungen an den Bericht Rn. 105
- Konzeptbeschlüsse Rn. 125 ff.
- „Macrotron"-Entscheidung Rn. 119
- Maßnahmen bei Konzerngesellschaften Rn. 120 ff.
- übertragende Auflösung Rn. 114 ff.
- ungeschriebene Hauptversammlungszuständigkeiten Rn. 101 ff.
- Veräußerung von Unternehmensbeteiligungen Rn. 111 ff.
- Veräußerung von Unternehmensteilen Rn. 111 ff.

Unternehmensvertrag Rn. 61 ff.
- Berichtspflicht bei anderen Unternehmensverträgen Rn. 61
- Berichtspflicht bei Beherrschungs- und Gewinnabführungsverträgen Rn. 61
- Entbehrlichkeit des Berichts Rn. 70
- Inhalt des Berichts Rn. 64 ff.
- Verzicht auf die Berichterstattung Rn. 70

Verschmelzung Rn. 23 ff.
- Anforderungen an den Verschmelzungsbericht Rn. 23 ff.
- Berichtsintensität Rn. 25
- Entbehrlichkeit des Berichts Rn. 32 f.
- Nachinformation Rn. 34 ff.
- Verzicht auf Berichterstattung Rn. 32

Verzicht auf die Berichterstattung Rn. 12, 32, 49, 60, 77

Vorabberichtspflicht bei Ausnutzung genehmigten Kapitals s. Bezugsrechtsausschluss

Zugänglichmachung des Berichts Rn. 3 f., 13

Schrifttum:

Altmeppen, Zum richtigen Verständnis der neuen §§ 293 a–293g AktG zu Bericht und Prüfung beim Unternehmensvertrag, ZIP 1998, 1853; *Arnold*, Mit-wirkungsbefugnisse der Aktionäre nach Gelatine und Macrotron, ZIP 2005, 1573; *T. Baums*, Verschmelzung mit Hilfe von Tochtergesellschaften, FS Zöllner, 1998, 65; *Bayer*, Aktionärsklagen de lege lata und de lege ferenda, NJW 2000, 2609; *ders.*, 1000 Tage neues Umwandlungsrecht – eine Zwischenbilanz, ZIP 1997, 1613; *ders.*, Informationsrechte bei der Verschmelzung von Aktiengesellschaften, AG 1988, 323; *ders.* Kapitalerhöhungen mit Bezugsrechtsausschluß und Vermögensschutz der Aktionäre nach § 255 Abs. 2 AktG, ZHR 163 (1999) 505; *Becker/Horn*, Ungeschriebene Aktionärsrechte nach Holzmüller und Gelatine, JuS 2005, 1067–1070; *H. Bungert*, Festschreibung der ungeschriebenen „Holzmüller"-Hauptversammlungszuständigkeit bei der Aktiengesellschaft, BB 2004, 1345; *Benecke*, Gesellschaftsrechtliche Voraussetzungen des Delisting – zur Begründung und Fortentwicklung der neuen Rechtsprechung des BGH zum freiwilligen Rückzug von der Börse –, WM 2004, 1122; *Bezzenberger/Bezzenberger*, Rechtsschutzmittel der Aktionäre gegen Kapitalverwässerungen – Anfechtungsklage oder Spruchverfahren bei Verschmelzungen und Kapitalerhöhungen mit Bezugsrechtsausschluß, FS Welf Müller, 2001, 1; *Bohnet*, Die Mitwirkungskompetenz der Hauptversammlung von Holding-Gesellschaften bei der Veräußerung von Unternehmensbeteiligungen, DB 1999, 2617; *Bungert*, Delisting und Hauptversammlung, DB 2000, 53; *Cahn*, Pflichten des Vorstandes beim genehmigten Kapital mit Bezugsrechtsausschluß, ZHR 163 (1999) 554; *Decher*, Rechtsfragen des grenzüberschreitenden Merger of Equals, FS Lutter, 2000, 1209; *Drinkuth*, Formalisierte Informationsrechte bei Holzmüller-Beschlüssen?, AG 2001, 256; *Engelmeyer*, Informationsrechte und Verzichtsmöglichkeiten im Umwandlungsgesetz, BB 1998, 330; *dies.*, Die Spaltung von Aktiengesellschaften nach dem neuen Umwandlungsrecht, 1995; *Feldhaus*, Der Verkauf von Unternehmensteilen einer Aktiengesellschaft und die Notwendigkeit einer außerordentlichen Hauptversammlung, BB 2009, 562; *Gessler*, Einberufung und ungeschriebene Hauptversammlungszuständigkeiten, FS Stimpel, 1985, 771; *Geyrhalter/Zirngibl*, Alles unklar beim formalen Delisting – eine Zwischenbilanz 18 Monate nach „Macrotron", DStR 2004, 1048; *Goette*, Organisation und Zuständigkeit im Konzern, AG 2006, 522; *Groß*,

Zuständigkeit der Hauptversammlung bei Erwerb und Veräußerung von Unternehmensbeteiligungen, AG 1994, 266; *Habersack*, Der Finanzplatz Deutschland und die Rechte der Aktionäre, ZIP 2001, 1230; *ders.* Mitwirkungsrechte der Aktionäre nach Macrotron und Gelatine, AG 2005, 137; *Halasz/Kloster*, Börsengang – Eine Entscheidung der Hauptversammlung?, ZBB 2001, 474; *Hellwig*, Möglichkeiten einer Börsenreform zur Stärkung des deutschen Kapitalmarktes, ZGR 1999, 781; *Henze*, Rechtsschutz bei Verletzung von Auskunfts- und Informationsrechten im Unternehmensvertrags-, Umwandlungs- und Verschmelzungsrecht, in Henze/Hoffmann-Becking, RWS-Forum 20, Gesellschaftsrecht 2001, 39; *ders.*, Entscheidungen und Kompetenzen der Organe der AG: Vorgaben der höchstrichterlichen Rechtsprechung, BB 2001, 53; *Hoffmann-Becking*, Rechtsschutz bei Informationsmängeln im Unternehmensvertrags- und Umwandlungsrecht, in Henze/Hoffmann-Becking, RWS-Forum 20, Gesellschaftsrecht 2001, 55; *Hölters* (Hrsg.), Handbuch Unternehmenskauf, 8. Aufl. 2015; *Hommelhoff*, Zur Kontrolle strukturändernder Gesellschafterbeschlüsse, ZGR 1990, 447; *Horbach*, Verfahrensfragen bei Holzmüller-Beschlüssen der Hauptversammlung, BB 2001, 893; *Hüffer*, Beschlußmängel im Aktienrecht und im Recht der GmbH: Eine Bestandsaufnahme unter Berücksichtigung der Beschlüsse von Leitungs- und Überwachungsorganen, ZGR 2001, 833; *ders.*, Die gesetzliche Schriftform bei Berichten des Vorstands gegenüber der Hauptversammlung, FS Claussen, 1997, 171; *Ihrig*, Genehmigtes Kapital und Bezugsrechtsausschluß, WiB 1997, 1181; *Joost*, „Holzmüller 2000" vor dem Hintergrund des Umwandlungsgesetzes, ZHR 163 (1999) 164; *Kallmeyer*, Anwendung von Verfahrensvorschriften des Umwandlungsgesetzes auf Ausgliederung nach Holzmüller, Zusammenschlüsse nach der Pooling of Interests-Methode und die sogenannte übertragende Auflösung, FS Lutter, 2000, 1245; *Kalss*, Gläubigerschutz bei Verschmelzungen von Kapitalgesellschaften, ZGR 2009, 74; *Kocher/Bekowski*, Berichts- und Prüfungserfordernis beim Delisting?, NZG 2008, 135; *Kort*, Bekanntmachungs-, Berichts- und Informationspflichten bei „Holzmüller"-Beschlüssen der Mutter im Falle von Tochter-Kapitalerhöhungen zu Sanierungszwecken, ZIP 2002, 685; *Krause*, Das neue Übernahmerecht, NJW 2002, 705; *Leinekugel*, Die Ausstrahlungswirkungen des Umwandlungsgesetzes, 2000; *Liebscher*, Ungeschriebene Hauptversammlungszuständigkeiten im Lichte von Holzmüller, Macrotron und Gelatine, ZGR 2005, 1; *Limmer* (Hrsg.), Handbuch der Unternehmensumwandlung, 5. Aufl. 2016; *Lüders/Wulf*, Rechte der Aktionäre der Muttergesellschaft beim Börsengang des Tochterunternehmens, BB 2001, 1209; *Lutter* (Hrsg.), Kölner Umwandlungsrechtstage, Verschmelzung, Spaltung, Formwechsel nach neuem Umwandlungsrecht und Umwandlungssteuerrecht, 1995; *ders.*, Zur Vorbereitung und Durchführung von Grundlagenbeschlüssen in Aktiengesellschaften, FS Fleck, 1988, 169; *Lutter/Leinekugel*, Planmäßige Unterschiede im umwandlungsrechtlichen Minderheitenschutz?, ZIP 1999, 261; *dies.*, Der Ermächtigungsbeschluß der Hauptversammlung zu grundlegenden Strukturmaßnahmen – Zulässige Kompetenzübertragung oder unzulässige Selbstentmachtung?, ZIP 1998, 805; *dies.*, Kompetenzen von Hauptversammlung und Gesellschafterversammlung beim Verkauf von Unternehmensteilen, ZIP 1998, 225; *Martens*, Verschmelzung, Spruchverfahren und Anfechtungsklage in Fällen eines unrichtigen Umtauschverhältnisses, AG 2000, 301; *Mülbert*, Rechtsprobleme des Delisting, ZHR 165 (2001) 104; *ders.*, Aktiengesellschaft, Unternehmensgruppe und Kapitalmarkt, 1995; *Pfitzer/Oser/Wader*, Die Entsprechens-Erklärung nach § 161 AktG – Checkliste für Vorstände und Aufsichtsräte zur Einhaltung der Empfehlungen des Deutschen Corporate Governance Kodex, DB 2002, 1120; *Priester*, Die klassische Ausgliederung – ein Opfer des Umwandlungsgesetzes 1994?, ZHR 163 (1999) 187; *Reichert*, Mitwirkungsrechte und Rechtsschutz des Aktionärs nach Macrotron und Gelatine, AG 2005, 150; *Reichert/Senger*, Berichtspflicht des Vorstands und Rechtsschutz der Aktionäre, Der Konzern 2006, 338; *Renner*, Holzmüller-Kompetenz der Hauptversammlung beim Erwerb einer Unternehmensbeteiligung, NZG 2002, 1091; *Roth*, Die übertragende Auflösung nach Einführung des Squeeze out, NZG 2003, 998; *Sagasser/Bula/Brünger*, Umwandlungen, 5. Aufl. 2017; *Sandhaus*, Richtlinienvorschlag der Kommission zur Vereinfachung der Berichts- und Dokumentationspflichten bei Verschmelzungen und Spaltungen, NZG 2009, 41; *Schöne*, Die Spaltung unter Beteiligung von GmbH, 1998; *Schüppen/Schaub* (Hrsg.), Münchener Anwaltshandbuch Aktienrecht, 2. Aufl. 2010; *Schwark*, Der vereinfachte Bezugsrechtsausschluß – zur Auslegung des § 186 Abs. 3 Satz 4 AktG, FS Claussen, 1997, 357; *Seibt*, Deutscher Corporate Governance Kodex und Entsprechens-Erklärung (§ 161 AktGE), AG 2002, 249; *ders.*, Kapitalmarktrechtliche Überlagerungen im Aktienrecht, Gesellschaftsrecht in der Diskussion 2000, 2001, 38; *Sethe*, Berichtserfordernisse beim Bezugsrechtsausschluß, AG 1994, 351; *Seydel*, Konzernbildungskontrolle bei der AG, 1995; *Sieger/Hasselbach*, Der Ausschluß von Minderheitsaktionären nach den neuen §§ 327a ff. AktG, ZGR 2002, 120; *Spindler*, Die Reform der Hauptversammlung und der Anfechtungsklage durch das UMAG, NZG 2005, 825; *Sünner*, Aktionärsrechtsschutz und Aktienrecht, AG 1983, 169; *Tielmann*, Die Anfechtungsklage in Gesamtüberblick unter Berücksichtigung des UMAG, WM 2007, 1686; *Vetter*, Squeeze out nur durch Hauptversammlungsbeschluß?, DB 2001, 743; *de Vries*, Delisting, 2002; *Weißhaupt*, Holzmüller-Informationspflichten nach den Erläuterungen des BGH in Sachen „Gelatine", AG 2004, 585; *Westermann*, Die Zweckmäßigkeit der Verschmelzung als Gegenstand des Verschmelzungsberichts, der Aktionärsrechte und der Anfechtungsklage, FS Johannes Semler, 1993, 651; *Wirth/Arnold*, Anlegerschutz beim Delisting von Aktiengesellschaften, ZIP 2000, 111; *Wollburg/Gehling*, Umgestaltung des Konzerns – Wer entscheidet über die Veräußerung von Beteiligungen in der Aktiengesellschaft?, FS Lieberknecht, 1997, 133; *Zimmermann/Pentz*, „Holzmüller" – Ansatzpunkt, Klagefristen, Klageantrag, FS Welf Müller, 2001, 151.

I. Überblick

1 Im folgenden Kapitel werden die **gesetzlichen** (→ Rn. 1 ff.) und die **ungeschriebenen Berichtspflichten** (→ Rn. 96 ff.) in einer Aktiengesellschaft gegenüber der Hauptversammlung näher beleuchtet. Insbesondere treffen diese Berichtspflichten den Vorstand (→ Rn. 1, Rn. 3 ff., 12 ff.), aber auch der Hauptaktionär (→ Rn. 78 ff.), der Aufsichtsrat (→ Rn. 85 ff.), oder (ergänzend) der Wirtschaftsprüfer (→ Rn. 95) kann einer Berichtspflicht unterliegen.

1a Nach einer allgemeinen Darstellung der Berichtsanforderungen (→ Rn. 3 ff.) werden zunächst die **Berichtspflichten des Vorstands** näher erläutert. Hierbei erfolgt wiederum zunächst eine Darstellung der allgemeinen Anforderungen der Berichterstattung (→ Rn. 3 ff.), insbesondere auch bezüglich der einzuhaltenden Formerfordernisse (→ Rn. 9 ff.). Hieran schließt eine eingehende Erläuterung der einzelnen Berichtspflichten des Vorstands beim Bezugsrechtsausschluss (→ Rn. 12 ff.), der Verschmelzung (→ Rn. 23 ff.), der Spaltung (→ Rn. 38 ff.), der formwechselnden Umwandlung (→ Rn. 52 ff.), dem Unternehmensvertrag (→ Rn. 61 ff.) und der Eingliederung (→ Rn. 71 ff.) an. Weiterhin wird auch auf sonstige gesetzliche Berichtspflichten eingegangen, die den Hauptaktionär beim Squeeze out (→ Rn. 78 ff.) treffen können.

1b In Bezug auf die ungeschriebenen Berichtspflichten werden zunächst die allgemeinen Voraussetzungen einer solchen Berichtspflicht erläutert sowie danach gefragt, ob die „Holzmüller/Gelatine"-Rechtsprechung dahingehend verallgemeinerungsfähig ist, dass bei allen wesentlichen Strukturentscheidungen eine Berichtspflicht besteht bzw. bestehen sollte (→ Rn. 96 ff.). Voraussetzung einer solchen ungeschriebenen Berichtspflicht ist immer die (ungeschriebene) Zuständigkeit der Hauptversammlung. In welchen Fällen eine solche besteht, wird grds. erläutert (→ Rn. 101) und in Bezug auf einzelne Maßnahmen – wie die Ausgliederung im Wege der Einzelrechtsnachfolge (→ Rn. 106 ff.), dem Beteiligungserwerb (→ Rn. 108 ff.), der Veräußerung von Unternehmensteilen und Beteiligungen (→ Rn. 111 ff.), der übertragenden Auflösung (→ Rn. 114 ff.), dem „Going Public" und „Going Private" (→ Rn. 117 ff.), Maßnahmen in Konzerngesellschaften (→ Rn. 120 ff.) sowie Konzeptbeschlüsse (→ Rn. 125 ff.) – näher beleuchtet.

1c Welche Rechtsfolgen eine unzureichende Berichterstattung haben kann, wird im letzten Abschnitt dieses Kapitels erörtert. Schließlich ist eine Heilung unzureichender Informationen grds. nicht möglich (→ Rn. 129 ff.), die Gefahr einer Anfechtung des Hauptversammlungsbeschlusses ist mithin offensichtlich (→ Rn. 131), sofern nicht ein Anfechtungsausschluss in Betracht kommt (→ Rn. 134 ff.).

II. Gesetzliche Berichtspflichten

1. Berichtspflichten des Vorstands

1d Die Beschlussfassung in der Hauptversammlung erfolgt auf Grundlage der Ankündigung in der Tagesordnung. Zu den typischen Tagesordnungspunkten einer ordentlichen Hauptversammlung, den sogenannten Regularien, gehört die Entgegennahme des festgestellten Jahresabschlusses und des Lageberichts, bei Mutterunternehmen (iSd § 290 Abs. 1 und 2 HGB) auch des Konzernabschlusses sowie des Konzernlageberichts, § 175 Abs. 1 AktG.[1] Dementsprechend sind im Vorfeld der Hauptversammlung unter anderem der Jahresabschluss und der Lagebericht, bei Muttergesellschaften entsprechend Konzernabschluss und Konzernlagebericht auszulegen bzw. den Aktionären zugänglich zu machen (§ 175

---

[1] Hinzu kommen die Verwendung des Bilanzgewinns, die Wahl des Abschlussprüfers sowie die Entlastung von Vorstand und Aufsichtsrat.

Abs. 2 AktG); bei einer börsennotierten Gesellschaft ist zusätzlich alsbald (zur Erläuterung dieses Begriffs vgl. → § 4 Rn. 137) nach der Einberufung ein erläuternder Bericht über die Beteiligungsstruktur der Gesellschaft im Internet zu veröffentlichen (§ 124a S. 1 Nr. 3 AktG iVm § 176 Abs. 1 AktG) sowie der Hauptversammlung zugänglich zu machen (§ 176 Abs. 1 AktG iVm §§ 289 Abs. 4, 315 Abs. 4 HGB).[2] Bei der Beschlussfassung über weitreichende Entscheidungen ordnet das Gesetz darüber hinaus eine **Berichterstattungspflicht des Vorstands** im Vorfeld der Hauptversammlung an. Dies gilt insbesondere für

- den Ausschluss des Bezugsrechts bei einer Kapitalerhöhung (§ 186 Abs. 4 S. 2 AktG), der Ausgabe von Schuldverschreibungen (§ 221 Abs. 4 iVm § 186 Abs. 3, 4 AktG) und der Veräußerung eigener Aktien außerhalb der Börse (§ 71 Abs. 1 Nr. 8 iVm § 186 Abs. 3, 4 AktG),
- die Verschmelzung (§ 8 UmwG),
- Spaltungsvorgänge (§§ 127, 135 Abs. 1 iVm § 8 UmwG),
- die formwechselnde Umwandlung (§ 192 UmwG),
- den Abschluss von Unternehmensverträgen (§ 293a AktG),
- die Eingliederung (§ 319 Abs. 1 iVm Abs. 3 S. 1 Nr. 3 AktG).

Zweck dieser besonderen Berichte ist es, den Aktionären eine sachgerechte Ausübung des Stimmrechts zu ermöglichen, indem ihnen nicht nur der **Inhalt der strukturändernden Maßnahme** bekannt gemacht wird, sondern ihnen auch die **Gründe**, die aus **Sicht der Verwaltung** für die Durchführung des Vorhabens sprechen, bereits vor der Hauptversammlung erläutert werden.[3] Bei diesen Berichtspflichten handelt es sich um eine Konkretisierung des allgemeinen Anspruchs der Gesellschaft gegenüber den für sie handelnden Personen auf Auskunft und Rechenschaft.[4]

2. Allgemeine Grundsätze bei Berichtspflichten

a) Informationspflichten des Vorstands

Die nachstehend aufgeführten Berichte sollen den Aktionären ermöglichen, ihre Entscheidung bei der Beschlussfassung in der Hauptversammlung auf eine ausreichend fundierte Informationsgrundlage zu stützen. Zu diesem Zweck sind die Berichte von der Einberufung an den Aktionären der Gesellschaft zugänglich zu machen. Dazu muss ein Bericht grds. von der Einberufung an in den Geschäftsräumen der Gesellschaft zur Einsicht der Aktionäre ausgelegt[5] und auf Verlangen eines Aktionärs in Abschrift übermittelt werden.[6]

---

[2] Zum Inhalt von Lagebericht bzw. Konzernlagebericht vgl. §§ 289, 289a, 315 HGB sowie → § 6 Rn. 8 ff. mit einer ausführlichen Darstellung der Vorlagepflichten im Rahmen der ordentlichen Hauptversammlung.
[3] *Reichert* ZHR-Beihefte Bd. 68, 25 (59).
[4] Ausf. *Wilde* ZGR 1998, 423 ff.; in Bezug auf diesen Anspruch der Gesamtheit der Aktionäre gegenüber dem Vorstand *Wiedemann* in GroßkommAktG AktG § 186 Rn. 114; vgl. §§ 666, 713 BGB für Personengesellschaften.
[5] Die Pflicht zur Auslegung ab der Einberufung ergibt sich für die einzelnen Berichtspflichten aus den folgenden Vorschriften: § 175 Abs. 2 S. 1 AktG (Bericht des Aufsichtsrats; analog für die Berichte über den Grund eines Bezugsrechtsausschlusses sowie für die ungeschriebenen Berichtspflichten, vgl. *Koch* in Hüffer/Koch AktG § 186 Rn. 23; *Schürnbrand* in MüKoAktG AktG § 186 Rn. 86; *Kort* ZIP 2002, 685 (686); *Bosse* ZIP 2001, 104 (105); ähnlich LG Heidelberg ZIP 1988, 1257 (1258); dagegen: *Marsch* AG 1981, 211 (213 f.). Vgl. weiter § 63 Abs. 1 Nr. 4 iVm § 8 UmwG (Verschmelzung); § 63 Abs. 1 Nr. 4 iVm § 125 UmwG (Spaltung); § 230 Abs. 2 S. 1 UmwG (formwechselnde Umwandlung, ggf. iVm § 238 UmwG); § 293f Abs. 1 Nr. 3 AktG (Unternehmensverträge); § 319 Abs. 3 S. 1 Nr. 3 AktG (Eingliederung; ggf. iVm § 320 Abs. 4 S. 1 AktG bei der Mehrheitseingliederung); § 327c Abs. 3 Nr. 4 AktG (Squeeze out).
[6] Vgl. hierzu die Komplementärvorschriften zu den in Fn. 7 genannten: § 175 Abs. 2 S. 2 AktG (ggf. wiederum analog, vgl. hM: *Koch* in Hüffer/Koch AktG § 186 Rn. 23; *Ekkenga* in Kölner Komm. AktG § 186 Rn. 182; *Schürnbrand* in MüKoAktG AktG § 186 Rn. 86; § 63 Abs. 1 und 3 iVm § 8 UmwG; § 63 Abs. 1 und 3 iVm § 125 UmwG; § 230 Abs. 2 S. 2 UmwG (ggf. iVm § 238 UmwG); § 293f Abs. 2 AktG; § 319

4 Diese Verpflichtungen entfallen jedoch dann, wenn die Unterlagen für diesen Zeitraum auf der Internetseite der Gesellschaft zugänglich gemacht werden.[7] Da die Information der Aktionäre über die Einberufung der Hauptversammlung auch durch eingeschriebenen Brief erfolgen kann, wenn sämtliche Aktionäre der Gesellschaft bekannt sind (§ 121 Abs. 4 AktG[8]; → § 4 Rn. 138 ff.), sollte auch die gleichzeitige Information über die Berichte des Vorstands auf diesem Wege möglich sein. Zumal spricht dafür, dass die Zusendung gegenüber Auslegung und Zugänglichmachen „gesellschafterfreundlicher" ist.[9]

5 Berichte sind den Aktionären auch in der Hauptversammlung zugänglich zumachen.[10] Das Zugänglichmachen in der Hauptversammlung kann dabei „klassisch" durch die Auslage des Berichts in Papierform geschehen, es genügt aber auch die Bereitstellung in **elektronischer Form** (zB über PC-Terminals oder Monitore).[11]

6 Die **Bekanntmachung** eines Berichts in **Kurzform** ist darüber hinaus nur geboten, soweit der Hauptversammlung eine Maßnahme zur Zustimmung vorgelegt wird, bei der keine Verträge bzw. Vertragsentwürfe vorgelegt werden müssen, namentlich bei der Kapitalerhöhung mit Bezugsrechtsausschluss[12] sowie in Fällen von nicht kodifizierten Maßnahmen, bei denen eine Berichtspflicht des Vorstands besteht und ein hinreichend aussage-

---

[6] Abs. 3 S. 2 AktG (ggf. iVm § 320 Abs. 4 S. 4 AktG); § 327c Abs. 4 AktG. Obwohl nicht zwingend erforderlich, wird in der Praxis regelmäßig der Bericht zudem gem. §§ 125, 128 AktG (auch elektronisch) mitgeteilt, vgl. *Schürnbrand* in MüKoAktG AktG § 186 Rn. 86. Auf das insofern problematische Verhältnis von § 125 Abs. 2 S. 2 AktG und § 30b Abs. 3 WpHG soll vorliegend nicht eingegangen werden. Weiterführend diesbezüglich *Herrler* in Grigoleit AktG § 125 Rn. 15; *Koch* in Hüffer/Koch AktG § 125 AktG Rn. 9; *Rieckers* in Spindler/Stilz AktG § 125 Rn. 24a f. sowie RegE zur Umsetzung der TransparenzRL, BT-Drs. 18/5010, 49 zum neu eingefügten § 30b Abs. 3 S. 2 WpHG. Seit 2011 ist für Verschmelzungen, Spaltungen und Umwandlungen unter Beteiligung einer AG oder KGaA eine Übermittlung des Verschmelzungs-, Spaltungs- bzw. Umwandlungsberichts im Wege der elektronischen Kommunikation vorgesehen: § 62 Abs. 3 S. 7 (iVm § 125 S. 1), § 63 Abs. 2 S. 4 UmwG (ggf. iVm § 238 UmwG), § 230 Abs. 2 S. 3 (iVm § 238) UmwG. Vgl. noch zum RegE *Wagner* DStR 2010, 1629 bzw. zum RefE vom 15.3.2010 *Bayer/Schmidt* ZIP 2010, 953 und *Diekmann* NZG 2010, 489.

[7] § 175 Abs. 2 S. 4 AktG (ggf. in entsprechender Anwendung); § 63 Abs. 1 und 4 iVm § 8 UmwG; § 63 Abs. 1 und 4 iVm § 125 UmwG; § 230 Abs. 2 S. 4 UmwG (ggf. iVm § 238 UmwG); § 293f Abs. 3 AktG; § 319 Abs. 3 S. 3 AktG (ggf. iVm § 320 Abs. 4 S. 4 AktG); § 327c Abs. 5 AktG. Die Möglichkeit des Zugänglichmachens im Internet wurde durch das EHUG (BGBl. 2006 I 2553) ins Gesetz eingefügt. Mit dem ARUG (BGBl. 2009 I 2479) wurden im Zuge des Abschieds von der Papierform und der Einführung der neuen Medien in das Aktienrecht (vgl. RegE ARUG, BT-Drs. 16/11 642, 35, 37) entsprechende Regelungen auch für die übrigen Berichtspflichten und die Fälle übernommen, in denen die Unterlagen bisher ausgelegt werden mussten, zB auch bei der Nachgründung § 52 Abs. 2 S. 3 AktG (vgl. BegrRegE ARUG, BR-Drucks. 512/09 35, 37). Entsprechend der Auslegung zu § 131 Abs. 3 Nr. 7 AktG müssen die Unterlagen öffentlich allgemein zugänglich sein, dh ohne Zugangsbeschränkungen auf der Internetseite oder größere Suchanstrengungen auffindbar sein; vgl. dazu die Begründung zum RegE des UMAG, BT-Drs. 15/5092, 17f.; *Drygala* in K. Schmidt/Lutter AktG § 175 Rn. 12.

[8] Mit Wirkung vom 31.12.2015 (Gesetz vom 22.12.2015, BGBl. I 2565) wurde § 121 Abs. 4 S. 3 und damit die Verweisung auf §§ 125–127 AktG gestrichen. Dies bedeutet aber nicht, dass §§ 125–127 AktG keine Anwendung mehr auf die Einberufung durch eingeschriebenen Brief finden. Vielmehr entsprach die Anwendbarkeit der §§ 125–127 AktG allgM. Die explizite Verweisung in § 121 Abs. 4 S. 3 wurde als überflüssig erachtet und allein aus diesem Grund entfernt. Vgl. nur *Koch* in Hüffer/Koch AktG § 121 Rn. 11h.

[9] So einleuchtend *Drygala* in Lutter UmwG § 8 Rn. 10 zum Verschmelzungsbericht; ebenso *Göthel* in Lutter UmwG § 230 Rn. 22f.; zustimmend auch *Mayer* in Widmann/Mayer UmwG § 8 Rn. 16. Gleichwohl ist dieses Verfahren wie bei der Einberufung nur bei Gesellschaften mit überschaubarem Aktionärskreis zweckmäßig.

[10] Vgl. § 176 Abs. 1 S. 1 AktG (in entsprechender Anwendung für ungeschriebene Berichtspflichten); § 186 Abs. 4 S. 2 AktG; § 203 Abs. 2 S. 2 AktG; § 221 Abs. 4 S. 2 AktG; § 71 Abs. 1 Nr. 8 S. 5 AktG; § 64 Abs. 1 S. 1 iVm § 8 UmwG; § 64 Abs. 1 S. 1 iVm § 125 UmwG; § 232 Abs. 1 UmwG (ggf. iVm § 239 Abs. 1 UmwG); § 293g Abs. 1 iVm § 293f Abs. 1 AktG; § 319 Abs. 3 S. 4 AktG (ggf. iVm § 320 Abs. 4 S. 2 AktG); § 327d S. 1 AktG.

[11] Vgl. RegE ARUG, BT-Drs. 16/11642, 57, 35. In welcher Form die durch das ARUG geschaffene Möglichkeit des Zugänglichmachens der Unterlagen in der Hauptversammlung, zumal mit elektronischen Mitteln, im Einzelnen genutzt werden kann, ist nach wie vor nicht abschließend geklärt; vgl. zu dieser Frage bereits *J. Schmidt* NZG 2008, 734 (735); *Mutter* AG 2009, R 100f. Allein mit dem Hinweis auf das Wahlrecht der Gesellschaft bezüglich Auslegung oder Veröffentlichung auf der Internetseite *Koch* in Hüffer/Koch AktG § 52, Rn. 13 und *Pentz* in MüKoAktG AktG § 52 Rn. 27.

[12] Hier folgt die Berichtspflicht aus § 186 Abs. 4 S. 2 AktG.

kräftiger Vertragstext fehlt.¹³ Für die Kapitalerhöhung mit Bezugsrechtsausschluss bei Einberufung einer Hauptversammlung im Zusammenhang mit einem Übernahmeangebot hat der Gesetzgeber dies in § 16 Abs. 4 S. 7 WpÜG ausdrücklich vorgesehen; im Übrigen folgt die Pflicht zur Bekanntmachung des Berichts in Kurzform aus einer entsprechenden Anwendung von § 124 Abs. 2 S. 3 AktG.¹⁴ Für die Fälle, in denen der Hauptversammlung ein Vertrag bzw. Vertragsentwurf im Rahmen einer zustimmungsbedürftigen Maßnahme vorzulegen ist, muss indes keine Bekanntmachung des Berichts in Kurzform erfolgen. Da hier bereits die Bekanntmachung des wesentlichen Vertragsinhalts gesetzlich vorgeschrieben ist (§ 124 Abs. 2 S. 3 AktG), wird dem Informationsbedürfnis der Aktionäre ausreichend gedient. Die Aktionäre sind auf Grundlage des wesentlichen Vertragsinhalts in der Lage, sich einen hinreichenden Eindruck über den Inhalt des anstehenden Zustimmungsbeschlusses – und damit über die Notwendigkeit einer Teilnahme an der Hauptversammlung – zu verschaffen. Zur Erlangung detaillierter Kenntnisse können die Aktionäre auf die zugänglich gemachten,¹⁵ vollständigen Unterlagen zurückgreifen.¹⁶ In den anderen Fällen genügt eine Bekanntmachung des Berichts in Kurzform, wenn dieser es einem „verständigen Durchschnittsaktionär" ermöglicht, seine Rechte sinnvoll auszuüben und auf Basis der Bekanntmachung zu entscheiden, ob auch er den vollen Inhalt des Berichts vernehmen bzw. an der Hauptversammlung teilnehmen möchte. Aus dem zusammengefassten Bericht muss sich ferner ergeben, was die Verwaltung selbst als wesentlichen Regelungsinhalt erachtet.¹⁷

Für **börsennotierte Gesellschaften** ist darüber hinaus gesetzlich vorgeschrieben, dass 7 die der Versammlung zugänglich zu machenden Unterlagen, wozu etwa auch der Vorstandsbericht über den Bezugsrechtsausschluss im Rahmen einer Kapitalerhöhung gehört, alsbald nach der Einberufung auf der Internetseite der Gesellschaft veröffentlicht werden (§ 124a S. 1 Nr. 3 AktG iVm § 186 Abs. 4 S. 2 AktG). Diese durch das ARUG 2009 neu eingeführte Informationspflicht erhebt die Empfehlung des Corporate Governance Kodex, Berichte zusammen mit der Tagesordnung leicht zugänglich auf der Internetseite der Gesellschaft zu veröffentlichen,¹⁸ in den Gesetzesrang.

Für den Bericht über den Grund des Bezugsrechtsausschlusses gilt wie für sämtliche 8 übrigen Berichtspflichten, dass börsennotierte Gesellschaften **verpflichtet** sind, die jeweils der Hauptversammlung bereitzustellenden Unterlagen auch im Internet zugänglich zu machen. Daher bietet es sich an, dies bereits mit der Einberufung und nicht erst – entsprechend der gesetzlichen Vorgabe – alsbald danach vorzunehmen. Dadurch entfallen die Pflichten zur Auslegung der Unterlagen und deren Versand auf Verlangen von einzelnen Aktionären, wodurch neben einer Kostenersparnis auch eine erhebliche **Vereinfachung** der Organisation im Vorfeld der Hauptversammlung eintritt. Für nicht börsennotierte Gesellschaften gilt die Verpflichtung zur Veröffentlichung im Internet nicht.¹⁹ Sie können (und sollten) daher im Einzelfall abwägen, ob sie Informationen über das Internet veröffentlichen oder hiervon absehen.

---

[13] So *Kubis* in MüKoAktG AktG § 124 Rn. 23; vgl. auch *Ziemons* in K. Schmidt/Lutter AktG § 124 Rn. 64 mwN. Näher zu den sog ungeschriebenen Berichtspflichten → Rn. 96ff.

[14] Vgl. BGHZ 120, 141 (155) – noch bezüglich § 124 Abs. 2 S. 2 AktG aF – für die Kapitalerhöhung mit Bezugsrechtsausschluss gem. § 186 Abs. 4 S. 2 AktG; vgl. weiterhin *Ziemons* in K. Schmidt/Lutter AktG § 124 Rn. 64 mwN; *Groß* AG 1997, 97 (102); vgl. auch → § 4 Rn. 203.

[15] → Rn. 3 f.: Die der Hauptversammlung vorzulegenden Unterlagen sind ab der Einberufung im Internet zugänglich zu machen; erfolgt dies nicht, können Aktionäre die vollständigen Unterlagen in den Geschäftsräumen der Gesellschaft einsehen oder sie sich auf Verlangen zusenden lassen.

[16] So zutreffend *Kubis* in MüKoAktG AktG § 124 Rn. 23.

[17] Vgl. LG Köln AG 1999, 333 (334); *Koch* in Hüffer/Koch AktG § 124 Rn. 10; *Kubis* in MüKoAktG AktG § 124 Rn. 20.; *Riekers* in Spindler/Stilz AktG § 124 Rn. 20. In diesem Sinne auch *Butzke* L Rn. 8, der zusätzlich die Wiedergabe der wesentlichen Ergebnisse – sofern im Vorfeld der Transaktion erstellt – Bewertungsgutachten empfiehlt.

[18] Ziff. 2.3.1 DCGK in der Fassung vom 7.2.2017, abrufbar unter http://www.dcgk.de/de/kodex.html (zuletzt abgerufen am 20.3.2017).

[19] § 124a AktG gilt nur für börsennotierte Aktiengesellschaften.

b) Formerfordernisse

9   Der Vorstandsbericht ist in allen Fällen schriftlich zu erstatten, und zwar unabhängig von der Frage, ob der Vorstand sich zur (späteren) Auslegung des Berichts in Papier- oder elektronischer Form (→ Rn. 5) entschließt. Umstritten war jedoch lange, ob bei der Erstattung des Berichts eine Erklärungsvertretung zulässig ist, mithin der Bericht der eigenhändigen **Unterschrift** durch sämtliche **Vorstandsmitglieder** bedarf[20] oder die Unterzeichnung durch Mitglieder in vertretungsberechtigter Zahl genügt.[21] Ersteres wurde insbesondere mit dem Wortlaut der betreffenden Vorschriften, also ua §§ 293a Abs. 1 S. 1 AktG, 8 UmwG (→ Rn. 1a), begründet, nach dem die Berichtspflicht den Vorstand insgesamt trifft. Mittlerweile haben sich jedoch die überwiegende Literatur sowie die neuere Rechtsprechung der liberaleren Ansicht angeschlossen.[22] Dem ist im Grundsatz zuzustimmen.[23] Der Gesetzgeber ordnet zwar schriftliche Berichte an, jedoch weder Schriftform (§ 126 BGB)[24] noch eine eigenhändige Unterschrift (vgl. § 245 HGB).[25] Das Erfordernis einer schriftlichen Berichterstattung soll eine höhere Präzision, Nachvollziehbarkeit und Überprüfbarkeit gewährleisten als bei einem nur mündlich vorgetragenen Bericht.[26] Auch wenn nur Mitglieder des Vertretungsorgans in vertretungsberechtigter Zahl den Bericht unterzeichnen, wird man vernünftigerweise annehmen müssen, dass die Mehrheit der Vorstandsmitglieder „hinter dem Bericht steht". Zumal bliebe eine Manipulation durch eine Minderheit nicht verborgen, da der Bericht in der Hauptversammlung (in der zumeist sämtliche Vorstandsmitglieder anwesend sind) mündlich erörtert wird. Jedenfalls liegt bei einer fehlenden Unterzeichnung durch sämtliche Vorstandsmitglieder kein für die Informations- und Mitwirkungsrechte der Aktionäre bedeutender Formmangel vor.[27]

10 Die Vertretung bei der Verfassung des Berichts ist indes nicht zulässig. Der Bericht stellt eine Wissens- und keine Willenserklärung dar. Anders als beim Abschluss von Verträgen, durch die der Rechtsträger und nicht das Organ verpflichtet wird, ist eine gesetzliche oder rechtsgeschäftliche Vertretung daher nicht zulässig. Daher kann auf das Erfordernis

---

[20] Früher hM: *Emmerich/Habersack* KonzernR 273; *Bungert* DB 1995, 1384 (1389); *Koch* in Hüffer/Koch AktG § 293a Rn. 14; *Hüffer* FS Claussen, 1997, 171 (176 ff.); *Volhard* in Semler/Vorlhard Unternehmensübernahmen-HdB § 17 Rn. 187; *Gehling* in Semler/Stengel UmwG § 8 Rn. 5; so auch noch LG Berlin NZG 2004, 337 (338), aber aufgehoben durch KG WM 2005, 41 (42 f.).

[21] Nunmehr ganz überwiegend (obiter) BGH ZIP 2007, 1524 (1528); (obiter) OLG Frankfurt a.M., BeckRS 2011, 25412; *Drygala* in Lutter UmwG § 8 Rn. 6 mwN; *Decher/Hoger* in Lutter UmwG § 192 Rn. 5; *Marsch-Barner* in Kallmeyer UmwG § 8 Rn. 3; *Emmerich* in Emmerich/Habersack Aktien/GmbH-KonzernR AktG § 293a Rn. 18; *Stratz* in Schmitt/Hörtnagl/Stratz UmwG § 8 Rn. 7; *v. Rechenberg* BB 2007, 1980; *Langenbucher* in K. Schmidt/Lutter AktG § 293a Rn. 7; *Veil* in Spindler/Stilz AktG § 293a Rn. 8. So bereits vor der genannten BGH-Entscheidung OLG Stuttgart NZG 2004, 146 (147); ausführlich begründend *Müller* NJW 2000, 2001 (2002); ähnlich auch *Altmeppen* in MüKoAktG AktG § 293a Rn. 34 (es genüge die Unterschrift derjenigen Vorstandsmitglieder, die aufgrund der internen Geschäftsverteilung den Bericht zu verfassen haben); aA auch nach der BGH-Entscheidung *Schenk* in Bürgers/Körber AktG § 293a Rn. 12. Indes verlangen KG WM 2005, 41 (42 f.) (Vorinstanz zu BGH ZIP 2007, 1524); *Krieger* in MHdB AG § 71 Rn. 28; *Scholz* in MHdB AG § 57 Rn. 132; *Fuhrmann* AG 2004, 135 (136 ff.) überhaupt keine Unterzeichnung des Berichts: es handle sich um ein Schriftform-, kein Unterschriftserfordernis, der Gesetzeszweck erschöpfe sich in einer körperlichen Fixierung. Außerdem werde die geforderte Berichterstattung durch alle Vorstandsmitglieder nicht dadurch in Frage gestellt, dass nicht alle den Bericht unterzeichnet haben.

[22] Vgl. die Nachweise in Fn. 22.

[23] So auch insbes. *Decher/Hoger* in Lutter UmwG § 192 Rn. 5: Die „Unterzeichnung durch sämtliche Mitglieder des Vertretungsorgans [erscheint] als unnötiger Formalismus" – allerdings mit dem Hinweis, dass sich eine Unterzeichnung durch alle Mitglieder dann empfiehlt, wenn dokumentiert werden soll, dass alle Mitglieder bei der Erstellung des Umwandlungsberichts mitgewirkt haben. *Butzke* L Rn. 7 empfiehlt der Praxis weiterhin vorsorglich die Unterzeichnung des Berichts durch alle Mitglieder des Vorstands.

[24] Anders *Schürnbrand* in MüKoAktG AktG § 186 Rn. 84, der aber trotz der Annahme, das Schriftlichkeitserfordernis orientiere sich an § 126 BGB, annimmt, dass eine Unterzeichnung durch die Vorstandsmitglieder in vertretungsberechtigter Zahl genügt.

[25] So ausdrücklich OLG Frankfurt a.M. BeckRS 2011, 25412; vgl. auch *Langenbucher* in K. Schmidt/Lutter AktG § 293a Rn. 7.

[26] OLG Frankfurt a.M. BeckRS 2011, 25412.

[27] So BGH ZIP 2007, 1524 (1528).

eines Vorstandsbeschlusses über den Inhalt des an die Hauptversammlung zu erstattenden Berichts nicht verzichtet werden.[28]

Sind an einem Vorgang, der eine Berichtspflicht auslöst, mehrere Gesellschaften beteiligt, kann der Bericht von den Vertretungsorganen der beteiligten Rechtsträger auch **gemeinsam** erstattet werden, § 293a Abs. 1 S. 1, letzter Hs AktG, § 8 Abs. 1 S. 1 letzter Hs UmwG.[29]

3. Einzelne Berichtspflichten

a) Ausschluss des Bezugsrechts

aa) Bezugsrechtsausschluss bei der regulären Kapitalerhöhung

Soll eine Kapitalerhöhung mit Ausschluss des Bezugsrechts beschlossen werden, hat der Vorstand der Hauptversammlung einen **schriftlichen Bericht** über den Grund für den Bezugsrechtsausschluss zu verfassen, den Aktionären zugänglich zu machen und bei börsennotierten Gesellschaften alsbald nach der Einberufung zur Hauptversammlung auf der Internetseite zu veröffentlichen (§ 186 Abs. 4 S. 2 Hs. 1 AktG und § 124a Nr. 3 AktG, → Rn. 3). In dem Bericht sind der **Grund** für den **Ausschluss des Bezugsrechts** und der vorgeschlagene **Ausgabekurs** darzulegen und zu begründen (§ 186 Abs. 4 S. 2 AktG).[30] Der Zweck dieser Bestimmung ist, der Hauptversammlung die für eine fundierte und sachgerechte Entscheidung notwendigen Informationen zu vermitteln.[31] Der Bericht soll die Aktionäre in die Lage versetzen, die Interessen der Gesellschaft an einer Kapitalerhöhung mit Bezugsrechtsausschluss gegenüber anderen Alternativen zu bewerten, die Nachteile für die ausgeschlossenen Aktionäre zu erkennen und beides gegeneinander **abzuwägen.**[32] Zugleich ist der Bericht wesentliche, aber nicht alleinige Grundlage für die Überprüfung der sachlichen Rechtfertigung des Bezugsrechtsausschlusses im Rahmen eines **Anfechtungsprozesses.**[33] Der Bericht ist selbst dann erforderlich, wenn die Gründe für den Bezugsrechtsausschluss offensichtlich sind.[34] Nach zutreffender Auffassung kann durch Beschluss sämtlicher Aktionäre auf die Berichterstattung **verzichtet** werden.[35]

Der Bericht ist ab der Einberufung auszulegen bzw. zugänglich zu machen. Zwar findet sich im Gesetz keine ausdrückliche Anordnung, so dass auch eine Vorlage erst zur Hauptversammlung vom Wortlaut gedeckt wäre; jedoch finden die Informationspflichten gem. § 175 Abs. 2 AktG aufgrund der hohen Bedeutung für die rechtzeitige und vollstän-

---

[28] Im Hinblick auf die Ausführungen des BGH (vgl. Fn. 22) ist jedoch auch diese Frage umstritten. Vgl. hierzu *Hüffer*, 9. Aufl. 2010, AktG § 293a Rn. 10, der jedoch die Eigenhändigkeit der Unterschrift nicht deswegen fordert, weil es sich bei dem Bericht um eine Wissenserklärung handelt, sondern weil Berichtsschuldner nicht die AG sondern der Vorstand sei, der nur durch sämtliche Mitglieder handeln könne; *ders.* in FS Claussen, 1997, 171 (175ff.); *Altmeppen* in MüKoAktG AktG § 293a Rn. 32ff. sowie *Gehling* in Semler/Stilz UmwG § 8 Rn. 5 mwN; aA *Langenbucher* in K. Schmidt/Lutter AktG § 293a Rn. 8: Eine Erklärung über Wissen kann auch von einem anderen als dem Wissenden selbst erfolgen.
[29] Durch die gesetzliche Verankerung wurde die bis dahin umstrittene Frage bezüglich der Möglichkeit der gemeinsamen Berichterstattung geklärt.
[30] Eingefügt durch das 2. EG-KoordG vom 13.12.1978, BGBl. I 1995.
[31] Vgl. BGHZ 83, 319 (326) – Holzmann; LG Aachen AG 1995, 45; *Becker* BB 1981, 394 (395); *Schürnbrand* in MüKoAktG AktG § 186 Rn. 80; *Schockenhoff* AG 1994, 45 (54).
[32] LG Aachen AG 1995, 46; OLG Stuttgart ZIP 1998, 1482 (1490); *Wiedemann* in GroßkommAktG AktG § 186 Rn. 117, 123; *Schürnbrand* in MüKoAktG AktG § 186 Rn. 80 („Minderheitenschutz durch Verfahren").
[33] *Servatius* in Spindler/Stilz AktG § 186 Rn. 52; den Bericht als Grundlage der Überprüfung ansehend: BGHZ 83, 319 (326); OLG Celle AG 2002, 292 (293); *Koch* in Hüffer/Koch AktG § 186 Rn. 23, 37; *Lutter* ZGR 1979, 401 (415); *Hirte* DStR 2001, 577; *Schürnbrand* in MüKoAktG AktG § 186 Rn. 110, der lediglich noch eine Vertiefung der im Bericht aufgeführten Aspekte zulässt, nicht aber eine Einführung neuer Aspekte in das Verfahren.
[34] *Koch* in Hüffer/Koch AktG § 186 Rn. 23; *Reichert* in BeckHdB AG § 5 Rn. 121.
[35] *Schürnbrand* in MüKoAktG AktG § 186 Rn. 80; *Hoffmann-Becking* ZIP 1995, 1 (7); *Koch* in Hüffer/Koch AktG § 186 Rn. 23; eher zurückhaltend allerdings OLG München AG 1991, 210 (211).

dige Unterrichtung der Aktionäre entsprechende Anwendung.[36] Ob es seit Inkrafttreten des ARUG und damit Änderung des § 186 Abs. 4 S. 2 AktG einer zusätzlichen Bekanntmachung des wesentlichen Inhalts des Vorstandsberichts (so die bisher hM mit Berufung auf § 124 Abs. 2 S. 3 Alt. 2 AktG analog) noch bedarf, ist noch nicht abschließend geklärt: Nach § 186 Abs. 4 S. 2 AktG müsse der Vorstandsbericht den Aktionären vollumfänglich zugänglich gemacht werden, sodass eine zusätzliche Information nicht mehr erforderlich sei.[37] Nach bisher hM ist eine solche Bekanntmachung jedoch gestützt auf § 124 Abs. 2 S. 3 Alt. 2 AktG analog notwendig,[38] weswegen jedenfalls bis auf Weiteres auch weiterhin eine Bekanntgabe des wesentlichen Inhalts zu empfehlen ist.

14 Das Gesetz konkretisiert den Umfang des Berichts nicht näher. Aus dem genannten Zweck der Berichtspflicht ergibt sich jedoch, dass der Bericht **umfassend** sein[39] und die für die **materielle Rechtfertigung**[40] des Bezugsausschlusses entscheidenden Tatsachen sowie etwaige weitergehende wirtschaftliche Folgen[41] (einschließlich der ggf. durch die Kapitalerhöhung entstehenden Möglichkeit eines Squeeze outs)[42] **konkret mitteilen** muss. Eine Ausnahme gilt jedoch insoweit, als ein Auskunftsverweigerungsrecht besteht (§ 131 Abs. 3 AktG analog).[43] Der Bericht hat die Wertungen und Abwägungen des Vorstands zum Bezugsrechtsausschluss darzulegen.[44] Es ist nicht ausreichend, die Interessen abstrakt oder durch Allgemeinplätze zu umschreiben.[45] Der Prüfungsbericht (§ 34 Abs. 2 und 3 AktG iVm § 183 Abs. 3 AktG) kann den Bericht nicht ersetzen.[46] Soll der Bezugsrechtsausschluss nur einen Teil der Aktionäre betreffen, muss diese Ungleichbehandlung in dem Bericht begründet werden.[47] Wesentlich ist ferner, den **Ausgabebetrag** – sofern er im Beschluss festgesetzt werden soll – unter Darlegung der **Berechnungsgrundlagen und Bewertungskriterien** zu begründen.[48] Die eingehende Darlegung und Begründung ist deswegen von besonderer Wichtigkeit, weil eine Anfechtungsklage auf einen zu niedrigen Ausgabekurs gestützt werden kann (§ 255 Abs. 2 AktG).

15 Auch im Fall einer **Barkapitalerhöhung**, bei der die Bareinlage **zehn vom Hundert des Grundkapitals** nicht übersteigt und der Ausgabebetrag den **Börsenpreis** nicht wesentlich unterschreitet und von deren grds. Zulässigkeit das Gesetz ausgeht (§ 186 Abs. 3

---

[36] So wohl auch weiterhin die ghM; vgl. nur *Koch* in Hüffer/Koch AktG § 186 Rn. 23; für eine Analogie zu § 293f Abs. 1 Nr. 3, Abs. 2 AktG *Veil* in K. Schmidt/Lutter AktG § 186 Rn. 20; *Bayer* ZHR 168 (2004), 132 (153). Zu den Einzelheiten bzgl. der Informations- und Veröffentlichungspflichten vgl. → Rn. 3 ff.
[37] *Kubis* in MüKoAktG AktG § 124 Rn. 23; *Koch* in Hüffer/Koch AktG § 124 Rn. 12; *Rieckers* in Spindler/Stilz AktG § 124 Rn. 23.
[38] LG Berlin DB 2005, 1320 (1321); *Bosse* ZIP 2001, 104 (105); *Herrler* in Grigoleit AktG § 124 Rn. 10; *Ziemons* in K.K. Schmidt/Lutter AktG § 124 Rn. 48; BGHZ 120, 141 (155 ff.); *Busch* in Börsennotierte AG-HdB § 42 Rn. 74.
[39] Insbesondere haben die infolge der BGH Rechtsprechung, beginnend mit der „Siemens/Nold"-Entscheidung, abgesenkten Anforderungen an den Bericht in Bezug auf den Bezugsrechtsausschluss bei genehmigtem Kapital (→ Rn. 16 ff.) keine Auswirkungen auf den Umfang der Berichtspflicht bei der regulären Kapitalerhöhung, *Schürnbrand* in MüKoAktG AktG § 186 Rn. 81; *Ekkenga/Jaspers* in Ekkenga/Schröer Kap. 4 Rn. 151; *Busch* in Börsennotierte AG-HdB, § 42 Rn. 75; *Scholz* in MHdB AG § 57 Rn. 136; aA *Hofmeister* NZG 2000, 713, 717 ff.
[40] Zu den Anforderungen an die materielle Rechtfertigung des Bezugsrechtsausschlusses → § 20 Rn. 49 ff.
[41] *Schürnbrand* in MüKoAktG AktG § 186 Rn. 81.
[42] OLG Schleswig AG 2004, 155 (158).
[43] *Koch* in Hüffer/Koch AktG § 186 Rn. 24.
[44] BGHZ 83, 319 (326); LG Frankfurt a.M. AG 1984, 296 (299); vgl. Beispiele bei *Happ/Groß* AktienR 12.02 Muster b) S. 1650.
[45] OLG Hamm WM 1988, 1164 (1167) = AG 1989, 31 (32 ff.); auch die BGH-Entscheidung – Siemens/Nold – NJW 1997, 2815, hat daran nichts geändert, da sie ein genehmigtes Kapital und nicht die reguläre Kapitalerhöhung betraf, zutr. OLG Celle AG 2002, 292; *Ulmer* ZGR 1999, 751 (764 f.); *Koch* in Hüffer/Koch AktG § 186 Rn. 24; *Henze/Born/Drescher* HRR AktienR, 5. Aufl. 2002, Rn. 1009.
[46] *Koch* in Hüffer/Koch AktG § 186 Rn. 24; vgl. noch *Hefermehl/Bungeroth* in Geßler/Hefermehl AktG § 186 Rn. 98; aA *Becker* BB 1981, 394 (395).
[47] *Schockenhoff* AG 1994, 45 (55 f.); vgl. auch OLG Celle AG 2002, 292 (293).
[48] *Koch* in Hüffer/Koch AktG § 186 Rn. 24.

S. 4 AktG), bedarf es eines Berichts.[49] Es sind darin die Voraussetzungen darzulegen, die zur Zulässigkeit des Bezugsrechtsausschlusses führen. Obgleich sich aus den Gesetzesmaterialien eine Tendenz zu einer **Verringerung der Anforderungen** an den Vorstandsbericht ergibt,[50] sollte man von einer zu starken Ausdünnung des Berichts sicherheitshalber absehen.[51]

bb) Bezugsrechtsausschluss beim genehmigten Kapital

Trotz des Ausschlusses des Bezugsrechts im Rahmen der Schaffung **genehmigten Kapitals** durch die Hauptversammlung bzw. der Ermächtigung des Vorstands hierzu (§ 203 Abs. 1 S. 1 Hs. 2 bzw. § 203 Abs. 2 S. 1 AktG) bedarf es eines **schriftlichen Berichts** über den Grund des Bezugsrechtsausschlusses (§§ 203 Abs. 2 S. 2 iVm 186 Abs. 4 S. 2 AktG).[52] Der Bericht muss aber weder den zukünftigen Ausgabebetrag noch Ausführungen hierzu enthalten.[53] Soll der Ausgabebetrag jedoch bereits im Beschluss festgesetzt werden, ist er im Einzelnen zu begründen (§ 186 Abs. 4 S. 2 AktG).[54] Für die **Rechtfertigung** des Bezugsrechtsausschlusses bei einer Sachkapitalerhöhung genügt es seit der „Siemens Nold"-Entscheidung[55], dass die beabsichtigte Maßnahme **allgemein** oder **abstrakt** umschrieben wird. Der AG soll durch ein genehmigtes Kapital die Möglichkeit eingeräumt werden soll, schnell und flexibel auf sich bietende Handlungsoptionen oder sich entwickelnde Sachlagen zu reagieren.[56] Dies gilt naturgemäß im Hinblick auf Maßnahmen, die zum Zeitpunkt des Hauptversammlungsbeschlusses **noch nicht konkret geplant** sind. Es ist mithin nicht erforderlich, in dem Vorstandsbericht ein konkretes Vorhaben anzuführen. Es genügt vielmehr, die mit dem Bezugsrechtsausschluss verfolgten Zwecke anzugeben[57] und darzulegen, dass die bezweckte Maßnahme im Gesellschaftsinteresse liegt.[58] Nicht ausreichend ist jedoch der pauschale Hinweis auf eine ansonsten nicht näher erläuterte strategische Neuorientierung jedenfalls bei einer Kapitalmaßnahme, die fast die Hälfte des bestehenden Grundkapitals ausmacht.[59] Im Ergebnis wird damit eine **„Vorratsermächtigung"** möglich.

16

---

[49] *Koch* in Hüffer/Koch AktG § 186 Rn. 39 f.; *Scholz* in MHdB AG § 57 Rn. 138; *Veil* in K. Schmidt/Lutter AktG § 186 Rn. 43; *Volhard* AG 1998, 397 (401).

[50] Fraktionsbegründung zum Gesetz für kleine Aktiengesellschaften und zur Deregulierung des Aktienrechts, BT-Drs. 12/6721, 10 re. Sp.; Ausschuss BT-Drs. 12/7848, 9 re. Sp.; vgl. auch *Marsch-Barner* AG 1994, 532 (538); *Schwark* FS Claussen, 1997, 357 (367).

[51] Vgl. dazu insbes.: *Lutter* AG 1994, 429 (443); *Veil* in K. Schmidt/Lutter AktG § 186 Rn. 43; *Koch* in Hüffer/Koch AktG § 186 Rn. 39 f.; großzügiger *Scholz* in MHdB AG § 57 Rn. 138; *Claussen* WM 1996, 609 (613 f.); *Hoffmann-Becking* ZIP 1995, 1 (9); *Schwark* FS Claussen, 1997, 357 (367 ff.); *Trapp* AG 1997, 115 (120); *Bungert* NJW 1998, 488 (492); offengelassen ist die Frage einer etwaigen Reduzierung der Berichtspflicht bei LG Stuttgart ZIP 1998, 422 – Wenger/Daimler-Benz – und OLG Stuttgart ZIP 1998, 1482 (1490) – Wenger/Daimler-Benz; → § 22 Rn. 68 ff. mit Beschlussmuster.

[52] Hinsichtlich der Pflichten der Gesellschaft zur Information der Aktionäre vgl. die entsprechenden Ausführungen zum Bezugsrechtsausschluss bei der regulären Kapitalerhöhung → Rn. 12. Vgl. auch *Koch* in Hüffer/Koch AktG § 203 Rn. 23, 25 f.; *Scholz* in MHdB AG § 59 Rn. 28, 32; *Hirte* in GroßkommAktG AktG § 203 Rn. 21; *ders.* DStR 2001, 577 (581); *Bosse* ZIP 2001, 104; aA *Kindler* ZGR 1998, 35 (63).

[53] BGH NJW 1997, 2815 (2817) – Siemens/Nold; BGH ZIP 2000, 1162 (1164) – adidas; *Koch* in Hüffer/Koch AktG § 203 Rn. 26; *Bayer* in MüKoAktG AktG § 203 Rn. 152; *Hirte* in GroßkommAktG AktG § 203 Rn. 109; *Bungert* NJW 1998, 488 (491).

[54] Vgl. *Koch* in Hüffer/Koch AktG § 203 Rn. 26.

[55] BGHZ 136, 133 ff. = ZIP 1997, 1499 ff., unter ausdrücklicher Aufgabe seiner früheren Rspr. in BGHZ 83, 319; zust. *Ihrig* WiB 1997, 1181 f.; *Volhard* AG 1998, 397 (403); *Hirte* EWiR § 203 AktG 1/97, 1013; *ders.* DStR 2001, 577 (578); *Waclawik* ZIP 2006, 397 (399); *Hermanns* in Henssler/Strohn § 203 AktG Rn. 6; *Scholz* in MHdB AG § 59 Rn. 31; abl. *Lutter* JZ 1998, 50 ff.; *Bayer* in MüKoAktG AktG § 203 Rn. 145 f.; *ders.* ZHR 168 (2004), 132 (150 ff.). Diese Rechtsprechung wurde vom BGH bestätigt und fortgeführt; vgl. BGH NJW 2006, 371 f. und BGH NJW 2006, 374 (Commerzbank/Mangusta I/II).

[56] So bereits BGH NJW 1982, 2444; BGH NJW 1997, 2815 (2816).

[57] *Cahn* ZHR 163 (1999) 554 (557 f.).

[58] BGH ZIP 1997, 1499; vgl. auch *Koch* in Hüffer/Koch AktG § 203 Rn. 11; *Marsch-Barner* in Bürgers/Körber AktG § 203 Rn. 14; *Wilsing* ZGR 2006, 722 (726 f.).

[59] So OLG München AG 2003, 451 (452); LG München I AG 2001, 319 (320).

17 Noch nicht eindeutig geklärt ist indes, ob der Bericht nicht jedenfalls dann, wenn eine **konkrete Maßnahme** bereits zur Zeit des Hauptversammlungsbeschlusses **beabsichtigt** ist, hierauf eingehen muss. Das LG München hat hierzu ausgeführt, dass zumindest über bereits bekannte Umstände einer strategischen Neuorientierung, der die Verwendung des genehmigten Kapitals dienen soll, zu berichten ist.[60] Andere Instanzgerichte haben weniger strenge Anforderungen gestellt.[61] Auch in der Literatur wird dies unterschiedlich beurteilt. So ist nach einer Auffassung eine allgemeine Vorratsermächtigung mit der entsprechenden abstrakten und allgemeinen Berichterstattung nicht mehr als ausreichend zu erachten, wenn der Vorstand im Zeitpunkt der Beschlussfassung der Hauptversammlung schon konkrete Pläne bezüglich der Ausnutzung des genehmigten Kapitals hat. Vielmehr habe der Vorstand in diesem Fall alle vorhandenen, für die Entscheidung der Aktionäre **relevanten und nicht geheimhaltungsbedürftigen Informationen** an die Hauptversammlung weiter zu geben.[62] Zweck des genehmigten Kapitals nach den Grundsätzen der „Siemens/Nold"-Rechtsprechung sei es, dem Vorstand bei der Verwendung flexible Handlungsoptionen zu erhalten. Dies stehe der vom Gesetz nach §§ 203 Abs. 2 S. 2, 186 Abs. 4 S. 2 AktG grds. geforderten Berichtspflicht jedoch namentlich dann nicht entgegen, wenn der Vorstand zur Verwendung des genehmigten Kapitals bereits eine konkrete Maßnahme beabsichtigt. In einer solchen Sachlage müsse das Informationsbedürfnis der Aktionäre daher nicht eingeschränkt werden; ein Ausweichen auf eine Blankettermächtigung würde eine unzulässige Umgehung des Gesetzes darstellen.[63] Wenn die geplante Maßnahme noch der Geheimhaltung bedarf, seien insoweit die Grundsätze für Auskunftsverweigerungen entsprechend heranzuziehen.[64] Dagegen wird eingewendet, dass eine Grenzziehung zwischen zulässigen Ermächtigungsbeschlüssen mit Bezugsrechtsausschluss und sog. Vorratsermächtigungen nicht praktikabel sei.[65] Zudem solle das Institut des genehmigten Kapitals der im Wirtschaftsleben bestehenden Notwendigkeit, schnell und flexibel handeln zu können, Rechnung tragen. Zu diesem Zwecke müsse es zulässig sein, auch dann auf konkrete Darstellungen verzichten zu können, wenn bereits Anhaltspunkte für einen erforderlichen Bezugsrechtsausschluss bestehen, aber nach dem unternehmerischen Ermessen des Vorstands eine Bekanntmachung dieser Umstände noch nicht erfolgen soll, um die Strategie des Unternehmens nicht vorzeitig offenzulegen.[66] Grds. sind der letztgenannten Ansicht Sympathien entgegenzubringen, da sie die mit dem genehmigten Kapital bezweckte Flexibilität des Vorstandshandelns in den Vordergrund rückt; allerdings ist die lediglich abstrakte Information in der Praxis aufgrund der uneinheitlichen Rechtsprechung mit der Inkaufnahme von Risiken verbunden.

18 Im Hinblick darauf, dass nach „Siemens/Nold" grds. allgemein gehaltene Berichte genügen, wird von Teilen der Literatur ein **erneuter** – nunmehr konkreter – **Bericht vor Ausnutzung des genehmigten Kapitals** durch den Vorstand gefordert.[67] Der BGH hat

---

[60] LG München I AG 2001, 319; zust. *Hirte* in EWiR § 203 AktG 1/01, 507; differenzierend *Cahn* ZHR 163 (1999) 554 (559 ff.); vgl. auch LG Frankfurt a.M. DB 2001, 751 (752) zur verwandten Frage einer Vorstandsermächtigung bei „Holzmüller"-Fällen. Erneut eine Berichtspflicht bei bereits konkret beabsichtigter Maßnahme fordert das LG München I AG 2010, 47/48.
[61] LG Darmstadt NJW-RR 1999, 1122; LG Heidelberg DB 2001, 1601.
[62] So auch *Bayer* in MüKoAktG AktG § 203 Rn. 151; *Rieder/Holzmann* in Grigoleit AktG § 203 Rn. 26; *Cahn* ZHR 163 (1999), 554 (559 ff.); *Leuering/Rubner* NJW-Spezial 2013, 15 (16).
[63] So *Bayer* in MüKoAktG AktG § 203 Rn. 151.
[64] Analog § 131 Abs. 3 AktG; insoweit zustimmend *Koch* in Hüffer/Koch AktG § 203 Rn. 29; *Cahn* ZHR 163 (1999) 554 (559 f.); *Bosse* ZIP 2001, 104 (105); *Bungert* NJW 1998, 488 (490).
[65] *Koch* in Hüffer/Koch AktG § 203 Rn. 29 mit Verweis auf BGH NJW 1997, 2815 (2816).
[66] So auch *Koch* in Hüffer/Koch AktG § 203 Rn. 29 mit Verweis auf BGH NJW 1997, 2815 (2816) sowie *Scholz* in MHdB AG § 59 Rn. 32 mwN zu beiden Auffassungen.
[67] *Bayer* in MüKoAktG AktG § 203 AktG Rn. 155 ff., *Hirte* in GroßkommAktG AktG § 203 Rn. 67 ff., 113; *ders.* DStR 2001, 577; *Natterer* ZIP 2002, 1672 (1676); *Ekkenga* AG 2001, 615 (620); *Volhard* AG 1998, 397 (402); siehe auch *Hüffer*, 4. Aufl. 1999, AktG § 203 Rn. 36, der diese Ansicht später ausdrücklich aufgegeben hat: *Hüffer* ZGR 2001, 833 (845) Fn. 51 sowie *Koch* in Hüffer/Koch AktG § 203 Rn. 11a, 36.

sich hierzu in der „Siemens/Nold"-Entscheidung nicht ausdrücklich geäußert,[68] in dem späteren Urteil „Mangusta/Commerzbank I" eine solche Berichtspflicht jedoch mit zutreffender Begründung **abgelehnt**.[69] Zum einen lässt sich eine Vorabberichtspflicht des ermächtigten Vorstands im Rahmen des genehmigten Kapitals dem Gesetz nicht entnehmen.[70] Auch der mit den Berichtspflichten primär verfolgte Zweck (→ Rn. 2) könnte bei genehmigtem Kapital nicht mehr erfüllt werden: Einer Information als Grundlage für eine sachgerechte Entscheidung der Hauptversammlung bedarf es nicht, da die Hauptversammlung an der Ausnutzung des genehmigten Kapitals nicht beteiligt ist. Als Grundlage einer Klage wäre ein Bericht nur sinnvoll, wenn den Aktionären ausreichend Zeit eingeräumt würde, Klage zu erheben.[71] Die damit einhergehende Verzögerung und der Verlust an Diskretion durch die Veröffentlichung geplanter Transaktionen würden jedoch dem Sinn und Zweck des genehmigten Kapitals als flexiblem Instrument zur Kapitalbeschaffung gerade widersprechen.[72] Ein erneuter Bericht ist auch unter dem Gesichtspunkt eines effektiven Aktionärsschutzes nicht erforderlich. Mit dem Zustimmungserfordernis des Aufsichtsrats gem. § 204 Abs. 1 AktG und möglichen Schadensersatzansprüchen gegen Vorstand und Aufsichtsrat[73] besteht ein hinreichendes Schutzinstrumentarium. Zudem wird das entstehende Informations- und Kontrolldefizit der Hauptversammlung durch eine angemessene gerichtliche Kontrolle der Entscheidung des Vorstands ausgeglichen. Beeinträchtigte Aktionäre können im Wege der (vorbeugenden) **Unterlassungsklage** vorgehen oder mit der allgemeinen **Feststellungsklage** (vgl. § 256 Abs. 1 ZPO) die Nichtigkeit des Vorstandsbeschlusses bezüglich der Ausnutzung des genehmigten Kapitals feststellen lassen, und zwar auch noch nach Eintragung der Kapitalerhöhung im Handelsregister und Ausgabe der Aktien.[74]

Dem Informationsbedürfnis der Aktionäre ist indes dadurch Rechnung zu tragen, dass in der **folgenden Hauptversammlung** über die Einzelheiten der Ausübung des genehmigten Kapitals (nach Auffassung des OLG Frankfurt entsprechend den Anforderungen des § 186 Abs. 4 S. 2 AktG[75]) berichtet wird,[76] wobei ein mündlicher Bericht des Vor-

---

[68] BGH ZIP 1999, 1499; in BGHZ 83, 319 (327) hatte der BGH diesen Punkt ausdrücklich offengelassen.

[69] BGH NJW 2006, 371 f. (Commerzbank/Mangusta I); ebenso in der Vorinstanz OLG Frankfurt a.M. NZG 2003, 584 (586 f.); ausführlich dazu *Wamser* in Spindler/Stilz AktG § 203 Rn. 97 ff. sowie *Reichert/Senger* Der Konzern 2006, 338 (341 ff.). Zustimmend *Scholz* in MHdB AG § 59 Rn. 63 mwN. Dies entspricht der bisher hM, vgl. *Bürgers/Holzborn* BKR 2006, 202 (203); *Busch* NZG 2006, 81 (82); *Krämer/Kiefner* ZIP 2006, 301 (305 f.); *Kubis* DStR 2006, 188 (190); *Paschos* DB 2005, 2731; *Reichert/Senger* Der Konzern 2006, 338 (341); *Waclawik* ZIP 2006, 397 (399 f.); *Wilsing* ZGR 2006, 722 (724 ff.); so auch die Regierungskommission Corporate Governance, vgl. *Baums* Rn. 230; weiterhin bereits vor „Siemens/Nold" *Ihrig* WiB 1997, 1181 (1182); *Hüffer* ZGR 2001, 833 (845) Fn. 51; *Henze/Born/Drescher* HRR AktienR Rn. 1711; bis auf Ausnahmefälle auch *Cahn* ZHR 163 (1999) 554 (582).

[70] Vgl. BGH NJW 2006, 371 (372) (Commerzbank/Mangusta I); OLG Frankfurt a.M. NZG 2003, 584 (587); *Wilsing* ZGR 2006, 722 (728).

[71] Aus diesem Grund wird vereinzelt sogar eine Monatsfrist zwischen Bericht und Durchführung der Kapitalerhöhung in Analogie zu § 246 Abs. 1 AktG gefordert, *Lutter* BB 1981, 861 (863); *Hirte* in Großkomm-AktG AktG § 203 Rn. 86, 132.

[72] BGH NJW 2006, 371 (373) (Commerzbank/Mangusta I); *Koch* in Hüffer/Koch AktG § 203 Rn. 36; *Bosse* ZIP 2001, 104 (106).

[73] Vgl. hierzu BGH NJW 2006, 371 (Commerzbank/Mangusta I); *Cahn* ZHR 164 (2000) 113 (118 ff.).

[74] BGH NJW 2006, 374 (375) (Commerzbank/Mangusta II); 1997, 2815 (Siemens/Nold); *Marsch-Barner* in Bürgers/Körber § 203 Rn. 33; zustimmend *Busch* NZG 2006, 81 (85, 88); *Kubis* DStR 2006, 188 (191); *Lutter* JZ 2007, 371 (372); *Reichert/Senger* Konzern 2006, 338 (344 ff.); differenzierend, iE aber zustimmend *Wilsing* ZGR 2006, 722 (736 ff.); kritisch dagegen *Bungert* BB 2005, 2757 (2758 f.); *Bürgers/Holzborn* BKR 2006, 202 (204); *Krämer/Kiefner* ZIP 2006, 301 (304 f.); *Paschos* DB 2005, 2731 f.; *Waclawik* ZIP 2006, 397 (402 ff.); ebenfalls kritisch *Veil* in K. Schmidt/Lutter AktG § 203 Rn. 31b, der bezüglich der Funktionsfähigkeit des durch Siemens/Nold und Commerzbank/Mangusta neu konzipierten Systems des Aktionärsschutzes Zweifel erhebt.

[75] OLG Frankfurt a.M. BeckRS 2011, 17968. Der BGH hat sich zur Frage des Inhalts der nachträglichen Berichtspflicht bisher nicht detailliert geäußert. Mit guten Gründen strengen Anforderungen an die Nachberichtspflicht ablehnend *F. Born*, ZIP 2011, 1793 (1796); eine Berichtspflicht *sui generis*, die allerdings § 186 Abs. 4 S. 3 AktG nahekommt, nehmen *Niggermann/Wansleben*, AG 2013, 269 (274) an.

stands in der Hauptversammlung genügt.[77] Angesichts abweichender Stimmen, die einen schriftlichen Bericht fordern und noch fehlender höchstrichterlicher Entscheidung, ist ein schriftlicher Bericht jedoch anzuraten.[78] Diese Berichtspflicht besteht unabhängig davon, ob auf der folgenden Hauptversammlung Fragen bezüglich des Bezugsrechtsausschlusses gestellt werden. Der Vorstand hat vielmehr von sich aus zu berichten.[79]

20 Nach ganz überwiegender Auffassung sollen die vom BGH in der „Siemens/Nold"-Entscheidung für den Fall einer Sachkapitalerhöhung aufgestellten Grundsätze auch für einen Bezugsrechtsausschluss bei einer Barkapitalerhöhung mittels eines genehmigten Kapitals gelten.[80] Auch die „Commerzbank/Mangusta"-Entscheidungen unterscheiden richtigerweise nicht mehr zwischen Sach- und Barkapitalerhöhungen; der Sinn und Zweck des genehmigten Kapitals als flexibles Mittel zur Kapitalbeschaffung greift sowohl bei Sach- als auch bei Barkapitalerhöhungen.[81]

cc) Bezugsrechtsausschluss bei Schuldverschreibungen

21 Auch bei der Ausgabe von **Wandelschuldverschreibungen, Gewinnschuldverschreibungen und Genussrechten** steht den Aktionären ein Bezugsrecht zu. Dieses kann ebenfalls ausgeschlossen werden (§ 221 Abs. 4 S. 1 und 2 AktG iVm § 186 Abs. 3, 4 AktG). Dabei gelten die gleichen Grundsätze wie beim Bezugsrechtsausschluss im Rahmen einer Kapitalerhöhung.[82] Soll die Hauptversammlung über den Bezugsrechtsausschluss beschließen oder den Vorstand zum Ausschluss des Bezugsrechts ermächtigen, hat der Vorstand der Hauptversammlung einen **Bericht** über den Grund des Ausschlusses zugänglich zu machen, in Kurzform bekannt zu machen und bei börsennotierten Gesellschaften alsbald nach der Einberufung auf der Internetseite der Gesellschaft zu veröffentlichen (§§ 221 Abs. 4 S. 2, 186 Abs. 4 S. 2 AktG).[83] Bezüglich des Berichtsinhalts gelten für Ermächtigungen des Vorstands zum Bezugsrechtsausschluss bei der Ausgabe von Schuldverschreibungen mit oder ohne Wandlungsrecht die herabgesetzten Anforderungen aus

---

[76] Vgl. die Vorschriften zum Anhang des Jahresabschlusses § 160 Abs. 1 Nr. 3 AktG iVm § 175 AktG. Vgl. auch BGH NJW 1997, 2815 (2817) (Siemens/Nold); *Marsch-Barner* in Bürgers/Körber § 203 Rn. 31; insofern zustimmend *Bayer* in MüKoAktG AktG § 203 Rn. 153.

[77] Zwar hat sich der BGH hierzu nicht ausdrücklich geäußert, doch kann die Aussage, der Vorstand habe nach Ausübung der Ermächtigung „auf der nächsten ordentlichen Hauptversammlung der Gesellschaft zu berichten und Rede und Antwort zu stehen" dahingehend verstanden werden (BGH NJW 1997, 2815 (2817) (Siemens/Nold)); ebenso *Wettich*, AG 2012, 725 (733); *Scholz* in MHdB AG § 59 Rn. 63; *Happ* FS Ulmer, 2003, 175 (185); *Kubis* DStR 2006, 188 (191 f.). Das OLG Frankfurt a.M. hat in seinem Urt. v. 5.7.2011, BeckRS 2011, 17968 indes ausdrücklich offen gelassen, ob der Bericht schriftlich zu erfolgen hat, oder ob ein mündlicher Bericht genügt. Ebenfalls annehmend, dass der BGH sich hierzu noch nicht abschließend geäußert hat *Klie*, DStR 2013, 530 (531) sowie *Kossmann* NZG 2012, 1129 (1134), der jedoch für einen differenzierenden Ansatz bezüglich der Form des Berichts je nach Komplexität der Thematik plädiert.

[78] So auch *Stoll* GWR 2011, 410 (412); *Klie* DStR 2013, 530 (531).

[79] So OLG Frankfurt a.M. BeckRS 2011, 17968. Zustimmend *Litzenberger* NZG 2011, 1019 (1020).

[80] *Scholz* in MHdB AG § 59 Rn. 31; *Hirte* in GroßkommAktG AktG § 203 Rn. 67; *Röhricht*, Gesellschaftsrecht 1997, 191, 220; *Hofmeister* NZG 2000, 713 (714 f.); *Volhard* AG 1998, 397 (403); *Bungert* BB 2001, 742 (744); *Kubis* DStR 2006, 188; *Bürgers/Holzborn* BKR 2006, 202 (203); aA offenbar OLG Celle AG 2002, 292.

[81] In den zugrunde liegenden Sachverhalten der „Commerzbank/Mangusta"-Entscheidungen ging es sowohl um Kapitalerhöhungen gegen Bareinlagen als auch um solche gegen Sacheinlagen. In den Urteilen wird ohne dahingehende Differenzierung auf die Grundsätze der „Siemens/Nold"-Entscheidung zurückgegriffen, vgl. BGH NJW 2006, 371 (372); 2006, 374 (375); *Bürgers/Holzborn* BKR 2006, 202 (203); *Waclawik* ZIP 2006, 397 (398). Vgl. hierzu bereits *Seibt*, Gesellschaftsrecht in der Diskussion 2000, 37 (56); *Hofmeister* NZG 2000, 713 (715 ff.).

[82] *Baums* FS Claussen, 1997, 3 (40); *Scholz* in MHdB AG § 64 Rn. 31; *Habersack* in MüKoAktG AktG § 221 Rn. 161; *Busch* AG 1999, 58; *Merkt* in K. Schmidt/Lutter AktG § 221 Rn. 97.

[83] Vgl. *Koch* in Hüffer/Koch AktG § 221 Rn. 41; *Habersack* in MüKoAktG AktG § 221 Rn. 176. Auch hier gelten § 175 Abs. 2 AktG sowie § 124 Abs. 2 S. 2 Alt. 2 AktG in entsprechender Anwendung. Die Pflicht zur Veröffentlichung im Internet folgt aus § 124a Nr. 3 AktG iVm §§ 221 Abs. 4 S. 2, 186 Abs. 4 S. 2 AktG. Vgl. zu der Verpflichtung der Gesellschaft zur Information der Aktionäre die entsprechenden Ausführungen zu den Informations- und Veröffentlichungspflichten, → Rn. 3 ff.

der **„Siemens/Nold"-Entscheidung** im Grundsatz entsprechend.[84] Um Risiken zu vermeiden, empfiehlt es sich dennoch auch in diesem Fall, insbesondere bei der Ausgabe von Wandel- und Optionsanleihen[85] den Bericht **möglichst konkret und umfassend** abzufassen. Er sollte die Abwägung des Vorstands enthalten[86] und die Umstände anführen, aus denen sich die sachliche Rechtfertigung des Bezugsrechtsausschlusses ergibt.[87] Empfehlenswert ist ferner eine Erläuterung des **Ausgabebetrags** und der **Bezugskonditionen** für die Aktien, also der Zahl der umfassten Aktien, der Berechnung des Basispreises und des Zielkurses, von dessen Erreichen die Ausübung der Option abhängt.[88] Einer Begründung des Ausgabebetrags bedarf es indessen nicht, wenn der Beschluss keinen bestimmten Ausgabebetrag enthält. In diesen Fällen genügt es, wenn über die Ausgabekonditionen berichtet wird.[89] Wurde der Vorstand zum Bezugsrechtsausschluss ermächtigt, bedarf es nach zutreffender Auffassung **keines erneuten Berichts** bei der Ausnutzung der Ermächtigung;[90] die vorstehend zum Bezugsrechtsausschluss im Rahmen des genehmigten Kapitals angeführten Gründe gelten entsprechend.

dd) Bezugsrechtsausschluss beim Erwerb eigener Aktien

Eine AG kann von der Hauptversammlung zum **Erwerb eigener Aktien** ermächtigt werden (§ 71 Abs. 1 Nr. 8 S. 1 AktG). Sollen diese Aktien auf anderem Weg als über die Börse veräußert werden, haben die Aktionäre ein Bezugsrecht (§ 71 Abs. 1 Nr. 8 S. 5 iVm § 186 AktG).[91] Dieses Bezugsrecht kann bereits in dem Beschluss der Hauptversammlung über den Erwerb der eigenen Aktien oder durch einen nachträglichen Beschluss ausgeschlossen werden. Dabei sind die Vorschriften über den Bezugsrechtsausschluss bei einer Kapitalerhöhung zu beachten (§ 71 Abs. 1 Nr. 8 S. 5 iVm § 186 Abs. 3 und 4 AktG). Wegen der Vergleichbarkeit der Veräußerung eigener Aktien mit der Ausnutzung eines genehmigten Kapitals gelten die Anforderungen entsprechend, die für den Bezugsrechtsausschluss beim genehmigten Kapital aufgestellt wurden.[92] Insofern hat sich auch der **Vorstandsbericht** für die Hauptversammlung an dem Bericht beim genehmigten Kapital zu orientieren.

22

---

[84] Vgl. → Rn. 9 f.; BGH NJW-RR 2006, 471 (472); 2008, 289 (290); *Bungert* NJW 1998, 488 (492); *Habersack* in MüKoAktG AktG § 221 Rn. 180, 188; vgl. für den Hauptversammlungsbeschluss *Merkt* in K. Schmidt/Lutter AktG § 221 Rn. 98, 99; offen lassend noch OLG Stuttgart ZIP 1998, 1482 (1487, 1490); zweifelnd *Busch* AG 1999, 58 (59); differenzierter *Scholz* in MHdB AG § 64 Rn. 31 f.
[85] OLG Frankfurt AG 1992, 271; OLG München AG 1991, 210 (211); OLG München AG 1994, 372 (374); OLG München ZIP 2009, 718 (721); *Habersack* in MüKoAktG AktG § 221 Rn. 176 ff.; *Lutter* in Kölner Komm AktG § 221 Rn. 75 ff.; *Koch* in Hüffer/Koch AktG § 221 Rn. 41.
[86] OLG München ZIP 2009, 718 (721); AG 1994, 372 (374); *Koch* in Hüffer/Koch AktG § 221 Rn. 41; *ders.* ZHR 161 (1997) 214 (229 f.); *Baums* FS Claussen, 1997, 3 (42).
[87] *Hüffer* ZHR 161 (1997) 214 (229).
[88] OLG Stuttgart ZIP 1998, 1482 (1490); *Baums* FS Claussen, 1997, 3 (42); *Groß* in Börsennotierte AG-HdB § 51 Rn. 50; auch OLG München AG 2015, 677 (679).
[89] LG Frankfurt a.M. ZIP 1997, 1030 (1034); OLG Stuttgart ZIP 1998, 1482 (1490); *Koch* in Hüffer/Koch AktG § 221 Rn. 41; *Marsch-Barner/Schäfer/Groß*, § 51 Rn. 50; vgl. auch OLG München AG 2015, 677, 679; LG Bremen AG 1992, 37.
[90] *Sinewe* ZIP 2001, 403 (404); *Scholz* in MHdB AG § 64 Rn. 32; vgl. auch → Rn. 18 zur Parallelsituation beim genehmigten Kapital.
[91] Vgl. *Reichert/Harbarth* ZIP 2001 (1441 ff.).
[92] *Reichert/Harbarth* ZIP 2001, 1441 (1442, 1444 ff.); *Kiem* ZIP 2000, 209 (215); *Huber* FS Kropff, 1997, 101 (119); *Kessler/Suchan* BB 2000, 2529 (2530) Fn. 19; *Lutter/Drygala* in Kölner Komm AktG § 71 Rn. 181; *Merkt* in GroßkommAktG AktG § 71 Rn. 284.

b) Verschmelzung

23 Hat die Hauptversammlung über die Verschmelzung von Gesellschaften zu entscheiden,[93] haben die Vertretungsorgane jedes an der Verschmelzung beteiligten Rechtsträgers der Hauptversammlung einen **ausführlichen schriftlichen Bericht** zu erstatten, in dem die Verschmelzung, der Verschmelzungsvertrag oder sein Entwurf im Einzelnen erläutert und begründet werden (**Verschmelzungsbericht**).[94] Dieser Bericht ist den Aktionären während und vor der Hauptversammlung zugänglich zu machen und bei börsennotierten Gesellschaften im Internet zu veröffentlichen (§§ 63 Abs. 1 Nr. 4, Abs. 3 und 4 iVm 8 UmwG; § 64 Abs. 1 S. 1 UmwG iVm § 124a S. 1 Nr. 3 AktG).[95] Dabei sind insbesondere das **Umtauschverhältnis** der Anteile rechtlich und wirtschaftlich zu erläutern und zu begründen (§ 8 Abs. 1 UmwG), die Bewertungsmethode zu dessen Berechnung anzugeben[96] sowie Angaben über die **Mitgliedschaft** bei dem übernehmenden Rechtsträger und zur **Höhe** einer anzubietenden **Barabfindung** zu machen. Auf besondere Schwierigkeiten bei der **Bewertung** der Rechtsträger sowie auf die Folgen für die Aktionäre ist hinzuweisen. Ist ein an der Verschmelzung beteiligter Rechtsträger ein verbundenes Unternehmen iSd § 15 AktG, sind in dem Bericht auch Angaben über alle für die Verschmelzung wesentlichen Angelegenheiten **verbundener Unternehmen** zu machen (§ 8 Abs. 1 S. 3 UmwG).[97] Steht die Verschmelzung mit weiteren Umwandlungen im Zusammenhang, sind diese im Bericht zu erläutern.[98]

aa) Sinn und Zweck der Berichtspflicht

24 Die im UmwG getroffene Bestimmung ist, ebenso wie die Vorgängerbestimmung des AktG (§ 340a AktG aF[99]), hinsichtlich des Inhalts der Berichtspflicht nicht näher konkretisiert.[100] Dies erschwert – ähnlich wie bei anderen Berichtspflichten begründenden Normen – die Auslegung und erhöht die **Gefahr von Anfechtungsklagen.**[101] Unter der Geltung des früheren § 340a AktG wurde die Auffassung entwickelt, zur **Konkretisierung der Berichtsintensität** sei eine Abwägung zwischen Gesellschafts- und Gesellschafterinteresse vorzunehmen. Auf Seiten des Gesellschafters besteht das Interesse, möglichst umfassend informiert zu werden, während die Gesellschaft ein Interesse daran hat, den Umfang der preisgegebenen Informationen zu begrenzen.[102] Die Anknüpfung an eine solche Abwägung stößt nach neuem Recht auf Grenzen, da Geheimhaltungsinteressen nur insoweit berücksichtigt werden dürfen, als die Preisgabe der Informationen zu einem **nicht unerheblichen Nachteil** für die beteiligten Gesellschaften oder ein mit ihnen verbundenes Unternehmen führen würde (§ 8 Abs. 2 UmwG). Gleichwohl lässt auch das geltende (Umwandlungs-)Recht eine Begrenzung der Informationen zu; der Umfang der

---

[93] Entbehrlich sind Hauptversammlungsbeschlüsse in den Fällen des § 62 Abs. 1 und Abs. 4 S. 1 UmwG oder im Zusammenhang mit einem verschmelzungsrechtlichen Squeeze out nach § 62 Abs. 5 UmwG. Näher → § 39 sowie zum aktienrechtlichen Squeeze out → Rn. 78 ff. und § 35.

[94] Zu den Formerfordernissen und der Frage, von wem der Bericht zu unterzeichnen ist, → Rn. 9 f.

[95] Zu den Informations- und Publikationspflichten der Gesellschaft → Rn. 3 ff.

[96] *Marsch-Barner* in Kallmeyer UmwG § 8 Rn. 11; *Drygala* in Lutter UmwG § 8 Rn. 18 ff. In der Regel erfolgt die Bewertung nach der Ertragswertmethode. In diesem Regelfall lässt *Drygala* aaO (Rn. 19) den Hinweis genügen, dass der Bewertung nach dieser Methode erfolgt ist und es sich dabei um die allgemein anerkannte und ausgeübte Methode der Unternehmensbewertung handelt; ebenso BayObLG WM 1996, 526; OLG Zweibrücken DB 1995, 866; LG Mannheim AG 1988, 248 (249).

[97] Zu den Einzelheiten vgl. *Drygala* in Lutter UmwG § 8 Rn. 43 ff.; *Marsch-Barner* in Kallmeyer UmwG § 8 Rn. 27; *Mayer* in Widmann/Mayer UmwG § 8 Rn. 43.

[98] *Marsch-Barner* in Kallmeyer UmwG § 2 Rn. 4; *Baums* FS Zöllner, 1998, 65 (86); vgl. auch *Reichert* in Semler/Volhard Unternehmensübernahmen-HdB § 17 Rn. 69.

[99] § 340a AktG wurde im Zuge der Bereinigung des Umwandlungsrechts 1995 (mitsamt des gesamten damaligen vierten Buches des AktG) aufgehoben, BGBl. 1994 I 3210 (3263).

[100] § 8 UmwG spricht nur von einem „ausführlichen schriftlichen Bericht". *Drygala* in Lutter UmwG § 8 Rn. 11; *Gehling* in Semler/Stengel UmwG § 8 Rn. 11.

[101] *Bork* ZGR 1993, 348 (350); *Hommelhoff* ZGR 1993, 452 (463); im Einzelnen → Rn. 131 ff.

[102] *Drygala* in Lutter UmwG § 8 Rn. 12.

Berichtspflicht hat sich daran zu orientieren, was erforderlich ist, um den Aktionär in die Lage zu versetzen, eine **Plausibilitätsprüfung** daraufhin vorzunehmen, ob die Verschmelzung **wirtschaftlich sinnvoll** und **gesetzmäßig ist,** nicht aber, den Verschmelzungsvorgang bis in alle Einzelheiten nachzuvollziehen.[103] Der Bericht muss also nur solche Tatsachen enthalten, die ein vernünftig denkender Gesellschafter als Entscheidungsgrundlage für sein Abstimmungsverhalten hinsichtlich des Umwandlungsvorhabens für **erforderlich** halten darf.[104] Diese Auffassung trägt auch dem Umstand Rechnung, dass der Verschmelzungsbericht für die beteiligten Rechtsträger noch **handhabbar** sein muss. Eine Ausuferung der Berichterstattungspflicht erhöht die Fehlerwahrscheinlichkeit und ist außerordentlich teuer, ohne notwendigerweise die Möglichkeiten einer Plausibilitätskontrolle aus der Sicht des Aktionärs zu verbessern. Es bietet sich eine Aufteilung des Berichts in die nachfolgenden Teile an:

bb) Inhalt der Berichtspflicht

Im **ersten Teil** ist über die **wirtschaftliche Ausgangslage** der beteiligten Unternehmen zu berichten; es sind die wirtschaftlichen Auswirkungen der Verschmelzung anzugeben und die angestrebten Ziele zu erläutern. Es ist erforderlich, die **Vor- und Nachteile**[105] darzustellen und gegeneinander sowie gegenüber etwaigen sonstigen Alternativen (zB Eingliederung, Unternehmensvertrag) **abzuwägen.**[106] Dabei sind die erwarteten **Synergieeffekte** grob darzustellen. Weiter müssen die rechtliche und wirtschaftliche Verfassung der vereinigten Gesellschaften nach Vollzug der Maßnahme, die künftig geltende Satzung und die Organisationsstruktur – insbesondere unter Hervorhebung der Unterschiede zum status quo – erläutert werden.[107] Auch sollten Angaben über die wesentlichen steuerlichen, bilanziellen und finanzwirtschaftlichen Auswirkungen gemacht werden.[108] Bei börsennotierten Gesellschaften ist über die Handelbarkeit der Aktien zu berichten.[109]

Zum **zweiten** ist der **Verschmelzungsvertrag** zu erläutern und zwar nicht nur in seinem wesentlichen Inhalt, sonder „im einzelnen", dh, dass die einzelnen Klauseln dem juristisch nicht vorgebildeten Aktionär verständlich gemacht werden sollen.[110] Dabei müssen aber nur die Umstände erläutert werden, die nicht bereits aus dem Vertragsinhalt verständlich sind;[111] auch typische Standardregelungen müssen nicht zwingend erläutert werden.[112]

25

26

---

[103] OLG Jena NJW-RR 2009, 182 (183); OLG Hamm ZIP 1999, 798 (801); OLG Düsseldorf ZIP 1999, 793 (794f.); *Drygala* in Lutter UmwG § 8 Rn. 12; *Marsch-Barner* in Kallmeyer UmwG § 8 Rn. 6; *Gehling* in Semler/Stengel UmwG § 8 Rn. 2; *Priester* DNotZ 1995, 427 (439).
[104] OLG Hamm ZIP 1999, 798 (801); *Drygala* in Lutter UmwG § 8 Rn. 12; *Mayer* in Widmann/Mayer UmwG § 8 Rn. 18; *Gehling* in Semler/Stengel UmwG § 8 Rn. 12; vgl. auch das Muster eines Verschmelzungsberichts bei *Kiem,* Unternehmensumwandlung, 2000, Rn. 233 ff.
[105] Dies umfasst auch mögliche rechtliche Nachteile oder Risiken, so entschieden von OLG Saarbrücken NZG 2011, 358 (359f.) in casu zu Hinweispflichten zum (unstreitigen) Schicksal des Abfindungsanspruches bei Eingliederung einer beherrschten Gesellschaft und anschließender Verschmelzung des beherrschten auf das herrschende Unternehmen.
[106] OLG Jena NJW-RR 2009, 182 (183); LG München AG 2000, 86 (87 und 87, 88); *Drygala* in Lutter UmwG § 8 Rn. 15, 16; *Mayer* in Widmann/Mayer UmwG § 8 Rn. 21; *Gehling* in Semler/Stengel UmwG § 8 Rn. 17 f.; sehr weitgehend *Bayer* AG 1988, 223 (225).
[107] *Marsch-Barner* in Kallmeyer UmwG § 8 Rn. 7 f.
[108] *Gehling* in Semler/Stengel UmwG § 8 Rn. 20.
[109] *Gehling* in Semler/Stengel UmwG § 8 Rn. 20.
[110] *Drygala* in Lutter UmwG § 8 Rn. 17; *Reichert* in BeckHdB AG § 5 Rn. 126; *Sagasser/Luke* in Sagasser/Bula/Brünger § 9 Rn. 210.
[111] *Mayer* in Widmann/Mayer UmwG § 8 Rn. 23.
[112] *Gehling* in Semler/Stengel UmwG § 8 Rn. 21; *Marsch-Barner* in Kallmeyer UmwG § 8 Rn. 9; *Böttcher* in Böttcher/Habighorst/Schulte, Umwandlungsrecht, 2015, UmwG § 8 Rn. 17. Weniger streng *Drygala* in Lutter UmwG § 8 Rn. 17, der als Maßstab für die Erläuterungsbedürftigkeit die Sicht des Laien nimmt.

27 Als **dritten** erläuterungsbedürftigen **Punkt** nennt § 8 Abs. 1 S. 1 UmwG **das Umtauschverhältnis;** hierauf liegt ein **Schwerpunkt** der Berichtspflicht.[113] Der Bericht hat Angaben über die Methode der Unternehmensbewertung zu enthalten.[114] Die Informationen über das Umtauschverhältnis sind aber nur dann nachvollziehbar, wenn nicht nur die **Bewertungsgrundsätze,** sondern auch die **wesentlichen Zahlen** genannt werden, die in die Bewertung eingehen.[115] Dabei ist auch darzulegen, wie die von der Rechtsprechung entwickelten Grundsätze für die Ermittlung des Umtauschverhältnisses, insbesondere über die Berücksichtigung eines Börsenkurses in Gegenüberstellung zum Ertragswert,[116] beachtet wurden.[117] Wird das Umtauschverhältnis zwischen den Organen der beteiligten Rechtsträger ausgehandelt und durch ein Bewertungsgutachten abgesichert,[118] sollten die Punkte, die in den Verhandlungen zur Bestimmung der Kompensation von maßgeblicher Bedeutung waren, dokumentiert werden. Hingegen kann eine vollständige Offenlegung der Bewertungsgutachten nicht verlangt werden.[119] Anzugeben sind die **Jahresergebnisse** der vergangenen Jahre, die in die Bewertung eingegangen sind, sowie die **Planzahlen** – meist für die nächsten drei Jahre – auf denen die Ertragsbewertung beruht. Aufschlüsselungen der Planzahlen auf einzelne Produkte können nicht verlangt werden.[120] Gleichwohl sollte erläutert werden, welche **Annahmen** der Prognose zugrunde liegen.[121] Als geheimhaltungsbedürftig wird man die Planzahlen nur im Einzelfall ansehen können, etwa wenn ein Unternehmen lediglich mit einem Produkt am Markt tätig ist, so dass die Planung von einem Konkurrenten leicht analysiert werden kann.[122] Generell nicht angabepflichtig sind nach hM konkrete Zahlen zur Steuerbelastung der Gesellschaft.[123] Anzugeben sind demgegenüber der Wert des

---

[113] *Drygala* in Lutter UmwG § 8 Rn. 18; *Stratz* in Schmitt/Hörtnagl/Stratz UmwG § 8 Rn. 19; *Bermel* in Goutier/Knopf/Tulloch UmwG § 8 Rn. 17; *Gehling* in Semler/Stengel UmwG § 8 Rn. 22.

[114] *Gehling* in Semler/Stengel UmwG § 8 Rn. 24. Auch bei der Verschmelzung beteiligungsidentischer Schwesterngesellschaften bedarf es einer rechtlichen und wirtschaftlichen Erläuterung des Umtauschverhältnisses, vgl. OLG Frankfurt a.M. ZIP 2009, 766, dem zustimmend *Schult/Nikoleyczik* GWR 2012, 180.

[115] BGHZ 107, 296 (302) – Kochs Adler; OLG Frankfurt a.M. ZIP 2000, 1928 (1930f.); LG München AG 2000, 86 (87); *Engelmeyer* BB 1998, 330 (333); *Gehling* in Semler/Stengel UmwG § 8 Rn. 32.

[116] Vgl. hierzu BVerfGE 100, 289 (305f.) (DAT/Altana); BGHZ 147, 108 (DAT/Altana); siehe auch BVerfG NJW 2007, 828.

[117] Vgl. *Gehling* in Semler/Stengel UmwG § 8 Rn. 24, 26; *Drygala* in Lutter UmwG § 5 Rn. 27ff.; *Marsch-Barner* in Kallmeyer UmwG § 8 Rn. 11ff.; *Decher* ZHR 171 (2007), 126 (140ff.). Zu beachten ist in diesem Zusammenhang die in 2010 erfolgte Änderung der BGH-Rechtsprechung, der nun mit der herrschenden Literaturauffassung als Referenzzeitraum zur Bestimmung des Durchschnittskurses drei Monate vor Bekanntgabe der Strukturmaßnahme heranzieht, vgl. BGH DStR 2010, 1635 (Stollwerck), schon zuvor OLG Stuttgart BeckRS 2010, 900; bisher galten dem BGH zufolge drei Monate vor Beschlussfassung als Referenzperiode, vgl. BGHZ 147, 108 (DAT/Altana). Vgl. *Stratz* in Schmitt/Hörtnagl/Stratz UmwG § 5 Rn. 59f. mwN.

[118] Vgl. zu dieser Möglichkeit OLG Stuttgart AG 2006, 420 (421); LG Frankfurt a.M. NZG 2009, 553 (555): Bei der Verschmelzung voneinander unabhängiger Aktiengesellschaften führt das vom UmwG vorgesehene Verfahren einer Vertragsverhandlung durch die jeweiligen Vertretungsorgane, deren Ergebnis nicht nur einer zusätzlichen Prüfung durch den gerichtlich bestellten Verschmelzungsprüfer unterliegt, sondern auch von den jeweiligen Anteilseignern der zu verschmelzenden Gesellschaften mit qualifizierter Mehrheit gebilligt werden muss, zu einer erhöhten Gewähr für ein „richtiges" und damit angemessenes Ergebnis. Wie das OLG Stuttgart bestätigt hat, gilt dies allerdings nicht in gleicher Weise, wenn einer der beteiligten Rechtsträger über seine Beteiligung an dem anderen auf dessen Verhandlungsführung Einfluss nehmen kann; vgl. OLG Stuttgart WM 2010, 173 (176).

[119] Vgl. BGH WM 1990, 2073; LG Essen AG 1999, 329 (331); *Drygala* in Lutter UmwG § 8 Rn. 22; *Bermel* in Goutier/Knopf/Tulloch UmwG § 8 Rn. 20; unklar OLG Düsseldorf ZIP 1999, 793 (797f.).

[120] *Priester* ZGR 1990, 420 (424); *Mertens* AG 1990, 20 (28); *Drygala* in Lutter UmwG § 8 Rn. 22f.

[121] *Gehling* in Semler/Stengel UmwG § 8 Rn. 31.

[122] *Drygala* in Lutter UmwG § 8 Rn. 24.

[123] *Drygala* in Lutter UmwG § 8 Rn. 25; *Mayer* in Widmann/Mayer UmwG § 8 Rn. 34; aA *Sagasser/Luke* in Sagasser/Bula/Brünger § 9Rn. 219; *Gehling* in Semler/Stengel UmwG § 8 Rn. 35.

nicht betriebsnotwendigen Vermögens[124] sowie die Höhe des **Kapitalisierungszinssatzes**.[125] Ausführlich zu erläutern ist auch eine etwaige im Verschmelzungsvertrag vorgesehene Barabfindung.[126]

Problematisch ist in der Praxis der Umgang mit der gesetzlichen Anordnung, besondere **Schwierigkeiten der Unternehmensbewertung** anzuführen (§ 8 Abs. 1 S. 2 UmwG).[127] Solche sind nicht nur zu erwähnen; vielmehr ist darzulegen, warum und in welchem Ausmaß die außergewöhnlichen Probleme entstanden und wie sie in die Bewertung eingeflossen sind.[128] Pauschale Hinweise sollen dagegen nicht genügen.[129] Zu denken ist bspw. an den Fall, dass die Prognose über das gewöhnliche Maß hinaus mit Unsicherheiten belastet ist, etwa weil Sanierungsbemühungen im Gang sind und der zukünftige Ertrag deswegen nur grob geschätzt werden kann[130] oder dass die üblichen Bewertungsmethoden nach dem Ertragswert- oder dem cash-flow-Verfahren keine ausreichende Grundlage für eine angemessene Wertvorstellung darstellen.[131]

28

Erforderlich sind weiterhin **Angaben zur künftigen Beteiligungsquote** (§ 8 Abs. 1 S. 2 UmwG). Es ist darzustellen, wie sich die Beteiligungsquote der einzelnen Anteilsinhaber durch die Ausgabe der neuen Anteile im Rahmen der Verschmelzung verändert und ob sich daraus eine grundlegende **Umgestaltung der Beteiligungsstruktur** ergibt.[132] Ausreichend ist es, die Änderung der Beteiligung abstrakt darzustellen, so dass die Aktionäre die Folgen für ihre Beteiligung berechnen können.[133] Entstehen durch die Verschmelzung jedoch Beteiligungen, die gewisse Schwellenwerte überschreiten (zB **Sperrminorität, Mehrheit, Abhängigkeit**), ist darauf hinzuweisen.[134] Weiter sind Auswirkungen etwaiger Rechtsformunterschiede zu erläutern. Anhand des Texts der zukünftig geltenden Satzung sind jedenfalls die **Unterschiede** zu erläutern, die sich durch **Satzungsbestimmungen** ergeben. Bezüglich Veränderungen, die sich aufgrund gesetzlicher Bestimmungen ergeben, sollten zumindest die **wesentlichen Strukturunterschiede** aufgezeigt werden.[135]

29

Handelt es sich bei der betroffenen Gesellschaft um ein **verbundenes Unternehmen**, ist auch über die für die Verschmelzung wesentlichen Angelegenheiten verbundener Unternehmen zu berichten (§ 8 Abs. 1 S. 3 UmwG).[136] Dies ist ebenso im Rahmen der Darstellung des Unternehmenswerts beachtlich, der maßgebend vom Wert einer Tochtergesellschaft geprägt oder von deren wirtschaftlichen Risiken abhängig sein kann.[137] Bei

30

---

[124] OLG Frankfurt a.M. ZIP 2000, 1928 (1930); OLG Karlsruhe ZIP 1989, 988 (990); LG Mannheim AG 1988, 248 (249); *Mayer* in Widmann/Mayer UmwG § 8 Rn. 38; *Gehling* in Semler/Stengel UmwG § 8 Rn. 40.
[125] *Marsch-Barner* in Kallmeyer UmwG § 8 Rn. 18; *Bayer* ZIP 1997, 1613 (1619); *Engelmeyer* BB 1998, 330 (333); *Gehling* in Semler/Stengel UmwG § 8 Rn. 38 f.
[126] *Stratz* in Schmitt/Hörtnagl/Stratz UmwG § 8 Rn. 24; *Marsch-Barner* in Kallmeyer UmwG § 8 Rn. 22; *Gehling* in Semler/Stengel UmwG § 8 Rn. 49.
[127] Als Beispiele werden genannt: laufende Sanierung, junges Unternehmen; absehbare politische Veränderungen, besonders unsichere Marktverhältnisse oder die Bewertung von Verlustvorträgen; vgl. *Marsch-Barner* in Kallmeyer UmwG § 8 Rn. 24 sowie *Stratz* in Schmitt/Hörtnagl/Stratz UmwG § 8 Rn. 25 f.
[128] *Marsch-Barner* in Kallmeyer UmwG § 8 Rn. 24; *Gehling* in Semler/Stengel UmwG § 8 Rn. 50 f.
[129] *Mayer* in Widmann/Mayer UmwG § 8 Rn. 42; *Limmer* in Limmer (Hrsg.), Handbuch der Unternehmensumwandlung, 5. Aufl. 2016, Teil 2 Kap. 1 Rn. 389.
[130] *Gehling* in Semler/Stengel UmwG § 8 Rn. 51.
[131] *Drygala* in Lutter UmwG § 8 Rn. 32; *Gehling* in Semler/Stengel UmwG § 8 Rn. 51; die Annahme einer besonderen Schwierigkeit bei drohenden politischen Veränderungen von *Stratz* in Schmitt/Hörtnagl/Stratz UmwG § 8 Rn. 26 ist dagegen zu weitgehend.
[132] Vgl. im Einzelnen *Schöne* GmbHR 1995, 325 (330 f.); *Gehling* in Semler/Stengel UmwG § 8 Rn. 53 ff.; *Drygala* in Lutter UmwG § 8 Rn. 35.
[133] *Winter* in Lutter, Umwandlungsrechtstage, 28; *Marsch-Barner* in Kallmeyer UmwG § 8 Rn. 25.
[134] LG Essen AG 1999, 329 (331); *Mayer* in Widmann/Mayer UmwG § 8 Rn. 41; *Marsch-Barner* in Kallmeyer UmwG § 8 Rn. 25; *Bayer* ZIP 1997, 1613 (1619).
[135] *Marsch-Barner* in Kallmeyer UmwG § 8 Rn. 26; *Gehling* in Semler/Stengel UmwG § 8 Rn. 56; *Bayer* ZIP 1997, 1613 (1620); aA wohl *Drygala* in Lutter UmwG § 8 Rn. 38, 39.
[136] Vgl. → Rn. 23, insbes. Nachweise unter Fn. 102.
[137] OLG Frankfurt a.M. DB 2006, 438 (441) (T-Online).

umfangreichen mehrstufigen Konzernen ist jedoch der Grundsatz der Handhabbarkeit des Berichts im Auge zu behalten; die Angaben können sich auf die **"großen" Töchter** beschränken.[138] Soweit sich durch die Verschmelzung Auswirkungen auf bestehende **Unternehmensverträge** ergeben, sind diese ebenfalls darzustellen.[139]

31 In den Bericht brauchen Tatsachen nicht aufgenommen zu werden, deren Bekanntwerden geeignet sind, einem der beteiligten Rechtsträger oder einem verbundenen Unternehmen einen **nicht unerheblichen Nachteil** zuzufügen (**Schutzklausel**).[140] Maßgeblich ist, ob die Angabe der fraglichen Tatsache **nach vernünftiger kaufmännischer Beurteilung** geeignet ist, die Gesellschaftsinteressen gewichtig zu beeinträchtigen. Allerdings sind die Gründe für die Nichtoffenlegung darzulegen. Ein allgemeiner Hinweis auf die Geheimhaltungsbedürftigkeit genügt nicht. Es wird vielmehr für erforderlich gehalten, eine Begründung zu geben, die einerseits detailliert genug ist, um eine **Plausibilitätskontrolle** zu ermöglichen,[141] andererseits keine Rückschlüsse auf die geheimhaltungsbedürftigen Tatsachen zulässt.[142] Dass die Erfüllung dieser Anforderungen in der Praxis auf erhebliche Schwierigkeiten stößt, liegt auf der Hand. Daher ist in Zweifelsfällen eine Einzelfallabwägung vorzunehmen, welche Tatsachen in den Bericht aufgenommen werden.[143]

cc) Entbehrlichkeit des Verschmelzungsberichts

32 Ein Bericht ist **entbehrlich,** wenn **sämtliche** Anteilsinhaber **aller** beteiligten Gesellschaften auf ihn **verzichten,** § 8 Abs. 3 UmwG. Diese Möglichkeit besteht grds. rechtsformunabhängig, kommt aber bei einer AG praktisch nur bei beschränktem Aktionärskreis, also insbesondere bei einer Familien-AG, in Betracht. Der Verzicht bedarf der notariellen Beurkundung (§ 8 Abs. 3 S. 2 UmwG).[144]

33 Schließlich ist der Bericht überflüssig, wenn der übernehmende Rechtsträger **100% der Anteile** am übertragenden Rechtsträger hält (§ 8 Abs. 3 S. 1 Alt. 2 UmwG).[145] Besteht nur eine Beteiligung in Höhe von 90%, bleibt die Berichtspflicht bestehen, auch wenn bei der übernehmenden Gesellschaft eine Beschlussfassung über die Verschmelzung nicht erforderlich ist.[146]

dd) Pflicht zur Nachinformation

34 Im Rahmen der Verschmelzung unter Beteiligung einer AG besteht eine Pflicht der beteiligten Gesellschaften zur **Nachinformation** der Hauptversammlung, wenn eine wesentliche **Vermögensveränderung** zwischen dem Abschluss des Verschmelzungsvertrages oder der Aufstellung des Entwurfs und dem Zeitpunkt der Beschlussfassung eingetreten ist (§ 64 Abs. 1 S. 2 UmwG).[147] Wesentlich ist eine solche Vermögensveränderung hierbei nur, wenn diese auf die Unternehmensbewertung und damit indirekt auf das Umtauschverhältnis (§ 5 Abs. 1 UmwG) bzw. auf die Höhe der vorgesehenen Barabfindung (§ 29

---

[138] *Gehling* in Semler/Stengel UmwG § 8 Rn. 60; aA *Drygala* in Lutter UmwG § 8 Rn. 45 f.
[139] OLG Karlsruhe WM 1994, 2023; *Marsch-Barner* in Kallmeyer UmwG § 8 Rn. 27.
[140] § 8 Abs. 2 UmwG.
[141] *Winter* in Lutter Umwandlungsrechtstage 31; *Mayer* in Widmann/Mayer UmwG § 8 Rn. 51.
[142] *Marsch-Barner* in Kallmeyer UmwG § 8 Rn. 32; *Mayer* in Widmann/Mayer UmwG § 8 Rn. 52.
[143] *Gehling* in Semler/Stengel UmwG § 8 Rn. 67. Vgl. zu einzelnen Beispielen *Drygala* in Lutter UmwG § 8 Rn. 24.
[144] Vgl. auch *Gehling* in Semler/Stengel UmwG § 8 Rn. 68.
[145] *Volhard* in Semler/Volhard Unternehmensübernahmen-HdB § 17 Rn. 186; *Gehling* in Semler/Stengel UmwG § 8 Rn. 73 f.; *Stratz* in Schmitt/Hörtnagl/Stratz UmwG § 8 Rn. 39.
[146] Arg. § 62 Abs. 1 S. 1, Abs. 3 iVm § 63 Abs. 1 UmwG; so auch *Sagasser/Luke* in Sagasser/Bula/Brünger § 9 Rn. 199 f. und 352 ff.; *Grunewald* in Lutter UmwG § 62 Rn. 8.
[147] Denn zwischen Einberufung der Hauptversammlung und Abhaltung der Hauptversammlung können uU mehrere Wochen liegen, in denen es zu einer wesentlichen Vermögensveränderung kommen kann, so auch *Heckschen* NJW 2011, 2390 (2393).

UmwG) Einfluss hat.¹⁴⁸ So wird sichergestellt, dass die Aktionäre auf der Grundlage aktueller Informationen zum Umtauschverhältnis ihr Stimmrecht ausüben können.¹⁴⁹

Hinsichtlich der **Form** der Nachinformation bestehen keine gesetzlich eindeutigen Vorgaben. Zwar ist in Bezug auf die „Unterrichtung" (§ 64 Abs. 1 S. 2 Var. 1 UmwG), anders als in Bezug auf die Erläuterung (§ 64 Abs. 1 S. 2 Var. 1 UmwG) die Mündlichkeit im Gesetz nicht ausdrücklich vorgesehen, doch geht die ganz überwiegende Meinung davon aus, dass die Unterrichtung ebenfalls mündlich erfolgen kann.¹⁵⁰ 35

Ob zur Ermöglichung der **Information aller Anteilsinhaber** – und zwar nicht lediglich der an der Versammlung teilnehmenden – geboten ist, die Unterrichtung bereits im Vorfeld der Versammlung durch Zugänglichmachen auf der Internetseite der Gesellschaft vorzunehmen, soweit dies zeitlich möglich ist, ist offen. Dies könnte insbesondere bei Publikumsgesellschaften zu bejahen sein.¹⁵¹ 36

Ungeklärt¹⁵² ist die Frage der Konsequenzen, wenn über eine solche Vermögensveränderung zu unterrichten ist, die nach sich ziehen könnte, dass das Umtauschverhältnis nicht mehr angemessen und damit der Verschmelzungsvertrag zu ändern ist.¹⁵³ Es stellt sich die Frage, ob eine Beschlussfassung in der ursprünglich anberaumten Hauptversammlung möglich ist, oder ob es einer neuen Hauptversammlung hinsichtlich des geänderten Verschmelzungsvertrags bedarf. Für die Erforderlichkeit einer neuen Hauptversammlungseinberufung spricht, dass ansonsten unberücksichtigt gelassen würde, dass eine entsprechende Änderung des Verschmelzungsvertrags und eine entsprechende Beschlussfassung durch die Hauptversammlung eine erhebliche Abweichung von dem bekanntgemachten Vorschlag in der Einberufung der ursprünglich anberaumten Hauptversammlung darstellen würde. Dies würde das Risiko der Anfechtbarkeit des Hauptversammlungsbeschlusses nach § 124 Abs. 4 S. 1 iVm § 243 Abs. 1 AktG in sich bergen.¹⁵⁴ Praktisch stellt sich hierbei das Problem, dass in der neu einberufenen Hauptversammlung die Problematik der Anpassung des Verschmelzungsvertrags erneut stellen kann. Dies kann zu nicht unerheblichen Verzögerungen in der Beschlussfassung über die Verschmelzung führen. Dieses Problem ist derzeit ungelöst und wohl nur dadurch zu entschärfen, indem man annimmt, dass nicht jede (berichtspflichtige) Veränderung der Vermögensverhältnisse notwendigerweise eine Anpassung des Verschmelzungsvertrags nach sich ziehen muss.¹⁵⁵ Vor dem Hintergrund, dass kein richtiges, sondern nur ein angemessenes Umtauschverhältnis iSd § 11 Abs. 2 S. 1 UmwG existiert¹⁵⁶, kann angenommen werden, dass Änderungen des Umtauschverhältnisses iHv 5% bis 10% als unwesentlich hingenommen werden können.¹⁵⁷ 37

---

¹⁴⁸ *Marsch-Barner* in Kallmeyer UmwG § 64 Rn. 6; *Diekmann* in Semler/Stengel UmwG § 64 Rn. 11.
¹⁴⁹ *Heckschen* NJW 2011, 2390 (2393).
¹⁵⁰ Vgl. nur *Marsch-Barner* in Kallmeyer UmwG § 64 Rn. 3; *Stratz* in Schmitt/Hörtnagl/Stratz UmwG § 64 Rn. 3; *Junker* in Henssler/Strohn § 54 UmwG Rn. 4; *Heckschen* NJW 2011, 2390 (2394); *Leitzen* DNotZ 2011, 526 (531).
¹⁵¹ So noch zu § 8 Abs. 3 UmwG-RegE *DAV-Handelsrechtsausschuss* NZG 2010, 614 (615) sowie zur Spaltung (§ 143 UmwG aF) *Kallmeyer/Sickinger* in Kallmeyer UmwG § 143 Rn. 2 und *Schwab* in Lutter UmwG § 143 Rn. 15, die die Bereithaltung nachlaufender Informationen grds. in der gleichen Form fordern wie die zentralen Informationen. Für börsennotierte Gesellschaften könnte hier insbes. § 124a AktG heranzuziehen sein.
¹⁵² So ausdrücklich *Heckschen* NJW 2011, 2390 (2394).
¹⁵³ *DAV-Handelsrechtsausschuss* NZG 2010, 614 (615) sowie *Wagner* DStR 2010, 1629 (1632).
¹⁵⁴ *Marsch-Barner* in Kallmeyer UmwG § 64 Rn. 10; so iE auch *Leitzen* DNotZ 2011, 526 (531).
¹⁵⁵ So ausdrücklich iRd Frage über die Beurteilung der Wesentlichkeit der Veränderung der Vermögensverhältnisse *Leitzen* DNotZ 2011, 526 (529): „Es ist aber nicht erforderlich, dass die Veränderung tatsächlich zu einer anderen Bewertung führt; vielmehr genügt, dass sie Anlass zur Überprüfung der früheren Bewertung gibt."
¹⁵⁶ LG München I AG 2001, 99 (100); *Bungert* BB 2003, 699 (701); *Puszkajler* BB 2003, 1692 (1693); *Marsch-Barner* in FS Maier-Raimer, 2010, 425 (437); *Simon/Merkelbach* DB 2011, 1317 (1319).
¹⁵⁷ *Marsch-Barner* in Kallmeyer UmwG § 64 Rn. 10; so in Bezug auf die Nachberichtspflicht *Heckschen* NJW 2011, 2390 (2393).

c) Spaltung

38 Nach dem Vorbild des Verschmelzungsberichts haben auch die an einer Spaltung beteiligten Gesellschaften einen **ausführlichen** schriftlichen[158] **Spaltungsbericht** zu erstatten. In diesem Bericht müssen die **Spaltung,** der **Vertrag** oder sein **Entwurf** im Einzelnen und bei der Aufspaltung und Abspaltung insbesondere das **Umtauschverhältnis** der Anteile oder die Angaben über die Mitgliedschaft, der Maßstab für ihre Aufteilung sowie die Höhe einer anzubietenden Barabfindung rechtlich und wirtschaftlich erläutert und begründet werden **(Spaltungs- bzw. Ausgliederungsbericht),** § 127 S. 1 UmwG.[159]

39 Die Regelungen für den Spaltungsbericht greifen im Wesentlichen die für die Verschmelzung geltenden Bestimmungen auf (§§ 127 S. 2 iVm 8 Abs. 1 S. 2–4, Abs. 2 und 3 UmwG). Hinsichtlich der Pflicht der Gesellschaft zur Information der Aktionäre über den Spaltungsbericht gelten daher die entsprechenden Bestimmungen, § 125 UmwG iVm §§ 63 Abs. 1, 3 und 4, 64 Abs. 1 S. 1 UmwG.[160] Im Fall einer Abspaltung oder Ausgliederung ist der Spaltungsbericht zudem bei der Anmeldung der Gesellschaft zur Eintragung in das Handelsregister vorzulegen (§ 146 Abs. 2 UmwG). Der Bericht kann auch **gemeinsam** erstattet werden (§ 127 S. 1 Hs. 2 UmwG). Auf **besondere Schwierigkeiten** bei der Bewertung sowie auf die Folgen für die Beteiligung ist hinzuweisen. Schließlich ist im Spaltungsbericht ebenso wie im Verschmelzungsbericht über Angelegenheiten **verbundener Unternehmen** zu berichten, soweit sie für das Spaltungsvorhaben wesentlich sind (§ 127 S. 2 iVm § 8 Abs. 1 S. 3 UmwG).[161]

40 Der Spaltungsbericht soll den Aktionären eine verantwortliche Entscheidung über das Spaltungsvorhaben ermöglichen; er ist deswegen in ihrem Sinn **ausführlich** (§ 127 Abs. 1 S. 1 UmwG) zu erstatten, dh er muss auf die anstehende Entscheidung bezogen hinreichende Informationen enthalten. Ebenso wie bei der Verschmelzung gilt aber: Die Anteilsinhaber dürfen nicht durch Detailinformationen überschwemmt werden; erforderlich, aber zugleich genügend ist, was die Anteilsinhaber zur Prüfung befähigt, ob das Spaltungsvorhaben nach **Plausibilitätskriterien wirtschaftlich sinnvoll und gesetzmäßig** ist.[162]

41 Bei der Berichterstattung sind auch der jeweilige **Berichtsadressat** und sein Kenntnisstand zu berücksichtigen. Wird etwa nur ein Tätigkeitsfeld abgespalten, braucht in dem Bericht an die spaltende Gesellschaft nicht notwendigerweise über sämtliche weiteren Tätigkeitsfelder berichtet zu werden; anderes gilt für den Bericht, der sich an den übernehmenden Rechtsträger richtet.

42 Ähnlich wie bei der Verschmelzung sollte das Spaltungsvorhaben zunächst **in seiner Gesamtheit** dargelegt und erläutert werden. Es bedarf der Begründung seiner unternehmerischen Zweckmäßigkeit.[163] Dabei sind die momentane **Ausgangslage** sowie die durch die Spaltung angestrebte **Zielstruktur** darzustellen. Hierzu sind jeweils für den übertragenden und den übernehmenden oder neu zu gründenden Rechtsträger die vorgesehenen Tätigkeitsfelder, die Umsätze, Marktanteile und Mitarbeiterzahlen sowie die Plan- und Prognosezahlen für die Zukunft anzugeben. Weiterhin ist über Eigenkapital

---

[158] Zur Frage, ob der Bericht von allen Mitgliedern des Vorstands zu unterschreiben ist oder ob – wie hier vertreten – insoweit eine vertretungsberechtigte Mehrheit der Mitglieder genügt, → Rn. 9 f.
[159] Vgl. *Sickinger* in Kallmeyer UmwG § 127 Rn. 5 ff.; eingehend *Engelmeyer,* Spaltung von Aktiengesellschaften sowie *Engelmeyer* BB 1998, 330; vgl. auch Muster eines Spaltungsberichts, *Kiem,* Unternehmensumwandlung, 2000, Rn. 904.
[160] *Sickinger* in Kallmeyer UmwG § 125 Rn. 72. Zu den Informations- und Veröffentlichungspflichten der Gesellschaft über die Berichte → Rn. 3 ff.
[161] *Schwab* in Lutter UmwG § 127 Rn. 41; *Kallmeyer* UmwG § 127 Rn. 14; *Gehling* in Semler/Stengel UmwG § 127 Rn. 43.
[162] OLG Hamm GmbHR 1999, 721 (Leitsatz); OLG Düsseldorf GmbHR 1999, 721 (Leitsatz); *Schwab* in Lutter UmwG § 127 Rn. 17; *Sickinger* in Kallmeyer UmwG § 127 Rn. 8; *Gehling* in Semler/Stengel UmwG § 127 Rn. 1.
[163] Vgl. *Schwab* in Lutter UmwG § 127 Rn. 18; *Winter* in Lutter, Umwandlungsrechtstage, 25; *Engelmeyer* Spaltung von Aktiengesellschaften 77; *Gehling* in Semler/Stengel UmwG § 127 Rn. 16.

und Fremdkapital sowie die zu erwartende Steuerbelastung der entstehenden Rechtsträger zu berichten.[164]

Im Anschluss an die Darlegung der Ausgangs- und Ziellage ist eine **Abwägung** der **Vor- und Nachteile** des Spaltungsvorhabens, auch unter Berücksichtigung etwaiger Alternativen, vorzunehmen und schlüssig darzulegen, warum die Geschäftsleitung den Anteilsinhabern die Spaltung empfiehlt.[165] Über die **Haftungsrisiken,** wie sie sich aus der Aufteilung im Spaltungsvertrag ergeben, und ihre Einschätzung ist eingehend zu berichten.[166]

Weiter ist der **Spaltungs- und Übernahmevertrag** bzw. der **Spaltungsplan** im Einzelnen zu erläutern (§ 127 S. 1 UmwG). Dies bedeutet, in gleicher Weise wie bei der Erläuterung des Verschmelzungsvertrags, den Berichtsadressaten den **Sinngehalt** und die **wirtschaftlichen Funktionen** zu erklären.[167] Der Maßstab ist dabei, wie weit die Erläuterungen aus der Sicht eines verständigen Nichtjuristen erforderlich sind.[168] Da Spaltungsverträge im Vergleich zu Verschmelzungsverträgen weitaus weniger standardisiert sind, kommt der Erläuterung des Spaltungsvertrags im Grundsatz höhere Bedeutung zu als bei einer Verschmelzung.[169]

Bei der Auf- und Abspaltung bedarf es weiter der Begründung des **Umtauschverhältnisses.** Bei der **Ausgliederung,** die ja die Mitgliedsrechte an der Ausgangsgesellschaft unberührt lässt, bedarf es solcher Darlegungen idR nicht; anderes gilt im Fall der Ausgliederung zur Aufnahme durch eine Gesellschaft, an der weder die ausgliedernde Gesellschaft allein noch deren Gesellschafter im selben Verhältnis wie an der ausgliedernden Gesellschaft beteiligt sind,[170] oder wenn die Anteile an der ausgegliederten Gesellschaft im Zusammenhang mit der Ausgliederung veräußert werden sollen.[171] Bei der **Auf- und Abspaltung** bedarf es keiner Unternehmensbewertung – und dementsprechend keiner Darlegung im Spaltungsbericht dazu –, falls die Anteilsquoten **verhältniswahrend** aufgeteilt werden und sich auch an ihrer Rechtsqualität zueinander nichts verändert.[172] Demgegenüber sind bei der **nicht verhältniswahrenden Spaltung** detaillierte Angaben über die Unternehmensbewertung erforderlich, die eine Plausibilitätskontrolle des vorgesehenen Umtauschverhältnisses ermöglichen.[173] Insofern gelten die gleichen Maßstäbe wie bei der Verschmelzung.[174] Auf besondere Schwierigkeiten bei der Bewertung der Rechtsträger ist hinzuweisen (§§ 127 S. 2 iVm § 8 Abs. 1 S. 2 UmwG).

Weiter ist über die Mitgliedschaft in den **übernehmenden Rechtsträgern** zu informieren; das bedeutet, dass über deren Ausgestaltung zu berichten ist.[175] Ferner ist darüber zu unterrichten, wie sich die Beteiligungsquoten der einzelnen Anteilsinhaber verän-

---

[164] *Gehling* in Semler/Stengel UmwG § 127 Rn. 17.
[165] OLG Hamburg WM 2002, 696 (702); *Schwab* in Lutter UmwG § 127 Rn. 25 f.; großzügiger *Sickinger* in Kallmeyer UmwG § 127 Rn. 5 (Erörterung von Alternativen nicht in jedem Falle erforderlich).
[166] Eingehend *Schwab* in Lutter UmwG § 127 Rn. 21 ff.; *Mayer* in Widmann/Mayer UmwG § 127 Rn. 19; *Hörtnagl* in Schmitt/Hörtnagl/Stratz UmwG § 127 Rn. 11 f.; *Gehling* in Semler/Stengel UmwG § 127 Rn. 19.
[167] OLG Hamburg WM 2002, 696 (702); *Sickinger* in Kallmeyer UmwG § 127 Rn. 6.
[168] *Schwab* in Lutter UmwG § 127 Rn. 27; *Mayer* in Widmann/Mayer UmwG § 127 Rn. 23.
[169] *Gehling* in Semler/Stengel UmwG § 127 Rn. 23.
[170] *Hörtnagl* in Schmitt/Hörtnagl/Stratz UmwG § 127 Rn. 9, 10; *Kallmeyer/Sickinger* in Kallmeyer UmwG § 127 Rn. 7; *Veil* ZIP 1998, 361 (363); *Gehling* in Semler/Stengel UmwG § 127 Rn. 35 f.
[171] *Schwab* in Lutter UmwG § 127 Rn. 29.
[172] *Schwab* in Lutter UmwG § 127 Rn. 30; nach *Gehling* in Semler/Stengel UmwG § 127 Rn. 31 bedarf es bei der Aufspaltung eines Berichts, der allerdings „kurz" ausfallen kann.
[173] *Sickinger* in Kallmeyer UmwG § 127 Rn. 8; eingehend auch *Mayer* in Widmann/Mayer UmwG § 127 Rn. 24 f.
[174] → Rn. 23; vgl. auch *Schwab* in Lutter UmwG § 127 Rn. 32 ff.; *Gehling* in Semler/Stengel UmwG § 127 Rn. 31 (zur Aufspaltung).
[175] *Schwab* in Lutter UmwG § 127 Rn. 35 f.; *Mayer* in Widmann/Mayer § 127 Rn. 40 f.; nach *Sickinger* in Kallmeyer UmwG § 127 Rn. 9 bedarf es Erläuterungen hierzu nur, wenn keine Anteilsgewährung erfolgt; ebenso *Gehling* in Semler/Stengel UmwG § 127 Rn. 37.

dern.[176] Allerdings soll es bei Rechtsträgern mit mehr als zehn Anteilsinhabern genügen, die Anteilsquoten nicht individuell zu berechnen, sondern auf allgemeine Rechenbeispiele zu verweisen, die die Vermögens- und Stimmrechtsanteile im alten und im neuen Rechtsträger demonstrieren.[177]

47 Bei einer Spaltung mit **Kapitalerhöhung** ist in dem Spaltungsbericht ggf. auf den obligatorischen **Sacheinlageprüfungsbericht** und dessen Hinterlegung beim Handelsregister hinzuweisen (§ 142 Abs. 2 UmwG).

48 Auch im Spaltungsbericht müssen keine Tatsachen berichtet werden, deren **Bekanntwerden geeignet** ist, einem an der Spaltung beteiligten Rechtsträger oder einem verbundenen Unternehmen einen **nicht unerheblichen Nachteil** zuzufügen (§§ 127 S. 2, 8 Abs. 2 UmwG). Die Gründe für die Geheimhaltungsbedürftigkeit müssen im Bericht angegeben werden, jedenfalls soweit, wie dies ohne Offenlegung der Geheimnisse möglich ist.[178]

49 Ein Spaltungsbericht ist **nicht erforderlich,** falls **alle Anteilsinhaber** der an der Spaltung beteiligten Rechtsträger durch **notariell beurkundete Verzichtserklärungen** auf die Erstattung eines Berichts verzichten (§§ 127 S. 2, 8 Abs. 3 UmwG).

50 Streitig ist, unter welchen Voraussetzungen sich eine Entbehrlichkeit des Spaltungsberichts aus der Verweisung des § 127 S. 2 UmwG auf § 8 Abs. 3 S. 1 Alt. 2 UmwG ergibt. Dem eindeutigen Wortlaut nach werden jedenfalls Fälle einer **Abspaltung** von einer **100%-Tochtergesellschaft auf die Muttergesellschaft** erfasst.[179] Eine entsprechende Anwendung für den Fall der Ausgliederung oder Abspaltung auf eine 100%-Tochter wird von der hM abgelehnt.[180]

51 Entbehrlich ist ein Spaltungsbericht darüber hinaus im Fall der verhältniswahrenden Spaltung zur Neugründung gem. § 143 UmwG. nF.[181]

d) Formwechselnde Umwandlung

52 Auch für den Rechtsformwechsel gilt – in Anlehnung an die früher nur für die Verschmelzung bekannte Berichtspflicht gem. § 340a AktG aF – das Erfordernis eines **Umwandlungsberichts,** § 192 Abs. 1 UmwG.[182] Der Bericht ist schriftlich zu erstatten[183] und den Aktionären vor und während der Hauptversammlung zugänglich zu machen.[184]

---

[176] §§ 127 S. 2, 8 Abs. 1 S. 2; vgl. dazu *Schwab* in Lutter UmwG § 127 Rn. 37; *Winter* in Lutter, Umwandlungsrechtstage, 28 f.; *Gehling* in Semler/Stengel UmwG § 127 Rn. 41.

[177] *Schwab* in Lutter UmwG § 127 Rn. 39; nach *Gehling* in Semler/Stengel UmwG § 127 Rn. 41 muss bei Gesellschaftern mit „kleinem Anteilseignerkreis" die Ausweisung gesondert erfolgen; bei „großem oder gar anonymen Anteilseignerkreis" genügen Angaben, mit denen jeder Anteilseigner seine neue Quote selbst bestimmen kann.

[178] Bereits → Rn. 31; *Schwab* in Lutter UmwG § 127 Rn. 48; *Schöne* GmbHR 1995, 325 (334 f.).

[179] *Mayer* in Widmann/Mayer UmwG § 127 Rn. 73; *Sickinger* in Kallmeyer UmwG § 127 Rn. 16; *Gehling* in Semler/Stengel UmwG § 127 Rn. 51; aA *Schwab* in Lutter UmwG § 127 Rn. 53 f.; *Schöne* GmbHR 1995, 325.

[180] *Hörtnagl* in Schmitt/Hörtnagl/Stratz UmwG § 127 Rn. 21; *Schwab* in Lutter UmwG § 127 Rn. 53; *Mayer* in Widmann/Mayer UmwG § 127 Rn. 73; aA *Sagasser/Bultmann* in Sagasser/Bula/Brünger § 18 Rn. 158 und 179.

[181] § 143 UmwG setzt in seiner neuen Fassung Art. 3 Nr. 8 Buchst. b der Änderungsrichtlinie 2009/109/EG bezüglich Art. 22 Abs. 5 der Richtlinie 82/891/EWG um. *Wardenbach* in Henssler/Strohn § 143 UmwG Rn. 5 mit dem Hinweis, dass der fehlende Ausschluss des § 127 UmwG auf einem Redaktionsversehen beruht. Ebenso *Hörtnagl* in Schmitt/Hörtnagl/Stratz UmwG § 143 Rn. 4. Weiterhin *Leitzen* DNotZ 2011, 526 (541). Ebenso bereits zum RegE *Wagner* DStR 2010, 1629 (1631). Zu den Voraussetzungen einer verhältniswahrenden Spaltung zur Neugründung iSd § 143 UmwG im Einzelnen vgl. *Sickinger* in Kallmeyer UmwG § 143 Rn. 2.

[182] Vgl. auch das Muster eines Umwandlungsberichts bei *Kiem,* Unternehmensumwandlung, 2000, Rn. 1036.

[183] Zur Frage, von wem der Bericht erstattet und unterzeichnet werden muss und der hierzu vertretenen Auffassung bereits → Rn. 9 f. *Bänwaldt* in Semler/Stengel UmwG § 192 Rn. 22 weist in diesem Zusammenhang darauf hin, dass die Strafbarkeit eines unrichtigen Umwandlungsberichts die Unterzeichnung sämtlicher Organmitglieder verlange, da nach §§ 78 Hs. 2, 82 GmbHG alle unter Strafe gestellten Angaben ausnahmsweise von allen Geschäftsführern unterzeichnet werden müssen. Aus unserer Sicht ist

II. Gesetzliche Berichtspflichten § 5

Bezüglich der **Ausführlichkeit** des Berichts sollte man sich an den Anforderungen an einen Verschmelzungsbericht orientieren. Der Bericht muss eine **Plausibilitätskontrolle** des geplanten Formwechsels ermöglichen.[185] Der Umwandlungsbericht besteht regelmäßig aus zwei Teilen:[186] einem **Erläuterungs- und Begründungsteil** (§ 192 Abs. 1 S. 1 UmwG) und dem **Entwurf des Umwandlungsbeschlusses,** der im Bericht enthalten sein muss (§ 192 Abs. 1 S. 3 UmwG).

53

Im **Erläuterungsteil** sind die rechtlichen und wirtschaftlichen Änderungen, die der Formwechsel für die Anteilseigner nach sich zieht, darzustellen. Da in der Regel keine quantitative Änderung der Beteiligungsverhältnisse erfolgt, hat die Erläuterung im Wesentlichen die qualitativen Änderungen zum Gegenstand.[187] Zu denken ist dabei an steuerliche Folgen und die wesentlichen Änderungen in der Rechtsstellung der Anteilsinhaber insbesondere auch im Hinblick auf die Beteiligung an einem Rechtsträger neuer Rechtsform (§ 192 Abs. 1 S. 1 UmwG).[188] Es sollen dabei diejenigen Bestandteile näher erklärt werden, die nicht aus sich heraus verständlich sind: Der Aktionär ist über die **Auswirkungen** auf seine Beteiligung zu unterrichten; die neue **Satzung** ist eingehend zu erläutern. Außerdem ist auf die qualitativen Veränderungen der **Mitgliedschaftsrechte** hinzuweisen. So ist bspw. beim Formwechsel einer AG in eine GmbH auf eine **Vinkulierungsklausel** gem. § 15 Abs. 5 GmbHG gesondert hinzuweisen.[189]

54

Zur rechtlichen und wirtschaftlichen **Begründung** des Formwechsels ist ausführlich darzulegen, warum der Formwechsel **zweckmäßig** ist und mit welchen **Vor- und Nachteilen** er sich verbindet; ebenso wie bei den anderen Umstrukturierungsmaßnahmen sind auch die etwaigen Alternativen abzuhandeln.[190] Dies bedeutet keine sachliche Rechtfertigung des Formwechsels, sondern lediglich eine Darstellung der Gründe, von denen sich der Vorstand bei seiner Entscheidung leiten lässt.[191]

55

Hinsichtlich der Ausführlichkeit des Umwandlungsberichts ist auf die Rechtsprechung zum Verschmelzungsbericht zurückzugreifen. Auch beim Formwechsel ist daher eine Begründung der wesentlichen Umstände ausreichend, die einem verständigen Anteilseigner eine Plausibilitätskontrolle ermöglicht.[192]

56

---

dies jedoch nicht zutreffend: zum einen kann für den Umwandlungsbericht nichts anderes gelten als für den Verschmelzungsbericht; zum anderen bezieht sich die gem. § 313 UmwG unter Strafe gestellte Unrichtigkeit der Darstellung in den genannten Berichten nicht auf die Formalien des Berichts, sondern auf die „Verhältnisse des Rechtsträgers", womit alle Daten und Umstände gemeint sind, die für die Bewertung des Rechtsträgers erheblich sind.

[184] Vgl. zur Zugänglichmachung der Informationen ab Einberufung der Hauptversammlung § 230 Abs. 2 UmwG für den Formwechsel in eine Personengesellschaft sowie §§ 238 iVm 230 Abs. 2 UmwG für den Wechsel in eine andere Form der Kapitalgesellschaft; dieser Unterscheidung entsprechend die Regelungen der §§ 232 Abs. 1, 239 Abs. 1 UmwG in Bezug auf die Informationspflichten während der Hauptversammlung sowie der § 124a S. 1 Nr. 3 AktG iVm §§ 232 Abs. 1, 239 Abs. 1 UmwG zur Möglichkeit der Veröffentlichung der Informationen auf der Internetseite der Gesellschaft. Zu den Informations- und Publikationspflichten ausführlich → Rn. 3 ff.

[185] *Decher/Hoger* in Lutter UmwG § 192 Rn. 10; *Meister/Klöcker* in Kallmeyer UmwG § 192 Rn. 12.

[186] Der bisher erforderliche dritte Teil des Berichts, der eine Vermögensaufstellung zum Inhalt hatte, hat sich mit Neufassung des § 192 UmwG durch Art. 1 des Zweiten Gesetzes zur Änderung des UmwG vom 19.4.2007 (BGBl. I 542) erübrigt.

[187] BegrRegE, BT-Drs. 12/6699, 138. Im Fall des nicht verhältniswahrenden Formwechsels ist dagegen insbes. auch die Erläuterung der künftigen Beteiligungsverhältnisse ein wesentlicher Bestandteil der Erläuterung; vgl. *Decher/Hoger* in Lutter UmwG § 192 Rn. 22 f.

[188] *Meister/Klöcker* in Kallmeyer UmwG § 192 Rn. 8 f.; *Bärwaldt* in Semler/Stengel UmwG § 192 Rn. 10; *Decher/Hoger* in Lutter UmwG § 192 Rn. 26; *Stratz* in Schmitt/Hörtnagl/Stratz UmwG § 192 Rn. 11, 13; *Bayer* ZIP 1997, 1613 (1619).

[189] *Decher/Hoger* in Lutter UmwG § 192 Rn. 22.

[190] Vgl. im Einzelnen *Decher/Hoger* in Lutter UmwG § 192 Rn. 16 ff., bestätigt etwa durch LG Mannheim, BeckRS 2014, 10107: Der Umwandlungsbericht muss sich zwar nicht mit allen theoretisch denkbaren Alternativen auseinandersetzen, wohl aber mit den ernsthaft in Betracht kommen.

[191] OLG Stuttgart AG 2008, 464 (465) (Aesculap); *Meister/Klöcker* in Kallmeyer UmwG § 192 Rn. 10.

[192] Vgl. OLG Düsseldorf ZIP 1999, 793; LG München I AG 2000, 87; OLG Düsseldorf DB 2006, 2223 (2224 f.).

57 Grds. erstreckt sich die Berichtspflicht auch auf alle Angelegenheiten der mit dem Rechtsträger verbundenen Unternehmen (§ 192 Abs. 1 S. 2 iVm § 8 Abs. 1 S. 3 UmwG). Im Gegensatz zum Verschmelzungs- und Spaltungsbericht dürften solche Angaben über **verbundene Unternehmen** – mit Ausnahme der Unternehmensbewertung für das Abfindungsangebot – indes häufig nicht erforderlich sein. Sie sind nämlich in aller Regel für den Formwechsel nicht wesentlich.[193]

58 Anders als bei der Verschmelzung enthält die Bestimmung keine Begründungspflicht zur Höhe einer anzubietenden **Barabfindung.** Dennoch ist man sich in der Literatur darüber einig, dass eine Erläuterung **aufgrund der Pflicht zur ausführlichen Berichterstattung** unabdingbar ist, zumal die **Höhe** der Abfindung Gegenstand des Umwandlungsprüfungsberichts ist.[194] Die Rechtsprechung des BGH zur Einschränkung der Anfechtbarkeit des Umwandlungsbeschlusses bei der Verletzung von Informations-, Auskunfts- oder Berichtspflichten,[195] die durch das UMAG auch teilweise im Gesetz Ausdruck gefunden hat (vgl. § 242 Abs. 4 AktG),[196] sollte nicht zum Anlass genommen werden, künftig auf eine umfassende Darstellung und Begründung der Angemessenheit der Barabfindung zu verzichten.[197] Für die Berichterstattung, in der Methode und Ergebnis der **Unternehmensbewertung** darzulegen sind, gelten die bereits vorstehend für die Verschmelzung dargelegten Grundsätze.[198]

59 Auch in den Umwandlungsbericht brauchen **keine Tatsachen** aufgenommen zu werden, deren Bekanntmachung **geeignet** ist, dem Rechtsträger oder einem mit ihm verbundenen Unternehmen **einen nicht unerheblichen Nachteil** zuzufügen (§ 192 Abs. 1 S. 2, § 8 Abs. 2 UmwG). Allerdings sind die Gründe für die Nichterwähnung dieser Tatsachen im Bericht darzulegen (§ 192 Abs. 1 S. 2, § 8 Abs. 2 S. 2 UmwG). Es gelten die gleichen Maßstäbe wie bei der Verschmelzung und Spaltung.[199]

60 Der Bericht ist **entbehrlich,** wenn **alle Anteilsinhaber** auf seine Erstattung verzichten (§ 192 Abs. 2 S. 1 Alt. 2 UmwG). Die **Verzichtserklärungen sind notariell zu beurkunden** (§ 192 Abs. 2 S. 2 UmwG). Ferner ist der Bericht entbehrlich, wenn an dem formwechselnden Rechtsträger nur ein Anteilsinhaber beteiligt ist (§ 192 Abs. 2 S. 1 Alt. 1 UmwG).

e) Unternehmensvertrag

61 Muss die Hauptversammlung über einen **Unternehmensvertrag** entscheiden, haben die Vorstände aller an dem Unternehmensvertrag beteiligten Aktiengesellschaften einen ausführlichen schriftlichen Bericht zu erstatten (§ 293a AktG). Für die **Untergesellschaft** besteht die Berichtspflicht bei jeder Form des Unternehmensvertrags, für die **Obergesellschaft** hingegen nur bei Abschluss eines Beherrschungs- und Ergebnisabführungsvertrags, da nur in diesen Fällen die Zustimmung der Hauptversammlung einzuholen ist.[200] Es ist

---

[193] *Decher/Hoger* in Lutter UmwG § 192 Rn. 40; *Mayer* in Widmann/Mayer UmwG § 192 Rn. 48; in der Rechtsfolge ebenso *Bärwaldt* in Semler/Stengel UmwG § 192 Rn. 16.
[194] Ausführlich *Stratz* in Schmitt/Hörtnagl/Stratz UmwG § 192 Rn. 15 und *Decher/Hoger* in Lutter UmwG § 192 Rn. 29 ff.; vgl. auch *Meyer-Landrut/Kiem* WM 1997, 1416.
[195] BGH NJW 2001, 1425 (MEZ); 2001, 1428 (Aqua/Butzke); zustimmend *Hirte* ZHR 2003, 8; *Klöhn* AG 2002, 443; *Fritzsche/Dreier* BB 2002, 737.
[196] → Rn. 131 ff. und → § 44 Rn. 60.
[197] So zutreffend *Decher/Hoger* in Lutter UmwG § 192 Rn. 30; *Bärwaldt* in Semler/Stengel UmwG § 192 Rn. 3; *Stratz* in Schmitt/Hörtnagl/Stratz UmwG § 192 Rn. 15. Der Verweigerungsfall wird weiterhin zu Recht als Anfechtungsgrund angesehen, vgl. § 243 Abs. 4 S. 2 AktG; dazu *Koch* in Hüffer/Koch AktG § 243 Rn. 47c mwN.
[198] Zu den Einzelheiten → Rn. 23 ff. sowie *Decher/Hoger* in Lutter UmwG § 192 Rn. 33 ff.
[199] Vgl. → Rn. 31, 48; *Meister/Klöcker* in Kallmeyer UmwG § 192 Rn. 34; *Decher/Hoger* in Lutter UmwG § 192 Rn. 43.
[200] Arg. § 293 Abs. 2 AktG; vgl. *Langenbucher* in K. Schmidt/Lutter AktG § 293a Rn. 4; *Koch* in Hüffer/Koch AktG § 293a Rn. 7; *Emmerich* in Emmerich/Habersack Aktien/GmbH-KonzernR AktG § 293 Rn. 5, § 293a Rn. 8 f.; *Bungert* DB 1995, 1384 (1387).

II. Gesetzliche Berichtspflichten § 5

weiterhin umstritten, ob sich das Berichtserfordernis nicht nur auf Beherrschungs- und Gewinnabführungsverträge (§ 291 AktG) bezieht, sondern sich auch auf andere Unternehmensverträge (§ 292 AktG) erstreckt. Dagegen wird eingewendet, dass lediglich Beherrschungs- und Gewinnabführungsverträge bei wirtschaftlicher Betrachtungsweise Fusionstatbestände darstellten und somit eine der Verschmelzung vergleichbare Situation entstehe. Der Anwendungsbereich der gesetzlichen Berichtspflicht beim Abschluss von Unternehmensverträgen sei daher teleologisch zu reduzieren.[201] Dies kann jedoch nicht überzeugen. Zum einen können auch bei anderen Unternehmensverträgen als Beherrschungs- und Gewinnabführungsverträgen erhebliche Beeinträchtigungen von Aktionärsrechten entstehen.[202] Zum anderen widerspräche dies der gesetzgeberischen Intention, Umgehungsversuche zu vermeiden und den Aktionären bei Unternehmensverträgen eine schriftliche Vorabinformation zu ermöglichen.[203] Schließlich differenziert der Wortlaut der §§ 293 ff. AktG eindeutig zwischen Unternehmensverträgen als Oberbegriff und Beherrschungs- und Gewinnabführungsverträgen sowie anderen Unternehmensverträgen als deren Ausgestaltungen. Eine Beschränkung der Berichtspflicht auf Beherrschungs- und Gewinnabführungsverträge ergibt sich aus dem Gesetzeswortlaut also gerade nicht.[204] Auch bei anderen Unternehmensverträgen muss daher ein **ausführlicher Bericht** vorgelegt werden, der allerdings keine Angaben über Art und Höhe des Ausgleichs (§ 304 AktG) oder der Abfindung (§ 305 AktG) für die Aktionäre enthalten muss, da diese bei anderen Unternehmensverträgen als Beherrschungs- und Gewinnabführungsverträgen nicht geschuldet werden (vgl. §§ 304, 305 AktG).[205]

Der Bericht kann von den Vorständen der beteiligten Unternehmen gemeinsam erstattet werden (§ 293a Abs. 1 S. 1 Hs. 2 AktG). Eine Vertretung bei der Berichterstattung ist unzulässig.[206] 62

Die Pflichten der Gesellschaft im Hinblick auf das Zugänglichmachen des Berichts im Vorfeld und während der Hauptversammlung sowie bei börsennotierten Gesellschaften zur Veröffentlichung des Berichts im Internet entsprechen den allgemeinen Regelungen (§§ 293f Abs. 1 Nr. 3, Abs. 2 und 3 AktG, § 293g Abs. 1 AktG, § 124a S. 1 Nr. 3 AktG).[207] Eine gesonderte Bekanntmachung des wesentlichen Inhalts des Berichts über den Vertrag ist nicht geboten, da mit der Einberufung bereits der wesentliche Inhalt des Vertrags bekannt zu machen ist und dem Informationsbedürfnis damit ausreichend Genüge getan wird.[208] 63

---

[201] *Altmeppen* in MüKoAktG AktG § 293a Rn. 5 ff., 27; *Altmeppen* ZIP 1998, 1853 (1854 f.); *Bungert* DB 1995, 1384 (1386).
[202] So *Veil* in Spindler/Stilz AktG § 293a Rn. 4.
[203] Begründung zum RegE des UmwBerG, BT-Drs. 12/6699, 178. Zwar hat dieser gesetzgeberische Ansatz einige Kritik im Schrifttum erhalten; die von der Gegenauffassung befürwortete Beschränkung käme jedoch einer Rechtsfortbildung entgegen des Gesetzes nahe und ist daher nicht haltbar; so überzeugend *Langenbucher* in K. Schmidt/Lutter AktG § 293a Rn. 2.
[204] § 293a Abs. 1 AktG spricht vom „Unternehmensvertrag" ohne nähere Differenzierung. Die umfassende Anwendung der Berichtspflicht entspricht auch der Rechtsprechung des BGH (vgl. BGHZ 156, 38 (45) = ZIP 2003, 1788 (1790): Anwendbarkeit von § 293a AktG auf einen Teilgewinnabführungsvertrag gem. § 292 Abs. 1 Nr. 2 AktG) und der überwiegenden Auffassung im neueren Schrifttum; vgl. *Veil* in Spindler/Stilz AktG § 293a Rn. 4; *Koppensteiner* in Kölner Komm. AktG § 293a Rn. 15; *Krieger* in MHdB AG § 73 Rn. 63; *Langenbucher* in K. Schmidt/Lutter AktG § 293a Rn. 2. *Emmerich* in Emmerich/Habersack Aktien/GmbH-KonzernR AktG § 293a Rn. 6 f. spricht sich zwar ebenfalls gegen eine teleologische Reduktion und für eine Anwendung des § 293a AktG auf Unternehmensverträge gem. § 292 AktG aus, räumt aber ein, dass die Parallele zur Verschmelzung nicht passt und eine Überregulierung durch die unglückliche Gesetzesformulierung vorliegt; ähnlich *Koch* in Hüffer/Koch AktG § 293a Rn. 4.
[205] So auch *Krieger* in MHdB AG § 73 Rn. 63; *Langenbucher* in K. Schmidt/Lutter AktG § 293a Rn. 15.
[206] *Krieger* in MHdB AG § 71 Rn. 28. Zur Frage, von wem der Bericht zu erstatten ist und wer ihn zu unterzeichnen hat → Rn. 9 f.
[207] Näher zu den Informations- und Veröffentlichungspflichten vgl. → Rn. 3 ff.
[208] § 124 Abs. 2 S. 3 AktG gilt in diesem Fall direkt; schon aus diesem Grund scheidet eine entsprechende Anwendung von § 124 Abs. 2 S. 3 AktG zur Begründung einer hier wiederholten Bekanntmachung aus.

64 In dem **ausführlichen** Bericht sind der **Abschluss des Unternehmensvertrags,** der **Vertrag** im Einzelnen und insbesondere die Art und Höhe des **Ausgleichs** und der **Abfindung** rechtlich und wirtschaftlich zu erläutern und zu begründen. Dabei ist auch auf besondere Schwierigkeiten bei der Bewertung der vertragsschließenden Unternehmen sowie auf die Folgen für die Beteiligungen der Aktionäre hinzuweisen (§ 293a Abs. 1 S. 2 AktG).

65 Der Bericht hat die **wirtschaftliche Ausgangslage** der beteiligten Gesellschaften darzustellen[209] und dient in erster Linie der Einschätzung der Bonität des anderen Vertragsteils.[210] Weiter ist darzulegen, welche rechtlichen und wirtschaftlichen Gründe den Unternehmensvertrag als das **geeignete Mittel zur Verfolgung des Unternehmenszwecks** erscheinen lassen.[211] Den Unternehmenszweck wird man dabei als sprachliche Abkürzung für die in der Gesellschaft und ihrem Unternehmen zusammentreffenden unterschiedlichen Interessen der Aktionäre, der Arbeitnehmer und der Öffentlichkeit zu verstehen haben.[212] Notwendig ist, dass der Zweck der Maßnahme dargelegt wird. Dies schließt ein, die etwaigen **Alternativen** (zB den Abschluss eines anderen Unternehmensvertrags) anzusprechen und die **Vor- und Nachteile** der verschiedenen in Betracht kommenden Maßnahmen **abzuwägen**.[213]

66 Die rechtliche Erläuterung des Vertragsinhalts setzt zunächst eine konkrete Bezeichnung des **Vertragstypus** voraus. Ferner ist der Vertrag aus rechtlicher und wirtschaftlicher Sicht zu erläutern. Die bloße Wiederholung des Vertragstexts genügt grds. nicht; vielmehr sind die rechtlichen und wirtschaftlichen Hintergründe des Vertrags in der Form darzustellen, dass dem verständigen Aktionär das Verhältnis von Leistungspflichten und Ansprüchen aufgezeigt und **Besonderheiten** des Vertrags hervorgehoben werden.[214]

67 Soweit §§ 304, 305 AktG eingreifen – also ausschließlich bei Beherrschungs- und Ergebnisabführungsverträgen nach § 291 AktG –, sind **Art und Höhe von Abfindung und Ausgleich** rechtlich und wirtschaftlich zu erläutern.[215] Da diese sich nach der Verschmelzungswertrelation richten, haben ihnen Unternehmensbewertungen zugrunde zu liegen. Diese **Bewertungen** müssen **konkret** anhand von Zahlen und Tatsachen dargelegt werden. Dem Aktionär muss es möglich sein, das konkrete Umtauschverhältnis plausibel nachzuvollziehen.[216] Eine vollständige Offenlegung des Bewertungsgutachtens ist jedoch nicht erforderlich, da der Bericht nur eine **Plausibilitätskontrolle** ermöglichen soll.[217] Darzulegen sind regelmäßig die Erträge der in die Bewertung eingeflossenen ver-

---

[209] *Altmeppen* in MüKoAktG AktG § 293a Rn. 40; *Emmerich/Habersack* KonzernR 273 f.
[210] So LG München I Der Konzern 2008, 295 (302).
[211] Vgl. Begründung zum Entwurf des Gesetzes zur Bereinigung des Umwandlungsrechts (UmwBerG), BT-Drs. 12/6699, 83 f.
[212] *Grunewald* in Geßler/Hefermehl AktG § 340 aF Rn. 6 f.; *Koch* in Hüffer/Koch AktG § 293a Rn. 12.
[213] *Emmerich* in Emmerich/Habersack Aktien/GmbH-KonzernR AktG § 293a Rn. 20; *Altmeppen* in MüKoAktG AktG § 293a Rn. 39; *Koch* in Hüffer/Koch AktG § 293a Rn. 12; *Westermann* FS Johannes Semler, 1993, 651 (654 f.).
[214] *Koch* in Hüffer/Koch AktG § 293a Rn. 13; *Altmeppen* in MüKoAktG AktG § 293a Rn. 42; *Emmerich* in Emmerich/Habersack Aktien/GmbH-KonzernR AktG § 293a Rn. 19 ff.; *Veil* in Spindler/Stilz AktG § 293a Rn. 13 f.
[215] Diese Erläuterungspflicht greift – nach Ansicht des LG Frankfurt, NZG 2013, 140 – auch dann, sofern kein Ausgleichsanspruch iSd § 304 AktG, sondern lediglich ein freiwilliger Ausgleich besteht. Kritisch zu dieser Entscheidung *Wardenbach* GWR 2013, 68.
[216] Vgl. BGHZ 107, 296 (302 ff.) – Kochs Adler; BGH AG 1990, 249 f. – DAT/Altana; BGH AG 1991, 102 (103) – SEN; OLG Hamm AG 1989, 31 (32) – Kochs Adler; OLG Karlsruhe AG 1990, 35 – SEN; OLG Köln AG 1989, 102 (102) – DAT/Altana; LG Frankenthal AG 1990, 549 f. – Hypothekenbank-Schwestern; LG Frankfurt a.M. WM 1990, 592 (594) – Hypothekenbank-Schwestern; LG Köln AG 1988, 145 – DAT/Altana; *Altmeppen* in MüKoAktG AktG § 293a Rn. 44 mwN; *Koch* in Hüffer/Koch AktG § 293a Rn. 15; *Grunewald* in Geßler/Hefermehl AktG § 340 aF Rn. 10 ff.; aA noch LG Mannheim AG 1988, 248 (249).
[217] *Langenbucher* in K. Schmidt/Lutter AktG § 293a Rn. 16; *Altmeppen* in MüKoAktG AktG § 293a Rn. 44; *Emmerich* in Emmerich/Habersack Aktien/GmbH-KonzernR AktG § 293a Rn. 25, 27.

gangenen Jahre und die Prognosen und Planzahlen für die folgenden Jahre,[218] soweit dadurch nicht konkrete Planungsvorhaben offengelegt werden.[219] Insbesondere ist zu erläutern, in welchem Ausmaß die Festsetzung der Kompensation nach den Vorgaben des BVerfG[220] unter Berücksichtigung des durchschnittlichen Börsenkurses erfolgt ist.[221] Ist das Umtauschverhältnis Ergebnis von Verhandlungen zwischen den beteiligten Rechtsträgern,[222] so sind die für die Bestimmung der Kompensation maßgeblichen Punkte zu veranschaulichen. Dass im Bericht auf **besondere Bewertungsschwierigkeiten** sowie auf Folgen für die Beteiligung der Aktionäre hin-gewiesen werden muss, entspricht im Wesentlichen der für die Verschmelzung geltenden Bestimmung (§ 8 Abs. 1 S. 2 UmwG). Sind bei der Bewertung Schwierigkeiten aufgetreten, sollen diese konkret angegeben und dargelegt werden, wie sie gelöst wurden.[223]

68 Der Hinweis, dass die **Folgen für die Beteiligung der Aktionäre** zu erwähnen sind, bleibt letztlich ohne Konsequenz. Rechtlich verändert sich die Gesellschaft, soweit es die Beteiligungsquoten betrifft, nicht, anders als bei einem Formwechsel. Es ließe sich allenfalls auf die allgemeinen Folgen, die die Begründung eines Vertragskonzerns auf die Rechte der Aktionäre hat, hinweisen (Ausgleichszahlung statt Dividendenanspruch bzw. Abfindungszahlung, Weisungsrecht der Obergesellschaft, Berechtigung zur Nachteilszufügung im Konzerninteresse, Verlustausgleichspflicht). Auf diese Folgen wird indessen ohnehin im Rahmen der Erläuterungen des Unternehmensvertrags einzugehen sein, so dass hierdurch kein zusätzliches Erfordernis statuiert wird.[224]

69 In den Bericht brauchen Tatsachen nicht aufgenommen zu werden, deren Bekanntwerden geeignet ist, einem der vertragsschließenden Unternehmen oder einem verbundenen Unternehmen einen **nicht unerheblichen Nachteil zuzufügen** (§ 293a Abs. 2 AktG). Wie bei der Verschmelzung sind in dem Bericht die Gründe, aus denen die Tatsachen nicht aufgenommen worden sind, darzulegen (§ 293a Abs. 2 S. 2 AktG). Die Eignung zur Nachteilszufügung muss nach vernünftiger kaufmännischer Beurteilung zu bejahen sein. Sie liegt jedenfalls dann nahe, wenn es um Einzelheiten der **Ertragsprognose,** steuerliche Wertansätze, die Höhe einzelner Steuern und um Aufdeckung **stiller Reserven** geht.[225] Die Begründung für die Nichtoffenlegung muss nicht so genau sein, dass der Nachteil nunmehr infolge der Begründung eintritt; andererseits muss **plausibel** dargelegt werden, dass die Offenlegung zu einer Beeinträchtigung führen kann. Der bloße Hinweis auf eine generelle Geheimhaltungsbedürftigkeit genügt nicht.[226] In der Praxis fällt es oft außerordentlich schwer, solche „Konkretisierungspflichten" zu erfüllen, ohne nicht doch

---

[218] Vgl. im Einzelnen die entsprechenden Anforderungen an den Verschmelzungsbericht, → Rn. 23 ff.
[219] Näher zum Zurückhalten bestimmter Informationen → Rn. 69; vgl. auch *Krieger* in MHdb AG § 71 Rn. 33; *Emmerich* in Emmerich/Habersack Aktien/GmbH-KonzernR AktG § 293a Rn. 32; *Koppensteiner* in Kölner Komm. § 293a Rn. 47.
[220] Vgl. BVerfGE 100, 289 (305 f.); BVerfG AG 2007, 697 (698) sowie → Rn. 27 zu den entsprechenden Erläuterungen bei der Verschmelzung. Diese Grundsätze wurden von der zivilrechtlichen Rechtsprechung im Aktienrecht umgesetzt; vgl. BGHZ 147, 108 (DAT/Altana); OLG Düsseldorf AG 2003, 329.
[221] Vgl. *Emmerich* in Emmerich/Habersack Aktien/GmbH-KonzernR AktG § 293a Rn. 26; *Koppensteiner* in Kölner Komm. § 293a Rn. 31 ff.; *Koch* in Hüffer/Koch AktG § 293a Rn. 14, AktG § 305 Rn. 20b f.
[222] Vgl. hierzu OLG Stuttgart DStR 2006, 626; WM 2010, 173 (176); LG Frankfurt a.M. NZG 2009, 553 (555) sowie → Rn. 27 Fn. 116.
[223] Vgl. BGH AG 1991, 102 (103) liSp. – SEN, Hinweispflicht auf Ertragseinbruch; *Altmeppen* in MüKo-AktG AktG § 293a Rn. 45; *Emmerich* in Emmerich/Habersack Aktien/GmbH-KonzernR AktG § 293a Rn. 28; *Koch* in Hüffer/Koch AktG § 293a Rn. 16.
[224] Vgl. auch *Koch* in Hüffer/Koch AktG § 293a Rn. 17, der hinsichtlich dieser Bestimmung von einem gesetzgeberischen Fehlgriff ausgeht; ähnlich *Altmeppen* in MüKoAktG AktG § 293a Rn. 46 f. sowie *Veil* in Spindler/Stilz AktG § 293a Rn. 17: Eine solche Information macht bei Abschluss eines Unternehmensvertrags, anders als bei der Verschmelzung, keinen Sinn.
[225] Argument aus § 131 Abs. 3 S. 1 Nr. 3 AktG; *Koch* in Hüffer/Koch AktG § 293a Rn. 19; *Bungert* DB 1995, 1384 (1389); *Krieger* in MHdB AG § 71 Rn. 33 mwN; mit Einschränkungen *Altmeppen* in MüKo-AktG AktG § 293a Rn. 63.
[226] *Altmeppen* in MüKoAktG AktG § 293a Rn. 66; *Grunewald/Winter* in Lutter Umwandlungsrechtstage 19, 31 f.

der Sache nach zu offenbaren, was an sich geheim bleiben soll. Die Konkretisierungspflicht muss daher richtigerweise jedenfalls dort ihre Grenze finden, wo anderenfalls der Nachteil bereits eintreten würde.

70   Ein Bericht ist **nicht notwendig,** wenn sämtliche Anteilsinhaber aller beteiligten Unternehmen eine öffentlich beglaubigte Verzichtserklärung abgeben, § 293a Abs. 3 AktG.[227] Die öffentliche Beglaubigung setzt voraus, dass die Verzichtserklärungen sämtlicher Aktionäre schriftlich abgefasst und die Unterschriften notariell beglaubigt werden (§ 129 Abs. 1 S. 1 BGB). Ausreichend ist nach allgemeiner Ansicht jedoch auch ein **einstimmiger, notariell beurkundeter Beschluss** aller Anteilsinhaber.[228] Nach hM genügt bezüglich des Berichts des herrschenden Unternehmens nicht der Verzicht nur der Anteilsinhaber des beherrschten Unternehmens.[229] Eine Ausnahme von der Berichtspflicht für die Gesellschaften, die zu 100% im Besitz der herrschenden Gesellschaft stehen, existiert – anders als bei Verschmelzung und Umwandlung – nicht, was weder systematisch noch sachlich überzeugen kann.[230] Gleichwohl ist der gesetzlichen Regelung zu entsprechen und ein einseitiger Verzicht daher ausgeschlossen.[231] Im Ergebnis ergeben sich hieraus bei 100%-Beteiligungen in der Regel keine Unterschiede in der Praxis.

f) Eingliederung

71   Soll die Eingliederung einer AG in eine andere AG beschlossen werden, muss der Vorstand der zukünftigen Hauptgesellschaft einen ausführlichen, **schriftlichen Bericht** erstatten,[232] in dem die Eingliederung **rechtlich** und **wirtschaftlich erläutert** und **begründet** wird **(Eingliederungsbericht),** § 319 Abs. 1 iVm Abs. 3 S. 1 Nr. 3 AktG.

72   Die allgemeinen Informations- und Veröffentlichungspflichten bezüglich des Berichts des Vorstands der Hauptgesellschaft (vgl. § 319 Abs. 3 S. 1–4 AktG; → Rn. 3 ff.) gelten im Falle einer Mehrheitseingliederung sowohl bei der einzugliedernden Gesellschaft als auch bei der Hauptgesellschaft (§§ 320 Abs. 4 S. 1 und 3 iVm 319 Abs. 3 S. 1–4 AktG).

73   Das nach altem Recht nicht vorgesehene Erfordernis eines Eingliederungsberichts wurde gleichzeitig mit und nach dem Vorbild der Bestimmungen für Unternehmensverträge (§ 293a AktG) und Verschmelzungen (§ 8 UmwG) geschaffen. Die **Anforderungen** an den **Eingliederungsbericht** entsprechen daher den Anforderungen, die an einen Unternehmensvertrags- oder Verschmelzungsbericht zu stellen sind. Bezüglich der **Berichtsintensität** ist dementsprechend die Grundlage für die Möglichkeit einer **Plausibilitätskontrolle** durch die Aktionäre zu schaffen.[233]

74   Grds. erforderlich ist es, den wirtschaftlichen **Zweck** der Eingliederung darzulegen, etwaige **Alternativen** anzusprechen und die **Vor- und Nachteile** der vorgesehenen Maßnahme im Vergleich zu in Betracht kommenden Alternativen abzuwägen. Dazu müssen zunächst die wirtschaftlichen und strukturellen **Ausgangslagen** der beteiligten Gesellschaften

---

[227] Der Verzicht bedarf hier also im Gegensatz zu § 8 Abs. 3 S. 2 UmwG nicht der Beurkundung, im Wesentlichen aus Kostengründen, vgl. Begründung zum RegE des UmwBerG, BT-Drs. 12/6699, 178; *Koch* in Hüffer/Koch AktG § 293a Rn. 21; *Veil* in Spindler/Stilz AktG § 293a Rn. 23.
[228] *Veil* in Spindler/Stilz AktG § 293a Rn. 23; *Altmeppen* in MüKoAktG AktG § 293a Rn. 58f.; *ders.* ZIP 1998, 1853 (1862f.); *Emmerich* in Emmerich/Habersack Aktien/GmbH-KonzernR AktG § 293a Rn. 35; *Emmerich/Habersack* KonzernR 276; *Koch* in Hüffer/Koch § 293a Rn. 21.
[229] *Emmerich* in Emmerich/Habersack Aktien/GmbH-KonzernR AktG § 293a Rn. 36f.; *Koch* in Hüffer/ Koch AktG § 293a Rn. 21; *Bungert* DB 1995, 1384 (1388); aA *Altmeppen* in MüKoAktG AktG § 293a Rn. 52ff.; *ders.* ZIP 1998, 1853 (1861f.).
[230] Zu Recht kritisch *Langenbucher* in K. Schmidt/Lutter AktG § 293a Rn. 24; *Veil* in Spindler/Stilz AktG § 293a Rn. 22; *Bungert* DB 1995, 1384 (1388f.); *Koch* in Hüffer/Koch AktG § 293a Rn. 22; *Emmerich* in Emmerich/Habersack Aktien/GmbH-KonzernR AktG § 293a Rn. 38.
[231] Anders *Altmeppen* in MüKoAktG AktG § 293a Rn. 55; *Altmeppen* ZIP 1998, 1853 (1860ff.).
[232] Zur Frage, ob sämtliche Vorstandsmitglieder unterzeichnen müssen oder eine vertretungsberechtigte Anzahl an Mitgliedern genügt, → Rn. 9 f.
[233] → Rn. 24; *Koch* in Hüffer/Koch AktG § 319 Rn. 11; *Grunewald* in MüKoAktG AktG § 319 Rn. 23.

dargelegt werden.²³⁴ Darüber hinaus sind das Verfahren, die wesentlichen **Eingliederungsfolgen,** insbesondere die Haftung und die Verlustausgleichspflicht (vgl. §§ 322, 324 Abs. 3 AktG)²³⁵ sowie die Vor- und Nachteile gegenüber anderen Formen der Unternehmensverbindung zu erläutern.²³⁶ Außerdem müssen sich die Aktionäre ein Bild davon machen können, ob und in welchem Umfang ihre Aktien von Verwässerung bedroht sind.

Bei einer Mehrheitseingliederung sind in dem Eingliederungsbericht **Art und Höhe der Abfindung** rechtlich und wirtschaftlich zu erläutern und zu begründen; auf besondere Schwierigkeiten bei der Bewertung der beteiligten Gesellschaften sowie auf die Folge für die Beteiligung der Aktionäre ist hinzuweisen (§ 320 Abs. 4 S. 2 AktG). Hierdurch soll vor allem den Abfindungsansprüchen außenstehender Aktionäre und den daraus resultierenden Bewertungsnotwendigkeiten Rechnung getragen werden.²³⁷ Ebenso wie bei Unternehmensverträgen ist die **Unternehmensbewertung** so **konkret** wiederzugeben, dass die betroffenen Aktionäre die Angemessenheit der vorgesehenen Abfindungsansprüche beurteilen können.²³⁸ 75

Anders als bei Verschmelzung und Unternehmensvertrag (§ 293a Abs. 2 AktG, § 8 Abs. 2 UmwG) enthält das Gesetz keine Schutzklausel, wonach **Angaben,** die für die Gesellschaft **nachteilig** wären, **unterbleiben** können. Richtigerweise wird man die entsprechenden Bestimmungen für Unternehmensvertrag und Verschmelzung auch bei der Eingliederung anwenden können.²³⁹ Informationen, deren Offenlegung mit Nachteilen verbunden wäre, müssen daher nicht in den Bericht aufgenommen werden.²⁴⁰ Die Geheimhaltung der Informationen muss im Bericht dargelegt und so weit wie möglich begründet werden. 76

Das Gesetz enthält expressis verbis nicht die Möglichkeit eines **Verzichts** auf den Eingliederungsbericht. Auch hier ist jedoch in entsprechender Anwendung der Regelungen bei Unternehmensverträgen von der Möglichkeit, durch öffentlich beglaubigte Erklärung auf den Bericht zu verzichten, auszugehen (§ 293a Abs. 3 AktG analog).²⁴¹ 77

4. Sonstige gesetzliche Berichtspflichten

a) Bericht des Hauptaktionärs beim (aktienrechtlichen) Squeeze out

Der Gesetzgeber hat in den §§ 327a ff. AktG den Ausschluss von Minderheitsaktionären (sog Squeeze out) geregelt.²⁴² Danach kann ein mit 95% am Grundkapital beteiligter Aktionär **(Hauptaktionär)**²⁴³ die Minderheitsaktionäre aus der Gesellschaft ausschließen, in- 78

---

[234] *Grunewald* in MüKoAktG AktG § 319 Rn. 23.
[235] *Habersack* in Emmerich/Habersack Aktien/GmbH-KonzernR AktG § 319 Rn. 20.
[236] *Krieger/Kraft* in MHdB AG § 74 Rn. 13.
[237] *Koch* in Hüffer/Koch AktG § 320 Rn. 15; *Habersack* in Emmerich/Habersack Aktien/GmbH-KonzernR AktG § 320 Rn. 16.
[238] Vgl. zu den konkreten Anforderungen → Rn. 67.
[239] Für eine analoge Anwendung von § 293a Abs. 2 AktG *Habersack* in Emmerich/Habersack Aktien/GmbH-KonzernR AktG § 319 Rn. 20; *Krieger/Kraft* in MHdB AG § 74 Rn. 13; *Grunewald* in MüKoAktG AktG § 319 Rn. 25; *Liebscher* in BeckHdB AG § 14 Rn. 181; wohl auch *Koch* in Hüffer/Koch AktG § 319 Rn. 11 („gut vertretbar").
[240] *Habersack* in Emmerich/Habersack Aktien/GmbH-KonzernR AktG § 319 Rn. 20, § 293a Rn. 30; *Krieger* in MHdB AG § 73 Rn. 13; *Grunewald* in MüKoAktG AktG § 319 Rn. 25.
[241] Vgl. *Grunewald* in MüKoAktG AktG § 319 Rn. 24; *Singhof* in Spindler/Stilz AktG § 319 Rn. 12; *Krieger/Kraft* in MHdB AG § 74 Rn. 13; *Habersack* in Emmerich/Habersack Aktien/GmbH-KonzernR AktG § 319 Rn. 20 mit überzeugender Begründung.
[242] Die Vorschriften wurden durch Art. 7 Nr. 2 des Gesetzes zur Regelung von öffentlichen Angeboten zum Erwerb von Wertpapieren und von Unternehmensübernahmen vom 20.12.2001, BGBl. I 3822 eingeführt. Zum aktienrechtlichen Squeeze out → § 35 Rn. 1 ff.
[243] Im Fall des verschmelzungsrechtlichen Squeeze outs genügt es seit 2011 ausnahmsweise, dass der Hauptaktionär 90% der Anteile hält (§ 62 Abs. 5 UmwG). Zum verschmelzungsrechtlichen Squeeze out → § 35 Rn. 4.

dem er ihre Aktien zwangsweise gegen eine Barabfindung übernimmt. Der Ausschluss erfolgt mittels eines Hauptversammlungsbeschlusses (§ 327a Abs. 1 AktG). Der **Hauptaktionär** (nicht der Vorstand) hat der Hauptversammlung in einem **schriftlichen Bericht** die Erfüllung der gesetzlichen Voraussetzungen des Ausschlusses und die Angemessenheit der angebotenen Barabfindung darzulegen, § 327c Abs. 2 AktG.[244]

79   Der Bericht des Hauptaktionärs muss durch einen schriftlichen **Prüfungsbericht,** in dem die Angemessenheit der Abfindung überprüft wird, ergänzt werden, § 327c Abs. 2 S. 2 AktG.[245] Die Gesellschaft hat diese Berichte zusammen mit dem Beschlussentwurf und den Jahresabschlüssen und Lageberichten der letzten drei Jahre von der Einberufung der Hauptversammlung an und während der Versammlung den Aktionären zugänglich zu machen und ihn im Internet zu veröffentlichen, wenn die Gesellschaft an der Börse notiert ist (§§ 327c Abs. 3 Nr. 4, Abs. 4 und 5, 327d S. 1 AktG).[246]

80   Im Rahmen der vor und in der Hauptversammlung bereitzustellenden Unter-lagen müssen die **Konzernabschlüsse und Konzernlageberichte** der letzten drei Geschäftsjahre nicht ausgelegt bzw. zugänglich gemacht werden. Dieser von der bisherigen Rechtsprechung uneinheitlich beurteilten[247] und von der weit überwiegenden Literatur verneinten[248] Vorlagepflicht hat der BGH eine Absage erteilt. Dafür spricht schon der Wortlaut der § 327c Abs. 3 (iVm § 327d S. 1) AktG, der die auszulegenden Dokumente abschließend aufzählt.[249] Gleiches gilt für die Vorbildregelung des § 293f AktG, während das Gesetz an anderer Stelle (§§ 170 Abs. 1 S. 2, 171 Abs. 1 und 175 Abs. 2 S. 3 AktG) hinsichtlich der Auslegung ausdrücklich zwischen Jahres- und Konzernabschlüssen differenziert.[250]

81   Zum Teil wird angenommen, an die **Ausführlichkeit des Berichts** seien die gleichen Maßstäbe anzulegen wie an einen Vorstandsbericht bei Abschluss eines Unternehmensvertrags.[251] Das Gesetz ordnet indes beim Squeeze out **keinen ausführlichen Bericht** an; konkrete Vorgaben fehlen schlichtweg. Es erscheint daher nicht zwingend, die weitreichenden Anforderungen an einen Unternehmensvertragsbericht oder einen Verschmelzungsbericht auf den Squeeze out-Bericht zu übertragen. Dennoch bedarf es einer einge-

---

[244] Beim Squeeze out-Bericht besteht, anders als bei den übrigen Berichtspflichten, Konsens darüber, dass bei einer juristischen Person als Hauptaktionär die Unterzeichnung des Berichts durch seine Organe in vertretungsberechtigter Zahl genügt, da nicht der Vorstand selbst, sondern der Hauptaktionär den Bericht erstattet; vgl. OLG Stuttgart AG 2004, 105 (106); offen lassend OLG Stuttgart 2009, 204 (208); vgl. auch *Schnorbus* in K. Schmidt/Lutter AktG § 327c Rn. 5 mit weiteren Nachweisen aus der Rechtsprechung; *Koch* in Hüffer/Koch AktG § 327c Rn. 3; *Singhof* in Spindler/Stilz AktG § 327c Rn. 5.
[245] Für dessen Inhalt gilt § 293c AktG entsprechend.
[246] Vgl. zu den Veröffentlichungs- und Informationspflichten auch → Rn. 3 ff. sowie *Leuering* ZIP 2000, 2053 ff.; *Sieger/Hasselbach* ZGR 2002, 120 (155).
[247] Im Hinblick auf den abschließenden Charakter des Wortlauts schon bisher eine Vorlagepflicht verneinend OLG Hamburg AG 2003, 698 (699 ff.); OLG Hamburg AG 2003, 696 (697); OLG Düsseldorf ZIP 2005, 441 ff. Dagegen forderten OLG Celle AG 2004, 206 (207); LG Landshut AG 2006, 513 (514); wohl auch OLG München NZG 2006, 398 (399) eine Vorlage auch der Konzernabschlüsse und -lageberichte, da eine eng am Wortlaut orientierte Auslegung dem Zweck der Vorschrift widerspreche, den Aktionären Informationen über den Wert des Unternehmens und damit für die Angemessenheit der Barabfindung wesentliche Unternehmensbewertung zu ermöglichen. Dies sei gerade bei einer reinen Holdinggesellschaft ohne eigenen Konzernabschluss nicht möglich, weshalb unter „Jahresabschlüssen" auch die Konzernabschlüsse zu verstehen seien.
[248] *Schnorbus* in K. Schmidt/Lutter AktG § 327c Rn. 28; *Singhof* in Spindler/Stilz AktG § 327c Rn. 11; *Grzimek* in Angerer/Geibel/Süßmann AktG § 327c Rn. 38; *Grunewald* in MüKoAktG AktG § 327c Rn. 17; *Koch* in Hüffer/Koch AktG § 327c Rn. 6; *Habersack* in Emmerich/Habersack Aktien/GmbH-KonzernR AktG § 327c Rn. 14; *Fleischer* in GroßkommAktG AktG § 327c Rn. 53; *Koppensteiner* in Kölner Komm. AktG § 327c Rn. 15; *Austmann* in MHdB AG § 75 Rn. 69; *Kort* NZG 2006, 604; *Fuhrmann* Der Konzern 2004, 1 (3); *Dißars* BKR 2004, 389 (391). Vgl. zB auch *Langenbucher* in K. Schmidt/Lutter AktG § 293f Rn. 7 mwN zur Parallelregelung in § 293f AktG.
[249] So BGHZ 180, 154 Rn. 29 = NJW-RR 2009, 828 (832).
[250] Für die bisherige hM im Schrifttum nur *Koch* in Hüffer/Koch AktG § 327c Rn. 6; *Fleischer* in GroßkommAktG AktG § 327c Rn. 53.
[251] *Sieger/Hasselbach* ZGR 2002, 120 (153).

henden Darlegung derjenigen Informationen, deren Kenntnis für die Aktionäre im Rahmen der Beschlussfassung erforderlich ist. Auch wenn die Ausführlichkeit des Berichts nicht per Gesetz vorgeschrieben ist, ist daher zu empfehlen, sich grds. an den Maßstäben der sonstigen Berichtspflichten zu orientieren, die für den Squeeze out nicht in wesentlichem Maße eingeschränkt werden.[252]

Für die Gliederung empfiehlt sich – wie bei den bereits behandelten Umwandlungsberichten – ebenfalls die auch in der Praxis überwiegend vorgenommene Dreiteilung,[253] wobei der Bericht in der Regel mit einem Abdruck des Squeeze out-Beschlusses sowie des Prüfungsberichts verbunden wird. Im ersten Teil sollte die **wirtschaftliche und rechtliche Ausgangslage** der Gesellschaft dargestellt werden.[254] Der zweite Teil sollte Ausführungen zu den **Voraussetzungen des Ausschlusses** enthalten. Darzulegen sind dabei die 95%-ige Beteiligung – insbesondere wenn dem Hauptaktionär Anteile zugerechnet werden[255] – sowie das Vorliegen der obligatorischen Bankgarantie (§ 327b Abs. 3 AktG). Im dritten Teil ist die **Angemessenheit der Barabfindung** darzulegen und zu erläutern. Dies setzt voraus, die ihr zugrunde liegende Bewertung einschließlich der Bewertungsmethode in einer Weise darzulegen, die den Aktionären eine Plausibilitätsprüfung erlaubt.[256] Auf dieser Darlegung wird regelmäßig der **Schwerpunkt** des Berichts liegen, da gerade die Angemessenheit der Abfindung im Mittelpunkt des Aktionärsinteresses liegt. Jedenfalls insoweit gelten die Anforderungen, die an den Bericht bei einem Unternehmensvertrag oder einer Eingliederung zu stellen sind, entsprechend. Es entspricht verbreiteter Praxis, ein durch den Hauptaktionär in Auftrag gegebenes Bewertungsgutachten, dessen Inhalt er sich zu Eigen macht, vollständig (oder nur geringfügig gekürzt) abzudrucken. Besonderer Begründung bedarf eine Unterschreitung des durchschnittlichen Börsenkurses[257] der letzten drei Monate vor der Bekanntgabe der Strukturmaßnahme. Dieser Zeitpunkt gilt nunmehr auch nach dem BGH als Stichtag für die Referenzperiode.[258]

Es kann mit gutem Grund bezweifelt werden, ob es angesichts der gesetzgeberischen Wertentscheidung, dem mit 95% beteiligten Hauptaktionär den Ausschluss der Minderheit gegen Abfindung zu ermöglichen, noch einer Darlegung der Gründe für den Ausschluss bedarf.[259] Gleichwohl empfiehlt es sich, solche (zumindest kurz) darzulegen. Soweit ersichtlich, enthalten die Squeeze out-Berichte dazu meist entsprechende Ausführungen. Sie tragen damit dem denkbaren Einwand Rechnung, dass ein derart weitreichender Eingriff in die Aktionärsrechte der Minderheit nicht grundlos oder gar willkürlich erfolgen darf.[260]

Tatsachen, deren öffentliches Bekanntwerden der Gesellschaft oder dem Hauptaktionär einen nicht unerheblichen **Nachteil** zufügen würde, brauchen nicht in den Bericht aufgenommen zu werden (§ 327c Abs. 2 S. 4 iVm § 293a Abs. 2 S. 1 AktG). Der Bericht

---

[252] Vgl. auch *Austmann* in MHdB AG § 75 Rn. 43; *Habersack* in Emmerich/Habersack Aktien/GmbH-KonzernR AktG § 327c Rn. 13, § 293e Rn. 5 ff.
[253] *Krieger* BB 2002, 53 (59); *Austmann* in MHdB AG § 75 Rn. 44.
[254] *Vossius* ZIP 2002, 511 (512).
[255] Gem. § 16 Abs. 4 AktG; *Vetter* AG 2002, 176 (187); *Sieger/Hasselbach* ZGR 2002, 120 (153).
[256] *Sieger/Hasselbach* ZGR 2002, 120 (153) mwN.
[257] Vgl. BGHZ 147, 108 (118) – DAT/Altana; *Koch* in Hüffer/Koch AktG § 327c Rn. 3.
[258] So nunmehr BGH DStR 2010, 1365 unter ausdrücklicher (teilweiser) Aufgabe von BGHZ 147, 108 (118) – DAT/Altana. Ob als Stichtag auf die Beschlussfassung und nicht auf den Zeitpunkt der Bekanntgabe abzustellen ist, war in Schrifttum und Rechtsprechung strittig. Für Tag der Bekanntgabe der Maßnahme schon bisher OLG Stuttgart AG 2007, 209 (210); AG 2007, 705 (710); KG NZG 2007, 71 (72); vgl. dazu BVerfG BB 2007, 343 (345); *Koch* in Hüffer/Koch AktG § 305 Rn. 43 ff.; *ders.* AktG § 327c Rn. 3; *Stilz* ZGR 2001, 875 (887 ff.); *Hüttemann* ZGR 2001, 454 (461 f.); *Pluskat* NZG 2008, 365; *Wasmann* BB 2007, 680 (681); *Weiler/Meyer* ZIP 2001, 2153 (2158); *Wilken* ZIP 1999, 1443 (1444); für den Tag der Beschlussfassung OLG München ZIP 2006, 1722 (1725); OLG Frankfurt a.M. AG 2007, 403 (404).
[259] So aber offenbar *Vossius* ZIP 2002, 511 (512); aA *Krieger* BB 2002, 53 (59); *Schnorbus* in K. Schmidt/Lutter AktG § 327c Rn. 6; *Austmann* in MHdB AG § 75 Rn. 45; *Singhof* in Spindler/Stilz AktG § 327c Rn. 6.
[260] Siehe dazu *Fleischer* ZGR 2002, 757.

muss aber in diesem Fall auf die **Voranthaltung** hinweisen und sie begründen, § 327c Abs. 2 S. 4 iVm § 293a Abs. 2 S. 2 AktG.[261] Ein Bericht ist nicht erforderlich, wenn alle Aktionäre auf ihn **verzichten.** Der Verzicht bedarf der öffentlichen Beglaubigung (§ 327c Abs. 2 S. 4 iVm § 293a Abs. 3 AktG).

b) Berichtspflichten des Aufsichtsrats

85 Neben den Berichtspflichten des Vorstands sieht das Gesetz in besonderen Fällen auch Berichtspflichten des **Aufsichtsrats** vor. Der Aufsichtsrat hat etwa vor der Beschlussfassung der Hauptversammlung einen Nachgründungsvertrag zu prüfen und einen schriftlichen Bericht zu erstatten **(Nachgründungsbericht,** § 52 Abs. 3 AktG,[262] für den sinngemäß die Bestimmungen zum Gründungsbericht (§ 32 Abs. 2 und 3 AktG) gelten. Ferner hat der Aufsichtsrat einen schriftlichen **Bericht** über die **Prüfung des Jahresabschlusses,** des Lageberichts (bei Mutterunternehmen zusätzlich über den Konzernabschluss und den Konzernlagebericht), die vorgeschlagene Verwendung des Bilanzgewinns und seine Prüfung des Abhängigkeitsberichts zu erbringen, § 171 Abs. 2 AktG und § 314 Abs. 2 AktG.[263] Der Bericht ist schriftlich zu erstatten, durch förmlichen Beschluss des Aufsichtsrats festzustellen und vom Aufsichtsratsvorsitzenden zu unterzeichnen.[264] Er ist den Aktionären ab der Einberufung und während der Hauptversammlung zugänglich zu machen sowie bei börsennotierten Gesellschaften im Internet zu veröffentlichen, §§ 175 Abs. 2, 176 Abs. 1 S. 1, 124a AktG.[265] Die Berichtspflicht umfasst das Ergebnis der eigenen Prüfung, eine eigene Stellungnahme zum Ergebnis der Prüfung des Jahresabschlusses durch den Abschlussprüfer und die Erklärung, ob nach dem abschließenden Ergebnis seiner Prüfung Einwendungen zu erheben sind und ob er den vom Vorstand aufgestellten Jahresabschluss billigt.[266] Dabei sollen solche Prüfungsergebnisse im Vordergrund stehen, in denen der Aufsichtsrat die vom Vorstand eingenommene Position kritisch hinterfragt oder nur unter Vorbehalt bzw. überhaupt nicht zu akzeptieren bereit ist.[267] Teilt der Aufsichtsrat die Sicht des Vorstands, dann erübrigt sich eine detaillierte Darstellung der Prüfungsergebnisse.[268]

86   Ferner hat der Aufsichtsrat die Pflicht zu berichten, in welcher Art und in welchem Umfang er die **Geschäftsführung während des Geschäftsjahres geprüft** hat (§ 171 Abs. 2 S. 2 AktG).[269] Hinsichtlich der Art der Berichtspflicht besteht in Literatur und Rechtsprechung zumindest insoweit Einigkeit, dass der Bericht **Angaben über die genutzten unterschiedlichen Überwachungsinstrumente** erhalten soll.[270] Streitig ist jedoch die Frage des Berichtsumfangs. Bezüglich des Umfangs der Berichtspflicht wird in der Literatur teilweise in jedem Fall ein umfänglicher und differenzierter Bericht verlangt.[271] Andere hingegen lassen die Versicherung genügen, dass der Aufsichtsrat die Ge-

---

[261] Vgl. hierzu auch *Emmerich* in Emmerich/Habersack Aktien/GmbH-KonzernR AktG § 293a Rn. 33; *Koch* in Hüffer/Koch AktG § 293a Rn. 20.
[262] Vgl. hierzu ausf. *Hartmann/Barcaba* AG 2001, 437.
[263] Eingehend hierzu *Butzke* B Rn. 5, H Rn. 6, 13, 31 ff.
[264] BGH WM 2010, 1502 mit Anm. von *Peltzer* NZG 2010, 976. Vgl. auch *Euler/Klein* in Spindler/Stilz AktG § 171 Rn. 74; *Hennrichs/Pöschke* in MüKoAktG AktG § 171 Rn. 212 ff.; *Koch* in Hüffer/Koch AktG § 171 Rn. 17. Im Gegensatz zu den Vorstandsberichten (vgl. dazu → Rn. 9 f.) ist hier unstreitig, dass die Unterschrift des Vorsitzenden ausreicht, da er das Gesamtorgan repräsentiert, vgl. nur *Koch* in Hüffer/Koch AktG § 107 Rn. 8.
[265] Auch hier gelten die allgemeinen Grundsätze zu den Informations- und Veröffentlichungspflichten; vgl. hierzu → Rn. 3 ff.
[266] *Sünner* AG 2008, 411; *Lutter* AG 2008, 2.
[267] *Maser/Bäumker* AG 2005, 907; *Sünner* AG 2008, 413.
[268] *Sünner* AG 2008, 413.
[269] Eingehend *Gernoth/Wernicke* NZG 2010, 531.
[270] *Euler/Klein* in Spindler/Stilz AktG § 171 Rn. 77; *Brönner* in GroßkommAktG AktG § 171 Rn. 29; *Maser/Bäumker* AG 2005, 908 f.
[271] LG München I AG 2007, 417 (418) re. Sp.; *Brönner* in GroßkommAktG AktG § 171 Rn. 29; *Theisen* BB 2007, 2493 (2496 f.).

schäftsführung aufgrund der Vorstandsberichte und gemeinsamer Sitzungen mit dem Vorstand laufend überwacht habe.[272] Die vorzugswürdige vermittelnde Ansicht verlangt einen ausführlichen Bericht nur dann, wenn der Aufsichtsrat im zurückliegenden Geschäftsjahr besondere Überwachungsmaßnahmen durchzuführen hatte.[273] Dies sei insbesondere dann der Fall, wenn sich die Gesellschaft in wirtschaftlichen Schwierigkeiten befindet.[274] Grds. wird es daher ausreichen, wenn der Aufsichtsrat zumindest in groben Zügen darstellt, wie er die Geschäftsführung im Laufe des Berichtsjahres überprüft hat.[275] In der Praxis zeigt sich jedoch eine ausgeprägte Tendenz zu eingehender Berichterstattung statt der Verwendung von wiederkehrenden Wendungen und Textbausteinen.[276]

Daneben muss der Aufsichtsrat einer börsennotierten Gesellschaft darüber berichten, wie viele **Ausschüsse** gebildet wurden und wie viele Sitzungen des Aufsichtsratplenums stattgefunden haben (§ 171 Abs. 2 S. 2 Hs. 2 AktG). Dabei sind Angaben darüber zu machen, wer diesen Ausschüssen angehört, und die Aufgaben der einzelnen Ausschüsse darzulegen.[277]

Der Umfang der geforderten **Stellungnahme des Aufsichtsrates zum Bericht des Abschlussprüfers** über dessen Bericht des Jahresabschlusses (§ 171 Abs. 2 S. 3 AktG) kann sich bei vorbehaltloser Bestätigung auf die Mitteilung der zustimmenden Kenntnisnahme beschränken.[278] Wurde dagegen das Testat nur eingeschränkt erteilt oder versagt, hat der Aufsichtsrat die Hauptversammlung in einem Umfang zu informieren, dass den Aktionären auch eine weitere Beurteilungsgrundlage geschaffen wird.[279] Dabei kann der Aufsichtsrat auch über den Prüfungsbericht selbst oder über Sitzungen mit dem Abschlussprüfer informieren, wenn dies nach seinem Ermessen erforderlich ist.[280]

Abschließend hat der Aufsichtsrat zu erklären, ob nach seiner Prüfung Einwendungen zu erheben sind oder ob er den vom Vorstand aufgestellten Jahresabschluss billigt. Sollte der Aufsichtsrat Einwendungen erheben, sind diese genau zu spezifizieren, ansonsten erübrigt sich eine nähere Erläuterung.[281]

Bestehen Beziehungen zu **verbundenen Unternehmen,** hat der Aufsichtsrat im Rahmen seines Berichts an die Hauptversammlung gem. § 171 Abs. 2 AktG auch über das Ergebnis der Prüfung des Abhängigkeitsberichts zu berichten (§ 314 Abs. 2 S. 1 AktG). Auch hier richten sich die Anforderungen an die Intensität des Berichts nach der Tatsache, ob der Aufsichtsrat Anlass zu Beanstandungen sieht. Notwendige Bestandteile des Berichts sind ferner die Stellungnahme zum Prüfungsbericht des Abschlussprüfers und die

---

[272] Einschränkend *Hoffmann-Becking* in MHdB AG § 45 Rn. 18 und *Koch* in Hüffer/Koch AktG § 171 Rn. 20: Dies gelte nur für den Fall, dass die wirtschaftlichen Verhältnisse der AG gut sind, die Zusammenarbeit von Vorstand und Aufsichtsrat reibungslos verlaufen ist und es keine besonderen Vorkommnisse gab; letzterer mit Hinweis, dass dies nunmehr der hM entspreche.
[273] *Koch* in Hüffer/Koch AktG § 171 Rn. 20; *Kiethe* NZG 2006, 888 (900); *Ekkenga* in Kölner Komm. AktG § 171 Rn. 67 f., 75; das LG Krefeld AG 2007, 798 lässt eine „floskelhafte" Darstellung genügen, wenn das Geschäftsjahr entsprechend den Planungen verläuft und die finanzielle Situation der Gesellschaft gesichert ist.
[274] OLG Stuttgart AG 2006, 379 (381); LG Krefeld AG 2007, 798; *Drygala* in K. Schmidt/Lutter AktG § 171 Rn. 13 f.; *Hennrichs/Pöschke* in MüKoAktG AktG § 171 Rn. 196, 198; *Liese/Theusinger* BB 2007, 2528 (2530).
[275] Vgl. auch *Euler/Klein* in Spindler/Stilz AktG § 171 Rn. 77.
[276] Siehe dazu auch *Hennrichs/Pöschke* in MüKoAktG AktG § 171 Rn. 194.
[277] *Maser/Bäumker* AG 2005, 909.
[278] *Euler/Klein* in Spindler/Stilz AktG § 171 Rn. 79; *Ekkenga* in Kölner Komm. AktG § 171 Rn. 81.
[279] *Koch* in Hüffer/Koch AktG § 171 Rn. 22; *Euler/Klein* in Spindler/Stilz AktG § 171 Rn. 79; *Maser/Bäumker* AG 2005, 909;.
[280] *Hennrichs/Pöschke* in MüKoAktG AktG § 171 Rn. 205; *Euler/Klein* in Spindler/Stilz AktG § 171 Rn. 79.
[281] *Maser/Bäumker* AG 2005, 909; *Koch* in Hüffer/Koch AktG § 171 Rn. 24; nach *Hennrichs/Pöschke* in MüKoAktG AktG § 171 Rn. 191 muss der Aufsichtsratsbericht nur auf solche Einwendungen eingehen, die ein solches Gewicht haben, dass sie den Abschlussprüfer dazu hätten veranlassen müssen, den Bestätigungsvermerk zu versagen oder einzuschränken.

wörtliche Wiedergabe seines Bestätigungsvermerks bzw. die ausdrückliche Mitteilung über die Versagung des Bestätigungsvermerks (§ 314 Abs. 2 S. 2 und 3 AktG).[282]

aa) Berichtspflichten nach dem Deutschen Corporate Governance Kodex

91 Der Kodex empfiehlt, der Hauptversammlung mitzuteilen, wenn ein Mitglied des Aufsichtsrats in einem Geschäftsjahr an weniger als die Hälfte der Sitzungen teilgenommen hat und diese über etwaige Interessenskonflikte einzelner Aufsichtsratsmitglieder und deren Behandlung zu informieren.[283]

bb) Grenzen der Berichtspflicht

92 Zu beachten ist, dass die Berichtspflicht des Aufsichtsrats mit dessen Verpflichtung zur Verschwiegenheit kollidieren kann. Daher sollte stets eine auf den Einzelfall zugeschnittene Abwägung erfolgen.[284]

cc) Rechtsfolgen bei unzureichender Berichterstattung durch den Aufsichtsrat[285]

93 Die Berichterstattung nach § 171 AktG wird als Informationsgrundlage für die Entscheidung der Hauptversammlung über die Entlastung des Aufsichtsrates gesehen.[286] Ein unzureichender Aufsichtsratsbericht kann sowohl zur Verweigerung der Entlastung als auch zur Anfechtung des Entlastungsbeschlusses führen.[287] Daneben kann die Missachtung der Berichtspflicht zu Schadensersatzansprüchen der Gesellschaft gegen den Aufsichtsrat führen, wenn die Verletzung zu einem Schaden der Gesellschaft führt (§§ 116, 93, 318 Abs. 2 AktG).[288] Darüber hinaus ist eine unrichtige Darstellung strafbewehrt (§ 400 Abs. 1 Nr. 1 AktG).[289]

dd) Heilungsmöglichkeiten bei unzureichenden Berichten des Aufsichtsrats

94 Die Frage, ob eine Heilung von unzureichenden Aufsichtsratsberichten zulässig ist, ist nach Sinn und Zweck der Berichtspflicht zu beurteilen. Der Bericht des Aufsichtsrats soll es den Aktionären ermöglichen, ihre Entscheidung über die Entlastung des Aufsichtsrats hinreichend vorzubereiten. Solange diese Funktion durch eine Korrektur des Berichts während der Hauptversammlung nicht beeinträchtigt wird, sollte eine Heilung zugelassen werden.[290]

c) Berichtspflichten weiterer Personen

95 Weiterhin sieht das Gesetz zusätzlich zu den Berichten der Organe zum Teil das Erfordernis von Prüfungsberichten durch **Wirtschaftsprüfer** vor. Dies gilt etwa bei Sachkapitalerhöhungen (§§ 183 Abs. 3, 194 Abs. 4, 205 Abs. 5 iVm § 34 Abs. 2 AktG), Nachgründungsverträgen (§ 52 Abs. 4 S. 1 und 2 AktG iVm § 34 Abs. 2 AktG; jedoch nicht in den Fällen, in denen die Voraussetzungen des § 33a AktG erfüllt sind, § 52 Abs. 4 S. 3 AktG), Verschmelzungen (§§ 9, 12 UmwG), Spaltungen, soweit es sich nicht um den Fall der Ausgliederung handelt (§ 125 UmwG iVm §§ 9ff. UmwG), bei Unternehmensverträgen (§§ 293b, 293e AktG), bei der Eingliederung (§ 320 Abs. 3 S. 3 AktG iVm § 293e AktG)

---

[282] BGHZ 153, 47 (53); vgl. zum Inhalt des Berichts *Koch* in Hüffer/Koch AktG § 314 Rn. 5.
[283] Ziff. 5.4.7 und 5.5.3 DCGK idF vom 7.2.2017, abrufbar unter http://www.dcgk.de/de/kodex.html.
[284] Weiterführend *Liese/Theusinger* BB 2007, 2528 (2532); *Drygala* in K. Schmidt/Lutter AktG § 171 Rn. 16.
[285] Vgl. zu den Rechtsfolgen bei unzureichender Berichterstattung im Allgemeinen → Rn. 129ff.
[286] OLG Stuttgart WM 2006, 864; LG Krefeld AG 2007, 798; *Kiethe* NZG 2006, 888.
[287] Siehe OLG Stuttgart WM 2006, 861; *Koch* in Hüffer/Koch AktG § 171 Rn. 17; vgl. auch BGH NJW 2005, 828f.
[288] *Kiethe* NZG 2006, 888 (890); *Koch* in Hüffer/Koch AktG § 171 Rn. 17.
[289] Vgl. auch *Koch* in Hüffer/Koch AktG § 171 Rn. 17.
[290] *Liese/Theusinger* BB 2007, 2528 (2532).

sowie beim Squeeze out (§ 327c Abs. 2 S. 4 AktG iVm § 293e AktG). Die Bestellung erfolgt dabei auf Antrag der Gründer und des Vorstands[291] bzw. beim Squeeze out auf Antrag des Hauptaktionärs (§ 327c Abs. 2 S. 3 AktG) durch das zuständige Gericht, in dessen Bezirk die Gesellschaft ihren Sitz hat. Während die Prüfer bei Sachkapitalerhöhungen und Nachgründungsverträgen durch das Amtsgericht am Gesellschaftssitz nach § 14 AktG bestellt werden (§ 376 FamFG iVm § 23a Abs. 1, Abs. 2 Nr. 4 GVG),[292] liegt die Zuständigkeit für die Bestellung in den übrigen Fällen beim Landgericht.[293]

III. Ungeschriebene Berichtspflichten

1. Allgemeine Voraussetzungen einer Berichtspflicht

Der Umstand, dass das Gesetz heute nach dem Vorbild des bereits nach altem Recht erforderlichen Verschmelzungsberichts durchgängig für strukturändernde Maßnahmen Berichtspflichten vorsieht – insbesondere bei den im Umwandlungsrecht geregelten Fällen der Verschmelzung (§ 8 UmwG), Spaltung (§ 127 UmwG), Ausgliederung (§ 127 UmwG) und des Rechtsformwechsels (§ 192 UmwG), aber auch etwa für Unternehmensverträge (§ 293a AktG), Eingliederung (§ 319 Abs. 3 Nr. 3 AktG) und Squeeze out (§ 327c Abs. 2 S. 1 AktG) –, wird tendenziell als eine Bestätigung der bereits früher vertretenen Auffassung angesehen, für **strukturelle Änderungen** generell eine **Berichtspflicht** zu bejahen.[294] Auch die Regierungskommission Corporate Governance ist bei der Diskussion über eine gesetzliche Regelung der Vorlagepflicht bei „Holzmüller"-Maßnahmen von einer entsprechenden Berichtspflicht ausgegangen.[295] Grundlage dieser ungeschriebenen Berichtspflicht ist, dass die Hauptversammlung, wenn sie über eine Maßnahme entscheiden soll, auch die für eine sachgerechte Willensbildung erforderlichen Informationen benötigt.[296]

96

Mit dieser Begründung unvereinbar wäre es jedoch, bei jeder Frage, die der Hauptversammlung zur Entscheidung vorgelegt wird, eine vollumfängliche Informationspflicht einschließlich eines schriftlichen Berichts anzunehmen.[297] Eine Verpflichtung zur Erstattung eines schriftlichen Berichts kann nach zutreffender Auffassung nur aus den gesetzlich

97

---

[291] Vgl. *Koch* in Hüffer/Koch AktG § 33 Rn. 7 und *Schürnbrand* in MüKoAktG AktG § 183 Rn. 59 zum Antrag des Vorstands bei Sachkapitalerhöhungen und Nachgründungsverträgen; vgl. ferner § 10 Abs. 1 S. 1 UmwG für Verschmelzungen und Spaltungen sowie § 293c Abs. 1 S. 1 AktG für Unternehmensverträge und iVm § 320 Abs. 3 S. 3 AktG für Eingliederungen.

[292] Bis 2009 in § 145 Abs. 1 FGG geregelt. Vgl. *Koch* in Hüffer/Koch AktG § 33 Rn. 7; *Schürnbrand* in MüKoAktG AktG § 183 Rn. 59.

[293] § 10 Abs. 2 UmwG; § 125 UmwG iVm § 10 Abs. 2 UmwG; § 293c Abs. 1 S. 3 und 4 AktG; § 320 Abs. 3 S. 3 AktG und § 327c Abs. 2 S. 4 AktG, jeweils iVm § 293c Abs. 1 S. 3 und 4 AktG.

[294] Sehr str. – eine Berichtspflicht bejahend: OLG Frankfurt a.M. ZIP 1999, 842 (844) – Altana/Milupa; LG Frankfurt a.M. AG 1998, 45 (47) – Altana/Milupa; *Reichert* ZHR-Beiheft Bd. 68, 25 (59f.); *Bungert* BB 2004, 1345 (1351); *Marsch-Barner* in Börsennotierte AG-HdB § 32 Rn. 84; vgl. bereits *Lutter* FS Fleck, 1988, 169 (170); *Groß* AG 1996, 111 (116f.); *Weißhaupt* NZG 1999, 804 (807); *Leinekugel* 192ff.; eine Berichtspflicht verneinend: LG Hamburg AG 1997, 238; *Priester* ZHR 163 (1999) 187 (200), *Hüffer* 9. Aufl. 2010 AktG § 119 Rn. 19; *Hüffer* ZGR 2001, 833 (845); *Hüffer* FS Ulmer, 2003, 279 (300); *Zeidler* NZG 1998, 91 (93). Nunmehr darauf verweisend, dass eine schriftliche Berichtspflicht nicht generell angenommen werden kann *Koch* in Hüffer/Koch AktG § 119 Rn. 14. Differenzierend zwischen den Fällen, in denen ein Vertrag oder ein Entwurf vorliegt, und den Fällen, in denen der Hauptversammlung allenfalls ein Konzept zur Verfügung steht: *Spindler* in K. Schmidt/Lutter AktG § 119 Rn. 44; *Weißhaupt* AG 2004, 585 (589f.); *Kubis* in MüKoAktG AktG § 119 Rn. 55.

[295] Vgl. *Baums* Rn. 82.

[296] BGH AG 2001, 261 (262); OLG München AG 1996, 327; LG München ZIP 2001, 1148 (1150); *Koch* in Hüffer/Koch AktG § 119 Rn. 14; *Bungert* in MHdB AG § 36 Rn. 74; *Reichert* ZHR-Beiheft Bd. 68, 25 (60); *Drinkuth* AG 2001, 256 (257).

[297] So aber OLG München AG 1996, 327; OLG Frankfurt a.M. ZIP 1999, 842 (845) – Altana/Milupa.

vorgeschriebenen Berichtspflichten – ggf. analog – hergeleitet werden.[298] Da der Gesetzgeber ein solches formalisiertes Informationsrecht aber nur für sog Strukturmaßnahmen eingeführt hat, kann eine entsprechende Anwendung dieser gesetzlichen Berichtspflichten auch nur bei vergleichbaren Strukturentscheidungen in Betracht kommen.[299]

98 Eine Berichtspflicht ist demnach nur für „Holzmüller/Gelatine"-Maßnahmen (im Einzelnen → Rn. 101 ff.) zu bejahen (str.)[300] und entsteht aus einer Gesamtanalogie zu den gesetzlichen Berichtspflichten.

99 Der Annahme einer solchen Gesamtanalogie steht nicht entgegen, dass der BGH in seiner „Gelatine"-Entscheidung[301] die Einbeziehung der Hauptversammlung in den Entscheidungsprozess bei Maßnahmen von herausragender Bedeutung als Ergebnis einer offenen Rechtsfortbildung qualifiziert und eine Gesamtanalogie zu Hauptversammlungsverpflichtungen begründenden Vorschriften ausdrücklich ablehnt.[302] Denn diese Ablehnung bezieht sich einzig und allein auf die Rechtsgrundlage für das Zustimmungserfordernis und nicht auf etwaige Berichtspflichten. Auch aus der „Macrotron"-Entscheidung[303] kann nicht abgeleitet werden, dass der BGH generell Berichtspflichten ablehnt. Zwar hat er in dem konkreten Fall in der Tat das Erfordernis eines Berichts verneint, doch betraf die Entscheidung die Sonderkonstellation des Delisting und basierte auf einem grundlegend anderen Ansatz.[304] Es bleibt also dabei, dass man in der Praxis bei Überschreitung der „Holzmüller/Gelatine"-Schwelle einen Bericht erstellen sollte, schon um Anfechtungsrisiken zu vermeiden, aber auch um die Vorbereitung und Durchführung der Hauptversammlung zu erleichtern.[305]

100 Eine Ausnahme hiervon sollte lediglich für die Fälle zugelassen werden, in denen die Aktionäre ausnahmsweise auch ohne Bericht über die relevanten Informationen verfügen und die Bedeutung der Maßnahme erkennen können.[306] Diese **Ausnahme** rechtfertigt sich daraus, dass auch der Gesetzgeber für bestimmte Strukturentscheidungen, für die er kein gesteigertes Informationsbedürfnis sah, keine zusätzliche Berichtspflicht angeordnet hat (zB Liquidation, Übertragung des Vermögens als Ganzes). Diese Maßnahmen sind ebenfalls bereits aufgrund der Angaben in der Tagesordnung verständlich, weshalb es ausreichend erscheint, die Aktionäre auf das **allgemeine Auskunftsrecht** nach §§ 131, 326 AktG zu verweisen. In den übrigen Fällen einer Strukturänderung erfordert die Komplexität der Maßnahme indessen regelmäßig eine weitergehende Information der Aktionäre. Aus diesem Grund ordnet das Gesetz eine zusätzliche Berichtspflicht an.

101 Für die Frage nach einer ungeschriebenen Berichtspflicht muss daher zunächst das Bestehen einer ungeschriebenen **Hauptversammlungszuständigkeit** geprüft und bejahendenfalls – entsprechend der o. g. Grundsätze – untersucht werden, ob das Informationsbedürfnis der Aktionäre auch ohne Bericht befriedigt werden kann.

102 Der gesetzlich gezogene Rahmen der Hauptversammlungskompetenzen wird durch die Urteile des BGH in Sachen „Holzmüller"[307] und „Gelatine"[308] erweitert (ausführlich

---

[298] Insbes. §§ 186 Abs. 4, 293a AktG §§ 127, 8, 63 UmwG; vgl. *Groß* AG 1997, 97 (101); *ders*. AG 1996, 111 (113); *Wilde* ZGR 1998, 423 (447).
[299] *Drinkuth* AG 2001, 256 (258); *Leinekugel* 223 ff.
[300] Unter Verweis auf juristische Herleitungsmängel sowie einen Erst-Recht-Schluss aus § 179a AktG als weitergehende Maßnahme ohne Berichtspflicht eine solche auch bei „Holzmüller/Gelatine"-Maßnahmen ablehnend: *Koch* in Hüffer/Koch AktG § 119 Rn. 27; *Butzke* L.81; nach Konkretisierungsgrad der Maßnahme differenzierend: *Spindler* in K.K. Schmidt/Lutter AktG § 119 Rn. 44; *Kubis* in MüKoAktG AktG § 119 Rn. 55. Mangels höchstrichterlicher Klärung empfiehlt sich jedenfalls in der bisher so auch in der Praxis verfolgten Handhabung eines Berichtes weiter nachzukommen.
[301] BGHZ 159, 30.
[302] Zur grds. Analogiefähigkeit der Berichtspflichten nach dem UmwG: *Weißhaupt* AG 2004, 585 (588 f.).
[303] BGHZ 153, 47.
[304] Vgl. auch *Weißhaupt* AG 2004, 585 (590).
[305] *Reichert* AG 2005, 150 (158).
[306] OLG München ZIP 2001, 700 (703); *Kort* ZIP 2002, 685 (686).
[307] BGHZ 83, 122 ff. = BGH AG 1982, 158 ff. – Holzmüller.
[308] BGHZ 159, 30 ff. = BGH NJW 2004, 1860 ff. = BB 2004, 1182 ff. – Gelatine.

III. Ungeschriebene Berichtspflichten § 5

→ § 38 Rn. 31 ff.). Die grundlegende „Holzmüller"-Entscheidung betraf die **Ausgliederung** des unternehmerischen Kernbereichs einer Gesellschaft, der etwa 80% des Betriebsvermögens ausmachte. Der BGH bejahte ein Beschlusserfordernis der Hauptversammlung nach § 119 Abs. 2 AktG. Er begründete dies damit, dass das dem Vorstand in § 119 Abs. 2 AktG zugebilligte Ermessen angesichts der Intensität, mit der die Rechtsstellung der Aktionäre betroffen werde, auf Null reduziert sei. Trotz heftiger Kritik hat die Entscheidung Eingang in die instanzgerichtliche Rechtsprechung gefunden,[309] die – ebenso wie gewichtige Stimmen in der Literatur – die Schwellen zT erheblich herabgesetzt hat.

Mehr als zwei Jahrzehnte nach „Holzmüller" kam der BGH in der „Gelatine"-Entscheidung den Forderungen der Kritiker nach einem restriktiveren Umgang mit ungeschriebenen Hauptversammlungskompetenzen[310] entgegen. Er stellte fest, dass ungeschriebene Mitwirkungsbefugnisse, die das Gesetz dem Vorstand als Leitungsaufgabe zuweist „nur ausnahmsweise und in engen Grenzen" anzuerkennen sind, nämlich dann, wenn eine vom Vorstand in Aussicht genommene Umstrukturierung der Gesellschaft in die Kernkompetenz der Hauptversammlung eingreift, über die Verfassung der Aktiengesellschaft zu bestimmen.[311] Der BGH lehnte es ausdrücklich ab, bei Ausgliederungen nur Bagatellfälle der Entscheidung der Hauptversammlung zu entziehen.[312] Auch den von der Literatur[313] angedachten Schwellenwerten von 10–50% des Gesellschaftsvermögens erteilte der BGH eine Absage.[314] Die Durchbrechung der vom Gesetz vorgesehenen Kompetenz- und Arbeitsteilung sei vielmehr nur bei solchen Maßnahmen begründet, wenn der Bereich, auf den sich die in Frage stehende Maßnahme erstrecke, in seiner Bedeutung für die Gesellschaft die Ausmaße der Ausgliederung im Fall „Holzmüller" erreiche.[315] Für die Praxis empfiehlt es sich demnach, in Ausgliederungsfällen von einem Schwellenwert von 75–80% auszugehen.[316]

Hatte der BGH in seiner „Holzmüller"-Entscheidung die Zuständigkeit noch aus § 119 Abs. 2 AktG hergeleitet und eine Ermessensreduzierung auf Null angenommen, wird die Zuständigkeit in den „Gelatine"-Urteilen mit einer offenen Rechtsfortbildung begründet.[317] Trotz der Abkehr von § 119 Abs. 2 AktG als Rechtsgrundlage wirkt sich

---

[309] Vgl. OLG Köln AG 1992, 238 (239f.) – Winterthur/Nordstern; LG Stuttgart WM 1992, 58 (61f.); LG Frankfurt a.M. ZIP 1993, 830 (832 ff.) – Hornblower/Fischer AG; OLG München AG 1995, 232 – EKATIT/Riedinger; LG Frankfurt a.M. ZIP 1997, 1698 – Altana/Milupa; OLG Frankfurt a.M. ZIP 1999, 842 – Altana/Milupa; LG Heidelberg AG 1999, 135 – MLP; LG Düsseldorf AG 1999, 94; LG Hannover AG 2001, 150; OLG Celle AG 2001, 357; OLG Karlsruhe DB 2002, 1094; siehe auch die Übersicht bei *Bungert* BB 2004, 1345.
[310] Vgl. *Lutter/Leinekugel* ZIP 1998, 225 (230); *Reichert* ZHR-Beiheft Bd. 68, 25 (44f., 51); *Priester* ZHR 163 (1999) 187 (195); *Lüders/Wulf* BB 2001, 1209 (1210); *Groß* AG 1994, 266 (272); *Wasmann* DB 2002, 1096f.; *Marsch-Barner* in Börsennotierte AG-HdB § 31 Rn. 33.
[311] BGH BB 2004, 1182 (1182).
[312] BGH BB 2004, 1182 (1186).
[313] Vgl. Diskussionsbericht von *Wolf* ZHR 163 (1999) 204 und Auflistung bei *Zimmermann/Pentz* FS Welf Müller, 2001, 151 (156); weiterhin etwa *Lutter* FS Stimpel, 1985, 825 (850ff.); *ders.* ZHR 151 (1987) 444 (452ff.); *ders.* FS Fleck, 1988, 169 (180), der etwa 20–25 % der bilanzmäßigen Aktiva oder % der Bilanzsumme oder des Umsatzes als wesentlich ansieht; ähnlich *Hirte* 100ff. (25 % des Vermögens, berechnet nach steuerlichen Teilwerten); *Gessler* FS Stimpel, 1985, 771 (787) stellt auf 10 % des Eigenkapitals ab; vgl. auch *Seydel* 431 ff. deutlich restriktiver demgegenüber etwa *Wollburg/Gehling* FS Lieberknecht, 1997, 133 (149ff.): iR über 50 %, mindestens aber über 25 % des Vermögens); vgl. auch *Veil* ZIP 1998, 361 (369), der auf 50 % des Grundkapitals abstellt. Auch die instanzgerichtliche Rspr. war uneinheitlich: LG Frankfurt a.M. ZIP 1993, 830 (832) „Hornblower Fischer AG" Hauptversammlungszuständigkeit bejahend bei Maßnahme, die 50 % des Umsatzes und 10 % der Aktiva betraf; OLG Köln ZIP 1993, 110 (114) verneinend bei Ausgliederung, die 8,25 % des Beitragsaufkommens betraf; LG Frankfurt a.M. AG 1998, 94 bejahend bei 23 % der Bilanzsumme und 30 % des Konzernumsatzes; LG Karlsruhe AG 1998, 100 bejahend bei 44 % der Aktiva; LG Düsseldorf AG 1999, 94 verneinend unter 50 % der Aktiva.
[314] BGH BB 2004, 1182 (1186).
[315] BGH BB 2004, 1182 (1186).
[316] *Hoffmann* in Spindler/Stilz AktG § 119 Rn. 27; *Koch* in Hüffer/Koch AktG § 119 Rn. 25; *Emmerich/Habersack* KonzernR 128.
[317] BGH BB 2004, 1182 (1185f.).

ein Fehlen der Zustimmung nur im Innenverhältnis aus.[318] Insoweit ändert sich auch durch die „Gelatine"-Urteile des BGH nichts an den Rechtsfolgen, wie sie durch „Holzmüller" entwickelt wurden.

2. Inhaltliche Anforderungen an den Bericht

105 Bejaht man in den vorliegenden engen Grenzen für Strukturmaßnahmen eine ungeschriebene Berichterstattungspflicht, liegt es nahe, sich bezüglich der formellen und materiellen **Anforderungen,** die an den Bericht zu stellen sind, an den für vergleichbare Fälle getroffenen gesetzlichen Regelungen zu orientieren.[319] Der Strukturbericht bei einer „Holzmüller"-Maßnahme muss daher ebenfalls vom Vorstand **schriftlich** abgefasst werden.[320] Hinsichtlich der Pflichten des Vorstands zur Information der Aktionäre im Vorfeld und während der Hauptversammlung sowie der Veröffentlichungspflichten gelten die allgemeinen Grundsätze entsprechend (§§ 175 Abs. 2, 176 Abs. 1 S. 1, 124a AktG analog).[321] Soll die Zustimmung der Hauptversammlung zu einem bestimmten Vertrag eingeholt werden, gehört zu den vorzulegenden Unterlagen auch der Vertrag selbst.[322] Bezüglich der inhaltlichen Anforderungen kann regelmäßig auf die gesetzlichen Regelungen für eine jeweils vergleichbare Maßnahme zurückgegriffen werden.[323] Maßgebend ist dabei immer die gesetzliche Regelung, die eine Berichtspflicht für eine Maßnahme vorschreibt, die in ihrem wirtschaftlichen Ergebnis und insbesondere in ihren Auswirkungen auf die Gesellschafterstellung der Aktionäre der geplanten Maßnahme am nächsten kommt. Eine inhaltliche Grenze findet die Berichtspflicht wiederum dort, wo die Veröffentlichung von Informationen für die Gesellschaft einen nicht unerheblichen **Nachteil** darstellt.[324] Besteht nach alledem eine Berichterstattungspflicht, können die Anteilseigner der beteiligten Rechtsträger auf die Erstattung des Berichts im Einzelfall **verzichten.** Allerdings dürfte es nicht gerechtfertigt sein, für einen solchen Verzicht sämtlicher Anteilseigner aller beteiligten Gesellschaften – etwa in analoger Anwendung der Bestimmungen aus dem UmwG – ein notarielles Formerfordernis aufzustellen.[325] Gleichwohl empfiehlt es sich in der Praxis, um Risiken zu vermeiden, den Verzicht notariell zu beurkunden (→ Rn. 70).

3. Einzelne Strukturentscheidungen

a) Ausgliederungen im Wege der Einzelrechtsnachfolge

106 Im Vordergrund der ungeschriebenen Hauptversammlungskompetenzen steht die Fallgruppe der **Ausgliederung** im Wege der **Einzelrechtsnachfolge,** wie sie auch der „Holzmüller"-Entscheidung zugrunde lag. Solche Maßnahmen unterliegen unter den oben erwähnten Voraussetzungen der Zustimmung der Hauptversammlung. Falsch wäre

---

[318] *Reichert* AG 2005, 150 (153).
[319] *Marsch-Barner* in Börsennotierte AG-HdB § 32 Rn. 84 f.; *Binge/Thölke* in MAH AktienR § 25 Rn. 83; *Reichert* ZHR-Beiheft Bd. 68, 25 (58); *Groß* AG 1996, 111 (116); LG Karlsruhe AG 1998, 100, 102 (allerdings mit falscher Begründung und iE zu weitgehend).
[320] → Rn. 9 mwN.
[321] Eingehend → Rn. 3 ff. sowie LG Frankfurt a.M. AG 1998, 45 (47); *Krieger* in MHdB AG § 70 Rn. 14; *Reichert* ZHR-Beiheft Bd. 68, 25 (61); *Groß* AG 1996, 111 (116).
[322] OLG Frankfurt a.M. BB 1999, 1128 (1129). Gegen eine Auslegungspflicht indes – jedenfalls in gesamtanaloger Anwendung der §§ 179a Abs. 2, 293 f. Abs. 1 Nr. 1, 293g Abs. 1 AktG, §§ 63 Abs. 1 Nr. 1, 64 Abs. 1 Nr. 1 UmwG – BGHZ 146, 288 (295 f.) = NJW 2001, 1277.
[323] *Zimmermann/Pentz* FS Welf Müller, 2001, 151 (171); aA aber *Kallmeyer* FS Lutter, 2000, 1245 (1253), der § 131 AktG als Leitlinie abstellt, ohne dass jedoch iE ein wesentlicher Unterschied besteht; ausführlich *Habersack* in Emmerich/Habersack Aktien/GmbH-KonzernR AktVG vor § 311 Rn. 52.
[324] Entsprechend § 293a Abs. 2 AktG, § 8 Abs. 2 UmwG; → Rn. 31, 70.
[325] *Reichert* ZHR-Beiheft Bd. 68, 25 (57).

es, aus der generellen Hauptversammlungspflichtigkeit, die der Gesetzgeber in § 125 iVm § 65 Abs. 1 UmwG für Ausgliederungen mit partieller Gesamtrechtsnachfolge angeordnet hat, zu schließen, auch Ausgliederungen im Wege der Einzelrechtsnachfolge müssten mit Ausnahme eines näher auszumessenden Bagatellbereichs grds. der Hauptversammlung zur Beschlussfassung vorgelegt werden. Anders als vereinzelt angenommen[326] findet die „Holzmüller"-Entscheidung nämlich in den Bestimmungen des UmwG über die Ausgliederung **keine neue Grundlage.** Wie das UmwG, seine Motive und seine Entstehungsgeschichte belegen, war es nicht das Anliegen des Gesetzgebers, sämtliche Ausgliederungsmaßnahmen einem Beschlusserfordernis zu unterwerfen. Er hat bewusst auf eine **„lex Holzmüller"** verzichtet. Es wäre daher unangemessen, allein unter Rückgriff auf die undifferenzierte Erfassung von Ausgliederungsfällen im UmwG, die ihre Rechtfertigung allenfalls aus den Folgen der partiellen Gesamtrechtsnachfolge ableiten kann, auf ein generelles Beschlusserfordernis auch bei Ausgliederungsmaßnahmen im Wege der Einzelrechtsnachfolge zu schließen.[327] Ein Zustimmungserfordernis besteht bei einer Ausgliederung durch Einzelübertragung nur, wenn es sich um eine nach „Holzmüller"-Grundsätzen **wesentliche Strukturmaßnahme** handelt. Eine solche strukturändernde Ausgliederung ist aber nur bei der Ausgliederung wesentlicher Bereiche des Unternehmens – was regelmäßig nach den „Holzmüller/Gelatine"-Grundsätze (→ Rn. 103) erst bei einem Wert, der **75–80 % der Aktiva** überschreitet, der Fall ist – gegeben.[328] Eine Vorlagepflicht wird in gleicher Weise anzunehmen sein, wenn der Unternehmensbereich als **Sachleistung** in die **Kapitalrücklagen** der erwerbenden Gesellschaft eingebracht wird und die ausgliedernde Gesellschaft keine neuen Anteile erhält.[329] Nach zutreffender Ansicht besteht die Hauptversammlungszuständigkeit zudem nicht nur bei **Konzernsachverhalten,** sondern auch dann, wenn die ausgliedernde Gesellschaft an der übernehmenden Gesellschaft nicht mehrheitlich beteiligt ist, da die Aktionärsinteressen in diesem Fall noch stärker betroffen sein können.[330]

Handelt es sich bei dem geplanten **Ausgliederungsvorhaben** außerhalb des UmwG um einen „Holzmüller"-Fall, so dass die Zustimmung der Hauptversammlung eingeholt werden muss, ist der Vorstand nach richtiger Ansicht verpflichtet, im Vorfeld der Hauptversammlung in einem schriftlichen **Strukturbericht** die Gründe der beabsichtigten Maßnahmen darzulegen.[331] Dabei hat sich die Erläuterung der beabsichtigten Maßnahme grds. an den Anforderungen an den Bericht bei einer Ausgliederung im Wege der Gesamtrechtsnachfolge (§ 127 iVm § 8 Abs. 1 S. 2–4, Abs. 2 und 3 UmwG) zu orientieren. Die **Vorschriften des UmwG** können folglich als **grobe Leitlinie** für den Inhalt des Berichts verstanden werden.[332] In dem Bericht ist die Ausgliederungsmaßnahme eingehend darzustellen und zu bewerten. Es ist im Einzelnen zu erläutern, welche **Aktiva** und

107

---

[326] LG Karlsruhe AG 1998, 100 = ZIP 1998, 385 mit Anm. *Bork* EWiR § 125 UmwG 1/97, 1147; vgl. *Veil* ZIP 1998 361 (366); *ders.* EWiR § 119 AktG, 3/97; *Joost* ZHR 163 (1999) 164 (179 ff.).
[327] LG München I NZG 2006, 873 (874); *Habersack* in Emmerich/Habersack Aktien/GmbH-KonzernR AktG Vor § 311 Rn. 55; vgl. eingehend *Reichert* ZHR-Beiheft Bd. 68, 25 ff.; *Mülbert* 394; *ders.* in GroßkommAktG AktG § 119 Rn. 27 ff.; *Aha* AG 1997, 345 ff.; *Bungert* NZG 1998, 367 ff.; *Kallmeyer* FS Lutter, 2000, 1245 (1251); *Priester* ZHR 163 (1999) 164 (192, 197); iE (wenn auch ohne ausreichende Begr.) ebenso LG Hamburg AG 1997, 238.
[328] Vgl. *Koch* in Hüffer/Koch AktG § 119 Rn. 25; *ders.* FS Ulmer, 2003, 279 (295 f.); *Hoffmann* in Spindler/Stilz AktG § 119 Rn. 27; *Arnold* ZIP 2005, 1575.
[329] Vgl. hierzu *Reichert* ZHR-Beiheft Bd. 68, 25 (66 f.).
[330] *Lutter/Leinekugel* ZIP 1998, 230; *dies.* ZIP 1998, 805 f.; *Priester* ZHR 163 (1999) 187 (196 f.); *Joost* ZHR 163 (1999) 164 (172 f.), 184; *Habersack* in Emmerich/Habersack Aktien/GmbH-KonzernR AktG vor § 311 Rn. 36.
[331] *Krieger* in MHdB AG § 70 Rn. 14; *Reichert* ZHR-Beiheft Bd. 68, 25 (60); *Becker/Horn* JuS 2005, 1070; LG Karlsruhe AG 1998, 99 (101) (allerdings zu weit gehend); aA *Priester* ZHR 163 (1999) 187 (200 f.); *Bungert* NZG 1998 367 (370); nicht aber LG Hamburg AG 1997, 238, das ausdrücklich feststellt, dass keine nach „Holzmüller"-Grundsätzen wesentliche Maßnahme vorlag und die Aktionäre durch den Geschäftsbericht ausreichend informiert waren.
[332] *Reichert* ZHR-Beiheft Bd. 68, 25 (61); zust. *Kallmeyer* FS Lutter, 2000, 1245 (1249); insofern zu weit gehend LG Karlsruhe AG 1998 100 (102 f.).

Passiva Gegenstand der Übertragung sind. Insgesamt ist der Umfang der Übertragung unter Angabe der Buchwerte der übergehenden Vermögensgegenstände, Umsatzanteile und der kapitalmäßigen Ausstattung der übernehmenden bzw. neuen Gesellschaft darzustellen.[333] In dem Bericht sind die Auswirkungen der Ausgliederung auf die Mitgliedschaft der Aktionäre soweit wie möglich darzulegen. Weiterhin sind Angaben zu den übergehenden Arbeitsverhältnissen und den Folgen der Ausgliederung für die Arbeitnehmer zu machen.[334]

b) Erwerb von Beteiligungen

108 Nach der hier vertretenen Auffassung kommt beim Erwerb von Beteiligungen eine Berichtspflicht nur dann in Betracht, wenn sich aus den „Holzmüller"-Grundsätzen eine zwingende Hauptversammlungszuständigkeit ergibt.

109 Nach verbreiteter Auffassung soll auch beim Erwerb von **Beteiligungen** ein Zustimmungserfordernis der Hauptversammlung bestehen, wenn die vorstehend referierten Voraussetzungen und Schwellenwerte erfüllt sind.[335] Danach soll die „Holzmüller"-Entscheidung Ausfluss einer generellen **Konzernbildungskontrolle** bei der Obergesellschaft sein.[336] Ferner mache es keinen Unterschied, ob der Mediatisierungseffekt nachträglich im Weg der Ausgliederung eintrete oder originär herbeigeführt werde, indem die Aktivitäten nicht unmittelbar bei der Muttergesellschaft, sondern mit deren Mitteln (die bisher der unmittelbaren Kontrolle durch die Hauptversammlung der Muttergesellschaft unterstanden) bei einer Tochtergesellschaft angesiedelt werden.[337]

110 Dieser Auffassung kann nicht gefolgt werden. Bei einem Beteiligungserwerb tritt keine **Mediatisierung des Aktionärseinflusses** über bestehende Unternehmensbereiche ein, wie dies bei der Ausgliederung der Fall ist. Ein Beteiligungserwerb stellt vielmehr eine mit anderen **Investitionsentscheidungen** vergleichbare Mittelverwendung dar, für die ein rechtlich fundierter Einfluss der Aktionäre nicht besteht.[338] Nach zutreffender Ansicht besteht daher für einen Beteiligungserwerb grds. keine Hauptversammlungskompetenz nach „Holzmüller"-Grundsätzen[339] und mithin auch keine Berichtspflicht. Dessen ungeachtet kann sich ein Zustimmungserfordernis in Ausnahmefällen dann ergeben, wenn durch den Beteiligungserwerb eine derart wichtige Grundlagenentscheidung getroffen wird, die sich auf die Rechtstellung der Aktionäre nachhaltig auswirkt.[340] Dies wird zum einen dann diskutiert, wenn durch den Beteiligungserwerb Satzungsänderungen erforder-

---

[333] LG Karlsruhe AG 1998 100 AktG 102 f.
[334] AA *Bungert* NZG 1998, 367 (370); *Leinekugel* 230. Mit neuem Ansatz zur Berechnung der Schwellenwerte vgl. OLG Frankfurt a.M. NZG 2011, 62 (64) mit kritischer Würdigung durch *Nikoleyczik/Gubitz* NZG 2011, 91 (93 f.). Nach Ansicht des OLG sind die Größenverhältnisse des erworbenen Unternehmens zum hypothetischen Unternehmen nach Erwerb ins Verhältnis zu setzen – und nicht, wie vielfach vertreten, die Größe der zu erwerbenden Beteiligung mit der Größe des erwerbenden Unternehmens zu vergleichen ist.
[335] *Habersack* in Emmerich/Habersack Aktien/GmbH-KonzernR AktG vor § 311 Rn. 42; *Habersack* AG 2005, 137 (144); *Emmerich/Habersack* KonzernR 127; *Spindler* in K. Schmidt/Lutter AktG § 119 Rn. 34; *Gessler* FS Stimpel, 1985, 771 (786 f.); *Liebscher* ZGR 2005, 1 (23 f.); *Goette* AG 2006, 522 (527).
[336] In seiner „Gelatine"-Entscheidung betont der BGH, dass ein Einfluss der Hauptversammlung auf die Konzernbildung und -leitung aufgrund ungeschriebener Hauptversammlungskompetenzen lediglich einen Reflex darstellt, vgl. BGH BB 2004, 1182 (1185).
[337] *Spindler* in K. Schmidt/Lutter AktG § 119 Rn. 34; *Habersack* in Emmerich/Habersack Aktien/GmbH-KonzernR AktG vor § 311 Rn. 42; *Mülbert* 371; *Zimmermann/Pentz* FS Welf Müller, 2001, 151 (155).
[338] *Kubis* in MüKoAktG AktG § 119 Rn. 71; *Reichert* in BeckHdB AG § 5 Rn. 49; *ders.* AG 2005, 150 (157); *Groß* AG 1994, 266 (273 f.).
[339] OLG Frankfurt a.M. NZG 2005, 558 (559); OLG Frankfurt a.M. NZG 2011, 62; *Assmann/Bozenhardt*, Übernahmeangebote, 1990, 1, 64 f.; *Ebenroth/Daum* DB 1991, 1105 (1109); *Groß* AG 1994, 266 (271); *Krieger* in MHdB AG § 70 Rn. 10; *Timm* ZIP 1993, 110 (117); *Werner* ZHR 147 (1983) 429 (447); *Ek* in Hölters HdB Unternehmenskauf XI. Rn. 115; ausführlich *Renner* NZG 2002, 1091 ff.; *Arnold* ZIP 2005, 1573 (1577).
[340] BGHZ 159, 30 = NZG 2004, 571; BGH NZG 2004, 575 (Gelatine I/II).

lich werden, weil zB die von der Beteiligungsgesellschaft betriebene Tätigkeit nicht vom Unternehmensgegenstand gedeckt ist und auch nicht vorgesehen ist, dass sich die Gesellschaft an Gesellschaften mit dem jeweiligen Unternehmensgegenstand beteiligen kann.[341] Besteht indes eine satzungsmäßige Ermächtigung zum Beteiligungserwerb im Allgemeinen, wird dem Schutzbedürfnis der Aktionäre grds. hinreichend Rechnung getragen.[342] Bedarf es dennoch einer Änderung des Unternehmensgegenstandes, so gelten die allgemeinen Anforderungen für Satzungsänderungen; eine besondere Berichtspflicht besteht nicht. Nach neueren Tendenzen im Schrifttum[343] soll unabhängig vom Mediatisierungseffekt ein Beteiligungserwerb dann in die außerordentliche Mitwirkungszuständigkeit der Hauptversammlung fallen, wenn es durch ihn zu einer wesentlichen Veränderung der Unternehmensstruktur kommt. Hierzu soll auch eine wesentliche Änderung der Kapitalstruktur einschließlich der Erhöhung des Verschuldungsgrades beim Beteiligungserwerb zählen. Die Mediatisierung soll insoweit nicht der ausschließliche Grund für die für eine ausnahmsweise Mitwirkungsbefugnis der Hauptversammlung sein. Dieser Gedanke hat auch Eingang in die (wenn auch bis dato nur erstinstanzliche) Rechtsprechung gefunden. Mit Urteil vom 15. 12. 2009 hat das LG Frankfurt a.M. entschieden, dass der Erwerb der Dresdner Bank durch die Commerzbank in seiner Gesamtschau eine „wesentliche Veränderung der Unternehmensstruktur der Commerzbank darstellte, da sich hierdurch die Kapitalstruktur wesentlich geändert habe und insbesondere eine Erhöhung des Verschuldungsgrades eintrat, der dazu führte, dass die Commerzbank (erneut) staatliche Hilfe aufgrund des FMSTFG in Anspruch nehmen musste".[344]

c) Veräußerung von Unternehmensteilen und Beteiligungen

Auch für diese Fallgruppe hängt die Berichtspflicht von der Frage ab, ob eine Zuständigkeit der Hauptversammlung gegeben ist. Ob eine **Veräußerung** eines eigenen **Geschäftsbetriebs** oder einer **Beteiligung** unter „Holzmüller"-Gesichtspunkten eine Hauptversammlungskompetenz auslösen kann, ist streitig. Dies wird teilweise bejaht, weil es widersprüchlich sei, wegen der mit einer Ausgliederung unternehmerischer Aktivitäten zwangsläufig verbundenen Verringerung der Einflussmöglichkeiten zwar eine Hauptversammlungsentscheidung zu verlangen, aber bei einer völligen Entäußerung solcher unternehmerischen Aktivitäten eine Hauptversammlungskompetenz abzulehnen.[345] Dabei wird jedoch übersehen, dass die Dinge hier umgekehrt liegen wie bei der Ausgliederung: Tatsächlich tritt keine Mediatisierung ein, vielmehr fließt die Gegenleistung für die veräußerte Beteiligung direkt der Gesellschaft zu und unterliegt damit wieder der unmittelbaren **Kontrolle der Hauptversammlung** der Muttergesellschaft.[346] Ausschlaggebendes Ele-

111

---

[341] *Butzke* L Rn. 77; *Krieger* in MHdB AG § 70 Rn. 5, 7; *Groß* AG 1994, 266 (268 ff.).
[342] *Krieger* in MHdB AG § 70 Rn. 5, 10; *Reichert* in BeckHdB AG § 5 Rn. 32.
[343] *Hoffmann* in Spindler/Stilz AktG § 119 Rn. 30b ff.; *Henze* FS Ulmer, 2003, 211 (229 f.); *Goette* AG 2006, 522 (527); *Liebscher* ZGR 2005, 1 (23 f.).
[344] LG Frankfurt a.M. WM 2010, 618 (621). Das LG nimmt weder auf den in der „Gelatine"-Entscheidung des BGH genannten Mediatisierungseffekt noch auf die dort geforderte Wesentlichkeitsschwelle Bezug. Kritisch zu dieser Entscheidung *Gubitz/Nikoleyczik* NZG 2010, 539 (541 f.); *Leuering/Rubner* NJW-Spezial 2010, 177. Zwar wurde die Entscheidung durch das Instanzgericht (OLG Frankfurt a.M. WM 2011, 115) aufgehoben, dieses äußerte sich jedoch nicht konkret zur allgemeinen Frage, ob sich aufgrund der Erhöhung des Verschuldungsgrades beim Beteiligungserwerb eine außerordentliche Hauptversammlungszuständigkeit ergibt.
[345] So noch *Reichert* ZHR-Beiheft Bd. 68, 25 (68 f.), diese Auffassung wird aufgegeben; *Hommelhoff* ZGR 1990, 447; *Lutter* FS Stimpel, 1985, 825 (851); *Lutter/Leinekugel* ZIP 1998, 225 (229 ff.); *Wiedemann* in GroßkommAktG AktG § 179 Rn. 75.
[346] So auch BGH NZG 2007, 234; *Sünner* AG 1983, 169 (170); *Werner* ZHR 147 (1983) 429 (447); *Groß* AG 1994, 266 (271 f.); *Bohnet* DB 1999, 2617 (2619); *Habersack* AG 2005, 137 (145 ff.); *Reichert* AG 2005, 150 (155); *Arnold* ZIP 2005, 1573 (1576 f.); *Liebscher* ZGR 2005, 1 (24); *Goette* AG 2006, 527; ebenfalls restriktiv: *Koppensteiner* in Kölner Komm. AktG Vor § 291 Rn. 95, *Mertens/Cahn* in Kölner Komm. AktG § 76 Rn. 63; vgl. auch die Argumentation bei OLG Karlsruhe DB 2002, 1094 (1096).

ment der „Holzmüller"-Entscheidung war jedoch gerade die Mediatisierung des Gesellschaftereinflusses. Eine Vorlagepflicht kann daher – richtigerweise – für diese Fälle nicht unter Berufung auf die „Holzmüller"-Entscheidung begründet werden. Bestätigt wird dieser Befund dadurch, dass der Gesetzgeber eine Hauptversammlungskompetenz erst bei der **Veräußerung des gesamten Vermögens** zwingend vorgeschrieben hat (§ 179a AktG). Die Annahme einer ungeschriebenen Hauptversammlungskompetenz bei der vollständigen Veräußerung nur eines Geschäftsbetriebs oder einer Tochtergesellschaft wäre mit dieser Wertung nur schwer vereinbar.[347]

112 Anders liegt der Fall, wenn eine Tochtergesellschaft nicht vollständig veräußert, sondern nur eine **Drittbeteiligung** an der Tochtergesellschaft geschaffen wird. In diesem Fall kommt es zu der für die „Holzmüller"-Entscheidung maßgeblichen Mediatisierung des Gesellschaftereinflusses; es besteht die Gefahr einer noch weitergehenden Verwässerung als bei der Ausgliederung ohne Drittbeteiligung.[348]

113 Im letztgenannten Fall kommt mithin, soweit die Schwellenwerte erreicht sind und eine Hauptversammlungspflicht besteht, eine Berichtspflicht in Betracht. In den übrigen Fällen fehlt es an einem Hauptversammlungserfordernis, daher bedarf es auch keines Berichts.

d) Übertragende Auflösung

114 Eine Maßnahme, die regelmäßig zu den Strukturmaßnahmen gezählt wird, ohne dass für sie eine gesetzliche Regelung besteht, ist die **übertragende Auflösung**. Hierbei beschließt die Hauptversammlung, dass das gesamte Vermögen der Gesellschaft auf eine andere Person – zumeist den Mehrheitsaktionär – übertragen und die Gesellschaft anschließend aufgelöst wird. Diese Vorgehensweise ist **grds. zulässig**.[349] Die Zuständigkeit der Hauptversammlung ergibt sich hier bereits aus der Übertragung des gesamten Vermögens und der Auflösung der Gesellschaft (§§ 179a, 119 Abs. 1 Nr. 8 AktG). Darüber hinaus sieht das Gesetz weder bei einer Vermögensübertragung noch bei der Auflösung eine **Berichtspflicht** vor. Im Ergebnis entspricht die auflösende Übertragung jedoch einer Verschmelzung der Gesellschaften in Verbindung mit einem Squeeze out.[350] Für jede dieser Maßnahmen sieht das Gesetz wegen der Komplexität der Maßnahmen eine Vorabinformation der Aktionäre in Form eines schriftlichen Berichts vor.[351] Da mit der übertragenden Auflösung wirtschaftlich ein Ergebnis erzielt wird, das sonst durch die vom Gesetz als berichtspflichtige Strukturmaßnahmen eingestuften Maßnahmen der Verschmelzung und des Squeeze out herbeigeführt wird, liegt es nahe, auch die übertragende Auflösung als **Strukturmaßnahme** iSd „Holzmüller"-Entscheidung anzusehen und einen entsprechen-

---

[347] BGH NZG 2007, 234 (Nichtannahmebeschluss), siehe dazu aber *Feldhaus* BB 2009, 562 (567), der bezweifelt, dass dieser Beschluss auf alle Fälle des Beteiligungsverkaufs übertragbar ist; im Ergebnis ebenso OLG Köln 15.1.2009 – 18 U 205/07; LG Frankfurt a.M. ZIP 2001, 751 ff. (das jedoch nicht sauber zwischen Erfordernis der Satzungsänderung und „Holzmüller" trennt); ebenso *Joost* ZHR 163 (1999) 164 (185f.); *Groß* AG 1994, 266 (271f.); *Seydel* 441; *Sünner* AG 1983, 169 (170); *Koppensteiner* in Kölner Komm. AktG Vor § 291 Rn. 95; *Habersack* in Emmerich/Habersack Aktien/GmbH-KonzernR AktG Vor § 311 Rn. 43; *ders.* AG 2005, 137 (146); *Reichert* in Semler/Volhard Unternehmensübernahmen-HdB § 7 Rn. 64; zur Holding-AG vgl. *Bohnet* DB 1999, 2617 (2619ff.); *Feldhaus* BB 2009, 562 (567).

[348] Da dies jedoch ein typisches Problem der Konzernleitung darstellt, wird auf die dortige Behandlung verwiesen: → Rn. 106 ff.; außerdem *Reichert* in BeckHdB AG § 5 Rn. 54; *ders.* AG 2005, 150 (156); *Liebscher* ZGR 2005, 1 (24); ein Zustimmungserfordernis bei Einräumung einer Minderheitsbeteiligung ablehnend *Arnold* ZIP 2005, 1573 (1577); aA *Habersack* AG 2005, 137 (147f.).

[349] BVerfG ZIP 2000, 1670 ff. – MotoMeter; BGHZ 103, 184 ff. – Linotype; BayObLG ZIP 1998, 2002 – MagnaMedia; OLG Stuttgart ZIP 1995, 1515 ff. – MotoMeter; zur Zulässigkeit auch nach Einführung des Squeeze out: *Wolf* ZIP 2002, 153; *Grzimek* in Angerer/Geibel/Süßmann AktG § 327a Rn. 9, *Stein* in MüKoAktG AktG § 179a Rn. 74; *Roth* NZG 2002, 998 (1000).

[350] BayObLG ZIP 1998, 2002 (2004); so wohl auch *Kallmeyer/Marsch-Barner* UmwG § 1 Rn. 20; *ders.* FS Lutter, 2000, 1245 (1247); *Henze* BB 2001, 53 (56); *Leinekugel* 29; *Ph. Baums* Ausschluss von Minderheitsaktionären 47f.

[351] Vgl. § 8 UmwG, → Rn. 23 ff.: (Verschmelzung) und § 327c Abs. 2 AktG, → Rn. 78 ff. (Squeeze out).

III. Ungeschriebene Berichtspflichten §5

den Strukturbericht zu fordern. Hierfür spricht auch, dass auch für andere Maßnahmen, die im Ergebnis einer Verschmelzung nahekommen, eine gesetzliche Berichtspflicht besteht.[352]

Das BayObLG hat allerdings eine entsprechende Anwendung der Verschmelzungsvorschriften für die **übertragende Auflösung** abgelehnt.[353] Zugleich hat das Gericht aber in der unterschiedlichen Behandlung von Verschmelzung und übertragender Auflösung einen – rechtspolitisch unbefriedigenden – Wertungswiderspruch gesehen. Das Gericht verneint aber das Vorliegen einer planwidrigen Regelungslücke, da der Gesetzgeber die Vermögensübertragung geregelt habe, weshalb eine entsprechende Anwendung der Verschmelzungsvorschriften ausscheide. Dabei lässt das Gericht jedoch außer Acht, dass der Gesetzgeber zwar die allgemeine **Vermögensübertragung** geregelt hat, nicht aber den speziellen Fall der übertragenden Auflösung.[354] Daher kann insofern von einer Regelungslücke ausgegangen werden, so dass auf die für vergleichbare Fälle vorgeschriebenen Schutzmechanismen zurückgegriffen werden kann. 115

Aufgrund der Vergleichbarkeit der übertragenden Auflösung mit der Verschmelzung der beteiligten Gesellschaften unter gleichzeitigem Hinausdrängen der Minderheitsgesellschafter (Squeeze out) bedarf es daher eines **schriftlichen Strukturberichts**,[355] der sich wegen der Nähe zur Verschmelzung inhaltlich am **Verschmelzungsbericht** zu orientieren hat. Da die Minderheitsaktionäre bei der übertragenden Auflösung zwangsweise abgefunden werden, sind Angaben zur Unternehmensbewertung in dem Bericht zwingend erforderlich.[356] 116

e) Going Public und Going Private

Im Zusammenhang mit einem **Going Public** (oder auch IPO) bedarf es richtigerweise keines Strukturberichts. Der Gang einer AG an die Börse wird zwar teilweise als zustimmungspflichtige Strukturmaßnahme gesehen.[357] Begründet wird dies zum einen mit dem strukturändernden Charakter, weshalb eine Ähnlichkeit zu einem **Formwechsel** bestehe, und zum anderen mit den neu entstehenden Pflichten der Aktionäre.[358] Dem ist entgegenzuhalten, dass sich die Struktur der Gesellschaft allein durch die Zulassung der Aktien zum Börsenhandel nicht ändert[359] und die hinzutretenden Pflichten gerade dem Aktionärsschutz dienen und außerdem die Wesentlichkeitsgrenze regelmäßig nicht überschreiten. Zudem ist zu beachten, dass wegen der einer AG innewohnenden **„Börseneintrittstendenz"**[360] die Gesellschafter einer AG grds. damit rechnen müssen, dass die Gesellschaft ihre Aktien zum Börsenhandel zulässt. Nach zutreffender Ansicht stellt deshalb ein Going Public keine zustimmungspflichtige „Holzmüller"-Maßnahme dar;[361] eine 117

---

[352] Vgl. § 319 Abs. 1 iVm Abs. 3 Nr. 3 AktG, → Rn. 71 ff. (Eingliederung); § 293a AktG, → Rn. 61 ff. (Unternehmensvertrag).
[353] BayObLG ZIP 1998, 2002 (2004); zustimmend *Sosnitza* NZG 1998, 1003.
[354] So auch *Lutter/Leinekugel* ZIP 1999, 261 (264 ff.).
[355] *Kallmeyer* 4. Aufl. 2010 UmwG § 1 Rn. 23; *ders.* FS Lutter, 2000, 1245 (1259); *Lutter/Leinekugel* ZIP 1999, 261 (267); *Lutter/Drygala* FS Kropff, 1997, 191 (195 ff., 208, 222); zust. *Emmerich* AG 1998, 151 (152); *Roth* NZG 2003, 998 (1001); aA *Ph. Baums*, Ausschluss von Minderheitsaktionären, 2001, 67 ff.
[356] *Kallmeyer* FS Lutter, 2000, 1245 (1254).
[357] *Spindler* in K. Schmidt/Lutter AktG § 119 Rn. 38; *Mülbert* in GroßkommAktG AktG § 119 Rn. 30; *Lutter* FS Zöllner, 1998, 363 (378); *Lutter/Leinekugel* ZIP 1998, 805 (806); *Vollmer/Grupp* ZGR 1995, 459 (466 f.); *Seibt* 37, (60 f.).
[358] Mitteilungspflichten nach §§ 21 ff. WpHG (ab 3.1.2018 §§ 33 ff. WpHG), Insiderhandelsverbot gem. § 38 Abs. 3 WpHG (ab 3.1.2018 § 119 Abs. 3 WpHG) mit Verweis auf die Verordnung (EU) 596/2014 vom 16.4.2014.
[359] *Kubis* in MüKoAktG AktG § 119 Rn. 88; *Marsch-Barner* in Börsennotierte AG-HdB § 31 Rn. 37; *Halasz/Kloster* ZBB 2001, 474 (478 f.).
[360] *Seibt* 37 ff. (62).
[361] Wie hier *Kubis* in MüKoAktG AktG § 119 Rn. 88; *Reichert* in BeckHdB AG § 5 Rn. 56; *ders.* AG 2005, 150 (157); *Halasz/Kloster* ZBB 2001, 474 (481); *Wiesner* in MHdB AG § 19 Rn. 9; wohl auch *Butzke* L Rn. 84 Fn. 202.

Berichtspflicht besteht nicht. Erfolgt der Börsengang allerdings mittels einer **Kapitalerhöhung,** besteht insofern eine gesetzliche Hauptversammlungskompetenz, ohne dass dadurch eine Berichtspflicht ausgelöst würde.

118 Was das **Going Private** anbelangt – also des durch die AG betriebenen vollständigen Rückzugs der Aktien vom Börsenhandel – ist die instanzgerichtliche Rechtsprechung ursprünglich davon ausgegangen, dass eine sog Strukturmaßnahme vorliegt, die einen Hauptversammlungsbeschluss erfordere.[362] Dies wurde allerdings in der Literatur von Anfang an kritisiert; in einem **Delisting bzw. Going Private** sei keine mit den anderen „Holzmüller"-Fällen vergleichbare Strukturmaßnahme zu sehen.[363]

119 In seiner **„Frosta"-Entscheidung**[364] stellte der BGH in Abkehr zu seiner früheren „Macrotron"-Entscheidung[365] klar, dass es sich beim Going Private nicht um eine Maßnahme handelt, welche der Zustimmung der Hauptversammlung bedarf.

Bereits in der „Macrotron"-Entscheidung hatte der BGH ausdrücklich klargestellt, dass im Rahmen des Delisting eine Berichtspflicht nicht besteht.[366]

f) Maßnahmen bei Konzerngesellschaften

120 Sofern Maßnahmen, die Tochtergesellschaften betreffen, zwingend deren Hauptversammlung zur Entscheidung vorgelegt werden müssen, kommt auch insoweit eine Berichterstattungspflicht des Vorstands in Betracht. Bereits in der „Holzmüller"-Entscheidung hatte der BGH die Möglichkeit eines Zustimmungserfordernisses der Hauptversammlung der Obergesellschaft auch für Strukturmaßnahmen in einer durch Ausgliederung wesentlicher Betriebsteile entstandenen **Tochtergesellschaft** angenommen, sofern sich die Maßnahme nachhaltig auf die Rechtsstellung der Aktionäre der Muttergesellschaft auswirkt.[367] Ein Zustimmungserfordernis der Hauptversammlung der Muttergesellschaft kann daher grds. ebenso bei Strukturmaßnahmen bestehen, die zwar nicht direkt den Geschäftsbetrieb der Gesellschaft, aber den Geschäftsbetrieb einer **Konzerntochter** betreffen. Der BGH hat jedoch ausdrücklich offengelassen, ob dies auch möglich ist, wenn die Tochtergesellschaft nicht durch Ausgliederung entstanden ist oder die Hauptversammlung der Muttergesellschaft der Ausgliederung zugestimmt hat. Bisweilen wird ein Zustimmungserfordernis bei Tochtergesellschaften, die **auf anderem Wege** als durch eine Ausgliederung entstanden sind, abgelehnt[368] oder darauf abgestellt, ob die Verselbstständigung der betroffenen operativen Einheiten in eine Tochtergesellschaft mit **Billigung der Hauptversammlung** erfolgt war.[369] Zuzustimmen ist dem jedenfalls insoweit, dass die Zustimmung zu der Aus-

---

[362] OLG München ZIP 2001, 700 (703) – Macrotron; LG München ZIP 1999, 2017 (2019) – Macrotron. Zum Delisting bzw. Going Private → § 40 Rn. 14 ff.

[363] *Mülbert* ZHR 165 (2001) 104, 129; *Groß* ZHR 165 (2001) 141, 165; *Schiessl* AG 1999, 442 (452); *Meyer-Landrut/Kiem* WM 1997, 1361 (1367); *Wirth/Arnold* ZIP 2000, 111 (113 ff.); *Halasz/Kloster* ZBB 2001, 474 (481); *Bungert* BB 2000, 53 (55); *Lutter* FS Zöllner, 1998, 363 (380 ff.).

[364] BGH NJW 2014, 146. Diese Entscheidung stellt eine Rechtsprechungswende zur „Macrotron"-Entscheidung (BGHZ 153, 47) dar, in welcher der BGH zwar die strukturändernde Wirkung des Delisting verneinte, gleichwohl ein Zustimmungserfordernis der Hauptversammlung annahm, gestützt auf die Beeinträchtigung der Verkehrsfähigkeit, welche ihrerseits als Eigenschaft des Aktieneigentums durch Art. 14 Abs. 1 GG geschützt sei. Diesem Schutz erteilte das BVerfG eine Absage (BVerfG NJW 2012, 3081), woraufhin der BGH seine Rechtsprechung änderte.

[365] BGHZ 153, 47.

[366] BGH NZG 2003, 280 (284).

[367] BGHZ 83, 122 (137 ff.), der ausdrücklich den Abschluss von Unternehmensverträgen, die Aufnahme Dritter, bspw. durch eine Kapitalerhöhung, die Übertragung des Gesellschaftsvermögens und die Auflösung anspricht; *Habersack* in Emmerich/Habersack Aktien/GmbH-KonzernR AktG vor § 311 Rn. 48; im Grundsatz kritisch *Mertens/Cahn* in Kölner Komm. AktG § 76 Rn. 64.

[368] OLG Köln ZIP 1993, 110 (113); aA die wohl hM: OLG Karlsruhe DB 2002, 1094 (1095); LG Frankfurt a.M. ZIP 1997, 1698 (1700); *Krieger* in MHdB AG 3. Aufl. 2007 § 69 Rn. 39 mwN.

[369] Abl. LG Frankfurt a.M. AG 1998, 45 f.; eingehend dazu *Reichert* ZHR-Beiheft Bd. 68, 25 (70 ff.); *Martens* ZHR 147 (1983) 377 (420 ff.).

III. Ungeschriebene Berichtspflichten § 5

gliederung im Zweifel zugleich die Billigung der anschließenden Veräußerung umfasst.[370] Hat die Hauptversammlung daher der Ausgliederung zugestimmt, sollte man bei der Annahme ungeschriebener Hauptversammlungskompetenzen zurückhaltender sein.

Zustimmungspflichtige Maßnahmen können zB eine Kapitalerhöhung in der Tochtergesellschaft,[371] die Aufnahme Dritter in eine Tochtergesellschaft,[372] eine Ausgliederung von einer Tochter- auf eine Enkelgesellschaft,[373] die Veräußerung des gesamten Vermögens einer Tochtergesellschaft[374] – insbesondere in Form einer übertragenden Auflösung[375] – Umstrukturierungen nach dem UmwG[376] oder der Abschluss eines Unternehmensvertrags der Tochtergesellschaft mit einem Dritten[377] sein. Voraussetzung einer solchen Konzernleitungskontrolle ist jedoch stets, dass die Maßnahme nicht nur für die Tochtergesellschaft, sondern auch für den Gesamtkonzern von erheblicher Bedeutung ist.[378] Die Strukturmaßnahme muss sich sowohl auf die Rechtsstellung der Tochtergesellschaft als auch auf die der Obergesellschaft erheblich auswirken.[379] Betrifft der Vorgang indessen nur Beteiligungen, die keine erhebliche unternehmerische Bedeutung haben und für die Struktur der Obergesellschaft nicht prägend sind,[380] kann eine Pflicht des Vorstands der Obergesellschaft, die Maßnahme den Aktionären zur Zustimmung vorzulegen und zu erläutern, nicht in Betracht kommen. Falsch wäre es daher, für jede Maßnahme, die auf der Ebene der Tochtergesellschaft der Zustimmung der Hauptversammlung mit qualifizierter Mehrheit bedarf, zwangsläufig auch eine Vorlagepflicht in der Muttergesellschaft anzunehmen.[381] Entscheidend ist, dass die Tochtergesellschaft die wesentlichen Aktiva und zugleich den Kernbereich der unternehmerischen Aktivitäten der Muttergesellschaft darstellt und durch die Maßnahme die Unternehmensstruktur der Muttergesell-

121

---

[370] *Lutter* AG 2000, 342 (342); *Reichert* in BeckHdB AG § 5 Rn. 62 ff.; ähnlich *Arnold* ZIP 2005, 1573 (1577); aA wohl *Habersack* in Emmerich/Habersack Aktien/GmbH-KonzernR AktG vor § 311 Rn. 48; *ders.* AG 2005, 137 (148).
[371] BGHZ 83, 122 (131), 136 ff.; *Habersack* WM 2001, 545 (546); *ders.* AG 2005, 137 (149); *Henze* KonzernR Rn. 109; *Krieger* in MHdB AG § 70 Rn. 46 mit dem Hinweis, dass ein Zustimmungserfordernis bei einer Kapitalerhöhung nur erforderlich ist, wenn das Bezugsrecht der Muttergesellschaft ausgeschlossen wird; so auch *Liebscher* ZGR 2005, 1 (24); nach *Habersack* in Emmerich/Habersack Aktien/GmbH-KonzernR AktG vor § 311 Rn. 49 bedarf es der Zustimmung nur, wenn die Obergesellschaft ihr Bezugsrecht nicht vollständig ausübt.
[372] Vgl. *Lutter* AG 2000, 342 (343); *Lüders/Wulff* BB 2001, 1209 ff.; *Liebscher* ZGR 2005, 1 (23 f.); dies gilt sowohl für einen Paketverkauf als auch für einen Börsengang der Tochtergesellschaft, vgl. *Reichert* in BeckHdB AG § 5 Rn. 54 f.
[373] BGH BB 2004, 1182 (1183) (Gelatine); *Habersack* in Emmerich/Habersack Aktien/GmbH-KonzernR AktG vor § 311 Rn. 45; *Zimmermann/Pentz* FS Welf Müller, 2001, 151 (155); einschränkend *Arnold* ZIP 2005, 1573 (1576).
[374] LG Frankfurt a.M. AG 1998, 45 (46) – Altana/Milupa; *Krieger* in MHdB AG 3. Aufl. 2007 § 69 Rn. 42; *Henze* KonzernR Rn. 109; *Habersack* in Emmerich/Habersack Aktien/GmbH-KonzernR AktG vor § 311 Rn. 49.
[375] OLG Celle AG 2001, 357 (358); LG Hannover AG 2001, 150 (151) (Vorinstanz).
[376] *Emmerich/Habersack* KonzernR 127; nach *Habersack* AG 2005, 137 (143) sind solche umwandlungsrechtlichen Vorgänge auf Ebene von Tochter- und Enkelgesellschaften zustimmungsbedürftig, die Haftungsrisiken der Mutter oder die Gefahr einer Vermögensverlagerung auf außenstehende Dritte begründen.
[377] BGHZ 83, 122 (131), 136 ff.; *Lutter/Leinekugel* ZIP 1998, 805 (806); *Habersack* in Emmerich/Habersack Aktien/GmbH-KonzernR AktG vor § 311 Rn. 49; *ders.* AG 2005, 137 (149); *Liebscher* ZGR 2005, 1 (24 f.); *Arnold* ZIP 2005, 1573 (1577); *Krieger* in MHdB AG 3. Aufl. 2007 § 69 Rn. 42.
[378] LG Frankfurt a.M. AG 1998, 45 = ZIP 1997, 1698; vgl. dazu auch *Reichert* ZHR-Beiheft Bd. 68, 25 (70); *Habersack* in Emmerich/Habersack Aktien/GmbH-KonzernR AktG vor § 311 Rn. 46; *Krieger* in MHdB AG 3. Aufl. 2007 § 69 Rn. 42.
[379] Vgl. etwa LG Frankfurt a.M. NZG 1998, 111 (113) (Verkauf eines Geschäftsbereichs einer Konzerntochter, der 30 % des Konzerngesamtumsatzes erwirtschaftet); *Lutter* FS Stimpel, 1985, 825 (850); *Habersack* in Emmerich/Habersack Aktien/GmbH-KonzernR AktG vor § 311 Rn. 48; *Krieger* in MHdB AG § 70 Rn. 44; *Henze* KonzernR Rn. 148.
[380] Vgl. *Reichert* ZHR-Beiheft Bd. 68, 25 (72) mit ausf. Nachweisen und Beispielen.
[381] BGHZ 83, 122 (140); *Reichert* ZHR-Beiheft Bd. 68, 25 (73); *Krieger* in MHdB AG § 70 Rn. 44 f. (mit einzelnen Beispielen); *Habersack* in Emmerich/Habersack Aktien/GmbH-KonzernR AktG vor § 311 Rn. 49; *Henze* BB 2001, 53 (61); aA offenbar OLG Karlsruhe DB 2002, 1094 (1095).

schaft grundlegend verändert wird.³⁸² Ob dies – wie im Fall „Altana/Milupa" – bereits bei einer Veräußerung des gesamten Vermögens einer Tochtergesellschaft, die 23% der Bilanzsumme und 30% des Jahresumsatzes der Muttergesellschaft ausmacht, der Fall ist, erschien bereits damals fraglich.³⁸³ Der BGH hatte es allerdings in der Entscheidung vermieden, hierzu konkrete Aussagen zu machen.³⁸⁴ Die Unsicherheiten dürften jetzt jedoch infolge der „Gelatine"-Entscheidung des BGH dahingehend beseitigt sein, dass es in diesem Fall keiner Zustimmung der Hauptversammlung bedarf.³⁸⁵

122 Keiner Zustimmung der Hauptversammlung bedarf die Übertragung von Geschäftsanteilen von einer 100%-igen Tochtergesellschaft auf eine andere 100%-ige Tochtergesellschaft.³⁸⁶

123 Handelt es sich bei der geplanten Maßnahme um eine Strukturmaßnahme, die der Zustimmung der Hauptversammlung bedarf, muss grds. auch die Information der Aktionäre der Muttergesellschaft durch einen schriftlichen **Strukturbericht** sichergestellt werden.³⁸⁷ Dies gilt jedenfalls dann, wenn für vergleichbare Maßnahmen in der Muttergesellschaft eine Berichtspflicht bestünde. Aber auch Maßnahmen, bei denen dies nicht der Fall ist, können ein Berichtserfordernis begründen, wie zB der Börsengang einer Tochtergesellschaft.³⁸⁸ Entscheidend ist, ob die Aktionäre ohne zusätzlichen Bericht zu einer sachgerechten Entscheidung in der Lage sind oder ein Bedürfnis nach detaillierteren Angaben besteht.

124 Bedürfen die Aktionäre der Muttergesellschaft für eine sachgerechte Entscheidung eines schriftlichen Berichts über die Maßnahme, so muss dieser vom Vorstand der Muttergesellschaft verfasst werden; die bloße Weiterleitung der Berichte des Vorstands der Tochtergesellschaft genügt nicht.³⁸⁹ Der Inhalt des Berichts richtet sich nach der jeweiligen Maßnahme, die in der Tochtergesellschaft durchgeführt werden soll. Dabei wird man zumeist die gleichen Anforderungen stellen müssen, die bei einer entsprechenden Maßnahme in der Obergesellschaft gelten würden (im Einzelnen → Rn. 105 ff.). Im Einzelfall können sich jedoch aus den Informationsmöglichkeiten des Vorstands gegenüber der Tochtergesellschaft **Einschränkungen** ergeben.³⁹⁰ Entscheidend ist wiederum, dass die Aktionäre die Informationen erhalten, die sie für eine **Plausibilitätskontrolle** benötigen. Um den Aktionären eine sachgerechte Entscheidung über die Durchführung der zur Beschlussfassung anstehenden Maßnahme zu ermöglichen, sollte die Maßnahme im Einzelnen aus Sicht der Obergesellschaft erläutert, bewertet und begründet werden. Neben den **Gründen** für die Durchführung des Vorhabens sind dessen zukünftige Auswirkungen auf die Muttergesellschaft detailliert darzustellen. Hierbei ist insbesondere auf die künftige **Umsatz- und Ertragsentwicklung** sowie die **Folgen für die Mitgliedschaft** einzugehen. Erfordert die geplante Maßnahme eine Unternehmensbewertung, müssen die Bewertungsmethode und die maßgeblichen Zahlen so dargelegt werden, dass den Aktionären eine Plausibilitätskontrolle ermöglicht wird.³⁹¹

---

[382] OLG Celle AG 2001, 357 (358); LG Frankfurt a.M. AG 1998, 45 (46).
[383] So aber LG Frankfurt a.M. AG 1998, 45 (46) – Altana/Milupa; offengelassen in OLG Frankfurt a.M. AG 1999, 842 (845) – Altana/Milupa.
[384] BGH AG 2001, 261 ff. – Altana/Milupa.
[385] BGH BB 2004, 1182, 1187 („[…] Kennziffern mit maximal 30 % weit unter der Grenze, die überschritten sein muss, um eine ungeschriebene Hauptversammlungszuständigkeit […] begründen zu können").
[386] Sog „Umhängung"; vgl. BGH BB 2004, 1182 (1187); *Arnold* ZIP 2005, 1573 (1576); *Goette* AG 2006, 522 (527); *Habersack* AG 2005, 137, 143; aA *Spindler* in K. Schmidt/Lutter AktG § 119 Rn. 33.
[387] *Henze* BB 2002, 893 (895); LG Frankfurt a.M. AG 1998, 45 (47).
[388] Zur Hauptversammlungskompetenz für Börsengang der Tochtergesellschaft → Rn. 117.
[389] *Reichert* ZHR-Beiheft Bd. 68, 25 (74).
[390] *Reichert* ZHR-Beiheft Bd. 68, 25 (74).
[391] Vgl. die Ausführungen zur Verschmelzung, → Rn. 23 ff., sowie zu den Unternehmensverträgen, → Rn. 61 ff.

g) Konzeptbeschlüsse

125 Nach zutreffender Auffassung ist es auch im Rahmen von „Holzmüller/Gelatine"-Beschlüssen zulässig, nicht für die konkrete Maßnahme – etwa den Abschluss eines bestimmten Vertrags – die Zustimmung der Hauptversammlung einzuholen, sondern das der Gesamttransaktion zugrunde liegende abstrakte **unternehmerische Konzept** in Form eines sog Konzeptbeschlusses genehmigen und den Vorstand zu dessen Durchführung ermächtigen zu lassen.[392]

126 In der AG besteht von Gesetzes wegen kein Verbot, gewisse Entscheidungsbefugnisse auf Vorstand (und Aufsichtsrat) zu delegieren. Bereits im Rahmen gesetzlich geregelter Strukturentscheidungen mit einschneidender Bedeutung für die Gesellschaft und die Aktionäre erlaubt das AktG die **Ermächtigung des Vorstands,** eine Strukturmaßnahme durchzuführen und deren Einzelheiten auszugestalten, so zB die Ermächtigung zur Erhöhung des Grundkapitals im Rahmen eines genehmigten Kapitals oder die Ermächtigung zur Ausgabe von Wandelschuldverschreibungen (§§ 202, 221 AktG).[393] Erst recht kann daher im Bereich ungeschriebener Hauptversammlungszuständigkeiten ein entsprechender Ermächtigungsbeschluss nicht als unzulässige Selbstentmachtung der Hauptversammlung qualifiziert werden, zumal der BGH in der „Siemens/Nold"-Entscheidung[394] dem Gesichtspunkt der Erhaltung der Flexibilität der Geschäftsleitung maßgebende Bedeutung beigemessen und dies in den „Commerzbank/Mangusta"-Entscheidungen[395] nachdrücklich bestätigt hat.

127 Diesem Anliegen des BGH ist im Bereich ungeschriebener Hauptversammlungszuständigkeiten durch die Zulassung von **„Konzeptbeschlüssen"** im vorstehend erörterten Sinne Rechnung zu tragen.[396] Voraussetzung ist indessen, dass sowohl die Essentialia der entsprechenden Transaktionen als auch die wesentlichen zur Umsetzung notwendigen Maßnahmen zum Zeitpunkt des Ermächtigungsbeschlusses feststehen, so dass Inhalt und Grenzen der Ermächtigung entsprechend determiniert werden können.[397] Stehen zum Zeitpunkt der Beschlussfassung sogar die Einzelheiten der geplanten Maßnahme bereits fest, fehlt es an der **Rechtfertigung** für einen Ermächtigungsbeschluss, da ein Bedürfnis nach schnellen Handlungsmöglichkeiten nicht mehr besteht,[398] ein reiner Konzeptbeschluss wäre unter diesen Voraussetzungen nicht zulässig.

128 Sofern Konzeptbeschlüsse zulässig sind und der Vorstand durch sie zur Durchführung von Strukturmaßnahmen iSd „Holzmüller"-Entscheidung ermächtigt wird, müssen die Aktionäre bei der Beschlussfassung über ausreichend **Informationen** verfügen, um die geplante Strukturveränderung gegenüber Planungsalternativen abzuwägen.[399] Insofern bedarf es auch in diesen Fällen eines schriftlichen **Strukturberichts**.[400] Inhaltlich muss der Bericht Angaben zu allen Punkten, die für einen rational handelnden Aktionär bei seiner Entscheidung von Bedeutung sind, enthalten.[401] Ferner ist detailliert zu erläutern, welche

---

[392] LG Frankfurt a.M. AG 2001, 431 (433) – AGIV; eingehend *Kubis* in MüKoAktG AktG § 119 Rn. 99 ff.; *Krieger* in MHdB AG § 70 Rn. 12; *Habersack* in Emmerich/Habersack Aktien/GmbH-KonzernR AktG vor § 311 Rn. 51; *Lutter/Leinekugel* ZIP 1998, 805 (813), *Reichert* AG 2005, 150 (159).
[393] Vgl. *Lutter/Leinekugel* ZIP 1998, 805 (812 f.).
[394] BGH ZIP 1997, 1499 ff. = BGHZ 136, 133 ff.; vgl. → Rn. 16 ff.
[395] BGH NJW 2006, 371 (372 f.).
[396] LG Frankfurt a.M. AG 2001, 431 (433); ebenso *Krieger* in MHdB AG § 70 Rn. 12; *Habersack* in Emmerich/Habersack Aktien/GmbH-KonzernR AktG vor § 311 Rn. 51; *Lutter/Leinekugel* ZIP 1998, 805 (813); *Reichert* AG 2005, 150 (159); *Bungert* BB 2004, 1345 (1351).
[397] Vgl. *Groß* AG 1996, 111 (114 f.); ebenso *Krieger* in MHdB AG § 70 Rn. 12; *Lutter* FS Fleck, 1988, 169 (175 ff.); *Lutter/Leinekugel* ZIP 1998, 805 (815 f.); *Reichert* ZHR-Beiheft Bd. 68, 25 (59); *Habersack* in Emmerich/Habersack Aktien/GmbH-KonzernR AktG vor § 311 Rn. 51; *Reichert* AG 2005, 150 (159); krit. *Zeidler* NZG 1998, 91 (92 f.).
[398] LG Frankfurt a.M. AG 2001, 431 (433) = DB 2001, 751 (753).
[399] LG Frankfurt a.M. AG 2001, 431 (433); *Lutter/Leinekugel* ZIP 1998, 805 (816).
[400] *Lutter/Leinekugel* ZIP 1998, 805 (814).
[401] LG Frankfurt a.M. AG 2001, 431 (433); *Lutter/Leinekugel* ZIP 1998, 805 (814) mit Einzelheiten.

Auswirkungen sich für die Aktionäre mit der geplanten Strukturmaßnahme verbinden.[402] Die vorgesehenen Einzelmaßnahmen sind umso konkreter darzustellen, je konkreter sie bereits geplant und ausgehandelt sind. Insofern gelten die Grundsätze, die für „Siemens/Nold" entwickelt wurden, entsprechend (vgl. → Rn. 16 ff.).

IV. Rechtsfolgen bei Berichtspflichtverletzungen

1. Heilung von Berichtsmängeln

129 Ein vollständiger Bericht soll den Aktionär in die Lage versetzen, in der Hauptversammlung sachkundige Fragen stellen zu können. Daher verneint die herrschende Auffassung in der Rechtsprechung und im Schrifttum die Möglichkeit der Heilung von Mängeln eines Berichts durch Nachholung der entsprechenden Angaben in der Hauptversammlung, um dem Informationsbedürfnis der Aktionäre gerecht zu werden.[403]

130 Vermittelnd wird angeregt, eine Korrektur oder Ergänzung des Berichts zuzulassen, wenn dem Anteilsinhaber genügend Zeit bleibt, seine Entscheidung unter Berücksichtigung der Änderungen und Korrekturen angemessen vorzubereiten, was jedenfalls vor Ablauf der Mindestfrist zur Einberufung der Hauptversammlung gewährleistet sei und bezüglich solcher Informationen zulässig sein müsse, die sich auf neue, erst nach der Einberufung zur Hauptversammlung eingetretene Vorgänge beziehen.[404] Dies ist zu verneinen, da bei der nachträglichen Korrektur oder Ergänzung eines Berichts – unabhängig von deren Zeitpunkt – nicht gewährleistet ist, dass sämtliche Aktionäre, die den Ausgangsbericht zur Kenntnis genommen haben und diesen als Informationsgrundlage ansehen, auch von der Veröffentlichung des modifizierten Berichts erfahren.[405] Die vereinzelt angenommene Zulässigkeit der Heilung von geringfügigen Mängeln[406] ist aufgrund der Schwierigkeit der Abgrenzung ebenfalls abzulehnen. Eine Ausnahme könnte man lediglich für den Fall in Betracht ziehen, dass die Berufung auf eine erst verspätet erteilte Information als rechtsmissbräuchlich anzusehen wäre.[407]

2. Anfechtung wegen mangelhafter Informationen

131 Jede Unvollständigkeit oder Fehlerhaftigkeit eines Berichts, der zur Vorbereitung einer Beschlussfassung in der Hauptversammlung erforderlich ist, birgt ein erhebliches Anfech-

---

[402] *Reichert* ZHR-Beiheft Bd. 68, 25 (59 f.); *Lutter/Leinekugel* ZIP 1998, 805 (814); *Groß* AG 1996, 111 (114).
[403] BGH AG 1991, 102 (103) (SEN); LG München I AG 200, 86 (87); LG Mainz AG 2002, 247 (248); LG Köln AG 1988, 145; *Altmeppen* in MüKoAktG AktG § 293a Rn. 67; *Emmerich* in Emmerich/Habersack Aktien/GmbH-KonzernR AktG § 293a Rn. 41; *Veil* in Spindler/Stilz AktG § 293a Rn. 25; *Langenbucher* in K. Schmidt/Lutter AktG § 293a Rn. 29; *Drygala* in Lutter UmwG § 8 Rn. 60; *Stratz* in Schmitt/Hörtnagl/Stratz UmwG § 8 Rn. 41; *Heckschen* WM 1990, 377 (383); aA wohl LG Frankenthal WM 1989, 1854 (1859) sowie *Bayer* AG 1988, 323 (330), der auf die ungenauen Anforderungen des Gesetzes hinweist, und *Mertens* AG 1990, 20 (29), der auf den Kenntnisstand des Aktionärs nach der Hauptversammlung abstellt.
[404] So *Gehling* in Semler/Stengel UmwG § 8 Rn. 83.
[405] Dies gilt auch für Korrekturen und Ergänzungen, die erst im Rahmen eines gerichtlichen Verfahrens erfolgen, vgl. LG Mannheim BeckRS 2014, 10107; zustimmend *Wardenbach* GWR 2014, 283. Allerdings geht auch der Gesetzgeber in bestimmten Situationen von der Möglichkeit einer Nachinformation aus, vgl. § 143 UmwG sowie § 8 Abs. 3 UmwG-RegE vom 7.7.2010 sowie die kritischen Anmerkungen dazu von *Wagner* DStR 2010, 1629 (1632) und *DAV-Handelsrechtsausschuss* NZG 2010, 614 (615).
[406] Vgl. die Nachweise bei *Marsch-Barner* in Kallmeyer UmwG § 8 Rn. 33.
[407] So *Altmeppen* in MüKoAktG AktG § 293a Rn. 67.; ähnlich *Marsch-Barner* in Kallmeyer UmwG § 8 Rn. 35, 33, der nachträgliche Änderungen eines Verschmelzungsberichts zulassen will, wenn der Bericht bereits vorher seinen Zweck erfüllt hat, den Aktionären eine Plausibilitätskontrolle zu ermöglichen (vgl. zu den Anforderungen an den Verschmelzungsbericht → Rn. 23 f.).

IV. Rechtsfolgen bei Berichtspflichtverletzungen

tungsrisike in sich. Grds. können Beschlüsse auch wegen Fehlern bei der Information der Aktionäre erfolgreich angefochten werden.[408]

Dies gilt jedoch nicht für unrichtige, unvollständige oder unzureichende Informationen, die in Bezug auf Kompensationszahlungen gegeben werden, wenn das Gesetz für Bewertungsrügen ein Spruchverfahren vorsieht (→ § 46), § 243 Abs. 4 S. 2 AktG. Hinsichtlich sonstiger Informationen wurde teilweise angenommen, dass jeder formelle oder materielle Mangel des Berichts die Anfechtbarkeit begründe.[409] Dem konnte schon nach alter Rechtslage in dieser Allgemeinheit nicht gefolgt werden. Nach damaliger hM führten Verfahrensfehler grds. nur dann zur Anfechtbarkeit, wenn sie für das Beschlussergebnis möglicherweise kausal geworden sind.[410] Nach der aktuellen Gesetzeslage kann wegen **Informationsmängeln,** dh wegen unrichtiger, unvollständiger oder verweigerter Erteilung von Informationen, nur angefochten werden, wenn ein objektiv urteilender Aktionär die Erteilung der Information als wesentliche Voraussetzung für die sachgerechte Wahrnehmung seiner Teilnahme- und Mitgliedschaftsrechte angesehen hätte, § 243 Abs. 4 S. 1 AktG.[411] Auf das vormals für entscheidend gehaltene potentielle Abstimmungsverhalten kommt es nicht mehr an (→ Rn. 137 ff.).[412]

Dem entspricht, dass nach § 243 AktG[413] grds. alle Aktionäre anfechtungsberechtigt sind, unabhängig davon, ob sie in Bezug auf den infrage stehenden Beschluss der Hauptversammlung stimmberechtigt waren. Schließlich verlangt § 243 Abs. 4 AktG lediglich eine Informationspflichtverletzung; dass die Informationspflicht gerade gegenüber dem Anfechtenden bestand, ist dagegen nicht erforderlich. So kann etwa auch ein nicht stimmberechtigter Vorzugsaktionär die Anfechtung auf die Verletzung von Berichtspflichten stützten, die an sich nur gegenüber dem Stammaktionär bestanden.[414]

3. Anfechtungsausschluss bei wertbezogenen Informationen

Da bei einer Anfechtungsklage der Beschluss entweder für nichtig erklärt wird oder unverändert bestehen bleibt, führte dies gerade bei **Bewertungsfragen** regelmäßig zu nicht befriedigenden Lösungen.[415] Der Gesetzgeber hat aus diesem Grund für bestimmte, die Bewertung des **Umtauschverhältnisses** bzw. der **Ausgleichs- und Abfindungsansprüche** betreffende Rügen die Anfechtungsklage ausgeschlossen und statt dessen ein **Spruchverfahren** eingeführt, das 2003 im Spruchverfahrensgesetz (SpruchG) eine einheitliche Regelung erfahren hat (eingehend → § 46). Diese Gesetzgebung warf die Frage auf, ob die Geltendmachung etwaiger Mängel der Berichterstattung, soweit sie Ausgleichs- und Abfindungsansprüche und die ihnen zugrunde liegenden Bewertungen betreffen, im Wege der Anfechtungsklage ebenfalls ausgeschlossen sei. Obwohl dies angemessen erschien,[416] hat die hA eine so weitgehende **Ausstrahlungswirkung** des Ausschlusses der Anfechtbarkeit wegen Unangemessenheit des Umtauschverhältnisses

---

[408] Vgl. BGH ZIP 2001, 261 f.; *Koch* in Hüffer/Koch AktG § 243 Rn. 17; ders. ZGR 2001, 833 (844); *Henze* Gesellschaftsrecht 2001, 39, 40 ff.; *Butzke* O Rn. 23 f.
[409] OLG Hamm WM 1988, 1164 (1168); OLG Köln WM 1988, 1792 (1795); Bayer AG 1988, 323 (330).
[410] BGH ZIP 1998, 22 ff.; *Koch* in Hüffer/Koch AktG § 243 Rn. 12 f.; zur damals hM vgl. *Austmann* in MHdB AG § 42 Rn. 55 ff. mwN; *K. Schmidt* in GroßkommAktG AktG § 243 Rn. 21 ff.
[411] Vgl. dazu auch RegBegr UMAG, BT-Drs. 15/5092, 26 sowie → § 44 Rn. 60.
[412] *Koch* in Hüffer/Koch AktG § 243 Rn. 46a; *Tielmann* WM 2007, 1686 (1691).
[413] Ausführlich zur Anfechtungsbefugnis → § 44 Rn. 72 ff.
[414] *Wardenbach* GWR 2014, 283; iE ebenso, wenn auch mit leicht abweichender Begründung, LG Mannheim BeckRS 2014, 10107.
[415] *Bezzenberger/Bezzenberger* FS Welf Müller, 2001, 1 (9); *Martens* AG 2000, 301 (303 ff.); Bayer NJW 2000, 2609 (2618).
[416] Vgl. *Hommelhoff* ZGR 1990, 447 (474); *Marsch-Barner* in Kallmeyer UmwG § 8 Rn. 34.

bzw. der Abfindung lange Zeit abgelehnt.[417] Vielmehr wurde allgemein angenommen, dass der Aktionär in allen Fällen der Abfindung oder des Ausgleichs auch eine Verletzung seines Anspruchs auf wertbezogene Informationen im Wege der Anfechtungsklage rügen kann, selbst dann, wenn er mit der Rüge des Ergebnisses der Bewertung auf das Spruchstellenverfahren verwiesen wird.[418]

135 Entgegen dieser vormals hM stellte der BGH 2001 in zwei Entscheidungen klar, dass diese Auffassung jedenfalls bei einem **Formwechsel** unzutreffend ist.[419] Wegen mangelhafter Information der Aktionäre bezüglich der bei einem Formwechsel obligatorischen **Barabfindung** konnte nach Auffassung des BGH der Umwandlungsbeschluss nicht angefochten werden. Den Aktionären verblieb indessen die Möglichkeit des Auskunftserzwingungsverfahrens. Darüber hinaus konnten sie die Überprüfung des Barabfindungsangebots im Rahmen des Spruchstellenverfahrens geltend machen. Diese Wende der Rechtsprechung stieß zu Recht auf große Zustimmung.[420] Weniger befriedigen konnte indessen die Begründung des BGH. Er stützte sich nämlich bedauerlicherweise nicht auf das naheliegende argumentum a fortiori, dass, wenn schon eine Anfechtung wegen Bewertungsfragen ausgeschlossen ist, dies auch für auf Bewertungsfragen bezogene Informationsrügen gelten muss. Er bezog sich vielmehr in concreto darauf, dass eine Anfechtungsklage beim Formwechsel nicht darauf gestützt werden kann, dass überhaupt kein Abfindungsangebot unterbreitet wurde (vgl. § 210 UmwG). Daher müsse a maiore ad minus bei nur unzureichender Information über die Barabfindung eine Anfechtungsklage erst recht ausgeschlossen sein.[421] Angesichts dieser Begründung war fraglich, inwieweit der BGH den Anfechtungsausschluss bei Informationspflichtverletzungen im Zusammenhang mit Bewertungsfragen auf andere Strukturmaßnahmen übertragen würde.[422] Umstritten war der Anfechtungsausschluss insbesondere bei fehlerhafter Information über die Abfindungshöhe bei Eingliederung und Squeeze out, ferner bei fehlerhafter Information über die Höhe des nach § 304 AktG zu entrichtenden Dividendenausgleichs.

136 Inzwischen hat der Gesetzgeber das Heft in die Hand genommen und – jedenfalls teilweise – Klarheit geschaffen. Der durch Art. 1 Nr. 20 **UMAG**[423] eingeführte gesetzliche Anfechtungsausschluss des **§ 243 Abs. 4 S. 2 AktG** kodifiziert die wesentlichen Inhalte der BGH-Rechtsprechung, allerdings mit einigen wichtigen Modifikationen und Präzisierungen. Nach dieser Vorschrift kann auf unrichtige, unvollständige oder unzureichende Informationen in der Hauptversammlung über die Ermittlung, Höhe oder Angemessenheit von Ausgleich, Abfindung, Zuzahlung oder über sonstige Kompensationen eine Anfechtungsklage nicht gestützt werden, wenn das Gesetz für Bewertungsrügen ein Spruchverfahren vorsieht. Damit hat der Gesetzgeber sich auf die Seite derer gestellt, die schon nach alter Rechtslage eine **Ausdehnung des Anfechtungsausschlusses** auf alle Konstellationen befürworteten, in denen ein Spruchverfahren eröffnet war. Im Ergebnis bedeutet dies, dass nunmehr ua in den folgenden Fällen keine Anfechtungsklage bei fehlerhaften bzw. unvollständigen Informationen in Betracht kommt:[424] §§ 32, 125, 176 UmwG (Verschmelzung, Spaltung, Vermögensübertragung), §§ 304 Abs. 3 S. 2, 3, 305 Abs. 5 S. 1, 2 (Ausgleich und Abfindung außenstehender Aktionäre bei Beherrschungs- und Gewinnabführungsverträgen), §§ 320 Abs. 2 S. 1 Nr. 2, 320b Abs. 2 (Abfindung ausgeschiedener

---

[417] BGH ZIP 1993, 751 – SS I I; BGH ZIP 1995, 1256 (1258) – SS I II; *Drygala* in Lutter UmwG § 8 Rn. 52; *Marsch-Barner* in Kallmeyer UmwG § 8 Rn. 34; aA: *Messer*, FS Quack, 1991, 321 (331 f.); *Hüffer/Schäfer* in MüKoAktG AktG § 243 Rn. 123.
[418] BGH ZIP 1993, 751; BGH ZIP 1995, 1256 (1258); *K. Schmidt* in GroßkommAktG AktG § 243 Rn. 35; *Decher/Hoger* in Lutter UmwG § 195 Rn. 16 ff.; aA *Hüffer/Schäfer* in MüKoAktG AktG § 243 Rn. 123.
[419] BGH ZIP 2001, 199 – MEZ; BGH ZIP 2001, 412 – Aqua Butzke.
[420] Vgl. dazu bereits in der 1. Aufl. Rn. I B 537.
[421] Zust. auch *Hoffmann-Becking*, Gesellschaftsrecht 2001, 55 (61 ff.); *Reichert* ZGR 2001, 554 (556).
[422] Zu den Einzelheiten 2. Aufl. Rn. 106 ff.
[423] Gesetz zur Unternehmensintegrität und Modernisierung des Anfechtungsrechts (UMAG) vom 22.9.2005, BGBl. I 2802.
[424] Vgl. § 1 Nr. 1–6 SpruchG.

IV. Rechtsfolgen bei Berichtspflichtverletzungen

Aktionäre bei der Eingliederung) sowie § 327 ff. AktG (Barabfindung bei Squeeze-out). Nach der Gesetzesbegründung bedeutet die Beschränkung auf gesetzlich geregelte Spruchverfahrensfälle zudem kein Analogieverbot.[425]

Brachte das UMAG im Vergleich zur BGH-Rechtsprechung einerseits eine Ausdehnung des Anfechtungsausschlusses in Bezug auf den inhaltlichen Anwendungsbereich, so begrenzte die Reform den Ausschluss andererseits auf Informationsmängel, die **in der Hauptversammlung** aufgetreten sind. Daher stellt sich die Frage, ob nach der Gesetzesänderung tatsächlich das gesamte Berichtswesen vor und außerhalb der Hauptversammlung der Anfechtung unterliegt oder ob in diesem Bereich auf die Rechtsprechungsgrundsätze zurückgegriffen werden kann. Ein Teil der Literatur bejaht Letzteres, da der Gesetzgeber nicht ausdrücklich die Rechtsprechungsgrundsätze für unanwendbar erklärt habe.[426] Andere hingegen halten den Anfechtungsausschluss des § 243 Abs. 4 S. 2 AktG insoweit für abschließend.[427] Für diese Ansicht sprechen die besseren Argumente. Zwar hat der Gesetzgeber nicht ausdrücklich gegen die „MEZ"/„Aqua Butzke"-Rechtsprechung Stellung bezogen. Das war aber auch nicht nötig, da er hinreichend deutlich zum Ausdruck gebracht hat, *dass* der Anfechtungsausschluss nur bei unrichtiger (unvollständiger, unzureichender) Information in der Hauptversammlung gilt und *warum* alle gesetzlich vorgeschriebenen Berichtspflichten, die vor und außerhalb der Hauptversammlung zu erfüllen sind, nicht erfasst werden: Der Gesetzgeber bekennt sich nämlich zu dem Bestreben, „die Information der abwesenden Aktionäre standardisiert zu verbessern und dazu Information aus der Hauptversammlung hinaus zu verlagern." So werde eine Erosion der Aktionärsinformation vermieden.[428] Angesichts solcher Ziele liegt es nicht nahe, dass der Gesetzgeber es habe zulassen wollen, dass zumindest nach den Rechtsprechungsgrundsätzen auch bei Verletzung von Aktionärsrechten außerhalb der Hauptversammlung den Aktionären das Anfechtungsrecht entzogen werden könne. Auch wenn dieser Ansatz des Gesetzgebers nicht überzeugt,[429] muss sich die Praxis wohl de lege lata darauf einstellen.

137

Eine weitere Einschränkung des Anfechtungsausschluss ergibt sich daraus, dass die Anfechtungsbeschränkung des § 243 Abs. 4 S. 1 AktG sich auf „unrichtige, unvollständige oder verweigerte" Erteilung von Informationen bezieht, der Anfechtungsausschluss nach § 243 Abs. 4 S. 2 AktG hingegen nur auf „unrichtige, unvollständige oder unzureichende" Informationen. Daraus folgt, dass bei einer **Totalverweigerung von Auskünften** auch in den Fällen, in denen ein Spruchverfahren eröffnet ist, eine Anfechtung möglich bleibt. Da der Gesetzgeber (in der Gesetzesbegründung) selbst den Begriff „Totalverweigerung" verwendet und zudem auf „extreme Fälle" verweist, in denen das Auskunftsrecht „in gravierendem Ausmaß und bewusst" missachtet wurde,[430] ist ein restriktiver Umgang mit dieser Einschränkung des Anfechtungsausschlusses angezeigt.[431] „Verweigern" verweist auf ein subjektives Element, auf den bewussten Entschluss, eine bestimmte Frage nicht beantworten zu wollen.[432]

138

---

[425] BT-Drs. 15/5092, 26.
[426] *Weißhaupt* ZIP 2005, 1766 (1772); *Noack/Zetzsche* ZHR 2006, 218 (242); *Würthwein* in Spindler/Stilz AktG § 243 Rn. 258; *Leuering/Simon* NJW-Spezial 2005, 315; *Göz/Holzborn* WM 2006, 157 (160).
[427] *Emmerich* in Emmerich/Habersack Aktien/GmbH-KonzernR AktG § 293 Rn. 55; *Schwab* in Lutter/Hommelhoff AktG § 243 Rn. 46; *ders.* NZG 2007, 521 (522); *Koch* in Hüffer/Koch AktG § 243 Rn. 47c; *Drygala* in Lutter UmwG § 8, Rn. 61; *Decher/Hoger* in Lutter UmwG § 195 Rn. 18.
[428] BT-Drs. 15/5092, 26.
[429] Kritisch ua *Koch* in Hüffer/Koch AktG § 243 Rn. 47c; *Veil* AG 2005, 567 (570 f.); *Spindler* NZG 2005, 825 (829).
[430] BT-Drs. 15/5092, 26.
[431] *Koch* in Hüffer/Koch AktG § 243 Rn. 47c (die Einschränkung sei „formal" zu handhaben); *Schwab* in K. Schmidt/Lutter AktG § 243 Rn. 46; *Winter* FS Happ, 2006, 363 (364 f.).; *Noack/Zetzsche* ZHR 2006, 218 (235). Für eine anfechtungsfreundliche Handhabung hingegen *Würthwein* in Spindler/Stilz AktG § 243 Rn. 259.
[432] *Noack/Zetzsche* ZHR 2006, 218 (235).

§ 6 Auslegung und Zugänglichmachen von Unterlagen, Übersendung an Aktionäre*

Übersicht

	Rn.
I. Überblick	1
II. Gegenstand der Auslegungspflicht und des Zugänglichmachens	1a
1. Verträge; Beschlussentwürfe	1a
2. Berichte	6
3. Jahresabschlüsse, Zwischenbilanzen	8
III. Ort, Zeitpunkt und Form der Auslegung und des Zugänglichmachens	12
1. Auslegung von Unterlagen	13
2. Zugänglichmachen auf der Internetseite der Gesellschaft	16
IV. Übersendung einer Abschrift an die Aktionäre	17
V. Änderung des Vertrags, Aktualisierungen	21
VI. Besonderheiten bei Unternehmensübernahmen	23
VII. Anfechtungsrisiken	24
VIII. Verzicht	28

Stichworte

Abschrift Rn. 17
Anfechtung Rn. 24
Auslegung Rn. 13
– Abschriften Rn. 15
– Geschäftsraum Rn. 13
– Zeitpunkt Rn. 14
Berichte Rn. 6
– Strukturmaßnahmen Rn. 7
– Vorstand, Vertragsprüfer Rn. 6
Beschlussentwürfe Rn. 2
Jahresabschlüsse Rn. 8
– Strukturmaßnahmen Rn. 9
Übersendung an Aktionäre Rn. 17

Unternehmensübernahmen Rn. 23
Verträge Rn. 1
– Strukturmaßnahmen Rn. 3
Vertragsänderungen Rn. 21
– Aktualisierungen Rn. 22
– redaktionelle Änderungen Rn. 21
Verzicht Rn. 28
Zugänglichmachen Rn. 12
– Internetseite Rn. 16
– Zeitpunkt Rn. 14
Zwischenbilanzen Rn. 8
– Verschmelzung/Spaltung Rn. 10

Schrifttum:

Horn, Änderungen bei der Vorbereitung und Durchführung der Hauptversammlung nach dem Referentenentwurf zum ARUG, ZIP 2008, 1558; *v. Gleichenstein/Stallbaum*, Zum Informationsrecht des Aktionärs nach § 175 Abs. 2 AktG, AG 1970, 217; *Leuering*, Die Erteilung von Abschriften an die Aktionäre, ZIP 2000, 2053; *Vetter*, Auslegung der Jahresabschlüsse für das letzte Geschäftsjahr zur Vorbereitung von Strukturbeschlüssen, NZG 1999, 925; *Weißhaupt*, Der „eigentliche" Holzmüller-Beschluß, NZG 1999, 804.

I. Überblick

Gegenstände der Pflicht zur Auslegung und Zugänglichmachung von Dokumenten und Unterlagen vor der Hauptversammlung für die Aktionäre können neben Verträgen und Beschlussentwürfen (→ Rn. 1 ff.) auch Berichte (→ Rn. 6 f.) und Jahresabschlüsse oder Zwischenbilanzen (→ Rn. 8 ff.) sein. Die Unterlagen bzw. Abschriften (→ Rn. 15) sind im Geschäftsraum der Gesellschaft (→ Rn. 13) vom Zeitpunkt der Einberufung der Hauptversammlung an (→ Rn. 14) auszulegen. Das Zugänglichmachen der Unterlagen kann auch über die Internetseite der Gesellschaft erfolgen (→ Rn. 16). Dem Aktionär steht ggf. das Recht auf Übersendung einer Abschrift der Unterlagen zu (→ Rn. 17 ff.).   **1**

---

* Ich danke *Jennifer Klein* und *Maurice Heine* für die Unterstützung bei der Erstellung dieses Beitrags.

Wird ein Vertragsentwurf zwischen Einberufung der Hauptversammlung und Vertragsschluss wesentlich verändert, so muss er erneut ausgelegt und zugänglich gemacht werden (→ Rn. 21 ff.). Ist die in den Unterlagen enthaltene Information aus Aktionärssicht als wesentlich zur ordnungsgemäßen Wahrnehmung der Teilnahme- und Mitgliedschaftsrechte anzusehen, so kann die fehlerhafte Auslegung bzw. Zugänglichmachung der Unterlagen zur Anfechtbarkeit des Hauptversammlungsbeschlusses führen (→ Rn. 24 ff.). Unter Umständen können die Aktionäre auf die Auslegung bzw. das Zugänglichmachen der Unterlagen verzichten (→ Rn. 28).

II. Gegenstand der Auslegungspflicht und des Zugänglichmachens

1. Verträge; Beschlussentwürfe

1a Sofern die Hauptversammlung über eine Strukturmaßnahme beschließen soll, normiert das Gesetz vielfach ausdrücklich eine Pflicht der Verwaltung, den zugrunde liegenden **Vertrag** bzw. seinen Entwurf vom Zeitpunkt der Einberufung der Hauptversammlung an zur Einsicht der Aktionäre im Geschäftsraum der Gesellschaft auszulegen. Diese Auslegungspflicht entfällt grundsätzlich, wenn die auszulegenden Unterlagen für den Auslegungszeitraum über die Internetseite der Gesellschaft zugänglich sind.[1] Den Gesellschaften steht daher zwar grundsätzlich ein Wahlrecht hinsichtlich der Art des Zurverfügungstellens der genannten Unterlagen – physische Auslage oder elektronische Bereitstellung – zu.[2] Für börsennotierte Gesellschaften ist die Veröffentlichung auf der Internetseite zwingend (§ 124a AktG). Eine entsprechende Offenlegung hatte zuvor bereits der Deutsche Corporate Governance Kodex empfohlen, an dessen Regelung sich das ARUG orientiert hat.[3]

2 Die Auslegungspflicht bzw. das Zugänglichmachen gilt namentlich für Nachgründungsverträge (§ 52 Abs. 2 S. 2 AktG), Verträge über die Übertragung des ganzen Gesellschaftsvermögens (§ 179a Abs. 2 S. 1 AktG), Unternehmensverträge (§ 293f Abs. 1 Nr. 1 AktG)[4] sowie Verschmelzungs- (§ 63 Abs. 1 Nr. 1 UmwG) und Spaltungsvorgänge (§ 125 UmwG iVm § 63 Abs. 1 Nr. 1 UmwG). In anderen Fällen ist Gegenstand der Pflicht der Entwurf des **Beschlusses** der Hauptversammlung. So ist bei der Eingliederung der Entwurf des Eingliederungsbeschlusses,[5] beim Ausschluss von Minderheitsaktionären der Entwurf des Squeeze out-Beschlusses (§ 327c Abs. 3 Nr. 1 AktG) auszulegen oder zugänglich zu machen. Für den Fall des Formwechsels sieht das Gesetz keine ausdrückliche Pflicht zur Bereithaltung des Entwurfs des Umwandlungsbeschlusses vor; auszulegen oder zugänglich zu machen ist der Umwandlungsbericht (§§ 230 Abs. 2 S. 1, 238 S. 1 UmwG), der jedoch einen Entwurf des Beschlusses über den Formwechsel zu enthalten hat (§ 192 Abs. 1 S. 3 UmwG).

---

[1] Nachweislich der Regierungsbegründung zum ARUG dient diese Regelung dazu, den Bürokratieaufwand der Gesellschaften zu verringern und Ortsfremden den Informationszugang zu erleichtern, vgl. ARUG RegBegr. BT-Drs. 16/11642, 30; *Arnold* Der Konzern, 2009, 88 (90); *Drinhausen* in Hölters AktG § 124a Rn. 1.

[2] ARUG RegBegr. BT-Drs. 16/11642, 30.

[3] Ziff. 2.3.1 DCGK. Durch die Pflicht zur entsprechenden Veröffentlichung für börsennotierte Gesellschaften erstreckt sich die Relevanz dieser Kodexnorm nun praktisch nur noch auf nicht börsennotierte Gesellschaften, die den Kodex freiwillig befolgen.

[4] Auch wenn es insoweit an einer entsprechenden gesetzlichen Regelung fehlt, ist doch anerkannt, dass die Auslage des Vertragsentwurfs ausreichend ist; vgl. nur *Koch* in Hüffer/Koch AktG § 293 Rn. 4. Bei einer Beschlussfassung über die Änderung eines Unternehmensvertrags soll die Auslegung der Fassungsänderung bzw. der bisherigen und der neuen Fassung erforderlich sein, *Henze* BB 2002, 893 (894); *Koch* in Hüffer/Koch AktG § 295 Rn. 8.

[5] §§ 319 Abs. 3 S. 1 Nr. 1, 320 Abs. 1 S. 3, Abs. 4 S. 1 AktG.

II. Gegenstand der Auslegungspflicht und des Zugänglichmachens § 6

Umstritten ist, ob auch bei nicht gesetzlich geregelten **Strukturmaßnahmen** eine mit 3
der Berichterstattungspflicht korrespondierende Pflicht des Vorstands besteht, die zugrunde liegenden **Verträge** bzw. **Vertragsentwürfe** zur Einsicht für die Aktionäre bereit zu halten. Diese Frage stellt sich namentlich bei Ausgliederungen im Wege der Einzelrechtsnachfolge, sofern die im Anschluss an die „Holzmüller/Gelatine"-Entscheidungen entwickelten Schwellenwerte überschritten sind.[6] Zum Teil wird eine solche Pflicht verneint.[7] Da die Aktionäre sich auf ihre Entscheidung in der Hauptversammlung nicht vorbereiten können, wenn ihnen der Vertrag nicht zuvor zugänglich gemacht wurde, sprechen die besseren Gründe dafür, eine Pflicht des Vorstands, den Ausgliederungsvertrag auszulegen, anzunehmen.[8] Auszulegen bzw. zugänglich zu machen ist der Vertrag in seinem **vollständigen Wortlaut**. Neben dem Hauptvertrag oder seinem Entwurf müssen alle anderen **Nebenvereinbarungen** und Anlagen ausgelegt bzw. zugänglich gemacht werden, die mit dem Hauptvertrag im Zusammenhang stehen.[9]

Gleiches ist für **sonstige Verträge** anzunehmen, die der Vorstand, ohne dass er dazu 4
im Hinblick auf den fehlenden strukturändernden Charakter gezwungen wäre, gem.
§ 119 Abs. 2 AktG der Hauptversammlung zur Zustimmung vorlegt.[10]

Die Vorlage des Vertrags bzw. Vertragsentwurfs ist dann nicht möglich und nicht erfor- 5
derlich, wenn die Hauptversammlung noch nicht mit der konkreten Strukturmaßnahme befasst werden soll, sondern lediglich über das **Konzept** und eine Ermächtigung des Vorstands zu dessen Durchführung beschließen soll.[11] In diesem Fall sind den Aktionären jedoch zumindest die Essentialia des Vorhabens in Form eines Berichts zur Kenntnis zu bringen, der dann Gegenstand der Auskunftspflicht ist.[12]

2. Berichte

Ist der **Vorstand** gesetzlich verpflichtet, der Hauptversammlung einen Bericht über das 6
zur Beschlussfassung anstehende Vorhaben zu erstatten, ist dieser Bericht von der Einberufung der Hauptversammlung an, die über die Maßnahme Beschluss fassen soll, im Geschäftsraum der Gesellschaft auszulegen oder zugänglich zu machen. Vorgesehen ist eine solche Pflicht etwa beim Ausschluss des Bezugsrechts im Zusammenhang mit Kapitalerhöhungen (§ 186 Abs. 4 S. 2 AktG)[13] und dem Erwerb eigener Aktien (§ 71 Abs. 1 Nr. 8 AktG iVm § 186 Abs. 4 S. 2 AktG), dem Abschluss von Unternehmensverträgen (§ 293f Abs. 1 Nr. 3 AktG) sowie in den Fällen der Eingliederung (§ 319 Abs. 3 S. 1 Nr. 3 AktG), Verschmelzung (§ 63 Abs. 1 Nr. 4 UmwG), Spaltung (§ 125 UmwG iVm § 63 Abs. 1 Nr. 4 UmwG) und des Formwechsels (§ 230 Abs. 2 S. 1 UmwG, § 238 S. 1 UmwG). Der Bericht des Vorstands über den Ausschluss des Bezugsrechts bei einer Kapi-

---

[6] Zusammenfassend *Schlitt* in Semler/Stengel UmwG Anh. § 173 Rn. 32 ff.
[7] *Bungert* NZG 1998, 367 (370); krit. auch *Zeidler* NZG 1998, 91 (93) und *Kort* AG 2006, 272 (275 ff.).
[8] Vgl. dazu BGH ZIP 2001, 416; OLG Schleswig AG 2006, 120 (125); OLG Frankfurt a.M. NZG 1999, 887; OLG München AG 1995, 232 (233); LG München BB 2001, 1648; LG Frankfurt a.M. NZG 1998, 113 (116); LG Karlsruhe AG 1998, 99 (102 ff.); *Schöne* in Semler/Volhard Unternehmensübernahmen-HdB § 34 Rn. 94; *Feddersen/Kiem* ZIP 1994, 1078 (1080); *Reichert* ZHR Beiheft 68, S. 25 (61); *Emmerich/Habersack* Aktien-/GmbH-KonzernR AktG Vor § 311 Rn. 52; *Aha* AG 1997, 345 (350); *Schlitt* in Semler/Stengel UmwG Anh. § 173 Rn. 63.
[9] BGHZ 82, 188 (196) – Hoesch/Hoogovens; *Emmerich/Habersack* Aktien/GmbH-KonzernR AktG § 293f Rn. 7; *Semler* BB 1983, 1566 (1567); einschränkend *Weißhaupt* NZG 1999, 804 (808 f.). Soweit die Vertragswerke nicht in deutscher Sprache abgefasst sind, ist eine Übersetzung bereitzustellen; LG München BB 2001, 1648; offengelassen von *Butzke* L Rn. 65.
[10] BGHZ 146, 288 – ALTANA/Milupa; ebenso Vorinstanz OLG Frankfurt a.M. DB 1999, 1004 (Vertrag über Veräußerung des Geschäftsbetriebs der Tochtergesellschaft gem. § 179a AktG).
[11] → § 4 Rn. 202; *Reichert* ZHR Beiheft 68, 25 (61); *Groß* AG 1996, 111 (117). Zur Zulässigkeit eines solchen Konzeptbeschlusses ausf. *Schlitt* in Semler/Stengel UmwG Anh. § 173 Rn. 41 ff.
[12] *Reichert* ZHR Beiheft 68, 59.
[13] *Koch* in Hüffer/Koch AktG § 186 Rn. 23.

talerhöhung ist gemäß § 186 Abs. 4 S. 2 AktG nur noch zugänglich zu machen.[14] Beim Ausschluss von Minderheitsgesellschaftern ist der vom Hauptaktionär erstattete Bericht auszulegen oder zugänglich zu machen (§ 327c Abs. 3 Nr. 3 AktG). In manchen Fällen besteht auch eine Pflicht, die Berichte der **Vertragsprüfer** auszulegen.[15] Zugänglich zu machen sind bei Unternehmensübernahmen neben dem – gegebenenfalls erforderlichen – Bericht nach § 186 Abs. 4 S. 2 AktG auch die fristgerecht eingereichten Anträge aller Aktionäre sowie die Mitteilungen an die Aktionäre.[16]

7   Erkennt man bei gesetzlich **nicht geregelten Strukturmaßnahmen** iSd „Holzmüller"-/„Gelatine"-Rechtsprechung eine Berichtspflicht an (dazu → § 5 Rn. 96ff.), korrespondiert hiermit eine Pflicht des Vorstands, den Bericht von der Einberufung der Hauptversammlung an zur Einsicht der Aktionäre im Geschäftsraum auszulegen bzw. zugänglich zu machen.[17] Dies gilt etwa für den Bericht über ein Ausgliederungsvorhaben, dessen Umsetzung aufgrund seiner erheblichen strukturändernden Auswirkungen von der Zustimmung der Hauptversammlung abhängt.[18]

3. Jahresabschlüsse, Zwischenbilanzen

8   Von der Einberufung der **ordentlichen Hauptversammlung** an sind neben dem Bericht des Aufsichtsrats der Jahresabschluss, der Lagebericht und der Vorschlag des Vorstands für die Verwendung des Bilanzgewinns im Geschäftsraum der Gesellschaft zur Einsicht auszulegen (§ 175 Abs. 2 S. 1 AktG) bzw. zugänglich zu machen (§ 175 Abs. 2 S. 4 AktG). Entsprechendes gilt für den Konzernabschluss und den Konzernlagebericht (§ 175 Abs. 2 S. 3 AktG).

9   Für bestimmte **Strukturmaßnahmen** beschränkt das **Gesetz** die Auslegungspflicht bzw. das Zugänglichmachen nicht auf den Vertrag und den dazu erstatteten Bericht, sondern ordnet gleichzeitig eine Verpflichtung des Vorstands an, vor der Beschlussfassung die **Jahresabschlüsse** und **Lageberichte** der an der Maßnahme beteiligten Rechtsträger der **letzten drei Geschäftsjahre** auszulegen bzw. zugänglich zu machen.[19] Dies gilt bspw. für die Beschlussfassung über die Zustimmung zu einem Unternehmensvertrag (§ 293f Abs. 1 Nr. 2 AktG), die Eingliederung (§ 319 Abs. 3 Nr. 2 AktG), den Ausschluss von Minderheitsgesellschaftern (§ 327c Abs. 3 Nr. 2 AktG), die Verschmelzung (§ 63 Abs. 1 Nr. 2 UmwG),[20] die Spaltung (§ 125 UmwG iVm § 63 Abs. 1 Nr. 2 UmwG), nicht aber für den Formwechsel.[21] Die Auslegungspflicht bzw. das Zugänglichmachen[22] greift nur insoweit ein, wie die Jahresabschlüsse und Lageberichte nach den handelsrechtlichen Vor-

---

[14] *Koch* in Hüffer/Koch AktG § 186 Rn. 23.
[15] ZB § 293f Abs. 1 Nr. 3 AktG, § 327c Abs. 3 Nr. 4 AktG; anders beim Formwechsel einer AG in eine Personengesellschaft, vgl. *Göthel* in Lutter UmwG § 230 Rn. 42.
[16] § 16 Abs. 4 S. 7 WpÜG; die ursprünglich zusätzlich erforderliche Auslage dieser Unterlagen wurde mit der Neuregelung in § 124a AktG obsolet: Da Zielgesellschaft iSd WpÜG nur eine börsennotierte Gesellschaft sein kann, findet § 124a AktG stets Anwendung. Vgl. zur alten Rechtslage RegBegr. BT-Drs. 14/7034, 47; *Scholz* in Haarmann/Schüppen WpÜG § 16 Rn. 34.
[17] LG Frankfurt a.M. NZG 1998, 113 (115); iE auch LG Karlsruhe AG 1998, 99; differenzierend *Spindler* in K. Schmidt/Lutter AktG § 119 Rn. 44 und *Reger* in Bürgers/Körber AktG § 119 Rn. 26; *Kubis* in MüKoAktG § 119 Rn. 55; aA *Bungert* NZG 1998, 367 (370).
[18] LG Frankfurt a.M. NZG 1998, 113 (116); *Groß* AG 1996, 111 (116); *Feddersen/Kiem* ZIP 1994, 1078 (1080); *Weißhaupt* NZG 1999, 804 (808); *Schlitt* in Semler/Stengel UmwG Anh. § 173 Rn. 65.
[19] Insoweit bezieht sich die Auslegungspflicht bzw. das Zugänglichmachen nicht auf den Konzernabschluss und den Konzernlagebericht; *Diekmann* in Semler/Stengel UmwG § 63 Rn. 11. Krit. zur Auslegungspflicht insgesamt *Altmeppen* ZIP 1998, 1853 (1865).
[20] Auszulegen sind die Abschlüsse und Lageberichte aller beteiligten Rechtsträger, nicht nur der AG, die über die Verschmelzung beschließt, *Grunewald* in Lutter UmwG § 63 Rn. 5.
[21] Vgl. § 230 Abs. 2 UmwG.
[22] § 293f Abs. 3 AktG; § 319 Abs. 3 S. 3 AktG; § 327c Abs. 5 AktG.

schriften zu erstellen waren und auch tatsächlich erstellt worden sind.[23] Ist zum Zeitpunkt der Einberufung der Hauptversammlung der letzte Jahresabschluss noch nicht festgestellt, genügt die Auslegung bzw. das Zugänglichmachen des lediglich aufgestellten Abschlusses.[24] Existiert ein beteiligter Rechtsträger noch keine drei Jahre, reicht es aus, wenn die Abschlüsse und Lageberichte für den Zeitraum seines Bestehens ausgelegt oder zugänglich gemacht werden.[25]

In den Fällen der Verschmelzung und Spaltung, in denen das Gesetz anordnet, dass der der Maßnahme zugrunde liegende Abschluss auf einen nicht länger als acht Monate zurückliegenden Stichtag erstellt sein muss, bedarf es ggf. der Aufstellung und Auslegung bzw. des Zugänglichmachens einer Zwischenbilanz, deren Stichtag nicht vor dem ersten Tag des dritten Monats liegt, der dem Abschluss oder der Aufstellung vorausgeht (§§ 63 Abs. 1 Nr. 3, 125 UmwG).[26]

Nimmt man eine Informationspflicht im Vorfeld der Hauptversammlung an, dürfte konsequenterweise auch eine Pflicht zu bejahen sein, die **Jahresabschlüsse** des ausgliedernden Rechtsträgers der vergangenen drei Geschäftsjahre in der Hauptversammlung auszulegen bzw. zugänglich zu machen.[27] Die Abschlüsse der aufnehmenden Gesellschaft sind von der Auslegungspflicht bzw. dem Zugänglichmachen nur erfasst, wenn an der Gesellschaft eine Drittbeteiligung besteht.[28] Die Aufstellung und Auslegung bzw. das Zugänglichmachen eines **Zwischenabschlusses** ist nicht zwingend geboten, da er nur einen beschränkten Aussagegehalt aufweist.[29] Ein Zwischenabschluss gibt nämlich keinen Aufschluss darüber, welche Gegenstände von der Ausgliederung betroffen sind. Eine **Einbringungsbilanz** ist zwar insoweit aussagekräftiger; gleichwohl kann allein aus ihrem Informationsgehalt keine Verpflichtung zur Auslegung bzw. zum Zugänglichmachen hergeleitet werden, da es an einer gesetzlichen Pflicht zu ihrer Aufstellung bzw. zum Zugänglichmachen mangelt.[30]

III. Ort, Zeitpunkt und Form der Auslegung und des Zugänglichmachens

Die genannten Unterlagen sind vom Zeitpunkt der **Einberufung** der Hauptversammlung an, die über die Durchführung der Maßnahme entscheidet, im Geschäftsraum der Gesellschaft auszulegen[31] bzw. bei der börsennotierten Gesellschaft auf der Internetseite der Gesellschaft zu veröffentlichen (§ 124a AktG). Für nicht börsennotierte Gesellschaften ist dies optional.

---

[23] *Marsch-Barner* in Kallmeyer UmwG § 63 Rn. 3; *Vetter* NZG 1999, 925 (928). AA LG Hamburg DB 2002, 2478 mit Anm. von *Mallmann* EWiR § 327a AktG 1/03: auch wenn der Jahresabschluss nach handelsrechtlichen Vorschriften noch nicht vorliegen muss; hiergegen mit Recht *Wendt* DB 2003, 191 ff.
[24] Vgl. *Diekmann* in Semler/Stengel UmwG § 63 Rn. 12; *Vetter* NZG 1999, 925 (928); *Rieger* in Widmann/Mayer UmwG § 63 Rn. 13; aA *Marsch-Barner* in Kallmeyer UmwG § 63 Rn. 3.
[25] *Marsch-Barner* in Kallmeyer UmwG § 63 Rn. 3.
[26] Diesbezügliche Erleichterungen, etwa die Ersetzung durch einen bereits erstellten Halbjahresbericht oder der Verzicht der Anteilseigner der beteiligten Rechtsträger, finden sich in § 63 Abs. 2 S. 5 und 6 UmwG.
[27] LG Karlsruhe AG 1998, 99 (101 ff.); *Reichert* ZHR Beiheft 68, 25 (61); *Aha* AG 1997, 345 (350); *Schlitt* in Semler/Stengel UmwG Anh. § 173 Rn. 70.
[28] *Reichert* ZHR Beiheft 68, 25 (61).
[29] *Reichert* ZHR Beiheft 68, 25 (61); aA LG Karlsruhe AG 1998, 100 (102).
[30] *Reichert* ZHR Beiheft 68, 25 (61); *Schlitt* in Semler/Stengel UmwG Anh. § 173 Rn. 70; aA wohl *Emmerich/Habersack* Aktien/GmbH-KonzernR AktG Vor § 311 Rn. 52.
[31] *Stratz* in Schmitt/Hörtnagel/Stratz UmwG § 230 Rn. 5.

1. Auslegung von Unterlagen

13 Der **Geschäftsraum** befindet sich idR am Sitz der **Hauptverwaltung** der Gesellschaft, der nicht notwendigerweise mit dem Sitz des Vorstands bzw. dem Sitz der Gesellschaft identisch sein muss.[32] Zur Vermeidung von Anfechtungsrisiken empfiehlt es sich jedoch, die Unterlagen auch am Sitz des Vorstands und am Sitz der Gesellschaft vorzuhalten, falls die Gesellschaft dort über Räumlichkeiten verfügt. Eine Auslegung bei Zweigniederlassungen erweist sich als nicht erforderlich.[33]

14 Die Auslegung hat während der üblichen Geschäftszeiten zu erfolgen.[34] Fraglich ist, ab welchem **Zeitpunkt** auszulegen ist, wenn die Einberufung an einem Samstag, Sonntag oder Feiertag bekannt gemacht wird. Unter Anziehung des Rechtsgedanken des § 193 BGB wird man es ausreichen lassen müssen, wenn die Unterlagen am nächsten Werktag zur Einsichtnahme ausliegen. Eine Verpflichtung, die Unterlagen am Wochenende beim Pförtner oder an anderer geeigneter Stelle zur Abholung durch die Aktionäre bereit zu legen, besteht nicht.

15 Es ist ausreichend, wenn einfache **Abschriften** ausgelegt werden.[35] Die Gesellschaft kann verlangen, dass die Einsicht begehrende Person ihre Aktionärseigenschaft **nachweist**.[36] Der Nachweis kann etwa durch Vorlage eines Depotauszugs oder einer Hinterlegungsbescheinigung erbracht werden.[37]

2. Zugänglichmachen auf der Internetseite der Gesellschaft

16 Auf der Internetseite der Gesellschaft zugänglich gemacht ist eine Information, wenn sie nach Aufrufen der Internetstartseite der Gesellschaft direkt oder durch eindeutige Links problemlos gefunden werden kann.[38] Die Information muss frei von geräteseitigen, anbieterseitigen oder programmseitigen Zugangsbeschränkungen öffentlich allgemein zugänglich sein.[39] Unterbrechungen des Internetzugangs, die nicht vorsätzlich oder grob fahrlässig von der Gesellschaft herbeigeführt worden sind, und Unterbrechungen, die zB der Systemwartung dienen, berühren die Erfüllung der Offenlegung nicht.[40]

IV. Übersendung einer Abschrift an die Aktionäre

17 Mit der gesetzlichen Pflicht zur Auslage von Unterlagen korrespondiert die Verpflichtung der Gesellschaft, jedem Aktionär auf dessen Verlangen eine **Abschrift** dieser Unterlagen zu erteilen, es sei denn, der Vertrag ist ab dem Zeitpunkt der Einberufung der Hauptversammlung auf der Internetseite der Gesellschaft für die Aktionäre zugänglich. Das Recht auf Abschrifterteilung besteht etwa im Hinblick auf die in der ordentlichen Hauptversammlung (§ 175 Abs. 2 S. 2 AktG), bei Vermögensübertragungen (§ 179a Abs. 2 S. 2

---

[32] *Grunewald* in Lutter UmwG § 63 Rn. 3; *Emmerich/Habersack* Aktien/GmbH-KonzernR AktG § 293f Rn. 4; *Stratz* in Schmitt/Hörtnagl/Stratz UmwG § 230 Rn. 5; *Göthel* in Lutter UmwG § 230 Rn. 43; vgl. auch *v. Gleichenstein/Stallbaum* AG 1970, 217 (218); aA *Diekmann* in Semler/Stengel UmwG § 63 Rn. 9; *Marsch-Barner* in Kallmeyer UmwG § 63 Rn. 2.
[33] *Marsch-Barner* in Kallmeyer UmwG § 63 Rn. 2.
[34] *Göthel* in Lutter UmwG § 230 Rn. 43; *Diekmann* in Semler/Stengel UmwG § 63 Rn. 8.
[35] *Koch* in Hüffer/Koch AktG § 293f Rn. 5.
[36] *Emmerich/Habersack* Aktien/GmbH-KonzernR AktG § 293f Rn. 4; *Göthel* in Lutter UmwG § 230 Rn. 46; *Marsch-Barner* in Kallmeyer UmwG § 63 Rn. 2.
[37] Nach Ansicht von *Diekmann* in Semler/Stengel UmwG § 63 Rn. 20 muss der Aktionär mindestens eine seiner Aktien gesperrt halten.
[38] RegBegr. UMAG BT-Drs. 15/5092, 17 f.
[39] RegBegr. UMAG BT-Drs. 15/5092, 17.
[40] ARUG RegBegr. BT-Drs. 16/11642, 30; dazu *Arnold* Der Konzern 2009, 88 (90).

AktG), beim Abschluss eines Unternehmensvertrags (§ 293f Abs. 2 AktG), bei Eingliederungen (§ 319 Abs. 3 S. 2 AktG), beim Ausschluss von Minderheitsaktionären (§ 327c Abs. 4 AktG) sowie bei Umwandlungsvorhaben (§§ 63 Abs. 3, 125, 230 Abs. 2 S. 2, 238 S. 1 UmwG) auszulegenden Unterlagen. Für den Beschluss über den Ausschluss des Bezugsrechts bei Kapitalerhöhungen[41] und nicht gesetzlich geregelte strukturändernde Maßnahmen[42] kann nichts anderes gelten. Die **Abschrift** besteht typischerweise in einer Fotokopie oder in einer Druckfassung der Unterlage. Ausreichend ist nach richtiger Meinung auch das Zurverfügungstellen einer elektronischen Datei.[43]

Das Recht auf Abschrifterteilung fließt aus dem Mitgliedschaftsrecht und steht daher auch dem stimmrechtslosen Vorzugsaktionär zu.[44] Der Aktionär kann sein Verlangen **formlos** geltend machen.[45] Er kann auch schon vor der Einberufung der Hauptversammlung um die Übersendung bitten; die Gesellschaft muss diesem Verlangen erst nach der Einladung nachkommen.[46] Eine Pflicht, die Unterlagen dem Aktionär unaufgefordert zuzusenden, besteht hingegen nicht. 18

Äußert der Aktionär ein Übersendungsverlangen, ist die Abschrift **unverzüglich** zu übersenden.[47] Die Gesellschaft hat dafür zu sorgen, dass die Unterlagen in ausreichender Zahl vorhanden sind. Sie muss jedoch nicht damit rechnen, dass jeder Aktionär eine Abschrift anfordert.[48] Bei Ausgabe von Inhaberaktien kann die Gesellschaft verlangen, dass sich der Aktionär als solcher **ausweist**.[49] Die **Kosten** der Versendung sind von der Gesellschaft zu tragen.[50] 19

Die Zusendung der Unterlagen mit normaler Post ist ausreichend. Übermittelt der Aktionär sein Petitum per E-Mail, kann die Gesellschaft grundsätzlich davon ausgehen, dass er auch mit einer elektronischen Versendung einverstanden ist.[51] Das Risiko, dass die Unterlagen dem Aktionär aus einem von der Gesellschaft nicht zu vertretenden Grund nicht zugehen, trägt der Aktionär.[52] 20

V. Änderung des Vertrags, Aktualisierungen

Soll die Hauptversammlung nicht die Zustimmung zu einem bereits (unter Vorbehalt der Billigung) geschlossenen Vertrag erteilen, sondern nur zu einem Entwurf, ist eine neue Hauptversammlung einzuberufen und damit das **Auslegungs- bzw. Procedere zum Zugänglichmachen zu wiederholen,** wenn der Vertragsentwurf in der Zeit zwischen der Einberufung der Hauptversammlung und dem Vertragsschluss verändert wird.[53] Von diesem Grundsatz ist dann eine Ausnahme zuzulassen, wenn es sich um rein **redaktionelle Änderungen** oder die Beseitigung eines Rechtsmangels handelt. In solchen Fällen wäre es eine übertriebene Förmelei, auf der Notwendigkeit neuerlicher Auslegung bzw. neuerlichem Zugänglichmachen und einer weiteren Hauptversammlung zu bestehen. Im 21

---

[41] *Koch* in Hüffer/Koch AktG § 186 Rn. 23 mwN.
[42] *Lutter* FS Fleck, 1988, 169 (176); diff. *Groß* AG 1996, 111 (116 f.), der die Versendungspflicht auf den Vorstandsbericht beschränkt.
[43] *Leuering* ZIP 2000, 2053 (2055).
[44] *Leuering* ZIP 2000, 2053 (2054).
[45] *Marsch-Barner* in Kallmeyer UmwG § 63 Rn. 14.
[46] *Diekmann* in Semler/Stengel UmwG § 63 Rn. 20.
[47] *Leuering* ZIP 2000, 2053 (2057); siehe auch *v. Gleichenstein/Stallbaum* AG 1970, 217 (218 f.).
[48] *Altmeppen* in MüKoAktG AktG § 293f Rn. 10.
[49] *Leuering* ZIP 2000, 2053 (2054); vgl. zu den Weiteren die Nachweise in Fn. 37.
[50] *Göthel* in Lutter UmwG § 230 Rn. 44; *Diekmann* in Semler/Stengel UmwG § 63 Rn. 24; *Leuering* ZIP 2000, 2053 (2057); aA *Mutze* AG 1966, 173 (176).
[51] *Diekmann* in Semler/Stengel UmwG § 63 Rn. 21.
[52] *Leuering* ZIP 2000, 2053 (2056); *Diekmann* in Semler/Stengel UmwG § 63 Rn. 22.
[53] Zur Änderung des Vertragsentwurfs siehe auch *Koch* in Hüffer/Koch AktG § 293 Rn. 4, 13; siehe auch LG Nürnberg-Fürth AG 1995, 141 (142).

Übrigen sollte man es auch in solchen Fällen zulassen, dass die Hauptversammlung dem Vertragsentwurf mit der Maßgabe zustimmt, dass bestimmte Änderungen, insbes. redaktionelle Anpassungen, die Beseitigung von Rechtsmängeln oder sonstige Änderungen zulässig sind, sofern diese die Essentialia des Entwurfs oder Vertrags nicht berühren. Grundsätzlich sollten Änderungen, die der Rechtslage Rechnung tragen oder Ergänzungen enthalten, ohne zu substantiellen Eingriffen zu führen, zugelassen werden (→ § 4 Rn. 194). Nur bei **essentiellen** Änderungen erscheint es unumgänglich, das Auslegungs- bzw. Procedere zum Zugänglichmachen zu wiederholen und eine neuerliche Hauptversammlung einzuberufen.

22 Werden Unterlagen, etwa ein Verschmelzungsbericht, aufgrund neuer Tatsachen **aktualisiert**, berührt dies die Wirksamkeit der Einberufung nicht. In diesem Fall hat jedoch die Gesellschaft dem Aktionär die aktualisierten Unterlagen unaufgefordert zu übermitteln.[54]

VI. Besonderheiten bei Unternehmensübernahmen

23 Soll im Zusammenhang mit einem öffentlichen Angebot zum Erwerb von Wertpapieren eine Hauptversammlung der Zielgesellschaft stattfinden, gelten für die Einberufung dieser Hauptversammlung erleichterte Voraussetzungen (§ 16 Abs. 4 WpÜG). Im hier interessierenden Zusammenhang ist die Regelung von Bedeutung, nach der Mitteilungen an die Aktionäre, ein Bericht nach § 186 Abs. 4 S. 2 AktG und fristgerecht eingereichte Anträge allen Aktionären zugänglich und in Kurzfassung bekannt zu machen sind. Dabei bedeutet die Zugänglichmachung die Auslegung bei der Gesellschaft und das Einstellen auf der Homepage der Gesellschaft.[55]

VII. Anfechtungsrisiken

24 Werden auslegungspflichtige Unterlagen nicht oder verspätet ausgelegt bzw. zugänglich gemacht oder dem Aktionär – bei Fortbestehen dieser Pflicht – auf sein Verlangen nicht übermittelt, begründet dies im Grundsatz die **Anfechtbarkeit** des Hauptversammlungsbeschlusses, dessen Vorbereitung sie dienen.[56] Die Anfechtbarkeit von Informationsmängeln – zu der auch die Auslage bzw. das Zugänglichmachen von Unterlagen zur Vorbereitung der Hauptversammlung zählen,[57] kann jedoch nur geltend gemacht werden, wenn ein objektiv urteilender Aktionär die Erteilung der Information als wesentliche Voraussetzung für die sachgerechte Wahrnehmung seiner Teilnahme- und Mitgliedschaftsrechte angesehen hätte (§ 243 Abs. 4 S. 1 AktG). Der Gesetzgeber hat insoweit im Wesentlichen die früher herrschende Relevanztheorie kodifiziert nach der darauf abgestellt wurde, ob vom Standpunkt eines vernünftigen Beurteilers zwischen dem formellen Verstoß und einer Vernichtung des Beschlussergebnisses ein angemessenes Verhältnis besteht, da es andernfalls an einer **Relevanz** des Verfahrensfehlers fehlt.[58]

25 Bei einer börsennotierten Gesellschaft, die Unterlagen nach § 124a AktG auf ihrer Internetseite zu veröffentlichen hat, kann eine Anfechtung auf die Verletzung dieser Vorschrift nicht gestützt werden (§ 243 Abs. 3 AktG).[59]

---

[54] Zur Heilung von Berichtsmängeln → § 5 Rn. 129 ff.
[55] *Scholz* in Haarmann/Schüppen WpÜG § 16 Rn. 34.
[56] OLG München AG 1996, 327; *Emmerich/Habersack* Aktien/GmbH-KonzernR AktG § 293f Rn. 15; *Grunewald* in Lutter UmwG § 63 Rn. 14; *Diekmann* in Semler/Stengel UmwG § 63 Rn. 26.
[57] *Noack/Zetsche* ZHR 170 (2006), 218 (221 f.).
[58] Näher zum durch das UMAG eingefügten § 243 Abs. 4 AktG → § 10 Rn. 101 ff.; zur früher herrschenden Relevanztheorie: BGH ZIP 2002, 172 (174); *Henze* BB 2002, 893 (900).
[59] Siehe hierzu auch → § 4 Rn. 301 f.

Im Übrigen gilt bei der Bereitstellung von Dokumenten auf elektronischem Wege ein 26
Anfechtungsausschluss, wenn die Rechtsverletzung durch eine technische Störung verursacht wurde, es sei denn, der Gesellschaft ist grobe Fahrlässigkeit oder Vorsatz vorzuwerfen.[60]

Die Auslegung des Jahresabschlusses und die Erteilung einer Abschrift können vom 27
Registergericht mit einem **Zwangsgeld** durchgesetzt werden (§ 407 Abs. 1 AktG).

VIII. Verzicht

Die durch die Auslegungsvorschriften geschützten Anteilseigner der beteiligten Gesellschaften können im konkreten Einzelfall auf die Auslegung bzw. auf das Zugänglichmachen der Unterlagen verzichten. Die Verzichtserklärungen bedürfen zwar nicht analog §§ 8 Abs. 3 S. 2, 192 Abs. 2 S. 2 UmwG der notariellen Beurkundung.[61] Gleichwohl dürfte es sich in der Praxis insbes. bei Umwandlungen empfehlen, dieses Formerfordernis einzuhalten. 28

---

[60] Dies folgt bereits darauf, dass die genannten technischen Probleme die entsprechende Pflichterfüllung nicht berühren, vgl. ARUG RegBegr. BT-Drs. 16/11642, 30 und → Rn. 16.
[61] *Blasche* in Kallmeyer § 230 UmwG Rn 14.

§ 7 Virtuelle Hauptversammlung

Übersicht

	Rn.
I. Überblick	1
II. Rechtlicher und tatsächlicher Rahmen	2
1. Begriffe und Definitionen	7
a) Parallel-HV	9
b) Präsenz-HV mit Online-Elementen	15
c) Online-HV	19
d) Cyber-HV	24
2. Mögliche Problemkreise	27
III. Zwingende Online-Elemente der Präsenz-HV	36
1. Einberufung im Bundesanzeiger (BAnz)	37
2. Veröffentlichungen auf der eigenen Internetseite	38
3. Elektronischer Weg für Vollmachten	41
IV. Optionale Online-Elemente der Präsenz-HV	44
1. Informationen im Internet	46
2. Elektronische Mitteilungen an Aktionäre	48
3. Aktionärsforum	52
4. Aktionärsfragen im Internet	53
5. Übertragung der Vorstandsrede	54
6. Übertragung der gesamten HV	55
7. Zuschaltung eines verhinderten Aufsichtsratsmitglieds	57
8. Vollmachten und Weisungen über das Internet	58
9. Eintrittskartenbestellung über das Internet	72
V. Briefwahl	73
VI. Online-HV	80
1. Teilnehmerverzeichnis	85
2. Frage- und Rederecht	87
3. Antragsrecht	93
4. Bevollmächtigung	94
5. Stimmrechtsausübung, Beteiligung an einem Minderheitsvotum	95
6. Sonstige Aktionärsrechte	97

Stichworte

Aktienrechtsreform in Permanenz Rn. 3
Aktionärsforum Rn. 52
AktRÄG 2009 Rn. 12
Anfechtungsausschluss bei Online-HV Rn. 22
Anträge Rn. 93
ARUG Rn. 2 ff.
Briefwahl Rn. 19 f., 73 ff.
Chatroom Rn. 91
Computerviren Rn. 43
Cyber-HV Rn. 7, 24 ff.
Einberufung im Bundesanzeiger Rn. 37
Elektronische Mitteilungen an Aktionäre Rn. 48 ff.
Exaltiertes Verhalten Rn. 34
Frage- und Rederecht Rn. 87 ff.
Frequently Asked Questions (FAQ) Rn. 53
Hyper Text Transfer Protocol Secure (HTTPS) Rn. 70
Identifikation des Aktionärs im Internet Rn. 31 ff., 68 ff.

Internet, Sicherheit Rn. 29
Internet, Verfügbarkeit Rn. 28
Internet-Proxy-Voting Rn. 58 ff.
Internetforum Rn. 91
Internetseite der Gesellschaft Rn. 37 ff., 46, 47
NaStraG Rn. 3
Online-HV Rn. 8, 19 f., 80 ff.
Parallel-HV Rn. 8, 9 ff.
Präsenz-HV mit Online-Elementen Rn. 8, 15 ff.
Quorumsermittlung Rn. 96
SPAM Rn. 42 f.
Stimmrechtsausübung über Internet Rn. 95
Stimmrechtsvertretermodell Rn. 18
Teilnehmerverzeichnis Rn. 85 f.
TransPuG Rn. 3
Übertragung der Hauptversammlung Rn. 55 f.
Übertragung der Vorstandsrede Rn. 54
UMAG Rn. 3
Virtualisierung der HV Rn. 36

§ 7 Virtuelle Hauptversammlung

Virtuelle HV Rn. 7 ff.
Vollmachten und Weisungen über das Internet Rn. 58 ff.

Webcam-Zuschaltung Rn. 88 ff.
Weg elektronischer Kommunikation Rn. 41 ff.

Schrifttum:
Baums, Unternehmensführung – Unternehmenskontrolle – Modernisierung des Aktienrechts, Bericht der Regierungskommission „Corporate Governance", 2001; *Bayer/Hofmann,* Das Aktionärsforum im Dornröschenschlaf AG 2013 R 61; *Besse,* Online-Hauptversammlung und Versammlungsleitung – welche rechtlichen Fragen gilt es zu klären? AG 2012 R 358; *Bienemann,* Die internetgestützte Hauptversammlung der Aktiengesellschaft, 2006; *Bosse,* Grünes Licht für das ARUG: das Aktienrecht geht online, NZG 2009, 807; *Bunke,* Fragen der Vollmachtserteilung zur Stimmrechtsausübung nach §§ 134, 135 AktG, AG 2002, 57; *Chudaska/Prior,* Das „Mobile-Ticket" für Hauptversammlungen, HV-Magazin 2016, 12; *Claussen,* Hauptversammlung und Internet AG 2001, 161; *Drinhausen/Keinath,* Auswirkungen des ARUG auf die künftige Hauptversammlungspraxis, BB 2009, 2322; *Ek,* Praxisleitfaden für die Hauptversammlung, 2. Aufl., 2010; *Götze,* Erteilung von Stimmrechtsvollmacht nach dem ARUG, NZG 2010, 93; *Hanloser,* Proxy-Voting, Remote-Voting und Online-HV: § 134 III 3 AktG nach dem NaStraG NZG 2001, 337; *Kersting,* Das Auskunftsrecht des Aktionärs bei elektronischer Teilnahme an der Hauptversammlung (§§ 118, 131 AktG), NZG 2010, 130; *Mimberg,* Schranken der Vorbereitung und Durchführung der Hauptversammlung im Internet, ZGR 2003, 21; *Mörlein/Balling,* Stimmen aus dem Netz, HV Magazin 2/2010, 16. *Muthers/Ulbrich,* Internet und Aktiengesellschaft – Ungelöste Probleme bei der Durchführung der Hauptversammlung, WM 2005, 215; *Noack,* Hauptversammlung und Neue Medien, BB 1998, 2533; *ders.,* Hauptversammlung und Internet, Vortrag bei dem Deutsch-Japanischen Symposium „Das Recht vor den Herausforderungen neuer Technologien" am 16.7.2004 – http://www.jura.uni-duesseldorf.de/ervice/hv/veranst.shtml, zit.: *Noack* Vortrag; *ders.,* Briefwahl und online-Teilnahme an der Hauptversammlung nach dem ARUG WM 2009, 2289; *v. Nussbaum,* Neue Wege zur Online-Hauptversammlung durch das ARUG, GWR 2009, 215; *Paschos/Goslar,* Der Referentenentwurf zur Umsetzung der Aktionärsrechterichtlinie (ARUG) aus Sicht der Praxis, AG 2008, 605; *dies.,* Der Regierungsentwurf zur Umsetzung der Aktionärsrechterichtlinie (ARUG), AG 2009, 14; *Pielke,* Die virtuelle Hauptversammlung, 2009; *ders.,* Internet und Hauptversammlung nach dem ARUG, NWB 2010, 758; *v. Rosen* (Hrsg.), Privataktionäre in börsennotierten Unternehmen – Ergebnisse einer Umfrage, 2009; *Seibert,* Aktienrechtsreform in Permanenz, AG 2002, 417; *Seibert/Florstedt,* Der Regierungsentwurf des ARUG – Inhalt und wesentliche Änderungen gegenüber dem Referentenentwurf, ZIP 2008, 2145; *Wand/Tillmann,* EU-Richtlinienvorschlag zur Erleichterung der Ausübung von Aktionärsrechten, AG 2006, 443; *Zetzsche,* NaStraG – ein erster Schritt in Richtung virtuelle Hauptversammlung für Namens- und Inhaberaktien, ZIP 2001, 682; *ders.,* Die virtuelle Hauptversammlung – Momentaufnahme und Ausblick – BKR 2003, 736.

I. Überblick

1 Zur Darstellung der virtuellen HV bietet sich zunächst ein Blick auf den rechtlichen und tatsächlichen Rahmen (→ Rn. 2 ff.), die Begrifflichkeiten (→ Rn. 7 ff.) und mögliche Problemkeise (→ Rn. 27 ff.) an. Für die aktuelle Präsenz-HV bestehen eine Vielzahl online zu erfüllender Pflichten (→ Rn. 36 ff.) und zusätzliche optionale Online-Elemente (→ Rn. 44 ff.). Briefwahl (→ Rn. 73 ff.) und „echte" Online-HV (→ Rn. 80 ff.) sind als zusätzliche Angebote möglich.

II. Rechtlicher und tatsächlicher Rahmen

2 Ebenso selbstverständlich, wie der Handel mit Aktien über das Internet erfolgt, sollte an sich die Ausübung der Aktionärsrechte zur Hauptversammlung (HV) über das Internet sein. Obwohl bereits zur Vorauflage mit dem ARUG[1] im Jahr 2009 die Online-HV rechtlich ermöglicht wurde, erfolgte die Umsetzung in der Praxis nur äußerst vereinzelt und zögerlich. Ein überraschender Befund, hätte man doch ein größeres Interesse der Unternehmen an einer Teilnahme der weltweiten Groß- und Kleinaktionäre an der HV durch den Einsatz moderner Kommunikationstechnik vermutet.

---

[1] Gesetz zur Umsetzung der Aktionärsrechterichtlinie – ARUG vom 30.7.2009, BGBl. I 2479.

II. Rechtlicher und tatsächlicher Rahmen § 7

Mit dem NaStraG,[2] dem TransPuG[3] und dem UMAG[4] wurden Maßnahmen ergriffen, die **Formerfordernisse** für die **Teilnahme und Stimmrechtsausübung** in der HV **abzubauen** und **europaweit** zu **vereinheitlichen**. Das ARUG schloss an diese Reihe punktueller Änderungen des Aktiengesetzes an, die auf zeitnahe Anpassungen setzen – Aktienrechtsreform in Permanenz[5] – und hat in erster Linie die europäische Richtlinie zur Erleichterung der grenzüberschreitenden Ausübung von Aktionärsrechten[6] in nationales Recht umgesetzt. **3**

Bis zum Inkrafttreten des ARUG wurde nach ganz hM eine **unmittelbare Teilnahme und Ausübung des Stimmrechts** über elektronische Medien für **unzulässig** gehalten.[7] Soweit eine Nutzung des Mediums Internet für die HV gewünscht wurde, behalf sich die Praxis mit **juristischen Vehikeln**[8] wie der Übertragung der Verhandlungen und der Möglichkeit der Erteilung von weisungsgebundenen Vollmachten an Stimmrechtsvertreter der Gesellschaft über das Internet. Seit dem **ARUG** kann die Satzung vorsehen oder den Vorstand dazu ermächtigen vorzusehen, dass die Aktionäre an der HV auch ohne Anwesenheit an deren Ort und ohne einen Bevollmächtigten teilnehmen und sämtliche oder einzelne ihrer Rechte ganz oder teilweise im Wege elektronischer Kommunikation ausüben können, § 118 Abs. 1 S. 2 AktG.[9] Voraussetzung für die direkte Online-Teilnahme ist also eine Satzungsregelung. **4**

Das ARUG trat im Wesentlichen am 1.9.2009 in Kraft, Art. 16 ARUG. Die erste „echte" Online-HV der **Münchener Rückversicherungs-Gesellschaft AG** fand am 28.4.2010 statt und ermöglichte den Aktionären die unmittelbare Möglichkeit, online teilzunehmen, die Verhandlungen zu verfolgen, das Teilnehmerverzeichnis einzusehen, Vollmacht an Stimmrechtsvertreter der Gesellschaft zu erteilen und vor allem abzustimmen.[10] **5**

Auf diese erste „echte" Online-HV einer DAX-Gesellschaft folgten Online-HVen der comdirect AG und der SAP AG mit ähnlichem Angebot. **6**

1. Begriffe und Definitionen

Das Wort **„virtuell"** wird meist dort benutzt, wo Telekommunikationsmittel (speziell das Internet) so zum Einsatz kommen, dass **räumliche Entfernungen irrelevant** werden. In der öffentlichen Diskussion wird der Begriff der „virtuellen Hauptversammlung" für ein weites Spektrum an möglichen Formen der Hauptversammlung verwendet.[11] Ihnen ist der Einsatz elektronischer Medien gemein, wobei die Online-Elemente zur Präsenz-HV mittlerweile ausschließlich über das Internet angeboten werden. Vereinzelt wird unter „virtueller HV" auch speziell die Cyber-HV verstanden; im Folgenden soll der Begriff „virtuelle HV" jedoch als Oberbegriff für sämtliche Erscheinungsformen gelten.[12] **7**

---

[2] Gesetz zur Namensaktie und zur Erleichterung der Stimmrechtsausübung – Namensaktiengesetz – NaStraG vom 18.1.2001, BGBl. 2001 I 123.
[3] Gesetz zur weiteren Reform des Aktien- und Bilanzrechts, zu Transparenz und Publizität – Transparenz- und Publizitätsgesetz – TransPuG vom 19.7.2002, BGBl. 2002 I 2681.
[4] Gesetz zur Unternehmensintegrität und Modernisierung des Anfechtungsrechts – UMAG vom 22.9.2005, BGBl. 2005 I 2802.
[5] So der Titel eines von *Seibert* in AG 2002, 417 veröffentlichten Aufsatzes.
[6] Richtlinie 2007/36/EG des europäischen Parlaments und des Rates vom 11.7.2007 über die Ausübung bestimmter Rechte von Aktionären in börsennotierten Gesellschaften, ABl. 2007 L 184, 17 ff. – im Folgenden Aktionärsrechterichtlinie.
[7] *Bunke* in Zetzsche Rn. 15, *Muthers/Ulbrich* WM 2005, 215 (216).
[8] *Zetzsche* BKR 2003, 736 (738).
[9] Formulierung entspricht fast wortgleich den Vorschlägen der Bundesnotarkammer, ZNotP 2001, 269 sowie der Regierungskommission Corporate Governance in *Baums* Rn. 116 – jeweils aus dem Jahr 2001.
[10] Darstellung zur Vorbereitung und Ablauf siehe *Mörlein/Balling* HV Magazin 2/2010, 16.
[11] Vgl. die Darstellungen bei *Pielke* Virtuelle HV 23 ff.; *Bienemann* Einleitung 6 f. sowie *Zetzsche* Einleitung 5.
[12] Vgl. *Muthers/Ulbrich* WM 2005, 215, dortige Fn. 13.

8 Die möglichen **Formen der virtuellen Hauptversammlung** lassen sich nach dem Ort der Versammlung sowie Art und Umfang der zum Einsatz kommenden Online-Elemente unterscheiden. Die folgenden Formen sind charakteristisch und werden im Folgenden näher beschrieben:
– Parallel-HV,
– Präsenz-HV mit Online-Elementen,
– Online-HV,
– Cyber-HV.

a) Parallel-HV

9 Die Durchführung einer Präsenz-HV gleichzeitig an verschiedenen Orten wird in der Literatur bezeichnet als:
– Parallel-HV bzw. Satellitenversammlung[13] oder
– Tele-Hauptversammlung.[14]

10 Bei großen Publikumsgesellschaften können die Aktionäre häufig den Verlauf der HV auf Großleinwänden bzw. -bildschirmen verfolgen, auch in getrennten Sälen, wenn die HV aus Kapazitätsgründen nicht in einer einzigen Halle durchgeführt werden kann. Diese **Einbeziehung benachbarter Räumlichkeiten** ist rechtlich unbedenklich,[15] in der praktischen Handhabung unproblematisch und häufig schlicht unvermeidlich. Eine derart verteilte HV ist jedoch keine Parallel-HV.[16]

11 Bei der **Parallel-HV** wird die Veranstaltung zusätzlich **in einer anderen Stadt** im In- oder Ausland zeitgleich durchgeführt. An allen weiteren Versammlungsorten **(Satellitenorten)** gelten dieselben Aktionärsrechte und Auslegungspflichten wie auch am Hauptversammlungsort. Auch die Einlasskontrollen, die Präsenzermittlung und die Abstimmungsvorgänge erfolgen parallel und werden zentral konsolidiert. Der Präsenzraum umfasst somit alle in der Einberufung benannten Versammlungsorte. Mittels Videokonferenztechnik wird die wechselseitige Bild- und Tonübertragung sichergestellt. Darüber hinaus müssen EDV-Systeme so vernetzt gestaltet werden, dass an allen Orten sämtliche Aktionärsrechte ausgeübt werden können, zB dass das Teilnehmerverzeichnis an allen HV-Orten geführt wird und einsehbar ist und die Abstimmungen parallel erfolgen können.

12 Die Parallel- bzw. Satelliten-HV wurde mit dem **AktRÄG 2009**[17] explizit in das **österreichische Aktienrecht** aufgenommen (§ 102 Abs. 3 Nr. 1 AktG-Österreich). Hiernach kann eine HV zeitgleich an einem anderen Ort im Inland oder Ausland einberufen und durchgeführt werden. Neben der korrekten Einberufung ist für die Durchführung der Satellitenversammlung über die gesamte Dauer zwischen den Veranstaltungsorten eine optische und akustische Zweiwegeverbindung in Echtzeit notwendig.

13 Die **Zulässigkeit** einer solchen Konstruktion in **Deutschland** wird in der Literatur **nur ganz vereinzelt anerkannt**.[18] Ihr wird vornehmlich entgegengehalten, als „Ort der Hauptversammlung" komme jeweils nur ein einziger Ort in Betracht.[19] Neben dem Anfechtungsrisiko nehmen durch die Teilung des Versammlungsraums die Risiken von Verfahrensfehlern sowie technischer Störungen, zB im Informations- und Datentransfer, zu.

---

[13] *Baums* Rn. 110.
[14] *Butzke* Q Rn. 17; *Muthers/Ulbrich* WM 2005, 215 (216); *Noack* BB 1998, 2533.
[15] *Butzke* N Rn. 51.
[16] Treffender ist die Bezeichnung „Technik-HV" – vgl. *Noack* BB 1998, 2533.
[17] Bundesgesetz, mit dem das Aktiengesetz 1965, das SE-Gesetz, das Unternehmensgesetzbuch, das Umwandlungsgesetz, das Spaltungsgesetz, das Kapitalberichtigungsgesetz, das Gesellschafter-Ausschlussgesetz, das Übernahmegesetz, das Genossenschaftsrevisionsgesetz und das Grundbuchsgesetz geändert werden (Aktienrechts-Änderungsgesetz 2009 – AktRÄG 2009) v. 8.7.2009 – http://www.parlament.gv.at/PG/DE/XXIV/BNR/BNR_00093/fname_163866.pdf.
[18] Dafür: *Noack* BB 1998, 2533 (2534); Dagegen: *Muthers/Ulbrich* WM 2005, 215 (217).
[19] *Volhard* in MüKoAktG AktG § 134 Rn. 84; *Baums* Rn. 115.

II. Rechtlicher und tatsächlicher Rahmen § 7

Auch dessen ungeachtet ist der Parallel-HV **praktisch nur eine äußerst geringe Bedeutung** beizumessen. Erfahrungen aus dem Anmelde- und Präsenzverhalten der Aktionäre, insbesondere bei großen Publikumsaktiengesellschaften mit wechselnden Hauptversammlungsorten, zeigen eine hohe Standortbindung der Kleinaktionäre.[20] Durch eine Parallel-Hauptversammlung ließe sich somit zwar die Anzahl der teilnehmenden Personen, nicht aber unbedingt die Kapitalpräsenz steigern. 14

b) Präsenz-HV mit Online-Elementen

Die Vorschriften des Gesetzes und die Empfehlungen und Anregungen des **DCGK** sehen mittlerweile etliche **zwingende und optionale Online**-Elemente (Weitere Erläuterungen → Rn. 36 ff.) zur Präsenz-HV vor, die zum Teil auch schon seit mehreren Jahren gängige Praxis sind. Die Anreicherung der Präsenz-HV um Online-Elemente – **Virtualisierung der HV** – hat neben der grenzüberschreitenden Ausübung der Aktionärsrechte auch die **Steigerung der Kapitalpräsenz**[21] und die **Senkung der Kosten**[22] für die Marktteilnehmer sowie den Emittenten als Ausrichter der HV zum Ziel. 15

Neben der Verlagerung von **Veröffentlichungspflichten** ins Internet haben zwei charakteristische Online-Angebote recht breite Anwendung gefunden, die bislang teilweise bereits als Online-HV bezeichnet wurden:[23] Die **Übertragung** der gesamten Veranstaltung ins Internet und das **Stimmrechtsvertretermodell**. Dieses Modell wird auch als „internetgestützte HV" bezeichnet.[24] 16

Bei der **Übertragung** ins Internet wird auf Grundlage einer entsprechenden Satzungs- bzw. Geschäftsordnungsregelung (§ 118 Abs. 4 AktG) die gesamte HV ins Internet übertragen und zwar ohne, dass dem Aktionär, dessen Beitrag übertragen wird, ein Widerspruchsrecht zugestanden würde. 17

Beim **Stimmrechtsvertretermodell**[25] agiert ein Dritter als Stimmrechtsvertreter für die Aktionäre in der HV, diese können von außen über das Internet Vollmachten und Weisungen „**Internet Proxy Voting**"[26] erteilen und ggf. ihre Weisungen ändern. Die dem Aktionär angebotenen Vertretungsrechte beschränken sich in der Regel auf die weisungsabhängige Stimmabgabe durch den Stimmrechtsvertreter. Weitergehende Rechte – wie zB Fragen oder Anträge zu stellen bzw. stellen zu lassen – oder gar echte Teilnahmerechte bestehen von außen nicht. Der Leistungsumfang der Softwareprodukte und die Angebote der Gesellschaften wurden in den letzten Jahren kontinuierlich ausgebaut, sodass **Weisungsänderungen** häufig bis zum **Ende der Generaldebatte** bzw. bis zum **Beginn der Abstimmung** über die jeweiligen Beschlussgegenstände möglich sind. Kombiniert mit einer Übertragung der gesamten HV ins Internet, kann der Aktionär auf die Diskussion reagieren und ggf. seine erteilten Weisungen ändern. Einem „**Direct Voting**"[27] kommt dieses Stimmrechtsvertretermodell damit sehr nahe.[28] 18

c) Online-HV

Auf Basis einer Präsenz-HV können sich bei der Online-HV **Aktionäre als echte Teilnehmer** im aktienrechtlichen Sinn **online zuschalten** und Ihre Aktionärsrechte – vor allem das Stimmrecht – über den so geschaffenen virtuellen Raum in Echtzeit ausüben. 19

---

[20] *Butzke* Q Rn. 18.
[21] *Noack* Vortrag 16 ff.
[22] RegBegr. ARUG v. 21.1.2009, BT-Drs. 16/11642, 37; *v. Rosen* Privataktionäre 28.
[23] *Claussen* AG 2001, 161, *Zetzsche* ZIP 2001, 682 (683).
[24] *Bienemann* Einleitung 6.
[25] *Zetzsche* ZIP 2001, 682.
[26] *Mimberg* ZGR 2003, 21 (48).
[27] *Lommatzsch* in Zetzsche Rn. 35; *Baums* Rn. 115.
[28] *v. Nussbaum* GWR 2009, 215.

(Zur Umsetzung → Rn. 80 ff.) Der Gesetzgeber hat mit der Neuregelung in § 118 Abs. 1 S. 2 AktG auf Basis der Aktionärsrechterichtlinie,[29] erstmalig die Möglichkeit der echten Online-HV geschaffen.

20 Die Gesetzesänderungen ermöglichen es den Gesellschaften, ihren Aktionären in bzw. auf Grundlage ihrer Satzung zwei neue Möglichkeiten anzubieten, sich von außen direkt an der HV zu beteiligen.
– Mit der **„Briefwahl"** (→ Rn. 73 ff.) kann eine schriftliche oder elektronische Stimmabgabe ohne Anwesenheit in der HV zugelassen werden.
– Des Weiteren kann die Gesellschaft die **„Online-Teilnahme"** (→ Rn. 80 ff.) von ortsfernen Aktionären an der HV im Wege elektronischer Kommunikation anbieten, die ein **Hybrid-Modell**[30] aus der herkömmlichen Präsenz-HV ergänzt um die Online-Teilnahme ist.

21 Eine Satzungsregelung ist die Voraussetzung dafür, dass ein Emittent seinen Aktionären die aktive Teilnahme über ein elektronisches Medium an der HV ermöglichen kann. Der Gesetzgeber hat die **Satzungsautonomie** weit ausgestaltet und sieht auch eine **Kompetenzverlagerung auf den Vorstand** vor. Dadurch sind die Rechte der online teilnehmenden Aktionäre in allen denkbaren Zwischenstufen gestaltbar. Auf die Bedürfnisse der Gesellschaft und der Investoren kann zielorientiert eingegangen werden und auf die Entwicklung von technischen Lösungen flexibel von HV zu HV reagiert werden.

22 Um die Gefahren möglicher technischer Störungen einzugrenzen, sind die Regelungen zur Online-HV vom Gesetzgeber durch einen recht **weitgehenden Anfechtungsausschluss** (§ 243 Abs. 3 Nr. 1 AktG) – bei Störungen haftet die Gesellschaft de lege lata nur für Vorsatz und grobe Fahrlässigkeit – ergänzt worden. Der Gesetzgeber möchte nämlich verhindern, dass vor lauter Angst vor Anfechtungsklagen und Komplikationen von den neuen Möglichkeiten kein Gebrauch gemacht wird.[31]

23 In Gesetz und Begründung[32] hat der Gesetzgeber deutlich gemacht, dass es ihm hierbei gerade **nicht** um die Einführung der **Cyber-HV** geht. Da aber theoretisch auch alle Aktionäre zugeschaltet sein können und in der Präsenz-HV lediglich der Versammlungsleiter, der Vorstand und bei börsennotierten Gesellschaften der Notar anwesend sein müssten, käme die Regelung in einem solchen Fall im Ergebnis der Cyber-HV sehr nahe.

d) Cyber-HV

24 Die Cyber-HV findet in Abgrenzung zur Online-HV ausschließlich über elektronische Medien statt. Eine Präsenz-HV, an der Aktionäre physisch teilnehmen, ist nicht notwendig. Selbst Vorstand, Aufsichtsrat, Versammlungsleiter und Notar könnten virtuelle Teilnehmer sein. Der Begriff „virtuelle Hauptversammlung" wird daher auch speziell für die Cyber-HV verwendet.[33]

25 Die **Cyber-HV** ist nach hM **unzulässig.**[34] Fraglich wäre, ob der **Teilnahmeanspruch** der Aktionäre **auf eine reine Online-Teilnahme begrenzt** werden könnte. Da mit dem Teilnahmerecht aber gerade das körperliche Teilnahmerecht[35] gemeint ist, scheint solcherlei aktuell nicht zulässig.

---

[29] Ziff. 9 Aktionärsrechterichtlinie 2007/36/EG.
[30] *Noack* WM 2009, 2289.
[31] *Seibert/Florstedt* ZIP 2008, 2145 (2146), völlig konträre Bewertung dieser Vorschrift: *Pielke* NWB 2010, 758 (763).
[32] RegBegr. ARUG v. 21.1.2009, BT-Drs. 16/11642, 37.
[33] *Claussen* AG 2001, 161; *Zetzsche* ZIP 2001, 682 (683).
[34] *Kubis* in MüKoAktG AktG § 118 Rn. 20; *Butzke* Q Rn. 15; *Bunke* AG 2002, 57; aA *Pielke* Virtuelle HV 144, sowie nur für den Ausnahmefall, dass alle Aktionäre zustimmen *Claussen* AG 2001, 161 (166).
[35] *Kubis* in MüKoAktG AktG § 118 Rn. 53 ff.; *Zetzsche* BKR 2003, 736 (738).

II. Rechtlicher und tatsächlicher Rahmen § 7

Möglicherweise wäre jedoch eine **faktische virtuelle HV** denkbar, wenn die Online-Teilnahme gegenüber der Teilnahme an der Präsenz-HV so attraktiv ist, dass die Aktionäre ausschließlich über das Internet teilnehmen wollen[36] und Vorstand, Aufsichtsrat, Notar und Aktionärssprecher in einem kleinen Besprechungssaal zusammenkommen können. In den meisten Hauptversammlungen lässt sich jedoch ein bedeutender Anteil an Aktionären beobachten, deren Hauptantrieb zur Teilnahme an der Versammlung sozialer und kulinarischer Natur zu sein scheint.[37] Hier vermag das Internet vermutlich kein geeignetes Surrogat zu liefern. Für eine überwiegende Attraktivität des Online-Angebots könnte man eher an IT-Unternehmen denken, die sowohl kunden- als auch aktionärsseitig gerade **Internet-affine Gruppen ansprechen.**[38] Hier wäre die faktische virtuelle HV bereits heute denkbar.

26

2. Mögliche Problemkreise

Gegen die virtuelle Hauptversammlung werden eine **Vielzahl von Bedenken** geäußert. Die Nutzung elektronischer Medien und insbesondere des Internets scheint wohl zu technisch, exotisch oder gar jugendlich-„hip" und mit der verständigen Würde eines Organs der Aktiengesellschaft nicht in Einklang zu bringen.[39] Bei Licht betrachtet lassen sich diese eher unterschwelligen Vorbehalte kaum nachhaltig begründen.[40] Im Einzelnen:

27

Verfügbarkeit – bereits vor Einführung des elektronischen Bundesanzeigers (eBAnz) wurde vorgetragen, dass das Medium Internet zur Information breiter Bevölkerungskreise und somit auch der Aktionäre von Publikumsgesellschaften ungeeignet sei, da viele Personen über gar keinen PC mit Internetanschluss verfügten.[41] Bereits im ersten Quartal 2002 verfügten rund 16 Mill. Haushalte über einen Internetzugang, dies entsprach einem Anteil von 43 %.[42] Schon diese Zahl dürfte deutlich über derjenigen der Abonnenten des gedruckten Bundesanzeigers gelegen haben. 2014 betrug der Anteil der Haushalte mit Internetzugang 87,8 %[43] Das Argument der mangelnden Verfügbarkeit dürfte damit kaum mehr zu halten sein.

28

Sicherheit – besondere Skepsis schlägt dem Medium Internet entgegen, wenn es um die sichere und präzise Bereitstellung und Übertragung von Informationen geht.[44] Server könnten abstürzen, Internetseiten „gehackt", Informationen abgefangen und missbraucht werden. Serversysteme werden heutzutage jedoch gespiegelt dargestellt, so dass statt einem immer zwei Systeme parallel laufen, ihre Stromversorgung ist netzunabhängig abgesichert. Neben den ungesicherten Übertragungsprotokollen bietet das Internet mit dem **HTTPS**[45] die Möglichkeit, Datenübertragungen vor den Zugriffen Dritter zu schützen. Darüber hinaus hat der Gesetzgeber mit der **Begrenzung der Anfechtung in § 243 Abs. 3 AktG** auf Vorsatz und grobe Fahrlässigkeit das Risiko möglicher technischer Störungen entschärft (→ Rn. 22). Weiter: Betrachtet man konventionelle Übermittlungsformen etwas genauer, so lassen sich weit gravierendere Risiken entdecken, die – soweit ersichtlich – bislang nicht problematisiert wurden. So dürften auch auf dem Postweg etliche Sendungen den Empfänger überhaupt nicht oder nur wesentlich verspätet erreichen.

29

---

[36] *Noack* in Zetsche Rn. 12.
[37] Vgl. die Darstellung der Aktionäre bei *Ek* Praxisleitfaden Rn. 6 ff.
[38] Ähnlich bereits *Hanloser* NZG 2001, 337 (358).
[39] So macht etwa *Claussen* AG 2001, 161 (163) ein „nicht exakt begründetes Unbehagen" aus; etliche Vorbehalte werden auch eher im Gespräch kommuniziert als schriftlich publiziert.
[40] *Baums* Rn. 117 ff.
[41] Vgl. *Claussen* AG 2001, 161 (165); *Mimberg* ZGR 2003, 21 (27), vereinzelt wurde den Aktionären gar die Fähigkeit des Umgangs mit dem Medium Internet abgesprochen, vgl. *Hanloser* NZG 2001, 337 (358).
[42] http://www.innovations-report.de/html/berichte/statistiken/bericht-16299.html.
[43] Statistisches Jahrbuch 2014, 172, http://www.destatis.de/jetspeed/portal/cms/.
[44] Vgl. etwa für die EU-Kommission: *Wand/Tillmann* AG 2006, 443 (447).
[45] Hyper Text Transfer Protocol Secure: dt. sicheres Hypertext-Übertragungsprotokoll, → Rn. 69.

Darüber hinaus lässt sich gerade beim Postempfang nicht sicher ausschließen, dass das Empfangsbehältnis und damit die Sendung von einer anderen Person als dem Empfänger geöffnet wird.

30 **Technische Machbarkeit** – häufig wird gemutmaßt, der aktuelle Stand der Technik sei noch nicht hinreichend entwickelt, um eine Online-HV abbilden zu können.[46] In Bezug auf die notwendigen Übertragungsraten besteht zwischen der schon seit vielen Jahren praktizierten Vollmachts- und Weisungserteilung über das Internet mit Übertragung der Verhandlungen und einer Online-HV praktisch kein Unterschied. Auch für die Umsetzung hierüber hinausgehender Aktionärsrechte im Internet lassen sich Parallelbeispiele finden, die an vielen Stellen bereits erfolg- und zahlreich im Einsatz sind – so bieten Internetforen textliche Eingabemöglichkeiten, andere Applikationen eine Videokonferenz-ähnliche Technik.

31 **Identifizierbarkeit** – mit den heutigen technischen Möglichkeiten lässt sich zwar nachvollziehen, dass ein korrekter Zugangscode verwendet wurde, nicht jedoch, ob dieser auch tatsächlich von der berechtigten Person eingegeben wurde bzw. die dann weiterführenden Aktionen auch von dieser Person vorgenommen wurden. Der Vollmachts- und Weisungserteilung über das Internet stehe dies im Unterschied zur Online-Teilnahme nicht entgegen, da dann zwar ein Stimmrechtsvertreter ohne Vertretungsmacht abgestimmt habe, dies jedoch die Wirksamkeit der Beschlüsse nicht beeinträchtige.[47]

32 Diese Überlegung lässt sich zwar nicht ohne Weiteres von der Hand weisen, relativiert sich aber ebenfalls durch einen **Blick in die Praxis der Präsenz-HV**. Eine Identitätsprüfung eines Aktionärs bzw. Vertreters, der sich mit einer Eintrittskarte akkreditiert, findet regelmäßig nicht mittels eines amtlichen Lichtbildausweises statt.[48] Es wäre also für eine Person hier genau so problemlos möglich, über die Identität zu täuschen wie bei der Online-Teilnahme am Bildschirm. Auch bei der Abstimmung kann es durchaus vorkommen, dass Aktionäre ihre Stimmunterlagen unter Verzicht auf eine formgerechte Vollmachtserteilung weitergeben, ohne dass sich dies nachvollziehen, geschweige denn verhindern ließe.

33 Darüber hinaus wird bei sämtlichen **anderen Rechtsgeschäften im Internet** – und hierzu zählt zB auch der Erwerb der Aktien, um deren Stimmrechtsausübung es nun geht – ebenfalls keine Identitätsprüfung etwa anhand biometrischer Daten vorgenommen. Man könnte es somit durchaus als übertrieben ansehen, wenn man für die Ausübung der Rechte aus der Aktie einen strengeren Beurteilungsmaßstab anlegen wollte als für den Erwerb des zugrundeliegenden Wertpapiers.[49]

34 **Förderung exaltierten Verhaltens**[50] – schon gegen Ansätze zur Übertragung der Debatte ins Internet wurde vorgebracht, hiermit könnten Opponenten zu besonders exaltierten Auftritten und Redebeiträgen in der Hauptversammlung animiert werden. Je größer das Auditorium, desto größer sei möglicherweise die Versuchung, den Redebeitrag mit fernliegenden Beiträgen oder Unverschämtheiten zu würzen, politische Parolen in die Kamera zu halten oder dergleichen mehr.[51] In der Praxis ist einerseits die Kreativität der Aktionäre hinter den Befürchtungen zurückgeblieben, andererseits verhalten sich erfahrungsgemäß bestimmte Personen auch dann exaltiert, wenn keine Übertragung der Versammlung stattfindet.

---

[46] *Mimberg* ZGR 2003, 21 (45).
[47] Zur Differenzierung zwischen Innen- und Außenverhältnis vgl. *Bienemann* § 3 Nr. 3. Satz 29.
[48] *Keunecke* in Zetzsche Rn. 347.
[49] Vgl. die Darstellung des Aktien über das Internet handelnden Konsumenten bereits bei *Claussen* AG 2001, 161 (163).
[50] Wunderschön bildhaft: *Claussen* AG 2001, 161 (170): „Begünstigung von überzogenen Fragestellungen durch isolierte, vereinsamte Geister, die zu Hause vor dem Bildschirm sitzen" mwN.
[51] „Könnte es nicht sein, dass sich die Probleme der querulatorischen Überfrachtung von Hauptversammlungen potenzieren, wenn aus jedem Winkel des globalen Dorfes Einwürfe kommen?" – *Noack* BB 1998, 2533 (2535).

Verlust der persönlichen Kommunikation – prinzipiell gegen die Verlagerung einzel- 35
ner oder gar aller Elemente der Präsenz-HV ins Internet wird angeführt, dass hierdurch
der persönliche Kontakt zwischen Vorstand und Aufsichtsrat und Aktionären verloren
gehe.[52] Dem Aktionär werde die „Festzelt-Atmosphäre" der Hauptversammlung vorenthalten und es werde ihm die Möglichkeit genommen, an der mehrseitigen Kommunikation mit den übrigen Anwesenden teilzunehmen und in unmittelbarer Reaktion auf die Stimmungslage in einer Hauptversammlung Beschlussmehrheiten zustande zu bringen.[53] Jenes Idealbild attischer Demokratie dürfte man in der Hauptversammlungspraxis jedoch vergeblich suchen.[54] Betrachtet man die Teilnehmerzahlen großer DAX-Werte, die leicht mehrere tausend Personen umfassen, die Anzahl von Wortmeldungen und dann die jeweiligen Stimmergebnisse, so scheint die Umstimmung einer Mehrheit aufgrund der Macht des engagierten Wortes höchst unwahrscheinlich.

III. Zwingende Online-Elemente der Präsenz-HV

Die zwingenden Vorschriften des Gesetzes und die Empfehlungen und Anregungen des 36
DCGK sehen mittlerweile verpflichtende und optionale Online-Elemente zur Präsenz-HV vor. Diese sind zum Teil auch schon seit mehreren Jahren gängige Praxis. Die Anreicherung der Präsenz-HV um Online-Elemente – **Virtualisierung der HV** – hat neben der grenzüberschreitenden Ausübung der Aktionärsrechte auch die **Steigerung der Kapitalpräsenz** und die **Senkung der Kosten** für die Marktteilnehmer und den Emittenten als Ausrichter der HV zum Ziel.[55]

1. Einberufung im Bundesanzeiger (BAnz)

Unabhängig von der Börsennotierung haben Aktiengesellschaften ihre **Einberufung** 37
grundsätzlich in die **Gesellschaftsblätter** und damit in den **BAnz**[56] einzustellen, § 121 Abs. 4 AktG iVm § 25 AktG; einzige Ausnahme bilden Namensaktiengesellschaften, die mit eingeschriebenem Brief[57] einberufen – ein Verfahren, dass nur bei sehr kleinem Aktionärskreis sinnvoll sein dürfte. Börsennotierte Gesellschaften mit Inhaberaktien sind darüber hinaus verpflichtet, die Einberufung solchen Medien zur Veröffentlichung zuzuleiten, bei denen davon ausgegangen werden kann, dass sie die Information in der gesamten Europäischen Union verbreiten, § 121 Abs. 4a AktG.

2. Veröffentlichungen auf der eigenen Internetseite

Mit der Statuierung der ersten elektronischen Pflicht zum Zugänglichmachen von Ge- 38
genanträgen nach § 126 Abs. 1 AktG mit dem TransPuG wurde seinerzeit überlegt, ob hiermit eine **Verpflichtung zur Einrichtung einer Internetseite** geschaffen werde. So wurde zB diskutiert, ob ein Zugänglichmachen auch ausschließlich über den BAnz erfolgen könne.[58] Mittlerweile hat der Gesetzgeber vor allem für börsennotierte Gesellschaften

---

[52] *Claussen* AG 2001, 161 (163).
[53] *Mimberg* ZGR 2003, 21 (27).
[54] *Noack* Vortrag 32 ff.
[55] RegBegr. ARUG v. 21.1.2009, BT-Drs. 16/11642, 27; *v. Rosen* Privataktionäre 28.
[56] Seit dem 1.4.2012 heißt der elektronische Bundesanzeiger nur noch Bundesanzeiger, die herkömmliche Papierfassung ist eingestellt, vgl. Gesetz zur Änderung von Vorschriften über Verkündung und Bekanntmachungen vom 22.12.2011 (BGBl. 2011 I 3044 ff.).
[57] *Ek* Praxisleitfaden Rn. 114.
[58] *Mimberg* ZGR 2003, 21 (35).

eine Vielzahl weiterer Pflichten in das Internet und namentlich auf die Internetseite der Gesellschaft verlagert, so dass diese Frage mittlerweile faktisch entschieden sein dürfte.

39 **Zwingende Online-Elemente** auf der eigenen Internetseite sind für **börsennotierte Gesellschaften:** Zugänglichmachen von Informationen, Unterlagen (§ 124a AktG) und Gegenanträgen (§ 126 Abs. 1 S. 3 AktG), Veröffentlichung der Abstimmungsergebnisse (§ 130 Abs. 6 AktG) und Zugänglichmachung der Entsprechenserklärung zum Deutschen Corporate Governance Kodex (DGCK), § 161 Abs. 2 AktG.

40 **Nicht-börsennotierte Gesellschaften** treffen all diese Pflichten zur Einstellung von Informationen und Unterlagen auf der eigenen Internetseite nicht. Theoretisch wäre hier in der Tat eine **Nutzung des BAnz** für Einberufung, Ergänzungs- und Gegenanträge denkbar, um den Online-Pflichten zu genügen. In der weit überwiegenden Praxis unterhalten auch nicht-börsennotierte Gesellschaften eine Internetseite und bilden hierin freiwillig einige, etliche oder gar alle für börsennotierte Gesellschaften verpflichtende Informationen ab.

3. Elektronischer Weg für Vollmachten

41 Börsennotierte Gesellschaften sind nach § 134 Abs. 3 S. 4 AktG verpflichtet, zumindest einen **Weg elektronischer Kommunikation** für die Übermittlung des Nachweises der Bevollmächtigung anzubieten, wobei die Vollmacht nunmehr ohne Weiteres in Textform erteilt werden kann. Auch dieser Weg kann nur Online sein, da auch hier an einen **PC-gestützten Weg** gedacht ist.[59]

42 Viele Gesellschaften haben hierzu schlicht eine **E-Mail-Adresse**[60] angeboten. Über eine allgemein zugängliche E-Mail-Adresse kann ein Dritter aber auch massenhafte Werbe-E-Mails (sog SPAM[61]) und/oder Computerviren senden und damit den elektronischen Weg blockieren. Denkbar wäre demgegenüber auch eine Darstellung über eine gesicherte, mit der Anmeldung verknüpfte Internet-Verbindung.[62] So könnte auch sichergestellt werden, dass nur angemeldete Aktionäre eine Vollmacht erteilen bzw. deren Nachweis an die Gesellschaft übermitteln und diese Vollmacht auch problemlos einem Meldebestand zugeordnet werden könnte.

43 Allerdings stünde ein solches System dem Aktionär erst dann zur Verfügung, wenn er sich ordnungsgemäß angemeldet hat, also nicht bereits mit der Einberufung. Es spricht jedoch nichts dagegen, **mehr als einen Weg** anzubieten, wenn das Verhältnis der unterschiedlichen Wege transparent ist.

IV. Optionale Online-Elemente der Präsenz-HV

44 **Gesetzlich normierte optionale Online-Elemente** der Präsenz-HV betreffen den Wegfall anderweitiger Informationspflichten bei Erfüllung derselben über das Medium In-

---

[59] Eine Telefaxnummer reicht nicht aus; vgl. RegBegr. ARUG v. 21.1.2009, BT-Drs. 16/11642, 49, gleichwohl vorsorglich für zusätzliches Telefaxzugang *Götze* NZG 2010, 93 (94).
[60] *Drinhausen/Keinath* BB 2009, 2322 (2322); *Paschos/Goslar* AG 2008, 605 (611).
[61] Mit SPAM- oder JUNK-Mail (englisch für ‚Abfall' oder ‚Plunder') werden zumeist massenweise auf elektronischem Weg übertragene Nachrichten bezeichnet. In der weltweiten Kommunikation verursacht Massenmailverkehr erheblichen Schaden, der im Wesentlichen aus der zusätzlichen Datenmenge und dem technischen und zeitlichen Aufwand der damit verbundenen Bearbeitung herrührt. An SPAM-Mails angehangene harmlos erscheinende Dateien (Bilder, PDF-Dokumente aber auch Dokumente aus Textbearbeitungs-, Tabellenkalkulations- und Präsentationsprogrammen etc) können durch Sicherheitslücken in den damit verknüpften Anwendungen Schadprogramme aktivieren. Vgl. http://de.wikipedia.org/wiki/Spam und http://de. wikipedia. org/wiki/Computervirus.
[62] Für die Festlegungsbefugnis auf einen Internetdialog: *Seibert/Florstedt* ZIP 2008, 2145 (2147); *v. Nussbaum* GWR 2009, 215; *Paschos/Goslar* AG 2009, 14 (17); dagegen: *Götze* NZG 2010, 93 (94).

IV. Optionale Online-Elemente der Präsenz-HV § 7

ternet, den Dialog mit den Aktionären über das Aktionärsforum, die Ermöglichung der Übertragung der Versammlung und die Erteilung weisungsgebundener Vollmachten. Mit den beiden letztgenannten Elementen wird dasjenige umschrieben, was bis zum Inkrafttreten der ARUG als (unechte) Online-HV galt. Zu den Begriffen und Definitionen → Rn. 7 ff.

Darüber hinaus bietet sich eine **Unterstützung der Organisation** der HV über das 45 Internet an, für die keine gesetzlichen Regelungen bestehen. (Zur technischen Vorbereitung der HV → § 3) So bieten einige Gesellschaften die Möglichkeit der Eintrittskartenbestellung über das Internet an oder geben organisatorische Hinweise zu Anfahrt, Parkmöglichkeiten, Verpflegung, Sicherheitsmaßnahmen usw.

1. Informationen im Internet

Sowohl ausführliche Angaben zu den Rechten der Aktionäre in der Einberufung als auch 46 die Auslegung und Übersendung der Abschlussunterlagen sowie die Auslegung und zB Übersendung von Unternehmensverträgen und zugehörigen Unterlagen können entfallen, wenn diese **Informationen** ab der Einberufung **auf der Internetseite der Gesellschaft** zugänglich waren. (§§ 121 Abs. 3 Ziff. 3, 175 Abs. 2 S. 4, 179a Abs. 2 S. 1, 293f, 319 Abs. 3 Ziff. 1 AktG.) Gleichwohl stellt die Praxis häufig die Unterlagen weiter service- und sicherheitshalber auch in den Geschäftsräumen zur Verfügung bzw. übersendet sie auch auf Anfrage.

Bis zum Inkrafttreten des ARUG war die Internetseite der Gesellschaft hiermit lediglich optional zu bedienen; durch § 124a AktG hat sich das **Zugänglichmachen** der Unterlagen zur HV im Internet zu **verbindlichen Pflicht** gewandelt. Allerdings ist ihre Verletzung nach § 243 Abs. 3 AktG von den Anfechtungsgründen ausdrücklich ausgenommen. So ergibt sich die recht merkwürdige Konstruktion, dass aus der Verletzung der Pflicht zum Zugänglichmachen, die als Surrogat für Auslegung und Übersendung dient, eine Anfechtung folgen kann, aus der Verletzung der inhaltlich gleichen Pflicht in ihrem eigenständigen Charakter jedoch nicht.

2. Elektronische Mitteilungen an Aktionäre

Ebenfalls mit dem ARUG wurde den Gesellschaften die satzungsmäßige Möglichkeit eröffnet, bei den Einladungsmitteilungen an die Aktionäre den Papierversand **ausschließlich** durch **elektronische Mitteilungen** zu ersetzen,[63] § 125 Abs. 2 S. 2 AktG. Nach § 128 Abs. 1 S. 2 AktG gilt dies auch für diejenigen Versendungen, die nach § 125 Abs. 1 AktG mittelbar über die Depotbanken erfolgen. Besteht eine solche Satzungsregelung, so ist auch die Depotbank nicht zur Erzeugung und Weiterleitung einer Einladung in Papierform verpflichtet, vgl. § 128 Abs. 2 Hs. 2 AktG.

In der Praxis wickeln Depotbanken die Zuleitung von Mitteilungen an die Aktionäre 49 nicht per E-Mail, sondern über die **Postfächer der Onlinedepots** ab. Bei Namensaktien kann eine Übersendung nur erfolgen, wenn auch die E-Mail-Adressen der Aktionäre bekannt sind. Bislang sind die Erreichbarkeiten sowohl von Namens- als auch Inhaberaktionären auf elektronischem Weg noch nicht in dem Maße gegeben, dass ein vollständiger Verzicht auf die Papierform hier bereits heute sinnvoll erscheint.[64]

Börsennotierte Gesellschaften sollten bei elektronischen Informationen an Aktionäre 50 stets **§ 30b Abs. 3 S. 1 Nr. 1 lit. d WpHG (ab 3.1.2018 § 49 Abs. 3 S. 1 Nr. 1 lit. d**

---

[63] Erste Ansätze für den elektronischen Versand erfolgten bereits 2001 mit dem NaStraG, wonach elektronische Mitteilungen erstmals überhaupt zulässig wurden.
[64] RegBegr. ARUG v. 21.1.2009, BT-Drs. 16/11642, 31.

WpHG) beachten, wonach außer einem Beschluss der HV hierüber insbesondere eine Zustimmung des Aktionärs zu diesem Verfahren erforderlich ist. Der HV-Beschluss soll nach teils vertretener Ansicht bereits in dem Beschluss zur entsprechenden Satzungsregelung liegen, die Zustimmung des Aktionärs kann auch dadurch ersetzt werden, dass er einer Bitte in Textform um Zustimmung nicht innerhalb eines angemessenen Zeitraums widersprochen hat.[65] Allerdings ist hierbei zu beachten, dass der Aktionär seine Zustimmung jederzeit ohne Weiteres widerrufen kann.

51 Einige Depotbanken, die ihre Services vornehmlich über das Internet anbieten, bitten aktuell Emittenten um Übersendung elektronischer Mitteilungen zur Weiterleitung an die Aktionäre. Hierbei richtet sich die **Zulässigkeit elektronischer Kommunikation** nicht nach § 49 WpHG, sondern nach dem **Depotvertrag** zwischen der Depotbank und dem Aktionär. Auch Gesellschaften, die keinen HV-Beschluss nach § 30b Abs. 3 S. 1 Nr. 1 lit. a WpHG (ab 3.1.2018 § 49 Abs. 3 S. 1 Nr. 1 lit. a WpHG) gefasst haben, können somit dieser Bitte entsprechen und Versandkosten sparen, da die Verordnung über den Ersatz der Aufwendungen der Kreditinstitute[66] für elektronische Versendungen geringere Aufwendungsersatzansprüche vorsieht als für Papierversendungen.

3. Aktionärsforum

52 Das Aktionärsforum nach § 127a AktG war als Austauschplattform oppositionswilliger Aktionäre gedacht – Korrelat für Streubesitz und fortschreitende Internationalisierung der Aktionärsstrukturen.[67] Hierin sollten nicht nur die Aktionäre ihre Argumente teilen und ihre Auffassungen verbreiten, auch die Gesellschaften sollten hierüber in den Dialog mit eintreten. Im Gegensatz zu anderen Internetforen sind die Einträge im Aktionärsforum jedoch **kostenpflichtig.** Sie können darüber hinaus auch **nicht anonym** abgesetzt werden.[68] Beides könnten Gründe sein, dass sich das Aktionärsforum weniger lebhaft entwickelt hat. Aktuell finden sich meist lediglich Angebote von Aktionärsvereinigungen zur Stimmrechtsvertretung.[69]

4. Aktionärsfragen im Internet

53 Nach § 131 Abs. 3 Ziff. 7 AktG ist der Vorstand in der Hauptversammlung nicht zur Antwort verpflichtet, wenn diese **bereits mindestens sieben Tage zuvor** auf der **Internetseite** der Gesellschaft zur Verfügung stand und während der HV weiter zur Verfügung steht. Gedacht war hier an einen Katalog häufig gestellter Standardfragen[70] – sog Frequently Asked Questions (FAQ). Auch dieses Instrumentarium wird in der Praxis eher zurückhaltend genutzt. Statt inhaltlicher Aktionärsfragen finden sich hier eher auf die HV bezogene organisatorische Fragen und Antworten, die aber ohnehin keine Antwortpflicht des Vorstands auslösen würden.

5. Übertragung der Vorstandsrede

54 Recht weit verbreitet ist die Übertragung der Vorstandsrede ins Internet. Während Zulässigkeit und Voraussetzungen einer Übertragung der gesamten Debatte Gegenstand um-

---

[65] *Drinhausen/Keinath* BB 2009, 2322 (2326).
[66] Verordnung über den Ersatz der Aufwendungen der Kreditinstitute v. 17.6.2003 BGBl. 2003 I 885.
[67] RegBegr. UMAG v. 14.3.2005 BT-Drs. 15/5092, 15.
[68] Vgl. die Aktionärsforumsverordnung (AktFoV) v. 22.11.2005 BGBl. 2005 I 3193.
[69] *Bayer/Hofmann* AG 2013 R 61 ff.
[70] RegBegr. UMAG v. 14.3.2005 BT-Drs. 15/5092, 17.

fangreicher Diskussionen war, wurde die Zulässigkeit der Übertragung nur der Vorstandsrede auch ohne Satzungsregelung oder -ermächtigung als **unproblematisch** angesehen.

6. Übertragung der gesamten HV

Die Zulässigkeit der Übertragung der gesamten HV inklusive der Debattenbeiträge der Aktionäre war bis zum Inkrafttreten des TransPuG Gegenstand kontroverser Diskussionen. Aus der Qualität der HV als nicht-öffentlich und dem **Persönlichkeitsrecht** des jeweiligen Sprechers wurde abgeleitet, dass eine Übertragung nur so lange zulässig sei, wie der jeweilige Redner der Übertragung nicht widerspreche.[71] Als Grundlage einer umfassenden Willensbildung der Zuschauer im Internet war die Übertragung ungeeignet, da jederzeit die Unterbrechung der Ausführungen drohen konnte.[72] Mit dem **TransPuG** hat der Gesetzgeber ausdrücklich die Regelung einer Übertragung durch Satzung bzw. Geschäftsordnung zugelassen und sich in der Begründung auch mit einem möglichen **Widerspruchsrecht** auseinandergesetzt und dieses klar **verneint**.[73] 55

Das ARUG hat hieran im Kern nichts geändert, sondern lediglich in § 118 Abs. 4 AktG die ausdrückliche **Delegationsbefugnis** der Entscheidung durch die Satzung an den Vorstand bzw. Versammlungsleiter klargestellt. 56

7. Zuschaltung eines verhinderten Aufsichtsratsmitglieds

Nach § 118 Abs. 3 S. 2 AktG kann die Satzung oder die Geschäftsordnung vorsehen, dass ein verhindertes Aufsichtsratsmitglied zur Hauptversammlung im Wege der Bild- und Tonübertragung zugeschaltet werden kann. Auch diese Möglichkeit wird – soweit ersichtlich – **kaum genutzt.** Die meisten Gesellschaften nehmen wohl eher die vollständige Abwesenheit eines Aufsichtsratsmitglieds in Kauf als eine Teilnahme zumindest über eine zweiseitige Ton- und Bildübertragung sicherzustellen. 57

8. Vollmachten und Weisungen über das Internet

Den größten Anklang bei den börsennotierten Aktiengesellschaften dürfte die Ermöglichung von Vollmachten und Weisungen an Stimmrechtsvertreter der Gesellschaft über das Internet – das sog **Internet-Proxy-Voting** (zum Begriff → Rn. 18) – gefunden haben. 58

Zulässig wurde dieses Instrumentarium mit der Anerkennung der Zulässigkeit weisungsgebundener Stimmrechtsvertreter der Gesellschaft und der **Öffnung des grundsätzlichen Schriftformerfordernisses** für Vollmachten in § 134 Abs. 3 S. 2 AktG aF (Art. 1 Ziff. 13a NaStraG) Erst hiermit konnten die Aktionäre die Stimmrechtsvertreter der Gesellschaft über das Internet bevollmächtigen und ihnen Weisungen für die einzelnen Beschlussvorschläge erteilen. 59

Vermutlich dürfte die Beliebtheit des Internet-Proxy-Voting durch die Empfehlung in **Ziff. 2.3.2 und 2.3.3 DCGK,**[74] einen weisungsgebundenen Stimmrechtsvertreter zu bestellen und durch die Anregung, dass dieser auch bis in die Versammlung hinein erreichbar sein soll, deutlich befördert worden sein. 60

---

[71] *Claussen* AG 2001, 161 (169); *Fuhrmann/Göckeler/Erkens* in Zetzsche Rn. 142; *Mimberg* ZGR 2003, 21 (50).
[72] RegBegr. TransPuG v. 11.4.2002, BT-Drs. 14/8769, 19, 20.
[73] RegBegr. TransPuG v. 11.4.2002, BT-Drs. 14/8769, 19, 20.
[74] Auch weiterhin Empfehlung http://www.dcgk.de//files/dcgk/usercontent/de/download/kodex/2015-05-05_Deutscher_Corporate_Goverance_Kodex.pdf.

61 Ermöglicht die Gesellschaft die Änderung von Weisungen bzw. den Widerruf der Vollmacht noch bis kurz vor der Abstimmung, so ergibt sich im Zusammenspiel mit einer vollständigen Übertragung der HV ins Internet für den nicht-rechtswissenschaftlich gebildeten Aktionär der **Eindruck**, er nehme **bereits heute online** an der Versammlung teil.

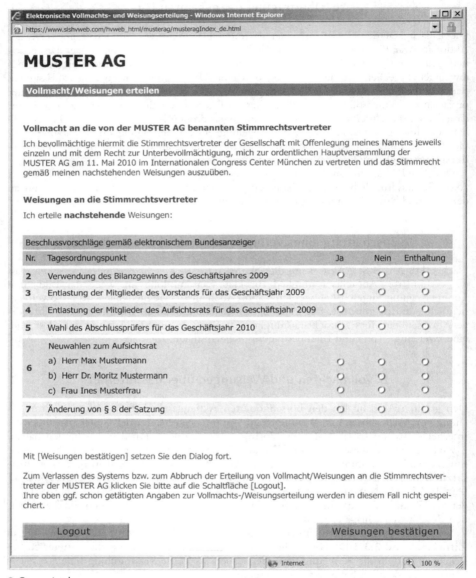

© Computershare

62 Juristisch besteht selbstredend ein **Unterschied, ob ein Rechtssubjekt selbst oder über einen Vertreter handelt**[75] und ob eine aktive Teilnahme an oder lediglich eine passive Beobachtung der Versammlung gegeben ist. So dürften zB eventuelle Fehler im Verhältnis Aktionär – Vertreter lediglich auf das Innenverhältnis Auswirkungen haben,

---

[75] *Baums* Rn. 116.

IV. Optionale Online-Elemente der Präsenz-HV § 7

nicht aber auf die Wirksamkeit der Beschlüsse durchschlagen;[76] bei direkter Online-Beteiligung könnte man dies auch anders sehen. Wird andererseits der Stimmrechtsvertreter handlungsunfähig und hat für diesen Fall keine Untervollmacht erteilt, werden die Stimmen der ihn bevollmächtigenden Aktionäre nicht vertreten. Bei Wegfall des Stimmrechtsvertreters verschwindet naturgemäß dieses Risiko.

Die **Technik** der Vollmachts- und Weisungserteilung über das Internet ist seit vielen Jahren erprobt und sicher.[77] Bei **Emittenten von Namensaktien** sind die Aktionäre namentlich bekannt und ihr Stimmanteil ist über das Aktienregister nachvollziehbar.[78] So kann die Möglichkeit der Bevollmächtigung und Weisungserteilung in den Anmeldeablauf eingebettet werden. Das Internet-Proxy-Voting ist aber auch bei Gesellschaften mit **Inhaberaktien** weit verbreitet. Hier erfolgt die Identifikation über gesonderte Systeme. 63

Neben der Bevollmächtigung des Stimmrechtsvertreters und der Weisungsänderung bis in die HV bieten die gängigen Systeme heute teilweise **Zusatzfunktionen** wie die **Bevollmächtigung von Dritten** und anderen **geschäftsmäßig Handelnden** (Banken, Aktionärsvereinigungen etc). Bei Namensaktien wird im Allgemeinen auch der **Anmeldeablauf** und zum Teil das **Herunterladen der Eintrittskarte** in einem gängigen Format[79] bzw. auf das Smartphone[80] integriert. 64

Mittlerweile sind die angebotenen Funktionen so **mit** der **Präsenz-HV verzahnt**, dass auch die **Interaktion zwischen den Systemen** gewährleistet werden sollte. Das nachfolgende Beispiel soll die technische Komplexität verdeutlichen:

Ein Aktionär hat sich zur persönlichen Teilnahme angemeldet und eine Eintrittskarte auf seinen Namen bestellt. Auf elektronischem Weg erteilt er am Tag der HV Vollmacht an einen befreundeten Mitaktionär und informiert diesen. Der Mitaktionär (Dritte) akkreditiert sich für seine Aktien und für die Aktien seines Vollmachtgebers. Die Vollmacht lag den Mitarbeitern am Aktionärsempfang bereits elektronisch vor. Nach der Vorstandsrede verlässt der Dritte die HV und erteilt für seine Stimmen und die seines Vollmachtgebers Vollmacht bzw. Untervollmacht an den Stimmrechtsvertreter der Gesellschaft. Am Nachmittag verfolgen beide die HV-Übertragung im Internet und ändern aufgrund der Diskussion in der Generaldebatte ihre an den Stimmrechtsvertreter erteilten Weisungen. 65

Es muss also für jedes der eingesetzten Softwareprodukte jederzeit klar sein, in welchem Präsenzstatus sich der jeweilige Aktienbestand befindet und welche Optionen dem Aktionär bzw. seinem Vertreter zur Verfügung stehen. Bei den heute zur Verfügung stehenden funkbasierenden Netzwerktechniken[81] ist nicht auszuschließen, dass ein Teilnehmer **gleichzeitig in der Präsenz-HV** anwesend ist und **parallel über das Internet** mit seinem Laptop oder seinem Smartphone auf seinen Bestand zugreift. Daher ist es notwendig, dass die **Daten zwischen den Systemen** praktisch **online ausgetauscht** werden. 66

Auf der Darstellung eines für alle Seiten akzeptablen, **transparenten Bearbeitungsablaufs** sowie der oben beschriebenen **Interaktion der verschiedenen Systeme** und Medien liegt ein Schwerpunkt bei der Konzeption und Bereitstellung der Software für die jeweilige HV. Ein weiterer Schwerpunkt liegt in der möglichst sicheren Identifikation des Online-Teilnehmers. 67

---

[76] *Lomratzsch* in Zetzsche Rn. 44; *Zetzsche* BKR 2003, 736 (739).
[77] Die ersten Vollmachts- und Weisungserteilungen über das Internet erfolgten bereits 2001 ua bei der RWE AG und der Deutsche Bank AG.
[78] *Bienemann* Einleitung 6.
[79] Zumeist PDF – Portable Document Format dt: (trans)portables Dokumentenformat, vgl. http://www.adobe.com/de/products/acrobat/.
[80] *Chudaska/Prior* HV-Magazin 2016, 12.
[81] ZB über ein sog WLAN – Wireless Local Area Network – dt.: drahtloses lokales Netzwerk oder eine Mobilfunkverbindung via LTE – Long Term Evolution; Mobilfunkstandard der vierten Generation.

68 Bei **Namensaktien** lässt sich der Teilnehmer über die Aktionärs-ID[82] sowie eine mit den Einladungsunterlagen übermittelte PIN[83] identifizieren. Einige Emittenten bieten Ihren Aktionären die Registrierung für den E-Versand der Einladungsunterlagen an. Hierbei wird in der Regel ein Benutzerkonto angelegt, für das der Aktionär individuell einen Benutzernamen sowie ein Kennwort hinterlegen kann. Ein solcher Benutzername zusammen mit dem Kennwort eignet sich ebenso gut für die Identifizierung des Internetnutzers.

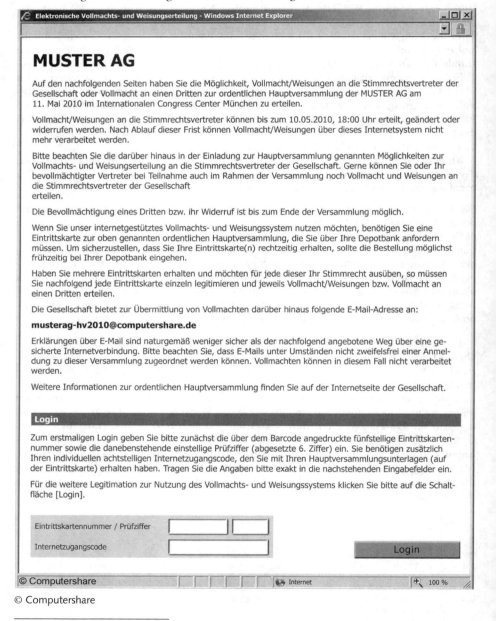

© Computershare

---

[82] Eindeutige Identifikationsnummer, die im Aktienregister geführt wird.
[83] Personal Identification Number – dt.: Persönliche Identifikationsnummer.

Während bei Namensaktien die Eintragung im Aktienregister eine eindeutige Identifikation erlaubt, ist bei **Inhaberaktien** eine Depotbestätigung (Legitimationsnachweis) und Anmeldung zur HV durch das depotführende Institut notwendig. Als Nachweis für die Anmeldung und zum Zutritt zur Präsenz-HV erhält der Aktionär eine codierte Eintrittskarte. Sie enthält neben einer 5-stelligen fortlaufenden Nummer eine Prüfziffer. Diese Kombination aus Eintrittskartennummer und Prüfziffer alleine eignet sich nur begrenzt zur sicheren Identifikation des Teilnehmers. Zwar handelt es sich um eine eindeutige Kombination für die jeweilige Karte. Da aber für verschiedene Versammlungen die gleichen Eintrittskartennummern verwendet werden können, können sich auch die Eintrittskarten- bzw. Prüfziffernkombinationen wiederholen. Die führenden Softwareprodukte für den Internetzugang fragen daher zusätzliche Merkmale ab, die nur dem Inhaber der Eintrittskarte bekannt sein können. Dies sind ua der aufgedruckte Name im Adressfeld, der Wohnort sowie die Anzahl der Aktien. Die Eintrittskarte lässt sich auch mit einer mehrstelligen PIN bedrucken, was den Zugang zum Portal noch sicherer und für den Aktionär anwenderfreundlicher gestaltet.   69

Zur **sicheren Kommunikation** und **Authentifizierung** zwischen Webserver (Server für das Online-Angebot zur HV) und Browser (Applikation des Aktionärs) wird das sog **HTTPS**[84] verwendet. Dieses Verschlüsselungsverfahren kommt ohne gesonderte Softwareinstallation aus und wird von allen internetfähigen Computern unterstützt. Ohne Verschlüsselung werden Web-Daten für jeden, der Zugang zum entsprechenden Netz hat, als Klartext lesbar. Mittels der Authentifizierung kann sich jede Seite der Identität des Verbindungspartners vergewissern. Gerade die Authentifizierung gewinnt durch die wachsende Anzahl an Phishing-Angriffen[85] zunehmend an Bedeutung.   70

Schließlich ist darauf hinzuweisen, dass die Empfehlung der Bestellung eines weisungsgebundenen Stimmrechtsvertreters auch mit dem aktuellen **DCGK**[86] weiter beibehalten wurde. Auch Gesellschaften, die aufgrund des ARUG mit der Briefwahl und/oder Online-Teilnahme direkte Beteiligungsmöglichkeiten über das Internet eröffnen, sind über § 161 AktG weiterhin mittelbar zur Bestellung des weisungsgebundenen Stimmrechtsvertreters verpflichtet.   71

9. Eintrittskartenbestellung über das Internet

Ein zusätzlicher, nicht gesetzlich normierter Internet-Service wird von Gesellschaften mit **Namensaktien** angeboten: hier können sich Aktionäre online zur Teilnahme an der HV anmelden und **Eintrittskarten bestellen** bzw. sogleich zuhause ausdrucken oder – ähnlich dem mobilen Ticket im Reiseverkehr – auf das Smartphone laden.[87] Da bei Namensaktien die Legitimation von der Eintragung im Aktienregister abhängt, kann diese Dienstleistung über eine Verknüpfung von Register und Anmeldemaske bereitgestellt werden.   72

V. Briefwahl

Mit dem ARUG wurde den Gesellschaften die Möglichkeit der **Briefwahl** eröffnet, § 118 Abs. 2 AktG. Der **Begriff** ist ein wenig undeutlich, da hiermit nicht nur Wahlen,   73

---

[84] Hyper Text Transfer Protocol Secure – dt.: sicheres Hypertext-Übertragungsprotokoll.
[85] Phishing werden Versuche genannt, über gefälschte WWW-Adressen an Daten eines Internet-Benutzers zu gelangen. Der Begriff ist ein englisches Kunstwort, das sich an fishing („Angeln", „Fischen") anlehnt, vgl. http://de.wikipedia.org/wiki/Phishing.
[86] http://www.dcgk.de//files/dcgk/usercontent/de/download/kodex/2015-05-05_Deutscher_Corporate_Governance_Kodex.pdf.
[87] *Chudaska/Prior* HV-Magazin 2016, 12.

sondern sämtliche Abstimmungen in der HV erfasst werden sollen. Nachdem zunächst unklar war, ob die Briefwahl auch **auf elektronischem Wege** zulässig sein soll, hat der Gesetzgeber dies ab dem Regierungsentwurf ausdrücklich klargestellt.[88] Wie bei den anderen Neuerungen des ARUG ermächtigt das Gesetz die Gesellschaften zur Regelung durch die Satzung bzw. **Delegation der Entscheidung an den Vorstand.** Letzteres erscheint sinnvoll, um technische Entwicklungen und individuelle Bedürfnisse des Unternehmens flexibel berücksichtigen zu können.[89] Die meisten bisher beschlossenen Satzungsregelungen sehen daher auch eine sehr umfassende Delegation der Entscheidung an den Vorstand vor.

74   Für die Briefwahl hat der Gesetzgeber ausgeführt, dass Briefwähler gerade nicht an der HV teilnehmen, sie somit auch **nicht im Teilnehmerverzeichnis** aufzuführen sind.[90] Aus der Qualität der Nichtteilnahme an der Versammlung folgt auch eine fehlende Widerspruchsbefugnis gegen die Beschlüsse und somit ein **eingeschränkter Rechtsschutz** – Briefwähler sind nicht anfechtungsbefugt.[91] Es bleibt abzuwarten, ob dies künftig in der Praxis zu Vorbehalten gegenüber der Abgabe von Briefwahlstimmen führt.

75   Die Briefwahl kann auch **elektronisch** erfolgen,[92] das Absenden eines Schriftstücks im versiegelten Umschlag auf dem Postwege ist also nicht erforderlich. Technisch ist hier eine **Reihe von Lösungen** denkbar, angefangen vom Telefax und einfacher E-Mail, bei denen sich allerdings Verarbeitungs- und Sicherheitsfragen stellen können, bis hin zu gesicherten Systemen mit Authentifizierungsfunktionen.

76   Fraglich könnte sein, ob die **Briefwahlstimme** bis zur Abstimmung in der HV **widerruflich** ist.[93] Wendet man auf eine Briefwahlstimme allgemeine Willenserklärungslehren an, so würde sie mit Zugang wirksam werden, eine Änderung wäre also nur im Wege der Anfechtung denkbar. Andererseits steht es der Gesellschaft durchaus offen, eine **Widerruflichkeit zu bestimmen.** Ohne diese Möglichkeit stünden dem Aktionär keine Reaktionsmöglichkeiten mehr offen, weshalb eine solche Briefwahl gegenüber der Vertretung durch Stimmrechtsvertreter der Gesellschaft weithin unattraktiv sein dürfte. Gesellschaften, die die Briefwahl aktiv anbieten möchten, sollten daher eine solche Widerruflichkeit bestimmen.

77   Aus dem Begriff Briefwahl könnte abgeleitet werden, es müsse ähnlich öffentlich-rechtlichen Wahlen das **Briefwahlgeheimnis** gewahrt werden, insbesondere dürften vorab abgegebene Briefwahlstimmen nicht der Verwaltung zur Kenntnis gebracht werden. Da zwischen Abstimmungen in Hauptversammlungen und öffentlich-rechtlichen Wahlen erhebliche Unterschiede bestehen und Abstimmungen in Hauptversammlungen insbesondere gerade nicht gleich, sondern grds. nach Aktienstückzahlen erfolgen, erscheint eine **Übertragbarkeit der Wahlrechtsgrundätze** öffentlich-rechtlicher Wahlen auf die Hauptversammlung **nicht geboten.**

78   Hiermit im Zusammenhang steht die Frage, ob umgekehrt die vorab abgegeben **Briefwahlvoten den Aktionären** bereits vor der Abstimmung **bekannt gegeben werden sollten bzw. müssen.**[94] Geht man von einer Widerruflichkeit der Briefwahlstimme aus (→ Rn. 76), so dürften (Zwischen-)Informationen von nur geringer Aussagekraft sein, im Gegenteil: es wäre auch durchaus vorstellbar, das Aktionäre zunächst eine andere Briefwahlstimme als tatsächlich geplant abgeben, um ihre wahren Absichten zu verschleiern. Sinnvoll wären Vorabinformationen über Briefwahlstimmen somit nur, wenn man von deren Unveränderlichkeit ausgehen wollte, womit allerdings noch nicht geklärt wäre, zu

---

[88] *Seibert/Florstedt* ZIP 2008, 2145 (2146).
[89] *Paschos/Goslar* AG 2008, 605 (610).
[90] *Noack* WM 2009, 2289 (2291).
[91] *Paschos/Goslar* AG 2008, 605 (610).
[92] *Seibert/Florstedt* ZIP 2008, 2145 (2146).
[93] Gegen grundsätzliche Widerruflichkeit: *Noack* WM 2009, 2289 (2291); dafür: *v. Nussbaum* GWR 2009, 215.
[94] *Noack* WM 2009, 2289 (2291).

welchem Zeitpunkt[95] und über welches Medium eine solche Information erfolgen könnte oder müsste.

Die zur Vorauflage gemutmaßte Förderung der Briefwahl durch den DCGK trat nicht ein, der Kodex ist insofen mittlerweile allgemeiner formuliert, so dass die Gesellschaft nicht länger die Aktionäre „bei der Stimmrechtsvertretung und der Briefwahl" unterstützen soll, sondern ihnen gemäß Ziff. 2.3.2 DCGK lediglich allgemein „die persönliche Wahrnehmung ihrer Rechte und die Stimmrechtsvertretung erleichtern" soll. 79

VI. Online-HV

Seit dem **ARUG** kann die Satzung vorsehen oder den Vorstand dazu ermächtigen vorzusehen, dass die Aktionäre an der Hauptversammlung auch ohne Anwesenheit an deren Ort und ohne einen Bevollmächtigten teilnehmen und sämtliche oder einzelne ihrer Rechte ganz oder teilweise im Wege elektronischer Kommunikation ausüben können, § 118 Abs. 1 S. 2 AktG. Auch hier hat der Gesetzgeber den Gesellschaften **kaum Vorgaben** gemacht und dem Satzungsgeber eine **sehr weitgehende Delegationsbefugnis** eingeräumt. Die Online-Teilnahme sollte sehr bewusst als Experimentierfeld gestaltet werden, um eine Art Wettbewerb der besten Umsetzungen zu ermöglichen. 80

Die Gesellschaften können also entscheiden, welche Rechte überhaupt über das Internet ausgeübt werden können sollen – sämtliche oder einzelne Rechte, sie können weiter deren Reichweite bestimmen – ganz oder teilweise. Da es um die Ausübung bereits bestehender Rechte im Internet geht, darf **Online kein „mehr"** gegenüber den in der HV präsenten Aktionären zugestanden werden, es darf somit **kein neues oder weitergehendes Recht** geschaffen werden.[96] 81

Bei der Wahl, welche Online-Möglichkeiten die Gesellschaft in welchem Umfang zur Verfügung stellt, ist sie weitgehend frei. Auch einzelne, an sich zusammenwirkende Rechte, wie etwa das Fragerecht, die Antwortpflicht und das Widerspruchsrecht können getrennt zugelassen werden. So wird in Anlehnung an die Regierungsbegründung[97] allgemein vertreten, dass etwa ein **Fragerecht ohne Antwortpflicht** bzw. ohne Widerspruchsrecht möglich sei.[98] Eine Diskriminierung der Online-Aktionäre gegenüber den präsenten Aktionären wird damit als durchaus zulässig angesehen.

Da die meisten Gesellschaften lediglich in **Wiederholung der gesetzlichen Bestimmung** dem Vorstand die Regelungsbefugnis zur Online-Teilnahme übertragen haben, stellt sich die Frage, wie Aktionäre, die an diesem System teilnehmen wollen, den Umfang der einzelnen Rechte und die **Online-Teilnahmebedingungen zur Kenntnis** nehmen können. Denkbare Möglichkeiten sind hierbei die Einberufung, die Mitteilungen an die Aktionäre nach § 125 AktG und/oder die Internetseite der Gesellschaft. Da börsennotierte Gesellschaften nach § 121 Abs. 3 Nr. 1 AktG in der Einberufung die Teilnahmebedingungen angeben müssen und die Online-Teilnahme eine echte Teilnahme darstellt, sind auch die Online-Teilnahmebedingungen zwingend in der **Einberufung** darzustellen. 82

Soweit die Gesellschaft nur die Ausübung einzelner Aktionärsrechte über das Internet zulässt, sollte hierbei **exakt abgegrenzt** werden, welche Möglichkeiten den online teilnehmenden Aktionären eröffnet werden und welche nicht. Der Aktionär sollte anhand dieser Angaben qualifiziert entscheiden können, ob er seine Rechte durch unmittelbare 83

---

[95] *Noack* WM 2009, 2289 (2291).
[96] *Kersting* NZG 2010, 130 (131).
[97] RegBegr. ARUG v. 21.1.2009, BT-Drs. 16/11642, 26.
[98] *Bosse* NZG 2009, 807 (809); *Drinhausen/Keinath* BB 2009, 2322 (2326); *Seibert/Florstedt* ZIP 2008, 2145 (2146); *v. Nussbaum* GWR 2009, 215; *Kersting* NZG 2010, 130 (133).

Teilnahme, Bevollmächtigung eines Dritten oder aber über das Internet ausüben möchte.[99]

84 Technische Einzelheiten und anderweitige Details können durchaus allein auf der Internetseite der Gesellschaft mitgeteilt werden. Als **Anhaltspunkt** mag hierbei die Vorschrift des **§ 121 Abs. 3 Ziff. 3 AktG** dienen, wonach die detaillierte Darstellung der Aktionärsrechte in der Einberufung auf die jeweiligen Ausübungsfristen beschränkt werden kann, wenn die weiteren Angaben auf der Internetseite zur Verfügung gestellt werden.

1. Teilnehmerverzeichnis

85 Im Gegensatz zur Briefwahl vermittelt die Online-Teilnahme eine **echte Teilnahme an der HV**.[100] Insofern sind die Online-Teilnehmer zwingend in das Teilnehmerverzeichnis nach § 129 Abs. 1 S. 2 AktG aufzunehmen. Eine Akkreditierung des Aktionärs am Online-System muss also als Zugang, die Beendigung der Online-Aktivität als Abgang registriert werden. Die Gesellschaft kann nunmehr in der Satzung bzw. aufgrund der Satzung regeln, ob sie auch den Online-Teilnehmern das Teilnehmerverzeichnis zur Verfügung stellt.[101]

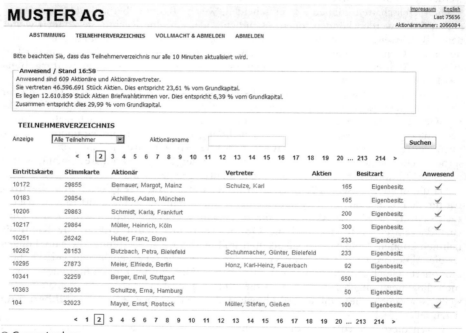

© Computershare

86 Fraglich ist, ob die Online-Teilnehmer im Teilnehmerverzeichnis mit einem **besonderen Kennzeichen** geführt werden dürfen oder sollten.[102] Das Teilnehmerverzeichnis soll den anwesenden Aktionären einen Überblick der anwesenden Aktionäre und Vertreter

---

[99] *Besse* AG 2012 R 358 (359).
[100] RegBegr. ARUG v. 21.1.2009, BT-Drs. 16/11642, 38; *Bosse* NZG 2009, 807 (809).
[101] Vor ARUG nicht zulässig, vgl. *Bunke* in Zetzsche Rn. 31.
[102] Differenzierend: *Noack* WM 2009, 2289 (2294); vgl. auch *Bosse* NZG 2009, 807 (809).

bieten,[103] es soll ihm die Überprüfung ermöglichen, ob sein eigener Stimmanteil korrekt erfasst wurde und ob die Stimmen insbesondere von Großaktionären plausibel angemeldet sind.[104] Man könnte auch vertreten, dass ein weiterer Zweck wäre, die Anwesenheit anderer oppositionswilliger Teilnehmer zu prüfen, um sich ggf. mit ihnen abzusprechen. Letzteres würde vereitelt, wenn der Aktionär nicht erkennen könnte, ob die aufgeführte Person körperlich oder nur online anwesend ist.

2. Frage- und Rederecht

Zur Gestaltung des Frage- und Rederechts und seiner Einbindung in die Präsenz-Hauptversammlung bieten sich im Wesentlichen **zwei Modelle** an. Zum Einen die Zuschaltung über eine Webcam bzw. eine Tonübertragung, zum anderen eine Art Internet-Forum bzw. Eingabemöglichkeit über eine Bildschirmmaske. 87

Der landläufigen Übertragungsvorstellung dürfte eine **Webcam-Zuschaltung**[105] am ehesten nahe kommen. Der Aktionär gibt am Computer eine Online-Wortmeldung in einem Bildschirmformular ab, wird aufgerufen und dann in Ton und Bild zugeschaltet – ähnlich einem TV-Reporter in einer Livesendung. 88

In technischer Sicht steht einer solchen Lösung insbesondere entgegen, dass die aktuellen Webcams und Übertragungswege kaum eine für die Großleinwand zufriedenstellende Qualität liefern. Darüber hinaus könnte die Möglichkeit, von zu Hause aus zu agieren, exaltiertes Verhalten fördern. Gegenüber der Präsenz-HV bietet diese Form der Übertragung jedoch durchaus die technische **Möglichkeit der sofortigen Unterbrechung.** Juristische Grundlage hierfür wären die Bedingungen zu dieser Form der Teilnahme, die der Vorstand aufgrund der Satzungsermächtigung angemessen bestimmen kann und auch sollte.[106] 89

Denkbar wäre auch eine **Tonübertragung,** bei der die Bewegtbildübertragung durch ein zuvor vom Aktionär übersandtes Standbild ersetzt wird. Hiermit könnten die Qualitätsdefizite von Webcams und Übertragungswegen aufgefangen werden, auch ein mögliches exaltiertes Verhalten würde gerade nicht im Bild übertragen, die Gesellschaft könnte auch die Zurschaustellung unangemessener zuvor übersandter Standbilder auf gleicher Grundlage verweigern, wie die Unterbrechung eines Redebeitrags mit beleidigendem oder sonst ungebührlichen Inhalt. 90

Denkbar wäre weiter eine Umsetzung **in Form einer Art Internetforum**[107] oder **Chatroom.**[108] Da hierbei die gesamte Kommunikation schriftlich über den Bildschirm erfolgt, stellt sich die Frage, wie die restliche Präsenz-Hauptversammlung von diesen Online-Fragen Kenntnis nehmen soll.[109] Hierbei könnte man an eine Zurverfügungstellung von Ausdrucken und/oder Terminals in der HV denken. Hiermit werden diese Fragen jedoch nur einem begrenzten Kreis von Teilnehmern zugänglich und nicht der gesamten Versammlung.[110] Einfacher dürfte die Kenntnisgabe der Fragen ausschließlich durch den Vorstand bei der Beantwortung oder durch einen „neutralen" Sprecher organisierbar sein.[111] 91

Bei allen technischen Umsetzungen ist das **Verhältnis zwischen präsenten und Online-Fragestellern** zu klären. Ausgehend von der These, dass die Online-Aktionäre nicht 92

---

[103] *Butzke* C Rn. 53.
[104] *Kubis* in MüKoAktG AktG § 129 Rn. 1.
[105] *v. Nussbaum* GWR 2009, 215.
[106] Vgl. zum Umfang der Gestaltungsfreiheit → Rn. 81.
[107] *Noack* WM 2009, 2289 (2293).
[108] *Butzke* Q Rn. 23; *Pielke* Virtuelle HV 167 *Besse* AG 2012 R 358 (358).
[109] Zur Notwendigkeit: *Kersting* NZG 2010, 130.
[110] Daher wird dies auch nur als teilweise Ermöglichung des Fragerechts gesehen, *Kersting* NZG 2010, 130 (132); *Noack* WM 2009, 2289 (2293).
[111] *Kersting* NZG 2010, 130.

besser gestellt werden sollten als die präsenten Aktionäre[112] und unter der Berücksichtigung der gesetzgeberischen Wertung, dass die Online-HV lediglich ein optionales Angebot zur weiterhin verpflichtenden Präsenz-HV darstellt, ergibt sich eine Nachrangigkeit der Online-Fragesteller.

3. Antragsrecht

93   Ebenso wie die Darstellung eines Frage- und Rederechts über das Internet ließe sich technisch auch eine Möglichkeit zur **Stellung von Anträgen** – materiellen Gegenanträgen ebenso wie Verfahrensanträgen – organisieren. Auch hier stünde als Surrogat des eigenen direkten Wortbeitrags eine Übertragung via Webcam bzw. Tonübertragung oder eine Eingabemöglichkeit über eine Art Forensoftware mit Bekanntgabe des Inhalts über einen Sprecher oder den Versammlungsleiter zur Verfügung (→ Rn. 87 ff.). Ebenso wie bei dem mündlichen Vortrag in der Präsenz-HV muss geprüft werden, ob der Antrag einen zulässigen Inhalt hat und welche Rechtsfolge er ggf. auslöst.

4. Bevollmächtigung

94   Die Bevollmächtigung von **Stimmrechtsvertretern der Gesellschaft** über das Internet ist schon seit längerem usus (→ Rn. 58 ff.). Die diesbezüglichen Systeme sind erprobt und ausgereift. Die Erweiterung auf eine **Vollmachtserteilung an einen Dritten** stellt technisch keine allzu große Herausforderung dar – anders als beim Stimmrechtsvertreter der Gesellschaft muss allerdings der **Aktionär den Vertreter selbst** über den Umstand der Bevollmächtigung **informieren.** Gegenüber der Vollmacht auf einem Blatt Papier haben Internet-Formulare den Vorteil, dass durch die Eingabe der Daten über die Tastatur unleserliche Angaben praktisch ausgeschlossen sind.

5. Stimmrechtsausübung, Beteiligung an einem Minderheitsvotum

95   Die Ausübung des Stimmrechts lässt sich über den Bildschirm **analog der Weisungserteilung** an Stimmrechtsvertreter der Gesellschaft organisieren. (Vgl. oben die Darstellung der Eingabemaske zur Stimmrechtsvertretung nach → Rn. 61 und diejenige zur Online-Abstimmung nach → Rn. 96) Um den Online-Teilnehmern nicht mehr Rechte einzuräumen als den präsenten Aktionären, muss jedoch die aktive Aktionsmöglichkeit **zeitsynchron zur Abstimmung im Saal** eröffnet und geschlossen werden.[113]

96   Auch an der Ermittlung, ob ein **Quorum,** etwa zur Herbeiführung einer Einzelentlastung, erreicht wird, können sich aus technischer Sicht Online-Teilnehmer **ebenso beteiligen wie an einer Abstimmung;** dem Eröffnen und Schließen der Abstimmung stehen hierbei der Beginn und das Ende des Zeitraums zur Abgabe der entsprechenden Meldung, das Begehren zu unterstützen, gleich.

---

[112] *Kersting* NZG 2010, 130; vor ARUG für freiwillige nachrangige Fragenbeantwortung via Internet *Bunke* in Zetzsche Rn. 31.

[113] Aufnahme, Komprimierung, Übertragung über das Internet und Darstellung am Bildschirm von Daten erfordern erfahrungsgemäß ein wenig Zeit, so dass hier nicht von vollständiger Zeitsynchronizität ausgegangen werden kann. Die Abweichungen dürften sich aber auch kumuliert lediglich im Bereich weniger Sekunden bewegen und somit hinnehmbar sein.

6. Sonstige Aktionärsrechte

Als weitere mögliche Rechte, die über das Internet darstellbar sind, kommen die **Rüge angeblich nicht beantworteter Fragen** und der **Widerspruch zu Protokoll** in Betracht. Auch hierbei handelt es sich um inhaltliche Texte, deren Eingabe über eine Bildschirmmaske und deren Übersendung über eine gesicherte Verbindung technisch problemlos darstellbar ist. Der **Ausdruck der Erklärung** ließe sich dann recht einfach dem **notariellen Protokoll** beifügen. Der Notar kann bei dieser Konstellation allerdings auch nur beurkunden, dass über das Online-System eine entsprechende Erklärung übersandt wurde, das körperliche Handeln auf der anderen Seite ist außerhalb seiner Wahrnehmungsmöglichkeiten.[114] Soweit erkennbar wurde die Frage, ob dies für die Protokollierung eines Widerspruchs ausreichend ist, noch nicht diskutiert. 97

Der Weg über das Internet wäre technisch für den Aktionär **sehr einfach gangbar.** Dies könnte auch der **Einwand** gegen diese Form der Einlegung eines Widerspruchs oder Rüge einer angeblich nicht beantworteten Frage sein, denn je einfacher die Erklärung abgegeben werden kann und je niedriger die Hürden sind, desto häufiger könnte hiermit auch Missbrauch erfolgen. Ob sich die Erklärung dann aber als stichhaltig erweist, ist eine materielle Frage, die unabhängig von der Anzahl der vorliegenden Rügen zu beantworten ist. 98

---

[114] Vgl. etwa *Fleischhauer* in Zetzsche Rn. 227 ff.

§ 8 Die Teilnahme an der Hauptversammlung

Übersicht

	Rn.
I. Überblick	1
II. Allgemeines	1a
III. Teilnahmerecht	5
1. Virtuelle Hauptversammlung	7
2. Online-Teilnahme	8
3. Abstimmung ohne Teilnahme an der Versammlung („Briefwahl")	15
4. Teilnahme an der Versammlung trotz Teilnahme an der Briefwahl	20
5. Durchsetzung des Teilnahmerechts	21
IV. Teilnahmeberechtigte	24
1. Aktionäre und Aktionärsvertreter	24
a) Entstehung des Teilnahmerechts	24
b) Schranken des Teilnahmerechts	59
2. Vorstands- und Aufsichtsratsmitglieder	76
3. Besonderer Vertreter	79
4. Abschlussprüfer	80
5. Behördenvertreter	85
6. Medienvertreter	89
7. Notar	94
8. Gäste	95
V. Teilnahmepflicht	99
1. Vorstandsmitglieder	100
a) Inhalt und Umfang der Teilnahmepflicht	100
b) Folgen einer Pflichtverletzung	104
2. Aufsichtsratsmitglieder	105
a) Inhalt und Umfang der Teilnahmepflicht	105
b) Folgen einer Pflichtverletzung	107
3. Abschlussprüfer	108
a) Inhalt und Umfang der Teilnahmepflicht	108
b) Folgen einer Pflichtverletzung	112
4. Besonderer Vertreter	113
a) Inhalt und Umfang der Teilnahmepflicht	113
b) Folgen einer Pflichtverletzung	114
5. Übersicht: Folgen der Teilnahmepflichtverletzung	115
VI. Prüfung der Legitimation der Teilnehmer	116
1. Aktionäre	117
2. Nichtaktionäre	122
a) Aktionärsvertreter	123
b) Behördenvertreter	136
c) Medienvertreter und Gäste	137

Stichworte

Abschlussprüfer Rn. 80 ff., 109 ff.
– Teilnahmepflicht Rn. 108
– Teilnahmerecht Rn. 82
Aktionär Rn. 24 ff., 118 ff.
– ADR (American Depositary Receipt) Rn. 27
– gesonderte Versammlung Rn. 33
– Legitimation Rn. 117 ff.
– Nießbrauch Rn. 29
– Schuldverschreibung Rn. 30
– Sicherungsübereignung Rn. 28
– stimmrechtslose Vorzugsaktien Rn. 25

– Treuhand Rn. 31
– Verpfändung Rn. 28
Aktionärsvertreter Rn. 34 ff., 123 ff.
– Amtswalter Rn. 35
– Bevollmächtigung Rn. 36
– Depotstimmrecht Rn. 46 ff.
– Form der Bevollmächtigung Rn. 38 ff.
– gemeinschaftlicher Vertreter Rn. 57
– Mehrfachbevollmächtigung Rn. 37, 56
– Nachweis der Bevollmächtigung Rn. 43, 127 ff.

Antragsrecht Rn. 5
Anwesenheitsrecht Rn. 5
– Ausübung Rn. 22
Aufsichtsrat Rn. 77 ff., 105 ff.
– Teilnahmepflicht Rn. 105 ff.
– Teilnahmerecht Rn. 77
Behördenvertreter Rn. 85 ff.
Besonderer Vertreter Rn. 79, 113 f.
– Teilnahmepflicht Rn. 113
– Teilnahmerecht Rn. 79
Briefwahl Rn. 15 ff.
– Abgrenzung zu elektronischer Stimmabgabe Rn. 16
– persönliche Teilnahme Rn. 20
Gäste Rn. 95 ff.
Legitimationsaktionär Rn. 58
Medienvertreter Rn. 89 ff.
Notar Rn. 94

Öffentlichkeit der Hauptversammlung Rn. 2, 89
Online-Teilnahme Rn. 8 ff.
– Satzungsregelung Rn. 10 ff.
Rederecht Rn. 5
Schranken des Teilnahmerechts Rn. 59 ff.
– Anmeldung Rn. 61 f.
– Einlageleistung Rn. 62 f.
– Entzug Rn. 73 ff.
– Nachweis der Aktionärseigenschaft Rn. 63 ff.
Teilnahmerecht/-pflicht
– Übersicht Rn. 3
Teilnahmerecht
– Durchsetzung Rn. 21 ff.
Virtuelle Hauptversammlung Rn. 7
Vorstand Rn. 76 ff., 100 ff.
– Teilnahmepflicht Rn. 100 ff.
– Teilnahmerecht Rn. 77

Schrifttum:
Bayer/Lieder, Umschreibungsstopp bei Namensaktien vor Durchführung der Hauptversammlung, NZG 2009, 1361; *Beck*, Aktuelles zur elektronischen Hauptversammlung, RNotZ 2014, 160; *Bosse*, Grünes Licht für das ARUG: das Aktienrecht geht online, NZG 2009, 807; *Bunke*, Fragen der Vollmachtserteilung zur Stimmrechtsausübung nach §§ 134, 135 AktG, AG 2002, 57; *Dauner-Lieb*, Aktuelle Vorschläge zur Präsenzsteigerung in der Hauptversammlung, WM 2007, 9; *Drinhausen/Keinath*, Regierungsentwurf eines Gesetzes zur Umsetzung der Aktionärsrechterichtlinie (ARUG) – Überblick über die Änderungen gegenü dem Referentenentwurf, BB 2009, 64; *dies.*, Auswirkungen des ARUG auf die künftige Hauptversammlungs-Praxis, BB 2009, 2322; *dies.*, BB-Rechtsprechungs- und Gesetzgebungsreport zum Hauptversammlungsrecht 2009, BB 2010, 3; *Ek*, Praxisleitfaden für die Hauptversammlung, 2. Aufl. 2010; *Fleischhauer*, Hauptversammlung und Neue Medien, ZIP 2001, 1133; *Götze*, Erteilung von Stimmrechtsvollmacht nach dem ARUG, NZG 2010, 93; *Grobecker*, Beachtenswertes zur Hauptversammlungssaison, NZG 2010, 165; *Grundmann*, Das neue Depotstimmrecht nach der Fassung im Regierungsentwurf zum ARUG, BKR 2009, 31; *Habersack*, Aktienrecht und Internet, ZHR 165 (2001), 172; *Hartmann*, Vollmachtlose Vertretung in der Hauptversammlung?, DNotZ 2002, 253; *Hoffmann-Becking*, Der Aufsichtsrat der AG und sein Vorsitzender in der Hauptversammlung, NZG 2017, 281; *Holten/Bauernfeind*, Die digitale Revolution im Aktienrecht? Die Möglichkeiten der Online-Hauptversammlung nach § 118 AktG, AG 2015, 489; *Horn*, Änderungen bei der Vorbereitung und Durchführung der Hauptversammlung nach dem Referentenentwurf zum ARUG, ZIP 2008, 1558; *Ihrig/Wandt*, Die Aktienrechtsnovelle 2016, BB 2016, 6; *Kersting*, Das Auskunftsrecht des Aktionärs bei elektronischer Teilnahme an der Hauptversammlung (§§ 118, 131 AktG), NZG 2010, 130; *Lenz*, Renaissance des Depotstimmrechts – Der Vorschlag des Deutschen Sparkassen- und Giroverbands –, AG 2006, 572; *Ludwig*, Formanforderungen an die individuell erteilte Stimmrechtsvollmacht in der Aktiengesellschaft und in der GmbH, AG 2002, 433; *Noack*, ARUG: das nächste Stück der Aktienrechtsreform in Permanenz, NZG 2008, 441; *ders.*, Briefwahl und Online-Teilnahme an der Hauptversammlung: der neue § 118 AktG, WM 2009, 2289; *Noack/Zetzsche*, Die Legitimation der Aktionäre bei Globalaktien und Depotverbuchung, AG 2002, 651; *Nussbaum*, Neue Wege zur Online-Hauptversammlung durch das ARUG, GWR 2009, 215; *ders.*, Zu Nachweisstichtag (record date) und Eintragungssperre bei Namensaktien, NZG 2009, 456; *Piehlke*, Internet und Hauptversammlung nach dem ARUG, NWB 2010, 758; *Prölss*, VAG, 11. Aufl. 1997; *Quass*, Nichtigkeit von Hauptversammlungsbeschlüssen wegen eines Umschreibestopps im Aktienregister, AG 2009, 432; *Reichert* in Beck'sches Handbuch der AG, 2. Aufl. 2009, § 5, 428 ff.; *Ratschow*, Die Aktionärsrechte-Richtlinie – neue Regeln für börsennotierte Gesellschaften, DStR 2007, 1402; *Riegger/Mutter*, Zum Einsatz neuer Kommunikationsmodelle in Hauptversammlungen von Aktiengesellschaften, ZIP 1998, 637; *Schmidt*, Banken(voll)macht im Wandel der Zeit – Das ARUG als (vorläufiger?) Schlussstein einer wechselvollen Geschichte, WM 2009, 2350; *Schüppen/Tretter*, Hauptversammlungssaison 2009 – Satzungsgestaltung in Zeiten des Trommelfeuers, Überlegungen und Formulierungsvorschläge von MoMiG bis ARUG, ZIP 2009, 493; *Schulte*, Kommentar zu den novellierten Vorschriften des Aktiengesetzes unter Berücksichtigung der Praxis des Handelsregisterverfahrens, Norderstedt (2009); *Seibert/Florstedt*, Der Regierungsentwurf des ARUG – Inhalt und wesentliche Änderungen gegenüber dem Referentenentwurf, ZIP 2008, 2145; *Simon/Zetzsche*, Aktionärslegitimation und Satzungsgestaltung – Überlegungen zu § 123 AktG idF. des UMAG, NZG 2005, 369; *Verhoeven*, Der besondere Vertreter nach § 147 AktG – Erwacht ein schlafender Riese, ZIP 2008, 245; *Wicke*, Die Leitung der Hauptversammlung einer Aktiengesellschaft – Praxisrelevante Fragen und neuere Entwicklungen, NZG 2007, 771; *Wieneke*, Stellung von ADR-Inhabern in der Hauptversammlung, AG 2001, 504; *Zetzsche*, Die neue Aktionärsrechte-Richtlinie: Auf dem Weg zur Virtuellen Hauptversammlung, NZG 2007, 686.

I. Überblick

Die Hauptversammlung ist keine öffentliche Veranstaltung, weshalb es nur bestimmte teilnahmeberechtigte, aber auch teilnahmeverpflichtete Personen gibt (→ Rn. 2 ff.). Die Teilnahme an der Hauptversammlung muss nicht immer die physische Präsenz bedeuten, sondern kann auch durch Online-Teilnahme (→ Rn. 8 ff.) erfolgen, das Stimmrecht kann auch durch Briefwahl ausgeübt werden (→ Rn. 15 ff.). Neben den Aktionären (→ Rn. 24 ff.) und den Vorstands- und Aufsichtsratsmitgliedern (→ Rn. 77) gibt es nur bestimmte Gruppen von Personen, die ebenfalls teilnahmeberechtigt sind (→ Rn. 80 ff.), während alle anderen als Gäste zugelassen werden können (→ Rn. 96 ff.). Eine Teilnahmepflicht besteht hingegen nur für Vorstands- und Aufsichtsratsmitglieder (→ Rn. 101 ff.) und für den Abschlussprüfer in engen Grenzen (→ Rn. 109 ff.). Bei Einlass der Teilnehmer zur Hauptversammlung müssen diese ihre Legitimation nachweisen (→ Rn. 117 ff.).

II. Allgemeines

Die Hauptversammlung der AG, auch die einer Publikumsgesellschaft, findet nach allgemeiner Auffassung **nicht öffentlich** statt.[1] Sie ist die interne Veranstaltung einer privaten Organisation, zu der nur Zutritt hat, wer dazu berechtigt ist.

Für jeden Versammlungsteilnehmer ist daher gesondert zu prüfen, ob ihm das Recht zusteht, auf der Hauptversammlung anwesend zu sein. Soweit ein solches Recht ausdrücklich gesellschaftsrechtlich (durch **Gesetz oder Satzung**) begründet ist, spricht man von einem Teilnahmerecht. Es existieren für bestimmte Personengruppen aber auch Teilnahmepflichten, die denknotwendig das Recht auf Teilnahme umfassen.

Übersicht Teilnahmerecht/-pflicht:

Personengruppe	Teilnahmerecht	Teilnahmepflicht
Aktionäre	Ja, soweit die von der Satzung aufgestellten Voraussetzungen nachgewiesen sind. Das Recht steht auch Inhabern stimmrechtsloser Vorzugsaktien zu. Ausnahme: Aktionäre, die generell keine Rechte aus ihren Aktien ausüben können.	Nein, allenfalls schuldrechtlich im Verhältnis zu Dritten (Stimmbindungsabrede).
Legitimationsberechtigte	Ja.	Nein, allenfalls schuldrechtlich im Verhältnis zum Aktionär.
Inhaber von ADR (American Depositary Receipts)	Nein, aber Möglichkeit der Bevollmächtigung durch die Depositary Bank.	Nein.
Inhaber von Schuldverschreibungen einschließlich Wandel- und Optionsschuldverschreibungen (Optionsanleihen)	Nein. Ausnahme: sog. Gläubigervertreter	Nein.

---

[1] *Koch* in Hüffer/Koch AktG § 118 Rn. 28; *Kubis* in MüKoAktG AktG § 118 Rn. 105 ff.; *Mülbert* in GroßkommAktG Vor §§ 118 Rn. 60; *Zöllner* in Kölner Komm. AktG § 119 Rn. 77.

Personengruppe	Teilnahmerecht	Teilnahmepflicht
Inhaber von Genussrechten	Nein. Ausnahme: Teilnahmerecht kann vertraglich eingeräumt werden.	Nein.
Aktionärsvertreter	Ja, und zwar sowohl kraft gesetzlicher als auch kraft rechtsgeschäftlicher Vertretungsmacht. Ausnahme: Mehrere Bevollmächtigte eines Aktionärs uU nur in begrenztem Umfang.	Nein, allenfalls schuldrechtlich im Verhältnis zum Vertretenen.
Vorstandsmitglieder	Ja.	Ja, es sei denn, es liegt ein wichtiger Hinderungsgrund (zB Krankheit) vor.
Aufsichtsratsmitglieder	Ja. Ausnahme: Kein Teilnahmerecht steht dem Ersatzmitglied zu.	Ja, es sei denn, es liegt ein wichtiger Hinderungsgrund (zB Krankheit) vor.
Abschlussprüfer	Ja, aber nur bei den Verhandlungen bezüglich der Feststellung des Jahresabschlusses, wenn über diese von der HV beschlossen wird (Umfang str.).	Ja, aber nur bei den Verhandlungen bezüglich der Feststellung des Jahresabschlusses, wenn über diese von der HV beschlossen wird (Umfang str.).
Sonderprüfer	Nein (str.).	Nein.
Besonderer Vertreter	Ja.	Ja. (Umfang str.).
Behördenvertreter	Ja, soweit gesetzlich festgelegt. Dazu zählen: Entsandte bzw. Bedienstete – der BAFin, – des DPMA.	Nein.
Medienvertreter	Nein, es sei denn, die Satzung sieht ausdrücklich die Anwesenheit vor oder diese wird durch den Versammlungsleiter gestattet. Ein Rederecht kann nur durch die Hauptversammlung eingeräumt werden.	Nein.
Notar	Nein, es sei denn, er wird zu Beurkundungszwecken zur Anwesenheit zugelassen.	Nein, außer nach Erteilung eines Beurkundungsauftrags.
Gäste	Nein, es sei denn, die Satzung sieht ausdrücklich die Anwesenheit vor oder diese wird durch den Versammlungsleiter gestattet.	Nein.

Durch das Gesetz zur Umsetzung der Aktionärsrechterichtlinie vom 30. 7. 2009[2] (ARUG) 4
wurden die Möglichkeiten der Aktionäre zur Teilnahme sowie der Stimmrechtsausübung im Vergleich zur vorherigen Rechtslage deutlich erweitert. Zu erwähnen sind in diesem Zusammenhang die Zulassung der Teilnahme im Wege der elektronischen Kommunikation (§ 118 Abs. 1 S. 2 AktG), der „Briefwahl" (§ 118 Abs. 2 AktG), die elektronische Bevollmächtigung von Stimmrechtsvertretern (§ 134 Abs. 3 S. 3 und 4 AktG) sowie die vollständige Reformierung des Depotstimmrechts (§ 135 AktG).

III. Teilnahmerecht

Das Teilnahmerecht umfasst mindestens das Recht auf Anwesenheit (**Anwesenheits-** 5
recht) und das Recht, sich zu den Tagesordnungspunkten zu äußern (**Rederecht**). Nach überwiegender Auffassung wird hierzu auch das Recht gezählt, Anträge zu stellen (**Antragsrecht**).[3] Nicht zum Teilnahmerecht gehört das Auskunftsrecht,[4] das nicht sämtlichen Hauptversammlungsteilnehmern, sondern nur Aktionären (bzw. ihren Vertretern) zusteht, ebenso wenig das Stimmrecht.

Die Teilnahme des Aktionärs bzw. seines Vertreters (Abstimmungsvertreter der Gesell- 6
schaft, Aktionärsvereinigungen oder andere vom Aktionär benannte Bevollmächtigte) an der Hauptversammlung sowie die Ausübung von Aktionärsrechten erforderten bisher seine physische Anwesenheit. Der Bedeutungsgehalt der Begriffe Anwesenheitsrecht und Rederecht wurde in jüngster Zeit verstärkt problematisiert; der Gesetzgeber hat durch das ARUG auf die neuen Möglichkeiten der elektronischen Kommunikation reagiert. Aktiengesellschaften können seitdem in die Satzung Öffnungsklauseln implementieren, die ganz oder teilweise die Abhaltung **virtueller Hauptversammlungen** gestatten. Da sowohl das Anwesenheits- als auch das Rederecht nach allgemeinem Sprachverständnis eine körperliche Präsenz der Berechtigten voraussetzen, scheint die Durchführung einer Hauptversammlung per **Videokonferenz/Internet** gegen das Teilnahmerecht der Aktionäre zu verstoßen.[5] Insoweit ist zu unterscheiden:

1. Virtuelle Hauptversammlung

Eine **rein „virtuelle Hauptversammlung"**, bei der es keinen bestimmten physischen 7
Versammlungsort mehr gibt, ist weiterhin unzulässig.[6] Insbes. verletzt eine solche Form der Hauptversammlung das Teilnahmerecht der Aktionäre ohne Internetzugang.[7]

---

[2] BGBl. 2009 I 2479 ff.
[3] *Koch* in Hüffer/Koch AktG § 118 Rn. 20; *Kubis* in MüKoAktG AktG § 118 Rn. 41; *Mülbert* in GroßkommAktG AktG § 118 Rn. 41; *Zöllner* in Kölner Komm. AktG § 118 Rn. 18. Diese Ansicht verkennt jedoch, dass das Antragsrecht des Aktionärs unabhängig vom Teilnahmerecht sein muss, da (Gegen-)Anträge auch außerhalb der Hauptversammlung gestellt werden können. Darüber hinaus besteht eine Teilnahmepflicht und damit korrespondierend ein Teilnahmerecht des Abschlussprüfers, ohne dass diesem ein Antragsrecht zustünde.
[4] AA *Butzke* C Rn. 2; nach *v. Godin/Wilhelmi* AktG § 123 Anm. 10 sollen unter das Teilnahmerecht auch das Auskunftsrecht, das Recht, Widerspruch zu Protokoll zu erklären, und sogar das Recht, Beschlüsse anzufechten, fallen.
[5] *Habersack* ZHR 165 (2001), 172 (181); *Koch* in Hüffer/Koch AktG § 118 Rn. 24; *Riegger/Mutter* ZIP 1998, 637 (638 f.).
[6] *Koch* in Hüffer/Koch AktG § 118 Rn. 24; *Hoffmann* in Spindler/Stilz AktG § 118 Rn. 41; *v. Holten/Bauerfeind* AG 2015, 489 (490); *Reul* notar 2012, 76 (77).
[7] Vgl. *Riegger/Mutter* ZIP 1998, 637 (638); *Schaaf* Praxis der HV Rn. 273.

2. Online-Teilnahme

8 Zulässig ist allerdings die **Online-Teilnahme** an einer Hauptversammlung, die jedoch weiterhin an einem bestimmten physischen Versammlungsort stattfindet (= ohne physische Anwesenheit des Aktionärs oder seines Vertreters). Da zumindest theoretisch alle Aktionäre an der Hauptversammlung auf elektronischem Wege teilnehmen könnten, könnte die Online-Teilnahme im Extremfall einer virtuellen Hauptversammlung schon überaus nahe kommen (Abkehr vom Prinzip der physischen Präsenz):[8] Lediglich Aufsichtsrat, Vorstand und ggf. der das Hauptversammlungsprotokoll erstellende Notar fänden sich hierbei an einem einzigen realen Ort zusammen.

9 Auch online teilnehmende Aktionäre gelten als erschienen iSd § 129 Abs. 1 S. 2 AktG[9] und sind deshalb – ohne gesonderte Kennzeichnung[10] – im Teilnehmerverzeichnis als anwesend oder vertreten aufzuführen. § 118 Abs. 1 S. 2 AktG eröffnet der Gesellschaft die Möglichkeit, die Hauptversammlung von einer reinen Präsenzveranstaltung zu einer Präsenzveranstaltung in Kombination mit der **Möglichkeit der Online-Teilnahme** zu entwickeln.[11] Dem jeweiligen Satzungsgeber ist insoweit weitestgehende Gestaltungsfreiheit eingeräumt, solange er den Teilnahmeberechtigten nicht die physische Teilnahme verwehrt (Verhinderungsverbot).[12] Hierdurch soll auf die weltweite Streuung der Inhaberschaft an den Aktien reagiert sowie insbes. die Präsenz an den Hauptversammlungen erhöht werden.

10 Dabei können[13] dem online teilnehmenden Aktionär statutarisch die gleichen Rechte wie dem physisch erscheinenden (Frage- und Rederecht (mit/ohne Antwortanspruch),[14] Widerspruchs- und Anfechtungsrechte) eingeräumt werden.[15] Die Satzung kann allerdings auch die Ausübung aller oder einzelner Rechte auf elektronischem Wege beschränken (zB die Ausübung des Stimmrechts, ohne diese Erleichterung auch auf das Recht zur Einlegung eines Widerspruchs zu erstrecken; Beschränkungen des Rede- und Fragerechts nur für elektronisch teilnehmende Aktionäre zur Vermeidung überlanger Hauptversammlungen).[16] Eine sachliche Rechtfertigung für die hierin liegende Ungleichbehandlung zu den physisch erscheinenden Aktionären ist nicht nötig, da der Gleichbehandlungsgrundsatz aus § 53a AktG durch § 118 Abs. 1 S. 2 AktG gerade eingeschränkt wird.[17] Zudem ließe sich die Ungleichbehandlung damit rechtfertigen, dass die Gesellschaft nicht verpflichtet ist, den Aktionären elektronische Kommunikationswege zu eröffnen, sondern hierauf auch gänzlich verzichten könnte und deshalb eine (nur) teilweise Zulassung immer noch mehr als ein vollständiger Verzicht auf diese Art der Versammlungsteilnahme ist.[18] Unzulässig sind demgegenüber Ungleichbehandlungen der online teilnehmenden Aktionäre unter-

---

[8] BegrRegE ARUG, BT-Drs. 16/11642, 26; *Horn* ZIP 2008, 1558 (1564).
[9] BegrRegE ARUG, BT-Drs. 16/11642, 26.
[10] *Noack* WM 2009, 2289 (2293).
[11] Basierend auf Art. 8 Abs. 1 der Richtlinie 2007/36/EG über die Ausübung bestimmter Rechte von Aktionären in börsennotierten Gesellschaften (ABl. L 184, 17; sog Aktionärsrechterichtlinie). Die Richtlinie spricht insofern von einer „Zwei-Wege-Verbindung", die im Gegensatz zu einer bloß passiven Zuschauerstellung des Aktionärs die Möglichkeit aktiver Intervention ermöglichen soll.
[12] BegrRegE ARUG, BT-Drs. 16/11642, 26; ausführlich *Kersting* NZG 2010, 130 ff.
[13] Vgl. auch Ziff. 2.3.3 DCGK: „Die Gesellschaft sollte den Aktionären die Verfolgung der Hauptversammlung über moderne Kommunikationsmedien (zB Internet) ermöglichen."
[14] Bejahend der BegrRegE ARUG, BT-Drs. 16/11642, 26; *Drinhausen/Keinath* BB 2009, 2322 (2326); *v. Nussbaum* GWR 2009, 215. Zweifelnd, iE aber zustimmend *Kersting* NZG 2010, 130 (133).
[15] Ausführlich zu den Gestaltungsoptionen *v. Holten/Bauerfeind* AG 2015, 489 (490); *Kersting* NZG 2010, 130 (132).
[16] Gesetzesbegründung, BT-Drs. 16/11642, 26; dazu *Drinhausen/Keinath* BB 2009, 2322 (2326); *Seibert/Florstedt* ZIP 2008, 2145 (2146); *Schüppen/Tretter* ZIP 2009, 493. Art. 8 Abs. 2 der Aktionärsrechterichtlinie steht Restriktionen nicht entgegen, weil hierdurch nur die ungebührliche Erschwerung des „Einsatzes technischer Mittel" verhindert werden soll, vgl. BegrRegE ARUG, BT-Drs. 16/11642, 26.
[17] *v. Holten/Bauerfeind* AG 2015, 489 (490); *Kersting* NZG 2010, 130 (131). AA aber die BegrRegE ARUG, BT-Drs. 16/11642, 26; *Seibert/Florstedt* ZIP 2008, 2145 (2146).
[18] *Kersting* NZG 2010, 130 (131).

einander, etwa die Bindung eines elektronischen Fragerechts an ein Mindestquorum (zB einen Aktienbesitz von mindestens 1%) oder aber eine bestimmte Haltedauer der Aktien,[19] da in ihrem Verhältnis zueinander § 53a AktG Geltung beansprucht.[20] Unzulässig ist vor diesem Hintergrund auch die Beschränkung auf bestimmte, der Verwaltung genehme Abstimmungsmaterien.[21]

Zulässig sind insbes. Regelungen zur Art und Weise der Ausübung der Rechte der Online-Teilnehmer, regelmäßig in Bezug auf das Fragerecht. Insoweit ist darauf zu achten, dass es zu keiner Benachteiligung der physisch anwesenden Aktionäre kommt und zugleich sicherzustellen, dass sowohl die Fragen der Online-Teilnehmer als auch die korrespondierenden Antworten der Geschäftsleitung **allen** Hauptversammlungsteilnehmern zur Kenntnis gebracht werden, etwa durch die Aufstellung von Internet-Terminals.[22] Zur Vermeidung einer Angreifbarkeit sind den Möglichkeiten der elektronischen Kommunikation gegenüber aufgeschlossene Gesellschaften deshalb sicherlich gut beraten, von dieser Differenzierung entweder keinen Gebrauch zu machen oder aber mindestens bei der Einberufung deutlich darauf aufmerksam zu machen, dass die Aktionäre im Falle ihrer Online-Teilnahme bei einer entsprechenden Satzungsgestaltung ihres Widerspruchsrechts verlustig gehen.

Die Erweiterung der Teilnahmemöglichkeiten unter Zuhilfenahme elektronischer Kommunikationsmittel kann entweder durch eine Satzungsregelung erfolgen, die unmittelbar die Einzelheiten der Online-Teilnahme regelt, oder aber durch eine Klausel, die eine Online-Teilnahme grundsätzlich zulässt, die Ausgestaltung im Einzelnen aber dem Vorstand anlässlich der Einberufung überlässt.[23] Die zweite Variante dürfte aus Gründen der Flexibilität vorzugswürdig sein, da eine starre Satzungsregelung nur unzureichend auf die sich ständig ändernden technischen Gegebenheiten (zB bei der sicheren Identifizierung des Online-Teilnehmers, der automatischen Aufzeichnung des Online-Teilnehmerverzeichnisses oder der automatischen Überprüfung einer störungsfreien Verbindung)[24] oder zwecks Minimierung von Anfechtungsrisiken auf rechtliche Entwicklungen in der laufenden Hauptversammlungssaison[25] reagieren kann.

Lässt die Satzung die Online-Teilnahme der Aktionäre – gleich in welcher der beschriebenen Varianten – zu,[26] können diese ohne körperliche Anwesenheit am Versammlungsort und ohne die Notwendigkeit einer rechtsgeschäftlichen Vertretung an der Hauptversammlung teilnehmen und ihre Rechte im von der Gesellschaft gewährten Umfang mittels elektronischer Kommunikation (zB durch eine direkte Abstimmungsteilnahme via Internet, Redebeiträge per Videoübertragung, Fragen per E-Mail oder mittels eines Live-Dialogs) ausüben. Ein Anfechtungsrecht steht diesen Aktionären jedoch nur zu, wenn auch die Einlegung von Widersprüchen zur Niederschrift auf elektronischem Wege gestattet wird.[27]

Denn der Online-Teilnehmer ist insbes. „in der Hauptversammlung erschienen" (§ 245 Nr. 1 AktG), so dass er – die Möglichkeit der Einlegung eines Widerspruchs vorausgesetzt – nach dieser Norm auch anfechtungsbefugt ist. Eine Anfechtung aufgrund technischer

---

[19] *Kersting* NZG 2010, 130 (133). AA *Noack* WM 2009, 2289 (2293).
[20] *Kersting* NZG 2010, 130 (133).
[21] *Noack* WM 2009, 2289 (2293).
[22] *Kersting* NZG 2010, 130 (132) unter Bezugnahme der Rechtsprechung zu schriftlichen Fragen OLG Frankfurt a.M. NJW-RR 2007, 546 (547) und schriftlichen Antworten BGH NJW 1987, 3186; OLG Düsseldorf WM 1991, 2148 (2153).
[23] Die Online-Teilnahme ist ein zusätzliches Angebot, auf welches der einzelne Aktionär keinen gesetzlichen Anspruch hat, *Noack* NZG 2008, 441 (444).
[24] BegrRegE ARUG, BT-Drs. 16/11642, 26.
[25] Ähnlich *v. Nussbaum* GWR 2009, 215; *Piehlke* NWB 2010, 758.
[26] Zu den Möglichkeiten der Satzungsgestaltung siehe *Wicke* FS Kanzleiter, 2010, 415 (418).
[27] § 245 Nr. 1 AktG. Die Anfechtung kann jedoch nicht auf eine technische Störung gestützt werden, es sei denn, der Gesellschaft fällt Vorsatz oder grobe Fahrlässigkeit zur Last § 243 Abs. 3 Nr. 1 AktG. Dazu *Beck* RNotZ 2014, 160 (164); *Drinhausen/Keinath* BB 2009, 2322 (2326).

Störung des Zugangs zur Hauptversammlung ist jedoch nur möglich, wenn der Gesellschaft Vorsatz oder grobe Fahrlässigkeit vorgeworfen werden kann (§ 243 Abs. 3 Nr. 1 AktG); die Beweislast liegt beim Aktionär.

3. Abstimmung ohne Teilnahme an der Versammlung („Briefwahl")

15 § 118 Abs. 2 AktG eröffnet sowohl für börsennotierte als auch für börsenferne Gesellschaften die auf Art. 12 der Aktionärsrechterichtlinie beruhende und dem deutschen Recht zuvor unbekannte Möglichkeit der Abstimmung ohne Teilnahme an der Hauptversammlung entweder im Wege der schriftlichen Stimmabgabe oder der elektronischen Kommunikation (beide vom Gesetzgeber missverständlich[28] unter dem Begriff **Briefwahl**[29] zusammengefasst). Gesetzgeberische Intention war die „Aktivierung" sonst untätiger bzw. am Versammlungstag sich im Ausland aufhaltender Aktionäre. Grundlage der Briefwahl ist wie bei der Online-Teilnahme (siehe soeben unter 2.) entweder eine Satzungsregelung, die unmittelbar die Einzelheiten der Briefwahl regelt, oder aber eine Klausel, die eine Briefwahlmöglichkeit im Grundsatz eröffnet, die Ausgestaltung im Einzelnen aber dem Vorstand anlässlich der Einberufung überlässt.[30] Die Briefwahl ist dabei kein *aliud* zur Online-Teilnahme, sondern kann alternativ oder auch zusätzlich zur Online-Teilnahme in der Satzung vorgesehen werden.[31]

16 Im Unterschied zur Online-Teilnahme nehmen die die Briefwahl nutzenden Aktionäre nicht im Rechtssinne an der Versammlung teil (Umkehrschluss aus § 118 Abs. 1 S. 2 AktG).[32] Vor diesem Hintergrund ist es von erheblicher rechtlicher Bedeutung festzustellen, wann ein Aktionär **(Online-)Teilnehmer oder Briefwähler** ist. Die Differenzierung zwischen der Online-Teilnahme und der Briefwahl wird nicht nur dadurch erschwert, dass der Gesetzgeber den Begriff der Briefwahl auch auf die Verwendung elektronischer Kommunikationsmittel erstreckt, sondern auch dadurch, dass er, anders als bei Briefwahlen gemeinhin üblich, die Abstimmung per Briefwahl nicht in einem zeitlichen Abstand zum Beginn der Versammlung bzw. dem Abstimmungsvorgang in der Versammlung enden lassen will. Demgemäß sollte abstrakt wie folgt abgegrenzt werden:[33]
a) Stimmabgaben vor Beginn der Versammlung sind solche per Briefwahl
b) (Elektronische) Stimmabgaben ab Beginn der Versammlung, aber vor Beginn einer Abstimmung sind ebenfalls solche per Briefwahl
c) Bei (elektronischen) Stimmabgaben während einer Abstimmung in der Versammlung ist danach zu differenzieren, ob der Aktionär lediglich elektronisch seine Stimme abgibt, ohne an der Versammlung teilzunehmen (etwa durch das bloße Ausfüllen eines Online-Formulars während einer Videoübertragung der Hauptversammlung) = Briefwahl, oder ob er seine Stimme während einer Online-Zuschaltung mit Interaktionsmöglichkeit (zB durch Zulassung eines Rederechts) abgibt = Online-Teilnahme.

17 Nicht eindeutig geklärt ist bislang, ob alle unter a) bis c) beschriebenen Varianten der Briefwahl nach geltendem Recht **zulässig** sind. Unproblematisch dürfte die Variante a) zumindest dann sein, wenn der Zeitraum der Briefwahl vor dem Tag der Hauptversammlung endet. Ob eine Briefwahl auch noch am Versammlungstag bis zum Beginn der Ver-

---

[28] Anders *Noack* WM 2009, 2289: Die Begrifflichkeit sei zwar missverständlich, aufgrund der gesetzlichen Definition jedoch gegen Fehlinterpretation abgesichert.
[29] BegrRegE ARUG, BT-Drs. 16/11642, 26. → § 7 Rn. 73 ff.
[30] Eine solche Pflicht besteht auch für die börsennotierte Gesellschaft nicht (Gegenschluss aus § 134 Abs. 3 S. 4 AktG.
[31] So auch *Grobecker* NZG 2010, 165 (168); *Mülbert* in GroßkommAktG AktG § 118 Rn. 108; *Wicke* FS Kanzleiter, 2010, 415 (423). Sowohl die Online-Teilnahme als auch die Briefwahl sind von der Bild- und Tonübertragung der Hauptversammlung nach § 118 Abs. 4 AktG zu unterscheiden.
[32] Die Briefwahl ist nicht mit dem in § 48 Abs. 2 GmbHG geregelten (Umlauf-)Verfahren vergleichbar, da eine Briefwahl ohne Hauptversammlung nicht denkbar ist, vgl. *Noack* WM 2009, 2289 (2291).
[33] Siehe hierzu auch *Wicke* FS Kanzleiter, 2010, 415 (424).

sammlung zulässig ist, ist zumindest nicht eindeutig, dürfte aber wohl zu bejahen sein.[34] Gleiches muss nach hiesiger Auffassung auch für die Variante b) gelten.[35] In Abweichung vom Wortlaut der Aktionärsrechterichtlinie, die offenbar von einem Ende der Briefwahlperiode vor der Hauptversammlung ausgeht, lässt der deutsche Gesetzgeber die Briefwahl für einen nicht teilnehmenden Aktionär zu und grenzt die Briefwahl von der Online-Teilnahme nicht in zeitlicher, sondern lediglich in technischer Hinsicht ab. Insofern scheint es auch nicht gänzlich abwegig zu sein, anzunehmen, dass eine Abstimmung per Briefwahl auch noch nach dem Beginn der Hauptversammlung und sogar auch noch (siehe Variante c)) während einer laufenden Abstimmung möglich ist.[36]

18 Angesichts dieser **Abgrenzungsschwierigkeiten** dürfte es sich empfehlen, bei der statutarischen Zulassung der Briefwahl ein Ende der Briefwahlperiode spätestens vor dem Beginn der Hauptversammlung vorzusehen und zugleich sicherzustellen, dass eine elektronische Stimmabgabe im Wege der Briefwahl ab Versammlungsbeginn technisch nicht mehr möglich ist.

19 Im Übrigen ist die Abgrenzung zwischen Online-Teilnahme und Briefwahl wie erläutert nicht nur schwierig, sondern zudem nicht stringent durchgehalten: Obwohl der Gesetzgeber davon ausgeht, dass die im Wege der Briefwahl abgegebenen Stimmen nicht zur Präsenz (= den physischen und den Online-Teilnehmern) gehören,[37] ist er aber zugleich der Ansicht, dass die im Wege der Briefwahl abgegebenen Stimmen bei der Auszählung als Teil des vertretenen Grundkapitals anzusehen sind (vgl. §§ 179 Abs. 2, 133 AktG).[38] Das vertretene Grundkapital wurde allerdings in der bisherigen aktienrechtlichen Terminologie synonym zu dem Begriff der Präsenz gebraucht, so dass die Briefwähler zumindest für die Ermittlung der Präsenz den Online-Teilnehmern gleichzustellen sind. Diese Erkenntnis erlangt Bedeutung vor allem bei der Frage, ob bei einer Gesellschaft, deren Satzung das Vorhandensein eines bestimmten Prozentsatzes des vertretenen Grundkapitals verlangt, damit überhaupt in eine Abstimmung eingetreten werden darf (Quorum), der Versammlungsleiter die Stimmen der Briefwähler bei der für die Ermittlung des Quorums notwendigen Präsenz mit berücksichtigen darf. Stellt man, wie vorstehend ausgeführt, für die Berechnungszwecke die Briefwähler den Online-Teilnehmern gleich, wird die paradoxe Situation vermieden, dass der Versammlungsleiter den Eintritt in die Abstimmung ablehnen müsste, weil die Präsenz aus physisch Anwesenden und Online-Teilnehmern das Quorum nicht erreicht, während das Quorum entweder allein durch die Stimmen der Briefwähler oder zumindest zusammen mit den Stimmen der Briefwähler erreicht werden würde. Unabhängig von der Diskussion darüber, ob eine Pflicht der Verwaltung zur Information der Aktionäre vor Beginn der Hauptversammlung oder spätestens vor Beginn einer Abstimmung über die bereits eingegangenen Briefwahlstimmen besteht oder künftig bestehen sollte,[39] dürfte somit zumindest bei den Gesellschaften, deren Satzung ein Quorum vorsieht, eine Verpflichtung des Versammlungsleiters bestehen festzustellen, ob bei Nichterreichen des Quorums durch das durch die physisch Anwesenden und Online-Teilnehmer vertretene Grundkapital nicht etwa mit Hilfe der Stimmen der Briefwähler doch erreicht wird.

---

[34] Die Richtlinie spricht von „vor" der Hauptversammlung, *Noack* WM 2009, 2289 (2291).
[35] So auch *Noack* WM 2009, 2289 (2291).
[36] So der BegrRegE ARUG, BT-Drs. 16/11642, 26; ebenso *Hoffmann* in Spindler/Stilz AktG § 118 Rn. 42.
[37] BegrRegE BT-Drs. ARUG, 16/11642, 26.
[38] BegrRegE BT-Drs. ARUG, 16/11642, 27.
[39] Die Verwaltung hat regelmäßig durch eine vorherige Auszählung der per Briefwahl abgegebenen Stimmen einen Informationsvorsprung vor den Aktionären. Anpassungen der Tagesordnung oder Umstellungen im Abstimmungsverfahren können dazu führen, dass die Briefwahlstimmen nicht mehr gewertet werden können (vergleichbar der Problematik eines streng weisungsgebundenen Vertreters, der keine Klarheit mehr darüber hat, ob und wie er für den vertretenen Aktionär zu agieren hat). *Noack* WM 2009, 2291 schlägt deshalb vor, eine solche Offenlegungspflicht der Verwaltung im Vorfeld der jeweiligen Abstimmung im Deutscher Corporate Governance Kodex zu implementieren.

4. Teilnahme an der Versammlung trotz Teilnahme an der Briefwahl

20 Einem Aktionär, der bereits im Wege der (elektronischen) Briefwahl seine Stimme abgegeben hat, aber gleichwohl an der Versammlung teilnehmen möchte, etwa weil er nunmehr anders abzustimmen gedenkt, wird man die **persönliche Teilnahme** nicht verweigern dürfen.[40] Insbes. ist das Teilnahmerecht unabhängig von der Frage, ob und unter welchen Voraussetzungen der Aktionär sein Stimmrecht ungeachtet der schon abgegebenen Briefwahlstimme noch ausüben darf.[41]

5. Durchsetzung des Teilnahmerechts

21 Derjenige, dem ein Teilnahmerecht zusteht, kann dieses notfalls im Wege der **Leistungsklage** durchsetzen.[42] Soweit die Ausübung des Teilnahmerechts bestimmten formellen Schranken unterliegt (→ Rn. 60–72), ist allerdings lediglich eine Verurteilung unter dem Vorbehalt der jeweils für die Zulassung zur Hauptversammlung zu erfüllenden Formalien möglich.[43]

22 Um die **Ausübung des Anwesenheitsrechts** der verschiedenen zur Teilnahme an der Hauptversammlung berechtigten Personen zu gewährleisten, ist die AG zunächst verpflichtet, den freien Zugang zum Versammlungsraum zu ermöglichen und einen ordnungsgemäßen Ablauf der Versammlung sicherzustellen. Sicherheitskontrollen an den Eingängen sind heutzutage üblich und je nach Größe und Bedeutung der Veranstaltung empfehlenswert.[44]

23 Für jede Zutritt zu einer Hauptversammlung begehrende Person ist gesondert zu ermitteln, woraus sich ihr Recht auf die Teilnahme ableitet und welchen Schranken es möglicherweise unterliegt.

IV. Teilnahmeberechtigte

1. Aktionäre und Aktionärsvertreter

a) Entstehung des Teilnahmerechts

24 Das Teilnahmerecht zählt zu den grundlegenden mitgliedschaftlichen Verwaltungsrechten des Aktionärs. Es entsteht mit dem **Erwerb der Gesellschafterstellung** als Aktionär.

aa) Aktionäre

25 Da sich die Aktionärsstellung und damit das Teilnahmerecht aus der Aktie selbst ableiten, steht grundsätzlich jedem Aktionär das Recht zur Teilnahme an der Hauptversammlung zu. Etwas anderes gilt nur, wenn Aktionärsrechte entweder überhaupt[45] oder vorüberge-

---

[40] *Noack* WM 2009, 2289 (2292).
[41] *Noack* WM 2009, 2289 (2292).
[42] *Hoffmann* in Spindler/Stilz AktG § 118 Rn. 19; *Zöllner* in Kölner Komm. AktG § 118 Rn. 21.
[43] *Zöllner* in Kölner Komm. AktG § 118 Rn. 21 (zum Teilnahmerecht von Aktionären). In Anbetracht der relativ kurzen Einberufungsfristen einer Hauptversammlung stellt sich die Frage, ob die Teilnahme auch im einstweiligen Rechtsschutzverfahren erzwungen werden kann. Zwar könnte in einer vorläufigen Zulassung zur Teilnahme die Vorwegnahme der Hauptsache zu sehen sein, doch kann nur auf diese Weise rechtzeitig ein effektiver Rechtsschutz erreicht werden. Die Rspr. hat sich, soweit ersichtlich, mit der Klärung dieser Frage bislang nicht befasst.
[44] Vgl. AG München AG 1995, 335; *Henn/Frodermann/Jannott* AktienR-HdB Rn. 809.
[45] § 71b AktG; selbstverständlich sind die die Gesellschaft vertretenden Vorstandsmitglieder in ihrer Funktion als solche gleichwohl teilnahmeberechtigt und -verpflichtet.

hend⁴⁶ nicht bestehen. Somit sind auch die Inhaber **stimmrechtsloser Vorzugsaktien** teilnahmebefugt (§ 140 Abs. 1 AktG). Ebenso ist es für das Teilnahmerecht ohne Belang, ob ein Aktionär im Rahmen einer Abstimmung einem Stimmverbot unterliegt,[47] in seinem Stimmrecht beschränkt ist[48] oder derzeit kein Stimmrecht hat (§ 134 Abs. 2 S. 1 AktG).

Bei im Aktienregister eingetragenen Namensaktionären ist derjenige dem Aktionär gleichzustellen, der im Verhältnis zur Gesellschaft ohne Rücksicht auf seine materiellrechtliche Befugnis als Aktionär gilt (§ 67 Abs. 2 AktG).[49] **26**

Kein Aktionär ist der **Inhaber eines ADR** (American Depositary Receipt). Dabei **27** handelt es sich um umlauffähige Berechtigungsscheine, die US-amerikanische Anleger erhalten, wenn sie in deutsche Unternehmen investieren. Eigentümer der Aktie und damit Inhaber des Teilnahmerechts ist die Depositary Bank, die – meist durch eine Filiale in Deutschland – die Aktie verwahrt.[50] Der Mustervertrag des Deutsches Aktieninstitut eV sieht allerdings vor, dass die Depositary Bank verpflichtet ist, dem Inhaber des ADR die für eine Teilnahme an der Hauptversammlung notwendigen Dokumente zur Verfügung zu stellen.[51] Daraus folgt ein schuldrechtlicher Anspruch des Anlegers auf Bevollmächtigung als Stimmrechtsvertreter durch die Depositary Bank. In der Praxis wird der USamerikanische Anleger aber nur selten persönlich an der in Deutschland stattfindenden Hauptversammlung teilnehmen, sondern seinerseits Stimmrechtsvertreter bevollmächtigen, denen er Weisungen erteilt.[52] Bislang empfahl es sich, dass die Gesellschaft zu diesem Zweck Stimmrechtsvertreter benannte, um den ausländischen Anlegern eine Beteiligung an der Hauptversammlung zu ermöglichen.[53] Bei Gesellschaften, die nun in ihrer Satzung die Online-Teilnahme und/oder die Briefwahl zulassen, gibt es erste Anzeichen dafür, dass diese neuen Formen der Ausübung von Aktionärsrechten der Benennung von Stimmrechtsvertretern mittelfristig den Rang ablaufen werden.

Der Aktionär, der seine Aktie **verpfändet** hat, bleibt der Inhaber aller mit ihr verbundenen Verwaltungsrechte, insbes. des Teilnahmerechts.[54] Hat die Gesellschaft Aktienurkunden ausgegeben, so hat der Aktionär dem Pfandrechtsgläubiger die Aktie zu übergeben.[55] Dadurch kann es zu Problemen kommen, wenn bspw. die Hinterlegung der Aktienurkunde Voraussetzung für die Teilnahme an der Hauptversammlung ist. Heutzutage ist jedoch die Girosammel- und Sonderverwahrung (§§ 5 Abs. 1, 9a DepotG) – nicht nur bei börsennotierten Gesellschaften – bei der Clearstream Banking AG gebräuchlich. Darüber hinaus ist sie nach der Aktienrechtsnovelle 2016 für nicht börsennotierte Gesellschaften, die Inhaberaktien ausgeben wollen, sogar verpflichtend (vgl. § 10 Abs. 1 S. 2 AktG). Für die Teilnahme ist dann regelmäßig die Hinterlegungsbescheinigung der Bank ausreichend (§ 123 Abs. 4 S. 1 AktG). Demgegenüber überträgt der Aktionär, der seine **28**

---

[46] §§ 20 Abs. 7, 21 Abs. 4, 71b, 328 Abs. 1 S. 1 AktG; *Koch* in Hüffer/Koch AktG § 118 Rn. 24; *Kubis* in MüKoAktG AktG § 118 Rn. 55; *Steiner* HV der AG § 4 Rn. 3; *Zöllner* in Kölner Komm. AktG § 118 Rn. 20. Das Teilnahmerecht wird auch durch § 28 WpHG (ab 3.1.2018 § 44 WpHG) ausgeschlossen, vgl. *Assmann/Schneider* WpHG § 28 Rn. 23, dessen Anwendungsbereich durch das Gesetz zur Umsetzung der Transparenzrichtlinie-Änderungsrichtlinie v 20.11.2015 (BGBl. 2015 I 2029) deutlich erweitert wurde.
[47] Etwa aus § 136 Abs. 1 S. 1 AktG; *Mülbert* in GroßkommAktG AktG § 118 AktG Rn. 67.
[48] § 328 Abs. 1 S. 1 AktG; *Kubis* in MüKoAktG AktG § 118 Rn. 55; *Mülbert* in GroßkommAktG AktG § 118 Rn. 67; aA *Koch* in Hüffer/Koch AktG § 118 Rn. 24; *Steiner* HV der AG § 4 Rn. 3.
[49] *Kubis* in MüKoAktG AktG § 118 Rn. 58.
[50] Vgl. *Mülbert* in GroßkommAktG AktG § 118 Rn. 22; *Wieneke* AG 2001, 504 (510).
[51] Vgl. *Wieneke* AG 2001, 504 (510).
[52] Vgl. *Preissler* WM 2001, 113 (115).
[53] Zur Möglichkeit der Benennung von Stimmrechtsvertretern durch die Gesellschaft → § 3 Rn. 25. Im Fall der Durchführung der Hauptversammlung zur Prüfung eines Übernahmeangebots besteht sogar eine Pflicht zur Benennung von Stimmrechtsvertretern, vgl. § 16 Abs. 4 S. 6 WpÜG.
[54] OLG Celle AG 2015, 363; *Koch* in Hüffer/Koch AktG § 118 Rn. 24; *Hoffmann-Becking* in MHdB AG § 37 Rn. 6.
[55] Vgl. §§ 1273 Abs. 1, 1274 Abs. 1 S. 2, 1205 Abs. 1 S. 1 BGB.

Aktie/n einem Dritten zur **Sicherheit übereignet** hat, damit grundsätzlich auch seine Teilnahmeberechtigung an den Sicherungsnehmer.[56] Allerdings dürfte dieser aus der Sicherungsabrede schuldrechtlich verpflichtet sein, den Sicherungsgeber zur Teilnahme an der Hauptversammlung zu bevollmächtigen.[57]

29 Die Belastung des Gewinnstammrechts des Aktionärs mit einem **Nießbrauch** lässt das Teilnahmerecht nach überwiegender Meinung unberührt.[58] Umstritten ist allerdings, wer teilnahmeberechtigt ist, wenn ein Nießbrauch an der gesamten Aktie bestellt wird.[59]

30 Nicht teilnahmeberechtigt ist, wer lediglich Inhaber einer **Schuldverschreibung** ist.[60] Dies versteht sich von selbst, da der Inhaber nur Gläubiger und nicht Aktionär ist. Auch aus **Gewinnschuldverschreibungen** (vgl. § 221 Abs. 1 S. 1 Alt. 2 AktG), die zusätzlich zum Rückzahlungsanspruch eine Beteiligung am Gewinn gewähren, folgt daher kein Teilnahmerecht. Gleiches gilt aber auch für **Wandelschuldverschreibungen** und **Optionsschuldverschreibungen** (auch Optionsanleihen genannt), vgl. § 221 Abs. 1 S. 1 Alt. 1 AktG. Diese begründen zwar das Recht, in der Zukunft Aktionär zu werden. Aus ihnen folgt aber keine derzeitige Aktionärsstellung und damit kein Teilnahmerecht.[61] Zu beachten ist jedoch, dass die Inhaber aller Arten von Schuldverschreibungen zu einer Gläubigerversammlung berufen werden können, auf der ein **Gläubigervertreter** bestellt werden kann.[62] Dieser ist an Hauptversammlungen der Schuldnerin kraft Gesetzes teilnahmeberechtigt (§ 15 Abs. 1 SchVG).

31 Im Rahmen von **Treuhandverhältnissen** ist der Treuhänder im Außenverhältnis gegenüber der Gesellschaft allein teilnahmeberechtigt.[63] Allerdings kann sich aus dem Treuhandverhältnis eine Verpflichtung des Treuhänders ergeben, den Treugeber mit einer Stimmrechtsvollmacht auszustatten.[64]

32 Grundsätzlich kein Teilnahmerecht haben die Inhaber von **Genussrechten.**[65] Genussrechte sind schuldrechtlicher, nicht gesellschaftsrechtlicher Natur und begründen daher keine Mitgliedschaft.[66] Dem Inhaber kann jedoch **vertraglich** ein Teilnahmerecht eingeräumt werden.[67]

33 Zweifelhaft ist das Teilnahmerecht bei einer **gesonderten Versammlung** bestimmter Aktionäre (§ 138 AktG). Diese kann einberufen werden, wenn das Gesetz einen Sonderbeschluss verlangt, ohne den ein Hauptversammlungsbeschluss nicht wirksam werden kann, oder wenn eine in den Zuständigkeitsbereich der Verwaltung fallende Maßnahme der Zustimmung außenstehender Aktionäre bedarf.[68] Ob den nicht sonderabstimmungsberechtigten Aktionären an der gesonderten Versammlung ein Teilnahmerecht zusteht, ist umstritten. Teilweise wird ein solches mit der Begründung bejaht, die nicht sonderabstimmungsberechtigten Aktionäre müssten Gelegenheit haben, ihrem zuvor gefassten Beschluss zur Wirksamkeit zu verhelfen und die anderen Aktionäre von der Zustimmung

---

[56] *Koch* in Hüffer/Koch AktG § 118 Rn. 27; *Kubis* in MüKoAktG AktG § 118 Rn. 57; *Schaaf* Praxis der HV Rn. 293.
[57] *Butzke* C Rn. 7; *Kubis* in MüKoAktG AktG § 118 Rn. 57.
[58] *Kubis* in MüKoAktG AktG § 118 Rn. 56 mwN.
[59] Ausführlich zum Streitstand: *Stürner* in Soergel BGB § 1068 Rn. 7 ff., zum Aktienrecht insbes. → Rn. 9 ff.
[60] Vgl. *Koch* in Hüffer/Koch AktG § 118 Rn. 7.
[61] Vgl. *Koch* in Hüffer/Koch AktG § 118 Rn. 7.
[62] Vgl. §§ 1, 14 SchVG vom 5.8.2009, BGBl. 2009 I 2512.
[63] *Koch* in Hüffer/Koch AktG § 118 Rn. 27; *Hoffmann* in Spindler/Stilz AktG § 118 Rn. 11.
[64] *Kubis* in MüKoAktG AktG § 118 Rn. 657.
[65] Zu Genussrechten vgl. § 221 Abs. 3 AktG.
[66] *Habersack* in MüKoAktG AktG § 221 Rn. 86, 119; *Koch* in Hüffer/Koch AktG § 221 Rn. 26; *Lutter* in Kölner Komm. AktG § 221 Rn. 21 und 196.
[67] Vgl. *Habersack* in MüKoAktG AktG § 221 Rn. 120; *Koch* in Hüffer/Koch AktG § 221 Rn. 26; *Lutter* in Kölner Komm. AktG § 221 Rn. 220 (einschränkend auf passives Teilnahmerecht).
[68] §§ 141, 179 Abs. 3, 182 Abs. 2, 193 Abs. 1 S. 3, 202 Abs. 2 S. 4, 221 Abs. 1 S. 4, 222 Abs. 2, 229 Abs. 3, 237 Abs. 2 S. 1, 295 Abs. 2, 296 Abs. 2, 297 Abs. 2, 302 Abs. 3 S. 3, 309 Abs. 3 S. 1, 310 Abs. 4, 317 Abs. 4, 318 Abs. 4 AktG; vgl. *Koch* in Hüffer/Koch AktG § 138 Rn. 5 ff.

durch Redebeiträge zu überzeugen.[69] Demgegenüber ist ein Interesse der sonderabstimmungsberechtigten Aktionäre anzuerkennen, unter sich zu sein, um unbefangener diskutieren zu können.[70] Das Teilnahmerecht steht daher lediglich den sonderabstimmungsberechtigten Aktionären zu.[71] Dies gilt auch, soweit der Sonderbeschluss lediglich in einer gesonderten Abstimmung im Rahmen der ordentlichen Hauptversammlung gefasst wird. In diesem Fall muss der Versammlungsleiter sicherstellen, dass die sonderabstimmungsberechtigten Aktionäre, falls dies gewünscht wird, die Sonderbeschlüsse in Abwesenheit der übrigen Aktionäre fassen können. Steht nur ein Versammlungsraum zur Verfügung, müssen die übrigen Aktionäre diesen auf Verlangen der sonderabstimmungsberechtigten Aktionäre vorübergehend räumen.

bb) Aktionärsvertreter

Die Vertretung eines Aktionärs kommt sowohl durch gesetzliche Vertreter als auch durch rechtsgeschäftlich Bevollmächtigte in Betracht. **34**

(1) Gesetzliche Vertretung. Gesetzliche Vertreter sind Eltern (§ 1629 Abs. 1 S. 2 BGB), **35** Vormund (§ 1793 BGB), Betreuer (§§ 1896 ff. BGB) und Pfleger (§§ 1909 ff. BGB) eines Aktionärs, aber auch **Amtswalter** wie Insolvenz-, Nachlassverwalter und Testamentsvollstrecker.[72] In all diesen Fällen hat der vertretene Aktionär kein eigenes Teilnahmerecht.[73] Muss sich eine Person von mehreren gesetzlichen Vertretern vertreten lassen (zB der minderjährige Aktionär von beiden Elternteilen), sind sämtliche Vertreter teilnahmeberechtigt[74] und zur Versammlung zuzulassen. Das Beschlussantragsrecht sowie das Stimmrecht können jedoch nur von einem Vertreter der Gesamtvertreter ausgeübt werden.[75] Ist der Aktionär eine juristische Person oder eine im Außenverhältnis rechtlich verselbstständigte Gesamthandsgemeinschaft (zB GbR,[76] OHG, KG, EWIV, PartG), die durch mehrere Personen gemeinschaftlich vertreten wird, so sind grundsätzlich alle vertretungsberechtigten Gesellschafter teilnahmeberechtigt. Erteilen die vertretungsberechtigten Gesellschafter wiederum nur einem von ihnen eine rechtsgeschäftliche Vollmacht, so hat diese Vollmachtserteilung den von der Satzung vorgesehenen Formerfordernissen zu genügen.

(2) Rechtsgeschäftliche Vertretung. Im Rahmen rechtsgeschäftlicher Vertretung kann **36** der Aktionär jede beliebige zumindest beschränkt geschäftsfähige (vgl. § 165 BGB) Person zur Ausübung des Teilnahmerechts **bevollmächtigen.**[77] Dies ergibt sich mittelbar aus der gesetzlich vorgesehenen Möglichkeit, sein Stimmrecht durch einen Bevollmächtigten ausüben zu lassen (§ 134 Abs. 3 S. 1 AktG).[78] Die Gesellschaft selbst kann ihren Aktionären von ihr benannte Stimmrechtsvertreter anbieten (sog „proxy voting").[79] Auf die Möglichkeit der Stimmrechtsvertretung ist in den Mitteilungen an die Aktionäre hinzuweisen (vgl. § 125 Abs. 1 S. 4 AktG). Fraglich ist, ob die Bevollmächtigung von Stimmrechtsvertretern der Gesellschaft nur bei gleichzeitiger Erteilung von Weisungen durch den Aktio-

---

[69] So *Steiner* HV der AG § 17 Rn. 16.
[70] *Schröer* in MüKoAktG AktG § 138 Rn. 7.
[71] Ebenso *Schröer* in MüKoAktG AktG § 138 Rn. 7; *Koch* in Hüffer/Koch AktG § 138 Rn. 4; aA *Steiner* HV der AG § 17 Rn. 16.
[72] *Butzke* C Rn. 6.
[73] *Butzke* C Rn. 6.
[74] *Kubis* in MüKoAktG AktG § 118 Rn. 61; *Mülbert* in GroßkommAktG AktG § 118 Rn. 75; *Schaaf* Praxis der HV Rn. 326.
[75] § 69 Abs. 1 AktG (analog). Dazu *Kubis* in MüKoAktG AktG § 118 Rn. 66.
[76] Vgl. *Bärwaldt* in BeckHdB PersGes § 20 Rn. 3.
[77] *Butzke* C Rn. 12; *Zöllner* in Kölner Komm. AktG § 118 Rn. 20.
[78] Zum Tätigwerden vollmachtloser Vertreter in der Hauptversammlung vgl. *Hartmann* DNotZ 2002, 253 ff.
[79] Dies folgt aus § 134 Abs. 3 S. 5 AktG.

när zulässig ist.[80] Jedenfalls im Hinblick auf die Empfehlungen des Deutschen Corporate Governance Kodex ist dies zu empfehlen.[81]

37 Dem Aktionär steht es frei, mehr als eine Person mit der Ausübung seiner Stimmrechte zu betrauen, da ein gesetzliches Verbot der **Mehrfachbevollmächtigung** aus der Sicht des Gesetzgebers eine unflexible Regelung beinhalte.[82] Allerdings kann die Satzung die Bevollmächtigung mehrerer Vertreter ausschließen[83] und dadurch doch wieder nur einen Bevollmächtigten (oder einige wenige) zulassen. Darüber hinaus kann der Versammlungsleiter seit Inkrafttreten des ARUG auch ohne Satzungsgrundlage einen oder mehrere – nicht jedoch alle – Bevollmächtigte zurückweisen (§ 134 Abs. 3 S. 2 AktG).[84] Es empfiehlt sich dennoch – was in vielen Satzungen mittlerweile Standard ist –, bereits vorab die Voraussetzungen für eine Mehrfachvertretung festzulegen bzw. die Zurückweisung in der Einberufung zu erläutern.

38 Im Rahmen der Stimmrechtsvertretung ist zwischen der Erteilung der Vollmacht und dem Übertragungsweg der Vollmacht an die Gesellschaft zu unterscheiden (Zweistufigkeit). Die Vollmacht, aber auch ihr Widerruf sowie der Nachweis der Bevollmächtigung gegenüber der Gesellschaft sind grundsätzlich in **Textform** (§ 126b BGB) zu erteilen (§ 134 Abs. 3 S. 3 AktG). Der Verzicht auf die Schriftform soll die Erteilung von Stimmrechtsvollmachten erleichtern. Entsprechend allgemeinen zivilrechtlichen Grundsätzen kann auch die Stimmrechtsvollmacht entweder als Innenvollmacht gegenüber dem zu Bevollmächtigenden oder als Außenvollmacht[85] durch Erklärung gegenüber der Gesellschaft erteilt werden (vgl. § 167 Abs. 1 BGB). Bei der Auswahl der konkreten Textformvariante(n) ist der Aktionär frei.

39 Da an die Textform von Gesetzes wegen die geringsten Anforderungen gestellt werden, wird diese durch die elektronische Form, die Schriftform, die öffentliche Beglaubigung sowie die notarielle Errichtung **ersetzt**.[86] Für Textform ist gem. § 126b BGB erforderlich, dass (i) die Vollmacht auf eine zur dauerhaften Wiedergabe in Schriftzeichen geeignete Weise abgegeben wird[87] und (ii) die Person des Erklärenden genannt wird. Außerdem soll trotz des geänderten Wortlauts von § 126b BGB wohl auch weiterhin (iii) der Abschluss der Vollmacht durch die Abbildung der Namensunterschrift oder anders erkennbar gemacht werden.[88] Der Textform genügen folglich zB die Übermittlung der Vollmacht per Telefax, Computerfax oder E-Mail, darüber hinaus die Vorlage einfacher Kopien oder die Erteilung der Vollmacht durch Ausfüllen von von der Gesellschaft bereitgestellten Online-Formularen.[89]

40 Durch die Satzung oder aber – bei Bestehen einer entsprechenden Generalermächtigung für den Vorstand in der Satzung – in der Einberufung können **Erleichterungen** vom Erfordernis der Textform vorgesehen werden. Während das Nachweiserfordernis bei der **nicht börsennotierten** Gesellschaft auch erschwert werden kann (regelmäßig durch das Erfordernis der Schriftform, § 126 Abs. 1 BGB), sind bei **börsennotierten** Gesellschaften **lediglich Erleichterungen** der Textform denkbar. Da an die Textform ohnehin

---

[80] Dagegen *Volhard* in MüKoAktG, 2. Aufl. 2011, AktG § 134 Rn. 39; *Bachmann* AG 2001, 635 (638 f.); *Hanloser* NZG 2001, 355. AA noch vor dem NaStraG OLG Karlsruhe ZIP 1999, 750 (752 f.); *Schröer* in MüKoAktG AktG § 134 Rn. 39 f.
[81] Vgl. Ziff. 2.3.2 Satz 2 DCGK: „Der Vorstand soll für die Bestellung eines Vertreters für die weisungsgebundene Ausübung des Stimmrechts der Aktionäre sorgen; dieser sollte auch während der Hauptversammlung erreichbar sein."
[82] BegrRegE ARUG, BT-Drs. 16/11642, 32.
[83] *Zöllner* in Kölner Komm. AktG § 134 Rn. 80; *Schröer* in MüKoAktG AktG § 134 Rn. 44.
[84] *Koch* in Hüffer/Koch AktG § 134 Rn. 27.
[85] Diese wird zwar nicht als Regelfall von § 134 Abs. 3 S. 3, 4 AktG angesehen; ein Ausschluss lässt sich hieraus gleichwohl nicht folgern, vgl. *Götze* NZG 2010, 93.
[86] *Einsele* in MüKoBGB BGB § 126b Rn. 10.
[87] *Ellenberger* in Palandt BGB § 126b Rn. 3.
[88] *Ellenberger* in Palandt BGB § 126b Rn. 5.
[89] BegrRegE ARUG, BT-Drs. 16/11642, 49. Zweifelnd aber die Stellungnahme des Deutschen Anwaltsvereins (Juli 2008), Rn. 46.

nur geringste Anforderungen gestellt werden, sind faktisch jedoch kaum noch Erleichterungen denkbar. Dies wären zB Medien, bei denen die Erklärung lediglich als gesprochene Mitteilung beim Empfänger ankommt und erst bei diesem in Schriftzeichen umgewandelt wird[90] oder aber E-Mails, bei denen der Abschluss der Vollmacht nicht durch Namensunterschrift oder in anderer Weise erkennbar gemacht wird. Börsennotierte Gesellschaften sollten deshalb dringend ihre Satzungsregelungen auf Textform umstellen.[91] Nach einer vor Einführung des ARUG vertretenen Ansicht soll es sogar möglich sein, dass die Satzung auf eine Form gänzlich verzichtet und auch eine **mündliche Bevollmächtigung** zulässt. Ob ein gänzlicher Verzicht mit dem Wortlaut des § 134 Abs. 3 S. 3 AktG „Erleichterung" noch vereinbar ist, ist zweifelhaft. Jedenfalls ist ein solcher im Hinblick auf die Notwendigkeit des Legitimationsnachweises **nicht ratsam**.[92] Werden dennoch Erleichterungen vorgesehen, dann sollte in der Einberufung entweder durch möglichst wörtliche Wiedergabe der entsprechenden Satzungsregelung oder – im Falle einer offen gehaltenen Ermächtigung für den Vorstand – durch ihre exakte Beschreibung hierauf hingewiesen werden.

Wird das gesetzliche Formerfordernis der Textform in der Satzung der **nicht börsennotierten** Gesellschaft durch die Anordnung der Schriftform **verschärft** oder sieht die Satzung im Einklang mit dem früheren Recht trotz der Absenkung des Formerfordernisses auf die Textform unverändert die Schriftform vor,[93] so haben Stimmrechtsvollmachten auch weiterhin dieser Form zu genügen. Die Schriftform kann dann aber durch die **elektronische Form ersetzt** werden,[94] die allerdings **besonderen gesetzlichen Anforderungen entsprechen muss.** Dazu muss die Vollmacht, die den Namen des Aktionärs enthält, mit einer sog qualifizierten elektronischen Signatur nach dem Signaturgesetz[95] versehen werden (vgl. § 126a BGB). Zur Abgabe der elektronischen Signatur muss der Aussteller den auf einer Chipkarte (sog Smart Card) gespeicherten privaten Schlüssel unter Eingabe einer PIN über ein spezielles Zusatzgerät einlesen.[96]

In der Erteilung der Stimmrechtsvollmacht liegt die stillschweigende Ermächtigung zur Teilnahme. Der die Vollmacht erteilende Aktionär bleibt aber neben dem Bevollmächtigten teilnahmeberechtigt.[97] Verfügt der Aktionär über mehrere Aktien, kann er an der Hauptversammlung aber auch neben dem Vertreter teilnehmen, indem er dessen Stimmrecht auf einen Teil seiner Aktien beschränkt. Will der Aktionär darüber hinaus das Stimmrecht wieder ganz oder teilweise ausüben, so ist dies nur möglich, falls er zugleich den – ggf. teilweisen – **Widerruf** der Stimmrechtsvollmacht mindestens in **Textform** erklärt (§ 134 Abs. 3 S. 3 AktG).[98] Der Widerruf sollte gegenüber der Gesellschaft erklärt werden, da ein bloßer Widerruf gegenüber dem Bevollmächtigten nur gegenüber diesem, nicht aber der Gesellschaft wirksam ist (§ 170 BGB).

---

[90] *Einsele* in MüKoBGB BGB § 126b Rn. 4 unter Verweis auf die Begr. des Regierungsentwurfs zur Textform in BT-Drs. 14/4987, 20.
[91] So auch *Drinhausen/Keinath* BB 2010, 3 (5).
[92] Zum Legitimationsnachweis → Rn. 64.
[93] Werden „Altsatzungen" nicht an das Erfordernis der Textform angepasst, so wird man von einer jedenfalls konkludent erteilten Bestätigung der Schriftform ausgehen können.
[94] Vgl. § 126 Abs. 3 BGB. Aus der Gesetzesfassung folgt, dass der Vollmachtgeber und der, gegenüber dem die Bevollmächtigung erklärt wird, mit der Ersetzung der Schriftform durch die elektronische Form einverstanden sein müssen, vgl. *Bunke* AG 2002, 57 (63). Vom Vorliegen dieses Einverständnisses wird die Gesellschaft mangels entgegenstehender Anhaltspunkte ausgehen müssen, wenn der Vollmachtgeber die Bevollmächtigung gegenüber dem Stellvertreter erklärt hat. Erklärt er die Bevollmächtigung jedoch gegenüber der Gesellschaft gem. § 167 Abs. 1 Alt. 2 BGB, so muss auch die Gesellschaft mit der Ersetzung der schriftlichen durch die elektronische Form einverstanden sein, vgl. *Bunke* AG 2002, 57 ff.
[95] Gesetz über Rahmenbedingungen für elektronische Signaturen vom 16. 5. 2001, BGBl. 2001 I 876.
[96] Vgl. dazu *Ellenberger* in Palandt BGB § 126a Rn. 4.
[97] Ebenso *Mülbert* in GroßkommAktG AktG § 118 Rn. 73. Zur Überprüfung der Legitimation des Bevollmächtigten → Rn. 72 und 127 ff.
[98] Vgl. zur früheren Rechtslage *Zetzsche* ZIP 2001, 682 (687), wonach in dem persönlichen Erscheinen des Aktionärs ein konkludenter Widerruf der Stimmrechtsvollmacht gesehen werden sollte. Für bloßes Ruhen der Vollmacht *Bachmann* AG 2001, 635 (639).

43 Auch der **Nachweis der Bevollmächtigung** ist mindestens in Textform zu erbringen. Mangels Rechtsfolgewillens handelt es sich nicht um eine Willenserklärung, sondern um eine bloße geschäftsähnliche Handlung (vergleichbar der Kundgabe der Vollmacht gem. § 171 BGB). Für den Nachweis ist jedoch der Zugang bei der Gesellschaft als Empfängerin erforderlich.[99] Bei Vollmachten in Textform genügt deren bloße Vorlage, zB durch Vorzeigen der ausgedruckten E-Mail-Vollmacht. Eine Aushändigung der Vollmachtsurkunde kann von der Gesellschaft dagegen lediglich bei der Bevollmächtigung von seiten der Gesellschaft benannten Stimmrechtsvertretern zum Zwecke der Archivierung verlangt werden (§ 134 Abs. 3 S. 5 Hs. 1 AktG). Ob zum Nachweis der Vollmacht das bloße Vorzeigen derselben auf einem Smartphone-Bildschirm genügt, war bislang streitig.[100] In Ermangelung einer gesetzlichen Grundlage zur Aushändigung der Vollmacht genügt jedoch die bloße Kenntnisnahme durch die Gesellschaft, die in der Hauptversammlung durch den Versammlungsleiter vertreten wird.

44 Gem. § 121 Abs. 3 S. 3 Nr. 2a) AktG ist das Verfahren der Stimmabgabe durch einen Bevollmächtigten bei börsennotierten Gesellschaften in der **Einberufung** darzustellen (durch Hinweis auf die von der Gesellschaft zur Verfügung gestellten Formulare sowie detaillierte Beschreibung des Übertragungsweges der Vollmachten an die Gesellschaft usw). Verstöße gegen diese Formvorschrift führen jedoch nicht zur Nichtigkeit,[101] nach zutreffender Ansicht auch nicht zur Anfechtbarkeit[102] der in der Hauptversammlung gefassten Beschlüsse.

45 Enthält die Satzung noch eine der Rechtslage vor dem Inkrafttreten des ARUG entsprechende strengere Satzungsregelung (zB bei börsennotierten Gesellschaften ein Schriftform- statt nunmehr Textformerfordernis für die Vollmacht), so ist weiterhin streitig, ob in der Einladung in Abweichung zur Satzung und unter Hinweis auf die geltende Rechtslage bereits die Textform für maßgeblich erklärt werden kann[103] oder aber das satzungsmäßige Schriftformerfordernis jedenfalls bis zur Satzungsanpassung an das neue Recht weiterhin gilt.[104]

46 **(3) Depotstimmrecht.** Das ARUG hat das für Kleinbeteiligte vorgesehene Depotstimmrecht grundlegend reformiert und mit § 135 AktG eine Norm geschaffen, die sämtliche Regelungen in Bezug auf diese Bankenvollmacht kompakt in einer Norm zusammenfasst. Der Gesetzgeber beabsichtigte mit der Neuregelung und der damit einhergehenden Vereinfachung, der Tendenz sinkender Hauptversammlungspräsenzen entgegen zu wirken und versuchte andererseits, den administrativen Aufwand für die Kreditinstitute[105] zu minimieren (Arbeits- und Kostenentlastungseffekt).[106]

47 Das Kreditinstitut, dem üblicherweise bei Abschluss des Depotvertrages mit dem Aktionär zugleich eine generelle Stimmrechtsvollmacht erteilt wird, ist bei Fehlen einer ausdrücklichen Weisung des Aktionärs **berechtigt,** diesem entweder **eigene Abstimmungsvorschläge** für die Hauptversammlung zu unterbreiten (§ 135 Abs. 1 S. 4 Nr. 1,

---

[99] *Götze* NZG 2010, 93 (95).
[100] Ablehnend: *Einsele* in MüKoBGB BGB § 130 Rn. 27. Befürwortend: *Götze* NZG 2010, 93 (95); *Koch* in Hüffer/Koch AktG § 134 Rn. 24.
[101] So aber noch das OLG Frankfurt a.M. NZG 2008, 796 – Leica; dazu *Simon/Leuering* NJW-Spezial 2008, 592; so auch LG Köln GWR 2010, 60 mit abl. Anm. Rothley. AA OLG München NZG 2008, 795; OLG Düsseldorf BB 2009, 1890; LG München I GWR 2009, 322. Die Entscheidungen ergingen jedoch sämtlich zur vor dem ARUG geltenden Rechtslage und stellen nunmehr jedenfalls keinen Nichtigkeitsgrund mehr dar (§§ 241 Nr. 1, 121 Abs. 3 S. 3 Nr. 1 und 2 AktG), dazu *Grobecker* NZG 2010, 165 (167).
[102] KG NZG 2009, 1389 – keine Anfechtbarkeit da der damit verbundene Gesetzesverstoß keine Relevanz für das Mitgliedschafts- bzw. Mitwirkungsrecht des Aktionärs zeitige.
[103] So *Grobecker* NZG 2010, 165 (167).
[104] So *Drinhausen/Keinath* BB 2010, 3 (5), jedenfalls für die Hauptversammlungssaison 2010 mit Hinweis auf OLG Frankfurt a.M. NZG 2010, 185.
[105] Gem. §§ 135 Abs. 10, 125 Abs. 5 AktG auch Finanzdienstleistungsinstitute bzw. nach §§ 53 Abs. 1 S. 1, 53b Abs. 1 S. 1 und Abs. 7 KWG gleichgestellten Unternehmen.
[106] BegrRegE ARUG, BT-Drs. 16/11642, 33; dazu *Schulte* ARUG § 135 Rn. 1 aE.

IV. Teilnahmeberechtigte § 8

Abs. 2, 3 AktG) oder aber nach den **Vorschlägen von Vorstand oder Aufsichtsrat** der Gesellschaft für den Aktionär **abzustimmen** (§ 135 Abs. 1 S. 4 Nr. 2, Abs. 4 AktG).[107] Kreditinstitute müssen daher nicht zwingend eigene Vorschläge zur Stimmrechtsausübung unterbreiten, können dies als Service für ihre Aktionäre jedoch tun.[108] Zu einem generellen Verzicht auf Abstimmungsvorschläge der Kreditinstitute konnte sich der Gesetzgeber nicht durchringen, da dies – insbes. da Kleinaktionäre in der Regel gerade keine Einzelweisungen erteilten – aus seiner Sicht eine zu einseitige Machtverschiebung zu Gunsten der Verwaltung der Gesellschaft bedeutet hätte und hierdurch die Kontrollwirkung der Banken ausgeschlossen wäre.[109] Will das Kreditinstitut die Stimmrechtsvertretung anbieten, so kann es für die Gestaltung der Vollmacht wählen: Es kann eigene Abstimmungsvorschläge entwerfen und dem Aktionär unterbreiten oder aber sich von dem Aktionär eine generelle Weisung erteilen lassen, nach der es im Sinne der Verwaltung oder bei voneinander abweichenden Vorschlägen von Vorstand und Aufsichtsrat im Sinne des Aufsichtsrates abstimmt.

Einerseits schreibt § 135 AktG eine besondere **Form** für die **Depotstimmrechtsvollmacht** nicht vor, was der seit dem Inkrafttreten des NaStraG bestehenden Rechtslage entspricht.[110] Die Vollmacht kann damit insbes. per Bildschirmformular erteilt werden und ist von den Kreditinstituten lediglich **nachprüfbar festzuhalten** (§ 135 Abs. 1 S. 2 und 7 AktG). Bei einer Vollmachtserteilung per E-Mail oder mittels eines Internet-Protokolls genügen die längerfristige Abspeicherung bzw. das Ausdrucken und Archivieren der Vollmacht diesem Erfordernis.[111] Ungeklärt ist, ob die Depotstimmrechtsvollmacht ebenso wie die allgemeine Stimmrechtsvollmacht der Textform zu genügen hat.[112] 48

Darüber hinaus hat das Kreditinstitut den Aktionär einmal jährlich auf dessen jederzeitige Widerrufsmöglichkeit der Vollmacht hinzuweisen (§ 135 Abs. 1 S. 6 AktG). 49

Bietet das Kreditinstitut die Stimmrechtsausübung an, so hat es dem Aktionär darüber hinaus anzubieten, die zur Stimmrechtsausübung erforderlichen Unterlagen (Eintrittskarten, Berechtigungsnachweise für die Hauptversammlung) im Rahmen des Zumutbaren und bis auf Widerruf einer Aktionärsvereinigung oder einem sonstigen Vertreter (Dritten) nach der Wahl des Aktionärs zuzuleiten.[113] Das Kreditinstitut ist insofern lediglich ein Bote und gerade nicht zur Ausübung des Stimmrechtes befugt.[114] Hierdurch soll ein faktisches Vertretungsmonopol des Kreditinstitutes vermieden werden. Erteilt der Aktionär keine unmittelbare Vollmacht an den Dritten, so soll in der Übermittlung der für die Stimmrechtsausübung benötigten Unterlagen durch das Kreditinstitut auf Anweisung des Aktionärs jedenfalls eine konkludente Vollmacht liegen.[115] Der bevollmächtigte Dritte kann ebenso wie der Aktionär von den Erleichterungen der Stimmrechtsausübung mittels Briefwahl, im Rahmen einer Online-Abstimmung oder auch durch Online-Teilnahme 50

---

[107] Zu der damit einhergehenden Erosion des Grundsatzes der Einzelanweisung: *Schmidt* WM 2009, 2350 (2355) (dort Fn. 95).
[108] BegrRegE ARUG, BT-Drs. 16/11642, 33.
[109] BegrRegE ARUG, BT-Drs. 16/11642, 33.
[110] *Grundmann* in GroßkommAktG AktG § 135 Rn. 45; *Schröer* in MüKoAktG AktG § 135 Rn. 45.
[111] Ausführlich *Schröer* in MüKoAktG AktG § 135 Rn. 48 ff.
[112] Richtlinienkonform (vgl. Art. 11 Abs. 2 S. 1 der Aktionärsrechterichtlinie, der von „Schriftlichkeit" der Vollmacht spricht, was in der deutschen Terminologie der Textform entsprechen soll) sei die Textform auch auf die Depotstimmrechtsvollmacht zu erstrecken. So *Grundmann* BKR 2009, 31 (37); *Schmidt* WM 2009, 2350 (2356); *Ratschow* DStR 2007, 1402 (1407); *Schulte/Bode* AG 2008, 730 (734 (735)); *Zetzsche* Der Konzern 2008, 321 (327); BegrRegE ARUG, BT-Drs. 16/11642, 33. Ablehnend: *Schröer* in MüKoAktG AktG § 135 Rn. 45; *Riekers* in Spindler/Stilz AktG § 134 Rn. 17. Der Wortlaut von § 135 Abs. 1 S. 7 AktG lässt dies jedenfalls offen.
[113] § 135 Abs. 1 S. 5 AktG. Die noch im Gesetzgebungsverfahren diskutierte dritte Variante der Ausübung des Stimmrechts entsprechend den Vorschlägen einer Aktionärsvereinigung (vgl. § 135 Abs. 1 S. 5 Nr. 2 des Referentenentwurfes), wurde im RegE aufgrund des Fehlens einer gesetzlichen Definition der „Aktionärsvereinigung" (was zu einer Erhöhung von Anfechtungs- und Missbrauchsrisiken geführt hätte) wieder verworfen. Erläuternd *Schmidt* WM 2009, 2350 (2354) (dort insbes. Fn. 81, 82).
[114] BegrRegE ARUG, BT-Drs. 16/11642, 33, 34.
[115] BegrRegE ARUG, BT-Drs. 16/11642, 33, 34.

Gebrauch machen. Eine übermäßige Belastung der Kreditinstitute wird vermieden, insbes. bestehen im Massengeschäft des Depotstimmrechts keine Nachforschungspflichten für die Kreditinstitute.[116] Diese tragen keine Verantwortung für die Auswahl des Dritten und sind bei einer fehlerhaften Benennung nicht zu Ermittlungen angehalten. Der Auftrag des Aktionärs erfolgt bis zu seinem Widerruf und für die gesamten Aktien des Aktionärs in dessen Depot bei dem Kreditinstitut. Letzteres kann dem Aktionär bei der Auswahl des zu Bevollmächtigenden durch Vorschläge von Stimmrechtsvertretern behilflich sein, etwa durch beispielhafte Aufzählung von Aktionärsvereinigungen auf einem Formblatt oder in einem Internet-Formular. Auch hat das Kreditinstitut den Aktionär jährlich und deutlich hervorgehoben auf die Möglichkeit des jederzeitigen Widerrufs der Vollmacht bzw. der Änderung der Person des Bevollmächtigten hinzuweisen (§ 135 Abs. 1 S. 6 AktG).

51   Kreditinstitute sind verpflichtet, **technische Vorrichtungen** zur verbesserten Entgegennahme von Aktionärsdirektiven vorzuhalten. § 135 Abs. 1 S. 7 AktG sieht vor, dass nicht nur die **Erteilung von Weisungen** des Aktionärs, sondern zusätzlich auch der **Widerruf** einer generellen **Vollmacht** oder eines **Weiterleitungsauftrags** dem Aktionär durch ein Formblatt oder aber ein Bildschirmformular zu erleichtern sind. Bestreben des Gesetzgebers ist es, die für Aktionäre bestehenden faktischen Hindernisse bei der Erteilung bzw. dem Widerruf zu beseitigen und ihm insoweit eine wirkliche Wahlmöglichkeit zu verschaffen.[117]

52   Unterbreitet das Kreditinstitut dem Aktionär eigene Abstimmungsvorschläge, so hat es diese dem Aktionär **rechtzeitig** vor der Hauptversammlung **zugänglich zu machen**. Rechtzeitig ist das Zugänglichmachen, sofern der Aktionär noch die Möglichkeit der Kenntnisnahme hat und ihm zudem Zeit für die Zuleitung eigener Weisungen an das Kreditinstitut verbleibt.[118] Für das Zugänglichmachen der Abstimmungsvorschläge genügt regelmäßig deren Abrufbarkeit über die Homepage des Kreditinstitutes. Insbes. besteht keine Pflicht, selbstverständlich aber ein Recht des Kreditinstitutes, dem Aktionär die Vorschläge (auf dessen Verlangen) zusätzlich in Papierform oder per E-Mail zu übermitteln. Bei der Auswahl der Vorschläge hat sich das Kreditinstitut von dem (vermuteten) Aktionärsinteresse leiten zu lassen. Abzustellen ist insoweit auf den verständigen Aktionär und dessen Abstimmungsverhalten in Kenntnis des Sachverhalts, wobei dieses Interesse regelmäßig auf den Bestand des Unternehmens der Gesellschaft sowie dessen dauerhafte Rentabilität ausgerichtet ist.[119]

53   Zudem hat das Kreditinstitut „organisatorische Vorkehrungen" zu treffen, die die Verknüpfung mit **Eigeninteressen** aus anderen Geschäftsbereichen des Kreditinstitutes bei der Stimmrechtsausübung **ausschließen** (§ 135 Abs. 2 S. 2 AktG).[120] Diese Vorkehrungen sind durch ein hierfür zu bestellendes Mitglied der Geschäftsleitung zu überwachen. An die eigenen Vorschläge ist das Kreditinstitut gebunden und darf hiervon nach Information des Aktionärs nur noch in dessen unterstelltem Einverständnis abweichen und unterliegt

---

[116] BegrRegE ARUG, BT-Drs. 16/11642, 33, 34; *Drinhausen/Keinath* BB 2009, 64 (68).
[117] BegrRegE ARUG, BT-Drs. 16/11642, 34; *Seibert/Florstedt* ZIP 2008, 2145 (2151); *Schmidt* WM 2009, 2350 (2356).
[118] Eine Zurechnung von Stimmrechten gem. § 22 Abs. 1 S. 1 Nr. 6 WpHG (ab 3.1.2018 § 34 Abs. 1 S. 1 Nr. 6 WpHG) findet nicht statt, da das Kreditinstitut zwar eigene Vorschläge unterbreitet, ihm jedoch kein „eigenes Ermessen" zusteht, vgl. BegrRegE ARUG, BT-Drs. 16/11642, 33. Verbunden mit seinen Vorschlägen hat das Kreditinstitut darauf hinzuweisen, dass es entsprechend seinen eigenen Vorschlägen abstimmen werde, sollte der Aktionär nicht rechtzeitig eine anderslautende Weisung erteilen, § 135 Abs. 2 S. 3 AktG.
[119] *Koch* in Hüffer/Koch AktG § 135 Rn. 20; *Schröer* in MüKoAktG AktG § 135 Rn. 80.
[120] Dem Ausschluss der Besorgnis der Befangenheit dienen auch die weiteren Hinweispflichten des Kreditinstitutes gem. § 135 Abs. 2 S. 4 und 5 AktG betreffend personelle Verknüpfungen der Geschäftsleitungen von Kreditinstitut und Gesellschaft bzw. der Beteiligung des Kreditinstitutes an der Gesellschaft. Gelockert wurden demgegenüber die Beschränkungen bei (unmittelbaren oder mittelbaren) Eigenbeteiligungen des Kreditinstitutes, welche 20% des Grundkapitals der Gesellschaft übersteigen, § 135 Abs. 3 S. 4 AktG.

insoweit einer Begründungsverpflichtung (§ 135 Abs. 3 S. 1 und 2 AktG). Lässt die Gesellschaft die Briefwahl und/oder die Online-Teilnahme nach § 118 AktG zu, dann darf sich auch das Kreditinstitut bei seiner Stimmrechtsausübung dieser Möglichkeiten bedienen.[121]

Das Kreditinstitut ist berechtigt, Untervollmachten zu erteilen (§ 135 Abs. 5 S. 1 AktG), sofern es sich bei den zu bevollmächtigenden Personen nicht um Angestellte des Kreditinstitutes handelt. Hierdurch wird dem Kreditinstitut die koordinierte Stimmabgabe für eine Vielzahl von Aktionären in der Hauptversammlung erleichtert.[122] Als Nachweis der Vertretungsberechtigung genügt bei börsennotierten Gesellschaften der Berechtigungsausweis gem. § 123 Abs. 4 S. 1 AktG, bei nicht börsennotierten Gesellschaften sind dagegen die satzungsmäßigen Anforderungen zu erfüllen. 54

Die Zielsetzung des Gesetzgebers zur Erhöhung der Hauptversammlungspräsenz zeigt sich letztendlich in der erheblichen Einschränkung der Nichtigkeitsfolge bei Verstößen gegen die (Form-)Vorschriften aus § 135 Abs. 1 S. 2–7, Abs. 2–6 AktG (§ 135 Abs. 7 AktG). Eine **Beschlussanfechtung** ist damit nur bei einem vollständigen **Fehlen** einer wirksam erteilten **Stimmrechtsvollmacht,** nicht jedoch bei inhaltlichen Mängeln dieser Vollmacht möglich.[123] 55

(4) Mehrere Bevollmächtigte. Ein Aktionär kann grundsätzlich mehreren Personen Vollmacht erteilen, soweit dem nicht die Satzung entgegensteht.[124] Dies gilt unabhängig davon, ob er Inhaber einer oder mehrerer Aktien ist. Der Inhaber einer Aktie kann für diese mehrere Gesamtvertreter bestellen, die zur Teilnahme an der Abstimmung berechtigt sind.[125] Der Inhaber mehrerer Aktien kann die Stimmberechtigung auch auf verschiedene Einzelvertreter verteilen, die alle an der Hauptversammlung teilnehmen können.[126] Die abweichende Auffassung, die nur einem der Vertreter die Teilnahme gestatten will,[127] übersieht, dass jede Aktie ein selbstständiges Mitgliedschaftsrecht begründet.[128] Daher kann auch zur Ausübung des Stimmrechts aus jeder Aktie ein besonderer Vertreter benannt werden. Der Einwand, dass es sich bei dem Teilnahmerecht um ein nicht auf die Aktie, sondern auf die Person des Aktionärs bezogenes Hilfsrecht handle,[129] überzeugt nicht. Denn danach hätte ein Vertreter in keinem Fall ein eigenes Teilnahmerecht.[130] Die praktischen Schwierigkeiten, die sich aus der gleichzeitigen Teilnahme mehrerer Vertreter ergeben, lassen sich auch auf andere Weise als durch die Annahme eines Teilnahmerechts nur eines Vertreters beheben.[131] Es bleibt in jedem Fall die Möglichkeit, die Stimmrechtsvertretung durch mehrere Vertreter in der Satzung zu beschränken. In der Praxis dürfte sich dieser Streit kaum noch auswirken, da der Aktionär nach der Änderung des § 134 Abs. 3 S. 2 AktG durch das ARUG schon von Gesetzes wegen beliebig viele Bevollmächtigte bestimmen kann, die allerdings – wenn keine besonderen Umstände vorliegen – bis auf einen vom Versammlungsleiter zurückgewiesen werden können.[132] 56

---

[121] *Noack* NZG 2008, 441 (443); *Schmidt* WM 2009, 2350 (2355).
[122] BegrRegE ARUG, BT-Drs. 16/11642, 34.
[123] BegrRegE ARUG, BT-Drs. 16/11642, 34; *Schmidt* WM 2009, 2350 (2357); *Grundmann* BKR 2009, 31 (37).
[124] *Barz* in GroßkommAktG AktG § 134 Anm. 27; *Koch* in Hüffer/Koch AktG § 134 Rn. 27; *F.-J. Semler* in MHdB AG § 36 Rn. 14.
[125] Ebenso *Mülbert* in GroßkommAktG AktG § 118 Rn. 53; *F.-J. Semler* in MHdB AG § 36 Rn. 14.
[126] Vgl. *F.-J. Semler* in MHdB AG § 36 Rn. 14; *Steiner* HV der AG § 13 Rn. 41.
[127] Vgl. *Koch* in Hüffer/Koch AktG § 134 Rn. 27; ihm folgend *Butzke* C Rn. 15; *Schaaf* Praxis der HV Rn. 220a. Diese Auffassung wurde ebenfalls in der 1. Aufl. vertreten, aber bereits in der 3. Aufl. aufgegeben.
[128] Vgl. *Raiser/Veil* KapGesR § 9 Rn. 7.
[129] Vgl. *Koch* in Hüffer/Koch AktG § 134 Rn. 27.
[130] Vgl. *Mülbert* in GroßkommAktG AktG § 118 Rn. 54.
[131] Vgl. *Mülbert* in GroßkommAktG AktG § 118 Rn. 53.
[132] Vgl. zB *Hoffmann-Becking* in MHdB AG § 37 Rn. 15 sowie auch die hiesige Rn. 37.

57 (5) Gemeinschaftlicher Vertreter. Steht eine Aktie mehreren Berechtigten zu, können diese das Teilnahmerecht nur durch einen gemeinschaftlichen Vertreter ausüben (§ 69 Abs. 1 AktG). Dies gilt zum Beispiel **für Erben-, Güter- oder Bruchteilsgemeinschaften.**[133] Anteilsinhaber einer Kapitalverwaltungsgesellschaft müssen sich dagegen wohl auch dann nicht mehr vertreten lassen, wenn die Aktien im Sondervermögen gehalten werden und deshalb insoweit Miteigentum der Anleger besteht (§ 92 Abs. 1 Alt. 2 KAGB). § 93 Abs. 1 KAGB sieht hier nämlich vor, dass die Gesellschaft die Rechte aus Gegenständen des Sondervermögens selbt ausübt.[134] Ebensowenig müssen sich Aktionäre vertreten lassen, deren Aktien sich in Girosammelverwahrung befinden, obgleich auch hier Miteigentum nach Bruchteilen besteht (§ 6 Abs. 1 S. 1 DepG). Nach allgemeiner Auffassung ist in diesen Fällen jeder Aktionär berechtigt, wie ein Alleinaktionär aufzutreten und dementsprechend selbstständig an der Hauptversammlung teilzunehmen.[135]

cc) Teilnahme des Legitimationsaktionärs

58 Die Legitimationsübertragung ist keine rechtsgeschäftliche Vertretung, sondern die Ausübung des Stimmrechts **im eigenen Namen** jedoch **aus fremden Aktien.** Die Zulässigkeit dieser Rechtsfigur ist anerkannt.[136] Voraussetzung ist, dass der Legitimationsaktionär gegenüber der Gesellschaft als Vollrechtsinhaber auftritt und die ihm anvertrauten Aktien gesondert zur Aufnahme in das Teilnehmerverzeichnis angibt (bei Nennbetragsaktien Angabe des Betrages, bei Stückaktien Angabe der Zahl sowie jeweils zusätzlich der Gattung dieser Aktien), § 129 Abs. 3 S. 1 AktG; der Aktionär selbst bleibt anonym.[137] Darüber hinaus ist für eine wirksame Ermächtigung die Wahrung der Form/Voraussetzungen nötig, die auch für die Übertragung der Aktien nötig wären. Bei Inhaberaktien bedarf es daher der Übergabe bzw. eines Übergabesurrogates nach §§ 929 ff. BGB, etwa durch Einräumung eines Besitzmittlungsverhältnisses zwischen Aktionär und Legitimationsaktionär.[138] Hierfür genügt nicht die bloße Anweisung des Aktionärs an seine Depotbank, die Eintrittskarte auf den Legitimationsaktionär auszustellen.[139] Zusätzlich bedarf es der Vereinbarung eines Übergabesurrogates, zB eines Verwahrungsvertrages mit entsprechender Dokumentation zwischen dem Aktionär und dem Legitimationsberechtigten. Der Nachweis betreffend die Vereinbarung des Übergabesurrogates ist zwar nicht bei der Zulassung des Legitimationsaktionärs zu prüfen, da hierdurch die Anonymität des Aktionärs verloren ginge.[140] Im Falle einer Anfechtungsklage ist die Vereinbarung jedoch für den Nachweis des Erscheinens und damit die Klagebefugnis des Aktionärs von Bedeutung.[141]

b) Schranken des Teilnahmerechts

59 Das Teilnahmerecht des Aktionärs ist als grundlegendes Mitgliedschaftsrecht grundsätzlich **unentziehbar.**[142] Das bedeutet, dass einem Aktionär nicht bereits von vornherein die Anwesenheit auf der Hauptversammlung versagt werden kann. Gleichwohl kann die Sat-

---

[133] *Koch* in Hüffer/Koch AktG § 69 Rn. 2 f.
[134] Ebenso *Koch* in Hüffer/Koch AktG § 69 Rn. 2; *Mülbert* in GroßkommAktG AktG § 118 Rn. 77; aA (noch unter Bezug auf das InvG) *Cahn* in Spindler/Stilz § Rn. 6.
[135] *Bayer* in MüKoAktG § 69 Rn. 11; *Cahn* in Spindler/Stilz AktG § 69 Rn. 9; *Schaaf* Praxis der HV Rn. 288.
[136] Zur Ermächtigung allgemein *Ellenberger* in Palandt BGB § 185 Rn. 13. Das AktG setzt die Zulässigkeit einer solchen Ermächtigung in § 129 Abs. 3 AktG voraus.
[137] *Kubis* in MüKoAktG AktG § 129 Rn. 36; *Koch* in Hüffer/Koch AktG § 129 Rn. 12a.
[138] *Schröer* in MüKoAktG AktG § 134 Rn. 65; *Sailer-Coceani* in MHdB AG § 14 Rn. 67 f.
[139] KG BB 2009, 785 (787).
[140] *Block/Packi* BB 2010, 788.
[141] § 245 Nr. 1 AktG, insbes. auch für die Frage einer berechtigten Widerspruchseinlegung.
[142] *Koch* in Hüffer/Koch AktG § 118 Rn. 25; *Mülbert* in GroßkommAktG AktG § 118 Rn. 43; *Schaaf* Praxis der HV Rn. 295; *Zöllner* in Kölner Komm. AktG § 118 Rn. 19.

zung seine Teilnahme von der Einhaltung formeller und/oder materieller Schranken abhängig machen. Aktionärsvertreter können zusätzlichen Schranken unterliegen.

aa) Formelle Schranken

Die Ausübung des Teilnahmerechts kann besonderen **formellen Schranken** unterliegen. 60
Unabdingbare Voraussetzung nicht für die Teilnahme, wohl aber für die Ausübung des Stimmrechts ist die **Leistung der Einlage** (§ 134 Abs. 2 AktG). Darüber hinaus kann die Satzung aber auch die Teilnahme oder die Ausübung des Stimmrechts von einer **Anmeldung** durch die Aktionäre abhängig machen (§ 123 Abs. 2 S. 1 AktG). Zugleich kann die Satzung bestimmen, wie die Berechtigung des Aktionärs zur Teilnahme bzw. Ausübung des Stimmrechts nachzuweisen ist (§ 123 Abs. 3 AktG). Die Satzung muss allerdings klarstellen, dass bereits die Teilnahme an der Hauptversammlung von einer Anmeldung und/oder einem **Nachweis der Aktionärseigenschaft** abhängig sein soll. Existiert eine solche Bestimmung nur für die Ausübung des Stimmrechts, so kann darin nicht ohne Weiteres auch eine Beschränkung des Teilnahmerechts gesehen werden.[143] Anmelde- und/oder Legitimationserfordernisse in der Satzung müssen in der Einladung zur Hauptversammlung möglichst wortgetreu wiederholt werden.[144]

(1) Anmeldung. Die Satzung der AG kann als Voraussetzung für die Teilnahme an der 61
Hauptversammlung die **Anmeldung des Aktionärs** bei der Gesellschaft vorsehen (§ 123 Abs. 2 S. 1 AktG).[145] Die Anmeldung dient dabei nicht der Legitimation, sondern lediglich der ordnungsgemäßen Vorbereitung bzw. Durchführung der Hauptversammlung.[146] Die Möglichkeit, in der Satzung ein Anmeldungserfordernis vorzusehen, besteht für Inhaber- und Namensaktien gleichermaßen (Umkehrschluss zu § 123 Abs. 4 S. 1 und Abs. 5 AktG). Insbes. spricht nichts gegen das Nebeneinander der Berücksichtigung von Aktienregisterstand und Anmeldung bei Namensaktien. Bei diesen sollte das Zusammenfallen des Anmeldeschlusses mit dem Nachweisstichtag ausdrücklich in der Satzung geregelt werden.[147]

„Anmeldung" ist die grundsätzlich formlose Mitteilung der Absicht, an der Hauptver- 62
sammlung teilzunehmen.[148] Sie ist in jedem Fall rechtzeitig, wenn sie der Gesellschaft spätestens sechs Tage vor Beginn der Versammlung zugeht (§ 123 Abs. 2 S. 2 AktG). Sieht die Satzung ein Anmeldeerfordernis vor, so verlängert sich die Einberufungsfrist um den Zeitraum der Anmeldefrist, damit für die Aktionäre die Einberufungs- und damit Entscheidungsfrist nicht unangemessen verkürzt wird (diese beträgt mithin regelmäßig 36 Tage). Die Satzung oder aber der Vorstand aufgrund einer Satzungsermächtigung können die vom Gesetz für den Fall der Einführung eines Anmeldeerfordernisses vorgesehene Frist von sechs Tagen verkürzen; eine Verlängerung ist demgegenüber nicht möglich. Wird die Hauptversammlung zum Zweck der Prüfung eines Übernahmeangebots mit einer Frist von weniger als einem Monat einberufen, verkürzt sich allerdings die Anmeldefrist zwingend auf vier Tage.[149]

---

[143] RGZ 112, 109 (111 f.); *Cahn* in Spindler/Stilz AktG § 123 Rn. 19 *Kubis* in MüKoAktG AktG § 123 Rn. 9; aA *Zöllner* in Kölner Komm. AktG § 123 Rn. 46, der bei Auslegungszweifeln die Voraussetzungen für die Ausübung des Stimmrechts auf die Teilnahmerechts ausdehnt.
[144] Stimmen die in der Einberufung genannten Erfordernisse nicht mit denen der Satzung überein, so sind die von der Hauptversammlung gefassten Beschlüsse anfechtbar; vgl. OLG München ZIP 2000, 272 (273 f.); *Koch* in Hüffer/Koch AktG § 123 Rn. 11.
[145] Eine Delegationsbefugnis auf den Vorstand gibt es nach § 123 Abs. 2 S. 3 und Abs. 4 S. 3 AktG wohl lediglich für eine Verkürzung der Anmelde- und Legitimationsfristen; ebenso *Kubis* in MüKoAktG AktG § 123 Rn. 48.
[146] Die Voraussetzungen bestimmen sich im Einzelnen nach § 123 Abs. 2 S. 2–5 AktG.
[147] *v. Nussbaum* NZG 2009, 456 (457). AA *Koch* in Hüffer/Koch AktG § 123 Rn. 6 aE, der den Registerstand am Tag der Hauptversammlung als maßgeblich erachten will.
[148] Ebenso *Kubis* in MüKoAktG AktG § 123 Rn. 11.
[149] Vgl. § 16 Abs. 4 S. 5 WpÜG; BT-Drucks. 14/7034, 47.

63 **(2) Nachweis der Aktionärseigenschaft.** Derjenige, der Rechte gegenüber der Gesellschaft ausüben will, hat sich zu legitimieren, sofern nicht die Gesellschaft bereits selbst über entsprechende Legitimationsmittel verfügt.[150] Viele Satzungen konkretisieren zulässigerweise die formellen und zeitlichen Anforderungen an die Nachweise der Aktionärseigenschaft, wobei sie bei börsennotierten Gesellschaften nicht vom insoweit zwingenden Gesetzesrecht abweichen kann.

64 **(3) Form der Legitimationsnachweise.** Durch die Aktienrechtsnovelle 2016[151] wurde in § 123 Abs. 3 AktG allgemein die Möglichkeit geschaffen, die Art und Weise der Legitimation durch Satzungsregelung zu bestimmen, was bisher nur für Inhaberaktien möglich war. Für Namensaktien beinhaltet die Eintragung des Aktionärs im Aktienregister eine unwiderlegbare Vermutung der Aktionärseigenschaft (§ 67 Abs. 2 S. 1 AktG). Uneingeschränkt gilt dies nunmehr nur noch für Namensaktien börsennotierter Gesellschaften, für die § 123 Abs. 5 AktG auf § 67 Abs. 2 S. 1 AktG verweist. Bei Namensaktien nicht börsennotierter Gesellschaften kann die Satzung weitere Anforderungen bezüglich der Art und Weise des Nachweises stellen.[152] Demgegenüber ist bei Inhaberaktien grundsätzlich ein Berechtigungsnachweis durch den Aktionär vorzulegen. Statt der Vorlage der Aktienurkunden ist bei börsennotierten Gesellschaften ein in Textform erstellter besonderer Nachweis des Anteilsbesitzes durch das depotführende Institut immer – auch bei fehlender Satzungsregelung[153] – ausreichend.[154] Ergänzende Regelungen in der Satzung bleiben jedoch möglich,[155] wobei davon auszugehen ist, dass die in Satzungen aus der Zeit vor dem Inkrafttreten des ARUG enthaltenen Klauseln betreffend die Legitimationsnachweise ohne inhaltliche Änderung fortgelten.[156] Solche Klauseln betreffen regelmäßig insbes. die Sprache des Berechtigungsnachweises (zumeist Deutsch oder Englisch).[157]

65 **(4) Zeitpunkt der Legitimation (Nachweisstichtag, „record date").** Der Nachweis der Legitimation hat sich für Inhaberaktien bei börsennotierten Gesellschaften auf den Beginn des 21. Tages (Nachweisstichtag, „record date") vor der Hauptversammlung zu beziehen und muss der Gesellschaft mindestens sechs Tage vor der Versammlung zugehen. Der Nachweisstichtag ist ein fester Tag, weshalb eine Verlegung auf einen vorausgehenden oder nachfolgenden Werktag auch dann nicht in Betracht zu ziehen ist, wenn der 21. Tag vor der Hauptversammlung ein Sonnabend, ein Sonntag oder ein Feiertag sein sollte.[158] Inhaltlich führt dies dazu, dass derjenige Aktionär, der diese Stellung zum Nachweisstichtag inne hatte und sich entsprechend auf diesen Zeitpunkt legitimieren kann, Inhaber sämtlicher versammlungsbezogener Rechte auch für den Fall bleibt, dass er die Inhaberschaft an den Aktien nach dem Nachweisstichtag im Wege der Einzel- oder

---

[150] *Kubis* in MüKo AktG AktG § 123 Rn. 17.
[151] Gesetz v. 22.12.2015 (BGBl. 2016 I 2565).
[152] Jedenfalls dem Wortlaut nach, während sich die RegBegr. lediglich auf die Einführung eines Nachweisstichtages bezieht (vgl. BT-Drucks. 18/4349, 23); s. zur Diskussion über die Reichweite der Satzungsfreiheit die Darstellung bei *Butzke* in GroßkommAktG AktG § 123 Rn. 70 und *Koch* in Hüffer/Koch AktG § 123 Rn. 10.
[153] OLG München AG 2008, 508.
[154] Die in § 123 Abs. 3 AktG normierte Satzungsautonomie wird insoweit zum Schutz der Aktionäre durch § 123 Abs. 4 S. 1 und 2 AktG eingeschränkt.
[155] *DAV-Handelsrechtsausschuss* NZG 2005, 388 (389); *Koch* in Hüffer/Koch AktG § 123 Rn. 11.
[156] OLG Celle AG 2008, 858; OLG Frankfurt a.M. AG 2008, 896 (897); OLG München AG 2008, 508; OLG Stuttgart AG 2008, 299 f.
[157] *Ek* Praxisleitfaden Rn. 106.
[158] § 121 Abs. 7 S. 2 AktG., *Ek* Praxisleitfaden Rn. 107. Dies war vor Geltung des ARUG noch streitig. Für eine Geltung des record date als festen Stichtag schon bisher: LG München ZIP 2009, 568; *Ziemons* in K. Schmidt/Lutter AktG § 123 Rn. 57. AA LG Frankfurt a.M. NZG 2008, 112; *Arnold* AG-Report 2006, R 4.

Gesamtrechtsnachfolge verliert.[159] Entsprechend wird der Erwerber zwar materiell-rechtlich Inhaber der Aktien, kann jedoch gleichwohl nicht an der Hauptversammlung teilnehmen und darin auch kein Stimmrecht ausüben. Schuldrechtliche Vereinbarungen zwischen dem Veräußerer und dem Erwerber betreffend die Stimmrechtsausübung, etwa dergestalt, dass der Veräußerer „sein" Stimmrecht im Innenverhältnis nur nach Weisung des Erwerbers ausübt oder dieser wiederum als Bevollmächtigter des Veräußerers an der Hauptversammlung teilnimmt, sind zulässig. Nach der Aktienrechtsnovelle 2016 können in der Satzung auch Regelungen zu einem Nachweisstichtag für Namensaktien nicht börsennotierter Gesellschaften getroffen werden.[160] Anders als für Inhaberaktien börsennotierter Gesellschaften wurde jedoch kein bestimmter Stichtag festgelegt. Eine einheitliche Regelung für beide Aktienarten scheiterte daran, dass im Gesetzgebungsprozess auch nach Anhörung der verschiedenen Betroffenen nicht mit Sicherheit festgestellt werden konnte, welche Frist geeignet wäre.[161]

(5) Umschreibestopp. Da es bisher nicht möglich war, für Namensaktien einen Nachweisstichtag festzulegen und es für börsennotierte Gesellschaften bei dieser Regelung verbleibt, sehen manche Satzungen im Zusammenhang mit Namensaktien überdies sog **Umschreibestopps** bzw. **Eintragungsstopps** vor. Darunter ist zu verstehen, dass Anträge auf Umschreibung des Aktienregisters innerhalb eines kurzen Zeitraums vor der Hauptversammlung nicht bearbeitet werden, sondern erst nach deren Beendigung. Dieses Vorgehen dient dazu, die Organisation der Hauptversammlung nicht durch kurzfristige Änderungen des Aktienregisters zu erschweren, da sonst bereits versandte Einladungen zurückgezogen und den neuen Aktionären ausgestellt werden müssten. Gegen die rechtliche Zulässigkeit dieser Umschreibestopps bestehen keine schwerwiegenden Bedenken, solange dafür ein kurzer Zeitraum gewählt wird.[162] Ob ein solcher Umschreibestopp als in der Einberufung bekanntzumachende Bedingung der Teilnahme an der Hauptversammlung sowie zur Ausübung des Stimmrechts gilt, ist streitig; er sollte deshalb sicherheitshalber in der Einladung erwähnt werden.[163]

66

(6) Hinterlegung. Für nicht börsennotierte Gesellschaften ist künftig neben der Aufnahme eines Hinterlegungserfordernisses für Inhaberaktien auch ein Hinterlegungserfordernis für Namensaktien in der Satzung denkbar[164], wenngleich dieses Erfordernis, das durch den verbreiteten Verzicht auf eine Einzelverbriefung bereits recht unpraktikabel geworden war, durch die Neuregelung von § 10 Abs. 1 AktG durch die Aktienrechtsnovelle 2016 weiter verdrängt werden dürfte. Nach § 10 Abs. 1 S. 2 Nr. 2 AktG nF muss der Anspruch auf Einzelverbriefung bei nicht börsennotierten Gesellschaften ausgeschlossen und eine Sammelurkunde hinterlegt werden. Das Hinterlegungsrecht setzt hingegen denknotwendig eine Verbriefung der Aktien voraus. Fehlt es daran, so ist das satzungsmäßige Hinterlegungserfordernis dergestalt auszulegen, dass auch ein entsprechender Nachweis des depot-

67

---

[159] Das Stichtagsprinzip erfordert nicht nur eine Geltung bei der Veräußerung der Aktien, sondern ebenfalls bei Vorliegen einer Gesamtrechtsnachfolge (Todesfall des Aktionärs, Umwandlungen nach dem UmwG), ebenso *Heidinger/Blath* DB 2006, 2275 (2277 f.); *Kubis* in MüKoAktG AktG § 123 Rn. 38.
[160] § 123 Abs. 3 AktG, vgl. die RegBegr., BT-Drucks. 18/4349, 23.
[161] BT-Drucks. 18/6681, 12.
[162] BGH NZG 2009, 1270 f.; *Bayer/Lieder* NZG 2009, 1361 ff. Im Hinblick auf den Grundsatz der freien Übertragbarkeit der Mitgliedschaft ist zu beachten, dass zwar die dingliche Übertragung der Aktie trotz Umschreibestopps möglich ist, die Ausübung der Verwaltungsrechte hingegen auf Grund der Legitimationswirkung des Aktienregisters nicht, *Schaaf* Praxis der HV Rn. 156. Ausf. zur rechtlichen Problematik von Umschreibestopps *Noack* ZIP 2001, 57 ff.
[163] OLG Köln AG 2009, 448 (449); *v. Nussbaum* NZG 2009, 456; *Mimberg/Gätsch* Rn. 38; *Grobecker* NZG 2010, 165 (166). AA *Quass* AG 2009, 432 (436); *Seibert/Florstedt* ZIP 2008, 1245 (1247).
[164] Str., dafür: *Butzke* in GroßkommAktG AktG § 123 Rn. 70; *Koch* in Hüffer/Koch AktG Rn. 10; *Götze/Nartowska* NZG 2015, 298, 301; aA *Ihrig/Wandt* BB 2016, 6, 10; *Rieckers* in Spindler/Stilz § 123 Rn. 24.

führenden Instituts genügt.¹⁶⁵ Enthält die Satzung ein Hinterlegungserfordernis, so dürfen Aktionäre, die sich nicht entsprechend diesen Vorgaben legitimieren können, nicht an der Hauptversammlung teilnehmen. Die Hinterlegung der Aktien setzt voraus, dass der Hinterlegungsstelle der unmittelbare Besitz an den Aktienurkunden eingeräumt wird.¹⁶⁶ Im Gegenzug erhält der Aktionär eine auf seinen Namen ausgestellte **Hinterlegungsbescheinigung,** mit der er die Zulassung zur Hauptversammlung begehren kann. Ihr lassen sich auch die Anzahl und der Nennbetrag der hinterlegten Aktien und damit der Umfang seines Stimmrechts entnehmen.

68 Als **Hinterlegungsstellen** kommen eine Wertpapiersammelbank,¹⁶⁷ ein Notar¹⁶⁸ oder die AG selbst in Betracht.¹⁶⁹ Die Satzung der Gesellschaft kann darüber hinaus weitere Hinterlegungsstellen festlegen oder die mittelbare Hinterlegung der Aktien bei einem Dritten, der diese zugunsten einer Hinterlegungsstelle (gesperrt) hält, ermöglichen. Eine solche Vorgehensweise empfiehlt sich insbes. für Gesellschaften mit ausländischen Aktionären, deren Aktien bei einer ausländischen Bank verwahrt werden.¹⁷⁰

69 Die Hinterlegung muss **bis zum Ende der Hauptversammlung** fortdauern. Gegen Rückgabe des Originals der Hinterlegungsbescheinigung können die Aktien zwar jederzeit zurückverlangt werden, jedoch geht dadurch bei Rückforderung vor Ablauf der Hauptversammlung das Teilnahmerecht verloren.

70 Die **Kosten der Hinterlegung** kann der Aktionär in keinem Fall von der Gesellschaft erstattet verlangen.¹⁷¹ Allerdings sind dessen Aufwendungen aus steuerlicher Sicht Werbungskosten im Rahmen der Einkünfte aus Kapitalvermögen, es sei denn, es handelt sich bei der Beteiligung um eine sog Liebhaberei.¹⁷²

71 **(7) Überprüfung der Beachtung formeller Schranken.** Nach heute herrschender Auffassung hat der Versammlungsleiter, der für den ordnungsgemäßen Ablauf der Hauptversammlung zu sorgen hat, die ordnungsgemäße **Erfüllung der Teilnahmevoraussetzungen** und damit sowohl eine ggf. erforderliche Anmeldung als auch den Nachweis der Aktionärseigenschaft zu **überprüfen.**¹⁷³ Die Hauptversammlung kann sich zwar eine Geschäftsordnung mit Regeln für die Vorbereitung und Durchführung der Hauptversammlung geben (vgl. § 129 Abs. 1 S. 1 AktG).¹⁷⁴ Jedoch darf diese nicht durch die Regelung von Einzelfällen in die originären Befugnisse des Versammlungsleiters zur Durchführung der Hauptversammlung eingreifen.¹⁷⁵

---

¹⁶⁵ *Koch* in Hüffer/Koch AktG § 123 Rn. 10; *Kubis* in MüKoAktG AktG § 123 Rn. 24. AA *Rieckers* in Spindler/Stilz § 123 Rn. 25.
¹⁶⁶ RGZ 112, 109 (113 f.).
¹⁶⁷ Die derzeit einzige in Deutschland tätige Wertpapiersammelbank ist die Clearstream Banking AG.
¹⁶⁸ Die Hinterlegung kann auch bei einem ausländischen Notar erfolgen, dessen Verwahrungstätigkeit der eines deutschen Notars entspricht; ebenso *Eckardt* in Geßler/Hefermehl AktG § 123 Rn. 41; *Schaaf* Praxis der HV Rn. 326; *Werner* in GroßkommAktG AktG § 123 Rn. 39; aA *Zöllner* in Kölner Komm. AktG § 123 Rn. 19. Ein Vergleich der Notartätigkeit in zwölf EU-Staaten findet sich in *Ausschuss für Rechte und Bürgerrechte des Europäischen Parlaments,* Bericht über die Lage und Organisation des Notarstandes in den zwölf Mitgliedsstaaten der Gemeinschaft, ZNotP 1997, 59 ff. Vgl. auch *Cornelius,* Das dänische Notarwesen, DNotZ 1996, 352 ff.; *Gresser,* Das französische Notariatswesen, MittBayNot Sonderheft 1990, 7 ff.; *Krage,* Das Notarwesen in Schweden und Finnland, DNotZ 1998, 787 ff.; *von Luterotti,* Der Notar in Italien, MittBayNot Sonderheft 1990, 13 ff.; *Meyer,* Der Notar in Österreich, MittBayNot Sonderheft 1990, 9 ff.; *Seifert,* Der Notar in Spanien, MittBayNot Sonderheft 1990, 11 ff.; *Schwachtgen,* Die Notare in den Benelux-Staaten und in Großbritannien, MittBayNot Sonderheft 1990, 5 ff.; *Vuylsteke,* Das belgische Notargesetz, NotBZ 2001, 174 ff.
¹⁶⁹ *Kubis* in MüKoAktG AktG § 123 Rn. 25; *Schaaf* Praxis der HV Rn. 376.
¹⁷⁰ So auch *Happ* AktienR 10.01 Rn. 2.
¹⁷¹ AG Leverkusen AG 1994, 476; *Kubis* in MüKoAktG AktG § 123 Rn. 28.
¹⁷² NdsFG WPg 1992, 59.
¹⁷³ *Butzke* C Rn. 51; *Kubis* in MüKoAktG AktG § 119 Rn. 129; *Mülbert* in GroßkommAktG AktG § 129 Rn. 138; *Schaaf* Praxis der HV Rn. 484; *Stützle/Walgenbach* ZHR 155 (1991) 516 (524 f.); *Zöllner* in Kölner Komm. AktG § 118 Rn. 30.
¹⁷⁴ *Koch* in Hüffer/Koch AktG § 129 Rn. 1a ff.
¹⁷⁵ Vgl. *Koch* in Hüffer/Koch AktG § 129 Rn. 1c; *Schaaf* ZIP 1999, 1339 (1340).

bb) Materielle Schranken

72 Neben den formellen unterliegt das Teilnahmerecht des Aktionärs auch materiellen Schranken. Darunter ist die Beschränkung des Teilnahmerechts zu verstehen, die im Extremfall bis zu dessen vollständigem Entzug reichen kann.

73 **(1) Entzug.** Das **Teilnahmerecht kann** unter engen Voraussetzungen sowohl vor als auch während der Hauptversammlung **entzogen werden.** Ersteres ist allenfalls in krassen Ausnahmefällen denkbar und dürfte in der Praxis kaum je vorgekommen sein.[176] Ein Entzug des Teilnahmerechts während des Verlaufs der Hauptversammlung in Form des **Saalverweises** kommt dagegen hin und wieder vor.[177] Zuständig für den Saalverweis ist der jeweilige Versammlungsleiter.[178]

74 Ein vollständiger Entzug des Teilnahmerechts rechtfertigt sich aus dem Bedürfnis, einen **möglichst reibungslosen Ablauf der Hauptversammlung** zu gewährleisten.[179] Dabei sind jedoch stets die Grundsätze der Verhältnismäßigkeit und der Gleichbehandlung (§ 53a AktG) zu wahren. Der Wortentzug und der Saalverweis gegenüber einem Aktionär sind verfassungsrechtlich nicht zu beanstanden, wenn sie einer ordnungsgemäßen Versammlungsdurchführung dienen und nicht in willkürlicher und missbräuchlicher Weise eingesetzt werden.[180] Dazu dürfte zum einen zu verlangen sein, dass der Anlass für eine teilnahmebeschränkende Sanktion erheblich ist (zB beleidigende Zwischenrufe, fortdauernde Verunglimpfung der Verwaltung, Nichtfreigabe des Rednerpults trotz wiederholter Aufforderung); die bloße Redezeitüberschreitung kann einen Saalverweis nicht rechtfertigen. Zum anderen ist zu berücksichtigen, dass es im Rahmen engagierter Debatten auch einmal zu hitzigen Bemerkungen kommen kann. Einem störenden Aktionär ist die Möglichkeit zu geben, sich zu beruhigen und/oder die Störung abzustellen. Daher ist zunächst jeder, der den Ablauf der Versammlung stört, zu ermahnen, dies künftig zu unterlassen. Soweit eine solche Ermahnung nicht fruchtet, ist dem Störer der Saalverweis und damit die Entziehung des Teilnahmerechts anzudrohen. Erst bei erneuter Zuwiderhandlung ist ein Saalverweis als ultima ratio gerechtfertigt.[181] Wird einem Aktionär unberechtigterweise das Teilnahmerecht entzogen, so kann dieser einen ohne ihn gefassten Beschluss ggf. anfechten (→ § 44 Rn. 33). Zwar hat nach einer Auffassung die Anfechtung nur dann Erfolg, wenn bei Teilnahme des Aktionärs das Abstimmungsergebnis anders ausgefallen wäre.[182] Diese Ansicht wird jedoch von der heute herrschenden Ansicht abgelehnt, weil sich bei einem Ausschluss des Aktionärs nie ganz ausschließen lässt, dass dieser auf das Verhalten anderer Einfluss genommen hätte und dadurch die Abstimmung anders ausgefallen wäre.[183] Aus diesem Grund sollte die Gesellschaft nicht leichtfertig Minderheitsaktionäre in der Erwartung, diese könnten das Ergebnis ohnehin nicht anfechten, von der Teilnahme an der Hauptversammlung ausschließen.

---

[176] Denkbares Bsp. für einen evtl. möglichen vorherigen Entzug des Teilnahmerechts: Ein Aktionär hat frühere Hauptversammlungen regelmäßig erheblich gestört und/oder für die anstehende Versammlung Störungen ernsthaft angekündigt.
[177] Vgl. BVerfG ZIP 1999, 1798; BGHZ 44, 245; OLG Bremen NZG 2007, 468; OLG Düsseldorf AG 1991, 444; *Wicke* NZG 2007, 771 (773f.).
[178] BGHZ 44, 245; OLG Bremen NZG 2007, 468; LG Stuttgart AG 1994, 425; bestätigt in OLG Stuttgart WM 1995, 617 (619); *Hoffmann-Becking* in MHdB AG § 37 Rn. 75; *Stützle/Walgenbach* ZHR 155 (1991) 516 (540); → § 9 Rn. 4.
[179] BGHZ 44, 245 (251); *Siepelt* AG 1995, 254 (259).
[180] BVerfG ZIP 1999, 1798 (1801).
[181] BGHZ 44, 245 (255); *Barz* AG 1962, Sonderbeilage Nr. 1, 6; *Hoffmann-Becking* in MHdB AG § 37 Rn. 74; *Koch* in Hüffer/Koch AktG § 129 Rn. 32; *Siepelt* AG 1995, 254 (259).
[182] Vgl. OLG Stuttgart WM 1995, 617 (619).
[183] Vgl. *Koch* in Hüffer/Koch AktG § 243 Rn. 16; *Hüffer/Schäfer* in MüKoAktG AktG § 243 Rn. 32; siehe auch die in → Rn. 88 aufgeführte Rspr. zur rechtswidrigen Nichtzulassung eines Aktionärs zur Hauptversammlung.

75 **(2) Beschränkung.** Da das Teilnahmerecht auch das Rederecht mit umfasst, ist bereits jede **Redezeitbegrenzung** auch als Teilnahmerechtsbeschränkung aufzufassen. Eine solche rechtfertigt sich ebenso wie der Teilnahmerechtsentzug aus dem Bedürfnis, einen möglichst reibungslosen Ablauf der Hauptversammlung zu gewährleisten.[184]

2. Vorstands- und Aufsichtsratsmitglieder

76 Nach dem Wortlaut des Gesetzes „sollen" die Mitglieder des Vorstands und des Aufsichtsrats an der Hauptversammlung teilnehmen (§ 118 Abs. 3 S. 1 AktG). Daraus ergibt sich notwendigerweise ein **Teilnahmerecht** dieser Personen. Dieses Teilnahmerecht ist ein höchstpersönliches Recht; es kann nicht übertragen werden. Durch das Teilnahmerecht wird den Vorstands- und Aufsichtsratsmitgliedern nicht nur die Anwesenheit gestattet, sondern auch das Recht gegeben, sich zu den Tagesordnungspunkten zu äußern.[185] Aufsichtsratsmitglieder, aber nicht Vorstandsmitglieder können bei entsprechender Satzungsbestimmung auch im Wege der Bild- und Tonübertragung an der Hauptversammlung teilnehmen (§ 118 Abs. 3 S. 2 AktG). Die Satzungsbestimmung muss die Fälle näher bestimmen, in denen eine solche Übertragung zulässig ist. Sie kann etwa vorsehen, dass die Bild- und Tonübertragung möglich ist, wenn das Aufsichtsratsmitglied sich für Zwecke der Gesellschaft im Ausland aufhält. Die Übertragung muss Bild und Ton gleichzeitig umfassen, nur Bild oder nur Ton genügen nicht, denn die Übertragung soll die körperliche Präsenz des Mitglieds des Aufsichtsrats ersetzen.[186]

77 Zur Teilnahme berechtigt sind lediglich die **amtierenden Vorstands- und Aufsichtsratsmitglieder,** nicht hingegen ausgeschiedene.[187] Dies gilt auch, soweit für ein ausgeschiedenes Mitglied ein erhebliches Interesse an der Teilnahme besteht, etwa weil es bei der Hauptversammlung um seine Entlastung geht. Eine Ausnahme von dem Grundsatz, dass nur die derzeitigen Mitglieder teilnahmeberechtigt sind, kann aber für den Fall zugelassen werden, dass ein auf der Hauptversammlung zu wählendes Aufsichtsratsmitglied seine Amtszeit mit der Annahme der Wahl beginnen soll. Es wäre unnötige Förmelei, es zunächst als Gast zulassen zu müssen,[188] obwohl es unmittelbar nach Annahme der Wahl sogar eine Pflicht zur Teilnahme hat.[189]

78 Materielle **Beschränkungen des Teilnahmerechts** sind zwar auch bei Vorstands- und Aufsichtsratsmitgliedern denkbar; die Ausführungen zu den Schranken des Teilnahmerechts der Aktionäre gelten insoweit entsprechend.[190] Allerdings wird man im Hinblick auf die Teilnahmepflicht – sowie bei Vorstandsmitgliedern auch im Hinblick auf die Auskunftspflicht – mit einem Ausschluss eines Vorstands- oder Aufsichtsratsmitglieds von der Hauptversammlung noch vorsichtiger sein müssen.[191]

3. Besonderer Vertreter

79 Der besondere Vertreter (§ 147 Abs. 2 AktG) wird von der Hauptversammlung zur Geltendmachung von Ersatzansprüchen[192] gegenüber den Mitgliedern der Verwaltungsorgane berufen. Für diesen beschränkten Bereich werden die Aufgaben von Vorstand und ggf.

---

[184] Zur Beschränkung des Rederechts BGH WM 2010, 559.
[185] *Koch* in Hüffer/Koch AktG § 118 Rn. 20; *Mülbert* in GroßkommAktG AktG § 118 Rn. 51.
[186] Vgl. *Seibert* NZG 2002, 608 (611); *Mülbert* in GroßkommAktG AktG § 118 Rn. 58. Zum Erfordernis der körperlichen Präsenz auch → Rn. 8.
[187] *Kubis* in MüKoAktG AktG § 118 Rn. 99; *Vetter* AG 1991, 171.
[188] So aber *Butzke* C Rn. C 24.
[189] Zu der parallelen Problematik im Hinblick auf die Teilnahmepflicht → Rn. 106.
[190] Zu den Schranken des Teilnahmerechts der Aktionäre → Rn. 73–76.
[191] *Eckardt* in Geßler/Hefermehl AktG § 118 Rn. 56.
[192] *Mock* in Spindler/Stilz AktG § 147 Rn. 12 ff.

IV. Teilnahmeberechtigte   § 8

Aufsichtsrat auf den besonderen Vertreter übergeleitet. Korrespondierend zur Aufgabenübertragung geht damit auch das **Teilnahmerecht** des jeweils vertretenen Verwaltungsorgans (§ 118 Abs. 3 AktG) mit auf den besonderen Vertreter über.[193] Dieser nimmt innerhalb seines Aufgabenbereichs insoweit eine originäre Zuständigkeit des Vorstands und ggf. des Aufsichtsrats wahr. Das Teilnahmerecht umfasst zugleich ein Rederecht des besonderen Vertreters, welches sich in seiner Organstellung begründet.[194] Wie auch bei anderen Organvertretern wird das Rederecht jedoch durch das Vorliegen eines entsprechenden Tagesordnungspunktes begrenzt.[195]

4. Abschlussprüfer

Der **Abschlussprüfer** ist zur Teilnahme berechtigt, soweit der Jahresabschluss zu prüfen ist und dessen Feststellung der Hauptversammlung obliegt (§ 176 Abs. 2 S. 1 AktG).[196] Das Teilnahmerecht ist allerdings beschränkt auf die Anwesenheit beim Tagesordnungspunkt „Feststellung des Jahresabschlusses". 80

In der Praxis wird der Jahresabschluss außer bei der KGaA in aller Regel von Vorstand und Aufsichtsrat festgestellt. Die Hauptversammlung der AG beschließt über die Feststellung nur dann, wenn 81
– sie ihr überlassen wurde,
– der Aufsichtsrat den Jahresabschluss nicht gebilligt hat,
– bei Auflösung der Gesellschaft oder
– im Rahmen einer vereinfachten Kapitalherabsetzung mit Rückwirkung.[197]
Abstimmungen über die Feststellung des Jahresabschlusses sind daher ein Ausnahmefall.

Dennoch ist es in der Praxis zumindest bei Publikumsgesellschaften üblich, dass die Abschlussprüfer während der gesamten Dauer der Hauptversammlung anwesend sind. Es stellt sich daher die Frage, ob ihnen insoweit ein Teilnahmerecht zusteht. Dem Gesetz lässt sich ein solches nicht entnehmen, doch kann die Teilnahme des Abschlussprüfers in der Satzung vorgesehen werden. Ist dies nicht der Fall, so **fehlt** es an einem **Teilnahmerecht**.[198] Allein aus einer abweichenden praktischen Handhabung ergibt sich nichts anderes. Auch haben die Abschlussprüfer keine Stellung „in" der Gesellschaft, aus der sich ein Teilnahmerecht ableiten ließe.[199] 82

Eine Teilnahme des Abschlussprüfers an der Hauptversammlung kann allein auf Grund seiner Fachkompetenz aber durchaus sinnvoll sein; deshalb spricht nichts dagegen, ihn als **Gast** zuzulassen.[200] Ähnlich wie bei Medienvertretern (→ Rn. 96 ff.) wird man von einer stillschweigenden Zulassung ausgehen können. Bei Widerspruch eines Aktionärs wäre allerdings ein Hauptversammlungsbeschluss herbeizuführen.[201] 83

---

[193] *Mock* AG 2008, 839 (843).
[194] *Verhoeven* ZIP 2008, 245 (246); *Spindler* in K. Schmidt/Lutter AktG § 147 Rn. 21; *Mock* in Spindler/Stilz AktG § 147 Rn. 109.
[195] LG München I AG 2008, 794; *Mock* AG 2008, 839 (843).
[196] Zu der in dieser Norm zum Ausdruck kommenden Teilnahmepflicht → Rn. 109 und → § 14 Rn. 5.
[197] § 173 Abs. 1 AktG; § 270 Abs. 2 S. 1 AktG; § 234 Abs. 2 S. 1 AktG; bei der KGaA beschließt gem. § 286 Abs. 1 S. 1 AktG immer die Hauptversammlung; vgl. *Koch* in Hüffer/Koch AktG § 286 Rn. 1.
[198] *Butzke* C Rn. 27; *Koch* in Hüffer/Koch AktG § 176 Rn. 8; *Hoffmann-Becking* in MHdB § 37 Rn. 3; *Kubis* in MüKoAktG AktG § 118 Rn. 105; *Mülbert* in GroßkommAktG AktG § 118 Rn. 63; *Zöllner* in Kölner Komm. AktG § 118 Rn. 26; aA *Claussen* in Kölner Komm. AktG § 176 Rn. 14; *v. Godin/Wilhelmi* § 176 AktG Anm. 3; *Kropff* in Geßler/Hefermehl AktG § 176 Rn. 15 f., der das Teilnahmerecht aber auf Tagesordnungspunkte beschränkt, die mit der Prüftätigkeit in Zusammenhang stehen.
[199] So aber *Eckardt* in Geßler/Hefermehl AktG § 118 Rn. 30.
[200] *Adler/Düring/Schmaltz* AktG § 176 Rn. 31; zu den Gästen → Rn. 96 ff.
[201] Ebenso *Brönner* in GroßkommAktG AktG § 176 Rn. 14; *Hennrichs/Pöschke* in MüKoAktG AktG § 176 Rn. 33.

Bärwaldt

84 **Sonderprüfer** haben weder ein Teilnahmerecht noch eine Teilnahmepflicht.[202] Es fehlt insoweit an einer gesetzlichen Grundlage. Zwar hat der Vorstand nach Durchführung einer Sonderprüfung den Prüfungsbericht zum Gegenstand eines Tagesordnungspunkts bei der nächsten Hauptversammlung zu machen (§ 145 Abs. 6 S. 5 AktG), doch existiert keine die Teilnahme des Sonderprüfers regelnde Vorschrift. Soweit die Anwesenheit des Sonderprüfers bei der Debatte über den Prüfungsbericht sinnvoll erscheint, kann er aber ohne Weiteres als Gast zugelassen werden.

5. Behördenvertreter

85 Für bestimmte Vertreter staatlicher Aufsichtsbehörden bestehen gesetzlich festgelegte Teilnahmerechte. So ist die **Bundesanstalt für Finanzdienstleistungsaufsicht** (BAFin) befugt, bei Kredit- und Finanzdienstleistungsinstituten in der Rechtsform der AG Vertreter zu den Hauptversammlungen zu entsenden (§ 44 Abs. 4 S. 1 KWG). Dasselbe gilt für Bausparkassen[203] und Hypothekenbanken.[204] Bei den Vertretern der BAFin muss es sich insoweit nicht notwendigerweise um Bedienstete der Behörde handeln.[205] Ihnen wird ausdrücklich das Recht eingeräumt, das Wort zu ergreifen (§ 44 Abs. 4 S. 2 KWG). Ein Antragsrecht steht den Vertretern der BAFin jedoch nicht zu.[206]

86 Auch bei Versicherungs-Aktiengesellschaften besteht ein Teilnahmerecht an der Hauptversammlung für Vertreter der BAFin (§ 306 Abs. 1 S. 1 Nr. 4 VAG). In diesem Fall muss es sich um Bedienstete der Aufsichtsbehörde handeln.[207] Wiederum ist neben dem Recht auf Teilnahme das Recht, das Wort zu ergreifen, ausdrücklich im Gesetz genannt (§ 306 Abs. 1 S. 1 Nr. 4 VAG). Um das Teilnahmerecht effektiv ausüben zu können, ist der BAFin der Termin der Hauptversammlung rechtzeitig vorher bekanntzugeben. Auch bei den Versicherungsunternehmen steht den Vertretern dieser Behörde zwar kein Antragsrecht zu, wohl aber können sie eine Ergänzung der Tagesordnungspunkte verlangen (§ 306 Abs. 1 S. 1 Nr. 5 VAG).[208] Zugleich besteht die Möglichkeit, die Einberufung einer Hauptversammlung zu initiieren sowie die Ankündigung von Gegenständen zur Beschlussfassung zu verlangen (§ 306 Abs. 1 S. 1 Nr. 5 VAG).

87 Schließlich steht den Vertretern des **Deutschen Patent- und Markenamts** (DPMA) ein Teilnahmerecht an den Hauptversammlungen von als Aktiengesellschaften organisierten Verwertungsgesellschaften zu (§ 85 Abs. 4 S. 1 VGG). Im Gegensatz zu den vorstehend genannten Aufsichtsorganen sind die Vertreter des DPMA nicht redeberechtigt.[209]

88 **Kein Teilnahmerecht** steht dem **Bundesrechnungshof** an Hauptversammlungen von Gesellschaften zu, an denen der Bund beteiligt ist oder die dem Bund gehören.[210]

---

[202] *Butzke* C Rn. 27 Fn. 27; aA *Eckardt* in Geßler/Hefermehl AktG § 118 Rn. 33, der eine Teilnahmepflicht ablehnt, ein Teilnahmerecht aber wohl bejaht („... müssen die Sonderprüfer zur Teilnahme zugelassen werden").
[203] §§ 1 Abs. 1 S. 1, 3 Abs. 1 S. 1 BausparkG iVm § 44 Abs. 4 S. 1 KWG.
[204] § 3 PfandbriefG iVm § 44 Abs. 4 S. 1 KWG.
[205] § 4 Abs. 3 FinDAG; vgl. *Braun* in Boos/Fischer/Schulte-Mattler, Kreditwesengesetz, 5. Aufl. 2016, KWG § 44 Rn. 99.
[206] *Braun* in Boos/Fischer/Schulte-Mattler, Kreditwesengesetz, 5. Aufl. 2016, KWG § 44 Rn. 101. Wenn allerdings die Einberufung der Hauptversammlung von der BAFin in Ausübung ihres Rechts aus § 44 Abs. 5 S. 1 KWG veranlasst wurde, steht deren Vertretern ein Beschlussvorschlagsrecht zu, vgl. *Braun* in Boos/Fischer/Schulte-Mattler, Kreditwesengesetz, 5. Aufl. 2016, KWG § 44 Rn. 106.
[207] Dies folgt aus § 83 Abs. 3 VAG; vgl. *Kollhosser* in Prölss VAG § 83 Rn. 14.
[208] Str., aA *Spindler* in K. Schmidt/Lutter AktG § 118 Rn. 47.
[209] *Kubis* in MüKoAktG § 118 Rn. 10; aA von *Mülbert* in GroßkommAktG AktG § 118 Rn. 89.
[210] *Eckardt* in Geßler/Hefermehl AktG § 118 Rn. 37. Hinzuweisen ist allerdings auf §§ 53, 56 HGrG sowie Ziffer 8 des Public Corporate Governance Kodex des Bundes (vom 1.7.2009), wonach der Bundesrechnungshof nachträglich über sämtliche in der Hauptversammlung gefassten Beschlüsse der Bundesgesellschaften detailliert zu informieren ist.

IV. Teilnahmeberechtigte § 8

6. Medienvertreter

Hauptversammlungen von Aktiengesellschaften, insbes. diejenigen der großen Publikums- 89
gesellschaften, stoßen oft auf ein großes Interesse der Öffentlichkeit. Die Geschäftspolitik und die Jahresabschlüsse bedeutender Unternehmen haben einen starken Einfluss auf die Gesamtwirtschaft und spielen eine nicht unerhebliche Rolle in grundsätzlich dem Staat zugeordneten Bereichen (zB Steuer-, Arbeitsmarkt-, Energie- oder Umweltpolitik), die letztlich jeden Einzelnen betreffen. Dennoch ist die Hauptversammlung solcher Gesellschaften **keine öffentliche Veranstaltung**.[211]

Aus diesem Grund steht den Vertretern von Presse, Rundfunk oder Fernsehen grund- 90
sätzlich **kein** gesellschaftsrechtlich begründetes **Teilnahmerecht** an der Hauptversammlung zu.[212] Ein solches lässt sich auch nicht aus deren Bedeutung für die Öffentlichkeit herleiten. Medienvertreter haben damit kein erzwingbares, originäres Recht auf Anwesenheit, geschweige denn auf eine Beteiligung an den Debatten.[213]

Allerdings sind die **Medien** auf den Hauptversammlungen heutzutage regelmäßig **ver-** 91
treten. Für eine AG ist deren Anwesenheit allein im Hinblick auf die Öffentlichkeitsarbeit eine willkommene Möglichkeit, ein breites Publikum auf sich aufmerksam zu machen. Die einschlägigen Medien werden daher regelmäßig von bevorstehenden Hauptversammlungen informiert. Außerdem liefe eine AG bei Nichtzulassung der Medienvertreter allzu leicht Gefahr, eine negative Berichterstattung zu provozieren. Hinzu kommt, dass ein Ausschluss bei großen Publikumsgesellschaften ohnehin dadurch umgangen werden kann, dass die Journalisten durch Erwerb einer Aktie ein Teilnahmerecht erlangen können. Hierbei wäre allerdings die Mitnahme und Benutzung von Aufnahmegeräten nicht ohne Weiteres möglich (→ § 11 Rn. 125). Ein weiterer Vorteil der Zulassung von Medienvertretern ist darin zu sehen, dass auf diesem Wege auch Kleinaktionäre, denen eine Teilnahme etwa auf Grund der Entfernung zwischen Versammlungsort und Wohnort nicht möglich ist, über Verlauf und Ergebnisse der Versammlung informiert werden. Auch dieser Umstand vermag indes – auch nicht im Hinblick auf das Auskunftsrecht des Aktionärs – keine Pflicht der AG zur Zulassung zu begründen.[214] Dies ist umso weniger der Fall, als die Gesellschaft bei entsprechender Bestimmung in der Satzung oder der Geschäftsordnung mittlerweile selbst für die Bild- und Tonübertragung der Hauptversammlung (vgl. § 118 Abs. 4 AktG) bzw. die Online-Teilnahme des Aktionärs sorgen kann.

Trotz der gängigen Handhabung in der Praxis wird man kein gewohnheitsrechtlich an- 92
erkanntes Teilnahmerecht der Medienvertreter annehmen können. Rechtlich betrachtet ist die Zulassung von Journalisten deshalb nichts weiter als die stillschweigende Erteilung eines **Anwesenheitsrechts mit bloßem Gefälligkeitscharakter**. Aus dieser Qualifizierung ergibt sich dann auch unmittelbar, dass den Medienvertretern kein Rederecht eingeräumt ist. Ein solches müsste selbstständig durch die Hauptversammlung erteilt werden. Ebenso ergibt sich aus dem Gefälligkeitscharakter die leichtere Einschränkbarkeit des Teilnahmerechts im Vergleich zu dem des Aktionärs. So könnten Medienvertreter bereits des Saales verwiesen werden, wenn nicht mehr ausreichend Platz zur Verfügung steht.

Zuständig für die Zulassung von Medienvertretern ist der jeweilige **Versamm-** 93
lungsleiter.[215] Dieser kann die Entscheidung auch auf die Hauptversammlung übertragen

---

[211] *Kubis* in MüKoAktG AktG § 118 Rn. 42; *Mülbert* in GroßkommAktG Vor §§ 118 Rn. 60; *Zöllner* in Kölner Komm. AktG § 119 Rn. 75; aus diesem Grund findet das VersG keine Anwendung.
[212] *Koch* in Hüffer/Koch AktG § 118 Rn. 29; *Hoffmann-Becking* in MHdB AG § 37 Rn. 5; *Kubis* in MüKoAktG AktG § 118 Rn. 42; *Mülbert* in GroßkommAktG AktG § 118 Rn. 74; *Zöllner* in Kölner Komm. AktG § 119 Rn. 77; aA *Henn/Frodermann/Jannott* AktienR-HdB Rn. 808 für börsennotierte Gesellschaften.
[213] Etwas anderes ist auch nicht dann anzunehmen, wenn ihnen ein Teilnahmerecht in der Satzung zugestanden worden sein sollte; *Hoffmann-Becking* in MHdB AG § 37 Rn. 5; *Schaaf* Praxis der HV Rn. 348.
[214] Vgl. *Butzke* C Rn. 35.
[215] *Koch* in Hüffer/Koch AktG § 118 Rn. 28; *Kubis* in MüKoAktG AktG § 118 Rn. 109; *Mülbert* in GroßkommAktG AktG § 118 Rn. 93; *Stützle/Walgenbach* ZHR 155 (1991) 516 (526).

(→ Rn. 98). Außerdem kann die Hauptversammlung die Entscheidung des Versammlungsleiters nach Widerspruch eines Aktionärs durch Mehrheitsbeschluss abändern.[216]

Eine Differenzierung in der Weise, dass nur bei Publikumsgesellschaften die Zulassung in den Zuständigkeitsbereich des Versammlungsleiters fallen soll, bei kleineren Gesellschaften hingegen die Aktionäre entscheiden sollen,[217] ist nicht geboten und findet auch keine Stütze im Gesetz.

7. Notar

94 Beschlüsse der Hauptversammlung börsennotierter Aktiengesellschaften sowie Hauptversammlungsbeschlüsse nichtbörsennotierter Aktiengesellschaften, für die das Gesetz mindestens eine Dreiviertelmehrheit bestimmt, sind notariell zu beurkunden (§ 130 Abs. 1 AktG; → § 13 Rn. 3). Wird dies unterlassen, sind sie nichtig (§ 241 Nr. 2 AktG). Für die Handlungsfähigkeit der Hauptversammlung ist daher in diesen Fällen die Anwesenheit eines Notars notwendig. Dennoch gibt es **kein** erzwingbares, eigenes **Teilnahmerecht** des Notars.[218] Er wird vielmehr grundsätzlich vom Vorstand im Namen der Gesellschaft beauftragt, wobei in der Beauftragung zugleich die Zulassung zur Anwesenheit während der Hauptversammlung zu sehen ist. Soweit eine Minderheit die Hauptversammlung kraft gerichtlicher Ermächtigung einberuft (§ 122 Abs. 3 S. 1 AktG) und den Notar beauftragt, ist auch die Zulassung des Notars zur Teilnahme von der Ermächtigung umfasst.

8. Gäste

95 Wer ein Interesse daran hat, eine Hauptversammlung zu verfolgen (zB Betriebsrats-, Beirats- oder Verwaltungsmitglieder, Repräsentanten der IHK, interessierte Privatpersonen), muss sich an die Gesellschaft wenden und erhält dann ggf. eine sog **Gästekarte**. Personen, denen als Gästen die Teilnahme an einer Hauptversammlung gestattet wird, steht **kein originäres,** gesellschaftsrechtlich begründetes **Teilnahmerecht** zu, soweit nicht die Satzung etwas anderes bestimmt. Die Satzung kann deshalb insbes. ein Teilnahmerecht für diejenigen Personen begründen, denen nach den gesetzlichen Regelungen ein solches gerade nicht zusteht.[219]

96 Grundsätzlich gibt es keinen rechtlichen Unterschied zwischen der **Qualität der Anwesenheitsrechte** von Gästen und Medienvertretern. Auch die Zulassung von Gästen hat reinen Gefälligkeitscharakter. Allerdings wird man im Bedarfsfall – etwa bei begrenzten Kapazitäten – davon ausgehen können, dass in der Praxis die Medienvertreter bevorzugt werden.

97 Enthält die Satzung keine Regelung, so ist der Versammlungsleiter über die Zulassung originär entscheidungsbefugt.[220] Er entscheidet über die Zulassung von Medienvertretern oder sonstigen Gästen nach freiem Ermessen.[221] In Bezug auf den Begleiter eines Aktionärs (zB Rechtsbeistand) kann der Gleichbehandlungsgrundsatz (§ 53a AktG) jedoch zu Einschränkungen des Ermessensspielraums des Versammlungsleiters führen; (Nicht-)Zulassungsentscheidungen sind ggf. zu begründen.[222] Der Versammlungsleiter kann die Zulas-

---

[216] Str., so jedenfalls die hM, vgl. *Butzke* C Rn. 34; *Kubis* in MüKoAktG AktG § 118 Rn. 114; *Spindler* in K. Schmidt/Lutter AktG § 118 Rn. 48; aA *Mülbert* in GroßkommAktG AktG § 118 Rn. 93.
[217] So *Barz* in GroßkommAktG AktG § 119 AktG Rn. 25.
[218] *Butzke* C Rn. 29; *Kubis* in MüKo AktG § 118 Rn. 107; *Mülbert* in GroßkommAktG AktG § 118 Rn. 91; *Wilhelmi* BB 1987, 1331 (1332); aA ohne Begründung *Steiner* HV der AG § 4 Rn. 8.
[219] *Kubis* in MüKoAktG AktG § 118 Rn. 111; *Mülbert* in GroßkommAktG AktG § 118 Rn. 93.
[220] *Hoffmann-Becking* in MHdB AG § 37 Rn. 5 und NZG 2017, 281 (288).
[221] *Kubis* in MüKoAktG AktG § 118 Rn. 113.
[222] *Kubis* in MüKoAktG AktG § 118 Rn. 113.

sungsentscheidung auch an die mit einfacher Mehrheit entscheidende Hauptversammlung delegieren bzw. kann diese die (Nicht-)Zulassungsentscheidung auf Antrag (Widerspruch) eines einzelnen Aktionärs durch einfachen Mehrheitsbeschluss an sich ziehen.[223] Das dergestalt eingeräumte Anwesenheitsrecht beinhaltet jedoch weder ein Rede- noch ein Antragsrecht, da zusätzliche Rederechte die Redezeit der Aktionäre unverhältnismäßig beschränkten und auch Antragsrechte ausschließlich den Aktionären vorbehalten sind.[224] Darüber hinaus kann die Zulassung jederzeit ohne Angabe von Gründen vom Versammlungsleiter bzw. der Hauptversammlung widerrufen werden; ablehnende oder widerrufende Entscheidungen des Versammlungsleiters sind nicht justiziabel.[225]

Saalordner, Stimmenzähler, Küchenpersonal oder sonstige **Hilfskräfte** haben kein „Teilnahmerecht". Da sie in der Hauptsache nicht an den Inhalten der Hauptversammlung interessiert, sondern lediglich an deren organisatorischen Ablauf beteiligt sind, wird man sie auch nicht als Gäste in obigem Sinn bezeichnen können. Dennoch ist ihnen (auch ohne Aushändigung einer Gästekarte) notwendigerweise die Anwesenheit gestattet, da anders die Hauptversammlung nicht organisiert werden könnte. Im Unterschied zu den Gästen richtet sich die Zulassung jedoch nicht individuell an bestimmte Personen, sondern generell an die benötigte Anzahl von Hilfskräften. 98

V. Teilnahmepflicht

Das Gesetz begründet neben dem Teilnahmerecht auch Teilnahmepflichten. Eine solche Pflicht umfasst lediglich die **Pflicht zur Anwesenheit,** nicht etwa auch eine Pflicht, sich aktiv an den Diskussionen zu beteiligen. Teilnahmepflichten existieren für Vorstands- und Aufsichtsratsmitglieder sowie ggf. für den Abschlussprüfer. Für jede Personengruppe sind der Umfang der Pflicht und ggf. die Folgen einer Pflichtverletzung einzeln zu prüfen. Für die Aktionäre existiert **keine mitgliedschaftliche Teilnahmepflicht** im Verhältnis zur Gesellschaft.[226] Eine – lediglich schuldrechtlich wirkende – Teilnahmepflicht kann im Verhältnis zu Dritten bestehen. Dies ist zB dann der Fall, wenn ein Aktionär Gesellschafter eines Stimmrechtspools[227] ist oder er sich in sonstiger Weise einer Stimmbindungsabrede unterworfen hat. 99

1. Vorstandsmitglieder

a) Inhalt und Umfang der Teilnahmepflicht

Nach dem Gesetz „sollen" die Mitglieder des Vorstands an der Hauptversammlung teilnehmen (§ 118 Abs. 3 S. 1 AktG). Mit dieser Gesetzesformulierung wird eine grundsätzliche **Pflicht zur Anwesenheit** begründet. Durch die Wortwahl wird aber zugleich klargestellt, dass die Teilnahme seitens der Gesellschaft oder der Aktionäre nicht erzwungen werden kann.[228] 100

Aus dem Umstand, dass das Gesetz **nicht** das Wort **„müssen"** verwendet, wird teilweise geschlossen, dass bereits weniger gewichtige Gründe das Fehlen eines Vorstandsmitglieds in der Hauptversammlung entschuldigen können. So werden als Verhinderungs- 101

---

[223] *Henn* in HdbAktR Rn. 808; *Kubis* in MüKoAktG AktG § 118 Rn. 114; *Stützle/Walgenbach* ZHR 155 (1991), 516 (526); str. → Rn. 94.
[224] *Kubis* in MüKoAktG AktG § 118 Rn. 116; *Spindler* in K. Schmidt/Lutter AktG § 118 Rn. 48.
[225] *Kubis* in MüKoAktG AktG § 118 Rn. 117.
[226] *Butzke* C Rn. 23; *Mülbert* in GroßkommAktG AktG § 118 Rn. 66; *Zöllner* in Kölner Komm. AktG § 118 Rn. 22.
[227] Zu Stimmrechtspools vgl. *Bärwaldt* in BeckHdB PersGes § 20 Rn. 11–38.
[228] IE ebenso *v. Godin/Wilhelmi* AktG § 118 Anm. 6.

gründe neben Krankheit auch Dienstreisen oder Terminüberschneidungen genannt.[229] Dieser Auffassung kann nicht zugestimmt werden. Durch die Wortwahl bei der Reform des AktG sollte zum Ausdruck gebracht werden, dass für die Vorstandsmitglieder nicht mehr nur ein Teilnahmerecht besteht, dessen Ausübung mehr oder weniger in ihr pflichtgemäßes Ermessen gestellt ist.[230] Demzufolge können nur **wichtige Gründe** (wie zB eine schwere Krankheit oder ein Sterbefall in der Familie) das Fehlen eines Vorstandsmitglieds entschuldigen.[231] Im Ausnahmefall mag auch die Wahrnehmung einer dienstlichen Verpflichtung zum Wohl der Gesellschaft einen Verhinderungsgrund darstellen.[232] Zu beachten ist aber, dass auch die Teilnahme an der Hauptversammlung für die Gesellschaft wichtig ist und überdies deren Termin längere Zeit im Voraus bekannt ist. Darauf hat das Vorstandsmitglied bei seiner Terminplanung Rücksicht zu nehmen.

102   Zur Teilnahme verpflichtet sind **sämtliche Vorstandsmitglieder,** auch die stellvertretenden[233] und der Arbeitsdirektor, nicht hingegen ehemalige Vorstandsmitglieder.[234] Letztgenannte können allerdings als Gäste zugelassen werden, was vor allem dann sinnvoll ist, wenn ihnen die Verweigerung der Entlastung droht oder wenn sie hinsichtlich bestimmter Auskunftsbegehren über spezielle Kenntnisse verfügen. Im letzteren Fall haben sich aber auch die amtierenden Vorstandsmitglieder ausreichend zu informieren.

103   Die Teilnahmepflicht ist **höchstpersönlich,** so dass sich ein Vorstandsmitglied nicht vertreten lassen kann.[235] Fraglich ist, ob von diesem Grundsatz in den Fällen eine Ausnahme zu machen ist, in denen ein Vorstandsmitglied aus wichtigem Grund an der Teilnahme gehindert ist, aber bereits ein Auskunftsbegehren angekündigt wurde, zu dessen Thema dieses Mitglied über spezielle Kenntnisse verfügt.[236] Die Frage ist zu verneinen, da der Vorstand als Gremium zur Auskunft verpflichtet ist,[237] so dass notfalls die übrigen Mitglieder bei dem verhinderten Vorstandsmitglied die benötigten Informationen einholen müssen.

b) Folgen einer Pflichtverletzung

104   Als Folgen einer Teilnahmepflichtverletzung kommen lediglich die **Verweigerung der Entlastung** oder ein **Schadensersatzanspruch** der Gesellschaft in Betracht. Fehlen bei einer Hauptversammlung allerdings sämtliche Vorstandsmitglieder bzw. bei einer AG mit einem Grundkapital von 3 Mio. EUR oder weniger das möglicherweise einzige Vorstandsmitglied, so kann der Auskunftsanspruch der Aktionäre nicht mehr erfüllt werden (§ 76 Abs. 2 S. 2 AktG). Alle dennoch gefassten Beschlüsse wären dann aus diesem Grund anfechtbar, so dass es sich empfiehlt, die Versammlung abzubrechen und eine neue einzuberufen. Die dadurch verursachten Kosten sind als Schaden von dem unentschuldigt ferngebliebenen Vorstandsmitglied zu erstatten.[238] Haben mehrere Mitglieder ihre Teilnahmepflicht verletzt, so haften sie als Gesamtschuldner. Unter Umständen können sie auch abberufen werden, wenn das Fernbleiben als grobe Pflichtverletzung zu werten ist (§ 84 Abs. 3 S. 2 AktG).[239]

---

[229] *Mülbert* in GroßkommAktG AktG § 118 Rn. 55, nach dem in diesen Fällen die Vorwerfbarkeit des Pflichtverstoßes entfällt.
[230] RegBegr. bei *Kropff* AktG 1965 § 118.
[231] So auch *Kubis* in MüKoAktG AktG § 118 Rn. 101; *Schaaf* Praxis der HV Rn. 333.
[232] *Schaaf* Praxis der HV Rn. 276.
[233] § 94 AktG; *Koch* in Hüffer/Koch AktG § 118 Rn. 21; *Kubis* in MüKoAktG AktG § 118 Rn. 99.
[234] *Koch* in Hüffer/Koch AktG § 118 Rn. 21; *Schaaf* Praxis der HV Rn. 338.
[235] *Koch* in Hüffer/Koch AktG § 118 Rn. 21; *Mülbert* in GroßkommAktG AktG § 118 Rn. 44; *Zöllner* in Kölner Komm. AktG § 118 Rn. 25.
[236] So offenbar *Zöllner* in Kölner Komm. AktG § 118 Rn. 25.
[237] Vgl. die Formulierungen in § 131 Abs. 1 S. 1 AktG („vom Vorstand") einerseits und in § 118 Abs. 3 S. 1 AktG („Die Mitglieder des Vorstands") andererseits.
[238] *Kubis* in MüKo AktG AktG § 118 Rn. 103; *Zöllner* in Kölner Komm. AktG § 118 Rn. 24.
[239] *Koch* in Hüffer/Koch AktG § 118 Rn. 21; *Mülbert* in GroßkommAktG AktG § 118 Rn. 56; *Schaaf* Praxis der HV Rn. 336; *Zöllner* in Kölner Komm. AktG § 118 Rn. 24.

2. Aufsichtsratsmitglieder

a) Inhalt und Umfang der Teilnahmepflicht

Ebenso wie für die Mitglieder des Vorstands bestimmt das Gesetz auch für die Mitglieder des Aufsichtsrats, dass sie an der Hauptversammlung teilnehmen **„sollen"** (§ 118 Abs. 3 AktG). Insoweit gilt das zum Vorstand Gesagte entsprechend (→ Rn. 101 ff.). Insbes. kann auch das **Fernbleiben** eines Aufsichtsratsmitglieds **nur aus wichtigem Grund** als entschuldigt angesehen werden. Die Satzung oder die Geschäftsordnung kann in diesen – wie auch in anderen – Fällen die Teilnahme des Aufsichtsratsmitglieds im Wege der Bild- und Tonübertragung vorsehen (vgl. § 118 Abs. 3 S. 2 AktG; → Rn. 77). 105

Verpflichtet sind **sämtliche Aufsichtsratsmitglieder,** also auch entsandte Aufsichtsratsmitglieder und Aufsichtsratsmitglieder der Arbeitnehmer.[240] Eine Vertretung ist nicht möglich. Das bestellte Ersatzmitglied ist weder teilnahmeverpflichtet noch -berechtigt ehe der Ersatzfall eingetreten, es also an die Stelle des ausgeschiedenen Aufsichtsratsmitglieds getreten ist. Ist ein Mitglied des Aufsichtsrats von der Hauptversammlung zu wählen, ist der vorgeschlagene Kandidat zur Teilnahme weder verpflichtet noch berechtigt, kann aber als Gast zugelassen werden, um ihn bspw. den Aktionären persönlich vorzustellen.[241] Weder zur Teilnahme verpflichtet noch berechtigt sind ausgeschiedene Aufsichtsratsmitglieder oder eventuelle Ehrenvorsitzende des Aufsichtsrats.[242] Sie können aber als Gäste zugelassen werden. 106

b) Folgen einer Pflichtverletzung

Die Folgen des pflichtwidrigen Fernbleibens eines Aufsichtsratsmitglieds sind dieselben **wie beim unentschuldigten Fehlen von Vorstandsmitgliedern.** Allerdings ist ein Schadensersatzanspruch der Gesellschaft nur schwer vorstellbar, da auch bei kompletter Abwesenheit des Aufsichtsrats ein Abbruch und damit eine notwendige Neueinberufung der Hauptversammlung nicht vorkommen wird. Ein Versammlungsleiter kann von der Hauptversammlung gewählt und die Hauptversammlung gleichwohl durchgeführt werden. Auskunftsansprüche der Aktionäre werden nicht beeinträchtigt, da nur der Vorstand auskunftspflichtig ist. Verletzt ein (gewähltes) Aufsichtsratsmitglied pflichtwidrig seine Teilnahmepflicht, so kann es sich damit den Unwillen der Aktionäre zuziehen und Gefahr laufen, dass ihm die Entlastung verweigert oder es demnächst abberufen wird.[243] 107

3. Abschlussprüfer

a) Inhalt und Umfang der Teilnahmepflicht

Der **Abschlussprüfer** hat an der Hauptversammlung **teilzunehmen,** soweit ein Jahresabschluss durch ihn zu prüfen ist und dessen Feststellung der Hauptversammlung obliegt.[244] Hat eine Wirtschaftsprüfungsgesellschaft den Jahresabschluss geprüft, so ist der **verantwortliche Prüfungsleiter** zur Teilnahme verpflichtet, also derjenige, der den Bestätigungsvermerk unterzeichnet hat.[245] 108

---

[240] *Kubis* in MüKoAktG AktG § 118 Rn. 99.
[241] So auch *Schaaf* Praxis der HV Rn. 337.
[242] *Jüngst* BB 1984, 1583 (1585).
[243] Gem. § 103 Abs. 1 S. 1, 2 AktG allerdings nur mit Dreiviertelmehrheit und nur, wenn es ohne Bindung an einen Wahlvorschlag gewählt wurde; *Schaaf* Praxis der HV Rn. 336.
[244] § 176 Abs. 2 S. 1 AktG. → Rn. 81–84, → § 14 Rn. 5; die Prüfungspflichtigkeit der Gesellschaft ergibt sich aus §§ 267, 316 Abs. 1 S. 1 HGB.
[245] *Adler/Düring/Schmaltz* AktG § 176 Rn. 33; *Ekkenga* in Kölner Komm. AktG § 176 Rn. 16; *Hennrichs/Pöschke* in MüKoAktG AktG § 176 Rn. 28. Da Bestätigungsvermerke von Wirtschaftsprüfungsgesell-

109 Die Teilnahmepflicht beschränkt sich nach dem Wortlaut der Vorschrift auf die Pflicht, bei den **Verhandlungen über den Tagesordnungspunkt „Feststellung des Jahresabschlusses"** anwesend zu sein. Daher muss der Abschlussprüfer selbst dann nicht an den Tagesordnungspunkten „Verwendung des Bilanzgewinns" und/oder „Entlastung des Vorstands und des Aufsichtsrats" teilnehmen, wenn ersterer mit dem Tagesordnungspunkt „Feststellung des Jahresabschlusses" oder ersterer und letzterer miteinander verbunden worden sind.[246]

110 Im Rahmen der Verhandlungen bezüglich der Feststellung des Jahresabschlusses steht dem Abschlussprüfer zusätzlich ein **Rederecht** zu. Das Gesetz bestimmt aber ausdrücklich, dass er den Aktionären **keine Auskunft** erteilen muss (§ 176 Abs. 2 S. 3 AktG). Nach heute allgemeiner Meinung besteht eine solche Auskunftspflicht allerdings gegenüber dem Vorstand, soweit es um die Prüfung des Jahresabschlusses geht.[247] Dieser kann den Abschlussprüfer zur Auskunftserteilung an die Aktionäre ermächtigen.[248]

111 Fraglich ist, wie zu verfahren ist, wenn der Abschlussprüfer aus wichtigem Grund (zB Krankheit) nicht an der Hauptversammlung teilnehmen kann. Die vom Gesetz aufgestellte Teilnahmepflicht dient in erster Linie dazu, eine Nachtragsprüfung zu ermöglichen. Darüber hinaus soll eine gründliche und sachgerechte Unterrichtung der Hauptversammlung gewährleistet werden.[249] Um diese Ziele zu erreichen, ist es nicht nötig, der Teilnahmepflicht höchstpersönlichen Charakter beizumessen. Der entschuldigt verhinderte Abschlussprüfer kann sich daher durch einen gleich qualifizierten Vertreter in der Hauptversammlung vertreten lassen.

b) Folgen einer Pflichtverletzung

112 Als Folge der Abwesenheit des Abschlussprüfers bei der Feststellung des Jahresabschlusses durch die Hauptversammlung kommt die **Anfechtbarkeit des feststellenden Beschlusses** in Betracht.[250] Dabei kommt es auf die Pflichtwidrigkeit des Fernbleibens nicht an. Diese spielt nur eine Rolle im Hinblick auf eventuelle **Schadensersatzansprüche,** die der Gesellschaft gegen den Abschlussprüfer in Höhe der zusätzlich entstehenden Kosten etwa zustehen, wenn eine neue Hauptversammlung einberufen werden muss.[251]

4. Besonderer Vertreter

a) Inhalt und Umfang der Teilnahmepflicht

113 Ob neben dem Teilnahmerecht des besonderen Vertreters (→ Rn. 80) zusätzlich eine **Teilnahmepflicht** besteht, wird nur vereinzelt erörtert.[252] Richtigerweise wird man eine

---

schaften idR von zwei Wirtschaftsprüfern unterzeichnet werden, dürfte die Teilnahmepflicht davon abhängen, ob sich die Alleinverantwortlichkeit eines Unterzeichners ermitteln lässt; ist dies nicht möglich, sind im Zweifel beide Unterzeichner zur Teilnahme verpflichtet.

[246] Gem. §§ 175 Abs. 3 S. 2, 120 Abs. 3 S. 1 AktG; *Adler/Düring/Schmaltz* AktG § 176 Rn. 30, 31; *Hennrichs/Pöschke* in MüKoAktG AktG § 176 Rn. 26; *Schaaf* Praxis der HV Rn. 341; aA *Drygala* in K. Schmidt/Lutter AktG § 176 Rn. 15, der auch insoweit eine Teilnahmepflicht bejaht.

[247] *Ekkenga* in Kölner Komm. AktG § 176 Rn. 18; *Hennrichs/Pöschke* in MüKo AktG AktG § 176 Rn. 43; *Koch* in Hüffer/Koch AktG § 176 Rn. 9.

[248] *Ekkenga* in Kölner Komm. AktG § 176 Rn. 18; *Hennrichs/Pöschke* in MüKo AktG AktG § 176 Rn. 44; *Koch* in Hüffer/Koch AktG § 176 Rn. 9.

[249] Vgl. *Brönner* in GroßkommAktG AktG § 176 Rn. 13.

[250] Weit überwiegende Ansicht, s. *Koch* in Hüffer/Koch AktG § 176 Rn. 10 mwN.

[251] Als Anspruchsgrundlage kommt § 323 Abs. 1 S. 3 HGB in Betracht, vgl. *Brönner* in GroßkommAktG AktG § 176 Rn. 18; *Hennrichs/Pöschke* in MüKoAktG AktG § 176 Rn. 47 (§ 323 HGB entspricht dem ehemaligen § 168 AktG). Die Haftung ist bei fahrlässigem Handeln der Höhe nach auf 1 Mio. EUR bzw. 4 Mio. EUR beschränkt, § 323 Abs. 2 S. 1, 2 HGB.

[252] *Mock* AG 2008, 839 (843).

solche **bejahen** müssen. Alles andere liefe dem Regelungszweck der §§ 147 Abs. 2, 118 Abs. 2 AktG zuwider, da sich die Hauptversammlung sonst in ihren Rechten selbst beschnitte. Sie hätte keine Möglichkeit, die Handlungen des besonderen Vertreters nachzuvollziehen, da Vorstand und Aufsichtsrat – ohne ein eigenes Auskunftsrecht gegenüber dem besonderen Vertreter zu haben – auftretende Fragen nicht hinreichend beantworten könnten.

b) Folgen einer Pflichtverletzung

Als Folge der Abwesenheit des besonderen Vertreters kann auf die **Folgen des Fehlens von Aufsichtsratsmitgliedern** verwiesen werden. Da den besonderen Vertreter keine Auskunftspflicht nach § 131 AktG (analog) trifft,[253] sind Schadensersatzansprüche basierend auf dem Fernbleiben auch hier schwer vorstellbar, da die Hauptversammlung auch bei seinem Fernbleiben – ebenso wie bei Abwesenheit eines Aufsichtsratsmitglieds – ohne Weiteres durchgeführt werden kann. Gegen einen Schadensersatzanspruch spricht insbes. die jederzeitige Abberufungsmöglichkeit durch die Hauptversammlung sowie die Möglichkeit, den besonderen Vertreter nach § 93 Abs. 2 S. 1 AktG (analog) direkt in Anspruch zu nehmen.

114

5. Übersicht: Folgen der Teilnahmepflichtverletzung

115

Pflichtverletzung durch	Folgen
Vorstandsmitglied	– kein Einfluss auf die Wirksamkeit dennoch gefasster Beschlüsse, es sei denn, Vorstand fehlt komplett und kann keine Auskünfte an die Aktionäre erteilen – evtl. Grundlage für Verweigerung der Entlastung – evtl. Grundlage für Abberufung durch den AR – evtl. Schadensersatzanspruch der Gesellschaft
Aufsichtsratsmitglied	– kein Einfluss auf die Wirksamkeit dennoch gefasster Beschlüsse – evtl. Grundlage für Verweigerung der Entlastung – evtl. Grundlage für Abberufung durch die HV – evtl. Schadensersatzanspruch der Gesellschaft
Abschlussprüfer	– evtl. Anfechtbarkeit des Beschlusses über die Feststellung des Jahresabschlusses – evtl. Schadensersatzanspruch der Gesellschaft
Besonderer Vertreter	– kein Einfluss auf die Wirksamkeit dennoch gefasster Beschlüsse – kein Schadensersatzanspruch

VI. Prüfung der Legitimation der Teilnehmer

Der Versammlungsleiter hat im Rahmen der Durchführung der Hauptversammlung die Aufgabe, den **formalen Nachweis** einer materiell zur Teilnahme berechtigenden Stellung jeder einzelnen Person zu überprüfen, soweit ein solches Vorgehen nicht entbehrlich ist. Vorstands- und Aufsichtsratsmitglieder sowie der Abschlussprüfer dürften dem Ver-

116

---

[253] *Mock* AG 2008, 839 (843). AA *Böbel*, Die Rechtsstellung des besonderen Vertreters gem. § 147 AktG, 1999, 123.

sammlungsleiter von Person bekannt sein, so dass bereits aus diesem Grund der formale Nachweis der Teilnahmeberechtigung entfallen kann.

1. Aktionäre

117 Sieht die Satzung der AG vor, dass die Aktien vor der Hauptversammlung hinterlegt werden (→ Rn. 67 ff.), erfolgt eine **Legitimationsprüfung** bei der Gestattung des Zutritts zu den Versammlungsräumlichkeiten **regelmäßig nicht** mehr. Die vom Versammlungsleiter autorisierte Eingangskontrolle geht vielmehr – vorbehaltlich gegenteiliger Kenntnis – davon aus, dass der Inhaber einer Eintrittskarte zugleich teilnahmeberechtigt ist. Diese Vorgehensweise trägt dem Umstand Rechnung, dass üblicherweise bereits bei der Hinterlegung geprüft wird, ob eine Eintrittskarte zu Recht beansprucht wird. Anlässe, die Zugangsberechtigung des Inhabers einer Eintrittskarte zu überprüfen, bestehen somit äußerst selten.

118 Dem Aktionär, der seine **Eintrittskarte vergessen oder verloren** hat, darf **der Zugang nicht verwehrt** werden, wenn er seine Teilnahmeberechtigung bereits durch die Hinterlegung seiner Aktien nachgewiesen hat. Die Eintrittskarte hat sich als Legitimationshilfe zwar bewährt, darf aber nicht zum alleinigen Mittel des Legitimationsnachweises werden.[254] In den genannten Fällen ist daher anhand der Liste der Hinterlegungsstelle in Verbindung mit dem Ausweispapier festzustellen, ob die Person Aktionär ist.[255] Wird ihm der Zugang dennoch rechtswidrig versagt, so kann er nach der überwiegenden Meinung der Oberlandesgerichte und der im Schrifttum hA die durch die Hauptversammlung getroffenen Beschlüsse selbst dann **mit Erfolg anfechten,** wenn es sich um einen Minderheitsaktionär handelt, dessen abweichende Abstimmung keinen unmittelbaren Einfluss auf das Ergebnis gehabt hätte.[256] Es ist daher dringend zu raten, **an der Eingangskontrolle eine Liste der hinterlegten Aktien bereitzuhalten,** damit ggf. die Berechtigung der Aktionäre geprüft werden kann.

119 Besteht die Veranlassung, die Legitimation eines Eintrittskarteninhabers zu verifizieren, dürfte es in formeller Hinsicht genügen, die Übereinstimmung des Namens in einem **amtlichen, mit Lichtbild versehenen Ausweispapier**[257] mit dem Namen in der Eintrittskarte festzustellen. In materieller Hinsicht kann es ausnahmsweise dann zu einem Prüfungserfordernis kommen, wenn die Gesellschaft hinreichende – und auch ausreichend dokumentierte – Anhaltspunkte dafür hat, dass der in einer Eintrittskarte Genannte sein Teilnahmerecht zwischenzeitlich dauerhaft (zB wegen Aktienübertragung, Eröffnung des Insolvenzverfahrens über sein Vermögen, Entmündigung oder dgl.) oder zumindest zeitweise (zB wegen Verstoßes gegen die Mitteilungspflichten gem. §§ 20 f. AktG) verloren hat. Hier wird man einen **Nachweis** darüber verlangen müssen, **dass das Teilnahmerecht noch fort- oder wieder besteht.**

120 Ist eine vorherige Aktienhinterlegung nicht vorgesehen, besteht theoretisch ein berechtigtes Interesse der Gesellschaft an der Feststellung der Teilnahmeberechtigung bei Gewährung des Zutritts zu der Hauptversammlung. Allerdings ist bei Gesellschaften, die von dem Erfordernis der vorherigen Hinterlegung keinen Gebrauch machen, der Kreis der autorisierten Hauptversammlungsteilnehmer idR überschaubar. Die Aktionäre bzw. Aktionärsvertreter sind dem Versammlungsleiter zudem vielfach von Person bekannt, weshalb auch insoweit eine formalisierte Legitimationsprüfung regelmäßig unterbleibt.

---

[254] OLG München ZIP 2000, 272 (274); so auch OLG Hamburg WM 2002, 696 (703).
[255] Vgl. OLG München ZIP 2000, 272 (274); OLG Hamburg WM 2002, 696 (703).
[256] OLG München ZIP 2000, 272 (274); OLG Düsseldorf AG 1991, 444 (445) = EWiR 1991, 1149; *Koch* in Hüffer/Koch AktG § 243 Rn. 16; *K. Schmidt* in GroßkommAktG AktG § 243 Rn. 33, 36; aA OLG Hamburg WM 2002, 696 (704) (obiter).
[257] Zustimmend: *Kubis* in MüKoAktG AktG § 123 Rn. 42.

Bei Namensaktien ist eine Überprüfung der Stellung als Aktionär ohne Eintrittskarte 121
durch Einsichtnahme in das Aktienregister möglich (vgl. § 67 Abs. 2 AktG). Deshalb sollte – ebenso wie bei hinterlegten Aktien – **an der Eingangskontrolle** auch die **technische Möglichkeit der Einsicht in das Aktienregister** geschaffen werden.

2. Nichtaktionäre

Soweit der Versammlungsleiter bei Nichtaktionären eine besondere Legitimationsprüfung 122
für notwendig erachtet, sind bei den folgenden Versammlungsteilnehmern zusätzlich folgende Formalien zu beachten:

a) Aktionärsvertreter

Müssen Aktionärsvertreter den Nachweis ihrer Vertreterstellung erbringen, so gilt: 123

aa) Gesetzliche Vertretung

Alle gesetzlichen Vertreter haben auf Nachfrage den Nachweis zu erbringen, woraus sich 124
ihre Rechtsposition ergibt.[258] Amtswalter wie der Insolvenzverwalter und der Testamentsvollstrecker können ihre Stellung durch Vorlage des entsprechenden, sie in ihre Funktion **einsetzenden Dokuments** belegen (Insolvenzverwalter: Eröffnungs- bzw. Bestellungsbeschluss; Testamentsvollstrecker: Testamentsvollstreckerzeugnis). Vormund, Betreuer und Pfleger haben zur Legitimation ihre **Bestellungsurkunde** vorzulegen.

Organschaftliche Vertreter einer inländischen juristischen Person (GmbH, AG/SE, eG/ 125
SCE etc) oder einer im Außenverhältnis rechtlich verselbstständigten, in einem öffentlichen Register eingetragenen inländischen Gesamthandsgemeinschaft (zB OHG, KG, EWIV, PartG) können den Nachweis ihrer Legitimation durch Vorlage eines entsprechenden beglaubigten **Registerauszugs** oder einer notariellen Vertretungsbescheinigung gem. § 21 BNotO neueren Datums, aus dem/der die Organstellung hervorgeht, erbringen. Bei der GbR wird man mangels Eintragungsfähigkeit in einem Register mindestens die Vorlage des Gesellschaftsvertrags, aus dem sich die Vertretungsmacht des Versammlungsteilnehmers ergibt, und/oder einer Vollmacht oder einer Erklärung der anderen Gesellschafter über die Vertretungsbefugnis verlangen müssen.[259] Daran ändert auch die Tatsache nichts, dass die GbR vom Bundesgerichtshof als grundbuchfähig anerkannt wurde[260] und nach § 47 Abs. 2 GBO auch ihre Gesellschafter zwingend einzutragen sind. Zwar spricht eine Vermutung dafür, dass die im Grundbuch eingetragenen Gesellschafter einer grundstückshaltenden GbR auch die wirklichen Gesellschafter sind und neben ihnen keine weiteren Gesellschafter existieren.[261] Doch diese Vermutungswirkung gilt nur für im Grundbuch eingetragene GbR und nur in Ansehung der dort vermerkten Rechte. Das Grundbuch ist jedoch gerade kein Handelsregister für die GbR. Bei ausländischen juristischen Personen oder Gesamthandsgemeinschaften, die in ein öffentliches Register eingetragen werden, dürften die vorstehenden Ausführungen mit der Maßgabe entsprechende Anwendung finden, dass Registerdokumente zusätzlich in legalisierter Form vorzulegen sind; soweit es für sie keine oder zumindest keine die organschaftliche Vertretungsmacht des Versammlungsteilnehmers hinreichend belegende Registereintragung gibt, sind die

---

[258] Die gesetzliche Vertretungsmacht der Eltern (vgl. § 1629 Abs. 1 S. 2 BGB) ist nicht besonders nachzuweisen. Bei Zweifeln an dem Bestehen eines Verwandtschaftsverhältnisses ist jedoch evtl. die Vorlage einer öffentlichen Urkunde vonnöten, der sich das Eltern-Kind-Verhältnis entnehmen lässt.
[259] Vgl. BGH WM 2001, 2442 (2443) für den Fall der Kündigung gegenüber einem Dritten durch einen Gesellschafter einer GbR.
[260] BGH NJW 2009, 594 – es sei denn, sie führt keinen eigenständigen Namen.
[261] § 899a S. 1 BGB. Dazu *Böttcher* NJW 2010, 1647 ff.

nach dem jeweiligen Landesrecht ansonsten üblichen Existenz- und Vertretungsnachweise ebenfalls in legalisierter Form (für dem *Common Law* unterliegende Gesellschaften beispielsweise ein *Certificate of Incorporation,* ein *Certificate of Good Standing* und ein *Secretary's Certificate*) und im Bedarfsfalle jeweils auch noch eine beglaubigte Übersetzung hiervon vorzulegen.

bb) Rechtsgeschäftliche Vertretung

126 Seit der Änderung des § 134 Abs. 3 AktG durch das ARUG bedürfen Stimmrechtsvollmachten, ihr Widerruf sowie der Nachweis der Bevollmächtigung gegenüber der Gesellschaft nur noch der Textform (vgl. § 126b BGB; ausführlich → Rn. 38 ff.). Bei nichtbörsennotierten Gesellschaften kann eine strengere Form der Vollmacht allerdings weiterhin vorgesehen werden.

127 Grundsätzlich sind Vollmachten bei der Gesellschaft nicht vorzulegen und von dieser auch nicht zwingend zu verwahren. Die Gesellschaft kann jedoch weiterhin einen **Nachweis der Bevollmächtigung** verlangen, falls Zweifel bestehen.[262] Praktisch wird dies immer der Fall sein, weil sich die Gesellschaft – schon im Hinblick auf mögliche Beschlussanfechtungen – nicht mit einer lediglich behaupteten Vollmacht zufrieden geben darf.[263]

128 Genügt für die Vollmachtserteilung die Textform, so ist es ratsam, in der Satzung **Vorkehrungen für die Überprüfung dieser Art der Bevollmächtigung** zu treffen.[264] Diese sind so auszugestalten, dass die Gesellschaft die Gelegenheit erhält, das Kommunikationsmedium, vermittels dessen die Vollmacht erteilt wurde, in einer der Vorlegung eines Dokuments vergleichbaren Weise unmittelbar sinnlich wahrzunehmen.[265] Dazu genügen bspw. Bildschirmformulare auf der Homepage der Gesellschaft, die von den Aktionären online ausgefüllt werden.[266] Die Überprüfung der Identität des Aktionärs kann – ähnlich wie beim Homebanking – anhand einer Aktionärsnummer oder von der Gesellschaft vergebener PIN- und TAN-Codes erfolgen, die der Aktionär einzugeben hat.[267] Als andere, aber bisher noch kostenintensive Möglichkeiten stehen auf biometrischen Messverfahren basierende Systeme zur Verfügung.[268] Eine qualifizierte elektronische Signatur iSd § 126a BGB wäre ebenfalls ausreichend, ist aber nicht erforderlich. Für den Fall, dass eine der Textform genügende Vollmacht lediglich per E-Mail erteilt wird (dh es wird gerade keine schriftliche Vollmacht erteilt, von der eine Kopie als E-Mail-Anlage versandt wird), kann die Satzung für die Legitimation die Vorlage eines Ausdrucks der E-Mail vorsehen.[269] Allerdings kann es sich unter dem Gesichtspunkt der Erhöhung der Fälschungssicherheit anbieten, in der Satzung zu verlangen, dass die E-Mail auf elektronischem Wege – eventuell sogar auf einem qualifizierten elektronischen Weg, wie ihn beispielsweise der E-Postbrief der Deutsche Post AG darstellt – an die Gesellschaft selbst gesandt werden muss.[270]

129 Sofern die Satzung der Gesellschaft statt einer in Textform erteilten eine schriftliche Vollmacht verlangt, ist fraglich, wie diese – außer durch deren Vorlage im Original – nachgewiesen werden kann. Unzweifelhaft ist zunächst, dass sich eine notariell errichtete

---

[262] Vgl. BegrRegE NaStraG, BT-Drs. 14/4051, 15; *Butzke* Q Rn. 8.
[263] So auch *Noack* ZIP 2001, 57 (58).
[264] Siehe *Ludwig* AG 2002, 433 (434). Dies empfiehlt sich auch im Hinblick auf Vollmachten an Kreditinstitute, Aktionärsvereinigungen und geschäftsmäßig Handelnde, für deren Bevollmächtigung das Gesetz keine besondere Form verlangt, → Rn. 48 und *Bunke* AG 2002, 57 (65).
[265] Vgl. *Koch* in Hüffer/Koch AktG § 134 Rn. 24.
[266] Vgl. BegrRegE NaStraG BT-Drs. 14/4051, 15; *Fleischhauer* ZIP 2001, 1133 (1134).
[267] Ausführlich dazu *Fuhrmann/Göckeler/Erkens* in Zetzsche 107 f. Zur Technik der Vollmachtserteilung im Internet und den notwendigen Vorkehrungen zur Vermeidung von Missbräuchen → § 7 Rn. 58 ff.
[268] Vgl. *Noack* ZIP 2001, 57 (58).
[269] Vgl. *Ludwig* AG 2002, 433 (434).
[270] Es handelt sich dabei um einen Fall der Außenvollmacht, vgl. § 167 Abs. 1 Alt. 2 BGB. Vgl. näher *Bunke* AG 2002, 57 (62).

VI. Prüfung der Legitimation der Teilnehmer

Vollmacht durch die **Vorlage einer Ausfertigung** nachweisen lässt (vgl. § 45 Abs. 2 S. 3 BeurkG). Schwieriger zu beantworten ist jedoch die Frage, ob auch die **Vorlage eines Telefax oder des Ausdrucks einer E-Mail-Anlage** genügt. Die Diskussion hierzu wird bislang lediglich bezüglich der Telefaxvorlage geführt. Eine Ansicht hierzu verneint die Zulässigkeit dieser Nachweismöglichkeit, da die per Telefax an den Vertreter übermittelte Vollmacht formunwirksam sei.[271] Tatsächlich steht die hM auf dem Standpunkt, dass eine Willenserklärung stets in der vorgeschriebenen Form an den Empfänger zu übermitteln ist.[272] Jedoch ist die von den Vertretern dieser Auffassung zitierte Leitentscheidung des BGH auf die Besonderheiten des Bürgschaftsrechts und auf den Schutz des Erklärenden vor übereilten Erklärungen gestützt.[273] Dagegen diente die Schriftform bei der Bevollmächtigung von Stimmrechtsvertretern im Aktienrecht schon bis zur Änderung von § 134 Abs. 3 AktG durch das ARUG nicht dem Schutz vor einer Übereilung, sondern hatte sie lediglich Nachweis-, Identifikations- und Dokumentationsfunktion.[274] Aktionäre sollen nicht vor der Abgabe von Stimmrechtsvollmachten gewarnt werden, vielmehr soll zur Erhöhung der Präsenz in der Hauptversammlung die Stimmrechtsvertretung gerade gefördert werden. Wegen dieses anderen Zwecks der Schriftform lässt sich die genannte Rechtsprechung nicht auf die Bevollmächtigung von Stimmrechtsvertretern übertragen; dies umso weniger, als sich das Gesetz nunmehr ohnehin bereits im Regelfall mit der Vorlage einer lediglich in Textform erteilten Vollmacht zufrieden gibt. Daher wird man nach dem Inkrafttreten des ARUG erst recht den Nachweis der Bevollmächtigung durch Vorlage eines Telefax oder des Ausdrucks einer E-Mail-Anlage als zulässig ansehen müssen, soweit keine Anhaltspunkte für Zweifel an der Echtheit bestehen.[275]

Soweit der Nießbraucher einer Aktie an der Hauptversammlung teilnehmen will, kann die Gesellschaft ebenfalls den Nachweis seiner Stellung als Nießbraucher verlangen. Hierzu dürfte in jedem Fall die Vorlage einer **schriftlichen Nießbrauchsabrede** genügen, in der die Vollmacht zur Teilnahme oder zur Ausübung des Stimmrechts erteilt wurde. Ist ihm in dieser eine Vollmacht zur Teilnahme (oder zur Ausübung des Stimmrechts) erteilt worden, so gelten insoweit die vorstehenden Ausführungen zur Vollmachtsurkunde und zum Telefax bzw. zur E-Mail-Anlage entsprechend.

Eine andere Frage ist, zu welchem **Zeitpunkt** die Bevollmächtigung in der gehörigen Form nachzuweisen ist. Hier gilt, dass die textförmliche oder schriftliche Vollmacht frühestens bei der Hauptversammlung der Gesellschaft vorzulegen ist. Eine Satzungsbestimmung, nach der die Vollmacht vorher hinterlegt werden muss, ist unwirksam.[276]

Neben der Vollmacht dürfen für die Teilnahme des Stimmrechtsvertreters **weitere in Gesetz oder Satzung nicht vorgesehene Legitimationsvoraussetzungen,** wie etwa die Vorlage einer Eintrittskarte,[277] nicht verlangt werden. Ein Aktionär, dessen Stimmrechtsvertreter der Zugang zur Hauptversammlung rechtswidrig versagt wird, kann dort gefasste Beschlüsse **erfolgreich anfechten,** selbst wenn es sich um einen Minderheitsaktionär handelt, dessen abweichende Abstimmung keinen unmittelbaren Einfluss auf das Ergebnis gehabt hätte.[278]

---

[271] *Bunke* AG 2002, 57 (63 f.); *Hartmann* DNotZ 2002, 253 (254). Auch die BegrRegE NaStraG scheint davon auszugehen, dass eine Bevollmächtigung per Fax ohne entsprechende Satzungsbestimmung nichtig sei, vgl. BT-Drs. 14/4051, 15.
[272] Vgl. BGH NJW 1962, 1388 (1389); *Ellenberger* in Palandt BGB § 126 Rn. 13, § 130 Rn. 10.
[273] Vgl. BGHZ 121, 224 (228 f.). Auch die Entscheidung BGH NJW 1997, 3169 (3170) bezweckte den Schutz vor übereilten Erklärungen.
[274] Vgl. BegrRegE NaStraG, BT-Drs. 14/4051, 15.
[275] So iE auch *Ludwig* AG 2002, 433 (436), der von der Möglichkeit eines konkludenten Verzichts auf die Vorlage der Originalvollmacht ausgeht.
[276] Wegen Verstoßes gegen §§ 134 Abs. 3 S. 3 AktG aF analog, 123 Abs. 2 S. 1, 23 Abs. 5 AktG; OLG Düsseldorf AG 1991, 444 (445) = EWiR 1991, 1149 mit insoweit zust. Anm. *Heckschen; Schröer* in MüKo-AktG § 134 Rn. 77.
[277] OLG München ZIP 2000, 272 (274).
[278] OLG München ZIP 2000, 272 (274). Auch → Rn. 74 f.

133 **Vollmachtserklärungen** zugunsten von strikt weisungsgebundenen („wie ein Bote") **Stimmrechtsvertretern der Gesellschaft** sind auch nach dem ARUG weiterhin möglich. Da der Aktionär seine Stimme ebenso einfach im Wege der Briefwahl abgeben kann, wird die Bevollmächtigung von Stimmrechtsvertretern derjenigen Gesellschaften, die ihren Aktionären die Abstimmung im Wege der Briefwahl anbieten, wohl an Bedeutung verlieren (§ 118 Abs. 2 AktG).[279] Die entsprechende Vollmachtserklärung ist für drei Jahre nachprüfbar festzuhalten (§ 134 Abs. 3 S. 5 AktG).[280]

134 Zum nachprüfbaren Festhalten ist in jedem Fall die **Angabe des Datums der Bevollmächtigung** notwendig.[281] Das Abspeichern zum Beispiel einer E-Mail ist genügend, da die Software üblicherweise Datum und Pfad der Nachricht speichert. Allerdings ist die E-Mail etwa durch ein Passwort **gegen unbefugten Zugriff zu sichern**.[282] Ist dies gewährleistet, genügt auch die Speicherung einer telefonisch erteilten Vollmacht auf Tonband.[283]

135 Bei Kreditinstituten und Stimmrechtsvertretern der Gesellschaft ist sowohl bei Inhaber- als auch bei Namensaktien die **verdeckte Stimmrechtsausübung,** also die Vertretung ohne Offenlegung der Person des Vertretenen möglich (vgl. § 134 Abs. 3 S. 5 iVm § 135 Abs. 5 S. 2 AktG). Dies eröffnet allerdings die Gefahr, dass das Stimmrecht aus ein und derselben Aktie einerseits durch den Aktionär und andererseits durch seinen Vertreter ausgeübt wird.[284] Zur Vermeidung doppelter Stimmrechtsausübung wird man verlangen müssen, dass der Stimmrechtsvertreter den Namen des Vertretenen zumindest gegenüber der Gesellschaft offenlegt. Dies entspricht einem praktischen Bedürfnis, da anders ein Abgleich der Namen der Teilnehmer und ihrer Stellvertreter kaum möglich ist.[285]

b) Behördenvertreter

136 Die Behördenvertreter haben zum einen ihre Vertreterstellung und zum anderen ihre Eigenschaft als Bedienstete nachzuweisen, wenn sie für den Bereich Versicherungsaufsicht der BAFin oder das DPMA teilnehmen. Bei Entsandten des Bereichs Bankenaufsicht der BAFin genügt die Legitimation als Vertreter (→ Rn. 86). Zwar verlangt das Gesetz keine bestimmte Form für diesen Nachweis, doch ist schon aus Praktikabilitätsgründen eine **schriftliche, gesiegelte Urkunde** zu erteilen, der sich – soweit rechtlich notwendig – (auch) die Stellung der Vertreter als Bedienstete der vertretenen Behörde entnehmen lässt.

c) Medienvertreter und Gäste

137 Medienvertreter und Gäste haben zwar kein eigenes Teilnahmerecht, doch können sie bereits vor der Hauptversammlung (vorläufig) zugelassen werden. Eine solche Zulassung erfolgt in der Praxis durch die Ausgabe sog **Gästekarten.** Die Gesellschaft erfasst die Gäste dabei namentlich, so dass am Tag der Hauptversammlung die Überprüfung der Identität der Gäste durch die Kontrolle eines **amtlichen Ausweispapiers** erfolgen kann. In der Praxis wird auf solche Kontrollen indes weitgehend verzichtet.

---

[279] So lange der Deutscher Corporate Governance Kodex (7.2.2017) in Ziff. 2.3.2 jedoch weiterhin eine Benennung von Stimmrechtsvertretern durch die Gesellschaften vorsieht, werden diese Vertreter trotz Briefwahlmöglichkeit wohl unverändert von den Gesellschaften angeboten werden, da sie anderenfalls eine Abweichung vom DCGK erklären müssten (§ 161 AktG).
[280] Gleiches gilt für Vollmachtserklärungen an Kreditinstitute sowie an Aktionärsvereinigungen und geschäftsmäßig Handelnde, die jedoch von diesen selbst und nicht von der Gesellschaft festgehalten werden müssen, vgl. § 135 Abs. 1 S. 2 iVm Abs. 8 AktG.
[281] BegrRegE NaStraG, BT-Drs. 14/4051, 16.
[282] BegrRegE NaStraG, BT-Drs. 14/4051, 16.
[283] BegrRegE NaStraG, BT-Drs. 14/4051, 16.
[284] Vgl. *Noack* ZIP 2001, 57 (61).
[285] So auch *Pikó/Preissler* AG 2002, 223 (229). Zu den praktischen Problemen ausführlich *Noack* ZIP 2001, 57 (61); *Zetzsche* in Zetzsche 57 ff.

§ 9 Die Versammlungsleitung

Übersicht

	Rn.
I. Überblick	1
II. Der Versammlungsleiter	4
1. Generalzuständigkeit des Versammlungsleiters	4
2. Leitungsermessen	6
3. Grundsatz der Verfahrenökonomie	9
III. Bestellung und Abberufung	10
1. Bestimmung durch die Satzung oder Geschäftsordnung	10
2. Wahl durch die Hauptversammlung	14
3. Bestimmung des Versammlungsleiters durch das Gericht	19
4. Abberufung des Versammlungsleiters	21
a) Der von der Hauptversammlung gewählte Versammlungsleiter	22
b) Der in der Satzung bestimmte Versammlungsleiter	23
c) Der vom Gericht bestellte Versammlungsleiter	34
5. Risiken für die Wirksamkeit von Hauptversammlungsbeschlüssen	35
IV. Entscheidungsbefugnisse der Hauptversammlung in Verfahrensfragen	37
1. Geschäftsordnung	37
2. Gesetzliche Mitwirkungsbefugnisse	38
3. Ungeschriebene Mitwirkungsbefugnisse der Hauptversammlung?	39
a) Meinungsstand	39
b) Stellungnahme	42
c) Sonderfälle	49
d) Durchbrechung von Satzung oder Geschäftsordnung durch Beschluss in der Hauptversammlung?	54
V. Eröffnung der Hauptversammlung	58
1. Einlasskontrolle	58
2. Ausgangskontrolle	66
3. Eröffnung der Hauptversammlung	67
a) Eröffnung der Versammlung durch den Versammlungsleiter	67
b) Anordnungen zum Versammlungsverlauf („Formalien")	68
c) Merkblatt „organisatorische Hinweise"	78
d) Einzelfragen der Versammlungsleitung	79
4. Bericht des Aufsichtsrats	99
5. Berichte des Vorstands	102
a) Allgemeine Erläuterung der Vorlagen nach § 175 Abs. 2 AktG	102
b) Besondere Erläuterungspflichten bei Strukturmaßnahmen	105
c) Weitere gesetzliche Berichtspflichten	106
6. Teilnehmerverzeichnis	107
a) Zuständigkeit	109
b) Art und Form der Aufstellung	112
c) Inhalt	114
d) Aktualisierung	119
e) Zugänglichmachung	120
f) Einsichtnahme nach Beendigung der Hauptversammlung	124
g) Rechtsfolgen bei Verstoß	126
VI. Aktionärsdebatte	128
1. Leitung der Aktionärsdebatte	128
a) Generaldebatte/Einzeldebatte	130
b) Wortmeldungen	138
c) Rednerblöcke, Reihenfolge der Redner	141
d) Grundsatz der Mündlichkeit von Auskünften, Verlesung von Urkunden	144
e) Unterbrechung der Hauptversammlung	145
f) Beendigung der Aktionärsdebatte	146
2. Beschränkung der Rede- und Fragezeit	150

	Rn.
a) Redezeitbeschränkung aufgrund Satzungsermächtigung	150
b) Angemessenheit	152
c) Beschränkung von Rede- und Fragerecht	157
d) „Unechte" Redezeitbeschränkungen	158
e) „Echte" Redezeitbeschränkungen	160
f) Individuelle Redezeitbeschränkung	163
g) Aufhebung einer Redezeitbeschränkung	164
3. Schließung der Rednerliste/Anordnung des Schlusses der Debatte vor Erledigung der Wortmeldungen	166
a) Schließung der Rednerliste	167
b) Schluss der Debatte vor Erledigung der Wortmeldungen	170
4. Behandlung von Aktionärsanträgen	173
a) Antragstellung in der Hauptversammlung	174
b) Aufnahme des Antrags	177
c) Prüfung von Aktionärsanträgen	179
d) Behandlung von Sachanträgen	181
e) Behandlung von Geschäftsordnungsanträgen, die vom Versammlungsleiter zu entscheiden sind	191
f) Behandlung von Geschäftsordnungsanträgen, die auf eine Beschlussfassung der Hauptversammlung gerichet sind	194
g) Fallgruppen	204
5. Ordnungsmaßnahmen zur Störungsabwehr	240
a) Begriff der Störung	241
b) Rechtsgrundlage	243
c) Störungsabwehr gegenüber Aktionären	246
d) Einschreiten gegen Redner, die nicht zur Tagesordnung sprechen	260
e) Störungsabwehr gegenüber Dritten	262
VII. Leitung der Abstimmungen	263
1. Art der Abstimmung	263
a) Festlegung der Art der Abstimmung	263
b) Verschiedene Arten der Abstimmung	266
c) Wirksamkeit der Stimmabgabe	270
d) Konzentration von Abstimmungsvorgängen	271
2. Ort der Abstimmung	276
3. Reihenfolge der Abstimmung	277
a) Bestimmung der Reihenfolge	277
b) Grundsätze für die Festlegung der Abstimmungsreihenfolge	279
c) Konzentration von Abstimmungsvorgängen	286
4. Ermittlung des Abstimmungsergebnisses	290
a) Additionsverfahren	294
b) Subtraktionsverfahren	296
c) Zweckmäßigkeit der Verfahren	306
5. Verkündung des Ergebnisses	311
6. Art der Auszählung	316
a) Vorbereitung	318
b) Aufnahme und Auszählung der Stimmen	332
c) Medium der Abstimmung	378
d) Auszählung	402
e) Weisungen an Stimmrechtsvertreter	429
VIII. Beendigung, Wiedereröffnung und Vertagung der Hauptversammlung	449
1. Beendigung	449
2. Wiedereröffnung	451
3. Vertagung	455

Stichworte

Abstimmung Rn. 3, 25, 27, 40, 45, 76, 108, 119, 130, 136, 180, 186, 190, 218 ff., 263
- Abstimmpräsenz Rn. 302
- Abstimmszenario Rn. 323
- Abstimmungsverfahren Rn. 45, 76, 78, 80, 120, 189, 195, 197, 214, 263, 268 f., 274, 294 ff., 301, 303 f., 308, 318 ff.
- Art und Reihenfolge Rn. 186, 188, 241, 277 ff.
- Blockabstimmung Rn. 271 ff.
- geheime Abstimmung Rn. 269

Abwahl des Versammlungsleiters Rn. 83, 29, 207, 254, 425
- wichtiger Grund zur Abwahl Rn. 25

Additionsverfahren Rn. 294, 306, 307, 310, 318 ff., 357, 372, 404, 415 ff.

Aktienregister Rn. 59

Aktionärsdebatte Rn. 25, 80, 87, 91, 94, 128, 130, 133, 140, 146, 158, 166, 169, 170, 176, 200, 217, 229, 238

Allgemeines Persönlichkeitsrecht Rn. 64, 97

Antrag Rn. 19, 25, 49, 52, 56, 80, 120, 143, 174 ff.
- Antragsrecht Rn. 198 f., 160, 173 f., 269
- Aufnahme Rn. 286
- beschlussfähiger Rn. 69, 108, 178, 449
- Gegenantrag Rn. 143, 152, 172, 181, 184 ff., 190, 284, 286, 323 f., 429, 430 ff.
- Geschäftsordnungs- Rn. 45, 120, 143, 191, 264, 347 ff.
- Prüfung von Aktionärsanträgen Rn. 145, 179 f., 220
- Sachantrag Rn. 25, 80, 181 f., 190, 202, 210, 221, 229, 236, 281 ff., 288

Ausgangskontrolle Rn. 303, 375, 409, 411

Auskunftsrecht Rn. 1, 173

Ausliegen von Informationsmaterial Rn. 78

Back-Office Rn. 138, 141, 177

Bericht des Aufsichtsrats Rn. 99, 101

Bericht des Vorstands Rn. 72

Beschlussfeststellung Rn. 311 ff.
- Konstitutive Wirkung Rn. 312

Beschlussvorschlag von Vorstand und Aufsichtsrat Rn. 184, 185, 182, 189, 190, 221

Bestellung des Versammlungsleiters durch Gericht Rn. 19

Bestellung von besonderen Vertretern Rn. 231

Bild- und Tonaufnahmen Rn. 97

Briefwahl Rn. 3, 107, 108, 115, 263, 264, 266, 296, 302, 425, 426, 428

Eigenbesitz Rn. 115

Eingangskontrolle Rn. 52, 58 f., 66 f., 155
- Akkreditierung Rn. 78, 319, 352, 372, 374
- Sicherheitskontrollen Rn. 44, 61 f.

Eintrittskarten Rn. 59, 364

Einzeldebatte Rn. 130, 131

Einzelentlastung Rn. 38, 80, 202, 214 ff., 314, 321, 324, 336, 371, 382, 390, 429

Elektronische Zugangsvoraussetzungen Rn. 60

Elektronischer Zugangscode Rn. 93

Entziehung des Wortes Rn. 204, 248
- Androhung Rn. 248

Erklärung eines Widerspruchs Rn. 75

Erklärungen zu Protokoll Rn. 59, 71

Eröffnung der Versammlung Rn. 58, 69, 454
- Eröffnungszeitpunkt Rn. 58

Finanzdienstleistungsinsitut Rn. 116

Formalien Rn. 68

Fremdbesitz Rn. 117

Funktionsfähigkeit der Hauptversammlung Rn. 45, 54

Gäste Rn. 40, 58, 63, 65, 70, 123, 244, 321

Gegenanträge Rn. 124, 181, 188, 190, 284, 323 f., 429, 430 ff.

Gegenstand der Tagesordnung Rn. 14, 183, 203, 210

Generaldebatte Rn. 40, 74, 78, 130 f., 134, 210 f., 321, 325

Generalzuständigkeit des Versammlungsleiters Rn. 4

Gesamtmarkierung Rn. 394 ff.

Geschäftsordnung Rn. 1 f., 14, 37 ff., 43 ff., 50, 54 ff., 80, 120, 133, 143, 150, 191, 194 ff., 200, 264, 292, 306, 328

Geschäftsordnungsanträge Rn. 45, 191 f., 195, 279 ff.

Gleichbehandlung Rn. 6, 68, 142, 158 ff., 192, 202, 262, 289

Globalmarkierung Rn. 394 ff.

Hauptversammlung Rn. 1 ff.
- Absage Rn. 39, 52, 136, 213
- Absetzung Rn. 91 f.
- Aufzeichnung Rn. 40, 44, 78, 95, 97, 144, 341
- beschlusslose Rn. 107
- Einberufung Rn. 19, 45, 52, 55, 69, 73, 98, 182, 206, 208, 211
- Einberufungsvoraussetzungen Rn. 79
- kritische Rn. 96
- Mündlichkeit, Grundsatz der Rn. 26
- Selbstverwaltungsautonomie Rn. 2, 43 f., 48
- Übertragung Rn. 78, 86 f., 89 ff., 303
- Vertagung Rn. 39, 52, 455

Hausrecht Rn. 244, 262

Heimliche Ton- oder Bildaufnahmen Rn. 97, 125

Herbeirufen von Ordnungskräften Rn. 248

Hilfspersonen Rn. 248

Individuelle Redezeitbeschränkung Rn. 163

Interimsleiter Rn. 85
Internetübertragung Rn. 92
Kampfabstimmung Rn. 310
Kodexregelung Rn. 9
Körperliche Gewalt Rn. 251
Kreditinsititut Rn. 102, 116
Kritische Aktionäre Rn. 8, 27, 148, 237, 321
Legitimationszession Rn. 117, 123
Leistungsermessen Rn. 688
Leitfaden Rn. 3, 80, 319, 322, 327 ff., 377, 416, 446
– Hauptleitfaden Rn. 80, 83, 229
– Sonderleitfäden Rn. 80
Medien Rn. 40, 63, 191 ff., 433
Minderheiten verlangen Rn. 219 ff.
Mitternachtsgrenze Rn. 25, 98, 154 f.
Mitwirkungsbefugnisse der Hauptversammlung Rn. 38 f.
Mobiltelefon Rn. 78, 242, 377
Neutralität Rn. 6, 246, 252
Nichtteilnahme Rn. 299, 419
Notar Rn. 71, 75, 85, 111, 126, 146, 239, 268 f., 312, 338, 341, 347, 353, 363
Online-Teilnahme Rn. 92 f., 107, 263, 264, 377, 410
Ordnungsmaßnahmen Rn. 6, 130, 240 ff.
– Aufforderung, das Redepult zu verlassen Rn. 248
– Ordnungsbefugnis Rn. 240 ff.
– Pflicht zur Ergreifung Rn. 257
Organisatorische Hinweise Rn. 77 f.
Polizeiliche Ordnungskräfte Rn. 248
Präsenzbereich Rn. 78, 86, 256, 258, 276, 338, 341, 343, 347, 375, 377, 407, 408 ff.
Präsenzfeststellung Rn. 82, 302 ff., 304, 309, 321, 333 ff., 354
Präsenzhauptversammlung Rn. 92
Presse Rn. 40, 58, 63, 70, 123, 191 f.
Protokollerklärungen Rn. 71, 156, 322
Quorum Rn. 214 ff., 349 ff.
Rauchverbot Rn. 78
Rederecht Rn. 1, 4, 150, 260 f.
Redezeitbeschränkung Rn. 138, 150, 152 f., 163, 167, 169
– Anordnung Rn. 158
– Aufhebung Rn. 164 f.
– „echte" Rn. 160 ff.
– generelle Rn. 40, 78
– „unechte" Rn. 158 f.
Redner, die nicht zur Tagesordnung sprechen Rn. 155, 260
Rednerblöcke Rn. 141, 148
Rednerliste Rn. 40, 44, 148, 307
– Erschöpfung Rn. 170
– Schließung Rn. 166 ff.
Reihenfolge der Behandlung der Tagesordnungspunkte Rn. 40, 133
Reihenfolge der Redner Rn. 141

Saalverweis Rn. 241, 251, 256, 258 f.
– zeitweiliger Rn. 248
Sachanträge Rn. 25, 80, 181, 184, 202, 210, 229, 281, 282 ff., 288
– selbstständige Rn. 184, 190
Sachdebatte Rn. 27, 45 f.
Sachentscheidungskompetenz der Hauptversammlung Rn. 50, 181, 208 f., 213
Satzungsdurchberechung Rn. 26, 28 ff., 55, 234
Schluss der Debatte Rn. 146, 170 f., 176, 179
Selbstorganisationsrecht Rn. 25, 29
Simultandolmetscher Rn. 16
Sitzungsniederschrift Rn. 30, 125, 146, 238, 307
– Aufnahme verweigerter Auskünfte Rn. 237 f.
Smartphone Rn. 367, 377
Sonderprüfung Rn. 180, 182, 190, 222 ff., 229 ff.
Sprache Rn. 16, 84, 144
Stenographisches Protokoll Rn. 44, 94 f., 97, 177, 191, 238
Stimmkarten Rn. 45, 75, 78, 206 ff., 269 f., 276, 302, 306, 343, 347, 357, 362 ff., 378 ff., 385 ff., 443
– Stimmkartenblock Rn. 138, 207, 215, 303, 378 ff.
Stimmrechtsvollmacht Rn. 59, 75, 117, 258, 303, 429 ff.
Stimmtafel Rn. 340 ff.
Störungsabwehr Rn. 243 ff.
Strukturmaßnahmen Rn. 1, 9, 27, 105, 321
Subtraktionsverfahren Rn. 296 ff., 307 ff., 318 ff., 404, 407 ff.
Tagesordnungspunkt Rn. 19 f., 39 f.
– Absetzung Rn. 49 ff.
– Vertagung Rn. 49 ff.
Teilnahmerecht Rn. 56
Teilnehmer Rn. 49, 61 ff.
– Zulassung von Rn. 58, 59
Teilnehmerverzeichnis Rn. 14, 40, 58 f., 66
– Einsichtnahme Rn. 63
– Einsichtnahme nach Beendigung der Hauptversammlung Rn. 124
– Elektronisches Teilnehmerverzeichnis Rn. 119
Übertragung
– außerhalb des Versammlungsgebäudes Rn. 88
– im Versammlungsgebäude Rn. 87
– von Redebeiträgen Rn. 86
Unechte Redezeitbeschränkungen Rn. 158 f.
Unechter Gegenantrag Rn. 189
Ungeschriebene Mitwirkungsbefugnisse Rn. 39
Unterbrechung der Hauptversammlung Rn. 83, 145, 191, 248
Verfahrensentscheidung vor Sachentscheidung Rn. 202

I. Überblick

Verhältnismäßigkeitsgrundsatz Rn. 247, 251, 255, 262
Verlesung der Tagesordnung Rn. 83
Verlesung von Urkunden Rn. 144
Versammlung
– Versammlungsgebäude Rn. 87 f., 242, 245, 255
– Zugang zur Rn. 59
Versammlungsleiter Rn. 4 ff.
– Abwahl Rn. 23 ff.
– gerichtliche Bestellung Rn. 20
– Wahl Rn. 17 f.
Versammlungssprache Rn. 16, 84, 144
Versammlungsverweis Rn. 248
Vertreter von Aktionärsvereinigungen Rn. 142, 364, 373, 385, 388, 435, 440
Virtuelle Stimmkarte Rn. 440 ff.
Vollmachtsbesitz Rn. 116
Vorzeitige Schließung der Hauptversammlung Rn. 39
Wahlvorschläge Rn. 187, 430 ff.
Weisungen Rn. 429 ff.
Widerspruch Rn. 62, 71, 73, 75, 142, 232, 259, 396 f., 404
Widerspruch gegen Blockabstimmungen oder Listenwahl Rn. 232
Wiederaufgreifen erledigter Tagesordnungspunkte Rn. 134
Wiedereröffnung der Aktionärsdebatte Rn. 184 f.
Wiederholungshauptversammlung Rn. 127
Wortmeldungen Rn. 78, 81, 138, 142, 146, 158, 161 f., 166 f., 172, 201
– Liste der Rn. 146, 167 f.
Zwischenabstimmung Rn. 201, 210, 222, 231
Zwischendebatte Rn. 1, 25, 27, 191, 194, 201, 204, 210, 222, 231

Schrifttum:

Austmann, Verfahrensanträge in der Hauptversammlung, FS Hoffmann-Becking, 2013, 45; *Bachmann*, Die Geschäftsordnung der Hauptversammlung, AG 1999, 201; *Bezzenberger*, Die Geschäftsordnung der Hauptversammlung, ZGR 1998, 352; *Butzke*, Die Hauptversammlung der Aktiengesellschaft, 5. Aufl. 2011; *Drinhausen/Marsch-Barner*, Zur Rechtsstellung des Aufsichtsratsvorsitzenden als Leiter der Hauptversammlung einer börsennotierten Gesellschaft, AG 2015, 757; *Ek*, Praxisleitfaden für die Hauptversammlung, 2. Aufl. 2010; *Grunewald*, Die Bindung der Aktiengesellschaft an Beschlussanträge ihrer Aktionäre, AG 2015, 689; *Happ*, Aktienrecht, 4. Aufl. 2015; *Hoffmann-Becking*, Der Aufsichtsrat der AG und sein Vorsitzender in der Hauptversammlung, NZG 2017, 281; *Ihrig*, Zur Entscheidungskompetenz der Hauptversammlung in Fragen der Versammlungsleitung, FS Goette, 2011, 205; *Kremer*, Zur Praxis der Versammlungsleitung, Hoffmann-Becking, 2013, 697; *Krieger*, Abwahl des satzungsgemäßen Versammlungsleiters, AG 2006, 757; *Kuhnt*, Geschäftsordnungsanträge und Geschäftsordnungsmaßnahmen bei Hauptversammlungen, FS Lieberknecht, 1993, 45; *Martens*, Leitfaden für die Leitung der Hauptversammlung einer Aktiengesellschaft, 2. Aufl. 2000; *Martens*, Die Leitungskompetenzen auf der HV einer AG, WM 1981, 1010.; *Martens*, Leitfaden für die Leitung der Hauptversammlung, 3. Aufl. 2003; *Max*, Die Leitung der Hauptversammlung, AG 1991, 77; *Polte/Haider-Giangreco*, Die Vollmachtsstimmabgabe der Aktiengesellschaft AG 2014, 729; *Ruckteschell*, Der Einzelantrag auf Einzelentlastung in der Hauptversammlung ohne Sonderstimmzettel, AG 2007, 736; *Schatz*, Beschlussvereitelung durch den Versammlungsleiter und Reaktionsmöglichkeiten der Aktionäre, AG 2015, 696; *Stützle/Walgenbach*, Leitung der Hauptversammlung und Mitsprache der Aktionäre in Fragen der Versammlung, ZHR 155 (1991), 516; *Theusinger/Schilha*, Die Leitung der Hauptversammlung – eine Aufgabe frei von Haftungsrisiken, BB 2015, 131; *von der Linden*, Haftung für Fehler bei der Leitung der Hauptversammlung, NZG 2013, 208; *Wicke*, Die Leitung der HV einer AG – Praxisrelevante Fragen und neuere Entwicklungen, NZG 2007, 771; *Wilsing/von der Linden*, Hauptversammlungsleitung durch einen Unternehmensfremden, ZIP 2009, 641.

I. Überblick

Das Aktiengesetz setzt voraus, dass die Hauptversammlung einen Versammlungsleiter hat (→ Rn. 4 ff.). Er hat für die sachgemäße Erledigung der Tagesordnung unter Beachtung der Aktionärsrechte Sorge zu tragen. Dafür stehen ihm alle Rechte zur Verfügung, die er benötigt, um einen ordnungsmäßigen Ablauf der Hauptversammlung sicherzustellen (→ Rn. 4 ff.). Das sind die zentralen Leitsätze der Entscheidung des Bundesgerichtshofs vom 11.11.1965[1] (noch unter Geltung des AktG 1937). Sie haben unverändert Bestand. Gleichwohl hat sich das Verständnis, welche Rechtsstellung der Versammlungsleiter hat, in der Vergangenheit stark verändert. Zwei Aspekte sind zentral: (i) das Verhältnis zwischen den Leitungsbefugnissen des Versammlungsleiters und der Selbstverwaltungsautonomie der

---

[1] BGHZ 44, 245 (248); BGH DNotZ 2010, 389 Rn. 16; OLG Frankfurt AG 2011, 36 (41).

Hauptversammlung (→ Rn. 37 ff.) und (ii) das Spannungsverhältnis zwischen Versammlungsleitung und Individualrechten von Aktionären (→ Rn. 8 und 152 ff.). Die Hauptversammlung konnte, so die Einschätzung der früher herrschenden Meinung, weitgehend Vorgaben für die Versammlungsleitung machen, nicht nur durch Satzung, sondern auch durch spontanen Beschluss in der Hauptversammlung (→ Rn. 45 ff.). Das führte zum Teil zu langen Zwischendebatten und -abstimmungen zu Geschäftsordnungs- und Verfahrenanträgen in der Hauptversammlung, oft ohne jede Chance, die erforderliche Mehrheit zu finden. Darüber hinaus nahm die hM früher an, dass Aktionären bei der Ausübung ihrer Rechte, insbesondere des Auskunftsrechts, nur wenige äußere Grenzen gesetzt seien. Verstärkt wurde das durch die Rechtsprechung des BVerfG,[2] dass das Recht des Aktionärs, Informationen über seine Gesellschaft zu erhalten, zu den nach Art. 14 Abs. 1 GG geschützen Eigentumsrechten der Aktionäre rechnet. Es bestand Einigkeit, dass das Rederecht der Aktionären, nicht aber das verfassungsrechtlich verbürgte Auskunftsrecht eingeschränkt werden könne (dazu jetzt aber → Rn. 150 ff.). Als einzige Grenze sah die herrschende Meinung an, dass die Hauptversammlung, da nur auf einen Tag einberufen, vor Mitternacht beendet sein müsse. Nicht mehr der Versammlungsleiter, sondern der einzelne Aktionär bestimmte, ob und in welchem zeitlichen Umfang er von seinem Rede- und Fragerecht Gebrauch macht. Die Folge waren ausufernde Redebeiträge und Fragelisten von einzelnen Aktionären und Hauptversammlungen bis kurz vor Mitternacht, deren Verlauf mehr von kritischen Aktionären als vom Versammlungsleiter bestimmt wurde. Wichtige Entscheidungen im Unternehmen waren zudem hohen Anfechtungsrisiken ausgesetzt, weil die Instanzgerichte Leitungsmaßnahmen mit Blick auf den verfassungsrechtlichen Schutz der Aktionärsrechte generell kritisch sahen und einer strikten Verhältnismäßigkeitskontrolle unterwarfen. Es war keine Seltenheit, dass Beschlüsse über Strukturmaßnahmen von 40 bis 60 Aktionären mit einer Anfechtungsklage angegriffen wurden.

2 Der Gesetzgeber ist mehrfach eingeschritten und hat – ohne die Selbstverwaltungsautonomie der Hauptversammlung einzuschränken – die Stellung des Versammlungsleiters gestärkt. Zum einen mit der Einführung von § 129 Abs. 1 AktG: Danach kann die Hauptversammlung das Verfahren in der Hauptversammlung durch Satzung oder Geschäftsordnung bestimmen (→ Rn. 43 f.). Soweit die Hauptversammlung von ihrem Selbstbestimmungsrecht weder durch Satzungsbestimmung noch durch Regelung in einer Geschäftsordnung Gebrauch macht und sich die Entscheidung über Verfahrensfragen nicht in Satzung oder Geschäftsordnung vorbehält, entscheidet der Versammlungsleiter über das Verfahren in der Hauptversammlung (→ Rn. 45 ff.). In dieselbe Richtung weist der mit dem UMAG 2005 eingeführte § 131 Abs. 2 S. 2 AktG: Die Hauptversammlung kann den Versammlungsleiter durch Satzung oder Geschäftsordnung gemäß § 129 Abs. 1 AktG ermächtigen, das Rede- und Fragerecht der Aktionäre zeitlich angemessen zu beschränken, und Näheres dazu bestimmen. Die Hauptversammlung kann dem Versammlungsleiter das rechtliche Instrumentarium geben, die Hauptversammlung in einem angemessenen Zeitrahmen zu beenden. Damit kann er die Hauptversammlung zu einer „straffen, auf die wesentlichen strategischen Entscheidungen konzentrierte[n] Plattform […] machen, die dann auch wieder an inhaltlichem Gewicht und Attraktivität für Aktionäre [gewinnen kann], die über ernstzunehmende Stimmanteile verfügen."[3] Beide Maßnahmen öffnen den Blick dafür, dass die verfassungsrechtlich verbürgten Mitwirkungsrechte des einzelnen Aktionärs ihre Grenze in den ebenfalls verfassungsrechtlich geschützten Rechten anderer Aktionäre finden müssen (→ Rn. 252 ff.).

3 Die Festlegung der Art und Form der Abstimmung richtet sich nach der Satzung der Gesellschaft, die üblicherweise eine Bestimmung enthält, diese Festlegung durch den Versammlungsleiter zu treffen. Die Festlegungen umfassen die Art der Abstimmung (→ Rn. 200 ff., → Rn. 252 ff.), den Aufruf, die Reihenfolge sowie die Zusammenfassung

---

[2] BVerfG NJW 2000, 349 (350).
[3] BGHZ 184, 239 Rn. 12; BT-Drs. 15/5092, 17.

von Abstimmungsvorgängen (→ Rn. 205 ff., → Rn. 211 ff.), den Ort der Abstimmung (→ Rn. 210) und Methode zur Auszählung/Ermittlung des Abstimmergebnisses (→ Rn. 224 ff., → Rn. 335 ff.). Das Ergebnis der Abstimmung wird vom Versammlungsleiter verkündet und die Beschlussfassung, die konstitutive Wirkung hat festgestellt (→ Rn. 245 ff.). Die Art und Form der Abstimmung sowie die Auszählung der Stimmen wird unter der Ziffer 6 Art der Auszählung detailliert betrachtet und Formulierungsbeispiele für den Leitfaden gegeben (→ Rn. 250 ff.). Neben den Stimmabgaben am Veranstaltungsort ist es heute üblich den Stimmrechtsvertreter der Gesellschaft weisungsgebunden zu bevollmächtigen oder per Briefwahl abzustimmen. Die technischen Möglichkeiten führen häufig zu tausenden unterschiedlichen Weisungen. Hinzu kommen institutionelle Vertreter, die ebenfalls Weisungen von zahlreichen Aktionären vertreten. Die Weisungen sind in der Regel im DV-System hinterlegt, sodass eine gesonderte Festlegung zur Einbeziehung dieser Stimmen in das Abstimmergebnis getroffen werden sollte (→ Rn. 362 ff.).

II. Der Versammlungsleiter

1. Generalzuständigkeit des Versammlungsleiters

Das Aktiengesetz setzt voraus, dass die Hauptversammlung einen Versammlungsleiter hat.[4] Aufgaben und Befugnisse regelt es nur punktuell. Es geht aber von einer Generalzuständigkeit des Versammlungsleiters aus. Der Versammlungsleiter hat, wie der Bundesgerichtshof in seiner grundlegenden Entscheidung vom 11.11.1965[5] noch unter Geltung des AktG 1937 angenommen hat, für die sachgemäße Erledigung der Tagesordnung unter Beachtung der Aktionärsrechte Sorge zu tragen. Dafür stehen ihm alle Rechte zur Verfügung, die er benötigt, um einen ordnungsmäßigen Ablauf der Hauptversammlung sicherzustellen.[6] Bei ihm liegt die Generalzuständigkeit für die Entscheidungen über die Leitung der Versammlung und die Ordnung in der Hauptversammlung.[7] Die Rechte stehen ihm kraft seines Amtes zu, es handelt sich nicht um von der Hauptversammlung abgeleitete Befugnisse.[8]

Die Leitungsaufgabe ist dem Versammlungsleiter höchstpersönlich zugewiesen.[9] Er kann (und muss sich in der Regel) der Hilfe Dritter bedienen, etwa des vom Vorstand bereit gestellten Personals oder externer Berater und Dienstleister.[10]

2. Leitungsermessen

Der Versammlungsleiter hat bei der Leitung der Versammlung ein **Leitungsermessen**. Das folgt daraus, dass es nicht nur *eine* Möglichkeit gibt, die Hauptversammlung einer Aktiengesellschaft sachgerecht zu leiten und die Tagesordnung zu erledigen. Das Lei-

---

[4] Allg. Ansicht; vgl. *Kubis* in MüKoAktG AktG § 119 Rn. 105 mwN.; Ausnahme bei Hauptversammlung einer Ein-Personen-AG; einen Ausdruck hat das in § 130 Abs. 2 S. 1 AktG gefunden; danach bedarf jeder Beschluss der Hauptversammlung der Feststellung durch den „Versammlungsleiter"; nach § 131 Abs. 2 S. 2 AktG kann der „Versammlungsleiter" ermächtigt werden, das Frage- und Rederecht des Aktionärs zeitlich angemessen zu beschränken; vgl. auch § 118 Abs. 4, 122 Abs. 3 S. 2 AktG.
[5] BGHZ 44, 245, 248; BGH DNotZ 2010, 389 Rn. 16; OLG Frankfurt AG 2011, 36 (41).
[6] BGHZ 44, 245 (248); OLG Frankfurt AG 2011, 36 (41); ebenso *Zimmermann* in Happ/Groß AktienR Ziff. 10.18 Rn. 12.8; im Ergebnis auch *Theusinger/Schilha* BB 2015, 131 (132) und *Kubis* in MüKoAktG AktG § 119 Rn. 121, allerdings mit dem nicht weiterführenden Hinweis auf ein „allgemeines verbandsrechtliches Gewohnheitsrecht".
[7] Vgl. *Zimmermann* in Happ/Groß AktienR Ziff. 10.18 Rn. 12.8.
[8] BGHZ 44, 245 (251); *Kubis* in MüKoAktG AktG § 119 Rn. 124.
[9] Vgl. *Kubis* in MüKoAktG AktG § 119 Rn. 127; *Mülbert* in GroßkommAktG AktG § 129 Rn. 132.
[10] Vgl. *Koch* in Hüffer/Koch AktG § 129 Rn. 22; *Kubis* in MüKoAktG AktG § 119 Rn. 127; *Mülbert* in GroßkommAktG AktG § 129 Rn. 132.

tungsermessen hat er sachgerecht auszuüben.[11] Der Versammlungsleiter ist den teilnehmenden Aktionären und Aktionärsvertretern zur Neutralität und Gleichbehandlung verpflichtet.[12] Soweit er in die Rechte der Aktionäre eingreift, etwa durch Ordnungsmaßnahmen, hat er den Grundsatz der Verhältnismäßigkeit zu beachten.[13]

7   Die vorgenannten Gebote beschreiben allerdings nur die äußeren Grenzen des Leitungsermessens. Es bleibt bei dem Grundsatz eines weiten Leitungsermessens des Versammlungsleiters. Die Leitungsentscheidungen sind fehlerhaft nur, wenn sie nicht mehr als sachgerecht angesehen werden können, die Rechte der Aktionäre unzulässig beschneiden[14] oder die Aufgaben und Befugnisse der Organe der Gesellschaft nicht beachtet. Rechtlich ist das Leitungsermessen des Versammlungsleiters nicht zu verwechseln mit dem unternehmerischen Ermessen des Vorstands bei der Leitung der Gesellschaft, §§ 76, 93 AktG, denn der Versammlungsleiter trifft keine unternehmerischen Entscheidungen.

8   Bei der Ermittlung der äußeren Grenzen des Leitungsermessens ist zu berücksichtigen, dass der Versammlungsleiter häufig unter Zeitdruck und aus der Situation heraus entscheiden muss. Er kann seine Abwägungsentscheidungen nicht so absichern wie ein nachträglich urteilendes Gericht. Bei seinen Entscheidungen steht der Versammlungsleiter zudem häufig in einem Konflikt zwischen den Interessen und Vorstellungen einzelner Aktionäre einerseits und der Gesamtheit der übrigen Aktionäre andererseits. Da er Sachwalter der Interessen aller Aktionäre ist, muss er häufig Abwägungsentscheidungen treffen.[15] Die auf Verzögerung angelegte Ausübung von Aktionärsrechten durch einzelne kritische Aktionäre läuft häufig dem berechtigten Interesse anderer Aktionäre zuwider, die Hauptversammlung in einem angemessenen Zeitrahmen abschließen und selbst das Stimmrecht ausüben zu können. Die Leitungsentscheidungen des Versammlungsleiters finden ihre Legitimation in dem durch Bestellung oder Satzungsbestimmung geformten Mehrheitswillen, wie er insbesondere in einer Ermächtigung nach § 132 Abs. 2 S. 2 AktG Ausdruck finden kann. Er darf die Hauptversammlung zu einer „straffen, auf die wesentlichen strategischen Entscheidungen konzentrierten Plattform […] machen, die dann auch wieder an inhaltlichem Gewicht und Attraktivität für Aktionäre [gewinnen kann], die über ernstzunehmende Stimmanteile verfügen."[16]

3. Grundsatz der Verfahrenökonomie

9   Nach Ziffer 2.2.4 des DCGK sorgt der Versammlungsleiter für eine zügige Abwicklung der Hauptversammlung. Dabei sollte er sich – so die Kodexanregung – davon leiten lassen, dass eine ordentliche Hauptversammlung spätestens nach **4 bis 6 Stunden** beendet ist. Die Kodexregelung entspricht der Vorstellung des Gesetzgebers.[17] Wenn die Tagesordnung Punkte umfasst, die nicht zu den jährlich wiederkehrenden Gegenständen gehören, insbesondere Strukturmaßnahmen, kann es sein, dass der zeitliche Rahmen für die Aktionärsdiskussion erhöht werden muss. Eine über **zehn Stunden** hinausgehende Hauptversammlung muss aber auch dann die Ausnahme sein (näher → Rn. 154).

---

[11] Vgl. BGH DNotZ 2010, 389 Rn. 16.
[12] Vgl. OLG München WM 2011, 2048 (2054); *Kubis* in MüKoAktG AktG § 119 Rn. 122.
[13] *Kubis* in MüKoAktG AktG § 119 Rn. 122; *Wicke* in Spindler/Stilz AktG § 119 Rn. 5; *Hoffmann-Becking* in MHdB AG § 37 Rn. 42.
[14] Auch BGH DNotZ 2010, 389 Rn. 16.
[15] Vgl. dazu auch BVerfG NJW 2000, 349 (351) – Wenger/Daimler.
[16] BGHZ 184, 239 Rn. 12; BT-Drs. 15/5092, 17.
[17] BT-Drs. 15/5092, 2, 17; BGHZ 184, 239 Rn. 20; OLG Frankfurt AG 2011, 36 (41); *Hoffmann-Becking* in MHdB AG § 37 Rn. 61; *Koch* in Hüffer/Koch AktG § 131 Rn. 22c.

III. Bestellung und Abberufung

1. Bestimmung durch die Satzung oder Geschäftsordnung

Das Gesetz regelt nicht, wer Versammlungsleiter (Vorsitzender) der Hauptversammlung ist.[18] Die Satzungen deutscher Aktiengesellschaften bestimmen aber praktisch ausnahmslos, dass der Aufsichtsratsvorsitzende die Versammlung leitet.[19] Die Satzungsregelungen unterscheiden sich allenfalls in Nuancen, etwa bei der Regelung der Versammlungsleitung für den Fall, dass der Aufsichtsratsvorsitzende verhindert ist.

Zum Beispiel:
„Den Vorsitz in der Hauptversammlung führt der Vorsitzende des Aufsichtsrats oder ein von ihm bestimmtes anderes Aufsichtsratsmitglied aus dem Kreis der von den Aktionären gewählten Mitglieder. Für den Fall, dass weder der Vorsitzende des Aufsichtsrats noch ein von ihm bestimmtes Mitglied des Aufsichtsrats den Vorsitz übernimmt, wird der Vorsitzende durch die Hauptversammlung gewählt."

Ist der Aufsichtsratsvorsitzende verhindert und trifft die Satzung für diesen Fall keine Regelung, ist der Versammlungsleiter durch die Hauptversammlung zu wählen. § 107 Abs. 1 S. 3 AktG findet keine Anwendung, da die Leitung der Hauptversammlung eine eigenständige, vom Vorsitz im Aufsichtsrat zu unterscheidende Aufgabe ist.[20]

Hat ein Aktionär die Wahl des Aufsichtsratsvorsitzenden in den Aufsichtsrat angefochten, kann der Aufsichtsratsvorsitzende die Hauptversammlung gleichwohl bis zur rechtskräftigen Entscheidungen über die Anfechtungklage leiten. Selbst wenn die Anfechtungsklage Erfolg hat und der Wahlbeschluss nachträglich mit Wirkung ex tunc für nichtig erklärt wird, ändert dies nichts daran, dass die Versammlung ordnungsgemäß geleitet wurde.[21]

Die Stellung als Versammlungsleiter ist ein eigenes Amt, nicht Teil der Aufsichtsratstätigkeit des Aufsichtsratsvorsitzenden.[22]

2. Wahl durch die Hauptversammlung

Wenn die Satzung (und/oder Geschäftsordnung) keine Bestimmung trifft oder die nach der Satzung berufene Person die Sitzungsleitung nicht übernehmen kann, bestimmt die Hauptversammlung den Versammlungsleiter durch Beschluss.[23] Dasselbe gilt, wenn die Hauptversammlung den Versammlungsleiter wirksam abberufen hat (→ Rn. 23 ff.) und die Satzung keine Stellvertreterregelung trifft. Die Hauptversammlung beschließt nach § 133 Abs. 1 AktG mit einfacher Stimmenmehrheit.[24] Die Wahl des Versammlungsleiters ist **kein Gegenstand der Tagesordnung,** sondern Verfahrensfrage und Voraussetzung dafür, dass die Hauptversammlung überhaupt stattfinden kann. Deshalb bedarf diese Wahl auch keiner Ankündigung in der Tagesordnung nach § 124 Abs. 4 AktG.[25] Die Beschlussfassung ist erst zulässig, wenn das Teilnehmerverzeichnis zugänglich gemacht ist.[26]

---

[18] *Drinhausen* in Hölters AktG Anh § 129 Rn. 1.
[19] Vgl. nur *Kuhnt* FS Lieberknecht, 1997, 45 (48); *Kubis* in MüKoAktG AktG § 119 Rn. 108.
[20] *Hoffmann-Becking* in MHdB AG § 37 Rn. 34; aA *Drinhausen* in Hölters AktG Anh § 129 Rn. 1.
[21] Vgl. BGHZ 196, 195 Rn. 25; *Hoffmann-Becking* in MHbB AG § 37 Rn. 34; ders., NZG 2017, 281 (282); *Zimmermann* in Happ/Groß AktienR Ziff. 10.18 Rn. 12.4; *Kubis* in MüKoAktG AktG § 119 Rn. 108.
[22] Vgl. KG AG 2011, 170 (172); OLG Köln NZG 2013, 548 (551); LG Ravensburg NZG 2014, 1233 (1234).
[23] *Drinhausen* in Hölters AktG Anh § 129 Rn. 1.
[24] Vgl. *Kubis* in MüKoAktG AktG § 119 Rn. 111; *Mülbert* in GroßkommAktG AktG § 129 Rn. 113.
[25] Vgl. *Zimmermann* in Happ/Groß AktienR Ziff. 10.18 Rn. 12.4; *Koch* in Hüffer/Koch AktG § 129 Rn. 20; *Mülbert* in GroßkommAktG AktG § 129 Rn. 113; *Kubis* in MüKoAktG AktG § 119 Rn. 107.
[26] Vgl. *Zimmermann* in Happ/Groß AktienR Ziff 10.18 Rn. 12.4.

15 Die Hauptversammlung ist in der Auswahl des Versammlungsleiters frei.[27] Der Versammlungsleiter muss nicht Aufsichtsratsmitglied und auch nicht Aktionär sein. Vorstandsmitglieder und der beurkundende Notar können nicht gewählt werden.[28] Der Versammlungsleiter muss eine natürliche Person sein.[29]

16 Wenn der Versammlungsleiter der deutschen Sprache (zur Versammlungssprache → Rn. 84) nicht mächtig ist, kann er die Versammlung mithilfe eines Simultandolmetschers leiten.[30] Zu empfehlen ist das jedenfalls bei „kritischen" Hauptversammlungen nicht.[31]

17 Nach herrschender Meinung übernimmt für die Wahl des Versammlungsleiters der Einberufende, idR also der **Vorstandsvorsitzende,** die Sitzungsleitung.[32]

18 Der von der Hauptversammlung gewählte Versammlungsleiter ist nicht verpflichtet, das ihm angetragene Amt anzunehmen. In der Regel wird allerdings vor der Wahl feststehen, ob der Kandidat im Fall seiner Wahl zur **Annahme des Amts** bereit ist.

3. Bestimmung des Versammlungsleiters durch das Gericht

19 In einem gesetzlich geregelten **Sonderfall** kommt eine Bestellung des Versammlungsleiters auch durch **Gericht** in Betracht: wenn nämlich eine Minderheit der Aktionäre ordnungsgemäß die Einberufung einer Hauptversammlung oder die Erweiterung der Tagesordnung verlangt, § 122 Abs. 1 und 2 AktG, und dem nicht entsprochen wird. Auf Antrag kann das Gericht die Aktionärsminderheit dann zur Einberufung bzw. zur Bekanntmachung der zusätzlichen Tagesordnungspunkte ermächtigen und zugleich mit der Ermächtigung den Versammlungsleiter bestimmen, § 122 Abs. 3 S. 2 AktG.

20 Voraussetzung für die gerichtliche Bestellung ist, dass genügend Anhaltspunkte vorliegen, die darauf schließen lassen, dass eine unparteiische Leitung durch den satzungsmäßig berufenen Versammlungsleiter nicht gewährleistet ist.[33] Die gerichtliche Bestellung ist auf die Versammlungsleitung zu den Tagesordnungspunkten zu beschränken, auf die sich das Minderheitsverlangen bezieht.[34] Von dem Recht, auch den Versammlungsleiter zu bestimmen, sollte das Gericht daher nur zurückhaltend Gebrauch machen. Es müssen konkrete Anhaltspunkte dafür gegeben sind, dass der an sich vorgesehene Versammlungsleiter „nicht in der vom Gesetz vorgesehenen Weise und unter Wahrung der Versammlungsrechte der einzelnen Aktionäre" leiten wird.[35]

---

[27] *Drinhausen* in Hölters AktG Anh § 129 Rn. 2; *Kubis* in MüKoAktG AktG § 119 Rn. 106; *Mülbert* in GroßkommAktG AktG § 129 Rn. 1109; *Koch* in Hüffer/Koch AktG § 129 Rn. 18 mwN; aA bezüglich des Vorstandsvorsitzenden *Max* AG 1991, 77 (78) reSp.

[28] Vgl. KG ZIP 2011, 172 (174) (Notar); OLG Hamburg WM 1990, 149 (151); *Hoffmann-Becking* MHdB AG § 37 Rn. 34; *Zimmermann* in Happ/Groß AktienR Ziff. 10.18 Rn. 12.5; *Mülbert* in GroßkommAktG AktG § 129 Rn. 109; *Koch* in Hüffer/Koch AktG § 129 Rn. 18 mwN; *Wicke* NZG 2007, 771; aA bezüglich des Vorstandsvorsitzenden *Max* AG 1991, 77 (78) reSp.

[29] Vgl. *Kubis* in MüKoAktG AktG § 119 Rn. 106; *Mülbert* in GroßkommAktG AktG § 129 Rn. 109.

[30] Vgl. OLG Hamburg NZG 2001, 513 (516); *Drinhausen* in Hölters AktG Anh § 129 Rn. 2; *Zimmermann* in Happ/Groß AktienR Ziff. 10.18 Rn. 12.2; *Herrler* in Grigoleit AktG § 129 Rn. 25; *Mülbert* in GroßkommAktG AktG § 129 Rn. 110; *Kubis* in MüKoAktG AktG § 119 Rn. 107.

[31] Vgl. *Mülbert* in GroßkommAktG AktG § 129 Rn. 110; *Kubis* in MüKoAktG AktG § 119 Rn. 107.

[32] *Vgl. Hoffmann-Becking* NZG 2017, 281 (282); *Theusinger/Schilha* BB 2015, 131(132); *Kubis* in MüKoAktG AktG § 119 Rn. 111; *Drinhausen* in Hölters AktG Anh § 129 Rn. 1; *Herrler* in Grigoleit AktG § 129 Rn. 26; *Mülbert* in GroßkommAktG AktG § 129 Rn. 114; *Koch* in Hüffer/Koch AktG § 129 Rn. 20; *Reger* in Bürgers/Körber AktG § 129 Rn. 38.

[33] OLG Hamburg BeckRS 2012, 08665; OLG Düsseldorf NZI 2013, 504; OLG Köln NZG 2015, 1118 (1119).

[34] *Mülbert* in GroßkommAktG AktG § 129 Rn. 116.

[35] OLG Hamburg BeckRS 2012, 08665; OLG Düsseldorf NZI 2013, 504; LG Zweibrücken AG 1997, 140 (41).

4. Abberufung des Versammlungsleiters

Über die Voraussetzungen und das Verfahren zur **Abberufung eines Versammlungsleiters** enthält das Gesetz keine Bestimmungen. 21

a) Der von der Hauptversammlung gewählte Versammlungsleiter

Ist der Versammlungsleiter **von der Hauptversammlung** – aufgrund einer entsprechenden Bestimmung (oder mangels einer Regelung) in der Satzung – **gewählt** worden, kann die Hauptversammlung ihn jederzeit und auch ohne das Vorliegen besonderer Gründe mit derselben Mehrheit abberufen.[36] Soweit die Satzung keine andere Mehrheit bestimmt, beschließt die Hauptversammlung mit der Mehrheit der abgegebenen Stimmen.[37] 22

b) Der in der Satzung bestimmte Versammlungsleiter

Ist der Versammlungsleiter – wie in aller Regel – **nicht durch die Hauptversammlung** gewählt, sondern durch Satzung bestimmt, ist eine Abwahl zulässig, wenn die **Satzung dies ausdrücklich zulässt.** Die Satzung kann die Einzelheiten, also etwa die Mehrheiten, ein Quorum für den Abberufungsantrag und sonstige Erfordernisse (etwa Vorliegen eines wichtigen Abberufungsgrunds) regeln, ebenso das Abberufungsverfahren. Aus der Praxis sind Satzungsbestimmungen zur Abwahl des Versammlungsleiters nicht bekannt. 23

Fehlt – wie in der Regel – **eine Abwahlregelung in der Satzung,** stellt sich die Frage, ob eine Abwahl des Versammlungsleiters überhaupt möglich ist. 24

aa) Meinungsstand

Der **Bundesgerichtshof**[38] hat die Frage für die GmbH ausdrücklich offen gelassen. Für die Aktiengesellschaft liegt keine Entscheidung des Bundesgerichtshofs vor. Die Instanzgerichte nehmen durchweg an, dass auch ein durch Satzung bestimmter Versammlungsleiter abgewählt werden könne. Voraussetzung sei aber, so das *OLG Hamburg*[39] in seiner grundlegenden Entscheidung vom 12.1.2001, dass ein wichtiger Grund zur Abwahl vorliege. Der Aktionär müsse den wichtigen Grund plausibel darlegen. Warum eine geltende Satzungsregelung bei Vorliegen eines wichtigen Grundes durchbrochen werden kann, erläutert der Senat nicht, was wohl auch darauf zurückzuführen ist, dass er den Abwahlantrag im entschiedenen Fall als nicht hinreichend begründet ansah. Der Aktionär habe seinen Abwahlantrag pauschal auf die „erwiesene Unfähigkeit" des Versammlungsleiters gestützt. Das sei nicht ausreichend, um die Hauptversammlung zu einer Abstimmung über die Abwahl des Versammlungsleiters zu veranlassen. Das *Landgericht Köln*[40] hat sich dem *OLG Hamburg* im Grundsatz angeschlossen. Die rechtliche Begründung für das Abwahlrecht sieht es in einer ergänzenden Satzungsauslegung: Es entspreche dem Interesse der Gesellschaft und der Aktionäre, die Satzung dahin auszulegen, dass die Hauptversammlung den satzungsmäßigen Versammlungsleiter aus wichtigem Grund abberufen könne.[41] Wenn der Aktionär den Abwahlgrund nicht nur „ins Blaue" hinein behaupte, müsse der Versammlungsleiter eine Zwischendebatte zulassen und den Abwahlantrag spätestens 25

---

[36] Vgl. *Kubis* in MüKoAktG AktG § 119 Rn. 119; *Zimmermann* in Happ/Groß AktienR Ziff. 10.18 Rn. 12.15; *Herrler* in Grigoleit AktG § 129 Rn. 28; *Mülbert* in GroßkommAktG AktG § 129 Rn. 118; aA *Kuhnt* FS Lieberknecht, 1997, 45 (58 f.); *Zöllner* in Kölner Komm. AktG AktG § 119 Rn. 48, die immer das Vorliegen eines „wichtigen Grundes" verlangen.
[37] Vgl. *Zimmermann* in Happ/Groß AktienR Ziff. 10.18 Rn. 12.15.
[38] BGH NJW 2010, 3027 Rn. 15.
[39] OLG Hamburg NZG 2001, 513 (516); im Ergebnis auch OLG München BeckRS 2009, 12208 und OLG Stuttgart BeckRS 2015, 00278; OLG Stuttgart BeckRS 2015, 14340 Rn. 157.
[40] LG Köln AG 2005, 696 (701) – Felten & Guilleaume.
[41] Auch *Drinhausen* in Hölters Anh § 129 Rn. 5; *Mülbert* in GroßkommAktG AktG § 129 Rn. 119.

vor den Sachanträgen zur Abstimmung stellen. Einen etwas anderen Ansatz wählt das *Landgericht Frankfurt*.[42] Es folgt aus dem Selbstorganisationsrecht der Hauptversammlung, dass es allein ihr obliege, durch Abstimmung festzustellen, ob der Aktionär einen genügenden Grund für die Abwahl des Versammlungsleiters vorgetragen habe. Nicht das Gericht, sondern die Hauptversammlung sei berufen, darüber zu befinden. Im Ergebnis führt das zu einem freien Abberufungsrecht der Hauptversammlung und zur Pflicht des Versammlungsleiters, jeden Abberufungsantrag, der nicht willkürlich und vorgeschoben ist, zur Diskussion und Abstimmung zu stellen. In einer jüngeren Entscheidung hat das *Landgericht Frankfurt*[43] ausdrücklich offen gelassen, ob es an seiner Rechtsprechung festhält. Über den Abwahlantrag müsse jedenfalls dann nicht abgestimmt werden, wenn der Aktionär seinen Abwahlantrag im Wesentlichen auf dieselben Gründe stütze, mit denen er auch seinen im Vorjahr gestellten und von der Hauptversammlung abgelehnten Abwahlantrag begründet hatte. Das *OLG Frankfurt*[44] hat das *Landgericht Frankfurt* in einem späteren Urteil in zwei Punkten korrigiert: Zum einen sei es Aufgabe des Gerichts, den wichtigen Grund für den Abberufungsantrag gerichtlich zu überprüfen. Im entschiedenen Fall sei der Abberufungsantrag zu Recht übergangen worden, weil der Antragsteller keinen wichtigen Grund für die Abberufung vorgetragen habe. Zum anderen könne selbst ein zu Unrecht übergangener Abwahlantrag eine Anfechtung nur begründen, wenn ein objektiv urteilender Aktionär ohne den Verfahrensfehler ggf. anders abgestimmt hätte. Das wiederum sieht das *OLG Bremen*[45] anders: Werde über den Abwahlantrag nicht abgestimmt, hafte jedem Beschluss dieser Hauptversammlung ein Legitimationsdefizit an, das die Anfechtung schon an sich begründe. Der Versammlungsleiter müsse eine Aktionärsdebatte zulassen und den Abwahlantrag vor den Sachanträgen zur Abstimmung stellen, wenn der Antrag nicht „von vornherein unsachlich, willkürlich oder schikanös" sei. Der Versammlungsleiter könne einen Abberufungsantrag in aller Regel „im Interesse des Minderheitenschutzes" nicht ohne Aussprache und Abstimmung zurückweisen. Selbst der um 22.30 Uhr, also kurz vor der „Mitternachtsgrenze" gestellte Abwahlantrag hätte zur Diskussion und Abstimmung gestellt werden müssen.

26 Im **Schrifttum** ist umstritten, ob der durch Satzung bestimmte Versammlungsleiter abgewählt werden kann. Ein Teil des Schrifttums[46] nimmt wie die Instanzgerichte an, dass die Hauptversammlung bei Vorliegen eines wichtigen Grundes zur Abwahl berechtigt sei. Dabei wird überwiegend[47] eine satzungsändernde Mehrheit für erforderlich gehalten. Einige Schrifttumsstimmen halten dagegen[48] eine einfache Stimmenmehrheit als ausreichend. Die im Vordringen befindliche Schrifttumsmeinung[49] hält die Abwahl des durch Satzung bestimmten Versammlungsleiters dagegen für generell unzulässig. Die Abwahl sei als unzulässige Satzungsdurchbrechung anzusehen.

---

[42] LG Frankfurt AG 2005, 892 (894) – WCM.
[43] LG Frankfurt BeckRS 2012, 09259 – Deutsche Bank.
[44] OLG Frankfurt a.M. BeckRS 2013, 19282.
[45] OLG Bremen AG 2010, 256 (257).
[46] Vgl. nur *Kuhnt* FS Lieberknecht, 1997, 45, (60f.); *Wicke* in Spindler/Stilz AktG Anh. § 119 Rn. 4; *Koch* in Hüffer/Koch AktG § 129 Rn. 21; *Herrler* in Grigoleit AktG § 129 Rn. 28; *Kubis* in MüKo AktG § 119 Rn. 112; *Mülbert* in GroßkommAktG AktG § 129 Rn. 119 *und* vor § 118 Rn. 83; *Drinhausen* in Hölters Anh § 129 Rn. 5; *Butzke* Rn. D 14; *Marsch-Barner* Börsennotierte AG-HdB § 33 Rn. 23; *Liebscher* in Henssler/Strohn AktG § 129 Rn. 23; *Heidel* in NK-AktG AktG Vor §§ 129 bis 132 Rn. 10.
[47] Vgl. nur *Kuhnt* FS Lieberknecht, 1997, 45 (60f.); *Wicke* in Spindler/Stilz/ AktG Anh. § 119 Rn. 4; *Koch* in Hüffer/Koch AktG § 129 Rn. 21; *Herrler* in Grigoleit AktG § 129 Rn. 28; *Kubis* in MüKoAktG AktG § 119 Rn. 112; *Marsch-Barner/Schäfer* Börsennotierte AG-HdB § 33 Rn. 23; *Liebscher* in Henssler/Strohn AktG § 129 Rn. 23.
[48] Vgl. *Drinhausen* in Hölters AktG Anh. § 129 Rn. 5; *Mülbert* in GroßkommAktG AktG § 129 Rn. 118 *und* vor § 118 Rn. 83; *Heidel* in NK-AktG Vor §§ 129 bis 132 Rn. 10.
[49] Vgl. nur *Krieger* AG 2006, 355; *Hoffmann-Becking* in MHdB AG § 37 Rn. 40 (Abwahl unzulässig); *Austmann* FS Hoffmann-Becking, 2013, 45, (58); *Drinhausen/Marsch-Barner* AG 2014, 757, (764); *Wilsing/von der Linden* ZIP 2010, 2321, (2327); *Ihrig* FS Goette, 2011, 205, (217); *Ziemons* in Schmidt/Lutter AktG § 124 Rn. 84; *Ek* Praxisleitfaden für die HV § 10 Rn. 241; *Gross* Liber Amicorum Wilhelm Happ, 2006, 31 (38f.); im Ergebnis auch *Max* AG 1991, 77 (einstimmiger Abwahlbeschluss erforderlich).

bb) Stellungnahme

27 Die Rechtsprechung der Instanzgerichte hat in der Praxis dazu geführt, dass kritische Aktionäre in Hauptversammlungen, die über Strukturmaßnahmen entscheiden, Abwahlanträge häufig, zum Teil wiederholt oder zeitlich gestaffelt stellen. Die Versammlungsleiter lassen eine Zwischendebatte und die Abstimmung über einen Abwahlantrag oft aus Gründen rechtlicher Vorsorge zu.[50] Dabei sind die zur Begründung vorgetragen Sachverhalte meist weit entfernt davon, als wichtiger Abwahlgrund gelten zu können. Darüber hinaus steht in aller Regel fest, dass der Abwahlantrag keine Aussicht hat, die erforderliche Mehrheit zu finden. Die für die Sachdebatte und die Beantwortung von Sachfragen zur Verfügung stehende Zeit wird durch Abwahlanträge oft erheblich verkürzt. In Einzelfällen hat die Behandlung von – zum Teil gestaffelt gestellten – Abwahlanträgen mehr Zeit in Anspruch genommen als die eigentliche Behandlung der Tagesordnung.[51]

28 Die Rechtsprechung der Instanzgerichte ist **abzulehnen.** Die Abwahl des durch Satzung bestimmten Versammlungsleiters kommt nur in Betracht, wenn die **Satzung dies ausdrücklich zulässt.** Andernfalls ist in der Abwahl eine **unzulässige Satzungsdurchbrechung** zu sehen;[52] zu den Grundsätzen der Satzungsdurchbrechung → Rn. 31.

29 Entgegen der Annahme des *OLG Bremen*[53] reicht der bloße Hinweis auf „die Interessen des Minderheitenschutzes" gewiß nicht als Rechtfertigung aus, die Satzungsbestimmung zur Person des Versammlungsleiters außer Kraft zu setzen. Ebenso wenig überzeugt der Ansatz des *Landgerichts Köln*, die Satzung im Wege ergänzender Satzungsauslegung zu durchbrechen. Es ist gerade Sinn und Zweck der Satzungsregelung zur Person des Versammlungsleiters, (langwierige) Debatten und Abstimmungen über Wahl und Abwahl des Versammlungsleiters zu vermeiden. Es fehlt offensichtlich an der Regelungslücke, die Voraussetzung für eine ergänzende Satzungsauslegung wäre. Ebensowenig kann, wie das *Landgericht Frankfurt* meint, der Hinweis auf das „Selbstorganisationsrecht" der Hauptversammlung eine Satzungsdurchbrechung begründen. Von ihrem Selbstorganisationsrecht (§ 129 Abs. 1 AktG) hat die Hauptversammlung durch die Satzungsbestimmung zur Person des Versammlungsleiters gerade Gebrauch gemacht, und zwar ohne eine Abwahlmöglichkeit vorzusehen.

30 Die Abwahl des Versammlungsleiters kann auch nicht als Satzungsdurchbrechung zugelassen werden. Anerkannt ist, dass eine Satzungsdurchbrechung zulässig ist, wenn die Gesellschaft alle materiellen und formellen Anforderungen an eine Satzungsänderung erfüllt, also insbesondere die Vorschriften über die Bekanntmachung in der Tagesordnung (§ 124 Abs. 2 und 3 AktG), die Beschlussmehrheiten (§ 179 Abs. 2 AktG), das Erfordernis der Aufnahme in eine notarielle Sitzungsniederschrift (§ 130 Abs. 1 S. 3 AktG) und das Eintragungserfordernis (§ 181 AktG). Bei Abwahl des Versammlungsleiters können diese Voraussetzungen aber **praktisch niemals eingehalten** werden. In der Regel fehlt es an der erforderlichen Bekanntmachung der Abwahl als Tagesordungspunkt. Zudem kann während der Hauptersammlung auch die Eintragung der Satzungsdurchbrechung in das Handelsregister nicht bewirkt werden. Für die GmbH hat der Bundesgerichtshof[54] allerdings angenommen, dass eine Satzungsdurchbrechung in einem einzelnen, zeitlich beschränkten Punkt, also mit **„punktueller" Wirkung,** nicht allen Anforderungen an eine Satzungsänderung genügen müsse. Von Satzungsdurchbrechungen mit „punktueller Wirkung" grenzt er die Satzungsdurchbrechungen ab, die einen **von der Satzung abweichenden fortdauernden Zustand** begründen. Sie sind nur unter Einhaltung aller für eine Satzungsänderung geltenden Formvorschriften wirksam. Auf welche Erfordernisse einer Sat-

---

[50] Vgl. nur die – sehr vorsichtige und zurückhaltende – Praxisempfehlung von *Butzke* Rn. D 14.
[51] Vgl. zu den praktischen Folgen der instanzgerichtlichen Rechtsprechung anschaulich *Austmann* FS Hoffmann-Becking, 45 (57).
[52] Vgl. zur Satzungsdurchbrechung bei einer anderen, dem Versammlungsleiter durch Satzung eingeräumten Leitungsbefudnis auch BGHZ 180, 9 Rn. 30.
[53] OLG Bremen AG 2010, 296 (297).
[54] Vgl. BGH NJW 1993, 2246 (2247).

zungsänderung bei einer „punktuelle" Satzungsdurchbrechung verzichtet werden kann, hat der Bundesgerichtshof noch nicht entschieden.

31 In der aktienrechtlichen Diskussion[55] hat sich die Unterscheidung zwischen **zustandsbegründenden** und **punktuellen Satzungsdurchbrechungen** nicht durchgesetzt. Dem ist jedenfalls für den hier gegebenen Fall, also bei Satzungsregelungen zum Verfahren in der Hauptversammlung zuzustimmen.[56] Gerade bei börsennotierten Aktiengesellschaften muss klar und rechtssicher beurteilt werden können, wer die Versammlung leitet. Die für die Gesellschaft resultierenden Folgen aus rechtlicher Unsicherheit über die Person des Versammlungsleiters sind immens. Wenn der Versammlungsleiter die Versammlung fehlerhaft leitet, sind die Aktionäre zudem nicht schutzlos gestellt, sondern können einen fehlerhaften Beschluss mit einer Wirksamkeitsklage angreifen.

32 Das Recht, einen Abwahlantrag zu stellen, könnte im Übrigen nur Aktionären zugestanden werden, die zusammen über das Minderheitsquorum des § 122 Abs. 2 AktG verfügen. Denn Aktionäre könnten die reguläre Beschlussfassung über eine – auch nur punktuelle – Satzungsänderung nur durch das Verlangen einer Tagesordnungserweiterung erreichen, § 122 Abs. 2 AktG. Dazu müssen sie das Minderheitsquorum des § 122 Abs. 2 AktG nachweisen. Es ist kein Grund ersichtlich, in der Hauptversammlung Aktionären das Recht zu geben, die Beschlussfassung über eine Satzungsdurchbrechung zu verlangen, wenn sie nicht das Quorum des § 122 Abs. 2 AktG nachweisen können.

cc) Wirksamwerden der Abwahl

33 Hält man die Abwahl des durch Satzung bestimmten Versammlungsleiters entgegen der hier vertretenen Ansicht für zulässig und findet der auf einen ausreichenden Abwahlgrund gestützte Abwahlantrag die Mehrheit, wird die Abwahl **mit Feststellung des Beschlussergebnisses durch den Versammlungsleiter** wirksam. Ungeklärt ist, welche Rechtsfolgen das Fehlen eines ausreichenden Abwahlgrundes hat. Eine Meinung[57] hält die Abwahl für nichtig, mit der Folge, dass auch der Nachrücker nicht wirksam gewählt werden kann und die Hauptversammlung keinen wirksamen Beschluüsse fasst. Eine andere Ansicht[58] nimmt an, dass in entsprechender Anwendung von § 84 Abs. 3 S. 4 AktG die Abberufung wirksam ist, bis die Unwirksamkeit der Abberufung rechtskräftig festgestellt ist. Die nachfolgend gefassten Beschlüsse seien daher wirksam gefasst, wenngleich anfechtbar. Die Praxis empfiehlt, durch ausdrückliche Niederlegungserklärung des ersten Versammlungsleiters nach dem Abwahlantrag rechtliche Klarheit zu schaffen.[59]

c) Der vom Gericht bestellte Versammlungsleiter

34 Die Abberufung des durch das Gericht bestellten Versammlungsleiters[60] durch Hauptversammlungsbeschluss ist immer ausgeschlossen.[61] Er kann nur durch gerichtlichen Beschluss abberufen werden.[62]

---

[55] Vgl. nur die Übersicht über den Diskussionsstand bei *Koch* in Hüffer/Koch AktG § 179 Rn. 8 und *Stein* in MüKoAktG AktG § 179 Rn. 39.
[56] Für eine Satzungsregelung, die dem Versammlungleiter Vgl. nur die Übersicht über den Diskussionsstand bei *Koch* in Hüffer/Koch AktG § 179 Rn. 8 und *Stein* in MüKoAktG AktG § 179 Rn. 39.
[57] Vgl. LG Frankfurt AG 2005, 892; LG Köln AG 2005, 696 (701).
[58] *Kubis* in MüKoAktG AktG § 119 Rn. 115; *Wicke* in Spindler/Stilz AktG Anh. § 119 Rn. 4; *Mülbert* in GroßkommAktG AktG § 129 Rn. 121.
[59] Vgl. *Zimmermann* in Happ/Groß AktienR Ziff. 10.18 Rn. 12.21.
[60] § 122 Abs. 3 S. 2 AktG. Der „gerichtlich bestellte Versammlungsleiter" ist nicht zu verwechseln mit dem „gerichtlich bestellten Mitglied des Aufsichtsrats", das dann durch den Aufsichtsrat zum Vorsitzenden des Aufsichtsrats gewählt wird und die Hauptversammlung leiten soll; Letzterer kann selbstverständlich hinsichtlich seiner Funktion als Leiter des Hauptversammlung gemäß den oben genannten Grundsätzen abberufen werden und dennoch Mitglied des Aufsichtsrats bleiben.
[61] *Kubis* in MüKoAktG AktG § 119 Rn. 118; *Herrler* in Grigoleit AktG § 129 Rn. 28.
[62] *Kubis* in MüKoAktG AktG § 119 Rn. 118; *Wicke* in Spindler/Stilz AktG Anh §§ 118–120 Rn. 4.

5. Risiken für die Wirksamkeit von Hauptversammlungsbeschlüssen

Lässt der Versammlungsleiter über den Abwahlantrag nicht abstimmen, bleibt er Versammlungsleiter und kann Feststellungen nach § 130 Abs. 2 AktG treffen. Wenn das Gericht zur Auffassung kommt, dass über den Abwahlantrag abzustimmen war, kann dies die Anfechtung der darauf beruhenden von der Hauptversammlung getroffenen Beschlüsse begründen, wenn ein objektiv urteilender Aktionär ohne den vorliegenden Verfahrensfehler ggf. anders abgestimmt hätte.[63]

Wird die Hauptversammlung nicht von dem nach der Satzung zuständigen oder ordnungsgemäß bestellten Versammlungsleiter geleitet, sind die in der Hauptversammlung gefassten Beschlüsse **nichtig**, da das Ergebnis der Beschlussfassung nicht von dem nach der Satzung zuständigen oder ordnungsgemäß bestellten Vorsitzenden festgestellt worden ist.[64]

IV. Entscheidungsbefugnisse der Hauptversammlung in Verfahrensfragen

1. Geschäftsordnung

§ 129 Abs. 1 S. 1 AktG gibt der Hauptversammlung die Befugnis, durch Geschäftsordnung die Vorbereitung und Durchführung der Hauptversammlung zu regeln. Wenn sie davon Gebrauch macht, hat der Versammlungsleiter die Vorgaben der Geschäftsordnung zu beachten. In der Praxis sind Geschäftsordnungen für die Hauptversammlung nicht verbreitet. In der Regel beschränkt sich die Hauptversammlung darauf, einige Kernregeln in die Satzung der Gesellschaft aufzunehmen, die dem Versammlungsleiter weitgehende Entscheidungskompetenzen einräumen.

2. Gesetzliche Mitwirkungsbefugnisse

Das Aktiengesetz regelt die Mitwirkungsbefugnisse der Hauptversammlung bei Geschäftsordnungsfragen nur punktuell. Nach § 120 Abs. 1 S. 2 AktG ist über die Entlastung eines einzelnen Mitglieds von Vorstand und/oder Aufsichtsrat gesondert (einzeln) abzustimmen, wenn die Hauptversammlung es beschließt oder eine Aktionärsminderheit mit einem Quorum von 10% es verlangt. Der Beschluss der Hauptversammlung über die Einzelentlastung ist offensichtlich ein Geschäftsordnungsbeschluss und noch keine Sachentscheidung. Nach § 124 Abs. 4 S. 2 AktG kann die Hauptversammlung ferner eine weitere Hauptversammlung einberufen. Auch das ist eine Verfahrensentscheidung, wenngleich sie nicht das Verfahren in der laufenden Hauptversammlung betrifft.

3. Ungeschriebene Mitwirkungsbefugnisse der Hauptversammlung?

a) Meinungsstand

Ob und in welchen Fällen die Hauptversammlung jenseits der (wenigen) gesetzlichen Bestimmungen und der Vorgaben in Satzung oder Geschäftsordnung die Befugnis hat, über Geschäftsordnungs- und Verfahrensfragen in der Hauptversammlung zu entscheiden, ist nicht abschließend geklärt. Weitgehend Einigkeit besteht über die Fälle, in denen die Hauptversammlung zur alleinigen Entscheidung berufen ist:

---

[63] OLG Frankfurt a.M. BeckRS 2013, 19282 Rn. 61 f.
[64] Nach § 241 Nr. 2 iVm § 130 Abs. 2 AktG.

- Wahl und Abwahl des Versammlungsleiters (→ 23 ff.);
- Absetzung oder Vertagung eines Tagesordnungspunktes;[65]
- Absage, Vertagung oder vorzeitige Schließung der Hauptversammlung.[66]

40 Nicht einheitlich wird beantwortet dagegen, ob es weitere Fälle gibt, in denen die Hauptversammlung neben dem Versammlungsleiter entscheidungsbefugt ist, die Hauptversammlung also eine eigene Verfahrensentscheidungen treffen oder die Entscheidung des Versammlungsleiters aufheben bzw. ändern kann. Das frühere Schrifttum[67] hat in einer kaum überschaubaren Kasuistik[68] parallele Entscheidungsbefugnisse von Versammlungsleiter und Hauptversammlung angenommen, etwa bei der Entscheidung über
- die Zulassung von Teilnehmern in Zweifelsfällen,
- die Zulassung von Gästen und Medien,
- die Wahl zwischen Einzel- und Generaldebatte,
- die generelle oder individuelle Beschränkungen der Redezeit,
- die Anordnung des Schlusses der Debatte vor Erschöpfung der Rednerliste;
- der Unterbrechungen der Hauptversammlung oder deren Aufhebung,
- dem Wiedereintritt in eine bereits geschlossene Debatte,
- die Bestimmung der Reihenfolge der Behandlung der Tagesordnungspunkte,
- die Bestimmung der Art und Reihenfolge der Abstimmungen,
- die Fortsetzung der Hauptversammlung nach Schließung durch den Vorsitzenden;
- die Aufzeichnung der Hauptversammlung auf Tonband,
- die Entscheidungen über die Zulassung und den Ausschluss von Pressevertretern.

41 Das neuere Schrifttum[69] lehnt dies strikt ab: Jenseits der Verfahrensfragen, über die die Hauptversammlung allein zur Entscheidung berufen ist, entscheide ausschließlich der Versammlungsleiter.

b) Stellungnahme

42 Dem neueren Schriftum ist zuzustimmen.

aa) Selbstverwaltungsautonomie

43 Im Grundsatz ist allerdings nicht daran zu zweifeln, dass die Hauptversammlung eine **weitgehende Selbstverwaltungsautonomie** hat. Der Gesetzgeber hat mit Einführung des § 129 Abs. 1 S. 1 AktG klargestellt, dass die Hauptversammlung die Geschäftsordnung in der Hauptversammlung selbst bestimmt.[70] Die Selbstverwaltungsautonomie wird nur durch die gesetzlichen oder statutarischen Rechte der Aktionäre und zwingende gesetzliche Vorgaben beschränkt.[71] Bestimmungen zur Geschäftsordnung können wahlweise in der Satzung und in einer gesonderten Geschäftsordnung getroffen werden.[72] § 119 Abs. 1 AktG kann nicht zur Beschränkung der Selbstverwaltungsautonomie herangezogen wer-

---

[65] Vgl. nur *Zöllner* in Kölner Komm. AktG AktG § 119 Rn. 65; *Wilsing/von der Linden* ZIP 2010, 2321; *Martens* WM 1981, 1010 (1013); *Austmann* FS Hoffmann-Becking, 2013, 45 (51) (nur für Absetzung, nicht für Vertagung); *Mülbert* in GroßkommAktG AktG § 129 Rn. 128.
[66] Vgl. *Wilsing/von der Linden* ZIP 2010, 2321; *Mülbert* in GroßkommAktG AktG § 129 Rn. 128; *Martens* WM 1981, 1010 (1013); *Ihrig* FS Goette 2011, 205 (213); auch BGHZ 206, 143 Rn. 25 ff.
[67] Vgl. nur die Nachweise in der Voraufl. § 9 Rn. 93; auch *Drinhausen* in Hölters AktG Anh § 129 Rn. 8; *Zöllner* in Kölner Komm. AktG AktG § 119 Rn. 65; *Drinhausen* in Hölters AktG Anh § 129 Rn. 6; instruktiv auch die Übersicht von *Stützle/Walgenbach* in ZHR 155 (1991), 516 (523 ff.) und bei *Bezzenberger* in ZGR 1998, 352 (358); für eine kasuistische Problemlösung auch *Kubis* in MüKoAktG AktG § 119 Rn. 124.
[68] So auch die Beobachtung von *Hoffmann-Becking* AktG NZG 2017, 281 (288).
[69] Vgl. nur *Ihrig* FS Goette 2011, 205 (212 ff.); *Wilsing/von der Linden* ZIP 2010, 2321; *Austmann* FS Hoffmann-Becking, 2013, 45 (63); *Mülbert* in GroßkommAktG AktG § 129 Rn. 130; im Ergebnis auch *Herrler* in Grigoleit AktG § 129 Rn. 30.
[70] Vgl. RegBegr. BT-Drs. 13/9712, 19.
[71] Vgl. *Bachmann* AG 1999, 201 (212).
[72] Die Satzung hat Vorrang.

IV. Entscheidungsbefugnisse der Hauptversammlung in Verfahrensfragen

den. Die Vorschrift betrifft die Zuständigkeitsverteilung zwischen den Organen der Gesellschaft, nicht die Zuständigkeitsverteilung zwischen Versammlungsleiter und Hauptversammlung.[73]

Im Schrifttum[74] wird zum Teil angenommen, dass sich die Selbstverwaltungsautonomie, die das Gesetz der Hauptversammlung mit § 129 Abs. 1 AktG einräumt, **nicht** gegen die gesetzlich zwingend dem Versammlungsleiter zugewiesene Leitungsaufgabe **durchsetze.** Sie folgern daraus, dass es für Geschäftsordnungsregelungen (§ 129 Abs. 1 AktG) rechtlich nur wenig Raum gebe. Eine Geschäftsordnung könne im Wesentlichen nur die gesetzlichen Regeln wiederholen. Dem ist nicht zuzustimmen.[75] Der Gesetzgeber hat der Hauptversammlung weitgehende Gestaltungsfreiheit zur Regelung ihrer Geschäftsordnung eingeräumt.[76] Diese Gestaltungsfreiheit kann nicht durch den Hinweis auf die gesetzliche Stellung des Versammlungsleiters entwertet werden. Richtig ist, dass es einen festen Kern an Befugnissen gibt, die dem Versammlungsleiter auch durch Geschäftsordnungsbestimmung nicht entzogen werden können. Dazu gehört etwa, dass alle versammlungsleitenden Maßnahmen durch den Versammlungsleiter (oder von ihm beauftragte Dritte) erfolgen müssen, ferner die zwingend vom Versammlungsleiter zu erledigenden Aufgaben wie die Feststellung des Beschlussergebnisses. Jenseits dieses nicht dispositiven Kerns hat die Hauptversammlung aber Gestaltungsfreiheit. Dass Geschäftsordnungsbestimmungen mit weitreichenden Beschlusskompetenzen der Hauptversammlung nicht zu empfehlen sind, macht sie nicht unzulässig.[77]

bb) Zuständigkeitsvorbehalt in Satzung oder Geschäftsordnung

Die eigentliche Frage ist daher nicht, *ob* die Hauptversammlung über die Geschäftsordnung in der Hauptversammlung bestimmen kann,[78] sondern *wie* sie von ihrem **Bestimmungsrecht** Gebrauch zu machen hat: Steht ihr nur der Weg offen, durch generell für Hauptversammlungen geltende Regelung in der **Geschäftsordnung** in das Verfahren der Hauptversammlung einzugreifen, oder kann sie auch durch **spontanen Beschluss** in der Hauptversammlung entscheiden. Das erstere ist zutreffend. Wäre ein spontaner Beschluss möglich, könnten Minderheitsaktionäre durch Geschäftsordnungsanträge weitreichenden Einfluss auf den Ablauf der Hauptversammlung nehmen. Die Funktionsfähigkeit der Hauptversammlung wäre nicht mehr gewährleistet.[79] An dieser Stelle setzt § 129 Abs. 1 AktG an: Die Vorschrift zielt gerade darauf, der ausufernde Behandlung von Geschäftsordnungsfragen entgegenzuwirken und einen Beitrag zur „Revitalisierung der Hauptversammlung, zur Konzentration auf eine inhaltliche Sachdebatte und im Ergebnis zur Verbesserung der Kontrolle durch die Eigentümer in der Hauptversammlung"[80] zu leisten. Die Hauptversammlung ist zur zeitintensiven Behandlung von Verfahrensfragen nur in ei-

---

[73] So auch *Ihrig* FS Goette 2011, 205 (210).
[74] Vgl. nur *Wicke* in Spindler/Stilz § 129 Rn. 7; *Kubis* in MüKoAktG AktG § 119 Rn. 126; *Koch* in Hüffer/Koch AktG § 129 Rn. 1c; *Herrler* in Grigoleit AktG § 129 Rn. 29; *Bezzenberger* ZGR 1998, 352 (364).
[75] Vgl. *Austmann* FS Hoffmann-Becking, 2013, 45 (68); kritisch auch *Noack/Zetsche* in Kölner Komm. AktG AktG § 129 Rn. 18.
[76] Vgl. RegBegr. BT-Drs. 13/9712, 19: „In dieser Geschäftsordnung können u. a. Fragen der Sicherheitskontrollen, der Bestimmung der Person des Versammlungsleiters und seiner Leitungs- und Ordnungsbefugnisse, des Anwesenheitsrechts des Abschlußprüfers und anderer Dritter, des Tonbandmitschnitts und des Rechts einzelner Redner auf Unterbrechung der Aufzeichnung, der Aushändigung eines und Einsichtnahme in ein stenographisches Protokoll, der Erteilung von Abschriften, der Redezeiten, des Fragerechts, des Zeitpunkts der Meldung von Redebeiträgen, der Behandlung von Rednerlisten, der Voraussetzungen für den Schluß der Rednerliste, des Verfahrens der Stimmauszählung (siehe schon § 134 Abs. 4 AktG) und der Notwendigkeit der Verlesung von Beschlußvorschlägen und der Ordnungsbefugnisse des Versammlungsleiters geregelt werden."
[77] Vgl. *Austmann* FS Hoffmann-Becking, 2013, 45 (68).
[78] So auch auch BGHZ 182, 272 Rn. 14 („Umschreibestopp"), der das „Ob" einer Geschäftsordnungsentscheidung der Hauptversammlung nicht in Zweifel zieht.
[79] Vgl. *Ihrig* FS Goette 2011, 205 (210 f.); *Austmann* FS Hoffmann-Becking, 2013, 45 (65).
[80] Vgl. RegBegr. BT-Drs. 13/9712, 19.

nem geordneten mit der Einberufung angekündigten und mit satzungsändernder Mehrheit im Vorhinein festgelegten Verfahren berufen. Die Hauptversammlung kann sich **in der Geschäftsordnung vorbehalten, über Einzelfragen des Verfahrens in der Hauptversammlung Beschluss zu fassen.** Bei kleineren, nicht börsennotierten Aktiengesellschaften kann das sogar zweckmäßig sein. Hat sich die Hauptversammlung aber eine eigene Entscheidung nicht vorbehalten, bleibt es bei der gesetzlichen Zuständigkeit des Versammlungsleiters. Dieser entscheidet dann **allein über Verfahren und Geschäftsordnung** in der Hauptversammlung. Anders wäre die Hauptversammlung einer börsennotierten Aktiengesellschaft nicht durchführbar. Ein Beispiel: Das Abstimmungsverfahren ist bei börsennotierten Aktiengesellschaften in der Regel durch Stimmkarten vorbereitet. Die Planbarkeit der Hauptversammlung wäre nicht mehr gewährleistet, wenn die Hauptversammlung das Abstimmungsverfahren ohne Vorbehalt in der Geschäftsordnung oder Satzung spontan ändern könnte. Wenn man der Hauptversammlung das Recht einräumen wollte, ohne Zulassung in der Geschäftsordnung oder Satzung über Verfahren und Geschäftsordnung in der Hauptversammlung zu entscheiden, könnten Aktionäre durch eine Vielzahl von Geschäftsordnungsanträgen die Sachdebatte in der Hauptversammlung unterlaufen und den Verlauf der Hauptversammlung mit Geschäftsordnungsanträgen dominieren. Es gibt Beispiele für Hauptversammlungen, in denen die Diskussion und Abstimmung über von Aktionären gestellte Verfahrensanträge einen großen Teil der Zeit eingenommen haben, die für die Sachdebatte eingeplant war. Das ist schon deswegen nicht hinnehmbar, weil die in der Hauptversammlung gestellten Geschäftsordnungsanträge selten eine wahrnehmbare Chance haben, die erforderliche Mehrheit zu finden.

46 Die Satzungen der überwiegenden Mehrzahl deutscher Aktiengesellschaften haben von dem Befugnis zur Regelung der Geschäftsordnung durch Satzungsbestimmung Gebrauch gemacht. Ein häufig verwendete Formulierung in der Satzung lautet:

„Der Vorsitzende leitet die Versammlung. Er bestimmt die Reihenfolge, in der die Gegenstände der Tagesordnung verhandelt werden, sowie die Art und Reihenfolge der Abstimmungen."

47 Die Formulierung regelt die Geschäftsordnung nur rudimentär. Sie ist aber als Geschäftsordnungsregelung ohne Zweifel zulässig.

48 Die gebotene objektive Auslegung[81] der vorgenannten Bestimmung bestätigt den bereits aus § 129 Abs. 1 S. 1 AktG entwickelten Befund, dass die Hauptversammlung nicht durch Spontanbeschluss auf die Versammlungsleitung Einfluss nehmen kann. Die Leitung ist gerade nicht unter den Vorbehalt der Entscheidung der Hauptversammlung gestellt. Auch die historische Entwicklung spricht für das Wortlautverständnis. Die heute üblichen Satzungsregelungen sind eine unmittelbare Reaktion auf die Diskussion zur Selbstverwaltungsautonomie der Hauptversammlung nach Inkrafttreten des AktG 1965 und haben gerade den Sinn, eine ausufernde Mitwirkung der Hauptversammlung an der Entscheidung über Verfahrensfragen in der Hauptversammlung zu vermeiden.

c) Sonderfälle

aa) Absetzung oder Vertagung von Tagesordnungspunkten

49 Eine **Sonderrolle** nehmen Anträge auf Absetzung oder Vertagung von Tagesordnungspunkten ein. Wird ein Tagesordnungspunkt abgesetzt oder vertagt, hat dies zweifellos Auswirkungen auf das Verfahren in der Hauptversammlung: Der Vorstand muss keine Auskunft mehr zu dem Tagesordnungspunkt geben, da die Auskunft nicht mehr zur sachgemäßen Beurteilung eines Gegenstands der Tagesordnung erforderlich ist, § 131 Abs. 1

---

[81] Vgl. BGHZ 14, 25 (36 ff.); BGHZ 96, 245 (250); BGHZ 123, 347 (350 f.) BGHZ 14, 25 (36 ff.) = NJW 1954, 1401; BGHZ 96, 245 (250) = NJW 1986, 1083; BGHZ 123, 347 (350 f.) = NJW 1994, 51.

IV. Entscheidungsbefugnisse der Hauptversammlung in Verfahrensfragen § 9

AktG. Zu dem Tagesordnungspunkt kann auch kein Beschluss mehr gefasst werden, § 124 Abs. 4 S. 1 AktG.[82] Wenn Teilnehmer zu dem abgesetzten oder vertagten Tagesordnungspunkt sprechen, könnte der Versammlungsleiter den Teilnehmer auffordern, ausschließlich zu den Gegenständen der Tagesordnung zu sprechen (dazu allgemein → Rn. 260).

Trotz der Auswirkungen auf das Verfahren der Hauptversammlung ist die Absetzung oder Vertagung von Tagesordnungspunkten **keine Maßnahme der Versammlungsleitung** und folgerichtig nicht der Versammlungsleiter zur Entscheidung berufen, sondern Behandlung des Tagesordnungspunkts und damit Ausfluss der Sachentscheidungskompetenz der Hauptversammlung.[83] So wie es möglich ist, dem Beschlussvorschlag der Verwaltung oder eines Aktionärs zu einem Tagesordnungspunkt zuzustimmen oder diesen abzulehnen, kann die Hauptversammlung durch Beschluss mit einfacher Stimmenmehrheit (§ 133 Abs. 1 AktG) auch beschließen, von einer Entscheidung in der Sache abzusehen, entweder endgültig (Absetzung) oder vorübergehend (Vertagung). Es geht nicht um Entscheidung über Verfahren und Geschäftsordnung, sondern um eine Sachentscheidung, genauer: deren Ablehnung. Die Sachentscheidungskompetenz ist allein der Hauptversammlung zugewiesen und könnte durch Satzungsbestimmung auch nicht verkürzt werden.[84] 50

Von der Frage, welches Organ zur Entscheidung über einen Absetzungs- oder Vertagungsantrag berufen ist (ausschließlich die Hauptversammlung selbst), ist die Frage zu unterscheiden, wie und wann der Absetzungs- oder Vertagungsantrag zu behandeln ist (→ Rn. 208). 51

bb) Absage oder Vertagung der Hauptversammlung

Die Absetzung oder Vertagung kann sich naturgemäß auf einzelne oder mehrere, aber auch auf alle Tagesordnungspunkte beziehen, soweit ihre Behandlung nicht gesetzlich vorgeschrieben ist. Wenn sich der Antrag auf alle Tagesordnungspunkte bezieht, handelt es sich eine Absetzung, Absage oder Vertagung der Versammlung insgesamt. Sie ist rechtlich nicht anders zu behandeln wie die Absetzung oder Vertagung einzelner Tagesordnungspunkte: Die Absage, Absetzung oder Vertagung ist in der Hauptversammlung allein durch Beschluss der Hauptversammlung möglich.[85] Vor Beginn der Hauptversammlung steht sie nicht dem Versammlungsleiter, sondern allein dem Einberufungsorgan zu.[86] Nach der **Rechtsprechung des Bundesgerichtshofs**[87] geht die Befugnis zur Absage der Hauptversammlung auf die Hauptversammlung über, sobald die Entscheidung durch die Hauptversammlung selbst keinen wesentlichen Mehraufwand mehr bedeutet, etwa weil die Aktionäre bereits die Eingangskontrolle passiert und sich im Versammlungssaal eingefunden haben. Da die Absage zur ihrer Wirksamkeit einer an alle Aktionäre gerichteten Mitteilung bedarf,[88] endet die Möglichkeit des Einberufungsorgans, eine einberufene Hauptversammlung abzusagen, praktisch schon einige Tage vor Hauptversammlung. Zur Behandlung des Absetzungs- oder Vertagungsantrags durch den Versammlungsleiter → Rn. 213. 52

---

[82] Ungeklärt ist, ob durch Aufhebung des Absetzungs- oder Vertagungsbeschlusses das Beschlusshindernis des § 124 Abs. 4 S. 1 AktG beseitigt werden könnte.
[83] Vgl. *Austmann* FS Hoffmann-Becking, 2013, 45, (66); *Kubis* in MüKoAktG AktG § 119 Rn. 141; im Ergebnis auch BGHZ 206, 143 Rn. 31; ferner *Kremer* FS Hoffmann-Becking, 2013, 697 (700); *Herrler* in Grigoleit AktG § 129 Rn. 30.
[84] Vgl *Austmann* FS Hoffmann-Becking, 2013, 45 (68).
[85] Auch auch *Kremer* FS Hoffmann-Becking, 2013, 697 (700); *Herrler* in Grigoleit AktG § 129 Rn. 30.
[86] Vgl. nur BGHZ 206, 143 Rn. 31.
[87] Vgl. nur BGHZ 206, 143 Rn. 31.
[88] Vgl. nur BGHZ 206, 143 Rn. 35.

cc) Abwahl des Versammlungsleiters

53 Soweit die Abwahl des Versammlungsleiters für zulässig gehalten wird (→ Rn. 25 f.), ergibt sich zwingend aus der Sache, dass allein die Hauptversammlung zur Entscheidung berufen ist.

d) Durchbrechung von Satzung oder Geschäftsordnung durch Beschluss in der Hauptversammlung?

54 § 129 Abs. 1 AktG gibt der Hauptversammlung weitgehende Gestaltungsfreiheit für die Geschäftsordnung in der Versammlung. Die Gestaltungsfreiheit muss, wie oben ausgeführt (→ Rn. 45), durch Satzungsregelung oder Bestimmung in der Geschäftsordnung ausgeübt werden: Die Hauptversammlung muss durch Regelung in der Satzung oder Geschäftsordnung eine Beschlusskompetenz erst begründen. Die Hauptversammlung kann die durch Satzung oder Geschäftsordnung vorgegebene Rechtslage nicht durch Beschluss in der Hauptversammlung übergehen.[89] Würde man eine **spontane Durchbrechung** in der Hauptversammlung zulassen, wäre die Funktionsfähigkeit der Hauptversammlung in gleicher Weise gefährdet wie bei genereller Zulassung von Hauptversammlungsbeschlüssen zu Geschäftsordnungs- und Verfahrensfragen. Sie ist daher abzulehnen.

55 Eine Durchbrechung von Satzung und/oder Geschäftsordnung im Einzelfall wäre im Übrigen nur zulässig, wenn **alle Voraussetzungen für die Änderung von Satzung und/oder Geschäftsordnung** eingehalten werden, also insbesondere die Änderung mit der Einberufung als eigener Tagesordnungspunkt bekannt gemacht worden ist (§ 124 Abs. 1 S. 1 AktG).[90] Dann handelt es sich um eine reguläre Änderung der durch Satzung und Geschäftsordnung vorgegebenen Geschäftsordnungsregeln. Die Aufnahme eines eigenen Tagesordnungspunktes können Aktionäre verlangen, wenn ihre Anteile zusammen den zwanzigsten Teil des Grundkapitals oder den anteiligen Betrag von 500.000 EUR erreichen, § 122 Abs. 2 AktG. Da Änderungen der Geschäftsordnung auch ohne Eintragung in das Handelsregister wirksam werden, könnte die beschlossene Einzelfallbestimmung zur Geschäftsordnung in der Hauptversammlung auch unmittelbar angewendet werden. Das gilt freilich nicht, wenn die in Rede stehende Geschäftsordnungsfrage abschließend durch die Satzung geregelt ist; die Satzung kann nicht durch Geschäftsordnungsbeschluss geändert werden. Der Geschäftsordnungsbeschluss wäre eine unzulässige Satzungsdurchbrechung.[91]

56 Doch selbst wenn der Versammlungsleiter – aus Gründen rechtlicher Vorsorge – eine auf die Hauptversammlung beschränkte (punktuelle) Durchbrechung der Geschäftsordnung nicht von vornherein für unzulässig hält, wird er einen Antrag auf Durchbrechung oder Ergänzung der Geschäftsordnungsregeln in Satzung oder Geschäftsordnung nicht ohne weiteres zur Abstimmung stellen müssen. Voraussetzung wäre jedenfalls, dass ein **wichtiger Grund** für die Begründung einer nicht durch Satzung oder Geschäftsordnung vorbehaltenen Beschlusskompetenz vorliegt. Wenn überhaupt, ist das allenfalls in besonders gelagerten Ausnahmefällen vorstellbar. Darüber hinaus ist kein Grund ersichtlich, Aktionären in der Hauptversammlung weitergehende Rechte einzuräumen, als sie bei einem regulären Vorgehen (Bekanntmachung der Änderung oder Ergänzung als eigener Tagesordnungspunkt, § 124 Abs. 1 S. 1 AktG) haben. Als antragsberechtigt in der Hauptversammlung könnten daher nur Aktionäre angesehen werden, die das **Quorum des § 122 Abs. 2 AktG** nachweisen können.

---

[89] Str., wie hier zur Satzungsregelung, die dem Versammlungsleiter die Befugnis zur Entscheidung zwischen Einzel- und Listenwahl bei Wahl von Aufsichtsratsmitgliedern gibt, BGHZ 180, 9 Rn. 30; zum Meinungsstand nur *Noack/Zetsche* in Kölner Komm. AktG AktG § 129 Rn. 27; *Koch* in Hüffer/Koch AktG § 129 Rn. 1 f.

[90] Vgl. zum Erfordernis der Bekanntmachung als Tagesordnungspunkt nur *Koch* in Hüffer/Koch AktG § 129 Rn. 1d.

[91] Vgl. zur Satzungsermächtigung, eine Listenwahl durchzuführen, nur BGHZ 180, 9 Rn. 30.

57 Wenn der Versammlungsleiter einen Spontanbeschluss zur Geschäftsordnung nicht von vornherein für unzulässig hält, ist in der Versammlung zu empfehlen, dass sich der Versammlungsleiter ein **Bild über die Abstimmungsverhältnisse** verschafft. In der Hauptversammlung einer börsennotierten Aktiengesellschaft kann der Versammlungsleiter etwa den Aktionären, die den Verfahrensantrag unterstützen wollen, Gelegenheit geben, dies am Wortmeldetisch oder bei einer von ihm benannten Person kundzutun. Erst wenn sich ergeben sollte, dass das Quorum des § 122 Abs. 2 AktG erreicht wird, muss er überhaupt in die Prüfung eintreten, ob ein wichtiger Grund für die Beschlussfassung der Hauptversammlung zu dem Verfahrensantrag geltend gemacht worden ist.

V. Eröffnung der Hauptversammlung

1. Einlasskontrolle

58 Die Versammlungsleitung beginnt mit der Eingangskontrolle. Sie dient der Zulassung von Teilnehmern (Aktionäre und Aktionärsvertreter) und Dritten (Gäste, Presse, Hilfspersonen) und der für die Aufstellung des Teilnehmerverzeichnisses erforderlichen sicheren Erfassung der Versammlungsteilnehmer. Die Entscheidung über Art und Durchführung der Eingangskontrolle liegt in der ausschließlichen Komptenz des Versammlungsleiters.[92] Er kann allerdings das **vom Vorstand dafür bereitgestellten Personal** mit der Eingangskontrolle betrauen.[93] Auf die Fachkunde des vom Vorstand bereitgestellten Personals kann er sich verlassen, solange er keine Anhaltspunkte hat, dass die Eingangskontrolle nicht ordnungsgemäß vorgenommen wird. Ihm steht das Letztentscheidungsrecht zu. In der Praxis kommt es allerdings nicht vor, dass der Versammlungsleiter selbst entscheidet.

59 Wie die Eingangskontrolle stattzufinden hat, ist gesetzlich nicht geregelt. Auch die Satzungen treffen in der Regel keine Regelung. Die Eingangskontrolle muss darauf gerichtet sein, das Teilnahmerecht festzustellen bzw. die erschienene Person als Gast zuzulassen und die für die Erstellung des Teilnehmerverzeichnisses erforderlichen Feststellungen zu treffen.[94] In der Praxis werden die Teilnahmevoraussetzungen zum Teil bereits im Vorfeld, nämlich bei der Versendung von Eintrittskarten, geprüft, etwa die ordnungsgemäße Anmeldung oder Hinterlegung. Zum Teil werden sie erst bei dem Zugang zur Versammlung geprüft, etwa Stimmrechtsvollmachten oder die Eintragung in das Aktienregister. Wie das Teilnahmerecht festgestellt wird, liegt im **pflichtgemäßen Ermessen des Versammlungsleiters.** Er kann sich auf die Vorlage einer Eintrittskarte beschränken. Zulässig ist aber auch, wenn er sich von der Identität der erschienenen Person durch Vorlage eines Personalausweises überzeugt. Der Versammlungsleiter kann einen Teilnehmer auch zulassen, wenn das Teilnahmerecht nicht zweifelsfrei feststeht.[95] Er kann im Grundsatz davon ausgehen, dass die Aktionäre richtige Angaben machen. Da die Angaben bei der Eingangskontrolle weitgehend gleich sind mit den Angaben, die der Aktionär für die Erstellung des Teilnehmerverzeichnisses macht, wären Falschangaben bußgeldbewehrt.[96] Bei Zulassung eines Teilnehmers ohne letzte Sicherheit kann zudem ein Anfechtungsgrund nur vorliegen, wenn sich im Nachhinein bestätigt, dass die Teilnahmeberechtigung fehlte und die Stimmen des zu Unrecht zugelassenen Aktionärs maßgebend für das Beschlussergebnis waren.

---

[92] Vgl. nur *Theusinger/Schilha* BB 2015, 131 (133); *Kubis* in MüKoAktG AktG § 119 Rn. 129; *Drinhausen* in Hölters AktG Anh § 129 Rn. 6; *Zimmermann* in Happ/Groß AktienR Ziff. 10.18 Rn. 12.10; *Herrler* in Grigoleit AktG § 129 Rn. 30; *Mülbert* in GroßkommAktG AktG § 129 Rn. 140.
[93] Vgl. nur *Zimmermann* in Happ/Groß AktienR Ziff. 10.18 Rn. 12.10.
[94] *Kubis* in MüKoAktG AktG § 119 Rn. 129.
[95] *Mülbert* in GroßkommAktG AktG § 129 Rn. 139, nimmt sogar an, dass die Nichtzulassung nur bei offensichtlichen Mängeln in Betracht komme.
[96] Vgl. § 405 Abs. 2 AktG.

60 Wenn die Aktionäre oder Aktionärsvertreter aufgrund einer Ermächtigung nach § 118 Abs. 1 AktG an der Hauptversammlung auch online teilnehmen können, sind in der Regel **elektronische Zugangsvoraussetzungen** eingerichtet. Eine gesonderte Zugangskontrolle muss und kann nicht stattfinden.

61 Die Gesellschaft kann beim Zugang zur Hauptversammlung Personen- und Gepäckkontrollen (**Sicherheitskontrollen**) vornehmen.[97] Bei größeren börsennotierten Aktiengesellschaften gehören sie zum Standard. Eine konkrete Gefahr im polizeirechtlichen Sinne muss nicht vorliegen.[98] Die Befugnis zur Vornahme von Sicherheitskontrollen schließt grundsätzlich das Recht ein, Aktionäre von der Teilnahme an der Hauptversammlung auszuschließen, falls sie die Kontrolle insgesamt ablehnen. Die Sicherheitskontrolle muss verhältnismäßig sein. Sie darf nicht zu übermäßiger Erschwerung des Teilnahmerechts führen.[99] Eine Sicherheitskontrolle entsprechend dem **Standard an deutschen Flughäfen** ist, insbesondere bei börsennotierten Aktiengesellschaften, immer verhältnismäßig.[100] Das Vorhalten von Geräten, wie sie an deutschen Flughäfen verwendet werden, ist nicht die einzige in Betracht kommene Methode zur Sicherheitskontrolle. Denkbar sind auch Überprüfungen mittels Detektoren oder (bei Taschen) die bloße Einsicht. Wenn ein Versammlungsteilnehmer eine Einsicht in die von ihm persönlich mitgeführte Tasche ablehnt, nimmt das OLG Frankfurt[101] an, dass ihm eine Aufbewahrungsmöglichkeit zur Verfügung stehen muss, etwa in einer bewachten Garderobe oder in Schließfächern.

62 Bei den Sicherheitskontrollen hat die Gesellschaft die Aktionäre und Aktionärsvertreter gleich zu behandeln, § 53a AktG.[102] Im Schrifttum wird zum Teil angenommen, dass der Gleichbehandlung bei der Durchführung von Sicherheitskontrollen eine gesteigerte Bedeutung zukomme.[103] Dem ist nicht zuzustimmen. Es gelten die allgemeinen Grundsätze der Gleichbehandlung. Das bedeutet, dass der Versammlungsleiter Aktionäre aus sachlichem Grund unterschiedlich behandeln kann. Wenn ein Aktionär oder Aktionärsvertreter dem Versammlungsleiter (oder seinen Hilfspersonen) persönlich bekannt ist und keinerlei Anhaltspunkte vorliegen, dass dieser Aktionär oder Aktionärsvertreter andere Teilnehmer gefährdet, kann er eine Ausnahme zulassen, etwa bei gesundheitlichen Bedenken. Praxisfern ist weiter anzunehmen, dass der Vertreter des größten Familienstamms, der dem Versammlungsleiter seit Jahren bekannt ist, notwendig die Sicherheitskontrolle passieren muss. Es empfiehlt sich aber, schon um Proteste und Widerspruch anderer Aktionäre zu vermeiden, mit der Zulassung von Ausnahmen zurückhaltend umzugehen.

63 Der Versammlungsleiter entscheidet auch über die Zulassung von **Gästen**, einschließlich von Vertretern von **Presse und Medien**.[104] Die Entscheidung hat er nach pflichtgemäßem Ermessen zu treffen.[105] Vom Vorstand geladene Gäste, auch Pressevertreter, kann er nur mit besonderem Grund zurückweisen. Entgegen einer verbreiteten Ansicht bedarf er weder für die Zulassung noch für die Nichtzulassung oder den Ausschluss von Presse-

---

[97] Vgl. nur OLG Frankfurt NZG 2007, 310 (311) – Wella; AG München AG 1995, 335; *Theusinger/Schilha* BB 2015, 131 (133); *Wicke* NZG 2007, 771; *Drinhausen* in Hölters AktG Anh § 129 Rn. 6; *Kubis* in MüKoAktG AktG § 119 Rn. 132; *Koch* in Hüffer/Koch AktG § 129 Rn. 22; *Mülbert* in GroßkommAktG AktG § 129 Rn. 140.
[98] Vgl. nur *Kubis* in MüKoAktG AktG § 119 Rn. 132; *Mülbert* in GroßkommAktG AktG § 129 Rn. 140.
[99] Vgl. nur OLG Frankfurt NZG 2007, 310 (311) – Wella; *Kubis* in MüKoAktG AktG § 119 Rn. 132; *Mülbert* in GroßkommAktG AktG § 129 Rn. 140; *Hoffmann* in Spindler/Stilz AktG § 118 Rn. 15.
[100] So wohl auch *Kubis* in MüKoAktG AktG § 119 Rn. 132.
[101] Vgl. nur OLG Frankfurt NZG 2007, 310 (311) – Wella; auch *Mülbert* in GroßkommAktG AktG § 129 Rn. 140.
[102] Vgl. nur *Kubis* in MüKoAktG AktG § 119 Rn. 132; *Mülbert* in GroßkommAktG AktG § 129 Rn. 140.
[103] Vgl. nur *Kubis* in MüKoAktG AktG § 119 Rn. 132 („Gleichbehandlungsgrundsatz ... besonders sorgfältig beachten.").
[104] Vgl. nur *Hoffmann-Becking* MHdB AG § 37 Rn. 48; *ders.* NZG 2017, 281 (287); *Drinhausen* in Hölters AktG Anh § 129 Rn. 6; *Herrler* in Grigoleit AktG § 129 Rn. 30; *Kubis* in MüKoAktG AktG § 119 Rn. 132.
[105] Vgl. nur *Hoffmann-Becking* NZG 2017, 281 (287).

vertretern einer Zustimmung der Hauptversammlung.[106] Dritte, insbesondere Medienvertreter, haben keine Teilnahmerechte. Sie können sich nicht zu Wort melden und haben keinen Anspruch auf Einsichtnahme in das Teilnehmerverzeichnis. Die Einsichtnahme in das Teilnehmerverzeichnis durch Pressevertreter wäre zu unterbinden. Zu den festen Regeln für Presse- und Medienvertreter sollte ferner gehören, dass sie keine Ton- und Bildaufnahmen von einzelnen Versammlungsteilnehmern ohne deren Zustimmung oder gar gegen deren Willen machen.

Der Versammlungsleiter kann und muss Teilnehmer hindern, die Versammlungsräume mit **sicherheitskritischen Gegenständen** zu betreten.[107] Wenig geklärt ist, ob auch das **Mitbringen von weiteren Gegenständen** unterbunden werden kann bzw. muss, etwa von Plakaten, Lautsprechern und Transparenten, ferner ob der Versammlungsleiter Teilnehmer wegen ihrer Kleidung, ihres Erscheinungsbildes oder deswegen ausschließen kann, weil sie Tiere (Hunde, Katzen, Mäuse) mit sich führen. Soweit die Anordnung nicht unmittelbar in das Teilnahmerecht des Aktionärs oder Aktionärsvertreters eingreift, ist dem Versammlungsleiter ein weites Entscheidungsermessen zuzubilligen. Das Mitführen von Plakaten, Transparenten oder Haustieren kann daher ohne weiteres unterbunden werden. Soweit die Anordnung dagegen in das Teilnahmerecht des Aktionärs oder Aktionärsvertreters eingreift, ist Zurückhaltung geboten. Daher kann es keinen Dresscode für Hauptversammlungen geben. Das Teilnahmerecht des Aktionärs oder Aktionärsvertreter hat in der Regel Vorrang vor eigenen Vorstellungen des Versammlungsleiters oder anderer Teilnehmer. Wie sich ein Aktionär oder Aktionärsvertreter kleidet, ist Ausdruck seiner Person und durch das allgemeine Persönlichkeitsrecht (Art. 2 Abs. 1 AktG; Art. 1 Abs. 1) geschützt. Allerdings muss es auch hier dem Versammlungsleiter möglich sein, in Grenzfällen einzuschreiten, etwa bei anstößiger Kleidung oder anstößigem Auftreten (etwa Trunkenheit).

64

Ein weites Ermessen hat der Versammlungsleiter bei der Zulassung von Gästen, auch Kindern. Es wird in Praxis kaum einen Versammlungsleiter geben, der einer Mutter den Zugang mit einem Kleinkind verwehrt.

65

2. Ausgangskontrolle

Ebenso wichtig wie die Eingangskontrolle ist die Ausgangskontrolle während der Dauer der Hauptversammlung. Sie ist erforderlich, um das Teilnehmerverzeichnis fortlaufend anzupassen (→ Rn. 119). Rechtliche Bedeutung hat sie darüber hinaus, wenn die Gesellschafter im Subtraktionsverfahren abstimmen (→ Rn. 82).

66

3. Eröffnung der Hauptversammlung

a) Eröffnung der Versammlung durch den Versammlungsleiter

In aller Regel eröffnet der Versammlungsleiter die Hauptversammlung.[108] Dies darf nicht vor der Zeit geschehen, die in der Einladung zur Hauptversammlung angegeben ist.[109] Sind bei der Einlasskontrolle Verzögerungen eingetreten, kann er den Eröffnungszeitpunkt

67

---

[106] Vgl. nur *Hoffmann-Becking* in MHdB AG § 37 Rn. 48; *ders.* NZG 2017, 281 (287) mwN; *Mülbert* in GroßkommAktG AktG § 129 Rn. 143; *Bezzenberger* ZGR 1998, 352 (360); *Ihrig*,FS Goette, 2011, 211 (212).
[107] Vgl. nur *Kubis* in MüKoAktG AktG § 119 Rn. 132.
[108] Vgl. *Kubis* in MüKoAktG AktG § 119 Rn. 133.
[109] Vgl. *Wicke* NZG 2007, 771; *Drinhausen* in Hölters AktG Anh § 129 Rn. 7; *Kubis* in MüKoAktG AktG § 119 Rn. 133; *Mülbert* in GroßkommAktG AktG § 129 Rn. 136.

angemessen verschieben.[110] Eine Pflicht dazu besteht jedoch allenfalls, wenn der Grund für die Verzögerungen bei der Einlasskontrolle in der Sphäre der Gesellschaft liegt.

b) Anordnungen zum Versammlungsverlauf („Formalien")

68 Im Anschluss an die Eröffnung und die Begrüßung der Teilnehmer macht der Versammlungsleiter die Aktionäre und Aktionärsvertreter mit den „Formalien" der Hauptversammlung vertraut. Es handelt sich um **rechtlich bindende Anordnungen** für den Versammlungsverlauf. Die Praxis dazu ist sehr unterschiedlich.[111] Sie reicht von langen und oft auch von den Aktionären als umständlich empfundenen Ausführungen zum Ablauf der Hauptversammlung bis hin zu einer auf die Essentialia beschränkten Einführung, verbunden mit einem Hinweis auf die schriftlich ausliegenden sog. „organisatorischen Hinweise". Der rechtliche Hintergrund der Ausführungen zu den „Formalien" liegt darin, dass der Versammlungsleiter die Teilnehmer über seine verfahrensleitenden Anordnungen in Kenntnis setzen muss. Wann und wie er das macht, liegt in seinem Leitungsermessen. Möglich ist, den Aktionären die für die Hauptversammlung erforderlichen organisatorischen Hinweise in gedruckter Form zugänglich zu machen. Die mündlichen Ausführungen zu Beginn der Hauptversammlung kann der Versammlungsleiter dann auf wesentliche Aspekte konzentrieren,[112] die entweder rechtlich erforderlich sind oder einer zweckmäßigen Praxis bzw. der Höflichkeit entsprechen.

69	Eröffnung	Mit der Eröffnung übernimmt der Versammlungsleiter die Leitung. Rechtlich erforderlich ist die (formelle) Eröffnung der Hauptversammlung durch den Versammlungsleiter nicht.[113] Die Hauptversammlung kann auch zusammentreten und ist beschlussfähig, wenn der Versammlungsleiter die Hauptversammlung nicht eröffnet, etwa weil er verhindert ist und der nach der Satzung bestimmte Stellvertreter nicht zur Verfügung steht. Die Versammlung beginnt dann mit dem Zeitpunkt, der in der Einberufung für den Beginn der Hauptversammlung angegeben ist, und sie muss dann zunächst einen Versammlungsleiter wählen.[114]
70	Begrüßung	Die Begrüßung von Aktionären und Aktionärsvertretern, von Gästen und Presse entspricht einem Gebot der Höflichkeit. Viele Versammlungsleiter stellen sich kurz mit Namen vor.
71	Notar	Über die Hauptversammlung nimmt in der Regel (Ausnahme: § 130 Abs. 1 S. 3 AktG) ein Notar die Sitzungsniederschrift auf. Der Notar wird in der Praxis vorgestellt und begrüßt.[115] Das ist zweckmäßig. Die Aktionäre wissen damit, bei wem sie Erklärungen zu Protokoll abgeben können, etwa den Widerspruch gegen einen gefassten Beschluss. Auf die Möglichkeit, Protokollerklärungen beim Notar abzugeben, müssen die Aktionäre nicht hingewiesen werden.
72	Aufsichtsrat/ Vorstand	Nach § 118 Abs. 3 AktG sollen die Mitglieder des Vorstands und des Aufsichtsrats an der Hauptversammlung teilnehmen. Es ist zweckmäßig, kurz zu erläutern, welche Mitglieder von Vorstand und/oder Aufsichtsrat an der Teilnahme gehindert sind.[116] Das nimmt mögliche Aktionärsfragen vorweg und unterstreicht, dass die Teilnahme an der Hauptversammlung ernst genommen wird.

---

[110] Vgl. nur *Drinhausen* in Hölters Anh § 129 Rn. 7.
[111] Vgl. nur *Kuhnt* FS Lieberknecht, 1997, 45 (48).
[112] Vgl. nur *Kremer* FS Hoffmann-Becking, 2013, 697 (700).
[113] Vgl. BGHZ 206, 143 Rn. 29 und 36; *Mülbert* in GroßkommAktG AktG § 129 Rn. 136.
[114] Offen und ungeklärt ist, wer das Ergebnis des Wahlbeschlusses feststellt und die Sitzungsniederschrift aufnimmt.
[115] Vgl. *Mülbert* in GroßkommAktG AktG § 129 Rn. 144.
[116] Vgl. *Mülbert* in GroßkommAktG AktG § 129 Rn. 144.

V. Eröffnung der Hauptversammlung

Einberufung	Die Feststellung der ordnungsgemäßen Einberufung der Hauptversammlung entspricht verbreiteter Praxis. Rechtlich ist sie nicht erforderlich.[117] Einberufungsmängel werden nicht etwa durch die widerspruchslose Feststellung einer ordnungsgemäßen Einberufung geheilt. Ein Hinweis sollte gegeben werden, wenn auf Aktionärsverlangen die Tagesordnung erweitert worden ist (§ 122 Abs. 2 AktG).	73
Wortmeldung	Eine kurze Erläuterung des Verfahrens zur Wortmeldung und der Hinweis darauf, in welcher Form die Debatte (in der Regel Generaldebatte zu allen Punkten der Tagesordnung) geführt wird, ist zu empfehlen, auch wenn dies auch in den gesonderten organisatorischen Hinweisen erläutert ist. Der Hinweis kann alternativ auch vor Eröffnung der Aktionärsdebatte gegeben werden.[118]	74
Stimmkarten/ Vollmacht	Die Stimmkarten sind in der Hauptversammlung wie eine Art Ausweis. Die Aktionäre werden in der Regel bei jeder Ausübung von Aktionärsrechten, etwa der Wortmeldung oder der Erklärung eines Widerspruchs zu Protokoll des Notars, um Vorlage des Stimmkartenblocks gebeten. Daher ist es sinnvoll, einen ausdrücklichen Hinweis zu geben, wie die Aktionäre oder Aktionärsvertreter die Stimmkarten erhalten oder Stimmrechtsvollmacht erteilen können.	75
Abstimmungsverfahren	Der Versammlungsleiter kann das Abstimmungsverfahren zu Beginn der Hauptversammlung erläutern, sich aber auch darauf beschränken, es vor der ersten Abstimmung zu erklären. Letzteres wird sich insbesondere empfehlen, wenn es sich um eine übliches Abstimmungsverfahren handelt, das die Hauptversammlung schon seit Jahren anwendet.	76
Organisatorische Hinweise	Wenn der Versammlungsleiter den Aktionären weitere „organisatorische Hinweise" in gedruckter Form zugänglich machen will, muss er die Aktionäre darauf hingewiesen, wo sie die organisatorischen Hinweise erhalten.	77

c) Merkblatt „organisatorische Hinweise"

Üblich und zweckmäßig sind „organisatorische Hinweise" in gedruckter Form zu folgenden Punkten: 78
- Hinweise zur Ausgabe von Stimmkarten oder sonstigen Akkreditierungen;
- Hinweise zum Präsenzbereich der Hauptversammlung und (wenn nicht identisch) zu dem Raum, in dem Stimmkarten eingesammelt werden;
- Hinweise zum Teilnehmerverzeichnis einschließlich eines Hinweises, wie und wo es den Aktionären zugänglich ist, § 129 Abs. 1 S. 3 AktG;
- Hinweise zu Wortmeldungen und Art der Debatte (etwa Generaldebatte); generelle Beschränkungen der Zeit, die jedem Redner nach Wortmeldung zusteht; Hinweis auf die Möglichkeit einer erneuten Wortmeldung;
- Hinweise zur Vollmachtserteilung und zum vorzeitigen Verlassen der Hautversammlung;
- Erläuterung des Abstimmungsverfahrens (mit Änderungsvorbehalt);
- Hinweise zum Auslegen von Informationsmaterial;
- Hinweise zur Übertragung und Aufzeichnung;
- Hinweise zur Nutzung von Mobiltelefonen, Kameras usw.;
- Verpflegung/Rauchverbot;
- Änderungsvorbehalt: Vorrang der mündlichen Anordnungen des Versammlungsleiters.

---

[117] *Drinhausen* in Hölters AktG Anh § 129 Rn. 7.
[118] Vgl. *Mülbert* in GroßkommAktG AktG § 129 Rn. 144.

d) Einzelfragen der Versammlungsleitung

aa) Überprüfung der Einberufungsvoraussetzungen?

79 Im Schrifttum wird zum Teil angenommen, dass der Versammlungsleiter die Hauptversammlung eröffnet, nachdem er sich in eigener Verantwortung von der Ordnungsmäßigkeit der Einberufung überzeugt hat.[119] Der Hinweis ist praxisfern. Der Versammlungsleiter hat in der Regel nicht die rechtlichen Kenntnisse, um eine eigene Prüfung der Einberufung vorzunehmen. Er ist dazu auch nicht verpflichtet, sondern kann – solange er nicht klare gegenteilige Hinweise und Anhaltspunkte hat[120] – darauf vertrauen, dass der Vorstand die Einberufung ordnungsgemäß vorgenommen hat. Stellt er fest, dass die Versammlung ordnungsgemäß einberufen ist, hat dies weder heilende Wirkung noch kann eine fehlerhafte Feststellung die Anfechtung von Haupversammlungsebschlüssen begründen.[121] Stellt der Versammlungsleiter Einberufungsmängel fest, kann er, von offensichtlich zur Nichtigkeit der Beschlüsse führenden Mängeln abgesehen, auch nicht eigenständig die Hauptversammlung beenden oder ihre Eröffnung ablehnen. Seine Aufgabe besteht nicht in der Kontrolle des Einberufungsorgans, sondern in der Leitung der Hauptversammlung.

bb) Leitfaden

80 Die Leitung der Hauptversammlung bedarf eingehender Vorbereitung. Die Ausführungen des Versammlungsleiters sind nicht nur Teil der Kommunikation des Unternehmens mit seinen Anlegern, sondern stehen stets in einem rechtlichen Kontext. Um die Versammlung sicher und rechtlich einwandfrei zu führen, bereiten die Versammlungsleiter den Versammlungsablauf in der Regel durch einen Leitfaden – oft wortwörtlich – vor.[122] Mit dem Hauptleitfaden führt er durch die gesamte Versammlung einschließlich der Aktionärsdebatte und der Abstimmungen (siehe Anhang 1). Mögliche Abweichungen werden durch Nebenablaufpläne vorbereitet. Soweit sich das Abstimmungsverfahren gegenüber der ursprünglichen Planung verändert, etwa weil über einen Verfahrensantrag (Beispiel: Antrag auf Einzelentlastung) in einem eigenen Abstimmungsgang vor der Beschlussfassung über die Sachanträge abzustimmen ist, wird dem Versammlungsleiter nach der Schließung der Aktionärsdebatte ein entsprechend angepasster Hauptleitfaden überreicht (siehe Anhang 1). Für Sondersituationen werden in der Regel zahlreiche Sonderleitfäden vorbereitet (siehe Anhang 2).

cc) Hilfspersonen

81 Grundsätzlich ist das Amt des Versammlungsleiters höchstpersönlich zu erfüllen.[123] Allerdings darf er sich für verschiedene Aufgaben (Eingangs- und Ausgangskontrolle, Auslage von Unterlagen, Wortmeldungen, Abstimmungen) der Hilfe von dafür abgeordneten Mitarbeitern der Gesellschaft oder externer Dienstleister bedienen.[124] Das ist bei den Hauptversammlungen börsennotierter Aktiengesellschaften der Regelfall.

---

[119] Vgl. *Wicke* NZG 2007, 771 (772); *F.-J. Semler* in MHdB AG § 36 Rn. 39; *Zöllner* in Kölner Komm. AktG AktG § 119 Rn. 50.
[120] Vgl. *Mülbert* in GroßkommAktG AktG § 129 Rn. 136.
[121] Vgl. *Kubis* in MüKoAktG AktG § 119 Rn. 134.
[122] Vgl. *Kremer* FS Hoffmann-Becking, 2013, 697 (699 f.); *Kuhnt* FS Lieberknecht, 1997, 45 (47 und 48); *Zimmermann* in Happ/Groß AktienR Ziff. 10.18 Rn. 12.9.
[123] Vgl. nur *Zimmermann* in Happ/Groß AktienR Ziff. 10.18 Rn. 12.14; *Mülbert* in GroßkommAktG AktG § 129 Rn. 132.
[124] Vgl. *Mülbert* in GroßkommAktG AktG § 129 Rn. 132; *Zimmermann* in Happ/Groß AktöienR Ziff. 10.18 Rn. 12.10.

dd) Präsenzfeststellung

In vielen Hauptversammlungen wird vor Eintritt in die Aktionärsdebatte die Präsenz, also die Anzahl der in der Hauptversammlung vertretenen Aktien, bekannt gegeben oder festgestellt. Eine rechtliche Notwendigkeit gibt es dafür nicht. § 129 Abs. 4 S. 1 AktG schreibt lediglich vor, dass allen Teilnehmern der Versammlung vor der ersten Abstimmung das Teilnehmerverzeichnis zugänglich zu machen ist. Die Pflicht zur Führung des Teilnehmerverzeichnisses umfasst nicht die Präsenzfeststellung. Wenn die Hauptversammlung über Beschlussanträge im sog. Subtraktionsverfahren abstimmt, muss die Präsenz im Zeitpunkt im Zeitpunkt der Abstimmung feststehen, aber nicht förmlich festgestellt oder bekanntgegeben werden (→ Rn. 82). Inzidenter ergibt sich die Abstimmungspräsenz bei börsennotierten Aktiengesellschaften aus der Feststellung des Beschlussergebnisses, § 130 Abs. 2 S. 2 AktG. 82

ee) Verlesung der Tagesordnung?

Die Hauptversammlungsleitfäden sehen zum Teil die Verlesung der Tagesordnung vor. Früher wurden sogar die Beschlussvorschläge von Vorstand und Aufsichtsrat verlesen oder die Versammlungsteilnehmer um Zustimmung gebeten, von der Verlesung abzusehen. Die Verlesung kann bei umfangreichen Beschlussvorschlägen erhebliche Zeit in Anspruch nehmen. Rechtlich erforderlich ist die Verlesung der Tagesordnung nicht. Der Versammlungsleiter kann die Tagesordnung und die Beschlussvorschläge von Vorstand und Aufsichtsrat als bekannt voraussetzen, insbesondere wenn sie in gedruckter Form vorliegen.[125] 83

ff) Versammlungssprache

Verhandlungssprache ist deutsch.[126] Ob und unter welchen Voraussetzungen die Satzung oder Geschäftsordnung eine andere Sprache zulassen kann, ist nicht geklärt.[127] Der Versammlungsleiter kann Wortbeiträge in einer anderen Sprache zulassen, wenn für die Simultanübersetzung Sorge getragen ist. Die Gesellschaft muss keinen Übersetzer zur Verfügung stellen, sie kann dies aber. Die Gesellschaft muss für Fehler oder Übersetzungsungenauigkeiten des von ihr bestellten Dolmetschers einstehen. 84

gg) Interimsleiter

Grundsätzlich ist das Amt der Versammlungsleiters höchstpersönlich zu erfüllen.[128] Wenn die Satzung eine Regelung über die Versammlungsleitung im Falle der Verhinderung des Versammlungsleiters trifft, kann der Versammlungsleiter für einen Interimszeitraum (bis 30 Minuten) die Leitung der Versammlung auf die Person übertragen, die die Versammlung im Falle seiner Verhinderung leitet.[129] In der Praxis wird davon wenig Gebrauch gemacht. 85

hh) Übertragung von Redebeiträgen in Versammlungsgebäude

Die Aktionäre müssen die Möglichkeit haben, der Versammlung zu folgen. In Hauptversammlungen größerer Aktiengesellschaften werden daher die Redebeiträge der Teilnehmer (einschließlich des Versammlungsleiters und der Verwaltung) über Lautsprecher ver- 86

---

[125] Wenn ein Aktionär vorgibt, die Tagesordnung nicht selbst lesen zu können, kann der Versammlungsleiter (ohne dass eine Rechtspflicht besteht) einen Mitarbeiter abordnen, der dem aktionär die Tagesordnung vorliest. Eine Verlesung durch den Versammlungsleiter oder eine Unterbrechung der Hauptversammlung für die Dauer der Verlesung sind nicht geboten.
[126] Vgl. Koch in Hüffer/Koch AktG § 118 Rn. 20. OLG Hamburg NZG 2001, 513 (516).
[127] Vgl. Herrler in Grigoleit AktG § 129 Rn. 25: Zustimmung aller Teilnehmer einschließlich des Notars.
[128] Vgl. nur Zimmermann in Happ/Groß AktienR Ziff. 10.18 Rn. 12.10.
[129] Vgl. nur Kocher/Feigen NZG 2015, 620 (621); Koch in Hüffer/Koch AktG § 129 Rn. 18; Zimmermann in Happ/Groß AktienR Ziff. 10.18 Rn. 12.13; aA Herrler in Grigoleit AktG § 129 Rn. 29.

stärkt. Nach einer früher vertretenen Ansicht[130] war der Verlauf der Hauptversammlung auch in alle Nebenräume zu übertragen, damit die Teilnehmer ununterbrochen folgen können. Dem hat sich der Bundesgerichtshof nicht angeschlossen.[131] Das Teilnahmerecht der anwesenden Aktionäre werde nicht beeinträchtigt, wenn die Hauptversammlung in andere Räume als den eigentlichen Versammlungsraum nicht übertragen wird. Das gelte selbst dann, wenn der Versammlungsleiter die Übertragung in andere Präsenzbereiche angekündigt hat. Eine Übertragung der Hauptversammlung in Vor- oder Nebenräume wie den Catering-Bereich, Raucherecken o. ä. ist aktienrechtlich nicht geboten. Der Aktionär kann unschwer erkennen, wenn er die Bereiche, in denen die Übertragung stattfindet, verlässt. Er kann selbst entscheiden, ob und wann er in den Versammlungsraum zurückkehrt.

87 Der Übertragung im Versammlungsgebäude und in dem für die Durchführung der Hauptversammlung vom Versammlungsleiter angeordneten Umfang können die Teilnehmer nicht widersprechen; sie ist notwendig, um einen ordnungsgemäßen Ablauf der Versammlung zu gewährleisten; zur Bild- und Tonaufnahmen → Rn. 97.

ii) Internetübertragung

88 Nach § 118 Abs. 4 AktG kann die Satzung oder Geschäftsordnung der Gesellschaft vorsehen, dass die Hauptversammlung in Bild- und Ton auch außerhalb des Versammlungsgebäudes, etwa im Internet, übertragen wird. Die Satzung kann die Entscheidung auch dem Vorstand oder Versammlungsleiter überlassen.

Beispiel:

„Der Versammlungsleiter kann die Bild- und Tonübertragung der Hauptversammlung zulassen. Er entscheidet über die Einzelheiten. Er kann eine Übertragung im Internet zulassen."

89 Die Aktionäre haben dann kein Recht, der Übertragung zu widersprechen. Das gilt auch für ihre eigenen Redebeiträge.[132] Die Übertragung verletzt nicht § 201 Abs. 1 AktG, da sie erlaubt ist.

90 Die Übertragung setzt eine Anordnung des Versammlungsleiters voraus, die er den Teilnehmern entweder in der Einladung zur Hauptversammlung oder in den gedruckt vorliegenden organisatorischen Hinweisen oder in den einleitenden Verfahrenshinweisen des Versammlungsleiters offenlegt.[133]

91 Die Mehrzahl der börsennotierten Aktiengesellschaften verfügt über eine Übertragungsermächtigung. Sie machen von der Ermächtigung unterschiedlich Gebrauch: Einige Gesellschaften übertragen die gesamte Hauptversammlung im Internet, andere nur bis zur Eröffnung der Aktionärsdebatte. Im Umkehrschluss folgt aus § 118 Abs. 4 AktG, dass ohne Satzungsbestimmung die Übertragung nur innerhalb der Versammlungsräume in Betracht kommt.

92 Die Zulassung einer Internetübertragung ändert nichts an den Regeln für die Durchführung der Hauptversammlung als Präsenzhauptversammlung. Teilnehmer ist, soweit nicht auch eine online-Teilnahme zugelassen ist, nur, wer in den Versammlungsbereichen präsent ist. Nur die präsenten Teilnehmer können Aktionärsrechte ausüben.[134]

---

[130] Vgl. nur LG München I AG 2011, 263.
[131] Vgl. BGH NZG 2013, 1430; siehe auch OLG München ZIP 2013, 931 (933); OLG Frankfurt NJOZ 2006, 870 Rn. 79.
[132] Vgl. RegBegr BT-Drs. 14/8769, 19; LG Frankfurt NJW-RR 2005, 837.
[133] Vgl. Begr. Zum RegEntw TransPuG, BR-Drs. 109/02, 46; *Kubis* in MüKoAktG AktG § 119 Rn. 135.
[134] Vgl. *Liebscher* in Henssler/Strohn AktG § 118 Rn. 20–21.

V. Eröffnung der Hauptversammlung §9

jj) Online-Teilnahme

Nach § 118 Abs. 1 S. 2 AktG kann die Satzung vorsehen oder den Vorstand dazu ermächtigen vorzusehen, dass die Aktionäre an der Hauptversammlung auch ohne Anwesenheit an deren Ort und ohne einen Bevollmächtigten teilnehmen und sämtliche oder einzelne ihrer Rechte ganz oder teilweise im Wege elektronischer Kommunikation ausüben können. In der Praxis ist die online-Teilnahme wenig verbreitet. Wenn sie zugelassen wird, ist bei den online teilnehmenden Aktionären wie bei den Präsenzaktionären eine Teilnehmerkontrolle vorzunehmen, etwa durch Versendung eines elektronischen Zugangscode. Die online teilnehmenden Aktionäre sind Teilnehmer und als solche in das Teilnehmerverzeichnis aufzunehmen (dazu schon → Rn. 60). 93

kk) Stenographisches Protokoll

Auch → § 13 Rn. 95 ff. Der Versammlungsleiter kann anordnen, dass über die Aktionärsdebatte oder die gesamte Hauptversammlung ein stenografisches Protokoll oder ein Tonbandmitschnitt gefertigt wird. Ordnet der Versammlungsleiter die Bild- und/oder Tonaufnahme an, muss der Versammlungsleiter die Teilnehmer ausdrücklich darauf aufmerksam machen und ihnen die Möglichkeit geben, für die Dauer ihres Redebeitrages die Unterbrechung der Aufnahme zu verlangen.[135] Etwas anderes gilt, wenn und soweit die Hauptversammlung öffentlich übertragen wird (→ Rn. 88). Ein stenografisches Protokoll ist dagegen stets zulässig, die Aufnahme des Protokolls nicht durch § 201 Abs. 1 AktG beschränkt. Der Aufnahme eines stenografischen Protokolls können die Aktionäre nicht widersprechen. 94

Der Versammlungsleiter ist nicht verpflichtet, ein stenografisches Protokoll oder einen Tonbandmitschnitt zu erstellen. Die Hauptversammlung kann das auch nicht durch Hauptversammlungsbeschluss erzwingen. Rechtlich vorgeschrieben ist allein die Sitzungsniederschrift, § 130 AktG. In der Praxis sind stenografische Protokolle oder Tonbandmitschnitte **auch obsolet.** Nach der Rechtsprechung des Bundesgerichtshofs[136] kann jeder Aktionär von der Gesellschaft gegen Erstattung der Selbstkosten eine Abschrift der Teile des Protokolls bzw. der Aufzeichnung verlangen, die seine eigenen Fragen und Redebeiträge sowie die von den Mitgliedern des Vorstandes darauf erteilten Antworten und dazu abgegebenen Stellungnahmen umfaßt. Dies ist mit erhöhtem Verwaltungsaufwand verbunden, der in der Regel nicht im Verhältnis zum Nutzen eines stenografischen Protokolls oder Tonbandmitschnitts steht. 95

Die heutige Praxis führt in kritischen Hauptversammlungen zu der Frage, wie die Gesellschaft in einem Rechtsstreit über die Wirksamkeit von Hauptversammlungsbeschlüssen Beweis für die Antworten der Verwaltung auf Aktionärsfragen. Unrealistisch ist die Aufnahme von Antworten oder auch nur eines Teils der Antworten in die Sitzungsniederschrift. Daher kommt an sich nur ein Zeugenbeweis in Betracht, der sorgfältig vorzubereiten ist. 96

ll) Stenografische Protokolle von Teilnehmern

In kritischen Hauptversammlungen erstellen Berufskläger zum Teil (durch eigene Stenografen) eigene stenografische Mitschriften ihrer eigene Redebeiträge und der Antworten der Verwaltung. Das ist nicht zu beanstanden. Jeder Aktionär ist berechtigt, den Ablauf der Hauptversammlung stenografisch oder durch anderweitige schriftliche Aufzeichnungen festzuhalten, ohne dazu das Einverständnis des Versammlungsleiters oder der übrigen Versammlungsteilnehmer einholen zu müssen.[137] Heimliche Ton- oder Bildaufnahmen sind dem Aktionär dagegen verboten, weil er damit das allgemeine Persönlichkeitsrecht 97

---
[135] Vgl. BGHZ 127, 107 (115) – BMW; *Kubis* in MüKoAktG AktG § 119 Rn. 135.
[136] Vgl. BGHZ 127, 107 (114 f.) – BMW.
[137] Vgl. BGHZ 127, 107 (116) – BMW.

der übrigen Hauptversammlungsteilnehmer verletzt.[138] Tonbandmitschnitte sind Aktionären nur mit Zustimmung des Versammlungsleiters und aller übrigen Teilnehmer der Versammlung gestattet. Etwas anderes gilt auch für Aktionäre, wenn und soweit die Hauptversammlung öffentlich übertragen wird (→ Rn. 88). In den meisten Hauptversammlungen ordnet der Versammlungsleiter an, dass Ton- und Bildmitschnitte der Teilnehmer generell untersagt sind.

mm) Zeitrahmen der Hauptversammlung

98 Die Hauptversammlung ist für einen in der Einberufung bestimmten Tag einberufen worden. Nach allgemeiner Ansicht[139] muss sie am selben Tag auch beendet werden. Die äußere zeitliche Grenze für die Durchführung der Hauptversammlung ist der Ablauf des Einberufungstages (sog. Mitternachtsgrenze). Beschlüsse, die außerhalb dieses zeitlichen Rahmens gefasst werden, sind nichtig, §§ 121 Abs. 3 Nr. 1, 241 Nr. 1 AktG. Dieser rechtstechnische Rahmen ist aber nicht der einzige Aspekt, den der Versammlungsleiter bei der zeitlichen Planung zu berücksichtigen hat. Vielmehr hat er im Rahmen seines pflichtgemäßen Ermessens zu berücksichtigen, was der für die Gesamtheit der Aktionäre zumutbare Gesamtrahmen ist. Diese dürfte in aller Regel nicht jenseits von 12 Stunden liegen.[140] Wenn die Hauptversammlung den Versammlungsleiter durch durch Satzungsbestimmung ermächtigt hat, die Rede- und Fragezeit der Aktionäre angemessen zu begrenzen, sollte die Dauer im Regelfall nicht 4 bis 6 Stunden, in besonderen Fällen nicht 10 Stunden überschreiten (näher → Rn. 154).

4. Bericht des Aufsichtsrats

99 Der Aufsichtrat hat der Hauptversammlung über seine Tätigkeit einen schriftlichen Bericht zu erstatten.[141] § 176 Abs. 1 S. 2 AktG bestimmt, dass der Vorsitzende des Aufsichtsrats den Bericht des Aufsichtsrats über seine Tätigkeit zu Beginn der Hauptversammlung erläutern soll. Das bedeutet, dass er der Hauptversammlung einen kurzen zusammenfassenden Überblick über die Tätigkeit des Aufsichtsrats gibt. Er kann voraussetzen, dass die Aktionäre den schriftlichen Bericht gelesen haben, und sich daher auf wesentliche Aspekte beschränken.[142] Die Auswahl der Schwerpunkte und der Art des Vortrags steht in seinem pflichtgemäßen Ermessen. Die Erläuterung hat sich naturgemäß inhaltlich am Bericht des Aufsichtsrats zu orientieren. Eigene Meinungen und Wertungen sollte der Aufsichtsratsvorsitzende kenntlich machen.[143]

100 Ziffer 4.2.3 des Deutschen Corporate Governance Kodex spricht die Empfehlung aus, dass der Vorsitzende des Aufsichtsrats die Hauptversammlung einmalig über die Grundzüge des Vergütungssystems und sodann über deren Veränderung informieren soll. Soweit eine Information der Hauptversammlung erforderlich ist, um der Empfehlung zu entsprechen, kann sie mit der Erläuterung nach § 176 Abs. 1 S. 2 AktG verbunden werden.

101 Ob ein Aktionär geltend machen könnte, dass die **mündliche Erläuterung in der Hauptversammlung unzureichend** war und daher die darauf beruhenden Beschlüsse anfechtbar sind, ist höchstrichterlich noch nicht entschieden. Im Ergebnis ist das zu ver-

---

[138] Vgl. BGHZ 127, 107 (116) – BMW; auch BGHZ 27, 284.
[139] Vgl. BGHZ 184, 239 Rn. 24; LG Düsseldorf BeckRS 2007, 16166 Rn. 40; *Mülbert* in GroßkommAktG AktG § 129 Rn. 177; *Koch* in Hüffer/Koch AktG § 129 Rn. 27.
[140] Vgl. *Mülbert* in GroßkommAktG AktG § 129 Rn. 177; *Noack/Zetsche* in Kölner Komm. AktG AktG § 121 Rn. 70.
[141] § 171 Abs. 2 AktG; dazu näher → § 5 Rn. 85.
[142] *Euler/Klein* in Spindler/Stilz AktG § 176 Rn. 17; *Hennrichs/Pöschke* in MüKoAktG AktG § 126 Rn. 21; *Koch* in Hüffer/Koch AktG § 176 Rn. 6.
[143] *Koch* in Hüffer/Koch AktG § 176 Rn. 4; *Hennrichs/Pöschke* in MüKoAktG AktG § 126 Rn. 20.

neinen.¹⁴⁴ Der Aktionär hat, wenn ihm der mündliche Bericht des Aufsichtsrats unzureichend erscheint, die Möglichkeit, in den schriftlichen Bericht Einsicht zu nehmen¹⁴⁵ und Nachfragen in der Hauptversammlung zu stellen. § 176 Abs. 1 S. 2 AktG ist zudem eine Soll-Vorschrift. Bei einer Verletzung der Erläuterungspflicht fehlt es an einem für § 243 Abs. 1 AktG erforderlichen Gesetzesverstoß.

5. Berichte des Vorstands

a) Allgemeine Erläuterung der Vorlagen nach § 175 Abs. 2 AktG

Nach § 176 Abs. 1 S. 2 AktG soll auch der Vorstand seine Vorlagen nach § 175 Abs. 2 AktG zu Beginn der Verhandlung erläutern. Dies geschieht in aller Regel durch den Vorstandsvorsitzenden oder den Vorstandssprecher. Zulässig ist aber auch, dass ein anderes Vorstandsmitglied die Aufgabe ganz oder teilweise übernimmt. Der Vorstand soll bei seiner Erläuterung zu einem Jahresfehlbetrag oder einem Verlust Stellung nehmen, der das Jahresergebnis wesentlich beeinträchtigt hat (§ 176 Abs. 1 S. 3 AktG).¹⁴⁶   102

Da die Vorlagen des Vorstands in der Regel umfangreich sind, muss der Vorstand noch stärker als der Aufsichtsratsvorsitzende Schwerpunkte setzen und sich auf die wesentlichen Informationen beschränken. Er entscheidet über die Auswahl nach pflichtgemäßem Ermessen.¹⁴⁷ In der Praxis hat sich ein Standard mit drei Schwerpunkten entwickelt: dem Blick auf das abgelaufene Geschäftsjahr, der Erläuterung der aktuellen Entwicklung, insbesondere soweit sie im Geschäftsbericht noch keinen Niederschlag gefunden hat,¹⁴⁸ und gegebenenfalls ein Ausblick auf die erwartete Entwicklung im laufenden Geschäftsjahr.¹⁴⁹ In der Praxis steht zumeist die Konzernberichterstattung im Vordergrund. Der Vorstand kann sich auf die Konzernberichterstattung auch vollständig beschränken, wenn nicht ausnahmsweise der Einzelabschluss von besonderer Bedeutung ist.   103

Eine Anfechtungsklage kann nicht auf die Rüge gestützt werden, dass der Vorstand seiner Erläuterungspflicht nach § 176 Abs. 1 S. 2 AktG nicht oder nicht genügend nachgekommen ist.¹⁵⁰ Das wird zum Teil anders gesehen, wenn sich die Erläuterungen auf bloße Floskeln beschränken, ohne nähere inhaltliche Informationen zu enthalten.¹⁵¹   104

b) Besondere Erläuterungspflichten bei Strukturmaßnahmen

Besondere Erläuterungspflichten erlegt das Gesetz dem Vorstand bei Strukturmaßnahmen auf; etwa §§ 179a Abs. 2 S, 5 AktG (Vermögensübertragungsvertrag), 293 g Abs. 2 AktG (Unternehmensvertrag), 64 Abs. 1 S. 2 UmwG (Verschmelzungsvertrag), 232 Abs. 2 und 239 Abs. 2 UmwG (Umwandlungsbeschluss). Dem Vorstand steht dabei ein – nicht unerhebliches – Gestaltungsermessen zu, wie er der Erläuterungspflicht nachkommt. Er kann sich insbesondere auch auf die wesentlichen Aspekte beschränken. Gleichwohl unterscheiden sich die Erläuterungspflichten bei Strukturmaßnahmen von derjenigen nach § 176 Abs. 1 S. 2 AktG Der Vorstand ist zur Erläuterung verpflichtet, sie ist nicht nur als   105

---

¹⁴⁴ *Euler/Klein* in Spindler/Stilz AktG § 176 Rn. 20; *Vetter* ZIP 2006, 257 (264); *Grigoleit/Zellner* in Grigoleit AktG § 176 Rn. 6; *Hennrichs/Pöschke* in MüKoAktG AktG § 126 Rn. 24; *Drygala* in K. Schmidt/Lutter AktG § 176 Rn. 22.
¹⁴⁵ *Euler/Klein* in Spindler/Stilz AktG § 176 Rn. 20.
¹⁴⁶ Das gilt nicht für Kreditinstitute, § 176 Abs. 1 S. 4 AktG. Ausgenommen sind nach 176 Abs. 1 S. 4 AktG Vorstände eines Kreditinstituts.
¹⁴⁷ *Euler/Klein* in Spindler/Stilz AktG § 176 Rn. 11.
¹⁴⁸ *Hennrichs/Pöschke* in MüKoAktG AktG § 176 Rn. 13; *Koch* in Hüffer/Koch AktG § 176 Rn. 3.
¹⁴⁹ *Grigoleit/Zellner* in Grigoleit AktG § 176 Rn. 4; *Hennrichs/Pöschke* in MüKoAktG AktG § 176 Rn. 13; *Koch* in Hüffer/Koch AktG § 176 Rn. 3; *Ekkenga* in Kölner Komm. AktG AktG § 176 Rn. 9.
¹⁵⁰ Vgl. *Ekkenga* in Kölner Komm. AktG§ 176 Rn. 15.
¹⁵¹ Vgl. OLG München NZG 2013, 622 (624).

Soll-Vorschrift geregelt. Damit kann eine Anfechtungsklage zwar grundsätzlich auch auf die Rüge gestützt werden, dass der Vorstand seiner Erläuterungspflichten nicht ordnungsgemäß nachgekommen ist (§ 243 Abs. 1 AktG), wird aber angesichts des hohen Informationsniveaus, das den Aktionären zur Vorbereitung auf die Hauptversammlung zur Verfügung steht, in der Regel an § 243 Abs. 4 S. 1 AktG scheitern.

c) Weitere gesetzliche Berichtspflichten

106 Der Vorstand hat die Hauptversammlung schließlich über den Erwerb eigener Aktien nach § 71 Abs. 1 Nr. 1 und 8 AktG zu unterrichten und dabei die Gründe und den Zweck des Erwerbs, die Zahl der erworbenen Aktien und den auf sie entfallenden Betrag des Grundkapitals, deren Anteil am Grundkapital sowie den Gegenwert der Aktien anzugeben. Nach der Rechtsprechung des Bundesgerichtshofs[152] hat der Vorstand schließlich an die Hauptversammlung zu berichten, wenn er ein genehmigtes Kapital unter Ausschluss des Bezugsrechts der Aktionäre ausnutzt. Beide Berichtspflichten dienen der „Nachkontrolle". Die Aktionäre sollen die Möglichkeit haben, sich von der Ordnungsmäßigkeit des Vorstandshandelns zu überzeugen. Eine nicht ordnungsgemäße Berichterstattung kann daher zur Anfechtung von Entlastungsbeschlüssen führen, und – in eng begrenzten Ausnahmefällen – auch andere Hauptversammlungsbeschlüsse infizieren.[153]

6. Teilnehmerverzeichnis

107 In der Hauptversammlung ist ein Verzeichnis der erschienenen und der vertretenen Aktionäre oder der Aktionärsvertreter zu erstellen (§ 129 Abs. 1 S. 2 AktG). Soweit die Online-Teilnahme von Aktionären zugelassen ist, § 118 Abs. 1 S. 2 AktG, sind auch die online teilnehmenden Personen in das Verzeichnis aufzunehmen.[154] Sie sind, wie aus dem Wortlaut von § 118 Abs. 1 S. 2 AktG hervorgeht, Teilnehmer der Versammlung. Aktionäre, die von der durch Satzung eingeräumten Möglichkeit zur Briefwahl Gebrauch machen, nehmen dagegen nicht an der Hauptversammlung teil und sind daher auch nicht in das Teilnehmerverzeichnis aufzunehmen.[155] Das Erfordernis eines Teilnehmerverzeichnisses wird auch bei beschlusslosen Hauptversammlungen bejaht.[156] Dem ist zuzustimmen. Der Wortlaut von § 129 Abs. 1 S. 2 AktG differenziert nicht zwischen Hauptversammlungen mit und ohne Beschlussfassung. In der Hauptversammlung einer Einpersonen-Gesellschaft ist ein Teilnehmerverzeichnis entbehrlich.[157]

108 Nach der Gesetzesbegründung[158] soll das Teilnehmerverzeichnis die Durchführung der Hauptversammlung erleichtern, etwa bei der Feststellung der Beschlussfähigkeit, wenn die Satzung ausnahmsweise eine Mindestpräsenz vorschreibt, oder bei Prüfung von Stimmverboten.[159] Im Vordergrund steht aber wohl die Informationsfunktion. Das Teilnehmerverzeichnis ist den Teilnehmern vor der ersten Abstimmung zugänglich zu machen, § 129

---

[152] Grundlegend BGHZ 136, 133 (140) – Siemens/Nold; ferner BGHZ 164, 241 (244) – Commerzbank/Mangusta I.
[153] OLG Frankfurt a.M. NZG 2011, 1029; *Litzenberger* NZG 2011, 1019 (1020); aA: *Born* ZIP 2011, 1793 (1800).
[154] *Kubis* in MüKoAktG AktG § 129 Rn. 22; *Noack/Zetzsche* Kölner Komm. AktG AktG § 129 Rn. 46; *Koch* in Hüffer/Koch AktG § 118 Rn. 12.
[155] Vgl. *Koch* in Hüffer/Koch AktG § 118 Rn. 19.
[156] *Kubis* in MüKoAktG AktG § 129 Rn. 15; *Wicke* in Spindler/Stilz AktG § 129 Rn. 19; *Mülbert* in GroßkommAktG AktG § 129 Rn. 42; aA *Noack/Zetzsche* in Kölner Komm. AktG/ AktG § 129 Rn. 44.
[157] Aus § 130 Abs. 1 S. 3 AktG kann geschlossen werden, dass dort kein Teilnehmerverzeichnis erforderlich ist; vgl. *Kubis* in MüKoAktG AktG § 129 Rn. 15; *Koch* in Hüffer/Koch AktG § 129 Rn. 5; *Polte/Haider-Giangreco* AG 2014, 729 (736) raten jedoch trotzdem zu einer vorsorglichen Erstellung.
[158] RegBegr. *Kropff* 182.
[159] Vgl. auch *Wicke* in Spindler/Stilz AktG § 129 Rn. 16.

V. Eröffnung der Hauptversammlung § 9

Abs. 4 S. 1 AktG. Sie sollen sich einen Überblick über den Kreis der teilnehmenden Aktionäre machen können, etwa um die Stimmgewichte in der Haupversammlung abzuschätzen zu können. Vor diesem Hintergrund ist es bedauerlich und nicht recht nachvollziehbar, dass Briefwähler nicht zu erfassen sind.

a) Zuständigkeit

§ 129 Abs. 1 S. 2 AktG bestimmt nicht, welches Gesellschaftsorgan für die Aufstellung des 109
Teilnehmerverzeichnisses zuständig ist.[160] Der Gesetzgeber[161] ist aber von der Vorstellung ausgegangen, dass die korrekte Erstellung des Verzeichnisses und seine Einsehbarkeit in der Verantwortung des Vorstands liegt.[162] Dem hat sich das Schrifttum[163] überwiegend angeschlossen. Der Vorstand verfüge über die erforderlichen Informationen, das notwendige Personal und die organisatorischen Voraussetzungen.[164]

Richtigerweise ist von einer **doppelten Zuständigkeit** auszugehen. Der Vorstand hat 110
für die Aufstellung und die Möglichkeit der Einsichtnahme durch die Teilnehmer Sorge zu tragen. Er trägt die Erstverantwortung. Der Versammlungsleiter ist aber insgesamt für den ordnungsmäßigen Ablauf der Hauptversammlung verantwortlich. Das bedeutet, dass er einschreiten kann, wenn er Bedenken gegen die Ordnungsmäßigkeit des Teilnehmerverzeichnisses hat.[165] Eine eigene Pflicht des Versammlungsleiters zur Überwachung und Kontrolle ist dagegen nicht anzunehmen und wäre neben der Versammlungsleitung auch nicht möglich.[166] Solange er keine gegenteiligen Anhaltspunkte hat, kann er darauf vertrauen, dass die Mitarbeitern oder Dienstleister, die mit der Aufgabe betraut sind, ordnungsgemäß handeln.[167]

Der mit der Sitzungsniederschrift betraute Notar ist für die Aufstellung und die inhalt- 111
liche Richtigkeit des Teilnehmerverzeichnisses nicht verantwortlich. Er muss sich nicht von der Ordnungsmäßigkeit des Teilnehemrverzeichnisse überzeugen oder den Versammlungsleiter auf Bedenken hinweisen.[168] Ihm obliegt auch keine Pflicht zur summarischen Prüfung.[169]

b) Art und Form der Aufstellung

Das Gesetz legt die Form des Teilnehmerverzeichnisses nicht fest. Es kann schriftlich, aber 112
auch in elektronischer Form geführt und nur auf Bildschirmen dargestellt werden.[170] Der Versammlungsleiter ist nicht verpflichtet, das Teilnehmerverzeichnis zu unterzeichnen.[171]

Das Teilnehmerverzeichnis ist nach dem Gesetzeswortlaut „in der Hauptversammlung" 113
zu erstellen. Das steht einer Vorbereitung außerhalb der Hauptversammlung nicht entgegen.[172] Diese ist aus praktischer Sicht auch erforderlich.[173]

---

[160] Offengelassen in BGHZ 206, 143 Rn. 34.
[161] Vgl. RegBegr. NaStraG BT-Drs. 14/4051, 15.
[162] Offengelassen BGHZ 206, 143 Rn. 34.
[163] Vgl. nur *Koch* in Hüffer/Koch AktG § 129 Rn. 6; *Werner* in GroßkommAktG AktG § 129 Rn. 11; *Wicke* in Spindler/Stilz AktG § 129 Rn. 20; aA: *Kubis* in MüKoAktG AktG § 129 Rn. 16 (Versammlungsleiter).
[164] Vgl. *Hoffmann-Becking* in MHdB AG § 37 Rn. 26; *Kubis* in MüKoAktG AktG § 129 Rn. 20.
[165] Vgl. auch *Hoffmann-Becking* MHdB AG § 37 Rn. 26; *Wicke* in Spindler/Stilz AktG § 129 Rn. 21.
[166] So wohl auch *Kubis* in MüKoAktG AktG § 129 Rn. 21.
[167] Vgl. *Hoffmann-Becking* in MHdB AG § 37 Rn. 26; *Koch* in Hüffer/Koch AktG § 129 Rn. 7.
[168] So aber *Wicke in* Spindler/Stilz AktG § 129 Rn. 22; *Kubis* MüKoAktG AktG § 129 Rn. 22.
[169] So aber *Kubis* in MüKoAktG AktG § 129 Rn. 17; vgl. RegBegr. NaStraG BT-Drs. 14/4051, 15.
[170] Eingeführt durch das NaStraG; vgl. *Seibert* ZIP 2001, 53 (54).
[171] Vgl. RegBegr. NaStraG BT-Drs. 14/4051, 15.
[172] *Kubis* in MüKoAktG AktG § 129 Rn. 18.
[173] *Koch* in Hüffer/Koch AktG § 129 Rn. 8; *Liebscher* in Henssler/Strohn AktG § 129 Rn. 13; *Wicke* in Spindler/Stilz AktG § 129 Rn. 23.

c) Inhalt

114 Das Gesetz macht detaillierte Vorgaben für den Inhalt des Teilnehmerverzeichnisses. Es hat folgende **Angaben** zu enthalten[174]:

115 – **Eigenbesitz („E"):** Die erschienenen oder vertretenen Aktionäre (dazu rechnen auch die Online-Teilnehmer, nicht aber die Briefwähler) sind mit Angabe des Namens und Wohnorts (ohne Straße und Hausnummer) aufzunehmen. Zum Namen gehört bei natürlichen Personen auch der Vorname, da nur so eine eindeutige Zuordnung möglich ist.[175] Im Teilnehmerverzeichnis werden sie als „Eigenbesitz" oder mit „E" gekennzeichnet. Ein Kaufmann kann unter seiner Firma aufgenommen werden (§ 17 Abs. 1 HGB); eine Handelsgesellschaften ist mit Firma und Sitz aufzunehmen. Soweit die Aktionäre **vertreten** werden (offene Stellvertretung), sind zusätzlich die Vertreter mit Angabe des Namens sowie Wohnorts bzw. – bei Unternehmen – deren Sitz aufzunehmen. Sofern mehrere Vertreter eingeschaltet sind (Untervollmacht, Gesamtvertretung) sind alle Beteiligten entsprechend aufzuführen.[176] Werden juristische Personen durch ihre Organe vertreten, gehört deren Name nicht zum Namen des erschienen Aktionärs.[177] Zu jedem Aktionär ist, jeweils gattungsbezogen, (bei Nennbetragsaktien) die Summe der Nennbeträge und (bei Stückaktien) die Stückzahl der Aktien und gegebenenfalls die Gattung anzugeben. Die Angaben zur Aktiengattung sind verzichtbar, wenn die Gesellschaft nur eine einzige Aktiengattung ausgegeben hat.[178] Nicht erforderlich, in der Praxis aber üblich ist die Angabe der Stimmrechte. Bei den Eigenbesitzaktionären ist maßgebend, wer dinglicher Inhaber der Aktien ist. Treuhandverhältnisse (auch sog. „beneficiary owners") oder Wertpapierleihen werden nicht offengelegt.[179]

116 – **Vollmachtsbesitz („V"):** Wird einem Kreditinstitut oder einer in § 135 Abs. 8 AktG bezeichneten Person Vollmacht erteilt und üben diese das Stimmrecht „im Namen dessen, den es angeht" (verdeckte Stellvertretung) aus, so sind die von ihnen (so ausgeübten) Aktien im Teilnehmerverzeichnis gesondert anzugeben, § 129 Abs. 2 AktG. Die Regelung findet auch auf Finanzdienstleistungsinstitute Anwendung, die einem Kreditinstitut nach §§ 129 Abs. 5, 125 Abs. 5 AktG gleichgestellt sind, nach herrschender Meinung auch auf den von der Gesellschaft benannten Stimmrechtsvertreter (§ 134 Abs. 3 S. 5 AktG), jeweils ein Handeln in verdeckter Stellvertretung vorausgesetzt.[180] Jenseits dieser Fälle ist eine verdeckte Stellvertretung nicht zulässig.[181] In der Praxis hat sich die Bezeichnung „Vollmachtsbesitz" oder „V" eingebürgert. Eingetragen wird die in verdeckter Stellvertretung handelnde Person und gegebenenfalls deren Stimmrechtsvertreter. Der Aktionär muss im Teilnehmerverzeichnis nicht angegeben werden; er bleibt anonym.[182]

117 – **Fremdbesitz („F"):** Aktionäre können Dritte ermächtigen, das Stimmrecht im eigenen Namen auszuüben (Legitimationszession). Eine Beschränkung auf einen bestimmten Personenkreis besteht hierbei nicht.[183] Von der Stimmrechtsvollmacht unterscheidet sich dieser Fall dadurch, dass der Dritte nicht offen als Stellvertreter des Aktionärs auftritt. Auch die so vertretenen Aktien sind im Teilnehmerverzeichnis gesondert anzugeben, § 129 Abs. 3 AktG. In der Praxis hat sich die Bezeichnung „Fremdbesitz" oder

---

[174] Vgl *Hoffmann-Becking* in MHdB AG § 37 Rn. 24; *Liebscher* in Henssler/Strohn AktG § 129 Rn. 13 f.; *Koch* in Hüffer/Koch AktG § 129 Rn. 2 f.; *Wicke* in Spindler/Stilz AktG § 129 Rn. 25 f.; *Kubis* in MüKoAktG AktG § 129 Rn. 24.
[175] *Kubis* in MüKoAktG AktG § 129 Rn. 25; aA *Wicke* in Spindler/Stilz AktG § 129 Rn. 26 (nur bei Verwechslungsgefahr).
[176] *Kubis* in MüKoAktG AktG § 129 Rn. 26.
[177] *Kubis* in MüKoAktG AktG § 129 Rn. 25.
[178] *Kubis* in MüKoAktG AktG § 129 Rn. 29.
[179] *Kubis* in MüKoAktG AktG § 129 Rn. 32; *Wicke* in Spindler/Stilz AktG § 129 Rn. 31.
[180] *Kubis* in MüKoAktG AktG § 129 Rn. 33; *Wicke* in Spindler/Stilz AktG § 129 Rn. 27.
[181] *Wicke* in Spindler/Stilz AktG § 129 Rn. 27.
[182] *Mülbert* in GroßkommAktG AktG § 129 Rn. 30; *Kubis* in MüKoAktG AktG § 129 Rn. 34.
[183] *Wicke* in Spindler/Stilz AktG § 129 Rn. 28.

__"F"__ eingebürgert. Eingetragen wird die aufgrund der Legitimationszession handelnde Person und gegebenenfalls deren Stimmrechtsvertreter. Der vertretene Aktionär muss auch hier im Teilnehmerverzeichnis nicht angegeben werden.[184]

Im Teilnehmerverzeichnis muss nicht kenntlich gemacht werden, ob der Teilnehmer anwesend ist oder per Online-Zuschaltung teilnimmt.[185]

d) Aktualisierung

Da sich der Kreis der Teilnehmer im Verlaufe der Hauptversammlung ändern kann, ist das Teilnehmerverzeichnis kein statisches Verzeichnis, dass zu Beginn der Hauptversammlung erstellt wird und dessen Führung mit der Erstellung abgeschlossen ist. Vielmehr sind nach Versammlungsbeginn erscheinende Teilnehmer nachträglich aufzunehmen oder Teilnehmer, die die Versammlungs vorzeitig verlassen, zu streichen.[186] Dies kann in gesonderten Nachträgen geschehen,[187] aber auch durch fortlaufende Aktualisierung des (elektronischen) Teilnehmerverzeichnisses. Die Erfassung von Aktionären, die die Versammlung vorzeitig verlassen, setzt voraus, dass diese am Ausgang ihr vorzeitiges Verlassen zu erkennen geben. Der Versammlungsleiter weist darauf zu Beginn der Versammlung (→ Rn. 68 ff.) bzw. in den organisatorischen Hinweisen (→ Rn. 78) in der Regel hin. Die Gesellschaft hat für die korrekte Erfassung der Zu- und Abgänge durch Kontrollen bei Zugang und Verlassen der Hauptversammlung Sorge zu tragen.[188]

e) Zugänglichmachung

Das Teilnehmerverzeichnis ist vor der ersten Abstimmung allen Teilnehmern zugänglich zu machen, § 129 Abs. 4 S. 1 AktG. Das gilt auch, wenn frühzeitig ein Geschäftsordnungsantrag (etwa der Antrag auf Abwahl des Versammlungsleiters) gestellt wird und der Versammlungsleiter der Ansicht ist, diesen zur Abstimmung stellen zu müssen.[189] Die Behandlung des Geschäftsordnungsantrags nimmt allerdings ohnehin einige Zeit in Anspruch (Wortmeldung, Aufruf des Aktionärs, Begründung des Geschäftsordnungsantrags, Vorbereitung der Abstimmung mit den Hinweisen zum Abstimmungsverfahren), so dass in der Regel vor der Abstimmung das Teilnehmerverzeichnis fertig ist und den Teilnehmern zugänglich ist. Wenn das trotz zügiger Vorbereitung nicht der Fall ist oder nicht genügend Zeit zur Kenntnisnahme durch die Teilnehmer bestand, kann die Hauptverhandlung unterbrochen werden.[190] Zu Verzögerungen kann es in den (in der Praxis seltenen) Fällen kommen, dass der Hauptversammlungsleiter nicht durch Satzung bestimmt wird, sondern durch die Hauptversammlung zu wählen ist (→ Rn. 14).

Uneinheitlich beurteilt wird, ob zwischen Fertigstellung des Teilnehmerverzeichnisses und der ersten Abstimmung eine Zeit zur Gewährung der Einsicht liegen muss. Das wird überwiegend abgelehnt.[191] In der Praxis stellt sich die Frage nur, wenn – was nur in Ausnahmefällen in Betracht kommt – über eine Verfahrensfrage frühzeitig abgestimmt werden muss.

Das Gesetz legt nicht fest, wie die Gesellschaft das Teilnehmerverzeichnis zugänglichmachen muss. Die Kenntnisnahme muss den Teilnehmern aber mit angemessenem und den Umständen entsprechendem Aufwand möglich sein.[192] Maßgebend ist der jeweils ak-

---

[184] _Koch_ in Hüffer/Koch AktG § 129 Rn. 12a; _Kubis_ in MüKoAktG AktG § 129 Rn. 36.
[185] _Kubis_ in MüKoAktG AktG § 129 Rn. 32.
[186] _Koch_ in Hüffer/Koch AktG § 129 Rn. 10; _Wicke_ in Spindler/Stilz AktG § 129 Rn. 24.
[187] _Mülbert_ in GroßkommAktG AktG § 129 Rn. 94; _Wicke_ in Spindler/Stilz AktG § 129 Rn. 24.
[188] _Koch_ in Hüffer/Koch AktG § 129 Rn. 10; _Wicke_ in Spindler/Stilz AktG § 129 Rn. 24.
[189] _Kubis_ in MüKoAktG AktG § 129 Rn. 38; _Werner_ in GroßkommAktG AktG § 129 Rn. 44.
[190] _Koch_ in Hüffer/Koch AktG § 129 Rn. 13.
[191] So auch _Mülbert_ in GroßkommAktG AktG § 129 Rn. 84; _Wicke_ in Spindler/Stilz AktG § 129 Rn. 32; _Koch_ in Hüffer/Koch AktG § 129 Rn. 13; aA.: _Kubis_ in MüKoAktG AktG § 129 Rn. 39.
[192] Vgl. RegBegr. NaStraG BT-Drs. 14/4051, 14 f.

tuelle Stand des Teilnehmerverzeichnisses, nicht erforderlich ist, dass die Teilnehmer auch die Veränderungen nachvollziehen können.[193] Bei einer Hauptversammlung empfiehlt es sich, mehrere Teilnehmerverzeichnisse auszulegen bzw. mehre Bildschirme aufzustellen.[194] Die Gesellschaft vermeidet damit die Rüge, dass das Teilnehmerverzeichnis tatsächlich nicht zugänglich war. Für Online-Teilnehmer kann das Teilnehmerverzeichnis über eine geschützte Internetseite zugänglich gemacht werden.[195] Das Teilnehmerverzeichnis wird üblicherweise im Versammlungssaal zugänglich gemacht. Zulässig ist es aber auch, das Verzeichnis im Foyer oder in anderen Räumen, die zu den Versammlungsräumen rechnen, zugänglich zu machen.

123 Ein **Anspruch** auf Kenntnisnahme des Teilnehmerverzeichnisses steht allen **Teilnehmern** zu.[196] Teilnehmer in diesem Sinne ist, wer ein Teilnahmerecht hat (insbesondere teilnahmeberechtigte Aktionäre und deren Vertreter, Legitimationszessionare, Mitglieder der Verwaltung, Abschlussprüfer, Versammlungsleiter).[197] Kein Teilnahmerecht und damit auch kein Recht auf Einsichtnahme haben diejenigen, denen die Anwesenheit lediglich gestattet worden ist (Gäste und Pressevertreter).[198] Allerdings kann der Versammlungsleiter diesem Personenkreis die Einsichtnahme gestatten.[199] Der Versammlungsleiter entscheidet bei Meinungsverschiedenheiten über das Einsichtsrecht.[200] Besondere Vorkehrungen für eine online-Einsichtnahme muss der Versammlungsleiter nicht schaffen.

f) Einsichtnahme nach Beendigung der Hauptversammlung

124 Jedem Aktionär ist auf Verlangen bis zu zwei Jahren nach der Hauptversammlung Einsicht in das Teilnehmerverzeichnis zu gewähren, § 129 Abs. 4 S. 2 AktG. Der Aktionär kann sein Recht mit der Leistungsklage durchsetzen.[201]

125 Die Regelung ist mit dem NaStraG eingeführt worden.[202] Bis dahin war das Teilnehmerverzeichnis der notariellen Sitzungsniederschrift beizufügen und konnte beim Handelsregister eingesehen werden.[203]

g) Rechtsfolgen bei Verstoß

126 Wird das Teilnehmerverzeichnis durch die Gesellschaft nicht ordnungsgemäß geführt oder nicht in Übereinstimmung mit den gesetzlichen Vorgaben den Teilnehmern zugänglich gemacht, liegt darin ein Gesetzesverstoß. Ein auf diesem Gesetzesverstoß beruhender Beschluss der Hauptversammlung ist anfechtbar, § 243 Abs. 1 AktG.[204] Die erforderliche Relevanz ist aber nur in Ausnahmefällen anzunehmen.[205] Das Teilnehmerverzeichnis wird allenfalls von einem kleinen Teil der Aktionäre überhaupt zur Kenntnis genommen. Zu-

---

[193] Unklar RegBegr. NaStraG BT-Drs. 14/4051, 15: „Angesichts des Umfanges von Teilnehmerverzeichnissen mit mitunter vielen tausend Einzelpositionen ist die laufende Aktualisierung und Darstellung des Ergebnisses am besten auf (mehreren) Bildschirmen im Versammlungsraum zu realisieren."
[194] *Kubis* in MüKoAktG AktG § 129 Rn. 41.
[195] *Wicke* in Spindler/Stilz AktG § 129 Rn. 32.
[196] *Wicke* in Spindler/Stilz AktG § 129 Rn. 33.
[197] Vgl. *Hoffmann-Becking* in MHdB AG § 37 Rn. 29.
[198] *Mülbert* in GroßkommAktG AktG § 129 Rn. 84; *Koch* in Hüffer/Koch AktG § 129 Rn. 13; *Hoffmann-Becking* in MHdB AG§ 37 Rn. 29.
[199] *Kubis* in MüKoAktG AktG § 129 Rn. 37; *Mülbert* in GroßkommAktG AktG § 129 Rn. 84.
[200] *Kubis* in MüKoAktG AktG § 129 Rn. 37.
[201] *Kubis* in MüKoAktG AktG § 129 Rn. 45.
[202] Vgl. RegBegr. NaStraG BT-Drs. 14/4051, 15.
[203] *Koch* in Hüffer/Koch AktG § 129 Rn. 14 meint, es gebe ein Recht auf Erhalt einer Kopie.
[204] § 243 Abs. 1 AktG. Nach verschiedentlich in der Literatur vertretener Auffassung darf der Notar Beschlüsse nicht beurkunden, wenn vor der Abstimmung kein Teilnehmerverzeichnis vorlag, → § 13 Rn. 67 mwN. Dies wird der tatsächlich geringen Bedeutung des Teilnehmerverzeichnisses für das Abstimmungsverhalten der Aktionäre nicht gerecht. Um unnötige Anfechtungsrisiken zu vermeiden, empfiehlt sich das in → Rn. 56 beschriebene Vorgehen.
[205] Beispiele bei *Wicke* in Spindler/Stilz AktG § 129 Rn. 36; *Kubis* in MüKoAktG AktG § 129 Rn. 45.

dem ist es im Regelfall wirklichkeitsfremd anzunehmen, dass die Stimmrechtsausübung von der Richtigkeit des Teilnehmerverzeichnis abhängt. Die nach § 243 Abs. 1 AktG erforderliche Verletzung von Gesetz oder Satzung ist darüber hinaus nur gegeben, wenn sie auf einem der Gesellschaft zurechenbaren Verhalten beruht.[206] Unrichtige Angaben eines Teilnehmers sind der Gesellschaft nicht zurechenbar.[207] Keinen Anfechtungsgrund stellt schließlich die Verweigerung der nachträglichen Einsichtnahme gem. § 129 Abs. 4 S. 2 AktG dar.

Aktionäre und deren Vertreter, die die nach § 129 in das Verzeichnis aufzunehmenden Angaben nicht oder nicht richtig machen, handeln ordnungswidrig, § 405 Abs. 2 AktG. Vorsätzliches Handeln ist bußgeldbewehrt. §§ 129 Abs. 1 S. 2, 405 Abs. 2 AktG sind Schutzgesetze iSv § 823 Abs. 2 BGB.[208] Die herrschende Meinung nimmt allerdings an, dass in den Schutzbereich der Norm nur die anderen Versammlungsteilnehmer, nicht die Gesellschaft einbezogen sei. Daher seien die Kosten einer Wiederholungshauptversammlung nicht ersatzfähig. Aus dem Wortlaut und Regelungszweck von § 405 Abs. 2 AktG ergeben sich keine Argumente für eine beschränkte Schutzwirkung. Praktische Bedeutung hat die Frage nicht.

127

VI. Aktionärsdebatte

1. Leitung der Aktionärsdebatte

Das Aktiengesetz trifft keine Regelung zur Leitung der Aktionärsdebatte. Im Aktiengesetz findet sich das Wort „Aktionärsdebatte" oder „Aktionärsaussprache" nicht einmal. Die Satzung der Gesellschaft regelt nur Teilaspekte der Aktionärsdebatte. Gleichwohl ist anerkannt, dass den Aktionären in der Hauptversammlung die Möglichkeit eingeräumt werden muss, sich zu den Tagesordnungspunkten zu äußern, Auskünfte zu verlangen (§ 131 Abs. 1 AktG) und Anträge zu stellen.

128

Die Zulassung einer Aktionärsaussprache gehört zur sachgemäßen Erledigung der Tagesordnung,[209] Der Versammlungsleiter kann dazu, soweit nicht schon zu Beginn der Hauptversammlung oder in den sog. organisatorischen Hinweisen geschehen, generelle oder einzelfallbezogene Anordnungen treffen.

129

a) Generaldebatte/Einzeldebatte

Der Versammlungsleiter hat weitgehendes Ermessen bei der Leitung der Aktionärsdebatte. Das gilt zunächst für die grundlegende Entscheidung, die Aktionärsdebatte in Form einer Generaldebatte zu allen Tagesordnungspunkten oder als Einzeldebatte zu den einzelnen Tagesordnungspunkten zu führen.[210] In der **Praxis ist die Generaldebatte die Regel.** Es hat sich gezeigt, dass in Hauptversammlungen börsennotierter Aktiengesellschaften eine Untergliederung der Aktionärsdebatte nach Tagesordnungspunkten kaum praktikabel ist. Die Generaldebatte vermeidet Wiederholungen, die bei der nach Tagesordnungspunkten gegliederten Debatte fast unvermeidlich sind. Die Praxis zeigt, dass sich Aktionäre bei Anordnung einer Einzeldebatte häufig nicht an die vom Versammlungsleiter angeordnete Gliederung halten. Der Versammlungsleiter kann die Einhaltung der von ihm angeordne-

130

---

[206] *Kubis* in MüKoAktG AktG § 129 Rn. 45.
[207] *Zöllner* in Kölner Komm. AktG AktG § 129 Rn. 35; *Koch* in Hüffer/Koch AktG § 129 Rn. 16; *Wicke* Spindler/Stilz AktG § 129 Rn. 36.
[208] *Zöllner* in Kölner Komm. AktG AktG § 129 Rn. 37; *Koch* in Hüffer/Koch AktG § 129 Rn. 16; *Kubis* in MüKoAktG AktG § 129 Rn. 47.
[209] *Mülbert* in GroßkommAktG AktG § 129 Rn. 147.
[210] OLG Hamburg AG 2011, 677 (678); *Wicke* NZG 2007, 771 (772); *Kubis* in MüKoAktG AktG § 119 Rn. 138; *Mülbert* in GroßkommAktG AktG § 129 Rn. 149.

ten Reihenfolge zwar mit Ordnungsmaßnahmen durchsetzen. Das stört aber den ruhigen und zügigen Ablauf der Hauptversammlung. Eine Debatte zu einzelnen Tagesordnungspunkten wird heute nur noch erwogen, wenn die Hauptversammlung in einem geschlossenen Kreis mit wenigen Teilnehmern stattfindet.

131 Der Versammlungsleiter kann, wenn ihm dies sachdienlich erscheint, auch von der **Einzeldebatte zur Generaldebatte übergehen** oder umgekehrt.[211] Er kann eine Einzeldebatte, etwa zu besonders wichtigen Tagesordnungspunkten, führen und die übrigen Tagesordnungspunkte in einer Generaldebatte behandeln. Einer Rechtfertigung bedarf er für seine Verfahrensanordnungen nicht. Sie unterliegen auch keiner gerichtlichen Kontrolle, da sie sich im Rahmen des weiten pflichtgemäß auszuübenden Leitungsermessens des Versammlungsleiters bewegen.

aa) Verbindung der Debatte zur Entlastung mit der Debatte über die Verwendung des Bilanzgewinns

132 Ordnet der Versammlungsleiter an, die Aktionärsdebatte nach Tagesordnungspunkten zu untergliedern, soll er die Verhandlung über die Entlastung mit der Verhandlung über die Verwendung des Bilanzgewinns verbinden, § 120 Abs. 3 AktG. Stellt die Hauptversammlung den Jahresabschluss fest, sollen auch die Verhandlungen über die Feststellung des Jahresabschlusses und über die Verwendung des Bilanzgewinns verbunden werden, § 175 Abs. 3 S. 2 AktG. Aus dem Soll-Charakter von §§ 120 Abs. 3, 175 Abs. 3 S. 2 AktG geht hervor, dass eine Abweichung nicht die Anfechtung der Beschlüsse über die Verwendung des Bilanzgewins, die Entlastung oder die Feststellung des Jahresabschlusses begründet.

bb) Von der Einladung abweichende Reihenfolge der Behandlung der Tagesordnungspunkte

133 Der Versammlungsleiter wird sich bei einer nach Tagesordnungspunkten untergliederten Aktionärsdebatte in der Regel an die Reihenfolge halten, in der die Tagesordnungspunkte in der Einladung zur Hauptversammlung mitgeteilt sind.[212] Das dient der Übersichtlichkeit und erleichtert den Aktionären, der Debatte zu folgen. Gebunden ist der Versammlungsleiter an die in der Einladung mitgeteilte Reihenfolge der Tagesordnungspunkte nicht. Er kann abweichen, soweit ihm dies sachdienlich erscheint.[213] Dabei steht ihm weites Ermessen zu. Das gilt auch ohne ausdrückliche Satzungsregelung. In der Satzung der meisten deutschen Aktiengesellschaften ist ausdrücklich geregelt, dass der Versammlungsleiter die Reihenfolge bestimmt, in der die Gegenstände der Tagesordnung verhandelt werden.[214]

cc) Wiederaufgreifen erledigter Tagesordnungspunkte, Wiedereröffnung der Aktionärsdebatte

134 Die Befugnis zur Versammlungsleitung schließt auch das Recht ein, die Behandlung abgeschlossener Tagesordnungspunkte wieder zu eröffnen.[215] Solange die Hauptversammlung nicht beendet ist, sind sie nach wie vor Gegenstände der Tagesordnung. Ist die Tagesordnung in Form einer Generaldebatte behandelt worden und die Generaldebatte bereits abgeschlossen, kann der Versammlungsleiter zwischen einer Wiedereröffnung der General-

---

[211] Vgl. *Kubis* in MüKoAktG AktG § 119 Rn. 138; *Mülbert* in GroßkommAktG AktG § 129 Rn. 149.
[212] Vgl. auch OLG Frankfurt AG 2011, 36 (41); *Hoffmann-Becking* in MHdB AG § 37 Rn. 56; *Kubis* in MüKoAktG AktG § 119 Rn. 137; *Mülbert* in GroßkommAktG AktG § 129 Rn. 148.
[213] LG Hamburg AG 1996, 233; OLG Frankfurt AG 2011, 36 (41); OLG Hamburg AG 2011, 677 (678); *Hoffmann-Becking* in MHdB AG § 37 Rn. 56; *Kubis* in MüKoAktG AktG § 119 Rn. 137; *Mülbert* in GroßkommAktG AktG § 129 Rn. 148.
[214] Vgl. zum Ausschluss von Spontanbeschlüssen der Hauptversammlung zur Geschäftsordnung bereits → Rn. 45 f.
[215] Vgl. *Kubis* in MüKoAktG AktG § 119 Rn. 139; *Mülbert* in GroßkommAktG AktG § 129 Rn. 173.

debatte und der Wiedereröffnung eines einzelnen Tagesordnungspunktes wählen. Selbst eine erneute Beschlussfassung kann er zu den an sich abgeschlossenen Tagesordnungspunkten zulassen, wenn er dies für sachdienlich hält.[216] Daher ist es möglich, dass die Hauptversammlung einen zuvor gefassten und vom Versammlungsleiter festgestellten Beschluss aufhebt und durch einen anderen ersetzt. Etwas anderes ist nur anzunehmen, wenn die Hauptversammlung die Absetzung des Tagesordnungspunktes beschlossen und der Versammlungsleiter den Absetzungsbeschluss festgestellt hat. Die Absetzung führt dazu, dass die Behandlung des Tagesordnungspunktes und eine Beschlussfassung (§ 124 Abs. 4 S. 1 AktG) nicht mehr zulässig ist.

Eine Pflicht, die Behandlung eines abgeschlossenen Tagesordnungspunktes wieder zu eröffnen oder auch nur die Verweigerung der Wiedereröffnung zu begründen, besteht allenfalls in Ausnahmefällen, wenn sich nämlich das Leitungsermessen des Versammlungsleiters auf „Null" reduziert.[217] Beispiel: In der Hauptversammlung hat eine für die Fortführung wichtige Kapitalmaßnahme nicht die erforderliche Mehrheit gefunden. In der Hauptversammlung lassen sich einzelne Aktionäre umstimmen. Der Versammlungsleiter könnte die Wiedereröffnung nicht unter Hinweis auf den bereits abgeschlossenen Tagesordnungspunkt verweigern.

Die Änderung eines in der Hauptversammlung gefassten Beschlusses kann allerdings anfechtbar sein, wenn einzelne Teilnehmer im Vertrauen auf die erste Beschlussfassung und die Erledigung des Tagesordnungspunktes die Hauptversammlung verlassen haben und daher an der zweiten Abstimmung nicht mehr teilnehmen konnten.[218] Der Bundesgerichtshof[219] nimmt einen zur Anfechtung berechtigenden Verfahrensfehler unabhängig davon an, ob der anfechtende Aktionär mit seinem Stimmanteil eine Änderung der Beschlussfassung hätte erreichen können. Dem ist nur mit Einschränkungen zuzustimmen. Würde in jeder Verletzung des Teilnahmerechts eine zur Anfechtung berechtigende Gesetzesverletzung liegen, müsste es jedem Aktionär zustehen, eine Anfechtungsklage auf die Gesetzesverletzung zu stützen. Nicht nur diejenigen Aktionäre wären zur Anfechtung berechtigt, deren Teilnahmerecht verletzt worden ist. Im Ergebnis könnte der Fall eintreten, dass der Aktionär, der die Versammlung verlassen hat, überhaupt nicht an einer Anfechtung interessiert ist, gleichwohl eine opponierende Minderheit eine Anfechtung des Beschlusses auf die Verletzung seines Teilnahmerechts stützt. Das führt zu einem Wertungswiderspruch und legt nahe, einen zur Anfechtung berechtigenden Verfahrensfehler nur bei Ergebnisrelevanz oder bei gravierenden, etwa durch planvolles Handeln bewirkte Verletzungen des Teilnahmerechts anzunehmen.[220]

dd) Debatte zu nicht in der Tagesordnung angekündigten Gegenständen

§ 124 Abs. 4 S. 2 Alt. 3 AktG sieht vor, dass die Hauptversammlung Angelegenheiten auch erörtern kann, die nicht in der Tagesordnung bekannt gemacht worden sind. Ausgeschlossen ist dagegen eine Beschlussfassung zu solchen Gegenständen, § 124 Abs. 4 S. 1 AktG. Voraussetzung für die Erörterung ist, dass die Angelegenheit durch wirksame Verfahrensanordnung zum Gegenstand der Hauptversammlung gemacht wird. Die Zulassung der Erörterung ist Verfahrensleitung und fällt damit in die Zuständigkeit des Versammlungsleiters. Soweit die Satzung dem Vorsitzenden die Versammlungsleitung, wie in der Regel, ohne Vorbehalt der Möglichkeit, die Entscheidung des Versammlungsleiters zu überstimmen, zugewiest, entscheidet der Versammlungsleiter abschließend. Fehlt es an einer wirksamen Verfahrensanordnung, mit der die Angelegenheit zum Gegenstand der

---

[216] Vgl. *Mülbert* in GroßkommAktG AktG § 129 Rn. 173.
[217] Weiter *Mülbert* in GroßkommAktG AktG § 129 Rn. 173.
[218] Vgl. zur Parallelfrage bei Absage einer Hauptversammlung am Versammlungstag auch BGHZ 206, 143 Rn. 39.
[219] Vgl. BGHZ 206, 143 Rn. 40; *Koch* in Hüffer/Koch AktG § 243 Rn. 16.
[220] Im Ergebnis so wohl auch *Mülbert* in GroßkommAktG AktG § 129 Rn. 173 („rechtsmissbräuchlich", „das Verlassen ... ausgenutzt").

Hauptversammlung gemacht wird, kann der Versammlungsleiter Aktionärsbeiträge, die keinen Bezug zur Tagesordnung haben, unterbinden.

b) Wortmeldungen

138 Der Versammlungsleiter kann anordnen, dass Aktionäre, die von ihrem Rede-, Frage- oder Antragsrecht Gebrauch machen, eine schriftliche Wortmeldung (gegebenenfalls unter Angabe des Namens und gegen Legitimiationsnachweis, etwa Vorlage des Stimmkartenblocks) abgeben und ihre Beiträge von einem bereitstehenden Mikrofon aus machen.[221] In der Praxis börsennotierter Aktiengesellschaften ist das Standard. Die Anordnung einer schriftlichen Wortmeldung dient der vollständigen und sicheren Erfassung der Aktionäre oder Aktionärsvertreter, die von ihren Rede-, Frage- oder Antragsrecht Gebrauch machen wollen. Bei einer Vielzahl von Wortmeldungen kann der Versammlungsleiter anhand der Wortmeldeliste zudem entscheiden, ob er frühzeitig eine Redezeitbeschränkung einführt. Die Anordnung, für einen Wortbeitrag das bereitstehende Mikrofon zu nutzen, dient dazu, dass alle Teilnehmer (einschließlich des Teams im Back Offices der Gesellschaft) dem Beitrag folgen können. Auch das ist offensichtlich sachdienlich.

139 Der Versammlungsleiter kann Aktionären das Wort auch wiederholt erteilen. Die erneute Worterteilung kann aber das Rede-, Frage- oder Antragsrecht anderer Aktionäre beeinträchtigen. Das ist etwa anzunehmen, wenn einem Aktionär das Wort erneut erteilt wird, obwohl andere Aktionären noch keine Gelegenheit hatten, sich zu Wort zu melden. Ein sachlicher Grund kann etwa anzunehmen sein, wenn der Versammlungleiter dem Aktionär das Wort nur erteilt, um einen Verfahrensantrag zu stellen und zu begründen, dessen Behandlung keinen Aufschub duldet.

140 Erteilt der Versammlungsleiter einem Aktionär das Wort, kann dieser das Wort nicht an einen anderen Aktionär oder Aktionärsvertreter „weitergeben".[222]

c) Rednerblöcke, Reihenfolge der Redner

141 In der Praxis börsennotierter Aktiengesellschaften hat es sich als zweckmäßig erwiesen, die Aktionärsdebatte in Rednerblöcke von vier bis sechs Rednern[223] zu untergliedern und dem Vorstand nach jedem Rednerblock die Gelegenheit zu geben, auf die bis dahin gestellten Fragen zu antworten. Diese Praxis ist sachdienlich und zulässig.[224] Die Gliederung in Rednerblöcke macht es nicht nur einfacher, dem Verlauf der Aktionärsdebatte zu folgen, sondern gibt auch dem Back Office der Gesellschaft Gelegenheit, den Vorstand bei der Vorbereitung von Antworten auf Aktionärsfragen zu unterstützen und die für die Beantwortung erforderlichen Informationen zusammenzustellen. Zwingend ist die Gliederung nach Rednerblöcken nicht.

142 Im ersten Rednerblock wird üblicherweise den Vertretern von Aktionärsvereinigungen und anderen „Meinungsmultiplikatoren" das Wort erteilen.[225] Das ist zweckmäßig und zulässig. Sachgerecht und zulässig ist ferner, Aktionären und Aktionärsvertretern mit größerem Anteilsbesitz vorrangig das Wort zu erteilen. Ab dem zweiten Rednerblock orientieren sich Versammlungsleiter häufig an der Reihenfolge der Wortmeldungen. Es liegt aber im pflichtgemäßen Ermessen des Versammlungsleiters, in welcher Reihenfolge er Aktionäre, die sich zu Wort melden, aufruft. Er ist nicht an die Reihenfolge der Wort-

---

[221] Vgl. *Wicke* NZG 2007, 771 (772); *Kubis* in MüKoAktG AktG § 119 Rn. 148.
[222] Vgl. OLG München BB 2011, 3021 (3025).
[223] *Kremer* FS Hoffmann-Becking, 2013, 697 (698): annähernd sechs bis zehn Redner; ferner *Wicke* NZG 2007, 771 (772).
[224] Vgl. *Kremer* FS Hoffmann-Becking, 2013, 697 (698); *Kubis* in MüKoAktG AktG § 119 Rn. 138.
[225] Vgl. *Kremer* FS Hoffmann-Becking, 2013, 697 (698); *Drinhausen* in Hölters AktG Anh § 129 Rn. 12; *Kubis* in MüKoAktG AktG § 119 Rn. 144.

meldungen gebunden.²²⁶ Er kann Wortmeldungen zusammenfassen, die in einem Kontext stehen, und Aktionären vorrangig das Wort erteilt, von denen er den Eindruck hat, dass ihr Beitrag von einer Mehrzahl von Aktionären als sachdienlich und informativ beurteilt wird.²²⁷ Einer nachträglichen gerichtlichen Kontrolle unterliegen die Einschätzungen, Bewertungen und Erwägungen des Versammlungsleiters zur Reihenfolge der Worterteilung nicht, wenn sie nicht offensichtlich sachwidrig sind. Um die Gleichbehandlung aller Aktionäre zu gewährleisten, kann in der Regel (→ Rn. 139) eine wiederholte Wortmeldung nur berücksichtigt werden, wenn allen übrigen Aktionären, die eine frühzeitige Wortmeldung abgegeben haben, ebenfalls zu Wort gekommen sind.²²⁸

Es gibt keinen Rechtsgrundsatz, dass der Versammlungsleiter Aktionären, die im Vorfeld einen Gegenantrag angekündigt haben, den die Gesellschaft den Aktionären zugänglichen machen mußte, oder die in zulässiger Weise eine Erweiterung der Tagesordnung verlangt haben, ein Vorrang bei der Erteilung des Worts zu gewähren ist.²²⁹ Möglich ist das freilich, wenn der Versammlungsleiter dies für sachdienlich hält. Dasselbe gilt für die Ankündigung von Anträgen zur Geschäftsordnung,²³⁰ ausgenommen den – in der Praxis eher seltenen²³¹ – Ausnahmefall, dass über den Geschäftsordnungsantrag sofort zu entscheiden ist; Voraussetzung für die erste Beschlussfassung in der Hauptversammlung ist, dass allen Teilnehmern das Teilnehmerverzeichnis zugänglich gemacht werden kann, § 129 Abs. 4 S. 1 AktG. Das Teilnehmerverzeichnis muss dazu fertiggestellt sein. 143

d) Grundsatz der Mündlichkeit von Auskünften, Verlesung von Urkunden

In der Hauptversammlung ist jedem Aktionär auf Verlangen Auskunft über Angelegenheiten der Gesellschaft zu geben, soweit sie zur sachgemäßen Beurteilung des Gegenstands der Tagesordnung erforderlich ist, § 131 Abs. 1 S. 1 AktG. Die Auskunft ist grundsätzlich mündlich zu geben.²³² Es kann jedoch im Einzelfall im Interesse der Gesellschaft und der Aktionäre liegen, die Auskunft in der Hauptversammlung durch Einsicht in vorbereitete Aufzeichnungen zu gewähren, etwa wenn sich der Aktionär anhand der Aufzeichnungen schneller und zuverlässiger unterrichten kann, als durch eine mündliche Auskunft. Beispiel: Die Auskunft besteht im Wesentlichen aus einer Fülle von Daten und Zahlen. Die Auskunft kann dann auch durch Gewährung der Einsicht in eine Unterlage gewährt werden. Wenn eine Unterlage nicht in deutscher Sprache vorliegt, kann der Aktionäre auf mündliche Auskunft in deutscher Sprache bestehen. Einen Anspruch auf Vorlage von Unterlagen der Gesellschaft oder auf ihre Verlesung haben die Aktionäre indes im Regelfall nicht.²³³ Nach der Rechtsprechung des Bundesgerichtshofs²³⁴ kann ausnahmsweise etwas anders gelten, wenn ein Vertrag für das Unternehmen von lebenswichtiger Bedeutung ist oder Anhaltspunkte bestehen, dass – obwohl es darauf ankommt – wesentliche Aspekte nicht oder nicht richtig wiedergegeben worden sind. Dem ist mit der Einschränkung zuzustimmen, dass der Vorstand jedenfalls im Regelfall nur Auskunft schuldet, nicht aber dem Aktionär die Möglichkeit gegeben muss, die Richtigkeit der 144

---

[226] Vgl. OLG Frankfurt NZG 2012, 942 (943); OLG München WM 2011, 2048 (2054); *Kremer* FS Hoffmann-Becking, 2013, 697 (699); *Kubis* in MüKoAktG AktG § 119 Rn. 144; *Mülbert* in GroßkommAktG AktG § 129 Rn. 150; Seibert WM 2005, 157 (161); *Wicke* NZG 2007, 771 (772).
[227] Vgl. *Mülbert* in GroßkommAktG AktG § 129 Rn. 150.
[228] Ebenso *Kubis* in MüKoAktG AktG § 119 Rn. 144; wohl auch *Mülbert* in GroßkommAktG AktG § 129 Rn. 150.
[229] AA *Kubis* in MüKoAktG AktG § 119 Rn. 144.
[230] Ebenso *Kubis* in MüKoAktG AktG § 119 Rn. 146.
[231] Erwogen wird ein „Vorziehen" eines Geschäftsordnungsantrags zum Teil nach wie vor bei Ankündigung des Antrags auf Abwahl des Versammlungsleiters.
[232] Vgl. BGHZ 101, 1 (15); OLG München NZG 2015, 1859 (1860).
[233] Vgl. BGH NJW 1993, 1976 (1982); OLG München NZG 2015, 1859 (1860).
[234] Vgl. BGH NJW 1967, 1462 (1464); zu weit dagegen OLG Köln NZG 1998, 553 (555).

Auskunft eigenständig zu überprüfen.[235] § 400 Abs. 1 AktG und die Möglichkeit der Anfechtungsklage bietet den Aktionären im Regelfall hinreichenden Schutz gegen unrichtige Auskünfte.

e) Unterbrechung der Hauptversammlung

145 Die Leitungskompetenz des Versammlungsleiters schließt die Befugnis ein, die Versammlung vorübergehend zu unterbrechen.[236] Die Entscheidung ist durch sein weites Leitungsermessen geprägt. Die wesentlichen Beispielsfälle sind: Unterbrechung zur Vorbereitung und Beschaffung von Informationen oder zur Beantwortung von Aktionärsfragen; die Prüfung und Vorbreitung der Behandlung von Aktionärsanträgen; Unterbrechung nach erheblichen Störungen durch Dritte.

f) Beendigung der Aktionärsdebatte

146 Der Versammlungleiter beendet die Aktionärsdebatte, wenn die **Wortmeldeliste erledigt** ist; zum Schluss der Debatte vor nicht vollständiger Erledigung der Wortmeldungen → Rn. 170 ff. In der Praxis hat es sich zu einem Standard entwickelt, dass sich der Versammlungsleiter vor dem Schluss der Debatte vergewissert, dass kein Aktionär das Wort mehr wünscht und kein Aktionär beanstandet, dass die von ihm erbetenen Auskünfte nicht erteilt oder unzureichend beantwortet worden sind. Er stellt das Ergebnis seiner Nachfrage förmlich fest und bittet den Notar, soweit er nicht von sich aus tätig wird, seine Nachfrage und die Reaktion der Teilnehmer in die notarielle Sitzungsniederschrift aufzunehmen. Die Nachfrage schützt die Gesellschaft in einem etwaigen Rechtsstreit über die Wirksamkeit der gefassten Beschlüsse gegen die Rüge, dass Wortmeldungen übergangen oder Fragen nicht bzw. nicht ausreichend beantwortet worden sind.

Beispiel für eine Nachfrage:

„Meine Damen und Herren, mir liegen keine weiteren Wortmeldungen vor. Soweit ich sehe, sind Ihre Fragen umfassend beantwortet worden. Darf ich zum Abschluss der Debatte fragen, ob das Wort nochmals gewünscht wird oder einzelne Fragen unbeantwortet geblieben sind? Ich bitte Sie in diesem Fall um ein Zeichen. [....] Das ist offenbar nicht der Fall ist. Ich stelle fest, dass die Diskussion zu allen Tagesordnungspunkten abgeschlossen ist. Ich darf davon ausgehen, dass alle Ihre Fragen [soweit nicht anders zu Protokoll des Notars erklärt,] vollständig beantwortet worden sind."

147 Wenn sich bei Nachfrage Widerspruch erhebt, erteilt der Versammlungsleiter dem widersprechenden Teilnehmer in der Regel erneut das Wort.

148 In „kritischen" Hauptversammlungen erfordert die Schlussphase der Debatte besondere Aufmerksamkeit. Am Ende der Debatte häufen sich Nachfragen von Aktionären zu bereits gestellten Fragen. Auch ist die Strukturierung der Debatte nach Rednerblöcken mit vier bis sechs Rednern nach Abarbeitung der Rednerliste nicht mehr möglich. Das Backoffice kann Antworten zu den Aktionärsfragen in dieser Phase der Hauptversammlung nicht so schnell zur Verfügung stellen, dass die Aktionärsfragen ohne Unterbrechung beantwortet werden können. In der Schlussphase sind darüber hinaus häufig vor allem kritische Aktionäre an der Debatte beteiligt. In jedem Fall sollte der Versammlungsleiter dem Vorstand Gelegenheit geben zu klären, ob er weitere Information geben will. Gegebenenfalls kann es sich empfehlen, die Debatte für die nochmalige Klärung des Stands der Beantwortung oder die Erledigung der als noch offen gerügten Fragen zu unterbrechen.

---

[235] Vgl. *Kersting* in Kölner Komm. AktG § 131 Rn. 496.
[236] Ebenso *Kubis* in MüKoAktG AktG § 119 Rn. 140; *Mülbert* in GroßkommAktG AktG § 129 Rn. 174.

VI. Aktionärsdebatte § 9

Zum Teil kommt es in der Schlussphase zu der Verständigung des Vorstands mit einzelnen Teilnehmern, dass der Vorstand auf einzelne Fragen nach der Hauptversammlung eine schriftliche Antwort nachreicht. Stimmt der Aktionär zu, ist darin ein Verzicht auf die Erteilung der Auskunft in der Hauptversammlung zu sehen. Die später erteilte Auskunft kann nicht mehr zur Grundlage einer Wirksamkeitsrüge gemacht werden, denn die Beschlussfassung beruht offensichtlich nicht auf der nachträglichen erteilten Auskunft. Wenn andere Aktionäre mit der nachträglichen schriftlichen Beantwortung nicht einverstanden sind, müssen sie ihrerseits Auskunft auf die von dem anderen Teilnehmer gestellten Fragen verlangen und auf Beantwortung in der Hauptversammlung bestehen.

2. Beschränkung der Rede- und Fragezeit

a) Redezeitbeschränkung aufgrund Satzungsermächtigung

Nach § 131 Abs. 2 S. 2 AktG kann die Satzung oder die Geschäftsordnung den Versammlungsleiter ermächtigen, das Frage- und Rederecht des Aktionärs zeitlich angemessen zu beschränken, und Näheres dazu bestimmen. Die große Mehrzahl der Satzungen deutscher Aktiengesellschaften hat von der Ermächtigungsmöglichkeit Gebrauch gemacht. Ein Standardformulierung lautet:

„Der Versammlungsleiter ist ermächtigt, das Frage- und Rederecht des Aktionärs zeitlich angemessen zu beschränken, insbesondere zu Beginn oder während der Hauptversammlung einen zeitlich angemessenen Rahmen für den Hauptversammlungsverlauf, den einzelnen Tagesordnungspunkt oder den einzelnen Frage- und Redebeitrag zu setzen sowie einen Zeitpunkt für den Beginn der Abstimmung über einen oder mehrere Tagesordnungspunkte zu bestimmen."

Die Einführung von § 131 Abs. 2 S. 2 AktG bezweckte, die Satzungsautonomie der Hauptversammlung und das Leitungsermessen des Versammlungsleiters zu stärken. Die Hauptversammlung soll zu einer straffen, auf die wesentlichen strategischen Entscheidungen konzentrierten Plattform werden, die inhaltliches Gewicht und Attraktivität für Aktionäre gewinnt, die über ernstzunehmende Stimmanteile verfügen.[237] In der Praxis delegiert die Hauptversammlung ihr weites Gestaltungsermessen in der Regel durch Satzungsbestimmung auf den Versammlungsleiter.

b) Angemessenheit

Wann die Redezeitbeschränkung angemessen ist, hat der Versammlungsleiter, wenn die Satzung keine konkretisierenden Vorgaben enthält, im Einzelfall unter Berücksichtigung der konkreten Umstände und unter Ausübung pflichtgemäßen Ermessens zu entscheiden.[238] Dabei ist eine Vielzahl von Einzelaspekten zu berücksichtigen, deren Bewertung dem Versammlungsleiter obliegt: etwa wie viele Aktionäre eine Wortmeldung abgegeben haben; ob alle Aktionäre, die dies wünschen, bereits einmal zu Wort gekommen sind; ob der Versammlungsleiter auch Stimmen, die bei verständiger Würdigung berechtigte Kritik äußern, Gelegenheit zur Stellungnahme gegeben hat; ob alle Aktionäre, die einen Gegenantrag bereits vor der Hauptversammlung angekündigt oder sogar eine Erweiterung der Tagesordnung verlangt und durchgesetzt haben, zu Wort gekommen sind; ob Aktionäre oder Aktionärsvertreter, die einen größeren Anteilsbesitz vertreten, Gelegenheit zur Stellungnahme hatten; ob sich Argumente und Fragen wiederholen; ob und aus welchem Grund der Versammlungsleiter die Hauptversammlung ein- oder mehrmals unterbrochen

---

[237] BT-Drs. 15/5092, 2 (17); BGHZ 184, 239 Rn. 12.
[238] OLG Frankfurt AG 2011, 36 (41).

hat; ob die Debatte noch neue inhaltliche Aspekte bringt, die nicht auch zu einem früheren Zeitpunkt geäußert werden konnten; ob eine angemessene Balance zwischen der Zeit besteht, die die Verwaltung für ihre Ausführungen und der Vorstand für die Beantwortung der Fragen benötigt, und den Wortbeiträgen der Aktionäre.

153 Angesichts der Vielzahl von Einzelaspekten und der oft schwierigen und aus der Situation heraus vorzunehmenden Bewertungen ist dem Versammlungsleiter ein deutlicher Entscheidungsspielraum zuzubilligen, der einer gerichtlichen Kontrolle entzogen ist. Rechtlich angreifbar ist eine Redezeitbeschränkung nur dann, wenn sie den Rahmen einer angemessenen Versammlungsleitung deutlich überschreitet. Die Gerichte haben zu prüfen, ob der Versammlungsleiter die äußeren Grenzen des ihm zustehenden Entscheidungsermessens eingehalten hat. Die gerichtliche Kontrolle darf nicht dazu führen, dass die Richter ihre eigene Angemessenheitsentscheidung an die Stelle der Leitungsentscheidung des Versammlungsleiters stellen. Das folgt schon daraus, dass sich das nachträglich urteilende Gericht kaum jemals ein eigenes und auch nur einigermaßen vollständiges Bild vom Ablauf der Hauptversammlung und dem Stand der Debatte machen kann. In der Vergangenheit haben die Gerichte nicht immer das richtige Augenmaß bewiesen.[239]

154 Trotz des Erfordernisses, alle relevanten Aspekte im Einzelfall abzuwägen, lassen sich einige generalisierende Aussagen machen: Wenn sich die Tagesordnung einer ordentlichen Hauptversammlung auf die typischen Gegenstände (Vorlagen nach § 175 Abs. 2 AktG, Gewinnverwendung, Entlastung, Bestellung des Abschlussprüfers) beschränkt, ist es in aller Regel angemessen, wenn der Versammlungsleiter durch die Bestimmungen über die Rede- und Fragezeit den Abschluss der Hauptversammlung nach **vier bis sechs** Stunden anstrebt.[240] Wenn die Tagesordnung Punkte umfasst, die nicht zu den jährlich wiederkehrenden Gegenständen gehören, insbesondere Strukturmaßnahmen, kann es sein, dass der zeitliche Rahmen für die Aktionärsdiskussion erhöht werden muss. Eine über **zehn Stunden** hinausgehende Hauptversammlung muss aber auch dann die Ausnahme sein.[241] § 131 Abs. 2 S. 2 AktG und die darauf beruhenden Satzungsregelungen zielen darauf, die Diskussionskultur in der Hauptversammlung zu fördern. Es kann aber von einer geordneten „Hauptversammlungskultur" nicht die Rede sein, wenn sachlich interessierte Aktionäre mit Stimmgewicht der Hauptversammlung fernbleiben, weil andere Aktionäre durch übermäßige Ausnutzung des Rede- und Fragerechts die Hauptversammlung für ihre Zwecke einnehmen.[242] Sachlich interessierte Aktionäre erwarten zu Recht, dass sie ihre Stimme in einem zeitlich vertretbaren Rahmen abgeben können, der spätestens nach zehn Stunden ausgeschöpft ist. Ein Zuwarten bis zur „Mitternachtsgrenze", wie es vor Einführung des § 131 Abs. 2 S. 2 AktG nicht selten war, ist aus Sicht eines sachlich interessierten Aktionärs mit Stimmgewicht nicht hinnehmbar und wird international eher als eine „kuriose" Besonderheit aus der früheren Praxis deutscher Hauptversammlungen gesehen.

155 Im Schrifttum[243] wird zum Teil angenommen, dass der durch § 131 Abs. 2 S. 2 AktG eröffnete Gestaltungsspielraum bei einem „verschwenderischen Zeitverbrauch durch die Verwaltung" eingeschränkt werden müsse; Beispiele: eine verzögerte Eröffnung, unsachgemäße Einteilung der Tagesordnung, ausscheifende Ausführungen des Vorstands, langatmige oder sachfremde Beiträge der ersten aufgrufenen Redner oder fehlende Disziplinie-

---

[239] Ein Beleg dafür ist die Korrektur, die der Gesetzgeber mit Einfügung von § 132 Abs. 2 S. 2 AktG in das Aktiengesetz vorgenommen hat; dazu näher und sehr anschaulich BT-Drs. 15/5092, 2 (17).
[240] BT-Drs. 15/5092, 2, 17; BGHZ 184, 239 Rn. 20; OLG Frankfurt WM 2011, 221 (228); *Hoffmann-Becking* in MHdB AG § 37 Rn. 61; *Koch* in Hüffer/Koch AktG § 131 Rn. 22c; *Wicke* NZG 2007, 771 (773); Ziffer 2.2.4 des DCGK spricht die Anregung aus: „Dabei sollte er [der Versammlungsleiter] sich davon leiten lassen, dass eine ordentliche Hauptversammlung spätestens nach 4 bis 6 Stunden beendet ist."
[241] Vgl. LG Frankfurt a.M. NZG 2007, 155 (156); *Kersting* in Kölner Komm. AktG AktG § 131 Rn. 273; *Wicke* NZG 2007, 771 (772).
[242] BT-Drs. 15/5092 17; BGHZ 184, 239 Rn. 12.
[243] *Kubis* in MüKoAktG AktG § 119 Rn. 164.

VI. Aktionärsdebatte

rung von Aktionären, die nicht zur Tagesordnung sprechen. Dem ist nicht zuzustimmen. Die rechtliche Zulässigkeit von Anordnungen des Versammlungsleiters nach § 131 Abs. 2 S. 2 AktG ist nicht davon abhängig, dass die Versammlung in allen Teilen ein optimiertes Zeitmanagement nachweisen kann. Erst recht ist es nicht Aufgabe von Gerichten, Maßstäbe dafür zu entwickeln, ob die Eingangskontrolle zügig durchgeführt wurde, ob der Vorstand, an dessen Erläuterungen und Hinweisen die Aktionäre vor allem interessiert sind, auch kürzer hätte sprechen können oder eine Unterbrechung zur weiteren Beschaffung von Information für die Aktionäre überflüssig war. Wenn das richtig wäre, wäre § 131 Abs. 2 S. 2 AktG weitgehend entwertet. Versammlungsleiter wären faktisch wieder gezwungen, nahe an die „Mitternachtsgrenze" zu gehen. Das soll aber unter Geltung von § 131 Abs. 2 S. 2 AktG der Vergangenheit angehören. Die Gerichte haben das weite Leitungsermessen, dass aufgrund einer Satzungsbestimmung nach § 131 Abs. 2 S. 2 AktG unterlegt ist, zu respektieren. Nur bei einem schlechterdings unangemessenen Zeitmanagement kann dies anders zu beurteilen sein. Es ist dem Versammlungsleiter allerdings auch im Interesse der Absicherung gegen rechtliche Risiken bei Beschränkungen der Rede- und Fragezeit zu empfehlen, eine zügige Verhandlungsführung anzustreben und für eine angemessene und an den Praxisstandards orientierte Verteilung der für die Verwaltung und für die Aktionäre zur Verfügung stehenden Zeit Sorge zu tragen.

Der Versammlungsleiter handelt sachgerecht, wenn er bei Bemessung des zeitlichen Rahmens vorsorglich einen Zeitpuffer für den Fall einrechnet, dass Aktionäre noch Anträge stellen, über die abzustimmen ist. Er sollte darüber hinaus berücksichtigen, dass er Aktionären oder Aktionärsvertretern nach § 131 Abs. 5 AktG Gelegenheit geben muss, eine Auskunftsverweigerung gegebenenfalls zu Protokoll des Notars zu geben (→ Rn. 237 ff.). 156

c) Beschränkung von Rede- und Fragerecht

§ 131 Abs. 2 S. 2 AktG stellt ausdrücklich klar, dass die Satzungsermächtigung sowohl das Rede- als auch das Fragerecht zeitlich angemessen beschränken oder dem Versammlungsleiter eine Ermächtigung dazu erteilen kann.[244] Wenn der Versammlungsleiter die Zeit beschränkt, die allen oder einem einzelnen Aktionär zur Verfügung steht, ist anzunehmen, dass er mit der Zeitvorgabe, soweit er dies nicht ausdrücklich anders vorgibt, sowohl das Rede- wie auch das Fragerecht zeitlich beschränken will. 157

d) „Unechte" Redezeitbeschränkungen

In der Praxis liegen oft von Anfang an zehn oder mehr Wortmeldungen vor; oder es ist aus den Vorjahren bekannt, dass die Zahl der Redner bis zum Beginn der Debatte ansteigt. Die Versammlungsleiter beschränken dann häufig die Redezeit der Aktionäre **von Anfang an** auf zehn, maximal fünfzehn Minuten,[245] weisen allerdings zugleich auf die Möglichkeit hin, eine **weitere Wortmeldungen abzugeben.** Die weitere Wortmeldung werde berücksichtigt, wenn alle übrigen Aktionäre, die dies wünschen, zu Wort gekommen sind und noch Zeit für weitere Diskussion verbleibt. Bei der Anordnung handelt es sich um eine „vorläufige" oder „unechte" Redezeitbeschränkung. Sie zielt anders als eine echte Redezeitbeschränkungen nicht auf die endgültige zeitliche Beschränkung des Rede- und Fragerechts, sondern auf die **Gleichbehandlung der Aktionäre:** Jeder Aktionär erhält die Möglichkeit, sich frühzeitig an der Aktionärsdebatte zu beteiligen. Das entspricht der verfassungsrechtlichen Bedeutung des Rede- und Fragerechts, das auch eine gerechte 158

---

[244] Vgl. OLG Frankfurt WM 2011, 221 (229); LG München AG 2011, 211 (217) – HRE.
[245] Vgl. OLG Frankfurt WM 2011, 221 (228); OLG Frankfurt NZG 2009, 1066 (1067); LG München AG 2011, 211 (217); anders in einem Sonderfall (nur zwei Wortmeldungen) LG München ZIP 2009, 663 (664); kritisch aber noch LG Stuttgart AG 1994, 425 (426) („in ein zeitliches Korsett gezwängt"); kritisch Kubat FS Lieberknecht, 1997, 45 (49).

Verteilung der für die Aktionärsbeiträge zur Verfügung stehende Zeit einschließt,[246] und ist in aller Regel[247] zulässig, wenngleich nicht geboten. Mit einer „unechten" Redezeitbeschränkung kann sich die Hauptversammlung zudem in einem überschaubaren Zeitraum einen Eindruck vom Meinungsspektrum in der Aktionärsdebatte verschaffen. Die Diskussion wird lebhafter und ertragreicher als bei unbeschränkter Redezeit.[248] Eine „unechte" Redezeitbeschränkung stößt auch bei kritischen Aktionären auf Akzeptanz, da sie sicher sein können, mit ihrer kritischen Sicht frühzeitig zu Wort zu kommen.

Beispiel für die Anordnung einer anfänglichen unechten Redezeitbeschränkung:
„Ich bitte alle Redner, sich mit ihrem Beitrag auf jeweils zehn Minuten zu beschränken. Das hat sich in den letzten Jahren bewährt und gibt allen Aktionären, die dies wünschen, die Möglichkeit, in dieser Versammlung frühzeitig das Wort zu ergreifen. Es bleibt Ihnen unbenommen, nach Ablauf der zehn Minuten am Wortmeldeschalter erneut eine Wortmeldung abzugeben. Wenn uns genügend Zeit verbleibt, werde ich Ihnen das Wort dann erneut erteilen."

159   Eine „unechte" Redezeitbeschränkung kann naturgemäß auch *nachträglich* für alle Redner oder gegenüber einem einzelnen Redner angeordnet werden. Wenn ein Aktionär oder Aktionärsvertreter fünfzehn Minuten oder länger vorträgt und noch eine Reihe weiterer Aktionäre eine Wortmeldung abgegeben haben bzw. dies – etwa mit Blick auf frühere Hauptversammlung der Gesellschaft – zu erwarten ist, kann der Versammlungleiter die Redezeit des Redners vorlaufig beschränken und diesen auf die Möglichkeit hinweisen, eine erneute Wortmeldung abzugeben, die gegebenenfalls später berücksichtigt wird. Zweckmäßigerweise sollte die Beschränkung einige Minuten vor der Beendigung des ersten Wortbeitrags angeordnet werden. Auch diese Redezeitbeschränkung dient offensichtlich dazu, allen übrigen Aktionären die Möglichkeit zu geben, frühzeitig das Wort in der Aktionärsdebatte zu ergreifen. Sie entspricht dem Gebot der Gleichbehandlung aller Aktionäre und ist zulässig.

e) „Echte" Redezeitbeschränkungen

160   Echte Redezeitbeschränkungen soll nicht die Gleichbehandlung der Aktionäre bezwecken, sondern zielen darauf, einem einzelnen oder allen Aktionären eine zeitlich begrenzte Möglichkeit für ihren (abschließenden) Redebeitrag und die Ausübung des Auskunfts- und Antragsrechts zu geben. Sie greift in das Rede- und Fragerecht der Aktionäre ein, allerdings in rechtlich zulässiger Weise, wenn sie bei vernünftiger Beurteilung auf eine Beendigung der Hauptversammlung innerhalb eines angemessenen Zeitrahmens zielt.

161   In Rechtsprechung[249] und Schrifttum[250] ist früher eine vergleichsweise restriktive Handhabung eingefordert worden. Unter Geltung von § 131 Abs. 2 S. 2 AktG hat die Mehrzahl der börsennotierten Aktiengesellschaften den Entscheidungsspielraum des Versammlungsleiters durch Satzungsregelung deutlich ausgeweitet. Die Entscheidungen des Versammlungsleiters sind und bleiben allerdings einer Angemessenheitskontrolle unterworfen. Um die Angemessenheit zu gewährleisten, ist zu empfehlen, anfänglich eine „unechte" Redezeitbeschränkung auf 10 Minuten (→ Rn. 158) anzuordnen.[251] Wenn sich die Zahl der Wortmeldungen nochmals erhöht kann diese gegebenenfalls auf 5 Minuten ver-

---

[246] BVerfG NJW 2000, 349 (351) – Wenger/Daimler; *Kremer* FS Hoffmann-Becking, 2013, 697 (698).
[247] AA *Kubis* in MüKoAktG AktG § 119 Rn. 165; ein Sonderfall (nur zwei Wortmeldungen) liegt der LG München (ZIP 2009, 663, 664) zugrunde.
[248] Vgl. OLG Frankfurt WM 2011, 221 (229).
[249] Vgl. nur LG Stuttgart AG 1994, 425 (426).
[250] Vgl. nur *Kubis* in MüKoAktG AktG § 119 Rn. 165 („objektive Gefährdung zwingender zeitlicher Grenzen der Hauptversammlung").
[251] Vgl. OLG Frankfurt WM 2011, 221 (228); OLG Frankfurt NZG 2009, 1066 (1067); auch *Kubis* in MüKoAktG AktG § 119 Rn. 166.

kürzt werden.²⁵² Wenn der Versammlungsleiter so verfährt, muss er erst in einem vergleichweise späten Stadium entscheiden, ob er die „unechte" Redezeitbeschränkung in eine „echte" Redezeitbeschränkung umwandelt. Er kann anhand der Entwicklung während der Debatte genauer abschätzen, ob es der echten Redezeitbeschränkung bedarf. Eine Redezeitbeschränkung auf 5 Minuten sollte insbesondere erwogen werden, wenn ohne sie nicht allen Versammlungsteilnehmern, die dies wünschen, überhaupt das Wort erteilt werden kann. Eine Redezeit von weniger als 5 Minuten ist dagegen – jedenfalls für den ersten Redebeitrag eines Aktionärs oder Aktionärsvertreters – nicht zu empfehlen, da der Beitrag dann kaum inhaltliche Substanz entwickeln kann.²⁵³ Anders ist das, wenn Aktionären nach Abarbeitung der Liste mit den Erstwortmeldungen das Wort erneut erteilt wird. Je nach Umfang der Liste mit den zweiten Wortmeldungen kann sich dann eine weitere Verkürzung auf drei Minuten anbieten, und ist zulässig.

In der Praxis hat es sich bewährt, Steuerungsmaßnahmen mit genügendem Vorlauf anzukündigen. Überraschungsanordnungen stoßen in der Regel auf Kritik. Ziel einer Redezeitbeschränkung ist es in der Regel, möglichst allen Aktionären, die dies wünschen, Gelegenheit zu geben, das Wort jedenfalls einmalig zu ergreifen. Aus der Praxis sind nur wenige Fälle bekannt, in denen das wegen der Vielzahl der Wortmeldungen nicht möglich war. 162

f) Individuelle Redezeitbeschränkung

Individuelle Redezeitbeschränkungen sind rechtlich zulässig. Die praktische Bedeutung ist gering. Wo Aktiengesellschaften von vornherein eine (unechte) Redezeitbeschränkung einführen, bedarf es einer individuellen Redezeitbeschränkung in der Regel nicht mehr. Redezeitbeschränkende Maßnahmen gegen einzelne Aktionäre haben Bedeutung vor allem bei der Durchsetzung von Redezeitvorgaben und bei Störungen durch einen einzelnen Redner, etwa durch Beleidigungen anderer Versammlungsteilnehmer oder Beiträge, die keinen Bezug zur Tagesordnung haben. 163

g) Aufhebung einer Redezeitbeschränkung

So wie der Versammlungsleiter eine Redezeitbeschränkung einführen kann, kann er sie auch wieder aufheben oder eine echte Redezeitbeschränkung in eine eine unechte Redezeitbeschränkung umwandeln. Ein solcher Fall kann eintreten, wenn viele Aktionäre sich nur vorsorglich zu Wort gemeldet und ihre Wortmeldung zwischenzeitlich zurückgegeben haben oder bei Aufruf nicht erscheinen. 164

Im Schrifttum wird teilweise²⁵⁴ angenommen, dass der Versammlungsleiter die Zeitprognose, die er der Redezeitbeschränkung zugrunde gelegt hat, fortlaufend überprüfen müsse. Gegebenenfalls sei er zur Aufhebung der Redezeitbeschränkung verpflichtet. Dem ist nicht zuzustimmen. Versammlungsleitung findet nicht „mit Stoppuhr und Rechenschieber" statt. Sie ist nicht exakt planbar. Wenn sich die Rednerliste unerwartet verkürzt, vermindert sich in der Regel auch der Zeitbedarf der einzelnen Redner. Die Debatte neigt sich dann insgesamt dem Ende zu, es mehren sich die Wiederholungen. Kritischen Aktionären ist das Wort oft schon mehrfach erteilt worden. Auch sie wünschen gar keine Verlängerung der Redezeit mehr. Eine Aufhebung der Redezeitbeschränkung würde dann künstlich wirken. Es obliegt daher dem weiten Ermessen des Versammlungsleiters, ob er eine Redezeitbeschränkung wieder aufhebt. Wenn er das erwägt, sollte er zunächst von einer echten auf eine unechte Redezeitbeschränkung umstellen. 165

---

[252] Vgl. OLG Frankfurt NZG 2012, 942; OLG Frankfurt AG 2011, 36 (41); OLG Frankfurt NZG 2009, 1066 (1067); LG Stuttgart AG 1994, 425 (426); *Kubis* in MüKoAktG AktG § 119 Rn. 166.
[253] Vgl. OLG München WM 2011, 2048 (2054).
[254] Anders *Kubis* in MüKoAktG AktG § 119 Rn. 167 („… zugrundeliegende Zeitprognose fortlaufend zu überprüfen ….").

3. Schließung der Rednerliste/Anordnung des Schlusses der Debatte vor Erledigung der Wortmeldungen

166 Wichtige Instrumente für die zeitliche Steuerung der Aktionärsdebatte sind die Schließung der Rednerliste und die Anordnung des Schlusses der Debatte.

a) Schließung der Rednerliste

167 Die Schließung der Rednerliste wird erforderlich, wenn sich absehen lässt, dass trotz einer Redezeitbeschränkung nicht gewährleistet ist, dass die Hauptversammlung **innerhalb eines angemessenen Zeitrahmens** beendet werden kann.[255] Die Rednerliste kann auch „vorläufig" geschlossen werden, dh dass der Versammlungsleiter sich die Zulassung weiterer Wortmeldungen vorbehält, wenn die Rednerliste früher als angenommen erledigt werden kann. Der Versammlungsleiter kann ungeachtet einer Schließung der Rednerliste weitere Wortmeldungen zulassen, wenn die Rednerliste früher als angenommen erledigt ist.[256] Er wird nur in Ausnahmefälle dazu verpflichtet sein.[257]

168 Die Schließung der Rednerliste sollte, soweit nicht besondere Umstände gegeben sind, mit einem gewissen zeitlichen Vorlauf **angekündigt** werden, so dass die Aktionäre vor Schließung der Rednerliste noch eine Wortmeldung abgeben können.

169 Die Eingriffsqualität der Anordnung des Versammlungsleiters, die Rednerliste vorerst zu schließen, ist an sich gering:[258] Sie ist – da immer vorläufig – nicht mehr als die pflichtgemäße Einschätzung des Versammlungsleiters, dass die Abarbeitung der aktuellen Wortmeldeliste voraussichtlich vollständig die Zeit in Anspruch nimmt, die für die Aktionärsdebatte eingeplant ist. Die Gerichte nehmen bei der nachträglichen gerichtlichen Prüfung gleichwohl eine stark **einzelfallbezogene Beurteilung** vor, selbst bei Aktionärsdebatten, die noch nach 21.00 Uhr andauerten. Sie entfernen sich damit zum Teil weit von der Vorstellung, die der Gesetzgeber mit Einführung von § 131 Abs. 2 S. 2 AktG in das Gesetz hatte.

b) Schluss der Debatte vor Erledigung der Wortmeldungen

170 Zeichnet sich ab, dass wegen der Vielzahl der Wortmeldungen die Beendigung der Hauptversammlung trotz Beschränkung der Redezeit und Schließung der Rednerliste in einem angemessenen Zeitrahmen nicht möglich ist, kann der Versammlungsleiter auch den Schluss der Debatte vor Erschöpfung der Rednerliste anordnen.[259] Bei straffer Führung der Aktionärsdebatte ist das heute ein Ausnahmefall. Wenn er eintritt, ist die Anordnung des Schlusses der Debatte eine notwendige Folge aus dem Zeitablauf und dem beschränkten Zeitrahmen, der für eine Hauptversamlung zur Verfügung steht. Die rechtliche Einstufung als „ultima ratio"[260] ist verzerrend.

171 Auch der Schluss der Debatte sollte angemessen und frühzeitig angekündigt werden. Wenn der Versammlungsleiter den Aktionären seine Gründe und Erwägungen frühzeitig und offen darlegt, fördert dies die Akzeptanz einer späteren Anordnung. Es kann zweckmäßig sein, den Aktionären die Möglichkeit zu geben, (etwa auf dem Wortmeldeblatt) auf Aspekte aufmerksam zu machen, die objektiv wichtig und in der Debatte noch nicht adressiert worden sind.

---

[255] *Drinhausen* in Hölters AktG Anh § 129 Rn. 15.
[256] *Kubis* in MüKoAktG AktG § 119 Rn. 168.
[257] Anders *Kubis* in MüKoAktG AktG § 119 Rn. 167 („... zugrundeliegende Zeitprognose fortlaufend zu überprüfen ....").
[258] Anders *Kubis* in MüKoAktG AktG § 119 Rn. 168.
[259] *Drinhausen* in Hölters AktG Anh § 129 Rn. 16.
[260] So *Kubis* in MüKoAktG AktG § 119 Rn. 169.

VI. Aktionärsdebatte § 9

Sieht sich der Versammlungsleiter zur Schließung der Debatte vor Erledigung der Wortmeldungen veranlasst, muss er eine sachgerechte Auswahl der noch zu berücksichtigenden Redner treffen. Die Bestimmung des Auswahlkriteriums obliegt ihm. Er entscheidet nach pflichtgemäßem Ermessen. Dabei muss er schon aus Gründen der Gleichbehandlung Aktionären den Vorrang einräumen, denen er das Wort bisher noch nicht erteilt hat. Wenn nur wenige Wortmeldungen unberücksichtigt bleiben würden, sollte er eine Verlängerung der Debatte erwägen. Im Übrigen steht ihm weites Ermessen zu. Sachgerecht ist etwa, wenn er nach der Reihenfolge der Wortmeldungen, nach der Höhe des Aktienbesitzes oder anhand der Stichworte auf dem Wortmeldezettel entscheidet. Auch eine Mischung unterschiedlicher Kriterien ist ohne weiteres zulässig. 172

4. Behandlung von Aktionärsanträgen

Neben dem Teilnahme-, Rede und Auskunftsrecht gehört das Antragsrecht zu den grundlegenden Rechten der Aktionäre in der Hauptversammlung. Wird das Antragsrecht unzulässig beschränkt oder über den Antrag nicht ordnungsgemäß entschieden, kann das die Anfechtung der darauf beruhenden Hauptversammlungsbeschlüsse begründen; soweit der Fehler Relevanz für die Beschlussfassung hat (§ 243 Abs. 1 AktG). 173

a) Antragstellung in der Hauptversammlung

Das Antragsrecht ist Ausfluss des Teilnahmerechts und besteht nur in der Hauptversammlung. Der Teilnehmer hat den Antrag daher in der Hauptversammlung zu stellen. Die Ankündigung eines Antrags im Vorfeld der Hauptversammlung, etwa durch Übersendung eines Gegenantrags zu den Beschlussvorschlägen von Vorstand und Aufsichtsrat an die Gesellschaft (§§ 125 f. AktG), ersetzt die Antragstellung in der Hauptversammlung nicht. 174

Der Versammlungsleiter kann anordnen, dass Aktionäre ihre Anträge nach Wortmeldung mündlich stellen, er kann aber auch schriftliche Aktionärsanträge annehmen. Die mündliche Antragstellung nach Erteilung des Wortes sollte der Normalfall sein; dann können alle Teilnehmer den Antrag zur Kenntnis nehmen. 175

Mit der Anordnung des Versammlungsleiters, Anträge im Rahmen einer Wortmeldung zu stellen, ist zugleich klargestellt, dass Anträge nur während der Aktionärsdebatte gestellt werden können. Eine Antragstellung nach Schluss der Debatte bedarf gesonderter Zulassung durch den Versammlungsleiter. Er entscheidet darüber nach pflichtgemäßem Ermessen. Eine Reduzierung des Ermessens auf „Null" und damit eine Pflicht, die nachträgliche Antragstellung zuzulassen, ist nur in besonderen Ausnahmefällen anzunehmen. 176

b) Aufnahme des Antrags

Zu den Aufgaben des Versammlungsleiters zählt die Aufnahme von Aktionärsanträgen. In Hauptversammlungen börsennotierter Aktiengesellschaften nehmen in der Regel Stenographen im Back Office den Antrag auf. Der Versammlungsleiter muss sich dann vergewissern, dass der Antrag richtig niedergeschrieben worden ist. Gegenbenfalls kann er beim Aktionär nachfragen. Nimmt der Versammlungsleiter einen schriftlichen Beschlusantrag an, hat er das Auditorium – nicht notwendig sofort – zu unterrichten.[261] Das gilt nicht, wenn es sich um einen offensichtlich unsinnigen und nicht abstimmungsfähigen Antrag handelt. 177

Soweit der Versammlungsleiter rechtliche Bedenken gegen einen Beschlussantrag hat, ist es in der Praxis üblich und in der Regel auch geboten, den Antragsteller auf Mängel hinzuweisen. Das gilt jedenfalls, wenn sie ohne weiteres behoben werden können. Ein 178

---

[261] *Kubis* in MüKoAktG AktG § 119 Rn. 150.

kurzer Hinweis, in welchem Punkt der Versammlungsleiter den Antrag für nicht abstimmungsfähig hält, ist ausreichend. Eine Pflicht zur Beratung des Aktionärs besteht nicht. Zudem muss der Antrag eine gewisse „Seriositätsschwelle" überschreiten. Unsinnig und offensichtlich nicht abstimmungsfähige Anträge muss der Versammlungsleiter nicht weiter verfolgen.

c) Prüfung von Aktionärsanträgen

179 Soweit die Zulässigkeit oder Unzulässigkeit des Aktionärsantrags nicht feststeht, hat der Versammlungsleiter eine rechtliche Prüfung zu veranlassen. Ist der Antrag auf eine zulässige Beschlussfassung der Hauptversammlung gerichtet, muss der Versammlungsleiter entscheiden, ob er den Antrag **sofort** oder erst zusammen mit anderen Sach- und Verfahrensanträgen **nach Schluss der Debatte** zur Abstimmung stellt. Eine sofortige Abstimmung ist in der Regel nicht geboten (näher → Rn. 195 ff.). Ergibt die Prüfung oder steht anderweitig fest, dass der Antrag nicht zulässig ist, wird der Versammlungsleiter den Beschlussantrag in der Regel zurückweisen und den Antragsteller über den Grund unterrichten.[262] Eine Rechtspflicht, einen unzulässigen Beschlussantrag zurückzuweisen und nicht zur Abstimmung zu stellen, ist aber nur anzunehmen, wenn feststeht, dass der Antrag auf eine nichtige Beschlussfassung gerichtet ist.[263] In allen anderen Fällen entscheidet der Versammlungsleiter nach pflichtgemäßem Ermessen. Beispiele: Es besteht eine ungeklärte Rechtslage; der Beschluss findet mit hoher Wahrscheinlichkeit nicht die erforderliche Mehrheit; der Beschlussantrag ist für die Gesellschaft von erheblichem Gewicht und wird von der Mehrheit unterstützt. Es kann dann zweckmäßig sein, die gerichtliche Kontrolle einem nachträglichen Anfechtungsverfahren zu überlassen.

180 Im **Schrifttum**[264] wird zum Teil angenommen, dass der Versammlungsleiter grundsätzlich nicht befugt sei, einen Beschlußantrag, der auf eine „nur" anfechtbare Beschlussfassung gerichtet ist, zurückzuweisen. Die Beschlusskontrolle müsse den Gerichten vorbehalten bleiben. Eine andere Ansicht[265] vertritt, dass der Versammlungsleiter die Beschlussfassung nur ablehnen könne, wenn der Beschlussmangel evident ist. Eine dritte Meinung[266] hält den Versammlungsleiter jedenfalls dann nicht für berechtigt, den Beschlussantrag zurückzuweisen, wenn er mit dem Verlangen einer Minderheit zur Ergänzung der Tagesordnung (§ 122 Abs. 2 AktG) angekündigt worden sei. Dann prüfe in der Regel der Vorstand die rechtliche Zulässigkeit einer Beschlussfassung. An die Prüfung durch den Vorstand sei der Versammlungsleiter gebunden. Etwas anderes gelte nur dann, wenn in der Hauptversammlung selbst Gründe eintreten, die den Beschlussantrag unzulässig machen. Den vorgenannten Ansichten ist nicht zuzustimmen. Erforderlich ist eine Entscheidung im Einzelfall. Es kann nicht außer Zweifel stehen, dass der Versammlungsleiter den Beschlussantrag zurückweisen kann, denn es an einer ordnungsgemäß bekannt gemachten Tagesordnungspunkt fehlt, unter dem der Beschluss gefasst werden könnte, § 124 Abs. 4 S. 1 AktG. Dasselbe gilt, wenn der Aktionär eine über den verteilungsfähigen Gewinn hinausgehende Dividendenzahlung beantragt. Auch ein Sonderprüfungsantrag, der die Sonderprüfer nicht benennt, ist von vornherein nicht zur Abstimmung zu stellen. Die Fallgestaltungen sind zu unterschiedlich, um einen einheitlichen Maßstab anzulegen. Ohne Kenntnis der Umstände des Einzelfalls muss es vielmehr bei dem Grundsatz bleiben, dass der Versammlungsleiter nach pflichtgemäßem Ermessen entscheidet. Dazu kann im Einzelfall auch gehören, dass er mit Blick auf das Neutralitätsgebot

---

[262] Wie hier *Kubis* in MüKoAktG AktG § 119 Rn. 151; enger dagegen *Mülbert* in GroßkommAktG AktG § 129 Rn. 155 („Offenkundigkeit"); *Schatz* AG 2015, 696 (697) („evident" bzw. „offenkundig").
[263] Vgl. *Kubis* in MüKoAktG AktG § 119 Rn. 151; *Mülbert* in GroßkommAktG AktG § 129 Rn. 155; *Wicke* in Spindler/Stilz AktG Anh. § 119 Rn. 8.
[264] Vgl. *Mülbert* in GroßkommAktG AktG § 129 Rn. 155.
[265] Vgl. *Schatz* AG 2015, 696 (697).
[266] Vgl. *Grunewald* AG 2015, 689 (692).

(→ Rn. 6) die eigenen rechtlichen Bedenken gegen einen Beschlussvorschlag zurückstellt.[267] ist zuzugeben, dass bei einer durch den Vorstand erledigten oder von einem Gericht angeordneten Tagesordnugnserweiterung auf Verlangen einer Minderheit (§ 122 Abs. 2 und 3 AktG) das Neutralitätsgebot besondere Zurückhaltung fordert.

d) Behandlung von Sachanträgen

Sachanträge sind alle Beschlussanträge, mit denen nicht das Verfahren in der Hauptversammlung geregelt, sondern die **Verhältnisse der Gesellschaft in der Sache gestaltet** werden, mit Wirkung für und gegen alle Aktionäre und Organe der Gesellschaft.[268] Sachentscheidungen sind der **Hauptversammlung vorbehalten.** Sie entscheidet durch Beschluss. Ungeachtet der ausschließlichen Sachentscheidungskompetenz der Hauptversammlung, kommt dem Versammlungsleiter eine nicht unbeachtliche Aufgabe bei der Behandlung der Sachanträge zu. Er hat nämlich zu entscheiden, ob eine Sachentscheidung überhaupt zulässig ist, und gegebenenfalls die Aussprache und Beschlussfassung zu dem Antrag zu leiten. Er stellt ferner das Ergebnis der Beschlussfassung fest.

Allgemein kann über einen Sachantrag nur Beschluss gefasst werden, wenn er zu einem **ordnungsgemäß bekannt gemachten Tagesordnungspunkt** gestellt wird (§ 124 Abs. 4 S. 1 AktG). Von dieser gesetzlichen Regel gibt es nur eine Ausnahme: Über den Antrag auf Einberufung einer weiteren Hauptversammlung kann die Hauptversammlung auch ohne Bekanntmachung als Tagesordnungspunkt Beschluss fassen.[269] Neben die allgemeinen, für jeden Beschluss der Versammlung geltenden Beschlussvoraussetzung können besondere Beschlusserfordernisse treten: Ein Sonderprüfungsantrag muss etwa den Anforderungen des § 142 AktG entsprechen, dh Sonderprüfer benennen, die keinem Bestellungshindernis nach § 143 Abs. 2 AktG unterliegen, und einen zulässigen Prüfungsgegenstand angeben. Bei einem Vorschlag zur Wahl eines Aufsichtsratsmitglieds muss ein Kandidat vorgeschlagen werden, der die gesetzlichen und statutarischen Wahlvoraussetzungen erfüllt.

Nicht erforderlich ist, dass der Aktionär den Gegenstand der Tagesordnung benennt, zu dem er einen Beschlussantrag stellt. Ausreichend ist, dass tatsächlich ein genügender Sachzusammenhang zu einem Gegenstand der Tagesordnung besteht.

aa) Gegenanträge

Sachanträge werden zwei Gruppen unterteilt: Gegenanträge und selbständige Sachanträge. Ein Gegenantrag ist ein Beschlussantrag, der auf eine inhaltlich andere Entscheidung gerichtet ist als der Beschlussvorschlag von Vorstand und Aufsichtsrat oder der Antrag eines anderen Aktionärs. Beispiele: Antrag, eine andere Gewinnverwendung vorzunehmen, als von Vorstand und Aufsichtsrat vorgeschlagen; der Antrag, die Entlastung der Mitglieder von Vorstand und Aufsichtsrat nicht zu erteilen, sondern zu vertagen; der Antrag, die Ermächtigung zum Erwerb von eigenen Aktien mit einem anderen Inhalt zu erteilen, als von Vorstand und Aufsichtsrat vorgeschlagen; der Antrag, andere Personen in den Aufsichtsrat zu wählen, als vom Aufsichtsrat vorgeschlagen. **Typisch für den Gegenantrag ist,** dass er in einem **Ausschlussverhältnis** zum Beschlussvorschlag von Vorstand und Aufsichtsrat bzw. eines anderen Aktionärs steht. Die Hauptversammlung kann über denselben Gegenstand nur *eine* Sachentscheidung treffen.

Das Alternativverhältnis erleichtert die Behandlung eines Gegenantrags. Hat nämlich die Hauptversammlung mit der erforderlichen Mehrheit für den Beschlussvorschlag von Vorstand und Aufsichtsrat gestimmt, dann hat sie sich inzident gegen den Beschlussantrag des Aktionärs entschieden. Mit der Beschlussfassung über den Beschlussvorschlag von

---
[267] Wie vor.
[268] Vgl. *Austmann* FS Hoffmann-Becking, 45 (47).
[269] § 124 Abs. 4 S. 2 AktG.

Vorstand und Aufsichtsrat hat sich der Gegenantrag des Aktionärs erledigt. Das bedeutet, dass über ihn nicht mehr gesondert abgestimmt werden muss.

186 Diese – im Grundsatz wenig aufwendige – Behandlung des echten Gegenantrags setzt voraus, dass der Versammlungsleiter das Recht hat, zunächst über den Beschlussvorschlag von Vorstand und Aufsichtsrat abstimmen zu lassen. Denn nur dann kann sich der Beschlussantrag des Aktionärs durch die Beschlussfassung über den Vorschlag von Vorstand und Aufsichtsrat erledigen. Nach herrschender Auffassung[270] legt der Versammlungsleiter die Reihenfolge der Abstimmungen fest. Dabei hat er weites Ermessen. Die vorrangige Abstimmung über den Beschlussantrag von Vorstand und Aufsichtsrat ist aber stets sachgemäß, und zwar – entgegen einer vielfach vertretenen Ansicht – ganz unabhängig davon, ob erwartet werden kann, dass der Beschlussvorschlag von Vorstand und Aufsichtsrat die erforderliche Mehrheit bekommt. Über die Mehrheitsverhältnisse kann der Versammlungsleiter in der Regel im Vorfeld keine sicheren Feststellungen treffen.

187 Nur in einem einzigen gesetzlich geregelten Fall[271] gilt etwas anderes: Hat der Aktionär vor der Hauptversammlung der Gesellschaft **eigene Wahlvorschläge** zur Auf-sichtsratswahl so rechtzeitig mitgeteilt, dass die Gesellschaft den Aktionären die Wahlvorschläge schon vor der Hauptversammlung zugänglich machen muss, und beantragt der Aktionär vorrangige Abstimmung über seinen Wahlvorschlag, so ist über seinen Wahlvorschlag vorrangig abzustimmen, wenn es eine Minderheit von Aktionären verlangt, deren Aktien zusammen 10 Prozent des Grundkapitals erreichen.

188 Findet der **Beschlussantrag von Vorstand und Aufsichtsrat nicht die erforderliche Mehrheit,** muss der Versammlungsleiter in einem weiteren Abstimmungsgang über den Gegenantrag des Aktionärs abstimmen lassen. Liegen mehrere Gegenanträge vor, liegt es im Entscheidungsermessen des Versammlungsleiters, die Reihenfolge der Abstimmungen festzulegen.

bb) Unechter Gegenantrag

189 Unter einem unechten Gegenantrag wird ein Antrag verstanden, der auf die bloße Ablehnung eines Beschlussvorschlags von Vorstand und Aufsichtsrat bzw. eines anderen Aktionärs zielt. Der Antragsteller will andere Aktionäre gewinnen, mit ihm gegen den Beschlussvorschlag von Vorstand und Aufsichtsrat bzw. eines anderen Aktionärs stimmen. Richtigerweise handelt es sich überhaupt nicht um einen Antrag. In der Sache will der Aktionär nicht mehr, als ohnehin in jedem Abstimmungsverfahren möglich ist: nämlich gegen den Beschlussvorschlag von Vorstand und Aufsichtsrat stimmen. Ein unechter Gegenantrag bedarf daher keiner gesonderten Behandlung.

cc) Selbständige Sachanträge

190 Die selbständigen Sachanträge unterscheiden sich von Gegenanträgen dadurch, dass sie nicht in einem Ausschlussverhältnis zu den Beschlussvorschlägen von Vorstand und Aufsichtsrat oder anderer Aktionäre stehen. Das ist etwa der Fall, wenn der Aktionär eine Tagesordnungserweiterung durchgesetzt und zu dem ergänzten Tagesordnungspunkt einen Sachantrag gestellt hat: etwa den Antrag auf Bestellung von besonderen Vertreten, § 147 Abs. 2 S. 1 AktG. Denkbar ist aber auch, dass unter einem durch das Einberufungsorgan bekanntgemachten Tagersordnungspunkt ein Beschlussvorschlag gemacht wird, der nicht in einem Ausschlussverhältnis zu dem Beschlussvorschlag von Vorstand und Aufsichtsrat steht. Beispiel: Antrag auf Bestellung von Sonderprüfern (§ 142 AktG); die Beschlussfassung kann unter dem Tagesordnungspunkt „Entlastung" zur Abstimmung gestellt

---

[270] Vgl. nur OLG Stuttgart AG 2009, 204 (210); OLG Hamburg AG 1981, 193 (197f.); *Kubis* in MüKo-AktG AktG § 119 Rn. 156; *Koch* in Hüffer/Koch AktG, § 129 Rn. 23; *Mülbert* in GroßkommAktG AktG § 126 Rn. 157.
[271] § 137 AktG.

werden, wenn sich der Gegenstand der Sonderprüfung auf den Entlastungszeitraum bezieht. Es besteht kein Alternativverhältnis zum Entlastungsbeschluss. Sonderprüfer können unabhängig von der Entlastungsentscheidung bestellt werden. Die Abstimmung kann in einem einheitlichen Abstimmungsvorgang mit anderen Beschlussanträgen zu dem Tagesordnungspunkt durchgeführt werden, etwa unter Verwendung einer Sonderstimmkarte mit.

e) Behandlung von Geschäftsordnungsanträgen, die vom Versammlungsleiter zu entscheiden sind

Geschäftsordnungsanträge sind Anträge, die das Verfahren und die Ordnung in der Hauptversammlung betreffen.[272] Sie sind in ihrer Wirkung auf das Verfahren in der laufenden Hauptversammlung beschränkt. Die Mehrzahl der Geschäftsordnungsanträge unterliegt der alleinigen Entscheidungskompetenz des Versammlungsleiters, ohne dass die Hauptversammlung ihn „überstimmen" könnte (näher → Rn. 42 ff.). Beispiele: Antrag auf Ausschluss von Presse und Medien; Antrag auf Unterbrechung der Hauptversammlung; Antrag auf Erstellung eines stenografischen Protokolls; Antrag auf Vorlage oder Aushängigung von Unterlagen; Antrag auf Zulassung einer Zwischendebatte zu einem Aktionärsantrag. 191

Geschäftsordnungsanträge, die in die alleinige Kompetenz des Versammlungsleiters fallen, sind rechtlich als Verfahrensanregungen an den Versammlungsleiter anzusehen.[273] Der Versammlungsleiter kann sich dem Antrag anschließen, er kann im Rahmen seines weiten Leitungsermessens aber auch zu einem anderen Ergebnis kommen. Anders ist das nur, wenn der Geschäftsordnungsantrag auf die Geltendmachung von Aktionärsrechten gerichtet ist: etwa auf Protokolierung nach § 131 Abs. 5 AktG (→ Rn. 237 f.). Dann muss der Versammlungsleiter Sorge tragen, dass dem Aktionär das ihm zustehende Recht eingeräumt wird. 192

Es gibt keine formalen Anforderungen zum Umgang mit Verfahrensanregung an den Versammlungsleiter, die in die Form eines Antrags gekleidet sind. In der Praxis wird häufig, aber keineswegs immer eine kurze Information gegeben, wie der Versammlungsleiter mit der Verfahrensanregung umgeht.

Ein Beispiel:

„Herr [ ] beantragt, die Presse- und Medienvertreter von der Versammlung auszuschließen. Ich darf Ihnen dazu mitteilen, dass wir die Presse- und Medienvertreter eingeladen haben. Wir sind an einer regen Presseberichterstattung über unser Unternehmen interessiert. Die Presse- und Medienvertreter haben uns aber mitgeteilt, dass sie ab etwa 14.00 Uhr in ihre Redationen zurückkehren. Wer sich zu Wort meldet, aber nicht vor 14.00 Uhr aufgerufen werden will, kann dies auf dem Wortmeldezettel vermerken."

Zweckmäßig ist es zu prüfen, ob sich aus der Verfahrensanregung Anhaltspunkte für einen Mangel im Versammlungsablauf ergeben, etwa darauf, dass Unterlagen, die den Aktionären in der Hauptversammlung zugänglich zu machen sind, nur an dem angegebenen Ort zur Verfügung stehen. 193

f) Behandlung von Geschäftsordnungsanträgen, die auf eine Beschlussfassung der Hauptversammlung gerichtet sind

Aktionäre kündigen zum Teil frühzeitig – in der Regel zusammen mit der Wortmeldung („Wortmeldung zur Geschäftsordnung: Abwahl des Versammlungsleiters") an, dass sie ei- 194

---

[272] Vgl. *Kuhnt* FS Lieberknecht, 1997, 45 (50); *Austmann* FS Hoffmann-Becking, 45 (47).
[273] Vgl. *Kuhnt* FS Lieberknecht, 1997, 45 (50).

nen Geschäftsordnungsantrag stellen wollen. Mitunter liegen erste Ankündigungen bereits unmittelbar nach Eröffnung der Versammlung vor. Der Versammlungsleiter muss entscheiden, wann er dem Aktionär Gelegenheit gibt, den angekündigten Antrag zu stellen, konkret: ob er ihm das Wort vorrangig erteilt. Er muss weiter entscheiden, (i) ob die Hauptversammlung zur Entscheidung berufen ist, (ii) ob er vor der Fortführung der Hauptversammlung eine Zwischendebatte zu dem Geschäftsordnugnsantrag zulässt und (iii) nach Beendigung der Zwischendebatte eine gesonderte Abstimmung durchführt.

aa) Zeitlicher Vorrang?

195 Entgegen einer früher verbreiteten Ansicht[274] gibt es keinen rechtlichen Grundsatz, dass Geschäftsordnungsanträge **zeitlichen Vorrang** genießen.[275] Vielmehr ist im Einzelfall zu entscheiden, ob dem Aktionär das Wort vorrangig zu erteilen ist. Das ist der Fall, wenn der Aktionär mit dem Antrag eine Beschlussfassung der Hauptversammlung herbeiführen will, die erkennbar und in zulässiger Weise auf den gegenwärtigen Ablauf der Hauptversammlung Einfluss nimmt. Daran fehlt es in der ganz überwiegenden Mehrzahl der Fälle,

196 (i) entweder weil sich aus der Ankündigung keine Anhaltspunkte ergeben, was Gegenstand des Geschäftsordnungsantrags ist; der Versammlungsleiter kann dann nicht unterstellen, dass der Aktionär mit dem Antrag auf den gegenwärtigen Ablauf der Hauptversammlung Einfluss nehmen will;

197 (ii) oder weil sich der angekündigte Antrag auf einen späteren Verfahrensabschnitt bezieht, etwa auf das zeitlich nachgelagerte Abstimmungsverfahren;

198 (iii) oder weil die Hauptversammlung gar nicht zur Entscheidung berufen ist, sondern allein der Versammlungsleiter über die Verfahrensfrage entscheidet.

199 Eine Ausnahme ist, soweit ersichtlich, allein bei Ankündigung eines Antrags auf Abwahl des Versammlungsleiters anzunehmen (→ Rn. 201).[276]

200 Vor der Eröffnung der Aktionärsdebatte ist die Behandlung eines Geschäftsordnungsantrags in aller Regel nicht geboten.[277] Denn eine Beschlussfassung der Hauptversammlung setzt voraus, dass den Aktionären das Teilnehmerverzeichnis zugänglich ist (§ 129 Abs. 4 S. 1 AktG).[278] Darüber hinaus ist die Anfangsphase durch gesetzliche Vorgaben geprägt, die notwendig zu erledigen sind. Das Ziel eines Geschäftsordnungsantrags kann praktisch ausnahmslos und ungeschmälert auch nach Erledigung der gesetzlichen Pflichtteile erreicht werden.

bb) Zwischendebatte und Zwischenabstimmung

201 Wird ein Geschäftsordnungsantrag gestellt, dem zeitlicher Vorrang einzuräumen ist und über den die Hauptversammlung Beschluss fassen kann, hat der Versammlungsleiter unmittelbar in die Behandlung des Antrags einzutreten.[279] In der Praxis geht es allein um den Antrag auf Abwahl des Versammlungsleiters, soweit man dafür eine Beschlusskompetenz der Hauptversammlung annimmt (näher → Rn. 25). Wenn weitere Aktionäre das Wort zu dem Geschäftsordnungsantrag stellen, hat er ihnen das Wort zu erteilen. Für die Zwischendebatte sind strikte zeitliche Vorgaben zu empfehlen (näher → Rn. 204 f.). Nach Erledigung der Wortmeldungen hat der Versammlungsleiter abschließend über das Vorliegen der Beschlussvoraussetzungen (etwa: wichtiger Grund zur Abstimmung über die Abwahl des Versammlungsleiters) zu entscheiden. Danach tritt er in die Abstimmung ein. Er

---

[274] Vgl. nur *Kuhnt*, FS Lieberknecht, 1997, 45, 51 und 57.
[275] Vgl. *Kremer*, FS Hoffmann-Becking, 2013, 697 (700); *Kubis* in MüKoAktG AktG § 119 Rn. 146; *Mülbert* in GroßkommAktG AktG § 129 Rn. 151.
[276] Vgl. *Kremer* FS Hoffmann-Becking, 2013, 697 (700); wohl auch *Kubis* in MüKoAktG AktG § 119 Rn. 112 („vor der nächstfolgenden Abstimmung").
[277] Vgl. *Kremer* FS Hoffmann-Becking, 2013, 697 (702).
[278] Vgl. *Zimmermann* in Happ/Groß AktienR Ziff. 10.18 Rn. 12.20.
[279] Vgl. *Zimmermann* in Happ/Groß AktienR Ziffer 10.18 Rn. 12.20.

kann die Hauptversammlung für die Auszählung der Stimmen unterbrechen, aber auch einstweilen in der Hauptversammlung fortfahren.

cc) Verfahrensentscheidung vor Sachentscheidung

Soweit ein Verfahrensantrag auf die Art der Beschlussfassung über einen Sachantrag Einfluss nehmen soll (Beispiel: Entscheidung über die Entlastung im Wege der Einzelentlastung), ist über die Verfahrensfrage naturgemäß vor den Sachanträgen zu entscheiden.[280] Ein Verfahrensantrag kann daher erforderlich machen, dass zu einem Tagesordnungspunkt zwei Abstimmungsgänge durchgeführt werden. Sie können allerdings in einem Sammelgang erledigt werden; dazu muss der Sachantrag unter der Bedingung zur Beschlussfassung gestellt werden, dass die Verfahrensentscheidung eine Sachentscheidung zulässt.[281]

202

dd) Beschlussfassung ohne Ankündigung in der Tagesordnung

Wenn die Hauptversammlung ausnahmsweise zur Entscheidung über Verfahrensfragen in der Hauptversammlung berufen ist, erfordert die Beschlussfassung nicht, dass der Antrag als Gegenstand der Tagesordnung bekannt gemacht worden ist.[282] § 124 Abs. 4 S. 1 AktG findet keine Anwendung.

203

g) Fallgruppen

– **Abberufung des Versammlungsleiters.** Es ist umstritten, ob der Abwahlantrag überhaupt rechtlich zulässig ist (→ Rn. 21). Wenn sich der Versammlungsleiter – etwa aus Gründen rechtlicher Vorsorge – auf den Standpunkt stellt, dass dies der Fall ist, ist er selbst für die Behandlung des Abwahlantrags zuständig. Als bisheriger Standard kann gelten, dass der Versammlungsleiter dem Aktionär, der den Abwahlantrag angekündigt hat, vorrangig das Wort erteilt und ihm Gelegenheit gibt, den Antrag zu stellen und zu begründen. Danach erteilt er anderen Aktionären das Wort, die sich zu dem Antrag äußern wollen. Der Versammlungsleiter sollte von vornherein von dem ihm in der Regel durch Satzung eingeräumten Befugnis Gebrauch machen, einen zeitlichen Rahmen für die Zwischendebatte festzusetzen. Das gilt insbesondere, wenn sich nicht abzeichnet, dass der Abwahlantrag nennenswerte Unterstützung findet, geschweige denn, von einer satzungsändernden Mehrheit getragen wird. Abwahlanträge werden in kritischen Hauptversammlungen oft gezielt als „Störmanöver" eingesetzt. In der Praxis wird als ein angemessener Zeitrahmen für eine Zwischendebatte einen Zeitraum von maximal 60 bis 90 Minuten angesehen. Dem Antragsteller sollte eine Redezeit von 10 Minuten, den weiteren Aktionären eine Redezeit von fünf Minuten eingeräumt werden. Wenn Aktionäre, denen der Versammlungsleiter vorrangig das Wort zur Stellung und Begründung eines Abwahlantrags erteilt hat, nicht zum Abwahlantrag sprechen, sollte frühzeitig das Eskalationsverfahren zur Entziehung des Worts durchgeführt werden (→ Rn. 250).

204

Im Schrifttum wird angenommen, dass der Abwahlantrag nur zur Abstimmung zu stellen ist, wenn zugleich ein anderer Versammlungsleiter vorgeschlagen wird.[283] In der Praxis ist die Frage kaum von Bedeutung. Es spricht aber nichts dagegen die Wahl des neuen Versammlungsleiters erst vorzunehmen, wenn die Abwahl des bisherigen beschlossen worden ist.[284] Die Wahl des neuen Versammlungsleiters muss dann gegebenenfalls ein Mitglied des Einberufungsorgans leiten (schon → Rn. 17).

205

---

[280] Vgl. *Kuhnt* FS Lieberknecht, 1997, 45 (51); *Wicke* NZG 2007, 771 (772); *Herrler* in Grigoleit AktG § 129 Rn. 30; *Kubis* in MüKoAktG AktG § 119 Rn. 152; *Mülbert* in GroßkommAktG AktG § 129 Rn. 159.
[281] Vgl. *Mülbert* in GroßkommAktG AktG § 129 Rn. 160.
[282] Vgl. *Wilsing/von der Linden* ZIP 2010, 2321; *Austmann* FS Hoffmann-Becking, 45 (47).
[283] Vgl. *Kubis* in MüKoAktG AktG § 119 Rn. 114.
[284] Vgl. *Mülbert* in GroßkommAktG AktG § 129 Rn. 118.

206 Nicht erforderlich ist, den regulären Gang der Hauptversammlung schon vor Beginn der Aktionärsdebatte zu unterbrechen und dem Aktionär das Wort zu erteilen (→ Rn. 195 ff.).

207 Der oben genannte Vorschlag zur Behandlung eines Abwahlantrags kann rechtlich als gesichert gelten, hat aber den Nachteil, dass er einem Abwahlantrag, der eher auf Verzögerung und die Erreichung einer kritischen Haltung in der Hauptversammlung zielt, vergleichsweise breiten Raum gibt. Alternativ könnte sich der Versammlungsleiter daher zunächst darauf beschränken, sich ein Bild von dem Grund, den der Antragsteller für seinen Abwahlantrag vorträgt, und den Mehrheitsverhältnissen zu machen (auch → Rn. 32).

Beispiel:

„Ich erteile Ihnen das Wort, allerdings ausschließlich, um den angkündigten Abwahlantrag zu stellen und zu begründen. Ich werde Ihnen das Wort wieder entziehen, wenn Sie sich nicht auf die Stellung und Begründung des Abwahlantrags beschränken. Ich weise darauf hin, dass ich ein Abwahlantrag nur zur Abstimmung stelle, wenn Sie einen wichtigen Grund für die Abwahl vortragen und Ihr Abwahlersuchen von Aktionären unterstützt wird, deren Anteile zusammen den zwanzigsten Teil des Grundkapitals oder den anteiligen Betrag von 500.000 EUR erreichen. Allen Aktionären, die ihren Abwahlantrag unterstützen möchten, biete ich Gelegenheit, sich unter Vorlage Ihres Stimmkartenblocks am Wortmeldeschalter zu melden. Dort wird unter notarieller Aufsicht die Zählung durchgeführt."

Nach Prüfung des Abwahlantrags:

„Ich habe die von Ihnen vorgetragene Begründung rechtlich prüfen lassen. Ein wichtiger Grund für meine Abwahl als Versammlugnsleiter ist von Ihnen nicht vorgetragen worden. Dies scheint auch die große Mehrheit der übrigen Teilnehmer so zu sehen. Ihr Abwahlantrag wird gegenwärtig nur von Aktien mit einem anteiligen Betrag des Grundkapitals von EUR ... unterstützt. Das entspricht nicht mehr als ... Prozent des Grundkapitals. Damit ist auch das Quorum für eine Beschlussfassung über die Abwahl des Versammlungsleiters verfehlt. Ich stelle Ihren Antrag nicht zur Abstimmung."

208 – **Antrag auf Absetzung oder Vertagung eines Tagesordnungspunkts.** Die Anträge auf Absetzung und Vertagung eines Tagesordnungspunktes sind übereinstimmend darauf gerichtet, den Tagesordnungspunkt **von der Tagesordnung der laufenden Hauptversammlung** zu nehmen. Es handelt sich um den aus Sachentscheidungskompetenz der Hauptversammlung resultierenden Beschluss, zu dem Tagesordnungspunkt keine Sachentscheidung zu treffen (→ Rn. 49). Bei der Absetzung soll die Entscheidung endgültig sein, bei einer Vertagung einstweilig, nämlich bis das Einberufungsorgan den Tagesordnungspunkt auf die Tagesordnung einer späteren Hauptversammlung setzt. Liegt ein Vertragungsantrag vor, kann es die Hauptversammlung dem ordentlichen Einberufungsorgan überlassen, den Punkt auf die Tagesordung einer späteren Hauptversammlung zu nehmen. Das Einberufungsorgan entscheidet dann über die **erneute Aufnahme des vertagten Tagesordnungspunktes nach pflichtgemäßem Ermessen.**[285] Die Hauptversammlung kann aber auch eine Vorentscheidung treffen, an die der Vorstand gebunden ist. Dafür stehen ihr zwei Möglichkeiten zur Verfügung: Sie kann einen **Weisungsbeschluss nach § 83 Abs. 1 AktG** fassen, die Beschlussfassung weiter vorzubereiten und den Punkt auf die Tagesordnung der nächsten Hauptversammlung zu setzen. Der Weisungsbeschluss kann unter dem Tagesordnungspunkt beschlossen werden, der vertagt werden soll, § 124 Abs. 1 S. 1 AktG. Die Hauptversammlung kann darüber hinaus selbst **eine weitere Hauptversammlung einberufen** (§ 124 Abs. 4 S. 1 AktG) (zum Antrag auf Einberufung einer weiteren Hauptversamm-

---

[285] So wohl auch *Wilsing/von der Linden* ZIP 2010, 2321 (2322).

VI. Aktionärsdebatte § 9

lung näher → Rn. 182). Wenn der Antragsteller mit der Vertagung zugleich einen Weisungsbeschluss nach § 83 AktG zur Beschlussfassung stellen oder über die Einberufung einer neuen Hauptversammlung Beschluss fassen will, muss er dies allerdings in seinem Antrag klar zum Ausdruck bringen. Fehlt es daran, bewirkt der Vertagungsbeschluss lediglich, dass der betroffene Tagesordnungspunkt von der Tagesordnung der laufenden Hauptversammlung genommen ist. Absetzung und Vertagung sind dann in der Wirkung gleich.

– Im Schrifttum[286] ist anerkannt, dass der **Antrag auf Absetzung oder Vertagung eines Tagesordnungspunktes zulässig** und die Hauptversammlung zur Entscheidung darüber befugt ist. Zum Teil wird ein sachlicher Grund für die Absetzung oder Vertagung verlangt,[287] von anderen sogar ein wichtiger Grund.[288] Zutreffend ist, dass die Hauptversammlung die Absetzung oder Vertagung mit einfacher Mehrheit der abgegebenen Stimmen (§ 133 Abs. 1 AktG) beschließen kann.[289] Sie muss ihre Beschlussfassung **nicht auf einen sachlichen oder wichtigen Grund** stützen.[290] Bei der Beschlussfassung handelt es sich, wie oben ausgeführt (→ Rn. 49 f.) nicht um eine Verfahrensentscheidung, sondern um die Behandlung des Tagesordnungspunkts und Ausübung der Sachentscheidungskompetenz der Hauptversammlung: So wie es möglich ist, einem Beschlussvorschlag zuzustimmen oder diesen abzulehnen, kann die Hauptversammlung auch beschließen, von einer Entscheidung in der Sache abzusehen, entweder endgültig (Absetzung) oder vorübergehend (Vertagung) (näher → Rn. 52). Es ist auch nicht ersichtlich, welches Organ zur Überprüfung des sachlichen oder wichtigen Grundes berufen sein sollte und welchen Sinn eine nachträgliche gerichtliche Kontrolle eines sachlichen oder wichtigen Grundes machen könnte. Es bedarf des Erfordernisses eines sachlichen oder wichtigen Grundes auch nicht, um langwierige Vertagungs- oder Absetzungsdebatten in der Hauptverdsammlung zu vermeiden (dazu sogleich).[291] 209

Mit dem Antrag auf Absetzung oder Vertagung eines Tagesordnungspunkts verbinden die Antragsteller oftmals die Vorstellung, die Hauptversammlung **abkürzen oder die Tagesordnung „entlasten"** zu können, etwa weil sie den Tagesordnungspunkt noch nicht für ausreichend vorbereitet oder eine Beschlussfassung zu dem Tagesordnungspunkt (etwa einen Übertragungsbeschluss nach § 327a AktG) für unerwünscht halten. Dem liegt aber eine **rechtliche Fehlvorstellung** zugrunde. Denn der Antrag auf Absetzung oder Vertagung eines Tagesordnungspunktes muss keineswegs sofort behandelt werden. Erst recht muss der Versammlungsleiter keine Zwischendebatte oder Zwischenabstimmung einleiten. Der Beschluss, keine Sachentscheidung zu dem Tagesordnungspunkt zu treffen, kann vielmehr ohne weiteres mit allen anderen Sachanträgen zur Abstimmung gestellt werden. Der Aktionär ist in der Wahrnehmung seiner Rechte nicht beeinträchtigt, wenn die Absetzungs- oder Vertagungsentscheidung zusammen mit den anderen Sachanträgen zur Abstimmung gestellt wird. Ebenso wenig, wie ein Aktionär verlangen könnte, dass frühzeitig und vor Schluss der Generaldebatte über einen Ablehnungsantrag gegen die Beschlussvorschläge der Verwaltung abgestimmt wird, gibt es ein Individualrecht, die frühzeitige Absetzung oder Vertagung eines Tagesordnungspunktes zu verlangen. Nicht einmal die Hauptversammlung könnte durch Be- 210

---

[286] Vgl. die Nachweise in Fn. 89.
[287] *Kubis* in MüKoAktG AktG § 119 Rn. 141; *Mülbert* in GroßkommAktG AktG § 129 Rn. 175; *Martens* 78 meint hingegen, die Entscheidung über die Vertagung oder Absetzung stehe „im Belieben" der Hauptversammlung, sofern er jedoch auf einem Ergänzungsantrag von Aktionären (§ 122 Abs. 2) beruht, müsse die Zustimmung dieser Antragsteller eingeholt werden oder ein wichtiger Grund vorliegen.
[288] Vgl. *Wilsing/von der Linden* ZIP 2010, 2321 (2322); *Max* AG 1991, 77 (91f.).
[289] Bedenklich wäre allenfalls die Absetzung des ersten Tagesordnungspunktes einer ordentlichen Haupversammlung, unter dem der Vorstand die nach § 176 Abs. 1 S. 1 AktG vorzulegenden Unterlagen erläutert; die Frage muss nicht vertieft werden, da sie keine praktische Bedeutung hat.
[290] Im Ergebnis auch *Martens* 78; *Stützle/Walgenbach* ZHR 155 (1991) 516 (537, 538 f.); *Austmann* FS Hoffmann-Becking, 2013, 45 (53).
[291] So aber *Wilsing/von der Linden* ZIP 2010, 2321 (2323).

schluss in das Recht der Aktionäre eingreifen, zu einem ordnungsgemäß bekannt gemachten Gegenstand der Tagesordnung Stellung zu nehmen, Auskünfte zu verlangen und Anträge zu stellen.[292] Es besteht auch kein Grund, einem Aktionär bevorzugt das Wort zu erteilen, um einen Absetzungs- oder Vertagungsantrag zu stellen. Der Antrag auf Absetzung oder Vertagung eines Tagesordnungspunktes eignet sich daher anders als der Antrag auf Abwahl des Versammlungsleiters nicht zur Verschleppung des Versammlungsablaufs.

211 Wann der Versammlungsleiter den Absetzungs- oder Vertagungsantrag zur Abstimmung stellt, steht vielmehr im pflichtgemäßem Ermessen des Versammlungsleiters. In keinem Fall handelt er pflichtwidrig, wenn er **zunächst die Generaldebatte zuende führt.** Das ist insbesondere dann zweckmäßig, wenn es keine Anhaltspunkte gibt, dass der Absetzungs- oder Vertagungsantrag die Mehrheit der abgegebenen Stimmen finden könnte. Zeichnet sich dagegen ab, dass der Absetzungs- oder Vertagungsantrag von der Mehrheit getragen wird und kein Aktionär das Wort zu dem Tagesordnungspunkt mehr wünscht, kann der Versammlungsleiter die Abstimmung auch vorziehen. Nach ordnungsgemäßer Absetzung können die Aktionär zu dem Tagesordnugspunkt dann nicht mehr sprechen, keine Auskunfte mehr verlangen und keine Anträge mehr stellen. Rechtlich ist der Fall ebenso zu behandeln, als sei er nicht mit der Einberufung bekannt gemacht worden.

212 Die Grundsätze für die Absetzung und Vertagung eines Tagesordnugnspunkts gelten auch für Tagesordnungspunkte, die auf Minderheitsverlangen auf die Tagesordnung genommen worden sind, § 122 Abs. 2 AktG. Das Minderheitsrecht ist mit Bekanntmachung der Tagesordnung erledigt.[293] Behandlung und Beschlussfassung zu dem Tagesordnungspunkt bestimmen sich ohne Besonderheiten nach den allgemeinen Vorschriften.

213 – **Antrag auf Absage, Abbruch oder Vertagung der Hauptversammlung.** Der Antrag auf Absage, Abbruch oder Vertagung der Hauptversammlung ist zulässig. Die Hauptversammlung ist zu Entscheidung berufen. Es handelt sich um den aus Sachentscheidungskompetenz der Hauptversammlung resultierenden Beschluss, zu allen Tagesordnungspunkten eine Sachentscheidung abzulehnen. Es gelten die für die Absetzung oder Vertagung eines einzelnen Tagesordnungspunktes beschriebenen Grundsätze (→ Rn. 49f.) entsprechend.

214 – **Antrag auf Einzelentlastung.** § 120 Abs. 1 S. 2 AktG geht vom Grundsatz der Gesamtentlastung von Vorstand und Aufsichtsrat aus. Das bedeutet, dass die Aktionäre ihre Stimme bei den Beschlussfassungen über die Entlastung von Vorstand und Aufsichtsrat jeweils einheitlich abgeben. Eine Einzelabstimmung über die Entlastung der Mitglieder von Vorstand und Aufsichtsrat hat stattzufinden, wenn **die Hauptversammlung es beschließt** oder eine **Minderheit es verlangt,** deren Anteile zusammen den zehnten Teil des Grundkapitals oder den anteiligen Betrag von einer Million Euro erreichen. Da der Versammlungsleiter – in der Regel aufgrund ausdrücklicher Satzungebestimmung – über Art und Reihenfolge der Abstimmungen und damit auch über das Abstimmungsverfahren bestimmt, kann er von dem gesetzlichen Regelfall der Gesamtentlastung abweichen und eine Einzelentlastung anordnen.[294] Das kann etwa zweckmäßig sein, wenn eine Minderheit eine Einzelentlastung nur für einzelne Organmitglieder beantragt. Die vom Versammlungsleiter angeordnete Einzelentlastung aller Organmitglie-

---

[292] Anders offenbar *Kuhnt* FS Lieberknecht, 1997, 45 (53).
[293] Str.; für die auf Verlangen einer Minderheit einberufene Hauptversammlung wie hier auch BGHZ 206, 143 Rn. 23; *Austmann* FS Hoffmann-Becking, 2013, 45 (53); aA LG Frankfurt ZIP 2013, 1425 (1426); *Kubis* in MüKoAktG AktG § 119 Rn. 141; *Koch* in Hüffer/Koch AktG § 121 Rn. 18 und § 122 Rn. 9a; *Ziemons* in K. Schmidt/Lutter AktG § 122 Rn. 30.
[294] Vgl. nur BGHZ 182, 272 Rn. 12 – Umschreibestopp; *Kremer* FS Hoffmann-Becking, 2013, 697 (701); *Koch* in Hüffer/Koch AktG § 120 Rn. 10; *Kubis* in MüKoAktG AktG § 120 Rn. 12.

der vermeidet, dass die Einzelentlastung der betroffenen Organmitglieds zu einer „Stigmatisierung" führt.²⁹⁵

Wird ein Antrag auf Einzelentlastung gestellt, hat sich der Versammlungsleiter zu vergewissern, ob der Aktionär allein oder gemeinsam mit anderen Aktionären das Quorum des § 120 Abs. 1 S. 2 AktG (→ Rn. 349) erreicht. In der Regel fragt er in der Versammlung nach und gibt anderen Aktionären die Möglichkeit, sich dem Einzelentlastungsverlangen des Antragstellers anzuschließen. 215

Beispiel:

„Sie haben beantragt, über die Entlastung der Mitglieder des Vorstands einzeln abzustimmen. Wir verfahren entsprechend Ihrem Antrag, wenn Ihr Einzelentlastungsverlangen von Aktionären unterstützt wird, deren Anteile zusammen [10 Prozent des Grundkapitals/einen anteiligen Betrag am Grundkapital von 1 Mio. EUR] erreichen. Ich bitte um Ihren Nachweis am Wortmeldetisch. Zugleich gebe ich allen Aktionären, die Ihr Einzelentlastungsverlangen unterstützen möchten, die Gelegenheit, sich ebenfalls am Wortmeldetisch zu melden. Dort wird durch Vorlage der Stimmkartenblöcke unter notarieller Aufsicht festgestellt, ob das genannte Qourum erreicht ist. Nach Auszählung komme ich auf Ihren Antrag zurück."

Wird das Quorum erreicht, ist über die Entlastung der Mitglieder von Vorstand und/oder Aufsichtsrat einzeln abzustimmen. 216

Kommt das Quorum nicht zustande, liegt es an sich nahe, von einer Einzelentlastung abzusehen und entsprechend dem gesetzlichen Normalfall im Wege der Gesamtentlastung abzustimmen. Die herrschende Meinung²⁹⁶ sieht das gleichwohl anders: Jeder Aktionär könne alternativ zum Quorumsnachweis oder nach mißlungenem Quorumsnachweis den Antrag stellen, dass die Hauptversammlung über die Verfahrensfrage entscheidet. Die Versammlungsleiter sehen sich vor diesem Hintergrund in der Regel veranlasst zu klären, ob der Aktionär seinen Antrag nach mißlungenem Quorumsnachweis als Antrag auf Abstimmung der Hauptversammlung verstanden wissen will. Wird die Frage bejaht, lassen die Versammlungsleiter eine förmliche Abstimmung der Hauptversammlung über die Verfahrensfrage durchführen, nicht während der Aktionärsdebatte, aber in einem eigenen Abstimmungsgang vor der Abstimmung in der Sache. Aus der Praxis ist kein einziger Fall bekannt, in dem sich später eine Mehrheit für das Einzelentlastungsverlangen gefunden hätte. Jedes andere Ergebnis wäre auch überraschend. Wenn das Einzelentlastungsverlangen nicht einmal von dem Minderheitsquorum unterstützt wird, ist nicht anzunehmen, dass es später die Mehrheit findet. Die eher unwichtige Verfahrensfrage der Gesamt- oder Einzelentlastung bekommt damit ein Gewicht, das ihr mit Blick auf die klaren und feststehenden Mehrheitsverhältnisse nicht zusteht. 217

Versammlungsleiter haben daher bei Vorliegen eines Einzelentlastungsverlangens zum Teil selbst Einzelentlastung angeordnet. Wie oben (→ Rn. 214) dargelegt, ist das zulässig. Das Vorgehen hat den Vorteil, dass es den Lästigkeitswert des Verlangens, über die Einzelentlastung abzustimmen, vermindert. Es ist gleichwohl unbefriedigend, weil sie dem Lästigkeitswert des Minderheitsverlangen einen höheren Stellenwert gibt als der gesetzlichen Regel des § 120 Abs. 1 AktG: Das Gesetz sieht die Gesamtentlastung mit gutem Grund als Regelfall vor. Sie ist das Pendant zur Gesamtverantwortung von Vorstand und Aufsichtsrat.²⁹⁷ 218

Eine andere Lösung hat Ruckteschell²⁹⁸ vorgeschlagen: Aktionären, die eine Einzelabstimmung über die Entlastung wünschen, empfehlen, gegen die Entlastung der Vor- 219

---

²⁹⁵ Vgl. *Kremer* FS Hoffmann-Becking, 2013, 697 (702).
²⁹⁶ Vgl. nur *Kremer* FS Hoffmann-Becking, 2013, 697 (702); *Austmann* FS Hoffmann-Becking, 2013, 45 (49).
²⁹⁷ Vgl. nur *Kremer* FS Hoffmann-Becking, 2013, 697 (701).
²⁹⁸ Vgl. *Ruckteschell* AG 2007, 736 (738).

stands- und/oder Aufsichtsratmitglieder insgesamt zu stimmen. Dem Vorschlag wird zu Recht widersprochen.[299] Mit der Empfehlung würde das Stimmrecht der Aktionäre verkürzt. Denn diese schließt unter den in § 120 Abs. 1 S. 2 AktG geregelten Voraussetzungen auch ein, einzelnen Mitgliedern von Vorstand und Aufsichtsrat die Entlastung erteilen und anderen verweigern zu können.

220 Einer Überprüfung bedarf aber die Ansicht der herrschenden Meinung, dass jeder Aktionär alternativ zum Quorumsnachweis den Antrag stellen könne, dass die Hauptversammlung über die Verfahrensfrage entscheidet. Eine am Schutzzweck orientierte Auslegung von § 120 Abs. 1 S. 2 AktG führt zu einem anderen Ergebnis: Aktionäre können mit dem Nachweis des Quorums unter erleichterten Voraussetzungen eine Einzelentlastung durchsetzen. Wenn sich in der Hauptversammlung trotz Nachfrage des Versammlungsleiters nicht einmal das Quorum des § 120 Abs. 1 S. 2 AktG findet, ist das Einzelentlastungsverlangen des Aktionärs erledigt. Es bedarf keiner – in der Sache auch überflüssigen – Beschlussfassung der Hauptversammlung mehr.

221 Eine Beschlussfassung der Hauptversammlung ist nur durchzuführen, wenn andere Personen als Aktionäre Antrag auf Einzelentlastung stellen. In erster Linie kann dies der Versammlungsleiter sein.[300] Er kann Einzelentlastung zwar selbst anordnen, aber ebenso eine Beschlussfassung der Hauptversammlung herbeiführen, einen Einzelentlastungsbeschluss zu fassen, etwa wegen unterschiedlicher Verantwortungsbeiträge der einzelnen Organmitglieder zu einer Fehlentwicklung. Darüber hinaus wird man auch den einzelnen Mitgliedern von Vorstand und Aufsichtsrat das Recht zubilligen müssen, eine Beschlussfassung der Hauptversamlung über die Einzelentlastung herbeizuführen,[301] etwa um die Reichweite von Stimmverboten zu begrenzen oder weil sie mit dem Beschlussvorschlag von Vorstand und Aufsichtsrat nicht einverstanden sind und mit anderen Mitgliedern des Organs nicht „in einen Topf" geworfen werden wollen. Schließlich können auch Vorstand und Aufsichtsrat als Organ neben der Möglichkeit, eine Einzelentlastung bereits mit ihrem Beschlussvorschlag nach § 124 Abs. 3 S. 1 AktG vorzuschlagen, eine Beschlussfassung der Hauptversammlung dazu herbeiführen.

222 – **Antrag auf Sonderprüfung.** Die Hauptversammlung kann durch Beschluss Sonderprüfer bestellen, § 142 Abs. 1 AktG. Der Antrag auf Bestellung von Sonderprüfern ist ein Sachantrag. Nach § 142 Abs. 1 AktG entscheidet die Hauptversammlung mit einfacher Stimmenmehrheit. Die Bestellungskompetenz der Gerichte ist nachgelagert (§ 142 Abs. 2 AktG) oder auf Sonderfälle beschränkt (§ 258 Abs. 1 AktG). Der Versammlungsleiter muss die Ankündigung eines Sonderprüfungsantrags nicht zum Anlass nehmen, dem Aktionär vorrangig das Wort zu erteilen. Auch die Zulassung einer Zwischendebatte oder Zwischenabstimmung ist weder geboten noch zu empfehlen.

223 Der Versammlungsleiter kann sich auf einen Sonderprüfungsantrag nur einstellen, wenn er im Vorfeld der Hauptversammlung angekündigt wird. Das ist in der Praxis häufig nicht der Fall. Stellt ein Aktionär einen Sonderprüfungsantrag muss der Versammlungsleiter daher in der Regel während der laufenden Versammlung die **Zulässigkeit des Antrags prüfen** (lassen), in der Regel in **vier Schritten:**

224 (i) Unter welchem Tagesordnungspunkt kann die Beschlussfassung über den Sonderprüfungsantrag ohne Verstoß gegen § 124 Abs. 4 S. 1 AktG stattfinden? (näher → Rn. 190 sowie § 18 Rn. 79)

225 (ii) Werden Sonderprüfer vorgeschlagen, die das Amt übernehmen können? (näher → § 18 Rn. 80)

226 (iii) Wird ein zulässiger Prüfungsgegenstand bezeichnet? (→ § 18 Rn. 76 ff.)

227 (iv) Gibt es Personen, die vom Stimmrecht ausgeschlossen sind? (näher → § 18 Rn. 82)

---

[299] Vgl. *Kremer* FS Hoffmann-Becking, 2013, 697 (702).
[300] Vgl. *Austmann* FS Hoffmann-Becking, 2013, 45 (62).
[301] Vgl. zum Recht des Versammlungsleiters, eine Verfahrensentscheidung der Hauptversammlung herbeizuüfhren, nur *Austmann* FS Hoffmann-Becking, 2013, 45 (62).

Soweit der Versammlungsleiter rechtliche Bedenken gegen die Abstimmung hat, ist es 228
in der Praxis üblich und auch geboten, den Antragsteller auf Mängel hinzuweisen und
dem Aktionär Gelegenheit zur Anpassung des Antrags zu geben (allgemein zur Zurückweisung von unzulässigen Beschlussanträgen Rn. 179). Eine Pflicht zur Beratung des
Aktionärs besteht nicht.

Über einen zulässigen Sonderprüfungsantrag lässt der Versammlungsleiter zusammen 229
mit allen andern Sachanträge unter Verwendung einer Sonderstimmrechtskarte abstimmen. Die Abstimmung kann in einem Sammelgang mit allen übrigen Sachentscheidungen zu dem Tagesordnungspunkt abgestimmt werden. Dem Versammlungsleiter wird
nach Schluss der Aktionärsdebatte in der Regel ein angepasster Hauptleitfaden überreicht, in den die notwendigen Hinweise zur Abstimmung über den Sonderprüfungsantrag eingearbeitet sind (auch → Rn. 80 und Anhang 2).

Da in der Regel schon im voraus feststeht, dass der Antrag die erforderliche einfache 230
Mehrheit der abgegebenen Stimmen bei weitem verfehlt, lassen Versammlungsleiter die
Beschlussfassung über den Sonderprüfungsantrag in der Praxis häufig auch zu, wenn
letzte Zweifel an der Zulässigkeit des Antrags nicht ausgeräumt worden sind.

– **Antrag auf Bestellung von besonderen Vertretern.** Die Hauptversammlung kann 231
besondere Vertreter zur Geltendmachung von Ersatzansprüchen aus der Geschäftsführung gegen die Mitglieder des Vorstands und des Aufsichtsrats bestellen. Der Antrag ist
wie der Antrag auf Bestellung von Sonderprüfern Sachantrag. Nach § 147 Abs. 2 AktG
entscheidet die Hauptversammlung mit einfacher Stimmenmehrheit. Der Versammlungsleiter muss die Ankündigung des Antrags wie beim Sonderprüfungsantrag nicht
zum Anlass nehmen, dem Aktionär vorrangig das Wort zu erteilen. Auch die Zulassung
einer Zwischendebatte oder Zwischenabstimmung ist weder geboten noch zu empfehlen. Der Beschluss über die Bestellung von besonderen Vertretern bedarf einer eigenen
Ankündigung in der Tagesordnung, § 124 Abs. 4 S. 1 AktG. Eine Beschlussfassung unter einem anderen Tagesordungspunkt, etwa dem Tagesordnungspunkt Entlastung,
kommt nicht in Betracht (→ § 40 Rn. 42). Daher erlangt die Gesellschaft notwendig
im Vorfeld der Hauptversammlung Kenntnis, wenn ein Aktionär in der Hauptversammlung einen Antrag auf Bestellung von besonderen Vertretern stellen will. Sie kann
sich auf den Antrag einstellen und insbesondere die Zulässigkeit des Antrags eingehend
prüfen und die Beschlussfassung sorgfältig vorbereiten.

– **Widerspruch gegen Blockabstimmungen oder Listenwahl.** In der Hauptver- 232
sammlungspraxis werden zum Teil mehrere zusammenhängende Beschlussgegenstände
zu einer einheitlichen Abstimmung zusammengefasst. Beispiele: Über zehn im Wesentlichen inhaltsgleiche Beherrschungs- und Gewinnabführungsverträge wird nur eine Abstimmung durchgeführt, dh die Aktionäre können einheitlich für oder gegen die zehn
Beherrschungs- und Gewinnabführungsverträge stimmen (Blockabstimmung). Über die
Wahl von drei Aufsichtsratsmitgliedern wird durch eine Abstimmung entschieden; die
Aktionäre können nur einheitlich für oder gegen alle vorgeschlagenen Kandidaten
stimmen (Listenwahl).

Das gesetzliche Beispiel für eine Blockabstimmung ist die Gesamtentlastung der Mit- 233
glieder von Vorstand und Aufsichtsrat. Von Blockabstimmungen ist strikt die nur technische Zusammenfassung von mehreren ähnlichen Abstimmungen in einem Sammelgang zu unterscheiden; hier kann der Aktionär zu jedem Beschlussgegenstand eine
gesonderte Stimme abgeben, die Stimmen werden aber in einem einheitlichen Sammelgang eingesammelt. Das ist rechtlich in jedem Fall zulässig.

Ob und unter welchen Voraussetzungen eine Blockabstimmung zulässig ist, ist am wei- 234
testen für das Beispiel der Listenwahl von Aufsichtsratsmitgliedern geklärt. Nach der
Rechtsprechung des Bundesgerichtshofs[302] kann der Versammlungsleiter die Wahl von
Aufsichtsratsmitgliedern im Wege der Listenwahl jedenfalls dann anordnen, wenn die

---

[302] BGHZ 180, 9 Rn. 29.

Satzung eine Listenwahl ausdrücklich zulässt und dem Versammlungsleiter überlässt zu entscheiden, ob er die Wahl als Einzelwahl oder Listenwahl durchführt. Aktionäre können der Listenwahl nicht widersprechen und auch keine Beschlussfassung der Hauptversammlung über die Verfahrensfrage verlangen. Darin sei eine unzulässige Satzungsdurchbrechung zu sehen.[303]

235 Bedeutung haben die Rechtsprechung des Bundesgerichtshofs heute heute weniger für die Wahl von Aufsichtsratsmitgliedern, denn Ziffer 5.4.3 des DCGK empfiehlt die Einzelwahl. Die Rechtsprechung zur Listenwahl kann aber auf andere Blockabstimmungen übertragen werden: Dem Versammlungsleiter kann durch Satzungsbestimmung generell die Befugnis erteilt werden, über sachlich zusammenhängende Beschlussgegenstände „en bloc" abzustimmen.

236 Wenn eine Satzungsregelung fehlt, ist eine Blockabstimmung nach der Rechtsprechung des Bundesgerichtshofs[304] nicht von vornherein ausgeschlossen. Im Gegenteil: Sie könne, so der Bundesgerichtshof, der Straffung des Verfahrens bei zusammengehörigen Beschlußgegenständen dienen. Wenn eine Blockabstimmung (ohne ausdrückliche Satzungsermächtigung) durchgeführt wird, sollten die Aktionäre darauf hingewiesen werden, dass bei Ablehnung des Blockantrags eine Einzelabstimmung vorbehalten bleibt. Denn jedenfalls mit diesem Hinweis hält der Bundesgerichtshof die Blockabstimmung für zulässig.[305] An sich ist aber ein Grund für den Hinweis nicht recht ersichtlich, weil er nicht mehr als eine Selbstverständlichkeit ist.[306] Der Versammlungsleiter muss allerdings von der Blockabstimmung absehen und zur Einzelabstimmung übergehen, wenn nur ein einzelner Teilnehmer widerspricht. In den Hauptversammlungen börsennotierter Aktiengesellschaften wird daher die Blockabstimmung kaum mehr erwogen. Die Abstimmung über mehrere Beschlussgegenstände in einem einheitlichen Sammelgang benötigt auch kaum mehr Zeit als die Blockabstimmung.

237 – **Antrag auf Aufnahme verweigerter Auskünfte in die Sitzungsniederschrift.** Wird einem Aktionär eine Auskunft verweigert, so kann er nach § 131 Abs. 5 AktG verlangen, daß seine Frage und der Grund, aus dem die Auskunft verweigert worden ist, in die Sitzungsniederschrift aufgenommen wird. Der Aktionär sichert damit Beweis, dass er die Frage gestellt und die Verwaltung die Auskunft verweigert hat.[307] Die Anwendung der Vorschrift kann in der Hauptversammlung, insbesondere in einer „kritischen" Hauptversammlung zu erheblichen Verzögerungen führen, wenn nämlich eine Vielzahl von Aktionären behauptet, ihr sei die Auskunft auf gestellte Fragen verweigert worden. Mitunter wird das Verlangen schon im ersten Redebeitrag des Aktionärs vorsorglich für den Fall gestellt, dass die verlangten Auskünfte verweigert werden. Als verweigert sehen kritische Aktionäre eine Antwort schon an, wenn die Auskunft nach ihrer Ansicht unzureichend ist.

238 Es bedarf keiner Begründung, dass der Versammlungsleiter die zeitaufwändige Protokollierung nicht schon dann zulassen muss, wenn ein Aktionär behauptet, dass ihm eine unzureichende Auskunft gegeben worden ist. Vielmehr ist der normale Weg, dass Aktionäre durch Nachfragen ihr Auskunftsverlangen präzisieren. Die Verwaltung hat dann zu entscheiden, ob sie auf die Nachfrage weitere Auskünfte gibt. Dies ist während der gesamten Debatte möglich. Der Versammlungsleiter handelt daher im Rahmen pflichtgemäßen Leitungsermessens, wenn er über die Protokollierung nach § 131 Abs. 5 AktG erst am Ende der Aktionärsdebatte entscheidet.[308] Es bedarf auch keiner Begründung, dass die notarielle Sitzungsniederschrift kaum dazu geeignet ist, sämtliche angeblich

---

[303] BGHZ 180, 9 Rn. 30.
[304] BGHZ 156, 38 (41); KG AG 2003, 99; LG München AG 2004, 330 (331); OLG Frankfurt AG 2007, 672 (673).
[305] BGHZ 156, 38 (41).
[306] Ausdrücklich offengelassen in BGHZ 180, 9 Rn. 31.
[307] Vgl. nur RegBegr AktG 1965, *Kropff* 188.
[308] Vgl. *Mülbert* in GroßkommAktG AktG § 129 Rn. 152.

nicht beantworteten Fragen von Aktionären und die darauf gegeben Antworten der Verwaltung – womöglich wörtlich – wiederzugeben. Es geht allein um die Fragen, auf die der Vorstand die Antwort verweigert hat. In kritischen Hauptversammlungen hat sich die Praxis bewährt, dass der Versammlungsleiter den Aktionären, die eine Auskunftsverweigerung vortragen, am Ende der Debatte geschlossen Gelegenheit zur Protokollierung gibt. Dazu wird mitunter die Hauptversammlung kurz unterbrochen und ein Stenograf hinzugezogen. Danach sollte der Versammlungsleiter nochmals dem Vorstand Gelegenheit geben, ergänzende Auskünfte zu erteilen.

In der Hauptversammlungspraxis stellt sich manchmal die Frage, ob der Versammlungsleiter oder der die Sitzungniederschrift aufnehmende Notar über die Protokollierung nach § 131 Abs. 5 AktG entscheidet. Richtigerweise ist die Entscheidung vom Versammlungsleiter zu treffen. Der Notar hat in der Hauptversammlung keine eigenen Entscheidungsbefugnisse, schon gar nicht solche, die auf den Versammlungsverlauf Einfluss nehmen, wie etwa zeitlich langwierige Fragenaufnahmen. Die Protokollierung setzt eine Auskunftsverweigerung voraus. Das ist nicht schon dann anzunehmen, wenn der Aktionär behauptet, die erteilte Auskunft sei unzureichend oder falsch. Nur der besondere Fall der Auskunftsverweigerung bedarf der Protokollierung. Dem Notar ist freilich unbenommen, in der Sitzungsniederschrift zu vermerken, dass der Aktionär eine ungenügende Beantwortung seiner Fragen gerügt habe. 239

5. Ordnungsmaßnahmen zur Störungsabwehr

Der Versammlungsleiter hat das Recht, gegen Störungen in der Hauptversammlung einzuschreiten („Ordnungsbefugnis").[309] Wie er von dem ihm zur Verfügung stehenden rechtlichen Instrumentarium Gebrauch macht, ist in der Praxis weniger durch rechtliche Regeln, sondern durch das Gespür und die Fähigkeit zur Moderation geprägt. 240

a) Begriff der Störung

Der Begriff der Störung ist weit zu verstehen. Störung ist jedes Verhalten, das den ordnungsgemäßen Ablauf der Hauptversammlung beeinträchtigt. Dazu gehören Handlungen, durch die der ordnungsgemäße Ablauf der Hauptversammlung unmittelbar beeinträchtigt oder unmöglich gemacht wird, also insbesondere 241
- Lärm, Zwischenrufe, Demonstrationen, Sprechchöre, Verteilen von Flugblättern, Blockieren von Zugangsmöglichkeiten, der Versuch, die Bühne zu betreten, Blockieren des Mikrophons, Einschalten von Musik- oder Sprechapparaten, lautes Telefonieren;
- Überschreiten der Redezeit, Nichtverlassen des Rednerpults und – bei bevorzugter Worterteilung zu einem bestimmten Antrag – Ausführungen, die in keinem Zusammenhang mit dem Zweck der bevorzugten Worterteilung stehen;
- Beschimpfung oder beleidigende Äußerungen oder sonst unangemessenes Verhalten gegenüber anderen Versammlungsteilnehmern;[310] übermäßige Alkoholisierung.

---

[309] BGHZ 44, 245 (248); LG Frankfurt a. M. AG 1984, 192; LG Stuttgart AG 1994, 425; *Herrler* in Grigoleit AktG § 129 Rn. 31; *Mülbert* in GroßkommAktG AktG § 129 Rn. 125.
[310] OLG Bremen NZG 2007, 468 zum Saalverweis nach einer Beleidigung; vgl. auch *Steiner* HV der AG § 10 Rn. 14; *Koch* in Hüffer/Koch AktG § 129 Rn. 22 f. mwN. Ob das Einschalten eines Tonaufzeichnungsgeräts noch dazu gehört, ist zweifelhaft, wenn die Hauptversammlung live im Internet übertragen wird, so dass die Internethörer ebenfalls den Ton aufnehmen können. Fahren Hauptversammlungsteilnehmer hingegen damit fort, Photos und/oder Filme von der Hauptversammlung zu machen, obwohl die Hauptversammlung nicht auch im Bild übertragen wird, und wurden sie konkret aufgefordert, dies zu unterlassen, rechtfertigt dies einen Saalverweis.

242 Störung kann aber auch jedes andere Verhalten sein, das mit einem geordneten Versammlungsablauf unvereinbar ist, etwa die Behinderung von Versammlungsteilnehmern beim Zugang zum Versammlungsgebäude, Beschädigungen von Gegenständen im Versammlungsgebäude, das Mitführen von Tieren oder Waffen, das Entzünden eines Feuers, Rauchen und Verwendung von Mobiltelefonen im Versammlungsraum.

b) Rechtsgrundlage

243 Das Recht, Ordnungsmaßnahmen zur Störungsabwehr zu ergreifen, folgt **im Verhältnis zu Aktionären und Aktionärsvertretern** sowie gegenüber den Mitgliedern von Vorstand und Aufsichtsrat aus der allgemeinen Leitungsbefugnis des Versammlungsleiters. Sie gibt dem Versammlungsleiter ex lege alle Rechte, die er benötigt, um einen ordnungsmäßigen Ablauf der Hauptversammlung sicherzustellen.[311] Die Ordnungsbefugnis ist Ausprägung der Leitungsbefugnis, die untrennbar mit dem Amt des Versammlungsleiters verbunden ist. Sie ist nicht delegationsfähig. Die Hauptversammlung kann sie nicht durch Beschluss an sich ziehen; eine Beschlussfassung der Hauptversammlung über Ordnungsmaßnahmen wäre auch nicht sinnvoll, da Ordnungsmaßnahmen in der Regel keinen Aufschub dulden.[312]

244 Im **Verhältnis zu Dritten,** etwa gegenüber zugelassenen Gästen, folgt die Befugnis zur Störungsabwehr aus dem allgemeinen Hausrecht, das der Versammlungsleiter während der Dauer der Versammlung und im unmittelbaren zeitlichen Vorfeld bzw. Nachgang ausübt.[313]

245 Örtlich ist die Ordnungsbefugnis des Versammlungsleiters auf das Versammlungsgebäude beschränkt. Finden Störungen außerhalb des Versammlungsgebäudes – etwa bei Zugang zur Hauptversammlung – im öffentlichen, frei zugänglichen Raum statt, muss der Versammlungsleiter die Polizei zur Hilfe rufen.[314]

c) Störungsabwehr gegenüber Aktionären

246 Die Störungsabwehr im Verhältnis zu Aktionären und Aktionärsvertretern ist überlagert durch das Teilnahmerecht der Aktionäre. Der Versammlungsleiter ist bei Ausübung seiner Ordnungsbefugnis an die allgemeinen Schranken gebunden, denen seine Leitungsbefugnis unterliegt: Gegenüber den teilnehmenden Aktionären ist er zur Neutralität und Gleichbehandlung verpflichtet. Zudem hat er den Grundsatz der Verhältnismäßigkeit zu wahren.[315]

247 Bei Ordnungsmaßnahmen steht der Verhältnismäßigkeitsgrundsatz im Vordergrund: Die Ordnungsmaßnahme muss bei Abwägung zwischen dem Teilnahmerecht des Aktionärs und der Ordnungsmäßigkeit des Versammlungsablaufs angemessen sein. Bei Beurteilung der Angemessenheit ist auch zu berücksichtigen, ob andere, wenige einschneidende Maßnahmen zur Störungsabwehr zur Verfügung stehen (Verhältnismäßigkeit).

248 **Wichtige Ordnungsbefugnisse** des Versammlungsleiters, die in der Praxis häufiger zur Anwendung kommen, sind:[316]
– Aufforderung des Störers, die Störung zu unterlassen;
– Entziehung des Wortes nach Androhung des Wortentzuges;
– Aufforderung, das Redepult zu verlassen;
– zeitweiliger Saalverweis;
– Herbeirufen von Ordnungskräften, um den Saalverweis durchzusetzen;

---

[311] BGHZ 44, 245 (248); OLG Frankfurt AG 2011, 36 (41).
[312] Vgl. *Herrler* in Grigoleit AktG § 129 Rn. 31.
[313] Vgl. nur *Wicke* NZG 2007, 771 (774); *Kubis* in MüKoAktG AktG § 119 AktG Rn. 123 und 175.
[314] *Drinhausen* in Hölters AktG Anh § 129 Rn. 1; *Kubis* in MüKoAktG AktG § 119 AktG Rn. 129.
[315] *Wicke* in Spindler/Stilz AktG Anh § 119 Rn. 9 f.; *Hoffmann-Becking* in MHdB AG § 37 Rn. 42.
[316] *Martens* 69 f.

VI. Aktionärsdebatte § 9

– Versammlungsverweis;
– Unterbrechung der Hauptversammlung.

Es gibt aber keinen „numerus clausus" von Ordnungsmaßnahmen. Wegen der Vielzahl möglicher Störungen wäre es auch gar nicht möglich, einen abschließenden Katalog von Ordnungsmaßnahmen zu benennen. 249

Zur Sicherung der Verhältnismäßigkeit wenden die Versammlungsleiter in der Regel ein **Eskalationsszenario** an: Auf die Erstaufforderung, die Störung zu unterlassen, folgt eine Wiederholung und erst danach, wenn der Störer weder auf die Aufforderung noch auf die Wiederholung reagiert, die Festsetzung und gegebenenfalls Durchsetzung der Ordnungsmaßnahme. *Kuhnt*[317] spricht zu Recht von einem **bewährten Steigerungsmuster.** Seine Anwendung sichert die Ordnungsmaßnahme rechtlich ab und empfiehlt sich in der großen Mehrzahl der Fälle. 250

Die Anwendung des Verhältnismäßigkeitsgrundsatzes lässt sich besonders gut am Beispiel des Saalverweises verdeutlichen.[318] Der Saalverweis kann ausgesprochen werden, wenn der Teilnehmer die Störung trotz wiederholter Aufforderung nicht unterlässt und die Störung nicht anders behoben werden kann.[319] Es besteht Einigkeit, dass er anfänglich nur für eine vorübergehende Dauer – bewährt haben sich 15 Minuten – erteilt wird und erst bei nochmaliger Störung ein endgültiger Verweis aus der Hauptversammlung in Betracht kommt.[320] Zu den Aufgaben und Befugnissen des Versammlungsleiters gehört auch die Durchsetzung einer Ordnungsmaßnahme, etwa eines vorübergehenden Saalverweises. Wenn der Teilnehmer den Saal nicht freiwillig verlässt, kann er das Sicherheitspersonal anweisen, den Teilnehmer aus dem Saal zu geleiten. Selbst in kritischen Hauptversammlungen ist das aber ein Ausnahmefall. Wenn der Aktionär den Sicherheitskräften nicht folgt, bleibt nur die Anforderung **polizeilicher Ordnungskräfte.**[321] Die Anwendung von körperlicher Gewalt gegen den Versammlungsteilnehmer sollte ihnen vorbehalten bleiben, es sei denn, sie ist geboten, weil der Teilnehmer unmittelbar Leib und Leben anderer Teilnehmer gefährdet. 251

aa) Gerichtliche Kontrolle

Die gerichtliche Kontrolle von Ordnungsmaßnahmen findet anhand von unbestimmten Rechtsbegriffen (Neutralität, Gleichbehandlung, Verhältnismäßigkeit) statt. In der Vergangenheit war die gerichtliche Kontrolle stark am Schutz von Minderheitsaktionären orientiert.[322] Der durch Art. 14 Abs. 1 GG verbürgte Schutz des Aktieneigentums hat diese Tendenz verschärft. Unter diesem Leitbild entscheidet über Maß und Inhalt der Rechtsausübung letztlich der Aktionär. Die ordnende Rolle des Versammlungsleiters wird auf die Mißbrauchsabwehr reduziert. 252

In jüngerer Zeit wandelt sich das Leitbild. Zunehmend und zu Recht wird die Rechtsausübung des einzelnen Aktionärs in der Hauptversammlung im Kontext der Rechte anderer Aktionäre gesehen, die ebenfalls den Schutz von Art. 14 Abs. 1 GG in Anspruch 253

---

[317] *Vgl. Kuhnt* FS Lieberknecht, 1997, 45 (50); vgl. auch *Wicke* NZG 2007, 771 (774).
[318] *Drinhausen* in Hölters AktG Anh § 129 Rn. 17.
[319] BGHZ 44, 451 („wenn ein Aktionär den reibungslosen Ablauf der Hauptversammlung stört und die Störung auf andere Weise nicht behoben werden kann"); vgl. auch LG Stuttgart ZIP 1994, 950.
[320] *Drinhausen* in Hölters AktG Anh § 129 Rn. 17.
[321] *Wicke* NZG 2007, 771 (774); *Zöllner* in Kölner Komm. AktG AktG § 119 Rn. 90, *Koch* in Hüffer/Koch AktG § 129 Rn. 23 und *F.-J. Semler* in MHdB AG § 36 Rn. 49 meinen, dass nicht nur die Polizei, sondern auch die Saalordner bzw. der „Werkschutz" Gewalt ausüben dürften; dies sollte jedoch zumindest aus Gründen der Optik und in der Hoffnung, dass der Störer einer polizeilichen Anordnung möglicherweise bereitwilliger nachkommen wird, vermieden werden.
[322] Erkennbar ist die Ausrichtung auf den Schutz von Minderheitsaktionären mitunter an dem Hinweis, dass bei Ordnungsmaßnamen die „strikte Anwendung" des Verhältnismäßigkeitsgrundsatzes oder die „uneingeschränkte Beachtung" des Gleichbehandlungsprinzips geboten sei. Das verkennt, dass das Verhältnismäßigkeitsprinzip und der Gleichbehandlungsgrundsatz gerade durch eine Wertungsoffenheit gekennzeichnet sind. Ihre Anwendung muss richtig, nicht aber „strikt" oder „uneingeschränkt" sein.

nehmen können.³²³ Auch der Schutz der Hauptversammlung als Organ rückt stärker in den Fokus. Die Gesamtheit der Aktionäre hat das Recht, so der Gesetzgeber und ihm folgend der Bundesgerichtshof, die Hauptversammlung zu einer „straffen, auf die wesentlichen strategischen Entscheidungen konzentrierten Plattform zu machen, die dann auch wieder an inhaltlichem Gewicht und Attraktivität für Aktionäre [gewinnen kann], die über ernstzunehmende Stimmanteile verfügen."³²⁴ Diesem Recht Geltung zu verschaffen, ist die Aufgabe des Versammlungsleiters.

254 Das hat die rechtliche Kontrolle von Ordnungsmaßnahmen in jüngerer Zeit verändert und wird sie weiter verändern. Die Gerichte müssen den Versammlungsleiter in der Tendenz stärken, so das Bundesverfassungsgericht, wenn sie Aktionärsbeiträgen entgegen wirken, die ersichtlich keinen Bezug zur Tagesordnung haben. Dasselbe gilt für Versuche von Aktionären, die Haupversammlung als Forum für die Verhandlung von Verfahrensfragen, etwa der Abwahl des Versammlungsleiters, zu vereinnahmen.

255 Auch eine strikte, an verwaltungsrechtlichen Kriterien orientierte Verhältnismäßigkeitsprüfung wird der Wirklichkeit in Hauptversammlungen oft nicht gerecht. Beispiele: Wer sichtlich betrunken zur Versammlungs erscheint, muss nicht die Gelegenheit erhalten, sich zu erholen. Er kann gleich abgewiesen werden. Einem Teilnehmer, der Eigentum der Gesellschaft oder Gegenstände im Versammlungsgebäude absichtlich beschädigt hat, muss nicht eine Möglichkeit geboten werden, sich zu beruhigen. Er kann sofort aus dem Versammlungsgebäude verwiesen werden, ebenso ein Teilnehmer, der andere Teilnehmer bedroht oder sogar verletzt hat. Auch bei Störungen, die nach dem Gesamteindruck planmäßig vorbereitet, auf bewußte Provokation angelegt sind oder bezwecken, eine tumultartige Situation herbeizuführen, können die handelnden Teilnehmer den Schutz des Verhältnismäßigkeitsgrundsatzes nur eingeschränkt in Anspruch nehmen. Es wäre widersprüchlich anzunehmen, dass sich der Versammlungsleiter durch ein Eskalationsprogramm arbeiten muss, während sich der Teilnehmer (meist zulasten des Teilnahmerechts anderer Aktionäre) offen und gezielt, oft mit erheblichem theatralischen Geschick, über die Regeln der Hauptversammlung hinwegsetzt.

bb) Hilfskräfte

256 Die Ursache für einen Saalverweis kann auch außerhalb des (engeren) Versammlungssaales (zB in einem inakzeptablen Verhalten an den Sicherheitsschleusen, am Anmeldeschalter oder im Vorraum des eigentlichen Versammlungssaales) liegen. Da der Versammlungsleiter während der Hauptversammlung nicht die Möglichkeit hat, dort eigene Anordnungen vorzunehmen, kann er auch Mitarbeiter die Befugnis einräumen, Ermahnungen auszusprechen oder Teilnehmer zu hindern, den Präsenzbereich mit gefährlichen Gegenständen zu betreten.

cc) Pflicht zur Ergreifung von Ordnungsmaßnahmen?

257 Wenig geklärt ist, ob der Versammlungsleiter von seiner Befugnis, Ordnungsmaßnahmen zu ergreifen, auch Gebrauch machen muss. Bei Gefahr für Leib und Leben von Versammlungsteilnehmern ist das anzunehmen, im Übrigen ist eine Reduzierung des Ermessens auf „Null" nur in Ausnahmen anzunehmen, etwa bei besonders langen und erheblichen Störungen.

dd) Stimmrechtsvollmacht

258 Der von einer Ordnungsmaßnahme betroffene Aktionär ist nicht automatisch von der Ausübung aller Aktionärsrechte in der Hauptversammlung ausgeschlosseen. Er kann seine

---

³²³ BVerfG, NJW 2000, 349 (351) – Wenger/Daimler; *Kremer* FS Hoffmann-Becking, 2013, 697 (698).
³²⁴ BT-Drs. 15/5092, 17; BGHZ 184, 239 Rn. 12.

VI. Aktionärsdebatte § 9

Aktionärsrechte durch einen Dritten wahrnehmen lassen. Soweit er dies velangt, ist ihm daher Gelegenheit zu geben, Stimmrechtsvollmacht an einen Dritten zu erteilen.[325]

ee) Anfechtung

Ein Beschluss der Hauptversammlung ist **anfechtbar,** wenn der Versammlungsleiter **rechtswidrige Ordnungsmaßnahmen** ergriffen und diese für die Beschlussfassung relevant gewesen sind.[326] Im Fall des Saalverweises ist eine Anfechtungsklage auch ohne das Erklären eines Widerspruchs zu Protokoll zulässig.[327] Aber auch hier kann die Gesellschaft mangelnde Relevanz dieser Maßnahme für die Beschlussfassung geltend machen. 259

d) Einschreiten gegen Redner, die nicht zur Tagesordnung sprechen

Versammlungsteilnehmer sprechen häufig zu Themen, die ersichtlich keinen Erkenntnisgewinn in Bezug auf einen zur Entscheidung anstehenden Tagesordnungspunkt bringen. Beispiele sind Mitarbeiter, die die Hauptversammlung zu einer Art „Beschwerdestelle" machen, Aktionäre, die sich mit allgemein politischen Themen befassen, Teilnehmer, die das angebotene Essen oder sogar die Bequemlichkeit der Bestuhlung beanstanden. Die Versammlungsleiter lassen dies häufig geschehen, zum einen, weil es unter Umständen zeitintensiver ist, eine an sich sinnvolle Ordnungsmaßnahme gegen die oft harsch reagierenden Aktionäre durchzusetzen. Zum anderen aber, weil die Instanzgerichte in der Vergangenheit hohe Anforderungen gestellt haben, um die Hauptversammlung gegen missbräuchliche Ausübung des Rederechts zu schützen. Der Versammlungsleiter konnte keineswegs sicher sein, bei der nachträglichen gerichtlichen Kontrolle bestätigt zu werden. 260

Das ändert nichts daran, dass Wortbeiträge, die ersichtlich keinen Erkenntnisgewinn in Bezug auf einen zur Entscheidung anstehenden Tagesordnungspunkt bringen, als ein Fehlgebrauch des Rederechts zu sehen, und damit eine Störung der Hauptversammlung sind, die der Versammlungsleiter unterbinden kann.[328] Bei der nachträglichen gerichtlichen Kontrolle haben die Gerichte dem Versammlungsleiter einen erheblichen Entscheidungsspielraum zuzubilligen. Die Zivilgerichte müssen, so das Bundesverfassungsgericht in seiner Entscheidung vom 20. 9. 1999,[329] einer missbräuchlichen Handhabung des Rede- und Fragerechts durch einzelne Aktionäre entgegentreten. Sie haben bei ihrer rechtlichen Beurteilung zu berücksichtigen, dass es zu den Aufgaben des Versammlungsleiters gehört, die zur Verfügung stehende Zeit möglichst gerecht zu verteilen. Dazu gehört es auch zu verhindern, dass die zur Verfügung stehende Zeit nicht durch Beiträge oder Fragen einzelner Aktionäre verbraucht wird, die ersichtlich nicht auf Erkenntnisgewinn in Bezug auf einen zur Entscheidung anstehenden Tagesordnungspunkt gerichtet sind. Erkennbar vom Thema abweichende Beiträge, so der Senat, gehen stets zu Lasten der Rede- und Fragezeit anderer Hauptversammlungsteilnehmer. Die Unterbindung dieser Wortbeiträge dient dazu, die Hauptversammlung – entsprechend dem gesetzlichen Leitbild – zu einer 261

---

[325] *Wicke* NZG 2007, 771 (774); *F.-J. Semler* in MHdB AG § 36 Rn. 51 und § 38 Rn. 1; *Kubis* in MüKo AktG § 119 Rn. 161 meint, es könne im Einzelfall genügen kann, den Störer nur in den umliegenden Präsenzbereich zu verbannen, wo den Reden oft auch per Monitor bzw. Lautsprecher gefolgt werden kann. Solche Überlegungen schaffen jedoch Unsicherheiten darüber, ob ein Saalverweis verhältnismäßig und deshalb rechtmäßig ist. Außerdem gibt es in der Regel keine Kontrollmöglichkeiten zwischen dem inneren und dem äußeren Präsenzbereich; ferner können Störer auch im äußeren Präsenzbereich Störungen verursachen. Deshalb dürften solche Überlegungen in der Praxis kaum ernsthaft in Betracht kommen.
[326] LG Stuttgart AG 1994, 425; *Wicke* NZG 2007, 771; *Koch* in Hüffer/Koch AktG § 243 Rn. 16 mwN; *F.-J. Semler* in MHdb AG § 41 Rn. 29 f. mwN.
[327] *Koch* in Hüffer/Koch AktG § 245 Rn. 17; *F.-J. Semler* in MHdB AG § 41 Rn. 53 f.; *Zöllner* in Kölner Komm. AktG AktG § 245 Rn. 48.
[328] *Kubis* in MüKoAktG AktG § 119 Rn. 150 nimmt sogar eine Pflicht zur Disziplinierung an.
[329] BVerfG NJW 2000, 349 (351) – Wenger/Daimler.

„straffen, auf die wesentlichen strategischen Entscheidungen konzentrierten Plattform zu machen, die dann auch wieder an inhaltlichem Gewicht und Attraktivität für Aktionäre [gewinnen kann], die über ernstzunehmende Stimmanteile verfügen."[330]

e) Störungsabwehr gegenüber Dritten

262 Dem aktienrechtlichen Gleichbehandlungs- oder Verhältnismäßigkeitsgrundsatz muss die Ordnungsmaßnahme gegenüber nicht teilnahmeberechtigten Personen nicht genügen. Allerdings ist auch das allgemeine Hausrecht nicht schrankenlos. Ein Beispiel: Eine vorläufige Festnahme eines Dritten ist nur unter den engen Voraussetzungen des § 127 Abs. 2 StPO zulässig.

VII. Leitung der Abstimmungen

1. Art der Abstimmung

a) Festlegung der Art der Abstimmung

263 Die Art der Abstimmung richtet sich in erster Linie nach der **Satzung**.[331] Sie kann jedes dem Ziel der Beschlussfassung dienende Abstimmungsverfahren konkret vorschreiben.[332] Üblicherweise enthalten die Satzungen eine allgemeine Bestimmung, dass die „Art und Form der Abstimmung" durch den Versammlungsleiter festgelegt wird und diesem so die gebotene Flexibilität gibt.[333] Weist die Satzung dem Versammlungsleiter die Entscheidung über die Abstimmungsmodalitäten zu, so ist die Hauptversammlung an die diesbezüglichen Festlegungen des Versammlungsleiters gebunden. Dies gilt auch, wenn der Vorstand von der in der Satzung enthaltenen Ermächtigung Gebrauch gemacht hat, die Online-Teilnahme an der Hauptversammlung (§ 118 Abs. 1 AktG) und/oder die schriftliche oder elektronische Briefwahl (§ 118 Abs. 2 AktG) zuzulassen. Für eine abweichende Bestimmung durch einen Hauptversammlungsbeschluss ist dann kein Raum mehr.[334]

264 Schreiben weder die Satzung noch eine Geschäftsordnung der Hauptversammlung die Art und Form der Abstimmung verbindlich vor, so bestimmt sie der **Versammlungsleiter**.[335] Wird in diesem Fall beantragt, die Hauptversammlung über die Abstimmungsmo-

---

[330] BGHZ 184, 239 Rn. 12; BT-Drs. 15/5092, 17.
[331] Vgl. § 134 Abs. 4 AktG. Fehlt eine Satzungsbestimmung, kann der Abstimmungsmodus auch in einer allgemeinen Geschäftsordnung für die Hauptversammlung (§ 129 Abs. 1 S. 1 AktG) geregelt werden; vgl. *Martens* 85; *F.-J. Semler* in MHdB AG § 39 Rn. 16. Solche Geschäftsordnungen werden zwar ausdrücklich vom Gesetz erwähnt (§ 129 Abs. 1 S. 1 AktG); sie sind jedoch in der Praxis gänzlich unüblich, weil einerseits sie nur Satzungsbestimmungen und Auslegungsregeln der Rechtsprechung wiedergeben dürfen (vgl. *Hennerkes/Kögel* DB 1999, 81 (85)) und andererseits die Gefahr besteht, dass in der Hauptversammlung lange über juristische Formulierungen diskutiert werden müsste. → § 41 Rn. 11 ff.
[332] ZB eine Einzelabstimmung bei der Wahl von Mitgliedern des Aufsichtsrats. Nach § 118 Abs. 1 AktG kann die Satzung vorsehen oder den Vorstand dazu ermächtigen vorzusehen, dass die Aktionäre ihre Rechte und damit auch ihre Stimmrechte im Wege elektronischer Kommunikation ausüben können. Nach § 118 Abs. 2 AktG kann die Satzung vorsehen oder den Vorstand dazu ermächtigen vorzusehen, dass Aktionäre ihre Stimmen, auch ohne an der Versammlung teilzunehmen, schriftlich oder im Wege elektronischer Kommunikation abgeben dürfen („Briefwahl").
[333] *Koch* in Hüffer/Koch AktG § 134 Rn. 34; *Barz* in GroßkommAktG AktG § 119 Anm. 41.
[334] *Koch* in Hüffer/Koch AktG § 134 Rn. 34; *F.-J. Semler* in MHdB AG § 39 Rn. 16; aA *Max* AG 1991, 77 (87) liSp.: Ein einstimmiger Hauptversammlungsbeschluss könne satzungsdurchbrechend zu einer Kompetenzverlagerung auf die Hauptversammlung führen.
[335] *Koch* in Hüffer/Koch AktG § 134 Rn. 34; *F.-J. Semler* in MHdB AG § 39 Rn. 16. Der Versammlungsleiter darf jedoch nicht darüber entscheiden, ob die Online-Teilnahme oder die Briefwahl zulässig sein sollen; nur die Satzung darf dies selbst vorschreiben oder den Vorstand dazu ermächtigen (§ 118 Abs. 1 und Abs. 2 AktG).

dalitäten beschließen zu lassen, so muss allerdings über diesen Antrag[336] abgestimmt werden.[337] Der Versammlungsleiter ist an die Entscheidung – die einfache Mehrheit genügt für das Zustandekommen des Beschlusses – der Hauptversammlung gebunden.[338]

Verbleibt die Festlegung der Art und Form der Abstimmung beim Versammlungsleiter, so hat er die „Grenzen pflichtgemäßen Ermessens" zu beachten.[339] **265**

b) Verschiedene Arten der Abstimmung

Die Abstimmung kann offen (unverkörpert) zB durch Handaufheben, Aufstehen von den Plätzen, durch Zuruf, oder verdeckt (verkörpert), zB durch schriftliche oder elektronische Stimmabgabe, durch Abgabe von Stimmkarten oder unter den Bedingungen des § 118 Abs. 2 AktG durch Briefwahl erfolgen.[340] Entscheidend ist, dass sich bei der gewählten Art der Abstimmung das Abstimmungsergebnis zuverlässig, bis zu einem gewissen Maß nachprüfbar und zugleich mit möglichst wenig Zeitaufwand ermitteln lässt.[341] Man mag der Auffassung sein, es komme nur darauf an zu ermitteln, ob die erforderliche Mehrheit dem Beschlussvorschlag zugestimmt hat, nicht aber, wie groß die Mehrheit genau ist, oder gar, wie sich eine Minderheit zwischen zB Nein- und Enthaltungsstimmen aufteilt. Deshalb müsste es eigentlich genügen, wenn sicher feststellbar ist, dass aufgrund der Zustimmung bestimmter Inhaber von Aktienpaketen die erforderliche Mehrheit erlangt wurde, so dass es nicht darauf ankommt, alle Stimmen genau auszuzählen. Allerdings bestimmt § 130 Abs. 2 AktG, dass unter anderem die Zahl der für einen Beschluss abgegebenen Stimmen, Gegenstimmen und gegebenenfalls die Zahl der Enthaltungen zu protokollieren und – bei börsennotierten Gesellschaften – innerhalb von sieben Tagen auf der Internetseite zu veröffentlichen sind (eingeführt durch das Aktionärsrichtlinieumsetzungsgesetz [ARUG]). **266**

Zumeist werden Handaufheben, Aufstehen und Zuruf als Abstimmungsformen nur bei kleineren Hauptversammlungen[342] und bei Hauptversammlungen, in denen die Stimmrechte entsprechend eindeutig verteilt sind, in Betracht kommen.[343] Bei großen Hauptversammlungen von Publikumsgesellschaften wird zumeist aus Gründen der Übersichtlichkeit nicht ohne Stimmkarten oder elektronische Hilfe auszukommen sein.[344] **267**

Bei der **Abstimmung mittels Stimmkarten** geben die Aktionäre für den jeweiligen Abstimmungsvorgang Stimmkarten ab. Die Stimmkarten werden bei der Eintrittskontrolle bzw. dem Anmeldeschalter an die Aktionäre ausgegeben[345] und tragen gewöhnlich die **268**

---

[336] Es handelt sich hierbei dann um einen „echten" Geschäftsordnungsantrag, vgl. *Koch* in Hüffer/Koch AktG § 134 Rn. 34; *Max* AG 1991, 77 (87) liSp.
[337] Hinsichtlich dieser Verfahrensentscheidung legt allerdings der Versammlungsleiter die Art und Weise der Abstimmung fest, vgl. *Martens* WM 1981, 1010 (1014) liSp.
[338] *Koch* in Hüffer/Koch AktG § 134 Rn. 34; *Martens* WM 1981, 1010 (1014) liSp.
[339] *Koch* in Hüffer/Koch AktG § 134 Rn. 34, der im Übrigen betont, dass es kein Individualrecht gibt, demzufolge ein einzelner Aktionär eine „geheime Abstimmung" verlangen könnte; auch → Rn. 269.
[340] *Zöllner* in Kölner Komm. AktG § 133 Rn. 45; *F.-J. Semler* in MHdB AG § 39 Rn. 17.
[341] *Koch* in Hüffer/Koch AktG § 134 Rn. 35; *Zöllner* in Kölner Komm. AktG § 133 Rn. 45.
[342] *Koch* in Hüffer/Koch § 134 Rn. 35.
[343] *Koch* in Hüffer/Koch AktG § 134 Rn. 35; *Barz* in GroßkommAktG AktG § 119 Anm. 41; *Steiner* HV der AG § 13 Rn. 45. Diese Abstimmungsarten haben den Nachteil, dass die jeweilige Anzahl der von den abstimmenden Personen abgegebenen Stimmen bei größeren Hauptversammlungen nicht oder nur schwer ersichtlich ist; vgl. *F.-J. Semler* in MHdB AG § 39 Rn. 17. Die Stimmenzahl kann hingegen bei kleineren Hauptversammlungen anhand des Teilnehmerverzeichnisses ohne Weiteres festgestellt werden, vgl. *Koch* in Hüffer/Koch AktG § 134 Rn. 35.
[344] *F.-J. Semler* in MHdB AG § 39 Rn. 17; *Koch* in Hüffer/Koch AktG § 134 Rn. 35.
[345] Im Falle einer Funkabstimmung werden in der Regel Funkgeräte ausgegeben, die bei jedem Abstimmungspunkt das Drücken einer „Ja"-, „Nein"- oder „Enthaltung"-Taste erlauben und so programmiert sind bzw. programmiert werden können, dass von dem Empfangsgerät erkannt wird, wer der Abstimmende ist, so dass der zur Auszählung eingesetzte Computer der einzelnen Stimmabgabe die jeweilige Stimmenanzahl zuordnen kann. Bei einer Funkabstimmung erscheint das Abstimmungsergebnis in der Regel innerhalb weniger Sekunden; allerdings muss zB sich

Nummer, unter der die Aktionäre im Teilnehmerverzeichnis geführt werden. Die mit der einzelnen Stimmkarte verbundene Anzahl von Stimmen kann sich zB auch aus Löchern (bei Lochkarten), Magnetstreifen, einem Barcode oder einem integrierten Chip ergeben. Wenn die Nummer der jeweiligen Stimmkarte im Teilnehmerverzeichnis ausgewiesen wird, kann dort die Anzahl der mit einer Stimmkarte verbundenen Stimmen abgelesen werden.[346] Möglich ist auch die Ausgabe von Stimmkarten, die die Stimmenzahl direkt, etwa durch Stückelung nach der Stimmenanzahl, erkennen lassen.[347]

269 Die Aktionäre haben nach hM keinen Anspruch auf eine **geheime Abstimmung,** soweit die Satzung ihnen kein entsprechendes Antragsrecht gewährt.[348] Der Umstand, dass ein Aktionär möglicherweise in einem wirtschaftlichen oder sozialen Abhängigkeitsverhältnis zu der Gesellschaft steht, rechtfertigt für sich allein wohl kein geheimes Abstimmungsverfahren; vielmehr müsste dafür die Entschließungsfreiheit der Aktionäre durch eine offene Abstimmung beeinträchtigt werden.[349] Eine völlig geheime Abstimmung ist nach hM letztlich aber schon deswegen ausgeschlossen, weil im Anfechtungsverfahren nachprüfbar sein muss, wie der später anfechtende Aktionär abgestimmt hat.[350]

c) Wirksamkeit der Stimmabgabe

270 Die Stimmabgabe wird mit **Zugang** beim Versammlungsleiter wirksam.[351] Im Fall der verkörperten Stimmabgabe ist die Stimme zugegangen, wenn sie in den Machtbereich des Versammlungsleiters gelangt ist, zB durch Einwurf der Stimmkarte in den Stimmkartensammelbehälter.[352] Bei nichtverkörperter Stimmabgabe ist die Verlautbarung in der durch die Satzung oder den Versammlungsleiter vorgeschriebenen Weise bzw. bei elektronischer Stimmabgabe der Zugang bei der dafür vorgesehenen Stelle (zB der Mailadresse) maßgeblich.[353] Ein Widerruf der abgegebenen Stimme ist nach Zugang nur noch aus wichtigem Grund möglich, wenn sich das Festhalten an der Stimmabgabe als objektiv treuwidrig, weil dem Geschäftsinteresse abträglich, darstellen würde und die beschlossene Maßnahme

---

ergestellt sein, dass das Unternehmen die wertvollen Funkgeräte zurückhält, wenn der Aktionär die Hauptversammlung verlässt. Außerdem muss – insbes. bei großen Versammlungen – das Auftreten technischer Probleme ausgeschlossen sein. Ungeklärt ist, in welchem Umfang Gerichte für das Abstimmungsverfahren in der Hauptversammlung jene Grundsätze verlangen, die auch

für die öffentliche Wahlen gelten (zB: zuverlässige Nachprüfbarkeit des Abstimmungsergebnisses, insbes. ob der jeweilige Aktionär bzw. Aktionärsvertreter tatsächlich die vom Empfangsgerät registrierte Taste des Sendegeräts gedrückt hat, durch Personen, die über keine besonderen Sachkenntnisse verfügen; vgl.: Entscheidungen des BVerfG v, 3.3.2009 – 2 BvC 3/07 und 2 BvC 4/07). Das bei jeder computergestützten Auszählung vorhandene Problem, dass sich die Auszählung weder durch den einzelnen Aktionäre noch durch den Notar oder ein Gericht überwachen lässt, verschärft sich bei Funkabstimmungen (zB durch das Risiko technischer Manipulationen am Funk- und/oder Empfangsgerät sowie auf dem Weg zwischen beiden Geräten).

[346] *Koch* in Hüffer/Koch (AktG § 134 Rn. 35) meint, es müsse sichergestellt sein, dass die Nummern der Stimmkarten jedes Hauptversammlungsteilnehmers im Teilnehmerverzeichnis ersichtlich sind, so dass die Anzahl der Stimmen einer abgegebenen Stimmkarte im Teilnehmerverzeichnis festgestellt werden kann. Dagegen spricht aber, dass die Nummer der Stimmkarte nicht zu den nach § 129 AktG in das Teilnehmerverzeichnis aufzunehmenden Angaben gehört. Außerdem wäre auch damit nicht sichergestellt, dass die im Teilnehmerverzeichnis angegebene Stimmenzahl tatsächlich bei der Auszählung verwendet wurde.
[347] *Koch* in Hüffer/Koch AktG § 134 Rn. 35.
[348] *Koch* in Hüffer/Koch AktG § 134 Rn. 35; *Zöllner* in Kölner Komm. AktG § 133 Rn. 46.
[349] Offen bleibt die genaue Abgrenzung. Dieses Problem spricht für das von *U. H. Schneider* (FS Peltzer, 2001, 425 (433)) bejahte Individualrecht auf geheime Abstimmung, das *Koch* in Hüffer/Koch (AktG § 134 Rn. 35) jedoch ablehnt.
[350] Diesem Argument begegnet *U. H. Schneider* FS Peltzer, 2001, 431 mit dem Hinweis, der Aktionär, der anfechten wolle, müsse nach einer geheimen Abstimmung „Farbe bekennen"; zwar bleibt auch dann letztlich ungewiss, wie er tatsächlich abgestimmt hat, allerdings kann ausgeschlossen werden, dass er anfechten wird, obwohl er anders gestimmt hat.
[351] *F.-J. Semler* in MHdB AG § 39 Rn. 18; *Koch* in Hüffer/Koch AktG § 133 Rn. 19.
[352] *F.-J. Semler* in MHdB AG § 39 Rn. 18.
[353] *F.-J. Semler* in MHdB AG § 39 Rn. 18.

VII. Leitung der Abstimmungen § 9

noch nicht vollzogen ist.[354] Außerdem bleibt die Geltendmachung von Willensmängeln im Weg der Anfechtung[355] möglich.

d) Konzentration von Abstimmungsvorgängen
aa) Zusammenfassung der Stimmeneinsammlung

Der Versammlungsleiter kann aufgrund seiner Leitungskompetenz bestimmen, dass die Abstimmung über mehrere Anträge zum selben oder auch zu verschiedenen Tagesordnungspunkten zeitlich zusammengelegt wird.[356] Bei einer solchen **Konzentration der Abstimmungsvorgänge** sind die Abstimmungen zwar nach wie vor gegenständlich getrennt,[357] sie werden aber gleichzeitig durchgeführt, dh die Stimmen für mehrere Abstimmungen werden gemeinsam eingesammelt und ausgewertet. Es ist bei Publikumshauptversammlungen üblich geworden, sogar über alle Tagesordnungspunkte erst am Ende der Hauptversammlung abstimmen zu lassen. Eine solche Konzentration der Abstimmungsvorgänge ist dort sinnvoll, da die Durchführung einer Abstimmung ein verhältnismäßig langwieriger Vorgang ist.[358] 271

Die Aktionäre haben idR keinen Anspruch auf Abstimmung unmittelbar nach Behandlung eines Punkts der Tagesordnung oder gar darauf, vor Erörterung des nächsten Tagesordnungspunkts über das Abstimmungsergebnis zum vorherigen Punkt unterrichtet zu werden.[359] Diese Konzentration der Abstimmungsvorgänge ist jedenfalls unproblematisch, soweit zu den jeweiligen Tagesordnungspunkten **nur je ein Antrag** zur Abstimmung steht und die Beschlussfassungen über die Anträge **weder in einem rechtlichen noch in einem sachlichen Zusammenhang** zueinander stehen.[360] Dann ist ein schutzwürdiges Interesse der Abstimmungsteilnehmer, vor der Abstimmung Kenntnis von der Entscheidung über den vorangegangenen Gegenstand zu erlangen, nicht zu erkennen.[361] 272

bb) Zusammenfassung der Abstimmungen über mehrere Beschlusspunkte

Vom Vorgang der zeitgleichen Stimmeinsammlung ist die **zusammengefasste Abstimmung über mehrere Beschlusspunkte** zu unterscheiden. Im ersten Fall werden für jeden Beschlusspunkt gesonderte Stimmen eingesammelt und nach Beschlusspunkten getrennt ausgewertet, im zweiten dagegen kann der Stimmberechtigte für mehrere verschiedene Beschlusspunkte nur als „Paket" einheitlich stimmen, so dass eine unterschiedliche Stimmabgabe zu den verschiedenen Beschlusspunkten nicht möglich ist.[362] 273

---

[354] *Koch* in Hüffer/Koch AktG § 133 Rn. 19 mwN; unklar ist jedoch, ob und ggf. wie sich dies auf die vom Versammlungsleiter verkündete Feststellung, ob der Beschluss zustande gekommen ist, auswirkt, da der Versammlungsleiter diese Feststellung nach der Hauptversammlung nicht mehr ändern kann. Wurde beispielsweise eine Ermächtigung zur Ausgabe neuer Aktien beschlossen, so stellt sich die Frage, ob dem Aktionär ein Widerrufsrecht bis zur Feststellung der Beschlussfassung durch den Versammlungsleiter, bis zum Ablauf der Anfechtungsfrist, bis zum Zeitpunkt der Eintragung des Genehmigten Kapitals im Handelsregister oder sogar bis zur tatsächlichen Ausgabe der neuen Aktien zu gewähren ist.
[355] Anfechtung gem. §§ 119 ff. BGB; *Koch* in Hüffer/Koch AktG § 133 Rn. 19; *F.-J. Semler* in MünchHdbAG § 39 Rn. 18 meint, nach Zugang der Stimmkarte sei ein Widerruf der abgegebenen Stimmen nicht mehr möglich.
[356] *F.-J. Semler* in MHdB AG § 39 Rn. 11; *Max* AG 1991, 77 (88) reSp
[357] *F.-J. Semler* in MHdB AG § 39 Rn. 11.
[358] Vgl. *Zöllner* ZGR 1974, 1.
[359] *Martens* WM 1981, 1010 (1015 f.); *Zöllner* ZGR 1974, 1 (9); entsprechend haben auch Vorzugsaktionäre keinen Anspruch darauf, vor ihrer Abstimmung in ihrer Gesonderten Versammlung zu wissen, wie die Stammaktionäre abgestimmt haben; vgl. *Koch* in Hüffer/Koch AktG § 141 Rn. 18.
[360] *F.-J. Semler* in MHdB AG § 39 Rn. 12.
[361] *Zöllner* ZGR 1974, 1 (20). Zum Fall mehrerer Anträge zum gleichen Abstimmungsgegenstand und bei Beschlussfassung über Anträge, die in einem rechtlichen oder sachlichen Zusammenhang stehen; → Rn. 286 ff.
[362] Vgl. *Max* AG 1991, 77 (88) reSp; *Martens* 91 ff.

274 Diese einheitliche Beschlussfassung ist aus Gründen der Übersichtlichkeit des Abstimmungsverfahrens rechtlich nur zulässig, wenn zwischen den Beschlussgegenständen ein **enger Sachzusammenhang** besteht.[363] Der Versammlungsleiter muss ausreichend auf die Besonderheiten dieses Abstimmungsverfahrens hinweisen. Den Aktionären muss verdeutlicht werden, dass sie insgesamt mit „Nein" stimmen müssen, wenn sie auch nur einen der vorgeschlagenen Beschlusspunkte ablehnen möchten. Sofern der Gesamtbeschluss nicht die erforderliche Mehrheit findet, kann – wenn der Versammlungsleiter dies von sich aus für zweckmäßig erachtet oder ein Aktionär einen entsprechenden Antrag stellt – zB über Teile der Satzungsänderung nochmals getrennt abgestimmt werden.[364]

275 Einheitlich kann auch über mehrere zur Wahl in den Aufsichtsrat vorgeschlagene Personen abgestimmt werden. Die Wahlvorschläge sind dann Gegenstand einer Vorschlagsliste, über die die Hauptversammlung einen einheitlichen Beschluss fasst. Wird die Vorschlagsliste abgelehnt, ist über jeden einzelnen Kandidaten der Liste nochmals getrennt abzustimmen.[365]

2. Ort der Abstimmung

276 Der Ort der Abstimmung ist dort, wo Handzeichen, Zuruf etc registriert, elektronische Stimmabgaben angenommen bzw. die Stimmkarten eingesammelt bzw. in Stimmkästen geworfen werden können. Beim Subtraktionsverfahren ist dies der Präsenzbereich (dazu gehören zB auch die Toiletten; → Rn. 302 f.). Nicht überall innerhalb des Präsenzbereichs müssen die Stimmkarten eingesammelt werden. Vielmehr genügt es, wenn diejenigen, die ihre Stimmkarten physisch abgeben sollen, aufgefordert werden, zu speziellen Stellen zu kommen, um dort ihre Stimmkarte(n) abzugeben.

3. Reihenfolge der Abstimmung

a) Bestimmung der Reihenfolge

277 Der **Versammlungsleiter** legt aufgrund seiner Leitungsfunktion die Reihenfolge der Abstimmung über die zu den einzelnen Tagesordnungspunkten gestellten Anträge fest.[366] Die **Hauptversammlung** kann durch Mehrheitsbeschluss – auch wenn dies in der Literatur verschiedentlich verneint wird[367] – eine andere Reihenfolge der Abstimmungen erzwingen.[368] Um einen solchen Beschluss der Hauptversammlung zu vermeiden, empfiehlt es sich, – wie oft praktiziert[369] – in die Satzung aufzunehmen, dass der Versammlungsleiter die Reihenfolge der Abstimmung bestimmt.

278 Von dem Grundsatz, dass der Versammlungsleiter die Reihenfolge der Abstimmung festlegt, ist lediglich der Fall ausgenommen, dass ein Aktionär einen Vorschlag zur Wahl zum Aufsichtsrat gemacht hat und eine Minderheit, deren Anteile zusammen den zehnten

---

[363] *Martens* 91 ff.; *Max* AG 1991, 77 (89) liSp. Ein solcher Sachzusammenhang ist bezüglich mehrerer Satzungsänderungen anzuerkennen. Nach § 181 Abs. 1 S. 2 AktG werden „die geänderten Bestimmungen der Satzung" „mit dem Beschluss über die Satzungsänderung" gleichgestellt, so dass daraus gefolgert werden kann, dass durch einen einzigen Beschluss über die Satzungsänderung mehrere Bestimmungen der Satzung geändert werden können. Diese können deshalb in einem einheitlichen Abstimmungsverfahren als „Paket" beschlossen werden; vgl. *Martens* 92 f. (mit weiteren Beispielen); *Max* AG 1991, 77 (89) liSp.
[364] Vgl. *Martens* 93; *Max* AG 1991, 77 (89) liSp.
[365] Vgl. *Martens* 94 f.; *Max* AG 1991, 77 (89).
[366] LG Hamburg AG 1996, 233 reSp; LG Frankfurt a. M. BeckRS 2008, 23905 S. 15 zum Vorziehen eines TOPs; *Max* AG 1991, 77 (85) reSp; *Stützle/Walgenbach* ZHR 155 (1991) 516, 532 mwN; *Martens* WM 1981, 1010 (1015).
[367] *Stützle/Walgenbach* ZHR 155 (1991), 516, 533; *Gerold Bezzenberger* ZGR 1998, 352 (362); *Martens* 86.
[368] Vgl. *Steiner* HV der AG § 13 Rn. 44; *Martens* 86 mwN; auch → Rn. 194 ff.
[369] *Martens* 86; auch → Rn. 263.

VII. Leitung der Abstimmungen § 9

Teil des vertretenen Grundkapitals erreichen, die Abstimmung über diesen Aktionärsvorschlag vor der Abstimmung über den Vorschlag des Aufsichtsrats verlangt.[370]

b) Grundsätze für die Festlegung der Abstimmungsreihenfolge

Der Versammlungsleiter darf die Reihenfolge der Abstimmung nicht willkürlich festlegen, sondern hat darauf zu achten, dass sie **sachdienlich** ist.[371] Hierfür haben sich folgende allgemeine Grundsätze herausgebildet: 279

Über dringliche **Anträge gegen den Versammlungsleiter** muss sofort abgestimmt werden.[372] 280

Über die übrigen **Anträge zur Geschäftsordnung** ist – soweit der Hauptversammlung überhaupt eine Entscheidungskompetenz zukommt[373] – idR vor, spätestens aber gleichzeitig mit den entsprechenden Sachanträgen abzustimmen.[374] Der Verfahrensantrag würde jegliche Bedeutung verlieren, wenn schon vorab in der Sache entschieden worden wäre.[375] Aus diesem Grund ist auch über den Antrag auf Einzelentlastung (vgl. § 120 Abs. 1 S. 2 AktG) von Vorstands- oder Aufsichtsratsmitgliedern vor oder gleichzeitig mit der Beschlussfassung über die Blockentlastung abzustimmen.[376] 281

Allerdings kann es genügen, wenn zunächst der Sachantrag zur Abstimmung gestellt wird und der Versammlungsleiter dabei erklärt, wer den Verfahrensantrag unterstützen wolle, solle zunächst den Sachantrag ablehnen (→ Rn. 191 ff.). 282

IdR sollte über den Antrag, der bei der Abstimmung **wahrscheinlich die erforderliche Mehrheit finden wird,** zuerst abgestimmt werden.[377] Zumeist wird dies der Antrag der Verwaltung sein.[378] 283

Abgesehen von dem erwähnten Aktionärsantrag zum Vorziehen der Abstimmung über einen Kandidaten bei der Wahl von Aufsichtsratsmitgliedern gibt es keine Verpflichtung, zuerst über **Gegenanträge** abstimmen zu lassen.[379] 284

---

[370] § 137 AktG iVm §§ 126, 127 AktG. Siehe dazu *Max* AG 1991, 77 (85) reSp; *Stützle/Walgenbach* ZHR 155 (1991), 516, 532 mwN; *Martens* WM 1981, 1010 (1015).
[371] *Koch* in Hüffer/Koch AktG § 129 Rn. 19; *F.-J. Semler* in MHdB AG § 39 Rn. 10; *Max* AG 1991, 77 (85) reSp; *Martens* WM 1981, 1010 (1015).
[372] *F.-J. Semler* in MHdB AG § 39 Rn. 10; *Martens* WM 1981, 1010 (1015) liSp.; *Max* AG 1991, 77 (86) liSp.: auch → Rn. 199, 21 ff.
[373] *Stützle/Walgenbach* ZHR 155 (1991), 516, 532; *Martens* 78 f. Fällt die Verfahrensfrage in die Entscheidungskompetenz des Versammlungsleiters, muss er den Antrag selbstverständlich nicht zur Abstimmung stellen. → Rn. 194 ff.
[374] *F.-J. Semler* in MHdB AG § 39 Rn. 10; *Max* AG 1991, 77 (85) reSp; *Koch* in Hüffer/Koch AktG § 129 Rn. 19.
[375] *Martens* WM 1981, 1010 (1015) reSp; *Max* AG 1991, 77 (85) reSp
[376] *Eckardt* in Geßler/Hefermehl AktG § 120 Rn. 21; *F.-J. Semler* in MHdB AG § 39 Rn. 10.
[377] LG Hamburg AG 1996, 233 reSp; *F.-J. Semler* in MHdB AG § 39 Rn. 10; *Martens* WM 1981, 1010 (1015) reSp; *Kubis* in MüKoAktG AktG § 119 Rn. 144 mwN.
[378] *F.-J. Semler* in MHdB AG § 39 Rn. 10; *Max* AG 1991, 77 (86) liSp; *Martens* WM 1981, 1010 (1015) liSp. Ausnahme: § 137 AktG.
[379] LG Hamburg AG 1996, 233 reSp; *Martens* WM 1981, 1010 (1015) reSp; *F.-J. Semler* in MHdB AG § 39 Rn. 10; *Koch* in Hüffer/Koch AktG § 129 Rn. 19; *Kubis* in MüKoAktG AktG § 119 Rn. 144. *Kubis* bejaht ferner eine Pflicht des Versammlungsleiters, die Hauptversammlung erst über die Entlastung eines zur Wiederwahl gestellten Aufsichtsratsmitglieds entscheiden zu lassen, bevor die entsprechende Wahl stattfinde. Ein solches Verfahren wäre jedoch idR nicht effizient, da zumeist kein Anhaltspunkt dafür besteht, dass eine Entlastung scheitern könnte; und selbst wenn solche Anhaltspunkte bestünden, steht es jedem Aktionär frei, selbst zu entscheiden, inwiefern er dem Kandidaten zumindest für die Zukunft das Vertrauen ausspricht. In der Praxis werden deshalb – insbes. bei einheitlicher Aussprache und einem darauf folgenden Abstimmungsblock über alle Tagesordnungspunkte – keine zwei Abstimmungsvorgänge durchgeführt.

285 Ein allgemeiner Grundsatz, dass zunächst über den jeweils **weitergehenden Antrag** abzustimmen sei, ist nicht anzuerkennen. Im Übrigen ist es zumeist kaum oder überhaupt nicht feststellbar, welcher Antrag der „weitergehende" ist.[380]

c) Konzentration von Abstimmungsvorgängen

286 Werden **mehrere Anträge zum gleichen Abstimmungsgegenstand** gestellt, stehen sie idR so zueinander im Verhältnis, dass die Annahme des einen Antrags die Annahme des anderen Antrags ausschließt.[381] Der Versammlungsleiter hat die Möglichkeit, jenen Antrag in den konzentrierten Abstimmungsvorgang aufzunehmen, für den er eine Mehrheit erwartet. Findet dieser Antrag wider Erwarten keine Mehrheit, muss über den zuerst zurück gestellten Antrag abgestimmt werden.

287 Ist die rechtliche Zulässigkeit dieses zweiten Antrags nicht gegeben oder zweifelhaft, kann es sich für den Versammlungsleiter empfehlen, zunächst den ersten, unzweifelhaft zulässigen Antrag zur Abstimmung zu stellen und erst dann über die Zulässigkeit des zweiten Antrags zu entscheiden, wenn der erste Antrag nicht die erforderliche Mehrheit erlangt – dies vermeidet idR unnötige rechtliche Diskussionen und Kritik am Versammlungsleiter. Sofern der Versammlungsleiter dann die Zulässigkeit des zweiten Antrags verneint, sollte er dem Antragsteller jedoch die Gelegenheit geben, seinen Antrag so umzuformulieren, dass dieser zulässig ist; außerdem sollte die Aussprache dann wieder eröffnet werden, um allen Teilnehmer der Hauptversammlung Gelegenheit zu geben, sich zum geänderten Antrag zu äußern.

288 Der Versammlungsleiter hat aber auch die Möglichkeit, über mehrere rechtmäßige Anträge konzentriert, dh in einem gemeinsamen Wahlgang abstimmen zu lassen. Das ist aber nur zulässig, wenn er den einen Antrag voll, den anderen dagegen nur unter der Bedingung zur Abstimmung stellt, dass der erste Antrag abgelehnt wird.[382] Zweckmäßig ist dies jedoch nur, wenn größere Zweifel darüber bestehen, ob überhaupt und ggf. welcher Antrag die erforderliche Mehrheit erlangen wird. Tendenziell wird dieses Verfahren deshalb nicht nur für mehrere Sachanträge in Betracht kommen, sondern auch, wenn kein bestimmtes Abstimmungsergebnis zu erwarten ist.

289 Besteht zwischen den Entscheidungen ein **rechtlicher**[383] **oder enger sachlicher Zusammenhang**,[384] könnte die konzentrierte Abstimmung ebenfalls in Form der Eventual-

---

[380] *F.-J. Semler* in MHdB AG § 39 Rn. 10 nennt als Beispiel die Anträge auf 6% und auf 8% Dividende. Unter dem Gesichtspunkt möglichst hoher Ausschüttung ist der Antrag auf 8% der „weitergehende" Antrag; unter dem Gesichtspunkt der Stärkung der Rücklagen der Gesellschaft wäre dies jedoch der Antrag auf 6% Dividende. Vgl. auch *Kubis* in MüKoAktG § 119 Rn. 144 mwN; *Stützle/Walgenbach* ZHR 155 (1991), 516 (532); *Martens* WM 1981, 1010 (1015) reSp

[381] Damit ist nicht gemeint, dass der eine Antrag gerade die Verneinung des anderen Antrags darstellt, etwa „Antrag auf Entlastung" einerseits, „Antrag auf Verweigerung der Entlastung" andererseits. Gemeint sind vielmehr Anträge, die jeweils zu einem sachlich abweichenden Ergebnis führen, etwa Anträge auf Kapitalerhöhung um 2 Mio. einerseits und um 1 Mio. andererseits; vgl. *Zöllner* ZGR 1974, 1 (12) (mit weiteren Beispielen). Dazu zählt auch das Verhältnis des Antrags auf Entlastung und des Gegenantrags auf (ausdrückliche) Verweigerung der Entlastung, weil jene Aktionäre, die gegen die Entlastung gestimmt haben, entweder nur eine Verschiebung der Entscheidung wollen oder aber einen ausdrücklichen Beschluss, demzufolge die Entlastung definitiv verweigert wird.

[382] Es ist nämlich denkbar, dass ein Aktionär zwar den einen Antrag favorisiert, im Fall der Ablehnung dieses Antrags aber auch dem anderen Antrag zustimmen möchte. Diesem Interesse wird bei gleichzeitiger Stimmabgabe durch die zeitgleiche Eventualabstimmung Rechnung getragen. Der Aktionär kann dem zweiten Antrag zustimmen, ohne den von ihm favorisierten ersten Antrag zu gefährden. Vgl. *Zöllner* ZGR 1974, 1 (12ff.); wie hier auch *F.-J. Semler* in MHdB AG § 39 Rn. 12. Ein Interesse des Aktionärs, vor der Abstimmung über den zweiten Antrag das Ergebnis der Abstimmung über den ersten Antrag zu erfahren, muss – selbst wenn es ausdrücklich von Aktionären geltend gemacht wird – nicht berücksichtigt werden; auch → Rn. 272.

[383] Bspw. bei einem „Antrag auf Satzungsänderung" über die Zahl der Aufsichtsratsmitglieder einerseits und der Wahl entsprechender Personen andererseits; vgl. *Zöllner* ZGR 1974, 1 (20) (mit weiteren Beispielen).

[384] Bspw. „Entlastung" einerseits und „Wiederwahl von Aufsichtsratsmitgliedern" andererseits; vgl. *Zöllner* ZGR 1974, 1 (21) (mit weiteren Beispielen).

abstimmung in Betracht kommen, so dass die Stimmabgabe zum zweiten Beschluss unter der Bedingung erfolgt, dass auch der erste Beschlussantrag angenommen wird.[385]

4. Ermittlung des Abstimmungsergebnisses

Die Beschlüsse der Hauptversammlung bedürfen der einfachen Mehrheit der abgegebenen Stimmen, soweit nicht Gesetz oder Satzung etwas anderes bestimmen (§ 133 Abs. 1 AktG; anders uU bei Wahlen; vgl. § 133 Abs. 2 AktG). Als „abgegeben" gelten **nur Ja- und Nein-Stimmen.** Bei der Prüfung, ob ein Beschluss die erforderliche Mehrheit erlangt hat, werden Enthaltungen und ungültige Stimmen nicht berücksichtigt.[386] 290

Die Auszählung der Stimmen erfolgt **durch den Versammlungsleiter,** der dazu Hilfspersonen und technische Hilfsmittel einsetzen kann.[387] Er trägt die Verantwortung für die korrekte Stimmenerfassung.[388] Insbes. bei größeren Hauptversammlungen wird der Versammlungsleiter sich darauf beschränken müssen, die in aller Regel von der Geschäftsführung der Gesellschaft vorbereiteten organisatorischen Maßnahmen zu überprüfen und den Ablauf – idR durch Hilfspersonen – zu überwachen.[389] 291

Sofern die Satzung und eine etwaige „Geschäftsordnung der Hauptversammlung" nichts anderes vorsehen, bestimmt der Versammlungsleiter auch das Auszählverfahren.[390] 292

Zur Ermittlung des Abstimmungsergebnisses sind in der Praxis **das Additions- und das Subtraktionsverfahren** gebräuchlich: 293

a) Additionsverfahren

Beim Additionsverfahren[391] werden sowohl die abgegebenen Ja-Stimmen als auch die abgegebenen Nein-Stimmen ausgezählt. Die Zahl der abgegebenen Stimmen wird durch Addition ermittelt. Stimmenthaltungen werden erfasst, obwohl sie als „nicht abgegebene Stimmen" gelten.[392] Die Enthaltungen müssen ausgezählt werden, weil § 130 Abs. 2 verlangt (→ Rn. 313, 415), dass auch diese Zahl zu protokollieren und – bei börsennotierten Gesellschaften – innerhalb von sieben Tagen auf der Internetseite zu veröffentlichen ist. 294

Gegen die Anwendung des Additionsverfahrens bestehen rechtlich keine Bedenken.[393] 295

b) Subtraktionsverfahren

Beim Subtraktionsverfahren[394] werden jeweils nur die Abstimmungsgruppen ausgezählt, die voraussichtlich am kleinsten sind und daher den geringsten Zählaufwand erfordern. 296

---

[385] Vgl. *Zöllner* ZGR 1974, 1 (20 ff.); so auch *F.-J. Semler* in MHdB AG § 39 Rn. 12.
[386] BGHZ 83, 35 und BGHZ 129, 136 (153) für „Enthaltungen" und RGZ 106, 258 (263) für „nichtige Stimmen"; *F.-J. Semler* in MHdB AG § 39 Rn. 20; *Zöllner* in Kölner Komm. § 133 Rn. 61 f.; *Koch* in Hüffer/Koch AktG § 133 Rn. 12 mwN.
[387] *Zöllner* in Kölner Komm. AktG § 133 Rn. 53; *Koch* in Hüffer/Koch AktG § 133 Rn. 22.
[388] *Stützle/Walgenbach* ZHR 155 (1991), 516 (535); *Koch* in Hüffer/Koch AktG § 133 Rn. 22.
[389] *Stützle/Walgenbach* ZHR 155 (1991), 516 (535).
[390] Vgl. *Eckardt* in Geßler/Hefermehl AktG § 133 Rn. 22. Für die alleinige Kompetenz des Versammlungsleiters *Stützle/Walgenbach* ZHR 155 (1991), 516 (535); *Barz* AG 1962, Sonderbeilage Nr. 1, S. 1 (9); *Martens* 87 f. Für eine vorrangige Zuständigkeit der Hauptversammlung *Max* AG 1991, 77 (87) liSp. und *Koch* in Hüffer/Koch AktG § 133 Rn. 22. Um diese Unklarheit zu vermeiden, empfiehlt es sich, die entsprechende Kompetenz in der Satzung ausdrücklich dem Versammlungsleiter zuzuweisen (zB „Der Versammlungsleiter bestimmt die Art der Abstimmung.", da zur „Art der Abstimmung" auch die „Art der Auszählung" gehört); → Rn. 198.
[391] Vgl. dazu *Zöllner* in Kölner Komm. AktG § 133 Rn. 54; *Koch* in Hüffer/Koch AktG § 133 Rn. 23; *F.-J. Semler* in MHdB AG § 39 Rn. 35; *Martens* 88; *Max* AG 1991, 77 (87) liSp.
[392] *Martens* 88. Die Stimmenthaltung steht insoweit der Nichtteilnahme an der Abstimmung rechtlich gleich.
[393] *Koch* in Hüffer/Koch AktG § 133 Rn. 23.
[394] *Zöllner* in Kölner Komm. AktG § 133 Rn. 56; vgl. auch *Eckardt* in Geßler/Hefermehl AktG § 133 Rn. 15; *Koch* in Hüffer/Koch AktG § 133 Rn. 24; *F.-J. Semler* in MHdB AG § 39 Rn. 35; *Martens* 88.

Das sind idR die Nein-Stimmen und die Stimmenthaltungen. Durch **Subtraktion** der Zahl der Stimmenthaltungen von der sich aus dem Teilnehmerverzeichnis zum Abstimmungszeitpunkt ergebenden Gesamtstimmenzahl aller Teilnehmer (einschließlich gegebenenfalls der Briefwähler gemäß § 118 Abs. 2 AktG) der Hauptversammlung lässt sich die Zahl der abgegebenen Stimmen ermitteln, durch weitere Subtraktion der Nein-Stimmen die Anzahl der Ja-Stimmen. Bei diesem Verfahren wird also unterstellt, dass alle, die weder mit Nein gestimmt noch sich der Stimme enthalten haben, den Beschlussvorschlag bejahen.[395]

297 Trotz immer wieder erhobener Einwände ist nach Auffassung des Gesetzgebers und mit der **hM**[396] die **Zulässigkeit** des Subtraktionsverfahrens anzuerkennen.

298 Gegen die Subtraktionsmethode ist verschiedentlich eingewandt worden, sie zwinge die Aktionäre, die nicht an der Abstimmung teilnehmen wollen, zumindest mit „Enthaltung" zu stimmen, um nicht als Ja-Stimme gewertet zu werden.[397] Daraus ergebe sich ein unzulässiger **Zwang zur Teilnahme** an der Abstimmung. Diese Auffassung ist inzwischen jedoch sowohl von der Rechtsprechung als auch der Literatur abgelehnt worden. Die Aktionäre befinden sich in einem Mitgliedschaftsverhältnis zur Gesellschaft und unterliegen daher auch entsprechenden Pflichten und Belastungen, die insbes. die Organisation und den Verfahrensablauf der Hauptversammlung betreffen.[398] Aus ihnen folgt, dass es solchen Aktionären durchaus zumutbar ist, zB ihre Stimmenthaltungskarte abzugeben, obwohl sie gar nicht an der Abstimmung teilnehmen wollen. Der Individualschutz wäre anderenfalls zu weit ausgedehnt.[399]

299 Um unnötigen Streit auf der Hauptversammlung zu vermeiden, empfiehlt es sich aber, dass der Versammlungsleiter die Aktionäre, die sich nicht an der Abstimmung beteiligen wollen, auffordert, sich vor der Abstimmung zB durch Handzeichen oder Abgabe einer Sonderstimmkarte zu melden, damit sie entsprechend berücksichtigt werden können.[400] Die auf diese Weise ermittelte Anzahl der nicht abgegebenen Stimmen (**Nichtteilnahme**) ist dann von der Zahl der in der Hauptversammlung vertretenen Stimmen abzuziehen.[401] Von jedem Aktionär bzw. Aktionärsvertreter, der sich auch jetzt noch nicht meldet, muss und darf angenommen werden, dass er sich an der Abstimmung beteiligt.[402]

300 Ebenso wenig ist die rechtliche Beurteilung des **Schweigens als Willenserklärung** zu beanstanden.[403] Beim Subtraktionsverfahren wird unterstellt, dass alle, die weder mit „Nein" stimmen noch sich der Stimme enthalten, den betreffenden Beschlussantrag bejahen.[404] IdR ist das bloße Schweigen zwar keine Willenserklärung, weil derjenige, der schweigt, im Allgemeinen weder Zustimmung noch Ablehnung zum Ausdruck bringt. Gleichwohl ist anerkannt, dass aufgrund besonderer Umstände oder einer besonderen Vereinbarung Schweigen einen objektiven Erklärungswert haben kann. Hat der Versamm-

---

[395] *Zöllner* in Kölner Komm. AktG § 133 Rn. 56.
[396] Die Zulässigkeit des Subtraktionsverfahrens bestätigt auch die im *Regierungsentwurf zum ARUG* enthaltene Begründung der vorgeschlagenen Änderung von § 130 Abs. 2 S. 2 AktG. Ferner wird die Zulässigkeit dieses Verfahrens zB bejaht durch: OLG Frankfurt a. M. AG 1999, 232 liSp.; LG Dortmund AG 1968, 390; *Zöllner* in Kölner Komm. AktG § 133 Rn. 57; *Koch* in Hüffer/Koch AktG § 133 Rn. 24 mwN; *F.-J. Semler* in MHdB AG § 39 Rn. 35; aA OLG Karlsruhe in einem obiter dictum ZIP 1991, 101 (107); krit. *Barz* AG 1962, Sonderbeilage Nr. 1, S. 1 (9f.); *Brox* DB 1965, 731 (732f.) und *Brox* DB 1965, 1203 (1204).
[397] ZB OLG Karlsruhe ZIP 1991, 101 (107).
[398] *Martens* 89.
[399] *Martens* 89.
[400] *Zöllner* in Kölner Komm. AktG § 133 Rn. 56.
[401] *Eckardt* in Geßler/Hefermehl AktG § 133 Rn. 17.
[402] *v. Falkenhausen* BB 1966, 337 (343) reSp
[403] *Zöllner* in Kölner Komm. AktG § 133 Rn. 56; *Martens* 89f.; aA *Brox* DB 1965, 731 (733) und *Brox* DB 1965, 1203 (1204) für den Fall, dass der Aktionär von der Bedeutung seines Schweigens keine oder falsche Vorstellungen hat. Das Schweigen des Aktionärs sei dann mangels Erklärungsbewusstseins und Handlungswillens keine Willenserklärung und könne nicht als Ja-Stimme gewertet werden.
[404] *Zöllner* in Kölner Komm. AktG § 133 Rn. 56.

VII. Leitung der Abstimmungen

lungsleiter dem Aktionär bzw. dem Aktionärsvertreter die Bedeutung des Schweigens als Abgabe seiner Ja- bzw. Nein-Stimme verdeutlicht, muss sich der Aktionär daran festhalten lassen.[405]

Hat der Aktionär bzw. Aktionärsvertreter von der Bedeutung seines Schweigens **keine oder falsche Vorstellungen,**[406] so mag dies im Einzelfall die Stimmausübung anfechtbar machen.[407] Ein solcher Fehler betrifft aber nur den einzelnen Hauptversammlungsbeschluss und stellt die grundsätzliche rechtliche Zulässigkeit des Subtraktionsverfahrens nicht in Frage.[408] Er lässt sich außerdem unschwer dadurch vermeiden, dass der Versammlungsleiter die Teilnehmer in der Hauptversammlung ausreichend über das Abstimmungsverfahren belehrt.[409] 301

Schließlich ist auch der Einwand, das Subtraktionsverfahren gewährleiste nicht in jedem Fall eine korrekte Stimmenauszählung, unbegründet.[410] Da die Anzahl der Ja-Stimmen durch Subtraktion der Anzahl der Nein-Stimmen und der Stimmenthaltungen von der sich aus dem Teilnehmerverzeichnis zum Abstimmungszeitpunkt ergebenden Gesamtstimmenzahl aller Versammlungsteilnehmer ermittelt wird, ist allerdings eine **korrekte Feststellung der Präsenz** zurzeit der Abstimmung unerlässlich.[411] Die Stimmen der Aktionäre und Aktionärsvertreter, die neu erschienen sind oder die vor der Abstimmung die Hauptversammlung verlassen haben, müssen aufgenommen bzw. gestrichen werden.[412] Zugänge während der Dauer der Stimmabgaben erhöhen die Anzahl der abgegebenen Stimmen. Abgänge, die während der Dauer der Stimmabgabe eingetreten sind, reduzieren die Anzahl der abgegebenen Stimmen hingegen nur dann, wenn ausdrücklich oder durch die Bitte um Absetzung von der Präsenz deutlich gemacht wird, dass der Stimmberechtigte an der Abstimmung nicht teilnehmen will.[413] Etwaige Fehler der Präsenzfeststellung wirken sich unmittelbar auf die Feststellung des Beschlussergebnisses aus.[414] Das Subtraktionsverfahren ist aber nicht schon deshalb unzulässig, weil es schwierig sein mag, die Zahl der präsenten Stimmen (im Falle der nach § 118 Abs. 2 AktG zugelassenen Briefwahl: einschließlich der Stimmen der Briefwähler) zuverlässig festzustellen.[415] Selbst bei großen Hauptversammlungen ist es mit entsprechenden modernen technischen Hilfsmitteln möglich, Zu- und Abgänge laufend zu berücksichtigen und die genaue Präsenz zum Zeitpunkt der Abstimmung festzustellen.[416] 302

Um starken Präsenzschwankungen vorzubeugen, empfiehlt es sich, den Versammlungsraum vor Ort auf die gesamte Versammlungsstätte (Gebäude) einschließlich Nebenräumen (wie zB auch Toiletten)[417] auszudehnen.[418] In diesem Fall muss aber sichergestellt sein, 303

---

[405] *Max* AG 1991, 77 (87) reSp; ähnlich *Martens* 89 f., der vom Vorliegen besonderer Umstände ausgeht. Der Versammlungsleiter könne aufgrund seiner Kompetenz, den Abstimmungsmodus festzulegen, durch entsprechende Hinweise den Aktionären eine Erklärungslast aufbürden, so dass ihr Schweigen als Abgabe einer Willenserklärung gewertet werden könne.
[406] Dieser Mangel ist rein tatsächlicher Art; vgl. *Eckardt* in Geßler/Hefermehl AktG § 133 Rn. 20.
[407] *Eckardt* in Geßler/Hefermehl AktG § 133 Rn. 20.
[408] *Eckardt* in Geßler/Hefermehl AktG § 133 Rn. 20.
[409] *Martens* 90 f.; *Max* AG 1991, 77 (87) reSp
[410] *Zöllner* in Kölner Komm. AktG § 133 Rn. 57; *Koch* in Hüffer/Koch AktG § 133 Rn. 24; *F.-J. Semler* in MHdB AG § 39 Rn. 35; aA *Brox* DB 1965, 731 (733) und *Brox* DB 1965, 1203 (1204); *Barz* AG 1962 Sonderbeilage Nr. 1, S. 1 (9).
[411] *Martens* 91; *Eckardt* in Geßler/Hefermehl AktG § 133 Rn. 18; *Zöllner* in Kölner Komm. AktG § 133 Rn. 56; *Barz* in GroßkommAktG § 119 Anm. 41; *F.-J. Semler* in MünchHdbAG § 39 Rn. 35; → Rn. 409–412.
[412] Jeder Teilnehmer, der die Hauptversammlung verlässt, muss für den gesamten von ihm vertretenen Aktienbesitz gestrichen werden. Dies muss berücksichtigt werden, falls ein Teilnehmer mehrere Stimmkarten besitzt, zB weil er mehrere Aktionäre vertritt; vgl. *Zöllner* ZGR 1974, 1 (6).
[413] *Deutsches Notarinstitut* DNotI-Report 22/2002, 172.
[414] *Martens* 91.
[415] *Obermüller* DB 1965, 883 (884) reSp
[416] *F.-J. Semler* in MHdB AG § 39 Rn. 35.
[417] → Rn. 302 f.
[418] *Max* AG 1991, 77 (87 f.).

dass die Belehrung des Versammlungsleiters über das Abstimmungsverfahren auch dort wahrgenommen werden kann, wo sich als präsent erfasste Aktionäre bzw. Aktionärsvertreter aufhalten können,[419] es sei denn, dass man sich dort üblicherweise nur für kurze Zeit aufhält.[420] Es empfiehlt sich auch, die Aktionäre, die den Versammlungsraum vorübergehend verlassen wollen, im Fall einer sich abzeichnenden Abstimmung zu bitten, sicherheitshalber Stimmrechtsvollmachten zu erteilen.[421]

304 Sollten bei der Feststellung der Präsenz dennoch Fehler unterlaufen sein, kann dies zur erfolgreichen **Anfechtung** der im Subtraktionsverfahren gefassten Beschlüsse der Hauptversammlung führen,[422] sofern sich die Ungenauigkeit auf das festgestellte Abstimmungsergebnis ausgewirkt haben könnte, was aber allenfalls bei knappen Abstimmungen der Fall sein dürfte. Deshalb empfiehlt es sich, bei unsicherer Präsenzfeststellung immer dann, wenn die erforderliche Mehrheit voraussichtlich nur knapp erreicht oder nicht erreicht wird, zur Additionsmethode überzugehen.[423]

305 Das Subtraktionsverfahren ist auch dann anwendbar, wenn das Gesetz oder die Satzung das **Stimmrecht beschränken oder ausschließen.** In solchen Fällen ist die Präsenz so zu berechnen, dass bei der Ermittlung der abgegebenen Stimmen die Stimmrechtsbeschränkung (§ 134 Abs. 1 S. 2 AktG, insbes. bei nicht börsennotierten Gesellschaften) ebenso wie etwaige Stimmverbote[424] berücksichtigt werden.[425]

c) Zweckmäßigkeit der Verfahren

306 Mit Hilfe des **Additionsverfahrens** lässt sich das Abstimmungsergebnis tendenziell **zuverlässiger,** dafür aber **oft langsamer** ermitteln.[426] Eine strikte Präsenzkontrolle ist für die Stimmenauszählung nicht so dringend erforderlich. Die Präsenzkontrolle ist aber auch

---

[419] *Max* AG 1991, 77 (88) liSp. Siehe auch OLG Karlsruhe ZIP 1991, 101 – ASEA/BBC.
[420] Es wäre überzogen, eine akustische Übertragung zB auch für die Toiletten zu verlangen. Da einerseits die Abstimmung zumeist nicht kurzfristig durchgeführt werden, sondern sich lange vorher ankündigen (zB indem der Versammlungsleiter über die Länge der Rednerliste informiert), sowie das Abstimmungsverfahren ausführlich erläutert wird und andererseits die Toilettenräume üblicherweise nur für kurze Zeit betreten werden, hat auch der Aktionär bzw. Aktionärsvertreter, der die Toilettenräume aufsucht, faktisch die Möglichkeit, sich auf die Abstimmung einzustellen und an ihr teilzunehmen. Nach OLG Frankfurt a. M. AG 2006, 249 führen jedenfalls technische Defekte bei der Beschallung der Toiletten nicht zur Anfechtbarkeit der Hauptversammlungsbeschlüsse.
[421] Zur Entgegennahme von Vollmachten sollten ggf. auch die Mitarbeiter der Ein- und Ausgangskontrolle zur Verfügung stehen; *Max* AG 1991, 77 (88) liSp. Sie sollten jene Aktionäre, die während eines laufenden Abstimmungsvorgangs die Hauptversammlung verlassen wollen, ohne dass ihre Stimmen als „abgegeben" gewertet werden soll, darauf hinweisen, dass sie dann entweder ihre Stimmrechte auf andere Teilnehmer der Hauptversammlung übertragen oder sich zB durch Vorlage ihres Stimmkartenblocks von der Präsenz absetzen lassen müssen; vgl. Gutachten des *Deutschen Notarinstituts* DNotI-Report 22/2002, 171; → Rn. 357.
[422] *Martens* 91; → Rn. 243 f.
[423] *Zöllner* in Kölner Komm. AktG § 133 Rn. 57; *Koch* in Hüffer/Koch AktG § 133 Rn. 24 mwN. Ein solcher Wechsel des Abstimmungsverfahrens innerhalb einer Hauptversammlung bedarf sorgfältiger organisatorischer Vorbereitung und einer besonders intensiven Aufklärung der Stimmberechtigten durch den Versammlungsleiter. Ein solcher Wechsel kann insbes. an der Gestaltung der ausgegebenen Stimmkarten scheitern.
[424] ZB § 136 Abs. 1 AktG, der vor allem das Verbot der Stimmrechtsausübung durch ein Vorstands- oder Aufsichtsratsmitglied umfasst, wenn es dabei um dessen Entlastung oder die Geltendmachung von Schadenersatzansprüchen der Gesellschaft gegen dieses Mitglied geht.
[425] *Martens* 91; im Teilnehmerverzeichnis werden solche Beschränkungen noch nicht berücksichtigt, da andernfalls ein Stimmrechtsverbot hinsichtlich eines Tagesordnungspunktes (zB Entlastung) zu einer anderen Präsenz führen würde als hinsichtlich der anderen Punkte.
[426] *Zöllner* in Kölner Komm. AktG § 133 Rn. 54; *Koch* in Hüffer/Koch AktG § 133 Rn. 23. Die Tatsache, dass Teilnehmer der Hauptversammlung oft „sehnsüchtig" auf die Abstimmungsergebnisse warten, kann die Mitarbeiter im Rechenzentrum unter zeitlichen Druck setzen, was wiederum die Fehleranfälligkeit erhöht. Außerdem sind beim Additionsverfahren mehr Stimmkarten oder elektronische Stimmabgaben auszuwerten (zB wenn bei einer Funkabstimmung gleichzeitig tausend Stimmen übertragen werden), was ebenfalls zu Fehlern führen kann; → Rn. 318, 310.

bei Anwendung des Additionsverfahrens erforderlich und zwar zum Zwecke der Transparenz der Stimmrechtsvertretung auf der jeweiligen Hauptversammlung; außerdem ermöglicht die Präsenzliste den Anwesenden, festzustellen, welches Stimmgewicht sie selbst und welches andere Hauptversammlungsteilnehmer haben, damit zB der Kleinaktionär die Möglichkeit hat, den Großaktionär zu erkennen, um ihn dazu zu gewinnen, die Überzeugungen des Kleinaktionärs zu übernehmen. Der Aktionär, der sich überhaupt nicht an der Abstimmung beteiligen will, kann untätig bleiben. Der Nachteil des Additionsverfahrens liegt jedoch in der **zeitlichen Dauer** für das Einsammeln und das Auszählen der Stimmen, insbes. bei großen Hauptversammlungen.[427] Ferner besteht bei kompliziert formulierten Aktionärsanträgen (zB bei Anträgen zur Geschäftsordnung, deren Wortlaut Verneinungen enthalten, oder wenn die Gefahr besteht, dass der Aktionär den Aktionärsantrag und den Verwaltungsantrag verwechselt) die Möglichkeit, dass Besitzer größerer Aktienpakete an der Abstimmung irrtümlich nicht teilnehmen oder falsche Ankreuzungen auf ihrer Stimmkarte vornehmen, die dann ungewollte schwerwiegende Auswirkungen haben können. Das Additionsverfahren bietet sich daher vor allem bei einer **kleinen Hauptversammlung**[428] sowie bei unmissverständlichen Beschlussgegenständen mit **knappen Abstimmungsverhältnissen**[429] an.

Der große Vorteil des **Subtraktionsverfahrens** ist seine **Praktikabilität.** Das Einsammeln und das Auszählen[430] der Stimmen nimmt weitaus **weniger Zeit** in Anspruch als beim Additionsverfahren, da nur die Abstimmungsgruppen, die voraussichtlich am kleinsten sind, ausgezählt werden müssen.[431] Ein weiterer Vorteil des Subtraktionsverfahrens liegt darin, dass notwendigerweise die Zahl der Stimmenthaltungen festgestellt wird, dies also irrtümlich nicht unterbleiben kann.[432]

Bei der Anwendung des Subtraktionsverfahrens ist von Nachteil, dass eine **exakte und fortlaufende Präsenzfeststellung** sowie die dazugehörigen organisatorischen Maßnahmen **unerlässlich** sind. Zudem ist es erforderlich, zumindest zu empfehlen, dass der Versammlungsleiter die Versammlungsteilnehmer vor jeder Abstimmung ausreichend über das Abstimmungsverfahren **belehrt,** was möglicherweise etwas mehr Zeit benötigt als bei Anwendung des Additionsverfahrens.[433] Ein weiterer Nachteil für den einzelnen Aktionär liegt darin, dass er sich enthalten oder seine Nicht-Teilnahme ausdrücklich bekunden muss, um sicherzustellen, dass seine Stimmen weder als Ja- noch als Nein-Stimmen gewertet werden.

Schließlich erhöht die Anwendung des Subtraktionsverfahrens das **Risiko einer Anfechtungsklage.** Je mehr Personen an der Hauptversammlung teilnehmen, umso leichter kann es zu Fehlern bei der Präsenzfeststellung und damit zu Anfechtungsklagen kommen.[434] Solche Anfechtungsklagen sind dann zwar oft mit negativer Publizität verbunden; jedoch führt aus aktienrechtlicher Sicht nicht jeder noch so geringfügige Fehler in der Präsenzfeststellung auch zur Anfechtbarkeit des Beschlusses. Der Beschlussmangel muss

---

[427] Vgl. *Zöllner* ZGR 1974, 1 (5).
[428] *Koch* in Hüffer/Koch AktG § 133 Rn. 23.
[429] *Zöllner* in Kölner Komm. AktG § 133 Rn. 57.
[430] Zum Auszählen gehören auch die Einzelentscheidungen über die Fälle, in denen die bei großen Hauptversammlungen eingesetzten Zählmaschinen einzelne Stimmkarten nicht auszählen können, zB weil Stimmkarten geknickt worden sind oder der Aktionär Ankreuzungen „korrigiert" hat. Die Behandlung solcher Einzelfälle kann die Ermittlung des Abstimmungsergebnisses erheblich verzögern (man denke nur an die wochenlange Stimmkartenauszählung in Florida bei der US-Präsidentschaftswahl Bush/Gore und bei der Hauptversammlungsabstimmung über die Fusion – ausgerechnet im Elektronik-Bereich – zwischen HP und Compaq im April 2002).
[431] *Max* AG 1991, 77 (88) liSp. (beim Ausfall der elektronischen Stimmenauszählung).
[432] Die Erfassung der Enthaltungen ist für die notarielle Protokollierung ggf. Veröffentlichung nötig; vgl. § 130 Abs. 2 und Abs. 6 AktG.
[433] Der Versammlungsleiter muss unmissverständlich erklären, dass die Nichtabgabe einer Stimmkarte zur Folge hat, dass die darin verkörperten Stimmen den Ja-Stimmen zugerechnet werden, weil anderenfalls die Zurechnung des Schweigens als Abgabe einer Willenserklärung gefährdet ist; vgl. *Martens* 90 f.
[434] *Eckardt* in Geßler/Hefermehl AktG § 133 Rn. 21.

vielmehr, wenn sich der Gesetzesverstoß lediglich auf die Ergebnisfeststellung bezieht, für das Zustandekommen des Beschlusses relevant sein.[435] Werden bei den Abstimmungen (wie häufig bei Beschlussfassungen in großen Hauptversammlungen) große Mehrheiten erreicht, haben geringfügige Fehler bei der Präsenzfeststellung keine Relevanz für das Abstimmungsergebnis, so dass eine Anfechtung nicht auf solche Fehler gestützt werden kann.[436] Das Gleiche wie bei der fehlerhaften Präsenzkontrolle gilt für den Fall, dass die Stimmen eines Aktionärs als Ja- bzw. Nein-Stimmen gewertet wurden, obwohl er über die Bedeutung seines Schweigens nicht unterrichtet war oder einem diesbezüglichen Irrtum erlegen ist (→ Rn. 300).

310 Das Subtraktionsverfahren ist daher vor allem dann vorteilhaft, wenn bei den Beschlussfassungen mit **großen Mehrheiten** gerechnet werden kann.[437] Von der Subtraktionsmethode sollte nicht Gebrauch gemacht werden, wenn nur eine knappe Beschlussmehrheit – insbes. bei Kampfabstimmungen – zu erwarten ist.[438] In diesem Fall kann die fehlerhafte Ermittlung der Stimmen nämlich relevant für das Beschlussergebnis sein und deshalb zur Anfechtbarkeit des Beschlusses führen. In der Praxis hat in den letzten Jahren die Bedeutung des Additionsverfahrens zugenommen, weil vermehrt elektronische Hilfsmittel eingesetzt worden sind, die die Dauer der Auszählung der Stimmen erheblich verringert haben – auch wenn dies – zB bei Funkabstimmungen – die Nachprüfbarkeit der Abstimmungsergebnisse eingeschränkt hat.

5. Verkündung des Ergebnisses

311 Der Versammlungsleiter hat die Art und das Ergebnis der Abstimmungen sowie die Feststellungen über die Beschlussfassungen zu verkünden (§ 130 Abs. 2 AktG).

312 Die Feststellung über die Beschlussfassung hat **konstitutive Wirkung**,[439] dh der Beschluss wird mit dem Inhalt wirksam, der vom Versammlungsleiter festgestellt (und vom Notar beurkundet) worden ist. Somit gilt der verkündete Inhalt als beschlossen, auch wenn er von dem Ergebnis der Abstimmung abweichen sollte (→ § 13 Rn. 52 mwN). Etwas anderes ergibt sich nur dann, wenn der Nachweis offenbarer Unrichtigkeit gelingt.

313 Zum **Ergebnis der Abstimmung,** das der Versammlungsleiter für jeden Beschluss verkünden muss, gehören nach § 130 Abs. 2 S. 2 AktG **grundsätzlich** die folgenden Angaben:
– die Zahl der Aktien, für die gültige Stimmen abgegeben wurden,
– der Anteil des durch die gültigen Stimmen vertretenen Grundkapitals; im Falle eigener Aktien empfiehlt die Begründung des Regierungsentwurfs des ARUG dies kenntlich zu machen,[440] wohl indem darauf hingewiesen wird, dass der angegebene Prozentsatz sich auf das um eigene Aktien reduzierte Grundkapital bezieht.
– die Zahl der für einen Beschluss abgegebenen Stimmen (also die „Ja"-Stimmen), Gegenstimmen („Nein"-Stimmen) und „gegebenenfalls" die Zahl der Enthaltungen; die Formulierung „gegebenenfalls" meint, dass die Enthaltungen anzugeben sind, wenn das Abstimmungsergebnis nach dem Subtraktionsverfahren ausgezählt wurde.[441]
– die Feststellung, ob der Beschluss gefasst worden ist bzw. wer gewählt wurde. Dafür genügt es festzustellen, der gestellte Antrag sei angenommen bzw. abgelehnt worden.

---

[435] *Martens* 91; *Max* AG 1991, 77 (88) liSp.; vgl. auch OLG Karlsruhe ZIP 1991, 101 (107) (die nach Ansicht des OLG Karlsruhe fehlerhafte Stimmenermittlung war nicht kausal für das Abstimmungsergebnis).
[436] *Max* AG 1991, 77 (88) liSp.; *Martens* 91.
[437] *F.-J. Semler* in MHdB AG § 39 Rn. 35.
[438] *Zöllner* in Kölner Komm. AktG § 133 Rn. 57; *Koch* in Hüffer/Koch AktG § 133 Rn. 24; *Martens* 91; *Max* AG 1991, 77 (88) liSp.; *F.-J. Semler* in MHdB AG § 39 Rn. 35.
[439] *Martens* 95 f. mwN.
[440] *ARUG-Regierungsentwurf* BT-Drs. 16/11642; Begründung zu § 130 Abs. 2 S. 2 AktG.
[441] *ARUG-Regierungsentwurf,* BT-Drs. 16/11642; Begründung zu § 130 Abs. 2 S. 2 AktG.

IdR muss der gefasste Beschluss dazu nicht **wörtlich verlesen** werden. Dies gilt zumindest dann, wenn über den konkreten Beschlussinhalt hinreichende Klarheit besteht. Die Verlesung des gesamten Beschlussinhalts kann jedoch dann angezeigt sein, wenn zB mehrere Anträge zur Abstimmung gestellt worden sind und nur einer von ihnen positiv beschieden worden ist.

Ausnahme: Der Versammlungsleiter darf nach § 130 Abs. 2 S. 3 AktG darauf verzichten, alle oben genannten Feststellungen zum Abstimmungsergebnis zu verkünden, wenn kein Aktionär solche umfassenden Feststellungen verlangt. Dies empfiehlt sich insbes., wenn die Ergebnisse der Einzelwahl der Aufsichtsratsmitglieder oder der Einzelentlastung verkündet werden. Dann genügt es, dass der Versammlungsleiter zumindest ausführt, dass die erforderliche Mehrheit erreicht wurde.[442] In diesem Fall ist es auch nicht erforderlich, eine Übersicht mit den Details der Abstimmungsergebnisse zwingend zur Anlage der notariellen Niederschrift zu machen.[443] Allerdings verlangt § 130 Abs. 6 AktG von börsennotierten Gesellschaften, dass sie auch im Falle einer verkürzten Ergebnisfeststellung alle oben genannten Detailangaben zum Abstimmungsergebnis innerhalb von sieben Tagen nach der Versammlung auf der Internetseite des Unternehmens veröffentlichen. 314

Wegen der Bedeutung der Feststellung des Abstimmungsergebnisses ist der Versammlungsleiter verpflichtet, selbst oder durch Mitarbeiter, denen er dieses Recht übertragen hat, die **Gültigkeit der Stimmabgabe** zu prüfen. So ist zu entscheiden über das Bestehen oder Nichtbestehen des Stimmrechts. Nichtige Stimmen dürfen nicht berücksichtigt werden, so zB wenn ein Verwaltungsmitglied bei seiner Entlastung mit abstimmt oder seine Stimme abgibt, obwohl es um die Geltendmachung eines Ersatzanspruchs gegen ihn selbst geht und er deshalb einem Stimmrechtsverbot unterliegt,[444] sowie ausnahmsweise in Fällen der treuwidrigen Ausübung des Stimmrechts (zB bei Abstimmungen in Schädigungsabsicht).[445] Lässt sich bis zur Auszählung der Stimmen nicht klären, ob tatsächlich ein Stimmverbot vorliegt, so empfiehlt es sich für den Versammlungsleiter, die Stimme „im Zweifel" zuzulassen.[446] 315

6. Art der Auszählung

Ziel einer jeden Hauptversammlung ist es, die Tagesordnung innerhalb des vorgegebenen Zeitrahmens mit den notwendigen Beschlussfassungen[447] anfechtungssicher zu beenden. Aus diesem Grund ist der Art und Form der Auszählung sowie der Ermittlung des notwendigen Zeitbedarfs besondere Bedeutung beizumessen. 316

Zur Erstellung und Fortführung des Teilnehmerverzeichnisses wird seit längerem bei den meisten Gesellschaften eines der auf dem Markt angebotenen **Softwareprodukte** 317

---

[442] Verkündet der Versammlungsleiter nur das Erreichen der erforderlichen Mehrheit, beinhaltet dies konkludent auch die „Feststellung über die Beschlussfassung". Sicherheitshalber sollte der Versammlungsleiter jedoch auch in solchen Fällen seine Feststellung ausdrücklich erklären (selbst wenn dies bei sehr eindeutigen Mehrheitsverhältnissen als eine „Förmlichkeit ohne Sinn" und deshalb lächerlich erscheinen mag). *Koch* in Hüffer/Koch AktG § 130 Rn. 23 mwN empfiehlt dies sogar dann, wenn der Beschluss einstimmig gefasst wurde.
[443] *6. Ausschuss des Deutschen Bundestages (Rechtsausschuss)*, BT-Drs. 16/13098, Begründung der Änderung des § 130 AktG.
[444] So in den Fällen des § 136 AktG; vgl. auch ruhende Stimmrechte bei nicht erfolgten Stimmrechtsmitteilungen nach § 28 WpHG (ab 3. 1. 2018 § 44 WpHG); „Rechtsverlust".
[445] Vgl. § 53a AktG; *Koch* in Hüffer/Koch AktG § 130 Rn. 22, AktG § 53a Rn. 22 mwN.
[446] Vgl. *Koch* in Hüffer/Koch AktG § 130 Rn. 22; *Marsch-Barner,* Treuepflichten zwischen Aktionären und Verhaltenspflichten bei der Stimmrechtsbündelung, ZHR 157 (1993), 172 (189). Zulässig dürfte es auch sein, wenn sich der Versammlungsleiter in solchen Fällen danach richtet, welches Abstimmungsergebnis aus seiner Sicht vorteilhafter für die Gesellschaft zu sein scheint, weil Aktionäre die Möglichkeit haben, solche komplizierten Fragen eines Stimmverbotes dann im Rahmen eines Anfechtungsprozesses eingehend zu erörtern und gerichtlich klären zu lassen.
[447] *Koch* in Hüffer/Koch AktG § 133 Rn. 2 ff.

eingesetzt. Sie kommen nun auch verstärkt zur Ermittlung der Abstimmergebnisse zum Einsatz und haben die manuellen Verfahren weitgehend abgelöst. Die Abstimmung auf Zuruf, mittels Handzeichen oder einer Stimmtafel[448] ist nur noch selten zu finden.

a) Vorbereitung

318 Der erste Schritt zur Vorbereitung der Abstimmung ist die Auswahl der **Art und Form der Auszählung.**[449] Diese und das hierzu verwendete Abstimmedium stehen aufgrund der zu erwartenden Stimmabgaben und der für die Auszählung zur Verfügung stehenden Zeit in Abhängigkeit zur ausgewählten Auszählungsmethode **(Additions- oder Subtraktionsmethode).**[450] So kann eine Hauptversammlung mit nur 40 teilnehmenden Aktionären durchaus ohne Probleme alle Tagesordnungspunkte auf Zuruf sogar nach der Additionsmethode beschließen. Die Hauptversammlung einer Publikumsgesellschaft mit 5.000 teilnehmenden Aktionären muss sich dagegen aufwendiger DV-technischer Verfahren unabhängig von der Auszählungsmethode bedienen, um die Beschlussergebnisse ermitteln zu können. Der Einsatz eines solchen DV-technischen Verfahrens ermöglicht es heute praktisch allen Gesellschaften, die Tagesordnungspunkte sowohl nach der Additions- als auch nach der Subtraktionsmethode kostengünstig und im vorgegebenen Zeitrahmen zu beschließen.

319 Ein für alle Gesellschaften allgemeingültiges, optimales Abstimm- bzw. Auszählverfahren gibt es jedoch nicht. Hat die Gesellschaft einmal ein für Ihre Zwecke geeignetes Verfahren gefunden, wird sie es in der Regel beibehalten, da sich ein Wechsel auf den gesamten Ablauf der Hauptversammlung sowie der vorbereiteten Dokumente und Informationsmaterialien[451] auswirkt.

320 Da sich aber die Anforderungen von Hauptversammlung zu Hauptversammlung ändern können, sollte im Rahmen der Vorbereitung geprüft werden, ob das bisher verwendete Abstimm- und Auszählungsverfahren noch zweckmäßig ist.

321 Bei der Wahl des für die jeweilige Hauptversammlung optimierten Abstimmverfahrens haben sich die folgenden **Kriterien** (→ Rn. 306) als hilfreich erwiesen:
Teilnehmende Personen:
– erwartete Anzahl an Teilnehmern (Aktionäre, Gäste etc);
– erwartete Anzahl an stimmberechtigten Aktionären, die gegen die Vorschläge der Verwaltung stimmen werden (Opponenten);
– stimmberechtigte und nicht stimmberechtigte Aktionäre (Stamm- und Vorzugsaktien);
– kritische Aktionäre.
Art der Hauptversammlung:
– ordentliche oder außerordentliche Hauptversammlung;
– gesonderte Versammlung der Stamm- bzw. Vorzugsaktionäre;
– Art und Anzahl der Tagesordnungspunkte (zB Wahlen, Kapital- und Strukturmaßnahmen);
– wirtschaftliche Lage der Gesellschaft;
– knappe Abstimmungsverhältnisse;
– Genauigkeit der Präsenzfeststellung.
Ort der Abstimmung:
– Präsenzzone;
– Versammlungsraum.

---

[448] → Rn. 340, ist in Österreich weit verbreitet.
[449] *Koch* in Hüffer/Koch AktG § 134 Rn. 34, 35 und AktG § 130 Rn. 17.
[450] *Koch* in Hüffer/Koch AktG § 133 Rn. 22–24 → Rn. 294–310, → Rn. 402–417.
[451] Akkreditierung und Ausgabe des Abstimmediums, Hinweise für Aktionäre, notarielles Protokoll, Leitfaden für den Versammlungsleiter.

VII. Leitung der Abstimmungen §9

Ablauf der Abstimmung:
- Abstimmung zu jedem einzelnen Beschlussvorschlag oder im Anschluss an die Generaldebatte in einem oder mehreren Abstimmblöcken;[452]
- Abstimmung zu Verfahrensanträgen (möglicherweise direkt zu Beginn der Versammlung zB Antrag auf Abwahl des Versammlungsleiters);
- Anzahl Tagesordnungspunkte/Beschlussfassungen;
- Einzelentlastung von Vorstand und Aufsichtsrat sowie ggf. unterschiedliche Beschlussvorschläge für Teile dieser Gremien;
- Wahlen zum Aufsichtsrat (ggf. mit Gegenkandidaten);
- Zeitrahmen für die Abstimmung.

Kosten:
- für das Abstimmmedium;
- für das DV-System (inkl. Software und Personal).

Neben der DV-technischen Ermittlung der Abstimmergebnisse bieten die **professionellen Dienstleister** eine **umfassende Beratung** an. In einem Vorbereitungsgespräch werden die Vor- und Nachteile der einzelnen Varianten in Bezug auf das zum Einsatz kommende Softwareprodukt sowie die oben aufgeführten Kriterien besprochen. Die Auswahl der Art der Abstimmung sollte 8 Wochen vor der Hauptversammlung abgeschlossen sein, um die notwendige Vorbereitungszeit zur Verfügung zu haben. Neben des Vorlaufs für die Produktion und Bereitstellung des Abstimmmediums sind bei einem Wechsel die Ablauf- und Schulungsunterlagen, der Entwurf zum notariellen Protokoll, der Leitfaden sowie ggf. Hinweisblätter für die Aktionäre und Mitarbeiter anzupassen. 322

Nach der Festlegung auf die Art der Abstimmung beginnen die weiteren Vorbereitungstätigkeiten. Zunächst ist es wichtig, nachdem die Tagesordnung in ihrer endgültigen Fassung vorliegt, mögliche **Abstimmszenarien** zu erarbeiten. Aufgrund von Ergänzungen zur Tagesordnung, Gegenanträgen sowie Wahlvorschlägen wird das Szenario regelmäßig an den geplanten Ablauf sowie mögliche Sonderfälle angepasst. 323

Für jede Hauptversammlung sollten folgende Abstimmszenarien vorbereitet werden: 324
- **Planmäßiger Ablauf.** Der planmäßige Ablauf ist optimiert nach Belangen der Gesellschaft (im Wesentlichen der Tagesordnung) sowie nach zeitlichen Belangen. Zu berücksichtigen ist hierbei die Anzahl der zur Abstimmung anstehenden Tagesordnungspunkte pro Abstimmungsblock (Sammelgang) sowie mögliche Abhängigkeiten der Beschlussfassungen untereinander.[453]
- **Antragssituationen.** Der planmäßige Ablauf wird um erwartete bzw. mögliche Antragssituationen (Gegenanträge, Gegenwahlvorschläge, Verfahrensanträge) erweitert. Zusätzlich sollte, sofern dies denkbar erscheint, auch die Einzelentlastung der Mitglieder von Vorstand und Aufsichtsrat vorgesehen werden.
- **Zeitkritischer Ablauf.** Dieser Ablauf ist weitgehend nach zeitlichen Belangen aufgestellt. Er dient zur Ermittlung des spätest möglichen Anfangszeitpunkts der Abstimmung, um die Beschlüsse zu den Tagesordnungspunkten noch rechtzeitig vorliegen zu haben.[454]
- **Frühzeitige Abstimmung.** Während die meisten Verfahrensanträge vor Beginn der Abstimmung über die Beschlussgegenstände der Tagesordnung zur Abstimmung gestellt werden können (zB Vertagungsanträge)[455] ist über bestimmte Anträge von Aktionären zeitnah abzustimmen (zB Abwahl des Versammlungsleiters).[456] Insbes. für Abstimmun-

---

[452] Die Blockabstimmung im Anschluss an die Generaldebatte ist in Deutschland und Österreich üblich. Hierbei werden in einem Block mehrere Beschlussgegenstände zur Abstimmung gestellt. Der Aktionär kann zu jedem Beschlussgegenstand sein Votum abgeben; siehe auch → Rn. 271 ff., 325.
[453] Ggf. ist ein Beschlussvorschlag von der vorherigen Zustimmung zu einem anderen Beschlussvorschlag der TO notwendig.
[454] → § 4 Rn. 107 eintägige Hauptversammlung/Beschlussfassung nach Mitternacht.
[455] → Rn. 215 ff., 191 ff., 279 ff.
[456] → Rn. 21 ff.

gen zu Beginn der Hauptversammlung, sollte, sofern dies denkbar erscheint, ein Szenario in die Planung einbezogen werden.

325 Um mehr Zeit für die Generaldebatte zur Verfügung zu haben und die Abstimmung so zügig wie möglich zu gestalten, fassen seit mehreren Jahren Gesellschaften, die zur Hauptversammlung DV-technische Verfahren einsetzen, mehrere Tagesordnungspunkte zu einem **Sammelgang,** der sog **Blockabstimmung** zusammen (→ Rn. 130, → Rn. 279 ff.).

326 Des Weiteren wird der **zeitliche Ablauf** sowie die einander **überschneidenden Tätigkeiten** im Saal (aus Sicht der Bühne) und im „EDV-Raum" (Ermittlung der Abstimmergebnisse) beschrieben. Eventuell auftretende Pausen im Saal können somit rechtzeitig erkannt und eingeplant werden.

327 Die **Abstimmszenarien** bilden zum einen die Basis für die Gestaltung und den Aufbau des Abstimmmediums sowie für die Erstellung des Leitfadens für den Versammlungsleiter. Insbes. beim Einsatz eines beleghaften oder elektronischen Abstimmmediums müssen die abgestimmten Szenarien Teil des Leitfadens sein. Zu empfehlen ist es, die entsprechenden Passagen, welche die Abstimmung betreffen, mit dem Verantwortlichen der DV (Ermittlung der Abstimmergebnisse) sowie ggf. mit dem externen Dienstleister des eingesetzten DV-Systems detailliert abzustimmen.

328 Nicht jede **Ausnahmesituation** kann im Leitfaden oder in entsprechenden Anlagen berücksichtigt werden. Somit können während der Hauptversammlung Situationen entstehen, auf die weder die Bühne noch die EDV vorbereitet sind. Eine der häufigsten Situationen dieser Art sind Anträge zur Geschäftsordnung, falls die Versammlung darüber abzustimmen hat.

329 Um in einer solchen Situation eine **schnelle und sichere Ermittlung der Abstimmergebnisse** zu gewährleisten, ist es unerlässlich, den Verantwortlichen der DV (Ermittlung der Abstimmergebnisse) über den veränderten Ablauf der Abstimmung im Detail zu informieren. Mindestinhalte sowie der Informationsweg sollten bereits vorher – im Rahmen von Vorgesprächen oder der Generalprobe – besprochen worden sein und auch im **Leitfaden** des Versammlungsleiters dokumentiert sein.

330 Da zu viele Eventualitäten den **Leitfaden** unhandlich und unübersichtlich machen, wird einerseits mittels Anhängen versucht, Sonderfälle zu antizipieren oder andererseits den Leitfaden **maßgeschneidert** an den HV-Ablauf anzupassen. Letzteres ist zeitkritisch und verlangt gut vorbereitete Textbausteine und eine zügige Abstimmung mit allen Verantwortlichen.

331 Eine Software wie zB **eGuide**,[457] die den beratenden Juristen weitgehend bei der Aktualisierung des maßgeschneiderten Leitfadens unterstützt, kann für mehr Übersicht und kürzere Reaktionszeiten sorgen. Verschiedene Szenarien mit passenden Textpassagen lassen sich mit individuellen Abhängigkeiten und Bedingungen hinterlegen. Des Weiteren ist es möglich, auf Daten aus dem DV-System für die Ermittlung der Abstimmungsergebnisse zuzugreifen.

b) Aufnahme und Auszählung der Stimmen

332 Die **Art der Abstimmung** richtet sich in erster Linie nach der Satzung, bei deren Schweigen nach Bestimmung des Versammlungsleiters, sofern die Hauptversammlung nichts anderes beschließt.[458] Die in der Praxis üblichen Auszählverfahren lassen sich in
– „manuelle Verfahren" (→ Rn. 333 ff.; Akklamation → Rn. 338–339; Stimmtafel (Österreich) → Rn. 340–342; Aufnahme durch ein oder mehrere Stimmhelfer → Rn. 343–345; Kupon mit manueller Auszählung → Rn. 346–347),
– „beleghafte Verfahren" (→ Rn. 356 ff.) und

---

[457] TM der Computershare Deutschland GmbH & Co. KG.
[458] § 134 Abs. 4 AktG; *Koch* in Hüffer/Koch AktG § 130 Rn. 17 und AktG § 134 Rn. 34. → Rn. 263–265.

VII. Leitung der Abstimmungen §9

– „online- bzw. elektronische Verfahren" (→ Rn. 365 ff.)
einteilen. Da sich die Abläufe bei den jeweiligen Auszählverfahren unterscheiden, werden diese mit ihren Vor- und Nachteilen nachfolgend beschrieben.

aa) Manuelle Verfahren

„**Manuelle Verfahren**" sind Abstimmungsvorgänge, bei denen zur Ermittlung des Abstimmergebnisses auf den Einsatz eines auf dem Teilnehmerverzeichnis basierenden DV-Systems verzichtet wird. Zur Addition der abgegebenen Stimmen sowie der Ermittlung der Abstimmergebnisse aus der Präsenz werden meist **Additionsmaschinen oder Tabellenkalkulationsprogramme** verwendet. Die Präsenzfeststellung erfolgt zu einem vereinbarten Zeitpunkt und bleibt während der Abstimmung zu einem Beschlussgegenstand unverändert. Hierzu werden die Ein- und Ausgänge geschlossen (→ Rn. 302–304). 333

Durch die manuelle Erfassung der Stimmabgaben im DV-System lässt sich die Problematik der exakten Präsenzfeststellung umgehen. Die zusätzlich zu schaffenden technischen Vorkehrungen – Strom- und Netzwerkanschluss – in der Nähe der Bühne, machen meist die direkte Wahl eines beleghaften oder elektronischen Verfahrens mit DV-technischer Auswertung wirtschaftlicher und sicherer. 334

Die nachfolgend näher beschriebenen Varianten eignen sich für Hauptversammlungen, die das **Subtraktionsverfahren** für die Beschlussfassungen einsetzen. 335

Verfahrensbedingt kann immer **nur ein Tagesordnungspunkt** zur Abstimmung aufgerufen werden. Bei langen und komplexen Tagesordnungen, insbes. bei einer möglichen Einzelentlastung der Mitglieder von Vorstand und Aufsichtsrat sowie Einzelwahlen zum Aufsichtsrat, kann der Abstimmvorgang selbst nach der Subtraktionsmethode eine geraume Zeit in Anspruch nehmen. 336

Ein **Zeitvorteil** gegenüber den beleghaften oder elektronischen Verfahren ist dagegen **selten**, zB wenn zur Hauptversammlung bei einer überschaubaren Tagesordnung mit einstimmigen Beschlüssen oder einer nur geringen Anzahl an Oppositionsstimmen zu rechnen ist. 337

Sofern noch ein manuelles Abstimmverfahren gewählt wird, ist in Deutschland die Abstimmung per **Akklamation** die häufigste Form. Hierbei lässt der Versammlungsleiter die stimmberechtigten Aktionäre **auf Zuruf** durch **Handheben** über die Beschlussvorschläge zu den einzelnen Tagesordnungspunkten abstimmen. Hierbei wird im Allgemeinen wie folgt vorgegangen: 338
– Art und Form der Abstimmung festlegen und den Teilnehmern erklären;
– Präsenz feststellen und verlesen (Präsenzbereich für den Zeitraum der Stimmabgabe schließen);
– eindeutige Bekanntgabe des zur Abstimmung anstehenden Beschlussvorschlags (zB durch Verweis auf veröffentlichten Text im Bundesanzeiger);
– Gegenstimmen und Stimmenthaltungen getrennt aufnehmen,[459] die Aktionäre werden aufgerufen, sich durch Handheben bemerkbar zu machen;
  Zusätzliche Hinweise für den Versammlungsleiter: Wiederholen Sie die Ihnen zugerufene Anzahl Stimmen sowie ggf. die Nummer der Eintritts- oder Stimmkarte. Diese Vorgehensweise bietet den Vorteil, dass der Aktionär prüfen kann, ob er richtig verstanden worden ist. Des Weiteren erhält derjenige, der mit der Ermittlung des Abstimmergebnisses beauftragt ist, die notwendigen Informationen immer in der gleichen Lautstärke und Klarheit. Damit bei der Aufnahme der Stimmen die Übersicht gewahrt bleibt, empfiehlt sich, die Aufnahme in einer gleichbleibenden Reihenfolge[460] durchzuführen.

---

[459] Subtraktionsmethode. Bei einer anderen Auszählmethode entsprechend.
[460] ZB vorne links beginnend und dann Reihe für Reihe hinten rechts endend durchgehen.

- Vollständigkeit der Stimmabgabe feststellen;
- Ermittlung des Abstimmergebnisses;
  Zusätzliche Hinweise: Die Aufnahme der Stimmen und die Ermittlung der Abstimmergebnisse sollte auf mindestens zwei Personen verteilt werden. Bei Beschlüssen, die nahezu einstimmig gefaßt werden, kann dies zwar zu einer leichten Zeitverzögerung führen, bietet aber den Vorteil, dass sich derjenige, der für die Ermittlung der Abstimmergebnisse verantwortlich ist, voll auf seine Aufgabe konzentrieren kann.
  In der Regel nimmt der Notar die Stimmabgaben zu Protokoll. In diesem Fall sollte auch ein Abgleich mit der Mitschrift des Notars erfolgen.
- Verkündung des Ergebnisses und der Beschlussfassung.

339 Ein effektiver Abgleich der zugerufenen Stimmen mit dem Teilnehmerverzeichnis ist praktisch nicht möglich und setzt daher ein großes Maß an Vertrauen gegenüber den Aktionären und klare Mehrheitsverhältnisse voraus.

340 In Österreich ist die **Stimmtafel** die häufigste Form der Stimmabgabe, die aber in Deutschland praktisch keine Anwendung findet. Der Versammlungsleiter lässt die stimmberechtigten Aktionäre durch **Hochheben der Stimmtafel** über die Beschlussvorschläge zu den einzelnen Tagesordnungspunkten abstimmen.

341 Hierbei wird im Allgemeinen wie folgt vorgegangen:
- Art und Form der Abstimmung festlegen und den Teilnehmern erklären;
- Präsenz feststellen und verlesen (Präsenzbereich für den Zeitraum der Stimmabgabe schließen);
- eindeutige Bekanntgabe des zur Abstimmung anstehenden Beschlussvorschlags (zB durch Verweis auf veröffentlichten Text im Bundesanzeiger);
- Gegenstimmen und Stimmenthaltungen getrennt aufnehmen;[461] die Aktionäre werden aufgerufen, sich durch deutliches Hochheben der Stimmtafel bemerkbar zu machen;
  Zusätzliche Hinweise für den Versammlungsleiter/Notar: Lesen Sie die Ihnen angezeigten Stimmtafelnummern laut vor. Diese Vorgehensweise bietet den Vorteil, dass der Aktionär prüfen kann, ob er richtig wahrgenommen worden und sein Votum aufgenommen worden ist. Des Weiteren erhält derjenige, der mit der Ermittlung des Abstimmergebnisses beauftragt ist, die notwendigen Informationen immer in der gleichen Lautstärke und Klarheit. Damit bei der Aufnahme der Stimmen die Übersicht ge-

---

[461] Subtraktionsmethode. Bei einer anderen Auszählmethode entsprechend.

VII. Leitung der Abstimmungen § 9

wahr bleibt, empfiehlt sich, die Aufnahme in einer gleichbleibenden Reihenfolge[462] durchzuführen.
- Vollständigkeit der Stimmabgabe feststellen;
- Ermittlung des Abstimmergebnisses;

Zusätzliche Hinweise:
Die Aufnahme der Stimmen und die Ermittlung der Abstimmergebnisse sollte auf mindestens **zwei Personen** verteilt werden, die die genannten Stimmtafelnummern getrennt notieren.
Bei Beschlüssen, die nahezu einstimmig gefasst werden, kann dies zwar zu einer leichten Zeitverzögerung führen, bietet aber den Vorteil, dass sich derjenige, der für die Ermittlung der Abstimmergebnisse verantwortlich ist, voll auf seine Aufgabe konzentrieren kann und ein **Abgleich mit der Zweitschrift** möglich ist.
Nimmt der Notar die Stimmabgaben ebenfalls zu Protokoll, wäre auch ein Abgleich mit der Mitschrift des Notars möglich.
- Verkündung des Ergebnisses und der Beschlussfassung.

Für die Abstimmergebnisermittlung wird zumeist das EDV-System eingesetzt, dass auch für 342 die Fortführung der Präsenz verwendet wird, sodass sich die Stimmen hinter der Stimmtafelnummer sicher ermitteln lassen. Bei der rein manuellen Ergebnisermittlung dient der Ausdruck des Teilnehmerverzeichnisses bzw. die aktuelle Präsenzliste als Grundlage.

Das nachfolgend beschriebene Verfahren ist ein erster **Zwischenschritt zwischen der** 343 **Abstimmung auf Zuruf** und der Aufnahme der Stimmabgaben durch Stimmhelfer.[463] Bei diesem Verfahren werden die Stimmenanzahl und die Stimmkartennummer auf vorgefertigten **Formularen** durch Mitarbeiter der Gesellschaft schriftlich für jeden Tagesordnungspunkt festgehalten und im Hintergrund manuell addiert. Im Allgemeinen wird wie folgt vorgegangen:
- Art und Form der Abstimmung festlegen und den Teilnehmern erklären;
- Präsenz feststellen und verlesen (Präsenzbereich für den Zeitraum der Stimmabgabe schließen);
- eindeutige Bekanntgabe des zur Abstimmung anstehenden Beschlussvorschlags (zB durch Verweis auf veröffentlichten Text im Bundesanzeiger);
- Gegenstimmen und Stimmenthaltungen getrennt aufnehmen;[464] die Aktionäre werden aufgerufen, sich durch Handheben bemerkbar zu machen.

Zusätzliche Hinweise zur Vorbereitung: Teilen Sie den Hauptversammlungsraum in Blöcke ein und ordnen Sie jedem Block einen Mitarbeiter zur Aufnahme der Stimmen zu. Der jeweilige Mitarbeiter geht durch die Reihen seines Blocks und nimmt die dort abgegebenen Stimmen auf.
- Vollständigkeit der Stimmabgabe feststellen;
- Ermittlung des Abstimmergebnisses;

Zusätzlicher Hinweis: Die Ermittlung der Abstimmergebnisse sollte auf zwei Personen verteilt werden, die die Abstimmergebnisse mittels einer Additionsmaschine oder eines Tabellenkalkulationsprogramms getrennt ermitteln.
- Verkündung des Ergebnisses und der Beschlussfassung.

Gegenüber der Abstimmung auf Zuruf und der Stimmtafel bietet diese Art der Stimmen- 344 aufnahme dem **Aktionär eine gewisse Anonymität** (→ Rn. 269). Sie nimmt aber wesentlich mehr Zeit in Anspruch, da zunächst als Stimmabgaben notiert werden und nach dem Schließen der Abstimmung mit der Addition der Voten begonnen wird.

Dieses Verfahren kann als Backup vorbereitet werden, um die **Abstimmung mit ei-** 345 **ner höheren Sicherheit** durchzuführen, wenn eine Abstimmung auf Zuruf, etwa wegen

---
[462] ZB vorne links beginnend und dann Reihe für Reihe hinten rechts endend durchgehen.
[463] → Rn. 367; Das Verfahren ähnelt den heutigen elektronischen Verfahren, bei denen Stimmhelfer mit Tablet-Computern die Stimmen direkt beim Aktionär aufnehmen und eignet sich hierfür auch als Backup.
[464] Subtraktionsmethode. Bei einer anderen Auszählmethode entsprechend.

der großen **Zahl von Opponenten,** unübersichtlich werden könnte. Außerdem findet es Anwendung, wenn die Abstimmung auf Zuruf, zB wegen sich aus der räumlichen Situation ergebender **akustischer Problemen,** nicht durchgeführt werden kann.

346 Das nachfolgend beschriebene Verfahren ist bereits eine **Art schriftlicher Abstimmung.** Da die Ermittlung der Abstimmergebnisse weiterhin manuell[465] erfolgt, nicht mittels eines auf dem Teilnehmerverzeichnis basierenden DV-Systems, ist auch dieses Verfahren noch ein „**manuelles Verfahren**". Wegen der manuellen Auszählung wird auch beim Einsatz dieses Verfahrens empfohlen, immer nur einen Tagesordnungspunkt zur Abstimmung zu stellen.

347 Zur Wahrnehmung seiner Stimmrechte hat der Aktionär statt einer einfachen Stimmkarte einen **Abstimmbogen mit Kupons**[466] für die einzelnen Tagesordnungspunkte erhalten. Jeder Kupon ist mit der aktuellen Stimmenzahl des Aktionärs versehen. Zur Aufnahme der Stimmen gehen, ähnlich wie im vorherigen Verfahren beschrieben, Stimmeneinsammler zu den Aktionären, die ihre Stimmen gegen den Beschlussvorschlag abgeben oder sich der Stimme enthalten möchten. Anstatt die Stimmenanzahl und die Stimmkartennummer auf ein Formular zu notieren, wirft der Aktionär den **Kupon** seines vom Versammlungsleiter bezeichneten Abstimmbogens in die vom Stimmeneinsammler bereitgehaltenen Sammelbehälter.[467] Der **Ablauf** ist ähnlich wie beim vorherigen Punkt. Im Allgemeinen wird wie folgt vorgegangen:
- Art und Form der Abstimmung festlegen und den Teilnehmern erklären;
- Präsenz feststellen und verlesen (Präsenzbereich für den Zeitraum der Stimmabgabe schließen);
- Beschlussvorschlag der Verwaltung und ggf. Wortlaut des zur Abstimmung anstehenden Tagesordnungspunkts verlesen;
- Gegenstimmen und Stimmenthaltungen getrennt einsammeln;[468] die Aktionäre werden aufgerufen, sich durch Handheben bemerkbar zu machen.
  Zusätzliche Hinweise zur Vorbereitung: Teilen Sie den Hauptversammlungsraum in Blöcke ein und ordnen Sie jedem Block einen Mitarbeiter zum Einsammeln der Stimmbelege zu. Der jeweilige Mitarbeiter geht durch die Reihen seines Blocks. Die Sammelbehälter sollten nicht aus der Hand gegeben werden. Sie sollten nur unter Aufsicht des Notars oder eines Gehilfen geöffnet und geleert werden.
- Vollständigkeit der Stimmabgabe feststellen;
- Ermittlung des Abstimmergebnisses;
  Zusätzlicher Hinweis: Die Ermittlung der Abstimmergebnisse sollte auf zwei Personen verteilt werden, die die Abstimmergebnisse mittels einer Additionsmaschine oder eines Tabellenkalkulationsprogramms getrennt ermitteln;
- Verkündung des Ergebnisses und der Beschlussfassung.

348 Die **Stimmabgabe an einem bestimmten Platz** im Versammlungsraum kann sowohl rein manuell auf Basis des Teilnehmerverzeichnisses wie auch DV-technisch unterstützt umgesetzt werden. Die technisch unterstützte Variante des **Abstimmungstisches** hat sich in der Praxis durchgesetzt, da in diesem Fall die effizientere Prüfung gegen das Teilnehmerverzeichnis und die korrekte Feststellung des Stimmengewichts möglich ist sowie auch stets die aktuelle Präsenz die Basis für die Ergebnisermittlung bildet.

349 Das Verfahren eignet sich sowohl zur Blockabstimmung wie auch zur ad-hoc Abstimmung über Verfahrensanträge. In der Praxis wird es daher sowohl zur Abstimmung über

---

[465] Mittels einer Additionsmaschine oder eines Tabellenkalkulationsprogramms.
[466] Form und Gestaltung können unterschiedlich sein, je nachdem, ob die Gesellschaft oder ein professioneller Dienstleister sie veranlasst. Wesentlich ist allein, dass der Aktionär eine Möglichkeit bekommt, für einzelne Tagesordnungspunkte einen bestimmten Kupon oder Abriss abzugeben.
[467] Zu Unterschieden bei der Gestaltung eines solchen Abstimmbogens sowie der Kupons → Rn. 331f.
[468] Subtraktionsmethode. Bei einer anderen Auszählmethode entsprechend.

VII. Leitung der Abstimmungen § 9

die Beschlussfassungen zur Tagesordnung wie auch zur **Quorumsermittlung**[469] verwendet zB Minderheitenverlangen.

Für die Ermittlung eines **Quorums** werden die Aktionäre gebeten, die das **Minderheitenverlangen** unterstützen wollen, während eines bestimmten vom Versammlungsleiter benannten Zeitraum an die eingerichteten PC-Arbeitsplätze im Saal zu kommen, ihre Stimmunterlage dort vorzulegen und diese sowie die damit verbundenen Stimmen im DV-System als Unterstützung hinterlegen zu lassen. Nein- und Enthaltungsstimmen spielen hierbei keine Rolle, da lediglich ein bestimmter Kapitalanteil oder eine bestimmte Anzahl an Stimmen zur Unterstützung nachgewiesen werden müssen. Auch die Präsenz zu einem bestimmten Zeitpunkt spielt eine untergeordnete Rolle, da der unterstützende Aktionär lediglich zur Registrierung anwesend und somit im Gesamtteilnehmerverzeichnis enthalten sein muss. 350

- Art und Form der Abstimmung festlegen und den Teilnehmern erklären;
- Wortlaut des Minderheitsverlangens verlesen;
- die Aktionäre, die den Antrag unterstützen möchten, auffordern, ihre Aktien/Stimmen an einem bestimmten Ort im Versammlungsraum nachzuweisen (zB am Wortmeldetisch oder auch mehreren PC-Arbeitsplätzen verteilt im Saal);
- Vollständigkeit der Stimmabgabe feststellen und Schließen der Quorumsermittlung;
- Ermittlung und Verkündung des Ergebnisses.

Die Quorumsermittlung lässt sich auch mit anderen Abstimmmedien darstellen. Als Alternative zur direkten Registratur der Stimmen an einem PC-Arbeitsplatz wäre auch das Heraustrennen einer Stimmkarte/-kupons oder bei der Funkabstimmung das Drücken einer bestimmten Taste möglich. 351

Zur Ermittlung der Abstimmergebnisse am **Abstimmungstisch** wird ein spezieller Beleg vorbereitet und entweder zusammen mit der Eintrittskarte verschickt oder an der Akkreditierung ausgegeben. 352

Die Stimmunterlage ermöglicht die **Blockabstimmung** sowie die sichere und schnelle Erfassung der Stimmabgaben an den PC-Arbeitsplätzen. Alternativ wäre zur Erfassung auch ein funktechnisches Verfahren geeignet.[470] Im Allgemeinen wird wie folgt vorgegangen: 353

- Art und Form der Abstimmung festlegen und den Teilnehmern erklären;
- eindeutige Bekanntgabe des zur Abstimmung anstehenden Beschlussvorschlags (zB durch Verweis auf veröffentlichten Text im Bundesanzeiger);
- Gegenstimmen und Stimmenthaltungen können gemeinsam erfasst werden.[471] Die Aktionäre die eine Gegenstimme oder Stimmenthaltung abgeben möchten werden gebeten, sich an zu einem der Abstimmungstische im Saal zu begeben, ihre Stimmunterlagen dort vorzulegen und ihr Votum abzugeben (in der Regel durch Markierung auf dem Beleg);

Zusätzliche Hinweise für den Versammlungsleiter/Notar: Die Erfassung der Stimmabgaben erfolgt sicher über codierte Belege. Eine mehrfache Stimmabgabe mit derselben Stimmunterlage ist ausgeschlossen, da dies das DV-System registrieren würde. Unklarheiten können sofort mit dem Teilnehmer geklärt werden. Es ist festzulegen, ob durch die erneute Stimmabgabe einer bereits abgegebenen Stimme eine Änderung des Votums bzw. dessen Widerruf möglich ist bzw. damit zu verfahren ist (vgl. → Rn. 270).

- Vollständigkeit der Stimmabgabe feststellen;
- Präsenz zum Ende der Abstimmung feststellen und zusammen mit dem Abstimmergebnis verlesen;
- Ermittlung des Abstimmergebnisses;

---

[469] → Rn. 214 ff., *Koch* in Hüffer/Koch AktG § 120 Rn. 9; → § 7 Rn. 96; Ek Praxisleitfaden Rn. 467 ff.
[470] → Rn. 266, 366 – mobile Datenterminals.
[471] Subtraktionsmethode. Bei einer anderen Auszählmethode entsprechend.

Pickert

– Verkündung des Ergebnisses und der Beschlussfassung.

354 IdR sind bei diesem Verfahren **Eintrittskarte, Stimmunterlage** und **Vollmacht/Weisung** an den Stimmrechtsvertreter **kombiniert** in einem Formular. Den Zeitbedarf für die Aufnahme der Stimmen, lässt sich durch die Anzahl der vorbereiteten PC-Arbeitsplätze steuern. Hierzu sind jedoch technische Vorkehrungen – Strom- und Netzwerkanschluss – notwendig, die die Arbeitsplätze mit denen verbinden, die für die Präsenzfeststellung notwendig sind.

355 In der Praxis kommt das Verfahren bei Hauptversammlungen zum Einsatz, die die Subtraktionsmethode gewählt haben, mit einer geringen Anzahl an Stimmabgaben rechnen und klare Mehrheitsverhältnisse herrschen. Es eignet sich aber auch als Backup für andere Abstimmverfahren (zB die „Online"-Verfahren/Funkabstimmung).

bb) Beleghafte Verfahren

356 **„Beleghafte Verfahren"** sind Abstimmungsvorgänge, bei denen der Aktionär zur Wahrnehmung seiner Stimmrechte einen **Beleg** (Stimmkupon/-abschnitt oder Stimmkarte) abgibt. Zur Ermittlung des Abstimmergebnisses wird ein auf dem Teilnehmerverzeichnis aufbauendes **DV-System** verwendet. Kosten und Zeitbedarf der Abstimmung sowie des Auszählvorgangs lassen sich weitgehend über das Abstimmmedium sowie die zum Einsatz kommende Hard- und Software bestimmen.

357 Die beleghaften Verfahren sind unabhängig von der Teilnehmerzahl bestens geeignet. Selbst bei großen Publikumshauptversammlungen mit einer Teilnehmerzahl von mehr als 8.000 Aktionären können die Abstimmergebnisse nach dem Additionsverfahren zeitgerecht für alle Beschlusspunkte innerhalb einer Stunde ermittelt werden. Bei diesen Hauptversammlungen kommen meist die bekannten **Abstimmblöcke** mit **Stimmkarten mit Strichcode** sowie entsprechende **Auszählmaschinen** mit einem Durchsatz von 800 Karten pro Minute zum Einsatz.

358 Auch kleinere Publikumshauptversammlungen nutzen gerne die Vorteile der modernen Technik und der beleghaften auf Dauer leicht nachvollziehbaren Abstimmung. Aus Kostengründen findet hier der **Kuponabstimmbogen**[472] großen Zuspruch, wobei zur Auszählung Handlaserscanner oder Lesestifte eingesetzt werden.

359 Die verwendeten Stimmbelege lassen sich in drei Gruppen gliedern, die detailliert ab → Rn. 381 beschrieben werden:
– **eindeutiger Beleg,** mit festem Abstimmverhalten (klar zugewiesen)
– **neutraler Beleg** (neutrale Stimmkarte)
– **Markierungskarte/Markierungsbeleg.**

360 Zur Abstimmung können eine oder mehrere Kupons, Stimm- oder Markierungskarten aufgerufen, gemeinsam mittels Sammelbehältern eingesammelt und ausgewertet werden. Es sollte aber darauf geachtet werden, dass bei einem Sammelgang nur eine Art von Belegen verwendet wird.

361 Gibt der Aktionär für einen Abstimmpunkt zwei Voten ab (zB. Doppelmarkierung) führt dies in der Regel zu einer **ungültigen Stimmabgabe.** Markiert er dagegen keines der Felder, wird dies im Additionsverfahren als Nichtteilnahme bzw. Enthaltung gewertet.

362 Zur Aufnahme der Stimmen gehen Stimmeneinsammler zu den Aktionären, die ihre Stimmen zu den aufgerufenen Beschlussvorschlägen abgeben möchten. Der Aktionär wirft den Stimmbeleg bzw. die Stimmbelege in die vom Stimmeneinsammler bereitgehaltenen **Sammelbehälter.**[473] Nachdem alle Aktionäre die Gelegenheit hatten, ihre Stimme

---

[472] Im Gegensatz zu den unter → Rn. 346 verwendeten Kupons, die lediglich mit der Stimmenzahl versehen werden, werden die hier verwendeten Kupons mit einem Barcode zur eindeutigen Identifizierung versehen (→ Rn. 398 ff.).
[473] Näheres zu Unterschieden bei der Gestaltung der Stimmkarten und Kupons wird unter → Rn. 378 ff. detailliert beschrieben.

abzugeben, wird die Abstimmung geschlossen und die Sammelbehälter zur Auszählung gebracht, die idR in einem separaten Raum erfolgt.

Zur Abstimmung wird wie folgt vorgegangen: 363
- Art und Form der Abstimmung festlegen und den Teilnehmern erklären;
- eindeutige Bekanntgabe des zur Abstimmung anstehenden Beschlussvorschlags (zB durch Verweis auf den veröffentlichten Text im Bundesanzeiger)[474] und die zur Stimmabgabe zu verwendende Stimmkarte bzw. den zu verwendenden Stimmkupon festlegen;
- Gegenstimmen und Stimmenthaltungen abhängig vom verwendeten Abstimmmedium[475] einsammeln,[476] die Aktionäre werden aufgerufen, sich durch Handheben bemerkbar zu machen;
  (**Zusätzliche Hinweise zur Vorbereitung:** Teilen Sie den Hauptversammlungsraum in Blöcke ein und ordnen Sie jedem Block einen Mitarbeiter zum Einsammeln der Stimmbelege zu. Der jeweilige Mitarbeiter geht durch die Reihen seines Blocks. Die Sammelbehälter sollten nicht aus der Hand gegeben werden. Sie sollten nur unter Aufsicht des Notars oder eines Gehilfen geöffnet und geleert werden.)
- Vollständigkeit der Stimmabgabe feststellen;
- Präsenz zum Ende der Abstimmung feststellen und zusammen mit dem Abstimmergebnis verlesen;
- Die Sammelbehälter – ggf. unter Aufsicht des Notars – zur Auszählung bringen und deren Vollständigkeit feststellen;
- Ermittlung des Abstimmergebnisses mittels Stapelleser (zur Verarbeitung von Markierungskarten sowie Stimmkarten mit Strichcodes), Handlaserscanner (zur Verarbeitung von kodierten Kupons);
- Verkündung des Ergebnisses und der Beschlussfassung.

Neben der **sehr sicheren und schnellen Ermittlung** der Abstimmergebnisse bietet dieses Verfahren noch einige weitere Vorteile: 364
- Stimmkarten, die am Aktionärsempfang für eine **stornierte** oder **ungültige Eintrittskarte** ausgegeben wurden und somit nicht stimmberechtigt sind, werden vom DV-System sicher abgewiesen.
- Moderne DV-Systeme unterstützen **Sammelkarten.** Diese sind in erster Linie für Vertreter von Banken und Aktionärsvereinigungen gedacht, um eine Vielzahl von Eintrittskarten verschiedener Vollmachtgeber mit gleichem Stimmverhalten[477] auf einem Block zu verwalten.
- Die Zusammenfassung der Beschlussfassungen zu einem oder mehreren Sammelgängen verkürzt den Abstimmvorgang in seiner Gesamtheit.
- Mittels eines online gepflegten Teilnehmerverzeichnisses am Aktionärsempfang lassen sich Nachteile des Subtraktionsverfahrens durch Präsenzveränderungen während des Abstimmvorgangs[478] verringern. Das DV-System kann dann nicht nur für einen bestimmten Zeitpunkt die Präsenz ermitteln, sondern zB auch für die Zeitspanne zwischen Beginn und Ende eines Sammelgangs.

---

[474] Im Fall einer Blockabstimmung ist entsprechend für jeden enthaltenen Tagesordnungspunkt zu verfahren.
[475] Bei der Verwendung von neutralen Stimmkarten, → Rn. 319, ist es notwendig, diese in eindeutig markierten Sammelbehältern getrennt einzusammeln. Bei Stimmkarten mit festem Abstimmverhalten, → Rn. 314 ff., ist auf ein getrenntes Einsammeln zu verzichten, um Verwirrung und nicht eindeutige Stimmabgaben zu vermeiden.
[476] Subtraktionsmethode. Bei einer anderen Auszählmethode entsprechend.
[477] Bei unterschiedlichem Stimmverhalten/unterschiedlichen Weisungsgruppen wird von den meisten DV-Systemen die virtuelle Stimmkarte unterstützt, → Rn. 373.
[478] Siehe hierzu auch die Musterkalkulation zum Subtraktionsverfahren → Rn. 347 sowie → Rn. 236.

cc) „Online"-Verfahren/Funkabstimmung

365 Neben den beschriebenen manuellen und beleghaften schriftlichen Verfahren stehen mittlerweile verschiedene innovative „Online"-Verfahren zur Verfügung, die in den **europäischen Nachbarländern** bereits **gängige Praxis** sind und auch **in Deutschland vereinzelt zum Einsatz** kommen.

366 Wie auch bei den „beleghaften Verfahren" wird zur Ermittlung der Abstimmergebnisse ein auf dem Teilnehmerverzeichnis aufbauendes DV-System verwendet. Drei Grundtechniken lassen sich hierbei unterscheiden:
- Mitarbeiter der Gesellschaft erfassen die Stimmen mit **mobilen Datenerfassungsterminals** ((→ Rn. 367; vergleichbar mit einem **elektronischen Sammelbehälter**). Hierfür bieten sich die heute weit verbreiteten Tablet-Computer mit berührungsempfindlichem Display an.
- Die Aktionäre stimmen mittels mobilen, elektronischen Abstimmgeräten (→ Rn. 372) auf Funk- oder Infrarotbasis oder Ihres Smartphones (→ Rn. 377) sowie einer speziellen „Mobile App" ab **(Funkabstimmung)**.
- Die Stimmabgabe an einem bestimmten Platz im Versammlungsraum („Hammelsprung"/„Quorumermitlung") (→ Rn. 348 ff.).

367 Zur Aufnahme der Stimmen mit **mobilen Datenerfassungsterminals** werden die Aktionäre, die ihre Stimme gegen einen Beschlussvorschlag abgeben oder sich der Stimme enthalten möchten,[479] vom Versammlungsleiter aufgefordert, sich durch Handheben bemerkbar zu machen. Mittels eines Lesegerätes wird von der Stimmkarte des Aktionärs der Strichcode bzw. vermehrt ein 2D-Code ausgelesen. Besondere Anforderungen an die Stimmunterlage bestehen aus technischer Sicht nicht. Anstelle eines Stimmbelegs mit Strich- oder 2D-Codes kommen in der Zukunft auch **Magnet- oder Chipkarten** sowie **RFID**-Chips[480] in Betracht sowie 2D-Codes, die auf das Smartphone des Teilnehmers übermittelt werden (Handy-Ticket).

368 Zur Übertragung der abgegebenen Stimmen in das DV-System werden zur Zeit **zwei Methoden** verwendet:
- **Bei der ersten Methode** werden die Stimmen (analog eines elektronischen Sammelbehälters) in einem **internen Speicher gesammelt.** Am Ende des Abstimmvorgangs werden die Geräte mit dem DV-System verbunden[481] und in einem Block übertragen. Da hierfür keine aufwendigen Aufbaumaßnahmen notwendig sind, handelt es sich um ein vergleichsweise kostengünstiges Verfahren. Über den Bildschirm kann sich der Aktionär vom hinterlegten Stimmverhalten im Gerät überzeugen und dieses ggf. anpassen. Die **mehrfache Stimmabgabe** (sofern überhaupt zulässig, → Rn. 270) an verschiedenen Geräten kann erst beim Auslesen der Gerätespeicher am Ende der Abstimmung festgestellt werden und macht dann eine Interpretation notwendig. Hierfür ist es notwendig, dass alle eingesetzten mobilen Geräte auf dieselbe Systemzeit synchronisiert sind, um über einen Zeitstempel der jeweiligen Buchung eine Entscheidungsgrundlage zu haben. Des Weiteren muss sichergestellt sein, dass die Stimmabgaben aus allen mobilen Datenerfassungsterminals ausgelesen werden und dies möglichst protokolliert wird.
- **Bei der zweiten Methode** werden die Stimmen **sofort online** per Funk (zB WLAN) an das DV-System **übertragen** und dort auf ihre Zulässigkeit geprüft (zB Stimmkarte ist gültig und anwesend, besteht ein Stimmausschluss, ist bereits eine Stimmabgabe an diesem oder einem anderen Gerät erfolgt etc). Nach der erfolgreichen Prüfung durch das DV-System wird die Stimmabgabe in der Datenbank hinterlegt und an das mobile Datenerfassungsgerät eine **Quittung** geschickt. Im Bildschirm kann sich der Aktionär selbst von der korrekten Stimmabgabe überzeugen und diese ggf. korrigieren. Mit dem

---

[479] Subtraktionsmethode. Bei einer anderen Auszählmethode entsprechend.
[480] RFID-Radio Frequency Identification zur berührungslosen Identifikation.
[481] Die Verbindung mit dem DV-System kann zwischen den einzelnen Herstellern/Anbietern abweichen. Üblich sind Kabelverbindungen, Docking-Stations sowie Infrarotverbindungen.

VII. Leitung der Abstimmungen § 9

Schließen der Abstimmung sind bereits alle Stimmabgaben im DV-System hinterlegt, so dass die Auswertung sofort beginnen kann. Diese Methode wird seit über 20 Jahren erfolgreich eingesetzt und setzt eine zuverlässige Funkverbindung zwischen Datenerfassungsterminal und DV-System voraus.

Unabhängig von der Art der Übertragung der Daten an das DV-System wird im Allgemeinen wie folgt **vorgegangen:** 369
- Art und Form der Abstimmung festlegen und den Teilnehmern erklären;
- eindeutige Bekanntgabe des zur Abstimmung anstehenden Beschlussvorschlags (zB durch Verweis auf den veröffentlichten Text im Bundesanzeiger)[482]
- Gegenstimmen und Stimmenthaltungen aufnehmen;[483] die Aktionäre werden aufgerufen, sich durch Handheben bemerkbar zu machen.
  Zusätzliche Hinweise zur Vorbereitung: Teilen Sie den Hauptversammlungsraum in Blöcke ein und ordnen Sie jedem Block einen Mitarbeiter zum Erfassen der Stimmen zu. Der jeweilige Mitarbeiter geht durch die Reihen seines Blocks. Nach jeder Stimmabgabe sollte der Mitarbeiter dem Aktionär die Quittung der Stimmabgabe zeigen, so dass sich dieser hiervon überzeugen kann.
- Vollständigkeit der Stimmabgabe feststellen;
- Präsenz zum Ende der Abstimmung feststellen und zusammen mit dem Abstimmergebnis verlesen;
- Ermittlung des Abstimmergebnisses;
- Verkündung des Ergebnisses und der Beschlussfassung.

Bei beiden Methoden können die Abstimmergebnisse bereits kurz nach der Beendigung 370 der Abstimmung verkündet werden. Da im Gegensatz zur beleghaften Abstimmung keine physikalischen Belege mehr verarbeitet werden müssen, wirkt dieses Verfahren oft der beleghaften Abstimmung **zeitlich überlegen.**

Neben den Vorteilen, die die moderne Technik bietet, ergeben sich eine **Reihe von** 371 **Aspekten,** die bei der Entscheidung sowie der Ablaufplanung zu berücksichtigen sind:
- Der **Zeitbedarf pro Stimmabgabe** eines Aktionärs ist wesentlich **höher** als bei der beleghaften Abstimmung, da die Stimmabgabe am mobilen Erfassungsgerät erfolgt und nicht durch zügiges Einwerfen abgeschlossen ist. Die heute eingesetzten Systeme lassen sich in Bezug auf die Anzahl der parallel nutzbaren Datenterminals frei skallieren. Ist mit einer Vielzahl an Stimmabgaben zu rechnen, empfiehlt sich eine Hochrechnung des Zeitbedarfs über alle Abstimmpunkte.[484]
- Freigabe der Weisungen durch Stimmrechtsvertreter (→ Rn. 446 ff.).
- Die **Blockabstimmung** zur Abbildung eines konzentrativen Abstimmungsprozesses für mehrere Abstimmpunkte, Einzelentlastungen oder Einzelwahlen wird von den meisten DV-Systemen unterstützt. Grenzen ergeben sich ggf. in der **Darstellung der Abstimmpunkte** zur Stimmabgabe bzw. in der Quittungsmeldung im Display.
- Bei der Abstimmung auf Zuruf kann theoretisch jeder im Saal zuhören und die **Plausibilität der Abstimmergebnisse** überschlagen. Ein Nachweis ergibt sich dann allenfalls aus manuellen Aufzeichnungen. Unter Verwendung von mobilen Datenerfassungsterminals lassen sich die **Stimmabgaben** sowie die Abstimmergebnisermittlung anhand von **Protokolldateien** im Zentralrechner **nachweisen.** Um einen dauerhaften Nachweis zu haben bietet sich ggf. ein Ausdruck oder eine PDF/A-Datei dieser Protokolle an. PDF/A ist ein Format zur Langzeitarchivierung digitaler Dokumente, das von der International Organization for Standardization (ISO) als Subset des Portable Document Format (PDF) genormt wurde. Die Norm legt fest, wie die Elemente der zugrundelie-

---
[482] Im Fall einer Blockabstimmung ist entsprechend für jeden enthaltenen Tagesordnungspunkt zu verfahren.
[483] Subtraktionsmethode. Bei einer anderen Auszählmethode entsprechend.
[484] Abstimm(zeit)szenarien, → Rn. 323 ff.

372 Seit dem Beginn dieses Jahrtausends ist die **Funkabstimmung** in der **Schweiz** und in anderen **europäischen Nachbarländern** bei vergleichbaren Aktionärsversammlungen zur Abstimmung **verbreitet**. Seit 2002 setzen auch einige Aktiengesellschaften in Deutschland auf diese Technik. Hierbei erhält jeder Aktionär bei der Akkreditierung am Tag der Hauptversammlung ein kleines mobiles Handgerät als Abstimmmedium. In den vergangenen 20 Jahren hat sich die Technik enorm weiterentwickelt und es stehen die unterschiedlichsten Gerätetypen zur Verfügung. Die Geräte können ähnlich einem Telefon über eine 10 er-Blocktastatur bis zu einem berührungsempfindlichen Display verfügen. Neben der Abstimmung zu einer Beschlussfassung lassen sich auch **Wahlen über mehrere Kandidaten** durchführen. Im Bildschirm wird dem Aktionär die Belegung der Tasten (zB Ziffer 1 für JA und Ziffer 2 für NEIN), der Status des Geräts (zB Batterie, Empfang) sowie das getätigte Abstimmverhalten angezeigt.[486] Durch den Einsatz modernster Funktechnologien ist es möglich, **mehrere tausend Handgeräte** für eine Abstimmung zu initialisieren und innerhalb einer Minute das Abstimmverhalten **sicher** abzufragen und an das DV-System zu **übermitteln**. Abstimmungen lassen sich sowohl im Subtraktions- wie auch im Additionsverfahren ohne zeitlichen Mehraufwand durchführen.

373 Die verfügbaren Handgeräte sind zur **Abstimmung zu einem Tagesordnungspunkt** konzipiert und lassen **kein Stimmensplitting**[487] zu. Insbes. für Vertreter von Banken und Aktionärsvereinigungen sind diese Handgeräte daher nur eingeschränkt verwendbar. In Kombination mit der **virtuellen Stimmkarte** (→ Rn. 440) lässt sich die Problematik lösen.

374 Jedes Handgerät hat eine eindeutige Nummer, die bei der Ausgabe des Geräts bei der Akkreditierung dem Anmeldebestand zugeordnet wird. Die Gerätenummer wird zusammen mit dem getätigten Votum an das DV-System übermittelt, so dass das Abstimmergebnis sicher an Hand der zugeordneten Stimmen ermittelt werden kann. Die Stimmabgabe wird vom zentralen DV-System auf ihre Zulässigkeit geprüft (zB Gerätenummer ist gültig und anwesend, besteht ein Stimmausschluss, besteht bei Stamm- und Vorzugsaktien eine Stimmberechtigung etc). Nach der erfolgreichen **Prüfung durch das DV-System** wird die Stimmabgabe in der Datenbank hinterlegt und an das Endgerät eine **Quittung** geschickt. Abhängig von der Geräteausstattung wird die erfolgreiche Stimmabgabe im Display oder mit Hilfe einer LED angezeigt.

375 Alternativ zur Zuordnung der eindeutigen Gerätenummer zum Anmeldebestand besteht die Möglichkeit eine **eindeutig nummerierte Chipkarte** auszugeben und zusammen mit dem Gerät zu verwenden. In diesem Fall wird die Chipkarte eindeutig dem jeweiligen Anmeldebestand zugeordnet. Über die Nummer der Chipkarte erfolgt dann auch die Stimmabgabe. Der Vorteil hierbei ist, dass ein Aktionär durch Wechsel der Chipkarte mehrere Bestände auf einem Endgerät verwalten kann. Auch bei einem möglichen technischen Defekt braucht lediglich das Gerät ausgetauscht werden, ohne dass hierzu eine Buchung in der Datenbank notwendig ist. Ein weiterer Vorteil ergibt sich bei der Ein- und Ausgangskontrolle des Präsenzbereichs. Auch hier muss lediglich die Chipkarte als Abgang bzw. Wiederzugang registriert werden und kann beim Wiederzugang in jedem beliebigen Endgerät wieder verwendet werden.

376 Im Allgemeinen wird wie folgt **vorgegangen:**
– Art und Form der Abstimmung festlegen und den Teilnehmern erklären;

---

[485] Quelle Wikipedia https://de.wikipedia.org/wiki/PDF/A.
[486] Der Funktionsumfang der Geräte sowie die technische Umsetzung der Kommunikation zwischen Handgerät und Zentralrechner ist von den einzelnen Herstellern unterschiedlich umgesetzt worden. Die Geräte erfahren ähnlich wie die Informationstechnologie eine kontinuierliche Weiterentwicklung.
[487] Uneinheitliche Stimmabgabe, *Koch* in Hüffer/Koch AktG § 133 Rn. 20–22.

VII. Leitung der Abstimmungen §9

- eindeutige Bekanntgabe des zur Abstimmung anstehenden Beschlussvorschlags (zB durch Verweis auf den veröffentlichten Text im Bundesanzeiger);[488]
- Initialisierung der Handgeräte (erfolgt parallel);
- Abstimmungsvorgang starten; Gegenstimmen und Stimmenthaltungen werden gemeinsam aufgenommen.[489] Die Aktionäre können den Status ihres Geräts sowie ihres Votums mittels des Displays oder farbiger LEDs ablesen. Fragen oder Unklarheiten lassen sich mit den bereitstehenden Hilfskräften klären;
- Vollständigkeit der Stimmabgabe feststellen und Abstimmungsvorgang schließen;
- Abfrage der einzelnen Handgeräte und Ermittlung des Abstimmergebnisses;
- Präsenz zum Ende der Abstimmung feststellen und zusammen mit dem Abstimmergebnis verlesen;
- Ermittlung des Abstimmergebnisses;
- Verkündung des Ergebnisses und der Beschlussfassung.

Beim Einsatz der Funkabstimmung sind folgende Aspekte zu berücksichtigen: 377
- Für jeden erwarteten Teilnehmer muss ein Handgerät vorgehalten und ausgegeben werden. Aufgrund der modernen und zum Teil durch Patente geschützten Technik und dem noch nicht verbreiteten Einsatz ergeben sich im Vergleich zur beleghaften Abstimmung wesentlich höhere Anschaffungs-/Mietkosten. Durch die Verbreitung der Smartphones und der Ausgabe einer **„Mobile App"** zeigt sich nunmehr eine Lösung auf, indem der Teilnehmer sein **Smartphone** für die Stimmabgabe nutzt. Die bereitgestellte „Mobile App" stellt hierzu eine Funktion zur Verfügung, die das Smartphone fest mit einem oder mehreren Positionen im Teilnehmerverzeichnis verbindet.
- Für drahtlose Verfahren gibt es heutzutage ein breites Einsatzspektrum (zB WLAN-Anbindung,[490] Hotspots,[491] Funkmikrofone, Dolmetscheranlagen etc), sodass es notwendig ist, die Frequenznutzung abzuklären, um gegenseitige Störungen auszuschließen. Neben der Abstimmung mit dem Hallenbetreiber sowie den übrigen Gewerken kann es sinnvoll sein, ein **funktechnisches Gutachten** durch einen Sachverständigen für die Veranstaltung anfertigen zu lassen. Ziel hierbei ist es, die **Erreichbarkeit in der Halle** sowie die **optimale Position der Antennen** zu ermitteln und den Einfluss der durch übrige Gewerke verwendeten Frequenzen rechtzeitig zu erkennen.
- Technisch ist es zwar möglich, mehrere Tausend Handgeräte innerhalb weniger Sekunden abzufragen, dem Aktionär müssen aber sicherlich 20 bis 30 Sekunden[492] für seine Entscheidung und Stimmabgabe eingeräumt werden. Für einen gesamten **Abstimmvorgang** von der Verlesung des Abstimmpunkts und des Beschlussfassungsvorschlags über die Ermittlung des Abstimmergebnisses bis zu dessen Verkündung müssen **zwei bis drei Minuten** kalkuliert werden.
- Wird parallel zur Funkabstimmung die **Fernteilnahme** geplant, ist bei der Planung der Zeitspanne zur Stimmabgabe zu beachten, dass die **Übertragung** und die **Interaktion** des Internetteilnehmers technisch bedingt **einige Sekunden zeitversetzt** sein kann.
- **Aktionäre,** die sich innerhalb des Präsenzbereichs, aber **außerhalb des Abstimmungsraums** befinden, können, wenn dort eine Funkverbindung zum DV-System herrscht, an der **Abstimmung teilnehmen.** Eine Einschränkung der Stimmabgabe auf den Abstimmungsraum (zB den Versammlungsraum) setzt aufwendige technische Vorkehrungen[493] voraus. In der Praxis hat sich daher ein entsprechender Hinweis im Leit-

---

[488] Im Fall einer Blockabstimmung ist entsprechend für jeden enthaltenen Tagesordnungspunkt zu verfahren.
[489] Subtraktionsmethode. Bei einer anderen Auszählmethode entsprechend.
[490] Wireless Local Area Network – (Wireless LAN, W-LAN, WLAN) – bezeichnet ein lokales Funknetz. Für diese engere Bedeutung wird in manchen Ländern (zB USA, Spanien, Frankreich, Italien) weitläufig der Begriff Wi-Fi verwendet.
[491] Hot Spots sind öffentliche drahtlose Internetzugriffspunkte. Sie sind meistens in Messen, Hotels, Restaurants, Flughäfen, Bahnhöfen, öffentlichen Plätzen usw installiert. Mit einem Notebook, PDA oder Mobiltelefon kann man mittels der WLAN-Technologie eine Verbindung zum Internet aufbauen.
[492] Üblicher Zeitrahmen in der Schweiz.
[493] ZB elektronische Schleusen, die die Handgeräte für Abstimmungsvorgänge aktivieren oder deaktivieren.

faden durchgesetzt, der die sichere Stimmabgabe auf den bezeichneten Abstimmungsraum begrenzt, die Stimmabgabe aus dem Präsenzbereich jedoch nicht ausschließt.
- Abhängig vom Hersteller der Geräte und deren Eigenschaften schwankt die **Betriebsdauer** der Geräte erheblich. Bei einigen Geräten mit LCD-Display kann aufgrund des relativ hohen Stromverbrauchs die Akkukapazität nach **5–8 Stunden** erschöpft sein.
- Bei der schriftlichen Abstimmung lassen sich die **Stimmabgaben** und somit die ermittelten Ergebnisse dauerhaft **beleghaft nachweisen**. Bei der Abstimmung auf Zuruf kann theoretisch jeder im Saal zuhören und die **Plausibilität der Abstimmergebnisse** überschlagen. Unter Verwendung von mobilen Datenerfassungsterminals oder der Funkabstimmung lassen sich die **Stimmabgaben** sowie die Abstimmergebnisermittlung anhand von **Protokolldateien** im Zentralrechner **nachweisen**. Um einen **dauerhaften Nachweis** zu haben bietet sich ggf. ein Ausdruck oder eine PDF/A-Datei dieser Protokolle an. In einigen Handgeräten werden die Stimmabgaben zu den einzelnen Abstimmpunkten zusätzlich in einen **Speicherchip** abgelegt und lassen sich bei Bedarf an speziellen PC-Arbeitsplätzen anzeigen oder ausdrucken.

c) Medium der Abstimmung

aa) Abstimmblock

378 Mit Blick auf die innovativen funktechnischen Verfahren wird immer häufiger darüber nachgedacht, von der schriftlichen und beleghaften Abstimmung auf eine innovative **Alternative** zu wechseln. Neben der beleghaften dauerhaft nachvollziehbaren Stimmabgabe bietet der Stimmblock eine Reihe an Vorteilen für die Gesellschaften und ist derzeit das **meist verwendete** Abstimmmedium.

379 Die **Stimmkarte** ist ein Medium, das in der Herstellung relativ preiswert ist und das schnell (ein Kartenleser kann je nach Modell zwischen 600 und 1.000 Karten in der Minute verarbeiten) und sicher verarbeitet werden kann. Sie ermöglicht es auch großen Publikumshauptversammlungen mit einer Teilnehmerzahl von über 8.000 stimmberechtigten Aktionären, die Abstimmungsvorgänge sowohl nach der Additions- als auch nach der Subtraktionsmethode durchzuführen.

380 In den vergangenen Jahren hat die handlichere Kurzkarte,[494] die mittels moderner und sicherer Barcodes eine schnellere Auswertung ermöglicht, die **Lochkarte**[495] abgelöst. Die Produktion der Stimmkarten und die notwendigen Auszählmaschinen wurden in den letzten Jahren laufend weiterentwickelt, so dass die Stimmkarte heute mit wesentlich erweiterten Funktionen eingesetzt werden kann. Einige dieser Möglichkeiten sind die Einführung einer zusätzlichen **Prüfziffer** und die Verwendung von veranstaltungsspezifischen Kennzeichen. Im Folgenden werden die unterschiedlichen Stimmkartenarten beschrieben.

381 Die **Stimmkarte mit festem Abstimmverhalten** ist im Allgemeinen mit einer Nummer versehen, die die Referenz zum Tagesordnungspunkt bildet, und mit dem Abstimmverhalten beschriftet ist. Die Stimmkarte „2" zur Abstimmung über den „Tagesordnungspunkt 2" ist somit zweifach im Block vorhanden. Für Aktionäre, die gegen den Tagesordnungspunkt stimmen möchten, findet sich eine Stimmkarte, die mit „Nein" beschriftet ist.[496] Für Enthaltungen ist entsprechend eine Stimmkarte „Enthaltung" vorhanden.

382 Die durchgehende Verwendung kann zu einem relativ umfangreichen Stimmblock bzw. -bogen führen, insbes. dann, wenn sich die Gesellschaft auf Einzelentlastungen, Einzelwahlen sowie unterschiedliche Abstimmverfahren vorbereiten möchte, um zB auf Antragssituationen reagieren zu können.

---

[494] Kurzformat 123,648 mm × 82,55 mm.
[495] Langformat 182,32 mm × 82,55 mm.
[496] Subtraktionsmethode. Bei einer anderen Auszählmethode entsprechend.

VII. Leitung der Abstimmungen   § 9

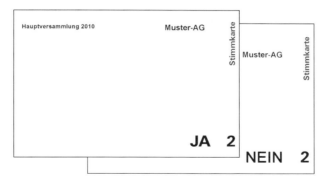

Zur Verarbeitung ist neben der Stimmkartennummer und der Zuordnung zum Abstimmungspunkt das **Votum im Strichcode enthalten.** Die Stimmkarten/-kupons werden in einem Sammelbehälter unabhängig vom Votum des Aktionärs gesammelt, da sich das Votum klar aus dem Beleg ergibt. Ein Verarbeitungsfehler bei der Abstimmergebnisermittlung ist ausgeschlossen. 383

Das Abstimmmedium unterstützt die Blockabstimmung in der Form, dass mehrere Abstimmpunkte mit den jeweiligen Kupons/Stimmkarten zur Abstimmung aufgerufen und zusammen eingesammelt werden. 384

Neben dem **Nachteil** der ungültigen Stimmabgabe (Stimmkarte „Nein" und „Enthaltung") sowie der entstehenden Kosten für die Produktion der doppelten Anzahl von Karten bietet diese Alternative auch einige **Vorteile:** 385
– Die klare Beschriftung hilft sowohl dem einzelnen Aktionär als auch den Vertretern von Banken und Aktionärsvereinigungen bei der Vorbereitung ihrer Stimmkarten für die jeweiligen Tagesordnungspunkte.
– Die Stimmkarten werden bei den Aktionären mit neutralen Sammelbehältern durch die Helfer eingesammelt. Der Aktionär entscheidet sich durch das Heraustrennen und Abgeben einer bestimmten Stimmkarte für sein Votum zu dem jeweiligen Tagesordnungspunkt.
– Die Stimmabgabe des Aktionärs ist eindeutig. Die Stimmabgabe eines einzelnen Aktionärs und die Ermittlung des Abstimmergebnisses lassen sich anhand des Belegmaterials einfach nachvollziehen.

Die **neutrale Stimmkarte** ist ebenfalls mit einer fortlaufenden Nummer bedruckt, die die Referenz zum Tagesordnungspunkt bildet. Der Aktionär bestimmt sein Abstimmverhalten, indem er die Stimmkarte zum jeweiligen Tagesordnungspunkt in einen eindeutig beschrifteten Sammelbehälter einwirft (einige Gesellschaften setzen anstatt eindeutig beschrifteter Sammelbehälter auch unterschiedliche Farben ein; dieses Verfahren erfüllt den gleichen Zweck). Beim Subtraktionsverfahren und Ermittlung der Ja-Stimmen wird ein mit NEIN und ein mit ENTHALTUNG beschrifteter Sammelbehälter verwendet. Auch der Blockabstimmung steht bei dieser Stimmkarte nichts entgegen. 386

| Hauptversammlung 2010 | Muster-AG | Stimmkarte |

2

387   Bei der Verarbeitung der Stimmbelege ist es notwendig auf die **nach Votum getrennte Verarbeitung** zu achten, da sich aus dem Stimmbeleg lediglich die Stimmkartennummer und die Zuordnung zu einem Abstimmpunkt, nicht jedoch das Votum selbst ergibt. Gleiches gilt für die **Aufbewahrung** des Belegmaterials.

388   Beachtet man die mit dem Verfahren verbundenen Besonderheiten ergeben sich hieraus auch klare **Vorteile:**
- Der Versammlungsleiter ist in der Wahl der Art der Abstimmung sowie der Auszählung frei,[497] da das Votum der Karte nicht durch einen Ausdruck vorgegeben ist.
- Der Stimmblock/Stimmbogen ist aufgrund der geringeren Anzahl an Karten dünner und daher sowohl für Vertreter von Banken und Aktionärsvereinigungen als auch für Einzelaktionäre leichter zu handhaben. Die geringere Anzahl an Stimmkarten wirkt sich auch auf die Kosten aus.
- Da die Zahl der Stimmkarten in einem Stimmblock auf ca. 65 Stück begrenzt ist, können durch die Verwendung der neutralen Stimmkarte deutlich mehr Abstimmungen vorbereitet werden.
- Für jeden Abstimmungspunkt ist eine Stimmkarte/-kupon vorhanden. Eine **ungültige Stimmabgabe** die zB durch die Abgabe zweier Stimmkarten für denselben Abstimmpunkt oder eine Doppelmarkierung entstehen kann, ist **ausgeschlossen.**

389   Die in der Praxis eingesetzten Auszählmaschinen können neben Barcodes auch Markierungen sicher auswerten. Die **Markierungskarte** hat in den letzten Jahren eine große Verbreitung gefunden. Bei der schriftlichen Abstimmung ist es heute in der Praxis üblich ist, dass mehrere Tagesordnungspunkte zu einem Einsammelvorgang zusammengefasst werden (Blockabstimmung).[498] Durch die Verwendung einer **Mehrfachstimmkarte** können solche konzentrativen Abstimmungen mittels einer Stimmkarte durchgeführt werden.

390   Die Markierungskarte wird für folgende Anwendungsbereiche genutzt:
- Abstimmung über mehrere Beschlussfassungen auf einer Karte,
- Einzelentlastung von Vorstand und Aufsichtsrat,
- Wahlen zum Aufsichtsrat,
- Sonderabstimmungen,
- Vollmacht/Weisung an den Stimmrechtsvertreter.

391   Übersichtlich und handlich für den Aktionär lassen sich eine Vielzahl an Abstimmpunkten auf einer Karte unterbringen. Der Aktionär markiert mit einem bestimmten Stift[499] zu

---

[497] Erfahrungsgemäß wird die Art der Auszählung während der Versammlung nur sehr selten gewechselt. Wenn sich eine Gesellschaft mit diesem Fall bei beschrifteten Stimmkarten rechnet, müssen entsprechende Karten vorbereitet werden.
[498] Auch → Rn. 271 ff., 325.
[499] Der zur Abstimmung eingesetzte Stift muss unbedingt mit dem DV-Dienstleister abgestimmt sein. Geeignet sind Stifte mit einem Blau- oder Schwarzton. Als besonders gut eignen sich der Edding 400 sowie weiche Bleistifte.

VII. Leitung der Abstimmungen § 9

jedem Abstimmpunkt das entsprechende Markierungsfeld und gibt somit sein Votum ab. Zum Einsammeln der Stimmkarten bei den Aktionären werden neutrale Sammelbehälter eingesetzt.

Bei der Verarbeitung der Stimmkarten wird die im Strichcode hinterlegte Nummer des 392 Stimmkartenblocks, die laufende Nummer der Stimmkarte im Block sowie die vom Aktionär markierten Felder sicher mit automatischen Zählmaschinen ausgelesen. Die Zählmaschinen erreichen hierbei einen Durchsatz von 600 bis 1000 Karten pro Minute, so dass auch große Mengen an Karten zügig verarbeitet werden.

Gibt der Aktionär für einen Abstimmpunkt zwei Voten ab (Doppelmarkierung) führt 393 dies in der Regel zu einer **ungültigen Stimmabgabe.** Markiert er dagegen keines der Felder, wird dies in der Regel als Enthaltung bzw. Nichtteilnahme interpretiert.

MUSTER – BLOCKABSTIMMUNG

MUSTER – EINZELENTLASTUNG

Als Unterstützung wird dem Aktionär die **Globalmarkierung** angeboten. Sie er- 394 möglicht es dem Aktionär, mit einem Kreuz einheitlich für mehrere Abstimmpunkte sein Votum abzugeben. Hierbei ist es unerheblich, ob sich die Abstimmpunkte auf einer Karte befinden oder sich (wie zB bei Einzelentlastungen häufig) über mehrere Karten verteilen.

Die Verwendung von Globalmarkierungen führt immer auch zu einer **Interpretati-** 395 **ons**notwendigkeit, die darin begründet liegt, dass einige Aktionäre sowohl die **Global-**

markierung verwenden **und gleichzeitig Einzelmarkierung** vornehmen. Hierbei können die Einzelmarkierungen der getätigten Globalmarkierung widersprechen.

396 In der Praxis werden zur Interpretation in der Abstimmung folgende Regeln verwendet.
- Globalmarkierung gilt, sofern zu einzelnen Abstimmpunkten eine Einzelmarkierung vorgenommen wurde, wird diese für die Ergebnisermittlung herangezogen (häufigste Form).
- Globalmarkierung gilt, sofern zu einzelnen Abstimmpunkten eine Einzelmarkierung vorgenommen wurde, wird diese ignoriert.
- Globalmarkierung gilt, sofern zu einzelnen Abstimmpunkten eine Einzelmarkierung vorgenommen wurde, wird die Stimmabgabe wegen des Widerspruchs als ungültig gewertet.
- Wegen des offensichtlichen Widerspruchs bei der Stimmabgabe wird die gesamte Karte als ungültige Stimmabgabe gewertet.
- Sobald der Aktionär eine Einzelmarkierung vornimmt, wird die Globalmarkierung ignoriert.

397 Durch Hinweistexte und entsprechende Formulierungen zum Globalmarkierungsfeld, wird der Aktionär über die Möglichkeiten und Folgen von Doppelmarkierungen bzw. widersprüchlichen Stimmabgaben informiert.[500]

Einheitlich für alle Aufsichtsratsmitglieder soweit nicht nachfolgend anders markiert:	Ja	Nein
	☒	☒

Wollen Sie mit Ja stimmen, kreuzen Sie auf der Stimm- bzw. Vollmachtskarte für den entsprechenden Abstimmpunkt das Ja-Markierungsfeld deutlich an, bei Nein ist das entsprechende Nein-Markierungsfeld anzukreuzen. Wenn Sie beide Felder markieren, wird Ihre Stimme für den Abstimmpunkt ungültig.

Wer sich zu einem Punkt enthalten will, markiert keines der beiden Felder. Wollen Sie sich zu allen Abstimmpunkten eines Sammelgangs enthalten, brauchen Sie keine Stimmkarte abzugeben.

Bitte beachten Sie bei den Einzelentlastungskarten sowie der Vollmachtskarte: Wenn Sie sich bei einzelnen Punkten der Stimme enthalten wollen, dürfen Sie keine Globalmarkierung ankreuzen.

bb) Abstimmbogen (Kupons)

398 Der **Kuponsabstimmbogen** besteht im Wesentlichen aus ein oder mehreren DIN A4-Blättern. Der Bogen ist aufgeteilt in **mehrere Kupons,** die zum einen der Fortführung des Teilnehmerverzeichnisses und zum anderen dem Aktionär im Fall einer schriftlichen Abstimmung zur Stimmabgabe dienen. Die Kupons werden in den gleichen Ausprägungen verwendet, wie beim Stimmblock[501] beschrieben.

399 Die Auszählung der Kupons erfolgt in der Regel **manuell** über Handlaserscanner. Neuerdings können auch hierfür spezielle Stapelleser eingesetzt werden, die allerdings die Lesegeschwindigkeit der Auszählmaschinen für Lochkartenformate bei Weitem nicht erreichen.

400 Aufgrund der zeitaufwendigeren Auszählung wird der Abstimmbogen bei der schriftlichen Abstimmung hauptsächlich **für die Subtraktionsmethode** verwendet. Die Additionsmethode ist jedoch nicht grundsätzlich ausgeschlossen.

---

[500] Folgendes Beispiel entspricht der unter dem ersten Spiegelstrich genannten Regel.
[501] → Rn. 378 ff. – Stimmkarte mit festem Abstimmverhalten; → Rn. 381 ff. – neutrale Stimmkarte; → Rn. 386 ff. – Markierungskarte.

VII. Leitung der Abstimmungen § 9

Auch Gesellschaften, die eine **Abstimmung auf Zuruf** planen, geben am Aktionärsempfang häufig einen solchen Abstimmbogen an ihre Aktionäre aus. Hierdurch sind sie jederzeit in der Lage, auf ein schriftliches Abstimmverfahren zu wechseln. 401

d) Auszählung

aa) Auszählungsart

Für die Beschlussfeststellung verlangte das Gesetz bisher keine näheren Angaben und machte auch keine detaillierten Vorgaben. Der Gesetzgeber möchte mit dem ARUG[502] – in Anlehnung an Art. 14 Abs. 1 Aktionärsrechte-RL[503] – zugunsten der Aktionäre mehr Transparenz im Hinblick auf das Abstimmungsergebnis schaffen. 402

Praktische Auswirkungen auf die Beschlussfeststellung sieht der Gesetzgeber bei der börsennotierten Gesellschaft jedoch kaum, da es sich um die Parameter handelt, die für eine ordnungsgemäße Beschlussfeststellung ohnehin erforderlich sind. 403

In der Literatur werden im Wesentlichen **zwei Auszählungsarten zur Ermittlung der Abstimmergebnisse** unterschieden und grundsätzlich zugelassen, die **Subtraktions- und die Additionsmethode.**[504] Beide Methoden stehen nicht im Widerspruch zu den durch das ARUG neu eingeführten Möglichkeiten der Stimmabgabe in absentia.[505] 404

Unabhängig davon, welche Auszählungsart eingesetzt wird, bedürfen die Beschlüsse der Hauptversammlung der Mehrheit der abgegebenen Ja- und Nein-Stimmen (einfache Stimmenmehrheit),[506] soweit das Gesetz oder die Satzung keine größere Mehrheit oder weitere Erfordernisse bestimmen. 405

Für die **Beschlussfeststellung** sind nach dem **ARUG** und präzisiert durch die Aktienrechtsnovelle 2016 bei börsennotierten Gesellschaften folgende **Werte zu ermitteln:**[507] 406
– die Zahl der Aktien, für die gültige Stimmen abgegeben wurden,
– den Anteil des durch die gültigen Stimmen vertretenen Grundkapitals am eingetragenen Grundkapital,[508]
– die Zahl der für einen Beschluss abgegebenen Stimmen, Gegenstimmen und gegebenenfalls die Zahl der Enthaltungen.

Die Begründung stellt klar, dass durch die Formulierung „und gegebenenfalls die Zahl der Enthaltungen", die Enthaltungen nur dann festgestellt werden müssen, wenn das Abstimmergebnis nach der Subtraktionsmethode festgestellt wird. Die Regelung soll nichts daran ändern, dass Enthaltungen nicht zu den abgegebenen Stimmen zählen und für die Ermittlung der Beschlussmehrheit nicht maßgebend sind.

Des Weiteren ist nicht nochmals explizit von gültigen Stimmen die Rede, denn es versteht sich von selbst, dass ungültige Stimmen bei der Abstimmung keine Ja-Stimmen sein können.

Bei der **Subtraktionsmethode** werden im Regelfall die Nein-Stimmen und die Stimmenthaltungen gezählt. Ausgangsgröße für die Ermittlung des Abstimmergebnisses ist die 407

---

[502] Regierungsbegründung zum ARUG zu § 130 AktG (Nummer 19).
[503] RL 2007/36/EG des Europäischen Parlaments und des Rates vom 11.7.2007 über die Ausübung bestimmter Rechte von Aktionären in börsennotierten Gesellschaften.
[504] Koch in Hüffer/Koch AktG § 133 Rn. 22–24; → Rn. 294 – Additionsmethode/-verfahren; → Rn. 296 – Subtraktionsmethode/-verfahren.
[505] Koch in Hüffer/Koch AktG § 133 Rn. 24; Regierungsbegründung zum ARUG zu § 118 AktG (Nr. 7, Buchstabe a, 9. Absatz): „Online teilnehmende Aktionäre sind ‚erschienen' und zählen zur Präsenz. Soweit den online teilnehmenden Aktionären das Stimmrecht gewährt wird, ist es daher auch künftig möglich, das Subtraktionsverfahren anzuwenden, indem man die Gegenstimmen und die Enthaltungen der physisch anwesenden und der online teilnehmenden Aktionäre von der Gesamtpräsenz abzieht. Im Einzelnen obliegt die Ausgestaltung des Verfahrens der Gesellschaft."
[506] § 133 Abs. 1 AktG; Koch in Hüffer/Koch AktG § 133 Rn. 11–15.
[507] § 130 Abs. 2 AktG.
[508] § 130 Abs. 2 Ziffer AktG; Klarstellung durch die Aktienrechtsnovelle 2016; Koch in Hüffer/Koch AktG § 130 Rn. 23a.

Zahl der gültigen Stimmen (Präsenz zur Abstimmung), die sich in der Regel aus dem Teilnehmerverzeichnis ergibt. Von ihr sind zunächst die Enthaltungen abzuziehen, woraus sich die Basis für das Mehrheitserfordernis errechnet. Aus der Subtraktion der Nein-Stimmen von dieser Zahl ergeben sich die Ja-Stimmen.[509]

408 Um die Zahl der gültigen Stimmen im Subtraktionsverfahren exakt ermitteln zu können, sind in Abhängigkeit von der Gestaltung des Präsenzbereichs sowie der zum Einsatz kommenden DV-Systeme einige Sonderfälle zu beachten, die in der Ergebnisermittlung zu berücksichtigen sind (→ Rn. 418 ff.).

409 In den meisten Fällen findet die Abstimmung zur Hauptversammlung ausschließlich im Versammlungssaal statt, während der Präsenzbereich einen weit größeren Bereich umfasst. Jeder, der die Ein- und Ausgangskontrolle zum Präsenzbereich passiert, wird entsprechend im Teilnehmerverzeichnis vermerkt.[510] Die **Präsenz** kann laufend verändern und mit moderner DV-Technik **ständig aktualisiert** werden.

410 Während der laufenden Abstimmung zu einem oder mehreren Tagesordnungspunkten können **Präsenzveränderungen** entstehen, weil Aktionäre den Präsenzbereich betreten bzw. verlassen oder sich bei der Fernteilnahme/Online-Teilnahme ein- bzw. ausloggen. Im Allgemeinen wird dieses Problem dadurch gelöst, dass die Präsenz zu Beginn der Abstimmung festgestellt und während des Abstimmvorgangs die **Stimmenfluktuation durch Schließen der Ein- und Ausgänge unterbunden** wird.

411 Insbesondere bei **großen Publikumshauptversammlungen** sowie bei langwierigen Abstimmungen, ist das **Schließen der Ein- und Ausgänge nicht praktikabel.** Die Abmeldung von Teilnehmern über das Internet (Fernteilnahme/Online-Teilnahme) lässt sich technisch bedingt nicht gänzlich ausschließen. Der Einsatz moderner DV-Systeme an der Einlass- und Ausgangskontrolle bzw. den Saaleingängen und -ausgängen lässt es zu, die Präsenz über einen bestimmten Zeitraum zu messen, zB zwischen dem Beginn und dem Ende der Abstimmung. Aktionäre, die die Hauptversammlung verlassen, haben grundsätzlich an der Abstimmung teilzunehmen und fließen somit für den aktuell laufenden Abstimmpunkt in die Zahl der gültigen Stimmen (Abstimmungspräsenz) ein. Gleiches gilt für Aktionäre, die während dieses Zeitraums den Präsenzbereich betreten. Sie haben ebenfalls die Möglichkeit an der Abstimmung teilzunehmen und erhöhen somit die Zahl der gültigen Stimmen (Abstimmungspräsenz). Die Abstimmungspräsenz bezieht sich hierbei auf den oder die aufgerufenen Abstimmpunkte (zB bei einer Blockabstimmung) – auch → Rn. 279 ff.

412 Die Stimmen der Aktionäre, die die Hauptversammlung vor Beginn der Abstimmung verlassen, ohne Vollmacht erteilt zu haben, werden im Teilnehmerverzeichnis als **Abgang** registriert und fließen dementsprechend nicht in die Zahl der gültigen Stimmen (Abstimmungspräsenz) ein.

413 Werden beim Einsammelvorgang **Stimmen** von Aktionären abgegeben, die im Teilnehmerverzeichnis **als Abgang registriert** sind, ist zu entscheiden, ob diese als **gültige Stimmabgabe** zu bewerten sind. Entgegen spricht, dass diese Stimmen offiziell an der Präsenzkontrolle abgemeldet wurden und daher zur Abstimmung als Abwesend und somit nicht stimmberechtigt im Teilnehmerverzeichnis geführt wurden. Für die Wertung dieser Stimmabgaben spricht, dass vermieden wird, offensichtlich abgegebene oppositionelle Stimmen nicht zu werten. Wertet man diese Stimmabgaben, so ist die der Beschlussfassung zugrundeliegende Präsenz nach oben zu korrigieren und die Veränderung muss nachvollziehbar protokolliert werden. Die **Ursachen,** die zu einer solchen Stimmabgabe führen, sind **vielfältig** und können organisatorisch, durch den Aktionär oder das eingesetzte Personal bedingt sein. Sie sind häufig auch von den organisatorischen Rahmenbedingungen, der Gestaltung des Ein- und Ausgangsbereichs, vom Softwareprodukt sowie dem Abstimm-Medium abhängig. Es ist daher zu empfehlen, zusammen mit dem Dienst-

---

[509] *Koch* in Hüffer/Koch AktG § 133 Rn. 24; auch → Rn. 296–305.
[510] § 129 AktG; *Koch* in Hüffer/Koch AktG § 129 Rn. 9 und 10.

VII. Leitung der Abstimmungen §9

leister des DV-Systems die möglichen Gründe festzustellen und durch **organisatorische Maßnahmen** mögliche Ursachen zu vermeiden und sich so für eine Interpretation zu entscheiden.

Anhand der nachfolgenden Musterkalkulation werden die Zusammenhänge verdeutlicht: 414

	Präsente Stimmen laut Teilnehmerverzeichnis[511]	1.100.000	
./.	Stimmen „nicht abgestimmt"[512]	100.000	
+	Stimmabgaben, die laut Teilnehmerverzeichnis nicht präsent sind[513]	5.000	
=	präsente Stimmen zur Beschlussfassung	1.005.000	
./.	nicht stimmberechtigt aufgrund eines Stimmrechtsausschlusses[514]	100.000	
./.	Stimmen „ungültig"	30.000	
=	gültige Stimmen	875.000	
./.	Stimmenthaltungen	75.000	
=	abgegebene Stimmen	800.000	
./.	Nein-Stimmen	200.000	=25 %
=	Ja-Stimmen	600.000	=75 %

Bei der **Additionsmethode** ist ein direkter Bezug auf die aktuelle Präsenz sowie das Teilnehmerverzeichnis nicht notwendig, da nur die Ja-Stimmen und die Nein-Stimmen gezählt werden. Die Zahl der abgegebenen gültigen Stimmen wird durch Addition der Ja- und Nein-Stimmen ermittelt. Stimmenthaltungen brauchen nicht ermittelt zu werden, weil es auf sie zur Feststellung der Mehrheit nicht ankommt.[515] 415

	Nein-Stimmen	200.000	=25 %
	Ja-Stimmen	600.000	=75 %
=	abgegebene gültige Stimmen	800.000	

Die Begründung zum ARUG[516] stellt klar, dass durch die Formulierung „und gegebenenfalls die Zahl der Enthaltungen", die Enthaltungen nur dann festgestellt werden müssen, wenn das Abstimmergebnis nach der Subtraktionsmethode festgestellt wird oder Aktionäre sich explizit der Stimme enthalten. Die Regelung soll nichts daran ändern, dass Enthaltungen nicht zu den abgegebenen Stimmen zählen und für die Ermittlung der Beschlussmehrheit nicht maßgebend sind. 416

Zur Erläuterung der Stimmabgabe im Leitfaden sollte man aber zukünftig klarstellen, dass die Nichtabgabe einer Stimme als Nichtteilnahme gewertet wird und nicht etwa als Enthaltung. 417

Das bedeutet, dass die JA-Stimmen und die NEIN-Stimmen eingesammelt und ausgezählt werden. Wer keine Stimmkarte abgibt, nimmt nicht an der Abstimmung teil.

bb) Sonderfälle

Bei schriftlicher Abstimmung nach der Subtraktionsmethode wird häufig von Vertretern der Banken geäußert, bei der Beschlussfassung zu bestimmten Tagesordnungspunkten **nicht abstimmen** zu wollen (Nichtteilnahme). Dieser Wunsch kommt zwar im Wesentlichen der 418

---

[511] Ggf. ist ein Präsenzzeitraum und nicht ein Präsenzzeitpunkt zu beachten, → Rn. 409–412, 302.
[512] → Rn. 418.
[513] → Rn. 413, sofern man sich zur Wertung dieser Stimmen entschieden hat.
[514] → Rn. 420, → § 3 Rn. 77.
[515] *Koch* in Hüffer/Koch AktG § 133 Rn. 12, 23.
[516] § 130 Abs. 2 AktG, Begründung zum Gesetzentwurf der Bundesregierung zum ARUG – 5.11.2009 Nr. 19a (Änderung § 130 Abs. 2 AktG).

Stimmenthaltung gleich, sie fließen jedoch nicht in die präsenten Stimmen ein, da sie als nicht vertreten vorher abgezogen werden. Die Alternative hierzu wäre ein **Abgang der Stimmen vor Beginn der Abstimmung** verbunden mit einem **Wiederzugang zur nächsten Beschlussfassung.** Dies kann unter anderem wegen räumlicher Entfernung sowie bei gleichzeitiger Abstimmung über mehrere Tagesordnungspunkte, zu erheblichen organisatorischen Problemen führen, so dass dem Wunsch in der Regel entsprochen wird.

419 Aktionären, die an der Abstimmung zu einem Tagesordnungspunkt nicht teilnehmen möchten, sich also auch nicht enthalten wollen, kann mit einem **„nicht abgestimmt"** organisatorisch geholfen werden. Ihre Stimmen werden dann vorab von der Präsenz abgezogen (auch → Rn. 299).

420 Für bestimmte Tagesordnungspunkte, zB die Entlastung der Mitglieder von Vorstand und Aufsichtsrat, unterliegen deren Mitglieder einem **Stimmverbot**.[517] Im Subtraktionsverfahren müssen ihre Stimmen, soweit sie präsent sind, von der Präsenz abgesetzt werden. Bei der Abstimmung nach der Additionsmethode ist seitens der Verwaltung sicherzustellen, dass sich Mitglieder des Vorstands und des Aufsichtsrats nicht an der Abstimmung beteiligen.

cc) Fernteilnahme[518]

421 Aktionäre oder deren Vertreter, die per **Fernteilnahme** an der Hauptversammlung teilnehmen, gelten auch in rechtlicher Hinsicht als „erschienen" und **zählen zur Präsenz.**

422 Soweit den online teilnehmenden Aktionären das Stimmrecht gewährt wird, ergibt sich aus der Regierungsbegründung, dass sowohl die Subtraktions- als auch die Additionsmethode anwendbar ist. Haben die Fernteilnehmer dagegen kein Stimmrecht, wäre nur die Additionsmethode anwendbar.

423 Die Stimmabgabe erfolgt in Bezug auf das Abstimmverfahren analog zu den physisch Anwesenden, sodass die Ermittlung der Abstimmergebnisse wie zuvor beschrieben für die Subtraktions- (→ Rn. 407) und Additionsmethode (→ Rn. 415) erfolgt. Eine Abhängigkeit zum Abstimmmedium für die physisch anwesenden Aktionäre besteht nicht.

424 Durch die Schaffung eines zusätzlichen parallelen Weges zur Abstimmung ist sicher zu stellen, dass es nicht zu einer **doppelten Stimmabgabe** zB durch einen physisch Anwesenden und einen online-Teilnehmer für denselben Bestand kommt.

dd) Briefwahl[519]

425 Der entscheidende Unterschied zur Stimmabgabe des online zugeschalteten Aktionärs zur Briefwahl besteht darin, dass der Briefwähler rechtlich nicht als „anwesender Teilnehmer", als „in der Hauptversammlung erschienen" qualifiziert wird.

426 Für die Abstimmergebnisermittlung schließt die Regierungsbegründung die Subtraktionsmethode nicht aus. Somit sind nach der
– **Subtraktionsmethode** die Zahl der Ja-Stimmen, Nein-Stimmen und Stimmenthaltungen und nach der
– **Additionsmethode** die Zahl der Ja- und Nein-Stimmen
aus den **Briefwahlstimmen** dem Ergebnis aus der Abstimmung in der Hauptversammlung hinzuzurechnen. Hierbei ist sicher zu stellen, dass es nicht zu einer doppelten Stimmabgabe zB aus der Hauptversammlung und der Briefwahl kommt.

427 Bei börsennotierten Gesellschaften verlangt das AktG nach dem ARUG für die **Beschlussfeststellung** neben den **Ja-** und **Nein-Stimmen** sowie ggf. der **Stimmenthaltungen** die Angabe
– der Zahl der Aktien, für die gültige Stimmen abgegeben wurden,

---

[517] § 136 AktG; *Koch* in Hüffer/Koch AktG § 136; *ders.* AktG § 120 Rn. 7.
[518] Auch → § 7 Rn. 80 ff.
[519] Auch → § 7 Rn. 73 ff.

– den Anteil des durch die gültigen Stimmenvertretenen Grundkapitals.
Briefwahlstimmen sind „abgegebene Stimmen"[520] iSv § 133 AktG, auch sie gehören zu dem bei der Beschlussfassung vertretenen Grundkapital, sodass die Briefwahlstimmen auch in diese Angaben einfließen müssen.

428

e) Weisungen an Stimmrechtsvertreter

Im Laufe einer Hauptversammlung erhalten die Stimmrechtsvertreter der Gesellschaft von großen Publikumshauptversammlungen oft **mehrere tausend Vollmachten** von Aktionären, die die Hauptversammlung vorzeitig verlassen oder bereits im Vorfeld der Hauptversammlung Vollmacht und Weisung erteilt haben. Umfangreiche Tagesordnungen mit möglichen Einzelentlastungen, Einzelwahlen zum Aufsichtsrat und Gegenanträgen können so zu einer unüberschaubaren Anzahl an Kombinationsmöglichkeiten bei der Stimmabgabe führen.

429

Auch für den Aktionär bieten sich durch **Gegenanträge** (→ Rn. 181 ff.) oder **Wahlvorschläge** (→ Rn. 187) von Aktionären neben der Unterstützung des Beschlussvorschlags der Verwaltung oder dessen Ablehnung Kombinationsmöglichkeiten. Folgendes **Beispiel** zur Verwendung des Bilanzgewinns soll dies verdeutlichen.

430

Vorstand und Aufsichtsrat schlagen vor, vom Bilanzgewinn 0,80 EUR Dividende auszuschütten und den Rest auf neue Rechnung vorzutragen.

Der Gegenantrag eines Aktionärs lautet auf Ausschüttung einer höheren Dividende von 1,00 EUR.

Der Aktionär kann sowohl den Vorschlag der Verwaltung wie auch den Gegenantrag des Aktionärs unterstützen. Unterstellt man im Formular jeweils 2 Markierungsmöglichkeiten für JA und NEIN sowie keine Markierung, ergeben sich aus dem Beispiel bis zu 9 Weisungskombinationen.

431

Die **Weisungen** der Aktionäre sind somit **nicht** immer **eindeutig** und ein nicht oder anders gestellter Gegenantrag kann zu einer anderen **Bewertung der Weisung** des Aktionärs führen. Zuweilen schließt sich die Verwaltung in der Hauptversammlung einem anderen Beschlussvorschlag an. Daher kann es notwendig werden, das **Stimmverhalten** dem Verlauf der Hauptversammlung **anzupassen.**

432

Der DKGC empfiehlt[521] die Erreichbarkeit der Stimmrechtsvertreter in der Hauptversammlung. Die Angebote der Gesellschaften zur Verwendung moderner Medien, zB des **Internet** (→ § 7 Rn. 18, → § 7 Rn. 58 ff.) zur Erteilung von **Vollmachten** und der Weiterleitung und **Änderung der Weisungen**[522] bis zum Teil in die Hauptversammlung hinein nehmen laufend zu und führen zu völlig neuen Aufgabenstellungen für das Organisationsteam.

433

Das AktG[523] schreibt börsennotierten Gesellschaften vor, die ihre Hauptversammlung nach dem 31.10.2009 einberufen, einen computerunterstützten elektronischen Weg zur Übermittlung der Vollmacht bzw. des Widerrufs (→ § 3 Rn. 40 ff., → § 3 Rn. 64, → § 3 Rn. 96) anzubieten, sodass der Trend, hin zu Angeboten, die auf das Internet gestützt sind, zunehmen wird.

434

Sowohl für den Stimmrechtvertreter der Gesellschaft als auch für die Vertreter von Banken und Aktionärsvereinigungen kann das weisungskonforme Handeln oft eine schwierige organisatorische Aufgabe mit vielen manuellen Handgriffen sein.

435

---

[520] § 118 Abs. 2 AktG – BegrRegE zum ARuG vom 5.11.2008, 39, Abs. 8.
[521] DKGC – Deutscher Corporate Governance Kodex (Stand 5.5.2015), Ziff. 2.3.2–2.3.3.
[522] Verweis auf DCGK.
[523] § 134 Abs. 3 S. 4 AktG (nach ARUG) und EU-Aktionärsrechterichtlinie Art. 11 Abs. 1 S. 2.

436 Die drei folgenden Strategien dienen den Stimmrechtsvertretern dazu, der Komplexität entgegen zu wirken sowie dieser durch organisatorische und technische Maßnahmen gerecht zu werden.

aa) Weisungen nur zu Beschlussvorschlägen der Verwaltung

437 Um die Kombinationsmöglichkeiten zu reduzieren und den Verwaltungsaufwand überschaubar zu halten, wird den Aktionären zumeist die Vertretung zu Beschlussvorschlägen der Verwaltung angeboten und **Weisungen zu Gegenanträgen ausgeschlossen.** In den Formularen hat sich hierzu folgende Formulierung durchgesetzt.

„Einem Gegenantrag, der ausschließlich auf eine Ablehnung des jeweiligen Vorschlags der Verwaltung gerichtet ist, können Sie sich anschließen, indem Sie eine Abstimmungsweisung entgegen dem Verwaltungsvorschlag erteilen. An einer Abstimmung über weitergehende Gegenanträge und sonstige während der Hauptversammlung gestellte Anträge können die Stimmrechtsvertreter nicht teilnehmen."

bb) Weisungsgruppen

438 Um bei zahlreichen Vollmachten und Weisungen den Überblick zu bewahren und eine zügige Stimmabgabe zu gewährleisten, kann man gleichartige Weisungen – zB zu allen Punkten im Sinne der Verwaltung – zu einer **Weisungsgruppe** zusammenfassen. Die Bildung von Weisungsgruppen ist **unabhängig** vom gewählten **Abstimmverfahren** und **Abstimmmedium** und unterstützt auch die Abstimmung auf Zuruf oder mittels Stimmtafeln, weshalb diese Vorgehensweise häufig von Depotbanken angewendet wird. Die Weisungen werden bei diesem Verfahren nicht im DV-System hinterlegt und die **Stimmabgabe** erfolgt analog der übrigen Aktionäre.

439 Aus den oben genannten Gründen (→ Rn. 429 ff.) können sich aber auch hierbei oft **mehrere hundert Weisungsgruppen** ergeben. Da nur gleichartige Weisungen zu einer Gruppe zusammengefasst werden, ist eine spätere Aufteilung der Bestände in der Regel nicht notwendig.

cc) Virtuelle Stimmkarte/Sammelkarte

440 Moderne DV-Systeme zur Erstellung des Teilnehmerverzeichnisses und zur Ermittlung der Abstimmergebnisse **verbinden** die **Weisungen** und das **Stimmengewicht einzelner Aktionäre** zur organisatorischen Einheit der **virtuellen Stimmkarte**. Die virtuelle Stimmkarte kann sowohl für den Stimmrechtsvertreter der Gesellschaft wie auch andere weisungsgebundene Stimmrechtsvertreter verwendet werden zB Vertreter von Banken und Aktionärsvereinigungen.

441 Die **Begrifflichkeit** der virtuellen Stimmkarte ist **nicht eindeutig** festgelegt. Üblich sind noch die Begriffe der **elektronischen, heterogenen**[524] sowie der **digitalen**[525] **Stimmkarte.** Auch der Leistungsumfang der verfügbaren Softwareprodukte unterscheidet sich und somit auch die möglichen Eigenschaften und Ausprägungen der virtuellen Stimmkarte. Es ist daher zu empfehlen, die Möglichkeiten und Einsatzbedingungen für die jeweilige Hauptversammlung mit dem HV-Dienstleister abzustimmen.

442 Bereits vor Beginn der Hauptversammlung wird das Weisungsverhalten pro Tagesordnungspunkt bzw. Beschlussvorschlag im DV-System erfasst und ein Weisungsspiegel für den jeweiligen Stimmrechtsvertreter erstellt. Über Schnittstellen ist das DV-System mit dem Internet-Proxy-Voting verbunden, sodass auch Weisungsänderungen von Aktionären

---

[524] Heterogen weist auf die Möglichkeit des Stimmensplittings hin und macht den Unterschied zur normalen Stimmkarte deutlich, deren Stimmverhalten eindeutig ist.

[525] Digital deutet hierbei auf die elektronische Pflege des Stimmverhaltens bzw. der Weisungen zB in einer Bildschirmmaske direkt durch den Stimmrechtvertreter hin.

laufend einfließen. In gleicher Weise werden Vollmachten und Weisungen einbezogen, die vor Teilnehmern beim Verlassen der Hauptversammlung erteilt werden. Die virtuelle Stimmkarte passt sich so dynamisch den Veränderungen an.

Um **Änderungen im Stimmverhalten** bis zum **Ende der Abstimmung** zu ermöglichen, werden für die einzelnen Vertreter spezielle Formulare bzw. Stimmkarten oder eine **Bildschirmmaske** bereitgestellt. Hierzu bietet es sich an, einen Schalter bzw. computergestützten Arbeitsplatz in der Nähe zum Versammlungsraum einzurichten. 443

Einige DV-Systeme bieten darüber hinaus die Möglichkeit, Änderungen im Stimmverhalten, die sich aus gestellten bzw. zurückgezogenen Anträgen ergeben, über ein **Regelmanagement** vollautomatisch abzubilden. 444

Die **virtuelle Stimmkarte** ist generell **unabhängig** vom in der HV eingesetzten **Abstimmverfahren** sowie der **Art und Form der Abstimmung** (Abstimmmedium). Durch das Verlesen der Summen aus dem Weisungsspiegel wäre auch die Abstimmung auf Zuruf möglich. 445

Da die Weisungen bereits im DV-System hinterlegt sind, ist eine explizite **Stimmabgabe durch den Stimmrechtsvertreter nicht notwendig.** Um die automatische Einbeziehung der Weisungen, die im DV-System hinterlegt sind, deutlich zu machen wird im **Leitfaden** in der Regel ein entsprechender **Hinweis** aufgenommen. 446

Einige Stimmrechtsvertreter haben im Vorfeld der Hauptversammlung ihre Stimmkarten in virtuelle Stimmkarten zusammengeführt, deren Abstimmungsverhalten sie durch Eingaben in das Auszählungssystem definieren und die elektronisch in die Abstimmung und Ergebnisermittlung übernommen werden.

oder

In die Abstimmungen werden die Vollmachten und Weisungen an Stimmrechtsvertreter einbezogen.

oder (nur Stimmrechtsvertreter der Gesellschaft)

In die Abstimmungen werden die Vollmachten und Weisungen an die Stimmrechtsvertreter der Gesellschaft einbezogen. Die Stimmrechtsvertreter werden im Backoffice die Freigabe der im EDV-System hinterlegten Weisungen erklären.

Ist jedoch die ausschließliche Stimmabgabe im Versammlungsraum ohne die automatische Einbeziehung der hinterlegten Weisungen vorgesehen, sollten auch die Stimmrechtsvertreter mit einer virtuellen Stimmkarte analog der übrigen Aktionäre an der Abstimmung teilnehmen. Hierdurch wird das Stimmverhalten zu dem Tagesordnungspunkt abschließend bestätigt und fließt entsprechend in das Abstimmergebnis ein (im Speziellen bei elektr. Verfahren → Rn. 365). 447

Die Stimmrechtsvertreter werden die Weisungen durch Einwurf in die Sammelbehälter freigeben.

Abhängig von der Art und Form der Abstimmung gibt der Stimmrechtsvertreter zB eine bestimmte Stimmkarte ab oder bestätigt eine entsprechende Taste bei der Funkabstimmung.[526] Erteilt der Stimmrechtsvertreter jedoch diese explizite Freigabe nicht zum Zeitpunkt der Abstimmung, können die Weisungen im Rahmen dieser Regelung nicht berücksichtigt werden. 448

---

[526] Bei einer anderen Art und Form der Abstimmung analog.

VIII. Beendigung, Wiedereröffnung und Vertagung der Hauptversammlung

1. Beendigung

449 Nach ordnungsgemäßer Erledigung der Tagesordnung hat der Versammlungsleiter die Hauptversammlung zu **schließen.** Der Versammlungsleiter unterliegt auch insoweit den Grenzen pflichtgemäßen Ermessens (→ Rn. 6 ff.). Der Versammlungsleiter ordnet die Beendigung der Hauptversammlung an,[527]
- wenn die Tagesordnung durch abgeschlossene Debatte und Beschlussfassung erledigt ist; der Erledigung eines Tagesordnungspunkte steht die wirksame Vertagung des Tagesordnungspunktes gleich;
- wenn die Hauptversammlung wirksam vertagt worden ist;
- wenn der in der Einberufung der Hauptversammlung festgesetzte Versammlungstag endet und eine Fortsetzung am nächsten Tag nicht in Betracht kommt;
- wenn der Versammlungsleiter unheilbare Beschlussmängel (insbesondere Einberufungsfehler) feststellt.

450 Diese Kompetenz fällt in die ausschließliche Zuständigkeit des **Versammlungsleiters.** Die Hauptversammlung kann nicht gegen dessen Willen ihre eigene Beendigung beschließen.[528]

2. Wiedereröffnung

451 Umstritten ist, ob die Hauptversammlung, nachdem der Versammlungsleiter das Schließen der Hauptversammlung angekündigt hat, ihre eigene Wiedereröffnung **(Fortsetzung)** beschließen kann. Die wohl überwiegende Ansicht billigt der Hauptversammlung diese Befugnis zu.[529]

452 In der Praxis hat die Fragestellung keine Relevanz.

453 Der herrschenden Ansicht ist nicht zuzustimmen. Nach Beendigung der Versammlung durch den Versammlungsleiter kommt eine Wiedereröffnung der Hauptversammlung oder eine Aufhebung der Beendigungsentscheidung des Versammlungsleiters durch Versammlungsbeschluss nicht in Betracht. Die Wiedereröffnung wäre gleichzustellen mit einer Hauptversammlung ohne Einhaltung der Einberufungsvoraussetzungen (§ 241 Nr. 1) und daher nur unter den in § 121 Abs. 6 AktG geregelten Voraussetzungen möglich. Wollte man anders entscheiden, müßten Versammlungsteilnehmer, die die Hauptversammlung bereits verlassen haben, besorgen, dass die Hauptversammlung in ihrer Abwesenheit Beschlüsse fasst. Ihr Vertrauen auf die Beendigungsentscheidung des Versammlungsleiters ist indes schutzwürdig. Zudem hat die Hauptversammlung dann, wenn die Satzung dem Versammlungsleiter die Leitung der Versammlung überträgt, keine Beschlusskompetenz zur Wiedereröffnung (→ Rn. 39 ff.).

454 Von der Wiedereröffnung durch Versammlungsbeschluss ist der Fall zu unterscheiden, dass der Versammlungsleiter seine Beendigungsentscheidung selbst revidiert, etwa weil ihm bei der Feststellung der Beschlussergebnisse ein Fehler unterlaufen ist. Im engen zeitlichen Zusammenhang mit seiner Beendigungsentscheidung kann er die richtige Beschlussfeststellung nachholen und dafür die Versammlung nochmals eröffnen. Dagegen ist es nicht

---

[527] Vgl. nur *Kubis* in MüKoAktG AktG § 119 Rn. 160; *Mülbert* in MüKoAktG AktG § 129 Rn. 179 f.; ähnlich auch *Wicke* in Spindler/Stilz AktG Anh § 119 Rn. 8.
[528] Vgl. nur *Martens* 97; *Zöllner* in Kölner Komm. AktG, § 119 Rn. 69; *Kubis* in MüKoAktG AktG § 119 Rn. 160; *Wicke* in Spindler/Stilz AktG Anh § 119 Rn. 8.
[529] Vgl. nur *Kubis* in MüKoAktG AktG § 119 Rn. 160; *Mülbert* in GroßkommAktG AktG § 129 Rn. 179 f.; *Wicke* in Spindler/Stilz AktG Anh § 119 Rn. 8.

VIII. Beendigung, Wiedereröffnung und Vertagung der Hauptversammlung § 9

möglich, durch neuen Versammlungsbeschluss weitere Beschlüsse zu fassen oder gefasste Beschlüsse zu ändern.

3. Vertagung

Die **Vertagung einer bereits eröffneten Hauptversammlung** unterliegt allein der Beschlussfassung der Hauptversammlung. Dem Versammlungsleiter fehlt hierfür die Kompetenz (→ Rn. 52). 455

Umstritten ist, ob es für die Vertagung eines sachlichen Grundes bedarf (→ § 4 Rn. 149; → Rn. 52). 456

§ 10 Die Pflichten des Vorstands in der Hauptversammlung

Übersicht

	Rn.
I. Überblick	1
II. Einberufungpflicht	5
1. Einberufungsgrund	5
2. Entscheidung des Vorstands	6
3. Umsetzung des Einberufungsbeschlusses	11
III. Vorbereitung von Hauptversammlungsbeschlüssen	18
1. Allgemeines	18
2. Zuständigkeit der Hauptversammlung	20
a) Maßnahme	20
b) Zustimmungsbedürftiger Vertrag	26
3. Weisungsbeschluss der Hauptversammlung	28
a) Grundsatz	28
b) Minderheitsinitiativen	31
IV. Aufstellung des Teilnehmerverzeichnisses	32
V. Teilnahmepflicht	34
1. Grundsatz	34
2. Anfechtungsrisiken, Sanktionen	37
VI. Vorlagepflichten	39
1. Vorbemerkung	39
2. Vorlage von Jahresabschluss, Lagebericht, Bericht des Aufsichtsrats und Gewinnverwendungsvorschlag	44
3. Unternehmensverträge	52
4. Nachgründungsverträge	55
5. Vermögensübertragungen	56
6. Umwandlungsvorgänge	57
a) Verschmelzung	57
b) Spaltung	59
c) Formwechsel	60
7. Sonstige strukturändernde Maßnahmen	61
8. Verzicht auf die Auslegung	65
9. Anfechtungsrisiken	67
VII. Erläuterung der Vorlagen	69
1. Jahresabschluss, Lagebericht und Gewinnverwendungsbeschluss	69
a) Grundsatz	69
b) Pflicht zur Verlesung?	72
c) Inhalt und Umfang der Erläuterung	74
2. Unternehmensverträge	82
3. Vermögensübertragungen	86
4. Nachgründungsverträge	87
5. Umwandlungsvorgänge	88
a) Verschmelzung	88
b) Spaltung	93
c) Formwechsel	96
6. Eingliederung	97
7. Ausschluss von Minderheitsaktionären (Squeeze out)	98
8. Sonstige strukturändernde Maßnahmen	99
9. Verzichtsmöglichkeit	100
10. Anfechtungsrisiken	101
VIII. Weitere Darlegungs- und Erläuterungspflichten	106
1. Erwerb eigener Aktien	106
2. Ausnutzung eines genehmigten Kapitals	107
IX. Auskunftspflichten	108
1. Adressat der Auskunftspflicht	108

	Rn.
2. Erteilung der Auskunft durch den Vorstand	109
a) Zuständigkeit des Vorstands	109
b) Entscheidung über die Auskunftserteilung oder -verweigerung	112
3. Art und Weise der Auskunftserteilung	115
4. Vorbereitung auf die Auskunftserteilung	123
5. Beschränkung des Auskunftsrechts	127
X. Pflichten im Nachgang der Hauptversammlung	128
1. Ausführung von Hauptversammlungsbeschlüssen	128
a) Beschluss der Hauptversammlung	129
b) Ausführung des Beschlusses	133
c) Rechtsfolgen einer unterbleibenden Ausführung	134
2. Einreichung der Niederschrift zum Handelsregister	135
3. Erteilung von Abschriften des Tonbandprotokolls?	139
4. Mitteilung von Hauptversammlungsbeschlüssen	142

Stichworte

Ausführung von Hauptversammlungsbeschlüssen Rn. 128
- Ausführung Rn. 133
- Beschluss Rn. 129
- Rechtsfolgen einer unterbleibenden Ausführung Rn. 134

Auskunftserteilung durch den Vorstand Rn. 109
- Entscheidung über Auskunftserteilung oder -verweigerung Rn. 112
- Zuständigkeit Rn. 109

Auskunftspflichten Rn. 108
- Adressat Rn. 108
- Art und Weise der Auskunftserteilung Rn. 115
- Auskunftserteilung durch den Vorstand Rn. 109
- Beschränkung des Auskunftsrechts Rn. 127
- Vorbereitung auf die Auskunftserteilung Rn. 123

Beschluss Rn. 6
Delegation der Umsetzung Rn. 11
Delisting Rn. 24
Deutscher Corporate Governance Kodex (DCGK) Rn. 40
Erläuterung der Vorlagen Rn. 69
- Anfechtung Rn. 101
- Ausschluss von Minderheitsaktionären (Squeeze out) Rn. 98
- Eingliederung Rn. 97
- Jahresabschluss, Lagebericht und Gewinnverwendungsbeschluss Rn. 69
- Nachgründungsverträge Rn. 87
- sonst. strukturändernde Maßnahmen Rn. 99
- Umwandlungsvorgänge Rn. 88
- Unternehmensverträge Rn. 82
- Vermögensübertragungen Rn. 86
- Verzichtsmöglichkeit Rn. 100

Jahresabschluss, Lagebericht und Gewinnverwendungsbeschluss Rn. 69

- Grundsatz Rn. 69
- Inhalt und Umfang der Erläuterung Rn. 74
- Pflicht zur Verlesung Rn. 72

Pflichten im Nachgang der Hauptversammlung Rn. 128
- Ausführung von Hauptversammlungsbeschlüssen Rn. 128
- Einreichung Niederschrift zum Handelsregister Rn. 135
- Erteilung von Abschriften des Tonbandprotokolls Rn. 139
- Mitteilung von Hauptversammlungsbeschlüssen Rn. 142

Spaltung Rn. 93
- Besondere Informationspflicht gegenüber den Aktionären Rn. 94
- Grundsatz Rn. 93
- Informationspflichten gegenüber den Vertretungsorganen der übernehmenden Gesellschaft Rn. 95

Tagesordnung Rn. 10, 39, 42
Teilnahme ausgeschiedener Vorstandsmitglieder Rn. 35
Teilnehmerverzeichnis Rn. 32
Umwandlungsvorgänge Rn. 88
- Formwechsel Rn. 96
- Spaltung Rn. 93
- Verschmelzung Rn. 88

Veröffentlichung im Internet / Auslegung Dokumente Rn. 42
Vollversammlung Rn. 16
Weisungsmöglichkeit der HV Rn. 19
Weitere Darlegungs- und Erläuterungspflichten Rn. 106
- Ausnutzung eines genehmigten Kapitals Rn. 107
- Erwerb eigener Aktien Rn. 106

Zeitrahmen Rn. 48
Zuständigkeit der HV Rn. 20

Schrifttum:

Böttcher/Blasche, Die Grenzen der Leitungsmacht des Vorstands, NZG 2006, 569; *Deilmann/Messerschmidt,* Vorlage von Verträgen an die Hauptversammlung, NZG 2004, 977; *Dimke/Heiser,* Neutralitätspflicht, Übernahmegesetz und Richtlinienvorschlag 2000, NZG 2001, 241; *Drinhausen/Keinath, Engelmeyer,* Informationsrechte und Verzichtsmöglichkeiten im Umwandlungsgesetz, BB 1998, 330; *Ihrig/Wandt,* Die Aktienrechtsnovelle 2016, BB 2016, 6; *Kirchner,* Neutralitäts- und Stillhaltepflicht des Vorstandes der Zielgesellschaft im Übernahmerecht, AG 1999, 481; *Kubis,* Die „formunwirksame" schriftliche Auskunftserteilung nach § 131 AktG, FS Kropff, 1997, 171; *Paschos/Goslar,* Der Regierungsentwurf des Gesetzes zur Umsetzung der Aktionärsrichtlinie (ARUG), AG 2009, 14; *Priester,* Strukturänderungen, Beschlußvorbereitung und Beschlußfassung, ZGR 1990, 420; *Rhode/Geschwandtner,* Zur Beschränkung der Geschäftsführungsbefugnis des Vorstands einer Aktiengesellschaft – Beschluss der Hauptversammlung nach § 119 Abs. 2 AktG und die Pflicht zur Ausübung durch den Vorstand, NZG 2005, 996; *Schäfer,* Besondere Regelungen für börsennotierte und für nicht börsennotierte Gesellschaften, NJW 2008, 2536; *Schneider/Singhof,* Die Weitergabe von Insidertatsachen in der konzernfreien Aktiengesellschaft, insbes. im Rahmen der Hauptversammlung und an einzelne Aktionäre, FS Kraft, 1998, 585; *Simon,* Der „verschwundene" Aktionär – Ein Sonderfall des Rechts auf Auskunft in der Hauptversammlung, AG 1996, 540; *Vetter,* Die Teilnahme ehemaliger Vorstandsmitglieder an der Hauptversammlung, AG 1991, 171; *Weller/Benz,* Frauenförderung als Leitungsaufgabe, AG 2015, 467; *Windbichler,* Die Rechte der Hauptversammlung bei Unternehmenszusammenschlüssen durch Vermögensübertragung, AG 1981, 169.

I. Überblick

In der Regel beruft der Vorstand die Hauptversammlung ein, in Ausnahmefällen der Aufsichtsrat, aber auch unter Umständen auf gerichtliche Anordnung eine Minderheit von Aktionären (→ Rn. 7f.). Die Einberufung durch den Vorstand setzt einen wirksamen Vorstandsbeschluss voraus (→ Rn. 6f.). Die Zuständigkeit der Hauptversammlung betrifft sowohl die ihr gesetzlich zugewiesenen üblichen und immer wiederkehrenden Zuständigkeiten, wie die alljährlich zu fassenden Entlastungsbeschlüsse, als auch die besonderen Zuständigkeiten, wie im Falle des Minderheitsverlangens (→ Rn. 20ff.). Die Hauptversammlung als oberstes Gesellschaftsorgan kann allerdings auch vom Vorstand zwecks Zustimmung zu einzelnen Geschäftsführungsmaßnahmen eingebunden werden (→ Rn. 21f.). Der Vorstand ist für die Organisation und den ordnungsgemäßen Ablauf, nicht aber für die Leitung der Hauptversammlung verantwortlich. Dies reicht vom Teilnehmerverzeichnis (→ Rn. 32) bis hin zur Sicherstellung der Beantwortung der verlangten Auskünfte. Zur Vorbereitung sind ab Einberufung die für eine Beschlussfassung zu den jeweiligen Tagesordnungspunkten maßgeblichen Unterlagen auszulegen bzw. auf der Website der Gesellschaft bekannt zu machen, auf Verlangen auch den Aktionären in Kopie zuzuschicken (→ Rn. 39ff.). Gleiches gilt für die rechtzeitig eingereichten Gegenanträge. 1

Für den Vorstand besteht regelmäßig die Pflicht zur Erläuterung der Vorlagen in der Hauptversammlung. Mündlich erläutert – nicht verlesen – werden in angemessenem Umfang Jahresabschluss, Lagebericht und Gewinnverwendungsbeschluss (→ Rn. 69ff.). Ebenso hat der Vorstand im Rahmen einer zusammenfassenden Darstellung den Aktionären den wesentlichen Inhalt von Unternehmensverträgen (→ Rn. 82ff.), Vermögensübertragungen (→ Rn. 86) und Nachgründungsverträgen (→ Rn. 87) zu erläutern. Ebenso bezieht sich die Erläuterungspflicht des Vorstands auf Verschmelzungsverträge (→ Rn. 88ff.), bei denen der Inhalt des Verschmelzungsberichts zusammengefasst wiedergegeben und auf etwaige Aktualisierungen und neue Entwicklungen eingegangen werden soll (→ Rn. 90f.). Die gleichen Grundsätze gelten bezüglich Spaltungsverträgen (→ Rn. 93ff.) und Formwechseln (→ Rn. 96). Erläuterungspflichten des Vorstands bestehen weiterhin bei der Eingliederung (→ Rn. 97), dem Ausschluss von Minderheitsaktionären (→ Rn. 98) und bei sonstigen strukturändernden Maßnahmen (→ Rn. 99). Die Aktionäre können auf die Erläuterung des Vorstands verzichten (→ Rn. 100). Im Falle einer fehlerhaften oder unterbliebenen Erläuterung kann im Hinblick auf die jeweils zu erläuternden Unterlagen der 2

Hauptversammlungsbeschluss dem Risiko der Anfechtung unterliegen (→ Rn. 101 ff.). Weitere Darlegungs- bzw. Erläuterungspflichten des Vorstands bestehen im Hinblick auf den Erwerb eigener Aktien (→ Rn. 106) und die Ausnutzung eines genehmigten Kapitals (→ Rn. 107).

3 Neben den Erläuterungspflichten ist der Vorstand weiterhin Adressat von Auskunftspflichten gegenüber den Aktionären (→ Rn. 108 ff.). Zuständig für die Auskunftserteilung ist der amtierende Gesamtvorstand, der grundsätzlich einstimmig (vorbehaltlich Änderungen durch Satzung oder Geschäftsordnung) über die Auskunftserteilung oder -verweigerung entscheidet (→ Rn. 108 ff.). Die vollständige, sachliche und zutreffende Auskunft ist dem Aktionär mündlich in der Versammlung zu erteilen (→ Rn. 115 ff.). Der Vorstand hat sich auf die Auskunftserteilung in der Hauptversammlung angemessen vorzubereiten (→ Rn. 123 ff.). Eine teilweise Einschränkung des Auskunftsrechts zur ordnungsgemäßen Durchführung der Hauptversammlung ist dabei allerdings möglich (→ Rn. 127).

4 Auch im Nachgang der Hauptversammlung unterliegt der Vorstand weiteren Pflichten. So hat er die Beschlüsse der Hauptversammlung, sofern einer Umsetzung nichts im Wege steht, auszuführen (→ Rn. 128 ff.). Tut er dies nicht, so macht er sich gegebenenfalls der Gesellschaft gegenüber schadensersatzpflichtig (→ Rn. 134). Im direkten Nachgang der Hauptversammlung hat der Vorstand eine öffentlich beglaubigte Abschrift der notariellen Niederschrift über die Hauptversammlung zum Handelsregister einzureichen (→ Rn. 135 ff.). Die Aktionäre sind berechtigt, gegenüber dem Vorstand eine Abschrift der während der Hauptversammlung angefertigten Tonbandaufnahme oder des stenographischen Protokolls ihres eigenen Redebeitrags zu fordern; eine vollständige Abschrift erhalten sie dagegen nicht (→ Rn. 139 ff.). Jeder Aktionär kann weiterhin die Mitteilung der in der Hauptversammlung gefassten Beschlüsse verlangen (→ Rn. 142).

II. Einberufungspflicht

1. Einberufungsgrund

5 Die Einberufung der Hauptversammlung ist in erster Linie Sache des Vorstands (vgl. § 121 Abs. 2 S. 1 AktG).[1] Zur Einberufung einer Hauptversammlung ist der Vorstand in den im **Gesetz** oder in der **Satzung** vorgesehenen Fällen verpflichtet. Eine Einberufungspflicht besteht insbes.
- zur Entgegennahme des von Vorstand und Aufsichtsrat festgestellten Jahresabschlusses des abgelaufenen Geschäftsjahres und des Lageberichts, zur Beschlussfassung über die Verwendung des Bilanzgewinns (§ 175 Abs. 1, § 174 AktG), zur Entlastung der Mitglieder des Vorstands und des Aufsichtsrats (§ 120 Abs. 1 S. 1 AktG) sowie zur Wahl der Abschlussprüfer (§ 318 Abs. 1 HGB);
- zur Feststellung des Jahresabschlusses, wenn Vorstand und Aufsichtsrat beschlossen haben, die Feststellung des Jahresabschlusses der Hauptversammlung zu überlassen, oder wenn der Aufsichtsrat den vom Vorstand aufgestellten Jahresabschluss nicht gebilligt hat (§§ 173 Abs. 1, 175 Abs. 3 AktG);
- zur Entgegennahme des vom Aufsichtsrat (eines Mutterunternehmens) gebilligten Konzernabschlusses und des Konzernlageberichts bzw. zur Entscheidung über die Billigung, wenn der Aufsichtsrat den Konzernabschluss nicht gebilligt hat (§§ 175 Abs. 1 S. 1, 173 Abs. 1 S. 2 AktG);
- bei börsennotierten Gesellschaften zur Entgegennahme des erläuternden Berichts des Vorstands zu den übernahmerelevanten Angaben;[2]

---

[1] Zur Einberufung der Hauptversammlung ausf. → § 4 Rn. 1 ff.
[2] § 176 Abs. 1, § 124a S. 1 Nr. 3 AktG iVm § 289 Abs. 4, § 315 Abs. 4 HGB (§ 120 Abs. 3 S. 2 AktG aF).

- zur unverzüglichen Bekanntgabe eines Verlusts in Höhe des hälftigen Grundkapitals (§ 92 Abs. 1 AktG);
- zur Zustimmung zu außergewöhnlichen Vorgängen, wie zB im Rahmen von Zusammenschlüssen,[3] Unternehmensverträgen (§ 293 ff. AktG), Satzungsänderungen (§ 179 Abs. 1, § 179a AktG), zur Ermächtigung von Abwehrmaßnahmen bei Übernahmeversuchen (§ 33 Abs. 2 WpÜG),[4] beim Ausschluss von Minderheitsaktionären („Squeeze out"- § 327a AktG, → § 35 Rn. 11 ff.)
- wenn die Hauptversammlung selbst die Einberufung einer neuen Hauptversammlung beschlossen hat (§ 124 Abs. 4 S. 2 AktG);
- wenn die Einberufung einer gesonderten Versammlung verlangt wird (§ 138 S. 3 AktG);
- in den in der Satzung bestimmten Fällen sowie
- wenn es das Wohl der Gesellschaft erfordert (§ 121 Abs. 1 AktG).

2. Entscheidung des Vorstands

Die Einberufungsverpflichtung trifft den Vorstand als **Gesamtorgan (gesamtheitliche** 6 **Leitungsaufgabe nach § 76 Abs. 1 AktG).**[5] Einzelne Vorstandsmitglieder, auch der Vorstandsvorsitzende, sind zur Einberufung selbst dann nicht berechtigt, wenn sie über Alleinvertretungsbefugnis verfügen.[6] Der Vorstand hat über die Einberufung vielmehr per **Beschluss** zu entscheiden. Abweichend vom allgemeinen Prinzip, dass Vorstandsbeschlüsse – vorbehaltlich einer anderweitigen Regelung in der Satzung oder der Geschäftsordnung für den Vorstand – einstimmig gefasst werden (vgl. § 77 Abs. 1 AktG), reicht für den auf die Einberufung gerichteten Vorstandsbeschluss die **einfache Mehrheit** (§ 121 Abs. 2 S. 1 AktG; → § 4 Rn. 24). Dabei genügt nach wohl herrschender Ansicht die einfache Mehrheit der **abgegebenen Stimmen;** eine Mitwirkung aller Vorstandsmitglieder wird nur von einer Minderheit in der Literatur verlangt.[7] Die Fassung eines wirksamen Einberufungsbeschlusses setzt voraus, dass der Vorstand **handlungs-, dh beschlussfähig** ist.[8] Fehlt es hieran ausnahmsweise, ist der Vorstand zunächst im Wege der gerichtlichen **Notbestellung** zu ergänzen.[9]

Nur ausnahmsweise ist der Aufsichtsrat statt des Vorstands zur Einberufung berechtigt 7 und verpflichtet, wenn es das Wohl der Gesellschaft verlangt (§ 111 Abs. 3 S. 1 AktG). Ggf. ist auch eine Minderheit von Aktionären, deren Anteile mindestens zusammen 5 % des Grundkapitals erreichen, berechtigt, vom Vorstand die Einberufung zu verlangen (§ 122 Abs. 1 AktG) und sie notfalls auch gerichtlich gegen den Vorstand durchzusetzen (§ 122 Abs. 3 AktG).[10]

Die Einberufung der Hauptversammlung kann nach einer Grundsatzentscheidung des 8 BGH[11] grundsätzlich auch wieder von dem einberufenden Organ widerrufen werden,

---

[3] ZB bei Verschmelzung; §§ 13 Abs. 1, 65 ff. UmwG.
[4] Zu beachten ist die Ladungsfrist von zwei Wochen, § 16 Abs. 4 WpÜG.
[5] *Koch* in Hüffer/Koch AktG § 121 Rn. 6.
[6] *Eckardt* in Geßler/Hefermehl AktG § 121 Rn. 16; *Bungert* in MHdB AG § 36 Rn. 8.
[7] *Noack/Zetsche* in Kölner Komm. AktG § 121 Rn. 35; *Werner* in GroßkommAktG AktG § 121 Rn. 29; *Bungert* in MHdB AG § 36 Rn. 8.
[8] Geßler/Käpplinger, Aktiengesetz, Stand August 2016, AktG § 121 Rn. 3.
[9] Vgl. § 85 AktG; LG Münster DB 1998, 665; *Werner* in GroßkommAktG AktG § 121 Rn. 27; *Bungert* in MHdB AG § 36 Rn. 8; die Vorschläge zur Beschlussfassung in einer Einladung durch einen unterbesetzten Vorstand sind unwirksam, BGHZ 149, 158 = ZIP 2002, 172 „Sachsenmilch III"; nach LG Münster AG 1998, 344 soll selbst im Fall einer Unternehmenskrise ein fehlerhaft besetzter Vorstand nicht alleine die Hauptversammlung einberufen können; zuvor müsse der Aufsichtsrat oder das Gericht den Vorstand komplettieren; einschränkend BGHZ ZIP 2002, 216 ff. „Sachsenmilch IV", soweit der Aufsichtsrat gemäß Satzung die Zahl der Vorstandsmitglieder bestimmen kann.
[10] Zur Einberufung auf Verlangen einer Minderheit vgl. *Müller* in NK-AktG § 121 Rn. 35.
[11] BGHZ NZG 2015, 1227; erörtert von *Schüppen/Tretter* ZIP 2015, 2069.

auch wenn die Einberufung auf Verlangen einer Minderheit erfolgte. Eine Absage sei aber dann nicht mehr möglich, wenn sich bereits am Versammlungsort erschienene Aktionäre nach den Vorgaben der Einberufung im Versammlungsraum eingefunden haben. In diesem Fall gehe die Absagekompetenz auf die Hauptversammlung über. Dies gilt auch für die Absetzung oder Vertagung von Tagesordnungspunkten.[12]

9 Von der Verpflichtung zur Einberufung der Hauptversammlung kann der Vorstand durch den Aufsichtsrat nicht entbunden werden. Auch kann die Einberufung der Hauptversammlung weder in der Satzung noch in der Geschäftsordnung von der **Zustimmung des Aufsichtsrats** abhängig gemacht werden.[13]

10 Mit der Entscheidung über die Einberufung fasst der Vorstand regelmäßig gleichzeitig Beschluss über die **Tagesordnung** und die **Vorschläge** zur Beschlussfassung (Im Einzelnen → § 4 Rn. 111, 153 ff.).

3. Umsetzung des Einberufungsbeschlusses

11 Die Umsetzung des Vorstandsbeschlusses kann **einzelnen Mitgliedern** des Vorstands übertragen werden.[14] Anders als die Beschlussfassung über die Einberufung muss die Einberufung selbst nicht vom gesamten Vorstand bewirkt werden. In der Praxis wird mit der Durchführung der Einladung zumeist der **Vorstandsvorsitzende** beauftragt. Erfolgt die Einberufung durch eingeschriebenen Brief (das setzt idR eine überschaubare Zahl von Aktionären voraus), weil die Aktionäre der Gesellschaft namentlich bekannt sind (§ 121 Abs. 4 S. 2 AktG), muss das Einberufungsschreiben nicht notwendigerweise eigenhändig unterzeichnet werden.[15] Soweit in der Satzung vorgesehen, kann die Einladung auch per Fax oder E-Mail (ohne qualifizierte elektronische Signatur) ausgesprochen werden.[16] Zu empfehlen ist jedoch idR ein Mailversand mit Zugangssicherung, um den Nachweis des Zugangs führen zu können. Eine Einberufung von Namensaktionären oder per Einschreiben macht eine Veröffentlichung an Medien zur europaweiten Veröffentlichung entbehrlich (§ 121 Abs. 4a AktG).

12 Zur Einberufung der Hauptversammlung gelten alle Vorstandsmitglieder als befugt, die als solche in das **Handelsregister eingetragen** sind (§ 121 Abs. 2 S. 2 AktG). Diese unwiderlegbare Vermutung, die Einberufungsmängel vermeiden soll, greift unabhängig davon ein, ob die Bestellung des Vorstandsmitglieds durch den Aufsichtsrat von Anfang an unwirksam war oder erst nachträglich unwirksam wurde (eingehend → § 4 Rn. 26 ff.). Darüber hinaus kann ein Vorstandsmitglied, das fehlerfrei bestellt, dessen Bestellung im Handelsregister aber noch nicht nachvollzogen ist, allein kraft Bestellung an der Einberufung der Hauptversammlung **wirksam** mitwirken.[17]

13 Bei öffentlichen Kaufangeboten für Wertpapiere oder Aktien ist die Einberufung von Hauptversammlungen erleichtert (§ 16 Abs. 4 WpÜG). Die Gesellschaft hat den Aktionären die Erteilung von Stimmrechtsvollmachten (soweit nach Gesetz und Satzung gestattet) zu ermöglichen, mithin also die Übermittlung per Fax oder E-Mail zuzulassen. Mitteilungen an die Aktionäre, ein Vorstandsbericht (§ 186 Abs. 4 S. 2 AktG) und fristgerecht eingereichte Anträge von Aktionären sind allen Aktionären (ungekürzt) zugänglich und sodann in Kurzfassung bekannt zu machen. Zugänglich machen heißt Auslegung bei der Gesellschaft und Einstellen ins Internet. Die Bekanntmachung selbst kann sehr knapp aus-

---

[12] *Rieckers* in Spindler/Stilz AktG, § 121 Rn. 83 mwN.
[13] *Werner* in GroßkommAktG AktG § 121 Rn. 28.
[14] *Noack/Zetsche* in Kölner Komm. AktG § 121 Rn. 34; *Koch* in Hüffer/Koch AktG § 121 Rn. 7; *Bungert* in MHdB AG § 36 Rn. 9.
[15] *Koch* in Hüffer/Koch AktG § 121 Rn. 11 f.
[16] *Müller* in NK-AktG § 121 Rn. 35.
[17] *Eckardt* in Geßler/Hefermehl AktG § 121 Rn. 24; *Noack/Zetsche* in Kölner Komm. AktG § 121 Rn. 19; *Koch* in Hüffer/Koch AktG § 121 Rn. 7.

II. Einberufungspflicht § 10

fallen, wenn sie einen Hinweis auf die Langfassung im Internet enthält.[18] Eine Zusendung von Mitteilungen und Gegenanträgen kann unterbleiben, wenn zur Überzeugung des Vorstands der rechtzeitige Eingang beim Aktionär (maßgeblich ist ein nicht unerheblicher Teil der Aktionäre) nicht wahrscheinlich ist.[19]

Versammlungsort soll, wenn die Satzung nichts anderes bestimmt, der Sitz der Gesellschaft sein.[20] Die freie Bestimmung des Versammlungsortes ist nicht möglich. Letztlich kommt es darauf an, ob der gewählte Versammlungsort sachlich gerechtfertigt werden kann.[21] Selbst ein Versammlungsort im Ausland ist nach der neueren Rechtsprechung denkbar (→ § 4 Rn. 121).[22] Dies dürfte unproblematisch sein bei Vollversammlung und Einmann-AG.[23] Problematisch bleibt jedoch bei beurkundungspflichtigen Beschlussgegenständen das Erfordernis der Gleichwertigkeit des ausländischen Notars mit dem inländischen Notar.[24] Unzulässig ist hingegen, der Verwaltung freie Wahl für den Versammlungsort zu geben oder in einer Hauptversammlung den Versammlungsort für die nächste Hauptversammlung festzulegen.[25] 14

Zugänglich zu machen hat der Vorstand ebenfalls Gegenanträge zu Punkten in der Tagesordnung nach § 126 AktG, soweit sie mindestens 14 Tage vor der Versammlung eingereicht werden. Diese Veröffentlichungspflicht gilt nicht in den in Abs. 2 genannten Fällen. Grundsätzlich muß der Gegenantrag nicht begründet werden. Benennt der Aktionär Gegenkandidaten zur Wahl des Aufsichtsrats gem. § 127 AktG, so kann der Vorstand (neben den allgemeinen Fällen des § 126 Abs. 2 AktG) dann von der Veröffentlichung absehen, wenn der Wahlvorschlag keine Angaben zu Namen, ausgeübtem Beruf und Wohnort des Kandidaten, dh nicht die Angaben nach § 124 Abs. 3 S. 4 AktG enthält.[26] Im Übrigen muß der Vorschlag nicht begründet werden. 15

Findet eine **Vollversammlung** statt (§ 121 Abs. 6 AktG), kann – unter der Voraussetzung, dass kein Aktionär widerspricht –, auf die Einhaltung sämtlicher Form- und Fristvorschriften (§§ 121–128 AktG) verzichtet werden. Dies erfordert allerdings eine vollständige Präsenz sämtlicher Aktionäre oder deren Vertreter.[27] Eine Teilnahme per Briefwahl steht einer Vollversammlung entgegen. Dh das gesamte Grundkapital muss präsent sein ungeachet seiner Aufteilung in Vorzugs- und Stammaktien und ungeachtet der Verteilung des Stimmrechts. Nicht auf das Stimmrecht kommt es an, sondern auf die Aktionärseigenschaft.[28] 16

Für die Berechnung der **Fristen und Termine** gelten abweichend von den Regelungen im BGB die speziellen Vorschriften der §§ 121–128 AktG. ZB wird bei der Berechnung der Einladungsfrist von 30 Tagen gem. § 123 Abs. 1 AktG der Tag der Einberufung und gem. § 121 Abs. 7 AktG der Tag der Versammlung nicht mitgerechnet.[29] 17

---

[18] RegBegr. § 16 Abs. 4 WpÜG S. 113.
[19] RegBegr. § 16 Abs. 4 WpÜG S. 20.
[20] § 121 Abs. 5 AktG; von der Satzungsregelung kann nur abgewichen werden, wenn dafür im Einzelfall Sachgründe bestehen, *Koch* in Hüffer/Koch AktG § 121 Rn. 12; zum Versammlungsort im Ausland siehe *Koch* in Hüffer/Koch AktG § 121 Rn. 14 ff.
[21] *Koch* in Hüffer/Koch AktG § 121 Rn. 12, jedoch hohes Anfechtungsrisiko.
[22] BGH NJW 2015, 336; so schon bisher *Kubis* in MüKoAktG AktG § 121 Rn. 88.
[23] *Koch* in Hüffer/Koch AktG § 121 Rn. 15 mwN.
[24] *Koch* in Hüffer/Koch AktG § 121 Rn. 16 mwN; *Kubis* in MüKoAktG AktG § 121 Rn. 93.
[25] BGH NJW 1994, 320; *Brandes* WM 1994, 2177; *Koch* in Hüffer/Koch AktG § 121 Rn. 13.
[26] Vgl. zur Maßgeblichkeit der Angaben nach § 124 Abs. 3 S. 4 AktG zB *Koch* in Hüffer/Koch AktG § 127 Rn. 1; *Kubis* in MüKoAktG AktG § 127 Rn. 7.
[27] *Koch* in Hüffer/Koch AktG § 121 Rn. 20 mwN.
[28] Vgl. *Müller* in NK-AktG § 121 Rn. 49.
[29] Vgl. *Koch* in Hüffer/Koch AktG § 121 Rn. 24 ff.

III. Vorbereitung von Hauptversammlungsbeschlüssen

1. Allgemeines

18 Hauptversammlungsbeschlüsse bedürfen regelmäßig einer umfangreichen Vorbereitung. In der Praxis werden die meisten Hauptversammlungsbeschlüsse **vom Vorstand vorbereitet,** ohne dass es dazu eines gesonderten Petitums der Aktionäre bedürfte. Hierzu gehören namentlich diejenigen Tagesordnungspunkte, die üblicherweise Gegenstand der ordentlichen Hauptversammlung sind, wie etwa die Vorlage des Jahresabschlusses bzw. die Beschlussfassung über seine Feststellung, die Gewinnverwendung,[30] die Entlastung der Mitglieder der Verwaltung und die Wahl des Abschlussprüfers.[31] Aber auch die meisten anderen Beschlüsse lassen sich nicht ohne Vorbereitung fassen. So hat der Vorstand etwa vor der Beschlussfassung über eine Kapitalerhöhung aus Gesellschaftsmitteln eine Bilanz aufzustellen (§ 207 Abs. 3 AktG). Vor der Zustimmung zum Abschluss eines Unternehmensvertrags muss der Vertrag bzw. sein Entwurf vom Vorstand ausgehandelt werden.[32]

19 Der Vorstand einer AG übt die Leitungsaufgaben unter eigener Verantwortung aus (§ 76 Abs. 1 AktG). Der Vorstand unterliegt daher weder Weisungen anderer Gesellschaftsorgane noch von Mehrheitsaktionären.[33] Diese die Verfassung der AG prägende **Weisungsfreiheit des Vorstands** hindert die Aktionäre grundsätzlich daran, dem Vorstand Vorgaben für die Art und Weise der Geschäftsführung zu machen. Demnach obliegt auch die Vorbereitung prinzipiell allein dem Vorstand. Die Aktionäre sind indessen nicht in allen Fällen darauf angewiesen, dass der Vorstand von sich aus tätig wird. In den Fällen, in denen eine ausschließliche Beschlusszuständigkeit der Hauptversammlung besteht, kann die Hauptversammlung den Vorstand zur Vorbereitung von Maßnahmen und im Anschluss hieran zu Umsetzung der beschlossenen Maßnahmen verpflichten (§ 83 Abs. 1 S. 1 und Abs. 2 AktG). Durch dieses eng begrenzte **Weisungsrecht,** das allerdings bislang kaum praktische Bedeutung erlangt hat, soll sichergestellt werden, dass die Hauptversammlung unabhängig von einer Initiative des Vorstands über diejenigen Maßnahmen entscheiden kann, die in ihren Zuständigkeitsbereich fallen.[34] In der Praxis wird es meist schon an der Willenserklärung der Hauptversammlung im Vorfeld von Vorbereitungsmaßnahmen scheitern, da gegen den Willen des Vorstands eine Einladung zur Hauptversammlung nur über Aufsichtsrat oder Gerichte erreicht werden kann.

2. Zuständigkeit der Hauptversammlung

a) Maßnahme

20 Das Weisungsrecht der Hauptversammlung kann sich jedoch nur auf solche Angelegenheiten beziehen, die der Hauptversammlung neben den in der Satzung genannten Fällen zwingend **gesetzlich**[35] zugewiesen sind. Hierbei handelt es sich insbes. um

---

[30] Vgl. § 120 Abs. 3 S. 2, 3, § 175 Abs. 2, 3 AktG; *Mertens/Cahn* in Kölner Komm. AktG § 83 Rn. 4.
[31] Die Wahl des Abschlussprüfers erfolgt allein auf Vorschlag des Aufsichtsrats, § 124 Abs. 3 S. 1 AktG iVm § 318 HGB. Nach BGHZ 153, 32 = AG 2003, 895 verstößt ein gemeinsamer oder nur gleich lautender Beschlussvorschlag von Aufsichtsrat und Vorstand gegen § 124 Abs. 3 S. 1 AktG (Unterbindung der Beeinflussung bei der Auswahl der Prüfer durch den Vorstand) und führt zur Anfechtbarkeit des darauf ergehenden Beschlusses der Hauptversammlung gem. § 243 Abs. 1 AktG. Vgl. hierzu auch *Baumbach/Hopt* HGB § 318 Rn. 1. Die Vorbereitung durch den Vorstand beschränkt sich daher auf die Aufnahme der Beschlussvorlage in die Tagesordnung.
[32] *Koch* in Hüffer/Koch AktG § 293 Rn. 23.
[33] Vgl. statt aller *Mertens/Cahn* in Kölner Komm. AktG § 76 Rn. 42.
[34] *Koch* in Hüffer/Koch AktG § 83 Rn. 1.
[35] Vgl. § 119 Abs. 1 AktG. Darüber hinaus gibt es eine Reihe weiterer ausschließlicher oder statutarisch zu verankernder Zuständigkeiten der Hauptversammlung, vgl. dazu etwa *Habersack* in GroßkommAktG AktG § 83 Rn. 3. Zur Zuständigkeit der Hauptversammlung ausf. → § 1 Rn. 15 ff.

- die Bestellung der Mitglieder des Aufsichtsrats, soweit sie nicht in den Aufsichtsrat zu entsenden oder von den Arbeitnehmern nach Maßgabe der Mitbestimmungsgesetze zu wählen sind;
- die Verwendung des Bilanzgewinns (§ 58 AktG);
- die Entlastung der Mitglieder des Vorstands und des Aufsichtsrats;
- die Bestellung des Abschlussprüfers;
- die Entscheidung über Satzungsänderungen, insbesondere Kapitalerhöhungen und -herabsetzungen;
- die Bestellung von Sonderprüfern sowie
- die Auflösung der Gesellschaft.

Bloße **Geschäftsführungsmaßnahmen** fallen grundsätzlich nicht in den Zuständigkeitsbereich der Hauptversammlung. Über Maßnahmen der Geschäftsführung darf die Hauptversammlung nur dann entscheiden, wenn sie ihr vom Vorstand zur Entscheidung vorgelegt werden.[36] Zwar ist der Vorstand vor der Umsetzung weitreichender strukturändernder Maßnahmen mit einem schwerwiegenden Eingriff in die Mitgliedschaftsrechte im Sinn der Entscheidungen „Holzmüller"[37] und „Gelatine"[38] ausnahmsweise verpflichtet, einen Zustimmungsbeschluss der Hauptversammlung einzuholen (sog ungeschriebene Hauptversammlungszuständigkeiten). Diese Vorlagepflicht ändert jedoch nichts am Charakter der Maßnahme als Geschäftsführungshandlung. Setzt sich die Hauptversammlung hierüber hinweg und weist den Vorstand zur Vorbereitung einer Geschäftsführungsmaßnahme an, entfaltet dieser Beschluss für den Vorstand keine Bindungswirkung.[39]

21

Ob eine Vorbereitungspflicht des Vorstands in den Fällen besteht, in denen der zustimmende Hauptversammlungsbeschluss nur **gesellschaftsinterne** Bedeutung hat, ist streitig. Richtigerweise wird man dies prinzipiell zu verneinen haben, da es auch in diesen Fällen an einer ausschließlichen Entscheidungskompetenz der Hauptversammlung fehlt. Dies gilt insbes. für die Zustimmung zur Übertragung vinkulierter Namensaktien[40] sowie für Entscheidungen der Hauptversammlung über die Durchführung von Geschäftsführungsmaßnahmen, nachdem der Aufsichtsrat seine Zustimmung zu deren Vornahme verweigert hat.[41] Die Hauptversammlung kann in diesen Fällen nämlich nicht aus eigener Kompetenz über die Durchführung der Maßnahme entscheiden, sondern nur dann, wenn der Vorstand sie von sich aus der Hauptversammlung zur Entscheidung vorlegt.[42] Auch eine Entscheidung über die Ausgabe von Wandel- und Gewinnschuldverschreibungen und Genussrechten kann die Hauptversammlung nicht aus eigener Kompetenz erzwingen.[43] Anderes gilt hingegen für die Entscheidung über eine bedingte Kapitalerhöhung zur Gewährung von Umtausch- und Bezugsrechten an Gläubiger von Wandelschuldverschreibungen.[44] Diese fällt in die ausschließliche Zuständigkeit der Hauptversammlung, so dass der Vorstand hier zur Vorbereitung angehalten werden kann.

22

Kontrovers mag die Verpflichtung des Vorstands zur Einschaltung der Hauptversammlung bei Abwehrmaßnahmen (gem. § 33 Abs. 2 WpÜG) gesehen werden, da hieraus uU

23

---

[36] Vgl. § 119 Abs. 2 AktG; *Rhode/Geschwandtner* NZG 2005, 996; *Wiesner* in MHdB AG § 25 Rn. 130; *Fleischer* in Handbuch des Vorstandsrechts, 2006, § 1 Rn. 49.
[37] BGHZ 83, 122 = AG 1982, 158. → § 1 Rn. 24 ff.
[38] BGHZ 159, 30 = AG 2004, 384.
[39] *Wiesner* in MHdB AG § 25 Rn. 77.
[40] § 68 Abs. 2 S. 2 u. 3 AktG; *Hefermehl* in Geßler/Hefermehl AktG § 83 Rn. 4.
[41] § 111 Abs. 4 S. 3 AktG; *Hefermehl* in Geßler/Hefermehl AktG § 83 Rn. 4.
[42] *Hefermehl* in Geßler/Hefermehl AktG § 83 Rn. 4; *Koch* in Hüffer/Koch AktG § 83 Rn. 2; *Wiesner* in MHdB AG § 25 Rn. 130; *Bungert* in MHdB AG § 35 Rn. 15 f.; *Werner* AG 1972, 93 (99); aA *Mertens/Cahn* in Kölner Komm. AktG § 83 Rn. 4.
[43] Vgl. § 221 AktG; *Hefermehl* in Geßler/Hefermehl AktG § 83 Rn. 4; *Koch* in Hüffer/Koch AktG § 83 Rn. 2; *Wiesner* in MHdB AG § 25 Rn. 130; *Werner* AG 1972, 93 (99).
[44] Vgl. § 192 Abs. 2 Nr. 1 AktG; *Hefermehl* in Geßler/Hefermehl AktG § 83 Rn. 4; *Wiesner* in MHdB AG § 25 Rn. 130.

ein Weisungsrecht der Hauptversammlung bezüglich der Vorbereitung der Hauptversammlung bei Übernahmekämpfen hergeleitet werden könnte.[45] Zu weit geht es jedoch nach Ansicht des Verfassers, den Vorstand in jedem Fall zur Einberufung der Hauptversammlung verpflichtet zu sehen.[46] Da der Vorstand die Maßnahme auch bei entsprechender Ermächtigung nicht ergreifen muss, sondern nur ergreifen kann, hat der Hauptversammlungsbeschluss folgerichtig nur gesellschaftsinterne Bedeutung. Denn handelt der Vorstand ohne Ermächtigung, können die Aktionäre zwar auf Unterlassung klagen, die ergriffenen Maßnahmen wären nach außen gleichwohl gültig. Ergebnis ist demnach, dass diesbezüglich den Vorstand keine generelle Vorbereitungspflicht trifft, sondern er nur vorlegen muss, wenn er Abwehrmaßnahmen ergreifen will.

24   Zum Delisting ist der BGH in der „Frosta"-Entscheidung vom 8.10.2013[47] von seiner Rechtsprechung in der „Macroton"-Entscheidung aus 2003[48] abgerückt. Hiernach muß den Aktionären weder ein Abfindungsangebot unterbreitet werden noch ist ein Hauptversammlungsbeschluß erforderlich. Diese radikale Kehrtwendung hat der Gesetzgeber durch eine Änderung des § 39 Abs. 2 Nr. 1 BörsG[49] aufzufangen versucht, Hiernach ist ein Antrag auf Widerruf der Zulassung nur zulässig, wenn bei Antragstellung ein Angebot zum Erwerb der betroffenen Wertpapiere nach § 14 Abs. 2 WpÜG veröffentlicht wurde. Demzufolge orientiert sich im Falle eines Delisting die vorzusehende Abfindung „im Grundsatz" wie bereits zuvor an den früheren Börsenkursen des nicht mehr notierten Titels („kapitalmarktgerechte Lösung").

25   Eine Entscheidung über den Ausschluss von Minderheitsaktionären (Squeeze out) steht ebenfalls allein der Hauptversammlung zu (→ § 35 Rn. 11ff.).[50] Sie fällt somit ausschließlich in den Zustimmungsbereich der Hauptversammlung. Diese ist damit mit externer Wirkung berechtigt, über den Ausschluss von Minderheitsaktionären zu befinden. Ihr kommt daher folgerichtig auch ein Weisungsrecht bezüglich der Vorbereitung der Hauptversammlung zu.

b) Zustimmungsbedürftiger Vertrag

26   Darüber hinaus kann die Hauptversammlung verlangen, dass der Vorstand **Verträge** vorbereitet, die nur mit Zustimmung der Hauptversammlung wirksam werden (§ 83 Abs. 1 S. 2 AktG). Demnach kann die Hauptversammlung den Vorstand beispielsweise anhalten, **Unternehmensverträge,**[51] Verschmelzungs- oder Spaltungsverträge, Verträge über Vermögensübertragungen (§ 179a AktG), Nachgründungsverträge (vgl. § 52 AktG) sowie

---

[45] *Dimke/Heiser* NZG 2001, 241 (249).
[46] In diesem Sinne muss *Kirchner* AG 1999, 481, verstanden werden, wenn er der Hauptversammlung die Geschäftsführungskompetenz iSd „Holzmüller"-Doktrin zuweist, vgl. § 119 Abs. 2 AktG; *Hefermehl* in Geßler/Hefermehl AktG § 83 Rn. 4; *Dimke/Heiser* NZG 2001, 241 (249); dabei ist durchaus fraglich, ob die „Holzmüller"-Entscheidung tatsächlich der Hauptversammlung die Geschäftsführungskompetenz zuweist oder ihr nicht vielmehr nur das Recht auf Zustimmung zu Geschäftsführungsmaßnahmen des Vorstands verleiht. Zwar vertreten *Lutter/Leinekugel,* Kompetenzen von Hauptversammlung und Gesellschafterversammlung, ZIP 1998, 225 (230), ebenso wie *Kirchner* AG 1999, 481, die Ansicht, dass wegen strukturverändernder Maßnahmen iSv „Holzmüller" ein grundlagenändernder Tatbestand vorliege, der die Gesellschaft ähnlich einer Satzungsänderung treffe und insofern einer Entscheidung des Grundorgans bedürfe. Entgegen *Kirchner* sind *Lutter/Leinekugel* jedoch der Auffassung, dass es sich lediglich um einen internen Zustimmungsbeschluss handle. Diese aus Sicht des Autors richtige Auffassung spräche dafür, dass auch hiernach (soweit die Änderung nicht tatsächlich einer Satzungsänderung gleichkommt) der Hauptversammlung ein Weisungsrecht nicht zukommt.
[47] BGH NJW 2014, 146; mit Besprechung Rothley GWR 2013, 493.
[48] BGH NZG 2003, 283.
[49] Vom 20.11.2015 (BGB. 2015 I 2009; zur Neuregelung *Bayer* in NZG 2015, 1169.
[50] § 327a AktG.
[51] Vgl. §§ 293, 295 AktG; BGH AG 1993, 422 (423f.); *Schubel* in Henn/Frodermann/Jannott AktienR-HdB Kap. 14 Rn. 172. Die Weisung des Mehrheitsaktionärs in der Hauptversammlung der abhängigen Gesellschaft, einen Unternehmensvertrag abzuschließen, kann indessen nur iRd §§ 311ff. AktG erfolgen; vgl. dazu *Hefermehl* in Geßler/Hefermehl AktG § 83 Rn. 6.

Vereinbarungen über den Verzicht und Vergleich von Ersatzansprüchen vorzubereiten und zur Zustimmung vorzulegen.[52] Ungeachtet des nicht ganz eindeutigen Gesetzeswortlauts entspricht es einhelliger Meinung, dass die Hauptversammlung den Vorstand auch anweisen kann, derartige Verträge **abzuschließen** oder bestehende Verträge zu **ändern.**[53] Der Vorstand hat den Vertrag aufgrund eines entsprechenden Weisungsbeschlusses auch dann einzugehen, wenn er den Vertrag – anders als die Hauptversammlung – für nicht zweckmäßig hält.[54] Entsprechende Maßnahmen gegen den Willen des Vorstands haben bislang jedoch kaum praktische Bedeutung.

Auch bei nicht-zustimmungsbedürftigen Verträgen hat der Vorstand die ausstehenden 27 Beschlüsse ausreichend vorzubereiten, falls er die Hauptversammlung um Zustimmung bittet.[55]

3. Weisungsbeschluss der Hauptversammlung

a) Grundsatz

Die Weisung muss sich immer auf eine **konkrete** Maßnahme oder einen bestimmten zu- 28 stimmungspflichtigen Vertrag beziehen. Eine allgemeine Anweisung der Hauptversammlung an den Vorstand, Hauptversammlungsbeschlüsse generell vorzubereiten, kommt schon deswegen nicht in Betracht, weil die Beschlüsse häufig unterschiedliche Mehrheiten erfordern.[56] Eine dahingehende, den Strukturprinzipien der AG widersprechende Weisungskompetenz der Hauptversammlung kann auch nicht statutarisch begründet werden.[57]

Der Beschluss der Hauptversammlung über die Durchführung einer Maßnahme oder 29 den Abschluss eines Vertrags bedarf der **Mehrheit,** die für die jeweils in Rede stehende Maßnahme oder für die Zustimmung zu dem Vertrag erforderlich ist (§ 83 Abs. 1 S. 3 AktG). Auf diese Weise wird vermieden, dass der Vorstand unnötige Vorbereitungen treffen muss, wenn das Vorhaben wegen fehlender Mehrheiten keine realistische Aussicht auf Verwirklichung hat.[58]

Ist bei Vorhandensein mehrerer Aktiengattungen neben dem Zustimmungsbeschluss 30 der Hauptversammlung die Zustimmung einzelner Aktiengattungen erforderlich,[59] müssen für eine wirksame Weisung an den Vorstand auch entsprechende **Sonderbeschlüsse** der einzelnen Gattungen gefasst werden.[60]

---

[52] §§ 50, 53 S. 1, 93 Abs. 4 S. 3, 117 Abs. 4, 309 Abs. 3, 310 Abs. 4, 317 Abs. 4, 318 Abs. 4, 323 Abs. 1 S. 2 AktG.
[53] *Hefermehl* in Geßler/Hefermehl AktG § 83 Rn. 1; *Mertens/Cahn* in Kölner Komm. AktG § 83 Rn. 5; *Koch* in Hüffer/Koch AktG § 83 Rn. 3; *Werner* AG 1972, 93 (98); Spindler in MüKoAktG AktG § 83 Rn. 6; Habersack in GroßkommAktG AktG § 83 Rn. 8.
[54] *Koch* in Hüffer/Koch AktG § 83 Rn. 3; *Spindler* in MüKoAktG AktG § 83 Rn. 10 f.; *Habersack* in GroßkommAktG AktG § 83 Rn. 7; *Mertens/Cahn* in Kölner Kommentar AktG § 83 Rn. 5; RegBegr *Kropff* 104.
[55] BGHZ 146, 288 ff. (vorhergehend OLG Frankfurt a.M. AG 1999, 378 ff.) – ALTANA/Milupa: Verlangt der Vorstand in einer Geschäftsführungsangelegenheit die Entscheidung der Hauptversammlung, so muss er auch die für eine sachgerechte Willensbildung nötigen Informationen geben. Er hat dazu den Vertrag auszulegen.
[56] *Hefermehl* in Geßler/Hefermehl AktG § 83 Rn. 8.
[57] *v. Godin/Wilhelmi* § 83 AktG Anm. 3; *Hefermehl* in Geßler/Hefermehl AktG § 83 Rn. 8.
[58] *Hefermehl* in Geßler/Hefermehl AktG § 83 Rn. 7; *Koch* in Hüffer/Koch AktG § 83 Rn. 4.
[59] Vgl. zB §§ 179 Abs. 2, 182 Abs. 2, 222 Abs. 2 AktG.
[60] *Hefermehl* in Geßler/Hefermehl AktG § 83 Rn. 7; *Mertens/Cahn* in Kölner Komm. AktG § 83 Rn. 7; *Wiesner* in MHdB AG § 25 Rn. 132.

b) Minderheitsinitiativen

31 Eine Aktionärsminderheit kann Vorbereitungsmaßnahmen des Vorstands selbst dann nicht fordern, wenn sie berechtigt ist, die Bestellung eines Sonderprüfers (§§ 142 Abs. 2 und 4, 258 Abs. 2 S. 3 AktG) oder die Geltendmachung von Ersatzansprüchen (§ 147 AktG) zu verlangen.[61] Eine Minderheit von 5% des Aktienkapitals kann jedoch gem. § 122 AktG von der Gesellschaft die Einberufung einer Hauptversammlung unter Angabe des Zwecks und der Gründe verlangen als auch die Erweiterung der Tagesordnung.[62]

IV. Aufstellung des Teilnehmerverzeichnisses

32 Um die Durchführung der Hauptversammlung zu erleichtern und die teilnehmenden Aktionäre zu dokumentieren, ist in jeder Hauptversammlung, auch einer Universalversammlung,[63] ein **Teilnehmerverzeichnis** der erschienenen oder vertretenen Aktionäre und der Vertreter der Aktionäre aufzustellen.[64] Wer für die Aufstellung des Teilnehmerverzeichnisses **verantwortlich** ist, ist gesetzlich nicht geregelt. Das Gesetz sieht nur vor, dass es „aufzustellen" und allen Teilnehmern zugänglich zu machen ist (§ 129 Abs. 4 AktG). Entgegen einer verbreiteten Ansicht, die dem Versammlungsleiter die Verantwortung für die Erstellung des Teilnehmerverzeichnisses allein zuweist,[65] sind die Verantwortlichkeiten richtigerweise zwischen dem Hauptversammlungsleiter und der Gesellschaft aufzuteilen.[66] Während sich die Pflicht des **Versammlungsleiters** auf die Prüfung beschränkt, dass das Teilnehmerverzeichnis überhaupt erstellt wird und keine evidenten Unvollständigkeiten und Unrichtigkeiten enthält, muss der **Vorstand** die erforderlichen Vorkehrungen für die richtige und vollständige Aufstellung des Teilnehmerverzeichnisses treffen (→ § 9 Rn. 107 ff.).[67] Kritisch wird zum Teil in der Literatur die Verpflichtung aus dem Gesetz gesehen, auch Name und Wohnort im Teilnehmerverzeichnis aufzunehmen (entbehrlich bei entsprechender Vertretung des Aktionärs durch ein Kreditinstitut),[68] da dies dem Wunsch des Aktionärs nach Anonymität entgegensteht.[69]

33 Der Vorstand hat das Teilnehmerverzeichnis aufgrund der ihm durch Hinterlegung und/oder Anmeldung bzw. die Eintragungen im Aktienbuch vorliegenden Informationen **vorzubereiten** und allen Teilnehmern „**zugänglich** zu machen". Zu der vom Vorstand zu prüfenden Teilnahmeberechtigung → § 8 Rn. 5 ff. Jedem Teilnehmer ist Einblick in das Teilnehmerverzeichnis zu gestatten (§ 129 Abs. 4 AktG; → § 9 Rn. 108). Oft wünscht ein Aktionär die Aufstellung eines alphabetischen Teilnehmerverzeichnisses, um das Auffinden einzelner Aktionäre zu erleichtern. Die Verwaltung kann diesem Wunsch entsprechen; verpflichtet ist sie hierzu indessen nicht.[70] Das Teilnehmerverzeichnis soll

---

[61] § 83 AktG kann hier selbst in analoger Anwendung nicht herangezogen werden, *Mertens/Cahn* in Kölner Komm. AktG § 83 Rn. 7; *Wiesner* in MHdB AG § 25 Rn. 132; aA *Hefermehl* in Geßler/Hefermehl AktG § 83 Rn. 7.
[62] *Koch* in Hüffer/Koch AktG § 122 Rn. 4; umfassend vgl. Kommentierung von *Müller* in NK-AktG § 122.
[63] *Noack/Zetsche* in Kölner Komm. AktG § 129 Rn. 43 ff. Eine Ausnahme besteht bei der Einpersonen-AG; vgl. *Koch* in Hüffer/Koch AktG § 129 Rn. 5.
[64] § 129 Abs. 1 S. 2 AktG; Zum Teilnehmerverzeichnis ausf. → § 9 Rn. 107 ff.
[65] *Barz* in GroßkommAktG, 3. Aufl. 1970 ff., AktG § 129 Anm. 2; *Eckardt* in Geßler/Hefermehl AktG § 129 Rn. 10; so wohl *Hoffmann-Becking* in MHdB AG § 37 Rn. 26.
[66] *Noack/Zetsche* in Kölner Komm. AktG § 129 Rn. 23; *v. Godin/Wilhelmi* AktG § 129 Rn. 5; *Koch* in Hüffer/Koch AktG § 129 Rn. 6 f.; *Schaaf* Rn. 360 ff.
[67] Hat der Versammlungsleiter Grund, das Teilnehmerverzeichnis zu beanstanden, ist er berechtigt und verpflichtet, die Eröffnung oder Fortsetzung der Hauptversammlung zu verweigern; vgl. *Koch* in Hüffer/Koch AktG § 129 Rn. 7.
[68] Gem. § 129 Abs. 1 AktG.
[69] *Zetzsche*, NaStraG – Ein erster Schritt in Richtung virtuelle Hauptversammlung für Namens- und Inhaberaktien, ZIP 2001, 682 (685).
[70] *Schaaf* Rn. 371.

möglichst wegen möglicher Verfahrensanträge während der gesamten Dauer der Versammlung fortlaufend **aktualisiert** werden, indem später hinzugekommene und die Hauptversammlung vorzeitig verlassende Aktionäre erfasst werden.[71]

V. Teilnahmepflicht

1. Grundsatz

Wie auch die Mitglieder des Aufsichtsrats „sollen" die Mitglieder des Vorstands an der Hauptversammlung teilnehmen (§ 118 Abs. 3 AktG; → § 8 Rn. 76 ff.). Die einhellige Auffassung leitet aus dieser Regelung eine **Anwesenheitspflicht** des Vorstands ab.[72] Denn ohne Anwesenheit seiner Mitglieder kann der Vorstand den ihm in der Hauptversammlung obliegenden Verpflichtungen (Auskunfts-, Erläuterungs- und Berichtspflichten etc) nicht ordnungsgemäß nachkommen. 34

Die Teilnahmepflicht trifft nicht das Organ als solches, so dass es unter Umständen ausreichen würde, wenn ein Teil des Vorstands vertreten wäre; Adressaten der Präsenzpflicht sind vielmehr die einzelnen Vorstandsmitglieder. Teilnahmeverpflichtet sind die im Zeitpunkt der Hauptversammlung **amtierenden** Vorstandsmitglieder. Hierzu gehören auch die stellvertretenden Vorstandsmitglieder, da sich deren Rechtsstellung von der der ordentlichen Vorstandsmitglieder nicht unterscheidet.[73] Für bereits **ausgeschiedene** Vorstandsmitglieder besteht grundsätzlich auch dann keine Anwesenheitsverpflichtung, wenn anzunehmen ist, dass in der Hauptversammlung Angelegenheiten behandelt werden, für die das vormalige Vorstandsmitglied verantwortlich war.[74] Auch aus der Auskunftspflichtung des Vorstands lässt sich nichts anderes herleiten, da sie auch für zeitlich zurückliegende Sachverhalte immer den amtierenden Vorstand trifft.[75] Anderes gilt ausnahmsweise dann, wenn der Vorstand die erforderlichen Informationen über zurückliegende Sachverhalte von den zuständigen Ressorts trotz nachhaltiger Bemühungen nicht erhalten kann. In diesem, in der Praxis eher seltenen Fall, ist das ehemalige Vorstandsmitglied aufgrund **nachwirkender** Verpflichtungen aus dem Dienstverhältnis gegenüber der Gesellschaft zur Auskunftserteilung und damit auch zur Anwesenheit in der Hauptversammlung verpflichtet.[76] 35

Die Teilnahmepflicht der Vorstandsmitglieder **entfällt** nur bei gewichtigen Verhinderungen.[77] Hierzu zählen etwa unauflösbare Terminkollisionen, Dienstreisen oder Krankheit des Vorstandsmitglieds.[78] Die Mitglieder des Vorstands können ihrer Teilnahmepflicht nicht dadurch entgehen, dass sie sich in der Hauptversammlung durch einen Vorstandskollegen oder einen Dritten **vertreten** lassen.[79] Schließlich können weder Satzung noch Geschäftsordnung die Vorstandsmitglieder von ihrer Teilnahmepflicht **entbinden.** 36

---

[71] *Noack/Zetsche* in Kölner Komm. AktG § 129 Rn. 75, jedoch nicht zwingend erforderlich.
[72] *Koch* in Hüffer/Koch AktG § 129 Rn. 10; *Mülbert* in GroßkommAktG AktG § 118 Rn. 33.
[73] Vgl. § 94 AktG; *Eckardt* in Geßler/Hefermehl AktG § 118 Rn. 25; *Koch* in Hüffer/Koch AktG § 118 Rn. 21.
[74] *Eckardt* in Geßler/Hefermehl AktG § 131 Rn. 63; *Vetter* AG 1991, 171; *Schaaf* Rn. 280.
[75] *Mülbert* in GroßkommAktG AktG § 118 Rn. 24; *Zöllner* in Kölner Komm. AktG § 118 Rn. 24.
[76] *Koch* in Hüffer/Koch AktG § 118 Rn. 21; *Vetter* AG 1991, 171 (172).
[77] *Hoffmann-Becking* in MHdB AG § 37 Rn. 1.
[78] *Mülbert* in GroßkommAktG AktG § 118 Rn. 40; *Hoffmann-Becking* in MHdB AG § 37 Rn. 1; enger *Schaaf* Rn. 276.
[79] *Zöllner* in Kölner Komm. AktG § 118 Rn. 25; *Eckardt* in Geßler/Hefermehl AktG § 118 Rn. 26.

2. Anfechtungsrisiken, Sanktionen

37 Die **Verletzung** der Anwesenheitspflicht hat keine Auswirkungen auf die in der Hauptversammlung gefassten Beschlüsse.[80] Eine Anfechtungsklage kann demnach nicht auf die unvollständige Präsenz des Vorstands gestützt werden. Führt die Abwesenheit von Vorstandsmitgliedern dazu, dass zulässige Fragen aus dem Aktionärskreis nicht beantwortet werden können, kommt die unentschuldigte Abwesenheit indessen einer unberechtigten **Auskunftsverweigerung** (→ § 11 Rn. 38 ff.) gleich, so dass eine Anfechtung der gefassten Beschlüsse wegen Verletzung des Informationsrechts droht.[81] Mitunter besteht sogar die Gefahr, dass ein Tagesordnungspunkt vertagt oder die Hauptversammlung gar abgebrochen und (unter Beachtung aller Formalien) erneut angesetzt werden muss, weil dem Auskunftsverlangen nicht ordnungsgemäß entsprochen werden kann.[82] Wird die Hauptversammlung jedoch, wie in der Regel, zu Ende geführt, drohen Anfechtungs- und/oder Auskunftserzwingungsverfahren (siehe dazu § 43 und → § 44 Rn. 34 f.).

38 Die unentschuldigte Abwesenheit kann darüber hinaus auch Grund für die Verweigerung der **Entlastung** oder die **Abberufung** des betreffenden Vorstandsmitglieds aus wichtigem Grund[83] (zB aufgrund eines nachfolgenden Mißtrauensbeschlusses durch die Hauptversammlung) sein oder **Schadensersatzpflichten** (§ 93 Abs. 2 AktG) gegen das betreffende Vorstandsmitglied begründen (→ § 8 Rn. 105).[84] Der Schaden kann etwa in den Kosten der Einberufung einer weiteren Hauptversammlung liegen.[85]

VI. Vorlagepflichten

1. Vorbemerkung

39 Zur Information der Aktionäre über die Beschlussgegenstände der Hauptversammlung sieht das Gesetz bereits im **Vorfeld der Hauptversammlung** umfangreiche Informationspflichten der Verwaltung vor. Die Vorlagepflicht ist in der Sprache des Sitzes der Gesellschaft zu erfüllen, dh bei deutschen Aktiengesellschaften in Deutschland auf Deutsch, da den Aktionären alle relevanten Informationen ordnungsgemäß zugänglich zu machen sind.[86]

– Die **Gegenstände der Tagesordnung** sind unabhängig von einer Börsennotierung als integraler Bestandteil der Einberufung selbst **bekannt zu machen;** zugleich sind vom Vorstand Vorschläge für die Beschlussfassung zu unterbreiten (→ § 4 Rn. 158 ff.).[87] Der Beschlussgegenstand muss dabei so konkret gefasst sein, dass Aktionäre und ihre Vertreter ohne Rückfragen erkennen können, worüber verhandelt und beschlossen werden soll.[88] Bei Satzungsänderungen erstreckt sich die Bekanntmachungspflicht auf den Wortlaut der Satzungsänderung, bei zustimmungsbedürftigen Verträgen auf den wesent-

---

[80] OLG Stuttgart NJW 1973, 2027 f.; *Zöllner* in Kölner Komm. AktG § 118 Rn. 23; *Eckardt* in Geßler/Hefermehl AktG § 118 Rn. 25; *Koch* in Hüffer/Koch AktG § 118 Rn. 21; *Hoffmann-Becking* in MHdB AG § 37 Rn. 1.
[81] Zutr. *Eckardt* in Geßler/Hefermehl AktG § 118 Rn. 25; *Hoffmann-Becking* in MHdB AG § 37 Rn. 1; *Steiner* HV der AG § 4 Rn. 2.
[82] *Zöllner* in Kölner Komm. AktG § 118 Rn. 24.
[83] § 84 Abs. 3 AktG; *Zöllner* in Kölner Komm. AktG § 118 Rn. 24; *Baumbach/Hueck* AktG § 118 Anm. 11.
[84] *Koch* in Hüffer/Koch AktG § 118 Rn. 21.
[85] Vgl. etwa *Eckardt* in Geßler/Hefermehl AktG § 118 Rn. 25.
[86] LG München ZIP 2001, 1148: Die Aktionäre haben einen Anspruch darauf, dass ihnen relevante Einbringungs- und Rahmenverträge in deutscher und nicht nur in englischer Sprache vorgelegt werden.
[87] § 121 Abs. 3 S. 2 AktG, § 124 Abs. 3 S. 1 AktG.
[88] *Koch* in Hüffer/Koch AktG § 121 Rn. 9.

lichen Inhalt des Vertrags.[89] Dies hat den Zweck, den Aktionären eine angemessene Zeit zur Bildung eines Urteils zu lassen, wobei hinsichtlich des Inhalts darauf abzustellen ist, dass diejenigen Bestimmungen dargestellt werden „von denen ein verständiger Dritter seine Entscheidung abhängig machen würde".[90]
– Hat die Hauptversammlung über die Zustimmung zu Strukturmaßnahmen (Abschluss von Unternehmensverträgen, Eingliederung, Verschmelzung, Spaltung, Formwechsel oder Vornahme sonstiger, gesetzlich nicht geregelter wesentlicher strukturändernder Maßnahmen) zu entscheiden, ist der Vorstand grundsätzlich verpflichtet, zuvor einen schriftlichen **Bericht** zu erstatten.[91]
– Ferner sind vom Zeitpunkt der Einberufung der Hauptversammlung an alle hauptversammlungsrelevanten Unterlagen den Aktionären **zugänglich zu machen** und auf Verlangen eine Abschrift zuzuschicken. Hierzu zählen etwa der Jahresabschluss, der Lagebericht, der Bericht des Aufsichtsrats, der Vorschlag des Vorstands für die Verwendung des Bilanzgewinns der Gesellschaft sowie ggf. der Konzernabschluss und Konzernlagebericht (§ 175 Abs. 2 S. 1 und 2 AktG). Bei der Entscheidung über die Zustimmung zu Strukturmaßnahmen (Abschluss eines Nachgründungs- oder Unternehmensvertrags, Vermögensübertragung, Eingliederung, Verschmelzung, Spaltung, Formwechsel sowie Vornahme gesetzlich nicht geregelter Strukturmaßnahmen) erstreckt sich diese Pflicht auch auf weitere Unterlagen, nämlich, je nach Art der Maßnahme, den **Vertrag** bzw. Vertragsentwurf, den dazu zu erstattenden **Bericht** des Vorstands sowie auf **Jahres- und Zwischenbilanzen** und Lageberichte.[92]

Bei börsennotierten Gesellschaften hat der Vorstand zudem einen erläuternden Bericht zu den Angaben nach § 289 Abs. 4, § 315 Abs. 4 HGB zugänglich zu machen, nach § 161 AktG dauerhaft auf der Internetseite des Unternehmens auch Angaben zur Einhaltung der Empfehlungen des Deutschen Corporate Governance Kodex (**DCGK**)[93] und in der Erklärung zur Unternehmensführung gem. § 289a HGB Angaben gem. § 111 Abs. 5 AktG zur „**Frauenquote**"[94] in Vorstand und Aufsichtsrat und gem. § 76 Abs. 4 AktG zur Festlegung der Zielgröße auf den beiden Führungsebenen unterhalb des Vorstandes.[95] Über die entsprechenden Verweisungsnormen gelten die letztgenannten Vorschriften auch für die dualistische SE (Art. 9 Abs. 1 lit. c Ziff. ii SE-VO) und gem. § 22 Abs. 6 SEAG auch für die monistische SE. Werden die Zielgrößen nicht eingehalten, hat der Vorstand nach dem Comply or explain Prinzip Angaben zu den Gründen hierfür in seiner Erklärung nach § 289a Abs. 2 Nr. 4 HGB zu machen Die jährlich sich wiederholende Berichtspflicht im Lagebericht gilt lediglich für die Zielgröße, nicht aber für die Zielerreichung. Über ein mögliches Nichterreichen der Ziele muss erstmals nach Ablauf der ersten maximalen Zielerreichungsfrist (30.6.2017) berichtet werden.

40

---

[89] § 124 Abs. 2 S. 2 AktG. Zur Vermeidung von Anfechtungsrisiken werden die Verträge häufig in ihrem vollen Wortlaut veröffentlicht. Vgl. dazu auch → § 4 Rn. 193ff.
[90] *Eckardt* in Geßler/Hefermehl AktG § 124 Rn. 59; so auch OLG Schleswig AG 2006, 120.
[91] § 293a AktG, §§ 8, 127, 192 UmwG. Der Bericht ist unter bestimmten Voraussetzungen entbehrlich, § 293a Abs. 3 AktG, §§ 8 Abs. 3, 127 S. 2, 192 Abs. 2 UmwG.
[92] § 52 Abs. 3 AktG, § 179a Abs. 2 S. 1 AktG; § 293f AktG; § 319 Abs. 3 AktG; §§ 63 Abs. 1, 125, 230, 238 UmwG.
[93] Änderungsvorschläge der Regierungskommission vom 13.10.2016 sehen in Ziff. 4.1.3 die Verpflichtung des Vorstands einer börsennotierten AG vor, ein angemessenes, an der Risikolage des Unternehmens ausgerichtetes Compliance Management System zu unterhalten und dieses in seinen Grundzügen im Corporate Governance Bericht offen zu legen, s. AG Report 23/2016, R352.
[94] Gem. § 96 Abs 2 AktG hat der Aufsichtsrat aus mindestens 30 Prozent Frauen und 30 Prozent Männern zu bestehen; im Einzelnen s. *Weller/Benz* AG 2015, 468; s. auch DCGK Ziff. 5.4.1 Abs 2 S. 3.
[95] § 124a S. 1 Nr. 3 AktG iVm § 176 Abs. 1 S. 1 AktG. Bei Gesellschaften, bei denen nach dem HGB im Lagebericht keine Angaben nach § 289 Abs. 4, § 315 Abs. 4 HGB zu machen sind, weil keine stimmberechtigten Aktien ausgegeben worden sind, erübrigt sich natürlich auch das Zugänglichmachen eines erläuternden Berichts nach § 176 AktG, vgl. Begr. RefE (BT-Drs. 16/11642, 53, 54). Grundsätzlich s. *Weller/Benz* AG 2015, 467ff.

§ 10   Die Pflichten des Vorstands in der Hauptversammlung

41   Die Besetzungsvorgaben gem. § 96 Abs. 2 AktG bei Wahlen zum Aufsichtsrat von börsennotierten Gesellschaften bzw. Gesellschaften, für die das Mitbestimmungsgesetz, das Montanmitbestimmungsgesetz oder das Mitbestimmungsergänzungsgesetz gilt, lösen für den Vorstand Hinweispflichten in den Einberufungsunterlagen zur Hauptversammlung aus, soweit die Hauptversammlung über Wahlvorschläge von Aktionären (§ 127 S. 4 AktG) oder über die Wahl von Aufsichtsratsmitgliedern gem. § 124 Abs. 2 AktG zu entscheiden hat, inwieweit die Vorgaben aus § 96 erfüllt sind.

42   Generell trifft den Vorstand, soweit er denn der Hauptversammlung eine Geschäftsführungsangelegenheit zur Abstimmung vorlegt, grundsätzlich auch eine Vorlagepflicht für die hierzu benötigten Unterlagen. Dies gilt unabhängig davon, ob der Vertrag von der Wirksamkeit der Zustimmung abhängt oder ob der Vorstand verpflichtet ist, die Zustimmung der Hauptversammlung einzuholen.[96]

– Nach den Neuregelungen des Gesetzes zur Umsetzung der Aktionärsrichtlinie (sog ARUG) haben börsennotierte Gesellschaften die Verpflichtung, die hauptversammlungsrelevanten Unterlagen **alsbald** nach der Einberufung der Hauptversammlung auf ihrer **Internetseite zu veröffentlichen**.[97] Da die Unterlagen allgemein öffentlich zugänglich sein müssen, darf die Internetseite keinen geräte-, anbieter- oder programmseitigen Zugangsbeschränkungen unterliegen. Damit wird gewährleistet, dass interessierte Aktionäre unabhängig von ihrem Wohnsitz einen einfachen und effizienten Zugang zu den Informationen bekommen.[98] Bislang existiert bereits eine Empfehlung des Corporate Governance Kodex, nach der die vom Gesetz für die Hauptversammlung verlangten Berichte und Unterlagen einschließlich des Geschäftsberichts und der Formulare für eine Briefwahl zusammen mit der Tagesordnung leicht zugänglich auf der Internetseite der Gesellschaft veröffentlicht werden sollen.[99]

– Für die bis zum Inkrafttreten des ARUG geltenden Möglichkeiten, entweder vom Zeitpunkt der Einberufung der Hauptversammlung an die entsprechenden Unterlagen in den **Geschäftsräumen der Gesellschaft auszulegen** sowie kostenlos an die Aktionäre (auf deren Verlangen) zu übersenden oder die Unterlagen für denselben Zeitraum über die Internetseite der Gesellschaft zugänglich zu machen, ist zu differenzieren (§ 175 Abs. 2 S. 1–4 AktG). Für börsennotierte Gesellschaften ist diese Wahlmöglichkeit künftig nicht mehr gegeben, da sie die entsprechenden Unterlagen zwingend auf ihrer Internetseite veröffentlichen müssen (§ 124a AktG).[100] Eine Auslegung erfolgt daher nur noch freiwillig und zusätzlich zur Veröffentlichung im Internet. Für nichtbörsennotierte Gesellschaften bleibt die Wahlmöglichkeit hingegen erhalten, da für diese Gesellschaften eine Veröffentlichungspflicht im Internet nicht besteht.

– Zur mittelbaren Unterrichtung der Aktionäre ergeben sich künftig verschiedene Informationspflichten gegenüber Kreditinstituten, Aktionärsvereinigungen und bestimmten Aktionären. Mindestens 21 Tage vor der Hauptversammlung hat der Vorstand den Kreditinstituten und Aktionärsvereinigungen, die in der letzten Hauptversammlung Stimmrechte für Aktionäre ausgeübt oder die Mitteilung verlangt haben, die **Einberufung der Hauptversammlung** und bei börsennotierten Gesellschaften ggf. die geänderte **Tagesordnung** mitzuteilen (§ 125 Abs. 1 AktG). Gleiches gilt gegenüber den Aktionären, die es verlangen oder zu Beginn des 14. Tages vor der Hauptversammlung als Aktionär im Aktienregister der Gesellschaft eingetragen sind (§ 125 Abs. 2 AktG).

---

[96] BGHZ 146, 288 und vorgehend OLG Frankfurt a.M. AG 1999, 378 „ALTANA/Milupa".
[97] § 124a AktG. Ein Verstoß gegen diese Vorschrift wird nach § 405 Abs. 3a Nr. 3 AktG nur als Ordnungswidrigkeit geahndet; eine Anfechtungsklage lässt sich auf einen solchen Verstoß nach § 243 Abs. 3 Nr. 2 AktG nicht stützen, vgl. Begr. RefE (BT-Drs. 16/11642), 45 und 62, *Paschos/Goslar* AG 2009, 14 (17).
[98] *Horn* ZIP 2008, 1558 (1561); *Drygala* in K. Schmidt/Lutter AktG § 175 Rn. 12.
[99] Deutscher Corporate Governance Kodex (in der Fassung vom 5.5.2015) unter Ziff. 2.3.1. Nach einer Studie des Berlin Center of Corporate Governance wird die Empfehlung bereits von 96,4% der börsennotierten Gesellschaften befolgt, vgl. *v. Werder/Talaulicar* DB 2008, 825 (827).
[100] *Paschos/Goslar* AG 2008, 605 (608); *Horn* ZIP 2008, 1558 (1561).

VI. Vorlagepflichten § 10

Für den Begriff der „Mitteilung" sind über die Textform hinaus keine bestimmten Formvorgaben zu beachten.[101] Nach den Neuregelungen des ARUG kann die Satzung der Gesellschaft nunmehr die Übermittlung ganz oder teilweise – unter Beachtung der Zustimmungserfordernisse der Aktionäre nach dem WpHG – auf den Weg der elektronischen Kommunikation beschränken.[102] Auch hier existiert bereits eine Empfehlung des Deutschen Corporate Governance Kodex, nach der allen in- und ausländischen Finanzdienstleistern, Aktionären und Aktionärsvereinigungen – bei Vorliegen der Voraussetzungen des § 30b Abs. 3 WpHG (ab 3.1.2018 § 49 Abs. 3 WpHG; ua Zustimmung der Aktionäre) – die Einberufung der Hauptversammlung mitsamt den Einberufungsunterlagen auf **elektronischem Wege** zugänglich gemacht werden sollen.[103]

Ergänzt werden die vor der Einberufung der Hauptversammlung bestehenden Informationsverpflichtungen durch zusätzliche Vorlage- und Erläuterungspflichten des Vorstands in der Hauptversammlung. **43**

2. Vorlage von Jahresabschluss, Lagebericht, Bericht des Aufsichtsrats und Gewinnverwendungsvorschlag

Der Vorstand ist verpflichtet, den Jahresabschluss, den Lagebericht, den Bericht des Aufsichtsrats und den Vorschlag des Vorstands für die Verwendung des Bilanzgewinns in der Hauptversammlung **vorzulegen** (§ 176 Abs. 1 S. 1 AktG). Die Vorlage der Unterlagen soll sicherstellen, dass sich die Aktionäre auch in der Hauptversammlung Kenntnis vom Inhalt der Berichte und von den Vorschlägen der Verwaltung verschaffen können, ohne die Gesellschaft hierzu gesondert auffordern zu müssen. Die Vorlagepflicht ist eine Verpflichtung des **Gesamtvorstands,**[104] die in der Satzung nicht abbedungen werden kann.[105] Aktienoptionspläne muss der Vorstand nicht vorlegen.[106] Allerdings bedarf es der Angabe und beschlussmäßigen Feststellung der Eckpunkte der bedingten Kapitalerhöhung. Der Gesamtwert eines Aktienoptionsplans muss nicht mitgeteilt werden. **44**

Beschlüsse der Hauptversammlung über die Entlastung von Vorstand und Aufsichtsrat sind anfechtbar wegen Verletzung der Konzernrechnungslegungspflicht oder Verletzung der Erstattung des Aufsichtsratsberichts, wenn entsprechende Berichte bei Beschlussfassung nicht oder nur fehlerhaft vorlagen. Eine nachträgliche Berichterstattung wäre unerheblich.[107] **45**

Eine Anfechtbarkeit der Entlastungsbeschlüsse ergibt sich bei börsennotierten Gesellschaften auch, wenn Vorstand und Aufsichtsrat der Verpflichtung zur Abgabe der Erklärung zum Corporate Governance Kodex nicht innerhalb eines Jahres nach Abgabe der vorangegangenen Erklärung nachkommen.[108] Dies erscheint auch interessengerecht, da die Entsprechenserklärung, ob den Empfehlungen entsprochen bzw. welchen Empfehlun- **46**

---

[101] *Koch* in Hüffer/Koch AktG § 125 Rn. 7; *Kubis* in MüKoAktG AktG § 125 Rn. 16 mwN.
[102] § 125 Abs. 2 S. 2 AktG, vgl. auch Begr. RefE BT-Drs. 16/11 642, 46 mit Verweis auf § 30b Abs. 3 S. 1 Nr. 1 lit. d WpHG (ab 3.1.2018 § 49 Abs. 3 S. 1 Nr. 1 lit. d WpHG). Nach *Paschos/Goslar* AG 2009, 14 (17) und *Drinhausen/Keinath* BB 2009, 64 (66) soll der mögliche Widerspruch gegen die elektronische Informationsübermittlung bereits in dem Verlangen eines Aktionärs ohne Angabe einer E-Mailadresse liegen, so dass ein Aktionär die Übersendung in Papierform auch bei entgegen stehender Satzungsregelung erzwingen kann.
[103] Deutscher Corporate Governance Kodex (in der Fassung vom 5.5.2015) unter Ziff. 2.3.1; zur Entsprechenserklärung von Vorstand und Aufsichtsrat der börsennotierten Gesellschaften vgl. § 161 AktG.
[104] *Adler/Düring/Schmaltz* AktG § 176 Rn. 7.
[105] *Brönner* in GroßkommAktG AktG § 176 Rn. 5.
[106] LG Stuttgart ZIP 2000, 2110.
[107] LG Frankfurt a.M. DB 1998, 1275.
[108] Zur Relevanz der Entsprechenserklärung gem. § 161 AktG s. BGH DNotZ 2010, 18; Hiernach ist die Entlastung anfechtbar, wenn die mangelhafte Entsprechenserklärung für die Frage der Entlastung relevant sein könnte.

gen nicht entsprochen wurde, für die Entlastungsbeschlüsse der Mitglieder der Hauptversammlung eine gewichtige Beurteilungsgrundlage darstellt.

47 Zur (Bar- oder Sach-)Kapitalerhöhung aus genehmigtem Kapital mit darin enthaltenem Bezugsrechtsausschluss (§§ 203 Abs. 2 S. 2, 186 Abs. 4 S. 2 AktG) bedarf es zur Ermächtigung des Vorstands eines **Vorstandsberichts.** Eine lediglich allgemeine Umschreibung reicht zur Unterrichtung der Hauptversammlung allerdings aus. Der Bezugsrechtsausschluss muss seit der Entscheidung „Siemens/Nold"[109] nicht mehr konkret begründet werden. Der Ausschluß muß nicht ausdrücklich, aber eindeutig erfolgen.[110] Der Vorstand kann sich dabei auch zum Ausschluss des Bezugsrechts ermächtigen lassen (Vorratsbeschluss im Zusammenhang mit genehmigtem Kapital II), wenn zum Zeitpunkt des Beschlusses noch keine konkreten Anhaltspunkte für eine Notwendigkeit (etwa die Abwehr einer Übernahme) vorliegen (vgl. dazu § 33 Abs. 2 WpÜG). Die Notwendigkeit ist auch dann nicht aufzuzeigen, wenn sie schon bestehen sollte, aber noch geheimhaltungsbedürftig ist[111]. Strittig war lange der Zeitpunkt der Unterrichtung der Aktionäre von der Absicht des Bezugsrechtsausschlusses. Gilt dies ab dem Zeitpunkt der nächsten Hauptversammlung oder bereits während der Vorbereitung?[112] Ausreichend ist demnach eine Information der Aktionäre in der nächsten Hauptversammlung. Kontrovers diskutiert wird in der Literatur ebenfalls, ob im Fall der Ausnutzung der Ermächtigung zur Aktienausgabe mit Bezugsrechtsausschluss noch einmal eine Information der Aktionäre erforderlich ist, weil die vorangegangene Information spärlich ausgefallen war.[113] Auch nach dem WpÜG ist jedenfalls eine erneute Information bei Vornahme der Handlung nicht erforderlich, da der Aufsichtsrat die Durchführung einer im Voraus und nicht konkret von der Hauptversammlung abgesegneten Maßnahme überwacht (§ 33 Abs. 2 WpÜG).

48 Unter einer **Vorlage** versteht man das **Zugänglichmachen** der Unterlagen zur Einsichtnahme durch die Aktionäre an einer zugänglichen, in der Hauptversammlung bekanntzugebenden Stelle.[114] Die Wahl des Mediums obliegt der AG, zB elektronischer Zugang via Monitore ist ausreichend.[115] Wird die Hauptversammlung per Video in **Nebenräume** übertragen, sind auch diese Räumlichkeiten ausreichend, sofern der Aktionär dem Geschehen im Versammlungsraum von dort aus folgen kann.[116] Die relevanten Unterlagen können während der Hauptversammlung entweder in Papierform ausgelegt oder aber auch über eine ausreichende Anzahl bereitstehender Terminals in elektronischer Form zugänglich gemacht werden.[117] Es ist stets darauf zu achten, dass alle Aktionäre in einem **angemessenen zeitlichen Rahmen** Einsicht in die Unterlagen nehmen können.[118] Um bei der elektronischen Präsentation auf Bildschirmen auch bei technischen Störungen oder unerwartetem Andrang bei den Terminals die Einsicht gewähren zu können, sollten zumindest einige Kopien der Pflichtunterlagen während der Hauptversammlung vorgehalten werden.[119]

49 Üblicherweise erfolgt die Vorlage durch Auslegung bzw. durch elektronische Präsentation des **Geschäftsberichts,** in dem der Jahresabschluss, der Lagebericht, der Bericht des Aufsichtsrats, der Gewinnverwendungsvorschlag, (bei börsennotierten Gesellschaften) die

---

[109] BGHZ 136, 133 (136).
[110] *Schürnbrand.* in MüKoAktG AktG § 186 Rn. 198,.
[111] BGHZ 136, 133, 138; *Koch* in Hüffer/Koch AktG § 203 Rn. 29.
[112] *Bosse* ZIP 2001, 104 (104 ff.) mwN.; *Koch* in Hüffer/Koch AktG § 203 Rn. 36.
[113] In diesem Sinne *Lutter* BB 1981, 862, *Hopt* FS Lutter, 2000, 1361; aA inzwischen hM wie BGHZ 164, 241, 244 ff.; *Bosse* ZIP 2001, 104; vorausgehend BGHZ 136, 133 (136) – Siemens/Nold – hiernach ein zweiter Bericht nicht erforderlich; so auch *Volhard* AG 1998, 397 (402).
[114] *Hennrichs/Pöschke* in MüKo AktG § 175 Rn. 26, 39; *Adler/Düring/Schmalz* AktG § 176 Rn. 5; *Koch* in Hüffer/Koch AktG § 176 Rn. 2.; *Drygalla* in K. Schmidt/Lutter AktG § 176 Rn. 3.
[115] *Koch* in Hüffer/Koch AktG § 176 Rn. 2.
[116] AA *Vossius* in Widmann/Mayer UmwG § 232 Rn. 10, der die Auslegung des Umwandlungsberichts in dem Raum fordert, in dem sich der protokollierende Notar befindet.
[117] *Horn* ZIP 2008, 1558 (1565); *Paschos/Goslar* AG 2008, 605 (608).
[118] *Kropff* in Geßler/Hefermehl AktG § 176 Rn. 4.
[119] *Horn* ZIP 2008, 1558 (1566).

Entsprechenserklärung bzw. die Erläuterung über Abweichungen von Empfehlungen des Corporate Governance Kodex[120] und ggf. der Konzernabschluss sowie der Konzernlagebericht zusammengefasst sind. Es muss dabei sichergestellt sein, dass im Einzelfall auch ein Original zur Einsicht zwecks Überprüfung der Übereinstimmung mit der Kopie zur Verfügung steht. Es empfiehlt sich, die Originale und deren Einsichtnahme in besonderem Maße zu überwachen, da es verbreitete Übung ist, die Unterlagen zu entwenden und anschließend ihre mangelnde Auslegung zu rügen. Die Auslegung einiger Exemplare bzw. die Bereitstellung elektronischer Terminals zur Einsichtnahme ist zwar genügend, aber wegen der Vielzahl der Einsichtswünsche unzweckmäßig. In der Praxis werden daher in der Regel so viele Exemplare des Geschäftsberichts bereitgehalten, dass jeder Teilnehmer der Hauptversammlung ein Druckstück mitnehmen kann.

Die Vorlage erfolgt grundsätzlich in der **ordentlichen Hauptversammlung** (→ § 4 Rn. 6 ff.), unabhängig davon, ob die Hauptversammlung den Jahresabschluss feststellt oder – was der Regel entspricht – nur entgegennimmt.[121] Die Vorlagen müssen nach Beginn der Erläuterungen über die Entgegennahme des Jahresabschlusses bis zur Fassung des Gewinnverwendungs- bzw. Entlastungsbeschlusses zugänglich bleiben.[122] Unter Umständen müssen die sich auf ein Geschäftsjahr beziehenden Unterlagen **mehrmals** zugänglich gemacht werden, nämlich dann, wenn über die Entlastung der Mitglieder der Verwaltung nicht in derselben Hauptversammlung wie über die Gewinnverwendung entschieden werden soll.[123] Gleiches gilt, wenn die Hauptversammlung über die Feststellung des Jahresabschlusses beschließen soll, die Fassung des Gewinnverwendungsbeschlusses jedoch Gegenstand einer gesonderten Hauptversammlung ist.[124] Ausnahmsweise besteht eine Pflicht zur Vorlage auch dann, wenn die Hauptversammlung **keine Beschlüsse** zu fassen hat,[125] etwa in dem Fall, dass ein Gewinnverwendungsbeschluss wegen Fehlens eines Bilanzgewinns nicht gefasst werden kann oder die Entscheidung über die Entlastung aus bestimmten Gründen auf eine gesonderte Versammlung vertagt wird. Für die Frage der Anfechtung kommt es nicht auf die Kausalität des Versäumnisses der Auslegung an.[126] 50

Der Vorstand wird von der Vorlagepflicht auch nicht dadurch befreit, dass – was nur bei Gesellschaften mit einem überschaubaren Aktionärskreis praktisch werden dürfte – sämtlichen Aktionären vor der Hauptversammlung die Unterlagen **übersandt** wurden oder alle Aktionäre in dem Geschäftsraum der Gesellschaft bereits **Einsicht** in die ausgelegten Unterlagen genommen haben.[127] 51

3. Unternehmensverträge

Hat die Hauptversammlung über den Abschluss eines Unternehmensvertrags zu entscheiden, sind der **Vertrag** bzw. sein Entwurf, die **Jahresabschlüsse** und die **Lageberichte** der vertragsschließenden Unternehmen für die letzten drei Geschäftsjahre sowie die **Berichte** des Vorstands und der Vertragsprüfer in der Hauptversammlung zugänglich zu ma- 52

---

[120] Deutscher Corporate Governance Kodex (in der Fassung vom 5.5.2015) unter Ziff. 3.10; zur Entsprechenserklärung von Vorstand und Aufsichtsrat der börsennotierten Gesellschaften gem. § 161 AktG, vgl. *v. Werder* in Kremer/Bachmann/Lutter/v. Werder, Kommentar zum Corporate Governance Kodex, 6. Aufl. 2016, Rn. 151 ff.
[121] *Ekkenga* in Kölner Komm. AktG § 176 Rn. 8.
[122] *Kropff* in Geßler/Hefermehl AktG § 176 Rn. 5; *Adler/Düring/Schmalz* AktG § 176 Rn. 5; *Koch* in Hüffer/Koch AktG § 176 Rn. 2.
[123] Vgl. *Ekkenga* in Kölner Komm. AktG § 176 Rn8); *Brönner* in GroßkommAktG AktG § 176 Rn. 5; *Adler/Düring/Schmalz* AktG § 176 Rn. 9.
[124] *Brönner* in GroßkommAktG AktG § 176 Rn. 5.
[125] *v. Godin/Wilhelmi* § 176 AktG Anm. 2; *Adler/Düring/Schmalz* AktG § 176 Rn. 8; *Brönner* in GroßkommAktG AktG § 176 Rn. 5. In diesem Fall entfällt nur die Pflicht zur Vorlage des Gewinnverwendungsvorschlags.
[126] *Ekkenga* in Kölner Komm AktG § 175 Rn. 26.
[127] *Brönner* in GroßkommAktG AktG § 176 Rn. 4; *Adler/Düring/Schmalz* AktG § 176 Rn. 5.

chen (§ 293g Abs. 1 AktG iVm § 293f Abs. 1 AktG). Von der Vorlagepflicht sind auch Nebenabreden erfasst, die mit dem Hauptvertrag ein einheitliches Ganzes bilden, selbst wenn sie in verschiedenen Urkunden niedergelegt sind. Wollte man solche **zusätzliche Vereinbarungen** von der Vorlagepflicht ausnehmen, würde dem Informationsbedürfnis der Aktionäre nicht in ausreichendem Maße Rechnung getragen.[128] Der Vorstand kann daher Nebenvereinbarungen von der Zugänglichmachung nicht ausnehmen, selbst wenn er bereit ist, sie in der Hauptversammlung zu erläutern, da die Erläuterung den Mangel unzureichender Einsichtnahme nicht zu heilen vermag.[129]

53 Die Vorlagepflicht bezieht sich bei Abschluss eines Unternehmensvertrags grundsätzlich nur auf die Hauptversammlung der **Untergesellschaft**. Da dem Abschluss eines Beherrschungs- und Gewinnabführungsvertrags auch die Obergesellschaft zustimmen muss (§ 293 Abs. 2 AktG), ist der Vertrag bzw. sein Entwurf auch der Hauptversammlung der Obergesellschaft vorzulegen.

54 Die Unterlagen sind so zugänglich zu machen, dass jeder Aktionär ohne weiteres Einsicht in sie nehmen kann. Dieser Pflicht wird jedenfalls nicht dadurch Genüge getan, dass der Vertrag nur von einem Mitarbeiter in der Hauptversammlung verwahrt wird, ohne dass die Teilnehmer der Hauptversammlung auf die Einsichtsmöglichkeit hingewiesen werden.[130] Damit sich alle erschienenen Aktionäre in angemessener Zeit und ohne größere Umstände vom Inhalt der Unterlagen informieren können, ist im Versammlungsraum entweder eine ausreichende Anzahl von **Abschriften** der auszulegenden Unterlagen vorzuhalten und/oder über eine ausreichende Anzahl von Terminals bereitzustellen.[131] Im Übrigen finden die für das Zugänglichmachen des Jahresabschlusses geltenden Grundsätze entsprechende Anwendung.

4. Nachgründungsverträge

55 Ein Vertrag, durch den die Gesellschaft von Gründern oder von mit mehr als 10 % am Grundkapital beteiligten Aktionären Vermögensgegenstände für eine den zehnten Teil des Grundkapitals übersteigende Vergütung erwirbt und der in den ersten zwei Jahren nach Eintragung der Gesellschaft geschlossen wird, wird nur mit Zustimmung der Hauptversammlung und durch Eintragung in das Handelsregister wirksam (§ 52 Abs. 1 S. 1 AktG). Ein solcher **Nachgründungsvertrag** ist in der Hauptversammlung zugänglich zu machen, damit sich die Aktionäre Kenntnis von seinem Inhalt verschaffen können (zur Nachgründung → § 38 Rn. 1 ff.).[132] Hier gilt insgesamt entsprechendes wie für das Zugänglichmachen des Jahresabschlusses bzw. des Unternehmensvertrags.[133] Eine Pflicht zum Zugänglichmachen weiterer Unterlagen, etwa des Nachgründungsberichts des Aufsichtsrats oder von Jahresabschlüssen, besteht nicht.

5. Vermögensübertragungen

56 In der Hauptversammlung sind gleichfalls **Verträge** zugänglich zu machen, durch die sich eine AG zur Übertragung ihres gesamten Vermögens verpflichtet (§ 179a Abs. 2 S. 3

---

[128] Vgl. BGHZ 82, 188 (196) (zur Vermögensübertragung); *Koppensteiner* in Kölner Komm. AktG § 293 Rn. 19; *Emmerich/Habersack* Aktien/GmbH-KonzernR AktG § 293g Rn. 4; *Windbichler* AG 1981, 169 (171).
[129] *Emmerich/Habersack* Aktien/GmbH-KonzernR AktG § 293g Rn. 4.
[130] OLG Frankfurt a.M. AG 1993, 185.
[131] *Grunewald* in Lutter UmwG § 64 Rn. 2; *Marsch-Barner* in Kallmeyer UmwG § 64 Rn. 1.
[132] § 52 Abs. 2 S. 2 AktG.
[133] *Barz* in GroßkommAktG, 3. Aufl. 1970 ff., AktG § 52 Anm. 8; *Eckardt* in Geßler/Hefermehl AktG § 52 Rn. 19; *Koch* in Hüffer/Koch AktG § 52 Rn. 13.

VI. Vorlagepflichten

AktG). Das gesamte Vermögen einer in eine Holding-AG eingegliederten Gesellschaft bedarf der Beteiligung der Hauptversammlung der Obergesellschaft jedenfalls dann, wenn es sich um ihre einzige Beteiligung handelt.[134] Ausreichend ist auch hier das Zugänglichmachen des vollständigen **Vertragsentwurfs,** wenn die Zustimmung der Hauptversammlung vor dem Vertragsschluss eingeholt werden soll.[135] Von dieser Pflicht sind auch andere schuldrechtliche Vereinbarungen umfasst, die die Beziehungen der Vertragsparteien rechtsverbindlich regeln sollen und die mit dem Vertrag bzw. dem Entwurf – ungeachtet der Aufnahme in verschiedene Urkunden – ein einheitliches Ganzes bilden.[136] Ferner hat das OLG Dresden auch die Erstellung und Auslegung von deutschsprachigen Bewertungsgutachten im Hinblick auf Verträge zur Übertragung des ganzen Vermögens verlangt.[137] Zur Begründung wird darauf verwiesen, dass den Aktionären die zur sachgerechten Willensbildung erforderlichen Informationen gegeben werden müssen, so dass es einer umfassenden Aufklärung über die Grundlagen der Bemessung der in den Veräußerungspreisen vereinbarten Preise bedarf. Im Hinblick auf das Anfechtungsrisiko sind daher im Zweifel derartige Unterlagen stets zugänglich zu machen.

6. Umwandlungsvorgänge

a) Verschmelzung

In der Hauptversammlung, die über die Zustimmung zu einem Verschmelzungsvertrag beschließen soll, sind der **Vertrag** bzw. sein Entwurf, die **Jahresabschlüsse** der an der Verschmelzung beteiligten Rechtsträger für die letzten drei Geschäftsjahre, die in bestimmten Fällen aufzustellenden **Zwischenbilanzen,** die **Verschmelzungsberichte** und die **Prüfungsberichte** zur Einsicht durch die Aktionäre zugänglich zu machen (§ 64 Abs. 1 S. 1 iVm § 63 Abs. 1 UmwG). Hierdurch soll den Aktionären die Möglichkeit eröffnet werden, sich während der Dauer der Hauptversammlung vom Inhalt des Verschmelzungsvertrags zu unterrichten.[138] Die Aufzählung der auszulegenden Dokumente ist **abschließend.** Andere Unterlagen, wie zB Gutachten über die Unternehmensbewertung, zum Umtauschverhältnis oder über die prospektiven Synergieeffekte, sind nicht Gegenstand der Vorlagepflicht.[139] Dies hindert die Gesellschaft nicht, solche Papiere, freilich ohne Bestehen einer Rechtspflicht, auszugsweise zugänglich zu machen. Doch kann der Aktionär aus diesem Entgegenkommen keinen Anspruch auf Einsichtnahme in die vollständigen Gutachten herleiten.[140] Teilweise wird gefordert, dass im Verschmelzungsbericht schlüssig darzulegen sei, warum die Verschmelzung anderen gesellschaftsrechtlichen Strukturmaßnahmen überlegen sei.[141] Im Verschmelzungsbericht darf sich die ausführliche Begründung nicht auf allgemeine Ausführungen beschränken, sondern muss die konkreten Auswirkungen der Verschmelzung abwägen.[142]

57

Damit sich alle erschienenen Aktionäre in angemessener Zeit und ohne größere Umstände vom Inhalt der Unterlagen informieren können, ist im Versammlungsraum entweder eine ausreichende Anzahl von **Abschriften** der auszulegenden Unterlagen vorzuhalten und/oder über eine ausreichende Anzahl von Terminals bereitzustellen.[143] Jeder Aktionär sollte während der gesamten Hauptversammlung in die Lage versetzt werden,

58

---

[134] OLG Celle ZIP 2001, 613 ff.
[135] BGHZ 82, 188 (194).
[136] BGHZ 92, 188 (195 ff.); *Windbichler* AG 1981, 169 (171).
[137] OLG Dresden AG 2003, 433; siehe auch *Deilmann/Messerschmidt* NZG 2004, 977 (981).
[138] *Stratz* in Schmitt/Hörtnagel/Stratz UmwG § 64 Rn. 2; *Grunewald* in Lutter UmwG § 64 Rn. 2.
[139] *Marsch-Barner* in Kallmeyer UmwG § 64 Rn. 2.
[140] *Marsch-Barner* in Kallmeyer UmwG § 64 Rn. 2; *Diekmann* in Semler/Stengel UmwG § 64 Rn. 7.
[141] LG München AG 2000, 87 ff. Siehe dazu *Gehling* in Semler/Stengel UmwG § 8 Rn. 18 mwN.
[142] LG München AG 2000, 86 ff.
[143] *Grunewald* in Lutter UmwG § 64 Rn. 2; *Marsch-Barner* in Kallmeyer UmwG § 64 Rn. 1.

sich zu den jeweiligen Tagesordnungspunkten bis zur Beschlussfassung umfassend zu unterrichten.[144] Die Unterlagen sind spätestens ab dem Beginn der Hauptversammlung bis zur Fassung des jeweiligen Zustimmungsbeschlusses im **Versammlungslokal** zugänglich zu machen. Diese Pflicht endet mit der jeweiligen Beschlussfassung; üblicherweise bleiben die vollständigen Unterlagen aber bis zur Beendigung der Hauptversammlung zugänglich, da bis zum Schluss Widerspruch zum Protokoll erklärt werden kann.[145]

b) Spaltung

59 Bei einer Entscheidung über ein Spaltungsvorhaben sind der **Spaltungsvertrag** bzw. sein Entwurf, die **Jahresabschlüsse** der an der Spaltung beteiligten Rechtsträger für die letzten drei Geschäftsjahre, die in bestimmten Fällen aufzustellenden **Zwischenbilanzen**, die **Spaltungsberichte** und die **Prüfungsberichte** während der Dauer der Hauptversammlung zur Einsicht durch die Aktionäre zugänglich zu machen. Hier gilt Entsprechendes wie bei der Verschmelzung.[146]

c) Formwechsel

60 Vorlagepflichten bestehen auch vor einer Entscheidung über eine formwechselnde Umwandlung. In der Hauptversammlung, die dem Formwechsel zustimmen soll, ist der **Umwandlungsbericht** einschließlich des Entwurfs des Umwandlungsbeschlusses zugänglich zu machen. Dies gilt unabhängig davon, ob ein Wechsel in eine Personengesellschaft oder eine andere Kapitalgesellschaft zur Beschlussfassung ansteht (§§ 232 Abs. 1, 239 Abs. 1 UmwG). Damit alle Aktionäre ohne größere Umstände in angemessener Zeit Einsicht nehmen können, empfiehlt es sich, eine genügende Anzahl von Abschriften vorzuhalten bzw. eine ausreichende Anzahl an Terminals bereitzustellen. Weitere Unterlagen, wie Jahresabschlüsse der Gesellschaft, müssen nicht zugänglich gemacht werden.[147] Der Umwandlungsbericht hat bis zur Fassung des Zustimmungsbeschlusses zugänglich zu bleiben.[148]

7. Sonstige strukturändernde Maßnahmen

61 Bei strukturändernden Maßnahmen im Sinne der Entscheidungen „**Holzmüller**"[149] und „**Gelatine**"[150] wird der Vorstand ungeachtet des Fehlens einer gesetzlichen Bestimmung als verpflichtet angesehen, einen schriftlichen **Bericht** über das Vorhaben zu erstatten, diesen von der Einberufung der Hauptversammlung an, die über die Zustimmung zu der Maßnahme entscheiden soll, im Geschäftsraum der Gesellschaft auszulegen sowie jedem Aktionär auf Anforderung eine Abschrift zu übersenden oder für denselben Zeitraum über die Internetseite der Gesellschaft zugänglich zu machen (→ § 5 Rn. 5, 98 ff.). Folgt man dem, ist konsequenterweise auch eine Pflicht des Vorstands anzunehmen, diesen Bericht während der Dauer der Hauptversammlung im Versammlungslokal zugänglich zu machen (→ § 5 Rn. 5 ff.).[151]

---

[144] *Stratz* in Schmitt/Hörtnagel/Stratz UmwG § 64 Rn. 2; vgl. auch *Emmerich/Habersack* Aktien/GmbH-KonzernR AktG § 293g Rn. 5; aA offenbar *Rieger* in Widmann/Mayer UmwG § 64 Rn. 3.
[145] *Grunewald* in Lutter UmwG § 64 Rn. 2.
[146] § 125 S. 1 iVm § 63 UmwG; vgl. *Kallmeyer* UmwG § 125 Rn. 72; *Rieger* in Widmann/Mayer UmwG § 64 Rn. 2.
[147] *Stratz* in Schmitt/Hörtnagel/Stratz UmwG § 232 Rn. 1.
[148] Weitergehend *Vossius* in Widmann/Mayer UmwG § 232 Rn. 12: bis zum Ende der Hauptversammlung.
[149] BGHZ 83, 122 = AG 1982, 158.
[150] BGHZ 159, 30 = AG 2004, 384.
[151] *Groß* AG 1996, 111 (117).

Neben dem Bericht ist der Hauptversammlung auch der **Vertrag** bzw. Vertragsentwurf in der Hauptversammlung vorzulegen. Dies gilt insbes., wenn es um eine Ausgliederung im Wege der Einzelrechtsnachfolge oder den Erwerb bzw. die Veräußerung einer wesentlichen Beteiligung geht.[152] Soweit darüber hinaus **Jahres- oder Zwischenabschlüsse** von der Einberufung an zugänglich zu machen sind (→ § 6 Rn. 8 ff.), ist der Vorstand verpflichtet, auch zu diesen Unterlagen auf der Hauptversammlung den Zugang zu ermöglichen.

Fraglich ist die Berichtspflicht bei der Ermächtigung zu **Abwehrmaßnahmen**. Liegt eine solche in einer geplanten Kapitalerhöhung mit Bezugsrechtsausschluss, ist schon deswegen ein Bericht zu erstellen (§ 186 Abs. 4 S. 2 AktG). Betrachtet man die Abwehr als eine strukturverändernde Maßnahme iSd „Holzmüller"-Entscheidung, so spricht auch dies eher für einen schriftlichen Bericht (obwohl die Abwehr eher strukturerhaltend als -ändernd ist). Da der Übernahmekampf tiefgreifend die wirtschaftlichen Interessen der Aktionäre berührt, wäre aus Sinn und Zweck des § 33 WpÜG im Lichte der „Holzmüller"-Doktrin eine Berichtspflicht zu bejahen.[153] Der Strukturbericht muss alle Angaben enthalten, die für einen rational handelnden Aktionär bei seiner Entscheidungsfindung von Bedeutung sind.[154] Angestrebte strategische Neuausrichtungen müssen vom Vorstand näher erläutert werden. Ein Bezugsrechtsausschluss ist rechtswidrig, wenn der Vorstand nicht darüber informiert. Eine halbe Schreibmaschinenseite wird in der Rechtsprechung zum Teil für ungenügend erachtet.[155]

Bei einem **Ausschluss von Minderheitsaktionären (Squeeze out)** sind im Zuge der Vorbereitung der Hauptversammlung der Entwurf des Übertragungsbeschlusses, die Jahresabschlüsse, der **Bericht des Hauptaktionärs** (§ 327c Abs. 2 AktG) und der Prüfungsbericht zugänglich zu machen. Jedem Aktionär ist auf Verlangen unverzüglich und kostenlos eine Abschrift der Unterlagen zu erteilen. Dies ist hingegen nicht notwendig, wenn die Unterlagen für denselben Zeitraum über der Internetseite der Gesellschaft zugänglich sind (§ 327c Abs. 5 AktG). Die Vorlagepflicht besteht auch während der Hauptversammlung. Darzustellen ist im Bericht die Erläuterung für die Angemessenheit der Barabfindung sowie zum Prüfungsbericht des Prüfers.[156]

8. Verzicht auf die Auslegung

Auf die Auslegung der vorgenannten Unterlagen in der Hauptversammlung kann **verzichtet** werden.[157] Dem steht weder entgegen, dass das Gesetz – anders als etwa bei der Erstattung eines Verschmelzungsberichts oder des Berichts über einen Unternehmensvertrag (§ 8 Abs. 3 UmwG; § 293a Abs. 3 AktG) – keine ausdrückliche Verzichtsmöglichkeit enthält noch – für Verschmelzung, Spaltung und Formwechsel – der zwingende Charakter des Umwandlungsgesetzes.[158] Der Verzicht muss von **allen anwesenden Aktionären und Aktionärsvertretern** getragen werden; er kann von den Aktionären sowohl vor als auch während der Hauptversammlung erklärt werden; er bedarf, anders als der Verzicht auf Erstattung des Berichts, der öffentlich zu beglaubigen bzw. notariell zu beurkunden ist

---

[152] Lutter FS Fleck, 1988, 169 (175, 180); aA insoweit Groß AG 1996, 111 (117).
[153] Nach Kiem ZIP 2000, 1509 (1514), ist Umwandlungsrecht anwendbar und demzufolge ein Umwandlungsbericht zu erstellen.
[154] LG Frankfurt a.M. DB 2001, 751 ff. Hiernach ist bei einschneidenden Strukturmaßnahmen zuerst die Satzung zu ändern; die Aktionäre sind sodann im weiteren über den Strukturbericht hinaus über alles zu informieren, was sie wissen müssen, um Planungsalternativen abzuwägen.
[155] LG München AG 2001, 319 ff.
[156] In der Lit. wird ein derartiger Hauptversammlungsbeschluss zT heftig kritisiert, da angesichts der Mehrheitsverhältnisse von 95% das Resultat des Ausschlussbeschlusses von vornherein feststehe, so Vetter DB 2001, 743 ff.
[157] Vossius in Widmann/Mayer UmwG § 232 Rn. 29.
[158] Vgl. auch M. Winter/J. Vetter in Lutter UmwG § 47 Rn. 7.

(§ 293a Abs. 3 AktG),[159] nach zutreffender Auffassung keiner **Form**.[160] Unbeschadet dessen empfiehlt es sich, bei dem Verzicht auf die Zugänglichmachung die gleiche Form einzuhalten wie beim Verzicht auf die Berichterstattung. Praktische Relevanz dürfte ein solcher Verzicht jedoch in erster Linie nur in Gesellschaften mit einem kleinen Aktionärskreis entfalten, da in einer Publikumsgesellschaft kaum mit einem Verzicht aller Aktionäre gerechnet werden kann.

66 Ein wirksamer **Verzicht** auf das Zugänglichmachen der Unterlagen kann darin gesehen werden, dass die Aktionäre in einer Vollversammlung auf die Einhaltung sämtlicher Förmlichkeiten verzichten,[161] auch wenn die Vorlagepflicht dabei nicht ausdrücklich erwähnt wird. Sofern teilweise auch in der Fassung des Umwandlungsbeschlusses ohne vorangegangene Rüge der unterbliebenen Vorlage ein konkludenter Verzicht erblickt wird,[162] erscheint dies möglicherweise als zu weitgehend. Aktionäre, die an der Hauptversammlung nicht teilgenommen haben, wird ein Rügerecht nicht zugestanden, da es ihnen insoweit an einem Rechtsschutzbedürfnis mangelt.[163]

9. Anfechtungsrisiken

67 Die unterbliebene Vorlage von **Jahresabschluss, Lagebericht, Bericht des Aufsichtsrats** und **Gewinnverwendungsvorschlag** begründet einen Anfechtungsgrund hinsichtlich der in der Hauptversammlung gleichwohl gefassten Beschlüsse.[164] Da die Verwaltung durch die Vorlage Rechenschaft über ihre Tätigkeit ablegt, gilt dies insbes. für einen unter Verletzung der Informationspflichten zustande gekommenen **Entlastungs-** und **Gewinnverwendungsbeschluss**.[165] Der Entlastungsbeschluss ist auch anfechtbar, wenn der **Konzernabschluss** und der Konzernlagebericht nicht vorgelegt wurden oder (bei börsennotierten Gesellschaften) die Erklärung zum Corporate Governance Kodex nicht innerhalb eines Jahres nach Abgabe der vorangegangenen Erklärung abgeben wird.[166] Die Vorlage der Unterlagen nach der Beschlussfassung vermag den zur Anfechtung berechtigenden Mangel nicht zu beseitigen, da maßgebend der Zeitpunkt der Beschlussfassung ist.[167] Eine Anfechtung ist nur dann ausgeschlossen, wenn die unterbliebene Vorlage der Unterlagen ausnahmsweise ohne **Relevanz** für den gefassten Beschluss ist oder – der überwiegenden Rechtsprechung folgend – ein objektiv urteilender Aktionär der Maßnahme auch ohne den Verfahrensfehler zugestimmt hätte.[168] Zumeist wird man nicht ausschließen können, dass der Beschluss bei Vorlage der Unterlagen anders ausgefallen wäre.[169] Dies gilt selbst dann, wenn der Entlastungsbeschluss vom Mehrheitsaktionär getragen wurde.[170]

68 Entsprechendes gilt für die fehlende oder unzureichende Zugänglichmachung der bei einer **Verschmelzung, Spaltung** oder einem **Formwechsel** vorzulegenden Unterlagen.[171] Auch beim Abschluss eines **Unternehmens- oder Nachgründungsvertrags** be-

---

[159] Vgl. § 8 Abs. 3 S. 2 UmwG.
[160] *Vossius* in Widmann/Mayer UmwG § 232 Rn. 29.
[161] *Vossius* in Widmann/Mayer UmwG § 232 Rn. 30.
[162] *Vossius* in Widmann/Mayer UmwG § 232 Rn. 31. Ebenso *Ihrig* in Semler/Stengel UmwG § 232 Rn. 16.
[163] *Vossius* in Widmann/Mayer UmwG § 232 Rn. 32.
[164] *Kropff* in Geßler/Hefermehl AktG § 176 Rn. 11; *Adler/Düring/Schmalz* AktG § 176 Rn. 24; *Brönner* in GroßkommAktG AktG § 176 Rn. 11.
[165] BGHZ 62, 193 (194); *Ekkenga* in Kölner Komm. AktG § 176 Rn. 15.
[166] LG Frankfurt a.M. DB 1998, 1275 (1276); s. § 161 AktG zur Entsprechenserklärung von Vorstand und Aufsichtsrat der börsennotierten Gesellschaften; zur Anfechtbarkeit vgl. OLG München AG 2008, 386 (387).
[167] LG Frankfurt a.M. DB 1998, 1275 (1276).
[168] Vgl. zum Streitstand die Nachweise in *Koch* in Hüffer/Koch AktG § 243 Rn. 12, 13.
[169] *Adler/Düring/Schmalz* AktG § 176 Rn. 24.
[170] LG Frankfurt a.M. DB 1998, 1275 (1276f.).
[171] *Bermel* in Goutier/Knopf/Tulloch, Kommentar zum Umwandlungsrecht, 1996, UmwG § 64 Rn. 6; *Dirksen/Blasche* in Kallmeyer UmwG § 232 Rn. 8.

gründet die Verletzung der Auslegungspflichten einen Anfechtungstatbestand.[172] Anderes gilt nur dann, wenn der Mangel ausnahmsweise nicht relevant für den Beschluss geworden ist.[173] Nach zutreffender Auffassung fehlt es an der Relevanz, wenn die Unterlagen in der Hauptversammlung nur wenig verspätet, dh noch deutlich vor Beschlussfassung zugänglich waren oder dem Aktionär, der sich auf die fehlende Auslage beruft, zuvor eine Abschrift der Unterlagen übersandt worden war.[174]

VII. Erläuterung der Vorlagen[*]

1. Jahresabschluss, Lagebericht und Gewinnverwendungsbeschluss

a) Grundsatz

Zu Beginn der Verhandlung soll der Vorstand den Jahresabschluss, den Lagebericht und den Gewinnverwendungsbeschluss erläutern (§ 176 Abs. 1 S. 2 AktG). Entsprechendes gilt für den **Konzernabschluss** und den Konzernlagebericht (§ 175 Abs. 2 iVm § 176 Abs. 1 S. 2 AktG). Auch wenn es sich dabei um eine „Soll"-Regelung handelt, ist der Vorstand zur Erläuterung verpflichtet.[175] Während den Aktionären durch die Zugänglichmachung der Unterlagen auf der Internetseite der Gesellschaft (→ Rn. 30 ff.) die Möglichkeit gegeben wird, sich vom Inhalt des Jahresabschlusses sowie den Angaben im Anhang und im Lagebericht über die Lage der Gesellschaft zu unterrichten, ergänzt die **Erläuterungspflicht** die Vorlagepflicht des Vorstands und rundet sie gleichzeitig ab. Sie wird flankiert durch die Pflicht des Aufsichtsrats, seinen Bericht in der Hauptversammlung zu erläutern (§ 176 Abs. 1 S. 2 Hs. 2 AktG). 69

Die Erläuterung durch den Vorstand hat **mündlich** zu erfolgen. Sie soll **zu Beginn der Verhandlung,** also der Aussprache zu diesem Tagesordnungspunkt, stattfinden, ohne dass es einer entsprechenden Initiative aus dem Aktionärskreis bedarf.[176] Üblicherweise berichtet der Vorstand, nachdem der Versammlungsleiter die Formalien behandelt hat. 70

Die Erläuterung ist als Maßnahme der Geschäftsführung Aufgabe des **Gesamtvorstands**.[177] Dementsprechend hat der Vorstand über den Inhalt der Erläuterungen an sich durch einstimmigen Beschluss zu befinden (vgl. § 77 Abs. 1 AktG), falls Satzung oder Geschäftsordnung nicht einen Mehrheitsentscheid vorsehen oder einem Vorstandsmitglied die Zuständigkeit für die Erläuterungen zuweisen.[178] In der Praxis werden Inhalt und Umfang der Erläuterungen von den Vorstandsmitgliedern im Vorfeld der Hauptversammlung zwar nicht im Detail, so doch in Grundzügen abgesprochen. In der Hauptversammlung werden die Erläuterungen dann zumeist vom **Vorstandsvorsitzenden bzw. -sprecher** und/oder einem anderen, nach der Geschäftsordnung zuständigen oder vom Vorstand ausgewählten Vorstandsmitglied gemacht.[179] Aus rechtlicher Sicht ist diese Vorgehensweise nicht zu beanstanden, sofern die übrigen Vorstandsmitglieder hiermit – we- 71

---
[172] *Koch* in Hüffer/Koch AktG § 52 Rn. 13; *Vossius* in Widmann/Mayer UmwG § 232 Rn. 33.
[173] Vgl. zum Streitstand *Koch* in Hüffer/Koch AktG § 243 Rn. 12, 13 mwN.
[174] So zutr. *Grunewald* in Lutter UmwG § 64 Rn. 3; zu weitgehend *Vossius* in Widmann/Mayer UmwG § 232 Rn. 35, nach dessen Ansicht es bereits dann an einem Rechtsschutzbedürfnis fehlt, wenn es dem Aktionär zumutbar gewesen wäre, in die ausgelegten Unterlagen Einsicht zu nehmen bzw. eine Abschrift dieser Unterlagen anzufordern.
[*] Ich danke *Jennifer Klein* und *Maurice Heine* für die Unterstützung bei der Erstellung dieses Beitrags.
[175] *Koch* in Hüffer/Koch AktG § 176 Rn. 3. Zu den Rechtsfolgen einer Verletzung der Erläuterungspflicht → Rn. 101 ff.
[176] *Brönner* in GroßkommAktG AktG § 176 Rn. 7.
[177] *Brönner* in GroßkommAktG AktG § 176 Rn. 7; *Kropff* in Geßler/Hefermehl AktG § 176 Rn. 9; *Koch* in Hüffer/Koch AktG § 176 Rn. 3; *Reger* in Bürgers/Körber AktG § 176 Rn. 3.
[178] Vgl. *Koch* in Hüffer/Koch AktG § 176 Rn. 3; *Euler/Klein* in Spindler/Stilz AktG § 176 Rn. 12.
[179] *Kropff* in Geßler/Hefermehl AktG § 176 Rn. 9; *Koch* in Hüffer/Koch AktG § 176 Rn. 3; *Drygala* in K. Schmidt/Lutter AktG § 176 Rn. 10.

nigstens konkludent – einverstanden sind.[180] Denn die bloße Willensübereinstimmung kann für das Zustandekommen eines Vorstandsbeschlusses ausreichend sein.[181] Die Erläuterungen können durchaus auch auf mehrere Vorstandsmitglieder verteilt oder von einem sachverständigen Dritten (Rechtsanwalt, Wirtschaftsprüfer etc) vorgenommen werden, sofern der Vorstand für dessen Ausführungen erkennbar die Verantwortlichkeit übernimmt.[182]

b) Pflicht zur Verlesung?

72 Die in der Hauptversammlung zugänglich gemachten Unterlagen müssen nicht verlesen werden. Eine vereinzelt vertretene Auffassung hält zwar eine vollständige Verlesung für nicht erforderlich, bejaht jedoch eine Pflicht, die wesentlichen Stellen wörtlich vorzutragen;[183] anderenfalls sei nicht gewährleistet, dass die Aktionäre in der Hauptversammlung von den Unterlagen Kenntnis nehmen. Die hM lehnt dagegen eine Verlesungspflicht, auch soweit es den wesentlichen Inhalt betrifft, zu Recht ab.[184] Eine Verlesung wird vom Gesetz nicht gefordert und ist auch im Hinblick auf den damit verbundenen zeitlichen Aufwand nicht zweckmäßig. Dem Informationsinteresse der Aktionäre wird durch die Pflicht zur Auslage bzw. zur Zugänglichmachung der Unterlagen vor und in der Hauptversammlung sowie durch die ergänzenden Erläuterungen des Vorstands ausreichend Genüge getan. Hinzu kommt, dass die Aktionäre aufgrund ihres Auskunftsrechts ergänzende Informationen verlangen können.

73 In der Praxis verbindet der Versammlungsleiter den **Hinweis** zu Beginn der Verhandlung, dass auf die Verlesung der Unterlagen verzichtet werden soll, in vielen Fällen mit der Frage an die Aktionäre, ob eine Verlesung gewünscht wird. Da eine auch nur auszugsweise Verlesung der Unterlagen nicht nur nicht gesetzlich geboten ist, sondern aus zeitlichen Gründen unpraktikabel wäre, sollte ein entsprechendes Angebot nicht gemacht werden.[185]

c) Inhalt und Umfang der Erläuterung

74 Unter der Erläuterung versteht man den Vortrag des wesentlichen Inhalts der Vorlagen unter Einbeziehung der in der Zwischenzeit eingetretenen Entwicklungen.[186] Welchen **Inhalt** die Erläuterungen des Vorstands im Einzelnen haben sollen, schreibt das Gesetz nicht vor. Es begnügt sich mit dem Hinweis, dass der Vorstand auch zu einem Jahresfehlbetrag oder einem Verlust Stellung zu nehmen hat, der das Jahresergebnis wesentlich beeinträchtigt hat (§ 176 Abs. 1 S. 3 AktG). Aus dem Wortlaut des Gesetzes ("auch") ergibt sich, dass der Vorstand sich bei den Erläuterungen nicht auf diese Gegenstände beschränken kann, sondern auch andere berichtenswerte Vorgänge darzustellen hat.

75 Was den **Umfang** der Erläuterungen anbelangt, ist zu berücksichtigen, dass im Lagebericht auf den Geschäftsverlauf und die Lage der Gesellschaft einzugehen ist und damit bereits dort Vorgänge von besonderer Bedeutung und voraussichtliche Entwicklungen der

---

[180] *Koch* in Hüffer/Koch AktG § 77 Rn. 6.
[181] Vgl. BGH WM 1961, 1324 (1325); *Koch* in Hüffer/Koch AktG § 77 Rn. 6.
[182] *Adler/Düring/Schmaltz* AktG § 176 Rn. 10; vgl. zur Erläuterung des Umwandlungsbeschlusses auch *Vossius* in Widmann/Mayer UmwG § 232 Rn. 23 ff.
[183] *Brönner* in GroßkommAktG AktG § 176 Rn. 4.
[184] *Kropff* in Geßler/Hefermehl AktG § 176 Rn. 4; *Koch* in Hüffer/Koch AktG § 176 Rn. 2; *Steiner* HV der AG § 9a Rn. 2; *Drygala* in K. Schmidt/Lutter AktG § 176 Rn. 11; *Reger* in Bürgers/Körber AktG § 176 Rn. 2a; *Euler/Klein* in Spindler/Stilz AktG § 176 Rn. 11.
[185] Bedenken gegen die Zweckmäßigkeit eines solchen Hinweises äußern auch *Kropff* in Geßler/Hefermehl AktG § 176 Rn. 4, *Koch* in Hüffer/Koch AktG § 176 Rn. 2 und *Butzke* H Rn. 38. Auch → § 11 Rn. 28.
[186] *Koch* in Hüffer/Koch AktG § 176 Rn. 3; *Butzke* H Rn. 39; *Hennrichs/Pöschke* in MüKoAktG AktG § 176 Rn. 13.

Gesellschaft Erwähnung finden.[187] Der Vorstand genügt seiner Erläuterungspflicht, wenn er den Inhalt der Vorlagen zusammenfasst. Da es nicht Sinn der Erläuterungspflicht sein kann, all die im Lagebericht gemachten Ausführungen zu wiederholen, kann sich der Vorstand bei seiner Erläuterung auf die wesentlichen Punkte beschränken.[188]

Es empfiehlt sich, schwerpunktmäßig auf die Punkte einzugehen, die vor der Hauptversammlung in der Presse, in eingereichten **Gegenanträgen** oder von den Aktionären thematisiert worden sind.[189] Da durch ausführliche Erläuterungen einer etwaigen Kritik aus dem Aktionärskreis häufig vorgebeugt und die anschließende Aussprache beschleunigt werden kann, sollten die Ausführungen des Vorstands nicht zu kurz greifen. Im Übrigen kann der Vorstand Umfang und Inhalt seines Vortrags grundsätzlich nach **freiem Ermessen** bestimmen.[190]

Im Mittelpunkt der Darstellung sollte die Erläuterung des **Bilanzgewinns** der Gesellschaft und des **Gewinnverwendungsvorschlags** der Verwaltung stehen. In diesem Kontext sind die Gründe für die Verteilung des Gewinns an die Aktionäre, die Einstellung in die **Gewinnrücklagen** oder die Verwendung als **Gewinnvortrag** zu nennen.[191] Eine Erklärung erübrigt sich, wenn es sich bei dem Gewinnvortrag offensichtlich um einen Spitzenbetrag handelt.[192] Unter Umständen kann auch ein Verzicht auf eine angemessene Rücklagenbildung erläuterungsbedürftig sein.[193] Schließlich sollte auf die **Bilanzierungsmethoden** eingegangen werden.[194]

Das Gesetz gibt vor, dass der Vorstand auch zu einem **Jahresfehlbetrag** oder **Verlust** Stellung zu nehmen hat, der das Jahresergebnis **wesentlich** beeinträchtigt hat.[195] Auch wenn diese Angaben weitgehend schon in den Lagebericht bzw. Anhang aufgenommen werden müssen (§§ 289 Abs. 1, 264 Abs. 2 S. 2 HGB), soll den Aktionären auf diese Weise eine nachteilige wirtschaftliche Entwicklung frühzeitig zur Kenntnis gebracht werden.[196] Die Aktionäre sollen sich ein Bild darüber verschaffen können, ob die eingetretenen Verluste nur vorübergehender Natur sind.[197] Indem das Gesetz nicht nur eine Erläuterung eines Bilanzverlusts, sondern auch eines etwaigen Jahresfehlbetrags verlangt, postuliert es eine Pflicht, sich zu solchen Verlusten zu äußern, die etwa wegen eines vorhandenen Gewinnvortrags oder einer Auflösung von Rücklagen eliminiert wurden und somit (noch) nicht zu einem Fehlbetrag geführt haben.[198] Erläuterungsbedarf besteht zudem, wenn von der Möglichkeit, einen Jahresfehlbetrag durch Auflösung von Rücklagen auszugleichen, kein Gebrauch gemacht wurde.[199] Darüber hinaus werden alle **Verluste** und deren Ursachen als erklärungsbedürftig angesehen, selbst wenn sie im Lagebericht oder Anhang keine Erwähnung gefunden haben, vorausgesetzt sie haben Bedeutung für die Beschlussfassung über die Entlastung von Vorstand und Aufsichtsrat.[200] Erläuterungspflichtig können auch die Verluste einer **Sparte** sein, wenn sie Rückschlüsse auf die negative Entwicklung eines Geschäftsbereichs zulassen, selbst wenn die Verluste durch Erträ-

---

[187] § 289 Abs. 2 HGB; vgl. auch *Ekkenga* in Kölner Komm. AktG § 176 Rn. 9.
[188] *Reger* in Bürgers/Körber AktG § 176 Rn. 3.
[189] *Butzke* H Rn. 39.
[190] *Steiner* HV der AG § 9a Rn. 3; *Reger* in Bürgers/Körber AktG § 176 Rn. 3.
[191] *Kropff* in Geßler/Hefermehl AktG § 176 Rn. 7; *Brönner* in GroßkommAktG AktG § 176 Rn. 7; *Koch* in Hüffer/Koch AktG § 176 Rn. 3; *Steiner* HV der AG § 9a Rn. 3; *Butzke* H Rn. 39.
[192] *Koch* in Hüffer/Koch AktG § 176 Rn. 5.
[193] Vgl. *Koch* in Hüffer/Koch AktG § 176 Rn. 5.
[194] *Reger* in Bürgers/Körber AktG § 176 Rn. 4; Strenger *Brönner* in GroßkommAktG AktG § 176 Rn. 9 („Schwerpunkt der Erläuterungen").
[195] § 176 Abs. 1 S. 3 AktG. Der Vorstand eines als AG verfassten Kreditinstituts ist von der Erläuterungspflicht insoweit befreit, § 176 Abs. 1 S. 4 AktG.
[196] RegBegr BT-Drs. 10/317, 105; *Hennrichs/Pöschke* in MüKoAktG AktG § 176 Rn. 14.
[197] *Brönner* in GroßkommAktG AktG § 176 Rn. 9.
[198] *Koch* in Hüffer/Koch AktG § 176 Rn. 5; *Butzke* H Rn. 39; *Euler/Klein* in Spindler/Stilz AktG § 176 Rn. 14.
[199] *Kropff* in Geßler/Hefermehl AktG § 176 Rn. 8; *Steiner* HV der AG § 9a Rn. 3.
[200] Vgl. *Koch* in Hüffer/Koch AktG § 176 Rn. 5; *Euler/Klein* in Spindler/Stilz AktG § 176 Rn. 14.

ge einer anderen Sparte ausgeglichen wurden und demnach insgesamt nicht zu einem negativen Jahresergebnis geführt haben.[201] Dies ist selbst dann anzunehmen, wenn die Gesellschaft das gleiche Ergebnis wie im vorangegangenen Geschäftsjahr erzielt hat, das Ergebnis ohne die Verluste einer Sparte aber wesentlich höher ausgefallen wäre.[202] Dabei zwingt nicht jeder Verlust zu einer Erläuterung, sondern nur diejenigen Verluste, die das Jahresergebnis **wesentlich** beeinflusst haben.[203]

79   Eine Begründung hat der Vorstand zudem für eine **Auflösung von Gewinnrücklagen** oder sonstige **außergewöhnliche** bilanzwirksame Maßnahmen (zB die Veräußerung von wertvollem Anlagevermögen an Tochtergesellschaften) zu geben.[204] Die Erläuterungspflicht erstreckt sich indessen nicht auf den gesamten Inhalt des **Prüfungsberichts der Abschlussprüfer,** da insoweit kein schutzwürdiges Informationsinteresse der Aktionäre besteht.[205]

80   In den Erläuterungen sind schließlich ergänzende Ausführungen zu den Entwicklungen seit Erstellung des Berichts zu machen. Dabei sollte der Vorstand auf den bisherigen Verlauf des **neuen Geschäftsjahrs** eingehen und die Aussichten für die künftige Geschäftsentwicklung aufzeigen, soweit sie im Lagebericht noch nicht reflektiert sind.[206] Darüber hinaus geht der Vorstand in seinem Bericht häufig, ohne dass dies vom Gesetz gefordert würde, auf die allgemeine Wirtschaftslage und die langfristigen Perspektiven der Gesellschaft ein.

81   Tatsachen, die geeignet sind, den Börsenpreis der Gesellschaft erheblich zu beeinflussen, darf der Vorstand in seiner Rede indessen nur bekannt geben, wenn er zuvor oder wenigstens gleichzeitig eine **Ad hoc-Mitteilung** nach Art. 17 VO (EU) Nr. 596/2014 (Marktmissbrauchsverordnung) abgegeben hat, da die Mitteilung in der Hauptversammlung nur einen Teil der Bereichsöffentlichkeit erreicht.[207] Notfalls sind die technischen Voraussetzungen dafür zu schaffen, dass eine Ad hoc-Mitteilung aus der Hauptversammlung heraus erfolgen kann.[208]

2. Unternehmensverträge

82   Vor der Entscheidung der Hauptversammlung über die Zustimmung zum Abschluss eines Unternehmensvertrags hat der Vorstand den Unternehmensvertrag bzw. seinen Entwurf in der Hauptversammlung zu erläutern (§ 293g Abs. 2 S. 1 AktG). Anders als bei der Erläuterung des Jahresabschlusses, des Lageberichts, des Berichts des Aufsichtsrats und des Gewinnverwendungsvorschlags ist die Erläuterungspflicht nicht als Soll-, sondern als Muss-Vorschrift ausgestaltet. Der Vorstand kann die Aktionäre demnach nicht auf ihr Fragerecht verweisen. Eine Pflicht zur wörtlichen Verlesung des vollständigen Vertragstextes besteht indessen auch hier nicht;[209] eine Verlesung würde auch der Erläuterungspflicht idR nicht genügen.

---

[201] *Brönner* in GroßkommAktG AktG § 176 Rn. 9; *Reger* in Bürgers/Körber AktG § 176 Rn. 4; *Drygala* in K. Schmidt/Lutter AktG § 176 Rn. 12.
[202] Vgl. *Koch* in Hüffer/Koch AktG § 176 Rn. 5.
[203] *Euler/Klein* in Spindler/Stilz AktG § 176 Rn. 14.
[204] *Koch* in Hüffer/Koch AktG § 176 Rn. 5; *Steiner* HV der AG § 9a Rn. 3; *Butzke* H Rn. 39.
[205] *Adler/Düring/Schmaltz* AktG § 176 Rn. 17.
[206] *Kropff* in Geßler/Hefermehl AktG § 176 Rn. 7; *Koch* in Hüffer/Koch AktG § 176 Rn. 3; *Butzke* H Rn. 39; *Euler/Klein* in Spindler/Stilz AktG § 176 Rn. 11.
[207] An die Stelle des § 13 WpHG idF vom 1.11.2007 ist mit Wirkung zum 3.7.2016 Art. 7 der Marktmissbrauchsverordnung getreten, an die Stelle des § 15 WpHG idF vom 5.1.2007 Art. 17 der Marktmissbrauchsverordnung. Eine abweichende Beurteilung der Problematik ergibt sich hieraus in vorliegendem Fall allerdings voraussichtlich nicht, vgl. daher zur alten Rechtslage: *Assmann* in Assmann/Schneider WpHG § 13 Rn. 40; *Butzke* G Rn. 79; *Schneider/Singhof* FS Kraft, 1998, 585 (594 ff.).
[208] *Schneider/Singhof* FS Kraft, 1998, 585 (598).
[209] *Altmeppen* in MüKoAktG AktG § 293g Rn. 5.

Den Aktionären ist im Rahmen einer **zusammenfassenden Darstellung** der **wesentli-** 83
che Inhalt des Vertrags darzulegen, um ihnen auf diese Weise ein zutreffendes Bild vom Gesamtvorhaben zu verschaffen und ihnen die maßgeblichen Entscheidungskriterien aufzuzeigen.[210] Dabei sind insbes. die Gründe und Folgen des Vertragsschlusses in rechtlicher und wirtschaftlicher Hinsicht sowie etwaige Nachteile darzustellen.[211] In diesem Kontext hat der Vorstand auf die Ausgleichs- und Abfindungsregelung bzw. die Gegenleistungen bei Unternehmensverträgen iSd § 292 AktG sowie deren Angemessenheit einzugehen.[212] Die Erläuterung muss idR ihrem **Umfang** nach über den im Rahmen der Einberufung der Hauptversammlung zu veröffentlichenden wesentlichen Inhalt des Vertrags hinausgehen,[213] kann andererseits aber hinter der Intensität des Vorstandsberichts zurückbleiben. IdR reicht eine kurze Zusammenfassung und Aktualisierung des Berichts des Vorstands.[214] Innerhalb des so gezogenen Rahmens steht dem Vorstand ein Ermessensspielraum zu.[215]

Von der Erläuterungspflicht sind solche Informationen **nicht erfasst,** deren Offenle- 84
gung der Gesellschaft oder einem mit ihr verbundenen Unternehmen einen nicht unerheblichen Nachteil zufügen würde.[216] In diesem Fall hat der Vorstand die Gründe zu nennen, aus denen eine Erläuterung unterbleibt.

Durch ausführliche Erläuterungen in der Hauptversammlung können in gewissem Um- 85
fang auch **Mängel** des schriftlichen **Vorstandsberichts behoben** werden, sofern es sich um Angaben handelt, die außerhalb des Kernbereichs der Informationspflicht liegen.[217]

3. Vermögensübertragungen

Soll die Hauptversammlung einem Vertrag zustimmen, durch den sich die Gesellschaft zur 86
Übertragung ihres gesamten Vermögens verpflichtet, ist dieser **Vertrag** zu Beginn der Verhandlung vom Vorstand zu erläutern (§ 179a Abs. 2 S. 5 AktG). Den Aktionären ist das Gesamtvorhaben darzulegen, und die Gründe und Folgen der geplanten Maßnahme sind in rechtlicher und wirtschaftlicher Sicht aufzuzeigen.[218] Dabei hat der Vorstand auch auf die **Nebenabreden** einzugehen, die mit dem Hauptvertrag eine Einheit bilden.[219] Die Darstellung des Vorstands hat auch hier über die Erläuterung des wesentlichen Vertragsinhalts hinauszugehen. Im Übrigen gelten die zur Erläuterung von Unternehmens- und Verschmelzungsverträgen entwickelten Grundsätze entsprechend.[220] Eine Verlesung des Vertrags ist daher nicht geboten und umgekehrt auch zur Erfüllung der Erläuterungspflicht idR nicht genügend.[221]

---

[210] *Emmerich/Habersack* Aktien/GmbH-KonzernR AktG § 293g Rn. 6 f.
[211] *Koch* in Hüffer/Koch AktG § 293g Rn. 2a; *Altmeppen* in MüKoAktG AktG § 293g Rn. 6; *Veil* in Spindler/Stilz AktG § 293g Rn. 5.
[212] *Geßler* in Geßler/Hefermehl AktG § 293 Rn. 71; *Emmerich/Habersack* Aktien/GmbH-KonzernR AktG § 293g Rn. 6; *Veil* in Spindler/Stilz AktG § 293g Rn. 5.
[213] *Geßler* in Geßler/Hefermehl AktG § 293 Rn. 71.
[214] *Emmerich/Habersack* Aktien/GmbH-KonzernR AktG § 293g Rn. 7.
[215] *Altmeppen* in MüKoAktG AktG § 293g Rn. 7.
[216] § 293a Abs. 2 AktG analog; vgl. *Emmerich/Habersack* Aktien/GmbH-KonzernR AktG § 293g Rn. 8; vgl. auch → § 11 Rn. 38 ff.
[217] Nach OLG München AG 1991, 210 (211) (Bezugsrechtsausschluss); LG Köln DB 1998, 542, LG München AG 2000, 86; LG Mainz ZIP 2001, 840 (842) können inhaltliche Mängel des Berichts durch in der Hauptversammlung erteilte Auskünfte grundsätzlich nicht geheilt werden; vgl. auch *Marsch-Barner* in Kallmeyer UmwG § 8 Rn. 35; dazu auch näher → § 5 Rn. 129 f.
[218] *Windbichler* AG 1981, 169 (172); wohl auch *Holzborn* in Spindler/Stilz AktG § 179a Rn. 26.
[219] Vgl. *Stein* in MüKoAktG AktG § 179a Rn. 63.
[220] *Kropff* in Geßler/Hefermehl AktG § 361 Rn. 34; vgl. auch *Koch* in Hüffer/Koch AktG § 179a Rn. 19.
[221] *Windbichler* AG 1981, 169 (172); *Körber* in Bürgers/Körber AktG § 179a Rn. 22.

4. Nachgründungsverträge

87 Auch Nachgründungsverträge sind in der Hauptversammlung, die über ihre Zustimmung entscheidet, vom Vorstand zu Beginn der Verhandlung zu erläutern.[222] Der Vorstand hat die einzelnen Bestimmungen des **Vertrags** und ihre Tragweite darzulegen.[223] Auch hier gilt im Grundsatz entsprechendes wie bei der Erläuterung eines Unternehmens- oder Verschmelzungsvertrags.[224] Sofern sich zwischen Abschluss des Nachgründungsvertrags wesentliche, für die Entscheidung der Aktionäre bedeutsame Veränderungen ergeben haben, sind auch diese vom Vorstand in der Hauptversammlung aufzuzeigen.

5. Umwandlungsvorgänge

a) Verschmelzung

88 Hat die Hauptversammlung über die Zustimmung zu einem Verschmelzungsvertrag zu entscheiden, ist der Vorstand gehalten, den **Verschmelzungsvertrag** zu Beginn der Verhandlung mündlich zu erläutern (§ 64 Abs. 1 S. 2 UmwG). Die Erläuterungspflicht des Vorstands vervollständigt damit die vor der Hauptversammlung bestehende Pflicht, einen schriftlichen Verschmelzungsbericht zu erstatten. Einer Verlesung des Textes des Vertrags bzw. seines Entwurfs bedarf es nicht.[225] Die Erläuterung des Vertrags ist – wie die Erläuterung eines Unternehmensvertrags – Angelegenheit des **Gesamtvorstands** (→ Rn. 59). Mit dessen Einverständnis oder aufgrund einer Regelung in der Satzung oder der Geschäftsordnung für den Vorstand kann die Erläuterung in der Hauptversammlung auch durch den Vorsitzenden oder Sprecher des Vorstands oder das ressortmäßig zuständige Mitglied erfolgen.[226] Von dieser Möglichkeit wird in der Praxis regelmäßig Gebrauch gemacht.

89 Nach dem Wortlaut des Gesetzes ist der Verschmelzungsbericht **zu Beginn der Verhandlung** zu erläutern. Damit ist nicht gemeint, dass der Vorstand bereits zu Beginn der Hauptversammlung auf den Verschmelzungsvertrag einzugehen hat.[227] Vielmehr macht der Vorstand seine Erläuterungen typischerweise vor dem Beginn der Generaldebatte zum Tagesordnungspunkt „Zustimmung zum Verschmelzungsvertrag", da auf diese Weise der notwendige inhaltliche Zusammenhang mit der Beschlussfassung hergestellt ist.[228]

90 Die **Erläuterung** des Verschmelzungsvertrags hat in einer komprimierten mündlichen Darstellung des wesentlichen Vertragsinhalts, der Gründe für die Verschmelzung und ihrer wesentlichen Konsequenzen in wirtschaftlicher und rechtlicher Hinsicht zu bestehen.[229] Den Aktionären sollen die Gründe für den Abschluss des Verschmelzungsvertrags bzw. die Aufstellung seines Entwurfs aus Sicht des Vorstands vor Augen geführt werden.[230] Die Erläuterungspflicht reicht grundsätzlich weniger weit als der Inhalt des Verschmelzungsberichts; es genügt eine **zusammenfassende Wiedergabe des Inhalts des Verschmel-**

---

[222] § 52 Abs. 2 S. 6 AktG. Zum Merkmal „zu Beginn der Verhandlung" → Rn. 70.
[223] *Barz* in GroßkommAktG, 3. Aufl. 1970 ff., AktG § 52 Anm. 8.
[224] *Eckardt* in Geßler/Hefermehl AktG § 52 Rn. 19; *Pentz* in MüKoAktG AktG § 52 Rn. 32.
[225] *Marsch-Barner* in Kallmeyer UmwG § 64 Rn. 3; *Engelmeyer* BB 1998, 330 (334); *Rose* in Maulbetsch/Klumpp/Rose, Umwandlungsgesetz, 2008, UmwG § 64 Rn. 4.
[226] *Bermel* in Goutier/Knopf/Tulloch, 1. Aufl. 1996, UmwG § 64 Rn. 7.
[227] So aber *Bayer* AG 1988, 323 (327).
[228] *Marsch-Barner* in Kallmeyer UmwG § 64 Rn. 4.
[229] *Stratz* in Schmitt/Hörtnagl/Stratz UmwG § 64 Rn. 5; *Marsch-Barner* in Kallmeyer UmwG § 64 Rn. 3; *Bermel* in Goutier/Knopf/Tulloch, 1. Aufl. 1996, UmwG § 64 Rn. 7; *Engelmeyer* BB 1998, 330 (334); vgl. bereits *Priester* ZGR 1990, 420 (432); *Rose* in Maulbetsch/Klumpp/Rose, Umwandlungsgesetz, 2008, UmwG § 64 Rn. 4.
[230] *Grunewald* in Lutter UmwG § 64 Rn. 5; *Kraft* in Kölner Komm. AktG § 340a Rn. 14.

zungsberichts.²³¹ Dies gilt insbes. für die Darlegung des Umtauschverhältnisses und der Höhe der angebotenen Barabfindung.²³² Insoweit ist es nicht erforderlich, die gesamten im Verschmelzungsbericht enthaltenen Berechnungen unter Angabe des Zahlenmaterials mündlich im Detail vorzutragen. Vielmehr reicht es aus, wenn der Vorstand abstrakt auf das Verhältnis der Unternehmenswerte eingeht, ohne die absoluten Werte konkret zu nennen.²³³ Dabei hängt der **Umfang** der Erläuterungen maßgeblich davon ab, wie ausführlich die Informationen sind, die den Aktionären im Verschmelzungsbericht zur Verfügung gestellt wurden.²³⁴

Die Erläuterungspflicht geht jedoch in bestimmten Bereichen über den Inhalt des Verschmelzungsberichts hinaus. Neben der Information derjenigen Aktionäre, die vor und in der Hauptversammlung keine Einsicht in den Verschmelzungsbericht genommen haben, ist Sinn der Erläuterungspflicht nämlich auch, die im Verschmelzungsbericht enthaltenen Angaben zu **aktualisieren**.²³⁵ Im Hinblick auf **wesentliche Veränderungen des Vermögens** der Gesellschaft ergibt sich diese Aktualisierungspflicht seit dem 3. UmwGÄndG²³⁶ nicht mehr aus § 143 UmwG aF, sondern ist vielmehr klarstellend in § 64 Abs. 1 S. 2 UmwG gesetzlich geregelt worden.²³⁷ Sind im Zeitpunkt der Erstellung des Berichts noch nicht absehbare, **neue Entwicklungen** eingetreten, die im Verschmelzungsbericht noch keinen Niederschlag finden konnten, hat der Vorstand die Aktionäre in der Hauptversammlung hiervon zu unterrichten.²³⁸ Der Vorstand hat vor allem zu erläutern ob das Umtauschverhältnis aufgrund von Geschäftsentwicklungen, die nach seiner Festlegung eingetreten sind, unzutreffend geworden oder die Verschmelzung aus wirtschaftlichen oder rechtlichen Gründen anders zu beurteilen ist.²³⁹ Der Aktionär muss sich ein Bild darüber verschaffen können, ob die im Verschmelzungsbericht enthaltenen Annahmen im Hinblick auf die kurzfristige Geschäftsentwicklung tatsächlich eingetreten sind. Auch muss der Vorstand auf sonstige Umstände in rechtlicher oder wirtschaftlicher Hinsicht eingehen, die das Verschmelzungsvorhaben in einem anderen Licht erscheinen lassen.²⁴⁰

In einem gewissen Rahmen können durch eingehende Erläuterungen in der Hauptversammlung auch **Mängel des Berichts geheilt** werden, die außerhalb des Kernbereichs der zu erteilenden Informationen liegen (→ Rn. 85). Besondere Informaionspflichten bestehen für den Vorstand auch gegenüber den **Vertregungsorganen der jeweiligen beteiligten Rechtsträger** (§ 64 Abs. 1 S. 3 Hs. 1 UmwG). Diese sind wiederum verpflichtet, die erhaltenen Informationen an die Anteilshaber der von ihnen vertretenen Rechtsträger weiterzuleiten (§ 64 Abs. 1 S. 3 Hs. 2 UmwG).²⁴¹

---

[231] OLG Hamburg WM 2002, 696 (701) (Ausgliederung); *Grunewald* in Lutter UmwG § 64 Rn. 5; *Stratz* in Schmitt/Hörtnagl/Stratz UmwG § 64 Rn. 5; *Rieger* in Widmann/Mayer UmwG § 64 Rn. 12; *Marsch-Barner* in Kallmeyer UmwG § 64 Rn. 3; *Diekmann* in Semler/Stengel UmwG § 64 Rn. 9.
[232] *Engelmeyer* BB 1998, 330 (334).
[233] *Marsch-Barner* in Kallmeyer UmwG § 64 Rn. 3; *Grunewald* in Lutter UmwG § 64 Rn. 5; *Rieger* in Widmann/Mayer UmwG § 64 Rn. 12; *Rose* in Maulbetsch/Klumpp/Rose, Umwandlungsgesetz, 2008, UmwG § 64 Rn. 4; aA *Kraft* in Kölner Komm. AktG § 340d Rn. 14.
[234] Vgl. zum Formwechsel *Vossius* in Widmann/Mayer UmwG § 232 Rn. 28.
[235] *Rieger* in Widmann/Mayer UmwG § 64 Rn. 13; *Diekmann* in Semler/Stengel UmwG § 64 Rn. 9; *Grunewald* in Lutter UmwG § 64 Rn. 6.
[236] Drittes Gesetz zur Änderung des Umwandlungsgesetzes 11.7.2011, BGBl. 2011 I 1338.
[237] *Rieger* in Widmann/Mayer UmwG § 64 Rn. 13.
[238] *Marsch-Barner* in Kallmeyer UmwG § 64 Rn. 5; *Bermel* in Goutier/Knopf/Tulloch, 1. Aufl. 1996, UmwG § 64 Rn. 8; *Engelmeyer* BB 1998, 330 (335); vgl. bereits Bayer AG 1988, 323 (328).
[239] *Rieger* in Widmann/Mayer UmwG § 64 Rn. 17; Bayer AG 1988, 323 (329); *Stratz* in Schmitt/Hörtnagl/Stratz UmwG § 64 Rn. 5; *Priester* ZGR 1990, 420 (432).
[240] *Grunewald* in Lutter UmwG § 64 Rn. 6.
[241] *Stratz* in Schmitt/Hörtnagl/Stratz UmwG § 64 Rn. 4.

b) Spaltung

aa) Grundsatz

93 Die für die Verschmelzung entwickelten Grundsätze finden auf die Spaltung entsprechende Anwendung (§§ 125 S. 1, 135 Abs. 1 S. 1 iVm § 64 UmwG). Auch der **Spaltungsvertrag** – bzw. bei der Spaltung zur Neugründung der **Spaltungsplan** – ist vom Vorstand seinem wesentlichen Inhalt nach zu erläutern,[242] unabhängig davon, ob die AG (oder die KGaA) als übertragender oder übernehmender Rechtsträger an der Spaltung beteiligt ist. Auch insoweit reicht eine zusammenfassende Darstellung aus.[243]

bb) Besondere Informationspflicht gegenüber den Aktionären

94 War nach alter Rechtslage eine AG (oder KGaA) als übertragender Rechtsträger an einer Spaltung beteiligt, so sah das Gesetz für die Spaltung ergänzend eine besondere Aktualisierungspflicht für den Vorstand vor (§ 143 S. 1 UmwG aF). Mit dem Dritten Gesetz zur Änderung des Umwandlungsgesetzes v. 11.7.2011[244] ist § 143 UmwG vollständig neu gefasst worden. Die Aktualisierungspflicht des Vorstands wird nunmehr vollständig durch den Verweis von § 125 UmwG auf § 64 Abs. 1 S. 2 UmwG und dessen Informationspflicht mitumfasst, so dass § 143 S. 1 UmwG und die Aktualisierungspflicht des Vorstands in ihrer bisherigen Fassung obsolet geworden sind.[245] Der Verweis umfasst die Berichtspflicht des Vorstands gegenüber den Aktionären über jede wesentliche **Veränderung des Vermögens** der Gesellschaft, die zwischen dem Abschluss des Vertrags oder der Aufstellung des Entwurfs und dem Zeitpunkt der Beschlussfassung eingetreten ist (§ 64 Abs. 1 S. 2 UmwG).[246] Über die Berichtspflicht in § 64 Abs. 1 S. 2 UmwG werden alle Verschmelzungsvorgänge unter Beteiligung von Aktiengesellschaften oder KGaAs erfasst.[247] Bezüglich des Inhalts der Informationspflicht gelten die Erläuterungen zu den Verschmelzungsverträgen im Hinblick auf § 64 Abs. 1 S. 2 UmwG entsprechend (→ Rn. 88 ff.). Die Unterrichtungspflicht besteht unabhängig davon, ob es sich um eine Spaltung zur Aufnahme oder zur Neugründung handelt.[248]

cc) Informationspflichten gegenüber den Vertretungsorganen der übernehmenden Gesellschaft

95 Mit dem Verweis von § 125 UmwG auf § 64 UmwG gilt für die Spaltung auch die Pflicht des Vorstands, die Vertretungsorgane der beteiligten Gesellschaften zu unterrichten (§ 64 Abs. 1 S. 3 Hs. 1 UmwG), die mit einer Informationspflicht der Vertretungsorgane gegenüber den Anteilsinhabern der von ihnen vertretenen Gesellschaft korrespondiert (§ 64 Abs. 1 S. 3 Hs. 2 UmwG).

c) Formwechsel

96 Sowohl bei einer Umwandlung in eine Personengesellschaft als auch in eine andere Kapitalgesellschaft hat der Vorstand einer AG in der Hauptversammlung zu Beginn der Verhandlung den Entwurf des **Umwandlungsbeschlusses** zu erläutern (§§ 232 Abs. 2, 239 Abs. 2 UmwG). Die Erläuterung ist – wie bei der Verschmelzung und der Spaltung – darauf gerichtet, den wesentlichen Inhalt des Umwandlungsberichts im Wege einer zusammenfassenden Darstellung unter Herausstellung der für die Beschlussfassung maßgebli-

---

[242] *Sickinger* in Kallmeyer UmwG § 125 Rn. 72; *Rieger* in Widmann/Mayer UmwG § 64 Rn. 2.
[243] OLG Hamburg WM 2002, 696 (701).
[244] 3. UmwGÄndG BGBl. 2011 I 1338.
[245] *Schwab* in Lutter UmwG § 143 Rn. 1.
[246] *Sickinger* in Kallmeyer UmwG § 125 Rn. 72.
[247] *Sickinger* in Kallmeyer UmwG § 125 Rn. 72.
[248] *Sickinger* in Kallmeyer UmwG § 125 Rn. 72.

chen wirtschaftlichen und rechtlichen Aspekte zusammenfassend darzustellen.[249] Zudem sind den Gesellschaftern zwischenzeitlich eingetretene **Veränderungen** aufzuzeigen, die eine abweichende Beurteilung des Umwandlungsvorhabens in rechtlicher oder wirtschaftlicher Sicht erforderlich machen.[250] Hinsichtlich des **Umfangs** der Erläuterungen gilt im Übrigen im Grundsatz das Gleiche wie für die Erläuterung des Verschmelzungsberichts.[251] Es genügt also eine kurze zusammenfassende Darstellung. Eine Verlesung ist nicht erforderlich und wäre auch nicht ausreichend.[252]

6. Eingliederung

Der Vorstand der zukünftigen Hauptgesellschaft hat einen ausführlichen schriftlichen Eingliederungsbericht zu erstellen.[253] Darüber hinaus hat er jedem Aktionär Auskunft über alle im Zusammenhang mit der Eingliederung wesentlichen Angelegenheiten der einzugliedernden Gesellschaft, bei der Mehrheitseingliederung auch über die künftige Hauptgesellschaft, zu geben (§§ 319 Abs. 3 S. 5, 320 Abs. 1 S. 3 AktG). Eine Pflicht zur Erläuterung des Eingliederungsvorhabens ist im Gesetz ausdrücklich nicht vorgesehen. Gleichwohl ist anerkannt, dass den Vorstand analog § 293g Abs. 2 S. 1 AktG eine Pflicht zur Erläuterung trifft.[254] Da es einen Eingliederungsvertrag nicht gibt, müssen sich die Ausführungen des Vorstands auf das Eingliederungsvorhaben beziehen.

97

7. Ausschluss von Minderheitsaktionären (Squeeze out)

In der Hauptversammlung, die über den Ausschluss von Minderheitsaktionären entscheiden soll (→ § 35), kann der Vorstand dem **Hauptaktionär** nach pflichtgemäßem Ermessen Gelegenheit zu geben, den Entwurf des Übertragungsbeschlusses und die Bemessung der Höhe der Abfindung zu Beginn der Verhandlung mündlich zu erläutern (§ 327d S. 2 AktG). Eine ausdrückliche Verpflichtung des Vorstands zur Erläuterung des Ausschlussvorhabens enthält das Gesetz – ähnlich wie bei der Eingliederung – nicht. Auch wenn sich in der Regierungsbegründung[255] hierzu keine Hinweise finden, entspricht es einem **allgemeinen Rechtsgrundsatz,** dass der Vorstand zur Erläuterung der Vorlagen verpflichtet ist.[256] Die Erläuterungspflicht des Vorstands kommt nur insoweit nicht zum Tragen, wie der **Hauptaktionär** Ausführungen zum Beschlussentwurf und zur Höhe der Barabfindung macht.[257] Sind die Ausführungen des Hauptaktionärs inhaltlich unrichtig oder unzureichend, greift die Erläuterungspflicht des Vorstands wieder ein, vorausgesetzt, er verfügt über die erforderlichen Informationen. Der Vorstand bzw. der Hauptaktionär sind verpflichtet, die im schriftlichen Bericht enthaltenen Ausführungen ggf. zu **aktualisieren.**[258]

98

---

[249] *Göthel* in Lutter UmwG § 232 Rn. 5; *Vossius* in Widmann/Mayer UmwG § 232 Rn. 17.
[250] *Stratz* in Schmitt/Hörtnagl/Stratz UmwG § 232 Rn. 2; *Blasche* in Kallmeyer UmwG § 232 Rn. 4; *Vossius* in Widmann/Mayer UmwG § 232 Rn. 17 f.; vgl. auch *Göthel* in Lutter UmwG § 232 Rn. 5.
[251] *Stratz* in Schmitt/Hörtnagl/Stratz UmwG § 232 Rn. 2.
[252] *Göthel* in Lutter UmwG § 232 Rn. 2; *Vossius* in Widmann/Mayer UmwG § 232 Rn. 27.
[253] §§ 319 Abs. 3 S. 1 Nr. 3, 320 Abs. 1 S. 3 AktG; → § 34 Rn. 7 ff.
[254] *Koppensteiner* in Kölner Komm. AktG § 319 Rn. 10; *Grunewald* in MüKoAktG AktG § 319 Rn. 31; *Koch* in Hüffer/Koch AktG § 319 Rn. 12; *Emmerich/Habersack* Aktien/GmbH-KonzernR AktG § 319 Rn. 21.
[255] RegBegr BT-Drs. 14/7034, 73.
[256] Zutr. *Koch* in Hüffer/Koch AktG § 327d Rn. 4; OLG Hamburg ZIP 2003, 1344 (1348); vgl. auch *Kiem* RWS-Forum 20, 2001, 329, 341 ff.
[257] Ähnlich OLG Stuttgart AG 2004, 105 (106).
[258] RegBegr BT-Drs. 14/7034, 73.

8. Sonstige strukturändernde Maßnahmen

99 Soll die Hauptversammlung über die Zustimmung zu strukturändernden Maßnahmen iSd „Holzmüller/Gelatine"-Rechtsprechung entscheiden, hat der Vorstand den zugrunde liegenden **Vertrag** bzw. das **Konzept** in der Hauptversammlung mündlich zu erläutern.[259] Dies gilt insbes. für Ausgliederungsvorhaben im Wege der Einzelrechtsnachfolge.[260] Auch insoweit hat der Vorstand den **wesentlichen Inhalt** des Vertrags darzustellen und auf die Gründe und Konsequenzen in rechtlicher und wirtschaftlicher Hinsicht einzugehen. Insbes. bei Ausgliederungen im Wege der Einzelrechtsnachfolge ist – entsprechend der Rechtslage bei der Spaltung – auf wesentliche Veränderungen des Vermögens der Gesellschaft zwischen dem Abschluss des Vertrags und dem Zeitpunkt der Beschlussfassung einzugehen.[261] Aber auch ganz allgemein sind den Aktionären seit Erstellung des Berichts eingetretene Veränderungen, die für die Entscheidung über die Zustimmung relevant sind, vom Vorstand aufzuzeigen.

9. Verzichtsmöglichkeit

100 Die Aktionäre können auf die Erläuterung durch den Vorstand **verzichten**,[262] da sie nur ihrem Schutz dient. Dem steht nicht entgegen, dass das Gesetz keine ausdrückliche Verzichtsmöglichkeit enthält. Dies entspricht einem allgemeinen Rechtsgrundsatz. Der Verzicht ist nach zutreffender Ansicht **formlos** möglich und muss von **allen anwesenden Aktionären und Aktionärsvertretern** erklärt werden. Der Verzicht kann von den Aktionären sowohl vor als auch während der Hauptversammlung erklärt werden.

10. Anfechtungsrisiken

101 Soweit sich die Erläuterungspflicht des Vorstands auf den **Jahresabschluss,** den Lagebericht und den Gewinnverwendungsbeschluss bezieht, handelt es sich um eine Soll-Vorschrift. Damit ist die Frage aufgeworfen, ob eine unterbliebene Erläuterung beschlussrechtliche Konsequenzen nach sich zieht. Nach einer teilweise vertretenen Ansicht kann die ohne sachlichen Grund unterbliebene Erläuterung dieser Vorlagen einen Anfechtungsgrund bilden. Nach der wohl herrschenden und vorzugswürdigen Meinung handelt es sich bei der Erläuterungspflicht hingegen um eine bloße Ordnungsvorschrift, deren Verletzung **keinen Anfechtungstatbestand** begründet. Fühlen sich die Aktionäre durch die in den Vorlagen enthaltenen Angaben und die Ausführungen im Bericht des Aufsichtsrats nicht ausreichend unterrichtet, steht ihnen die Möglichkeit offen, die von ihnen ergänzend gewünschten Informationen durch Geltendmachung ihres Auskunftsrechts zu erlangen oder Vorstand und Aufsichtsrat die Entlastung zu verweigern. Nur wenn die Auskunftserteilung unberechtigt verweigert wird, kann dies einen Anfechtungsgrund begründen.

102 Anderes gilt hingegen für eine fehlende oder unzureichende Erläuterung eines **Unternehmens-** oder **Nachgründungsvertrags.** Da der Vorstand den Vertrag nach dem Ge-

---

[259] *Lutter* FS Fleck, 1988, 169 (175, 180); *Groß* AG 1996, 111 (117); vgl. auch LG Karlsruhe AG 1998, 99 (102) – Badenwerk – und LG Frankfurt a.M. NZG 1998, 113 (116) – ALTANA/Milupa, die beide offenbar inzident von einer Erläuterung ausgehen; OLG Schleswig AG 2006, 120 (123); im Ergebnis auch *Kort* AG 2006, 272 (275); aA wohl LG Hamburg DB 1997, 516 – Wünsche, das eine analoge Anwendung der Vorschriften des Umwandlungsrechts ablehnt. Zum Streitstand *Schlitt* in Semler/Stengel UmwG Anh. § 173 Rn. 54f.
[260] Im Einzelnen dazu *Schlitt* in Semler/Stengel UmwG Anh. § 173 Rn. 52ff.
[261] *Feddersen/Kiem* ZIP 1994, 1078 (1080); *Schlitt* in Semler/Stengel UmwG Anh. § 173 Rn. 60.
[262] Zum Formwechsel *Vossius* in Widmann/Mayer UmwG § 232 Rn. 29ff.

setzeswortlaut hier nicht nur erläutern soll, sondern muss, bleibt eine unterlassene Erläuterung nicht ohne beschlussrechtliche Folgen: Der gleichwohl gefasste Beschluss ist grundsätzlich **anfechtbar**.[263] Gleiches gilt für eine unterbliebene oder nicht genügende Erläuterung eines **Verschmelzungs-** oder **Spaltungsvertrags**, eines **Umwandlungs-, Eingliederungs- oder Squeeze out-Beschlusses** oder eines Vertrags über eine sonstige weitreichende **strukturändernde Maßnahme**.[264]

Darauf, dass die unzureichende Erläuterung kausal für den gefassten Beschluss ist, kommt es nicht an.[265] Maßgebend ist vielmehr, ob der Verfahrensfehler für die Wahrnehmung des Teilnahme- und Mitgliedschaftsrechts des Aktionärs relevant wurde.[266] Wegen unrichtiger, unvollständiger oder verweigerter Informationen – zu denen die Erläuterung von Vorlagen zählt[267] – kann demnach nur angefochten werden, wenn ein objektiv urteilender Aktionär die Erteilung der Information als wesentliche Voraussetzung für die sachgerechte Wahrnehmung seiner Teilnahme- und Mitgliedschaftsrechte angesehen hätte.[268] Der Gesetzgeber hat insoweit die früher herrschende Relevanztheorie kodifizieren wollen.[269]

103

Ein Informationsmangel ist demnach dann relevant und berechtigt zur Anfechtung, wenn dieser den Hauptversammlungsbeschluss unter einem Legitimationsdefizit leiden lässt, das bei wertender Betrachtung die Anfechtung rechtfertigt.[270] In diesem Zusammenhang kommt es nicht auf das hypothetische Abstimmungsverhalten des Aktionärs, sondern auf die Bedeutung des Informationsmangels für die Mitgliedschaftsrechte des Aktionärs an. Maßgeblich ist die Sicht des objektiv urteilenden Aktionärs mithin desjenigen, der vernünftig und im wohlverstandenen Unternehmensinteresse handelt und keine kurzfristigen Ziele, sondern nur die langfristige Ertrags- und Wettbewerbsfähigkeit der Gesellschaft verfolgt.[271]

104

Unabhängig von der Relevanz eines Informationsmangels ist eine Anfechtung jedoch ausgeschlossen, wenn dieser Bewertungsfragen wie die Ermittlung, Höhe oder Angemessenheit von Ausgleich, Abfindung, Zuzahlung oder sonstige Kompensationen betrifft und das Gesetz zur Klärung solcher Fragen grundsätzlich ein Spruchverfahren vorsieht (§ 243 Abs. 4 S. 2 AktG). Erfasst sind von diesem Anfechtungsausschluss beispielsweise entsprechende Verstöße gegen Erläuterungspflichten im Rahmen des Formwechsels[272] und der Verschmelzung.[273]

105

---

[263] *Arnold* in Kölner Komm. AktG § 52 Rn. 30; *Diekmann* ZIP 1996, 2149 (2152).
[264] *Marsch-Barner* in Kallmeyer UmwG § 64 Rn. 14; *Diekmann* in Semler/Stengel UmwG § 64 Rn. 13; *Sickinger* in Kallmeyer UmwG § 125 Rn. 72.
[265] *Stratz* in Schmitt/Hörtnagl/Stratz UmwG § 64 Rn. 9; *Vossius* in Widmann/Mayer UmwG § 232 Rn. 36.
[266] BGH NJW 2004, 3561; 2005, 828; WM 2007, 1932; zum Meinungsstand *Koch* in Hüffer/Koch AktG § 243 Rn. 13; → § 5 Rn. 132 f.
[267] *Noack/Zetsche* ZHR 2006, 218 (222).
[268] § 243 Abs. 4 S. 1 AktG.
[269] *Göz* in Bürgers/Körber AktG § 243 Rn. 8; *Kersting* ZGR 2007, 319 (323 ff.). Die hM versteht das Tatbestandsmerkmal „wesentlich" in diesem Zusammenhang nicht als Verschärfung der früher geltenden Relevanztheorie, da für die Mitgliedsrechte relevante, also für eine sachgerechte Beurteilung des Beschlussgegenstandes erforderliche Informationsmängel immer wesentlich sind. So zutr. *Würthwein* in Spindler/Stilz AktG § 243 Rn. 132 f.; *Schwab* in K. Schmidt/Lutter AktG § 243 Rn. 34 f.; *Koch* in Hüffer/Koch AktG § 243 Rn. 46b; aA *Weißhaupt* ZIP 2005, 1766 (1771).
[270] BGH NJW 2005, 828; *Koch* in Hüffer/Koch AktG § 243 Rn. 46a; *Göz* in Bürgers/Körber AktG § 243 Rn. 8.
[271] RegBegr UMAG BT-Drs. 15/5092, 26.
[272] §§ 210, 212 UmwG; vgl. auch zur alten Rechtslage BGHZ 146, 179 – MEZ; BGH ZIP 2001, 412 (413 f.) – Aqua Butzke.
[273] §§ 32, 34 UmwG.

VIII. Weitere Darlegungs- und Erläuterungspflichten

1. Erwerb eigener Aktien

106 Hat die Gesellschaft nach Maßgabe von § 71 Abs. 1 Nr. 1 und Nr. 8 AktG eigene Aktien erworben, hat der Vorstand die Aktionäre in der nächsten Hauptversammlung über die Gründe und den Zweck des Erwerbs, über die Zahl der erworbenen Aktien und den auf sie entfallenden Betrag des Grundkapitals, über deren Anteil am Grundkapital sowie über den Gegenwert der Aktien zu unterrichten (§ 71 Abs. 3 S. 1 AktG). Eine Darlegungspflicht des Vorstands in der Hauptversammlung besteht nicht, wenn die erforderlichen Angaben bereits in der Hauptversammlungseinladung enthalten sind. Die Angaben können auch entfallen, sofern sie im Anhang des Jahresabschlusses enthalten sind, den die Hauptversammlung entgegennimmt.[274]

2. Ausnutzung eines genehmigten Kapitals

107 Die Berichtspflichten des Vorstands im Zusammenhang mit der Ausnutzung eines genehmigten Kapitals bei Ausschluss des Bezugsrechts sind umstritten. Nach hM ist der Vorstand nicht gehalten, die Aktionäre vor der Durchführung der Kapitalerhöhung über den Bezugsrechtsausschluss und seine Gründe zu unterrichten.[275] Auch trifft ihn keine Pflicht, anlässlich der Einberufung der Hauptversammlung einen schriftlichen Bericht zu erstatten.[276] Vielmehr erachtet es die hM als ausreichend, wenn der Vorstand über die Einzelheiten des realisierten Vorhabens in der nächsten Hauptversammlung berichtet.[277] Das damit einhergehende Kontrolldefizit der Hauptversammlung wird durch eine angemessene gerichtliche Kontrolle der Vorstandsentscheidung ausgeglichen.[278]

IX. Auskunftspflichten

1. Adressat der Auskunftspflicht

108 Jedem Aktionär ist in der Hauptversammlung vom Vorstand Auskunft über die Angelegenheiten der Gesellschaft zu geben, soweit die Auskunft zur sachgemäßen Beurteilung der Gegenstände der Tagesordnung erforderlich ist.[279] Schuldnerin des Auskunftsrechts ist die **Gesellschaft,** die ihre mit dem Auskunftsrecht des Aktionärs korrespondierende Auskunftsverpflichtung entsprechend dem Wortlaut des Gesetzes organschaftlich durch den **Vorstand** erfüllt.[280]

---

[274] Vgl. RegBegr. BT-Drs. 8/1678, 15; *Koch* in Hüffer/Koch AktG § 71 Rn. 22.
[275] So aber *Hirte* in GroßkommAktG AktG § 203 Rn. 86; *Meilicke/Heidel* DB 2000, 2358 (2359); krit. auch *Bayer* in Hommelhoff/Lutter/Schmidt/Schön/Ulmer (Hrsg.), Corporate Governance, ZHR 2002, Beiheft Bd. 71, 137, 154.
[276] So aber wohl *Ihrig* WiB 1997, 1181 (1182).
[277] BGH BB 2005, 2767 (2769) – Mangusta/Commerzbank I und II; *Cahn* ZHR 164 (2000), 113 (118); *Reichert/Senger* Der Konzern 2006, 722 (726 f.); *Wilsing* ZGR 2006, 722 (726 f.); *Schlitt,* Die Satzung der KGaA, 1999, 117; *Singhof* WuB II A. § 203 AktG 1.01; *Aha* BB 2001, 2225 (2232); *Marsch* AG 1981, 211 (214); *Heinsius* FS Kellermann, 1991, 115 (123); *Quack* ZGR 1983, 257 (264). Ebenso inzwischen auch *Hüffer* ZGR 2001, 833 (845) mit Fn. 51; *Koch* in Hüffer/Koch AktG § 203 Rn. 37; anders noch *Hüffer,* AktG, 4. Aufl. 1999, AktG § 203 Rn. 36 mwN; wohl auch BGHZ 136, 133 (140 f.) – Siemens-Nold.
[278] BGH BB 2005, 2767 (2769) – Mangusta/Commerzbank I und II.
[279] § 131 Abs. 1 S. 1 AktG. Zum Auskunftsrecht des Aktionärs im Einzelnen → § 11 Rn. 14 ff.
[280] OLG Stuttgart AG 1998, 529 (534); *Eckardt* in Geßler/Hefermehl AktG § 131 Rn. 61; *Koch* in Hüffer/Koch AktG § 131 Rn. 5; *Decher* in GroßkommAktG AktG § 131 Rn. 90; *Hoffmann-Becking* in MHdB AG § 38 Rn. 6; *Steiner* HV der AG § 11 Rn. 7; *Groß* AG 1997, 97 (99).

2. Erteilung der Auskunft durch den Vorstand

a) Zuständigkeit des Vorstands

Für die Erfüllung der der Gesellschaft obliegenden Auskunftsverpflichtung ist der Vorstand als **Gesamtorgan** zuständig. Damit ist weder das einzelne Vorstandsmitglied noch der **Aufsichtsrat** noch der **Leiter** der Hauptversammlung Adressat der Auskunftsverpflichtung.[281] Dass der **Abschlussprüfer** gegenüber den Aktionären zur Auskunftserteilung nicht verpflichtet ist, regelt das Gesetz ausdrücklich (§ 176 Abs. 2 S. 3 AktG). Bekundungen durch den Leiter der Hauptversammlung oder ein Aufsichtsratsmitglied sind keine Auskünfte im engeren Sinne, auch wenn die Frage – was in der Praxis häufig vorkommt – vom Aktionär unmittelbar an eine dieser Personen gerichtet wird. Dies schließt freilich nicht aus, dass die gewünschten Angaben durch eine Person, die nicht Mitglied des Vorstands ist, etwa den **Versammlungsleiter,** den Aufsichtsratsvorsitzenden oder durch ein Aufsichtsratsmitglied gemacht werden. Der Vorstand muss den Äußerungen einer anderen Person zuvor zustimmen und sich die Bekundung zu eigen machen.[282] IdR kann die Billigung durch den Vorstand darin gesehen werden, dass er der Äußerung dieser Person in der Versammlung nicht widerspricht.[283] Macht sich der Vorstand eine ablehnende Reaktion des Versammlungsleiters zu eigen, liegt hierin umgekehrt eine zulässige konkludente Auskunftsverweigerung.[284]

109

Von **anderen Personen** als dem Vorstand kann der Aktionär eine Auskunftserteilung nicht verlangen.[285] Der **Aufsichtsrat** ist folglich auch dann nicht auskunftsverpflichtet, wenn die Frage Angelegenheiten tangiert, die in seinen Zuständigkeitsbereich fallen.[286] Selbst wenn sich die Fragen auf den Aufsichtsrat, dessen Überwachungstätigkeit oder auf interne Vorgänge innerhalb des Aufsichtsrats beziehen, sind die Auskünfte vom Vorstand zu erteilen.[287] Auch kann der Aktionär vom Aufsichtsrat keine ergänzenden Auskünfte zu dessen Bericht über den Jahresabschluss verlangen.[288] Auch den **Leiter der Hauptversammlung** trifft, sieht man einmal von Fragen zum Gang der Versammlung ab, keine Auskunftsverpflichtung gegenüber den Aktionären. Dies schließt eine Auskunftserteilung durch den Versammlungsleiter (zB zu Gehaltsfragen des Vorstands), insbes. wenn es sich dabei – wie idR – um den Aufsichtsratsvorsitzenden handelt, nicht aus. Wird aus dem Kreis der Aktionäre eine Frage an den Versammlungsleiter gerichtet, hat er diese an den Vorstand weiterzuleiten.[289]

110

Auskunftsverpflichtet ist immer der **amtierende** Vorstand, auch soweit sich die Frage auf Vorgänge bezieht, die vor seiner Amtszeit stattgefunden haben.[290] Kann der Vorstand

111

---

[281] *Barz* in GroßkommAktG, 3. Aufl. 1970 ff., AktG § 131 Anm. 4; *Kersting* in Kölner Komm. AktG § 131 Rn. 70, 72.
[282] OLG Celle AG 2005, 438 (440); *Kersting* in Kölner Komm. AktG § 131 Rn. 72; *Koch* in Hüffer/Koch AktG § 131 Rn. 6; *Decher* in GroßkommAktG AktG § 131 Rn. 91; vgl. auch OLG Düsseldorf NJW 1988, 1033 (1034).
[283] *Barz* in GroßkommAktG, 3. Aufl. 1970 ff., AktG § 13 Anm. 4.
[284] Vgl. BGHZ 101, 1 (5); *Koch* in Hüffer/Koch AktG § 131 Rn. 23.
[285] *Koch* in Hüffer/Koch AktG § 131 Rn. 6; vgl. *Reger* in Bürgers/Körber AktG § 131 Rn. 5; *Siems* in Spindler/Stilz AktG § 131 Rn. 17; *Spindler* in K. Schmidt/Lutter AktG § 131 Rn. 16, 23; ebenso OLG Celle AG 2005, 438 (440).
[286] Vgl. die Nachweise in Fn. 290.
[287] OLG Düsseldorf NJW 1988, 1033 (1034); *Barz* in GroßkommAktG, 3. Aufl. 1970 ff., AktG § 131 Anm. 4; *Koch* in Hüffer/Koch AktG § 131 Rn. 6; *Groß* AG 1997, 97 (99); aA *Trescher* DB 1990, 515 ff.; vgl. *Spindler* in K. Schmidt/Lutter AktG § 131 Rn. 18.
[288] *Eckardt* in Geßler/Hefermehl AktG § 131 Rn. 61; aA *Mutze* AG 1966, 173 (174).
[289] *Eckardt* in Geßler/Hefermehl AktG § 131 Rn. 8; *Koch* in Hüffer/Koch AktG § 131 Rn. 8; *Decher* in GroßkommAktG AktG § 131 Rn. 91.
[290] *Barz* in GroßkommAktG, 3. Aufl. 1970 ff., AktG § 131 Anm. 4; *Kersting* in Kölner Komm. AktG § 131 Rn. 71; *Eckardt* in Geßler/Hefermehl AktG § 131 Rn. 61 ff.; *Reger* in Bürgers/Körber AktG § 131 Rn. 5; *Spindler* in K. Schmidt/Lutter AktG § 131 Rn. 16; *Kubis* in MüKoAktG AktG § 131 Rn. 20 aA *Steiner*

Fragen nicht aus seinem eigenen Wissen beantworten, weil sie sich auf Geschäftsvorfälle beziehen, die sich vor seiner Amtszeit ereignet haben, ist er verpflichtet, sich entsprechend zu informieren.[291] Sind zwischenzeitlich **ausgeschiedene Vorstandsmitglieder** gegenüber der Gesellschaft aufgrund nachwirkender Verpflichtungen aus dem Dienstverhältnis ausnahmsweise zur Auskunft verpflichtet, können die Aktionäre hieraus keinen unmittelbaren Auskunftsanspruch gegen das ausgeschiedene Vorstandsmitglied in der Hauptversammlung ableiten.[292]

b) Entscheidung über die Auskunftserteilung oder -verweigerung

112 Über die Frage der Auskunftserteilung oder -verweigerung bzw. den Umfang der zu erteilenden Auskunft entscheidet allein der Vorstand.[293] Die Entscheidungszuständigkeit kann weder in der Satzung noch in der Geschäftsordnung auf den Aufsichtsrat oder dessen Vorsitzenden delegiert werden. Auch der Vorstand kann sich dieser Kompetenz nicht freiwillig begeben. Selbst ein Beschluss der Hauptversammlung, die Auskunft nicht zu erteilen, vermag den Vorstand nicht von seiner Auskunftsverpflichtung zu befreien.[294] Hieraus folgt umgekehrt, dass der Versammlungsleiter nicht berechtigt ist, dem Vorstand die Beantwortung einzelner Fragen zu untersagen. Freilich ist der Aufsichtsrat aufgrund seiner Überwachungstätigkeit zu einer Intervention berechtigt und verpflichtet, wenn der Vorstand in der Hauptversammlung nach Ansicht des Aufsichtsrats unzutreffende oder unvollständige Auskünfte gibt oder die Auskunft verweigert, obwohl kein Auskunftsverweigerungsrecht besteht.[295]

113 Da es sich bei der Auskunftserteilung um eine Maßnahme der Geschäftsführung und nicht der Vertretung im Außenverhältnis handelt,[296] hat der Vorstand an sich einen **einstimmigen Beschluss** über die Auskunftserteilung oder -verweigerung zu fassen, sofern nicht Satzung oder Geschäftsordnung eine **Mehrheitsentscheidung** oder die Entscheidungszuständigkeit bestimmter Mitglieder vorsieht.[297] Vorbehaltlich einer abweichenden Regelung in der Satzung oder der Geschäftsordnung für den Vorstand wären **einzelne Vorstandsmitglieder** daher nicht ohne weiteres berechtigt, die vom Aktionär aufgeworfene Frage direkt zu beantworten. Im Hinblick auf die Fülle der in einer Hauptversammlung gestellten Fragen ist es jedoch praktisch unmöglich, vor der Erteilung einer Auskunft jeweils eine Entscheidung im Vorstand herbeizuführen. Zwar wäre es zulässig, dass der Vorstand bereits vor der Hauptversammlung Beschluss fasst, die Beantwortung bestimmter Fragen zu verweigern, sofern sich nicht aus der Hauptversammlung neue Aspekte ergeben,[298] oder dass der Vorstandsvorsitzende bzw. -sprecher berechtigt ist, über die Auskunftserteilung unmittelbar zu entscheiden.[299] Aber selbst wenn eine solche vorgelagerte Beschlussfassung – wie idR – nicht stattfindet, bestehen gegen die verbreitete Praxis, dass der **Vorstandsvorsitzende oder -sprecher** oder das für das betroffene Ressort zuständige Vorstandsmitglied die Auskunft erteilt, keine Bedenken, sofern die Auskunftserteilung

---

HV der AG § 11 Rn. 7, der in diesen Fällen analog § 131 AktG eine Pflicht des Aufsichtsrats zur Beantwortung annimmt.
[291] *Steiner* HV der AG § 11 Rn. 9.
[292] *Decher* in GroßkommAktG AktG § 131 Rn. 90.
[293] *Eckardt* in Geßler/Hefermehl AktG § 131 Rn. 75.
[294] BGHZ 36, 121 (127); *Eckardt* in Geßler/Hefermehl AktG § 131 Rn. 75.
[295] *Barz* in GroßkommAktG, 3. Aufl. 1970ff., AktG § 131 Anm. 4.
[296] BGHZ 36, 121 (129); OLG Frankfurt a.M. AG 1986, 233; *Spindler* in K. Schmidt/Lutter AktG § Rn. 17; *Kubis* in MüKoAktG AktG § 131 Rn. 20; *Koch* in Hüffer/Koch AktG § 131 Rn. 7.
[297] Vgl. § 77 Abs. 1 AktG. *Kersting* in Kölner Komm. AktG § 131 Rn. 74; *Eckardt* in Geßler/Hefermehl AktG § 131 Rn. 76; *Koch* in Hüffer/Koch AktG § 131 Rn. 7; *Decher* in GroßkommAktG AktG § 131 Rn. 90; *Meilicke/Heidel* DStR 1992, 72 (74); *Butzke* G Rn. 26. Die abweichende, noch zu § 70 AktG 1937 ergangene Rspr. des BGH (BGHZ 36, 121 (129f.)), wonach eine einstimmige Beschlussfassung nicht erforderlich ist, ist überholt.
[298] Vgl. LG Essen AG 1962, 126; *Eckardt* in Geßler/Hefermehl AktG § 131 Rn. 76.
[299] *Hoffmann-Becking* in MHdB AG § 38 Rn. 6.

zumindest vom **konkludenten Einverständnis** der übrigen Vorstandsmitglieder getragen wird.[300] Hiervon wird man ausgehen können, wenn die Auskunft in Einklang mit der bisherigen Meinung des Gesamtvorstands steht.[301] Ist ein Vorstandsmitglied mit der Auskunftserteilung über eine sensible Information nicht einverstanden, hat es sofort zu widersprechen, um eine Ad hoc-Entscheidung des Vorstands herbeizuführen.[302] In der Praxis kommt dies nur höchst selten vor, da sich das auskunftserteilende Vorstandsmitglied der Zustimmung seiner Vorstandskollegen sicher weiß oder, soweit es dies für erforderlich hält, sich ihrer Zustimmung durch Blickkontakt vergewissert.

Die Auskunftserteilung liegt nicht im Ermessen des Vorstands, sondern kann nur bei Eingreifen eines **Verweigerungsgrunds** abgelehnt werden (§ 131 Abs. 3 AktG; dazu → § 11 Rn. 38 ff.). Herrscht im Kreis der Vorstandsmitglieder ausnahmsweise über das Bestehen eines Auskunftsverweigerungsrechts hinsichtlich sensibler Informationen **Dissens** und kommt ein Ad hoc-Beschluss über die Auskunftsverweigerung mit der erforderlichen Anzahl der Stimmen nicht zustande, wird man davon auszugehen haben, dass die Auskunft im Zweifel zu erteilen ist.[303] Denn die Auskunftserteilung stellt nach dem Gesetz den Grundsatz dar und die Verweigerung die Ausnahme. Besteht über die Auskunftsverweigerung im Grunde Einigkeit, ist es unerheblich, wenn im Vorstand kein Konsens über den konkreten Verweigerungsgrund herrscht.[304] Besteht im Vorstand zwar grundsätzlicher Konsens über die Auskunftsbereitschaft, kann aber keine Einigung über den genauen **Inhalt** einer Auskunft herbeigeführt werden, muss die Auskunft sehenden Auges, dass sich die Gesellschaft dann einem Auskunftserzwingungsverfahren (§ 132 AktG) oder einer Anfechtungsklage (§ 243 Abs. 4 AktG) aussetzt, verweigert werden.[305]

3. Art und Weise der Auskunftserteilung

Die Auskunft muss vollständig, zutreffend und sachgemäß sein.[306] Die Auskunft ist **in der Versammlung** zu erteilen.[307] Der Vorstand ist daher nicht gehalten, eine im Vorfeld der Hauptversammlung verlangte Auskunft zu geben, wenn der Aktionär seine Frage in der Hauptversammlung nicht, zumindest in Kurzform, nochmals wiederholt;[308] denn nur so wird deutlich, dass der Aktionär an seinem Auskunftsverlangen festhält. Die Möglichkeit, auch online an der Hauptversammlung teilzunehmen, hat zur Folge, dass sich die Auskunftserteilung auch an die Aktionäre richtet, die ihre Rechte virtuell, also ohne physisch an der Hauptversammlung anwesend zu sein, ausgeübt haben.[309] Die Auskunft ist **mündlich** zu erteilen. Der Aktionär hat schließlich keinen Anspruch auf schriftliche Beantwortung der von ihm aufgeworfenen Fragen.[310]

---

[300] *Barz* in GroßkommAktG, 3. Aufl. 1970 ff., AktG § 131 Anm. 4; *Spindler* in K. Schmidt/Lutter AktG § 131 Rn. 17; *Siems* in Spindler/Stilz AktG § 131 Rn. 16; *Hoffmann-Becking* in MHdB AG § 38 Rn. 6; *Butzke* G Rn. 26; vgl. auch BGH WM 1961, 1324 (1325); LG Essen AG 1962, 1325.
[301] *Decher* in GroßkommAktG AktG § 131 Rn. 90.
[302] *Barz* in GroßkommAktG, 3. Aufl. 1970 ff., AktG § 131 Anm. 4.
[303] *Barz* in GroßkommAktG, 3. Aufl. 1970 ff., AktG § 131 Anm. 4.
[304] BGHZ 36, 121 (127); *Eckardt* in Geßler/Hefermehl AktG § 131 Rn. 76.
[305] Vgl. § 132 AktG; *Barz* in GroßkommAktG, 3. Aufl. 1970 ff., AktG § 131 Anm. 4.
[306] OLG Stuttgart AG 2005, 94 (94); vgl. *Reger* in Bürgers/Körber AktG § 131 Rn. 17.
[307] Vgl. auch BGHZ 122, 211 (236 f.).
[308] Vgl. AG Köln AG 1991, 38; *Butzke* G Rn. 29. Eine schriftliche Fragestellung in der Hauptversammlung ist demgegenüber zulässig. *Decher* in GroßkommAktG AktG § 131 Rn. 98; so wohl auch *Siems* in Spindler/Stilz AktG § 131 Rn. 19.
[309] Dies muss aber in der Satzung vorgesehen sein vgl. § 118 Abs. 1 S. 2 AktG.
[310] BGHZ 122, 211 (236 f.); *Koch* in Hüffer/Koch AktG § 131 Rn. 22; *Kersting* in Kölner Komm. AktG § 131 Rn. 492; *Meilicke/Heidel* DStR 1992, 72 (74); krit. *Kubis* FS Kropff, 1997, 171 (178) mwN.

116 Andererseits kann der Vorstand die Frage des Aktionärs nicht mit dem Hinweis auf eine spätere mündliche oder **schriftliche Beantwortung** seiner Fragen verweigern.[311] Gibt sich der Aktionär mit einer schriftlichen Antwort zufrieden, verzichtet er damit konkludent auf sein Auskunftsrecht, ohne dass die übrigen Aktionäre das Recht verlieren würden, sich die Frage zu eigen zu machen und Auskunft zu verlangen.[312] Der Aktionär kann auch grundsätzlich nicht auf eine **Einsichtnahme** in Unterlagen verwiesen werden, es sei denn, der Aktionär kann sich schneller und zuverlässiger durch Einsicht in die relevanten Unterlagen informieren als durch eine mündlich erteilte Information.[313] Dies ist insbes. dann anzunehmen, wenn die begehrten Informationen aus einer Vielzahl von Zahlen oder sonstiger Daten bestehen. Voraussetzung ist allerdings, dass dem die Information begehrenden Aktionär und den übrigen Aktionären während der Dauer der Hauptversammlung ausreichend Zeit und Gelegenheit für die Einsichtnahme in die Unterlagen gewährt wurde.[314]

117 Darüber hinaus hat der Aktionär kein **Recht auf Einsicht** in Unterlagen der Gesellschaft oder **Beleg** der erteilten Auskünfte durch Urkunden.[315] Insbes. besteht kein Recht auf Einsicht in einen Abhängigkeitsbericht. Die Hauptversammlung ist vom Ergebnis der Prüfung des Abhängigkeitsberichts lediglich im Rahmen des Aufsichtsratsberichts zu unterrichten (§ 314 Abs. 2 AktG).

118 Soweit sich die Fragen der Aktionäre auf Beschlusstexte, Verträge oder sonstige Dokumente beziehen, genügt eine inhaltliche Wiedergabe; eine **Verlesung** von Dokumenten kann der Aktionär grundsätzlich nicht verlangen.[316] Es ist ausreichend, wenn dem Aktionär der wesentliche Inhalt eines Dokuments mitgeteilt wird, wobei wesentlich mitunter sogar Umstände sein können, die in dem Dokument keinen Niederschlag gefunden haben.[317] Einen Anspruch auf Verlesung hat der Aktionär nur ausnahmsweise, wenn es auf den genauen Wortlaut eines Vertrags ankommt und eine zusammengefasste Beantwortung das Informationsbedürfnis des Aktionärs nicht befriedigt.[318] Der Aktionär kann seinen Anspruch nicht darauf stützen, dass er ohne Verlesung nicht beurteilen kann, ob ihm das Wesentliche mitgeteilt worden ist.[319] Je nach den Gegebenheiten des konkreten Falls kann die Verlesung unter Hinweis auf die vorangeschrittene Stunde, die für die Verlesung benötigte Zeit oder aus sonstigen wichtigen Gründen abgelehnt werden.[320]

119 Zu **persönlicher** Beantwortung der gestellten Fragen sind die Mitglieder des Vorstands nicht verpflichtet. Sie können die Beantwortung der Fragen auch einem **Mitarbeiter** oder einem externen **Sachverständigen** überlassen, sofern sie sich den Inhalt deren Aus-

---

[311] *Kersting* in Kölner Komm. AktG § 131 Rn. 493; *Eckardt* in Geßler/Hefermehl AktG § 131 Rn. 68; *Nietzschke/Bartsch* AG 1969, 95 (99).
[312] *Eckardt* in Geßler/Hefermehl AktG § 131 Rn. 68; *Steiner* HV der AG § 11 Rn. 15.
[313] *Butzke* G Rn. 35.
[314] BGHZ 101, 1 (15 f.); vgl. auch BGH NJW 1967, 1462; OLG Düsseldorf WM 1991, 2148 (2153); *Decher* in GroßkommAktG AktG § 131 Rn. 93; weitergehend *Kubis* FS Kropff, 1997, 171 (184 ff.).
[315] BGHZ 135, 48. 54; BGHZ 122, 211 (237); BGH NJW 1967, 1462 (1463); *Kersting* in Kölner Komm. AktG § 131 Rn. 498; *Eckardt* in Geßler/Hefermehl AktG § 131 Rn. 65, 71; *Decher* in GroßkommAktG AktG § 131 Rn. 93; *Hoffmann-Becking* in MHdB AG § 38 Rn. 40; *Steiner* HV der AG § 11 Rn. 12; *Reger* in Bürgers/Körber AktG § 131 Rn. 17a. aA *Pabst* BB 1956, 149.
[316] BGH NJW 1967, 1462 (1463); differenzierend *Kersting* in Kölner Komm. AktG § 131 Rn. 495; *Steiner* HV der AG § 11 Rn. 13. → § 11 Rn. 27; *Reger* in Bürgers/Körber AktG § 131 Rn. 17a; *Spindler* in K. Schmidt/Lutter AktG 131 Rn. 61.
[317] Die pauschale Wiedergabe des Vertragsgegenstands und der Vertragsparteien ist insbes. dann nicht ausreichend, wenn der Vertragstext am Nachmittag zuvor nur in englischer Sprache zugänglich gemacht wurde, vgl. OLG Schleswig WM 2006, 231 (235).
[318] BGH NJW 1967, 1462 („Vorgänge von lebenswichtiger Bedeutung"); *Kersting* in Kölner Komm. AktG § 131 Rn. 495; *Decher* in GroßkommAktG AktG § 131 Rn. 94; *Butzke* G Rn. 34; siehe bereits *Barz* in GroßkommAktG, 3. Aufl. 1970 ff., AktG § 131 Anm. 24; *Spindler* in K. Schmidt/Lutter AktG § 131 Rn. 61.
[319] *Decher* in GroßkommAktG AktG § 131 Rn. 94 mwN.
[320] BGH NJW 1967, 1462 (1463); *Decher* in GroßkommAktG AktG § 131 Rn. 95; weitergehend *Eckardt* in Geßler/Hefermehl AktG § 131 Rn. 69.

kunft zu eigen machen und dadurch die Verantwortung für die Richtigkeit und Vollständigkeit der gegebenen Antwort übernehmen.[321]

Der Vorstand muss die an ihn gerichteten Fragen nicht **sofort** beantworten. Namentlich bei umfangreichen und schwierigen Auskunftsbegehren verbleibt dem Vorstand eine **angemessene Zeit** zur Beschaffung der Informationen,[322] wobei er allerdings die erforderlichen Vorbereitungen durch Bereithaltung entsprechender Unterlagen und Beiziehung sachkundiger Mitarbeiter im „back office" bereits getroffen haben muss.[323]

Der Vorstand muss keineswegs auf jede Frage **gesondert** eingehen. Ein solches Vorgehen wäre auch wenig rational, da es den Vorstand mitunter zwingen würde, auf die gleiche Thematik mehrfach einzugehen. Es ist ohne Weiteres zulässig und idR auch empfehlenswert, mehrere von einem Aktionär oder von mehreren Aktionären zu einem Komplex gestellte Fragen in einer einheitlichen Stellungnahme **zusammengefasst** zu beantworten.[324] Eine solche Vorgehensweise hat zudem den Vorteil, dass der Vorstand Zeit gewinnt, die für die Beantwortung der gestellten Fragen erforderlichen Informationen zusammenzutragen und ggf. Rücksprache mit den zuständigen Mitarbeitern zu halten. Wird eine bereits beantwortete Frage wiederholt, kann sich der Vorstand mit dem Hinweis auf die bereits erfolgte Beantwortung begnügen.[325] Die **Wiederholung** einer bereits gegebenen Auskunft kann der Aktionär vom Vorstand nicht verlangen (→ § 11 Rn. 16).

Fraglich ist, ob der Vorstand verpflichtet ist, auch die Frage eines Aktionärs zu beantworten, der den Versammlungssaal bereits **verlassen** hat.[326] Zum Teil wird die Auffassung vertreten, der Vorstand bleibe auch in diesem Fall zur Erteilung der Auskunft verpflichtet.[327] Dies erscheint als zu weitgehend. Mit dem Verlassen des Versammlungssaals bringt der Aktionär seinen **Verzicht** auf die Erteilung der von ihm gewünschten Auskünfte zum Ausdruck. Die besseren Gründe sprechen dafür, in einer solchen Situation einen Anspruch des Aktionärs auf Beantwortung der Frage zu verneinen. Solange sich kein anderer Aktionär die gestellte Frage zu eigen macht oder die Nichtbeantwortung rügt, muss der Vorstand daher nicht mehr auf die Frage des Aktionärs zurückkommen.[328] Er ist auch nicht gehalten, in Erfahrung zu bringen, ob einer der verbleibenden Aktionäre die noch unbeantwortete Frage des Abwesenden aufgreifen möchte.[329] Angesichts der nicht völlig gesicherten Rechtslage sollte eine auf Vermeidung von Anfechtungsklagen gerichtete Praxis dahin gehen, die Frage vorsorglich noch zu beantworten.[330]

4. Vorbereitung auf die Auskunftserteilung

Die Auskünfte des Vorstands müssen den Grundsätzen einer gewissenhaften und getreuen Rechenschaft entsprechen (§ 131 Abs. 2 S. 1 AktG). Das heißt, der Vorstand darf **keine falschen oder irreführenden** Auskünfte erteilen und keine wesentlichen Tatsachen un-

---

[321] *Barz* in GroßkommAktG, 3. Aufl. 1970ff., AktG § 131 Anm. 4; *Eckardt* in Geßler/Hefermehl AktG § 131 Rn. 62; *Kubis* in MüKoAktG AktG § 131 Rn. 21.
[322] BGHZ 32, 159 (165); *Butzke* G Rn. 32f.
[323] Zur Vorbereitungspflicht im Einzelnen → Rn. 123ff.
[324] Vgl. statt aller *Barz* in GroßkommAktG, 3. Aufl. 1970ff., AktG § 131 Anm. 23; *Spindler* in K. Schmidt/Lutter AktG § 131 Rn. 60; *Kersting* in Kölner Komm. AktG § 131 Rn. 500; vgl. *Koch* in Hüffer/Koch AktG § 131 Rn. 22.
[325] LG Essen BB 1962, 612.
[326] Dies gilt auch bei der Online-Hauptversammlung, etwa wenn der betreffende Aktionär die Verbindung zur virtuellen Versammlung beendet hat.
[327] *Kubis* FS Kropff, 1997, 171 (183).
[328] LG Mainz AG 1988, 169; *Barz* in GroßkommAktG, 3. Aufl. 1970ff., AktG § 131 Anm. 4; *Kersting* in Kölner Komm. AktG § 131 Rn. 487; *Simon* AG 1996, 540 (541); *Butzke* G Rn. 30; dazu auch → § 11 Rn. 16.
[329] *Simon* AG 1996, 540 (541).
[330] *Koch* in Hüffer/Koch AktG § 131 Rn. 8; *Zöllner* in Kölner Komm, 2. Aufl. 1986–2004, AktG § 131 Rn. 79.

terschlagen.³³¹ Die Auskunftsverpflichtung des Vorstands bezieht sich aber nicht nur auf solche Fragen, die er aus eigenem Wissen ohne Vorbereitung beantworten kann. Der Vorstand darf die Beantwortung einer gestellten Frage demnach nur dann als unmöglich ablehnen, wenn er zuvor alle zumutbaren Bemühungen entfaltet hat, die begehrten Informationen zu erlangen.³³² Um eine Beantwortung der aufgeworfenen Fragen ohne wesentliche zeitliche Verzögerung zu ermöglichen, muss sich der Vorstand auf die Auskunftserteilung in der Hauptversammlung **angemessen vorbereiten,**³³³ was idR durch Bereithaltung von personellen und sachlichen Mitteln im sog „back office" geschieht.

124 Der Vorstand muss die für die Beantwortung der Fragen benötigten **Informationen und Daten** in der Hauptversammlung zur Verfügung halten. Gleichzeitig hat er Sorge dafür zu tragen, dass sachkundige **Mitarbeiter** in der Hauptversammlung präsent sind, selbst wenn die Hauptversammlung an einem Samstag oder außerhalb der üblichen Arbeitszeiten stattfindet.³³⁴ Während der Hauptversammlungen der meisten Publikumsgesellschaften steht im „back office" ein aus Mitarbeitern und externen Beratern zusammengesetztes Team bereit, das die zur Beantwortung der mutmaßlich gestellten Fragen erforderlichen Daten und Informationen parat hält. Um für eventuelle Fragen aus dem Aktionärskreis gerüstet zu sein, empfiehlt es sich, wenn der Vorstand bereits eine Liste der in der Hauptversammlung voraussichtlich gestellten **Fragen** (zB in der letzten Hauptversammlung, in anderen Hauptversammlungen oder derzeit gängige Fragen etc) vorbereitet („Q&A-List"), die ihm eine zügige und umfassende Auskunftserteilung erleichtert.³³⁵

125 Können spezielle Fragen während der Hauptversammlung trotz der gebotenen Vorbereitungsmaßnahmen nicht beantwortet werden, etwa weil mit ihnen nicht gerechnet werden konnte und die Beantwortung **umfangreiche Nachforschungen** oder die Vorbereitung anhand von Unterlagen verlangt, ist die Auskunftserteilung ausnahmsweise **unmöglich.** In diesem Fall verletzt der Vorstand seine Auskunftspflicht nicht, wenn er die Auskunftserteilung ablehnt.³³⁶ Beabsichtigt der Aktionär, eine ohne vorherige Vorbereitung nicht zu beantwortende Frage zu stellen, ist ihm zuzumuten, seine Fragen vor der Hauptversammlung **schriftlich** an den Vorstand zu richten. Erfolgt dies nicht, ist der Vorstand nicht gehalten, dem auskunftsbegehrenden Aktionär die schriftliche Beantwortung im Nachgang zur Hauptversammlung in Aussicht zu stellen, wiewohl eine solche Zusage sicherlich der Verbesserung des Verhandlungsklimas dient und daher in der Praxis häufig erfolgt.³³⁷

126 Hat der Vorstand seiner Vorbereitungspflicht genügt, bildet der vorhandene und in der Hauptversammlung unschwer und ohne große Verzögerung zu erreichende Kenntnisstand des Vorstands die Grenze des Auskunftsrechts.³³⁸

---

³³¹ Die Erteilung unrichtiger Auskünfte ist strafbewehrt, § 400 Abs. 1 Nr. 1 AktG.
³³² *Butzke* G Rn. 33; *Hoffmann-Becking* in MHdB AG § 38 Rn. 39.
³³³ BGHZ 32, 159 (165f.); OLG Düsseldorf AG 1992, 34 (35); *Kersting* in Kölner Komm. AktG § 131 Rn. 418; *Spindler* in K. Schmidt/Lutter AktG § 131 Rn. 64.
³³⁴ BGHZ 32, 159 (165); *Barz* in GroßkommAktG, 3. Aufl. 1970ff., AktG § 131 Anm. 23; *Eckardt* in Geßler/Hefermehl AktG § 131 Rn. 66; *Butzke* G Rn. 32. Vgl. auch BayObLG AG 1975, 78 (79); *Reger* in Bürgers/Körber AktG § 131 Rn. 15.
³³⁵ *Hoffmann-Becking* in MHdB AG § 38 Rn. 39.
³³⁶ BGHZ 32, 159 (166); BayObLG AG 1996, 180 (183); *Barz* in GroßkommAktG, 3. Aufl. 1970ff., AktG § 131 Anm. 23; *Eckardt* in Geßler/Hefermehl AktG § 131 Rn. 67; *Koch* in Hüffer/Koch AktG § 131 Rn. 10; *Spitze/Diekmann* ZHR 158 (1994), 447 (467); *Steiner* HV der AG § 11 Rn. 19.
³³⁷ Vgl. *Koch* in Hüffer/Koch AktG § 131 Rn. 10; *Butzke* G Rn. 33. Einen im Weg des Auskunftserzwingungsverfahrens durchsetzbaren Auskunftsanspruch kann der Aktionär aus einer solchen Ankündigung jedoch nicht herleiten, BayObLG AG 1996, 180 (183); aA *Meilicke/Heidel* DStR 1992, 72 (74).
³³⁸ OLG Hamm ZIP 2005, 1457 (1463); was der Vorstand danach in der Hauptversammlung nicht weiß, wird nicht von § 131 AktG erfasst vgl. OLG Brandenburg AG 2003, 328; OLG Hamburg AG 2002, 460 (462).

5. Beschränkung des Auskunftsrechts

Dem Versammlungsleiter ist es möglich, das Auskunftsrecht der Aktionäre zur ordnungsgemäßen Durchführung der Hauptversammlung und zum Schutz der Teilnahmerechte der übrigen Aktionäre, etwa durch Begrenzung der „Fragezeit" in konkreten Situationen zu beschränken.[339] Eine generelle Beschränkung des Auskunftsrechts kommt jedoch nur aufgrund einer Ermächtigung in der Satzung oder der Geschäftsordnung der Hauptversammlung nach § 129 AktG in Betracht (§ 131 Abs. 2 S. 2 AktG). Eine solche generelle zeitliche Beschränkung kann für die Hauptversammlung insgesamt, für einzelne Tagesordnungspunkte oder einzelne Redner,[340] entweder zu Beginn oder im Verlauf der Hauptversammlung bestimmt werden.[341]

X. Pflichten im Nachgang der Hauptversammlung

1. Ausführung von Hauptversammlungsbeschlüssen

Eine Reihe von Hauptversammlungsbeschlüssen ist aus sich heraus wirksam, ohne dass es noch eines besonderen Umsetzungsakts des Vorstands bedürfte, etwa die Entlastung der Mitglieder der Verwaltung oder die Wahl von Aufsichtsratsmitgliedern.[342] Sofern die Wirksamkeit von Beschlüssen im Außenverhältnis nicht unmittelbar eintritt, ist der Vorstand verpflichtet, die hierfür erforderlichen Handlungen vorzunehmen. Das Gesetz stellt dies klar, indem es dem Vorstand die Pflicht auferlegt, die von der Hauptversammlung im Rahmen ihrer Zuständigkeit beschlossenen Maßnahmen auszuführen (§ 83 Abs. 2 AktG).

a) Beschluss der Hauptversammlung

Die Ausführungspflicht des Vorstands erstreckt sich auf alle Beschlüsse, die die Hauptversammlung im Rahmen ihrer Zuständigkeit gefasst hat.[343] Der Vorstand hat folglich auch **Geschäftsführungsmaßnahmen** umzusetzen, sofern er diese der Hauptversammlung zur Zustimmung vorgelegt hat.[344] Von der Ausführungspflicht des Vorstands sind auch strukturändernde Maßnahmen iSd „Holzmüller/Gelatine"-Rechtsprechung umfasst.[345] Zur Ausführung ist der Vorstand selbst dann verpflichtet, wenn der Beschluss der Hauptversammlung von seinem Beschlussvorschlag abweicht.[346] Nur wenn die Hauptversammlung außerhalb ihres Kompetenzbereichs Beschlüsse gefasst hat, ist der Vorstand hieran nicht gebunden; ihn trifft dann ausnahmsweise keine Umsetzungspflicht.

Den Vorstand trifft eine Ausführungspflicht indessen nur insoweit, als er sich bei der Umsetzung des Beschlusses nicht schadensersatzpflichtig macht (vgl. § 93 Abs. 4 S. 1 AktG). Eine Ausführungspflicht besteht demnach nur bei **gesetzmäßigen** Beschlüssen der Hauptversammlung. Der Vorstand ist folglich dann nicht zur Ausführung verpflichtet, wenn es sich um einen nichtigen oder anfechtbaren Beschluss der Hauptversammlung

---

[339] BVerfG NJW 2000, 349 (351); *Koch* in Hüffer/Koch AktG § 131 Rn. 22a f.; zum Fragerecht des Aktionärs in der Hauptversammlung siehe § 11 Rn. 14 ff.
[340] RegBegr BT-Drs. 15/5092, 17.
[341] *Seibert* WM 2005, 157 (160); zum Ermessensspielraum des Versammlungsleiters *Reger* in Bürgers/Körber AktG § 131 Rn. 18; zum Streitstand, ob bei Geltung einer generellen Fragebeschränkung Fragen noch schriftlich gestellt werden können vgl. *Koch* in Hüffer/Koch AktG § 131 Rn. 8.
[342] Vgl. §§ 120, 101 AktG; *Hefermehl* in Geßler/Hefermehl AktG § 83 Rn. 9.
[343] *Hefermehl* in Geßler/Hefermehl AktG § 83 Rn. 10; *Wiesner* in MHdB AG § 25 Rn. 129.
[344] § 119 Abs. 2 AktG; BGH AG 2001, 261; *Meyer-Landrut* in GroßkommAktG, 3. Aufl. 1970 ff., AktG § 83 Rn. 5; *Koch* in Hüffer/Koch AktG § 83 Rn. 5.
[345] *Habersack* in GroßkommAktG AktG § 83 Rn. 6.
[346] *Hefermehl* in Geßler/Hefermehl AktG § 83 Rn. 11.

handelt. Gegen einen **anfechtbaren** Beschluss ist der Vorstand berechtigt – und bei einer Gefahr der Schädigung der Gesellschaft auch verpflichtet[347] – Anfechtungsklage zu erheben.[348] Bei (noch) anfechtbaren Beschlüssen trifft den Vorstand demnach auch keine Umsetzungspflicht.[349] Anders ist es grundsätzlich dann, wenn die Frist zur Anfechtung des Beschlusses abgelaufen ist. In diesem Fall muss der Vorstand den Beschluss ausführen, auch wenn er die Anfechtung eines gesellschaftsschädigenden Beschlusses pflichtwidrig unterlassen hat.[350] Ein **nichtiger** Beschluss ist vom Vorstand erst dann auszuführen, wenn dessen Nichtigkeit wegen Ablaufs einer Frist von drei Jahren seit der Eintragung in das Handelsregister nicht mehr geltend gemacht werden kann.[351] Bei im Übrigen **gesetzmäßigen Beschlüssen** soll der Vorstand auch dann nicht zur Ausführung verpflichtet sein, wenn der Beschluss den Interessen der Gesellschaft so offensichtlich zuwider läuft, dass die Umsetzung eine grobe Verletzung der Sorgfalt eines ordentlichen und gewissenhaften Geschäftsführers darstellt. Denn in diesen Fällen ist eine Haftung des Vorstands zwar gegenüber der Gesellschaft, nicht aber gegenüber den Gläubigern ausgeschlossen.[352] Dass der Vorstand mit dem gefassten Beschluss nicht einverstanden ist, reicht für sich genommen jedenfalls nicht aus, die Ausführung zu verweigern.[353]

131 Ferner hat die Ausführung des Beschlusses durch den Vorstand zu unterbleiben, soweit sie durch gerichtliche Entscheidung, namentlich durch einstweilige Verfügung verboten wird.[354]

132 **Ändert** sich die **Sach- und Rechtslage** wesentlich, ist der Vorstand zu einer Verweigerung der Ausführung berechtigt, wenn er Bedenken gegen die Recht- oder Zweckmäßigkeit der Ausführung hat.[355] Der Vorstand kann dann die Ausführung bei Information der Aktionäre **unterlassen.** Die Aktionäre können dann in einer weiteren Hauptversammlung über eine neuerliche Weisung an den Vorstand beschließen.[356]

b) Ausführung des Beschlusses

133 Zur Ausführung des Beschlusses sind alle Mitglieder des Vorstands verpflichtet, also auch solche, die die Maßnahme bei der Willensbildung im Gremium nicht mitgetragen haben. Die Ausführungspflicht des Vorstands besteht insbes. darin, die von der Hauptversammlung gefassten Beschlüsse zum **Handelsregister** der Gesellschaft **anzumelden.** Die Anmeldepflicht besteht namentlich bei Satzungsänderungen (§ 181 AktG), Kapitalerhöhungen (§ 184 AktG), Umwandlungen (§ 16 UmwG), dem Abschluss von Unternehmensverträgen[357] oder dem Ausschluss von Minderheitsaktionären (§ 327e Abs. 1 S. 1 AktG). Die Anmeldung ist öffentlich zu beglaubigen.

---

[347] *Wiesner* in MHdB AG § 25 Rn. 133; *Spindler* in MüKoAktG AktG § 83 Rn. 18.
[348] Vgl. § 245 Nr. 4, 5 AktG; *Koch* in Hüffer/Koch AktG § 243 Rn. 50.
[349] *Karsten Schmidt* in GroßkommAktG AktG § 243 Rn. 71; *Koch* in Hüffer/Koch AktG § 243 Rn. 50; *Wiesner* in MHdB AG § 25 Rn. 133, iE wohl auch *Mertens/Cahn* in Kölner Komm. AktG § 83 Rn. 10; *Seibt* in K. Schmidt/Lutter AktG § 83 Rn. 12.
[350] Vgl. auch BGHZ 33, 175 (178); *Koch* in Hüffer/Koch AktG § 243 Rn. 50; *Hefermehl* in Geßler/Hefermehl AktG § 83 Rn. 12; *Wiesner* in MHdB AG § 25 Rn. 133; aA *Zöllner* in Kölner Komm. AktG § 243 Rn. 5.
[351] Vgl. § 242 Abs. 2 AktG; *Zöllner* in Kölner Komm. AktG § 242 Rn. 46; *Wiesner* in MHdB AG § 25 Rn. 133; vgl. auch BGHZ 33, 175 (178); aA *Hefermehl* in Geßler/Hefermehl AktG § 93 Rn. 48; *Mestmäcker* BB 1961, 945 (948).
[352] Vgl. § 93 Abs. 5 AktG; *Hefermehl* in Geßler/Hefermehl AktG § 83 Rn. 10 f.
[353] *Meyer-Landrut* in GroßkommAktG, 3. Aufl. 1970 ff., AktG § 83 Rn. 5; zum Vorstandsverhalten bei angefochtenen oder noch anfechtbaren Hauptversammlungsbeschlüssen siehe auch *Volhard* ZGR 1996, 55 ff.
[354] OLG Frankfurt a.M. NZG 2004, 526 f.
[355] Ähnlich *Hefermehl* in Geßler/Hefermehl AktG § 83 Rn. 13.
[356] Zur Herbeiführungspflicht einer erneuten Entscheidung auf der Hauptversammlung siehe auch *Spindler* in MüKoAktG AktG § 83 Rn. 19; *Habersack* in GroßkommAktG AktG § 83 Rn. 13.
[357] Vgl. § 294 Abs. 1 AktG; BGHZ 122, 211 (217).

X. Pflichten im Nachgang der Hauptversammlung   § 10

c) Rechtsfolgen einer unterbleibenden Ausführung

Kommt der Vorstand seiner Ausführungspflicht nicht ordnungsgemäß nach, macht er sich **134**
der Gesellschaft gegenüber **schadensersatzpflichtig**.[358] Das pflichtwidrige Handeln kann
darüber hinaus einen wichtigen Grund zur **Abberufung** durch den Aufsichtsrat[359] oder
einen sachlichen Grund für den Vertrauensentzug durch die Hauptversammlung[360] darstellen. Fraglich ist, ob die Gesellschaft, vertreten durch den Aufsichtsrat (§ 112 AktG), den
Vorstand auch auf Ausführung des gefassten Beschlusses **verklagen** kann. Während eine
solche Erfüllungsklage teilweise mit dem Argument abgelehnt wird, sie laufe der Sache
nach auf einen unzulässigen Organstreit hinaus,[361] lässt die wohl hA eine solche Klage
zu.[362]

2. Einreichung der Niederschrift zum Handelsregister

Unverzüglich nach der Hauptversammlung hat der Vorstand eine öffentlich beglaubigte **135**
Abschrift der **notariellen Niederschrift** und ihrer Anlagen (Belege der Einberufung,
falls sie nicht unter Angabe ihres Inhalts in die Niederschrift aufgenommen wurden, ggf.
Verträge, deren Abschluss die Hauptversammlung zugestimmt hat, etc) zum Handelsregister einzureichen (§ 130 Abs. 5 AktG). Die Einreichung kann vom Registergericht im
Weg des Zwangsgeldverfahrens durchgesetzt werden (vgl. § 14 HGB).
   Ferner müssen bei börsennotierten Gesellschaften innerhalb von sieben Tagen nach der **136**
Hauptversammlung die festgestellten Abstimmungsergebnisse einschließlich der für jeden
Beschluss festgestellten Zahl der Aktien, für die gültige Stimmen abgegeben wurden, der
Anteil des durch die gültigen Stimmen vertretenen Grundkapitals und die Zahl der abgegebenen Stimmen, Gegenstimmen und ggf. Enthaltungen auf der Internetseite der Gesellschaft veröffentlicht werden (§ 130 Abs. 6 AktG).
   Wurde bei einer nicht börsennotierten Gesellschaft auf die Aufnahme einer notariellen **137**
Niederschrift verzichtet und ein privatschriftliches Protokoll errichtet, weil keine Beschlüsse gefasst wurden, für die das Gesetz eine Dreiviertel- oder größere Mehrheit bestimmt (vgl. § 130 Abs. 1 S. 3 AktG), ist eine Abschrift der vom Versammlungsleiter,
meist vom **Vorsitzenden des Aufsichtsrats unterzeichneten Niederschrift,** beim
Handelsregister einzureichen. Die Abschrift ist wie das Original vom Vorsitzenden zu unterzeichnen.[363] In diesem Fall verbleibt das Original der Niederschrift bei der Gesellschaft.[364] Eine Beglaubigung der Niederschrift ist nicht erforderlich.[365]
   Hat die Hauptversammlung Beschlüsse gefasst, die zum Handelsregister anzumelden **138**
sind, ersetzt eine **Anmeldung** der Beschlüsse die Einreichung der Niederschrift über die
Hauptversammlung nicht. Beide Pflichten bestehen nebeneinander,[366] wobei es jedoch
genügend ist, wenn die Niederschrift der Anmeldung beigeschlossen wird.[367] Bei der Be-

---

[358] § 93 AktG; *Koch* in Hüffer/Koch AktG § 83 Rn. 6; *Wiesner* in MHdB AG § 25 Rn. 134.
[359] *Hefermehl* in Geßler/Hefermehl AktG § 83 Rn. 14; *Wiesner* in MHdB AG § 25 Rn. 134.
[360] *Meyer-Landrut* in GroßkommAktG, 3. Aufl. 1970ff., AktG § 83 Rn. 5.
[361] *Koch* in Hüffer/Koch AktG § 83 Rn. 6; *Mertens/Cahn* in Kölner Komm. AktG § 83 Rn. 12; *Mertens* ZHR 154 (1990), 24 (34f.). Danach soll aber eine Klage einzelner Aktionäre gegen den Vorstand möglich sein.
[362] *Hefermehl* in Geßler/Hefermehl AktG § 83 Rn. 14; *Meyer-Landrut* in GroßkommAktG, 3. Aufl. 1970ff., AktG § 83 Rn. 18; *Spindler* in MüKoAktG AktG § 83 Rn. 27; *Seibt* in K. Schmidt/Lutter AktG § 83 Rn. 13; *Wiesner* in MHdB AG § 25 Rn. 134; vgl. auch *Hommelhoff* ZHR 143 (1979), 288 (310); *Stodolkowitz* ZHR 154 (1990), 1 (9).
[363] *Koch* in Hüffer/Koch AktG § 130 Rn. 27a.
[364] *Koch* in Hüffer/Koch AktG § 130 Rn. 27a.
[365] Vgl. *Koch* in Hüffer/Koch AktG § 130 Rn. 27a.
[366] *Zöllner* in Kölner Komm. AktG § 130 Rn. 90; *Barz* in GroßkommAktG, 3. Aufl. 1970ff., AktG § 130 Anm. 20; *Eckardt* in Geßler/Hefermehl AktG § 130 Rn. 73.
[367] *Koch* in Hüffer/Koch AktG § 130 Rn. 27.

schlussfassung über eine Satzungsänderung reicht es aus, wenn in der Anmeldung auf eine etwa bereits eingereichte Niederschrift verwiesen wird.[368]

3. Erteilung von Abschriften des Tonbandprotokolls?

139 In den Hauptversammlungen von Publikumsgesellschaften werden die Verhandlungen vielfach auf **Tonband** aufgezeichnet oder **stenographisch** mitgezeichnet. Gegen diese Praxis bestehen rechtlich keine Bedenken. Allerdings muss der Versammlungsleiter bei Tonbandaufzeichnungen, um nicht unzulässigerweise in das Rederecht des Aktionärs einzugreifen, die Teilnehmer der Hauptversammlung zu Beginn der Verhandlung auf die Aufnahme hinweisen und den Aktionären die Möglichkeit verschaffen, die Aufzeichnung für die Dauer ihrer eigenen Redebeiträge zu unterbinden.[369] Das Recht des Aktionärs, eine Unterbrechung der Aufzeichnung zu verlangen, entfällt jedoch, wenn die Hauptversammlung – im Einklang mit der Satzung der Gesellschaft – in Bild und Ton, insbes. auch als „virtuelle" Hauptversammlung übertragen wird.[370] Der Redebeitrag ist dann ohnehin unmittelbar in die Öffentlichkeit gelangt und Aufzeichnungen durch Dritte können nicht mehr verhindert werden. Eine rechtliche **Verpflichtung** zu einer Aufzeichnung, die von der notariellen Niederschrift iSd § 130 AktG zu unterscheiden ist, besteht nicht.[371]

140 Aus der Treupflicht der AG resultiert ein Anspruch der Aktionäre auf **Aushändigung** einer Abschrift der Tonbandaufzeichnung, des stenographischen Protokolls oder der Aufzeichnung, soweit es sich um die **eigenen Redebeiträge** und Fragen sowie die von den Vorstandsmitgliedern dazu gegebenen Stellungnahmen und Antworten handelt.[372] Die Aktionäre können die Aushändigung Zug um Zug gegen Erstattung der durch die Fertigung der Abschrift entstandenen Kosten verlangen.[373] Demgegenüber sind die Aktionäre nicht berechtigt, vom Vorstand eine **ungekürzte Tonbandaufnahme** oder eine **vollständige Protokollabschrift** zu fordern.[374] Ein solcher Anspruch kann auch nicht aus § 810 BGB hergeleitet werden, da die Gesellschaft das Protokoll ausschließlich im eigenen Interesse errichten lässt.[375] Die Rechte des Aktionärs sind ausreichend dadurch gewahrt, dass er beim elektronischen Handelsregister Einsicht in die notarielle Niederschrift nehmen oder sich eine Abschrift des Protokolls, in das bei Auskunftsverweigerung auf Verlangen des Aktionärs seine Frage und der Verweigerungsgrund aufzunehmen sind (§ 131 Abs. 5 AktG), erteilen lassen kann (§ 9 Abs. 2 HGB). Die Einsichtnahme in die eingereichten Schriftstücke beim Registergericht ist jedermann gestattet (§ 9 Abs. 1 S. 1 HGB). Ein berechtigtes Interesse an der Einsichtnahme oder an den Abschriften braucht nicht dargelegt zu werden.[376]

141 Ob diejenigen Aktionäre, die Widerspruch zu Protokoll gegeben haben, einen Anspruch auf einen **Protokollauszug** auch dann haben, wenn sie **keinen** eigenen **Redebeitrag** geleistet haben, ist streitig.[377] Die Frage stellt sich in ähnlicher Weise, wenn ein auskunftsbegehrender Aktionär Abschriften der Protokollteile, die **Fragen anderer Ak-**

---

[368] *Koch* in Hüffer/Koch AktG § 130 Rn. 27.
[369] BGH NJW 1994, 3094 – BMW; *Werner* in GroßkommAktG AktG § 130 Rn. 124; *Hoffmann-Becking* in MHdB AG § 37 Rn. 50; *Max* AG 1991, 77 (81).
[370] *Hoffmann-Becking* in MHdB AG § 37 Rn. 50; RegBegr. BT-Drs. 14/8769, 19f.; hierzu auch → § 13 Rn. 102.
[371] BGH NJW 1994, 3094 (3095) – BMW. Zur möglichen Regelung in einer Geschäftsordnung *Hennerkes/Kögel* DB 1999, 81.
[372] BGH NJW 1994, 3094 (3095) – BMW; zust. *Gehrlein* WM 1994, 2054 (2056 f.).
[373] BGH NJW 1994, 3094 (3095) – BMW; vgl. *Koch* in Hüffer/Koch AktG § 130 Rn. 33; aA *Zöllner* in Kölner Komm. AktG § 119 Rn. 63.
[374] BGH NJW 1994, 3094 (3095) – BMW; *Koch* in Hüffer/Koch AktG § 130 Rn. 33.
[375] Vgl. bereits *Max* AG 1991, 77 (84).
[376] *Koch* in Hüffer/Koch AktG § 130 Rn. 29.
[377] Der BGH hat die Frage jedenfalls im Hinblick auf die Antworten der Verwaltung offengelassen; ob er sie auch hinsichtlich der Fragen offen lassen wollte, bleibt unklar, vgl. BGH NJW 1994, 3094 (3097).

tionäre und die dazu gegebenen Antworten und Stellungnahmen des Vorstands betreffen, unter Hinweis darauf verlangt, er habe sich die Fragen der anderen Aktionäre zu eigen gemacht. Zum Teil wird ein solches Recht der Aktionäre bejaht.[378] Die besseren Gründe sprechen indessen gegen die Anerkennung eines solchen Anspruchs. Es bestehen bereits erhebliche Zweifel, ob sich die Herausgabe einer Abschrift des Tonbandprotokolls mit dem Persönlichkeitsrecht der anderen Aktionäre in Einklang bringen lässt, da diese auf die Entscheidung über die Aushändigung einer Abschrift keinen Einfluss haben. Selbst wenn man diese Bedenken nicht teilen wollte, scheidet der Anspruch aus anderen Gesichtspunkten aus. Denn der Aktionär ist nicht berechtigt, sich Fragen anderer Aktionäre pauschal zu eigen zu machen. Entscheidend kommt hinzu, dass das Aktienrecht ein über § 131 AktG hinausgehendes Informationsrecht des Aktionärs nicht kennt. Wollte man dem Aktionär das Recht auf eine Abschrift auch insoweit zubilligen, liefe dies der Sache nach auf die Anerkennung eines dem Aktienrecht unbekannten allgemeinen Auskunftsanspruchs und gleichzeitig auf einen unzulässigen Ausforschungsbeweis hinaus. Auch der Grundsatz der Waffengleichheit gebietet die Anfertigung und Herausgabe einer Abschrift nicht, da der Aktionär berechtigt und durchaus in der Lage ist, die Redebeiträge der anderen Aktionäre und die dazu gegebenen Antworten während der Hauptversammlung schriftlich zu fixieren oder fixieren zu lassen, ohne zuvor die Zustimmung der betreffenden Personen einholen zu müssen.[379]

4. Mitteilung von Hauptversammlungsbeschlüssen

Jedes Mitglied des Aufsichtsrats und jeder Aktionär kann eine Mitteilung der in der Hauptversammlung gefassten Beschlüsse verlangen (§ 125 Abs. 4 AktG). Der Vorstand hat die Mitteilung unverzüglich vorzunehmen. Sie kann auch auf elektronischem Weg erfolgen (vgl. § 125 Abs. 2 S. 2 AktG). Demgegenüber dürfte die Einstellung auf der Homepage der Gesellschaft nicht ausreichen.[380]

---

[378] *Max* AG 1991, 77 (84); *Gehrlein* WM 1994, 2054 (2058).
[379] BGH NJW 1994, 3094 (3095).
[380] *Koch* in Hüffer/Koch AktG § 125 Rn. 17.

§ 11 Die Rechte der Aktionäre in der Hauptversammlung

Übersicht

	Rn.
I. Überblick	1
II. Rederecht	2
1. Allgemein	2
2. Wortmeldung	5
3. Worterteilung	7
III. Fragerecht	14
1. Der Auskunftsanspruch	14
a) Allgemein	14
b) Auskunftsverpflichteter	19
c) Gegenstand der Auskunft	22
d) Mündliche Auskunft in der Hauptversammlung	25
e) Vollständige Auskunft	29
f) Besonders geregelte Auskunftsansprüche	34
2. Die Auskunftsverweigerung	38
a) Allgemein	38
b) Für die Gesellschaft nachteilige Auskünfte	43
c) Steuerliche Wertansätze oder die Höhe einzelner Steuern	45
d) Stille Reserven	46
e) Bilanzierungs- und Bewertungsmethoden	47
f) Strafbarkeit	48
g) Bankenprivileg	49
h) Im Internet bereits zugängliche Informationen	50
i) Insiderinformationen	51
j) Ungeschriebener Verweigerungsgrund: Missbrauch	52
k) Zeitliche Beschränkung	54
3. Alphabetische Übersicht	55
a) Zu erteilende Auskünfte	55
b) Nicht zu erteilende Auskünfte	56
4. Protokollierung von Auskunftsverlangen	57
5. Schluss der Debatte	58
IV. Einsichtsrecht	60
V. Stimmrecht	69
1. Allgemein	69
a) Stimmrecht und Teilnahmerecht	69
b) Beginn des Stimmrechts	70
c) Umfang des Stimmrechts (Stimmkraft)	71
2. Feststellung des Stimmrechts	75
a) Persönliche Voraussetzungen	76
b) Zusätzliche satzungsgemäße Voraussetzungen für die Ausübung des Stimmrechts, von AG benannter Stimmrechtsvertreter	87
3. Stimmrechtslose Vorzugsaktien	91
a) Aufleben des Stimmrechts	93
b) Sonderbeschlüsse	98
4. Stimmverbote	101
a) Ausschluss des Stimmrechts	101
b) Ruhen des Stimmrechts	110
5. Stimmpflichten	112
6. Depotstimmrecht	118
VI. Wort-, Ton-, Bild-Aufzeichnungen	124

Stichworte

Abstimmung Rn. 3
Aktionärsvereinigung Rn. 9
Angelegenheiten der Gesellschaft Rn. 2, 22
Auskunftsanspruch
– Auskunft im offenen Dialog Rn. 19
– Auskunftsverlangen mündlich oder in Form eines Fragenkatalogs Rn. 18, 26, 60
– Auskunftsverpflichteter Rn. 19
– Beantwortung durch Vorstandsbeschluss Rn. 20
– bei behaupteter unzureichender Beantwortung Rn. 17
– bei bereits erteilten Informationen Rn. 26
– bei Einholbarkeit der Auskunft aus vorliegenden Unterlagen Rn. 24
– bei Wiederholung von Fragen Rn. 16
– besonders gesetzlich geregelte Rn. 34
– des vor Auskunftserteilung sich entfernenden Aktionärs Rn. 58
– Erforderlichkeit der Auskunft Rn. 22 f.
– Gegenstand der Auskunft Rn. 22
– Geltendmachung gegenüber Versammlungsleiter Rn. 21
– nur in Hauptversammlung Rn. 25
– Pflicht zur Ankündigung von Fragen, deren Beantwortung Vorbereitung bedarf Rn. 31
– Pflicht zur Beantwortung grds. aller Fragen Rn. 15
– Pflicht zur Beschaffung erforderlicher Informationen Rn. 29 f.
– Pflicht zur Verlesung von Urkunden Rn. 27
– Pflicht zur vollständigen und zutreffenden Beantwortung Rn. 32
– Unmöglichkeit der Auskunftserteilung Rn. 33
– Unterlagen, Verweis auf ausliegende, Anspruch auf Vorlage von, Anspruch auf Verlesung ausliegender Rn. 28, 60
Auskunftsverweigerungsrecht
– Anspruch auf Protokollierung bei Verweigerung der Auskunft Rn. 57
– Begründungserfordernis Rn. 41
– Beispiele Rn. 55 f.
– bei drohenden Nachteilen für die Gesellschaft Rn. 43 f.
– bei drohender Strafbarkeit des Vorstands aufgrund Auskunftserteilung Rn. 48
– bei Eingreifen des Bankenprivilegs Rn. 49
– bei Fragen über Bilanzierungs- und Bewertungsmethoden Rn. 47
– bei Fragen über steuerliche Wertansätze oder die Höhe einzelner Steuern Rn. 45
– bei Fragen über stille Reserven Rn. 46
– bei Geschäftsführungsfragen nach Einholung der Entscheidung der Hauptversammlung Rn. 39

– bei im Internet bereits abrufbaren Informationen Rn. 50
– bei Insiderinformationen Rn. 51
– bei Missbrauch des Fragerechts Rn. 52 f.
– bei zeitlicher Beschränkung des Fragerechts Rn. 54
– Entscheidung durch Beschlussfassung über Rn. 40
Bankbescheinigung Rn. 77
Berechtigungsnachweis s. *Bankbescheinigung*
Bildaufnahmen von Hauptversammlung Rn. 125
Depotstimmrecht
– Ausübung in eigener Hauptversammlung des Kreditinstituts oder einer Gesellschaft, an der das Kreditinstitut beteiligt ist Rn. 122
Eigenbesitz Rn. 83
Einsichtsrecht
– bei Befassung der Hauptversammlung mit Geschäftsführungsmaßnahmen Rn. 66 ff.
– besonders gesetzlich geregelte Rn. 61, 62
– Recht auf Abschrift im Allgemeinen Rn. 63
– Recht auf Abschrift von Sonderprüfungsbericht Rn. 64
Einzeldebatte Rn. 5
Fragerecht Rn. 2, 14 ff.
Fremdbesitz Rn. 86
Generaldebatte Rn. 5, 12
Geschäftsanordnungsanträge Rn. 3
Institutsnachweis s. *Banknachweis*
Legitimationsaktionär Rn. 85
Mitverwaltungsrechte des Aktionärs Rn. 14
Nachauskunftsrecht Rn. 35 ff.
– im Rahmen von M&A-Fällen Rn. 35a
– nur auf Verlangen Rn. 35
Record Date Rn. 77
Redebeiträge Rn. 2
Rederecht Rn. 2 ff.
Redezeitbeschränkung Rn. 9
Stimmbindungsvertrag
– mit gesellschaftsfremden Dritten Rn. 114
– relative Wirkung Rn. 117
– Stimmbindung gegen Entgelt Rn. 116
– zwecks Bindung an Weisungen des Vorstandes oder Aufsichtsrats Rn. 115
– zwischen Aktionären Rn. 114
Stimmkraft s. *Stimmrecht, Umfang*
Stimmpflichten Rn. 112 ff.
Stimmrecht
– Beginn Rn. 70 f.
– Begriff Rn. 69
– Feststellung des Rn. 75 ff.
– Höchststimmrecht Rn. 71 ff.
– Mehrstimmrechte Rn. 74
– Umfang Rn. 71

I. Überblick

Stimmrechtslose Vorzugsaktien
- Aufleben des Stimmrechts Rn. 93 f.
- Erlöschen des wiederaufgelebten Stimmrechts Rn. 97
- Sonderbeschlüsse Rn. 98 ff.
- Umfang des wiederaufgelebten Stimmrechts Rn. 95
- Zeitpunkt des Auflebens Rn. 94a

Stimmrechtsvertreter Rn. 90

Stimmverbote
- abgeleitetes bei Stimmverbot ggü. nahen Angehörigen Rn. 105
- abgeleitetes der Gesellschaft bei Stimmverbot ggü. Gesellschafter Rn. 106
- abgeleitetes des Gesellschafters bei Stimmverbot ggü. Gesellschaft Rn. 107
- Ausschluss des Stimmrechts Rn. 101 ff.
- bei Ruhen des Stimmrechts Rn. 110 f.
- Folgen verbotener Stimmabgabe Rn. 108 f.

Teilnahmerecht Rn. 69
Tonaufnahmen von Hauptversammlung Rn. 125
Treupflicht, gesellschaftsrechtliche Rn. 112
Verhandlungssprache Rn. 13
Versammlungsleiter, Unparteilichkeit des Rn. 10
Vollmachtsbesitz Rn. 83
Wortaufzeichnung von Hauptversammlung Rn. 124 f.
Worterteilung Rn. 7 ff.
- Entscheidung über Rn. 7
- Reihenfolge der Rn. 7 ff.

Wortmeldetische Rn. 5
Wortmeldezettel Rn. 5
Wortmeldung Rn. 5 f.
- erneute Rn. 5
- spätere Rn. 6

Schrifttum:

Bezzenberger, Vorzugsaktien ohne Stimmrecht, 1991; *Emde*, Auskünfte inländischer Aktiengesellschaften für Bilanzen und Steuererklärungen ausländischer Aktionäre, ZIP 1998, 725; *Franken/Heinsius*, Das Spannungsverhältnis der allgemeinen Publizität zum Auskunftsrecht des Aktionärs, FS Budde, 1995, 214; *Götze*, Erteilung von Stimmrechtsvollmacht nach dem ARUG, NZG 2010, 93; *Henn*, Die Rechte des Aktionärs, 1984; *Hoffmann-Becking*, Das erweiterte Auskunftsrecht des Aktionärs nach § 131 Abs. 4 AktG, FS Rowedder, 1994, 155; *Hüffer*, Minderheitsbeteiligungen als Gegenstand aktienrechtlicher Auskunftsbegehren, ZIP 1996, 401; *Joussen*, Auskunftspflicht des Vorstandes nach § 131 AktG und Insiderrecht, DB 1994, 2485; *Kempter*, Zum Recht des Vorstands, keine Angaben über die Gesamtbezüge von Organen der Gesellschaft machen, BB 1996, 419; *Kiefner/Friebel*, Stimmrechtsausübung in der Hauptversammlung durch den Vollmachtgeber trotz fortbestehender Bevollmächtigung eines Vertreters?, NZG 2011, 887; *Kocher/Lönner*, Erforderlichkeit, Nachfrageobliegenheit und Gremienvertraulichkeit – Begrenzungen des Auskunftsrechts in der Hauptversammlung, AG 2014, 81; *Krieger*, Auskunftsanspruch der Aktionäre hinsichtlich der an anderen AG gehaltenen Anteile, DStR 1994, 177; *ders.*, Unbeantwortete Aktionärsfragen im notariellen Hauptversammlungsprotokoll, FS Priester, 2007, 387; *Kubis*, Auskunft ohne Grenzen?, ZGR 2014, 608; *Lieder*, Auskunftsrecht und Auskunftserzwingung, NZG 2014, 601; *Marsch-Barner*, Neuere Entwicklungen im Vollmachtsstimmrecht der Banken, FS Peltzer, 2001, 261; *ders.*, Zum Auskunftsrecht des Aktionärs in der Hauptversammlung, zugleich Anmerkung zum Beschluß des OLG Frankfurt vom 22.7.1983, WM 1984, 41; *Mutter*, Auskunftsansprüche der Aktionäre in der Hauptversammlung, 2002; *Nitschke/Bartsch*, Über Bedeutung und Umfang des Auskunftsrechts, insbesondere im Zusammenhang mit Entlastungsbeschlüssen, AG 1969, 95; *Pentz*, Auskunftsverlangen des Großaktionärs, FS Priester, 2007, 593; *Pöschke*, Auskunft ohne Grenzen? Die Bedeutung der Aktionärsrechterichtlinie für die Auslegung des § 131 Abs. 1 S. 1 AktG, ZIP 2010, 1221; *Reger*, Neues zum Auskunftsrecht in der Hauptversammlung, NZG 2013, 48; *Reuter*, Das Auskunftsrecht des Aktionärs – Neuere Rechtsprechung zu § 131 AktG, DB 1988, 2615; *Saenger*, Zum Auskunftsanspruch des Aktionärs über Minderheitsbeteiligungen, AG 1997, 145; *U.H. Schneider*, Der Auskunftsanspruch des Aktionärs im Konzern, FS Lutter, 2000, 1193; *Teichmann*, Fragerecht und Aktionärsrechterichtlinie, NZG 2014, 401; *Trouet*, Die Hauptversammlung – Organ der AG oder Forum der Aktionäre?, NJW 1986, 1302; *Villeda*, Stimmrechtsausschluss nach § 136 AktG und § 47 GmbHG für Drittgesellschaften, ihre Organmitglieder und Gesellschafter, AG 2013, 57; *von der Linden*, Wer entscheidet über die Form der Stimmrechtsausübung in der Hauptversammlung?, NZG 2012, 930; *Vossel*, Zum Auskunftsanspruch des Aktionärs im Konzern, ZIP 1988, 755; *Werner*, Die Beschlußfassung der Inhaber von stimmrechtslosen Vorzugsaktien, AG 1971, 69; *Wilsing/von der Linden*, Statuarische Ermächtigung des Hauptversammlungsleiters zur Beschränkung des Frage- und Rederechts, DB 2010, 1277; *Winnefeld*, Stimmrecht, Stimmabgabe und Beschluß, ihre Rechtsnatur und Behandlung, DB 1972, 1053.4.

I. Überblick

Jeder Aktionär hat zunächst das Recht, in der Hauptversammlung das Wort zu ergreifen, und zwar auch zur Abgabe von Erklärungen allgemeiner Art und auch, wenn er keine

1

Fragen stellt (Rederecht; → Rn. 2 ff.). Darüber hinaus müssen Fragen des Aktionärs auf der Hauptversammlung zu Angelegenheiten der Gesellschaft beantwortet werden, soweit die gewünschte Auskunft – aus der Sicht eines objektiv urteilenden Aktionärs – erforderlich ist, um einen Gegenstand der Tagesordnung sachgemäß beurteilen zu können (Frage- oder Auskunftsrecht; → Rn. 14 ff.). Unter bestimmten Voraussetzungen kann ein Aktionär auch verlangen, Einsicht in Unterlagen der Gesellschaft zu nehmen (Einsichtsrecht; → Rn. 60 ff.). Von besonderer Bedeutung im Hinblick auf die Gestaltung der Geschicke der Gesellschaft ist das Recht des Aktionärs, durch Stimmabgabe am Zustandekommen von Hauptversammlungsbeschlüssen mitzuwirken (Stimmrecht; → Rn. 69 ff.). Jeder Aktionär hat schließlich das Recht, sich schriftliche Aufzeichnungen vom Gang der Hauptversammlung zu machen, unzulässig sind demgegenüber Ton- oder Bildaufnahmen, wenn nicht sämtliche Betroffene zugestimmt haben (→ Rn. 124 f.).

II. Rederecht

1. Allgemein

2 „Die Aktionäre üben ihre Rechte in den Angelegenheiten der Gesellschaft in der Hauptversammlung aus".[1] Deswegen hat jeder Aktionär Anspruch darauf, in der Hauptversammlung das Wort zu ergreifen, und zwar auch zur Abgabe von Erklärungen allgemeiner Art und auch, wenn er keine Fragen stellt. Die **Redebeiträge** müssen sich lediglich – in einem weiten Sinn – auf **Angelegenheiten der Gesellschaft** beziehen, dagegen nicht zwingend auf die Tagesordnung. Etwas anderes gilt für das **Fragerecht**. Fragen müssen einen **Bezug zur Tagesordnung** haben.

3 Außerdem kann jeder Aktionär sich zu Fragen der Abwicklung der Hauptversammlung („Geschäftsordnung") äußern. Allerdings gibt es keinen – aktienrechtlichen – Grundsatz, dass zu **Geschäftsordnungsanträgen** das Wort jeweils sofort und vor Sachanträgen beansprucht werden kann.[2] Dies mag – insbesondere bei einem Antrag auf Abwahl des Versammlungsleiters – sachdienlich sein (und ist vom Versammlungsleiter zu prüfen), ist aber nicht zwingend. Für die **Abstimmung** – nach Schluss der Aussprache – gilt anderes: **Über Geschäftsordnungsfragen** dürfte, falls die Hauptversammlung zur Entscheidung befugt ist, vor Sachfragen abzustimmen sein.[3] Fehlt es an der Zuständigkeit, ist der Antrag später einfach zu übergehen.

4 Das Rederecht besteht unabhängig vom Fragerecht und auch unabhängig vom Stimmrecht. Auch Aktionäre, die nicht mitstimmen können (Vorzugsaktionäre ohne Stimmrecht (§§ 139, 140 Abs. 1 AktG) oder von einem Stimmverbot betroffene Aktionäre (§ 136 AktG)), sind daher berechtigt, in der Hauptversammlung das Wort zu ergreifen.

---

[1] § 118 Abs. 1 AktG. Zum Teilnahmerecht → § 8 Rn. 5 ff. Zur vom ARUG geschaffenen Möglichkeit, durch Satzung die schriftliche oder elektronische Stimmabgabe vor der Hauptversammlung zu ermöglichen (§ 118 Abs. 2 AktG) oder durch Zuschaltung im Wege elektronischer Kommunikation abwesende Aktionäre als anwesend zu behandeln (§ 118 Abs. 1 S. 2 AktG) siehe *Noack* WM 2009, 2289.
[2] *Martens* 84 f. Die Regelung des § 29 Abs. 1 S. 1 der Geschäftsordnung des Deutschen Bundestags kann man zwar auf die Hauptversammlung übertragen, aber man muss es nicht; aA *Kuhnt* FS Lieberknecht, 1997, 45 (51 f.), der meint, einem Redner sei zu Geschäftsordnungsfragen, soweit diese in die Entscheidungszuständigkeit der Hauptversammlung fallen, vorrangig das Wort zu erteilen. Auch → § 9 Rn. 103 ff.
[3] *Martens* 78. „Soll das Ziel des Geschäftsordnungsantrags nicht ins Leere gehen, muss über ihn abgestimmt werden, bevor über den Sachantrag durch Abstimmung entschieden worden ist", *Kuhnt* FS Lieberknecht, 1997, 45 (57).

2. Wortmeldung

Die Aktionäre werden üblicherweise aufgefordert, sofern sie von ihrem Rederecht Gebrauch machen wollen, sich im Lauf der Hauptversammlung durch Abgabe von **Wortmeldezetteln** an bestimmten Stellen („Wortmeldetischen") zu Wort zu melden. Die Wortmeldezettel sehen häufig Angaben dazu vor, zu welchem Tagesordnungspunkt einzeln das Wort gewünscht wird. Wird eine Aussprache zu jedem Tagesordnungspunkt einzeln geführt und erst nach deren Schluss der nächste Punkt der Tagesordnung aufgerufen (Einzeldebatte), ist einem Redner, der zu **verschiedenen Punkten** das Wort ergreifen will, das Wort wiederholt zu erteilen. Üblich ist heute allerdings die **„Generaldebatte"** zu allen Punkten der Tagesordnung. Jeder Redner erhält dann nur einmal das Wort und kann (muss) sich zu allen Punkten äußern. Erneut wird ihm das Wort nur aufgrund **erneuter Wortmeldung** erteilt. Im Allgemeinen melden sich Teilnehmer erneut zu Wort, wenn ihnen die Beantwortung der Fragen nicht ausreichend erscheint.

Ein Aktionär, der sich nicht meldet, wenn ihm das Wort erteilt worden ist, kann beanspruchen, das Wort **später** erteilt zu bekommen, falls es sich um eine Generaldebatte handelt oder die Aussprache zu dem Tagesordnungspunkt, zu dem er sich gemeldet hatte, bei seiner Rückkehr in den Versammlungsraum noch nicht abgeschlossen ist.

3. Worterteilung

Über die Worterteilung und ihre Reihenfolge entscheidet der Versammlungsleiter. Er ist nicht verpflichtet, den Rednern das Wort in der Reihenfolge zu erteilen, in der sie sich zu Wort gemeldet haben. Vielmehr ist er – insbesondere bei sehr zahlreichen Wortmeldungen – berechtigt, die Aussprache **thematisch** zu strukturieren.

Redebeiträge, die vermutlich inhaltlich zusammengehören – Vermutungen über den Inhalt von Redebeiträgen sind freilich allenfalls bei solchen Rednern möglich, die alljährlich auftreten oder die der Gesellschaft vorher mitgeteilt haben, wozu sie sich zu äußern gedenken –, können zu „Blöcken" zusammengefasst werden. Das erleichtert es nicht nur den anderen Aktionären, der Debatte zu folgen, sondern auch dem Vorstand, die gestellten Fragen in sachlichen Zusammenhängen zu beantworten.

Die Reihenfolge der Worterteilung ergibt sich daher aus sachlich-thematischen Gesichtspunkten und nicht aus dem – mehr oder weniger zufälligen – Zeitpunkt der Wortmeldung.[4] Üblich ist es allerdings, ohne Rücksicht auf den mutmaßlichen Inhalt des Redebeitrags, den Vertretern der **Aktionärsvereinigungen** und institutioneller Anleger vor anderen Rednern das Wort zu erteilen.[5] Das ist rechtlich nicht zu beanstanden und bislang gerichtlich noch nicht beanstandet worden, auch wenn früh erschienene Aktionäre sich mitunter darüber beschweren, dass ihnen das Wort zu spät erteilt wurde. Bei Hauptversammlungen mit vorauszusehender langer Dauer ist heute kaum noch ohne **Redezeitbeschränkung** auszukommen (→ § 9 Rn. 124 ff.).[6] Nicht selten wird dann die – nicht un-

---

[4] *Butzke* D Rn. 34 mwN. Auch der Aktionär, der mit Bedacht so früh erscheint, dass er seine Wortmeldung als Erster abgibt, hat keinen Anspruch darauf, dass ihm als Erstem das Wort erteilt wird.

[5] *Butzke* D Rn. 35. Zur Reihenfolge auch → § 9 Rn. 97 ff. mit Beispiel in → § 9 Rn. 104.

[6] Zur verfassungsrechtlichen Unbedenklichkeit siehe BVerfG ZIP 1999, 1798. Satzung oder Geschäftsordnung können den Versammlungsleiter zur Beschränkung des Frage- und Rederechts des Aktionärs ermächtigen (§ 131 Abs. 2 S. 2 AktG). Vgl. dazu *Wilsing/von der Linden* DB 2010, 1277. Nach Ziff. 2.2.4 DCGK soll der Versammlungsleiter sich bei der Abwicklung der Hauptversammlung „davon leiten lassen, dass die ordentliche Hauptversammlung spätestens nach 4 bis 6 Stunden beendet ist." Diese Zeitspanne fand sich auch in der Begründung des Gesetzesentwurfs zum UMAG (BR-Drs. 3/05, 33 und BT-Drs. 15/5092, 17), ist aber nicht ins Gesetz aufgenommen worden. Auch das zunächst in § 131 Abs. 3 Nr. 7 AktG vorgesehene Auskunftsverweigerungsrecht bei Überschreitung der Redezeit wurde – wohl als selbstverständlich – nicht Gesetz. *Koch* in Hüffer/Koch AktG § 129 Rn. 29 nennt 10 bis 12 Stunden; zur angemessenen (den Aktionären zumutbaren) Dauer eingehend *Butzke* D 56. „Gerichtsfeste Anordnungsspielräume" können

verständliche – Beschwerde laut, dass die ersten Redner sich nicht kurz fassen mussten, obwohl abzusehen war, dass wegen der Länge ihrer Beiträge spätere Redner dies würden tun müssen.[7] Will man solchen Beschwerden zuvorkommen, erteilt der Versammlungsleiter nach einem Vertreter einer Aktionärsvereinigung zunächst einigen anderen Rednern das Wort, ehe der nächste Vertreter einer Aktionärsvereinigung aufgerufen wird. Auch kann eine sofortige Redezeitbegrenzung in Betracht kommen, wenn die Zahl der zu Beginn der Hauptversammlung vorliegenden Wortmeldungen einen Zeitmangel absehen lässt.[8]

10   Es kann sich auch unter einem anderen Gesichtspunkt empfehlen, Vertretern von Aktionärsvereinigungen und anderen Rednern abwechselnd das Wort zu erteilen: Bei vorrangiger Worterteilung an die Vertreter der Aktionärsvereinigungen „werden wichtige Meinungsträger frühzeitig eingebunden und treten dann oftmals, wenn die kritischen Aktionäre das Rednerpult in Beschlag nehmen, nicht mehr in Erscheinung. Deshalb sollte generell beachtet werden, dass jene Aktionäre, die der Gesellschaft loyal verbunden sind, in der zeitlichen Abfolge der Hauptversammlung **angemessen verteilt** werden".[9] Hiervon abgesehen ist es aber unzulässig, über die Reihenfolge weder nach dem Zeitpunkt der Wortmeldung noch nach thematischen Gesichtspunkten zu entscheiden, sondern danach, ob der Redner der Verwaltung genehm oder zu erwarten ist, dass er Opposition zu machen gedenkt. Der Versammlungsleiter ist zur **Unparteilichkeit** verpflichtet und muss – unter Beachtung des Gleichbehandlungsgrundsatzes[10] – nach sachdienlichen und Gesichtspunkten der „Verhandlungsökonomie" verfahren,[11] ohne die Interessen der Gesellschaft oder die bestimmter (etwa der Groß-) Aktionäre zu vertreten. Er darf deshalb „unliebsame" Redner nicht an den Schluss der Rednerliste setzen oder mit der Worterteilung so lange warten, bis er berechtigterweise eine Beschränkung der Redezeit angeordnet hat. Für zulässig ist es zu halten, einen Aktionär, der dafür bekannt ist, dass er die Verhandlung durch unsachliche Ausführungen aufzuhalten pflegt, oder der sich erneut zu Wort meldet, nachdem er sich bereits hatte äußern können, an den Schluss der Rednerliste zu setzen.[12]

11   In der Aussprache **zu einzelnen Tagesordnungspunkten** sprechen Redner häufig zu Tagesordnungspunkten, die noch nicht aufgerufen sind. In diesem Fall kann der Versammlungsleiter darauf dringen, dass der Redner seine Ausführungen abbricht und sie aufgrund erneuter Worterteilung zu dem betreffenden Tagesordnungspunkt zu einem späteren Zeitpunkt fortsetzt.

12   Die zunehmend übliche **Generaldebatte** zeichnet sich dadurch aus, dass der Versammlungsleiter keinen Einfluss auf die Themenwahl und Schwerpunktsetzung nehmen kann. Zwar kann er versuchen, die Debatte dadurch zu strukturieren, dass er inhaltlich zusammenhängende Themenkomplexe vorgibt und die Redner auffordert, sich dazu geordnet zu äußern. Meist misslingt dieser Versuch aber, weil die Redner sich an die Vorgaben nicht halten können oder wollen, der Versammlungsleiter ihnen das Wort deswegen aber auch nicht entziehen kann.

13   Die **Verhandlungssprache** ist grundsätzlich Deutsch; deshalb müssen auch ausländische Teilnehmer (Aktionäre, aber auch der Versammlungsleiter und Organmitglieder) sich grundsätzlich der deutschen Sprache bedienen. In einer anderen Sprache darf die Haupt-

---

allerdings „abstrakt" von der Satzung (oder Geschäftsordnung) nicht bestimmt werden; die Angemessenheit der jeweils vom Versammlungsleiter angeordneten Beschränkung unterliegt daher der gerichtlichen Kontrolle, OLG Frankfurt a.M. ZIP 2008, 1333 = WM 2008, 1789.

[7] Die Redezeit ist so zu begrenzen, dass alle Aktionäre, die das Wort begehren, ihre Fragen stellen können (§ 53a AktG), LG München I AG 2000, 139 – Macroton AG.
[8] Eingehend (auch zur „vorsorglichen" Redezeitbeschränkung) LG Köln AG 2005, 696.
[9] *Martens* S. 83.
[10] *Martens* S. 83 f. mwN.
[11] *Butzke* D Rn. 34.
[12] *Butzke* D Rn. 35. Eine unzulässige Verkürzung des Auskunftsrechts kommt aber in Betracht, wenn der Versammlungsleiter einzelnen Aktionären ein unbeschränktes Rederecht einräumt, so dass andere überhaupt nicht mehr zu Wort kommen, LG München I AG 2000, 139 – Macrotron AG.

versammlung aber geführt werden,[13] wenn keine der anwesenden teilnahmeberechtigten Personen (einschließlich des Notars) dem widerspricht.[14] Bei großen Publikumshauptversammlungen ist idR mit einem Widerspruch zu rechnen, sodass die Hauptversammlungsorganisation entsprechend vorbereitet sein sollte. Erfolgt ein Widerspruch (oder erwartet man dies und will es gar nicht erst dazu kommen lassen), werden die Redebeiträge ebenso wie die Antworten des Vorstands und die Äußerungen des Versammlungsleiters[15] simultan durch einen vereidigten Dolmetscher übersetzt.[16] Ob der Dolmetscher dann als Bote des Aktionärs auftritt oder ob er nur neben dem Aktionär dessen fremdsprachlichen Beitrag simultan übersetzen darf,[17] ist für die Praxis nicht von Bedeutung.

III. Fragerecht

1. Der Auskunftsanspruch

a) Allgemein

Das Auskunftsrecht ist – neben dem Stimmrecht – das zentrale **„Mitverwaltungsrecht"** des Aktionärs in der Hauptversammlung.[18] Es setzt voraus, dass der Aktionär zur Teilnahme an der Hauptversammlung berechtigt ist. Daher hat kein Auskunftsrecht, wer wegen Verletzung von Mitteilungspflichten (§§ 20 Abs. 7, 21 Abs. 4 AktG, § 21 WpHG [ab 3. 1. 2018 § 33 WpHG]) oder Haltens von Aktien für die Gesellschaft oder für ein abhängiges Unternehmen (§ 56 Abs. 3 S. 3 AktG) zur Teilnahme nicht berechtigt ist. Ebenso wenig hat ein (Rede- und) Auskunftsrecht, wer zwar Aktionär ist, aber die Teilnahmevoraussetzungen (Hinterlegung, Anmeldung) nicht erfüllt hat. Ein solcher Aktionär kann allenfalls als Gast teilnehmen, worüber der Versammlungsleiter zu entscheiden hat. Obwohl der Auskunftsanspruch Grundlage für die auf sachgerechter Information beruhende Willensbildung der Hauptversammlung ist, steht er auch Aktionären zu, die nicht stimmberechtigt sind.[19] Und er steht auch dem Aktionär zu, der die Antwort schon kennt oder der bereits entschlossen ist, wie er – ohne Rücksicht auf die Antwort – abzustimmen gedenkt.[20]

14

Grundsätzlich müssen **sämtliche Fragen** beantwortet werden, wenn kein Auskunftsverweigerungsgrund gegeben ist (§ 131 Abs. 3 AktG). Die Antworten brauchen allerdings den Aktionär nicht zu überzeugen. Auch eine Auskunft, die den Aktionär nicht „zufriedenstellt", kann seine Frage beantworten.[21] Nicht immer tauglich ist der Versuch, mit ausführlichen Angaben den Fragesteller zu überzeugen. Vielmehr kann dies bei einem zum Widerspruch und ggf. zur Anfechtungsklage entschlossenen Aktionär dazu führen, dass weitere Fragen provoziert werden. Denn ein solcher Opponent will sich gerade nicht überzeugen lassen, sondern aufgrund seiner Ansicht nach unzureichender Antworten Klage erheben können.[22]

15

---

[13] *Kubis* in MüKoAktG AktG § 118 Rn. 77; *Martens* 73 f.; *Butzke* D Rn. 27.
[14] DNotI-Report 2003, 81 f.
[15] OLG Hamburg AG 2001, 359 (363) – Spar Handels-AG.
[16] DNotI-Report 2003, 82.
[17] Vgl. *Martens* 72 ff.
[18] Es gehört zum grundrechtlich geschützten Anteilseigentum, BVerfG WM 1999, 2158 – Wenger/Daimler Benz = ZIP 1999, 1800 = AG 2000, 74.
[19] Auch Vorzugsaktionären ohne Stimmrecht (§ 139 Abs. 1 AktG) steht daher das Auskunftsrecht zu. Nach derzeitiger allgemeiner Auffassung steht es aber nur Aktionären der Gesellschaft zu, nicht auch Anteilsinhabern von Mutter- oder Tochtergesellschaften; siehe hierzu *U.H. Schneider* FS Lutter, 2000, 1204 f. („Sprungauskunft"); ebenso zum Auskunftsanspruch außerhalb der Hauptversammlung *Franken/Heinsius* FS Budde, 1995, 215.
[20] OLG Düsseldorf ZIP 1986, 1557; aA *Werner* in FS J. Semler, 1993, 419 (425).
[21] OLG Hamburg AG 2001, 359 (361) – Spar Handels-AG.
[22] Dazu *Krieger* ZHR 163 (1999), 343 (358).

16 Fragen müssen **nicht wiederholt** beantwortet werden.[23] Der Vorstand kann stattdessen auf die bereits gegebene Auskunft verweisen.[24] Ist ein Aktionär nicht anwesend, während seine Frage beantwortet wird, kann er auf die bereits erteilte Antwort verwiesen werden. Auch kann ein Aktionär auf die vorherige Beantwortung verwiesen werden, wenn er eine Frage eines anderen Aktionärs – bewusst oder unbewusst – erneut gestellt hat. Der Vorstand kann auf seine frühere Antwort selbst dann verweisen, wenn der neu fragende Aktionär bei der früheren Beantwortung nicht anwesend war (→ § 10 Rn. 111).

17 Nicht selten fragen Aktionäre, deren Auskunftsverlangen nach Auffassung des Vorstands bereits **ausreichend beantwortet** worden sind, wiederholt nach, um zum Zweck einer beabsichtigten Anfechtung die Verletzung ihrer Informationsrechte geltend machen zu können. Die Nichtbeantwortung von Fragen ist als „Verletzung des Gesetzes" – neben der Beanstandung vorgeschriebener Berichte – der beliebteste Anfechtungsgrund.[25] Der Vorstand tut dann gut daran, auf den Versuch zu verzichten, solche Aktionäre zufriedenzustellen, und beantwortet derartige Fragen möglichst knapp und präzise.

18 Die Auskunft muss in der Hauptversammlung so verlangt werden, dass alle Teilnehmer von den Fragen Kenntnis erlangen können, also grundsätzlich **mündlich**.[26] Wird dem Vorstand oder dem Versammlungsleiter ein **„Fragenkatalog"** übergeben, der sich nicht zugleich in den Händen aller Aktionäre befindet, ist er zu **verlesen**.[27] Andernfalls brauchen die Fragen nicht beantwortet zu werden.

b) Auskunftsverpflichteter

19 Der Auskunftsanspruch richtet sich gegen die Gesellschaft, die bei der Erteilung der Auskunft vom **Vorstand** (nicht vom Aufsichtsrat[28] und nicht vom Versammlungsleiter[29]) vertreten wird. Die Auskunft wird praktisch idR vom Vorsitzenden/Sprecher des Vorstands und/oder den zuständigen Vorstandsmitgliedern erteilt. Das gilt auch, wenn die Fragen Angelegenheiten des Aufsichtsrats betreffen;[30] dass der Abschlussprüfer, sofern er an der Hauptversammlung teilnimmt, nicht zur Auskunft verpflichtet ist, regelt § 176 Abs. 2 S. 3 AktG ausdrücklich. Es ist eine Stilfrage, ob die Auskünfte sämtlich vom Vorsitzenden des Vorstands erteilt werden, oder ob er seinen Kollegen zu Fragen, die in ihren Zuständigkeitsbereich fallen, das Wort erteilt. Letzteres führt häufig zur Verlängerung der Debatte, belebt sie aber auch (→ § 10 Rn. 99 ff.). Zulässig ist es auch, Fragen in einem **offenen Dialog** zwischen den Mitgliedern des Vorstands und ggf. dem fragenden Aktionär zu beantworten, um die Atmosphäre „aufzulockern".

20 Beantwortet der Vorsitzende/Sprecher des Vorstands oder ein einzelnes, sachlich zuständiges Vorstandsmitglied Fragen, handelt es sich immer um eine Antwort „des Vorstands", wenn nicht ausdrücklich nur eine persönliche Stellungnahme abgegeben oder Meinung geäußert wird. Ein mit dem Inhalt der Antwort nicht einverstandenes Mitglied des Vorstands muss widersprechen. Ggf. ist ein **Vorstandsbeschluss** herbeizuführen, was

---

[23] Ebenso *Hüffer* ZGR 2001, 833 (862); dennoch hat der 63. DJT mehrheitlich als Verbesserung beschlossen, dem Vorstand das Recht einzuräumen, die erneute Erteilung von Auskünften zu verweigern, die er allgemein oder dem Fragesteller schon erteilt hat und die in der Hauptversammlung ausliegen, Beschluss Nr. 9a und 9b.
[24] LG Essen BB 1962, 612; *Kubis* in MüKoAktG AktG § 131 Rn. 74 mwN.
[25] § 243 Abs. 1 und 4 AktG. RGZ 167, 151. Die Verletzung des Auskunftsrechts ist kein Nichtigkeitsgrund, OLG Karlsruhe AG 1990, 35 (38). Nach *Baums/Vogel/Tacheva* ZIP 2000, 1649 (1653) entfallen 45% der geltend gemachten Informationspflichtverletzungen auf Nichtbeantwortung von Fragen in der Hauptversammlung.
[26] OLG Frankfurt a.M. AG 2007, 451.
[27] LG Köln AG 1991, 38.
[28] OLG Celle AG 2005, 438 (440); *Kubis* in MüKoAktG AktG § 131 Rn. 22.
[29] *Koch* in Hüffer/Koch AktG § 131 Rn. 6.
[30] Ganz herrschende Meinung, vgl. *Koch* in Hüffer/Koch AktG § 131 Rn. 6 mwN Krit. dazu *Trescher* DB 1990, 515. Aufsichtsratsmitglieder können zu den an sie gerichteten Fragen aber Stellung beziehen und Vorstand kann sich diese Stellungnahme – auch konkludent – zu Eigen machen.

formlos durch Blickkontakt, besser jedoch nach kurzer Unterbrechung der Aussprache und Beratung, geschehen kann.

Fragen an den **Versammlungsleiter** sind, soweit sie Angelegenheiten der Gesellschaft 21 betreffen, stets als an den Vorstand gerichtet anzusehen und können nur im Einverständnis mit dem Vorstand vom Versammlungsleiter beantwortet werden.[31] Sie müssen dagegen weder vom Versammlungsleiter noch vom Vorstand beantwortet werden, wenn sie bspw. das Verhalten des Versammlungsleiters als Mitglied des Vorstands oder Aufsichtsrats einer anderen Gesellschaft betreffen.[32]

c) Gegenstand der Auskunft

Der **Vorstand** hat jedem[33] Aktionär **auf Verlangen**[34] „Auskunft über Angelegenheiten 22 der Gesellschaft zu geben, soweit sie zur sachgemäßen Beurteilung des Gegenstands der Tagesordnung erforderlich ist" (§ 131 Abs. 1 S. 1 AktG).[35] Das Auskunftsrecht erstreckt sich mithin auf alle **Angelegenheiten der Gesellschaft** (und verbundener Unternehmen),[36] jedoch nur, soweit die gewünschte Auskunft – aus der Sicht eines **objektiv** urteilenden Aktionärs[37] – **erforderlich** ist, um einen **Gegenstand der Tagesordnung sachgemäß beurteilen** zu können. Das Merkmal „erforderlich" soll „Missbräuche des Auskunftsrechts verhindern und einen ordnungsgemäßen Ablauf der Hauptversammlung gewährleisten. Sie soll nicht durch Fragen gestört werden, die zwar mit dem Gegenstand der Verhandlung zusammenhängen, deren Beantwortung jedoch nicht nötig ist, um ihn sachgemäß zu beurteilen".[38]

Bei Prüfung des Zusammenhangs zwischen Auskunftsverlangen und Gegenstand der 23 Verhandlung ist nicht etwa „Weitherzigkeit am Platze",[39] wie vor der Neufassung des AktG 1965 angenommen wurde, vielmehr ist die „Erforderlichkeit" **streng zu beurteilen**.[40] Beziehen sich die Fragen auf den Tagesordnungspunkt Entlastung von Vorstand

---

[31] OLG Stuttgart WM 1995, 617 (620); *Koch* in Hüffer/Koch AktG § 131 Rn. 6.
[32] BVerfG ZIP 1999, 1798 (1800) – Wenger/Daimler Benz. Das gilt auch für Fragen, die die Aufsichtsratstätigkeit betreffen, obwohl dies nicht recht einleuchten. Üblicherweise werden solche Fragen vom Versammlungsleiter beantwortet; auf § 131 AktG lässt sich ein diesbezüglicher Auskunftsanspruch aber eindeutig nicht stützen. Siehe dazu näher *Butzke* G Rn. 27 f.
[33] Auch dem Inhaber nur einer Aktie/Stimme, BayObLG DB 1974, 1152. Das Auskunftsrecht ist kein höchstpersönliches Recht, kann also zB auch durch den Vertreter ausgeübt werden, wenn der Aktionär sich auf der Hauptversammlung vertreten lässt, *Koch* in Hüffer/Koch AktG § 131 Rn. 4.
[34] Das Verlangen muss in der Hauptversammlung mündlich ausgesprochen werden; schriftlich gestellte Fragen sind daher vorzulesen. Eingehend dazu *Kubis* in MüKoAktG AktG § 131 Rn. 29.
[35] Diese Einschränkung des Fragerechts („zur sachgemäßen Beurteilung des Gegenstands der Tagesordnung erforderlich") ist mit Art. 9 der Aktionärsrechterichtlinie vereinbar, BGH NZG 2014, 27; s. bereits *Pöschke* ZIP 2010, 1221.
[36] Und zwar auch, wenn sie nicht wegen ihrer Bedeutung zu Angelegenheiten des herrschenden Unternehmens werden, *U.H. Schneider* FS Lutter, 2000, 1195; aA OLG Düsseldorf NJW 1988, 1033 f.; *Vossel* ZIP 1988, 755.
[37] LG Frankfurt a.M. WM 1994, 1929. Die Erforderlichkeit der Auskunft ist nach objektiven Kriterien zu beurteilen, KG NJW 1972, 2307 (2308); *Reger* NZG 2013, 48; *Koch* in Hüffer/Koch AktG § 131 Rn. 12. Überholt ist die frühere Formel (BGHZ 107, 296, BGH AG 1995, 462), es komme für die Anfechtbarkeit wegen Verletzung des Auskunftsanspruchs darauf an, ob „ein vernünftig denkender Aktionär bei Kenntnis der Umstände, die Gegenstand seines Auskunftsbegehrens waren, anders abgestimmt hätte, als ohne die Erlangung dieser Kenntnis abgestimmt worden ist", BGH ZIP 2002, 172 (174) „Sachsenmilch III" = BGHZ 149, 158 mwN. Kausalitätsgesichtspunkte spielen keine Rolle mehr; entscheidend ist, ob „ein objektiv urteilender Aktionär die Erteilung der Information als wesentliche Voraussetzung für die sachgerechte Wahrnehmung seiner Teilnahme- und Mitgliedschaftsrechte" ansähe, § 243 Abs. 4 S. 1 AktG. Siehe dazu BGH ZIP 2004, 2428 (2430) „Thyssen-Krupp" mit Anm. von *Wagner* EWiR § 243 AktG 1/05, 241; *Koch* in Hüffer/Koch AktG § 243 Rn. 46b.
[38] RegBegr. *Kropff* 185; KG NJW 1972, 2307 (2308); OLG Zweibrücken ZIP 1990, 453 (454).
[39] BGHZ 32, 159 (165).
[40] OLG Düsseldorf WM 1991, 2148 (2153); KG NJW 1972, 2307 (2308); LG Frankfurt a.M. WM 1994, 1929 (1930); *Koch* in Hüffer/Koch AktG § 131 Rn. 12a; *Decher* in GroßkommAktG AktG § 131 Rn. 132 f.; str., großzügiger *Kubis* in MüKoAktG AktG § 131 Rn. 39 f.

und Aufsichtsrat, müssen sie sich nach zutr. Meinung auf das **abgelaufene Geschäftsjahr** beziehen;[41] aus Vorsicht empfiehlt es sich jedoch idR, in diesem Zusammenhang auch solche Fragen zu beantworten, die sich auf Geschäftsvorfälle des laufenden Geschäftsjahrs beziehen. Über länger zurückliegende Vorgänge kann nur Auskunft verlangt werden, sofern sie sich auf das Geschäftsjahr ausgewirkt haben, das Gegenstand der Hauptversammlung ist.[42]

24 Kein Auskunftsanspruch besteht, wenn sich die gewünschten Angaben ohne weiteres aus den Unterlagen (zB dem **Jahresabschluss einschließlich Anhang**)[43] ergeben, die den Aktionären vorliegen.

d) Mündliche Auskunft in der Hauptversammlung

25 Die Auskünfte sind **in der Hauptversammlung** zu erteilen. Kein Aktionär hat als solcher Anspruch auf Erteilung von Auskünften außerhalb der Hauptversammlung, nicht einmal ein Mehrheitsaktionär, falls er nicht die Gesellschaft aufgrund eines Beherrschungsvertrags zur Auskunftserteilung anweisen kann (§ 308 Abs. 1, 2 AktG). Die Gesellschaft ist zur Auskunftserteilung außerhalb der Hauptversammlung zwar berechtigt,[44] aber nicht verpflichtet; auch dann nicht, wenn einem Aktionär außerhalb der Hauptversammlung Auskunft erteilt wurde. Der Anspruch aus § 131 Abs. 4 AktG ist in der Hauptversammlung zu erfüllen.[45]

26 Die Auskünfte sind **mündlich** zu erteilen. Die Verweisung auf Unterlagen oder die Zusage, eine gestellte Frage später schriftlich zu beantworten,[46] sind nur zulässig, wenn kein Aktionär dem widerspricht; alle Aktionäre, nicht nur der Fragende, haben ein Recht darauf, von der Antwort Kenntnis zu nehmen.[47] „Anders kann es sich nur verhalten, wenn zur Beantwortung der Fragen des Aktionärs eine Vielzahl einzelner Daten mitgeteilt werden muss und ihm durch die Einsicht in Auflistungen eine schnellere und zuverlässigere Unterrichtung möglich ist, als wenn die Daten mündlich vorgetragen werden. Voraussetzung ist allerdings stets, dass dem Aktionär die Gelegenheit geboten wird, während der Dauer der Hauptversammlung in diese Aufzeichnungen Einsicht zu nehmen".[48] Von der Mündlichkeit **ausgenommen sind bereits erteilte Informationen,** und zwar auf der Internetseite der Gesellschaft über mindestens sieben Tage vor Beginn und in der Hauptversammlung durchgängig zugängliche (§ 131 Abs. 3 S. 1 Nr. 7 AktG),[49] aber auch solche, die sich aus dem jedem Aktionär zugänglichen[50] Jahresabschluss, dem Anhang oder dem Lagebericht ergeben (§§ 264 ff. HGB). Nicht beantwortungspflichtige „Wiederholungsfragen" von zulässigen „Zusatzfragen" abzugrenzen, ist allerdings nicht immer einfach.[51]

27 Ein Anspruch darauf, erteilte Auskünfte durch Urkunden zu belegen, besteht nicht.[52] Es besteht auch keine Pflicht zur Vorlage eines „Konzernschaubilds", durch das der Betei-

---

[41] LG Frankfurt a. M. AG 2016, 758 (760); *Kubis* in MüKoAktG AktG § 131 Rn. 55; aA *Volhard* in Voraufl. Rn. 23.
[42] OLG Zweibrücken ZIP 1990, 453 (454); LG Frankfurt a.M. WM 1994, 1929 (1930); *Koch* in Hüffer/Koch AktG § 131 Rn. 19; *Joussen* DB 1994, 2485.
[43] OLG Düsseldorf WM 1991, 2148 (2153 f.). → § 10 Rn. 106.
[44] Bspw. wäre die Auskunft wegen steuerlich relevanter Angaben, vgl. *Emde* ZIP 1989, 725, zweckmäßigerweise außerhalb der Hauptversammlung zu erteilen.
[45] *Hoffmann-Becking* FS Rowedder, 1994, 155 (157 f.).
[46] OLG Düsseldorf AG 1992, 34 (35).
[47] BGHZ 101, 1 (16).
[48] OLG Düsseldorf AG 1992, 34 (35) mwN; vgl. auch schon BGHZ 101, 1 (15 f.).
[49] Dazu *Martens* AG 2004, 238 (244).
[50] Zur Einsicht im Geschäftsraum der Gesellschaft oder auf Verlangen in Abschrift oder auf der Internetseite der Gesellschaft, § 175 Abs. 2 AktG.
[51] *Weißhaupt* ZIP 2005, 1766 (1770).
[52] OLG Frankfurt a.M. AG 1989, 330.

ligungsbesitz und die Verbindung zu anderen Unternehmen verdeutlicht werden.[53] Doch besteht ein Anspruch auf **Verlesung von Urkunden,** die nicht ausgelegt zu werden brauchen und nicht ausgelegt wurden, wenn die Hauptversammlung „unmittelbar oder mittelbar Verträge zu beurteilen (hat), die für die Entwicklung der Gesellschaft von größter Bedeutung sind", es sei denn, die Verlesung lässt sich „wegen der Länge der dafür benötigten Zeit, wegen der vorgerückten Stunde oder aus anderen überragenden Gründen der Verhandlungsführung nicht durchführen".[54] IdR wird es jedoch ausreichen, wenn über die Urkunde referiert und ihr wesentlicher Inhalt mitgeteilt wird.[55] Dies gilt insbesondere, wenn Urkunden in einer Fremdsprache abgefasst sind.[56] Ein Anspruch auf Verlesung (jedenfalls von Teilen) eines nicht ausgelegten Vertrags kann auch dann bestehen, wenn bei der **mündlichen Erläuterung** des Inhalts **Widersprüche** aufgetreten sind.[57]

Bei Verweisung auf ausliegende **Unterlagen** müssen alle Aktionäre Gelegenheit zur Einsicht erhalten. Aus dem Auskunftsrecht ergibt sich – von den gesetzlich angeordneten Fällen der Auslagepflicht abgesehen (→ § 10 Rn. 30 ff.) – **kein Anspruch auf Vorlage von Unterlagen.** Ebenso wenig besteht ein Anspruch auf **Verlesung** ausgelegter Unterlagen.[58] Die immer wieder von Versammlungsleitern gestellte Frage, ob auf Verlesung verzichtet wird, ist ebenso wie die Feststellung, dass dies offenbar nicht der Fall sei, überflüssig, ja irreführend (→ § 10 Rn. 53): Dem Aktionär, der eine Verlesung wünscht, wäre zu bedeuten, dass darauf kein Anspruch besteht und mit Rücksicht auf die anderen Aktionäre davon abgesehen werde. Ebenso unnötig ist die häufig in Protokollen anzutreffende Feststellung: „Verlesung wurde nicht verlangt." 28

e) Vollständige Auskunft

Fragen müssen auch dann beantwortet werden, wenn der Vorstand zur Beantwortung „aus dem Stand" nicht in der Lage ist, sich aber die dazu erforderlichen Informationen und Unterlagen unschwer und ohne wesentliche Verzögerung der Hauptversammlung **beschaffen** kann (→ § 10 Rn. 110 und 113 ff.). Hierfür muss der Vorstand während der Hauptversammlung die notwendigen Vorkehrungen treffen, um solche unschwer herauszusuchenden Unterlagen rechtzeitig herbeischaffen zu können.[59] 29

Das üblicherweise eingerichtete „Back Office" hält die auf vergangenen Hauptversammlungen gestellten Fragen zumindest der Aktionäre, die sich angemeldet haben, nebst den darauf erteilten Antworten bereit. Außerdem wird häufig zur **Vorbereitung** auf die Hauptversammlung unter Berücksichtigung der durch die Tagesordnung vorgegebenen Themen ein Katalog hypothetischer Fragen mit den darauf zu erteilenden Antworten erarbeitet (sog. **Q**uestions & **A**nswers). Auf die Fragen nach anderen Mandaten der Verwaltungsmitglieder, dem dafür erforderlichen Zeiteinsatz, Fragen nach der Geschlechterquote, nach dem Verhalten der Vorstandsmitglieder als Aufsichtsratsmitglieder in anderen Gesellschaften etc. muss die Verwaltung derzeit vorbereitet sein. Im Übrigen ist es Aufga- 30

---

[53] *Franken/Heinsius* FS Budde, 1995, 234.
[54] Vgl. BGH WM 1967, 503 (505) (zum AktG 1937): „Da die Verlesung einer Urkunde die umfassendste Form der Auskunftserteilung ist, kann sie auch Gegenstand des Auskunftsanspruchs des Aktionärs sein"; siehe auch *Martens* 86 f. mwN, sowie → § 10 Rn. 108.
[55] BGH WM 1967, 503 (505).
[56] Zum Anspruch auf Zugänglichmachung fremdsprachiger Verträge in deutscher Übersetzung vor der Beschlussfassung siehe LG München I ZIP 2001, 1148.
[57] OLG München AG 2015, 677 (678).
[58] OLG Düsseldorf ZIP 1999, 793 (796) „Thyssen/Krupp"; *Butzke* H Rn. 38. Das ergibt die Entstehungsgeschichte des § 293 AktG. Zum Verhältnis von Einsicht und Verlesung äußert sich der BGH dahin, dass aus dem Fehlen eines Einsichtsrechts nicht gefolgert werden könne, es bestehe auch kein Anspruch auf Verlesung. „Zum Vorlesen gehört Sprechen. Es erfüllt darum die Voraussetzung mündlicher Auskunftserteilung", BGH WM 1967, 503 (505). Daraus wäre wohl zu folgern, dass eine Verlesung nicht verlangt werden kann, wenn Einsicht gewährt wurde. Auch → § 10 Rn. 60 mwN.
[59] BGHZ 32, 159 (165); OLG Düsseldorf AG 1992, 34 (35); OLG Celle AG 2005, 438 (439).

31 Fragen, „deren sachgemäße Beantwortung eine entsprechende Vorbereitung an Hand der notwendigen Unterlagen erfordert",[60] muss der Aktionär dem Vorstand **vor der Hauptversammlung** bekannt geben, damit sie in der Hauptversammlung beantwortet werden können.[61] Eine Übermittlung ganzer Fragenkataloge vor der Hauptversammlung ist allerdings selten.

32 Die Auskunft muss „den Grundsätzen einer gewissenhaften und getreuen Rechenschaft" entsprechen (§ 131 Abs. 2 AktG). Soweit Auskunft zu geben ist, muss sie daher **vollständig und zutreffend** sein.[62] Will der Vorstand sie nicht geben, muss er die Auskunft verweigern; lügen darf er ebenso wenig wie „verschleiern". § 400 Abs. 1 Nr. 1 AktG stellt die unrichtige Wiedergabe der Verhältnisse oder ihre Verschleierung unter Freiheitsstrafe bis zu drei Jahren oder Geldstrafe. Wie eingehend die Antwort ausfallen muss, hängt allerdings von der Genauigkeit der Frage ab. Pauschale Fragen dürfen pauschal beantwortet werden. Genügt dem Aktionär die Antwort nicht, muss er nachfragen.[63]

33 Die Grenze des Auskunftsanspruchs ist erreicht, wenn feststeht, dass dem Vorstand die Beantwortung der gestellten Frage **unmöglich** ist.[64] Das wird freilich angesichts weitreichender Möglichkeiten des Back Office heute nur selten der Fall sein.[65] Dennoch kann er eintreten, wenn Fragen „sehr speziellen Charakter haben und in dieser Form nach der Sachlage nicht zu erwarten und auch nicht angekündigt" waren.[66] Da der Vorstand in der Hauptversammlung Auskunft geben muss, kann eine gesetzliche Verpflichtung zur Beantwortung nur soweit gehen, wie ein „ordentlich präparierter Vorstand" dazu in der Lage ist.[67] Der Vorstand, der nicht mehr sagt, als er sagen kann, gibt Auskunft und verweigert sie nicht, so dass auf verbleibende Lücken der Auskunft eine Anfechtung nicht gestützt werden kann. Das nicht selten gemachte Angebot, die Fragen **später schriftlich** zu beantworten, schließt eine Anfechtung nicht aus, wenn die Fragen in der Hauptversammlung hätten beantwortet werden müssen. Dagegen rechtfertigt die Zusage, eine Frage später schriftlich zu beantworten, weder die Anfechtung noch einen Auskunftserzwingungsantrag (§ 132 AktG), wenn der Vorstand die Antwort der Hauptversammlung nicht geben konnte oder musste[68] oder wenn gegen die Zusage späterer schriftlicher Beantwortung kein Widerspruch erhoben wurde (→ Rn. 26).

f) Besonders geregelte Auskunftsansprüche

34 Gesetzlich besonders geregelt sind folgende (erweiterte) Auskunftsansprüche:
 – Vorlage des vollständigen Jahresabschlusses (§ 131 Abs. 1 S. 3 AktG);
 – im Konzern (§ 131 Abs. 1 S. 4 AktG);
 – Auskünfte beim Abschluss eines Beherrschungs- oder Gewinnabführungsvertrags (§ 293g Abs. 3 AktG)[69] oder

---

[60] BGHZ 32, 159 (166).
[61] *Franken/Heinsius* FS Budde, 1995, 232 ff. mwN zur Zulässigkeit ganzer Fragenkataloge.
[62] *Koch* in Hüffer/Koch AktG § 131 Rn. 21. Die unzureichende Beantwortung steht der Verweigerung gleich, OLG Hamburg ZIP 2005, 1074 (1076).
[63] *Koch* in Hüffer/Koch AktG § 131 Rn. 21.
[64] BayObLG AG 1975, 325 (327 f.).
[65] *Steiner* HV der AG S. 89 f.
[66] *Koch* in Hüffer/Koch AktG § 131 Rn. 10.
[67] *Koch* in Hüffer/Koch AktG § 131 Rn. 10. Daraus ergibt sich eine „immanente Beschränkung des Auskunftsrechts".
[68] BayObLG AG 1996, 180 (182) mwN; aA *Meilicke/Heidel* DStR 1992, 72 (74); so wohl auch *Koch* in Hüffer/Koch AktG § 131 Rn. 10.
[69] BGH ZIP 1993, 751; OLG Koblenz ZIP 2001, 1093 (Pflicht zur Auskunft über die Kapitalverhältnisse des herrschenden Unternehmens, den Wertansatz der Beteiligung an der abhängigen Gesellschaft in dessen Bilanz, dessen Ertragsentwicklung in den letzten Jahren).

- bei dessen Änderung (§ 295 Abs. 2 S. 3 AktG);
- bei der Eingliederung (§§ 319 Abs. 3 S. 5, 320 Abs. 1 S. 3, 320 Abs. 4 S. 3, 326 AktG); und
- bei der Verschmelzung und Spaltung (§§ 64 Abs. 2, 125 UmwG).

Ebenfalls besonders geregelt ist der Anspruch auf Auskunft über Informationen, die einem anderen Aktionär in seiner Eigenschaft als Aktionär[70] **außerhalb der Hauptversammlung** gegeben wurden (§ 131 Abs. 4 S. 1 AktG; sog. Nachauskunftsrecht).[71] Voraussetzung ist, dass die Auskünfte **durch den Vorstand** (oder auf dessen Weisung durch Mitarbeiter) erteilt worden sind; eine Auskunftserteilung zB durch den Aufsichtsrat löst nach hM kein Nachauskunftsrecht aus.[72] Diese Auskünfte müssen **in der Hauptversammlung** (nicht außerhalb) – von den Fällen der gesetzlichen Ausnahmen abgesehen (§ 131 Abs. 4 S. 3 AktG)[73] – selbst dann erteilt werden, wenn sonst ein Verweigerungsgrund (§ 131 Abs. 3 S. 1 Nr. 1–4 AktG) bestand (§ 131 Abs. 4 S. 2 AktG) und wenn sie zur sachgemäßen Beurteilung der Tagesordnungspunkte nicht erforderlich sind.[74] 35

Eine Ausnahme besteht in **M&A-Fällen**: erhält ein **Kaufinteressent** Informationen über die Zielgesellschaft, so erhält er diese – auch wenn er bereits Aktionär der Zielgesellschaft ist – nicht als Aktionär, sondern eben in seiner Eigenschaft als Kaufinteressent. Möchte ein (Groß-)Aktionär **seine Anteile veräußern** und erhält er dazu Informationen von der Gesellschaft, ist § 131 Abs. 4 S. 1 AktG ebenfalls nicht anwendbar.[75] Zwar erhält der veräußerungswillige Aktionär die Informationen als Aktionär, doch ist seinem besonderen Informationsinteresse Rechnung zu tragen, das eine Bevorzugung ggü. anderen Aktionären rechtfertigt.[76] 35a

Eine Verpflichtung des Vorstands, zu Beginn der Hauptversammlung von sich aus sämtliche Aktionäre über solche außerhalb der Hauptversammlung gegebene Auskünfte zu informieren,[77] besteht grundsätzlich nicht. Alle Auskünfte sind nur **„auf Verlangen"** zu erteilen. Insoweit besteht kein Unterschied zwischen den verschiedenen Auskunftspflichten. Der Vorstand ist auch sonst nicht verpflichtet, die Aktionäre über Sachverhalte zu informieren, von denen er annehmen darf, dass sie Anlass zu weiteren Auskunftsbegehren geben könnten.[78] Ebenso wenig besteht eine Pflicht, die Frage zu beantworten, ob außerhalb der Hauptversammlung Auskünfte erteilt wurden („Ausforschung").[79] 36

---

[70] Nicht als Aufsichtsratsmitglied (BGH AG 1983, 75 (77)), Wirtschaftsprüfer, Kreditgeber (Banken), Lieferant, Lizenznehmer oder dgl., *Kersting* in Kölner Komm. AktG § 131 Rn. 430; *Decher* in Großkomm-AktG AktG § 131 Rn. 342 ff.
[71] Nicht beschränkt auf Auskünfte in dem der Hauptversammlung vorausgehenden Geschäftsjahr, BayObLG DB 2003, 439. § 131 Abs. 3 S. 1 Nr. 7 AktG zeigt, dass solche Auskünfte jedenfalls nicht generell verboten sind, *Pentz* FS Priester, 2007, 593 (597).
[72] LG Frankfurt a.M. AG 2016, 758; *Koch* in Hüffer/Koch AktG § 131 Rn. 40. Börsennotierte Gesellschaften müssen aber Ziffer 6.1 DCGK beachten. Die Weitergabe von Informationen durch den Aufsichtsrat wird praktisch insbesondere dann relevant, wenn der Aufsichtsrat in die Kommunikation mit Investoren eingebunden wird (vgl. zur aktuellen Diskussion dazu etwa *Hirt/Hopt/Mattheus* AG 2016, 725).
[73] *Pentz* FS Priester, 2007, 593 (606), hält die Ablehnung über die gesetzlichen Ausnahmen hinaus bei nicht nur „schlichter Mehrheitsbeteiligung" für denkbar, wenn sie „sachlich gerechtfertigt" ist, etwa weil die Folgen für die Gesellschaft „unzumutbar" wären.
[74] BayObLG ZIP 2002, 1804 f.; *Koch* in Hüffer/Koch AktG § 131 Rn. 42. Zur Kritik an der Vorschrift siehe *Kersting* in Kölner Komm. AktG § 131 Rn. 429.
[75] *Butzke* G Rn. 91; *Koch* in Hüffer/Koch AktG § 131 Rn. 37 mwN. Zum möglichen Anspruch des Großaktionärs auf Informationen zum Zweck der Beteiligungsveräußerung siehe *Krömker* NZG 2003, 418.
[76] *Koch* in Hüffer/Koch AktG § 131 Rn. 37 mwN.
[77] *Henn* Die Rechte des Aktionärs 36, will dies aus dem Gleichbehandlungsgrundsatz, § 53a AktG, ableiten.
[78] Dazu eingehend *Decher* in GroßkommAktG AktG § 131 Rn. 101 ff.
[79] *Kubis* in MüKoAktG AktG § 131 Rn. 152; *Decher* in GroßkommAktG AktG § 131 Rn. 360; *Hoffmann-Becking* FS Rowedder, 1994, 155 (159 ff.). Das LG Düsseldorf AG 1992, 461 f. begründet die Ablehnung des Anspruchs aus § 131 Abs. 4 AktG ua damit, der Aktionär verlange „weitergehend erst Auskunft darüber, ob und ggf. wem gegenüber welche Auskünfte außerhalb der Hauptversammlung erteilt worden sind." AA *U.H. Schneider* FS Lutter, 2000, 1993 (1202), da § 131 Abs. 4 AktG sonst ausgehöhlt würde.

37 Der Nachauskunftsanspruch hat allerdings in der gerichtlichen Praxis bislang kaum eine Rolle gespielt.[80] Hauptsächliche Grundlage für Auskunftsbegehren der Aktionäre ist die **Generalklausel,** dass jeder Aktionär Anspruch auf zur sachgemäßen Beurteilung des Gegenstands der Tagesordnung erforderliche Auskünfte über Angelegenheiten der Gesellschaft hat (§ 131 Abs. 1 AktG).

2. Die Auskunftsverweigerung

a) Allgemein

38 Der Vorstand darf die Auskunft ausschließlich dann verweigern, wenn einer der gesetzlichen Auskunftsverweigerungsgründe vorliegt (§ 131 Abs. 3 AktG). Das Auskunftsrecht kann deshalb bei einer Bank sogar Vorrang vor dem Bankgeheimnis haben.[81] Wo ein Auskunftsverweigerungsgrund besteht, ist der Vorstand zur Verweigerung aber nicht nur berechtigt, sondern uU sogar verpflichtet (§ 93 AktG). Das ist der Fall, wenn dies aus der Pflicht des Vorstands zu ordentlicher und gewissenhafter Geschäftsleitung folgt.

39 Holt der Vorstand die Entscheidung der Hauptversammlung zu **Geschäftsführungsfragen** ein (etwa nach § 119 Abs. 2 AktG), kann er die Ablehnung von Auskünften nicht mehr mit seiner Verschwiegenheitsverpflichtung rechtfertigen.[82]

40 Zuständig zur Entscheidung über die Auskunftsverweigerung ist „der Vorstand". Er trifft die Entscheidung durch **Beschlussfassung.** Die spontane Ablehnung der Beantwortung durch den Versammlungsleiter oder den Vorsitzenden/Sprecher des Vorstands ist unbeachtlich, durch ein einzelnes Vorstandsmitglied unberechtigt.[83] Allerdings kann der Vorstandsbeschluss bereits vor Beginn der Hauptversammlung gefasst werden, aber auch in der Hauptversammlung durch „Rundblick" oder **konkludent** (Billigung durch Nichtwiderspruch).[84]

41 Ob die Auskunftsverweigerung in der Hauptversammlung **begründet** werden muss, ist umstritten.[85] Für die Gesetzesverletzung (und damit die Anfechtbarkeit, § 243 Abs. 1 AktG) kommt es ausschließlich darauf an, ob objektiv ein Verweigerungsgrund besteht, nicht darauf, ob die Verweigerung begründet wurde, weswegen die Frage ohne praktische Erheblichkeit ist.[86] Die Gesellschaft kann die Begründung daher auch noch **im Auskunftserzwingungsverfahren nachschieben** und sich in diesem sogar **erstmals** auf das Vorliegen eines Verweigerungsgrundes **berufen**.[87]

42 Ein Auskunftsverweigerungsgrund ist nach dem Gesetz in folgenden Fällen gegeben:

b) Für die Gesellschaft nachteilige Auskünfte[88]

43 Voraussetzung der Auskunftsverweigerung ist, dass die Erteilung der Auskunft nach vernünftiger kaufmännischer Beurteilung geeignet ist, der Gesellschaft oder einem verbunde-

---

[80] *Butzke* G Rn. 85. Problematisch wird die Vorschrift des § 131 Abs. 4 AktG bei Auskünften an einen Mehrheitsaktionär, siehe *Butzke* G Rn. 87 f.
[81] LG Frankfurt a.M. AG 2005, 891.
[82] OLG München AG 1996, 327.
[83] Wenn sie nicht auf einem zuvor – ggf. konkludent – erklärten Einverständnis beruht, BGHZ 36, 121 (129), doch scheint insoweit Vorsicht angebracht.
[84] OLG Frankfurt a.M. AG 1986, 233. *Butzke* G Rn. 67: „Ein solcher Beschluss kann auch in der unwidersprochenen Duldung einer Erklärung des Versammlungsleiters (muss wohl heißen: des Vorstands) liegen." Dazu näher → § 10 Rn. 102 ff.
[85] Ja, aber mit nicht zu hohen Anforderungen an die Begründung, *Koch* in Hüffer/Koch AktG § 131 Rn. 23 mwN. Der BGH hat die Frage ausdrücklich offen gelassen, AG 1987, 344 (345); NZG 2014, 423 (426).
[86] BGH AG 1987, 344 (345); OLG Stuttgart AG 2011, 93 (99).
[87] BGH NZG 2014, 423 (426). Im Letzteren Fall kann es aber angemessen sein, der Gesellschaft die Verfahrenskosten aufzuerlegen, vgl. *Koch* in Hüffer/Koch AktG § 131 Rn. 23.
[88] § 131 Abs. 3 S. 1 Nr. 1 AktG.

nen Unternehmen einen nicht unerheblichen **Nachteil** zuzufügen. Der Nachteil für die Gesellschaft (nicht für Dritte, auch nicht für Organmitglieder)[89] muss nicht feststehen, aber nach vernünftiger kaufmännischer Beurteilung **plausibel** erscheinen, was vom Gericht in vollem Umfang aufgrund der von der Gesellschaft darzulegenden Tatsachen nachgeprüft wird (der bloße Hinweis auf „die Konkurrenz" genügt nicht).[90] Der Vorstand hat insoweit keinerlei „Ermessensspielraum". Unterliegen bestimmte Informationen (zB Preise in Lieferantenverträgen) einer mit einem Vertragspartner der Gesellschaft getroffenen **Vertraulichkeitsabrede,** so rechtfertigt dies die Auskunftsverweigerung nur, wenn die Vereinbarung einer solchen Abrede bei Vertragsschluss aus gewichtigen Gründen erforderlich war.[91]

Nach hM darf keine **Abwägung** zwischen dem drohenden Nachteil und dem Nutzen 44 der Auskunft für den fragenden Aktionär erfolgen.[92] Das Gesetz fordert allein eine Abwägung der Vor- und Nachteile für die Gesellschaft; als Vorteil kommt dabei zB auch die Aufdeckung von Pflichtverletzungen der Organe in Betracht.[93] Dass die Auskunft für Organmitglieder nachteilig sein mag (zB bei Aufdeckung von Missständen), rechtfertigt die Auskunftsverweigerung gewiss nicht; ebenso wenig kann es dem Vorstand gestattet sein, „unter dem Vorwand, Nachteile von der Gesellschaft abzuwenden, eigenes Fehlverhalten zu verschleiern".[94] Doch kann die Aufdeckung von für sich genommen relativ bedeutungslosen Unkorrektheiten einen Image-Schaden für die Gesellschaft zur Folge haben, der nicht im Verhältnis zu den „Vorteilen aus der Aufdeckung von Missständen" für die Gesellschaft steht. Insofern hat der fragende Aktionär nicht nur das Fehlverhalten darzulegen, sondern auch, „dass die für die Gesellschaft nachteilige Auskunftserteilung wegen der dadurch herbeigeführten Aufdeckung von Missständen gleichwohl insgesamt vorteilhaft sei".[95]

c) Steuerliche Wertansätze oder die Höhe einzelner Steuern[96]

Dieser Verweigerungsgrund wurde im Gesetzgebungsverfahren damit begründet, Aktionäre könnten zu der Annahme verleitet werden, der steuerliche sei auch der betriebswirtschaftliche Gewinn und stehe für eine Ausschüttung zur Verfügung.[97] Obwohl an dieser Vorstellung Kritik geübt wird,[98] ist die Vorschrift geltendes Recht und rechtfertigt daher eine Auskunftsverweigerung. Zu Recht wird eine teleologische Reduktion insoweit gefordert, als eine Auskunftsverweigerung unzulässig ist, wenn steuerliche Wertansätze in den handelsrechtlichen Jahresabschluss zu übernehmen sind.[99] 45

d) Stille Reserven[100]

Über „den Unterschied zwischen dem Wert, mit dem Gegenstände in der Jahresbilanz 46 angesetzt worden sind, und einem höheren Wert dieser Gegenstände", also über die **stil-**

---

[89] *Koch* in Hüffer/Koch AktG § 131 Rn. 24.
[90] Für die Nachprüfung gilt ein „objektiver Maßstab", OLG Düsseldorf AG 1992, 34 (35); LG Frankfurt a.M. DB 1993, 2371; *Koch* in Hüffer/Koch AktG § 131 Rn. 25.
[91] BGH AG 2009, 285 (291): zur Vermeidung „eine[r] nachhaltige[n] Beschädigung ihrer [der Gesellschaft] Kontrahierungsfähigkeit im Wirtschaftsleben"; *Koch* in Hüffer/Koch AktG § 131 Rn. 26.
[92] *Koch* in Hüffer/Koch AktG § 131 Rn. 27.
[93] *Koch* in Hüffer/Koch AktG § 131 Rn. 27.
[94] OLG Düsseldorf AG 1992, 34 (37) unter Hinweis auf BGHZ 86, 1 (19).
[95] OLG Düsseldorf AG 1992, 34 (37) unter Hinweis auf BGHZ 86, 1 (20).
[96] § 131 Abs. 3 S. 1 Nr. 2 AktG.
[97] RegBegr. *Kropff* 186.
[98] *Koch* in Hüffer/Koch AktG § 131 Rn. 28; *Schaaf* Praxis der HV Rn. 771 ff.
[99] *Koch* in Hüffer/Koch AktG § 131 Rn. 28.
[100] § 131 Abs. 3 Nr. 3 AktG.

len Reserven, braucht Auskunft nicht gegeben zu werden,[101] es sei denn, die Hauptversammlung stellt den Jahresabschluss fest (§§ 173, 286 Abs. 1 AktG).

e) Bilanzierungs- und Bewertungsmethoden[102]

47 Fragen zu Bilanzierungs- und Bewertungsmethoden müssen, falls nicht – was in der AG praktisch kaum vorkommt – die Hauptversammlung den Jahresabschluss feststellt,[103] nicht beantwortet werden, soweit die Angaben im vorgeschriebenen Anhang zum Jahresabschluss (§§ 264 Abs. 1 S. 1, 284 HGB) dazu ausreichen, um ein den tatsächlichen Verhältnissen entsprechendes Bild der Vermögens-, Finanz- und Ertragslage der Gesellschaft zu vermitteln. Das folgt aus dem Grundsatz, dass **nicht mündlich Auskunft** über das gegeben werden muss, was den Aktionären in schriftlicher Form vorliegt (§ 175 Abs. 2 AktG; → Rn. 24). Nicht erforderlich ist, dass sich gerade die Antwort auf die gestellte Frage aus dem Anhang ergibt. Dieser muss nur ein den tatsächlichen Verhältnissen entsprechendes Bild vermitteln, was idR anzunehmen ist, wenn der Abschlussprüfer den uneingeschränkten **Bestätigungsvermerk** erteilt hat.[104]

f) Strafbarkeit[105]

48 Ein Auskunftsverweigerungsrecht besteht ferner, wenn der Vorstand sich durch die Erteilung der Auskunft nach allgemeinen Vorschriften **strafbar** machen würde. In Betracht gezogen werden §§ 93 ff. StGB (Verrat von Staatsgeheimnissen) oder § 203 StGB (Verletzung von Privatgeheimnissen).[106] Nach hM kann sich der Vorstand nicht auf § 404 AktG berufen.[107] Auskünfte über ein früheres strafbares Verhalten dürfen nicht verweigert werden; ein Verweigerungsrecht besteht nur, wenn der Straftatbestand durch die Erteilung der Auskunft verwirklicht würde.[108]

---

[101] OLG Frankfurt a.M. BB 1981, 712 (713). Das Auskunftsverweigerungsrecht besteht auch, wenn die „zur Bildung stiller Reserven aufgewendeten oder aus deren Auflösung gewonnenen Mittel auch solche Erträge enthalten, die durch echte Wertberichtigungen, Abschreibungen und Rückstellungen entstanden sind", OLG Düsseldorf AG 1994, 228 (233). Angaben zum Unterschied von Buchwert und höherem Wert sind nur zu machen, wenn die Hauptversammlung den Jahresabschluss feststellt, § 173 AktG; *Schaaf* Praxis der HV Rn. 774 ff. Findige Aktionäre haben in der Vergangenheit versucht, den Unterschied zwischen Buch- und Verkehrswert über die Frage nach den Feuerversicherungswerten in Erfahrung zu bringen; das LG Frankfurt a.M. DStR 1995, 1159 (1160) hat die Auskunftsverweigerung darüber für berechtigt erklärt. Obwohl bei Unternehmensverträgen, Umwandlungen, Eingliederungen die Auskunft für die Bewertung uU wichtig ist, ist dieses Auskunftsverweigerungsrecht verfassungsgemäß, BVerfG ZIP 1999, 1801 „Scheidemandel II".
[102] § 131 Abs. 3 S. 1 Nr. 4 AktG (wie Nr. 3), soweit die Angabe dieser Methoden im Anhang ausreicht, um ein den tatsächlichen Verhältnissen entsprechendes Bild der Vermögens-, Finanz- und Ertragslage der Gesellschaft iSd § 264 Abs. 2 HGB zu vermitteln.
[103] Das ist nur dann der Fall, wenn entweder Vorstand und Aufsichtsrat beschlossen haben, der Hauptversammlung die Feststellung zu überlassen, oder wenn der Aufsichtsrat den vom Vorstand aufgestellten Jahresabschluss nicht (oder nicht fristgemäß, § 171 Abs. 3 S. 3 AktG) gebilligt hat, § 173 Abs. 1 AktG, vgl. *Hennrichs/Pöschke* in MüKoAktG § 173 Rn. 1 ff. Bei der KGaA ist die Feststellung durch die Hauptversammlung demgegenüber gemäß § 286 Abs. 1 S. 1 AktG der Regelfall.
[104] *Schaaf* Praxis der HV Rn. 780.
[105] § 131 Abs. 3 S. 1 Nr. 5 AktG. *Schaaf* Praxis der HV Rn. 781 ff.
[106] *Schaaf* Praxis der HV Rn. 782 f.; *Koch* in Hüffer/Koch AktG § 131 Rn. 31.
[107] *Koch* in Hüffer/Koch AktG § 131 Rn. 31; *Schaaf* Praxis der HV Rn. 785; *Hoffmann-Becking* in MHdB AG § 38 Rn. 48; aA *Henn* Rn. 892.
[108] OLG München WM 2009, 265.

g) Bankenprivileg[109]

Verweigert werden können schließlich Angaben über Bilanzierungs- und Bewertungsmethoden und vorgenommene Verrechnungen, die von der Gesellschaft als einem Kreditinstitut oder einem Finanzdienstleistungsinstitut nicht gemacht zu werden brauchen.[110] 49

h) Im Internet bereits zugängliche Informationen

Die nochmalige Erteilung von außerhalb der Hauptversammlung erteilten Informationen kann der Vorstand verweigern, wenn sie auf der Internetseite der Gesellschaft über mindestens sieben Tage vor Beginn und in der Hauptversammlung durchgängig zugänglich gemacht wurden (§ 131 Abs. 3 S. 1 Nr. 7 AktG).[111] 50

i) Insiderinformationen

Insiderinformationen dürfen in der Hauptversammlung nicht erteilt werden, ohne dass zugleich durch Ad hoc-Mitteilung eine (zumindest Bereichs-) Öffentlichkeit geschaffen wird.[112] 51

j) Ungeschriebener Verweigerungsgrund: Missbrauch

Außerdem besteht – gesetzlich nicht genannt und nicht unumstritten – ein Auskunftsverweigerungsrecht bei **Missbrauch des Fragerechts**.[113] Unterschieden werden die (illoyale) **grob eigennützige**, die **übermäßige** und die **widersprüchliche** Rechtsausübung.[114] Eine (illoyale) **grob eigennützige** Rechtsausübung ist bei diskriminierenden oder offensichtlich aus Rachsucht gestellten Fragen gegeben, wie zB bei Fragen, die der frühere in Unfrieden ausgeschiedene Vorstand zu ihm bekannten Vorgängen stellt, oder bei pauschalen Fragen nach strafbaren Handlungen.[115] Hiervon abgesehen kann der Aktionär aber auch Fragen stellen, deren Antwort ihm bekannt ist; denn er mag daran interessiert sein, dass die anderen Aktionäre von dem Sachverhalt Kenntnis erlangen. **Übermäßig** ist die Rechtsausübung bspw., wenn Auskunft zu mehr als 5.000 Geschäftsvorgängen mit 25.000 Einzelangaben verlangt wird.[116] Eine allgemeingültige **absolute Obergrenze** der Zahl der Fragen, die ein Aktionär stellen darf, lässt sich indes **nicht** angeben.[117] Nötig ist stets eine Einzelfallbetrachtung. **Widersprüchlich** ist das Verlangen schließlich, wenn der Aktionär die ihm vorgelegten Listen nicht ansieht oder 27 Fragen als nicht beantwortet zu Protokoll diktiert, um bei Gericht später die Nichtbeantwortung einer nicht diktierten Frage zu rügen.[118] Die praktische Bedeutung des Auskunftsverweigerungsrechts bei Miss- 52

---

[109] § 131 Abs. 3 S. 1 Nr. 6 AktG.
[110] ZB stillschweigende Saldierung von Verlusten mit stillen Reserven, BGHZ 86, 1 (18 ff.); 101, 1 (6 ff.); OLG Frankfurt a.M. ZIP 1986, 1244 f. (noch zur alten Rechtslage: § 26a Abs. 3 S. 2 KWG iVm § 3 der FormblattVO); *Koch* in Hüffer/Koch AktG § 131 Rn. 32.
[111] *Koch* in Hüffer/Koch AktG § 131 Rn. 32a f.
[112] *Schäfer* in Marsch-Barner/Schäfer § 14 Rn. 62 und *Marsch-Barner* ebd. § 34 Rn. 62.
[113] BVerfG ZIP 1999, 1798. *Koch* in Hüffer/Koch AktG § 131 Rn. 33 ff. mwN; zB: OLG Frankfurt a.M. AG 1984, 25 (26) – Deutsche Bank/Kühne mit Anm. *Marsch-Barner* WM 1984, 41; für ein Verweigerungsrecht bei Missbrauch zB *Hoffmann-Becking* in MHdB AG § 38 Rn. 34; *Quack* AG 1985, 145 (148); *Reuter* DB 1988, 2615 (2616); *Schaaf* Praxis der HV Rn. 791; *Steiner* HV der AG 99; *Trouet* NJW 1986, 1302 (1305).
[114] *Koch* in Hüffer/Koch AktG § 131 Rn. 34 ff. Das OLG Karlsruhe AG 1990, 82 „ASEA/BBC" spricht von „sach- und gesellschaftsfremder" Ausübung.
[115] *Steiner* HV der AG 99; *Decher* in GroßkommAktG AktG § 131 Rn. 278.
[116] OLG Frankfurt a.M. AG 1984, 25 – Deutsche Bank/Kühne. 308 Einzelfragen indizieren den Missbrauch, OLG Frankfurt a.M. ZIP 2007, 1463 – Kirch/Deutsche Bank. Nicht einmal das ist allerdings unstr.
[117] *Kersting* in Kölner Komm. AktG § 131 Rn. 163; *Spindler* in K. Schmidt/Lutter AktG § 131 Rn. 35.
[118] *Koch* in Hüffer/Koch AktG § 131 Rn. 35a.

brauch des Fragerechts ist nicht groß, weil die Beantwortung einer evtl. als missbräuchlich zu qualifizierenden Frage meist zur Beurteilung des in Rede stehenden Tagesordnungspunkts nicht erforderlich sein wird.[119] Außerdem ist wegen der Anfechtungsgefahren große Vorsicht geboten, weil sich während der Hauptversammlung das Vorliegen eines Missbrauchs kaum je zuverlässig beurteilen lassen wird, zumindest sich nicht vorhersehen lässt, wie das Prozessgericht die Frage beurteilen wird.

53 Deshalb sollte die Beantwortung **kaum jemals wegen Missbrauchs des Fragerechts abgelehnt** werden. Da die Gesellschaft in einem Anfechtungs- oder Auskunftserzwingungsverfahren für das Vorliegen von **Verweigerungsgründen** die **Beweislast** trägt,[120] ist in der Hauptversammlung von dem Auskunftsverweigerungsrecht wegen Missbrauchs generell nur mit großer Zurückhaltung Gebrauch zu machen.

k) Zeitliche Beschränkung

54 Hat der Versammlungsleiter aufgrund Ermächtigung in der Satzung oder Geschäftsordnung das Fragerecht zeitlich angemessen beschränkt,[121] brauchen **das Zeitkontingent des Fragerechts übersteigende Fragen** nicht beantwortet zu werden.[122]

3. Alphabetische Übersicht

a) Zu erteilende Auskünfte

55 Ein Auskunftsanspruch (§ 131 Abs. 1 S. 1 AktG)[123] ist in Ansehung folgender besonders praxisrelevanter Tatsachen anerkannt worden:
– **Abfindungen** an ausgeschiedene Vorstandsmitglieder, falls diese sich nicht aus dem Anhang ergeben.
– Inhalt eines **Abhängigkeitsberichts** gegenüber außenstehenden Aktionären.[124]
– Bei Banken **Abschreibungen** auf Anteile an branchenfremden Unternehmen.[125]
– **Anschaffungskosten** einer Beteiligung.[126]
– Buchwert der **Anteile an ausländischen und inländischen Kapitalgesellschaften**.[127]
– Für Ausgleich und Abfindung bedeutsame Umstände[128] und die Vermögensverhältnisse des anderen Vertragsteils[129] bei Abstimmung über einen **Beherrschungsvertrag**.

---

[119] *K. Schmidt* GesR § 28 IV 3. (S. 845).
[120] *Schaaf* Praxis der HV Rn. 794. Darlegungspflichtig ist die AG. „Einige Plausibilität" genügt, OLG Düsseldorf WM 1991, 2148 (2152). AA LG Heilbronn AG 1967, 81 (82). Anders ist dies nach zutr. Auffassung bei übermäßiger Fragenstellung; denn für die Erforderlichkeit der Auskunft auch in quantitativer Hinsicht sollte der fragende Aktionär die Beweislast tragen, s. *Spindler* in K. Schmidt/Lutter AktG § 131 Rn. 35. Zur allgemeinen Beweislastverteilung vgl. OLG Stuttgart AG 2015, 163 (170).
[121] Diese Möglichkeit besteht nach § 131 Abs. 2 S. 2 AktG. Vgl. BGHZ 184, 239 zum zulässigen Umfang der satzungsmäßigen Ermächtigung des Versammlungsleiters zur Beschränkung des Frage- und Rederechts.
[122] *Koch* in Hüffer/Koch AktG § 131 Rn. 22a.
[123] Eine alphabetisch geordnete Darstellung der Gegenstände eines Auskunftsrechts findet sich auch bei *Kubis* in MüKoAktG AktG § 131 Rn. 182 ff.
[124] OLG Frankfurt a.M. ZIP 2003, 761 – Rabobank Deutschland AG.
[125] BGH AG 1987, 344 (346); OLG Frankfurt AG 1991, 206.
[126] OLG Düsseldorf DB 1991, 2532 = AG 1992, 34 = WM 1991, 2148 (2153 f.); LG Berlin AG 1991, 34 (35 f.).
[127] Und deren Aufgliederung nach Banken, Versicherungen und sonstigen Kapitalgesellschaften, BayObLG AG 1996, 180 (181) – Allianz AG Holding.
[128] BGH ZIP 1993, 751 – SSI (I); BGH ZIP 1995, 1256 – SSI (II); LG Hanau AG 1996, 184 (185) – Schwab Versand AG: Buchwert der vom herrschenden Unternehmen gehaltenen Aktien des abhängigen Unternehmens.

- **Berufliche Vorbildung** von Vorstandsmitgliedern, falls Anlass zu der Besorgnis dargetan ist, der Vorstand sei überlastet oder nicht hinreichend qualifiziert.[130]
- Entscheidung über die **Bestellung von Vorstandsmitgliedern** in einer beherrschten Tochtergesellschaft.[131]
- Bestehende **Beteiligungen** von einem gewissen Umfang (10%)[132] oder Wert[133], wobei für börsennotierte Gesellschaften eine verschärfte Auskunftspflicht besteht (alle Beteiligungen an großen Kapitalgesellschaften, die 5% der Stimmrechte überschreiten, § 285 Nr. 11 HGB). Das Auskunftsrecht erstreckt sich auf den Nennwert und das Stimmrecht, nicht auf den Buchwert,[134] und gilt auch für **mittelbare** Beteiligungen, die von Dritten für Rechnung der Gesellschaft gehalten werden.[135]
- Erwerb von **Beteiligungen**.[136]
- Begründung und Konditionen einer **Beteiligungsveräußerung**.[137]
- Sofern nicht aus dem Anhang zum Jahresabschluss (§ 285 Abs. 1 Nr. 9 HGB; → Rn. 50) ersichtlich: Gesamt-**Bezüge des Vorstands sowie des Aufsichtsrats**, auch deren Aufgliederung in Gehalt, Tantieme und Ruhegehaltsbezüge,[138] auch die Bezüge einzelner Organmitglieder[139] dagegen nur bei börsennotierten Gesellschaften,[140]

---

[129] BGH AG 1992, 450 (454) = BGHZ 119, 1; OLG Koblenz ZIP 2001, 1093 (Pflicht zur Auskunft über die Kapitalverhältnisse des herrschenden Unternehmens, den Wertansatz der Beteiligung an der abhängigen Gesellschaft in dessen Bilanz, dessen Ertragsentwicklung in den letzten Jahren); siehe auch OLG Dresden ZIP 2001, 1539 – Sachsenmilch. Keine Informationspflicht besteht über einen bereits 1959 abgeschlossenen, noch wirksamen Beherrschungsvertrag, KG AG 2001, 186.
[130] OLG Düsseldorf ZIP 1986, 1557 (1558); LG Dortmund WM 1987, 376 (377) = EWiR § 131 AktG 2/87, 645 mit Anm. *Ebenroth*.
[131] OLG Düsseldorf AG 2015, 908 (910).
[132] Am Grundkapital; der Stimmrechtsanteil kann unter 10% liegen, KG AG 1996, 131 (132); zum Ganzen *Krieger* DStR 1994, 177 (178).
[133] Beteiligungen von mind. jeweils 20 Mio. DM bei Grundkapital 26 Mio. DM, KG DB 2001, 1080; Beteiligungen von 10% der Stimmrechte, KG AG 1994, 83 – Siemens; mind. 10% der Stimmrechte, LG Berlin BB 1993, 1827 (1828) mit krit. Anm. *Ebenroth/Wilken* BB 1993, 1818 (1821ff.); 10% oder mind. im Marktwert von 100 Mio. DM, KG BB 1993, 2036 mit krit. Anm. *Ebenroth/Wilken* BB 1993, 2039 und zust. Anm. *Großfeld/Möhlenkamp* ZIP 1994, 1425; KG AG 1994, 83 und AG 1994, 469ff. – Allianz (Börsenwert 100 Mio. DM); ebenso im Verfahren nach § 132 AktG, KG AG 1996, 131 (132); LG Berlin ZIP 1993, 1632 (1633); 5% unter Hinweis auf § 21 WpHG (ab 3.1.2018 § 33 WpHG), BayObLG ZIP 1996, 1743 (1746), ZIP 1996, 1945 (1948) mit Anm. *H.F. Müller* WuB II A. § 131 AktG 1.97; krit. zu einer so weitgehenden Auskunftspflicht über Minderheitsbeteiligungen *Hüffer* ZIP 1996, 401ff., und *Hüffer* ZGR 2001, 833 (845) „auch im Hinblick auf § 285 Nr. 11 2. HS HGB"; *Saenger* DB 1997, 145ff. mwN; aA als LG Berlin und KG auch LG Frankfurt a.M. WM 1994, 1929 (1931), da über weiter zurückliegende Vorgänge nur Auskunft verlangt werden könne, wenn diese sich gerade auf das abgelaufene Geschäftsjahr ausgewirkt haben. „Der Erwerb und die Veräußerung von Kapitalanteilen betrifft aber gerade längerfristige Anlagedispositionen." Diese Rspr. dürfte für börsennotierte Gesellschaften durch das KonTraG (nach KG ZIP 1995, 1590 (1591), nicht schon durch § 21 WpHG [ab 3.1.2018 § 33 WpHG]) überholt sein: Sie haben gem. § 285 Nr. 11 HGB für nach dem 31.12.1998 beginnende Geschäftsjahre alle Beteiligungen an großen Kapitalgesellschaften, die 5% der Stimmrechte überschreiten, im Anhang anzugeben, weswegen darüber nicht auch noch in der Hauptversammlung mündlich Auskunft erteilt werden muss, → Rn. 24.
[134] KG AG 1994, 83 (84); ebenso KG AG 1994, 469f. und die Vorinstanz LG Berlin AG 1994, 40 (41). „Der Zuwachs an stillen Rücklagen im Wertpapierbestand muss dem Aktionär nicht mitgeteilt werden. Jedoch muss der Vorstand dem Aktionär den Unterschied zwischen den Bilanzansätzen und dem höheren Wert der bilanzierten Gegenstände angeben", KG ZIP 2001, 1200. Zur Unbeachtlichkeit des Buchwerts für das Abstimmungsverhalten des „objektiv urteilenden Aktionärs" siehe auch OLG München AG 1994, 418f.
[135] KG AG 1996, 135 – Siemens; einschränkend *Krieger* DStR 1994, 177 (178).
[136] Siehe Stichwort „Übernahme". Zu den erforderlichen Informationen (Bewertung, Marktstellung etc) siehe *Groß* AG 1996, 111 (117f.).
[137] BGH ZIP 2001, 416 = BGHZ 146, 288 – Altana/Milupa. Krit. dazu *Tröger*, Informationsrechte der Aktionäre bei Beteiligungsveräußerungen, ZHR 165 (2001) 593.
[138] BGHZ 32, 159 (169f.); 36, 121 (126); LG Berlin BB 1990, 1388; *Henn* Die Rechte des Aktionärs 39; ebenso uU Aufwendungsersatz (Entschädigung in Strafverfahren), *Krieger* FS Bezzenberger, 2000, 211 (229f.).
[139] Insgesamt: OLG Düsseldorf AG 1988, 53 = NJW 1988, 1033, außer bei konkreten Anzeichen für eine Pflichtverletzung des Aufsichtsrats nicht einzeln: LG Berlin AG 1991, 34 (36); aus Wahrnehmung von

und auch bei diesen nur, wenn sie nicht erklärt haben, dass den Empfehlungen des DCGK nicht entsprochen wurde (§ 161 AktG).
- Gesamt-**Bezüge** des Vorstands aus Vergütungen für die Wahrnehmung von Aufsichtsrats- und Beiratsmandaten in Konzernunternehmen.[141]
- Kosten der Gewährung von **Bezugsrechten auf Aktien** an Vorstand, Aufsichtsrat und Arbeitnehmer.[142]
- Gründe für den **Bezugsrechtsausschluss** bei einem zu beschließenden genehmigten Kapital.[143]
- Begründung des **Bezugsrechtsausschlusses** („strategische Neuausrichtung").[144]
- **Bilanzen** eines zu erwerbenden Unternehmens für die letzten drei Geschäftsjahre.[145]
- Bestehen und Konditionen einer **D&O-Versicherung** (→ § 40 Rn. 5).
- Gründe für den Erwerb **eigener Aktien**.[146]
- **Ergebnisse** von Unternehmen, an denen die Gesellschaft mit über 20 % beteiligt ist.[147]
- **Erlöse** aus der Veräußerung von Geschäftsbereichen, die sich auf die Ertrags- und Vermögenssituation wesentlich auswirken.[148]
- **Erträge** aus Lizenzverträgen.[149]
- Vorgänge des **Geschäftsjahrs**, das auf der Tagesordnung steht; länger zurückliegende Vorgänge nur, soweit sie sich gerade in dem Geschäftsjahr ausgewirkt haben, das Gegenstand der Hauptversammlung ist.[150]
- **Geschäftsvorfälle**, die für den Entlastungsbeschluss von Bedeutung sind.[151]
- Angelegenheiten des **Großaktionärs** mit Auswirkung auf die Gesellschaft[152] und Geschäfte mit ihm.[153]
- **Grundstücks**verkaufserlös in Höhe der Jahresdividende oder mehr.[154]
- **Gutachten,** auf die sich die Verwaltung bezogen hat, sofern kein Auskunftsverweigerungsgrund gegeben ist.[155]

Aufsichts- und Beiratsmandaten in verbundenen Unternehmen: OLG Düsseldorf AG 1988, 53; für die Gesellschaft selbst nein, weil gem. § 285 Nr. 9 HGB aus dem Anhang zum Jahresabschluss ersichtlich: OLG Düsseldorf WM 1991, 2148 (2154) und LG Dortmund WM 1984, 661; ebenso wenig bei Konzernunternehmen, § 314 Abs. 1 Nr. 6 HGB.

[140] Der DCGK empfiehlt in Ziff. 4.2.4/5 die Offenlegung der Gesamtvergütung jedes Vorstandsmitglieds unter Namensnennung in einem Vergütungsbericht, aufgeteilt nach Fixum, erfolgsbezogenen Komponenten und Komponenten mit langfristiger Anreizwirkung. Das schreibt für börsennotierte Gesellschaften jetzt § 285 Abs. 1 Nr. 9a) HGB vor. Siehe dazu *Thüsing* ZIP 2005, 1389; *Hohenstatt/Wagner* ZIP 2008, 945.

[141] OLG Düsseldorf BB 1987, 2253; LG Dortmund AG 1999, 133.
[142] Genauer: Der Verwässerungseffekt des Bezugsrechtsausschlusses, OLG München ZIP 2002, 1150 (1151) – AAFORTUNA.
[143] LG München I AG 2001, 319 (321) – MHM mit Anm. *Hirte* EWiR 2001, 507.
[144] LG München I DB 2001, 69.
[145] LG München I AG 1993, 287.
[146] BGHZ 101, 1 (15); OLG Frankfurt a.M. AG 1991, 206; OLG Dresden AG 1999, 274.
[147] LG Frankfurt a.M. ZIP 1989, 1062.
[148] OLG Hamburg AG 2001, 359.
[149] LG München I AG 1987, 185 (187).
[150] OLG Zweibrücken ZIP 1990, 453.
[151] Weil sie die Bilanz der Gesellschaft „prägen", LG München I AG 1996, 89, oder im Fall von Risiken, die erst im abgelaufenen Geschäftsjahr bekannt geworden und für die Entlastung bedeutsam sind, OLG München AG 2002, 294 – Hypo-Vereinsbank mit Anm. *Leuering* EWiR 2002, 599.
[152] LG Berlin AG 2001, 95.
[153] LG Köln DB 1999, 680; Grundstücksgeschäft mit Aufsichtsratsmitglied, BayObLG AG 1999, 320 (321). Dass diese im Abhängigkeitsbericht (§ 312 AktG) zu behandeln sind, steht dem Auskunftsanspruch nicht entgegen (so aber *Mutter* 45), da der Bericht den Aktionären nicht zugänglich ist.
[154] Kaufpreis entsprechend der gezahlten Dividende: LG München I AG 1996, 89; Kaufpreis entsprechend dem 10-fachen Jahresgewinn: BayObLG AG 1996, 322 = ZIP 1966, 1251 = WM 1996, 1177 mit Anm. *Stängel* WuB II. A. § 131 AktG 4.96. Nicht auskunftspflichtig ist der Erlös, wenn er in Relation zu den gesamten Anlagen unbedeutend ist, BayObLG AG 1996, 320.
[155] OLG Köln ZIP 1998, 994 – KHD.

- Hintergründe zur einstweiligen Nichtgeltendmachung von **Haftungsansprüchen gegen Organmitglieder,** insbesondere auch inhaltliche Details einer diesbezüglichen Freistellungsvereinbarung mit einem Großaktionär.[156]
- Vorgänge, die für den Vorwurf eines strafbaren **Insidergeschäfts** von Bedeutung sein können.[157]
- Erläuterung dazu, wie bestehende oder potentielle **Interessenkonflikte** in der vergangenen Amtsperiode vom Aufsichtsrat behandelt worden sind.[158]
- Vorlage des (nicht abgekürzten) **Jahresabschlusses** (§ 120 Abs. 3 S. 2 AktG).[159]
- Angaben zum **Jahresabschluss** bei Verdacht unrichtiger Aufstellung.[160]
- **Jahresergebnisse** in den Konzernabschluss einbezogener Unternehmen.[161]
- Mittelverwendung aus **Kapitalerhöhung** bei Sacheinlage[162] oder Verdacht verdeckter Sacheinlage.[163]
- Hintergründe und Umstände einer **Kapitalerhöhung** unter Ausnutzung von genehmigtem Kapital.[164]
- **Kapitalverhältnisse** eines dem Beherrschungsvertrag beitretenden weiteren herrschenden Unternehmens.[165]
- **Kaufpreis für eine Tochtergesellschaft,** deren einziges Vermögen in der Beteiligung an der Gesellschaft besteht.[166]
- **Kaufpreis für GmbH-Geschäftsanteile** bei ins Gewicht fallender und möglicherweise überhöhter Gegenleistung.[167]
- Grundsätze für die Festlegung von **Konzern**verrechnungspreisen[168] und **Konzern**umlagen.[169]
- Zur Beurteilung der **Lage der Gesellschaft** erforderliche Angaben.[170]
- Gesamtvergütung (nicht dagegen Einzelvergütung der Mitglieder[171]) eines unterhalb der Vorstandsebene (organexternen) gebildeten **Leitungsgremiums** (Group Executive Committee).[172]
- **Mandate** von Vorstands- und Aufsichtsratsmitgliedern im Konzern[173] und außerhalb verbundener Unternehmen.[174]
- Übernommene **Mithaftung** für Kredite eines anderen, an der Gesellschaft (mehrheitlich) beteiligten Unternehmens.[175]

---

[156] OLG Düsseldorf AG 2015, 431, m Anm *Pöschke* WuB 2015, 633.
[157] OLG München WM 2009, 265.
[158] OLG Frankfurt a.M. v. BeckRS 2014, 13149.
[159] OLG Düsseldorf AG 1992, 34 = DB 1991, 2532 = WM 1991, 2148 (2153f.).
[160] OLG Düsseldorf AG 1992, 34 (35).
[161] OLG Hamburg ZIP 1994, 373.
[162] Anspruch auf Auskunft über den wesentlichen Inhalt des Kaufvertrags, LG Koblenz AG 2001, 205 – Compugroup Holding AG.
[163] LG Hannover AG 1996, 37.
[164] OLG Frankfurt a.M. AG 2011, 713 (715f.).
[165] BGHZ 119, 1 (15f.) – ASEA/BBC mit – nicht überzeugender – krit. Anm. *Hamann* ZIP 1992, 1233.
[166] OLG Düsseldorf AG 1992, 34 (36).
[167] OLG Düsseldorf WM 1991, 2148 (2155).
[168] OLG Hamburg AG 1970, 372.
[169] BGH AG 1992, 450 (453); OLG Karlsruhe AG 1990, 82f. – ASEA/BBC; LG Frankfurt a.M. DB 1993, 2371.
[170] OLG Düsseldorf AG 1992, 34 (35): Verbreitungsgrad, Anteil an politischen Nachrichtensendungen der Rundfunkanstalten sowie Auflagen der belieferten Zeitungen.
[171] Verweigerungsgrund: Gefahr der Abwerbung, OLG Frankfurt a.M. ZIP 2006, 614 – Deutsche Bank.
[172] OLG Frankfurt a.M. ZIP 2006, 610; OLG Frankfurt a.M. DB 2009, 1863 (1865f.).
[173] OLG Düsseldorf AG 1988, 53.
[174] Für konzernfremde Aufsichtsratsmandate von Vorstandsmitgliedern: KG WM 1995, 1920 (1925); BayObLG WM 1996, 119 (121) mit krit. Anm. *Eyles* WuB II. A. § 131 AktG 3.96; nur wenn Tatsachen dargelegt werden, die eine Überlastung durch konzernfremde Tätigkeiten oder einen Interessenkonflikt befürchten lassen, LG München I ZIP 1993, 1630 (1632) = AG 1993, 519. Ähnlich LG Dortmund AG 1987, 189.
[175] LG Frankfurt a.M. DB 1993, 1460.

- **Nachteilige Rechtsgeschäfte** und Maßnahmen gemäß Abhängigkeitsbericht, soweit nicht ausgeglichen.
- **Nebentätigkeiten** und Ausbildung eines Vorstandsmitglieds bei Anlass zur Besorgnis, dass es überlastet oder nicht hinreichend qualifiziert ist.[176]
- Bei **Optionsprogrammen** die Aufteilung des Gesamtvolumens auf Vorstand, sonstige Organmitglieder und Arbeitnehmer,[177] sowie deren Wert.[178]
- Geschäfte mit **Organmitgliedern,** wie zB ein Grundstücksverkauf an den Vorsitzenden des Aufsichtsrats[179] oder Verbindlichkeiten von Mitgliedern des Vorstands oder des Aufsichtsrats gegenüber der Gesellschaft.[180]
- Sofern nicht aus dem Anhang zum Jahresabschluss (§ 285 Abs. 1 Nr. 9 HGB; → Rn. 47) ersichtlich: **Pensionsrückstellungen** für den Vorstand.[181]
- Bei Umwandlung Vorlage, zumindest mündliche „Wiedergabe oder sachliche Zusammenfassung des wesentlichen Inhalts" des **Prüfungsberichts** einschließlich der Angaben zur Bewertungsmethode und zur Begründung ihrer Anwendung.[182]
- Bei Verschmelzung Umfang, Aufteilung und Ursachen der **Risikovorsorge.**[183] Verlangt werden kann nicht die Aufzählung aller Geschäftsvorfälle, sondern nur eine größenmäßige Aufteilung auf einzelne Risikobereiche.
- Bei Formwechsel Aufgliederung hoher **Rückstellungen**[184] und Bewertungsmethode zur Ermittlung der Barabfindung.[185]
- Bei Kapitalerhöhung gegen **Sacheinlagen** (Verrechnung mit Kaufpreisforderung) der zugrunde liegende Kaufvertrag.[186]
- Vollständiges **Sonderprüfungsgutachten,** das der Aufsichtsrat in einer existenzbedrohenden Krise eingeholt hat und auf das er sich im Rahmen der Entlastung von Vorstand und Aufsichtsrat in der Hauptversammlung beruft.[187]
- **Spenden.**[188]
- Bei **Übernahme** eines Unternehmens dessen Vermögensverhältnisse. Wenn der Vorstand der Hauptversammlung die Frage vorlegt, ob ein Unternehmen übernommen werden soll, erstreckt sich das Auskunftsrecht der Aktionäre auf die gesamten Vermögensverhältnisse des Unternehmens.[189]

---

[176] OLG Düsseldorf ZIP 1986, 1557 (1558); KG AG 1996, 135. Die bloß „abstrakte Gefahr einer gewissen Inkorrektheit" reicht nicht aus, LG Dortmund AG 1987, 189f. mit zust. Anm. *Ebenroth* EWiR 1987, 645.
[177] OLG Stuttgart AG 1998, 529 (534); OLG Braunschweig AG 1999, 84 (88); OLG München AG 2003, 164.
[178] Die frühere Rspr. (nicht über den Wert der Optionsrechte: OLG Stuttgart WM 2002, 1060 (1065f.)) ist durch § 285 Abs. 1 Nr. 9a) HGB überholt.
[179] BayObLG AG 1999, 320 (321).
[180] LG Bonn AG 1957, 159.
[181] LG Berlin BB 1990, 1388.
[182] Weil er „den einzigen, objektiven Anhaltspunkt für die Bewertung des vom Vorstand im Umwandlungsbericht vorgeschlagenen Abfindungsangebotes darstellt", LG Heidelberg AG 1996, 523 (524) – *Scheidemandel.*
[183] BayObLG AG 2001, 424 (425).
[184] LG Heidelberg AG 1996, 523 (524f.) – *Scheidemandel.*
[185] LG Heidelberg DB 1996, 1768.
[186] LG Koblenz AG 2001, 205 – *Compugroup Holding AG.*
[187] OLG Köln ZIP 1998, 994.
[188] OLG Frankfurt a.M. AG 1994, 39 (40) – *Commerzbank* mwN, aber nur insgesamt: „Kommt der Gesamthöhe des Spendenaufkommens zB gegenüber dem Bilanzgewinn eine untergeordnete Bedeutung zu, muss der Vorstand weitergehende Auskunft über einzelne Spendenvorgänge nur geben, wenn ein besonderer Anlass dafür besteht." *Koch* in Hüffer/Koch AktG § 131 Rn. 18; ebenso *Butzke* G Rn. 53; aA *Kind* NZG 2000, 567 (571f.). Generell gegen die Angabe der Empfänger von Einzelspenden, um die Ermunterung Anderer zu Spendenwünschen zu vermeiden, *Obermüller/Werner/Winden,* Die Hauptversammlung der Aktiengesellschaft, 3. Aufl. 1967, 162. Zur Spendenkompetenz des Vorstands (unter strafrechtlichen Gesichtspunkten) jetzt eingehend BGH AG 2002, 327; siehe dazu *Laub,* Grenzen der Spendenkompetenz des Vorstands, AG 2002, 308.
[189] LG München I AG 1993, 435 – *Deckel/Wanderer.*

- Entwicklung der **Umsatzerlöse** wichtiger Geschäftsbereiche (nicht die Höhe bestimmter Umsatzerlöse, soweit sie sich aus dem Jahresabschluss ergeben).[190]
- Angelegenheiten **verbundener Unternehmen**.[191]
- Beziehungen zu **verbundenen Unternehmen** (§ 131 Abs. 1 S. 2 AktG). Das Auskunftsrecht ist nicht durch Bilanzierungsvorschriften eingeschränkt,[192] auch nicht durch die Pflicht zur Erstellung eines Abhängigkeitsberichts.[193]
- Bei **Verdacht** schwerwiegender Pflichtverletzungen, der durch Erteilung der Auskunft erhärtet werden kann.[194]
- **Vergütung** der Aufsichtsratsmitglieder und ihre Verbuchung,[195] sofern nicht aus dem Anhang zum Jahresabschluss (§ 285 Abs. 1 Nr. 9 HGB; → Rn. 47) ersichtlich. Siehe auch oben Gesamtvergütung.
- **Verluste,** auch soweit nicht bilanzierungspflichtig.[196]
- Die (fünf) größten **Verlustgeschäfte** des vorangegangenen Geschäftsjahrs.[197]
- **Vermögensverhältnisse** einer Gesellschaft, die übernommen werden soll.[198]
- Inhalt von **Verträgen** und sonstigen **Urkunden,** soweit für das Verständnis nötig und sofern es auf den Wortlaut ankommt, oder denen die Hauptversammlung zustimmen soll. Auch wenn dies nicht gesetzlich vorgeschrieben und zur Wirksamkeit des Vertragsabschlusses erforderlich ist, sondern der Vorstand die Entscheidung der Hauptversammlung nach § 119 Abs. 2 AktG einholt.[199]
- Die **Vollständigkeit** des Abhängigkeitsberichts betreffende Fragen.[200]
- **Wertberichtigungen** auf Anteile an branchenfremden Unternehmen.[201]
- **Wertsteigerung** der Aktienbestände.[202]
- Holt der Vorstand die **Zustimmung** der Hauptversammlung zu bestimmten Maßnahmen ein,[203] etwa in (möglichen) „Holzmüller"-Fällen, sind alle zur Beurteilung erforderlichen Auskünfte zu erteilen.

b) Nicht zu erteilende Auskünfte

Kein Auskunftsanspruch besteht – von den gesetzlichen Verweigerungsgründen (→ Rn. 43 ff.) abgesehen – in Ansehung folgender Tatsachen (wobei nicht zwischen feh-

---

[190] Vgl. § 285 Nr. 4 HGB; OLG Düsseldorf AG 1992, 34 (36).
[191] Wenn sie „wegen ihrer Bedeutung zu Angelegenheiten der Gesellschaft selbst werden", *Koch* in Hüffer/Koch AktG § 131 Rn. 16 mwN. Das wird bei Holding-Gesellschaften ohne eigenes (*Koch* in Hüffer/Koch: „prägendes") operatives Geschäft meist der Fall sein. Anspruch auf Auskunft über Umsatz, Eigenkapital und Ergebnis eines gegen Gewährung einer Beteiligung ausgegliederten operativen Betriebs, BayObLG AG 2000, 131. Im Übrigen ist bei Unternehmensverträgen, Eingliederungen und Umwandlungen (→ Rn. 34) über Angelegenheiten verbundener Unternehmen Auskunft zu erteilen. Allerdings muss die Obergesellschaft zB nicht zu jeder Pflichtverletzung von Organmitgliedern eines verbundenen Unternehmens Auskunft erteilen, OLG München BeckRS 2014, 05811.
[192] LG München I AG 1987, 26 (27).
[193] OLG Düsseldorf AG 1992, 34 (36). Zur Auskunftspflicht bei Übernahme der Mithaftung für Verbindlichkeiten eines verbundenen Unternehmens LG Frankfurt a.M. AG 1993, 520.
[194] BGH ZIP 1983, 163 (165 f.).
[195] Anspruch auf Auskunft darüber, welches Aufsichtsratsmitglied in der Vergangenheit eine überhöhte Vergütung bezogen und später an die AG zurückgezahlt hat, OLG Koblenz ZIP 2001, 1095 (1097). Nicht auch über die Vergütung von Mitarbeitern: KG WM 1994, 1479 (1481); BayObLG WM 1996, 119 (123); LG Frankfurt a.M. WM 1994, 1929.
[196] LG München I AG 1987, 26 (27).
[197] Bei Verlusten aus Wertpapierverkäufen einer Vermögensverwaltungs- und Finanzierungsgesellschaft, KG AG 2001, 355 – Kötitzer Ledertuch- und Wachstuchwerke AG; LG Berlin AG 2000, 288.
[198] LG München I AG 1993, 435 – Deckel/Wanderer.
[199] OLG München AG 1996, 327 (328).
[200] OLG Düsseldorf AG 1992, 34 (35) = DB 1991, 2532 = WM 1991, 2148.
[201] BGH AG 1987, 344 (346); OLG Frankfurt a.M. AG 1991, 206.
[202] Bei einer Gesellschaft, die ihre Finanzmittel in Aktien anlegt, KG DB 2001, 1080.
[203] ZB Veräußerung aller Tochtergesellschaften, OLG Dresden AG 2003, 433 – Valarte Group AG.

lender Erforderlichkeit und dem Bestehen eines Auskunftsverweigerungsrechts unterschieden wird):
- Höhe von **Abfindungsbeträgen** an Mitarbeiter der Gesellschaft.[204]
- Im **Abhängigkeitsbericht** zu behandelnde Tatsachen.[205]
- Bei Banken **Abschreibungen** auf Wertpapiervermögen.[206]
- Berufsrechtliches Verfahren gegen den **Abschlussprüfer**.[207]
- **Abstimmungsvorschläge,** die eine Bank ihren Depotkunden für andere Gesellschaften gemacht hat.[208]
- **Ad hoc-mitteilungspflichtige Vorgänge** vor deren Publizierung.[209]
- Zusammensetzung des **Aktionärskreises**.[210]
- Zahl der **Arbeitnehmer,** falls diese aus dem Anhang zum Jahresabschluss ersichtlich ist.[211]
- **Aufgliederung** der Beteiligungen an anderen Unternehmen[212] und der Anteile an Beteiligungen in Banken, Versicherungen und sonstigen Kapitalgesellschaften.
- Vorgänge in **Aufsichtsratssitzungen**.[213] Die Sitzungen sind grundsätzlich geheim, und andere Personen als Mitglieder des Aufsichtsrats haben kein Recht auf Teilnahme (§ 109 AktG), nicht einmal der Vorstand.[214]
- Auskünfte außerhalb der Hauptversammlung an andere Aktionäre, falls die Frage lediglich der **Ausforschung** dient.[215]
- Umfassende Auskunft zu dem Ausgangsbeschluss zugrunde liegenden Sachverhalt bei Fassung eines **Bestätigungsbeschlusses**.[216]
- **Bezüge** der leitenden Mitarbeiter.[217]
- Bei nicht börsennotierten Gesellschaften die **Bezüge** einzelner Vorstandsmitglieder.[218]
- Erläuterung einzelner **Bilanzpositionen,** die sich aus dem Jahresabschluss ergeben[219] oder die keine bessere Beurteilung der Bilanz ermöglichen.[220]

---

[204] KG AG 1996, 135 (gefragt war nach den zehn höchsten Abfindungsbeträgen); OLG Frankfurt a.M. AG 2013, 300.
[205] OLG Frankfurt a.M. DB 2003, 600 (betr. Konzernumlage).
[206] OLG Düsseldorf AG 1994, 228 (232) = DB 1991, 2532 = WM 1991, 2148 – Bayer Vereinsbank/Simon Bank (noch zur alten Rechtslage: § 26a Abs. 3 S. 2 KWG iVm § 3 FormblattVO).
[207] Anspruch nur, wenn die Ergebnisse des Verfahrens unmittelbar Auswirkungen auf das Testat, das Ergebnis der Abschlussprüfung oder sonstige Prüfungen haben, LG Frankfurt a.M. AG 1992, 235 (236).
[208] BayObLG ZIP 1996, 1945 (1949) = AG 1996, 563, weil es sich nicht um eine „Angelegenheit der Gesellschaft" handle (eine schwerlich überzeugende Begründung); anders die Vorinstanz LG München I AG 1994, 380; wie das BayObLG auch LG München I AG 1996, 186.
[209] Nach Art. 17 VT 596/2014; *Mutter* 11.
[210] LG Frankfurt a.M. WM 1994, 1929; oder Aktionäre, die mehr als 0,5% des Grundkapitals halten, KG AG 1994, 469 (473). Dies hat sich auch durch die Änderung des § 67 Abs. 6 AktG durch das NaStraG nicht geändert (LG München I AG 2007, 255, 257; *Kubis* in MüKoAktG AktG § 131 Rn. 186; aA *Butzke* G Rn. 57). Unverändert ist das Teilnehmerverzeichnis in und nach der Hauptversammlung zugänglich, § 129 Abs. 1 S. 2, Abs. 4 AktG.
[211] LG München I AG 1993, 519.
[212] LG Frankfurt a.M. DStR 1995, 1159 (1160).
[213] OLG Stuttgart AG 1995, 234.
[214] *Koch* in Hüffer/Koch AktG § 109 Rn. 3.
[215] LG Frankfurt a.M. AG 1968, 24; OLG Dresden AG 1999, 274; *Koch* in Hüffer/Koch AktG § 131 Rn. 41 mwN; *Marsch-Barner* in Marsch-Barner/Schäfer Börsennotierte AG-HdB § 34 Rn. 68.
[216] LG Frankfurt a.M. AG 2014, 132 (135).
[217] KG AG 1994, 469 (473); ebenso die Vorinstanz LG Berlin AG 1994, 40 (42); anders, „wenn Anhaltspunkte auf eine überhöhte Vergütung hinweisen", weswegen die Auskunft für die Entlastung von Vorstand und Aufsichtsrat bedeutsam sein kann, LG Frankfurt a.M. ZIP 2005, 302 (303f.).
[218] LG Berlin AG 1991, 34 (36); LG Köln AG 1997, 188. Vgl. *Koch* in Hüffer/Koch AktG § 131 Rn. 19 mwN. Die Bezüge des alleinigen Vorstandsmitglieds brauchen nach § 286 Abs. 4 HGB im Anhang nicht angegeben zu werden; seine Bezüge sind die „Gesamtbezüge" und deshalb wohl auf Frage eines Aktionärs mitzuteilen, *Kempter* BB 1996, 419 (420f.). Sind diese aus dem Anhang zum Jahresabschluss ersichtlich (§ 285 Abs. 1 Nr. 9 HGB), brauchen Fragen dazu nicht beantwortet zu werden, → Rn. 47.
[219] BGHZ 93, 327; OLG Düsseldorf WM 1991, 2148 (2153) = DB 1991, 2532; OLG Hamburg AG 2001, 359 (361).

- Künftige **Ergebnisse**.[221]
- **Einzelne Geschäfte** der Gesellschaft.[222]
- Vorgänge **früherer Geschäftsjahre,** die nicht mehr in das zu behandelnde Geschäftsjahr hineinwirken.[223]
- Konditionen von Verträgen, deren **Geheimhaltung** aus berechtigten Gründen vereinbart wurde. Die Vereinbarung der Geheimhaltung kann allenfalls ein Indiz für die Geheimhaltungsbedürftigkeit sein, die aber in jedem Fall Voraussetzung der Auskunftsverweigerung ist.[224] Sie begründet für sich allein kein Auskunftsverweigerungsrecht.[225]
- Bezüglich **Grundstücken** Marktwert, Buchwert, Feuerversicherungswert,[226] Grund- und Gebäudeflächen, Bebauungszustand, Bebaubarkeit, umbauter Raum, Betriebsnotwendigkeit.[227]
- **Halbjahresergebnis** des laufenden Geschäftsjahres.[228]
- **Interne Kalkulationen** oder Angaben, die Rückschlüsse auf die Kalkulation zulassen.[229]
- Daten, die sich aus dem vorgelegten **Jahresabschluss** ergeben.[230]
- Geplante Jahresergebnisse.[231]
- Aufwand für die Erstellung des wegen „erheblichen Aufwands" nicht erstellten **Konzernabschlusses**.[232]
- Im Fall der Vollausschüttung vermeidbare **Körperschaftsteuer**.[233]
- **Kosten** des Einsatzes von Sicherungskräften während der Hauptversammlung.[234]
- **Kundenzahl**.[235]
- **Persönliche Angelegenheiten** der Organmitglieder.[236]
- **Pläne** und noch laufende Verhandlungen in Bezug auf Unternehmensverträge.[237]
- **Rohertragsanteil** einzelner Produkte.[238]
- Genaue Aufgliederung der **Rückstellungen** für Rechtsstreitigkeiten.[239]
- **Stimmberechtigung** anderer Aktionäre.[240]
- **Geschäftliche Kalkulation** wie zB Ein- und Verkaufspreise.[241]

---

[220] LG München I AG 1997, 185 (189).
[221] OLG Hamburg AG 2001, 359 (361).
[222] LG München I AG 1996, 89, es sei denn, das fragliche Geschäft „prägt" die Bilanz der AG insgesamt; BGHZ 32, 159 (163) hat bereits eine Pflicht zur Offenlegung der absoluten Umsatzzahlen und der Kalkulationsgrundlage verneint.
[223] OLG Zweibrücken ZIP 1990, 453 f.
[224] *Butzke* G Rn. 69.
[225] *Hoffmann-Becking* in MHdB AG § 38 Rn. 44 mwN.
[226] LG Frankfurt a.M. DStR 1995, 1159 (1160).
[227] KG AG 1994, 469 (472); ebenso die Vorinstanz LG Berlin AG 1994, 40 (42 f.). „Die Beantwortung der erst in der Hauptversammlung gestellten Fragen nach den Quadratmeterzahlen, Größen und Verkehrswerten sämtlicher betriebsnotwendiger Grundstücke erfordert einen unzumutbaren und unverhältnismäßigen Aufwand", LG Essen AG 1999, 329.
[228] OLG Hamburg AG 2001, 359 (361) – Spar Handels-AG.
[229] LG Dortmund AG 1987, 189.
[230] Kein Anspruch auf Beantwortung von Fragen, die sich auf den Jahresabschluss in seiner vollständigen Form beziehen, OLG Düsseldorf WM 1991, 2148; LG Köln AG 1991, 280.
[231] LG Frankfurt a.M. WM 1987, 559 (560).
[232] LG Köln AG 1999, 240; etwas großzügiger im Hinblick auf die in concreto erteilte Antwort OLG Köln AG 2000, 134.
[233] LG Dortmund AG 1987, 190, – Westfalia Separator AG.
[234] LG Dortmund WM 1987, 376 = EWiR § 131 AktG 2/87, 645 mit insoweit krit. Anm. *Ebenroth*.
[235] OLG Düsseldorf AG 1992, 34 (36) = DB 1991, 2532 = WM 1991, 2148.
[236] OLG Stuttgart AG 1995, 234 (235); zB Zugehörigkeit verschiedener Organmitglieder zu derselben studentischen Verbindung, wenn keine Anzeichen für Nepotismus vorliegen, KG AG 1994, 469 (473); ebenso die Vorinstanz LG Berlin AG 1994, 40 (42).
[237] KG AG 1996, 421 (423).
[238] LG Mainz AG 1988, 169 (171).
[239] LG Frankfurt a.M. AG 2014, 869 (871) – Deutsche Bank.
[240] OLG Karlsruhe AG 1999, 470 (471).
[241] LG München I AG 1987, 185; LG Dortmund AG 1987, 189; LG Mainz AG 1988, 169.

- Entwicklung der **Umsatzerlöse**.[242]
- Für die Entlastungsentscheidung: Weitere Details zur Bewertung im Rahmen eines im abgelaufenen Geschäftsjahres getätigten **Unternehmenskaufs,** nachdem der Vorstand der Hauptversammlung bereits den Ausgangsumsatz, die geplante Umsatzentwicklung, die EBITDA-Marge, den Steuersatz und den Ergebniseffekt mitgeteilt hat.[243]
- Steigerung des **Unternehmenswertes**.[244]
- **Urheberschaft** einer Analyse.[245]
- Einzelne Geschäfte mit **verbundenen Unternehmen,** über die im Abhängigkeitsbericht zu berichten ist.[246]
- **Vergütung** einzelner Beschäftigter (Gehaltsstruktur).[247]
- **Verluste verbundener Unternehmen,** die für die sachgemäße Beurteilung des Tagesordnungspunkts irrelevant sind.[248]
- **(Gesamt-) Wert eines Aktienoptionsplans.**[249]

4. Protokollierung von Auskunftsverlangen

57 Wird eine Auskunft verweigert, kann der Aktionär verlangen, dass seine **Frage** und der **Grund,** aus dem die Auskunft verweigert wurde, in das Protokoll aufgenommen werden (§ 131 Abs. 5 AktG).[250]

5. Schluss der Debatte

58 Im Allgemeinen werden heute – anders als früher – in allerweitestem Umfang auch Fragen, die nicht zur Tagesordnung gehören, mit größter **Geduld** beantwortet, weil die Hauptversammlungen so abgewickelt werden sollen, dass möglichst kein Anfechtungsrisiko besteht. Ob allerdings Fragen von Aktionären beantwortet werden müssen, die sich vor dem Zeitpunkt, zu dem der Vorstand zur Beantwortung ansetzt, aus der Hauptversammlung bereits **entfernt** haben, ist umstritten. Diese Aktionäre sind für die sachgemäße Ausübung ihrer Rechte auf die Antwort nicht mehr angewiesen; andere Aktionäre, die sich für die Antwort interessieren, können die Frage ihrerseits aufgreifen.[251] Gewiss kann „jede Frage, die nicht beantwortet wird, das Misstrauen der Versammlung wecken",[252]

---

[242] OLG Düsseldorf AG 1992, 34 (36).
[243] OLG Frankfurt a.M. BeckRS 2010, 21954.
[244] KG DB 2001, 1080.
[245] OLG Düsseldorf WM 1991, 2148 (2153).
[246] KG NJW 1972, 2307.
[247] KG WM 1994, 1479 (1481); BayObLG WM 1996, 119 (123); LG Frankfurt a.M. WM 1994, 1929; Vergütung der Mitglieder eines Leitungsgremiums unterhalb der Vorstandsebene, OLG Frankfurt a.M. ZIP 2006, 614.
[248] OLG Bremen ZIP 1981, 192 (193).
[249] OLG Stuttgart ZIP 1998, 1482; ZIP 2001, 1367 – Daimler Chrysler AG mit Anm. *Leuering* EWiR 2001, 793; Vorinstanz: LG Stuttgart ZIP 2000, 2110. AA OLG Braunschweig ZIP 1998, 1585: Nicht der Wert der einzelnen Option, aber der Höchstbetrag, der von allen Berechtigten eines Aktienoptionsplans wahrgenommen werden kann, ist mitzuteilen. Vgl. auch OLG Schleswig AG 2003, 102, wonach die finanzielle Gesamtbelastung im Vorstandsbericht „zumindest näherungsweise anzugeben" ist (zu Aktienoptionen für Aufsichtsratsmitglieder). Zum ganzen *Baums* FS Claussen, 1997, 3 ff.; *Mutter* 14 ff. Die Tendenz dürfte dahin gehen, einen Auskunftsanspruch der Aktionäre zu bejahen. Auch → Rn. 55 „Optionsprogramme".
[250] *Koch* in Hüffer/Koch AktG § 131 Rn. 43. Dazu im Einzelnen → § 13 Rn. 55 ff.
[251] Str., wie hier LG Mainz AG 1988, 169; *Butzke* G Rn. 30. *Kersting* in Kölner Komm. AktG § 131 Rn. 487 verlangt, dass zusätzlich zu der allgemeinen Frage am Ende der Hauptversammlung, ob noch Fragen offen seien, ein Hinweis zu erfolgen habe, dass Fragen von inzwischen abwesenden Fragestellern nicht mehr beantwortet würden. *Obermüller* DB 1962, 827 empfiehlt die Beantwortung; eine Verpflichtung dazu nehmen an *Steiner* HV der AG 90 mwN; *v. Godin/Wilhelmi* AktG § 131 Anm. 2.
[252] *Steiner* HV der AG 90.

doch ist eine Verpflichtung zur Beantwortung, deren Verletzung zur Anfechtbarkeit wegen Verletzung der Informationsinteressen führen könnte, zu verneinen, wenn erkennbar weder der fragende noch ein anderer Aktionär (mehr) Wert auf die Beantwortung legt. Bei Publikumshauptversammlungen wird es jedoch in der Regel nicht möglich sein, festzustellen, ob noch ein anderer Aktionär auf die Beantwortung der Frage Wert legt. Sollte die Rednerliste bereits geschlossen sein, ist eine Reaktion auf die Antwortverweigerung durch die anderen Aktionäre auch ausgeschlossen. Vor diesem Hintergrund spricht jedenfalls aus praktischer Sicht vieles dafür, zur Vermeidung von Anfechtungsrisiken auch die Fragen von Aktionären zu beantworten, die die Hauptversammlung bereits verlassen haben.

Am Schluss der Debatte sollte der Versammlungsleiter sich **vergewissern, dass alle Fragen beantwortet wurden** (ggf. mit Ausnahme derjenigen, die der Notar festgehalten hat, § 131 Abs. 5 AktG), und eine entsprechende Feststellung treffen. Zweckmäßigerweise stellt er die Frage, ob alle Aktionäre, die das Wort zu ergreifen wünschten, dazu Gelegenheit hatten und noch Fragen offen sind, um dann festzustellen, dass dies nicht der Fall sei. Zwar ist umstritten, ob eine Anfechtung auch dann möglich bleibt, wenn niemand gegen diese Feststellung protestiert hat;[253] aus Sicht der Gesellschaft liefert eine solche Feststellung aber jedenfalls ein zusätzliches Argument in einem etwaigen Anfechtungsprozess, der auf die Nichtbeantwortung von Fragen gestützt wird. Das gilt jedenfalls dann, wenn der Versammlungsleiter die Frage *bona fides* gestellt hat.[254]

IV. Einsichtsrecht

Das Auskunftsrecht des Aktionärs richtet sich grundsätzlich auf **mündliche Auskunft,** nicht auf die Herausgabe von Unterlagen oder die Gewährung von Einsicht in Unterlagen.[255] Der Vorstand braucht grundsätzlich nicht einmal dann Einsicht in Unterlagen zu gewähren, wenn er sich selbst auf sie bezogen hat; es besteht nur eine Pflicht zur Erläuterung,[256] uU auch zur Verlesung.[257] Auch ein Anspruch auf Einsicht in die Geschäftsbücher der Gesellschaft besteht grundsätzlich nicht. Nur unter besonderen Umständen soll ein solches Einsichtsrecht denkbar erscheinen.[258]

Allerdings bestehen in einigen Fällen formalisierte Informationspflichten, zu denen neben der Verpflichtung zur Erstattung von Berichten und der Auslage von Unterlagen (§§ 5, 6) auch gehört, dass die Aktionäre in **Berichte und Unterlagen,** die von der Einberufung der Hauptversammlung an im Geschäftsraum der Gesellschaft und während der Hauptversammlung ausliegen (oder der Hauptversammlung anderweitig, zB über Monitore, zugänglich gemacht werden[259]), Einsicht nehmen können.[260]

---

[253] In diese Richtung: LG Mainz AG 1988, 169 (170); LG Heidelberg AG 1998, 47 (50); OLG Stuttgart ZIP 2003, 2024 (2026f.); LG Krefeld AG 2008, 754 (757); LG München I AG 2009, 632 (635); *Kubis* in MüKoAktG AktG § 131 Rn. 75 mwN; dagegen: OLG Köln AG 2011, 838 (839); *Koch* in Hüffer/Koch AktG § 131 Rn. 35; *Herrler* in Grigoleit AktG § 131 Rn. 53.
[254] Zutr. OLG Köln AG 2011, 838 (839).
[255] OLG München AG 1993, 186.
[256] OLG Stuttgart AG 1994, 411 (414).
[257] OLG Köln ZIP 1998, 994 (998); → Rn. 27f.
[258] OLG Zweibrücken AG 1995, 421 (422).
[259] *Hennrichs/Pöschke* in MüKoAktG AktG § 176 Rn. 6.
[260] Zu den Berichten siehe § 5.

62　Dazu gehören:
- Der **Jahresabschluss** mit Anhang, ggf. der (IFRS-)Einzelabschluss nach § 325 Abs. 2a HGB, der Lagebericht, der Bericht des Aufsichtsrats und der Vorschlag des Vorstands für die Verwendung des Bilanzgewinns (§§ 175 Abs. 2, 176 Abs. 1 S. 1 AktG).[261]
- Im Konzern der **Konzernabschluss** (§§ 290 ff. HGB) und -lagebericht,[262] auf die im Bericht des Aufsichtsrats einzugehen ist.[263]
- Der **Nachgründung**svertrag (§ 52 Abs. 2 AktG).
- Der **Bericht des Vorstands** über den (teilweisen oder vollständigen) **Ausschluss des gesetzlichen Bezugsrechts** der Aktionäre (§ 186 Abs. 4 S. 2 AktG).[264]
- Bei Zustimmung zu einem **Unternehmensvertrag** (§§ 293f Abs. 1, 293g Abs. 1 AktG) der Unternehmensvertrag, die Jahresabschlüsse und Lageberichte der Vertragsparteien für die letzten drei Geschäftsjahre und die Vorstands- und Prüferberichte (§ 293a AktG und § 293e AktG).
- Die der Kapitalerhöhung aus Gesellschaftsmitteln zugrunde gelegte **Bilanz,** falls es nicht die geprüfte, festgestellte und mit uneingeschränktem Bestätigungsvermerk versehene letzte Jahresbilanz ist (§ 209 Abs. 2 AktG).
- Bei der **Eingliederung** und dem **Squeeze out** der Entwurf des Eingliederungs- bzw. Übertragungsbeschlusses, die Jahresabschlüsse und Lageberichte und der Eingliederungsbericht des Vorstands bzw. der Bericht des Hauptaktionärs (§ 319 Abs. 3 AktG bzw. §§ 327c Abs. 3, 327d AktG). Beim Squeeze out ist außerdem der Prüfungsbericht auszulegen.
- Bei der **Verschmelzung** und der **Spaltung** nach dem Umwandlungsgesetz der Verschmelzungs- bzw. Spaltungsvertrag, Jahresabschlüsse und Lageberichte (ggf. Zwischenbilanz), Verschmelzungs- bzw. Spaltungs- und Prüfungsberichte (§§ 63, 127, 125 UmwG).
- Beim **Formwechsel** der AG in eine Gesellschaft anderer Rechtsform der Umwandlungsbericht (§§ 192, 230, 238 UmwG).
- Bei der **Vermögensübertragung** der Vertrag (§ 179a AktG).

63　In allen diesen Fällen kann jeder Aktionär außerdem verlangen, dass ihm unverzüglich kostenlos eine **Abschrift** der Vorlagen erteilt wird (§ 175 Abs. 2 S. 2 AktG, der auch für den Vorstandsbericht nach § 186 Abs. 4 AktG gilt).[265] Die Pflicht zur Übersendung von Abschriften entfällt, wenn die Dokumente für den gesamten Zeitraum der Auslagepflicht über **die Internetseite der Gesellschaft** zugänglich sind (§ 175 Abs. 2 S. 4 AktG).

64　Nicht die Verpflichtung zur Auslage in der Hauptversammlung, wohl aber die Pflicht zur Erteilung einer Abschrift und zur Bekanntmachung bei der nächsten Einberufung gilt für einen **Sonderprüfungsbericht** (§ 145 Abs. 4 S. 4 AktG und § 259 Abs. 1 AktG). Die Auslage des Berichts in der Hauptversammlung ist gesetzlich nicht vorgeschrieben, nur seine Bekanntmachung als Gegenstand der Tagesordnung. Das gilt auch für den Sonderprüfungsbericht nach § 315 AktG (geschäftliche Beziehungen der AG zu dem herrschenden oder einem mit diesem verbundenen Unternehmen).[266]

65　Abgesehen von den gesetzlich geregelten Fällen besteht kein Anspruch auf Auslegung oder Vorlage oder Erteilung von Abschriften, obwohl er in Hauptversammlungen immer wieder erhoben wird. Das gilt insbesondere für

---

[261] *Koch* in Hüffer/Koch AktG § 176 Rn. 2. Bei börsennotierten Gesellschaften ist auf der Hauptversammlung zusätzlich ein erläuternder Bericht zu den Angaben nach § 289 Abs. 4, § 315 Abs. 4 HGB zugänglich zu machen (§ 176 Abs. 1 S. 1 AktG).
[262] Nicht vorzulegen ist ein Abhängigkeitsbericht nach § 312 AktG.
[263] *Butzke* H Rn. 68.
[264] *Koch* in Hüffer/Koch AktG § 186 Rn. 23.
[265] *Koch* in Hüffer/Koch AktG § 186 Rn. 23; für Unternehmensverträge § 293f Abs. 2 AktG; für den Sonderprüfungsbericht § 145 Abs. 6 S. 4 AktG; bei der Eingliederung § 319 Abs. 3 S. 2 AktG; beim Squeeze out § 327c Abs. 4 AktG; bei der Verschmelzung § 63 Abs. 3 UmwG usw.
[266] *Koch* in Hüffer/Koch AktG § 315 Rn. 7.

- Unternehmensbewertungen;
- Abhängigkeitsberichte;[267]
- vom Vorstand und/oder Aufsichtsrat eingeholte Gutachten.

Informationspflichten, die zu einem Recht auf Einsicht führen können, ergeben sich, 66
wenn der Vorstand die Hauptversammlung mit **Geschäftsführungsmaßnahmen** befasst.
Eine Verpflichtung des Vorstands, die **Entscheidung der Hauptversammlung** einzuholen, wird angenommen bei gesetzlich nicht geregelten Strukturmaßnahmen von herausragender Bedeutung, bei denen ein pflichtgetreuer Geschäftsleiter „vernünftigerweise nicht annehmen kann, er dürfe sie in ausschließlich eigener Verantwortung treffen, ohne die Hauptversammlung zu beteiligen".[268]

Verlangt der Vorstand die Entscheidung der Hauptversammlung, hat er die Aktionäre 67
in dem für eine **sachgerechte Entscheidung erforderlichen Umfang** zu informieren und kann sich insoweit nicht auf seine Verschwiegenheitspflicht berufen. Ist danach ein abzuschließender Vertrag bekannt zu machen, soll dies in der Weise geschehen müssen, wie das Gesetz es für Verträge bestimmt, die zu ihrer Wirksamkeit der Zustimmung der Hauptversammlung bedürfen (was wegen der unbeschränkten Vertretungsmacht des Vorstands bei den in Rede stehenden Maßnahmen an sich gerade nicht der Fall ist).[269]

Dazu gehören neben der Bekanntmachung des wesentlichen Vertragsinhalts in der Einberufung die **Auslage der Verträge** ab Einberufung und in der Hauptversammlung 68
selbst.[270]

V. Stimmrecht

1. Allgemein

a) Stimmrecht und Teilnahmerecht

Das **Stimmrecht** ist das Recht, durch Stimmabgabe am Zustandekommen von Haupt- 69
versammlungsbeschlüssen mitzuwirken.[271] Es darf nicht mit dem **Teilnahmerecht** (→ § 8 Rn. 5) verwechselt werden. Teilnahmeberechtigt sind auch Inhaber stimmrechtsloser Vorzugsaktien (§ 140 Abs. 1 AktG) oder Aktionäre, die von einem Stimmverbot (§ 136 Abs. 1 AktG) betroffen sind. Umgekehrt verliert ein Aktionär, der durch Saalverweis des Versammlungsleiters sein Teilnahmerecht verloren hat,[272] damit nicht zugleich sein Stimmrecht; er kann sein Stimmrecht durch einen Bevollmächtigten ausüben lassen.[273]

b) Beginn des Stimmrechts

Das Stimmrecht beginnt grundsätzlich mit der vollständigen **Leistung der Einlage** 70
(§ 134 Abs. 2 S. 1 AktG). § 134 Abs. 2 S. 2 AktG enthält eine Sonderregelung für den Fall einer verdeckten Sacheinlage (vgl. § 27 Abs. 3 AktG).[274]

Die Satzung kann außerdem bestimmen, dass das Stimmrecht beginnt, wenn auf die 70a
Aktie die gesetzliche oder höhere satzungsmäßige Mindesteinlage geleistet ist (§ 134 Abs. 2 S. 3 AktG). In diesem Fall gewährt die Leistung der Mindesteinlage eine Stimme;

---

[267] *Koch* in Hüffer/Koch AktG § 312 Rn. 38.
[268] BGHZ 83, 122 (131) – Holzmüller; → § 4 Rn. 187 ff., → § 5 Rn. 95 f. und → § 38 Rn. 31.
[269] Analog § 124 Abs. 2 S. 2 AktG.
[270] OLG München AG 1996, 327 mit abl. Anm. *Groß* WuB II A. § 119 AktG 1.96. → § 38 Rn. 37 ff.
[271] *Zöllner* in Kölner Komm. AktG § 134 Rn. 4.
[272] Zu Ordnungsmaßnahmen des Versammlungsleiters → § 9 Rn. 177 ff.
[273] Auch wenn die Satzung gem. § 123 Abs. 2 AktG die Ausübung des Stimmrechts von der Anmeldung der Aktionäre abhängig macht, genügt die Anmeldung des Aktionärs; der Bevollmächtigte muss nicht angemeldet sein, *Noack/Zetsche* in Kölner Komm. AktG § 123 Rn. 99.
[274] Dazu *Schröer* in MüKoAktG AktG § 134 Rn. 29.

bei höheren Einlagen richtet sich das Stimmenverhältnis nach der Höhe der geleisteten Einlagen. Bestimmt die Satzung nicht, dass das Stimmrecht vor der vollständigen Leistung der Einlage beginnt, und ist noch auf keine Aktie die Einlage vollständig geleistet, richtet sich das Stimmenverhältnis nach der Höhe der geleisteten Einlagen; dabei gewährt die Leistung der Mindesteinlage eine Stimme. Bruchteile von Stimmen werden in diesen Fällen nur berücksichtigt, soweit sie für den stimmberechtigten Aktionär volle Stimmen ergeben (§ 134 Abs. 2 S. 4–6 AktG).

c) Umfang des Stimmrechts (Stimmkraft)

71 Das Stimmrecht wird grundsätzlich nach **Aktiennennbeträgen,** bei Stückaktien nach deren **Zahl** ausgeübt (§ 134 Abs. 1 S. 1 AktG). Für den Fall, dass einem Aktionär mehrere Aktien gehören, kann bei einer nichtbörsennotierten Gesellschaft die Satzung das Stimmrecht durch Festsetzung eines Höchstbetrags oder von Abstufungen beschränken (**Höchststimmrecht;** § 134 Abs. 1 S. 2 AktG).[275] Die Satzung kann also bspw. für das Stimmrecht eines jeden Aktionärs einen Höchstbetrag von 10% des Grundkapitals festsetzen. Dann ist das Stimmrecht eines Aktionärs, der über eine höhere Beteiligung verfügt, gleichwohl auf 10% des Grundkapitals beschränkt.

72 Um zu vermeiden, dass Satzungsbestimmungen über ein Höchststimmrecht umgangen werden, kann die Satzung außerdem bestimmen, dass den Aktien, die dem Aktionär gehören, auch diejenigen Aktien **hinzugerechnet** werden, die einem anderen (etwa einem Treuhänder) für seine Rechnung gehören (§ 134 Abs. 1 S. 3 AktG). Für den Fall, dass der Aktionär ein Unternehmen ist, kann sie ferner bestimmen, dass zu den Aktien, die ihm gehören, auch die Aktien hinzugerechnet werden, die einem von ihm abhängigen oder ihn beherrschenden oder einem mit ihm konzernverbundenen Unternehmen oder einem Dritten für Rechnung solcher Unternehmen gehören (§ 134 Abs. 1 S. 4 AktG).

73 Die Beschränkungen können nicht für einzelne Aktionäre – zB nur für ausländische Aktionäre – angeordnet werden (§ 134 Abs. 1 S. 5 AktG), sondern sie müssen für alle Aktionäre oder für alle Inhaber von Aktien einer bestimmten Gattung[276] gelten. Bei der Berechnung einer nach Gesetz oder Satzung erforderlichen Kapitalmehrheit bleiben Stimmrechtsbeschränkungen außer Betracht (§ 134 Abs. 1 S. 6 AktG). Handelt ein Bevollmächtigter für mehrere Aktionäre, so kann er das Höchststimmrecht für jeden Vertretenen ausschöpfen.[277]

74 **Mehrstimmrechte,** also Satzungsregelungen, nach denen einzelne Aktionäre mehr Stimmen haben als ihrer Kapitalbeteiligung entspricht, sind unzulässig (§ 12 Abs. 2 AktG). Mehrstimmrechte, die vor dem 1.1.1966 rechtmäßig geschaffen worden sind oder seither durch behördliche Genehmigung zugelassen wurden,[278] blieben nur noch bis zum 1.6.2003 aufrechterhalten, sofern nicht die Hauptversammlung zuvor mit Dreiviertelmehrheit deren Fortgeltung beschlossen hatte (§ 5 Abs. 1 EG AktG). Bei diesem Beschluss hatten die Inhaber von Mehrstimmrechtsaktien kein Stimmrecht.[279]

---

[275] *Koch* in Hüffer/Koch AktG § 134 Rn. 4.
[276] HM, siehe *Koch* in Hüffer/Koch AktG § 134 Rn. 14 mwN.
[277] *Zöllner* in Kölner Komm. AktG § 134 Rn. 40.
[278] Nach dem durch das KonTraG aufgehobenen § 12 Abs. 2 S. 2 AktG konnte die für Wirtschaft zuständige oberste Behörde des Landes, in dem die Gesellschaft ihren Sitz hat, Mehrstimmrechte ausnahmsweise zulassen, soweit es zur Wahrung überwiegender gesamtwirtschaftlicher Belange erforderlich war.
[279] § 5 Abs. 1 S. 2 EG AktG; zur Frage, ob der mehrstimmberechtigte Vorzugsaktionär auch aus daneben von ihm gehaltenen Stammaktien nicht mitstimmen darf, siehe LG Memmingen DB 2001, 1240: kein Stimmrecht.

2. Feststellung des Stimmrechts

Für die Ausübung des Stimmrechts eines Hauptversammlungsteilnehmers bestehen folgende **Voraussetzungen,** deren Vorliegen spätestens bei Auszählung der abgegebenen Stimmen geprüft sein muss:[280]

75

a) Persönliche Voraussetzungen

Der Hauptversammlungsteilnehmer, der an einer Beschlussfassung durch Stimmabgabe mitwirken möchte, muss **Aktionär,**[281] **Bevollmächtigter eines Aktionärs oder sog. Legitimationsaktionär** sein.[282] Zur Verdeutlichung dient das nachfolgende Schaubild.

76

Grundlage der Aktionärseigenschaft	Nachweis durch	Vom Aktionär vorzulegende Unterlagen	Vom Bevollmächtigten vorzulegende Unterlagen	Vom Legitimationsaktionär vorzulegende Unterlagen
Einzelurkunden			Grundsatz: Vollmachtsurkunde in Textform oder Vollmachtsnachweis in anderer satzungsgemäßer Form, im Übrigen wie beim Aktionär	wie beim Aktionär, Berechtigungsnachweis muss auf den Legitimationsaktionär lauten
Inhaberaktien	Vorlage der Aktien oder – bei börsennotierter Gesellschaft – eines Berechtigungsnachweises	Aktien oder – bei börsennotierter Gesellschaft – eines Berechtigungsnachweises; in letzterem Fall auch Ausweis[283]		

Fortsetzung nächste Seite

---

[280] Zweckmäßigerweise werden die Stimmrechte bereits vor Versammlungsbeginn anhand des vorbereiteten Teilnehmerverzeichnisses (→ § 9 Rn. 40 ff.) bei der Einlasskontrolle geprüft; für die Prüfung während der Versammlung bleiben dann die Fälle von Stimmabgaben nachträglich erschienener oder nachträglich bevollmächtigter Versammlungsteilnehmer.

[281] § 12 Abs. 1 AktG. Inhaber von Wandelschuldverschreibungen oder Genussrechten sind nicht Aktionäre und haben daher kein Stimmrecht. Bei Verpfändung oder Pfändung der Aktie ist nicht der Pfandgläubiger stimmberechtigt, sondern der Aktionär, siehe *Hoffmann-Becking* in MHdB AG § 39 Rn. 3; *Zöllner* in Kölner Komm. AktG § 134 Rn. 14. Im Fall des Nießbrauchs ist die Stimmberechtigung umstritten. Nach wohl hM soll das Stimmrecht dem Aktionär allein zustehen; siehe Nachweise bei *Zöllner* in Kölner Komm. AktG § 134 Rn. 15.

[282] Kein Stimmrecht haben die auch zur Teilnahme an der Hauptversammlung nicht berechtigten Inhaber von American Depositary Receipts (ADRs); sie und der ADR-Holder können nur die Depositary Bank, die die Aktien hält, zur Wahrnehmung der auf der Hauptversammlung auszuübenden Mitgliedschaftsrechte bevollmächtigen, *Wienecke* AG 2001, 504.

[283] In der Praxis lassen die Gesellschaften zur Legitimation des Erschienenen anstelle des Ausweises häufig auch die Eintrittskarte genügen. Die Eintrittskarte legitimiert ihren Inhaber (§ 807 BGB) allerdings nur als Teilnahme-, nicht als Stimmberechtigten; der Berechtigungsnachweis ist kein Inhaberpapier, sondern legitimiert nur den in ihm namentlich bezeichneten Aktionär. Gleichwohl ist der Versammlungsleiter zu einer Ausweiskontrolle jedenfalls dann nicht verpflichtet, wenn konkrete Anhaltspunkte dafür fehlen, dass der die Eintrittskarte und den Berechtigungsnachweis vorlegende Versammlungsteilnehmer nicht zur Ausübung des Stimmrechts berechtigt ist.

Grundlage der Aktionärseigenschaft	Nachweis durch	Vom Aktionär vorzulegende Unterlagen	Vom Bevollmächtigten vorzulegende Unterlagen	Vom Legitimationsaktionär vorzulegende Unterlagen
Namensaktien	Eintragung im Aktienregister	Ausweis[284]	Sonderfall: Kreditinstitute und andere gem. § 135 AktG privilegierte Personen und Vereinigungen: Vollmacht braucht nicht vorgelegt oder in anderer satzungsgemäßer Form nachgewiesen zu werden; im Übrigen wie beim Aktionär, aber Berechtigungsnachweis muss auf den Vertreter lauten	
Zwischenscheine	Eintragung im Aktienregister[285]	Ausweis[286]		
Globalurkunde[287]	Berechtigungsnachweis	Berechtigungsnachweis und Ausweis[288]		

77 Soweit **Inhaberaktien** ausgegeben wurden, genügt bei börsennotierten Gesellschaften anstelle von deren Vorlage die Vorlage eines in Textform (§ 126b BGB) erstellten besonderen Nachweises des Anteilsbesitzes durch das depotführende Institut (**Berechtigungsnachweis,** Institutsnachweis oder **Bankbescheinigung** genannt) auch dann, wenn die Satzung diesen Nachweis nicht vorsieht.[289] Der **Berechtigungsnachweis** wird von dem depotführenden Kreditinstitut ausgestellt, die Falschausstellung ist strafbar (§ 402 AktG). Der Berechtigungsnachweis hat sich auf den Beginn des 21. Tages vor der Versammlung (sog. **record date**) zu beziehen und muss der Gesellschaft unter der in der Einberufung hierfür mitgeteilten Adresse mindestens 6 Tage vor der Versammlung zugehen, soweit die Satzung keine kürzere Frist vorsieht (§ 123 Abs. 4 S. 2, 3 AktG). Änderungen des Anteilsbesitzes nach dem record date sind für die Legitimationen des Aktionärs unbeachtlich, so dass kurzfristig Stimmrecht und Inhaberschaft auseinander fallen können.[290]

---

[284] Siehe vorherige Fn. 282.
[285] Zwischenscheine müssen auf Namen lauten (§ 10 Abs. 3 AktG).
[286] Siehe Fn. 282.
[287] § 10 Abs. 5 AktG, § 9a DepG: Sofern der Anspruch auf Einzelverbriefung der Aktien in der Satzung ausgeschlossen ist, tritt anstelle der Einzelurkunden eine Globalurkunde, die idR von einer Wertpapiersammelbank verwahrt wird.
[288] Siehe Fn. 282.
[289] § 123 Abs. 4 S. 1 AktG; *Koch* in Hüffer/Koch AktG § 123 Rn. 5, 11.
[290] *Seibert* WM 2005, 157; *Koch* in Hüffer/Koch AktG § 123 Rn. 12. Das gilt auch im Fall der Gesamtrechtsnachfolge zwischen dem record date und der Hauptversammlung, siehe *Heidinger/Blath* DB 2006, 2275 (2277).

Der Berechtigungsnachweis muss den Namen und den Wohnort des Aktionärs sowie den **78** Nennbetrag der Aktien, bei Stückaktien deren Zahl, ausweisen, darüber hinaus auch die Aktiengattung, wenn die Gesellschaft Aktien verschiedener Gattungen ausgegeben hat.[291] Bei nicht börsennotierten Gesellschaften besteht aufgrund von § 123 Abs. 3 AktG Satzungsautonomie. Die Satzung nicht börsennotierter Gesellschaften kann also zB bisherige Hinterlegungsklauseln beibehalten oder entsprechend § 123 Abs. 4 S. 1 und 2 AktG den Berechtigungsnachweis fordern.[292]

Soweit **Namensaktien** oder **Zwischenscheine**[293] ausgegeben wurden, gilt im Ver- **79** hältnis zur Gesellschaft als Aktionär, wer als solcher im Aktienregister eingetragen ist.[294]

Im Fall der **Sammelverwahrung** durch eine Wertpapiersammelbank hat der Aktionär **80** den Berechtigungsnachweis vorzulegen.

Der **Erbe** eines Aktionärs muss sich zusätzlich durch Vorlage eines Erbscheins[295] legi- **81** timieren, sofern er nicht bereits durch den Besitz von Inhaberaktien formell legitimiert ist.

Der **Bevollmächtigte** eines Aktionärs muss sich grundsätzlich auch durch die Vorlage **82** einer Vollmacht in Textform (§ 126b BGB) legitimieren (Telefax oder E-Mail genügt; es empfiehlt sich, in der Einberufung eine Fax- oder E-Mail-Adresse anzugeben).[296] Der Textform bedarf es allerdings nicht, wenn in der Satzung oder in der Einberufung aufgrund einer Ermächtigung durch die Satzung Abweichendes bestimmt ist.[297] Bei börsennotierten Gesellschaften darf nur eine Formerleichterung bestimmt werden. Die börsennotierte Gesellschaft hat zumindest einen Weg elektronischer Kommunikation für die Übermittlung des Vollmachtsnachweises anzubieten (§ 134 Abs. 3 S. 4 AktG). **Ausnahmen** (§ 135 Abs. 5 und 8 AktG) gelten für bevollmächtigte Kreditinstitute, Aktionärsvereinigungen[298] und solche Personen, die sich geschäftsmäßig zur Ausübung des Stimmrechts erbieten.[299] Für diese genügt es, wenn sie sich so legitimieren, als ob sie Aktionäre wären,[300] also so, wie es der Aktionär ohne Vollmachtserteilung selbst tun müsste, was auch bedingt, dass der Berechtigungsnachweis gem. § 123 Abs. 3 AktG auf ihren Namen (nicht den des Aktionärs) ausgestellt sein muss.

---

[291] Die Notwendigkeit dieser Angaben ergibt sich auch aus § 129 Abs. 1 AktG.
[292] *Koch* in Hüffer/Koch AktG § 123 Rn. 10; *Butzke* WM 2005, 1981; zur Hinterlegungsbescheinigung siehe die 2. Aufl. dieses Buches § 13 Rn. 80, 81.
[293] Zwischenscheine, also Anteilsscheine, die den Aktionären vor Ausgabe der Aktien erteilt werden (§ 8 Abs. 6 AktG), müssen zwingend auf Namen lauten (§ 10 Abs. 3 AktG) und sind gemäß § 67 Abs. 7 AktG wie Namensaktien zu behandeln.
[294] § 67 Abs. 2 AktG. Die Satzung kann wegen des Wortlauts von § 123 Abs. 4 AktG („Bei Inhaberaktien") kein Hinterlegungserfordernis für Namensaktien aufstellen, *Koch* in Hüffer/Koch AktG § 67 Rn. 14; *Heidinger/Blath* DB 2006, 2275.
[295] Nach § 2365 BGB besteht die gesetzliche Vermutung, dass demjenigen, welcher in dem Erbschein als Erbe bezeichnet ist, das in dem Erbschein angegebene Erbrecht zusteht und dass er nicht durch andere als die angegebenen Anordnungen beschränkt ist.
[296] Durch die Bevollmächtigung begibt sich der Aktionär nicht seines Teilnahme- und Stimmrechtes in der Hauptversammlung, sodass er weiterhin auf der Hauptversammlung erscheinen und seine Rechte ausüben darf, ohne zuvor die Vollmacht zu widerrufen; eines vorherigen Widerrufs bedarf es indes dann, wenn der Vertreter bereits vor dem Aktionär auf der Hauptversammlung erschienen ist. Zum Ganzen ausf. *Kiefner/Friebel* NZG 2011, 887.
[297] § 134 Abs. 3 S. 3 AktG. Nach der Änderung des § 134 Abs. 3 S. 5 AktG durch das NaStraG ist die Vollmacht nur noch dann von der Gesellschaft aufzubewahren (bzw. nachprüfbar festzuhalten), wenn Bevollmächtigter ein von der Gesellschaft benannter Stimmrechtsvertreter ist. Zur Legitimation eines Prokuristen genügt die Vorlage eines beglaubigten aktuellen Handelsregisterauszugs, *Steiner* HV der AG 118.
[298] Definition bei *Koch* in Hüffer/Koch AktG § 125 Rn. 3: „Auf Dauer angelegte Personenzusammenschlüsse mit dem Hauptzweck, Aktionärsrechte in organisierter Form auszuüben" (zB Deutsche Schutzvereinigung für Wertpapierbesitz eV).
[299] Es kommen nur solche Personen in Betracht, die aus eigener Initiative an ihre potentiellen Kunden herantreten, vgl. *Koch* in Hüffer/Koch AktG § 135 Rn. 48. Die von der Gesellschaft benannten Stimmrechtsvertreter gem. § 134 Abs. 3 S. 5 AktG sind grundsätzlich keine Personen iSv § 135 Abs. 8 AktG; siehe dazu auch *Marsch-Barner* FS Peltzer, 2001, 274 und *Noack* ZIP 2001, 57 (62).
[300] *Koch* in Hüffer/Koch AktG § 135 Rn. 50.

83 Für die Kennzeichnung dieser Art der verdeckten Stellvertretung im Teilnehmerverzeichnis (→ § 9 Rn. 40 ff.) hat sich der Begriff **„Vollmachtsbesitz"** eingebürgert, der im Gegensatz zu dem Begriff **„Eigenbesitz"** (Ausübung des Stimmrechts aus eigenen Aktien sowie offene Stellvertretung von Aktionären) steht.

84 Die Neuregelung, wonach ein **Kreditinstitut** das Stimmrecht für ihm nicht gehörende Aktien nur auf ausdrückliche Weisung des Aktionärs zu den einzelnen Tagesordnungspunkten ausüben darf, wenn es mit mehr als 20% des Grundkapitals unmittelbar oder mittelbar an der Gesellschaft beteiligt ist (§ 135 Abs. 3 S. 4 AktG), ist nicht nur von dem Kreditinstitut, sondern auch von der Gesellschaft zu beachten. Ist der Gesellschaft – etwa infolge der Erfüllung gesetzlicher Mitteilungspflichten[301] – die Beteiligung des Kreditinstituts mit mehr als 20% des Grundkapitals bekannt, muss sie das Kreditinstitut auf die gesetzliche Beschränkung der Vollmachtsausübung hinweisen (zum sog Depotstimmrecht der Kreditinstitute → Rn. 118 ff.).[302]

85 Der sogenannte **Legitimationsaktionär**[303] handelt im Gegensatz zum Bevollmächtigten nicht im Namen des Aktionärs, sondern ist vom Aktionär ermächtigt worden, das Stimmrecht im eigenen Namen für Aktien auszuüben, die ihm nicht gehören (§ 129 Abs. 3 AktG). Er muss sich formell ebenso legitimieren wie der Aktionär es tun müsste, wenn er selbst zur Hauptversammlung erschienen wäre (Schaubild → Rn. 76).

86 Die Ermächtigung durch den Aktionär muss der Legitimationsaktionär allerdings nicht nachweisen, weil sonst die Person des Aktionärs offengelegt und damit der Zweck der Legitimationsübertragung, die Anonymität des Aktionärs zu wahren, unterlaufen würde.[304] Der für Fälle der Legitimationsübertragung verwendete Begriff **„Fremdbesitz"** hat nur für die Aufstellung des Teilnehmerverzeichnisses Bedeutung, für das der Teilnehmer offenbaren muss, inwieweit er fremde Stimmrechte im eigenen Namen ausübt (§ 129 Abs. 3 AktG).

b) Zusätzliche satzungsgemäße Voraussetzungen für die Ausübung des Stimmrechts, von AG benannter Stimmrechtsvertreter

87 Die Satzung kann die Teilnahme an der Hauptversammlung oder die Ausübung des Stimmrechts davon abhängig machen, dass die Aktionäre sich vor der Versammlung anmelden (§ 123 Abs. 2 S. 1 AktG).

88 Zusätzliche satzungsgemäße Voraussetzungen für die Ausübung des Stimmrechts kommen nur bei nicht börsennotierten Gesellschaften für Inhaberaktien in Betracht (§ 123 Abs. 3 AktG). Bei börsennotierten Gesellschaften reicht der Berechtigungsnachweis (§ 123 Abs. 4 S. 1 AktG). Zulässig sind Satzungsregelungen, die die Form des Berechtigungsnachweises konkretisieren (zB Sprache), ohne jedoch mehr als die Textform zu verlangen.[305]

89 Weitere **einschränkende** Vorgaben zur Person des Bevollmächtigten darf die **Satzung nicht enthalten**.[306]

90 Es kann auch ein von der Gesellschaft benannter Stimmrechtsvertreter bevollmächtigt werden.[307]

---

[301] Vgl. § 21 WpHG (ab 3.1.2018 § 33 WpHG), § 20 AktG.
[302] Vgl. zu § 135 Abs. 3 S. 4 AktG *Koch* in Hüffer/Koch AktG § 135 Rn. 32 ff.
[303] Zur Rechtsstellung des Legitimationsaktionärs ausf. *Grunewald* ZGR 2015, 247.
[304] *Koch* in Hüffer/Koch AktG § 134 Rn. 32; *Zöllner* in Kölner Komm. AktG § 134 Rn. 101.
[305] *Heidinger/Blath* DB 2006, 2275.
[306] *Koch* in Hüffer/Koch AktG § 134 Rn. 25. Dies war früher streitig, ist aber heute aufgrund von Art. 10 Abs. 1 S. 1 Aktionärsrechte-RL eindeutig, sa OLG Stuttgart AG 1991, 69 f.; *Schröer* in MüKoAktG AktG § 134 Rn. 42; *Spindler* in K. Schmidt/Lutter AktG § 134 Rn. 58; *Noack* FS Westermann, 2008, 1203 (1211).
[307] § 134 Abs. 3 S. 5 AktG; nach *Koch* in Hüffer/Koch AktG § 134 Rn. 26b soll in diesem Fall ausdrückliche Weisung zum Gegenstand der Beschlussfassung erforderlich sein; str.; *Koch* in Hüffer/Koch AktG § 134 Rn. 26b mwN. Auch Mitarbeiter der Gesellschaft können von dieser als Stimmrechtsvertreter be-

3. Stimmrechtslose Vorzugsaktien

Grundsätzlich gewährt jede Aktie das Stimmrecht (§ 12 Abs. 1 S. 1 AktG). **Vorzugsakti-** 91
en können (nicht: müssen) aber auch **ohne Stimmrecht** ausgegeben werden (§§ 12 Abs. 1 S. 2, 139 Abs. 1 AktG), wenn sie mit einem nachzuzahlenden Vorzug bei der Verteilung des Gewinns ausgestattet sind.[308] Der Vorzug kann seit der Aktienrechtsnovelle 2016 gem. § 139 Abs. 1 AktG auf zwei Arten gewährt werden. Einerseits kann er darin bestehen, dass vom Bilanzgewinn an die Vorzugsaktionäre vorab die in der Satzung bestimmte Dividende auszuzahlen ist, bevor der übrige Bilanzgewinn an die Stammaktionäre ausgeschüttet werden darf (sog. Vorabdividende, § 139 Abs. 1 S. 2, 1. Var. AktG).[309] Er kann aber auch in Form einer höheren Beteiligung am Gewinn gewährt werden (sog. Mehrdividende, § 139 Abs. 1 S. 2, 2. Var. AktG). Vorab- und Mehrdividende können kombiniert werden.[310]

Soweit eine Vorabdividende mangels hinreichenden Bilanzgewinns nicht ausgezahlt 91a werden konnte, ist sie in späteren Geschäftsjahren – wiederum vor einer Gewinnausschüttung an Stammaktionäre – nachzuzahlen, sofern dann hinreichender Bilanzgewinn vorhanden ist (daher „nachzuzahlender Vorzug").[311] Seit der Aktienrechtsnovelle 2016 kann die Satzung die Dividendennachzahlung für diese Fälle ausschließen (§ 139 Abs. 1 S. 3 AktG).[312]

Ob es stimmrechtslose Vorzugsaktien gibt und wie viele,[313] bestimmt die Satzung. Mit 92 Ausnahme des Stimmrechts gewähren Vorzugsaktien ohne Stimmrecht die jedem Aktionär aus der Aktie zustehenden Rechte (§ 140 Abs. 1 AktG). Das Stimmrecht kann nur ganz oder gar nicht ausgeschlossen werden; eine Beschränkung auf bestimmte Beschlussgegenstände oder eine Beschränkung der Stimmkraft ist nicht zulässig.[314]

a) Aufleben des Stimmrechts

Dem Vorzug bei der Gewinnverteilung steht bei stimmrechtslosen Vorzugsaktien der Aus- 93 schluss des Stimmrechts gegenüber. Das Gesetz mutet es den Vorzugsaktionären aber nicht zu, auf Dauer vom Stimmrecht ausgeschlossen zu bleiben, wenn der Vorzug mangels Auszahlung faktisch wertlos geworden ist. Das Gesetz differenziert in § 140 Abs. 2 AktG zwischen den Fällen des nachzuzahlenden Vorzugs und denjenigen ohne nachzu-

---

nannt werden (streitig, dafür: *Koch* in Hüffer/Koch AktG § 134 Rn. 26b mwN, dagegen: *Kindler* NJW 2001, 1678 (1687)), nicht jedoch Organmitglieder und andere Personen, von denen die notwendige Unabhängigkeit nicht erwartet werden kann (*Koch* in Hüffer/Koch AktG § 134 Rn. 26b). Im Zweifel sollten externe Vertreter benannt werden, die nicht von Weisungen der Gesellschaft abhängig sind.

[308] § 139 Abs. 1 AktG; ein sonstiger Vorzug, zB bei der Liquidation, genügt nicht: *Hoffmann-Becking* in MHdB AG § 39 Rn. 18.

[309] BGHZ 7, 263 (264). Dies war nach bisherigem Verständnis die einzige Form der Vorzugsaktie, vgl. *Koch* in Hüffer/Koch AktG § 139 Rn. 6; *Schröer* in MüKoAktG § 139 Rn. 8.

[310] *Koch* in Hüffer/Koch AktG § 139 Rn. 6; *Götze/Natowska* NZG 2015, 298 (303).

[311] Neufassung des § 139 Abs. 1 AktG durch AktG-Novelle 2016; § 139 Abs. 1 S. 3 AktG bestimmt, dass Nachzahlung zu erfolgen hat, wenn Satzung nichts anderes bestimmt; zur Neuregelung ausf. *Koch* in Hüffer/Koch AktG § 139 Rn. 12 ff.

[312] Die Möglichkeit, die Dividendennachzahlung auszuschließen, ist durch die Aktienrechtsnovelle 2016 neu eingeführt worden. Die Einführung der Vorzugsaktien ohne Nachzahlungsrecht soll Kreditinstituten dabei helfen, die im Zuge von Basel III verschärften Eigenkapitalvorschriften einzuhalten, da Vorzugsaktien mit Nachzahlungsrecht nicht als regulatorisches Kernkapital im Sinne der VO (EU) Nr. 575/2013, welche der Umsetzung von Basel III dient, angesehen werden können, *Liebscher* in Henssler/Strohn AktG § 139 Rn. 10.

[313] Nach § 139 Abs. 2 AktG dürfen Vorzugsaktien ohne Stimmrecht nur bis zur Hälfte des Grundkapitals ausgegeben werden.

[314] *Koch* in Hüffer/Koch AktG § 139 Rn. 17; *Zöllner* in Kölner Komm. AktG § 139 Rn. 5, 6; aA *v. Godin/Wilhelmi* AktG § 139 Anm. 2.

zahlenden Vorzug.³¹⁵ Wird in Fällen, in denen ein Nachzahlungsanspruch nicht ausgeschlossen ist, der Vorzugsbetrag in einem Jahr nicht oder nicht vollständig gezahlt und der Rückstand im nächsten Jahr nicht neben dem vollen Vorzug dieses Jahres nachgezahlt, so haben die Vorzugsaktionäre das Stimmrecht, bis die Rückstände nachgezahlt sind (§ 140 Abs. 2 S. 1 AktG). Ist die Nachzahlung satzungsmäßig ausgeschlossen, so lebt das Stimmrecht bereits dann wieder auf, wenn der Vorzugsbetrag in einem Jahr nicht oder nicht vollständig bezahlt wird, und zwar solange, bis der Vorzug in einem Jahr vollständig gezahlt ist (§ 140 Abs. 2 S. 2 AktG). In beiden Fällen sind, solange das Stimmrecht auflebt, die Vorzugsaktien auch bei der Berechnung einer nach Gesetz oder Satzung erforderlichen Kapitalmehrheit zu berücksichtigen (§ 140 Abs. 2 S. 3 AktG), also bei der Berechnung des vertretenen Kapitals mitzuzählen.³¹⁶

94 Im Falle von **§ 140 Abs. 2 S. 1 AktG** ist also ein – grundsätzlich nicht stimmberechtigter – Vorzugsaktionär **stimmberechtigt, wenn** der Vorzugsbetrag in einem Geschäftsjahr zumindest teilweise nicht gezahlt wurde und im nächsten Geschäftsjahr
– ein Jahresabschluss festgestellt wird,³¹⁷ der einen zur Auszahlung des Vorzugsbetrags sowie des Nachzahlungsbetrags ausreichenden Bilanzgewinn nicht ausweist, oder
– zwar ein hinreichender Bilanzgewinn ausgewiesen ist, die Hauptversammlung³¹⁸ aber beschließt,³¹⁹ den Vorzugsbetrag und den Nachzahlungsbetrag nicht vollständig auszuzahlen, oder
– zwar ein hinreichender Bilanzgewinn ausgewiesen ist und die Hauptversammlung die entsprechende Auszahlung an die Vorzugsaktionäre beschlossen hat, der satzungsgemäß geforderte Vorzugsbetrag sowie der Nachzahlungsbetrag aus dem Vorjahr aber nicht ausgezahlt werden.³²⁰

94a Im Falle von **§ 140 Abs. 2 S. 2 AktG** lebt das Stimmrecht bereits dann wieder auf, wenn der Vorzug ein Mal nicht (vollständig) gezahlt wurde.³²¹

95 Das Stimmrecht lebt in allen Fällen in vollem **Umfang** und nicht etwa nur für einen Beschluss über die Gewinnverwendung wieder auf.³²² **Satzungsmäßige Beschränkungen** des Stimmrechts der Stammaktionäre (→ Rn. 71 ff.) gelten aber ebenso wie gesetzliche Stimmverbote auch für stimmberechtigte Vorzugsaktionäre.³²³

---

³¹⁵ Die Möglichkeit des Ausschlusses des Nachzahlungsanspruches besteht erst seit der Aktienrechtsnovelle 2016, s. Fn. 307.
³¹⁶ *Koch* in Hüffer/Koch AktG § 140 Rn. 8.
³¹⁷ *Zöllner* in Kölner Komm. AktG § 140 Rn. 5; *Dorald/Schröer* in MüKoAktG AktG § 140 Rn. 10. Billigt der Aufsichtsrat den Jahresabschluss, so ist dieser festgestellt, sofern nicht Vorstand und Aufsichtsrat beschließen, die Feststellung des Jahresabschlusses der Hauptversammlung zu überlassen, § 172 S. 1 AktG. Steht nach Feststellung des Jahresabschlusses bereits bei der Einberufung der Hauptversammlung fest, dass ein ausreichender Bilanzbeginn nicht ausgewiesen wird, soll nach *T. Bezzenberger* 99 der Stimmrechtserwerb vorsorglich wie ein Tagesordnungspunkt zur Information der Vorzugsaktionäre bekannt zu machen sein.
³¹⁸ Ein bloßer Beschlussvorschlag lässt das Stimmrecht noch nicht aufleben, da die Hauptversammlung abweichend von dem Vorschlag beschließen könnte, *Koch* in Hüffer/Koch AktG § 140 Rn. 5; *Zöllner* in Kölner Komm. AktG § 140 Rn. 5.
³¹⁹ Das Stimmrecht lebt gleich nach der Feststellung des Beschlussergebnisses durch den Vorsitzenden wieder auf, also noch in dieser und nicht erst in der nächsten Hauptversammlung; streitig, so *Koch* in Hüffer/Koch AktG § 140 Rn. 5; *Zöllner* in Kölner Komm. AktG § 140 Rn. 6; *T. Bezzenberger* 98.
³²⁰ *Zöllner* in Kölner Komm. AktG § 140 Rn. 5: Das Stimmrecht lebt allerdings dann nicht auf, wenn die Gesellschaft alles ihr Obliegende getan hat, um die Zahlung zu leisten.
³²¹ *Liebscher* in Henssler/Strohn AktG § 139 Rn. 10.
³²² *Koch* in Hüffer/Koch AktG § 140 Rn. 6; *Werner* AG 1971, 69 (75); allgM; siehe auch § 140 Abs. 2 S. 2 AktG.
³²³ Die Satzung kann nicht wirksam ein Höchststimmrecht gerade für Vorzugsaktionäre vorsehen, deren Stimmrecht nach § 140 Abs. 2 AktG auflebte, *Koch* in Hüffer/Koch AktG § 140 Rn. 6; *Zöllner* in Kölner Komm. AktG § 140 Rn. 7; möglicherweise aA *Hennerkes/May* DB 1988, 537 (538) liSp.

Das Aufleben des Stimmrechts ist unter den Voraussetzungen des **Wertpapierhandelsge-** 96 **setzes** der Bundesanstalt für Finanzdienstleistungsaufsicht mitzuteilen.[324] Bis zur Erfüllung der Mitteilungspflicht ruht das Stimmrecht.[325]

Das aufgelebte Stimmrecht der Vorzugsaktionäre besteht bei nachzuzahlenden Vorzü- 97 gen **so lange,** bis die Rückstände einschließlich des Vorzugs für das laufende Geschäftsjahr nachgezahlt sind.[326] Bei nicht nachzuzahlendem Vorzug erlischt das Stimmrecht bei der Befriedigung des Vorzugs im laufenden Geschäftsjahr.[327] Maßgebend für das Erlöschen des Stimmrechts ist die tatsächliche Auszahlung an die Aktionäre, nicht der entsprechende Gewinnverwendungsbeschluss.[328]

b) Sonderbeschlüsse

Ein satzungsändernder Hauptversammlungsbeschluss, durch den der Vorzug[329] **aufgeho-** 98 **ben oder beschränkt** wird, bedarf zu seiner Wirksamkeit der Zustimmung der Vorzugsaktionäre.[330] Notwendig ist allerdings nicht die Zustimmung aller Vorzugsaktionäre. Vielmehr ist es ausreichend (und erforderlich), wenn die Vorzugsaktionäre in einer gesonderten Versammlung einen zustimmenden Sonderbeschluss fassen, der einer Mehrheit von drei Vierteln der abgegebenen Stimmen bedarf.[331] Ein zustimmender Sonderbeschluss der Vorzugsaktionäre ist auch dann notwendig, wenn deren Stimmrecht wegen Nichtzahlung des Vorzugsbetrags oder Nachzahlungsbetrags auflebte.[332]

Beschlüsse der Hauptversammlung, die den Vorzug **nur mittelbar beeinträchtigen,** 99 insbesondere Gewinnverwendungsbeschlüsse, die eine Auszahlung des Vorzugsbetrags oder Nachzahlungsbetrags nicht vorsehen, bedürfen grundsätzlich nicht der Zustimmung der Vorzugsaktionäre.[333] Etwas anderes gilt in folgenden Fällen, in denen ebenfalls ein zustimmender Sonderbeschluss der Vorzugsaktionäre notwendig ist:
– Beschluss über die Ausgabe von Vorzugsaktien, die bei der Verteilung des Gewinns oder Gesellschaftsvermögens den Vorzugsaktien ohne Stimmrecht vorgehen oder gleichstehen (§ 141 Abs. 2 S. 1 AktG);

---

[324] § 21 Abs. 1 WpHG (ab 3.1.2018 § 33 Abs. 1 WpHG), Stimmrechtsveränderung „auf sonstige Weise"; streitig, siehe *Bayer* in MüKoAktG WpHG § 21 Rn. 25 mwN.
[325] § 28 WpHG (ab 3.1.2018 § 44 WpHG); *Bayer* in MüKoAktG AktG Anh. § 22, zu WpHG → § 28 Rn. 7.
[326] AllgM; *Hoffmann-Becking* in MHdB AG § 39 Rn. 26; *Koch* in Hüffer/Koch AktG § 140 Rn. 7; der Wortlaut von § 140 Abs. 2 S. 1 AktG ist insoweit nicht ganz eindeutig.
[327] *Koch* in Hüffer/Koch AktG § 140 Rn. 7.
[328] *Koch* in Hüffer/Koch AktG § 140 Rn. 7.
[329] Oder das Nachzahlungsrecht, allgM, siehe *Koch* in Hüffer/Koch AktG § 141 Rn. 3 mwN.
[330] § 141 Abs. 1 AktG. Solange der Zustimmungsbeschluss nicht gefasst ist, wird daher das Registergericht die Satzungsänderung nicht in das Handelsregister eintragen (*Werner* AG 1971, 69 (74)), so dass die Satzung noch nicht wirksam geändert ist (§ 181 Abs. 3 AktG). → § 40 Rn. 26.
[331] § 141 Abs. 3 AktG. Eine gesonderte Abstimmung wie im Fall des § 138 AktG, dem die Sonderregelung des § 141 Abs. 3 AktG vorgeht, genügt nicht. Für die Einberufung der gesonderten Versammlung gelten die Bestimmungen über die Hauptversammlung sinngemäß, § 138 S. 2 AktG. Zur Frage, ob die gesonderte Versammlung in einem gesonderten Raum stattfinden muss oder ob die Stammaktionäre anwesend sein dürfen, siehe *T. Bezzenberger* S. 179 mwN.
[332] *Koch* in Hüffer/Koch AktG § 141 Rn. 10; *Zöllner* in Kölner Komm. AktG § 141 Rn. 15. Zum Aufleben des Stimmrechts → Rn. 93 ff.
[333] HM, OLG Celle AG 2008, 858 (859); OLG Schleswig AG 2008, 39 (41); OLG Schleswig ZIP 2007, 2162 (2164) liSp.; LG Frankfurt a.M. AG 1991, 405 (406) liSp.; *Schröer* in MüKoAktG AktG § 141 Rn. 7; *Zöllner* in Kölner Komm. AktG § 141 Rn. 4; *Koch* in Hüffer/Koch AktG § 141 Rn. 4, 6, 12 mwN. Zum Zustimmungserfordernis bei Kapitalerhöhung aus Gesellschaftsmitteln sowie Kapitalherabsetzung siehe *Koch* in Hüffer/Koch AktG § 141 Rn. 7–9 mwN. Zum Zustimmungserfordernis beim Abschluss eines Gewinnabführungsvertrags siehe *Werner* AG 1971, 69 (70). Weitere Nachweise in → § 40 Rn. 26 ff.

– Beschluss über die Umwandlung von Stamm- in Vorzugsaktien,[334] die bei der Verteilung des Gewinns oder Gesellschaftsvermögens den Vorzugsaktien ohne Stimmrecht vorgehen oder gleichstehen.

100 Wird der Vorzug mit Zustimmung der Vorzugsaktionäre aufgehoben, so gewähren die Aktien das Stimmrecht (§ 141 Abs. 4 AktG). Da die Frage, ob und wann eine nur mittelbare Beeinträchtigung des Vorzugs einen zustimmenden Sonderbeschluss der Vorzugsaktionäre voraussetzt, in Rechtsprechung und Literatur noch nicht abschließend geklärt ist, wird es sich empfehlen, in Zweifelsfällen den Sonderbeschluss einzuholen.

4. Stimmverbote

a) Ausschluss des Stimmrechts

101 Grundsätzlich dürfen auch solche Aktionäre an Abstimmungen teilnehmen, die ein besonderes eigenes Interesse an der gewünschten Beschlussfassung haben. Nur in bestimmten, gesetzlich geregelten Fällen, in denen eine Interessenkollision besteht, ist das Stimmrecht **ausgeschlossen**. Gemäß § 136 Abs. 1 S. 1 AktG[335] kann ein Aktionär sein Stimmrecht nicht ausüben, **wenn** darüber Beschluss gefasst wird,
– ob er zu entlasten ist oder
– ob er von einer Verbindlichkeit zu befreien ist oder
– ob die Gesellschaft gegen ihn einen Anspruch geltend machen soll.

102 Für Aktien, aus denen der Aktionär in den genannten Fällen das Stimmrecht nicht ausüben kann, kann das Stimmrecht auch nicht **durch einen anderen** (Bevollmächtigten oder Legitimationsaktionär)[336] ausgeübt werden (§ 136 Abs. 1 S. 2 AktG). Aktien eines Aktionärs, der in den genannten Fällen von einem Stimmrechtsausschluss betroffen ist, können also nicht Grundlage für eine Stimmrechtsausübung sein. Ein Aktionär kann das Stimmrecht **für einen anderen** auch dann nicht ausüben, wenn nur er selbst von dem Stimmverbot betroffen ist, nicht aber der andere Aktionär, für den er das Stimmrecht ausüben möchte.[337] Das gilt auch bei Legitimationsübertragung, Testamentsvollstreckung und auch dann, wenn der **Vertreter nicht selbst Aktionär** ist, sofern er nur als solcher dem Stimmverbot unterläge.[338] Auch ein Untervertreter kann nicht beauftragt werden; andernfalls wäre eine Umgehung der gesetzlichen Regelung über den Stimmrechtsausschluss möglich.[339]

103 Als **Merksatz** kann festgehalten werden: Das Stimmrecht ist immer dann ausgeschlossen, wenn auf Seiten des Aktionärs, aus dessen Aktien das Stimmrecht ausgeübt werden soll, oder auf Seiten des Handelnden, der das Stimmrecht selbst oder durch einen Anderen ausüben will, einer der drei genannten Ausschlussgründe vorliegt.

104 Gehören die Aktien, aus denen das Stimmrecht ausgeübt werden soll, mehreren Personen gemeinsam und liegt nur bei einer dieser Personen ein Grund vor, der zum Stimmrechtsausschluss führt, so bedeutet dies nicht ohne Weiteres, dass aus diesen Aktien das Stimmrecht nicht mehr ausgeübt werden könnte. Vielmehr ist das Stimmrecht der **Gemeinschaft** nur dann ausgeschlossen, wenn zu besorgen ist, dass die Mitberechtigten das

---

[334] HM, *Koch* in Hüffer/Koch AktG § 141 Rn. 13; *Schröer* in MüKoAktG AktG § 141 Rn. 14; *Zöllner* in Kölner Komm. AktG § 141 Rn. 10; *Werner* AG 1971, 69 (72).
[335] Die Vorschrift wird ergänzt durch § 142 Abs. 1 S. 2 AktG, wonach Mitglieder des Vorstands oder Aufsichtsrats bei der Beschlussfassung über die Bestellung von Sonderprüfern nicht mitstimmen können, wenn sich die Prüfung auf Vorgänge erstrecken soll, die mit der Entlastung oder der Einleitung eines Rechtsstreits zwischen der AG und dem Vorstands- oder Aufsichtsratsmitglied zusammenhängen.
[336] *Koch* in Hüffer/Koch AktG § 136 Rn. 7.
[337] § 136 Abs. 1 S. 1 Alt. 2 AktG („für einen anderen"); *Koch* in Hüffer/Koch AktG § 136 Rn. 6.
[338] *Koch* in Hüffer/Koch AktG § 136 Rn. 6; BGHZ 56, 47 (53); 108, 21 (25). Zur Entscheidungskompetenz des Versammlungsleiters hinsichtlich des Stimmrechts → § 9 Rn. 249.
[339] Str.; wie hier *Koch* in Hüffer/Koch AktG § 136 Rn. 6; *Zöllner* in Kölner Komm. AktG § 136 Rn. 33.

Stimmrecht unsachlich ausüben,[340] indem sie sich von dem Sonderinteresse des vom Stimmverbot betroffenen Mitglieds leiten lassen. Insoweit kommt es darauf an, ob das an der Abstimmung gehinderte Mitglied der Gemeinschaft das Abstimmungsverhalten der anderen Mitglieder der Gemeinschaft maßgeblich beeinflussen kann, was idR nicht der Fall sein wird, wenn das „befangene" Mitglied nur in geringem Umfang an der Rechtsgemeinschaft beteiligt ist.

Ein Aktionär ist an der Ausübung seines Stimmrechts nicht bereits deshalb gehindert, weil **nahe Angehörige** (zB Ehepartner, Eltern, Kinder) von einem Stimmverbot betroffen sind.[341] 105

Ist der vom Stimmverbot Betroffene **Gesellschafter** einer Gesellschaft, die als Aktionär ihr Stimmrecht ausüben möchte, so kommt es für das Stimmrecht der Gesellschaft darauf an, ob dieser Gesellschafter maßgeblichen Einfluss auf die Willensbildung der Gesellschaft hat.[342] Das Stimmrecht einer Gesellschaft, die Aktionär ist, ist bspw. dann ausgeschlossen, wenn sie zwar nicht selbst, aber ihr Alleingesellschafter oder allein geschäftsführungsbefugter Gesellschafter von einem Stimmverbot betroffen ist.[343] Entsprechendes gilt, wenn der vom Stimmverbot Betroffene sich im Vorstand/in der Geschäftsführung einer Gesellschaft, die Aktionärin ist, durchsetzen kann. Die Aktionärin unterliegt dann dem Stimmverbot.[344] 106

Ein gegen eine **Gesellschaft** gerichtetes Stimmverbot erstreckt sich auf deren Gesellschafter, die an sich bei Ausübung des Stimmrechts aus ihrem persönlichen Aktienbesitz nicht vom Stimmrecht ausgeschlossen sind, nur dann, wenn zwischen Gesellschafter und Gesellschaft eine **gesellschaftsrechtlich fundierte nachhaltige Interessenverknüpfung** besteht, auf Grund derer zu befürchten ist, dass sich der Gesellschafter eher von den Interessen dieser Gesellschaft als von denen der AG leiten lässt.[345] Eine solche Interessenverknüpfung besteht etwa bei Alleingesellschaftern oder persönlich haftenden Gesellschaftern; im Zweifel muss sie auch bei mehrheitlich beteiligten Gesellschaftern angenommen werden. 107

Eine trotz Stimmverbots abgegebene Stimme ist **nichtig**.[346] Sie darf also bei der Stimmenzählung nicht mitgezählt werden. Werden nichtige Stimmen gleichwohl mitgezählt und wird der Hauptversammlungsbeschluss deshalb falsch festgestellt, ist er anfechtbar.[347] 108

Ist das Eingreifen des Stimmverbots offenkundig, darf der **Versammlungsleiter** die betroffenen Stimmen nicht zur Abstimmung zulassen. Bei in der Hauptversammlung nicht zu klärenden Zweifeln am Eingreifen einer Stimmrechtsbeschränkung müssen die fraglichen Stimmen zur Abstimmung zugelassen werden.[348] 109

b) Ruhen des Stimmrechts

Eine AG ist unter bestimmten Voraussetzungen (§ 71 AktG) berechtigt, **eigene Aktien** zu erwerben. Aus eigenen Aktien stehen der Gesellschaft jedoch keine Rechte zu (§ 71b AktG). Deshalb ruht das Stimmrecht für Aktien, die der Gesellschaft selbst gehören. 110

---

[340] BGHZ 49, 183 (194); aA *Zöllner* in Kölner Komm. AktG § 136 Rn. 35: Stimmrechtsausschluss, wenn die „befangene" Person an der Willensbildung der Gemeinschaft überhaupt mitwirkt.
[341] *Koch* in Hüffer/Koch AktG § 136 Rn. 16; *Zöllner* in Kölner Komm. AktG § 136 Rn. 52.
[342] RGZ 64, 14 (15); 112, 382 (383); BGHZ 49, 183 (193); 51, 209 (219); *Koch* in Hüffer/Koch AktG § 136 Rn. 10; *Zöllner* in Kölner Komm. AktG § 136 Rn. 41.
[343] OLG Karlsruhe AG 2001, 93; *Koch* in Hüffer/Koch AktG § 136 Rn. 11.
[344] *Zöllner* in Kölner Komm. AktG § 136 Rn. 46.
[345] *Koch* in Hüffer/Koch AktG § 136 Rn. 12. Nach *Zöllner* in Kölner Komm. AktG § 136 Rn. 43 sind dafür bei bloß mehrheitlicher Beteiligung zusätzliche Indizien erforderlich, die den Schluss darauf zulassen, dass der Gesellschafter nicht bloß als Kapitalgeber fungiert, sondern eine unternehmerische Funktion wahrnimmt.
[346] § 134 BGB; *Koch* in Hüffer/Koch AktG § 136 Rn. 24.
[347] *Koch* in Hüffer/Koch AktG § 136 Rn. 24.
[348] *Grunsky* ZIP 1991, 778 (782). Zur Entscheidungskompetenz des Versammlungsleiters hinsichtlich des Stimmrechts → § 9 Rn. 249.

111 Das Stimmrecht ruht auch, solange ein meldepflichtiger Aktionär **Mitteilungspflichten** nach dem WpHG[349] oder nach dem AktG[350] nicht erfüllt hat.[351]

5. Stimmpflichten

112 Stimmpflichten können sich zum einen aus **Stimmbindungsverträgen,** zum anderen auf Grund der **gesellschaftsrechtlichen Treupflicht** (→ § 14 Rn. 30f.) ergeben.

113 Durch Stimmbindungsverträge verpflichten sich Aktionäre, ihr Stimmrecht in der Hauptversammlung in einer bestimmten Weise auszuüben. Stimmbindungsverträge sind **grundsätzlich zulässig.**[352]

114 Zulässig ist jedenfalls der Abschluss von Stimmbindungsverträgen **zwischen Aktionären.** Eine dauernde Stimmbindung gegenüber gesellschaftsfremden **Dritten** ist dagegen unwirksam, wenn sie mit der Vinkulierung der Aktien in Widerspruch steht.[353]

115 Ein Vertrag, durch den sich ein Aktionär verpflichtet, nach **Weisung** der Gesellschaft, des **Vorstands** oder des **Aufsichtsrats** der Gesellschaft oder nach Weisung eines abhängigen Unternehmens das Stimmrecht auszuüben, ist nichtig (§ 136 Abs. 2 S. 1 AktG). Ebenso ist ein Vertrag nichtig, durch den sich ein Aktionär verpflichtet, für die jeweiligen Vorschläge des Vorstands oder des Aufsichtsrats der Gesellschaft zu stimmen (§ 136 Abs. 2 S. 2 AktG). Die Verwaltung der Gesellschaft kann also nicht mit Hilfe von Stimmbindungsverträgen für ihr genehme Abstimmungsergebnisse sorgen.[354]

116 Unwirksam ist auch ein Stimmbindungsvertrag, in dem sich ein Aktionär verpflichtet, nach den Weisungen einer von einem Stimmverbot betroffenen Person abzustimmen[355] oder das Stimmrecht unter Verletzung der gesellschaftsrechtlichen Treupflicht auszuüben.[356] Unwirksam sind weiter **entgeltliche Stimmbindungen,** also Stimmbindungsverträge, in denen sich der Aktionär gegen Bezahlung dazu verpflichtet, sein Stimmrecht in bestimmter Weise auszuüben.[357]

117 Stimmbindungsverträge haben schuldrechtlichen, nicht organisationsrechtlichen Charakter, weswegen sie **keine Außenwirkung** entfalten, so dass vertragswidrig abgegebene Stimmen gültig sind.[358]

6. Depotstimmrecht

118 Das Gesetz enthält besondere Regelungen für den Fall, dass ein Kreditinstitut das Stimmrecht für Aktien, die ihm nicht gehören und als deren Inhaber es nicht im Aktienregister eingetragen ist, ausüben möchte (§ 135 AktG). Dafür hat sich der Begriff **„Depotstimm-**

---

[349] § 28 WpHG (ab 3.1.2018 § 44 WpHG).
[350] § 20 Abs. 7 AktG.
[351] Zu den Anforderungen an die Mitteilung (nach §§ 20, 21 AktG) siehe KG AG 2000, 227. Ist ein Unternehmen über ein anderes, also mittelbar, an der AG beteiligt, trifft die Mitteilungspflicht beide Unternehmen, BGH WM 2000, 1952.
[352] BGHZ 48, 163 (166 ff.); BGH ZIP 1983, 432 (433); NJW 1987, 1890 (1892); *Koch* in Hüffer/Koch AktG § 133 Rn. 27 mwN.
[353] *K. Schmidt* GesR § 21 II 4a cc. (S. 619); zu Bedenken gegen Stimmbindungsverträge mit Nichtaktionären im Hinblick auf das Abspaltungsverbot und die Treupflicht des Aktionärs siehe *Koch* in Hüffer/Koch AktG § 133 Rn. 27.
[354] *Koch* in Hüffer/Koch AktG § 136 Rn. 25.
[355] *Koch* in Hüffer/Koch AktG § 133 Rn. 28; *Schröer* in MüKoAktG AktG § 136 Rn. 67; *Zöllner* in Kölner Komm. AktG § 136 Rn. 92; zu Stimmverboten → Rn. 101 ff.
[356] *Koch* in Hüffer/Koch AktG § 133 Rn. 28 mwN.
[357] § 405 Abs. 3 Nr. 6, 7 AktG; *Zöllner* in Kölner Komm. AktG § 136 Rn. 94: Die bloße Abstimmung und idR auch der aus ihr allein fließende Vorteil stellen keinen besonderen Vorteil iSd Bestimmungen dar.
[358] RGZ 119, 386; *Koch* in Hüffer/Koch AktG § 133 Rn. 26; *Schröer* in MüKoAktG AktG § 136 Rn. 87; *Zöllner* in Kölner Komm. AktG § 136 Rn. 111.

V. Stimmrecht

recht" eingebürgert, obwohl die Anwendbarkeit der besonderen gesetzlichen Regelungen nicht voraussetzt, dass das Kreditinstitut die Aktien für den Aktionär verwahrt. Die besonderen Regelungen gelten nicht für die Ausübung des Stimmrechts aus eigenen Aktien des Kreditinstituts.[359]

Ein Kreditinstitut darf das Stimmrecht für Aktien, die ihm nicht gehören und als deren Inhaber es nicht im Aktienregister eingetragen ist, nur ausüben, wenn es **bevollmächtigt** ist.[360] Legitimationsübertragung ist unzulässig.[361] Die Vollmacht darf nur einem bestimmten Kreditinstitut erteilt werden.[362]

Aufgrund der Vollmacht kann das Kreditinstitut das Stimmrecht unter Benennung des Aktionärs **in dessen Namen** ausüben, wenn die Vollmacht diese offene Stellvertretung zulässt. Wenn es die Vollmacht nicht anders bestimmt, übt das Kreditinstitut das Stimmrecht jedoch im Namen **dessen, den es angeht,** aus, also ohne den Namen des vertretenen Aktionärs offenzulegen. In beiden Fällen genügt zum Nachweis seiner Stimmberechtigung gegenüber der Gesellschaft die Erfüllung der in der Satzung für die Ausübung des Stimmrechts vorgesehenen Erfordernisse; enthält die Satzung darüber keine Bestimmungen oder handelt es sich um eine börsennotierte Gesellschaft, genügt die Vorlegung der Aktien oder des Berechtigungsnachweises gem. § 123 Abs. 3 AktG.[363]

Hat der Aktionär dem Kreditinstitut keine **Weisung für die Ausübung des Stimmrechts** erteilt, so hat das Kreditinstitut das Stimmrecht entsprechend seinen eigenen, den Aktionären nach § 135 Abs. 2 AktG mitgeteilten Vorschlägen auszuüben, es sei denn, dass das Kreditinstitut den Umständen nach annehmen darf, dass der Aktionär bei Kenntnis der Sachlage die abweichende Ausübung des Stimmrechts billigen würde (§ 135 Abs. 3 AktG).[364]

Besondere Regelungen gelten für die Ausübung des Stimmrechts aus fremden Aktien in der eigenen Hauptversammlung sowie in der Hauptversammlung einer Gesellschaft, an der das Kreditinstitut selbst beteiligt ist. In der **eigenen Hauptversammlung** darf das bevollmächtigte Kreditinstitut das Stimmrecht auf Grund der Vollmacht nur ausüben, soweit der Aktionär eine ausdrückliche Weisung zu den einzelnen Gegenständen der Tagesordnung erteilt hat (§ 135 Abs. 3 S. 3 AktG). In der Hauptversammlung einer Gesellschaft, an der es mit mehr als 20 % des Grundkapitals unmittelbar oder mittelbar **beteiligt ist,** darf es das Stimmrecht ebenfalls nur ausüben oder ausüben lassen, soweit der Aktionär eine ausdrückliche Weisung zu den einzelnen Gegenständen der Tagesordnung erteilt hat.

Die Abgabe der Stimme durch ein bevollmächtigtes Kreditinstitut unter **Verstoß** gegen die Bestimmungen über die Ausübung des Stimmrechts gem. § 135 Abs. 1 S. 2–7 sowie Abs. 2–6 AktG ist gleichwohl wirksam (§ 135 Abs. 7 AktG).

---

[359] *Koch* in Hüffer/Koch AktG § 135 Rn. 5.
[360] § 135 Abs. 1 S. 1 AktG. Die Vollmacht bedarf nicht der Schriftform, sie ist jedoch vom Kreditinstitut nachprüfbar festzuhalten, § 135 Abs. 1 S. 2 AktG. Für Stimmrechtsvollmachten in der Hauptversammlung der Volkswagen AG gilt das Textformerfordernis gem. § 3 Abs. 1 S. 2 des Volkswagen-Gesetzes, BGBl. 1960 I 585.
[361] HM, siehe *Koch* in Hüffer/Koch AktG § 135 Rn. 40 mwN.
[362] § 135 Abs. 1 S. 2 AktG. Seit der Neufassung von § 135 AktG durch das NaStraG kann die Vollmacht unbefristet erteilt werden (Ausnahme: § 3 Abs. 1 S. 3 des VW-Gesetzes, BGBl. 1960 I 585: die Vollmacht in der Hauptversammlung der Volkswagen AG gilt nur jeweils für die nächste Hauptversammlung).
[363] § 135 Abs. 5 AktG. Bei Namensaktien ist Handeln im Namen dessen, den es angeht, auch zulässig, wenn das Kreditinstitut nicht als Inhaber im Aktienregister eingetragen ist, s. *Schröer* in MüKoAktG AktG § 135 Rn. 178 f. Umstritten ist wegen der Gefahr der Doppelvertretung allerdings, ob auch in diesem Fall die Legitimation nach § 123 Abs. 3 AktG ausreichend ist; vgl. *Schröer* in MüKoAktG AktG § 135 Rn. 179; *Koch* in Hüffer/Koch AktG § 135 Rn. 45; *Spindler* in K. Schmidt/Lutter AktG § 178 Rn. 54, je mwN. Zur Gefahr einer Doppelvertretung durch den von der Gesellschaft benannten Stimmrechtsvertreter und das Kreditinstitut siehe auch *Marsch-Barner* FS Peltzer, 2011, 275 und *Pikó/Preissler* AG 2002, 223, 228.
[364] *Koch* in Hüffer/Koch AktG § 135 Rn. 11 mwN.

VI. Wort-, Ton-, Bild-Aufzeichnungen

124 Jeder Aktionär hat das Recht, sich **schriftliche Aufzeichnungen** vom Gang der Hauptversammlung zu machen oder – etwa in Form einer vollständigen stenografischen Mitschrift – machen zu lassen. Kein Aktionär kann der schriftlichen Festhaltung seiner Ausführungen widersprechen. Eine Pflicht des Aktionärs, anderen (Aktionären oder der Gesellschaft oder ihren Organen) Einsicht in derartige Aufzeichnungen zu gewähren, besteht nicht (→ § 13 Rn. 95).

125 Dagegen darf kein Aktionär ohne Zustimmung sämtlicher Betroffener (Versammlungsleiter, Aktionäre, Organmitglieder, Notar, Hilfspersonen) Ton- oder Bildaufnahmen machen oder machen lassen.[365] Darauf hat der Versammlungsleiter hinzuweisen und unbefugte (heimliche) Aufnahmen zu unterbinden.

---

[365] BGHZ 127, 107 (116); *Butzke* N 49 mwN; → § 13 Rn. 99.

§ 12 Das Zustandekommen von Beschlüssen

Übersicht

	Rn.
I. Überblick	1
II. Beschlussfähigkeit	2
III. Abstimmung	3
1. Stimmabgabe	3
2. Abstimmungsverbote	4
3. Reihenfolge der Abstimmungen	7
4. Zusammengefasste Abstimmungen, Block- oder Listen- und Simultanwahl	8
IV. Mehrheitserfordernisse	12
1. Gesetzliche Mehrheitserfordernisse	12
2. Stimmquoren zum Schutz der Minderheit	16
a) Beteiligung am gesamten Grundkapital	19
b) Beteiligung am bei der Beschlussfassung vertretenen Kapital	26
3. Satzungsmäßige Mehrheitserfordernisse	29
V. Erfordernis der sachlichen Rechtfertigung	30
1. Die gesellschaftsrechtliche Treupflicht	30
2. Insbesondere: Die materielle Beschlusskontrolle	32
a) Liegt die Maßnahme im Gesellschaftsinteresse?	36
b) Ist die Maßnahme geeignet und erforderlich?	37
c) Ist die Maßnahme verhältnismäßig?	38
VI. Protokollierung als Wirksamkeitsvoraussetzung	39

Stichworte

Abstimmung Rn. 3
– zusammengefasste Rn. 9
Abstimmungsverbote Rn. 1, 4 ff.
– bei fehlender Ankündigung des Antrags Rn. 4
– keines bei abweichender Beschlussfassung Rn. 5
Beschluss
– durch Ablehnung oder Annahme Rn. 3
Beschlussfähigkeit Rn. 1, 2
Beschlusskontrolle, materielle Rn. 1, 32 ff.
– Eignung Rn. 37
– Erforderlichkeit Rn. 37
– Gesellschaftsinteresse Rn. 36
– Verhältnismäßigkeit Rn. 38
Blockwahl Rn. 10
Geschäftsordnungsanträge s. *Verfahrensanträge*
Globalwahl Rn. 10
Kapitalerhöhung Rn. 29
Listenwahl Rn. 10
Mehrheit Rn. 1, 12 ff.
– abgegebener Stimmen Rn. 13
– bei der Beschlussfassung vertretenen Grundkapitals Rn. 13
– einfache Rn. 1, 12, 13
– von drei Vierteln der abgegebenen Stimmen Rn. 14
– weitere Erfordernisse Rn. 1, 15
Mehrheitserfordernisse
– gesetzliche Rn. 12 ff.
– satzungsmäßige Rn. 29

Nachgründung Rn. 2
Protokollierung als Wirksamkeitsvoraussetzung Rn. 1, 39 f.
Rechtfertigung, sachliche
– Entbehrlichkeit einer Rn. 34
– Erfordernis einer Rn. 30 ff.
– wegen Beeinträchtigung von Minderheitsinteressen Rn. 33
Reihenfolge der Abstimmungen Rn. 7
Satzungsänderung Rn. 5
Simultanwahl Rn. 11
Sonderprüfer
– Antrag auf Bestellung von Rn. 6
Stimmabgabe Rn. 3
Stimmenauswertung Rn. 8
Stimmensammlung Rn. 8
Stimmquoren Rn. 16 ff.
– im Hinblick auf das bei der Beschlussfassung vertretene Grundkapital Rn. 26 ff.
– im Hinblick auf das gesamte Grundkapital Rn. 19 ff.
Treupflicht, gesellschaftsrechtliche Rn. 30 f.
– Anfechtung wegen Verletzung von Rn. 30
– Ausfüllung durch Abwägung Rn. 31
– gegenüber Gesellschaft Rn. 31
– gegenüber Gesellschaftern Rn. 31
Verfahrensanträge Rn. 6
– auf Einzelentlastung Rn. 7
Versammlungsleiter Rn. 7

Schrifttum:

Altmeppen, Ausgliederung zwecks Organschaftsbildung gegen die Sperrminorität?, DB 1998, 49; *Austmann,* Verfahrensanträge in der Hauptversammlung, FS Hoffmann-Becking, 2013, 45; *Bürgers/Holzborn,* Von „Siemens/Nold" zu „Commerzbank/Mangusta" – BGH konkretisiert Überprüfung des Bezugsrechtsausschlusses bei genehmigtem Kapital, BKR 2006, 202; *Busch* Mangusta/Commerzbank – Rechtsschutz nach Ausnutzung eines genehmigten Kapitals, NZG 2006, 81; *Habersack,* Beschlussfeststellung oder Beurkundung der Niederschrift – Wann wird der Hauptversammlungsbeschluss wirksam?, ZIP-Beil. 2016, 23; *Häsemeyer,* Obstruktion gegen Sanierungen und gesellschaftsrechtliche Treupflichten, ZHR 160 (1996), 109; *Hoffmann-Becking,* Wirksamkeit der Beschlüsse der Hauptversammlung bei späterer Protokollierung, FS Hellwig, 2010, 153; *Priester,* Reichweite der Bindung an die bekannt gemachte Tagesordnung der Hauptversammlung, Liber Amicorum Wilhelm Happ, 2006, 213; *Roeckl-Schmidt/Stoll,* Auswirkungen der späteren Fertigstellung der notariellen Niederschrift auf die Wirksamkeit von Beschlüssen der Hauptversammlung, AG 2012, 225.

I. Überblick

1 Voraussetzung für das Zustandekommen von Beschlüssen ist zunächst, dass die Hauptversammlung beschlussfähig ist (→ Rn. 2). Im Hinblick auf die zur Abstimmung gestellten Beschlussanträge sind sodann Abstimmungsverbote und die Reihenfolge der Abstimmungsvorgänge zu beachten (→ Rn. 3 ff.). Damit ein Beschluss zustande kommt, ist die (einfache) Mehrheit der abgegebenen Stimmen erforderlich, soweit nicht Gesetz oder Satzung eine größere Mehrheit oder weitere Erfordernisse bestimmen (→ Rn. 12 ff.). Eine materielle Beschlusskontrolle findet nur in Ausnahmefällen statt (→ Rn. 32 ff.). Schließlich bedürfen Beschlüsse der Hauptversammlung zu Ihrer Wirksamkeit der Beurkundung (→ Rn. 39 f.).

II. Beschlussfähigkeit

2 Das AktG enthält keine Bestimmungen über die Beschlussfähigkeit. Die Hauptversammlung ist daher **stets beschlussfähig,** auch wenn nur eine Aktie mit einer Stimme vertreten ist.[1] Die Satzung kann die Beschlussfähigkeit regeln, doch ist dies bei Publikumsgesellschaften unüblich. Außerdem kann die Satzung dadurch, dass sie für bestimmte Beschlüsse ein Quorum vorschreibt, das Zustandekommen eines Beschlusses bei nicht ausreichender Präsenz verhindern.[2] Die Hauptversammlung darf dabei über Gegenstände, die nicht ordnungsgemäß bekannt gemacht worden sind, nicht beschließen (§ 124 Abs. 4 AktG). Ein dennoch gefasster Beschluss ist anfechtbar (§ 243 Abs. 1 AktG), also wirksam, wenn nicht erfolgreich Anfechtungsklage erhoben und der Beschluss vom Gericht für nichtig erklärt wird. Einen Sonderfall bildet die **Nachgründung** (→ § 38 Rn. 11 Fn. 23): einem Vertrag nach § 52 Abs. 1 AktG, der im ersten Jahr nach der Eintragung der Gesellschaft in das Handelsregister abgeschlossenen wird, muss eine Mehrheit von mindestens einem Viertel des gesamten Grundkapitals zustimmen (§ 52 Abs. 5 S. 2 AktG). Bei der Beschlussfassung muss also mindestens ein Viertel des gesamten Grundkapitals anwesend oder vertreten sein.

---

[1] *Koch* in Hüffer/Koch AktG § 133 Rn. 8.
[2] Siehe *Austmann* in MHdB AG § 40 Rn. 1.

III. Abstimmung

1. Stimmabgabe

Die Aktionäre üben ihr Stimmrecht in der Hauptversammlung aus, indem sie Beschlüsse 3
fassen (§§ 118 Abs. 1, 119 AktG).³ Dies geschieht durch **Abstimmung** (im Einzelnen
→ § 9 Rn. 197 ff.) über einen zur Abstimmung gestellten Beschlussantrag (oder -vorschlag), der positiv oder negativ formuliert sein kann. „Beschluss" ist entweder dessen
Annahme oder dessen **Ablehnung**.⁴

2. Abstimmungsverbote

Abgestimmt kann nur werden, wenn der Beschlussvorschlag/Antrag in der Tagesordnung 4
angekündigt war (§ 124 Abs. 4 S. 1 AktG). Stellt ein Aktionär in der Hauptversammlung einen von ihm nicht angekündigten Antrag, hat der Versammlungsleiter zu prüfen, ob er von dem bekannt gemachten Gegenstand noch **gedeckt** ist. Anderenfalls darf darüber nicht abgestimmt werden.

Gedeckt sind Anträge, die zu einem angekündigten Tagesordnungspunkt eine vom 5
Verwaltungsvorschlag **abweichende Beschlussfassung** erstreben, zB eine andere Gewinnverwendung (möglich ist allerdings stets nur ein Beschluss über die Verwendung des Bilanzgewinns, → § 15 Rn. 5 f.), Ablehnung der vorgeschlagenen Entlastung, vom Vorschlag abweichende Wahl von Aufsichtsratsmitgliedern.⁵ Das gilt auch im Hinblick auf **Satzungsänderungen**, wenn der von der Bekanntmachung abweichende Antrag sich im Rahmen des Erwartbaren hält. Anders mag man dies beurteilen, wenn sich die Tagesordnung ausdrücklich auf den konkreten Wortlaut der beabsichtigten Satzungsänderung (vgl. § 124 Abs. 2 S. 3 1. Fall AktG) bezieht.⁶

Ausnahmen: Der Antrag auf **Bestellung von Sonderprüfern** „zur Prüfung von 6
Vorgängen bei der Gründung oder der Geschäftsführung, namentlich auch bei Maßnahmen der Kapitalbeschaffung und Kapitalherabsetzung" (§ 142 Abs. 1 AktG) ist nach hM unter den angekündigten Tagesordnungspunkten „Entlastung von Vorstand und Aufsichtsrat" immer zulässig, wenn sich die Prüfung auf bestimmte Vorgänge im Entlastungszeitraum beziehen soll. Umstritten ist, ob dies auch für den förmlichen Vertrauensentzug oder die Geltendmachung von Schadensersatzansprüchen gegen Organmitglieder gilt,⁷ was uE zu verneinen ist. Über **Geschäftsordnungsanträge** (inhaltsgleich auch **Verfahrensanträge** genannt) kann immer abgestimmt werden, soweit der Hauptversammlung die Entscheidungskompetenz über den Geschäftsordnungsantrag zukommt.⁸ Liegt die Entscheidungskompetenz über den Geschäftsordnungsantrag dagegen beim Versammlungsleiter, ist er berechtigt, den Antrag zu übergehen.⁹

---

³ Zum Begriff und zur Rechtsnatur von Hauptversammlungsbeschlüssen vgl. *Koch* in Hüffer/Koch AktG § 133 Rn. 2 ff.; *Schröer* in MüKoAktG AktG § 133 Rn. 3 ff.
⁴ *Winnefeld* DB 1972, 1053.
⁵ *Priester* Liber Amicorum Happ, 2006, 213 (219 ff.); *Werner* FS Fleck, 1988, 401 (414).
⁶ Vgl. zum Ganzen *Koch* in Hüffer/Koch AktG § 124 Rn. 7 ff.; *Priester* Liber Amicorum Happ, 2006, 213 (223 ff.) (dort auch zu Kapitalmaßnahmen).
⁷ Vgl. *Priester* Liber Amicorum Happ, 2006, 213 (221 f.) mN.
⁸ *Austmann* in MHdB AG § 40 Rn. 13; *ders.* FS Hoffmann-Becking, 2013, 45 (63 ff.); *Kuhnt* FS Liebeknecht, 1997, 45 (56 ff.): „Soll das Ziel des Geschäftsordnungsantrags nicht ins Leere gehen, muss über ihn abgestimmt werden, bevor über den Sachantrag durch Abstimmung entschieden worden ist"; *Max* AG 1991, 77 (85 f.); *Stützle/Walgenbach* ZHR 155 (1991), 517 (532 f.).
⁹ *Kuhnt* FS Liebeknecht, 1997, 45 (58).

3. Reihenfolge der Abstimmungen

7 Die Reihenfolge der Abstimmungen legt der **Versammlungsleiter** fest (→ § 9 Rn. 211 ff.). Das bestimmt idR die Satzung, doch können die Aktionäre auch, wenn das nicht der Fall sein sollte, grundsätzlich keine bestimmte Reihenfolge erzwingen (zur Ausnahme nach § 137 AktG → § 17 Rn. 20). Zu beachten hat der Versammlungsleiter lediglich den Grundsatz, dass Geschäftsordnungsanträge grundsätzlich vor Sachanträgen zur Abstimmung zu stellen sind, wenn sie sonst (durch die vorgezogene Entscheidung nur über den Sachantrag) gegenstandslos würden. Eine Ausnahme gilt zB bei der Entlastung: Der Versammlungsleiter kann, wenn ein **Verfahrensantrag auf Einzelentlastung** gestellt ist, dennoch zunächst in der Sache über die Gesamtentlastung beschließen lassen, wenn er für diesen Antrag eine Mehrheit erwartet. Der Verfahrensantrag auf Einzelentlastung wird nur dann zur Abstimmung gestellt, wenn der Antrag auf Gesamtentlastung keine Mehrheit findet – hierauf hat der Versammlungsleiter allerdings bereits bei der Abstimmung über die Gesamtentlastung hinzuweisen.[10]

4. Zusammengefasste Abstimmungen, Block- oder Listen- und Simultanwahl

8 Die über alle Tagesordnungspunkte nötigen Abstimmungen werden heute üblicherweise am Ende der Hauptversammlung konzentriert durchgeführt: Die Stimmen werden **gemeinsam eingesammelt,** aber **gesondert ausgewertet.**

9 Um eine **zusammengefasste Abstimmung** handelt es sich, wenn den Verwaltungsvorschlägen widersprechende Anträge vorliegen und der Versammlungsleiter zulässigerweise den Verwaltungsvorschlag, weil er für ihn eine Mehrheit erwartet, zur Abstimmung stellt, wodurch der Gegenantrag abgelehnt ist. Das ist jedenfalls unbedenklich, wenn der Versammlungsleiter auf diese Konsequenz unmissverständlich hinweist.

10 Die **Block-, Listen- oder Globalwahl** ist ebenfalls eine zusammengefasste Abstimmung, bei der mit nur einer Stimmabgabe über eine Liste von Kandidaten abgestimmt wird. Sie wird als zulässig angesehen, wenn der Versammlungsleiter zuvor darauf hinweist, dass die Ablehnung des Beschlussvorschlags die Einzelabstimmung zur Folge hat. Zur Einzelabstimmung kommt es dann nur, falls der zur Abstimmung gestellte Vorschlag nicht die erforderliche Mehrheit findet. Ziffer 5.4.3 S. 1 des DCGK empfiehlt allerdings die Einzelwahl. Im Anwendungsbereich des § 96 Abs. 2 AktG ist ferner die Gefahr der Gesamtnichtigkeit bei einem Quotenverstoß zu beachten.[11] Zudem ist fraglich, ob die Zulässigkeit des Verfahrens davon abhängt, dass kein Aktionär ihm widerspricht (→ § 17 Rn. 26).[12]

11 Demgegenüber ist die **Simultanwahl** gänzlich unbedenklich: Bei ihr kreuzen die Aktionäre auf Stimmkarten die Namen der Kandidaten an, die sie wählen wollen – es handelt sich technisch um eine Einzelwahl, die Abstimmungsgänge bezüglich aller Kandidaten werden nur in einem Abstimmungsgang zusammengefasst (→ § 17 Rn. 25).[13]

---

[10] *Austmann* in MHdB AG § 40 Rn. 17.
[11] Vgl. *Koch* in Hüffer/Koch AktG § 96 Rn. 24.
[12] So LG München I ZIP 2004, 853 mit Anm. von *Just* EWiR 2004, 521. Siehe auch BGH ZIP 2003, 1788 – Deutsche Hypothekenbank AG (Zustimmung zu Verträgen); der Hinweis des BGH darauf, dass dem Verfahren nicht widersprochen wurde, rechtfertigt nicht die Annahme, im Fall des Widerspruchs gegen die Blockabstimmung wäre diese unzulässig, da ein solcher eben nicht vorlag und es darauf für die Entscheidung infolgedessen nicht ankam; *Fuhrmann* ZIP 2004, 2081 (2084); siehe auch *Koch* in Hüffer/Koch AktG § 101 Rn. 7 mwN und *Lutter* FS Odersky, 1996, 845 (847).
[13] Vgl. LG München I BeckRS 2016, 09369.

IV. Mehrheitserfordernisse

1. Gesetzliche Mehrheitserfordernisse

Beschlüsse bedürfen der **(einfachen) Mehrheit** der abgegebenen Stimmen, soweit nicht Gesetz oder Satzung eine größere Mehrheit oder weitere Erfordernisse bestimmen (§ 133 Abs. 1 AktG). Für Wahlen kann die Satzung auch eine geringere Mehrheit vorsehen (§ 133 Abs. 2 AktG). 12

Neben der Mehrheit der **„abgegebenen Stimmen"** kennt das Gesetz noch die Mehrheit des **„bei der Beschlussfassung vertretenen Grundkapitals"**, also die Kapitalmehrheit. Wo die Kapitalmehrheit vorgeschrieben ist, muss sie **zur einfachen Mehrheit hinzutreten.** Auch hier werden nur die abgegebenen (Ja- und Nein-) Stimmen gezählt; nicht mitgezählt werden außer den Enthaltungen stimmrechtsloses Kapital und Mehrstimmrechte.[14] Mehrstimmrechte sind heute unzulässig (§ 12 Abs. 2 AktG). Bestehende Mehrstimmrechte erloschen am 1.6.2003, wenn nicht die Hauptversammlung mit drei Vierteln des vertretenen Grundkapitals zuvor ihre Fortgeltung beschlossen hatte, wobei die Inhaber von Mehrstimmrechtsaktien freilich vom Stimmrecht ausgeschlossen waren (§ 5 Abs. 1 EGAktG). 13

Das Gesetz verlangt eine größere, nämlich **Dreiviertelmehrheit der abgegebenen Stimmen** für 14
— die vorzeitige Abberufung von Aufsichtsratsmitgliedern (§ 103 Abs. 1 S. 2 AktG);
— die Zustimmung zu Geschäftsordnungsmaßnahmen, die der Zustimmung des Aufsichtsrats bedürfen, sie aber nicht gefunden haben (§ 111 Abs. 4 S. 4 AktG);
— die Beschränkung oder Aufhebung des Vorzugs oder die Ausgabe den Vorzugsaktien gleichstehender oder vorgehender Vorzugsaktien (§ 141 Abs. 3 S. 2 AktG).

„Weitere Erfordernisse" können sein 15
— eine Kapitalmehrheit[15] oder die
— Zustimmung durch Sonderbeschluss[16] oder
— dass nicht beim Verzicht auf Schadensersatzansprüche der Gesellschaft eine Minderheit von 10% Widerspruch zu Protokoll erklärt.[17]

2. Stimmquoren zum Schutz der Minderheit

Wichtige Beschlüsse können von Minderheitsaktionären **verhindert oder** gegen die Mehrheit **durchgesetzt** werden, indem das Gesetz an das Erreichen gewisser Stimmquoren anknüpft. Diese Quoren sind teils zwingend, in manchen Fällen aber auch einer anderen Regelung durch die Satzung zugänglich. 16

Meist kann die Satzung diese Rechte der Minderheit nur stärken, nicht dagegen abschwächen, dh das Gesetz lässt nur eine abweichende Regelung in der Satzung zu, die eine **größere** Mehrheit verlangt. Diese Fälle sind in der folgenden Aufstellung mit einem Sternchen (*) gekennzeichnet. 17

---

[14] Koch in Hüffer/Koch AktG § 179 Rn. 14; Stein in MüKoAktG AktG § 179 Rn. 82.
[15] §§ 52 Abs. 5 S. 1, 129 Abs. 1 S. 1, 179 Abs. 2 S. 1, 182 Abs. 1 S. 1, 193 Abs. 1 S. 1, 202 Abs. 2 S. 2, 221 Abs. 1 S. 2, 222 Abs. 1 S. 1, 229 Abs. 3, 237 Abs. 2 S. 1, 262 Abs. 1 Nr. 2, 274 Abs. 1 S. 2, 293 Abs. 1 S. 2, 295 Abs. 1, 296 Abs. 2 S. 2, 319 Abs. 2 S. 2, 320 Abs. 1 AktG, § 33 Abs. 2 S. 3 WpÜG, §§ 65 Abs. 1 S. 1, 125 S. 1, 240 UmwG.
[16] Außer dem bereits erwähnten § 141 AktG siehe §§ 179 Abs. 3, 182 Abs. 2, 193 Abs. 1 S. 3, 202 Abs. 2 S. 4, 221 Abs. 1 S. 4, 222 Abs. 2, 229 Abs. 3, 237 Abs. 2, 295 Abs. 2 AktG. S. ferner (Sonderbeschluss der außenstehenden Aktionäre) §§ 296 Abs. 2 S. 1, 297 Abs. 2 S. 1, 302 Abs. 3 S. 3, 309 Abs. 3 S. 1, 310 Abs. 4, 317 Abs. 4, 318 Abs. 4 AktG.
[17] §§ 50 S. 1, 93 Abs. 4 S. 3, 116, 117 Abs. 4, 309 Abs. 3 S. 1, 317 Abs. 4 AktG.

18 In anderen Fällen kann die Satzung jede **andere** (höhere, aber auch geringere) Mehrheit vorsehen. Diese Fälle sind in der folgenden Aufstellung mit zwei Sternchen (**) gekennzeichnet. Wo eine solche Kennzeichnung fehlt, ist – wenn nicht ausdrücklich anders angegeben – die Quote zwingend.

a) Beteiligung am gesamten Grundkapital

19 Hierbei kommt es allein auf die **Beteiligungsquote** an, nicht auf das Stimmrecht. Allerdings können diese Minderheitsrechte nicht geltend gemacht werden, soweit aus (eigenen oder nicht gemeldeten oder im Fall der wechselseitigen Beteiligung von der Ausübung ausgeschlossenen) Aktien Rechte nicht ausgeübt werden können (§§ 20 Abs. 7, 71b, 328 AktG und § 28 WpHG [ab 3.1.2018 § 44 WpHG]).

20 **1% oder anteiliger Betrag von 100.000 EUR:**
– Antragsrecht auf gerichtliche Bestellung von Sonderprüfern oder von anderen als den von der Hauptversammlung bestellten (§ 142 Abs. 2, Abs. 4 AktG);
– Antrag auf Zulassung, Ersatzansprüche der Gesellschaft im eigenen Namen geltend zu machen (§ 148 Abs. 1 AktG);
– Antragsrecht auf gerichtliche Bestellung von Sonderprüfern wegen des Verdachts nicht unwesentlicher Unterbewertungen oder fehlender Angaben im Anhang (§ 258 Abs. 2 S. 3 AktG);
– Antragsrecht auf gerichtliche Bestellung von Sonderprüfern wegen des Verdachts pflichtwidriger Nachteilszufügung im Konzern (§ 315 S. 2 AktG).

21 **5%:**
– Recht, die Einberufung einer Hauptversammlung zu verlangen (§ 122 Abs. 1 S. 1, Abs. 2 AktG);[18]
– Recht, die Einberufung einer Hauptversammlung zur Beschlussfassung über die Konzernverschmelzung und die Spaltung zur Aufnahme zu verlangen (§§ 62 Abs. 2 S. 1, 125 UmwG).[19]

22 **5% oder anteiliger Betrag von 500.000 EUR:**
– Recht, die Bekanntmachung von Beschlussgegenständen zu verlangen (Ergänzung der Tagesordnung, § 122 Abs. 2 AktG);[20]
– Antragsrecht auf gerichtliche Entscheidung über die Feststellungen des Sonderprüfers gemäß § 258 AktG wegen des Verdachts nicht unwesentlicher Unterbewertungen oder fehlender Angaben im Anhang (§ 260 Abs. 1 S. 1 AktG) und zur Beschwerde gegen diese Entscheidung (§ 260 Abs. 3 S. 5 AktG);
– Antragsrecht auf Bestellung und Abberufung von Abwicklern (§ 265 Abs. 3 AktG);
– Antragsrecht auf gerichtliche Bestellung eines anderen Abschlussprüfers (§ 318 Abs. 3 S. 1 HGB).

23 **Mehr als 5%:**
– Verhinderung der Eingliederung in eine andere AG (§ 320 Abs. 1 AktG) oder der Übertragung gegen Barabfindung (§ 327a Abs. 1 AktG; Squeeze out).

23a **10%:**
– Verlangen der Abstimmung über einen Aktionärsvorschlag zur Wahl von Aufsichtsratsmitgliedern vor der Wahl über den Vorschlag des Aufsichtsrates (§ 137 AktG);
– durch Widerspruch zu Protokoll Verhinderung des Verzichts auf Ersatzansprüche gegen Gründer (§ 50 S. 1 AktG), den Vorstand (§ 93 Abs. 4 S. 3 AktG), Personen, die schädi-

---

[18] Hier kann die Satzung auch einen geringeren Anteil genügen lassen, § 122 Abs. 1 S. 2 AktG.
[19] Auch hier kann die Satzung eine geringere Beteiligungsquote genügen lassen, § 62 Abs. 2 S. 2 UmwG.
[20] Es besteht aber kein Zwang, darüber in der Hauptversammlung abstimmen zu lassen. Die Hauptversammlung muss sich also inhaltlich mit dem erweiterten Tagesordnungspunkt nicht befassen. Beschließt sie die Absetzung des erweiterten Tagesordnungspunktes von der Tagesordnung, erübrigt sich die Abstimmung über den Antrag. Vgl. zum Antrag auf Ergänzung der Tagesordnung durch einen Hauptaktionär OLG Frankfurt a.M. BeckRS 2017, 122315.

genden Einfluss auf die Gesellschaft genommen haben (§ 117 Abs. 4 iVm § 93 Abs. 4 S. 3 AktG), und den Aufsichtsrat (§ 116 iVm § 93 Abs. 4 S. 3 AktG).

10 % oder anteiliger Betrag von 1 Mio. EUR: 24
- Antragsrecht auf gerichtliche Abberufung eines Aufsichtsratsmitglieds aus wichtigem Grund (§ 103 Abs. 3 S. 3 AktG);
- Recht, die Einzelabstimmung über die Entlastung von Vorstands- und Aufsichtsratsmitgliedern zu verlangen (§ 120 Abs. 1 S. 2 AktG);
- Antragsrecht auf gerichtliche Bestellung anderer Vertreter der Gesellschaft zur Geltendmachung von Ersatzansprüchen gegen Gründer, Vorstand oder Aufsichtsrat (§ 147 Abs. 2 S. 2 AktG).

Mehr als 10 %: 25
- Verhinderung der Übertragung gegen Barabfindung im Rahmen eines verschmelzungsrechtlichen Squeeze out (§ 62 Abs. 5 UmwG).

b) Beteiligung am bei der Beschlussfassung vertretenen Kapital

Während es bei den vorstehenden – teilweise auch außerhalb einer Hauptversammlung 26
bedeutsamen – Minderheitsrechten auf die Beteiligungsquote am gesamten Grundkapital ankommt, ist für die nachfolgenden Quoren die Beteiligung am (stimmberechtigten)[21] in der Hauptversammlung **vertretenen Grundkapital** maßgebend:

10 %: 27
- Recht, die Abstimmung über einen zuvor rechtzeitig übersandten (§ 127 iVm § 126 AktG) Aktionärsvorschlag zur Wahl von Aufsichtsratsmitgliedern zu verlangen (§ 137 AktG);
- durch Widerspruch zu Protokoll Verhinderung des Verzichts auf den konzernrechtlichen Ausgleichsanspruch (§ 302 Abs. 3 S. 3 AktG) und auf Ersatzansprüche gegen die gesetzlichen Vertreter eines herrschenden Unternehmens wegen pflichtwidriger Weisungen (§ 309 Abs. 3 S. 1 AktG)[22] und Unvollständigkeit des Abhängigkeitsberichts (§ 318 Abs. 4 AktG).

Mehr als 25 %: 28

Verhinderung aller Beschlüsse, die mindestens einer Dreiviertelmehrheit bedürfen, nämlich
- ★ Zustimmung zur Nachgründung (§ 52 Abs. 5 S. 1 AktG);
- ★ Änderung des Gegenstands des Unternehmens und
- ★★ sonstige Satzungsänderungen (§ 179 Abs. 2 AktG);
- ★ Übertragung des gesamten Vermögens (§ 179a Abs. 1 AktG);
- ★ Ausgabe von Vorzugsaktien ohne Stimmrecht und
- ★★ sonstige Kapitalerhöhungen gegen Einlagen (§ 182 Abs. 1 AktG) oder aus Gesellschaftsmitteln (§ 207 Abs. 2 AktG);
- ★ Ausschluss des gesetzlichen Bezugsrechts (§ 186 Abs. 3 AktG), und zwar auch in den Fällen
- ★ der bedingten Kapitalerhöhung (§ 193 Abs. 1 AktG),
- ★ des genehmigten Kapitals (§ 202 Abs. 2 AktG) und
- ★★ der Ausgabe von Wandelschuldverschreibungen (§ 221 Abs. 1 S. 2 AktG);
- ★ Kapitalherabsetzung (§§ 222 Abs. 1 S. 2, 229 Abs. 3, 237 Abs. 2 S. 1 AktG);[23]
- ★ Zustimmung zu Abschluss, Änderung und Aufhebung von Unternehmensverträgen (§ 293 Abs. 1 S. 2 AktG);
- ★ Zustimmung zur Eingliederung (§§ 319 Abs. 2 S. 2, 320 Abs. 1 S. 2 AktG);

---

[21] § 140 Abs. 2 S. 2 AktG.
[22] Auch in den Fällen der §§ 310 Abs. 4, 317 Abs. 4, 323 Abs. 1 AktG.
[23] Außer im Fall der Einziehung im vereinfachten Verfahren, → § 27 Rn. 31.

- Erlass einer Geschäftsordnung für die Vorbereitung und Durchführung der Hauptversammlung (§ 129 Abs. 1 S. 1 AktG);
- * Auflösung (§ 262 Abs. 1 Nr. 2 AktG) und
- * Fortsetzung der aufgelösten Gesellschaft (§ 274 Abs. 1 S. 2 AktG).
- * Zustimmungsbeschlüsse nach dem UmwG:
- * Verschmelzung (§ 65 Abs. 1 S. 1 UmwG);
- * Spaltung (§§ 125 S. 1, 65 Abs. 1 S. 1 UmwG) und
- * Formwechsel (§ 240 Abs. 1 S. 1 UmwG).[24]
- * Zustimmung zu allen Maßnahmen, die strukturändernde „Veränderungen nach sich zieh[en], die denjenigen zumindest nahe kommen, welche allein durch eine Satzungsänderung herbeigeführt werden können." (**„Holzmüller"**/**„Gelantine"**).[25] In der Praxis ist bei allen Maßnahmen Vorsicht geboten, die wirtschaftlich in die Nähe der der Holzmüller-Entscheidung[26] zugrundeliegenden Maßnahme (dort waren etwa 80 % der Aktiva der Aktiengesellschaft betroffen) kommen. Ein echtes **Delisting** bedarf seit der Frosta-Entscheidung des BGH grundsätzlich keines Zustimmungsbeschlusses der Hauptversammlung mehr.[27]

3. Satzungsmäßige Mehrheitserfordernisse

29 Satzungen schreiben häufig vor, dass die einfache Stimmenmehrheit für alle Beschlüsse genügt, soweit nicht das Gesetz eine andere Mehrheit **zwingend** vorschreibt.[28] Da das Gesetz zwischen **Stimmen-** und **Kapitalmehrheit** unterscheidet, muss in der Satzungsbestimmung der Wille, dass die einfache Mehrheit auch für die Kapitalmehrheit gelten soll, eindeutig zum Ausdruck kommen.[29] Umstritten ist, ob eine solche allgemeine Mehrheitsklausel auch „besondere" Satzungsänderungen (wie etwa **Kapitalerhöhungen**) erfasst.[30]

V. Erfordernis der sachlichen Rechtfertigung

1. Die gesellschaftsrechtliche Treupflicht

30 Das Abstimmungsergebnis ist, auch wenn die gesetzliche oder satzungsmäßige Mehrheit für einen Beschlussvorschlag erreicht wurde, nicht schlechthin maßgebend. Es kann unter dem Gesichtspunkt der gesellschaftsrechtlichen Treupflicht gerichtlich überprüft und der Beschluss ggf. für nichtig erklärt werden. Die Verletzung der Treupflicht ist als Gesetzesverletzung ein **Anfechtungsgrund.** Außerdem lassen sich auf die Verletzung der Treupflicht Ansprüche auf ein Handeln oder Unterlassen und auf Schadensersatz stützen. Eine Klage auf Stimmabgabe in einem bestimmten Sinne ist dagegen vor der Abstimmung idR

---

[24] Beim Formwechsel KGaA in AG ** (§ 240 Abs. 1 S. 2 2. HS UmwG).
[25] BGH NZG 2004, 575 – Gelantine II; Überblick bei *Herrler* in Grigoleit AktG § 119 Rn. 21 ff. Dazu → § 38 Rn. 39.
[26] BGHZ 83, 122 – Holzmüller.
[27] BGH NZG 2013, 1342 – Frosta. Vgl. zu börsenrechtlichen Anforderungen (§ 39 BörsG) und zur Behandlung von Altfällen *Koch* in Hüffer/Koch AktG § 119 Rn. 33 ff.
[28] Das ist bei allen Maßnahmen der Fall, die in der vorstehenden Übersicht nicht mit zwei Sternchen (**) gekennzeichnet sind.
[29] BGH WM 1975, 9: Die Bestimmung, dass Beschlüsse der Hauptversammlung mit einfacher Mehrheit zustande kommen, lässt das Erfordernis einer erhöhten Kapitalmehrheit bei Satzungsänderungen unberührt, „wenn keine sonstigen Anhaltspunkte in der Satzung selbst auf eine gegenteilige Auslegung hinweisen". Vgl. als Beispiel einer für Stimmen- und Kapitalmehrheit geltenden Stimmerleichterung BGHZ 76, 191.
[30] Vgl. *Koch* in Hüffer/Koch AktG § 179 Rn. 18.

nicht erfolgreich; dann kommt nur die nachträgliche Anfechtung des Beschlusses, ggf. verbunden mit einer positiven Beschlussfeststellungsklage, in Betracht.

Die Treupflicht ist von zentraler Bedeutung für die Bestimmung der (Rechte und) Pflichten der Aktionäre, und zwar sowohl **im Verhältnis zu der Gesellschaft als auch untereinander.** Sie beeinflusst namentlich die Rechte der **Mehrheit gegenüber der Minderheit**,[31] allerdings auch umgekehrt die der **Minderheit gegenüber der Mehrheit**.[32] Inhaltlich bedarf die gesellschaftsrechtliche Treupflicht stets der wertenden Konkretisierung; die Ableitung konkreter Pflichten erfolgt durch eine **Abwägung aller im Einzelfall berührten Interessen.**[33]

31

2. Insbesondere: Die materielle Beschlusskontrolle

Jeder Aktionär, der in der Hauptversammlung erschienen ist und Widerspruch gegen einen Beschluss der Aktionäre zu Protokoll erklärt hat (§ 245 Nr. 1 AktG), kann wegen **Verletzung des Gesetzes oder der Satzung** Anfechtungsklage erheben (§ 243 Abs. 1 AktG). Ein individuelles Betroffensein des Klägers durch den Beschluss ist nicht erforderlich.[34]

32

Das Gericht unterzieht den angefochtenen Beschluss einer materiellen Kontrolle daraufhin, ob der Beschluss rechtsmissbräuchlich ist oder gegen das Gleichbehandlungsgebot (§ 53a AktG) verstößt; darüber hinaus prüfen die Gerichte in bestimmten Fällen, ob der aus dem Beschluss folgende Eingriff in die Rechte der Minderheit „sachlich gerechtfertigt" erscheint.[35] Diese letztgenannte Rechtsprechung hat sich an Fällen herausgebildet, in denen das gesetzliche Bezugsrecht der Aktionäre ausgeschlossen oder der Vorstand dazu ermächtigt wurde.[36] Im Ausgangspunkt wird für jeden Beschluss, der die **Interessen der Minderheit** beeinträchtigt, eine sachliche Rechtfertigung verlangt, die unter den Gesichtspunkten **Gesellschaftsinteresse, Eignung und Erforderlichkeit** zur Erreichung des angestrebten Ziels **und Verhältnismäßigkeit** geprüft wird.

33

---

[31] BGHZ 14, 25 (38); 65, 15 (18f.) – ITT (Konzernumlage); 76, 352 (357) (Auflösung); 98, 276, 278f. (Kapitalerhöhung); 101, 113 (116f.) (sittenwidrig herbeigeführte Einziehung); 103, 184 (190) – Linotype; 110, 47 (55) – IBH/Lemmerz; BGH ZIP 1992, 1464 (1470) – IBH/Scheich Kamel.
[32] BGHZ 129, 136 (142f.) – Girmes, m. Anm. WuB II A § 135 AktG 1.97 – *Hennrichs;* dazu *Lutter* JZ 1995, 1053; *Flume* ZIP 1996, 161ff.; *Marsch-Barner* ZIP 1996, 853ff.; *Häsemeyer* ZHR 160 (1996), 109ff.
[33] *Pöschke* ZGR 2015, 550, 573; vgl. ausf. zu dogmatischer Grundlage und Inhalt der gesellschaftsrechtlichen Treupflicht *Hennrichs* AcP (195) 1995, 221ff.
[34] BGHZ 70, 117 (118).
[35] *Austmann* in MHdb AG § 42 Rn. 71. Die dogmatische Basis für die Prüfung der sachlichen Rechtfertigung wird unterschiedlich beurteilt (meist wohl: gesellschaftsrechtliche Treupflicht, siehe *Koch* in Hüffer/Koch AktG § 243 Rn. 24).
[36] Diese „materielle Beschlusskontrolle" hat der BGH in vier immer wieder zitierten Entscheidungen entwickelt und bekräftigt, deren Ergebnis davon nicht abhing: Die Klage hatte in BGHZ 83, 319 – Holzmann – nur Erfolg, weil der Vorstandsbericht nicht § 186 Abs. 4 S. 2 AktG den Anforderungen nicht genügte; in BGHZ 71, 40 – Kali & Salz, BGHZ 120, 141 – Bremer Bankverein und auch in BGH WM 1994, 635 – Deutsche Bank – war sie erfolglos. Auf die materielle Rechtfertigung der Maßnahme kam es deshalb in keinem der Fälle für die Entscheidung an. In BGHZ 83, 319 – Holzmann – ging es um den Bezugsrechtsausschluss bei einem genehmigten Kapital. Insoweit hat der BGH seine Rechtsprechung durch sein Urteil in der Sache Siemens/Nold (AG 1997, 465) ausdrücklich geändert; danach soll es bei der Schaffung eines genehmigten Kapitals unter Ausschluss des Bezugsrechts ausreichen, dass sowohl die Kapitalerhöhung als auch der Bezugsrechtsausschluss im Gesellschaftsinteresse liegen und das Vorhaben der Hauptversammlung in abstrakt-genereller Weise dargestellt wird (vgl. *Hüffer/Schäfer* in MüKoAktG AktG § 243 Rn. 61); die Vorinstanzen, LG München I ZIP 1992, 1741 und OLG München AG 1993, 283, hatten der Klage noch stattgegeben. Zu dem Urteil vehement krit. *Lutter* JZ 1998, 50 („Das Urteil ist ein Unglück.") und *Hirte* EWiR § 203 AktG 1/97, 1013; zust. dagegen *Heinsius* WuB II A. § 186 AktG 3.97; *Volhard* AG 1998, 397; *Bungert* NJW 1998, 488. An der Siemens/Nold Rechtsprechung hat der BGH in seinen Urteilen Mangusta/Commerzbank I (NZG 2006, 18) und Mangusta/Commerzbank II (NZG 2006, 20) festgehalten und die Möglichkeiten des Rechtsschutzes gegen die anschließende Durchführung der Kapitalerhöhung aus genehmigtem Kapital konkretisiert, vgl. *Bürgers/Holzborn* BKR 2006, 202; *Busch* NZG 2006, 81.

34 Diese sachliche Rechtfertigung ist allerdings entbehrlich, wo das **Gesetz** Eingriffe in Abwägung zwischen den Interessen der Gesellschaft und den widerstreitenden Interessen der Aktionäre **zulässt**.[37] Möglich bleibt in diesen Fällen aber, die Beschlüsse wegen Verstoßes gegen das Gebot der „Willkürfreiheit" anzufechten.[38] Eine gefestigte Rechtsprechung hat sich dazu noch nicht gebildet. Eine sachliche Rechtfertigung ist auch dann nicht erforderlich, wenn der Beschluss seine Rechtfertigung „in sich trägt".[39]

35 Angesichts der Akzeptanz dieser Rechtsprechung in der Literatur geht die Praxis hiervon notgedrungen aus und bemüht sich, jeweils die sachliche Rechtfertigung zu begründen, um möglichen Anfechtungsklagen den Boden zu entziehen.

a) Liegt die Maßnahme im Gesellschaftsinteresse?

36 Das erforderliche Gesellschaftsinteresse ist gegeben, wenn die Maßnahme dazu dient, im Rahmen des Unternehmensgegenstands den Gesellschaftszweck zu fördern.[40] Das muss nicht feststehen; es genügt, dass die Maßnahme für sachbezogen abwägende Gesellschaftsorgane als **unternehmensdienlich erscheinen** kann.[41] Die Gerichte sind nicht dazu berufen, ihre Auffassung an die Stelle des unternehmerischen Ermessens des Vorstands zu setzen.[42]

b) Ist die Maßnahme geeignet und erforderlich?

37 Eignung und Erforderlichkeit sind zu bejahen, falls man von der Maßnahme den angestrebten Erfolg erwarten kann und kein anderer **gleichwertiger oder besserer Weg** in Sicht ist, auf dem dieser Erfolg ebenso gut erreicht werden könnte.[43]

---

[37] BGHZ 71, 40 (45) – Kali & Salz; BGHZ 83, 319 (321) – Holzmann; BGHZ 120, 141 (145) – Bremer Bankverein. Das gilt generell für alle „Grundlagenbeschlüsse", für die das Gesetz – namentlich auch durch besondere Erfordernisse für die Vorbereitung der Beschlüsse und qualifizierte Mehrheiten – spezielle Regelungen getroffen hat, die „sich gegen die Generalklausel durchsetzen", *Koch* in Hüffer/Koch AktG § 243 Rn. 27: „Deshalb etwa, weil Zulässigkeit von Unternehmensverträgen, Eingliederungen, Verschmelzungen, Formwechsel usw vom Ges. vorausgesetzt wird, nicht angenommen werden, entspr Mehrheitsbeschlüsse bedürften der sachlichen Rechtfertigung." Krit. dazu *Natterer* AG 2001, 629. Zur materiellen Beschlusskontrolle bei Umwandlungen siehe *Binnewies* GmbHR 1997, 727. Im Einzelnen ist hier vieles str. Keine sachliche Rechtfertigung ist erforderlich bei der Kapitalerhöhung, siehe *Scholz* in MHdB AG § 57 Rn. 8 mwN; bei der Kapitalherabsetzung, BGH ZIP 1998, 692 mit Anm. *Thümmel* BB 1998, 911 und *Heidenhain* LM AktG 1965 § 222 Nr. 3, *Scholz* in MHdB AG § 61 Rn. 15; gegen die Vorentscheidung OLG Dresden WM 1996, 2151 f., danach aber auch *OLG Dresden* ZIP 2001, 1539; bei der bedingten Kapitalerhöhung, OLG Stuttgart WM 2002, 1060 (1063f.) (str.) mwN; bei Beherrschungs- und Gewinnabführungsverträgen, *Krieger* in MHdB AG § 71 Rn. 51, und auch bei den sonstigen Unternehmensverträgen (§ 292 AktG), *Krieger* in MHdB AG § 73 Rn. 66; bei der Eingliederung, *Krieger* in MHdB AG § 74 Rn. 32; bei der satzungsmäßig angeordneten Einziehung, *Scholz* in MHdB AG § 63 Rn. 11; anders nach hM bei der gestatteten Einziehung nach dem Ermessen der Hauptversammlung, *Oechsler* in MüKoAktG AktG § 237 Rn. 45.

[38] *Koch* in Hüffer/Koch AktG § 243 Rn. 26f. und 29 mwN; *Schäfer* in MüKoAktG AktG § 243 Rn. 66; *Drescher* in Henssler/Strohn AktG § 243 Rn. 24.

[39] Wie dies für den Liquidationsbeschluss angenommen wurde, BGHZ 76, 352 (353) (zur GmbH) und 103, 184 (190) – Linotype, oder für die nachträgliche Einführung eines Höchststimmrechts, BGHZ 70, 117 (121 ff.); ebenso OLG Stuttgart ZIP 1995, 1515 – MotoMeter – für die Vermögensübernahme mit nachfolgender Liquidation. Allerdings ist der Vermögensschutz der betroffenen Minderheitsaktionäre zu beachten, BVerfG ZIP 2000, 1670 – MotoMeter.

[40] *Koch* in Hüffer/Koch AktG § 186 Rn. 26; *Schürnbrand* in MüKoAktG AktG § 186 Rn. 98.

[41] Es genügt, dass die Organe „nach dem tatsächlichen Bild, wie es sich zurzeit der Beschlussfassung darbot, auf Grund sorgfältiger, von gesellschaftsfremden Erwägungen freier Abwägung davon ausgehen durften" (BGHZ 71, 40 (50) – Kali & Salz), die Maßnahme (hier: der Bezugsrechtsausschluss) sei gerechtfertigt.

[42] *Schürnbrand* in MüKoAktG AktG § 186 Rn. 108; *Koch* in Hüffer/Koch AktG § 186 Rn. 36.

[43] *Koch* in Hüffer/Koch AktG § 186 Rn. 27.

c) Ist die Maßnahme verhältnismäßig?

Die Verhältnismäßigkeit ist zu bejahen, wenn bei **Abwägung** mit den Nachteilen der von dem Eingriff betroffenen Aktionäre die Vorteile für die Gesellschaft überwogen. Diese Abwägung führt häufig zu dem Resultat, den Eingriff für unverhältnismäßig zu halten, weil den bezifferbaren Vorteilen für die Gesellschaft die Summe der **Beeinträchtigungen sämtlicher Aktionäre** gegenübergestellt wird.[44] Allein sachgerecht wäre es indes, bei der Abwägung zwischen den Interessen der Gesellschaft und denen der betroffenen Aktionäre nur die Nachteile derjenigen Aktionäre in Betracht zu ziehen, die der Maßnahme nicht zugestimmt haben.[45] Die „Beeinträchtigung" der häufig überwältigenden Aktionärsmehrheit, die sie mit beschlossen hat, sollte dagegen unberücksichtigt bleiben. Denn die Mehrheit braucht nicht zu dulden, dass Nachteile, die sie im Interesse der Gesellschaft hinzunehmen bereit ist, von einem Mitaktionär prozessual geltend gemacht werden, der sich – gleichviel aus welchen Gründen – mit dem Verwaltungshandeln nicht einverstanden erklärt, mit der Folge, dass der Beschluss wegen der von der Mehrheit akzeptierten Nachteile für nichtig erklärt wird.

VI. Protokollierung als Wirksamkeitsvoraussetzung

Beschlüsse der Hauptversammlung bedürfen zu Ihrer Wirksamkeit schließlich der **Beurkundung iSd § 130** Abs. 1 und 2 S. 1 und Abs. 4 AktG (andernfalls ist der Beschluss nichtig, § 241 Nr. 2 AktG). Zu den **Voraussetzungen im Einzelnen** → § 13. Darüber hinaus können in bestimmten Fällen weitere Wirksamkeitsvoraussetzungen hinzukommen, namentlich das Erfordernis eines zustimmenden Sonderbeschlusses oder der Eintragung im Handelsregister.

Zulässig und in der Praxis üblich ist es, dass der die Hauptversammlung beurkundende Notar die **Reinschrift** des Protokolls erst **nach der Hauptversammlung erstellt** (→ § 13 Rn. 63). Bis zu dem Zeitpunkt, in dem der Notar die Reinschrift in den Verkehr gegeben hat, dies geschieht idR durch Erteilung von Abschriften, ist „der Beurkundungsvorgang noch nicht iS des § 44a II BeurkG abgeschlossen".[46] Solange ist die Nichtigkeit des Beschlusses in den Worten des BGH „in der Schwebe".[47] Für die Praxis ist vor diesem Hintergrund, insbesondere im Hinblick auf Wahlen zum Aufsichtsrat und die Gewinnverwendung,[48] fraglich, ob der **Beschluss der Hauptversammlung** bei nachträglicher Fertigstellung des Protokolls erst in diesem Zeitpunkt oder **rückwirkend** (auf den Zeitpunkt der Hauptversammlung) **wirksam wird.** Im Schrifttum wird mit unterschiedlichen dogmatischen Begründungen, jedenfalls für die praktisch besonders bedeutsamen Fälle der Wahlen zum Aufsichtsrat und der Gewinnverwendung, von einer Rückwirkung ausgegangen.[49] Rechtsprechung hierzu ist – soweit ersichtlich – bisher nicht ergangen.

---

[44] BGHZ 71, 40 (44); BGHZ 125, 239 (246).
[45] Ebenso *Schürnbrand* in MüKoAktG AktG § 186 Rn. 105. Noch restriktiver (wohl nur Berücksichtigung der Interessen der Aktionäre, die Anfechtungsklage erhoben haben) *Volhard* in Vorauflage, Rn. 38 f. Gegen eine solche Sichtweise überzeugend *Schürnbrand* in MüKoAktG AktG § 186 Rn. 105.
[46] BGH NZG 2009, 342 (343) – Kirch/Deutsche Bank.
[47] BGH NZG 2009, 342 (344) – Kirch/Deutsche Bank. Zutr. dogmatische Einordnung bei *Habersack* ZIP-Beil. 2016, 23 (24). AA (Beschluss „schwebend unwirksam") *Hoffmann-Becking* FS Hellwig, 2010, 153 (158); *ders.* NZG 2017, 281 (290); *Roeckl-Schmidt/Stoll* AG 2012, 225 (227).
[48] Vgl. *Habersack* ZIP-Beil. 2016, 23 f.
[49] *Hoffmann-Becking* FS Hellwig, 2010, 153 (158 ff.); *ders.* NZG 2017, 281 (289 ff.); *Koch* in Hüffer/Koch AktG § 130 Rn. 11; *Roeckl-Schmidt/Stoll* AG 2012, 225 ff.; *Wicke* in Spindler/Stilz AktG § 130 Rn. 60 mwN; vorsichtiger *Habersack* ZIP-Beil. 2016, 23 (25) („wird man die Frage wohl bejahen können").

§ 13 Die Protokollierung

Übersicht

	Rn.
I. Überblick	1
II. Allgemein	2
1. Beurkundungspflicht generell	2
2. Besonderheiten der Einpersonen-AG	10
III. Notarielle Protokollierung	12
1. Der Notar	12
a) Bindung an den Amtsbezirk und den Amtsbereich	16
b) Beurkundungsverbote	21
c) Belehrungspflicht (Betreuungspflicht)	26
d) Unparteilichkeit	33
e) Verschwiegenheitspflicht	35
2. Zwingender Inhalt des Protokolls	37
a) Ort und Tag der Verhandlung	38
b) Name des Notars	39
c) Art der Abstimmung	40
d) Angaben zu Stimmkraft und Stimmverboten	47
e) Ergebnis der Abstimmungen	48
f) Feststellung des Vorsitzenden über die Beschlussfassung	52
g) Minderheitsverlangen und Gegenanträge	53
h) Fragen	55
i) Geschäftsordnungsmaßnahmen	58
j) „Widerspruch zu Protokoll"	59
k) Unterschrift des Notars	62
3. Üblicher weiterer Inhalt des Protokolls	64
a) Begrüßung	65
b) Erläuterungen zum Ablauf	66
c) Angaben zum Teilnehmerverzeichnis	67
d) Die Punkte der Tagesordnung	68
e) Ausgelegte Unterlagen	69
f) Eröffnung der Aussprache	70
4. Vorgeschriebene Anlagen	72
a) Belege über die Einberufung	74
b) Nicht mehr: Teilnehmerverzeichnis	75
c) Verträge	76
d) Fragen	77
5. Übliche Anlagen	78
6. Ausfertigung und Einreichung des Protokolls	79
a) Ausfertigung	79
b) Einreichung	84
c) Mitteilungspflichten	85
7. Berichtigung des Protokolls	86
8. Anmeldungen	90
IV. Einfache Niederschrift	92
V. Stenografisches Protokoll	95
VI. Tonbandaufnahmen/Videoaufzeichnung/Übertragung (Internet)	98

Stichworte

Abstimmung, Angabe der Art der Rn. 40
Aktiengattung Rn. 45
Aktionäre Rn. 75
Amtsbereich Rn. 17

Amtsbezirk Rn. 16
Anordnungen zum Ablauf Rn. 70
Aussprache, Eröffnung der Rn. 70
Beglaubigung, notarielle Rn. 91

Beschluss
- Anfechtbarkeit Rn. 9
- Anfechtung Rn. 60, 72
- Anmeldung zum Handelsregister Rn. 90
- Begriff Rn. 2
- Nichtigkeit Rn. 9, 50
- Wahlen als Rn. 2

Beschlussfassung
- Feststellung des Vorsitzenden über die Rn. 52

Beschlussprotokoll Rn. 37
Betreuungspflichten s. *Belehrungspflichten*
Beurkundung
- Ablehnung der notariellen Rn. 29 ff.
- durch ausländische Notare Rn. 20
- Fehler bei der Rn. 9
- gemischte Rn. 14
- Pflicht zur Rn. 2
- zwingende notarielle Rn. 3 f., 11, 12 ff.

Beurkundungsverbote Rn. 21 ff.
Börsennotierte Gesellschaft Rn. 3, 50, 52, 92
Briefwähler Rn. 60
Einfache Niederschrift Rn. 92
Einpersonen-AG Rn. 10 ff., 46
Fragen der Aktionäre Rn. 55, 71, 77
Gegenanträge Rn. 53, 54
Geschäftsordnung Rn. 2
Geschäftsordnungsmaßnahmen Rn. 58
Hauptversammlung
- gemischte Rn. 5, 11
- beschlusslose Rn. 6
- Schluss der Rn. 36, 63

Internetübertragungen Rn. 102
Jahresabschluss Rn. 78
Konsularbeamter Rn. 20
Mehrheit
- qualifizierte der abgegebenen Stimmen Rn. 4
- qualifizierte des Kapitals Rn. 4
- Verfehlung der erforderlichen Rn. 50
- von drei Vierteln Rn. 3

Minderheitsverlangen Rn. 53
Nennbetrag Rn. 44, 48
Niederschrift s. *Protokoll*
Notar
- Amtspflichten des Rn. 13
- Aufnahme des Protokolls durch den Rn. 3
- ausländischer Rn. 20
- außernotarielle Tätigkeit des Rn. 24
- Belehrungspflichten Rn. 26 ff.
- Bindung an Amtsbezirk und Amtsbereich Rn. 16 ff.
- Einschaltung des Rn. 12
- Mitteilungsplichten Rn. 85
- Name des Rn. 39
- Pflicht zur Feststellung der Identität Rn. 15
- Pflicht zur Feststellung von Vertretungsmacht Rn. 15
- Tätigkeit im Ausland Rn. 19
- Unparteilichkeit des Rn. 33 f.

- Verschwiegenheitpflicht Rn. 35 f.

Online-Teilnehmer Rn. 60
Präsenzkontrolle Rn. 66
Protokoll
- Ablehnung des Rn. 29 ff.
- Anspruch auf Erteilung von Ausfertigung des Rn. 83
- Aufteilung des Rn. 5
- Ausfertigung des Rn. 79 ff.
- Berichtigung des Rn. 86 ff.
- Einreichung zum Handelsregister Rn. 84
- Entwurf des Rn. 80
- Reinschrift Rn. 63, 80
- Schriftführer Rn. 3
- Sprache des Rn. 8
- stenographisches Rn. 95 ff.
- übliche Anlagen Rn. 78
- üblicher weiterer Inhalt Rn. 64 ff.
- Urschrift des Rn. 79
- vorgeschriebene Anlagen zu Rn. 72 ff.
- Zeitpunkt der Fertigstellung Rn. 63
- zwingender Inhalt Rn. 37 ff.

Protokollierung s. *Beurkundung*
Protokollierungsersuchen Rn. 56, 57
Redner Rn. 70
Registergericht Rn. 83
Stimmkarte Rn. 47
Stimmkraft Rn. 45, 47
Stimmrechte Rn. 44
Stimmverbote Rn. 47
Stückaktien Rn. 44
Tagesordnung Rn. 68
Teilnehmerverzeichnis Rn. 67, 75
Tonbandaufnahmen Rn. 98 f.
Universalversammlung Rn. 10
Unterlagen, ausgelegte Rn. 69
Versammlungsleiter Rn. 3
- Entbehrlichkeit bei Einpersonen-AG Rn. 10
- Person des Rn. 93 f.

Verweigerung der Auskunft
- gegenüber Aktionär Rn. 55
- Grund der Rn. 55, 77

Videoaufzeichnungen Rn. 100
Vollversammlung Rn. 10
Vorlagen Rn. 66
Vorstand
- Beurkundungsverbot bei Angehörigkeit des Notars zum Rn. 23
- Pflicht zur Anmeldung von Beschlüssen Rn. 90
- Pflicht zur Einreichung des Protokolls Rn. 84

Widerspruch zu Protokoll Rn. 59 ff.
Wirksamkeit
- der Beurkundung Rn. 18, 21
- von Beschlüssen Rn. 37, 63

Wort- und Bild-Übertragung
- in Nebenräume Rn. 101

Schrifttum:

G. Bezzenberger, Die Niederschrift über eine beurkundungsfreie Hauptversammlung, FS Schippel, 1996, 361; *Bungert/Leyendecker-Langner,* Hauptversammlungen im Ausland, BB 2015, 268; *Grumann/Gillmann,* Aktienrechtliche Hauptversammlungsniederschriften und Auswirkungen von formalen Mängeln, NZG 2004, 839; *Harnos,* Protokollierung der Hauptversammlungsbeschlüsse in der kleinen Aktiengesellschaft, AG 2015, 732; *Heinze,* Zur Anwendung von § 44a II BeurkG auf Niederschriften gem. § 36 BeurkG, NZG 2016, 1089; *Krieger,* Berichtigung von Hauptversammlungsprotokollen, NZG 2003, 366; *ders,* Unbeantwortete Aktionärsfragen im notariellen Hauptversammlungsprotokoll, FS Priester, 2007, 387; *Leitzen,* Die Protokollierung des Abstimmungsergebnisses in der Hauptversammlung der börsennotierten AG bei verkürzter Beschlussfeststellung, ZIP 2010, 1065; *Maier-Reimer,* Negative „Beschlüsse" von Gesellschaftsversammlungen, FS Oppenhoff, 1985, 193; *Noack,* Die privatschriftliche Niederschrift über die Hauptversammlung einer nicht börsennotierten Aktiengesellschaft – Inhalt und Fehlersanktionen, Liber Amicorum Wilhelm Happ, 2006, 201; *Priester,* Aufgaben und Funktionen des Notars im Gesellschaftsrecht, DNotZ 2001, 661; *Reul/Zetzsche,* Zwei Notare – eine Hauptversammlung. AG 2007, 561; *Schrick,* Nachträgliche Änderung eines privatschriftlichen Hauptversammlungsprotokolls der nicht börsennotierten Aktiengesellschaft, AG 2001, 645; *Schulte,* Die Niederschrift über die Verhandlung der Hauptversammlung einer Aktiengesellschaft, AG 1985, 33; *Sigel/Schäfer,* Die Hauptversammlung der Aktiengesellschaft aus notarieller Sicht, BB 2005, 2137; *Wicke,* Gemischte Protokollierung der Hauptversammlung einer nichtbörsennotierten AG, DB 2015, 1770.

I. Überblick

Jeder Beschluss der Hauptversammlung ist durch einen Notar (→ Rn. 2 ff., 12 ff.) oder ausnahmsweise (→ Rn. 2 ff., 92 ff.) durch den Versammlungsleiter zu protokollieren. Für die Beurkundung durch den Notar bestehen zahlreiche Vorgaben nach dem Aktiengesetz und dem Beurkundungsgesetz (→ Rn. 12 ff.), insbesondere zur Person des Notars und dessen Pflichten (→ Rn. 12 ff.) sowie zum Inhalt des Protokolls (→ Rn. 37 ff.); praktisch relevant wird zudem mitunter eine nachträgliche Berichtigung des notariellen Protokolls (→ Rn. 86 ff.). Neben dem gesetzlich erforderlichen Protokoll sind sowohl die Gesellschaft als auch jeder Aktionär berechtigt, sich Aufzeichnungen zu machen und ein stenografisches Protokoll zu führen (→ Rn. 95 ff.). Ton- und Videoaufzeichnungen sowie die Übertragung im Internet sind demgegenüber nur unter besonderen Voraussetzungen zulässig (→ Rn. 98 ff.). 1

II. Allgemein

1. Beurkundungspflicht generell

Jeder **Beschluss** der Hauptversammlung ist zu protokollieren (§ 130 Abs. 1 AktG). Dieser Grundsatz galt bis zum Inkrafttreten des Gesetzes für kleine Aktiengesellschaften und zur Deregulierung des Aktienrechts vom 2. 8. 1994 ausnahmslos.[1] Beschluss ist jede Äußerung des durch Abstimmung ermittelten Willens der Hauptversammlung.[2] Auch **Wahlen** sind danach Beschlüsse. Sie sind deshalb ebenso wie Beschlüsse zu Fragen der **Geschäftsordnung** zu beurkunden.[3] 2

Das Protokoll (das Gesetz spricht von Niederschrift) ist durch einen **Notar** oder ausnahmsweise durch den **Versammlungsleiter** aufzunehmen (→ Rn. 92). Die **Beurkundung** durch einen Notar ist **zwingend** vorgeschrieben (§ 130 Abs. 1 S. 1 AktG) für 3
– Gesellschaften, die **börsennotiert** sind, dh zu einem Markt zugelassen sind, der von staatlich anerkannten Stellen geregelt und überwacht wird, regelmäßig stattfindet und für das Publikum mittelbar oder unmittelbar zugänglich ist (§ 3 Abs. 2 AktG),[4] und

---

[1] BGBl. 1994 I 1961.
[2] Vgl. *Koch* in Hüffer/Koch AktG § 133 Rn. 2.
[3] Siehe dazu *Werner* in GroßkommAktG AktG § 130 Rn. 7 mwN und *G. Bezzenberger* FS Schippel, 1996, 367 ff.
[4] Vgl. *Koch* in Hüffer/Koch AktG § 3 Rn. 5 f.

— alle Beschlüsse, für die das Gesetz mindestens eine **„Dreiviertel- oder größere Mehrheit** bestimmt" (§ 130 Abs. 1 S. 3 AktG). Das Gesetz unterscheidet an dieser Stelle nicht zwischen Kapitalmehrheit und Stimmenmehrheit. Die Formvorschrift ist in der Praxis deshalb vorsichtshalber in beiden Fällen zu beachten.

4 Notarieller Beurkundung bedürfen danach:

— alle Beschlüsse, für die das Gesetz eine **qualifizierte Kapitalmehrheit** vorsieht,[5] ohne Rücksicht darauf, ob eine andere oder nur eine höhere Kapitalmehrheit von der Satzung bestimmt werden kann, und
— Beschlüsse, für die das Gesetz die **qualifizierte Mehrheit der abgegebenen Stimmen** vorschreibt,[6]

und zwar auch, wenn nach der Satzung die einfache Kapital- und Stimmenmehrheit für alle Beschlüsse genügen soll, für die das Gesetz nicht zwingend eine größere Mehrheit vorschreibt.

5 Sind in einer Hauptversammlung sowohl Beschlüsse zu fassen, die mit einfacher Mehrheit zustande kommen, als auch solche, die nach dem Gesetz der qualifizierten Mehrheit bedürfen (sog. **gemischte Hauptversammlung**),[7] stellt sich bei nichtbörsennotierten Gesellschaften die Frage, ob nur letztere oder sämtliche Beschlüsse notariell beurkundet werden müssen. Nach Auffassung des BGH ist es möglich, die Niederschrift in einen **notariell beurkundeten** und in einen „nur" **vom Versammlungsleiter unterzeichneten** Abschnitt **aufzuteilen**.[8] In der Praxis lassen sich durch eine solche Aufteilung in bestimmten Fällen Beurkundungskosten sparen; stets bleibt aber abzuwägen, ob es sich empfiehlt – zB im Hinblick auf zu erwartende Kritik der Aktionäre bei einer streitigen Hauptversammlung – die gesamte Niederschrift notariell beurkunden zu lassen.[9]

6 Sind in der Hauptversammlung ausnahmsweise keine Beschlüsse zu fassen – etwa weil der Vorstand die Hauptversammlung nur einberuft, um den Verlust der Hälfte des Grundkapitals anzuzeigen (§ 92 Abs. 1 AktG) – **(„beschlusslose Hauptversammlung")**,[10] bedarf es weder eines notariellen Protokolls noch einer vom Versammlungsleiter zu unterzeichnenden Niederschrift.[11] Dennoch ist bei der Vorbereitung und Organisation der Hauptversammlung zu bedenken, dass es bekanntmachungsfreie Abstimmungsgegenstände

---

[5] Insbesondere: § 179 Abs. 2 AktG (Satzungsänderung), § 179a Abs. 1 AktG (Verpflichtung zur Übertragung des gesamten Vermögens), § 182 Abs. 1 S. 1 AktG (Kapitalerhöhung gegen Einlagen), § 186 Abs. 3 AktG (Bezugsrechtsausschluss), § 193 Abs. 1 S. 1 AktG (bedingte Kapitalerhöhung), § 202 Abs. 2 S. 2 AktG (genehmigtes Kapital), § 207 Abs. 2 AktG (Kapitalerhöhung aus Gesellschaftsmitteln), § 221 Abs. 1 S. 2 AktG (Wandel- und Gewinnschuldverschreibungen, Genussrechte), § 222 Abs. 1 S. 1 AktG (ordentliche Kapitalherabsetzung), § 229 Abs. 3 AktG (vereinfachte Kapitalherabsetzung), § 237 Abs. 2 S. 1 AktG (Kapitalherabsetzung durch Einziehung), § 262 Abs. 1 Nr. 2 AktG (Auflösung), § 274 Abs. 1 S. 1 AktG (Fortsetzung der aufgelösten Gesellschaft), §§ 293 Abs. 1 S. 2, 295 Abs. 1 S. 2 AktG (Abschluss und Änderung eines Unternehmensvertrags), § 319 Abs. 2 S. 2 AktG (Eingliederung); außerdem die Zustimmungsbeschlüsse nach dem UmwG: § 65 Abs. 1 S. 1 UmwG (Verschmelzung), §§ 125, 65 Abs. 1 UmwG (Spaltung), §§ 233, 240 UmwG (Formwechsel) und „Holzmüller"-Beschlüsse, → § 38 Rn. 31 ff.
[6] Insbesondere: § 103 Abs. 1 S. 2 AktG (vorzeitige Abberufung von Aufsichtsratsmitgliedern), § 111 Abs. 4 S. 4 AktG (Zustimmung zu Maßnahmen, zu denen der Aufsichtsrat die ihm vorbehaltene Zustimmung verweigert hat), § 141 Abs. 3 S. 2 AktG (Beschränkung oder Aufhebung des Vorzugs und Ausgabe von den Vorzugsaktien gleichstehenden oder vorgehenden neuen Vorzugsaktien). Dass auch dort, wo nicht eine Kapital-, sondern nur eine Stimmenmehrheit verlangt wird, die notarielle Beurkundung erforderlich sein soll, mag man bezweifeln (so etwa *Koch* in Hüffer/Koch AktG § 130 Rn. 14b; *Hoffmann-Becking* ZIP 1995, 7). Im RegE (BT-Drs. 12/6721, 3) hieß es zunächst, „sofern keine Grundlagenbeschlüsse gefasst werden", weil dieser Begriff im Aktienrecht feststehe; daraus wurde dann im Rechtsausschuss (BT-Drs. 12/7848, 5) die jetzige Fassung. Aus Vorsicht sollte man jedoch die notarielle Form wahren (ebenso *Hoffmann-Becking* in MHdB AG § 41 Rn. 26).
[7] *Koch* in Hüffer/Koch AktG § 130 Rn. 14c; *Wicke* in Spindler/Stilz AktG § 130 Rn. 40.
[8] BGH NZG 2015, 867; dazu *Drygala/von Bressensdorf* WuB 2015, 569; *Harnos* AG 2015, 732; *Wicke* DB 2015, 1779.
[9] Vgl. *Wicke* DB 2015, 1779.
[10] Dazu näher *Butzke* N Rn. 2.
[11] *Will* BWNotZ 1977, 133; *Noack/Zetzsche* in Kölner Komm. AktG § 130 Rn. 132 halten die notarielle Protokollierung auch der beschlusslosen Hauptversammlung für „zweckmäßig".

II. Allgemein

(→ § 12 Rn. 5 f.) gibt und nicht vorhersehbar ist, ob die Aktionäre nicht doch eine Beschlussfassung verlangen, etwa über eine Sonderprüfung,[12] oder ob ein Minderheitsverlangen zu protokollieren ist (→ Rn. 53).

Auf die Zuziehung eines Notars sollte daher auch bei nichtbörsennotierten Gesellschaften nur verzichtet werden, wenn feststeht, dass jedenfalls keine Beschlüsse gefasst werden (etwa Kapitalmaßnahmen), die nach dem Gesetz der qualifizierten Mehrheit bedürfen.[13] Außerdem sollte man stets darauf vorbereitet sein, dass ggf. doch eine einfache Niederschrift angefertigt werden muss.

Das Protokoll ist grundsätzlich in **deutscher Sprache** abzufassen, auf Verlangen aber in einer anderen Sprache, falls alle Beteiligten (einschließlich sämtlicher Aktionäre und des Notars bzw. im Fall des § 130 Abs. 1 S. 3 AktG des unterzeichnenden Versammlungsleiters) damit einverstanden und der Sprache mächtig sind, in der protokolliert werden soll,[14] was allenfalls bei deutschen Tochtergesellschaften ausländischer Muttergesellschaften oder bei Universalversammlungen in Betracht kommen dürfte.[15] Die Sprache des Protokolls muss nicht die Sprache sein, in der die Hauptversammlung abgehalten wurde.[16]

Beurkundungsfehler können zur Nichtigkeit der Beschlüsse führen. **Nichtig** ist ein Beschluss, der „nicht nach § 130 Abs. 1 und 2 S. 1 und Abs. 4 beurkundet ist" (§ 241 Nr. 2 AktG). Das gilt für alle **Beschlüsse**, die nicht, nicht vollständig oder nicht richtig[17] beurkundet worden sind, nicht dagegen für Minderheitsverlangen und nicht für das Verlangen, nicht beantwortete Fragen zu protokollieren; dass derlei nicht beurkundet wurde, erschwert allenfalls die Beweisbarkeit, macht das Verlangen aber nicht unwirksam.[18] Dagegen dürfte **Anfechtbarkeit** bei Beurkundungsmängeln ausscheiden. Ist ein Beschluss zustande gekommen, kann der nachfolgende Verstoß, nämlich seine nicht ordnungsgemäße Beurkundung, für das Beschlussergebnis schlechterdings nicht von Bedeutung (gewesen) sein, dieser Verstoß also nicht zur Anfechtung berechtigen.[19]

2. Besonderheiten der Einpersonen-AG

Das Gesetz geht, wie schon die zahlreichen Vorschriften zeigen, die an das bei der Beschlussfassung vertretene Kapital anknüpfen, davon aus, dass idR nicht alle Aktionäre an der Hauptversammlung teilnehmen oder sich vertreten lassen. Für die Hauptversammlung, bei der dies doch der Fall ist, die sog **Voll- oder Universalversammlung,** gilt eine Befreiung von sämtlichen Formalitäten und Fristen der Einberufung (§§ 121–128 AktG), falls kein Aktionär der Beschlussfassung widerspricht (§ 121 Abs. 6 AktG). Bei der **Einpersonen-AG** gelten darüber hinaus folgende **Erleichterungen:**
– Es bedarf nach überwiegender Auffassung keines Versammlungsleiters.[20]
– Ein Teilnehmerverzeichnis (§ 129 Abs. 1 AktG) und

---

[12] Bekanntmachungsfrei zum Tagesordnungspunkt „Entlastung" (→ § 12 Rn. 6), aber wohl auch bei Verlustanzeige.
[13] Siehe Fn. 5.
[14] *Kubis* in MüKoAktG AktG § 130 Rn. 22 mwN. § 5 Abs. 2 BeurkG lässt die Beurkundung in einer anderen Sprache „auf übereinstimmendes Verlangen der Beteiligten" zu.
[15] Der Handelsregister einzureichenden Abschrift ist dann allerdings eine Übersetzung beizufügen, *Kubis* in MüKoAktG AktG § 130 Rn. 22 aE; *Butzke* N Rn. 21.
[16] *Butzke* N Rn. 21; teils aA *Kubis* in MüKoAktG AktG § 130 Rn. 22.
[17] Das „Richtige" ist dann nicht beurkundet und das Beurkundete nicht beschlossen worden, vgl. *Koch* in Hüffer/Koch AktG § 130 Rn. 30; *Kubis* in MüKoAktG AktG § 130 Rn. 83. Freilich sollte das nach den Grundsätzen zur *falsa demonstratio* dann nicht gelten, wenn die Beteiligten übereinstimmend in dem beurkundeten Beschluss das von ihnen Gewollte zum Ausdruck gebracht sehen.
[18] *Koch* in Hüffer/Koch AktG § 130 Rn. 31.
[19] Ein Beschluss kann nicht auf einem nachfolgenden Gesetzesverstoß beruhen. Str., siehe *Koch* in Hüffer/Koch AktG § 130 Rn. 32 mwN.
[20] *Mülbert* in GroßkommAktG Vor § 118 Rn. 73; *Butzke* D Rn. 12 mwN und der Empfehlung, zwecks Feststellung der alleinigen Inhaberschaft einen Vorsitzenden zu bestimmen.

– die Feststellung im Protokoll über die Art und das Ergebnis der Abstimmung (§ 130 Abs. 2 AktG) sind entbehrlich.[21] Es genügt, wenn der Alleinaktionär seinen Willen in einer auch für Dritte eindeutigen Weise zu Protokoll erklärt.[22]

11 Ob eine **notarielle Protokollierung erforderlich** ist oder eine vom Versammlungsleiter zu unterzeichnende Niederschrift ausreicht, bestimmt sich auch bei der Einpersonen-AG nach den **allgemeinen Regeln,** also danach, welche Mehrheit das Gesetz für den Beschluss verlangt (§ 130 Abs. 1 S. 3 AktG). Bei einer **gemischten Hauptversammlung** ist es möglich, die Niederschrift in einen notariell beurkundeten und einen privatschriftlichen Abschnitt aufzuteilen (→ Rn. 5).

III. Notarielle Protokollierung

1. Der Notar

12 Zu beurkunden ist durch eine „notariell aufgenommene Niederschrift" (§ 130 Abs. 1 S. 1 AktG). Der Notar oder **die Notare**[23] wird bzw. werden normalerweise auf Ansuchen des Vorstands, der dadurch die Gesellschaft verpflichtet (§ 78 Abs. 1 AktG), aufgrund seines bzw. ihres **öffentlichen Amtes** tätig. Verlangt eine Minderheit die Einberufung der Hauptversammlung (§ 122 Abs. 1 AktG) oder lässt sie sich vom Amtsgericht ermächtigen, die Hauptversammlung einzuberufen (§ 122 Abs. 3 AktG), kann auch sie den Notar um die Beurkundung ersuchen, verpflichtet dadurch aber nicht die Gesellschaft.[24]

13 Der Notar hat als unabhängiger Träger eines öffentlichen Amtes (§ 1 BNotO) die spezifisch **notariellen Amtspflichten** zu beachten. Die Niederschrift über Hauptversammlungsbeschlüsse ist eine „sonstige Beurkundung" (§§ 36 f. BeurkG), für die nicht das Beurkundungsgesetz, sondern die Sonderregelung des AktG maßgebend ist (§ 130 AktG, siehe § 59 BeurkG).[25]

14 Die Niederschrift muss den Beteiligten nicht vorgelesen und von ihnen nicht genehmigt werden, auch brauchen sie sie nicht zu unterschreiben. Wenn in der Hauptversammlung allerdings auch rechtsgeschäftliche Erklärungen abgegeben werden (sog **gemischte Beurkundung**), müssen insoweit die Förmlichkeiten der Beurkundung von

---

[21] *Werner* in GroßkommAktG AktG § 129 Rn. 4, § 130 Rn. 28; *Schulte* AG 1985, 33 (38); *Wilhelmi* BB 1987, 1331 (1334); *Butzke* N Rn. 31; ebenso *Mülbert* in GroßkommAktG Vor § 118 Rn. 73 mit Kritik in Fn. 88.
[22] *Bachmann* NZG 2001, 961 (967).
[23] Seit einiger Zeit ist in der Praxis zu beobachten, dass zu manchen Hauptversammlungen ein weiterer Notar hinzugezogen wird, etwa zur Aufnahme von Fragen/Antworten, Widersprüchen, Überwachung der Auszählung und dgl. Zur Zulässigkeit siehe *Koch* in Hüffer/Koch AktG § 130 Rn. 7; ausf. *Reul/Zetzsche* AG 2007, 561 (566 ff.); ferner *Hoffmann-Becking* NZG 2017, 281 (289); vgl. auch BGH NZG 2009, 342 (343) – Kirch/Deutsche Bank; BGH NZG 2015, 867 (869). Die aktien- und beurkundungsrechtlichen Anforderungen gelten auch für den zweiten Notar. Da der Notar stets nur beurkunden kann, was er wahrgenommen hat, besteht „die" Hauptversammlungsniederschrift dann ggf. aus zwei (oder mehr) notariellen Urkunden, deren jede den für die Beschlusswirksamkeit erforderlichen Mindestinhalt haben muss (§§ 241 Nr. 2 iVm § 130 Abs. 1 und 2 S. 1 und Abs. 4 AktG), *Reul/Zetzsche* AG 2007, 572.
[24] Wegen der Kosten hat sie aber einen Erstattungsanspruch gegen die Gesellschaft nach § 122 Abs. 4 AktG, vgl. *Koch* in Hüffer/Koch AktG § 130 Rn. 7, § 122 Rn. 13 mwN.
[25] *Winkler*, BeurkG, 18. Aufl. 2017, BeurkG § 37 Rn. 18. Allerdings schließt § 59 BeurkG die Anwendbarkeit des Beurkundungsgesetzes nicht vollständig aus (so aber etwa *Werner* in GroßkommAktG AktG § 130 Rn. 46), sondern lässt dessen subsidiäre Geltung unberührt, wo § 130 AktG zum Beurkundungsverfahren nichts bestimmt, also für rechtsgeschäftliche Erklärungen (dazu sogleich im Text → Rn. 14), die verlesen, genehmigt und unterzeichnet werden müssen, *Winkler*, BeurkG, 18. Aufl. 2017, § 37 Rn. 18; *Limmer* in Eylmann/Vaasen, BeurkG, 4. Aufl. 2016, BeurkG § 37 Rn. 11. Das ist ua von Bedeutung für die Behandlung von Anlagen zur notariellen Niederschrift. Verschiedentlich beobachten Notare das Verfahren, die Abstimmungsergebnisse der Niederschrift als Anlagen beizufügen. Nach § 37 Abs. 1 S. 2 BeurkG können sie als Inhalt der Niederschrift angesehen werden. Die subsidiäre Anwendbarkeit dieser Vorschrift ist höchstrichterlich noch nicht geklärt, dieses Verfahren daher nicht zu empfehlen.

Willenserklärungen eingehalten werden;[26] die Erklärungen müssen also vorgelesen, genehmigt und unterschrieben werden (§ 13 Abs. 1 S. 1 BeurkG). Die – gelegentlich – in der Satzung vorgesehene Mitunterzeichnung der Niederschrift durch den Versammlungsleiter ist zur beurkundungsrechtlichen Wirksamkeit nicht erforderlich.

Der Notar braucht auch nicht die **Identität** der Beteiligten festzustellen,[27] ebenso wenig die **Vertretungsmacht** zu prüfen. Vollmachten sind nur der Gesellschaft nachzuweisen (§ 134 Abs. 3 S. 3 AktG). Großzügigkeit bei der Zulassung Bevollmächtigter ist angebracht, da das Abstimmungsergebnis durch deren Teilnahme idR nicht beeinflusst wird, die unberechtigte Nichtzulassung aber zum Erfolg einer Anfechtungsklage führen kann (§ 245 Nr. 2 AktG).

a) Bindung an den Amtsbezirk und den Amtsbereich

Der Notar darf außerhalb seines **Amtsbezirks** (das ist der Oberlandesgerichtsbezirk, in dem er seinen Amtssitz hat) Urkundstätigkeiten nur vornehmen, wenn entweder Gefahr im Verzug ist oder die Aufsichtsbehörde es genehmigt hat (§ 11 Abs. 2 BNotO). Die erste Voraussetzung liegt allenfalls dann vor, wenn an dem Ort, an dem die Hauptversammlung stattfindet, überhaupt kein Notar zur Verfügung steht. Die Genehmigung der Aufsichtsbehörde (die Behörden der Landesjustizverwaltung, § 92 BNotO) wird nur ausnahmsweise erteilt; ein Anspruch darauf besteht nicht.

Der Notar soll seine Urkundstätigkeit nur innerhalb seines **Amtsbereichs** ausüben (das ist der Amtsgerichtsbezirk, in dem er seinen Amtssitz hat), „sofern nicht besondere berechtigte Interessen der Rechtsuchenden ein Tätigwerden außerhalb des Amtsbereichs **gebieten**". Das wird – soweit ersichtlich – von den Notarkammern eng ausgelegt.[28] Ständige Beratungstätigkeit, besonderes Vertrauen, Mitwirkung bei der Vorbereitung (Entwurfstätigkeit) des gewünschten, nicht ortsansässigen Notars oder der Mangel gesellschaftsrechtlicher Kenntnisse oder Erfahrungen bei den ortsansässigen Notaren rechtfertigen[29] die Überschreitung des Amtsbereichs nicht und „gebieten" sie umso weniger. Die erforderliche fachliche Qualifikation wird bei allen Notaren vorausgesetzt.

Ein Verstoß gegen diese Beschränkungen lässt die **Wirksamkeit** der Beurkundung freilich unberührt;[30] er hat nur disziplinarrechtliche Folgen für den Notar. In der Praxis begegnet man mitunter einem „Reisenotar", der die Hauptversammlungen „seiner" Gesellschaft beurkundet, in welchem Bundesland und an welchem Ort sie auch stattfinden. Diese Beurkundung ist dann wirksam, gleichviel, ob eine Genehmigung der Aufsichtsbehörde vorliegt oder nicht.

---

[26] Siehe §§ 8 ff. BeurkG. *Preuß* in Armbrüster/Preuß/Renner BeurkG § 36 Rn. 7 und BeurkG § 37 Rn. 7. Das ist etwa der Fall bei Zustimmungen der persönlich haftenden Gesellschafter der KGaA nach § 285 Abs. 2 AktG oder den Verzichtserklärungen der (sämtlichen) Gesellschafter nach §§ 8 Abs. 3, 9 Abs. 3 und 16 Abs. 2 S. 2 UmwG. Es sollte dann allerdings genügen, dass der die Willenserklärungen enthaltende Text der Urkunde vorgelesen und genehmigt wird, so wohl auch *Butzke* N Rn. 13; nach *Winkler*, BeurkG, 18. Aufl. 2017, BeurkG Vor § 36 Rn. 16, sind bei gemischten Beurkundungen „auch die Formvorschriften für die Beurkundung von Willenserklärungen anzuwenden (zB Vorlesung, Genehmigung, Unterzeichnung durch die Beteiligten nach § 13)" (in diese Richtung wohl auch *Preuß* in Armbrüster/Preuß/Renner BeurkG § 36 Rn. 7; *Limmer* in Eylmann/Vaasen, BeurkG, 4. Aufl. 2016, BeurkG § 36 Rn. 2), was aber zB bei den nach § 285 Abs. 2 AktG erforderlichen Zustimmungserklärungen der persönlich haftenden Gesellschafter einer Publikums-KGaA zur Vorlesung eines umfangreichen Protokolls nötigte, das den Gang einer Hauptversammlung schildert, der die Erklärenden soeben stundenlang beigewohnt haben.
[27] § 10 Abs. 2 BeurkG schreibt dies nur für die Beurkundung von Willenserklärungen vor.
[28] *Weingärtner* in Weingärtner/Gassen/Sommerfeldt, DONot, 13. Aufl. 2017, DNotO § 32 Rn. 59; großzügiger *Lerch* NJW 1992, 3139 (3140).
[29] Dies verlangte die bis 1998 geltende Fassung des § 10a Abs. 2 BNotO.
[30] So ausdrücklich § 2 BeurkG und § 11 Abs. 3 BNotO für den Amtsbezirk und durch Verwendung des Wortes „soll" § 10a Abs. 2 BNotO für den Amtsbereich, *Koch* in Hüffer/Koch AktG § 130 Rn. 8.

19 Im **Ausland** ist dem deutschen Notar eine Urkundstätigkeit verwehrt. Nach § 11a BNotO ist der Notar allein befugt, einen ausländischen Notar auf dessen Ersuchen zu unterstützen. Eine von einem deutschen Notar im Ausland errichtete Urkunde mag als Privaturkunde wirksam sein; als notarielle Urkunde ist sie unwirksam.[31]

20 Von der Frage der Amtspflichten des deutschen Notars, von dem das Gesetz allein spricht, ist die Frage zu unterscheiden, ob die Beurkundung von einem **ausländischen Notar,** also im Ausland von einem dortigen Notar wirksam vorgenommen werden kann. Diese Frage war lange umstritten,[32] ist für die Praxis durch das Urteil des BGH vom 21. 10. 2014[33] aber nunmehr geklärt. Wenn die Hauptversammlung – was nach der genannten Entscheidung des BGH auf Grundlage einer entsprechenden Satzungsbestimmung zulässig ist – im Ausland stattfindet,[34] genügt die Beurkundung durch einen **Konsularbeamten** (§ 10 Abs. 2 KonsG) oder, falls ein solcher nicht zur Verfügung steht, durch einen ausländischen Notar, wenn sie **der deutschen Beurkundung gleichwertig** ist.[35] Ein entsprechendes Vorgehen ist freilich mit Risiken verbunden; jedenfalls dann, wenn **eintragungspflichtige Beschlüsse** gefasst werden sollen, empfiehlt sich eine vorherige Abstimmung mit dem zuständigen Registergericht.[36]

b) Beurkundungsverbote

21 Gesellschaftsrechtlich ist es ohne Belang, ob der Notar unter Beachtung der für die Ausübung seines Amtes geltenden Vorschriften[37] beurkundet hat oder nicht; die **Wirksamkeit der Beurkundung wird** durch eine Verletzung von Beurkundungsverboten **nicht in Frage** gestellt.[38] Vom Notar sind sie allerdings zwingend zu beachten, da dies zu seinen Amtspflichten gehört und er sich bei Verstoß disziplinarrechtlichen Maßnahmen aussetzte.

22 Der Notar soll an einer Beurkundung nicht mitwirken, wenn es sich um eine „eigene Angelegenheit" handelt, „auch wenn der Notar nur **mitberechtigt** ... ist" (§ 3 Abs. 1 S. 1 Nr. 1 BeurkG). Das ist ua der Fall, wenn der Notar an der Gesellschaft mit **mehr als 5 % der Stimmrechte** oder mit Aktien im Nennbetrag oder anteiligen Betrag des Grundkapitals von mehr als 2.500 EUR beteiligt ist (§ 3 Abs. 1 S. 1 Nr. 9 BeurkG). Dass ein **Angehöriger** (§ 3 Abs. 1 S. 1 Nr. 2, Nr. 3 BeurkG) Aktionär ist, begründet **unter denselben Voraussetzungen** ein Mitwirkungsverbot.[39] Ein Mitwirkungsverbot gemäß § 3 Abs. 1 S. 1 Nr. 1 BeurkG besteht unabhängig von der Höhe der Beteiligung darüber hinaus, wenn der Notar oder seine Angehörigen an der Abstimmung (selbst oder durch Vertreter) teilnehmen.[40]

23 Der Notar soll an einer Beurkundung nicht mitwirken, wenn er oder eine Person, mit der er sich zur gemeinsamen Berufsausübung verbunden oder mit der er gemeinsame Geschäftsräume hat, **dem Vorstand** („vertretungsberechtigtem Organ") der Gesellschaft **an-**

---

[31] *Püls* in Schippel/Bracker, BNotO, 9. Aufl. 2011, BNotO § 11a Rn. 1.
[32] S. *Volhard* in Vorauflage Rn. 20 mN.
[33] BGHZ 203, 68.
[34] Ausf. zu den Voraussetzungen *Bungert/Leyendecker-Langner* BB 2015, 268.
[35] BGHZ 203, 68 (73), dort auch zu den Voraussetzungen der Gleichwertigkeit: „Gleichwertigkeit ist gegeben, wenn die ausländische Urkundsperson nach Vorbildung und Stellung im Rechtsleben eine der Tätigkeit des deutschen Notars entsprechende Funktion ausübt und für die Urkunde ein Verfahrensrecht zu beachten hat, das den tragenden Grundsätzen des deutschen Beurkundungsrechts entspricht...". S. ferner *Bungert/Leyendecker-Langner* BB 2015, 268 sowie *Koch* in Hüffer/Koch AktG § 121 Rn. 16, jeweils auch mN zur Gegenauffassung.
[36] Ebenso *Bungert/Leyendecker-Langner* BB 2015, 268 (271) sowie *Koch* in Hüffer/Koch AktG § 121 Rn. 16.
[37] Vor allem der Bundesnotarordnung und des Beurkundungsgesetzes.
[38] *Kubis* in MüKoAktG AktG § 130 Rn. 15 aE mwN.
[39] *Kubis* in MüKoAktG AktG § 130 Rn. 15; aA (Mehrheitsbeteiligung eines Angehörigen für Mitwirkungsverbot erforderlich) *Volhard* in Vorauflage Rn. 22.
[40] *Kubis* in MüKoAktG AktG § 130 Rn. 15; aA *Volhard* in Vorauflage Rn. 22.

gehört (§ 3 Abs. 1 S. 1 Nr. 6 BeurkG),[41] von ihr in derselben Angelegenheit bevollmächtigt wurde oder (als Notar, nicht etwa als Rechtsanwalt) zu ihr in einem ständigen Dienst- oder ähnlichen Geschäftsverhältnis steht (§ 3 Abs. 1 S. 1 Nr. 8 BeurkG). **„Hausnotare",** die bei großen Gesellschaften gelegentlich noch anzutreffen sind, lassen sich mit der vom Beurkundungsgesetz und der Bundesnotarordnung geforderten Unabhängigkeit des Notars nicht vereinbaren.[42] Wenn der Notar **Mitglied des Aufsichtsrats** der Gesellschaft ist, soll er wegen § 112 AktG nach wohl hM ebenfalls gemäß § 3 Abs. 1 S. 1 Nr. 6 BeurkG von der Beurkundung ausgeschlossen sein.[43]

Der Notar soll an einer Beurkundung nicht mitwirken, wenn er oder eine Person, mit der er sich zur gemeinsamen Berufsausübung verbunden oder mit der er gemeinsame Geschäftsräume hat, außerhalb seiner Amtstätigkeit, also seiner Funktion als Notar der Hauptversammlung, **„in derselben Angelegenheit bereits tätig"** war oder ist (§ 3 Abs. 1 S. 1 Nr. 7 BeurkG). Vor der Beurkundung hat er nach einer **„Vorbefassung"** in diesem Sinn zu fragen und in der Urkunde die Antwort zu vermerken (§ 3 Abs. 1 S. 2 BeurkG). Die Frage dürfte nicht an den Versammlungsleiter zu stellen sein, sondern an den Vorstand, ggf. an den (Chef-) Justitiar der Gesellschaft. Wer sie beantwortet hat, ist in den Vermerk aufzunehmen. Anwaltsnotare in Sozietäten werden deshalb die Frage nach einer **außernotariellen Tätigkeit,** also etwa anwaltlicher oder steuerberatender Tätigkeit des Notars oder eines Sozius im Zusammenhang mit Tagesordnungspunkten der Hauptversammlung,[44] regelmäßig zu stellen haben. „Außerhalb" der Amtstätigkeit liegt nicht die Vorbereitung der Hauptversammlung, also etwa die Hilfe des Notars bei der Formulierung der Einberufung, der Beschlussvorschläge, des Entwurfs des Hauptversammlungsprotokolls, einer etwaigen Anmeldung erwarteter Beschlüsse und dgl. Eine derartige Tätigkeit schließt den Notar von der Beurkundung nicht aus.

24

Der Notar soll, wenn er einem sonstigen Gremium, etwa einem Beirat, Verwaltungsrat, Gesellschafterausschuss oder dgl. der Gesellschaft angehört, „vor der Beurkundung darauf **hinweisen** und fragen, ob er die Beurkundung gleichwohl vornehmen soll" (§ 3 Abs. 3 Nr. 1 iVm § 3 Abs. 2 BeurkG).[45] Aus der vom Gesetz für diesen Fall angeordneten entsprechenden Anwendung der für Angelegenheiten mehrerer Personen geltenden Regelung (§ 3 Abs. 2 BeurkG) würde sich ergeben, dass ein Mitglied eines derartigen Gremiums als Notar ausscheidet, da sonst die anwesenden Aktionäre befragt werden und sich sämtlich mit der Beurkundung einverstanden erklären müssten. Nach dem Sinn und Zweck der Regelung sollte es daher genügen, wenn der Vorstand der Gesellschaft sich mit der Vornahme der Beurkundung einverstanden erklärt.

25

c) Belehrungspflicht (Betreuungspflicht)

Die Prüfungs- und die Belehrungspflichten des Notars gelten nur für die Beurkundung von Willenserklärungen (§§ 17 ff. BeurkG), nicht für „sonstige Beurkundungen", also nicht für die Aufnahme von Beschlüssen der Hauptversammlung.[46] Für sie gelten § 130 AktG und allenfalls ergänzend (§ 59 BeurkG) die §§ 36 und 37 BeurkG. Allerdings nimmt der Notar bei der Ausübung seines Amtes stets auch öffentliche Interessen wahr,[47] und daraus ergeben sich besondere Pflichten. Im Einzelnen ist vieles streitig, jedenfalls ist

26

---

[41] Ebenso, wenn eine dem Notar nahe stehende Person dem Vorstand angehört oder die Geschäftsführung über ein bestehendes Dienstverhältnis beeinflussen kann.
[42] *Werner* in GroßkommAktG AktG § 130 Rn. 83 mwN.
[43] *Kubis* in MüKoAktG AktG § 130 Rn. 15 mwN; aA etwa *Volhard* in Vorauflage Rn. 23, 25.
[44] Ein solcher Zusammenhang muss gegeben sein, weil es sich sonst auch bei weiter Auslegung nicht um „dieselbe Angelegenheit" handelt; weiter dagegen *Winkler,* BeurkG, 18. Aufl. 2017, BeurkG § 3 Rn. 114 ff.
[45] *Werner* in GroßkommAktG AktG § 130 Rn. 86.
[46] BGHZ 203, 68 (75). AllgM, vgl. *Kubis* in MüKoAktG AktG § 130 Rn. 34 mwN.
[47] *Winkler,* BeurkG, 18. Aufl. 2017, BeurkG § 17 Rn. 1 ff.

aber anerkannt, dass der Notar auf den ordnungsgemäßen, dh **gesetzes- und satzungsgemäßen Ablauf** der Hauptversammlung hinzuwirken hat.[48]

27 Wenn der Notar von der Gesellschaft darüber hinaus gebeten wird, „Hilfe für den Entwurf oder die Überprüfung der Einberufung oder für Form und Inhalt der Beschlüsse" zu leisten, „so liegt darin der Antrag auf ein **besonderes Notariatsgeschäft** neben der Beurkundung".[49] Diese Tätigkeit kann umfänglich und haftungsrelevant sein, etwa bei der Vorbereitung von Kapitalmaßnahmen, Aktienoptionsplänen und dgl.[50] Dieser Antrag kann vom Notar auch konkludent angenommen werden, indem er die von ihm bei der ordnungsgemäßen Vorbereitung und Durchführung der Hauptversammlung erwartete Hilfe leistet.

28 Auch ohne eine solche besondere Vereinbarung ist der die Hauptversammlung beurkundende Notar verpflichtet, auf **Verstöße gegen Gesetz oder Satzung** hinzuweisen;[51] er hat nach zutr. Meinung die Ordnungsmäßigkeit der Bekanntmachung der Einberufung jedenfalls summarisch zu prüfen und darauf hinzuwirken, dass
– der satzungsgemäß berufene oder sonst ordnungsgemäß bestellte Versammlungsleiter tätig wird,
– die Präsenz erfasst und
– das Teilnehmerverzeichnis allen Teilnehmern vor der ersten Abstimmung zugänglich ist, dass die
– Beschlussvorschläge unter Beachtung der Einberufung zur Abstimmung gestellt werden,
– inhaltlich nicht gegen Gesetz oder Satzung verstoßen, insbes. kein nichtiger Beschluss gefasst wird,
– Minderheitsrechte,
– Stimmrechte und
– bekanntgegebene Stimmverbote (→ Rn. 47) beachtet werden, dass
– der Versammlungsleiter keine Ordnungsmaßnahmen trifft, die nicht in seine Zuständigkeit fallen,
– die Abstimmungsmodalitäten in Ordnung sind,
– die Ergebnisse korrekt ermittelt und
– keine Wortmeldungen übersehen werden, dass
– die Aktionäre nicht beantwortete Fragen beurkunden lassen und
– Widersprüche zu Protokoll geben können.

29 Zweifelhaft ist, ob der Notar berechtigt oder sogar verpflichtet ist, gefasste Beschlüsse etwa deshalb nicht – entsprechend der Feststellung und Verkündung des Versammlungsleiters – zu protokollieren, weil er gegen sie aus formellen oder materiellen Gründen Bedenken hat.[52] Eine Verpflichtung dazu besteht nicht. Der Notar wird seine Bedenken äußern und im Protokoll vermerken.[53] Doch verbietet sich eine **Ablehnung der**

---

[48] *Koch* in Hüffer/Koch AktG § 130 Rn. 12 f.; *Werner* in GroßkommAktG AktG § 130 Rn. 96 ff. mwN; er hat „auch darauf zu achten, dass die Hauptversammlung in gesetzmäßigen Bahnen verlaufe".
[49] *Preuß* in Armbrüster/Preuß/Renner BeurkG § 37 Rn. 14.
[50] Insoweit besteht daher auch ein gesonderter Vergütungsanspruch, „und zwar ohne die Begrenzung des § 47 KostO", *Priester* DNotZ 2001, 661 (670).
[51] *Preuß* in Armbrüster/Preuß/Renner BeurkG § 37 Rn. 15; *G. Bezzenberger* FS Schippel, 1996, 379 ff. mwN aus Rspr. und Lit.; *Priester* DNotZ 2001, 661 (669) („Der Notar ist eben nicht Versammlungsleiter und sollte sich auch nicht als solcher gerieren. Dies schließt nicht aus, dass er den Versammlungsvorsitzenden mit Ratschlägen unterstützt und schließt auch nicht aus, dass er der Versammlung gegenüber Rechtsauskünfte erteilt, wenn er dazu durch den Vorsitzenden aufgefordert wird. Der Notar ist zu solchen Auskünften aufgrund seines Beurkundungsauftrages nicht verpflichtet, sollte die Gelegenheit aber wahrnehmen, sich durch eine sachliche und sachverständige Äußerung zu präsentieren."); *Werner* in GroßkommAktG AktG § 130 Rn. 96 ff.; *Koch* in Hüffer/Koch AktG § 130 Rn. 12; zurückhaltend mit Rücksicht auf die Rolle des Notars als neutraler Protokollant *Hoffmann-Becking* in MHdB AG § 41 Rn. 19. Zu den nachfolgenden Aufgaben des Notars siehe besonders *Kubis* in MüKoAktG AktG § 130 Rn. 34 ff.
[52] Siehe dazu *Werner* in GroßkommAktG AktG § 130 Rn. 94.
[53] *Kubis* in MüKoAktG AktG § 130 Rn. 40; *Butzke* N Rn. 12.

Beurkundung grundsätzlich schon deswegen, weil nicht beurkundete Beschlüsse nichtig sind (§ 241 Nr. 2 AktG) und kein Notar das Risiko, die Nichtigkeit infolge Formmangels verursacht zu haben, ohne Not auf sich nehmen sollte.[54]

Auch bei **evident nichtigen Beschlüssen** ist der Notar nach Ansicht des BGH nicht zur Ablehnung der Protokollierung berechtigt.[55] Dafür spricht immerhin, dass Abgrenzungsschwierigkeiten vermieden werden und die Nichtigkeit, falls sie im Eintragungsverfahren unbemerkt bleibt, teils durch die Eintragung (§ 242 Abs. 1 AktG), teils durch Zeitablauf (drei Jahre nach Eintragung, § 242 Abs. 2 AktG) geheilt werden kann. Die einzige **Ausnahme** bilden sittenwidrige Beschlüsse, die der Notar wegen § 4 BeurkG und § 14 Abs. 2 BNotO **nicht beurkunden darf,** wenn er hierdurch unerlaubten oder unredlichen Zwecken dient.[56] 30

Grundsätzlich muss der Notar bei Nichtigkeit also die Beurkundung vornehmen; es empfiehlt sich aber, dass er die von ihm geäußerten Bedenken in der Niederschrift festhält.[57] 31

Bei „nur" **anfechtbaren** Beschlüssen besteht nach allg. Meinung kein Recht zur Ablehnung der Protokollierung.[58] 32

d) Unparteilichkeit

Der Notar ist **nicht Berater** der Gesellschaft, des Vorstands, des Aufsichtsrats oder der Aktionäre, sondern zur Unparteilichkeit verpflichteter, unabhängiger Träger eines öffentlichen Amtes (§ 14 Abs. 1 BNotO). 33

Die Verpflichtung zur Unparteilichkeit bedeutet: Der Notar „darf, soweit er bei der Erfüllung seiner Amtspflichten selbst zu entscheiden hat, **niemand bevorzugen und niemand benachteiligen;** keine Bindung, keine Zu- oder Abneigung, keine Voreingenommenheit, keine Rücksicht auf eigene Vor- oder Nachteile sollen seine Tätigkeit beeinflussen".[59] Die Grenze zwischen der Verpflichtung, auf einen ordnungsmäßigen Ablauf der Hauptversammlung, insbes. der Aussprache und der Abstimmungen, hinzuwirken, und der unparteilichen Amtsführung, bei der auch die (Minderheits-) Aktionäre nicht den – berechtigten oder unberechtigten – Eindruck haben, der Notar leiste der Verwaltung gegen sie Beistand, ist allerdings nicht immer leicht einzuhalten. Das gilt vor allem, wenn die **Minderheit** sich in einen evidenten **Widerspruch zur Mehrheit** setzt oder durch Gebrauchmachen von ihren gesetzlichen Rechten die Geduld der um eine zügige – und die Zeit, für die einberufen wurde, nicht überschreitende – Abwicklung der Tagesordnung bemühten Verwaltung, ihrer Helfer, aber auch der anderen Aktionäre auf die Probe stellt. Hier ist oft die Form des Umgangs mit den Minderheitsaktionären wichtiger als die Entscheidung in der Sache. 34

e) Verschwiegenheitspflicht

Der Notar ist zur Verschwiegenheit verpflichtet. Diese Pflicht gilt für „alles, was ihm bei Ausübung seines Amtes bekannt geworden ist" (§ 18 Abs. 1 S. 1 BNotO), soweit es sich nicht um Tatsachen handelt, „die offenkundig sind oder ihrer Bedeutung nach keiner Geheimhaltung bedürfen" (§ 18 Abs. 1 S. 3 BNotO). Diese Verschwiegenheitspflicht spielt für den Notar **in der Hauptversammlung** keine Rolle. Sein Tun spielt sich im Licht der Hauptversammlungsöffentlichkeit ab. Nichts, was ihm im Lauf der Hauptversamm- 35

---

[54] So auch *Butzke* N Rn. 12.
[55] BGHZ 203, 68 (74); kritisch, aber die praktischen Vorteile anerkennend *Koch* in Hüffer/Koch AktG § 130 Rn. 13; aA noch *Kubis* in MüKoAktG AktG § 130 Rn. 40.
[56] BGHZ 203, 68 (74); *Koch* in Hüffer/Koch AktG § 130 Rn. 13.
[57] *Koch* in Hüffer/Koch AktG § 241 Rn. 32.
[58] *Koch* in Hüffer/Koch AktG § 130 Rn. 13; *Kubis* in MüKoAktG AktG § 130 Rn. 40.
[59] *Kanzleiter* in Schippel/Bracker, BNotO, 9. Aufl. 2011, BNotO § 14 Rn. 35.

lung „bekannt geworden" ist, kann irgendeinem Teilnehmer gegenüber geheim zu halten sein.

36 Anders ist es **nach Schluss der Hauptversammlung.** Hier trifft den Notar die Verschwiegenheitspflicht genauso wie bei seinen sonstigen Amtstätigkeiten. Soweit nicht Mitteilungspflichten bestehen,[60] ist er mangels „Offenkundigkeit" nicht berechtigt, Personen, die an der Hauptversammlung nicht teilgenommen haben, etwas über deren Teilnehmer, den Ablauf der Verhandlungen, über Redebeiträge und Abstimmungsergebnisse mitzuteilen, es sei denn, er wäre von der Verschwiegenheitspflicht befreit worden (§ 18 Abs. 2 BNotO), was kaum in Betracht kommen dürfte, weil die Befreiung von allen „Beteiligten" erklärt werden muss.[61]

2. Zwingender Inhalt des Protokolls

37 Das Protokoll braucht nicht den gesamten Verlauf der Hauptverhandlung wiederzugeben. Es ist kein „Verlaufs-" oder „Wortprotokoll", sondern ein **„Beschlussprotokoll";** nach der Konzeption des Gesetzes ist die Abfassung eines „Ergebnisprotokolls"[62] erforderlich und genügend. Über die zu protokollierenden Beschlüsse hinaus ist allerdings die Beurkundung für eine Reihe von Tatsachen teils gesetzlich vorgeschrieben, teils sachlich geboten, weil sie für die **Beurteilung** des ordnungsgemäßen Zustandekommens, der **Wirksamkeit** und der Bestandskraft der Beschlüsse von Bedeutung sind.[63] Das gilt insbes. für Anordnungen des Versammlungsleiters zum Verhandlungsablauf wie Redezeitbeschränkungen, die Entziehung des Worts, Entfernung aus dem Saal etc; sie gehören ebenfalls zum zwingenden Inhalt des Protokolls.[64] Das **Protokoll muss enthalten** (§ 130 Abs. 2 S. 1 AktG):[65]

a) Ort und Tag der Verhandlung

38 Anzugeben ist die **Gemeinde,** innerhalb derer, und das **Datum des Tages,** an dem die Hauptversammlung stattfindet.[66] Nicht erforderlich, aber üblich ist es, auch die Adresse

---

[60] Siehe dazu *Kanzleiter* in Schippel/Bracker BNotO, 9. Aufl. 2011, BNotO § 18 Rn. 20 ff. (steuerliche Mitteilungspflichten), Rn. 36 ff. (sonstige Mitteilungs- und Auskunftspflichten).
[61] *Kanzleiter* in Schippel/Bracker, BNotO, 9. Aufl. 2011, BNotO § 18 Rn. 51.
[62] *Gehrlein* WM 1994, 2054; *Zimmermann* in Happ/Groß AktienR 10.18 Rn. 4.1; *Butzke* N Rn. 3.
[63] *Butzke* N Rn. 32 ff. Das ist freilich zumindest in Einzelheiten umstritten, siehe den Meinungsstand bei *Koch* in Hüffer/Koch AktG § 130 Rn. 5 und *Priester* DNotZ 2001, 661 (667). Unterscheidet man zwischen den aktien- und den beurkundungsrechtlichen Erfordernissen und hält man für aktienrechtlich beurkundungsbedürftig nur, was das Gesetz ausdrücklich verlangt (soweit eine Protokollierung nicht vorgeschrieben ist, bedarf es ihrer nicht, LG Memmingen AG 2001, 548; ebenso *Koch* in Hüffer/Koch AktG § 130 Rn. 5), so verbleibt doch für den Notar das Risiko, seine Amtspflicht, auf wirksame Beschlüsse hinzuwirken, verletzt zu haben, wenn der Ablauf der Hauptversammlung durch das Protokoll nicht beweisbar ist, auf andere Weise aber auch nicht. Zu weit geht aber das Verlangen, nicht nur den notwendigen Inhalt nach § 130 AktG zu beurkunden, sondern alle „Vorgänge, die im Zusammenhang mit der Protokollierung der beurkundungsbedürftigen Vorgänge von rechtserheblicher Bedeutung sein können" (so *Preuß* in Armbrüster/Preuß/Renner BeurkG § 37 Rn. 14; zustimmend *Volhard* in Vorauflage Rn. 5 Fn. 66). Richtig dürfte sein, die Beurkundungspflicht auf „unmittelbar beschlussrelevante Vorgänge" zu beschränken (*Koch* in Hüffer/Koch AktG § 130 Rn. 5). Eine andere Frage ist es, ob darüber hinaus „über diese Angaben hinaus alle Tatsachen festgehalten werden [können], deren Beurkundung aus Zweckmäßigkeits- oder Beweisgründen für sachdienlich gehalten wird" (so *Werner* in GroßkommAktG AktG § 130 Rn. 43); dies ist zu bejahen. Ähnlich *Schulte* AG 1985, 33 (39).
[64] *Butzke* N Rn. 33.
[65] Bei Verstoß sind die Beschlüsse nichtig, § 241 Nr. 2 AktG.
[66] Nicht etwa das Datum des Tages, an dem der Notar das Protokoll fertig stellt, BGH ZIP 2009, 460. Eine dem § 37 Abs. 2 BeurkG entsprechende Soll-Vorschrift fehlt in § 130 Abs. 2 AktG. Bei mehrtägiger Dauer ist auch anzugeben, welche Beschlüsse wann gefasst wurden (*Koch* in Hüffer/Koch AktG § 130 Rn. 15).

des Versammlungslokals anzugeben.[67] Da der Notar seine Amtsgeschäfte normalerweise in seiner Geschäftsstelle vornimmt, gibt der Notar üblicherweise an, wohin er sich auf Ersuchen des Vorstands zwecks Aufnahme des Protokolls der Hauptversammlung begeben hat. Anderenfalls könnte der Urkundseingang den irrigen Eindruck erwecken, er habe an seiner Geschäftsstelle amtiert.

b) Name des Notars

Anzugeben ist jedenfalls der Nachname, bei Verwechslungsgefahr auch der Vorname;[68] praktisch empfiehlt es sich, stets Vor- und Nachname anzugeben.

c) Art der Abstimmung

Angaben zur Art der Abstimmung einschließlich der Art des Abstimmungsverfahrens (zB Additionsverfahren, Subtraktionsverfahren) und der **Rechtsgrundlage** (meist: Anordnung des Versammlungsleiters) (→ § 9 Rn. 197 ff.).[69] Sie hängen davon ab, **welche Stimmen** abgegeben werden sollten und wurden:
– Ja-Stimmen und Enthaltungen oder
– Nein-Stimmen und Enthaltungen (bei Anwendung des Subtraktionsverfahrens) oder
– Ja-Stimmen und Nein-Stimmen (bei Anwendung des Additionsverfahrens),
wie die Stimmen abgegeben werden sollten und wurden (auch: ob eine geheime Abstimmung stattgefunden hat):[70] etwa durch
– Handaufheben,
– Aufstehen,
– Zuruf,
– auszufüllende Stimmzettel,
– EDV-Stimmkarten oder
– EDV-Erfassungsgeräte,
– ggf. wie ein von der Gesellschaft benannter Stimmrechtsvertreter die Stimmen abgegeben hat,
wo die Stimmen abzugeben waren:
– meist in dem Versammlungssaal, in dem sich der Versammlungsleiter und die übrigen Mitglieder des Aufsichtsrats und des Vorstands befinden, nicht in Nebenräumen,[71] und wie sie **ausgezählt** wurden:
– durch den Versammlungsleiter, Stimmenzähler, manuell oder maschinell – EDV.[72]
Abgestimmt wird immer nach **Stimmrechten,** also bei Nennbetragsaktien nach dem **Nennbetrag, bei Stückaktien nach der Zahl** der Aktien, nie nach Köpfen.

Wo nach **Aktiengattungen** getrennt abgestimmt wird und wegen **unterschiedlicher Stimmkraft** die Stimmen getrennt ausgezählt werden, muss dies aus dem Protokoll ersichtlich sein.[73]

---

[67] Koch in Hüffer/Koch AktG § 130 Rn. 15.
[68] Kubis in MüKoAktG AktG § 130 Rn. 46; Koch in Hüffer/Koch AktG § 130 Rn. 16 mwN.
[69] LG Köln BeckRS 2016, 12428; nach BGH NJW 2018, 52 (54f.) sollen Angaben zur Rechtsgrundlage nicht erforderlich sein.
[70] LG Köln BeckRS 2016, 12428.
[71] OLG Karlsruhe AG 1991, 144 (148) – ASEA/BBC, wonach die Stimmen der „Verpflegungsaktionäre", die sich zur Abstimmung nicht in den Versammlungssaal begeben, nicht als präsent behandelt werden dürfen, ist nicht zu folgen: Wer weiß, dass und wie seine Stimme gewertet wird, auch wenn er sie nicht abgibt, nimmt bis zur Änderung der Präsenz an der Abstimmung teil, ob er sich nun im Saal oder „am Ausschank" befindet, solange der Präsenzbereich deutlich kenntlich gemacht ist.
[72] RGZ 75, 259 (267); LG Köln BeckRS 2016, 12428; Koch in Hüffer/Koch AktG § 130 Rn. 17.
[73] Im Einzelnen str., s. Koch in Hüffer/Koch AktG § 130 Rn. 20 mN.

46 Zur Art der Abstimmung ist ausnahmsweise dann keine Angabe erforderlich, wenn es sich um eine **Einpersonengesellschaft** handelt[74] oder nur ein Aktionär erschienen ist.[75]

d) Angaben zu Stimmkraft und Stimmverboten

47 Anzugeben ist, wie die Stimmenzahl der Aktionäre ermittelt wird. Bei Stimmabgabe durch Handzeichen, Aufstehen oder Zuruf ist zB anzugeben, ob es genügt, die Zahl der Stimmen mündlich anzugeben, oder ob zusätzlich die **Nummer der Stimmkarten** anzugeben ist, damit ggf. die Stimmenzahl nachgeprüft werden kann.[76] Anzugeben ist ferner, welche Maßnahmen der Versammlungsleiter zur Einhaltung bekanntgegebener Stimmverbote ergriffen hat.[77] Zur eigenen Überprüfung der Stimmberechtigung ist der Notar nicht verpflichtet.[78]

e) Ergebnis der Abstimmungen

48 Das Ergebnis der Abstimmung muss im Protokoll genau festgehalten werden. Das bedeutet im Grundsatz, dass die zu einem Antrag abgegebenen **Ja-Stimmen und Nein-Stimmen** protokolliert werden müssen. Werden Nein-Stimmen nicht abgegeben, genügt beim Additionsverfahren die Angabe, dass dem Antrag „einstimmig" zugestimmt wurde; beim Subtraktionsverfahren müssen dagegen selbst bei Einstimmigkeit auch die Enthaltungen festgehalten werden.[79] Im Protokoll anzugeben sind die Stimmen, also bei Nennbetragsaktien keinesfalls nur die Kapitalbeträge, auch dann nicht, wenn – wie meist – die Stimmkraft dem Nennbetrag entspricht.[80] Üblich ist es, **neben der Zahl der Stimmen auch den dadurch vertretenen Nennbetrag** zu beurkunden. Erforderlich ist dies allerdings nur, wenn der Nennbetrag für das Abstimmungsergebnis von Bedeutung ist, also nur, wenn zur Stimmenmehrheit eine Kapitalmehrheit hinzukommen muss oder wenn die Stimmkraft der Aktien sich nicht nach dem Nennbetrag bestimmt (→ Rn. 44 f.). Besteht Streit über die Stimmberechtigung von Aktionären, die an der Abstimmung teilgenommen haben, wird empfohlen, das Abstimmungsergebnis bei Berücksichtigung und bei Außerachtlassung dieser Stimmen im Protokoll festzuhalten.[81]

49 Die Angabe der Enthaltungen (ebenso wie die der ungültigen Stimmen) ist gebräuchlich, aber nicht erforderlich.[82] Wird das Abstimmungsergebnis allerdings durch **Subtraktion** der abgegebenen (Ja- oder Nein-Stimmen und Enthaltungen) von der Gesamtzahl der präsenten Stimmen ermittelt, sind die Enthaltungen anzugeben, also jeweils die Nein-

---

[74] LG Berlin JW 1938, 1034 f. und JW 1938, 1901 f.; *Koch* in Hüffer/Koch AktG § 121 Rn. 23 aE.
[75] OLG Düsseldorf ZIP 1997, 1153 (1161) – ARAG; s. aber für den Fall, dass zwei Personen an der Abstimmung beteiligt sind, BGH NJW 2018, 52 (53).
[76] *Koch* in Hüffer/Koch AktG § 130 Rn. 18. Das ist gesetzlich nicht ausdrücklich vorgeschrieben, aber jedenfalls bei „unübersichtlichen Stimmverhältnissen" unverzichtbar, *Werner* in GroßkommAktG AktG § 130 Rn. 21.
[77] *Koch* in Hüffer/Koch AktG § 130 Rn. 18: „etwa die Aufforderung an die betr. Aktionäre, nicht abzustimmen", oder die Absetzung der betreffenden Stimmen von der Präsenz. Fällt dem Notar auf, dass ein bekanntgegebenes Stimmverbot nicht eingehalten wird, hat er darauf hinzuwirken, dass die betreffenden Stimmen nicht mitgezählt werden, ggf. den Verstoß im Protokoll festzuhalten. Zur Überprüfung der Einhaltung von Stimmverboten ist der Notar jedenfalls bei großen Versammlungen nicht in der Lage, *Priester* DNotZ 2001, 661 (668), und deshalb auch nicht verpflichtet.
[78] OLG Stuttgart AG 2005, 125 (130) mwN; *Faßbender* RNotZ 2009, 425 (443) mwN.
[79] *Werner* in GroßkommAktG AktG § 130 Rn. 22.
[80] BGH ZIP 1994, 1171; s. jetzt aber BGH NJW 2018, 52 (55), mit Einschränkungen der Rechtsfolge der Nichtigkeit bei fehlerhafter Protokollierung. In diesem Fall hält allerdings *Koch* in Hüffer/Koch AktG § 130 Rn. 19a mwN eine Ausnahme für „erwägenswert". Nach BayObLG NJW 1973, 250 ist die Feststellung des Stimmverhältnisses bei Einstimmigkeit unnötig; aA *Kubis* in MüKoAktG AktG § 130 Rn. 58; *Butzke* N Rn. 28.
[81] *Werner* in GroßkommAktG AktG § 130 Rn. 24.
[82] *Koch* in Hüffer/Koch AktG § 130 Rn. 19a.

III. Notarielle Protokollierung § 13

Stimmen und die Enthaltungen[83] oder die Ja-Stimmen und die Enthaltungen zu protokollieren. Beim Subtraktionsverfahren muss die Zahl der verbleibenden Stimmen nicht beziffert werden.

Bei **börsennotierten Gesellschaften** müssen die Feststellung über die Beschlussfassung und damit auch das Protokoll gemäß § 130 Abs. 2 S. 2 AktG zwingend die folgenden Angaben enthalten:[84] 50

1. die Zahl der Aktien, für die gültige Stimmen abgegeben wurden,
2. den Anteil des durch die gültigen Stimmen vertretenen Grundkapitals am eingetragenen Grundkapital, und
3. die Zahl der für einen Beschluss abgegebenen Stimmen, Gegenstimmen und gegebenenfalls die Zahl der Enthaltungen.

Ein Verstoß gegen diese Vorgabe führt allerdings **nicht zur Nichtigkeit** des entsprechenden Beschlusses gemäß § 241 Nr. 2 AktG. Ferner genügt nach **§ 130 Abs. 2 S. 3 AktG** die Protokollierung der Feststellung des Versammlungsleiters, dass für den Beschluss „die erforderliche Mehrheit erreicht wurde", wenn kein Aktionär die umfassende Feststellung verlangt. Die **nach § 130 Abs. 2 S. 1 AktG erforderlichen Angaben** (→ Rn. 48f.) müssen aber auch in diesem Fall protokolliert werden.[85] Darüber hinaus sollte die Feststellung aufgenommen werden, dass kein Aktionär eine umfassende Beschlussfeststellung verlangt hat.[86] Der Praxis ist allerdings ohnehin zu empfehlen, auch bei verkürzter Beschlussfeststellung durch den Versammlungsleiter alle Angaben nach § 130 Abs. 2 S. 2 AktG in das Protokoll aufzunehmen.[87] Die Daten sind vorhanden, da sie gemäß § 130 Abs. 6 AktG im Internet veröffentlicht werden müssen. Die Erleichterung nach § 130 Abs. 2 S. 3 AktG gilt schließlich nicht, wenn ein Beschluss **nicht die erforderliche Mehrheit erreicht** hat.[88] 50a

Zu protokollieren ist das vom Notar wahrgenommene oder – im Fall der EDV-Auszählung – das ihm mitgeteilte[89] Ergebnis der Abstimmung, das sich in aller Regel mit dem vom Versammlungsleiter verkündeten Abstimmungsergebnis deckt; andernfalls wird der Notar seine abweichende Wahrnehmung im Protokoll vermerken. Die Frage, wie bei Abweichung der Beobachtung des Notars vom verkündeten Ergebnis zu verfahren sei,[90] 51

---

[83] *Werner* in GroßkommAktG AktG § 130 Rn. 22; s. auch *Zimmermann* in Happ/Groß AktienR 10.18 Rn. 39.3.
[84] Dazu *Koch* in Hüffer/Koch AktG § 130 Rn. 23a.
[85] *Koch* in Hüffer/Koch AktG § 130 Rn. 23b, dort auch zu weiteren Einzelfragen der Regelung.
[86] *Wettich* NZG 2011, 721 (727).
[87] Ebenso *Wettich* NZG 2011, 721 (727).
[88] *Wettich* NZG 2011, 721 (727).
[89] Bei großen Hauptversammlungen, die von einem der auf die Durchführung von Hauptversammlungen spezialisierten Dienstleister vorbereitet und begleitet werden, kann der Notar sich auf die korrekte Ermittlung und Mitteilung der Abstimmungsergebnisse verlassen, zumal die Auszählung der Stimmen und die Feststellung des Abstimmungsergebnisses gar nicht seine Aufgabe, sondern die des Versammlungsleiters ist, BayObLG DNotZ 1973, 125, der dabei Personal und Hilfsmittel einsetzen kann, *Koch* in Hüffer/Koch AktG § 133 Rn. 22. Bei gesellschaftseigener Abstimmung mittels EDV wird der Notar sich allenfalls durch einen Probelauf vom Funktionieren überzeugen lassen. Bei der Einsammlung von Stimmkarten wird er selbst oder durch Hilfspersonen, etwa Angehörige seines Büros, deren vollständige Ablieferung überwachen; das gilt vor allem bei Anwendung der Subtraktionsmethode. Die übertriebenen Anforderungen des OLG Düsseldorf ZIP 2003, 1147 – Goldzack – mit Anm. von *Sustmann* EWiR § 130 Akt 1/03, 737; zust. auch *Paefgen* WuB A § 130 AktG 1.03 – aufgehobenen Urteils des LG Wuppertal ZIP 2002, 1618, das Nichtigkeit eines Beschlusses wegen nicht ordnungsgemäßer Beurkundung (§ 241 Nr. 2 AktG) annahm, wenn der Notar die Stimmenauszählung nicht überwacht hat (ähnlich auch OLG Oldenburg AG 2002, 682, wonach die bloße Wiedergabe der vom Vorsitzenden festgestellten Ergebnisse durch den Notar nicht genüge), hatte mit Recht Widerspruch erfahren (*Priester* in der Anm. EWiR § 130 AktG 1/02, 645, *Krieger* ZIP 2002, 1597, *Reul* AG 2002, 543). Nunmehr hat der BGHZ 180, 9 (16), mit zust. Anm. von *Mutter* ZIP 2009, 470, entschieden, dass der Notar nicht verpflichtet ist, die Stimmauszählung persönlich zu überwachen und eigene Feststellungen zum Abstimmungsergebnis zu treffen; „die Überwachung und Protokollierung fällt nicht unter die „Art der Abstimmung" iSv § 130 Abs. 2 AktG." Ebenso OLG Stuttgart AG 2005, 125 (130f.) mwN; OLG Frankfurt a.M. DB 2009, 1863 (1864).
[90] Zum Streitstand *Koch* in Hüffer/Koch AktG § 130 Rn. 21.

wird sich in der Praxis kaum je stellen, weil der Notar dem Versammlungsleiter bei der – richtigen – Ermittlung des Abstimmungsergebnisses hilft und der Versammlungsleiter das mit dem Notar gemeinsam festgestellte Ergebnis verkündet. Obwohl der Versammlungsleiter nur „die Beschlussfassung" festzustellen hat, ist es üblich, dass er der Versammlung auch das Abstimmungsergebnis mitteilt. Käme dabei eine Abweichung von der Wahrnehmung des Notars vor, was eigentlich nur denkbar ist bei Meinungsverschiedenheiten über die Stimmberechtigung einzelner Aktionäre, müsste der Notar wohl das von ihm wahrgenommene Ergebnis beurkunden. Das vom Vorsitzenden verkündete Ergebnis (die Feststellung der Beschlussfassung) muss er aber ebenfalls protokollieren und daneben seine eigene, davon abweichende Wahrnehmung vermerken.[91]

f) Feststellung des Vorsitzenden über die Beschlussfassung

52 Die **Verkündung**[92] des Ergebnisses der Auszählung der ermittelten Stimmen genügt nicht; vielmehr muss der Vorsitzende **ausdrücklich feststellen,** ob der Beschluss entsprechend dem Beschlussvorschlag bzw. Antrag zustande gekommen ist oder nicht,[93] und diese Feststellung muss protokolliert werden (§ 130 Abs. 2 AktG; zu Besonderheiten bei **börsennotierten Gesellschaften** → Rn. 50). Mit der Feststellung und ihrer Beurkundung ist der Beschluss (sofern kein Nichtigkeitsgrund vorliegt) wirksam und allenfalls anfechtbar; ohne Feststellung des Abstimmungsergebnisses könnte der Notar den Beschluss nicht beurkunden, und er wäre dann bereits aus diesem Grund nichtig (§§ 241 Nr. 2 AktG).[94] Der Inhalt des Beschlusses braucht nicht protokolliert zu werden, wenn – wie dies üblich ist – der in der bekanntgemachten Tagesordnung enthaltene Wortlaut des Beschlussvorschlags bzw. Antrags im Protokoll oder einer Anlage festgehalten wurde.[95] Zur Wirksamkeit der Protokollierung genügt die Wiedergabe des vom Versammlungsleiter festgestellten Abstimmungsergebnisses.[96] Auf die „ordnungsgemäße (insbes. manipulationsfreie) Organisation der Hauptversammlung durch den Versammlungsleiter" darf der Notar sich verlassen.[97]

g) Minderheitsverlangen und Gegenanträge

53 Zu beurkunden ist ferner jedes in der Hauptversammlung gestellte (nicht allein im Vorfeld angekündigte) **Minderheitsverlangen** (§ 130 Abs. 1 S. 2 AktG), also das Verlangen nach
- Einzelabstimmung über die Entlastung von Mitgliedern des Vorstands oder des Aufsichtsrats (§ 120 Abs. 1 S. 2 AktG) und
- Abstimmung über den Wahlvorschlag von Aktionären zum Aufsichtsrat vor der Abstimmung über den Vorschlag des Aufsichtsrats (§ 137 AktG).

---

[91] *Zöllner* in Kölner Komm. AktG § 133 Rn. 129; *Preuß* in Armbrüster/Preuß/Renner BeurkG § 37 Rn. 9.
[92] Der Ausdruck „Verkündung" ist üblich, das Gesetz spricht von „Feststellung", § 130 Abs. 2 AktG.
[93] *Koch* in Hüffer/Koch AktG § 130 Rn. 22.
[94] Zur – nur ausnahmsweise auftretenden – Frage, ob der Versammlungsleiter das Abstimmungsergebnis offen lassen und auf seine Feststellung verzichten kann, siehe *Zöllner* FS Lutter, 2000, 821 (828 ff.). Der Notar hat dann die Erklärung des Versammlungsleiters, dass er sich zur Feststellung des Ergebnisses nicht in der Lage sieht, zu protokollieren. Das Ergebnis ist dann ggf. durch Feststellungsklage zu klären. Das Gleiche gilt, wenn ein Versammlungsleiter nicht vorhanden ist, was bei der Einpersonen-AG vorkommen mag oder dann, wenn nur ein Aktionär oder Aktionärsvertreter erschienen ist.
[95] Der Versammlungsleiter braucht den Wortlaut des bekanntgemachten Beschlussvorschlags ebenfalls nicht wiederzugeben; es genügt (ist allerdings auch erforderlich), falls sich daran bis zur Abstimmung nichts geändert hat, die Bezugnahme auf den Wortlaut der Bekanntmachung, *Mutter* AG 2007, R 268/9.
[96] OLG Düsseldorf ZIP 2003, 1147 – Goldzack.
[97] *Zimmermann* in Happ/Groß AktienR 10.18 Rn. 2.47.

Die Beurkundung des Minderheitsverlangens ist unabhängig davon vorzunehmen, ob in dieser Hauptversammlung entsprechend dem Antrag der Minderheit beschlossen werden soll oder darf.[98]

Gestellte Gegenanträge sind nur aufzunehmen, wenn der Versammlungsleiter sie als unzulässig zurückgewiesen oder die Hauptversammlung darüber abgestimmt und sie **abgelehnt** hat.[99]

54

h) Fragen

Auf Verlangen eines Aktionärs, dem eine „**Auskunft verweigert**" wurde, ist seine **Frage** zu protokollieren. Das Gesetz geht davon aus, dass für die Verweigerung ein Grund angegeben wird und schreibt deshalb vor, dass auch der **Grund der Verweigerung** zu protokollieren ist (§ 131 Abs. 5 AktG). In der Praxis werden Auskünfte nur selten ausdrücklich unter Berufung auf das Nichtbestehen eines Auskunftsanspruchs oder einen gesetzlichen Verweigerungsgrund abgelehnt.[100]

55

Auch wenn keine ausdrückliche Verweigerung erklärt oder kein Grund dafür angegeben oder eine Frage einfach nicht beantwortet, sondern schlicht übergangen wurde, besteht der Anspruch auf Protokollierung der nicht beantworteten Fragen.[101] Der Notar muss sie nicht mitschreiben, er kann – schon um in der Wahrnehmung des Fortgangs der Hauptversammlung nicht behindert zu sein – den Aktionär zur Übergabe eines seine Fragen enthaltenden Schriftstücks auffordern, dessen Fragen von einer Hilfsperson mitschreiben lassen, die das Schriftstück alsdann dem Notar als Bote des Aktionärs überreicht oder sie auf Tonband aufnehmen lassen.[102] **Protokollierungsersuchen** von Aktionären werden an den Notar allerdings häufig bereits gestellt, **ehe die Auskunft** überhaupt mündlich **verlangt, geschweige denn verweigert wurde.** Solche Ersuchen sind vom Notar abzulehnen. Das Gleiche gilt für ein Protokollierungsverlangen ohne ausdrückliche Auskunftsverweigerung, solange die Debatte noch nicht geschlossen ist. Nach dem Schluss der Debatte gestellte Fragen oder die Weigerung des Versammlungsleiters, dem Aktionär zu weiteren Fragen das Wort zu erteilen, sind nicht (mehr) zu protokollieren.[103] Soweit sich das Protokollierungsersuchen aber auf im Rahmen der Debatte gestellte Fragen bezieht, kann es bis zur förmlichen Schließung der Hauptversammlung durch den Versammlungsleiter gestellt werden.[104]

56

---

[98] *Kubis* in MüKoAktG AktG § 130 Rn. 5.
[99] *Werner* in GroßkommAktG AktG § 130 Rn. 41.
[100] Ob der Vorstand die Auskunftsverweigerung in der Hauptversammlung begründen muss, ist umstritten, zum Streitstand *Koch* in Hüffer/Koch AktG § 131 Rn. 23. Jedenfalls kann die Begründung aber im gerichtlichen Verfahren nachgeschoben werden, und zwar selbst dann, wenn der Vorstand sich in der Hauptversammlung nicht auf ein Auskunftsverweigerungsrecht berufen hatte, BGH NZG 2014, 423 (426): „Dem steht nicht entgegen, dass nach § 131 V AktG auf Verlangen des Aktionärs die für die Auskunftsverweigerung angeführten Gründe in die Niederschrift über die Verhandlung aufzunehmen sind. Denn diese Vorschrift regelt lediglich eine Dokumentationspflicht in der Hauptversammlung, nicht aber die Folgen eines möglichen Begründungsmangels."
[101] Der Gesetzeswortlaut ist zu eng; die Vorschrift gilt ebenso, wenn keine Verweigerung vorliegt, sondern Auskünfte einfach nicht oder unvollständig oder unrichtig erteilt wurden, *Krieger* FS Priester, 2007, 387 (392); *Kubis* in MüKoAktG AktG § 131 Rn. 163.
[102] Enger *Kubis* in MüKoAktG AktG § 131 Rn. 165 (keine Verpflichtung des Aktionärs, die Fragen schriftlich an den Notar zu übergeben). Wie hier dagegen *Koch* in Hüffer/Koch AktG § 131 Rn. 43; *Krieger* FS Priester, 2007, 387 (402 f.), der empfiehlt, vorsichtshalber Stenographen als Schreibhilfe für den Aktionär zur Verfügung zu halten. Der Beweiswert des Protokolls erschöpft sich dann allerdings in der Übergabe der Verkörperung der Fragen. Anders nur, wenn ein weiterer Notar, insbes. zur Aufnahme von Fragen und Antworten hinzugezogen wird (→ Rn. 12). Die aktien- und beurkundungsrechtlichen Anforderungen gelten auch für den zweiten Notar. Da jeder Notar nur beurkunden wird (kann), was er wahrgenommen hat, besteht „das" Protokoll dann ggf. aus zwei (oder mehr) einander ergänzenden Urkunden, *Krieger* FS Priester, 2007, 396 (404).
[103] *Krieger* FS Priester, 2007, 387 (396).
[104] *Kubis* in MüKoAktG AktG § 131 Rn. 164.

57 Nicht selten wird eine – tatsächlich oder vermeintlich – nicht beantwortete Frage noch beantwortet, wenn der Aktionär sie wiederholt und auf die Absicht hinweist, die Nichtbeantwortung protokollieren zu lassen. Dem Ersuchen, eine **erteilte Antwort** zu protokollieren, muss grundsätzlich nicht entsprochen werden. Häufig verlangen Aktionäre, Fragen zu protokollieren, die nach ihrer Auffassung nicht oder nicht vollständig beantwortet wurden, obwohl der Vorstand die Beantwortung nicht abgelehnt hat, ja obwohl er uU der Auffassung ist, die Fragen beantwortet zu haben. Er wird dann auf die Protokollierung (auch) der erteilten Antworten Wert legen. Eine Pflicht zur Aufnahme der Fragen und ggf. der Antworten in das Protokoll besteht allerdings nur, wenn der Aktionär die Ansicht, seine Frage sei unzureichend beantwortet, hinreichend plausibilisiert.[105] Die Entscheidung darüber trifft der Notar eigenverantwortlich. Weder ein Aktionär noch der Vorstand kann den Notar zum Protokollieren „anweisen".[106] Ein Interesse der Gesellschaft daran kann allerdings bestehen, etwa um zu erfahren, welche Auskünfte der Aktionär (noch) vermisst und zwecks Vergleichs der erteilten Antworten mit den Fragen und Entscheidung, ob „nachgebessert" werden soll.[107] Der Notar wird **eher zu viel als zu wenig** protokollieren,[108] da die Urkunde Beweiszwecken dient. Von ihr hängt allerdings weder die Antragsbefugnis nach § 132 AktG noch die Klagebefugnis nach § 245 AktG ab. Letztere hängt allein von der Erklärung des Widerspruchs zu Protokoll ab (§ 245 Nr. 1 AktG). Protokolliert der Notar allerdings auf Verlangen eines Aktionärs Fragen als unbeantwortet, bei denen zweifelhaft ist, ob sie nicht doch vollständig beantwortet wurden, sollte er auch die erteilten Antworten im Protokoll festhalten.

i) Geschäftsordnungsmaßnahmen

58 Im Verlauf der Verhandlungen hat der Versammlungsleiter immer wieder Anordnungen zu treffen, die sich mit dem Gang der Aussprache befassen. Das gilt insbes. für Redezeitbeschränkungen, die Entziehung des Worts, Entfernung aus dem Saal etc. Derartige Maßnahmen gehören nach hier vertretener Meinung ebenfalls zum zwingenden Inhalt des Protokolls,[109] weil ihre Rechtmäßigkeit in einem Anfechtungsverfahren überprüfbar sein muss (→ Rn. 37).

j) „Widerspruch zu Protokoll"

59 Zu beurkunden ist jeder von einem Aktionär zu Protokoll erklärte Widerspruch. Als Widerspruch ist **jede Erklärung** aufzufassen, aus der hervorgeht, dass der Aktionär[110] mit dem Beschluss **nicht einverstanden** ist und sich damit „nicht abfinden" will.[111] Der Widerspruch bedarf **keiner Begründung.** Der Notar ist auch nicht dazu berufen, sich eine

---

[105] Str., wie hier *Krieger* FS Priester, 2007, 387 (394); weiter (keine Plausibilisierung erforderlich) *Kubis* in MüKoAktG AktG § 131 Rn. 163; enger (keine Pflicht zur Aufnahme in das Protokoll) *Volhard* in Vorauflage Rn. 57.
[106] Von einem Protokollierungsanspruch der Gesellschaft ist im Gesetz nicht die Rede, und zwar weder in Ansehung der Fragen noch der Antworten. Dennoch wird – was in der Praxis allerdings keine Rolle spielt – teils angenommen, der Vorstand könne verlangen, dass Fragen und die Begründung der Auskunftsverweigerung protokolliert werden, so etwa *Werner* in GroßkommAktG AktG § 130 Rn. 40.
[107] Siehe dazu *Krieger* FS Priester, 2007, 397.
[108] Selbstverständlich aber stets nur, was er selbst wahrgenommen hat, *Krieger* FS Priester, 2007, 387 (396).
[109] Ebenso *Butzke* N Rn. 33; *Zimmermann* in Happ/Groß AktienR 10.18 Rn. 2.49.
[110] Wer Widerspruch erklärt, muss protokolliert werden. Hat der Widersprechende Aktien sowohl im Eigen- wie im Fremdbesitz, muss er deshalb klarstellen, zu welcher Stimmkarte der Widerspruch eingelegt werden soll, OLG München AG 2001, 482.
[111] *Koch* in Hüffer/Koch AktG § 245 Rn. 14; *Noack* AG 1989, 78 (80). Kein Widerspruch liegt darin, dass der Aktionär gegen den Beschlussvorschlag stimmt.

Meinung darüber zu bilden, ob der Widerspruch sinnvoll erscheint oder nicht, sondern hat jeden Widerspruch in das Protokoll aufzunehmen.[112]

Von besonderen Fällen abgesehen, nämlich dem Widerspruch 60
– gegen den Verzicht auf oder den Vergleich über Schadensersatzansprüche gegen Gründer, Vorstand und Aufsichtsrat (§§ 50 S. 1, 93 Abs. 4 S. 3, 116 S. 1 AktG),
– gegen den Verzicht auf konzernrechtliche Ausgleichsansprüche,[113]
– gegen die Wahl des Abschlussprüfers (§ 318 Abs. 3 S. 2 HGB) und
– gegen den Verschmelzungsbeschluss zwecks Erhaltung des Anspruchs auf Barabfindung (§ 29 Abs. 1 S. 1 UmwG)[114]

regelt das Gesetz den Widerspruch nur im Zusammenhang mit der Befugnis zur **Anfechtung** von Beschlüssen. Danach ist die **Erklärung**[115] des Widerspruchs zu Protokoll erforderlich, um dem in der Hauptversammlung erschienenen Aktionär die Befugnis zu erhalten, einen Beschluss anzufechten (§ 245 Nr. 1 AktG).[116] Das gilt auch für **Briefwähler** und **Online-Teilnehmer.**[117]

Der Widerspruch kann gegen einzelne oder alle Beschlüsse, nach der Verkündung des 61
Abstimmungsergebnisses, nach ganz hM aber auch **schon davor,** und sogar bereits vor Beginn der Aussprache **erklärt werden,** was nicht selten auch geschieht.[118] Ein Widerspruch zu Protokoll ist nicht mehr möglich, nachdem der Versammlungsleiter die Hauptversammlung für beendet erklärt hat.[119]

k) Unterschrift des Notars

Die Niederschrift ist **nach Fertigstellung** vom Notar eigenhändig zu unterzeichnen 62
(§ 130 Abs. 4 AktG). Zur Wirksamkeit der Niederschrift genügt die Unterschrift des Notars, selbst wenn die Satzung zusätzlich die Unterschrift zB des Versammlungsleiters vorsieht. Das gilt nur dann nicht, wenn das Protokoll rechtsgeschäftliche Erklärungen Beteiligter enthält (→ Rn. 14). Dann muss das Protokoll von den betreffenden Beteiligten gem. § 13 Abs. 1 S. 1 BeurkG unterschrieben werden, weil es sich um die Protokollierung von Willenserklärungen handelt.

Wann die **Niederschrift fertigzustellen** ist, sagt das Gesetz nicht. Da die Niederschrift „unverzüglich nach der Hauptversammlung" in beglaubigter Abschrift zum Handelsregister einzureichen ist (§ 130 Abs. 5 AktG; → Rn. 84), geht das Gesetz davon aus, 63
dass sie vom Notar alsbald nach der Hauptversammlung fertiggestellt wird. Da dem Notar idR ein von ihm (oder der Gesellschaft) anhand der Einberufung ausgearbeiteter Entwurf

---

[112] Ob der Notar „sich verpflichtet fühlen" sollte, Erklärungen zu protokollieren, die möglicherweise als Widerspruch aufzufassen sein könnten, wie *Noack* AG 1989, 72 (80), unter Berufung auf die Entscheidung RGZ 53, 291 (293) (zu § 51 Abs. 2 S. 1 GenG) meint, erscheint zweifelhaft. Zumindest wird man verlangen müssen, dass sich der betreffende Aktionär von sich aus zum Notar bemüht, auch wenn „Adressat" des Widerspruchs die AG ist, nicht der Notar.
[113] §§ 302 Abs. 3 S. 3, 309 Abs. 3 S. 1, 310 Abs. 4, 317 Abs. 4, 318 Abs. 4, 323 Abs. 1 S. 2 AktG.
[114] Ebenso bei der Auf- und Abspaltung auf einen Träger anderer Rechtsform, §§ 125 S. 1, 29 Abs. 1 S. 1 UmwG, und beim Formwechsel, § 207 Abs. 1 S. 1 UmwG.
[115] Die Beurkundung ist nicht Voraussetzung der Anfechtung; der Beweis, dass Widerspruch zu Protokoll erklärt wurde, genügt, wenn er in anderer Form geführt werden kann, *Koch* in Hüffer/Koch AktG § 245 Rn. 15 mwN.
[116] Die streitige Frage, ob ausnahmsweise auch ohne Erklärung des Widerspruchs zu Protokoll angefochten werden kann, wenn in der Hauptversammlung der Widerspruch unterblieb, weil der Gesetzesverstoß für den Aktionär nicht erkennbar war (zum Streitstand *Koch* in Hüffer/Koch AktG § 245 Rn. 16 mwN), spielt für die Anfertigung des notariellen Protokolls naturgemäß keine Rolle.
[117] *Koch* in Hüffer/Koch AktG § 245 Rn. 13WM 2009, 2289.
[118] Siehe lediglich BGH AG 2007, 863; BGH NZG 2009, 342 (344f.) – Kirch/Deutsche Bank; *E. Vetter* DB 2006, 2278 (zu OLG Jena DB 2006, 2281); *Koch* in Hüffer/Koch AktG § 245 Rn. 14 mwN; *Dörr* in Spindler/Stilz AktG § 245 Rn. 27. AA (mit guten Gründen) *Kubis* in MüKoAktG § 130 Rn. 7; LG Frankfurt a.M. ZIP 2005, 991 (mit abl. Anm. von *Priester* EWiR § 245 AktG 1/05, 329) und ZIP 2006, 335 (339): Widerspruch wirksam nur bei Erklärung erst nach der Beschlussfassung.
[119] *Koch* in Hüffer/Koch AktG § 245 Rn. 14.

des Protokolls vorliegt, in den er im Lauf der Versammlung nur noch Einzelheiten handschriftlich einträgt (namentlich Zeitpunkt des Beginns, Anwesenheit der Organmitglieder, Präsenzen, Wortmeldungen, Fragen, Widersprüche, Abstimmungsergebnisse, Zeitpunkt der Beendigung), kann er diesen ergänzten Entwurf als Original **nach Schluss der Hauptversammlung sofort unterzeichnen.** Zwingend erforderlich ist dies zwar nicht, da die Unterschrift auch nach der Hauptversammlung vollzogen werden kann;[120] aber so lässt sich die Gefahr ausschließen, dass die Hauptversammlung wiederholt werden muss, falls dem Notar vor Unterzeichnung des Protokolls etwas zustößt, was ihn an der späteren Fertigstellung und Unterzeichnung hindert.[121] Solange der Notar das Protokoll noch nicht in den Verkehr gegeben hat, kann er jedoch auch in diesem Fall die **Reinschrift nach der Hauptversammlung erstellen,** „wobei Änderungen oder Ergänzungen gegenüber den aufgenommenen Notizen oder auch gegenüber einem in der Hauptversammlung bereits fertig gestellten Protokoll auf Grund eigener Erinnerung des Notars ohne Weiteres möglich sind, solange die bisherige Ausarbeitung noch ein „Internum" bildet, mag sie auch von ihm schon unterzeichnet sein".[122] Zu der Frage, ob der **Beschluss** in diesen Fällen erst im Zeitpunkt der Fertigstellung des Protokolls oder **rückwirkend** (auf den Zeitpunkt der Hauptversammlung) **wirksam wird,** → § 12 Rn. 40.

3. Üblicher weiterer Inhalt des Protokolls

64 Üblicherweise enthält das notarielle Protokoll über den vorgeschriebenen Inhalt hinaus eine Reihe weiterer Angaben. Zwar braucht der Notar nicht zu versuchen, ein – auch zeitlich – getreues Bild vom Ablauf der Hauptversammlung zu geben, andererseits wäre ein Protokoll, das lediglich enthält, was es enthalten muss, unanschaulich.[123] Ebenso wenig braucht der Notar dem Verlangen von Aktionären zu entsprechen, die gelegentlich auf der Protokollierung von Erklärungen, Geschehensabläufen oder Rechtsansichten bestehen wollen. **Üblich** sind folgende Angaben:

a) Begrüßung

65 Der Versammlungsleiter pflegt die Anwesenden, Aktionäre, Aktionärsvertreter, Presse, zu begrüßen und dabei mitzuteilen, wer vom Aufsichtsrat und vom Vorstand der Gesellschaft und ggf. vom Abschlussprüfer anwesend ist und wer protokolliert. Es ist üblich, dies im Protokoll festzuhalten.

b) Erläuterungen zum Ablauf

66 Der Versammlungsleiter pflegt anzugeben, wie die **Präsenzkontrolle** gesichert wird (Zu- und Abgangskontrolle, Möglichkeiten der Vollmachtserteilung, Festlegung der „Präsenzzone"). Er pflegt ferner Hinweise auf die ausliegenden **Vorlagen** zu geben. Auch diese Angaben werden üblicherweise – in knapper Form – im Protokoll festgehalten.

---

[120] *Kubis* in MüKoAktG AktG § 130 Rn. 19; allerdings gilt dies nur, wenn die Unterzeichnung nicht bewusst (langfristig) verzögert wird, OLG Stuttgart AG 2015, 282 (283); OLG Stuttgart AG 2015, 284 f.
[121] *Winkler* BeurkG, 18. Aufl. 2017, BeurkG § 44a Rn. 36 mwN: „Auf diese Weise existiert wenigstens etwas rechtlich Verwertbares und muss nicht gleich die ganze Hauptversammlung wiederholt werden." Zu späteren Ergänzungen/Berichtigungen → Rn. 86 ff.
[122] BGH NZG 2009, 342 (343) – Kirch/Deutsche Bank.
[123] *Schulte* AG 1985, 33 (39). „Die Praxis macht diese Angaben regelmäßig und mit gutem Grund", *Priester* DNotZ 2001, 661 (666).

c) Angaben zum Teilnehmerverzeichnis

Der Versammlungsleiter pflegt darauf hinzuweisen, dass das Teilnehmerverzeichnis vorbereitet wird und dass er es vor der ersten Abstimmung zur Einsicht auslegen werde. Angaben im Protokoll über die Aufstellung des Teilnehmerverzeichnisses, dessen Zugänglichmachung durch den Versammlungsleiter und Auslegung vor der ersten Abstimmung sind nicht vorgeschrieben. Sie sind aber üblich, denn fehlt ein Teilnehmerverzeichnis, darf der Notar nicht beurkunden.[124] Wird das Abstimmungsergebnis durch Subtraktion gezählter Stimmen von der Präsenz ermittelt (→ Rn. 49), sollte im Protokoll auch angegeben werden, dass Zu- und Abgänge in Nachträgen festgehalten werden, die ebenfalls zur Einsicht ausgelegt (und dadurch zugänglich gemacht) werden.

67

d) Die Punkte der Tagesordnung

Üblich ist die Angabe der Punkte der angekündigten Tagesordnung. Der genaue Wortlaut wird nur zitiert, wenn die Einberufung dem Protokoll nicht beigefügt wird (§ 130 Abs. 3 AktG).

68

e) Ausgelegte Unterlagen

Üblicherweise wird im Protokoll erwähnt, welche Unterlagen ausgelegt wurden,[125] soweit deren Verbindung mit dem Protokoll nicht ohnehin vorgeschrieben ist (→ Rn. 72 ff.).

69

f) Eröffnung der Aussprache

Im Protokoll wird üblicherweise erwähnt, dass der Versammlungsleiter die Aussprache eröffnete und dass gestellte Fragen – ggf. mit Ausnahme der auf Verlangen protokollierten – beantwortet wurden. Darüber hinaus empfiehlt es sich, die Namen der – ggf. mehrfach – **aufgetretenen Redner** und etwaige **Anordnungen zum Ablauf** der Aussprache aufzunehmen. Soweit diese Anordnungen für die Wirksamkeit der Beschlüsse von Bedeutung sein können (etwa Redezeitbeschränkungen, die Entziehung des Worts), gehören sie nach hier vertretener Auffassung zum zwingenden Inhalt des Protokolls (→ Rn. 58).

70

Der Inhalt der einzelnen Redebeiträge wird üblicherweise nicht festgehalten, ebenso wenig gestellte Gegenanträge, die durch vorherige Abstimmung über Verwaltungsvorschläge gegenstandslos geworden sind.[126] Es ist zwar unbedenklich, wenn der Notar auf Wunsch eines Aktionärs dessen Antrag aufnimmt, auch wenn über ihn nicht mehr abgestimmt worden ist, ein Anspruch darauf besteht aber nicht (→ Rn. 56). Verlangen Aktionäre die **Beurkundung von Fragen,** die nach Meinung des Vorstands beantwortet wurden, sind im Interesse der Beweisfunktion des Protokolls nicht nur die Fragen, sondern auch die erteilten Antworten im Wortlaut zu protokollieren.

71

4. Vorgeschriebene Anlagen

Eine Reihe von Anlagen müssen dem notariellen Protokoll beigefügt, mit ihm also fest verbunden werden (normalerweise werden sie mit Urkundenschnur verbunden und gesiegelt). Allerdings ist ein Verstoß hiergegen ohne Einfluss auf die Wirksamkeit der Beur-

72

---

[124] *Werner* in GroßkommAktG AktG § 129 Rn. 9 mwN, AktG § 130 Rn. 89; *Hoffmann-Becking* in MHdB AG § 41 Rn. 8; aA *Butzke* N Rn. 12.
[125] ZB Jahresabschluss mit Lagebericht, Bericht des Aufsichtsrats, Konzernabschluss.
[126] AA *Werner* in GroßkommAktG AktG § 130 Rn. 40; *Butzke* N Rn. 33. Erst recht bleiben bloß angekündigte, in der Hauptversammlung aber nicht gestellte Anträge unerwähnt.

kundung. Die Nichtigkeitsgründe sind im Gesetz abschließend aufgezählt, dieser Mangel gehört nicht zu ihnen (§ 241 Nr. 2 AktG erwähnt § 130 Abs. 3 AktG nicht). Eine **Anfechtung scheidet aus,** weil ein in der Hauptversammlung gefasster Beschluss nicht auf einem Gesetzesverstoß beruhen kann, den der Notar nach Beendigung der Hauptversammlung begangen hat.[127]

73 Die Anlagen können aber für den **Nachweis des Ablaufs** der Hauptversammlung und für die Auslegung von Erklärungen und Beschlüssen von Bedeutung sein, so dass ihr Fehlen ebenso wie bei unvollständiger oder unrichtiger Beurkundung Schadensersatzansprüche gegen den Notar zur Folge haben kann.[128]

a) Belege über die Einberufung

74 Sie müssen dem Protokoll nur beigefügt werden, soweit ihr Inhalt (nicht notwendig der genaue Wortlaut) nicht in die Niederschrift aufgenommen wurde. Nach § 130 Abs. 3 S. 2 AktG aF waren das Teilnehmerverzeichnis und die Einberufungsbelege der Niederschrift beizufügen; § 130 Abs. 3 AktG schreibt dies heute nur noch für die Einberufungsbelege vor. Unnötig ist die Beifügung, wenn es sich um eine Einpersonengesellschaft oder eine Universalversammlung handelt.[129]

b) Nicht mehr: Teilnehmerverzeichnis

75 Beizufügen war bis zum Inkrafttreten des NaStraG das Original des vom Versammlungsleiter unterzeichneten[130] Verzeichnisses der erschienenen oder vertretenen **Aktionäre** und der **Vertreter von Aktionären**[131] mit Angabe des Betrags der von jedem vertretenen Aktien unter Angabe ihrer Gattung[132] mit allen etwa infolge Präsenzänderung erforderlich gewordenen Nachträgen, die ebenfalls vom Versammlungsleiter unterzeichnet sein mussten. Bei Hauptversammlungen großer Publikumsgesellschaften mit mehreren tausend Teilnehmern füllt das Teilnehmerverzeichnis – heute meist ein EDV-Ausdruck – mindestens einen Aktenordner. Die Beifügung zum Protokoll ist heute **nicht mehr erforderlich.** Das Teilnehmerverzeichnis bleibt in der Verwahrung der Gesellschaft, die bis zu zwei Jahren nach der Hauptversammlung jedem Aktionär auf Verlangen Einsicht in das Teilnehmerverzeichnis (§ 129 Abs. 4 AktG) zu gewähren hat.

c) Verträge

76 Verträge, die zu ihrer Wirksamkeit der Zustimmung der Hauptversammlung bedürfen, sind dem Protokoll in Abschrift beizufügen.[133] Das gilt für
– Nachgründungsverträge (§ 52 Abs. 2 S. 6 AktG),
– Unternehmensverträge (§ 293g Abs. 2 S. 2 AktG),
– Verträge zur Übertragung des ganzen Gesellschaftsvermögens (§ 179a AktG) und

---

[127] Str., *Koch* in Hüffer/Koch AktG § 130 Rn. 32 mN zum Streitstand.
[128] *Koch* in Hüffer/Koch AktG § 130 Rn. 30, 32.
[129] *Koch* in Hüffer/Koch AktG § 130 Rn. 24.
[130] Die Unterzeichnung auch durch den Notar war nie vorgeschrieben, aber vielfach üblich, *Werner* in GroßkommAktG AktG § 129 Rn. 23. Trotz der Gesetzesänderung wird das Verzeichnis häufig noch immer von Versammlungsleitern unterschrieben und die Mitunterzeichnung vom Notar erwartet, was zwar unnötig, aber natürlich unschädlich ist.
[131] Der Ausdruck „Teilnehmer"-Verzeichnis ist insofern nicht ganz korrekt, *Werner* in GroßkommAktG AktG § 129 Rn. 1.
[132] § 129 Abs. 1 AktG. Hat ein Aktionär Aktien mehrerer Gattungen, sind diese getrennt aufzuführen; das ist erforderlich, weil uU Sonderbeschlüsse zu fassen sind, → § 40 Rn. 20ff.
[133] In Urschrift, Ausfertigung oder beglaubigter Abschrift ist der Vertrag der Anmeldung zum Handelsregister beizufügen, siehe § 52 Abs. 6 S. 2 AktG; § 294 Abs. 1 S. 2 AktG.

– Verträge nach dem UmwG (Verschmelzungs-,[134] Spaltungs-[135] und Vermögensübertragungsverträge).[136]

d) Fragen

Bei umfangreichen Fragen sieht der Notar – schon, um nicht von dem Geschehen der laufenden Hauptversammlung abgelenkt zu werden – von der Aufnahme der angeblich nicht beantworteten Fragen (§ 131 Abs. 5 AktG) in das vorbereitete Protokoll normalerweise ab; er fügt dann den ihm vom Aktionär übergebenen **Katalog dem Protokoll als Anlage** bei. In diesem Fall sind aber die vom Vorstand gegebenen **Antworten** in das Protokoll aufzunehmen, ebenso – sollte die Beantwortung von Fragen verweigert und die Verweigerung begründet worden sein – der angegebene **Verweigerungsgrund**.

5. Übliche Anlagen

Mitunter wird der Niederschrift eine beglaubigte Abschrift des im Original von den Vorstandsmitgliedern, dem Vorsitzenden des Aufsichtsrats und dem Abschlussprüfer unterschriebenen **Jahresabschlusses** mit Lagebericht und Bericht des Aufsichtsrats beigefügt; nötig ist dies nicht. Diese Unterlagen sind gem. §§ 325 ff. HGB in elektronischer Form beim Betreiber des Bundesanzeigers einzureichen und im Bundesanzeiger bekannt zu machen. Vorgeschrieben ist lediglich, die in § 175 Abs. 2 AktG aufgeführten Unterlagen von der Einberufung der Hauptversammlung an im Geschäftsraum der Gesellschaft auszulegen und auf Verlangen Abschriften zu erteilen;[137] ferner sind die Unterlagen in der Hauptversammlung zugänglich zu machen und zu erläutern, § 176 Abs. 1 AktG;[138] eine Pflicht, die Unterlagen der Niederschrift beizufügen, besteht aber nicht.

6. Ausfertigung und Einreichung des Protokolls

a) Ausfertigung

Das Originalprotokoll (die „**Urschrift**") bleibt in der Verwahrung des Notars (§ 45 BeurkG). Für Zwecke des Rechtsverkehrs tritt an seine Stelle eine Ausfertigung (§ 47 BeurkG), das ist eine mit dem Ausfertigungsvermerk versehene Abschrift (§ 49 Abs. 1 BeurkG), oder eine beglaubigte Abschrift.

In der Hauptversammlung liegt in aller Regel bereits der soweit möglich vollständige **Entwurf** des Protokolls vor, der im Verlauf der Verhandlungen nur noch ergänzt oder berichtigt werden muss. Im Anschluss an die Hauptversammlung wird danach eine **Reinschrift** hergestellt, die als Urkunde mit ihrer eigenhändigen Unterzeichnung durch den Notar wirksam wird.

Anders als bei der Beurkundung von Willenserklärungen handelt es sich bei dieser Reinschrift nicht um eine „Leseabschrift"; der Notar braucht also nicht den Entwurf als Original zu behandeln und die handschriftlichen Änderungen zu „bescheinigen".[139] Trotzdem tut er gut daran, nach Schluss der Hauptversammlung den Entwurf zu unter-

---

[134] § 17 Abs. 1 UmwG.
[135] §§ 125 S. 1, 17 Abs. 1 UmwG.
[136] §§ 176 Abs. 1, 17 Abs. 1 UmwG.
[137] Ausf. *Hennrichs/Pöschke* in MüKoAktG AktG § 175 Rn. 23 ff.
[138] Ausf. *Hennrichs/Pöschke* in MüKoAktG AktG § 176 Rn. 4 ff.
[139] Das gilt nicht, soweit Willenserklärungen beurkundet wurden, → Rn. 14. Dann muss der Entwurf als Original behandelt und ggf. eine Leseabschrift hergestellt werden.

zeichnen, um das Risiko der Wiederholung der Hauptversammlung im Falle seiner späteren Verhinderung zu vermeiden.[140]

82 Die Protokollierung ist mit Unterzeichnung der vom Notar als endgültig angesehenen, ggf. geänderten, ergänzten oder berichtigten (→ Rn. 86 ff.) Niederschrift durch den Notar abgeschlossen. Die nachfolgende Herstellung einer Ausfertigung oder beglaubigten Abschrift der Urkunde ist nur erforderlich, um der Einreichungspflicht zu genügen.

83 Der Vorstand hat **Anspruch auf Erteilung von Ausfertigungen** (oder beglaubigten Abschriften) des Protokolls. Außerdem hat, wenn Willenserklärungen beurkundet worden sind, jeder Anspruch auf eine Ausfertigung, der eine Erklärung abgegeben hat oder in dessen Namen eine Erklärung abgegeben wurde (§ 51 Abs. 1 Nr. 1 BeurkG). Die Aktionäre sind auf ihr Recht beschränkt, beim **Registergericht** das Protokoll einzusehen und dort eine beglaubigte oder unbeglaubigte Abschrift anzufordern (§ 9 HGB).[141] Darauf sind sie vom Notar zu verweisen, wenn sie ihn im Anschluss an die Hauptversammlung – was nicht selten geschieht – um Übersendung einer Abschrift bitten.

b) Einreichung

84 Unverzüglich nach der Hauptversammlung ist eine öffentlich, normalerweise also notariell beglaubigte Abschrift des Protokolls[142] und seiner Anlagen zum Handelsregister einzureichen (§ 130 Abs. 5 AktG). Hierzu verpflichtet ist der **Vorstand,** doch entspricht die Einreichung durch den Notar der Üblichkeit. Verpflichtet ist der Notar dazu nur, wenn Willenserklärungen beurkundet wurden (§ 53 BeurkG).

c) Mitteilungspflichten

85 Der beurkundende Notar hat, wenn er Gründung, Kapitalmaßnahmen, Umwandlungen und Verträge über die Übertragung von Anteilen beurkundet, dem **Finanzamt** binnen zwei Wochen jeweils eine beglaubigte Abschrift zu übersenden (§ 54 Abs. 1–3 EStDV).

7. Berichtigung des Protokolls

86 Da das Hauptversammlungsprotokoll – wie jede notarielle Urkunde – den vollen Beweis der beurkundeten Tatsachen oder Erklärungen erbringt (§§ 415 Abs. 1, 418 Abs. 1 ZPO), muss der Notar jeden von ihm erkannten Fehler in seinem Protokoll berichtigen.[143] Fraglich ist nur, wann und wie.

87 Vor Unterzeichnung handelt es sich bei dem Protokoll um einen Entwurf, den der Notar ohne Einschränkung ändern kann. Das gilt selbst dann, wenn er den Entwurf nach Beendigung der Hauptversammlung vorsorglich bereits im Bewusstsein unterschrieben hat (→ Rn. 63), dass ggf. die Richtigkeit von ihm noch überprüft und noch eine endgültige Fassung des Protokolls hergestellt werden soll.[144] Selbst nach Unterzeichnung[145] kann

---

[140] *Koch* in Hüffer/Koch AktG § 130 Rn. 26.
[141] Angesichts dieser Möglichkeit fehlt es für einen Anspruch gegen die Gesellschaft auf Einsicht in die in ihrem Besitz befindliche Ausfertigung oder Abschrift nach § 810 BGB an dem dafür erforderlichen rechtlichen Interesse. Der Notar kann als Amtsträger nicht Schuldner eines Anspruchs aus § 810 BGB sein.
[142] Bei Errichtung einer einfachen Niederschrift – → Rn. 92 – eine vom Versammlungsleiter unterzeichnete Abschrift. Zur Frage der Berichtigung einer solchen Niederschrift siehe *Schrick* AG 2001, 645.
[143] *Kanzleiter* DNotZ 1990, 478 (485).
[144] *Winkler*, BeurkG, 18. Aufl. 2017, BeurkG § 36 Rn. 10. Die übliche Praxis, den handschriftlich ergänzten und/oder geänderten Protokollentwurf alsbald nach Beendigung der Hauptversammlung zu unterschreiben, entspricht berufsüblicher Vorsicht und ist nicht zu beanstanden, BGH NZG 2009, 342 (343) – Kirch/Deutsche Bank. Der Notar wählt damit den „sichersten Weg", näher dazu *Maass* ZNotP 2005,

er aber die Niederschrift „jederzeit ergänzen oder berichtigen oder auch noch neu fassen, wenn er feststellt, dass sie unrichtig ist."[146] Dies entspricht der nahezu einhelligen Meinung.[147] Der BGH dürfte dies nunmehr für die Praxis außer Streit gestellt haben: „Urkunde im Sinne des Gesetzes ist erst die vom Notar autorisierte, unterzeichnete und in den Verkehr gegebene Endfassung."[148]

Auch **nachdem der Notar die Urkunde in den Verkehr gebracht** hat, sind aber noch solche Berichtigungen zulässig, die auch bei einem Urteil zulässig sind, können also Schreibfehler, Rechnungsfehler und ähnliche **offensichtliche Unrichtigkeiten** richtiggestellt werden (vgl. § 319 ZPO). Das kann durch einen Nachtragsvermerk[149] geschehen, den der Notar allen, die eine Ausfertigung oder beglaubigte Abschrift des Protokolls erhalten haben, übermittelt. Der Notar kann auch eine berichtigte Ausfertigung oder beglaubigte Abschrift erteilen und sie gegen Rückgabe der unrichtigen aushändigen, muss dies aber nicht.[150]

Nicht offensichtliche Mängel, die darauf beruhen, dass der Notar das von ihm zutreffend Wahrgenommene unrichtig beurkundet hat, kann der Notar durch eine weitere, ergänzende Niederschrift beheben (§ 44a Abs. 2 S. 3 BeurkG; **str.**).[151] Mängel, die darauf

88

89

---

377 f. Fn. 1 und 2; *Lerch*, BeurkG, 4. Aufl. 2011, BeurkG § 37 Rn. 8; *Faßbender* RNotZ 2009, 415 (447) mwN.

[145] Zur Unterzeichnung muss nämlich noch der Wille hinzutreten, sich des Protokolls zu entäußern, *Bohrer* NJW 2007, 2019 (2020); LG Frankfurt a.M. ZIP 2007, 2358, mwN; daran fehlt es bei der vorsorglichen Unterzeichnung noch. Und bis dahin bleibt selbst das unterschriebene Protokoll Entwurf, *Bohrer* NJW 2007, 2021; *Maass* ZNotP 2005, 50 (55).

[146] *Winkler*, BeurkG, 18. Aufl. 2017, BeurkG § 44a Rn. 37. Überwiegend wird dafür verlangt, dass der Notar noch keine Ausfertigung oder beglaubigte Abschrift ausgegeben hat. Nach LG Frankfurt a.M. ZIP 2006, 335 (337) ist die Beurkundung erst „abgeschlossen", wenn das Protokoll mit Willen des Notars, insbes. durch Erteilung von Ausfertigungen, in den Rechtsverkehr gelangt ist; bis dahin sind Änderungen und Ergänzungen ohne die Förmlichkeiten des § 44a BeurkG uneingeschränkt zulässig. Ebenso *Maass* ZNotP 2005, 50 (54 ff.) und ZNotP 2005, 377 (378 ff.); *Wolfsteiner* ZNotP 2005, 300 und *Wolfsteiner* ZNotP 2005, 376 ff.

[147] *Koch* in Hüffer/Koch AktG § 130 Rn. 11a; *Kubis* in MüKoAktG AktG § 130 Rn. 24; *Maass* ZNotP 2005, 50 (55) und ZNotP 2005, 377; *Wolfsteiner* ZNotP 2005, 376. Noch großzügiger ist *Winkler*, BeurkG, 18. Aufl. 2017, BeurkG § 36 Rn. 10 Für die Berichtigungsmöglichkeit offenbarer Unrichtigkeiten ohne zeitliche Beschränkung auch *Wicke* in Spindler/Stilz AktG § 130 Rn. 26; *Ziemons* in K. Schmidt/Lutter AktG § 130 Rn. 70; *Krieger* NZG 2003, 366 (369 ff.). AA *Eylmann* in ZNotP 2005, 300 und DNotP 2005, 458.

[148] BGH NZG 2009, 342 (1. Ls.) – Kirch/Deutsche Bank.

[149] Vgl. den – mangels Berichtigungsregeln für Hauptversammlungsprotokolle trotz des gem. § 59 BeurkG generell vorgehenden § 130 AktG für anwendbar gehaltenen – § 44a Abs. 2 S. 1 BeurkG, BGH NJW 2018, 52 (53 f.); *Koch* in Hüffer/Koch AktG § 130 Rn. 11a; *Kubis* in MüKoAktG AktG § 130 Rn. 24. „Offensichtlich" soll nur Fehler sein, wenn sich aus der Urkunde oder aus anderen Umständen, die jeder kennt, ergibt, *Winkler*, BeurkG, 18. Aufl. 2017, BeurkG § 44a Rn. 17. Umstritten ist, ob es genügt, dass die Unrichtigkeit jedenfalls für den Notar selbst offensichtlich ist, so etwa *Volhard* in Vorauflage mit der Begründung, dass der Notar dann berufsrechtlich zur Änderung verpflichtet sei; iE ebenso *Kanzleiter* DNotZ 1999, 292 (305 f.). Nach zutr. Auffassung ist die Grenze zur offensichtlichen Unrichtigkeit nur dann überschritten, wenn objektive, ggf. auch außerhalb der Urkunde liegende Anhaltspunkte für die Unrichtigkeit bestehen (ausf. *Heinze* NZG 2016, 1089 (1090 ff.); ähnlich die Rspr., die zusätzlich verlangt, dass die Anhaltspunkte für jeden Außenstehenden erkennbar sind, s. OLG München MittBayNot 2012, 502 (503); vgl. ferner OLG Köln NZG 2010, 1352 (1353 f.); LG Köln, Urteil v. 20.5.2016 – 82 O 123/15, BeckRS 2016, 12428).

[150] *Kanzleiter* DNotZ 1990, 478 (482).

[151] Ebenso BGH NJW 2018, 52 (54); *Herrler* in Grigoleit AktG § 130 Rn. 23; *Koch* in Hüffer/Koch AktG § 130 Rn. 11a; *Krieger* NZG 2003, 366 (368 f.); *Wicke* in Spindler/Stilz AktG § 130 Rn. 26, je mwN.; ebenso mit der Einschränkung, dass der Notar eines entsprechenden Auftrags der Gesellschaft bedarf, *Heinze* NZG 2016, 1089 (1092 ff.). Dagegen *Werner* in GroßkommAktG AktG § 130 Rn. 57; *Kubis* in MüKoAktG AktG § 130 Rn. 24; *Grumann/Gillmann* NZG 2004, 839 (842), je mwN. Die „ergänzende Niederschrift" würde allerdings nur bei kleinen Gesellschaften möglich sein, wenn man die Mitwirkung der Beteiligten verlangt, so etwa LG Köln, Urteil v. 20.5.2016 – 82 O 123/15, BeckRS 2016, 12428; *Butzke* N Rn. 23; nach zutr. Gegenauffassung ist keine Mitwirkung der Beteiligten erforderlich, so etwa BGH NJW 2018, 52 (54); *Herrler* in Grigoleit AktG § 130 Rn. 23; *Koch* in Hüffer/Koch AktG § 130 Rn. 11a; *Wicke* in Spindler/Stilz AktG § 130 Rn. 26; *Winkler*, BeurkG, 18. Aufl. 2017, BeurkG § 44a Rn. 26, 39.

beruhen, dass der Notar das von ihm unrichtig Wahrgenommene zutreffend beurkundet hat, sollen aber, selbst wenn ihm der richtige Geschehensablauf von dritter Seite überzeugend dargetan wird, nicht reparabel sein, weil die Niederschrift ihre Beweiskraft verlöre, wenn sie **nicht mehr auf den Wahrnehmungen des Notars** beruht.[152]

8. Anmeldungen

90 Jeder Beschluss der Hauptversammlung, der zu seiner Wirksamkeit der Eintragung in das Handelsregister bedarf, muss angemeldet werden. Zur Anmeldung ist der **Vorstand** schon aufgrund seiner Verpflichtung, die von der Hauptversammlung beschlossenen Maßnahmen auszuführen, verpflichtet (§ 83 Abs. 2 AktG). Das Gesetz spricht außerdem die Verpflichtung zur Anmeldung jeweils ausdrücklich aus.[153] Bei Kapitalmaßnahmen ist die Anmeldung zusätzlich vom Vorsitzenden des Aufsichtsrats zu unterschreiben.[154]

91 Jede Anmeldung zur Eintragung bedarf der öffentlichen, praktisch also der **notariellen Beglaubigung** (§ 12 Abs. 1 HGB). Weil in der Hauptversammlung idR sowohl der Vorstand als auch der Vorsitzende des Aufsichtsrats anwesend sind, empfiehlt es sich, die Anmeldung vorzubereiten und sofort im Anschluss an die Hauptversammlung unterzeichnen zu lassen. Zu den inhaltlichen Anforderungen an die Anmeldung wird auf die jeweiligen Ausführungen bei den anmeldepflichtigen Beschlüssen verwiesen.

IV. Einfache Niederschrift

92 Ist die Gesellschaft **nicht börsennotiert** iSd § 3 Abs. 2 AktG,[155] genügt, soweit keine Beschlüsse gefasst werden, für die das Gesetz (nicht nur die Satzung) eine Dreiviertel- oder größere Mehrheit vorschreibt (§ 130 Abs. 1 S. 3 AktG),[156] eine vom Vorsitzenden des Aufsichtsrats zu unterzeichnende Niederschrift. Wird gleichwohl die notarielle Beurkundung gewünscht, muss der Notar darauf hinweisen, dass sie nach dem Gesetz unnötig ist.

93 Diese Niederschrift ist allerdings – entgegen dem Gesetzeswortlaut – **von dem jeweiligen Versammlungsleiter** zu unterzeichnen, mag dieser der Vorsitzende des Aufsichtsrats sein oder nicht;[157] denn das Gesetz geht nur als selbstverständlich davon aus, dass der Vorsitzende des Aufsichtsrats die Versammlung leitet, wie dies meist der Fall ist.

---

[152] *Koch* in Hüffer/Koch AktG § 130 Rn. 11a; *Werner* in GroßkommAktG AktG § 130 Rn. 57. Dass bei rechtlich fehlerhaft gefassten Beschlüssen, die so wie gefasst beurkundet werden, eine Korrektur wegen „offensichtlicher Unrichtigkeit" des Protokolls nicht in Betracht kommt, versteht sich von selbst, OLG Köln WM 2010, 2315.

[153] ZB § 52 Abs. 6 AktG (Nachgründung), § 81 AktG (Änderungen im Vorstand), § 181 AktG (Satzungsänderungen), § 294 Abs. 1 AktG (Unternehmensverträge), § 319 Abs. 4 AktG (Eingliederung), § 327e AktG (Squeeze out), ebenso bei allen Anmeldungen nach dem UmwG: §§ 16 Abs. 1, 38 Abs. 2 UmwG (Verschmelzung), §§ 125, 16 Abs. 2, § 137 Abs. 1 UmwG (Spaltung), §§ 246 Abs. 1, 198 Abs. 1 UmwG (Formwechsel).

[154] §§ 184 Abs. 1, 188 Abs. 1 AktG (Kapitalerhöhung und ihre Durchführung; ebenso bei der Ausnutzung genehmigten Kapitals, § 203 Abs. 1 S. 1 AktG, bei der bedingten Kapitalerhöhung, § 195 Abs. 1 AktG, der Kapitalerhöhung aus Gesellschaftsmitteln, § 207 Abs. 2 AktG), § 223 AktG (Kapitalherabsetzung), nicht dagegen bei Anmeldung der Durchführung der Kapitalherabsetzung, § 227 Abs. 1 AktG, auch nicht bei Anmeldung der Durchführung der Kapitalherabsetzung durch Einziehung, § 239 Abs. 1 AktG.

[155] Erfasst ist nur der Handel im regulierten Markt (§§ 32 ff. BörsG), nicht dagegen im Freiverkehr (§ 48 BörsG); vgl. *Koch* in Hüffer/Koch AktG § 3 Rn. 6.

[156] Aus Vorsicht sollte man sowohl für Beschlüsse, die eine qualifizierte Kapitalmehrheit erfordern, als auch für solche, die eine qualifizierte Mehrheit der abgegebenen Stimmen erfordern, die notarielle Protokollierung wählen (ausf. → Rn. 4). Zur sog. gemischten Hauptversammlung → Rn. 5.

[157] OLG Karlsruhe NZG 2013, 1261 (1265); *Hoffmann-Becking* NZG 2017, 281 (288f.); *Koch* in Hüffer/Koch AktG § 130 Rn. 14e.

Bestimmungen, aus denen sich kraft Gesetzes ergäbe, wer die Hauptversammlung zu leiten hat, gibt es nicht, nur Bestimmungen, die einen Versammlungsleiter voraussetzen (zB Feststellung des Ergebnisses der Beschlussfassung, § 130 Abs. 2 AktG). Durch die Satzung wird die Leitung meist dem Vorsitzenden des Aufsichtsrats übertragen. Es handelt sich dabei nicht um eine Funktion des Aufsichtsratsvorsitzenden, sondern um eine ihm zusätzlich übertragene Aufgabe.[158] Ist er verhindert, obliegt die Leitung dem stellvertretenden Vorsitzenden des Aufsichtsrats, falls die **Satzung** dies vorsieht; sie kann allerdings auch bestimmen, dass anstelle des verhinderten Aufsichtsratsvorsitzenden nicht der stellvertretende Aufsichtsratsvorsitzende, sondern eine andere Person die Hauptversammlung zu leiten hat oder dass der Versammlungsleiter in diesem Fall von der Hauptversammlung zu wählen ist, etwa aus dem Kreis der Anteilseignervertreter im Aufsichtsrat. Wo die Satzung nichts über die Versammlungsleitung (oder den Vertreter) bestimmt, ist der Versammlungsleiter von der **Hauptversammlung zu wählen.**[159]

V. Stenografisches Protokoll

Lange Zeit war es insbes. bei größeren Gesellschaften üblich, den gesamten Verlauf der Hauptversammlung durch einen Stenografen mitschreiben zu lassen. Dies brachte zwar gewisse **Erleichterungen** der Beweisführung in Antragsverfahren wegen verweigerter Auskünfte (§ 132 AktG) und in Anfechtungsprozessen, andererseits aber auch **Risiken** mit sich, zumal Aktionäre immer wieder verlangten, gegen Kostenerstattung eine Abschrift auch des stenografischen Protokolls zu erhalten. Ob sich das auf Dauer hätte ablehnen lassen, erscheint angesichts der Honorierung des Stenografen durch die Gesellschaft zweifelhaft.[160]

Neuerdings wird auf die Anfertigung eines stenografischen Protokolls zunehmend verzichtet, obwohl Aktionäre häufig den Wunsch danach äußern. Es besteht jedoch **keine Verpflichtung,** neben dem gesetzlich vorgeschriebenen Protokoll noch ein stenografisches (Wort-)Protokoll zu führen.[161]

Andererseits ist jedermann **berechtigt,** sich Aufzeichnungen zu machen und ein stenografisches Protokoll zu führen oder führen zu lassen.[162] Der Versammlungsleiter handelt pflichtwidrig, wenn er Aktionären etwa untersagt, die Redebeiträge stenographisch festzuhalten. Auch die Gesellschaft ist berechtigt, ein stenographisches Protokoll führen zu lassen; kein Aktionär kann der stenographischen Protokollierung seiner Redebeiträge widersprechen oder etwa die Unterbrechung der Protokollierung während seiner Ausführungen verlangen.[163]

---

[158] LG Ravensburg NZG 2014, 1233 (1234); s. auch OLG Köln NZG 2013, 548 (551); KG AG 2011, 170 (172).
[159] *Koch* in Hüffer/Koch AktG § 129 Rn. 20; *Messer* FS Kellermann, 1991, 299 (303ff.). Die Hauptversammlung wird dann zunächst vom Einberufenden geleitet, → § 9 Rn. 7.
[160] Der BGH nimmt nur einen Anspruch auf auszugsweise Protokollabschrift mit den eigenen Ausführungen des Aktionärs und den Antworten der Verwaltung darauf an, BGHZ 127, 107, 108ff.; dazu *Gehrlein* WM 1994, 2054 (2056f.); *Martens* 48; *Butzke* N Rn. 47. Enger OLG München AG 1993, 186f. (als Vorinstanz zu BGHZ 127, 107): kein Anspruch des Aktionärs. Weiter *Steiner* HV der AG 61ff., der einen Anspruch des Aktionärs auf vollständige Protokollabschrift bejaht.
[161] BGHZ 127, 107, 113; *Butzke* N Rn. 48 mwN.
[162] *Kubis* in MüKoAktG § 130 Rn. 100 mwN.
[163] LG München I EWiR § 243 AktG 1/08, 33 *(Jungmann);* Max AG 1991, 77 (83); *Martens* 52. *Kubis* in MüKoAktG AktG § 130 Rn. 101 mwN.

VI. Tonbandaufnahmen/Videoaufzeichnung/Übertragung (Internet)

98 Die Tonbandaufnahme der Hauptversammlung durch die Gesellschaft ist zulässig, sofern der Versammlungsleiter die Teilnehmer vorher darauf und auf das Recht eines jeden Teilnehmers hinweist, der Aufnahme seines Redebeitrags zu **widersprechen** und die Abschaltung des Tonbands zu verlangen.[164] Die Tonbandaufnahme war eine Zeit lang üblich, kommt aber aus ähnlichen Gründen wie das stenografische Protokoll außer Mode. Hinzu kam, dass Aktionäre häufig die Übermittlung der Ausschnitte der Abschrift der Tonbandaufzeichnung verlangten, die ihre Redebeiträge und Fragen sowie die Stellungnahmen der Verwaltung dazu enthielten, und dies von den Gesellschaften als beschwerlich empfunden wurde. Eine Verpflichtung zur Aufzeichnung auf Tonband besteht nicht.[165]

99 Anders als bei der Aufnahme eines stenografischen Protokolls ist niemand berechtigt, **private** Tonbandaufnahmen anzufertigen. Das bedürfte der Zustimmung nicht nur des Versammlungsleiters, sondern eines jeden Redners, dessen Ausführungen aufgezeichnet werden sollen.[166] Diese Zustimmung ist üblicherweise nicht zu erlangen, so dass der Versammlungsleiter ggf. durch Ordnungsmaßnahmen zu verhindern hat, dass unberechtigt Aufnahmen gemacht werden.

100 Für **Videoaufzeichnungen, Film- und Fernsehaufnahmen** gilt das Gleiche wie für die Tonbandaufnahmen.

101 Von der Aufzeichnung zu unterscheiden ist die **Wort- und Bildübertragung** aus dem Versammlungsraum in diejenigen Nebenräume, die mit zur „Präsenzzone" gehören. Sie ist notwendig, damit sämtliche Aktionäre der Debatte folgen und hören können, wenn der Versammlungsleiter zur Abstimmung aufruft, die nur im Versammlungsraum stattzufinden pflegt.

102 Ob die Verfolgung der Hauptversammlung jedermann oder nur entsprechend legitimierten Aktionären ermöglicht werden soll, ist eine Frage, die vor allem die börsennotierte AG beschäftigt, die ein Interesse daran hat, sich dem Anlegerpublikum auch durch Übertragung ihrer Hauptversammlung zu präsentieren. Vermehrt benutzen Gesellschaften das **Internet,** um den Gang ihrer Hauptversammlung – ganz oder teilweise – online zugänglich zu machen. Die **Satzung** oder die Geschäftsordnung für die Hauptversammlung (§ 129 Abs. 1 S. 1 AktG) kann generell die „Bild- und Tonübertragung" erlauben, oder den Vorstand oder den Versammlungsleiter dazu ermächtigen, eine entsprechende Entscheidung zu treffen (§ 118 Abs. 4 AktG).[167] Besteht eine entsprechende Regelung, kann die Hauptversammlung inklusive aller Redebeiträge der Aktionäre insbesondere über das Internet übertragen werden. Ein Widerspruchsrecht der Aktionäre scheidet dann aus.[168] Aktionären, die damit nicht einverstanden sind, bleibt nur, von Redebeiträgen abzusehen. Zu **Einzelheiten der „virtuellen Hauptversammlung"** s. → § 7.

---

[164] BGH ZIP 1994, 1597 – BMW. *Noack* BB 1998, 2533 (2534); *Butzke* N Rn. 49.
[165] OLG Hamburg AG 2001, 359 – Spar Handels-AG.
[166] Die Aufnahme ohne Zustimmung des jeweiligen Redners ist strafbar, § 201 StGB. Großzügiger in diesem Punkt *Kubis* in MüKoAktG AktG § 130 Rn. 100 (mN zum Meinungsstand) für den Fall, dass von der Gesellschaft gefertigte Bild- oder Tonaufzeichnung „in den Außenbereich" übertragen werden und dort konserviert werden können.
[167] Zum Beispiel: „Der Vorstand ist ermächtigt, die vollständige oder teilweise Bild- und Tonübertragung der Hauptversammlung zuzulassen." (§ 15 Abs. 2 der Satzung der Deutsche Telekom AG).
[168] *Koch* in Hüffer/Koch AktG § 118 Rn. 30; *Noack* DB 2002, 620 (623).

§ 14 Feststellung des Jahresabschlusses

Stichworte

Abschlussprüfer
- Teilnahme an Hauptversammlung des Rn. 5

Beschlussvorschlag
- bei Feststellung des Jahresabschlusses durch die Hauptversammlung Rn. 3
- Formulierungshilfe durch den Vorstand bei dem Rn. 3

Feststellung des Jahresabschlusses
- durch Aufsichtsrat und Vorstand Rn. 1

- durch die Hauptversammlung Rn. 2
- erneute bei Nichtigerklärung des Jahresabschlusses Rn. 7

Prüfung des Jahresabschlusses
- erneute bei Änderung des durch den Abschlussprüfer geprüften Jahresabschlusses Rn. 6

Rechtsverbindlichkeit des Jahresabschlusses
- Eintritt mit Feststellung Rn. 1

I. Feststellung durch Vorstand und Aufsichtsrat

Erst mit seiner Feststellung wird der Jahresabschluss **rechtlich verbindlich**.[1] Bei der Feststellung handelt es sich um ein korporationsrechtliches Rechtsgeschäft eigener Art.[2] In der Praxis stellen regelmäßig **Vorstand und Aufsichtsrat** den Jahresabschluss fest. Die Hauptversammlung, der er vom Vorstand vorzulegen und zu erläutern ist (§§ 175 Abs. 2 S. 1, 176 Abs. 1 AktG), nimmt ihn lediglich zur Kenntnis (§ 172 AktG).

II. Feststellung durch die Hauptversammlung

Die **Hauptversammlung** hat den Jahresabschluss nur ausnahmsweise festzustellen, namentlich,
- wenn Vorstand und Aufsichtsrat dies beschlossen haben (§ 172 S. 1 AktG) oder
- der Aufsichtsrat beschließt, den ihm vom Vorstand vorgelegten Jahresabschluss nicht zu billigen (§ 173 Abs. 1 AktG),[3] außerdem
- im Fall einer rückwirkenden Kapitalherabsetzung (§ 234 Abs. 2 AktG),
- während der Abwicklung der Gesellschaft (§ 270 Abs. 2 S. 1 AktG) und
- immer bei der KGaA (§ 286 Abs. 1 S. 1 AktG).[4]

Soll die Hauptversammlung den Jahresabschluss feststellen, haben Vorstand und Aufsichtsrat dazu einen **Beschlussvorschlag** zu machen (§ 124 Abs. 3 S. 1 AktG), an den die Hauptversammlung allerdings nicht gebunden ist. Sie kann – anders als der Aufsichtsrat, der den ihm vom Vorstand vorgelegten Jahresabschluss nur billigen oder nicht billigen, nicht aber ändern kann – den vom Vorstand aufgestellten Jahresabschluss im Rahmen der für dessen Aufstellung geltenden Regeln (§ 173 Abs. 2 AktG) beliebig ändern (also insbes. bilanzielle Wahlrechte und Ermessensspielräume anders ausüben bzw. nutzen). Wegen der damit verbundenen praktischen Schwierigkeiten wird man den **Vorstand** für verpflichtet halten müssen, der Hauptversammlung **Formulierungshilfe** bei der Änderung des Rechenwerks zu leisten bzw. bei einem Dissens zwischen Vorstand und Aufsichtsrat ggf. alternative Vorschläge zu unterbreiten.[5]

---

[1] *Hennrichs/Pöschke* in MüKoAktG AktG § 172 Rn. 12; allg. *Pöschke* in Großkomm. HGB, 5. Aufl. 2014, HGB § 242 Rn. 20.
[2] *Hennrichs/Pöschke* in MüKoAktG AktG § 172 Rn. 10.
[3] Zu dem in § 171 Abs. 3 S. 3 AktG geregelten Sonderfall (keine fristgemäße Vorlage des Berichts des Aufsichtsrats) s. *Hennrichs/Pöschke* in MüKoAktG AktG § 173 Rn. 21 sowie § 171 Rn. 221.
[4] Der Feststellungsbeschluss bedarf bei der KGaA der Zustimmung der persönlich haftenden Gesellschafter, § 286 Abs. 1 S. 2 AktG.
[5] Ausf. *Hennrichs/Pöschke* in MüKoAktG AktG § 173 Rn. 35 f.

4 Der Beschluss kommt mit einfacher Stimmenmehrheit zustande (§ 133 Abs. 1 AktG).
5 Der **Abschlussprüfer** hat an der Hauptversammlung teilzunehmen (§ 176 Abs. 2 S. 1 AktG),[6] wenn diese den Jahresabschluss feststellt.[7]
6 **Ändert** die Hauptversammlung den vom Abschlussprüfer aufgrund gesetzlicher Verpflichtung geprüften Jahresabschluss, muss dieser nachträglich **nochmals geprüft** werden, soweit die Änderungen dies erfordern;[8] die Beschlüsse über die Feststellung des Jahresabschlusses und die Gewinnverwendung sind zunächst schwebend unwirksam und werden nichtig, wenn das uneingeschränkte Testat hinsichtlich der Änderungen nicht binnen zwei Wochen seit der Beschlussfassung erteilt ist (§ 173 Abs. 3 AktG). Der Abschlussprüfer kann sich bereits in der Hauptversammlung zum voraussichtlichen Ergebnis der Nachtragsprüfung äußern, ist dazu aber nicht verpflichtet; entsprechende Äußerungen des Prüfers binden diesen nicht.[9]

III. Nichtigerklärung

7 Wird der Jahresabschluss (genauer: die Feststellung) für **nichtig** erklärt (§§ 256, 257 AktG), muss er erneut festgestellt werden.[10] Die Nichtigkeit des Jahresabschlusses hat die Nichtigkeit des auf seiner Grundlage gefassten Gewinnverwendungsbeschlusses zur Folge (§ 253 Abs. 1 S. 1 AktG). Von der Gesellschaft ausgezahlte Dividenden müssen, falls sie nicht gutgläubig bezogen wurden, was freilich häufig der Fall sein wird, erstattet werden (§ 62 Abs. 1 AktG).[11]

---

[6] Die Anwesenheitspflicht betrifft indes nur die Verhandlungen über die Feststellung des Jahresabschlusses; eine weitergehende Teilnahme des Abschlussprüfers ist allerdings üblich und sinnvoll (*Koch* in Hüffer/Koch AktG § 176 Rn. 8; *Hennrichs/Pöschke* in MüKoAktG AktG § 176 Rn. 26, 33).
[7] *Koch* in Hüffer/Koch AktG § 176 Rn. 7; *Hennrichs/Pöschke* in MüKoAktG AktG § 176 Rn. 25.
[8] *Hennrichs/Pöschke* in MüKoAktG AktG § 173 Rn. 47.
[9] *Hennrichs/Pöschke* in MüKoAktG AktG § 173 Rn. 48.
[10] Zur streitigen Frage, welche Bedeutung die Nichtigkeit für nachfolgende Jahresabschlüsse hat, s. *Koch* in Hüffer/Koch AktG § 256 Rn. 34 mwN.
[11] *Koch* in Hüffer/Koch AktG § 253 Rn. 7.

§ 15 Gewinnverwendung

Übersicht

	Rn.
I. Überblick	1
II. Grundlagen	2
III. Bardividende	5
IV. Sachdividende	10

Stichworte

Bardividende
– Bindung an festgestellten Jahresabschluss bei Entscheidung über Auszahlung einer Rn. 6
– Gewinnverwendungsvorschlag bei Ausschüttung einer Rn. 5

Beschluss über Gewinnverwendung
– Änderung des Rn. 4
– Anspruch auf Leistung infolge des Rn. 4
– einfache Mehrheit für Rn. 3
– Nennung des auf die einzelne Aktie entfallenden Betrages im Rn. 3
– restlose Verfügung über Gewinn durch Rn. 3

Bilanzgewinn
– Begriff Rn. 7
– Einstellbarkeit in Gewinnrücklagen und Vortrag auf neue Rechnung Rn. 8

– Zuständigkeit zur Entscheidung über Rn. 2

Bilanzverlust Rn. 2

Gewinnabführungsvertrag Rn. 2

Sachdividende
– Bewertung einer Rn. 13
– Gegenstand einer Rn. 11
– Gewinnverwendungsvorschlag bei Ausschüttung einer Rn. 12
– Satzungsmäßige Zulassung der Ausschüttung einer Rn. 10

Scrip dividend Rn. 9

Superdividende
– Begriff Rn. 7
– Zulässigkeit der Ausschüttung einer Rn. 7

Verzicht
– auf Gewinn durch Großaktionär Rn. 3

Schrifttum:

Habersack, „Superdividenden", FS K. Schmidt, 2009, 523; *Horbach,* Der Gewinnverzicht des Großaktionärs, AG 2001, 78; *König,* Der Dividendenverzicht des Mehrheitsaktionärs – Dogmatische Einordnung und praktische Durchführung, AG 2001, 399; *Leinekugel,* Die Sachdividende im deutschen und europäischen Aktienrecht, 2001; *Lutter/Leinekugel/Rödder,* Die Sachdividende. Gesellschaftsrecht und Steuerrecht, ZGR 2002, 204; *W. Müller,* Die Änderungen im HGB und die Neuregelung der Sachdividende durch das Transparenz- und Publizitätsgesetz, NZG 2002, 752; *Priester,* Änderung von Gewinnverwendungsbeschlüssen, ZIP 2000, 261; *Rousseau/Wasse,* Der Beschluss der Hauptversammlung über die Verwendung eines Bilanzverlustes, NZG 2010, 535; *Schmidt-Versteyl,* Die nachträgliche Änderung von Gewinnverwendungsbeschlüssen in der Aktiengesellschaft, BB 2011, 1416; *Schnorbus,* Die Sachdividende, ZIP 2003, 509; *Schnorbus/Plassmann,* Die Sonderdividende, ZGR 2015, 446; *Schulze-Osterloh,* Ausweis der Sachdividende im Jahresabschluss und im Gewinnverwendungsbeschluss, FS Priester, 2007, 749; *Winter-Schieszl/Haberl,* Scrip-Dividendenkonzept – Vorteile für Aktionär und Unternehmer, AG 2015, R8-R9.

I. Überblick

Die Hauptversammlung beschließt auf Grundlage des von der Verwaltung oder (in Ausnahmefällen) von ihr selbst festgestellten Jahresabschlusses über die Verwendung des Bilanzgewinns, sofern kein Gewinnabführungsvertrag besteht (→ Rn. 2 ff.). Neben einer Thesaurierung (→ Rn. 8) kommen die Verteilung einer Bardividende (→ Rn. 5 ff.) oder einer Sachdividende (→ Rn. 10 ff.) in Betracht. In der Praxis hat sich in den letzten Jahren auch die sog. *scrip dividend* etabliert (→ Rn. 9). 1

II. Grundlagen

2 Die Hauptversammlung beschließt als allein zuständiges Organ über die Verwendung des **Bilanzgewinns** (§ 119 Abs. 1 Nr. 2 AktG), und zwar gleichgültig, ob sie selbst oder der Aufsichtsrat den Jahresabschluss festgestellt hat (zur Feststellung s. → § 14). Stellt die Hauptversammlung den Jahresabschluss fest, sind zwei selbstständige Beschlüsse zu fassen; allerdings sollen dann die Verhandlungen über die Feststellung des Jahresabschlusses und die Verwendung des Bilanzgewinns miteinander verbunden werden (§ 175 Abs. 3 S. 2 AktG). Die Wirksamkeit des Gewinnverwendungsbeschlusses ist in jedem Fall von der Wirksamkeit der Feststellung des zugrundeliegenden Jahresabschlusses abhängig (vgl. § 253 Abs. 1 AktG). Weist der Jahresabschluss keinen Bilanzgewinn oder einen **Bilanzverlust** aus, entfällt der Beschluss über die Gewinnverwendung. Einen Beschluss über die „Verwendung des Bilanzverlusts" gibt es nicht, der Bilanzverlust geht automatisch als Verlustvortrag in die Rechnung des Folgejahres ein.[1] Der Beschluss über die Gewinnverwendung entfällt ferner dann, wenn die Gesellschaft aufgrund eines **Gewinnabführungsvertrages** verpflichtet ist, ihren Gewinn abzuführen; dann ist die Pflicht zur Gewinnabführung bereits als Aufwand in die Gewinn- und Verlustrechnung eingestellt, so dass kein Jahresüberschuss ausgewiesen wird (vgl. § 277 Abs. 2 S. 3 HGB).[2]

3 Über die Gewinnverwendung beschließt grundsätzlich und üblicherweise die (ordentliche) Hauptversammlung, die den Jahresabschluss und den Lagebericht entgegennimmt (§ 175 S. 1 AktG). Der Beschluss kommt mit der **einfachen Mehrheit** der abgegebenen Stimmen zustande, es sei denn die Satzung bestimmt eine größere Mehrheit oder weitere Erfordernisse (§ 133 Abs. 1 AktG). An der Abstimmung können alle stimmberechtigten Aktionäre unabhängig von ihrer Dividendenberechtigung teilnehmen.[3] Umgekehrt dürfen Inhaber stimmrechtsloser Vorzugsaktien ungeachtet ihres Dividendenvorrechts nicht an der Abstimmung teilnehmen (§ 139 Abs. 1 S. 1 AktG). Liegen neben dem Vorschlag der Verwaltung andere Verwendungsvorschläge vor, bestimmt der Versammlungsleiter die Reihenfolge der Abstimmungen. Er wird regelmäßig über den Vorschlag zuerst abstimmen lassen, dem er die größten Erfolgschancen beimisst. Der Beschluss der Hauptversammlung muss den Bilanzgewinn erschöpfen; durch Ausschüttung, Rücklageneinstellung und/oder Gewinnvortrag zusammen muss über den gesamten Bilanzgewinn **restlos verfügt** werden.[4] Falls die Satzung nichts anderes bestimmt, steht der Gewinn den Aktionären im Verhältnis ihrer Beteiligung am Grundkapital zu (§ 60 AktG). Obwohl dies rechtlich nicht erforderlich ist, wird im Gewinnverwendungsbeschluss meist auch der **auf die einzelne Aktie entfallende Betrag** genannt, damit jeder Aktionär sieht, auf welchen Betrag er Anspruch hat.[5] Dies ist zulässig und führt nicht etwa dazu, dass der Beschluss anfechtbar wäre. Allerdings erfolgt die Nennung des auf die einzelne Aktie entfallenden Betrags nur nachrichtlich, sie ändert nichts an der aus Gesetz und Satzung folgenden Verteilung des von der Hauptversammlung beschlossenen Ausschüttungsbetrags.[6] Gelegent-

---

[1] *Hennrichs/Pöschke* in MüKoAktG AktG § 174 Rn. 6 aE.
[2] *Adler/Düring/Schmalz* § 174 AktG Rn. 14.
[3] Die Dividendenberechtigung fehlt etwa bei vorangegangenem Verzicht, *Brönner* in GroßkommAktG AktG § 174 Rn. 14. Gesetzlich kann die Dividendenberechtigung nach §§ 20 Abs. 7 S. 1, 21 Abs. 4 S. 1, 56 Abs. 3 S. 3, 71b, 71d S. 4, 328 AktG, 28 S. 1 WpHG (ab 3.1.2018 § 44 S. 1 WpHG), 59 S. 1 WpÜG ausgeschlossen sein, s. *Bayer* in MüKoAktG AktG § 58 Rn. 115.
[4] Nach § 58 Abs. 3 S. 2 AktG kann die Satzung „auch eine andere Verwendung" vorsehen, also die Ausschüttung an Dritte, wovon jedoch – soweit ersichtlich – in der Praxis kein Gebrauch gemacht wird; vgl. *Hoffmann-Becking* in MHdB AG § 46 Rn. 17 mwN.
[5] *Hennrichs/Pöschke* in MüKoAktG AktG § 174 Rn. 25.
[6] BGH AG 2014, 624 mAnm *Hennrichs/Pöschke* WuB 2015, 26; *Hennrichs/Pöschke* in MüKoAktG AktG § 174 Rn. 25.

lich **verzichtet ein Großaktionär** auf seinen Gewinnanteil, etwa um dadurch eine höhere Ausschüttung an die Kleinaktionäre zu ermöglichen.[7]

Mit dem Zustandekommen des Gewinnverwendungsbeschlusses wird aus dem mitgliedschaftlichen Recht des Aktionärs auf Gewinnbeteiligung ein **eigenständiger Anspruch** auf Zahlung (Forderung) oder Sachleistung, der isoliert übertragen und nur noch mit Zustimmung des Aktionärs beeinträchtigt werden kann.[8] Die **Änderung des Gewinnverwendungsbeschlusses** bedarf daher grundsätzlich der Zustimmung aller dadurch benachteiligten Aktionäre.[9] Das gilt nach hM selbst dann, wenn zeitlich nach Fassung des Gewinnverwendungsbeschlusses so hohe **Verluste entstehen,** dass durch die Auszahlung der Dividende die gesetzliche Rücklage (§ 150 AktG) oder das Grundkapital angegriffen werden.[10] Eine Grenze, die der Vorstand bei der Auszahlung zwingend beachten muss, zieht aber jedenfalls § 92 Abs. 2 S. 3 AktG.[11]

III. Bardividende

Bei Ausschüttung einer Bardividende[12] liegt dem Beschluss der Hauptversammlung der **Gewinnverwendungsvorschlag** von Vorstand und Aufsichtsrat zugrunde (§ 124 Abs. 3 S. 1 AktG, → § 4 Rn. 218), der mindestens wie folgt **gegliedert** ist (§ 170 Abs. 2 AktG):
1. Verteilung an die Aktionäre (einschließlich Verteilungsschlüssel)[13]
2. Einstellung in Gewinnrücklagen
3. Gewinnvortrag
4. Bilanzgewinn.

Von dem Vorschlag der Verwaltung kann die Hauptversammlung abweichen;[14] sie darf aber nicht mehr verteilen als den im Jahresabschluss ausgewiesenen Bilanzgewinn. Insoweit ist sie bei der Entscheidung über die Verwendung des Bilanzgewinns „an den festgestellten Jahresabschluss **gebunden**" (§§ 174 Abs. 1 S. 2, 119 Abs. 1 Nr. 2 AktG). Haben – wie üblich – Vorstand und Aufsichtsrat den Jahresabschluss festgestellt, können sie diesen auch nach dessen Feststellung noch **ändern,** ggf. mit nochmaliger Prüfung des geänderten Abschlusses,[15] jedoch **nur vor Einberufung der Hauptversammlung,** in der über das entsprechende Geschäftsjahr beraten wird. Danach sind jedenfalls „Willküränderungen" nicht mehr möglich.[16]

---

[7] Siehe dazu *Hennrichs/Pöschke* in MüKoAktG AktG § 174 Rn. 26 mwN; ferner *Horbach* AG 2001, 78; *König* AG 2001, 399.
[8] StRspr BGHZ 7, 263 (264); 23, 150 (154); 65, 230 (235); 124, 27 (31); OLG München WM 2015, 335 mAnm *Pöschke/Buckel* WuB 2015, 206.
[9] Ausf. *Schmidt-Versteyl/Probst* BB 2011, 1416 ff.; *Hennrichs/Pöschke* in MüKoAktG AktG § 174 Rn. 48 ff., je mwN.
[10] *Koch* in Hüffer/Koch AktG § 58 Rn. 28; *Cahn/v. Spannenberg* in Spindler/Stilz AktG § 58 Rn. 98; *Drygala* in Kölner Komm. AktG § 58 Rn. 108, *Strothotte,* Gewinnverwendung, 2014, S. 378 ff. Anderes muss jedenfalls gelten, wenn die Verluste bereits zum Zeitpunkt der Fassung des Gewinnverwendungsbeschlusses entstanden sind, s. *Hennrichs/Pöschke* in MüKoAktG AktG § 174 Rn. 13 (dort auch zu sog. **Superdividenden,** s. dazu ferner *Schnorbus/Plassmann* ZGR 2015, 446).
[11] *Hennrichs/Pöschke* in MüKoAktG AktG § 174 Rn. 43.
[12] Nach § 58 Abs. 5 AktG kann die Satzung auch zur Ausschüttung von Sachdividenden ermächtigen, dazu → Rn 10 ff.
[13] Existieren mehrere Aktiengattungen mit unterschiedlichem Gewinnbezugsrecht, müssen Ausschüttungsbetrag und Verteilungsschlüssel für jede Aktiengattung angegeben werden, *Hennrichs/Pöschke* in MüKoAktG AktG § 170 Rn. 58.
[14] Dies muss sie sogar, wenn der Vorschlag des Vorstands zur Gewinnverwendung gesetz- oder satzungswidrig ist oder geworden ist, *Adler/Düring/Schmalz* AktG § 174 Rn. 17; *Brönner* in GroßkommAktG AktG § 174 Rn. 12.
[15] *Hennrichs/Pöschke* in MüKoAktG AktG § 172 Rn. 47; *Koch* in Hüffer/Koch AktG § 172 Rn. 9 f. mwN.
[16] BGHZ 23, 150 (152); ausf. *Hennrichs/Pöschke* in MüKoAktG AktG § 172 Rn. 65 ff.; *Koch* in Hüffer/Koch AktG § 172 Rn. 10.

7　Ausgeschüttet werden kann nur der **Bilanzgewinn** (§ 58 Abs. 4 AktG). Immer wieder wird in Hauptversammlungen beantragt, vom erzielten Gewinn einen größeren Anteil an die Aktionäre auszuschütten als von der Verwaltung vorgeschlagen. Soweit **nicht mehr** verteilt werden soll als der Bilanzgewinn, ist ein entsprechender Beschluss möglich. Bilanzgewinn ist der Saldo aus Jahresüberschuss/Jahresfehlbetrag (§ 275 Abs. 2 Nr. 17 bzw. Abs. 3 Nr. 16 HGB) und den Posten gem. § 158 Abs. 1 Nr. 1–4 AktG.[17] Die von Vorstand und Aufsichtsrat nach § 58 Abs. 2 AktG in andere Gewinnrücklagen eingestellten Beträge gehören demnach nicht mehr zum Bilanzgewinn, sondern haben diesen gemindert. Beträge, die von Vorstand und Aufsichtsrat aus Gewinnrücklagen entnommen wurden, gehören dagegen zum Bilanzgewinn (§ 158 Abs. 1 Nr. 3 AktG) – durch solche Entnahmen kann die Verwaltung sogar einen Jahresfehlbetrag in einen Bilanzgewinn wandeln.[18] Grundsätzlich zulässig ist auch die Ausschüttung sog. **Superdividenden,** also die Ausschüttung eines durch Auflösung von Rücklagen, Neubewertungen, Veräußerungen im Konzernkreis, etc. erhöhten Bilanzgewinns, wobei die nötige Liquidität durch Kreditaufnahmen hinzugeführt wird. Freilich sind hierbei die allgemeinen bilanz- und aktienrechtlichen Vorgaben und Grenzen zu beachten.[19]

8　Die Hauptversammlung kann ihrerseits weitere (Teil-)Beträge des Bilanzgewinns **in Gewinnrücklagen einstellen**[20] (nicht auch entnehmen) und – abweichend vom Verwaltungsvorschlag – beschließen, den Gewinn ganz oder teilweise **auf neue Rechnung vorzutragen** (§§ 58 Abs. 3, 174 Abs. 2 Nr. 4 AktG). Beschließt die Hauptversammlung einen solchen „Gewinnvortrag", hat die nächste ordentliche Hauptversammlung über die Verwendung dieses Betrags zu beschließen.[21]

9　Als Variante der Bardividende hat sich in den letzten Jahren (beginnend in 2013) die sog. *scrip dividend* etabliert.[22] Hierbei wird eine Bardividende beschlossen und den Aktionären daneben (auf unterschiedlichen rechtstechnischen Wegen) die Möglichkeit eingeräumt, statt der Barausschüttung Aktien der Gesellschaft zu erhalten.[23] Den Aktionären steht dabei idR ein freies Wahlrecht zu, Nachteile ergeben sich für sie dann keine; die Wahl der Aktiendividende kann für die Aktionäre demgegenüber uU steuerlich vorteilhaft sein. Aus Sicht der Gesellschaft bietet diese Gestaltungsform den Vorteil, dass einerseits – in dem Umfang, in dem die Aktionäre die Aktiendividende wählen – die Liquidität geschont wird, andererseits aber regelmäßig keine negative Reaktion des Kapitalmarkts (wie sie im Fall der Streichung der Bardividende zu befürchten wäre) droht.

IV. Sachdividende

10　Der Anspruch des Aktionärs auf Beteiligung am Gewinn ist normalerweise auf eine Leistung in Geld gerichtet.[24] Sachleistungen waren früher nur zulässig, wenn jeder einzelne Aktionär dem zustimmte oder sie an Erfüllungs statt[25] annahm. Zwar konnten die dazu erforderlichen Einzelzustimmungen auch durch einen Hauptversammlungsbeschluss, dem

---

[17] *Koch* in Hüffer/Koch AktG AktG § 158 Rn. 6; *Kessler/Freisleben* in MüKoAktG AktG § 158 Rn. 32. Sonderregelungen bestehen für die Kapitalherabsetzung (§ 240 AktG).
[18] *Hennrichs/Pöschke* in MüKoAktG AktG § 174 Rn. 6.
[19] Zum Ganzen ausf. *Hennrichs/Pöschke* in MüKoAktG AktG § 174 Rn. 13 mwN.
[20] §§ 58 Abs. 3, 174 Abs. 2 Nr. 3 AktG. Das bedeutet eine zu den bereits im Jahresabschluss ausgewiesenen Rücklagen hinzutretende Thesaurierung, *Adler/Düring/Schmalz* § 174 AktG Rn. 4; *Bayer* in MüKoAktG AktG § 58 Rn. 88.
[21] *Adler/Düring/Schmalz* AktG § 174 Rn. 4.
[22] Überblick dazu bei *Winter-Schieszl/Haberl* AG 2015 R 8 f.
[23] Vgl. dazu *Koch* in Hüffer/Koch AktG § 58 Rn. 33a mwN; *Wettich* AG 2014, 534 (535 f.).
[24] Das war freilich nicht immer so; knapper Überblick bei *Leinekugel* Die Sachdividende im deutschen und europäischen Aktienrecht, 2001, 111 f.
[25] Dazu *Leinekugel* Die Sachdividende im deutschen und europäischen Aktienrecht, 2001, 114 ff.; *Lutter/Leinekugel/Rödder* ZGR 2002, 204 (206 f.); *W. Müller* NZG 2002, 752 (757).

IV. Sachdividende § 15

alle dividendenberechtigten Aktionäre zustimmen, erteilt werden; doch war dies für Publikumsgesellschaften nicht praktikabel.[26] Seit dem TransPuG[27] ist auch die Ausschüttung von Sachdividenden zulässig (§ 58 Abs. 5 AktG), falls die **Satzung** das vorsieht.[28] Fehlt es indes an einer entsprechenden Satzungsgrundlage, bleibt es dabei, dass die Sachdividende nur zulässig ist, wenn jeder einzelne Aktionär ihr zustimmt oder sie an Erfüllungs statt annimmt.[29]

Als **Gegenstand einer Sachausschüttung** kommen vor allem Wertpapiere, insbesondere eigene Aktien, Anteile an Tochtergesellschaften oder handelbare Anleihen, in Betracht. Daneben ist auch die Ausschüttung anderer vermögenswerter Gegenstände denkbar. Das ist jedenfalls dann zulässig, wenn für sie ein Markt existiert, ansonsten ggf. problematisch, da den Aktionären nicht jedes x-beliebige vermögenswerte Gut als Sachdividende zumutbar ist.[30] Möglich ist auch, dass eine Ungleichbehandlung zwischen Groß- und Minderheitsaktionären im Hinblick auf die Verwertbarkeit der ausgeschütteten Sachdividende vorliegt; dann ist der Beschluss ggf. anfechtbar (§ 243 Abs. 2 AktG).[31]   11

Ebenso wie bei Ausschüttung einer Bardividende liegt dem Beschluss der Hauptversammlung zur Ausschüttung einer Sachdividende der **Gewinnverwendungsvorschlag** von Vorstand und Aufsichtsrat zugrunde (§ 124 Abs. 3 S. 1 AktG; → § 4 Rn. 218), der mindestens wie folgt **gegliedert** ist (§ 170 Abs. 2 AktG):   12
1. Verteilung an die Aktionäre
   a) davon als Sachdividende in Form von …
   b) davon als Bardividende
2. Einstellung in Gewinnrücklagen
3. Gewinnvortrag
4. Bilanzgewinn.

Von dem Vorschlag der Verwaltung kann die Hauptversammlung abweichen; sie darf aber auch in Form von Sachdividenden nicht mehr verteilen, als der Jahresabschluss als Bilanzgewinn ausweist. Über die zulässige **Bewertung der Sachdividenden** (Buchwert oder Zeitwert?) besteht keine Einigkeit:[32] Teilweise wird vertreten, dass allein der Buchwertansatz zulässig oder zumindest vorzugswürdig sei. Nach anderen soll ein Buchwertansatz jedenfalls wahlweise auch zulässig sein. Die inzwischen wohl hM geht dagegen von der alleinigen Maßgeblichkeit des **Verkehrswertes** aus. Überzeugend ist es uE dagegen, der Gesellschaft ein **Wahlrecht** zwischen der Bewertung zum Buchwert oder zum Verkehrswert einzuräumen.[33]   13

---

[26] *Lutter/Leinekugel/Rödder* ZGR 2002, 204 (206); *W. Müller* NZG 2002, 752 (757) jeweils mwN.
[27] Gesetz zur weiteren Reform des Aktien- und Bilanzrechts, zu Transparenz und Publizität (Transparenz- und Publizitätsgesetz) vom 19.7.2002, BGBl. I 2681 ff.
[28] Die Einführung einer solchen Bestimmung bedarf eines Beschlusses der Hauptversammlung, und zwar grundsätzlich mit qualifizierter Mehrheit, § 179 Abs. 2 AktG.
[29] *Koch* in Hüffer/Koch AktG § 58 Rn. 31.
[30] *Lutter/Leinekugel/Rödder* ZGR 2002, 204 (209) verweisen plastisch auf 500 Dosen Erbsensuppe oder 200 kg Waschpulver.
[31] Der Großaktionär ist uU auch gem. § 117 AktG schadensersatzpflichtig; ausf. zum Ganzen *W. Müller* NZG 2002, 752 (757).
[32] Dazu *Hennrichs/Pöschke* in MüKoAktG AktG § 170 Rn. 64 ff. mN zu allen Auffassungen; weitere Nachweise bei *Koch* in Hüffer/Koch AktG § 58 Rn. 33.
[33] Ausf. Darstellung und Begründung bei *Hennrichs/Pöschke* in MüKoAktG AktG § 170 Rn. 64 ff.; zustimmend *Drygala* in K. Schmidt/Lutter AktG § 170 Rn. 9.

§ 16 Entlastung von Vorstand und Aufsichtsrat

Übersicht

	Rn.
I. Überblick	1
II. Bedeutung der Entlastung	2
III. Entlastungszeitraum	5
IV. Beschlussfassung	6
1. Beschlussvorschlag	6
2. Getrennte Abstimmungen für Vorstand und Aufsichtsrat	8
3. Stimmrechtsausschluss bei der Entlastung	9
4. Gesamt- und Einzelentlastung	15
V. Verweigerung der Entlastung	20
VI. Nichtigkeit der Entlastung	23

Stichworte

Beschluss über Entlastung
– Anfechtbarkeit bei Kenntnis von schweren und eindeutigen Gesetzes- oder Satzungsverletzungen Rn. 4
– bedingter Rn. 6
– keine Pflicht zur Fassung eines erneuten bei Nichtigkeit des Rn. 23

Beschlussfassung
– ausschließliche Zuständigkeit der Hauptversammlung für Rn. 2
– Beschlussvorschlag Rn. 6
– durch einfache Mehrheit Rn. 7
– Notwendigkeit getrennter Abstimmung Rn. 8

Einzelentlastung
– Abstimmung über Durchführung einer Rn. 18
– Begriff der Rn. 15
– Notwendigkeit Rn. 15
– Zulässigkeit bei Anordnung durch Versammlungsleiter Rn. 16

Entlastung
– aller Mitglieder von Vorstand und Aufsichtsrat Rn. 2
– Billigung der Verwaltung der Gesellschaft durch Vorstand und Aufsichtsrat durch Rn. 3

– Ermessensentscheidung über Rn. 4
– kein Anspruch auf Rn. 20
– spezifisches gesellschaftsrechtliches Institut der Rn. 4
– Tagesordnungspunkt der als Anknüpfungspunkt für Auskunftsverlangen und unangekündigte Anträge in Hauptversammlung Rn. 3
– Vertagung der Rn. 6,
– Verweigerung der Rn. 20 ff.
– Wirksamkeit der Rn. 4
– Zeitraum der Rn. 5

Gesamtentlastung Rn. 15

Stimmrechtsausschluss bei Entscheidung über Entlastung
– Ausnahmen vom Rn. 11
– Berücksichtigung des in Hauptversammlung Rn. 12
– Nichtigkeit der Stimmabgabe bei Verstoß gegen Rn. 13
– Umfang des Rn. 10
– Umgehung des durch Einzelentlastung Rn. 17

Teilentlastung
– Begriff und Zulässigkeit der Rn. 6

Schrifttum:
Barner, Die Entlastung als Institut des Verbandsrechts, 1990, S. 527; *Graff,* Die Anfechtbarkeit der Entlastung bei Fehlen des Lageberichts, AG 2008, 479; *Hoffmann,* Einzelentlastung, Gesamtentlastung und Stimmverbote im Aktienrecht, NZG 2010, 290; *Kubis,* Die Entlastung nach rechtswidrigem Organhandeln in der Aktiengesellschaft, NZG 2005, 791; *Litzenberger,* Zur Anfechtbarkeit von Entlastungsbeschlüssen, NZG 2010, 854; *Lutter,* Blockabstimmungen im Aktien- und GmbH-Recht, FS Odersky, 1996, S. 845; *Petersen/Schulze De la Cruz,* Das Stimmverbot nach § 136 I AktG bei der Entlastung von Vorstandsdoppelmandatsträgern, NZG 2012, 453; *Reichard,* Anfechtung von Entlastungsbeschlüssen wegen treuwidrig erteilter Entlastung, GWR 2015, 377; *Johannes Semler,* Einzelentlastung und Stimmverbot, FS Zöllner, 1998, S. 553; *von den Steinen,* Die verweigerte Organentlastung in der Aktiengesellschaft, 2009; *Volhard/Weber,* Entlastung, wie oft?, NZG 2003, 351; *Weitemeyer,* Die Entlastung im Aktienrecht – neueste Entwicklungen in Gesetzgebung und Rechtsprechung, ZGR 2005, 280.

I. Überblick

1 Mit ihrem Beschluss über die Entlastung der Mitglieder von Vorstand und Aufsichtsrat billigt die Hauptversammlung die Arbeit der Verwaltung – idR für das abgelaufene Geschäftsjahr (→ Rn. 5) – als im Großen und Ganzen gesetz- und satzungsmäßig (→ Rn. 2 ff.). Die Mitglieder der Verwaltung haben keinen Anspruch auf Entlastung (→ Rn. 20 ff.). Bei der Beschlussfassung über ihre Entlastung sind die Verwaltungsmitglieder, die zugleich Aktionäre sind, vom Stimmrecht ausgeschlossen (→ Rn. 9 ff.); insbesondere aus diesem Grund wird mitunter einzeln über die Entlastung der Verwaltungsmitglieder abgestimmt (→ Rn. 15 ff.). Ein Entlastungsbeschluss kann anfechtbar sein, wenn die Hauptversammlung bei der Beschlussfassung Kenntnis von schweren und eindeutigen Gesetzes- oder Satzungsverstößen der Verwaltung hatte (→ Rn. 4). Ist ein Entlastungsbeschluss nichtig oder auf Anfechtungsklage für nichtig erklärt worden, besteht idR keine Pflicht, die Hauptversammlung über die Entlastung erneut beschließen zu lassen (→ Rn. 23).

II. Bedeutung der Entlastung

2 Die Hauptversammlung beschließt über die **Entlastung der Mitglieder von Vorstand und Aufsichtsrat** „alljährlich" innerhalb der ersten acht Monate des Geschäftsjahrs (§§ 119 Abs. 1 Nr. 3, 120 Abs. 1 S. 1 AktG). Die Verhandlung über die Entlastung soll mit der Verhandlung über die Verwendung des Bilanzgewinns verbunden werden (§ 120 Abs. 3 AktG). Die Hauptversammlung ist für die Beschlussfassung über die Entlastung **aller Mitglieder** des Vorstands und des Aufsichtsrats **ausschließlich zuständig** (§ 119 Abs. 1 Nr. 3 AktG). Beim Aufsichtsrat beschließt die Hauptversammlung also über die Entlastung sowohl der Anteilseignervertreter wie auch der Arbeitnehmervertreter. Die Hauptversammlung ist auch zuständig, wenn ein Aufsichtsratsmitglied nicht von ihr gewählt, sondern aufgrund eines Entsendungsrechts bestellt worden ist.[1]

3 Die Hauptversammlung „billigt" durch die Entlastung „die Verwaltung der Gesellschaft durch die Mitglieder des Vorstands und des Aufsichtsrats" (§ 120 Abs. 2 S. 1 AktG) als „im Großen und Ganzen gesetz- und satzungsmäßig".[2] Die **„Billigung"** des Verhaltens der Organmitglieder bezieht sich auf die Vergangenheit, doch enthält sie – anders als im Recht der GmbH – **keinen Verzicht** auf Ersatzansprüche (§ 120 Abs. 2 S. 2 AktG). Zugleich liegt in ihr die Kundgabe des **Vertrauens für die Zukunft**.[3] Wegen dieses weiten Umfangs der durch die Entlastung ausgesprochenen Billigung wird der Tagesordnungspunkt „Entlastung von Vorstand und Aufsichtsrat" häufig als Anknüpfung für **Auskunftsverlangen** (§ 131 Abs. 1 S. 1 AktG) vorgebracht[4] sowie zum Anlass genommen, in der Hauptversammlung weitere, nicht bekanntgemachte Anträge zu stellen. Der Antrag auf **Bestellung von Sonderprüfern** „zur Prüfung von Vorgängen bei der Gründung oder der Geschäftsführung, namentlich auch bei Maßnahmen der Kapitalbeschaffung und Kapitalherabsetzung" (§ 142 Abs. 1 AktG) ist nach hM unter dem Tagesordnungspunkt „Entlastung" immer zulässig, wenn sich die Prüfung auf bestimmte Vorgänge im Entlastungszeitraum beziehen soll. Umstritten ist, ob dies auch für den **förmlichen Vertrauensentzug** oder die Geltendmachung von **Schadensersatzansprüchen** gegen Organ-

---

[1] *Koch* in Hüffer/Koch AktG § 120 Rn. 5; *Kubis* in MüKoAktG AktG § 120 Rn. 3; *Hoffmann* in Spindler/Stilz AktG § 120 Rn. 3.
[2] BGHZ 94, 324 (327); *Koch* in Hüffer/Koch AktG § 120 Rn. 11 f.; *Hoffmann* in Spindler/Stilz AktG § 120 Rn. 27.
[3] BGHZ 94, 324 (326); BGH ZIP 2004, 2428; OLG Düsseldorf AG 1996, 273 (274); *Koch* in Hüffer/Koch AktG § 120 Rn. 2.
[4] Vgl. dazu *Koch* in Hüffer/Koch AktG § 131 Rn. 12a.

mitglieder gilt,[5] was uE zu verneinen ist. Jedenfalls die Beschlussfassung über die **Billigung des Vergütungssystems** (§ 120 Abs. 4 AktG) bedarf eines eigenen Tagesordnungspunkts.[6]

Die Entlastung ist ein **spezifisch gesellschaftsrechtliches Institut;**[7] sie wird wirksam   4
mit Feststellung und Beurkundung (→ § 12 Rn. 39 f.) des Beschlusses in der Hauptversammlung sowie formloser Kundgabe gegenüber den Organmitgliedern, wenn diese nicht – wie üblich (s. auch § 118 Abs. 3 AktG) – ohnehin an der Hauptversammlung teilnehmen.[8] Die Hauptversammlung entscheidet nach ihrem **Ermessen.** Nach hM und st. Rspr. seit dem Macrotron-Urteil des BGH[9] ist allerdings ein Entlastungsbeschluss anfechtbar, wenn die Hauptversammlung bei der Beschlussfassung **Kenntnis von schweren und eindeutigen Gesetzes- oder Satzungsverstößen** der Verwaltung hatte.[10] Der Begriff der schweren und eindeutigen Verletzung ist noch nicht klar konturiert; eine **Anfechtung scheidet** aber jedenfalls **aus,** wenn der Entlastete bei **unklarer Rechtslage** einer gewichtigen Auffassung im juristischen Schrifttum gefolgt ist, der keine höchstrichterliche Rechtsprechung entgegenstand.[11] Waren die Verstöße im Zeitpunkt der Beschlussfassung für die Hauptversammlung **nicht erkennbar,** ist und bleibt die Entlastung rechtmäßig, mag sich auch später herausstellen, dass sie (unbewusst) zu Unrecht erteilt wurde.[12]

III. Entlastungszeitraum

Die „Billigung" bezieht sich normalerweise auf das Verhalten der Organmitglieder in dem   5
abgelaufenen Geschäftsjahr.[13] Indessen steht es der Hauptversammlung frei, auch länger zurückliegende Zeiträume (zB solche, für die die Entlastung zurückgestellt worden war) oder den bis zur Beschlussfassung verstrichenen Teil des **laufenden Geschäftsjahrs** einzubeziehen.[14]

---

[5] Vgl. *Priester* Liber Amicorum Happ, 2006, 213 (221 f.) mN.
[6] *Herrler* in Grigoleit AktG § 120 Rn. 24; *Koch* in Hüffer/Koch AktG § 120 Rn. 22.
[7] *Koch* in Hüffer/Koch AktG § 120 Rn. 3 f. mwN. Von der Entlastung ist die Billigung des Vorstandsvergütungssystems durch die Hauptversammlung (§ 120 Abs. 4 AktG) zu unterscheiden.
[8] *Herrler* in Grigoleit AktG § 120 Rn. 10.
[9] BGHZ 153, 47 = BGH ZIP 2003, 387 – Macrotron.
[10] BGHZ 153, 47 (50 ff.) = BGH ZIP 2003, 387 – Macrotron – mit Anm. *Häuser/Thomas* WuB A § 119 AktG 1.03; BGHZ 160, 385, 388 ff. = NJW 2005, 828 – Thyssen Krupp; BGHZ 182, 272 = AG 2009, 824, 826; BGH AG 2010, 79; BGH 194, 14 Rn. 22 = AG 2012, 712 (714) – Fresenius; BGH NZG 2012, 347 = ZIP 2012, 515 – Commerzbank/Dresdner Bank; BGH NZG 2013, 783; OLG Frankfurt a.M. ZIP 2007, 26, 27; OLG Köln AG 2010, 219; OLG München ZIP 2009, 1667; OLG Stuttgart AG 2016, 370 – mit Anm. *Reichard* GWR 2015, 377; ferner *Koch* in Hüffer/Koch AktG § 120 Rn. 11 f. mwN zum Streitstand. Zur Entwicklung bis zur Macrotron-Entscheidung s. *Volhard* in Vorauflage Rn. 4.
[11] BGHZ 194, 14 Rn. 23 = AG 2012, 712 (714) – Fresenius; *Koch* in Hüffer/Koch AktG § 120 Rn. 12.
[12] *Hoffmann* in Spindler/Stilz AktG § 120 Rn. 49. Möglich bleibt insoweit aber ggf. eine Anfechtung wegen Informationsmängeln, vgl. *Koch* in Hüffer/Koch AktG AktG § 120 Rn. 12a aE.
[13] BGHZ 94, 324 (326) = NJW 1986, 129; BGH WM 1976, 204 (205); *Koch* in Hüffer/Koch AktG § 120 Rn. 2. Der Entlastungsbeschluss ist notwendig auf die Vergangenheit bezogen und umfasst deshalb auch die Amtsführung inzwischen ausgeschiedener Organmitglieder.
[14] Ausf. zum Ganzen *Kubis* in MüKoAktG AktG § 120 Rn. 20. Ist die Beschlussfassung über die Entlastung vertagt oder nur teilweise entlastet worden (→ Rn. 6), ist später über die Entlastung für das betreffende Geschäftsjahr Beschluss zu fassen, *Butzke* I Rn. 13; *Bungert* in MHdB AG § 35 Rn. 34. Zur Frage der Entlastung für einen früheren Zeitraum, wenn der darüber gefasste Entlastungsbeschluss für nichtig erklärt wurde, → Rn. 23.

IV. Beschlussfassung

1. Beschlussvorschlag

6 Vorstand und Aufsichtsrat haben der Hauptversammlung einen Beschlussvorschlag zu machen (§ 124 Abs. 3 S. 1 AktG). In aller Regel wird vorgeschlagen, Entlastung zu erteilen. Gelegentlich erscheint das unangemessen, weil konkrete Beanstandungen im Raum stehen, uU eine Sonderprüfung beantragt werden soll oder schon beschlossen ist. Dann kann die **Vertagung** der Entlastung aller oder einzelner Organmitglieder in Betracht kommen, über die auch ohne einen entsprechenden Beschlussvorschlag der Verwaltung auf Antrag von Aktionären abgestimmt werden kann.[15] Bestehen Bedenken gegen die Entlastung nur bezüglich abgrenzbarer, nicht den Kernbereich der Aufgaben des Organmitglieds betreffender Vorgänge, kommt auch eine **Teilentlastung** in Frage, bei der jene Vorgänge ausgeklammert werden.[16] Für nicht zulässig wird es gehalten, die Entlastung unter der **Bedingung** zu beschließen, dass die Bedenken gegen die Entlastung sich später nicht bestätigen, etwa die Sonderprüfung keine Vorwürfe gegen die Organe ergibt.[17]

7 Der Beschluss kommt mit **einfacher Mehrheit** zustande, wenn die Satzung keine größere Mehrheit oder andere Erfordernisse bestimmt (§ 133 AktG), was aber unüblich ist. Findet der Beschlussvorschlag nicht die erforderliche Mehrheit, ist die Entlastung abgelehnt.

2. Getrennte Abstimmungen für Vorstand und Aufsichtsrat

8 Die etwas umständliche Ausdrucksweise des Gesetzes, dass die Hauptversammlung „über die Entlastung der Mitglieder des Vorstands und über die Entlastung der Mitglieder des Aufsichtsrats" (§ 120 Abs. 1 S. 1 AktG) beschließt, spricht dafür, dass über die Entlastung der Mitglieder des Vorstands und des Aufsichtsrats getrennt abzustimmen ist, die Entlastung der Mitglieder beider Gremien **in einem Abstimmungsgang** daher **unzulässig** ist.[18]

3. Stimmrechtsausschluss bei der Entlastung

9 Für die Stimmrechtsausübung bei der Fassung des Entlastungsbeschlusses gilt § 136 Abs. 1 AktG. Danach kann niemand das Stimmrecht ausüben, der durch den Beschluss selbst entlastet oder von einer Verbindlichkeit befreit werden soll; Entsprechendes gilt, wenn es darum geht, ob die Gesellschaft gegen ihn einen Anspruch geltend machen soll, und bei der Bestellung von Sonderprüfern (§ 142 Abs. 1 S. 2 und 3 AktG).[19]

10 Der Ausschluss des Stimmrechts gilt auch für die Ausübung des Stimmrechts durch den Verhinderten **für einen anderen** (§ 136 Abs. 1 S. 1 AktG) und ebenso für die Ausübung des Stimmrechts für den Verhinderten **durch einen anderen** (§ 136 Abs. 1 S. 2 AktG). Auch eine Drittgesellschaft darf aus ihren Aktien nicht stimmen, wenn der Betroffene darauf, wie das Stimmrecht ausgeübt wird, einen **maßgeblichen Einfluss** hat.[20]

---

[15] *Butzke* I Rn. 12; *Bungert* in MHdB AG § 35 Rn. 34.
[16] *Koch* in Hüffer/Koch AktG § 120 Rn. 12a; *Butzke* I Rn. 14; *Bungert* in MHdB AG § 35 Rn. 32.
[17] *Butzke* I Rn. 15; *Koch* in Hüffer/Koch § 120 AktG Rn. 12a.
[18] HM, vgl. RegBegr. *Kropff* 166; OLG München WM 2006, 1486; *Koch* in Hüffer/Koch AktG § 120 Rn. 8 mwN.
[19] Zu Stimmverboten auch → § 11 Rn. 101 ff.
[20] BGHZ 49, 183 (193 f.); 51, 209 (219); 68, 107 (110 f.); WM 1976, 204 (205); wohl aber, wenn der Betroffene nur Organmitglied ist, BGHZ 36, 296 (300 f.); *Koch* in Hüffer/Koch AktG § 136 Rn. 10 ff. Die Einzelheiten sind streitig, vgl. ausf. *Petersen/Schulze De la Cruz* NZG 2012, 453 ff.; *Mülbert* in Groß-

Allerdings gibt es von diesem Grundsatz **Ausnahmen:** Der Stimmrechtsausschluss gilt nicht, weil sonst ein Beschluss überhaupt nicht gefasst werden könnte, 11
– bei der Einpersonen-AG[21] und
– bei gleichmäßiger Befangenheit aller Aktionäre.[22]

Dem Stimmrechtsausschluss kann auf zweierlei Weise Rechnung getragen werden: Entweder werden die Aktien, aus denen nicht mitgestimmt werden kann, von der **Präsenz** abgesetzt und nehmen dann an der Abstimmung zu dem betreffenden Tagesordnungspunkt nicht teil; oder der Aktionär, der nicht mitstimmen darf, **enthält** sich der Stimme.[23] 12

Die Missachtung des Stimmrechtsausschlusses führt zur **Nichtigkeit der abgegebenen Stimmen** gem. § 134 BGB.[24] Stimmen aus einer unzulässigen Stimmabgabe sind bei Ermittlung des Abstimmungsergebnisses ebenso wenig mitzuzählen wie Enthaltungen. Sind sie mitgezählt worden, ist der Beschluss anfechtbar (§ 243 Abs. 1 AktG). Die Anfechtungsklage ist aber nur begründet, wenn die Stimmen für das Abstimmungsergebnis **kausal** waren.[25] 13

Die Missachtung des Stimmrechtsausschlusses ist außerdem ordnungswidrig und kann mit einer Geldbuße bis zu 25.000 EUR geahndet werden (§ 405 Abs. 3 Nr. 5, Abs. 4 AktG). 14

4. Gesamt- und Einzelentlastung

Über die Entlastung der Mitglieder des Vorstands einerseits und des Aufsichtsrats andererseits wird üblicherweise insgesamt (**„en bloc"**) abgestimmt, also über die Entlastung sämtlicher Mitglieder des jeweiligen Gremiums in einem Abstimmungsgang. Hiervon geht das Gesetz aus, da es Einzelentlastung nur für bestimmte Fälle vorschreibt: **Einzelentlastung,** also die gesonderte Abstimmung über die Entlastung eines einzelnen Mitglieds, mehrerer oder sämtlicher Mitglieder des Gremiums, ist vorgeschrieben, wenn 15
– die Hauptversammlung es beschließt oder
– eine Minderheit es verlangt, deren Anteile zusammen den zehnten Teil des Grundkapitals oder den Nennbetrag von 1 Mio. EUR erreichen, was ggf. nachgewiesen werden muss (§ 120 Abs. 1 S. 2 AktG).

Dieses Minderheitsverlangen muss in die Niederschrift aufgenommen werden (§ 130 Abs. 1 S. 2 AktG).

Nach heute hM ist die Einzelentlastung darüber hinaus auch zulässig, wenn diese Voraussetzungen nicht vorliegen, der **Versammlungsleiter** aber diese Art der Beschlussfassung **anordnet.**[26] Dies hat praktische Relevanz, weil die Einzelentlastung in der Praxis verhindern kann, dass breitflächige Stimmverbote eingreifen (→ Rn. 17); sinnvoll kann sie auch sein, wenn Organmitglieder Vorgänge in unterschiedlicher Weise zu verantworten haben oder der Antrag auf Gesamtentlastung gescheitert ist.[27] Gelegentlich wird beantragt, über die Entlastung nur einzelner Organmitglieder getrennt abstimmen zu lassen. Die Kollegen legen dann uU Wert darauf, dass auch über ihre Entlastung einzeln abge- 16

---

kommAktG AktG § 120 Rn. 115 f. Das LG Köln ZIP 1998, 153 (154) hat etwa ein Stimmverbot bejaht, wenn die herrschende Gesellschaft über die Entlastung des weitgehend personenidentischen Vorstands der beherrschten Tochter-AG abstimmen will. In dem Fall waren 7 von 10 Vorstandsmitgliedern betroffen, die auf die Willensbildung in der Geschäftsführung der herrschenden AG maßgeblichen Einfluss hatten.

[21] BGHZ 105, 324 (333) – Supermarkt; *Koch* in Hüffer/Koch AktG § 136 Rn. 5.
[22] *Koch* in Hüffer/Koch AktG § 136 Rn. 5; *Schröer* in MüKoAktG AktG § 136 Rn. 18.
[23] *Herrler* in Grigoleit AktG § 136 Rn. 25.
[24] *Koch* in Hüffer/Koch AktG § 136 Rn. 24; *Rieckers* in Spindler/Stilz AktG § 136 Rn. 42.
[25] *Schröer* in MüKoAktG AktG § 136 Rn. 56; RGZ 106, 258, 263; OLG Frankfurt a.M. NJW-RR 2001, 466, 467; BGH NJW-RR 2006, 472, 473; BGH NJW-RR 2006, 1110, 1113.
[26] BGHZ 182, 272 Rn. 12 ff. = AG 2009, 824; *Koch* in Hüffer/Koch AktG § 120 Rn. 10 mwN.
[27] *Koch* in Hüffer/Koch AktG § 120 Rn. 10.

stimmt wird, was nicht beantragt wurde. Der Versammlungsleiter sollte auch dann Einzelentlastung anordnen können.

17 Nötig ist die Anerkennung dieser Befugnis vor allem, wenn dem Organ Mitglieder angehören, die von der Abstimmung ausgeschlossen sind.[28] Dagegen wird eingewandt, die Einzelentlastung dürfe nicht dazu dienen, einen bei Gesamtentlastung nach § 136 Abs. 1 AktG bestehenden **Stimmrechtsausschluss** zu umgehen,[29] also den bei Einzelentlastung nicht vom Stimmrechtsausschluss betroffenen Organmitgliedern die Abstimmung über die Entlastung eines betroffenen Mitglieds zu ermöglichen. Dem ist der BGH jedoch zu Recht entgegengetreten:[30] Grundsätzlich kann, wenn einzeln über die Entlastung abgestimmt wird, der für seine Person vom Stimmrechtsausschluss Betroffene an der Abstimmung über die Entlastung anderer Organmitglieder mitwirken und können die nicht vom Stimmverbot Betroffenen über die Entlastung eines nicht stimmberechtigten Mitglieds abstimmen. Ausgeschlossen sind jeweils nur diejenigen Mitglieder, die an den Vorgängen **mitgewirkt** haben, um die es bei der Frage geht, ob Entlastung erteilt werden soll oder nicht.[31]

18 Der Versammlungsleiter muss die **Hauptversammlung** darüber **abstimmen** lassen, ob einzeln abgestimmt werden soll, wenn ein Aktionär dies beantragt. Zwar liegt dann kein Minderheitsverlangen vor, das zur Einzelentlastung nötigte; aber bei der Abstimmung kann sich eine Mehrheit ergeben, die dann die Einzelabstimmung ebenso erforderlich macht, wie wenn die Voraussetzungen eines Minderheitsverlangens erfüllt wären (§ 120 Abs. 1 S. 2 AktG).[32] Eine solche Abstimmung ist nach zutreffender Auffassung unnötig, wenn etwa aufgrund Erklärung des anwesenden oder vertretenen Mehrheitsaktionärs feststeht, dass der Antrag keine Mehrheit finden wird. Allerdings sollte der Versammlungsleiter von der Durchführung der Abstimmung nur absehen, wenn darüber hinaus feststeht, dass die **Zustimmung** zum Antrag auf Einzelabstimmung das **Quorum des Minderheitsverlangens nicht erreicht**. Zwar überzeugt es eher, eine solche „Mehrheit" nicht für ausreichend zu erachten, um nunmehr auch eine Einzelabstimmung erforderlich zu machen; ist das Quorum nicht vor der Abstimmung nachgewiesen, kann die Einzelabstimmung nur durch einen Mehrheitsbeschluss durchgesetzt oder aber vom Versammlungsleiter angeordnet werden.[33] Angesichts einer verbreitet vertretenen Gegenauffassung[34] empfiehlt es sich für die Praxis aber idR, jedes Risiko auszuschließen.

19 Als unzulässig gilt es bei der Entlastung des Aufsichtsrats über die Entlastung von Anteilseigner- und Arbeitnehmervertretern getrennt abstimmen zu lassen.[35]

V. Verweigerung der Entlastung

20 Da die Entlastung keinen Verzicht auf Ersatzansprüche gegen die Organmitglieder enthält (§ 120 Abs. 2 S. 2 AktG), besteht nach hM **kein Anspruch** auf Entlastung,[36] der etwa im Klageweg durchsetzbar wäre. In der öffentlichen Wahrnehmung wird die Verweigerung, ja schon die Zurückstellung der Entlastung bis zu weiterer Aufklärung bestimmter Vor-

---

[28] *Lutter* FS Odersky, 1996, 845 (854 f.).
[29] Siehe OLG München WM 1995, 842 (844), zur „missbräuchlichen" Anordnung der Einzelentlastung mit abl. Anm. *H.F. Müller* WuB II. § 136 AktG 1.95 und *Dreher/Neumann* EWiR 1995, 527.
[30] BGH AG 2009, 824 (826).
[31] *Johannes Semler* FS Zöllner, 1998, 553 (563). Auch bei Einzelentlastung sind jedenfalls Organmitglieder, die an einem Vorgang mitgewirkt haben, in dem eine Pflichtwidrigkeit gesehen wird, an der Abstimmung auch über die Entlastung von Kollegen verhindert, *Koch* in Hüffer/Koch AktG § 136 Rn. 20; *Schröer* in MüKoAktG AktG § 136 Rn. 8.
[32] *Butzke* I Rn. 24 f.; *Kubis* in MüKoAktG AktG § 120 Rn. 8; *Bungert* in MHdB AG § 35 Rn. 25.
[33] Ebenso etwa *Koch* in Hüffer/Koch AktG § 120 Rn. 9; *Spindler* in K. Schmidt/Lutter AktG § 120 Rn. 26.
[34] Etwa *Bungert* in MHdB AG § 35 Rn. 26; *Kubis* in MüKoAktG AktG § 120 Rn. 9.
[35] *Zöllner* in Kölner Komm. AktG § 120 Rn. 19.
[36] *Koch* in Hüffer/Koch AktG § 120 Rn. 18 f. mwN.

gänge oder Vorwürfe, allerdings meist sehr negativ wahrgenommen und kann mit einer Rufschädigung für das betroffene Organmitglied verbunden sein.

Die Verweigerung der Entlastung rechtfertigt andererseits **nicht** für sich genommen die **Abberufung** des Vorstandsmitglieds wegen Vertrauensentzugs durch die Hauptversammlung (§ 84 Abs. 3 S. 2 AktG). Dafür müsste die Hauptversammlung beschließen, dass dem Vorstandsmitglied das Vertrauen entzogen wird oder dass es nicht mehr das Vertrauen der Hauptversammlung genießt.[37] Auf die Verwendung des gesetzlichen Wortlauts kommt es nicht an, die bloße Entlastungsverweigerung reicht aber jedenfalls nicht.[38] 21

Allerdings rechtfertigt die **unberechtigte Verweigerung** der Entlastung die **Niederlegung des Amtes** seitens des betroffenen Organmitglieds;[39] darüber hinaus kann das betroffene Vorstandsmitglied dann auch den Anstellungsvertrag aus wichtigem Grund kündigen.[40] 22

VI. Nichtigkeit der Entlastung

Ist ein Entlastungsbeschluss nichtig oder auf Anfechtungsklage für nichtig erklärt worden, besteht idR **keine Pflicht,** die Hauptversammlung über die Entlastung **erneut beschließen zu lassen.**[41] Innerhalb der ersten acht Monate des auf den Entlastungszeitraum folgenden Geschäftsjahrs (§ 120 Abs. 1 S. 1 AktG) ist dies auch nicht mehr möglich; es ist darüber hinaus aber meist auch unnötig, weil die Befassung der Hauptversammlung mit uU viele Jahre zurückliegenden Vorgängen in aller Regel sinnlos ist. Sollte dies anders sein, ist es allerdings idR möglich, erneut über die Entlastung zu beschließen (→ Rn. 5).[42] Ferner kann – bei Identität der Verwaltungsmitglieder – der Umstand, dass die frühere Entlastung nichtig war, bei der Entscheidung über deren Entlastung in einer späteren Hauptversammlung berücksichtigt werden.[43] 23

---

[37] BGH WM 1962, 811; *Koch* in Hüffer/Koch AktG § 84 Rn. 38; *Fleischer* in Spindler/Stilz AktG § 84 Rn. 111.
[38] *Koch* in Hüffer/Koch AktG § 120 Rn. 16 mwN; *Bungert* in MHdb AG § 35 Rn. 36; eingehend *Zimmermann* FS Rowedder, 1994, 593 (596 ff.).
[39] *Koch* in Hüffer/Koch AktG § 84 Rn. 38 und § 120 AktG Rn. 16; *Mertens/Cahn* in Kölner Komm. AktG § 84 Rn. 199; *Mülbert* in GroßkommAktG AktG § 120 Rn. 46 jeweils mwN. Großzügiger (Amtsniederlegung auch bei berechtigter Verweigerung der Entlastung) *Herrler* in Grigoleit § AktG 120 Rn. 17; *Kubis* in MüKoAktG AktG § 120 Rn. 37.
[40] Bei willkürlicher Verweigerung kann ihm dann nach verbreiteter Auffassung ein Anspruch auf Schadensersatz gem. § 628 Abs. 2 BGB zustehen, so etwa *Hoffmann* in Spindler/Stilz AktG § 120 Rn. 40; *Bungert* in MHdB AG § 35 Rn. 36; aA *Kubis* in MüKoAktG AktG § 120 Rn. 36.
[41] *Herrler* in Grigoleit AktG § 120 Rn. 21; ausf. *Volhard/Weber* NZG 2003, 351.
[42] *Herrler* in Grigoleit AktG § 120 Rn. 21.
[43] Näher dazu *Volhard/Weber* NZG 2003, 351.

§ 17 Aufsichtsratswahlen

Übersicht

		Rn.
I.	Überblick	1
II.	Zusammensetzung des Aufsichtsrats	2
III.	Wählbarkeit	9
	1. Persönliche Voraussetzungen	9
	2. Fachliche Eignung	12
IV	Amtszeit	14
V	Wahlvorschläge	17
VI	Wahl	19
	1. Anteilseignervertreter	23
	2. Arbeitnehmervertreter	27
VII	Ersatzmitgliedschaft	30
VIII	Abberufung	34
	1. Anteilseignervertreter	34
	2. Arbeitnehmervertreter	35
	3. Alle Aufsichtsratsmitglieder	36
IX.	Amtsniederlegung	37
X.	Fehlerhafte Bestellung	38
XI.	Gerichtliche Bestellung	41
XII.	Ergänzungswahl	44
XIII.	Bekanntmachung/Anmeldung	46

Stichworte

Abberufung
– auf Antrag des Aufsichtsrats Rn. 36
– von Anteilseignervertretern Rn. 34
– von Arbeitnehmervertretern Rn. 35
Amtsniederlegung Rn. 37
Amtszeit
– Befristung Rn. 14, 16
– Möglichkeit der Staffelung Rn. 16
Bestellung, fehlerhafte
– infolge Anfechtungsklage gegen Wahlbeschlüsse der Hauptversammlung Rn. 38
– Rechtsfolgen für Beschlüsse, an denen betreffendes Mitglied mitgewirkt hat Rn. 39
– Gestaltungen zur Vorbeugung von Rechtsunsicherheit infolge Rn. 40
Bestellung, gerichtliche
– Amtsdauer des gerichtlich bestellten Mitglieds Rn. 44
– Auswahl durch das Gericht Rn. 43
– Ergänzungswahl Rn. 44 f.
– Voraussetzungen Rn. 41 f.
Blockwahl s. Listenwahl
Einzelabstimmung über Kandidaten Rn. 26
Entsendungsrecht Rn. 19
Ersatzmitgliedschaft
– Begriff Rn. 31
– bei Abberufung des betreffenden Mitglieds Rn. 33

– bei Ausscheiden des betreffenden Mitglieds Rn. 32
– bei Ende der Amtszeit des betreffenden Mitglieds Rn. 33
Globalwahl s. Listenwahl
Höchstpersönlichkeit des Amtes des Aufsichtsratsmitglieds Rn. 30
Listenwahl
– Zulässigkeit der Rn. 24
Registergericht
– Liste aller Aufsichtsratsmitglieder einzureichen beim Rn. 46
– Anmeldung des Aufsichtsratsvorsitzenden und dessen Stellvertreters beim Rn. 47
Simultanwahl Rn. 25
Wahl
– Annahme der Rn. 22
– der Anteilseignervertreter Rn. 23 ff.
– der Arbeitnehmervertreter Rn. 27 ff.
– durch Beschluss Rn. 21
– in Hauptversammlung Rn. 19
– Mitteilung des Ergebnisses der Rn. 22
Wahlvorschlag
– des Aufsichtsrats für die Wahl der Anteilseignervertreter Rn. 17 f.
– der Minderheit Rn. 20
Wählbarkeit
– fachliche Eignung Rn. 12 f.
– persönliche Voraussetzungen der Rn. 9

§ 17

Zusammensetzung des Aufsichtsrats
- bei Börsennotierung und Mitbestimmung Rn. 6
- bei Börsennotierung oder Mitbestimmung Rn. 7
- bei Mitbestimmung nach MitbestG Rn. 4
- bei Mitbestimmung nach MontanMitbestG Rn. 5
- bei nicht mitbestimmten Gesellschaften Rn. 2
- Empfehlungen zur nach DCGK Rn. 8
- Satzungsbestimmungen zur Rn. 3

Schrifttum:

Arnold/Gayk, Auswirkungen der fehlerhaften Bestellung von Aufsichtsratsmitgliedern, DB 2013, 1830; *Austmann/Rühle*, Wahlverfahren bei mehreren für einen Aufsichtsratssitz vorgeschlagenen Kandidaten, AG 2011, 805; *Bayer/Scholz*, Der Verzicht auf die Dreiteilbarkeit der Mitgliederzahl des Aufsichtsrats nach der Neufassung des § 95 Satz 3 AktG, ZIP 2016, 193; *Beyer*, Neue Grenzen bei der gerichtlichen Bestellung von Aufsichtsratsmitgliedern NZG 2014, 61; *Bihr/Blättchen*, Aufsichtsräte in der Kritik: Ziele und Grenzen einer ordnungsgemäßen Aufsichtsratstätigkeit – Ein Plädoyer für den Profi-Aufsichtsrat, BB 2007, 1285; *Bollweg*, Die Wahl des Aufsichtsrats in der Hauptversammlung der Aktiengesellschaft, 1997; *Buckel/Vogel*, Die angegriffene Wahl des Aufsichtsrats – Gutglaubensschutz statt Rechtsfigur des fehlerhaften Organs, ZIP 2014, 58; *Florstedt*, Zur Anfechtung der Wahl eines Aufsichtsratsmitglieds, NZG 2014, 681; *Höpfner*, Der fehlerhafte Aufsichtsrat – Zur Anwendbarkeit der Lehre vom fehlerhaft bestellten Organ auf die Beschlussfassung im Aufsichtsrat, ZGR 2016, 505; *Jung*, Tendenzen der Corporate Governance: Diskussion um die fachliche Qualifikation von Aufsichtsratsmitgliedern, WM 2013, 2110; *Luther*, § 23 Abs. (5) AktG im Spannungsfeld von Gesetz, Satzung und Einzelentscheidungen der Organe der Aktiengesellschaft, FS Hengeler, 1972, 167; *Lutter*, Blockabstimmungen im Aktien- und GmbH-Recht, FS Odersky, 1996, 845; *ders.*, Auswahlpflichten und Auswahlverschulden bei der Wahl von Aufsichtsratsmitgliedern, ZIP 2003, 417; *ders.*, Professionalisierung des Aufsichtsrate, DB 2009, 775; *Quack*, Zur „Globalwahl" von Aufsichtsratsmitgliedern der Anteilseigner, FS Rowedder, 1994, S. 387; *U.H. Schneider/S. Schneider*, Der Aufsichtsrat zwischen Kontinuität und Veränderung, AG 2015, 621; *Schürnbrand*, Noch einmal: Das fehlerhaft bestellte Aufsichtsratsmitglied, NZG 2013, 481; *E. Vetter*, Anfechtung der Wahl der Aufsichtsratsmitglieder, Bestandsschutzinteresse der AG und die Verantwortung der Verwaltung, ZIP 2012, 701; *Wandt*, Der Antrag auf gerichtliche Bestellung eines Aufsichtsratsmitglieds bei AG und SE, AG 2016, 877; *Wardenbach*, Interessenkonflikte und mangelnde Sachkunde als Bestellungshindernisse zum Aufsichtsrat der AG, 1996; *Wasmann/Rothenburg*, Praktische Tipps zum Umgang mit der Frauenquote, DB 2015, 291; *Werner*, Die fehlerhafte Bestellung von Aufsichtsratsmitgliedern und die Handlungsfähigkeit des Aufsichtsrats, WM 2014, 2207.

I. Überblick

1 Für die Zusammensetzung des Aufsichtsrats bestehen aktienrechtliche und – sofern einschlägig – mitbestimmungsrechtliche Vorgaben (→ Rn. 2 ff.). Hinsichtlich der Wählbarkeit sind sowohl persönliche (→ Rn. 9 ff.) als auch fachliche (→ Rn. 12 ff.) Voraussetzungen zu beachten. Die Amtszeit der Aufsichtsratsmitglieder ist stets befristet (→ Rn. 14 ff.). Abberufung (→ Rn. 34 ff.) und Amtsniederlegung (→ Rn. 37) vor Ablauf der Amtszeit sind grundsätzlich möglich. Die Mitglieder des Aufsichtsrats werden grundsätzlich auf Vorschlag des Aufsichtsrats (→ Rn. 17 f.) von der Hauptversammlung gewählt, sofern keine Entsendungsrechte bestehen (→ Rn. 19 ff.; zum Wahlverfahren → Rn. 23 ff.). Die Wahl der Arbeitnehmervertreter bestimmt sich nach dem jeweils einschlägigen Gesetz (→ Rn. 27 ff.). Stellvertretende Aufsichtsratsmitglieder kennt das Gesetz nicht, möglich ist aber ggf. die Wahl von Ersatzmitgliedern (→ Rn. 30 ff.). Wird die Wahl eines Aufsichtsratsmitglieds durch die Hauptversammlung erfolgreich mit einer Nichtigkeits- oder Anfechtungsklage angegriffen, ist das betroffene Aufsichtsratsmitglied rückwirkend wie ein Nichtmitglied zu behandeln (→ Rn. 38 ff.); in diesen Fällen sollte sicherheitshalber eine Niederlegung und gerichtliche Ersatzbestellung erfolgen (→ Rn. 40; zur gerichtlichen Ersatzbestellung Rn. 41 ff.). Veränderungen in der Zusammensetzung des Aufsichtsrats sowie in der Person des Vorsitzenden und dessen Stellvertreters hat der Vorstand dem Handelsregister mitzuteilen (→ Rn. 46 f.).

II. Zusammensetzung des Aufsichtsrats

Jede AG muss einen Aufsichtsrat haben. Dem Aufsichtsrat gehören bei mitbestimmten Gesellschaften grundsätzlich Anteilseignervertreter und Arbeitnehmervertreter an. **Ausgenommen** von dieser Form der Mitbestimmung sind lediglich: 2
- Gesellschaften mit idR nicht mehr als 500 im Inland[1] beschäftigten Arbeitnehmern;[2] sowie
- Tendenzgesellschaften und Religionsgemeinschaften (§ 1 Abs. 2 DrittelbG).

Diese Gesellschaften haben keine Arbeitnehmervertreter im Aufsichtsrat.[3]

Der Aufsichtsrat muss zu einem Drittel (§ 4 Abs. 1 DrittelbG)[4] und, wenn die Gesellschaft idR mehr als 2.000 im Inland[5] beschäftigte Mitarbeiter hat, zur Hälfte aus Arbeitnehmervertretern bestehen (§§ 1 Abs. 1, 7 MitbestG). 2a

Der Aufsichtsrat besteht aus mindestens drei Mitgliedern (§ 95 Abs. 1 S. 1 AktG). Die Satzung kann auch eine höhere Zahl festlegen, die nur dann **durch drei teilbar sein muss,** wenn dies zur Erfüllung mitbestimmungsrechtlicher Vorschriften erforderlich ist (§ 95 S. 3 AktG).[6] Die Anzahl der maximal zulässigen Aufsichtsratsmitglieder variiert nach der Höhe des Grundkapitals und ist höchstens 3
- 9 bei einem Grundkapital bis zu 1,5 Mio. EUR,
- 15 bei einem Grundkapital über 1,5 Mio. EUR und
- 21 bei einem Grundkapital über 10 Mio. EUR (§ 95 S. 4 AktG).

---

[1] Ob die Beschränkung auf inländische Arbeitnehmer, anders gewendet: das Nicht-Mitzählen von Arbeitnehmern ausländischer Konzernunternehmen, europarechtskonform ist, ist derzeit Gegenstand der Diskussion in Schrifttum und Rechtsprechung, s. OLG Frankfurt a.M. ZIP 2016, 2223. Das OLG hat das Verfahren bis zur Entscheidung des EuGH in der Rs. C-566/15 ausgesetzt; inzwischen hat der EuGH entschieden, s. EuGH DStR 2017, 1769. In diesem Verfahren ging es indes um die Frage, ob der Ausschluss der Arbeitnehmer ausländischer Konzernunternehmen vom aktiven und passiven Wahlrecht bei der Wahl der Arbeitnehmervertreter in den Aufsichtsrat mit dem Unionsrecht vereinbar ist. Kritisch zur Entscheidung des OLG Frankfurt a.M. daher *Seibt* DB 2016, 1743. Die weitere Entwicklung bleibt abzuwarten. Vgl. auch OLG München ZIP 2017, 476.
[2] Für vor dem 10.8.1994 eingetragene Gesellschaften mit idR weniger als 500 Arbeitnehmern gilt diese Ausnahme nur, wenn es sich um Familiengesellschaften handelt. Eine Familiengesellschaft hat als Gesellschafter eine einzelne natürliche Person oder nur Verwandte/Verschwägerte iSd § 15 Abs. 1 Nr. 2–8 AO, § 1 Abs. 1 Nr. 1 und 2 DrittelbG. Im Übrigen ist das Drittelbeteiligungsgesetz auf vor dem 10.8.1994 eingetragene Aktiengesellschaften, die keine Familiengesellschaften sind, nach hM anwendbar, wenn die Gesellschaft mindestens fünf Arbeitnehmer hat, vgl. BGH AG 2012, 288, *Gach* in MüKoAktG DrittelbG § 1 Rn. 13.
[3] Zu beachten ist bei der Einordnung allerdings, dass gem. § 2 Abs. 2 DrittelbG auch eine Zurechnung von Arbeitnehmern nachgeordneter Gesellschaften in Betracht kommt, die das Bestehen eines Beherrschungsvertrags (§ 291 Abs. 1 S. 1 AktG) oder eine Eingliederung (§ 319 AktG) voraussetzt, vgl. *Gach* in MüKoAktG DrittelbG § 2 Rn. 14. Sind bei abhängigen Gesellschaften insgesamt über 2.000 Arbeitnehmer beschäftigt, gelten diese als Arbeitnehmer des herrschenden Unternehmens, § 5 Abs. 1 MitbestG. Die arbeitnehmerlose Holding-AG eines Konzerns, der weniger als 2.000 Arbeitnehmer beschäftigt, hat daher einen nur aus Anteilseignervertretern bestehenden Aufsichtsrat.
[4] Die Höchstzahl ist in § 95 S. 4 AktG gesetzlich festgelegt. Im Geltungsbereich des MitbestG geht dessen § 7 vor (§ 95 S. 5 AktG).
[5] Ob die Beschränkung auf inländische Arbeitnehmer, anders gewendet: das Nicht-Mitzählen von Arbeitnehmern ausländischer Konzernunternehmen, europarechtskonform ist, ist derzeit Gegenstand der Diskussion in Schrifttum und Rechtsprechung, s. OLG Frankfurt a.M. ZIP 2016, 2223. Das OLG hat das Verfahren bis zur Entscheidung des EuGH in der Rs. C-566/15 ausgesetzt; inzwischen hat der EuGH entschieden, s. EuGH DStR 2017, 1769. In diesem Verfahren ging es indes um die Frage, ob der Ausschluss der Arbeitnehmer ausländischer Konzernunternehmen vom aktiven und passiven Wahlrecht bei der Wahl der Arbeitnehmervertreter in den Aufsichtsrat mit dem Unionsrecht vereinbar ist. Krit. zur Entscheidung des OLG Frankfurt a.M. daher *Seibt* DB 2016, 1743. Die weitere Entwicklung bleibt abzuwarten. Vgl. auch OLG München ZIP 2017, 476.
[6] Ausf. zur Neufassung von § 95 S. 3 AktG durch die „Aktienrechtsnovelle 2016" *Bayer/Scholz* ZIP 2016, 193.

Ist die nach der Satzung erforderliche Zahl von Aufsichtsratsmitgliedern erreicht, ist die Wahl weiterer Mitglieder nichtig.[7]

4 Nach dem **Mitbestimmungsgesetz** haben Gesellschaften mit mehr als 2.000 Arbeitnehmern einen paritätisch (je zur Hälfte mit Arbeitnehmer- und Anteilseignervertretern) besetzten Aufsichtsrat, bestehend aus
- 12 Mitgliedern bei nicht mehr als 10.000 Arbeitnehmern,
- 16 Mitgliedern bei nicht mehr als 20.000 Arbeitnehmern und
- 20 Mitgliedern bei mehr als 20.000 Arbeitnehmern (§ 7 Abs. 1 MitbestG).

5 Die nur für wenige Gesellschaften geltende (§ 4 MontanMitbestG) oder fortgeltende (§§ 1, 4 MitbestErgG) **Montanmitbestimmung** verlangt zusätzlich zu einer gleichen Anzahl von Anteilseigner- und Arbeitnehmervertretern noch ein weiteres neutrales Mitglied, das auf Vorschlag des Aufsichtsrats von der Hauptversammlung zu wählen ist.[8]

6 Der Aufsichtsrat einer **börsennotierten** (§ 3 Abs. 2 AktG) AG oder KGaA, die der **Mitbestimmung** nach den MitbestG, MontanMitbestG oder MitbestErgG unterliegt, muss gem. § 96 Abs. 2 S. 1 AktG zu jeweils mindestens 30 % aus **Frauen und Männern** bestehen.[9] Die Regelung gilt für alle Neuwahlen und Entsendungen ab dem 1.1.2016 (§ 25 Abs. 2 S. 1 EGAktG).[10] Bestehende Mandate werden von der Regelung nicht berührt und können weiter bis zu ihrem Ende wahrgenommen werden (§ 25 Abs. 2 S. 2, 3 EGAktG).[11] Rechtsfolge eines Verstoßes gegen die Quotenregel ist gem. § 96 Abs. 2 S. 6 AktG die **Nichtigkeit** der Wahl bzw. der Entsendung (Konzept des „leeren Stuhls").[12]

7 Der Aufsichtsrat einer AG oder KGaA, die **börsennotiert** (§ 3 Abs. 2 AktG) ist **oder** der **Mitbestimmung** nach den DrittelbG, MitbestG, MontanMitbestG, MitbestErgG oder MgVG unterliegt, muss eine **Zielgröße** für den Frauenanteil im Aufsichtsrat **festlegen** (§ 111 Abs. 5 AktG).[13] Dies gilt nicht für Gesellschaften, auf die § 96 Abs. 2 AktG (→ Rn. 6) anzuwenden ist (§ 111 Abs. 5 S. 5 AktG). Eine Verfehlung der festgelegten Zielgröße bei der Wahl oder Entsendung von Aufsichtsratsmitgliedern bleibt jedoch **sanktionslos**.[14]

8 Über die gesetzlichen Vorgaben hinaus enthält **Ziff. 5.4 DCGK** Empfehlungen für die Zusammensetzung des Aufsichtsrats.[15]

III. Wählbarkeit

1. Persönliche Voraussetzungen

9 Aufsichtsratsmitglied kann jede natürliche und unbeschränkt geschäftsfähige Person sein (§ 100 Abs. 1 S. 1 AktG), jedoch nicht

---

[7] LG Flensburg DB 2004, 1253.
[8] Zur Montanmitbestimmung siehe *Hoffmann-Becking* in MHdB AG § 28 Rn. 24 ff.
[9] *Koch* in Hüffer/Koch AktG § 96 Rn. 13; *Spindler* in Spindler/Stilz AktG § 96 Rn. 31; *Wettich* AG 2017, 60 (61 f.). § 96 Abs. 3 AktG enthält eine Sonderregel für Gesellschaften, die aus einer grenzüberschreitenden Verschmelzung hervorgegangen sind und der Mitbestimmung nach dem MgVG unterliegen.
[10] *Koch* in Hüffer/Koch AktG § 96 Rn. 13.
[11] *Koch* in Hüffer/Koch AktG § 96 Rn. 13.
[12] *Koch* in Hüffer/Koch AktG § 96 Rn. 23; *Spindler* in Spindler/Stilz AktG § 96 Rn. 38.
[13] Dazu *Koch* in Hüffer/Koch AktG § 111 Rn. 56 ff.; zum Zeitpunkt der erstmaligen Anwendung siehe § 25 Abs. 1 EGAktG.
[14] *Koch* in Hüffer/Koch AktG § 111 Rn. 58.
[15] Dazu *Koch* in Hüffer/Koch AktG § 100 Rn. 8.

- wer Mitglied des Vorstands, Prokurist oder zum gesamten Geschäftsbetrieb ermächtigter Handlungsbevollmächtigter der Gesellschaft (§ 105 Abs. 1 AktG)[16] oder gesetzlicher Vertreter eines abhängigen Unternehmens ist (§ 100 Abs. 2 Nr. 2 AktG);[17]
- wer Mitglied in zehn anderen Pflichtaufsichtsräten (§ 100 Abs. 2 Nr. 1 AktG) ist, wobei bis zu fünf Mandate eines gesetzlichen Vertreters (oder Inhabers) des herrschenden Unternehmens in Pflichtaufsichtsräten von Konzerngesellschaften nicht angerechnet werden (§ 100 Abs. 2 S. 2 AktG); Vorsitzmandate zählen – außer bei Konzerngesellschaften[18] – doppelt (§ 100 Abs. 2 S. 3 AktG);
- wer gesetzlicher Vertreter einer anderen Kapitalgesellschaft ist, deren Aufsichtsrat ein Vorstandsmitglied der AG angehört;[19]
- wer in den letzten zwei Jahren Vorstandsmitglied derselben börsennotierten[20] Gesellschaft war, es sei denn, seine Wahl erfolgt auf Vorschlag von Aktionären, die mehr als 25% der Stimmrechte an der Gesellschaft halten (§ 100 Abs. 2 Nr. 4 AktG).[21]

Die Satzung kann weitere persönliche Voraussetzungen für die Wählbarkeit der von der Hauptversammlung zu wählenden Aufsichtsratsmitglieder bestimmen (§ 100 Abs. 4 AktG).[22]

Die persönlichen Voraussetzungen müssen grundsätzlich nicht zum Zeitpunkt der Wahl, sondern erst **zum Beginn der Amtszeit** erfüllt sein.[23] Wer nach Beginn seiner Amtszeit seine unbeschränkte Geschäftsfähigkeit verliert, scheidet automatisch mit Wirkung *ex nunc* aus dem Aufsichtsrat aus.[24] Ein **nachträglicher Verstoß** gegen ein Bestellungshindernis gemäß § 100 Abs. 2 AktG hat grundsätzlich die gleiche Wirkung.[25] Demgegenüber führt der Wegfall einer in der **Satzung** statuierten persönlichen Voraussetzung nicht zum Ausscheiden aus dem Aufsichtsrat; möglich ist aber idR eine Abberufung aus wichtigem Grund (§ 103 Abs. 3 AktG).[26]

---

[16] Verboten ist nur die gleichzeitige Mitgliedschaft in beiden Gremien. Die Wahl kann stattfinden und angenommen werden, wenn das Amt erst nach dem Ausscheiden aus dem Vorstand anzutreten ist, *Koch* in Hüffer/Koch AktG § 105 Rn. 2.

[17] Die Abordnung für einen begrenzten Zeitraum, höchstens für ein Jahr, aus dem Aufsichtsrat in den Vorstand, § 105 Abs. 2 AktG, führt zum Ruhen, nicht zum Verlust des Mandats.

[18] *Habersack* in MüKoAktG AktG § 100 Rn. 25.

[19] Sog „Überkreuzverflechtung", § 100 Abs. 2 Nr. 3 AktG. Ist zB ein Vorstandsmitglied der A-AG Mitglied des AR der B-GmbH, kann kein Geschäftsführer der B-GmbH Mitglied des Aufsichtsrats der A-AG werden.

[20] § 3 Abs. 2 AktG.

[21] Genannt werden hier nur die im Gesetz aufgeführten Ausschlusstatbestände. Daneben ist zu beachten, dass die Übernahme von Mandaten in Konkurrenzunternehmen wegen Interessenkollision stets Kritik ausgesetzt ist, siehe dazu bereits *Ulmer* NJW 1980, 1603 und eingehend *Herkenroth* AG 2001, 33. Nach Ziff. 5.5.2 DCGK sollen Mitglieder des Aufsichtsrats Interessenkonflikte dem Aufsichtsrat offenlegen, der die Hauptversammlung gem. Ziff. 5.5.3 S. 1 DCGK über aufgetretene Interessenkonflikte und deren Behandlung in seinem Bericht informieren soll; wesentliche, nicht nur vorübergehende Interessenkonflikte sollen zur Beendigung des Mandats führen, Ziff. 5.5.3 S. 2 DCGK. Dennoch hielt etwa das OLG Schleswig ZIP 2004, 1143 die Bestellung des Organmitglieds eines Konkurrenzunternehmens für unbedenklich, so lange keine dauerhafte schwere Pflichtenkollision eintrete. In der Praxis führen Doppelmandate und zeitnahe Wechsel vom Vorstand in den Aufsichtsrat gerade bei börsennotierten Gesellschaften häufig zu kritischen Diskussionen in der Öffentlichkeit.

[22] *Koch* in Hüffer/Koch AktG § 23 Rn. 38.

[23] Ausf. *Habersack* in MüKoAktG AktG § 100 Rn. 55 f.

[24] *Habersack* in MüKoAktG AktG § 100 Rn. 60.

[25] Übernimmt der Betroffene ein weiteres Aufsichtsratsmandat und überschreitet dadurch die zulässige Höchstzahl (§ 100 Abs. 2 S. 1 Nr. 1 AktG), ist allerdings diese letzte Wahl/Entsendung nichtig, so dass kein nachträgliches Bestellungshindernis eintritt. Ausf. zum Ganzen *Habersack* in MüKoAktG AktG § 100 Rn. 60 ff.

[26] *Habersack* in MüKoAktG AktG § 100 Rn. 63.

2. Fachliche Eignung

12 Zur fachlichen Eignung der Mitglieder des Aufsichtsrats enthält das Gesetz in § 100 Abs. 5 AktG[27] eine ausdrückliche Vorgabe für **kapitalmarktorientierte Gesellschaften** (§ 264d HGB) sowie bestimmte Kreditinstitute und Versicherungsunternehmen: danach muss mindestens ein Mitglied des Aufsichtsrats über Sachverstand auf den Gebieten **Rechnungslegung oder Abschlussprüfung** verfügen (sog. Finanzexperte oder Financial Expert)[28] und die Mitglieder müssen *in ihrer Gesamtheit* mit dem **Sektor,** in dem die Gesellschaft tätig ist, vertraut sein.[29] Ob ein Verstoß gegen § 100 Abs. 5 AktG zur Nichtigkeit der Wahl eines Aufsichtsratsmitglieds führen kann, ist umstritten.[30]

13   Darüber hinaus enthält das Gesetz keine ausdrücklichen Vorgaben zur fachlichen Eignung der Mitglieder des Aufsichtsrats.[31] Aus den dem Aufsichtsrat übertragenen Aufgaben folgt, dass gewisse **Kenntnisse und Erfahrungen unabdingbar** sind.[32] Jedes Aufsichtsratsmitglied muss[33]
– seine Pflichten und Rechte nach dem AktG kennen;
– die Berichte nach § 90 AktG verstehen und kritisch würdigen können;
– den Jahresabschluss (und ggf. den Konzernabschluss) mit Hilfe des Prüfungsberichts des Abschlussprüfers prüfen[34] und
– die sich aus seiner Stellung ergebenden Haftungsrisiken erkennen und beurteilen können.

Erfüllt eine Person diese Anforderungen nicht, kann schon in der Übernahme eines Aufsichtsratsmandats eine Pflichtverletzung mit den entsprechenden **Haftungsfolgen** nach §§ 116, 93 AktG liegen.[35] Auf je nach den Anforderungen des Unternehmens erforderliche Spezialkompetenzen ist bei der **Auswahl der Kandidaten** zu achten.[36]

IV. Amtszeit

14 Die Mitgliedschaft ist **stets befristet,** gemäß § 102 Abs. 1 AktG längstens bis zur Beendigung der Hauptversammlung, die über die Entlastung für das vierte Geschäftsjahr nach dem Beginn der Amtszeit zu beschließen hat[37] (zB endet die Amtszeit bei Bestellung am

---

[27] IdF des Abschlussprüfungsreformgesetzes (AReG) vom 10.5.2016, BGBl. I 2016, 1142.
[28] Bis zur Änderung des § 100 Abs. 5 AktG durch das AReG musste der Finanzexperte zudem „unabhängig" sein, vgl. *Schilha* ZIP 2016, 1316 (1317 f.).
[29] Dazu ausf. *Schilha* ZIP 2016, 1316 ff. (dort auf S. 1323 auch zum erstmaligen Anwendungszeitpunkt der Vorschrift). Gemäß § 107 Abs. 4 AktG idF des AReG gelten diese Voraussetzungen auch für den Prüfungsausschuss (§ 107 Abs. 3 S. 2 AktG), den der Aufsichtsrat einer Gesellschaft einrichtet, auf die § 100 Abs. 5 AktG Anwendung findet.
[30] S. *Koch* in Hüffer/Koch AktG § 100 Rn. 28 mN; ausf. *Gesell* ZGR 2011, 361 (393 f.).
[31] Der DCGK enthält in Ziff. 5.4.1 S. 1 auch nur eine generelle Empfehlung: „Der Aufsichtsrat ist so zusammenzusetzen, dass seine Mitglieder insgesamt über die zur ordnungsgemäßen Wahrnehmung der Aufgaben erforderlichen Kenntnisse, Fähigkeiten und fachlichen Erfahrungen verfügen." Ferner soll (Ziff. 5.4.2 DCGK) dem Aufsichtsrat eine „nach seiner Einschätzung angemessene Anzahl" unabhängiger Mitglieder angehören. Zur Unabhängigkeit siehe *Hüffer* ZIP 2006, 637.
[32] In der Praxis ist seit Langem ein Trend zur Professionalisierung der Aufsichtsratsarbeit festzustellen. Dazu *Schneider/Schneider* AG 2015, 621, 624 f. Siehe ferner *Bihr/Blättchen* BB 2007, 1285 (1289 f.).; *Jung* WM 2013, 2110 (2111 f.); *Kort* AG 2008, 137, *Säcker* DB 2008, 2814, und *Peltzer* FS K. Schmidt, 2009, 1243 (1255).
[33] Vgl. auch BGHZ 85, 293 (295 f.) = AG 1983, 133 – Hertie.
[34] Zu den Anforderungen in diesem Zusammenhang ausf. *Hennrichs/Pöschke* in MüKoAktG AktG § 171 Rn. 93 ff.
[35] *Hennrichs/Pöschke* in MüKoAktG AktG § 171 Rn. 93 mwN.
[36] Zur „Idealbesetzung" siehe *Lutter* DB 2009, 775 (778).
[37] BGH WM 2002, 1884; wenn die Hauptversammlung nicht über die Entlastung beschließt oder keine Hauptversammlung fristgerecht einberufen wurde, gilt der Zeitpunkt, zu dem die Hauptversammlung

1.5.2015 und kalenderjahrgleichem Geschäftsjahr mit dem Ende der Hauptversammlung 2020 – spätestens aber zum 30.8.2020 –, die Höchstdauer der Amtszeit ist also ungefähr fünf Jahre).

Im **Gründungsstadium** – und in den Umwandlungsfällen der Verschmelzung und der Spaltung zur Neugründung, in denen die Gründungsvorschriften maßgebend sind (→ § 39 Rn. 48ff.) – können die Mitglieder des ersten Aufsichtsrats allerdings nicht für längere Zeit als bis zur Beendigung der Hauptversammlung bestellt werden, die über die Entlastung für das erste (Rumpf- oder volle) Geschäftsjahr beschließt (§ 30 AktG); bei Sachgründung gilt die Sonderregelung des § 31 AktG.[38] 15

Innerhalb dieser Höchstfristen steht es im Belieben der Hauptversammlung, wie lange sie die Amtszeit bemessen will.[39] Insbes. ist es möglich, die Amtszeiten so zu **staffeln,** dass nicht der gesamte Aufsichtsrat gleichzeitig ausscheidet und neu gewählt werden muss.[40] Wird die **Amtszeit im Beschluss nicht befristet,** gilt die Wahl für die jeweilige gesetzliche Höchstfrist.[41] 16

V. Wahlvorschläge

Der **Aufsichtsrat** (nicht auch der Vorstand) hat für die Wahl der Anteilseignervertreter Wahlvorschläge zu machen (§ 124 Abs. 3 S. 1 AktG). Jeder Vorschlag muss mit der Tagesordnung bekannt gemacht werden[42] und den Namen, den ausgeübten Beruf und den Wohnort der Kandidaten enthalten (§ 124 Abs. 3 S. 4 AktG) sowie – bei börsennotierten Gesellschaften – Angaben zu deren Mitgliedschaft in anderen gesetzlich zu bildenden Aufsichtsräten (§ 125 Abs. 1 S. 5, 1. HS AktG).[43] Nach Ziff. 5.4.1 DCGK sollen dem Vorschlag ein Lebenslauf beigefügt und die Beziehungen des Kandidaten zum Unternehmen offengelegt werden. Außerdem ist **in der Bekanntmachung anzugeben,** nach welchen Vorschriften sich der Aufsichtsrat zusammensetzt und ob die Hauptversammlung an Wahlvorschläge gebunden ist[44] (§ 124 Abs. 2 S. 1 AktG). Bei Gesellschaften, auf die § 96 Abs. 2 AktG Anwendung findet, muss in der Bekanntmachung ferner angegeben werden, ob der **Gesamterfüllung** nach § 96 Abs. 2 S. 3 AktG **widersprochen** wurde, und wie viele der Sitze im Aufsichtsrat mindestens jeweils von Frauen und Männern besetzt sein müssen, um das **Mindestanteilsgebot** nach § 96 Abs. 2 S. 1 AktG zu erfüllen (§ 124 Abs. 2 S. 2 AktG). 17

Wenn die Hauptversammlung an Wahlvorschläge gebunden ist (nach § 6 MontanMitbestG, § 124 Abs. 3 S. 3 AktG), ist ein Vorschlag des Aufsichtsrats unnötig; er braucht ferner auch keinen Vorschlag zu einem **Wahlvorschlag einer Minderheit,** der auf deren Verlangen auf die Tagesordnung gesetzt worden ist (§ 122 Abs. 2 AktG),[45] zu machen. 18

---

hätte beschließen müssen (OLG München WM 2010, 357); das Mandat läuft mithin längstens bis zum 30.8. des fünften auf den Beginn der Amtszeit folgenden Geschäftsjahres.
[38] *Koch* in Hüffer/Koch AktG § 102 Rn. 1.
[39] Wegen der Arbeitnehmervertreter siehe *Hoffmann-Becking* in MHdB AG § 30 Rn. 73 f.
[40] *Hoffmann-Becking* in MHdB AG § 30 Rn. 72.
[41] *Hoffmann-Becking* in MHdB AG § 30 Rn. 69.
[42] Wo die Tagesordnung nicht bekannt gemacht werden muss (§ 121 Abs. 6 AktG), erübrigt sich deshalb auch ein ausdrücklicher Vorschlag des Aufsichtsrats als Voraussetzung der Beschlussfähigkeit (§ 124 Abs. 4 S. 1 AktG). Es kann über alles abgestimmt werden, was der Versammlungsleiter zur Abstimmung stellt.
[43] Angaben zu Mitgliedschaften in vergleichbaren in- und ausländischen Kontrollgremien sollen beigefügt werden, § 125 Abs. 1 S. 5, 2. HS AktG.
[44] Die Angabepflicht besteht nur, wenn eine Bindung besteht; eine Fehlanzeige ist nicht (mehr) erforderlich, s. *Koch* in Hüffer/Koch AktG § 124 Rn. 6. Enthält die Bekanntmachung dennoch den Hinweis, dass „Hauptversammlung an Wahlvorschläge nicht gebunden ist", ist dies freilich unschädlich.
[45] Auch der Minderheitsvorschlag muss die Angaben nach § 124 Abs. 3 S. 4 und (wenn die Gesellschaft börsennotiert ist) § 125 Abs. 1 S. 5 AktG enthalten, *Butzke* J Rn. 49. Daneben ist jeder Aktionär berechtigt, zum Tagesordnungspunkt Aufsichtsratswahlen abweichende Wahlvorschläge zu machen. Sofern ein Vorschlag die in §§ 126, 127 AktG genannten Voraussetzungen erfüllt, ist er zugänglich zu machen; im

VI. Wahl

19 Soweit kein Entsendungsrecht besteht, werden die Anteilseignervertreter im Aufsichtsrat **von der Hauptversammlung gewählt** (§§ 101 Abs. 1 S. 1, 119 Abs. 1 Nr. 1 AktG),[46] die dabei an Wahlvorschläge nicht gebunden ist (§ 101 Abs. 1 S. 2 AktG).[47] Ein **Entsendungsrecht** kann nur durch die Satzung, nur für ein Drittel der Anteilseignervertreter und für namentlich bestimmte Aktionäre oder für die jeweiligen Inhaber vinkulierter Namensaktien begründet werden (§ 101 Abs. 2 S. 1, 2 und 4 AktG). Es bestehen keine Stimmverbote; jeder Aktionär kann sich zur Wahl vorschlagen und an der Abstimmung teilnehmen. Ausnahme: Persönlich haftende Gesellschafter einer KGaA dürfen bei Aufsichtsratswahlen das Stimmrecht aus eigenen Aktien weder selbst ausüben noch durch Dritte ausüben lassen und auch das Stimmrecht aus fremden Aktien nicht ausüben (§ 285 Abs. 1 S. 1 Nr. 1, S. 2 AktG).

20 Wie die Wahl durchzuführen ist, regelt das AktG nicht. Nur für einen Fall, nämlich den **Wahlvorschlag einer Minderheit,** bestimmt es die Reihenfolge der Abstimmung: Über den Minderheitsvorschlag ist vor dem Vorschlag des Aufsichtsrats abzustimmen, falls ein Aktionär einen nach § 126 AktG **mitteilungspflichtigen Vorschlag** rechtzeitig eingereicht (gem. §§ 127, 126 Abs. 1 AktG) und in der Hauptversammlung **beantragt** hatte, darüber vor dem Vorschlag des Aufsichtsrats abzustimmen, und eine Minderheit, deren Aktien zusammen den zehnten Teil des vertretenen Grundkapitals erreichen, das **verlangt** (§ 137 AktG). In allen anderen Fällen gilt auch für Aufsichtsratswahlen, dass der Versammlungsleiter – meist ausdrücklich nach der Satzung – befugt ist, die **Reihenfolge der Abstimmungen** festzulegen. Er kann dann insbesondere auch den Vorschlag zuerst zur Abstimmung stellen, dem er die größten Erfolgsaussichten einräumt.[48]

21 Die Wahl ist ein **Beschluss der Hauptversammlung,** der dazu dient, die zu bestellenden Aufsichtsratsmitglieder zu bestimmen.

22 Zur Bestellung der von der Hauptversammlung durch Wahl bestimmten Aufsichtsratsmitglieder gehören dann noch die **Mitteilung des Abstimmungsergebnisses** an die Gewählten und deren Annahmeerklärung (die Annahmeerklärung kann auch vor der Wahl abgegeben werden, s. dazu sogleich). Der Mitteilung bedarf es nicht, wenn das Abstimmungsergebnis in Anwesenheit der Gewählten verkündet wird. Die **Annahme** kann mündlich, auch durch einen Bevollmächtigten erklärt werden; Erklärungsempfänger ist die AG; in der Hauptversammlung genügt die Erklärung gegenüber dieser als Wahlorgan, sonst ist die Annahme gegenüber dem Vorstand (nach aA gegenüber dem Aufsichtsratsvorsitzenden) zu erklären.[49] Die Annahme kann ferner auch konkludent erklärt werden, etwa indem der Gewählte das Amt antritt. Häufig wird die Annahme bereits im Vorfeld erklärt, was der Versammlungsleiter dann in der Hauptversammlung bekanntgibt; die Bestellung wird in diesem Fall sofort (bei Anwesenheit des Kandidaten) oder mit Mitteilung des Abstimmungsergebnisses (bei Abwesenheit) wirksam.[50]

Anwendungsbereich des § 96 Abs. 2 AktG muss der Vorstand dabei die Angaben nach § 127 Abs. 1 S. 4 AktG ergänzen, s. *Koch* in Hüffer/Koch AktG § 127 Rn. 2.

[46] Für die Wahl der Arbeitnehmervertreter im Aufsichtsrat gelten §§ 9 ff. MitbestG, § 6 MontanMitbestG, §§ 7 ff. MitbestErgG, § 5 Abs. 1 DrittelbG und § 25 Abs. 3 MgVG; Überblick dazu bei *Koch* in Hüffer/Koch AktG § 96 Rn. 5 ff.

[47] Im Geltungsbereich der Montanmitbestimmung (§§ 6 und 8 MontanMitbestG) ist die Hauptversammlung dagegen an Wahlvorschläge gebunden, *Koch* in Hüffer/Koch AktG § 96 Rn. 7.

[48] LG München I AG 2016, 834 (836); *Habersack* in MüKoAktG AktG § 101 Rn. 25 mwN.

[49] *Koch* in Hüffer/Koch AktG § 101 Rn. 8.

[50] *Koch* in Hüffer/Koch AktG § 101 Rn. 8.

VI. Wahl § 17

1. Anteilseignervertreter

Zur Wahl genügt die **einfache Mehrheit** der abgegebenen Stimmen, wenn die Satzung 23 nicht eine andere (größere[51] oder geringere[52]) Mehrheit oder andere Erfordernisse bestimmt (§ 133 AktG). Häufig lässt die Satzung für alle Beschlüsse die einfache Mehrheit genügen, soweit das Gesetz eine höhere Mehrheit nicht zwingend vorschreibt. Dann gilt für Wahlen die einfache Mehrheit.

Sind mehrere Aufsichtsratsmitglieder zu wählen, findet mitunter eine Gesamtabstim- 24 mung, die sog **„Listenwahl"** (auch **„Global-"** oder **„Blockwahl"**) der Kandidaten für sämtliche Vakanzen statt.[53] Das spart Zeit, nötigt allerdings die Aktionäre, die einen der Kandidaten nicht wählen wollen, die Liste insgesamt abzulehnen, also auch bei den Kandidaten mit Nein zu stimmen, mit denen sie einverstanden sind. Die Listenwahl ist nach hM **zulässig,** auch wenn die Satzung sie weder ausdrücklich anordnet noch eine entsprechende Kompetenz des Versammlungsleiters regelt.[54] Bei börsennotierten Gesellschaften führt die Listenwahl wegen Ziff. 5.4.3 S. 1 DCGK, wonach Wahlen zum Aufsichtsrat als Einzelwahl durchgeführt werden sollen, allerdings zu einer **Einschränkung der Entsprechenserklärung** (§ 161 AktG). Bei Gesellschaften, die in den Anwendungsbereich von § 96 Abs. 2 AktG fallen, ist zudem zu beachten, dass bei einer **Blockwahl unter Verstoß gegen das Mindestanteilsgebot**[55] die Wahl aller Kandidaten, die zum überrepräsentierten Geschlecht gehören, nichtig ist.[56]

Es ist daher – sofern keine Einzelwahl mit getrennten Abstimmungsvorgängen erfolgen 25 soll – jedenfalls vorzugswürdig, den Aktionären die Möglichkeit zu geben, durch Ankreuzen von Namen (oder Ja- bzw. Nein-Kästchen) zwischen den einzelnen Kandidaten zu differenzieren (Zusammenfassung der Einzelwahlen in einem Abstimmungsvorgang; sog. **„Simultanwahl"**[57]). Im **Anwendungsbereich von § 96 Abs. 2 AktG** empfiehlt es sich dabei, die Kandidaten im Wahlvorschlag zu reihen,[58] um das Risiko einer Gesamtnichtigkeit hinsichtlich des überrepräsentierten Geschlechts auszuschließen.[59]

Verlangen Aktionäre, anstelle einer Listenwahl über die Kandidaten **einzeln abzu-** 26 **stimmen,** gilt Folgendes: Der Versammlungsleiter ist – meist nach der Satzung ausdrücklich – befugt, die Reihenfolge der Abstimmungen festzulegen. Über eine vorgeschlagene

---

[51] ZB eine Zweidrittelmehrheit, BGHZ 76, 191.
[52] ZB die relative Mehrheit (gewählt ist, wer zwar nicht die Mehrheit, aber mehr Stimmen erhielt als ein anderer Kandidat), *Koch* in Hüffer/Koch AktG § 101 Rn. 4. Möglich ist nach heute hM ferner, dass die Satzung eine **Verhältniswahl** einführt (Verteilung der Posten nach dem Stimmenanteil in einem Wahlgang), *Habersack* in MüKoAktG AktG § 101 Rn. 27 mwN; *Koch* in Hüffer/Koch AktG § 133 Rn. 33.
[53] Überblick zu den Wahlverfahren bei *Austmann/Rühle* AG 2011, 805.
[54] *Habersack* in MüKoAktG AktG § 101 Rn. 19 ff.; *Koch* in Hüffer/Koch AktG § 101 Rn. 6. Sieht die Satzung Listenwahl vor, ist ein Antrag auf Einzelwahl unstatthaft, da er auf eine unzulässige Satzungsdurchbrechung hinausliefe, *Habersack* in MüKoAktG AktG § 101 Rn. 21.
[55] Der Mindestanteil ist gemäß § 96 Abs. 2 S. 2 AktG grundsätzlich vom Aufsichtsrat insgesamt zu erfüllen, also nicht getrennt für Anteilseigner- und Arbeitnehmervertreter. Widerspricht allerdings eine Seite auf Grund eines mit Mehrheit gefassten Beschlusses vor einer Wahl der **Gesamterfüllung** gegenüber dem Aufsichtsratsvorsitzenden, so ist der Mindestanteil für diese Wahl von der Seite der Anteilseigner und der Seite der Arbeitnehmer getrennt zu erfüllen (§ 96 Abs. 2 S. 3 AktG). Der Widerspruch kann (und muss, wenn gewünscht) für jede Wahl neu ausgesprochen werden. Umstritten ist, bis zu welchem Zeitpunkt der **Widerspruch** im Hinblick auf eine bestimmte Wahl ausgesprochen werden kann, s. *Grobe* AG 2015, 289 (292 f.); *Herb* DB 2015, 964 (965); *Koch* in Hüffer/Koch AktG § 96 Rn. 16; *Röder/Arnold* NZA 2015, 279 (283 ff.); *Seibt* ZIP 2015, 1193 (1198).
[56] RegBegr BT-Drs. 18/3784, 122; *Koch* in Hüffer/Koch AktG § 96 Rn. 24.
[57] Vgl. LG München I AG 2016, 834 (836).
[58] *Herb* DB 2015, 964 (966); *Koch* in Hüffer/Koch AktG § 96 Rn. 24. Dies dürfte zulässig sein, da es nicht um die Abstimmungsreihenfolge bei mehreren Kandidaten für eine Aufsichtsratsvakanz geht (sog. Sukzessivwahl, über deren Zulässigkeit gestritten wird, vgl. etwa *Austmann/Rühle* AG 2011, 805 (811 f.) *Habersack* in MüKoAktG AktG § 101 Rn. 25), sondern allein um die Reihenfolge der in einem Abstimmungsvorgang zusammengefassten Einzelwahlen.
[59] *Herb* DB 2015, 964 (966); *Koch* in Hüffer/Koch AktG § 96 Rn. 24; s. ferner *Höpfner* ZGR 2016, 505 (533 ff.).

Liste kann er deshalb zuerst abstimmen lassen; bei Zustimmung hat sich der Antrag auf Einzelabstimmung erledigt. Die dagegen mitunter geäußerten Bedenken greifen nicht durch, da die Blockabstimmung über mehrere zusammenhängende Sachfragen generell für zulässig gehalten wird, wenn nur der Versammlungsleiter zuvor darauf hinweist, dass durch (mehrheitliche) Ablehnung des Beschlussvorschlags eine Einzelabstimmung herbeigeführt werden kann.[60] Den Auffassungen, wenn auch nur ein Aktionär Einwände gegen die Blockabstimmung erhebt, müsse einzeln oder jedenfalls zunächst über den Verfahrensantrag abgestimmt werden,[61] ist allenfalls aus äußerster Vorsicht zu folgen. Richtigerweise ist der Versammlungsleiter befugt, über denjenigen Antrag zuerst abstimmen zu lassen, dem er die größten Chancen einräumt. Stimmen dann die Aktionäre mit Nein, die gegen auch nur einen der Kandidaten oder gegen die Listenwahl als solche stimmen wollen, so muss, wenn die Liste nicht die Mehrheit erhält, einzeln abgestimmt werden; anderenfalls ist der Tagesordnungspunkt erledigt.

2. Arbeitnehmervertreter

27 Die Wahl der Arbeitnehmervertreter in den Aufsichtsrat bestimmt sich nach den Vorschriften der jeweiligen Gesetze und den dazu ergangenen Verordnungen. Im Geltungsbereich des **Drittelbeteiligungsgesetzes** werden die Aufsichtsratsmitglieder der Arbeitnehmer von allen inländischen[62] Arbeitnehmern gewählt (§ 5 Abs. 1 DrittelbG). Wahlberechtigt sind Arbeitnehmer, die das 18. Lebensjahr vollendet haben und, wenn sie dem Betrieb von einem anderen Arbeitgeber zur Arbeitsleistung überlassen worden sind, länger als drei Monate im Betrieb eingesetzt werden (§ 5 Abs. 2 DrittelbG iVm § 7 S. 2 BetrVG).

28 Im Geltungsbereich des **Mitbestimmungsgesetzes** werden die Arbeitnehmer ebenfalls von den wahlberechtigten Arbeitnehmern[63] gewählt, es sei denn, dass sie von Delegierten gewählt werden. Das ist der Fall in Unternehmen mit idR mehr als 8.000 Arbeitnehmern. In beiden Fällen können die Wahlberechtigten anderes beschließen (§ 9 Abs. 1 und 2 MitbestG).

29 Nur im Geltungsbereich der **Montanmitbestimmung** obliegt die Wahl der Arbeitnehmervertreter der Hauptversammlung, die jedoch an die Wahlvorschläge der Betriebsräte, ggf. des Konzernbetriebsrats (§ 1 Abs. 4 MontanMitbestG), gebunden ist (§ 6 Abs. 7 MontanMitbestG). Außerdem wählt die Hauptversammlung auf Vorschlag der übrigen Aufsichtsratsmitglieder das „weitere" neutrale Mitglied (§ 8 Abs. 1 MontanMitbestG). Kommt der Vorschlag nicht mit der erforderlichen einfachen Mehrheit aller Stimmen zustande, obliegt der Vorschlag dem Vermittlungsausschuss (§ 8 Abs. 2 bis 4 MontanMitbestG).

---

[60] BGH ZIP 2003, 1788 – Deutsche Hypothekenbank Aktiengesellschaft – (Zustimmung zu Verträgen); der Hinweis des BGH darauf, dass dem Verfahren nicht widersprochen wurde, rechtfertigt nicht die Annahme, im Fall des Widerspruchs gegen die Blockabstimmung wäre diese unzulässig, da ein solcher eben nicht vorlag und es darauf für die Entscheidung infolgedessen nicht ankam; ebenso *Koch* in Hüffer/Koch AktG § 101 Rn. 7 mwN; *Spindler* in Spindler/Stilz AktG § 101 Rn. 36.
[61] Überblick zum Meinungsstand bei *Koch* in Hüffer/Koch AktG § 101 Rn. 7 mN.
[62] Das Kammergericht hat dem EuGH mit Beschluss vom 16.10.2015, DStR 2015, 2507, die Frage zur Entscheidung vorgelegt, ob der Ausschluss der Arbeitnehmer ausländischer Konzernunternehmen vom aktiven und passiven Wahlrecht mit dem Unionsrecht vereinbar ist (Rs. C-566/15). Dies hat der EuGH nun bejaht, s. EuGH DStR 2017, 1769; kritisch dazu *Habersack* NZG 2017 1021. Vgl. auch Fn. 1.
[63] Auch hier von den Arbeitnehmern, die das 18. Lebensjahr vollendet haben, § 18 MitbestG; § 7 S. 2 BetrVG gilt wiederum entsprechend. S. ferner Fn. 61.

VII. Ersatzmitgliedschaft

Stellvertreter von Aufsichtsratsmitgliedern können nicht bestellt werden (§ 101 Abs. 3 S. 1 AktG). In den Sitzungen des Aufsichtsrats kann ein Mitglied sich wegen der Höchstpersönlichkeit des Amtes **nicht vertreten** lassen. Abwesende Mitglieder können nur dadurch an Abstimmungen teilnehmen, dass sie – von zur Teilnahme an der Sitzung berechtigten Personen – schriftliche Stimmabgaben überreichen lassen (§ 108 Abs. 3 AktG). 30

Für jedes Aufsichtsratsmitglied – ausgenommen für das nach dem MontanMitbestG oder dem MitbestErgG auf Vorschlag der übrigen Aufsichtsratsmitglieder gewählte Mitglied – kann aber zugleich mit seiner Wahl ein **Ersatzmitglied gewählt** werden (§ 101 Abs. 3 S. 2 und 3 AktG; ebenso nach § 17 MitbestG). Ein solches Ersatzmitglied kann auch für mehrere Aufsichtsratsmitglieder gewählt werden und wird dies in der Praxis zumeist. Es kann, wenn nach dem ersten Ersatzfall ein Nachfolger gewählt worden ist, in einem weiteren Ersatzfall erneut nachrücken.[64] 31

Das **Ersatzmitglied** wird beim Ausscheiden des betreffenden Mitglieds, falls nicht bereits zuvor ein Nachfolger gewählt worden ist,[65] für dessen restliche Amtsdauer oder, wenn die Satzung oder der Beschluss zur Wahl des Ersatzmitglieds dies vorsieht, für die Zeit bis zur Bestellung des Nachfolgers[66] **voll berechtigtes und verpflichtetes Mitglied des Aufsichtsrats.** Während seiner Amtszeit hat es also die gleiche Rechtsstellung wie das weggefallene Mitglied. Es muss daher auch die Wählbarkeitsvoraussetzungen erfüllen.[67] 32

Mit dem Ende der Amtszeit des Mitglieds, an dessen Stelle es getreten ist, **erlischt** das Amt des Ersatzmitglieds spätestens (§ 102 Abs. 2 AktG). Wenn die Satzung oder der Beschluss zur Wahl des Ersatzmitglieds dies bestimmt, erlischt das Amt des Ersatzmitglieds bereits dann, wenn ein Nachfolger bestellt worden ist. Die Wahl des Nachfolgers bedeutet dann die **Abberufung** des Ersatzmitglieds. Da sie empfangsbedürftige Willenserklärung ist, wird sie – und die Wahl des Nachfolgers – erst wirksam, wenn sie dem Ersatzmitglied zugegangen ist. Für diese Wahl genügt grundsätzlich die einfache Mehrheit. Die Abberufung von Aufsichtsratsmitgliedern vor Ende ihrer Amtszeit bedarf dagegen nach dem Gesetz neben der einfachen Stimmenmehrheit einer Mehrheit von mindestens drei Vierteln der abgegebenen Stimmen (§ 103 Abs. 1 S. 2 AktG). Die Abberufung eines Ersatzmitglieds durch Wahl eines Nachfolgers mit einfacher Mehrheit ist deshalb nur möglich, wenn die Satzung **auch für die Abberufung einen Beschluss mit einfacher Mehrheit** der abgegebenen Stimmen genügen lässt.[68] Sonst muss der Nachfolger mit einer Mehrheit von mindestens drei Vierteln der abgegebenen Stimmen gewählt werden. 33

VIII. Abberufung

1. Anteilseignervertreter

Jeder Anteilseignervertreter im Aufsichtsrat kann jederzeit **durch Beschluss der Hauptversammlung** mit einer Mehrheit von drei Vierteln der abgegebenen Stimmen vor Ab- 34

---

[64] HM, *Koch* in Hüffer/Koch AktG § 101 Rn. 17; BGHZ 99, 211 (220) lässt offen, ob sich dies aus der Satzung als gewollt ergeben muss.
[65] BGH ZIP 1987, 1176.
[66] BGHZ 99, 211 (214), ohne dass es einer Annahme des Amtes bedarf, da diese durch die Annahme der Wahl als Ersatzmitglied antizipiert ist, hM, s. *Koch* in Hüffer/Koch AktG § 101 Rn. 15.
[67] Die Wählbarkeitsvoraussetzungen (§§ 100, 105 AktG) müssen nicht schon bei der Wahl zum Ersatzmitglied, sondern erst im Zeitpunkt des Nachrückens vorliegen, BGHZ 99, 211 (219) = NJW 1987, 902 (904); *Grigoleit/Tomasic* in Grigoleit AktG § 101 Rn. 24; *Habersack* in MüKoAktG § 101 Rn. 76.
[68] BGHZ 99, 211 (215 ff.); BGH NJW 1988, 260; NJW 1988, 1214; *Koch* in Hüffer/Koch AktG § 101 Rn. 16. § 103 Abs. 1 S. 3 AktG gestattet dies.

lauf der Amtszeit abberufen werden. Die Satzung kann eine andere (auch niedrigere) Mehrheit und weitere Erfordernisse bestimmen (§ 103 Abs. 1 S. 3 AktG). Wer aufgrund eines satzungsmäßigen Entsendungsrechts in den Aufsichtsrat gelangt ist, kann **vom Entsendungsberechtigten** jederzeit abberufen werden (§ 103 Abs. 2 AktG). Die Abberufung ist empfangsbedürftige Willenserklärung; deshalb wird die in derselben Hauptversammlung vorgenommene Wahl eines neuen Aufsichtsratsmitglieds, wenn das bisherige Aufsichtsratsmitglied bei der Feststellung des Abwahlbeschlusses nicht anwesend ist, erst wirksam, wenn sie diesem mitgeteilt worden ist.

2. Arbeitnehmervertreter

35 Auf Initiative der Arbeitnehmer können Arbeitnehmervertreter im Geltungsbereich des **Drittelbeteiligungsgesetzes** jederzeit durch Beschluss der Arbeitnehmer mit Dreiviertelmehrheit der abgegebenen Stimmen abberufen werden (§ 12 DrittelbG). Im Geltungsbereich des **Mitbestimmungsgesetzes** ist zur Abberufung ein Beschluss der nach dem Mitbestimmungsgesetz Wahlberechtigten, ggf. der Delegierten, jeweils mit Dreiviertelmehrheit erforderlich (§ 23 MitbestG).

3. Alle Aufsichtsratsmitglieder

36 Auf Antrag des Aufsichtsrats können Aufsichtsratsmitglieder ohne Rücksicht darauf, wer sie gewählt/berufen hat, also auch Arbeitnehmervertreter, durch das **Amtsgericht** abberufen werden, falls ein wichtiger Grund gegeben ist (§ 103 Abs. 3 AktG).[69]

IX. Amtsniederlegung

37 Die Amtsniederlegung als Beendigung des Mandats vor Ablauf der Amtszeit ist im Gesetz nicht geregelt. Sie sollte in der Satzung einschließlich der Formalitäten (Adressat und Form der Niederlegungserklärung) geregelt werden, um Rechtsunsicherheit zu vermeiden. Nach heute hM kann jedes Aufsichtsratsmitglied sein Amt **jederzeit** niederlegen.[70] Ein wichtiger Grund ist für die Wirksamkeit der Niederlegung nicht zu verlangen. Ebenso wenig hindert die Pflicht zur Rücksichtnahme auf die Gesellschaft die Niederlegung. Allerdings kann sich das Mitglied wegen – wirksamer – Niederlegung „zur Unzeit" schadensersatzpflichtig machen.[71] Die Erklärung wird nach hM mit Zugang beim Vorstand wirksam.[72]

X. Fehlerhafte Bestellung

38 Die Bestelllung eines Aufsichtsratsmitglieds kann fehlerhaft erfolgen. In der Praxis spielen insbesondere die Nichtigkeits- und (vor allem) **Anfechtungsklage gegen Wahlbe-**

---

[69] *Koch* in Hüffer/Koch AktG § 103 Rn. 10: wie bei § 84 Abs. 3 S. 2 AktG muss die Fortsetzung des Organverhältnisses bis zum Ende der Amtszeit für die Gesellschaft unzumutbar sein, wobei die Interessen der Gesellschaft und die des Abzuberufenden gegeneinander abzuwägen sind; vgl. OLG Frankfurt a.M. AG 2008, 456 f.; OLG Stuttgart AG 2007, 218.
[70] *Grigoleit/Tomasic* in Grigoleit AktG § 103 Rn. 22 mwN.
[71] *Koch* in Hüffer/Koch AktG § 103 Rn. 17; *Hoffmann-Becking* in MHdB AG § 30 Rn. 80.
[72] *Koch* in Hüffer/Koch AktG § 103 Rn. 17; auch beim Vorsitzenden des Aufsichtsrats nach *Lutter/Krieger/Verse* Rechte und Pflichten Aufsichtsrat Rn. 37.

X. Fehlerhafte Bestellung

schlüsse der Hauptversammlung durch Aktionäre eine große Rolle.[73] Hat eine solche Klage Erfolg, ist der Wahlbeschluss rückwirkend *(ex tunc)* nichtig.[74] Praktisch ist dies insbesondere deshalb problematisch, weil das betroffene Aufsichtsratsmitglied in der Zeit zwischen Wahlbeschluss und Urteil idR an zahlreichen Aufsichtsratssitzungen teilgenommen und an Beschlüssen mitgewirkt hat. Nach Auffassung des BGH, der einem in Teilen des Schrifttums und der obergerichtlichen Rechtsprechung vertretenen umfassenden Lösungsansatz[75] ausdrücklich widersprochen hat, ist das Aufsichtsratsmitglied, dessen Wahl nichtig ist oder auf eine Anfechtungsklage für nichtig erklärt wird, für die Stimmabgabe und Beschlussfassung **wie ein Nichtmitglied** zu behandeln.[76]

Daraus folgt, dass Beschlüsse des Aufsichtsrats nichtig sind, wenn sie nur aufgrund der Teilnahme und Stimmabgabe des Nichtmitglieds gefasst werden konnten; anders gewendet: Beschlüsse bleiben nur gültig, wenn auch ohne Berücksichtigung des Nichtmitglieds **Beschlussfähigkeit** gegeben war und die **erforderliche Stimmenmehrheit** erreicht wurde.[77] Eine Ausnahme hiervon (Gültigkeit unabhängig von diesen Voraussetzungen) hat der BGH insbesondere für Beschlüsse über **Wahlvorschläge** (§ 124 Abs. 3 S. 1 AktG) und für die **Leitung der Hauptversammlung** durch einen fehlerhaft bestellten Aufsichtsratsvorsitzenden anerkannt.[78]

39

Für die Praxis werden **verschiedene Gestaltungen** vorgeschlagen, um der Rechtsunsicherheit aus einer angefochtenen Aufsichtsratswahl entgegenzuwirken, so etwa:[79] Einzelwahl der Aufsichtsratsmitglieder (um Anfechtung aller Bestellungen zu verhindern), zeitlich gestaffelte Laufzeit der Mandate, Besetzung von Ausschüssen mit mehr als drei Mitgliedern (um Beschlussfähigkeit auch bei fehlerhafter Bestellung einzelner Mitglieder zu erhalten), sorgfältige Protokollierung der Aufsichtsratssitzungen (um ggf. fehlende Kausalität der Teilnahme und Stimmabgabe eines fehlerhaft bestellten Mitglieds beweisen zu können), Bestätigungsbeschluss der Hauptversammlung nach § 244 AktG, umgehende Bekanntmachung des vom Aufsichtsrat festgestellten Jahresabschlusses (um die Heilungsfrist gemäß § 256 Abs. 6 AktG auszulösen). All diese Gestaltungen lösen indes nur Teile des Problems. Vorzugswürdig wäre daher eine **gerichtliche Ersatzbestellung** (§ 104 AktG), deren Zulässigkeit für den Fall einer anhängigen Anfechtungsklage gegen den Wahlbeschluss aber nicht abschließend geklärt ist.[80] Einstweilen dürfte der sicherste Weg daher in gerichtlicher Ersatzbestellung nach Niederlegung des betroffenen Aufsichtsratsmitglieds liegen.[81]

40

---

[73] Hierfür bestehen Sonderregeln in §§ 250 ff. AktG.
[74] BGHZ 196, 195 = NZG 2013, 456 (458).
[75] Namentlich der Anwendung der Grundsätze des fehlerhaften Organverhältnisses auf die fehlerhafte Bestellung von Aufsichtsratsmitgliedern. Überblick dazu und berechtigte Kritik an der Entscheidung des BGH bei *Schürnbrand* NZG 2013, 481 mwN; *Höpfner* ZGR 2016, 505. S. ferner bereits *Schürnbrand*, Organschaft im Recht der privaten Verbände, 2007, 286 ff.; ihm folgend etwa OLG Frankfurt a.M. AG 2011, 36 (40); OLG Frankfurt a.M. AG 2011, 631 (635). Überblick dazu mwN bei *Koch* in Hüffer/Koch AktG § 101 Rn. 21.
[76] BGHZ 196, 195 = NZG 2013, 456 (458); ebenso etwa *K. Schmidt* in GroßkommAktG AktG § 250 Rn. 21; *Stilz* in Spindler/Stilz AktG § 250 Rn. 21; *E. Vetter* ZIP 2012, 701 ff.
[77] BGHZ 196, 195 = NZG 2013, 456 (458); *K. Schmidt* in GroßkommAktG AktG § 250 Rn. 31; *Stilz* in Spindler/Stilz AktG § 250 Rn. 21.
[78] BGHZ 196, 195 = NZG 2013, 456 (458 f.); vgl. zu weiteren Besonderheiten (insbesondere bei Handlungen ggü. Dritten, Erteilung des Prüfauftrags an den Abschlussprüfer und Bestellung des Vorstands) *Koch* in MüKoAktG AktG § 250 Rn. 25 f.; *Werner* WM 2014, 2207 (2009 f.); s. ferner die eingehende Darstellung der Auswirkungen auf Bestellung und Tätigkeit des Vorstands bei *Buckel/Vogel* ZIP 2014, 58 (61 ff.).
[79] Dazu ausf. *Koch* in MüKoAktG AktG § 250 Rn. 30 ff.; *Buckel/Vogel* ZIP 2014, 58 (59 ff.); *Tielmann/Struck* BB 2013, 1548; *Werner* WM 2014, 2207 (2010 ff.).
[80] Darstellung des Diskussionsstands mN bei *Koch* in Hüffer/Koch AktG § 104 Rn. 8.
[81] *Arnold/Gayk* DB 2013, 1830 (1837); *Koch* in Hüffer/Koch AktG § 101 Rn. 23 aE und § 104 AktG Rn. 3. Risiko, dass das Gericht eine andere Person als das gewählte Mitglied bestellt, verbleibt. Näher *Buckel/Vogel* ZIP 2014, 58 (60 f.).

XI. Gerichtliche Bestellung

41 Entsteht im Aufsichtsrat (durch Tod, vorzeitige Abberufung, Amtsniederlegung oder bloßen Zeitablauf ohne Durchführung einer Hauptversammlung) eine Vakanz, ohne dass ein Ersatzmitglied bestellt wurde, das die **Lücke** füllt, kann sie auf Antrag des Vorstands, eines Aufsichtsratsmitglieds oder eines Aktionärs vom **Amtsgericht** geschlossen werden, wenn die Zahl der Mitglieder des Aufsichtsrats entweder die zur Beschlussfähigkeit erforderliche oder länger als drei Monate die durch Gesetz oder Satzung festgesetzte Zahl unterschreitet.[82] Antragsberechtigt sind bei Gesellschaften, in denen dem Aufsichtsrat auch Arbeitnehmervertreter angehören müssen, außerdem der Betriebsrat (Gesamtbetriebsrat) sowie der Sprecherausschuss (Gesamt- oder Unternehmenssprecherausschuss) der Gesellschaft oder eines anderen Unternehmens, dessen Arbeitnehmer an der Wahl teilnehmen, 10% der wahlberechtigten Arbeitnehmer, Spitzenorganisationen der Gewerkschaften und Gewerkschaften mit Vorschlagsrecht für den Aufsichtsrat (§ 104 Abs. 1 S. 3 AktG).

42 Gehört dem Aufsichtsrat nicht die durch Gesetz oder Satzung festgesetzte Zahl von Mitgliedern an, ist **vor Ablauf von drei Monaten** eine gerichtliche Bestellung nur „in dringenden Fällen" vorgesehen (§ 104 Abs. 2 AktG). Bei nach dem Mitbestimmungsgesetz gebildeten Aufsichtsräten ist ein dringender Fall stets gegeben (§ 104 Abs. 3 Nr. 2 AktG). Das Amtsgericht gibt dem Antrag aber auch sonst erfahrungsgemäß meist statt, wenn vorgetragen wird, dass wichtige Entscheidungen zu treffen sind und deswegen auf die Ergänzung des Aufsichtsrats Wert gelegt wird.

43 Das **Gericht ist in der Auswahl** – abgesehen von dem Gebot verhältnismäßiger Ergänzung (§ 104 Abs. 4 AktG) und der Berücksichtigung des Unternehmenswohls[83] – **frei,** folgt idR aber dem im Antrag gemachten Vorschlag.[84] Bei börsennotierten Gesellschaften, die dem MitbestG, MontanMitbestG oder MitbestErgG unterliegen, muss die Ergänzung freilich nach Maßgabe des § 96 Abs. 2 S. 1 bis 5 AktG erfolgen (§ 104 Abs. 5 AktG). Das Amt des gerichtlich bestellten Aufsichtsratsmitglieds erlischt ohne Weiteres, „sobald der Mangel behoben" (§ 104 Abs. 6 AktG), die nach Gesetz oder Satzung erforderliche Zahl von Aufsichtsratsmitgliedern also wieder (infolge Wahl, Ausübung eines Entsendungsrechts oder Satzungsänderung und Annahme des Amtes) vorhanden ist.[85]

XII. Ergänzungswahl

44 Das gerichtlich bestellte Mitglied bleibt bis zum **Ablauf der Amtsdauer** des weggefallenen Mitglieds im Amt, falls nicht vorher „der Mangel behoben ist" (§ 104 Abs. 6 AktG). Die Höchstdauer des Amtes (§ 102 Abs. 1 AktG) gilt auch für gerichtlich bestellte Mitglieder. Zwar besteht **keine Verpflichtung,** vor Ablauf ihrer Amtsdauer, etwa in der nächsten ordentlichen Hauptversammlung, eine Ergänzungswahl durchzuführen, also das gerichtlich bestellte Mitglied von der Hauptversammlung bestätigen oder durch ein ge-

---

[82] § 104 AktG. Zum Antragsverfahren ausf. *Wandt* AG 2016, 877. Zu der Frage, ob eine gerichtliche Bestellung auch dann möglich ist, wenn die Wahl eines Aufsichtsratsmitglieds angefochten wurde, → Rn. 40.

[83] Dabei kann das Gericht neben der fachlichen Qualifikation auch die Unabhängigkeit der vorgeschlagenen Kandidaten berücksichtigen, OLG Hamm NZG 2013, 1099; dazu *Beyer* NZG 2014, 61 (62f.). Ausf. zu den bei der Auswahlentscheidung zu berücksichtigenden Kriterien *Wandt* AG 2016, 877 (881 ff.). Zur Auswahlentscheidung in einer mitbestimmten Gesellschaft bei unterschiedlichen Vorschlägen zweier Gewerkschaften OLG Stuttgart DB 2017, 715.

[84] Idealerweise sollte die Personalie im Vorfeld der Antragstellung zwischen Vorstand, den Anteilseigner- und Arbeitnehmervertretern im Aufsichtsrat sowie ggf. den Großaktionären abgestimmt sein und dies im Antrag dargestellt werden.

[85] OLG München AG 2006, 590; *Koch* in Hüffer/Koch AktG § 104 Rn. 15f. mwN; *Henssler* in Henssler/Strohn AktG § 104 Rn. 19.

wähltes Mitglied ersetzen zu lassen, doch entspricht dies guter Praxis (s. auch Ziff. 5.4.3 DCGK).

Der Mangel kann statt durch Ergänzungswahl auch dadurch behoben werden, dass durch Satzungsänderung die Mitgliederzahl oder die Anforderungen an die Beschlussfähigkeit des Aufsichtsrats herabgesetzt werden.[86] 45

XIII. Bekanntmachung/Anmeldung

Bei jedem Wechsel im Aufsichtsrat hat der Vorstand unverzüglich eine Liste, die die Namen sämtlicher Aufsichtsratsmitglieder und die in § 106 AktG geforderten weiteren Angaben enthält, zum Handelsregister **einzureichen** (und zwar elektronisch, s. § 12 Abs. 2 S. 1 HGB).[87] Das Gericht hat die Tatsache, dass eine Liste eingereicht wurde, bekannt zu machen. 46

Außerdem hat der Vorstand den vom Aufsichtsrat gewählten Vorsitzenden und dessen Stellvertreter unter Angabe von Name und Adresse zum Handelsregister **„anzumelden"** (§ 107 Abs. 1 S. 2 AktG). Da diese Anmeldung nicht auf eine Eintragung gerichtet ist, bedarf sie nicht der notariellen Beglaubigung.[88] 47

---

[86] *Habersack* in MüKoAktG AktG § 104 Rn. 49; *Koch* in Hüffer/Koch AktG § 104 Rn. 16.
[87] Siehe *Koch* in Hüffer/Koch AktG § 106 Rn. 2.
[88] HM, *Habersack* in MüKoAktG AktG § 107 Rn. 37; *Koch* in Hüffer/Koch AktG § 107 Rn. 11.

§ 18 Prüferbestellung

Übersicht

	Rn.
I. Überblick	1
II. Abschlussprüfer	1a
1. Das reguläre Bestellungsverfahren	3
a) Wahl durch die Hauptversammlung	5
b) Auftragserteilung und Annahme; Vertragsverhältnis	17
c) Amtsniederlegung und Widerruf der Bestellung	21
d) Ausschlusstatbestände	24
e) Mehrere Prüfer	45
2. Bestellung und Ersetzung durch das Gericht	48
a) Gerichtliche Bestellung	48
b) Gerichtliche Ersetzung	53
III. Konzernabschlussprüfer	60
IV. Prüfer des Halbjahresfinanzberichts; Quartalsfinanzbericht	63
1. Halbjahresfinanzbericht	64
2. Quartalsfinanzbericht	68
V. Schlussbilanzprüfer	70
VI. Sonderprüfer	73
1. Bestellung durch die Hauptversammlung	76
2. Bestellung durch das Gericht	85
3. Erteilung des Prüfungsauftrags, Widerruf und Prüfungskosten	90
VII. Weitere Prüferbestellungen	98

Stichworte

Amtsniederlegung Rn. 21 f.
Auftragserteilung Rn. 17
Ausschlusstatbestände Rn. 24 ff.
Befangenheit Rn. 26 ff.
Beschlussvorschlag Rn. 8, 11, 14
Börsenordnung Rn. 68
Doppelprüfung Rn. 46
Eingliederungsprüfer Rn. 100
Ersatzabschlussprüfer Rn. 47
Gerichtliche Bestellung Rn. 48 ff.
Gerichtliche Ersetzung Rn. 53 ff.
Gründungsprüfer Rn. 99
Halbjahresfinanzbericht Rn. 64 ff.
Joint Audit Rn. 45
Konzernabschlussprüfer Rn. 60 ff.

Netzwerk Rn. 42
Prüferische Durchsicht Rn. 65, 69
Prüfungsauftrag Rn. 17
Prüfungsausschuss Rn. 9, 10
Prüfungsvertrag Rn. 20
Quartalsfinanzbericht Rn. 68 f.
Rotation Rn. 37 f.
Schlussbilanz Rn. 70
Sonderprüfung Rn. 73 ff.
Squeeze-out-Prüfer Rn. 100
Vertragsprüfer Rn. 100
Wählbarkeit Rn. 7, 22
Wiederwahl Rn. 4, 35
Widerruf Rn. 21
Zeitpunkt Rn. 6

Schrifttum:

Habersack, Zweck und Gegenstand der Sonderprüfung nach § 142 AktG, FS Wiedemann, 2002, 889; *Hoppen/Husemann/Schmitt*, Das neue HGB-Bilanzrecht, 2009; *Leuering*, Die Vertretung der Aktiengesellschaft durch Aufsichtsrat und Hauptversammlung, FS Kollhosser, 2004, 361; *Petersen/Zwirner*, Bilanzrechtsmodernisierungsgesetz BilMoG, 2009; WP Handbuch – Wirtschaftsprüfung, Rechnungslegung, Beratung, 15. Aufl. 2017; *Spindler*, Sonderprüfung und Pflichten eines Bankvorstands in der Finanzmarktkrise – Anm. zu OLG Düsseldorf, Beschl. v. 9.12.2009 – 6 W 45/09 – IKB, NZG 2010, 281.

I. Überblick

1 Es ist Aufgabe des Aufsichtsrats einer AG, den Vorstand zu überwachen und zu beraten. Der Gesetzgeber hat sich jedoch entschieden, verschiedene Überwachungsaufgaben externen Prüfern zu übertragen. An erster Stelle steht der Abschlussprüfer, der den Jahresabschluss unter Einbeziehung der Buchführung und des Lageberichts prüft (→ Rn. 1 ff.). Dieser wird im regulären Bestellungsverfahren von der Hauptversammlung bestellt (→ Rn. 3 ff.); in Ausnahmesituationen kann es jedoch notwendig sein, dass die Bestellung durch das Gericht erfolgt (→ Rn. 48 ff.) oder das Gericht gar einen von der Hauptversammlung bestellten Abschlussprüfer ersetzt (→ Rn. 53 ff.). Der so bestellte Abschlussprüfer ist zugleich Konzernabschlussprüfer (→ Rn. 60 ff.). Bei börsennotierten Gesellschaften kann noch die Durchsicht des Halbjahresfinanzberichts sowie des Quartalsfinanzberichts hinzukommen (→ Rn. 63 ff.). Für Sondersituationen kennt das Gesellschaftsrecht weitere Prüfer, so den Schlussbilanzprüfer im Rahmen einer Strukturmaßnahme nach dem UmwG (→ Rn. 70 ff.) sowie den Sonderprüfer (→ Rn. 73 ff.). Eine eigene Gruppe bilden diejenigen Prüfer, die nicht durch die Hauptversammlung, sondern vom Gericht auf Antrag der Gesellschaft bestellt werden (→ Rn. 98 ff.).

II. Abschlussprüfer

1a Der vom Vorstand einer Aktiengesellschaft aufgestellte Jahresabschluss (§§ 242, 264 Abs. 1 HGB) ist unter Einbeziehung der Buchführung und des Lageberichts von den Abschlussprüfern zu prüfen.[1] Aufgabe des Prüfers ist es festzustellen, ob das Gesetz und die Satzung beachtet wurden, beim Lagebericht auch, ob er nicht eine falsche Vorstellung von der Lage der Gesellschaft erweckt (§ 317 Abs. 1 HGB). Die Prüfung ist so anzulegen, dass Unrichtigkeiten und Verstöße, die sich auf die Darstellung eines den tatsächlichen Verhältnissen entsprechenden Bildes der Vermögens-, Finanz- und Ertragslage des Unternehmens wesentlich auswirken, bei gewissenhafter Berufsausübung erkannt werden (§ 317 Abs. 1 S. 3 HGB). Seit dem KonTraG[2] haben die Prüfer börsennotierter Gesellschaften außerdem ein Urteil darüber abzugeben, ob der Vorstand das Frühwarnsystem (§ 91 Abs. 2 AktG) in geeigneter Form errichtet hat (§ 317 Abs. 4 HGB).

2 Bei der Prüfung handelt es sich um eine **reine Rechtmäßigkeitskontrolle;** über die Zweckmäßigkeit bestimmter Wertansätze haben die Prüfer nicht zu befinden. Bezüglich des Frühwarnsystems erfolgt eine Eignungs- und Funktionsprüfung.[3] Innerhalb dieses Rahmens sind sie nach den Grundsätzen ordnungsmäßiger Buchführung zur gewissenhaften und unparteiischen Prüfung sowie zur Verschwiegenheit verpflichtet (§ 323 HGB). Diese Prüfung, nicht aber die Bestätigung, ist eine notwendige Voraussetzung für die Feststellung des Jahresabschlusses. Ein ohne Prüfung festgestellter Jahresabschluss ist nach § 256 Abs. 1 Nr. 2 AktG unheilbar nichtig.[4] Die Nichtigkeitssanktion des § 256 Abs. 1 Nr. 2 AktG greift allerdings nicht erst dann, wenn eine Prüfung des Jahresabschlusses vollständig unterblieben ist, sondern schon, wenn sie die Mindestanforderungen nicht erfüllt.[5]

---

[1] Zur historischen Entwicklung siehe *Habersack* in Habersack/Bayer, Aktienrecht im Wandel, 2007, Bd. II Kap. 16 *(passim)*.
[2] Gesetz zur Kontrolle und Transparenz im Unternehmensbereich (KonTraG) vom 30.4.1998 (BGBl. 1998 I 786).
[3] *Hopt/Merkt* in Baumbach/Hopt HGB § 317 Rn. 11; *Hoppen/Husemann/Schmitt,* Das neue HGB-Bilanzrecht, 2009, Rn. 28.
[4] *Koch* in Hüffer/Koch AktG § 256 Rn. 9: „eher theoretischer Fall".
[5] OLG Stuttgart NZG 2009, 951.

1. Das reguläre Bestellungsverfahren

Der Abschlussprüfer ist kein Organ der Gesellschaft.[6] Er ist Inhaber eines Amtes mit gesetzlichen Rechten und Pflichten,[7] in das er durch das **korporationsrechtliche Rechtsgeschäft** der Bestellung berufen wird.[8] Die Bestellung des Abschlussprüfers ist dabei ein mehraktiger Vorgang. Sie bedarf zunächst der internen Willensbildung der Gesellschaft, des Vollzugs durch Kundgabe gegenüber dem zu Bestellenden sowie dessen Annahmeerklärung. Bei der Aktiengesellschaft obliegt die Wahl des Abschlussprüfers grundsätzlich der Hauptversammlung (→ Rn. 5 ff.). Der Aufsichtsrat erteilt sodann dem Abschlussprüfer den Prüfungsauftrag (→ Rn. 17 ff.). Von der korporationsrechtlichen Bestellung ist der Abschluss eines schuldrechtlichen Vertrages zwischen der Gesellschaft und dem Prüfer zu unterscheiden, der allerdings zumeist mit der Bestellung zusammenfällt (→ Rn. 20).[9]

Die Bestellung des Abschlussprüfers hat **für jedes Geschäftsjahr neu und gesondert** zu erfolgen. Eine Bestellung für die Prüfung der Jahresabschlüsse mehrerer zukünftiger Geschäftsjahre ist unzulässig.[10] Die mehrfache **Wiederwahl** eines Prüfers ist dagegen grundsätzlich zulässig.[11] Eine Pflicht zur Rotation besteht allein bei kapitalmarktorientierten Gesellschaften (dazu → Rn. 37 f.).

a) Wahl durch die Hauptversammlung

Die Wahl des Abschlussprüfers erfolgt durch die Hauptversammlung.[12] Anders als in § 318 Abs. 1 S. 1 HGB heißt es zwar in § 119 Abs. 1 Nr. 4 AktG, dass die Hauptversammlung den Abschlussprüfer *bestelle*; der Hauptversammlung obliegt jedoch lediglich der Teilakt der Wahl.[13] Die **Zuständigkeit** der Hauptversammlung ist zwingend.[14] Der Beschluss über die Wahl des Abschlussprüfers erfordert die einfache Mehrheit der abgegebenen Stimmen; dieses Mehrheitserfordernis kann in der Satzung sowohl erleichtert als auch erschwert werden.[15]

Die Wahl des Abschlussprüfers muss sich auf den Jahresabschluss eines bestimmten Geschäftsjahrs beziehen. Die Wahl des Abschlussprüfers soll jeweils **vor Ablauf des zu prüfenden Geschäftsjahrs** gefasst werden (§ 318 Abs. 1 S. 3 HGB). Eine Wahl vor Beginn des zu prüfenden Geschäftsjahrs ist nicht zulässig. Wird der Abschlussprüfer erst nach Ablauf des Geschäftsjahrs gewählt, sind die Wahl und die darauf fußende Bestellung gültig, sofern das Gericht zu diesem Zeitpunkt noch keinen Prüfer nach § 318 Abs. 4 HGB bestellt hat[16] – dazu auch → Rn. 43.

Wählbar sind nur Wirtschaftsprüfer und Wirtschaftsprüfungsgesellschaften (§ 319 Abs. 1 HGB, § 1 Abs. 1 und 3 WPO). Wirtschaftsprüfer sind natürliche Personen, die

---

[6] Heute wohl hM; *Hopt/Merkt* in Baumbach/Hopt HGB § 318 Rn. 2; **aA** BGHZ 16, 25.
[7] § 320 HGB: Vorlage des Jahresabschlusses und des Lageberichts, Prüfung der Bücher und Schriften sowie der Vermögensgegenstände und Schulden, Anspruch auf Aufklärungen und Nachweise sowie §§ 316 f., 321, 322 HGB.
[8] *Kleindiek* in Lutter/Hommelhoff GmbHG Vor § 41 Rn. 65.
[9] *Kleindiek* in Lutter/Hommelhoff, 18. Aufl. 2012, GmbHG Anh. zu § 42 Rn. 14.
[10] *Ebke* in MüKoHGB § 318 Rn. 12; *Kleindiek* in Lutter/Hommelhoff GmbHG Anh. zu § 42 Rn. 19; *Schmidt/Heinz* in BeBiKo HGB § 318 Rn. 11.
[11] *Ebke* in MüKoHGB § 318 Rn. 12.
[12] § 119 Abs. 1 Nr. 4 AktG und § 318 Abs. 1 S. 1 HGB – abweichende Regelungen in § 30 Abs. 1 AktG (Bestellung des Abschlussprüfers für das erste Voll- oder Rumpfgeschäftsjahr durch die Gründer), § 341k Abs. 2 S. 1 HGB (Bestellung des Abschlussprüfers in Versicherungsunternehmen durch den Aufsichtsrat) und § 28 Abs. 1 S. 2 KWG (Sonderrechte der Bundesanstalt für Finanzdienstleistungsaufsicht).
[13] *Mülbert* in GroßkommAktG AktG § 119 Rn. 215.
[14] Umkehrschluss aus § 318 Abs. 1 S. 2 HGB; *Koch* in Hüffer/Koch AktG § 119 Rn. 5; *Hopt/Merkt* in Baumbach/Hopt HGB § 318 Rn. 1.
[15] *Koch* in Hüffer/Koch AktG § 133 Rn. 32.
[16] *Kleindiek* in Lutter/Hommelhoff, 18. Aufl. 2012, GmbHG Anh. zu § 42 Rn. 15; *Böcking/Gros/Rabenhorst* in Ebenroth/Boujong/Joost/Strohn HGB § 318 Rn. 8; *Schmidt/Heinz* in BeBiKo HGB § 318 Rn. 11.

von der Wirtschaftsprüferkammer als solche öffentlich bestellt sind (§§ 1 Abs. 1 S. 1, 15 S. 3 WPO). Wirtschaftsprüfungsgesellschaften sind nach Maßgabe der §§ 27–34 WPO von der Wirtschaftsprüferkammer als solche anerkannte Gesellschaften (§ 1 Abs. 3 S. 1 WPO). Abschlussprüfer gem. § 319 Abs. 1 HGB müssen außerdem über eine wirksame Bescheinigung über die Teilnahme an der Qualitätskontrolle nach § 57a WPO verfügen,[17] es sei denn, die Wirtschaftsprüferkammer hat eine Ausnahmegenehmigung erteilt (§ 319 Abs. 1 S. 3 HGB). Dadurch soll sichergestellt werden, dass sich Wirtschaftsprüfer und Wirtschaftsprüfungsgesellschaften dem **Qualitätskontrollverfahren** nach § 57a WPO unterziehen.[18] – Siehe zu den Ausschlusstatbeständen → Rn. 22.

8   Für die Wahl des Abschlussprüfers ist ein **Beschlussvorschlag** nur durch den Aufsichtsrat zu unterbreiten (§ 124 Abs. 3 S. 1 AktG). Dieser erfolgt in der Bekanntmachung der Tagesordnung für die Hauptversammlung. Der Beschlussvorschlag setzt seinerseits eine **interne Willensbildung des Aufsichtsrats** oder – bei entsprechender Delegation – des dafür zuständigen Ausschusses voraus; diese erfolgt durch Beschluss.[19] Der Aufsichtsrat prüft vor Unterbreitung des Wahlvorschlags die Auswahlvoraussetzungen des § 319 Abs. 1 HGB und Eignung des vorgesehenen Prüfers und insbesondere auch seine Unabhängigkeit[20] und holt bei Befolgung des Deutschen Corporate Governance Kodex eine Unabhängigkeitserklärung (→ Rn. 13) ein.[21]

9   Sofern gem. § 107 Abs. 3 S. 2 AktG ein **Prüfungsausschuss** eingerichtet wurde, obliegt ihm ein Vorschlagsrecht. Auch bei kapitalmarktorientierten Gesellschaften ist die Einrichtung eines Prüfungsausschusses des Aufsichtsrats nach wie vor fakultativ.[22] Wurde dieser eingerichtet, so erhält dieser einen gesetzlich definierten Mindestaufgabenkatalog.[23] Der Ausschuss muss sich nach der gesetzlichen Regelung[24] mit der Überwachung des Rechnungslegungsprozesses, der Wirksamkeit des internen Kontrollsystems, des Risikomanagementsystems und des internen Revisionssystems sowie der Abschlussprüfung befassen. In Zusammenhang mit der Befassung des Prüfungsausschusses mit der Abschlussprüfung werden die Unabhängigkeit des Abschlussprüfers und die von diesem zusätzlich erbrachten Leistungen besonders hervorgehoben. Außerdem muss der Prüfungsausschuss dem Aufsichtsratsplenum einen Vorschlag für den von der Hauptversammlung zu bestellenden Abschlussprüfer unterbreiten.

10   Bei kapitalmarktorientierten Aktiengesellschaften ist der Beschlussvorschlag des Aufsichtsrats an die Hauptversammlung zur Bestellung des Abschluss- und Konzernabschlussprüfers auf die Empfehlung des **Prüfungsausschusses** zu stützen (§ 124 Abs. 3 S. 2 AktG). Der Aufsichtsrat kann also den Abschlussprüfer nicht frei vorschlagen, sondern muss die Empfehlung des Prüfungsausschusses berücksichtigen. Wird anders verfahren, ist der Beschlussvorschlag des Aufsichtsrats nicht ordnungsgemäß mit der Folge, dass die Wahl des Abschlussprüfers anfechtbar ist.[25]

11   Im **Beschlussvorschlag an die Hauptversammlung** müssen bei Einzelprüfern Vorname, Name, ausgeübter Beruf und Anschrift, bei Wirtschaftsprüfungsgesellschaften Firma und Sitz genannt werden.[26] Sollen nur ein oder mehrere bestimmte Partner einer Wirt-

---

[17] Sog Peer Review; dazu *Plendl/Schneiß* WPg 2005, 545; *Ebke* in MüKoHGB § 318 Rn. 13; Übergangsregelung in Art. 58 Abs. 4 S. 3 EGHGB.
[18] *Ebke* in MüKoHGB § 318 Rn. 13.
[19] *Koch* in Hüffer/Koch AktG § 124 Rn. 20.
[20] §§ 319 Abs. 2 und 3, 319a und 319b HGB.
[21] *Hopt/Merkt* in Baumbach/Hopt HGB § 318 Rn. 1.
[22] Zur etwaigen Verpflichtung kapitalmarktorientierter Unternehmen siehe § 324 Abs. 1 HGB; dazu *Hoppen/Husemann/Schmitt*, Das neue HGB-Bilanzrecht, 2009, Rn. 30f.
[23] § 107 Abs. 3 S. 2 AktG; *Ziemons* GWR 2009, 106.
[24] Einer Zuweisung dieser Aufgaben mittels Aufsichtsratsbeschlusses oder Regelung in der Geschäftsordnung bedarf es nicht; *Ziemons* GWR 2009, 106.
[25] *Ziemons* GWR 2009, 106.
[26] § 124 Abs. 3 S. 4 AktG; *Ziemons* in K. Schmidt/Lutter AktG § 124 Rn. 44 und 45.

schaftsprüfungsgesellschaft zum gesetzlichen Abschlussprüfer bestellt werden, muss dieses im Wahlbeschluss eindeutig festgelegt sein.[27]

Die Hauptversammlung ist an den bekannt gemachten Vorschlag des Aufsichtsrats (oder anderer Aktionäre) nicht gebunden.[28] Sie kann jeden Prüfer wählen, der die Voraussetzungen des § 319 HGB erfüllt.[29] Hierzu kann jeder Aktionär *ad hoc* einen **Gegenantrag** zu dem Gegenstand der Tagesordnung „Wahl des Abschlussprüfers" stellen.[30]

Für börsennotierte Gesellschaften enthält der Deutsche Corporate Governance Kodex die Empfehlung, dass der Aufsichtsrat oder der Prüfungsausschuss vor Unterbreitung des Wahlvorschlags eine **Erklärung des vorgesehenen Prüfers** einholen soll, ob und ggf. welche geschäftlichen, finanziellen, persönlichen oder sonstigen Beziehungen zwischen dem Prüfer und seinen Organen und Prüfungsleitern einerseits und dem Unternehmen und seinen Organmitgliedern andererseits bestehen, die Zweifel an seiner Unabhängigkeit begründen können. Die Erklärung soll sich auch darauf erstrecken, in welchem Umfang im vorausgegangenen Geschäftsjahr andere Leistungen für das Unternehmen, insbesondere auf dem Beratungssektor, erbracht wurden bzw. für das folgende Jahr vertraglich vereinbart sind.[31]

Der Vorstand kann keinen Wahlvorschlag unterbreiten; er darf auf die Auswahl und die Bestellung des Abschlussprüfers keinen Einfluss nehmen, weil dessen Unabhängigkeit nicht berührt werden soll.[32] Ein **Beschlussvorschlag des Vorstands** führt stets zur Anfechtbarkeit des Bestellungsbeschlusses, und zwar auch dann, wenn der Vorstand ihn vor Beginn der Abstimmung zurückzieht und der Versammlungsleiter nur über den Vorschlag des Aufsichtsrats abstimmen lässt. – Auch Aktionäre können Wahlvorschläge unterbreiten. Für diese gelten grundsätzlich die Mitteilungspflichten des § 126 AktG.[33]

Die Beschlussfassung ist regelmäßig Gegenstand der Tagesordnung der **ordentlichen Hauptversammlung,** die über die Gewinnverwendung und die Entlastung der Organe für das vorausgegangene Geschäftsjahr beschließt. Das ist aber nicht zwingend; die Wahl des Abschlussprüfers kann ohne Weiteres auch in einer außerordentlichen Hauptversammlung erfolgen.[34]

Gegen die Wahl des Abschlussprüfers kann **Anfechtungs- und Nichtigkeitsklage** erhoben werden. Grundsätzlich gelten die allgemeinen Anfechtungs- und Nichtigkeitsgründe mit der Einschränkung, dass eine Anfechtungs- oder Nichtigkeitsklage *nicht* auf Gründe gestützt werden kann, die nach § 318 Abs. 3 HGB die Durchführung eines Ersetzungsverfahrens rechtfertigen, also insbesondere nicht auf einen Verstoß gegen §§ 319 Abs. 2–5, 319a, 319b HGB (→ Rn. 51).

b) Auftragserteilung und Annahme; Vertragsverhältnis

Der in der Hauptversammlung gewählte Prüfer wird erst dann zum gesetzlichen Abschlussprüfer, wenn ihm ein **Prüfungsauftrag** erteilt wurde und er diesen **angenommen** hat. Erst hierdurch erlangt der Gewählte die Stellung als gesetzlicher Abschlussprüfer.[35] Allein aufgrund der Wahl kann er weder tätig werden noch hat er die Rechte aus § 320 HGB.

---

[27] IDW PS 208.7, WPg 1999, 707 (708); *Ebke* in MüKoHGB § 318 Rn. 18.
[28] *Nonnenmacher* in Marsch-Barner/Schäfer Börsennotierte AG-HdB § 58 Rn. 32.
[29] *Koch* in Hüffer/Koch AktG § 124 Rn. 29.
[30] Zum Gegenantragsrecht *Rieckers* in Spindler/Stilz AktG § 124 Rn. 52.
[31] Ziff. 7.2.1 DCGK; dazu IDW PS 345, WPg 2006, 314 sowie IDW Fn. 2007, 11 mit Anh. 2 „Formulierung der Unabhängigkeitserklärung".
[32] BGH NJW 2003, 970 (971); *Koch* in Hüffer/Koch AktG § 124 Rn. 18.
[33] § 127 S. 1 AktG; → § 4 Rn. 325.
[34] *Ebke* in MüKoHGB § 318 Rn. 4.
[35] *Ebke* in MüKoHGB § 318 Rn. 1 und 22; *Hopt/Merkt* in Baumbach/Hopt HGB § 318 Rn. 2.

18 Der Prüfungsauftrag wird durch den **Aufsichtsrat** erteilt (§ 318 Abs. 1 S. 4 HGB und § 111 Abs. 2 S. 3 AktG). Dieser handelt hier als gesetzlicher Vertreter der Gesellschaft.[36] Die Auftragserteilung durch den Aufsichtsrat setzt eine entsprechende Beschlussfassung des Gesamtaufsichtsrats als Organ oder des zuständigen Aufsichtsratsausschusses (dazu sogleich) voraus.[37] In dem Beschluss sollte – falls das nicht bereits aus der Satzung oder der Geschäftsordnung folgt – klargestellt werden, welches Mitglied des Aufsichtsrats nach außen auftritt und den Prüfungsauftrag erteilt. Regelmäßig wird dies der Vorsitzende des Aufsichtsrats sein,[38] in Betracht kommt aber zB auch der Vorsitzende des Prüfungsausschusses oder ein im Beschluss ausdrücklich bevollmächtigter Vertreter. Anstelle des Gesamtaufsichtsrats kann auch ein **Ausschuss** zuständig sein, weil § 107 Abs. 3 S. 3 AktG die Beschlussfassung des § 111 Abs. 2 S. 3 AktG nicht nennt; str.[39] Sofern ein Prüfungsausschuss gem. Ziff. 5.3.1 DCGK eingerichtet wurde, soll ihm die Auftragserteilung obliegen.[40]

19 Der Prüfungsauftrag wird durch die Annahme des Gewählten rechtswirksam. Die Annahme ist formlos möglich.[41] Für den Prüfer besteht **keine Pflicht,** den Prüfungsauftrag anzunehmen. Will der gewählte Abschlussprüfer den Auftrag nicht annehmen, muss er dies dem Auftraggeber unverzüglich mitteilen.[42] Jedenfalls bei Wirtschaftsprüfungsgesellschaften, die Kaufmann kraft Rechtsform sind, gilt Schweigen als Annahme.[43] Nach der Annahme durch den Abschlussprüfer ist dieser verpflichtet, den Prüfungsauftrag durchzuführen; eine Weitergabe des Prüfungsauftrags an einen anderen Prüfer ist – selbst mit Zustimmung der Gesellschaft – ausgeschlossen.

20 Von der Erteilung des Prüfungsauftrags und der Annahme als Teilakte der korporationsrechtlichen Bestellung ist der **Abschluss eines schuldrechtlichen Prüfungsvertrags** zwischen der Gesellschaft und dem Prüfer zu unterscheiden, der allerdings zumeist mit der Bestellung zusammenfällt.[44] Dieser schuldrechtliche Prüfungsvertrag tritt neben die Rechtsstellung als Abschlussprüfer; er ist in seiner Wirksamkeit unabhängig von der Wahl zum Abschlussprüfer.[45] Der Prüfungsvertrag zwischen der Gesellschaft und dem Prüfer kommt in aller Regel mit der Annahme des Prüfungsauftrags zustande.[46] Der Vertrag wird regelmäßig als Geschäftsbesorgungsvertrag eigener Art mit Elementen des Werk- und des Dienstvertrages qualifiziert, bei dem die werkvertraglichen Elemente (Erstattung des Prüfungsberichts und des Bestätigungsvermerks oder seine Verweigerung) gegenüber den dienstvertraglichen (Prüfungstätigkeit) überwiegen.[47] Sein Inhalt ist weitgehend in §§ 316 ff. HGB gesetzlich vorgegeben, so dass es auf die Qualifikationsfrage kaum ankommt.[48] Ferner wird regelmäßig die Geltung der vom IDW Verlag herausgegebenen

---

[36] *Leuering* FS Kollhosser, 2004, 361 (363).
[37] *Koch* in Hüffer/Koch AktG § 111 Rn. 27.
[38] *Koch* in Hüffer/Koch AktG § 111 Rn. 28 sowie 12c; *Leuering* FS Kollhosser, 2004, 361 (369).
[39] *Koch* in Hüffer/Koch AktG § 111 Rn. 27; *Habersack* in MüKoAktG AktG § 111 Rn. 82, 86; *Spindler* in Spindler/Stilz AktG § 111 Rn. 51; nunmehr auch *Drygala* in K. Schmidt/Lutter AktG § 111 Rn. 40 unter Verweis auf Art. 39 Abs. 6 lit. f der RL 2006/43/EG geändert durch RL 2014/56/EU, wonach die Auswahl des Abschlussprüfers ausdrücklich als Aufgabe des Prüfungsausschusses benannt ist; aA *Forster* WPg 1998, 41 (42) reSp; *Hommelhoff* BB 1998, 2567 (2570) liSp; *Theisen* DB 1999, 341 (345).
[40] Ziff. 5.3.2 Satz 1 DCGK.
[41] *Schmidt/Heinz* in BeBiKo HGB § 318 Rn. 14.
[42] § 51 WPO; *Hopt/Merkt* in Baumbach/Hopt HGB § 318 Rn. 1; *Förschle/Heinz* in BeBiKo HGB § 318 Rn. 15.
[43] § 362 Abs. 1 HGB; *Schmidt/Heinz* in BeBiKo HGB § 318 Rn. 15.
[44] *Kleindiek* in Lutter/Hommelhoff, 18. Aufl. 2012, GmbHG Anh. zu § 42 Rn. 14; *Hopt/Merkt* in Baumbach/Hopt HGB § 318 Rn. 3.
[45] Ähnlich *Ebke* in MüKoHGB § 318 Rn. 22.
[46] *Nonnenmacher* in Marsch-Barner/Schäfer Börsennotierte AG-HdB § 58 Rn. 41.
[47] *Hopt/Merkt* in Baumbach/Hopt HGB § 318 Rn. 3 sowie Anh. 2d (AGB-WP) Rn. 1 f.; auch *Koch* in Hüffer/Koch AktG § 111 Rn. 25.
[48] *Hopt/Merkt* in Baumbach/Hopt HGB § 318 Rn. 3.

c) Amtsniederlegung und Widerruf der Bestellung

Die Möglichkeiten der Gesellschaft, den Prüfungsauftrag und damit die Stellung des gesetzlichen Abschlussprüfers vorzeitig zu beenden, sind erheblich eingeschränkt. Ein **Widerruf des Prüfungsauftrags** durch die Gesellschaft kommt nur in Betracht, wenn das Gericht zuvor nach § 318 Abs. 3 HGB einen anderen Prüfer bestellt hat[50] oder die Bundesanstalt für Finanzdienstleistungsaufsicht nach § 28 Abs. 1 S. 2 KWG von einem Kredit- oder Finanzdienstleistungsinstitut die Bestellung eines anderen Prüfers verlangt.[51] Zuständig ist der Aufsichtsrat. Auch der Abschlussprüfer kann sein Amt nicht aus freien Stücken niederlegen. Es bedarf eines wichtigen Grundes.[52] Ein wichtiger Grund ist insbesondere der Eintritt eines der Ausschlussgründe der §§ 319 Abs. 2–5, 319a, 319b HGB.[53] Meinungsverschiedenheiten zwischen Abschlussprüfer und Vorstand oder Aufsichtsrat über den Inhalt des Bestätigungsvermerks, dessen Einschränkung oder Versagung sind ausdrücklich kein wichtiger Grund, der den Abschlussprüfer zur Kündigung berechtigte (§ 318 Abs. 6 S. 2 HGB). Dies gilt für alle Differenzen zwischen der Gesellschaft und dem Abschlussprüfer über den Prüfungsgegenstand sowie die Verweigerung der von der Gesellschaft nach § 320 Abs. 2 HGB zu erbringenden Aufklärungen und Nachweise.[54] Der Abschlussprüfer muss sich der Aufgabe stellen, seine Kontrollfunktion auszuüben und auch unangenehme Wahrheiten offenzulegen. Eine Amtsniederlegung ohne wichtigen Grund ist unwirksam.[55]

21

Der Abschlussprüfer muss seine Amtsniederlegung schriftlich begründen (§ 318 Abs. 6 S. 3 HGB). Zuständig für die Entgegennahme der **Erklärung** ist – wie für die Erteilung des Prüfungsauftrags – der Aufsichtsrat. Dieser erhält auch den Bericht, den der Abschlussprüfer über das Ergebnis seiner bisherigen Prüfung zu erstatten hat (§ 318 Abs. 6 S. 4 HGB), informiert den Vorstand und teilt die Kündigung der nächsten Hauptversammlung mit (§ 318 Abs. 7 S. 1 und S. 5 HGB). Die Aktionäre haben kein Recht auf Einsichtnahme in den Bericht des kündigenden Abschlussprüfers, weil sie auch keinen Anspruch auf Einsichtnahme in den Prüfungsbericht haben und das Gesetz ausdrücklich nur den Aufsichtsratsmitgliedern bzw. den Mitgliedern eines zuständigen Ausschusses einen Anspruch auf Kenntnisnahme und Aushändigung des Berichts gibt (§ 318 Abs. 7 S. 3 und S. 4 HGB). Der neue Abschlussprüfer muss dagegen sowohl die Begründung für die Kündigung als auch den Bericht über die bisherigen Prüfungsergebnisse erhalten (§ 320 Abs. 4 HGB).[56]

22

Der Abschlussprüfer und die geprüfte Gesellschaft müssen die **Wirtschaftsprüferkammer** unverzüglich und schriftlich über die Amtsniederlegung unterrichten (§ 318 Abs. 8 HGB). Dabei ist diese Maßnahme gegenüber der Wirtschaftsprüferkammer zu begründen, damit diese die Rechtmäßigkeit der Beendigung des Auftragsverhältnisses überprüfen kann.[57] Hiervon verspricht sich der Gesetzgeber die notwendige Transparenz, um einer während der Laufzeit eines Prüfungsvertrags nicht zulässigen, unbemerkten und einver-

23

---

[49] Dokumentiert bei *Hopt/Merkt* in Baumbach/Hopt HGB Anh. 2d (S. 1571 ff.).
[50] § 318 Abs. 1 S. 5 HGB; *Ebke* in MüKoHGB § 318 Rn. 37; *Hopt/Merkt* in Baumbach/Hopt HGB § 318 Rn. 4.
[51] *Nonnenmacher* in Marsch-Barner/Schäfer Börsennotierte AG-HdB § 58 Rn. 67: entsprechende Anwendung des § 318 Abs. 1 S. 5 HGB.
[52] § 318 Abs. 6 S. 1 HGB, der unscharf von einer Kündigung spricht, so *Kleindiek* in Lutter/Hommelhoff, 18. Aufl. 2012, GmbHG Anh. zu § 42 Rn. 20.
[53] *Böcking/Gros/Rabenhorst* in Ebenroth/Boujong/Joost/Strohn HGB § 318 Rn. 27.
[54] *Hopt/Merkt* in Baumbach/Hopt HGB § 318 Rn. 18.
[55] *Kleindiek* in Lutter/Hommelhoff, 18. Aufl. 2012, GmbHG Anh. zu § 42 Rn. 21.
[56] *Kleindiek* in Lutter/Hommelhoff, 18. Aufl. 2012, GmbHG Anh. zu § 42 Rn. 40.
[57] *Petersen/Zwirner/Boecker* in Petersen/Zwirner BilMoG 573 f.

nehmlichen Trennung zwischen Abschlussprüfer und zu prüfendem Unternehmen vorzubeugen.[58]

d) Ausschlusstatbestände

24 Abschlussprüfer einer AG können – ohne Rücksicht auf deren Größenmerkmale – **nur Wirtschaftsprüfer und Wirtschaftsprüfungsgesellschaften** sein (§ 319 Abs. 1 HGB, § 1 Abs. 1 und 3 WPO). Auch diese dürfen aber nicht gewählt werden, wenn bei ihnen Sachverhalte vorliegen, die eine unabhängige und neutrale Prüfung in Frage stellen könnten. An der ordnungsgemäß durchgeführten Abschlussprüfung besteht in erster Linie ein öffentliches Interesse.[59] Deshalb ist der Prüfer der neutrale Garant der externen Publizität, der seinen Prüfungsauftrag in ausschließlich eigener Verantwortung, niemandes Weisungen unterworfen und keinen Teilinteressen verpflichtet zu erledigen hat.[60] Voraussetzung dafür ist die Unabhängigkeit des Prüfers von der zu prüfenden Gesellschaft. Zusätzlich muss der Prüfer über eine wirksame Bescheinigung über die Teilnahme an der Qualitätskontrolle nach § 57a WPO verfügen, es sei denn, die Wirtschaftsprüferkammer hat eine Ausnahmegenehmigung erteilt (§ 319 Abs. 1 S. 3 HGB).

25 Die Ausschlussgründe sind im einzelnen im § 319 Abs. 2–5 HGB, § 319a und § 319b HGB geregelt. Die **Systematik** stellt sich **im Überblick** wie folgt dar: Zur Sicherung der Unabhängigkeit des Abschlussprüfers bestimmt § 319 Abs. 2 HGB den Grundsatz, dass ein Wirtschaftsprüfer als Abschlussprüfer ausgeschlossen ist, wenn Gründe vorliegen, nach denen die Besorgnis der Befangenheit besteht (→ Rn. 26). In § 319 Abs. 3 HGB wird die Besorgnis der Befangenheit für typische Sachverhalte durch die Aufstellung unwiderleglicher gesetzlicher Vermutungen konkretisiert (→ Rn. 27). § 319 Abs. 4 HGB überträgt diese Regeln auf Wirtschaftsprüfungsgesellschaften (→ Rn. 34). § 319 Abs. 5 HGB regelt dasselbe für den Konzernabschlussprüfer (→ Rn. 53). Darüber hinaus erweitert § 319a HGB die Ausschlussgründe für den Fall, dass die Abschlussprüfung ein Unternehmen betrifft, das einen organisierten Markt in Anspruch nimmt (→ Rn. 35). § 319b HGB ordnet die netzwerkweite Ausdehnung der Vorschriften zur Prüferunabhängigkeit an (→ Rn. 36).

aa) Grundsatz der Unbefangenheit

26 Ein Abschlussprüfer ist nach § 319 Abs. 2 HGB ausgeschlossen, wenn Gründe, insbesondere Beziehungen geschäftlicher, finanzieller oder persönlicher Art, vorliegen, nach denen die **Besorgnis der Befangenheit** besteht. Es kommt darauf an, ob aus Sicht eines objektiven Dritten die Besorgnis mangelnder Objektivität der Prüfung gerechtfertigt ist.[61] Selbst wo die spezifischen (nicht abschließenden) Tatbestände aus §§ 319 Abs. 3, 319a, 319b HGB nicht erfüllt sind, kann gleichwohl Besorgnis der Befangenheit nach § 319 Abs. 2 HGB gegeben sein.[62] Allerdings muss dabei stets im Auge behalten werden, dass sowohl der nationale als auch der europäische Gesetzgeber grundsätzlich bewusst auf eine obligatorische Trennung von Prüfung und Beratung verzichtet haben.[63] Anderes gilt seit Geltung der VO (EU) 537/2014 („EU-Abschlussprüfungsverordnung") seit dem 17.6.2016 jedoch für Unternehmen von öffentlichem Interesse.[64] Art. 5 der Verordnung sieht inso-

---

[58] BT-Drs. 16/10067, 88; *Petersen/Zwirner/Boecker* in Petersen/Zwirner BilMoG 574.
[59] *Kleindiek* in Lutter/Hommelhoff, 18. Aufl. 2012, GmbHG Anh. zu § 42 Rn. 5.
[60] § 43 Abs. 1 WPO; *Kleindiek* in Lutter/Hommelhoff, 18. Aufl. 2012, GmbHG Anh. zu § 42 Rn. 5.
[61] BGHZ 153, 3 = NZG 2003, 216 (218) – HypoVereinsbank AG; *Hopt/Merkt* in Baumbach/Hopt HGB § 319 Rn. 6 u. 7.
[62] *Hopt/Merkt* in Baumbach/Hopt HGB § 319 Rn. 5.
[63] *Poll* in BeckOK HGB § 319 Rn. 10; *Hopt/Merkt* in Baumbach/Hopt HGB § 319 Rn. 5.
[64] Zum Begriff des Unternehmens von öffentlichem Interesse vgl. Art. 2 Nr. 13 RL 2006/43/EG, auf den Art. 3 EU-Abschlussprüferverordnung verweist.

weit für solche Unternehmen eine sog. „Black-List" verbotener Nichtprüfungsleistungen vor.[65]

Der Begriff des Unternehmens von öffentlichem Interesse meint dabei kurzgesprochen 27 börsennotierte Aktiengesellschaften, Banken und Versicherungen sowie Unternehmen, die aufgrund der Art ihrer Tätigkeit, ihrer Größe oder der Zahl ihrer Mitarbeiter von erheblicher öffentlicher Bedeutung sind und deshalb von einem Mitgliedstaats als Unternehmen von öffentlichem Interesse eingestuft werden.[66]

Die von der Black-List erfasste Erbringung verbotener Nichtprüfungsleistungen in Gestalt bestimmter Steuerberatungsleistungen[67] sowie Bewertungsleistungen[68], die sich unmittelbar und nicht nur unwesentlich auf den zu prüfenden Jahresabschluss auswirken, bilden durch Inbezugnahme des § 319a HGB[69] einen Ausschlussgrund für den jeweiligen Prüfer. Mit der Black-List verschärft der europäische Gesetzgeber hinsichtlich Unternehmen von öffentlichem Interesse die Trennung von Abschlussprüfung und Beratung und geht damit über die bisherigen nationalen Vorgaben sowie den IESBA Code of Ethics hinaus.[70] 28

bb) Typische Sachverhalte der Befangenheit

In § 319 Abs. 3 HGB ist der Ausschlussgrund der Besorgnis der Befangenheit für typische 29 Sachverhalte durch die Aufstellung unwiderleglicher gesetzlicher Vermutungen konkretisiert.[71] Nach § 319 Abs. 3 S. 1 Nr. 1 HGB ist von der Prüfung ausgeschlossen, wer Anteile oder nicht nur unwesentliche **finanzielle Interessen** an der zu prüfenden Gesellschaft besitzt. Entsprechendes gilt bei Beteiligung an einem Unternehmen, das mit der zu prüfenden Gesellschaft verbunden ist[72] oder von dieser mehr als 20 Prozent der Anteile besitzt. Nach § 319 Abs. 3 S. 1 Nr. 2 HGB ist ein Prüfer ausgeschlossen, wenn eine **personelle Verflechtung** besteht, wenn also der Prüfer gesetzlicher Vertreter, Mitglied des Aufsichtsrats oder Arbeitnehmer der zu prüfenden Gesellschaft ist; wiederum sind entsprechende Funktionen in einem Unternehmen gleichgestellt, das mit der zu prüfenden Gesellschaft verbunden ist[73] oder von dieser mehr als 20 Prozent der Anteile besitzt.

§ 319 Abs. 3 S. 1 Nr. 3 HGB enthält das **Verbot der Selbstprüfung.** Hiernach ist ausgeschlossen, wer über die Prüfungstätigkeit hinaus in dem zu prüfenden Geschäftsjahr oder bis zur Erteilung des Bestätigungsvermerks bestimmte Tätigkeiten bei der zu prüfenden Gesellschaft (oder für diese) erbracht hat. Das Gesetz nennt an erster Stelle die Mitwirkung bei der Führung der Bücher oder des zu prüfenden Jahresabschlusses (§ 319 Abs. 3 S. 1 Nr. 3 lit. a HGB). Unmittelbar einleuchtend ist, dass derjenige, der den Abschluss selbst erstellt hat, ihn nicht auch prüfen darf.[74] Eine Mitwirkung bei der Aufstellung des zu prüfenden Jahresabschlusses ist nicht schon Einwirkung (zB Änderungsverlangen) im Rahmen der Prüfungstätigkeit, um ein Testat erteilen zu können, oder die Korrektur einzelner Fehler im Vorgriff auf die spätere Prüfung.[75] Auch die Erstellung eines Verschmelzungswertgutachtens und die Ermittlung der Verschmelzungswertrelation ist keine Mitwirkung in diesem Sinne, hindert also nicht die nachfolgende Abschlussprüfung 30

---

[65] *Poll* in BeckOK HGB § 319 Rn. 10.
[66] Vgl. im Einzelnen die Begriffsbestimmung in Art. 2 RL 2006/43/EG auf die Art. 3 EU-Abschlussprüferverordnung verweist.
[67] Vgl. zu den verbotenen Steuerberatungsleistungen im Einzelnen § 319a Abs. 1 Nr. 2 HGB iVm Art. 5 Abs. 1 lit. a EU-Abschlussprüferverordnung.
[68] Vgl. § 319a Abs. 1 Nr. 3 HGB iVm Art. 5 Abs. 1 lit. f EU-Abschlussprüferverordnung.
[69] Geändert durch Abschlussprüferreformgesetz (AReG) mWv 17.6.2016 (BGBl. 2016 I 1142).
[70] *Poll* in BeckOK HGB § 319 Rn. 10 u. § 319a Rn. 5.
[71] BegrRegE BilReG BT-Drs. 15/3419, 36; *Nonnenmacher* in Marsch-Barner/Schäfer Börsennotierte AG-HdB § 58 Rn. 235.
[72] Maßgeblich ist insoweit § 271 Abs. 2 HGB, so BGHZ 159, 234 (236 ff.).
[73] § 271 Abs. 2 HGB, so *Hopt/Merkt* in Baumbach/Hopt HGB § 319 Rn. 18.
[74] *Hopt/Merkt* in Baumbach/Hopt HGB § 319 Rn. 19 („Extremfall").
[75] BGH NJW 1992, 2021; *Hopt/Merkt* in Baumbach/Hopt HGB § 319 Rn. 20.

bei der aus der Verschmelzung hervorgegangenen Gesellschaft.[76] Die Norm erfasst auch nicht schon allgemeine Beratung außerhalb der Buchführung und des Jahresabschlusses,[77] etwa wenn der Prüfer während des laufenden Geschäftsjahres Prüfungshandlungen vornimmt und bei dieser Gelegenheit der Bitte der Gesellschaft um Entscheidungshilfe bei Zweifelsfragen nachkommt, sofern die Hilfestellung des Abschlussprüfers insgesamt von untergeordneter Bedeutung ist.[78] Eine unzulässige Mitwirkung liegt dagegen vor, wenn die Beratung über die Darstellung von Alternativen im Sinne einer Entscheidungshilfe hinausgeht, insbesondere wenn der Abschlussprüfer selbst anstelle des Mandanten eine unternehmerische Entscheidung trifft.[79] Die Grenzziehung hier ist schwierig.[80]

31 Nach § 319 Abs. 3 S. 1 Nr. 3 lit. b HGB ist von der Prüfung ausgeschlossen, wer bei der **Durchführung der internen Revision** in verantwortlicher Position mitgewirkt hat. Litera c erfasst die Erbringung von Unternehmensleitungs- und **Finanzdienstleistungen**, lit. d die Erbringung eigenständiger versicherungsmathematischer oder (sonstiger) **Bewertungsleistungen** mit nicht nur unerheblicher Auswirkung auf den zu prüfenden Jahresabschluss.[81]

32 Die Tätigkeiten nach lit. a–d führen jedoch nicht zum Ausschluss, wenn sie von nur **untergeordneter Bedeutung** sind.[82] Umgekehrt werden aber Tätigkeiten gleichgestellt, die für die zu prüfende Gesellschaft von einem Unternehmen erbracht werden, bei dem der Prüfer gesetzlicher Vertreter, Arbeitnehmer, Mitglied des Aufsichtsrats oder Gesellschafter mit einem Stimmrechtsanteil von mehr als 20 Prozent ist (§ 319 Abs. 3 S. 1 Nr. 3 aE HGB).

33 § 319 Abs. 3 S. 1 Nr. 4 HGB enthält als Ausschlussgrund die Beschäftigung einer Person bei der Prüfung, für die ein Ausschlussgrund nach § 319 Abs. 3 S. 1 Nr. 1–3 HGB bestehen würde. Damit sollen Umgehungen der Nr. 1–3 über **Arbeitnehmer** erfasst werden, die bei der Prüfung eingesetzt werden. Bei der Prüfung beschäftigt sind nicht nur Mitglieder des Prüfungsteams, sondern auch andere im Zusammenhang mit der Prüfung eingesetzte Personen, zB Prüfungspartner, interner Review etc.[83]

34 § 319 Abs. 3 S. 1 Nr. 5 HGB ordnet den Ausschluss wegen **wirtschaftlicher Abhängigkeit des Abschlussprüfers** von der zu prüfenden Gesellschaft an. Abhängigkeit liegt vor, wenn der Abschlussprüfer mehr als 30 Prozent seiner beruflichen Einnahmen aus der Prüfung und Beratung der zu prüfenden Gesellschaft und ihrer Beteiligungsunternehmen (bei mehr als 20 Prozent Anteilsbesitz) erzielt hat, bezogen jeweils auf die vergangenen fünf Jahre sowie das laufende Geschäftsjahr.

35 Die vorstehend aufgeführten Gründe müssen nicht notwendig in der Person des Prüfers erfüllt sein. Gleichgestellt ist vielmehr die Verwirklichung eines der Ausschlussgründe in einer Person, mit der der Prüfer seinen Beruf gemeinsam (auch in berufsübergreifender **Sozietät**) ausübt (§ 319 Abs. 3 S. 1 Hs. 1 HGB). Ebenso ist ein Prüfer ausgeschlossen, der bei der Prüfung eine Person beschäftigt, die ihrerseits nach § 319 Abs. 3 S. 1 Nr. 1–3 HGB nicht Prüfer sein darf (→ Rn. 31) oder wenn in der Person des Ehe- oder Lebenspartners (§ 1 LPartG) des Prüfers ein Ausschlussgrund nach § 319 Abs. 3 S. 1 Nr. 1–3 HGB verwirklicht ist (§ 319 Abs. 3 S. 2 HGB).

---

[76] BGHZ 153, 3 (38) = NZG 2003, 216 – HypoVereinsbank AG; *Hopt/Merkt* in Baumbach/Hopt HGB § 319 Rn. 20.
[77] BGH NJW 1992, 2021.
[78] *Ebke* in MüKoHGB § 319 Rn. 57.
[79] BGH NJW 1997, 2178 (2179).
[80] *Hopt/Merkt* in Baumbach/Hopt HGB § 319 Rn. 20.
[81] Hierzu *Ebke* in MüKoHGB § 319 Rn. 64–67.
[82] *Ebke* in MüKoHGB § 319 Rn. 54; *Hopt/Merkt* in Baumbach/Hopt HGB § 319 Rn. 21.
[83] *Hopt/Merkt* in Baumbach/Hopt HGB § 319 Rn. 24.

cc) Erstreckung der Ausschlussgründe auf Prüfungsgesellschaften

§ 319 Abs. 4 HGB erstreckt die in § 319 Abs. 2 und 3 HGB normierten Ausschlusstatbestände auf **Prüfungsgesellschaften.** Diese sind ua von der Prüfung ausgeschlossen, wenn sie selbst, einer ihrer gesetzlichen Vertreter, ein mit einem Stimmrechtsanteil von mehr als 20 Prozent beteiligter oder bei der Prüfung in verantwortlicher Person beschäftigter Gesellschafter, ein verbundenes Unternehmen oder eine andere von ihr beschäftigte Person, die das Prüfungsergebnis beeinflussen kann, nach § 319 Abs. 2 oder 3 HGB von der Prüfung ausgeschlossen sind.

36

dd) Kapitalmarktorientierte Gesellschaften

Für die Abschlussprüfung von **kapitalmarktorientierten Unternehmen**[84] ergänzt § 319a HGB die Ausschlussgründe über diejenigen des § 319 Abs. 2 und 3 HGB hinaus. Der Ausschlussgrund wegen wirtschaftlicher Abhängigkeit (→ Rn. 32) ist hier eher erfüllt: Abhängigkeit liegt schon vor, wenn der Abschlussprüfer mehr als 15 Prozent seiner beruflichen Einnahmen aus der Prüfung und Beratung bezogen hatte (§ 319a Abs. 1 S. 1 Nr. 1 HGB). Das Verbot der Selbstprüfung (→ Rn. 28) wird in § 319a Abs. 1 S. 1 Nr. 2 HGB verschärft: Wer bei einer kapitalmarktorientierten Gesellschaft Rechts- oder Steuerberatungsleistungen im zu prüfenden Geschäftsjahr erbringt, ist, soweit diese über das Aufzeigen von Gestaltungsalternativen hinausgehen und sich auf die Darstellung der Vermögens-, Finanz- und Ertragslage in dem zu prüfenden Jahresabschluss unmittelbar und nicht nur unwesentlich auswirken, von der Prüfung ausgeschlossen. Ebenso führt die Mitwirkung an der Entwicklung, Einrichtung und Einführung von Rechnungslegungsinformationssystemen in dem zu prüfenden Geschäftsjahr zum Ausschluss, sofern diese Mitwirkung nicht von lediglich untergeordneter Bedeutung ist (§ 319a Abs. 1 S. 1 Nr. 3 HGB). Und schließlich gilt für die Prüfung kapitalmarktorientierter Gesellschaften die Pflicht zur internen personellen **Rotation** des verantwortlichen Prüfers nach sieben Jahren (mit einer Sperrfrist zwischen zwei Prüfungszeiträumen (Cooling-off Periode) von neuerdings drei statt zwei Jahren.[85]

37

Darüber hinaus statuiert die EU-Abschlussprüfungsverordnung erstmalig eine externe Rotation, also einen Wechsel des Abschlussprüfers bzw. der Prüfungsgesellschaft insgesamt, nach einer sog. Grundrotationszeit von 10 Jahren bei einer vierjährigen Cooling-off Periode (Art. 17 Abs. 1 UAbs. 1 EU-Abschlussprüfungsverordnung). Nach Ablauf der 10 Jahre muss das Unternehmen eine öffentliche Ausschreibung der Abschlussprüfung durchführen, die strengen formalen Anforderungen unterliegt.[86] Allerdings besteht ein Mitgliedstaatenwahlrecht zur Verlängerung der 10-Jahres-Wechselfrist, die der nationale Gesetzgeber mit § 318 Abs. 1a HGB eröffnet hat. Dh, nach erstmaliger Ausschreibung aufgrund Ablaufs der 10-Jahres-Frist ist es möglich, den bisherigen Abschlussprüfer für weitere 10 Jahre zu beauftragen. Derselbe Abschlussprüfer darf mithin maximal 20 Jahre ununterbrochen prüfen.[87] Sofern sich an den Ablauf der 10-jährigen Grundrotationszeit eine Gemeinschaftsprüfung (joint audit) anschließt, also zwei Abschlussprüfer gemeinsam beauftragt werden, darf der bisherige Abschlussprüfer als Gemeinschaftsprüfer weitere 14 Jahre, insgesamt somit 24 Jahre tätig sein.[88]

38

---

[84] § 264d HGB mit der Überschrift „Kapitalmarktorientierte Kapitalgesellschaft" lautet: „Eine Kapitalgesellschaft ist kapitalmarktorientiert, wenn sie einen organisierten Markt im Sinn des § 2 Abs. 5 des Wertpapierhandelsgesetzes durch von ihr ausgegebene Wertpapiere im Sinn des § 2 Abs. 1 S. 1 des Wertpapierhandelsgesetzes in Anspruch nimmt oder die Zulassung solcher Wertpapiere zum Handel an einem organisierten Markt beantragt hat."
[85] Vgl. Art. 17 Abs. 7 UAbs. 1 EU-Abschlussprüferverordnung.
[86] Vgl. zu den formalen Anforderungen im Einzelnen die Vorgaben des Art. 16 Abs. 2–5 EU-Abschlussprüferverordnung.
[87] § 318 Abs. 1a S. 1 HGB; *Schorse/Morfeld* in BeckOK HGB § 318 Rn. 18.
[88] § 318 Abs. 1a S. 2 HGB; *Schorse/Morfeld* in BeckOK HGB § 318 Rn. 18.

39 Die Verlängerungsoptionen nach § 318 Abs. 1a S. 1 und S. 2 HGB gelten nicht für Kreditinstitute (§ 340k HGB) und Versicherungsunternehmen (§ 341k HGB). Für diese bleibt die maximale Mandatslaufzeit von zehn Jahren bestehen.[89]

40 Hinsichtlich der zeitlichen Anwendbarkeit der Vorgaben für die externe Rotation gilt, dass Unternehmen, die am 17.6.2016 ihren Abschluss bereits 10, 11 oder 12 Mal durch denselben Abschlussprüfer haben prüfen lassen, diesen für Geschäftsjahre, die vor dem 17.6.2016 begonnen haben, nochmals beauftragen dürfen. Diese Ausnahme greift also bei kalendergleichem Geschäftsjahr insoweit, als eine Prüfung des Geschäftsjahres 2016 durch den bisherigen Abschlussprüfer erfolgen kann.

41 Verantwortlicher Prüfungspartner ist, wer den Bestätigungsvermerk nach § 322 HGB unterzeichnet oder als Wirtschaftsprüfer von einer Wirtschaftsprüfungsgesellschaft als für die Durchführung einer Abschlussprüfung vorrangig verantwortlich bestimmt worden ist.[90]

ee) Netzwerkweite Ausdehnung

42 § 319b HGB ordnet die **netzwerkweite Ausdehnung** der Vorschriften zur Prüferunabhängigkeit an.[91] Ein Netzwerk liegt vor, wenn Personen bei ihrer Berufsausübung zur Verfolgung gemeinsamer wirtschaftlicher Interessen für eine gewisse Dauer zusammenwirken (§ 319b Abs. 1 S. 3 HGB). Ein Prüfer ist auch dann von der Abschlussprüfung ausgeschlossen, wenn ein Mitglied seines Netzwerks einen gesetzlichen Ausschlussgrund verwirklicht. Dadurch soll sichergestellt werden, dass Abschlussprüfer oder Prüfungsgesellschaften von der Durchführung einer Abschlussprüfung absehen, wenn zwischen ihnen oder ihrem Netzwerk und dem geprüften Unternehmen unmittelbar oder mittelbar eine finanzielle oder geschäftliche Beziehung, ein Beschäftigungsverhältnis oder eine sonstige Verbindung – wozu auch die Erbringung zusätzlicher Leistungen, die keine Prüfungsleistungen sind, zählt – besteht, aus der ein objektiver, verständiger und informierter Dritter den Schluss ziehen würde, dass ihre Unabhängigkeit gefährdet ist.[92]

43 § 319b Abs. 1 S. 1 HGB enthält einen Spielraum für **Entlastungsmöglichkeiten.** Ein Prüfer ist dann nicht von der Abschlussprüfung ausgeschlossen, wenn das entsprechende Netzwerkmitglied das Prüfungsergebnis nicht beeinflussen und dies vom Abschlussprüfer auch überzeugend dargelegt werden kann. Führt ein Netzwerkmitglied eine Beratungsleistung durch, so kommt es zum Beispiel darauf an, ob deren Ergebnis sich im Jahresabschluss niederschlägt oder nicht.[93] In drei Fällen verwehrt der Gesetzgeber allerdings eine solche Entlastungsmöglichkeit und geht unwiderlegbar vom Vorliegen der Besorgnis der Befangenheit aus, wenn ein Prüfer die von einem Mitglied seines Netzwerks erbrachte Leistung beurteilt (§ 319b Abs. 1 S. 2 HGB). Dies sind die über die Abschlussprüfung hinausgehenden Tätigkeiten gem. § 319 Abs. 3 S. 1 Nr. 3 HGB, die Erbringung von Rechts- oder Steuerberatungsleistungen gem. § 319a Abs. 1 S. 1 Nr. 2 HGB sowie die Mitarbeit bei der Entwicklung, Einrichtung und Einführung von Rechnungslegungsinformationssystemen gem. § 319a Abs. 1 S. 1 Nr. 3 HGB.

---

[89] § 340k Abs. 1 S. 1 letzter Hs. HGB; § 341k Absatz 1 S. 2 HGB; vgl. insgesamt zur neu eingeführten externen Rotation auch *Velte* DStR 2016, 1944.
[90] § 319a Abs. 1 S. 5 HGB; zu den Neuerungen (verantwortlicher statt unterzeichnender Prüfer) *Petersen/Zwirner/Boecker* in Petersen/Zwirner BilMoG 574.
[91] Dazu *Petersen/Zwirner/Boecker* in Petersen/Zwirner BilMoG 576 f.; *Inwinkl/Kortebusch/Schneider* Der Konzern 2008, 215 (216).
[92] BegrRegE zu § 319b HGB, BT-Drs. 16/10067, 89.
[93] *Petersen/Zwirner/Boecker* in Petersen/Zwirner BilMoG 577.

ff) Sanktionen

Eine Wahl unter Verstoß gegen § 319 Abs. 1 HGB ist zunächst gem. § 241 Nr. 3 AktG **44** nichtig.[94] Ein Verstoß gegen § 319 Abs. 1 HGB führt weiter nach § 256 Abs. 1 Nr. 3 AktG zur Nichtigkeit des Jahresabschlusses.[95] Die Ausschlussgründe der §§ 319 Abs. 2–5, 319a, 319b HGB führen gem. §§ 243 Abs. 3 Nr. 3, 249 Abs. 1 S. 1 AktG nicht zur Nichtigkeit oder Anfechtbarkeit der Wahl (→ Rn. 51). Ist ein nach §§ 319 Abs. 2–5, 319a, 319b HGB ausgeschlossener Prüfer tätig geworden, so ist auch der Jahresabschluss **nicht nichtig**.[96] Der Verstoß gegen den Prüfungsausschluss ist lediglich nach § 334 Abs. 2 HGB als Ordnungswidrigkeit mit einer Geldbuße sanktioniert. Liegt bei Auftragserteilung ein Ausschlussgrund nach §§ 319 Abs. 2–5, 319a iVm Art. 5 der EU-Abschlussprüfungsverordnung, 319b HGB vor, führt dies zur Nichtigkeit des Prüfungsauftrags und Prüfungsvertrages gem. § 134 BGB.[97] Der Abschlussprüfer kann folglich weder aus diesem Vertrag noch aus Geschäftsführung ohne Auftrag oder ungerechtfertigter Bereicherung ein Entgelt verlangen.[98]

e) Mehrere Prüfer

Auch die **Bestellung mehrerer Prüfer** zum gesetzlichen Abschlussprüfer (Gemein- **45** schaftsprüfung oder *joint audit*) ist grundsätzlich zulässig.[99] Lautet der Wahlbeschluss auf die Wahl einer Wirtschaftsprüfungsgesellschaft zum gesetzlichen Abschlussprüfer, ist dieser in der Regel dahingehend auszulegen, dass diejenigen Wirtschaftsprüfer, die im Zeitpunkt der Wahl der Wirtschaftsprüfungsgesellschaft als Partner angehören, Gemeinschaftsprüfer sein sollen.[100] Im Übrigen ist die Gemeinschaftsprüfung nicht besonders verbreitet und wird nur in Sonderfällen in Betracht kommen (zB bei Sanierungen, Wechsel des Mehrheitsgesellschafters, Überleitung des Prüfungsmandats etc).

Eine vollständige **Doppelprüfung**, also die Bestellung mehrerer Prüfer mit der Maß- **46** gabe, dass die Bestellten unabhängig voneinander den Jahresabschluss vollständig prüfen sollen, wird überwiegend für unzulässig gehalten.[101]

Ebenfalls zulässig ist die Wahl eines **Ersatzabschlussprüfers**, der für den Fall zum Ab- **47** schlussprüfer bestellt wird, dass der in erster Linie gewählte Prüfer nicht tätig wird oder werden kann (zB wegen Nichtigkeit seiner Wahl, mangels Annahme des Prüfungsauftrags oÄ).[102]

---

[94] *Ebke* in MüKoHGB § 318 Rn. 14; *Nonnenmacher* in Marsch-Barner/Schäfer Börsennotierte AG-HdB § 58 Rn. 49; *Schulze-Osterloh* in Baumbach/Hueck, 18. Aufl. 2006, GmbHG § 41 Rn. 119.
[95] *Ebke* in MüKoHGB § 318 Rn. 14; *Nonnenmacher* in Marsch-Barner/Schäfer Börsennotierte AG-HdB § 58 Rn. 38.
[96] Arg. e § 256 Abs. 1 Nr. 3 AktG; *Hopt/Merkt* in Baumbach/Hopt HGB § 319 Rn. 30.
[97] *Ebke* in MüKoHGB § 318 Rn. 14; *Kleindiek* in Lutter/Hommelhoff GmbHG Anh. zu § 42 Rn. 6; *Schulze-Osterloh* in Baumbach/Hueck, 18. Aufl. 2006GmbHG § 41 Rn. 119.
[98] Ansprüche aus ungerechtfertigter Bereicherung scheitern an § 817 S. 2 BGB; ein Aufwendungsersatzanspruch aus GoA scheitert an der fehlenden „Erforderlichkeit" iSv § 670 BGB, vgl. BGH NJW 1992, 2021; *Schulze-Osterloh* in Baumbach/Hueck, 18. Aufl. 2006, GmbHG § 41 Rn. 119.
[99] *Ebke* in MüKoHGB § 318 Rn. 16.
[100] IDW PS 208.7, WPg 1999, 707 (708); *Ebke* in MüKoHGB § 318 Rn. 18; ausführlich auch *Nonnenmacher* in Marsch-Barner/Schäfer Börsennotierte AG-HdB § 58 Rn. 73f.
[101] *Ebke* in MüKoHGB § 318 Rn. 17; *Hopt/Merkt* in Baumbach/Hopt HGB § 317 Rn. 6; *Zimmer* in Staub Großkommentar zum HGB, 4. Aufl. 2002, § 318 Rn. 19; anders *Lutter* FS Semler, 1993, 835 (849) (für den Fall der Beschlussanfechtung).
[102] *Baetge/Thiele* in Küting/Pfizer/Weber Rechnungslegung-HdB § 318 Rn. 48.

2. Bestellung und Ersetzung durch das Gericht

a) Gerichtliche Bestellung

48 Ist der Abschlussprüfer nicht bis zum Ablauf des zu prüfenden Geschäftsjahrs gewählt worden, wird er auf Antrag des Vorstands, des Aufsichtsrats oder eines – auch einzelnen – Aktionärs durch das Gericht bestimmt (§ 318 Abs. 4 HGB). Das Verfahren gilt sowohl für den Prüfer des Einzel- als auch des Konzernabschlusses.[103] Hierbei handelt es sich um ein Verfahren der freiwilligen Gerichtsbarkeit (unternehmensrechtliches Verfahren, § 375 Nr. 1 FamFG). § 376 FamFG enthält eine besondere Zuständigkeitsregelung: Für das Verfahren ist das Amtsgericht, in dessen Bezirk ein Landgericht seinen Sitz hat, für den Bezirk dieses Landgerichts zuständig.

49 Das gerichtliche Bestellungsverfahren wird nur auf **Antrag** betrieben. Der Vorstand ist zu diesem Antrag verpflichtet (§ 318 Abs. 4 S. 3 HGB). Hieraus folgt auch umgekehrt, dass keine Verpflichtung des Vorstands zur Einberufung einer außerordentlichen Hauptversammlung zwecks Abwendung einer gerichtlichen Bestellung besteht, wenn die Prüferwahl bereits Gegenstand einer ordentlichen Hauptversammlung war und der gewählte Prüfer zB durch einen nachträglich eingetretenen Ausschlussgrund oder durch eine Kündigung des Prüfungsauftrags aus wichtigem Grund weggefallen ist.[104] Das Wahlrecht der Hauptversammlung endet indes nicht mit dem Ablauf des Geschäftsjahres, sondern erst mit der gerichtlichen Bestellung des Abschlussprüfers.[105]

50 Lehnt das Gericht die Bestellung ab, ist diese Entscheidung mit der **Beschwerde** nach §§ 58 ff. FamFG angreifbar.[106] Gegen die gerichtliche Bestellung ist im Interesse einer möglichst schnellen Wirksamkeit dagegen kein Rechtsmittel gegeben. Die Bestellung ist insoweit unanfechtbar.[107]

51 Der Abschlussprüfer erlangt seine Rechtsstellung ohne Prüfungsauftrag der gesetzlichen Vertreter durch Annahme der gerichtlichen Bestellung.[108] Eine Verpflichtung hierzu besteht indes nicht. Die Annahmeerklärung ist gegenüber der Gesellschaft abzugeben.[109] Hierdurch kommt zugleich der Prüfungsvertrag mit der Gesellschaft zustande.[110] Den Anspruch auf Auslagenersatz und Vergütung regelt § 318 Abs. 5 HGB.

52 Ist der Abschlussprüfer durch das Gericht bestellt, kann er von der Hauptversammlung nicht mehr gewählt werden. Ihr fehlt dann die Bestellungskompetenz. Eine **Wahl nach gerichtlicher Bestellung** ist daher **nichtig**.[111] Ein bloßer Antrag auf gerichtliche Bestellung schließt die Wahl durch die Hauptversammlung dagegen noch nicht aus.[112] Bestellt umgekehrt das Gericht den Prüfer erst nach der Wahl, ist die gerichtliche Entscheidung wegen Verstoßes gegen die Regeln der funktionellen Zuständigkeit nichtig.[113]

---

[103] *Baetge/Thiele* in Küting/Pfizer/Weber Rechnungslegung-HdB § 318 Rn. 117.
[104] *Baetge/Thiele* in Küting/Pfizer/Weber Rechnungslegung-HdB § 318 Rn. 118; anders zur GmbH *Kleindiek* in Lutter/Hommelhoff GmbHG, 18. Aufl. 2006, Anh. zu § 42 Rn. 27.
[105] *Kleindiek* in Lutter/Hommelhoff, 18. Aufl. 2012, GmbHG Anh. zu § 42 Rn. 15; *Schmidt/Heinz* in BeBiKo HGB § 318 Rn. 11.
[106] § 318 Abs. 4 S. 4 Hs. 1 HGB sowie § 402 Abs. 1 FamFG.
[107] § 318 Abs. 4 S. 4 Hs. 2 HGB; OLG Düsseldorf NZG 1998, 864.
[108] *Schulze-Osterloh* in Baumbach/Hueck, 18. Aufl. 2006, GmbHG § 41 Rn. 95.
[109] *Ebke* in MüKoHGB § 318 Rn. 79; *Schulze-Osterloh* in Baumbach/Hueck, 18. Aufl. 2006, GmbHG § 41 Rn. 95.
[110] *Schulze-Osterloh* in Baumbach/Hueck, 18. Aufl. 2006, GmbHG § 41 Rn. 95.
[111] *Schulze-Osterloh* in Baumbach/Hueck, 18. Aufl. 2006, GmbHG § 41 Rn. 93; *Schmidt/Heinz* in BeBiKo HGB § 318 Rn. 11 („unwirksam").
[112] *Kleindiek* in Lutter/Hommelhoff, 18. Aufl. 2012, GmbHG Anh. zu § 42 Rn. 15; *Schmidt/Heinz* in BeBiKo HGB § 318 Rn. 11.
[113] *Schulze-Osterloh* in Baumbach/Hueck, 18. Aufl. 2006, GmbHG § 41 Rn. 93.

b) Gerichtliche Ersetzung

Die Hauptversammlung kann den gerichtlich oder durch die Gesellschaft bestellten Prüfer 53
nicht frei abberufen; dies kann allein in einem gerichtlichen Ersetzungsverfahren erfolgen
(§ 318 Abs. 1 S. 5 HGB). Voraussetzung hierfür ist, dass die Ersetzung aus einem in der
Person des zunächst gewählten Prüfers liegenden Grund geboten erscheint (§ 318 Abs. 3
S. 1 HGB). § 318 Abs. 3 S. 1 HGB nennt als solch einen Grund nunmehr insbesondere
die Verwirklichung eines der Ausschlusstatbestände nach §§ 319 Abs. 2–5, 319a, 319b
HGB. Da sich der Abschlussprüfer nach IDW PS 220 (Beauftragung des Abschlussprüfers)
vor Auftragsannahme zu vergewissern hat, dass er keine Ausschlusstatbestände erfüllt,
kommt der gerichtlichen Bestellung eines Abschlussprüfers gem. § 318 Abs. 3 S. 1 HGB
nur eine geringe praktische Bedeutung zu.[114]

Darüber hinaus ist ein in der Person des Prüfers liegender Grund für die Ersetzung 54
etwa anzunehmen, wenn hinreichende Anhaltspunkte dafür vorliegen, dass die Abschlussprüfung nicht ordnungsgemäß oder nicht rechtzeitig durchgeführt werden könnte, also
etwa, wenn für die Prüfung des Unternehmens besondere Qualifikationen erforderlich
sind, über die der gewählte Prüfer nicht verfügt.[115]

Das Gericht wird nur auf Antrag tätig. Antragsbefugt sind zunächst Vorstand und Auf- 55
sichtsrat als Organ. Das **Antragsrecht** der Aktionäre unterliegt einer dreifachen Beschränkung: Die Aktionäre müssen gegen den Bestellungsbeschluss der Hauptversammlung Widerspruch eingelegt haben (§ 318 Abs. 3 S. 2 Hs. 2 HGB); ihre Anteile müssen
zusammen den zwanzigsten Teil der Stimmrechte[116] oder des Grundkapitals oder einen
Börsenwert von 500.000 EUR erreichen (§ 318 Abs. 3 S. 1 HGB); und schließlich müssen sie glaubhaft machen, dass sie die Aktien seit mindestens drei Monaten vor dem Tag
der Hauptversammlung besitzen (§ 318 Abs. 3 S. 4 HGB). Der Börsenwert ist nach §§ 5
und 6 WpÜG-AngebotsVO zu ermitteln.[117] Mehrere Aktionäre können sich zur Erreichung des Schwellenwertes zusammenschließen.[118]

Nach § 318 Abs. 3 S. 2 HGB erlischt die Antragsbefugnis binnen zwei Wochen nach 56
der Prüferwahl;[119] wird der Ersetzungsgrund jedoch erst nach der Wahl bekannt oder tritt
er dann erst ein, ist er binnen zwei Wochen nach dem Tag zu stellen, an dem der Antragsberechtigte davon Kenntnis erlangt hat oder ohne grobe Fahrlässigkeit hätte erlangen
müssen (§ 318 Abs. 3 S. 3 HGB). Nach Erteilung des Bestätigungsvermerks durch den
gewählten Abschlussprüfer kann der Antrag auf Ersetzung des Abschlussprüfers nicht
mehr gestellt werden (§ 318 Abs. 3 S. 7 HGB); ein zuvor eingeleitetes Ersetzungsverfahren hat sich in der Hauptsache erledigt.[120] Zuständig ist wieder das Amtsgericht, in dessen
Bezirk ein Landgericht seinen Sitz hat, für den Bezirk dieses Landgerichts (§ 376 FamFG).
Die Entscheidung des Gerichts ist mit der **Beschwerde** nach §§ 58 ff. FamFG angreifbar.[121]

Auf Gründe, die nach § 318 Abs. 3 HGB die Durchführung eines Ersetzungsverfahrens 57
rechtfertigen, also insbesondere auch auf einen Verstoß gegen §§ 319 Abs. 2–5, 319a,
319b HGB, kann eine **Anfechtungs- oder Nichtigkeitsklage** gegen den Hauptversammlungsbeschluss über die Bestellung des Abschlussprüfers nicht gestützt werden.[122]
§ 243 Abs. 3 Nr. 3 AktG ordnet diesen verdrängenden Vorrang des Ersetzungsverfahrens

---

[114] *Petersen/Zwirner/Boecker* in Petersen/Zwirner BilMoG 573.
[115] *Hopt/Merkt* in Baumbach/Hopt HGB § 318 Rn. 9; *Kleindiek* in Lutter/Hommelhoff, 18. Aufl. 2012, GmbHG Anh. zu § 42 Rn. 27; *Schulze-Osterloh* in Baumbach/Hueck, 18. Aufl. 2006, GmbHG § 41 Rn. 90.
[116] Neu eingeführt durch AReG mWv 17.6.2016.
[117] *Hopt/Merkt* in Baumbach/Hopt HGB § 318 Rn. 13.
[118] *Hopt/Merkt* in Baumbach/Hopt HGB § 318 Rn. 13.
[119] Es handelt sich um eine zwingende Ausschlussfrist: *Nonnenmacher* in Marsch-Barner/Schäfer Börsennotierte AG-HdB § 58 Rn. 77.
[120] *Kleindiek* in Lutter/Hommelhoff, 18. Aufl. 2012, GmbHG Anh. zu § 42 Rn. 27.
[121] § 318 Abs. 3 S. 8 HGB sowie § 402 Abs. 1 FamFG.
[122] § 243 Abs. 3 Nr. 3; *Koch* in Hüffer/Koch AktG § 243 Rn. 44c.

gegenüber der Anfechtungsklage ausdrücklich an. Gleiches muss für die Nichtigkeitsklage gelten, da § 249 Abs. 1 AktG idF BilReG[123] die entsprechende Geltung von § 243 Abs. 3 Nr. 2 AktG idF BilReG angeordnet hatte. Zwar wurde dieser Verweis auf § 243 Abs. 3 Nr. 3 AktG (damals noch Nr. 2) im Zuge einer neuerlichen Änderung des § 249 Abs. 1 AktG durch das UMAG[124] wieder gestrichen. Jedoch unterlief dem Gesetzgeber insoweit offenbar ein Redaktionsversehen;[125] daher besteht Anlass zu einer teleologisch begründeten Korrektur des Gesetzestextes.[126] Die Prüfung eines Ausschlussgrundes hat daher ausschließlich im Ersetzungsverfahren zu erfolgen. Leidet der Bestellungsbeschluss aber an einem Anfechtungsgrund, der nicht in der Person des gewählten Prüfers seine Ursache hat, so beispielsweise bei formellen Beschlussmängeln, ist der Beschluss grundsätzlich weiterhin mittels Anfechtungsklage angreifbar; Entsprechendes gilt für die Nichtigkeitsklage bei etwaigen Nichtigkeitsgründen.[127]

58 Zu beachten ist allerdings, dass die Annahme der uneingeschränkten Anfechtbarkeit des Wahlbeschlusses aus rein formellen Gründen zu dem Ergebnis führt, dass ein Verstoß gegen §§ 319 Abs. 2–5, 319a, 319b HGB die Wirksamkeit des Wahlbeschlusses unberührt lässt. Hingegen führt ein insoweit weniger schwer wiegender Formverstoß im Rahmen der Wahl des Abschlussprüfers über den Weg einer erfolgreichen Anfechtungsklage zur Nichtigkeit des Wahlbeschlusses und hierzu akzessorisch zur Nichtigkeit des Jahresabschlusses (§ 256 Abs. 1 Nr. 3 AktG) sowie des Gewinnverwendungsbeschlusses (§ 253 Abs. 1 S. 1 AktG).[128]

59 Diesem Wertungswiderspruch ist die Rechtsprechung mit einer analogen Anwendung des § 318 Abs. 4 HGB für den Fall einer anhängigen, auf formelle Beschlussmängel gestützten Anfechtungsklage entgegen getreten.[129] Umstritten ist in jenen Fällen, ob die gerichtliche Bestellung des Abschlussprüfers entsprechend der Rechtsfolge des § 318 Abs. 4 HGB erst nach oder hiervon abweichend bereits vor Ablauf des Geschäftsjahres erfolgen kann. Der Wortlaut des § 318 Abs. 4 S. 1 HGB legt nahe, dass jedenfalls die Bestellungsentscheidung[130] des Gerichts nicht vor Ablauf des Geschäftsjahres zulässig ist.[131] Abweichend hiervon geht das OLG Karlsruhe davon aus, dass die gerichtliche Bestellungsentscheidung analog § 318 Abs. 4 HGB auch schon **vor** Ablauf des laufenden Geschäftsjahres zulässig ist.[132]

---

[123] Gesetz zur Einführung internationaler Rechnungslegungsstandard und zur Sicherung der Qualität der Abschlussprüfung (Bilanzrechtsreformgesetz – BilReG) vom 4.12.2004 (BGBl. I 3166).
[124] Gesetz zur Unternehmensintegrität und Modernisierung des Anfechtungsrechts (UMAG) vom 22.9.2005 (BGBl. I 2802).
[125] *Ebke* in MüKoHGB § 318 Rn. 52; *Koch* in Hüffer/Koch AktG § 249 Rn. 1 und 12a; *Kleindiek* in Lutter/Hommelhoff, 18. Aufl. 2012, GmbHG Anh. zu § 42 Rn. 29.
[126] Ebenso *Ebke* in MüKoHGB HGB § 318 Rn. 52 („korrigierende Auslegung"); zur Methode allgemein *Larenz*, Methodenlehre der Rechtswissenschaft, 6. Aufl. 1991, 397 ff. (insbes. 400); *Engisch*, Einführung in das juristische Denken, 8. Aufl. 1983, 172 f.; *Enneccerus/Nipperdey*, Allg. Teil des bürgerlichen Rechts, 15. Aufl. 1959, § 52 II („abändernde Auslegung" des Gesetzes zur „Anwendung des wahren Sinnes gegenüber dem fehlerhaften Gesetzesausdruck").
[127] *Kleindiek* in Lutter/Hommelhoff GmbHG Anh. zu § 42 Rn. 29.
[128] *Schockenhoff/Culmann* AG 2016, 23: *Marsch-Barner* in FS Hommelhoff, 2012, 691 (709).
[129] Vgl. etwa OLG Karlsruhe AG 2016, 42 mit weiteren Nachweisen auf hierzu ergangene (überwiegend nicht veröffentlichte) Rechtsprechung der Amtsgerichte, vgl. etwa AG Wolfsburg AG 1992, 205.
[130] Umstritten ist daneben der Zeitpunkt der Zulässigkeit der Antragsstellung, Die wohl überwiegende Auffassung geht von der Zulässigkeits eines Antrags im laufenden Geschäftsjahr aus; vgl. den Überblick zum Meinungsstand bei *Ebke* in MüKoHGB § 318 Rn. 76; bejahend ohne nähere Begründung auch OLG Karlsruhe AG 2016, 42 (45).
[131] So auch die wohl überwiegende Meinung in der Literatur, vgl. *Schockhoff/Culmann* AG 2016, 23 (26); *Habersack/Schürnbrand* in Staub HGB § 318 Rn. 70; *v. Falkenhausen/Kocher* ZIP 2005, 602 (604).
[132] OLG Karlsruhe AG 2016, 42 (45).

III. Konzernabschlussprüfer

Konzernabschlüsse und -lageberichte müssen durch einen Abschlussprüfer geprüft werden (§ 316 Abs. 2 HGB); das gilt ohne Einschränkung auch für einen nach IAS/IFRS aufgestellten Konzernabschluss iSv § 315a HGB.[133] Die Verpflichtung zur Aufstellung und **Prüfung eines Konzernabschlusses** besteht grundsätzlich auf jeder Konzernstufe,[134] sofern nicht die Muttergesellschaft einen befreienden Konzernabschluss vorlegt und die Voraussetzungen der Befreiung erfüllt sind (§§ 291–293 HGB). 60

Auch die Wahl des Konzernabschlussprüfers erfolgt nach § 318 Abs. 1 S. 1 HGB nach Maßgabe der vorstehenden Ausführungen.[135] Die Wahl obliegt der Gesellschafterversammlung der Muttergesellschaft (§ 318 Abs. 1 S. 1 Hs. 2 HGB). Ein gesonderter Wahlbeschluss über die Bestellung als Konzernabschlussprüfer ist regelmäßig nicht erforderlich, weil der zum **Abschlussprüfer der Muttergesellschaft** bestellte Prüfer gleichzeitig zum Abschlussprüfer des Konzernabschlusses als bestellt gilt (§ 318 Abs. 2 HGB). Diese gesetzliche Fiktion des § 318 Abs. 2 S. 1 HGB ersetzt nur die Wahl, nicht aber auch die Erteilung des Prüfungsauftrags und dessen Annahme.[136] Auch entbindet diese „automatische Bestellung" den Aufsichtsrat nicht von seiner Pflicht, die Eignung des vorgesehenen Abschlussprüfers für die anstehende Konzernabschlussprüfung zu beurteilen.[137] 61

Die Fiktion des § 318 Abs. 2 S. 1 HGB gilt nicht nur im Fall der Bestellung durch die Gesellschaft, sondern auch im Fall einer **gerichtlichen Bestellung**.[138] 62

IV. Prüfer des Halbjahresfinanzberichts; Quartalsfinanzbericht

Aktiengesellschaften, deren Aktien oder kleingestückelte Schuldtitel zum Börsenhandel zugelassen und die zur Aufstellung eines Konzernabschlusses verpflichtet sind, müssen nach § 37y WpHG einen Halbjahresfinanzbericht veröffentlichen. Nach der jeweiligen BörsO können kapitalmarktorientierte Aktiengesellschaften verpflichtet sein, jeweils in der ersten und in der zweiten Hälfte des Geschäftsjahres eine Zwischenmitteilung über die Geschäftsentwicklung publizieren; diese Mitteilung kann durch einen Quartalsfinanzbericht ersetzt werden, der die dem Halbjahresfinanzbericht entsprechenden Angaben enthält.[139] 63

1. Halbjahresfinanzbericht

Ein Inlandsemittent, der Aktien oder Schuldtitel begibt, hat gem. § 37w Abs. 1 S. 1 WpHG (ab 3.1.2018 § 115 Abs. 1 S. 1 WpHG) für die ersten sechs Monate jedes Geschäftsjahres einen Halbjahresfinanzbericht zu erstellen. Der Halbjahresfinanzbericht muss im Einklang mit der EG-VO 1606/2002 einen verkürzten Konzernabschluss und einen Konzernlagebericht enthalten. Dieser Halbjahresfinanzbericht ist unverzüglich, spätestens jedoch zwei Monate nach Ablauf des Berichtszeitraums, der Öffentlichkeit zur Verfügung zu stellen. Der Halbjahresfinanzbericht hat nach § 37w Abs. 2 WpHG (ab 3.1.2018 § 115 64

---

[133] *Kleindiek* in Lutter/Hommelhoff GmbHG Vor. § 41 Rn. 69.
[134] Sog Tannenbaumprinzip, dazu *Busse von Colbe* in MüKoHGB § 290 Rn. 4.
[135] Das gilt auch für Versicherungs-AG, § 341k Abs. 2 S. 1; *Schmidt/Heinz* in BeBiKo HGB § 318 Rn. 10.
[136] *Ebke* in MüKoHGB § 318 Rn. 39; *Koch* in Hüffer/Koch AktG § 111 Rn. 26; *Kleindiek* in Lutter/Hommelhoff, 18. Aufl. 2012, GmbHG Anh. zu § 42 Rn. 56.
[137] *Baetge/Thiele* in Küting/Pfizer/Weber Rechnungslegung-HdB § 318 Rn. 73.
[138] *Nonnenmacher* in Marsch-Barner/Schäfer Börsennotierte AG-HdB § 58 Rn. 71; *Böcking/Gros/Rabenhorst* in Ebenroth/Boujong/Joost/Strohn HGB § 318 Rn. 15.
[139] Instruktiv zu Halbjahresfinanzbericht und Zwischenmitteilung *Böckem/Rabenhorst* IRZ 2016, 89.

Abs. 2 WpHG) mindestens einen verkürzten Abschluss, einen Zwischenlagebericht und die Erklärung gem. §§ 264 Abs. 2 S. 3, 289 Abs. 1 S. 5 HGB („Bilanzeid") zu enthalten. Die Anforderungen an den verkürzten Abschluss und den Zwischenlagebericht ergeben sich aus § 37w Abs. 3 und 4 WpHG (ab 3.1.2018 § 115 Abs. 3 und 4 WpHG).[140] Konzernabschlusspflichtige Emittenten, die zur Anwendung von IFRS verpflichtet sind, haben dagegen einen IFRS-Zwischenabschluss nach IAS 34.1 (Zwischenberichterstattung) zu erstellen.[141] Da ein Großteil der von der Zwischenberichtspflicht betroffenen Emittenten einen Konzernabschluss erstellt, ist IAS 34 in den meisten Fällen der maßgebliche Standard für den Zwischenabschluss.[142]

65 Gem. § 37w Abs. 5 S. 1 WpHG (ab 3.1.2018 § 115 Abs. 5 S. 1 WpHG) können der verkürzte Zwischenabschluss und der Zwischenlagebericht, die Bestandteile eines Halbjahresfinanzberichts nach § 37w WpHG (ab 3.1.2018 § 115 WpHG) sind, fakultativ einer **prüferischen Durchsicht** durch einen **Abschlussprüfer** unterzogen werden;[143] es ist davon auszugehen, dass dies in aller Regel – jedenfalls bei den in einem Aktienindex gelisteten Gesellschaften – auch geschieht.[144] Entscheidet sich das Unternehmen jedoch gegen eine prüferische Durchsicht, ist dies im Halbjahresfinanzbericht anzugeben.[145]

66 Auf diese prüferische Durchsicht sind die Vorschriften über die Bestellung (Wahl und Beauftragung) des Abschlussprüfers entsprechend anzuwenden.[146] Im Fall einer Aktiengesellschaft bedeutet dies, dass der Abschlussprüfer für die prüferische Durchsicht entsprechend § 119 Abs. 1 Nr. 4 AktG, § 318 Abs. 5 HGB von der Hauptversammlung zu wählen und vom Aufsichtsrat als dem zuständigen Gesellschaftsorgan zu beauftragen ist.[147] Auch der Prüfer für die prüferische Durchsicht von Halbjahresberichten ist Prüfer iSd § 124 Abs. 3 S. 1 AktG.[148] Maßgeblich für die Bestellung sind §§ 318, 319, 319a, 319b HGB iVm § 37w Abs. 5 S. 2 WpHG (ab 3.1.2018 § 115 Abs. 5 S. 2 WpHG).[149] Die Bestellung zum Abschlussprüfer schließt *nicht* die Bestellung für prüferische Durchsicht ein; sie muss also gesondert vorgeschlagen und beschlossen werden.[150] Fehlt es an einer gesonderten Beschlussfassung, so dürfte § 318 Abs. 2 S. 1 HGB, fehlt es an einem Bestellungsbeschluss überhaupt, § 318 Abs. 2 S. 2 HGB gem. § 37w Abs. 5 S. 2 WpHG (ab 3.1.2018 § 115 Abs. 5 S. 2 WpHG) entsprechend anzuwenden sein.[151] Der Prüfer muss allerdings nicht mit dem nach § 318 HGB gewählten Abschlussprüfer für den Jahresabschluss identisch sein.[152]

67 Gemäß IDW PS 900 Anm. 13 ist für die prüferische Durchsicht IDW PS 220 entsprechend anzuwenden. Der **Auftragsgegenstand** ist gemäß IDW PS 220 Anm. 18 ff. im Auftragsbestätigungsschreiben zu vereinbaren. Dies ist im Falle der Zwischenberichterstattung nach WpHG der verkürzte (Konzern-)Zwischenabschluss und der (Konzern-)Zwischenlagebericht, die Bestandteile des Halbjahresfinanzberichts nach § 37w WpHG (ab 3.1.2018 § 115 WpHG) bzw. des Quartalsfinanzberichts nach § 37x Abs. 3 WpHG (ab 3.1.2018 § 116 Abs. 3 WpHG) sind. Der Halbjahresfinanzbericht nach § 37w WpHG (ab 3.1.2018 § 115 WpHG) oder der Quartalsfinanzbericht nach § 37x Abs. 3 WpHG

---

[140] Siehe auch DRS 16; dazu *Wiederhold/Pukallus Der Konzern* 2007, 264 (265).
[141] §§ 37y Nr. 2 S. 2, 37w Abs. 3; *Busse von Colbe* in MüKoHGB § 290 Rn. 93; *Hutter/Kaulamo* NJW 2007, 550 (552).
[142] *Hutter/Kaulamo* NJW 2007, 550 (552).
[143] Zu Umfang und Durchführung der prüferischen Durchsicht vgl. WP Handbuch 2017, Abschnitt P.
[144] *Ringleb* in Ringleb/Kremer/Lutter/v. Werder, Deutscher Corporate Governance Kodex, 3. Aufl. 2008, Rn. 1304.
[145] *Nießen* NZG 2007, 41 (45).
[146] § 37w Abs. 5 S. 2 WpHG.
[147] HFA, FN IdW 2007, 262 ff.; *Winkeljohann/Küster* in Winkeljohann/Förschle/Deubert, Sonderbilanzen, 5. Aufl. 2016, Kap. G Rn. 90.
[148] RegBegr BT-Drs. 16/2498, 45; *Mutter/Arnold/Stehle* AG 2007, R 109, 113.
[149] RegBegr BT-Drs. 16/2498, 45; *Mutter/Arnold/Stehle* AG 2007, R 109, 113.
[150] *Koch* in Hüffer/Koch AktG § 124 Rn. 20.
[151] *Koch* in Hüffer/Koch AktG § 124 Rn. 20; *Mutter/Arnold/Stehle* AG 2007, R 109, 113.
[152] *Zimmermann* in Fuchs, WpHG, 2. Aufl. 2016,§ 37w Rn. 24.

(ab 3.1.2018 § 116 Abs. 3 WpHG) als solche oder Zwischenmitteilungen nach § 37x Abs. 1 WpHG (ab 3.1.2018 § 116 Abs. 1 WpHG) sind nicht Auftragsgegenstand.[153]

2. Quartalsfinanzbericht

Die gesetzliche Pflicht nach § 37x WpHG (ab 3.1.2018 § 116 WpHG) zur Erstellung von „Zwischenmitteilungen der Geschäftsführung" (Quartalfinanzberichten) ist durch das Gesetz zur Umsetzung der Transparenzrichtlinie-Änderungsrichtlinie[154], welches am 26.11.2015 in Kraft getreten ist, ersatzlos gestrichen worden. Dennoch können Börsenbetreiber weiterhin von Unternehmen, deren Wertpapiere in Marktsegmenten mit hohen Transparenzanforderungen zugelassen sind, eine über die gesetzlichen Anforderungen hinausgehende Berichterstattung fordern. Die Frankfurter Wertpapierbörse hat mit Änderung der Börsenordnung (BörsO FWB) die gesetzlichen Erleichterungen aus dem Umsetzungsgesetz teilweise an die im Prime Standard notierten Unternehmen weitergegeben. Die Unternehmen sind demnach zu einer Erstellung und Übermittlung sog. „Quartalsmitteilungen" anstelle von Quartalfinanzberichten verpflichtet (§ 51a BörsO FWB nF). Quartalsmitteilungen bestehen aus (i) einer Erläuterung der wesentlichen Ereignisse und Geschäfte des Mitteilungszeitraums und Ihrer Auswirkungen auf die Finanzlage, (ii) einer Beschreibung der Finanzlage und des Geschäftsergebnisses im Mitteilungszeitraum sowie (iii) einem Bericht über die Veränderung wesentlicher Prognosen und Aussagen zur voraussichtlichen Entwicklung.[155] Ausreichend ist eine beschreibende Darstellung; anders als beim Quartalfinanzbericht muss kein Zahlenwerk enthalten sein, insbesondere weder eine Bilanz noch eine Gewinn- und Verlustrechnung.[156]

68

Eine fortgesetzte freiwillige Quartalfinanzberichterstattung ist zulässig und lässt die Verpflichtung zur Erstellung einer Quartalsmitteilung entfallen, § 51a Abs. 6 BörsO FWB nF. Der Quartalsfinanzbericht muss dabei nach dem Vorbild des gesetzlich geforderten Halbjahresberichts gestaltet werden und den Anforderungen aus § 37w Abs. 2 WpHG (ab 3.1.2018 § 115 Abs. 2 WpHG) genügen.[157] Die prüferische Durchsicht von Quartalsfinanzberichten ist weiterhin freiwillig, wurde jedoch durch Einführung des § 37w Abs. 7 WpHG (ab 3.1.2018 § 115 Abs. 7 WpHG) vollumfänglich der prüferischen Durchsicht von Halbjahresfinanzberichten gleichgestellt.[158] Demnach ist der Abschlussprüfer durch die Hauptversammlung zu wählen und vom Aufsichtsrat zu beauftragen,[159] die Veröffentlichung der Bescheinigung ist verpflichtend, eine Angabe im Quartalsfinanzbericht ist erforderlich, wenn keine prüferische Durchsicht erfolgt ist und die Haftungsbeschränkungen der §§ 320, 323 HGB finden Anwendung. Damit ist insbesondere die Ergebnisverwendung der prüferischen Durchsicht allein zur internen Information von Vorstand und Aufsichtsrat nicht mehr zulässig. Das mit der Hauptversammlungskompetenz zur Prüferwahl einhergehende Problem der rechtzeitigen Wahl kann durch eine entsprechende Anwendung der Fiktion in § 318 Abs. 2 Satz 2 HGB behoben werden, sodass der für das abgelaufene Geschäftsjahr bestellte Abschlussprüfer auch für die prüferische Durchsicht der Quartalsfinanzberichte des folgenden Geschäftsjahres als bestellt gilt.[160] Quartalsmitteilungen hingegen sind kein geeigneter Gegenstand für eine prüferische Durchsicht.[161]

69

---

[153] *Winkeljohann/Küster* in Winkeljohann/Fröschle/Deubert, Sonderbilanzen, 5. Aufl. 2016, Kap. G Rn. 92.
[154] G vom 20.11.2015 (BGBl. 2015 I 2029).
[155] Inhalt angelehnt an die „Zwischenmitteilung der Geschäftsführung" nach § 37x WpHG aF, konkretisiert durch DRS 16 Tz. 61–69.
[156] *Böckem/Rabenhorst* IRZ 2016, 89 (92).
[157] *Böckem/Rabenhorst* IRZ 2016, 89 (92).
[158] *Simons/Kallweit* BB 2016, 332 (334).
[159] *Simons/Kallweit* BB 2016, 332 (334); *Wasmann/Harzenetter* NZG 2016, 97.
[160] *Wasmann/Harzenetter* NZG 2016, 97 (99).
[161] *Böckem/Rabenhorst* IRZ 2016, 89 (93).

69a Für die Zwischenmitteilungen der Geschäftsführung sieht das Gesetz **keine prüferische Durchsicht** vor.[162] § 37x Abs. 3 WpHG verweist nicht auf § 37w Abs. 5 WpHG. Die Vorschriften über die Bestellung des Abschlussprüfers sind somit nicht entsprechend auf die prüferische Durchsicht eines verkürzten Zwischenabschlusses und eines Zwischenlageberichts, die Bestandteile eines Quartalsfinanzberichts nach § 37x Abs. 3 WpHG sind, anzuwenden.[163] Die Möglichkeit der fakultativen prüferischen Durchsicht ist damit gleichwohl nicht ausgeschlossen.[164]

V. Schlussbilanzprüfer

70 Im Rahmen einer Verschmelzung nach dem UmwG muss der übertragende Rechtsträger nach § 17 Abs. 2 UmwG mit der Anmeldung zum Handelsregister auch eine **Schlussbilanz** einreichen, deren Bilanzstichtag höchstens acht Monate vor der Registeranmeldung liegt. Der Stichtag der Schlussbilanz ist mit dem Verschmelzungsstichtag verknüpft,[165] wobei streitig ist, ob der Verschmelzungsstichtag wegen des Übergangs der Rechnungslegungsverpflichtung an diesem Tage unmittelbar auf den Schlussbilanzstichtag folgen muss.[166] In der Praxis üblich und von der Gesetzessystematik auch ausdrücklich vorgesehen ist, dass als Schlussbilanz die letzte reguläre Jahresbilanz verwendet wird, um so Zeit und Kosten zu sparen. Eine gesonderte Schlussbilanz ist erforderlich, wenn die Jahresabschlussbilanz des übertragenden Rechtsträgers für das letzte Geschäftsjahrs wegen eines mehr als acht Monate zurückliegenden Stichtags nicht verwendet werden kann[167] oder aber die Parteien des Verschmelzungsvertrags einen anderen Verschmelzungsstichtag (zB aufgrund steuerlicher Erwägungen den 31.12.2011, 23.59 Uhr) vereinbaren.[168] Wird für die Schlussbilanz statt auf den Stichtag der Bilanz aus dem Jahresabschluss auf einen anderen Stichtag abgestellt, ist auf diesen Zeitpunkt eine Schlussbilanz in Form einer Zwischenbilanz zu erstellen.[169]

71 Für den **Inhalt der Schlussbilanz** verweist § 17 Abs. 2 S. 2 UmwG auf die §§ 242 ff., 316 ff. HGB; verlangt wird somit nur eine Jahresbilanz und kein Jahresabschluss, so dass weder eine Gewinn- und Verlustrechnung noch ein Anhang gem. §§ 264, 284 HGB nötig ist (vgl. § 242 Abs. 3 HGB).[170] Inhaltlich gelten für die Schlussbilanz die Vorschriften über den Jahresabschluss, soweit sie die Bilanz betreffen; dies gilt insbesondere für sämtliche Ansatz- und Bewertungsvorschriften. Wird als Schlussbilanz eine Zwischenbilanz erstellt, können in dieser die Vermögensgegenstände nicht mit Verkehrswerten angesetzt werden. Eine Buchwertaufstockung in der Schlussbilanz ist nicht zulässig, weil es insoweit sowohl an einem Anschaffungsvorgang als auch an einem Bewertungswahlrecht fehlt, wie es etwa für die steuerliche Schlussbilanz in §§ 3 Abs. 2, 11 Abs. 2, 20 Abs. 2 UmwStG vorgesehen ist.[171]

72 Die Schlussbilanz ist nach den §§ 316 ff. HGB zu prüfen, sofern der übertragende Rechtsträger bereits seinerseits dem Grunde nach prüfungspflichtig ist.[172] Insbesondere ist

---

[162] *Hutter/Kaulamo* NJW 2007, 550 (553); *Nießen* NZG 2007, 41 (45); *Nonnenmacher* in Marsch-Barner/Schäfer Börsennotierte AG-HdB § 57 Rn. 31; *Ringleb* in Ringleb/Kremer/Lutter/v. Werder, Deutscher Corporate Governance Kodex, 6. Aufl. 2016, Rn. 1305.
[163] *Winkeljohann/Küster* in Winkeljohann/Fröschle/Deubert, Sonderbilanzen, 5. Aufl. 2016, Kap. G Rn. 90.
[164] WP Handbuch 2014, Abschnitt J Rn. 15.
[165] Dazu *Simon* in Kölner Komm. UmwG § 5 Rn. 78 ff. sowie § 17 Rn. 28.
[166] So *Schröer* in Semler/Stengel UmwG § 5 Rn. 54 und *Simon* in Kölner Komm. UmwG § 5 Rn. 78, beide mit Überblick zum Streitstand.
[167] § 17 Abs. 2 S. 4 UmwG; *Schwanna* in Semler/Stengel UmwG § 17 Rn. 14.
[168] Zur freien Vereinbarkeit *Schröer* in Semler/Stengel UmwG § 5 Rn. 53.
[169] *Simon* in Kölner Komm. UmwG § 17 Rn. 30; *Leuering* NJW-Spezial 2010, 719.
[170] *Simon* in Kölner Komm. UmwG § 17 Rn. 32.
[171] *Simon* in Kölner Komm. UmwG § 17 Rn. 34.
[172] *Schwanna* in Semler/Stengel UmwG § 17 Rn. 15; *Simon* in Kölner Komm. UmwG § 17 Rn. 35.

eine **Bestellung des Prüfers** nach den für den jeweiligen Rechtsträger einschlägigen Vorschriften vorzunehmen. Wird nicht ein Jahresabschluss, sondern eine Zwischenbilanz als Schlussbilanz verwendet, ist der Jahresabschlussprüfer nicht konkludent auch für die Prüfung der Zwischenbilanz bestellt; vielmehr bedarf es einer ausdrücklichen Bestellung des Prüfers nach § 318 Abs. 1, Abs. 4 HGB.[173] Der Prüfer kann auch nach dem Stichtag der Zwischenbilanz bestellt werden, weil sonst in der Systematik des UmwG eine rechtzeitige Bestellung des Prüfers regelmäßig nicht möglich wäre.[174] Deshalb ist es zulässig und in der Praxis auch üblich, dass der Prüfer für die Zwischenbilanz in der Anteilsinhaberversammlung des übertragenden Rechtsträgers bestellt wird, die gem. § 13 Abs. 1 UmwG über den Verschmelzungsvertrag Beschluss fasst.[175]

VI. Sonderprüfer

Vorstands- und Aufsichtsratsmitglieder machen sich bei der Verletzung der mit ihrer Stellung in der Gesellschaft verknüpften Sorgfalts- und Treuepflichten nach Maßgabe der §§ 93, 116 AktG **schadensersatzpflichtig.** Gläubiger der Ansprüche ist die Gesellschaft als juristische Person, der sie dienen und in deren Vermögen der Schaden regelmäßig eintritt. Die Schadensersatzansprüche sind von den Gesellschaftsorganen geltend zu machen, gegenüber Aufsichtsratsmitgliedern also vom Vorstand, gegenüber Vorstandsmitgliedern vom Aufsichtsrat (§§ 78, 112 AktG). Die Hauptversammlung ist nicht vertretungsberechtigt; auch einzelne Aktionäre können die Gesellschaft nicht vertreten.[176] Unerwünschte Nebenfolge der Beschränkung der Klagebefugnis auf Vorstand und Aufsichtsrat kann allerdings sein, dass die Schadensersatzsanktion in der Praxis leerläuft, wenn die Mitglieder dieser beiden Organe – sei es wegen ihrer persönlichen Verbundenheit, sei es, weil sie beide zugleich in die Pflichtverletzung verstrickt sind – ihrer Pflicht nicht nachkommen, sich wechselseitig zu verklagen.[177] Aus diesem Grund gibt der Gesetzgeber den Aktionären mit der Sonderprüfung ein Untersuchungsrecht (Enquêterecht) an die Hand.[178] Ihr Zweck ist vor allem, die tatsächlichen Grundlagen für Ersatzansprüche der Gesellschaft aufzuhellen.[179] Die Sonderprüfung dient damit dem Minderheitsschutz.[180]

73

Das Gesetz kennt die Sonderprüfung in **drei Fällen:** *(erstens)* zur Prüfung von Vorgängen bei der Gründung oder der Geschäftsführung, namentlich auch bei Maßnahmen der Kapitalbeschaffung und Kapitalherabsetzung nach § 142 AktG, *(zweitens)* wegen unzulässiger Unterbewertung im Jahresabschluss und unvollständiger Berichterstattung im Anhang nach § 258 AktG sowie *(drittens)* zur Prüfung der geschäftlichen Beziehungen der Gesellschaft zu einem herrschenden Unternehmen oder einem mit ihm verbundenen Unternehmen nach § 315 AktG.[181] Allein im ersten Fall liegt die Bestellungskompetenz in der Zuständigkeit der Hauptversammlung; in den Fällen einer Sonderprüfung nach §§ 258, 315 AktG ist nur die Bestellung durch das Gericht zulässig. Im Rahmen eines Arbeitshandbuchs für die Hauptversammlung ist daher allein die Sonderprüfung nach § 142 AktG zu behandeln.

74

---

[173] *Budde/Zervas* in Budde/Förschle/Winkeljohann, Sonderbilanzen, 4. Aufl. 2008, Kap. H Rn. 132; *Simon* in Kölner Komm. UmwG § 17 Rn. 35.
[174] *Zimmermann* in Kallmeyer UmwG § 17 UmwG Rn. 38; *Simon* in Kölner Komm. UmwG § 17 Rn. 35.
[175] *Simon* in Kölner Komm. UmwG § 17 Rn. 35.
[176] *Raiser* in Habersack/Bayer, Aktienrecht im Wandel, 2007, Bd. II, Kap. 14 Rn. 68.
[177] *Raiser* in Habersack/Bayer, Aktienrecht im Wandel, 2007, Bd. II, Kap. 14 Rn. 69.
[178] Zur historischen Entwicklung siehe *Raiser* in Habersack/Bayer, Aktienrecht im Wandel, 2007, Bd. II, Kap. 14 Rn. 69 ff.
[179] *Koch* in Hüffer/Koch AktG § 142 Rn. 1.
[180] *Fleischer* in Küting/Pfizer/Weber Rechnungslegungs-HdB § 142 Rn. 2; *Koch* in Hüffer/Koch AktG § 142 Rn. 1; *Raiser* in Habersack/Bayer, Aktienrecht im Wandel, 2007, Bd. II, Kap. 14 Rn. 22; *Würdinger*, Aktienrecht und das Recht der verbundenen Unternehmen, 4. Aufl. 1981, 146.
[181] Zur bilanzrechtlichen Sonderprüfung *Jänig* NZG 2008, 257.

75 Von der förmlichen Sonderprüfung iSd Aktiengesetzes sind **untechnische „Sonderprüfungen"** zu unterscheiden, die in der Praxis häufig vorkommen und für die der Abschlussprüfer den zusätzlichen Auftrag erhält, zusammen mit dem Jahresabschluss auch bestimmte Vorgänge der Geschäftsführung zu überprüfen.[182] Auf solche untechnischen „Sonderprüfungen" sind die Regeln für die förmliche Sonderprüfung nicht anzuwenden.

1. Bestellung durch die Hauptversammlung

76 Die Hauptversammlung kann zur Prüfung von Vorgängen bei der **Gründung** oder der **Geschäftsführung,** namentlich bei Maßnahmen der Kapitalbeschaffung und Kapitalherabsetzung, Sonderprüfer bestellen (§§ 119 Abs. 1 Nr. 7, 142 Abs. 1 S. 1 AktG). Auch die Tätigkeit des Aufsichtsrats ist im Rahmen einer Sonderprüfung **Geschäftsführung,** und zwar nicht nur, soweit sie sich auf die Überwachung der Geschäftsführung des Vorstands bezieht, sondern erfasst ist auch die gesamte sonstige Amtsführung des Aufsichtsrats, soweit sie sich auf Angelegenheiten der Geschäftsführung bezieht.[183] Eine Sonderprüfung muss immer konkrete Lebenssachverhalte betreffen; eine Sonderprüfung der „gesamten Geschäftsführung" kann nicht verlangt werden.[184] Der Prüfungsauftrag muss genau bezeichnet werden und sich auf zeitlich und sachlich klar abgrenzbare Teilakte beziehen.[185]

77 Der **Jahresabschluss** als solcher kann demgegenüber nicht Gegenstand einer Sonderprüfung sein. Anderenfalls würde die Sonderprüfung in Konkurrenz zur Abschlussprüfung treten.[186] Die Sonderprüfung darf sich allerdings auf den Jahresabschluss erstrecken, wenn Vorgänge der Geschäftsführung in Frage stehen, bei deren Prüfung auch ihre Behandlung im Jahresabschluss einbezogen werden muss.[187] Mit diesem Inhalt dient die Anordnung einer Sonderprüfung insbesondere der Aufklärung von Sachverhalten und zur Vorbereitung der Entscheidung, ob gegen Gründer und Mitglieder des Vorstands und/oder des Aufsichtsrats **Schadensersatzansprüche** geltend gemacht werden sollen.[188]

78 Eine **zeitliche Begrenzung** der Vorgänge, die Gegenstand einer Sonderprüfung sein können, gibt es nicht.[189] Der Antrag auf Bestellung eines Sonderprüfers ist aber rechtsmissbräuchlich, wenn die zu prüfenden Vorgänge so lange zurückliegen, dass aus den Ergebnissen der Prüfung keinerlei Konsequenzen mehr gezogen werden können, weil etwaige Ansprüche gegen Organe verjährt sind oder wegen ihres Ausscheidens keine personellen Folgerungen mehr gezogen werden können.[190] Auch unter anderen Gesichtspunkten (zB bei Funktionsmissbrauch) kann die Ausübung des Sonderprüfungsrechts rechtsmissbräuchlich sein.[191]

79 Der Beschluss über die Bestellung von Sonderprüfern bedarf der einfachen Mehrheit der abgegebenen Stimmen.[192] Dieses **Mehrheitserfordernis** ist zwingend; eine größere

---

[182] *Schröer* in MüKoAktG AktG § 142 Rn. 14.
[183] *Fleischer* in Küting/Pfizer/Weber Rechnungslegung-HdB § 142 Rn. 70; *Koch* in Hüffer/Koch AktG § 142 Rn. 5.
[184] Griffig *Fleischer* in Küting/Pfizer/Weber Rechnungslegung-HdB § 142 Rn. 65 („fact finding mission" statt „fishing expedition"); *Koch* in Hüffer/Koch AktG § 142 Rn. 2; siehe auch OLG Düsseldorf WM 1992, 14 (22), das „wesentliche Maßnahmen der Geschäftsführung" zur Bezeichnung des Prüfungsgegenstands zu Recht für unzureichend hält.
[185] *Fleischer* in Küting/Pfizer/Weber Rechnungslegung-HdB § 142 Rn. 65.
[186] *Habersack* FS Wiedemann, 2002, 889 (900 f.); *Koch* in Hüffer/Koch AktG § 142 Rn. 6.
[187] *Habersack* FS Wiedemann, 2002, 889 (901); *Koch* in Hüffer/Koch AktG § 142 Rn. 6.
[188] *Bungert* in MHdB AG § 43 Rn. 2.
[189] *Schröer* in MüKoAktG AktG § 142 Rn. 26; anders bei der gerichtlichen Bestellung, vgl. § 142 Abs. 2 S. 1 AktG.
[190] *Koch* in Hüffer/Koch AktG § 142 Rn. 8; *Schröer* in MüKoAktG AktG § 142 Rn. 26; zurückhaltender *Fleischer* in Küting/Pfizer/Weber Rechnungslegung-HdB § 142 Rn. 77; ausführlich auch *Habersack* FS Wiedemann, 2002, 889 (895 ff.).
[191] *Wilsing/Ogorek* GWR 2009, 75.
[192] § 142 Abs. 1 S. 1 AktG; *Koch* in Hüffer/Koch AktG § 142 Rn. 9.

Mehrheit oder zusätzliche Beschlusserfordernisse können in der Satzung wegen § 23 Abs. 5 AktG nicht bestimmt werden.[193] Der Beschluss über die Bestellung von Sonderprüfern muss die üblichen Anforderungen an Hauptversammlungsbeschlüsse erfüllen. Grundsätzlich ist er **als Tagesordnungspunkt anzukündigen** (§ 124 Abs. 4 S. 1 AktG); einen Beschlussvorschlag dazu darf nur der Aufsichtsrat unterbreiten.[194] Allerdings kann ein Bestellungsbeschluss nach § 124 Abs. 4 S. 2 Fall 2 AktG bekanntmachungsfrei gefasst werden, sofern der Beschlussantrag „zu einem Gegenstand der Tagesordnung gestellt" wird.[195] Stehen die Entlastung des Vorstands und die Entlastung des Aufsichtsrats auf der Tagesordnung, ist eine gesonderte Ankündigung eines Antrags auf Sonderprüfung nicht erforderlich, wenn diese sich auf Vorgänge des Entlastungszeitraums beziehen.[196] Auch die Anzeige des Verlusts der Hälfte des Grundkapitals (§ 92 Abs. 1 AktG) in der Tagesordnung reicht aus, um eine Sonderprüfung von Vorgängen der Geschäftsführung beschließen zu können, die zu diesem Verlust geführt haben.[197]

Der Sonderprüfer muss im Beschluss der Hauptversammlung und damit grundsätzlich auch schon im Beschlussvorschlag namentlich benannt werden. Ein Beschlussvorschlag ohne **namentliche Benennung** des Sonderprüfers ist gar nicht erst zur Abstimmung zu stellen. Aufgrund eines gleichwohl gefassten Beschlusses kann keine Sonderprüfung stattfinden; der Beschluss geht ins Leere.[198] Es ist auch unzulässig, die Auswahl des Sonderprüfers dem Vorstand oder dem Aufsichtsrat zu überlassen.[199] Anders als der Abschlussprüfer muss der Sonderprüfer nicht die Qualifikation eines Wirtschaftsprüfers oder einer Wirtschaftsprüfungsgesellschaft haben. Es reicht aus, dass eine Person (oder eine Prüfungsgesellschaft) bestellt wird, die (oder bei der mindestens einer ihrer gesetzlichen Vertreter) **ausreichende Vorbildung und Erfahrung in der Buchführung** hat (§ 143 Abs. 1 AktG). Indem § 143 Abs. 1 AktG als Sollvorschrift formuliert und unter den Vorbehalt gestellt ist, dass der Gegenstand der Sonderprüfung „andere Kenntnisse" fordert, lässt er ggf. auch die Bestellung von Fachleuten anderer Professionen, bspw. von Technikern, zu.[200] Es wird in solchen Fällen empfohlen, mehrere Sonderprüfer zu bestellen, von denen einer die speziellen technischen (oder anderen) Kenntnisse und ein anderer die Buchführungskenntnisse hat.[201] Alternativ – und im Regelfall besser – können die speziellen Fachkräfte von dem eigentlichen Sonderprüfer auch als Gehilfen (§ 323 Abs. 1 S. 1 HGB) hinzugezogen werden, wodurch der Sonderprüfer allein verantwortlich bleibt (§ 144 AktG, § 323 HGB).

Verstöße gegen die Auswahlkriterien (§ 143 Abs. 1 AktG) machen den Bestellungsbeschluss nicht nichtig, sondern nur anfechtbar.[202] Die Ausschlussgründe der §§ 319 Abs. 2 und 3, 319a und 319b HGB dürfen auch bei Sonderprüfern nicht gegeben sein; diese **Ausschlussgründe** dürfen auch nicht in der Zeit vorgelegen haben, in der sich die zu prüfenden Vorgänge ereignet haben (§ 143 Abs. 2 AktG). Ein Verstoß führt zur Nichtigkeit des Bestellungsbeschlusses.[203]

Bei der Beschlussfassung über die Bestellung eines Sonderprüfers können **Mitglieder des Vorstands oder des Aufsichtsrats** weder für sich noch für einen anderen mitstim-

---

[193] *Fleischer* in Küting/Pfizer/Weber Rechnungslegung-HdB § 142 Rn. 85; *Koch* in Hüffer/Koch AktG § 142 Rn. 9.
[194] § 124 Abs. 3 S. 1 AktG; dazu *Koch* in Hüffer/Koch AktG § 124 Rn. 18.
[195] *Butzke* M Rn. 6;.
[196] *Fleischer* in Küting/Pfizer/Weber Rechnungslegung-HdB § 142 Rn. 86; *Koch* in Hüffer/Koch AktG § 142 Rn. 9.
[197] *Butzke* M Rn. 6; *Schröer* in MüKoAktG AktG § 142 Rn. 35.
[198] *Koch* in Hüffer/Koch AktG § 142 Rn. 10.
[199] Heute einhellige Meinung, vgl. nur OLG Hamm AG 2012, 90 (92); *Koch* in Hüffer/Koch AktG § 142 Rn. 10 mwN.
[200] *Koch* in Hüffer/Koch AktG § 143 Rn. 2; *Obermüller/Werner/Winden* DB 1967, 1119 (1120f.).
[201] *Koch* in Hüffer/Koch AktG § 143 Rn. 2.
[202] *Koch* in Hüffer/Koch AktG § 143 Rn. 5.
[203] *Koch* in Hüffer/Koch AktG § 143 Rn. 6.

men, wenn die Prüfung sich auf Vorgänge erstrecken soll, die mit der Entlastung eines Mitglieds des Vorstands oder des Aufsichtsrats oder der Einleitung eines Rechtsstreits gegen ein Mitglied des Vorstands oder des Aufsichtsrats zusammenhängen (§ 142 Abs. 1 S. 2 AktG). Aus dem Verbot, „für einen anderen" mitzustimmen, folgt, dass ein vom Stimmverbot des § 142 Abs. 1 AktG betroffenes Vorstands- bzw. Aufsichtsratsmitglied auch gehindert ist, aufgrund einer Bevollmächtigung das Stimmrecht für Aktionäre auszuüben.[204] Ob die Mitglieder des Vorstands oder des Aufsichtsrats an den zu prüfenden Vorgängen selbst beteiligt waren, ist dabei ohne Belang. Das **Stimmverbot** gilt generell.[205] Der Stimmrechtsausschluss erstreckt sich ferner auf **Aktionäre,** die Mitglieder des Vorstands oder des Aufsichtsrats waren, wenn die Sonderprüfung (auch) Vorgänge betrifft, die in ihrer Amtszeit geschehen sind.[206]

83   Orientiert an dem Zweck des § 136 AktG, gesellschaftsfremde Sonderinteressen der Aktionäre nicht auf die Willensbildung der Gesellschaft durchschlagen zu lassen, gilt das Stimmverbot nach § 142 Abs. 1 S. 2 AktG auch für an der Gesellschaft beteiligte Personengesellschaften und juristische Personen, wenn ein betroffenes Verwaltungsmitglied als Gesellschafter oder Mitglied der Geschäftsführung bzw. des Vorstands oder Aufsichtsrats oder eines ähnlichen Gremiums der Gesellschaft maßgeblichen Einfluss auf deren Willensbildung, insbesondere in Bezug auf ihr Stimmverhalten ausüben kann.[207] Aktionäre, die nicht Mitglieder des Vorstands oder des Aufsichtsrats sind oder waren, dürfen dagegen an der Abstimmung über die Bestellung von Sonderprüfern auch dann teilnehmen, wenn die beabsichtigte Sonderprüfung Vorgänge betreffen soll, aus denen sich Schadensersatzansprüche der Gesellschaft gegen sie ergeben können. Ein Stimmverbot (§ 136 Abs. 1 AktG) besteht hier erst dann, wenn (später) über die Geltendmachung der Ersatzansprüche bzw. die Einleitung eines Rechtsstreits abgestimmt wird.[208]

84   Eine **Umgehung des Stimmverbots** durch die Überlassung der eigenen Aktien an einen Dritten zum Zwecke der Ausübung des Stimmrechts ist unzulässig (§ 142 Abs. 1 S. 3 AktG) und stellt eine Ordnungswidrigkeit dar (§ 405 Abs. 3 Nr. 5 AktG). Bei einer **Missachtung der vorstehenden Stimmverbote** ist der Beschluss der Hauptversammlung anfechtbar, wenn er ohne die verbotene Stimmabgabe nicht zustandegekommen wäre.[209]

2. Bestellung durch das Gericht

85   Eine gerichtliche Bestellung eines Sonderprüfers erfolgt, wenn **Aktionäre** dies beantragen, deren Anteile zusammen ein Prozent des Grundkapitals oder einen anteiligen Betrag von 100.000 EUR erreichen (§ 142 Abs. 2 S. 1 AktG). Die Antragsteller haben – zB mittels einer eidesstattlichen Versicherung vor einem Notar – glaubhaft zu machen, dass sie seit mindestens drei Monaten vor dem Tag der Hauptversammlung Inhaber der Aktien sind und diese im Zeitpunkt der Entscheidung über ihren Antrag noch halten. Ausreichend ist hierfür ein Nachweis der depotführenden Bank nebst Sperrvermerk auf das Ende des Verfahrens.[210] Bei Aktiengesellschaften, die Namensaktien ausgeben, kann das Mitgliedschaftsrecht aus § 142 Abs. 2 AktG nur von Personen geltend gemacht werden, die im Aktienregister als Aktionäre eingetragen sind.[211]

---

[204] OLG Köln NZG 2002, 1115.
[205] *Koch* in Hüffer/Koch AktG § 142 Rn. 14; *Bungert* in MHdB AG § 43 Rn. 7.
[206] *Fleischer* in Küting/Pfizer/Weber Rechnungslegungs-HdB § 142 Rn. 89; *Koch* in Hüffer/Koch AktG § 142 Rn. 14.
[207] OLG Düsseldorf AG 2006, 202; *Koch* in Hüffer/Koch AktG § 142 Rn. 14.
[208] OLG Hamburg NZG 2002, 244; *Fleischer* in Küting/Pfizer/Weber Rechnungslegung-HdB § 142 Rn. 91 f.; *Koch* in Hüffer/Koch AktG § 142 Rn. 15; *Bungert* in MHdB AG § 43 Rn. 9.
[209] *Koch* in Hüffer/Koch AktG § 142 Rn. 17.
[210] *Bungert* in MHdB AG § 43 Rn. 13.
[211] OLG München AG 2006, 167.

Der Antrag setzt voraus, dass die **Hauptversammlung** einen Antrag auf Bestellung von 86
Sonderprüfern **abgelehnt** hat (§ 142 Abs. 2 S. 1 AktG). Einem ablehnenden Beschluss
steht es gleich, wenn ein Bestellungsbeschluss aufgehoben worden ist, die Hauptversammlung trotz eines ordnungsgemäßen Beschlussantrags nicht entschieden hat oder die gewählten Sonderprüfer einem Bestellungsverbot[212] unterfallen.[213] Der Antrag auf gerichtliche Bestellung eines Sonderprüfers ist an keine Frist gebunden.[214]

Für die gerichtliche Bestellung von Sonderprüfern müssen Tatsachen vorliegen, die den 87
Verdacht rechtfertigen, dass es zu **Unredlichkeiten** gekommen ist oder **Gesetz oder Satzung grob verletzt** worden sind. Grob sind insbesondere solche Verletzungen, die Schadensersatzansprüche begründen können. Die Antragsteller müssen insoweit konkrete Tatsachen behaupten; die bloße Äußerung eines Verdachts reicht nicht aus.[215] Die Tatsachen müssen von den Antragstellern aber weder bewiesen noch glaubhaft gemacht werden; eine „gewisse Wahrscheinlichkeit" genügt.[216] Ob diese gegeben ist, entscheidet das Gericht nach freiem Ermessen.[217]

Das Gericht kann den von der Hauptversammlung gewählten Sonderprüfer auswechseln, wenn das aus einem in seiner Person liegenden Grund geboten erscheint (§ 142 88
Abs. 4 AktG). Eine **gerichtliche Auswechselung des Sonderprüfers** setzt voraus, dass ein entsprechender Antrag von Aktionären gestellt wird, deren Anteile zusammen ein Prozent des Grundkapitals oder einen anteiligen Betrag von 100.000 EUR erreichen. Der Antrag muss binnen zwei Wochen seit dem Tag der Hauptversammlung bei Gericht eingereicht werden (§ 142 Abs. 4 S. 2 AktG). Bei dieser Frist handelt es sich um eine gesetzliche Ausschlussfrist.[218]

Es besteht eine besondere Zuständigkeitsregelung: Zur Entscheidung über den Antrag 89
berufen ist das **Landgericht,** in dessen Bezirk die Gesellschaft ihren Sitz hat, und dort die Kammer für Handelssachen (§ 142 Abs. 5 S. 3 AktG, § 95 Abs. 2 Nr. 2 GVG). Es handelt sich um ein **Verfahren der freiwilligen Gerichtsbarkeit** (§ 142 Abs. 8 AktG). Der nach § 142 Abs. 2 AktG erforderliche Antrag kann somit schriftlich oder zu Protokoll der Geschäftsstelle erklärt werden (§ 25 Abs. 1 FamFG). Anwaltszwang besteht nicht.[219]

3. Erteilung des Prüfungsauftrags, Widerruf und Prüfungskosten

Im Fall einer gerichtlichen Bestellung des Sonderprüfers ist die Erteilung eines gesonder- 90
ten Prüfungsauftrags durch die Gesellschaft nicht erforderlich. Der **Prüfungsauftrag** wird vom Gericht formuliert. Durch die gerichtliche Bestellung und ihre Annahme erhält der Sonderprüfer die entsprechende Rechtsstellung. Zugleich entsteht zwischen dem Sonderprüfer und der Gesellschaft das Vertragsverhältnis (→ Rn. 45), das eine auf Werkleistung gerichtete Geschäftsbesorgung zum Inhalt hat.[220]

Wird der Sonderprüfer durch die Hauptversammlung bestellt, ist streitig, wie der Ver- 91
trag zwischen dem Sonderprüfer und der Gesellschaft zustande kommt. Vereinzelt wird vorgeschlagen, dem Aufsichtsrat in Analogie zu § 318 Abs. 1 S. 4 HGB auch stets die Vertretungsmacht zur Erteilung des Prüfungsauftrags sowie zum Abschluss eines Vertrags mit

---

[212] § 143 Abs. 2 AktG iVm §§ 319 Abs. 2 und Abs. 3, 319a und 319b HGB.
[213] *Fleischer* in Küting/Pfizer/Weber Rechnungslegung-HdB § 142 Rn. 105; *Spindler* NZG 2010, 281 (282).
[214] *Fleischer* in Küting/Pfizer/Weber Rechnungslegung-HdB § 142 Rn. 124; *Bungert* in MHdB AG § 43 Rn. 13.
[215] *Bungert* in MHdB AG § 43 Rn. 14 u. 15; *Spindler* NZG 2010, 281 (282).
[216] *Bungert* in MHdB AG § 43 Rn. 15.
[217] *Fleischer* in Küting/Pfizer/Weber Rechnungslegung-HdB § 142 Rn. 112.
[218] *Fleischer* in Küting/Pfizer/Weber Rechnungslegung-HdB § 142 Rn. 141; *Koch* in Hüffer/Koch AktG § 142 Rn. 28.
[219] § 10 Abs. 1 FamFG; *Fleischer* in Küting/Pfizer/Weber Rechnungslegung-HdB § 142 Rn. 123.
[220] *Fleischer* in Küting/Pfizer/Weber Rechnungslegung-HdB § 142 Rn. 136.

einem von der Hauptversammlung gewählten Sonderprüfer zuzuweisen.[221] Dieser Analogie kann nicht allein der Wortlaut des § 142 Abs. 1 S. 1 AktG entgegengehalten werden, wonach die Hauptversammlung den Sonderprüfer bestellt und Bestellung gerade neben der Wahl auch die Erteilung des Prüfungsauftrags meint.[222] Denn auch § 119 Abs. 1 Nr. 4 AktG sagt, dass die Hauptversammlung den Abschlussprüfer bestellt, wobei der Prüfungsauftrag nach § 318 Abs. 1 S. 4 HGB vom Aufsichtsrat erteilt wird. Bezüglich der Frage, wer die Gesellschaft beim Vertragsschluss mit dem Sonderprüfer vertritt, trifft das Gesetz keine Regelung.

92   Gegen eine analoge Anwendung des § 318 Abs. 1 S. 4 HGB spricht jedoch entscheidend, dass es an der Vergleichbarkeit der Tatbestände Bestellung sowie Beauftragung eines Abschlussprüfers einerseits und Bestellung sowie Beauftragung eines Sonderprüfers andererseits fehlt. Die Vergleichbarkeit der Sachverhalte ist jedoch Voraussetzung jeder Analogie. Die Kompetenz zur Erteilung des Auftrags an den Abschlussprüfer wurde im Rahmen des KonTraG vom Vorstand auf den Aufsichtsrat verlagert, um so die Unterstützungsfunktion des Abschlussprüfers für den Aufsichtsrat bei der Bewältigung seiner Kontrolltätigkeit sowie die Unabhängigkeit des Abschlussprüfers vom Vorstand zu unterstreichen.[223] Dem Sonderprüfer nach § 142 AktG kommt diese Unterstützungsfunktion nicht zu, das Gegenteil ist der Fall: Seine Prüfung erstreckt sich gerade auch auf die Tätigkeit des Aufsichtsrats.[224] Mithin besteht keine vergleichbare Interessenlage; eine Analogie scheidet aus.[225]

93   Mit der hM ist davon auszugehen, dass die Hauptversammlung (zunächst einmal) selbst für die Bestellung des Sonderprüfers zuständig ist und dass ihr ferner die Vertretungsmacht zum Vertragsschluss mit dem Sonderprüfer als Annexkompetenz zusteht.[226] Mag auch die *Bestellung* des Sonderprüfers in der Hauptversammlung zumindest bei Anwesenheit des Gewählten möglich sein, wird der Abschluss eines *Vertrags* mit ihm durch die Hauptversammlung praktisch nicht möglich sein. Daher bietet es sich an, dass die Hauptversammlung hierfür einen Bevollmächtigten ernennt.[227] Fehlt es an einer entsprechenden Bevollmächtigung, ist der Vorstand gem. § 83 Abs. 2 AktG verpflichtet, die von der Hauptversammlung im Rahmen ihrer Zuständigkeit beschlossenen Maßnahmen auszuführen. Zu diesen Maßnahmen gehört auch die Wahl von Organen und Amtsträgern durch die Hauptversammlung. Somit ist, wenn die Hauptversammlung keinen Bevollmächtigten ernannt hat, von einer Umsetzungspflicht des Vorstands und damit von dessen Vertretungsbefugnis auszugehen.[228]

94   Der **Inhalt des Sonderprüfungsauftrags** muss in dem Beschluss der Hauptversammlung oder des Gerichts möglichst genau festgelegt werden. Eine bei Durchführung der Sonderprüfung ggf. erforderlich werdende Konkretisierung hat der Sonderprüfer nach allgemeinen Auslegungskriterien und dem mutmaßlichen Interesse der Antragsteller in eigener Verantwortung vorzunehmen. Änderungen, Erweiterungen oder Einschränkungen seines Auftrags, die im Lauf der Prüfungstätigkeit sinnvoll werden können, kann er dage-

---

[221] *Karehnke* (2. Aufl. dieses Werkes) § 20 Rn. 85.
[222] So aber *G. Bezzenberger* in GroßkommAktG AktG § 142 Rn. 23 und 39.
[223] BegrRegE zu Art. 1 Nr. 10 (Änderung von § 111 Abs. 2 AktG) des Gesetzes zur Kontrolle und Transparenz im Unternehmensbereich (KonTraG), BT-Drs. 13/9712, 16.
[224] *Koch* in Hüffer/Koch AktG § 142 Rn. 5; *Habersack* FS Wiedemann, 2002, 889 (899).
[225] *Leuering* FS Kollhosser, 2004, 361 (364).
[226] *Fleischer* in Küting/Pfizer/Weber Rechnungslegung-HdB § 142 Rn. 100; *Koch* in Hüffer/Koch AktG § 142 Rn. 11; *Leuering* FS Kollhosser, 2004, 361 (364); *Mülbert* in GroßkommAktG AktG Vor §§ 118–147 Rn. 22 und 38.
[227] *Fleischer* in Küting/Pfizer/Weber Rechnungslegung-HdB § 142 Rn. 100; *Koch* in Hüffer/Koch AktG § 142 Rn. 11.
[228] *Koch* in Hüffer/Koch AktG § 142 Rn. 11 (allerdings noch unter Berufung auf § 318 Abs. 1 S. 4 HGB aF); *Leuering* FS Kollhosser, 2004, 361 (378); ähnlich auch *Fleischer* in Küting/Pfizer/Weber Rechnungslegung-HdB § 142 Rn. 100.

gen nicht in eigener Kompetenz vornehmen; hierfür ist die Hauptversammlung bzw. das Gericht zuständig.

Ob die Bestellung des Sonderprüfers widerrufen werden kann, ist im Gesetz nicht geregelt. Es ist jedoch allgemein anerkannt, dass ein **Widerruf** möglich ist und zwar durch denjenigen, der den Sonderprüfer bestellt hat.[229] Die Hauptversammlung kann einen von ihr bestellten Sonderprüfer also durch Beschluss abberufen, ebenso auf einen Antrag der qualifizierten Minderheit das Gericht. 95

Bei gerichtlicher Bestellung sind die **Kosten der Sonderprüfung** von der Gesellschaft zu tragen (§ 146 AktG). Ihre Höhe wird durch das Gericht festgesetzt (§ 142 Abs. 6 AktG). Bei der Beauftragung von Wirtschaftsprüfern bzw. Wirtschaftsprüfungsgesellschaften ist dabei eine am Zeitaufwand orientierte Vergütung üblich. Für den Fall der Bestellung eines Sonderprüfers durch die Hauptversammlung enthält das AktG zwar keine besondere Kostentragungsregelung. Die Grundsätze des § 146 AktG dürften aber entsprechend gelten. 96

Unbeschadet der Kostentragungspflicht der Gesellschaft im Außenverhältnis behält § 146 AktG der Gesellschaft für den Fall, dass der Sonderprüfer vom Gericht (also auf Antrag einer Minderheit) bestellt worden ist, **Ersatzansprüche** vor, die ihr nach Vorschriften des bürgerlichen Rechts zustehen können. In Frage kommen vor allem Schadensersatzansprüche gegen Minderheitsaktionäre, die das Recht, Sonderprüfungen zu beantragen, missbräuchlich ausüben, ferner die Prüfungskosten als Schadensposition im Rahmen von Ersatzansprüchen gegen Verwaltungsmitglieder, die von der Sonderprüfung aufgedeckt werden. Anspruchsgrundlagen sind ggf. § 826 BGB oder §§ 93, 116 AktG, wozu auch die Verletzung der Treuepflichten gegenüber der Gesellschaft gehört.[230] 97

VII. Weitere Prüferbestellungen

Es gibt eine Reihe weiterer Fälle der Bestellung von Prüfern. Diese obliegen indes nicht der Hauptversammlung, sondern dem oder den jeweils zuständigen Landgericht(en); der Vollständigkeit halber seien sie hier aufgezählt. 98

Bei der Nachgründung ist der Nachgründungsvertrag vor der Beschlussfassung der Hauptversammlung durch einen oder mehrere **Gründungsprüfer** zu prüfen, die das Landgericht auf Antrag des Vorstands bestellt (§§ 33 Abs. 3, 52 Abs. 4 AktG; → § 38 Rn. 11). 99

Zur Prüfung der Angemessenheit von Ausgleich und Abfindung beim Unternehmensvertrag hat das Landgericht auf Antrag des Vorstands einen oder mehrere **Vertragsprüfer** zu bestellen (§§ 293c ff. AktG; → § 33 Rn. 26). Bei der Eingliederung werden der oder die **Eingliederungsprüfer** auf Antrag des Vorstands der zukünftigen Hauptgesellschaft vom Landgericht bestellt (§§ 320 Abs. 3, 293c Abs. 1 S. 2 AktG; → § 34 Rn. 5, 15). Beim **Squeeze-out** werden der oder die Prüfer auf Antrag des Hauptaktionärs bestellt (§ 327c Abs. 1 S. 3 AktG). 100

In **Umwandlungsverfahren** sind der oder die Prüfer, die die Angemessenheit des Umtauschverhältnisses der Anteile und der Gegenleistung und des Abfindungsangebots zu prüfen haben, auf Antrag der gesetzlichen Vertreter der beteiligten Rechtsträger von den jeweils zuständigen Landgerichten zu bestellen (§ 10 UmwG; → § 39 Rn. 19). 101

---

[229] RGZ 143, 401 (410); *Koch* in Hüffer/Koch AktG § 142 Rn. 34.
[230] *Fleischer* in Küting/Pfizer/Weber Rechnungslegung-HdB § 142 Rn. 7ff.; *Koch* in Hüffer/Koch AktG § 146 Rn. 3.

§ 19 Satzungsänderungen (allgemein)

Übersicht

	Rn.
I. Überblick	1
II. Begriff	2
III. Inhaltliche Schranken	4
IV. Beschlussmehrheit	7
V. Verschiedene Aktiengattungen	12
VI. Sonstiges	14

Stichworte

Bedingung Rn. 5
Befristung Rn. 6
Bekanntmachung Rn. 14
Fassungsänderung Rn. 15
Hauptversammlung
– Beschlussmehrheit Rn. 7
– besondere Mehrheitserfordernisse Rn. 8
– Sonderbeschluss Rn. 12 f.

– Zuständigkeit Rn. 2
– Zustimmungserfordernisse Rn. 9
Nebenabrede Rn. 2
Satzungsbestandteile Rn. 3
Satzungsstrenge Rn. 2, 4
Treuepflicht Rn. 11
Unternehmensgegenstand Rn. 10

Schrifttum:
Geßler, Nichtigkeit von Hauptversammlungsbeschlüssen und Satzungsbestimmungen, ZGR 1980, 427; *Grunewald*, Rückverlagerung von Entscheidungskompetenzen der Hauptversammlung auf den Vorstand, AG 1990, 133; *Harbarth/Zeyher/Brechtel*, Gestaltung einer von der Satzung und dem gesetzlichen Regelfall abweichenden Gewinnauszahlungsabrede in der Aktiengesellschaft, AG 2016, 801; *Koch*, Höherrangiges Satzungsrecht vs. schuldrechtliche Satzungsüberlagerung am Beispiel eines vertraglichen Gewinnauszahlungsschlüssels, AG 2015, 213; *Priester*, Satzungsänderung und Satzungsdurchbrechung, ZHR 151 (1987), 40.

I. Überblick

Die Satzung kann im Wege einer Satzungsänderung an veränderte Gegebenheiten angepasst werden (→ Rn. 2 f.), wobei die inhaltlichen Schranken des AktG, insbes. der Grundsatz der Satzungsstrenge zu beachten sind (→ Rn. 4 ff.). Der die Satzungsänderung begründende Hauptversammlungsbeschluss bedarf – vorbehaltlich weitergehender gesetzlicher oder statuarischer Erfordernisse – einer Mehrheit von drei Vierteln des bei der Beschlussfassung vertretenen Grundkapitals und der einfachen Stimmenmehrheit (→ Rn. 7 ff.); darüber hinaus kann ein Sonderbeschluss der Aktionäre benachteiligter Aktiengattungen erforderlich sein (→ Rn. 12 f.). Die Befugnis zur Vornahme bloßer Fassungsänderungen kann dem Aufsichtsrat übertragen werden (→ Rn. 15). 1

II. Begriff

Jegliche Veränderung des Satzungswortlauts ist eine **Satzungsänderung,** selbst wenn lediglich eine redaktionelle Anpassung an die veränderte Wirklichkeit oder die Korrektur eines offensichtlichen Versehens erfolgt. Die Zuständigkeit liegt insoweit grundsätzlich bei der Hauptversammlung (§§ 119 Abs. 1 Nr. 5, 179 Abs. 1 S. 1 AktG). Wegen des stark ausgeprägten Grundsatzes der Satzungsstrenge (§ 23 Abs. 5 AktG) sind allerdings einerseits viele Dinge und Regelungsbereiche für die Satzung bereits vorgegeben. Andererseits können manche Abreden zwischen den Aktionären nicht, jedenfalls nicht mit korporationsrechtlicher Wirkung, in die Satzung aufgenommen werden (zB Stimmenpooling). Aus 2 diesem Grund werden in der Praxis häufig satzungsergänzende Nebenabreden abgeschlossen, die nur schuldrechtlich zwischen den Parteien wirken. Deren Vorteil liegt darin, dass sie auch Regelungen enthalten können, die in der Satzung nicht zulässig wären (zB Vorkaufsrechte).[1] Zudem unterliegen sie nicht der Publizität des Handelsregisters und können ohne die Formalien der Satzungsänderung geändert werden.

3 Für die **Änderung materieller** oder körperschaftlicher **Satzungsbestandteile** gelten die Verfahrensregeln der §§ 179 ff. AktG. Inwieweit diese Regelungen auch auf die Änderung **formeller oder unechter Satzungsbestandteile** Anwendung finden, ist umstritten.[2] Formelle Satzungsbestandteile sind zwar im Satzungstext enthalten, wirken aber nicht korporativ, sondern nur schuldrechtlich,[3] wie etwa Regelungen, die keine Rechtswirkung mehr entfalten (zB Aufsichtsratsmitglieder des ersten Aufsichtsrats nach Ablauf der Amtszeit) oder die von der Hauptversammlung nicht geändert werden können (sei es, dass es hierfür eines besonderen Verfahrens bedarf, sei es, dass sie nicht korporationsrechtlicher Art sind und zB nur zwischen einzelnen Aktionären wirken). Generelle, vom Einzelfall losgelöste Aussagen können hierzu nicht getroffen werden. In den Fällen, in denen die Klassifizierung der Satzungsbestimmung nicht eindeutig ist, sollte vorsichtshalber das Satzungsänderungsverfahren eingehalten werden.

III. Inhaltliche Schranken

4 Die Variationsbreite der in Betracht kommenden Satzungsänderungen ist naturgemäß unendlich; Formulierungsvorschläge für einzelne Satzungsbestimmungen erübrigen sich daher. Zu beachten ist aber, dass keine notwendigen Satzungsbestandteile (§ 23 Abs. 3 und 4 AktG) gestrichen oder unzulässig verändert werden, dass Satzungsbestimmungen generell nicht gegen gesetzliche Vorschriften verstoßen dürfen und insbes. der Grundsatz der **Satzungsstrenge** (§ 23 Abs. 5 AktG) eingehalten wird. Eine zeitliche **Rückwirkung** ist nur insoweit zulässig, wie die Aktionäre, die Allgemeinheit oder bestimmte Dritte nicht auf den Bestand der Rechtslage vor der Änderung vertrauen durften. Das ist zB für die rückwirkende Erhöhung (nicht aber Herabsetzung) von Aufsichtsratsbezügen anerkannt.[4]

5 Satzungsbestimmungen dürfen keine **echten Wirksamkeitsbedingungen** enthalten, da dies gegen die Formstrenge des Aktienrechts verstieße und mit dem Bedürfnis nach Klarheit des Handelsregisters unvereinbar wäre.[5] Die Unsicherheit, ob eine Bedingung eingetreten ist, ist generell weder dem Registerrichter bei seiner Eintragungsentscheidung noch dem Rechtsverkehr zuzumuten. Sog. **unechte Bedingungen** sind hingegen zulässig.[6] Hierbei wird die Verwaltung in dem Hauptversammlungsbeschluss angewiesen, diesen erst dann zur Eintragung in das Handelsregister anzumelden, wenn eine bestimmte Bedingung eingetreten ist. Die Zulässigkeit unechter Bedingungen findet allerdings dort eine Grenze, wo es zu einer Kompetenzverlagerung von der Hauptversammlung auf den Vorstand käme. Daher darf weder der Eintritt der Bedingung vom Willen des Vorstands

---

[1] BGH NZG 2013, 220 (221); zur Überlagerung einer statutarischen Gewinnverteilungsregelung durch eine Nebenabrede *Koch* AG 2015, 213; *Harbarth/Zeyher/Brechtel* AG 2016, 801; aA LG Frankfurt ZIP 2015, 931; zum Verhältnis von Satzung und Nebenabrede auch OLG München AG 2017, 441.
[2] Siehe hierzu *Zöllner* in Kölner Komm. AktG § 179 Rn. 82 ff.; *Koch* in Hüffer/Koch AktG § 179 Rn. 6 mwN; in Betracht kommen Erleichterungen im Sinne einer Änderung durch den Aufsichtsrat gem. § 179 Abs. 1 S. 2 AktG oder einer Reduzierung des Mehrheitserfordernisses auf die einfache Kapitalmehrheit.
[3] *Holzborn* in Spindler/Stilz AktG § 179 Rn. 31 f.
[4] *Holzborn* in Spindler/Stilz AktG § 179 Rn. 167; *Stein* in MüKoAktG § 181 Rn. 77; vgl. auch LG München I NZG 2013, 182; zur Unzulässigkeit rückwirkender Geschäftsjahresänderungen OLG Schleswig AG 2001, 149.
[5] *Stein* in MüKoAktG AktG § 179 Rn. 50; *Koch* in Hüffer/Koch AktG § 179 Rn. 26; *Grunewald* AG 1990, 133 (137).
[6] *Stein* in MüKoAktG AktG § 179 Rn. 49; *Wiedemann* in GroßkommAktG AktG § 179 Rn. 162.

abhängig sein, noch darf bei der Feststellung, ob eine Bedingung eingetreten ist, ein Ermessensspielraum für den Vorstand bestehen.

Satzungsbestimmungen dürfen auch befristet werden. Die **Befristung** kann so ausgestaltet sein, dass der Vorstand zu einer Anmeldung der Satzungsänderung erst nach Zeitablauf angewiesen wird. Die Satzungsbestimmung kann die Befristung aber auch selbst enthalten. Dann muss aus ihr selbst eindeutig ableitbar sein, ab oder bis wann die Regelung gelten soll. 6

IV. Beschlussmehrheit

Der Hauptversammlungsbeschluss bedarf einer Mehrheit von drei Vierteln des bei der Beschlussfassung vertretenen Grundkapitals sowie zusätzlich der einfachen **Stimmenmehrheit,** soweit Gesetz oder Satzung keine größere Mehrheit oder weitere Erfordernisse vorsehen (§ 179 Abs. 2 S. 1 und § 133 Abs. 1 AktG). Das Erfordernis der Stimmenmehrheit kann bei nicht börsennotierten Gesellschaften relevant werden, wenn Aktionäre die notwendige Kapitalmehrheit haben, aber Höchststimmrechte nach § 134 Abs. 1 S. 2 AktG bestehen.[7] Auf die **Kapitalmehrheit** wird abgestellt, weil die Satzung nicht mit Hilfe von (ausnahmsweise noch vorhandenen) Mehrstimmrechtsaktionären[8] geändert werden können soll, ohne dass diese auch die (qualifizierte) Kapitalmehrheit besitzen. Vorbehaltlich abweichender Satzungsregelungen ist Bezugsgröße für die Berechnung der Kapitalmehrheit[9] das mit Ja oder Nein stimmende Kapital; unberücksichtigt bleiben Stimmenthaltungen sowie dasjenige Kapital, das bei der Beschlussfassung nicht mitgewirkt hat oder nicht mitwirken durfte (zB stimmrechtslose Vorzugsaktien, eigene Aktien der Gesellschaft, Rechtsverlust wegen Verletzung von Stimmrechtsmitteilungspflichten).[10] Die Kapitalmehrheit kann – anders als die Stimmenmehrheit – grundsätzlich durch Satzungsbestimmung abgesenkt (aber nicht abgeschafft) oder – wie auch die Stimmenmehrheit – erhöht werden (vgl. § 179 Abs. 2 S. 2 AktG).[11] Die mehrheitsregelnde Satzungsbestimmung muss aber eindeutig festlegen, für welche Satzungsänderungen das Mehrheitserfordernis abgeändert wird. 7

In einigen Fällen stellt das Gesetz für Satzungsänderungen allerdings vom Grundsatz des § 179 Abs. 2 S. 1 AktG **abweichende Mehrheitserfordernisse** auf: 8
— Eine dem Gesetz widersprechende Satzungsbestimmung über die **Zusammensetzung des Aufsichtsrats** kann mit einfacher Stimmenmehrheit geändert werden (§§ 97 Abs. 2 S. 4, 98 Abs. 4 S. 2 AktG, § 37 Abs. 1 S. 2 MitbestG).
— Eine in der Satzung geregelte **Vergütung von Aufsichtsratsmitgliedern** kann mit einfacher Stimmenmehrheit herabgesetzt (nicht aber erhöht) werden (§ 113 Abs. 1 S. 4 AktG).
— Für eine **Kapitalherabsetzung durch Einziehung** von Aktien kann die einfache Stimmenmehrheit genügen (§ 237 Abs. 4 S. 2 AktG).
— Satzungsänderungen im Zusammenhang mit der – heute nur noch selten relevanten – **Umstellung auf Euro** und damit verbundene Kapitalmaßnahmen bedürfen nur der einfachen Kapital- und Stimmenmehrheit (§ 4 Abs. 1 S. 1 EGAktG).

---

[7] Vor dem 1.5.1998 in der Satzung bestimmte Höchststimmrechte börsennotierter Gesellschaften sind spätestens zum 1.6.2000 aufgehoben (§ 5 Abs. 7 EGAktG idF des KonTraG). Die Ausnahme des § 2 Abs. 1 des VW-Gesetzes vom 21.7.1960 (BGBl. I 585) (Stimmrechtsbegrenzung auf 20%) wurde durch Gesetz vom 8.12.2008 (BGBl. I 2369) beseitigt.
[8] Mehrstimmrechte sind am 1.6.2003 erloschen, wenn die Hauptversammlung nicht zuvor mit einer Mehrheit von mindestens drei Vierteln des bei der Beschlussfassung vertretenen Grundkapitals ihre Fortgeltung beschlossen hat (§ 5 Abs. 1 EGAktG idF des KonTraG).
[9] Hierzu *Stein* in MüKoAktG AktG § 179 Rn. 88; *Koch* in Hüffer/Koch AktG § 179 Rn. 17.
[10] *Koch* in Hüffer/Koch AktG § 182 Rn. 7.
[11] Wo das Gesetz zwingend andere Mehrheiten festschreibt, besteht keine Satzungsautonomie, zB bei §§ 97 Abs. 2 S. 4, 98 Abs. 4 S. 2, 113 Abs. 1 S. 4, 182 Abs. 1 S. 2, 202 Abs. 2 S. 3, 222 Abs. 1 S. 2 AktG.

– Die **Abschaffung oder Einschränkung von Mehrstimmrechten** ist allein mit qualifizierter Kapitalmehrheit ohne einfache Stimmenmehrheit möglich (§ 5 Abs. 2 S. 2 EGAktG).

9 Manche Satzungsänderungen können unabhängig von dem für sie vorgesehenen Mehrheitserfordernis nur beschlossen werden, wenn zusätzlich **besondere Zustimmungserfordernisse** beachtet werden. So kann ohne die Zustimmung der betroffenen Aktionäre nicht in bestimmte Sonderrechte eingegriffen, gegen den Gleichbehandlungsgrundsatz verstoßen,[12] eine Nebenverpflichtung auferlegt oder die Vinkulierung von Aktien oder Zwischenscheinen beschlossen oder verschärft werden (§ 180 und §§ 55, 68 Abs. 2, 4 AktG). Die Satzungsänderung kann auch staatlicher Genehmigung bedürfen.[13] Darüber hinaus kann auch die Satzung selbst zusätzliche Voraussetzungen für die Beschlussfassung über eine Satzungsänderung festlegen (§ 179 Abs. 2 S. 3 AktG), etwa die Zustimmung bestimmter Aktionäre. Die Satzung muss allerdings abänderbar bleiben.[14]

10 Die **Änderung des Gesellschaftszwecks,** also des finalen Sinns des Zusammenschlusses in der AG (zB Gewinnerzielungsabsicht), ist eine so fundamentale Maßnahme, dass sie nur mit Zustimmung aller Aktionäre zulässig ist.[15] Die Satzung kann ausdrücklich eine geringere Mehrheit genügen lassen, dafür reicht aber noch nicht, dass sie dies allgemein für Satzungsänderungen bestimmt. Der **Unternehmensgegenstand,** also das Mittel, mit dem der Gesellschaftszweck verfolgt wird, kann hingegen mit qualifizierter Mehrheit modifiziert werden, wenn die Satzung nicht eine größere Mehrheit vorschreibt; herabgesetzt werden kann dieses Mehrheitserfordernis durch die Satzung aber nicht (§ 179 Abs. 2 S. 2 AktG).

11 Wenn eine Satzungsänderung im dringenden Interesse der AG liegt, können Aktionäre kraft Treupflicht zur Zustimmung verpflichtet sein, sofern ihnen die Änderung zumutbar ist. Verstößt ein Aktionär gegen diese (nur selten anzunehmende) **Mitwirkungspflicht,** indem er sich der Stimme enthält, ist dies unbeachtlich, da sein Verhalten nicht kausal für das Beschlussergebnis wird, wenn genügend Aktionäre ihrer Pflicht zur Zustimmung nachkommen. Stimmt er gegen die Satzungsänderung, gilt seine Stimme wegen Verstoßes gegen die Treupflicht als nichtig und darf vom Versammlungsleiter nicht mitgezählt werden.[16] Wird dies nicht beachtet und die Satzungsänderung deswegen abgelehnt, können die die Satzungsänderung befürwortenden Aktionäre Anfechtungsklage und positive Beschlussfeststellungsklage erheben.

V. Verschiedene Aktiengattungen

12 Greift eine Satzungsänderung nachteilig in die (gattungsspezifischen) Rechte einer Aktiengattung ein, ist abweichend von der Grundregel zwar nicht die Zustimmung aller benachteiligten Aktionäre erforderlich, wohl aber ein **Sonderbeschluss der Aktionäre jeder benachteiligten Gattung.**[17] Das gilt auch dann, wenn derselben Aktiengattung gleichzeitig Vorteile gewährt werden; eine Saldierung von Vor- und Nachteilen findet nicht statt. Selbst die Einstimmigkeit der Beschlussfassung macht den Sonderbeschluss

---

[12] Sofern die Ungleichheit in der unterschiedlichen Behandlung verschiedener Aktiengattungen liegt, → Rn. 12 f.
[13] ZB §§ 13 Abs. 1, 5 Abs. 3 Nr. 1 VAG, vgl. § 181 Abs. 1 S. 3 AktG.
[14] *Seibt* in K. Schmidt/Lutter AktG § 179 Rn. 5.
[15] Siehe § 33 Abs. 1 S. 2 BGB; *Koch* in Hüffer/Koch AktG § 179 Rn. 33 mwN; aA *Wiedemann* JZ 1978, 612 unter Hinweis darauf, dass das Gesetz auch für andere wesentliche Strukturmaßnahmen eine qualifizierte Mehrheit ausreichen lässt.
[16] *Lutter* ZHR 153 (1989), 446 (468); *Koch* in Hüffer/Koch AktG § 179 Rn. 31.
[17] § 179 Abs. 3 AktG, der aber bei Kapitalerhöhungen durch §§ 182 Abs. 2, 222 Abs. 2 AktG, bei der Aufhebung oder Beschränkung des Vorzugs von Vorzugsaktien durch § 141 Abs. 1 AktG und bei der Abschaffung von Mehrstimmrechten durch § 5 Abs. 2 S. 3 EGAktG verdrängt wird.

nicht entbehrlich, da ihm auch eine Warnfunktion zukommt. Lediglich bei der Einpersonen-AG und in dem Fall, dass eine Satzungsänderung die Stellung stimmrechtsloser Vorzugsaktionäre verbessert und im Übrigen nur eine Gattung von Stammaktien besteht, ist ein Sonderbeschluss entbehrlich, weil damit nur der erste Beschluss wiederholt würde.[18]

Fehlt ein erforderlicher Sonderbeschluss, (zum Verfahren und zu den Mehrheitserfordernissen bei Sonderbeschlüssen → § 11 Rn. 98 und → § 40 Rn. 20 ff.) ist die Satzungsänderung **schwebend unwirksam.** Mit seiner Verweigerung tritt die endgültige Unwirksamkeit ein. 13

VI. Sonstiges

Eine Satzungsänderung kann nur beschlossen werden, wenn sie als Gegenstand der Tagesordnung mit ihrem Wortlaut **bekannt gemacht** worden ist (§§ 121 Abs. 3 S. 2, Abs. 4 S. 1, 124 Abs. 2 S. 2 AktG).[19] Der in der Hauptversammlung getroffene Beschluss darf von dem bekannt gemachten Wortlaut zwar abweichen, muss sich aber im Rahmen des bekannt gegebenen Tagesordnungspunkts bewegen (→ § 4 Rn. 76 ff.). 14

Als Ausnahme von der generellen Zuständigkeit der Hauptversammlung für Satzungsänderungen gilt die **Ermächtigung des Aufsichtsrats zu Fassungsänderungen** der Satzung (§ 179 Abs. 1 S. 2 AktG). Die Hauptversammlung kann den Aufsichtsrat hierzu mit satzungsändernder Mehrheit für einen Einzelfall, aber auch – wie in der Praxis üblich – generell ermächtigen.[20] In beiden Fällen kann die Ermächtigung in die Satzung aufgenommen werden, muss es aber nicht. Fassungsänderungen betreffen nur die sprachliche Form der Satzung, nicht deren Inhalt,[21] zB sprachliche Anpassungen des Satzungswortlauts an die veränderte Wirklichkeit, die Änderung der Ziffern des Grundkapitals sowie bedingter und genehmigter Kapitalien nach deren teilweiser Ausnutzung,[22] ferner die Ausformulierung von Satzungsbestimmungen, die ihrem Inhalt nach vollständig von der Hauptversammlung beschlossen worden sind. Besteht ein Auslegungsspielraum hinsichtlich des gültigen Satzungsinhalts oder bestehen sonst Zweifel, ob eine Fassungsänderung gegeben ist, darf der Aufsichtsrat nicht tätig werden. Vom Aufsichtsrat bewirkte Satzungsänderungen, die nicht von der Ermächtigung zur Fassungsänderung erfasst sind, sind nichtig, auch wenn sie ins Handelsregister eingetragen worden sind. 15

---

[18] *Koch* in Hüffer/Koch AktG § 179 Rn. 45; *Seibt* in K. Schmidt/Lutter AktG § 179 Rn. 53; aA *Zöllner* in Kölner Komm. AktG § 179 Rn. 187.
[19] Da § 30c WpHG durch das Transparenzrichtlinie-Änderungsrichtlinie-UmsetzungsG (BGBl. I 2015, 2029) aufgehoben wurde, sind Emittenten zugelassener Wertpapiere mit Sitz in Deutschland nicht mehr verpflichtet, beabsichtigte Inhaltsänderungen der Satzung der BaFin und der Geschäftsführung der zuständigen Börse vorzulegen.
[20] HM, *Koch* in Hüffer/Koch AktG § 179 Rn. 11 mwN; aA *Zöllner* in Kölner Komm. AktG § 179 Rn. 148, weil der Aufsichtsrat nicht „permanent am Wortlaut der Satzung herumbasteln dürfen" solle; zur Praxisüblichkeit der Delegation *Bayer/Hoffmann/Sawada* AG Sonderheft 2015, 77.
[21] OLG München NZG 2014, 1105 (1106).
[22] ZB auch Streichung einer durch Zeitablauf unwirksam gewordenen Ermächtigung zur Ausgabe eines genehmigten Kapitals, OLG München NZG 2014, 1105 (1106).

§ 20 Reguläre Kapitalerhöhung

Übersicht

	Rn.
I. Überblick	1
II. Allgemeines	2
III. Hauptversammlungsbeschluss	4
1. Inhalt des Beschlusses	4
a) Obligatorischer Inhalt	5
b) Fakultativer Inhalt	9
2. Beschlussmuster	17
3. Beschlussmehrheit	18
4. Verschiedene Aktiengattungen	20
5. Verpflichtung zur Unterlassung von Kapitalerhöhungen	24
6. Sonstiges	25
IV. Bezugsrecht	28
1. Allgemeines	28
2. Bezugsrecht bei verschiedenen Gattungen	31
3. Kein Bezugsrecht bei Börsengang einer Tochtergesellschaft	33
V. Mittelbares Bezugsrecht	34
1. Praktische Bedeutung	34
2. Voraussetzungen	36
a) Hauptversammlungsbeschluss	37
b) Kreditinstitut	38
c) Abschluss eines echten Vertrags zugunsten Dritter	39
3. Beschlussmuster	40
4. Abwicklung	41
VI. Bezugsrechtsausschluss	43
1. Formelle Anforderungen	43
a) Hauptversammlungsbeschluss	43
b) Bericht	46
2. Materielle Anforderungen	49
a) Sachliche Rechtfertigung	50
b) Einzelfälle	54
3. Anfechtungsrisiken	65
4. Erleichterter Bezugsrechtsausschluss	68
a) Allgemeines	68
b) Voraussetzungen	69
c) Vorstandsbericht	70
d) Muster	72
5. Faktischer Bezugsrechtsausschluss	74
6. Zuweisung der neuen Aktien	75
VII. Erstmalige Ausgabe von Vorzugsaktien	76

Stichworte

Anfechtung Rn. 65 ff.
Ausgabebetrag
– Mindestbetrag Rn. 10
– ziffernmäßige Bestimmung Rn. 10
Belegschaftsaktien Rn. 57
Beschlussmuster Rn. 17, 40, 72 f.
Bezugsfrist *s. Fristen*
Bezugsrecht Rn. 28 ff.
– Gattungsbezugsrecht Rn. 31
– Mischbezugsrecht Rn. 31
– mittelbares Bezugsrecht *s. dort*

Bezugsrechtsausschluss Rn. 32, 43 ff.
– Anfechtung *s. dort*
– Bericht des Vorstands Rn. 46 f., 70 f.
– Einzelfälle Rn. 54 ff.
– erleichterter Rn. 68 ff.
– faktischer Rn. 74
– gekreuzter Rn. 31 f., 58
– Hauptversammlungsbeschluss Rn. 43 ff.
– sachliche Rechtfertigung Rn. 50 ff.
– Zuweisung neuer Aktien Rn. 75
Bis-zu-Kapitalerhöhung Rn. 5

Börseneinführung Rn. 59
Erhöhungsbetrag Rn. 5
Festbetragskapitalerhöhung Rn. 5
Freie Spitzen Rn. 55
Fristen Rn. 13
– Bezugsfrist Rn. 13, 29
– Kapitalerhöhungszeitpunkt Rn. 13
– Nachfrist Rn. 13
– Verfallsfrist Rn. 13
Gattungsbezugsrecht s. Bezugsrecht
Gewinnberechtigung (Zeitpunkt) Rn. 12
– Rückdatierung Rn. 12
Kapitalmarktrechtliche Publizitätspflichten Rn. 3
Konzernstruktur Rn. 33
Lock-up Rn. 24
Mehrheitserfordernisse Rn. 18, 44
Mischbezugsrecht s. Bezugsrecht

Mitgliedschaftserhaltungsrecht Rn. 28
Mittelbares Bezugsrecht Rn. 34 ff.
– Hauptversammlungsbeschluss Rn. 37
– Kreditinstitut Rn. 38
– Vertrag zugunsten Dritter Rn. 39
Nachfrist s. Fristen
Nennbetragsaktien Rn. 7
Optionsanleihe Rn. 60
Pari-passu-Ausgabe Rn. 31
Rechtsverlust Rn. 30
Sanierungsfall Rn. 61
Sonderbeschluss Rn. 20 ff.
Stückaktien Rn. 7
Verfallsfrist s. Fristen
Vinkulierte Aktien Rn. 19
Vorzugsaktien Rn. 22, 27, 76 f.
Wandelanleihe Rn. 60

Schrifttum:

Bungert/Wansleben, Vertragliche Verpflichtung einer Aktiengesellschaft zur Nichtdurchführung von Kapitalerhöhungen, ZIP 2013, 1841; *Busch,* Eigene Aktien in der Kapitalerhöhung, AG 2005, 429; *Cahn,* Die Anpassung der Satzung der Aktiengesellschaft an Kapitalerhöhungen, AG 2001, 181; *Gehling,* Bezugspreis und faktischer Bezugsrechtsausschluss, ZIP 2011, 1699; *Goette,* Zur Zuteilung der Aktien beim vereinfachten Bezugsrechtsausschluss nach § 186 Abs. 3 Satz 4 AktG, ZGR 2012, 505; *Ihrig,* Geklärtes und Ungeklärtes zum vereinfachten Bezugsrechtsausschluss nach § 186 Abs. 3 Satz 4 AktG, FG Happ, 2006, 109; *Kuntz/Stegemann,* Zur Dogmatik des mittelbaren Bezugsrechts, AG 2016, 837; *dies.,* Grundfragen des faktischen Bezugsrechtsausschlusses, ZIP 2016, 2341; *Lutter,* Noch einmal: Zum Vorerwerbsrecht der Aktionäre beim Verkauf von Tochtergesellschaften über die Börse, AG 2001, 349; *Martens,* Der Ausschluß des Bezugsrechts, ZIP 1992, 1677; *Oetker,* Vereinfachter Bezugsrechtsausschluss nach § 186 Abs. 3 Satz 4 AktG zwischen sachlicher Rechtfertigung und Rechtsmissbrauch, FS Pannen 2017, 773; *Rittig,* Der gekreuzte Bezugsrechtsausschluss in der Höchstbetragskapitalerhöhung, NZG 2012, 1292; *Schlitt/Schäfer,* Alte und neue Fragen im Zusammenhang mit 10 %-Kapitalerhöhungen, AG 2005, 67; *Schlitt/Seiler,* Aktuelle Rechtsfragen bei Bezugsrechtsemissionen, WM 2003, 2175; *Seibt,* Barkapitalemissionen mit erleichtertem Bezugsrechtsausschluss deutscher Emittenten nach § 186 Abs. 3 Satz 4 AktG, CFL 2011, 74; *Seibt/Voigt,* Kapitalerhöhungen zu Sanierungszwecken, AG 2009, 133; *Sinewe,* Die Relevanz des Börsenkurses im Rahmen des § 255 II AktG, NZG 2002, 314.

I. Überblick

1 Die den gesetzlichen Grundfall der Kapitalerhöhungen bildende reguläre Kapitalerhöhung (→ Rn. 2 f.) beruht auf einem Hauptversammlungsbeschluss, der neben dem Pflichtinhalt (→ Rn. 5 ff.) weitere fakultative Festsetzungen, zB zum Ausgabebetrag der jungen Aktien, treffen kann (→ Rn. 9 ff.). Der Kapitalerhöhungsbeschluss bedarf einer Kapitalmehrheit von mindestens drei Viertel des bei der Beschlussfassung vertretenen Grundkapitals und der einfachen Stimmenmehrheit (→ Rn. 18 f.); ggf. sind zusätzlich Sonderbeschlüsse zu fassen (→ Rn. 20 ff.), zB bei der erstmaligen Ausgabe von Vorzugsaktien (→ Rn. 76 f.). Die Hauptversammlung kann den Vorstand auch anweisen, das Kapital nicht zu erhöhen (→ Rn. 24). Aus der Kapitalerhöhung steht jedem Aktionär im Verhältnis seiner bisherigen Beteiligung ein Bezugsrecht zu (→ Rn. 28 ff.), das bei mehreren Aktiengattungen gattungsunabhängig als sog. Mischbezugsrecht besteht (→ Rn. 31 ff.), nicht aber beim Börsengang einer Tochtergesellschaft gilt (→ Rn. 33). Insbes. bei börsennotierten Gesellschaften werden Kapitalerhöhungen durch Zwischenschaltung eines Kreditinstituts unter Einräumung eines mittelbaren Bezugsrechts durchgeführt (→ Rn. 34 ff.), worin gem. § 186 Abs. 5 AktG kein Bezugsrechtsausschluss liegt (→ Rn. 36 ff.). Soll das Bezugsrecht ausgeschlossen werden, sind die entsprechenden formellen (→ Rn. 43 ff.) und materiellen

Voraussetzungen (→ Rn. 49 ff.) zu beachten, aus denen nicht unerhebliche Anfechtungsrisiken resultieren können (→ Rn. 65 ff.). Für börsenkursnahe Kapitalerhöhungen im Umfang von bis zu 10 % des Grundkapitals ist der Bezugsrechtsausschluss gesetzlich privilegiert (→ Rn. 68 ff.). Wird zwar formell ein Bezugsrecht gewährt, dieses aber so ausgestaltet, dass es faktisch nicht ausübar ist, liegt ein faktischer Bezugsrechtsausschluss vor (→ Rn. 74). Die Zuweisung der jungen Aktien durch den Vorstand orientiert sich am Gesellschaftsinteresse (→ Rn. 75).

II. Allgemeines

Die reguläre Kapitalerhöhung gem. §§ 182 ff. AktG stellt den **Grundfall der Kapitalerhöhung** dar, wird in der Praxis jedenfalls bei Publikumsaktiengesellschaften allerdings selten durchgeführt. Das liegt daran, dass sie in unmittelbarer zeitlicher Nähe nach der Beschlussfassung in der Hauptversammlung erfolgen muss und auch dann wegen der Bekanntmachungsvorschriften eines zeitlichen Vorlaufs von mindestens vier, in der Praxis eher sechs Wochen bedarf, so dass die neuen Aktien häufig erst zehn Wochen nach der Einladung zur Hauptversammlung geliefert werden können.[1] Sie ist daher im Vergleich zu einem genehmigten Kapital deutlich inflexibler und lässt insbes. nicht die kurzfristige Reaktion auf eine günstige Börsensituation zu. Hinzu kommt das höhere Anfechtungsrisiko gegenüber dem genehmigten Kapital. Der Struktur des Gesetzes folgend sollen jedoch einige auch für die übrigen Kapitalerhöhungen geltende Generalia im Rahmen der regulären Kapitalerhöhung besprochen werden.

Die Kapitalerhöhung ist eine **Satzungsänderung** (§ 23 Abs. 3 Nr. 3 und 4 AktG). Die Anpassung der Grundkapitalziffer und der Stückelung der Aktien kann von der Hauptversammlung selbst ausdrücklich beschlossen werden und muss dann bei der Einberufung vollständig bekannt gemacht werden (§ 124 Abs. 2 S. 2 Alt. 1 AktG). Zulässig ist es aber auch, dem Aufsichtsrat die Anpassung des Satzungswortlauts zu übertragen (§ 179 Abs. 1 S. 2 AktG).[2] Dies ist meist zweckmäßig und empfiehlt sich insbes. in den Fällen, in denen im Kapitalerhöhungsbeschluss nur ein Mindest- und/oder Höchstbetrag festgelegt wird. Ob und inwieweit die Satzungsänderung Realität wird, hängt allerdings noch davon ab, dass die neuen Aktien tatsächlich gezeichnet werden. Die Satzungsänderung tritt daher nicht bereits mit der Eintragung der Kapitalerhöhung im Handelsregister ein, sondern erst mit der Eintragung der Durchführung der Kapitalerhöhung (§ 189 AktG). Börsennotierte Gesellschaften haben die durch die Erhöhung des Grundkapitals geänderte Gesamtzahl der Stimmrechte gem. § 26a WpHG (ab 3.1.2018 § 41 WpHG) und die Durchführung der Kapitalerhöhung sowie ggf. einen Bezugsrechtsausschluss nach § 30b Abs. 1 Nr. 2 WpHG (ab 3.1.2018 § 49 Abs. 1 Nr. 2 WpHG) zu veröffentlichen.[3]

III. Hauptversammlungsbeschluss

1. Inhalt des Beschlusses

Der wesentliche Inhalt der Kapitalerhöhung muss bereits im Hauptversammlungsbeschluss bestimmt werden; der Verwaltung kann nur die Festlegung bestimmter Einzelheiten überlassen werden.

---
[1] *Seibt/Voigt* AG 2009, 133 (134).
[2] Nach *Cahn* AG 2001, 181 (184 f.) sind die zur Anmeldung der Durchführung der Kapitalerhöhung berufenen Organmitglieder sogar ohne ausdrückliche Ermächtigung zur Anpassung der Satzung und deren Anmeldung befugt.
[3] Hierzu und zu weiteren kapitalmarktrechtlichen Fragen *Scholz* in MHdB AG § 57 Rn. 202 ff.

a) Obligatorischer Inhalt

aa) Erhöhungsbetrag

5 Es bestehen mehrere Alternativen:
- **Konkrete Bestimmung** des Volumens (sog. Festbetragskapitalerhöhung), was im Fall der Fremdemission (→ Rn. 34) üblich ist.
- Festlegung eines **Höchstwertes** (sog. Bis-zu-Kapitalerhöhung), so dass die Kapitalerhöhung nur im Umfang der Zeichnung durchgeführt wird.[4] Dies empfiehlt sich bei Gewährung eines unmittelbaren Bezugsrechts, wenn – etwa in Sanierungssituationen – ungewiss ist, ob alle neuen Aktien gezeichnet werden, denn die Durchführung einer Festbetragskapitalerhöhung wird nur eingetragen, wenn alle jungen Aktien innerhalb der Zeichnungsfrist übernommen werden.
- **Kombination aus Mindest- und Höchstwert** (Variante der Bis-zu-Kapitalerhöhung), um zu verhindern, dass die Kapitalerhöhung bei Gewährung eines unmittelbaren Bezugsrechts in dem Fall, dass zu wenig Aktien gezeichnet werden, nur in einem unzureichenden Maß durchgeführt werden muss.[5]

6 Wenn der Betrag nicht konkret bestimmt wird, muss festgelegt werden, nach welchen **Kriterien** sich der genaue Erhöhungsbetrag bemisst. Dem Vorstand darf hier kein eigenes Ermessen eingeräumt werden.[6] Werden Mindest- und/oder Höchstbetrag festgelegt, ist im Erhöhungsbeschluss ebenfalls zu bestimmen, in welchem **Zeitraum** Zeichnungen vorgenommen werden können, um eine Beeinflussung des Umfangs der Kapitalerhöhung durch den Vorstand möglichst auszuschließen. In Abgrenzung zum genehmigten Kapital sollte dieser Zeitraum nicht länger als **sechs Monate** sein, anderenfalls wird der Beschluss grds. nichtig (§ 241 Nr. 3 AktG).[7] Eine Bis-zu-Kapitalerhöhung kann grds. auch innerhalb dieser Ausübungsfrist **nicht in Tranchen** ausgeführt werden, es sei denn, der Hauptversammlungsbeschluss sieht eine Aufteilung in Tranchen ausdrücklich vor.[8]

bb) Nennbeträge

7 Die Nennbeträge der neu auszugebenden **Nennbetragsaktien** sind anzugeben, sofern sie mit denen der bisherigen Aktien nicht identisch sind, was sie nicht sein müssen. Hat eine Gesellschaft **Stückaktien**, sollten die auszugebenden Aktien als solche bezeichnet und grds. auch ihre Zahl angegeben werden. Letzteres ist indes entbehrlich, wenn die Zahl der jungen Aktien durch Division des Kapitalerhöhungsbetrages durch den rechnerischen Nennbetrag der alten Stückaktien errechnet werden kann.[9] Die Stückelung dieser Aktien, dh der rechnerische Anteil einer jeden neu ausgegebenen Stückaktie, muss identisch mit der Stückelung der Altaktien sein (§ 182 Abs. 1 S. 5 AktG). Bestehen mehrere Aktiengattungen, ist für jede Gattung die Zahl der neu auszugebenden Aktien anzugeben (§ 23 Abs. 3 Nr. 4 AktG).

cc) Art der Aktien

8 Im Hauptversammlungsbeschluss ist die Art der Aktien (Inhaber- oder Namensaktien, § 23 Abs. 3 Nr. 5 AktG) anzugeben, wenn nicht bereits durch die Satzung die Art zukünftig auszugebender Aktien festgelegt ist (zur Namensaktie als Regelfall → § 30 Rn. 2).

---

[4] Dazu LG Hamburg AG 1999, 239; OLG Stuttgart AG 2013, 604 (610).
[5] Dazu RGZ 55, 65 (67f.); OLG Hamburg AG 2000, 326 (327); KG AG 2010, 497 (502); OLG München NZG 2009, 1274 (1275); *Koch* in Hüffer/Koch AktG § 182 Rn. 12; eine im Beschluss festgelegte Summe ist im Zweifel nicht als Höchstbetrag auszulegen.
[6] OLG München NZG 2009, 1274 (1275); großzügiger OLG Hamburg AG 2000, 326 (327) mit zust. Anm. *Rottnauer* EWiR 2000, 893.
[7] OLG München NZG 2009, 1274 (1275); großzügiger *Seibt/Voigt* AG 2009, 133 (135).
[8] *Bücker* NZG 2009, 1339 (1340); *Holzmann/Eichstädt* DStR 2010, 277 (280); aA *Priester* NZG 2010, 81 (85f.); offenlassend OLG München NZG 2009, 1274 (1275).
[9] BGH NZG 2009, 986 (990); *Koch* in Hüffer/Koch AktG § 182 Rn. 13a.

b) Fakultativer Inhalt

Zusätzlich kann es sich im Einzelfall empfehlen, fakultativ folgende Bestimmungen im 9
Kapitalerhöhungsbeschluss zu treffen:

aa) Ausgabebetrag

Der Ausgabebetrag für die neuen Aktien kann auf verschiedene Weise angegeben werden: 10
- Wird er **ziffernmäßig bestimmt,** darf er den Nennwert bzw. den auf die einzelne Stückaktie entfallenden Grundkapitalanteil[10] nicht unterschreiten. Bei Gewährung eines Bezugsrechts ist er sonst nach unten nicht begrenzt. Ist das Bezugsrecht hingegen ausgeschlossen, macht ein unangemessen niedriger Ausgabebetrag den Kapitalerhöhungsbeschluss anfechtbar (§ 255 Abs. 2 S. 1 AktG). Nach oben ist der Ausgabebetrag rechtlich nur gemäß den Regeln über den faktischen Bezugsrechtsausschluss (→ Rn. 74) begrenzt.
- Zulässig ist es auch, dass die Hauptversammlung nur einen **Mindestbetrag** (und ggf. zusätzlich einen Höchstbetrag) festsetzt und die Festlegung des genauen Ausgabebetrags dem pflichtgemäßen Ermessen des Vorstands und/oder des Aufsichtsrats überlässt (§ 182 Abs. 3 AktG). Dies kann sich empfehlen, wenn die Übernahme sämtlicher Aktien nicht gesichert ist.

Enthält der Kapitalerhöhungsbeschluss **keine Angaben zum Ausgabebetrag,** sind die 11
Aktien nach Ansicht des BGH zum Nennwert auszugeben.[11] Das kann allerdings nicht gelten, wenn das Bezugsrecht wirksam ausgeschlossen wurde, da dann die Aktienausgabe im Regelfall zu einem unangemessen niedrigen Kurs erfolgen würde und damit anfechtbar wäre (§ 255 Abs. 2 S. 1 AktG).[12] In diesem Fall muss der Vorstand (je nach Hauptversammlungs-Ermächtigung: und/oder der Aufsichtsrat) nach pflichtgemäßem Ermessen einen Ausgabebetrag festlegen, sonst macht er sich gegenüber der Gesellschaft schadensersatzpflichtig.

bb) Beginn der Gewinnberechtigung

Ohne Angabe des Zeitpunkts für den Beginn der Gewinnberechtigung wird man davon 12
ausgehen müssen, dass die neuen Aktien nicht für das gesamte Geschäftsjahr, sondern nur zeitanteilig ab Eintragung der erfolgten Kapitalerhöhung gewinnberechtigt sind (vgl. § 60 Abs. 2 S. 3 AktG). Eine **Rückdatierung** des Beginns der Gewinnberechtigung in ein abgelaufenes Geschäftsjahr ist möglich, solange die Gewinnverwendung noch nicht beschlossen wurde (§ 174 AktG).[13] Dies erhöht für die Aktionäre den Anreiz zur Ausübung des Bezugsrechts. Wird das Bezugsrecht der Aktionäre ausgeschlossen, ist die Rückdatierung allerdings nur zulässig, wenn dies bereits zuvor in der Satzung vorgesehen war (§ 60 Abs. 3 AktG), alle Aktionäre zustimmen oder wenn der Bezugsrechtsausschluss unter Einbeziehung der rückwirkenden Gewinnberechtigung sachlich gerechtfertigt ist.

cc) Fristen

Folgende Fristen können in dem Hauptversammlungsbeschluss oder alternativ durch die 13
Verwaltung festgelegt werden:
- Frist, bis zu der die **Kapitalerhöhung durchzuführen** ist. Ist das Volumen der Kapitalerhöhung nur durch Mindest- und/oder Höchstbeträge festgelegt, muss die Frist sogar zwingend im Hauptversammlungsbeschluss festgesetzt werden, um sicherzustellen,

---

[10] § 9 Abs. 1 AktG; siehe auch OLG Hamburg AG 2000, 326 (327).
[11] BGHZ 33, 175 (178) = NJW 1961, 26 – Minimax II; aA *Servatius* in Spindler/Stilz AktG § 182 Rn. 57, wonach die Durchführung des Beschlusses unzulässig ist.
[12] *Wiedemann* in GroßkommAktG § 182 Rn. 66 f.; *Scholz* in MHdB AG § 57 Rn. 31.
[13] *Drygala* in Kölner Komm. AktG § 60 Rn. 47 f.; *Groß* FS Hoffmann-Becking, 2013, 397 (399 ff.); *Seibt* CFL 2011, 74 (78 f.); aA *Bayer* in MüKo AktG AktG § 60 Rn. 30.

dass nicht der Vorstand Zeit und Umfang der Geldbeschaffung bestimmt.[14] Die Durchführungsfrist beträgt grds. höchstens sechs Monate (→ Rn. 6). Spielraum hinsichtlich des Kapitalerhöhungszeitpunkts kann ebenso wie hinsichtlich des Kapitalerhöhungsvolumens vornehmlich dann benötigt werden, wenn das Kapital in offener Zeichnung aufgenommen werden soll. Ohne eine Fristbestimmung muss der Vorstand unverzüglich handeln.
- **Bezugsfrist,** dh die Zeit, während der das Bezugsangebot angenommen werden kann. Sie muss mindestens zwei Wochen betragen (§ 186 Abs. 1 S. 2 AktG) und darf nicht so lang sein, dass die Grenze zum genehmigten Kapital verwischt wird.
- **Nachfrist** für die Zeichnung der innerhalb der Bezugsfrist nicht gezeichneten Aktien durch Dritte oder durch Aktionäre, die über das gesetzliche Bezugsrecht hinaus zeichnen wollen.
- **Verfallfrist** für das Unverbindlichwerden von Zeichnungen, wenn bis dahin die Durchführung der Kapitalerhöhung nicht ins Handelsregister eingetragen wurde. Sie ist im Zeichnungsschein zu regeln (§ 185 Abs. 1 S. 3 Nr. 4 AktG),

dd) Zeichnungsbevorrechtigte oder zeichnungswidrige Personen

14   Im Hauptversammlungsbeschluss können außerdem zeichnungsbevorrechtigte oder zeichnungswidrige Personen bestimmt werden, mit denen der Vorstand berechtigt oder nicht berechtigt sein soll, außerhalb der Bezugsrechte Zeichnungsverträge zu schließen. ZB kann das Recht zum Abschluss von Zeichnungsverträgen mit institutionellen Anlegern beschnitten werden, um eine möglichst breite Streuung der Aktien zu erreichen.

ee) Ermächtigung des Vorstands zur Bestimmung von Einzelheiten

15   Durch den Hauptversammlungsbeschluss kann der Vorstand – ggf. gemeinsam mit dem Aufsichtsrat – zur Bestimmung von Einzelheiten für die Durchführung der Kapitalerhöhung ermächtigt werden.[15] Dies ist in der Praxis immer dann erforderlich, wenn nicht alle Einzelheiten im Hauptversammlungsbeschluss bestimmt werden. Die Ermächtigung kann sich auf sämtliche nicht zwingenden Beschlussbestandteile beziehen.

ff) Ermächtigung des Aufsichtsrats zur Fassungsänderung

16   Der Aufsichtsrat kann durch Hauptversammlungsbeschluss ermächtigt werden, die Fassung der Satzung zu ändern. Diese Ermächtigung – sofern sie nicht schon satzungsmäßig generell gilt – ist beim unmittelbaren Bezugsrecht deshalb besonders zu empfehlen, weil im Zeitpunkt des Kapitalerhöhungsbeschlusses noch nicht endgültig feststeht, in welcher Höhe Aktien tatsächlich gezeichnet werden (→ Rn. 3).

2. Beschlussmuster

17   Der Hauptversammlungsbeschluss setzt sich grds. aus zwei Teilen zusammen, nämlich (a) dem Kapitalerhöhungsbeschluss, der bereits die materielle Satzungsänderung enthält, und (b) der Anpassung des Satzungstextes. Dies kann im Hauptversammlungsbeschluss ausdrücklich beschlossen werden, es kann aber auch wie im folgenden Beispiel der Aufsichtsrat – generell oder für den konkreten Fall – zu Änderungen der Satzungsfassung ermäch-

---

[14] LG Hamburg AG 1995, 92 (93) mit zust. Anm. *Bähr.*
[15] Eine Delegation allein an den Aufsichtsrat widerspricht hingegen dem aktienrechtlichen Kompetenzgefüge, *Schürnbrand* in MüKoAktG AktG § 182 Rn. 55.

tigt werden (§ 179 Abs. 1 S. 2 AktG).[16] Ein Beschluss über eine reguläre Kapitalerhöhung unter Gewährung des gesetzlichen Bezugsrechts könnte folgendermaßen lauten:[17]

a) *Das Grundkapital der Gesellschaft wird gegen Bareinlagen erhöht von 12.000.000,– EUR um bis zu 1.200.000,– EUR auf bis zu 13.200.000,– EUR durch Ausgabe von bis zu 468.750 neuen auf den Inhaber lautenden Stückaktien. Die neuen Aktien werden zum Betrag von 25 EUR je Aktie ausgegeben. Die neuen Aktien werden den Aktionären im Verhältnis 10:1 zum Preis von 25 EUR je Aktie zum Bezug angeboten. Die Frist für die Annahme des Bezugsangebots endet vier Wochen nach Bekanntmachung des Bezugsangebots. Die neuen Aktien sind für das Geschäftsjahr 2017 gewinnberechtigt. Der Vorstand ist ermächtigt, mit Zustimmung des Aufsichtsrats weitere Einzelheiten der Kapitalerhöhung und ihrer Durchführung festzulegen. Er ist insbesondere ermächtigt, die Bedingungen festzulegen, zu denen nach Ablauf der für alle Aktionäre geltenden Bezugsfrist Aktionäre über ihr Bezugsrecht hinaus sowie Dritte die nicht gezeichneten Aktien zum Ausgabebetrag zeichnen und beziehen können. Der Beschluss über die Erhöhung des Grundkapitals wird ungültig, wenn nicht bis zum Ablauf des 31.5.2018 neue Aktien mit einem anteiligen Grundkapitalbetrag von mindestens 250.000 EUR gezeichnet sind.*
b) *Der Aufsichtsrat wird ermächtigt, die Fassung von § 3 Abs. 1 der Satzung entsprechend der Durchführung der Kapitalerhöhung anzupassen.*

3. Beschlussmehrheit

Wie sonstige Satzungsänderungen auch bedarf der Beschluss über eine Kapitalerhöhung neben der einfachen **Stimmenmehrheit** (§ 133 Abs. 1 Hs. 2 AktG) grds. einer **Kapitalmehrheit,** die mindestens drei Viertel des bei der Beschlussfassung vertretenen Grundkapitals umfasst (§ 182 Abs. 1 S. 1 AktG, der gegenüber § 179 Abs. 2 S. 1 AktG lex specialis ist). Sofern nicht Vorzugsaktien ohne Stimmrecht ausgegeben oder das Bezugsrecht der Aktionäre ausgeschlossen werden soll, kann jedoch die einfache Kapitalmehrheit genügen, wenn die Satzung dies konkret bestimmt (§ 182 Abs. 1 S. 2 AktG; → § 12 Rn. 29). Legt die Satzung allgemein fest, dass Beschlüsse mit einfacher Stimmen- bzw. Kapitalmehrheit gefasst werden, soweit nicht Gesetz oder Satzung zwingend etwas anderes vorsehen, wird man wegen des Bestimmtheitsgrundsatzes sicherheitshalber ebenfalls eine qualifizierte Mehrheit verlangen müssen.[18] Andererseits kann die Satzung auch eine größere Kapitalmehrheit verlangen. Vorbehaltlich abweichender Satzungsregelungen ist Bezugsgröße für die Berechnung der Kapitalmehrheit[19] das mit Ja oder Nein stimmende Kapital (→ § 19 Rn. 7). 18

Sollen im Rahmen der Kapitalerhöhung **vinkulierte Aktien** ausgegeben werden und enthält die Satzung keine Vinkulierungsklausel für alle Aktien, müssen der Kapitalerhöhung (und der Satzungsänderung) sämtliche Aktionäre zustimmen, deren Bezugsrecht nicht ausgeschlossen ist, die aber bisher unvinkulierte Aktien hatten und vinkulierte beziehen sollen (§ 180 Abs. 2 AktG). 19

---

[16] Eine generelle Ermächtigung ist zulässig, vgl. *Stein* in MüKoAktG AktG § 179 Rn. 164 mwN; aA *Zöllner* in Kölner Komm. AktG § 179 Rn. 148.
[17] Ein derartiger Beschluss kommt aus den in → Rn. 34 dargelegten Gründen grds. nur für nichtbörsennotierte Gesellschaften in Betracht, deren Aktionäre der Gesellschaft alle bekannt sind. Dem Beispiel liegen Stückaktien mit einem anteiligen Betrag am Grundkapital von 2,56 EUR zugrunde.
[18] BGH NJW 1975, 212 f.; *Koch* in Hüffer/Koch AktG § 182 Rn. 8; *Stein* in MüKoAktG AktG § 179 Rn. 88 ff.; *Zöllner* in Kölner Komm. AktG § 179 Rn. 132 führt dazu aus, dass § 182 Abs. 1 als Sonderregelung die generell für Satzungsänderungen geltenden Vorschriften verdränge und daher auch für seinen Anwendungsbereich die Änderung des Mehrheitserfordernisses konkret bestimmt werden müsse; aA *Scholz* in MHdB AG § 57 Rn. 16.
[19] Vgl. *Stein* in MüKoAktG AktG § 179 Rn. 88; *Koch* in Hüffer/Koch AktG § 179 Rn. 17.

4. Verschiedene Aktiengattungen

20 Bestehen **stimmberechtigte Aktien** verschiedener Gattungen, wird der Kapitalerhöhungsbeschluss nur wirksam, wenn die Aktionäre jeder Gattung zugestimmt haben, wofür jede Gattung einen **Sonderbeschluss** fassen muss (§ 182 Abs. 2 AktG); diese Sonderbeschlüsse können gem. § 138 S. 1 AktG in einer gesonderten Versammlung oder in einer gesonderten Abstimmung innerhalb der Hauptversammlung gefasst werden (→ § 40 Rn. 23 ff.). Vorbehaltlich der Einpersonen-Gesellschaft und der weiteren in → § 19 Rn. 11 genannten Ausnahme ist ein Sonderbeschluss selbst dann notwendig, wenn der Kapitalerhöhungsbeschluss einstimmig gefasst wurde. Wird er nicht gefasst, ist der Kapitalerhöhungsbeschluss schwebend unwirksam.

21 Jeder Sonderbeschluss bedarf einer **Mehrheit** von drei Vierteln des bei der Beschlussfassung vertretenen Grundkapitals sowie der einfachen Mehrheit der an der Abstimmung teilnehmenden Aktionäre, jeweils bezogen auf die betreffende Aktiengattung (§§ 182 Abs. 2 S. 3, Abs. 1 S. 1, 133 Abs. 1 AktG).

22 Bestehen neben Stammaktien lediglich **stimmrechtslose Vorzugsaktien,** ist ein Sonderbeschluss für das Wirksamwerden einer Kapitalerhöhung grds. entbehrlich, es sei denn es liegt ein Fall des § 141 Abs. 2, 3 AktG vor; insofern gilt folgendes:
– Wird den Vorzugsaktionären **kein Bezugsrecht** gewährt, bedarf es immer eines zustimmenden Sonderbeschlusses.
– Werden **nur Stammaktien ausgegeben** und erhalten die Vorzugsaktionäre hierauf ein Bezugsrecht, ist ein Sonderbeschluss entbehrlich, und zwar sowohl für die Inhaber dieser Vorzugsaktien als auch für die Inhaber von Aktien der anderen Gattung, da das Erfordernis von Sonderbeschlüssen allein aus dem Nebeneinander mehrerer Aktien mit Stimmrecht folgt.[20]
– Werden gegenüber den bisherigen Vorzugsaktien bei der Verteilung des Gewinns oder des Gesellschaftsvermögens **vor- oder gleichrangige Vorzugsaktien** ausgegeben, ist ein Sonderbeschluss nur dann entbehrlich, wenn ein Bezugsrecht gewährt wird und die Satzung den Vorbehalt enthält, dass solche Vorzugsaktien ohne die Zustimmung der Vorzugsaktionäre ausgegeben werden dürfen (§ 141 Abs. 2 AktG; → Rn. 76).
– Werden **nachrangige Vorzugsaktien** ausgegeben und ein Bezugsrecht gewährt, bedarf es auch ohne besondere Satzungsbestimmungen keines Sonderbeschlusses der Aktionäre mit stimmrechtslosen Vorzugsaktien.
– Das **Wiederaufleben des Stimmrechts** gem. § 140 Abs. 2 AktG führt nicht dazu, dass dann ein Sonderbeschluss der Vorzugsaktionäre erforderlich wird.

23 Sofern ein Sonderbeschluss erforderlich ist, muss dieser in der Tagesordnung der Hauptversammlung **nicht ausformuliert** werden. Es genügt der Vorschlag von Vorstand und Aufsichtsrat an die Inhaber der Aktien der betreffenden Gattung, den Beschlüssen der Hauptversammlung gem. Punkt ... der Tagesordnung zuzustimmen.

5. Verpflichtung zur Unterlassung von Kapitalerhöhungen

24 Um die Stabilität des Aktienkurses für einen gewissen Zeitraum nach einer Kapitalerhöhung zu sichern, verpflichten börsennotierte Gesellschaften sich häufig gegenüber einem Großaktionär oder Bankenkonsortium dazu, in den nächsten sechs bis zwölf Monaten ihr Kapital nicht erneut zu erhöhen. Ob der Vorstand berechtigt ist, für die Gesellschaft einen solchen **Lock-up** einzugehen, ist umstritten.[21] Zulässig ist dies jedenfalls dann, wenn die

---

[20] Die ältere aA, etwa *Wiedemann* in GroßkommAktG, 3. Aufl., AktG § 182 Rn. 10 ist durch die 1994 erfolgte Einfügung des Wortes „stimmberechtigten" in § 182 Abs. 2 S. 1 AktG überholt.
[21] Ablehnend, wenn der Vorstand sich verpflichtet, ohne Zustimmung des Hauptaktionärs zeitweise ein genehmigtes Kapital nicht auszunutzen: LG München NZG 2012, 1152; OLG München ZIP 2012, 2439.

Hauptversammlung dem Abschluss **zustimmt** und der **Unterbleibenszeitraum hinreichend befristet** ist. Soll sich die Unterlassungspflicht auf eine ordentliche Kapitalerhöhung und nicht nur auf die Ausnutzung eines genehmigten Kapitals bzw. die Ermächtigung zur Begebung von Wandel- oder Optionsanleihen beziehen, ist wegen der Satzungsautonomie der Hauptversammlung stets ein Hauptversammlungsbeschluss erforderlich.[22] Der Vorstand darf den Lock-up daher nicht ohne Befassung der Hauptversammlung eingehen. Unabhängig davon kann der Vorstand sich aber verpflichten, der Hauptversammlung keine Kapitalerhöhung vorzuschlagen.

6. Sonstiges

Teilweise wird es für zulässig gehalten, die **Fälligkeit der Einlagen,** die über die bereits vor der Eintragung der Durchführung der Kapitalerhöhung zu leistenden 25% des Grundkapitalerhöhungsbetrags sowie das Agio (§§ 188 Abs. 2 S. 1, 36 Abs. 2, 36a, 37 Abs. 1 AktG) hinausgehen, im Hauptversammlungsbeschluss für einen späteren Zeitpunkt festzulegen.[23] Dies erscheint jedoch vor dem Hintergrund der ausschließlichen Zuständigkeit des Vorstands für die Einforderung der Einlagen (§ 63 Abs. 1 S. 1 AktG) nicht sachgerecht.[24] 25

Eine Kapitalerhöhung soll dann nicht erfolgen, wenn noch Einlagen auf das bisherige Kapital ausstehen, es sei denn, die noch **ausstehenden Einlagen** können nicht mehr erlangt werden oder ihr Umfang ist verhältnismäßig gering (§ 182 Abs. 4 AktG). Die (noch) hM sieht zurückerworbene **eigene Aktien** der Gesellschaft nicht als ausstehende Einlagen an; auch wenn über ihren Verkauf Eigenmittel eingeworben werden können, ist der Fall nicht mit der Ratio des § 182 Abs. 4 AktG vergleichbar.[25] Eine trotz des genannten Verbots beschlossene Kapitalerhöhung ist zwar weder nichtig noch anfechtbar,[26] darf aber nicht ins Handelsregister eingetragen werden. 26

Sollen **Vorzugsaktien ohne Stimmrecht** ausgegeben werden, darf deren Anteil am Grundkapital 50% nicht überschreiten (§ 139 Abs. 2 AktG). 27

IV. Bezugsrecht

1. Allgemeines

Das Bezugsrecht ist das mitgliedschaftliche Recht eines jeden Aktionärs,[27] von den neuen Aktien aus der Kapitalerhöhung eine seinem bisherigen Grundkapitalanteil entsprechende 28

Grds. bejahend: *Busch* in Marsch-Barner/Schäfer Börsennotierte AG-HdB § 42 Rn. 5; auch *Ekkenga* in Kölner Komm. AktG § 182 Rn. 13; *Bungert/Wansleben* ZIP 2013, 1841 (1843 ff.); *Reichert* ZGR 2015, 1 (23); zur Thematik auch *Reichert/Heusel* FS Baums, 2017, 975.

[22] Ebenso *Singhof/Weber*, in Habersack/Mülbert/Schlitt Unternehmensfinanz-HdB § 4 Rn. 38.
[23] *Scholz* in MHdB AG § 57 Rn. 37; dahingehend *Ekkenga* in Kölner Komm. AktG § 182 Rn. 55.
[24] *Schürnbrand* in MüKoAktG AktG § 182 Rn. 62; *Koch* in Hüffer/Koch AktG § 182 Rn. 14.
[25] *Koch* in Hüffer/Koch AktG § 182 Rn. 27; *Busch* AG 2005, 429 (430 ff.); aA *Servatius* in Spindler/Stilz AktG § 182 Rn. 60.
[26] HM, wofür der Wortlaut („soll nicht") spricht, vgl. nur *Veil* in Schmidt/Lutter AktG § 182 Rn. 38; *Scholz* in MHdB AG § 57 Rn. 7; aA (anfechtbar) *Koch* in Hüffer/Koch AktG § 182 Rn. 29; *Schürnbrand* in MüKoAktG AktG § 182 Rn. 73; so jetzt auch *Ekkenga* in Kölner Komm. AktG § 182 Rn. 73.
[27] Kein Bezugsrecht hat allerdings die AG aus eigenen Aktien (§ 71b AktG), ein von der AG abhängiges oder in ihrem Mehrheitsbesitz stehendes Unternehmen (§§ 16, 17 AktG) sowie ein Dritter, der Aktien für Rechnung der AG besitzt (§§ 71d S. 1, 2 und 4, 71b AktG), *Koch* in Hüffer/Koch AktG § 186 Rn. 9; hinsichtlich og Tochtergesellschaften: *Busch* AG 2005, 429 (430 ff.); die hM lehnt ein konzerndimensionales Bezugsrecht dagegen zu Recht ab, vgl. *Ekkenga* in Kölner Komm. AktG § 186 Rn. 30. Auch Inhaber von Wandelschuldverschreibungen haben kein Aktienbezugsrecht, EuGH NZG 2009, 187.

Quote zum Ausgabebetrag zu verlangen (§ 186 Abs. 1 AktG).[28] Damit soll vermieden werden, dass seine Beteiligungsquote durch den Anstieg der Aktienanzahl verwässert wird (**Mitgliedschaftserhaltungsrecht**). Sofern die Kapitalerhöhung unter Börsenkurs erfolgt, würde ohne ein Bezugsrecht die Beteiligung des einzelnen Aktionärs auch wertmäßig verwässert werden. Aus dieser Werterhaltungsfunktion des Bezugsrechts folgt, dass es einen eigenen Wert besitzt. Dieser kann durch Verkauf des Bezugsrechts innerhalb des Bezugsrechtshandels realisiert werden.[29] Die **Übertragbarkeit der Bezugsrechte** kann allerdings im Hauptversammlungsbeschluss ausgeschlossen oder eingeschränkt werden; dabei müssen die für einen Bezugsrechtsausschluss geltenden Voraussetzungen erfüllt sein.

29   Das Bezugsrecht wird durch die formlos gültige Bezugserklärung ausgeübt. Durch diese einseitige, empfangsbedürftige Willenserklärung verpflichtet sich der Bezugsberechtigte zum Abschluss eines Zeichnungsvertrags. Die Erklärung muss innerhalb der **Bezugsfrist** erfolgen, anderenfalls verfällt das Bezugsrecht. Die Bezugsfrist muss mindestens zwei Wochen betragen (§ 186 Abs. 1 S. 2 AktG), beginnend mit der Bekanntmachung in den Gesellschaftsblättern. Sie kann im Kapitalerhöhungsbeschluss bestimmt werden; erfolgt dies nicht und enthält auch die Satzung keine Vorgabe, legt der Vorstand die Dauer der Frist fest. Werden Aktien wegen Verfalls des Bezugsrechts nicht bezogen, kann der Hauptversammlungsbeschluss für sie Verwertungsvorgaben machen. Unterbleibt dies, muss der Vorstand im Regelfall die Aktien zum besterreichbaren Kurs begeben.[30]

30   Bei der Verletzung von Stimmrechtsmitteilungspflichten soll sich der dadurch eintretende **Rechtsverlust** (§§ 20 Abs. 7 AktG, § 28 WpHG [ab 3. 1. 2018 § 44 WpHG] sowie § 59 WpÜG) auch auf das Bezugsrecht aus einer Kapitalerhöhung gegen Einlagen erstrecken. Dem ist zu widersprechen, da der Rechtsverlust nicht in die Mitgliedschaft und damit auch nicht in das Bezugsrecht als Mitgliedschaftserhaltungsrecht eingreifen darf.[31]

2. Bezugsrecht bei verschiedenen Gattungen

31   Bestehen verschiedene Aktiengattungen und wird das Kapital anteilsmäßig gleich innerhalb jeder Gattung erhöht, fragt es sich, ob das Bezugsrecht sich nur auf Aktien der jeweiligen Gattung bezieht (**Gattungsbezugsrecht**) oder ob jeder Aktionär neue Aktien im Verhältnis der Erhöhung des Gesamtgrundkapitals, aber unabhängig von der Gattung erhalten soll (**Mischbezugsrecht**). Ist das Grundkapital einer AG zB zu zwei Dritteln in Stamm- und zu einem Drittel in Vorzugsaktien eingeteilt und wird das Kapital jeder Aktiengattung im Verhältnis 10:1 erhöht, hätte beim Mischbezugsrecht jeder Stamm- und Vorzugsaktionär mit 300 Aktien ein Bezugsrecht auf 20 Stamm- und 10 Vorzugsaktien; beim Gattungsbezugsrecht könnte jeder Aktionär 30 Aktien seiner Gattung beziehen. Obwohl gute Argumente für das Gattungsbezugsrecht sprechen,[32] wird man in der Praxis mit der noch hM[33] vom Mischbezugsrecht auszugehen haben. Möchte man dann die durch das Gattungsbezugsrecht bereits indizierte Rechtsfolge erreichen, dass die Aktionäre jeder Gattung im Verhältnis der Grundkapitalerhöhung jeweils nur neue Aktien ihrer

---

[28] Ausnahme: die reguläre Kapitalerhöhung erfolgt iSd §§ 69 Abs. 1 S. 1, 142 UmwG zur Durchführung einer Verschmelzung oder Spaltung.
[29] Zu der Frage, ob ein gesetzlicher Anspruch des Aktionärs auf die Einrichtung eines Bezugsrechtshandels besteht, LG Hamburg AG 1999, 382 (verneinend); OLG Hamburg AG 1999, 519 (520) (offen lassend).
[30] Hierzu und zu den Voraussetzungen, unter denen einzelnen Aktionären oder Dritten Sonderkonditionen eingeräumt werden können, *Ekkenga* in Kölner Komm. AktG § 182 Rn. 39 ff., § 186 Rn. 50.
[31] So *Habersack* FS Säcker, 2011, 355 (363 f.); *Heusel* AG 2014, 232 (236) mwN; aA aber die hM BGHZ 113, 203, 208; *Schürnbrand* MüKo AktG AktG § 186 Rn. 37.
[32] Siehe *Frey/Hirte* DB 1989, 2465 ff.; *Groß* AG 1993, 449 (451 ff.); *Schürnbrand* MüKo AktG AktG § 186 Rn. 49; *Wiedemann* in GroßkommAktG AktG § 186 Rn. 69.
[33] *Veil* in Schmidt/Lutter AktG § 186 Rn. 4; *Scholz* in MHdB AG § 57 Rn. 104; *Schröer* in MüKo AktG AktG § 140 Rn. 4; *Rittig* NZG 2012, 122 (1293); vgl. auch *Ekkenga* in Kölner Komm. AktG § 186 Rn. 16.

Gattung erhalten (sog. **pari passu-Ausgabe**), muss der Hauptversammlungsbeschluss, was in der Praxis die Regel ist, einen sog. gekreuzten Bezugsrechtsausschluss umfassen.[34] Diese Vorgehensweise liegt durchaus im Interesse des einzelnen Aktionärs, weil er dadurch bei Ausübung seiner Bezugsrechte nicht nur davor bewahrt wird, eine kleinere Beteiligung in der von ihm bisher nicht bevorzugten Gattung aufzubauen, sondern nur so die Beteiligungsquote in der von ihm bevorzugten Gattung durch bloße Bezugsrechtsausübung gewahrt werden kann.

Wird das Kapital mit Hilfe eines **gekreuzten Bezugsrechtsausschlusses** erhöht, ist in dem Hauptversammlungsbeschluss zunächst festzulegen, um welche Grundkapitalbeträge die einzelnen Gattungen erhöht werden, wie die neuen Aktien etwa hinsichtlich Gewinnberechtigung und Ausgabebetrag und ob sie als Inhaber- oder Namensaktien ausgestattet sein sollen. Der Bezugsrechtsausschluss selbst kann folgendermaßen formuliert werden:[35] 32

Die neuen Aktien werden von der X-Bank gezeichnet und mit der Verpflichtung übernommen, sie den Aktionären provisionsfrei wie folgt anzubieten:
- *den Stammaktionären für je 10 Stückaktien eine neue nennbetragslose Stammaktie (Stückaktie) zum Ausgabebetrag von 25 EUR je Aktie,*
- *den Vorzugsaktionären für je 10 Stückaktien eine neue nennbetragslose Vorzugsaktie (Stückaktie) zum Ausgabebetrag von 20 EUR je Aktie.*

3. Kein Bezugsrecht bei Börsengang einer Tochtergesellschaft

Entgegen einer Mindermeinung[36] haben die Aktionäre einer Muttergesellschaft beim Börsengang einer Tochtergesellschaft kein Bezugsrecht auf von der Tochter an die Börse gebrachte Aktien.[37] Das gesetzliche Bezugsrecht erstreckt sich nur auf neue Aktien der Gesellschaft selbst. Ein Bezugs- oder Vorerwerbsrecht auf Aktien an der Tochtergesellschaft lässt sich weder unter dem Gesichtspunkt der Treupflicht begründen noch liegen die Voraussetzungen für eine Analogie zu § 186 AktG vor. Die einstige Diskussion wurde durch den Neuen Markt geprägt, da den Aktionären der Muttergesellschaft durch die Börseneinführung einer Tochter zu Kursen, die noch einen spürbaren Zeichnungsgewinn erlaubten, vermeintlich Vermögenswerte vorenthalten wurden. 33

V. Mittelbares Bezugsrecht

1. Praktische Bedeutung

Bei regulären Kapitalerhöhungen besteht die praktische Schwierigkeit, dass die Zeichnungsscheine einen Zeitpunkt angeben müssen, bis zu dem die Durchführung der Kapitalerhöhung in das Handelsregister eingetragen sein muss, weil anderenfalls die Zeichnung unverbindlich wird (§ 185 Abs. 1 S. 3 Nr. 4 AktG). Damit wird das Wirksamwerden der ganzen Kapitalerhöhung riskiert, wenn nur eine einzige neue Aktie nicht rechtzeitig platziert werden kann. Dem kann zwar mit der Bis-zu-Kapitalerhöhung begegnet werden (→ Rn. 5), indes verbleibt die Ungewissheit, inwieweit die Kapitalerhöhung gezeichnet wird. Bei einer börsennotierten Gesellschaft kann das Bezugsrecht ohnehin nicht ohne die 34

---

[34] *Ekkenga* in Kölner Komm. AktG § 186 Rn. 97 f.; *Rittig* NZG 2012, 1292 (1293).
[35] Wie in der Praxis üblich, geht der Vorschlag vom mittelbaren Bezugsrecht aus, sogleich → Rn. 34 ff. Ein Formulierungsvorschlag für die sachliche Rechtfertigung dieses Bezugsrechtsausschlusses im Vorstandsbericht findet sich bei → Rn. 58.
[36] *Lutter* AG 2000, 342 (343 ff.); relativierend *ders.* AG 2001, 349 (350 ff.).
[37] *v. Dryander/Niggemann* in Hölters AktG § 186 Rn. 13.

Hilfe der Banken abgewickelt werden. In der Praxis von Publikumsgesellschaften wird daher den Aktionären nicht direkt von der Gesellschaft ein Bezugsrecht auf die neuen Aktien eingeräumt, sondern es werden die gesamten neuen Aktien zunächst von einem Kreditinstitut oder einem Emissionskonsortium mit der Verpflichtung gezeichnet, sie den Aktionären anzubieten (**Fremdemission** oder **mittelbare Platzierung**). Dieses mittelbare Bezugsrecht der Aktionäre wird im Übernahmevertrag zwischen Gesellschaft und Emissionskonsortium geregelt. Kreditinstitut oder Konsortium fungieren dann als fremdnütziger Treuhänder für die Aktionäre.[38] Das hat den Vorteil, dass eine einheitliche Zeichnung erfolgt und die Aktien schon entstanden sind, wenn sie von den Aktionären bezogen werden. Lediglich bei 100-%-Tochtergesellschaften oder personalistischen Gesellschaften mit kleinem Aktionärskreis findet sich noch ein direktes Bezugsrecht (**Direktplatzierung**).

35 Möglich ist es auch, **ein unmittelbares und ein mittelbares Bezugsrecht zu kombinieren,** auch in Kombination mit einem Bezugsrechtsausschluss.[39] Dies kann sich unter Kostengesichtspunkten empfehlen, wenn ein Großaktionär vorhanden ist, im Übrigen aber die Aktien breit gestreut sind. Wird der Großaktionär zum unmittelbaren Bezug der auf ihn entfallenden neuen Aktien zugelassen, müssen für diesen Teil der Kapitalerhöhung dann keine Bankenprovisionen gezahlt werden. Alternativ dazu kann es aber vorteilhaft sein, die Kapitalerhöhung auch bei dieser Sachlage in einer Hand abzuwickeln und die durch die Existenz des Großaktionärs verursachte Verminderung von Zeichnungsrisiko und Aufwand beim Emissionskonsortium durch eine gesplittete Provision zu berücksichtigen.

2. Voraussetzungen

36 Sofern die folgenden Voraussetzungen erfüllt sind, wird gesetzlich fingiert, dass es sich bei der Gewährung eines mittelbaren Bezugsrechts nicht um einen Bezugsrechtsausschluss handelt (vgl. § 186 Abs. 5 AktG):

a) Hauptversammlungsbeschluss

37 Das mittelbare Bezugsrecht muss im Hauptversammlungsbeschluss festgesetzt, das direkte Bezugsrecht also ausgeschlossen werden, ohne dass hierfür die formellen und materiellen Voraussetzungen eines Bezugsrechtsausschlusses (§ 186 Abs. 3 und 4 AktG; → Rn. 43 ff.) erfüllt sein müssten. Insbes. ergeben sich für die Beschlussfassung keine erhöhten Mehrheitsanforderungen, es kann also auch die einfache Kapitalmehrheit genügen, wenn die Satzung sie zulässt (§ 182 Abs. 1 S. 2 AktG, während die mindestens Dreiviertelmehrheit verlangende § 186 Abs. 3 S. 2 AktG nicht eingreift). Das mittelbare Bezugsrecht ist auch bei einer Bis-zu-Kapitalerhöhung zulässig.[40] Es kann auch auf einen Teil der Kapitalerhöhung beschränkt werden; für den anderen Teil kann das Bezugsrecht dann ausgeschlossen oder – etwa gegenüber einem Großaktionär – direkt eingeräumt werden.[41] Die Zuweisung der jungen Aktien an ein Kreditinstitut wird nicht Bestandteil der Satzung und muss daher auch nicht bekannt gemacht werden.[42] Inhaltlich ist für den Hauptversammlungsbeschluss zu verlangen, dass er die Verwaltung anweist, die Zeichnungsverträge mit den Kreditinstituten nur Zug um Zug gegen deren Verpflichtung zur unverzüglichen Weiter-

---

[38] *Schlitt/Seiler* WM 2003, 2175 (2178); *Kuntz/Stegemann* AG 2016, 837 (840 f.).
[39] *Schlitt/Seiler* WM 2003, 2175 (2178 f.).
[40] OLG Stuttgart AG 2013, 604 (610); *Seibt/Voigt* AG 2009, 135 (136); jetzt auch *Herfs* in Habersack/Mülbert/Schlitt Unternehmensfinanz-HdB § 6 Rn. 30 ff.; *Ekkenga* in Kölner Komm. AktG § 186 Rn. 215.
[41] AA *Bosch/Groß*, Das Emissionsgeschäft, 1998, Rn. 10/299.
[42] Bekanntmachung iSv § 124 Abs. 2 S. 3 und § 186 Abs. 2 AktG.

gabe sämtlicher junger Aktien an die Bezugsberechtigten abzuschließen. Das eingeschaltete Kreditinstitut kann, muss aber nicht von der Hauptversammlung bestimmt werden.

b) Kreditinstitut

Mittler für das Bezugsrecht können im Wesentlichen nur Kreditinstitute[43] sein. Grund hierfür ist, dass sie der Bankaufsicht unterliegen und die Rechte der Bezugsberechtigten bei ihnen daher ebenso sicher sind wie im Fall des unmittelbaren Bezugs. Entsprechend müssen auch sämtliche Mitglieder eines Emissionskonsortiums Kreditinstitute iSd § 186 Abs. 5 AktG sein. Üblicherweise steht das Kreditinstitut bei der Beschlussfassung durch die Hauptversammlung bereits fest; in diesem Fall wird es im Hauptversammlungsbeschluss genannt und es sind mit ihm auch schon die notwendigen Verträge vorbehaltlich des Zustandekommens des Hauptversammlungsbeschlusses geschlossen. Zwingend ist das aber nicht. Soll hingegen zB der Großaktionär, der nicht Kreditinstitut ist, Bezugsrechtsmittler sein, sind die formellen und materiellen Voraussetzungen für die Zulässigkeit des Bezugsrechtsausschlusses zu beachten.[44] 38

c) Abschluss eines echten Vertrags zugunsten Dritter

Es ist ein echter Vertrag zugunsten Dritter iSd § 328 BGB[45] abzuschließen, aufgrund dessen die Aktionäre einen unmittelbaren Bezugsanspruch gegen das Kreditinstitut erlangen. Der von dem Kreditinstitut berechnete Ausgabebetrag muss nicht mit dem von den Aktionären zu zahlenden Bezugspreis identisch sein, vielmehr kann die Vergütung des Kreditinstituts in einer Differenz bestehen. Beide Preise können im Hauptversammlungsbeschluss festgelegt werden, üblicherweise bestimmt sie aber der Vorstand in Abhängigkeit von der Marktverfassung unmittelbar vor Durchführung der Kapitalerhöhung. Der Bezugspreis darf den Ausgabebetrag grds. nur in einem Maß übersteigen, das die dem Kreditinstitut entstandenen Aufwendungen angemessen berücksichtigt; anderenfalls liegt ein in aller Regel sachlich nicht gerechtfertigter Bezugsrechtsausschluss vor.[46] 39

3. Beschlussmuster

Auch hier setzt sich der Hauptversammlungsbeschluss wieder aus der materiellen Satzungsänderung (a) und der Anpassung des Satzungstextes (b) zusammen, wobei letztere hier gleich mit beschlossen werden kann, da das Volumen der Kapitalerhöhung dank des mittelbaren Bezugsrechts im Vorhinein feststeht. 40

---

[43] ISv § 1 Abs. 1 KWG unter Beachtung der Ausnahmen in § 2 Abs. 1 KWG; § 186 Abs. 5 S. 1 AktG stellt dem die nach § 53 Abs. 1 S. 1 KWG oder nach § 53b Abs. 1 S. 1, Abs. 7 KWG tätigen Unternehmen, die auch das Emissionsgeschäft betreiben dürfen, gleich; in europarechtskonformer Auslegung des § 186 Abs. 5 AktG sind aber auch entsprechende Institute mit Sitz in einem anderen Mitgliedsstaat der EU erfasst.
[44] Anderenfalls ist der Beschluss anfechtbar, siehe OLG Koblenz NZG 1998, 552 (553); OLG Düsseldorf AG 2001, 51 (53).
[45] BGHZ 114, 203 (208); OLG Düsseldorf AG 2001, 51 (52 f.); ausführlich *Kuntz/Stegemann* AG 2016, 835 (836 f.).
[46] Das gilt hingegen nicht, wenn das Kreditinstitut verpflichtet ist, den jenseits der Angemessenheitsgrenze liegenden Mehrbetrag an die AG abzuführen, da § 186 Abs. 5 AktG eine direkte Zeichnung durch den Aktionär insgesamt, also auch hinsichtlich des Agios, fingiert; OLG Stuttgart AG 2013, 604 (610); *Servatius* in Spindler/Stilz AktG § 186 Rn. 71; aA *Schippel*, FS Steindorff, 1990, 249 (254 ff.), der hierin einen Verstoß gegen die Pflicht zur sofortigen Leistung des ganzen Agios gem. §§ 188 Abs. 2, 36a Abs. 1 AktG sieht.

Zum Beispiel:

a) Das Grundkapital der Gesellschaft wird gegen Bareinlagen erhöht von 12.000.000,– EUR um 1.200.000,– EUR durch Ausgabe von 468.750 neuen auf den Inhaber lautenden Stückaktien. Die neuen Aktien werden zum Betrag von 25 EUR je Aktie ausgegeben. Die neuen Aktien werden den Aktionären im Wege des mittelbaren Bezugsrechts angeboten. Sie werden von einem Bankenkonsortium unter Führung der X-Bank mit der Verpflichtung übernommen, sie den Aktionären im Verhältnis 10 : 1 zum Preis von 25 EUR je Aktie zum Bezug anzubieten. Die Frist für die Annahme des Bezugsangebots endet vier Wochen nach Bekanntmachung des Bezugsangebots. Die neuen Aktien sind ab dem 1. 1. 2017 gewinnberechtigt. Der Vorstand ist ermächtigt, mit Zustimmung des Aufsichtsrats weitere Einzelheiten der Kapitalerhöhung und ihrer Durchführung festzulegen.

b) § 3 Abs. 1 der Satzung wird wie folgt neu gefasst: „Das Grundkapital der Gesellschaft beträgt 13.200.000,– EUR- und ist eingeteilt in 5.156.250 Stückaktien."

4. Abwicklung

41 Die Aktien müssen den Bezugsberechtigten **unverzüglich** iSd § 121 BGB angeboten werden, da die Einschaltung des Kreditinstituts lediglich der Verfahrensvereinfachung dient und auch nur insoweit gerechtfertigt ist. Wegen des Vertrags zugunsten Dritter besteht diese Verpflichtung direkt gegenüber den Aktionären, die das Kreditinstitut dementsprechend auch unmittelbar wegen eines Verzugsschadens[47] in Anspruch nehmen können. Problematisch kann dies werden, wenn der Börsenkurs zwischen der Festlegung des Bezugspreises und dem Ende der Bezugsfrist unter den Bezugspreis absinkt. Dann wird nicht nur das Kreditinstitut Sorge haben, die gezeichneten Aktien loszuwerden; vielmehr kann der gegenüber dem Börsenkurs höhere Bezugspreis einen faktischen Bezugsrechtsausschluss begründen und zweifelhaft sein, ob das Kreditinstitut damit seiner Pflicht zur Gewährung eines mittelbaren Bezugsrechts nachgekommen ist. Sofern dann das Angebot zurückgenommen wird, um anschließend ein neues zu machen, liegt hierin kein Pflichtenverstoß des Kreditinstituts, da es die eingetretene Verzögerung nicht verschuldet hat. Die Pflicht zum unverzüglichen Angebot an die Aktionäre besteht jedoch fort, wobei Verzögerungen hinnehmbar sind, die durch den Abstimmungsprozess zwischen der Gesellschaft und den Bankkonsorten oder dadurch entstehen, dass zunächst eine Beruhigung der Börse und ein Absinken der Volatilität des Aktienkurses auf ein kalkulierbares Maß abgewartet werden.

42 Solange keine Übertragung der Aktien an die Altaktionäre erfolgt ist, ist das Kreditinstitut beginnend mit der Eintragung der Durchführung der Kapitalerhöhung im Handelsregister Aktionär der Gesellschaft mit allen Rechten und Pflichten. Wenn es noch nicht die vollständige Einlage geleistet hat, sondern zB nur den gesetzlichen Mindestbetrag, ist allerdings das Stimmrecht für die neuen Aktien noch nicht entstanden (§ 134 Abs. 2 S. 1 AktG).

---

[47] Ein solcher könnte zB darin gesehen werden, dass die neuen Aktien bei anschließend fallenden Kursen zwar absolut billiger erworben werden können, bei sofortigem Verkauf des Bezugsrechts zu dem früheren Termin aber ein prozentual gleich hoher Bezugsrechtsabschlag einen absolut höheren Bezugsrechtswert hätte entstehen lassen; demgegenüber meinen *Kuntz/Stegemann* AG 2016, 837 (845), ein Verzögerungsschaden sei von vornherein undenkbar.

VI. Bezugsrechtsausschluss

1. Formelle Anforderungen

a) Hauptversammlungsbeschluss

Das Bezugsrecht kann im Hauptversammlungsbeschluss ausgeschlossen werden (§ 186 Abs. 3 AktG). Der Bezugsrechtsausschluss und der Kapitalerhöhungsbeschluss müssen zwingend miteinander verbunden werden. Der **Wortlaut** des Hauptversammlungsbeschlusses sollte grds. das Bezugsrecht ausdrücklich ausschließen, zwingend ist das aber nicht. Es können daher auch nur die zum Bezug der neuen Aktien berechtigten Personen (zB Sacheinleger, bezugsberechtigte Arbeitnehmer bei Belegschaftsaktien) benannt werden – darin liegt hinsichtlich der übrigen Aktionäre ein Bezugsrechtsausschluss.[48] Gleiches gilt, wenn der Hauptversammlungsbeschluss den Organen der Gesellschaft ausdrücklich die Auswahl der Bezugsberechtigten überlässt. Auch die Bezeichnung eines Teils der Aktien als freie Spitzen deutet hinreichend klar auf einen teilweisen Bezugsrechtsausschluss hin. 43

Der Beschluss bedarf neben einer einfachen **Stimmenmehrheit** einer **Kapitalmehrheit** von mindestens drei Vierteln des bei der Beschlussfassung vertretenen Grundkapitals (§ 186 Abs. 3 S. 2 AktG).[49] In der Satzung kann dieses Mehrheitserfordernis nur erschwert, aber nicht erleichtert werden. Bestehen mehrere Gattungen stimmberechtigter Aktien, gelten diese Grundsätze für jede Gattung isoliert. 44

Der Ausschluss des Bezugsrechts muss ausdrücklich und ordnungsgemäß in den Gesellschaftsblättern **bekannt gemacht** werden (§§ 186 Abs. 4 S. 1, 124 Abs. 1 S. 3 AktG).[50] Dieses Erfordernis geht über die bloße Umschreibung des Beschlussgegenstandes hinaus, insbes. muss wegen der Warnfunktion der Bekanntmachung aus deren Wortlaut erkennbar sein, dass ein Bezugsrechtsausschluss vorgesehen ist oder zumindest, dass Aktionäre vom Bezugsrecht ausgeschlossen werden sollen. Es empfiehlt sich, den Bezugsrechtsausschluss nicht in einem langen, verschachtelten Satz zu „verstecken", sondern kurz auszuformulieren (*„Das gesetzliche Bezugsrecht der Aktionäre wird ausgeschlossen"*) und den Bezugsrechtsausschluss auch in der Überschrift des Tagesordnungspunkts aufzuführen. 45

b) Bericht

Der Bezugsrechtsausschluss setzt ferner voraus, dass der Vorstand der Hauptversammlung einen schriftlichen Bericht mit einer **Begründung** für den **Bezugsrechtsausschluss** selbst sowie für den vorgeschlagenen **Ausgabebetrag** vorlegt (§ 186 Abs. 4 S. 2 AktG). Damit soll der Hauptversammlung eine sachgerechte Entscheidung ermöglicht werden. Der Bericht dient aber auch als Grundlage der gerichtlichen Prüfung im Anfechtungsprozess und bedarf daher besonderer Sorgfalt. Allerdings sollte sich seine Ausführlichkeit an der Kompliziertheit der den Bezugsrechtsausschluss rechtfertigenden Gründe ausrichten dürfen. Der Bericht ist auch dann nicht entbehrlich, wenn die Gründe für den Bezugsrechtsausschluss offenkundig sind. Lediglich im Falle einer Vollversammlung iSd § 121 Abs. 6 AktG, in der auf den Bericht verzichtet wird, ist er nicht erforderlich.[51] 46

Inhaltlich hat der Bericht alle Umstände zu enthalten, aus denen sich die sachliche **Rechtfertigung des Bezugsrechtsausschlusses** ergibt (→ Rn. 50 ff.). Es genügt nicht, diese pauschal zu behaupten oder den Bezugsrechtsausschluss als zwangsläufig darzustellen. Auch eine nur abstrakte Umschreibung der Gründe für den Bezugsrechtsausschluss oder die Verwendung von Allgemeinplätzen (zB *„Der Bezugsrechtsausschluss liegt im Interesse der* 47

---

[48] Ein Beispiel für diese Verfahrensweise findet sich in → Rn. 32; Beispiele für den ausdrücklichen Bezugsrechtsausschluss in → Rn. 55 ff.
[49] Sonderfall: § 7 Abs. 3 S. 4 FMStBG, wonach grds. eine Zwei-Drittel-Mehrheit genügt.
[50] Hierauf kann allerdings im Fall einer Vollversammlung gem. § 121 Abs. 6 AktG verzichtet werden.
[51] *Hoffmann-Becking* ZIP 1995, 1 (7); *Koch* in Hüffer/Koch AktG § 186 Rn. 23.

Gesellschaft") reichen nicht.[52] Der Bericht soll den Aktionären vielmehr die Vorbereitung auf die zu treffende Entscheidung ermöglichen und muss darum alle hierfür wesentlichen Umstände inklusive der Überlegungen und Wertungen des Vorstands und der Nachteile für die Aktionäre enthalten.[53] Jedoch können die Ausführungen umso knapper gefasst werden, je einsichtiger die Notwendigkeit des Bezugsrechtsausschlusses ist. Der Bericht muss den **Ausgabebetrag** begründen, zu dem die jungen Aktien emittiert werden. Dabei sind die Berechnungsgrundlagen und Bewertungskriterien darzulegen. Auch wenn die Hauptversammlung keinen fixen Ausgabebetrag oder keinen Mindest- und/oder Höchstbetrag, sondern zur Erhöhung der Flexibilität nur die Grundlagen für die Festlegung des Ausgabebetrags bestimmt, muss dies begründet werden. Nach zweifelhafter hM können etwaige Berichtsmängel nicht durch mündliche Erläuterungen in der Hauptversammlung kompensiert werden, da das Gesetz einen schriftlichen Bericht verlange und der Aktionär sich nur mit seiner Hilfe hinreichend auf die in der Hauptversammlung zu treffende Entscheidung vorbereiten könne.[54] Auch wenn damit der Aktionärsschutz bis zur Aktionärsentmündigung betrieben wird und unbeachtet bleibt, dass es jedem Aktionär freisteht, die Kapitalmaßnahme abzulehnen oder ablehnen zu lassen, wenn er sich nicht hinreichend informiert oder durch neue Informationen überrascht sieht, wird man dem bei der Ausformulierung des Berichts Rechnung tragen müssen.

48 Im Hinblick auf die **Publizität** des Vorstandsberichts ist folgendes zu beachten:
– Die hM zieht hinsichtlich der **Vorlagepflicht** eine Parallele zum Jahresabschluss, Gewinnverwendungsvorschlag etc. und verlangt auch hier, dass der Bericht von der Einberufung der Hauptversammlung an in den Geschäftsräumen der Gesellschaft zur Einsichtnahme durch die Aktionäre auslegt und ihnen auf Verlangen auch übersandt wird.[55] Diese heute gängige Praxis erscheint angesichts des Zwecks des Berichtes, nämlich den Aktionären eine fundierte Entscheidung über den Bezugsrechtsausschluss zu ermöglichen, angemessen.
– Der Bericht muss außerdem **während der Hauptversammlung auslegen.**
– Der **wesentliche Inhalt** des Berichts muss in den **Gesellschaftsblättern** bekannt gemacht werden;[56] dabei ist auf die Auslage der Langfassung in den Geschäftsräumen der Gesellschaft und die Möglichkeit, diese erhalten zu können, hinzuweisen.
– Ob eine **Mitteilung an die Kreditinstitute** und von diesen an die Aktionäre zu erfolgen hat, ist umstritten;[57] in der Praxis erfolgt sie idR aus Vorsichtsgründen.

2. Materielle Anforderungen

49 Ohne dass das Gesetz dies direkt verlangt, ist allgemein anerkannt, dass der Bezugsrechtsausschluss aus Gründen des Minderheitsschutzes grds. einer sachlichen Rechtfertigung bedarf, es sei denn, ihm stimmen alle, nicht nur die an der Abstimmung teilnehmenden

---

[52] OLG Hamm AG 1989, 31 (32 f.); *Krause* in Habersack/Mülbert/Schlitt Unternehmensfinanzierung am Kapitalmarkt § 7 Rn. 39 auch mit berechtigter Kritik an OLG München AG 2009, 450.
[53] Vgl. BGHZ 83, 319 (326) = NJW 1982, 2444 – Holzmann; LG München AG 2010, 47 (48).
[54] OLG München AG 1991, 210 (211); OLG Frankfurt a.M. ZIP 1992, 765; *Koch* in Hüffer/Koch AktG § 186 Rn. 24; aA *Martens* ZIP 1992, 1677 (1684 ff.); differenzierend *Sethe* AG 1994, 342 (363), der zu Recht die Heilung eines unvollständigen Berichts, nicht aber seines vollständigen Fehlens zulassen will.
[55] Entsprechende Anwendung von § 175 Abs. 2 AktG; *Schürnbrand* in MüKoAktG AktG § 186 Rn. 86; *Lutter*, ZGR 1979, 401 (409); *Timm* DB 1982, 211 (217); siehe auch LG Heidelberg ZIP 1988, 1257 (1258); aA *Martens* ZIP 1992, 1677 (1686).
[56] § 124 Abs. 3 AktG analog; OLG Celle NZG 2001, 1140; *Ekkenga* in Kölner Komm. AktG § 186 Rn. 181; *Ekkenga/Jaspers* in Ekkenga/Schröer Kap. 4 Rn. 150; aA *Koch* in Hüffer/Koch AktG § 186 Rn. 23, der seit ARUG hierfür kein Bedürfnis sieht.
[57] *Koch* in Hüffer/Koch AktG § 186 Rn. 23 hält §§ 125, 128 AktG für nicht anwendbar; ebenso *Ekkenga* in Kölner Komm. AktG § 186 Rn. 182; aA *Timm* DB 1982, 211 (217).

VI. Bezugsrechtsausschluss § 20

Aktionäre zu oder es liegen die Voraussetzungen des sog. erleichterten Bezugsrechtsausschlusses gem. § 186 Abs. 3 S. 4 AktG vor.

a) Sachliche Rechtfertigung

Sachlich gerechtfertigt ist der Bezugsrechtsausschluss, wenn er im Gesellschaftsinteresse liegt, zur Erreichung des beabsichtigten Zwecks geeignet und erforderlich sowie zudem verhältnismäßig ist.[58] Die Prüfung ist strikt am Einzelfall der betreffenden AG auszurichten. 50

Der Bezugsrechtsausschluss liegt im **Gesellschaftsinteresse,** wenn er dazu dient, im Rahmen des Unternehmensgegenstands den Gesellschaftszweck zu fördern. Es muss sich aber tatsächlich um ein Interesse der Gesellschaft handeln. Ein Konzerninteresse oder gar das persönliche Interesse einzelner oder aller Organmitglieder, Mitarbeiter oder Aktionäre ist nicht relevant. 51

Der Bezugsrechtsausschluss ist **geeignet,** wenn der angestrebte Zweck mit ihm erreicht werden kann, und **erforderlich,** wenn er unter mehreren Möglichkeiten den Zweck am besten fördert oder keine gleichwertige Entscheidungsalternative besteht. Daher kann es auch erforderlich werden, die Nachteile für die Aktionäre (insbes. Verwässerung) durch eine besondere Ausgestaltung der Kapitalerhöhung zu minimieren. So kann zB der Bezugsrechtsausschluss bei einer Kapitalerhöhung, die einem Aktionär eine Sacheinlage ermöglichen soll, dadurch kompensiert werden, dass für die übrigen Aktionäre in entsprechender Höhe eine Barkapitalerhöhung durchgeführt wird (gemischte Kapitalerhöhung). Wo solche Kompensationsmaßnahmen nahe liegen und nicht ergriffen werden sollen, ist diese Entscheidung im Bericht des Vorstands zu begründen. 52

Verhältnismäßig ist der Bezugsrechtsausschluss, wenn das Gesellschaftsinteresse das Interesse der Aktionäre am Erhalt ihrer Rechtsposition überwiegt. Daraus folgt, dass das Interesse der Gesellschaft am Bezugsrechtsausschluss umso stärker sein muss, je schwerer der Eingriff in die Aktionärsrechte wiegt.[59] Im Rahmen der Verhältnismäßigkeitsprüfung kann also sowohl das Ob als auch insbes. das Wie der konkreten Ausgestaltung des Bezugsrechtsausschlusses in Frage gestellt werden.[60] Das Aktionärsinteresse kann etwa durch eine Kurs- oder Stimmverwässerung berührt sein, wobei Letztere zB dann besonders schwer wiegt, wenn eine Sperrminorität verloren geht. Verfehlt ist es allerdings grds., den Bezugsrechtsausschluss als unverhältnismäßig anzusehen, wenn zwar schlechtere, aber immer noch zumutbare und in ihren Auswirkungen mildere Mittel zur Verfügung stehen.[61] Solche Mittel scheitern schon im Rahmen der Erforderlichkeitsprüfung, da nur gleich wirksame Mittel miteinander verglichen werden.[62] Die Verhältnismäßigkeit kann dann allenfalls noch dadurch in Frage gestellt werden, dass eine Maßnahme evident unangemessen ist, weil eine erheblich geringere Belastung mit einem unerheblichen Weniger an Eig- 53

---

[58] Vgl. insbes. *Martens* ZIP 1992, 1677 ff.; *Heinsius*, FS Kellermann, 1991, 115 ff.; *Ekkenga* in Kölner Komm. AktG § 186 Rn. 87 ff. Das dürfte der Intention des BGH entsprechen, der sich jedoch nicht ausdrücklich zu diesen Prüfungskriterien bekannt hat, vgl. BGHZ 71, 40 (46) = NJW 1978, 1316 – Kali & Salz; BGHZ 83, 319 (321) = NJW 1982, 2444 – Holzmann; BGHZ 120, 141 (145) = NJW 1993, 400 – Bremer Bankverein; BGHZ 125, 239 (241) = NJW 1994, 1410 – Deutsche Bank; siehe auch OLG Braunschweig AG 1999, 84 (86); OLG Stuttgart AG 1998, 529 (531); OLG München AG 2012, 802 (803). Soweit *Kindler* ZGR 1998, 35 (65) und *Goette* ZGR 2012, 505 (511) die Grundsätze der „Siemens/Nold"-Entscheidung (BGH NJW 1997, 2815, dazu → § 22 Rn. 27 ff.) auch bei der regulären Kapitalerhöhung anwenden möchten, ist dem jedenfalls in der Praxis nicht zu folgen. Denn das wenig dogmatische Urteil argumentiert hauptsächlich mit Praktikabilitätserwägungen und beschränkt sich dabei konsequent auf das genehmigte Kapital. Diesem soll die ihm vom Gesetzgeber zugedachte Flexibilität zurückgegeben werden. Die Entwicklung zusammenfassend *Oetker*, FS Pannen, 2017, 773 (775 ff.).
[59] *Schürnbrand* in MüKoAktG AktG § 186 Rn. 103 ff.; siehe dazu und zu der dabei erforderlichen Abwägung → § 12 Rn. 32 ff.
[60] *Hefermehl/Bungeroth* in Geßler/Hefermehl AktG § 186 Rn. 115.
[61] So aber *Lutter* in Kölner Komm. AktG, 2. Aufl., § 186 Rn. 63.
[62] BVerfGE 25, 1 (18); 30, 292 (316); 33, 171 (187); 40, 371 (383).

nung erzielt werden könnte. Erweist sich ein Bezugsrechtsausschluss als verhältnismäßig, genügt er grds. auch dem **Gleichbehandlungsgebot** (§ 53a AktG).

b) Einzelfälle

54 Die sachliche Rechtfertigung des Bezugsrechtsausschlusses ist in den nachfolgend aufgeführten Fällen grds. anerkannt, muss aber trotzdem im Vorstandsbericht (kurz) dargelegt werden. Für die häufigeren Fälle werden sogleich Beispielsformulierungen genannt.

aa) Vermeidung freier Spitzen

55 Freie Spitzen ergeben sich, wenn das Grundkapital nicht durch den Faktor teilbar ist, um den es erhöht werden soll. Der Bezugsrechtsausschluss dient daher dazu, glatte Bezugsverhältnisse zu ermöglichen.[63] Er wird auch dann sachlich gerechtfertigt sein, wenn etwa ein glattes Bezugsrecht im Verhältnis 51:20 darstellbar wäre und sich die Gesellschaft zu einer Kapitalerhöhung im Verhältnis 5:2 entscheidet, denn der einzelne Aktionär benötigt hier erheblich weniger Aktien, um an der Kapitalerhöhung teilnehmen zu können. Wo sich derartige Rechtfertigungen nicht finden lassen, ist der Bezugsrechtsausschluss willkürlich. Alternativ ist es aber auch möglich, zunächst durch eine vereinfachte Kapitalherabsetzung im Wege der Einziehung gem. § 237 Abs. 3 AktG ein glattes Bezugsverhältnis herzustellen, um das Entstehen freier Spitzen zu vermeiden. Formulierungsbeispiel für den Bezugsrechtsausschluss:

Spitzenbeträge sind vom Bezugsrecht der Aktionäre ausgenommen.

Formulierungsbeispiel für den Vorstandsbericht:[64]

Der Ausschluss des Bezugsrechts für Spitzenbeträge ermöglicht die Kapitalerhöhung in einem glatten Bezugsverhältnis. Dies erleichtert die Abwicklung des Bezugsrechts der Aktionäre.

bb) Mittelbares Bezugsrecht durch Nicht-Kreditinstitut

56 Denkbar ist auch, das Bezugsrecht nicht über ein Kreditinstitut, sondern zB über ein ausländisches Brokerhaus oder den Großaktionär abzuwickeln. Der hierfür erforderliche Bezugsrechtsausschluss ist gerechtfertigt, wenn dadurch die Platzierung vereinfacht oder kostengünstiger gestaltet wird und sichergestellt ist, dass jeder Aktionär die seinem gesetzlichen Bezugsrecht entsprechende Aktienanzahl beziehen kann.[65]

Zum Beispiel:

Das gesetzliche Bezugsrecht der Aktionäre wird ausgeschlossen. Zur Zeichnung der neuen Aktien wird ... zugelassen, die 250.000 neue Stückaktien mit der Verpflichtung übernimmt, sie [soweit sie nicht selbst bezugsberechtigt ist] den übrigen Aktionären im Verhältnis 4:1 zu einem Ausgabebetrag von 130 EUR pro Stückaktie zum Bezug anzubieten.

Vorschlag zur Rechtfertigung des Bezugsrechtsausschlusses im Vorstandsbericht:

Der Ausschluss des Bezugsrechts dient dazu, die Durchführung der Kapitalerhöhung zu erleichtern. Materiell bleibt das Bezugsrecht dadurch gewahrt, dass ... verpflichtet wird, die neuen Aktien [mit Ausnahme der auf ihre eigene Beteiligung entfallenden] den freien Aktionären so anzubieten, wie diese ohne den Bezugsrechtsausschluss bezugsberechtigt ge-

---

[63] BGH NJW 1982, 2444 (2445); *Servatius* in Spindler/Stilz AktG § 186 Rn. 63.
[64] Die Nichtauslegung dieses Vorstandsberichtes rechtfertigt nicht die Anfechtung, weil der Grund des Ausschlusses für die Aktionäre offensichtlich ist, OLG Stuttgart AG 2001, 200 (201) mAnm *Leuering* EWiR 2001, 557.
[65] Siehe *Happ/Groß* AktienR 808.

wesen wären. Diese Verfahrensweise führt für die Gesellschaft zu einer erheblichen Kostenersparnis, da ...

cc) Ausgabe von Belegschaftsaktien

Sachlich gerechtfertigt ist grds. auch die Ausgabe von Belegschaftsaktien an aktive und pensionierte Mitarbeiter der Gesellschaft und ihrer verbundenen Unternehmen in vertretbarem Rahmen.[66]

Zum Beispiel:
Das Bezugsrecht der Aktionäre wird ausgeschlossen.

Im Vorstandsbericht genügt es, das Vorhaben zu erläutern; gerechtfertigt werden muss es angesichts der im Gesetz an mehreren Stellen zum Ausdruck kommenden Förderung der Beteiligung von Arbeitnehmern an ihrem Unternehmen nicht.

Zum Beispiel:
Den Arbeitnehmern der Gesellschaft und der mit ihr verbundenen Unternehmen sowie deren Pensionären soll jedes Jahr eine beschränkte Anzahl von Aktien zu Vorzugskonditionen zum Erwerb angeboten werden. Die hierfür benötigten Aktien können nach dem Aktiengesetz aus einem genehmigten Kapital bereitgestellt werden, das durch diesen Beschluss geschaffen werden soll.

dd) Gekreuzter Bezugsrechtsausschluss

Durch den sog. gekreuzten Bezugsrechtsausschluss wird bei Vorhandensein mehrerer Aktiengattungen sichergestellt, dass die Aktionäre jeder Gattung (vorrangig) nur Aktien ihrer Gattung erhalten. Dies ist sachlich gerechtfertigt, wenn damit jeder Aktionär bei Ausübung seiner Bezugsrechte seine Beteiligungsquote am Gesamtgrundkapital wahren kann und in jeder Gattung gleiche Bezugsverhältnisse und eine angemessene und vergleichbare Preisrelation der neuen zu den alten Aktien vorgesehen sind.[67]

Zum Beispiel:
Das Bezugsrecht von Inhabern einer Gattung auf Aktien der anderen Gattung wird ausgeschlossen [sofern das Bezugsverhältnis für beide Gattungen gleich festgesetzt wird].

Formulierungsbeispiel für den Vorstandsbericht:
Dieses gattungsbezogene Bezugsrecht entspricht dem Gedanken der Gleichbehandlung und der Funktion des Bezugsrechts, nämlich die bestehenden anteiligen Stimm- und Vermögensrechte aufrecht zu erhalten. Dadurch wird erreicht, dass jeder Aktionär bei Ausübung des Bezugsrechts weiterhin am Grundkapital der Gesellschaft in der gleichen Aktiengattung im gleichen Verhältnis beteiligt bleibt.

ee) Schaffung von Aktien für eine Börseneinführung

Neue Aktien können auch für eine Börseneinführung im In- oder Ausland bereitgestellt werden, wenn damit der Aktionärskreis durch Gewinnung privater und institutioneller Anleger im Ausland erweitert werden soll, eine breite Streuung der aus der Kapitalerhöhung hervorgegangenen Aktien vorgenommen und der Ausgabebetrag an den aktuellen

---

[66] Siehe BGH NJW 2000, 2356 (2357) – adidas.
[67] *Ekkenga* in Kölner Komm. AktG § 186 Rn. 97 f.; *Schürnbrand* in MüKoAktG AktG § 186 Rn. 117; *Rittig* NZG 2012, 1292 (1293 ff.); siehe auch das Muster bei → Rn. 32.

Börsenkurs angelehnt wird.[68] Der Bezugsrechtsausschluss kann standardmäßig formuliert werden:

Das Bezugsrecht der Aktionäre wird ausgeschlossen.

Vorschlag für den Vorstandsbericht:

Wegen der besonderen Bedeutung des Eigenkapitals für ihre geschäftliche Entwicklung [erläutern] ist die Gesellschaft darum bemüht, ihre Aktionärsbasis auch im Ausland zu verbreitern. Hierzu sollen Aktien an den Börsenplätzen London und Paris eingeführt werden. Um die Interessen der Altaktionäre zu wahren, wird sich der Ausgabebetrag der neuen Aktien eng an dem jeweils aktuellen Börsenkurs orientieren. Zudem wird ein Konsortium starker lokaler Banken in die Platzierung eingeschaltet, mit dem vereinbart wird, dass die Aktien breit gestreut und nur mit bestimmten Höchstbeträgen je einzelnem Anleger zu platzieren sind.

ff) Einräumung von Bezugsrechten an Gläubiger einer Wandel- oder Optionsanleihe

60 Ein Bezugsrechtsausschluss kann auch notwendig werden, um die Rechte von Gläubigern einer Wandel- oder Optionsanleihe bei der Kapitalerhöhung nicht zu verwässern.[69]

Vorschlag für die Formulierung des Bezugsrechtsausschlusses:

Das Bezugsrecht ist insoweit ausgeschlossen, als dies erforderlich ist, um den Inhabern der von der Gesellschaft und ihren verbundenen Unternehmen ausgegebenen Optionsrechte, Wandelschuldverschreibungen und Wandelgenussrechte ein Bezugsrecht auf neue Aktien in dem Umfang zu gewähren, wie es ihnen nach Ausübung des Options- bzw. Wandlungsrechts zustehen würde.

Rechtfertigung im Vorstandsbericht:

Der Ausschluss des Bezugsrechts zu Gunsten der Inhaber bzw. Gläubiger von Options- oder Wandlungsrechten bzw. von mit Wandlungspflichten ausgestatteten Wandelgenussrechten und Wandelschuldverschreibungen hat den Vorteil, dass im Fall einer Ausnutzung der Ermächtigung der Options- bzw. Wandlungspreis für die Inhaber bzw. Gläubiger bereits bestehender Optionsrechte oder (gegebenenfalls mit Wandlungspflichten ausgestatteten) Wandelgenussrechte bzw. Wandelschuldverschreibungen nicht nach den bestehenden Options- bzw. Wandlungsbedingungen ermäßigt zu werden braucht.

gg) Sanierungsfälle

61 In Sanierungsfällen (insbes. bei einem beabsichtigten Debt-to-Equity-Swap) kann es erforderlich sein, einem gegen Einräumung einer Beteiligung sanierungswilligen Investor neue Aktien unter Verwässerung der Beteiligung der Altaktionäre zur Verfügung zu stellen.[70] Da in Sanierungssituationen der Vorstandsbericht über die Gründe des Bezugsrechtsausschlusses nur anhand der Umstände des Einzelfalls erarbeitet werden kann, wird hier auf ein Formulierungsbeispiel verzichtet. Bei der Rekapitalisierung von Banken ist der Bezugsrechtsausschluss stets sachlich gerechtfertigt (vgl. § 7 Abs. 3 S. 4 FMStBG).[71]

hh) Sonstige Fälle

62 Eine Kapitalerhöhung mit Bezugsrechtsausschluss kommt ferner in Fällen der kapitalmäßig unterlegten Kooperation mit einem anderen Unternehmen (Beteiligungserwerb, Vor-

---

[68] BGHZ 125, 239 (242f.) = NJW 1994, 1410 – Deutsche Bank; dazu *Bungert* WM 1995, 1 (2ff.); *Scholz* in MHdB AG § 57 Rn. 119f.
[69] *Ekkenga* in Kölner Komm. AktG § 186 Rn. 114 *Scholz,* in MHdB AG § 57 Rn. 119b.
[70] OLG Köln ZIP 2014, 263 (265) – SolarWorld; *Vaupel/Reers* AG 2010, 93 (95).
[71] Dazu LG München ZIP 2012, 674 – HRE.

bereitung eines Unternehmenszusammenschlusses) in Betracht, wenn dies im Interesse der Gesellschafter liegt.[72]

Außerdem kann eine Kapitalerhöhung zur Abwehr einer feindlichen Übernahme 63 durch Absenken der Beteiligungsquote des feindlich gesinnten Aktionärs erfolgen, wenn dieser etwa plant, die Gesellschaft zu konzernieren, von sich abhängig zu machen oder zu vernichten.[73] Bei Vorliegen besonderer Gründe kann uU auch ein Teilausschluss des Bezugsrechts für bestimmte Aktionäre gerechtfertigt sein, um die Mehrheitsverhältnisse zu ändern (vgl. § 53a AktG).

Abgesehen von den genannten Fällen **fehlt die sachliche Rechtfertigung** bei Barka- 64 pitalerhöhungen, da es für das Gesellschaftsinteresse idR irrelevant ist, wer die Bareinlage leistet. Gerechtfertigt werden kann der Bezugsrechtsausschluss unabhängig von der Art der Kapitalerhöhung insbes. auch nicht mit einer schwierigen Kapitalmarktsituation,[74] dem Interesse an einer beschleunigten Durchführung der Kapitalerhöhung oder der Vermutung, dass bei den bisherigen Aktionären die Übernahmebereitschaft fehlt.[75] Der Streit, ob der Bezugsrechtsausschluss mit dem Streben nach einem möglichst hohen Ausgabebetrag gerechtfertigt werden kann,[76] sollte seit der Existenz des sog. erleichterten Bezugsrechtsausschlusses (§ 186 Abs. 3 S. 4 AktG; → Rn. 68 ff.) entschieden sein: In den vom Gesetzgeber gezogenen Grenzen (10 % des Grundkapitals) ja, darüber hinaus nicht.

3. Anfechtungsrisiken

Der Bezugsrechtsausschluss ist erfahrungsgemäß ausgesprochen anfechtungsgefährdet, wo- 65 bei sich eine Anfechtungs- oder Nichtigkeitsklage prozessual auf den Kapitalerhöhungsbeschluss insgesamt beziehen muss, da der Bezugsrechtsausschluss wegen der zwingenden Verbindung beider Bestandteile iSv § 139 BGB nicht isoliert anfechtbar ist. Die Anfechtungsgefahr folgt zum einen aus den hohen formellen und schwer justitiablen materiellen Anforderungen, und zum anderen daraus, dass der Bezugsrechtsausschluss einen direkten Eingriff in die Beteiligungsrechte des einzelnen Aktionärs bewirkt. Zudem eröffnet § 255 Abs. 2 S. 1 AktG einen besonderen Anfechtungsgrund im Falle eines unangemessen niedrigen Ausgabe- oder Mindestbetrags.

Ungeachtet der Frage, ob der Aktionär den Mangel des Bezugsrechtsausschlusses oder 66 hingegen die AG dessen sachliche Rechtfertigung darzulegen und zu beweisen hat,[77] ist **Grundlage der gerichtlichen Überprüfung** allein der Vorstandsbericht. Nur die dort genannten Umstände, die allerdings im Prozess näher erläutert werden dürfen, können von der Gesellschaft zur Rechtfertigung des Bezugsrechtsausschlusses vorgetragen werden. Reichen sie dazu nicht aus, dokumentiert das die Unvollständigkeit des Berichts mit der Folge, dass die Anfechtungsklage bereits aus **formellen Gründen** Erfolg hat. Denn weil die Entscheidung über den Bezugsrechtsausschluss – von rechtlichen Vorfragen abgesehen – dem unternehmerischen Ermessen unterfällt und daher nicht vollauf gerichtlich überprüfbar ist, soll die Richtigkeit dieser Entscheidung wenigstens durch die Einhaltung eines bestimmten Verfahrens gewährleistet werden. Dementsprechend ist die Anfechtung auch dann erfolgreich, wenn der Bezugsrechtsausschluss nicht ordnungsgemäß bekannt ge-

---

[72] BGHZ 83, 319 (323) = NJW 1982, 2444 – Holzmann; dazu *Timm* DB 1982, 211 (212 f.).
[73] Im Einzelnen str., vgl. *Koch* in Hüffer/Koch AktG § 186 Rn. 32 mwN.
[74] *Koch* in Hüffer/Koch AktG § 186 Rn. 33; aA wohl *Timm* DB 1982, 211 (215).
[75] OLG Celle NZG 2001, 1140 (1141) – wenn die Vermutung zutrifft, bedarf es des Bezugsrechtsausschlusses gar nicht.
[76] Zurückhaltender und wohl nur in Sanierungssituationen dafür *Koch* in Hüffer/Koch AktG § 186 Rn. 33; *Schürnbrand* in MüKoAktG AktG § 186 Rn. 113.
[77] Zum Meinungsstand *Schürnbrand* in MüKoAktG AktG § 186 Rn. 111 mwN.

macht wurde. Auf eine Kausalität zwischen Rechtsverletzung und Beschlussfassung kommt es nicht an.[78]

67 **Materieller Prüfungsmaßstab** ist, dass die an der Entscheidung beteiligten Organe nach dem tatsächlichen Bild, wie es sich zur Zeit der Beschlussfassung darbot, aufgrund sorgfältiger, von gesellschaftsfremden Erwägungen freier Abwägung davon ausgehen durften, dass der Bezugsrechtsausschluss gerechtfertigt ist.[79] Soweit dabei von den Organen Wertungen und Prognosen anzustellen waren, steht ihnen ein unternehmerisches Ermessen zu und das Gericht beschränkt seine Prüfung darauf, ob sie von zutreffenden und vollständigen Tatsachen ausgegangen sind und keine sach- und gesellschaftsfremden Erwägungen angestellt haben (umfassende Plausibilitätskontrolle). Nach der Beschlussfassung bekannt gewordene Umstände bleiben unberücksichtigt, wenn sie nicht zuvor erkennbar waren.

4. Erleichterter Bezugsrechtsausschluss

a) Allgemeines

68 In der Erkenntnis, dass ein Bezugsrechtsausschluss hinnehmbar ist, wenn eine spürbare Vermögensverwässerung unterbleibt und die geringfügige Anteilsverwässerung durch Aktiennachkauf an der Börse vermieden werden kann, hat der Gesetzgeber für börsennotierte Aktiengesellschaften bei börsenkursnahen Kapitalerhöhungen mit einem Volumen von bis zu 10% des Grundkapitals den sog. **erleichterten Bezugsrechtsausschluss** zugelassen (§ 186 Abs. 3 S. 4 AktG). Die damit verbundenen Erleichterungen gelten gem. § 203 Abs. 1 S. 1 AktG auch beim genehmigten Kapital (→ § 22 Rn. 32 ff.). Damit ist es ohne besonderen sachlichen Anlass möglich, Aktien in unmittelbarer Nähe zum aktuellen Börsenkurs auszugeben, ohne ein Bezugsrecht zu gewähren. Ohne diese Regelung müsste wegen des Risikos, dass der Börsenkurs während der mindestens zweiwöchigen Bezugsfrist unter den festgelegten Ausgabebetrag fällt und die Kapitalerhöhung damit scheitert, ein erheblicher Abschlag auf den Börsenkurs kalkuliert werden, wofür sich in der Praxis eine Größenordnung von 15 bis 25% herausgebildet hat.

b) Voraussetzungen

69 Der Bezugsrechtsausschluss bedarf keiner besonderen sachlichen Rechtfertigung, wenn er folgende Voraussetzungen erfüllt:
 – Es handelt sich um eine **Barkapitalerhöhung.** Erfolgt gleichzeitig eine Sachkapitalerhöhung, muss der Bezugsrechtsausschluss insoweit gerechtfertigt sein.
 – Der **Gesamtnennbetrag der Kapitalerhöhung** darf **10% des Grundkapitals** nicht überschreiten. Maßgeblich ist das bei der Beschlussfassung über die Kapitalerhöhung bestehende satzungsmäßige Grundkapital zuzüglich etwaiger aus einem bedingten Kapital neu ausgegebener, noch nicht in der satzungsmäßigen Grundkapitalziffer erfasster Aktien (§ 200 AktG). Das gilt auch dann, wenn einzelne Aktien oder eine ganze Aktiengattung nicht börsennotiert sind.[80] Das Gesetz trifft keine Aussage zur **Zulässigkeit einer wiederholten Anwendung** von § 186 Abs. 3 S. 4 AktG. Mit Blick auf die insofern anzustellende Missbrauchskontrolle ist es jedenfalls gestattet, einmal jährlich den erleichterten Bezugsrechtsausschluss in Anspruch zu nehmen.[81]

---

[78] HM, siehe nur *Ekkenga* in Kölner Komm. AktG § 186 Rn. 108; aA *Servatius* in Spindler/Stilz AktG § 186 Rn. 34, der aber die Kausalität zumeist für gegeben hält; ausnahmsweise kann allerdings die Anfechtbarkeit bei „Offensichtlichkeit" des Zwecks der Maßnahme entfallen; so für die Nichtauslegung des Vorstandsberichts zum Bezugsrechtsausschluss für Spitzenbeträge OLG Stuttgart AG 2001, 200 (201).
[79] BGHZ 71, 40 (50) = NJW 1978, 1316 – Kali & Salz.
[80] *Schlitt/Schäfer* AG 2005, 67 (68f.); *Seibt* CFL 2011, 74 (77).
[81] *Busch* in Marsch-Barner/Schäfer Börsennotierte AG-HdB § 42 Rn. 89 mwN.

- Die Aktien müssen einen **Börsenpreis** haben, Aktien derjenigen Gattung, für die die Kapitalerhöhung erfolgt, also zum Handel im regulierten Markt oder zum Freiverkehr zugelassen sein (§§ 32 ff., 48 BörsG).[82] Da es nur darum geht, sicherzustellen, dass der Börsenpreis durch offizielle Kursfeststellung ermittelt wird, muss auch die Zulassung an einem dies gewährleistenden ausländischen Kapitalmarkt genügen.[83]
- Der Ausgabebetrag der jungen Aktien darf den Börsenpreis der alten Aktien gleicher Gattung **nicht wesentlich unterschreiten.** Als Börsenpreis kann der Durchschnittswert einer Referenzperiode angesetzt werden,[84] die üblicherweise die letzten drei bis fünf Tage vor der Ausgabe der jungen Aktien, genauer: Abschluss des Zeichnungsvertrages mit dem Emissionskonsortium,[85] umfasst. Da das Gesetz den Börsenpreis nicht definiert, andererseits aber den Begriff im Singular verwendet, kann auch ein bestimmter Stichtag, zB die Preisfestsetzung durch den Vorstand, vorgesehen werden.[86] Festgelegt werden sollte außerdem, welche Kurse dieser Referenzperiode (Eröffnungs-, Schlusskurse etc.) und (bei Notierung an mehreren Börsen) welcher Börse maßgeblich sein sollen. Die Höhe des zulässigen Abschlags soll 3 % bis 5 % nicht überschreiten,[87] ist aber zusätzlich dadurch determiniert, dass der Vorstand verpflichtet ist, den der Gesellschaft zufließenden Zeichnungserlös zu optimieren.[88] Der **Hauptversammlungsbeschluss** wird wegen seines zeitlichen Abstands zum maßgeblichen Ausgabezeitpunkt den Ausgabebetrag im Regelfall nicht ziffernmäßig, sondern nur entsprechend den genannten Kriterien festlegen. Sind sämtliche Voraussetzungen erfüllt, kann der Beschluss nicht mit dem Argument angefochten werden, der Ausgabebetrag sei deshalb unangemessen niedrig (vgl. § 255 Abs. 2 S. 1 AktG), weil schon der Börsenpreis maßgeblich unter dem anteiligen Unternehmenswert liege. Das würde nicht nur die mit dem erleichterten Bezugsrechtsausschluss angestrebte Rechtssicherheit wieder zunichte machen, sondern auch gegen den ausdrücklichen Wortlaut des Gesetzes verstoßen, der eben gerade nur auf den Börsenpreis abstellt.[89]
- **Nicht erforderlich** ist, dass der Aktionär konkret die Möglichkeit haben muss, seine Beteiligungsquote durch Erwerb von Aktien an der Börse aufrecht zu erhalten, auch

---

[82] *Koch* in Hüffer/Koch AktG § 186 Rn. 39b.
[83] *Marsch-Barner* AG 1994, 532 (536); *Ekkenga* in Kölner Komm. AktG § 186 Rn. 147; *Scholz* in MHdB AG § 57 Rn. 127; auf eine Börse innerhalb des EWR beschränkend *Koch* in Hüffer/Koch AktG § 186 Rn. 39b.
[84] *Veil* in K. Schmidt/Lutter AktG § 186 Rn. 42; *von Dryander/Niggemann* in Hölters AktG § 186 Rn. 76. Eine Glättung von Börsenkursschwankungen durch Bildung eines Durchschnittskurses über wenige Tage wird man zumindest als praktikabel ansehen müssen, um zufällige oder manipulierte Kursausschläge zu egalisieren. Kritisch dazu wegen der Gefahr, dass bei fallenden Kursen in der Referenzperiode der geglättete Börsenkurs den aktuellen übersteigt, *Schlitt/Schäfer* AG 2005, 67 (71); *Ihrig* FG Happ, 2006, 109, 121; vermittelnd *Seibt* CFL 2011, 74 (80).
[85] Wie hier *Ihrig* FG Happ, 2006, 109 (119); *Schürnbrand* in MüKoAktG AktG § 186 Rn. 134; auf den Zeitpunkt der Preisfestsetzung durch den Vorstand abstellend *Schlitt/Schäfer* AG 2005, 67 (71); *Koch* in Hüffer/Koch AktG § 186 Rn. 39c; wieder anders *Marsch-Barner* AG 1994, 532 (537) (Tag der Hauptversammlung); *Servatius* in Spindler/Stilz AktG §§ 186 Rn. 59 (Ladung zur Hauptversammlung). Weil sich eine möglichst späte Festlegung des Ausgabepreises empfiehlt, wird in der Praxis oft ein Kreditinstitut zwischengeschaltet, das die jungen Aktien zum Nominalbetrag übernimmt und sie nach Eintragung der Durchführung der Kapitalerhöhung für Rechnung der Gesellschaft platziert; dazu *Hoffmann-Becking* FS Lieberknecht, 1997, 25 (33).
[86] So auch *Scholz* in MHdB AG § 57 Rn. 202 ff. Stets einen Stichtag und dabei den Zeitpunkt der Preisfestsetzung für maßgeblich haltend *Koch* in Hüffer/Koch AktG § 186 Rn. 39c mwN.
[87] AusschussB BT-Drs. 12/7848, 9; *von Oppen/Menhart/Holst* WM 2011, 1835 (1837); aA *Lutter* AG 1994, 429 (442), der 3 % als Obergrenze ansieht. Ausreichend ist, wenn dieses Kriterium nach Dividendenabschlag erfüllt ist, vgl. *Groß* DB 1994, 2431 (2435), weil ein Kursvergleich von Aktien mit unterschiedlichen Dividendenberechtigungen wenig sinnvoll wäre.
[88] *Ihrig* FG Happ, 2006, 109 (121 f.).
[89] *Groß* DB 1994, 2431 (2434); siehe auch *Martens*, FS Bezzenberger, 2000, 267 (277 f.); *Sinewe* NZG 2002, 314 (316); aA bei erheblicher Unterbewertung der Aktie an der Börse *Lutter* AG 1994, 429 (441); *Koch* in Hüffer/Koch AktG § 186 Rn. 39e.

wenn dieser Gedanke der gesetzlichen Regelung zugrunde liegt.[90] Vielmehr wird bei Vorliegen der vorgenannten Voraussetzungen die sachliche Rechtfertigung widerlegbar vermutet.[91] Allerdings darf der Bezugsrechtsausschluss nicht in dem Sinne rechtsmissbräuchlich eingesetzt werden, dass er zu einer Verschiebung der Beteiligungsquoten instrumentalisiert wird.

c) Vorstandsbericht

70 Auch beim erleichterten Bezugsrechtsausschluss muss der Hauptversammlung ein Bericht des Vorstands vorgelegt werden, da lediglich die sachliche Rechtfertigung des Bezugsrechtsausschlusses fingiert, nicht aber sein tatbestandliches Vorliegen negiert wird. Während der Gesetzgeber auch hier um größere Rechtssicherheit bemüht war, indem er die **Anforderungen an den Vorstandsbericht** möglichst gering hielt,[92] ist in Rechtsprechung und Literatur zum Teil die Tendenz erkennbar, höhere Ansprüche an den Inhalt des Vorstandsberichts zu stellen.[93] Man sollte die vom Gesetzgeber bezweckte Rechtssicherheit in den dem gesetzlichen Leitbild entsprechenden Fällen nicht durch zu hohe Anforderungen an den Bericht gefährden und den Bericht hier als die aus dogmatischen Gründen erforderliche Formalie ansehen, die er ist. Es erscheint auch zweifelhaft, ob zwingend darzulegen ist, dass der Bezugsrechtsausschluss dem Interesse der Gesellschaft an optimalen Erlösen dient.[94] Dieser Grund dürfte allein selten tragend sein, vielmehr wird immer auch die durch den Verzicht auf den Bezugsrechtshandel erreichte Zeit- und Kostenersparnis motivierend sein, während hohe Erlöse auch durch die Festlegung eines hohen Ausgabebetrags unter Inkaufnahme niedriger oder gar negativer Bezugsrechtswerte erreichbar wären.

71 Wenn jedoch besondere, von den vom Gesetzgeber unterstellten Rahmenbedingungen abweichende Umstände bestehen, namentlich die Herrschaftsposition nicht ohne Weiteres – etwa wegen besonderer Marktenge – durch einen Nachkauf an der Börse erhalten werden kann, wird der Bericht eine trotzdem gegebene **sachliche Rechtfertigung** genauer darzulegen haben.[95] Das kann allerdings nicht hinsichtlich einer vermeintlichen Abweichung des börsenpreisnahen Ausgabebetrags von einem „wahren" Wert der Aktien gelten.[96] Das Gesetz stellt bewusst auf den Börsenpreis und nicht auf einen wie auch immer zu ermittelnden Unternehmenswert ab, der eine besondere Bewertung erfordern würde, die ihrerseits die vom Gesetzgeber angestrebte höhere Rechtssicherheit konterkarieren würde. Dem Aktionär geht bei einer Kapitalerhöhung zu einem börsenpreisnahen Ausgabebetrag auch nichts verloren, da er die Aktien an der Börse zu vergleichbaren Konditionen erwerben könnte. Auch vor dem Hintergrund des § 255 Abs. 2 AktG gilt nichts anderes. Das kann zwar nicht mit einer Spezialität des § 186 Abs. 3 S. 4 AktG gegenüber § 255 Abs. 2 AktG begründet werden, weil dagegen die Stellung der Vorschriften zueinander sowie die Tatsache sprechen, dass § 255 Abs. 2 AktG in der Gesetzesbegründung zu § 186 Abs. 3 S. 4 AktG nicht genannt wird. Richtigerweise ist § 255 Abs. 2 AktG allerdings dahingehend zu verstehen, dass sich die Unangemessenheit des Ausgabebetrags zwar

---

[90] *Ihrig* FG Happ, 2006, 109, 116; *Busch* in Marsch-Barner/Schäfer Börsennotierte AG-HdB § 42 Rn. 93; *Goette* ZGR 2012, 505 (513); aA etwa *Schürnbrand* in MüKoAktG AktG § 186 Rn. 136; für Aktionäre mit Beteiligungen ab 5 % auch *Oetker* FS Pannen, 2017, 773 (780 ff.).
[91] *Marsch-Barner* in Bürgers/Körber AktG § 186 Rn. 36; für eine unwiderlegliche Vermutung *Veil* in K. Schmidt/Lutter AktG § 186 Rn. 44; zum Meinungsstand in diesem Zusammenhang *Oetker* FS Pannen, 2017, 773 (779).
[92] Fraktionsbegründung BT-Drs. 12/6721, 10; AusschussB BT-Drs. 12/7848, 9; dem folgend *Marsch-Barner* AG 1994, 532 (538); *Hoffmann-Becking* ZIP 1995, 1 (9); *Trapp* AG 1997, 115 (120); *Volhard* AG 1998, 397 (402); *Goette* ZGR 2012, 505 (513 f.).
[93] LG München I WM 1996, 305 (307 f.); *Koch* in Hüffer/Koch AktG § 186 Rn. 39 f.
[94] So aber LG München I WM 1996, 305 (307); *Koch* in Hüffer/Koch AktG § 186 Rn. 39 f.
[95] *Schürnbrand* in MüKoAktG AktG § 186 Rn. 140.
[96] So jetzt wohl auch *Ekkenga* in Kölner Komm. AktG § 186 Rn. 187.

grds. an einem zu großen Abstand sowohl zum Börsenpreis als auch zu dem auf die einzelne Aktie entfallenden Unternehmenswert ergeben kann. Unangemessen niedrig kann der Ausgabebetrag aber dann nicht sein, wenn sich ein höherer nicht erzielen lässt.[97] Das rechtfertigt sich eigentlich schon aus sich selbst heraus, findet aber eine weitere Bestätigung in der Überlegung, dass eine AG anderenfalls während einer möglicherweise lang andauernden Phase der Unterbewertung an der Börse keine Möglichkeit zur flexiblen Kapitalerhöhung unter Bezugsrechtsausschluss hätte. Ein börsenpreisnaher Ausgabepreis kann daher nie unangemessen sein. Die Abweichung des Ausgabepreises zum anteiligen Unternehmenswert kann die Unangemessenheit vielmehr nur dann begründen, wenn sich ein höherer Ausgabepreis hätte realisieren lassen.[98]

d) Muster

Der Beschluss über einen erleichterten Bezugsrechtsausschluss (hier bei einem genehmigten Kapital) kann etwa folgenden Wortlaut haben: 72

Der Vorstand ist ermächtigt, mit Zustimmung des Aufsichtsrats das Bezugsrecht [für einen Erhöhungsbetrag von 2.500.000 EUR] auszuschließen, wenn der Ausgabebetrag der neuen Aktien den Börsenpreis bereits notierter Aktien gleicher Ausstattung zum Zeitpunkt der endgültigen Festlegung des Ausgabebetrags, die möglichst zeitnah zur Platzierung der Aktien erfolgen soll, nicht wesentlich unterschreitet.

Im Bericht des Vorstands zum erleichterten Bezugsrechtsausschluss genügen in den dem gesetzlichen Leitbild entsprechenden Fällen folgende Ausführungen: 73

Diese gesetzlich vorgesehene Möglichkeit des Bezugsrechtsausschlusses versetzt die Verwaltung in die Lage, kurzfristig günstige Börsensituationen auszunutzen und dabei durch die marktnahe, den Börsenpreis um maximal 5 % unterschreitende Preisfestsetzung einen möglichst hohen Ausgabebetrag und damit eine größtmögliche Stärkung der Eigenmittel zu erreichen.

Selbstverständlich kann überdies ausgeführt werden, dass etwa aufgrund des niedrigen Kursabschlags die Aktionäre vor einer Verwässerung des Werts ihrer Aktien geschützt sind und dass sie sich über die Börse auch jederzeit die Aktien beschaffen können, die sie zur Erhaltung ihrer Beteiligungsquote benötigen.

5. Faktischer Bezugsrechtsausschluss

Von einem **faktischen Bezugsrechtsausschluss** wird gesprochen, wenn das Bezugsrecht zwar formal gewährt, der Bezug der neuen Aktien aber ohne sachliche Notwendigkeit so ausgestaltet wird, dass der Bezugsrechtsinhaber bei wirtschaftlichem Verhalten praktisch keine Aktien beziehen kann. Als Beispiele hierfür werden genannt:[99] ein deutlich über dem aktuellen Börsenkurs liegender Ausgabebetrag sowie die Festlegung von extrem hohen Nennwerten oder sehr ungünstigen Bezugsverhältnissen, wodurch ein Aktienbezug nur unter Einsatz großer finanzieller Mittel und selten im Verhältnis zur bisherigen Beteiligungsquote möglich ist. Hierher gehört auch die Verbindung des Aktienbezugs mit besonderen Pflichten nichtkorporativer Art, zB Stimmrechtsbindungen. Solche Gestaltungen 74

---
[97] Hierauf stellt in umgekehrter Sichtweise auch *Zöllner* in Kölner Komm. 1. Aufl. AktG § 255 Rn. 9 f. ab.
[98] Ähnlich wohl *Hoffmann-Becking* FS Lieberknecht, 1997, 25 (29).
[99] *Wiedemann* in GroßkommAktG AktG § 186 Rn. 176 f.; *Kuntz/Stegemann* ZIP 2016, 2341 (2342 ff.); vgl. auch LG Düsseldorf AG 1999, 134; *Kocher/Feigen* CFL 2013, 116 (117 ff.); einen faktischen Bezugsrechtsausschluss bei Festsetzung des Bezugspreises oberhalb des Börsenpreises mit guten Gründen verneinend aber *Gehling* ZIP 2011, 1699 (1700 f.).

sollten möglichst vermieden werden, zumindest sollte man ungeachtet ihrer formalen Ausgestaltung zumindest rein vorsorglich die Voraussetzungen des Bezugsrechtsausschlusses beachten. Auch dann ist allerdings die Gefahr nicht gänzlich ausgeräumt, dass eine solche Maßnahme im Einzelfall wegen Treupflichtverletzung anfechtbar ist.

6. Zuweisung der neuen Aktien

75 Die Hauptversammlung kann den Vorstand anweisen, die Aktien möglichst breit zu streuen oder sie bestimmten Aktionären oder Dritten zuzuweisen. Ob es auch ohne eine solche Anweisung zulässig ist, die Aktien zB nur einem Großaktionär oder einigen institutionellen Anlegern zuzuweisen, ist umstritten.[100] Dem erleichterten Bezugsrechtsausschluss mag zwar als Leitbild die breite Streuung der neuen Aktien zugrunde liegen, sie wird vom Gesetzgeber allerdings nicht vorausgesetzt. Der Vorstand hat **im Interesse der Gesellschaft** zu handeln, wobei ihm dabei ein **Ermessensspielraum** nach der Business Judgment Rule (§ 93 Abs. 1 S. 2 AktG) zukommt. Das Unternehmensinteresse wird in diesem Zusammenhang regelmäßig einerseits in höchstmöglichen Kursen und andererseits in einer ausgewogenen Aktionärsstruktur liegen. Gerade Letzteres kann aber dadurch überlagert werden, dass es einem Großaktionär ermöglicht werden soll, seine Beteiligungsquote zu halten, ohne an der Börse nachkaufen zu müssen. Auch wenn der erleichterte Bezugsrechtsausschluss keines eigenen Sachgrundes bedarf, heißt das nicht, dass der Vorstand sich nicht um sie bemühen dürfte. Unter diesem Gesichtspunkt kann eine Abweichung von dem bei der Zuweisung neuer Aktien an bisherige Aktionäre zu berücksichtigenden Gleichbehandlungsgrundsatz (§ 53a AktG) durchaus gerechtfertigt, die bevorrechtigte Zuweisung der Aktien an einen Großaktionär bei breiter Streuung am Kapitalmarkt im Übrigen also begründet sein. Für Aktionäre mit kleineren Beteiligungen greift dieses Argument nicht. Eine Zuweisung der Aktien an sie im Sinne einer Gleichbehandlung mit dem Großaktionär erscheint nicht sachgerecht, weil das ausgeschlossene Bezugsrecht damit durch die Hintertür wieder eingeführt würde. Die Bevorzugung eines Aktionärs mit größerer Beteiligung ist allerdings kritischer zu sehen, wenn ihm mehr Aktien zugewiesen werden, als er zur Erhaltung seiner Beteiligungsquote benötigt.

VII. Erstmalige Ausgabe von Vorzugsaktien

76 Anstelle von Aktien der bisherigen Gattung können auch Aktien einer neuen Gattung ausgegeben werden, zB Vorzugsaktien ohne Stimmrecht. Für die Formalia und Mehrheitserfordernisse eines entsprechenden Hauptversammlungsbeschlusses kann auf die allgemeinen Ausführungen verwiesen werden. Besonders zu beachten ist lediglich, dass die spätere Ausgabe weiterer Vorzugsaktien ohne Stimmrecht, die den anderen bei der Gewinnverteilung gleichstehen oder vorangehen, zwar grds. der Zustimmung der Vorzugsaktionäre in einer Sonderversammlung bedarf, dem aber bereits bei Einführung der Vorzugsaktien vorgebeugt werden kann. Wird nämlich bereits bei der erstmaligen Ausgabe von Vorzugsaktien ein Vorbehalt hinsichtlich der späteren Ausgabe weiterer, in der Gewinnverteilung vorgehenden oder gleichstehenden Vorzugsaktien gemacht, ist der **Son-**

---

[100] Dagegen *Lutter* AG 1994, 429 (444); dafür *Groß* DB 1994, 2431 (2439); *Marsch-Barner* AG 1994, 532 (538); *Martens* ZIP 1994, 669 (678). *Claussen* WM 1996, 609 (614) hält eine bevorrechtigte Zuweisung an Altaktionäre mit größeren Beteiligungen sogar für geboten, um diesen die Erhaltung ihrer Beteiligungsquote zu ermöglichen, ohne dabei den Börsenkurs hochtreiben zu müssen. Sofern daraus eine entsprechende Angebotspflicht abgeleitet wird, ist dies allerdings abzulehnen, da damit für diese Aktionäre quasi ein Bezugsrecht wieder eingeführt würde.

derbeschluss entbehrlich, solange nicht das Bezugsrecht der Vorzugsaktionäre ausgeschlossen wird (§ 141 Abs. 2 S. 2 AktG).

Der Beschluss über die erstmalige Ausgabe von Vorzugsaktien ohne Stimmrecht könnte folgendermaßen lauten: 77

a) *Das Grundkapital der Gesellschaft wird gegen Bareinlagen erhöht von 12.000.000,– EUR um 6.000.000,– EUR durch Ausgabe von 2.343.750 neuen auf den Inhaber lautenden nennbetragslosen Vorzugsaktien ohne Stimmrecht (Stückaktien). Die Vorzugsaktien sind gem. § 12 Abs. 2 der Satzung in der unter c) vorgeschlagenen Fassung mit einem Gewinnvorzug ausgestattet. Dieser Gewinnvorzug besteht in einer Mehrdividende von 0,10 EUR pro Vorzugsaktie gegenüber den Stammaktien und einer nachzahlbaren Dividende von mindestens 0,20 EUR. Die neuen Aktien werden zum Betrag von 25 EUR je Aktie ausgegeben und sind für das Geschäftsjahr 2017 erstmalig gewinnberechtigt. Ein künftiger Beschluss über die Ausgabe von weiteren stimmberechtigten oder stimmrechtslosen Vorzugsaktien, die bei der Verteilung des Gewinns oder des Gesellschaftsvermögens den dann bestehenden Vorzugsaktien ohne Stimmrecht vorangehen oder gleichstehen, bleibt vorbehalten.*

b) *§ 3 Abs. 1 der Satzung wird wie folgt neu gefasst: „Das Grundkapital der Gesellschaft beträgt 18.000.000,– EUR. Es ist eingeteilt in 4.687.500 stimmberechtigte, auf den Inhaber lautende Stückaktien (Stammaktien) und 2 343 750 stimmrechtslose, auf den Inhaber lautende Stückaktien (Vorzugsaktien). Die Vorzugsaktien sind gem. § 12 Abs. 2 dieser Satzung mit einem Gewinnvorzug ausgestattet. Ein Beschluss über die Ausgabe von weiteren …"*

c) *§ 12 Abs. 2 der Satzung wird wie folgt neu gefasst: …*

§ 21 Kapitalerhöhung gegen Sacheinlagen

Übersicht

	Rn.
I. Überblick	1
II. Allgemeines	2
III. Vereinbarte Sacheinlagen	3
1. Kapitalerhöhungsbeschluss	4
a) Inhalt des Hauptversammlungsbeschlusses	4
b) Beschlussmuster	5
c) Rechtsfolge der Unvollständigkeit	6
d) Nachgründung	7
2. Bezugsrechtsausschluss	8
3. Wert der Sacheinlage	11
IV. Verdeckte Sacheinlagen	15
V. Gemischte Bar-/Sachkapitalerhöhung	18

Stichworte

Beschlussmuster Rn. 5
Gegenstand der Sacheinlage Rn. 2, 4
Gemischte Sacheinlage Rn. 3, 18
Kapitalerhöhungsbeschluss
– Anfechtbarkeit/Nichtigkeit Rn. 12
– erleichterter Bezugsrechtsausschluss Rn. 10
– Inhalt Rn. 4
– Unrichtigkeit/Unvollständigkeit Rn. 6
Mischeinlage Rn. 3
Nachgründung Rn. 7

Sacheinlagenvereinbarung Rn. 3
Verdeckte Sacheinlage
– Hin- und Herzahlen Rn. 16
– Rechtsfolgen Rn. 17
– Umgehung Rn. 15
– Verwendungsabrede Rn. 16
Vereinfachte Sachkapitalerhöhung Rn. 14
Werthaltigkeitsprüfung
– Bewertungszeitpunkt Rn. 13
– Sacheinlagenprüfer Rn. 11

Schrifttum:
Andrianesis, Die Neuregelung der verdeckten Sacheinlagen bei der AG durch das ARUG, WM 2011, 968; *Bergmann*, Die verschleierte Sacheinlage bei AG und GmbH, AG 1987, 57; *Bork/Stangier*, Nachgründende Kapitalerhöhung mit Sacheinlagen?, AG 1984, 320; *Cavin*, Mischeinlagen: Umfang der Geldeinzahlung vor der Anmeldung, NZG 2016, 734; *Groß*, Die Lehre von der verdeckten Sacheinlage, AG 1991, 217; *ders.*, Der Inhalt des Bezugsrechts nach § 186 AktG, AG 1993, 449; *ders.*, Zur Problematik der „verdeckten" (verschleierten) Sacheinlage im Aktien- und GmbH-Recht, ZHR 154 (1990) 105; *Grunewald*, Rechtsfolgen verdeckter Sacheinlagen, FS Rowedder, 1994, 111; *Habersack*, Verdeckte (gemischte) Sacheinlage, Sachübernahme und Nachgründung im Aktienrecht, ZGR 2008, 48; *Krause*, Atypische Kapitalerhöhungen im Aktienrecht, ZHR 191 (2017), 641; *Lappe*, Gemischte Kapitalerhöhung und Bezugsrechtsausschluß in Restrukturierungsfällen, BB 2000, 313; *Lutter*, Zur inhaltlichen Begründung von Mehrheitsentscheidungen, ZGR 1981, 171; *Lutter/Gehling*, Verdeckte Sacheinlagen, WM 1989, 1445; *Lutter/Hommelhoff/Timm*, Finanzierungsmaßnahmen zur Krisenabwehr in der Aktiengesellschaft, BB 1980, 737, 748; *Lutter/Zöllner*, Ausschüttungs-Rückhol-Verfahren und Sachkapitalerhöhung, ZGR 1996, 164; *Maier-Reimer*, Wert der Sacheinlage und Ausgabebetrag, FS Bezzenberger, 2000, 253; *Priester:* Vorausleistungen auf die Kapitalerhöhung nach MoMiG und ARUG, DStR 2010, 494; *Rasner*, Kapitalaufbringungspflicht und Gestaltungsspielräume beim Agio, FS Lutter, 2000, 617; *Karsten Schmidt*, Die sanierende Kapitalerhöhung im Recht der Aktiengesellschaft, GmbH und Personengesellschaft, ZGR 1982, 519; *Schneider/Verhoeven*, Vorfinanzierung einer Barkapitalerhöhung, ZIP 1982, 644; *Timm*, Zur Sachkontrolle von Mehrheitsentscheidungen im Kapitalgesellschaftsrecht, ZGR 1987, 403; *Verse*, (Gemischte) Sacheinlagen, Differenzhaftung und Vergleich über Einlageforderungen, ZGR 2012, 875; *Volhard*, Zur Heilung verdeckter Sacheinlagen, ZGR 1995, 286; *Wieneke*, Die Festsetzung des Gegenstands der Sacheinlage nach §§ 27, 183 AktG, AG 2013, 437.

I. Überblick

Bei der Sachkapitalerhöhung wird die Einlage nicht durch Bar-, sondern Sachleistung erbracht (→ Rn. 2 f.), die in einer Sacheinlagevereinbarung (→ Rn. 3) und im Sachkapital- 1 erhöhungsbeschluss der Hauptversammlung (→ Rn. 4 ff.) festgesetzt wird. Es kann auch ein Bezugsrechtsausschluss vorgesehen werden, für dessen sachliche Rechtfertigung erhöhte Anforderungen gelten (→ Rn. 8 ff.). In jedem Fall muss die Sacheinlage werthaltig sein (→ Rn. 11 f.). Werden die Sacheinlagevorschriften umgangen, liegt eine verdeckte Sacheinlage vor, die zu einer Differenzhaftung des Einlegers führen kann (→ Rn. 15 ff.). Schließlich kann die Kapitalerhöhung auch durch das Erbringen sowohl von Sacheinlagen als auch zugleich Bareinlagen erfolgen (→ Rn. 18).

II. Allgemeines

2 Soll die der Gesellschaft gewährte Mittelzufuhr nicht – wie in der Praxis üblich – in Geld bestehen, sind zum Schutz der Aktionäre und des Geschäftsverkehrs die besonderen Voraussetzungen der Kapitalerhöhung gegen Sacheinlagen (auch: Sachkapitalerhöhung) gem. § 183 AktG zu beachten. **Sacheinlage** ist jede Einlage, die nicht durch Einzahlung des Ausgabebetrags der Aktien zu leisten ist (§ 27 Abs. 1 S. 1 AktG), dh jeder Vermögensgegenstand außer Geld, für den ein wirtschaftlicher Wert feststellbar ist. Es kommt nicht darauf an, ob der zu leistende Gegenstand den Sachbegriff des BGB erfüllt. Unerheblich ist auch, ob die Gesellschaft Eigentum an dem geleisteten Vermögensgegenstand erwerben soll oder nur ein Nutzungsrecht.[1] Der Gegenstand muss nur insoweit aus der Sphäre des Einlegers herauslösbar und auf die Gesellschaft übertragbar sein, dass er für diese frei verfügbar ist und die Gesellschaft die Möglichkeit zu seiner Verwertung hat. Der Vermögensgegenstand muss selbständig bewertbar, nach mittlerweile hM aber nicht zwingend bilanzierbar sein.[2] Als **einlagefähig** sind demnach anzusehen zB Sachen, beschränkte dingliche Rechte an Sachen, Patent- und Nutzungsrechte, Forderungen gegen die Gesellschaft selbst oder gegen Dritte, Mitgliedschaften, sofern übertragbar, und Know-how, wenn es so niedergelegt ist, dass es auch durch Dritte verwertet werden kann. Gewisser Beliebtheit erfreut sich seit einiger Zeit die Einbringung des Dividendenanspruchs als Sacheinlage, so dass der Aktionär statt einer Bardividende, junge Aktien, die durch eine Sachkapitalerhöhung geschaffen wurden, erhält (sog. **Scrip Dividend**).[3] **Nicht einlagefähig** sind hingegen zB Dienstleistungen (§ 27 Abs. 2 AktG), Ansprüche auf Dienstleistungen Dritter und eigene Aktien.[4]

III. Vereinbarte Sacheinlagen

3 Die Sachkapitalerhöhung ist keine eigenständige Form der Kapitalerhöhung, vielmehr wird bei ihr – wie aus § 183 AktG folgt – lediglich zugelassen, die grds. bestehende Pflicht zur Bareinlage durch die anderweitige Leistung an Erfüllungs Statt zu bewirken.[5] Das hat zur Konsequenz, dass der Einleger bei Fehlerhaftigkeit der Sacheinlagevereinbarung oder des Beschlusses über die Sachkapitalerhöhung mit Eintragung der Durchführung der Kapitalerhöhung in das Handelsregister die Einlage in bar erbringen muss.[6] Die

---

[1] BGH NJW 2000, 2356 (2357) – adidas – hat zB das befristete Recht zur Nutzung der Namen und Logos von Sportvereinen als sacheinlagefähig angesehen; siehe auch die Besprechungen von *Pentz* ZGR 2001, 901 (908 ff.) und *Ekkenga/Schneider* WuB II A. § 27 AktG 1.00.
[2] *Schürnbrand* in MüKoAktG AktG § 183 Rn. 13; *Bayer* in K. Schmidt/Lutter AktG § 27 Rn. 11 mwN; teilw. aA die *Ekkenga* in Kölner Komm. AktG § 183 Rn. 21, Voraufl.
[3] Dazu *Krause* ZHR 181 (2017), 631 (646 ff.) und *Wettich* AG 2014, 534 (535 f.) mit dem Beispiel Deutsche Telekom AG.
[4] Dazu auch BGH NZG 2011, 1271 (1272 f.). – ISION; *Merkt/Mylich* NZG 2012, 525 (525 f.).
[5] *Koch* in Hüffer/Koch AktG § 183 Rn. 4; *Schürnbrand* in MüKoAktG AktG § 183 Rn. 12.
[6] OLG Hamburg AG 2010, 502 (506).

Sacheinlagevereinbarung, ein schuldrechtlicher, zumindest Schriftform erfordernder und durch die Beschlussfassung aufschiebend bedingter Vertrag,[7] in dem sich der Einleger verpflichtet, einen bestimmten Vermögenswert in die Gesellschaft einzubringen und dafür neue Aktien zu zeichnen, muss geschlossen sein, bevor der Erhöhungsbeschluss gefasst werden kann.[8] Vereinbart werden kann auch eine **Mischeinlage,** bei der der Inferent sowohl eine Bar- als auch eine Sacheinlage erbringt, oder eine **gemischte Sacheinlage,** bei der der Inferent einen die Einlagepflicht übersteigenden Sachwert erbringt, wofür er eine Gegenleistung (idR Barzahlung) erhält. Bei der Mischeinlage gilt § 183 AktG nur für die Sacheinlagekomponente.[9] Bei der gemischten Sacheinlage ist zu differenzieren: Ist die Sacheinlage unteilbar (zB bei Einbringung eines Unternehmens oder Parteivereinbarung), finden die Regeln für Sacheinlagen insgesamt Anwendung. Ist sie teilbar, erfasst § 183 AktG nur den durch die Höhe der Einlagepflicht begrenzten Anteil; die Beurteilung des die Einlagepflicht übersteigenden Betrags richtet sich nach § 57 AktG.[10]

1. Kapitalerhöhungsbeschluss

a) Inhalt des Hauptversammlungsbeschlusses

Der Erhöhungsbeschluss muss neben den Nennbeträgen der neu auszugebenden Aktien bzw. der Angabe, dass es sich um Stückaktien handelt, sowie der Art der Aktien auch noch das genaue Volumen der Kapitalerhöhung, den Gegenstand der Sacheinlage sowie die Person des Einlegers angeben (§ 183 Abs. 1 S. 1 AktG). Der **Gegenstand der Sacheinlage** muss so genau bezeichnet werden, dass er eindeutig identifizierbar ist; objektive Bestimmbarkeit genügt. Bei nicht eindeutig zu individualisierenden Gegenständen sind ihre Art und Qualität sowie Menge bzw. Umfang eindeutig festzulegen. Der Wert des Gegenstandes ist nur dann anzugeben, wenn er durch Nebenabreden nicht nur unwesentlich beeinflusst wird.[11] Zur **Person des Einlegers** sind Name und Anschrift bzw. Firma und Niederlassung anzugeben. Der **Ausgabebetrag** muss nicht notwendigerweise angegeben werden,[12] da seine spätere Festlegung durch den Vorstand sowohl für die Frage, zu welchem Wert die eingelegten Gegenstände (soweit möglich) bilanziert werden sollen, als auch für die Bestimmung des Betrags genügt, den der Einleger in bar zu entrichten hat, falls die Sachkapitalerhöhung mangelhaft ist. Der Ausgabebetrag ist aber im Bericht an den Vorstand wegen des Bezugsrechtsausschlusses[13] nicht nur anzugeben, sondern auch zu begründen. Alle genannten Beschlussinhalte sind ausdrücklich und ordnungsgemäß mit der Tagesordnung **bekannt zu machen** (§ 183 Abs. 1 S. 2 AktG).

b) Beschlussmuster

Soweit das Volumen der Kapitalerhöhung und des Grundkapitals sowie die Eigenschaften der neuen Aktien festzulegen sind, wird auf die Formulierungen zur Barkapitalerhöhung

---

[7] LG Heidelberg DB 2001, 1607 (1609); *Scholz* in MHdB AG § 57 Rn. 57 f.
[8] Einzelheiten zur Sacheinlagevereinbarung bei *Kley* RNotZ 2003, 17 (20 ff.).
[9] Zu Sonderfragen der Mischeinlage *Cavin* NZG 2016, 734 ff.
[10] BGH NZG 2012, 69 (75) – Babcock; *Servatius* in Spindler/Stilz AktG § 183 Rn. 9; *Habersack* ZGR 2008, 48 (55 ff.); *Verse* ZGR 2012, 875 (897).
[11] *Schürnbrand* in MüKoAktG AktG § 183 Rn. 34; aA *Wieneke* AG 2013, 437 (441 ff.).
[12] BGHZ 71, 40 (50 f.) = NJW 1978, 1316 – Kali und Salz; *Schürnbrand* in MüKoAktG AktG § 183 Rn. 37; *Koch* in Hüffer/Koch AktG § 183 Rn. 9; *Marsch-Barner* in Bürgers/Körber AktG § 183 Rn. 15; *Maier-Reimer* FS Bezzenberger, 2000, 253 (260 ff.); aA *Bork/Stangier* AG 1984, 320 (321); *Wiedemann* in GroßkommAktG AktG § 183 Rn. 51; *Servatius* in Spindler/Stilz AktG § 183 Rn. 19.
[13] Das Bezugsrecht muss – außer im Fall der gemischten Bar- und Sachkapitalerhöhung, → Rn. 18 – ausgeschlossen werden, wenn (weil) nicht alle Aktionäre die bedungene (Sach-)Einlage erbringen können, → Rn. 8.

verwiesen. Auch hinsichtlich der Satzungsänderung wirkt sich der Unterschied zwischen Bar- und Sachkapitalerhöhung nicht aus.

Die eigentliche Sacheinbringung kann folgendermaßen formuliert werden:

Das gesetzliche Bezugsrecht wird ausgeschlossen. Die neuen Aktien werden von der X-AG, Sitz, gezeichnet und übernommen. Die X-AG überträgt im Gegenzug mit Wirkung zum 31.12.2017 auf die Gesellschaft als Sacheinlage sämtliche Geschäftsanteile an der Y-GmbH, eingetragen im Handelsregister des AG ... unter HRB ..., im Gesamtnennbetrag von 2.000.000 EUR.

c) Rechtsfolge der Unvollständigkeit

6   Rechtsfolge der Unvollständigkeit oder Unrichtigkeit der notwendigen Angaben im Kapitalerhöhungsbeschluss oder der Bekanntmachung ist grds., dass der Erhöhungsbeschluss anfechtbar ist und das Registergericht die Eintragung der Kapitalerhöhung sowie ihrer Durchführung abzulehnen hat.[14] Wird beides trotzdem eingetragen, ist die Kapitalerhöhung zwar wirksam, jedoch nur als Barkapitalerhöhung. Seit dem ARUG muss der Einleger dann seine Einlage aber nicht (noch einmal) in bar erbringen, da die Sacheinlagevereinbarung und die zu ihrer Durchführung vorgenommenen Rechtsgeschäfte seit dem ARUG wirksam sind (§ 183 Abs. 2 iVm § 27 Abs. 3 S. 2 AktG). Die Sacheinlagevereinbarung besteht indes als Geldeinlagepflicht fort, auf die aber der Wert des eingebrachten Vermögensgegenstands angerechnet wird. Maßgeblicher Bewertungszeitpunkt hierfür ist der Moment der Anmeldung der Kapitalerhöhung zum Handelsregister oder, wenn der Vermögenswert der Gesellschaft, später überlassen wird, dieser Zeitpunkt (§ 183 Abs. 2 iVm § 27 Abs. 3 S. 3 AktG).

d) Nachgründung

7   Erfolgt die Kapitalerhöhung gegen Sacheinlagen innerhalb von zwei Jahren nach Eintragung der Gesellschaft in das Handelsregister aufgrund Gründung oder Formwechsel und beträgt ihr Volumen mehr als 10% des bisherigen Grundkapitals, empfiehlt es sich für Gründer und für Aktionäre, die mehr als 10% der Anteile halten und Sacheinlagen erbringen, die Nachgründungsvorschriften zu beachten (§§ 52, 53 AktG).[15] Zwar erscheint sehr fragwürdig, ob hier tatsächlich eine die Analogie rechtfertigende Regelungslücke gegeben ist. Zudem ist hier nicht der Schutz des bereits aufgebrachten Kapitals betroffen, sondern es geht um die Aufbringung zusätzlichen Vermögens, dessen Werthaltigkeit einer gesonderten Prüfung unterzogen wird. Angesichts der verheerenden Rechtsfolgen, die bei Verstoß gegen die Nachgründungsvorschriften eintreten können, sollte man allerdings kein Risiko eingehen. Man sollte daher in diesen Fällen selbst dann eine Dreiviertel-Kapitalmehrheit sicherstellen, wenn die Satzung Beschlusserleichterungen vorsieht, ferner einen Nachgründungsbericht des Aufsichtsrats vorlegen und die erweiterten Informationsrechte der Aktionäre beachten.

2. Bezugsrechtsausschluss

8   Im Regelfall erfolgt die Sachkapitalerhöhung, um einem oder wenigen Einlegern für die Übertragung eines von der Gesellschaft benötigten Vermögensgegenstands Aktien der Ge-

---

[14] *Veil* in K. Schmidt/Lutter AktG § 183 Rn. 16.
[15] HM, vgl. OLG Oldenburg AG 2002, 620; *Bayer* in K. Schmidt/Lutter AktG § 52 Rn. 9; *Koch* in Hüffer/Koch AktG § 183 Rn. 5; *Scholz* in MHdB AG § 57 Rn. 64; *Ekkenga* in Kölner Komm. AktG § 183 Rn. 14; *Marsch-Barner* in Bürgers/Körber AktG § 183 Rn. 18; aA *Bork/Stangier* AG 1984, 320 (322f.); *Habersack* ZGR 2008, 48 (52); *Reichert* ZGR 2001, 554 (576ff.); auch → § 38 Rn. 9.

sellschaft gewähren zu können. So kann zB beabsichtigt sein, dass ein Gesellschafter oder ein Dritter ein Patent, ein Unternehmen oder zur Stärkung der Eigenkapitalausstattung der Gesellschaft eine Forderung gegen die Gesellschaft in diese einbringt. In solchen Fällen muss das Bezugsrecht der (übrigen) Aktionäre ausgeschlossen werden, wofür die formellen und materiellen Voraussetzungen des Bezugsrechtsausschlusses zu erfüllen sind (→ § 20 Rn. 43 ff.).

Für die **sachliche Rechtfertigung** des Bezugsrechtsausschlusses gelten bei der Sachkapitalerhöhung folgende Spezifika:[16] 9

- **Geeignet** ist der Bezugsrechtsausschluss, wenn durch den Erwerb des eingelegten Gegenstandes ein hinreichendes, durch den Unternehmensgegenstand gedecktes Interesse der Gesellschaft verfolgt wird.
- Die **Erforderlichkeit** des Bezugsrechtsausschlusses setzt voraus, dass dieser Gegenstand nicht zu vergleichbaren Konditionen durch einfachen Kaufvertrag erworben werden kann, für den die finanziellen Mittel erforderlichenfalls durch eine Barkapitalerhöhung beschafft werden könnten. Auch andere mildere Mittel sind in Erwägung zu ziehen; empfehlenswert wird es zB oft sein, eine gemischte Bar- und Sachkapitalerhöhung (→ Rn. 18) durchzuführen, bei der diejenigen Aktionäre, die keine Sacheinlage erbringen sollen, ein Bezugsrecht für die parallel durchgeführte Barkapitalerhöhung erhalten, von der wiederum die Sacheinleger ausgeschlossen sind.
- Schließlich muss der Bezugsrechtsausschluss angesichts der Umstände des Einzelfalls **verhältnismäßig** sein. Die Gesellschaft muss bei angemessener Bewertung von Leistung und Gegenleistung nach vernünftigen kaufmännischen Überlegungen ein dringendes Interesse am Erwerb des Gegenstands haben, und es muss zu erwarten sein, dass der damit angestrebte Nutzen die verhältnismäßige Beteiligungs- und Stimmrechtsverwässerung der vom Bezugsrecht ausgeschlossenen Aktionäre aufwiegen wird.[17] Dies gilt auch bei der Einbringung eines Unternehmens oder einer unternehmerischen Beteiligung.[18]

Ein **erleichterter Bezugsrechtsausschluss** (siehe § 186 Abs. 3 S. 4 AktG) kommt bei 10 der Sachkapitalerhöhung nicht in Betracht. Allerdings wird man aufgrund der Wertung des § 186 Abs. 3 S. 4 AktG bei einer Sachkapitalerhöhung, deren Volumen 10% des Grundkapitals nicht übersteigt und bei der die neuen Aktien zu einem nahe dem Börsenkurs liegenden Preis ausgegeben werden, regelmäßig davon ausgehen dürfen, dass der Bezugsrechtsausschluss sachlich gerechtfertigt ist, wenn nur ein vernünftiges Interesse der Gesellschaft an dem Erwerb der Sachgegenstände besteht.[19]

3. Wert der Sacheinlage

Für den gesetzlichen Grundfall ist vorgeschrieben, dass die Werthaltigkeit der Sacheinlage 11 in doppelter Weise geprüft werden muss. Zunächst hat eine Prüfung **durch einen neutralen Prüfer** zu erfolgen, die sich im Wesentlichen nach den Vorschriften für die Gründungsprüfung richtet (§ 33 Abs. 3–5, §§ 34, 35 AktG). Den Auftrag hierzu erteilt der

---

[16] Siehe hierzu BGHZ 71, 40 (46 ff.) = NJW 1978, 1316 – Kali und Salz; *Ekkenga/Jaspers* in Ekkenga/Schröer HdB AG-Finanzierung Kap. 4 Rn. 170 ff.; krit hierzu *Scholz* in MHdB AG § 57 Rn. 122.
[17] BGHZ 71, 40 = NJW 1978, 1316 – Kali und Salz.
[18] OLG Schleswig AG 2005, 48 (50); *Koch* in Hüffer/Koch AktG § 186 Rn. 34; *Schürnbrand* in MüKoAktG AktG § 186 Rn. 126; zT wird diese Prüfung für überflüssig gehalten und eine sachliche Rechtfertigung schon dann angenommen, wenn die eingebrachte Beteiligung so maßgeblich ist, dass von einem Zusammenschluss gesprochen werden kann, und die Kapitalerhöhung nicht zur Begründung oder Verstärkung einer Abhängigkeit der ihr Kapital erhöhenden AG führt, da § 192 Abs. 2 Nr. 2 AktG zur Vorbereitung des Zusammenschlusses mehrerer Unternehmen ausdrücklich eine bedingte Kapitalerhöhung, bei der es kein Bezugsrecht für die Aktionäre gibt, zulasse, vgl. hierzu *Lutter* ZGR 1981, 171 (178 ff.); *Ekkenga* in Kölner Komm. AktG § 186 Rn. 112; *Timm* ZGR 1987, 403 (428).
[19] *Ihrig* FS Happ, 2006, 109 (112).

Vorstand. Die Prüfung kann vor oder nach dem Erhöhungsbeschluss der Hauptversammlung, muss jedoch vor der Anmeldung zum Handelsregister erfolgen. In einer zweiten Prüfung stellt das **Registergericht** fest, ob die entsprechende Werthaltigkeit auch nach seiner Überzeugung und vor dem Hintergrund der inzwischen vergangenen Zeit gegeben ist. Unterbleibt diese Prüfung, gefährdet dies die Wirksamkeit des Erhöhungsbeschlusses nicht. Allerdings darf weder die Kapitalerhöhung (§ 184 AktG) noch ihre Durchführung (§ 188 AktG) bei fehlender Prüfung in das Handelsregister eingetragen werden; eine dennoch erfolgende Eintragung ist aber wirksam.[20]

12   Erreicht der **Wert der Sacheinlage** den Nennbetrag bzw. bei Stückaktien den auf das Grundkapital entfallenden Teilbetrag nicht, liegt eine von § 9 Abs. 1 AktG verbotene Unterpariemission vor mit der Folge der **Nichtigkeit** des Erhöhungsbeschlusses gem. § 241 Nr. 2 Alt. 2 AktG.[21] Die gleiche Rechtsfolge tritt ein, wenn der Wert der Sacheinlage zwar den Nennbetrag bzw. anteiligen Grundkapitalbetrag erreicht, aber unangemessen weit hinter dem Ausgabebetrag der gewährten Aktien zurückbleibt. Schließlich kann der Erhöhungsbeschluss **anfechtbar** sein, wenn in ihm das Bezugsrecht ausgeschlossen und der Wert der Sacheinlage unangemessen niedrig angesetzt wird (§ 255 Abs. 2 S. 1 AktG).[22] Etwaige Bedenken der Altaktionäre, dass ihnen aus der Bewertung Nachteile erwachsen könnten, sollten auszuräumen versucht werden, indem ein erstelltes Bewertungsgutachten zumindest auszugsweise veröffentlicht und ggf. in der Hauptversammlung ausgelegt wird. Ist die Sacheinlage unterbewertet und werden durch die Übernahme des zu niedrigen Werts in die Bilanz stille Reserven geschaffen, berührt das die Wirksamkeit des Kapitalerhöhungsbeschlusses nicht.

13   Die aufgezeigten erheblichen Folgen einer zu hohen Bewertung von Sacheinlagen werfen die Frage auf, auf welchen **Bewertungszeitpunkt** es ankommt. Das Registergericht stellt auf den Zeitpunkt seiner eigenen Prüfung ab; dieser kann einige Zeit nach der über die Kapitalerhöhung Beschluss fassenden Hauptversammlung liegen. Die Festsetzungen im Hauptversammlungsbeschluss können jedoch sinnvoll nur auf der Grundlage einer Bewertung zum Stichtag der Hauptversammlung getroffen werden. Mögliche Wertminderungen der Sacheinlage bis zur Eintragung sollten im Rahmen der festzulegenden Kapitalerhöhungskonditionen aber bereits berücksichtigt werden. Sie können das Registergericht ausnahmsweise dazu veranlassen, die Werte aus dem Prüfungsbericht nicht zu übernehmen, sondern ggf. selbst noch einmal einen Sachverständigen mit einer neuen Bewertung zu beauftragen.

14   Durch das ARUG wurde neu die Möglichkeit eingeführt, in bestimmten Fällen, in denen eine (erneute) detaillierte Bewertung entbehrlich erscheint, darauf zu verzichten (**vereinfachte Sachkapitalerhöhung;** § 183a AktG). Diese Möglichkeit ist eröffnet, wenn Wertpapiere zu ihrem gewichteten Durchschnittskurs der letzten drei Monate oder andere Vermögensgegenstände auf Basis einer nicht mehr als sechs Monate alten Bewertung eines qualifizierten Sachverständigen eingebracht werden und diese Werte nicht wegen besonderer Umstände verfälscht oder überholt sind. Sollen (daneben) andere Vermögensgegenstände eingebracht werden, ist (insoweit) die separate externe Werthaltigkeitsprüfung weiterhin zwingend.[23] Diese Entbürokratisierung muss allerdings durch eine Registersperre von vier Wochen seit der Bekanntmachung des Beschlusses über die Kapi-

---

[20] Vgl. *Schürnbrand* in MüKoAktG AktG § 183 Rn. 65.
[21] *Koch* in Hüffer/Koch AktG § 183 Rn. 20; *Schürnbrand* in MüKoAktG AktG § 183 Rn. 67; *Marsch-Barner* in Bürgers/Körber AktG § 183 Rn. 28; Äquivalenz zwischen dem eingebrachten Vermögen und dem wirklichen Wert der ausgegebenen neuen Aktien (inklusive Agio) verlangt hingegen *Wiedemann* in GroßkommAktG AktG § 183 Rn. 82; ähnlich *Schall* in GroßkommAktG AktG § 183 Rn. 191; Nichtigkeit ablehnend *Bayer* in K. Schmidt/Lutter AktG § 27 Rn. 24.
[22] Vgl. dazu etwa *Englisch* in Hölters AktG § 255 Rn. 18. Zur hier nicht näher zu thematisierenden Differenzhaftung des Einlegers für den Fall, dass der Wert seiner Sacheinlage tatsächlich hinter dem Nennbetrag bzw. Ausgabebetrag der gewährten Aktien zurückbleibt, vgl. *Schürnbrand* in MüKoAktG AktG § 183 Rn. 69 ff.; *Koch* in Hüffer/Koch AktG § 183 Rn. 20, jew. mwN.
[23] *Servatius* in Spindler/Stilz AktG § 183a Rn. 5.

talerhöhung erkauft werden, weil vorher die Durchführung der Kapitalerhöhung nicht eingetragen werden darf (§ 183a Abs. 2 S. 2 AktG). Außerdem können Aktionäre, die mindestens 5% des Grundkapitals halten, beim zuständigen Registergereicht die Bestellung eines Sacheinlageprüfers beantragen, wenn die alternative Bewertung verfälscht oder überholt ist (§ 183a Abs. 3 S. 1 AktG). Bei der Anmeldung zum Handelsregister ist anzugeben wenn auf die externe Werthaltigkeitsprüfung verzichtet wurde, und sind die Unterlagen, aus denen sich stattdessen die Werthaltigkeit ergibt, beizufügen (§ 184 Abs. 2 AktG).

IV. Verdeckte Sacheinlagen

15 Manche Gesellschaft versucht, den mit den Formalien der Sachkapitalerhöhung, insbes. der Sacheinlagenprüfung, verbundenen Zeit- und Kostenaufwand zu vermeiden, indem sie das Geschäft über den Erwerb der Sacheinlage oder die Tilgung der Forderung von der Aufbringung der hierfür benötigten Mittel im Rahmen einer Barkapitalerhöhung formal abspaltet. Eine derartige **Umgehung der Vorschriften über die Sachkapitalerhöhung** – gleichgültig, ob beabsichtigt oder nicht – ist, unabhängig davon, in welcher Reihenfolge sie abgewickelt wird, mit dem Bestreben des Gesetzgebers, grundkapitalerhöhende Sachleistungen zum Schutz der Gläubiger und Minderheitsaktionäre der Gesellschaft im Vorhinein publik zu machen und auf ihre Werthaltigkeit hin zu überprüfen, nicht vereinbar. Daher sind nach ganz hM die Fälle, in denen die Gesellschaft im wirtschaftlichen Ergebnis keine Barmittel, sondern sonstige Vermögensgegenstände erwirbt, grds. den Regelungen über die Sachkapitalerhöhung unterworfen.[24] Eine Ausnahme besteht dann, wenn in der Krise der Gesellschaft Voreinzahlungen auf eine künftige Barkapitalerhöhung geleistet werden mit der ausdrücklichen Bestimmung, sie bei Durchführung der Kapitalerhöhung auf die Einlagepflicht anzurechnen.[25] In diesem Fall findet nämlich keine Umwidmung von Fremd- in Eigenkapital statt.[26]

16 Durch das ARUG wurde die verdeckte Sacheinlage in § 27 Abs. 3 AktG für die Sachgründung legal definiert; die kodifizierten Voraussetzungen entsprechen weitgehend den bisherigen Rechtsprechungsgrundsätzen und gelten auch für die Kapitalerhöhung. Entscheidend ist, dass ein einheitlicher Sacheinlagevorgang in die vermeintliche Leistung einer Bareinlage sowie den Mittelrückfluss an den Inferenten aufgespalten wird. Eine verdeckte Sacheinlage setzt daher voraus, dass **formal eine Barkapitalerhöhung** stattfindet, der AG bei **wirtschaftlicher Betrachtung** statt der Bareinlage aber ein sacheinlagefähiger[27] Sachwert zugewandt wird. Zudem müssen der Inferent und die AG zuvor eine (nicht notwendig schriftliche) **Verwendungsabrede** getroffen haben, die einen unmittelbaren oder mittelbaren Rückfluss der erbrachten Barmittel an den Inferenten begründet.[28] Eine darüber hinausgehende Umgehungsabsicht ist nicht erforderlich.[29] Beim **Hin- und Herzahlen** besteht die Verwendungsabsprache darin, dass die AG dem Aktionär die Sacheinlage gegen Rückzahlung der zunächst erbrachten Bareinlage abkauft. Die Ver-

---

[24] BGHZ 96, 231 = NJW 1986, 837 – BuM II; BGHZ 110, 47 (60 ff.) = NJW 1990, 982 – IBH/Lemmerz; BGHZ 118, 83 (94) = NJW 1992, 2222 – BuM; *Ekkenga* in Kölner Komm. AktG § 183 Rn. 112 ff. mwN; aA *Bergmann* AG 1987, 57 (80, 85); *Einsele* NJW 1996, 2681 (2685 ff.).
[25] Für die GmbH BGH DStR 206, 2266 (2267); kritisch *Priester* DStR 2010, 494 (498 f.).
[26] *Lutter/Hommelhoff/Timm* BB 1980, 737 (748); *Karsten Schmidt* ZGR 1982, 519 (530); aA BGHZ 51, 157 (162) = NJW 1969, 840; BGH GmbHR 1967, 145; *Schneider/Verhoeven* ZIP 1982, 644 ff.; ausdrücklich offen gelassen in BGHZ 96, 231 (242).
[27] BGH NZG 2011, 1271 (1272 f.) – ISION; BGH NZG 2010, 343 (344) – Eurobike; BGH NJW 2009, 2375 (2377) – Qivive; krit. *Pentz* in MüKoAktG AktG § 27 Rn. 94 f.
[28] Der vor Inkrafttreten des § 27 Abs. 3 AktG geführte Streit um das Erfordernis einer Verwendungsabsprache hat sich damit erledigt; vgl. dazu Voraufl. § 21 Rn. 15.
[29] BGHZ 110, 47 (60 ff.) = NJW 1990, 982 – IBH/Lemmerz; *Rieckers* in MHdB AG § 16 Rn. 40; *Arnold* in Kölner Komm. AktG § 27 Rn. 94; *Pentz* in MüKoAktG AktG § 27 Rn. 99.

wendungsabrede wird **vermutet,** wenn zwischen der Begründung der Einlagepflicht bzw. der Einlageleistung und dem Verkehrsgeschäft zwischen AG und Inferent ein **enger sachlicher und zeitlicher Zusammenhang** besteht. Der sachliche Zusammenhang ist gegeben, wenn Barleistung ins Grundkapital und Erbringung der Sachleistung austauschbar sind, dh auch in einem Vorgang hätten erfolgen können. Der zeitliche Zusammenhang ist einzelfallabhängig festzustellen, idR ist er aber dann nicht mehr gegeben, wenn die Maßnahmen mehr als sechs Monate auseinander liegen.

17 Die **Rechtsfolgen** einer verdeckten Sacheinlage sind – wenn auch durch das ARUG gegenüber den vorher geltenden Rechtsprechungsgrundsätzen deutlich entschärft – immer noch einschneidend: Das Austauschgeschäft ist zwar nicht mehr nichtig, vielmehr sind die Verträge über die Sacheinlage – vorbehaltlich anderer Unwirksamkeitsgründe – wirksam (§ 127 Abs. 3 S. 2 AktG). Der Einleger hat aber mit der Erbringung der „Sacheinlage" auf seine Bareinlageverpflichtung nur insoweit befreiend geleistet, wie der eingebrachte Vermögensgegenstand werthaltig ist. Die Beweislast für die Werthaltigkeit trifft den Aktionär (§ 183 Abs. 2 iVm § 27 Abs. 3 S. 5 AktG).[30] Soweit die Werthaltigkeit nicht gegeben ist, unterliegt der Inferent der Differenzhaftung.

V. Gemischte Bar-/Sachkapitalerhöhung

18 Von einer gemischten Bar-/Sachkapitalerhöhung wird gesprochen, wenn die Kapitalmaßnahme für einen oder einzelne Aktionäre eine Sacheinlage und für die übrigen Aktionäre eine Bareinlage vorsieht. Eine solche Maßnahme kann sich insbes. als milderes Mittel gegenüber einer bloßen Sachkapitalerhöhung empfehlen, bei der das Bezugsrecht derjenigen Aktionäre, die keine Sacheinlage erbringen können oder wollen, ausgeschlossen werden müsste. Sofern das Volumen einer solchen Kapitalerhöhung so bemessen wird, dass sowohl Sach- als auch Bareinleger neue Aktien ihrem bisherigen Anteil am Grundkapital entsprechend beziehen können, und beide Maßnahmen entweder in einem Beschluss zusammengefasst oder aber so miteinander verbunden werden, dass die eine ohne die andere keinen Bestand haben soll, bedarf es keines Bezugsrechtsausschlusses für die Sacheinleger hinsichtlich der Barkapitalerhöhung und umgekehrt.[31]

---

[30] Zu den Änderungen durch das ARUG *Andrianesis* WM 2011, 968 ff.; *Müller* NZG 2011, 761 ff.; vgl. auch *Habersack* AG 2009, 557 ff.
[31] *Groß* AG 1993, 449 (453 f.); *Lappe* BB 2000, 313 (316 f.); nach aA bedarf es eines gekreuzten Bezugsrechtsausschlusses, *Lutter* ZGR 1979, 401 (406 f.).

§ 22 Genehmigtes Kapital

Übersicht

	Rn.
I. Überblick	1
II. Allgemeines	2
III. Voraussetzungen und Verfahren	3
IV. Hauptversammlungsbeschluss	6
1. Inhalt des Beschlusses	6
a) Obligatorischer Inhalt	6
b) Fakultativer Inhalt	11
c) Unzulässiger Inhalt	16
2. Beschlussmuster	18
3. Sonstige Beschlussanforderungen	19
4. Aufhebung des Beschlusses	20
V. Mehrere genehmigte Kapitalien	21
VI. Sacheinlage	22
VII. Bezugsrechtsausschluss	24
1. Formelle Voraussetzungen	24
2. Materielle Voraussetzungen	27
a) Sacheinlage	28
b) Bareinlage	29
3. Anfechtungsrisiken und Rechtsschutz der Aktionäre	30
4. Erleichterter Bezugsrechtsausschluss	32
VIII. Sonstiges	39
1. Internationale Platzierung	39
2. Bookbuilding-Verfahren	40
3. Greenshoe	42

Stichworte

Aktiengattungen Rn. 19
Anfechtungsrisiko Rn. 2, 30 f.
Anrechnungsklausel Rn. 35
Ausgabebetrag Rn. 12, 22, 25, 30, 37 f., 40 f., 44 f.
Ausnutzungsbeschluss Rn. 3, 31
Berichtspflicht Rn. 25 ff.
Beschlussmuster Rn. 18
Bezugsrecht
– mittelbares Bezugsrecht Rn. 15
Bezugsrechtsausschluss
– Berichtspflicht Rn. 25 ff.
– erleichterter Rn. 32 ff.
– formelle Anforderungen Rn. 24 ff.
– materielle Anforderungen Rn. 27 ff.
Bookbuilding-Verfahren Rn. 40 f.
Börsenkurs Rn. 36 ff.
Business Judgment Rule Rn. 31
Durchführung Rn. 3, 7, 14, 23, 40
Emissionskonsortium Rn. 3, 39, 42
Ermächtigungsbeschluss
– Aufhebung Rn. 20
– Ausgabebetrag Rn. 12
– Dauer Rn. 7

– Nennbetrag Rn. 8
Feststellungsklage Rn. 31
Genehmigtes Kapital I/II Rn. 21
Greenshoe Rn. 42 ff.
Inhaberaktien Rn. 10
Kapitalgrenze Rn. 17, 34 f.
Mangusta/Commerzbank Rn. 26
Marktsondierung Rn. 40
Mehrheitserfordernisse Rn. 19
Nachberichterstattung Rn. 26
Platzierung Rn. 39
Platzierungsreserve Rn. 42
Publizitätspflichten Rn. 5
Sacheinlage Rn. 22 f.
Selbstbefreiung Rn. 28
Siemens/Nold Rn. 26, 28, 30
Sonderbeschluss Rn. 9, 19
Stückaktie Rn. 20, 22
Stufenermächtigung Rn. 34
Tranchen Rn. 2, 34, 43 ff.
Unterlassungsklage Rn. 31
Vorstandsbericht Rn. 25 f., 27 ff.
Vorzugsaktie Rn. 9

§ 22 Genehmigtes Kapital

Schrifttum:

Bayer, Materielle Schranken und Kontrollinstrumente beim Einsatz des genehmigten Kapitals mit Bezugsrechtsausschluß, ZHR 168 (2004), 132; *Born,* Berichtspflichten nach Ausnutzung genehmigten Kapitals mit Ausschluss des Bezugsrechts, ZIP 2011, 1793; *Bosch/Groß,* Das Emissionsgeschäft, Köln 1998; *Bungert,* Vorstandsbericht bei Bezugsrechtsausschluß bei Genehmigtem Kapital – Siemens/Nold in der Praxis, BB 2001, 742; *ders.,* Ausnutzung eines genehmigten Kapitals mit Bezugsrechtsausschluß – Anmerkungen zu den BGH-Urteilen Mangusta/Commerzbank I und II, BB 2005, 2757; *Busch,* Refreshing the Shoe, FS Hoffmann-Becking, 2013, 211; *Claussen,* Das Gesetz über die kleine Aktiengesellschaft – und die ersten praktischen Erfahrungen, WM 1996, 609; *Ekkenga,* Das Organisationsrecht des genehmigten Kapitals, AG 2001, 567 und 615; *Goette,* Verringerte Voraussetzungen für Bezugsrechtsausschluß bei genehmigtem Kapital, DStR 1997, 1460; *Groß,* Bookbuilding, ZHR 162 (1998) 318; *Hein,* Rechtliche Fragen des Bookbuildings nach deutschem Recht, WM 1996, 1; *Heinsius,* Bezugsrechtsausschluß bei der Schaffung von Genehmigtem Kapital – Genehmigtes Kapital II, FS Kellermann, 1991, 115; *Hoffmann-Becking,* Neue Formen der Aktienemission, FS Lieberknecht, 1997, 25; *Holland/Goslar,* Die Bedienung von Wandelanleihen aus genehmigtem Kapital, NZG 2006, 892; *Kindler,* Bezugsrechtsausschluß und unternehmerisches Ermessen nach deutschem und europäischem Recht, ZGR 1998, 35; *Lutter,* Bezugsrechtsausschluß und genehmigtes Kapital, BB 1981, 861; *Meilicke/Heidel,* Die Pflicht des Vorstands der AG zur Unterrichtung der Aktionäre vor dem Bezugsrechtsausschluß beim genehmigten Kapital, DB 2000, 2358; *Niggemann/Wansleben,* Berichtspflichten und Folgen ihrer Verletzung bei der bezugsrechtsfreien Ausnutzung genehmigten Kapitals, AG 2013, 269; *Paschos,* Berichtspflichten des Vorstands bei der Ermächtigung zum Bezugsrechtsausschluß und deren Ausübung im Rahmen eines genehmigten Kapitals, WM 2005, 356; *Quack,* Die Schaffung genehmigten Kapitals unter Ausschluß des Bezugsrechts der Aktionäre – Besprechung von BGHZ 83, 319, ZGR 1983, 257; *Reichert/Senger,* Berichtspflicht des Vorstands und Rechtsschutz der Aktionäre gegen Beschlüsse der Verwaltung über die Ausnutzung eines genehmigten Kapitals im Wege der allgemeinen Feststellungsklage, Der Konzern 2006, 338; *Rottnauer,* Geltungsdauer der Ermächtigungsbefugnis beim genehmigten Kapital: Dispositionsbefugnis des Vorstands?, BB 1999, 330; *Schanz,* Zur Zulässigkeit des „Greenshoe"-Verfahrens nach deutschem Aktienrecht, BKR 2002, 439; *Schümbrand,* Bestands- und Rechtsschutz beim genehmigten Kapital, ZHR 171 (2007), 731; *Schlitt/Schäfer,* Alte und neue Fragen im Zusammenhang mit 10%-Kapitalerhöhungen, AG 2005, 67; *Seibt,* Barkapitalemissionen mit erleichtertem Bezugsrechtsausschluss deutscher Emittenten nach § 186 Abs. 3 Satz 4 AktG, CFL 2011, 74; *van Venrooy,* Voraussetzungen und Verwendbarkeit genehmigten Kapitals, AG 1981, 205. Vgl. auch Schrifttum zu §§ 20 und 21.

I. Überblick

1 Durch ein genehmigtes Kapital wird der Vorstand zeitlich begrenzt ermächtigt, das Kapital der Gesellschaft zu erhöhen (→ Rn. 2). Diese Ermächtigung muss in die Satzung aufgenommen werden (→ Rn. 3), wofür ein entsprechender Hauptversammlungsbeschluss, der sog. Ermächtigungsbeschluss, notwendig ist, der insbes. die Dauer und das Volumen des genehmigten Kapitals festlegt (→ Rn. 6ff.). Große Gesellschaften verfügen regelmäßig parallel über mehrere genehmigte Kapitalien (→ Rn. 21). Die Einlage kann als Bar- oder Sacheinlage geleistet werden (→ Rn. 22f.). Soll das Bezugsrecht ausgeschlossen werden, genügt eine allgemeine Umschreibung der beabsichtigten Maßnahme, der aber eine detailliertere Nachberichterstattung auf der nächsten Hauptversammlung nach Ausnutzung der Ermächtigung folgen muss (→ Rn. 24ff.). Zudem muss der Bezugsrechtsausschluss sachlich gerechtfertigt sein (→ Rn. 27ff.). Dabei besteht auch beim genehmigten Kapital die Möglichkeit eines erleichterten Bezugsrechtsausschlusses (→ Rn. 32ff.). Zur Preisbildung haben sich das Bookbuilding-Verfahren und zur Kursstabilisierung das Greenshoe-Verfahren etabliert (→ Rn. 42ff.).

II. Allgemeines

2 In der **Praxis** spielt die Kapitalerhöhung aufgrund eines genehmigten Kapitals gem. §§ 202ff. AktG eine **viel größere Rolle als die reguläre Kapitalerhöhung.** Indem der Vorstand ermächtigt wird, über Zeitpunkt, Volumen und Konditionen der Kapitalerhöhung weitgehend frei und unabhängig von dem mit der Durchführung einer Hauptver-

sammlung verbundenen Aufwand entscheiden zu können, hat er die Möglichkeit, flexibler auf akuten Kapitalbedarf der Gesellschaft oder auf günstige Börsensituationen, die einen hohen Ausgabebetrag erlauben, zu reagieren. Hinzu kommt, dass ein genehmigtes Kapital in Tranchen ausgegeben und damit genauer auf den gerade aktuellen und möglicherweise kurzfristigen Kapitalbedarf der Gesellschaft abgestimmt werden kann. Ein weiterer Vorteil des genehmigten Kapitals liegt in dem geringeren Anfechtungsrisiko, das namentlich darauf zurückzuführen ist, dass der BGH die materiellen Anforderungen an den Bezugsrechtsausschluss gegenüber der regulären Kapitalerhöhung gelockert hat.

III. Voraussetzungen und Verfahren

Die Befugnis, das Kapital der Gesellschaft zu erhöhen, kann nur durch eine entsprechende Satzungsbestimmung von der Hauptversammlung auf den Vorstand übergehen. Die Hauptversammlung muss daher eine **Satzungsänderung** beschließen. Dieser **Ermächtigungsbeschluss** allein ändert das Grundkapital nicht. Den Vorstand ermächtigt er jedoch, innerhalb der in Gesetz und Satzung gesetzten Grenzen jederzeit zu beschließen (sog. **Ausnutzungsbeschluss**), dass das Grundkapital erhöht und neue Aktien ausgegeben werden sollen.[1] Hierfür soll der Vorstand, bei der Festlegung der Bedingungen für die Kapitalerhöhung muss er, die Zustimmung des Aufsichtsrats einholen (§ 202 Abs. 3 S. 2 und § 204 Abs. 1 S. 2 AktG); bis dahin ist der Ausnutzungsbeschluss schwebend unwirksam. Die weitere **Durchführung der Kapitalerhöhung** läuft wie bei der regulären Kapitalerhöhung ab: Nach dem gesetzlichen Leitbild werden die Aktien gezeichnet, nach dem Abschluss des Zeichnungsvertrags leistet der Zeichner die Mindesteinlage, dann wird die Durchführung der Kapitalerhöhung zum Handelsregister angemeldet, und mit deren Eintragung ist das Grundkapital erhöht; damit entstehen die neuen Mitgliedsrechte und dürfen die Aktienurkunden ausgegeben werden (vgl. §§ 185, 188, 189, 191, 203 Abs. 1 S. 1 und Abs. 3 S. 4 AktG). Auch hier ist jedoch die Zeichnung der gesamten neuen Aktien durch ein Emissionskonsortium üblich, das die Aktien dann den Bezugsberechtigten anbietet (→ § 20 Rn. 32 ff.).

Die Kapitalerhöhungsvarianten stehen gleichrangig nebeneinander, so dass **kein Vorrang der regulären Kapitalerhöhung** gegenüber dem genehmigten Kapital besteht.[2] Da schon irgendein vernünftiger Grund genügt, der für die Wahl des genehmigten Kapitals spricht, werden die für den Bezugsrechtsausschluss bei der regulären Kapitalerhöhung erforderlichen Rechtfertigungsanforderungen nicht umgangen. Spricht im Einzelfall aber tatsächlich nichts für ein genehmigtes Kapital, kann es sich anbieten, höchstvorsorglich eher eine reguläre Kapitalerhöhung zu wählen, sofern ein Bezugsrechtsausschluss vorgesehen werden soll.

Börsennotierte Gesellschaften haben die **kapitalmarktrechtlichen Publizitätspflichten** zu beachten.[3] Neben den Mitteilungspflichten nach § 26a WpHG (ab 3.1.2018 § 41 WpHG) und § 30b Abs. 1 S. 1 Nr. 2 WpHG (ab 3.1.2018 § 49 Abs. 1 Nr. 2 WpHG) nach Durchführung der Kapitalerhöhung ist insbesondere zu berücksichtigen, dass sowohl die Schaffung als auch die Ausnutzung eines genehmigten Kapitals eine Ad-hoc-Mitteilungspflicht (Art. 19 Abs. 1 MAR) auslösen kann.

---

[1] Dazu, dass Vorstand die Gesellschaft vertraglich dazu verpflichten kann, für einen bestimmten Zeitraum ein bestehendes genehmigtes Kapital nicht auszunutzen, → § 20 Rn. 24.
[2] OLG Karlsruhe NZG 2002, 959 (960) – MLP; *Herfs* in Habersack/Mülbert/Schlitt Unternehmensfinanz-HdB § 6 Rn. 10; *Bungert* BB 2001, 1812 f.; *Strauß* AG 2010, 192 (193 ff.); unsicher aber LG Heidelberg BB 2001, 1809 (1811 f.).
[3] Dazu *Scholz* in MHdB AG § 59 Rn. 6; *Veil* in K. Schmidt/Lutter AktG § 202 Rn. 23.

IV. Hauptversammlungsbeschluss

1. Inhalt des Beschlusses

a) Obligatorischer Inhalt

6 Der Hauptversammlungsbeschluss über das genehmigte Kapital hat folgenden zwingenden Inhalt:

aa) Dauer der Ermächtigung

7 Es muss die Dauer der Ermächtigung des Vorstands angegeben werden, die **höchstens fünf Jahre** betragen darf (§ 202 Abs. 1, Abs. 2 S. 1 AktG). Fristbeginn ist die Eintragung der Satzungsänderung; bis zum Fristablauf muss die Durchführung der Kapitalerhöhung eingetragen sein. Es empfiehlt sich, das Fristende mit einer konkreten Datumsangabe festzulegen, wobei üblicherweise nicht der letzte gesetzlich noch mögliche Tag, sondern etwa der letzte Tag des der Beschlussfassung vorausgehenden Monats im fünften Jahr nach der Beschlussfassung gewählt wird. Zulässig sind auch Angaben, anhand derer das Fristende errechenbar ist (zB „*von der Eintragung an für drei Jahre*").[4] Sie haben den Vorteil, mögliche Verzögerungen der Handelsregistereintragung bei Anfechtungsklagen abzufangen, aber den Nachteil, dass das Fristende nicht allein aus der Satzung erkennbar ist. Fehlen Angaben zur Frist ganz oder ist die Frist zu lang bemessen, ist der Beschluss nichtig, wobei diese Nichtigkeit aber im Fall einer trotzdem erfolgten Eintragung nach drei Jahren in dem Sinn geheilt wird, dass die gesetzliche Höchstfrist gilt (§§ 241 Nr. 3, 242 Abs. 2 AktG).[5]

bb) Nennbetrag

8 Der Nennbetrag, also das Volumen des genehmigten Kapitals, das 50% des Grundkapitals nicht übersteigen darf (§ 202 Abs. 3 AktG), muss **konkret beziffert** werden,[6] anderenfalls ist der Beschluss nichtig und kann auch nicht geheilt werden, da für das von der Hauptversammlung gewünschte Kapitalerhöhungsvolumen keine Anhaltspunkte bestehen.[7] Solange das genehmigte Kapital nicht aufgebraucht ist, kann die Ermächtigung auch mehrfach ausgenutzt werden.

cc) Ausgabe stimmrechtsloser Vorzugsaktien

9 Soll der Vorstand zur Ausgabe stimmrechtsloser Vorzugsaktien ermächtigt sein, die bei der Verteilung des Gewinns bereits bestehenden Vorzugsaktien vorgehen oder gleichstehen, muss dies im Hauptversammlungsbeschluss ebenfalls festgelegt sein. Die bisherigen Vorzugsaktionäre müssen der **Ermächtigung** dann in einem **Sonderbeschluss zustimmen** (§§ 204 Abs. 2, 141 Abs. 2 S. 1 AktG). Die Zustimmung der Vorzugsaktionäre ist entbehrlich, wenn die Ermächtigung bei Ausgabe der alten Vorzugsaktien schon bestand und bei Ausgabe der neuen das Bezugsrecht nicht ausgeschlossen wird, weil dann die alten Vorzugsaktien schon unter dem Vorbehalt der Ausgabe weiterer ausgegeben wurden.[8]

---

[4] *Koch* in Hüffer/Koch AktG § 202 Rn. 11.
[5] *Wamser* in Spindler/Stilz AktG § 202 Rn. 62; siehe auch *Scholz* in MHdB AG § 59 Rn. 25; hinsichtlich der Nichtigkeit ebenso *Lutter* in Kölner Komm. AktG § 202 Rn. 13, der aber eine Heilung nicht für möglich hält; zweifelnd auch *Bayer* in MüKoAktG § 202 Rn. 58; *Marsch-Barner* in Bürgers/Körber AktG § 202 Rn. 11.
[6] AA *Lutter* in Kölner Komm. AktG § 202 Rn. 11, demzufolge der Betrag auch als Prozentsatz vom bisherigen Grundkapital ausgedrückt werden kann; wie hier aber die hM, vgl. *Ekkenga/Bernau* in Ekkenga/Schröer HdB AG-Finanzierung Kap. 5 Rn. 49.
[7] *Koch* in Hüffer/Koch AktG § 202 Rn. 12; *Lutter* in Kölner Komm. AktG § 202 Rn. 11; *Veil* in K. Schmidt/Lutter AktG § 202 Rn. 18.
[8] Vgl. *Lutter* in Kölner Komm. AktG § 204 Rn. 32; außerdem → § 20 Rn. 76.

Hingegen kann der Vorstand ohne Weiteres zur Ausgabe von Vorzugsaktien ermächtigt werden, wenn bisher noch keine Vorzugsaktien oder nur solche mit Stimmrecht bestanden oder wenn nur gegenüber den bisherigen Vorzugsaktien nachrangige Vorzugsaktien ausgegeben werden sollen.[9] Kommt allerdings in einem solchen Fall eine Zweitausnutzung des genehmigten Kapitals durch Ausgabe vor- oder gleichrangiger stimmrechtsloser Vorzugsaktien in Betracht, empfiehlt es sich, die entsprechende Ermächtigung des Vorstands doch bereits in den Hauptversammlungsbeschluss aufzunehmen.

dd) Art der Aktien

Schließlich muss der Hauptversammlungsbeschluss bestimmen, ob **Namens- oder Inhaberaktien** ausgegeben werden sollen, wenn nicht aufgrund Gesetz oder Satzung nur eine Aktienart in Betracht kommt. 10

b) Fakultativer Inhalt

Darüber hinaus können in dem Hauptversammlungsbeschluss zB folgende weitere Festlegungen getroffen werden: 11

aa) Ausgabebetrag

Der Ausgabebetrag der neuen Aktien kann entweder konkret oder innerhalb einer bestimmten Spanne oder auch begrenzt nur durch einen Höchstbetrag angegeben werden. Solange das Bezugsrecht der Aktionäre nicht ausgeschlossen wird und keine Unterpariemission stattfindet, ist die Hauptversammlung bei der Bestimmung des Ausgabebetrags frei. Im Fall des Bezugsrechtsausschlusses darf der Ausgabebetrag nicht unangemessen niedrig sein, da § 255 Abs. 2 AktG auch für das genehmigte Kapital gilt. Das bedeutet für die Barkapitalerhöhung, dass der höchste erzielbare Preis verlangt werden muss.[10] **Üblicherweise** wird die Festlegung des Ausgabebetrags **dem Vorstand überlassen,**[11] der hierbei an die gleichen Grundsätze gebunden ist, aber zeitnah zur Ausnutzung des genehmigten Kapitals entscheiden kann, wobei ihm hierbei ein unternehmerisches Ermessen zusteht (§ 93 Abs. 1 S. 2 AktG). In der Praxis wird oft weitergehend im Übernahmevertrag vereinbart, dass Gesellschaft und Konsortialführer den Ausgabebetrag gemeinsam festlegen. 12

bb) Verteilung bei Bezugsrechtsausschluss

Dem Vorstand können **Vorgaben** gemacht werden, wie beim (teilweisen) Bezugsrechtsausschluss die (nicht bezogenen) **neuen Aktien zu verteilen** sind. Ein Bedürfnis hierfür kann zB bestehen, wenn ein Großaktionär seine Beteiligungsquote auch über die Kapitalerhöhung hinaus halten können soll, ohne hierfür später am Markt die Aktien teurer nachkaufen zu müssen (zur Zulässigkeit einer solchen Bestimmung → § 20 Rn. 75). 13

cc) Ermächtigung des Aufsichtsrats zu Fassungsänderungen

Auch hier kann es sich empfehlen, den **Aufsichtsrat** dazu zu ermächtigen, die **Fassung der Satzung** nach vollständiger oder teilweiser Durchführung der Kapitalerhöhung oder nach Ablauf der Ermächtigungsfrist anzupassen. 14

---

[9] OLG Schleswig AG 2005, 48 (49).
[10] *Lutter* in Kölner Komm. AktG § 204 Rn. 9 ff.
[11] BGH NJW 1997, 2815 (2817) hat dies ausdrücklich für zulässig erklärt.

dd) Mittelbares Bezugsrecht

15 Vorgesehen werden kann in der Ermächtigung des Vorstands auch ein **mittelbares Bezugsrecht,** also die Übernahme der Aktien durch ein Kreditinstitut mit der Maßgabe, sie den Aktionären zum Bezug anzubieten, ohne dass hierfür die Voraussetzungen des Bezugsrechtsausschlusses erfüllt sein müssten (§ 203 Abs. 1 S. 1 iVm § 186 Abs. 5 AktG). Der Vorstand kann das mittelbare Bezugsrecht aber auch ohne eine solche Ermächtigung vorsehen.[12]

c) Unzulässiger Inhalt

16 Mit dem Beschluss über das genehmigte Kapital räumt die Hauptversammlung dem Vorstand – innerhalb der Grenzen der Ermächtigung – die volle Entschließungsfreiheit darüber ein, ob, wann und um welchen Betrag er das Kapital erhöht. Die Entscheidung hierüber ist eine unternehmerische Entscheidung. Nicht zulässig wären daher Vorgaben der Hauptversammlung etwa dahingehend, wann das Kapital zu erhöhen ist oder dass der Vorstand den gesamten Ermächtigungsrahmen auszuschöpfen habe.

17 Der Nennbetrag des genehmigten Kapitals darf inklusive ggf. früher beschlossener genehmigter Kapitalien, soweit sie noch nicht abgelaufen und nicht ausgenutzt[13] sind, **die Hälfte des** bei der Eintragung des genehmigten Kapitals ins Handelsregister bestehenden **Grundkapitals** nicht übersteigen (§ 203 Abs. 3 S. 1 AktG). Vergleichsmaßstab ist das bereits vorher oder gleichzeitig mit dem genehmigten Kapital ins Handelsregister eingetragene Grundkapital zuzüglich bereits aus einem bedingten Kapital ausgegebener und im Handelsregistereintrag noch nicht berücksichtigter Aktien. Ein noch nicht ausgenutztes bedingtes Kapital ist auf keiner der beiden Seiten des Vergleichs zu berücksichtigen.[14] Bezieht sich das genehmigte Kapital auf die Ausgabe von Vorzugsaktien, dürfen die bisher bestehenden Vorzugsaktien zusammen mit den aufgrund des genehmigten Kapitals auszugebenden Vorzugsaktien nicht mehr als die Hälfte des gesamten Grundkapitals ausmachen (§ 139 Abs. 2 AktG). Eine Missachtung der Kapitalgrenze macht den Ermächtigungsbeschluss nichtig, wobei diese Nichtigkeit drei Jahre nach der Handelsregistereintragung nicht mehr geltend gemacht werden kann und der Beschluss dann mit dem maximal zulässigen Erhöhungsbetrag gültig ist (§ 242 Abs. 2 S. 1 AktG). Tritt die Verletzung der Kapitalgrenze erst nachträglich auf, weil das Grundkapital herabgesetzt wird, ist das unschädlich. Bei der Rekapitalisierung von Finanzunternehmen gilt die Kapitalgrenze nicht; auch findet keine Anrechnung bestehender genehmigter Kapitalien statt (§ 7b Abs. 1 S. 1 FMStBG).

2. Beschlussmuster

18 Wie bei anderen Satzungsänderungen auch, ist die Beschlussfassung über das genehmigte Kapital zweigeteilt: Im ersten Beschlussteil werden die Konditionen des genehmigten Kapitals festgelegt, der zweite Beschlussteil enthält den genauen Wortlaut der neuen Satzungsbestimmung. Zwingend ist dies nicht, aber gängige Praxis. Der Wortlaut beider Bestandteile weicht meist nur geringfügig voneinander ab. Als Beispiel für den Beschluss über ein genehmigtes Kapital mit partiellem Bezugsrechtsausschluss kann der folgende Text dienen:

a) Der Vorstand wird ermächtigt, das Grundkapital bis zum 31.3.2022 durch Ausgabe neuer Inhaber-Stammaktien und/oder Inhaber-Vorzugsaktien gegen Geldeinlagen ein-

---

[12] *Koch* in Hüffer/Koch AktG § 204 Rn. 5; fraglich OLG Hamburg AG 2000, 326.
[13] Ausgenutzt in diesem Sinne ist das genehmigte Kapital nicht, bevor die Ausgabe der neuen Aktien ins Handelsregister eingetragen ist.
[14] Ein genehmigtes und ein bedingtes Kapital können deshalb parallel jeweils in Höhe von 50% des Grundkapitals bestehen, vgl. BGH AG 2006, 246 (247).

malig oder mehrmals um bis zu insgesamt 5.000.000,– EUR zu erhöhen. Dabei ist den Aktionären ein Bezugsrecht einzuräumen; der Vorstand ist jedoch ermächtigt, Spitzenbeträge von dem Bezugsrecht der Aktionäre auszunehmen und das Bezugsrecht auch insoweit auszuschließen, wie es erforderlich ist, um den Inhabern der von der Gesellschaft und ihren Tochtergesellschaften ausgegebenen Optionsscheine, Wandelschuldverschreibungen und Wandelgenussrechte ein Bezugsrecht auf neue Aktien in dem Umfang zu gewähren, wie es ihnen nach Ausübung des Options- bzw. Wandlungsrechts zustehen würde. Beschlüsse des Vorstands zur Ausnutzung des genehmigten Kapitals und zum Ausschluss des Bezugsrechts bedürfen der Zustimmung des Aufsichtsrats. Die neuen Aktien können auch von durch den Vorstand bestimmten Kreditinstituten mit der Verpflichtung übernommen werden, sie den Aktionären anzubieten (mittelbares Bezugsrecht).*

b) § 3 der Satzung erhält folgenden neuen Absatz 4: „(4) Der Vorstand ist ermächtigt, das Grundkapital bis zum 31. 3. 2022 durch Ausgabe neuer Inhaber-Stammaktien und/oder Inhaber-Vorzugsaktien gegen Geldeinlagen einmalig oder mehrmals um bis zu insgesamt 5.000.000,– EUR zu erhöhen. Dabei ist den Aktionären ein Bezugsrecht einzuräumen; der Vorstand ist jedoch ermächtigt, Spitzenbeträge von dem Bezugsrecht der Aktionäre auszunehmen und das Bezugsrecht auch insoweit auszuschließen, wie es erforderlich ist, um den Inhabern der von der Gesellschaft und ihren Tochtergesellschaften ausgegebenen Optionsscheine, Wandelschuldverschreibungen und Wandelgenussrechte ein Bezugsrecht auf neue Aktien in dem Umfang zu gewähren, wie es ihnen nach Ausübung des Options- bzw. Wandlungsrechts zustehen würde. Beschlüsse des Vorstands zur Ausnutzung des genehmigten Kapitals und zum Ausschluss des Bezugsrechts bedürfen der Zustimmung des Aufsichtsrats. Die neuen Aktien können auch von durch den Vorstand bestimmten Kreditinstituten mit der Verpflichtung übernommen werden, sie den Aktionären anzubieten (mittelbares Bezugsrecht)."*

3. Sonstige Beschlussanforderungen

Für die Beschlussfassung gelten die allgemeinen Vorschriften über Satzungsänderungen (→ § 19), soweit sie nicht durch die speziellen Bestimmungen des genehmigten Kapitals verdrängt werden (§§ 179–181 AktG einerseits, §§ 202ff. AktG andererseits). Der Beschluss bedarf grds. einer **Mehrheit** von drei Vierteln des bei der Beschlussfassung vertretenen Grundkapitals, zusätzlich der einfachen Stimmenmehrheit.[15] Die Satzung kann eine größere (nicht geringere) Kapitalmehrheit verlangen, muss dann aber deutlich erkennen lassen, dass dies auch für die Beschlussfassung über das genehmigte Kapital gelten soll.[16] Bestehen **mehrere Aktiengattungen,** ist ein zustimmender Sonderbeschluss jeder stimmberechtigten Gattung erforderlich (§ 182 Abs. 2 AktG; zu den Besonderheiten stimmrechtsloser Vorzugsaktien nach § 204 Abs. 2 AktG → Rn. 9).

4. Aufhebung des Beschlusses

Angesichts der Begrenzung des zulässigen Volumens des genehmigten Kapitals auf die Hälfte des Grundkapitals kann das Bedürfnis entstehen, ein früher beschlossenes und noch nicht ausgenutztes genehmigtes Kapital aufzuheben, wenn ein neues mit anderen Kondi-

---

[15] § 202 Abs. 2 S. 2 und 3 AktG, der § 179 Abs. 2 AktG verdrängt, für die Kapitalmehrheit; § 133 Abs. 1 AktG für die Stimmenmehrheit; bei der Rekapitalisierung von Finanzunternehmen genügt die einfache Stimmenmehrheit (§ 7b Abs. 1 S. 1 FMStbG).
[16] *Koch* in Hüffer/Koch AktG § 202 Rn. 9.

tionen beschlossen werden soll.[17] Dafür müssen allerdings die für die Beschlussfassung selbst geltenden Erfordernisse beachtet werden, insbes. die Beschlussmehrheit und die Erforderlichkeit von Sonderbeschlüssen. Ein derartiger Beschluss sollte mit dem Beschluss über das neue genehmigte Kapital verbunden sein, um von dessen Wirksamkeitsrisiken nicht getrennt zu werden. Ist der Beschluss gefasst worden, wird er zwar erst mit Eintragung ins Handelsregister wirksam, trotzdem darf das „alte" genehmigte Kapital nicht mehr ausgenutzt werden, weil der Vorstand insoweit an den Willen der Hauptversammlung gebunden ist.

Formulierungsbeispiel:

a) *Die in § 3 Abs. 4 der Satzung enthaltene Ermächtigung, das Grundkapital der Gesellschaft bis zum 30. 4. 2018 mit Zustimmung des Aufsichtsrates durch Ausgabe von bis zu 5.000.000 neuen auf den Inhaber lautenden Stückaktien gegen Bar- und/oder Sacheinlagen einmalig oder mehrmals um insgesamt bis zu 12.800.000 EUR zu erhöhen, wird aufgehoben.*
Der Vorstand wird ermächtigt ... [Beschlusstext für neues genehmigtes Kapital]
b) *§ 3 Abs. 4 der Satzung wird wie folgt neu gefasst:* [Wortlaut des neuen genehmigten Kapitals]

V. Mehrere genehmigte Kapitalien

21 Üblicherweise enthält die Satzung bei großen Gesellschaften mehrere genehmigte Kapitalien mit unterschiedlichen Ausgestaltungen gleichzeitig. Wegen der insofern stattfindenden Anrechnung ist darauf zu achten, dass sie insgesamt nicht mehr als die Hälfte des bei Eintragung des genehmigten Kapitals in das Handelsregister bestehenden Grundkapitals ausmachen. Oft wird unterschieden zwischen einem **genehmigten Kapital I,** das zur Barerhöhung unter Einräumung eines Bezugsrechts ermächtigt, und einem **genehmigten Kapital II,** das einen Bezugsrechtsausschluss und uU die Option zur Sachkapitalerhöhung enthält; feststehende oder gar rechtlich erforderliche Bezeichnungen sind dies aber nicht. Es empfiehlt sich auf jeden Fall, ein genehmigtes Kapital, das wegen seiner Konditionen nicht oder weniger anfechtungsgefährdet ist, separat zu beschließen.

VI. Sacheinlage

22 Soll die Einlage anders als durch (vollständige) bare oder bargeldgleiche Zahlung des Ausgabebetrags geleistet werden dürfen, muss dies in der von der Hauptversammlung beschlossenen Ermächtigung ausdrücklich vorgesehen werden (§ 205 Abs. 1 AktG).[18] Die Ermächtigung kann Sacheinlagen generell, auf bestimmte Teilbeträge begrenzt oder beschränkt auf die Einlage bestimmter Vermögensgegenstände zulassen. Sollen die Festsetzungen nicht dem Vorstand (mit Zustimmung des Aufsichtsrats) überlassen bleiben, sind der Gegenstand der Sacheinlage, die Person des Inferenten sowie der Nennbetrag bzw. bei Stückaktien die Zahl der für die Sacheinlage zu gewährenden Aktien im Hauptversammlungsbeschluss zu bestimmen. Der Ausgabebetrag der neuen Aktien ergibt sich dabei aus dem Verhältnis des für die Sacheinlage festgelegten Einbringungswertes zur Anzahl der neuen Aktien. Da die Kapitalerhöhung gegen Sacheinlagen im Regelfall mit einem Be-

---

[17] Auch der Vorstand kann seinen Beschluss über die Ausnutzung des genehmigten Kapitals durch einen gegenläufigen Beschluss aufheben, solange die Kapitalerhöhung noch nicht ins Handelsregister eingetragen ist, vgl. *Wamser* in Spindler/Stilz AktG § 202 Rn. 89.
[18] Wird der Vorstand nicht ausdrücklich zum Bezugsrechtsausschluss ermächtigt, bleibt das Bezugsrecht der Aktionäre auch bei der Ausgabe von Aktien gegen Sacheinlagen bestehen, OLG Stuttgart AG 2001, 200.

zugsrechtsausschluss verbunden ist, darf dieser Ausgabebetrag nicht unangemessen niedrig sein, dh der Wert der gewährten Aktien darf nicht höher sein als der Einbringungswert (§ 255 Abs. 2 S. 1 AktG).[19]

Der Vorstand ist bei Ausübung der Ermächtigung an die Vorgaben der Hauptversammlung gebunden. Kommt es zu einer verdeckten Sacheinlage oder zu einem sog. Hin- und Herzahlen, sind die Sacheinlagevereinbarung und die zu ihrer Durchführung vorgenommenen Rechtsgeschäfte seit dem ARUG nicht mehr unwirksam (§ 205 Abs. 3 iVm § 27 Abs. 3 S. 2 AktG). Die Sacheinlagevereinbarung besteht als Geldeinlagepflicht fort, auf die aber der Wert des eingebrachten Vermögensgegenstandes angerechnet wird. Maßgeblicher Bewertungszeitpunkt hierfür ist der Moment der Anmeldung der Kapitalerhöhung zum Handelsregister oder der Zeitpunkt der Überlassung des Vermögenswertes an die Gesellschaft, wenn diese später erfolgt (§ 205 Abs. 3 iVm § 27 Abs. 3 S. 3 AktG).

VII. Bezugsrechtsausschluss

1. Formelle Voraussetzungen

Das Bezugsrecht der Aktionäre kann bereits im Hauptversammlungsbeschluss verbindlich ausgeschlossen werden. Auch zulässig und in der Praxis üblicher ist es aber, die Entscheidung über den Ausschluss dem Vorstand mit Zustimmung des Aufsichtsrates zu überlassen.[20] Was gewollt ist, muss aus dem Beschluss klar hervorgehen, sonst steht den Aktionären im Zweifel ein Bezugsrecht zu. In jedem Fall sind die formellen Voraussetzungen des Bezugsrechtsausschlusses zu beachten (→ 20 Rn. 40 ff.), dh insbes. dass der Bezugsrechtsausschluss beim genehmigten Kapital **ordnungsgemäß bekannt gemacht** werden muss und einer **Kapitalmehrheit von mindestens drei Vierteln**[21] des bei der Beschlussfassung vertretenen Grundkapitals zusätzlich zur **einfachen Stimmenmehrheit** bedarf sowie dass ein Bericht des Vorstands zu erstellen ist.[22]

Die inhaltlichen Anforderungen an den **Vorstandsbericht** ergeben sich aus den materiellen Voraussetzungen für den Bezugsrechtsausschluss.[23] Beim genehmigten Kapital steht der Ausgabebetrag idR noch nicht fest. Dann nützen auch leerformelhafte Wendungen zum Grund der Ungewissheit und zu Maßstäben für die spätere Festsetzung des Ausgabebetrags wenig. Vielmehr entspricht es hier der vom Gesetz geforderten „sinngemäßen" Geltung der Vorschriften über den Bezugsrechtsausschluss, anders als bei der regulären

---

[19] Vgl. *Lutter* in Kölner Komm. AktG § 205 Rn. 10; *Ekkenga/Bernau* in Ekkenga/Schröer HdB AG-Finanzierung Kap. 5 Rn. 59.
[20] § 203 Abs. 1 S. 1 iVm § 186 Abs. 3 und 4 AktG einerseits; § 203 Abs. 2 S. 1 iVm § 186 Abs. 4 AktG andererseits. Stimmrechtsberater empfehlen häufig, die Ermächtigung zum Bezugsrechtsausschluss (auch in Ansehung anderer Ermächtigungen) auf 20% des Grundkapitals zu begrenzen, vgl. *Reger/Wieneke* GWR 2013, 195 (196).
[21] Im Rahmen der Finanzmarktstabilisierung genügt eine Mehrheit von zwei Dritteln der abgegebenen Stimmen oder des vertretenen Grundkapitals (§§ 7b Abs. 2, 7 Abs. 3 S. 1 FMStbG).
[22] Teilweise wird die Notwendigkeit, der Hauptversammlung entsprechend § 186 Abs. 4 S. 2 AktG einen Bericht des Vorstands vorzulegen, im Hinblick auf Art. 29 Abs. 5 der Kapitalschutzrichtlinie im Fall des § 203 Abs. 2 AktG verneint, *Kindler* ZGR 1998, 35 (63) mwN. Andere verneinen sie mit der Begründung, dass diese Vorschrift erst nachträglich eingefügt worden und daher von der älteren Verweisung in § 203 Abs. 2 S. 2 AktG nicht erfasst sei, so *van Venrooy* BB 1982, 1137 f.; *Hirte*, Bezugsrechtsausschluss und Konzernbildung, 1986, 117 ff. Der eindeutige Wortlaut der Verweisvorschrift müsste dann ein Redaktionsfehler sein; er rechtfertigt sich aber daraus, dass dort, wo der Bezugsrechtsausschluss gegenüber der Hauptversammlung sachlich zu rechtfertigen ist, dieser auch mittels des Berichts die notwendigen Informationen für die Willensbildung zur Verfügung gestellt werden müssen; wie hier BGHZ 83, 319 (325 f.) = NJW 1982, 2444 – Holzmann; *Scholz* in MHdB AG § 59 Rn. 32.
[23] Siehe deshalb zum Inhalt des Vorstandsberichts hinsichtlich der sachlichen Rechtfertigung des Bezugsrechtsausschlusses → Rn. 27 ff.

Kapitalerhöhung, insofern im Vorstandsbericht keine Angaben zu verlangen.[24] Soweit der Hauptversammlungsbeschluss allerdings Aussagen zum Ausgabebetrag trifft, zB einen Mindest- oder Höchstkurs festlegt, sind diese im Vorstandsbericht zu begründen.

26 Seit der Entscheidung Mangusta/Commerzbank I des BGH ist jedenfalls für die Praxis geklärt, dass vor der **Ausnutzung** der Ermächtigung **keine erneuten Informations- bzw. Berichtspflichten** des Vorstands gegenüber der Hauptversammlung bestehen.[25] Eine Vorabberichtspflicht würde dem genehmigten Kapital seine Flexibilität nehmen. Zudem besteht das Wesen des genehmigten Kapitals gerade darin, dass die Hauptversammlung ihre Kompetenz zur Entscheidung über eine Kapitalerhöhung auf Vorstand und Aufsichtsrat überträgt. Dem liefe es zuwider, wenn die Ausnutzung dieser Kompetenz dann doch vorab wieder einer Mitwirkung bzw. Information der Hauptversammlung bedürfte. Allerdings muss der Vorstand auf der nächsten Hauptversammlung über die Einzelheiten der Ausnutzung des genehmigten Kapitals berichten und den Aktionären Rede und Antwort stehen.[26] Diese **Nachberichterstattung** ist das Kernelement der „Nachkontrolle", die der BGH als Ausgleich für die reduzierten materiellen Anforderungen an den Bezugsrechtsausschluss beim genehmigten Kapital verlangt. Der Nachbericht kann schriftlich oder auch mündlich erstattet werden.[27] Inhaltlich muss er – wie der „Siemens/Nold"-Entscheidung zu entnehmen ist – Aufschluss darüber geben, ob der Vorstand die Grenzen des Ermächtigungsbeschlusses bei der Ausnutzung des genehmigten Kapitals beachtet hat und der Bezugsrechtsausschluss sachlich gerechtfertigt war. Daher wird der Bericht über die im Jahresabschluss zu veröffentlichenden Angaben gem. § 160 Abs. 1 Nr. 3 AktG hinauszugehen haben.[28] Wurde der **Nachbericht nicht oder mangelhaft erstattet,** führt dies entgegen dem OLG Frankfurt nicht dazu, dass ein Beschluss über die Schaffung eines neuen genehmigten Kapitals anfechtbar wäre.[29] Die Rechtmäßigkeit der Ausnutzung eines alten ist keine Voraussetzung für die Schaffung eines neuen genehmigten Kapitals, da es sich um sachlich und rechtlich getrennte Beschlüsse handelt.

2. Materielle Voraussetzungen

27 Für die sachliche Rechtfertigung des Bezugsrechtsausschlusses genügt es, dass die beabsichtigte Maßnahme **allgemein oder abstrakt umschrieben** wird und sie im Interesse der Gesellschaft liegt; entgegen der früher hM ist es nicht notwendig, ein konkretes Vorhaben anzugeben.[30] Entsprechend genügt für den Vorstandsbericht hinsichtlich der sachlichen Rechtfertigung des Bezugsrechtsausschlusses die generell-abstrakte Umschreibung des Vorhabens, aus der sich ergibt, warum angesichts dieses möglichen Vorhabens der Be-

---

[24] Vgl. OLG Frankfurt a.M. WM 1986, 615 (617); *Lutter* in Kölner Komm. AktG § 203 Rn. 40 mwN; *Marsch* AG 1981, 211 (212); aA *Becker* BB 1981, 394 (396).
[25] BGHZ 164, 241 (244 ff.) = NJW 2006, 371 – Mangusta/Commerzbank I; zuvor schon OLG Frankfurt a.M. AG 2003, 438 (439 f.); ferner *Koch* in Hüffer/Koch AktG § 203 Rn. 36; *Wamser* in Spindler/Stilz AktG § 202 Rn. 88; *Cahn* ZHR 164 (2000) 113 (118); *Paschos* WM 2005, 356 (359 ff.); *Strauß* AG 2010, 192 (198); *Niggemann/Wansleben* AG 2013, 269 (272); aA *Bayer* in MüKo AktG AktG § 202 Rn. 158 ff.; *Meilicke/Heidel* DB 2000, 2358 (2359).
[26] BGHZ 136, 133 = NJW 1997, 2815 – Siemens/Nold; BGHZ 164, 241 (244 ff.) = NJW 2006, 371 – Mangusta/Commerzbank I; das OLG Frankfurt AG 2011, 713 (714) folgert daraus, dass der Vorstand von sich aus, also ungefragt, den Bericht liefern müsse.
[27] *Born* ZIP 2011, 1793 (1796); *Scholz* in MHdB AG § 59 Rn. 63 mwN; offenlassend OLG Frankfurt AG 2011, 713 (714); differenzierend *Kossmann* NZG 2012, 1129 (1133 f.).
[28] OLG Frankfurt AG 2011, 713 (714); aA *Born* ZIP 2011, 1793 (1794 f.).
[29] So aber OLG Frankfurt AG 2011, 713 (716); wie hier *Koch* in Hüffer/Koch AktG § 202 Rn. 37; *Niggemann/Wansleben* AG 2013, 269 (275 ff.); *Born* ZIP 2011, 1793 (1799).
[30] BGHZ 136, 133 = NJW 1997, 2815 – Siemens/Nold; mit diesem Urteil geht der BGH von seinen in den Urteilen BGHZ 71, 40 = NJW 1978, 1316 – Kali und Salz; BGHZ 83, 319 = NJW 1982, 2444 – Holzmann; BGHZ 120, 141 = NJW 1993, 400 – Bremer Bankverein; BGHZ 125, 239 (241) = NJW 1994, 1410 – Deutsche Bank – entwickelten Anforderungen an die materielle Rechtfertigung des Bezugsrechtsausschlusses für das genehmigte Kapital weitgehend ab.

zugsrechtsausschluss im Interesse der Gesellschaft liegt.[31] Die Anforderungen an den Umfang der Erläuterungen im Vorstandsbericht werden auch nicht vom Volumen des Kapitalerhöhungsbetrags beeinflusst.[32]

Zum Beispiel:

Die beantragte Ermächtigung dient dem Erhalt und der Verbreiterung der Eigenkapitalbasis der Gesellschaft und soll der Verwaltung die Möglichkeit geben, auf mögliche Entwicklungen der nächsten Jahre angemessen reagieren zu können. Die angemessene Ausstattung mit Eigenkapital ist Grundlage der geschäftlichen Entwicklung der Gesellschaft. Auch wenn die Gesellschaft zurzeit ausreichend mit Eigenkapital ausgestattet ist, muss sie über den notwendigen Handlungsspielraum verfügen, um sich jederzeit und gemäß der jeweiligen Marktlage Eigenkapital beschaffen zu können.

a) Sacheinlage

Es ist daher möglich, etwa ein genehmigtes Kapital gegen Sacheinlagen für den späteren Erwerb eines Unternehmens gegen Gewährung von eigenen Aktien auf Vorrat zu beschließen, also bevor das zu erwerbende Unternehmen überhaupt feststeht. Die Hauptversammlung kann dann über die sachliche Rechtfertigung des Bezugsrechtsausschlusses uU nur abstrakt beschließen. Soweit der Zweck des genehmigten Kapitals konkretisiert wird, muss die Vorratsermächtigung lediglich im Gesellschaftsinteresse liegen und sich im Rahmen des satzungsmäßigen Unternehmensgegenstands halten. Erst dem Vorstand obliegt es, bei der Ausnutzung der den Bezugsrechtsausschluss umfassenden Ermächtigung die sachliche Rechtfertigung des Bezugsrechtsausschlusses sicherzustellen. Dabei hat er – unabhängig davon, ob die Hauptversammlung den Bezugsrechtsausschluss beschlossen oder den Vorstand nur zu einem solchen ermächtigt hat – anhand der konkreten Umstände selbst zu prüfen, ob die Maßnahme im Gesellschaftsinteresse liegt und den der Hauptversammlung bekannt gemachten abstrakten Vorgaben für die Ausnutzung des genehmigten Kapitals entspricht.[33] Wenn der BGH in seiner Siemens/Nold-Entscheidung als einen maßgeblichen Beweggrund für die Änderung seiner Rechtsprechung angibt, dass den Unternehmen nicht zugemutet werden solle, solche Tatsachen bekannt geben zu müssen, die für Konkurrenzunternehmen bedeutsame Unternehmensstrategien vorzeitig durchschaubar machen, folgt hieraus, dass solche Einzelheiten selbst dann nicht der Hauptversammlung mitgeteilt werden müssen, wenn sie bei deren Beschlussfassung dem Vorstand schon bekannt sind, also insbes. das zu übernehmende Unternehmen bereits feststeht. Sie müssen daher auch nicht in den Vorstandsbericht aufgenommen werden.[34] Da solche Umstände häufig Insiderinformationen darstellen, sollte zudem eine **Selbstbefreiung** gem. Art. 17 Abs. 4 MAR beschlossen werden, um diese Informationen nicht veröffentlichen zu müssen. Der Vorstandsbericht könnte hinsichtlich der Sacheinlage zB folgendermaßen lauten:

28

---

[31] BGHZ 136, 133 (139f.) = NJW 1997, 2815 – Siemens/Nold; BGHZ 144, 290 (295) = NJW 2000, 2356; OLG Nürnberg AG 1999, 381f.; OLG Schleswig AG 2005, 48 (50f.); OLG Karlsruhe AG 2003, 444; LG Kempten AG 2006, 168; OLG Frankfurt AG 2011, 713.
[32] LG Heidelberg BB 2001, 1809 (1810) mit zust. Anm. *Bungert;* enger OLG München ZIP 2002, 1580 (1582f.) und LG München I BB 2001, 748f. mit Anm. *Hirte* EWiR 2001, 507.
[33] So BGHZ 136, 133 = NJW 1997, 2815 – Siemens/Nold; dazu *Bungert* NJW 1998, 488 (490ff.); *Kindler* ZGR 1998, 35; *Goette* DStR 1997, 1460 (1463); *Volhard* AG 1998, 397; *Kerber* DZWir 1998, 326; sehr krit. zu dieser Entscheidung *Lutter* JZ 1998, 50; ebenfalls krit. zur Verlagerung der gerichtlichen Kontrolle auf das Verhalten des Vorstands KG AG 2002, 243 (244); schon vor der Siemens/Nold-Entscheidung des BGH ähnlich wie nun auch der BGH *Heinsius* FS Kellermann, 1991, 115 (120ff.); *Hirte,* Bezugsrechtsausschluss und Konzernbildung, 1986, 112ff.; *Martens* FS Steindorff, 1990, 151 (152ff.).
[34] Siehe aber OLG München ZIP 2002, 1580 (1582f.) und LG München I BB 2001, 748f., wo bei einer fast die Hälfte des Grundkapitals ausmachenden Kapitalerhöhung der formulärmäßige Hinweis auf eine in keiner Weise konkretisierte strategische Neuorientierung als nicht ausreichend angesehen wurde; hier waren aber auch keine besonderen Geheimhaltungsinteressen ersichtlich; dazu *Bungert* BB 2001, 742ff.

Die vorgesehene Möglichkeit des Bezugsrechtsausschlusses bei Sachkapitalerhöhungen soll den Vorstand in die Lage versetzen, mit Zustimmung des Aufsichtsrats in geeigneten Fällen Unternehmen oder Beteiligungen an Unternehmen gegen Überlassung von Aktien der Gesellschaft erwerben zu können. Hierdurch soll die Gesellschaft die Möglichkeit erhalten, auf nationalen oder internationalen Märkten rasch und erfolgreich auf vorteilhafte Angebote oder sich sonst bietende Gelegenheiten zum Erwerb von Unternehmen oder Beteiligungen an Unternehmen, die gleiche, verwandte oder im Rahmen der Geschäftstätigkeit zweckmäßige Geschäfte betreiben, reagieren zu können. Nicht selten ergibt sich aus den Verhandlungen die Notwendigkeit, als Gegenleistung nicht Geld, sondern Aktien bereitzustellen. Um auch in solchen Fällen kurzfristig erwerben zu können, muss die Gesellschaft erforderlichenfalls die Möglichkeit haben, ihr Kapital unter Bezugsrechtsausschluss gegen Sacheinlagen zu erhöhen. Der Ausgabebetrag für die neuen Aktien wird dabei vom Vorstand mit Zustimmung des Aufsichtsrats unter Berücksichtigung der Interessen von Gesellschaft und Aktionären festgelegt.

b) Bareinlage

29   Diese im Fall einer Sachkapitalerhöhung entwickelten Erleichterungen gelten für die Barkapitalerhöhung **in gleicher Weise,** da eine Differenzierung zwischen beiden Formen der Kapitalerhöhung weder angezeigt noch vom BGH gewollt ist, wie sich insbes. auch daraus ergibt, dass das Holzmann-Urteil, zu dem der BGH ausdrücklich auf Distanz geht, gerade einen Fall der Barkapitalerhöhung betraf.[35] Je weniger allerdings ein Bedürfnis zur Geheimhaltung gegenüber der Konkurrenz besteht und je geringer die Ungewissheit darüber ist, wofür das genehmigte Kapital schließlich in Anspruch genommen werden wird, desto konkreter sollten die Tatsachenbasis und die zur sachlichen Rechtfertigung des Bezugsrechtsausschlusses gemachten Angaben sein, welche die Grundlagen für die Entscheidung der Hauptversammlung sind.

3. Anfechtungsrisiken und Rechtsschutz der Aktionäre

30   Seit dem Siemens/Nold-Urteil sind die Anfechtungsrisiken, denen der Bezugsrechtsausschluss beim genehmigten Kapital unterliegt, **überschaubar.**[36] Je mehr die Kapitalerhöhung Vorratscharakter hat und je weniger konkret die mit ihr ggf. verfolgten Pläne sind, desto formelhafter können die Angaben im Vorstandsbericht sein und desto aussichtsloser wird eine Anfechtungsklage hiergegen sein. Darin liegt ein weiterer wesentlicher Vorteil des genehmigten Kapitals gegenüber der regulären Kapitalerhöhung.[37] Auch eine Anfechtung wegen eines zu niedrigen Ausgabebetrags (§ 255 Abs. 2 S. 1 AktG) scheidet zumeist aus, da der Ermächtigungsbeschluss regelmäßig keine Festlegungen über den Ausgabebetrag vorsieht.[38]

31   Der Vorstandsbeschluss über die Ausnutzung des genehmigten Kapitals kann weder angefochten noch mit der Nichtigkeitsfeststellungsklage nach § 249 AktG angegriffen werden, da der Anwendungsbereich des Beschlussmängelrechts auf Hauptversammlungsbe-

---

[35] Wie hier OLG Frankfurt a.M. ZIP 2003, 902 (907); *Kindler* ZGR 1998, 35 (64); *Volhard* AG 1998, 397 (403); *Scholz* in MHdB AG § 58 Rn. 31; vorsichtiger *Bungert* NJW 1998, 488 (492); aA OLG Celle AG 2002, 292 f.; *Goette* DStR 1997, 1463, der die Entscheidung sogar nur auf Beteiligungserwerbe beziehen will; vor allzu extensiven Auslegungen warnt *Heinsius* WuB II A. § 186 AktG 3.97.
[36] Auch wenn der Bezugsrechtsausschluss unwirksam ist, wird die Auslegung des Kapitalerhöhungsbeschlusses regelmäßig ergeben, dass sich dieser Mangel nicht auf die Schaffung des genehmigten Kapitals an sich auswirkt, vgl. BGH NZG 2015, 867 (871).
[37] Nach *Kindler* ZGR 1998, 35 (65) sollen die Grundsätze der Siemens/Nold-Entscheidung indes auch bei der regulären Kapitalerhöhung anwendbar sein; → § 20 Rn. 48 Fn. 61.
[38] Vgl. BGH NZG 2009, 589 für den Fall einer Greenshoe-Option (auch → Rn. 41 ff.).

schlüsse begrenzt ist. Indes können Aktionäre vor der Eintragung der Durchführung der Kapitalerhöhung eine (vorbeugende) **Unterlassungsklage** und danach eine allgemeine **Feststellungsklage** gegen die Gesellschaft erheben, wenn der Vorstand bei Ausnutzung eines genehmigten Kapitals unter Bezugsrechtsausschluss pflichtwidrig gehandelt hat.[39] Eine festgestellte Pflichtwidrigkeit wird regelmäßig Ausgangspunkt weiterer Maßnahmen, etwa der **Anfechtung des Entlastungsbeschlusses** oder der Geltendmachung von **Schadensersatzansprüchen** sein. Allerdings ist in diesem Zusammenhang zu bedenken, dass dem Vorstand bei der Entscheidung über die Ausnutzung des genehmigten Kapitals, den Bezugsrechtsausschluss und die Bedingungen der Aktienausgabe (von rechtlichen Vorfragen abgesehen) ein unternehmerischer Ermessensspielraum iSd **Business Judgment Rule** zusteht.[40] Das gilt entsprechend für den Aufsichtsrat, der im Rahmen seiner Entscheidung, ob er der Ausnutzung zustimmt (§ 204 Abs. 1 S. 2 AktG), den Ausnutzungsbeschluss des Vorstands zu prüfen hat.

4. Erleichterter Bezugsrechtsausschluss

Wie aus der Verweisung in § 203 Abs. 1 S. 1 AktG folgt, sind die Regelungen über den erleichterten Bezugsrechtsausschluss gem. § 186 Abs. 3 S. 4 AktG[41] auch beim genehmigten Kapital anwendbar. Die Besonderheiten dieser Form der Kapitalerhöhung werfen allerdings einige zusätzliche Fragen auf: 32

Zunächst besteht Unklarheit darüber, auf welchen **Zeitpunkt** es **für die Berechnung des 10-%-Volumens** ankommt. Der Wortlaut des § 186 Abs. 3 S. 4 AktG spricht für den Zeitpunkt der Ausübung der Ermächtigung.[42] Die vorsichtigere Ansicht hält wegen § 203 Abs. 1 S. 2 AktG den Zeitpunkt der Beschlussfassung über das genehmigte Kapital für maßgeblich und berücksichtigt (nur) etwaige spätere Verringerungen des Grundkapitals.[43] 33

Des Weiteren fragt sich, ob die **10-%-Grenze** nur für die einzelne Ausnutzung eines genehmigten Kapitals gilt, es aber zulässig ist, ein größeres genehmigtes Kapital mit Bezugsrechtsausschluss zu beschließen, sofern dies stufenweise in Tranchen von maximal 10% genutzt wird (sog. **Stufenermächtigung**).[44] Dagegen wird angeführt, ein genehmigtes Kapital mit erleichtertem Bezugsrechtsausschluss könne nur insoweit beschlossen werden, wie es zusammen mit anderen genehmigten Kapitalien mit erleichtertem Bezugsrechtsausschluss insgesamt 10% des Grundkapitals nicht übersteigt.[45] Indes ist Folgendes zu bedenken: Die 10%-Grenze gilt bei der regulären Kapitalerhöhung für den Erhöhungsbeschluss der Hauptversammlung; an dessen Stelle tritt beim genehmigten Kapital die Ausnutzung der Ermächtigung durch den Vorstand. Erst durch sie kann das Kapital 34

---

[39] BGHZ 164, 249 (257 ff.) = NJW 2006, 374 – Mangusta/Commerzbank II; *Bayer* in MüKo AktG AktG § 202 Rn. 170 ff.; eingehend *Schürnbrand* ZHR 171 (2007), 731.
[40] OLG Frankfurt AG 2011, 631 (636); *Veil* in K. Schmidt/Lutter AktG § 204 Rn. 5.
[41] Zunächst → § 20 Rn. 68 ff.; zum Ganzen auch *Seibt* CFL 2011, 74.
[42] *Marsch-Barner* AG 1994, 532 (534); *Schlitt/Schäfer* AG 2005, 67 (69); *Groß* in Happ/Groß AktienR Form. 12.07 Rn. 10.
[43] *Koch* in Hüffer/Koch AktG § 203 Rn. 10a; *Krause* in Habersack/Mülbert/Schlitt UnternehmensfinanzHdB § 7 Rn. 56; *Ihrig/Wagner* NZG 2002, 657 (660).
[44] Dafür *Hirte* in GroßkommAktG AktG § 203 Rn. 115; *Marsch-Barner* AG 1994, 532 (535); *Claussen* WM 1996, 609 (615); *Schlitt/Schäfer* AG 2005, 67 (69); *Trapp* WuB II A. § 186 AktG 2.96. Begründet wird das damit, dass für die 10%-Grenze die einzelne Kapitalerhöhung, nicht aber die Ermächtigung maßgeblich sei.
[45] LG München I AG 1996, 138 (139 f.); OLG München DZWR 1997, 26 (27) mit insoweit zust. Anm. *Kindler* DZWiR 1997, 29; wohl auch OLG München NZG 2009, 1274; *Bayer* in MüKoAktG AktG § 203 Rn. 164 ff.; Wesentliche Begründung hierfür ist, dass die Hauptversammlung im Rahmen der Ermächtigung nicht mehr Rechte auf den Vorstand übertragen könne, als sie selbst habe; die Hauptversammlung könne jedoch eine reguläre Kapitalerhöhung mit erleichtertem Bezugsrechtsausschluss immer nur bis maximal 10% des Grundkapitals beschließen.

tatsächlich erhöht werden, die Ermächtigung allein stellt nur ein ungenutztes Kapitalerhöhungspotential dar, durch das allein keine Herrschaftsposition verwässert werden kann. Daher wird ein größerer Eingriff in die Herrschaftsposition als durch die vom Gesetzgeber unbestritten tolerierten Kapitalerhöhungen mit erleichtertem Bezugsrechtsausschluss anlässlich jeder ordentlichen und außerordentlichen Hauptversammlung kaum auftreten. Die Stufenermächtigung würde daher lediglich eine Erleichterung bedeuten, ohne das Bezugsrecht der Aktionäre ungebührlich einzuschränken. Allenfalls bei einer kurz gestaffelten Serie von Ausnutzungen des genehmigten Kapitals müsste man dies anders sehen.[46] Da jedoch die Rechtsprechung bislang die Stufenermächtigung ablehnt, birgt sie ein nicht unerhebliches Anfechtungsrisiko und sollte vorsorglich unterbleiben.

35   Ebenfalls umstritten ist, inwieweit erleichterte Bezugsrechtsausschlüsse anderer Kapitalmaßnahmen oder im Zusammenhang mit der Weiterveräußerung eigener Aktien zu berücksichtigen sind. Das Gesetz sieht eine **Anrechnung** hier nicht vor.[47] Trotzdem geht die hM[48] davon aus, dass die Volumina ausgenutzter (nicht bloß eingeräumter) erleichterter Bezugsrechtsausschlüsse grundsätzlich anzurechnen sind. Dem kann mit folgender **Anrechnungsklausel** (→ § 23 Rn. 61) begegnet werden:

Der Vorstand ist ermächtigt, das Bezugsrecht in vollem Umfang auszuschließen, wenn der Ausgabepreis der neuen Aktien den Börsenpreis der bereits börsennotierten Aktien zum Zeitpunkt der endgültigen Festlegung des Ausgabepreises nicht wesentlich unterschreitet und die gemäß § 186 Abs. 3 S. 4 AktG ausgegebenen Aktien zum Zeitpunkt der Ausnutzung der Ermächtigung insgesamt 10 % des Grundkapitals nicht übersteigen. Auf die Höchstgrenze von 10 % des Grundkapitals sind Aktien anzurechnen, die während der Laufzeit dieser Ermächtigung unter Ausschluss des Bezugsrechts in direkter oder entsprechender Anwendung des § 186 Abs. 3 S. 4 AktG ausgegeben oder veräußert werden. Ebenfalls anzurechnen sind Aktien, die zur Bedienung von Options- und/oder Wandlungsrechten aus Wandel- oder Optionsschuldverschreibungen oder Genussrechten auszugeben sind, sofern diese Schuldverschreibungen oder Genussrechte während der Laufzeit dieser Ermächtigung unter Ausschluss des Bezugsrechts in entsprechender Anwendung des § 186 Abs. 3 S. 4 AktG ausgegeben werden.

Im Bericht des Vorstands an die Hauptversammlung kann das dann wie folgt erläutert werden:

Die Ermächtigung stellt sicher, dass nach ihr, gestützt auf § 186 Abs. 3 S. 4 AktG, Aktien nur in dem Umfang und nur bis zu der dort festgelegten Höchstgrenze von 10 % des Grundkapitals unter Ausschluss des Bezugsrechts der Aktionäre ausgegeben werden können, wie während ihrer Laufzeit nicht bereits Aktien unter Ausschluss des Bezugsrechts in direkter oder entsprechender Anwendung des § 186 Abs. 3 S. 4 AktG ausgegeben oder veräußert wurden. Ebenfalls auf die Höchstgrenze anzurechnen sind Aktien, die zur Bedienung von Options- oder Wandlungsrechten auszugeben sind, die durch die Ausgabe von Schuldverschreibungen oder Genussrechten unter Ausschluss des Bezugsrechts in entsprechender Anwendung des § 186 Abs. 3 S. 4 AktG während der Laufzeit der Ermächtigung ausgegeben wurden.

36   Das dritte Sonderproblem des erleichterten Bezugsrechtsausschlusses beim genehmigten Kapital besteht in der Frage, welches der maßgebliche **Börsenkurs** ist, den der Ausgabebetrag nicht wesentlich unterschreiten darf. Dies kann sicherlich nicht der Börsenkurs

---

[46] Darum lässt auch die die Stufenermächtigung befürwortende Meinung nur eine Ausnutzung des genehmigten Kapitals einmal pro Jahr zu, *Hirte* in GroßkommAktG AktG § 203 Rn. 116; *Schlitt/Schäfer* AG 2005, 67 (69).
[47] *Schlitt/Schäfer* AG 2005, 67 (70); *Seibt* CFL 2011, 74 (78).
[48] *Reichert/Harbarth* ZIP 2001, 1441 (1443f.); *Ihrig/Wagner* NZG 2002, 657 (662); *Seibt* CFL 2011, 74 (78) mwN; dazu auch *Groß* in Happ/Groß AktienR Form. 12.04 Rn. 12.1f.

VII. Bezugsrechtsausschluss § 22

zum Zeitpunkt der Beschlussfassung der Hauptversammlung über das genehmigte Kapital sein. Hier ist nur festzulegen, dass die Ausgabe in enger Anlehnung an den Börsenkurs zu erfolgen hat. Vielmehr kommt es auf den Zeitpunkt an, in dem die Ermächtigung ausgenutzt wird.

Zum Beispiel:

Der Vorstand ist ermächtigt, das Bezugsrecht in vollem Umfang auszuschließen, wenn der Ausgabepreis der neuen Aktien den Börsenpreis der bereits börsennotierten Aktien zum Zeitpunkt der endgültigen Festlegung des Ausgabepreises nicht wesentlich unterschreitet.

Im Bericht des Vorstands an die Hauptversammlung genügen dazu etwa die folgenden Worte:

Die Verwaltung wird im Falle der Ausnutzung dieses genehmigten Kapitals einen etwaigen Abschlag des Ausgabepreises gegenüber dem Börsenkurs auf voraussichtlich höchstens 3 %, jedenfalls aber nicht mehr als 5 % beschränken.

Bei der Festlegung des Ausgabebetrags besteht die Schwierigkeit, dass der Vorstand 37 dazu der Zustimmung des Aufsichtsrats bedarf (§ 204 Abs. 1 S. 1 AktG), die einzuholen zeitaufwändig sein kann. Um zu vermeiden, dass die Nähe eines avisierten Ausgabebetrags zum Börsenkurs aufgrund der Kursentwicklung wieder verloren geht, empfiehlt es sich, die Aufsichtsratszustimmung dadurch zu beschleunigen, dass sie einem Aufsichtsratsausschuss übertragen wird. Alternativ kann der Vorstand sich vom Aufsichtsrat vorab zusammen mit den übrigen Konditionen der Ermächtigung eine enge Kursspanne genehmigen lassen, innerhalb derer er dann den Ausgabebetrag festlegt.

Ein weiteres Problem wird teilweise darin gesehen, dass der Börsenkurs unter das Niveau zum Zeitpunkt des Hauptversammlungsbeschlusses und auch unter den „wahren Wert" der Aktie fallen könnte, mit der Folge, dass der Vorstand bei Ausübung der Ermächtigung den **Ausgabebetrag** entsprechend niedrig ansetzen könne. Das soll den Kapitalerhöhungsbeschluss unanwendbar machen[49] bzw. erfordern, dass schon die Hauptversammlung einen bei ihrer Beschlussfassung börsenkursnahen Preis als Untergrenze festlegt.[50] Unzweifelhaft ist, dass die Hauptversammlung einen Kurs festlegen kann, zu dem die neuen Aktien mindestens ausgegeben werden sollen. Nicht einsichtig ist aber, warum ohne eine solche Festlegung die Ausgabe nicht zu einem geringeren als dem bei der Beschlussfassung der Hauptversammlung aktuellen Kurs erfolgen dürfen soll. Nicht nur wenn dieser spekulativ überhöht ist, fragt sich, warum die Hauptversammlung den Vorstand nicht dazu ermächtigen können soll, auch bei **negativen Kursentwicklungen** in der Zukunft börsenkursnahe Kapitalerhöhungen durchzuführen. Auch bei niedrigem Kursniveau kann ein Interesse der Gesellschaft an einer kurzfristigen Kapitalaufnahme bestehen, etwa in Sanierungssituationen. Eine Vermögensverwässerung haben die Altaktionäre dann trotzdem nicht zu befürchten. Die Befürchtung, dass die Zeichner der neuen Aktien zu günstig Aktionär werden könnten, greift ebenfalls nicht: Zum einen können die Altaktionäre die Aktien an der Börse zu vergleichbaren Konditionen erwerben und damit eine vermeintliche Benachteiligung leicht vermeiden. Zum anderen wird der pflichtgemäß handelnde Vorstand den Kapitalmarkt in einer solchen Situation nur dann in Anspruch nehmen, wenn die Gesellschaft die Mittelzufuhr unbedingt braucht und damit auch verhältnismäßig schlechte Konditionen für die Gesellschaft noch vorteilhaft sind. Dieser Vorteil für die Gesellschaft ist aber auch ein Vorteil der Aktionäre, vor dem sie nicht geschützt zu werden brauchen (→ § 20 Rn. 68). 38

---

[49] So *Lutter* in Kölner Komm., 2. Aufl., Nachtrag zu AktG § 186 Rn. 4.
[50] So *Claussen* WM 1996, 609 (612).

VIII. Sonstiges

1. Internationale Platzierung

39 Im Zusammenhang mit der Globalisierung der Wirtschaft hat sich das Bedürfnis nach einer Internationalisierung des Aktionärskreises verstärkt, durch die der Kreis der potentiellen Geldgeber ausgeweitet werden soll. Ein Aspekt dieser Internationalisierung, die Neueinführung der Aktien an einer ausländischen Börse, wurde bereits angesprochen (→ § 20 Rn. 59). Ein anderer Aspekt ist die bevorzugte Zuteilung von Teilen eines Aktienpaketes an ausländische Investoren unabhängig vom Ort der Börsenzulassung.[51] Dem steht das gesetzliche Bezugsrecht entgegen. Sofern ein Großaktionär vorhanden ist, kann das Problem uU dadurch beseitigt werden, dass dieser seine Bezugsrechte an das Bankenkonsortium verkauft oder auf sie verzichtet.[52] Sonst besteht im Regelfall nur die Möglichkeit eines erleichterten Bezugsrechtsausschlusses (§ 203 Abs. 1 S. 1 iVm § 186 Abs. 3 S. 4; → 20 Rn. 68 ff.), sofern sich nicht ausnahmsweise ein normaler Bezugsrechtsausschluss rechtfertigen lässt.

2. Bookbuilding-Verfahren

40 Das sog. Bookbuilding-Verfahren[53] hat bei Initial Public Offerings (IPO), also Börseneinführungen, bei der Umplatzierung von größeren Aktienpaketen und auch bei Kapitalerhöhungen das früher ausschließlich praktizierte Festpreisverfahren weitgehend verdrängt. Beim Bookbuilding-Verfahren wird der Ausgabebetrag für die Aktien in einem **zweistufigen Verfahren** am Markt ermittelt, wodurch das Risiko falscher Preisfestsetzungen vermieden werden soll. Zunächst wird in einer sog. Pre-Marketing-Phase aufgrund der Einschätzung größerer institutioneller Anleger eine Preisspanne festgelegt, innerhalb derer die Anleger ihre Zeichnungswünsche abgeben (Order-Taking-Phase). Auf deren Grundlage wird anschließend der endgültige Ausgabebetrag bestimmt. Bei ordnungsgemäßer Durchführung dieses Verfahrens ist die Festsetzung des so ermittelten Ausgabepreises grds. auch nicht nach § 255 Abs. 2 S. 1 AktG zu beanstanden.[54] Zu beachten ist indes, dass die Durchführung eines beschleunigten *(accelerated)* Bookbuilding-Verfahrens oder eines sog. Pre-Sounding bzw. Pilot-Fishing, dh die gezielte Ansprache ausgewählter Investoren, grds. eine **Marktsondierung** (Art. 11 MAR) darstellen wird. Eine dabei erfolgende Weitergabe von Insiderinformationen ist rechtmäßig, wenn die für die Marktsondierung geltenden strengen Dokumentationspflichten eingehalten werden.[55]

41 Seitdem § 186 Abs. 2 S. 2 AktG nicht mehr strikt die Angabe des Ausgabe- bzw. Bezugspreises im Bezugsangebot verlangt,[56] kann das Bookbuilding-Verfahren grds. auch bei **Bezugsrechtsemissionen** durchgeführt werden.[57] Eingesetzt wird es allerdings vor allem dann, wenn ein **erleichterter Bezugsrechtsausschluss** erfolgen soll, der Ausgabebetrag der neuen Aktien also nur unwesentlich unterhalb des Börsenkurses liegen darf. Nach den bisherigen Erfahrungen konnte hiermit die Höhe des erzielbaren Ausgabebetrags noch

---

[51] Dies können Aktien aus einer Kapitalerhöhung sein, aber auch solche, die aus dem Besitz von Altaktionären umplatziert werden sollen. Hier soll nur der erste Fall interessieren.
[52] Ersteres geschah teilweise bei der Platzierung der Lufthansa-Aktien 1994 durch den Bund; Letzteres durch denselben Aktionär 1996 bei der Emission der Telekom-Aktien.
[53] Zum Bookbuilding-Verfahren *Groß* ZHR 162 (1998), 318 (320 ff.); *Meyer* in Marsch-Barner/Schäfer Börsennotierte AG-HdB § 8 Rn. 30 ff.; *Bosch/Groß* Rn. 10/262 ff.
[54] *Bayer* in MüKo AktG AktG § 204 Rn. 16.
[55] Zur Marktsondierung *Zetzsche* AG 2016, 610; *Seibt/Wollenschläger* AG 2014, 593 (599 f.); zum Pilot-Fishing *Fleischer/Bedkowski* DB 2009, 2195.
[56] Änderung durch das Transparenz- und Publizitätsgesetz (TransPuG) v. 19. 7. 2002, BGBl. 2002 I 2681.
[57] Siehe dazu *Krug* BKR 2005, 302 (303).

einmal gesteigert werden.[58] Der im Bookbuilding-Verfahren ermittelte Preis darf nicht wesentlich von dem unmittelbar danach gültigen bzw. im Wege der Glättung über einige Börsentage zu ermittelnden Börsenkurs nach unten abweichen. Die Besonderheit besteht darin, dass eine Preisspanne in der Pre-Marketing-Phase und auch im eigentlichen Bookbuilding-Verfahren gar nicht angegeben werden kann. Sie könnte allenfalls bezogen auf den schließlich maßgeblichen Börsenkurs umschrieben werden.

3. Greenshoe

Der Einfluss internationaler institutioneller Anleger hat einem weiteren aus dem angelsächsischen Raum stammenden Instrument, dem sog. Greenshoe (Mehrzuteilungsoption), in Deutschland zum Durchbruch verholfen.[59] Dabei handelt es sich um eine **Platzierungsreserve,** die dem Emissionskonsortium seitens der Altaktionäre oder der Gesellschaft selbst eingeräumt werden kann und die dazu dient, in den Wochen nach der Aktienemission den Aktienkurs zu stabilisieren.[60] Bei der Umplatzierung von Aktien können die Altaktionäre dem Konsortium eine Option zum Kauf, bei der Emission neuer Aktien aus einer Kapitalerhöhung kann die Aktiengesellschaft dem Konsortium eine Option zum Bezug der weiteren, für die Kursstabilisierung vorgesehenen Aktien einräumen, wobei das Volumen dieser Platzierungsreserve üblicherweise 10 bis 15% beträgt. Die Platzierungsreserve wird nicht erst bei Bedarf nachträglich in den Handel eingeführt, vielmehr teilen die Konsortialbanken schon gleich mehr Aktien zu, als die Haupttranche effektiv ausmacht. Die mehrzugeteilten Aktien können zB aus dem Eigenbestand der Banken oder aus einer Wertpapierleihe von einem Altaktionär stammen. Die sich so ergebende Short-Position des Konsortiums kann entweder während der üblicherweise 30 Tage dauernden Stabilisierungsphase dadurch ausgeglichen werden, dass Aktien aus dem Markt genommen werden, oder – falls die Börsenkurse den Emissionskurs übersteigen – am Ende dieser Frist dadurch, dass die oben genannten Call-Optionen ausgeübt werden.[61]

Soll der Greenshoe von der Gesellschaft gestellt werden, bedarf es hierfür einer Kapitalerhöhung mit **Bezugsrechtsausschluss,** wenn nicht einzelne Großaktionäre auf ihre Bezugsrechte verzichten oder sie an das Bankenkonsortium verkaufen. Gegen die Schaffung eines genehmigten Kapitals zur Bedienung der Greenshoe-Option bestehen keine Bedenken.[62] Ein Problem besteht allerdings insofern, als die Greenshoe-Kapitalerhöhung der Kapitalerhöhung hinsichtlich der Haupttranche zeitlich nachgelagert ist, das Bezugsrecht der neuen Aktien aus der Haupttranche auf Aktien aus der Greenshoe-Kapitalerhöhung aber nicht bereits vor dem Entstehen dieser Aktien ausgeschlossen werden kann. Hierfür sind im Wesentlichen zwei Lösungswege praktikabel:
– Der Vorstand beschließt mit Zustimmung des Aufsichtsrats vor der Eintragung der Durchführung der Kapitalerhöhung hinsichtlich der Haupttranche die Ausnutzung des genehmigten Kapitals für den Greenshoe und lässt die Konsortialbanken zur Zeichnung dieser Kapitalerhöhung zu. Die neuen Aktien der Haupttranche sind dann noch nicht entstanden, weshalb auf sie auch kein Bezugsrecht entfällt.

---

[58] Vgl. die Nachweise bei *Groß* ZHR 162 (1998) 318 (334) Fn. 65.
[59] Zum Greenshoe *Bosch/Groß* Rn. 10/271 ff.; *Busch* AG 2002, 230 ff.; *Hein* WM 1996, 1 (6 f.); *Hoffmann-Becking* FS Lieberknecht, 1997, 25 (39 ff.); *Meyer* WM 2002, 1106 ff.; *Schanz* BKR 2002, 439 ff.; *Kuntz* in Ekkenga/Schröer HdB AG-Finanzierung Kap. 5 Rn. 74 ff.
[60] Vgl. auch die Definition in Art. 1 lit. e) der VO (EU) 2016/1052 der Kommission vom 8.3.2016 zur Ergänzung der MAR durch technische Regulierungsstandards für die auf Rückkaufprogramme und Stabilisierungsmaßnahmen anwendbaren Bedingungen. Formulierungsbeispiel für eine Greenshoe-Klausel bei *Busch* in FS Hoffmann-Becking, 2013, 211 (224) Fn. 58.
[61] Zum sog. Refreshing the Shoe, dh dem Neuentstehen der Shortposition, wenn die vom Konsortium über den Markt erworbenen Aktien nicht zur Glattstellung der Shortposition verwendet werden, *Busch* in FS Hoffmann-Becking, 2013, 211 ff.
[62] BGH NZG 2009, 589.

– Der Vorstand beschließt die Ausnutzung des genehmigten Kapitals für den Greenshoe erst nach der Entstehung der neuen Aktien der Haupttranche, jedoch wird das für diese neuen Aktien entstehende Bezugsrecht auf die Aktien des Greenshoe vor ihrer Zuteilung an die Zeichner der Haupttranche abgetrennt und den Konsortialbanken belassen.

44 Abgesehen von den wenigen Fällen, in denen sich eine besondere Rechtfertigung für den Bezugsrechtsausschluss ergibt, wird für die gesamte Kapitalerhöhung nur ein **erleichterter Bezugsrechtsausschluss** in Betracht kommen (§§ 203 Abs. 1 S. 1 iVm § 186 Abs. 3 S. 4 AktG; → § 20 Rn. 68 ff.). Problematisch ist hierbei, dass der Ausgabebetrag nicht wesentlich unter dem aktuellen Börsenkurs liegen darf, die Kapitalerhöhung für die Haupttranche und die für den Greenshoe aber zu unterschiedlichen Zeitpunkten stattfinden, zu denen auch die Börsenkurse unterschiedlich sein können. Allerdings ist der maßgebliche Zeitpunkt, zu dem Börsenkurs und Ausgabebetrag nicht zu weit auseinander liegen dürfen, die Entscheidung des Vorstands über die Ausnutzung des genehmigten Kapitals, nicht die Eintragung der Durchführung der Kapitalerhöhung in das Handelsregister.[63] Daher verfährt die Praxis nach dem sog. **Zwei-Tranchen-Modell,** wonach der Vorstand mit Zustimmung des Aufsichtsrates die Ausnutzung des genehmigten Kapitals in der Weise beschließt, dass die Zeichnung der neuen Aktien in mindestens zwei Tranchen, der Haupttranche und des Greenshoe, erfolgen soll.[64] Auch wenn die Ausnutzung der Greenshoe-Tranche dann einen Monat nach der Ausnutzung der Haupttranche erfolgt, kann dies unabhängig von der Entwicklung des Börsenkurses zum gleichen Ausgabebetrag wie bei dieser geschehen.

45 Das für den Greenshoe typische zweistufige Vorgehen bedingt, dass der Beschluss über das genehmigte Kapital es zulässt, die Durchführung der Kapitalerhöhung schon nach der **Zeichnung von Teilbeträgen** hinsichtlich dieser Teilbeträge zur Eintragung ins Handelsregister anzumelden.[65] Dafür genügt schon die Formulierung, dass der Vorstand „*ermächtigt ist, das Grundkapital bis zum ... einmalig oder mehrmals um bis zu insgesamt ... Euro zu erhöhen*".

---

[63] Dies übersieht KG WM 2002, 653 (654), weshalb es einen Verstoß gegen § 255 Abs. 2 S. 1 AktG annimmt, wenn die Gesellschaft selbst die Aktien für den Greenshoe zur Verfügung stellt; dagegen zutreffend *Groß* ZIP 2002, 160 (165); *Paefgen* WuB II A. § 255 AktG 1.02; *Schanz* BKR 2002, 439 (444); *Sinewe* DB 2002, 314 (315); *Busch*, FS Hoffmann-Becking, 2013, 211 (226).
[64] Siehe hierzu *Bosch/Groß* Rn. 10/276; *Hein* WM 1996, 1 (7); *Trapp* AG 1997, 115 (122).
[65] *Scholz* in MHdB AG § 59 Rn. 71; *Freitag* AG 2009, 473 (476).

§ 23 Bedingte Kapitalerhöhung

Übersicht

	Rn.
I. Überblick	1
II. Allgemeines	2
1. Zweck	2
2. Hauptversammlungsbeschluss	4
a) Obligatorischer Inhalt	4
b) Fakultativer Inhalt	17
c) Sonstiges	23
d) Aufhebung des Beschlusses	26
III. Wandelschuldverschreibungen	27
1. Hauptversammlungsbeschluss	28
a) Obligatorischer Inhalt	29
b) Fakultativer Inhalt	35
c) Beschlussmuster	50
d) Beschlussmehrheit	52
e) Bekanntmachung	53
2. Bezugsrecht	54
3. Bezugsrechtsausschluss	55
4. Erleichterter Bezugsrechtsausschluss	57
5. Umgekehrte Wandelanleihen	62
IV. Unternehmenszusammenschluss	63
V. Aktienoptionspläne	64
VI. Sacheinlagen	65
VII. Ähnliche Fälle	66
1. Optionsanleihen ausländischer Tochtergesellschaften	67
2. Optionsrechte ohne Optionsanleihe	69
3. Wandelanleihe mit Wandlungspflicht und CoCo-Bonds	72

Stichworte

Aktiengattung Rn. 15, 52
Aktienoptionsplan Rn. 64
Aktienrechtsnovelle 2016 Rn. 5, 27, 62, 72
Anrechnungsklausel Rn. 61
Aufhebung des Beschlusses Rn. 26
Ausgabebetrag Rn. 12f., 34, 47, 55, 57f.
Beschlussmuster Rn. 51
Bezugsrecht
– Bezugsbedingung Rn. 21
– Bezugsberechtigung Rn. 10, 63
– Bezugsverhältnis Rn. 12, 34, 41
– mittelbares Rn. 44, 54
Bezugsrechtsausschluss
– erleichterter Rn. 57 ff.
– Fehlerhaftigkeit Rn. 56
– Voraussetzungen Rn. 55
Börsenkurs Rn. 12f., 27, 34, 57 ff.
CoCo-Bond Rn. 62, 73
Ermächtigungsbeschluss
– Befristung Rn. 32
– Begriff Rn. 28
– Bekanntmachung Rn. 53
Gewinnberechtigung Rn. 19
Höchstbetrag Rn. 5, 33

Inhaberaktie Rn. 14
Mehrheitserfordernisse Rn. 23, 52
Mindestklausel Rn. 13
Nennbetragsaktie Rn. 11
Optionsanleihe
– Huckepack-Option Rn. 70
– Nackte Option Rn. 71
Sacheinlage Rn. 65
Stock Options s. Aktienoptionsplan
Umfang des bedingten Kapitals Rn. 5
Umtauschrecht Rn. 10, 18, 27, 34, 62
Unternehmenszusammenschluss Rn. 63, 65
Vorzugsaktien Rn. 6, 24
Wandelanleihe
– Anleihebedingungen 45
– Pflichtwandelanleihe Rn. 62, 72 f.
– umgekehrte Rn. 62
– Wandlungspflicht Rn. 37, 40, 72 f.
Wandelschuldverschreibung
– Ausgabebetrag Rn. 12f., 34, 47, 55, 57f., 69
– Begebung durch Tochtergesellschaft Rn. 36
– Begriff Rn. 2
– Gesamtnennbetrag Rn. 33, 65

- Umtauschverhältnis Rn. 18, 39 ff.
- Wahlrecht Rn. 28
- Wandlungspflicht Rn. 37, 40, 72 f.
- Wandlungsverhältnis Rn. 39 ff.
- **Zustimmungsbeschluss** Rn. 28, 44
- **Zwecksetzung** Rn. 2

Schrifttum:

Bader, Contingent Convertible, Wandelanleihe und Pflichtwandelanleihe im Aktienrecht, AG 2014, 472; *Broichhausen,* Mitwirkungskompetenzen der Hauptversammlung bei der Ausgabe von Wandelschuldverschreibungen auf eigene Aktien, NZG 2012, 86; *Drinhausen/Keinath,* Nutzung eines bedingten Kapitals bei der Ausgabe von Wandelschuldverschreibungen gegen Sacheinlagen, BB 2011, 1736; *Florstedt,* Die umgekehrte Wandelschuldverschreibung, ZHR 180 (2016), 152; *Fuchs,* Selbständige Optionsscheine als Finanzierungsinstrument der Aktiengesellschaft, AG 1995, 433; *Gätsch/Theusinger* Naked Warrants als zulässige Finanzierungsinstrumente für Aktiengesellschaften, WM 2005, 1256; *Groß,* Isolierte Anfechtung der Ermächtigung zum Bezugsrechtsausschluß bei der Begebung von Optionsanleihen, AG 1991, 201; *Habersack,* Anwendungsvoraussetzungen und -grenzen des § 221 AktG, dargestellt am Beispiel von Pflichtwandelanleihen, Aktienanleihen und „warrants", FS Nobbe, 2009, 539; *Hirte,* Bezugsrechtsfragen bei Optionsanleihen, WM 1994, 321; *Hoffmann,* Optionsanleihen ausländischer Töchter unter der Garantie ihrer deutschen Muttergesellschaft, AG 1973, 47; *Ihrig/Wagner,* Volumengrenzen für Kapitalmaßnahmen der AG – Zu den aktienrechtlichen Höchstgrenzen bei Kapitalmaßnahmen, NZG 2002, 657; *Jäger,* Aktienoptionen und Optionsschein, 1990; *Knoll,* Der Wert von Bezugsrechten und die materielle Rechtfertigung des Bezugsrechtsausschlusses bei Wandelschuldverschreibungen, ZIP 1998, 413; *Lutter,* Die rechtliche Behandlung von Erlösen aus der Verwertung von Bezugsrechten bei der Ausgabe von Optionsanleihen; DB 1986, 1607; *ders.,* Optionsanleihen ausländischer Tochtergesellschaften, AG 1972, 125; *Lutter/Hirte (Hrsg.),* Wandel- und Optionsanleihen in Deutschland und Europa, ZGR-Sonderheft 16, 2000; *Maier-Reimer,* Bedingtes Kapital für Wandelanleihen, GS Bosch, 2006, 85; *Martens,* Die mit Optionsrechten gekoppelte Aktienemission, AG 1989, 69; *ders.,* Eigene Aktien und Stock-Options in der Reform, AG 1997, 83; *Maul,* Zur Unzulässigkeit der Festsetzung lediglich eines Mindestausgabebetrages im Rahmen des § 193 II Nr. 3 AktG, NZG 2000, 679; *Nodoushani,* Contingent Convertible Bonds, WM 2016, 589; *ders.,* CoCo Bonds in Deutschland, ZBB 2011, 143; *Roth/Schoneweg,* Emission selbständiger Aktienoptionen durch die Gesellschaft, WM 2002, 677; *Rozijn,* „Wandelanleihe mit Wandlungspflicht" – eine deutsche equity note?, ZBB 1998, 77; *Schaub,* Nochmals „Warrant-Anleihen" von Tochtergesellschaften, AG 1972, 340; *Schlitt/Seiler/Singhof,* Aktuelle Rechtsfragen und Gestaltungsmöglichkeiten im Zusammenhang mit Wandelschuldverschreibungen, AG 2003, 254; *Schumann,* Optionsanleihen, 1990; *Silcher,* Bedingtes Kapital für „Warrant-Anleihen" von Tochtergesellschaften, FS Geßler, 1971, 185; *Singhof,* Der „erleichterte" Bezugsrechtsausschluss im Rahmen von § 221 AktG, ZHR 170 (2006), 673; *ders.,* Ausgabe von Aktien aus bedingtem Kapital, FS Hoffmann-Becking, 2013, 1163; *Spiering/Grabbe,* Bedingtes Kapital und Wandelschuldverschreibungen – Mindestausgabebetrag und Errechnungsgrundlagen im Rahmen des § 193 Abs. 2 Nr. 3 AktG, AG 2004, 91; *Staake,* Unverkörperte Mitgliedschaften beim bedingten Kapital, AG 2017, 188; *Stadler,* Die Sanierung von Aktiengesellschaften unter Einsatz von Wandelgenussrechten, NZI 2003, 579; *Steiner,* Zulässigkeit der Begebung von Optionsrechten auf Aktien ohne Optionsschuldverschreibung (naked warrants), WM 1990, 1776; *Wehrhahn,* Kein bedingtes Kapital für „naked warrants"?, BKR 2003, 124; *Weiler,* Auf und nieder, immer wieder – Teleologische Reduktion der Höchstgrenzen für bedingtes Kapital in § 192 III 1 AktG bei gleichzeitiger Kapitalherabsetzung?, NZG 2009, 46.

I. Überblick

1 Durch eine bedingte Kapitalerhöhung werden die zur Bedienung von Umtausch- oder Bezugsrechten Dritter erforderlichen Aktien geschaffen (→ Rn. 2). Grundvoraussetzung ist ein Beschluss der Hauptversammlung, der neben den gesetzlichen Pflichtinhalten (→ Rn. 4 ff.) weitere fakultative Festsetzungen, zB zur Gewinnberechtigung, enthalten kann (→ Rn. 17 ff.). Der Hauptanwendungsbereich der bedingten Kapitalerhöhung liegt in der Schaffung von Bezugsaktien zur Bedienung von Wandel- oder Optionsanleihen (→ Rn. 27 ff.). Die Ausgabe dieser Anleihen ist nur auf der Grundlage eines eigenständigen Hauptversammlungsbeschlusses zulässig, der neben denjenigen über das bedingte Kapital tritt (→ Rn. 28 ff.), anders als letztgenannter aber nicht zu einer Satzungsänderung führt (→ Rn. 53). Den Aktionären steht zum Schutz vor Verwässerungseffekten grds. ein Bezugsrecht auf die emittierten Anleihen zu (→ Rn. 54), welches aber – auch im Wege des erleichterten Bezugsrechtsausschlusses – ausgeschlossen werden kann (→ Rn. 55 ff.). Seit der Aktienrechtsnovelle 2016 steht das Recht zur Wandlung nicht mehr nur den Anleiheinhabern, sondern in Form der umgekehrten Wandelanleihe auch der Gesellschaft

selbst zu (→ Rn. 62). Neben der Bedienung von Anleihen kann ein bedingtes Kapital auch zur Vorbereitung von Unternehmenszusammenschlüssen (→ Rn. 63) oder im Zusammenhang mit Stock Options (→ Rn. 64) geschaffen werden. Die Einlagepflicht kann auch durch Sacheinlage statt Bareinlage erfüllt werden (→ Rn. 65). Auch in weiteren Konstellationen, die mit den in § 192 Abs. 2 AktG aufgeführten Fällen vergleichbar sind, ist eine bedingte Kapitalerhöhung zulässig (→ Rn. 66 ff.).

II. Allgemeines

1. Zweck

Die in §§ 192 ff. AktG geregelte bedingte Kapitalerhöhung dient dazu, den Anspruch eines Dritten auf den Bezug von Aktien abzusichern. Die Kapitalerhöhung ist bedingt, weil sowohl die Durchführung an sich als auch die Höhe der Durchführung von der Entscheidung der bezugsberechtigen Dritten abhängen; der Hauptversammlungsbeschluss zur Schaffung des bedingten Kapitals ist aber unbedingt. Die bedingte Kapitalerhöhung kann grds. nur zu den in § 192 Abs. 2 AktG abschließend aufgeführten Zwecken beschlossen werden (vgl. aber auch → Rn. 66 ff.), nämlich

– zur Gewährung von Umtausch- und Bezugsrechten für Inhaber von Wandelschuldverschreibungen;[1]
– zur Vorbereitung des Zusammenschlusses mehrerer Unternehmen sowie
– zur Gewährung von Bezugsrechten an Mitarbeiter und Geschäftsführungsmitglieder der Gesellschaft oder verbundener Unternehmen.

Eine Analogie zu diesen Zwecksetzungen wird grds. für unzulässig gehalten, da das bedingte Kapital **kein Bezugsrecht der Aktionäre** kennt[2] und ein solches nach den Wertungen des Gesetzgebers auch nur in den gesetzlich geregelten Fällen entbehrlich sei.[3] In einigen Fällen wird jedoch, insbes. unter Hinweis auf die Gesetzesformulierung („soll"), in Gestaltungen, die einem der im Gesetz genannten Fälle „hinreichend ähnlich" sind, eine Analogie dennoch anerkannt.[4] Wird die bedingte Kapitalerhöhung zu einem unzulässigen Zweck beschlossen, ist der Beschluss anfechtbar und darf nicht in das Handelsregister eingetragen werden.

2. Hauptversammlungsbeschluss

a) Obligatorischer Inhalt

Der Hauptversammlungsbeschluss über das bedingte Kapital muss zwingend folgenden (in § 193 Abs. 2 AktG nicht vollständig wiedergegebenen) Inhalt haben; anderenfalls ist er nichtig:

---

[1] Hierzu gehören Wandel- und Optionsanleihen der AG selbst (→ Rn. 27 ff.) und ihrer Tochtergesellschaften (→ Rn. 67 f.), Gewinnschuldverschreibungen und Genussrechte (§ 28) und seit der Aktienrechtsnovelle 2016 auch umgekehrte Wandelanleihen (→ Rn. 62).
[2] Ein Bezugsrecht der Altaktionäre auf die neuen Aktien aus dem bedingten Kapital muss deshalb ausscheiden, weil diese neuen Aktien gerade zu den in § 192 Abs. 1 AktG bestimmten Zwecken an die danach Berechtigten ausgegeben werden sollen, die mit den Aktionären (zum Teil) identisch sein können, aber nicht müssen; vgl. auch *Lutter* in Kölner Komm. AktG § 192 Rn. 27.
[3] HM vgl. nur *Fuchs* in MüKoAktG AktG § 192 Rn. 36; *Koch* in Hüffer/Koch AktG § 192 Rn. 8; *Lutter* in Kölner Komm. AktG § 192 Rn. 18; aA *Schilling* in GroßkommAktG, 3. Aufl., AktG § 192 Anm. 7; *Werner* AG 1972, 137 (142).
[4] *Rieckers* in Spindler/Stilz AktG § 192 Rn. 25; *Veil* in K. Schmidt/Lutter AktG § 192 Rn. 10; *Fuchs* AG 1995, 433 (445); *Martens* AG 1989, 69 (71); „vorsichtige Einzelanalogie" zulässig, *Fuchs* in MüKoAktG AktG § 192 Rn. 37; im Einzelnen → Rn. 66 ff.

aa) Umfang der Kapitalerhöhung

5 Das Volumen der Kapitalerhöhung kann immer nur ein **Höchstbetrag** sein. Zum einen ist ungewiss, ob letztlich alle ausgegebenen Umtausch- oder Bezugsrechte ausgeübt werden. Zum anderen ist die Ausgabe dieser Rechte aufgrund einer entsprechenden Ermächtigung Geschäftsführungsmaßnahme, so dass der Vorstand entscheiden kann, das eingeräumte Kapitalerhöhungsvolumen schon bei der Ausgabe der Umtausch- oder Bezugsrechte nicht vollständig auszuschöpfen. Der Nennbetrag des bedingten Kapitals darf inklusive ggf. früher beschlossener bedingter Kapitalien, soweit sie noch nicht abgelaufen und nicht ausgenutzt[5] sind, **die Hälfte** des bei der Beschlussfassung über das bedingte Kapital bestehenden **Grundkapitals** nicht übersteigen.[6] Bei einem bedingten Kapital zur Bedienung von sog. Stock Options liegt die Obergrenze sogar bei 10 % des Grundkapitals (§ 192 Abs. 3 S. 1 AktG).[7] Vergleichsmaßstab ist das bereits vorher oder gleichzeitig mit dem bedingten Kapital ins Handelsregister **eingetragene Grundkapital.** Hinzuzurechnen sind daher noch nicht gem. § 200 AktG ausgeschöpfte Nennbeträge aus einem früheren bedingten Kapital.[8] Hingegen sind weder ein noch nicht ausgenutztes genehmigtes Kapital noch – wenngleich dies wenig sachgerecht erscheint – eine zeitgleich mit dem bedingten Kapital beschlossene reguläre Kapitalerhöhung zu berücksichtigen, da beide erst mit Eintragung ihrer Durchführung ins Handelsregister wirksam werden (§§ 189, 203 Abs. 1 S. 1 AktG).[9] Werden in ein und derselben Hauptversammlung sowohl die Schaffung eines bedingten Kapitals als auch eine Kapitalherabsetzung beschlossen, scheint zwar auf den ersten Blick eine Verletzung der Kapitalgrenze vorzuliegen, wenn das bedingte Kapital die Hälfte des herabgesetzten Grundkapitals übersteigt. Da der eindeutige Wortlaut des § 192 Abs. 3 S. 1 AktG allerdings auf das „zur Zeit der Beschlussfassung" eingetragene Grundkapital abstellt, ist nicht das herabgesetzte Grundkapital entscheidend. Daher kommt es auf die vermeintliche Verletzung der Höchstgrenze nach Eintragung beider Maßnahmen ins Handelsregister nicht an.[10] Seit der **Aktienrechtsnovelle 2016** finden die Kapitalgrenzen in **zwei Ausnahmefällen** keine Anwendung, nämlich[11]

– wenn das bedingte Kapital nur zu dem Zweck beschlossen wird, der Gesellschaft einen Umtausch von Anleihen zu ermöglichen, zu dem sie für den Fall ihrer drohenden Zahlungsunfähigkeit oder zum Zwecke der Abwendung einer Überschuldung berechtigt ist (§ 192 Abs. 3 S. 3 AktG). Dabei muss eine Überschuldung noch nicht eingetreten sein, sondern nur drohen. Wann dies der Fall ist, wird sich nur anhand einer Einzelfallprüfung ermitteln lassen,[12]

– wenn ein Institut iSd § 1 Abs. 1b KWG eine umgekehrte Wandelanleihe zur Erfüllung aufsichtsrechtlicher Vorgaben oder zum Zweck der Restrukturierung oder Abwicklung erlassener Anforderungen schafft (§ 192 Abs. 3 S. 4 AktG).

6 Ein bedingtes Kapital, das eine dieser Ausnahmen erfüllt, wird nicht auf ein sonstiges bedingtes Kapital angerechnet (§ 192 Abs. 3 S. 5 AktG). Bezieht sich das bedingte Kapital auf die Ausgabe von Vorzugsaktien, ist außerdem zu beachten, dass die bisher bestehenden Vorzugsaktien zusammen mit den aufgrund des bedingten Kapitals auszugebenden nicht mehr als die Hälfte des gesamten Grundkapitals ausmachen (§ 139 Abs. 2 AktG).

---

[5] Ausgenutzt ist das bedingte Kapital, wenn die neuen Aktien ausgegeben wurden, § 200 AktG.
[6] OLG München AG 2012, 44 (44 f.); *Groß* in Happ/Groß AktienR 12.04 Rn. 15.
[7] Zu Stock Options siehe näher § 24; außerdem → Rn. 26 zu der Frage des Höchstbetrags des bedingten Kapitals, wenn gleichzeitig ein früheres bedingtes Kapital aufgehoben wird.
[8] OLG München AG 2012, 44; *Frey* in GroßkommAktG AktG § 192 Rn. 135.
[9] Es ist insofern auch nicht gangbar, die bedingte Kapitalerhöhung aufschiebend bedingt auf die Eintragung der Durchführung der zeitgleich beschlossenen regulären Kapitalerhöhung zu beschließen, vgl. *Müller-Eising/Heinrich* ZIP 2010, 2390.
[10] *Fuchs* in MüKoAktG AktG § 192 Rn. 146; *Weiler* NZG 2009, 46 (47 f.).
[11] Eine weitere Ausnahme besteht bei der Rekapitalisierung von Finanzinstituten über ein bedingtes Kapital (§ 7a Abs. 1 S. 3 FMStBG).
[12] Vgl. *Florstedt* ZHR 180 (2016), 152 (186).

II. Allgemeines § 23

Eine Missachtung der Kapitalgrenzen macht den Beschluss über das bedingte Kapital 7
nichtig (§ 241 Nr. 3 AktG), wobei diese Nichtigkeit drei Jahre nach der Handelsregistereintragung nicht mehr geltend gemacht werden kann und der Beschluss dann mit dem maximal zulässigen Erhöhungsbetrag gültig ist (§ 242 Abs. 2 S. 1 AktG). Tritt die Verletzung der Kapitalgrenze erst nachträglich auf, weil das Grundkapital herabgesetzt wird, ist das unschädlich.

bb) Gegenstand des Beschlusses

Dass eine **bedingte Kapitalerhöhung gewollt** ist, muss aus dem Beschlusswortlaut ersichtlich sein. Der Beschluss muss daher die Anweisung enthalten, Umtausch- oder Bezugsrechte an einen bestimmten Personenkreis zu gewähren. 8

Zum Beispiel:
Die bedingte Kapitalerhöhung dient der Gewährung von Rechten an die Inhaber von Options- bzw. Wandelgenussscheinen, Options- und Wandelschuldverschreibungen, die gemäß vorstehender Ermächtigung unter a) bis zum 30.4.2022 von der Gesellschaft oder durch ein verbundenes Unternehmen der Gesellschaft begeben werden. Die bedingte Kapitalerhöhung kann nur insoweit durchgeführt werden, wie von diesen Rechten Gebrauch gemacht wird oder die zur Wandlung verpflichteten Inhaber ihre Pflicht zur Wandlung erfüllen.

cc) Zweck der Kapitalerhöhung

Der Zweck der bedingten Kapitalerhöhung ist konkret anzugeben, wobei hierfür grds. 9
nur einer der im Gesetz (§ 192 Abs. 2 AktG; → Rn. 2, 66 ff.) genannten Zwecke in Betracht kommt.

dd) Kreis der Bezugsberechtigten

Der Kreis der Bezugsberechtigten muss eindeutig bestimmbar sein, etwa durch genaue 10
Bezeichnung der Schuldverschreibungen, deren Inhaber, durch Nennung des Unternehmens, dessen Gesellschafter und durch Individualisierung der Arbeitnehmer bzw. Mitglieder der Geschäftsführung, die Bezugs- oder Umtauschrechte erhalten sollen.

ee) Nennbetrag der neuen Aktien

Bei Nennbetragsaktien muss der Nennbetrag der neuen Aktien angegeben werden, es sei 11
denn die Satzung legt die Nennbeträge für junge Aktien bereits fest. Bei Stückaktien brauchen keine Angaben gemacht zu werden, da die jungen Stückaktien ohnehin den gleichen Anteil am Grundkapital haben müssen wie die alten (§ 8 Abs. 3 S. 2 AktG).

ff) Ausgabebetrag

Der Ausgabebetrag der Bezugsaktien oder die Grundlagen, nach denen dieser Betrag errechnet wird, sowie das **Bezugsverhältnis** sind anzugeben. Der Ausgabebetrag ist hinreichend bestimmbar, wenn auf den Börsenkurs eines bestimmten Tages abgestellt wird, wobei festzulegen ist, welcher Börsenkurs (Eröffnungs-, Schlusskurs etc.) an welcher Börse gemeint ist. Bei Unternehmenszusammenschlüssen kann die Festlegung des Ausgabebetrags auch in die Hände eines bestimmten Sachverständigen gelegt werden. 12

In der Praxis wird der Ausgabebetrag der Bezugsaktien oft anhand sog. **Mindestklauseln** festgelegt, nach denen sich der Wandlungs- oder Optionspreis für die aufgrund des bedingten Kapitals zu beziehenden Aktien anhand eines Prozentwerts (idR 80%) des Bör- 13 senkurses der Aktie zum Zeitpunkt der Emission der Wandelschuldverschreibung ermittelt.[13] Teilweise wird in Literatur[14] und Rechtsprechung[15] in solchen Mindestklauseln ein Verstoß gegen § 193 Abs. 2 Nr. 3 AktG gesehen, weil sich auf ihrer Basis ein Ausgabebetrag nicht – wie von der Vorschrift zumindest gefordert – „errechnen" lasse, vielmehr räume sie über die rein mathematische Operation hinaus dem Vorstand einen voluntativen Spielraum ein. Dies widerspreche den registerrechtlichen Publizitätserfordernissen und führe zur Nichtigkeit des Hauptversammlungsbeschlusses. Das überzeugte schon bisher nicht.[16] Mit der durch das ARUG bewirkten Änderung des § 193 Abs. 2 Nr. 3 AktG hat sich diese Frage aber ohnehin erledigt.

gg) Aktienart

14 Ferner ist anzugeben, ob **Namens- oder Inhaberaktien** ausgegeben werden sollen, es sei denn, aufgrund der Satzung kommt nur eine Aktienart in Betracht.

hh) Betragsangaben für einzelne Gattungen

15 Sofern mehrere **Aktiengattungen** bestehen oder die jungen Aktien (zum Teil) einer anderen Gattung angehören sollen als die bestehenden, müssen auch Angaben zu den auf die einzelnen Gattungen entfallenden Beträgen gemacht werden.

ii) Weitere Angaben bei Stock Options

16 Dient das bedingte Kapital der Unterlegung eines Aktienoptionsprogramms sind weitere besondere Angabepflichten zu erfüllen (→ § 24 Rn. 17 ff.).

b) Fakultativer Inhalt

17 Darüber hinaus kann der Hauptversammlungsbeschluss etwa folgende Angaben enthalten:

aa) Bezugs- oder Umtauschrechte

18 Es können Angaben über die **inhaltliche Ausgestaltung der Bezugs- oder Umtauschrechte** gemacht werden, etwa hinsichtlich des Bezugs- oder Umtauschverhältnisses, des Beginns oder des Endes der Bezugs- oder Umtauschfrist.

bb) Gewinnberechtigung

19 Es kann auch die Gewinnberechtigung der neuen Aktien festgelegt werden. Unabhängig davon, ob dies bereits im Hauptversammlungsbeschluss geschieht oder erst in den Options- oder Wandlungsbedingungen, sollte dabei vermieden werden, dass noch während der Einladungsfrist zu einer Hauptversammlung neue, für das abgelaufene Geschäftsjahr gewinnberechtigte Aktien durch Wandlung oder Optionsausübung entstehen können, die eine Korrektur des bekannt gemachten Gewinnverwendungsvorschlags in der Hauptversammlung erforderlich machen. Dies wird erreicht, indem die neuen Aktien zB erst vom Beginn des laufenden Geschäftsjahrs an gewinnberechtigt sind, für das zum Zeitpunkt ihrer Ausgabe noch kein Beschluss der Hauptversammlung über die Verwendung des Bilanzgewinns ansteht.

---

[13] Nachweise bei *Spiering/Grabbe* AG 2004, 92 Fn. 6; *Schlitt/Hemeling* in Habersack/Mülbert/Schlitt Unternehmensfinanzierung am Kapitalmarkt § 12 Rn. 35.
[14] *Frey* in GroßkommAktG AktG § 193 Rn. 37 und 51; *Maul* NZG 2000, 679 (680); *Klawitter* AG 2005, 792 (793 Fn. 7).
[15] OLG Celle AG 2008, 85 (86 f.); OLG Hamm BB 2008, 1475 (1476 f.); LG Hamburg NJOZ 2006, 2234.
[16] BGH NZG 2009, 986; *Fuchs* in MüKoAktG AktG § 193 Rn. 13 ff.; *Busch* in Marsch-Barner/Schäfer Börsennotierte AG-HdB § 44 Rn. 25; *Maier-Reimer* GS Bosch, 2006, 85 (94 ff.); *Umbeck*, AG 2008, 67 (68 ff.).

Zum Beispiel:

Die neuen Aktien nehmen vom Beginn des Geschäftsjahres an, in dem sie durch Ausübung von Wandlungs- bzw. Optionsrechten oder durch Erfüllung von Wandlungspflichten entstehen, am Gewinn teil.

Alternativ kann auch die Ausübung der Options- oder Wandlungsrechte alljährlich in der Zeit vor der Hauptversammlung ausgeschlossen werden. 20

cc) Ermächtigung des Vorstands

Die Ermächtigung des Vorstands zur Festlegung der Bezugsbedingungen im Einzelnen kann ebenfalls in den Hauptversammlungsbeschluss aufgenommen werden; sie ist allerdings rein deklaratorisch. 21

dd) Ermächtigung des Aufsichtsrats

Wenn nicht ohnehin schon pauschal in der Satzung enthalten (§ 179 Abs. 1 S. 2 AktG), kann sich eine Ermächtigung des Aufsichtsrats zur Anpassung der Fassung der Satzung an die aufgrund der bloßen Ausgabe der Aktienurkunden veränderte Grundkapitalziffer empfehlen. Wenn eine derartige Satzungsklausel in genereller Form nicht erwünscht ist, sollte sie zumindest beschränkt auf die Berichtigungen der Satzung im Zusammenhang mit dem bedingten Kapital anlässlich der Beschlussfassung hierüber in die Satzung aufgenommen werden. Die Berichtigung besteht einerseits in der Hochschreibung der Grundkapitalziffer und andererseits in der Reduzierung des noch nicht ausgenutzten bedingten Kapitals. 22

c) Sonstiges

Der Beschluss über das bedingte Kapital bedarf vorbehaltlich abweichender Anforderungen in der Satzung neben der einfachen **Stimmenmehrheit** einer **Kapitalmehrheit** von drei Viertel des vertretenen Grundkapitals (§ 193 Abs. 1 AktG). Die Anforderungen an die Kapitalmehrheit können in der Satzung nur verschärft, aber nicht abgeschwächt werden. Bei der Rekapitalisierung von Finanzinstituten genügt hingegen die Mehrheit der abgegebenen Stimmen (§ 7a Abs. 1 S. 2 FMStBG). 23

Sind **mehrere Gattungen** stimmberechtigter Aktien vorhanden, wird der Kapitalerhöhungsbeschluss nur wirksam, wenn die Aktionäre jeder Gattung durch Sonderbeschluss zustimmen (§ 193 Abs. 1 S. 3 iVm § 182 Abs. 2 AktG). Auf eine Zustimmung der Inhaber stimmrechtsloser Vorzugsaktien kommt es hingegen nicht an. 24

Der Beschluss über die bedingte Kapitalerhöhung ist eine Satzungsänderung und daher zum Handelsregister anzumelden (§ 195 AktG).[17] Zwar verändert sich durch ihn das Grundkapital noch nicht, jedoch genügt es, dass die Hauptversammlung mit ihm das Recht zur Erhöhung des Grundkapitals aus der Hand gibt. Das rechtfertigt es, den Beschluss über das bedingte Kapital in die Satzung aufzunehmen, auch wenn dies nicht zwingend erforderlich ist. Folglich ist der Beschluss dahingehend zweigeteilt, dass in einem ersten Teil das bedingte Kapital materiell beschlossen und in einem zweiten Teil der Wortlaut der entsprechenden Satzungsbestimmung formuliert wird. Die Satzungsänderung ist in ihrem Wortlaut bei der Einberufung der Hauptversammlung in den Gesellschaftsblättern bekannt zu machen (§ 124 Abs. 2 S. 3 AktG). Mit ihrer Eintragung in das Handelsregister haben börsennotierte Gesellschaften eine Mitteilung nach § 30b Abs. 1 S. 1 Nr. 2 WpHG (ab 3.1.2018 § 49 Abs. 1 S. 1 Nr. 2 WpHG) abzugeben.[18] 25

---

[17] Vgl. *Lutter* in Kölner Komm. AktG § 192 Rn. 2; *Fuchs* in MüKoAktG AktG § 192 Rn. 21; *Busch* in Marsch-Barner/Schäfer Börsennotierte AG-HdB § 41 Rn. 14.
[18] Die Eintragung des Beschlusses soll sowohl einen Fall der „Ausgabe neuer Aktien" als auch einen Fall der „Vereinbarung über Bezugsrechte" darstellen, *BaFin* Emittentenleitfaden 167 u. 171; zu weiteren kapitalmarktrechtlichen Aspekten *Scholz* in MHdB AG § 58 Rn. 99 ff.

d) Aufhebung des Beschlusses

26 Bevor das bedingte Kapital in das Handelsregister eingetragen wurde, kann es mit einfacher Stimmenmehrheit wieder aufgehoben werden.[19] Nach der Ausgabe von Wandelschuldverschreibungen, Aktienoptionen etc. ist das aber nicht mehr möglich, da das bedingte Kapital gerade die Bezugsrechte der Gläubiger dieser Rechte schützen und sie der Disposition der Aktionäre entziehen soll. Ein entgegenstehender Beschluss ist nichtig, und zwar ausnahmsweise ohne Heilungsmöglichkeit (§ 192 Abs. 4 AktG). Geschieht eine Aufhebung erlaubtermaßen und in der Absicht, eine früher eingeräumte Ermächtigung durch eine neue zu ersetzen, ist zu beachten, dass im Hinblick auf die Kapitalgrenzen des § 192 Abs. 3 S. 1 AktG (→ Rn. 5) das aufgehobene bedingte Kapital so lange zu berücksichtigen ist, wie seine Aufhebung noch nicht durch Eintragung ins Handelsregister wirksam geworden ist. Soll ein gefasster Beschluss hingegen inhaltlich abgeändert werden, noch bevor er in das Handelsregister eingetragen wurde, bedarf dies einer satzungsändernden Mehrheit.

III. Wandelschuldverschreibungen

27 Meist wird ein bedingtes Kapital zur Unterlegung von Umtausch- oder Bezugsrechten bei Wandelschuldverschreibungen beschlossen. Von Umtauschrechten spricht man bei **Wandelanleihen** *(convertible bonds)*, bei denen der Gläubiger oder – seit der Aktienrechtsnovelle 2016 – auch die Gesellschaft wählen kann, ob die Anleihe in Geld getilgt werden soll oder ob stattdessen eine in den Anleihebedingungen festgelegte Anzahl an Aktien der AG geliefert wird. Von Bezugsrechten spricht man bei **Optionsanleihen** *(bonds with warrants)*, bei denen der Gläubiger neben der Anleihe Rechte zum Bezug von Aktien der AG zu im Voraus festgelegten Konditionen erhält.[20] Die Anleihe wird in Geld zurückgezahlt, die Optionsrechte können abgetrennt und einzeln verkauft oder gegen junge Aktien eingetauscht werden. Wandel- und Optionsanleihe sind Ausgestaltungen der Wandelschuldverschreibungen gem. § 221 AktG.[21] Beide dienen dazu, der AG die Aufnahme von Fremdkapital zu besseren Konditionen zu erlauben, als sie ohne die Einräumung der zusätzlichen Rechte erzielbar wären. Der Anleger erhält eine feste Verzinsung und hat trotzdem die Chance, von einem steigenden Börsenkurs der Gesellschaft zu profitieren. Nicht erfasst werden von § 221 AktG Anleihen, die mit Umtausch- oder Bezugsrechten auf bestehende Aktien einer anderen AG versehen sind, da sie nicht zu einer Kapitalerhöhung bei der Emittentin der Anleihe führen können.[22]

1. Hauptversammlungsbeschluss

28 Wandel- und Optionsanleihen dürfen nur aufgrund eines Hauptversammlungsbeschlusses ausgegeben werden (§ 221 Abs. 1 S. 1 AktG; siehe auch § 119 Abs. 1 Nr. 6 AktG). Dabei

---

[19] *Rieckers* in Spindler/Stilz AktG § 192 Rn. 79; *Fuchs* in MüKo AktG AktG § 192 Rn. 156.
[20] Dazu auch *Schröer* in Ekkenga/Schröer HdB AG-Finanzierung Kap. 6 Rn. 6 ff.
[21] In § 221 AktG werden neben den Wandel- und Optionsanleihen auch noch Genussrechte (dazu § 28) und Gewinnschuldverschreibungen der Zustimmung durch die Hauptversammlung unterworfen. Letztere bedürfen nicht der Unterlegung durch ein bedingtes Kapital, da sie in Geld zurückbezahlt werden und der Unterschied zur normalen Unternehmensanleihe lediglich darin besteht, dass die Verzinsung dividendenabhängig ausgestaltet wird. Gewinnschuldverschreibungen spielen in der Praxis eine geringe Rolle, da sie weder als haftendes Eigenkapital nach § 10 Abs. 5 KWG anerkannt werden noch zur Mitarbeiterbeteiligung geeignet sind (vgl. *Florstedt* in Kölner Komm. AktG § 221 Rn. 684). Sie werden daher hier nicht näher behandelt.
[22] Zur Anwendbarkeit von § 221 AktG bei Unterlegung der Anleihe mit eigenen Aktien *Habersack* in FS Nobbe, 2009, 539 (553 f.) (bejahend); *Broichhausen* NZG 2012, 86 (verneinend).

wird zwischen dem Ermächtigungs- und dem Zustimmungsbeschluss unterschieden. Durch den **Ermächtigungsbeschluss,** der in der Praxis die Regel darstellt und daher im Folgenden im Fokus steht, wird der Vorstand ermächtigt, innerhalb der beschlossenen inhaltlichen Grenzen, Wandel- oder Optionsanleihen auszugeben. Die Entscheidung, ob und inwieweit er hiervon Gebrauch macht, ist eine unternehmerische Ermessensentscheidung.[23] Indes kann sich der Vorstand schadensersatzpflichtig machen, wenn er bei der Ausgabe der Wandel- oder Optionsanleihen die inhaltlichen Grenzen des Ermächtigungsbeschlusses überschreitet. Ermächtigungsbeschlüsse können durchaus lang und kompliziert sein, wenn der Vorstand einerseits mehrere Alternativen zur Ausgestaltung der Emission haben soll, andererseits die Hauptversammlung für jede dieser Alternativen gewisse Vorgaben macht. Dies kann zwar dazu beitragen, den Aktionären eine bessere Vorstellung davon zu verschaffen, welche Folgen der Hauptversammlungsbeschluss haben kann, wird aber auch manchen Aktionär überfordern. Demgegenüber enthält der **Zustimmungsbeschluss** eine Verpflichtung des Vorstands iSd § 83 Abs. 2 AktG die beschlossene Emission von Wandel- oder Optionsanleihen durchzuführen. Dem Vorstand steht dabei kein Entscheidungsspielraum zu. Sofern die später zu beziehenden Aktien durch ein bedingtes Kapital geschaffen werden sollen – wie im Regelfall –, tritt der Ermächtigungs- oder Zustimmungsbeschluss neben denjenigen über das bedingte Kapital. Der Ermächtigungs- oder Zustimmungsbeschluss iRd § 221 Abs. 1 AktG hat aber, anders als der Beschluss über die bedingte Kapitalerhöhung, keine Satzungsänderung zum Gegenstand.

a) Obligatorischer Inhalt

Der Beschluss zur Ermächtigung des Vorstands, Wandel- bzw. Optionsanleihen auszugeben, hat folgenden zwingenden Inhalt: 29

aa) Art der Emission

Es ist anzugeben, ob eine Wandelanleihe, Optionsanleihe, Gewinnschuldverschreibung oder auch ein Genussschein mit Options- oder Wandlungsrecht begeben können werden soll. Dem steht es nicht entgegen, wenn der Vorstand in einem Beschluss zur Auswahl aus mehreren dieser Alternativen oder auch zur tranchenweisen Emission von solchen Finanzierungsinstrumenten gleicher oder verschiedener Art ermächtigt wird. 30

bb) Ermächtigung oder Verpflichtung

Es muss aus dem Beschluss klar werden, ob der Vorstand zur Ausgabe der Anleihe **ermächtigt oder verpflichtet** ist.[24] Eine Verpflichtung zur Ausgabe kann sich auch aus den Umständen ergeben, wenn alle Konditionen im Hauptversammlungsbeschluss geregelt sind. Bei einem wesentlichen Wandel der Verhältnisse kann eine eigentlich gegebene Pflicht zur Ausgabe aber auch entfallen. 31

cc) Befristung

Die Ermächtigung – nicht auch die Verpflichtung – zur Ausgabe der Anleihe kann für **maximal fünf Jahre** (§ 221 Abs. 2 S. 1 AktG) erteilt werden. Die Frist beginnt mit der Beschlussfassung. Eine fehlende, nicht klar bestimmte oder zu lange Befristung soll den Beschluss gem. § 241 Nr. 3 AktG nichtig machen.[25] Eindeutig ist dies bei zu langen Befristungen, da diese die Mitwirkungsrechte der Hauptversammlung verletzen. Zweifelhaft erscheint diese Rechtsfolge hingegen, wenn die Fristen nicht oder nicht eindeutig bestimmt sind, da viel dafür spricht, § 221 Abs. 2 S. 1 AktG als gesetzliche Höchstfrist zu 32

---

[23] Ebenso *Habersack* in MüKoAktG AktG § 221 Rn. 153.
[24] *Groß* in Happ/Groß AktienR 12.04 Rn. 6; *Koch* in Hüffer/Koch AktG § 221 Rn. 10.
[25] *Groß* in Happ/Groß AktienR 12.04 Rn. 5; *Koch* in Hüffer/Koch AktG § 221 Rn. 13.

interpretieren, die bei Unklarheiten in jedem Fall Geltung beansprucht.[26] Gleichwohl empfiehlt sich in der Praxis eine eindeutige Festlegung der Fristen. Für die Laufzeit der Wandelschuldverschreibung und die Dauer des mit einem bedingten Kapital unterlegten Wandlungs- und Optionsrechts bestehen indes keine Höchstfristen.

Zum Beispiel:

Der Vorstand wird ermächtigt, bis zum 30.10.2022 einmalig oder mehrmals auf den Inhaber lautende Genussscheine zu begeben. Die Genussscheine müssen ... [Vorgaben für die Genussscheinbedingungen]. Der Vorstand wird weiter ermächtigt, bis zum 30.10.2022 anstelle von oder neben Genussscheinen einmalig oder mehrmals auf den Inhaber und/oder auf den Namen lautende Options- und/oder Wandelschuldverschreibungen mit einer Laufzeit von längstens 10 Jahren zu begeben und den Inhabern bzw. Gläubigern von Optionsschuldverschreibungen Optionsrechte bzw. den Inhabern bzw. Gläubigern von Wandelschuldverschreibungen Wandlungsrechte auf neue Aktien der Gesellschaft nach näherer Maßgabe der Options- bzw. Wandelanleihebedingungen zu gewähren.

dd) Gesamtnennbetrag

33 Ferner ist der Gesamtnennbetrag der Anleihe anzugeben oder zumindest ein Höchstbetrag.[27]

Zum Beispiel:

Der Gesamtnennbetrag der im Rahmen dieser Ermächtigung auszugebenden Genussscheine, Options- bzw. Wandelschuldverschreibungen darf insgesamt 50.000.000 EUR nicht übersteigen.

ee) Ausgabebetrag und Bezugsverhältnis

34 Wie oben (→ Rn. 12) bereits dargelegt, müssen im Rahmen des Beschlusses über das bedingte Kapital der **Ausgabebetrag** und das **Bezugsverhältnis** der neuen Aktien angegeben werden. Bei Umtauschrechten (Wandelschuldverschreibung) heißt dies, dass das Verhältnis der Nennwerte von Anleihe zu Aktie sowie eine eventuelle Zuzahlung anzugeben sind (zB *„Wandlung im Verhältnis 2:1* oder *Umtausch 10 EUR Schuldverschreibung für zwei Inhaber-Stückaktien gegen Zuzahlung von EUR ... in bar"*). Mehr Flexibilität im Hinblick auf eine sich verändernde Börsenbewertung der Gesellschaft verschafft es noch, wenn der Ausgabebetrag an den Börsenkurs einer Referenzperiode vor der Beschlussfassung des Vorstands über die Ausübung der Ermächtigung gekoppelt wird. Das Bezugsverhältnis bei einer Wandelanleihe kann sogar so gewählt werden, dass der Nennbetrag der umzuwandelnden Anleihe hinter dem Nennbetrag oder rechnerischen Anteil der zu gewährenden Aktien zurückbleibt, wenn die Differenz, die sich aus dieser Unterdeckung ergibt, aus einer anderen Gewinnrücklage oder aus einer Zuzahlung des Wandlungsberechtigten gedeckt werden kann (§ 199 Abs. 2 AktG).[28] Die Wahl zwischen dem Ausgleich der Unterdeckung über die Gewinnrücklage oder einer Zuzahlung obliegt dabei der unternehmerischen Entscheidung des Vorstands. Bei Bezugsrechten (Optionsanleihen) muss wegen des Verbots der Unterpariemission (§ 9 Abs. 1 AktG) der Optionspreis immer mindestens dem Nennwert bzw. dem rechnerischen Anteil bei Stückaktien entsprechen. Wird das Bezugs-

---

[26] Ähnlich *Lutter* in Kölner Komm. AktG, 2. Aufl., § 221 Rn. 80; offen gelassen in BGH WM 1994, 2160 (2162); aA *Habersack* in MüKo AktG AktG § 221 Rn. 158; Jetzt auch *Florstedt* in Kölner Komm. AktG § 221 Rn. 218.
[27] *Seiler* in Spindler/Stilz AktG § 221 Rn. 59; *Scholz* in MHdB AG § 64 Rn. 18.
[28] *Scholz* in MHdB AG § 58 Rn. 87.

III. Wandelschuldverschreibungen § 23

recht auf die Optionsanleihe ausgeschlossen, darf der Optionspreis zudem nicht unangemessen niedrig sein (§ 255 Abs. 1 AktG).[29]

Zum Beispiel:

Der Options- oder Wandlungspreis entspricht dem niedrigeren Betrag von 125 % des volumengewichteten Durchschnittswertes der Aktienkurse der Gesellschaft im Xetra-Handel an der Frankfurter Wertpapierbörse vom Beginn einer Platzierung bei institutionellen Investoren bis zur Festsetzung des Ausgabebetrags der Teilrechte (Preisfestsetzung) und 125 % des volumengewichteten Durchschnittswerts der Aktienkurse der Gesellschaft im Xetra-Handel an der Frankfurter Wertpapierbörse während der letzten Stunde vor der Preisfestsetzung. Findet eine Platzierung bei institutionellen Investoren vor der Preisfestsetzung nicht statt, so entspricht der Options- oder Wandlungspreis 125 % des volumengewichteten Durchschnittswerts der Aktienkurse der Gesellschaft im Xetra-Handel an der Frankfurter Wertpapierbörse an den fünf Börsentagen vor dem Tag der Preisfestsetzung.

b) Fakultativer Inhalt

Fakultativ kann in dem Hauptversammlungsbeschluss das Bezugsrecht ausgeschlossen (→ Rn. 55 ff.) oder dem Vorstand konkret vorgegeben werden, wie die Anleihebedingungen auszugestalten sind. Beispielhaft sollen hier genannt werden: 35

aa) Ermächtigung zur Begebung durch eine Tochtergesellschaft[30]

Zum Beispiel: 36

Options- und Wandelschuldverschreibungen können auch durch ein nachgeordnetes Konzernunternehmen der Gesellschaft begeben werden; in diesem Fall wird der Vorstand ermächtigt, für die Gesellschaft die Garantie für die Rückzahlung der Schuldverschreibungen zu übernehmen und die Gewährung von Options- bzw. Wandlungsrechten sicherzustellen.

bb) Wandlungspflicht

Um (am Ende der Laufzeit der Wandelschuldverschreibung) den Zufluss ins Eigenkapital der Gesellschaft sicherzustellen, kann es sich empfehlen, eine Wandlungspflicht festzulegen.[31] Diese muss im Hauptversammlungsbeschluss bereits vorgesehen sein; die dort üblicherweise nur geregelten Options- und Wandlungsrechte decken per se noch nicht den **Zwangsumtausch.** 37

Zum Beispiel:

Die Umtauschbedingungen können auch eine Wandlungspflicht zum Ende der Laufzeit (oder zu einem anderen Zeitpunkt) begründen.

cc) Wahlrecht

Auch der umgekehrte Fall, nämlich dass der Gesellschaft eine Erhöhung ihres Grundkapitals zwischenzeitlich oder am Ende der Laufzeit eher ungelegen kommt, ist denkbar und kann in den Anleihebedingungen berücksichtigt werden. Der Gesellschaft kann hierfür ein **Wahlrecht zwischen Aktiengewährung und Barausgleich** eingeräumt werden. 38

---

[29] Bei der hier nicht näher behandelten Gewinnschuldverschreibung ist außerdem die Gewinnabhängigkeit noch zu präzisieren. Zur Anwendung von § 255 Abs. 2 S. 1 AktG bei Wandelschuldverschreibungen OLG München NZG 2006, 784 (788 f.).
[30] Zur Zulässigkeit → Rn. 67 f.
[31] Zu der Frage, ob ein bedingtes Kapital zu diesem Zweck beschlossen werden kann, → Rn. 72; zu CoCo-Bonds → Rn. 73.

Zum Beispiel:

Die Genussrechts- bzw. Anleihebedingungen können vorsehen, dass im Fall der Wandlung die Gesellschaft den Wandlungsberechtigten nicht Aktien der Gesellschaft gewährt, sondern den Gegenwert in Geld zahlt, der nach näherer Maßgabe der Genussrechts- bzw. Anleihebedingungen dem Durchschnittskurs der Aktien der Gesellschaft während der letzten ein bis zehn Börsentage vor Erklärung der Wandlung an der Frankfurter Wertpapierbörse entspricht.

dd) Umtausch- oder Wandlungsverhältnis

39 Das Umtausch- oder Wandlungsverhältnis kann bereits im Hauptversammlungsbeschluss festgelegt werden, üblicherweise überlässt man aber auch dies dem Vorstand, damit er zeitnah auf die aktuelle Börsensituation reagieren kann, wofür ihm ein unternehmerisches Ermessen (§ 93 Abs. 1 S. 2 AktG) zur Verfügung steht. In diesem Fall werden für eine Optionsanleihe zumindest die folgenden Regelungen getroffen:

Im Fall der Ausgabe von Optionsgenussscheinen bzw. Optionsschuldverschreibungen werden jedem Genussschein bzw. jeder Teilschuldverschreibung ein oder mehrere Optionsscheine beigefügt, die den Inhaber nach näherer Maßgabe der vom Vorstand festzulegenden Optionsbedingungen zum Bezug von neuen Aktien der Gesellschaft berechtigen. Der anteilige Betrag am Grundkapital der je Teilrechte zu beziehenden Aktien darf den Nennbetrag der Optionsgenussscheine bzw. Optionsschuldverschreibungen nicht übersteigen.

40 Bei einer Wandelschuldverschreibung wird meist Folgendes geregelt:

Im Fall der Ausgabe von auf den Inhaber lautenden Wandelgenussscheinen bzw. Wandelschuldverschreibungen erhalten die Inhaber der Genussscheine bzw. Schuldverschreibungen das Recht, ihre Genussscheine bzw. Wandelschuldverschreibungen nach näherer Maßgabe der Genussrechts- bzw. Anleihebedingungen in neue Aktien der Gesellschaft umzutauschen. Das Umtauschverhältnis ergibt sich aus der Division des Nennbetrags eines Teilrechts durch den festgesetzten Wandlungspreis (bei Wandlungspflicht dem jeweils festgesetzten Wandlungspreis) für eine neue Aktie der Gesellschaft. Das Umtauschverhältnis kann sich auch durch Division des unter dem Nennbetrag liegenden Ausgabebetrags eines Teilrechts durch den festgesetzten Wandlungspreis für eine neue Aktie der Gesellschaft ergeben. Der anteilige Betrag am Grundkapital der bei Wandlung auszugebenden Aktien darf den Nennbetrag des Wandelgenussscheins bzw. der Wandelschuldverschreibung nicht übersteigen.

41 Es empfiehlt sich, zusätzlich noch Vorkehrungen dafür zu schaffen, dass die Anzahl der aufgrund der Wandel- oder Optionsrechte zu beziehenden Aktien nicht in jedem Fall glatt ist. Dies kann sich schon aufgrund des initial vorgesehenen Bezugsverhältnisses ergeben, aber auch als Folge von dessen Anpassung aufgrund einer Verwässerungsschutzklausel (→ Rn. 46 f.).

Die Bedingungen der Genussscheine bzw. Schuldverschreibungen können auch regeln, ob und wie auf ein volles Umtauschverhältnis gerundet wird, ob eine in bar zu leistende Zuzahlung oder ein Barausgleich bei freien Spitzen festgesetzt wird und ob ein bestimmter Zeitpunkt festgelegt werden kann, bis zu dem die Wandlungs-/Optionsrechte ausgeübt werden können oder müssen.

42 Es kann aber auch das Bedürfnis bestehen, das Umtausch- bzw. Wandelverhältnis **variabel** zu gestalten, damit die Konditionen der Emission dauerhaft, auch bei erheblichen Kursveränderungen in die eine oder andere Richtung interessant bleiben. Auch hierzu sollte die Hauptversammlung den Vorstand ausdrücklich ermächtigen:

III. Wandelschuldverschreibungen § 23

Es kann vorgesehen werden, dass das Umtauschverhältnis und/oder der Wandlungspreis in den Umtauschbedingungen variabel ist, indem der Wandlungspreis innerhalb einer festzulegenden Bandbreite in Abhängigkeit von der Entwicklung des Aktienkurses während der Laufzeit festgesetzt wird.

ee) Abwicklung

Empfehlen können sich auch **Erleichterungen zur technischen Abwicklung des Umtauschs.** Zumindest sofern diese letztlich dazu führen können, dass die aufgrund des Bezugsrechts bezogene Wandelschuldverschreibung bei Wandlung nicht zu einer entsprechenden Aufrechterhaltung der Beteiligungsquote führt, sollte der Vorstand hierzu von der Hauptversammlung ausdrücklich ermächtigt sein. Derartige Erleichterungen können etwa in Folgendem bestehen: 43

Das Umtauschverhältnis kann in jedem Fall auf eine volle Zahl auf- oder abgerundet werden; ferner kann eine in bar zu leistende Zuzahlung festgelegt werden. Im Übrigen kann vorgesehen werden, dass freie Spitzen zusammengelegt und/oder in Geld ausgeglichen werden.

ff) Mittelbares Bezugsrecht

Auch bei der Emission von Wandelschuldverschreibungen werden diese üblicherweise zunächst von einem Kreditinstitut übernommen und dann den Aktionären zum Bezug angeboten. Wie bei der ordentlichen Kapitalerhöhung bietet das den Vorteil, dass die Zeichnung der gesamten Emission sichergestellt ist und die technische Abwicklung erleichtert wird. Da nach § 221 Abs. 4 S. 2 AktG auch § 186 Abs. 5 AktG anwendbar ist, stellt die Einräumung eines mittelbaren Bezugsrechts für Wandelschuldverschreibungen keinen Bezugsrechtsausschluss dar. Während die Ausnutzung dieses Vorteils bei der ordentlichen Kapitalerhöhung voraussetzt, dass das mittelbare Bezugsrecht im Kapitalerhöhungsbeschluss unmittelbar vorgesehen ist, wird man dies bei der Ausgabe von Wandelschuldverschreibungen nur verlangen müssen, wenn es sich – ausnahmsweise – um einen Zustimmungsbeschluss zu einer konkreten Emission handelt. Im Falle eines Ermächtigungsbeschlusses liegt hingegen die Parallele zum genehmigten Kapital näher, wo das mittelbare Bezugsrecht nicht zwingend im Hauptversammlungsbeschluss vorgesehen werden muss.[32] Trotzdem wird es in der Praxis auch in Ermächtigungsbeschlüssen ausdrücklich vorgesehen. 44

Zum Beispiel:
Die Teilrechte können auch von durch den Vorstand bestimmten Kreditinstituten mit der Verpflichtung übernommen werden, sie den Aktionären anzubieten (mittelbares Bezugsrecht).

gg) Anleihekonditionen

Auch darüber hinaus sind der Hauptversammlung kaum Grenzen gesetzt, die **Bedingungen der auszugebenden Anleihe** im Vorhinein festzulegen. Sie kann also etwa bestimmen, ob es sich bei der Anleihe um Inhaber- oder Orderschuldverschreibungen handelt, wann die Anleihe fällig oder kündbar sein, wie sie sich verzinsen oder wie die Bezugsrechte und eventuelle Zuzahlungen ausgestaltet sein sollen. Ebenso kann – wie bei Going-Public-Anleihen – das Wandlungsrecht bedingt ausgestaltet werden. Hinsichtlich der zu gewährenden Aktien kann festgelegt werden, ab wann sie dividendenberechtigt sein, welcher Gattung sie angehören oder etwa ab wann sie börsennotiert sein sollen. 45

---

[32] *Habersack* in MüKoAktG AktG § 221 Rn. 198; *Groß* in Happ/Groß AktienR 12.04 Rn. 8.

hh) Verwässerungsschutz

46 Ist eine Wandelschuldverschreibung emittiert und dabei ein Preis oder Wandlungsverhältnis festgelegt worden, zu dem sie in Aktien gewandelt werden kann, entsteht das Bedürfnis nach Anpassung dieser Festlegung, wenn **durch spätere Kapitalmaßnahmen der Kurs der Aktien beeinflusst** wird. Im Falle einer späteren Kapitalerhöhung aus genehmigtem Kapital ist ein solcher Ausgleich durch §§ 216 Abs. 3, 218 AktG vorgesehen. Der Umkehrschluss, dass Gläubiger von Wandelanleihen die durch andere Kapitalmaßnahmen oder einen Aktiensplit ausgelösten Veränderungen der wirtschaftlichen Gegebenheiten ausgleichslos hinzunehmen hätten, wird zu Recht allgemein abgelehnt.[33] Anleihebedingungen sehen deshalb üblicherweise Verwässerungsschutzklauseln *(anti diluation protection)* vor. Fehlen solche Regelungen ausnahmsweise, sind die Anleihebedingungen so anzupassen, dass die durch die Kapitalmaßnahme bedingte ökonomische Veränderung kompensiert wird. Dies wird überwiegend zutreffend mit der ergänzenden Vertragsauslegung (zT zusätzlich mit der Vertragsanpassung nach § 313 Abs. 1 BGB),[34] mitunter aber auch mit einer analogen Anwendung von § 216 Abs. 3 AktG[35] begründet. Wirtschaftlich gelangen diese Lösungen zum gleichen Ergebnis, wobei dieses – unabhängig von der dogmatischen Begründung – technisch auf verschiedene Weise erreicht werden kann: Es kann der Wandlungspreis oder das Wandlungsverhältnis angepasst oder vom Emittenten ein Barausgleich geleistet werden. Hier dürfte es auf den Einzelfall ankommen.

47 In jedem Fall empfiehlt es sich, den tatsächlich gewollten **Verwässerungsschutz konkret zu regeln.** Dies sollte in den Anleihebedingungen geschehen, erfolgt aber oft auch schon durch die Hauptversammlung. Letzteres empfiehlt sich auch mit Blick auf § 193 Abs. 2 Nr. 3 AktG, wonach der Ausgabebetrag der Bezugsaktien oder die Grundlagen seiner Berechnung im Hauptversammlungsbeschluss über das bedingte Kapital anzugeben sind. Obwohl der im Hauptversammlungsbeschluss enthaltene Ausgabebetrag der Bezugsaktien durch die Anwendung der Verwässerungsschutzklausel unterschritten werden kann, ist hierin kein Verstoß gegen die genannte Vorschrift zu sehen, weil die Berechnungsgrundlagen für den Ausgabebetrag im Hauptversammlungsbeschluss konkret festgelegt werden.[36]

48 Eine Verwässerungsschutzklausel kann grds. auch beim Ausschluss des **Bezugsrechts** gerechtfertigt sein. Das Bedürfnis nach Verwässerungsschutz besteht für den Inhaber einer Wandelschuldverschreibung grds. auch dann, wenn die Aktionäre keinen entsprechenden Schutz erfahren. Letztere haben nämlich anders als erstere die Entscheidung über den Bezugsrechtsausschluss in der Hand. Allerdings wird in den praktisch relevanten Fällen des erleichterten Bezugsrechtsausschlusses die Wertung des § 186 Abs. 3 S. 4 AktG, dass eine geringfügige Wertverwässerung hinzunehmen ist, auch zu Lasten des Inhabers einer Wandelschuldverschreibung gelten. Unter diesen Voraussetzungen ist eine Anpassung der Anleihebedingungen daher entbehrlich.[37]

49 Beispielhaft kann die Verwässerungsschutzklausel folgendermaßen lauten:

Der Options- bzw. Wandlungspreis wird unbeschadet des § 9 Abs. 1 AktG aufgrund einer Verwässerungsschutzklausel nach näherer Bestimmung der Optionsbedingungen bzw. der Genussschein- oder Anleihebedingungen durch Zahlung eines entsprechenden Betrags in

---

[33] *Scholz* in MHdB AG § 64 Rn. 46; *Florstedt* in Kölner Komm. AktG § 221 Rn. 147 ff.; *Seiler* in Spindler/Stilz AktG § 221 Rn. 198; *Groß* in Happ/Groß AktienR 12.04 Rn. 12; vgl. auch *Koch* AG 2017, 6 (10 ff.); aA früher RGZ 83, 295 (298); BGHZ 28, 259 (277); heute noch *Stadler* in Bürgers/Körber AktG § 221 Rn. 128; zu § 216 Abs. 3 AktG ferner → § 26 Rn. 10.

[34] *Scholz* in MHdB AG § 64 Rn. 46; *Schürnbrand* in MüKoAktG AktG § 189 Rn. 12; *Habersack* in MüKoAktG AktG § 221 Rn. 291; zusätzlich auf § 313 Abs. 1 BGB verweisend *Koch* in Hüffer/Koch AktG § 216 Rn. 19 und *Hüffer* FS Bezzenberger, 2000, 191 (206).

[35] So zB *Hirte* in GroßkommAktG AktG § 216 Rn. 63; *Arnold* in MüKoAktG AktG § 216 Rn. 58; *Köhler* AG 1984, 197 (199); offen lassend OLG Stuttgart AG 1995, 329 (332).

[36] *Fuchs* in MüKoAktG AktG § 193 Rn. 15.

[37] *Habersack* in MüKoAktG AktG § 221 Rn. 291; *Groß* in Happ/Groß AktienR 12.04 Rn. 12.

bar bei Ausübung des Wandlungsrechts bzw. durch Herabsetzung der Zuzahlung ermäßigt, wenn die Gesellschaft unter Einräumung eines Bezugsrechts an ihre Aktionäre während der Options- oder Wandlungsfrist das Grundkapital erhöht, weitere Genussscheine, Options- oder Wandelanleihen begibt oder sonstige Optionsrechte gewährt und den Inhabern von Options- oder Wandlungsrechten kein Bezugsrecht in dem Umfang eingeräumt wird, wie es ihnen nach Ausübung des Options- oder Wandlungsrechts zustehen würde. Die Bedingungen können darüber hinaus für den Fall der Kapitalherabsetzung eine Anpassung des Options- und/oder Wandlungsrechts vorsehen.

c) Beschlussmuster

Es ist üblich, sowohl das bedingte Kapital als auch die Ermächtigung zur Ausgabe einer Wandelschuldverschreibung in derselben Hauptversammlung zu beschließen, obwohl dies nicht zwingend ist. Der in der Praxis übliche Beschluss über eine Wandelschuldverschreibung zerfällt in mehrere Teile: 50
– Zunächst wird der Vorstand ermächtigt, innerhalb einer Frist von maximal fünf Jahren einmalig oder mehrmals Wandelschuldverschreibungen auszugeben. Die Hauptversammlung kann hierbei über den obligatorischen Beschlussinhalt hinaus die **Konditionen** festlegen. Dem Vorstand kann auch die Wahl gelassen werden, ob er zB Wandel- oder Optionsanleihen begibt. Es sind dann für jede der möglichen Alternativen die Konditionen festzulegen.
– Im zweiten Abschnitt des Beschlusses wird das **bedingte Kapital** materiell beschlossen.
– In einem dritten Teil wird das bedingte Kapital in die **Satzung** aufgenommen. Das ist nicht zwingend erforderlich, aber üblich und rechtfertigt sich daraus, dass der Hauptversammlungsbeschluss über das bedingte Kapital eine Satzungsänderung ist (→ Rn. 25).
– Schließlich sollte der **Aufsichtsrat** zur **Fassungsänderung** der Satzung ermächtigt werden, wenn er es nicht nach der Satzung ohnehin schon ist (§ 179 Abs. 1 S. 2 AktG), damit er die Grundkapitalziffer fortlaufend den Änderungen aufgrund der Bezugsrechtsausübungen anpassen und die Vorschriften über die Anmeldung von satzungsändernden Beschlüssen einhalten kann, ohne dass eine neue Hauptversammlung einberufen werden muss. Da die Kapitalerhöhung mit der Aktienausgabe, die nach hM in verbriefter Form zu erfolgen hat,[38] vollzogen ist (§ 200 AktG), wirkt die Handelsregistereintragung nur noch deklaratorisch.

Ein Beschluss, der dem Vorstand mehrere Optionen hinsichtlich der zu emittierenden Papiere einräumt, könnte folgendermaßen aussehen: 51

a) Ermächtigung zur Ausgabe von Wandelschuldverschreibungen
Der Vorstand wird ermächtigt, bis zum 30.10.2022 einmalig oder mehrmals auf den Inhaber und/oder auf den Namen lautende Options- und/oder Wandelschuldverschreibungen mit einer Laufzeit von längstens 10 Jahren zu begeben und den Inhabern bzw. Gläubigern von Optionsschuldverschreibungen Optionsrechte bzw. den Inhabern bzw. Gläubigern von Wandelschuldverschreibungen Wandlungsrechte auf neue Aktien der Gesellschaft nach näherer Maßgabe der Options- bzw. Wandelanleihebedingungen zu gewähren. Die Umtauschbedingungen können auch eine Wandlungspflicht zum Ende der Laufzeit (oder zu einem anderen Zeitpunkt) begründen. Der Gesamtnennbetrag der im Rahmen dieser Ermächtigung auszugebenden Options- bzw. Wandelschuldverschreibungen darf insgesamt 50.000.000 EUR nicht übersteigen. Die Options- bzw. Wandlungsrechte dürfen sich auf Aktien der Gesellschaft mit einem anteiligen Betrag am Grundkapital von bis zu 5.000.000 EUR beziehen.

---

[38] *Fuchs* in MüKo AktG AktG § 199 Rn. 5 mwN; aA nun aber *Staake* AG 2017, 188 (190f.); in der Praxis wird regelmäßig eine „Bis-zu"-Globalurkunde bei der Clearstream Banking AG hinterlegt, vgl. *Singhof* in FS Hoffmann-Becking, 2013, 1163 (1164).

Die Options- bzw. Wandelschuldverschreibungen sollen von einem Bankenkonsortium mit der Verpflichtung übernommen werden, sie den Aktionären zum Bezug anzubieten. Der Vorstand ist jedoch mit Zustimmung des Aufsichtsrats ermächtigt, Spitzenbeträge, die sich aufgrund des Bezugsverhältnisses ergeben, von dem Bezugsrecht der Aktionäre auszuschließen.

Die Options- und Wandelschuldverschreibungen (Teilschuldverschreibungen) können … [nähere Festlegung der Bedingungen].

b) **Bedingtes Kapital**
Das Grundkapital wird um bis zu 5.000.000 EUR durch Ausgabe von bis zu 1.953.125 neuen Stückaktien bedingt erhöht. Die bedingte Kapitalerhöhung dient der Gewährung von Rechten an die Inhaber bzw. Gläubiger von Options- und Wandelschuldverschreibungen, die gemäß vorstehender Ermächtigung unter a) bis zum 30.10.2022 von der Gesellschaft oder durch ein nachgeordnetes Konzernunternehmen der Gesellschaft begeben werden. Die Ausgabe der neuen Aktien erfolgt zu dem gemäß a) jeweils festzulegenden Wandlungs- bzw. Optionspreis. Die bedingte Kapitalerhöhung ist nur insoweit durchzuführen, wie von diesen Rechten Gebrauch gemacht wird oder wie die zur Wandlung verpflichteten Gläubiger ihre Pflicht zur Wandlung erfüllen. Die neuen Aktien nehmen vom Beginn des Geschäftsjahrs an am Gewinn teil, in dem sie durch Ausübung von Wandlungs- bzw. Optionsrechten oder durch Erfüllung von Wandlungspflichten entstehen. Der Vorstand wird ermächtigt, die weiteren Einzelheiten der Durchführung einer bedingten Kapitalerhöhung festzusetzen.

c) **Satzungsänderung**
§ 4 der Satzung erhält folgenden neuen Absatz 6:
„(6) Das Grundkapital ist um bis zu 5.000.000 EUR durch Ausgabe von bis zu 1.953.125 neuen Stückaktien bedingt erhöht. Die bedingte Kapitalerhöhung wird nur insoweit durchgeführt, wie

– *die Inhaber von Wandlungs- oder von Optionsscheinen, die mit den von der Gesellschaft oder von ihr nachgeordneten Konzernunternehmen bis zum 30.10.2022 auszugebenden Wandel- oder Optionsschuldverschreibungen verbunden sind, von ihren Wandlungs- bzw. Optionsrechten Gebrauch machen oder*

– *die zur Wandlung verpflichteten Gläubiger der von der Gesellschaft oder einem nachgeordneten Konzernunternehmen der Gesellschaft bis zum 30.10.2017 auszugebenden Wandelschuldverschreibungen ihre Pflicht zur Wandlung erfüllen.*

Die neuen Aktien nehmen vom Beginn des Geschäftsjahrs an am Gewinn teil, in dem sie durch Ausübung von Wandlungs- bzw. Optionsrechten oder durch Erfüllung von Wandlungspflichten entstehen. Der Vorstand ist ermächtigt, die weiteren Einzelheiten der Durchführung der bedingten Kapitalerhöhung festzusetzen."

d) **Ermächtigung des Aufsichtsrats**
Der Aufsichtsrat wird ermächtigt, die Fassung von § 4 Abs. 1 [Grundkapitalziffer] und § 4 Abs. 6 der Satzung entsprechend der Durchführung der Kapitalerhöhung anzupassen.

d) Beschlussmehrheit

52 Der Hauptversammlungsbeschluss über die Ermächtigung zur Ausgabe einer Wandelschuldverschreibung bedarf einer Mehrheit von drei Viertel des bei der Beschlussfassung vertretenen Grundkapitals sowie der einfachen Stimmenmehrheit (§§ 221 Abs. 1 S. 2, 133 Abs. 1 AktG), wobei die Satzung allerdings explizit eine größere oder auch geringere Kapitalmehrheit bestimmen kann. Soll gleichzeitig das bedingte Kapital beschlossen werden, greifen satzungsmäßige Beschlusserleichterungen aber nicht (vgl. § 193 Abs. 1 AktG und → Rn. 23). Hinsichtlich der Verfahrensweise bei verschiedenen Aktiengattungen wird auf die Ausführungen zur regulären Kapitalerhöhung verwiesen (→ § 20 Rn. 20 ff.).

III. Wandelschuldverschreibungen § 23

e) Bekanntmachung

Der Beschluss über die Ermächtigung zur Ausgabe von Wandelschuldverschreibungen ist keine Satzungsänderung und weder eintragungspflichtig noch eintragungsfähig.[39] Er ist aber gemeinsam mit einer schriftlichen Erklärung über die Ausgabe der Wandelschuldverschreibungen im Handelsregister zu hinterlegen; ein Hinweis auf den Beschluss und die Erklärung ist in den Gesellschaftsblättern bekannt zu machen (§ 221 Abs. 2 S. 2, 3 AktG). Vor diesem Hintergrund müsste der Beschluss über die Ermächtigung zur Ausgabe von Wandelschuldverschreibungen eigentlich nur seinem wesentlichen Inhalt nach, aber nicht in seinem genauen Wortlaut mit der Tagesordnung bekannt gemacht werden. Letzteres ist dennoch absolut üblich, um den Aktionären frühzeitig eine Orientierung über die meist sehr komplexen Strukturen der von der Gesellschaft geplanten Maßnahme zu ermöglichen. Der Beschluss über das bedingte Kapital ist ohnehin bekannt zu machen, da er eine Satzungsänderung ist.

53

2. Bezugsrecht

Aktionäre der Gesellschaft haben ein Bezugsrecht auf die von der Gesellschaft ausgegebenen Wandel- und Optionsanleihen (§ 221 Abs. 4 S. 1 AktG). Sie sollen damit vor einer Beeinträchtigung ihrer Rechte geschützt werden und einen Ausgleich dafür erhalten, dass sie auf die aus dem bedingten Kapital auszugebenden neuen Aktien kein Bezugsrecht haben. Über das Bezugsrecht auf Wandelschuldverschreibungen haben sie dann auch die Möglichkeit, Aktien aus dem bedingten Kapital zu beziehen. Wie bei der regulären Kapitalerhöhung ist es gem. § 221 Abs. 4 S. 3 iVm § 186 Abs. 5 AktG (→ § 20 Rn. 34 ff.) nicht als Bezugsrechtsausschluss anzusehen, wenn Kreditinstitute die Wandel- oder Optionsanleihe mit der Verpflichtung übernehmen, sie den Aktionären zum Bezug anzubieten **(mittelbares Bezugsrecht).** Während es beim Ermächtigungsbeschluss (wie beim genehmigten Kapital) genügt, wenn Vorstand und Aufsichtsrat im Ausgabebeschluss das mittelbare Bezugsrecht vorsehen, muss das mittelbare Bezugsrecht bei einem Zustimmungsbeschluss direkt im Beschlusstext festgelegt werden.

54

3. Bezugsrechtsausschluss

Das Bezugsrecht der Aktionäre kann ganz oder teilweise ausgeschlossen werden, entweder von diesen direkt oder vom Vorstand auf der Grundlage einer entsprechenden Ermächtigung durch die Hauptversammlung.[40] Aufgrund der gesetzlichen Verweisung gelten die zur regulären Kapitalerhöhung (→ § 20 Rn. 43 ff.) gemachten Ausführungen zum Bezugsrechtsausschluss entsprechend. Daraus ergibt sich ua, dass der Bezugsrechtsausschluss oder die Ermächtigung des Vorstands hierzu Bestandteil des Beschlusses über die Ausgabe der Wandelschuldverschreibung sein muss.[41] Im Bericht des Vorstands sind zur Begründung des Ausgabebetrags der neuen Aktien die wesentlichen Konditionen der Wandel- bzw. Optionsanleihe darzustellen, falls diese im Hauptversammlungsbeschluss für den Vorstand verbindlich geregelt werden. Da Wandel- und Optionsanleihen letztlich das Recht zum Erwerb von Mitgliedschaften gewähren, bedarf der Bezugsrechtsausschluss ebenso

55

---

[39] *Habersack* in MüKoAktG AktG § 221 Rn. 146.
[40] § 221 Abs. 4 S. 2 iVm § 186 Abs. 3 AktG; wegen der Vergleichbarkeit zum genehmigten Kapital sollte der Vorstand die Ermächtigung zum Bezugsrechtsausschluss aber nur mit Zustimmung des Aufsichtsrats ausnutzen, vgl. § 204 Abs. 1 S. 2 AktG und OLG München WM 1994, 347 (349); aA *Koch* in Hüffer/Koch AktG § 221 Rn. 13; *Butzke* L Rn. 24.
[41] *Habersack* in MüKoAktG AktG § 221 Rn. 171; *Koch* in Hüffer/Koch AktG § 221 Rn. 40; aA *Groß* AG 1991, 201 (204 f.) für Optionsanleihen.

wie bei der regulären Kapitalerhöhung der **sachlichen Rechtfertigung**. Es reicht wie beim genehmigten Kapital aus, dass die Zwecke der Ermächtigung zum Bezugsrechtsausschluss allgemein umschrieben und der Hauptversammlung entsprechend bekannt gemacht werden.[42] Ob der Bezugsrechtsausschluss für die Wandelschuldverschreibung sachlich angemessen ist, hat der Vorstand im Zeitpunkt ihrer Ausgabe anhand der dann konkret bestehenden Verhältnisse und im Rahmen seines unternehmerischen Ermessens zu prüfen. Hinsichtlich der Formulierung des Bezugsrechtsausschlusses ergeben sich gegenüber dem Bezugsrecht auf neue Aktien keine Besonderheiten.

56 Ist der Bezugsrechtsausschluss **fehlerhaft**, kann er angefochten werden. Die Anfechtung kann auf den Ausschluss des Bezugsrechts beschränkt werden, wenn die Emission gemäß dem notfalls durch Auslegung zu ermittelnden Willen der Hauptversammlung auch ohne ihn durchgeführt werden sollte. Das ist grds. dann anzunehmen, wenn der Vorstand zu dem Bezugsrechtsausschluss ausdrücklich nur ermächtigt wurde.

4. Erleichterter Bezugsrechtsausschluss

57 Der Verweis auf die Vorschriften zum Bezugsrechtsausschluss bei der Beschlussfassung über Wandelschuldverschreibungen erstreckt sich auch auf den erleichterten Bezugsrechtsausschluss (§ 221 Abs. 4 S. 2 iVm § 186 Abs. 3 S. 4 AktG).[43] Da der Ausgabebetrag der Wandelschuldverschreibung mit dem Kurs der Aktie nicht vergleichbar ist und folglich durch deren Gegenüberstellung eine börsenkursnahe Preisfestsetzung nicht gewährleistet werden kann, wird diese Bestimmung zT als unpassend angesehen.[44] Allerdings kann der mit dem erleichterten Bezugsrechtsausschluss verfolgte Zweck, Kapitalerhöhungen, die sowohl die Vermögens- als auch die Beteiligungsinteressen der Altaktionäre nur unwesentlich beeinträchtigen, von größerem Formalaufwand zu befreien,[45] auch bei einer Emission von Wandel- oder Optionsanleihen bestehen. Die hM bejaht daher zu Recht die Anwendbarkeit des § 186 Abs. 3 S. 4 AktG, wenn die Anleihebedingungen so ausgestaltet sind, dass sie folgende **Voraussetzungen** erfüllt:[46]
– dem hypothetischen Bezugsrecht auf die Anleihe kommt nach den Anleihekonditionen kein nennenswerter Wert zu, dh er geht gegen Null;
– die Aktionäre können durch Zukauf von Aktien oder Anleihen über die Börse ihre Beteiligungsquote erhalten; und
– das Volumen des bedingten Kapitals (nicht der Wandelschuldverschreibung selbst) überschreitet nicht die 10%-Grenze des § 186 Abs. 3 S. 4 AktG.

58 Die zweite und dritte Voraussetzung beziehen sich insbes. auf die Unwesentlichkeit des mit dem Bezugsrechtsausschluss einhergehenden Verwässerungseffekts bei den Aktionären. Die Feststellung der **Unwesentlichkeit der Beeinträchtigung der Vermögensinteressen,** die insbes. die erste Voraussetzung adressiert, dürfte häufig Schwierigkeiten bereiten: Es genügt nicht, allein auf das Verhältnis des Börsenkurses im Zeitpunkt der Ausgabe der Wandelschuldverschreibung zum Ausgabebetrag der neuen Aktien gemäß den Anleihebedingungen abzustellen.[47] Denn der Wandlungs- bzw. Optionspreis ist neben dem Zinssatz

---

[42] BGH DB 2006, 493 (494).
[43] Ausführlich begründet von OLG München AG 2007, 37 (38f.).
[44] AusschussB BT-Drs. 12/7848, 17; *Lutter* in Kölner Komm. Nachtrag AktG, 2. Aufl., AktG § 186 Rn. 39; *Klawitter* AG 2005, 792.
[45] Siehe die Begründung des Initiativentwurfs, abgedruckt bei *Seibert*, Die kleine AG, 1. Aufl. 1994, Rn. 361 ff.
[46] OLG München ZIP 2006, 1440 (1441f.); *Seiler* in Spindler/Stilz AktG § 221 Rn. 92 ff.; *Scholz* in MHdB AG § 64 Rn. 34 ff.; *Butzke* L Rn. 26, Fn. 53; *Schröer* in Ekkenga/Schröer HdB AG-Finanzierung Kap. 6 Rn. 153 ff.; *Busch* AG 1999, 58 (59 ff.); *Singhof* ZHR 170 (2006), 673 (687 ff.); *Schlitt/Seiler/Singhof* AG 2003, 254 (259f.); offen lassend BGH AG 2007, 863 Rn. 2.
[47] So *Marsch-Barner* AG 1994, 532 (538f.) und *Groß* DB 1994, 2431 (2438), die die Interessen der Gesellschaft und damit der Altaktionäre bei der Konditionengestaltung hinsichtlich der anderen Bestandteile der

in Relation zum aktuellen Zinsniveau und dem Ausgabekurs der Anleihe sowie der Dauer der Options- bzw. Wandlungsfrist nur ein Element im Rahmen der Konditionengestaltung für die Gesamtemission. Alle diese Elemente gehören so eng zusammen, dass die Erhöhung des einen sofort die Reduzierung des anderen erlaubt, ohne dass sich dadurch der ökonomische Wert der Emission verändern muss. Würde die sachliche Rechtfertigung des erleichterten Bezugsrechtsausschlusses nur auf einem von ihnen gründen, erschiene dies willkürlich. Vielmehr erscheint es erforderlich, den einzelnen Aktionär davor zu schützen, dass der Wandlungs- bzw. Optionspreis nur optisch, zu Lasten der übrigen beiden Elemente auf ein börsenkursnahes Niveau gehoben wird, die Konditionen der Wandelschuldverschreibung insgesamt für die Gesellschaft und damit letztlich auch für die Altaktionäre aber unvorteilhaft sind. Das kann erreicht werden, wenn der Ausgabepreis für die emittierte Wandelschuldverschreibung nicht wesentlich von dem auf der Grundlage des aktuellen Aktienkurses und Zinsniveaus sowie unter Berücksichtigung des durch die Option bzw. das Wandlungsrecht verkörperten Zeitwerts finanzmathematisch errechneten Preis für die Wandelschuldverschreibung abweicht. Dieser synthetische Börsenpreis entspricht dem für die Gesellschaft theoretisch maximal erzielbaren Preis, ebenso wie der Börsenkurs der Aktie bei der Aktienemission. Bei diesem Preis würde der Wert des Bezugsrechts auf die Wandelschuldverschreibung gegen Null tendieren, wodurch sichergestellt ist, dass die Emission zu keiner Vermögensverwässerung bei den Altaktionären führt. Um diese Feststellungen zu treffen, sollte der Vorstand eine **Fairness Opinion** einholen, er ist hierzu aber nicht verpflichtet.

Der **synthetische Börsenpreis der Wandelschuldverschreibung** wird aufgrund einer Gleichung mit den og Variablen ermittelt, die zu jeder Variable hin aufgelöst werden kann. Löst man sie zum für die Aktie zu entrichtenden Wandlungs- oder Optionspreis hinauf, gelangt man zu einem dem Börsenkurs vergleichbaren Wert. Dieser kann jedoch den Börsenkurs der Aktie zum Zeitpunkt der Emission durchaus auch um mehr als 5%[48] unterschreiten, ohne dass § 186 Abs. 3 S. 4 AktG verletzt wäre, wenn die sonstigen Konditionen der Emission die Vermögensinteressen der Altaktionäre hinreichend berücksichtigen. Andererseits dürfte ein 5%-iger Abschlag auf den Kurs der Wandel- oder Optionsanleihe regelmäßig über das Ziel hinausschießen.[49] Grund hierfür ist die geringere Volatilität der Wandel- bzw. Optionsanleihe, die sich daraus ergibt, dass ihr Preis maßgeblich über das Anleiheelement determiniert wird. Für die ungeklärte Frage, auf welchen Zeitpunkt es für diese Angemessenheitsprüfung ankommt, gilt das Gleiche wie bei der regulären Kapitalerhöhung: Nach richtiger hM ist auf den durchschnittlichen Börsenpreis der Aktie in einem Zeitraum von etwa fünf Tagen vor Ausgabe der Wandelschuldverschreibung abzustellen.[50]

Im Hauptversammlungsbeschluss genügt hierzu die folgende Bestimmung:

Bei der Ausgabe der Teilschuldverschreibungen steht den Aktionären grundsätzlich das gesetzliche Bezugsrecht zu. Der Vorstand wird jedoch ermächtigt, mit Zustimmung des Aufsichtsrats das Bezugsrecht der Aktionäre auszuschließen, sofern der Ausgabepreis den nach anerkannten finanzmathematischen Methoden ermittelten theoretischen Marktwert der Genussscheine, Options- oder Wandelschuldverschreibungen nicht wesentlich unterschreitet.

Wandel- bzw. Optionsanleihe durch die allgemeine Pflicht des Vorstands gewahrt sehen, zum Vorteil der Gesellschaft zu handeln; dagegen *Singhof* ZHR 170 (2006), 673 (687).

[48] Nach hM darf der Ausgabebetrag einer mit erleichtertem Bezugsrechtsausschluss emittierten jungen Aktie den Börsenkurs um max. zwischen 3% und 5% unterschreiten, ohne dass die Wesentlichkeitsschwelle des § 186 Abs. 3 S. 4 AktG verletzt wäre; vgl. BT-Drs. 12/7848, 9; *Koch* in Hüffer/Koch AktG § 186 Rn. 39d.

[49] *Butzke* L Rn. 26, Fn. 53; *Singhof* ZHR 170 (2006), 673 (694) hält einen Wert von 1–2% bei einer Obergrenze von 3% für angemessen.

[50] *Lutter* AG 1994, 429 (442); *Schröer* in Ekkenga/Schröer HdB AG-Finanzierung Kap. 6 Rn. 155; *Veil* in K. Schmidt/Lutter AktG § 186 Rn. 42; aA *Koch* in Hüffer/Koch AktG § 186 Rn. 39d; *von Oppen/Menhart/Holst* WM 2011, 1835 (1839); *Bader* AG 2014, 472 (486 Fn. 80).

61 Ebenfalls nicht völlig geklärt ist die Frage, wie sich **mehrere, die Erleichterungen des § 186 Abs. 3 S. 4 AktG nutzende Beschlussfassungen** zueinander verhalten. Das OLG München hat entschieden, dass die Hauptversammlung nicht die Befugnis hat, über 10% übersteigende Volumina zu beschließen, selbst wenn sie vorsieht, dass der Vorstand von ihnen nur in maximal 10% umfassenden Tranchen Gebrauch machen darf.[51] Entsprechend führt auch die Aufteilung eines Kapitalerhöhungsbeschlusses in mehrere 10%-Tranchen nicht zu einer Ausweitung des in § 186 Abs. 3 S. 4 AktG festgelegten Volumens, weil damit die vom Gesetzgeber vorgesehene Begrenzung des Verwässerungseffekts umgangen würde. Die Beteiligungsinteressen der Altaktionäre werden aber auch dann beeinträchtigt, wenn das Umgehungselement fehlt und hinsichtlich Laufzeit und Konditionen unterschiedlich ausgestaltete Ermächtigungen für Wandelanleiheemissionen oder zusätzlich genehmigte Kapitalien und Ermächtigungen für Veräußerungen eigener Aktien nach § 71 Abs. 1 Nr. 8 S. 5 AktG unter Berufung auf § 186 Abs. 3 S. 4 AktG beschlossen werden.[52] Dieser vorsichtigen Betrachtungsweise folgend, müssen sämtliche der ersten Ermächtigung nachfolgenden Ermächtigungen eine **Anrechnungsklausel** enthalten, wonach sich der Umfang der jeweiligen Ermächtigung in dem Maße verringert, in dem während ihrer Laufzeit von einer anderen Ermächtigung zum erleichterten Bezugsrechtsausschluss Gebrauch gemacht wird. Eine solche Anrechnungsklausel kann im Kontext eines Bezugsrechtsausschlusses für eine Wandelschuldverschreibung etwa folgendermaßen lauten:

Die Summe der aufgrund von Wandelschuldverschreibungen nach dieser Ermächtigung gemäß § 186 Abs. 3 S. 4 AktG (unter Bezugsrechtsausschluss gegen Bareinlagen) auszugebenden Aktien darf zusammen mit anderen gemäß oder entsprechend dieser gesetzlichen Bestimmung während der Laufzeit dieser Ermächtigung bereits ausgegebenen oder veräußerten Aktien nicht 10% des jeweiligen Grundkapitals zum Zeitpunkt der Ausübung dieser Ermächtigung übersteigen.

5. Umgekehrte Wandelanleihen

62 In Anlehnung an die etablierte Praxis, in den Anleihebedingungen eine Wandlungspflicht vorzusehen (Pflichtwandelanleihe → Rn. 72 f.), wurde im Rahmen der Aktienrechtsnovelle 2016 die **umgekehrte Wandelanleihe** kodifiziert,[53] bei der das **Umtauschrecht nicht dem Gläubiger, sondern der Gesellschaft** zusteht (§§ 192, Abs. 1, 221 Abs. 1 AktG). Der Umtausch der Anleihe gilt dabei nicht als Sacheinlage (§ 194 Abs. 1 S. 2 AktG), so dass die diesbezüglichen Prüfungserfordernisse entfallen. Die umgekehrte Wandelanleihe soll die Möglichkeiten der Gesellschaftsfinanzierung erweitern und Finanzinstituten die Schaffung von zusätzlichem Kernkapital erleichtern (zu sog. CoCo-Bonds, die ebenfalls dem letztgenannten Zweck dienen, → Rn. 73).[54] Bezieht man die Ausnahmen von den Kapitalgrenzen des § 192 Abs. 3 S. 1 AktG (→ Rn. 5) mit in die Betrachtung ein, bietet sich die umgekehrte Wandelanleihe insbes. als Sanierungsinstrument bzw. als vorsorglicher Schutzmechanismus vor Krisensituationen an. Die Ereignisse, in denen die Gesellschaft wandlungsberechtigt sein soll, sind in den Anleihebedingungen festzulegen, wobei sich möglichst konkrete Regelungen empfehlen; die Anleihebedingungen können

---

[51] OLG München AG 1996, 518; LG München I AG 1996, 138 (139 f.); *Koch* in Hüffer/Koch AktG § 186 Rn. 39b; aA *Trapp* AG 1997, 115 (116 f.); *Schlitt/Schäfer* AG 2005, 67 (69); *Schwark* FS Claussen, 1997, 357 (377 f.); auch → § 22 Rn. 33 f.

[52] *Ihrig/Wagner* NZG 2002, 657 (662); *Reichert/Harbarth* ZIP 2001, 1441 (1443 f.); aA *Schlitt/Schäfer* AG 2005, 67 (70).

[53] Nach § 221 Abs. 1 AktG zulässig sind auch umgekehrte Optionsanleihen, die aber nicht im Fokus der Aktienrechtsnovelle 2016 standen.

[54] Begr RegE BT-Drucks. 18/4349, 27; *Florstedt* ZHR 180 (2016), 152 (158 ff.); *ders.* in Kölner Komm. AktG § 221 Rn. 287 ff.

auch vorsehen, dass das Wandlungsrecht sowohl der Gesellschaft als auch den Anleihegläubigern zusteht.

IV. Unternehmenszusammenschluss

Die Beschlussfassung über das bedingte Kapital ist ferner zur Bereitstellung von Mitgliedsrechten für einen geplanten Unternehmenszusammenschluss zulässig.[55] Sie muss sich dann auf ein bestimmtes Unternehmen beziehen, damit die Bezugsberechtigten im Erhöhungsbeschluss konkret bezeichnet werden können.[56] Die bedingte Kapitalerhöhung bietet deshalb in diesen Fällen keinen wesentlichen Vorteil gegenüber der regulären Kapitalerhöhung, weshalb in der Praxis meist Letztere bevorzugt wird. Theoretisch käme jedoch eine bedingte Kapitalerhöhung in folgenden Fällen in Betracht:

63

- Verschmelzung durch Aufnahme (§§ 2 Nr. 1, 4 ff., 60 ff. UmwG; nicht jedoch durch Neugründung, da hier die Aktien der neuen AG nicht durch eine Kapitalerhöhung entstehen),
- rechtsgeschäftlicher Erwerb sämtlicher Mitgliedsrechte,
- Bereitstellung der Abfindung bei der Eingliederung (§ 320b AktG),
- Bereitstellung der Abfindung beim Abschluss eines Beherrschungs- und Gewinnabführungsvertrags (§ 305 Nr. 1, 2 AktG),
- Beschaffung von Aktien, um sie mit den Gesellschaftern des anderen Unternehmens gegen Anteile an diesem zu tauschen, auch im Rahmen eines Übernahmeangebots; allerdings zieht die Praxis insoweit die Ausnutzung eines genehmigten Kapitals vor, da dann die Identität des potentiellen Zielunternehmens noch nicht im Zeitpunkt der Beschlussfassung offen gelegt werden muss.

V. Aktienoptionspläne

Dem dritten im Gesetz genannten Zweck, zu dem eine bedingte Kapitalerhöhung beschlossen werden darf, den sog. **Stock Options** für Führungskräfte unter Einschluss der Mitglieder des Vorstands der AG und der mit ihr verbundenen Unternehmen, ist wegen der besonderen Bedeutung ein eigenes Kapitel gewidmet (siehe § 24).

64

VI. Sacheinlagen

Die bedingte Kapitalerhöhung begründet immer die Pflicht zur Bareinlage. Ein Bedürfnis, stattdessen **Sacheinlagen** zu erbringen, besteht jedoch insbes. wenn bei der bedingten Kapitalerhöhung zum Zweck des **Unternehmenszusammenschlusses** Unternehmen oder Unternehmensbeteiligungen in die AG eingebracht,[57] oder wenn bereits ausgegebene **Wandelanleihen** abgelöst und daher diese eingebracht werden sollen.[58] Dass die Bareinlage durch eine Sacheinlage im Sinne einer Leistung an Erfüllungs statt ersetzt werden kann, ist anerkannt. Die Einbringung von Sacheinlagen ist dabei ausdrücklich und ordnungsgemäß mit der Tagesordnung der Hauptversammlung bekannt zu machen (§§ 194

65

---

[55] Fall des § 192 Abs. 2 Nr. 2 AktG.
[56] Dies wird von § 193 Abs. 2 Nr. 2 AktG verlangt.
[57] Insoweit eignet sich das bedingte Kapital nur für bereits weitgehend ausgehandelte Unternehmenszusammenschlüsse, da dafür der Wert der einzubringenden Gesellschaftsanteile oder Betriebsteile oÄ feststehen muss.
[58] Vgl. auch die Praxisbeispiele bei *Drinhausen/Keinath* BB 2011, 1736 (1736 Fn. 2).

Abs. 1 S. 3, 124 Abs. 1 AktG). Zudem sind die **Anforderungen des § 194 AktG** zu beachten. Der Hauptversammlungsbeschluss muss daher zusätzlich zu den oben (→ Rn. 4 ff.) genannten Bestandteilen den Gegenstand der Sacheinlage, die Person des Einlegers und den Gesamtnennbetrag bzw. die Gesamtstückzahl der für die Sacheinlage gewährten Aktien festsetzen; ferner hat eine Werthaltigkeitsprüfung zu erfolgen (§ 194 Abs. 4 AktG). Der Sachprüfungsbericht und die Sacheinlagenverträge müssen jedoch der Handelsregisteranmeldung nicht beigefügt werden, wenn der Vorstand zur Ausgabe von Wandelanleihen gegen Sacheinlagen ermächtigt wird. Das ergibt sich daraus, dass bei der Fassung des Ermächtigungsbeschlusses noch nicht feststeht, ob der Vorstand von der Ermächtigung Gebrauch machen wird, weshalb die genannten Unterlagen noch nicht vorliegen können, so dass die Anforderungen des § 195 Abs. 2 Nr. 1 AktG hier nicht gelten.[59] Die Sacheinlagenprüfung erfolgt vielmehr bei der Ausgabe der Bezugsaktien. Kommt es zu einer **verdeckten Sacheinlage,** sind die Sacheinlagevereinbarung und die zu ihrer Durchführung vorgenommenen Rechtsgeschäfte seit dem ARUG nicht mehr unwirksam (§ 194 Abs. 2 iVm § 27 Abs. 3 S. 2 AktG). Die Sacheinlagevereinbarung besteht als Geldeinlagepflicht fort, auf die aber der Wert des eingebrachten Vermögensgegenstands angerechnet wird. Maßgeblicher Bewertungszeitpunkt hierfür ist der Moment der Ausgabe der Bezugsaktien oder der Zeitpunkt der Überlassung des Vermögenswerts an die Gesellschaft, wenn diese später erfolgt (§ 194 Abs. 2 iVm § 27 Abs. 3 S. 3 AktG).

VII. Ähnliche Fälle

66 Zwar kann ein bedingtes Kapital nur zu den im Gesetz grds. abschließend aufgezählten Zwecken beschlossen werden (§ 192 Abs. 2 AktG; → Rn. 2 f.). Jedoch wird unter Hinweis auf die Gesetzesformulierung („soll"), ein bedingtes Kapital auch für solche Fallgestaltungen für zulässig gehalten, die den im Gesetz genannten Fällen „hinreichend ähnlich" sind.[60]

1. Optionsanleihen ausländischer Tochtergesellschaften

67 In der Finanzierungspraxis werden Schuldverschreibungen (vornehmlich aus steuerlichen Gründen) grds. durch eine ausländische Tochtergesellschaft (häufig mit Sitz in den Niederlanden oder in Luxemburg) begeben, aber mit Optionsrechten zum Bezug von Aktien der Muttergesellschaft versehen. Die Muttergesellschaft garantiert die Anleihe und räumt den Gläubigern direkt das Optionsrecht ein. Die Zulässigkeit dieser Gestaltungen ist heute allgemein anerkannt. Da den Aktionären auch hier eine Verwässerung ihres Anteils durch die später ausgeübten Optionsrechte droht, ist die **Zustimmung durch die Hauptversammlung der Muttergesellschaft** erforderlich.[61] Gibt der Vorstand Optionsrechte ohne diese Zustimmung aus, sind diese zwar wirksam, jedoch machen sich Vorstand und ggf. auch Aufsichtsrat dadurch schadensersatzpflichtig (§§ 93, 116 AktG). Soll bei dieser Konstellation das Bezugsrecht der Aktionäre ausgeschlossen werden, sind im Rahmen der

---

[59] OLG München NZG 2013, 1144 (1145); *Merkt,* in K. Schmidt/Lutter AktG § 221 Rn. 9; *Drinhausen/Keinath* BB 2011, 1736 (1739); *Schwartzkopff/Hoppe* NZG 2014, 378.
[60] *Habersack* in MüKoAktG AktG § 221 Rn. 38 ff.; *Fuchs* AG 1995, 433 (445); *Steiner* WM 1990, 1776 (1777 ff.); nur für Huckepack-Optionen *Martens* AG 1989, 69 (71); auch in der Praxis sind nackte Optionen schon emittiert worden, zB durch die Münchener Rückversicherungs-Gesellschaft AG, die im Jahre 1998 aus genehmigtem Kapital neue Aktien ausgab, denen mit einem bedingtem Kapital unterlegte Optionsscheine beigefügt waren; zu weiteren Fällen siehe *Fuchs* AG 1995, 433 f.
[61] § 221 AktG ist nach ganz hM analog anwendbar, siehe nur *Koch* in Hüffer/Koch AktG § 221 Rn. 72; *Scholz* in MüHdB AG § 64 Rn. 64; *Schumann* Optionsanleihen 159 ff.; *Busch* AG 1999, 58; aA *Silcher* FS *Geßler,* 1971, 185 (190); *Hoffmann* AG 1973, 47 (53).

sachlichen Rechtfertigung die konkreten Interessen der Muttergesellschaft an der Platzierung gegen die Nachteile der Aktionäre abzuwägen. Die Festsetzung eines angemessenen Optionspreises ist hierbei zwar insoweit hilfreich, als sie eine Vermögensverwässerung vermeidet; zu rechtfertigen ist aber auch die Verschiebung in der mitgliedschaftlichen Struktur.[62]

Nach hM (mit Differenzierungen in den Einzelheiten) dürfen grds. auch die von einer Tochtergesellschaft emittierten Optionsanleihen mit einem **bedingten Kapital** der Muttergesellschaft unterlegt oder von ihr garantiert werden, wird also eine Analogie zu den Fällen des § 192 Abs. 2 AktG zugelassen.[63] Dabei ist umstritten, ob die mittelbare Emission einem **Konzernfinanzierungsinteresse** der Muttergesellschaft dienen muss, welches seinerseits eine Konzernverbindung zwischen den beteiligten Gesellschaften voraussetzt.[64] § 192 Abs. 2 Nr. 1 AktG sieht ein solches Erfordernis nicht vor. Eine hinreichende Verbindung ist auch schon dadurch begründet, dass die Muttergesellschaft das bedingte Kapital schafft bzw. die Anleihe garantiert und damit für die die Anleihe begebende Tochter eintritt. Da die Aktionäre über die Schaffung des bedingten Kapitals zu beschließen haben, ist auch ihr Schutz hinreichend gewährleistet. Auf eine Konzernverbindung kommt es deshalb nicht an.

2. Optionsrechte ohne Optionsanleihe

Eine zweite Fallgruppe, für die sich die Frage nach einer erweiterten Zulässigkeit des bedingten Kapitals stellt, sind Optionsrechte, die nicht an eine Anleihe geknüpft sind. Der **wirtschaftliche Sinn** solcher Instrumente liegt darin, eine Eigenkapitalzufuhr auf Termin unabhängig von einer Fremdkapitalaufnahme zu ermöglichen, dabei einen tendenziell höheren Ausgabebetrag zu erzielen und/oder gleichzeitig noch eine Optionsprämie zu vereinnahmen. Zu unterscheiden sind **zwei Fallgruppen:**

Werden im Rahmen einer Aktienemission an jede neue Aktie eine oder mehrere Optionen zum späteren Bezug weiterer Aktien geknüpft, spricht man von **Huckepack-Optionen.** Der Fall ist mit der Emission einer Optionsanleihe, bei der ein Optionsrecht an eine Schuldverschreibung gekoppelt ist, vergleichbar. Hier wie dort soll die eigentliche Emission durch die Beigabe von Optionen attraktiver gestaltet werden; in beiden Fällen kann das Optionsrecht kurzfristig abgetrennt und separat gehandelt werden. Diese Vergleichbarkeit legt es nahe, auch für solche Konstruktionen ein bedingtes Kapital zuzulassen.[65] Es ist nämlich schwer einsichtig, warum der Gesetzgeber Optionsrechte nur zur

---

[62] *Koch* in Hüffer/Koch AktG § 221 Rn. 73; aA *Silcher* FS Geßler, 1971, 185 (191), der bei Festsetzung eines angemessenen Optionspreises den Bezugsrechtsausschluss immer für gerechtfertigt hält.
[63] Für generelle Zulässigkeit *Silcher* FS Geßler, 1971, 185 (188 ff.); *Schaub* AG 1972, 340 (342); *Hoffmann* AG 1973, 47 (56 f.); generell abl. dagegen *Gustavus* BB 1970, 694 (695).
[64] Bejahend Vorauf. Rn. 61; *Lutter* in Kölner Komm. AktG § 192 Rn. 7; *Koch* in Hüffer/Koch AktG § 192 Rn. 12; *Rieckers* in Spindler/Stilz AktG § 192 Rn. 33; wie hier verneinend *Habersack* in MüKoAktG § 221 Rn. 48; *Scholz* in MüHdB AG § 64 Rn. 63; *Groß* in Marsch-Barner/Schäfer Börsennotierte AG-HdB § 51 Rn. 4; *Stadler* in Bürgers/Körber § 221 Rn. 13.
[65] Die dogmatische Begründung für dieses wünschenswerte Ergebnis ist allerdings – insbes. wegen § 187 AktG – schwierig: *Fuchs* AG 1995, 433 (442) sieht das Optionsrecht als Genussrecht iSd § 221 Abs. 3 AktG an. *Martens* AG 1989, 69 ff. stellt vornehmlich auf die analogiebegründende Gleichheit der Fallgestaltung zu § 192 Abs. 2 Nr. 1 AktG ab und will Huckepack-Optionen zulassen, wenn das Bezugsrecht der Aktionäre gewahrt ist. Während *Habersack* in MüKoAktG § 221 Rn. 39 dabei einen Zustimmungsbeschluss der Aktionäre nach § 221 AktG verlangt, halten *Rieckers* in Spindler/Stilz AktG § 192 Rn. 32 und *Koch* in Hüffer/Koch AktG § 221 Rn. 76 das für überflüssig, weil dieser neben den Beschluss nach § 182 AktG oder § 202 AktG tretende Beschluss keinen zusätzlichen Schutz bewirke. Erwägenswert erscheint insbes., in Huckepack-Optionen eine analog zu Optionsschuldverschreibungen gem. § 221 Abs. 1 AktG zu behandelnde Finanzierungsform zu sehen, da diese Vorschrift nicht abschließend ist, sondern für neue Entwicklungen offen sein muss; dadurch würde § 187 AktG verdrängt und den bisherigen Aktionären stünde gem. § 221 Abs. 4 iVm § 186 AktG ein Bezugsrecht zu (in dieser Richtung wohl auch

Aufwertung von Fremdkapitalemissionen, nicht aber im Zusammenhang mit der Aufnahme von Eigenmitteln zulassen sollte. Der wahre Wille des Gesetzgebers wird eher mit Blick auf den Grund für die Zweckbeschränkungen des bedingten Kapitals zu ermitteln sein: Dieser liegt darin, dass das bedingte Kapital kein Bezugsrecht vorsieht und die Aktionäre vor Verwässerungen ihrer Position ohne Ausgleich geschützt werden müssen. Die Überlegung, dass durch eine Ausweitung von Optionsrechten gefährliche Spekulationsmöglichkeiten oder eine unübersichtliche Finanzierungsstruktur mit langen Bindungszeiten entstehen könnte,[66] hat sich nicht durchgesetzt, zumal Zahl und Variationsbreite emittierter Optionen weniger von der Anzahl der Emissionsalternativen als von der Häufigkeit und dem Volumen der durchgeführten Emissionen abhängen. Sofern die Aktionäre ein Bezugsrecht auf die mit einem bedingten Kapital unterlegte Emission erhalten, würde also dem Bestreben des Gesetzgebers genügt.

71 Folgt man dem, so liegt – ein Bezugsrecht der Altaktionäre vorausgesetzt – auch die Anerkennung von **nackten Optionen** *(Naked Warrants)* nahe, also reine Optionen, die ohne jede Anleihe oder Aktie begeben werden. Der Unterschied zu Huckepack-Optionen besteht darin, dass hier die Optionen nicht eine nur untergeordnete Funktion haben. Hierauf kommt es jedoch nicht an,[67] zumal in der Praxis beide Teile ohnehin kurze Zeit nach der Emission voneinander getrennt zu werden pflegen. Vielmehr ist auch hier die hinreichende Ähnlichkeit zu den ausdrücklich im Gesetz genannten Fällen des bedingten Kapitals gegeben, insbes. sind die Altaktionäre durch ihr Bezugsrecht vor Verwässerung geschützt. Selbst die im Übrigen für die Beschränkung des bedingten Kapitals auf Ausnahmefälle angeführte langfristige Bindung der AG gegenüber den Inhabern der Optionsrechte sowie die diesen eröffneten Spekulationsmöglichkeiten sind ebenfalls unabhängig davon, ob die Optionsrechte mit einer Anleihe/Aktie verbunden sind oder nicht. Eine unterschiedliche Behandlung von Huckepack-Optionen und Naked Warrants erscheint daher nicht gerechtfertigt.[68] Aus Vorsichtsgründen empfiehlt es sich jedoch, eine entsprechende Beschlussfassung zuvor **mit dem Registerrichter abzustimmen** und die Optionen nicht zu emittieren, bevor die Frist für die Anfechtung des Beschlusses abgelaufen und der Beschluss in das Handelsregister eingetragen ist. Dann ist die bedingte Kapitalerhöhung nämlich unzweifelhaft wirksam.[69]

3. Wandelanleihe mit Wandlungspflicht und CoCo-Bonds

72 In dem Bestreben, die Eigenkapitalzufuhr am Laufzeitende der Wandelanleihe sicherzustellen, ist die Praxis darauf verfallen, das Wandlungsrecht durch eine Wandlungspflicht zu ersetzen (**Pflichtwandelanleihe**, *Mandatory Convertible Bond*). Dazu wird die Wandlungsstelle in den Anleihebedingungen unwiderruflich ermächtigt, bei Fälligkeit die Anleihe in Aktien zu wandeln. Konsequenz der automatischen Wandlung könnte auch hier sein, dass bei Ausgabe der Wandelanleihe unter Missachtung von § 187 AktG ein Recht auf den Bezug von Aktien zugesichert wird. Doch sind solche Anleihen als **Wandelschuldverschreibungen** im Sinne des Gesetzes zu behandeln, auch wenn die Rückzahlung der Anleihe zwingend in Aktien erfolgt und somit nicht ein Bezugsrecht, sondern eine Be-

---

Steiner WM 1990, 1776 (1777 f.) und *Roth/Schoneweg* WM 2002, 677 (681)). Ausführlich *Schröer* in Ekkenga/Schröer HdB AG-Finanzierung Kap. 6 Rn. 45.
[66] Vgl. *Bungeroth* in Geßler/Hefermehl AktG § 192 Rn. 16; *Martens* AG 1989, 69 (73).
[67] So insbes. *Habersack* in MüKoAktG AktG § 221 Rn. 37; *Fuchs* AG 1995, 433 (437); *Steiner* WM 1990, 1776 (1777); aA *Martens* AG 1989, 69 (72).
[68] Ebenso *Rieckers* in Spindler/Stilz AktG § 192 Rn. 31; *Fuchs* in MüKoAktG AktG § 192 Rn. 52; *Gätsch/ Theusinger* WM 2005, 1256 (1259 ff.); aA OLG Stuttgart BKR 2003, 122, das den Registerrichter mit den oben dargestellten Überlegungen überfordert sieht; abl. auch LG Braunschweig NZG 1998, 387 (388); LG Stuttgart NZG 1998, 233 (234) (jeweils obiter dictum).
[69] *Frey* in GroßkommAktG AktG § 192 Rn. 68.

zugspflicht bestimmt wird.⁷⁰ Wenn nämlich der Gesetzgeber die Aktionäre durch Bezugsrechtseinräumung vor Finanzierungsformen schützen will, die nur die Möglichkeit des Bezugs neuer Aktien enthalten, muss er dies erst recht wollen, wenn dieser Aktienbezug aufgrund der Konditionen des Finanzierungsinstruments gewiss ist. Hingegen ist nicht ersichtlich, warum die Ungewissheit der Wandlung für die Qualifizierung als Wandelschuldverschreibung im Sinne des Gesetzes wesensnotwendig sein sollte. Seit der Aktienrechtsnovelle 2016 spricht auch der Gesetzeswortlaut, wonach auch die Gesellschaft wandlungsberechtigt sein kann, hierfür. Handelt es sich somit um eine solche Wandelschuldverschreibung, kann deren Wandlung in Aktien auch durch ein **bedingtes Kapital** abgesichert werden (§ 192 Abs. 2 Nr. 1 AktG). Auch hier stehen weder Interessen der Gesellschaft selbst noch solche der Aktionäre zwingend einer Gleichbehandlung von Wandlungspflicht und Wandlungsrecht entgegen.⁷¹

Der Pflichtwandelanleihe sehr ähnlich sind sog. **CoCo-Bonds** *(Contigent Convertible Bonds)*, dh nachrangige Schuldverschreibungen mit langer Laufzeit, bei denen die Wandlung automatisch erfolgt, wenn ein in den Anleihebedingungen festgelegtes Ereignis *(trigger event)* eintritt.⁷² Sie dienen namentlich der Erfüllung aufsichtsrechtlicher Anforderungen an die Eigenkapitalausstattung von Banken, so dass das *trigger event* zB im Unterschreiten einer bestimmten Eigenkapitalquote liegen kann.⁷³ Jedenfalls seit der Kodifizierung der umgekehrten Wandelanleihe durch die Aktienrechtsnovelle 2016 (→ Rn. 62) dürfte feststehen, dass CoCo-Bonds gem. § 192 Abs. 2 Nr. 1 AktG durch ein bedingtes Kapital unterlegt werden können.⁷⁴

---

⁷⁰ § 221 Abs. 1 AktG, der lex specialis gegenüber § 187 AktG ist, vgl. *Habersack* in MüKoAktG AktG § 221 Rn. 52; *Rozijn* ZBB 1998, 77 (89); *Bader* AG 2014, 472 (478).
⁷¹ Trotzdem gilt auch hier der Hinweis in → Rn. 71 entsprechend.
⁷² *Nodoushani* WM 2016, 589 (590ff.); *ders.* ZBB 2011, 143 (144ff.); ausführlich *Florstedt* in Kölner Komm. AktG § 221 Rn. 54f., 281ff. und 395ff.
⁷³ Zu den aufsichtsrechtlichen Hintergründen *Bader* AG 2014, 472 (480ff.); *Florstedt* ZHR 180 (2016), 152 (158ff.); *ders.* in Kölner Komm AktG § 221 Rn. 395ff.; *von Dryander/Niggemann* in Hölters AktG § 192 Rn. 25b.
⁷⁴ *Nodoushani* WM 2016, 589 (590ff.); vor der Aktienrechtsnovelle 2016 *ders.* ZBB 2011, 143 (144ff.); *Schlitt/Hemeling* in Habersack/Mülbert/Schlitt Unternehmensfinanz-HdB § 12 Rn. 9; zurückhaltender *Fuchs* in MüKo AktG AktG § 192 Rn. 57a.

§ 24 Aktienoptionspläne

Übersicht

	Rn.
I. Überblick	1
II. Allgemeines	2
III. Gestaltungsformen	7
1. Bedingtes Kapital zur Absicherung nackter Optionen	8
2. Bedingtes Kapital zur Absicherung einer Wandelschuldverschreibung	9
3. Genehmigtes Kapital	11
4. Erwerb eigener Aktien	12
IV. Inhalt des Hauptversammlungsbeschlusses	15
1. Obligatorischer Inhalt des Hauptversammlungsbeschlusses	16
a) Volumen des bedingten Kapitals	17
b) Bezugsberechtigung	18
c) Aufteilung der Bezugsrechte	19
d) Ausgabebetrag und Erfolgsziele	21
e) Erwerbszeiträume	24
f) Ausübungszeiträume	25
g) Wartezeit	26
h) Zweck des bedingten Kapitals	27
2. Fakultativer Inhalt des Hauptversammlungsbeschlusses	28
3. Abweichen von den gesetzlichen Voraussetzungen	31
4. Beschlussformen	32
5. Vorstandsbericht	33

Stichworte

Anfechtbarkeit Rn. 31
Arbeitnehmer Rn. 5, 12, 18 ff.
Aufsichtsratsmitglieder Rn. 8, 10, 18
Ausgabebetrag Rn. 21
Ausübungszeitraum Rn. 24
Bedingtes Kapital
– Bezugsrecht Rn. 8 f., 16 ff., 24, 26, 29
– nackte Optionen Rn. 8
– Volumen (10 %-Grenze) Rn. 17
– Wandelschuldverschreibungen Rn. 9 f.
Bezugsrechtsausschluss
– bedingtes Kapital Rn. 8 ff.
– eigene Aktien Rn. 13 f.
– Hauptversammlungsbeschluss Rn. 16 f.
– Vorstandsbericht Rn. 33
Eigene Aktien Rn. 12 ff.

Erfolgsziele Rn. 22
Ermächtigungsbeschluss Rn. 32
Erwerbszeitraum Rn. 25
Genehmigtes Kapital Rn. 11
Konzern Rn. 5, 18, 20
Managers' Transactions Rn. 6
Nackte Optionen Rn. 8, 10, 17 f.
Phantom Stocks Rn. 4
Repricing Rn. 21
Say on Pay Rn. 2
Stock Appreciation Rights Rn. 4
Vergleichsindex Rn. 22
Wandelschuldverschreibungen
Rn. 9 f.
Wartezeit Rn. 26
Zustimmungsbeschluss Rn. 32

Schrifttum:
Arnold, Variable Vergütung von Vorstandsmitgliedern im faktischen Konzern, FS Bauer, 2010, 35; *Baums,* Aktienoptionen für Vorstandsmitglieder, FS Claussen, 1997, 3; *Bürgers,* Keine Aktienoptionen für Aufsichtsräte – Hindernis für die Professionalisierung des Aufsichtsrats?, NJW 2004, 3022; *Claussen,* Aktienoptionen – Eine Bereicherung des Kapitalmarktrechts, WM 1997, 1825; *Bosse,* Mitarbeiterbeteiligung und Erwerb eigener Aktien, NZG 2001, 594; *Busch,* Aktienoptionspläne – arbeitsrechtliche Fragen, BB 2000, 1294; *Feddersen/Pohl,* Die Praxis der Mitarbeiterbeteiligung seit Einführung des KonTraG, AG 2001, 26; *Fuchs,* Aktienoptionen für Führungskräfte und bedingte Kapitalerhöhung, DB 1997, 661; *Kallmeyer,* Aktienoptionspläne für Führungskräfte im Konzern, AG 1999, 97; *Kohler,* Stock Options für Führungskräfte aus der Sicht der Praxis, ZHR 161 (1997) 246; *Lembke,* Die Ausgestaltung von Aktienoptionsplänen in arbeitsrechtlicher Hinsicht, BB 2001, 1469; *Lutter,* Aktienoptionen für Führungskräfte – de lege lata und de lege ferenda, ZIP 1997, 1; *Mutter/Mikus,* Steueroptimierte Stock Option-Programme ohne Beschluß der Hauptversammlung, ZIP 2001, 1949; *Reichert/Balke,* Die Berücksichtigung von Konzernzielen bei der variablen Vergütung des Vorstands einer abhängigen Gesellschaft im faktischen Konzern, FS Hellwig, 2010, 285; *Schneider,* Aktienop-

tionen als Bestandteil der Vergütung von Vorstandsmitgliedern, ZIP 1996, 1769; *Spindler/Gerdemann*, Die erfolgsabhängige Vergütung des Aufsichtsrats, FS Stilz 2014, 629; *Umnuß/Ehle*, Aktienoptionsprogramme für Arbeitnehmer auf der Basis von § 71 Abs. 1 Nr. 2 AktG, BB 2002, 1042; *Vogel*, Aktienoptionsprogramme für nicht börsennotierte AG – Anforderungen an Hauptversammlungsbeschlüsse, BB 2000, 937; *Weiß*, Aktienoptionsprogramme nach dem KonTraG, WM 1999, 353; *Zimmer*, Die Ausgabe von Optionsrechten an Mitglieder des Aufsichtsrats und externe Berater, DB 1999, 999.

I. Überblick

1 Die Gewährung von Aktienoptionen an Mitarbeiter und Führungskräfte ist in der Unternehmenspraxis weit verbreitet (→ Rn. 2 ff.). Die Hauptversammlung muss sich immer dann mit dem Aktienoptionsplan befassen, wenn dieser einen Anspruch auf Lieferung von Aktien gewährt (→ Rn. 7 ff.), dh wenn er durch ein bedingtes Kapital (→ Rn. 8 ff.), ein genehmigtes Kapital (→ Rn. 11) oder zurückerworbene eigene Aktien (→ Rn. 12 ff.) unterlegt werden soll. Basiert der Aktienoptionsplan auf einem bedingten Kapital mit nackten Optionen oder dem Rückerwerb eigener Aktien, muss der Hauptversammlungsbeschluss besondere obligatorische Inhalte, zB zum Kreis der Bezugsberechtigten, aufweisen (→ Rn. 15 ff.). Bleibt der Hauptversammlungsbeschluss hinter dem gesetzlichen Pflichtinhalt zurück, kann er angefochten werden (→ Rn. 31). Über den Pflichtinhalt hinaus können weitere fakultative Angaben vorgesehen werden, zB eine Frist für die Ausübung der Aktienoptionen (→ Rn. 28 ff.). Ein Vorstandsbericht ist bei Aktienoptionplänen nicht erforderlich, da es in Ermangelung eines gesetzlichen Bezugsrechts, die auf einem bedingten Kapital basieren, keines Bezugsrechtsausschlusses bedarf (→ Rn. 33).

II. Allgemeines

2 Von **Stock Options, Aktienoptionsplänen oder Aktienoptionsprogrammen** wird gesprochen, wenn ein Unternehmen seinen Mitarbeitern, insbes. den Führungskräften unter Einschluss der Mitglieder des Vorstands (zur Begünstigung von Aufsichtsratsmitgliedern → Rn. 10), als Teil der variablen Vergütung Aktien oder Bezugsrechte auf Aktien anbietet, wovon eine langfristige Anreizwirkung ausgehen soll. Dieses Vergütungsinstrument, das seit Ende der 1990er Jahre in Deutschland weit verbreitet ist, wird inzwischen unter verschiedenen Aspekten – Schaffung von Fehlanreizen, Förderung kurzfristiger Risikoübernahme, Gefahr einer Übervergütung, Verschaffung von windfall profits – zunehmend kritisch gesehen.[1] Auch daher wurde die Vorstandsvergütung strenger reguliert – dies gilt in besonderem Maße für Kredit- und Finanzinstitute[2] – und (für börsennotierte Unternehmen) festgelegt, dass die Vorstandsvergütung im Allgemeinen und die variable Vergütung im Besonderen an der nachhaltigen Unternehmensentwicklung auszurichten sind (§ 87 Abs. 1 S. 2 AktG). In diesem Zusammenhang steht auch das „**Say on Pay**" gem. § 120 Abs. 4 AktG, wonach die Hauptversammlung börsennotierter Gesellschaften über die Billigung des Systems der Vorstandsvergütung beschließen kann (nicht: muss).[3] Soweit sich die Verwaltung entschließt, einen entsprechenden Beschlussvorschlag aufzunehmen, sind die Aktionäre über alle wesentlichen Vergütungsbestandteile (zB fixe und variable Vergütung, Altersversorgung) zu informieren. Der Hauptversammlungsbeschluss über das Vergütungssystem ist weder verbindlich noch anfechtbar (vgl. § 120 Abs. 4 S. 3 AktG).

---

[1] Ausführlich dazu *Claussen* FS Horn, 2006, 313 (319 ff.).
[2] Den Regelungsrahmen zusammenfassend *Ekkenga* AG 2017, 89 f.
[3] Zu den Einzelheiten *Löbbe/Fischbach* WM 2013, 1625 ff.

Klassischerweise wird den Begünstigten des Aktienoptionsplans tatsächlich ein Anspruch 3
auf Lieferung von Aktien eingeräumt. Dies kann auf unterschiedliche Weise geschehen, immer[4] ist dann aber ein Hauptversammlungsbeschluss erforderlich, der in der Folge näher beleuchtet werden soll. Auch in diesen Fällen ist jedoch das sog. **Cash Settlement** verbreitet, bei dem der Begünstigte nur den Differenzbetrag zwischen dem Optionspreis und dem bei Optionsausübung aktuellen Aktienkurs erhält, während die für ihn vorgesehenen Aktien anderweitig verwendet werden. Damit wird der Tatsache Rechnung getragen, dass der Begünstigte meist die Mittel zur Finanzierung der ihm zustehenden Aktien und der hierauf entfallenden Steuern gar nicht längerfristig aufbringen kann oder will.

Viele Gesellschaften gehen aber auch noch einen Schritt weiter und verzichten ganz 4
auf eine dingliche Unterlegung des Aktienoptionsplans. Den Begünstigten werden dann gar keine Aktien zur Verfügung gestellt; stattdessen werden ihnen sog. **Stock Appreciation Rights** oder **Phantom Stocks** gewährt, die einen Anspruch auf einen bestimmten Geldbetrag in Abhängigkeit von der Börsenkurs- oder Gewinnentwicklung der Gesellschaft vermitteln. Bei derartigen virtuellen Aktienoptionsplänen ist ein Hauptversammlungsbeschluss entbehrlich, weshalb auf sie nicht näher eingegangen werden soll. Wird der Aktienoptionsplan hingegen so strukturiert, dass den Begünstigten Aktien gewährt werden, die zu diesem Zweck im Rahmen einer Kapitalerhöhung geschaffen werden, wird die finanzielle Belastung über die Verwässerung der Anteile von den Aktionären getragen und in der **Bilanz der Gesellschaft** entsteht kein Rückstellungsbedarf.[5] Eine Gewinnverwässerung tritt jedoch auch hier ein, allerdings bezogen auf die einzelne Aktie und nicht auf das Ergebnis der Gesellschaft.

Soweit sich der **Aktienoptionsplan der Muttergesellschaft** auf Arbeitnehmer und 5
Vorstandsmitglieder des abhängigen Unternehmens erstrecken soll, ist dies jedenfalls im Vertragskonzern und auch dann zulässig, wenn die Tochtergesellschaft keine außenstehenden Gesellschafter hat. Es sprechen aber auch überzeugende Gründe dafür, dass dieses Ergebnis ebenso für den faktischen Konzern gilt. Zunächst erfasst der Wortlaut des § 192 Abs. 2 Nr. 3 AktG Arbeitnehmer und Mitglieder der Geschäftsführung eines verbundenen Unternehmens, ohne nach der Art der Konzernbeziehung zu differenzieren.[6] Ferner würde ein präventives Verbot solcher Aktienoptionen dem auf den Einzelausgleich nachteiliger Maßnahmen ausgerichteten Schutzkonzept der §§ 311 ff. AktG widersprechen. Schließlich gebietet es auch § 87 Abs. 1 AktG nicht, die Vergütung allein anhand der Lage der Tochtergesellschaft zu bemessen.

Sind die Aktien, auf die sich der Aktienoptionsplan bezieht, börsennotiert, haben die 6
betreffenden Führungspersonen die **Meldepflichten für Managers' Transactions** zu beachten. Anders als noch unter § 15a WpHG aF sind nunmehr die Annahme oder die Ausübung von Aktienoptionen einschließlich der Veräußerung von Anteilen, die aus der Ausübung der Option resultieren, meldepflichtig (Art. 19 MAR iVm Art. 10 Abs. 2 lit. b) VO 2016/522).[7] Die BaFin hat (nach anfänglichen Unklarheiten) nun klargestellt, dass in Geld abgerechnete Vergütungsprogramme, wie Stock Appreciation Rights und Phantom Stocks, nicht der Meldepflicht nach Art. 19 MAR unterfallen.[8]

---

[4] Diese Aussage ist möglicherweise dann einzuschränken, wenn die Gesellschaft dem Begünstigten von einer Investmentbank emittierte Optionen auf Aktien der Gesellschaft einräumt, siehe dazu *Mutter/Mikus* ZIP 2001, 1949 (1950); *Kallmeyer* AG 1999, 97 (102).

[5] *Herzig* DB 1999, 1 (7); *Kühnenberger/Keßler* AG 1999, 453; *Naumann/Pellens* DB 1998, 1428; aA *Fröhlich/Hanke* WPg 2000, 647 (653); *Pellens/Crasselt* WPg 1999, 765.

[6] Ebenso *Arnold* FS Bauer 2010, 35 (39 ff.); *Habersack* NZG 2008, 631 (634 f.); *Reichert/Balke* FS Hellwig, 2010, 285 (289); aA OLG München NZG 2008, 631 – RWE Energy.

[7] Dazu *Stüber* DStR 2016, 1221; zu den Handelsverboten nach Art. 19 Abs. 11 MAR → Rn. 25; zu weiteren kapitalmarktrechtlichen Aspekten von Aktienoptionsprogrammen *Holzborn* in Marsch-Barner/Schäfer Börsennotierte AG-HdB § 53 Rn. 106 ff.

[8] BaFin, FAQ zu Eigengeschäften von Führungspersonen vom 13.9.2017, II. 12; auch *Söhner* BB 2017, 259, 264 f.

III. Gestaltungsformen

7 Die Hauptversammlung muss sich nur dann mit einem Aktienoptionsplan beschäftigen, wenn den Begünstigten ein Anspruch auf tatsächliche Lieferung von Aktien eingeräumt werden soll. Das kann in unterschiedlicher Form geschehen:

1. Bedingtes Kapital zur Absicherung nackter Optionen

8 Der gesetzliche Regelfall ist die durch das KonTraG[9] in § 192 Abs. 2 Nr. 3 AktG ausdrücklich zugelassene Beschlussfassung über ein bedingtes Kapital zur Beschaffung der in einem Aktienoptionsplan zugesagten Aktien. Da hier die Optionsrechte unabhängig von einer Wandel- oder Optionsanleihe[10] eingeräumt werden dürfen, handelt es sich um einen gesetzlichen Fall sog. **nackter Optionen** (→ § 23 Rn. 71 ff.). Bezugsberechtigt sind nur Führungskräfte der Gesellschaft oder ihrer Tochtergesellschaften, nicht aber Aufsichtsratsmitglieder. Bei dieser Gestaltung ist kein Bezugsrechtsausschluss notwendig, da das bedingte Kapital kein Bezugsrecht der übrigen Aktionäre vorsieht.[11] Ein äquivalenter Schutz der übrigen Aktionäre wird weitgehend durch die detaillierten Anforderungen an die Ausgestaltung des zu fassenden Hauptversammlungsbeschlusses erreicht (§ 193 Abs. 2 Nr. 1–4 AktG, → Rn. 15 ff.).

2. Bedingtes Kapital zur Absicherung einer Wandelschuldverschreibung

9 Wie vor dem Inkrafttreten des KonTraG üblich, kann der Aktienoptionsplan auch weiterhin als eine von den Begünstigten zu zeichnende Wandel- oder Optionsanleihe strukturiert werden; für die Bezugsrechte auf die neuen Aktien dient dann ein bedingtes Kapital gem. § 192 Abs. 2 Nr. 1 AktG.[12] Allerdings ist hierfür ein Bezugsrechtsausschluss erforderlich (§ 221 Abs. 4 S. 2 iVm § 186 Abs. 3 und 4 AktG), dessen sachliche Rechtfertigung bei entsprechender Gestaltung der Konditionen zwar grds. angenommen wird,[13] dessen formale Anforderungen aber Anfechtungsrisiken beinhalten.[14] Da Aktienoptionspläne Vergütungssysteme und keine Maßnahmen der Kapitalbeschaffung sind, sind auf sie auch nicht die Grundsätze zum erleichterten Bezugsrechtsausschluss anwendbar.[15]

10 Da § 221 Abs. 4 AktG seit der Neufassung durch das UMAG[16] auf § 193 Abs. 2 Nr. 4 AktG verweist, ist es nicht mehr möglich, **Aufsichtsratsmitglieder** in einen Aktienopti-

---

[9] Gesetz zur Kontrolle und Transparenz im Unternehmensbereich vom 27. 4. 1998, BGBl. I 786, durch das ua § 192 Abs. 2 Nr. 3 AktG neu gefasst wurde.
[10] Vgl. § 192 Abs. 2 Nr. 1 AktG, auf dessen Grundlage vor dem Inkrafttreten des KonTraG bedingte Kapitalien zur Bedienung von Aktienoptionsplänen beschlossen wurden; → Rn. 9.
[11] BGH ZIP 2006, 368 (369); *Scholz* in MHdbAG § 58 Rn. 18; OLG Stuttgart NZG 2001, 1089 (1091); *Hüffer* ZHR 161 (1997) 214 (239); mit Bedenken gegen diese gesetzliche Lösung *Lutter* ZIP 1997, 1 (9); *Fuchs* DB 1997, 661 (664 ff.).
[12] Siehe OLG Braunschweig AG 1999, 84; OLG Stuttgart AG 1998, 529; *Casper* WM 1999, 363; *Weiß* WM 1999, 353 (354).
[13] *Merkt* in K. Schmidt/Lutter AktG § 221 Rn. 99; *Schneider* ZIP 1996, 1769 (1773); *Lutter* ZIP 1997, 1 (3 ff.); *Hüffer* ZHR 161 (1997), 214 (226 ff.).
[14] Siehe etwa die einschlägige Rspr. zum Aktienoptionsplan von Daimler-Benz LG Stuttgart ZIP 1998, 422 und OLG Stuttgart WM 1998, 1936, zum Aktienoptionsplan von VW LG Braunschweig DB 1998, 666 und OLG Braunschweig WM 1998, 1929 und zum Aktienoptionsplan der Deutschen Bank LG Frankfurt a.M. ZIP 1997, 1030.
[15] *Fuchs* in MüKo AktG AktG § 192 Rn. 79; *Lutter* EWiR § 221 AktG 1/99, 195, 196.
[16] Gesetz zur Unternehmensintegrität und Modernisierung des Anfechtungsrechts vom 22. 9. 2005, BGBl. I 2802.

onsplan einzubeziehen.¹⁷ Gleichwohl kann die hier beschriebene Konstruktion im Vergleich zur Einräumung nackter Optionen Gestaltungsmöglichkeiten bieten. So kann zum Erwerb der Anleihe ein gewisser Eigenmitteleinsatz der Begünstigten verlangt werden, der die mit dem Aktienoptionsplan bezweckte Motivationssteigerung noch fördern, seine Akzeptanz bei den potentiell Begünstigten aber auch gefährden kann. Auch gelten die detaillierten gesetzlichen Anforderungen, wie sie für Aktienoptionspläne mit nackten Optionen vorgesehen sind, hier jedenfalls nicht unmittelbar.¹⁸ Trotzdem wäre es verfehlt, in der Konstruktion eines Aktienoptionsplans auf der Basis einer Wandelschuldverschreibung einen Versuch zur Umgehung der erhöhten Transparenzerfordernisse bei Aktienoptionsplänen zu sehen,¹⁹ zumal diese gerade Ausgleich für die normalerweise beim Bezugsrechtsausschluss zu machenden Angaben sein sollen, es hier eines solchen Ausgleichs mangels Bezugsrechtsausschlusses aber nicht bedarf.

3. Genehmigtes Kapital

Theoretisch könnten die für einen Aktienoptionsplan benötigten Aktien auch durch ein genehmigtes Kapital geschaffen werden. Allerdings sind hierbei sowohl die nur fünfjährige Ermächtigungsfrist als auch die Tatsache hinderlich, dass die Mitgliedschaftsrechte erst durch Eintragung der Durchführung der Kapitalerhöhung ins Handelsregister, also nicht bereits bei Ausübung der Option durch den Begünstigten, entstehen. 11

4. Erwerb eigener Aktien

Schließlich können die Aktien zur Bedienung des Aktienoptionsplans von der Gesellschaft auch am Markt erworben werden, sofern die entsprechende Erlaubnis hierfür vorliegt. Diese kann sich aufgrund eines Hauptversammlungsbeschlusses ergeben (§ 71 Abs. 1 Nr. 8 AktG; dazu § 32); soweit der Aktienrückkauf zugunsten von Arbeitnehmern der Gesellschaft oder mit ihr verbundener Unternehmen erfolgt, ist das aber nicht einmal erforderlich (§ 71 Abs. 1 Nr. 2 AktG).²⁰ Es ist auch möglich, den Rückkauf zugunsten der Arbeitnehmer auf die gesetzliche Ermächtigung zu stützen und nur hinsichtlich der Vorstandsmitglieder eine Ermächtigung durch die Hauptversammlung einzuholen.²¹ Dabei ist aber zu beachten, dass eine von der Hauptversammlung eingeräumte Ermächtigung zum Aktienerwerb längstens 18 Monate gilt. In diesem Zeitraum müssten die Aktien im Markt aufgenommen werden, auch wenn sie, zB aufgrund einer Wartefrist, erst Jahre später zugeteilt werden sollen. Damit wird entweder frühzeitig unnötig Liquidität gebunden oder es stehen bei Ausgabe der Optionen die zu liefernden Aktien noch nicht zur Verfügung, weil sie erst später erworben werden. Letzteres ist grds. nicht problematisch, bedeutet aber für die Gesellschaft ein schwer zu kalkulierendes Kostenrisiko und für die Begünstig- 12

---

[17] *Scholz* in MHdbAG § 64 Rn. 135; *Rieckers* in Spindler/Stilz AktG § 192 Rn. 62; *Spindler/Gerdemann* FS Stilz, 2014, 629 (634 f.); krit., aber offenlassend BGHZ 158 122 (126) – MobilCom (obiter dictum); zuvor war die Einbeziehung von Aufsichtsratsmitgliedern in so gestaltete Aktienoptionspläne anerkannt, vgl. LG München ZIP 2001, 287 (289); *Zimmer* DB 1999, 999 (1000); *Feddersen/Pohl* AG 2001, 26 (29); *Kort* EWiR § 221 AktG 1/01, 405.
[18] Allerdings dürften die Wertungen des § 193 Abs. 2 Nr. 4 AktG eine gewisse Ausstrahlungswirkung auf die Rechtfertigung des Bezugsrechtsausschlusses für die Wandelschuldverschreibung haben, vgl. *Weiß* WM 1999, 353 (363); wohl aA *Feddersen/Pohl* AG 2001, 26 (29).
[19] So *Claussen* DB 1998, 177 (186), der Aktienoptionsprogramme mit Wandelschuldverschreibungen nur noch für die von § 192 Abs. 2 Nr. 3 AktG nicht erfassten Personen zulassen will.
[20] Räumt die Gesellschaft dem Begünstigten von einer Investmentbank emittierte Optionen auf Aktien der Gesellschaft ein, ist ein Hauptsammlungsbeschluss möglicherweise ebenfalls entbehrlich, siehe dazu *Mutter/Mikus* ZIP 2001, 1949 (1950).
[21] *Umnuß/Ehle* BB 2002, 1042 (1044 f.); aA *Weiß*, Aktienoptionspläne für Führungskräfte, 1999, 243.

ten eine geringere Sicherheit, weil die Ermächtigung zum Erwerb eigener Aktien in einer späteren Hauptversammlung auch versagt werden könnte.

13 Dem Verweis von § 71 Abs. 1 Nr. 8 S. 5 AktG auf § 193 Abs. 2 Nr. 4 AktG ist zum einen zu entnehmen, dass für den Hauptversammlungsbeschluss über die Ermächtigung zum Rückerwerb eigener Aktien die sogleich (→ Rn. 15 ff.) zu behandelnden inhaltlichen Anforderungen grds.[22] ebenfalls gelten. Zum anderen folgt daraus, dass Aufsichtsratsmitgliedern auch keine Optionen auf zurückerworbene eigene Aktien der Gesellschaft eingeräumt werden können.[23] Der gesetzliche Verweis scheint sich außerdem auf die Vorschriften zum Bezugsrechtsausschluss zu erstrecken, doch wäre dies systemfremd, da dann die Voraussetzungen des Bezugsrechtsausschlusses mit denen an einen Aktienoptionsplan kumuliert würden, obwohl Letzterer gerade als Alternative und Äquivalent zu Ersterem konstruiert wurde.[24]

14 Möglich ist es auch, für die Erfüllung der Ansprüche der Begünstigten auf Lieferung von Aktien neben einem bedingten Kapital alternativ oder kumulativ den Rückkauf eigener Aktien vorzusehen. Wegen der weitgehend gleichen Beschlussanforderungen an beide Instrumente ist der Aufwand gering.

Zum Beispiel:
Optionsrechte können auch durch Übertragung eigener Aktien erfüllt werden.

IV. Inhalt des Hauptversammlungsbeschlusses

15 Während für Aktienoptionspläne auf der Grundlage einer Wandelschuldverschreibung auf die Ausführungen in → § 23 Rn. 27 ff. verwiesen werden kann, enthält das Gesetz für ein bedingtes Kapital, durch das ein Aktienoptionsplan mit nackten Optionen unterlegt wird, sowie für Aktienoptionspläne, bei denen am Markt zurückgekaufte eigene Aktien geliefert werden sollen, spezifische Vorgaben:

1. Obligatorischer Inhalt des Hauptversammlungsbeschlusses

16 Zum Schutz der nicht begünstigten übrigen Aktionäre und als Teilkompensation für die Entbehrlichkeit eines sachlich zu rechtfertigenden Bezugsrechtsausschlusses verlangt § 193 Abs. 2 Nr. 1–4 AktG, dass der Hauptversammlungsbeschluss über einen Aktienoptionsplan durch Ausgabe von Bezugsrechten zusätzlich zu den sonstigen Voraussetzungen der Beschlussfassung über ein bedingtes Kapital folgende besondere inhaltliche Anforderungen erfüllt:[25]

a) Volumen des bedingten Kapitals

17 Abweichend von der Grundregel, dass das Volumen des bedingten Kapitals die Hälfte des zum Zeitpunkt der Beschlussfassung vorhandenen Grundkapitals nicht übersteigen darf, gilt für das bedingte Kapital zur Absicherung nackter Optionen, die innerhalb eines Aktienoptionsplans eingeräumt wurden, eine Begrenzung auf **10% des Grundkapitals**

---

[22] Zur Ausnahme hinsichtlich des Ausgabepreises, die sich aufgrund des fehlenden Verweises in § 71 Abs. 1 Nr. 8 AktG auf § 193 Abs. 2 Nr. 3 AktG ergibt, siehe *Weiß* WM 1999, 353 (361) und *Bosse* NZG 2001, 594 (596).
[23] BGHZ 158 122 (127) – MobilCom; *Habersack* in MüKo AktG AktG § 113 Rn. 17; *Bürgers* NJW 2004, 3022 f.; *Spindler/Gerdemann* FS Stilz, 2014, 629 (635 f.); aA OLG Schleswig AG 2003, 102 (103); *Koch* in Hüffer/Koch AktG § 71 Rn. 19 h.
[24] *Weiß* WM 1999, 353 (361 f.); *Bosse* NZG 2001, 594 (597); *Wieneke* in Bürgers/Körber AktG § 71 Rn. 42.
[25] Zu den allgemeinen Voraussetzungen der Beschlussfassung über ein bedingtes Kapital → § 23 Rn. 4 ff.; zur Gliederung des Beschlusses → § 23 Rn. 51.

(§ 192 Abs. 3 S. 1 AktG). Dadurch soll die Verwässerung der Altaktionäre durch Aktienoptionspläne begrenzt werden. Eine Ausnahme von der Kapitalgrenze (→ § 23 Rn. 5) kommt bei Aktienoptionsplänen nicht zum Tragen. Umstritten ist, ob damit Aktienoptionspläne generell auf 10% des Grundkapitals begrenzt sind oder ob weitere 10% etwa durch einen Aktienrückkauf abgedeckt werden können.[26] Die gesetzliche Kapitalbegrenzung für Aktienoptionsprogramme stellt das Äquivalent für die nicht erforderliche sachliche Rechtfertigung eines Bezugsrechtsausschlusses dar. Da der Beschluss über die Bedingungen eines Aktienoptionsplans mit eigenen Aktien einen Bezugsrechtsausschluss voraussetzt, der wegen des Verweises von § 71 Abs. 1 Nr. 8 S. 3 AktG auf § 186 Abs. 3, 4 AktG sachlich gerechtfertigt sein muss, spricht viel im Sinne der zweiten Auffassung dafür, dass die Kapitalgrenze dort nicht bemüht werden muss.

b) Bezugsberechtigung

Zum **Kreis der Bezugsberechtigten** eines Aktienoptionsplans mit selbstständigen Bezugsrechten können die Mitglieder des Vorstands der Gesellschaft und bei nachgeordneten Konzernunternehmen die Mitglieder von deren Vorstand oder Geschäftsführung (→ Rn. 5) gehören, ferner die Arbeitnehmer der Gesellschaft, zu denen auch die leitenden Angestellten zählen, sowie – obwohl das im Gesetzestext grammatikalisch nicht ganz klar wird – auch die Arbeitnehmer der verbundenen Unternehmen.[27] **Mitglieder des Aufsichtsrats** der Gesellschaft oder von verbundenen Unternehmen sind dagegen nicht (weder über nackte Optionen, noch Wandelschuldverschreibungen, noch eigene Aktien) bezugsberechtigt. Hintergrund ist, dass der Aufsichtsrat als Überwachungsorgan nicht in erster Linie dem wirtschaftlichen Erfolg der Gesellschaft verpflichtet ist und daher von einer an die Kursentwicklung gebundenen Vergütung nicht beeinflusst werden soll.[28] Jedoch kann ein Vorstandsmitglied oder Arbeitnehmer auch dann in einen Aktienoptionsplan nach § 192 Abs. 2 Nr. 3 AktG einbezogen werden, wenn er gleichzeitig in einer Tochtergesellschaft Aufsichtsratsmitglied ist. Ausreichend ist stets, dass die Begünstigten aufgrund des Hauptversammlungsbeschlusses **bestimmbar** sind; die endgültige Auswahl kann dem Vorstand bzw., soweit es um Vorstandsmitglieder geht, dem Aufsichtsrat (§ 112 AktG) überlassen bleiben.

Zum Beispiel:

Die Optionsrechte sind einem Kreis von Führungskräften der Gesellschaft und der mit ihr verbundenen Unternehmen anzubieten, bestehend aus den Mitgliedern des Vorstands der Gesellschaft, den Mitgliedern des Vorstands bzw. der Geschäftsführung bestimmter oder aller verbundenen Unternehmen sowie der leitenden Angestellten der ersten und zweiten Führungsebene unterhalb der Geschäftsleitung. Die Berechtigten und die Anzahl der jeweils anzubietenden Optionsrechte werden durch den Vorstand und, soweit Mitglieder des Vorstands betroffen sind, durch den Aufsichtsrat festgelegt.

c) Aufteilung der Bezugsrechte

Anzugeben ist ferner die **Aufteilung der Bezugsrechte auf Mitglieder der Geschäftsführungen und Arbeitnehmer,** also wie viel von dem bedingten Kapital jeweils auf die Gruppen Vorstand der Gesellschaft, Geschäftsführer von verbundenen Unternehmen und Arbeitnehmer entfallen.[29] Angegeben werden kann der anteilige Gesamtnennbetrag der neuen Aktien, die prozentuale Aufteilung oder die Anzahl der jeweils vorgesehe-

---

[26] Für ersteres *Rieckers* in Spindler/Stilz AktG § 192 Rn. 76; *Hoffmann-Becking* NZG 1999, 798 (804); *Knoll* ZIP 2002, 1382 ff.; für Letzteres *Mutter* ZIP 2002, 295 ff.
[27] *Wamser* in Spindler/Stilz AktG § 202 Rn. 109; *Veil* in K. Schmidt/Lutter AktG § 192 Rn. 22.
[28] *Bürgers* NJW 2004, 3022 (3023); *Spindler/Gerdemann* FS Stilz, 2014, 629 (640 f.).
[29] RegBegr. BT-Drs. 13/9712, 23; teilw. aA OLG Koblenz AG 2003, 453 f.

nen Aktien. Mit Blick auf gegenwärtige oder künftige Doppelmandate, wenn also zB ein Vorstandsmitglied oder ein leitender Angestellter zugleich Geschäftsführer einer Tochtergesellschaft ist, sollte der Aktienoptionsplan Vorkehrungen treffen, dass in diesen Fällen keine doppelten bzw. mehrfachen Bezugsrechte bestehen. Nicht begünstigt werden können lediglich – anders als bei der klassischen Belegschaftsaktie – die Pensionäre.

20 Hinsichtlich der **Arbeitnehmer** ist eine weitere sachliche Aufteilung, etwa nach verschiedenen Hierarchieebenen, nicht erforderlich, kann aber vor allem bei großen Konzernen sinnvoll sein.[30] Bei der späteren Aufteilung der Optionsrechte unter den Arbeitnehmern muss der arbeitsrechtliche Gleichbehandlungsgrundsatz gewahrt bleiben, der zB eine Beschränkung der Berechtigung zur Teilnahme an dem Aktienoptionsplan auf bestimmte Hierarchieebenen ohne weiteres zulässt, für Differenzierungen innerhalb solcher Hierarchieebenen aber sachliche, billigenswerte Gründe im Zusammenhang mit dem Arbeitsverhältnis verlangt.[31] Das Gesetz verlangt nicht, dass Aktienoptionen nur solchen Mitarbeitern zukommen sollen, die auf die Geschicke des Unternehmens besonderen Einfluss haben.[32] Damit kann ein Aktienoptionsplan auf die gesamte Belegschaft ausgedehnt werden.

Zum Beispiel:
Dem Vorstand können im Rahmen dieser Ermächtigung jährlich insgesamt Optionsrechte zum Bezug von bis zu 200.000 Stückaktien, den Vorständen und Geschäftsführern der verbundenen Unternehmen können jährlich insgesamt Optionsrechte zum Bezug von bis zu 150.000 Stückaktien und den leitenden Angestellten der ersten und zweiten Führungsebene können jährlich insgesamt Optionsrechte zum Bezug von bis zu 250.000 Stückaktien angeboten werden.

d) Ausgabebetrag und Erfolgsziele

21 Anzugeben sind weiter der **Ausgabebetrag** oder die Grundlagen, nach denen er berechnet wird. Damit ist der Preis gemeint, zu dem die Aktien bei Ausübung der Bezugsrechte erworben werden können. Dieser sog. Basispreis kann an den Börsenkurs der Aktie vor, nach oder im Zeitpunkt der Einräumung des Bezugsrechts gekoppelt werden.[33] Er kann auch darüber liegen, aber nicht darunter, da darin ein von jeglicher zukünftiger Leistung unabhängiges Vorabgeschenk an die Bezugsberechtigten läge. Der Ausgabebetrag kann auch anhand des Börsenkurses im Zeitpunkt der Bezugsrechtsausübung berechnet werden, abzüglich eines bestimmten Abschlags je nach Erreichen oder Überschreiten eines konkret festgelegten Performance-Ziels. Wie immer der Ausgabebetrag der neuen Aktien festgelegt wird, entscheidend ist, dass die Berechnungsgrundlagen im Hauptversammlungsbeschluss enthalten sind. Eine nachträgliche Änderung des Ausgabebetrags (sog. **Repricing**) ist nur aufgrund eines entsprechenden Hauptversammlungsbeschluss zulässig; die Verwaltung kann im Ursprungsbeschluss hierzu nicht ermächtigt werden.[34]

22 Der Hauptversammlungsbeschluss muss ferner die **Erfolgsziele** angeben, ohne deren Erreichen die Aktienbezugsrechte nicht ausgeübt werden können. Dabei werden regelmäßig Mindestziele formuliert, über die die Verwaltung hinausgehen kann; letztlich besteht insoweit große Gestaltungsfreiheit, zB kann vorgesehen werden, dass kumulativ

---

[30] *Janssen* in BeckHdB AG § 23 Rn. 31.
[31] *Baeck/Diller* DB 1998, 1405 (1409); *Lembke* BB 2001, 1469 (1471); siehe auch *Busch* BB 2000, 1294 (1295).
[32] Danach könnte auch der berühmte „noch so ehrenwerte Pförtner" (vgl. *Lutter* ZIP 1997, 1 (4)), dessen Tätigkeit sich auf den Börsenkurs kaum auswirken dürfte, Empfänger von Aktienbezugsrechten sein.
[33] Anders als bei der sog. Festpreismethode kann sich der Basispreis damit während der Laufzeit des Aktienoptionsplans ändern. Zu den Methoden der Festlegung des Ausgabebetrags mit Praxisbeispiele *Holzborn* in Marsch-Barner/Schäfer Börsennotierte AG-HdB § 53 Rn. 26.
[34] *Rieckers* in Spindler/Stilz AktG § 193 Rn. 18; *von Dryander/Niggemann* in Hölters AktG § 193 Rn. 29; aA *Spindler* in MüKoAktG AktG § 87 Rn. 107.

mehrere Erfolgsziele zu erreichen sind oder es können – was sich häufig empfiehlt – für die einzelnen Gruppen von Bezugsberechtigten unterschiedliche Erfolgsziele festgelegt werden.[35] Das Erfolgsziel kann im Erreichen bestimmter betrieblicher Kennzahlen (→ Rn. 23), einer künftigen Kurshöhe der Aktie oder einer relativen Besserentwicklung dieses Kurses im Vergleich zu einem Aktienindex liegen. Als **Vergleichsindex** kommen zB der DAX, der MDAX, ein Branchenindex oder ein frei zusammengestellter Index aus den Aktien bestimmter Unternehmen in Betracht. Solche relativen Kursziele werden weithin aus Sicht der Anteilseigner als besonders sinnvoll qualifiziert, da sie die sich aus einer allgemeinen Börsenhausse ergebenden Zufallsvorteile vermeiden.[36] Sie bringen zudem mit sich, dass der Aktienoptionsplan auch in Baisse-Zeiten lukrativ sein kann. Andererseits muss die Gesellschaft dann aber auch außergewöhnliche Kursbewegungen, zB im Zusammenhang mit Übernahmegerüchten bei anderen Gesellschaften, deren Aktien in dem Index enthalten sind, übertreffen. Außerdem haben solche Konstruktionen für Unternehmen, die nach US-GAAP bilanzieren, den Nachteil, dass sie als sog. „variable plan" gelten, für den während der Laufzeit am jeweils aktuellen inneren Wert orientierte Rückstellungen für Personalaufwand zu bilden sind.

Zum Beispiel:
Der Optionspreis zum Erwerb einer Stückaktie entspricht dem Einheitskurs der ...-Aktie an der Frankfurter Wertpapierbörse an dem Tag, an dem nach näherer Bestimmung der Optionsbedingungen das Optionsrecht ausgeübt wird, abzüglich eines bestimmten Abschlags, der sich bestimmt durch den Vergleich der Wertentwicklung der ...-Aktie im Verhältnis zur Wertentwicklung des DAX Deutscher Aktienindex. Grundlage für die Berechnung des Abschlags ist ...

Hier sind etwa festzulegen die Vergleichsperioden, Vorgaben für die genauere Ermittlung der Vergleichswerte sowie die Relevanz des Vergleichsergebnisses für die Höhe des Abschlags.

Da im Gesetzgebungsverfahren der Begriff „Kursziel" durch den breiteren Terminus „Erfolgsziel" ausgetauscht wurde, müssen die Erfolgsparameter nicht zwingend an den Aktienkurs anknüpfen. Wegen der mit dem Aktienoptionsplan angestrebten Harmonisierung der Interessen von Belegschaft und Aktionären muss jedoch gewährleistet sein, dass das Erfolgsziel zumindest mittelbar auch die Steigerung des Unternehmenswerts misst.[37] Einige Aktienoptionspläne stellen auf den **Gewinn pro Aktie** oder andere betriebswirtschaftliche Kennzahlen ab und vermeiden dadurch die Relevanz externer Einflüsse auf den Börsenkurs weitgehend. Darunter können aber die Nachvollziehbarkeit der Wirkungsmechanismen des Aktienoptionsplans und damit möglicherweise auch seine motivationssteigernde Wirkung leiden. Zudem sind auch solche Programme „variable plans" nach US-GAAP (→ Rn. 22).

e) Erwerbszeiträume

Die Erwerbszeiträume für die Bezugsberechtigten sind zu bestimmen, dh Beginn und Ende der Möglichkeit, die angebotenen Bezugsrechte zu zeichnen. Soll die Hauptversammlung über den Aktienoptionsplan im Wege der Zustimmung beschließen, so dürften diese Zeitpunkte **kalendermäßig** zu bestimmen sein. Steht der Zeitraum, innerhalb dessen die Bezugsrechte erworben werden können, noch nicht fest, kann die Hauptver-

---

[35] *Fuchs* in MüKoAktG AktG § 193 Rn. 26; *Rieckers* in Spindler/Stilz AktG § 193 Rn. 25.
[36] Andererseits macht die bloße Möglichkeit solcher „windfall profits" den Aktienoptionsplan nicht unwirksam, OLG Stuttgart AG 1998, 529 (533) und NZG 2001, 1089 (1092); LG Stuttgart AG 2001, 152 (153).
[37] LG München I ZIP 2001, 287 (288) hat deshalb das Erfolgsziel „Börsengang" ohne Spezifizierung dahingehend, welche Mittel dem Unternehmen dadurch zufließen sollen, als nicht geeignet angesehen; siehe im Einzelnen *Kohler* ZHR 161 (1997), 246 (260 f.).

sammlung **den Vorstand ermächtigen,** Beginn und Ende der Erwerbsmöglichkeit festzulegen. Auch in diesem Fall müsste der Hauptversammlungsbeschluss aber schon die Länge des Erwerbszeitraums bestimmen. Vorgaben gibt es hierfür nicht, die Länge der Frist kann also nach Zweckmäßigkeit bestimmt werden.

Zum Beispiel:
Die Optionsrechte sollen innerhalb der nächsten drei Jahre jährlich in Teilbeträgen zum Erwerb angeboten werden. Das Angebot soll jeweils während eines Zeitraums von einem Monat beginnend am Tag nach der ordentlichen Hauptversammlung der Gesellschaft unterbreitet werden.

f) Ausübungszeiträume

25 Seit Inkrafttreten der MAR dürfen Führungskräfte während eines Zeitraums von 30 Kalendertagen vor Ankündigung eines Zwischen- oder Jahresabschlussberichts keine Aktien oder Schuldtitel des Emittenten erwerben (Art. 19 Abs. 11 MAR).[38] Zur Vermeidung von Insiderverstößen war es aber auch schon zuvor üblich, Ausübungszeiträume zu definieren (zB vier Wochen nach der Bilanzpressekonferenz und nach Vorlage des Geschäfts- oder Zwischenberichts). Dies ist – neben der Befolgung von Art. 19 Abs. 11 MAR – weiterhin ratsam, um mit Blick auf das Insiderhandelsverbot sicherzustellen, dass die Ausübung nur erfolgt, wenn alle relevanten Unternehmensdaten bekannt sind.

Zum Beispiel:
Die Ausübung ist nach näherer Maßgabe der Optionsbedingungen nur möglich innerhalb von fünfzehn Börsentagen, beginnend sechs Börsentage nach der ordentlichen Hauptversammlung.

g) Wartezeit

26 Die **Wartezeit für die erstmalige Ausübung der Bezugsrechte** muss seit dem VorstAG mindestens vier Jahre betragen (§ 193 Abs. 2 Nr. 4 AktG). Mit dieser Frist für die erstmalige Ausübung der Bezugsrechte soll erreicht werden, dass das Verhalten der Berechtigten langfristig gesteuert wird.

h) Zweck des bedingten Kapitals

27 In dem Beschlussteil, in dem das bedingte Kapital beschlossen wird, ist ferner zwingend der Zweck des bedingten Kapitals anzugeben. Hier wird zB die Angabe genügen, dass das bedingte Kapital dazu dienen soll, diejenigen Aktien bereitzustellen, die die Begünstigten aus dem Aktienoptionsplan verlangen können.

Zum Beispiel:
Die Ausgabe der Aktien erfolgt an die Inhaber der Optionsrechte zu dem gemäß a) festgelegten Optionspreis. Die bedingte Kapitalerhöhung ist nur insoweit durchzuführen, wie Optionsrechte ausgegeben werden und die Inhaber der Optionsrechte von ihren Optionsrechten Gebrauch machen.

---

[38] Dazu etwa *Stüber* DStR 2016 § 1221 (1225 f.).

2. Fakultativer Inhalt des Hauptversammlungsbeschlusses

Neben diesen zwingenden Beschlusserfordernissen kann der Hauptversammlungsbeschluss fakultativ weitere Bedingungen enthalten. Üblich ist es zB, eine Frist zu bestimmen, während der Optionen aufgrund des Aktienoptionsplans gewährt werden dürfen. Rechtlich ist diese Frist nach oben nicht begrenzt, auch nicht durch die Dauer der Anstellungsverträge der Vorstandsmitglieder.[39] Ferner können zB **Veräußerungssperren** nach dem Erwerb der Aktien oder andere Bindungen vorgesehen werden, wie zB eine weitere Mindestzugehörigkeit zum Konzern. Üblich sind auch Regelungen zum **Verfall der Bezugsrechte** bei Kündigung oder Aufhebung des Anstellungsverhältnisses. Sie kommen allerdings nur in Betracht, wenn die Optionsgewährung als Arbeitsentgelt im weiteren Sinne ausgestaltet wurde, also nicht unmittelbare Abgeltung der in einem bestimmten Zeitraum erbrachten Arbeitsleistung ist.[40] Sonderregelungen sind auch üblich für Todesfall und Pensionierung sowie für den Fall des Ausscheidens eines verbundenen Unternehmens aus dem Konzern der Gesellschaft. Alle diese Fragen können aber auch außerhalb des Hauptversammlungsbeschlusses von Vorstand und Aufsichtsrat geregelt werden. 28

Der Hauptversammlungsbeschluss muss keine konkreten Regelungen über die **Zuständigkeit** für die Ausgabe und Ausgestaltung der Optionsrechte enthalten. Wenn Festlegungen hierzu getroffen werden sollen, dürfen sie folgender Zuständigkeitsverteilung nicht widersprechen: Der **Vorstand** bzw. bei verbundenen Unternehmen deren Geschäftsleitung ist als Arbeitgeber gegenüber den jeweiligen Mitarbeitern zuständig für die Zuteilung der Bezugsrechte und die Festlegung der Erwerbs- und Ausübungsbedingungen. Im Verhältnis zum Vorstand liegt die Vergütungskompetenz beim **Aufsichtsrat** (§ 112 AktG). Soweit die Geschäftsführer oder Vorstandsmitglieder nachgeordneter Konzernunternehmen begünstigt werden sollen, sind für diese die jeweiligen Anstellungsorgane zuständig, idR der Aufsichtsrat, falls vorhanden. Der Aufsichtsrat muss im Rahmen seiner Vergütungskompetenz den Aktienoptionsplan für die Vorstandsmitglieder selbst aktiv entwickeln und darf sich diesen nicht vom Vorstand einfach vorgeben lassen.[41] 29

Zum Beispiel:

Der Vorstand wird ermächtigt, mit Zustimmung des Aufsichtsrats die weiteren Einzelheiten für die Gewährung der Optionsrechte und die Ausgabe der Aktien in Optionsbedingungen festzulegen. Soweit Optionsbedingungen die Gewährung von Optionsrechten an Mitglieder des Vorstands betreffen, ist ausschließlich der Aufsichtsrat zu deren Festlegung ermächtigt.

Die Streitfrage, ob der **Wert der den Begünstigten eingeräumten Optionen** im Hauptversammlungsbeschluss angegeben werden muss,[42] ist durch die Neufassung des § 285 Abs. 1 Nr. 9a HGB überholt. 30

3. Abweichen von den gesetzlichen Voraussetzungen

Weist der Hauptversammlungsbeschluss nicht alle obligatorischen Bestandteile auf, ist er anfechtbar, nicht aber nichtig, weil die Hauptversammlung dann lediglich ihre Kompetenzen unterschreitet, das öffentliche Interesse oder das Wesen der AG aber nicht betrof- 31

---

[39] *Hoffmann-Becking* NZG 1999, 797 (804); *Feddersen/Pohl* AG 2001, 26 (32).
[40] *Lembke* BB 2001, 1469 (1474); siehe auch *Baeck/Diller* DB 1998, 1405 (1407 f.); der Fall der betriebsbedingten Kündigung sollte gesondert geregelt werden, *Busch* BB 2000, 1294 (1296).
[41] *Hüffer* ZHR 161 (1997) 214 (233); *Baums* FS Claussen, 1997, 31.
[42] LG Stuttgart AG 2001, 152 (154) hielt dies nicht für erforderlich; aA *Lutter* EWiR § 221 AktG 1/99, 195, 196.

fen sind.[43] Infolgedessen können kleinere Gesellschaften bei der Ausgestaltung eines Aktienoptionsplans die gesetzlichen Mindestanforderungen auch unterschreiten, wenn alle Aktionäre dem zugestimmt haben und deswegen den Hauptversammlungsbeschluss nicht anfechten werden oder einen Anfechtungsverzicht erklärt haben. Das Fehlen fakultativer Angaben führt selbstredend nicht zur Anfechtbarkeit.

4. Beschlussformen

32 Die Hauptversammlung kann über den Aktienoptionsplan im Wege des Zustimmungs- oder des Ermächtigungsbeschlusses entscheiden. Mit dem **Zustimmungsbeschluss** ist nicht die Zustimmung zu einem der Hauptversammlung vorzulegenden Aktienoptionsplan gemeint. Es handelt sich vielmehr um die Beschlussfassung über eine bedingte Kapitalerhöhung zu bestimmten, im Einzelnen festgesetzten Voraussetzungen. Der Hauptversammlungsbeschluss enthält dabei selbst die Eckpunkte des Aktienoptionsplans und stellt eine Anweisung an den Vorstand dar, auf dieser Grundlage Bezugsrechte auszugeben. Die im Gesetz aufgeführten Eckpunkte müssen auch im **Ermächtigungsbeschluss** enthalten sein. Die Entscheidung darüber, ob ein bestimmter Aktienoptionsplan durchgeführt wird und zu welchem Zeitpunkt dies geschehen soll, wird hier dagegen dem Vorstand überlassen. Dafür sieht das Gesetz keine bestimmte Frist vor.[44]

5. Vorstandsbericht

33 Da es beim bedingten Kapital kein Bezugsrecht und folglich nicht das Bedürfnis für einen Bezugsrechtsausschluss gibt, besteht bei der Konstruktion des Aktienoptionsplans mit nackten Optionen keine Pflicht zur Erstellung eines Vorstandsberichts.[45] Gleiches muss gelten, wenn die Hauptversammlung die Gesellschaft dazu ermächtigt, eigene Aktien zur Bedienung des Aktienoptionsplans zurückzukaufen, weil auch insoweit der Verweis auf die spezifischen Regelungen für Aktienoptionspläne mit nackten Optionen den Rückgriff auf die Regelungen zum Bezugsrechtsausschluss überflüssig macht.[46] Lediglich dann, wenn der Aktienoptionsplan mit Hilfe einer Wandelschuldverschreibung konstruiert ist, ist ein Vorstandsbericht erforderlich (§ 221 Abs. 4 S. 2 iVm. § 186 Abs. 4 S. 2 AktG). Doch spricht viel dafür, den Aktionären auch in Ermangelung einer ausdrücklichen gesetzlichen Verpflichtung dazu die Gründe und die Funktionsweise des Aktienoptionsplans zu erläutern.

---

[43] *Koch* in Hüffer/Koch AktG § 193 Rn. 10; *Rieckers* in Spindler/Stilz AktG § 193 Rn. 37; *Vogel* BB 2000, 937 (939).
[44] Für die Begrenzung der Ermächtigung auf fünf Jahre gem. § 221 Abs. 2 S. 1 AktG analog aber *Fuchs* in MüKoAktG AktG § 192 Rn. 101; *Rieckers* in Spindler/Stilz AktG § 192 Rn. 64.
[45] *Koch* in Hüffer/Koch AktG § 192 Rn. 18; *Weiß* WM 1999, 353 (360); krit. insofern *Hüffer* ZHR 161 (1997) 214 (239f.).
[46] AA *Kallmeyer* AG 1999, 97 (101).

§ 25 Belegschaftsaktien

Stichworte

Ausgestaltung Rn. 3 f.   **Genehmigtes Kapital** Rn. 3 ff.
Bezugsrechtsausschluss Rn. 4, 5   **Steuer** Rn. 2

Schrifttum:
Knepper, Die Belegschaftsaktie in Theorie und Praxis, ZGR 1985, 419; *Karsten Schmidt*, Überlassung von Belegschaftsaktien an Arbeitnehmer zu einem Vorzugskurs, BB 1962, 402; *Tollkühn*, Die Schaffung von Mitarbeiteraktien durch kombinierte Nutzung von genehmigtem Kapital und Erwerb eigener Aktien unter Einschaltung eines Kreditinstituts, NZG 2004, 594; *Vieregge*, Belegschaftsaktien, BUV 1972, 188; *Woeste*, Belegschaftsaktien anlässlich einer Kapitalerhöhung, BB 1961, 1316.

I. Überblick

Durch die Gewährung von Belegschaftsaktien können Mitarbeiter und Pensionäre am Kapital der Gesellschaft beteiligt werden (→ Rn. 2). Die auszugebenden Aktien können durch den Rückerwerb eigener Aktien oder durch eine Kapitalerhöhung geschaffen werden (→ Rn. 3). Der praxisübliche Weg, bei dem die Aktien nicht direkt, sondern mittelbar an die Mitarbeiter ausgegeben werden (→ Rn. 4), setzt die Verwendung eines genehmigten Kapitals voraus (→ Rn. 5 f.).   1

II. Allgemeines

Im Unterschied zu den Aktienoptionsplänen geht es bei herkömmlichen Belegschaftsaktien nicht um eine Sonderform der Vergütung, sondern um das allgemeine sozialpolitische **Anliegen** einer **Beteiligung der Mitarbeiter am Kapital der Gesellschaft.** Die Anzahl der Aktien, die im Rahmen solcher Beteiligungsmodelle angeboten werden, sind daher stets sehr viel geringer und werden gleichmäßig unter die Berechtigten verteilt. Es wird allenfalls nach dem Dienstalter, nicht aber nach sonstigen Kriterien differenziert. Vorstandsmitglieder sind von vornherein vom Bezug ausgeschlossen. Auch Führungskräfte stehen nicht im Vordergrund, sondern die Belegschaftsmitglieder als solche. Mitbedacht werden idR auch die Pensionäre. Indem diesen Personen Aktien ihres Unternehmens zu einem Vorzugspreis zum Erwerb angeboten werden, sollen ihre Bindung an das Unternehmen und ihr persönliches Interesse an seinem Erfolg gestärkt werden. Dieser Erwerb wird steuerlich begünstigt:[1] Der Differenzbetrag zwischen dem verbilligten Angebotspreis und dem höheren Börsenpreis stellt zu versteuernden Arbeitslohn dar, der aber bis zum Betrag von 360 EUR steuerfrei ist (§ 3 Nr. 39 EStG); bei vor dem 1. 4. 2009 überlassenen Belegschaftsaktien liegt die Freigrenze bei 135 EUR.[2]   2

---

[1] Dazu *Holzborn* in Marsch-Barner/Schäfer Börsennotierte AG-HdB § 54 Rn. 55 ff.
[2] § 19a EStG, aufgehoben durch Art. 1 Nr. 2 des Mitarbeiterkapitalbeteiligungsgesetzes, BGBl. 2009 I 451; zur Fortgeltung von § 19a EStG aF siehe die Übergangsvorschrift in § 52 Abs. 27 EStG und auch BFH AG 2015, 361.

III. Gestaltungsformen

3 Das Gesetz kennt zahlreiche Wege, auf denen Arbeitnehmern und Pensionären der Gesellschaft und ihrer verbundenen Unternehmen[3] durch die Gesellschaft Belegschaftsaktien gewährt werden können, und zwar
- nach **Erwerb eigener Aktien** am Markt in der konkreten Absicht des Vorstands, sie den Arbeitnehmern zum Erwerb anzubieten (§ 71 Abs. 1 Nr. 2 AktG);
- im Rahmen einer **regulären Kapitalerhöhung** mit Bezugsrechtsausschluss, dessen formelle und materielle Voraussetzungen einzuhalten sind, wobei allerdings an die sachliche Rechtfertigung wegen der an verschiedenen Stellen des Gesetzes zum Ausdruck kommenden Förderungswürdigkeit der Arbeitnehmerbeteiligung keine hohen Anforderungen zu stellen sind;
- nach Ausübung eines den Begünstigten eingeräumten Bezugsrechts, wobei die neuen Aktien aus einem **bedingten Kapital** stammen und die Einlage entweder in bar oder durch Einbringung einer den Arbeitnehmern von der Gesellschaft eingeräumten Gewinnbeteiligung erbracht werden kann (§ 194 Abs. 3 AktG, der für den Fall der Forderungseinbringung auf die Spezifizierung der einzelnen Sacheinlagen verzichtet und auf § 192 Abs. 2 Nr. 3 Bezug nimmt);
- aus einem **genehmigten Kapital nach dem gesetzlichen Leitbild,** wobei hier zwar die formellen, nicht aber die materiellen Voraussetzungen des Bezugsrechtsausschlusses beachtet werden müssen (§§ 202 Abs. 4, 203 Abs. 4 AktG);
- indem die im Rahmen eines genehmigten Kapitals geschuldete **Einlage** der Arbeitnehmer statt durch Leistung eigener Mittel **aus einem Teil des Jahresüberschusses gedeckt** wird (§ 204 Abs. 3 AktG);
- im Wege der Sachkapitalerhöhung (genehmigtes Kapital) **gegen Einbringung von Geldforderungen** der Arbeitnehmer aus einer aus Arbeitsvertrag, Genussschein oÄ resultierenden Gewinnbeteiligung (§ 205 Abs. 4 AktG).

4 In der **Praxis** spielen diese Alternativen keine große Rolle, da häufig ein Verfahren gewählt wird, das mehrere der genannten Möglichkeiten kombiniert:[4] Der Vorstand lässt sich ein genehmigtes Kapital unter Ausschluss des Bezugsrechts einräumen. Bei Ausübung der Ermächtigung werden die neuen Aktien zum Börsenkurs von einem Kreditinstitut gezeichnet. Dieses überträgt unmittelbar darauf zum gleichen Preis die Aktien an die Gesellschaft, die sie ihren Arbeitnehmern zu einem günstigeren Kurs zum Erwerb anbietet. Damit fließt der Gesellschaft das volle Agio zu und sie kann die Differenz zwischen ihren für den Erwerb der eigenen Aktien getätigten Aufwendungen und den von den Arbeitnehmern vereinnahmten Kaufpreiszahlungen als Betriebsausgabe (Personalaufwand) steuerlich geltend machen. Dieses Vorgehen steht in Einklang mit § 71 Abs. 1 Nr. 2 AktG.

IV. Hauptversammlungsbeschluss

5 Für dieses Verfahren bedarf es im Hinblick auf die Hauptversammlung lediglich eines Beschlusses über ein **genehmigtes Kapital mit Bezugsrechtsausschluss.** Die sachliche Rechtfertigung hierfür ergibt sich bereits aus dem Gesetz (§ 202 Abs. 4 AktG),[5] allerdings sind die formellen Voraussetzungen des Bezugsrechtsausschlusses trotzdem zu beachten. Die Ausführungen im Bericht des Vorstands dürfen sich darauf beschränken, das Vorhaben

---

[3] Ausdrücklich werden die Arbeitnehmer verbundener Unternehmen und die Pensionäre nur in § 71 Abs. 1 Nr. 2 AktG angesprochen, allerdings ist nicht ersichtlich, warum sie in den anderen Fällen nicht miterfasst sein sollten.
[4] *Knepper* ZGR 1985, 419 (434); *Bayer* in MüKo AktG AktG § 202 Rn. 107; *Marsch-Barner* in Bürgers/Körber AktG § 192 Rn. 22; krit. *Tollkühn* NZG 2004, 594 (595 ff.).
[5] Siehe auch BGH NJW 2000, 2356 (2357) – adidas.

zu beschreiben (Formulierungsvorschlag → § 20 Rn. 57). Der Bezugsrechtsausschluss ist allerdings nur dann gerechtfertigt, wenn sich die Anzahl der an die einzelnen Arbeitnehmer ausgegebenen Belegschaftsaktien in angemessenen Grenzen hält. Dabei ist der steuerliche Freibetrag für den Kursvorteil keine Obergrenze, sondern kann nur eine Orientierungsgröße sein;[6] anderenfalls müsste entweder der Kursvorteil pro Aktie so gering bemessen sein, dass eine Zeichnung durch die Belegschaft fraglich wäre, oder die der Belegschaft gewährte Aktienanzahl wäre so gering, dass die mit der Maßnahme erhofften Wirkungen nicht erzielt werden könnten. Die vom Gesetzgeber angestrebte Förderung der Belegschaftsaktie und damit die sachliche Rechtfertigung des Bezugsrechtsausschlusses müssen vielmehr so weit reichen, dass das Angebot von Belegschaftsaktien in der Praxis auch tatsächlich Erfolg hat. Angesichts der durch die Ausgabe von Belegschaftsaktien meist nur in ganz geringem Maße bewirkten Verwässerung erscheinen hier auch unter Berücksichtigung der Interessen der übrigen Aktionäre dies sicherstellende angemessene größere Beträge zulässig. Das hat allerdings zur Folge, dass die Arbeitnehmer einen Teil des ihnen gewährten Vorteils versteuern müssen. Deshalb sollte auch die Option vorgesehen sein, dass jeder Arbeitnehmer das Angebot nur in der Höhe annimmt, bis zu der sein steuerlicher Freibetrag reicht.

Der Hauptversammlungsbeschluss und als dessen Konsequenz die Satzung müssen die Bestimmung enthalten, dass die Aktien **an Arbeitnehmer** ausgegeben werden dürfen (§ 202 Abs. 4 AktG);[7] anderenfalls können die Aktien nach hM nicht zu Sonderkonditionen ausgegeben werden.[8] Das genehmigte Kapital kann aber zusätzlich auch noch anderen Zwecken dienen; in diesem Fall werden neben der Ausgabe der Belegschaftsaktien regelmäßig zusätzlich weitere Gründe für den Bezugsrechtsausschluss in der Ermächtigung aufgeführt. Unabhängig davon, wie die Ermächtigung ausgestaltet ist, ist der Vorstand in keinem Fall zur Ausgabe von Belegschaftsaktien verpflichtet.

Formulierungsbeispiel:

a) *Der Vorstand wird ermächtigt, das Grundkapital bis zum 30. 6. 2022 mit Zustimmung des Aufsichtsrats einmalig oder mehrmals um bis zu insgesamt 10.000.000 EUR durch Ausgabe neuer Aktien gegen Bareinlage an Arbeitnehmer der Gesellschaft und der mit ihr verbundenen Unternehmen zu erhöhen (Belegschaftsaktien). Das Bezugsrecht der Aktionäre wird ausgeschlossen.*
[Der Aufsichtsrat wird ermächtigt, die Fassung des § 3 Abs. 5 der Satzung nach vollständiger oder teilweiser Durchführung der Erhöhung des Grundkapitals oder nach Ablauf der Ermächtigungsfrist entsprechend zu ändern.]

b) *In § 3 der Satzung wird folgender neuer Absatz 5 eingefügt:*
„(5) Der Vorstand ist ermächtigt, das Grundkapital bis zum 30. 6. 2022 mit Zustimmung des Aufsichtsrats einmalig oder mehrmals um bis zu insgesamt 10.000.000 EUR durch Ausgabe neuer Aktien gegen Bareinlagen an Arbeitnehmer der Gesellschaft und der mit ihr verbundenen Unternehmen zu erhöhen (Belegschaftsaktien). Das Bezugsrecht der Aktionäre ist ausgeschlossen.
[Der Aufsichtsrat ist ermächtigt, die Fassung dieses Absatzes nach vollständiger oder teilweiser Durchführung der Erhöhung des Grundkapitals oder nach Ablauf der Ermächtigungsfrist entsprechend zu ändern.]"

---

[6] Ebenso *Scholz* in MHdB AG § 59 Rn. 77; *Ekkenga* in Kölner Komm. AktG § 186 Rn. 96; aA *Koch* in Hüffer/Koch AktG § 202 Rn. 27; siehe zur grundsätzlichen Möglichkeit der sachlichen Rechtfertigung des Bezugsrechtsausschlusses bei der Ausgabe von Belegschaftsaktien auch OLG München ZIP 1993, 676 (679); *Pentz* ZGR 2001, 901 (905 ff.).
[7] *Lutter* in Kölner Komm. AktG § 202 Rn. 27; *Koch* in Hüffer/Koch AktG § 202 Rn. 26; aA *Scholz* in MHdB AG § 59 Rn. 78; *Knepper* ZGR 1985, 419 (433).
[8] *Bayer* in MüKoAktG AktG § 202 Rn. 101; *Wamser* in Spindler/Stilz AktG § 202 Rn. 106; *Koch* in Hüffer/Koch AktG § 202 Rn. 26; aA *Scholz* in MHdB AG § 59 Rn. 78 mwN.

§ 26 Kapitalerhöhung aus Gesellschaftsmitteln

Übersicht

	Rn.
I. Überblick	1
II. Allgemeines	2
III. Hauptversammlungsbeschluss	5
1. Inhalt des Beschlusses	5
a) Obligatorischer Inhalt	5
b) Fakultativer Inhalt	6
c) Unzulässige Bestimmungen	7
2. Beschlussmuster	11
3. Beschlussmehrheit	12
IV. Weitere Voraussetzungen	13
1. Vorbereitende Maßnahmen	13
2. Verwendbare Rücklagen	14
V. Gestaltungsmöglichkeiten	16
1. Bezugsverhältnis	16
2. Kapitalerhöhung ohne Ausgabe neuer Aktien	19
3. Kombination mit anderen Kapitalmaßnahmen	25

Stichworte

Aktien
- Nennwertaktien Rn. 22
- Stückaktien Rn. 20
- teileingezahlte Aktien Rn. 21

Beschlussmuster Rn. 11
Bezugsverhältnis Rn. 16 ff.
Dividende Rn. 3, 9
- Stock Dividend Rn. 15

Gewinnbeteiligung Rn. 6
Glättung des Grundkapitals Rn. 17 f.
Hauptversammlungsbeschluss
- Aktiengattungen Rn. 12
- Anfechtbarkeit Rn. 8
- Erhöhungsverhältnis Rn. 6
- Gewinnverwendungsbeschluss Rn. 13
- Inhalt Rn. 5 ff.
- Mehrheitserfordernisse Rn. 12
- Nichtigkeit Rn. 9, 13

Jahresabschluss Rn. 13
Kapitalerhöhungsvolumen Rn. 5, 21
Kombination mit anderen Kapitalmaßnahmen Rn. 25
Rücklage Rn. 4 f., 11, 14 f.
- Gewinnrücklage Rn. 14
- Kapitalrücklage Rn. 14

Satzungsänderung Rn. 12
Schütt-aus-hol-zurück-Verfahren Rn. 4
Teilrechte Rn. 16

Schrifttum:

Boesebeck, Die Behandlung von Vorzugsaktien bei Kapitalerhöhungen aus Gesellschaftsmitteln, DB 1960, 139; *Eckardt*, Die Ausstattung der neuen Aktien bei einer Kapitalerhöhung aus Gesellschaftsmitteln, BB 1967, 99; *Fett/Spiering*, Typische Probleme bei der Kapitalerhöhung aus Gesellschaftsmitteln, NZG 2002, 358; *Geßler*, Die Kapitalerhöhung aus Gesellschaftsmitteln, BB 1960, 6; *ders.*, Zweifelsfragen aus dem Recht der Kapitalerhöhung aus Gesellschaftsmitteln, DNotZ 1960, 353; *ders.*, Die Verwendung von Gewinn zur Kapitalerhöhung aus Gesellschaftsmitteln, DB 1960, 866; *Koch*, Kapitalerhöhungen „unter Wert" als Anwendungsfall des § 216 Abs. 3 AktG?, AG 2017, 6; *Korsten*, Kapitalerhöhung aus Gesellschaftsmitteln bei unrichtigem Jahresabschluss, AG 2006, 321; *Lutter/Zöllner*, Zur Anwendung der Regeln über die Sachkapitalerhöhung auf das Ausschüttungs-Rückhol-Verfahren, ZGR 1996, 164; *Than*, Rechtliche und praktische Fragen der Kapitalerhöhung aus Gesellschaftsmitteln bei einer Aktiengesellschaft, WM Sonderheft 1991, 54; *Sernetz*, Die Folgen der neueren Zivilrechtsprechung zum „Ausschüttungs-Rückhol-Verfahren" für frühere Kapitalerhöhungen bei der GmbH, ZIP 1995, 173; *Wilhelmi*, Kapitalerhöhung aus Gesellschaftsmitteln, NJW 1960, 169.

I. Überblick

1 Bei der Kapitalerhöhung aus Gesellschaftsmitteln werden Kapital- und Gewinnrücklagen in Grundkapital umgewandelt (→ 2 ff.). Der erforderliche Hauptversammlungsbeschluss hat die gesetzlichen Pflichtinhalte vorzusehen (→ Rn. 5) und die umzubuchenden Rücklagen genau zu bezeichnen (→ Rn. 14); er kann weitere fakultative Festlegungen enthalten (→ Rn. 6), wobei deren Aufnahme Risiken für die Wirksamkeit der Kapitalerhöhung mit sich bringen kann (→ Rn. 7 ff.). Hinsichtlich der Beschlussmehrheiten gelten dieselben Anforderungen wie bei einer regulären Kapitalerhöhung (→ Rn. 12). Die der Kapitalerhöhung aus Gesellschaftsmitteln zugrunde zu legende Bilanz kann – soweit keine gesonderte Erhöhungsbilanz aufgestellt werden soll – die letzte festgestellte Jahresbilanz sein (→ Rn. 13). Gewisse Gestaltungsmöglichkeiten eröffnet die Kapitalerhöhung aus Gesellschaftsmitteln im Hinblick auf die Glättung des Bezugsverhältnisses (→ Rn. 16 ff.), den Verzicht auf die Ausgabe neuer Aktien (→ Rn. 19 ff.) und die Kombination mit anderen Kapitalmaßnahmen (→ Rn. 25).

II. Allgemeines

2 Bei der Kapitalerhöhung aus Gesellschaftsmitteln gem. §§ 207 ff. AktG wird das Grundkapital dadurch erhöht, dass Beträge aus den Kapital- und Gewinnrücklagen in das Grundkapital umgebucht werden. Es werden also der Gesellschaft keine neuen Mittel von außen zugeführt, sondern es findet nur ein Passivtausch in der Bilanz statt. Trotzdem handelt es sich um eine **echte Kapitalerhöhung,** weil die umgebuchten Beträge dadurch den engeren Bindungen, denen das Grundkapital unterliegt, unterstellt werden; darin liegt auch der Unterschied zum Aktiensplit. In der damit verbundenen Stärkung der Finanzausstattung der Gesellschaft sowie in der ebenfalls durch diese Maßnahme in dem Regelfall, dass die Kapitalerhöhung durch Ausgabe neuer Aktien erfolgt, bewirkten Reduzierung des Aktienkurses liegen die wesentlichen Gründe für diese Maßnahme.[1]

3 Als **Nachteil** der Kapitalerhöhung aus Gesellschaftsmitteln wird oft angesehen, dass das erhöhte Grundkapital ebenfalls mit einer Dividende zu bedienen ist. Soll nämlich die Dividendensumme beibehalten werden, muss die Dividende pro Aktie gekürzt werden; scheut sich die Gesellschaft davor, muss sie die **Dividendensumme erhöhen.** Dieser Gesichtspunkt kommt jedoch nur zum Tragen, wenn im Rahmen der Kapitalerhöhung die Anzahl der Aktien erhöht wird und sollte auch dann nicht entscheidend sein, da sich die Rendite der Anlage für den einzelnen Aktionär auch ohne eine Erhöhung der Dividendensumme nicht verschlechtert.

4 Im Ergebnis – nämlich Erhöhung des Grundkapitals zu Lasten der Rücklagen – vergleichbar, für die Aktionäre steuerlich aber günstiger, war oft das sog **Schütt-aus-hol-zurück-Verfahren:**[2] Hier wurden die Rücklagen zunächst mit der Folge einer Steuererstattung an die Aktionäre ausgeschüttet, anschließend holte sich die Gesellschaft dieses Geld im Rahmen einer Kapitalerhöhung wieder zurück. Aufgrund der Vereinheitlichung des Körperschaftssteuersatzes für thesaurierte und ausgeschüttete Gewinne wird dieses Verfahren heute nicht mehr angewandt.[3]

---

[1] Weiterführend *Schröer* in Ekkenga/Schröer HdB AG-Finanzierung Kap. 7 Rn. 2.
[2] Siehe hierzu, insbesondere auch zu der Frage, ob darin eine verdeckte Sacheinlage liegt, BGHZ 113, 335 = NJW 1991, 1754; BGH ZIP 1997, 1337; *Lutter/Zöllner* ZGR 1996, 164 ff.; *Sernetz* ZIP 1995, 173 ff.; *Hirte* in GroßkommAktG AktG § 207 Rn. 8 ff.
[3] Zur steuerlichen Entwicklung *Scholz/Kraft* in MHdB AG § 57 Rn. 81 f.

III. Hauptversammlungsbeschluss

1. Inhalt des Beschlusses

a) Obligatorischer Inhalt

Die Kapitalerhöhung aus Gesellschaftsmitteln setzt zwingend einen Hauptversammlungsbeschluss voraus; eine Delegation auf den Vorstand kommt nicht in Betracht.[4] Der Erhöhungsbeschluss muss zwingend folgenden Inhalt haben, anderenfalls ist er im Regelfall nichtig:

– Der **Betrag,** um den das Grundkapital erhöht werden soll, ist ziffernmäßig genau festzulegen, die Angabe eines Höchstbetrags genügt nicht. Auch wenn die Gesellschaft nicht zur Vermeidung von Teilrechten verpflichtet ist,[5] sollte ein möglichst glattes Kapitalerhöhungsverhältnis gewählt werden. Sind bis zur Eintragung des Kapitalerhöhungsbeschlusses noch Veränderungen im Grundkapital zu erwarten, kann das Kapitalerhöhungsvolumen auch als ein Vielfaches des bei Eintragung bestehenden Grundkapitals ausgedrückt werden, weil lediglich vermieden werden soll, dass dem Vorstand hinsichtlich des Kapitalerhöhungsvolumens ein Ermessen eingeräumt wird.[6]
– Der Beschluss muss angeben, dass die Kapitalerhöhung **durch Umwandlung** von Rücklagen erfolgen soll.
– Ferner muss genau festgelegt werden, welche **Rücklagen** umgewandelt werden sollen. Sind mehrere Rücklagenpositionen betroffen, ist anzugeben, welche Beträge aus welchen Rücklagen umgebucht werden sollen.
– Notwendig ist schließlich die Angabe, welche **Bilanz** dem Erhöhungsbeschluss zugrunde liegt (§ 209 AktG). Das kann die letzte testierte und mit dem uneingeschränkten Bestätigungsvermerk des Abschlussprüfers versehene Jahresbilanz sein, wenn sie zu einem im Zeitpunkt der Anmeldung des Hauptversammlungsbeschlusses zum Handelsregister **höchstens acht Monate** zurückliegenden Stichtag aufgestellt wurde. Andernfalls muss eine gesonderte Erhöhungsbilanz erstellt werden (vgl. § 209 Abs. 1, 2 AktG). Wird dem Erhöhungsbeschluss eine ältere Jahresbilanz zugrunde gelegt, darf der Registerrichter den Beschluss nicht eintragen;[7] tut er dies dennoch, ist der Beschluss wirksam. Wird eine gesonderte Erhöhungsbilanz verwendet, ist diese von der Einberufung der Hauptversammlung an im Geschäftsraum auszulegen, und es muss den Aktionären auf Verlangen eine Abschrift von ihr erteilt werden (§ 209 Abs. 6 iVm § 175 Abs. 2 AktG), anderenfalls ist der Erhöhungsbeschluss anfechtbar.
– Wo ein Wahlrecht besteht, ob die Kapitalerhöhung durch Ausgabe neuer Aktien erfolgt,[8] muss im Hauptversammlungsbeschluss bestimmt werden, in welcher **Form** die Kapitalerhöhung erfolgen soll.

b) Fakultativer Inhalt

Der Hauptversammlungsbeschluss kann weitere fakultative Bestandteile enthalten. Indes ist zu bedenken, dass fehlerhafte Angaben die Nichtigkeit oder Anfechtbarkeit des betreffenden Beschlussteils begründen können und die Kapitalerhöhung wegen § 139 BGB so-

---

[4] *Veil* in K. Schmidt/Lutter AktG § 207 Rn. 9; aA *Hirte* in GroßkommAktG AktG § 207 Rn. 105.
[5] *Marsch-Barner* in Bürgers/Körber AktG § 207 Rn. 3; *Simons* in Hölters AktG § 207 Rn. 22; zu den Besonderheiten für teileingezahlte Aktien → Rn. 21.
[6] OLG Karlsruhe ZIP 2007, 270 (272 f.) mit zust. Anm. *Linnerz* EWiR § 207 AktG 1/07, 193; stellvertretend für die hL *Scholz* in MHdB AG § 60 Rn. 12.
[7] Vgl. auch OLG Hamm FGPrax 2008, 120 (122). Die Kapitalerhöhung ist indes wirksam, wenn sich die Jahresbilanz erst später als unrichtig erweist; eine Unterbilanzierung der Aktionäre besteht in diesem Fall indes nicht, vgl. *Korsten* AG 2006, 321 (322, 326 f.).
[8] Ein solches Wahlrecht besteht bei Stückaktien (→ Rn. 20 und → § 31 Rn. 3) und bei volleingezahlten neben teileingezahlten Aktien (→ Rn. 22).

gar insgesamt nichtig sein kann.[9] Als fakultativer Inhalt des Hauptversammlungsbeschlusses kommt in Betracht:
- Die Bestimmung, dass die neuen Aktien bereits am **Gewinn** des letzten vor der Beschlussfassung abgelaufenen Geschäftsjahrs teilnehmen. Das setzt voraus, dass der Beschluss über die Verwendung des Bilanzgewinns des letzten vor der Beschlussfassung abgelaufenen Geschäftsjahres erst nach dem Erhöhungsbeschluss gefasst und dass der Erhöhungsbeschluss innerhalb von drei Monaten in das Handelsregister eingetragen wird (§ 217 Abs. 2 AktG). Werden diese Vorgaben nicht beachtet, ist der Kapitalerhöhungsbeschluss nichtig, wobei sich bei einer falschen Beschlussreihenfolge die Nichtigkeit auf die vorzeitige Teilnahme der neuen Aktien am Gewinn beschränkt.
- Klarstellende Bestimmungen zum **rechtlichen Inhalt** der neuen Aktien, die allerdings nicht im Widerspruch zu dem sich aufgrund der gesetzlichen Regelungen (§ 216 Abs. 1 AktG) ergebenden Inhalt stehen dürfen. Die Kapitalerhöhung aus Gesellschaftsmitteln wird von der hM als rein schematische Vermehrung der Aktien ohne jede Veränderung des Verhältnisses der Gesellschafter zueinander verstanden.[10] Das kann es aber erforderlich machen, zB einen prozentualen Dividendenvorzug zu reduzieren, da die Vorzugsaktionäre sonst als Folge der Kapitalerhöhung aus Gesellschaftsmitteln einen absolut größeren Vorzug genießen würden. Nach hM treten solche Anpassungen automatisch ein, die Beschlussfassung der Hauptversammlung darüber ist nur formeller Natur, und die Satzungsänderung kann – falls der Aufsichtsrat hierzu nicht bereits gem. § 179 Abs. 1 S. 2 AktG ermächtigt wurde (→ § 19 Rn. 15) – auch dem Aufsichtsrat überlassen werden, da nur der formale Satzungstext zu berichtigen ist.[11] Darüber hinausgehende Abweichungen, wie zB die Bestimmung, dass die neuen Aktien Vorzugsaktien sein sollen, während es sich bei den alten um Stammaktien handelt,[12] erscheinen hingegen bedenklich.
- Festsetzung des **Nennbetrags** der neuen Aktien, wobei nicht ohne besonderen Grund so hohe Nennbeträge gewählt werden dürfen, dass viele Aktionäre keine vollen Aktien erhalten.
- Auch kann das **Erhöhungsverhältnis,** dh das Verhältnis der auf alte Aktien entfallenden neuen Aktien, das sich aus dem Verhältnis von Erhöhungsbetrag und bisheriger Grundkapitalziffer errechnet, angegeben werden. Um dem Risiko, dass eine falsche Angabe gem. § 139 BGB zur Nichtigkeit des gesamten Kapitalerhöhungsbeschlusses führt, zu begegnen, empfiehlt es sich indes, das Erhöhungsverhältnis nicht in den Beschlusstext aufzunehmen, sondern den Aktionären als separate Information zukommen zu lassen.[13]

c) Unzulässige Bestimmungen

7 Neben dem zwingenden und dem fakultativen gibt es auch noch den verbotenen Inhalt eines Erhöhungsbeschlusses, also Bestimmungen, die der Hauptversammlungsbeschluss nicht enthalten darf:

8 **Nichtig** ist der Beschluss, wenn er die neuen Aktien den Aktionären anders als im Verhältnis ihrer Anteile am bisherigen Grundkapital zuteilt, und zwar auch dann wenn die

---

[9] Vgl. dazu *Simons* in Hölters AktG § 207 Rn. 27.
[10] *Lutter* in Kölner Komm. AktG § 212 Rn. 3; *Koch* in Hüffer/Koch AktG § 212 Rn. 2; demgegenüber unterstellt *Steiner* DB 2001, 585 (586) ein Bezugsrecht, auf das auch verzichtet werden könne.
[11] *Hirte* in GroßkommAktG § 216 Rn. 26; *Koch* in Hüffer/Koch AktG § 216 Rn. 4; *Busch* in Marsch-Barner/Schäfer Börsennotierte AG-HdB § 46 Rn. 6; *Boesebeck* DB 1960, 404; aA *Lutter* in Kölner Komm. AktG § 216 Rn. 7.
[12] Das hält *Scholz* in MHdB AG § 60 Rn. 74, 78 für zulässig, dem zuzugeben ist, dass auch darin grundsätzlich keine Veränderung des Verhältnisses der Gesellschafter zueinander liegt; dagegen *Lutter* in Kölner Komm. AktG § 216 Rn. 5; *Fock/Wüsthoff* in Spindler/Stilz AktG § 216 Rn. 3; vgl. auch schon *Gessler* DNotZ 1960, 619 (636).
[13] *Fett/Spiering* NZG 2002, 358 (359).

III. Hauptversammlungsbeschluss

betroffenen oder alle Aktionäre zugestimmt haben[14] oder wenn die Übernahme der neuen Aktien an irgendeine Bedingung geknüpft wird (§ 212 AktG).[15] Außerdem ist er nichtig, wenn ihm keine oder eine nicht ordnungsgemäß geprüfte und testierte Bilanz zugrunde gelegt wird.[16] Die Nichtigkeit dieser Klauseln kann den gesamten Kapitalerhöhungsbeschluss erfassen, wenn anzunehmen ist, dass er ohne diese Klauseln nicht gefasst worden wäre. Anderenfalls beschränkt sich die Nichtigkeit auf die betreffende Klausel, so dass die Kapitalerhöhung wirksam ist und die Aktien gleichmäßig auf die Aktionäre verteilt werden.

Anfechtbar können den Beschluss solche Klauseln machen, die die Rechte der Aktionäre abweichend von den gesetzlichen Bestimmungen[17] regeln, also zB den Prozentsatz für die Mehrdividende der Vorzugsaktionäre, der sich ipso iure im Rahmen der Kapitalerhöhung reduziert, ausdrücklich unverändert belassen oder in anderer Form das Verhältnis der Mitgliedschaftsrechte der Aktionäre zueinander beeinflussen. Solche Maßnahmen können nur im Rahmen einer weitergehenden Satzungsänderung beschlossen werden, für die ein Sonderbeschluss der betroffenen Aktionäre erforderlich ist (§ 216 AktG).[18] Sofern die aufgrund Gesetzes eintretenden Rechtsfolgen gelten sollen, kann die Vornahme der Fassungsänderung an den Aufsichtsrat delegiert werden. 9

Unschädlich, da als Rechtsgeschäft zu Lasten Dritter unwirksam, aber wegen des Anfechtungsrisikos zu vermeiden, sind Regelungen im Erhöhungsbeschluss, die die Rechtsbeziehung der Gesellschaft zu Dritten (zB Optionsrechtsinhabern, tantiemeberechtigten Mitarbeitern) zu deren Nachteil verändern.[19] § 216 Abs. 3 AktG schreibt vor, dass der wirtschaftliche Inhalt vertraglicher Beziehungen der Gesellschaft zu Dritten, die von der Gewinnausschüttung der Gesellschaft, dem Nennbetrag oder Wert ihrer Aktien oder ihres Grundkapitals oder sonst von den bisherigen Kapital- und Gewinnverhältnissen abhängen, durch die Kapitalerhöhung nicht berührt wird. Damit soll unterbunden werden, dass in das vertragliche Recht des Dritten auf Gewinn- oder Wertpartizipation (zB in Form einer Gewinnschuldverschreibung) mithilfe einer Kapitalerhöhung aus Gesellschaftsmitteln eingegriffen und dieses verringert wird.[20] Diese Regelung ist eine Sondervorschrift der Kapitalerhöhung aus Gesellschaftsmitteln und deshalb nicht analog auf eine andere Kapitalerhöhung, die unter Wert, dh durch Ausgabe der Aktien unter ihrem wahren Wert, durchgeführt wird, anzuwenden.[21] 10

2. Beschlussmuster

Ein Beschluss über eine Kapitalerhöhung aus Gesellschaftsmitteln unter Ausgabe neuer Aktien könnte folgendermaßen lauten: 11

a) Das Grundkapital der Gesellschaft von 10.000.000,– EUR wird nach den Vorschriften des Aktiengesetzes über die Kapitalerhöhung aus Gesellschaftsmitteln (§§ 207 ff. AktG) um 2.000.000,– EUR auf 12.000.000,– EUR erhöht durch Umwandlung eines Teilbetrags von 1.115.000,– EUR der in der Bilanz zum 31.12.2016 unter Gewinnrücklagen

---

[14] OLG Dresden AG 2001, 532; *Arnold* in MüKo AktG AktG § 212 Rn. 11.
[15] Vgl. OLG Dresden AG 2001, 532; *Arnold* in MüKoAktG AktG § 212 Rn. 11; *Schröer* in Ekkenga/Schröer Hdb AG-Finanzierung Kap 7 Rn. 36; aA *Veil* in K. Schmidt/Lutter AktG § 212 Rn. 2 bei Zustimmung aller betroffenen Aktionäre.
[16] BayObLG AG 2002, 397 (398); *Koch* in Hüffer/Koch § 209 Rn. 14.
[17] Bestimmungen, die die Rechtsfolgen des § 216 AktG unverändert abbilden sollen, wirken nur deklaratorisch und sind unschädlich; sie dürften sich jedoch nicht empfehlen, da mögliche Fehlinterpretationen doch wieder eine Anfechtungsgefahr nach sich ziehen.
[18] *Arnold* in MüKoAktG AktG § 216 Rn. 19.
[19] Vgl. *Veil* in K. Schmidt/Lutter AktG § 216 Rn. 22; *Scholz* in MHdB AG § 60 Rn. 90.
[20] *Koch* AG 2017, 6.
[21] *Simons* in Hölters AktG § 216 Rn. 22; *Koch* AG 2017, 6 (10 ff.); aA *Arnold* in MüKoAktG AktG § 216 Rn. 46; in Bezug auf Wandelschuldverschreibungen auch → § 23 Rn. 46.

ausgewiesenen gesetzlichen Rücklage und durch Umwandlung eines Teilbetrags von 885.000,– EUR der ebenfalls unter Gewinnrücklagen ausgewiesenen anderen Gewinnrücklagen in Grundkapital. Die Kapitalerhöhung erfolgt durch Ausgabe von 781.250 Stück neuen auf den Inhaber lautenden Stückaktien an die Aktionäre der Gesellschaft. Die neuen Aktien nehmen am Gewinn des Geschäftsjahrs 2017 voll teil. Diesem Beschluss wird die von Vorstand und Aufsichtsrat festgestellte Jahresbilanz der Gesellschaft zum 31.12.2016 zugrunde gelegt. Die Bilanz wurde von ... geprüft und mit dem uneingeschränkten Bestätigungsvermerk versehen. Der Vorstand wird ermächtigt, mit Zustimmung des Aufsichtsrats die näheren Einzelheiten der Kapitalerhöhung festzulegen.

b) § 2 Abs. 1 der Satzung wird wie folgt neu gefasst: „Das Grundkapital der Gesellschaft beträgt 12.000.000,– EUR und ist eingeteilt in 4.687.500 auf den Inhaber lautende Stückaktien".

3. Beschlussmehrheit

12 Die Kapitalerhöhung aus Gesellschaftsmitteln ist eine **Satzungsänderung**. Deren Wortlaut sowie ein konkreter Beschlussvorschlag der Verwaltung müssen mit der Tagesordnung bekannt gemacht werden (§ 124 Abs. 2 S. 3, Abs. 3 AktG). Für den Beschluss gelten die gleichen **Mehrheitserfordernisse** wie für den Beschluss über eine reguläre Kapitalerhöhung: Er bedarf neben der einfachen Stimmenmehrheit einer Kapitalmehrheit von drei Vierteln des bei der Beschlussfassung vertretenen Grundkapitals, sofern die Satzung nicht eine andere Kapitalmehrheit bestimmt (§ 207 Abs. 2 iVm § 182 Abs. 1 AktG). Stellt die Satzung für Kapitalerhöhungen oder Satzungsänderungen jeder Art zusätzliche Erfordernisse auf, gelten diese auch für den Beschluss über die Kapitalerhöhung aus Gesellschaftsmitteln. Wie aus § 216 Abs. 1 AktG folgt, sind bei Bestehen **mehrerer Aktiengattungen** Sonderbeschlüsse der einzelnen Gattungen entbehrlich, da für jede Gattung die Anzahl der Aktien proportional erhöht wird und jeder Aktionär (nur) Aktien derjenigen Gattung erhält, die er vorher schon besaß. Dabei findet bei Vorzugsaktien auch § 182 Abs. 1 S. 2 AktG, wonach die Satzung für deren Ausgabe nur eine größere Kapitalmehrheit bestimmen kann, keine Anwendung, da der Verweis auf diese Vorschrift in § 207 Abs. 2 AktG auf einem Redaktionsversehen beruht.[22] Ein Sonderbeschluss ist aber nur entbehrlich, solange von der gesetzlichen Regel der proportionalen ausstattungsgleichen Versorgung der Aktionäre mit gattungsgleichen neuen Aktien nicht abgewichen werden soll, etwa zur Vermeidung unpraktikabler Vorzugsbeträge bei Vorzugsaktien.[23]

IV. Weitere Voraussetzungen

1. Vorbereitende Maßnahmen

13 Die Kapitalerhöhung aus Gesellschaftsmitteln kann erst beschlossen werden, nachdem der **Jahresabschluss** für das letzte vor der Beschlussfassung abgelaufene Geschäftsjahr **festgestellt** ist (§ 207 Abs. 3 AktG), es sei denn, es wird eine gesonderte Erhöhungsbilanz zugrunde gelegt, die zwar der Prüfung, aber keiner Feststellung bedarf (§ 209 Abs. 2 AktG).[24] In dem Regelfall, dass die Feststellung des Jahresabschlusses durch Billigung durch den Aufsichtsrat erfolgt (§ 172 S. 1 AktG), muss Letzterer ihn also vor der Hauptversammlung, die über die Kapitalerhöhung aus Gesellschaftsmitteln beschließt, gebilligt

---

[22] *Koch* in Hüffer/Koch AktG § 207 Rn. 9; *Veil* in K. Schmidt/Lutter AktG § 207 Rn. 9.
[23] *Lutter* in Kölner Komm. AktG § 216 Rn. 9.
[24] Vgl. hierzu *Scholz* in MHdB AG § 60 Rn. 18.

IV. Weitere Voraussetzungen

haben. Soll ausnahmsweise die Hauptversammlung den Jahresabschluss feststellen (§ 173 Abs. 1 AktG), kann dies in derselben Hauptversammlung geschehen, die über die Kapitalerhöhung aus Gesellschaftsmitteln beschließt, muss diesem Beschluss aber vorangehen. Sind diese Voraussetzungen nicht erfüllt, ist der Hauptversammlungsbeschluss nichtig (§ 241 Nr. 3 AktG). Der **Gewinnverwendungsbeschluss** der Hauptversammlung muss dem Erhöhungsbeschluss hingegen nicht vorangehen; er darf es sogar nicht, wenn die neuen Aktien bereits am Gewinn des letzten vor der Beschlussfassung über die Kapitalerhöhung abgelaufenen Geschäftsjahres teilnehmen sollen.[25]

2. Verwendbare Rücklagen

Bei der Formulierung des Hauptversammlungsbeschlusses ist genau zu beachten, welche **Rücklagen** im Rahmen der Kapitalerhöhung in das Grundkapital umgebucht werden dürfen (siehe hierzu § 208 AktG). Werden hierbei Fehler gemacht, ist der Hauptversammlungsbeschluss grundsätzlich nichtig, da er dann gläubigerschützende Vorschriften verletzt (§ 241 Nr. 3 AktG).[26] Im Einzelnen können folgende Positionen umgewandelt werden, sofern kein Verlust oder Verlustvortrag besteht oder ein solcher zuvor gegen diese Positionen verrechnet worden ist:

– Die **Kapitalrücklage** (Bilanzposition A. II. des § 266 Abs. 3 HGB) insoweit, als sie in der dem Erhöhungsbeschluss zugrunde liegenden Bilanz (letzte Jahresbilanz oder Erhöhungsbilanz) ausgewiesen ist und sie zusammen mit der gesetzlichen Rücklage (Bilanzposition A. III. 1. des § 266 Abs. 3 HGB) den zehnten Teil des Grundkapitals bzw. einen ggf. in der Satzung festgelegten höheren Grundkapitalanteil übersteigt.

– **Gewinnrücklagen** (Bilanzposition A. III. des § 266 Abs. 3 HGB),[27] wobei die Umwandlungsfähigkeit nur dann gegeben ist, wenn die Gewinnrücklagen in der dem Erhöhungsbeschluss zugrunde liegenden Bilanz (letzte Jahresbilanz oder Erhöhungsbilanz) ausgewiesen sind und die Umwandlung mit einer ggf. durch die Hauptversammlung oder die Verwaltung festgelegten Zweckbestimmung vereinbar ist.[28] Satzungsmäßige Rücklagen und andere Rücklagen sind dann unbeschränkt umwandlungsfähig, gesetzliche Rücklagen nur insoweit, als sie zusammen mit der Kapitalrücklage den zehnten Teil des Grundkapitals bzw. einen ggf. in der Satzung festgelegten höheren Grundkapitalanteil übersteigen.

– **Zuführungen zu Kapital- oder Gewinnrücklagen** aus dem Jahresüberschuss oder Bilanzgewinn im Rahmen der genannten jeweiligen Beschränkungen, wenn sie im letzten Beschluss über die Verwendung des Jahresüberschusses oder des Bilanzgewinns als entsprechende Zuführung ausgewiesen sind (potenzielle oder künftige Rücklagen). Zulässig ist damit auch eine sog. **Stock Dividend,** bei der der Bilanzgewinn den Rücklagen zugewiesen und dann sofort in das Grundkapital umgebucht wird, um den Aktionären anstatt einer Bardividende neue Aktien zukommen lassen zu können.[29]

---
[25] *Fock/Wüsthoff* in Spindler/Stilz AktG § 207 Rn. 10.
[26] Lediglich der Verstoß gegen § 208 Abs. 2 S. 2 AktG, also die zweckbestimmungswidrige Umwandlung von Gewinnrücklagen, ist als gesellschaftsintern einzustufen mit der Folge, dass der Hauptversammlungsbeschluss dann nur anfechtbar ist.
[27] Diese Bilanzposition weist die aus dem Ergebnis gebildeten Beträge aus, vgl. § 272 Abs. 3 HGB. Seit dem BilMoG ist keine Rücklage für eigene Anteile mehr zu bilden. Stattdessen ist der Nennbetrag bzw. der rechnerische Wert der erworbenen eigenen Anteile in einer Vorspalte offen vom gezeichneten Kapital abzusetzen (§ 272 Abs. 1a HGB), wodurch sich die umwandlungsfähigen Rücklagen entsprechend reduzieren.
[28] Daher sind zB eine gem. § 218 S. 2 AktG zu bildende Sonderrücklage bei Wandelanleihen und eine nach § 199 Abs. 2 AktG bei Wandelanleihen zur Differenzdeckung gebildete Gewinnrücklage nicht umwandelbar, vgl. *Koch* in Hüffer/Koch AktG § 208 Rn. 10 mwN. Die Umwandlung zweckbestimmter Rücklagen entgegen ihrer Zweckbestimmung macht den Erhöhungsbeschluss allerdings nur anfechtbar und nicht nichtig, *Lutter* in Kölner Komm. AktG § 208 Rn. 26.
[29] *Koch* in Hüffer/Koch AktG § 208 Rn. 5; zur Scrip Dividend → § 21 Rn. 2.

V. Gestaltungsmöglichkeiten

1. Bezugsverhältnis

16 Das Gesetz erklärt Teilrechte, die dadurch entstehen, dass auf einen Anteil am bisherigen Grundkapital nur ein Teil einer neuen Aktie entfällt, für selbstständig veräußerlich und vererblich (§ 213 Abs. 1 AktG). Dadurch werden die Folgen eines für den einzelnen Aktionär ungünstigen Bezugsverhältnisses abgeschwächt. Rechte können aus diesen Teilrechten aber nicht ausgeübt werden, solange sie nicht zu ganzen Aktien zusammengelegt worden sind (vgl. § 213 Abs. 2 AktG). Das macht es erforderlich, über die Börse Teilrechte zuzukaufen oder zu verkaufen. Ganz wird sich ein solcher **Teilrechtehandel** selten vermeiden lassen, zumal die Gesellschaft nicht verpflichtet ist, das Entstehen von Teilrechten zu vermeiden (→ Rn. 5); der Umfang des Teilrechtehandels wird jedoch umso geringer sein, je glatter das Bezugsverhältnis ist.

17 Um ein möglichst glattes Bezugsverhältnis zu erhalten, wird es oft erforderlich sein, das **Grundkapital zu glätten.** Dies kann auf mehrere Arten geschehen:
- Das Grundkapital wird zunächst ausdrücklich zur Ermöglichung der unter dem nächsten Tagesordnungspunkt zu beschließenden Kapitalerhöhung um einen bestimmten Betrag **herabgesetzt,** und die entsprechenden Aktien, die die Gesellschaft zuvor erworben haben muss, werden im vereinfachten Verfahren gem. § 237 Abs. 3 Nr. 1 AktG (→ § 27 Rn. 17 ff.) eingezogen.
- Das Grundkapital wird auf den zur Darstellung des Bezugsverhältnisses benötigten Betrag **aufgestockt** entweder durch Ausgabe der hierzu erforderlichen Anzahl von Aktien aus einem bestehenden bedingten Kapital an Personen, an die das nach dessen Konditionen zulässig ist, oder durch Teilausnutzung eines bestehenden genehmigten Kapitals.

18 Unzulässig wäre es im Unterschied dazu, ein glattes Bezugsverhältnis zu bestimmen, das von dem Kapitalerhöhungsverhältnis abweicht, und die entstehende Spitze etwa der Gesellschaft zur Verwertung zuzuweisen. Das widerspräche dem Grundsatz, dass die neuen Aktien jedem Aktionär im Verhältnis seiner bisherigen Beteiligung am Grundkapital zustehen (§ 212 S. 1 AktG).

2. Kapitalerhöhung ohne Ausgabe neuer Aktien

19 Grundsätzlich erfolgt auch die Kapitalerhöhung aus Gesellschaftsmitteln durch Ausgabe neuer Aktien. Im Unterschied zu den anderen Formen der Kapitalerhöhung ist sie jedoch in folgenden Fällen auch ohne Ausgabe neuer Aktien möglich:

20 Bei **Stückaktien** besteht ein Wahlrecht zwischen beiden Alternativen (§ 207 Abs. 2 S. 2 AktG).[30] Wird das Kapital erhöht, ohne dass neue Aktien ausgegeben werden, erhöht sich der rechnerische Anteil sämtlicher Stückaktien am Grundkapital im gleichen Verhältnis. Da die Zahl der Aktien unverändert bleibt, dürfte sich durch diese Maßnahme auch kein Kurseffekt ergeben, mithin die durch die Ausgabe sog. Gratisaktien oft bezweckte Reduzierung des Kursniveaus nicht eintreten. Damit verbleiben als Motivation für diese Maßnahme die Stärkung des Grundkapitals sowie die (heute seltene) Glättung des auf die einzelne Aktie entfallenden Anteils am Grundkapital nach der Umstellung des Grundkapitals auf Euro.

21 **Teileingezahlte Aktien** dürfen nur im Wege der Nennbetragserhöhung an einer Kapitalerhöhung aus Gesellschaftsmitteln teilnehmen (§ 215 Abs. 2 S. 2 AktG), weil den Aktionären bei Ausgabe zusätzlicher volleingezahlter Aktien zu viel gewährt würde und die Ausgabe zusätzlicher teileingezahlter Aktien schon daran scheitert, dass bei der Kapitaler-

---

[30] Siehe auch LG Heidelberg DB 2001, 1875 (1876); AG Heidelberg DB 2001, 1481 (1482).

höhung aus Gesellschaftsmitteln kein Kapital aufgebracht werden soll und somit auch kein Nachzahlungsanspruch entstehen darf. Bei der Bestimmung des Kapitalerhöhungsvolumens ist im Fall von Nennbetragsaktien zu beachten, dass höhere Nennwerte immer nur ein Vielfaches von 1 EUR betragen dürfen (§ 8 Abs. 2 S. 4 AktG). Sofern sich die Rechte der Inhaber teileingezahlter Aktien an der geleisteten Einlage orientieren, insbes. Stimmrecht und Gewinnanspruch, stehen diese Rechte den Aktionären bis zur Leistung der noch ausstehenden Einlagen nur nach der Höhe der geleisteten Einlage zu, zuzüglich des Prozentsatzes, um den das Grundkapital erhöht worden ist (vgl. § 216 Abs. 2 S. 1 AktG).

Existieren neben den teileingezahlten auch volleingezahlte Aktien, kann auch hinsichtlich der **volleingezahlten Nennwertaktien** gewählt werden, ob die Kapitalerhöhung durch Ausgabe neuer Aktien oder durch Erhöhung des Nennbetrags erfolgen soll (§ 215 Abs. 2 S. 3 AktG). Hinsichtlich der teileingezahlten Aktien verbleibt es bei der Pflicht gem. § 215 Abs. 2 S. 2 AktG.

Schließlich ist bei der (heute seltenen) **Umstellung des Grundkapitals auf Euro**[31] ausnahmsweise auch bei Nennbetragsaktien eine Kapitalerhöhung aus Gesellschaftsmitteln durch Erhöhung des Nennwerts zulässig (§ 4 Abs. 3 S. 1 EGAktG).

Dort, wo ein Wahlrecht besteht, ist der Hauptversammlungsbeschluss unvollständig und damit unwirksam, wenn er keine Angaben darüber enthält, wie das Wahlrecht ausgeübt wird.[32]

3. Kombination mit anderen Kapitalmaßnahmen

Eine Kombination der Kapitalerhöhung aus Gesellschaftsmitteln mit anderen Kapitalmaßnahmen[33] ist grds. insoweit möglich, als beide Maßnahmen zwar in derselben Hauptversammlung beschlossen werden können, es hierfür aber getrennter Beschlüsse bedarf, und dabei durch die Verbindung mit der Kapitalerhöhung aus Gesellschaftsmitteln kein unmittelbarer oder auch nur mittelbarer Druck auf einzelne Aktionäre ausgeübt wird, an der anderen Kapitalmaßnahme teilzunehmen.[34] Es ist dann allerdings zwingend festzulegen, in welcher **Reihenfolge** die Beschlüsse durchgeführt werden sollen, weil davon abhängt, auf welcher Basis die Kapitalerhöhung aus Gesellschaftsmitteln aufsetzt, und im Übrigen sonst die Hauptversammlungsbeschlüsse auch nicht ordnungsgemäß bekannt gemacht werden könnten. Geschieht dies nicht, ist davon auszugehen, dass die Kapitalmaßnahmen in der Reihenfolge der Beschlussfassung durch die Hauptversammlung durchgeführt werden sollen. **Unzulässig** ist dagegen eine Kombination mit einem genehmigten Kapital dergestalt, dass der Vorstand ermächtigt wird, das genehmigte Kapital durch Umwandlung von Rücklagen auszunutzen.[35]

---

[31] Siehe dazu 2. Aufl. § 34.
[32] Sowohl § 207 Abs. 2 S. 2 als auch § 215 Abs. 2 S. 3 AktG verlangen, dass im Erhöhungsbeschluss die Art der Erhöhung angegeben wird; siehe auch *Koch* in Hüffer/Koch AktG § 215 Rn. 5; *Scholz* in MHdB AG § 60 Rn. 67; aA *Lutter* in Kölner Komm. AktG § 215 Rn. 12 (nur anfechtbar).
[33] Vgl. *Simons* in Hölters AktG § 207 Rn. 34; zur Kombination mit einer Kapitalherabsetzung *Schröer* in Ekkenga/Schröer Hdb AG-Finanzierung Kap. 7 Rn. 23; *Weiss* BB 2005, 2697.
[34] Ausf. zu diesem Fragenkomplex *Lutter* in Kölner Komm. AktG Vor § 207 Rn. 13 ff.
[35] *Arnold* in MüKoAktG AktG § 207 Rn. 36; *Marsch-Barner* in Bürgers/Körber AktG § 207 Rn. 9; *Fett/Spiering* NZG 2002, 358 (368); aA *Hirte* in GroßkommAktG AktG § 207 Rn. 105.

§ 27 Kapitalherabsetzung

Übersicht

	Rn.
I. Überblick	1
II. Allgemein	2
III. Die ordentliche Kapitalherabsetzung	6
IV. Die vereinfachte Kapitalherabsetzung	17
V. Die Kapitalherabsetzung durch Einziehung	22
1. Allgemein	22
2. Zwangseinziehung	24
3. Einziehung eigener Aktien	27
4. Ordentliches Einziehungsverfahren	29
5. Vereinfachtes Einziehungsverfahren	33
6. Anmeldung, Durchführung und Anmeldung der Durchführung	39
VI. „Kapitalschnitt"	42

Stichworte

Aktiengattungen Rn. 13, 25, 38
Buchsanierung Rn. 17
Debt-to-Equity-Swap Rn. 42
Durchführung Rn. 39 ff.
Einziehung
– angeordnete Rn. 4, 22, 23 ff., 39
– eigene Aktien Rn. 27 f.
– gestattete Rn. 4, 22, 23 ff.
– personalistische Gesellschaft Rn. 25
– Zwangseinziehung Rn. 4, 22, 23 ff., 39
Einziehungsentgelt Rn. 24 ff., 29, 33
Einziehungsverfahren
– ordentliches Rn. 29 ff.
– vereinfachtes Rn. 33 ff.
Gläubigerschutz Rn. 16, 20 f., 29, 33 f.

Handelsregisteranmeldung Rn. 14, 21, 39 ff.
Herabsetzungsbetrag Rn. 11, 19
Kapitalschnitt Rn. 42 ff.
Mehrheitserfordernisse Rn. 13, 25, 27, 32, 38
Nennbetragsaktien Rn. 7 f.
Ordentliche Kapitalherabsetzung Rn. 2, 6 ff.
Sachliche Rechtfertigung Rn. 6, 8, 27, 42
Sanierung Rn. 3, 42 ff.
Sonderbeschluss Rn. 13, 25, 28
Stückaktien Rn. 3, 7 f., 33, 37
Vereinfachte Kapitalherabsetzung Rn. 2 f., 17 ff.
Zusammenlegung Rn. 8 f., 15, 43
Zwangseinziehung s. Einziehung
Zwecksetzung Rn. 6

Schrifttum:

Kallweit/Simons, Aktienrückkauf zum Zweck der Einziehung und Kapitalherabsetzung, AG 2014, 352; *Kreklau/Schmalholz,* Die Zwangseinziehung von Aktien bei angespannter Liquidität – der Vorstand im Interessenkonflikt, BB 2011, 778; *Natterer,* Materielle Kontrolle von Kapitalherabsetzungsbeschlüssen? Die Sachsenmilch-Rechtsprechung, AG 2001, 629; *Terbrack,* Kapitalherabsetzende Maßnahmen bei Aktiengesellschaften, RNotZ 2003, 89; *Wieneke/Förl,* Die Einziehung eigener Aktien nach § 237 Abs. 3 Nr 3 AktG – Eine Lockerung des Grundsatzes der Vermögensbindung?, AG 2005, 189.

I. Überblick

Das Grundkapital kann im Wege der ordentlichen oder der vereinfachten Kapitalherabsetzung oder durch Einziehung von Aktien herabgesetzt werden (→ Rn. 2 ff.). Die ordentliche Kapitalherabsetzung, die keiner Zweckbindung unterliegt, erfolgt bei Stückaktien durch Herabsetzung des Grundkapitals und bei Nennbetragsaktien durch Herabsetzung der Nennbeträge oder Zusammenlegung von Aktien, wobei dem Gläubigerschutz Rechnung zu tragen ist (→ Rn. 6 ff.). Die vereinfachte Kapitalherabsetzung, bei der ein abgeschwächter Gläubigerschutz gilt, ist demgegenüber nur zu Sanierungszwecken zulässig (→ Rn. 17 ff.). Die Einziehung von Aktien als weitere Form der Kapitalherabsetzung kann in der Satzung entweder angeordnet oder zugelassen werden (→ Rn. 22 ff.). Ferner können zurückerworbene eigene Aktien eingezogen werden (→ Rn. 27 f.) Die Einziehung kann durch das ordentliche (→ Rn. 29 ff.) oder ggf. das vereinfachte (→ Rn. 33 ff.) Einziehungsverfahren umgesetzt werden. In Sanierungssituationen wird regelmäßig ein Kapitalschnitt durchgeführt (→ Rn. 42 ff.).

II. Allgemein

2 Die Hauptversammlung kann die Herabsetzung des Grundkapitals beschließen. Das Gesetz unterscheidet **drei Formen der Kapitalherabsetzung,**
– die ordentliche Kapitalherabsetzung (§§ 222 ff. AktG),
– die vereinfachte Kapitalherabsetzung (§§ 229 ff. AktG) und
– die Kapitalherabsetzung durch Einziehung (§§ 237 ff. AktG).

3 Während bei der ordentlichen und der vereinfachten Kapitalherabsetzung entweder die Nennbeträge (bei Stückaktien die Grundkapitalziffer) herabgesetzt oder Aktien zusammengelegt werden (§§ 222 Abs. 4, 229 Abs. 3 AktG), gehen bei der Einziehung die eingezogenen Aktien unter und das Grundkapital reduziert sich entsprechend ihrem Nennbetrag, oder, bei Stückaktien, um den auf sie entfallenden Anteil am Grundkapital (§§ 237–239 AktG). In der Praxis dominiert die vereinfachte Kapitalherabsetzung als **Sanierungsinstrument.**

4 Jede Kapitalherabsetzung ist eine **Satzungsänderung,** die bei der ordentlichen und der vereinfachten Herabsetzung stets eines Hauptversammlungsbeschlusses bedarf (§§ 222 Abs. 1 S. 1, 229 Abs. 3 AktG) und erst mit Eintragung des Beschlusses in das Handelsregister wirksam wird (§§ 224, 229 Abs. 3 AktG). Dagegen ist bei der von der Satzung **angeordneten** Zwangseinziehung ein Beschluss der Hauptversammlung über die Einziehung entbehrlich und muss bei der von der Satzung **gestatteten** Zwangseinziehung zu dem Hauptversammlungsbeschluss eine nachfolgende Einziehungshandlung noch hinzukommen (§ 238 S. 3 AktG).

5 Börsennotierte Gesellschaften haben spätestens innerhalb von zwei Handelstagen nach Wirksamwerden der Kapitalherabsetzung die geänderte Gesamtzahl der Stimmrechte gem. § 26a WpHG (ab 3.1.2018 § 41 WpHG) und zudem die erfolgte Herabsetzung des Grundkapitals gem. § 30b Abs. 1 Nr. 2 WpHG (ab 3.1.2018 § 49 Abs. 1 Nr. 2 WpHG) zu veröffentlichen.[1]

III. Die ordentliche Kapitalherabsetzung

6 Die ordentliche Kapitalherabsetzung unterliegt – im Gegensatz zur vereinfachten Kapitalherabsetzung – keinen Bindungen im Hinblick auf die mit ihr verfolgten Zwecke **(Freiheit der Zwecksetzung).**[2] Allerdings ist der tatsächlich verfolgte Zweck im Herabsetzungsbeschluss anzugeben (§ 222 Abs. 3 AktG).[3] Abgesehen von der in der Krise des Unternehmens etwa notwendig werdenden Beseitigung einer Unterbilanz, kann der Zweck der Herabsetzung etwa darin bestehen,
– die Aktionäre von restlichen **Einlagepflichten** zu befreien (§ 225 Abs. 2 S. 2 AktG),
– an die Aktionäre **Einlagen** zurückzahlen zu können (§ 222 Abs. 3 AktG) – auch in Form der Ausschüttung von Anteilen an einem zuvor ausgegliederten Tochterunternehmen[4] – oder

---

[1] Zu dieser und weiteren kapitalmarktrechtlichen Fragen *Scholz* in MHdB AG § 61 Rn. 79 ff.
[2] *Oechsler* in MüKoAktG AktG § 222 Rn. 6; *Veil* in K. Schmidt/Lutter AktG § 222 Rn. 3.
[3] *Koch* in Hüffer/Koch AktG § 222 Rn. 13.
[4] Vgl. *Oechsler* in MüKoAktG AktG § 222 Rn. 3 mit Beispiel Varta AG.

III. Die ordentliche Kapitalherabsetzung § 27

– den von der Ausschüttungssperre (§ 57 AktG) frei gewordenen Betrag (ganz oder teilweise) in **Rücklagen** einzustellen (§ 272 Abs. 2 und 3 HGB).
Die ordentliche Kapitalherabsetzung bedarf **keiner sachlichen Rechtfertigung;** auch ein gesonderter schriftlicher Vorstandsbericht ist nicht erforderlich.[5]

Bei **Nennbetragsaktien** sind folgende **Arten** von Kapitalherabsetzungen zu unterscheiden: 7
– die Herabsetzung des **Nennbetrags** (§ 222 Abs. 4 S. 1 AktG) und
– die **Zusammenlegung** der Aktien (§ 222 Abs. 4 S. 2 AktG), wenn die Herabsetzung des Nennbetrags nicht möglich ist.
Bei **Stückaktien** genügt die **bloße Herabsetzung des Grundkapitals,** da der durch sie verkörperte anteilige Betrag desselben sich automatisch verringert.

Die Herabsetzung des Nennbetrags lässt sämtliche Mitgliedschaftsrechte unberührt,[6] 8 wogegen bei einer Zusammenlegung von Aktien diejenigen Mitgliedschaftsrechte, die nicht in einer für die Zuteilung neuer Aktien ausreichenden Zahl vorhanden sind, entfallen. Die Zusammenlegung kann demnach sogar dazu führen, dass Aktionäre, die nicht die erforderliche Zahl von Aktien haben, um nach Zusammenlegung auch nur eine neue Aktie zu erhalten, **ausscheiden.** Deshalb ist die **Zusammenlegung nur zulässig,** wenn durch die Kapitalherabsetzung der Mindestnennbetrag (der Nennbetragsaktien; § 8 Abs. 2 S. 1 AktG) bzw. der auf das Stück entfallende anteilige Mindestbetrag des Grundkapitals (der Stückaktien; § 8 Abs. 3 S. 3 AktG) unterschritten würde (§ 222 Abs. 4 S. 2 AktG).[7] Angesichts dessen ist aber auch eine sachliche Rechtfertigung unter Berücksichtigung der Interessen der nicht ausscheidenswilligen Aktionäre nicht zu verlangen.[8]

Der Beschluss muss enthalten: 9
– den **Betrag,** um den das Grundkapital herabgesetzt werden soll,
– den **Zweck,** dem die Herabsetzung dienen soll (§ 222 Abs. 3 AktG), und
– die **Art** der Herabsetzung (§ 222 Abs. 4 S. 3 AktG).

Zum Beispiel:

a) *Zum Zweck der Rückzahlung eines Teils des Grundkapitals wird das Grundkapital im Wege der ordentlichen Kapitalherabsetzung durch Herabsetzung des Nennbetrags der Aktien von 3 EUR um 1 EUR auf 2 EUR/durch Zusammenlegung von jeweils 3 Aktien im Nennbetrag von 3 EUR zu 2 Aktien im Nennbetrag von je 3 EUR von 9.000.000 EUR um 3.000.000 EUR auf 6.000.000 EUR herabgesetzt. Die Einzelheiten der Durchführung bestimmt der Vorstand mit Zustimmung des Aufsichtsrates.*

b) *§ 3 Abs. 2 der Satzung wird wie folgt gefasst: „Das Grundkapital der Gesellschaft beträgt 6.000.000 EUR. Es ist eingeteilt in 3.000.000 Aktien im Nennbetrag von 2 EUR und 2.000.000 Aktien im Nennbetrag von 3 EUR."*

---

[5] BGHZ 138, 71 (75) = NZG 1998, 422 – Sachsenmilch; OLG Schleswig AG 2004, 155 (156 f.); ebenso die hL, *Koch* in Hüffer/Koch AktG § 222 Rn. 14; *Sethe* in GroßkommAktG AktG § 222 Rn. 29 jew mwN; aA *Lutter* in Kölner Komm. AktG § 222 Rn. 44 ff. Von einer materiellen Beschlusskontrolle zu unterscheiden ist die Abwehr missbräuchlicher Gestaltung zwecks Ausschluss von Kleinaktionären; siehe dazu *Butzke* L Rn. 37 aE; zur materiellen Beschlusskontrolle allgemein → § 12 Rn. 32 ff. Die Kapitalherabsetzung im Verhältnis 750:1 ohne Kapitalerhöhung oder sonstige Sanierungsmaßnahmen haben LG Dresden ZIP 1995, 1596 mit Anm. *Bork* EWiR 1995, 945 und OLG Dresden ZIP 1996, 1780 mit Anm. *Hirte* EWiR 1997, 195 für nichtig erklärt, weil sie der Verdrängung der Kleinaktionäre diene. Der BGH (s.o.) ist dem nicht gefolgt weil die *„sachliche Rechtfertigung"* bereits aus der gesetzlichen Regelung folge, *„die auf einer Abwägung der Aktionärsbelange und des Interesses der Gesellschaft beruht."* Ebenso OLG Dresden ZIP 2001, 1539 – Sachsenmilch. Krit. *Natterer* AG 2001, 629 (633 f.); *Busch* in Marsch-Barner/Schäfer Börsennotierte AG-HdB § 47 Rn. 12.
[6] Vgl. *Lutter* in Kölner Komm. AktG § 222 Rn. 22.
[7] *Koch* in Hüffer/Koch AktG § 222 Rn. 22; *Lutter* in Kölner Komm. AktG Vor § 222 Rn. 19. Diese Subsidiarität der Zusammenlegung dient somit dem Schutz der Kleinaktionäre, die nicht über eine ausreichende Zahl von Aktien verfügen; so schon RGZ 111, 26 (28) zur damaligen Rechtslage; zust. *Lutter* in Kölner Komm. AktG § 222 Rn. 25.
[8] Vgl. die Nachw in Fn. 5; vgl. auch *Scholz* in MHdB AG § 61 Rn. 15 mwN.

10 Der Beschluss kann darüber hinaus Angaben zur Durchführung der Kapitalherabsetzung enthalten (zB betreffend den Umtausch oder die Berichtigung von Aktienurkunden, Fristen), die den Vorstand dann **binden;** anderenfalls entscheidet er insoweit im Rahmen des ihm zustehenden **Ermessens.**[9] Üblicherweise enthält der Beschluss eine ausdrückliche Ermächtigung des Vorstands, die Einzelheiten der Durchführung (ggf. mit Zustimmung des Aufsichtsrats) festzulegen.[10]

11 Der **Herabsetzungsbetrag** kann fest beziffert werden. Zulässig ist aber auch, einen Höchstbetrag anzugeben, wenn dieser bestimmbar ist. Ein Ermessen zur Bestimmung des Herabsetzungsbetrags darf dem Vorstand nicht eingeräumt werden. Der Höchstbetrag muss sich aus nachprüfbaren Umständen ergeben.[11] Der Mindestnennbetrag des Grundkapitals (§ 7 AktG) darf – anders als beim Kapitalschnitt (§ 228 Abs. 1 AktG; → Rn. 42 f.) – nicht unterschritten werden.

12 Für die **Vorbereitung** der Hauptversammlung gelten keine von den sonstigen gesetzlichen oder satzungsmäßigen Einberufungserfordernissen abweichenden Anforderungen. Auch in der Hauptversammlung gelten keine Besonderheiten.

13 Der Beschluss bedarf einer Mehrheit von mindestens drei Vierteln des bei der Beschlussfassung vertretenen Grundkapitals (§ 222 Abs. 1 S. 1 AktG) sowie der einfachen Stimmenmehrheit.[12] Die Satzung kann eine größere Mehrheit und weitere Erfordernisse bestimmen (§ 222 Abs. 1 S. 2 AktG). Sind **mehrere Gattungen** stimmberechtigter Aktien vorhanden, bedarf es der Zustimmung der Aktionäre jeder Gattung durch **Sonderbeschluss** mit ebenfalls qualifizierter Mehrheit (§ 222 Abs. 2 AktG).

14 Der Vorstand in vertretungsberechtigter Zahl und der Vorsitzende des Aufsichtsrats haben den **Beschluss** über die Herabsetzung des Grundkapitals zur Eintragung **anzumelden** (§ 223 AktG), der Vorstand ebenso **die Durchführung** (§ 227 Abs. 1 AktG). Die Anmeldung der Kapitalherabsetzung kann mit der Anmeldung ihrer Durchführung **verbunden** werden (§ 227 Abs. 2 AktG).[13]

15 **Durchführungshandlungen** sind bei der bloßen Herabsetzung der Grundkapitalziffer und der Herabsetzung der Nennbeträge nicht erforderlich. Hier ist die Kapitalherabsetzung durchgeführt, sobald sie durch Eintragung in das Handelsregister wirksam geworden ist (§ 224 AktG; → § 42 Rn. 87). Im Fall der Zusammenlegung von Aktien muss das Zusammenlegungsverfahren zunächst durchgeführt werden (§ 226 AktG), ehe die Durchführung angemeldet werden kann.[14] Die Durchführung obliegt dem Vorstand; sie besteht in seiner Entscheidung, welche Aktien entsprechend dem Beschluss der Hauptversammlung wie zusammengelegt werden sollen. Die Berichtigung von Aktienurkunden ist zur Wirksamkeit nicht erforderlich. Da die Zusammenlegung den Anteil jeder Aktie am Grundkapital erhöht, ist eine bestehende Börsennotierung umzustellen.[15]

16 In der Bekanntmachung der Eintragung sind die Gläubiger der Gesellschaft auf die **Gläubigerschutzvorschriften** hinzuweisen, wonach ihnen, wenn sie sich sechs Monate nach der Bekanntmachung melden, Sicherheit zu leisten ist, sofern sie nicht Befriedigung verlangen können (§ 225 Abs. 1 AktG); eine konkrete Gefährdung der Forderungen ist dabei nicht erforderlich. Zahlungen dürfen an die Aktionäre erst geleistet werden, wenn seit der Bekanntmachung der Eintragung sechs Monate verstrichen sind und den Gläubigern der Gesellschaft, die sich rechtzeitig gemeldet haben, Befriedigung oder Sicherheit

---

[9] RGZ 80, 81 (83 f.); *Marsch-Barner* in Spindler/Stilz AktG § 226 Rn. 4.
[10] *Tielmann* in Happ/Groß AktienR 14.01 Rn. 8.
[11] ZB: Der Betrag der Herabsetzung soll künftiger Unterbilanz entsprechen, vgl. *Koch* in Hüffer/Koch AktG § 222 Rn. 12.
[12] Zum Erfordernis einfacher Stimmenmehrheit *Oechsler* in MüKoAktG AktG § 222 Rn. 14; bei Rekapitalisierungen nach § 7 FMStFG genügt nach § 7 Abs. 6 S. 1, Abs. 3 S. 1, 2 FMStBG die Mehrheit von zwei Dritteln der abgegebenen Stimmen oder des vertretenen Grundkapitals.
[13] Dann muss der Vorsitzende des Aufsichtsrats, der sonst die Durchführung nicht mit anmelden muss, dabei mitwirken, *Scholz* in MHdB AG § 61 Rn. 76.
[14] Siehe dazu *Scholz* in MHdB AG § 61 Rn. 77.
[15] *Busch* in Marsch-Barner/Schäfer Börsennotierte AG-HdB § 47 Rn. 51.

geleistet worden ist. Von etwa noch bestehenden (Rest-)Einlageverpflichtungen werden die betroffenen Aktionäre nicht vor Ablauf der Sechsmonatsfrist und vor Befriedigung oder Sicherstellung der Gläubiger frei, die sich gemeldet haben (§ 225 Abs. 2 AktG).

IV. Die vereinfachte Kapitalherabsetzung

Die vereinfachte Kapitalherabsetzung unterscheidet sich von einer ordentlichen Kapitalherabsetzung nur in dem von ihr verfolgten Zweck und durch ihren abgeschwächten Gläubigerschutz.[16] Ihr Hauptanwendungsbereich liegt in der **Buchsanierung** der Gesellschaft (auch → Rn. 42 ff.).

Zulässige **Zwecke** der vereinfachten Kapitalherabsetzung sind **ausschließlich** die in § 229 Abs. 1 S. 1 AktG genannten Zwecke, nämlich
– die Deckung nachhaltiger Verluste, unabhängig von der Ursache der Verluste und auch schon dann, wenn sie sich noch nicht realisiert haben;[17]
– der Ausgleich von Wertminderungen als ein Unterfall der Verlustdeckung;
– die Einstellung von Beträgen in die Kapitalrücklage, allerdings nur, bis die Summe aus Kapitalrücklage und gesetzlicher Rücklage 10 % des Grundkapitals betragen (§ 231 AktG);[18]

und die weiteren gesetzlich angeordneten Fälle, nämlich
– die Umstellung des Grundkapitals auf Euro (§ 4 Abs. 5 S. 2 EGAktG)[19] und
– die Abspaltung oder der Ausgliederung, wenn eine Kapitalherabsetzung zu ihrer Durchführung erforderlich ist (§ 145 UmwG).

Der konkrete Zweck ist im Beschluss anzugeben (§ 229 Abs. 1 S. 2 AktG), und zwar so, dass dem Vorstand **kein Ermessen** verbleibt, wie er den Herabsetzungsbetrag verteilen will.[20] Es können auch mehrere der Zwecke kombiniert werden; dann ist aber anzugeben, welche Kapitalherabsetzungsbeträge auf welche Zwecke entfallen.[21] Die Verlustfeststellung gehört indes nicht zum Beschlussinhalt. **Zulässigkeitsvoraussetzung** (§ 229 Abs. 2 AktG) für die vereinfachte Kapitalherabsetzung ist außerdem, dass die die gesetzliche Mindestreserve (§ 150 Abs. 3 AktG) übersteigenden Eigenkapitalposten erschöpft und keine Gewinnrücklagen und kein Gewinnvortrag vorhanden sind (§ 266 Abs. 3 A. III und IV HGB).

Zum Beispiel:
Zur Deckung von Verlusten wird das Grundkapital durch Herabsetzung des Nennbetrags der Aktien von 2,50 EUR um 1,50 EUR auf 1,00 EUR / durch Zusammenlegung von jeweils 2 Aktien im Nennbetrag von 2,50 EUR zu 5 Aktien im Nennbetrag von je 1,00 EUR von 3.750.000 EUR um 2.250.000 EUR auf 1.500.000 EUR herabgesetzt.

Da die vereinfachte Kapitalherabsetzung weder Zahlungen an die Aktionäre noch deren Befreiung von Einlageverpflichtungen ermöglicht (§ 230 AktG), **entfällt die Anwendung der Gläubigerschutzvorschriften**. § 229 Abs. 3 AktG verweist daher nicht auf § 225 AktG. Allerdings darf **Gewinn erst wieder ausgeschüttet** werden, wenn die gesetzliche Mindestreserve wieder gebildet ist. Ein Gewinnanteil von mehr als 4 % darf erst für ein Geschäftsjahr ausgeschüttet werden, das später als zwei Jahre nach der Be-

---

[16] *Koch* in Hüffer/Koch AktG § 229 Rn. 3; *Geißler* NZG 2000, 719 (723).
[17] Vgl. auch LG Hamburg AG 2006, 512 (513).
[18] Dabei ist hinsichtlich der Rücklagen auf den Zeitpunkt des Kapitalherabsetzungsbeschlusses und hinsichtlich des Grundkapitals auf den nach dem Vollzug der Herabsetzung (ohne Berücksichtigung einer möglicherweise gleichzeitig stattfindenden Kapitalerhöhung) abzustellen.
[19] In dieser Vorschrift wird § 229 Abs. 2 AktG für nicht anwendbar erklärt.
[20] *Koch* in Hüffer/Koch AktG § 229 Rn. 10.
[21] *Veil* in K. Schmidt/Lutter AktG § 229 Rn. 5; *Terbrack* RNotZ 2003, 89 (100 f.).

schlussfassung über die Kapitalherabsetzung beginnt. Letztere Beschränkung entfällt, wenn die Gläubiger, die sich binnen sechs Monaten nach Bekanntmachung des Jahresabschlusses gemeldet haben, wegen ihrer vor Bekanntmachung des Kapitalherabsetzungsbeschlusses begründeten Forderungen gesichert oder befriedigt worden sind (§ 233 Abs. 2 AktG).

21 Für die **Anmeldung** der Herabsetzung, die Durchführung und deren Anmeldung gilt das Gleiche wie bei der ordentlichen Kapitalherabsetzung, mit Ausnahme der Gläubigerschutzvorschriften (§ 229 Abs. 3 AktG; → Rn. 14 ff.).

V. Die Kapitalherabsetzung durch Einziehung

1. Allgemein

22 Während von der (ordentlichen und vereinfachten) Kapitalherabsetzung alle Aktien betroffen sind, ermöglicht die Einziehung die Vernichtung **einzelner Aktien** oder der Aktien einer Gattung, um deren Anteil am Grundkapital sich dieses vermindert. Nicht immer ist dazu ein Beschluss der Hauptversammlung nötig. Die Einziehung ermöglicht es insbes. personalistischen Gesellschaften – typischerweise in Kombination mit einer Vinkulierung –, das Eindringen unerwünschter Dritter (etwa Nicht-Familienmitglieder) zu verhindern.[22] Die Einziehung muss in der Satzung entweder angeordnet oder gestattet werden. Fehlt in der ursprünglichen Satzung eine Einziehungsregelung, kann sie nachträglich und – entgegen dem missverständlichen Wortlaut des § 237 Abs. 1 S. 2 AktG – auch noch nach Übernahme oder Zeichnung von Aktien eingeführt werden, wenn alle Aktionäre zustimmen.[23] Ob diese Grundsätze auch im Insolvenzplanverfahren gelten oder der Insolvenzplan eine Einziehung vielmehr auch ohne Rechtsgrundlage in der Satzung vorsehen kann, ist nicht geklärt.[24]

23 Das Gesetz sieht zwei Fallgestaltungen und zwei Verfahrenswege der Kapitalherabsetzung durch Einziehung vor:[25] Es **unterscheidet** die satzungsmäßig angeordnete oder gestattete **Zwangseinziehung** (→ Rn. 24 ff.) von der Einziehung **eigener Aktien** (→ Rn. 27 f.) und das **ordentliche** (→ Rn. 29 ff.) vom **vereinfachten Einziehungsverfahren** (→ Rn. 33 ff.).

2. Zwangseinziehung

24 Wenn die Zwangseinziehung **satzungsgemäß angeordnet** ist (§ 237 Abs. 6 AktG), bedarf sie **keines Beschlusses der Hauptversammlung.** An dessen Stelle tritt die Entscheidung des Vorstands. Die Voraussetzungen der angeordneten Zwangseinziehung, der Umfang der Einziehung, ihr Zeitpunkt und das Einziehungsentgelt müssen dann in der Satzung aber so genau bestimmt sein, dass dem **Vorstand kein Ermessensspielraum** verbleibt.[26] Fehlt es an der hinreichenden Bestimmtheit, kann eine Umdeutung (§ 140 BGB) in eine gestattete Einziehung in Betracht kommen.[27]

25 Dagegen bedarf die Zwangseinziehung, wenn sie **satzungsgemäß** nur **gestattet** ist, immer eines **Beschlusses der Hauptversammlung** mit – neben der einfachen Stimmenmehrheit – einer Mehrheit von mindestens drei Vierteln des bei der Beschlussfassung

---

[22] *Sethe* in GroßkommAktG AktG § 237 Rn. 53; *Wicke* ZGR 2012, 450, 473; auch → Rn. 25.
[23] *Marsch-Barner* in Spindler/Stilz AktG § 237 Rn. 10.
[24] Verneinend AG Charlottenburg NZG 2015, 1326; aA etwa *Klausmann* NZG 2015, 1300.
[25] Daneben gibt es, allerdings nur bei Stückaktien, die Einziehung ohne Herabsetzung des Grundkapitals unter Erhöhung des Anteils der übrigen Aktien daran, § 237 Abs. 3 Nr. 3 AktG; siehe dazu *Koch* in Hüffer/Koch AktG § 237 Rn. 34a f.
[26] *Sethe* in GroßkommAktG AktG § 237 Rn. 45; *Oechsler* in MüKoAktG AktG § 237 Rn. 28.
[27] *Koch* in Hüffer/Koch AktG § 237 Rn. 10; *Terbrack* RNotZ 2003, 89 (110).

vertretenen Grundkapitals (§§ 237 Abs. 2 S. 1, 222 Abs. 1 S. 1 AktG) und außerdem der Zustimmung der Inhaber stimmberechtigter Aktien anderer Gattung durch **Sonderbeschluss** (§§ 237 Abs. 2 S. 1, 222 Abs. 2 AktG; → § 40 Rn. 23 ff.). Die Einziehungsgestattung unterliegt nicht dem strengen Bestimmtheitsgebot der Einziehungsanordnung. Die Satzung kann daher, muss aber nicht, die Voraussetzungen, den Umfang, eine Frist und das Einziehungsentgelt regeln;[28] sie kann die Regelung aber auch dem Ermessen der Hauptversammlung anheim geben (§ 237 Abs. 2 S. 2 AktG). Die hM verlangt, dass die Einziehung (falls nicht eine Teilliquidation von Gesellschaftsvermögen durch Kapitalrückzahlung oder Erlass von Einlageforderungen bezweckt ist)[29] **sachlich gerechtfertigt** ist, da sie den denkbar schwersten Eingriff in die Rechte des Aktionärs darstellt;[30] die Beachtung des Gleichbehandlungsgrundsatzes allein soll nicht genügen.[31] Bei **personalistischen Gesellschaften** soll zusätzlich erforderlich sein, dass der Aktionär in der Lage ist, die Erreichung des Gesellschaftszwecks zu gefährden, was voraussetzen soll, dass er mindestens satzungsändernde Beschlüsse verhindern kann, und sein Verhalten die Erreichung der Zwecksetzung der AG nachhaltig stört.[32] Das überzeugt nicht. Denn danach wäre es für personalistische Gesellschaften mit wenigen Aktionären unmöglich, die Homogenität ihres Aktionärskreises, an der sie ein besonderes und schützenswertes Interesse haben, über die Einziehung sicherzustellen. Zudem wäre häufig selbst bei schweren Verfehlungen des Aktionärs eine Einziehung unstatthaft, wenn und weil der Aktionär keine Sperrminorität hält. Unabhängig hiervon besteht bei personalistischen Gesellschaften das anerkennenswerte Bedürfnis, eine Einziehung statutarisch zuzulassen, wenn ein Aktionär eine **besondere persönliche Eigenschaft** (etwa Zugehörigkeit zu einem bestimmten Beruf oder zur Familie) nicht mehr aufweist.[33]

Das **Einziehungsentgelt** kann entsprechend dem Wert der eingezogenen Aktien, aber auch niedriger festgesetzt werden; ein Ausschluss jeglicher Abfindung ist jedenfalls dann unzulässig, wenn die betreffenden Aktien entgeltlich erworben wurden.[34] Ein den Wert übersteigendes Einziehungsentgelt ist zulässig, weil die Gläubiger durch die Sicherheitsleistung (vgl. § 237 Abs. 2 S. 1 iVm § 225 AktG, außerdem § 237 Abs. 3 AktG) ausreichend geschützt sind[35] und eine verbotene Einlagenrückgewähr bei der Kapitalherabsetzung durch die Auszahlungssperre des § 225 Abs. 2 S. 1 AktG ersetzt wird.[36] Fehlt eine Regelung über das Einziehungsentgelt oder ist sie unwirksam, ist eine angemessene Abfindung geschuldet, wofür die Grundsätze zu § 305 Abs. 3 S. 2 AktG herangezogen werden.[37]

26

---

[28] *Veil* in K. Schmidt/Lutter AktG § 237 Rdn. 14; *Scholz* in MHdB AG § 63 Rn. 14 jew. mwN.
[29] *Lutter* in Kölner Komm. AktG § 237 Rn. 47.
[30] *Koch* in Hüffer/Koch AktG § 237 Rn. 16; *Sethe* in GroßkommAktG § 237 Rn. 61; *Marsch-Barner* in Spindler/Stilz AktG § 237 Rn. 15; *Veil* in K. Schmidt/Lutter AktG § 237 Rn. 14.
[31] Dem hält *Scholz* in MHdB AG § 63 Rn. 14 mit beachtlichen Gründen entgegen, dass eine Kontrolle anhand des Missbrauchsverbots und des Gleichbehandlungsgrundsatzes ausreicht.
[32] *Oechsler* in MüKoAktG AktG § 237 Rn. 54 mit Verweis auf *Becker* ZGR 1986, 383 (402); zur Einziehung von Aktien bei personalistischer AG OLG München AG 2017, 441.
[33] *Lutter* FS Vieregge, 1995, 603 (615); *Sethe* in GroßkommAktG AktG § 237 Rn. 53; vgl. auch *Reichert* AG 2016, 677 (679); OLG München AG 2017, 441 (444).
[34] BGH NZG 2013, 220 (222); dazu auch *Kreklau/Schmalholz* BB 2011, 778 (779); zur Beschränkung des Einziehungsentgelts *Scholz* in MHdB AG § 63 Rn. 18 ff.; zur Beschränkung durch satzungsergänzende Nebenabrede OLG München AG 2017, 441 (445 f.).
[35] *Koch* in Hüffer/Koch AktG § 237 Rn. 17 f.; *Scholz* in MHdB AG § 63 Rn. 18.
[36] *Oechsler* in MüKoAktG AktG § 225 Rn. 1.
[37] *Marsch-Barner* in Spindler/Stilz AktG § 237 Rn. 17; *Sethe* in GroßkommAktG AktG § 237 Rn. 73.

3. Einziehung eigener Aktien

27 Zur Einziehung eigener Aktien ist die Gesellschaft jederzeit auch ohne Ermächtigung in der Satzung berechtigt,[38] uU sogar verpflichtet.[39] Sollen erworbene eigene Aktien eingezogen werden, bedarf es eines **Hauptversammlungsbeschlusses** mit – neben der einfachen Stimmenmehrheit[40] – einer Mehrheit von mindestens drei Vierteln des bei der Beschlussfassung vertretenen Grundkapitals (§§ 237 Abs. 2 S. 1, 222 Abs. 1 S. 1 AktG), der keiner sachlichen Rechtfertigung bedarf, da in fremde Rechte nicht eingegriffen wird. Ein gesonderter Einziehungsbeschluss der Hauptversammlung ist aber dann **nicht erforderlich, wenn** die Hauptversammlung den Vorstand **zugleich** mit dem Rückerwerb auch zur Einziehung der Aktien ermächtigt hatte (§ 71 Abs. 1 Nr. 8 S. 6; → § 32 Rn. 32; zum zulässigen Erwerb eigener Aktien zum Zweck der Einziehung → § 32 Rn. 30 ff.). In diesem Fall ist auch § 237 Abs. 3 AktG nicht anzuwenden.[41] Die Ermächtigung zum Rückerwerb eigener Aktien kann mit der Einziehungsermächtigung verknüpft werden („Rückerwerb zum Zwecke der Einziehung"), muss es aber nicht. Wird der Vorstand unabhängig voneinander zu Erwerb und Einziehung eigener Aktien ermächtigt,[42] entscheidet der Vorstand nach pflichtgemäßem Ermessen, ob und in welchem Umfang er von der Einziehungsermächtigung Gebrauch macht.

28 Anders als bei der ordentlichen Kapitalherabsetzung wird die Kapitalherabsetzung durch Einziehung eigener Aktien nicht durch die Eintragung ins Handelsregister (§ 224 AktG), sondern durch die Durchführung der Einziehung der Aktien (als dem späteren Akt) wirksam.[43]

4. Ordentliches Einziehungsverfahren

29 Dieses Verfahren bestimmt sich im Wesentlichen nach den für die ordentliche Kapitalherabsetzung geltenden Regeln (§§ 237 Abs. 2 S. 1, 222 ff. AktG; → Rn. 6 ff.). Insbes. gelten für die Zahlung des Einziehungsentgelts und die Befreiung der betroffenen Aktionäre von ihrer Einlagepflicht sinngemäß die bei der ordentlichen Kapitalherabsetzung geltenden **Gläubigerschutzvorschriften** (§§ 237 Abs. 2 S. 3, 225 Abs. 2 AktG). Das bedeutet: Das Einziehungsentgelt darf erst geleistet werden, wenn seit der Bekanntmachung der Eintragung der Kapitalherabsetzung sechs Monate verstrichen sind und den Gläubigern der Gesellschaft, die sich rechtzeitig gemeldet haben, Befriedigung oder Sicherheit geleistet worden ist. Von etwa noch bestehenden (Rest-)Einlageverpflichtungen werden die betroffenen Aktionäre nicht vor Ablauf der Sechsmonatsfrist und vor Befriedigung oder Sicherstellung der Gläubiger frei, die sich gemeldet haben. Allerdings gilt das Auszahlungsverbot nur für Aktien, die zum Zwecke der Einziehung (§ 71 Abs. 1 Nr. 6 AktG) aufgrund eines entsprechenden Hauptversammlungsbeschlusses erworben worden sind (→ § 32 Rn. 31),[44] nicht hingegen, wenn der Erwerb eigener Aktien anderen Zwecken dient.[45]

---

[38] *Koch* in Hüffer/Koch AktG § 237 Rn. 19 ff.; *Lutter* in Kölner Komm. AktG § 237 Rn. 75; *Oechsler* in MüKoAktG AktG § 237 Rn. 72.

[39] Siehe § 71c AktG. Außerdem müssen Aktien eingezogen werden, die gem. § 71 Abs. 1 Nr. 6 AktG erworben wurden (→ § 32 Rn. 31); das folgt aus der Pflicht des Vorstands zur Ausführung der von der Hauptversammlung beschlossenen Maßnahmen, § 83 Abs. 2 AktG.

[40] *Cahn* in Spindler/Stilz AktG § 71 Rn. 110; *Kallweit/Simons* AG 2014, 352 (355); aA *Merkt* in Großkomm AktG § 71 Rn. 298.

[41] OLG München AG 2012, 563 (564); *Kallweit/Simons* AG 2014, 352 (354); aA *Oechsler* in MüKoAktG AktG § 237 Rn. 91a.

[42] Was zulässig ist, vgl. *Reichert/Harbarth*, ZIP 2001, 1441 (1450).

[43] *Oechsler* in MüKoAktG AktG § 237 Rn. 74.

[44] *Koch* in Hüffer/Koch AktG § 237 Rn. 28.

[45] *Koch* in Hüffer/Koch AktG, § 237 Rn. 28; *Veil* in K. Schmidt/Lutter AktG § 237 Rn. 31.

Für die **Vorbereitung** und die **Durchführung** der Hauptversammlung gelten die glei- 30
chen Regeln wie bei der ordentlichen Kapitalherabsetzung.[46]

Im Beschluss ist (die Einziehung als) der Zweck der Kapitalherabsetzung anzugeben 31
(§§ 237 Abs. 2 S. 1, 222 Abs. 3 AktG).

Zum Beispiel:

Zum Zwecke der Rückzahlung eines Teils des Grundkapitals durch Einziehung von bis zu 500.000 Aktien (ggf. im Nennbetrag von je 3 EUR) nach deren Erwerb durch die Gesellschaft wird das Grundkapital der Gesellschaft von 6.000.000 EUR um bis zu 1.500.000 EUR auf bis zu 4.500.000 EUR nach den Vorschriften über die ordentliche Kapitalherabsetzung (§§ 237 Abs. 2 S. 1, 222 ff. AktG) herabgesetzt.

Der Beschluss bedarf neben der einfachen Stimmenmehrheit einer **Mehrheit** von min- 32
destens drei Vierteln des bei der Beschlussfassung vertretenen Grundkapitals (§ 222 Abs. 1
AktG). Die Satzung kann eine größere Kapitalmehrheit und weitere Erfordernisse bestimmen.

5. Vereinfachtes Einziehungsverfahren

Das Gesetz befreit die Gesellschaft von den Gläubigerschutzvorschriften (→ Rn. 29) des 33
ordentlichen Einziehungsverfahrens in bestimmten Fällen, in denen es ein vereinfachtes
Einziehungsverfahren zulässt.[47] Dieses ist nur zulässig, wenn auf die Aktien der volle Ausgabebetrag (nebst etwaigem Agio)[48] geleistet worden ist und ein Fall des § 237 Abs. 3
Nr. 1 bis 3 AktG vorliegt, nämlich
– die Aktien der Gesellschaft unentgeltlich zur Verfügung gestellt wurden,[49]
– das Einziehungsentgelt zu Lasten des Bilanzgewinns (§ 158 Abs. 1 Nr. 5 AktG)[50] oder
  einer anderen Gewinnrücklage (§ 266 Abs. 3 A. III.4 HGB) geleistet werden kann, soweit sie zu diesem Zweck verwendet werden können, oder
– die Aktien Stückaktien sind und der Einziehungsbeschluss bestimmt, dass sich der anteilige Betrag des Grundkapitals der übrigen Aktien durch die Einziehung entsprechend
  erhöht.

In den beiden zuerst genannten Fällen ist der auf die eingezogenen Aktien entfallende 34
Betrag des Grundkapitals in die Kapitalrücklage einzustellen (§ 237 Abs. 5 AktG). Das tritt
beim vereinfachten Einziehungsverfahren an die Stelle des Gläubigerschutzes nach § 225
Abs. 2 AktG.

Für die **Vorbereitung** und die Durchführung der Hauptversammlung gelten keine Be- 35
sonderheiten.[51]

Im Beschluss ist (die Einziehung als) der Zweck der Kapitalherabsetzung anzugeben 36
(§ 237 Abs. 4 S. 4 AktG).

Zum Beispiel:

Zum Zwecke der Rückzahlung eines Teils des Grundkapitals durch Einziehung voll eingezahlter, von der Gesellschaft bis zum 30.4.2018 gem. § 71 Abs. 1 Nr. 6 AktG zu Preisen, die den am 25.5.2016 festgestellten Schlusskurs der Aktie im Xetra-Handel an der Frankfurter Wertpapierbörse nicht überschreiten, zu erwerbender Aktien im Nennbetrag von je

---

[46] Muster finden sich bei *Tielmann* in Happ/Groß AktienR 14.04.
[47] Es hat nichts mit den Regeln über die „vereinfachte Kapitalherabsetzung" zu tun, §§ 229 ff. AktG.
[48] *Koch* in Hüffer/Koch AktG § 237 Rn. 31; *Veil* in K. Schmidt/Lutter AktG § 237 Rn. 34.
[49] Etwa vom Großaktionär. Entgegen früher hA steht dem nicht entgegen, wenn sie vorher von der Gesellschaft aktiviert worden waren, *Scholz* in MHdB AG § 63 Rn. 39 mwN.
[50] Es darf also noch kein dem entgegenstehender Gewinnverwendungsbeschluss gefasst worden sein.
[51] Muster finden sich bei *Tielmann* in Happ/Groß AktienR 14.05.

1 EUR zu Lasten des Bilanzgewinns und/oder einer anderen Gewinnrücklage wird das Grundkapital der Gesellschaft von 2.035.600 EUR um 35.600 EUR auf 2.000.000 EUR nach den Vorschriften über die vereinfachte Einziehung (§ 237 Abs. 3–5 AktG) herabgesetzt. Der auf die eingezogenen Aktien entfallende Betrag des Grundkapitals ist in die Kapitalrücklage einzustellen.

37 Bei **Stückaktien** kommt eine **Einziehung** auch **ohne Kapitalherabsetzung** in Betracht. Ein entsprechender Beschluss könnte folgendermaßen lauten:

Zum Zweck der Glättung der Aktienanzahl werden 35.600 Stückaktien, die die Gesellschaft bis zum 25.3.2016 gemäß § 71 Abs. 1 Nr. 8 AktG erworben hat, in vereinfachter Form gemäß § 237 Abs. 3 Nr. 3 AktG ohne Kapitalherabsetzung eingezogen mit der Folge, dass sich der auf die einzelnen übrigen 2.000.000 Stückaktien entfallende anteilige Betrag des Grundkapitals gemäß § 8 Abs. 3 AktG entsprechend erhöht.

38 Der Beschluss kommt mit **einfacher Mehrheit** zustande (§ 237 Abs. 4 S. 2 AktG). Die Satzung kann eine größere Mehrheit und weitere Erfordernisse bestimmen (§ 237 Abs. 4 S. 3 AktG). Sind mehrere Aktiengattungen vorhanden, bedarf es keiner Sonderbeschlüsse, weil § 237 Abs. 4 AktG abschließend ist.[52]

6. Anmeldung, Durchführung und Anmeldung der Durchführung

39 Grundsätzlich gilt das Gleiche wie bei der ordentlichen Kapitalherabsetzung (§ 237 Abs. 2 S. 1 AktG) mit der Besonderheit, dass ein **Einziehungsbeschluss des Vorstands** (bei der angeordneten Zwangseinziehung) **nicht angemeldet** werden muss.[53] Auch hier kann die Anmeldung mit der **Anmeldung der Durchführung verbunden** werden (§ 239 Abs. 2 AktG).[54] Auch die Ermächtigung des Vorstands durch die Hauptversammlung, eigene Aktien zurückzuerwerben und einzuziehen, bedarf keiner Handelsregistereintragung.[55]

40 Die „**Durchführung**" setzt eine „Handlung der Gesellschaft" voraus, die „auf Vernichtung der Rechte" aus den von der Einziehung betroffenen „bestimmten Aktien" gerichtet ist (§ 238 S. 3 AktG). Diese Handlung obliegt dem Vorstand; sie besteht – falls es sich nicht um eigene Aktien handelt, bei denen jede Handlung genügt, die den Willen zur Einziehung zum Ausdruck bringt – in einer Willenserklärung gegenüber den betroffenen Aktionären, denen die Einziehung konkret zu bezeichnender Aktien (Serie, Nummern) mitzuteilen ist, oder in deren Bekanntmachung. Die Vernichtung (oder Abstempelung) von Aktienurkunden ist zur Wirksamkeit nicht erforderlich.[56]

41 Mit der **Eintragung** des Beschlusses, ggf. der Vornahme der Einziehungshandlung (§ 238 AktG), wird die Kapitalherabsetzung wirksam und gehen die Mitgliedschaftsrechte der Aktionäre aus den betroffenen Aktien unter. Aktienurkunden verkörpern jetzt nur noch den Anspruch auf das Einziehungsentgelt.[57]

---

[52] *Koch* in Hüffer/Koch AktG § 237 Rn. 35; *Scholz* in MHdB AG § 63 Rn. 42; *Oechsler* in MüKoAktG AktG § 237 Rn. 103; *Marsch-Barner* in Spindler/Stilz AktG § 237 Rn. 34; aA *Lutter* in Kölner Komm. AktG § 237 Rn. 108; *Zöllner* FS Doralt, 2004, 751 (762).
[53] *Scholz* in MHdB AG § 63 Rn. 46, ebenso wenig bei der Einziehung eigener Aktien. Auch in diesen Fällen ist aber die Durchführung anzumelden, § 239 Abs. 1 S. 2 AktG.
[54] Auch dann muss der Vorsitzende des Aufsichtsrats mit anmelden, § 237 Abs. 4 S. 5 AktG; *Koch* in Hüffer/Koch AktG § 239 Rn. 8.
[55] *Merkt* in GroßkommAktG AktG § 71 Rn. 259; *Kallweit/Simons* AG 2014, 352 (358).
[56] *Koch* in Hüffer/Koch AktG § 238 Rn. 7–9. Erforderlich ist auch nicht die – ohnehin stets im Ermessen des Vorstands stehende, *Koch* in Hüffer/Koch AktG § 73 Rn. 4 – Kraftloserklärung im Verfahren nach § 73 AktG, so aber *Lutter* in Kölner Komm. AktG § 238 Rn. 9.
[57] *Scholz* in MHdB AG § 63 Rn. 49; zu börsenrechtlichen Fragen der Kapitalherabsetzung *Busch* in Marsch-Barner/Schäfer Börsennotierte AG-HdB § 47 Rn. 50 f.

VI. „Kapitalschnitt"

Die Kapitalherabsetzung kommt – außer in der Form der ordentlichen Kapitalherabsetzung bei Umstrukturierungen – praktisch meist in Form der vereinfachten (bilanziell) **rückwirkenden** Kapitalherabsetzung mit gleichzeitiger Erhöhung des Grundkapitals (sog. Kapitalschnitt) vor (§§ 229 ff., 234 f. AktG). Bei der **Sanierung** von Gesellschaften ist der Kapitalschnitt meist das einzige Mittel zur Erlangung neuen Eigenkapitals. Der Kapitalschnitt wird häufig im Rahmen eines Debt-to-Equity-Swap durchgeführt.[58] Die bloße Kapitalerhöhung gegen Einlagen, die dem Wert der Mitgliedschaft entsprechen, scheitert idR an dem Verbot der Unter-Pari-Ausgabe (§ 9 Abs. 1 AktG); außerdem wären Zeichner kaum bereit, künftige Gewinne mit den Altaktionären zu teilen, wenn das verlorene Kapital mangels Herabsetzung als noch vorhanden behandelt würde. Die Rückwirkung besteht darin, dass die Bilanz zum letzten Bilanzstichtag bereits unter Berücksichtigung der Kapitalherabsetzung (und einer ggf. gleichzeitig beschlossenen Kapitalerhöhung) auf- und festgestellt wird, um sich den bilanziellen Ausweis der durch die Sanierungsmaßnahme beseitigten Verluste zu ersparen. Der Kapitalschnitt wird gelegentlich von Kleinaktionären beanstandet.[59] Er bedarf jedoch keiner sachlichen Rechtfertigung iSd „materiellen Beschlusskontrolle" (vgl. Fn. 5 und → § 12 Rn. 32 ff.).[60]

Beim Kapitalschnitt gelten folgende Besonderheiten: Die **Hauptversammlung stellt den Jahresabschluss fest** (§ 234 Abs. 2 AktG). Zulässig ist nur die Kapitalerhöhung gegen **Bareinlagen** (§ 235 Abs. 1 S. 2 AktG), die **vor dem Erhöhungsbeschluss gezeichnet und** auf die die angeforderten Beträge,[61] mindestens die gesetzlichen Mindesteinzahlungen (§§ 188 Abs. 2, 36 Abs. 2, 36a AktG), also ein Viertel des Nennbetrags und eine etwaige Differenz zwischen Nennbetrag und Ausgabebetrag, zur endgültig freien Verfügung des Vorstands **geleistet** sein müssen (§ 235 Abs. 1 S. 2 und 3 AktG).

Zum Beispiel:

1. *Zur Deckung von Verlusten wird das Grundkapital in vereinfachter Form gem. §§ 229 ff. AktG im Verhältnis 5:2 durch Zusammenlegung von jeweils 5 Aktien im Nennbetrag von 1 EUR (oder Stückaktien) zu 2 Aktien im Nennbetrag von je 1 EUR/2 Stückaktien von 50.000.000 EUR um 30.000.000 EUR auf 20.000.000 EUR herabgesetzt.*
2. *Zugleich wird das auf 20.000.000 EUR herabgesetzte Grundkapital gegen Bareinlagen um 20.000.000 EUR auf 40.000.000 EUR durch Ausgabe von 20.000.000 neuen auf den Inhaber lautenden Aktien im Nennbetrag von je 1 EUR (oder Stückaktien) zum Ausgabebetrag von 20 EUR je Aktie mit Gewinnberechtigung ab 2017 erhöht. [Regelungen zum Bezugsrecht oder Bezugsrechtsausschluss]*
3. *Der Vorstand wird ermächtigt, die weiteren Einzelheiten der Kapitalherabsetzung und -erhöhung zu bestimmen.*
4. *Der Jahresabschluss für das Geschäftsjahr 2016 wird in der vorgelegten Fassung unter Berücksichtigung der beschlossenen Kapitalherabsetzung und -erhöhung festgestellt.*

---

[58] Dazu *Ekkenga* in Ekkenga/Schröer Hdb AG-Finanzierung Kap. 15 Rn. 9 ff.; *Löbbe* in Liber Amicorum Martin Winter 2011, 423. Vgl. § 225a Abs. 2 InsO für das Insolvenzplanverfahren.

[59] Im Rahmen des insolvenzrechtlichen Debt-to-Equity-Swap wurde ein Blockadepotential von Altgesellschaftern durch das Obstruktionsverbot nach § 245 InsO weitgehend eingedämmt.

[60] Die Kapitalherabsetzung auf Null mit anschließender Kapitalerhöhung ist nicht allein aus dem Grund angreifbar, dass sie zur Verdrängung vieler Kleinaktionäre führt, LG Koblenz AG 1996, 282 – Hilgers AG. Die Gesellschaft ist aber verpflichtet, um das möglichst weitgehend zu vermeiden, bei der Ausgabe neuer Aktien den Mindestnennbetrag zu wählen, BGH ZIP 1999, 1444 – Hilgers; *Vetter* AG 2000, 193 (201 f.). Eine sachliche Rechtfertigung ist freilich erforderlich, wenn in diesem Zusammenhang das Bezugsrecht ausgeschlossen wird, vgl. *Reger/Stenzel* NZG 2009, 1210 (1211).

[61] *Koch* in Hüffer/Koch AktG § 235 Rn. 6 mwN.

5. § 4 Abs. 1 der Satzung wird unter Berücksichtigung der vorstehenden Kapitalmaßnahmen wie folgt gefasst:

„Das Grundkapital der Gesellschaft beträgt 40.000.000 EUR. Es ist eingeteilt in 40.000.000 auf den Inhaber lautende Aktien im Nennbetrag von je 1 EUR (oder 40.000.000 Stückaktien)."

44 Die Beschlüsse und die Durchführung der Erhöhung des Grundkapitals sollen[62] nur gleichzeitig eingetragen werden (§ 238 Abs. 2 S. 3 AktG). Ist dies nicht binnen **drei Monaten** nach der Beschlussfassung geschehen, sind sämtliche Beschlüsse nichtig (§ 234 Abs. 3 S. 1, § 235 Abs. 2 AktG). Der Lauf der Frist ist während Rechtshängigkeit einer Anfechtungs- oder Nichtigkeitsklage gehemmt.

45 Die Rückwirkung ist üblich, aber nicht zwingend. Sowohl die Kapitalerhöhung als auch die Kapitalherabsetzung können auch erst im Jahresabschluss des Geschäftsjahres ausgewiesen werden, in dem sie wirksam geworden sind. Dann handelt es sich um die **Kombination der ordentlichen Kapitalerhöhung mit der** ordentlichen oder vereinfachten **Kapitalherabsetzung.** Für jeden Vorgang gelten dann die jeweiligen Vorschriften. Die Gläubiger haben daher auch dann einen Anspruch auf Sicherheitsleistung, wenn die Kapitalherabsetzung mit einer Kapitalerhöhung verbunden wird.[63] Denkbar ist auch, dass nur die Kapitalherabsetzung (bilanziell) rückwirkend beschlossen wird, die Kapitalerhöhung dagegen nicht. Dann entfällt die Notwendigkeit, bereits vor der Beschlussfassung über die Kapitalerhöhung die neuen Aktien zu zeichnen und die Mindesteinzahlung zu leisten; es ist dann auch eine Sachkapitalerhöhung zulässig; und schließlich entfällt die Dreimonatsfrist für die Eintragung der Kapitalerhöhung[64] (nicht dagegen die für die Eintragung der Kapitalherabsetzung).

---

[62] Für den Registerrichter ist dies bindend, ein Verstoß aber für die Wirksamkeit bedeutungslos, *Koch* in Hüffer/Koch AktG § 235 Rn. 13.
[63] *Koch* in Hüffer/Koch AktG § 225 Rn. 8; *Geißler* NZG 2000, 719 (723).
[64] § 235 AktG gilt nur bei Rückwirkung der gleichzeitigen Kapitalerhöhung.

§ 28 Genussrechte

Stichworte

Bezugsrecht
– Ausschluss Rn. 4
Genussrechte
– Begriff und Funktion Rn. 1
Haupversammlung

– Beschluss Rn. 8
– Vorbereitung Rn. 6
– Zuständigkeit Rn. 2
Vorstand
– Ermächtigung Rn. 2

Schrifttum:
Becker, Schadensersatzansprüche von Genussrechtsinhabern – Die Klöcknerrechtsprechung auf dem Prüfstand, NZG 2012, 1089; *Habersack,* Wiederauffüllung von Genusskapital auch bei Verlustvortrag?, NZG 2014, 1041; *Häger/Elkemann-Reusch,* Mezzanine Finanzierungsinstrumente, 2. Aufl., 2007; *Sethe,* Genußrechte: Rechtliche Rahmenbedingungen und Anlegerschutz, AG 1993, 293 (Teil I), 351 (Teil II).

I. Überblick

Gegenstand des nachfolgenden Abschnitts ist die Rolle der Hauptversammlung im Zusammenhang mit der Ausgabe von Genussrechten. Thematisiert werden dabei insbesondere ein möglicher Bezugsrechtsausschluss (→ Rn. 4) sowie die Besonderheiten bei der Vorbereitung der Hauptversammlung(→ Rn. 6). 1

II. Ausgabe von Genussrechten

Genussrechte[1] sind – wie Wandelschuldverschreibungen (→ § 23 Rn. 27 ff.) – **obligatorische,** nicht auf Mitgliedschaft beruhende, aber auf **aktionärstypische Vermögensrechte** gerichtete schuldrechtliche Ansprüche,[2] zB auf Beteiligung am Gewinn statt – oder neben – einer Verzinsung, auf Beteiligung am Liquidationserlös oder auf sonstige Leistungen.[3] Sie können ohne Beschränkung auf einen von der Höhe des Grundkapitals abhängigen Nennbetrag ausgegeben werden und gestatten eine gewinnunabhängige Bedienung.[4] Sie können in **Genussscheinen** verbrieft werden[5] und sind dann Wertpapiere, es sei denn, sie sind lediglich als Beweisurkunden ausgestaltet.[6] 1a

Für ihre Ausgabe gilt das Gleiche wie für Wandelschuldverschreibungen: Erforderlich ist ein **Beschluss der Hauptversammlung** (§ 221 Abs. 3 AktG).[7] Die Hauptversammlung kann über die Ausgabe selbst beschließen oder – was häufig geschieht – den Vorstand auf die Dauer von höchstens fünf Jahren **zur Ausgabe ermächtigen,** muss dann 2

---

[1] Vgl. § 221 Abs. 3 AktG. Eine Definition fehlt im Gesetz. Siehe *Habersack* in MüKoAktG AktG § 221 Rn. 64.
[2] *Habersack* in MüKoAktG AktG § 221 Rn. 64.
[3] BGHZ 119, 305 – Klöckner; BGHZ 120, 141 (146) – Bremer Bankverein. Zur Funktion der Genussrechte siehe *Häger/Elkemann-Reusch* Rn. 612 ff.
[4] Anders nur bei „aktiengleichen" Genussrechten; siehe dazu *Habersack* in MüKoAktG AktG § 221 Rn. 123 ff.; *Florstedt* in Kölner Komm. AktG § 221 Rn. 539 ff. Die Gesellschaft kann eigene Genussrechte erwerben; § 71 ff. AktG gelten nicht. Unverbriefte Genussrechte erlöschen durch Konfusion; aus eigenen verbrieften Genussrechten stehen der Gesellschaft keine Ansprüche zu, *Florstedt* in Kölner Komm. AktG § 221 Rn. 636 ff.
[5] Ein Muster findet sich bei *Schäfer* in Happ/Groß AktienR-HdB 589 ff. (4.11).
[6] *Koch* in Hüffer/Koch AktG § 221 Rn. 28; *Habersack* in MüKoAktG AktG § 221 Rn. 63.
[7] Wegen der unbeschränkbaren Vertretungsmacht des Vorstands, § 82 Abs. 1 AktG, wären allerdings ohne Hauptversammlungsbeschluss ausgegebene Genussrechte wirksam, *Koch* in Hüffer/KochAktG § 221 Rn. 52.

aber den Betrag festsetzen, bis zu dem Genussrechte ausgegeben werden können.[8] Die Bedingungen legt die Hauptversammlung oder der dazu ermächtigte Vorstand fest; sie unterliegen der Inhaltskontrolle nach den Vorschriften über Allgemeine Geschäftsbedingungen.[9]

3 Während früher angenommen wurde, dass die Gesellschaft gegenüber den Genussrechtsinhabern „freie Hand" habe, wie sie ihre Geschäfte führt,[10] bestehen nach der Rechtsprechung des BGH aufgrund des Genussrechtsvertrags Schutz- und Verhaltenspflichten.[11] Vor der Beeinträchtigung ihrer vermögensrechtlichen Stellung durch Kapitalmaßnahmen sind die Genussrechtsinhaber allerdings durch das Gesetz nur im Fall der Kapitalerhöhung aus Gesellschaftsmitteln geschützt (§ 216 Abs. 3 AktG; → § 26 Rn. 9). Dessen Rechtsgedanke wird heute ebenso wie die Figur der ergänzenden Vertragsauslegung (§§ 133, 157 BGB) für einen Anspruch auf Vertragsanpassung angeführt.[12] Empfehlenswert – und üblich – sind Anpassungsklauseln in den Genussrechtsbedingungen.[13]

4 Bei Ausgabe von Genussrechten haben die Aktionäre ein gesetzliches **Bezugsrecht** (§ 221 Abs. 4 AktG). Für dessen **Ausschluss** gelten die allgemeinen Grundsätze (→ § 20 Rn. 43 ff.). Der **sachlichen Rechtfertigung** (→ § 12 Rn. 32 ff. und § 20 Rn. 49 ff.) bedarf der Bezugsrechtsausschluss allerdings nur, wenn die Genussrechte die mitgliedschaftlichen Aktionärsrechte (vor allem den Anspruch auf ihren Anteil am Gewinn und am Liquidationserlös) berühren; das ist der Fall, wenn die Genussrechte zu einem unangemessen niedrigen **Kurs** ausgegeben, marktunüblich hoch oder gewinnabhängig verzinst werden oder eine Beteiligung am Liquidationserlös oder eine **Option zum Erwerb von Aktien** gewähren.[14] Ein schriftlicher Bericht des Vorstands zur Begründung des Bezugsrechtsausschlusses ist stets erforderlich (§§ 221 Abs. 4 S. 2, 186 Abs. 4 S. 2 AktG).[15]

5 Weder der Beschluss über die Ausgabe, noch die Ermächtigung, noch ausgegebene Genussrechte werden in die Satzung aufgenommen.

6 Für die **Vorbereitung** der Hauptversammlung gilt, abgesehen von den sonstigen gesetzlichen oder satzungsmäßigen Einberufungserfordernissen:
– Der wesentliche Inhalt des Genussrechtsvertrags ist in der Einberufung anzugeben und bekannt zu machen.
– Wenn das Bezugsrecht der Aktionäre ausgeschlossen werden soll, sind der Bezugsrechtsausschluss und der wesentliche Inhalt des Vorstandsberichts über den Bezugsrechtsausschluss bekannt zu machen (§§ 186 Abs. 4, 124 Abs. 1 S. 1 AktG).[16]

7 **Von der Einberufung** der Hauptversammlung an ist der Vorstandsbericht über den Bezugsrechtsausschluss in dem Geschäftsraum der Gesellschaft auszulegen und auf Verlangen jedem Aktionär unverzüglich kostenlos eine Abschrift zu übersenden.[17] Die Pflicht zur

---

[8] BGH ZIP 1994, 1857. Die Befristung der Ermächtigung in § 221 Abs. 2 AktG gilt für Genussrechte entsprechend, obwohl dieser Absatz in § 221 Abs. 3 AktG nicht in Bezug genommen ist. Es handelt sich dabei um ein Redaktionsversehen. Vgl. *Habersack* in MüKoAktG AktG § 221 Rn. 149; *Koch* in Hüffer/Koch AktG § 221 Rn. 36.
[9] BGHZ 119, 305, 312 ff.; *Habersack* in MüKoAktG AktG § 221 Rn. 255; *Koch* in Hüffer/Koch AktG § 221 Rn. 35.
[10] RGZ 105, 236 (241).
[11] BGHZ 119, 305 – Klöckner; bestätigt BGH NZG 2014, 661, 662; *Sethe* AG 1993, 351 ff.; *Becker* NZG 2012, 1089 ff.; umfassend hierzu *Florstedt* in Kölner Komm. AktG § 221 Rn. 583 ff.
[12] *Koch* in Hüffer/Koch AktG § 221 Rn. 67, § 189 Rn. 9; *Florstedt* in Kölner Komm. AktG § 221 Rn. 622 ff., 147 ff.
[13] *Koch* in Hüffer/Koch AktG § 221 Rn. 66.
[14] Sog „aktienähnliche Genussrechte"; *Koch* in Hüffer/Koch AktG § 221 Rn. 43. Soweit nach den Genussrechtsbedingungen die vermögensrechtliche Stellung der Aktionäre nicht „verwässert" wird, bedarf der Bezugsrechtsausschluss dagegen keiner sachlichen Rechtfertigung, BGHZ 120, 141 (149) – Bremer Bankverein, zustimmend: *Habersack* in MüKoAktG AktG § 221 Rn. 186 f.
[15] *Habersack* in MüKoAktG AktG § 221 Rn. 176 ff.; *Koch* in Hüffer/Koch AktG § 221 Rn. 41.
[16] Vgl. *Habersack* in MüKoAktG AktG § 221 Rn. 142; *Schürnbrand* in MüKoAktG AktG § 186 Rn. 86; *Koch* in Hüffer/Koch AktG § 186 Rn. 23.
[17] *Schürnbrand* in MüKoAktG AktG § 186 Rn. 86, *Habersack* in MüKoAktG AktG § 221 Rn. 181.

II. Ausgabe von Genussrechten § 28

Auslegung und Überlassung entfällt, wenn der Bericht über die Internetseite der Gesellschaft zugänglich ist.[18]

Der Beschluss bedarf neben der einfachen Stimmenmehrheit einer Mehrheit von mindestens drei Vierteln des bei der Beschlussfassung vertretenen Grundkapitals (§ 221 Abs. 1 S. 2 AktG).[19] Sind Aktien **verschiedener Gattungen** vorhanden, müssen die **stimmberechtigten** Aktionäre jeder Gattung durch **Sonderbeschluss** mit der gleichen Mehrheit des bei der Fassung des Sonderbeschlusses vertretenen Grundkapitals zustimmen (§§ 221 Abs. 1 S. 4, 182 Abs. 2 AktG).

8

Vorstand und Vorsitzender des Aufsichtsrats haben den Beschluss sowie eine Erklärung über die Ausgabe der Genussrechte beim Handelsregister zu **hinterlegen;** ein Hinweis darauf ist bekannt zu machen.[20] Der Beschluss selbst ist weder eintragungsbedürftig noch eintragungsfähig.[21]

9

---

[18] *Schürnbrand* in MüKoAktG AktG § 186 Rn. 86; *Koch* in Hüffer/Koch AktG § 186 Rn. 23.
[19] Die Satzung kann eine andere (geringere oder größere) Mehrheit und weitere Erfordernisse bestimmen, § 221 Abs. 1 S. 3 AktG.
[20] *Habersack* in MüKoAktG AktG § 221 Rn. 146; *Koch* in Hüffer/Koch AktG § 221 Rn. 20 f.
[21] Entsprechend § 221 Abs. 2 AktG; *Habersack* in MüKoAktG AktG § 221 Rn. 149; *Koch* in Hüffer/Koch AktG § 221 Rn. 20 f.

§ 29 Umwandlung von Vorzugs- in Stammaktien

Stichworte

Rückwerwerb, Einziehung und Kapitalerhöhung Rn. 8 f.
Satzungsänderung
– Berücksichtigung Kursdifferenz Rn. 4
– Hauptversammlungszuständigkeit Rn. 2

– Sonderbeschlüsse Rn. 2
Tauschangebot der AG
– Berücksichtigung Kursdifferenz Rn. 7
– Hauptversammlungsbeschluss Rn. 5

Schrifttum:
Altmeppen, Umwandlung von Vorzugsaktien in Stammaktien gegen Zuzahlung, NZG 2005, 771; *Feddersen*, Die Vorzugsaktie ohn Stimmrecht: Viel geschmähtes Relikt aus Vergangenen Zeiten oder nützliches Finanzierungsinstrument?, FS Ulmer 2003, 105; *Hillebrandt/Schremper*, Analyse des Gleichbehandlungsgrundsatzes beim Rückkauf von Vorzugsaktien, BB 2001, 533; *Jung/Wachtler*, Die Kursdifferenz zwischen Stamm- und Vorzugsaktien, AG 2001, 513; *Senger/Vogelmann*, Die Umwandlung von Vorzugsaktien in Stammaktien, AG 2002, 193; *Wirth/Arnold*, Umwandlung von Vorzugsaktien in Stammaktien, ZGR 2002, 859.

I. Überblick

Bei der Umwandlung von Vorzugs- in Stammaktien kommen grundsätzlich drei Wege der Durchführung in Betracht: 1
– eine Umgestaltung im Zuge einer Satzungsänderung (→ Rn. 2 ff.),
– ein Tauschangebot der Gesellschaft an die Vorzugsaktionäre (→ Rn. 5 ff.) sowie
– ein Rückerwerb sämtlicher Vorzugsaktien, deren Einziehung und anschließende Kapitalerhöhung (→ Rn. 8 f.).

Nachfolgend werden die jeweiligen Voraussetzungen – insbesondere in Bezug auf die Zustimmung der Hauptversammlung und ggf. erforderliche Sonderbeschlüsse – erörtert. Ferner wird auf die Frage eingegangen, inwieweit dabei differierende Börsenkurse von Stamm- und Vorzugsaktien zu berücksichtigen sind (→ Rn. 4, 7). 1a

II. Allgemein

Vorzugsaktien verlieren seit Beginn des Jahrtausends wieder an Beliebtheit.[1] Das hat verschiedene Gründe,[2] ua das Interesse der Gesellschaft, in einen Börsenindex der Deutsche Börse AG (DAX, MDAX, SDAX, TecDAX) aufgenommen zu werden. Da die Aufnahme in einen Index auch von der Marktkapitalisierung des betreffenden Unternehmens abhängt,[3] sind Gesellschaften mit mehr als einer Aktiengattung im Börsenhandel statistisch unterrepräsentiert. Deswegen versuchen immer mehr Unternehmen, Aktien der niedrignotierten Gattung in solche der höhernotierten „umzutauschen".[4] 1b

---

[1] *Bormann* in Spindler/Stilz AktG § 141 Rn. 16; *Schlitt/Ries* in MüKoAktG AktG § 33 WpÜG Rn. 259.
[2] Vgl. zur Entwicklung und Hintergründen *Wirth/Arnold* ZGR 2002, 859, (861 f.); *Senger/Vogelmann* AG 2002, 193 f.
[3] Vgl. dazu den Leitfaden zu den Aktienindizes der Deutschen Börse AG (Version 8.02/November 2016).
[4] *Bormann* in Spindler/Stilz AktG § 141 Rn. 16, § 139 Rn. 7; *Feddersen* FS Ulmer 2003, 105 f. Da die Stammaktien meist höher notieren als die Vorzugsaktien, verschwinden dabei idR die Vorzugsaktien, so etwa im Fall „Metro" des LG Köln ZIP 2001, 572 ff.; Weitere Beispiele bei *Wirth/Arnold* ZGR 2002, 859, (861 f.). Zum Ganzen auch *Jung/Wachtler* AG 2001, 513 ff.

III. Umgestaltung durch Satzungsänderung

2   Eine AG kann die Ausstattung ihrer Aktien so verändern, dass sich dadurch die Gattungszugehörigkeit ändert. Auf diese Weise können auch Vorzugs- zu Stammaktien umgestaltet werden.[5] Da die Zerlegung des Grundkapitals in Aktien verschiedener Gattung und deren jeweilige rechtliche Ausstattung in der Satzung zu regeln sind,[6] ist dazu ein **satzungsändernder Hauptversammlungsbeschluss** mit qualifizierter Mehrheit (→ § 12 Rn. 28) erforderlich.[7] Außerdem ist ein zustimmender **Sonderbeschluss der Vorzugsaktionäre** mit Dreiviertelmehrheit der abgegebenen Stimmen notwendig, da der Vorzug aufgehoben wird (§ 141 Abs. 3 S. 2 AktG).[8] Zusätzlich ist auch ein **Sonderbeschluss der Stammaktionäre** einzuholen, da das Verhältnis der Gattungen zu ihrem Nachteil (Verwässerung des Stimmrechts) verändert wird.[9] Der Sonderbeschluss hat Warnfunktion und ist deshalb erforderlich, obwohl die Stammaktionäre bereits in der Hauptversammlung zugestimmt haben, selbst wenn dieser Beschluss einstimmig zustande gekommen ist.[10] Unnötig ist er allerdings, wenn neben den Stammaktien nur stimmrechtslose Vorzugsaktien bestehen, da die Stammaktionäre der Verbesserung von deren Rechtsstellung bereits zugestimmt haben.[11]

3   Der Beschluss ist zum Handelsregister anzumelden und wird mit Eintragung wirksam (§ 181 AktG).[12]

4   Vorzugsaktien werden heute meist mit einem Abschlag auf den Kurs der Stammaktien gehandelt. Insoweit stellt sich die Frage, ob diese **Kursdifferenz** iRd Aktienumgestaltung zu berücksichtigen ist.[13] Das ist wohl zu verneinen. Anders als bei Konzernierungsmaßnahmen, bei denen die Aktionäre abzufinden sind,[14] wird den von einer Aktienumgestaltung betroffenen Aktionären ihre Mitgliedschaft nicht entzogen. Für die Vorzugsaktionäre sind der höhere Kurs der Stammaktien und das entstehende Stimmrecht so vorteilhaft, dass der Verlust des Vorzugs dahinter zurücktritt. Aber auch die Stammaktionäre, die durch die Vermehrung des stimmberechtigten Kapitals Einbußen an Stimmgewicht („Verwässerung") und am Kurswert ihrer Aktien zu gewärtigen haben,[15] können nichts beanspruchen, da das Stimmrecht der Vorzugsaktien gerade aufgrund eines satzungsändernden Beschlusses entsteht, den sie selbst gefasst haben.

---

[5] Ausführlich mit Mustern *Stucken* in Happ AktienR 652 (6.03).
[6] § 23 Abs. 2 Nr. 4 AktG; siehe auch *Koch* in Hüffer/Koch AktG § 23 Rn. 29; *Pentz* in MüKoAktG AktG § 23 Rn. 131 f.
[7] *Senger/Vogelmann* AG 2002, 193 (194); *Bormann* in Spindler/Stilz AktG § 141 Rn. 19.
[8] Dieser Beschluss ist zwingend in einer gesonderten Versammlung der Vorzugsaktionäre zu fassen, § 141 Abs. 3 S. 1 AktG. Darüber hinaus müssen, wenn Vorzugsaktionären Vorrechte „unentziehbar" eingeräumt sind, alle Berechtigten zustimmen, *Stucken* in Happ/Groß AktienR-HdB 659 mwN; *Senger/Vogelmann* AG 2002, 193 (194). Unnötig ist der Sonderbeschluss bei der Einpersonen-AG; vgl. *Koch* in Hüffer/Koch AktG § 141 Rn. 18. Kritisch im Hinnlick auf einen freiwilligen Umtausch *Bormann* in Spindler/Stilz AktG § 141 Rn. 19.
[9] § 179 Abs. 3 S. 1 AktG; OLG Köln AG 2002, 244 (245) – Metro; *Heider* in MüKoAktG AktG § 11 Rn. 45; *Senger/Vogelmann* AG 2002, 193 (194 f.). Hat die AG Vorzugsaktien bis zur Grenze des § 139 Abs. 2 AktG ausgegeben, halbiert sich die Stimmkraft der Stammaktionäre.
[10] *Koch* in Hüffer/Koch AktG § 179 Rn. 45 mwN; *Zöllner* in Kölner Komm. AktG § 179 Rn. 187; *Senger/Vogelmann* AG 2002, 193 (195).
[11] *Wirth/Arnold* ZGR 2002, 859, (871); *Senger/Vogelmann* AG 2002, 193 (195); *Koch* in Hüffer/Koch AktG § 179 Rn. 45. *Stucken* in Happ/Groß AktienR-HdB 657 empfiehlt gleichwohl vorsichtshalber, auch die Stammaktionäre einen Sonderbeschluss fassen zu lassen.
[12] OLG Hamburg AG 1970, 230.
[13] Vgl. *Altmeppen* NZG 2005, 771; *Bormann* in Spindler/Stilz AktG § 141 Rn. 17.
[14] Beherrschungs- und Gewinnabführungsvertrag sowie Eingliederung – §§ 305, 320b AktG.
[15] Dazu *Bormann* in Spindler/Stilz AktG § 141 Rn. 17 f.; *Wirth/Arnold* ZGR 2002, 859, (875); eingehend *Senger/Vogelmann* AG 2002, 193 (196 ff.).

IV. Tauschangebot der AG an die Vorzugsaktionäre

Die AG kann ihren Vorzugsaktionären auch den Umtausch ihrer Aktien in Stammaktien anbieten. Kann das Angebot mit Stammaktien, die weniger als 10% des Grundkapitals ausmachen, abgedeckt werden, können dafür **eigene Aktien** verwendet werden, die die AG in ihrem Bestand hält oder zu diesem Zweck über die Börse erwirbt.[16] Letzteres bedarf eines **Beschlusses der Hauptversammlung** mit einfacher Mehrheit, der den Vorstand zum Erwerb eigener Aktien (auf längstens 18 Monate) ermächtigt (§ 71 Abs. 1 Nr. 8 AktG). Dabei ist mit Blick auf den Gleichbehandlungsgrundsatz (§§ 71 Abs. 1 Nr. 8 S. 3, 53a AktG) darauf zu achten, dass der Ermächtigungsbeschluss auf die zu erwerbende Aktiengattung (Stammaktien) beschränkt wird, da anderenfalls die Vorzugsaktionäre, von denen keine Aktien erworben werden, eine Ungleichbehandlung bei der Umsetzung des Beschlusses geltend machen könnten.[17] In diesem Fall ist **kein Sonderbeschluss der Vorzugsaktionäre erforderlich,** da es jedem Vorzugsaktionär freisteht, ob er das Umtauschangebot annimmt.[18] Allerdings ist nicht ausgeschlossen, dass Vorzugsaktionäre den Beschluss wegen Verletzung des Gleichbehandlungsgrundsatzes anfechten. Die Ungleichbehandlung ist sachlich gerechtfertigt, „wenn die Nachteile durch nachvollziehbare Gesichtspunkte des Gesellschaftsinteresses aufgewogen werden".[19] Das Interesse einer AG, in einen Index aufgenommen zu werden oder diesen Status zu erhalten, kann eine Ungleichbehandlung von Vorzugs- und Stammaktionären rechtfertigen.[20] Es ist deshalb darauf zu achten, dass die Beschränkung der Ermächtigung auf Stammaktien ausreichend begründet wird. Nach herrschender Auffassung unterliegt der Beschluss darüber hinaus aber keiner materiellen Inhaltskontrolle (→ § 12 Rn. 32 ff.) sondern lediglich einer Missbrauchskontrolle.[21]

Eine **Kapitalerhöhung** kommt, wenn die erworbenen eigenen Stammaktien nicht ausreichen, um das Umtauschangebot an die Vorzugsaktionäre zu bedienen, **nicht in Betracht;** denn die von den Vorzugsaktionären eingereichten Aktien scheiden als Gegenstand einer Sacheinlage aus.[22]

Wie bei der Satzungsänderung ist auch bei einem Tauschangebot zu fragen, ob und inwieweit differierende Börsenkurse von Stamm- und Vorzugsaktien zu berücksichtigen sind. Hier steht allerdings weniger der Entschädigungs- und Ausgleichsaspekt[23] als vor allem das Risiko im Vordergrund, dass das Umtauschgeschäft als verbotene Einlagenrückgewähr zu betrachten und deshalb nichtig ist. Denn regelmäßig wird die AG den Vorzugsaktionären einen Anreiz in Form eines Abschlags auf den Kurs der Stammaktien bieten, damit sie ihre Vorzugsaktien gegen Stammaktien eintauschen.[24] Das wäre eine verbotene **Einlagenrückgewähr.** Die AG darf ihren Aktionären bei Austauschgeschäften nur Kon-

---

[16] Die von *Senger/Vogelmann* AG 2002, 193 (202) aufgeworfene Frage, ob darin eine verbotene Einlagenrückgewähr (§ 57 AktG) liegt, ist zu verneinen, falls ein Umtauschverhältnis angemessen ist.
[17] Das Gleichbehandlungsgebot gilt sowohl innerhalb einer Aktiengattung als auch zwischen den verschiedenen Gattungen, *Hillebrandt/Schremper* BB 2001, 533 (535). Der „Nachteil" der Vorzugsaktionäre besteht darin, dass sie nicht die Möglichkeit haben, sich von ihrer Aktie so komfortabel zu trennen wie die Stammaktionäre und nicht an der mit einem Rückkaufprogramm regelmäßig verbundenen Kurssteigerung partizipieren.
[18] *Altmeppen* NZG 2005, 771 (773 ff.).
[19] OLG Köln AG 2002, 244 (246) – Metro; *Wirth/Arnold* ZGR 2002, 859, (865).
[20] *Wirth/Arnold* ZGR 2002, 859, (863).
[21] *Bormann* in Spindler/Stilz AktG § 141 Rn. 21; *Senger/Vogelmann* AG 2002, 193 (210 ff.); *Wirth/Arnold* ZGR 2002, 859, (875 ff.).
[22] *Senger/Vogelmann* AG 2002, 193 (202); *Schürnbrand* in MüKoAktG AktG § 183 Rn. 22.
[23] Damit befassen sich ausf. *Senger/Vogelmann* AG 2002, 193 (205 ff.).
[24] So auch im Fall „Metro": Die Kursdifferenz zwischen Stamm- und Vorzugsaktien betrug im zugrundezulegenden Zeitraum 18,75 EUR. Den Vorzugsaktionären wurde der Umtausch ihrer Aktien im Verhältnis 1 : 1 in Stammaktien bei Zahlung einer Umtauschprämie durch die Aktionäre in Höhe von 11,60 EUR angeboten. Damit erhielten die Vorzugsaktionäre noch einen Abschlag von 7,15 EUR auf den Kurswert der Stammaktie, vgl. OLG Köln AG 2002, 244 (246).

ditionen einräumen, die sie auch jedem Dritten gewähren würde; grundsätzlich ist beim Vergleich vom Marktpreis, bei Aktien also vom Börsenkurs auszugehen. Zwar wird vertreten, dass die AG auch einen höheren als den Marktpreis bezahlen darf, wenn dies durch definierbare andere Vorteile kompensiert wird,[25] doch bleibt das Risiko offen, ob ein solcher Vorteil anerkannt oder der gewährte Kursabschlag als zu hoch beurteilt wird. Zur Vermeidung der Annahme einer verdeckten Gewinnausschüttung und von Anfechtungsklagen sollten deshalb keine oder nur ganz moderate Umtauschanreize geboten werden. Zur Bestimmung eines moderaten Anreizes kann auf die Kommentierungen zum erleichterten Bezugsrechtsausschluss (§ 186 Abs. 3 S. 4 AktG; → § 20 Rn. 68) zurückgegriffen werden; danach ist ein Abschlag auf den Kurswert in Höhe von 3 bis 5% keine „wesentliche" Unterschreitung des Börsenkurses.[26]

V. Erwerb, Einziehung und Kapitalerhöhung

8 Denkbar wäre schließlich der Weg, dass die Gesellschaft sämtliche Vorzugsaktien (unabhängig von ihrer Zahl und ihrem Anteil am Grundkapital) über die Börse oder im Rahmen eines öffentlichen Kaufangebots zurückerwirbt,[27] sie einzieht (→ § 27 Rn. 22 ff.) und das Grundkapital wieder erhöht, wobei die neuen Stammaktien nur den (vorherigen) Vorzugsaktionären zugeteilt werden.

9 Dieser Weg dürfte nur bei überschaubarem Aktionärskreis und im Einvernehmen aller Aktionäre gangbar sein. Nicht nur, dass er einen Beschluss über die Kapitalherabsetzung mit **qualifizierter Mehrheit** voraussetzt;[28] die Zuteilung der neuen Aktien an die Vorzugsaktionäre machte auch den Ausschluss des Bezugsrechts der Stammaktionäre erforderlich, der der sachlichen Rechtfertigung bedarf (→ § 12 Rn. 32 ff.) und vielfach angefochten wird. Außerdem trägt die Gesellschaft – anders als bei der Satzungsänderung oder beim Tausch – das Platzierungsrisiko, da die Vorzugsaktionäre, deren Aktien eingezogen wurden, zur Zeichnung der jungen Aktien nicht verpflichtet sind.

---

[25] *Koch* in Hüffer/Koch AktG § 57 Rn. 10.
[26] Vgl. OLG Köln AG 2002, 244 (246); *Koch* in Hüffer/Koch AktG § 186 Rn. 39d; *Schürnbrand* in MüKo-AktG AktG § 186 Rn. 135; *Servatius* in Spindler/Stilz AktG § 186 Rn. 59.
[27] Auf dieses Angebot finden die §§ 10 ff. WpÜG Anwendung. Die Zehn-Prozent-Grenze (§ 71 Abs. 2 S. 1 AktG) gilt nicht für den Erwerb zum Zweck der Einziehung.
[28] §§ 71 Abs. 1 Nr. 6, 237 Abs. 1 S. 1 Alt. 2 AktG. *Hüffer* AktG *Koch* in Hüffer/Koch AktG § 237 Rn. 19.

§ 30 Umwandlung von Inhaber- in Namensaktien

Übersicht

	Rn.
I. Überblick	1
II. Allgemeines	2
III. Umstellung der Inhaber- auf Namensaktien	4
1. Beschlussmehrheit	5
2. Zustimmungserfordernis einzelner Aktionäre	6
3. Satzungsänderungen	11
a) Aktienart	12
b) Aktienregister	15
c) Einberufung einer Hauptversammlung	16
d) Anmeldevoraussetzungen	17
e) Umschreibestopp	18
f) Verbriefung	19

Stichworte

Aktienart Rn. 12 ff.
Aktiengattungen Rn. 6
Aktienrechtsnovelle Rn. 2, 4, 18
Aktienregister Rn. 1 f., 15
Hauptversammlungsmehrheit Rn. 5
Inhaberaktie Rn. 3, 4, 6 ff.

Namensaktie
– Geschichte Rn. 2 f.
– Umstellung Rn. 4 ff.
– Verbriefung Rn. 19
– Vinkulierung Rn. 9
Umschreibestopp Rn. 18

Schrifttum:
Götze/Nartowska, Der Regierungsentwurf der Aktienrechtsnovelle 2014 – Anmerkungen aus der Praxis, NZG 2015, 298; *Grigoleit/Rachlitz,* Beteiligungstransparenz aufgrund des Aktienregisters, ZHR 174 (2010), 12; *Happ,* Vom Aktienbuch zum elektronischen Aktionärsregister, FS Bezzenberger, 2000, 111; *Ihrig/Wandt,* Die Aktienrechtsnovelle 2016, BB 2016, 6; *Mock,* Aktiengesellschaften mit Inhaberaktien nach neuem Recht, AG 2016, 261; *Noack,* Neues Recht für Namensaktionäre, NZG 2008, 721.

I. Überblick

Nachdem die Zulässigkeit von Inhaberaktien für börsenferne Gesellschaften durch die Aktienrechtsnovelle 2016 eingeschränkt wurde, ist die Namensaktie heute der gesetzliche Regelfall (→ Rn. 2 f.). Soweit die Art der Verbriefung der Aktie nachträglich durch Umstellung von Inhaber- auf Namensaktien geändert werden soll, erfolgt dies im Wege der Satzungsänderung (→ Rn. 4 ff.), die grundsätzlich nicht der Zustimmung einzelner Aktionäre bedarf (→ Rn. 6 ff.). Im Zuge einer solchen Umstellung sind regelmäßig weitere Satzungsbestimmungen anzupassen (→ Rn. 11 ff.). 1

II. Allgemeines

Die Namensaktie hat eine **wechselvolle Geschichte** durchlebt: Zunächst erschien sie jahrzehntelang als Auslaufmodell, erfreute sich ab der Jahrtausendwende wieder größerer Beliebtheit.[1] Das war insbes. auf die technische Ermöglichung der Einbeziehung der Na- 2

---

[1] *Noack* DB 1999, 1306 assoziiert „Dornröschen"; *Huep* WM 2000, 1623 spricht von der „Renaissance der Namensaktie". Ausführlich zu dieser Entwicklung, vgl. die Voraufl.

mensaktien in die Girosammelverwahrung sowie das Interesse, eine direkte[2] Notierung an der New York Stock Exchange (NYSE) zu erlangen, zurückzuführen. Zudem ermöglichte die über das Aktienregister vermittelte Transparenz des Aktionärskreises neue Investor Relations-Maßnahmen. Daneben spielt die Namensaktie wegen der Möglichkeit der Vinkulierung bei Unternehmen mit geschlossenem Aktionärskreis, va Familienaktiengesellschaften, schon immer eine bedeutende Rolle.

3   Seit der Neufassung von § 10 AktG durch die **Aktienrechtsnovelle 2016**[3] ist die **Namensaktie** nun jedenfalls für nicht börsennotierte Gesellschaften der **gesetzliche Regelfall**. Inhaberaktien dürfen nur noch ausgegeben werden, wenn die Gesellschaft entweder börsennotiert ist oder wenn der Anspruch auf Einzelverbriefung ausgeschlossen und die Sammelurkunde bei einer der gesetzlich genannten Verwahrstellen hinterlegt worden ist (§ 10 Abs. 1 S. 2 AktG). Gesellschaften mit Inhaberaktien, deren Satzung vor dem 31.12. 2015 notariell festgestellt wurde, gewährt das Gesetz aber einen **zeitlich unbeschränkten Bestandsschutz** (vgl. § 26h Abs. 1 EGAktG). Diese Gesellschaften dürfen weiterhin Inhaberaktien haben, sind also infolge der Gesetzesänderung nicht zur Umstellung auf Namensaktien verpflichtet.[4] Ob die mit der „Pflicht zur Namensaktie" bezweckte Stärkung der Transparenz des Aktionärskreises eintritt, erscheint zweifelhaft. Denn obwohl mit dem Risikobegrenzungsgesetz[5] Maßnahmen ergriffen wurden, um den freien Meldebestand im Aktienregister zu reduzieren, sind bei der zulässigen und praxisüblichen Eintragung von Legitimationsaktionären oder Treuhändern nur deren Daten transparent.[6] Der eigentliche Aktionär ist daher nicht, jedenfalls nicht ohne weiteres, erkennbar. An dieser Stelle dürfte nun das mit der Novellierung des GwG neu eingeführte elektronische Transparenzregister eingreifen. Abgesehen von den vorstehenden Ausführungen ist die Namensaktie **gesetzlich vorgeschrieben** bei teileingezahlten Aktien (§ 10 Abs. 2 AktG), ferner wenn den Aktionären bestimmte, nicht in Geld bestehende Nebenverpflichtungen auferlegt werden sollen (§ 55 Abs. 1 S. 1 AktG), oder wenn ein Entsendungsrecht für den Aufsichtsrat eingeräumt werden soll (§ 101 Abs. 2 S. 2 AktG).[7]

III. Umstellung der Inhaber- auf Namensaktien

4   Seit der Aktienrechtsnovelle 2016 kann die Umstellung von Inhaber- auf Namensaktien nur noch in Form einer generellen Umstellung im Wege einer **Satzungsänderung** erfolgen. Hingegen kann die Satzung kein Recht des einzelnen Aktionärs auf Umtausch seiner Namens- in Inhaberaktien mehr begründen, da § 24 AktG, der diese in der Praxis ohnehin selten genutzte Möglichkeit vorsah, gestrichen wurde.[8] Die Satzungsänderung verläuft in folgenden Schritten: Zunächst entscheidet die Hauptversammlung über die Umstellung, dann werden die unrichtig gewordenen Aktien eingezogen oder ggf. nach § 73 AktG für kraftlos erklärt und vernichtet. Soweit das Recht auf Verbriefung nicht ausgeschlossen ist, schließt sich die Ausgabe der neuen Namensaktien an. Statt der Vernichtung

---

[2] Im Unterschied zur Notierung sog. American Depositary Receipts (ADRs), die oft nur als Aktien zweiter Klasse angesehen werden, da sie dem Eigentumsanspruch an einer deutschen Aktie verbriefen und man mit ihrem Erwerb nicht direkter Aktionär des Unternehmens wird; vielmehr werden die ADRs von der amerikanischen Depotbank herausgegeben, die auch als Aktionär iSd AktG gilt.
[3] Gesetz zur Änderung des Aktiengesetzes vom 22.12.2015, BGBl. I 2565.
[4] *Carl* in Böttcher/Carl/Schmidt/Seibert, Die Aktienrechtsnovelle, 2016, § 5 Rn. 28 ff.; *Ihrig/Wandt* BB 2016, 6 (7); *Mock* AG 2016, 261 (266); *Götze/Nartowska* NZG 2015, 298 (301).
[5] Gesetz zur Begrenzung der mit Finanzinvestitionen verbundenen Risiken vom 12.8.2008, BGBl. I 1666.
[6] Krit. auch *Götze/Nartowska* NZG 2015, 298 (301); zur Eintragung von Treuhändern und Legitimationsaktionären im Aktienregister *Grigoleit/Rachlitz* ZHR 174 (2010), 12 (25 ff.).
[7] Außerhalb des AktG ist die Namensaktie gesetzlich etwa für börsennotierte Luftfahrtunternehmen (§ 2 Abs. 1 LuftSiG) vorgesehen; dazu *Sailer-Coceani* in MHdB AG § 13 Rn. 2.
[8] Vgl. BT-Drucks. 18/4349, 18. Eine vor Inkrafttreten der Aktienrechtsnovelle (30.12.2015) bestehende Satzungsregelung bleibt allerdings zulässig (§ 26h Abs. 2 EGAktG).

der unwichtigen Aktienurkunden kann auch eine Berichtigung der alten Aktienurkunden (zB durch Umstempeln) erfolgen, was indes nur bei einer überschaubaren Anzahl der zu berichtigenden Aktien praktikabel ist. Schließlich sind die Aktionäre in das Aktienregister einzutragen, denn nur dann gelten sie im Verhältnis zur Gesellschaft als Aktionäre (§ 67 Abs. 2 S. 1 AktG).

1. Beschlussmehrheit

Die Umstellung von Inhaber- auf Namensaktien fällt in die **Zuständigkeit der Hauptversammlung** (§§ 23 Abs. 3 Nr. 5, 119 Abs. 1 Nr. 1 AktG). Der satzungsändernde Beschluss bedarf neben der einfachen Mehrheit der abgegebenen Stimmen (§ 133 Abs. 1 AktG) einer Mehrheit, die mindestens drei Viertel des bei der Beschlussfassung vertretenen Grundkapitals umfasst (§ 179 Abs. 2 S. 1 AktG; → § 19 Rn. 7). Die Satzung kann allerdings eine höhere oder niedrigere Kapitalmehrheit vorsehen (§ 179 Abs. 2 S. 2 AktG). 5

2. Zustimmungserfordernis einzelner Aktionäre

Inhaber- und Namensaktien sind **nicht als unterschiedliche Aktiengattungen** anzusehen, weil sie keine unterschiedlichen Mitgliedschaftsrechte gewähren.[9] Selbst dann, wenn das Grundkapital einer AG in Inhaber- und Namensaktien eingeteilt ist und die Verwaltung beabsichtigt, das Grundkapital vollständig auf Namensaktien umzustellen, ist also nicht die separate Zustimmung der Inhaber- oder Namensaktionäre erforderlich. Der Unterschied zwischen den beiden Aktienformen ist rein wertpapierrechtlicher Natur, kommt also in den Modalitäten der Übertragung der Aktien zum Ausdruck. Während die Verfügung über die Inhaberaktie als Inhaberpapier nach §§ 929 ff. BGB erfolgt, kann die Namensaktie als geborenes Orderpapier wie ein Wechsel durch Indossament übertragen werden. Außerdem ist die Namensaktie nach §§ 12, 13, 16 WG und durch Zession der Mitgliedschaft (§§ 413, 398 BGB) übertragbar. Schließlich kann die Namensaktie, wenn sie mit einem Blankoindossament versehen ist, auch wie eine Inhaberaktie übertragen werden.[10] 6

Auch ist **keine Zustimmung** jedes einzelnen Aktionärs aufgrund des Bestehens eines **Individualrechts** nötig, da sich ein solches Recht nicht allein aus der rechtlichen Stellung als Inhaberaktionär herleiten lässt.[11] Insbes. der Begebungsvertrag zwischen Gesellschaft und Aktionär ist keine hinreichende Grundlage für ein Individualrecht. Er regelt inhaltlich nur die Übertragung der Mitgliedschaft; hingegen ergeben sich die einzelnen Mitgliedschaftsrechte aus Gesetz und Satzung.[12] 7

Schließlich sind die bisherigen Inhaberaktionäre nicht aufgrund eines aus der Verbriefung der Inhaberaktien resultierenden, den bisherigen Namensaktionären nicht verliehenen **Sonderrechts** zur Zustimmung berufen. Die Verbriefung gewährt dem Aktionär kein unentziehbares Vorzugsrecht, sondern bestimmt lediglich die generelle Übertragbarkeit der Aktie.[13] 8

---

[9] Vgl. § 11 S. 2 AktG; hM: *Zätzsch* in v. Rosen/Seifert Namensaktie 261; *Huep* WM 2000, 1623 (1623); *Maul* NZG 2001, 585 (588); *Noack* FS Bezzenberger, 2000, 291 (300 f.); *Koch* in Hüffer/Koch AktG § 11 Rn. 7; *Dauner-Lieb* in Kölner Komm. AktG § 11 Rn. 20.
[10] Weiterführend *Noack* FS Bezzenberger, 2000, 291 (297).
[11] *Arnold* in Kölner Komm. AktG § 24 Rn. 8.
[12] Ebenso *Huep* WM 2000, 1623 (1624); *Koch* in Hüffer/Koch AktG § 11 Rn. 1; *Maul* NZG 2001, 585 (588); *Noack* FS Bezzenberger, 2000, 291 (305 ff.); *Pentz* in MüKoAktG AktG § 24 Rn. 12; *Röhricht/Schall* in GroßkommAktG AktG § 24 Rn. 11.
[13] Vgl. *Maul* NZG 2001, 585 (589); *Noack* FS Bezzenberger, 2000, 291 (302).

9   Einen Sonderfall stellt die **Umwandlung von Inhaberaktien in vinkulierte Namensaktien** dar. Hier ist neben dem Hauptversammlungsbeschluss auch die Zustimmung des einzelnen Aktionärs erforderlich (§ 180 Abs. 2 AktG), da die Vinkulierung die künftige Übertragbarkeit der Aktien und damit die Eigentumsrechte der Aktionäre einschränkt. Eine solche nachträgliche Vinkulierung kommt praktisch nur bei Gesellschaften mit geschlossenem Aktionärskreis in Betracht.

10   Außerdem ist der Fall denkbar, dass nur ein Teil der vorhandenen Inhaberaktien auf Namensaktien umgestellt werden soll. Hier wird idR das **Gebot der Gleichbehandlung** aller Aktionäre (§ 53a AktG) verletzt sein, weil die mit der Namensaktie verbundenen Vor- und Nachteile nur die künftigen Namensaktionäre treffen. Eine derartige Ungleichbehandlung bedarf eines sachlich rechtfertigenden Grundes oder der Zustimmung der betroffenen Aktionäre.[14]

3. Satzungsänderungen

11   Die anlässlich der Einführung von Namensaktien zu beschließenden Satzungsänderungen beschränken sich rein rechtlich darauf, den Passus über die Form der Aktie zu ändern. In der Praxis sind daneben aber noch weitere Auswirkungen auf Formalien im Umgang der Gesellschaft mit ihren Aktionären zu regeln. Im Einzelnen:

a) Aktienart

12   Auch bei der für die Einführung der Namensaktie konstitutiven Festlegung über die Art der Aktien bietet es sich an, die Einführung der Namensaktie zunächst in einem ersten Beschlussteil materiell zu beschließen und in einem zweiten Beschlussteil die Satzungsänderung zu formulieren.

Zum Beispiel:

a) *Die bisher auf den Inhaber lautenden Stückaktien der Gesellschaft werden unter Beibehaltung der bisherigen Stückelung in Namensaktien umgewandelt.*
b) *§ 5 Abs. 1 der Satzung erhält folgende Fassung:*
   „(1) Die Aktien lauten auf den Namen."

13   Dem wird üblicherweise ein die Maßnahme erläuternder Text vorangestellt werden, zwingend ist dies aber nicht.

Zum Beispiel:

Die Aktien der Gesellschaft lauten derzeit auf den Inhaber. Sie sollen auf Namensaktien umgestellt werden. Die Namensaktie ermöglicht durch den engeren Kontakt der Gesellschaft mit ihren Aktionären eine bessere Kommunikation mit ihnen. Zudem sind Namensaktien international weit verbreitet. Mit der Umstellung auf die Namensaktie wird auch dem Willen des Gesetzgebers, der Namensaktien für nicht börsennotierte Gesellschaften als Regelfall vorsieht, Rechnung getragen.

14   Falls eine Gesellschaft Inhaber- und Namensaktien nebeneinander führt, empfiehlt es sich ferner, in der Satzung zu bestimmen, welcher Art neue Aktien aus Kapitalerhöhungen sein sollen, wenn der Kapitalerhöhungsbeschluss für sie keine ausdrücklichen Festlegungen trifft. Für eine AG, die kraft Gesetzes oder Satzung nur Namensaktien haben darf, ist dies entbehrlich, aber unschädlich.

---

[14] Vgl. *Drygala* in Kölner Komm. AktG § 53a Rn. 29; siehe auch *Röhricht/Schall* in GroßkommAktG AktG § 24 Rn. 12 und *Sailer-Coceani* in MHdB AG § 13 Rn. 6, die betonen, dass die nur teilweise Umwandlung von Inhaber- in Namensaktien anfechtbar ist, sofern nicht die betroffenen Aktionäre zustimmen.

III. Umstellung der Inhaber- auf Namensaktien § 30

Zum Beispiel:
Trifft im Fall einer Kapitalerhöhung der Erhöhungsbeschluss keine Bestimmung darüber, ob die neuen Aktien auf den Inhaber oder auf Namen lauten sollen, so lauten sie auf den Namen.

b) Aktienregister

In der Satzung sollte geregelt werden, in welcher Form das Aktienregister geführt wird und welche Angaben es zu jedem Aktionär enthalten soll. Insbes. bietet es sich an, über die Vorgaben des Gesetzes hinaus auch vorzusehen, welche Angaben von Aktionären zu verlangen sind, die keine natürlichen Personen sind. Ferner können die Voraussetzungen von Legitimationseintragungen näher geregelt werden (§ 67 Abs. 1 S. 3 AktG), was in der Praxis aber selten ist, so dass im Folgenden kein Vorschlag aufgenommen wird.[15]

Zum Beispiel:
Die Gesellschaft führt ein elektronisches Aktienregister. Die Aktionäre haben der Gesellschaft zur Eintragung in das Aktienregister, sofern sie natürliche Personen sind, ihren Namen, ihre Anschrift und ihr Geburtsdatum, sofern sie juristische Personen sind, ihre Firma, ihre Geschäftsanschrift und ihren Sitz, sowie in jedem Fall die Zahl der von ihnen gehaltenen Aktien anzugeben. Elektronische Postadressen und ihre etwaigen Änderungen sollen zur Erleichterung der Kommunikation mit angegeben werden.

c) Einberufung einer Hauptversammlung

Bei einer AG, die nur Namensaktien ausgegeben hat, kann die Hauptversammlung auch per eingeschriebenem Brief einberufen werden. Die Bekanntgabe in den Gesellschaftsblättern ist hier nur erforderlich, wenn es die Satzung ausdrücklich bestimmt (§ 121 Abs. 4 S. 2 AktG).[16] Anstatt solcher Erschwerungen kann es sich aber besonders bei Gesellschaften mit einem überschaubaren Aktionärskreis anbieten, in der Satzung bestimmte Erleichterungen für die Einberufung der Hauptversammlung vorzusehen, etwa die Einberufung durch einfachen Brief, Telefax oder E-Mail (auch → § 4 Rn. 138 f.).

Zum Beispiel:
Die Hauptversammlung kann durch Veröffentlichung in den Gesellschaftsblättern oder schriftlich per eingeschriebenem oder einfachem Brief, Telefax oder E-Mail einberufen werden.

d) Anmeldevoraussetzungen

Auch hinsichtlich der Voraussetzungen für die Anmeldung zur Hauptversammlung empfehlen sich grundsätzlich Neuregelungen, die auf die Verhältnisse bei der Namensaktie abgestimmt sind.

Zum Beispiel:
Zur Teilnahme an der Hauptversammlung und zur Ausübung des Stimmrechts sind diejenigen Aktionäre berechtigt, die im Aktienregister eingetragen und rechtzeitig angemeldet sind.

---

[15] *Bayer/Hoffmann* AG 2013, R 259 ff.
[16] Möglich bleibt sie aber natürlich, *Koch* in Hüffer/Koch AktG § 121 Rn. 11a.

Die Anmeldung muss der Gesellschaft unter der in der Einberufung hierfür mitgeteilten Adresse schriftlich oder auf elektronischem Weg spätestens fünf Tage vor der Versammlung zugehen. Der Tag des Zugangs ist nicht mitzurechnen.

Die Einzelheiten über die Anmeldung und die Ausstellung der Eintrittskarten sind in der Einladung bekannt zu machen.

e) Umschreibestopp

18 Einige Gesellschaften haben in ihren Satzungen einen sog. Umschreibestopp vorgesehen. Danach werden Anträge auf Umschreibung im Aktienregister innerhalb einer bestimmten Frist vor der Hauptversammlung nicht mehr bearbeitet. Dies soll sicherstellen, dass sich der Bestand der eingetragenen und damit stimmberechtigten Aktionäre von dann bis zum Tag der Hauptversammlung nicht mehr verändert. Ein vorübergehender Ausschluss von Umschreibungen ist zulässig, wenn die Sperre nicht über sieben Tage vor der Hauptversammlung hinausgeht.[17] Da im Zuge der Aktienrechtsnovelle 2016 kein hauptversammlungsbezogener Nachweisstichtag *(record date)* für Namensaktien eingeführt wurde, bleibt die Praxis des Umschreibestopps unangetastet.[18]

Zum Beispiel:

Während des Tags der Hauptversammlung sowie an den ihr unmittelbar vorangehenden zwei Bankarbeitstagen unterbleiben Umschreibungen im Aktienregister.

f) Verbriefung

19 Das deutsche Aktienrecht lässt einen Verzicht auf die Verbriefung der Aktien zu (§ 10 Abs. 5 AktG). Das gilt auch für Namensaktien. Wird die Namensaktie jedoch im Hinblick auf einen späteren Börsengang an einer ausländischen Börse, insbes. der NYSE eingeführt, empfiehlt es sich, auch die sich daraus ergebenden Verbriefungsanforderungen zu berücksichtigen. Daher sollte in der Satzung abstrakt bestimmt werden, dass die Verbriefung nur noch vorgenommen wird, soweit sie nach den Regeln notwendig ist, die an einer Börse gelten, an der die Aktien der Gesellschaft zugelassen sind.

Zum Beispiel:

Ein Anspruch der Aktionäre auf Verbriefung ihrer Anteile sowie etwaiger Gewinnanteil- und Erneuerungsscheine ist ausgeschlossen, soweit eine Verbriefung nicht nach den Regeln erforderlich ist, die an einer Börse gelten, an der die Aktien zugelassen sind.

---

[17] So auch RegBegr. BT-Drs. 15/5092, 14; *Cahn* in Spindler/Stilz AktG § 67 Rn. 81; *Seibert* ZIP 2000, 937 (940). *Butzke* E Rn. 101; *Quaas* AG 2009, 432 (434). Unter Verweis auf § 123 Abs. 2 S. 2 AktG werden teilweise 6 Tage als Höchstfrist angesehen, vgl. *Koch* in Hüffer/Koch AktG § 67 Rn. 20; *Bayer/Lieder* NZG 2009, 1361 (1363); deutlich restriktiver *Merkt* in GroßkommAktG AktG § 67 Rn. 105; *Grumann/Soehlke* DB 2001, 576 (579), wonach ein Umschreibestopp nur 2 Tage bzw. 24 Stunden vor der Hauptversammlung zulässig sein soll.
[18] *Götze* NZG 2016, 48 (50); zur Zulässigkeit des Umschreibestopps BGH NZG 2009, 1270 f.

§ 31 Einführung der Stückaktie

Stichworte

Dividende Rn. 10 f.
Einführungsbeschluss Rn. 5
Kapitalmaßnahmen
– Anpassung früherer Kapitalerhöhungsbeschlüsse Rn. 6 ff.
– bedingtes Kapital Rn. 7 f.

– genehmigtes Kapital Rn. 9
– Kapitalherabsetzung Rn. 3
Satzungsänderung Rn. 4 ff.
Stückaktiengesetz Rn. 2
Stückelung Rn. 2, 5

Schrifttum:
Bungert, Vorzeitige Einführung der Stückaktie in der Aktiengesellschaft, NZG 1998, 172; *Ekkenga,* Vorzüge und Nachteile der nennwertlosen Aktie, WM 1997, 1645; *Funke,* Wert ohne Nennwert – Zum Entwurf einer gesetzlichen Regelung über die Zulassung nennwertloser Aktien, AG 1997, 385; *Kolb/Pöller,* Das Gesetz über die Zulassung von Stückaktien, DStR 1998, 855; *Kopp,* Stückaktie und Euro-Umstellung, BB 1998, 701; *Rohleder/Schulze,* Euro-Umstellung: Plädoyer für die Stückaktie, Die Bank 1998, 287.

I. Überblick

Das Grundkapital kann anstatt in Nennbetragsaktien auch in Stückaktien eingeteilt werden, die einige Vorteile gegenüber Nennbetragsaktien aufweisen (→ Rn. 2 f.). Eine Umstellung auf Stückaktien erfordert eine Satzungsänderung (→ Rn. 4 f.). Zudem sollten frühere Kapitalerhöhungsbeschlüsse und weitere an den Nennwert anknüpfende Regelungen angepasst werden (→ Rn. 6 ff.). **1**

II. Das Rechtsinstrument Stückaktie

Das Gesetz über die Zulassung von Stückaktien (StückAG)[1] erlaubt die Einführung sog. **unechter nennwertloser Aktien,**[2] die heute – namentlich bei den DAX30-Unternehmen – weit verbreitet sind. Stückaktien lauten nicht auf einen bestimmten Euro-Betrag (§ 8 Abs. 3 S. 1 AktG). Ihre Nennwertlosigkeit ist insofern eine unechte, als sie wie Nennbetragsaktien einen Teil des Grundkapitals verkörpern und sich somit für sie auch ein Nennwert errechnen ließe. Im Unterschied zu Nennbetragsaktien bestehen bei ihnen jedoch hinsichtlich der Stückelung und somit des auf sie entfallenden anteiligen Grundkapitals grds. keine Beschränkungen. Eine Ausnahme gilt hier nur insoweit, als dieser anteilige Grundkapitalbetrag pro Aktie nicht kleiner als 1 EUR sein darf (§ 8 Abs. 3 S. 3 AktG). Alle Stückaktien einer Gesellschaft müssen gleich groß sein; unterschiedliche anteilige Grundkapitalbeträge kommen also – anders als unterschiedliche Nennbeträge – nicht in Betracht (§ 8 Abs. 3 S. 2 AktG). Die Unterscheidung zwischen Nennbetrags- und Stückaktien betrifft nur die Zerlegung des Grundkapitals und ist unabhängig davon, ob die Aktien Inhaber- oder Namensaktien, Stamm- oder Vorzugsaktien sind. **2**

Vorteile bringt die Stückaktie vor allem bei der – heute nur noch selten durchzuführenden – Umstellung des Aktienkapitals auf Euro mit sich, da bei ihr Kapitalmaßnahmen zur Glättung gebrochener Nennwerte entbehrlich sind.[3] In aller Regel sind dabei die alten, noch auf DM lautenden Aktienurkunden weiter verwendbar, während dies bei Nennbetragsaktien regelmäßig zweifelhaft ist. Stückaktien bieten außerdem die Option, Kapitalerhöhungen aus Gesellschaftsmitteln unter Beibehaltung der Aktienzahl durchzu- **3**

---
[1] Gesetz vom 25. 3. 1998, BGBl. I 590.
[2] Zum Begriff eingehend *Heider* in MüKoAktG AktG § 8 Rn. 18 ff.
[3] Siehe hierzu näher 2. Aufl. § 34 Rn. 3 ff.

führen (§ 207 Abs. 2 S. 2 AktG), was bei Nennbetragsaktien nur zum Zweck der Euro-Umstellung ausnahmsweise zulässig ist.[4] Die wirtschaftliche Motivation hierfür erscheint indes zweifelhaft, da ein wesentlicher Beweggrund für eine Kapitalerhöhung aus Gesellschaftsmitteln die Reduzierung des Kursniveaus ist, die sich bei einer unveränderten Aktienanzahl nicht – jedenfalls nicht aufgrund der Kapitalerhöhung aus Gesellschaftsmitteln – einstellen wird. Sofern der Mindestbetrag iHv 1 EUR für den anteiligen Grundkapitalbetrag noch nicht erreicht ist, bestehen auch größere Freiheiten hinsichtlich der Durchführung von Aktiensplits, weil das Erfordernis fehlt, glatte Nennwerte einzuhalten. Anders als Nennbetragsaktien müssen Stückaktien bei einer Kapitalherabsetzung nicht an die geänderte Kapitalziffer angepasst werden (vgl. § 222 Abs. 4 AktG), und bei der Einziehung kann das vereinfachte Einziehungsverfahren anwendbar sein (§ 237 Abs. 3 Nr. 3 AktG).

III. Einführung der Stückaktie

4 Die Satzung legt fest, in welcher Form das Grundkapital in Aktien zerlegt ist und nimmt hierauf üblicherweise an einigen weiteren Stellen Bezug. Bei der Einführung der Stückaktie muss daher die Satzung an mehreren Stellen geändert werden. Dabei gelten die allgemeinen Voraussetzungen für **Satzungsänderungen** (§ 179 AktG),[5] insbes. also im Regelfall das Erfordernis einer Mehrheit von drei Vierteln des bei der Beschlussfassung vertretenen Grundkapitals neben der einfachen Stimmenmehrheit. Eine Einzelzustimmung der Aktionäre ist nicht erforderlich, weil es kein mitgliedschaftliches Recht auf Beibehaltung von Nennbetragsaktien gibt.[6] Das gilt auch dann, wenn im Zuge der Umstellung auf Stückaktien die Aktien kleiner gestückelt werden, weil dann in Einklang mit § 53a AktG lediglich die gleichen Mitgliedschaftsrechte durch eine größere Aktienanzahl repräsentiert werden.[7] Auch ein Sonderbeschluss irgendeiner Aktiengattung wird bei der bloßen Einführung der Stückaktie ohne Euro-Umstellung nicht erforderlich werden.[8]

1. Einführungsbeschluss

5 Hat die AG Aktien mit unterschiedlichen Nennwerten, erfolgt die Umstellung auf Stückaktien gedanklich in zwei Schritten, die aber in einem Beschluss zusammengefasst werden können: Zunächst wird das Grundkapital in einheitliche Nennbeträge gestückelt und dann erfolgt die Umwandlung der Nennbetrags- in Stückaktien. Es empfiehlt sich, die **Stückelung** der Stückaktien am bisher niedrigsten Nennwert zu orientieren oder – sofern der bisher niedrigste Nennwert oberhalb von 1 EUR liegt – gegenüber dem status quo eine noch kleinere Stückelung zu wählen. Eine größere Stückelung würde es erforderlich machen, mehrere Aktien kleinerer Nennbeträge zusammenzulegen. Dies wäre unnötig aufwändig und erforderte die Zustimmung all derjenigen Aktionäre, deren Möglichkeiten zur teilweisen Veräußerung ihrer Beteiligung eingeschränkt würden.

---

[4] Dazu *Maul* in Müller/Rödder BeckHdB AG § 3 Rn. 99 f.
[5] Siehe dazu § 19; zur Änderung der Aktienurkunden, soweit das Recht auf Verbriefung der Aktien nicht statutarisch abbedungen wurde, *Vatter* in Spindler/Stilz § 8 Rn. 13.
[6] *Koch* in Hüffer/Koch AktG § 8 Rn. 20.
[7] *Heider* in MüKoAktG AktG § 6 Rn. 85.
[8] Eine Benachteiligung einer Aktiengattung iSd § 179 Abs. 3 AktG ist hierbei nicht zu befürchten; siehe auch *Heider* AG 1998, 1 (8); *Ihrig/Streit* NZG 1998, 201 (206). Sie kann aber infolge der Umstellung des Aktienkapitals auf Euro eintreten.

Zum Beispiel:

a) *An die Stelle jeweils einer Aktie im Nennbetrag von 3 EUR treten drei Stückaktien, an die Stelle jeweils einer Aktie im Nennbetrag von 30 EUR treten dreißig Stückaktien, und an die Stelle jeweils einer Aktie im Nennbetrag von 300 EUR treten dreihundert Stückaktien. Die Stimmrechte aus den Aktien werden entsprechend angepasst.*
b) *§ ... der Satzung wird wie folgt neu gefasst: „Das Grundkapital der Gesellschaft beträgt ... EUR und ist eingeteilt in ... auf den Inhaber lautende Stückaktien."*
c) *§ ... der Satzung wird wie folgt neu gefasst: „Jede Stückaktie gewährt eine Stimme."*

2. Anpassung früherer Kapitalerhöhungsbeschlüsse

Nicht selten existieren noch aus früheren Jahren Kapitalerhöhungsbeschlüsse über bedingte und genehmigte Kapitalien, die noch nicht (vollständig) ausgenutzt worden sind. Vor allem bei bedingten Kapitalien wurde in diesen Beschlüssen genau festgelegt, um welche Aktienanzahl mit welchem Nennwert das Grundkapital erhöht werden kann. Diese Angaben haben auch Eingang in die Satzung gefunden. Diese Beschlüsse und die entsprechenden Satzungsbestimmungen müssen durch einen **Hauptversammlungsbeschluss,** ggf. durch **Fassungsänderung durch den Aufsichtsrat,** den Bedürfnissen der Stückaktie angepasst werden. Eine Fassungsänderung kommt allerdings nur dann in Betracht, wenn der neue Satzungsinhalt seinem Inhalt nach bereits von der Hauptversammlung beschlossen worden ist und es nur noch um die sprachliche Ausgestaltung des Satzungswortlauts geht. 6

a) Bedingtes Kapital

Wird die Stückaktie eingeführt, können zwar das jeweilige Kapitalerhöhungsvolumen und die Aktienanzahl unverändert bleiben. Trotzdem muss der Beschluss wegen seiner Vorgaben hinsichtlich des Nennwerts der Bezugsaktien angepasst werden. Andernfalls könnten aufgrund der gewährten Bezugsrechte Nennbetragsaktien verlangt werden, was dem **Verbot eines Nebeneinanders von Stück- und Nennbetragsaktien** zuwiderlaufen würde. Es können hierfür der materielle Beschluss über das bedingte Kapital und sein Niederschlag in der Satzung separat geändert werden; Ersteres ist aber auch miterfasst, wenn nur Letzteres geschieht. Daher genügt es, die Satzungsbestimmungen über das bedingte Kapital in ihrem auf die Stückaktie abgestellten Wortlaut neu zu beschließen. Anstatt dies für mehrere bedingte Kapitalien jeweils gesondert auszuformulieren,[9] kann verkürzend auch wie folgt formuliert werden: 7

Soweit die Gesellschaft nach den folgenden Absätzen berechtigt ist, Aktien im Nennbetrag von je ... auszugeben, kann sie auch statt je einer Aktie im Nennbetrag von ... je eine Stückaktie ausgeben.

Ist die **Ermächtigung noch nicht ausgenutzt** worden, wurden also noch keine Bezugsrechte eingeräumt, ist der Beschluss über das bedingte Kapital noch rein gesellschaftsintern. Er muss dann nicht angepasst werden, vielmehr kann die Bezugnahme auf bestimmte Euro-Nennbeträge als Bezugnahme auf die entsprechende Zahl an Stückaktien ausgelegt werden. Allerdings bleibt es der Hauptversammlung unbenommen, die Ermächtigung deklaratorisch neu zu fassen. Bei nur teilweiser Ausnutzung der Ermächtigung sind die Anpassungen hinsichtlich des ausgenutzten Teils zwingend, hinsichtlich des nicht ausgenutzten Teils kein besonderer zusätzlicher Aufwand und daher zu empfehlen. 8

---

[9] Formulierungsvorschlag hierfür siehe *Schröer* ZIP 1998, 306 (308).

b) Genehmigtes Kapital

9   Sind in früheren Hauptversammlungen genehmigte Kapitalien beschlossen worden, wird hierbei üblicherweise der Nennwert der bei Ausübung der Ermächtigung auszugebenden Aktien nicht festgelegt. Bei der separaten Beschlussfassung über die Einführung der Stückaktie ergibt sich daher insoweit **im Regelfall kein Anpassungsbedarf**. Wurde hingegen ausnahmsweise der Nennwert der auszugebenden Aktien festgesetzt, sind diese Fälle gemäß den Ausführungen zum bedingten Kapital zu behandeln.

3. Sonstiger Anpassungsbedarf

10 Da die Stückaktie eine nennwertlose Aktie ist, müssen bei ihrer Einführung alle Satzungsbestimmungen geändert werden, die an Aktiennennwerte anknüpfen. So ist etwa die Berechnung einer in Prozent vom Nennwert ausgedrückten **Vorzugs- und ggf. Mehrdividende** von Vorzugsaktien gegenüber Stammaktien anhand des auf die einzelne Aktie entfallenden anteiligen Grundkapitalanteils zwar möglich, aber für die nennwertlose Aktie wesensfremd. Außerdem würde das Ergebnis dieser Berechnung sehr „krumm" werden, wenn sich der anteilige Grundkapitalbetrag pro Stückaktie verändert. Daher sollte anstelle des auf den Nennwert bezogenen Prozentwertes ein **absoluter Betrag** festgelegt werden. Sofern dieser nicht mit dem früher zu errechnenden Betrag übereinstimmt, ist zu beachten, dass dafür ggf. ein Sonderbeschluss der benachteiligten Aktionärsgruppe erforderlich ist.

11 Die gleiche Problematik besteht, wenn die Höhe der **Tantieme für den Aufsichtsrat** an die Dividende gebunden ist, und zwar etwa so, dass dem einzelnen Aufsichtsratsmitglied für jeden Dividendenprozentpunkt ein fester Betrag versprochen wird. Dieses Problem stellt sich aber auch nur dann, wenn der Prozentwert an den Nennwert der einzelnen Aktie anknüpft, nicht dagegen wenn die Basisgröße das gesamte Grundkapital ist.

§ 32 Erwerb und Veräußerung eigener Aktien

Übersicht

	Rn.
I. Überblick	1
II. Ermächtigung nach § 71 Abs. 1 Nr. 8 AktG	3
1. Ermächtigung zum Erwerb eigener Aktien	3
2. Veräußerung der eigenen Aktien/Ermächtigung zum Ausschluss des Bezugsrechts der Aktionäre	10
3. Ermächtigung zur Einziehung von eigenen Aktien	18
4. Ermächtigung zum Erwerb und zur Veräußerung von eigenen Aktien unter Einsatz von Derivaten	21
5. Publizität	26
III. Erwerbsermächtigung zwecks Handels in eigenen Aktien	28
IV. Einziehungsbeschluss nach § 237 Abs. 1 AktG	30

Stichworte

Aktienoptionsplan Rn. 16
Aufforderung zur Abgabe von Kaufangeboten Rn. 8
Bezugsrechtsausschluss Rn. 12 f., 14
Börsenpreis Rn. 14
Call-Option Rn. 22
Derivate Rn. 21 ff.
Einziehung Rn. 18 f., 30 ff.
Festpreisangebote Rn. 8
Finanzmathematische Methoden Rn. 24
Gleichbehandlung Rn. 8, 10 ff., 25, 31
Handel in eigenen Aktien Rn. 4
Handelsbestand Rn. 28
Höchster Gegenwert Rn. 5
Kaufangebote, öffentliches Rn. 8

KonTraG Rn. 3
Kreditinstitut Rn. 13, 24, 28
Kursrelevanz Rn. 26
Marktorientiertes Verfahren Rn. 24
Niedrigster Gegenwert Rn. 5
Notwendige Bestandteile Rn. 6
Optionsprämie Rn. 25
Preisspannenangebote Rn. 8
Publizität Rn. 26
Put-Option Rn. 22
Rücklage Rn. 7
Sachliche Rechtfertigung Rn. 14
Terminkäufe Rn. 22
Vereinfachte Kapitalherabsetzung Rn. 30
Verkauf über die Börse Rn. 10

Schrifttum:

Adams, Was spricht gegen eine unbehinderte Übertragbarkeit der in Unternehmen gebundenen Ressourcen durch ihre Eigentümer, AG 1990, 243; *Baum*, Rückerwerbsangebote für eigene Aktien: Übernahmerechtlicher Handlungsbedarf?, ZHR 167 (2003), 580; *Cahn/Ostler*, Eigene Aktien und Wertpapierleihe, AG 2008, 221; *Habersack*, Das Andienungs- und Erwerbsrecht bei Erwerb und Veräußerung eigener Anteile, DB 2004, 1121; *Johannsen-Roth*, Der Einsatz von Eigenkapitalderivaten beim Erwerb eigener Aktien nach § 71 Abs. 1 Nr. 8 AktG, ZIP 2011, 407; *Kallweit/Simons*, Aktienrückkauf zum Zweck der Einziehung und Kapitalherabsetzung, AG 2014, 352; *Kessler/Suchan*, Kapitalschutz bei Erwerb eigener Anteile nach BilMoG, FS Hommelhoff, 2012, 509; *Kiem*, Der Erwerb eigener Aktien bei der kleinen AG, ZIP 2000, 209; *Knoll*, Kumulative Nutzung von bedingtem Kapital und Aktienrückkauf zur Bedienung von Aktienoptionsprogrammen – sind 10% nicht genug?, ZIP 2002, 1382; *Kruchen*, Risikoabsicherung aktienbasierter Vergütungen mit eigenen Aktien, AG 2014, 655; *Leuering*, Der Rückerwerb eigener Aktien im Auktionsverfahren, AG 2007, 435; *Mutter*, Darf's ein bißchen mehr sein? – Überlegungen zum zulässigen Gesamtvolumen von Aktienoptionsprogrammen nach dem KonTraG, ZIP 2002, 295; *Oechsler*, Die Wertpapierleihe im Anwendungsbereich des § 71 AktG, AG 2010, 526; *Rieckers*, Ermächtigung des Vorstands zu Erwerb und Einziehung von Aktien, ZIP 2009, 700; *von Rosen/Helm*, Der Erwerb eigener Aktien durch die Gesellschaft, AG 1996, 434; *Schockenhoff/Wagner*, Ad hoc-Publizität beim Aktienrückkauf, AG 1999, 548; *Schulz*, Strategien zum Umgang mit eigenen Anteilen bei der Vorbereitung eines Börsengangs, ZIP 2015, 510; *Zöllner*, Kapitalherabsetzung durch Einziehung von Aktien im vereinfachten Einziehungsverfahren und vorausgehender Erwerb, FS Doralt, 2004, 751.

I. Überblick

1 Die Ermächtigung zum Erwerb eigener Aktien (§ 71 Abs. 1 Nr. 8 AktG; → Rn. 3 ff.) gehört zu den Standardinstrumenten der Unternehmensfinanzierung bei börsennotierten Aktiengesellschaften. Sie wird in der Unternehmenspraxis überwiegend mit zwei weiteren Beschlüssen verbunden: (i) der Ermächtigung des Vorstands, das Bezugsrecht der Aktionäre in den in der Ermächtigung bestimmten Fällen bei Wiederveräußerung der Aktie auszuschließen (→ Rn. 10 ff.), und (ii) mit der Ermächtigung, die eigenen Aktien nach ihrem Erwerb einzuziehen (→ Rn. 18 ff.). Es entspricht verbreiteter Praxis, den Vorstand auch zum Erwerb und zur Veräußerung von eigenen Aktien unter Einsatz von Derivaten zu ermächtigen (→ Rn. 21 ff.). Allerdings haben der Erwerb und die Veräußerung von eigenen Aktien unter Einsatz von Derivaten nur geringe praktische Bedeutung. Die Hauptversammlung eines Kreditinstituts, Finanzdienstleistungsinstituts oder Finanzunternehmens kann die Gesellschaft ermächtigen, eigene Aktien auch zum Zwecke des Wertpapierhandels zu erwerben und zu veräußern (§ 71 Abs. 1 Nr. 7 AktG; → Rn. 28 ff.).

2 Wenn der Vorstand von der Ermächtigung zum Erwerb eigener Aktien Gebrauch macht, muss er der nächsten Hauptversammlung berichten (§ 71 Abs. 3 S. 1 AktG; → Rn. 9). Wenn die Hauptversammlung den Vorstand nicht mit der Ermächtigung zum Erwerb eigener Aktien auch zur Einziehung ermächtigt hat, können die eigenen Aktien nach § 237 Abs. 1 AktG auf der Grundlage eines gesonderten Hauptversammlungsbeschlusses eingezogen werden (→ Rn. 30 ff.). Wegen § 71 Abs. 1 Nr. 8 S. 6 AktG hat die Vorschrift vor allem Bedeutung für die Einziehung von Aktien, die nach § 71 Abs. 1 Nr. 1, 4, 5 und 6 AktG erworben worden sind.

II. Ermächtigung nach § 71 Abs. 1 Nr. 8 AktG

1. Ermächtigung zum Erwerb eigener Aktien

3 Die Hauptversammlung kann den Vorstand unter den in § 71 Abs. 1 Nr. 8 AktG geregelten Voraussetzungen zum Erwerb von eigenen Aktien ermächtigen. Die gesetzliche Regelung wurde 1998 durch das KonTraG geschaffen und damit die Möglichkeit zum Erwerb eigener Aktien deutlich erweitert. Das dient der Flexibilisierung der Eigenkapitalfinanzierung.[1]

4 Die Ermächtigung erfordert nicht, dass die Hauptversammlung den Zweck des Erwerbs festsetzt. Damit unterscheidet sie sich von den übrigen Erlaubnistatbeständen des § 71 Abs. 1 AktG, bei denen der Erwerb der eigenen Aktien nur zu den gesetzlich (eng) bestimmten Zwecken erfolgen darf. Möglich wäre es, dass die Hauptversammlung die Ermächtigung auf bestimmte Zwecke beschränkt (etwa Bedienung von aktienbasierten Vergütungsprogrammen). Der Hauptversammlungsbeschluss könnte die Ermächtigung zum Erwerb eigener Aktien auch auf eine Aktiengattung („nur stimmrechtslose Vorzugsaktien") beschränken.[2] In der Praxis sind solche Beschränkungen aber nicht üblich. Eine unzulässige Zweckbestimmung wäre der Handel in eigenen Aktien, § 71 Abs. 1 Nr. 8 S. 2 AktG. Der Handel in eigenen Aktien ist auch verboten, wenn die Ermächtigung keine Zweckbindung vorsieht.[3]

---

[1] *Koch* in Hüffer/Koch AktG § 71 Rn. 19c.
[2] *Koch* in Hüffer/Koch AktG § 71 Rn. 19e; die erforderliche Gleichbehandlung der Aktionäre wäre in diesem Fall jedenfalls bei Erwerb über die Börse gewährleistet; ob und welche anderen Erwerbsverfahren denkbar sind, bei denen die Aktionäre in genügender Weise gleich behandelt werden, wird bisher nicht erörtert.
[3] RegBegr. KonTraG, BT-Drs. 13/9712, 13: „Damit scheidet ein fortlaufender Kauf und Verkauf eigener Aktien und der Versuch, Trading-Gewinne zu machen, als Zweck aus."

II. Ermächtigung nach § 71 Abs. 1 Nr. 8 AktG

Die Ermächtigung
– muss den Anteil am Grundkapital bestimmen, auf den sich die Ermächtigung bezieht; er darf 10% des Grundkapitals nicht übersteigen; in der Praxis wird die Ermächtigung ganz überwiegend für bis zu 10% des Grundkapitals erteilt;
– darf für höchstens 5 Jahre erteilt werden;[4] in der Praxis wird dieser Zeitraum in aller Regel ausgeschöpft;
– muss den niedrigsten und höchsten Gegenwert[5] bestimmen;[6] das ist die Gegenleistung, in der Regel der Kaufpreis, zu dem die Gesellschaft die eigenen Aktien erwirbt. Der niedrigste und höchste Gegenwert kann, muss aber nicht betragsmäßig fixiert sein. Rechtlich zulässig und in der Praxis üblich ist auch eine vom Börsenkurs abhängige Bestimmung.[7] Denkbar sind andere variable Maßstäbe. Der niedrigste und höchste Gegenwert muss aber bei Ausübung der Ermächtigung bestimmbar sein.[8] In der Praxis börsennotierter Aktiengesellschaften sind Spannen von 20% unter dem Börsenkurs bei Ausübung der Ermächtigung bis 10% oberhalb des aktuellen Börsenkurses üblich und zulässig. Im Schrifttum[9] wird angenommen, die Hauptversammlung könne den höchsten Gegenwert keineswegs beliebig festsetzen, sondern müsse sich mit Blick auf das Verbot der Einlagenrückgewähr (§ 57 AktG) am marktüblichen Kaufpreis orientieren. Gegen eine übermäßige Einengung des Entscheidungsermessens der Hauptversammlung spricht aber, dass sich die Marktverhältnisse und die konkreten Bedingungen, die bei dem späteren Erwerb der eigenen Aktien gegeben sind, kaum sicher prognostizieren lassen und der Vorstand durch den Ermächtigungsbeschluss keineswegs entbunden ist, den konkreten Erwerb auf seine Vereinbarkeit mit § 57 AktG zu prüfen. Noch weniger überzeugt die Annahme allzu enger rechtlicher Grenzen bei der Festsetzung des niedrigsten Gegenwerts.[10] Denn aus Sicht der Gesellschaft ist der Erwerb von eigenen Aktien zu einem niedrigen Preis vorteilhaft.

Die vorgenannten Festsetzungen sind notwendige Bestandteile des Ermächtigungsbeschlusses, deren Fehlen zur Nichtigkeit der Ermächtigung führt.[11] Der Ermächtigungsbeschluss kann den Erwerb eigener Aktien von der Zustimmung des Aufsichtsrats abhängig machen,[12] muss dies aber nicht. Erforderlich ist eine Zustimmung des Aufsichtsrats nur, wenn bei Veräußerung oder sonstigen Verwendungen der erworbenen Aktien das Bezugsrecht der Aktionäre ausgeschlossen oder der Vorstand zum Ausschluss des Bezugsrechts ermächtigt werden soll (→ Rn. 12 ff.).

Der Erwerb der eigenen Aktien ist von weiteren gesetzlichen Voraussetzungen abhängig, die nicht im Hauptversammlungsbeschluss bestimmt werden müssen; es ist allerdings nicht schädlich, wenn sie klarstellend in den Ermächtigungsbeschluss aufgenommen werden:

---

[4] Vgl. BGH NZG 2015, 867 Rn. 36: Nichtigkeit bei fehlender Bestimmung der Ermächtigungsdauer.
[5] Das Erfordernis beruht auf Art. 21 Abs. 1 S. 2 lit. a der Kapitalrichtlinie 2012/30/EU. Der Sinn der Regelung ist offensichtlich für die Festsetzung des höchsten Gegenwerts: Sie dient dem Schutz der Aktionäre gegen einen überteuerten Erwerb von eigenen Aktien. Dagegen ist der Sinn der Regelung, die der Hauptversammlung aufgibt, notwendig auch den niedrigsten Gegenwert festzusetzen, nicht nachvollziehbar. Je günstiger die Aktien sind, desto mehr dient das dem Interesse der Gesellschaft. In der Praxis haben Gesellschaften in der ersten Zeit nach Einführung des § 71 Abs. 1 Nr. 8 AktG zum Teil sehr niedrige Mindestgegenwerte festgesetzt. Das wurde von Aktionärsvereinigungen ohne nachvollziehbaren Grund für kritisch gehalten.
[6] Was auch durch relative Anbindung an den künftigen Börsenkurs geschehen kann, *Koch* in Hüffer/Koch AktG § 71 Rn. 19e.
[7] RegBegr. KonTraG, BT-Drs. 13/9712, 13.
[8] OLG Jena AG 2015, 160 (161).
[9] *Merkt*, Großkommentar zum AktG, 4. Aufl., § 71 Rn. 250; *Oechsler* in MüKoAktG AktG § 71 Rn. 200.
[10] OLG Jena AG 2015, 160, 161 („Gegen einen ganz niedrigen Preis werden indes keine rechtlichen Bedenken angemeldet.").
[11] Vgl. BGH NZG 2015, 867, Rn. 36 f.
[12] Vgl. LG München I NZG 2012, 1152 (1153).

- Der Erwerb ist nur zulässig, soweit auf die zu erwerbenden eigenen Aktien zusammen mit anderen eigenen Aktien, die die Gesellschaft bereits vorher erworben hat und noch besitzt, nicht mehr als 10% des Grundkapitals entfällt. Dabei sind die nach §§ 71d, 71e AktG zuzurechnenden Aktien einzubeziehen.
- Der Erwerb ist zulässig nur, wenn die Gesellschaft eine Rücklage für eigene Aktien bilden kann, ohne das Grundkapital oder eine nach Gesetz oder Satzung zu bildende Rücklage zu mindern, die nicht zu Zahlungen an die Aktionäre verwendet werden darf (§ 71 Abs. 2 S. 2 AktG, § 272 Abs. 4 HGB).
- Die Aktien müssen voll eingezahlt sein (§ 71 Abs. 2 S. 3 AktG).
- Die Gesellschaft muss bei Erwerb der eigenen Aktien dem Grundsatz der Gleichbehandlung aller Aktionäre (§ 53a AktG)[13] genügen. Die gebotene Gleichbehandlung ist kraft gesetzlicher Fiktion (§ 71 Abs. 1 Nr. 8 S. 3 und 4 AktG) bei Erwerb über die Börse stets gewährleistet. Anerkannt ist ferner, dass an alle Aktionäre gerichtete Kaufangebote und die an die Aktionäre gerichtete Aufforderung zur Abgabe von Angeboten dem Grundsatz der Gleichbehandlung genügt. Denkbar sind sowohl Festpreisangebote wie auch Preisspannenangebote.[14] Darüber hinaus bildet das Gleichbehandlungsgebot keine strikte Grenze. In geschlossenen Aktiengesellschaften kann, ohne dass dies rechtlich verboten wäre, durchaus Einigkeit erzielt werden, dass nur bestimmte Aktionäre ihre Aktien andienen.[15] Wo eine Einigung nicht denkbar ist, kann mit sachlichem Grund von der ansonsten gebotenen Gleichbehandlung abgewichen werden. Welche Rolle die Hauptversammlung spielt, ob eine Abweichung von dem Gleichbehandlungsgebot stets einer Beschlussfassung der Hauptversammlung bedarf, ob die Hauptversammlung eine Entscheidungskompetenz hat, Abweichungen zuzulassen[16], mit welcher Mehrheit die Hauptversammlung beschließt und in welchen Fallgruppen eine Abweichung von der strikten Gleichbehandlung, ist nicht abschließend geklärt und umstritten. In der Praxis spielt die Frage eine eher ungeordnete Rolle.

Beispiel einer Ermächtigung zum Erwerb eigener Aktien:

„Die Gesellschaft wird ermächtigt, eigene Aktien bis zu insgesamt 10% des zum Zeitpunkt der Beschlussfassung bestehenden Grundkapitals zu erwerben. Dabei dürfen auf die aufgrund dieser Ermächtigung erworbenen Aktien zusammen mit anderen Aktien der Gesellschaft, welche die Gesellschaft bereits früher erworben hat und noch besitzt oder die ihr nach den §§ 71d, 71e AktG zuzurechnen sind, zu keinem Zeitpunkt mehr als 10% des Grundkapitals entfallen. Die Ermächtigung wird mit Ablauf der ordentlichen Hauptversammlung am [...] wirksam und gilt bis zum [...].

Der Erwerb eigener Aktien kann nach Wahl der Gesellschaft über die Börse, mittels eines öffentlichen Kaufangebots, mittels einer an die Aktionäre der Gesellschaft gerichteten öffentlichen Aufforderung zur Abgabe von Verkaufsangeboten oder auf andere Weise nach Maßgabe von § 53a AktG erfolgen.

Der Erwerbspreis (ohne Erwerbsnebenkosten) darf den Durchschnittskurs der Aktien vor dem Stichtag um nicht mehr als 10% überschreiten und um nicht mehr als 20% unterschreiten. Der Durchschnittskurs der Aktien ermittelt sich wie folgt: ...„

---

[13] Das gilt auch im Fall des sog. Paketerwerbs (Koch in Hüffer/Koch AktG § 71 Rn. 19k), nicht dagegen für den Rückerwerb in einem Auktionsverfahren aufgrund öffentlichen Erwerbsangebots, Leuering AG 2007, 435 mit ausführlicher Darstellung des Meinungsstands.
[14] RegBegr. KonTraG, BT-Drs. 13/9712, 13.
[15] Ein Beispiel benennt RegBegr. KonTraG, BT-Drs. 13/9712, 14: „Bei geschlossenen Gesellschaften kann der Aktienrückkauf im Rahmen des Generationswechsels eine wertvolle Hilfe sein, um einvernehmlich die Anteile ausscheidungswilliger Aktionäre zu übernehmen oder Patt-Situationen im Anteilseignerkreis der verschiedenen Stämme aufzulösen."
[16] So in der Tendenz RegBegr. KonTraG, BT-Drs. 13/9712, 14: „Eine nicht sachlich begründete Verletzung des Gleichbehandlungsgrundsatzes durch den Hauptversammlungsbeschluss ..."

II. Ermächtigung nach § 71 Abs. 1 Nr. 8 AktG § 32

Der Ermächtigungsbeschluss bedarf der einfachen Mehrheit der abgegebenen Stimmen, 9 § 133 Abs. 1 AktG. Zur Stimmenmehrheit bei Veräußerung oder anderer Verwendung der Aktien unter Ausschluss des Bezugsrechts oder bei Ermächtigung zum Ausschluss des Bezugsrechts → Rn. 14. Die Stimmrechte aus Aktien, die die Gesellschaft bereits erworben hat oder die ihr zuzurechnen sind, ruhen, §§ 71b 71d S. 4, 71e Abs. 1 S. 1 AktG.

Wenn der Vorstand von der Ermächtigung zum Erwerb eigener Aktien Gebrauch macht, muss er der nächsten Hauptversammlung über die Gründe und den Zweck des Erwerbs, über die Zahl der erworbenen Aktien und den auf sie entfallenden Betrag des Grundkapitals, über deren Anteil am Grundkapital sowie über den Gegenwert der Aktien unterrichten (§ 71 Abs. 3 S. 1 AktG).

2. Veräußerung der eigenen Aktien/Ermächtigung zum Ausschluss des Bezugsrechts der Aktionäre

Will sich die AG von eigenen Aktien trennen, ist dazu kein Hauptversammlungsbeschluss 10 erforderlich. Über die Veräußerung entscheidet der Vorstand. Er hat bei Veräußerung nicht anders als bei ihrem Erwerb das Gebot der Gleichbehandlung der Aktionäre zu beachten. Dem wird genügt, wenn er die Aktien über die Börse[17] verkauft, § 71 Abs. 1 Nr. 8 S. 4 AktG. Es sind aber auch andere Formen der Gleichbehandlung denkbar, etwa ein Angebot an alle Aktionäre.[18] Da § 71 Abs. 1 Nr. 8 S. 5 AktG nicht auf § 186 Abs. 2 AktG verweist, muss das Angebot nicht allen Formalvoraussetzungen eines Bezugsangebots entsprechen, wenn es bei einer Gesamtschau die Gleichbehandlung der Aktionäre gewährleistet. Gleichwohl ist eine enge Orientierung an § 186 Abs. 2 AktG zu empfehlen.

Die Mitwirkung der Hauptversammlung ist dagegen erforderlich, wenn der Vorstand 11 vom Gebot der Gleichbehandlung der Aktionäre abweichen will (§ 71 Abs. 1 Nr. 8 S. 5 AktG).

Bei Abweichungen vom Gleichbehandlungsgrundsatz sind die gesetzlichen Bestim- 12 mungen des § 186 Abs. 3 und 4 AktG sowie des § 193 Abs. 2 Nr. 4 AktG entsprechend anzuwenden. Mit dem Verweis auf § 186 Abs. 3 und 4 AktG werden die Pflichten aus dem Gleichbehandlungsgrundsatz konkretisiert und – systematisch zutreffend – dem Bezugsrechtsausschluss bei einer Kapitalerhöhung gleichgestellt. Das führt zugleich zu einer gewissen Erweiterung der Gleichbehandlungspflichten gegenüber § 53a AktG: § 53a AktG setzt voraus, dass es zu einer Ungleichbehandlung zwischen Aktionären oder Aktionärsgruppen kommt. Wenn alle Aktionäre von der Maßnahme in derselben Weise betroffen sind (hier: Veräußerung der eigenen Aktien an einen Dritten), ist das Gleichbehandlungsgebot des § 53a AktG an sich nicht betroffen. Der Verweis auf § 186 Abs. 3 und 4 AktG macht indes deutlich, dass der Gesetzgeber hier über § 53a AktG hinausgegangen ist: Die Veräußerung der eigenen Aktien an einen Dritten (unter Ausschluss des Bezugsrechts der Aktionäre) muss den Anforderungen von § 186 Abs. 3 und 4 AktG ebenso genügen wie eine bevorzugte Veräußerung an andere Aktionäre.[19]

§ 71 Abs. 1 Nr. 8 AktG verweist nicht ausdrücklich auf § 203 Abs. 2 S. 1 AktG. 13 Gleichwohl ist anerkannt, dass die Hauptversammlung den Bezugsrechtsausschluss nicht nur selbst beschließen, sondern auch den Vorstand ermächtigen kann, über den Ausschluss des Bezugsrechts zu entscheiden. In der Unternehmenspraxis hat sich die Übung einge-

---

[17] In allen Marktsegmenten im In- oder Ausland, so RegBegr. KonTraG BT-Drs. 13/9712, 13 unten; *Koch* in Hüffer/Koch AktG § 71 Rn. 19k.
[18] *Reichert/Harbarth* ZIP 2001, 1441 (1447). Für ein solches öffentliches Verkaufsangebot gilt das WpÜG nicht, denn es regelt nur das öffentliche Kauf-, nicht aber das öffentliche Verkaufsangebot (§ 2 Abs. 1 WpÜG).
[19] Str.; wie hier *Cahn* in Spindler/Stilz, AktG, § 71 Rn. 134; *Koch* in Hüffer/Koch AktG § 71 Rn. 19m; anderer Ansicht *Grigoleit/Rachnitz* AktG § 71 Rn. 28; nicht klar OLG Oldenburg NJW-RR 1995, 1313.

Gehling

stellt, dem Vorstand inhaltlich im Wesentlichen dieselben Ermächtigungen einzuräumen wie bei einem genehmigten Kapital.[20]

Zum Beispiel:

„Der Vorstand wird ermächtigt, die aufgrund dieser oder einer vorangehenden Ermächtigung nach § 71 Abs. 1 Nr. 8 AktG erworbenen eigenen Aktien in anderer Weise als durch einen Verkauf über die Börse oder ein Angebot an alle Aktionäre unter Ausschluss des Bezugsrechts der Aktionäre wie folgt zu verwenden:
(1) ......
(2) ......;
(3) ......;
Die eigenen Aktien können an ein Kreditinstitut oder ein anderes die Voraussetzungen des § 186 Abs. 5 Satz 1 AktG erfüllendes Unternehmen übertragen werden, wenn dieses die Aktien mit der Verpflichtung übernimmt, sie über die Börse zu verkaufen, den Aktionären zum Erwerb anzubieten oder zur Erfüllung eines an alle Aktionäre gerichteten Erwerbsangebots bzw. zur Durchführung der vorgenannten Zwecke zu verwenden."

14   Aus dem Verweis auf § 186 Abs. 3 S. 2 AktG folgt, dass die Hauptversammlung ihre Entscheidung mit der qualifizierten Mehrheit von 75% des bei der Beschlussfassung vertretenen Grundkapitals fasst. Der Ausschluss des Bezugsrechts bedarf der sachlichen Rechtfertigung nach den von der Rechtsprechung für den Bezugsrechtsausschluss entwickelten Grundsätzen (näher → § 12 Rn. 32 ff.). Eine solche Rechtfertigung ist nach dem Regelungsgedanken des § 186 Abs. 3 S. 4 AktG immer anzunehmen, wenn eigene Aktien im Umfang von bis zu 10% des Grundkapitals für eine Gegenleistung in Geld veräußert werden sollen und diese Gegenleistung den Börsenpreis nicht wesentlich unterschreitet;[21] zu § 186 Abs. 3 S. 4 AktG allgemein → § 20 Rn. 68 ff. Die Zustimmung des Aufsichtsrats zum Verkauf eigener Aktien ist von Gesetzes wegen nicht erforderlich und muss deshalb auch nicht in den Beschluss aufgenommen werden.[22] In der Praxis ist zu empfehlen, eine Zustimmung des Aufsichtsrats aus Gründen rechtlicher Vorsorge vorzusehen und es nicht auf die Frage ankommen zu lassen, ob § 204 Abs. 1 S. 2 AktG entsprechende Anwendung findet.

15   Wie aus dem Verweis auf § 186 Abs. 4 AktG hervorgeht, muss die Beschlussfassung über den Bezugsrechtsausschluss mit der Einladung zur Hauptversammlung ausdrücklich und ordnungsgemäß bekannt gemacht werden. Der Vorstand hat den Aktionären von der Einberufung der Hauptversammlung an einen Bericht über die Gründe für den Bezugsrechtsausschluss zugänglich zu machen.

16   Der Verweis auf § 193 Abs. 2 Nr. 4 AktG regelt den Sonderfall, dass die eigenen Aktien zur Bedienung der Rechte von Mitgliedern der Geschäftsführung oder Arbeitnehmern aus einem Aktienoptionsplan eingesetzt werden sollen. Dahinter steht der Gedanke, dass es aus Sicht der Gesellschaft und ihrer Aktionäre in der Regel keinen Unterschied macht, ob die Rechte aus dem Aktienoptionsplan aus einem bedingten Kapital oder dem Bestand eigener Aktien erfüllt werden.

Folgerichtig bestimmt das Gesetz, dass die Voraussetzung des § 193 Abs. 2 Nr. 4 AktG unabhängig davon eingehalten werden müssen, ob die Rechte aus einem bedingten Kapital oder mit eigenen Aktien bedient werden.

---

[20] Zu den Parallelen zum genehmigten Kapital auch *Reichert/Harbarth* ZIP 2001, 1441 (1442); *Habersack* DB 2004, 1121 (1126 f.); *Wilsing/Siebmann* DB 2006, 881.

[21] Vgl. nur Begr. zum KonTraG (abgedruckt ZIP 1997, 2059 (2060), ferner *Cahn* in Spindler/Stilz AktG § 71 Rn. 134.

[22] Denn § 71 Abs. 1 Nr. 8 AktG ordnet eine entsprechende Geltung von § 202 Abs. 3 S. 2 AktG nicht an, während etwa auf § 193 Abs. 2 Nr. 4 AktG Bezug genommen wird. Gleiches gilt für die Entscheidung über den Bezugsrechtsausschluss, auch er bedarf nicht der Zustimmung des Aufsichtsrats. Denn auch auf eine Verweisung auf § 204 Abs. 1 S. 2 AktG wurde verzichtet; siehe *Reichert/Harbarth* ZIP 2001, 1441 (1445 f.); aA wohl *Markwardt* BB 2002, 1108 (1110).

Im Schrifttum[23] wird überwiegend angenommen, dass der Verweis in § 71 Abs. 1 Nr. 8 **17** S. 5 AktG auf die Grundsätze über den Ausschluss des Bezugsrechts ausschließlich für die Veräußerung von Aktien gilt, die die Gesellschaft auf der Grundlage einer Hauptversammlungsermächtigung nach § 71 Abs. 1 Nr. 8 AktG erworben hat, nicht aber für die Veräußerung von Aktien, die nach § 71 Abs. 1 Nr. 1 bis 7 AktG erworben wurden. Das ist für die Erwerbstatbestände nach Nr. 2, 3, 6 und 7 offensichtlich. Bei ihnen ist Voraussetzung für die gesetzliche Erwerbsbefugnis, dass die erworbenen Aktien für einen bestimmten Zweck verwendet und gerade nicht allen Aktionären gleichmäßig zum Bezug angeboten werden. Es gilt dies aber mangels gesetzlicher Regelung für die Veräußerung aller eigenen Aktien, die die Gesellschaft nach § 71 Abs. 1 Nr. 1 bis 7 AktG erworben hat.[24]

3. Ermächtigung zur Einziehung von eigenen Aktien

Die Hauptversammlung kann den Vorstand ermächtigen, die erworbenen Aktien ohne **18** weiteren Hauptversammlungsbeschluss einzuziehen.[25] In der Praxis ist die Einziehungsermächtigung verbreitet. Zusätzlich wird dem Aufsichtsrat in der Regel die Ermächtigung zur Änderung der Fassung der Satzung nach erfolgter Einziehung erteilt, § 179 Abs. 1 S. 2. Für den Sonderfall, dass bei Einziehung der Aktien die Grundkapitalziffer nicht herabgesetzt wird, sondern sich der Anteil der übrigen Aktien am Grundkapital erhöht (§ 8 Abs. 3 AktG), wird dem Vorstand die nach § 237 Abs. 3 Nr. 3 AktG mögliche Befugnis zur Satzungsanpassung erteilt. Beides erleichtert die technische Abwicklung der Einziehung.

Zum Beispiel:
„Der Vorstand wird ermächtigt, die aufgrund dieser oder einer vorangehenden Ermächtigung nach § 71 Abs. 1 Nr. 8 AktG erworbenen eigenen Aktien ohne weiteren Hauptversammlungsbeschluss ganz oder teilweise einzuziehen. Die Einziehung führt zu einer Herabsetzung des Grundkapitals. Dem Aufsichtsrat wird die Befugnis zur Änderung der Fassung der Satzung entsprechend der Einziehung der Aktien und der Herabsetzung des Grundkapitals übertragen. Der Vorstand kann abweichend von Satz 2 bestimmen, dass sich durch die Einziehung der Aktien der Anteil der übrigen Aktien am Grundkapital (§ 8 Abs. 3 AktG) erhöht. In diesem Fall ist der Vorstand zur Anpassung der Angabe der Zahl der Aktien in der Satzung ermächtigt."

Materielle Voraussetzung für die Einziehung ist der ordnungsgemäße Erwerb der eige- **19** nen Aktien. Die Gesellschaft muss die eigenen Aktien auf der Grundlage einer wirksamen Ermächtigung nach § 71 Abs. 1 Nr. 8 AktG erworben haben und die Voraussetzungen von § 71 Abs. 2 und 3 AktG einhalten, insbesondere die gebotene Rücklage in Höhe des Erwerbsaufwands gebildet haben oder dazu in der Lage sein. Dem Gläubigerschutz ist damit Rechnung getragen. Die Gesellschaft muss nicht zusätzlich die materiellen Voraussetzungen von § 237 Abs. 3 Akt erfüllen.[26]

Die Einziehungsermächtigung wird wie der Ermächtigungsbeschluss mit der einfachen **20** Mehrheit der abgegebenen Stimmen gefasst, § 133 Abs. 1 AktG. Sie muss nicht notwendig zeitgleich mit der Ermächtigung zum Erwerb eigener Aktien erteilt werden.[27] Die

---
[23] *Baumbach/Hueck* AktG § 71 Rn. 8; *v. Godin/Wilhelmi* § 71 AktG Anm. 5; *Lutter* in Kölner Komm. AktG § 71 Rn. 40; *Wiesner* in MHdB AG § 15 Rn. 13.
[24] Vgl. aber TOP 8 der Einladung der ThyssenKrupp AG zur Hauptversammlung am 23. 1. 2004.
[25] § 71 Abs. 1 Nr. 8 S. 6 AktG. Muster finden sich bei *Tielmann* in Happ/Groß AktienR 1825 ff. (14.07).
[26] OLG München NZG 2012, 876.
[27] Wie hier *Cahn* in Spindler/Stilz AktG § 71 Rn. 145; wohl auch *Reichert/Harbarth* ZIP 2001, 1441, 1450; aA *Oechsler* in MüKoAktG AktG § 71 Rn. 281; *Lutter/Drygala* in Kölner Komm. AktG § 71 Rn. 197.

Einziehungsermächtigung ist ebenso wenig wie die Ermächtigung zum Erwerb der eigenen Aktien in das Handelsregister einzutragen.

4. Ermächtigung zum Erwerb und zur Veräußerung von eigenen Aktien unter Einsatz von Derivaten

21 In der Praxis börsennotierter Aktiengesellschaften wird dem Vorstand, vielfach unter einem gesonderten Tagesordnungspunkt, die Ermächtigung zum Erwerb und zur Veräußerung eigener Aktien unter Verwendung von Derivaten erteilt. Die Beschlussfassung unter einem gesonderten Tagesordnungspunkt diente ursprünglich dem Schutz gegen Anfechtungsrisiken. Die Ermächtigung zum Erwerb und zur Veräußerung eigener Aktien unter Verwendung von Derivaten galt als rechtlich nicht abschließend gesichert. Die fehlende rechtliche Absicherung sollte nicht den eigentlichen Ermächtigungsbeschluss nach § 71 Abs. 1 Nr. 8 AktG „infizieren". Inzwischen hat sich allerdings eine vergleichsweise gesicherte Hauptversammlungspraxis eingestellt. Die Ermächtigung zum Erwerb und zur Veräußerung von eigenen Aktien unter Einsatz von Derivaten gilt nicht mehr als ein Beschluss, der erhöhten Anfechtungsrisiken unterliegt. Gleichwohl ist zu empfehlen, die Ermächtigung zum Erwerb und zur Veräußerung unter Einsatz von Derivaten unter einem eigenen Tagesordnungspunkt zur Beschlussfassung zu stellen. Denn der Erwerb und die Veräußerung von eigenen Aktien unter Einsatz von Derivaten weisen Besonderheiten auf, die zu Abweichungen vom Hauptbeschluss führen. Die Beschlussfassung unter einem gesonderten Tagesordnungspunkt dient der Übersichtlichkeit.

22 Der Erwerb und Veräußerung von eigenen Aktien unter Einsatz von Derivaten haben in der Praxis keine besondere Bedeutung erlangt. Ein gewisses praktisches Bedürfnis kann bestehen, wenn der Vorstand eigene Aktien – etwa zur Bedienung eines aktienbasierten Vergütungsprogramms – besorgen will. In diesem Fall kann es sich unter Umständen empfehlen, die erforderlichen Aktien zu Beginn des Programms oder jedenfalls vor den Bezugsstichtagen auf Termin zu erwerben.

Auch bei Erwerb von Aktien unter Einsatz von Derivaten bedarf allein der Aktienerwerb, nicht aber der Erwerb der Derivate einer Ermächtigung der Hauptversammlung. An sich reicht die unter dem Hauptbeschluss erteilte generelle Ermächtigung zum Erwerb eigener Aktien dafür aus. In der Praxis wird die Ermächtigung vielfach ausdrücklich auf den Fall des Erwerbs unter Einsatz von Derivaten erstreckt.

Zum Beispiel:

„Der Vorstand wird ermächtigt, in dem unter der vorstehenden Tagesordnungspunkt beschlossenen Rahmen und unter Beachtung der nachfolgenden Maßgaben eigene Aktien auch zu erwerben: (i) in Erfüllung von Optionsrechten, die die Gesellschaft zum Erwerb der eigenen Aktien bei Ausübung der Option verpflichten („Put-Optionen"), (ii) in Ausübung von Optionsrechten, die der Gesellschaft das Recht vermitteln, eigene Aktien bei Ausübung der Option zu erwerben („Call-Optionen"), (iii) infolge von Kaufverträgen, bei denen zwischen dem Abschluss des Kaufvertrags über die Aktien der Gesellschaft und der Erfüllung durch Lieferung der Aktien mehr als zwei Börsentage liegen („Terminkäufe") oder (iv) durch Einsatz einer Kombination von Put-Optionen, Call-Optionen und/oder Terminkäufen (nachfolgend zusammen auch „Derivate")."

23 Die Ermächtigung zum Erwerb unter Einsatz von Derivaten wird in der Praxis häufig in zweifacher Hinsicht beschränkt: erstens hinsichtlich des **Volumens** (in der Regel 5 % des Grundkapitals) und zweitens hinsichtlich der **Laufzeit der Derivate** (auf zumeist 18 Monate). Die Laufzeit der Derivate muss zudem notwendig auf die Laufzeit der Erwerbsermächtigung abgestimmt werden.

II. Ermächtigung nach § 71 Abs. 1 Nr. 8 AktG § 32

Zum Beispiel:

„Der Erwerb eigener Aktien unter Einsatz von Derivaten sind auf höchstens 5 % des zum Zeitpunkt der Beschlussfassung der Hauptversammlung vorhandenen Grundkapitals beschränkt. Die Derivate dürfen keine Laufzeit von mehr als 18 Monate haben. Die Laufzeit muss spätestens am … enden und so gewählt werden, dass der Erwerb der eigenen Aktien in Ausübung der Derivate nicht nach dem … erfolgen kann."

Die Ermächtigung zum Erwerb und zur Veräußerung von eigenen Aktien unter Einsatz von Derivaten führt zu **besonderen Gleichbehandlungsfragen.** Wenn die Gesellschaft ein Erwerbsderivat ausübt, erwirbt sie gerade nicht über die Börse und auch nicht gleichmäßig von allen Aktionären, sondern von der Gegenpartei des Derivatgeschäfts. Entsprechendes gilt für die Veräußerung eigener Aktien unter Einsatz von Derivaten. In zwei Fällen dürfte gleichwohl keinerlei Zweifel bestehen, dass die Gesellschaft jedenfalls mit Zustimmung der Hauptversammlung den Erwerb und die Veräußerung auch unter Einsatz von Derivaten zulassen darf: 24

– Der erste Fall ist dadurch gekennzeichnet, dass nur Kreditinstitute oder andere nach § 53 Abs. 1 S. 1 oder § 53b Abs. 1 S. 1 oder Abs. 7 des Gesetzes über das Kreditwesen gleichgestellte Unternehmen als Gegenpartei zugelassen sind und diese sich verpflichten, die notwendige Gleichbehandlung der Aktionäre sicherzustellen, also etwa Aktien der Gesellschaft zur Bedienung der Derivate nur über die Börse zu erwerben oder im Veräußerungsfall unmittelbar nach Übernahme über die Börse zu veräußern. Das Kreditinstitut ist dann als „verlängerter Arm" der Gesellschaft anzusehen. Nach dem **Rechtsgedanken des § 186 Abs. 5 S. 2 AktG** liegt keine relevante Ungleichbehandlung vor.
– Der zweite Fall orientiert sich am **Rechtsgedanken des § 186 Abs. 3 S. 4 AktG:** Eine Ungleichbehandlung der Aktionäre liegt nicht vor, wenn sich die Konditionen von Erwerb bzw. Veräußerung eng am Börsenkurs der Gesellschaft orientieren.

Zum Beispiel:

„Der von der Gesellschaft für Derivate gezahlte Erwerbspreis darf nicht wesentlich über und der von der Gesellschaft für Derivate vereinnahmte Veräußerungspreis darf nicht wesentlich unter dem nach anerkannten finanzmathematischen Methoden ermittelten theoretischen Marktwert oder dem durch ein anerkanntes marktorientiertes Verfahren ermittelten Marktwert der jeweiligen Derivate liegen, bei dessen Ermittlung unter anderem der vereinbarte Ausübungspreis zu berücksichtigen ist."

In dem Derivatebeschluss müssen darüber hinaus notwendig die **Preisregeln** gegenüber dem Hauptbeschluss angepasst werden. Zum einen kann die Ermittlung des niedrigsten und höchsten Gegenwerts nur auf eine Bemessungsgröße im Zeitpunkt des Derivategeschäfts bezogen werden. Zum anderen ist zu regeln, ob und unter welchen Voraussetzungen die gezahlte bzw. vereinnahmte Optionsprämie bei der Ermittlung des niedrigsten und höchsten Gegenwerts zu berücksichtigen ist. Gegen die Anrechnung der gezahlten bzw. vereinnahmten Optionsprämie auf den Erwerbspreis könnte zwar angeführt werden, dass die Optionsprämie Gegenleistung für ein gesondertes Geschäft ist, nämlich die Sicherung einer Kurssituation. Das gilt allerdings nur, wenn sich die Optionsprämie in einem marktüblichen Rahmen bewegt. Ansonsten ist sie als verdeckte Kaufpreiserhöhung anzusehen. In der Praxis hat sich bewährt, dass die Hauptversammlung dazu eine konkrete Vorgabe macht. 25

Zum Beispiel:

„Der bei Ausübung der Derivate für die Aktien zu zahlende Kaufpreis (Ausübungspreis) darf den Durchschnittskurs der Aktien vor Abschluss des betreffenden Derivategeschäfts um nicht mehr als 10 % überschreiten und um nicht mehr als 20 % unterschreiten. Die bei

Begründung des Derivats erhaltene bzw. gezahlte Prämie ist zu berücksichtigen, es sei denn, dass sie nicht mehr als 5 % des Ausübungspreises beträgt."

5. Publizität

26   Die Ermächtigung zum Erwerb eigener Aktien ist in der Praxis eine Standardermächtigung. Sie hat in aller Regel keine Kursrelevanz und löst **keine Veröffentlichungspflicht nach Art. 17 Abs. 1 MAR** aus. Das kann bei Ausübung der Ermächtigung naturgemäß anders zu beurteilen sein.

27   Übt der Vorstand die Ermächtigung zum Erwerb eigener Aktien aus, hat er die nächste Hauptversammlung über die Gründe und den Zweck des Erwerbs, über die Zahl der erworbenen Aktien und den auf sie entfallenden Betrag des Grundkapitals sowie über deren Anteil am Grundkapital und den Gegenwert der Aktien zu unterrichten.

III. Erwerbsermächtigung zwecks Handels in eigenen Aktien

28   „**Kredit- und Finanzinstitute**" (§ 1 Abs. 1, § 2 KWG bzw. § 1 Abs. 3 Nr. 6 und 7 KWG) können von der Hauptversammlung zum Erwerb eigener Aktien zum Zweck des Handels ermächtigt werden (§ 71 Abs. 1 Nr. 7 AktG). Diese Möglichkeit unterliegt **sieben Voraussetzungen:**
Der **Beschluss** muss bestimmen,
- dass die erworbenen Aktien dem Handelsbestand zuzuführen sind;
- dass der **Handelsbestand** am Ende eines jeden Kalendertags **5 % des Grundkapitals** nicht übersteigen darf;
- welchen **niedrigsten Gegenwert** (Kaufpreis) die Gesellschaft nicht unterschreiten und welchen **höchsten Gegenwert** sie nicht überschreiten darf; das geschieht üblicherweise in Form der Angabe eines Prozentsatzes vom jeweiligen Börsenkurs bei Ausnutzung der Ermächtigung;[28]
- dass die Ermächtigung für höchstens **5 Jahre** gilt.[29]

29   Außerdem
- dürfen diese Aktien zusammen mit dem Betrag eigener Aktien, die die Gesellschaft bereits erworben hat und noch besitzt, **10 % des Grundkapitals** nicht übersteigen (§ 71 Abs. 2 S. 1 AktG);
- darf von der Ermächtigung nur Gebrauch gemacht werden, wenn die Gesellschaft eine **Rücklage für eigene Aktien** bilden kann, ohne das Grundkapital oder eine nach Gesetz oder Satzung zu bildende Rücklage zu mindern, die nicht zu Zahlungen an die Aktionäre verwendet werden darf (§ 71 Abs. 2 S. 2 AktG, § 272 Abs. 4 HGB),[30] und
- die Aktien müssen **voll eingezahlt** sein (§ 71 Abs. 2 S. 3 AktG).[31]

Zum Beispiel:
Die Gesellschaft wird ermächtigt, bis zum ... eigene Aktien zum Zwecke des Wertpapierhandels zu kaufen und zu verkaufen. Dabei darf der Bestand der zu diesem Zweck erworbenen Aktien am Ende keines Tages 5 % des Grundkapitals der Gesellschaft übersteigen. Der Erwerbspreis der Aktien darf den volumengewichtete Durchschnitt der Schlusskurse

---

[28] Zur Frage, ob die Ermächtigung zum Erwerb zu einem bestimmten Preis von einem bestimmten Aktionär zulässig ist, siehe *DNotI* DNotI-Report 2006, 127.
[29] Das ARUG hat die 18-Monatsfrist auf 5 Jahre verlängert.
[30] Siehe dazu OLG Stuttgart ZIP 2009, 2386 (2388). Kann die Rücklage nicht gebildet werden, ist der Ermächtigungsbeschluss anfechtbar, OLG München EWiR § 52 AktG aF 1/02, 1029 – Schwab.
[31] Muster finden sich bei *Groß* in Happ/Groß AktienR 1698 ff. (13.01).

der Aktie der Gesellschaft im XETRA-Handel (oder einem vergleichbaren Nachfolgesystem) an der Wertpapierbörse in Frankfurt am Main an den jeweils drei vorangehenden Börsentagen nicht um mehr als 10 % über- beziehungsweise unterschreiten."

IV. Einziehungsbeschluss nach § 237 Abs. 1 AktG

Die Gesellschaft kann die von ihr erworbenen Aktien durch Hauptversammlungsbeschluss einziehen, § 237 Abs. 1 AktG. Für die Kapitalherabsetzung durch Einziehung steht ein vereinfachtes Kapitalherabsetzungsverfahren zur Verfügung, § 237 Abs. 3 AktG. Sind die Voraussetzungen einer vereinfachten Kapitalherabsetzung nicht gegeben, sind die Vorschriften über die ordentliche Kapitalherabsetzung anzuwenden, § 237 Abs. 2 AktG. 30

Die Gesellschaft kann durch Hauptversammlungsbeschluss eigene Aktien einziehen, die die Gesellschaft zuvor nach § 71 Abs. 1 AktG[32] erworben hat. Wie sich aus § 71 Abs. 1 Nr. 6 AktG ergibt, kann die Gesellschaft auch in umgekehrter Reihenfolge vorgehen:[33] Die Hauptversammlung[34] fasst zunächst einen Einziehungsbeschluss und der Vorstand erwirbt sodann zur Durchführung des Einziehungsbeschlusses eigene Aktien, um sie anschließend einzuziehen.[35] Beim nachträglichen Erwerb von eigenen Aktien hat die Gesellschaft den Gleichbehandlungsgrundsatz zu beachten.[36] § 53a AktG gilt auch ohne ausdrücklichen Verweis. Entsprechend § 71 Abs. 1 Nr. 8 S. 3 AktG genügt dem Gleichbehandlungsgebot des § 53a AktG der Erwerb über die Börse. Mit sachlichem Grund kann die Hauptversammlung Abweichungen von der Gleichbehandlung aller Aktionäre zulassen. 31

Die Einziehung nach § 237 Abs. 1 AktG hat praktische Bedeutung vor allem für den Erwerb von eigenen Aktien nach § 71 Abs. 1 Nr. 1, 4, 5 und 6 AktG. Bei Erwerb auf der Grundlage eines Ermächtigungsbeschlusses nach § 71 Abs. 1 Nr. 8 AktG hat die Hauptversammlung dem Vorstand dagegen in der Regel zugleich mit der Ermächtigung zum Erwerb eigener Aktien die Befugnis eingeräumt, die eigenen Aktien ohne weiteren Hauptversammlungsbeschluss einzuziehen (§ 71 Abs. 1 Nr. 8 S. 6 AktG). Über die Einziehung der eigenen Aktien kann dann der Vorstand ohne Mitwirkung der Hauptversammlung entscheiden. 32

Der Vorstand hat die Vorgabe zu beachten, die die Hauptversammlung für die Durchführung des Aktienerwerbs beschließt, § 83 Abs. 2 AktG (etwa: „Erwerb der einzuziehenden Aktien ausschließlich über die Börse"; „Erwerb durch im Bundesanzeiger zu veröffentlichendes Angebot an alle Aktionäre mit anteiliger Abnahme entsprechend der Beteiligung am Grundkapital bei einem Überangebot").

Zum Beispiel:

„Das Grundkapital der Gesellschaft wird durch Einziehung von bis zu ... Aktien[37] von gegenwärtig EUR ... um bis zu EUR ... auf bis zu EUR ... herabgesetzt. Der Vorstand wird

---

[32] Ausgenommen Nr. 6, die einen vorherigen Einziehungsbeschluss voraussetzt.
[33] RegBegr. KonTraG, BT-Drs. 13/9712, 13.
[34] Die Zustimmung von Inhabern stimmberechtigter Aktien anderer Gattung durch Sonderbeschluss (→ § 27 Rn. 11, 23) ist hier unnötig, da deren „Schutz ausreichend durch die Entscheidung der betreffenden Aktionäre, ihre Aktien zu verkaufen, gewährleistet ist", *Busch* in Marsch-Barner/Schäfer Börsennotierte AG-HdB § 49 Rn. 14 mwN.
[35] § 71 Abs. 1 Nr. 6 AktG iVm §§ 237, 222 AktG. Die Einziehung ist auch vorgesehen für unerlaubt erworbene Aktien und für in einem zu hohen Nennbetrag gehaltene Aktien, die nicht fristgemäß wieder veräußert worden sind (§ 71c AktG). Zur Einziehung → § 27 Rn. 20 ff. Str. ist, ob der Erwerb zwecks Einziehung nur zulässig ist, wenn die Gesellschaft die Rücklage nach § 272 Abs. 4 HGB bilden kann. Bejahend *Rieckers* ZIP 2009, 702 mwN.
[36] Vgl. nur *Oechsler* in MüKoAktG AktG § 71 Rn. 179.
[37] Ein fester Betrag der Herabsetzung braucht im Beschluss nicht angegeben zu werden, *Zöllner* FS Doralt, 2004, 764 ff.

ermächtigt,[38] *bis zu ... eigene Aktien zum Preis von höchstens ... zum Zweck der Einziehung über die Börse zu erwerben. Die Anschaffungskosten für den Erwerb der eigenen Aktien dürfen (einschließlich der Anschaffungsnebenkosten) den Gesamtbetrag von EUR ... nicht übersteigen. Die erworbenen Aktien werden zulasten der anderen Gewinnrücklagen, die im Jahresabschluss der Gesellschaft zum 31.12. ... ausgewiesen sind, eingezogen."*

33   Der Hauptversammlungsbeschluss ist vom Vorstand und vom Aufsichtsratsvorsitzenden gemeinsam zur Eintragung in das Handelsregister anzumelden, § 237 Abs. 4 S. 5 AktG. Zulässig ist es, die Anmeldung und Eintragung des Beschlusses über die Herabsetzung des Grundkapitals durch Einziehung von Aktien mit der Anmeldung und Eintragung der Durchführung der Herabsetzung zu verbinden, § 237 Abs. 6 AktG. Der Vorstand ist, wenn die Hauptversammlung nicht etwas anderes bestimmt, zum Erwerb und zur Einziehung der eigenen Aktien verpflichtet, § 83 Abs. 2 AktG.[39]

---

[38] *Zöllner* FS Doralt, 2004, 762 verlangt die Anordnung, nicht bloß die Ermächtigung.
[39] *Koch* in Hüffer/Koch AktG § 238 Rn. 7.

§ 33 Unternehmensverträge

Übersicht

	Rn.
I. Überblick	1
II. Allgemein	2
III. Beherrschungs- und Gewinnabführungsverträge	5
IV. Entherrschungsvertrag	36
V. Gewinngemeinschaft	40
VI. Teilgewinnabführungsvertrag	43
VII. Betriebspacht/Betriebsüberlassung	46

Stichworte

Abfindung Rn. 13 ff.
– Abfindung in Aktien Rn. 15
– Abfindungsangebot Rn. 13
– Barabfindung Rn. 16
– Bewertung Rn. 17 ff.
– Verbundeffekte Rn. 20
Anmeldung zum Handelsregister Rn. 3
– Freigabeverfahren Rn. 32
Beherrschungsvertrag Rn. 5
– Vertragsinhalt Rn. 8
Betriebsführungsvertrag Rn. 46 ff.
Betriebspachtvertrag Rn. 46 ff.
Betriebsüberlassungsvertrag Rn. 46 ff.
Eintragung in das Handelsregister Rn. 3
Entherrschungsvertrag Rn. 36 ff.
– Hauptversammlung Rn. 38
– Vorbereitung der Hauptversammlung Rn. 37
Geschäftsführungsvertrag Rn. 6
Gewinnabführungsvertrag Rn. 6
– Abfindung Rn. 13 ff.
– Anmeldung zum Handelsregister Rn. 30 f.
– Ausgleichsverpflichtung Rn. 10
– Ausgleichszahlung Rn. 11 f.
– Dividendengarantie Rn. 10
– Eintragung in das Handelsregister Rn. 30, 32
– Hauptversammlung Rn. 28 ff.
– Kündigung Rn. 35

– schriftlicher Bericht Rn. 26
– Vertragsänderung Rn. 33
– Vertragsaufhebung Rn. 34
– Vertragsprüfer Rn. 26
– Vertragsübernahme Rn. 33
– Vorbereitung der Hauptversammlung Rn. 26 f.
Gewinngemeinschaft Rn. 40 ff.
– Anmeldung zum Handelsregister Rn. 42
– Hauptversammlung Rn. 42
– Schriftform Rn. 40
– Vorbereitung der Hauptversammlung Rn. 41
– Zustimmung der Hauptversammlung Rn. 40
kartellrechtliche Erfordernisse Rn. 24
Materielle Beschlusskontrolle Rn. 4
Organschaftsvertrag Rn. 7
Teilgewinnabführungsvertrag Rn. 43 ff.
– Anmeldung zum Handelsregister Rn. 45
– Hauptversammlung Rn. 45
– Schriftform Rn. 44
– Vorbereitung der Hauptversammlung Rn. 45
– Zustimmung der Hauptversammlung Rn. 44
verbundene Unternehmen Rn. 2
Vertragsschluss Rn. 3
– Schriftform Rn. 3
Zustimmung der Hauptversammlung Rn. 3

Schrifttum:

Altmeppen, Zeitliche und sachliche Begrenzung von Abfindungsansprüchen gegen das herrschende Unternehmen im Spruchstellenverfahren, FS Ulmer, 2003, 3; *Bälz,* Verbundene Unternehmen, AG 1992, 277; *Ballwieser,* Aktuelle Aspekte der Unternehmensbewertung, WPg 1995, 119; *Baums,* Der Ausgleich nach § 304 AktG, 2007; *Bayer,* Mehrstufige Unternehmensverträge, FS Ballerstedt, 1975, S. 157; *Bilda,* Abfindungsansprüche bei vertragsüberlebenden Spruchverfahren, NZG 2005, 375; *Exner,* Beherrschungsvertrag und Vertragsfreiheit, 1984; *Führling,* Sonstige Unternehmensverträge mit einer abhängigen GmbH, 1993; *Geßler,* Atypische Beherrschungsverträge, FS Beitzke, 1979, 923; *Habersack,* Abfindung für vom herrschenden Unternehmen oder von der beherrschten Gesellschaft erworbene Aktien?, AG 2005, 709; *Hahn,* Vertragsfreiheit bei Unternehmensverträgen, DStR 2009, 589; *Hirte,* Der Vertragskonzern im Gesellschaftsrecht, 1993; *ders.,* Grenzen der Vertragsfreiheit bei aktienrechtlichen Unternehmensverträgen, ZGR 1994, 644; *Huber,* Betriebsführungsverträge zwischen konzernverbundenen Unternehmen, ZHR 152 (1988) 123; *Hüffer,* Zulässigkeit eines Nullausgleichs bei andauernder Erfolglosigkeit einer Aktiengesellschaft, JZ 2007, 151; *Hüttemann,* Der Entherrschungsvertrag im Aktienrecht, ZHR 156 (1992) 314; *Knepper,* Bedeutung, Anwendungsform und steuerliche Wirkungen von Unternehmensverträgen, BB 1982, 2061; *Kronstein,* Die abhängige juristische Person, 1931 (Nachdr. 1973); *Kort,* Zur Vertragsfreiheit bei Unternehmensverträgen, BB 1988, 79; *Lauber-Nöll,* Die Rechtsfolgen fehlerhafter Unternehmensverträge, 1993; *Maser,* Betriebspacht und

Betriebsüberlassungsverhältnisse in Konzernen, 1985; *Meilicke*, Die Berechnung der Ausgleichszahlung nach § 304 Abs. 2 Satz 1 AktG, DB 1974, 417; *W. Müller*, Zur Gewinn- und Verlustermittlung bei aktienrechtlichen Gewinnabführungsverträgen, FS Goerdeler, 1987, 375; *ders.*, Die Unternehmensbewertung in der Rechtsprechung, FS Bezzenberger, 2000, 706; *Pentz*, Die Rechtsstellung der Enkel-AG in einer mehrstufigen Unternehmensverbindung, 1994; *Raiser*, Konzernverflechtungen unter Einschluß öffentlicher Unternehmen, ZGR 1996, 458; *Reichert/Harbarth*, Stimmrechtsvollmacht, Legitimationszession und Stimmrechtsausschlussvertrag in der AG, AG 2001, 447; *Röhricht*, Die Rechtsstellung der außenstehenden Aktionäre beim Beitritt zum Beherrschungsvertrag, ZHR 162 (1998) 249; *Karsten Schmidt*, Die isolierte Verlustdeckungszusage unter verbundenen Unternehmen als Insolvenzabwendungsinstrument, FS Werner, 1984, 777; *Schneider*, Vertragsrechtliche, gesellschaftsrechtliche und arbeitsrechtliche Probleme von Betriebspachtverträgen, Betriebsüberlassungsverträgen und Betriebsführungsverträgen, JbFSt 1982/1983, 387; *Schulte/Waechter*, Atypische stille Beteiligungen und § 294 AktG – neue Fassung, alte Probleme?, GmbHR 2002, 189; *Schulze-Osterloh*, Das Recht der Unternehmensverträge und die stille Beteiligung an einer Aktiengesellschaft, ZGR 1974, 427; *Seetzen*, Spruchverfahren und Unternehmensbewertung im Wandel, WM 1999, 565; *Sonnenschein*, Der Aktienrechtliche Vertragskonzern im Unternehmensrecht, ZGR 1981, 429; *Timm*, Die Aktiengesellschaft als Konzernspitze, 1980; *ders.*, Rechtsfragen der Änderung und Beendigung von Unternehmensverträgen, FS Kellermann, 1991, 461; *van Venrooy*, Weisungen im Rahmen von Geschäftsführungs- und Gewinnabführungsverträgen, DB 1981, 675; *Wilhelm*, Die Beendigung des Beherrschungs- und Gewinnabführungsvertrags, 1976.

I. Überblick

1 Die meisten Aktiengesellschaften sind **„verbundene Unternehmen"** (§ 15 AktG, → Rn. 2 ff.).[1] Sie haben entweder einen oder mehrere Großaktionäre, sind Töchter anderer Unternehmen, haben Beteiligungen an anderen Aktiengesellschaften, mit denen sie auch durch Beherrschungs- und Gewinnabführungsverträge (→ Rn. 5 ff.) oder andere Unternehmensverträge wie den Gewinngemeinschaftsvertrag (→ Rn. 40 ff.), den Teilgewinnabführungsvertrag (→ Rn. 43 ff.) oder den Betriebspachts- und Betriebsüberlassungsvertrag (→ Rn. 46 ff.) verbunden sein können. Die „eigenverantwortliche Leitung" der verbundenen AG durch ihren Vorstand (§ 76 AktG) kann dann von anderen Interessen als (nur) denen der abhängigen AG[2] beeinflusst werden. Das AktG setzt dies voraus und regelt nur einige der Folgen, die sich daraus für die Gesellschaft, ihre Aktionäre und ihre Gläubiger ergeben. Die gesetzliche Vermutung, dass schon bei Mehrheitsbesitz eines Unternehmens an einem anderen ein Abhängigkeitsverhältnis besteht (§ 17 Abs. 2 AktG), kann ua durch Abschluss eines Entherrschungsvertrags widerlegt werden (→ Rn. 36 ff.).

II. Allgemein

2 Als **„verbundene Unternehmen"** bezeichnet das Gesetz
   - im Mehrheitsbesitz stehende oder mit Mehrheit (nach Kapitalanteilen oder nach Stimmrechten) beteiligte Unternehmen (§ 16 AktG);
   - abhängige oder herrschende Unternehmen (§ 17 AktG).
   Von einem in Mehrheitsbesitz stehenden Unternehmen vermutet das Gesetz, dass es von dem Inhaber der Mehrheitsbeteiligung abhängig ist (§ 17 Abs. 2 AktG). Er hat dann die Möglichkeit, beherrschenden Einfluss auszuüben.[3] Zur Widerlegung dieser

---

[1] Einen anderen Begriff der „verbundenen Unternehmen" – nämlich als in den Konzernabschluss des Mutterunternehmens nach § 290 HGB einzubeziehende oder nach § 296 HGB nicht einzubeziehende Tochterunternehmen – verwendet § 271 Abs. 2 HGB.
[2] Im Aktienkonzernrecht ist die abhängige Gesellschaft immer AG (oder KGaA), §§ 291 Abs. 1, 292 Abs. 1 AktG, wenngleich die aktienkonzernrechtlichen Vorschriften bzw. Rechtsgrundsätze weitgehend auch auf den Vertrag mit einer beherrschten GmbH anwendbar sind, vgl. BGHZ 105, 324 ff. – Supermarkt – sowie *Liebscher* in MüKoAktG GmbH Anh. § 13 Rn. 724 ff.
[3] Dass diese Leitung auch tatsächlich ausgeübt wird, ist zur Annahme der Abhängigkeit nicht erforderlich, die Möglichkeit dazu genügt, BGHZ 62, 193 (201, 203); 69, 334 (346). „Erforderlich und genügend ist,

Vermutung genügt nicht, dass kein Einfluss ausgeübt wurde, sondern es darf aus Rechtsgründen, etwa wegen satzungsmäßiger (Beschlussmehrheiten, nach denen sich der Mehrheitsaktionär nicht durchsetzen kann, insbesondere bei der Besetzung des Aufsichtsrats und bei Beschlüssen über grundlegende Geschäftsführungsmaßnahmen)[4] oder vertraglicher Regelung (Stimmbindungsvertrag, Entherrschungsvertrag),[5] beherrschender Einfluss nicht ausgeübt werden können. Angesichts der üblicherweise geringen Hauptversammlungspräsenzen (50% und darunter bei Publikumsgesellschaften)[6] genügt für die Abhängigkeit allerdings auch schon eine Beteiligung von wesentlich unter 50%. Entscheidend dafür, ob eine Minderheitsbeteiligung zur Abhängigkeit führt, ist die übliche Hauptversammlungspräsenz. Bewegt sich diese üblicherweise auf einem Niveau, das eine sichere Hauptversammlungsmehrheit gewährleistet, kann schon eine Minderheitsbeteiligung ausreichen.[7]

– unter der einheitlichen Leitung eines herrschenden Unternehmens zusammengefasste Konzernunternehmen (§ 18 AktG),[8] was das Gesetz insbes. vermutet, wenn zwischen ihnen ein Beherrschungsvertrag besteht (§ 291 AktG) oder das eine in das andere Unternehmen eingegliedert ist (§§ 319 ff. AktG; siehe § 34);
– wechselseitig beteiligte Unternehmen (§ 19 AktG) und
– die **Vertragsteile eines Unternehmensvertrags** (§§ 291, 292 AktG).

Alle Unternehmensverträge werden von den Vertretungsorganen der beteiligten Gesellschaften abgeschlossen. Sie bedürfen zu ihrer Wirksamkeit 3
– der Schriftform (§ 293 Abs. 3 AktG, § 126 BGB);
– der Zustimmung der Hauptversammlung jedenfalls[9] der sich in vertragstypischer Weise verpflichtenden[10] Gesellschaft.[11] Erforderlich ist eine Mehrheit, die mindestens Dreiviertel des bei der Beschlussfassung vertretenen Grundkapitals umfasst (§ 293 Abs. 1 S. 2

---

dass der herrschende Vertragspartner in die Lage versetzt wird, eine auf das Gesamtinteresse der verbundenen Unternehmen ausgerichtete Zielkonzeption zu entwickeln und gegenüber dem Vorstand der beherrschten Gesellschaft durchzusetzen", *Koch* in Hüffer/Koch AktG § 291 Rn. 10.

[4] *Koch* in Hüffer/Koch AktG § 17 Rn. 21 mwN; *Krieger* in MHdB AG § 69 Rn. 59 ff.; wie weit die Beschränkung der Stimmkraft gehen muss, ist im Einzelnen umstritten.

[5] Vgl. OLG Düsseldorf ZIP 2014, 517 (518), BayObLG DB 1998, 973 (974); OLG Köln AG 1993, 86 (87); LG Mainz AG 1991, 30 (31); LG Köln AG 1992, 238; → Rn. 34.

[6] Der sinkenden Präsenz steht gegenläufig die steigende Zahl der Teilnehmer gegenüber, *Than* FS Peltzer, 2001, 577 (579) Fn. 6.

[7] BGHZ 69, 334 (347): 43,74% bei 80% Präsenz; BGHZ 135, 107 (114 f.) sowie in der Vorinstanz OLG Braunschweig AG 1996, 271 (273): 20% bei 37% Präsenz im mehrjährigen Durchschnitt; OLG Düsseldorf NZG 2005, 1012 (1013); OLG Karlsruhe NZG 2004, 334 (335) – **aA** erstinstanzlich AG Wolfsburg AG 1995, 238 f.; vgl. weiterhin LG Berlin AG 1996, 230 (231 f.) und AG 1997, 183 (184 f.): 34% bei einer Durchschnittspräsenz von 83%, wovon 20% auf eine Gesellschaft entfallen, an der das zu 34% beteiligte Unternehmen paritätisch beteiligt war.

[8] Liegt ein Abhängigkeitsverhältnis zwischen den Konzernunternehmen vor, handelt es sich um einen Unterordnungskonzern, § 18 Abs. 1 AktG, anderenfalls um einen Gleichordnungskonzern, § 18 Abs. 2 AktG, siehe *Koch* in Hüffer/Koch AktG § 18 Rn. 2, dessen Begr. nach überwiegender Meinung nicht der Mitwirkung der Hauptversammlung bedarf, *Krieger* in MHdB AG § 69 Rn. 86 mwN zum Meinungsstand.

[9] In Form der Einwilligung (§ 183 BGB) oder der nachträglichen Genehmigung (§ 184 BGB). Ohne die zur Bildung eines Vertragskonzerns erforderliche Zustimmung der Hauptversammlung kann es faktisch zur Bildung eines Unterordnungskonzerns („faktischer Konzern") kommen, zB durch Mehrheitsbesitz, § 17 Abs. 2 AktG. Zur Zuständigkeit der Hauptversammlung im Rahmen der Konzernbildungskontrolle beim faktischen Konzern vgl. *Krieger* in MHdB AG § 70 Rn. 9 ff.

[10] *Koch* in Hüffer/Koch AktG § 293 Rn. 3. Beim Beherrschungs- oder Gewinnabführungsvertrag müssen, falls der „andere Vertragsteil" (die herrschende Gesellschaft) eine AG (oder KGaA) ist, beide Gesellschaften zustimmen, § 293 Abs. 2 AktG.

[11] Über die Zustimmung zu mehreren Unternehmensverträgen kann im Wege eines Sammelbeschlusses abgestimmt werden; die Aktionäre sind darauf hinzuweisen, dass mit Nein stimmen möge, wer dieses Verfahren nicht billigt, und dass über jeden einzelnen Vertrag gesondert abgestimmt werde, falls die erforderliche Mehrheit nicht zustandekommt, KG DB 2002, 1704; vgl. zum Teilgewinnabführungsvertrag, BGH NJW 2003, 3412 (3413).

AktG) sowie die einfache Stimmenmehrheit des § 133 Abs. 1 AktG,[12] wobei die Satzung nach § 293 Abs. 1 S. 3 AktG das Zustandekommen des Beschlusses erschweren kann. Im Anwendungsbereich des § 32 MitbestG sowie unter den Voraussetzungen des § 111 Abs. 4 S. 2 AktG ist zusätzlich die Zustimmung des Aufsichtsrates erforderlich;[13]
- der **Anmeldung** (§ 294 Abs. 1 S. 1 AktG)[14] und
- der **Eintragung** in das Handelsregister (§ 294 Abs. 2 AktG).

4 Ob der Abschluss eines Unternehmensvertrages der sachlichen Rechtfertigung bedarf, der Zustimmungsbeschluss der Hauptversammlung demgemäß einer materiellen Beschlusskontrolle unterliegt (→ § 12 Rn. 30 ff.), ist nicht endgültig geklärt.[15] Einer sachlichen Rechtfertigung bedarf es im Falle eines Beherrschungs- und Gewinnabführungsvertrages jedenfalls nicht, weil hier das Gesetz bereits die Abwägung zwischen den Interessen der Gesellschaft (bzw. der Mehrheit) und der Minderheit der Aktionäre vorgenommen und durch den Anspruch auf Ausgleich und Abfindungsangebot geregelt hat.[16]

III. Beherrschungs- und Gewinnabführungsverträge

5 Durch den **Beherrschungsvertrag** (§ 291 Abs. 1 AktG)[17] unterstellt die AG (oder KGaA) ihre Leitung einem anderen – in- oder ausländischen – Unternehmen.[18] Der Beherrschungsvertrag ist erforderlich, um die Ausübung des unternehmerischen Einflusses auf eine andere Gesellschaft zu legitimieren. Deren Vorstand leitet die Gesellschaft dann nicht mehr eigenverantwortlich (§ 76 Abs. 1 AktG), sondern nach **Weisung des herrschenden Unternehmens** (§ 308 AktG).

6 Durch den **Gewinnabführungsvertrag** (§ 291 Abs. 1 AktG)[19] verpflichtet sich die AG (oder KGaA), ihren ganzen Gewinn[20] an ein anderes Unternehmen abzuführen. Als Gewinnabführungsvertrag gilt auch ein Vertrag, durch den eine AG (oder KGaA) es übernimmt, ihr – gesamtes – Unternehmen für Rechnung eines anderen Unternehmens zu führen (**„Geschäftsführungsvertrag"**).[21]

---

[12] *Koch* in Hüffer/Koch AktG § 293 Rn. 8; *Liebscher* in BeckHdB AG § 15 Rn. 124.
[13] *Liebscher* in BeckHdB AG § 15 Rn. 123; *Emmerich* in Emmerich/Habersack Aktien/GmbH-KonzernR AktG § 293 Rn. 34; *Koch* in Hüffer/Koch AktG § 293 Rn. 20; *Krieger* in MHdB AG § 71 Rn. 14.
[14] Anmeldung in vertretungsberechtigter Zahl genügt; unechte Gesamtvertretung und Bevollmächtigung sind zulässig, *Koch* in Hüffer/Koch AktG § 294 Rn. 2.
[15] Zum Meinungsstand siehe *Koch* in Hüffer/Koch AktG § 293 Rn. 6.
[16] *Koch* in Hüffer/Koch AktG § 293 Rn. 7; *Krieger* in MHdB AG § 71 Rn. 51.
[17] Ein Muster findet sich bei *Hoffmann-Becking* in MVHdb I GesR X.1.
[18] Der Begriff des „Unternehmens" hat je nach Rechtsgebiet einen etwas anderen Inhalt, der aus dem Zweck der jeweiligen Normen zu bestimmen ist, BGHZ 69, 334 (335 f.) – VEBA/Gelsenberg. Im Konzernrecht kann herrschendes Unternehmen jeder Gesellschafter sein, ohne Rücksicht auf seine Rechtsform, also auch eine natürliche Person, der neben seiner Beteiligung andere unternehmerische, gesellschaftsrechtlich fundierte (BGHZ 90, 381 (395) – BuM/WestLB) Interessen verfolgt, die nach Art und Intensität die ernsthafte Sorge begründen, dass der aus der Mitgliedschaft folgende Einfluss zum Nachteil der Gesellschaft ausgeübt werden könne, BGHZ 69, 334 (336 ff.) – VEBA/Gelsenberg; BGHZ 74, 359 (364 f.) – WAZ; BGHZ 80, 70 (72) – Süssen – (zur GmbH). Ein Stimmrechtskonsortium ist mangels anderweitiger wirtschaftlicher Interessen kein herrschendes Unternehmen, OLG Köln DB 2002, 420. Auf die Bezeichnung „Beherrschungsvertrag" kommt es nicht an; entscheidend ist, dass der Vertrag „wenigstens konkludent die Einräumung eines Weisungsrechts hinsichtlich der Leitung der Gesellschaft ergibt", KG AG 2001, 186.
[19] Ein Muster für einen Beherrschungs- und Gewinnabführungsvertrag findet sich bei *Hoffmann-Becking* in MVHdb I GesR X.2.
[20] Zwingende Folge ist die Verpflichtung des Organträgers (des herrschenden Unternehmens) zum Ausgleich eines Verlusts, § 302 AktG; deshalb handelt es sich nicht nur um „Gewinn-", sondern um „Ergebnisabführung". Vom Beherrschungsvertrag unterscheidet sich der Ergebnisabführungsvertrag vor allem durch die zusätzliche Vereinbarung, die die Gewinnabführung und den Verlustausgleich regelt.
[21] § 291 Abs. 1 S. 2 AktG; *Koch* in Hüffer/Koch AktG § 291 Rn. 30.

III. Beherrschungs- und Gewinnabführungsverträge § 33

Üblicherweise wird der Beherrschungsvertrag mit einem **Gewinnabführungsvertrag** 7 verbunden (**"Organschaftsvertrag"**).[22] Die Organschaft ermöglicht steuerlich, weil das Einkommen der Organgesellschaft (unten) dem Organträger (oben) zugerechnet wird, einen Gewinn- und Verlustausgleich zwischen den Konzernunternehmen.[23] Beide Unternehmensverträge können aber auch isoliert abgeschlossen werden.[24]

Das Gesetz enthält nur inhaltliche Mindestanforderungen, die teils den Vertragstyp cha- 8 rakterisieren (die Unterstellung unter die Leitung und die Begründung der Weisungsbefugnis des anderen Vertragsteils),[25] teils für die Gültigkeit des Vertrags oder für die Zustimmung der Hauptversammlung dazu von Bedeutung sind (etwa die Ausgleichs- und Abfindungsregelung).[26] Damit ist der zulässige **Vertragsinhalt** vorgegeben. Sonstige Abreden können nur getroffen werden, soweit sie mit zwingendem Aktienrecht vereinbar sind (§ 23 Abs. 5 AktG).[27]

Das Gesetz enthält einen ausgefeilten Schutz zugunsten der abhängigen Gesellschaft 9 und ihrer Gläubiger und Aktionäre. So ist die Obergesellschaft verpflichtet, alle Jahresfehlbeträge auszugleichen (§ 302 AktG); der Verlust kann auch mit Gegenansprüchen der Obergesellschaft insbes. aus Liquiditätszuführungen über einen Cash Pool verrechnet werden.[28]

Gegenüber den **außenstehenden Aktionären** besteht eine **Ausgleichsverpflichtung** 10 (§ 304 AktG). "Außenstehend" sind alle Aktionäre mit Ausnahme des "anderen Vertragsteils", also des herrschenden Unternehmens, und der von diesem abhängigen Aktionäre. Außenstehend sind demnach während der Dauer eines Beherrschungsvertrages alle Aktionäre der abhängigen Gesellschaft mit Ausnahme des anderen Vertragsteils und derjenigen Aktionäre, die aufgrund rechtlich fundierter wirtschaftlicher Verknüpfung mit dem anderen Vertragsteil von der Gewinnabführung unmittelbar oder mittelbar in ähnlicher Weise profitieren wie dieser.[29] Für die außenstehenden Aktionäre muss der Gewinnabführungsvertrag als Ausgleich für die infolge des Vertrags künftig ausfallende Dividende eine auf ihre Anteile am Grundkapital bezogene jährlich wiederkehrende Geldleistung vorsehen (§ 304 Abs. 1 S. 1 AktG). Der (isolierte) Beherrschungsvertrag muss ihnen einen bestimmten jährlichen Gewinnanteil garantieren (sog Dividendengarantie), dessen Höhe sich nach der Ausgleichszahlung bestimmt (§ 304 Abs. 1 S. 2 AktG);[30] bleibt die Dividende hinter dem Betrag der Ausgleichszahlung zurück, schuldet das herrschende Unternehmen eine Ergänzungszahlung in Höhe der Differenz[31] ("Dividendenergänzungsgarantie").[32] Hat die Gesellschaft im Zeitpunkt der Beschlussfassung der Hauptversammlung keine außenstehenden Aktionäre, kann von vertraglichen Ausgleichsbestimmungen abgesehen werden (§ 304 Abs. 1 S. 3 AktG).

---

[22] Für die Annahme einer Organschaft genügt neben dem Gewinnabführungsvertrag die finanzielle Eingliederung (Mehrheit der Stimmrechte) der abhängigen Gesellschaft in das herrschende Unternehmen, § 14 Abs. 1 S. 1 Nr. 1 KStG.
[23] *Koch* in Hüffer/Koch AktG § 291 Rn. 38 f.
[24] *Koch* in Hüffer/Koch AktG § 291 Rn. 23.
[25] §§ 76 Abs. 1, 308 AktG; *Koch* in Hüffer/Koch AktG § 291 Rn. 10, 11.
[26] §§ 304, 305 AktG; *Koch* in Hüffer/Koch AktG § 291 Rn. 12 ff. mwN.
[27] Vgl. zur Vertragsfreiheit bei Unternehmensverträgen, *Hahn* DStR 2009, 589.
[28] BGHZ 168, 285 ff.; *Liebscher* in MüKoAktG GmbHG Anh. § 13 Rn. 884 ff.
[29] BGH NJW 2006, 3146 (3147); OLG Nürnberg AG 1996, 228; *Paulsen* in MüKoAktG AktG § 304 Rn. 26 ff.; *Koch* in Hüffer/Koch AktG § 304 Rn. 2; *Krieger* in MHdB AG § 71 Rn. 80. Außenstehend sind auch Erwerber eines Anteils des Mehrheitsaktionärs, der einen Beherrschungs- und Gewinnabführungsvertrag mit der AG abgeschlossen hatte, BGH Nichtannahmebeschluss ZIP 1997, 786, oder solche Aktionäre, die ihre Aktien vom herrschenden Unternehmen oder von der beherrschten Gesellschaft selbst (auch nachträglich) erworben haben, BGH NJW 2006, 3146 (3147).
[30] OLG Frankfurt a.M. ZIP 2016, 918 (920), OLG Frankfurt a.M. DB 2002, 421; krit. zur Bezeichnung Dividendengarantie, *Koch* in Hüffer/Koch AktG § 304 Rn. 5.
[31] *Koch* in Hüffer/Koch AktG § 304 Rn. 6.
[32] *Schubel* in Frodermann/Jannott AktienR-HdB § 14 Rn. 158.

11 Als Ausgleichszahlung ist mindestens der Betrag zuzusichern, der nach der **bisherigen Ertragslage** der Gesellschaft und ihren künftigen **Ertragsaussichten** unter Berücksichtigung angemessener Abschreibungen und Wertberichtigungen, jedoch ohne Bildung anderer Gewinnrücklagen, voraussichtlich als **durchschnittlicher Gewinnanteil** auf die einzelne Aktie verteilt werden könnte (§ 304 Abs. 2 S. 1 AktG). Damit wird **Vollausschüttung** des Gewinns unterstellt (§ 304 Abs. 2 S. 1 aE AktG). Ist eine Gesellschaft dauernd ertraglos, wird kein Ausgleich geschuldet (sog Nullausgleich).[33] Statt des voraussichtlichen durchschnittlichen Gewinnanteils in der abhängigen AG kann als Ausgleich auch die Zahlung des Betrages vereinbart werden, der unter Herstellung des sich bei einer Verschmelzung ergebenden Umrechnungsverhältnisses auf Aktien der anderen herrschenden Aktiengesellschaft jeweils als Gewinnanteil entfallen würde (§ 304 Abs. 2 S. 2 und 3 AktG).[34] Beurteilungszeitpunkt für die künftige Ertragsschätzung ist grundsätzlich der Zeitpunkt des Zustimmungsbeschlusses der Hauptversammlung der Untergesellschaft.[35]

12 **Ohne eine Bestimmung der Ausgleichszahlung ist der Vertrag nichtig** (§ 304 Abs. 3 S. 1 AktG). Beanstandungen der Höhe des Ausgleichs können dagegen von den außenstehenden Aktionären des abhängigen Vertragsteils nur im Spruchverfahren nach dem SpruchG geltend gemacht werden.[36] Eine Anfechtung des Zustimmungsbeschlusses der Hauptversammlung der Untergesellschaft wegen Unangemessenheit des Ausgleichs ist ausgeschlossen (§ 304 Abs. 3 S. 2 AktG). Lediglich die Aktionäre des herrschenden Unternehmens haben die Möglichkeit, den Zustimmungsbeschluss der Hauptversammlung (§ 293 Abs. 2 AktG) anzufechten, da diese nicht den Weg des Spruchverfahrens beschreiten können.[37]

13 **Außerdem** ist den außenstehenden Aktionären im Beherrschungs- oder Gewinnabführungsvertrag die **Übernahme ihrer Aktien** gegen Abfindung anzubieten (§ 305 Abs. 1 AktG).[38] Die Abfindung ist
– wenn herrschendes Unternehmen eine **nicht abhängige** und nicht in Mehrheitsbesitz stehende AG (oder KGaA) mit Sitz in einem Mitgliedstaat der EU oder in einem anderen Vertragsstaat des Abkommens über den EWR ist, in **Aktien** dieser Gesellschaft (§ 305 Abs. 2 Nr. 1 AktG),
– bei einer **abhängigen oder in Mehrheitsbesitz stehenden AG** (oder KGaA) als anderer Vertragsteil, deren Obergesellschaft eine AG (oder KGaA) mit Sitz in einem Mit-

---

[33] Die Vereinbarung eines solchen führt nicht zur Nichtigkeit des Vertrages gem. § 304 Abs. 3 S. 1 AktG, BGH NJW 2006, 1663. Ob ein Ausgleich in Form einer angemessenen oder marktüblichen Verzinsung des Liquidationswertes geschuldet ist, ist umstritten, wird aber von der hM zu Recht abgelehnt, da ein Bedarf zur Sicherung der Aktionäre gegen Dividendenausfall nicht besteht und auch sonst kein Anspruch auf Verzinsung des Gesellschaftsvermögens besteht, BGHZ 166, 195 (199); BayObLG AG 1995, 509 (511f.); OLG Düsseldorf AG 1999, 89 (90); LG Frankfurt a.M. AG 1996, 187 (189); *Paulsen* in MüKo-AktG AktG § 304 Rn. 92f.; *Emmerich* in Emmerich/Habersack Aktien/GmbH-KonzernR AktG § 304 Rn. 32; *Baums*, Der Ausgleich nach § 304 AktG, 2007, 57ff.; *Koch* in Hüffer/Koch AktG § 304 Rn. 12; Hüffer JZ 2007, 151 (152); ders. FS Priester, 2007, 285 (286) – **aA** *Koppensteiner* in Kölner Komm. AktG § 304 Rn. 60; *W. Meilicke* DB 1974, 417 (418f.).
[34] Das gilt nach überwiegender Auffassung auch für die herrschende AG (oder KGaA) mit Sitz im Ausland, *Koch* in Hüffer/Koch AktG § 304 Rn. 14 mwN. Bei der Bemessung dieses „variablen Ausgleichs" ist ein Betrag, den das herrschende Unternehmen einem außenstehenden Aktionär gezahlt hat, um ihm das Antragsrecht „abzukaufen", irrelevant, auch unter den Gesichtspunkten Gleichbehandlung und Treupflicht, OLG Düsseldorf AG 1992, 200 (202).
[35] BGHZ 138, 136 (139f.); *Liebscher* in BeckHdB AG § 15 Rn. 151; *Koch* in Hüffer/Koch AktG § 304 Rn. 10, 19.
[36] § 304 Abs. 3 S. 3 iVm § 3 Nr. 1 SpruchG. Zum Spruchverfahren siehe § 46.
[37] *Liebscher* in BeckHdB AG § 15 Rn. 165.
[38] Die Hauptgesellschaft kann sich diese Aktien durch bedingte Kapitalerhöhung (§ 192 Abs. 2 Nr. 2 AktG; *Koch* in Hüffer/Koch AktG § 305 Rn. 11) beschaffen oder durch gem. § 71 Abs. 1 Nr. 3 AktG gestatteten Erwerb eigener Aktien.

III. Beherrschungs- und Gewinnabführungsverträge §33

gliedstaat der EU oder in einem anderen Vertragsstaat des Abkommens über den EWR ist, entweder in **Aktien** der Obergesellschaft **oder in bar,**[39]
– in allen **anderen Fällen,** also wenn das herrschende Unternehmen seinen Sitz nicht in einem Mitgliedstaat der EU oder einem anderen Vertragsstatut des Abkommens über den EWR hat oder keine AG (oder KGaA) ist, **in bar**[40]

anzubieten.[41] Die Abfindungsberechtigung entsteht während des Bestehens des die Abfindungspflicht auslösenden Unternehmensvertrages originär in der Person des Aktionärs, der Aktien erwirbt und dadurch die Rechtstellung eines außenstehenden Aktionärs erlangt, auch wenn ein Abfindungsrecht in der Person des Veräußerers noch nicht bestand.[42] Die Abfindungsberechtigung überdauert auch grundsätzlich die Aufhebung eines Unternehmensvertrages während eines laufenden Spruchverfahrens.[43] Sie entfällt in diesem Fall auch nicht ohne Weiteres durch den Abschluss eines neuen Unternehmensvertrages mit einem anderen herrschenden Unternehmen, sondern dem Aktionär steht dann ein Wahlrecht zu, welches der herrschenden Unternehmen – das ehemalige oder das aktuelle – er in Anspruch nehmen will.[44] Da das Abfindungsangebot bis zwei Monate nach Bekanntgabe der rechtskräftigen Entscheidung des jeweiligen Spruchverfahrens angenommen werden kann (§ 305 Abs. 4 S. 3 AktG) und Spruchverfahren erfahrungsgemäß extrem langwierig sind, kumulieren sich bei hintereinandergeschalteten Strukturmaßnahmen (zB Unternehmensvertrag, Verschmelzung, Squeeze Out) die latenten Abfindungsrechte. Die entsprechenden Gesellschaften sind gut beraten, diejenigen Aktien, die bestimmte laufende Abfindungsvarianten verkörpern, durch eine eigene WKN von anderen Aktien unterscheidbar zu machen.

Ohne eine Bestimmung über eine Abfindung ist der Vertrag **nicht nichtig,** sondern es wird die Abfindung auf Antrag im Spruchverfahren festgesetzt. Das Gleiche gilt, wenn die im Vertrag vorgesehene Abfindung nicht angemessen ist (§§ 305 Abs. 5 iVm §§ 1 Nr. 1, 3 Nr. 1 SpruchG). Eine Anfechtung wegen eines nicht angemessenen Abfindungsangebotes ist nach § 305 Abs. 5 S. 1 AktG ausgeschlossen. Auch eine Anfechtung wegen der Verletzung der Auskunftspflicht in Bezug auf die für die Beurteilung der Angemessenheit relevanten Informationen kommt wegen § 243 Abs. 4 AktG nicht in Betracht. 14

Für die **Abfindung in Aktien** ist das Umtauschverhältnis maßgebend, das sich in dem Zeitpunkt, in dem die Hauptversammlung der Gesellschaft über den Beherrschungs- oder Gewinnabführungsvertrag beschließt, bei einer Verschmelzung ergeben würde, wobei Spitzenbeträge in bar ausgeglichen werden können (§ 305 Abs. 3 S. 1 AktG). Dafür sind beide Unternehmen zu **bewerten** und die Werte in Relation zueinander zu setzen **(Relationsbewertung).**[45] 15

---

[39] § 305 Abs. 2 Nr. 2 AktG. Nach hA muss der Vertrag nicht Aktien und Barabfindung zur Wahl anbieten, *Krieger* in MHdB AG § 71 Rn. 121 mwN zum Meinungsstand.

[40] § 305 Abs. 2 Nr. 3 AktG. Umstritten ist, ob auch in Fällen der Mehrmüttergesellschaft lediglich eine Barabfindung zu gewähren ist oder ob jedes der herrschenden Unternehmen eine Abfindung nach den jeweils maßgeblichen Vorschriften anzubieten hat, vgl. hierzu *Liebscher* in BeckHdB AG § 15 Rn. 159 mwN; *Krieger* in MHdB AG § 71 Rn. 124 mwN.

[41] Das Angebot kann befristet werden, § 305 Abs. 4 AktG. Die Barabfindung ist ab Wirksamwerden des Beherrschungs- oder Gewinnabführungsvertrags mit 5 % p. a. über dem Basiszinssatz (§ 305 Abs. 2 S. 3 AktG iVm § 247 BGB) zu verzinsen. Nimmt ein Aktionär das Angebot an, nachdem er bereits Ausgleichsleistungen empfangen hatte, sind diese auf die Zinsen anzurechnen; die Zinsen übersteigende Ausgleichsleistungen verbleiben dem Aktionär, BGH ZIP 2002, 1892 – Rütgens AG.

[42] BGH NJW 2006, 3146 (3147); NJW-RR 2008, 846 (849); *Krieger* in MHdB AG § 71 Rn. 112. Dass bei vertragsüberdauernden Spruchverfahren die „Verkehrsfähigkeit" des Abfindungsanspruchs eingeschränkt ist, hat das BVerfG als unbedenklich angesehen, weil in diesen Fällen die sich aus dem Unternehmensvertrag ergebende Einschränkung der in der Aktie verkörperten mitgliedschaftlichen Herrschafts- und Vermögensrechte fortgefallen sei, BVerfG NJW 2007, 3265 f.

[43] BGH NJW 1997, 2242.

[44] BGH NJW-RR 2008, 846.

[45] *Koch* in Hüffer/Koch AktG § 305 Rn. 21 ff., 19. Zu den Bewertungsmethoden siehe *W. Müller* in ÜN HdB § 10, zur Ertragswertmethode ebenda Rn. 141 ff.; *Gehling* in Semler/Stengel UmwG § 8 Rn. 24 ff.

16 Für die **Barabfindung** sind die Verhältnisse der abhängigen Gesellschaft in dem Zeitpunkt maßgebend, in dem die Hauptversammlung der Gesellschaft über den Beherrschungs- oder Gewinnabführungsvertrag beschließt **(absolute Bewertung)**.[46]

17 Das Gesetz schreibt keine Bewertungsmethode vor.[47] Üblicherweise wird die **Ertragswertmethode** angewandt.[48]

18 Kann ausnahmsweise ein Ertragswert nicht festgestellt werden, weil die Ertragsaussichten auf Dauer negativ sind, bildet der **Liquidationswert** die Untergrenze der Bewertung.[49] Bei börsennotierten Gesellschaften ist der **Börsenkurs** grundsätzlich die **Mindestabfindung**,[50] und zwar ein aus dem Durchschnitt dem Stichtag vorangegangener Handelstage[51] ermittelter Referenzkurs, bei dem außergewöhnliche Tagesausschläge oder sprunghafte Entwicklungen, die sich nicht verfestigt haben, eliminiert werden.

19 Bei der Bewertung sind nach dem Stichtag liegende **Entwicklungen** zu berücksichtigen, wenn sie in den Verhältnissen am Stichtag „verwurzelt" waren.[52]

20 Ob „Verbundeffekte" **(„Synergieeffekte")** zu berücksichtigen sind,[53] ob „Vergleichspreise" herangezogen werden können[54] und ob ggf. der geringe Umfang des Aktienbesit-

---

Nur wenn ein Bewertungsgutachten nicht eingeholt werden kann, richtet sich die Abfindung uU nach dem Börsenkurs, BayObLG ZIP 1998, 1872.

[46] § 305 Abs. 3 S. 2 AktG.

[47] Die Angemessenheit der im konkreten Fall gewählten Bewertungsmethode wird von den Tatsachengerichten überprüft, BGH ZIP 1993, 1160; WM 1984, 1506; BGHZ 116, 359 (360 f.).

[48] Dazu vgl. *IDW* Grundsätze der Durchführung von Unternehmensbewertungen IDW-Standard S. 1 (Neufassung verabschiedet am 2.4.2008); *Koch* in Hüffer/Koch AktG § 305 Rn. 19 f. mwN; *Hülsmann* ZIP 2001, 450. ZB OLG Düsseldorf AG 2001, 189 – Deutsche Centralbodenkredit-AG/Frankfurter Hypothekenbank AG.

[49] BayObLG AG 1995, 509; OLG Düsseldorf DB 2002, 781 (783); AG 2004, 324 (327).

[50] Der Börsenkurs der Aktie des abhängigen Unternehmens wurde wegen möglicher spekulativer Einflüsse auf die Kursbildung früher grundsätzlich nicht herangezogen, BGH BB 1978, 776 (778); *Kort* ZGR 1999, 402 (414 f.). Das ist durch die Entscheidung des BVerfG ZIP 1999, 1436 – DAT/Altana – mit Anm. *Vetter* ZIP 1999, 569 überholt. Siehe auch BVerfG ZIP 1999, 1804 – Hartmann & Braun; OLG Stuttgart DB 2000, 709; LG Dortmund ZIP 2001, 739. Regelmäßig kommt der Unternehmenswert im Börsenkurs zum Ausdruck. Der anteilige Unternehmenswert steht dem Aktionär zu, wenn er höher ist als der Börsenwert, BGH WM 2001, 856; dazu *Mülbert/Winkler* WuB II A. § 304 AktG 1.01; LG München I AG 2002, 301. Für die „übertragende Auflösung" siehe BVerfG ZIP 2000, 1670 – MotoMeter. Siehe dazu ferner: *Hecker/Wenger* ZBB 1995, 321 (339 f.); *Rodloff* DB 1999, 1149; *Busse von Colbe* FS Lutter, 2000, 1053; zurückhaltend *Henze* FS Lutter, 2000, 1101; *Steinhauer* AG 1999, 299; *Großfeld* BB 2000, 261. Ob das auch für die Festsetzung des Umtauschverhältnisses/der Abfindung bei der Verschmelzung gilt, ist str. Nein: LG München I AG 2001, 99. Ja: *Weiler/Meyer* ZIP 2001, 2153.

[51] Die Dauer des Referenzzeitraums ist umstr., vgl. *Koch* in Hüffer/Koch AktG § 305 Rn. 42 ff. Der BGH hat in der Entscheidung ZIP 2001, 734 (737) – DAT/Altana – drei Monate angenommen; als maßgeblichen Rückrechnungszeitpunkt legt er seit BGHZ 186, 229 Rn. 7 ff. – STOLLWERCK allerdings nicht mehr den Tag der Hauptversammlung, sondern den Zeitpunkt der Bekanntmachung der Strukturmaßnahme zugrunde; das wird häufig, aber nicht notwendig eine ad hoc-Mitteilung gem. § 15 WpHG (ab 3.1.2018 § 26 WpHG) sein. Die Entscheidung ist ganz überwiegend auf Zustimmung gestoßen, vgl. etwa *Paulsen* in MüKoAktG AktG § 305 Rn. 89 mwN. Zum Meinungsstand vor der STOLLWERCK-Entscheidung des BGH s. die Vorauflage § 33 Rn. 18 m. Fn. 51.

[52] *Koch* in Hüffer/Koch AktG § 305 Rn. 34 mwN.

[53] Siehe dazu *Fleischer* ZGR 1997, 368. In der Rspr. wird dies – jedenfalls für sog echte Verbundvorteile – fast einhellig, in der Lit. überwiegend abgelehnt, *Koch* in Hüffer/Koch AktG § 305 Rn. 33 mwN; OLG Düsseldorf AG 1977, 168; OLG Celle AG 1979, 230; OLG Hamburg AG 1980, 163; OLG Frankfurt a.M. AG 1989, 442; BayObLG AG 96, 127 – Paulaner; OLG Frankfurt AG 2014, 822 (825 f.); OLG Stuttgart AG 2013 724 (727); LG Frankfurt a.M. AG 2002, 357; LG München I ZIP 2015, 2124 (2129). Von Fall zu Fall berücksichtigungsfähig können hingegen sog. unechte Verbundvorteile sein, dh solche, die auch mit anderen Kooperationspartnern erzielt werden können und nicht nur durch den konkreten Unternehmenszusammenschluss zu verwirklichen sind, OLG Stuttgart AG 2013, 724 (727); LG München I AG 2016, 51 (54 f.). Dagegen soll der körperschaft- und gewerbesteuerliche Verlustvortrag der abhängigen Gesellschaft, der für einen unüberschaubaren Kreis potentieller Erwerber vorteilhaft ist, als Vermögensgegenstand zu bewerten sein, OLG Düsseldorf WM 1988, 1052; AG 2000, 323: „Erst durch den Unternehmensvertrag eintretende Synergieeffekte oder eröffnete Rationalisierungsmöglichkeiten kommen mithin den außenstehenden Aktionären nicht zugute." Überzeugend erscheint es, Verbundeffekte bei der Relationsbewertung (Abfindung in Aktien) grundsätzlich unberücksichtigt zu lassen, da die Gesellschafter hier im jeweiligen Umtauschverhältnis an den Verbundvorteilen teilnehmen; die sind bei der absoluten

III. Beherrschungs- und Gewinnabführungsverträge § 33

zes der außenstehenden Aktionäre (durch einen „Minderheitsabschlag") zu berücksichtigen ist,[55] ist umstritten.

Tritt dem Beherrschungsvertrag ein weiteres Unternehmen bei, ist kein neues Ausgleichs- und Abfindungsangebot erforderlich.[56] 21

Für Gewinnabführungsverträge (und bei den anderen Unternehmensverträgen),[57] nicht dagegen für Beherrschungsverträge,[58] kann **Rückwirkung** vereinbart werden.[59] Das Geschäftsjahr, auf dessen Anfang rückbezogen werden soll, darf bei Wirksamwerden des Vertrags noch nicht abgelaufen sein.[60] Außerdem muss dann auch die Ausgleichsverpflichtung rückwirkend übernommen werden.[61] 22

Die herrschende Gesellschaft kann ihren Sitz auch im Ausland haben. Allerdings gibt es keine Organschaft (wohl aber Beherrschung) **über die Grenze.** Ein Gewinnabführungsvertrag bleibt für eine ausländische Muttergesellschaft, selbst wenn kein Beherrschungsvertrag besteht, insofern interessant, als dann der sonst erforderliche Abhängigkeitsbericht entfällt (§§ 312, 316 AktG). 23

Kartellrechtliche Erfordernisse bestehen nur, wenn nicht schon vor dem Vertragsabschluss eine Abhängigkeit bestand.[62] Da unter den Voraussetzungen des § 35 GWB bereits der Erwerb der Mehrheitsbeteiligung beim Bundeskartellamt anzumelden ist (§§ 37, 39 GWB), bedarf der Abschluss eines Beherrschungsvertrags dann nicht nochmals der Anmeldung. Durch Umwandlung des faktischen Konzerns in einen Vertragskonzern wird die Unternehmensverbindung nicht „wesentlich verstärkt" (§ 37 Abs. 2 GWB). 24

Ist das „andere Unternehmen" ebenfalls AG (oder KGaA), muss – anders bei den sonstigen Unternehmensverträgen – **auch die Hauptversammlung der herrschenden Gesellschaft** dem Beherrschungs- und/oder Gewinnabführungsvertrag **zustimmen** (§ 293 Abs. 2 AktG). Dies gilt auch, wenn die beherrschte Gesellschaft eine GmbH ist.[63] 25

Für die **Vorbereitung** der Hauptversammlung(en) gilt, abgesehen von den sonstigen gesetzlichen oder satzungsmäßigen Einberufungserfordernissen: 26
– Der **wesentliche Inhalt** des Unternehmensvertrags ist in der Einberufung bekannt zu machen (§ 124 Abs. 2 S. 2 AktG).[64] Bei börsennotierten Gesellschaften muss der Inhalt der Einberufung alsbald nach der Einberufung auch über die Internetseite der Gesellschaft zugänglich sein (§ 124a Abs. 1 Nr. 1 AktG).[65]

Bewertung (Barabfindung) zu ermitteln und dem ausscheidenden Aktionär anteilig zuzuordnen. Eingehend zu der gesamten Frage *Großfeld,* Unternehmens- und Anteilsbewertung im Gesellschaftsrecht, 4. Aufl. 2002, S. 63 ff.; *W. Müller* in Semler/Volhard Unternehmensübernahmen HdB § 10 Rn. 204 f., 214 mN.

[54] Nein: *Koch* in Hüffer/Koch AktG § 305 Rn. 31 mwN.
[55] Nein: *Koch* in Hüffer/Koch AktG § 305 Rn. 35 mwN.
[56] BGH ZIP 1998, 690 – ASEA/BBC II. Im Einzelnen dazu (teilw. abweichend) *Röhricht* ZHR 162 (1998) 249 ff.
[57] *Krieger* in MHdB AG § 73 Rn. 70.
[58] OLG Hamburg AG 1991, 21 und 23; *Koch* in Hüffer/Koch AktG § 291 Rn. 11 mwN.
[59] Nach § 14 Abs. 1 S. 2 KStG ist der Gewinn erstmals für das Kalenderjahr zuzurechnen, in dem das Wirtschaftsjahr der Organgesellschaft endet, in dem der Organvertrag wirksam wird.
[60] OLG Hamburg NJW 1990, 3024; *Hirte* ZRG 1994, 644 (663).
[61] BGH NJW 1993, 1976; *Koppensteiner* in Kölner Komm. AktG § 294 Rn. 32.
[62] Theoretisch kann ein Organschaftsvertrag auch zwischen voneinander unabhängigen Gesellschaften abgeschlossen werden (*Krieger* in MHdB AG § 72 Rn. 3), doch spielt dieser Fall in der Praxis keine Rolle.
[63] BGHZ 105, 324 (330 f.) – Supermarkt.
[64] „Wesentlich" und deshalb bekannt zu machen sind „diejenigen Bestimmungen, von denen ein verständiger Dritter seine Entscheidung über die Zustimmung zum Unternehmensvertrag abhängig machen würde," *Eckardt* in Geßler/Hefermehl AktG § 124 Rn. 59. Übertriebene Anforderungen sind allerdings nicht zu stellen, weil der vollständige Vertrag im Geschäftsraum jeder beteiligten Gesellschaft ab der Einberufung auszulegen und jedem Aktionär auf Verlangen in Abschrift zu übermitteln ist, § 293f AktG, vgl. OLG Stuttgart ZIP 1997, 75 (76) – Kolbenschmidt.
[65] Vgl. im Allgemeinen zu den Veröffentlichungspflichten im Internet § 124a AktG.

- Jeder Vorstand[66] hat einen ausführlichen **schriftlichen Bericht** zu erstatten,[67] in dem der Vertrag, insbes. das Angebot des Ausgleichs und der Abfindung für außenstehende Aktionäre, rechtlich und wirtschaftlich erläutert und begründet wird (§ 293a AktG).[68]
- Der Vertrag ist durch einen (ggf. gemeinsamen) oder mehrere externe **sachverständige Prüfer** (Vertragsprüfer) zu prüfen,[69] die darüber einen schriftlichen **Bericht** zu erstatten haben. Dieser ist mit einer Erklärung zur Angemessenheit des Vorschlags des Ausgleichs und der Abfindung unter Angabe der angewendeten Methoden und Begründung ihrer Anwendung abzuschließen.[70] Ob dies auch gilt, wenn abhängiger Vertragsteil keine AG ist, sondern am Vertragskonzern nur eine herrschende AG beteiligt ist, ist strittig.[71] Handelt es sich um eine 100%-Tochter oder um ein Gemeinschaftsunternehmen, ist die Prüfung entbehrlich (§ 293b Abs. 1 aE AktG).

27 **Von der Einberufung** der Hauptversammlung an sind
- der Unternehmensvertrag,
- die Jahresabschlüsse und die Lageberichte der vertragsschließenden Unternehmen für die letzten drei Geschäftsjahre,
- die Berichte der Vorstände und
- die Berichte der Vertragsprüfer im Geschäftsraum jeder beteiligten Gesellschaft **auszulegen** (§ 293f Abs. 1 AktG) und
- auf Verlangen jedem Aktionär unverzüglich kostenlos Abschriften von den auszulegenden Unterlagen zu erteilen (§ 293f Abs. 2 AktG). Die Pflicht zur Auslegung und Erteilung von Abschriften dieser Unterlagen entfällt nunmehr, wenn die bezeichneten Unterlagen von der Einberufung der Hauptversammlung an über die Internetseite der Gesellschaft zugänglich sind (§ 293f Abs. 3 AktG).

28 **In der Hauptversammlung**
- sind die vorstehenden Unterlagen zugänglich zu machen (§ 293g Abs. 1 AktG),[72]
- hat der Vorstand den Vertrag zu Beginn der Verhandlung mündlich zu erläutern (§ 293g Abs. 2 S. 1 AktG) und
- ist jedem Aktionär auf Verlangen Auskunft auch über alle für den Vertragschluss wesentlichen Angelegenheiten des anderen Vertragsteils zu geben (§ 293g Abs. 3 AktG).

29 Der Beschluss bedarf neben der einfachen Stimmenmehrheit einer Mehrheit von mindestens Dreiviertel des bei der Beschlussfassung vertretenen Grundkapitals (§ 293 Abs. 1 S. 2 AktG). Die Satzung kann allenfalls eine größere Kapitalmehrheit und weitere Erfordernisse bestimmen (§ 293 Abs. 1 S. 3 AktG).

30 Hat die Hauptversammlung die Zustimmung beschlossen, hat der Vorstand den Vertrag, und zwar die Tatsache seines Abschlusses und die Art des Unternehmensvertrags so-

---

[66] Gemeinsame Berichterstattung aller Vorstände ist zulässig und üblich, § 293a Abs. 1 S. 1 Hs. 2 AktG.
[67] Ob dies auch gilt, wenn alle Aktien der abhängigen Gesellschaft sich in der Hand der herrschenden befinden, erscheint höchst fraglich; § 293a Abs. 3 AktG ist zwar § 8 Abs. 3 UmwG nachgebildet, setzt aber einen – öffentlich beglaubigten – Verzicht auf den Bericht voraus. Ein Grund für diesen Unterschied ist nicht ersichtlich, *Koch* in Hüffer/Koch AktG § 293a Rn. 22; *Bungert*, Unternehmensvertragsbericht und Unternehmensvertragsprüfung gem. §§ 293a ff. AktG, DB 1995, 1382 (1388f.). Richtigerweise macht ein einstimmiger Beschluss aller Anteilsinhaber bzw. des alleinigen Anteilsinhabers den Verzicht entbehrlich; → § 5 Rn. 70.
[68] Zu den Berichtspflichten → § 5 Rn. 59.
[69] Das gilt nicht, falls alle Aktien der abhängigen Gesellschaft sich in der Hand der herrschenden befinden, § 293b Abs. 1 Hs. 2 AktG oder unter den Voraussetzungen der §§ 293b Abs. 2 AktG iVm 293a Abs. 3 AktG darauf verzichtet wurde.
[70] § 293e AktG. Die Prüfer werden jeweils auf Antrag der Vorstände der vertragsschließenden Gesellschaften vom Gericht ausgewählt und bestellt, § 293c Abs. 1 S. 1 AktG. Auf gemeinsamen Antrag der Vorstände können die Prüfer für alle vertragsschließenden Gesellschaften gemeinsam bestellt werden, § 293c Abs. 1 S. 2 AktG.
[71] Ablehnend: *Bungert* DB 1995, 1449 (1453f.); *Zeidler* NZG 1999, 692 (694); aA *Koch* in Hüffer/Koch AktG § 293a Rn. 6.
[72] „Altverträge" aus der Zeit, in der Beherrschungsverträge auch ohne Zustimmung der Hauptversammlungen wirksam wurden (AktG 1937), bleiben wirksam, auch wenn die Verträge nicht offengelegt wurden, KG AG 2001, 186.

III. Beherrschungs- und Gewinnabführungsverträge

§ 33

wie den Namen des anderen Vertragsteils (der herrschenden Gesellschaft) **zur Eintragung in das Handelsregister anzumelden** (§ 294 Abs. 1 S. 1 AktG).[73] Bei Bestehen mehrerer Teilgewinnabführungsverträge kann anstelle des Namens des anderen Vertragsteils auch eine andere Bezeichnung eingetragen werden, die den jeweiligen Teilgewinnabführungsvertrag konkret bestimmt (§ 294 Abs. 1 S. 1 AktG). Die Eintragung der Vereinbarung über die Höhe des abzuführenden Gewinns ist nicht mehr erforderlich.

Der Anmeldung sind beizufügen: 31
– die Urschrift oder eine beglaubigte Abschrift des Vertrags,[74]
– außerdem, wenn er nur mit Zustimmung des anderen Vertragsteils wirksam wird,[75] die Niederschrift dieses Beschlusses und ihre Anlagen in Urschrift, Ausfertigung oder öffentlich beglaubigter Abschrift (§ 294 Abs. 1 S. 2 AktG). Es genügt ein Auszug aus dem Protokoll.

Die Anfechtung des Zustimmungsbeschlusses der Ober- oder Untergesellschaft steht der Eintragung des Unternehmensvertrages ins Handelsregister nicht entgegen; sie löst also im Gegensatz zu § 319 Abs. 5 S. 2 AktG keine Registersperre aus. Einer gleichwohl erfolgten Eintragung kommt aber grundsätzlich kein Bestandsschutz zu. Erweist sich später eine Klage gegen den Zustimmungsbeschluss als begründet, stellt sich dann die schwierige Frage der Rückabwicklung des Unternehmensvertrages. Der Eintragung des Unternehmensvertrages kommt allerdings dann Bestandsschutz zu, wenn die Gesellschaft beim Oberlandesgericht, in dessen Bezirk sie ihren Sitz hat, einen unanfechtbaren Freigabebeschluss iSv § 246a AktG erwirkt hat.[76] Das Freigabeverfahren, das sich gem. § 246a Abs. 1 S. 1 AktG auch auf die Anfechtung von Hauptversammlungsbeschlüssen über Unternehmensverträge erstreckt, gibt der Gesellschaft nämlich die Möglichkeit, auf Antrag feststellen zu lassen, dass die Erhebung der Anfechtungsklage der Eintragung nicht entgegensteht und dass Mängel des Zustimmungsbeschlusses die Wirkung der Eintragung unberührt lassen. Kommt danach der Eintragung im Handelsregister Bestandskraft zu, scheidet eine Rückabwicklung des Unternehmensvertrages selbst bei erfolgreicher Anfechtungs- oder Nichtigkeitsklage aus. § 246a Abs. 4 S. 1 AktG verweist die klagenden Aktionäre dann, wenn sich ihre Klage später als begründet erweist, auf einen verschuldensunabhängigen Schadensersatzanspruch gegen die Gesellschaft. 32

Auch die **Änderung** (§ 295 Abs. 1 AktG)[77] eines Unternehmensvertrags sowie, weil sich der Schuldner des Ausgleichs- oder Abfindungsanspruchs ändert, auch die Auswechs- 33

---

[73] Anmeldung in vertretungsberechtigter Zahl genügt; unechte Gesamtvertretung und Bevollmächtigung sind zulässig, *Koch* in Hüffer/Koch AktG § 294 Rn. 2. Nach hM genügt als Wirksamkeitsvoraussetzung des Vertrages die Anmeldung (und Eintragung) bei der abhängigen Gesellschaft, *Emmerich* in Emmerich/Habersack Aktien/GmbH-KonzernR AktG § 294 Rn. 4 ff. mwN. Änderungen bei der herrschenden Gesellschaft, etwa ihre Verschmelzung auf eine andere Gesellschaft, sind später ebenfalls anzumelden, *Zilles* GmbHR 2001, 21. Gleichwohl ist der Vorstand der herrschenden Gesellschaft gem. § 130 Abs. 5 iVm § 293g Abs. 2 S. 2 AktG zur Einreichung des Unternehmensvertrages zum Handelsregister verpflichtet.
[74] Unnötig ist dies und Bezugnahme genügt, wenn das Hauptversammlungsprotokoll, das den Zustimmungsbeschluss enthält und dem der Vertrag als Anlage beigesiegelt ist (§ 293g Abs. 2 S. 2 AktG), dem Gericht bereits gem. § 130 Abs. 5 AktG vorgelegt worden ist, *Koch* in Hüffer/Koch AktG § 294 Rn. 7. Anders als bei der Verschmelzung, vgl. § 17 Abs. 1 UmwG, brauchen der Vorstands- und der Prüfungsbericht nicht beigefügt zu werden, da sie in § 294 Abs. 1 S. 2 AktG nicht erwähnt sind.
[75] Das ist der Fall, wenn der andere Vertragsteil eine AG (oder KGaA) und der Unternehmensvertrag ein Beherrschungs- oder ein Gewinnabführungsvertrag ist, § 293 Abs. 2 AktG.
[76] Zu den Voraussetzungen, unter denen ein Beschluss zu ergehen hat, vgl. § 246a Abs. 2 AktG.
[77] Die Ansicht der Parteien allein, den zwischen ihnen bestehenden Unternehmensvertrag nicht zu ändern, schließt den Anwendungsbereich des § 295 AktG nicht aus, solange die Veränderung inhaltlich auf die nach der bisherigen Vertragslage bestehenden Rechte und Pflichten einwirkt (und nicht von einem Aufhebungsvertrag gem. § 296 AktG auszugehen ist), BGH AG 2013, 92 Rn. 27, 29 – HSH Nordbank I und II. Die Voraussetzungen des § 295 AktG sind selbst für rein redaktionelle Änderungen einzuhalten, siehe *Emmerich* in Emmerich/Habersack Aktien/GmbH-KonzernR AktG § 295 Rn. 7, die allerdings auf die Möglichkeit zur vorsorglichen Ermächtigung zur Anpassung des Vertragstextes hinweisen; *Koch* in Hüffer/Koch AktG § 295 Rn. 3; *Krieger* in MHdB AG § 71 Rn. 183.

lung des herrschenden Vertragsteils durch Vertragsübernahme[78] bedürfen der Schriftform (§ 295 Abs. 1 S. 2 AktG iVm § 293 Abs. 3 AktG) und der **Zustimmung der Hauptversammlung**[79] sowie der Eintragung der Änderung in das Handelsregister (§ 295 Abs. 1 S. 2 AktG iVm § 294 AktG), zusätzlich aber im Fall der Änderung einer Ausgleichs- oder Abfindungsregelung der **Zustimmung der außenstehenden Aktionäre durch Sonderbeschluss** mit neben der einfachen Stimmenmehrheit mindestens Dreiviertelmehrheit des vertretenen Grundkapitals (§ 295 Abs. 2 AktG).[80] Der Sonderbeschluss ist Wirksamkeitsvoraussetzung sowohl für den die Vertragsänderung billigenden Beschluss als auch für den Änderungsvertrag selbst; ohne ihn ist die Vertragsänderung schwebend unwirksam.[81]

34 Dagegen ist die vertragliche **Aufhebung**[82] eines Unternehmensvertrags Geschäftsführungsmaßnahme und bedarf der Schriftform (§ 296 Abs. 1 S. 3 AktG), nicht aber der Zustimmung der Hauptversammlung;[83] allerdings bedarf auch sie, wenn der Vertrag eine Ausgleichs- oder Abfindungsregelung enthält, der **Zustimmung der außenstehenden Aktionäre durch Sonderbeschluss**.[84] Von einer Aufhebung eines Unternehmensvertrages wird auch beim Wechsel der Art des Unternehmensvertrages, verbunden mit dem Abschluss eines neuen Unternehmensvertrages, ausgegangen.[85]

35 Die Beendigung eines Unternehmensvertrags durch **Kündigung** (§ 297 Abs. 1 AktG) bedarf der Schriftform (§ 297 Abs. 3 AktG). Die Kündigung ist bei Vorliegen eines wichtigen Grundes oder dann zulässig, wenn sie im Vertrag vorgesehen wurde. Sie ist ebenfalls Geschäftsführungsmaßnahme, bedarf allerdings, wenn ein **wichtiger Grund fehlt**[86] und der Vertrag eine Ausgleichs- oder Abfindungsregelung enthält, ebenfalls der **Zustimmung der außenstehenden Aktionäre durch Sonderbeschluss**.[87] Eine solche ist aber nicht erforderlich, wenn der andere (herrschende) Vertragsteil kündigt.[88]

---

[78] *Emmerich* in Emmerich/Habersack Aktien/GmbH-KonzernR AktG § 295 Rn. 27; *Koch* in Hüffer/Koch AktG § 295 Rn. 11; zur Ausn. vgl. *Krieger* in MHdB AG § 71 Rn. 192.
[79] § 295 Abs. 1 S. 2 iVm § 293 Abs. 1 AktG. Unter den Voraussetzungen des § 293 Abs. 2 AktG ist zusätzlich die Zustimmung der Hauptversammlung des herrschenden Unternehmens erforderlich.
[80] Zu Sonderbeschlüssen → § 40 Rn. 20 ff., 29.
[81] *Liebscher* in BeckHdB AG § 15 Rn. 171.
[82] § 296 Abs. 1 AktG; nur zum Ende eines Geschäftsjahrs.
[83] *Koch* in Hüffer/Koch AktG § 296 Rn. 5 mwN.
[84] § 296 Abs. 2 AktG. Davor ist der Aufhebungsvertrag schwebend unwirksam, *Liebscher* in BeckHdB AG § 15 Rn. 174; *Emmerich* in Emmerich/Habersack Aktien/GmbH-KonzernR AktG § 296 Rn. 19 f.; *Koch* in Hüffer/Koch AktG § 296 Rn. 7. Zur Beschlussfassung nach dem Stichtag und dem Rückwirkungsverbot vgl. *Liebscher* in BeckHdB AG § 15 Rn. 174.
[85] *Liebscher* in BeckHdB AG § 15 Rn. 168; *Koch* in Hüffer/Koch AktG § 295 Rn. 7; *Krieger* in MHdB AG § 71 Rn. 183 – **aA** *Emmerich* in Emmerich/Habersack Aktien/GmbH-KonzernR AktG § 295 Rn. 12; *Koppensteiner* in Kölner Komm. AktG § 295 Rn. 18.
[86] Kein wichtiger Grund ist nach OLG Düsseldorf ZIP 1994, 1802 – Rütgers Werke/Caramba die Anteilsveräußerung; siehe dazu *Joussen* GmbHR 2000, 221; *Wirth* DB 1990, 2105 (2107) mwN; *Schwarz* MittRhNotK 1994, 49 ff. (74); *Kallmeyer* GmbHR 1995, 578 f.; *Krieger/Jannott* DStR 1995, 1473 (1475).
[87] § 297 Abs. 2 AktG. Zu Sonderbeschlüssen → § 40 Rn. 29. Der Abfindungsanspruch bleibt während des laufenden Spruchverfahrens bestehen, wenn die Vertragsparteien den die Beendigung auslösenden Umstand veranlasst haben, und zwar auch, wenn bei Untergang der verschmolzenen abfindungsverpflichteten Gesellschaft die Anteile bereits angedient waren, BVerfG WM 1999, 433 (435); dazu *H.F. Müller* WuB II A. § 305 AktG 1.99. Die Beendigung durch Verschmelzung der beherrschten Gesellschaft (*Koch* in Hüffer/Koch AktG § 295 Rn. 6; *Kübler* in Semler/Stengel UmwG § 20 Rn. 31), durch Auflösung des Vertragsteils, Eröffnung eines Insolvenzverfahrens oder Eingliederung der beherrschten Gesellschaft (*Koch* in Hüffer/Koch AktG § 297 Rn. 22 f.) tritt ex lege ein; ein Hauptversammlungsbeschluss ist nicht nötig, vgl. LG Mannheim ZIP 1990, 379 f.; LG Bonn GmbHR 1996, 774 f.
[88] BGHZ 122, 211 (233); *Altmeppen* in MüKoAktG AktG § 297 Rn. 80 ff.; *Liebscher* in BeckHdB AG § 15 Rn. 177; *Emmerich* in Emmerich/Habersack Aktien/GmbH-KonzernR AktG § 297 Rn. 9; *Koch* in Hüffer/Koch AktG § 297 Rn. 18.

IV. Entherrschungsvertrag

Durch den Abschluss eines – im Gesetz nicht vorgesehenen – schriftlich auf die Dauer von mindestens fünf Jahren abzuschließenden **Entherrschungsvertrags**[89] lässt sich die **Vermutung widerlegen,** dass die Gesellschaft von einem an ihr mit Mehrheit beteiligten Unternehmen faktisch abhängig ist.[90] Ob und unter welchen Voraussetzungen der Vorstand berechtigt ist, einen Entherrschungsvertrag abzuschließen, ist – in Ermangelung einer gesetzlichen Regelung – umstritten.[91] Das Bedürfnis kann schon wegen des sonst notwendigen Abhängigkeitsberichtes (§ 312 AktG) bestehen, falls nicht durch entsprechende Satzungsbestimmungen gewährleistet ist, dass der Mehrheitsaktionär sich in der Gesellschaft nicht durchsetzen kann.[92] Der nach ganz überwiegender Auffassung zulässige Entherrschungsvertrag bedarf der Zulassung in der Satzung, fehlt es daran, der **Zustimmung der Hauptversammlung**[93] und, wenn der andere Vertragsteil eine AG (oder KGaA) ist, auch der Zustimmung von deren Hauptversammlung, jeweils mit einfacher Stimmenmehrheit und Dreiviertelmehrheit des vertretenen Grundkapitals (§ 293 Abs. 2 AktG analog). 36

Zum Beispiel:
1. X ist mit ... an der AG beteiligt. In der Überzeugung, dass die AG am erfolgreichsten unter vollständiger Wahrung ihrer unternehmerischen Selbständigkeit und Unabhängigkeit arbeitet, wollen die Parteien durch die nachstehende Vereinbarung sicherstellen, dass X weder allein noch zusammen mit anderen Aktionären auf die AG beherrschenden Einfluss ausübt.
2. X verpflichtet sich gegenüber der AG, vorbehaltlich Ziffer 4 die Stimmrechte aus den ihm jetzt und in Zukunft insgesamt unmittelbar oder mittelbar gehörenden Aktien ab ... stets nur bis zur Höhe von ... % sämtlicher jeweils vorhandener stimmberechtigter Aktien der AG auszuüben.
3. X wird zur Wahl in den Aufsichtsrat, solange dieser aus insgesamt 6 oder 9 Mitgliedern besteht, nicht mehr als ein Aufsichtsratmitglied vorschlagen oder vorschlagen lassen. Sollte sich die Zahl der von der Hauptversammlung zu wählenden Aufsichtsratsmitglieder der Aktionäre auf acht[94] oder mehr erhöhen, wird X nicht mehr als zwei Aufsichtsratsmitglieder vorschlagen oder vorschlagen lassen.
4. Die Beschränkung gemäß Ziffer 2 gilt nicht für die Beschlussfassung über Kapitalerhöhungen gegen Einlagen ohne Ausschluss des Bezugsrechts und über Kapitalerhöhungen aus Gesellschaftsmitteln sowie für die Wahl gemäß Ziffer 3 der von X vorgeschlagenen Personen in den Aufsichtsrat der AG.
5. X verpflichtet sich gegenüber der AG, seine Stellung als deren Aktionär nicht zu benutzen, um im Rahmen der Geschäftsbeziehungen Gegenleistungen in Anspruch zu neh-

---

[89] LG Mainz AG 1991, 30 (32); LG Köln AG 1992, 238; OLG Köln AG 1993, 86 (87); *Götz,* Der Entherrschungsvertrag im Aktienrecht, 1991; *Hüttemann* ZHR 156 (1992) 314; *Hentzen,* Der Entherrschungsvertrag im Aktienrecht, ZHR 157 (1993) 65; *Jäger* DStR 1995, 1113.
[90] *Koch* in Hüffer/Koch AktG § 17 Rn. 22; *Koppensteiner* in Kölner Komm. AktG § 17 Rn. 109 ff. Zur Frage, ob sich das auch durch Vereinbarungen über die Nichtausübung des Stimmrechts oder dessen Ausschluss, etwa durch einen sog Stimmrechtsausschlussvertrag, erreichen lässt, siehe *Reichert/Harbarth* AG 2001, 447.
[91] Ja: OLG Köln AG 1993, 86 (87) – Winterthur/Nordstern – mit Anm. *Marsch-Barner* WuB II A § 119 AktG 1.93; LG Mainz AG 1991, 30 (32) – Massa/Asko; siehe auch *Emmerich* in Emmerich/Habersack Aktien/GmbH-KonzernR AktG § 17 Rn. 43f.; *Krieger* in MHdB AG § 69 Rn. 63.; *Hommelhoff,* Die Konzernleitungspflicht, 1962, 85ff.; *Immenga* ZGR 1978, 269 (283f.); *Götz,* Der Entherrschungsvertrag im Aktienrecht, 1991, S. 60f.; *Reichert/Harbarth* AG 2001, 447 (453f.). Nein: *Hüttemann* ZHR 156 (1992) 314 (324ff.).
[92] *Koch* in Hüffer/Koch AktG § 17 Rn. 21. → Rn. 2.
[93] Str., *Krieger* in MHdB AG § 69 Rn. 63 mwN.
[94] Bei paritätischer Mitbestimmung; anderenfalls neun, da die Zahl der Aufsichtsratsmitglieder durch drei teilbar sein muss, § 95 S. 3 AktG.

men, die er von anderen Geschäftspartnern unter gleichen oder vergleichbaren Bedingungen nicht beanspruchen würde, keine sonstigen von diesem Grundsatz abweichenden Vorteile anzunehmen und der AG angemessene Gegenleistungen nicht vorzuenthalten.
6. X wird auf die AG und ihre Organe keinen irgendwie gearteten Einfluss nehmen, und zwar weder in noch außerhalb der Hauptversammlung, sofern und soweit es sich nicht um die Ausübung von Rechten handelt, die sich aus einer Beteiligung in Höhe von ... % am Grundkapital der AG ergeben.
7. Dieser Vertrag kann mit einer Frist von sechs Monaten zum Ende eines Geschäftsjahrs, erstmals zum Ablauf des fünften vollen Geschäftsjahrs nach Vertragsschluss, gekündigt werden; mangels Kündigung verlängert er sich jeweils um fünf Jahre. Das Recht zur Kündigung aus wichtigem Grund bleibt unberührt. Die AG wird jede Kündigung des Vertrags unverzüglich in den Gesellschaftsblättern bekannt machen und hierauf in der Einladung zur nächsten Hauptversammlung hinweisen.

37 Für die **Vorbereitung** der Hauptversammlung gilt das Gleiche wie für den Beherrschungsvertrag (→ Rn. 26), nur dass kein Ausgleich vorgesehen und kein Abfindungsangebot gemacht werden muss und dass eine Prüfung von deren Angemessenheit (nicht aber eine Prüfung überhaupt)[95] entfällt.

38 Für die Pflichten **in der Hauptversammlung** und die Mehrheitsanforderungen gelten ebenfalls die zum Beherrschungsvertrag gemachten Ausführungen entsprechend.

39 Anzumelden ist nichts.[96]

V. Gewinngemeinschaft

40 Als **Gewinngemeinschaft** (§ 292 Abs. 1 Nr. 1 AktG) bezeichnet das Gesetz einen Vertrag, durch den sich die AG (oder KGaA) verpflichtet, ihren Gewinn oder den Gewinn einzelner Betriebe ganz oder zum Teil mit dem Gewinn anderer Unternehmen zu teilen („zur Aufteilung eines gemeinschaftlichen Gewinns zusammenzulegen").[97] Unter Gewinn ist dabei das Ergebnis einer periodischen Abrechnung zu verstehen, weshalb die Vergemeinschaftung des Gewinns einzelner Geschäfte nicht ausreicht.[98] Die Vergemeinschaftung von Verlusten kann, muss aber nicht vereinbart werden (sog Ergebnisgemeinschaft).[99] Auch dieser Unternehmensvertrag bedarf der Schriftform (§ 293 Abs. 3 AktG, § 126 BGB), der **Zustimmung der Hauptversammlung** (§ 293 Abs. 1 AktG) und der Eintragung in das Handelsregister (§ 294 Abs. 2 AktG).

---

[95] § 293b AktG analog. Obwohl die Prüfung im Wesentlichen die Angemessenheit von Ausgleich und Abfindung bezweckt, schreibt das Gesetz sie für jeden Unternehmensvertrag vor, auch für Verträge, die Ausgleich und Abfindungsangebot nicht kennen. „Weil die Zweckmäßigkeit keinesfalls zu kontrollieren ist und ein prüfbarer Mindeststandard für Unternehmensverträge nicht existiert, stellt sich die Frage, was die Prüfung bei anderen Unternehmensverträgen (§ 292) überhaupt soll.", *Koch* in Hüffer/Koch AktG § 293b Rn. 6. Aus diesem Grund verneint *Altmeppen* ZIP 1998, 1853 (1860), die Anwendbarkeit der §§ 293a ff. AktG auf andere Unternehmensverträge als die in § 291 AktG genannten und demzufolge die Prüfungsnotwendigkeit bei den Unternehmensverträgen des § 292 AktG.
[96] Diskutiert wird die analoge Anwendung von § 294 AktG; sie ist nach richtiger Ansicht abzulehnen, *Koppensteiner* in Kölner Komm. AktG § 294 Rn. 4 mwN zum Meinungsstand.
[97] Zur geringen praktischen Bedeutung der Gewinngemeinschaft, deren Stelle heute das rechtlich selbstständige „Gemeinschaftsunternehmen" einnimmt, siehe *Hoffmann-Becking* in MVHdb I GesR X.2 Anm. 3; *Krieger* in MHdB AG § 73 Rn. 9; *Koppensteiner* in Kölner Komm. AktG § 292 Rn. 52.
[98] *Liebscher* in BeckHdB AG § 15 Rn. 110; *Emmerich* in Emmerich/Habersack Aktien/GmbH-KonzernR AktG § 292 Rn. 11.
[99] *Liebscher* in BeckHdB AG § 15 Rn. 110; *Emmerich* in Emmerich/Habersack Aktien/GmbH-KonzernR AktG § 292 Rn. 10a. Die reine Verlustgemeinschaft fällt nicht unter § 292 Abs. 1 Nr. 1 AktG, *Emmerich* in Emmerich/Habersack Aktien/GmbH-KonzernR AktG § 292 Rn. 10a; *Koch* in Hüffer/Koch AktG § 292 Rn. 7.

VI. Teilgewinnabführungsvertrag　　　　　　　　　　　　　　　　　　§ 33

Für die **Vorbereitung** der Hauptversammlung gilt das Gleiche wie beim Beherr- 41
schungsvertrag (→ Rn. 26), nur dass kein Ausgleich vorgesehen und kein Abfindungsangebot gemacht werden muss und dass eine Prüfung von deren Angemessenheit (nicht aber eine Prüfung überhaupt, → Rn. 37)[100] entfällt.

Für die Pflichten **in der Hauptversammlung,** die Mehrheitsanforderungen und für 42
die **Anmeldung** und die ihr beizufügenden Anlagen gelten die oben zum Beherrschungsvertrag gemachten Ausführungen entsprechend.

VI. Teilgewinnabführungsvertrag

Als **Teilgewinnabführungsvertrag** bezeichnet das Gesetz einen Vertrag, durch den sich 43
die AG (oder KGaA) verpflichtet, einen Teil ihres Gewinns oder den Gewinn einzelner ihrer Betriebe ganz oder zum Teil an einen anderen[101] abzuführen (§ 292 Abs. 1 Nr. 2 AktG).[102] Durch die Qualifizierung der Beteiligung anderer an der Gesellschaft in der Form der typischen wie atypischen **stillen Gesellschaft** als Teilgewinnabführungsvertrag hat der Teilgewinnabführungsvertrag praktische Bedeutung erlangt.[103] Praktische Relevanz hat dies vor allem bei der Umwandlung von Gesellschaftsformen, bei denen stille Gesellschafterverhältnisse keine Seltenheit darstellen. Denn im Rahmen der Umwandlung sind diese in Teilgewinnabführungsverträge umzuwandeln.[104]

Auch dieser Unternehmensvertrag bedarf der Schriftform (§ 293 Abs. 3 AktG, § 126 44
BGB), der **Zustimmung der Hauptversammlung** (§ 293 Abs. 1 AktG)[105] und der Eintragung in das Handelsregister (§ 294 Abs. 2 AktG).

Für die **Vorbereitung** der Hauptversammlung, ebenso für die Pflichten **in der** 45
Hauptversammlung, die Mehrheitsanforderungen und für die **Anmeldung** und die ihr beizufügenden Anlagen gilt das Gleiche wie bei der Gewinngemeinschaft (→ Rn. 40 ff.) mit folgender Maßgabe:
- Eine Zustimmung des anderen Vertragsteils ist hier, auch wenn dieser AG (oder KGaA) ist, nicht erforderlich.[106]
- Der Vorstand hat bei der Anmeldung die Tatsache des Abschlusses und die Art des Unternehmensvertrags sowie den Namen des anderen Vertragsteils anzugeben; bei Bestehen einer Vielzahl von Teilgewinnabführungsverträgen kann anstelle des Namens des

---

[100] § 312 AktG. Auch die Berichtspflicht des Vorstands gem. § 293a AktG soll, wenngleich dies teilweise als Überregulierung kritisiert wird (vgl. *Koch* in Hüffer/Koch AktG § 293a Rn. 2 ff.), auf Unternehmensverträge iSd § 292 AktG Anwendung finden, LG München I ZIP 2010, 522 (523 f.); so auch *Koch* in Hüffer/Koch AktG § 293a Rn. 4.
[101] Nicht: Gewinnbeteiligung von Mitgliedern des Vorstands oder Aufsichtsrats oder von Mitarbeitern oder im laufenden Geschäftsverkehr oder aufgrund von Lizenzverträgen, § 292 Abs. 2 AktG.
[102] Eingehend dazu *Koppensteiner* in Kölner Komm. AktG § 292 Rn. 54 ff. Den Anforderungen der Organschaft genügt ein solcher Vertrag nicht; sie setzt die Abführungsverpflichtung bzgl. des ganzen Gewinns voraus (§ 14 KStG). Die praktische Bedeutung ist daher gering, wenn man nicht – mit der hA – die stille Gesellschaft als Teilgewinnabführungsvertrag qualifiziert, *Koppensteiner* in Kölner Komm. AktG § 292 Rn. 61 ff. mwN.
[103] BGH NJW 2003, 3412 (3413); OLG Celle AG 2000, 280; 1996, 370; OLG Stuttgart NZG 2000, 93; *Emmerich* in Emmerich/Habersack Aktien/GmbH-KonzernR AktG § 292 Rn. 29 ff.; *Koch* in Hüffer/Koch AktG § 292 Rn. 15 mwN; *Krieger* in MHdB AG § 73 Rn. 18 mwN; *Schulte/Waechter* GmbHR 2002, 189.
[104] *Liebscher* in BeckHdB AG § 15 Rn. 111.
[105] Sind mehrere stille Gesellschaftsverträge mit einer Vielzahl von stillen Gesellschaften vorhanden, genügt es, dass über alle Verträge im Wege eines Sammelbeschlusses abgestimmt wird, wenn der Versammlungsleiter zuvor darauf hinweist, dass durch (mehrheitliche) Ablehnung der Beschlussvorlage eine Einzelabstimmung herbeigeführt werden kann und kein anwesender Aktionär Einwände gegen die Verfahrensweise erhebt, BGH NJW 2003, 3412 (3413). Vgl. zu den Anforderungen an § 293f Abs. 1 Nr. 1 AktG bei einer Vielzahl gleichartiger Verträge, OLG Braunschweig NZG 2004, 126 (128).
[106] *Liebscher* in BeckHdB AG § 15 Rn. 125; *Krieger* in MHdB AG § 73 Rn. 62.

anderen Vertragsteils auch eine andere Bezeichnung eingetragen werden, die den jeweiligen Teilgewinnabführungsvertrag konkret bestimmt (§ 294 Abs. 1 S. 1 AktG).[107]

VII. Betriebspacht/Betriebsüberlassung

46 Und schließlich sind Unternehmensverträge auch die Verträge, durch die eine AG (oder KGaA) den (gesamten)[108] Betrieb ihres Unternehmens einem anderen verpachtet (**Betriebspachtvertrag**)[109] oder sonst überlässt (**Betriebsüberlassungsvertrag**).[110] Beide unterscheiden sich voneinander dadurch, dass der Pächter im eigenen Namen, der Betriebsübernehmer in fremdem Namen auf eigene Rechnung tätig wird.[111] In der Mitte zwischen beiden steht der – gesetzlich nicht geregelte – **Betriebsführungsvertrag:**[112] Der Betriebsführer handelt – anders als Betriebsübernehmer und -pächter – für Rechnung der Gesellschaft und – anders als der Betriebspächter – aufgrund zu erteilender Vollmacht im Namen der Gesellschaft.[113]

47 Auch Betriebspacht, Betriebsüberlassung und Betriebsführungsvertrag[114] bedürfen der Schriftform (§ 293 Abs. 3 AktG), der **Zustimmung der Hauptversammlung** (§ 293 Abs. 1 AktG) und der Eintragung in das Handelsregister (§ 294 AktG).

48 Für die **Vorbereitung** der Hauptversammlung, ebenso für die Pflichten **in der Hauptversammlung,** die Mehrheitsanforderungen und für die **Anmeldung** und die ihr beizufügenden Anlagen, gilt das Gleiche wie für die Gewinngemeinschaft (→ Rn. 40 ff.) mit der Maßgabe, dass eine Zustimmung des anderen Vertragsteils, auch wenn dieser AG (oder KGaA) ist, nicht erforderlich ist.[115]

---

[107] Siehe dazu *Koch* in Hüffer/Koch AktG § 294 Rn. 6 und *Schulte/Waechter* GmbHR 2002, 189. Die in § 294 Abs. 1 S. 1 AktG aF vorgeschriebene Anmeldung der Vereinbarung über die Höhe des abzuführenden Gewinns ist entfallen.
[108] Bei Verpachtung nur einzelner Teilbetriebe oder Betriebsteile liegt kein Vertrag iSd § 292 Abs. 1 Nr. 3 AktG vor, *Koppensteiner* in Kölner Komm. AktG § 292 Rn. 75.
[109] Muster bei *Hoffmann-Becking* in MVHdb I GesR X.12.
[110] § 292 Abs. 1 Nr. 3 AktG. Eingehend dazu *Koppensteiner* in Kölner Komm. AktG § 292 Rn. 78 ff.
[111] *Koch* in Hüffer/Koch AktG § 292 Rn. 17 ff.
[112] Muster bei *Hoffmann-Becking* in MVHdb I GesR X.11.
[113] *Koch* in Hüffer/Koch AktG § 292 Rn. 20.
[114] Infolge analoger Anwendung von § 292 Abs. 1 Nr. 3 AktG, *Koppensteiner* in Kölner Komm. AktG § 292 Rn. 81 mwN.
[115] *Krieger* in MHdB AG § 73 Rn. 62.

§ 34 Eingliederung

Übersicht

	Rn.
I. Überblick	1
II. Allgemein	2
III. Eingliederung durch die Alleinaktionärin	7
IV. Eingliederung durch Mehrheitsbeschluss	15
V. Beendigung der Eingliederung	25

Stichworte

Bedeutung Rn. 2
Beendigung der Eingliederung Rn. 25 ff.
– Rückgängigmachung Rn. 25
Eingliederung durch Alleinaktionärin Rn. 3, 7 ff.
– Auskunftsanspruch des Aktionärs Rn. 9
– Einberufung der Hauptversammlung Rn. 12
– Eingliederungsbericht Rn. 8
– Eingliederungsbeschluss Rn. 3, 10
– Eintragung der Eingliederung im Handelsregister Rn. 3
– Zustimmungsbeschluss Rn. 3, 10
Hauptgesellschaft Rn. 2
Mehrheitseingliederung Rn. 4

– Abfindung Rn. 4
– Anfechtung des Eingliederungsbeschlusses Rn. 4
– Anmeldung zum Handelsregister Rn. 22
– Auskunftsrechts des Aktionärs Rn. 15
– Bericht der Eingliederungsprüfer 16, 18
– Einberufung der Hauptversammlung Rn. 15
– Eingliederungsbericht Rn. 16, 19
– Eingliederungsbeschluss Rn. 4
– Eingliederungsprüfung Rn. 5, 15, 21
– Erklärung über Barabfindung Rn. 15
– Negativerklärung Rn. 4, 22
– Unbedenklichkeitserklärung Rn. 4
– Zustimmungsbeschluss Rn. 4, 21

I. Überblick

Die Eingliederung (§§ 319–327 AktG) einer AG in eine andere AG mit Sitz im Inland[1] ist die engste Form der Konzernierung einer Gesellschaft (→ Rn. 1 ff.). Die Eingliederung setzt voraus, dass sich entweder **alle Aktien** (Eingliederung durch die Alleinaktionärin → Rn. 7 ff.) **oder** mindestens Aktien, auf die zusammen **95 % des Grundkapitals** der einzugliedernden Gesellschaft entfallen (Eingliederung durch Mehrheitsbeschluss → Rn. 15 ff.), sich in der Hand einer anderen AG mit Sitz im Inland, der zukünftigen „Hauptgesellschaft", befinden. Die Eingliederung kann, da die Gesellschaften rechtlich selbstständig geblieben sind, bei Bedarf rückgängig gemacht werden (→ Rn. 25 ff.).

II. Allgemein

Die Eingliederung bedeutet den völligen **Verlust der wirtschaftlichen Autonomie** bei Aufrechterhaltung der **rechtlichen** Selbstständigkeit einer AG.[2] Denn anders als etwa bei Bestehen eines Beherrschungsvertrags kann die eingliedernde AG (die sog „Hauptgesellschaft") dem Vorstand der eingegliederten AG Weisungen erteilen, ohne deshalb zum Ausgleich verpflichtet zu sein (§ 323 Abs. 1 AktG); der Vermögensschutz der eingegliederten AG entfällt.[3] Damit gehen die Befugnisse der herrschenden AG wegen des prak-

---

[1] § 319 Abs. 1 S. 1 AktG; die Eingliederung von Gesellschaften anderer Rechtsformen in eine AG oder einer AG in eine Gesellschaft anderer Rechtsform (auch KGaA) kommt nicht in Betracht.
[2] Ein zwischen den Gesellschaften etwa bestehender Beherrschungs- oder Gewinnabführungsvertrag endet zum Ende des Geschäftsjahrs, in dem die Eingliederung eingetragen wird, § 307 AktG.
[3] § 323 Abs. 2 AktG. Allerdings ist die Hauptgesellschaft nach § 324 Abs. 3 AktG zum Ausgleich des Verlusts, der den Betrag der Kapital- und der Gewinnrücklage übersteigt, verpflichtet, also zur Erhaltung des

tisch unbegrenzten Weisungsrechts der Hauptgesellschaft und der abgeschwächten Vermögenssicherung der eingegliederten Gesellschaft noch über diejenigen im Vertragskonzern hinaus.[4]

3   Befinden sich alle Aktien in der Hand einer anderen AG mit Sitz im Inland,[5] so wird die Eingliederung gem. § 319 AktG durch die Alleinaktionärin, die (zukünftige) Hauptgesellschaft, von der Hauptversammlung der einzugliedernden Gesellschaft einstimmig beschlossen (Eingliederung durch die Alleinaktionärin).[6] Dieser Beschluss wird aber nach § 319 Abs. 2 S. 1 AktG erst wirksam mit **Zustimmung** durch Beschluss der Hauptversammlung der (zukünftigen) Hauptgesellschaft, der neben der einfachen Stimmenmehrheit einer Mehrheit von mindestens drei Vierteln des bei der Beschlussfassung vertretenen Grundkapitals bedarf. Aus den Mehrheitsanforderungen in §§ 320 Abs. 1 S. 3, 319 Abs. 2 AktG ergibt sich, dass die Erleichterung des § 130 Abs. 1 S. 3 AktG für den Beschluss der Hauptgesellschaft nicht gilt. Der Vollzug der Eingliederung setzt darüber hinaus noch die Eintragung der Eingliederung in das für die eingegliederte Gesellschaft zuständige Handelsregister voraus (§ 319 Abs. 4 AktG). Gem. § 319 Abs. 7 AktG wird die Eingliederung erst mit der Eintragung im Handelsregister wirksam.

4   Befinden sich Aktien, auf die zusammen mindestens **95 % des Grundkapitals** der einzugliedernden Gesellschaft entfallen,[7] in der Hand einer anderen AG mit Sitz im Inland, der zukünftigen Hauptgesellschaft,[8] so entscheidet die Hauptversammlung der einzugliedernden Gesellschaft über die Eingliederung durch Mehrheitsbeschluss (§ 320 Abs. 1 S. 1 AktG). Auch im Fall der Mehrheitseingliederung wird der Eingliederungsbeschluss nur mit Zustimmung durch die Hauptversammlung der (zukünftigen) Hauptgesellschaft wirksam (§ 320 Abs. 1 S. 3 iVm § 319 Abs. 2 S. 1 AktG). Mit Eintragung der Eingliederung in das Handelsregister der einzugliedernden Gesellschaft wird die Hauptgesellschaft deren Alleinaktionärin (§ 320a AktG). Alle ihr nicht gehörenden Aktien, sowohl die der außenstehenden Aktionäre als auch eigene Aktien der Gesellschaft, gehen auf die Hauptgesellschaft über, und die außenstehenden Aktionäre scheiden gem. §§ 320a und 320b AktG zwangsweise aus der eingegliederten AG aus und sind abzufinden.[9] Die **Abfindung** muss grundsätzlich in Aktien der Hauptgesellschaft bestehen;[10] ist diese allerdings eine abhängi-

---

Grundkapitals; dazu *Koch* in Hüffer/Koch AktG § 324 Rn. 1 aE. Im Übrigen hat § 324 AktG vorwiegend steuerliche Bedeutung.
[4] *Liebscher* in BeckHdB AG § 15 Rn. 184.
[5] § 319 Abs. 1 S. 1 AktG. Ist der Hauptaktionär keine AG mit Sitz im Inland, kommt ein der Eingliederung nachgebildeter Squeeze out in Betracht, → § 35 Rn. 2.
[6] Die Aufstellung eines Mehrheitserfordernisses für diesen Beschluss erübrigt sich, da der Vorstand der Hauptgesellschaft deren Stimmrechte aus ihren Aktien (allen Aktien oder 95 % des Grundkapitals) vertritt. Falls alle Aktien sich in der Hand der Hauptgesellschaft befinden, gelten für den Beschluss die Vorschriften des Gesetzes oder der Satzung über Satzungsänderungen nicht. Der Beschluss bedarf bei der einzugliedernden Gesellschaft daher keiner notariellen Beurkundung, es sei denn, sie ist börsenorientiert, § 130 Abs. 1 S. 3 AktG.
[7] § 320 Abs. 1 S. 1 AktG. Eigene Aktien und Aktien, die einem anderen für Rechnung der Gesellschaft gehören, sind bei Berechnung der 95%-Quote vom Grundkapital abzusetzen, § 320 Abs. 1 S. 2 AktG. Dagegen werden Aktien, die einem von der Hauptgesellschaft abhängigen Unternehmen oder einem anderen für Rechnung dieses abhängigen Unternehmens gehören (§ 16 Abs. 4 AktG), der Hauptgesellschaft nicht zugerechnet, *Koch* in Hüffer/Koch AktG § 320 Rn. 3. Umstritten ist, ob ein Eingliederungsbeschluss, der das geforderte Quorum verfehlt, nichtig oder anfechtbar ist; auch bei Annahme bloßer Anfechtbarkeit litte er aber an einem Inhaltsmangel und könnte nicht bestätigt oder geheilt werden, siehe BGHZ 189, 32 Rn. 27; *Koch* in Hüffer/Koch AktG § 319 Rn. 4b.
[8] Bezugsrechte auf künftige Aktien bleiben bei Berechnung der 95%-Quote außer Betracht; sie sind noch keine Aktien.
[9] Ob auch für eigene Aktien eine Abfindung geschuldet wird, ist umstritten; nein: *Krieger* in MHdB AG § 74 Rn. 35 mwN in Fn. 60; ja: *Koppensteiner* in Kölner Komm. AktG § 320b Rn. 3; *Grunewald* in MüKoAktG AktG § 320b Rn. 2; *Koch* in Hüffer/Koch AktG § 320b Rn. 2.
[10] Die Hauptgesellschaft kann sich diese Aktien durch bedingte Kapitalerhöhung (§ 192 Abs. 2 Nr. 2 AktG, *Koch* in Hüffer/Koch AktG § 320b Rn. 3) beschaffen oder durch gem. § 71 Abs. 1 Nr. 3 AktG gestatteten Erwerb eigener Aktien.

ge Gesellschaft, sind den ausscheidenden Aktionären nach deren Wahl[11] Aktien der Hauptgesellschaft oder ein angemessener Barbetrag als Abfindung anzubieten.[12] Für die Bemessung der Abfindung und das Verfahren gelten die gleichen Grundsätze wie beim Beherrschungs- und Gewinnabführungsvertrag.[13] Die Anfechtung des Eingliederungsbeschlusses wegen unangemessenen Abfindungsangebots ist auch hier ausgeschlossen.[14] Wegen Verletzung des Gesetzes oder der Satzung bleibt die Anfechtung dagegen möglich,[15] ebenso die Anfechtung des Zustimmungsbeschlusses der Hauptgesellschaft.[16] Eine Anfechtung des Eingliederungsbeschlusses löst wegen § 319 Abs. 5 AktG (sog Negativerklärung) eine Registersperre aus, die allerdings im Wege einer Unbedenklichkeitserklärung nach § 319 Abs. 6 AktG einstweilen überwunden werden kann.[17]

Die Eingliederung durch Mehrheitsbeschluss ist außerdem durch sachverständige Prüfer (Eingliederungsprüfer) zu **prüfen,** die darüber einen schriftlichen Bericht zu erstatten haben (§§ 320 Abs. 3, 293c–293e AktG). 5

Für die **Vorbereitung** der Hauptversammlung(en) gelten unterschiedliche Anforderungen, je nachdem, ob es sich um eine Eingliederung durch die künftige Hauptgesellschaft als Alleinaktionärin oder durch Mehrheitsbeschluss handelt. 6

III. Eingliederung durch die Alleinaktionärin

Für die **Vorbereitung der Hauptversammlung der Alleinaktionärin** (künftigen Hauptgesellschaft) gilt nach § 319 AktG, abgesehen von den sonstigen gesetzlichen oder satzungsmäßigen Einberufungserfordernissen: 7

---

[11] Im Gegensatz zu § 305 Abs. 4 AktG ist eine Befristung dieses Angebots nicht vorgesehen, doch kann die Gesellschaft für die Wahl eine angemessene Frist (mindestens zwei Monate ab Eintragung der Eingliederung) setzen, *Krieger* in MHdB AG § 74 Rn. 38 mwN; *Hoffmann-Becking* in MVHdb I GesR IX.13 Rn. 7; *Koch* in Hüffer/Koch AktG § 320b Rn. 5. Bei Verzug der Aktionäre mit der Ausübung ihres Wahlrechts kann die Gesellschaft nach § 264 Abs. 2 BGB die Wahl zwischen Aktien und Barabfindung selbst treffen, *Krieger* in MHdB AG § 74 Rn. 38 mwN; *Koppensteiner* in Kölner Komm. AktG § 320b Rn. 15.
[12] § 320b Abs. 1 S. 2 und 3 AktG. Anders als nach § 305 Abs. 2 Nr. 2 AktG (→ § 33 Rn. 13) müssen nicht Aktien der die Hauptgesellschaft beherrschenden oder an ihr mit Mehrheit beteiligten Gesellschaft angeboten werden; siehe dazu *Koch* in Hüffer/Koch AktG § 320b Rn. 6. Dagegen sind bei Mehrheitseingliederung in eine bereits eingegliederte Hauptgesellschaft alternativ zu einer Barabfindung nicht Aktien der eingegliederten Hauptgesellschaft, sondern Aktien der Konzernspitzengesellschaft anzubieten, BGH WM 1998, 1624 – Veba/Stinnes/Rhenus/Bayerischer Lloyd; OLG Düsseldorf AG 1997, 522. Inhaber von Optionsrechten auf Verschaffung von Aktien der eingegliederten Gesellschaft haben bei Optionsausübung analog §§ 320a, 320b AktG (nur noch) einen äquivalenten Abfindungsanspruch gegen die Hauptgesellschaft (eigene Aktien oder Wahlrecht), BGH ZIP 1998, 560f. – Siemens/Nixdorf. Optionsrechte auf Aktien der eingegliederten Gesellschaft ändern mit der Eingliederung ihren Inhalt: Sie begründen einen Anspruch auf Bezug von Aktien der Hauptgesellschaft entsprechend dem in dem Eingliederungsbeschluss festgelegten Umtauschverhältnis.
[13] § 320b AktG iVm § 305 (→ § 33 Rn. 15ff.). Wird eine abhängige Gesellschaft eingegliedert, bleibt der Anspruch ihrer Aktionäre auf Ausgleich bzw. Abfindung bestehen, BGHZ 135, 374 – Guano. Das gilt auch, wenn die abhängige Gesellschaft während des Spruchstellenverfahrens in die herrschende AG eingegliedert wird, BGH WM 2001, 856.
[14] § 320b Abs. 2 S. 1 AktG. Vgl. OLG Hamm AG 1993, 93 – Siemens/Nixdorf. Die Angemessenheit der Abfindung kann im Wege des Spruchverfahrens binnen drei Monaten seit dem Tag der Bekanntmachung der Eintragung der Eingliederung in das Handelsregister überprüft werden, § 320b Abs. 2 S. 2 AktG, § 4 Abs. 1 SpruchG.
[15] ZB weil eine Abfindung überhaupt nicht angeboten wurde – ein Fall, der kaum vorkommen dürfte –, oder wegen sonstiger Rechtsverletzungen, § 243 Abs. 1 AktG; die gerichtliche Bestimmung der Abfindung kann nach § 320b Abs. 2 S. 3 AktG auch dann im Spruchverfahren verlangt werden, wenn eine Abfindung gar nicht oder nicht ordnungsgemäß angeboten wurde und eine hierauf gestützte Anfechtungsklage innerhalb der Anfechtungsfrist nicht erhoben oder zurückgenommen oder rechtskräftig abgewiesen wurde.
[16] *Koch* in Hüffer/Koch AktG § 320b Rn. 8.
[17] *Liebscher* in BeckHdB AG § 15 Rn. 191.

8 **Von der Einberufung** der Hauptversammlung an, die über die Zustimmung zur Eingliederung beschließen soll, sind
- der Entwurf des Eingliederungsbeschlusses (§ 319 Abs. 3 S. 1 Nr. 1 AktG),
- die letzten drei Jahresabschlüsse und Lageberichte der beteiligten Gesellschaften (§ 319 Abs. 3 S. 1 Nr. 2 AktG) und
- ein ausführlicher schriftlicher nach dem Vorbild der § 293a AktG, § 8 UmwG ausgestalteter Bericht des Vorstands der Hauptgesellschaft (**„Eingliederungsbericht"**), der die Eingliederung rechtlich und wirtschaftlich erläutert und begründet (§ 319 Abs. 3 S. 1 Nr. 3 AktG), in den Geschäftsräumen der künftigen Hauptgesellschaft auszulegen. Dabei ist zu den Vor- und Nachteilen sowie den Auswirkungen der Eingliederung einschließlich der Risiken, zu denen in Anbetracht der Vorschrift des § 322 AktG auch die Verbindlichkeiten der einzugliedernden Gesellschaft zählen, sowie zu möglichen Handlungsalternativen Stellung zu nehmen.[18] Zwar existiert im Eingliederungsrecht keine § 293a Abs. 2 AktG entsprechende Regelung, dennoch wird überwiegend eine Berechtigung des Vorstandes angenommen, nach der er befugt ist, solche Tatsachen aus dem Eingliederungsbericht auszuklammern, deren Bekanntwerden geeignet ist, den Beteiligten erhebliche Nachteile zuzufügen.[19]
- Jedem Aktionär der künftigen Hauptgesellschaft ist auf Verlangen unverzüglich kostenlos eine Abschrift der auszulegenden Unterlagen zu erteilen (§ 319 Abs. 3 S. 1 und 2 AktG).[20]
- Die Pflichten zur Auslegung und Übersendung von Unterlagen entfallen gem. § 319 Abs. 3 S. 3 AktG, wenn die betreffenden Unterlagen von der Einberufung der Hauptversammlung an über die Internetseite der künftigen Hauptgesellschaft zugänglich sind.

9 **In der Hauptversammlung der Alleinaktionärin**
- sind diese Unterlagen ebenfalls zugänglich zu machen (§ 319 Abs. 3 S. 3 AktG);
- ist die Eingliederung zu Beginn der Verhandlung vom Vorstand mündlich zu erläutern[21] und
- jedem Aktionär auf Verlangen über alle im Zusammenhang mit der Eingliederung wesentlichen Angelegenheiten der einzugliedernden Gesellschaft Auskunft zu erteilen (§ 319 Abs. 3 S. 5 AktG). Dabei geht dieses Auskunftsrecht über das des § 131 AktG hinaus und erstreckt sich auch auf Informationen, die für die Beurteilung der Vermögens- und Liquiditätslage der einzugliedernden Gesellschaft von Bedeutung sind.[22] Zweifelhaft aber ist, ob und inwieweit ein Auskunftsverweigerungsrecht entsprechend § 131 Abs. 3 S. 1 Nr. 1 AktG besteht.[23] Im Hinblick auf die Haftungsfolge des § 322 AktG dürfen jedenfalls Auskünfte über bis zur Eingliederung begründete Verbindlichkeiten nach Art und Höhe nicht verweigert werden, auch wenn Einzelheiten des Entstehungstatbestandes nicht offengelegt werden müssen.[24]

Zum Beispiel:

Der Vorsitzende gab bekannt, dass Vorstand und Aufsichtsrat vorschlagen, gem. § 319 Abs. 2 AktG der Eingliederung der ... AG in ..., deren sämtliche Aktien sich in der Hand

---

[18] *Liebscher* in BeckHdB AG § 15 Rn. 188; *Habersack* in Emmerich/Habersack Aktien/GmbH-KonzernR AktG § 319 Rn. 20; *Hüffer* in Hüffer/Koch AktG § 319 Rn. 11; *Krieger* in MHdB AG § 74 Rn. 13.
[19] *Liebscher* in BeckHdB AG § 15 Rn. 188; *Habersack* in Emmerich/Habersack Aktien/GmbH-KonzernR AktG § 319 Rn. 20; *Krieger* in MHdB AG § 74 Rn. 13.
[20] Ausf. zu den Berichtsanforderungen → § 5 Rn. 71 ff., zum Verzicht auf den Bericht → § 5 Rn. 77.
[21] In analoger Anwendung des § 293g Abs. 2 S. 1 AktG, *Koch* in Hüffer/Koch AktG § 319 Rn. 12; *Grunewald* in MüKoAktG AktG § 319 Rn. 23; *Koppensteiner* in Kölner Komm. AktG § 319 Rn. 10.
[22] *Liebscher* in BeckHdB AG § 15 Rn. 188; *Habersack* in Emmerich/Habersack Aktien/GmbH-KonzernR AktG § 319 Rn. 22; *Grunewald* in MüKoAktG AktG § 319 Rn. 23; *Krieger* in MHdB AG § 74 Rn. 14; *Koppensteiner* in Kölner Komm. § 319 Rn. 15.
[23] Grds. bejahend: *Grunewald* in MüKoAktG AktG § 319 Rn. 34; *Krieger* in MHdB AG § 74 Rn. 14 – aA *Koppensteiner* in Kölner Komm. 319 Rn. 16; *Habersack* in Emmerich/Habersack Aktien/GmbH-KonzernR AktG § 319 Rn. 23.
[24] *Koch* in Hüffer/Koch AktG § 319 Rn. 12.

der Gesellschaft befinden, zuzustimmen. Der Vorstand erläuterte zu Beginn der Verhandlung die Eingliederung.

Die zeitliche Reihenfolge des Zustimmungsbeschlusses der Hauptgesellschaft und des Eingliederungsbeschlusses der einzugliedernden Gesellschaft spielt keine Rolle, weshalb der Zustimmungsbeschluss sowohl vor als auch nach dem Eingliederungsbeschluss erfolgen kann.[25] Der Beschluss bedarf neben der einfachen Stimmenmehrheit einer Mehrheit von mindestens drei Vierteln des bei der Beschlussfassung vertretenen Grundkapitals (§ 319 Abs. 2 S. 2 AktG). Inhaltlich muss der Zustimmungsbeschluss die Billigung des Eingliederungsbeschlusses der einzugliedernden Gesellschaft enthalten.[26] 10

Streitig ist, ob im mehrstufigen Eingliederungskonzern auch die Hauptversammlung der Muttergesellschaft analog § 319 Abs. 2 S. 1 AktG mit dem Eingliederungsvorgang befasst werden muss.[27] 11

Für die **Vorbereitung** der **Hauptversammlung der einzugliedernden Gesellschaft** gelten, abgesehen von den sonstigen gesetzlichen oder satzungsmäßigen Einberufungserfordernissen, keinerlei weitere Anforderungen, wenn die Hauptgesellschaft alle Aktien hält (§ 121 Abs. 6 AktG). Gem. § 319 Abs. 1 S. 2 AktG sind die Bestimmungen des Gesetzes oder der Satzung über Satzungsänderungen nicht anzuwenden, womit die allgemeinen Regeln über Hauptversammlungsbeschlüsse gelten.[28] Die Einberufung der Hauptversammlung kann daher gem. § 121 Abs. 4 S. 2 AktG durch eingeschriebenen Brief oder zB durch Telefax erfolgen, wenn die Satzung nichts anderes bestimmt. Weil die Hauptversammlung des Alleinaktionärs notwendig Vollversammlung im Sinne von § 121 Abs. 6 AktG ist, sind in der Hauptversammlung der einzugliedernden AG Verstöße gegen förmliche Beschlussvoraussetzungen (Einberufungsmängel) unschädlich.[29] Keine Ausnahme besteht allerdings für das Erfordernis der Erstellung eines Teilnehmerverzeichnisses. Denn § 129 AktG gehört nicht zu den von § 319 Abs. 1 S. 2 AktG ausgenommenen Vorschriften.[30] 12

In der Hauptversammlung der einzugliedernden Gesellschaft gilt das Gleiche wie in der Hauptversammlung der Hauptgesellschaft. 13

Zum Beispiel:
Der Vorsitzende gab bekannt, dass Vorstand und Aufsichtsrat vorschlagen, gem. § 319 Abs. 1 AktG die Eingliederung der Gesellschaft in die ... AG in ..., in deren Hand sich alle Aktien der Gesellschaft befinden, zu beschließen. Der Vorstand erläuterte zu Beginn der Verhandlung die Eingliederung.

Dieser Beschluss bedarf unter den Voraussetzungen des § 130 Abs. 1 S. 3 AktG keiner notariellen Beurkundung. Vielmehr reicht es aus, wenn die Eingliederungserklärung als Beschlussinhalt zur Niederschrift abgebem wird und der Aufsichtsratsvorsitzende die Niederschrift unterzeichnet.[31] Dennoch ist die notarielle Beurkundung möglich[32] und auch zweckmäßig, weil für die Anmeldung der Eingliederung zum Handelsregister ohnehin gem. § 319 Abs. 4 S. 2 AktG der Hauptversammlungsbeschluss (wahlweise) in Ausfertigung oder öffentlich beglaubigter Abschrift einzureichen ist.[33] Der Beschluss muss sich 14

---

[25] OLG München AG 1993, 430 rechte Spalte – Siemens/Nixdorf; *Liebscher* in BeckHdB AG § 15 Rn. 188; *Krieger* in MHdB AG § 74 Rn. 11; *Koppensteiner* in Kölner Komm. § 319 Rn. 8; *Habersack* in Emmerich/Habersack Aktien/GmbH-KonzernR AktG § 319 Rn. 15.
[26] *Liebscher* in BeckHdB AG § 15 Rn. 188.
[27] Vgl. hierzu *Liebscher* in BeckHdB AG § 15 Rn. 189.
[28] *Koch* in Hüffer/Koch AktG § 319 Rn. 5.
[29] *Koch* in Hüffer/Koch AktG § 319 Rn. 5.
[30] *Koch* in Hüffer/Koch AktG § 319 Rn. 5.
[31] *Koch* in Hüffer/Koch AktG § 319 Rn. 5.
[32] *Koch* in Hüffer/Koch AktG § 319 Rn. 5.
[33] *Grunewald* in MüKoAktG AktG § 319 Rn. 15.

nur auf die Anordnung der Eingliederung der Gesellschaft in die Hauptgesellschaft beziehen, während andere inhaltliche Anforderungen nicht existieren.[34]

IV. Eingliederung durch Mehrheitsbeschluss

15 Für die **Vorbereitung der Hauptversammlung der künftigen Hauptgesellschaft** gelten gem. § 320 Abs. 1 S. 3 AktG die gleichen verfahrensmäßigen Vorschriften wie für die Eingliederung einer 100%-igen Tochtergesellschaft. Aus diesem Grund bedarf es auch bei der Eingliederung durch Mehrheitsbeschluss eines Zustimmungsbeschlusses der Hauptgesellschaft mit qualifizierter Mehrheit (§ 319 Abs. 2 AktG) sowie eines Eingliederungsberichts (§ 319 Abs. 3 S. 1 Nr. 3 AktG). Auch das nach § 319 Abs. 3 S. 5 AktG erweiterte Auskunftsrecht der Aktionäre findet im Rahmen der Eingliederung durch Mehrheitsbeschluss Anwendung. Im Übrigen gelten abgesehen von den sonstigen gesetzlichen oder satzungsmäßigen Einberufungserfordernissen **zusätzlich zu vorstehenden** (→ Rn. 8) **Anforderungen folgende Besonderheiten:**

– Der Bekanntmachung der Eingliederung als Gegenstand der Tagesordnung ist eine **Erklärung** der Hauptgesellschaft beizufügen, in der sie den ausscheidenden Aktionären der einzugliedernden Gesellschaft als Abfindung für deren Aktien eigene Aktien und für den Fall, dass sie eine abhängige Gesellschaft ist, wahlweise eine (verzinsliche) Barabfindung anbietet.[35] Diese ist gem. § 320b Abs. 1 S. 6 AktG von der Bekanntmachung der Eintragung der Eingliederung an nunmehr mit jährlich 5 Prozentpunkten über dem jeweiligen Basiszinssatz zu verzinsen.

– Die Eingliederung ist durch einen oder mehrere externe **sachverständige Prüfer (Eingliederungsprüfer)** zu prüfen (§ 320 Abs. 3 S. 1 AktG), die darüber einen schriftlichen **Bericht** zu erstatten haben. Dieser ist mit einer Erklärung zur Angemessenheit der Abfindung unter Angabe der angewendeten Methoden und Begründung ihrer Anwendung abzuschließen (§§ 320 Abs. 3 S. 3, 293e AktG). Die Prüfer werden vom Vorstand der zukünftigen Hauptgesellschaft oder auf dessen Antrag vom Landgericht ihres Sitzes ausgewählt und bestellt (§§ 320 Abs. 3 S. 3, 293c AktG). Zwar kann unter den Voraussetzungen der §§ 320 Abs. 3 S. 3, 293a Abs. 3 AktG die Eingliederungsprüfung entfallen, hierzu müssten aber alle Aktionäre der beteiligten Gesellschaften auf die Eingliederungsprüfung durch öffentlich beglaubigte Erklärung verzichten, weshalb es sich dabei mehr um eine theoretische als praktische Möglichkeit handelt, die nur in besonders gelagerten Ausnahmefällen zu realisieren sein dürfte.[36]

16 **Von der Einberufung** der Hauptversammlung an, die über die Zustimmung zur Eingliederung beschließen soll, sind im Geschäftsraum der Gesellschaft zur Einsicht der Aktionäre auszulegen:
– der Entwurf des Eingliederungsbeschlusses;
– die letzten drei Jahresabschlüsse und Lageberichte der beteiligten Gesellschaften;
– ein ausführlicher schriftlicher Bericht des Vorstands der Hauptgesellschaft (**„Eingliederungsbericht"**), der die Eingliederung rechtlich und wirtschaftlich erläutert. Gem. § 320 Abs. 4 S. 2 AktG müssen darin auch Art und Höhe der Abfindung nach § 320b AktG rechtlich und wirtschaftlich erläutert, begründet und auf besondere Schwierigkei-

---

[34] *Liebscher* in BeckHdB AG § 15 Rn. 187 mwN – **aA** indes *Hommelhoff*, Die Konzernleitungspflicht, 1982, 349 ff., der fordert, jeder Eingliederungsbeschluss müsse Bestimmungen über die Organisationsstruktur des Konzernverbundes enthalten.
[35] §§ 320 Abs. 2 Nr. 2, 320b Abs. 1 S. 3 AktG; *Koch* in Hüffer/Koch AktG § 320 Rn. 9. Mangels Bekanntmachung eines Barabfindungsangebots darf über die Eingliederung nicht beschlossen werden, § 124 Abs. 4 S. 1 AktG. Dazu und zur Abhängigkeit infolge „personalpolitischer Herrschaft" siehe LG Mosbach AG 2001, 206 (208 f.).
[36] *Liebscher* in BeckHdB AG § 15 Rn. 194.

ten bei der Bewertung der beteiligten Gesellschaften sowie auf die Folgen für die Beteiligungen der Aktionäre hingewiesen werden;
– sowie der Bericht der **Eingliederungsprüfer,** und
– jedem Aktionär ist auf Verlangen unverzüglich kostenlos eine Abschrift zu erteilen (§§ 320 Abs. 4 S. 1 und 3, 319 Abs. 3 S. 2 AktG).
– Die Pflichten zur Auslegung und Übersendung der Unterlagen entfallen gem. §§ 320 Abs. 4 S. 2, 319 Abs. 3 S. 3 AktG, wenn die betreffenden Unterlagen von der Einberufung der Hauptversammlung an über die Internetseite der künftigen Hauptgesellschaft zugänglich sind.

In der Hauptversammlung der künftigen Hauptgesellschaft gilt das Gleiche wie bei der Eingliederung durch die Alleinaktionärin. 17

Zum Beispiel:

Der Vorsitzende gab bekannt, dass Vorstand und Aufsichtsrat vorschlagen, gem. § 320 Abs. 2 und 3 iVm § 319 Abs. 2 AktG der Eingliederung der … AG in …, von deren Aktien sich (mehr als) 95 % des Grundkapitals in der Hand der Gesellschaft befinden, zuzustimmen.

Die Gesellschaft macht den ausscheidenden Aktionären der … AG folgendes Abfindungsangebot:

Die Gesellschaft bietet den durch die Eingliederung ausscheidenden Aktionären der … AG als Abfindung für ihre Aktien entweder für je … Inhaberaktien der … AG im Nennbetrag von je …/für jede Stückaktie kostenfrei eine ab Beginn des Geschäftsjahrs, in dem die Eingliederung wirksam wird, gewinnberechtigte Inhaberaktie der Gesellschaft im Nennbetrag von …/… Stückaktien sowie eine bare Zuzahlung von … an oder nach Wahl jedes ausscheidenden Aktionärs eine Barabfindung von … für eine Aktie der … AG im Nennbetrag von …/… jede Aktie, die mit Eintragung der Eingliederung in das Handelsregister fällig wird und von der Bekanntgabe der Eintragung an mit 5 Prozentpunkten p. a. über dem jeweiligen Basiszinssatz zu verzinsen ist.

Der Vorstand erläuterte zu Beginn der Verhandlung die Eingliederung.

Für die Vorbereitung der Hauptversammlung **der einzugliedernden Gesellschaft** sind in Bezug auf den Eingliederungsbeschluss alle Förmlichkeiten betreffend Ladung und Durchführung der Hauptversammlung zu beachten. Insbes. kommt ein Verzicht auf die Förmlichkeiten gem. § 121 Abs. 6 AktG regelmäßig nicht in Betracht.[37] Denn wegen der Existenz von Minderheitsaktionären handelt es sich bei der Hauptversammlung der durch Mehrheitsbeschluss einzugliedernden AG nicht per se um eine Vollversammlung.[38] Daneben gelten abgesehen von den sonstigen gesetzlichen oder satzungsmäßigen Einberufungserfordernissen folgende Besonderheiten: 18
– § 320 Abs. 2 AktG stellt für die Ordnungsgemäßheit der Einberufung der Hauptversammlung besondere Voraussetzungen auf. So sind in der Bekanntmachung der Eingliederung als Gegenstand der Tagesordnung die Firma und der Sitz der künftigen Hauptgesellschaft anzugeben; ihr ist deren Erklärung beizufügen, in der sie den ausscheidenden Aktionären als Abfindung für ihre Aktien eigene Aktien und für den Fall, dass die Hauptgesellschaft eine abhängige Gesellschaft ist, wahlweise eine Barabfindung anbietet (§ 320 Abs. 2 Nr. 2 AktG). Dabei ist ein konkretes Abfindungsangebot unverzichtbar.[39] Fehlt das Angebot, ist der Eingliederungsbeschluss gem. § 243 Abs. 1 AktG anfechtbar.[40]

---

[37] *Liebscher* in BeckHdB AG § 15 Rn. 195.
[38] *Koch* in Hüffer/Koch AktG § 320 Rn. 5.
[39] *Koch* in Hüffer/Koch AktG § 320 Rn. 7.
[40] *Habersack* in Emmerich/Habersack Aktien/GmbH-KonzernR AktG § 320 Rn. 13.; *Grunewald* in MüKo AktG AktG § 320 Rn. 18; *Koch* in Hüffer/Koch AktG § 320 Rn. 7 f.

– Die Eingliederung ist durch einen oder mehrere externe **sachverständige Prüfer** (Eingliederungsprüfer) zu prüfen (§ 320 Abs. 3 S. 1 AktG), die darüber einen schriftlichen **Bericht** zu erstatten haben. Dieser ist mit einer Erklärung zur Angemessenheit der Abfindung unter Angabe der angewendeten Methoden und Begründung ihrer Anwendung abzuschließen (§§ 320 Abs. 3 S. 3, 293e AktG). Die Prüfer werden vom Vorstand der zukünftigen Hauptgesellschaft oder auf dessen Antrag vom Landgericht ihres Sitzes ausgewählt und bestellt (§§ 320 Abs. 3 S. 2, 293c AktG).

19 **Von der Einberufung** der Hauptversammlung der einzugliedernden Gesellschaft an sind
– der Entwurf des Eingliederungsbeschlusses,
– die letzten drei Jahresabschlüsse und Lageberichte der beteiligten Gesellschaften und
– der ausführliche schriftliche Bericht des Vorstands der Hauptgesellschaft (**„Eingliederungsbericht"**), in dem die Eingliederung sowie Art und Höhe der den ausscheidenden Aktionären anzubietenden Abfindung rechtlich und wirtschaftlich zu erläutern und auf besondere Schwierigkeiten der Bewertung der beteiligten Gesellschaften und auf die Folgen für die Beteiligungen der Aktionäre hinzuweisen ist,[41] sowie
– der Bericht der Eingliederungsprüfer im Geschäftsraum der einzugliedernden Gesellschaft auszulegen[42] und
– jedem Aktionär auf Verlangen unverzüglich kostenlos die auszulegenden Unterlagen in Abschrift zu erteilen (§§ 320 Abs. 4 S. 3, 319 Abs. 3 S. 2 AktG).

20 **In der Hauptversammlung** der einzugliedernden Gesellschaft gilt das Gleiche wie in der Hauptversammlung der Hauptgesellschaft (§§ 320 Abs. 4 S. 3, 319 Abs. 3 S. 3–5 AktG), insbes. sind die von der Einberufung der Hauptversammlung an auszulegenden Unterlagen gem. §§ 320 Abs. 4 S. 3, 319 Abs. 3 S. 4 AktG auch in der Hauptversammlung selbst zugänglich zu machen.

Zum Beispiel:

Der Vorsitzende gab bekannt, dass Vorstand und Aufsichtsrat vorschlagen, gem. § 320 Abs. 1 AktG die Eingliederung der Gesellschaft in die ... AG in ... zu beschließen und dass die ... AG als künftige Hauptgesellschaft folgendes Angebot gem. §§ 320 Abs. 2, 320b Abs. 1 AktG gemacht hat:

Die ... AG bietet den durch die Eingliederung ausscheidenden Aktionären der Gesellschaft als Abfindung für ihre Aktien entweder für je ... Inhaberaktien der Gesellschaft im Nennbetrag von je .../für jede Stückaktie kostenfrei eine ab Beginn des Geschäftsjahrs, in dem die Eingliederung wirksam wird, gewinnberechtigte Inhaberaktie der ... AG im Nennbetrag von .../... Stückaktien sowie eine bare Zuzahlung von ... an oder nach Wahl jedes ausscheidenden Aktionärs eine Barabfindung von ... für eine Aktie der Gesellschaft im Nennbetrag von .../jede Aktie, die mit Eintragung der Eingliederung in das Handelsregister fällig wird und von der Bekanntgabe der Eintragung an mit 5 Prozentpunkten p. a. über dem jeweiligen Basiszinssatz zu verzinsen ist.

Der Vorstand erläuterte zu Beginn der Verhandlung die Eingliederung.

21 Der Beschluss bedarf der einfachen Mehrheit der abgegebenen Stimmen.[43] Ob er daneben als „Grundlagenbeschluss" einer Mehrheit von mindestens drei Vierteln des bei der Beschlussfassung vertretenen Grundkapitals bedarf,[44] ist eine praktisch bedeutungslose Frage; wegen der erforderlichen Beteiligungsquote der Hauptgesellschaft von 95 % konnte der Gesetzgeber auf die Festlegung eines Mehrheitserfordernisses verzichten. Darum be-

---

[41] § 320 Abs. 4 S. 2 AktG. Ausf. zu den Berichtsanforderungen → § 5 Rn. 71 ff.
[42] § 320 Abs. 4 S. 1 AktG, wobei auch hier gem. §§ 320 Abs. 4 S. 3, 319 Abs. 3 S. 3 AktG die Pflicht zur Auslegung und Übersendung entfällt, wenn die Unterlagen über eine Internetseite zugänglich sind.
[43] Die hM lässt diese genügen, *Grunewald* in MüKoAktG AktG § 320 Rn. 9 mwN. Offen gelassen OLG Hamm AG 1994, 376.
[44] Dagegen ist eine Stimmenmehrheit von mind. 95 % (so *v. Godin/Wilhelmi* § 320 AktG Anm. 3; *Koppensteiner* in Kölner Komm. AktG § 320 Rn. 7) nicht erforderlich, *Koch* in Hüffer/Koch AktG § 320 Rn. 4.

darf der Beschluss bei einer nichtbörsennotierten Gesellschaft keiner notariellen Beurkundung (§§ 319 Abs. 1 S. 2, 130 Abs. 1 S. 3 AktG). Eine sachliche Rechtfertigung des Eingliederungsbeschlusses im Interesse der einzugliedernden Gesellschaft ist nicht erforderlich.[45]

Für beide Fälle der Eingliederung gilt: Hat die Hauptversammlung die Eingliederung **beschlossen** und auch die Hauptversammlung der Hauptgesellschaft **zugestimmt,** hat der Vorstand der einzugliedernden AG **zur Eintragung in deren Handelsregister** die Eingliederung und die Firma der Hauptgesellschaft **anzumelden.**[46] Dabei hat er zu erklären, dass eine Klage gegen die Wirksamkeit des Hauptversammlungsbeschlusses nicht oder nicht fristgemäß erhoben oder rechtskräftig abgewiesen oder zurückgenommen worden ist (§ 319 Abs. 5 S. 1 AktG; → § 42 Rn. 98 f.). Ohne eine solche **Negativerklärung** darf die Eingliederung nur eingetragen werden, wenn die klageberechtigten Aktionäre sämtlich durch notariell beurkundete Erklärung auf die Klage verzichtet haben (§ 319 Abs. 5 S. 2 AktG) oder wenn auf Antrag der Gesellschaft, gegen deren Hauptversammlungsbeschluss sich die Klage richtet, durch unanfechtbaren Beschluss festgestellt worden ist, dass die Erhebung der Klage der Eintragung nicht entgegensteht (§ 319 Abs. 6 S. 1 AktG; → § 42 Rn. 24 ff. und § 45). Gem. § 319 Abs. 6 S. 7 AktG entscheidet über den Antrag nunmehr ein Senat des Oberlandesgerichts, in dessen Bezirk die Gesellschaft ihren Sitz hat. § 319 Abs. 6 S. 11 AktG sieht nunmehr die Bestandskraft von Freigabebeschlüssen nach Eintragung der Eingliederung im Handelsregister vor. 22

Der Anmeldung sind die Protokolle der Hauptversammlungsbeschlüsse nebst Anlagen[47] in Ausfertigung oder öffentlich beglaubigter Abschrift beizufügen (§ 319 Abs. 4 S. 2 AktG). 23

Kartellrechtlich ist die Eingliederung bedeutungslos. Da unter den Voraussetzungen des § 35 GWB bereits der Erwerb der Mehrheitsbeteiligung beim Bundeskartellamt anzumelden war (§§ 37, 39 GWB), bedarf die Eingliederung nicht nochmals der Anmeldung. Das Ausscheiden der wenigen außenstehenden Aktionäre verstärkt die Unternehmensverbindung nicht „wesentlich" (§ 37 Abs. 2 GWB). 24

V. Beendigung der Eingliederung

Die Eingliederung kann, da die Gesellschaften rechtlich selbstständig geblieben sind, rückgängig gemacht werden. Durch einen entsprechenden Beschluss der Hauptversammlung der eingegliederten Gesellschaft **endet die Eingliederung** ohne Weiteres. Diese Hauptversammlung ist eine Vollversammlung, bedarf also keiner Vorbereitung (§ 121 Abs. 6 AktG), aber wohl bei vorangegangener Mehrheitseingliederung auch bei einer nichtbörsenorientierten Gesellschaft der notariellen Beurkundung (§ 130 Abs. 1 S. 1 AktG), weil der Beschluss die Rückgängigmachung eines Beschlusses bedeutet, für den das Gesetz eine qualifizierte Mehrheit verlangt. 25

Ohne Notwendigkeit eines Hauptversammlungsbeschlusses endet die Eingliederung, wenn die Hauptgesellschaft nicht mehr eine AG mit Sitz im Inland oder nicht mehr Alleinaktionärin der eingegliederten Gesellschaft ist.[48] 26

Die – deklaratorische – Anmeldung der Beendigung der Eingliederung obliegt dem Vorstand der eingegliederten Gesellschaft (§ 327 Abs. 3 AktG). 27

---

[45] *Liebscher* in BeckHdB AG § 15 Rn. 195; *Grunewald* in MüKoAktG AktG § 320 Rn. 10; *Habersack* in Emmerich/Habersack Aktien/GmbH-KonzernR AktG § 320b Rn. 21; *Krieger* in MHdB AG § 74 Rn. 32.

[46] §§ 319 Abs. 4 S. 1, 320 Abs. 1 S. 3 AktG, nicht auch zum Register der Hauptgesellschaft, *Koch* in Hüffer/Koch AktG § 319 Rn. 13. Anmeldung in vertretungsberechtigter Zahl genügt.

[47] Die Beifügung der Berichte des Vorstands und der Prüfer ist nicht vorgeschrieben. Als Protokollanlagen kommen daher nur die Einberufungsbelege in Betracht, § 130 Abs. 3 AktG.

[48] Oder im Fall der Auflösung der Hauptgesellschaft, § 327 Abs. 1 Nr. 2–4 AktG; zur Problematik bei der Verschmelzung der Hauptgesellschaft vgl. *Liebscher* in BeckHdB AG § 15 Rn. 205.

§ 35 Squeeze out

Übersicht

	Rn.
I. Überblick	1
II. Gesetzlicher Rahmen	2
III. Zulässigkeit	5
1. Beteiligungsquote	5
2. Angebot der Barabfindung	8
3. Sicherstellung der Barabfindung	10
IV. Verfahren	11

Stichworte

Barabfindung Rn. 8
Bekanntmachung der Übertragung Rn. 13
Beteiligungsquote Rn. 5
Bezugsrechte der Minderheitsaktionäre Rn. 9
Dokumentenauslage in Hauptversammlung Rn. 15 f.
Einberufung der Hauptversammlung Rn. 15
Eintragung im Handelsregister Rn. 19
externer Prüfbericht Rn. 11 ff.

Gestaltungspraxis Rn. 4
Gewährleistungserklärung Rn. 9
Missbrauchskonstellationen Rn. 7
Negativerklärung Rn. 19 f.
Prüfpflicht des Vorstands Rn. 12
Stellungnahmerecht des Vorstands Rn. 12
übernahmerechtlicher Squeeze out Rn. 3
Übertragungsbericht Rn. 11
umwandlungsrechtlicher Squeeze out Rn. 4
Verfassungsmäßigkeit Rn. 2 f.
Verlangen des Hauptaktionärs Rn. 11

Schrifttum:
Austmann, Der verschmelzungsrechtliche Squeeze-out nach dem 3. UmWÄndG 2011; *Austmann/Mennicke,* Übernahmerechtlicher Squeeze-out und Sell-out, NZG 2004, 846; *Ph.A. Baums,* Der Ausschluss von Minderheitsaktionären nach §§ 327a ff. AktG nF, WM 2001, 1843; *Bosse,* Grünes Licht fürs ARUG: das Aktienrecht geht online, NZG 2009, 807; *Bungert/Wettich,* Der verschmelzungsspezifische Squeeze-out: Neue Gestaltungsmöglichkeiten für die Praxis, DB 2010, 1500; *Deilmann,* Aktienrechtlicher versus übernahmerechtlicher Squeeze-out, NZG 2007, 721; *Fehling/Arens,* Informationsrechte und Rechtsschutz von Bezugsrechtsinhabern beim aktienrechtlichen Squeeze-out, AG 2010, 735; *Fleischer,* Die neue Recht des Squeeze out, ZGR 2002, 757; *Florstedt,* Die Grenzen der Gestaltungsfreiheit beim verschmelzungsrechtlichen Squeeze-out. Zugleich zur Bedeutung der Rechtsmissbrauchslehre des EuGH für das Gesellschaftsrecht, NZG 2015, 1212; *Freytag,* Neues Recht der Konzernverschmelzung und des Sqeeze out, BB 2010, 1611; *Freytag/ Müller-Etienne,* Das Dritte Gesetz zur Änderung des Umwandlungsgesetzes: Herabsetzung der Squeeze-out-Schwelle auf 90 % kommt, BB 2011, 1731; *Fuhrmann/Simon,* Der Ausschluss von Minderheitsaktionären, WM 2002, 1211; *Habersack,* Der Finanzplatz Deutschland und die Rechts der Aktionäre, ZIP 2001, 1230; *Halasz/Kloster,* Nochmals: Squeeze-out – Eröffnung neuer Umgehungstatbestände durch die §§ 327a ff. AktG?, DB 2002, 1253; *Heckschen,* Das Dritte Gesetz zur Änderung des Umwandlungsgesetzes in der Fassung des Regierungsentwurfs, NZG 2010, 1041; *Heckschen,* Die Novelle des Umwandlungsgesetzes – Erleichterungen für Verschmelzungen und Squeeze-out, NJW 2011, 2390; *Hörmann/Feldhaus,* Die Angemessenheitsvermutung des übernahmerechtlichen Squeeze out, BB 2008, 2134; *Holzborn/Peschke,* Europäische Neutralitätspflicht und Übernahme Squeeze out, BKR 2007, 101; *Johannsen-Roth/Illert,* Paketerwerbe und öffentliche Übernahmeangebote im Lichte des neuen übernahmerechtlichen Squeeze out nach § 39a WpÜG, ZIP 2006, 2157; *Kort,* Hauptaktionär iSv § 327a Abs. 1 Satz 1 AktG mittels Wertpapierdarlehen, AG 2006, 557; *Krause,* Die EU-Übernahmerichtlinie – Anpassungsbedarf im Wertpapiererwerbs- und Übernahmegesetz, BB 2004, 113; *Krieger,* Squeeze-Out nach neuem Recht: Überblick und Zweifelsfragen, BB 2002, 53; *Leuering/Rubner,* Die Absenkung des Schwellenwertes für den Squeeze out auf 90 %, NJW-Spezial 2010, 271; *Mayer,* Praxisfragen des verschmelzungsrechtlichen Squeeze-out-Verfahrens, NZG 2012, 561; *Ott,* Der übernahmerechtliche Squeeze out gem. §§ 39a f. WpÜG, WM 2008, 384; *Packi,* Inhaltliche Kontrollmöglichkeiten bei der Durchführung des umwandlungsrechtlichen Squeeze-out, ZGR 2011, 776; *Paefgen,* Zum Zwangsausschluss im neuen Übernahmerecht, WM 2007, 765; *Riegger,* Das Schicksal eigener Aktien beim Squeeze-out, DB 2003, 541; *Ruoff/Marhewka,* „Angriffe auf Übertragungsbeschlüsse unter dem Deckmantel des Missbrauchseinwandes werden zurückgegeben", BB 2009, 1318; *Schäfer/Dette,* Aktienrechtlicher Squeeze-Out – Beschlussnichtigkeit bei missbräuchlicher Erlangung des Kapitalquorums?, NZG 2009, 1; *Schlitt/Ries/Becker,* Der Ausschluss der übrigen Aktionäre nach §§ 39a, 39b WpÜG, NZG 2008, 700; *Schmidt,* Ausschluss der Anfechtung des Squeeze-out-Beschlusses bei abfindungswertbezogenen Informationsmängeln, FS Ulmer, 2003, S. 543; *Schüppen,* WpÜG – alles Europa, oder was?, BB 2006, 165; *Sieger/*

Hasselbach, Der Ausschluss von Minderheitsaktionären nach den neuen §§ 327a ff. AktG, ZGR 2002, 120; *Singhof/Weber,* Bestätigung der Finanzierungsmaßnahmen und Barabfindungsgewährleistung nach dem Wertpapiererwerbs- und Übernahmegesetz, WM 2002, 1158; *Steinmeyer/Santelmann,* Zur Widerleglichkeit der Angemessenheitsvermutung beim übernahmerechtlichen Squeeze-out, BB 2009, 674; *Stephanblome,* Gestaltungsmöglichkeiten beim umwandlungsrechtlichen Squeeze-out, AG 2012, 814; *Vetter,* Squeeze-out – Der Ausschluß der Minderheitsaktionäre aus der Aktiengesellschaft nach den §§ 327a–327f AktG, AG 2002, 176; *Wagner,* Der Regierungsentwurf für ein Drittes Gesetz zur Änderung des Umwandlungsgesetzes, DStR 2010, 1629; *Wiesner,* Die neue Übernahmerichtlinie und die Folgen, ZIP 2004, 343; *Wilsing/Kruse,* Zur Behandlung bedingter Aktienbezugsrechte beim Squeeze-out, ZIP 2002, 1465; *Wilsing/Ogorek,* Zur Widerleglichkeit der Angemessenheitsvermutung beim übernahmerechtlichen Squeeze-out, BB 2008, 2038.

I. Überblick

1 Das deutsche Recht ermöglicht dem Mehrheitsaktionär ab einer bestimmten Beteiligungsquote die Minderheitsaktionäre auszuschließen, sog Squeeze out (→ Rn. 2 ff.). Hierzu ist eine Beteiligungsquote von grundsätzlich 95 % erforderlich (→ Rn. 5 ff.), außerdem muss den ausgeschlossenen Minderheitsaktionären eine Barabfindung (→ Rn. 8 f.) geleistet werden, gesichert durch die Erklärung eines Kreditinstituts (→ Rn. 10). Der Hauptaktionär muss einen Antrag auf Ausschluss der Minderheitsaktionäre stellen (→ Rn. 11 f.), über den unter Beachtung bestimmter Informationspflichten in der Hauptversammlung zu entscheiden ist (→ Rn. 13 ff.).

II. Gesetzlicher Rahmen

2 Um den deutschen Beteiligungsmarkt auch international attraktiver zu machen, wurde 2002 der **„Ausschluss von Minderheitsaktionären"** durch die **§§ 327a–327f AktG** ermöglicht.[1] Die Hauptversammlung einer jeden Aktiengesellschaft kann auf Verlangen des Hauptaktionärs, dem mindestens 95 % der Aktien, bezogen auf das Grundkapital der Gesellschaft, gehören, gegen Gewährung einer angemessenen Barabfindung die Übertragung der Aktien der Minderheitsaktionäre auf den Hauptaktionär beschließen. Obwohl Minderheitsaktionäre im Rahmen des Ausschlussverfahrens ihr Anteilseigentum verlieren, bestehen keine verfassungsrechtlichen Bedenken im Hinblick auf Art. 14 Abs. 1 GG.[2] Die §§ 327a ff. AktG finden zunächst auf die AG und KGaA Anwendung, nach Art. 9 Abs. 1 lit. c SE-VO darüber hinaus auf die SE. Die §§ 327a ff. AktG lehnen sich an die Bestimmungen über die Eingliederung durch Mehrheitsbeschluss an, doch kann – anders als bei der Eingliederung – Hauptaktionär nicht nur eine inländische AG sein, sondern jeder, der Aktionär sein kann.[3] Ein Squeeze out kann daher von Einzelpersonen und Unternehmen anderer Rechtsform oder mit ausländischem Heimatrecht betrieben werden.[4]

3 Von dem aktienrechtlichen Squeeze out **zu unterscheiden** ist seit der Umsetzung des Art. 15 der EG-Übernahmerichtlinie[5] das Ausschlussverfahren und Andienungsrecht gem. §§ 39a–39c WpÜG. Für **den übernahmerechtlichen Squeeze out** beträgt der Schwellenwert ebenfalls 95 % (§ 39a Abs. 1 WpÜG), allerdings erfolgt die Übertragung der Aktien nicht durch Beschluss der Hauptversammlung, sondern ausschließlich durch Gerichtsbeschluss des Landgerichts Frankfurt a.M. (§ 39a Abs. 5 WpÜG). Ein weiterer

---

[1] Zur systematischen Stellung im AktG *Vetter* AG 2002, 176 (184), dort Fn. 91, vgl. zur Entwicklung und zum Verhältnis des Squeeze out zu anderen Rechtsverhältnissen insoweit die 1. Aufl. Rn. 1.
[2] Vgl. BVerfG NJW 2007, 3268; BGH NZG 2006, 117; zur Literatur *Koch* in Hüffer/Koch AktG § 327a Rn. 6 mit zahlreichen Nachweisen.
[3] Natürliche und juristische Personen, aber auch Personengesellschaften (einschließlich der BGB-Gesellschaft), *Koch* in Hüffer/Koch AktG § 327a Rn. 10.
[4] *Koch* in Hüffer/Koch AktG § 327a Rn. 10.
[5] EG Übernahmerichtlinie vom 21.4.2004 ABl. L 142, 12.

Unterschied besteht darin, dass, wenn der Bieter aufgrund eines Übernahme- oder Pflichtangebotes Aktien in Höhe von mindestens 90% des vom Angebot betroffenen Grundkapitals erworben hat (§ 39a Abs. 3 S. 3 WpÜG), die Angemessenheit der Abfindung für die Minderheitsaktionäre unwiderleglich vermutet wird.[6] Der übernahmerechtliche Squeeze out steht, wenn dessen materielle Anwendungsvoraussetzungen erfüllt sind, neben dem aktienrechtlichen Squeeze out zur Verfügung.[7] § 39a Abs. 6 WpÜG, wonach die §§ 327a–327f AktG von der Antragstellung nach § 39a Abs. 1 S. 1 WpÜG bis zum rechtskräftigen Ausschluss der Minderheitsaktionäre keine Anwendung finden, verhindert, dass beide Verfahren parallel betrieben werden. Da beim übernahmerechtlichen Squeeze out keine Berichtspflichten des Hauptaktionärs zum Vorliegen der Voraussetzungen des Squeeze out und zur Angemessenheit der Barabfindung bestehen und ggf. auch keine Angemessenheitsprüfung durch einen gerichtlich bestellten Sachverständigen erforderlich ist, dürften für den übernahmerechtlichen Squeeze out deutlich weniger Kosten anfallen, als dies für die Vorbereitung und Durchführung eines aktienrechtlichen Squeeze out der Fall ist.[8]

Schließlich wurde mit dem UmwÄndG 2011[9] in Umsetzung der umwandlungsrechtlichen Änderungsrichtlinie 2009/109/EG[10] ein quasi **„umwandlungsrechtlicher" Squeeze out** eingeführt. Nach dem neu eingefügten § 62 Abs. 5 UmwG ist im sachlichen und zeitlichen Zusammenhang mit der Verschmelzung einer Tochter-AG auf die Mutter-AG iSv § 62 Abs. 1 UmwG der Ausschluss von Minderheitsaktionären durch einen Hauptversammlungsbeschluss nach § 327a AktG bereits dann möglich, wenn der übernehmenden Gesellschaft (der Hauptaktionärin) Aktien in Höhe von mindestens 90% des Grundkapitals gehören.[11] Bei der Berechnung der Beteiligungshöhe erfolgt, anders als beim aktienrechtlichen Squeeze out, keine Zurechnung nach §§ 327 Abs. 2, 16 Abs. 4 AktG.[12] Für den sachlichen und zeitlichen Zusammenhang wird eine Beschlussfassung innerhalb von drei Monaten nach Abschluss des Verschmelzungsvertrages, in welchem der geplante Squeeze out bereits angekündigt werden muss, verlangt (§ 62 Abs. 5 S. 1 und 2 UmwG). Diese Neuregelung wirkt sich für die Gestaltungspraxis faktisch als generelle Absenkung des Beteiligungsquorums für den Squeeze out aus: Bei einer Beteiligung von mindestens 90%, aber weniger als 95% am Grundkapital der Tochter-AG kann die Muttergesellschaft lediglich durch Übertragung ihrer Aktien auf eine weitere, 100%-ige Tochter-AG und anschließenden Abschluss eines Vertrags zur Verschmelzung der Enkel-AG auf die Tochter-AG eine Squeeze out-Möglichkeit ge-

4

---

[6] Begr. RegE ÜR-UG, BT-Drs. 16/1003, 22; OLG Stuttgart NZG 2009, 950 (951); so auch die hM: *Koch* in Hüffer/Koch AktG § 327a Rn. 2; *Austmann/Mennicke* NZG 2004, 846 (850); *Holzborn/Peschke* BKR 2007, 101 (106); *Schlitt/Ries/Becker* NZG 2008, 700 f.; *Falkner* ZIP 2008, 1775 (1776); *Johannsen-Roth/Iller*, ZIP 2006, 2157 (2159); *Wilsing/Ogorek*, BB 2008, 2038; offengelassen bei OLG Frankfurt a.M. BB 2009, 122, mit Anm. Steinmeier/Santelmann BB 2009, 674 ff. – **aA** in der Vorinstanz LG Frankfurt a.M. BB 2008, 2035, mit Anm. *Hörmann/Feldhaus* BB 2008, 2134 f., ebenso bereits *Heidel/Lochner* in Heidel, Aktienrecht und Kapitalmarktrecht, 4. Aufl. 2014, WpÜG § 39a Rn. 43 ff.; *Paefgen* WM 2007, 765 (767 ff.); zum damaligen Gesetzentwurf bereits *Schüppen* BB 2006, 165 (168). Das BVerfG hat mangels Entscheidungserheblichkeit offen gelassen, ob eine unwiderlegliche Vermutung verfassungskonform wäre, AG 2012, 625 (627). Nimmt man Widerleglichkeit an, ist es verfassungsrechtlich aber unbedenklich, die Vermutungswirkung nur unter der Voraussetzung entfallen zu lassen, dass konkrete Fehler aufgezeigt werden, die die Aussagekraft des Markttests verfälschen, BVerfG AG 2012, 625 (627); OLG Frankfurt a.M. BB 2009, 122 (125 f.).

[7] *Habersack* in Emmerich/Habersack Aktien/GmbH-KonzernR AktG § 327a Rn. 8a; *Austmann/Mennicke* NZG 2004, 846 (847); *Deilmann* NZG 2007, 721 (724); *Krause* BB 2004, 113 (118); *Ott* WM 2008, 384 (385); *Wiesner* ZIP 2004, 343 (349); krit. *Schüppen* BB 2006, 165 (168).

[8] *Oppenhoff* in BeckHdB AG § 27 Rn. 191; *Steinmeyer/Santelmann* BB 2009, 674.

[9] BGBl. 2011 I 1338.

[10] RL 2009/109/EG v. 16.9.2009 zur Änderung der RL 77/91/EWG, 78/855/EWG, 82/891/EWG sowie 2005/56/EG, ABl. 2009 L 259, 14.

[11] Zur Verfassungsmäßigkeit s. OLG Hamburg NZG 2012, 944 (945); zust. *Habersack* in Emmerich/Habersack Aktien/GmbH-KonzernR AktG § 327a Rn. 8b.

[12] *Bungert/Wettich* DB 2010, 2545 (2547); *Göthel* ZIP 2011, 1541.

genüber den Minderheitsaktionären schaffen.[13] Eine solche Gestaltung ist auch ohne sachliche Rechtfertigung nicht rechtsmissbräuchlich.[14] Auch lässt sich durch solche Gestaltungen die Einschränkung umgehen, dass die Muttergesellschaft als AG, KGaA oder SE verfasst sein muss.[15] Der Squeeze out wird nur wirksam, wenn es tatsächlich zur Verschmelzung kommt (§ 62 Abs. 5 S. 7 UmwG).

III. Zulässigkeit

1. Beteiligungsquote

5 Die Hauptversammlung kann auf Verlangen eines Aktionärs, dem Aktien[16] in Höhe von 95% des Grundkapitals gehören oder zugerechnet werden (**„Hauptaktionär"**), die Übertragung der Aktien sämtlicher übriger Aktionäre (der „Minderheitsaktionäre") gegen angemessene Barabfindung beschließen (§ 327a Abs. 1 AktG); die Kapitalmehrheit muss bereits im Zeitpunkt des Verlangens und auch noch bei Vornahme des Übernahmebeschlusses vorliegen[17]. Zugerechnet werden Aktien, die einem anderen für Rechnung des Hauptaktionärs oder einem vom Hauptaktionär abhängigen Unternehmen[18] oder einem anderen für dessen Rechnung gehören (§ 327a Abs. 2 AktG iVm § 16 Abs. 4 AktG). Eigene Aktien der Gesellschaft und Aktien, die einem anderen für Rechnung der Gesellschaft gehören, sind bei der Ermittlung der Beteiligungsquote vom Grundkapital abzusetzen (§ 327a Abs. 2 AktG iVm § 16 Abs. 2 AktG). Mehrere voneinander unabhängige Aktionäre können eine Minderheit von bis zu 5% des Grundkapitals nicht durch Übertragungsbeschluss ausschließen; erforderlich ist „ein" Hauptaktionär.[19]

6 Bei der Beurteilung der Frage, ob dem das Übertragungsverfahren betreibenden Aktionär Aktien in Höhe von mindestens 95% des Grundkapitals gehören, kommt es auf dessen formale Eigentumsposition an.[20] Entscheidend ist allein, dass er Inhaber des Vollrechts ist, so dass auch dem Entleiher von Wertpapieren, weil er als Darlehensnehmer Inhaber

---

[13] Zu derartigen Gestaltungsüberlegungen auch *Freytag* BB 2010, 1611 (1617); *Heckschen* NZG 2010, 1041 (1045 f.); *Leuering/Rubner* NJW-Spezial 2010, 271 f.

[14] *Diekmann* in Semler/Stengel UmwG § 62 Rn. 32d; *Mayer* NZG 2012, 561 (564); *Stephanblome* AG 2012, 814 (822); *Heckschen* NZG 2010, 1041 (1045); *Heckschen* NJW 2011, 2390 (2393); *Freytag* BB 2010, 1611 (1617); *Freytag/Müller-Etienne* BB 2011, 1731 (1734); *Simon/Merkelbach* DB 2011, 1317 (1322); *Leuering/Rubner* NJW-Spezial 2010, 271 (271 f.) – **aA** *Austmann* NZG 2011, 684 (651); *Wagner* DStR 2010, 1629 (1634) unter Hinweis darauf, dass laut Regierungsentwurf eine Spezialregelung geschaffen und für den aktienrechtlichen Squeeze out nach § 327a AktG das Beteiligungsquorum gerade nicht generell auf 90% abgesenkt werden soll (vgl. insoweit BegrRegE BT-Drs. 17/3122, 13); kritisch auch *Packi* ZGR 2011, 776; mit Blick auf das unionsrechtliche Rechtsfortbildungsverbot ferner *Florstedt* NZG 2012, 1212 (1214 ff.).

[15] *Singhof* in Spindler/Stilz AktG § 327a Rn. 11b; eine solche Gestaltung ist ebenfalls nicht rechtsmissbräuchlich, s. OLG Hamburg NZG 2012, 944 (945 f.); *Stratz* in Schmitt/Hörtnagl/Stratz UmwG § 62 Rn. 18; *Mayer* NZG 2012, 561 (563); *Stephanblome* AG 2012, 814 (822) – **aA** *Florstedt* NZG 2012, 1212 (1214 ff.).

[16] Nicht zu berücksichtigen sind nicht ausgeübte Bezugsrechte auf Aktien, *Wilsing/Kruse* ZIP 2002, 1465 (1467).

[17] BGHZ 189, 32 Rn. 26; *Habersack* in Emmerich/Habersack Aktien/GmbH-KonzernR AktG § 327a Rn. 18; jew. mwN. – **aA** *Grunewald* in MüKoAktG AktG § 327a Rn. 9 f. (erst im Zeitpunkt der Beschlussfassung).

[18] Für die Abhängigkeit gilt § 17 AktG: Abhängig sind Unternehmen, an denen der Hauptaktionär mehrheitlich beteiligt ist oder auf die er unmittelbar oder mittelbar einen beherrschenden Einfluss ausüben kann, etwa durch einen Beherrschungsvertrag oder durch personenidentische Organbesetzungen, vgl. *Koch* in Hüffer/Koch AktG § 17 Rn. 4 ff., 16 aE. Die Regelung macht Übertragungen von Beteiligungen im Konzern unnötig.

[19] *Ph.A. Baums* WM 2001, 1843 (1846).

[20] BGH NJW-RR 2009, 828 (829); *Habersack* in Emmerich/Habersack Aktien/GmbH-KonzernR AktG § 327a Rn. 16; *Koch* in Hüffer/Koch AktG § 327a Rn. 15; *Schäfer/Dette* NZG 2009, 1 (4 f.).

III. Zulässigkeit   § 35

des Vollrechts ist, die geliehenen Aktien iSv § 327a Abs. 1 AktG gehören.[21] Wie die Kapitalmehrheit von mindestens 95 % des Grundkapitals zustandegekommen ist, ist dabei unerheblich.

Den gleichwohl in Rechtsprechung und Literatur diskutierten Missbrauchskonstellationen, wie zB der vorübergehenden konzertierten Beteiligungsbündelung, des vorherigen Wechsels der Rechtsform, der Kapitalerhöhung unter Bezugsrechtsausschluss, mit der Folge der Nichtigkeit bzw. Anfechtbarkeit des Übertragungsbeschlusses hat der Bundesgerichtshof mit seiner Entscheidung zum Squeeze out mit Hilfe darlehenshalber überlassener Aktien den Boden entzogen.[22] Denn darin hat er klargestellt, dass es für das Vorliegen der erforderlichen Beteiligung nach dem Wortsinn, der Entstehungsgeschichte und der Systematik des § 327a Abs. 1 AktG allein auf das sachenrechtliche Eigentum an einer Aktienmehrheit von 95 % ankommt.[23] Das Gesetz missbillige nicht eine Mehrheitsbeteiligung mit dem alleinigen Ziel des Squeeze out.[24] Ein davon unabhängiger (allgemeiner) Vorwurf des Rechtsmissbrauchs ist daneben aber grundsätzlich möglich.[25] Obiter hat der Bundesgerichtshof auch die umstrittene Frage nach der Rechtsfolge missbräuchlicher Übertragungsbeschlüsse dahingehend beantwortet, dass allenfalls deren Anfechtbarkeit, nicht aber deren Nichtigkeit in Betracht komme.[26] 7

2. Angebot der Barabfindung

Der Hauptaktionär hat die den ausscheidenden Aktionären zustehende **Barabfindung** festzulegen (§ 327b Abs. 1 S. 1 AktG), deren Angemessenheit durch einen oder mehrere vom Gericht ausgewählte und bestellte sachverständige Prüfer **zu prüfen** ist (§ 327c Abs. 3 AktG) und auch noch im Spruchverfahren überprüft werden kann (§§ 327b, 327f AktG). Für die Bemessung der Höhe der Barabfindung gelten die gleichen Grundsätze wie bei der Eingliederung und beim Beherrschungs- und Gewinnabführungsvertrag.[27] Sie 8

---

[21] *Koch* in Hüffer/Koch AktG § 327a Rn. 15.
[22] BGH NJW-RR 2009, 828.
[23] BGH NJW-RR 2009, 828 (829 f.).
[24] BGH NJW-RR 2009, 828 (830).
[25] *Schäfer/Dette* NZG 2009, 1 (5). Als Missbrauchsfälle kommen dann allerdings nur noch extreme Situationen, wie etwa die Vereitelung der Durchsetzung von Abfindungsansprüchen der Minderheitsaktionäre (*Ruoff/Marhewka* BB 2009, 1318 (1322)) oder Fälle, in denen der Hauptaktionär nicht allgemein den Ausschluss einer Minderheit, sondern ganz bestimmter Aktionäre bezweckt (*Schäfer/Dette* NZG 2009, 1 (8)), in Betracht.
[26] BGH NJW-RR 2009, 828 (830); so auch *Habersack* in Emmerich/Habersack Aktien/GmbH-KonzernR AktG § 327a Rn. 27; *Fleischer* in GroßkommAktG AktG § 327a Rn. 36; *Grunewald* in MüKoAktG AktG § 327a Rn. 18; *Singhof* in Spindler/Stilz AktG § 327a Rn. 25.
[27] *Habersack* in Emmerich/Habersack Aktien/GmbH-KonzernR AktG § 327b Rn. 9; *Koch* in Hüffer/Koch AktG § 327b Rn. 5; daher → § 33 Rn. 16 ff. und *Krieger* BB 2002, 53 (56 f.). Ob eine Abfindung für etwa übergehende eigene Aktien angeboten werden muss, ist wie bei der Mehrheitseingliederung str. (keine Abfindung: *Singhof* in Spindler/Stilz AktG § 327b Rn. 7; *Koch* in Hüffer/Koch AktG § 327b Rn. 2; *Fleischer* in GroßKommAktG § 327b Rn. 25; *Austmann* in MHdB AG § 75 Rn. 107; *Riegger* DB 2003, 541 (543) – aA *Koppensteiner* in Kölner Komm. AktG § 320b Rn. 3; *Habersack* in Emmerich/Habersack Aktien/GmbH/GmbH-KonzernR AktG § 327b Rn. 6; *Müller-Michaelis* in Hölters AktG § 327b Rn. 2; *Habersack* ZIP 2001, 1230 (1236)). Es scheint sinnvoll, zu differenzieren: Besteht bei der Fassung des Squeeze out-Beschlusses ein Vertragskonzern zwischen Hauptaktionär und Beteiligungsgesellschaft, ist keine Abfindung zu zahlen. Denn der Hauptaktionär ist schon vor Fassung des Squeeze out-Beschlusses gem. § 308 Abs. 1 S. 1 AktG berechtigt, dem Vorstand der Beteiligungsgesellschaft Weisung zu erteilen, seine eigenen Aktien auf ihn zu übertragen oder auch sie einzuziehen. Es ergäbe deshalb keinen Sinn, wenn der Hauptaktionär in dieser Fallgestaltung berechtigt wäre, die entschädigungslose Übertragung oder Einziehung der eigenen Aktien zu verlangen, in der anderen aber zur Zahlung einer Abfindung verpflichtet wäre. Schutzlücken zum Nachteil der Beteiligungsgesellschaft und ihrer Gläubiger entstehen nicht. Denn sie kann in beiden Fällen am Ende eines Geschäftsjahrs gem. § 302 Abs. 1 AktG Ausgleich evtl. aufgelaufener Fehlbeträge verlangen. Dagegen ist die Gesellschaft im bloß faktischen Konzern verpflichtet, die durch ihre Einflussnahme entstandenen Nachteile auszugleichen (§ 311 Abs. 1 AktG). Hier wäre der Hauptaktionär auch im

muss dem vollen Wert der Aktien entsprechen.[28] Maßgeblich sind die Verhältnisse der Gesellschaft im Zeitpunkt des Hauptversammlungsbeschlusses (§ 327b Abs. 1 S. 1 AktG). Von der Bekanntmachung der Eintragung des Übertragungsbeschlusses in das Handelsregister an ist die Barabfindung mit jährlich 5 Prozentpunkten über dem jeweiligen Basiszinssatz zu verzinsen (§§ 327b Abs. 2 AktG, 247 BGB).

9 **Bezugsrechte** der Minderheitsaktionäre wandeln sich in einen Barabfindungsanspruch gegen den Hauptaktionär um,[29] sie werden hier also behandelt, als wäre das Bezugsrecht bereits ausgeübt worden.[30] Der Berechtigte hat die für den Bezug vorgesehenen Leistungen zu erbringen und erhält dann die Abfindung.[31] Allerdings dürfen, wie bei der Eingliederung auch, insgesamt höchstens Bezugsrechte auf 5% des Grundkapitals ausstehen.[32]

3. Sicherstellung der Barabfindung

10 Mit Wirksamwerden des Squeeze out gehen die Aktien der Minderheitsaktionäre auf den Hauptaktionär über, ohne dass dieser die Gegenleistung, die geschuldete Barabfindung, schon erbracht hat. Das Gesetz verpflichtet den Hauptaktionär deshalb dazu, dem Vorstand vor der Einberufung der Hauptversammlung die Erklärung eines im Inland zum Geschäftsbetrieb befugten Kreditinstituts[33] vorzulegen, in der dieses die Gewährleistung dafür übernimmt, dass der Hauptaktionär unverzüglich nach Eintragung des Übertragungsbeschlusses den Minderheitsaktionären die festgelegte Barabfindung zahlen wird (§ 327b Abs. 3 AktG). Fehlt die Gewährleistungserklärung im Zeitpunkt des Hauptversammlungsbeschlusses, ist dieser anfechtbar;[34] eine Heilung des Mangels ist grundsätzlich nicht möglich.[35] Bis zum Hauptversammlungsbeschluss kann sie aber nachgereicht werden, ohne dass dies die Nichtigkeit oder Anfechtbarkeit des Beschlusses zur Folge hätte.[36]

Fall einer Weisung zur Übertragung oder Einziehung der eigenen Aktien verpflichtet, Ausgleich zu leisten. Nichts anderes kann dann für die Legalzession der Aktien durch den Squeeze out-Beschluss gelten.

[28] Begr. RegE WpÜG, BT-Drs. 14/7034, 31; *Koch* in Hüffer/Koch AktG § 327b Rn. 5.
[29] § 327a Abs. 1 S. 1 AktG analog; *Koch* in Hüffer/Koch AktG § 327b Rn. 3 mwN. Zu Informationsrechten und Rechtsschutzmöglichkeiten der Bezugsrechtsinhaber *Fehling/Arens* AG 2010, 735 ff.
[30] *Grunewald* in MüKoAktG AktG § 327b Rn. 13, auch zur Berechnung und Fälligkeit der Abfindung; *Krieger* BB 2002, 53 (61); *Fleischer* ZGR 2002, 757 (776) mwN in Fn. 119.
[31] *Habersack* in Emmerich/Habersack Aktien/GmbH-KonzernR AktG § 327b Rn. 7 mwN; *Koch* in Hüffer/Koch AktG § 327b Rn. 3 – **aA** *Ph.A. Baums* WM 2001, 1843 (1847 ff.): Die Bezugsrechte könnten auch nach dem Ausschluss noch ausgeübt werden mit der Folge, dass der Alleinaktionär wieder zum Hauptaktionär wird, der ggf. ein neues Squeeze out-Verfahren durchzuführen hätte.
[32] *Habersack* in Emmerich/Habersack Aktien/GmbH-KonzernR AktG § 327b Rn. 7 mwN; *Gesmann-Nuisses* WM 2002, 1205 (1207).
[33] Dafür genügt die Unterhaltung einer „Zweigstelle", siehe dazu Richtlinie des Rates 89/646/EWG vom 15.12.1989 sowie §§ 53 ff. KWG. Zum Inhalt der Erklärung siehe *Fuhrmann/Simon* WM 2002, 1211 (1215 f.).
[34] *Pfisterer* in BeckFormB AktR 1166; *Habersack* in Emmerich/Habersack Aktien/GmbH-KonzernR AktG § 327b Rn. 14; *Koch* in Hüffer/Koch AktG § 327b Rn. 11; *Grunewald* in MüKoAktG AktG § 327b Rn. 24, *Hasselbach* in Hirte/v. Bülow, Kölner Kommentar zum WpÜG, 2. Aufl. 2010, AktG § 327b Rn. 34; *Krieger* BB 2002, 53 (58).
[35] *Habersack* in Emmerich/Habersack Aktien/GmbH-KonzernR AktG § 327b Rn. 14; *Hasselbach* in Hirte/v. Bülow, Kölner Kommentar zum WpÜG, 2. Aufl. 2010, AktG § 327b Rn. 34; *Singhof/Weber* WM 2002, 1158 (1167); wohl auch *Krieger* BB 2002, 53 (58); **aA** *Grunewald* in MüKoAktG AktG § 327b Rn. 24.
[36] *Hasselbach* in Hirte/v. Bülow, Kölner Kommentar zum WpÜG, 2. Aufl. 2010, AktG § 327b Rn. 34; *Krieger* BB 2002, 53 (58); *Gesmann-Nuissel* WM 2002, 1205 (1207); *Singhof/Weber* WM 2002, 1158 (1162).

IV. Verfahren

Zur **Vorbereitung der Hauptversammlung** gehört, abgesehen von den sonstigen gesetzlichen oder satzungsmäßigen Einberufungserfordernissen, als das Übertragungsverfahren einleitender Schritt ein **„Verlangen" des Hauptaktionärs**. Es ist an den Vorstand der Gesellschaft zu richten und sollte möglichst schriftlich erfolgen.[37] Ausreichend ist der Zugang bei einem Vorstandsmitglied.[38] Das Verlangen muss mindestens enthalten: 11
– Firma und Sitz des Hauptaktionärs, bei natürlichen Personen Namen und Adresse,
– die vom Hauptaktionär festgelegte Barabfindung,
– den schriftlichen Bericht, in dem der Hauptaktionär die Voraussetzungen[39] für die Übertragung darlegt und die Angemessenheit der Barabfindung[40] erläutert und begründet („Übertragungsbericht"),[41]
– den Bericht des auf Antrag (und ggf. Vorschlag) des Hauptaktionärs vom Gericht zur Prüfung der Angemessenheit der Barabfindung ausgewählten und bestellten externen sachverständigen Prüfers (§ 327c Abs. 2 S. 2 und 3 AktG) und
– die Gewährleistungserklärung des Kreditinstituts.

Das Gesetz schreibt nicht vor, dass der **Vorstand** die Voraussetzungen eines ordnungsgemäßen Übertragungsbeschlusses vor der Einberufung der Hauptversammlung zu **prüfen** hätte. Da jedoch die Einberufung der Hauptversammlung dem Vorstand obliegt (§ 121 Abs. 2 AktG), muss er prüfen, ob die **formellen** Voraussetzungen dafür vorliegen, also die Beteiligungsquote das Verlangen rechtfertigt und der Hauptaktionär die in der Einberufung zu machenden Angaben beigebracht hat. Dagegen besteht keine Pflicht zu **materieller** Prüfung dieser Angaben, insbesondere also nicht der Angemessenheit der vom Hauptaktionär festgelegten Barabfindung, des Berichts des externen sachverständigen Prüfers oder des Inhalts der Bankgarantie. Ob der Vorstand eine **Stellungnahme** zu dem Übernahmeverlangen und/oder zur Angemessenheit der Barabfindung abgeben muss oder darf, bestimmt das Gesetz nicht. Eine Verpflichtung dazu besteht keinesfalls; das hätte das Gesetz regeln müssen. Ein Recht dazu wird man nicht verneinen können, doch erscheint Zurückhaltung geboten.[42] 12

Die **Bekanntmachung** der Übertragung als Gegenstand **der Tagesordnung** muss enthalten (§ 327c Abs. 1 AktG): 13
– Firma und Sitz des Hauptaktionärs, bei natürlichen Personen Namen und Adresse (§ 327c Abs. 1 Nr. 1 AktG);
– die vom Hauptaktionär festgelegte Barabfindung (§ 327c Abs. 1 Nr. 2 AktG).

Nicht erforderlich ist die Bekanntmachung des Übertragungsberichts des Hauptaktionärs und des Berichts des externen sachverständigen Prüfers. 14

Von der Einberufung der Hauptversammlung an sind in dem Geschäftsraum der Gesellschaft zur Einsicht der Aktionäre auszulegen (§ 327c Abs. 3 AktG) und jedem Aktionär auf Verlangen unverzüglich kostenlos in Abschrift zu übersenden (§ 327c Abs. 4 AktG): 15

---

[37] *Pfisterer* in BeckFormB AktR 1151, 1155; *Heckschen* in BeckNotar-HdB D. III. Rn. 372.
[38] *Heckschen* in BeckNotar-HdB D. III. Rn. 372; *Habersack* in Emmerich/Habersack Aktien/GmbH-KonzernR AktG § 327a Rn. 19; *Koch* in Hüffer/Koch AktG § 327a Rn. 11.
[39] Etwaige Zurechnungen sind im Einzelnen zu erläutern, *Habersack* in Emmerich/Habersack Aktien/GmbH-KonzernR AktG § 327a Rn. 8.
[40] Zu berichten ist über Methode und Ergebnis der Unternehmensbewertung und das Verhältnis zum Börsenkurs, *Habersack* in Emmerich/Habersack Aktien/GmbH-KonzernR AktG § 327a Rn. 9.
[41] § 327c Abs. 1 und 2 S. 1 AktG. Die Angaben sind zwar für die Bekanntmachung der Tagesordnung vorgeschrieben, der Bericht des Hauptaktionärs sogar erst für die Hauptversammlung. Der Vorstand wird aber die Hauptversammlung nicht einberufen, wenn sie fehlen. Zu den Berichtsanforderungen → § 5 Rn. 78 ff. Die Entbehrlichkeit eines Berichts nach dem in § 327c Abs. 2 S. 4 AktG für anwendbar erklärten § 293a Abs. 3 AktG (Verzicht sämtlicher Anteilsinhaber) wird wohl bei § 327c Abs. 2 S. 4 AktG praktisch keine Rolle spielen.
[42] Zur „Missbrauchskontrolle" bei § 327a AktG siehe *Halasz/Kloster* DB 2002, 1253 (1255) mwN.

- der Entwurf des Übertragungsbeschlusses,
- die Jahresabschlüsse und Lageberichte für die letzten drei Geschäftsjahre,[43]
- der Übertragungsbericht des Hauptaktionärs und
- der Bericht des externen sachverständigen Prüfers. Seit 1.9.2009 entfällt die Pflicht zur Auslegung und Übersendung der genannten Unterlagen, wenn diese stattdessen von der Einberufung der Hauptversammlung an über die Internetseite der Gesellschaft zugänglich sind (§ 327c Abs. 5 AktG).

Neben den aktienrechtlichen Informationspflichten sind ggf. zusätzlich die kapitalmarktrechtlichen Informationspflichten des § 15 WpHG (ab 3.1.2018 § 26 WpHG) zu beachten, die sowohl die Gesellschaft selbst als auch den Hauptaktionär treffen können.[44]

16 **In der Hauptversammlung** sind die oben genannten Unterlagen zugänglich zu machen (§ 327d S. 1 AktG). Der Vorstand kann dem Hauptaktionär Gelegenheit geben, den Entwurf des Übertragungsbeschlusses und die Bemessung der Barabfindung zu Beginn der Verhandlung mündlich zu erläutern (§ 327d S. 2 AktG). Das Gesetz enthält keine Regelung für besondere Informationspflichten gegenüber den abzufindenden Minderheitsaktionären. Insoweit gelten die allgemeinen Grundsätze.[45]

17 Zum Beispiel:

Der Vorsitzende gab bekannt, dass ... („Hauptaktionär") ausweislich ... Aktien der Gesellschaft gehören,[46] was ...% des stimmberechtigten Grundkapitals entspricht, dass dem Vorstand eine Erklärung der ... Bank vorliegt, wonach sie die Gewährleistung für die Erfüllung der Verpflichtung des Hauptaktionärs übernimmt, den Minderheitsaktionären nach Eintragung des Übertragungsbeschlusses unverzüglich die festgelegte Barabfindung zu zahlen, und dass Vorstand und Aufsichtsrat vorschlagen,[47] gem. §§ 327a ff. AktG der Übertragung der Aktien der übrigen Aktionäre (Minderheitsaktionäre) auf den Hauptaktionär zu den nachfolgenden Bedingungen zuzustimmen.

Die Minderheitsaktionäre erhalten für jede Aktie/je Aktie im Nennbetrag von EUR ... eine Barabfindung von EUR ..., die mit Eintragung der Übertragung in das Handelsregister fällig wird und von der Bekanntgabe der Eintragung an mit 5 Prozentpunkten über dem jeweiligen Basiszinssatz zu verzinsen ist.[48]

18 Der Beschluss bedarf nur der einfachen Mehrheit[49] der abgegebenen Stimmen.[50]

---

[43] Das gilt auch, wenn der Jahresabschluss des letzten Geschäftsjahrs nach handelsrechtlichen Vorschriften noch nicht vorliegen muss, LG Hamburg DB 2002, 2478 – Philips/PKV – mit Anm. *Mallmann* EWiR § 327a AktG 1/03; ablehnend *Wendt*, Die Auslegung des letzten Jahresabschlusses zur Vorbereitung der Hauptversammlung – Strukturmaßnahmen als „Saisongeschäft", DB 2003, 191.
[44] *Habersack* in Emmerich/Habersack Aktien/GmbH-KonzernR AktG § 327c Rn. 3.
[45] Insbes. zur Erläuterungspflicht zu Beginn der Verhandlung → § 10 Rn. 69ff., 98.
[46] Ggf. welche Aktien ihm zugerechnet werden, §§ 327a Abs. 2, 16 Abs. 2 und 4 AktG.
[47] Ob entsprechend § 124 Abs. 3 S. 1 AktG Vorstand und Aufsichtsrat einen Beschlussvorschlag machen müssen, könnte zweifelhaft erscheinen. Die Ausnahme des § 124 Abs. 3 S. 2 AktG (Minderheitsverlangen) liegt nicht vor. Die analoge Anwendung dieser Bestimmung ist daher mit Recht vorgeschlagen worden, *Krieger* WM 2002, 53 (59); aA jedoch *Müller-Michaelis* in Hölters AktG § 327c Rn. 5. Ein Bedürfnis für einen Vorschlag der Verwaltung zur Beschlussfassung ist in der Tat nicht erkennbar. Wie die Rechtsprechung sich zu der Frage stellt, bleibt abzuwarten. Vorsichtigerweise empfiehlt es sich, zur Vermeidung von Anfechtungsrisiken einen Vorschlag zu machen.
[48] Ein ausführlicherer Formulierungsvorschlag findet sich bei *Fuhrmann/Simon* WM 2002, 1211 (1214).
[49] § 133 Abs. 1 AktG. OLG Düsseldorf DB 2005, 713 (715); *Koch* in Hüffer/Koch AktG § 327a Rn. 14; *Habersack* in Emmerich/Habersack Aktien/GmbH-KonzernR AktG § 327a Rn. 24; *Singhof* in Spindler/Stilz AktG § 327a Rn. 23. Das Gesetz verzichtet mit Rücksicht auf die notwendige 95%-Kapitalbeteiligung des Hauptaktionärs auf die Bestimmung einer erforderlichen Stimmen- oder Kapitalmehrheit. Eine Mehrheit von 95% der Stimmen neben der einfachen Stimmenmehrheit ist ebenso wenig erforderlich wie die für eine Satzungsänderung erforderliche Dreiviertelmehrheit, *Fuhrmann/Simon* WM 2002, 1211 (1213); *Sieger/Hasselbach* ZGR 2002, 120 (142f.). Zur vergleichbaren Situation bei der Mehrheitseingliederung → § 34 Rn. 21 und *Koch* in Hüffer/Koch AktG § 320 Rn. 2.
[50] Der Hauptaktionär kann mitstimmen. Notarielle Beurkundung des Beschlusses ist nur bei einer börsennotierten Gesellschaft nötig, § 130 Abs. 1 S. 3 AktG.

IV. Verfahren   § 35

Der Vorstand hat den Übertragungsbeschluss zur **Eintragung im Handelsregister an-** 19
zumelden.[51] Dabei hat er zu erklären, dass eine Klage gegen die Wirksamkeit des Beschlusses nicht oder nicht fristgemäß erhoben oder rechtskräftig abgewiesen oder zurückgenommen worden ist (§§ 327e Abs. 2, 319 Abs. 5 S. 1 AktG; → § 42 Rn. 98 f.).

Ohne eine solche **Negativerklärung** darf die Übertragung nur eingetragen werden, 20
wenn die klageberechtigten Aktionäre sämtlich durch notariell beurkundete Erklärung auf die Klage verzichtet haben[52] oder wenn auf Antrag der Gesellschaft das Oberlandesgericht, in dessen Bezirk die Gesellschaft ihren Sitz hat, durch unanfechtbaren Beschluss festgestellt hat, dass die Klage der Eintragung nicht entgegensteht (§§ 327e Abs. 2, 319 Abs. 6 AktG; → § 42 Rn. 24 ff. und § 45). Nach der Eintragung lassen Mängel des Beschlusses seine Durchführung unberührt (§ 316 Abs. 6 S. 9 AktG), der Eintragung kommt somit Bestandskraft zu.[53]

Der Anmeldung ist das Protokoll des Übertragungsbeschlusses nebst Anlagen[54] in Aus- 21
fertigung oder öffentlich beglaubigter Abschrift beizufügen (§ 327e Abs. 1 S. 2 AktG).

Kartellrechtlich ist die Übertragung bedeutungslos. Da unter den Voraussetzungen 22
des § 35 GWB bereits der Erwerb der Mehrheitsbeteiligung beim Bundeskartellamt anzumelden war (§§ 37, 39 GWB), bedarf die Übertragung nicht nochmals der Anmeldung. Das Ausscheiden der wenigen außenstehenden Aktionäre verstärkt die Unternehmensverbindung nicht „wesentlich" (§ 37 Abs. 2 GWB).

---

[51] § 327e Abs. 1 AktG. Anmeldung in vertretungsberechtigter Zahl genügt. Eine Anmeldung durch den Hauptaktionär kommt nicht in Betracht, *Vetter* AG 2002, 176 (189).
[52] §§ 327e Abs. 1, 319 Abs. 5 S. 2 AktG. Der Beschluss kann nicht mit der Begründung angefochten werden, die vom Hauptaktionär festgelegte Barabfindung sei unangemessen; das wird ausschließlich im Spruchverfahren nach § 327f Abs. 1 S. 2 AktG iVm SpruchG überprüft; dazu eingehend *Schmidt*, Ausschluss der Anfechtung des Squeeze-out-Beschlusses bei abfindungswertbezogenen Informationsmängeln, FS Ulmer, 2003, 543 (550 ff.).
[53] *Bosse* NZG 2009, 807 (812).
[54] Die Beifügung der Berichte des Vorstands und der Prüfer ist nicht vorgeschrieben. Als Protokollanlagen kommen daher nur die Einberufungsbelege in Betracht, § 130 Abs. 3 AktG.

§ 36 Hauptversammlungsbeschlüsse des Bieters bei einem öffentlichen Angebot zum Erwerb von Wertpapieren

Übersicht

	Rn.
I Überblick	1
II Allgemein	1a
III Einzelfälle der Hauptversammlungsbefassung	8
1. Beschaffung von Eigenkapital oder Aktien als Gegenleistung	8
a) Geld als Gegenleistung – Eigenkapital	10
b) Aktien als Gegenleistung	13
2. Zustimmung der Hauptversammlung als Bedingung des freiwilligen Angebots	20
a) Allgemeines	20
b) Erforderlichkeit des Beschlusses	22
c) Unverzügliche Herbeiführung des Beschlusses	25
d) Vorbereitung der Hauptversammlung	28
e) Eintritt oder Ausfall der Bedingungen	30
3. Erforderliche Satzungsänderungen	32
4. Umwandlungsvorgänge	35
5. Nachgründungsfälle	37

Stichworte

Angebotsbedingung Rn. 20 ff.
– Zulässigkeit Rn. 22
– Potestativbedingung Rn. 23 f.
Genehmigtes Kapital Rn. 19
Hauptversammlung
– Erforderlichkeit Rn. 22 ff.
– Versammlungszweck Rn. 8 ff.
– Vorbereitung Rn. 28 ff.

Nachgründungsfälle Rn. 37
Satzungsänderung Rn. 32 ff.
Umwandlungsvorgänge Rn. 35 f.
WpÜG Rn. 1 ff.
– Anwendungsbereich Rn. 3 ff.
– Bieter Rn. 6
– Erforderlichkeit Rn. 22 ff.
– öffentliches Angebot Rn. 2

Schrifttum:

Busch, Bedingungen in Übernahmeangeboten, AG 2002, 145; *Heusel*, Das Instrumentarium zur Durchsetzung unterlassener Pflichtangebote im Lichte der BKN-Entscheidung des BGH, AG 2013, 232; *Kiesewetter*, Der Sitz der Zielgesellschaft als Anknüpfungspunkt für die Anwendung des WpÜG nF, RiW 2006, 518; *Lebherz*, Publizitätspflichten bei der Übernahme börsennotierter Unternehmen, WM 2010, 154; *Liebscher*, Das Übernahmeverfahren nach dem neuen Übernahmegesetz, ZIP 2001, 853; *Matthes*, Das bedingte öffentliche Erwerbsangebot, 2007; *Seibt/Heiser*, Regelungskonkurrenz zwischen neuem Übernahmerecht und Umwandlungsrecht, ZHR 2001, 466; *dies.*, Analyse der EU-Übernahmerichtlinie und Hinweise für eine Reform des deutschen Übernahmerechts, ZGR 2005, 200; *Stöcker*, Widerruf oder Rücktritt von Angebotsankündigungen, NZG 2003, 993; *Weber-Rey/Schütz*, Zum Verhältnis von Übernahmerecht und Umwandlungsrecht, AG 2001, 325; *Widder/Bedkowski*, Ad-hoc-Publizität im Vorfeld öffentlicher Übernahmen – Kritische Überlegungen zu § 15 WpHG im übernahmerechtlichen Kontext, BKR 2007, 405; *Zschocke/Berresheim*, Schadensersatzhaftung des Bieters wegen unterlassener Angebotsunterbreitung im Übernahmerecht, BKR 2004, 301.

I. Überblick

Die Vorbereitung und Durchführung eines **öffentlichen Angebots** zum Erwerb von 1 Wertpapieren einer börsennotierten Gesellschaft (→ 2 ff.) können den Bieter in der Rechtsform einer AG, KGaA oder SE aus einer Vielzahl von Gründen zur **Einschaltung seiner Hauptversammlung** (→ 8 ff.) veranlassen. Im Falle eines freiwilligen **Erwerbs- oder Übernahmeangebots** ist es dem Bieter dabei grundsätzlich erlaubt, das Angebot unter die **Bedingung** der Zustimmung seiner eigenen Hauptversammlung zu stellen

(→ 21 ff.). Letzteres setzt voraus, dass eine Entscheidung der Hauptversammlung **rechtlich erforderlich** ist (→ 22 ff.). Ein Zustimmungsvorbehalt kommt demnach inbesondere in „Holzmüller/Gelatine"-Fällen (→ 23) oder dann in Betracht, wenn die Übernahme eine Anpassung des **satzungsmäßigen Unternehmensgegenstands** erfordert (→ 32 ff.). Eine Einschaltung der Hauptversammlung kann ferner im Zusammenhang mit Umwandlungsvorgängen (→ 35 ff.) oder in Nachgründungsfällen (→ 37) geboten sein.

II. Allgemein

1a Das am 1.1.2002 in Kraft getretene **Wertpapiererwerbs- und Übernahmegesetz (WpÜG)**[1] regelt den Erwerb von Wertpapieren börsennotierter Gesellschaften im Wege öffentlicher Kauf- oder Tauschangebote. Die nach Verabschiedung der Übernahmerichtlinie[2] erforderliche Anpassung an die europäischen Vorgaben erfolgte durch das am 14.7.2006 in Kraft getretene Übernahmerichtlinie-Umsetzungsgesetz,[3] durch welches der Anwendungsbereich des WpÜG erweitert, eine Möglichkeit der Gesellschaften zur fakultativen Ausweitung der Neutralitätspflicht von Vorstand und Aufsichtsrat geschaffen sowie eine Regelung zum übernahmerechtliche Squeeze out und Sell out eingeführt wurde.[4]

2 Das WpÜG gilt für **öffentliche Kauf- und Tauschangebote** zum Erwerb von Wertpapieren, die von einer Zielgesellschaft ausgegeben wurden und zum Handel an einem organisierten Markt zugelassen sind (vgl. § 1 Abs. 1 iVm § 2 Abs. 1 bis 3 WpÜG). Hinsichtlich der **Angebotsarten** unterscheidet das WpÜG **zwischen Erwerbsangeboten, Übernahmeangeboten und Pflichtangeboten.**[5]

3 Das WpÜG findet zunächst auf Angebote zum Erwerb von Wertpapieren einer **AG, KGaA** oder **SE**[6] mit Sitz im Inland Anwendung. Daneben gilt das WpÜG auch für Übernahme- und Pflichtangebote zum Erwerb von Anteilen an einer Gesellschaft mit Sitz in einem anderen Staat des EWR und Zulassung stimmberechtigter Wertpapiere zum Handel am organisierten Markt im Inland (vgl. § 1 Abs. 3 WpÜG).

---

[1] Art. 1 des Gesetzes zur Regelung von öffentlichen Angeboten zum Erwerb von Wertpapieren und von Unternehmensübernahmen, BGBl. I 3822.
[2] Richtlinie 2004/25/EG des Europäischen Parlaments und des Rates vom 21.4.2004 betreffend Übernahmeangebote (Übernahmerichtlinie).
[3] Gesetz zur Umsetzung der Richtlinie 2004/25/EG des Europäischen Parlaments und des Rates vom 21.4.2004 betreffend Übernahmeangebote (Übernahmerichtlinie-Umsetzungsgesetz) vom 8.7.2006, BGBl. 2006 I 1426.
[4] Zum Übernahmerichtlinie-Umsetzungsgesetz vgl. nur *Zirngibl* in Angerer/Geibel/Süßmann WpÜG Einf. Rn. 9 sowie *Diekmann* NJW 2007, 17; *Meyer* WM 2006, 1135; zum übernahmerechtlichen Squeeze out siehe *Ott* WM 2008, 384 f.
[5] Ein Erwerbsangebot ist nicht auf den Erwerb von Kontrolle, vgl. die Definition in § 29 Abs. 2 WpÜG, sondern auf den Erwerb von weniger als 30% der Stimmrechte der Zielgesellschaft gerichtet (Umkehrschluss aus § 29 Abs. 1 WpÜG). Übernahmeangebote zielen hingegen auf den Erwerb von Kontrolle ab, § 29 Abs. 1 WpÜG. Pflichtangebote setzen einen vorherigen Kontrollerwerb (jedoch gerade nicht durch ein Übernahmeangebot, namentlich zB durch einen Umwandlungsvorgang) voraus, § 35 Abs. 1 S. 2 WpÜG. Erwerbs- und Übernahmeangebote werden auch als freiwillige Angebote bezeichnet.
[6] Vgl. § 2 Abs. 3 Nr. 1 WpÜG. Die SE ist den dort genannten Gesellschaftsformen gem. Art. 10 der Verordnung (EG) Nr. 2157/2001 des Rates vom 8.10.2001 über das Statut der Europäischen Gesellschaft (ABl. L 294, 1) gleichzustellen; so auch *Angerer* in Angerer/Geibel/Süßmann WpÜG § 1 Rn. 52; *Schüppen* in Haarmann/Schüppen WpÜG § 2 Rn. 32, 39. Gleiches gilt gem. § 1 Abs. 3 REITG für sog REIT-Aktiengesellschaften. *Wackerbarth* in MüKoAktG WpÜG § 1 Rn. 13 will darüber hinaus auch vergleichbare Gesellschaften ausländischen Rechts miteinbeziehen, so zB US-amerikanische corporations; aA *Angerer* in Angerer/Geibel/Süßmann WpÜG § 1 Rn. 52; *Pötzsch* in Assmann/Pötzsch/Schneider WpÜG § 2 Rn. 97.

Im Einzelnen gilt dabei Folgendes:[7]

– Befindet sich der Sitz der Gesellschaft in Deutschland und sind die stimmberechtigten Wertpapiere der Zielgesellschaft zum Handel an einem inländischen organisierten Markt zugelassen,[8] so ist das WpÜG vollumfänglich anzuwenden.[9]
– Für Zielgesellschaften mit Sitz in Deutschland, deren stimmberechtigte Aktien nicht in Deutschland, sondern ausschließlich in einem anderen EWR-Staat zum Handel an einem organisierten Markt zugelassen sind, ist das WpÜG lediglich hinsichtlich der gesellschaftsrechtlichen Fragen anwendbar (vgl. § 1 Abs. 2 WpÜG).
– Hat die Zielgesellschaft ihren Sitz in einem anderen Staat des EWR und sind deren stimmberechtigte Wertpapiere allein in Deutschland zum Handel an einem organisierten Markt zugelassen, so ist das WpÜG nur hinsichtlich des Angebotsverfahrens, des Inhalts der Angebotsunterlage sowie zu Fragen der Gegenleistung anzuwenden.[10]
– Hat die Zielgesellschaft ihren Sitz in einem anderen Staat des EWR und sind deren stimmberechtigte Wertpapiere dort zum Handel an einem organisierten Markt zugelassen, so gilt ausschließlich das Übernahmerecht dieses Staates, unabhängig von Börsenzulassungen in Deutschland.

Der **gespaltene Anwendungsbereich** betrifft ausschließlich Übernahme- und Pflichtangebote. Auf einfache Übernahmeangebote findet das WpÜG ohne Beschränkung auf gesellschaftsrechtliche oder angebotsbezogene Fragestellungen Anwendung, sofern es sich um eine AG, KGaA oder SE mit Sitz in Deutschland handelt und deren Wertpapiere zu einem regulierten Markt im Inland oder einem geregelten Markt in einem anderen Staat des EWR zum Handel zugelassen sind.

Als Bieter im Sinne des WpÜG kommen, unabhängig von deren Sitz im In- oder Ausland, alle **natürlichen oder juristischen Personen oder Personengesellschaften** in Betracht, die alleine oder gemeinsam mit anderen Personen ein Angebot abgeben, ein solches beabsichtigen oder zur Abgabe verpflichtet sind.[11]

Im Folgenden wird der Frage nachgegangen, welche **Besonderheiten** für denjenigen Bieter gelten, der über eine dem Regime des AktG unterliegende Hauptversammlung verfügt, mithin **für den Bieter in der Rechtsform einer deutschen AG, KGaA oder einer SE mit Sitz in Deutschland**,[12] gleichgültig ob börsennotiert oder nicht. Die Vorbereitung und Durchführung eines öffentlichen Angebots zum Erwerb von Wertpapieren einer börsennotierten Gesellschaft können den Bieter in der Rechtsform einer AG, KGaA oder SE aus einer Vielzahl von Gründen zur Einschaltung seiner Hauptversammlung veranlassen. Zwar gilt dies entsprechend für die Übernahme sonstiger Unternehmen außerhalb eines öffentlichen Angebots. Im Folgenden ist der Begriff der Übernahme jedoch auf

---

[7] Zu den Einzelheiten der Anwendbarkeit des WpÜG und der Einschränkungen vgl. die Kommentierungen von *Angerer* in Angerer/Geibel/Süßmann § 1 WpÜG und *Schüppen* in Haarmann/Schüppen § 1 WpÜG.
[8] Als organisierter Markt gilt im Inland das Börsensegment des regulierten Marktes, vgl. auch § 2 Abs. 7 WpÜG; ausgenommen vom Anwendungsbereich des WpÜG sind Wertpapiere, die im Freiverkehr oder auf außerbörslichen Plattformen gehandelt werden. Entscheidend ist dabei nicht der effektive Handel der Aktien an einem organisierten Markt, sondern die Erteilung der Zulassung zum Handel.
[9] Dies gilt unabhängig von weiteren Börsenzulassungen im Ausland.
[10] Vgl. § 1 Abs. 3 WpÜG. Dasselbe gilt, sofern die Aktien der ausländischen Zielgesellschaft zwar in mehreren Staaten des EWR zum organisierten Handel zugelassen sind, die Zulassung in Deutschland jedoch zuerst erfolgte oder die Gesellschaft sich bei gleichzeitiger Zulassung in mehreren Staaten des EWR für die BaFin als Aufsichtsbehörde entschieden hat. Die beiden letztgenannten Alternativen setzen jedoch wiederum voraus, dass die Aktien der Zielgesellschaft nicht im Staat des Sitzes zum organisierten Handel zugelassen sind.
[11] § 2 Abs. 4 WpÜG; als Bieter kommt grundsätzlich in Betracht, wer rechtsfähig ist und damit Träger von Rechten und Pflichten sein kann; vgl. *Baums/Hecker* in Baums/Thoma WpÜG § 2 Rn. 93 ff.
[12] Unbeschadet der Regelungen der Art. 52 ff. SE-VO gelten für die Organisation und den Ablauf der Hauptversammlung einer SE mit Sitz im Inland die für Aktiengesellschaften maßgeblichen Vorschriften, vgl. Art. 53 SE-VO.

öffentliche Angebote beschränkt; gemeint sind also Angebote zum Erwerb von Wertpapieren einer Zielgesellschaft iSd § 1 WpÜG.

III. Einzelfälle der Hauptversammlungsbefassung

1. Beschaffung von Eigenkapital oder Aktien als Gegenleistung

8   Das WpÜG differenziert zwischen Kauf- und Tauschangeboten (§ 2 Abs. 1 WpÜG). Bei einem Kaufangebot besteht die **Gegenleistung in Geld,** bei einem Tauschangebot in beliebigen **anderen Sachwerten,** so dass **insbesondere auch** (und in der Praxis nahezu ausschließlich) **Aktien als Gegenleistung** angeboten werden können.

9   Wer ein Erwerbsangebot abgibt, ist hinsichtlich der Bestimmung der Art und der Höhe der angebotenen Gegenleistung frei.[13] Wird hingegen ein **Übernahme- oder Pflichtangebot** unterbreitet, hat der Bieter den Aktionären der Zielgesellschaft eine angemessene **Gegenleistung** anzubieten,[14] die in einer **Geldleistung in Euro oder** in liquiden **Aktien** (nicht notwendigerweise des Bieters selbst[15]) bestehen muss, die zum Handel an einem organisierten Markt zugelassen sind (vgl. § 31 Abs. 2 S. 1 WpÜG). Werden Inhabern stimmberechtigter Aktien als Gegenleistung Aktien angeboten, müssen diese Aktien ebenfalls ein Stimmrecht gewähren.[16]

a) Geld als Gegenleistung – Eigenkapital

10 Will sich der Bieter die benötigten **finanziellen Mittel** für die beabsichtigte Transaktion ganz oder teilweise als Eigenkapital beschaffen, kommt zunächst die Durchführung eine **Kapitalerhöhung gegen Bareinlagen** in Betracht (§§ 182 ff. AktG; siehe dazu § 20).

11 Ferner ist an die Schaffung eines **genehmigten Kapitals** zu denken (§§ 202 ff. AktG; siehe dazu § 22). Gegenüber einer regulären Kapitalerhöhung bietet dieses den Vorteil, dass der Vorstand zum bestmöglichen Zeitpunkt schnell und flexibel neues Eigenkapital beschaffen kann, ohne dass im Zeitpunkt des Ermächtigungsbeschlusses der Hauptversammlung Art und Zeitpunkt des Vorhabens bereits konkret feststehen müssen.[17] Möglich ist weiterhin die Ausgabe von **Wandelschuldverschreibungen oder Optionsanleihen**, die in der Regel durch Schaffung eines bedingten Kapitals unterlegt werden (vgl. § 192 Abs. 2 Nr. 2 AktG).

12 Schließlich können die erforderlichen Eigenmittel auch aus einer **Gewinnthesaurierung** stammen: Der Bilanzgewinn wird nicht an die Aktionäre ausgeschüttet, sondern als Rücklage oder Gewinnvortrag einbehalten, um auf diesem Wege die Übernahme ganz oder zum Teil zu finanzieren. Da der Gewinnverwendungsbeschluss von der Hauptversammlung zu fassen ist (→ § 15 Rn. 1), muss auch hier, ebenso wie in den anderen genannten Fällen, ein Hauptversammlungsbeschluss herbeigeführt werden.

---

[13] Das Anbieten einer Geldleistung (Kaufangebot, „cash offer") oder von Wertpapieren des Bieters (Tauschangebot, „exchange offer") stellt in der Praxis den Regelfall dar, indes wäre grundsätzlich auch das Anbieten anderer Vermögensgegenstände zulässig; vgl. *Schüppen* in Haarmann/Schüppen WpÜG § 2 Rn. 9; *Versteegen* in Kölner Komm. WpÜG § 2 Rn. 40 ff.
[14] § 31 Abs. 1 S. 1 WpÜG, bei Pflichtangeboten iVm § 39 WpÜG.
[15] *Haarmann* in Haarmann/Schüppen WpÜG § 31 Rn. 81; *Santelmann/Nestler* in Steinmeyer WpÜG § 31 Rn. 68; *Marsch-Barner* in Baums/Thoma WpÜG § 31 Rn. 65.
[16] § 31 Abs. 2 S. 2 WpÜG; vgl. auch *Süßmann* in Angerer/Geibel/Süßmann WpÜG § 31 Rn. 16 ff.; *Santelmann/Nestler* in Steinmeyer WpÜG § 31 Rn. 75.
[17] Vgl. *Koch* in Hüffer/Koch AktG § 202 Rn. 2.

b) Aktien als Gegenleistung

Als Gegenleistung kann der Bieter auch **Aktien** anbieten. Bei einem Übernahme- oder Pflichtangebot als Tauschangebot iSd § 2 Abs. 1 Alt. 2 WpÜG müssen diese indes liquide, dh zum Handel an einem organisierten Markt zugelassene Aktien sein (§ 31 Abs. 2 S. 1 WpÜG). 13

Durch das WpÜG wird keine Regelung bezüglich der Gesellschaft getroffen, deren Aktien angeboten werden sollen. Der Bieter kann daher **eigene Aktien,** die Aktien einer Tochtergesellschaft oder einer fremden Gesellschaft anbieten.[18] Der Erwerb fremder Aktien ist dabei grundsätzlich eine Geschäftsführungsmaßnahme, für die der Vorstand allein zuständig ist, es sei denn, das Erwerbsgeschäft bedarf der Zustimmung der Hauptversammlung nach „Holzmüller"-Grundsätzen. 14

Will der Bieter **eigene Aktien als Gegenleistung** anbieten, kann er diese durch eine **Kapitalerhöhung gegen Sacheinlagen mit Bezugsrechtsausschluss** (→ § 21 Rn. 8 ff.), durch Schaffung eines **genehmigten Kapitals mit Bezugsrechtsausschluss** (→ § 22 Rn. 24 ff.) oder durch den **Erwerb eigener Aktien** (siehe § 32) beschaffen. Die in allen diesen Fällen bestehende Zuständigkeit der Hauptversammlung wird durch das WpÜG nicht modifiziert. 15

Bei einer **bedingten Kapitalerhöhung** (§ 192 Abs. 2 Nr. 2 AktG) ist erforderlich, dass die Zielgesellschaft bereits feststeht; im Kapitalerhöhungsbeschluss müsste diese konkret mit Firma, Sitz, Rechtsform und – soweit möglich – die Art des Zusammenschlusses benannt werden. Aufgrund der einhergehenden vorzeitigen Offenlegung der Unternehmensstrategie ist diese Form der Kapitalerhöhung zur Durchführung von Übernahmen insofern unpraktikabel und kommt daher weniger in Betracht. 16

Unter dem Aspekt der Zuständigkeit der Hauptversammlung unterliegen die vorgenannten **Maßnahmen** zur **Beschaffung von Aktien als Akquisitionswährung** grundsätzlich auch dann **keinen Besonderheiten,** wenn sie der Vorbereitung einer Übernahme dienen.[19] 17

aa) Zeitlicher Faktor

Hinsichtlich der **zeitlichen Komponente** der vorstehend beschriebenen Maßnahmen zur Beschaffung von Eigenkapital oder Aktien als Gegenleistung ist zu beachten, dass – wie bei jeder Hauptversammlung, die keine Vollversammlung ist – eine nicht unerhebliche **Vorlaufzeit** einkalkuliert werden muss, bis die Geld- oder Sachmittel tatsächlich als Gegenleistung für das Erwerbs-, Übernahme- oder Pflichtangebot zur Verfügung des Bieters stehen. Bei börsennotierten Gesellschaften dauert schon die Durchführung einer Barkapitalerhöhung idR nicht unter sechs Wochen. Jedenfalls unter dem Blickwinkel des Zeitaufwands ist daher die Beschaffung von Eigenkapital oder eigenen Aktien als Gegenleistung weniger attraktiv als das Aufnehmen von Fremdkapital, die als Geschäftsführungsmaßnahme in die Zuständigkeit des Vorstands fällt (ggf. ist indes ein Zustimmungsvorbehalt des Aufsichtsrats zu beachten, vgl. § 111 Abs. 4 AktG). 18

bb) Genehmigtes Kapital mit Bezugsrechtsausschluss

Im Gegensatz dazu bringt die vorsorgliche Schaffung eines genehmigten Kapitals mit Bezugsrechtsausschluss **Flexibilität,** um im Bedarfsfall ohne größeren Zeitverlust im 19

---

[18] Jedoch stellt es den Regelfall dar, dass Aktien der Bietergesellschaft selbst angeboten werden; vgl. *Haarmann* in Haarmann/Schüppen WpÜG § 31 Rn. 81; *Santelmann/Nestler* in Steinmeyer WpÜG § 31 Rn. 68; *Süßmann* in Angerer/Geibel/Süßmann WpÜG § 31 Rn. 9.

[19] Daher kann hier auf die einschlägigen Ausführungen in diesem Handbuch über die Vorbereitung der Hauptversammlung, § 3, und ihre Durchführung, § 4 ff., sowie die jeweils maßgeblichen Beschlussinhalte, §§ 15 ff., insbes. § 19 für satzungsändernde Beschlüsse, § 20 für reguläre Kapitalerhöhungen, § 21 für Kapitalerhöhungen gegen Sacheinlagen, § 22 für die Schaffung genehmigter Kapitala, § 23 für die Schaffung bedingten Kapitals sowie § 32 für den Erwerb eigener Aktien verwiesen werden.

Rahmen einer aktiv betriebenen Übernahme Erwerbsgelegenheiten wahrnehmen zu können.[20] Darüber hinaus wird eine frühzeitige Aufdeckung der strategischen Unternehmenspolitik vermieden.[21]

2. Zustimmung der Hauptversammlung als Bedingung des freiwilligen Angebots

a) Allgemeines

20 **Pflichtangebote** sind grundsätzlich **bedingungsfeindlich,** da der Bieter nicht die Möglichkeit haben darf, seine Verpflichtung zur Angebotsabgabe durch Setzen von Bedingungen zu unterlaufen.[22] Pflichtangebote dürfen daher nur von solchen Bedingungen abhängig gemacht werden, die aufgrund zwingender gesetzlicher Vorschriften zu beachten sind, etwa kartellrechtlicher Vorbehalte, deren Nichteintritt also kraft Gesetzes ohne weiteres zur Unwirksamkeit des Vollzugs des öffentlichen Angebots führt.[23]

Eine Zustimmung der Gesellschafterversammlung oder sonstiger Organe des Bieters kann hingegen nicht zur Bedingung des Pflichtangebots gemacht werden, da die Angebotspflicht unabhängig von internen Zustimmungserfordernissen besteht.[24] Der Bieter muss etwaige Zustimmungserfordernisse, etwa aus der „Holzmüller/Gelatine"-Rechtsprechung des BGH oder notwendigen Satzungsänderungen, bereits beim Aufbau der Kontrollstellung bewirken.[25]

21 Im Gegensatz zu Pflichtangeboten können **Erwerbs- oder Übernahmeangebote** grundsätzlich von Bedingungen abhängig gemacht werden.[26] Im Falle eines freiwilligen Angebots ist es dem Bieter daher grundsätzlich erlaubt, das Angebot unter die **Bedingung** der Zustimmung seiner eigenen Hauptversammlung zu stellen.[27] Damit trägt das WpÜG der Tatsache Rechnung, dass es aus Sicht des Vorstands des Bieters Gründe geben kann, die einen Beschluss der Hauptversammlung zum Angebot notwendig machen, zB

---

[20] Durch eine entsprechende Satzungsänderung geht die Befugnis, das Kapital der Gesellschaft zu erhöhen, qua Ermächtigung auf den Vorstand über, vgl. § 202 Abs. 1 AktG. Es ist möglich, das Bezugsrecht der Aktionäre im gleichen Hauptversammlungsbeschluss auszuschließen, §§ 186 Abs. 3 iVm 203 Abs. 1 S. 1 AktG. Nach dem Siemens/Nold-Urteil des BGH NJW 1997, 2815, genügt es dabei für die sachliche Rechtfertigung des Bezugsrechtsausschlusses, dass die beabsichtigte Maßnahme abstrakt umschrieben wird; es genüge die Darlegung, dass die Maßnahme im Interesse der Gesellschaft liege. Der Vorstand darf jedoch laut BGH nur dann von der Ermächtigung Gebrauch machen, wenn das konkrete Vorhaben seiner abstrakten Umschreibung entspricht. Die umstrittene Frage, ob der Vorstand vor Ausübung des genehmigten Kapitals einen schriftlichen Vorabbericht an die Aktionäre gem. §§ 203 Abs. 2 S. 2, 186 Abs. 4 S. 2 AktG über die Verwendung des genehmigten Kapitals und die Gründe des Bezugsrechtsausschlusses zu erstatten hat, wurde durch den BGH in der Commerzbank/Mangusta I-Entscheidung entsprechend der bis dahin hM in der Literatur verneint, vgl. BGH NZG 2006, 18 ff. Der Vorstand ist der Entscheidung zufolge lediglich gehalten, nach Inanspruchnahme der Ermächtigung über die Einzelheiten seines Vorgehens auf der nächsten ordentlichen Hauptversammlung zu berichten. Die Ausübung dieser Maßnahme bedarf der Zustimmung des Aufsichtsrats, § 202 Abs. 3 S. 2 AktG; ohne die Zustimmung ist die Kapitalerhöhung gleichwohl wirksam, vgl. nur *Bayer* in MüKoAktG AktG § 202 Rn. 93 mwN.
[21] *Servatius* in Spindler/Stilz AktG § 182 Rn. 5a.
[22] Vgl. bereits die Stellungnahme des *Handelsrechtsausschusses des DAV* zum RegE des WpÜG v. 21.9.2001, NZG 2001, 1003 (1007); *Hommelhoff/Witt* in Haarmann/Schüppen WpÜG § 39 Rn. 16 f.
[23] Vgl. *Schlitt/Ries* in MüKoAktG WpÜG § 35 Rn. 217 mwN; *Geibel/Süßmann* in Angerer/Geibel/Süßmann WpÜG § 18 Rn. 32; *Steinmeyer* in Steinmeyer WpÜG § 39 Rn. 7.
[24] *Meyer* in Angerer/Geibel/Süßmann WpÜG § 39 Rn. 7; *v. Bülow* in Kölner Komm. WpÜG § 39 Rn. 63.
[25] Ein Beschluss der Gesellschafterversammlung, der dem Kontrollerwerber die Abgabe des Angebots untersagt, dürfte von dessen Verwaltungsorgan nicht ausgeführt werden. Demnach ist gem. § 39 WpÜG die entsprechende Erlaubnis nach § 25 WpÜG ausdrücklich nicht auf Pflichtangebote anwendbar; vgl. auch *Meyer* in Angerer/Geibel/Süßmann WpÜG § 39 Rn. 7, 10; *Haarmann* in Haarmann/Schüppen WpÜG § 39 Rn. 20; *Baums/Hecker* in Baums/Thoma WpÜG § 39 Rn. 53.
[26] Unzulässig sind indes etwa Potestativbedingungen, deren Eintritt der Bieter, mit ihm gemeinsam handelnde Personen oder deren Tochterunternehmen selbst herbeiführen können; vgl. § 18 Abs. 1 WpÜG.
[27] § 18 Abs. 1 iVm § 25 WpÜG; vgl. *Scholz* in Haarmann/Schüppen WpÜG § 18 Rn. 41.

aus „Holzmüller/Gelatine"-Erwägungen oder aufgrund der einschränkenden Satzung des Bieters.[28]

b) Erforderlichkeit des Beschlusses

Aus dem systematischen Zusammenhang von § 18 und § 10 Abs. 1 S. 2 WpÜG folgt indes, dass ein solcher Zustimmungsvorbehalt nur dann rechtmäßig ist, wenn eine Entscheidung der Hauptversammlung **rechtlich erforderlich** ist.[29] Es genügt daher nicht, dass der Vorstand der Bietergesellschaft aufgrund eigenen Entschlusses gem. § 119 Abs. 2 AktG die Hauptversammlung über das abgegebene Angebot entscheiden lässt, ohne hierzu verpflichtet zu sein. Die Bindung des Bieters an sein Angebot, auf die § 18 Abs. 1 WpÜG abzielt, würde dadurch unterlaufen.[30]

Ein Zustimmungsvorbehalt kommt demnach nur dann als Angebotsbedingung in Betracht, wenn nach der Satzung des Bieters, namentlich in Hinblick auf eine erforderliche Änderung des statutarischen Unternehmensgegenstands, oder aus den Grundsätzen der „Holzmüller/Gelatine"-Rechtsprechung eine Zustimmung der Gesellschafter des Bieters zur Durchführung des Angebots erforderlich ist.[31]

Auch bei einer zwingenden Hauptversammlungszuständigkeit dürfte die Zustimmung zum Angebot dann eine unzulässige (Potestativ-)Bedingung darstellen, wenn die Verwaltung des Bieters im Einvernehmen mit dem Mehrheitsgesellschafter handelt und das Ergebnis des Hauptversammlungsbeschlusses auf diese Weise steuern kann.[32] Dies wäre beispielsweise der Fall, wenn der Mehrheitsgesellschafter als „eigentlicher Bieter" das Angebot durch eine von ihm beherrschte Tochter-AG abgeben lässt. Derartige Umgehungstatbestände sind Gegenstand möglicher Maßnahmen der Bundesanstalt für Finanzdienstleistungsaufsicht (BaFin) im Rahmen der allgemeinen Missstandsaufsicht.[33]

c) Unverzügliche Herbeiführung des Beschlusses

Der Bieter hat seine **Entscheidung** zur Abgabe eines freiwilligen Angebots (also eines Erwerbs- oder Übernahmeangebots) **unverzüglich** zu **veröffentlichen** (§ 10 Abs. 1 S. 1 WpÜG). Dies gilt auch dann, wenn für die Durchführung des Angebots ein Beschluss der Hauptversammlung erforderlich ist und ein solcher Beschluss noch nicht erfolgt ist (§ 10 Abs. 1 S. 2 WpÜG). Ist ein Hauptversammlungsbeschluss **erforderlich** und hat der Bieter das Angebot unter die Bedingung der Zustimmungserteilung gestellt, ist der Bieter verpflichtet, den Beschluss unverzüglich, spätestens jedoch bis zum fünften Werktag[34] vor

---

[28] Nicht hierher gehören Bedingungen hinsichtlich der Beschaffung der Gegenleistung zur Erfüllung des Angebots. Sie sind unzulässig. So kann ein Angebot nicht unter die Bedingung gestellt werden, dass die Hauptversammlung des Bieters eine Barkapitalerhöhung beschließt, wenn der Mittelzufluss für die Finanzierung des Erwerbs benötigt wird, vgl. *Geibel/Süßmann* in Angerer/Geibel/Süßmann WpÜG § 18 Rn. 52.
[29] Nach § 10 Abs. 1 S. 2 WpÜG muss der Bieter seine Absichten nur veröffentlichen, wenn der Beschluss der Gesellschafterversammlung „erforderlich" ist; vgl. *Oechsler* in Ehricke/Ekkenga/Oechsler WpÜG § 18 Rn. 11; *Scholz* in Haarmann/Schüppen WpÜG § 18 Rn. 45.
[30] Ebenso *Geibel/Süßmann* in Angerer/Geibel/Süßmann WpÜG § 18 Rn. 24; aA Wackerbarth in MüKo-AktG WpÜG § 18, Rn. 31.
[31] So *Scholz* in Haarmann/Schüppen WpÜG § 18 Rn. 45; *Oechsler* in Ehricke/Ekkenga/Oechsler WpÜG § 18 Rn. 11.
[32] Vgl. *Scholz* in Haarmann/Schüppen WpÜG § 18 Rn. 43; ähnlich *Oechsler* NZG 2001, 817 (821).
[33] Vgl. Begründung zum RegE des WpÜG, BR-Drs. 574/01, 116; vgl. auch *Scholz* in Haarmann/Schüppen WpÜG § 18 Rn. 43; *Hasselbach* in Kölner Komm. WpÜG § 18 Rn. 74 mwN.
[34] Aufgrund der regelmäßigen Überregionalität von Übernahmeangeboten ist dabei schon aus Gründen der Praktikabilität auf bundeseinheitliche Werktage abzustellen; vgl. auch *Schröder* in Haarmann/Schüppen WpÜG § 21 Rn. 23; *Hasselbach* in Kölner Komm. WpÜG § 21 Rn. 13; aA *Diekmann* in Baums/Thoma WpÜG § 25 Rn. 18, der auf die Gegebenheiten am Sitz des Bieters abstellt. Zu beachten ist weiter, dass der Samstag nach bundesgerichtlicher Rechtsprechung als Werktag mitzählt, vgl. BGH NJW 1978, 2594; 2005, 2154; BVerwG NVwZ 1997, 298. Bei der Fristberechnung werden weder der Tag der Veröffentlichung noch der Tag des Ablaufs der Annahmefrist mitgezählt, die Berechnung erfolgt nach § 187 Abs. 1

Ablauf der Annahmefrist des Angebots herbeizuführen (§ 25 WpÜG). Entscheidend ist hierbei die Beschlussfassung, nicht die Bestandskraft des Beschlusses.[35]

26 Die BaFin kann dem Bieter auf Antrag gestatten, seine Entscheidung zur Abgabe eines Angebots erst nach Durchführung der Hauptversammlung zu veröffentlichen, wenn gewährleistet ist, dass Marktverzerrungen nicht zu befürchten sind (§ 10 Abs. 1 S. 3 WpÜG). Dies setzt eine vertrauliche Behandlung der Absicht zur Abgabe des Angebots voraus. Bei (Publikums-) Gesellschaften mit großem Gesellschafterkreis, namentlich bei Aktiengesellschaften, ist diese Vertraulichkeit aufgrund der Publizität der Hauptversammlungseinberufung in der Regel nicht zu gewährleisten. Für solche Bieter kommt eine Befreiung von der Verpflichtung zur Veröffentlichung der Absicht, ein Angebot abzugeben, daher nicht in Betracht.[36]

27 Muss die Hauptversammlung des Bieters dem Erwerbs- oder Übernahmeangebot zustimmen, ist ggf. eine **außerordentliche Hauptversammlung** einzuberufen. Eine verkürzte Ladungsfrist oder ähnliche Verfahrenserleichterungen wie bei der Abwehr-Hauptversammlung der Zielgesellschaft nach § 16 Abs. 3 und 4 WpÜG gelten in diesem Fall für den Bieter nicht. Vielmehr muss durch entsprechende **Vorausplanung** sichergestellt werden, dass die Hauptversammlung rechtzeitig vorbereitet wird, um bis zum fünften Werktag vor Ablauf der Annahmefrist, die mithin ausreichend lang gewählt werden sollte, stattfinden zu können.[37]

d) Vorbereitung der Hauptversammlung

28 Neben den allgemeinen Anforderungen, die im Rahmen der Vorbereitung der Hauptversammlung zu erfüllen sind (vgl. dazu §§ 3–5), ist der wesentliche Inhalt der Angebotsunterlage bekannt zu machen (→ § 4 Rn. 197). Die Hauptversammlung kann über das Angebot nur dann sachgerecht befinden, wenn ihr dessen wesentlicher Inhalt vorab bekannt gemacht worden ist. Zwar findet § 124 Abs. 2 S. 3 AktG keine unmittelbare Anwendung. Muss der Vorstand die Leitungsmaßnahme jedoch wegen der grundlegenden Bedeutung für die Gesellschaft und des damit verbundenen Eingriffs in die Mitgliedschaftsrechte der Aktionäre der Hauptversammlung zur Zustimmung vorlegen, ist entsprechend der Bestimmungen über die Bekanntmachungspflicht bei zustimmungsbedürftigen Verträgen nicht nur die Erstellung einer schriftlichen Darstellung des Gesamtkonzepts, sondern auch eine Bekanntmachung des wesentlichen Inhalts der geplanten Maßnahme geboten.[38] Inhaltlich hat sich diese Bekanntmachung an den wesentlichen Inhalten eines Vorstandsbe-

---

BGB. Läuft die Annahmefrist also zB an einem Freitag ab, muss (vorbehaltlich eventueller Feiertage) die Gesellschafterversammlung spätestens bis zum fünften Werktag vor Ablauf der Annahmefrist, also spätestens zu Beginn (0.00 Uhr) des vorausgehenden Samstages, den erforderlichen Beschluss herbeiführen; vgl. *Süßmann* in Angerer/Geibel/Süßmann WpÜG § 25 Rn. 5 ff.

[35] Vgl. Begründung zum RegE des WpÜG, BR-Drs. 574/01, 125.
[36] So auch *Geibel/Louven* in Angerer/Geibel/Süßmann WpÜG § 10 Rn. 33; *Walz* in Haarmann/Schüppen WpÜG § 10 Rn. 27; *Thoma* in Baums/Thoma WpÜG § 10 Rn. 41. Eine Befreiung kommt indes etwa für nicht börsennotierte Aktiengesellschaften in Betracht, bei welchen dem Vorstand alle Aktionäre namentlich bekannt sind.
[37] Die Annahmefrist kann nach Wahl des Bieters zwischen vier und zehn Wochen betragen, § 16 Abs. 1 S. 1 WpÜG, und beginnt mit der Veröffentlichung der Angebotsunterlage, § 16 Abs. 1 S. 2 WpÜG. Bei einer Einberufung der Hauptversammlung vor der Veröffentlichung der Angebotsunterlage stehen sowohl der Zeitpunkt des Beginns als auch der des Ablaufs der Angebotsfrist noch nicht fest, weil beides davon abhängt, wann die BaFin die Veröffentlichung der Angebotsunterlage gestattet. Sicherheitshalber sollte ein ausreichender zeitlicher Puffer vorgesehen werden, wobei regelmäßig die Fiktion der Gestattung der Veröffentlichung durch die BaFin gem. § 14 Abs. 2 S. 1 WpÜG heranzuziehen ist. Der angegebene Beginn der Annahmefrist sollte also zehn Tage nach dem Eingang der Unterlage bei der BaFin liegen. Zweckmäßig ist auch, bei Einreichung der Angebotsunterlage die Angabe der Annahmefrist in abstrakter Form mit der BaFin abzustimmen und, sobald der Veröffentlichungszeitpunkt feststeht, die Unterlage entsprechend anzupassen; vgl. *Seydel* in Kölner Komm. WpÜG § 11 Rn. 57; *Steinhardt/Nestler* in Steinmeyer WpÜG § 11 Rn. 34.
[38] Vgl. *Kubis* in MüKoAktG AktG § 124 Rn. 24; auch → § 4 Rn. 197 ff.

richts zu orientieren, wie er bei einer vertraglich fixierten Strukturmaßnahme bekanntzumachen wäre.[39] Neben den wirtschaftlichen Eckdaten des Angebots werden dies insbesondere die Absichten sein, die der Bieter mit dem Erwerb der Zielgesellschaft verfolgt.[40]

Die Offenlegung der vorgenannten Informationen darf indes nicht vor der Veröffentlichung der Angebotsunterlage erfolgen (§ 14 Abs. 2 S. 2 WpÜG), da verhindert werden soll, dass Besitzer von Aktien der Zielgesellschaft bereits aufgrund der ungeprüften Angebotsunterlage Entscheidungen von rechtlicher und wirtschaftlicher Tragweite treffen, ohne dass gewährleistet ist, dass die Angebotsunterlage vollständig ist und im Einklang mit dem WpÜG steht.[41] Die **Einladung zur Hauptversammlung,** die über das Angebot und somit über den Bedingungseintritt entscheiden soll, darf dementsprechend **nicht vor Veröffentlichung der Angebotsunterlage** bekannt gemacht werden. Da die mit Veröffentlichung der Angebotsunterlage beginnende Annahmefrist durch den Bieter auf bis zu zehn Wochen festgesetzt werden kann (§ 16 Abs. 1 S. 1 WpÜG), ist die rechtzeitige Durchführung der Hauptversammlung bis zum Beginn des fünften Werktages vor deren Ablauf gleichwohl ohne Weiteres möglich.[42]

e) Eintritt oder Ausfall der Bedingungen

Stimmt die Hauptversammlung des Bieters dem Angebot zu, wird das bis dahin schwebend unwirksame Angebot (vorbehaltlich anderer noch nicht eingetretener Bedingungen) im Verhältnis zu den Aktionären der Zielgesellschaft wirksam. Bereits abgeschlossene Kaufverträge werden daher endgültig wirksam, für nachfolgende Annahmeerklärungen wirkt der Gesellschafterbeschluss als Einwilligung.[43] Lehnt die Hauptversammlung des Bieters das Angebot dem entgegen ab, fällt die Bedingung aus. In diesem Fall ist das Angebot gescheitert, mit der Folge, dass dessen Rechtswirkungen entfallen. Bereits geschlossene Verträge werden endgültig unwirksam; neue Annahmen können nicht mehr wirksam erklärt werden.[44]

Wird die Hauptversammlung vom Bieter treuwidrig verspätet oder gar nicht einberufen und unterbleibt daher eine Beschlussfassung gänzlich, ist mit der überwiegenden Auffassung in der Literatur ebenfalls von einem Bedingungsausfall auszugehen, so dass das Angebot endgültig unwirksam wird.[45] Insbesondere wird der Bedingungseintritt nicht fin-

---

[39] Bei Maßnahmen, die nach „Holzmüller/Gelatine"-Grundsätzen zustimmungsbedürftig sind, müssen folglich die zur sachgemäßen Entscheidungsvorbereitung erforderlich Informationen bekanntgemacht werden; dies umfasst insbesondere das unternehmerische Konzept und die wesentlichen Einzelmaßnahmen zu dessen Realisierung; vgl. *Bungert* in MHdB GesR Bd. IV, § 35 Rn. 51.
[40] Vgl. zu den Anhaltspunkt die erforderlichen Inhalte und ergänzenden Angaben der Angebotsunterlage gem. § 11 Abs. 2 WpÜG; vgl. auch die ausführlichen Erläuterungen zu den einzelnen Angaben bei *Renner* in Haarmann/Schüppen WpÜG § 11 Rn. 37 ff.
[41] Vgl. *Geibel/Süßmann* in Angerer/Geibel/Süßmann WpÜG § 14 Rn. 41 ff. zu den Einzelheiten.
[42] Nach § 25 WpÜG ist der Bieter verpflichtet, den Beschluss spätestens bis zum fünften Werktag vor Ablauf der Annahmefrist herbeizuführen.
[43] *Wackerbarth* in MüKoAktG WpÜG § 25 Rn. 11; *Noack/Holzborn* in Schwark/Zimmer, Kapitalmarktrechts-Kommentar, 4. Aufl. 2010, WpÜG § 25 Rn. 7; *Steinmeyer* in Steinmeyer WpÜG § 25 Rn. 7.
[44] *Noack/Holzborn* in Schwark/Zimmer, Kapitalmarktrechts-Kommentar, 4. Aufl. 2010, WpÜG § 25 Rn. 7; *Steinmeyer* in Steinmeyer WpÜG § 25 Rn. 8. Den Empfängern des Angebots soll innerhalb der Annahmefrist bekannt werden, ob die Zustimmung der Hauptversammlung des Bieters vorliegt. Eine fristgerechte Anfechtung des zustimmenden Hauptversammlungsbeschlusses ist für die Wirksamkeit des Bedingungseintritts und damit des Angebots unbeachtlich; vgl. Begründung zum RegE des WpÜG, BT-Drs. 14/7034, 51; *Steinmeyer* in Steinmeyer WpÜG § 25 Rn. 9; *Hasselbach* in Kölner Komm. WpÜG § 25 Rn. 15. Auch eine erfolgreiche Anfechtungs- oder Nichtigkeitsklage lässt die Durchführung des Angebots und die bereits entstandenen Aktienkaufverträge unberührt; vgl. *Süßmann* in Angerer/Geibel/Süßmann WpÜG § 25 Rn. 9; *Steinmeyer* in Steinmeyer WpÜG § 25 Rn. 10.
[45] Vgl. *Diekmann* in Baums/Thoma WpÜG § 25 Rn. 25 ff.; *Steinmeyer* in Steinmeyer WpÜG § 25 Rn. 13, 16; aA wohl *Schröder* in Haarmann/Schüppen WpÜG § 25 Rn. 10, der lediglich die Möglichkeit einer BaFin-Anordnung sieht. Zwar besteht insoweit in der Tat das Risiko, dass der Vorstand des Bieters noch während der Angebotsfrist die Wirksamkeit des Angebots dadurch manipulieren könnte, dass er die Hauptversammlung nicht einberuft, das bereits veröffentlichte Angebot damit noch unverbindlich wäre

giert (§ 162 Abs. 1 BGB).[46] Wird gegen die Pflicht zur unverzüglichen Herbeiführung eines Hauptversammlungsbeschlusses verstoßen, kann dem – unabhängig von der Folge des Verstoßes – darüber hinaus durch Maßnahmen der BaFin im Rahmen der allgemeinen Missstandsaufsicht begegnet werden.[47]

3. Erforderliche Satzungsänderungen

32 Die Gesellschaft darf Beteiligungen an anderen Unternehmen nur erwerben, wenn sie dazu durch die Satzung ermächtigt ist. Diese Ermächtigung ergibt sich regelmäßig aus der **Gegenstandsklausel** in der Satzung. Sie ist für jede Art des Beteiligungserwerbs erforderlich.[48] Daher kann der Unternehmensgegenstand den Bieter dazu zwingen, seine Hauptversammlung mit einem freiwilligen Angebot bzw. dem den Kontrollerwerb auslösenden und zum Pflichtangebot führenden Sachverhalt zu befassen.[49]

33 Liegt die Tätigkeit der Zielgesellschaft außerhalb des vom Unternehmensgegenstand des Bieters erfassten Bereichs, kann im Zusammenhang mit der geplanten Übergabe eine Anpassung des statutarischen Unternehmensgegenstands des Bieters erforderlich werden.[50]

---

und der Vorstand praktisch ein Rücktrittsrecht hätte, das § 18 Abs. 2 WpÜG gerade untersagt. Dem ist jedoch zu entgegnen, dass andernfalls ein Missbrauchsrisiko dahingehend bestehen würde, dass der Vorstand des Bieters das Erfordernis der Zustimmung der Hauptversammlung umgeht und das Angebot trotz nicht erteilter Zustimmung wirksam bleibt. Konsequenterweise ist daher wie bei einer verspäteten Beschlussfassung vom endgültigen Ausfall der Bedingung auszugehen, wenn eine Beschlussfassung aufgrund einer treuwidrigen Verzögerung überhaupt nicht erfolgt. *Wackerbarth* in MüKoAktG WpÜG § 25 Rn. 8ff. hebt hervor, dass die Bedingung des Gesellschafterbeschlusses nur den Gesellschaftern die Möglichkeit geben soll, ihre Zustimmung zu dem beabsichtigten Erwerb zu geben. Es liege daher nahe, auf die Rechtsfolgen einer nicht rechtzeitig erteilten Genehmigung abzustellen.

[46] *Wackerbarth* in MüKoAktG WpÜG § 25 Rn. 7; *Diekmann* in Baums/Thoma WpÜG § 25 Rn. 25; *Steinmeyer* in Steinmeyer WpÜG § 25 Rn. 13; *Süßmann* in Angerer/Geibel/Süßmann WpÜG § 25 Rn. 4; nunmehr auch: *Noack/Holzborn* in Schwark/Zimmer, Kapitalmarktrechts-Kommentar, 4. Aufl. 2010, WpÜG § 25 Rn. 12.

[47] § 4 Abs. 1 S. 3 WpÜG; vgl. *Diekmann* in Baums/Thoma WpÜG § 25 Rn. 27; *Hasselbach* in Kölner Komm. WpÜG § 25 Rn. 14; *Schröder* in Haarmann/Schüppen WpÜG § 25 Rn. 10. Die Möglichkeit einer die Unwirksamkeit des Angebots nach sich ziehenden Verzögerung kann bereits mit Verstreichenlassen der letzten Möglichkeit zur fristgemäßen Einberufung der Hauptversammlung des Bieters zu erkennen sein. Eine in diesem Fall seitens der BaFin in Betracht kommende Maßnahme im Rahmen des ihr zustehenden Ermessens und nach Anhörung des Bieters wäre zunächst die Aufforderung zu erklären, ob eine Beschlussfassung bereits erfolgt und die Bedingung damit eingetreten ist. Weiter wäre zu erwägen, die Annahmefrist zu verlängern mit der entsprechenden Aufgabe an den Bieter, umgehend die Beschlussfassung der Gesellschafterversammlung herbeizuführen; vgl. *Diekmann* in Baums/Thoma WpÜG § 25 Rn. 27.

[48] Es ist umstritten, ob ein Satzungsverstoß vorliegt, wenn die Gesellschaft ohne entsprechende Ermächtigung Beteiligungen an anderen Unternehmen erwirbt (vgl. hierzu *Krieger* in MHdB AG, § 70 Rn. 5 mwN). Der BGH hat im „Holzmüller"-Urteil (BGHZ 83, 122 (130); NJW 1982, 1703) die Frage offen gelassen. In der Praxis werden die Satzungen von Aktiengesellschaften indes oftmals Regelungen enthalten, die es der Gesellschaft gestatten, Unternehmen zu erwerben oder sich daran zu beteiligen. All dies gilt nicht für Finanzanlagen, sondern nur für unternehmerische Beteiligungen; *Krieger* in MHdB AG Band IV, § 70 Rn. 5; *Wiedemann* in GroßKommAktG AktG § 179 Rn. 62ff.; *Groß* AG 1994, 266 (268).

[49] OLG Hamburg ZIP 1980, 1000 (1006); *Krieger* in MHdB AG, § 70 Rn. 8; *Assmann/Bozenhardt* in Assmann/Basaldua/Bozenhardt/Peltzer, Übernahmeangebote, ZGR 1990, Sonderheft 9, 61f.; vgl. dazu auch *Fleischer* in Spindler/Stilz AktG § 82 Rn. 32. Zur Differenzierung zwischen dem Gesellschaftszweck (dem finalen Sinn des Zusammenschlusses der Gesellschaft) und dem Unternehmensgegenstand (dem Mittel, mit dem der Gesellschaftszweck verwirklicht wird) → § 19 Rn. 9.

[50] In diese Richtung tendierend *Busch* AG 2002, 145 (148), der davon spricht, dass der Erwerb von Unternehmen zwar nach hA nicht den „Holzmüller"-Grundsätzen unterfalle, dies sich allerdings dann anders verhalten möge, „wenn die Übernahme eine faktische Änderung des Unternehmensgegenstandes des Bieters" mit sich bringe. So wohl auch *Süßmann* in Angerer/Geibel/Süßmann WpÜG § 25 Rn. 2, nach dem ggf. „auch eine Änderung des satzungsmäßigen Gesellschaftszwecks im Zusammenhang mit dem öffentlichen Übernahmeangebot notwendig werden" könne.

III. Einzelfälle der Hauptversammlungsbefassung § 36

Ob eine solche vor der Übernahme vorgenommen werden muss, ist umstritten.[51] Für das geplante Angebot des Bieters kann sich daraus uU das Erfordernis ergeben, die eigene Hauptversammlung vor Durchführung der Übernahme mit der Änderung des Unternehmensgegenstands zu befassen. 34

4. Umwandlungsvorgänge

Das Ziel, Aktien einer börsennotierten Gesellschaft zu erwerben, lässt sich auch durch eine **Umwandlung nach dem UmwG** erreichen.[52] Die Umwandlung erfordert für die beteiligten Rechtsträger die Zustimmung ihrer Gesellschafterversammlung, also für die AG, KGaA oder SE die Zustimmung der Hauptversammlung (→ § 39 Rn. 24). 35

Das Umwandlungsrecht und das Übernahmerecht stehen als unterschiedliche Regelungsbereiche nebeneinander.[53] Eine Umwandlung ist keine Übernahme im eigentlichen Sinne, die analoge Anwendung der WpÜG-Regeln über freiwillige Angebote auf Vorgänge nach dem UmwG ist daher nicht geboten.[54] Jedoch kann ein Umwandlungsvorgang nach dem UmwG zu einer Konstellation führen, die ein **Pflichtangebot** (§ 35 Abs. 2 S. 1 WpÜG) erforderlich macht: Ist die Kontrollschwelle von 30% der Stimmrechte erreicht oder überschritten,[55] muss der Bieter den übrigen Aktionären den Erwerb ihrer Aktien anbieten.[56] Daran muss bereits bei der Beschlussfassung über die Umwandlung gedacht werden.[57] 36

---

[51] Nach *Krieger* in MHdB AG, § 70 Rn. 8 mwN muss die „Satzungsänderung der endgültigen Bestandskraft des Geschäfts" vorangehen. *Mertens/Cahn* in Kölner Komm. AktG § 82 Rn. 36 weisen demgegenüber darauf hin, dass man beim Erwerb von Beteiligungen oder bei Ankäufen von Unternehmen, die außerhalb des bisherigen Unternehmensgegenstands liegen, schwerlich von der Gesellschaft eine Satzungsänderung verlangen könne, ehe der Vorstand sicher sein könne, zum Zuge zu kommen. Der Vorstand müsse jedoch den Kauf von der Bedingung abhängig machen, dass die Hauptversammlung mit satzungsändernder Mehrheit zustimmt.

[52] Hierzu bietet sich eine Verschmelzung zweier Gesellschaften an; siehe dazu *Volhard* in ÜN HdB § 17. Auch eine Auf- oder Abspaltung kann zur Übertragung von Aktienpaketen genutzt werden. Vgl. dazu *Weber-Rey/Schütz* AG 2001, 325 (328). Eine „feindliche" Übernahme durch Umwandlung ist jedoch ausgeschlossen, da die Anteilseigner beider Rechtsträger der Umwandlung zustimmen müssen.

[53] Die beiden Regelungskonzepte von Umwandlungsrecht und Übernahmerecht hat der Gesetzgeber bewusst nebeneinander gestellt, aber auch gleichzeitig anerkannt, dass weiterer Regelungsbedarf bestehen kann. Dies ergibt sich aus der Begründung zum Gesetzentwurf des WpÜG, BT-Drs. 14/7034, 31: „Übernahmen stellen neben strukturändernden Maßnahmen, die sich nach aktienrechtlichen oder umwandlungsrechtlichen Vorschriften richten, nur eine Möglichkeit dar, um bestimmte unternehmerische Ziele durchzusetzen. Dabei beurteilt sich die Zulässigkeit derartiger Maßnahmen stets nach den jeweils einschlägigen Rechtsvorschriften. Ob und inwieweit für bestimmte Fallkonstellationen im Schnittbereich zwischen Umwandlungs-, Aktien- und Übernahmerecht in der Praxis besondere gesetzliche Regelungen erforderlich sind, bleibt abzuwarten, da zunächst mit den neuen Vorschriften dieses Gesetzes Erfahrungen gewonnen werden sollen."

[54] Vgl. dazu *Seibt/Heiser* ZHR 165 (2001) 466; *Weber-Rey/Schütz* AG 2001, 325; *Technau* AG 2002, 260.

[55] Str. Eine Kontrollerlangung an einer Gesellschaft ist durch eine Verschmelzung nach §§ 2ff. UmwG möglich, wenn ein Aktionär eines übertragenden Rechtsträgers derart beteiligt ist, dass er nach der Verschmelzung mindestens 30% der Stimmrechte des aufnehmenden Rechtsträgers hält. Auch bei einer Spaltung nach §§ 123ff. UmwG können sich die Beteiligungsverhältnisse und damit die Kontrollverhältnisse der beteiligten Gesellschaften iSd WpÜG ändern. Dies ist sowohl beim übertragenden als auch beim aufnehmenden Rechtsträger möglich. Siehe dazu *Semler/Stengel* in Semler/Stengel UmwG Einleitung A Rn. 69ff.

[56] Kontrolle wird erlangt, wenn der Aktionär unmittelbar oder mittelbar mindestens 30% der Stimmrechte der Zielgesellschaft hält, § 29 Abs. 2 WpÜG. Auf welche Art die notwendige Anzahl der Stimmrechte zur Erreichung der 30% erlangt wird, ist grundsätzlich unerheblich; möglich ist zB ein rechtsgeschäftlicher Erwerb der Aktien oder auch das Überschreiten der Kontrollschwelle aufgrund Verringerung der Gesamtzahl der Stimmrechte durch die Einziehung eigener Aktien der Zielgesellschaft. Das Überschreiten dieser Schwelle löst grundsätzlich die Verpflichtung zu einem Angebot an die übrigen Aktionäre aus. Die BaFin kann auf Antrag Befreiungen von dieser Verpflichtung gewähren, vgl. § 37 Abs. 1, 2 WpÜG iVm §§ 8ff. WpÜG-AngebotsVO. Ebenso kann die BaFin bestimmen, dass bestimmte Stimmrechte des Bieters

5. Nachgründungsfälle

37 Ein öffentliches Angebot nach dem WpÜG kann die Befassung der Hauptversammlung erforderlich machen, wenn dadurch ein Nachgründungsverfahren erforderlich wird (§ 52 Abs. 1 S. 1 AktG). Auch Aktien sind „Vermögensgegenstände" iSd § 52 Abs. 1 AktG.

38 Ein Nachgründungsverfahren ist entbehrlich bei Erwerb der Aktien im Rahmen der **laufenden Geschäfte** der Gesellschaft, in der Zwangsvollstreckung oder an der Börse.[58] Ein öffentliches Angebot ist jedoch gerade kein Erwerb über die Börse. Zwar finden gelegentlich zur Vorbereitung oder Unterstützung des erfolgreichen Angebots Käufe des Bieters über die Börse statt, jedoch befreit dies nicht von der Pflicht zur Durchführung des Nachgründungsverfahrens für die im Rahmen des Angebots erworbenen Wertpapiere. Die Ausnahme „im Rahmen der laufenden Geschäfte der Gesellschaft" (§ 52 Abs. 9 Alt. 1 AktG) dürfte indes nur bei **institutionellen Investoren** und **Private Equity-Häusern** in der Rechtsform einer deutschen AG, KGaA oder SE in Betracht kommen, jedoch nicht beim Beteiligungserwerb durch reine **Holding-Gesellschaften.** Dieser Erwerb lässt sich nicht mehr unter „laufende Geschäfte" subsumieren und unterfällt daher, sofern er von dem erfassten Personenkreis erfolgt und die maßgebliche Wertgrenze überschritten wird, dem Anwendungsbereich des § 52 Abs. 1 AktG.[59]

39 Erfüllt der Erwerb von Aktien durch ein öffentliches Angebot zugleich die Voraussetzungen eines Nachgründungsverfahrens,[60] muss dieses nach den aktienrechtlichen Regeln, die durch das WpÜG nicht modifiziert werden,[61] durchgeführt werden (→ § 38 Rn. 11 ff.).

---

nicht zur Berechnung der Kontrollschwelle herangezogen werden, § 36 WpÜG. Vgl. zu den Rechtsfolgen bei pflichtwidrigem Unterlassen eines Pflichtangebots *Heusel* AG 2014, 232.

[57] Sofern sich durch umwandlungsrechtliche Maßnahmen in einer börsennotierten AG die Beteiligungsverhältnisse derart verschieben, dass ein Kontrollwechsel stattfindet, ist dies der Hauptversammlung bei der Beschlussfassung mitzuteilen. Ferner ist zu beachten, dass als Konsequenz sowohl die umwandlungsrechtlichen als auch die übernahmerechtlichen Verfahrensvorschriften anzuwenden sind. Insbesondere muss der Vorstand im Umwandlungsbericht (§§ 8, 60, 125 S. 1 UmwG) auf die rechtlichen und wirtschaftlichen Folgen der Umwandlung hinweisen, also auch auf daraus resultierende Verpflichtung zur Abgabe eines Pflichtangebots. Vgl. dazu die Übersicht bei *Seibt/Heiser* ZHR 165 (2001), 466 (470 ff., 474).

[58] § 52 Abs. 9 AktG; die Norm wurde durch das Gesetz zur Namensaktie und zur Erleichterung der Stimmrechtsausübung („NaStraG") neugefasst.

[59] *Pentz* in MüKoAktG AktG § 52 Rn. 55; *Priester* in GroßKommAktG AktG § 52 Rn. 94; *Koch* in Hüffer/Koch AktG § 52 Rn. 18c; *ders.*, Die Nachgründung, 2002, 103; *Werner* NZG 2001, 1403 (1406); aA *Jäger* NZG 1998, 370 (372); *Walter/Hald* DB 2001, 1183 (1185).

[60] Dazu folgendes Beispiel: Aktionär („A") ist zu 98 % an einer börsennotierten Gesellschaft („Z") beteiligt. A gründet eine neue AG („B") mit einem Grundkapital von 1 Mio. EUR und leistet als einziger Aktionär eine Bareinlage von 1 Mio. EUR. Ein Jahr nach der Eintragung von B im Handelsregister gibt B als Bieterin ein öffentliches Übernahmeangebot für die Aktien von Z als Zielgesellschaft ab. Das Angebot beläuft sich auf insgesamt 1 Mio. EUR für alle Aktien von Z. Z ist jedoch mittlerweile wegen hoher Schulden eigentlich wertlos. Würde das Übernahmeverfahren ohne Rücksicht auf die Nachgründungsvorschriften durchgeführt, erhielte A wegen der Beteiligung in Höhe von 98 % an Z fast die gesamte an B geleistete Bareinlage, B dafür wertlose Aktien.

[61] Die Anwendung der Nachgründungsvorschriften auch bei einem Erwerb durch ein öffentliches Übernahmeangebot nach dem WpÜG führt zu einer faktischen Ungleichbehandlung der Aktionäre der Zielgesellschaft. Die von der Nachgründung betroffenen Aktionäre der Zielgesellschaft werden wegen der sehr hohen Anforderungen des Nachgründungsverfahrens kaum eine Chance haben, das Übernahmeangebot zu nutzen. Zwar wird die hier geschilderte Konstellation nur in Ausnahmefällen eintreten, die Anwendung der Vorschriften über die Nachgründung ist jedoch geboten, um Missbrauchsfälle und eine Umgehung des Kapitalaufbringungsprinzips zu verhindern.

§ 37 Die Stellung der Hauptversammlung der Zielgesellschaft vor und bei einem öffentlichen Angebot zum Erwerb ihrer Wertpapiere

Übersicht

	Rn.
I. Überblick	1
II. Die Hauptversammlung der Zielgesellschaft und das WpÜG	4
1. Zuständigkeit der Hauptversammlung nach Aktienrecht	5
a) Autodynamische Abwehrmaßnahmen	5
b) Unechte Vorratsbeschlüsse	8
c) Unveränderte aktienrechtliche Zuständigkeit der Hauptversammlung	11
2. Sonderzuständigkeit der Hauptversammlung nach dem WpÜG	14
a) Echte Vorratsbeschlüsse	14
b) Abwehr-Hauptversammlung	15
III. Echte Vorratsbeschlüsse	17
1. Allgemein	17
a) Begriff	17
b) Praktische Bedeutung	20
2. Inhalt der Ermächtigung	21
3. Bestimmtheit der Ermächtigung	23
a) Bestimmtheit der Art nach	24
b) Konkretisierung der Vorgaben	25
c) Abwehrzweck	27
d) Rechtsfolge mangelnder Bestimmtheit	28
e) Befristung	29
4. Beschlussfassung	30
a) Zeitpunkt der Beschlussfassung	30
b) Vorbereitung und Durchführung der Hauptversammlung	31
c) Aufhebung und Änderung von Vorratsbeschlüssen	34
5. Das Ausnutzen eines echten Vorratsbeschlusses	35
6. Zustimmung des Aufsichtsrats	37
7. Das Europäische Verhinderungsverbot	40
a) Überblick	40
b) Opt-In	42
c) Ermächtigung der Hauptversammlung	43
IV. Abwehr-Hauptversammlung	44
1. Allgemein	44
2. Anwendungsbereich	45
3. Zusammenhang mit Angebot	46
a) Inhaltlicher Zusammenhang	47
b) Zeitlicher Zusammenhang	52
4. Rechtsfolge: Fristverlängerung	54
5. Absetzung der Abwehr-Hauptversammlung	55
6. Einberufungsgründe	56
7. Einberufungszuständigkeit	61
8. Mitteilungspflicht des Vorstands	65
a) Inhalt	66
b) Form	67
c) Rechtsfolgen der Unterlassung	69
9. Veröffentlichungspflicht des Bieters	70
a) Inhalt	71
b) Medium	72
c) Rechtsfolgen der Unterlassung	74
10. Erleichterungen	75
a) Einberufungsfrist	76
b) Versammlungsort	80

	Rn.
c) Versammlungszeitpunkt	81
d) Verkürzung der Mitteilungsfristen	82
e) Modifikationen der Mitteilungs- und Informationspflichten	83
f) Unterbleiben der Zusendung von Mitteilungen und Gegenanträgen	89
g) Bevollmächtigung von Kreditinstituten	92
h) Stimmrechtsvollmachten	93
i) Folge von Verstößen	94

Stichworte

Abwehr-Hauptversammlung Rn. 15, 44 ff.
– Angebots-Zusammenhang Rn. 46 ff.
– Anwendungsbereich Rn. 45
– Einberufung Rn. 56 ff.
Abwehrmaßnahmen Rn. 5 ff.
Europäisches Verhinderungsverbot Rn. 40 ff.

– Ermächtigung der Hauptversammlung Rn. 43
– Opt-in Rn. 42
Hauptversammlung Rn. 4 ff.
– Zuständigkeiten Rn. 5 ff.
Vorratsbeschlüsse Rn. 8, 17 ff.
– Echte Vorratsbeschlüsse Rn. 14, 17 ff.
– Unechte Vorratsbeschlüsse Rn. 8 ff.

Schrifttum:
Diekmann, Änderungen im Wertpapier- und Übernahmegesetz anlässlich der Umsetzung der EU-Übernahmerichtlinie in das deutsche Recht, NJW 2007, 17; *Fleischer/Körber,* Der Rückerwerb eigener Aktien und das Wertpapiererwerbs- und Übernahmegesetz, BB 2001, 2589; *Holzborn/Peschke,* Europäische Neutralitätspflicht und Übernahme Squeeze-Out – Die Implementierung der Übernahmerichtlinie im WpÜG –, BKR 2007, 101; *Hopt,* Grundsatz und Praxisprobleme nach dem Wertpapiererwerbs- und Übernahmegesetz, ZHR 166 (2002) 383; *Kersting,* Die Reziprozitätsregel im europäischen Übernahmerecht und ihre Anwendung auf Gesellschaften aus Drittstaaten, EuZW 2007, 528; *Knott,* Freiheit, die ich meine: Abwehr von Übernahmeangebote nach Umsetzung der EU-Richtlinie, NZG 2006, 849; *Koch,* Unzulänglichkeiten im Übernahmerecht? Das Verhinderungsverbot aus institutionenökonomischer Perspektive, WM 2010, 1155; *Krause,* Prophylaxe gegen feindliche Übernahmeangebote, AG 2002, 133; *Lebherz,* Publizitätspflichten bei der Übernahme börsennotierter Unternehmen, WM 2010, 154; *Lenz/Linke,* Rückkauf eigener Aktien nach dem Wertpapiererwerbs- und Übernahmegesetz, AG 2002, 420; *Maier-Reimer,* Verhaltenspflichten des Vorstands der Zielgesellschaft bei feindlichen Übernahmen, ZHR 165 (2001) 258; *Pohlmann,* Rechtsschutz der Aktionäre der Zielgesellschaft im Wertpapiererwerbs- und Übernahmeverfahren, ZGR 2007, 1; *Santelmann,* Notwendige Mindesterwerbsschwellen bei Übernahmeangeboten – Wann ist ein Übernahmeangebot ein Übernahmeangebot?, AG 2002, 497; *U.H. Schneider,* Die Zielgesellschaft nach Abgabe eines Übernahme- oder Pflichtangebots, AG 2002, 125; *Stöcker,* Widerruf oder Rücktritt von Angebotsankündigungen, NZG 2003, 993; *Süßmann,* Unerwünschte Übernahmen, NZG 2011, 1281.

I. Überblick

1 Gegenstand des nachfolgenden Abschnitts ist der **Zusammenhang** zwischen der **Hauptversammlung der Zielgesellschaft** und dem im Wertpapiererwerbs- und Übernahmegesetz (WpÜG) niedergelegten **Übernahmerecht**. Insbesondere werden die Möglichkeiten einer Zielgesellschaft dargestellt und erläutert, sich unter Einbeziehung ihrer Hauptversammlung auf ein künftiges oder bereits abgegebenes Erwerbs-, Übernahme- oder Pflichtangebot vorzubereiten bzw. auf ein solches zu reagieren. Da ein Erwerbsangebot nicht auf einen Kontrollerwerb gerichtet ist und ein Pflichtangebot den bereits erfolgten Kontrollerwerb voraussetzt, geht es vorliegend im Wesentlichen um die Rolle der Hauptversammlung bei der **Abwehr eines antizipierten oder bereits vorliegenden Übernahmeangebots. Im zeitlichen Vorfeld einer Angebots- bzw. Übernahmesituation** kann sich die Hauptversammlung auf dreierlei Weise mit abwehrgeeigneten Maßnahmen befassen:

2 – Sie kann **autodynamische Abwehrmaßnahmen** beschließen, die aus sich selbst heraus wirken (→ Rn. 5–7),

II. Die Hauptversammlung der Zielgesellschaft und das WpÜG §37

– sie kann **unechte Vorratsbeschlüsse** fassen, die einer Umsetzung durch die Verwaltung bedürfen (→ Rn. 8–10) und
– sie kann mit **echten Vorratsbeschlüssen** ein gesetzlich vorgesehenes Abwehrinstrument nutzen, das ebenfalls mehrstufig ausgestaltet ist (→ Rn. 17–39).

Ferner können die Aktionäre während eines **laufenden Angebots- bzw. Übernahmeverfahrens** im Rahmen einer sog **Abwehr-Hauptversammlung** Abwehrmaßnahmen beschließen (Rn. 44–94). 3

II. Die Hauptversammlung der Zielgesellschaft und das WpÜG

Das WpÜG erwähnt die Hauptversammlung der Zielgesellschaft in verschiedenen Regelungen: § 16 Abs. 3 und 4 WpÜG betrifft die sog **Abwehr-Hauptversammlung,** § 33 Abs. 2 WpÜG gestattet sog **Vorratsbeschlüsse** der Hauptversammlung zum Zweck der Abwehr eines öffentlichen Angebots. Ferner wird die Hauptversammlung in § 33a Abs. 2 Nr. 1 WpÜG (sog Europäisches Verhinderungsverbot) sowie § 33b Abs. 2 Nr. 3 WpÜG (Europäische Durchbrechungsregel) erwähnt, die bei Vorliegen einer entsprechenden Anordnung in der Satzung der Zielgesellschaft *(opt in)* Anwendung finden.[1] Im Übrigen stellt das WpÜG keinen ausdrücklichen Zusammenhang zwischen der Hauptversammlung der Zielgesellschaft und dem Übernahmerecht her. Zwar wird in § 9 S. 2 Nr. 2 der WpÜG-AngebotsVO im Zusammenhang mit einem Befreiungstatbestand für die Abgabe eines Pflichtangebots auf die Hauptversammlung der Zielgesellschaft Bezug genommen; die Regelung betrifft indes nicht die Handlungsmöglichkeiten der Hauptversammlung im Zusammenhang mit dem Übernahmerecht, sondern lediglich eine Betrachtung der historischen Hauptversammlungspräsenz der Zielgesellschaft als Sachverhaltsvoraussetzung für die Befreiung von der Verpflichtung zur Abgabe eines Pflichtangebots. Gleichwohl kann die Hauptversammlung der Zielgesellschaft auch unabhängig von den Regelungen des WpÜG erheblichen Einfluss auf öffentliche Angebote und deren Abwehr nehmen. 4

1. Zuständigkeit der Hauptversammlung nach Aktienrecht

a) Autodynamische Abwehrmaßnahmen

Die von der Hauptversammlung beschlossene Satzung der Zielgesellschaft kann **Elemente** enthalten, die schon **aus sich selbst** heraus geeignet sind, den **Erfolg eines öffentlichen Angebots zu erschweren oder zu verhindern.** Es handelt sich dabei um Regelungen, die ihre Abwehrwirkung unmittelbar (also „autodynamisch") entfalten, ohne dass es dazu noch zusätzlicher Handlungen der Verwaltung der Zielgesellschaft bedürfte. 5

Die Satzung kann zB das für die Wahl von Aufsichtsratsmitgliedern geltende **Prinzip der einfachen Stimmenmehrheit verschärfen** (§ 133 Abs. 2 AktG) und es einem Bieter mit einfacher Mehrheitsbeteiligung dadurch unmöglich machen, die Organe der Zielgesellschaft gegen eine qualifizierte Minderheit neu zu besetzen.[2] Als weitere autodynamische Abwehrmaßnahmen kommen Satzungsbestimmungen in Betracht, die eine Übernahme für den potentiellen Bieter unattraktiv machen, indem sie etwa die Möglich- 6

---

[1] Die §§ 33a, 33b sowie 33c WpÜG wurden durch das am 14.7.2006 in Kraft getretene Übernahmerichtlinie-Umsetzungsgesetz (BGBl. 2006 I 1426 ff.) eingeführt, durch welches das deutsche Gesetz an die EG-Übernahmerichtlinie angepasst wurde.
[2] *Richter* in Semler/Volhard Unternehmensübernahmen-HdB § 52 Rn. 144 ff. Eine derartige Satzungsregelung müsste ihrerseits durch ein entsprechendes Mehrheitserfordernis vor einer Änderung geschützt werden.

keiten des Bieters zur nachträglichen Umstrukturierung der Zielgesellschaft einschränken.[3]

7 Weder das WpÜG noch das AktG stellen einen Zusammenhang zwischen der Rolle der Hauptversammlung bei der Schaffung autodynamischer Abwehrmaßnahmen und dem Übernahmerecht her. Die **Verankerung autodynamischer Abwehrmaßnahmen** in der Satzung der Zielgesellschaft folgt daher den **allgemeinen aktienrechtlichen Regeln**, so dass hinsichtlich der Formalitäten und der Beschlussinhalte auf die einschlägigen Ausführungen in diesem Buch verwiesen werden kann (zu den Mehrheitserfordernissen → § 12 Rn. 12 ff.).

b) Unechte Vorratsbeschlüsse

8 Bedarf eine von der Hauptversammlung geschaffene Satzungsregelung wegen ihres **mehrstufigen Charakters** noch einer **Umsetzungsmaßnahme durch die Verwaltung** der Zielgesellschaft, um die ihr immanente Abwehrwirkung zu entfalten, verlagert sich die Entscheidung über die Abwehr eines Angebots von der Hauptversammlung zur Verwaltung der Zielgesellschaft. Es kann daher in Abgrenzung von den „echten" Vorratsbeschlüssen gem. § 33 Abs. 2 WpÜG[4] von „**unechten Vorratsbeschlüssen**"[5] gesprochen werden.

9 Obgleich unechten Vorratsbeschlüssen potentiell Abwehrcharakter zukommen kann, gelten für die **Beschlussfassung der Hauptversammlung keinen übernahmerechtlichen Besonderheiten.** Vielmehr finden die allgemeinen aktienrechtlichen Regelungen Anwendung.[6] Erst in der späteren Ausübung einer Ermächtigung bzw. der Verweigerung der Zustimmung zur Veräußerung vinkulierter Aktien durch den Vorstand[7] kann eine nach § 33 Abs. 1 WpÜG[8] unzulässige Abwehrmaßnahme liegen.

---

[3] Erhöhte Mehrheitserfordernisse für grundlegende Strukturmaßnahmen sind regelmäßig als abwehrgeeignet zu qualifizieren. Insbesondere die Statuierung derartiger Mehrheitserfordernisse für eine Übertragung des Gesellschaftsvermögens, § 179a AktG, die Durchführung einer Kapitalerhöhung unter Ausschluss des Bezugsrechts, § 186 Abs. 3 S. 2 AktG, oder die Verschmelzung, § 65 Abs. 1 S. 1 UmwG, können dem Bieter eventuell geplante Umstrukturierungsmaßnahmen erschweren und eine Übernahme somit unattraktiv gestalten. Auch die Erhöhung der Mehrheitserfordernisse für den Abschluss von Unternehmensverträgen, § 293 Abs. 1 S. 2 AktG, oder der Beschluss zur Liquidation der Gesellschaft, § 262 Abs. 1 Nr. 2 AktG, kann eine autodynamische Abwehrmaßnahme darstellen. Ob die Satzung der Zielgesellschaft mit derartigen Regelungen die Abwehr möglicher öffentlicher Angebote bezweckt, ist für die objektive Eignung der Regelung, den Erfolg eines Angebots zu beeinträchtigen, ohne Bedeutung. Auch das WpÜG lässt in seinem für Abwehrmaßnahmen des Vorstands maßgeblichen § 33 Abs. 1 die objektive Eignung zur Verhinderung des Angebots genügen, vgl. RegBegr. BT-Drs. 14/7034, 57.

[4] So führt etwa die Schaffung eines genehmigten Kapitals, § 202 Abs. 1 AktG, durch die Hauptversammlung noch nicht automatisch zu einer Erhöhung des Grundkapitals der Zielgesellschaft; die Durchführung der Kapitalerhöhung setzt vielmehr voraus, dass der Vorstand mit Zustimmung des Aufsichtsrats, § 202 Abs. 3 S. 2 AktG, von der Ermächtigung Gebrauch macht. Entsprechendes gilt für die Ermächtigung zum Erwerb eigener Aktien, § 71 Abs. 1 Nr. 8 AktG, oder zur Ausgabe von Wandelschuldverschreibungen, § 221 Abs. 2 AktG, die einer Umsetzungsmaßnahme der Verwaltung bedürfen. Auch die in der Satzung vorgesehene Vinkulierung von Namensaktien, § 68 Abs. 2 AktG, führt nicht automatisch zu einer Veräußerungs- bzw. Erwerbssperre, sondern verlagert die Entscheidung hierüber auf die Verwaltung. Die vorstehend exemplarisch genannten Satzungsregelungen sind geeignet, den Erfolg eines öffentlichen Angebots zu beeinträchtigen. Die vormals umstrittene Frage, ob der Rückerwerb eigener Aktien selbst den Vorschriften des WpÜG unterfallen kann, wenn sich die Gesellschaft mit einem entsprechenden Erwerbsangebot an alle Aktionäre wendet, ist mit der heute hM zu verneinen; vgl. etwa *Angerer* in Angerer/Geibel/Süßmann WpÜG § 1 Rn. 127; *Schüppen* in Haarmann/Schüppen WpÜG § 1 Rn. 32 f.; *Santelmann* in Steinmeyer WpÜG § 1 Rn. 9 ff.

[5] Diesen Begriff verwendet auch *Röh* in Haarmann/Riehmer/Schüppen, 2. Aufl. 2004, WpÜG § 33 Rn. 100.

[6] Für genehmigte Kapitalia → § 22 Rn. 2 ff., für den Erwerb eigener Aktien → § 32 Rn. 2, für die Ermächtigung und Ausgabe von Wandelschuldverschreibungen → § 23 Rn. 27 ff., für die Vinkulierung → § 20 Rn. 18.

[7] Handlungen des Aufsichtsrats werden von § 33 Abs. 1 WpÜG nicht erfasst. Gleichwohl ist der Aufsichtsrat schon aktienrechtlich dem Gesellschaftsinteresse verpflichtet und hat sein Handeln danach auszurichten.

[8] Im Falle eines *opt in* folgt die Unzulässigkeit aus § 33a Abs. 2 WpÜG.

Im Rahmen der Beschlussfassung über unechte Vorratsbeschlüsse sind die **Aktionäre** der 10
Zielgesellschaft mithin **an keine übernahmerechtlichen Beschränkungen** gebunden.
Allerdings kann die Ausübung der in den unechten Vorratsbeschlüssen verkörperten Ermächtigungen durch die Verwaltung der Zielgesellschaft ein Übernahmeangebot erschweren oder verhindern, so dass der Vorstand der Zielgesellschaft in der Kernphase[9] eines
Übernahme- oder Pflichtangebots übernahmerechtlich verpflichtet sein kann, von der Ermächtigung nicht bzw. nur mit Zustimmung des Aufsichtsrats Gebrauch zu machen.[10]

c) Unveränderte aktienrechtliche Zuständigkeit der Hauptversammlung

§ 33 WpÜG lässt die aktienrechtlichen **Zuständigkeiten unberührt.** Maßnahmen, die 11
nach aktienrechtlichen Grundsätzen in die Zuständigkeit der Hauptversammlung fallen,
verbleiben mithin in deren Zuständigkeit; dies gilt auch während eines laufenden Angebots.[11]

Daraus folgt: Abwehrmaßnahmen, die in die Zuständigkeit der Hauptversammlung fal- 12
len, kann der Vorstand nur durchführen, wenn er hierzu vor der Übernahmesituation abstrakt oder während der Übernahmesituation konkret durch Beschluss einer **Abwehr-Hauptversammlung** iSd § 16 Abs. 3 WpÜG ermächtigt wurde.

Das WpÜG hat die **Kompetenzen der Hauptversammlung** der Zielgesellschaft an- 13
dererseits auch **nicht erweitert.** Das WpÜG belässt der Verwaltung einen eigenen Handlungsspielraum.[12] Der Vorstand der Zielgesellschaft bleibt mithin – vorbehaltlich § 33
Abs. 1 WpÜG – während eines laufenden Übernahmeverfahrens befugt, ohne Mitwirkung der Hauptversammlung über die nach allgemeinen Regeln in die Kompetenz des
Vorstands fallenden Maßnahmen zu entscheiden (indes kann die Zustimmung des Aufsichtsrats erforderlich sein). Wenn eine Abwehrmaßnahme bereits nach aktienrechtlichen
Regeln der Zustimmung der Hauptversammlung bedarf, gelten insoweit keine übernahmerechtlichen Besonderheiten. Auch ein **Verlangen des Vorstands an die Hauptversammlung, über eine Frage der Geschäftsführung zu entscheiden,** etwa weil der
Vorstand diese für potentiell abwehrgeeignet hält, unterliegt keinen übernahmerechtlichen
Besonderheiten, sondern richtet sich nach **allgemeinem Aktienrecht.**[13]

---

[9] Die Kernphase bildet im Fall eines Übernahmeangebots der Zeitraum zwischen der Veröffentlichung der Entscheidung zur Abgabe des Übernahmeangebots, § 10 Abs. 1 S. 1 WpÜG iVm § 34 WpÜG, und der Veröffentlichung des Ergebnisses, § 23 Abs. 1 S. 1 Nr. 2 WpÜG iVm § 34 WpÜG. Bei einem Pflichtangebot wird der Anfang dieses Zeitraums durch die Veröffentlichung des Kontrollerwerbs gem. § 35 Abs. 1 S. 1 WpÜG bestimmt.

[10] Nach hM wird durch das laufende Angebotsverfahren die Befugnis des Vorstandes nicht eingeschränkt, zB ein nicht ausdrücklich zu Abwehrzwecken bewilligtes genehmigtes Kapital nach § 202 AktG auszunutzen oder den ohne nähere Zweckbestimmung beschlossenen Rückkauf von Aktien nach § 71 Abs. 1 Nr. 18 AktG beschließen und durchzuführen. Sind solche Ermächtigungen nicht ausdrücklich auch für den Fall eines Übernahmeangebots erteilt, dann bedarf der Vorstand zur Ausnutzung der Ermächtigung übernahmerechtlich der Zustimmung des Aufsichtsrates nach § 33 Abs. 1 S. 2 Var. 3 WpÜG. Handelt es sich um ausdrücklich für den Fall eines Übernahmeangebotes erteilte Ermächtigungen im Sinne von § 33 Abs. 2 WpÜG, muss der Aufsichtsrat nach § 33 Abs. 2 S. 4 WpÜG zustimmen; vgl. *Brandi* in Angerer/Geibel/Süßmann WpÜG § 33 Rn. 55; mwN; aA *Ekkenga* in Ekkenga/Ehricke/Oechsler WpÜG § 33 Rn. 57.

[11] BT-Drs. 14/7477, 53. Die Zuständigkeit der Hauptversammlung richtet sich unabhängig von einer Angebotssituation insbesondere nach den §§ 118 Abs. 1 und 119 AktG. Unberührt von einer Übernahmesituation bleibt auch die Vorlagepflicht des Vorstands in „Holzmüller/Gelatine"-Fällen.

[12] So auch *Richter* in Semler/Volhard Unternehmensübernahmen-HdB § 52 Rn. 38 ff.

[13] § 119 Abs. 2 AktG. Die Einberufung einer Abwehr-Hauptversammlung kann etwa ratsam sein, wenn der Vorstand zu keinem abschließenden Urteil über die Zweckmäßigkeit der Maßnahme gelangen kann, da die übernahmerechtliche Zustimmung des Aufsichtsrates nach § 33 Abs. 1 S. 2 WpÜG das Risiko einer aktienrechtlichen Haftung nicht beseitigt, der Vorwurf persönlichen Fehlverhaltens aber bei einer aufgrund einer rechtmäßigen Beschlussfassung der Hauptversammlung vorgenommenen Maßnahme nicht mehr gemacht werden kann, § 93 Abs. 4 S. 1 AktG. Vgl. dazu *Brandi* in Angerer/Geibel/Süßmann WpÜG § 33 Rn. 59.

2. Sonderzuständigkeit der Hauptversammlung nach dem WpÜG

a) Echte Vorratsbeschlüsse

14 Der Vorstand kann während eines laufenden Übernahme- oder Pflichtangebots[14] mit Zustimmung des Aufsichtsrats von Ermächtigungen zu Verteidigungsmaßnahmen Gebrauch machen, die sich aus nach § 33 Abs. 2 S. 1 WpÜG gefassten sog **echten Vorratsbeschlüssen** der Hauptversammlung der Zielgesellschaft ergeben.[15] Hat die Zielgesellschaft indes ausnahmsweise für das europäische Verhinderungsverbot optiert, sind echte Vorratsbeschlüsse unzulässig; vielmehr sind nur solche Handlungen vom Verhinderungsverbot ausgenommen, zu denen die Hauptversammlung den Vorstand oder Aufsichtsrat nach Veröffentlichung der Entscheidung zur Abgabe eines Angebots konkret ermächtigt hat (vgl. § 33a Abs. 2 Nr. 1 WpÜG).

b) Abwehr-Hauptversammlung

15 Die Abwehr-Hauptversammlung ist in § 16 Abs. 3 und 4 WpÜG geregelt. Die Vorschriften **modifizieren die aktienrechtlichen Bestimmungen für die Vorbereitung einer Hauptversammlung** mit dem Ziel, die Durchführung der Hauptversammlung noch während eines laufenden Angebots zu ermöglichen.[16]

16 Die folgende Übersicht fasst das Nebeneinander der verschiedenen übernahmerelevanten Handlungsmöglichkeiten der Hauptversammlung der Zielgesellschaft zusammen:

Zeitraum oder Ereignis	Zulässige Beschlüsse der Hauptversammlung der Zielgesellschaft hinsichtlich Abwehrmaßnahmen *Zulässige Handlungen des Vorstands der Zielgesellschaft hinsichtlich Abwehrmaßnahmen*	
	Erwerbsangebot	Übernahme- oder Pflichtangebot
1. Zeitraum vor der Kernphase[17] eines Angebots	Autodynamische Abwehrmaßnahmen Unechte Vorratsbeschlüsse Echte Vorratsbeschlüsse *Beschränkungen nach allgemeinen aktienrechtlichen Grundsätzen. Keine Beschränkungen nach dem WpÜG.*	
2. Beginn der Kernphase eines Angebots: Im Fall eines Übernahmeangebots:	Autodynamische Abwehrmaßnahmen Unechte Vorratsbeschlüsse Echte Vorratsbeschlüsse	
Ab Veröffentlichung der Entscheidung des Bieters, ein solches abzugeben:	*Beschränkungen nach allgemeinen aktienrechtlichen Grundsätzen*	

---

[14] § 33 Abs. 2 WpÜG gilt nicht für einfache Erwerbsangebote; vgl. *Brandi* in Angerer/Geibel/Süßmann WpÜG § 33 Rn. 7. In diesem Fall kann der Vorstand unter Beachtung allgemeiner aktienrechtlicher Regeln beliebige Abwehrmaßnahmen durchführen.
[15] Zu echten Vorratsbeschlüssen: → Rn. 17–43.
[16] Zur Abwehr-Hauptversammlung: → Rn. 44–94.
[17] Siehe Fn. 9.

II. Die Hauptversammlung der Zielgesellschaft und das WpÜG § 37

Zeitraum oder Ereignis	Zulässige Beschlüsse der Hauptversammlung der Zielgesellschaft hinsichtlich Abwehrmaßnahmen *Zulässige Handlungen des Vorstands der Zielgesellschaft hinsichtlich Abwehrmaßnahmen*	
	Erwerbsangebot	Übernahme- oder Pflichtangebot
Im Fall eines Pflichtangebots gleichgestellt: Ab Veröffentlichung des Kontrollerwerbs:	*Keine Beschränkung nach dem WpÜG für Abwehrmaßnahmen, da § 33 WpÜG für Erwerbsangebote nicht gilt.*	*Abwehrmaßnahmen unter Berücksichtigung der Beschränkungen nach § 33 Abs. 1 und 2 WpÜG, einschl. der Ausnutzung echter und unechter Vorratsbeschlüsse.*
Im Fall eines „opt-in" durch Satzungsregelung gemäß § 33a Abs. 1 WpÜG	*Keine Beschränkung nach dem WpÜG für Abwehrmaßnahmen, da § 33a WpÜG für Erwerbsangebote nicht gilt.*	*Abwehrmaßnahmen unter Berücksichtigung der Beschränkungen nach § 33a Abs. 2 WpÜG und ggf. der möglichen Anwendbarkeit der §§ 33b, 33c, 33d WpÜG*
3. Veröffentlichung der Angebotsunterlage	Autodynamische Abwehrmaßnahmen Unechte Vorratsbeschlüsse Echte Vorratsbeschlüsse Ab diesem Zeitpunkt ist die Einberufung einer Abwehr-Hauptversammlung mit abwehrspezifischer Tagesordnung möglich – die Beschlussfassung erfolgt sinnvollerweise vor dem Ende der Annahmefrist. *Beschränkungen nach allgemeinen aktienrechtlichen Grundsätzen*	
	Keine Beschränkung nach dem WpÜG für Abwehrmaßnahmen, da § 33 WpÜG für Erwerbsangebote nicht gilt.	*Abwehrmaßnahmen unter Berücksichtigung der Beschränkungen nach § 33 Abs. 1 und 2 WpÜG, einschl. der Ausnutzung echter und unechter Vorratsbeschlüsse.*
Im Fall eines „opt-in" durch Satzungsregelung gemäß § 33a Abs. 1 WpÜG	*Keine Beschränkung nach dem WpÜG für Abwehrmaßnahmen, da § 33a WpÜG für Erwerbsangebote nicht gilt.*	*Abwehrmaßnahmen unter Berücksichtigung der Beschränkungen nach § 33a Abs. 2 WpÜG und ggf. der möglichen Anwendbarkeit der §§ 33b, 33c, 33d WpÜG*
4. Zeitraum nach der Mitteilung des Ergebnisses des Angebots	Wie 1.	

III. Echte Vorratsbeschlüsse

1. Allgemein

a) Begriff

17 Das Instrument des echten Vorratsbeschlusses[18] (nachfolgend „Vorratsbeschluss") bietet den Aktionären der Zielgesellschaft die Möglichkeit, bereits im Vorfeld eines Übernahmeangebots *(pre bid)* die Handlungsmöglichkeiten des Vorstands zu erweitern und diesen zur Vornahme von Abwehrmaßnahmen zu ermächtigen, die in die Zuständigkeit der Hauptversammlung fallen.

18 Die **Abwehrmaßnahmen** sind im Beschluss **„der Art nach"** (§ 33 Abs. 2 S. 1 WpÜG) zu bestimmen. Die Ermächtigung kann **für höchstens 18 Monate** erteilt werden (§ 33 Abs. 2 S. 2 WpÜG). Der Beschluss bedarf neben der einfachen Stimmenmehrheit einer Mehrheit von mindestens **drei Vierteln** des bei der Beschlussfassung vertretenen Grundkapitals, sofern die Satzung keine höhere Kapitalmehrheit bestimmt (§ 33 Abs. 2 S. 3 WpÜG). Handlungen des Vorstands aufgrund einer Ermächtigung bedürfen schließlich der **Zustimmung des Aufsichtsrats** (§ 33 Abs. 2 S. 4 WpÜG). Innerhalb der von ihr gesetzten Grenzen befreit die im Vorratsbeschluss enthaltene Ermächtigung den Vorstand der Zielgesellschaft von den Beschränkungen des § 33 Abs. 1 S. 1 WpÜG, so dass es insoweit auf die Ausnahmetatbestände des § 33 Abs. 1 S. 2 nicht ankommt.

19 Mit den besonderen formellen und materiellen Rechtmäßigkeitsanforderungen, die neben die allgemeinen aktienrechtlichen Voraussetzungen für Hauptversammlungsbeschlüsse treten, will das Gesetz der Besonderheit Rechnung tragen, dass die **Hauptversammlung die Entscheidung über die Abwehr** eines zukünftigen Übernahmeversuchs zu einem Zeitpunkt zugunsten der Verwaltung **aus der Hand gibt,** zu dem weder der Bieter noch der Inhalt dessen Angebots bekannt sind.[19]

b) Praktische Bedeutung

20 In der Praxis wird von dem Instrument des Vorratsbeschlusses nur **äußerst zurückhaltend** Gebrauch gemacht.[20] Dies ist insbesondere darauf zurückzuführen, dass Vorratsbeschlüsse einer qualifizierten Kapitalmehrheit bedürfen und namentlich bei institutionellen **Anlegern** erfahrungsgemäß auf **geringe Zustimmung** stoßen.[21] Ferner offenbaren Vorratsbeschlüsse, dass sich auch die Gesellschaft selbst als potentiellen Übernahmekandidaten betrachtet.[22] Infolgedessen kommt dem (unauffälligeren) **Standardrepertoire an unechten Vorratsbeschlüssen** (insbesondere genehmigten Kapitalia und Ermächtigungen zum Erwerb eigener Aktien) regelmäßig eine weitaus größere Bedeutung zu, als den – unter Kapitalmarktgesichtspunkten ggf. nur schwer vermittelbaren – Vorratsbeschlüssen.

2. Inhalt der Ermächtigung

21 Der Kanon möglicher Abwehrmaßnahmen umfasst zunächst solche Handlungen, zu deren Durchführung der Vorstand nach allgemeinen **aktienrechtlichen Regeln** ermächtigt werden kann. Zu nennen sind insbesondere die Ermächtigung zur Ausnutzung eines genehmigten Kapitals unter Bezugsrechtsausschluss (§ 202 Abs. 1 und 2 AktG), zum Erwerb

---

[18] § 33 Abs. 2 WpÜG.
[19] Gesetzesbegründung BT-Drs. 14/7477, RegBegr. BT-Drs. 14/7034, 58.
[20] *Schlitt/Ries* in MüKoAktG WpÜG § 33 Rn. 201; *Süßmann* NZG 2011, 1281 (1284); *Brandi* in Angerer/Geibel/Süßmann WpÜG § 33 Rn. 80.
[21] *U.H. Schneider* AG 2002, 125 (131).
[22] *Süßmann* NZG 2011, 1281 (1284).

III. Echte Vorratsbeschlüsse § 37

eigener Aktien,[23] zur Ausgabe von Wandel- oder Optionsanleihen (§ 221 Abs. 2 AktG) oder zur Durchführung solcher Geschäfte, die nach der „Holzmüller/Gelatine"-Doktrin der Zustimmung der Hauptversammlung bedürfen.[24]

Die Ermächtigung kann sich indes auch auf Abwehrmaßnahmen beziehen, die nach 22 der aktienrechtlichen Kompetenzverteilung zwar in die **Geschäftsführungsbefugnis des Vorstands** fallen, zu denen dieser jedoch in einer Übernahmesituation infolge des Verhinderungsverbots nach § 33 Abs. 1 WpÜG ohne Ermächtigung der Hauptversammlung oder Zustimmung des Aufsichtsrats nicht berechtigt wäre.[25]

3. Bestimmtheit der Ermächtigung

Die Handlungen, zu denen der Vorstand ermächtigt werden soll, sind „in der Ermächti- 23 gung **der Art nach zu bestimmen**".[26]

a) Bestimmtheit der Art nach

Es ist erforderlich und ausreichend, im Ermächtigungsbeschluss die Art der Abwehrmaß- 24 nahme **abstrakt** zu umschreiben (zB „Durchführung einer Kapitalerhöhung",[27] „Erwerb eigener Aktien",[28] „Erwerb oder Veräußerung von Beteiligungen,[29] Geschäftsbereichen oder Vermögensgegenständen").[30] Durch die zulässige Kombination mehrerer Ermächtigungen kann so ein ganzer **Maßnahmenkatalog** geschaffen werden,[31] sofern jede einzelne Maßnahme hinreichend bestimmt ist.[32] An die Bestimmtheit dürfen insoweit indes keine allzu hohen Anforderungen gestellt werden.[33]

---

[23] § 71 Abs. 1 Nr. 8 AktG; vgl. dazu *Krause* BB 2002, 1053 (1059 f.).
[24] Sog „crown jewel defence" beim Verkauf wesentlicher Teile des Gesellschaftsvermögens. Dies befreit den Vorstand nach hM jedoch nicht von der Pflicht, die Maßnahme vor ihrer Durchführung ggf. nochmals der Hauptversammlung zur Zustimmung vorzulegen, so dass der praktische Nutzen entsprechender Beschlüsse gering sein dürfte; vgl. *Süßmann* NZG 2011, 1281 (1288); *Röh* in Haarmann/Schüppen WpÜG § 33 Rn. 110.
[25] Etwa der Erwerb von Beteiligungen unterhalb der „Holzmüller/Gelatine"-Schwelle, die dem Bieter kartellrechtliche Probleme bereitet; vgl. *Röh* in Haarmann/Schüppen WpÜG § 33 Rn. 104 f.; aA (§ 33 Abs. 2 WpÜG nicht als eigenständige Kompetenznorm betrachtend) etwa *Krause/Pötzsch* in Assmann/Pötzsch/Schneider WpÜG § 33 Rn. 207.
[26] Der RegE hatte noch enger formuliert, dass die Abwehrmaßnahmen „im Einzelnen" bestimmt sein müssen, vgl. BR-Drs. 574/01, 4; die Notwendigkeit der Bezeichnung „im Einzelnen" wurde nach der Beratung des Finanzausschusses aus dem RegE ua mit der Begründung entfernt, die Abwehrmaßnahmen sollten für den Bieter unberechenbar sein.
[27] BT-Drs. 14/7477, 53.
[28] *Steinmeyer* in Steinmeyer WpÜG § 33 Rn. 35 vertritt die Ansicht, eine Vorratsermächtigung zum Erwerb eigener Aktien sei unzulässig, weil die Hauptversammlung dem Vorstand keine Kompetenz übertragen könne, die sie selber bei einer Ad hoc-Entscheidung zur Ergreifung von Abwehrmaßnahmen in einer Übernahmesituation nicht hätte. Eine Einengung der Hauptversammlungskompetenz auf eine Ad hoc-Entscheidung findet jedoch im Gesetz keine Stütze. Insbesondere ist ein Vorratsbeschluss nach § 33 Abs. 2 WpÜG keine Satzungsänderung iSd § 23 Abs. 5 AktG, worauf *Steinmeyer* in Steinmeyer WpÜG § 33 Rn. 35 jedoch anspielt.
[29] BT-Drs. 14/7477, 53.
[30] Dahinter kann sich die Veräußerung der „crown jewels" verbergen.
[31] Begründung zum RegE des WpÜG, BT-Drs. 14/7034, 58; *Brandi* in Angerer/Geibel/Süßmann WpÜG § 33 Rn. 84.
[32] *Steinmeyer* in Steinmeyer WpÜG § 33 Rn. 43; *Schlitt/Ries* in MüKoAktG WpÜG § 33 Rn. 212.
[33] Vgl. LG München I AG 2005, 261; *Steinmeyer* in Steinmeyer WpÜG § 33 Rn. 43; *Schlitt/Ries* in MüKoAktG WpÜG § 33 Rn. 212.

b) Konkretisierung der Vorgaben

25 Die Ermächtigung kann über die Bestimmung ihrer Art hinaus **konkrete Vorgaben** enthalten, die den **Handlungsspielraum der Verwaltung einschränken,** etwa eine Umschreibung der zu erwerbenden oder zu veräußernden Vermögensgegenstände oder die Festlegung von Grenzen für den Erwerbs- und Veräußerungspreis.

26 Der Vorratsbeschluss kann dem Vorstand ferner ausdrückliche Vorgaben für den **Ermessensgebrauch** machen, etwa diesem unter bestimmten Voraussetzungen gebieten oder untersagen, zu Abwehrzwecken von der Ermächtigung Gebrauch zu machen.[34]

c) Abwehrzweck

27 Im Vorratsbeschluss muss zum Ausdruck kommen, dass der Vorstand die Maßnahme nur ergreifen darf, **"um den Erfolg von Übernahmeangeboten zu verhindern"**.[35] Auf diese Weise soll gewährleistet werden, dass der Vorstand von der Ermächtigung nur in einer Übernahmesituation und nur zum Zweck der Erfolgsverhinderung Gebrauch macht.[36]

d) Rechtsfolge mangelnder Bestimmtheit

28 Fehlt es an der Bestimmtheit der Ermächtigung (etwa: „Der Vorstand ist ermächtigt, geeignete Maßnahmen zur Abwehr eines Übernahmeangebots zu treffen"), ist die Ermächtigung unzulässig.[37] Eine solche **Blankettermächtigung** wäre **anfechtbar**.[38]

e) Befristung

29 Die **Ermächtigung** kann **für höchstens 18 Monate** ab dem Tag der Beschlussfassung erteilt werden (§ 33 Abs. 2 S. 2 WpÜG). Da die Höchstfrist eine Ermächtigungsschranke darstellt, muss diese **im Beschluss selbst gesetzt und konkret bezeichnet werden**.[39] Fehlt es an einer Fristangabe, verweist der Beschluss nur auf das Gesetz oder ist die Frist zu lang bemessen, ist der Beschluss nichtig;[40] eine geltungserhaltende Auslegung oder Reduktion kommt nicht in Betracht.[41]

---

[34] *Brandi* in Angerer/Geibel/Süßmann WpÜG § 33 Rn. 84; *Steinmeyer* in Steinmeyer WpÜG § 33 Rn. 43; *Krause/Pötzsch* in Assmann/Pötzsch/Schneider WpÜG § 33 Rn. 220.

[35] *Hirte* in Kölner Komm. WpÜG § 33 Rn. 116; *Brandi* in Angerer/Geibel/Süßmann WpÜG § 33 Rn. 85.

[36] Unzulässig wäre ein Vorratsbeschluss, wonach der Vorstand oder Aufsichtsrat im Fall eines Übernahmeversuchs keine Abwehrmaßnahmen ergreifen darf. Dies folgt aus der Natur des auf die Schaffung, nicht auf die Verhinderung von Abwehrmaßnahmen gerichteten Ermächtigungsbeschlusses und der aktienrechtlichen Kompetenzverteilung, die der Hauptversammlung keine Geschäftsführungsbefugnis zuweist; ebenso *Hirte* in Kölner Komm. WpÜG § 33 Rn. 120; *Steinmeyer* in Steinmeyer WpÜG § 33 Rn. 42.

[37] Begründung zum RegE des WpÜG BT-Drs. 14/7034, 58.

[38] *Hirte* in Kölner Komm. WpÜG § 33 Rn. 118 verweist zutreffend auf die parallele Lage bei Verstößen gegen Berichtserfordernisse nach §§ 202, 203 AktG; so auch *Schlitt/Ries* in MüKoAktG WpÜG § 33 Rn. 212; *Röh* in Haarmann/Schüppen WpÜG § 33 Rn. 112. Die vom Verfasser der Vorauflage vertretene Auffassung, aus § 241 Nr. 3 AktG folge die Nichtigkeit einer solchen Ermächtigung, wird aufgegeben. Vgl. auch die Begründung zum RegE des WpÜG BT-Drs. 14/7034, 58.

[39] HM, vgl. nur *Röh* in Haarmann/Schüppen WpÜG § 33 Rn. 113 mwN.

[40] § 241 Nr. 3 AktG; allgM, vgl. nur *Röh* in Haarmann/Schüppen WpÜG § 33 Rn. 113; *Hirte* in Kölner Komm. WpÜG § 33 Rn. 121; *Brandi* in Angerer/Geibel/Süßmann WpÜG § 33 Rn. 88; mit Hinweisen auf entsprechende Ansichten für die Höchstfristen bei §§ 71 Abs. 1 Nr. 8, 202 Abs. 2 und 221 Abs. 2 S. 1 AktG; aA *Ekkenga* in Ehricke/Ekkenga/Oechsler WpÜG § 33 Rn. 81.

[41] *Brandi* in Angerer/Geibel/Süßmann WpÜG § 33 Rn. 88; *Röh* in Haarmann/Schüppen WpÜG § 33 Rn. 113; *Koch* in Hüffer/Koch AktG § 71 Rn. 19e.

4. Beschlussfassung

a) Zeitpunkt der Beschlussfassung

Das Gesetz geht davon aus, dass ein **Vorratsbeschluss** zeitlich **vor Veröffentlichung der Entscheidung zur Abgabe eines Angebots bzw. vor Veröffentlichung des Kontrollerwerbs** gefasst wird (§ 33 Abs. 2 S. 1 WpÜG: „vor dem in Absatz 1 Satz 1 genannten Zeitraum"). Dies hindert jedoch nicht die Beschlussfassung, wenn ein Bieter bereits eine Veröffentlichung im vorstehenden Sinn vorgenommen oder gar die Angebotsunterlage veröffentlicht hat.[42]

30

b) Vorbereitung und Durchführung der Hauptversammlung

Für die Vorbereitung und Durchführung der Hauptversammlung ergeben sich **keine Besonderheiten,** wenn ein Vorratsbeschluss zur Abwehr künftiger Übernahmeversuche gefasst werden soll.[43]

31

Der Vorratsbeschluss bedarf einer Mehrheit von **drei Vierteln des bei der Beschlussfassung vertretenen Grundkapitals.**[44] Die Satzung kann eine größere Kapitalmehrheit und weitere Erfordernisse bestimmen (§ 33 Abs. 2 S. 3 Hs. 2 WpÜG).

32

Der echte **Vorratsbeschluss** nach § 33 Abs. 2 WpÜG ist **keine Satzungsänderung.** Die in ihm enthaltene Ermächtigung wird **mit dem Zeitpunkt der zustimmenden Beschlussfassung wirksam.** Er ist nicht im Handelsregister einzutragen und dementsprechend nicht anmeldepflichtig. Die Gesellschaft ist auch nicht verpflichtet, die BaFin von der Ermächtigung zu unterrichten, es sei denn, dies ergibt sich aus aktienrechtlichen Vorschriften für die Maßnahme, zu der ermächtigt wurde.

33

c) Aufhebung und Änderung von Vorratsbeschlüssen

Die Aufhebung eines Vorratsbeschlusses ist im WpÜG nicht geregelt und folgt **allgemeinen aktienrechtlichen Regeln.** Für den Aufhebungsbeschluss genügt dabei eine einfache Mehrheit, da es um die Rückverlagerung der Kompetenz vom Vorstand auf die Hauptversammlung geht und die Satzungsänderung vor der Eintragung noch nicht wirksam ist.[45] Bei Änderungen des Ermächtigungsbeschlusses ist zu differenzieren: Handelt es sich nur um eine quantitative Reduzierung des Umfangs der Ermächtigung, ist ein Beschluss mit einfacher Mehrheit ausreichend.[46] Eine qualitative Änderung der Ermächtigung bedarf indes stets der Beschlussfassung mit qualifizierter Mehrheit.[47]

34

---

[42] Vgl. *Krause* NJW 2002, 705 (712). Schutzwürdige Interessen der Aktionäre der Zielgesellschaft werden dadurch nicht verletzt; im Gegenteil sind sowohl der Bieter als auch der Inhalt des Angebots bereits bekannt und können bei der Beschlussfassung berücksichtigt werden. Es wäre kaum vertretbar, einem Bieter durch die zeitliche Steuerung eines Angebots die Möglichkeit zu verschaffen, eine ihm bekannte bevorstehende Beschlussfassung über Vorratsbeschlüsse zu torpedieren.

[43] Zur Vorbereitung der Hauptversammlung siehe § 2.

[44] Demnach könnte ein Bieter, der über mehr als 25%, aber weniger als 30% der Stimmrechte verfügt, durch eine mindestens 18 Monate während Aktionärsstellung die Entstehung von Vorratsbeschlüssen verhindern, bevor er ein Übernahmeangebot macht; vgl. *Schlitt/Ries* in MüKoAktG WpÜG § 33 Rn. 219; *Hirte* in Kölner Komm. WpÜG § 33 Rn. 122, 126; *Röh* in Haarmann/Schüppen WpÜG § 33 Rn. 114; *Land* DB 2001, 1707 (1712).

[45] So auch die allgM zur Aufhebung eines genehmigten Kapitals, vgl. *Koch* in Hüffer/Koch AktG § 202 Rn. 18. Siehe ferner *Schlitt/Ries* in MüKoAktG WpÜG § 33 Rn. 225; *Hirte* in Kölner Komm. WpÜG § 33 Rn. 131 ff. Insbes. bedarf der Aufhebungsbeschluss nicht der qualifizierten Kapitalmehrheit des § 33 Abs. 2 S. 3 WpÜG, so dass die einfache Mehrheit der abgegebenen Stimmen ausreicht, § 133 Abs. 1 AktG.

[46] Wenn dies für die vollständige Aufhebung gilt, ist nicht einsichtig, warum für die Teilaufhebung anders entschieden werden soll, jedenfalls solange es sich nur um ein „Minus" gegenüber der beschlossenen Ermächtigung handelt. Vgl. *Hirte* in Kölner Komm. WpÜG § 33 Rn. 133.

5. Das Ausnutzen eines echten Vorratsbeschlusses

35 Die Formulierung „um den Erfolg von Übernahmeangeboten zu verhindern" (§ 33 Abs. 2 S. 1 WpÜG) lässt offen, ob die **Ermächtigung** vom Vorstand bereits **ausgenutzt** werden darf, **wenn ein Übernahme- oder Pflichtangebot**[48] **zwar noch nicht vorliegt**, jedoch in absehbarer Zeit zu erwarten ist (etwa wegen Gerüchten über einen bevorstehenden Übernahmeversuch oder weil der Bieter bereits die Kontrolle über die Zielgesellschaft erworben hat). Die Vorschrift ist nach ihrem Sinn **eng auszulegen**. Die ausdrückliche Bezugnahme auf den Begriff des „Übernahmeangebots" setzt voraus, dass ein solches rechtlich existiert. Dies ist der Fall, wenn
– die BaFin die Veröffentlichung der Angebotsunterlage gestattet hat (§ 14 Abs. 2 S. 1 WpÜG) und
– die Angebotsunterlage daraufhin veröffentlicht wurde (§ 14 Abs. 3 S. 1 WpÜG),
da erst dann der konkrete Inhalt des Angebots, insbesondere die Art und Höhe der Gegenleistung, feststeht und Vorstand und Aufsichtsrat[49] der Zielgesellschaft die Möglichkeit zukommt, **in voller Kenntnis des Angebots pflichtgemäß zu erwägen,** ob im Interesse der Zielgesellschaft Abwehrmaßnahmen zu ergreifen sind.[50]

36 Wenn der Vorratsbeschluss nichts anderes vorsieht, kann die Ermächtigung vom **Vorstand** im Rahmen seines **pflichtgemäßen unternehmerischen Ermessens** ausgeübt werden. Dabei ist der Vorstand dem Interesse der Zielgesellschaft verpflichtet.[51]

6. Zustimmung des Aufsichtsrats

37 Das Ausnutzen der Ermächtigung bedarf stets der **Zustimmung des Aufsichtsrats**.[52] Der **Aufsichtsrat** unterliegt bei seiner Entscheidung nach hM keinem Vereitelungsverbot nach dem WpÜG,[53] ist aber ebenso **wie der Vorstand dem Wohl der Gesellschaft verpflichtet** (§ 116 iVm § 93 AktG, § 3 Abs. 3 WpÜG).

---

[47] Insoweit ist die Maßgeblichkeit des § 202 Abs. 2–4 AktG unstreitig; vgl. nur *Bayer* in MüKoAktG AktG § 202 Rn. 48 mwN; *Koch* in Hüffer/Koch AktG § 202 Rn. 18; *Hirte* in Kölner Komm. WpÜG § 33 Rn. 133.

[48] § 39 WpÜG verweist für Pflichtangebote auf § 33 Abs. 2 WpÜG.

[49] Der Aufsichtsratsvorsitzende ist gem. § 90 Abs. 1 S. 3 AktG vom Vorstand über den Inhalt des Angebots zu unterrichten.

[50] Vgl. *Schlitt/Ries* in MüKoAktG WpÜG § 33 Rn. 232; *Grunewald* in Baums/Thoma WpÜG § 33 Rn. 100. Diese enge Auslegung ist auch deswegen geboten, weil die Aktionäre der Zielgesellschaft ohne Kenntnis des Angebots und des Bieters ihre Entscheidungsfreiheit über den Erfolg des Angebots bereits zugunsten der Verwaltung aus der Hand gegeben haben. Demnach darf ein Vorratsbeschluss nicht schon dann ausgenutzt werden, wenn der Bieter den Kontrollerwerb oder die Entscheidung zur Abgabe eines Übernahmeangebots bekanntmacht. Es ist nicht zu verkennen, dass die Dauer der Annahmefrist, die nach § 16 Abs. 1 WpÜG nicht länger als vier Wochen zu sein braucht, für die sorgfältige Durchführung gewisser Abwehrmaßnahmen (etwa für den Erwerb oder die Veräußerung wesentlicher Betriebsteile) zu kurz sein mag. Dies ist aber im Interesse der Rechtssicherheit hinzunehmen. Im Übrigen kann der Vorstand der Zielgesellschaft durch die Einberufung einer Abwehr-Hauptversammlung die Annahmefrist auf zehn Wochen verlängern, § 16 Abs. 3 S. 1 WpÜG.

[51] § 3 Abs. 3 WpÜG. Vgl. im Einzelnen *Louven* in Angerer/Geibel/Süßmann WpÜG § 3 Rn. 24 ff.; *Schüppen* in Haarmann/Schüppen WpÜG § 3 Rn. 22 ff.; *Röh* in Haarmann/Schüppen WpÜG § 33 Rn. 116 jeweils mwN.

[52] § 33 Abs. 2 S. 4 WpÜG. Durch dieses Zustimmungserfordernis soll ein Ausgleich dafür geschaffen werden, dass sich die Hauptversammlung zugunsten des Vorstands jedenfalls zum Teil ihrer Entscheidungsmöglichkeiten über Abwehrmaßnahmen begeben hat, ohne die künftige Übernahmesituation zu kennen; vgl. Begründung zum RegE des WpÜG, BT-Drs. 14/7034, 58.

[53] § 33 Abs. 1 WpÜG schränkt nur die Befugnisse des Vorstands ein.

| III. Echte Vorratsbeschlüsse | § 37 |

Die **Zustimmung** des Aufsichtsrats muss **vor der Durchführung der Maßnahme** erteilt werden.⁵⁴ Eine generelle Ausnahme für eilbedürftige Geschäfte ist nicht angebracht, da die Eilbedürftigkeit bei einer drohenden Übernahme den Regelfall darstellen wird.⁵⁵ Jedoch dürfte in besonders gelagerten Ausnahmefällen auch eine nachträgliche Genehmigung ausreichend sein.⁵⁶ Verweigert der Aufsichtsrat die Zustimmung, kommt eine Hauptversammlungsentscheidung analog § 111 Abs. 4 S. 3 AktG nicht in Betracht, sondern nur die Einberufung einer Abwehr-Hauptversammlung nach § 16 Abs. 3 und 4 WpÜG. 38

Ein Vorratsbeschluss suspendiert nicht von zwingendem Aktienrecht. Dies bedeutet, dass die qua Ermächtigung gestattete **Abwehrmaßnahme** in jeder Hinsicht **aktienrechtskonform durchzuführen** ist.⁵⁷ Setzt die Abwehrmaßnahme bereits nach dem AktG oder der Satzung der Gesellschaft die Zustimmung des Aufsichtsrats voraus,⁵⁸ ist diese unter Bezugnahme auf die entsprechende aktienrechtliche Regelung und auf § 33 Abs. 2 S. 4 WpÜG **doppelt zu erteilen.** Bei simultaner Zustimmung in einem Beschluss muss zumindest im Wege der Auslegung erkennbar sein, dass sich der Aufsichtsrat bei der Beschlussfassung beider Aspekte bewusst gewesen ist.⁵⁹ 39

7. Das Europäische Verhinderungsverbot

a) Überblick

§ 33a WpÜG setzt das in der Übernahmerichtlinie vorgesehene europäische übernahmerechtliche Verhinderungsverbot um. Da der deutsche Gesetzgeber von der in der Übernahmerichtlinie eingeräumten Möglichkeit, das europäische Verhinderungsverbot nicht in zwingendes nationales Recht umzusetzen, Gebrauch gemacht hat *(opt-out)*, bedarf es für die Geltung des europäischen Verhinderungsverbots der freiwilligen Unterwerfung der Zielgesellschaft durch Satzungsänderung *(opt-in)*.⁶⁰ 40

Das europäische Verhinderungsverbot ist wesentlich strenger als das deutsche Verhinderungsverbot aus § 33 WpÜG. Die im deutschen Recht vorgesehene Ausnahme für Abwehrhandlungen, die mit Zustimmung des Aufsichtsrats ergriffen werden, sieht die europäische Regelung nicht vor. Ferner lässt das europäische Verhinderungsverbot keine vor Veröffentlichung der Entscheidung zur Abgabe eines Angebots erteilten (echten) Vorratsermächtigungen zu.⁶¹ 41

b) Opt-In

Nach § 33a Abs. 1 S. 1 WpÜG kann die Satzung einer Zielgesellschaft vorsehen, dass § 33 WpÜG keine Anwendung findet. Einer inländischen Zielgesellschaft wird es somit ermöglicht, die Geltung des deutschen übernahmerechtlichen Verhinderungsverbots aus- 42

---

⁵⁴ Es handelt sich um eine Einwilligung, vgl. Begründung zum RegE des WpÜG, BT-Drs. 14/7034, 58 („in aller Regel als Einwilligung"); *Röh* in Haarmann/Schüppen WpÜG § 33 Rn. 117 mwN; *Schlitt/Ries* in MüKoAktG WpÜG § 33 Rn. 231.
⁵⁵ So zutreffend *Röh* in Haarmann/Schüppen WpÜG § 33 Rn. 185; aA *Krause/Pötzsch* in Assmann/Pötzsch/Schneider WpÜG § 33 Rn. 239.
⁵⁶ Vgl. *Schlitt/Ries* in MüKoAktG WpÜG § 33 Rn. 231 mwN; insofern zu eng *Röh* in Haarmann/Schüppen WpÜG § 33 Rn. 117.
⁵⁷ Bspw. ist beim Rückkauf eigener Aktien die 10%-Grenze des § 71 Abs. 1 Nr. 8 S. 1 AktG zu beachten.
⁵⁸ Etwa bei der Ausgabe neuer Aktien aus einem genehmigten Kapital, § 202 Abs. 3 S. 2 AktG.
⁵⁹ *Grunewald* in Baums/Thoma WpÜG § 33 Rn. 76; *Schlitt/Ries* in MüKoAktG WpÜG § 33 Rn. 176; ähnlich *Richter* in Semler/Volhard Unternehmensübernahmen-HdB § 52 Rn. 42; *Thiel* in Semler/Volhard Unternehmensübernahmen-HdB § 54 Rn. 76.
⁶⁰ Art. 12 Abs. 1, 2 und 4 ÜR; vgl. dazu *Süßmann* in Angerer/Geibel/Süßmann WpÜG § 33a Rn. 1.
⁶¹ *Röh* in Haarmann/Schüppen WpÜG § 33a Rn. 29; *Süßmann* in Angerer/Geibel/Süßmann WpÜG § 33a Rn. 7.

zuschließen und sich stattdessen der Geltung des restriktiveren europäischen Verhinderungsverbots nach § 33a Abs. 2 WpÜG zu unterwerfen *(opt-in)*.[62] Die Voraussetzungen für die Aufnahme einer entsprechenden Satzungsbestimmung richten sich nach den allgemeinen aktienrechtlichen Regelungen.[63] Erforderlich ist somit ein Beschluss der Hauptversammlung mit satzungsändernder Mehrheit sowie dessen Eintragung im Handelsregister.[64] Die Möglichkeit, durch Fassung eines *opt-in*-Beschlusses die Anwendung des § 33 auszuschließen, ist dabei auf börsennotierte Zielgesellschaften beschränkt.[65] Die BaFin sowie die Aufsichtsstelle der Staaten des europäischen Wirtschaftsraums, in denen Wertpapiere der Zielgesellschaft im Handel zugelassen sind, sind unverzüglich durch den Vorstand der Zielgesellschaft über die Fassung eines *opt-in*-Beschlusses zu unterrichten.[66]

c) Ermächtigung der Hauptversammlung

43 Gem. § 33a Abs. 2 S. 1 Nr. 1 WpÜG sind Handlungen, zu denen die Hauptversammlung den Vorstand oder Aufsichtsrat nach Veröffentlichung der Entscheidung zur Abgabe eines Übernahmeangebotes ermächtigt hat, vom Verhinderungsverbot ausgenommen.[67] Für die Durchführung der Abwehr-Hauptversammlung sowie hinsichtlich der möglichen Beschlussgegenstände gelten die gleichen Grundsätze wie bei einer ad hoc-Hauptversammlung einer Zielgesellschaft, die nicht für das europäische Verhinderungsverbot optiert hat (zur Abwehr-Hauptversammlung → Rn. 44–94). § 33a Abs. 2 S. 1 Nr. 1 WpÜG legt – anders als § 33 Abs. 2 WpÜG – kein Quorum für den Hauptversammlungsbeschluss fest. Die Hauptversammlung entscheidet daher mit einfacher Stimmenmehrheit. Eine gesonderte Berichterstattung durch den Vorstand oder Aufsichtsrat an die Hauptversammlung ist nicht erforderlich.[68]

IV. Abwehr-Hauptversammlung

1. Allgemein

44 Die Zielgesellschaft kann im Zusammenhang mit einem öffentlichen Angebot unter **wesentlich erleichterten Voraussetzungen** eine sog Abwehr-Hauptversammlung[69] einberufen (zu den erleichterten Voraussetzungen → Rn. 75 ff.). Das Instrument der Abwehr-Hauptversammlung dient dem Interesse der Zielgesellschaft und ihrer Aktionäre, noch **während der** – dann verlängerten – **Annahmefrist** über eine etwaige Abwehr des Angebots beraten zu können und ggf. konkrete **Abwehrmaßnahmen** zu beschließen, de-

---

[62] Entscheidet sich eine Zielgesellschaft für das *opt-in*-Modell, kann das europäische Verhinderungsverbot nur vollständig, dh nach Maßgabe von § 33a Abs. 2 WpÜG übernommen werden. Eine nur teilweise Übernahme als „Zwischenlösung" ist unzulässig; vgl. *Kiem* in Baums/Thoma WpÜG § 33a Rn. 14; *Süßmann* in Angerer/Geibel/Süßmann WpÜG § 33a Rn. 2; *Seibt/Heiser* AG 2006, 301 (314).
[63] Begr. RegE ÜR-UG, BT-Drs. 16/1003, 19; zu möglichen Gründen für ein *opt-in* ausführlich *Kiem* in Baums/Thoma WpÜG § 33a Rn. 10; *Steinmeyer* in Steinmeyer WpÜG § 33a Rn. 5.
[64] Überdies bedarf der Beschluss der einfachen Mehrheit der abgegebenen Stimmen, vgl. § 133 Abs. 1 AktG. Enthält die Satzung einer Zielgesellschaft weitere Erfordernisse für Satzungsänderungen, müssen auch diese ebenfalls erfüllt werden. Bestehen verschiedene Aktiengattungen, ist indes gleichwohl kein Sonderbeschluss einzelner Aktionäre erforderlich; vgl. *Schüppen* BB 2006, 165 (166).
[65] *Röh* in Haarmann/Schüppen WpÜG § 33a Rn. 11.
[66] Für die Unterrichtung der BaFin gilt § 45 WpÜG.
[67] Diese Ausnahme entspricht Art. 9 Abs. 2 UAbs. 1 Übernahmerichtlinie.
[68] Vgl. *Süßmann* in Angerer/Geibel/Süßmann WpÜG § 33a Rn. 7; *Kiem* in Baums/Thoma § 33a Rn. 46; *Schlitt/Ries* in MüKoAktG WpÜG § 33 Rn. 222.
[69] § 16 Abs. 3 und 4 WpÜG. Da die Erleichterungen nur eingreifen, wenn die Hauptversammlung im Zusammenhang mit einem öffentlichen Angebot und dessen Abwehr steht, ist die Bezeichnung „Abwehr-Hauptversammlung" geläufig.

ren Umsetzung durch die Verwaltung rechtzeitig vor dem Vollzug des Angebots erfolgen kann.[70]

2. Anwendungsbereich

Nach seinem Wortlaut und der systematischen Stellung der Vorschrift in Abschnitt 3 des Gesetzes gilt § 16 Abs. 3 WpÜG für **alle Angebotsarten,** also auch für einfache Erwerbsangebote,[71] die keinen Kontrollwechsel beabsichtigen und daher weniger „abwehrbedürftig" erscheinen mögen[72] als Übernahmeangebote und Pflichtangebote.[73]

45

3. Zusammenhang mit Angebot

Zwischen Einberufung der Hauptversammlung und dem Angebot des Bieters muss ein sachlicher wie zeitlicher **Zusammenhang** bestehen.[74] Andernfalls liegt keine Abwehr-Hauptversammlung vor, so dass weder eine Verlängerung der Annahmefrist noch die Erleichterungen für die Einberufung und Vorbereitung der Hauptversammlung gelten.[75]

46

a) Inhaltlicher Zusammenhang

Gegenstand einer Abwehr-Hauptversammlung muss stets die **Befassung mit dem Angebot** sein, dh die Frage, ob und wie die Zielgesellschaft auf das öffentliche Angebot reagieren soll.[76] Dafür ist es nicht erforderlich, dass eine etwa zu beschließende Maßnahme objektiv geeignet ist, die Übernahme zu verhindern.[77] Eine subjektive Verhinderungsabsicht ist ebenfalls nicht geboten.[78] Gegenstand der Beschlussfassung kann vielmehr auch eine Maßnahme sein, die den Erfolg des öffentlichen Angebots fördert, etwa durch die Feststellung, dass dieses im Unternehmensinteresse liegt.[79] Denkbar ist ferner auch die Einberufung einer Abwehr-Hauptversammlung, die alleine der **Information und Beratung der Aktionäre** über das Angebot dient (sog beschlusslose Hauptversammlung).[80] In

47

---

[70] Begründung RegE WpÜG, BT-Drs. 14/7034, 46.
[71] Begründung RegE WpÜG, BT-Drs. 14/7034, 46; *Geibel/Süßmann* in Angerer/Geibel/Süßmann WpÜG § 16 Rn. 50; *Hasselbach* in Kölner Komm. WpÜG § 16 Rn. 45; *Merkner/Sustmann* in Baums/Thoma WpÜG § 16 Rn. 60; *Seiler* in Assmann/Pötzsch/Schneider § 16 Rn. 49 mwN; aA *Oechsler* in Ehricke/Ekkenga/Oechsler § 16 Rn. 14, der sich für eine teleologische Reduzierung der Vorschrift auf Übernahmeangebote ausspricht.
[72] Im Vergleich dazu gilt das Verbot abwehrgeeigneter Maßnahmen gem. § 33 Abs. 1 S. 1 WpÜG nur für Übernahmeangebote und Pflichtangebote. Anders ausgedrückt darf die Verwaltung der Zielgesellschaft innerhalb der allgemeinen aktienrechtlichen Grenzen ein einfaches Erwerbsangebot in beliebiger Weise abwehren.
[73] Vgl. *Merkner/Sustmann* in Baums/Thoma WpÜG § 16 Rn. 61; *Geibel/Süßmann* in Angerer/Geibel/Süßmann WpÜG § 16 Rn. 50; *Steinmeyer* in Steinmeyer WpÜG § 16 Rn. 13.
[74] § 16 Abs. 3 S. 1 WpÜG. Vgl. dazu eingehend *Merkner/Sustmann* in Baums/Thoma WpÜG § 16 Rn. 62 ff.; *Thoma/Stöcker* in Baums/Thoma WpÜG § 16 Rn. 67 ff. sowie *Geibel/Süßmann* in Angerer/Geibel/Süßmann WpÜG § 16 Rn. 51 ff.
[75] *Merkner/Sustmann* in Baums/Thoma WpÜG § 16 Rn. 63.
[76] *Steinmeyer* in Steinmeyer WpÜG § 16 Rn. 12.
[77] So auch *Hasselbach* in Kölner Komm. WpÜG § 16 Rn. 45; *Wackerbarth* in MüKoAktG WpÜG § 16 Rn. 34.; aA *Geibel/Süßmann* in Angerer/Geibel/Süßmann WpÜG § 16 Rn. 52; vgl. ferner *Merkner/Sustmann* in Baums/Thoma WpÜG § 16 Rn. 63.
[78] Arg. §§ 33 Abs. 1, 33a Abs. 2 S. 2 Nr. 1 WpÜG; RegBegr. BT-Drs. 14/7034, 57; *Geibel/Süßmann* in Angerer/Geibel/Süßmann WpÜG § 16 Rn. 52; *Merkner/Sustmann* in Baums/Thoma WpÜG § 16 Rn. 62.
[79] Vgl. *U.H. Schneider* AG 2002, 125 (131).
[80] Ebenso *Geibel/Süßmann* in Angerer/Geibel/Süßmann WpÜG § 16 Rn. 53; *Merkner/Sustmann* in Baums/Thoma WpÜG § 16 Rn. 64; *Steinmeyer* in Steinmeyer WpÜG § 16 Rn. 17. Auch Ziff. 3.7 DCGK geht von der Möglichkeit der bloßen Beratung aus: „Der Vorstand sollte im Falle eines Übernahmeangebots eine außerordentliche Hauptversammlung einberufen, in der die Aktionäre über das Übernahmeangebot

dem durch das Aktienrecht gesetzten Rahmen kann die Hauptversammlung mithin beliebige Beschlüsse fassen, um die Übernahme abzuwehren oder sie zu fördern.[81]

48 Auf der Abwehr-Hauptversammlung können sämtliche (insbesondere Abwehr-) Maßnahmen beschlossen werden, die in die **Kompetenz der Hauptversammlung** fallen.[82] Ferner können **Willensbekundungen** verabschiedet werden, die sich (zumindest faktisch) auf das Verhalten der Verwaltung der Zielgesellschaft zum Angebot auswirken können. Denkbar ist insoweit etwa ein **Feststellungsbeschluss** der Hauptversammlung, dass das Angebot erwünscht ist oder nicht. Ein solcher Beschluss könnte mit Unternehmens- oder Aktionärsinteressen begründet werden.[83] Dabei ist der **Bieter,** der bereits Aktien der Zielgesellschaft hält, **berechtigt,** an der Abwehr-Hauptversammlung teilzunehmen und das **Stimmrecht** aus seinen Aktien **auszuüben.**

49 Da der Bieter sein Angebot bis zu einem Werktag vor Ablauf der Annahmefrist modifizieren kann (§ 21 Abs. 1 S. 1 WpÜG), sollte jeder Beschluss der Abwehr-Hauptversammlung deutlich machen, ob er sich ausschließlich auf das zum Zeitpunkt der Beschlussfassung vorliegende Angebot bezieht oder auch ein ggf. **modifiziertes** (vgl. § 21 Abs. 1 WpÜG) oder gar ein **konkurrierendes Angebot** berücksichtigen soll.[84]

50 Unter zeitlichen Gesichtspunkten ist zu beachten, dass sich im Fall einer nachträglichen Änderung des Angebots die Annahmefrist um zwei Wochen verlängert, sofern die Veröffentlichung der Änderung innerhalb der letzten zwei Wochen vor Ablauf der Angebotsfrist erfolgt (§ 21 Abs. 5 S. 1 WpÜG). Steuert der Bieter die Veröffentlichung der Änderung seines Angebots zeitlich so, dass sie erst wenige Tage vor Ablauf der Annahmefrist erfolgt, wird es für die Zielgesellschaft **praktisch schwierig, wenn nicht gar unmöglich,** eine **erneute Abwehr-Hauptversammlung** noch innerhalb der Frist des § 16 Abs. 4 S. 1 WpÜG einzuberufen.[85]

51 § 16 Abs. 3 und 4 WpÜG schließen vom Wortlaut her nicht aus, dass bei Gelegenheit einer Hauptversammlung, die in Zusammenhang mit dem Angebot einberufen wird, zusätzlich auch Tagesordnungspunkte zum Gegenstand der Abwehr-Hauptversammlung gemacht werden, die **nicht im Zusammenhang mit dem öffentlichen Angebot** stehen, etwa sonstige Satzungsänderungen oder die Wahl des Abschlussprüfers.[86] In solchen Fällen tritt gleichwohl die Rechtsfolge des § 16 Abs. 3 S. 1 WpÜG ein, also die Verlängerung der Annahmefrist auf zehn Wochen.[87] Die Erleichterungen des § 16 Abs. 4 WpÜG für die Formalien und Fristen der Einberufung gelten in diesem Fall jedoch nicht. Im Ergeb-

---

beraten und gegebenenfalls über gesellschaftsrechtliche Maßnahmen beschließen." Dies schließt spontane Anträge und die Beschlussfassung im Zusammenhang mit einem ergebnisoffen formulierten Tagesordnungspunkt „öffentliches Angebot" nicht aus, vgl. § 124 Abs. 4 S. 2 AktG.

[81] Ebenso *U.H. Schneider* AG 2002, 125 (131).
[82] Ausf. zu den in Betracht kommenden Abwehrmaßnahmen *Richter* in Semler/Volhard Unternehmensübernahmen-HdB § 54 ff. Rn. 52; *Geibel/Süßmann* in Angerer/Geibel/Süßmann WpÜG § 16 Rn. 52, *U.H. Schneider* AG 2002, 125 (132) hält insofern lediglich eine Kapitalerhöhung mit Bezugsrechtsausschluss für denkbar, aber für wenig Erfolg versprechend.
[83] Denkbar wäre, dass sich ein Bieter, der bereits Aktien der Zielgesellschaft hält, nach einem ablehnenden Feststellungsbeschluss gegenüber den Aktionären der Zielgesellschaft treuwidrig verhält, wenn er sein Angebot weiter verfolgt, vgl. *U.H. Schneider* AG 2002, 125 (131).
[84] Vgl. § 22 Abs. 1 WpÜG. Dabei ist zu bedenken, dass jede Modifikation des ursprünglichen Angebots iE aus der Sicht des Aktionärs der Zielgesellschaft eine Verbesserung ist, vgl. RegBegr. BT-Drs. 14/7034, 49; ebenso *Thun* in Angerer/Geibel/Süßmann WpÜG § 21 Rn. 8. Dies gilt entsprechend für ein konkurrierendes Angebot, das sich ohne Verbesserung nicht gegen das ursprüngliche Angebot durchsetzen könnte. Denkbar wäre ein differenzierender Beschluss, der auf die Bekämpfung des Angebots abzielt, solange die angebotene Gegenleistung pro Aktie einen im Beschluss festgesetzten Wert nicht erreicht. Es liegt auf der Hand, dass sich der Bieter an einem solchen Beschluss orientieren und die Gegenleistung entsprechend erhöhen könnte.
[85] Eine erneute Verlängerung der Annahmefrist nach § 16 Abs. 3 S. 1 WpÜG auf zehn Wochen ab der Veröffentlichung der Änderung erfolgt nicht. Dies würde die Gesamtdauer des Angebotsverfahrens entgegen dem Willen des Gesetzgebers in die Länge ziehen; vgl. § 3 Abs. 4 WpÜG, RegBegr. BT-Drs. 14/7034, 29: „Die Verlängerung der Angebotsfrist ist nur in Ausnahmefällen vorgesehen".
[86] Vgl. *Geibel/Süßmann* in Angerer/Geibel/Süßmann WpÜG § 16 Rn. 54.
[87] So auch *Geibel/Süßmann* in Angerer/Geibel/Süßmann WpÜG § 16 Rn. 54.

nis bedeutet dies, dass der Vorstand der Zielgesellschaft zwar nicht gehindert ist, in einer nach § 16 Abs. 3 WpÜG einberufenen Hauptversammlung auch andere, nicht im Zusammenhang mit dem Angebot stehende Beschlussgegenstände auf die Tagesordnung zu setzen. Er muss dann jedoch für die gesamte Hauptversammlung die Einberufungs-, Anmelde-, und Mitteilungspflichten der §§ 123 ff. AktG uneingeschränkt beachten.[88]

b) Zeitlicher Zusammenhang

Ein zeitlicher Zusammenhang ist gegeben, wenn die Einberufung der Abwehr-Hauptversammlung **nach Veröffentlichung der Angebotsunterlage** erfolgt.[89] 52

Das gilt auch, wenn die vor dem Ablauf der Annahmefrist einberufene Abwehr-Hauptversammlung selbst unter Ausnutzung der verkürzten Einberufungsfrist **nicht mehr vor Ablauf der** auf zehn Wochen **verlängerten Annahmefrist** stattfinden kann. Da der Bieter kurz vor Ende der Annahmefrist durch Änderung seines Angebots eine Verlängerung der Annahmefrist um zwei Wochen bewirken kann (§ 21 Abs. 5 WpÜG), wird man den zeitlichen Zusammenhang mit dem Angebot bejahen können,[90] so dass auch in diesem Fall die (vorsorgliche) Einberufung einer Abwehr-Hauptversammlung zulässig ist. Sollte es zu dieser Verlängerung der Annahmefrist nicht kommen, wäre die Abwehr-Hauptversammlung als solche sinnlos und sollte rechtzeitig abgesetzt werden (→ Rn. 55). 53

4. Rechtsfolge: Fristverlängerung

Durch die Einberufung der Abwehr-Hauptversammlung **verlängert** sich eine weniger als zehn Wochen betragende **Annahmefrist**[91] **auf zehn Wochen**. Betrug bereits die ursprüngliche Annahmefrist zehn Wochen, wird diese aufgrund der Einberufung der Abwehr-Hauptversammlung nicht weiter verlängert.[92] 54

---

[88] Insbesondere verkürzt sich die Frist für die Einberufung der Hauptversammlung gem. § 123 Abs. 1 AktG nicht, wenn übernahmefremde Beschlussgegenstände behandelt werden sollen. Eine Aufweichung des Dispositionsschutzes der Aktionäre (vgl. nur *Koch* in Hüffer/Koch AktG § 123 Rn. 1), die ihr übernahmerechtliches Motiv in der raschen Reaktionsmöglichkeit auf ein öffentliches Angebot hat, ist bei übernahmefremden Beschlussgegenständen nicht gerechtfertigt; ebenso *Geibel/Süßmann* in Angerer/Geibel/Süßmann WpÜG § 16 Rn. 54. Anders *Hasselbach* in Kölner Komm. WpÜG § 16 Rn. 47: Die Tatsache, dass auch für Beschlussgegenstände mit Abwehrcharakter eine kürzere Vorbereitungszeit zur Verfügung steht, sei auch wegen des Vorrangs des Kapitalmarktrechts hinzunehmen.

[89] RegBegr. BT-Drs. 14/7034, 46; vgl. auch *Geibel/Süßmann* in Angerer/Geibel/Süßmann WpÜG § 16 Rn. 56 f. Eine vorherige Einberufung führt nicht zur Verlängerung der Annahmefrist auf zehn Wochen. Nach dem Ablauf der Annahmefrist lässt sich ein zeitlicher Zusammenhang zwischen der Einberufung und dem Angebot schon gar nicht mehr herstellen.

[90] AA *Geibel/Süßmann* in Angerer/Geibel/Süßmann WpÜG § 16 Rn. 56; *Wackerbarth* in MüKoAktG WpÜG § 16 Rn. 36; *Seiler* in Assmann/Pötzsch/Schneider WpÜG § 16 Rn. 53; *Merkner/Sustmann* in Baums/Thoma WpÜG § 16 Rn. 68; wohl auch *Scholz* in Haarmann/Schüppen WpÜG § 16 Rn. 23.

[91] Die vom Bieter gesetzte Annahmefrist muss zwischen vier und zehn Wochen betragen, § 16 Abs. 1 S. 1 WpÜG.

[92] Eine weitere Verlängerung der Annahmefrist ist allerdings aus anderen Gründen möglich. So verlängert sich diese im Fall der erstmaligen Änderung des Angebots innerhalb der letzten zwei Wochen der Annahmefrist um weitere zwei Wochen, § 21 Abs. 5 S. 1 iVm Abs. 6 WpÜG. Unterbreitet ein anderer Bieter ein konkurrierendes Angebot, richtet sich die Annahmefrist des ersten Angebots ggf. nach der längeren Annahmefrist des konkurrierenden Angebots, § 22 Abs. 2 S. 1 WpÜG. Im Übrigen können die Aktionäre, die das Angebot innerhalb der Annahmefrist nicht angenommen haben, es innerhalb einer sog weiteren Annahmefrist annehmen, es sei denn, der Bieter hat eine von ihm zur Bedingung erhobene Mindestakzeptanz seines Angebots schon während der regulären Annahmefrist nicht erreicht, § 16 Abs. 2 WpÜG. Da erfahrungsgemäß größere, insbes. institutionelle Aktionäre erst kurz vor Ablauf der weiteren Annahmefrist das Angebot annehmen, kann eine Abwehr-Hauptversammlung noch während der weiteren Annahmefrist durchaus erhebliche praktische Bedeutung erlangen.

5. Absetzung der Abwehr-Hauptversammlung

55 Wer die Einberufung der Hauptversammlung veranlasst hat, kann sie durch eine nicht fristgebundene, formlose Erklärung wieder absetzen (auch → § 4 Rn. 148) oder den Zeitpunkt[93] oder Ort[94] der Versammlung ändern.[95] Die Absetzung der Hauptversammlung hat keinen Einfluss auf die ggf. auf zehn Wochen verlängerte Annahmefrist. Insbesondere **lebt** die **ursprüngliche** durch den Bieter gesetzte kürzere **Annahmefrist nicht wieder auf**, da Dauer und Ende der Annahmefrist für die Aktionäre der Zielgesellschaft rechtssicher vorhersehbar sein müssen.[96]

6. Einberufungsgründe

56 Die **gesetzlichen Einberufungsgründe** (→ § 4 Rn. 5 ff.) erfahren durch das WpÜG **keine Modifikation.** Vor der Durchführung von Abwehrmaßnahmen, die in die Zuständigkeit der Hauptversammlung fallen, ist der Vorstand schon nach § 121 Abs. 1 Alt. 1 AktG verpflichtet, die vorherige Zustimmung der Hauptversammlung einzuholen.[97]

57 Sowohl Vorstand als auch Aufsichtsrat sind zur Einberufung der Hauptversammlung verpflichtet, wenn das **Wohl der Gesellschaft** es erfordert.[98] Da beide Organe indes ohnehin nur zum Wohl der Gesellschaft handeln dürfen, setzt die Einberufung der Hauptversammlung unter diesem Gesichtspunkt voraus, dass die Zuständigkeit der Hauptversammlung bereits gegeben ist.[99]

58 Die Einberufung ist schließlich notwendig, wenn eine **Minderheit** von Aktionären, die zusammen mindestens den zwanzigsten Teil des Grundkapitals hält, die Einberufung verlangt (§ 122 Abs. 1 S. 1 AktG). Die Satzung kann ein geringeres Quorum vorsehen (§ 122 Abs. 1 S. 2 AktG; → § 4 Rn. 33 ff.).

59 Der Vorstand kann die Einberufung der Hauptversammlung verlangen, damit diese über Fragen der Geschäftsführung entscheidet.[100] Ein **Vorstandsverlangen** als solches ist noch **nicht** als **Abwehrmaßnahme** zu qualifizieren; es bedarf daher nicht nach § 33 Abs. 1 S. 2 WpÜG der Zustimmung des Aufsichtsrats.[101]

60 Die **Satzung** kann **weitere Einberufungsgründe** vorsehen (§ 121 Abs. 1 AktG). Der Spielraum dafür ist jedoch durch das Prinzip der **Satzungsstrenge** begrenzt.[102] Das WpÜG modifiziert die aktienrechtliche Kompetenzordnung nicht.[103]

---

[93] *Koch* in Hüffer/Koch AktG § 121 Rn. 18.
[94] *Koch* in Hüffer/Koch AktG § 121 Rn. 18; → § 4 Rn. 149.
[95] Die Absetzung der Hauptversammlung kann sinnvoll sein, wenn die Abwehr-Hauptversammlung gegenstandslos geworden ist (→ Rn. 53), oder wenn die Einberufung mit unheilbaren Mängeln behaftet ist (→ § 4 Rn. 150).
[96] *Geibel/Süßmann* in Angerer/Geibel/Süßmann WpÜG § 16 Rn. 60; *Merkner/Sustmann* in Baums/Thoma WpÜG § 16 Rn. 75; *Seiler* in Assmann/Pötzsch/Schneider WpÜG § 16 Rn. 53.
[97] Vgl. *Steinmeyer* in Steinmeyer WpÜG § 16 Rn. 19.
[98] § 121 Abs. 1 Alt. 3 AktG und § 111 Abs. 3 S. 1 AktG.
[99] *Steinmeyer* in Steinmeyer WpÜG § 16 Rn. 21; vgl. dazu auch *Koch* in Hüffer/Koch AktG § 111 Rn. 30. Die Übernahmesituation an sich erfordert hingegen nicht grundsätzlich die Einberufung einer Abwehr-Hauptversammlung.
[100] § 119 Abs. 2 AktG. Daran ändert auch ein öffentliches Angebot nichts. Damit kann der Vorstand die Entscheidung, ob und welche Maßnahmen zur Vereitelung des Angebots ergriffen werden sollen, der Hauptversammlung überlassen. Fasst die Hauptversammlung in diesem Rahmen einen bindenden Beschluss, ist der Vorstand zu dessen Ausführung verpflichtet, § 83 Abs. 2 AktG; *Steinmeyer* in Steinmeyer WpÜG § 16 Rn. 23 f.
[101] Da die Einberufung auf ein Vorstandsverlangen hin sicherstellen soll, dass die Hauptversammlung über etwaige Abwehrmaßnahmen entscheidet, wäre die Qualifikation des Vorstandsverlangens als Abwehrmaßnahme sinnwidrig. So auch *Steinmeyer* in Steinmeyer WpÜG § 16 Rn. 24; vgl. auch *Koch* in Hüffer/Koch AktG § 119 Rn. 13.
[102] § 23 Abs. 1 AktG; *Koch* in Hüffer/Koch AktG § 121 Rn. 4. Auch → § 4 Rn. 14 ff.

IV. Abwehr-Hauptversammlung § 37

7. Einberufungszuständigkeit

Die Abwehr-Hauptversammlung kann sowohl auf Verlangen des Vorstands (§ 121 Abs. 2 S. 1 AktG) oder des Aufsichtsrats (§ 111 Abs. 3 AktG) als auch auf Verlangen einer Aktionärsminderheit, die zusammen mind. 5% des Grundkapitals hält,[104] einberufen werden. Eine Pflicht der Verwaltung zur Einberufung besteht hingegen nur dann, wenn es das **Wohl der AG** erfordert. 61

In erster Linie ist der Vorstand zur Einberufung der Hauptversammlung befugt (→ § 4 Rn. 22 ff.). Er ist dazu verpflichtet, wenn **Gesetz** (→ § 4 Rn. 6) oder **Satzung** dies bestimmen oder das **Wohl der Gesellschaft** es erfordert (§ 121 Abs. 1 AktG; → § 4 Rn. 15). Letzteres setzt eine Einschätzung des Vorstands voraus, ob die erfolgreiche Durchführung des Angebots dem Wohl der Gesellschaft dienen oder schaden würde.[105] Die Einberufung der Hauptversammlung durch den Vorstand steht also nicht in seinem freien Ermessen, ist jedoch auch nicht grundsätzlich verpflichtende Folge der Veröffentlichung eines die Gesellschaft betreffenden Angebots.[106] 62

Eine Einberufung ist nicht erforderlich, wenn der Vorstand von einer in einem Vorratsbeschluss bereits vorgesehene Ermächtigung Gebrauch machen will.[107] 63

Der Aufsichtsrat kann die Einberufung der Hauptversammlung ebenfalls verlangen, wenn das **Wohl der Gesellschaft** es erforderlich macht (§ 111 Abs. 3 AktG; → § 4 Rn. 29). Wie der Vorstand hat auch der Aufsichtsrat eine Einschätzung zu treffen, ob das erfolgreiche Angebot für die Gesellschaft nachteilig wäre oder nicht.[108] 64

8. Mitteilungspflicht des Vorstands

Im Interesse der Transparenz und zur Sicherstellung eines ordnungsgemäßen Verfahrens[109] ist die **Einberufung der Hauptversammlung** dem Bieter sowie der BaFin durch den Vorstand der Zielgesellschaft unverzüglich **mitzuteilen**.[110] 65

a) Inhalt

Die Mitteilungspflicht des Vorstands erstreckt sich angesichts des eindeutigen Gesetzeswortlauts[111] auf die Tatsache, dass die Hauptversammlung einberufen wurde, die **Firma und den Sitz der Zielgesellschaft** sowie den **Zeitpunkt** und den **Ort der Hauptver-** 66

---

[103] Daher besteht nicht die Möglichkeit, den Vorstand in der Satzung zur Einberufung der Hauptversammlung im Fall eines Übernahmeangebots zu verpflichten, *Steinmeyer* in Steinmeyer WpÜG § 16 Rn. 19; jedoch wird die Durchführung einer solchen Versammlung von Ziff. 3.7.3 DCGK angeregt. Jede Satzungsbestimmung, die den Vorstand verpflichtet, die Hauptversammlung zur Erörterung von nicht der Zustimmung der Hauptversammlung unterliegenden Angelegenheiten einzuberufen, wäre unzulässig (→ § 4 Rn. 11). Dagegen können bestehende gesetzliche Einberufungsgründe erweitert werden. So kann die Satzung das Recht einer Aktionärsminderheit zur Einberufung einer Hauptversammlung an ein geringeres Quorum knüpfen (→ § 4 Rn. 33); *Koch* in Hüffer/Koch AktG § 122 Rn. 8.
[104] § 122 Abs. 1 S. 1 AktG; zur satzungsmäßigen Absenkung des Quorums → § 4 Rn. 13.
[105] Es wird sich dabei um extreme Fälle handeln, etwa bei drohender Zerschlagung oder „Ausplünderung" der Gesellschaft im Anschluss an eine erfolgreiche Übernahme; vgl. *Koch* in Hüffer/Koch AktG § 71 Rn. 9 zur ähnlichen Fragestellung der Schadensabwehr durch den Rückerwerb eigener Aktien.
[106] Vgl. *Steinmeyer* in Steinmeyer WpÜG § 16 Rn. 18 f.
[107] *Steinmeyer* in Steinmeyer WpÜG § 16 Rn. 19.
[108] Vgl. *Koch* in Hüffer/Koch AktG § 111 Rn. 30.
[109] RegBegr. BT-Drs. 14/7034, 46.
[110] § 16 Abs. 3 S. 2 WpÜG. Die bloße Absicht zur Einberufung einer Abwehr-Hauptversammlung ist dagegen nicht mitteilungspflichtig. So auch *Merkner/Sustmann* in Baums/Thoma WpÜG § 16 Rn. 76; *Seiler* in Assmann/Pötzsch/Schneider WpÜG § 16 Rn. 56; *Geibel/Süßmann* in Angerer/Geibel/Süßmann WpÜG § 16 Rn. 61; *Oechsler* in Ehricke/Ekkenga/Oechsler WpÜG § 16 Rn. 18.
[111] Vgl. § 16 Abs. 3 S. 2 WpÜG: „Der Vorstand der Zielgesellschaft hat die Einberufung der Hauptversammlung der Zielgesellschaft unverzüglich dem Bieter und der Bundesanstalt mitzuteilen."

sammlung.[112] Darüber hinaus ist die Tagesordnung anzugeben.[113] Zusätzlich sind Angaben zu den Voraussetzungen der Teilnahme, dem Verfahren für die Stimmabgabe, den Aktionärsrechten sowie der Internetseite der Gesellschaften mit den zugänglich gemachten Informationen zu machen.[114] Damit ohne weiteres nachvollzogen werden kann, dass die Einberufung erst nach der Veröffentlichung der Angebotsunterlage erfolgt ist, empfiehlt sich die Angabe des Datums der Einberufung.[115]

b) Form

67 Eine bestimmte Form der Mitteilung schreibt das Gesetz nicht vor (vgl. § 16 Abs. 3 S. 2 WpÜG).

68 **Gegenüber dem Bieter** ist schon aus Gründen der Dokumentation eine schriftliche Mitteilung ratsam. Auch die elektronische Mitteilung ist ausreichend.

c) Rechtsfolgen der Unterlassung

69 Kommt der Vorstand seiner Mitteilungspflicht nicht nach, hat dies **keine Auswirkung auf die Verlängerung der Annahmefrist** auf zehn Wochen. Die BaFin (vgl. § 39 Fn. 40) kann den Vorstand zwangsweise[116] zur Mitteilung anhalten, deren Unterlassen indes keine Ordnungswidrigkeit darstellt.[117]

9. Veröffentlichungspflicht des Bieters

70 Der Bieter hat die Mitteilung des Vorstands der Zielgesellschaft unter Angabe des Enddatums der Annahmefrist unverzüglich im Bundesanzeiger zu veröffentlichen (§ 16 Abs. 3 S. 3 WpÜG) und der BaFin einen Beleg der Veröffentlichung zu übersenden (§ 16 Abs. 3 S. 4 WpÜG), um die Überprüfung zu ermöglichen, dass der Bieter seiner gesetzlichen Veröffentlichungspflicht nachgekommen ist.

a) Inhalt

71 Der Inhalt der Mitteilung hat grundsätzlich dem zu entsprechen, was der Vorstand der Zielgesellschaft dem Bieter mitgeteilt hat.[118] Abgesehen von der Veröffentlichung des Enddatums der Annahmefrist und der Korrektur offensichtlicher Unrichtigkeiten ist der Bieter nicht berechtigt, die Mitteilung des Vorstands zu modifizieren.[119]

---

[112] Vgl. § 121 Abs. 3 S. 1 AktG; *Geibel/Süßmann* in Angerer/Geibel/Süßmann WpÜG § 16 Rn. 62.
[113] Vgl. § 121 Abs. 3 S. 2 AktG; so bereits vor Inkrafttreten des ARUG *Hasselbach* in Kölner Komm. WpÜG § 16 Rn. 51; *Seiler* in Assmann/Pötzsch/Schneider WpÜG § 16 Rn. 56; nunmehr auch *Geibel/Süßmann* in Angerer/Geibel/Süßmann WpÜG § 16 Rn. 62; aA noch *Wackerbarth* in MüKoAktG WpÜG § 16 Rn. 43.
[114] Zwar verlangt das Gesetz lediglich die Mitteilung der Einberufung; gleichwohl erscheint es ratsam, die zusätzlichen Angaben nach § 121 Abs. 3 S. 3 AktG ebenfalls mitzuteilen.
[115] Ebenso *Geibel/Süßmann* in Angerer/Geibel/Süßmann WpÜG § 16 Rn. 62.
[116] Nach § 46 WpÜG iVm dem Verwaltungsvollstreckungsgesetz.
[117] Denkbar wäre aber eine aus dem Unterlassen resultierende Schadensersatzpflicht des Vorstands nach § 93 Abs. 2 AktG, wenn Aktionäre wegen der fehlenden Mitteilung keine Kenntnis von der verlängerten Annahmefrist erhalten, das Angebot vorzeitig annehmen und so die Übernahme ermöglichen, die durch die Hauptversammlung gerade verhindert werden sollte, vgl. *Geibel/Süßmann* in Angerer/Geibel/Süßmann WpÜG § 16 Rn. 65.
[118] *Geibel/Süßmann* in Angerer/Geibel/Süßmann WpÜG § 16 Rn. 67.
[119] *Wackerbarth* in MüKoAktG WpÜG § 16 Rn. 44; *Geibel/Süßmann* in Angerer/Geibel/Süßmann WpÜG § 16 Rn. 67.

IV. Abwehr-Hauptversammlung § 37

b) Medium

Die Dauer der Annahmefrist ist eine wesentliche Angabe in jeder Angebotsunterlage 72
(§ 11 Abs. 2 S. 2 Nr. 6 WpÜG). Ändert sich die Angebotsunterlage durch die Verlängerung der Annahmefrist, sollte zweckmäßigerweise neben der Veröffentlichung im (elektronischen) Bundesanzeiger auch die für die Angebotsunterlage erforderliche Bekanntgabe im Internet erfolgen.[120] Die ohne ersichtlichen Grund fehlende Anordnung in § 16 Abs. 3 S. 3 WpÜG erscheint daher änderungsbedürftig.[121]

Für Mitteilungen **an die BaFin** gilt stets das Schriftformerfordernis des § 45 S. 1 73
WpÜG.[122] Zulässig ist aber auch die Übermittlung im Wege der elektronischen Datenübertragung, sofern der Absender zweifelsfrei zu erkennen ist (§ 45 S. 2 WpÜG).[123]

c) Rechtsfolgen der Unterlassung

Sollte der Bieter die Veröffentlichung unterlassen, hat auch dies **keinen Einfluss auf die** 74
Dauer der ggf. verlängerten Annahmefrist. Auch der Bieter kann durch Verwaltungszwang zur Veröffentlichung angehalten werden. Eine Ordnungswidrigkeit stellt das Unterlassen indes nicht dar. Es kann sich jedoch dem Grunde nach eine Schadensersatzverpflichtung des Bieters gegenüber der Zielgesellschaft und ihren Aktionären ergeben.[124]

10. Erleichterungen

Damit die Abwehr-Hauptversammlung der Zielgesellschaft frühzeitig auf das öffentliche 75
Angebot reagieren, also die Vor- und Nachteile rechtzeitig erörtern und ggf. Abwehrmaßnahmen beschließen kann, gelten für ihre Einberufung **wesentliche Erleichterungen** gegenüber den allgemeinen aktienrechtlichen Regeln (dargestellt in → § 4 Rn. 70 ff.) für die Einberufung von Hauptversammlungen.[125]

a) Einberufungsfrist

Die für die Einberufung einer Hauptversammlung grundsätzlich anwendbare Frist von 76
dreißig Tagen (§ 123 Abs. 1 AktG) wird **auf 14 Tage verkürzt** (§ 16 Abs. 4 S. 1 WpÜG). Die Abwehr-Hauptversammlung muss daher mindestens 14 Tage vor dem Tag der Versammlung einberufen werden. Eine Verpflichtung, die verkürzte Frist zu nutzen, besteht hingegen nicht; vielmehr kann auch die reguläre 30-Tage-Frist oder eine dazwischen liegende Frist gewählt werden.[126]

---

[120] § 14 Abs. 3 Nr. 1 WpÜG. *Wackerbarth* in MüKoAktG WpÜG § 11 Rn. 17, WpÜG § 16 Rn. 44 spricht hier von einer ohnehin (jedoch nicht aufgrund Gesetz) bestehenden Verpflichtung des Bieters; vgl. auch BGHZ 139, 225 ff. zur Pflicht zur Aktualisierung des Unternehmensberichts während der Zeichnungsfrist bei der Emission neuer Aktien.
[121] Ebenso *Geibel/Süßmann* in Angerer/Geibel/Süßmann WpÜG § 16 Rn. 69. Krit. auch *Wackerbarth* in MüKoAktG WpÜG § 16 Rn. 44.
[122] Demnach wäre auch ein Telefax ausreichend, vgl. auch *Uhlendorf* in Angerer/Geibel/Süßmann WpÜG § 45 Rn. 3.
[123] *Uhlendorf* in Angerer/Geibel/Süßmann WpÜG § 45 Rn. 6.
[124] § 16 Abs. 3 S. 3 WpÜG ist insofern Schutzgesetz iSd § 823 Abs. 2 BGB, *Geibel/Süßmann* in Angerer/Geibel/Süßmann WpÜG § 16 Rn. 70 f.
[125] § 16 Abs. 3 S. 1, Abs. 4 WpÜG. Die Inanspruchnahme dieser Erleichterungen setzt stets voraus, dass die Tatbestandsvoraussetzungen des § 16 Abs. 3 S. 1 WpÜG erfüllt sind. Sollen iRd Hauptversammlung auch Gegenstände behandelt werden, die nicht mit dem öffentlichen Angebot im Zusammenhang stehen, sind die verfahrensrechtlichen Erleichterungen des § 16 Abs. 4 WpÜG insgesamt unanwendbar. → Rn. 51; ebenso *Geibel/Süßmann* in Angerer/Geibel/Süßmann WpÜG § 16 Rn. 73.
[126] *Geibel/Süßmann* in Angerer/Geibel/Süßmann WpÜG § 16 Rn. 74; *Schneider* in Assmann/Pötzsch/Schneider WpÜG § 16 Rn. 63.

77 Die verkürzte Frist wird ebenso berechnet wie bei einer regulären Hauptversammlung (→ § 4 Rn. 70 f.). Abweichungen von der **Fristberechnung** bestehen nicht. Folglich ist auch bei der Einberufung einer Abwehr-Hauptversammlung weder der Tag der Versammlung (§ 121 Abs. 7 S. 1 AktG) noch der Tag der Einberufung (§ 16 Abs. 4 S. 2 WpÜG) mitzurechnen.

78 Eine Verkürzung der Einberufungsfrist nach § 16 Abs. 4 S. 1 WpÜG kommt – nach allerdings umstrittener Auffassung – dann nicht in Betracht, wenn in der **Satzung** eine Frist von dreißig Tagen oder länger[127] zur Einberufung der Hauptversammlung ausdrücklich auch für eine Versammlung im Zusammenhang mit einem Angebot vorgesehen ist.[128] Wird demgegenüber lediglich die gesetzliche Einberufungsfrist wiederholt, findet § 16 Abs. 4 S. 1 WpÜG Anwendung.[129]

79 Bestimmt die Satzung, dass der Teilnahme an der Hauptversammlung eine Anmeldung und/oder die Beibringung eines Legitimationsnachweises voranzugehen hat,[130] verlängert sich bei regulären Einberufungen die Einberufungsfrist um die Anzahl der Tage der Anmelde- bzw. der Legitimationsfrist.[131] Wird die reguläre Einberufungsfrist bei einer Abwehr-Hauptversammlung gem. § 16 Abs. 4 S. 1 WpÜG unterschritten, verkürzt sich die Mindestfrist für die Anmeldung auf vier Tage (§ 16 Abs. 4 S. 5 Hs. 1 WpÜG). Besteht lediglich ein Anmeldeerfordernis, verlängert sich die Einberufungsfrist mithin um eben diese vier Tage.[132] Anders liegt es, wenn ausschließlich oder kumulativ ein Berechtigungsnachweis zu erbringen ist. Da § 16 Abs. 4 WpÜG hierzu keine ausdrückliche Regelung trifft, wäre grundsätzlich anzunehmen, dass es insoweit bei der aktiengesetzlichen Mindestfrist für die Beibringung des Legitimationsnachweises von sechs Tagen verbliebe und eine Fristverkürzung – anders als im Hinblick auf die Anmeldung – nicht erfolgt. Indes stünde ein solches Ergebnis im Widerspruch zu Sinn und Zweck der in § 16 Abs. 4 WpÜG getroffenen Regelung. Die Ermöglichung einer zügigen Durchführung der Abwehr-Hauptversammlung sowie die Gewährleistung des Gleichlaufs von Anmelde- und Legitimationsfrist sprechen vielmehr dafür, § 16 Abs. 4 S. 5 WpÜG, welcher eine Verkürzung der Mindestfrist für die Anmeldung auf vier Tage vorsieht, auf eine etwaige Legitimationsfrist entsprechend anzuwenden. Den Aktionären verbleibt in jedem Fall die volle Einberufungsfrist zur Erfüllung der Teilnahmevoraussetzungen.

---

[127] Eine solche Bestimmung ist unproblematisch zulässig; → § 4 Rn. 72.

[128] So zutreffend *Schneider* in Assmann/Pötzsch/Schneider WpÜG § 16 Rn. 64; ähnlich auch *Wackerbarth* in MüKoAktG WpÜG § 16 Rn. 47; *Noack* in Schwark/Zimmer WpÜG § 16 Rn. 31. Dies entspricht der ganz hM zumindest für Satzungsklauseln, die lediglich den Gesetzeswortlaut des § 123 Abs. 1 AktG deklaratorisch wiederholen, da insoweit kein eigenständiger Regelungswillen des Satzungsgebers ableitbar sei; so *Hasselbach* in Köln. Komm. WpÜG § 16 Rn. 56; vgl. auch *Geibel/Süßmann* in Angerer/Geibel/Süßmann WpÜG § 16 Rn. 75; aA wohl *Merkner/Sustmann* in Baums/Thoma WpÜG § 16 Rn. 92.

[129] *Geibel/Süßmann* in Angerer/Geibel/Süßmann WpÜG § 16 Rn. 75; aA *Hasselbach* in Kölner Komm. WpÜG § 16 Rn. 76; *Scholz* in Haarmann/Schüppen WpÜG § 16 Rn. 30 (Fn. 41). Diese Auffassung widerspricht jedoch dem Sinn und Zweck von Abs. 4 und verkennt die besondere Bedeutung der Abwehr-Hauptversammlung sowie die dafür vorgesehene und ggf. nötige Flexibilität der Verwaltung bei deren Organisation. Nur wenn der eigenständige Wille zur Regelung einer längeren Frist auch für den Fall der Abwehr-Hauptversammlung in der Satzung ausdrücklich Eingang findet, ist eine Satzungsdurchbrechung unzulässig. Gesellschaften mit Satzungsklauseln, die noch auf die Monatsfrist lauten oder eine längere als die gesetzlich vorgesehene Frist vorsehen, sollten gleichwohl die Änderung derselben erwägen, wenn sie im Fall eines gegen sie gerichteten Angebots die Möglichkeit der Einberufung einer Abwehr-Hauptversammlung innerhalb einer verkürzten Frist nutzen wollen.

[130] → § 4 Rn. 83 ff. für den Nachweis der Berechtigung zur Teilnahme an der Hauptversammlung und zur Stimmrechtsausübung und → § 4 Rn. 79 ff. für die Anmeldung.

[131] § 123 Abs. 2 S. 5 und Abs. 3 S. 1 AktG. Die Verlängerung erfolgt dabei nur einfach, nicht kumulativ. Sollten die Fristen unterschiedlich lang sein, ist – jedoch nur für die Berechnung der Einberufungsfrist – die längere Frist maßgeblich.

[132] Demnach hat die Einberufung mit einem Anmeldeerfordernis spätestens 18 Tage vor der Abwehr-Hauptversammlung zu erfolgen. Auch hier sind weder der Tag der Versammlung noch der Tag der Einberufung mitzurechnen, vgl. § 16 Abs. 4 S. 5, 2. HS WpÜG iVm. §§ 121 Abs. 7, 123 Abs. 2 Satz 4 AktG. Zur Berechnung der Fristen seit Inkrafttreten des ARUG → § 4 Rn. 70 ff.

b) Versammlungsort

Entgegen der aktienrechtlichen Regel, wonach die Hauptversammlung in Ermangelung anderslautender Satzungsbestimmung am Sitz der Gesellschaft stattzufinden hat (§ 121 Abs. 5 S. 1 AktG), kann eine Abwehr-Hauptversammlung **an jedem** für die Teilnehmer **zumutbaren Ort** abgehalten werden (§ 16 Abs. 4 S. 4 WpÜG). Dies gilt auch für den Fall, dass die Möglichkeit der Fristverkürzung nicht genutzt und stattdessen die reguläre 30-Tages-Frist eingehalten wird.[133] Denn die fehlende Planbarkeit einer Abwehr-Hauptversammlung erschwert die Organisation dieser möglicherweise besonders stark frequentierten Hauptversammlung, so dass die Gesellschaft bei der Wahl des Orts flexibel sein muss. Auch die Wahl eines Versammlungsorts im **Ausland** ist grundsätzlich **nicht ausgeschlossen,** wobei allerdings die vorgeschriebene (§ 130 Abs. 1 S. 1 AktG) notarielle Protokollierung gewährleistet sein muss.[134]

80

c) Versammlungszeitpunkt

Eine ausdrückliche Regelung über den Zeitpunkt (also den Wochentag und die Uhrzeit) der Abwehr-Hauptversammlung fehlt. Die Bestimmung des Zeitpunkts richtet sich daher nach den allgemeinen Grundsätzen und steht mithin im Ermessen des Einberufenden, wobei der Zeitpunkt für die Teilnehmer zumutbar sein muss (→ § 4 Rn. 109). Die **Zumutbarkeit** dürfte dabei angesichts des besonderen Eilbedürfnisses großzügiger zu beurteilen sein als bei einer gewöhnlichen Hauptversammlung.[135]

81

d) Verkürzung der Mitteilungsfristen

Nach § 125 Abs. 1 AktG muss der Vorstand mindestens 21 Tage vor der Versammlung verschiedene Mitteilungspflichten gegenüber Kreditinstituten, Aktionärsvereinigungen und bestimmten Aktionärsgruppen erfüllen.[136] Diese **Mitteilungen** sind gem. § 16 Abs. 4 S. 5 WpÜG **unverzüglich** zu machen, wenn die Frist des § 123 Abs. 1 AktG unterschritten wurde.[137] Zur Wahrung dieser verkürzten Mitteilungsfrist genügt die rechtzeitige Absendung der Mitteilung (→ § 4 Rn. 268).

82

e) Modifikationen der Mitteilungs- und Informationspflichten

Mitteilung an die Aktionäre (vgl. § 125 Abs. 1 und 2; § 128 Abs. 1 AktG), ein Bericht nach § 186 Abs. 4 S. 2 AktG und fristgerecht eingereichte Anträge von Aktionären können **in Kurzfassung bekannt gemacht** werden.[138] Den Aktionären muss jedoch der

83

---

[133] *Schneider* in Assmann/Pötzsch/Schneider WpÜG § 16 Rn. 68; *Merkner/Sustmann* in Baums/Thoma WpÜG § 16 Rn. 93; *Geibel/Süßmann* in Angerer/Geibel/Süßmann WpÜG § 16 Rn. 78.
[134] → § 4 Rn. 121 f. Zur Protokollierung durch einen deutschen Notar im Ausland → § 15 Rn. 16 ff. mwN; zu anderen Lösungsvorschlägen auch → § 4 Rn. 120 und *Merkner/Sustmann* in Baums/Thoma WpÜG § 16 Rn. 94; *Geibel/Süßmann* in Angerer/Geibel/Süßmann WpÜG § 16 Rn. 79, jeweils mwN.
[135] Auch bei der Einberufung auf einen Sonntag oder gesetzlichen Feiertag wird man die Zumutbarkeit nicht grundsätzlich verneinen können. Ebenso *Seiler* in Assmann/Pötzsch/Schneider WpÜG § 16 Rn. 67; aA *Geibel/Süßmann* in Angerer/Geibel/Süßmann WpÜG § 16 Rn. 77.
[136] → § 4 Rn. 253 ff. zu den Einzelheiten. Auch hier ist der Tag des Zugangs der Mitteilung nicht mitzurechnen, § 125 Abs. 1 S. 2 AktG.
[137] Der Rückgriff auf das Unverzüglichkeitskriterium anstelle der Bestimmung einer konkreten Frist wurde im Zuge der Neuregelung der Fristen im Vorfeld der Hauptversammlung durch das ARUG erforderlich, wonach sämtliche Fristen von der Hauptversammlung zurückberechnet werden. Die Neuregelung in § 125 Abs. 1 S. 1 AktG iVm der kürzeren Einberufungsfrist nach § 16 Abs. 4 S. 1 WpÜG lässt die konkrete Bestimmung einer verkürzten Frist nicht zu. Durch die Verkürzung der Mitteilungsfrist soll gewährleistet werden, dass die Mitteilungen der Kreditinstitute bzw. Aktionärsvereinigungen ihren Depot-Kunden bzw. Mitgliedern noch rechtzeitig vor der Abwehr-Hauptversammlung zugehen, vgl. *Geibel/Süßmann* in Angerer/Geibel/Süßmann WpÜG § 16 Rn. 81.
[138] § 16 Abs. 4 S. 7 WpÜG.

vollständige Inhalt zugänglich gemacht, also bei der Gesellschaft **ausgelegt** und auf die **Internetseite** der Gesellschaft eingestellt werden,[139] damit diese zur Vorbereitung auf die Hauptversammlung auf den vollständigen Inhalt zurückgreifen können.

84 **Anträge der Aktionäre** sind zum einen Minderheitsanträge zur Tagesordnung (§§ 122 Abs. 2, 124 Abs. 1 AktG), zum anderen Gegenanträge (§ 126 Abs. 1 AktG). Grundsätzlich sind Gegenanträge nur den in § 125 Abs. 1–3 AktG aufgeführten Berechtigten zugänglich zu machen. Gem. § 16 Abs. 4 WpÜG sind Anträge jedoch allen Aktionären, also nicht nur den in § 125 Abs. 1 S. 3 aufgeführten Berechtigten zugänglich zu machen. § 16 Abs. 4 WpÜG geht auch insoweit über § 126 AktG hinaus, als er eine Bekanntmachung in Kurzfassung vorschreibt.[140]

85 Die **Bekanntmachung** der Informationen kann in Kurzfassung erfolgen und **sehr knapp gehalten** sein. Die Mitteilung muss allerdings einen Hinweis auf die Fundstelle auf der Website der Gesellschaft enthalten, wo der **vollständige Text verfügbar** sein muss.[141] Da das Gesetz keine Bekanntmachung durch die Gesellschaftsblätter verlangt, muss die Bekanntmachung nicht zwingend gem. § 25 Abs. 1 AktG im Bundesanzeiger erfolgen.[142]

86 **Anträge von Aktionären** brauchen vom Vorstand nur mitgeteilt zu werden, wenn sie mindestens 14 Tage vor der Hauptversammlung an die in der Einberufung hierfür mitgeteilte Adresse übersandt wurden; der Tag des Zugangs ist dabei nicht mitzurechnen (§ 126 Abs. 1 S. 1 und 2 AktG). Wird die verkürzte Einberufungsfrist von vierzehn Tagen gewählt und besteht kein fristverlängerndes Anmelde- oder Legitimationserfordernis, ist den Aktionären eine Wahrung der Frist zur Übersendung von Gegenanträgen folglich nicht möglich. Eine Verpflichtung des Vorstands zur Mitteilung von Gegenanträgen kommt daher grundsätzlich nur dann in Betracht, wenn die Einberufungsfrist mehr als vierzehn Tage beträgt.[143]

87 Zur Abwehr einer Übernahme kommt ua eine Kapitalmaßnahme unter **Ausschluss des Bezugsrechts** der Altaktionäre in Betracht. Insbesondere die Ausgabe neuer Aktien zur Platzierung bei einem „befreundeten" Dritten (*„white knight"*) kann sich als geeignetes Mittel zur Verhinderung einer Übernahme anbieten, wenn das Bezugsrecht der Altaktionäre und somit auch des Bieters ausgeschlossen wird. Der Bezugsrechtsausschluss setzt einen schriftlichen Bericht des Vorstands über den Grund des Ausschlusses voraus.[144] Der **vollständige Vorstandsbericht** muss den Aktionären zugänglich gemacht werden; für die Mitteilung selbst ist jedoch eine verkürzte Fassung ausreichend, sofern diese auf die Stelle verweist, wo der vollständige Text abgerufen oder eingesehen werden kann.[145]

88 Andere Berichte, Verträge und Unterlagen, die im Zusammenhang mit einer Abwehr-Hauptversammlung relevant werden könnten, erwähnt das WpÜG nicht (siehe § 16 Abs. 4 S. 7 WpÜG). Insbesondere die Beschlussfassung über die Übertragung wesentlicher Vermögensbestandteile kann die Auslegung bzw. das Zugänglichmachen des entsprechenden Vertrags erfordern (§ 179a Abs. 2 AktG); auch Unternehmensverträge und Verschmelzungsverträge sowie Unterlagen im Zusammenhang mit der Einberufung der Hauptversammlung zur Entscheidung über Geschäftsführungsfragen (vgl. § 119 Abs. 2 AktG) können **erweiterte Informations- und Mitteilungspflichten** auslösen (→ § 4 Rn. 197 und § 5). Die Erleichterungen des WpÜG müssen insoweit nach Sinn und Zweck des

---

[139] RegBegr. BT-Drs. 14/7034, 47.
[140] *Scholz* in Haarmann/Schüppen WpÜG § 16 Rn. 36.
[141] *Geibel/Süßmann* in Angerer/Geibel/Süßmann WpÜG § 16 Rn. 88; *Merkner/Sustmann* in Baums/Thoma WpÜG § 16 Rn. 106; vgl. auch die RegBegr. BT-Drs. 14/7034, 47.
[142] *Merkner/Sustmann* in Baums/Thoma WpÜG § 16 Rn. 106; *Scholz* in Haarmann/Schüppen WpÜG § 16 Rn. 35; *Geibel/Süßmann* in Angerer/Geibel/Süßmann WpÜG § 16 Rn. 89.
[143] Erwägenswert insoweit *Merkner/Sustmann* in Baums/Thoma WpÜG § 16 Rn. 109: Verlängerung der Übersendungsfrist auf eine Woche vor dem Tag der Hauptversammlung.
[144] § 186 Abs. 4 S. 2 AktG iVm § 16 Abs. 4 S. 7 WpÜG; → § 22 Rn. 25 und *Geibel/Süßmann* in Angerer/Geibel/Süßmann WpÜG § 16 Rn. 91.
[145] RegBegr. BT-Drs. 14/7034, 47.

Gesetzes auch für diese Unterlagen gelten, so dass **Mitteilungen in verkürzter Form** (→ Rn. 83) erfolgen dürfen, während die vollständigen Informationen auf die Website eingestellt und den Aktionären durch Auslage in dem Geschäftsraum der Gesellschaft **zugänglich gemacht** werden müssen.[146]

f) Unterbleiben der Zusendung von Mitteilungen und Gegenanträgen

Der Vorstand kann von der Zusendung von Mitteilungen und Gegenanträgen an die Aktionäre absehen, wenn er mit Zustimmung des Aufsichtsrats der Überzeugung ist, dass der **Eingang** bei den Aktionären **nicht mehr rechtzeitig zu erwarten** („nicht wahrscheinlich") ist.[147] In diesem Fall könnte die Zusendung schließlich nicht mehr den Zweck erfüllen, den Aktionären eine umfassende Vorbereitung auf die Hauptversammlung zu ermöglichen. Damit ist nicht gemeint, dass überhaupt kein Zugang vor der Hauptversammlung zu erwarten ist.[148] Vielmehr bedeutet „rechtzeitig", dass die Aktionäre etwaige Teilnahmebedingungen (Anmeldung oder Erbringung des Legitimationsnachweises) noch erfüllen oder Weisungen zur Ausübung des Stimmrechts an ein Kreditinstitut oder einen geschäftsmäßig Handelnden noch abgeben können.[149]

89

Mit „Zusendung" ist sowohl die postalische als auch die elektronische Übermittlung von Dokumenten gemeint. Da bei postalischer Zusendung immer die Gefahr von Verzögerungen durch Postlaufzeiten besteht, ist der Vorstand, sofern Aktionäre die Möglichkeit haben, elektronische Nachrichten zu empfangen, verpflichtet, diesen Übermittlungsweg zu nutzen. Da die Gesellschaft jedoch regelmäßig nicht über die E-Mail-Adressen aller ihrer Aktionäre verfügen wird, gilt dies nur, wenn der Aktionär seine Adresse der Gesellschaft unaufgefordert mitteilt. Eine **Nachforschungspflicht** der Gesellschaft, ob die Aktionäre über E-Mail-Adressen verfügen, besteht **in keinem Fall**.[150]

90

Da der Zugang bei der Übermittlung von Informationen auf elektronischem Weg mit der Speicherung in der Mailbox des Empfängers zusammenfällt,[151] kann von dieser Art der Übermittlung, wo sie möglich ist, regelmäßig nicht abgesehen werden. Es gelten jedoch die bereits genannten Einschränkungen.[152]

91

g) Bevollmächtigung von Kreditinstituten

Hinsichtlich der Ausübung von Stimmrechten durch bevollmächtigte Kreditinstitute oder Aktionärsvereinigungen und den korrespondierenden Pflichten zum Zugänglichmachen der eigenen Abstimmungsvorschläge sowie der Vorschläge der Verwaltung ergeben sich nach der Neuregelung der §§ 128, 135 AktG und der Streichung des § 16 Abs. 4 S. 7 WpÜG aF keine Besonderheiten mehr gegenüber der Stimmrechtsausübung bei einer herkömmlichen Hauptversammlung. Insofern wird auf die allgemeinen Grundsätze der

92

---

[146] Vgl. *Geibel/Süßmann* in Angerer/Geibel/Süßmann WpÜG § 16 Rn. 92; zweifelnd *Merkner/Sustmann* in Baums/Thoma WpÜG WpÜG § 16 Rn. 111; *Hasselbach* in Kölner Komm. WpÜG § 16 Rn. 72, die offenbar von einer abschließenden Regelung des § 16 Abs. 4 S. 7 WpÜG ausgehen.
[147] § 16 Abs. 4 S. 8 WpÜG; vgl. auch *Merkner/Sustmann* in Baums/Thoma WpÜG WpÜG § 16 Rn. 113; sowie *Geibel/Süßmann* in Angerer/Geibel/Süßmann WpÜG § 16 Rn. 96 zur Bestimmung einer Erheblichkeitsschwelle.
[148] *Geibel/Süßmann* in Angerer/Geibel/Süßmann WpÜG § 16 Rn. 95.
[149] *Geibel/Süßmann* in Angerer/Geibel/Süßmann WpÜG § 16 Rn. 95.
[150] Deshalb liegt in der Nutzung von E-Mail-Kommunikation auch keine Ungleichbehandlung gegenüber Aktionären, die nur auf dem Postweg zu erreichen sind, da es in ihrer eigenen Entscheidung liegt, sich eine elektronische Adresse einzurichten und diese der Gesellschaft mitzuteilen, vgl. *Merkner/Sustmann* in Baums/Thoma WpÜG WpÜG § 16 Rn. 113f.
[151] Vgl. *Ellenberger* in Palandt BGB § 130 Rn. 7a; dies gilt nur dann nicht, wenn der Eingang in der Mailbox zur Unzeit erfolgt. Der Zugang erfolgt dann am darauf folgenden Tag.
[152] Demnach hat eine Zusendung auf elektronischem Weg nur zu erfolgen, soweit die E-Mail-Adressen der Aktionäre bekannt sind; eine Nachforschungs- oder Ermittlungspflicht für den Vorstand besteht nicht.

Bevollmächtigung von Kreditinstituten und Aktionärsvereinigungen und die entsprechenden Mitteilungspflichten verwiesen (→ § 4 Rn. 253 ff.).

h) Stimmrechtsvollmachten

93 Die Erteilung einer Stimmrechtsvollmacht für die Hauptversammlung ist stets zulässig (§ 134 Abs. 3 S. 1 AktG). Sie bedarf der Textform (§ 134 Abs. 3 S. 3 AktG), doch kann die Satzung eine Erleichterung vorsehen. Bei einer Abwehr-Hauptversammlung muss die Gesellschaft den Aktionären die Erteilung von Stimmrechtsvollmachten erleichtern, soweit dies nach Gesetz und Satzung möglich ist.[153] Damit soll eine **hohe Präsenz in der Abwehr-Hauptversammlung** gefördert werden.[154]

i) Folge von Verstößen

94 Wird gegen Mitteilungspflichten verstoßen, gelten die **allgemeinen aktienrechtlichen Vorschriften**.[155] Danach sind die Hauptversammlungsbeschlüsse wegen Gesetzesverstoßes anfechtbar,[156] sofern etwaige Verfahrensfehler **relevant** sind. Kein Verfahrensfehler liegt vor, wenn die Mitteilungsfrist überschritten, aber die Mitteilung alsbald nachgeholt wurde.[157] Das Unterbleiben von Mitteilungen an Aktionäre begründet eine Anfechtbarkeit jedoch nur, wenn es vom Einschätzungsspielraum des Vorstands über die Wahrscheinlichkeit des rechtzeitigen Zugangs nicht mehr gedeckt ist.[158] Auch Fehler bei der Weiterleitung durch Kreditinstitute führen nicht zur Anfechtbarkeit, zumal dies regelmäßig nicht in den Einflussbereich der Gesellschaft fällt. Verstöße gegen Mitteilungspflichten können jedoch zu einer Schadensersatzpflicht des Vorstands führen, sofern ein schuldhaftes Handeln vorliegt. Wenn die Verletzung der Mitteilungspflichten dazu führt, dass Hauptversammlungsbeschlüsse erfolgreich angefochten werden, ergibt sich der Anspruch der Gesellschaft gegen den Vorstand aus § 93 AktG. Schadensersatzansprüche stehen allerdings nur der Gesellschaft, nicht den Aktionären zu.[159]

---

[153] § 16 Abs. 4 S. 6 WpÜG. Diese Verpflichtung besteht allerdings nur, wenn sich die Gesellschaft entschieden hat, die Abwehr-Hauptversammlung unter Verkürzung der Monatsfrist des § 123 Abs. 1 AktG einzuberufen; ebenso *Geibel/Süßmann* in Angerer/Geibel/Süßmann WpÜG § 16 Rn. 83; *Schneider* in Assmann/Pötzsch/Schneider WpÜG § 16 Rn. 71.

[154] *Geibel/Süßmann* in Angerer/Geibel/Süßmann WpÜG § 16 Rn. 83. Börsennotierte Gesellschaften, die nicht über eine entsprechende Satzungsbestimmung verfügen, sollten im Interesse größerer Flexibilität die Änderung der Satzung erwägen.

[155] *Steinmeyer* in Steinmeyer WpÜG § 16 Rn. 36; *Geibel/Süßmann* in Angerer/Geibel/Süßmann WpÜG § 16 Rn. 99.

[156] Vgl. *Koch* in Hüffer/Koch AktG § 243 Rn. 5. Ist der Bieter bereits Aktionär der Zielgesellschaft, kann er durch Ausübung des Anfechtungsrechts etwaige Abwehrmaßnahmen erschweren oder sogar verhindern. Erklärt er Widerspruch zu Protokoll und erhebt Anfechtungsklage, werden Abwehrmaßnahmen, die der Eintragung in das Handelsregister bedürfen, zunächst nicht wirksam. Errungt er durch sein Angebot eine satzungsändernde Aktienmehrheit, kann er nach der Übernahme der Aktien eine neue Hauptversammlung einberufen und den alten Abwehrbeschluss mit der Folge aufheben, dass die Abwehrmaßnahme nicht mehr durchgeführt werden kann.

[157] *Koch* in Hüffer/Koch AktG § 243 Rn. 15.

[158] *Merkner/Sustmann* in Baums/Thoma WpÜG WpÜG § 16 Rn. 114; ähnlich RegBegr. BT-Drs. 14/7034, 47; *Geibel/Süßmann* in Angerer/Geibel/Süßmann WpÜG § 16 Rn. 99: Wird von der Mitteilung abgesehen, weil ein Zugang bei einem nicht unerheblichen Teil der Aktionäre nicht wahrscheinlich ist, kann eine Anfechtung der Beschlüsse nicht auf den fehlenden Eingang gestützt werden.

[159] Diese ergeben sich aus einer Verletzung von § 16 Abs. 4 S. 7 WpÜG iVm § 125 Abs. 2 AktG. § 16 Abs. 4 S. 7 WpÜG ist jedoch kein Schutzgesetz iSd § 823 Abs. 2 BGB, vgl. *Steinmeyer* in Steinmeyer WpÜG § 16 Rn. 37.

§ 38 Sonstige Zustimmungen zu Geschäftsführungsmaßnahmen

Übersicht

	Rn.
I. Überblick	1
II. Nachgründung	1a
1. Allgemein	1a
2. Anwendungsbereich	6
3. Verfahren	11
III. Aufsichtsratsvorbehalte	18
IV. Vermögensübertragung	24
V. „Holzmüller/Gelatine"	31
VI. Verzicht auf und Vergleich über Ersatz- und Ausgleichsansprüche	41

Stichworte

Aufsichtsratsvorbehalt Rn. 18 ff.
– Beschlussmehrheit Rn. 22
– Versagung der Zustimmung Rn. 20
– Vorbereitung Rn. 21 f.
Holzmüller/Gelatine Rn. 31
– Anwendungsbereich Rn. 32 f.
– Beschlussmehrheit Rn. 39
– Vorbereitung Rn. 35 ff.
Nachgründung Rn. 1 ff.
– Anwendungsbereich Rn. 6 ff.
– Handelsregister Rn. 17
– Verfahren Rn. 11 ff.
Vermögensübetragung
Rn. 24 ff.
Verzicht/Vergleich Rn. 41 ff.
– Anwendungsbereich Rn. 42
– Beschlussmehrheit Rn. 49
– Vorbereitung Rn. 45 f.

Schrifttum:
Bayer/Scholz, Die Pflichten von Aufsichtsrat und Hauptversammlung beim Vergleich über Haftungsansprüche gegen Vorstandsmitglieder, ZIP 2015, 149; *Habersack*, „Holzmüller" und die schönen Töchter, WM 2001, 545; *Holzapfel/Roschmann*, Nachgründung gemäß § 52 AktG, FS Bezzenberger, 2000, 163; *Krieger*, Zur Reichweite des § 52 AktG, FS Claussen, 1997, 223; *Lieder*, Rechtsfragen der aktienrechtlichen Nachgründung nach ARUG, ZIP 2010, 964; *Lutter/Ziemons*, ECLR – Die unverhoffte Renaissance der Nachgründung, ZGR 1999, 479; *Lutter/Leinekugel*, Planmäßige Unterschiede im umwandlungsrechtlichen Minderheitenschutz?, ZIP 1999, 261; *Martens*, Die Nachgründungskontrolle bei Einheit von Aktienerwerb und Verkehrsgeschäft, FS Priester, 2007, 427; *Mertens*, Das Aktienrecht im Wissenschaftsprozeß – Götz Hueck zum 70. Geburtstag, ZGR 1998, 386; *Priester*, Neue Regelungen zur Nachgründung, DB 2001, 467; *Reichert*, Probleme der Nachgründung nach altem und neuem Recht, ZGR 2001, 554; *Röricht*, Aktuelle höchstrichterliche Rechtsprechung, in VGR (Hg.), Gesellschaftsrecht in der Diskussion, 2004 (Band 9), 1; *Tröger*, Informationsrechte der Aktionäre bei Beteiligungsveräußerungen, ZHR 165 (2001) 593; *ders.*, Vorbereitung von Zustimmungsbeschlüssen bei Strukturmaßnahmen, ZIP 2001, 2029; *Volhard*, Eigenverantwortlichkeit und Folgepflicht. Muss der Vorstand anfechtbare oder angefochtene Hauptversammlungsbeschlüsse ausführen und verteidigen?, ZGR 1996, 55; *Weisshaupt*, Die Heilung „vergessener" Nachgründungsgeschäfte, ZGR 2005, 726.

I. Überblick

In dem folgenden Abschnitt werden sonstige Zustimmungserfordernisse der Hauptversammlung erläutert. Solche können bestehen im Zusammenhang mit Nachgründungs-Tatbeständen (→ 1 ff.), Zustimmungsvorbehalten des Aufsichtsrats, sofern dieser die Zustimmung versagt (→ 18 ff.), Verträgen, durch welche sich die Gesellschaft zur Übertragung des gesamten Gesellschaftsvermögens verpflichtet (→ 24 ff.), ungeschriebenen Zuständigkeiten der Hauptversammlung nach der „Holzmüller/Gelatine"-Rechtsprechung des BGH (→ 31 ff.) oder dem Verzicht auf oder dem Vergleich über Ersatz und Ausgleichsansprüche der Gesellschaft (→ 41 ff.). 1

II. Nachgründung

1. Allgemein

1a Das AktG betrachtet die **Bargründung** der Gesellschaft, also die Übernahme und Leistung von Einlagen in Geld, als den **Regelfall**, die Leistung von **Sacheinlagen** als **Ausnahme**, die allerdings unter Beachtung der im Interesse ordnungsgemäßer Kapitalaufbringung bestehenden besonderen Regeln zulässig ist.

2 Das Gesetz unterscheidet zwei Formen der **Sachleistung** (§ 27 Abs. 1 AktG):[1] Bei der **Sacheinlage** ist eine Einlage zu erbringen, die nicht in der Zahlung eines Geldbetrags, des Ausgabebetrags der Aktie, besteht, sondern in der Übertragung von Vermögensgegenständen; der Einleger erhält für die der Gesellschaft übertragenen Vermögensgegenstände Aktien. Bei der **Sachübernahme** übernimmt die Gesellschaft Vermögensgegenstände gegen eine Vergütung, die nicht in Aktien besteht; leistet – was nicht der Fall sein muss – der Einleger diese Vermögensgegenstände und soll seine Vergütungsforderung auf seine Einlageverpflichtung angerechnet werden, gilt diese Leistung als Sacheinlage.

3 Bei Vereinbarung einer Sacheinlage müssen der Gegenstand, die Person, von der die Gesellschaft ihn erwirbt, und der Nennbetrag bzw. die Stückzahl der dafür zu gewährenden Aktien, bei der Sachübernahme die zu gewährende Vergütung **in der Satzung festgesetzt** werden (§ 27 Abs. 1 S. 1 AktG). Geschieht dies nicht, muss der Einleger den Ausgabebetrag in Geld leisten und wird nicht dadurch von seiner Einlageverpflichtung frei, dass er Vermögensgegenstände leistet (§ 27 Abs. 3 AktG).

4 Die Sacheinlage bringt gegenüber der Bareinlage aus dem Blickwinkel des Einlegers (Zeichners), aber auch der anderen Gesellschafter, die auf eine schleunige Eintragung Wert legen mögen, Erschwernisse mit sich: Sie muss grundsätzlich **vor der Anmeldung** vollständig geleistet[2] und außerdem grundsätzlich vor der Eintragung durch **externe Prüfer** daraufhin geprüft worden sein, ob ihr Wert den geringsten Ausgabebetrag der dafür zu gewährenden Aktien oder den Wert der dafür zu gewährenden Leistungen erreicht (§§ 33 Abs. 2 Nr. 4, 34 Abs. 1 Nr. 2 AktG; → § 21 Rn. 10). Daraus ergeben sich uU Eintragungshindernisse, jedenfalls Verzögerungen. Das ARUG hat deswegen die Anforderungen an die Aufbringung von Sachkapital herabgesetzt, und zwar sowohl bei der Gründung (§§ 33a, 37a AktG) als auch bei der Nachgründung (§ 52 Abs. 4 S. 3 AktG) und der (auch bedingten) Kapitalerhöhung gegen Sacheinlagen (§§ 183a, 194 Abs. 5, 205 Abs. 5 AkG): Die Prüfung wird in zwei Fällen entbehrlich, wenn nämlich – von außergewöhnlichen Umständen abgesehen – (1) die Sacheinlage in Wertpapieren oder Geldmarktinstrumenten (§ 2 Abs. 1 S. 1, Abs. 1a WpHG [ab 3.1.2018 § 2 Abs. 1 S. 1, Abs. 2 WpHG) besteht, die auf einem organisierten Markt gehandelt werden und auf deren gewichteten Durchschnittskurs der letzten drei Monate vor dem Tag der Einbringung zurückgegriffen wird, oder (2) die Gegenstände der Sacheinlage innerhalb der letzten sechs Monate vor dem Tag der Einbringung bereits unabhängig sachverständig bewertet wurden.

5 In Verkennung des Charakters einer Sacheinlage oder um eine deswegen erforderliche Prüfung zu vermeiden,[3] werden nicht selten Bareinlagen vereinbart, die aber durch abredegemäße Verwendung der Geldmittel, etwa in Form der Bezahlung von Vermögensgegenständen an den Inferenten zurückfließen, also – wirtschaftlich betrachtet – verdeckt als

---

[1] Zur Eignung als Sachleistung → § 21 Rn. 1.
[2] § 36a Abs. 2 S. 1 AktG. Nur, wenn die Sacheinlage in der Verpflichtung zur Übertragung eines Vermögensgegenstands besteht, muss sie erst innerhalb von fünf Jahren nach der Eintragung „zu bewirken sein", § 36a Abs. 2 S. 2 AktG. Die Bedeutung dieser Bestimmung ist unklar, siehe *Koch* in Hüffer/Koch AktG § 36a Rn. 4.
[3] Durchaus auch aus „ehrenwerten" Gründen: Die Bargründung führt zu einer häufig erwünschten raschen Eintragung; mit der Zuführung weiterer (Sach-)Einlagen an die bereits existent gewordene AG mag es nicht mehr so eilen; zu diesem und anderen Vorteilen der Nachgründung siehe *Mulert* in Happ/Groß AktienR-HdB 408 f. (2.03 Rn. 1.9).

II. Nachgründung

Sacheinlagen geleistet werden.[4] Als Indiz für eine solche Abrede und damit für das Vorliegen **verdeckter Sacheinlagen** hat die Rechtsprechung es angesehen, wenn mit den als Einlage eingezahlten Geldmitteln in engem zeitlichem Zusammenhang Zahlungen an den betreffenden Gesellschafter geleistet wurden, insbes. etwa als Kaufpreis für Gegenstände oder zur Begleichung einer Forderung gegen die Gesellschaft.[5]

2. Anwendungsbereich

Derartigen Umgehungen sollen die **Nachgründungsvorschriften** entgegenwirken.[6] Im Interesse einer ordnungsgemäßen Kapitalaufbringung und -sicherung bestimmt das Gesetz, dass **innerhalb der ersten beiden Jahre** nach Eintragung der Gesellschaft Verträge mit Gründern oder mit mehr als 10% am Grundkapital beteiligten Gesellschaftern, nach denen die Gesellschaft Gegenstände für eine **10% des Grundkapitals übersteigende Vergütung** erwerben soll, der Zustimmung der Hauptversammlung bedürfen.[7] Das gilt auch im Fall des Erwerbs einer AG, die auf Vorrat gegründet wurde und sich bislang auf die Verwaltung des eigenen Vermögens beschränkte (**„Vorratsgesellschaft"**); hier läuft die Nachgründungsfrist nicht ab Eintragung der Gesellschaft, sondern ab Eintragung der erforderlichen Satzungsänderung (Änderung des Gegenstands des Unternehmens, der Firma etc).[8]

Nachgründungsfrei ist der Erwerb von Gegenständen iRd laufenden Geschäfte, in der Zwangsvollstreckung oder an der Börse (§ 52 Abs. 9 AktG); nachgründungsfrei ist auch ein Erwerb, der den Gegenstand des Unternehmens bildet.[9] In diesen Fällen muss also die Hauptversammlung nicht zustimmen (§ 52 Abs. 9 AktG).

Die Nachgründungsvorschriften gelten auch für **Umwandlungen**. Wird der **Verschmelzungsvertrag** (Entsprechendes gilt für die **Spaltung**, § 125 UmwG) in den ersten zwei Jahren nach Eintragung der übernehmenden Gesellschaft abgeschlossen (das ist

---

[4] Eine umfassende Behandlung dieses Problemkreises findet sich bei *Schall* in GroßkommAktG AktG § 27 Rn. 267 ff.; aus den früheren Behandlungen vgl. vor allem *Lutter*, FS Stiefel, 1987, 505; *ders.*, Anm. zu BGHZ 110, 47 – IBH/Lemmerz, EWiR 1990, 223; *Ulmer*, ZHR 154 (1990) 128. Die enormen Gefahren verdeckter Sacheinlagen und ihrer Konsequenzen sind durch die Entscheidung des BGH AG 2007, 741 – Lurgi – mit abl. Anm. von *Martens* AG 2007, 732, deutlich geworden; siehe auch BGH ZIP 2008, 788 – Rheinmöve: Die Lehre von der verdeckten Sacheinlage wird durch § 52 AktG nicht verdrängt. Die Gefahren sind allerdings durch die Neuregelungen in § 27 Abs. 3 und 4 AktG idF des ARUG wesentlich verringert worden, vor allem dadurch, dass der Wert der (verdeckt geleisteten) Sacheinlage auf die Bareinlageschuld angerechnet wird. Zur neuen Rechtslage siehe *Ulmer* ZIP 2009, 293; *Maier-Reimer/Wenzel* ZIP 2009, 1185; *Müller* NJW 2009, 2862 in der Anm. zu BGH NJW 2009, 2886 – Lurgi II.
[5] *Weisshaupt*, ZGR 2005, 726 ff.; zur „Heilung" durch bestätigende (genehmigende) Nachtragsregelungen *Martens* FS Priester, 2007, 427 (439).
[6] Auch bei der Nachgründung kann es zu Umgehungen kommen, indem Dritte zwischengeschaltet werden. Hierauf werden die Grundsätze über verdeckte Sacheinlagen angewendet, *Holzapfel/Roschmann* FS Bezzenberger, 2000, 163 (184 ff.); zu § 52 AktG ebenso *Priester* DB 2001, 467 (469); *Reichert* ZGR 2001, 554 (571); nach *Pentz*, NZG 2001, 346 (351), sind Gründern oder mit mehr als 10% beteiligten Aktionären Personen gleichzustellen, die in deren Auftrag oder auf deren Rechnung handeln, deren Treuhänder oder Treugeber sind, ebenso Unternehmen, an denen ein Gründer oder ein mit mehr als 10% beteiligter Aktionär wesentlich beteiligt ist oder die mit der Gesellschaft iSd §§ 15 ff. AktG verbunden sind. S. auch *Dormann*, 242, insbes. S. 243 ff. zur Frage der Zurechnung von Aktien/Stimmrechten.
[7] In Form der Einwilligung (§ 183 BGB), was str. und auch unpraktisch ist, weil die Hauptversammlung erst nach Vertragsabschluss, Prüfung des Aufsichtsrats und Gründungsprüfung beschließen kann (§ 52 Abs. 3 und 4 AktG), jedenfalls aber der nachträglichen Genehmigung (§ 184 BGB); *Mulert* in Happ/Groß AktienR-HdB 417 (2.03 Rn. 11.1); *Pentz* in MüKoAktG AktG § 52 Rn. 33.
[8] *Pentz* in MüKoAktG AktG § 23 Rn. 200. Die Verwendung eines „abgehangenen" Mantels nützt also nichts, *Reichert* ZGR 2001, 554 (559); sie wird als Neugründung behandelt, BGHZ 117, 323 (331).
[9] Hauptbeispiel: Erwerb von Grundstücken durch eine Immobiliengesellschaft, *Koch* in Hüffer/Koch AktG § 52 Rn. 18a, darüber hinaus aber alle zum laufenden Geschäft gehörenden und der Verwirklichung des statutarischen Unternehmensgegenstands dienenden Erwerbsgeschäfte, einschließlich Investitionen, *Lutter/Ziemons* ZGR 1999, 479 (496). Zur Fortgeltung dieser Regelung *Walter/Hald* DB 2001, 1183. Krit. dazu *Krieger* FS Claussen, 1997, 223 (229).

idR der Fall, wenn zwecks Vermeidung der Anfechtbarkeit wegen unrichtigen Umtauschverhältnisses auf eine Vorrats- oder eine neugegründete Gesellschaft verschmolzen wird), gilt das Nachgründungsrecht,[10] wenn die übertragende Gesellschaft Aktien von mehr als 10% des Grundkapitals der übernehmenden erhält (§ 67 S. 2 UmwG). Ist eine Gesellschaft durch **Formwechsel** entstanden, gilt die Zweijahresfrist (sofern gemäß 245 Abs. 1 S. 3, Abs. 2 S. 3 und Abs. 3 S. 3 UmwG anwendbar) ab Eintragung des Formwechsels.[11] Infolgedessen wird das Nachgründungsrecht nachträglich anwendbar, wenn die Gesellschaft innerhalb der letzten beiden Jahre vorher durch eine Sachgründung entstanden war.[12]

9 Ferner sollen die Nachgründungsvorschriften nicht nur bei den im Gesetz genannten Rechtsgeschäften Anwendung finden, sondern auch bei einer **Kapitalerhöhung gegen Sacheinlagen,** die während der ersten beiden Jahre nach Eintragung der Gesellschaft beschlossen wird.[13] Dem Zweck der Nachgründungsvorschriften entsprechend gelten die Regelungen über Sacheinlagen aber jedenfalls, wenn in engem zeitlichen und sachlichen Zusammenhang mit einer Barkapitalerhöhung mit den Einlegern Rechtsgeschäfte abgeschlossen werden, wonach der Vorgang als verdeckte Sachkapitalerhöhung zu qualifizieren ist.[14]

10 Obwohl sie dem Wortlaut des Gesetzes unterfallen, sind, wozu allerdings eine diese Auffassung absichernde Rechtsprechung noch fehlt, wegen **Nichteingreifen des Gesetzeszwecks** folgende Fälle von den Nachgründungsvorschriften auszunehmen:[15]
– Der Erwerb ist ohne Inanspruchnahme des gebundenen Grundkapitals aus freien Rücklagen zu finanzieren oder vereinbarungsgemäß nur aus künftigen Gewinnen;
– Erwerb oder Umwandlung finden konzernintern statt.

3. Verfahren

11 Der Zustimmungsbeschluss darf von der Hauptversammlung erst gefasst werden, wenn der Aufsichtsrat den Vertrag geprüft und darüber einen schriftlichen **Nachgründungsbericht** erstattet und – wie bei anfänglicher Sacheinlage – eine Prüfung durch einen **externen Gründungsprüfer** stattgefunden hat (§ 52 Abs. 3 und 4 AktG).

12 Für die **Vorbereitung** der Hauptversammlung gilt, abgesehen von den sonstigen gesetzlichen oder satzungsmäßigen Einberufungserfordernissen:
– Der wesentliche Inhalt des – schriftlich abzuschließenden[16] – Vertrags ist in der Einberufung bekannt zu machen.[17]

---

[10] § 67 S. 1 UmwG verweist auf § 52 Abs. 3, 4 und 7–9 AktG. *Krieger* FS Claussen, 1997, 223 (227), leitet daraus den unbedingten Willen des Gesetzgebers ab, die Schutzmechanismen des § 52 AktG während der ersten zwei Jahre nach Gründung zur Anwendung kommen zu lassen. Das ist aber str., siehe die Nachw. bei *Schwab* EWiR § 52 AktG 1/03 Ziffer 4.
[11] §§ 220 Abs. 3 S. 2; siehe aber 245 Abs. 1 S. 3, Abs. 2 S. 3 und Abs. 3 S. 3 UmwG.
[12] Ebenso, falls man die Anwendung auf diesen Fall grundsätzlich bejaht, wenn sie ihr Kapital gegen Sacheinlagen erhöht hatte, *Hoffmann-Becking* in MHdB AG § 4 Rn. 56 mwN; *Reichert* ZGR 2001, 554 (581 f.).
[13] OLG Oldenburg EWiR § 52 AktG 1/03 (*Schwab*); hM, sieht nur *Koch* in Hüffer/Koch AktG § 52 Rn. 8; *Hoffmann-Becking* in MHdB AG § 4 Rn. 50; *Scholz* in MHdB AG § 56 Rn. 64; *M. Schwab*, Die Nachgründung im Aktienrecht, 2003, 153 ff., jeweils mN zum Meinungsstand, sowie *Grub/Fabian* AG 2002, 614. AA mit überzeugender Begründung *Reichert* ZGR 2001, 554 (578 ff.) und *Mülbert* AG 2003, 136. Auch → § 21 Rn. 6.
[14] → § 21 Rn. 14 f.; *Scholz* in MHdB AG § 56 Rn. 64.
[15] Siehe dazu im Einzelnen *Reichert* ZGR 2001, 554 (563 ff.) mwN.
[16] Soweit nicht eine andere Form, zB notarielle Beurkundung (etwa nach § 311b BGB für Grundstücke oder nach § 15 Abs. 3 GmbHG für Geschäftsanteile) vorgeschrieben ist, § 52 Abs. 2 AktG.
[17] § 124 Abs. 2 S. 2 AktG; *Koch* in Hüffer/Koch AktG § 124 Rn. 10. „Wesentlich" und deshalb bekannt zu machen sei „diejenigen Bestimmungen, von denen ein verständiger Dritter seine Entscheidung abhängig machen würde," *Eckardt* in Geßler/Hefermehl AktG § 124 Rn. 59; auch → § 4 Rn. 189 mwN. Übertriebene Anforderungen sind allerdings nicht zu stellen, weil der vollständige Vertrag im Geschäftsraum jeder

II. Nachgründung

- Der Aufsichtsrat muss den Vertrag geprüft und einen schriftlichen Bericht („Nachgründungsbericht") erstattet haben (§§ 52 Abs. 3, 32 Abs. 2 und 3 AktG).
- Die Prüfung durch einen oder mehrere Gründungsprüfer muss (sofern hiervon nicht gemäß §§ 52 Abs. 4 S. 3, 33a AktG abgesehen werden kann) stattgefunden und diese müssen dem Registergericht und dem Vorstand einen schriftlichen Bericht eingereicht haben, den jedermann bei dem Gericht einsehen kann (§ 52 Abs. 4, § 33 Abs. 3–5, §§ 34 und 35 AktG).

Von der Einberufung der Hauptversammlung an, die über die Zustimmung beschließen soll,[18] ist 13

- der Vertrag im Geschäftsraum der Gesellschaft zur Einsicht der Aktionäre auszulegen und
- jedem Aktionär auf Verlangen unverzüglich eine Abschrift zu übersenden.[19]

Die vorstehenden Verpflichtungen entfallen, wenn der Vertrag für denselben Zeitraum über die Internetseite der Gesellschaft zugänglich ist (§ 52 Abs. 2 S. 4 AktG). Die Auslage oder Zugänglichmachung auch des Aufsichtsrats- und des Prüferberichts ist nicht vorgeschrieben, empfiehlt sich aber.

In der Hauptversammlung 14
- ist der Vertrag auszulegen und
- vom Vorstand zu Beginn der Verhandlung zu erläutern (§ 52 Abs. 2 S. 6 AktG).

Der Beschluss bedarf neben der einfachen Stimmenmehrheit einer Mehrheit von mindestens drei Vierteln des bei der Beschlussfassung vertretenen Grundkapitals.[20] Der Vertrag ist dem Protokoll als Anlage beizufügen (§ 52 Abs. 2 S. 7 AktG). 15

Zum Beispiel:

Zu Punkt … der Tagesordnung: Zustimmung zum Nachgründungsvertrag

Der Hauptversammlung lag der am … zwischen der Gesellschaft und … abgeschlossene Nachgründungsvertrag vor, durch den die Gesellschaft gegen eine Vergütung, die 10 % des vorhandenen Grundkapitals übersteigt, die folgenden Gesellschaften und deren Beteiligungs- und Tochtergesellschaften erwerben soll: …

Der Versammlungsleiter stellte fest, dass dieser Vertrag von der Einberufung der Hauptversammlung an im Geschäftsraum der Gesellschaft ausgelegen, der Aufsichtsrat ihn geprüft und darüber einen schriftlichen Bericht erstattet und ein externer Prüfer den Vertrag ebenfalls geprüft hat und dass die Berichte des Aufsichtsrats und des Prüfers ebenfalls ausgelegen haben. Alle diese Unterlagen liegen auch in der Hauptversammlung aus.

Für den Vorstand erläuterte … den Vertrag.

> *Die Hauptversammlung beschloss*
>
> *gegen … Nein-Stimmen*
> *bei … Enthaltungen*
> *mit allen übrigen Stimmen*

entsprechend dem Vorschlag von Vorstand und Aufsichtsrat, dem vorgenannten Nachgründungsvertrag zuzustimmen.

---

beteiligten Gesellschaft ab der Einberufung auszulegen und jedem Aktionär auf Verlangen in Abschrift zu übermitteln ist, § 52 Abs. 2 S. 2 und 3 AktG, vgl. OLG Stuttgart ZIP 1997, 75 (76) – Kolbenschmidt.
[18] Muster für das gesamte Nachgründungsverfahren finden sich bei *Mulert* in Happ/Groß AktienR-HdB 399 ff. (2.03).
[19] § 52 Abs. 2 S. 3 AktG. „Kostenlos" fehlt hier, ist aber wohl zu ergänzen, vgl. §§ 293f Abs. 2, 319 Abs. 3 S. 2 AktG.
[20] § 52 Abs. 5 AktG; wird der Vertrag im ersten Jahr nach der Eintragung abgeschlossen, müssen – ohne Rücksicht auf die Präsenz – jedenfalls 25 % des gesamten Grundkapitals zustimmen.

16 Hat die Hauptversammlung die Zustimmung beschlossen, hat der Vorstand den Vertrag zur Eintragung in das Handelsregister anzumelden (§ 52 Abs. 6 S. 1 AktG).[21] Der **Anmeldung** (§ 12 HGB) sind beizufügen:
    – der Vertrag;
    – der Nachgründungsbericht des Aufsichtsrats und
    – der Bericht der Gründungsprüfer (§ 52 Abs. 6 S. 2 AktG) oder, wo von einer externen Gründungsprüfung abgesehen wird (§ 52 Abs. 4 S. 3 AktG), die vom ARUG für diesen Fall vorgeschriebenen Erklärungen, Versicherungen und Unterlagen (§ 37a AktG).

17 Das Registergericht hat die Eintragung abzulehnen, wenn die Gründungsprüfer erklären oder offensichtlich ist, dass der Nachgründungsbericht unrichtig oder unvollständig ist oder den gesetzlichen Vorschriften nicht entspricht oder dass die für die zu erwerbenden Gegenstände gewährte Vergütung unangemessen hoch ist (§ 52 Abs. 7 AktG).[22] Der Vertrag wird mit Eintragung in das Handelsregister wirksam (§ 52 Abs. 1 S. 1 AktG).

III. Aufsichtsratsvorbehalte

18 Die Geschäftsführung der Gesellschaft obliegt dem **Vorstand „unter eigener Verantwortung"** (§ 76 Abs. 1 AktG). Sie kann nicht dem Aufsichtsrat übertragen werden (§ 111 Abs. 4 S. 1 AktG). Indes hat die Satzung oder der Aufsichtsrat zu bestimmen, dass bestimmte Arten von Geschäften nur mit dessen Zustimmung vorgenommen werden dürfen (§ 111 Abs. 4 S. 2 AktG). Ob er einen solchen **Zustimmungsvorbehalt** einführen will, entschied bis zum Erlass des TransPuG[23] der Aufsichtsrat nach seinem Ermessen.[24] Nunmehr **müssen** die Satzung oder der Aufsichtsrat einen Katalog zustimmungspflichtiger Geschäfte bestimmen (§ 111 Abs. 4 S. 2 AktG idF des TransPuG). Hierzu gehören vor allem die Vermögens-, Finanz- oder Ertragslage des Unternehmens grundlegend verändernde Entscheidungen oder Maßnahmen (Ziff. 3.3 Satz 2 DCGK). Allerdings kann sich auch bei anderen Maßnahmen des Vorstands ausnahmsweise das Recht des Aufsichtsrats zu einer Pflicht verdichten, *ad hoc* einen Zustimmungsvorbehalt – ggf. auch zu einem Einzelgeschäft – einzuführen, wenn anders gesetzwidriges Handeln des Vorstands nicht verhindert werden kann.[25]

19 Die dem Aufsichtsrat vorbehaltene Zustimmung muss vom Vorstand **vorher** eingeholt werden,[26] weil der Vorstand aufgrund seiner unbeschränkbaren Vertretungsmacht die Gesellschaft sonst verpflichten kann, obwohl die Zustimmung des Aufsichtsrats nicht vorliegt und möglicherweise verweigert wird (§ 82 Abs. 1, § 78 Abs. 1 AktG). Über die Erteilung der Zustimmung entscheidet der Aufsichtsrat nach seinem **Ermessen;** § 93 Abs. 1 S. 2 AktG findet entsprechende Anwendung. Erteilt er die Zustimmung, ist der Vorstand zur Durchführung der Maßnahme nicht verpflichtet;[27] verweigert er sie, ist der Vorstand dazu nicht berechtigt.

20 Die Hauptversammlung hat einen Beschluss nur zu fassen, wenn der Aufsichtsrat seine Zustimmung verweigert und der Vorstand daraufhin eine **Entscheidung der Hauptversammlung** verlangt hat (§ 111 Abs. 4 S. 3 AktG).[28]

---

[21] Anmeldung in vertretungsberechtigter Zahl genügt, *Koch* in Hüffer/Koch AktG § 52 Rn. 16.
[22] Das „kann" des Gesetzestextes bedeutet „muss", wenn die Voraussetzungen vorliegen, *Koch* in Hüffer/Koch AktG § 52 Rn. 17.
[23] Transparenz- und Publizitätsgesetz (TransPuG) vom 19.7.2002, BGBl. I 2681 ff.
[24] *Koch* in Hüffer/Koch AktG § 111 Rn. 35.
[25] BGHZ 124, 111.
[26] *Koch* in Hüffer/Koch AktG § 111 Rn. 46. Anders §§ 183, 184 BGB, wonach der Oberbegriff Zustimmung sowohl die vorherige Einwilligung als auch die nachträgliche Genehmigung umfasst.
[27] *Hoffmann-Becking* in MHdB AG § 29 Rn. 51.
[28] Hat die Hauptversammlung zugestimmt, ist der Vorstand zur Durchführung verpflichtet, § 83 Abs. 2 AktG; *Koch* in Hüffer/Koch AktG § 119 Rn. 15.

Für die **Vorbereitung** der Hauptversammlung gilt, abgesehen von den sonstigen gesetzlichen oder satzungsmäßigen Einberufungserfordernissen: Handelt es sich bei der zustimmungspflichtigen Maßnahme um den Abschluss eines Vertrags, ist dessen wesentlicher Inhalt in der Einberufung bekannt zu machen (§ 124 Abs. 2 S. 3 AktG).[29]   21

Sonstige Informationspflichten bestehen nicht, also weder eine Berichtspflicht noch die Pflicht zur Auslage der Verträge oder deren Zugänglichmachung im Internet; jedoch empfiehlt sich zur vollständigen Information der Aktionäre vorsorglich jedenfalls die Auslage vollständiger Abschriften der Verträge in der Hauptversammlung.[30] Der **Zustimmungsbeschluss der Hauptversammlung** bedarf neben der einfachen Stimmenmehrheit – zwingend – einer Mehrheit von mindestens drei Vierteln der abgegebenen Stimmen (§ 111 Abs. 4 S. 3–5 AktG).   22

Anzumelden ist nichts.   23

IV. Vermögensübertragung

Die vertragliche Verpflichtung zur Übertragung des ganzen Gesellschaftsvermögens[31] bedarf zu ihrer Wirksamkeit der **notariellen Beurkundung**[32] und, auch wenn damit keine Änderung des Unternehmensgegenstands verbunden ist, wie bei der Satzungsänderung (§§ 179a Abs. 1, 179 AktG) eines **Zustimmungsbeschlusses der Hauptversammlung**.[33] Bis dahin ist der Vertrag schwebend unwirksam.[34]   24

Abgeschlossen wird der Vertrag für die Gesellschaft vom Vorstand. Für den Inhalt schreibt das Gesetz nichts vor. Einer sachlichen Rechtfertigung bedarf der Beschluss nicht.[35] Eine Übertragung ohne **angemessene Gegenleistung** verbietet sich aber: Bei Übertragung auf Aktionäre läge eine verbotene Einlagenrückgewähr vor;[36] bei Übertragung auf den Mehrheitsaktionär käme die Anfechtung des Beschlusses wegen Verfolgung von Sondervorteilen in Betracht;[37] bei Übertragung auf Dritte machte sich der Vorstand wegen Verletzung seiner Sorgfaltspflicht schadensersatzpflichtig.[38]   25

---

[29] Siehe dazu Fn. 12.
[30] Vgl. OLG Frankfurt a.M. ZIP 1999, 842 – Altana/Milupa; zurückhaltender die Revisionsentscheidung BGH ZIP 2001, 416 (418): „Mangels einer einheitlichen gesetzlichen Regelung über die weiter gehenden Informationsrechte der Aktionäre für sämtliche Vertragstypen zustimmungsbedürftiger Verträge bedarf es daher stets einer Prüfung im Einzelfall, ob eine der jeweiligen speziellen Norm vergleichbare Fallkonstellation vorliegt, die ihre entsprechende Anwendung in Bezug auf das Einsichtsrecht der Aktionäre in den Vertrag rechtfertigt." Kritisch dazu *Tröger* ZHR 165 (2001) 593 (596 ff.); *ders.* ZIP 2001, 2029.
[31] Der Übertragung des ganzen Vermögens geht voran oder folgt meist der Beschluss, die Gesellschaft aufzulösen (sog übertragende Liquidation). Zur Vermögensübertragung nach dem UmwG siehe § 39 Fn. 1.
[32] § 311 BGB; *Koch* in Hüffer/Koch AktG § 179a Rn. 16 mwN.
[33] Zweifelhaft ist, ob dies zumindest analog auch bei Übertragung auf mehrere verschiedene Erwerber gilt. Dagegen spricht, dass die 1994 durch das Umwandlungsbereinigungsgesetz (BGBl. I 3210) anstelle des § 361 AktG aF aufgenommene Vorschrift vor allem den Schutz der Minderheitsaktionäre vor dem Risiko bezweckt, dass der Mehrheitsaktionär sich das Vermögen der Gesellschaft zu unangemessenen Bedingungen verschafft, *Koch* in Hüffer/Koch AktG § 179a Rn. 1mwN; vgl. auch *Henze*, Minderheitenschutz durch materielle Kontrolle der Beschlüsse über die Zustimmung nach § 179a AktG und die Änderung des Unternehmensgegenstandes der Aktiengesellschaft?, FS Boujong, 1996, 233 (247): „Die Beteiligung der Aktionäre kann durch eine Vermögensveräußerung nur dadurch beeinträchtigt werden, dass der von dem Erwerber gezahlte Preis nicht dem Wert des ihm überlassenen Vermögens entspricht." Anders allenfalls, wenn zwischen den mit mehreren Erwerbern getroffenen Vereinbarungen eine Geschäftseinheit iSd § 139 BGB besteht, vgl. BGHZ 82, 188 – Hoesch/Hoogovens.
[34] *Koch* in Hüffer/Koch AktG § 179a Rn. 13.
[35] → § 12 Rn. 32 ff.; *Koch* in Hüffer/Koch AktG § 179a Rn. 10 mwN; aber auch *Wiedemann*, ZIP 1998, 2002, ZGR 1999, 857.
[36] § 57 Abs. 1 S. 1 AktG; vgl. *Koch* in Hüffer/Koch AktG § 179 Rn. 17.
[37] § 243 Abs. 2 AktG; *Koch* in Hüffer/Koch AktG § 179a Rn. 14.
[38] § 93 Abs. 2 AktG. Eine Überprüfung der Angemessenheit der Gegenleistung (etwa im Spruchstellenverfahren) findet nicht statt, BayObLG ZIP 1998, 2004 – Magna Media; dazu außer *Wiedemann* (siehe Fn. 35) *Windbichler* EWiR 1998, 1057; krit. *Lutter/Leinekugel*, ZIP 1999, 261 ff.

26 Für die **Vorbereitung** der Hauptversammlung gilt, abgesehen von den sonstigen gesetzlichen oder satzungsgemäßen Einberufungserfordernissen: Der wesentliche Inhalt des Vertrags ist in der Einberufung bekannt zu machen (§ 124 Abs. 2 S. 2 AktG).[39]

27 **Von der Einberufung** der Hauptversammlung an ist
- der Vertrag im Geschäftsraum der Gesellschaft zur Einsicht der Aktionäre auszulegen und
- jedem Aktionär auf Verlangen unverzüglich[40] in Abschrift zu übersenden (§ 179a Abs. 2 S. 1 und 2 AktG).

28 Die vorstehenden Verpflichtungen entfallen, wenn der Vertrag für denselben Zeitraum über die **Internetseite** der Gesellschaft zugänglich ist (§ 179a Abs. 2 S. 3 AktG).
In der Hauptversammlung
- ist der Vertrag ebenfalls zugänglich zu machen (§ 179a Abs. 2 S. 4 AktG) und
- vom Vorstand zu Beginn der Verhandlung zu erläutern (§ 179a Abs. 2 S. 5 AktG).

29 Der Zustimmungsbeschluss bedarf neben der einfachen Stimmenmehrheit einer Mehrheit von mindestens drei Vierteln des bei der Beschlussfassung vertretenen Grundkapitals, falls die Satzung keine größere Mehrheit vorschreibt (§ 179a Abs. 1 S. 2 AktG), also zwingend einer satzungsändernden Mehrheit, und zwar auch, wenn mit der Vermögensübertragung eine Änderung des Unternehmensgegenstands nicht verbunden ist (§§ 179 Abs. 2, 179a Abs. 1 S. 1 AktG). Der Vertrag ist der Niederschrift als Anlage beizufügen (§ 179a Abs. 2 S. 6 AktG).

30 Anzumelden ist nichts, es sei denn, bei Gelegenheit der Vermögensübertragung würde die Satzung geändert oder die Auflösung der Gesellschaft beschlossen (§§ 181 Abs. 1 S. 1, 264 ff. AktG).

V. „Holzmüller/Gelatine"

31 Ebenso wie bei Maßnahmen der Geschäftsführung, die nach Satzung, Vorstandsgeschäftsordnung oder Anordnung des Aufsichtsrats dessen Zustimmung bedürfen, die indes verweigert wurde (§ 111 Abs. 4 S. 3 AktG), kann die Hauptversammlung über Fragen der Geschäftsführung nur entscheiden, **wenn der Vorstand es verlangt** (§ 119 Abs. 2 AktG).

32 Grundsätzlich steht es im **Ermessen** des Vorstands, ob er die Hauptversammlung mit Geschäftsführungsfragen befassen will. Tut er das und stimmt die Hauptversammlung der Maßnahme zu, ist er einerseits zu ihrer Durchführung verpflichtet (§ 83 Abs. 2 AktG), andererseits vom Risiko einer Haftung gegenüber der Gesellschaft befreit (§ 93 Abs. 4 S. 1 AktG). Eine Ermessensreduzierung mit der Folge einer **Verpflichtung** des Vorstands, die Entscheidung der Hauptversammlung einzuholen, hat der BGH in der *Holzmüller*-Entscheidung für gesetzlich nicht geregelten Strukturmaßnahmen von **herausragender Bedeutung** angenommen, bei denen ein pflichtgetreuer Geschäftsleiter „vernünftigerweise nicht annehmen kann, er dürfe sie in ausschließlich eigener Verantwortung treffen, ohne die Hauptversammlung zu beteiligen".[41] In der *Gelatine*-Entscheidung hat der BGH grundsätzlich an der *Holzmüller*-Rechtsprechung festgehalten, indes klargestellt, dass ungeschriebene Zuständigkeiten der Hauptversammlung nur in Ausnahmefällen in Betracht kommen, namentlich dann, wenn eine Maßnahme „Veränderungen nach sich zieht, die denjenigen zumindest nahe kommen, welche allein durch eine Satzungsänderung herbei-

---

[39] Siehe Fn. 12.
[40] „Kostenlos" fehlt hier, ist aber wohl zu ergänzen, vgl. §§ 293f Abs. 2, 319 Abs. 3 S. 2 AktG.
[41] BGHZ 83, 122 (131) – Holzmüller; dazu eingehend *Koch* in Hüffer/Koch AktG § 119 Rn. 16 ff. Ausf. → § 5 Rn. 95 ff.

geführt werden können."⁴² Wann dies der Fall ist, kann angesichts der generalklauselartigen Beschreibung des Tatbestands nach wie vor nicht mit abschließender Sicherheit gesagt werden.⁴³ Besondere Bedeutung misst der BGH dem „Mediatisierungseffekt"⁴⁴ einer Maßnahme bei, die wesentliche Entscheidungen dem Einfluss der Aktionäre entziehe, um sie künftig den Organen auf einer anderen „hierarchischen" Ebene zu überlassen.⁴⁵ Der Vorstand muss abwägen zwischen dem Wunsch, keine unnötigen Beschlüsse fassen zu lassen, die angefochten werden könnten, und dem Risiko der Organhaftung,⁴⁶ falls eine Maßnahme nachträglich als zustimmungsbedürftig qualifiziert wird.⁴⁷

Problematisch ist die Befassung der Hauptversammlung namentlich mit Maßnahmen, 33 die sich erst im Stadium der Vorbereitung befinden, deren Inhalt noch nicht feststeht, die aber vermutlich nach einer bevorstehenden, aber lange vor der nächsten ordentlichen Hauptversammlung durchführungsreif werden. Hier kommt die Einholung eines – im Gesetz insoweit⁴⁸ nicht vorgesehenen – **„Ermächtigungsbeschlusses"** (oder Konzeptbeschlusses)⁴⁹ der Hauptversammlung in Betracht,⁵⁰ dessen Voraussetzungen und Inhalt freilich noch immer nicht ganz geklärt sind. Da eine Blankoermächtigung unzulässig ist, muss die Maßnahme wenigstens in ihren Grundzügen feststehen, der Hauptversammlung in ihren konkreten Umrissen beschrieben und der Beschluss so vorbereitet werden wie ein Zustimmungsbeschluss zu einer inhaltlich bereits determinierten Maßnahme.

Die ohne Zustimmung der Hauptversammlung durchgeführte Maßnahme⁵¹ ist wegen 34 der Unbeschränkbarkeit der gesetzlichen Vertretungsmacht des Vorstands zwar **wirksam,**⁵² die Durchführung aber uU **pflichtwidrig.**⁵³

---

⁴² BGH ZIP 2004, 1001 mit Anm. *Hirte* EWiR § 179 AktG 1/04; BGH ZIP 2004, 993 – Gelatine I – mAnm *Altmeppen* ZIP 2004, 999 sowie *Lenenbach* WuB II A. § 119 AktG 1.04 und *Just* EWiR § 119 AktG 1/04; dazu *Koch* in Hüffer/Koch AktG § 119 Rn. 18 ff.

⁴³ Im „Holzmüller"-Fall ging es um die Ausgliederung von 80% des Aktivvermögens auf eine Tochtergesellschaft, im Fall „EKATIT/Riedinger" (OLG München AG 1995, 232) um die Übertragung des gesamten Grundbesitzes als des einzig werthaltigen Vermögensgegenstands der Gesellschaft, in „Allied Chemical Holding AG/Riedel de Haen" (OLG Celle ZIP 2001, 613) um die Veräußerung des gesamten Vermögens der einzigen als Beteiligung gehaltenen Gesellschaft durch eine Holding AG. Nachdem die quantitativen Voraussetzungen der Vorlagepflicht lange Zeit umstritten waren, wurde durch die *Gelatine* Entscheidung bestätigt, dass angesichts des Ausnahmecharakters eine ungeschriebene Zuständigkeit der Hauptversammlung nur dort in Betracht kommt, wo die Bedeutung der Maßnahme der *Holzmüller*-Konstellation, in welcher 80% der Aktiva betroffen waren, etwa gleichkommt; BGH ZIP 2004, 993 (998). In Rechtsprechung und Schrifttum wird die Vorlageschwelle teilweise auf 75% abgesenkt; vgl. etwa OLG Hamm, NZG 2008, 155, 158; *Priester* AG 2011, 654, 661. Umstritten ist, ob eine Vorlagepflicht beim Beteiligungserwerb oder der Veräußerung von Gesellschaftsvermögen besteht; dazu *Koch* in Hüffer/Koch AktG § 119 Rn. 21 ff.

⁴⁴ Sehr krit. dazu allerdings *Hoffmann-Becking* ZHR 171 (2008), 231 (234 ff.) mit dem kaum widerleglichen dogmatischen, aber auch argumentativ fundierten Hinweis darauf, dass die Aktionäre nach dem System der Gewaltenteilung „von vornherein – abgesehen vom Fall des § 179a AktG – keine immediaten Rechte zur Entscheidung über Gegenstände des Gesellschaftsvermögens besitzen."

⁴⁵ BGH ZIP 2004, 1001 (1003); BGH ZIP 2007, 24 mzustAnm von *v. Falkenhausen* ZIP 2007, 24. Abgelehnt bei Veräußerung von Anteilen an einer Enkelgesellschaft vom OLG Hamm ZIP 2008, 832.

⁴⁶ § 93 Abs. 2 AktG. Auch ein vorsorglich eingeholter „Holzmüller"-Beschluss befreit den Vorstand vom Haftungsrisiko gegenüber der Gesellschaft, *Bungert* in MHdB AG § 35 Rn. 21.

⁴⁷ *Lutter* AG 2000, 342, hat für den Fall des Verkaufs von Tochtergesellschaften ein gesetzliches Vorerwerbsrecht der Aktionäre der Muttergesellschaft postuliert; dagegen *Busch/Groß*, AG 2000, 503; *Habersack* WM 2001, 545 (547 ff.).

⁴⁸ Aber bei der Kapitalerhöhung in Gestalt des genehmigten Kapitals, § 202 AktG.

⁴⁹ Dazu *Reichert* AG 2005, 150 (159).

⁵⁰ *Lutter/Leinekugel* ZIP 1998, 805 (814 ff.); *Krieger* in MHdB AG § 70 Rn. 12. Differenzierend *Tröger* ZIP 2001, 2029 (2039 ff.). Auch → § 5 Rn. 126 ff.

⁵¹ Insbes. im Fall der Anfechtung des Zustimmungsbeschlusses stellt sich für den Vorstand die Frage, ob er gleichwohl die Maßnahme durchführen will. Grundsätzlich hat der Vorstand von der Hauptversammlung beschlossene Maßnahmen auszuführen, § 83 Abs. 2 AktG. Bei angefochtenen Beschlüssen kommt es darauf an, wie er die Rechtslage beurteilt, *Volhard* ZGR 1996, 55 (60 ff.). Er hat nach pflichtgemäßem Ermessen zu entscheiden, ob er die Maßnahme durchführen, dem Anfechtungsprozess beitreten oder dessen Abschluss abwarten will, *v. Godin/Wilhelmi* § 248 AktG Anm. 3; *Zöllner* in Kölner Komm. AktG § 243 Rn. 4; *Mertens* in Hachenburg GmbHG § 37 Rn. 30, GmbHG § 43 Rn. 83; *Fleck* GmbHR 1974, 224 (227 f.).

35 Für die Vorbereitung und die Durchführung der Hauptversammlung,[54] in der über die Zustimmung beschlossen werden soll, gibt es naturgemäß keine gesetzlichen Regeln. Da es sich zumeist um den Abschluss von Verträgen handeln wird, ist insbes. fraglich, ob diese ab Einberufung ausgelegt werden müssen und ob sonstige **Informationspflichten** bestehen. Das zu verneinen liegt nahe, weil das Gesetz die vorstehenden Pflichten grundsätzlich nur für Verträge vorsieht, die zu ihrer Wirksamkeit der Zustimmung der Hauptversammlung bedürfen, was in den sog „Holzmüller"-Fällen gerade nicht der Fall ist.[55] Aus Vorsichtsgründen sollten gleichwohl die Informationspflichten erfüllt werden, die das Gesetz für den Fall vorschreibt, dass ein abzuschließender Vertrag zu seiner Wirksamkeit der Zustimmung der Hauptversammlung bedarf.[56]

36 Daher gilt **für die Vorbereitung** der Hauptversammlung, abgesehen von den sonstigen gesetzlichen oder satzungsmäßigen Einberufungserfordernissen:
- Der wesentliche Inhalt des Vertrags[57] ist in der Einberufung bekannt zu machen.[58]
- Der Vorstand hat einen ausführlichen schriftlichen Bericht zu erstatten, in dem die Maßnahme, der die Hauptversammlung zustimmen soll, rechtlich und wirtschaftlich erläutert und begründet und ihre Tragweite und ihre Auswirkungen auf die Struktur der Gesellschaft dargelegt werden.[59]

37 **Von der Einberufung** der Hauptversammlung an ist, falls es sich bei der Maßnahme um einen abzuschließenden Vertrag handelt,
- der Vertrag oder sein Entwurf[60] und
- der Bericht des Vorstands im Geschäftsraum der Gesellschaft auszulegen und
- auf Verlangen jedem Aktionär unverzüglich kostenlos in Abschrift zu übersenden.[61]

38 Die vorstehenden Verpflichtungen dürften entfallen, wenn die Dokumente für denselben Zeitraum über die **Internetseite** der Gesellschaft zugänglich sind.

In der Hauptversammlung
- sind die vorstehenden Unterlagen auszulegen und
- hat der Vorstand die Maßnahme zu Beginn der Verhandlung mündlich zu erläutern.[62]

---

[52] § 82 Abs. 1 AktG. Das Zustimmungserfordernis betrifft allein die Geschäftsführungsbefugnis, nicht die Vertretungsmacht des Vorstands, BGHZ 83, 122 (131); OLG Celle AG 2001, 357 – Allied Chemical Holding AG/Riedel de Haen, BGH ZIP 2004, 993 (995f.) – Gelatine. Krit. insoweit *Hirte* in der Anm. zu BGH ZIP 2004, 1001 EWiR § 179 AktG 1/04. Unberührt bleiben generelle Einschränkungen unter dem Gesichtspunkt des Missbrauchs bei kollusivem Zusammenwirken, *Reichert* AG 2005, 150 (153).

[53] Unterlassungs-, Feststellungs- und Leistungsklagen der Aktionäre sind grundsätzlich zulässig, mit denen sie versuchen können, die Durchführung der Maßnahme zu verhindern oder rückgängig zu machen oder Ersatz für dadurch verursachte Schäden der Gesellschaft durchzusetzen, vgl. *Bungert* in MHdB AG § 35 Rn. 63ff.; OLG Hamm, NZG 2008, 155, 156. Siehe dazu *Ulmer*, ZHR 163 (1999) 290ff.; *Krieger* ZHR 163 (1999) 343ff.; *Sünner* ZHR 163 (1999) 364ff. Auch ein Verbot durch einstweilige Verfügung kommt in Betracht, LG Berlin ZIP 2002, A 41 Nr. 125 – Condat; LG Duisburg NZG 2002, 643 mit Anm. *Sinewe* EWiR § 119 AktG 1/02.

[54] Dazu *Lutter* FS Fleck, 1988, 169ff.; *Groß* AG 1996, 111ff.

[55] *Groß* AG 1996, 111 (114).

[56] Analogie zu § 124 Abs. 2 S. 3 AktG, OLG München AG 1995, 232 (233); OLG Schleswig AG 2006, 120 (krit. dazu *Kort* AG 2006, 272); siehe auch *Koch* in Hüffer/Koch AktG § 119 Rn. 27.

[57] Oder des ausreichend konkretisierten unternehmerischen Konzepts, dem die Hauptversammlung zustimmen soll, wonach dann die spätere Vorlage des Vertrags nicht mehr erforderlich ist, *Groß* AG 1996, 111 (115). Ebenso *Werner* FS Fleck, 1988, 401 (412). Keinesfalls ist der Vertrag im Wortlaut bekannt zu machen, BGHZ 119, 1 (11f.) – ASEA/BBC.

[58] § 124 Abs. 2 S. 2 AktG; *Groß* AG 1996, 111 (116). Zu den Anforderungen siehe Fn. 18.

[59] *Groß* AG 1996, 111 (116) mwN; Diskussionsbericht ZHR 163 (1999) 205. Der Bericht muss es dem Aktionär ermöglichen, die Plausibilität der Maßnahme zu beurteilen, wozu auch Darlegungen zur Bewertung von Leistung und Gegenleistung, zumindest über das Bewertungsverfahren gehören. AA LG Hamburg AG 1997, 238. Ausf. zu den Berichtsanforderungen → § 5 Rn. 104ff.

[60] *Groß* AG 1996, 111 (114).

[61] *Koch* in Hüffer/Koch AktG § 119 Rn. 28: Vorlage „aus Vorsichtsgründen" ratsam.

[62] *Groß* AG 1996, 111 (117).

Der Beschluss bedarf neben der einfachen Stimmenmehrheit einer Mehrheit von mindestens **drei Vierteln** des bei der Beschlussfassung vertretenen Grundkapitals.[63] Ein Vertrag ist dem Protokoll als Anlage beizufügen.

Anzumelden ist nichts.

VI. Verzicht auf und Vergleich über Ersatz- und Ausgleichsansprüche

Gründer (§ 46 AktG),[64] im Gesetz aufgeführte andere Personen, die an der Gründung mitgewirkt haben (§ 47 AktG), Mitglieder von Vorstand und Aufsichtsrat (§ 48 AktG iVm §§ 93, 116 AktG) und Gründungsprüfer (§ 49 AktG iVm § 323 Abs. 1–4 HGB) haften der Gesellschaft auf **Ersatz von pflichtwidrig verursachten Schäden.**

Einer **abhängigen Gesellschaft** stehen in einer Reihe von Fällen Ansprüche auf Ausgleich oder Schadensersatz zu:
– Die abhängige Gesellschaft hat gegen das herrschende Unternehmen Anspruch auf Ausgleich des Jahresfehlbetrags (§ 302 Abs. 1 AktG) und
– auf Schadensersatz wegen pflichtwidriger Ausübung von Leitungsmacht (§ 309 Abs. 2 AktG) und Veranlassung zu nachteiligen Geschäften oder Maßnahmen (§ 317 Abs. 1 AktG).
– Die abhängige Gesellschaft hat gegen Mitglieder ihres Vorstands und ihres Aufsichtsrats Ansprüche auf Schadensersatz wegen pflichtwidriger Befolgung von Weisungen (§ 310 Abs. 1 AktG) und Nichtaufnahme nachteiliger Geschäfte oder Maßnahmen in den Abhängigkeitsbericht oder unrichtiger Darstellungen dazu bzw. Verletzung der Prüfungs- und Berichtspflichten (§ 318 Abs. 1, Abs. 2 AktG).

Auf alle derartigen Ansprüche kann die Gesellschaft erst nach Ablauf von drei Jahren seit Eintragung der Gesellschaft bzw. Entstehung des Anspruchs und nur mit **Zustimmung der Hauptversammlung** – und ggf. Zustimmung der außenstehenden Aktionäre durch Sonderbeschluss[65] – verzichten.[66] Eine Minderheit von 10 % des vertretenen Grundkapitals kann durch Widerspruch zur Niederschrift den Verzicht/Vergleich verhindern.[67]

Die Dreijahresfrist gilt nicht, wenn der **Ersatzpflichtige zahlungsunfähig** ist und sich zur Abwendung des Insolvenzverfahrens mit seinen Gläubigern vergleicht oder wenn die Ersatzpflicht in einem Insolvenzplan geregelt wird (§ 93 Abs. 4 S. 4 AktG). Die Zustimmung der Hauptversammlung ist aber auch in diesen Fällen erforderlich (§§ 50 S. 2, 93 Abs. 4 S. 4 AktG).

Für die **Vorbereitung** der Hauptversammlung gilt, abgesehen von den sonstigen gesetzlichen oder satzungsmäßigen Einberufungserfordernissen: Der wesentliche Inhalt des Erlassvertrags (§ 397 BGB) oder Vergleichs (§§ 779 BGB, 794 Nr. 1 ZPO) ist in der Einberufung bekannt zu machen (§ 124 Abs. 2 S. 3 AktG).

Sonstige Informationspflichten sieht das Gesetz nicht vor. Doch kommen **Berichts- und Auslegungspflichten** unter folgendem Gesichtspunkt in Betracht: Wo immer eine Maßnahme der Zustimmung der Hauptversammlung bedarf, erscheint es sinnvoll und

---

[63] Und zwar auch, wenn die Satzung für ihre Änderung die einfache Kapitalmehrheit genügen lässt; → § 12 Rn. 29. Vgl. *Altmeppen* ZIP 2994, 999f. Siehe auch BGH ZIP 2004, 993 und 1001 – Gelatine. Der Beschluss bedarf also schon deswegen der notariellen Beurkundung; *Kubis* in MüKoAktG AktG § 130 Rn. 29.
[64] Das gilt ebenso für die Nachgründung, § 53 AktG.
[65] §§ 302 Abs. 3 S. 3, 309 Abs. 3 S. 1, 310 Abs. 4, 317 Abs. 4, 318 Abs. 4 AktG. → § 40 Rn. 29 ff.
[66] §§ 93 Abs. 4 S. 3, 302 Abs. 3 S. 1, 309 Abs. 3 S. 1, 310 Abs. 4, 317 Abs. 4, 318 Abs. 4 AktG. Bei der Nachgründung rechnet die Frist ab Eintragung des Nachgründungsvertrags, § 53 S. 2 AktG.
[67] § 93 Abs. 4 S. 3 AktG. Mit Ausnahme des Anspruchs auf Ausgleich des Jahresfehlbetrags können die Ersatzansprüche von jedem Aktionär – auf Leistung an die Gesellschaft – geltend gemacht werden, §§ 309 Abs. 4 S. 1, 310 Abs. 4, 317 Abs. 4, 318 Abs. 4 AktG; Verzicht und Vergleich machen aber die Klage unbegründet, *Koch* in Hüffer/Koch AktG § 309 Rn. 21a.

vorsichtigerweise geboten, sich nicht nur hinsichtlich der Ankündigungspflicht, sondern auch hinsichtlich der Berichtspflicht und der Pflicht zur Auslegung der Berichte als Leitbild an den gesetzlichen Fällen zu orientieren, die derartige Pflichten kennen.[68] Maßgebend ist, dass die Aktionäre Anspruch auf alle Informationen haben, die sie benötigen, um entscheiden zu können, ob sie an der Hauptversammlung teilnehmen und wie sie dort abstimmen sollen. Deshalb wird eine Pflicht zur Erläuterung in der Hauptversammlung angenommen.[69] Ferner empfiehlt sich, ebenso wie bei Unternehmensverträgen, Umwandlungen oder Eingliederungsmaßnahmen, vorsorglich einen Vorstandsbericht zu erstatten, in dem der Abschluss des Vertrags und dessen Einzelheiten rechtlich und wirtschaftlich erläutert wird,[70] mithin die Gründe dargelegt werden, die den Vorstand veranlassen, der Hauptversammlung die Zustimmung zu dem Verzicht/Vergleich vorzuschlagen.

47   Folgt man dem, sind von der Einberufung der Hauptversammlung an der Verzichts-/Vergleichsvertrag und der Bericht des Vorstands im **Geschäftsraum** der Gesellschaft **auszulegen** und auf Verlangen jedem Aktionär unverzüglich kostenlos in Abschrift zu übersenden. Die vorstehenden Verpflichtungen dürften entfallen, wenn die Dokumente für denselben Zeitraum über die **Internetseite** der Gesellschaft zugänglich sind. **Warum man nicht**

48   In der Hauptversammlung sind der Vertrag und der Bericht auszulegen.

49   Der Beschluss bedarf der einfachen Mehrheit der abgegebenen Stimmen (§ 133 Abs. 1 AktG). Er bleibt wirkungslos, wenn eine Minderheit von mindestens 10% des vorhandenen Grundkapitals Widerspruch zur Niederschrift erhebt.[71]

50   Anzumelden ist nichts.

---

[68] Vgl. *Reichert* ZHR Beiheft Bd. 68, 25 (59); *Lutter* FS Fleck, 1988, 169; *Groß* AG 1996, 111 (116 f.).
[69] *Lutter* FS Fleck, 1988, 169 (175, 180); *Groß* AG 1996, 111 (117); vgl. auch LG Karlsruhe AG 1998, 99 (102) – Badenwerk – und LG Frankfurt a.M. NZG 1998, 113 (116) – Altana/Milupa, die beide offenbar inzident von einer Erläuterung ausgehen; aA wohl LG Hamburg DB 1997, 516 – Wünsche, das eine analoge Anwendung der Vorschriften des Umwandlungsrechts ablehnt. Vgl. hierzu auch *Rieckers* in Spindler/Stilz AktG § 124 Rn. 20 mwN.; *Bayer/Scholz*, ZIP 2015, 149 (153).
[70] In Anlehnung an § 319 Abs. 3 AktG, § 8 UmwG.
[71] Der Beschluss soll nicht ein Minderheitsverlangen nach § 147 AktG gegenstandslos machen können, *Koch* in Hüffer/Koch AktG § 93 Rn. 78; *Bayer/Scholz* ZIP 2015, 149 (150).

§ 39 Umwandlungen

Übersicht

	Rn.
I. Überblick	1
II. Grundlagen	2
1. Rechtsgeschäftliche Grundlage	7
2. Umwandlungsbericht und -prüfung	18
3. Zustimmungsbeschluss	24
4. Vorbereitung und Durchführung der Umwandlungs-HV	30
5. Anmeldung und Eintragung zum Register	37
6. Kapitaländerungen	45
III. Verschmelzung	48
1. Verschmelzung durch Aufnahme	48
2. Verschmelzung durch Neugründung	59
3. Exkurs: grenzüberschreitende Verschmelzung	63
IV. Aufspaltung	71
1. Aufspaltung zur Aufnahme	71
2. Aufspaltung zur Neugründung	80
V. Abspaltung	82
1. Abspaltung zur Aufnahme	82
2. Abspaltung zur Neugründung	84
VI. Ausgliederung	85
1. Ausgliederung zur Aufnahme	85
2. Ausgliederung zur Neugründung	86
VII. Formwechsel	87

Stichworte

Abfindungsangebot Rn. 13 ff.
Abspaltung Rn. 82 ff.
Aufspaltung Rn. 71 ff.
Ausgliederung Rn. 85 f.
Bewertung Rn.
Bericht Rn. 18
Formwechsel Rn. 87 ff.

Gesamtrechtsnachfolge Rn. 10 f.
Prüfung Rn. 19 f.
Umtauschrelation Rn. 11
Unternehmensbewertung Rn. 22
Verschmelzung Rn. 48 ff.
– grenzüberschreitende Rn. 63 ff.
Zustimmungsbeschluss Rn. 24 ff.

Schrifttum:

Aha, Einzel- oder Gesamtrechtsnachfolge bei der Ausgliederung?, AG 1997, 345, 351; *Bärwaldt/Schabacker,* Der Formwechsel als modifizierte Neugründung, ZIP 1998, 1293; *Binnewies,* Formelle und materielle Voraussetzungen von Umwandlungsbeschlüssen, GmbHR 1997, 727; *Dörrie,* Das neue Umwandlungsgesetz, WiB 1995, 1; *Fleischer,* Die Barabfindung außenstehender Aktionäre nach den §§ 305 und 320b AktG: Stand-alone-Prinzip oder Verbundberücksichtigungsprinzip, ZGR 1997, 368; *Freundorfer/Festner,* Praxisempfehlungen für die grenzüberschreitende Verschmelzung, GmbHR 2010, 195; *Ganske,* Reform des Umwandlungsrechts, WM 1993, 1117; *Geck,* Die Spaltung von Unternehmen nach dem neuen Umwandlungsrecht, DStR 1995, 416; *Heckschen,* Die Entwicklung des Umwandlungsrechts aus der Sicht der Rechtsprechung und der Praxis, DB 1998, 1385; *ders.,* Die Pflicht zur Anteilsgewährung im Umwandlungsrecht, DB 2008, 1363; *Heidenhain,* Entstehung vermögens- und subjektloser Kapitalgesellschaften, GmbHR 1995, 264; *Hennrichs,* Zum Formwechsel und zur Spaltung nach dem neuen Umwandlungsgesetz, ZIP 1995, 794; *Ihrig,* Gläubigerschutz durch Kapitalaufbringung bei Verschmelzung und Spaltung nach dem neuen Umwandlungsrecht, GmbHR 1995, 622; *Kallmeyer,* Das neue Umwandlungsgesetz, ZIP 1994, 1746; *Koch/Winter* (Hrsg.), Die Spaltung im neuen Umwandlungsrecht und ihre Rechtsfolgen, 1999; *Kort,* Bedeutung und Reichweite des Bestandsschutzes von Umwandlungen, AG 2010, 230; *Neye,* Das neue Umwandlungsrecht vor der Verabschiedung im Bundestag, ZIP 1994, 917; *ders.,* Nochmals: Entstehung vermögens- und subjektloser Kapitalgesellschaften, GmbHR 1995, 565; *Neye/Jäckel,* Umwandlungsrecht zwischen Brüssel und Berlin, AG 2010, 237; *Priester,* Das neue Umwandlungsrecht aus notarieller Sicht, 1995, 427; *Reichert,* Folgen der Anteilsvinkulierung für Umstrukturierungen von Gesellschaften mit beschränkter Haftung und Aktiengesellschaften nach dem Umwandlungsgesetz 1995, GmbHR 1995, 176; *Sandhaus,* Richtlinienvorschlag der Kommission zur Vereinfachung der Berichts- und Dokumentationspflichten bei Verschmelzungen und Spaltungen, NZG 2009, 41; *K. Schmidt,* Universalsukzession Kraft Rechtsgeschäfts, AcP 191 (1991), 495;

Schöne, Das Aktienrecht als „Maß aller Dinge" im neuen Umwandlungsrecht?, GmbHR 1995, 325; *Schulte-Hillen/Hirschmann,* Die grenzüberschreitende Verschmelzung – Ein erster Überblick über den Entwurf der Richtlinie „über die Verschmelzung von Kapitalgesellschaften aus verschiedenen Mitgliedstaaten", GPR 2004, 89; *Schulze-Osterloh,* Bilanzierung nach dem Referentenentwurf eines Gesetzes zur Bereinigung des Umwandlungsrechts, ZGR 1993, 420; *Schwarz,* Das neue Umwandlungsrecht, DStR 1994, 1694; *Streck/Mack/Schwedhelm,* Verschmelzung und Formwechsel nach dem neuen Umwandlungsgesetz, GmbHR 1995, 161; *Veil,* Aktuelle Probleme im Ausgliederungsrecht, ZIP 1998, 361; *Vetter,* Die Regelung der grenzüberschreitenden Verschmelzung im UmwG, AG 2006, 613; *Wiedemann,* Identität beim Rechtsformwechsel, ZGR 1999, 568; *Winter,* Grenzüberschreitende Verschmelzungen – ein Update, GmbHR 2008, 532.

I. Überblick

1 Die Vermögens- und die Rechtsstruktur einer Aktiengesellschaft kann durch Maßnahmen nach dem UmwG grundlegend verändert werden. Für die Unternehmenspraxis von besonderer Relevanz sind Strukturveränderungen durch Verschmelzung (→ Rn. 48 ff.) und durch Ausgliederung (→ Rn. 85 ff.), darüber hinaus auch durch Formwechsel (→ Rn. 87 ff.) und Abspaltung (→ Rn. 82 ff.); von untergeordneter Bedeutung für die Praxis ist die Aufspaltung (→ Rn. 71 ff.). Sämtliche Maßnahmen nach dem UmwG bedürfen einer Zustimmung der Hauptversammlung mit qualifizierter Mehrheit (→ Rn. 24 ff.). Wegen der zentralen Bedeutung der Hauptversammlungszustimmung sind vorab Berichts- und Prüfungserfordernisse (→ Rn. 6 ff.) zu erfüllen und bei der HV-Vorbereitung und Durchführung besondere Formerfordernisse zu beachten (→ Rn. 30 ff.).

II. Grundlagen

2 Das UmwG kennt vier Grundformen der Umwandlung: die **Verschmelzung,** die **Spaltung,** die **Vermögensübertragung**[1] und den **Formwechsel.**

3 **Verschmelzung** ist die Übertragung des gesamten Vermögens eines oder mehrerer Rechtsträger[2] auf einen anderen, schon bestehenden (Verschmelzung durch Aufnahme)[3] oder neugegründeten (Verschmelzung durch Neugründung)[4] Rechtsträger im Wege der Gesamtrechtsnachfolge unter Auflösung ohne Abwicklung. Dabei wird den Anteilsinhabern der übertragenden Rechtsträger im Wege des Anteilstauschs eine Beteiligung an dem übernehmenden oder neuen Rechtsträger gewährt.

4 Die **Spaltung** (§§ 123–173 UmwG)[5] gibt es in der Form der Aufspaltung (§ 123 Abs. 1 UmwG), der Abspaltung und der Ausgliederung. Bei der **Aufspaltung** teilt ein Rechtsträger sein Vermögen unter Auflösung ohne Abwicklung auf und überträgt die Teile jeweils als Gesamtheit, dh im Weg der partiellen Gesamtrechtsnachfolge auf zwei

---

[1] Die Vermögensübertragung im Wege der Spaltung nach dem UmwG bleibt hier unbehandelt, weil sie lediglich zwischen den in § 175 UmwG genannten juristischen Personen möglich ist (von einer Kapitalgesellschaft auf Bund, Land, Gebietskörperschaften oder einen Zusammenschluss von solchen oder zwischen Versicherungsgesellschaften). Ist eine AG übertragender Rechtsträger, gelten im Wesentlichen die Vorschriften für die Verschmelzung durch Aufnahme (bei Vollübertragung, § 176 UmwG) bzw. für die Spaltung zur Aufnahme (bei Teilübertragung, § 177 UmwG) und demzufolge die Ausführungen hierzu; siehe außerdem zur aktienrechtlichen Vermögensübertragung nach § 179a AktG, → § 41 Rn. 24 ff.

[2] Die Verschmelzung darf eine übertragende AG (oder KGaA) erst beschließen, wenn sie und jede andere übertragende AG bereits zwei Jahre im Handelsregister eingetragen ist, §§ 76 Abs. 1, 78 UmwG.

[3] §§ 4–35, 60 ff. UmwG.

[4] §§ 36–38, 73 ff. UmwG. Die Verschmelzung durch Neugründung ist teurer, wird aber manchmal gewählt, weil die Aktionäre der übertragenden Gesellschaft(en) den Verschmelzungsbeschluss nicht wegen unrichtigen Umtauschverhältnisses anfechten (§ 14 Abs. 2 UmwG), sondern nur eine bare Zuzahlung im Spruchstellenverfahren beantragen können (§§ 15, 305 ff. UmwG).

[5] Eine AG (oder KGaA) kann nur gespalten werden, wenn sie zwei Jahre im Handelsregister eingetragen ist, § 141 UmwG.

oder mehrere schon bestehende (Aufspaltung zur Aufnahme) oder neugegründete (Aufspaltung zur Neugründung) Rechtsträger. Der sich aufspaltende Rechtsträger erlischt; seine Anteilsinhaber werden Anteilsinhaber der übernehmenden (oder neuen) Rechtsträger. Bei der **Abspaltung** (§ 123 Abs. 2 UmwG) bleibt der übertragende, sich spaltende Rechtsträger bestehen und überträgt im Wege der partiellen Gesamtrechtsnachfolge einen Teil oder mehrere Teile seines Vermögens jeweils als Gesamtheit auf einen oder mehrere andere bereits bestehende (Abspaltung zur Aufnahme) oder neugegründete (Abspaltung zur Neugründung) Rechtsträger. Auch hier werden die Anteilsinhaber des sich spaltenden Rechtsträgers Anteilsinhaber der übernehmenden (oder neuen) Rechtsträger. Die **Ausgliederung** (§ 123 Abs. 3 UmwG)[6] entspricht der Abspaltung, nur mit dem Unterschied, dass der übertragende Rechtsträger (nicht seine Anteilsinhaber) Anteilsinhaber der übernehmenden (Ausgliederung zur Aufnahme) oder neuen (Ausgliederung zur Neugründung) Rechtsträger wird.

Beim **Formwechsel** (§§ 190–304 UmwG) erfolgt keine Übertragung von Vermögen zwischen Rechtsträgern. Der Ursprungsrechtsträger ändert lediglich sein Rechtskleid; Innen- und Außenrecht bestimmt sich dann nach dem Verbandsrecht des Zielrechtsträgers. Seine wirtschaftliche und rechtliche Identität bleibt dagegen gewahrt; idR bleibt auch der Kreis der Anteilsinhaber derselbe.[7]

Das Verfahren einer Umwandlung läuft nach vergleichbaren Mustern ab. Im Wesentlichen ergeben sich folgende Hauptschritte:
1. Rechtsgeschäftliche Grundlage;
2. Umwandlungsbericht und -prüfung;
3. Zustimmungsbeschlüsse;
4. Vorbereitung und Durchführung der Umwandlungs-HV;
5. Anmeldung und Eintragung im Register;
6. Soweit erforderlich umwandlungsbedingte Kapitalerhöhung beim übernehmenden Rechtsträger und bei Spaltungen ggf. umwandlungsbedingte Kapitalherabsetzungen bei den übertragenden Rechtsträgern.

1. Rechtsgeschäftliche Grundlage

Jede Umwandlung basiert auf einer rechtsgeschäftlichen Grundlage, meist einem Umwandlungsvertrag, der zwischen den beteiligten Rechtsträgern in notariell beurkundeter Form abzuschließen ist, im Einzelnen
– bei der Verschmelzung ein Verschmelzungsvertrag;[8]

---

[6] Neben der Spaltung nach dem UmwG mit ihrer partiellen Gesamtrechtsnachfolge besteht die Alternative der zweistufigen Spaltung durch Übertragung von Vermögen im Wege der Einzelrechtsnachfolge (Realteilung) mit anschließender Übertragung der erworbenen Gesellschaftsanteile, bei der die Versammlungen der Anteilsinhaber (grundsätzlich) nicht beteiligt werden müssen, *Geck* DStR 1995, 416 (417); siehe auch *Aha* AG 1997, 345 (346f.). Der Entscheidung des LG Karlsruhe AG 1998, 99 – Badenwerk – mit Anm. *Bork* EWiR § 125 UmwG 1/97, 1147, wonach die Schutzvorschriften der Anteilsinhaber, insbes. über den Spaltungsbericht, entsprechend anzuwenden sein sollen, ist nicht zu folgen, LG Hamburg DB 1997, 516f. („Wünsche"); *Bungert* NZG 1998, 367. Differenzierend *Reichert* ZHR Beiheft Bd. 68, 25ff. Die Zustimmung der Hauptversammlung kann allerdings bei Übertragung wesentlicher Vermögensteile einer AG nach § 119 Abs. 2 AktG erforderlich sein (Holzmüller/Gelatine), → § 5 Rn. 81ff. und → § 41 Rn. 31ff.

[7] Das UmwG erlaubt die Umwandlung einer Kapitalgesellschaft in eine GmbH & Co. KG; vgl. *Priester* DNotZ 1995, 427 (449). Die Umwandlung einer Kapitalgesellschaft auf ihren Alleingesellschafter regelt das UmwG nicht als Formwechsel, sondern als Verschmelzung, § 3 Abs. 2 Nr. 2 UmwG, die Umwandlung eines einzelkaufmännischen Unternehmens in eine Kapitalgesellschaft systematisch konsequent als Ausgliederung aus dem Vermögen des Einzelkaufmanns, nicht als Formwechsel. Beim Formwechsel einer GmbH & Co. KG, deren Komplementärin nicht am Gesellschaftskapital beteiligt ist, in eine AG kann die Komplementärin trotz des sog „Identitätsgrundsatzes" Aktionärin werden oder ausscheiden; siehe zu dieser – streitigen – Frage *Dirksen* in Kallmeyer UmwG § 218 Rn. 11f.; *Bärwaldt/Schabacker* ZIP 1998, 1293 zum Formwechsel als „modifizierter Neugründung". Siehe auch *Priester* FS Zöllner, 1998, 449.

[8] §§ 4, 5, UmwG bzw. bei der Verschmelzung zur Neugründung ein Verschmelzungsplan (§ 37 UmwG).

– bei der Spaltung ein Spaltungs- und Übernahmevertrag;[9]
– beim Formwechsel ein Umwandlungsbeschluss (§ 193 UmwG).

8 Die Vertretungsorgane der beteiligten Rechtsträger schließen den **Verschmelzungs- bzw. Spaltungsvertrag** und beim Formwechsel stellen die Vertretungsorgane den Umwandlungsplan auf. Für diese Rechtsakte ist jeweils ein bestimmter Mindestinhalt vorgeschrieben.[10] In allen drei Umwandlungsformen (Verschmelzung, Spaltung, Formwechsel) müssen die an der Umwandlung beteiligten Rechtsträger mit Name oder Firma, Rechtsform und Sitz beschrieben sein (§§ 5 Abs. 1 Nr. 1, 126 Abs. 1 Nr. 1, 194 Abs. 1 Nr. 1, Nr. 2 UmwG). Allen Umwandlungsformen gemein ist auch die zwingende Beschreibung der Rechte, die der übernehmende Rechtsträger bzw. der Zielrechtsträger einzelnen Anteilsinhabern oder Inhabern besonderer Rechte gewährt (§§ 5 Abs. 1 Nr. 7, 126 Abs. 1 Nr. 7, 194 Abs. 1 Nr. 5 UmwG). Bei Verschmelzungen und Spaltungen sind auch besondere Vorteile anzugeben, die einem Mitglied eines Vertretungs- oder Aufsichtsorgans, einem Abschluss- oder Spaltungsprüfer bzw. einem geschäftsführenden Gesellschafter oder Partner gewährt werden (§§ 5 Abs. 1 Nr. 8, 126 Abs. 1 Nr. 8 UmwG).

9 Sowohl in praktischer wie auch in rechtspolitischer Hinsicht bildet die Darstellung der Folgen der Umwandlung für die Arbeitnehmer und ihre Vertretungen, einen wichtigen Baustein (§§ 5 Abs. 1 Nr. 9, 126 Abs. 1 Nr. 10, 194 Abs. 1 Nr. 7 UmwG). Mit dieser Darstellung sollen die Arbeitnehmer und ihre Vertretungen möglichst frühzeitig über die individual- und kollektiv-arbeitsrechtlichen Folgen einer Umwandlung informiert werden.[11] Insbes. der Betriebsrat soll in die Lage versetzt werden, seine gesetzlichen Mitwirkungsrechte rechtzeitig und ordnungsgemäß auszuüben, was prozedural durch die frühzeitige Zuleitungsverpflichtung nach §§ 5 Abs. 3, 126 Abs. 3, 194 Abs. 2 UmwG flankiert wird. Nach wie vor Uneinigkeit besteht in der Frage, in welchem Umfang die Folgen der Umwandlung auf die Arbeitnehmer und ihre Vertretungen zu beschreiben sind; dies gilt sowohl hinsichtlich der Darstellungstiefe als auch hinsichtlich der zeitlichen Dimension. Insbes. bleibt nach dem Gesetz unklar, ob nur die unmittelbaren[12] oder auch die mittelbaren[13] Folgen der Umwandlung darzustellen sind. In der Gestaltungspraxis hat sich eine vermittelnde Lösung durchgesetzt, wonach sich die arbeitsrechtlichen Pflichtangaben kraft direkten Sachzusammenhangs definieren.[14] Danach sind neben den unmittelbaren auch diejenigen Folgen der Umwandlung für die Arbeitnehmer und ihre Vertretungen darzustellen, zu denen sich die beteiligten Rechtsträger nach der Konzeption der Maßnahme notwendiger Weise bereits bei Abschluss des Vertrages bzw. Aufstellung eines Planes eine Meinung bilden müssen.

10 Für die Verschmelzung und Spaltung ist charakteristisch, dass Vermögen des übertragenden Rechtsträgers auf den übernehmenden Rechtsträger im Wege der Gesamtrechtsnachfolge übergeht.[15] Im Gegensatz dazu erfolgt beim Formwechsel gerade keine Vermögensübertragung, da der umgewandelte Rechtsträger seine Identität beibehält (§ 202 UmwG). Im Verschmelzungs- bzw. Spaltungsvertrag muss die Gesamtrechtsnachfolge zwischen den beteiligten Rechtsträgern vereinbart werden (§ 5 Abs. 1 Nr. 2 UmwG bzw. § 126 Abs. 1 Nr. 2 UmwG). Während bei der Verschmelzung das gesamte Vermögen des übertragenden Rechtsträgers auf den übernehmenden Rechtsträger übergeht, geht im Falle der Spaltung nur ein Teil bzw. Teile des Vermögens des übertragenden Rechtsträgers über (partielle Gesamtrechtsnachfolge). Deshalb verlangt § 126 Abs. 1 Nr. 9 UmwG eine

---

[9] § 126 UmwG, bzw. bei der Spaltung zur Neugründung ein Spaltungsplan (§ 136 UmwG).
[10] §§ 5 Abs. 1, 37, 126 Abs. 1 und 2, 135 Abs. 1, 194 UmwG (neben diesen rechtsformneutralen gibt es zusätzlich weitere rechtsformspezifische Anforderungen etwa nach: §§ 40, 46, 80, 110, 118, 125 UmwG).
[11] BegrRegE BT-Drs. 12/6699, 82 ff.
[12] Hierfür etwa: *Lutter/Drygala* in Lutter UmwG § 5 Rn. 71; *Sagasser/Ködderitzsch* in Sagasser/Bula/Brünger, Umwandlungen, 4. Aufl. 2011, Rn. J 69.
[13] Hierfür etwa: *Jost* ZIP 1995, 976 (979); *Engelmeyer* DB 1996, 242 ff.
[14] Hierzu im Einzelnen: *Schrör* in Semler/Stengel UmwG § 5 Rn. 83; *Willemsen* in Kallmeyer UmwG § 5 Rn. 55; *Hohenstatt/Schramm* in Kölner Komm. UmwG § 5 Rn. 143 ff. mwN.
[15] Für die Verschmelzung: § 20 Abs. 1 Nr. 3 UmwG, für die Spaltung: § 131 Abs. 1 Nr. 3 UmwG.

genaue Beschreibung der zu übertragenden Vermögensgegenstände des Aktiv- und Passivvermögens, wobei insoweit im Wesentlichen die gleichen Grundsätze gelten wie für den sachenrechtlichen Bestimmtheitsgrundsatz bei der Singularsukzession.[16] In diesem Zusammenhang stellt § 126 Abs. 2 S. 1 UmwG auch noch einmal klar, dass Vorschriften, die im Falle der Singularsukzession eine besondere Art der Bezeichnung bestimmter Gegenstände verlangen, auch im Rahmen der partiellen Gesamtrechtsnachfolge Anwendung finden.[17] Darunter fällt insbes. auch § 28 GBO, wonach ein Grundstück entweder durch Verweis auf das Grundbuchblatt oder „in Übereinstimmung mit dem Grundbuch" zu bezeichnen ist (§ 126 Abs. 2 S. 2 UmwG).[18] Erhebliche praktische Bedeutung kommt im Rahmen der spaltungsbedingten partiellen Gesamtsrechtsnachfolge schließlich der Möglichkeit zu, nach § 126 Abs. 2 S. 3 UmwG zur Beschreibung des zu übertragenden Vermögens auch auf Urkunden wie Bilanzen und Inventare im Spaltungsvertrag Bezug zu nehmen. Damit ist es möglich, über das Instrumentarium des Rechnungswesens große Sachgesamtheiten im Sinne der sachenrechtlichen Bestimmbarkeit zu erfassen und per Spaltung zu übertragen.

11 Umwandlungen sind verbandsrechtliche Strukturmaßnahmen, die grundsätzlich auch die Ebene der Anteilsinhaber berühren. Deshalb erhalten die Anteilsinhaber im Rahmen der Mitgliedschaftsperpetuierung[19] als umwandlungsbedingte Gegenleistung Mitgliedschaftsrechte an dem übernehmenden bzw. neuen Rechtsträger; im Falle der Ausgliederung werden diese Mitgliedschaftsrechte nicht den Anteilsinhabern des übertragenden Rechtsträgers, sondern diesem übertragendem Rechtsträger selbst gewährt (§ 123 Abs. 3 UmwG). Die im Zuge der Umwandlung den berechtigten Anteilsinhabern zu gewährenden Mitgliedschaften (Anteile) sowie deren Zahl und Art sind im Verschmelzungs- bzw. Spaltungsvertrag, bzw. Umwandlungsbeschluss zu beschreiben (§ 5 Abs. 1 Nr. 3, Nr. 4 UmwG; § 126 Abs. 1 Nr. 3, Nr. 4 UmwG; § 194 Abs. 1 Nr. 3, Nr. 4 UmwG).

12 Über die Modalitäten des Anteilserwerbs sind keine Ausführungen erforderlich, denn dieser erfolgt mit Eintragung der Umwandlung und dem Wirksamwerden derselben per gesetzlicher Anordnung (§ 20 Abs. 1, Nr. 3 UmwG; 131 Abs. 1 Nr. 3 S. 1 UmwG; § 202 Abs. 1 Nr. 2 UmwG).

13 Wenn der übernehmende bzw. neue Rechtsträger eine andere Rechtsform hat als der Übertragende oder – bei gleicher Rechtsform – die alten Anteile durch Verfügungsbeschränkungen unterliegende Anteile ersetzt werden, müssen Verschmelzungsvertrag, Spaltungsvertrag und -plan (nicht dagegen der Ausgliederungsvertrag) ein **Abfindungsangebot** enthalten für Anteilsinhaber, die gegen den Beschluss Widerspruch zu Protokoll erklären.[20] Das Gleiche gilt für den Fall, dass übertragender Rechtsträger eine börsennotierte und übernehmender Rechtsträger eine nicht börsennotierte AG ist, also beim umwandlungsbedingten Verlust der Börsennotierung (Delisting). Beim Formwechsel ist ein Abfindungsangebot grundsätzlich immer und unabhängig vom Vorliegen weiterer Voraus-

---

[16] Im Einzelnen: *Simon* in Kölner Komm. UmwG § 126 Rn. 57.
[17] Hierzu auch: *Schrör* in Semler/Stengel UmwG § 126 Rn. 60.
[18] Fn. zur Streitfrage, ob § 126 Abs. 2 S. 2 UmwG iVm § 28 GBO materiell-rechtliche Voraussetzung für den Vermögensübergang oder nur Verfahrensvorschrift für das Grundbuchverfahren ist: BGH AG 2008, 322; NZG 2008, 436; *Sandhaus* Der Konzern 2009, 484 (486); andere Ansicht *Priester* EWiR 2008, 223; *Limmer* DNotZ 2008, 471.
[19] Hierzu grundsätzlich: *Simon* in Kölner Komm. UmwG § 2 Rn. 78 ff. mwN.
[20] Ebenso wenn ein nicht erschienener Anteilsinhaber zu der Versammlung zu Unrecht nicht zugelassen oder die Versammlung nicht ordnungsgemäß einberufen oder der Gegenstand der Beschlussfassung nicht ordnungsgemäß bekannt gemacht worden ist, Verschmelzung: § 29 UmwG, Spaltung: §§ 125, 29 UmwG (Ausgliederung ausgenommen, § 125 S. 1 UmwG), Formwechsel: § 207 UmwG. Ein Abfindungsangebot ist nicht erforderlich, wenn alle Anteilsinhaber in notariell beurkundeter Form darauf verzichten (*Simon* in Kölner Komm. UmwG § 29 Rn. 39; *Schröer* in Semler/Stengel UmwG § 29 Rn. 27; *Meister/ Klöcker* in Kallmeyer UmwG § 194 Rn. 46), beim Formwechsel dann nicht, wenn der formwechselnde Rechtsträger nur einen Anteilsinhaber hat oder alle Anteilsinhaber dem Beschluss zustimmen müssen (zB bei Wechsel Kapital- in Personengesellschaft), § 194 Abs. 1 Nr. 6 UmwG, wohl aber, wenn lediglich wegen der gegebenen Mehrheitsverhältnisse alle Gesellschafter zustimmen müssen.

setzungen erforderlich (§ 207 UmwG). Ausnahmsweise ist es jedoch entbehrlich beim Formwechsel zwischen AG und KGaA (§ 250 UmwG) sowie generell in Bezug auf die Komplementäre einer KGaA (§ 227 UmwG).

14 Das Abfindungsangebot muss eine Barabfindung vorsehen für Anteilsinhaber, die ihre Anteile **auf die Gesellschaft übertragen**[21] oder – wo dies nicht möglich ist[22] – **ihren Austritt erklären (müssen).** Die Abfindung muss nach den Verhältnissen des übertragenden bzw. formwechselnden Rechtsträgers im Zeitpunkt der Beschlussfassung angemessen sein (§ 30 Abs. 1 UmwG). Der Anteil ist zu bewerten, eine Bewertungsmethode allerdings nicht vorgeschrieben.[23] Zu entgelten ist der „volle Wert"[24] der Beteiligung (einschließlich good will). Dieser kann mit dem Verkehrswert (insbes. bei Aktien) identisch sein, im Einzelfall aber auch darüber hinausgehen.[25] Für die Ermittlung des vollen Wertes ist eine Unternehmensbewertung nach betriebswirtschaftlich anerkannten Methoden maßgeblich.[26]

15 Und schließlich ist, wenn den Anteilsinhabern als Gegenleistung Aktien zu leisten sind, ein **Treuhänder** zu bestellen, der dem Gericht anzuzeigen hat, dass er im Besitz der Aktien und einer etwaigen baren Zuzahlung ist, ehe die Umwandlung in das Handelsregister eingetragen werden darf.[27]

16 Als zusätzliche – aber nicht zwingende[28] – Regelungen sind häufig Befristungen oder Bedingungen anzutreffen.[29] Durch Bedingungen wird insbes. im Fall von Mehrfachumwandlungen[30] sichergestellt, dass diese in der gewünschten Reihenfolge ablaufen. In Form eines Kartellvorbehalts kann eine aufschiebende Bedingung dazu dienen, die Wirksamkeit der Umwandlungsmaßnahme unter den Vorbehalt der kartellrechtlichen Genehmigung des Zusammenschlusses zu stellen und so etwaige Sanktionen im Falle der Genehmigungsversagung zu vermeiden.

17 Weiterhin können auflösende Bedingungen dazu genutzt werden, die Wirksamkeit des Umwandlungsvertrags bzw. -plans oder -beschlusses zu beenden, falls die Umwandlungsmaßnahme nicht binnen einer bestimmten Frist in das Handelsregister eingetragen und dadurch wirksam wurde. Diese Zielsetzung wird in der Praxis allerdings häufiger durch – ebenfalls zulässige – Rücktrittsvorbehalte für entsprechende Fälle erreicht.[31]

2. Umwandlungsbericht und -prüfung

18 Die Vertretungsorgane der beteiligten Rechtsträger haben – unabhängig von deren Rechtsform – einen ausführlichen schriftlichen Bericht zu erstatten,[32] den **Verschmel-**

---

[21] Aus Kapitalerhaltungsgründen geltende Erwerbsverbote finden dabei keine Anwendung, siehe § 33 Abs. 3 GmbHG und – bezüglich § 71 AktG – §§ 29 Abs. 1 S. 1, 207 Abs. 1 S. 1 UmwG.
[22] ZB bei Personengesellschaften, Vereinen und eingetragenen Genossenschaften, *Stratz* in Schmitt/Hörtnagl/Stratz UmwG § 29 Rn. 11.
[23] Siehe zur vergleichbaren Abfindung bei Beherrschungs- und Gewinnabführungsverträgen → § 33 Rn. 16 ff.
[24] BVerfGE 100, 289 (304).
[25] BVerfGE 100, 289 (309); *Piltz* ZGR 2001, 185 ff.; *Hüttemann* ZGR 2001, 454 (475 f.); *Paschos* ZIP 2003, 1017 ff. jeweils mwN.
[26] Dazu näher *Simon* Kölner Komm. UmwG § 30 Rn. 7 ff.
[27] § 71 UmwG. „Jeder übertragende Rechtsträger" hat einen Treuhänder zu bestellen; sind mehrere übertragende Rechtsträger an der Umwandlung beteiligt, können sie sich auch auf einen Treuhänder einigen, umstr. *Simon* in Kölner Komm. UmwG § 71 Rn. 7; *Marsch-Barner* in Kallmeyer UmwG § 71 Rn. 2.
[28] Vgl. §§ 5, 126, 193 UmwG zum zwingenden Inhalt.
[29] *Simon* Kölner Komm. UmwG § 5 Rn. 230.
[30] Zur Verschmelzung *Simon* Kölner Komm. UmwG § 2 Rn. 180 ff.
[31] *Simon* in Kölner Komm. UmwG § 7 Rn. 22.
[32] §§ 8 Abs. 1, 36 Abs. 1, 127, 135 Abs. 1 UmwG. Zu den Berichtsanforderungen ausf. → § 5 Rn. 3 ff. Nach hM (→ § 5 Rn. 9 mwN) ist der Bericht von sämtlichen Mitgliedern des Vertretungsorgans zu unterschreiben; aA, Unterzeichnung in vertretungsberechtigter Zahl genügt: *K.J. Müller*, Unterzeichnung des Verschmelzungsberichts, NJW 2000, 2001.

zungsbericht, Spaltungsbericht oder Umwandlungsbericht,** der die Umwandlung und ihre Einzelheiten zu erläutern und zu begründen hat. Er soll den Anteilsinhabern eine Grundlage für ihre Entscheidung geben und ihnen dafür hinreichende, plausible Informationen zur Verfügung stellen.[33] **Eines Berichts bedarf es nicht,** wenn sich alle Anteile des übertragenden Rechtsträgers in der Hand des übernehmenden Rechtsträgers befinden (bzw. beim Formwechsel nur ein Rechtsträger beteiligt ist) oder alle Anteilsinhaber aller Beteiligten (notariell beurkundet) auf die Prüfung verzichten.[34]

Eine **externe Umwandlungsprüfung** (§§ 9–12 UmwG) ist im UmwG grundsätzlich vorgesehen, bedarf allerdings zu ihrer Erforderlichkeit eines expliziten Anwendungsbefehls. Dieser ist bei einer AG- bzw. KGaA-Beteiligung gegeben für den **Verschmelzungsvertrag** und den **Spaltungsvertrag** bzw. **-plan** (§§ 9 Abs. 1, 125 Abs. 1 UmwG), nicht jedoch für die Ausgliederung (§ 125 S. 2 UmwG) und nicht für den Formwechsel als solchen.[35] Sind ausschließlich GmbH (§ 48 UmwG) oder Personengesellschaften beteiligt, bei denen eine Mehrheitsentscheidung zulässig ist (§ 44 UmwG), findet eine Prüfung nur statt, wenn einer der Gesellschafter sie verlangt. 19

Auch die Angemessenheit der anzubietenden Barabfindung ist extern zu prüfen.[36] 20

Die Umwandlungsprüfung ist **entbehrlich,** wenn 21
– alle Aktionäre durch notariell beurkundete Erklärung auf sie verzichten[37] oder
– im Fall der Verschmelzung[38] sich alle Anteile des übertragenden Rechtsträgers in der Hand des übernehmenden Rechtsträgers befinden (§ 9 Abs. 2 UmwG).[39]

Die Prüfung bezieht sich insbes. auf die **Angemessenheit des Umtauschverhältnisses** 22 der Anteile, der **Gegenleistung** und des **Abfindungsangebots**.[40] Die Umwandlungsprüfung ist von **unabhängigen Sachverständigen**[41] durchzuführen, die von dem Ver-

---

[33] BGHZ 107, 296 (302); BGH WM 1990, 2073 (2074); *Mertens* AG 1990, 20 (22); auch zum Barabfindungsgebot siehe zB LG Mainz AG 2002, 247 (248) – Schaerf AG; KG AG 1999, 268. Beim Formwechsel von Personenhandelsgesellschaften bedarf es keines Umwandlungsberichts, wenn alle Gesellschafter zur Geschäftsführung berechtigt sind, § 215 UmwG.
[34] Verschmelzung: § 8 Abs. 3 UmwG; Spaltung: §§ 127 Abs. 2, 8 Abs. 3 UmwG; Formwechsel: § 192 Abs. 2 S. 1 UmwG.
[35] BegrRegE BT-Drs. 12/6699, 13.
[36] § 30 Abs. 2 S. 1 UmwG (Verschmelzung) iVm § 125 S. 1 UmwG (Spaltung) und § 208 UmwG (Formwechsel).
[37] §§ 9 Abs. 3, 8 Abs. 3 UmwG (Verschmelzung) iVm § 125 S. 1 UmwG (Spaltung, nicht jedoch Ausgliederung); Abfindungsprüfung: § 30 Abs. 2 S. 3 UmwG (Verschmelzung) iVm § 125 S. 1 UmwG (Spaltung) und § 208 UmwG (Formwechsel).
[38] Dagegen soll bei der Auf- und der Abspaltung, falls darauf nicht von allen Anteilsinhabern der beteiligten Rechtsträger notariell beurkundet verzichtet wird, die Prüfung auch bei Übertragung auf die 100%-Mutter stets erforderlich sein, da § 9 Abs. 2 UmwG nicht ausgenommen und § 9 Abs. 3 UmwG, der § 8 Abs. 3 UmwG für „entsprechend anwendbar" erklärt, nur infolge eines Redaktionsversehens in § 125 UmwG nicht ebenfalls ausgeschlossen worden sei, *Kallmeyer* UmwG § 125 Rn. 9f. Was hier geprüft werden soll, ist unverständlich; warum dabei dann der Verzicht über §§ 9 Abs. 3, 8 Abs. 3 UmwG trotz des „Redaktionsversehens" zulässig sein soll, ebenfalls. Den Vorzug verdient daher die Auffassung, dass die Ausklammerung des § 9 Abs. 2 UmwG in § 125 UmwG ein „verweisungstechnisch bedingtes Redaktionsversehen" und die Vorschrift bei Auf- und Abspaltungen entsprechend anzuwenden ist, *Schöne*, Die Spaltung unter Beteiligung von GmbH gem. §§ 123 ff. UmwG, 1998, S. 400 mit Darlegungen zum Meinungsstand.
[39] Bei mehreren übertragenden Rechtsträgern entfällt die Prüfung nur in Ansehung der Anteile desjenigen übertragenden Rechtsträgers, bei dem dies der Fall ist.
[40] *Simon* in Kölner Komm. UmwG § 9 Rn. 20ff.; zur Bewertung und den Bewertungsmethoden siehe bei den Beherrschungs- und Gewinnabführungsverträgen → § 36 Rn. 14ff., zur Berücksichtigungsfähigkeit steuerlicher „Synergieeffekte" → § 36 Rn. 19, außerdem *Jakobs* FS Haarmann Hemmelrath & Partner, 1998, 51 (61f.), der sich dagegen ausspricht: „Bei Beachtung des anzuwendenden stand-alone-Prinzips können lediglich eigene Steuervorteile berücksichtigt werden. Verschmelzungsbedingte Steuervorteile dürfen dagegen als echte Synergieeffekte nicht in die Bewertung einbezogen werden." Für eine Aufteilung der Synergievorteile auf die zu bewertenden Unternehmen aber eingehend *Fleischer* ZGR 1997, 368 (386ff.). Das letzte Wort ist zu dieser Frage noch nicht gesprochen. Auch für Umwandlungen gilt der Börsenkurs als Untergrenze der Abfindung, *Erb* DB 2001, 523.
[41] Die Ausschlussgründe ergeben sich aus § 319 Abs. 2 und 3 HGB. Die Tätigkeit als Abschlussprüfer eines beteiligten Rechtsträgers steht der Bestellung nicht entgegen, *Lutter* UmwG § 11 Rn. 6.

tretungsorgan des Rechtsträgers oder auf dessen Antrag von jedem **Landgericht** bestellt werden, in dessen Bezirk ein beteiligter Rechtsträger seinen Sitz hat (§ 10 UmwG). Für jede beteiligte AG ist mindestens ein Prüfer zu bestellen, und zwar jeweils vom Vorstand, es sei denn, dass für alle Aktiengesellschaften auf gemeinsamen Antrag der Vorstände ein (oder mehrere) Prüfer vom Gericht bestellt wird (werden).[42] Als Prüfer kommen **Wirtschaftsprüfer und Wirtschaftsprüfungsgesellschaften** in Betracht.[43]

23 Von der Umwandlungsprüfung zu unterscheiden ist die **Gründungsprüfung,** die bei Umwandlungen in eine AG (oder KGaA) nach den für diese Gesellschaften geltenden, hier anwendbaren Gründungsvorschriften erforderlich ist:[44] Bei jeder Umwandlung durch Neugründung[45] einer AG (oder KGaA) sind, falls nicht eine Kapitalgesellschaft übertragender Rechtsträger ist,[46] ein **Gründungsbericht** und eine externe **Gründungsprüfung** erforderlich. Ferner ist bei der Verschmelzung durch Aufnahme in den ersten zwei Jahren nach Eintragung der übernehmenden Gesellschaft[47] sowie bei der Spaltung unter Beteiligung einer AG (oder KGaA)[48] ein **Nachgründungsbericht** und eine externe **Nachgründungsprüfung** erforderlich. Anders als bei der Umwandlungsprüfung (§§ 9 Abs. 3, 8 Abs. 3 UmwG) können die Anteilsinhaber der beteiligten Rechtsträger auf die Durchführung der Gründungsprüfung **nicht verzichten.** Als Gründungsprüfer können die beteiligten Rechtsträger gemeinsam den beurkundenden Notar beauftragen; sonst wird er vom Amtsgericht bestimmt.

3. Zustimmungsbeschluss

24 Die Entscheidung der Anteilsinhaber der beteiligten Rechtsträger über die Umwandlung durch **Zustimmungsbeschluss** ist grundsätzlich Voraussetzung für das Wirksamwerden der Umwandlung. Abweichend hiervon ist bei einer übernehmenden AG, die mindestens 9/10 des Kapitals einer übertragenden Kapitalgesellschaft hält, ein Beschluss nur erforderlich, wenn eine Minderheit ihrer Aktionäre, deren Anteile zusammen den zwanzigsten Teil des Grundkapitals erreichen, die Einberufung einer Hauptversammlung verlangt (§ 62 Abs. 1 S. 1, Abs. 2 UmwG). Von der bevorstehenden Beschlussfassung sind die Öffentlichkeit, die Anteilsinhaber und der Betriebsrat der beteiligten Rechtsträger zu informieren.[49] Der Beschluss kann bei allen Umwandlungsarten nur in einer Versammlung der Anteilsinhaber gefasst werden (§§ 13 Abs. 1 S. 2, 125, 193 Abs. 1 S. 2 UmwG). Erforderlich ist bei Aktiengesellschaften – vorbehaltlich verschärfender Satzungsregelungen – eine

---

[42] § 60 Abs. 2, 3 UmwG.
[43] §§ 11 Abs. 1 UmwG, 319 Abs. 1 HGB. Der Notar, der nach § 33 Abs. 3 AktG idF des TranspuG im Auftrag der Gründer die Gründungsprüfung vornehmen kann, scheidet als Umwandlungsprüfer aus.
[44] Verschmelzung durch Neugründung: § 36 Abs. 2 UmwG iVm §§ 32, 33, 278 Abs. 3 AktG; Spaltung zur Neugründung: § 135 Abs. 2 iVm §§ 32, 33, 278 Abs. 3 AktG – mit erweitertem Prüfungsumfang bei der Ausgliederung aus dem Vermögen eines Einzelkaufmanns in eine neu gegründete AG, § 159 Abs. 2 UmwG; Formwechsel: § 197 S. 1 UmwG iVm §§ 32, 33 Abs. 1 Nr. 4 AktG; für den Formwechsel beachte auch § 245 UmwG. Zum Gründungsprüfer wird zweckmäßigerweise der Umwandlungsprüfer bestellt.
[45] Verschmelzung: § 58 Abs. 1 UmwG (Ausnahme: Kein Gründungsbericht und bei der AG auch keine Gründungsprüfung ist erforderlich, wenn eine Kapitalgesellschaft (oder eG) übertragender Rechtsträger ist, §§ 58 Abs. 2, 75 Abs. 2 UmwG); Spaltung unter Beteiligung einer GmbH, AG oder KGaA: §§ 138, 144 UmwG; Ausgliederung zur Neugründung aus dem Vermögen eines Einzelkaufmanns: § 159 UmwG.
[46] Oder eingetragene Genossenschaft, § 75 Abs. 2 UmwG.
[47] § 67 UmwG, ausgenommen der Fall, dass auf die zu gewährenden Aktien nicht mehr als der zehnte Teil des Grundkapitals entfällt (einschließlich einer Erhöhung desselben zwecks Durchführung der Verschmelzung).
[48] §§ 142, 144 UmwG, weil hier Aktiva und Passiva weitgehend beliebig verteilt werden können, *Dörrie* WiB 1995, 1 (7).
[49] Dazu → Rn. 30 ff.

Beschlussmehrheit, die 3/4 des bei Beschlussfassung vertretenen Grundkapitals umfasst.[50] Dieses Erfordernis ist zusätzlich zu der nach § 133 Abs. 1 AktG erforderlichen einfachen Stimmenmehrheit zu verstehen.[51]

Ggf. bedarf es darüber hinaus der Zustimmung weiterer Personen. Hierzu zählen zunächst Anteilsinhaber, zu deren Gunsten eine **Vinkulierung** oder ähnliches besteht.[52] Weiterhin sind in der AG Sonderbeschlüsse jeder einzelnen Aktiengattung zu fassen, wenn mehrere Gattungen existieren (§ 65 Abs. 2 UmwG).

Über die im UmwG geregelten Sonderzustimmungserfordernisse hinaus sind grundsätzlich keine weiteren, sich aus allgemeinen Grundsätzen ergebenden Zustimmungserfordernisse anzuerkennen. Das gilt insbes. auch für den Fall der umwandlungsbedingten Erhöhung von Leistungspflichten einzelner Gesellschafter (§ 55 AktG) oder der Beeinträchtigung von allgemeinen Sonderrechten (§ 35 BGB).

Der Beschluss bedarf **keiner sachlichen Rechtfertigung** nach den Kriterien der materiellen Beschlusskontrolle (Geeignetheit, Erforderlichkeit und Verhältnismäßigkeit).[53] Bei der Verschmelzung (§ 29 UmwG), der Auf- und der Abspaltung (§§ 125, 29 UmwG) und dem Formwechsel (§ 207 UmwG) können Anteilsinhaber uU gegen den Umwandlungsbeschluss **Widerspruch** zu Protokoll erklären und dann statt eines Anteils an dem übernehmenden Rechtsträger eine Barabfindung beanspruchen (→ Rn. 13), auch können bei der AG (oder KGaA), falls mehrere Gattungen stimmberechtigter Aktien bestehen, **Sonderbeschlüsse** notwendig werden (§§ 65 Abs. 2, 78 UmwG. Auch → Rn. 54).

Sollte im Einzelfall die Umwandlung pflichtwidrig eingesetzt werden, um das Erlöschen von Sonderrechten einzelner Anteilsinhaber oder die Auferlegung von Zusatzpflichten herbeizuführen, kann insofern eine Beschlusskontrolle im Sinne einer Missbrauchskontrolle ausnahmsweise doch angebracht sein,[54] sofern entsprechende Rechtsnachteile nicht bereits durch einen Quotenausgleich beim Umtauschverhältnis kompensiert werden.

Für den Zustimmungsbeschluss und die etwa notwendigen Einzelzustimmungen ist **notarielle Beurkundung** vorgeschrieben (§ 13 Abs. 3 UmwG).

4. Vorbereitung und Durchführung der Umwandlungs-HV

Das UmwG enthält verschiedene Regelungen, um eine möglichst umfassende **Vorbereitung** der Anteilsinhaber auf die Umwandlungs-HV zu gewährleisten. Daneben gelten die allgemeinen aktienrechtlichen Regelungen und ggf. Satzungsbestimmungen zur HV-Vorbereitung auch hier (→ § 3 Rn. 4 ff.).

Der Umwandlungsvertrag bzw. -plan oder -beschluss oder sein Entwurf ist bei Verschmelzung und Spaltung, nicht jedoch beim Formwechsel, vor der Einberufung der Hauptversammlung zum **Handelsregister einzureichen,**[55] was seiner Bekanntmachung dient. Anlagen sind von der Einreichungspflicht mit umfasst.[56] Die Regelung gilt für alle an der Umwandlung beteiligten Gesellschaften, unabhängig davon, ob es sich bei Ihnen um übertragende oder übernehmende Rechtsträger handelt. Die Einreichung hat vor der

---

[50] Verschmelzung § 65 Abs. 1 UmwG; Spaltung §§ 125 S. 1, 65 Abs. 1 UmwG; Formwechsel § 240 Abs. 1 UmwG.
[51] *Diekmann* in Semler/Stengel UmwG § 65 Rn. 11; *Rieger* in Widmann/Mayer UmwG § 65 Rn. 4; *Stratz* in Schmitt/Hörtnagl/Stratz UmwG § 65 Rn. 3 aE.
[52] § 13 Abs. 2 UmwG; eine Vinkulierung kann dazu führen, dass Umwandlungsbeschlüsse nur einstimmig gefasst werden können, *Priester* DNotZ 1995, 427 (440).
[53] HM, *Koch* in Hüffer/Koch AktG § 243 Rn. 27, OLG Frankfurt a.M. Der Konzern 2007, 276 (279); *Lutter/Drygala* in Lutter UmwG § 13 Rn. 37; *Gehling* in Semler/Stengel UmwG § 13 Rn. 23; *Zimmermann* in Kallmeyer UmwG § 13 Rn. 12; *Stratz* in Schmitt/Hörtnagl/Stratz UmwG § 13 Rn. 21.
[54] *Simon* in Kölner Komm. UmwG § 13 Rn. 64, 66.
[55] Verschmelzungsvertrag § 61 UmwG, Spaltungsvertrag §§ 125 S. 1, 61 UmwG.
[56] *Diekmann* in Semler/Stengel UmwG § 61 Rn. 10; *Rieger* in Widmann/Mayer UmwG § 61 Rn. 4.

Einberufung der Hauptversammlung zu erfolgen. Nach umstrittener, aber überzeugender Ansicht kann die Registereinreichung auch noch am Tag der Einberufung selbst erfolgen, da nur von einer zeitlichen Vorlagerung, nicht aber vom „Vortag" die Rede ist.[57]

32 Ein weiteres umwandlungsspezifisches Vorbereitungsinstrument ist die **Auslegung von Dokumenten**.[58] Hiernach sind von der Einberufung an die (bzw. der) Umwandlungsbericht(e) in den Geschäftsräumen der jeweiligen Beteiligten Gesellschaft auszulegen. Bei **Spaltung und Verschmelzung** kommen noch der
   – Umwandlungsvertrag (bzw. -plan) oder sein Entwurf,
   – ggf. erforderliche Prüfungsberichte und
   – die Jahresabschlüsse der beteiligten Rechtsträger für die letzten drei Jahre hinzu. Beim **Formwechsel** genügt demgegenüber als weitergehende Vorab-Information eine textliche Ankündigung des Formwechsels als Beschlussgegenstand.

33 Zusätzlich zu den vorgenannten Unterlagen kann bei Verschmelzung und Spaltung die Erstellung und Auslegung einer **Zwischenbilanz** erforderlich sein.[59] Das ist immer dann der Fall, wenn der jüngste der regulär auszulegenden Jahresabschlüsse eines beteiligten Rechtsträgers auf ein Geschäftsjahr datiert, das mehr als sechs Monate vor Abschluss des Ausgliederungsvertrags bzw. der entsprechenden Entwurfsaufstellung liegt. Die Zwischenbilanz hat sich auf einen Stichtag zu beziehen, der höchstens drei Monate vor Vertragsschluss bzw. Entwurfsaufstellung liegt. Im Übrigen gelten für sie dieselben Grundsätze wie für eine reguläre Bilanz nach HGB. Die Pflicht zur Aufstellung einer Zwischenbilanz entfällt, wenn die betroffene Gesellschaft seit ihrem letzten Jahresabschluss einen Halbjahresfinanzbericht nach § 37w WpHG (ab 3.1.2018 § 115 WpHG) veröffentlicht hat (§ 63 Abs. 2 S. 6 UmwG).

34 Die Auslegung hat während der **üblichen Geschäftszeiten** des jeweiligen Rechtsträgers zu erfolgen. Kommt es zur Auslegung eines Vertrags- bzw. Planentwurfs, so muss dieser seinem wesentlichen Inhalt nach mit dem endgültig abgeschlossenen Vertrag übereinstimmen. Ansonsten würde dem Zweck der verlässlichen Vorabinformation der Aktionäre nicht hinreichend Rechnung getragen.[60]

35 Den Aktionären sind auf verlangen Abschriften von den auszulegenden Unterlagen zu erteilen,[61] was bei Verschmelzung und Spaltung mit Einwilligung auch auf elektronischem Wege geschehen kann (§ 63 Abs. 3 S. 2 UmwG). Die Pflicht zur Erteilung von Abschriften entfällt, wenn die Unterlagen über die Internetseite der Gesellschaft zugänglich sind (§ 63 Abs. 4 UmwG), was bei Publikumsgesellschaften heute den Regelfall darstellt.

36 **Während der HV** haben die vorgenannten Unterlagen weiterhin auszuliegen.[62] Zudem hat eine mündliche Erläuterung des Umwandlungsvertrags bzw. -plans oder -beschlusses durch den Vorstand stattzufinden.[63] Die Erläuterung hat die wesentlichen Punkte des Umwandlungsvertrags bzw. -plans oder -beschlusses zusammenzufassen.[64] Dabei ist insbes. auf zwischenzeitliche Veränderungen einzugehen, die im Umwandlungsbericht aufgrund dessen früheren Erstellungszeitpunktes noch nicht berücksichtigt werden konnten.[65]

---

[57] So auch *Rieger* in Widmann/Mayer UmwG § 61 Rn. 7; aA *Diekmann* in Semler/Stengel UmwG § 61 Rn. 14 aE; *Grunewald* in Lutter UmwG § 61 Rn. 2, Fn. 5.
[58] Verschmelzung § 63 UmwG; Spaltung §§ 125 S. 1, 63 UmwG; Formwechsel §§ 230, 238 UmwG.
[59] Verschmelzung § 63 Abs. 1 Nr. 3 UmwG; Spaltung §§ 125 S. 1, 63 Abs. 1 Nr. 3 UmwG.
[60] *Diekmann* in Semler/Stengel UmwG § 63 Rn. 10; *Rieger* in Widmann/Mayer UmwG § 63 Rn. 7.
[61] Verschmelzung § 63 Abs. 3 UmwG; Spaltung §§ 125 S. 1, 63 Abs. 3 UmwG; Formwechsel §§ 230, 238 UmwG.
[62] Verschmelzung § 64 Abs. 1 S. 1 UmwG; Spaltung §§ 125 S. 1, 64 Abs. 1 S. 1 UmwG; Formwechsel § 239 Abs. 1 UmwG.
[63] Verschmelzung § 64 Abs. 1 S. 2 UmwG; Spaltung §§ 125 S. 1, 64 Abs. 1 S. 2 UmwG; Formwechsel § 239 Abs. 2 UmwG.
[64] *Simon* in Kölner Komm. UmwG § 64 Rn. 15.
[65] *Simon* in Kölner Komm. UmwG § 64 Rn. 17.

5. Anmeldung und Eintragung zum Register

Schließlich ist die Umwandlung zur Eintragung in das (die) Handelsregister **anzumelden; sie wird mit Eintragung wirksam.** Anzumelden sind bei Verschmelzung und der Spaltung zur Aufnahme „die Verschmelzung" (§ 16 Abs. 1 S. 1 UmwG) bzw. „die Spaltung" (§§ 125, 16 Abs. 1 S. 1 UmwG), bei der Verschmelzung durch Neugründung und der Spaltung zur Neugründung zusätzlich der neue Rechtsträger,[66] beim Formwechsel dagegen nicht dieser, sondern die neue Rechtsform des Rechtsträgers.[67] 37

Da die Verschmelzung und die Spaltung nur eingetragen werden dürfen, wenn die der Anmeldung beizufügende Schlussbilanz der übertragenden Rechtsträger auf einen höchstens acht Monate vor der Anmeldung liegenden Stichtag aufgestellt ist,[68] ergibt sich eine **Anmeldefrist** von acht Monaten seit dem Bilanzstichtag. 38

Grundsätzlich obliegt die Anmeldung den Vertretungsorganen der beteiligten Rechtsträger,[69] beim Formwechsel in eine Kapitalgesellschaft anderer Rechtsform dem Vertretungsorgan des formwechselnden Rechtsträgers (§ 246 Abs. 1 UmwG), und zwar jeweils in vertretungsberechtigter Zahl. 39

In welcher **Reihenfolge die Anmeldungen** einzureichen sind, ergibt sich aus der Regelung des Gesetzes über die **Reihenfolge der Eintragungen:**[70] Die **Verschmelzung** ist erst ins Register des übertragenden, danach in das des übernehmenden Rechtsträgers einzutragen (§ 19 UmwG), es sei denn, dieser ist eine GmbH oder AG (oder KGaA), die ihr Kapital erhöht; dann muss zuvor die Kapitalerhöhung ins Register des übernehmenden Rechtsträgers eingetragen werden (§§ 53 und 66 UmwG). Umgekehrt ist die **Spaltung** zuerst in das Register des übernehmenden, danach in das des übertragenden Rechtsträgers einzutragen (§ 130 UmwG), es sei denn, dieser ist eine GmbH oder AG (oder KGaA), die ihr Kapital herabsetzt; dann muss zuvor die Kapitalherabsetzung ins Register des übertragenden Rechtsträgers eingetragen werden (§§ 139 und 145 UmwG). Beim **Formwechsel** gibt es nur eine Eintragung. 40

In der Anmeldung ist zu **erklären,** dass gegen den Umwandlungsbeschluss **kein Klageverfahren** anhängig ist.[71] Einer solchen **Negativerklärung** bedarf es nicht, wenn die klageberechtigten Anteilsinhaber durch notariell beurkundete Erklärung auf die Klage verzichten (oder verzichtet haben)[72] oder ein rechtskräftiger Beschluss des mit der Klage 41

---

[66] § 38 Abs. 2 UmwG (Verschmelzung), § 137 Abs. 1 UmwG (Spaltung).
[67] § 198 Abs. 1 UmwG; Ausnahme: bei Umwandlung in eine BGB-Gesellschaft ist „die Umwandlung" anzumelden, § 235 Abs. 1 UmwG.
[68] § 17 Abs. 2 S. 4 UmwG (Verschmelzung), §§ 125, 17 Abs. 2 S. 4 UmwG (Spaltung).
[69] § 16 Abs. 1 S. 1 UmwG. Doch ist bei Verschmelzung und Spaltung auch das Vertretungsorgan (je)des übernehmenden Rechtsträgers zur Anmeldung befugt, § 16 Abs. 1 S. 2 UmwG (Verschmelzung), § 129 UmwG (Spaltung).
[70] Die unterschiedliche Reihenfolge der Anmeldungen und Eintragungen soll dafür Sorge tragen, dass die Beteiligten über Umwandlungsvorgänge rechtzeitig unterrichtet werden, dass ein einheitlicher Zeitpunkt auch für solche Fälle festgelegt wird, in denen mehrere Unternehmensträger an dem Umwandlungsvorgang beteiligt sind, und dass aus dem Umwandlungsvorgang nicht Unternehmensträger hervorgehen können, denen das erforderliche Vermögen fehlt. Bei der Spaltung zur Neugründung kann das letztgenannte Ziel verfehlt werden, da die Entstehung vermögens- und subjektloser Rechtsträger nicht ausgeschlossen ist, *Heidenhain* GmbHR 1995, 264 und *Heidenhain* 1995, 566; aA *Neye* GmbHR 1995, 565.
[71] § 16 Abs. 2 S. 1 UmwG. Klagen gegen die Wirksamkeit des Umwandlungsbeschlusses sind (Verschmelzung: §§ 14 Abs. 1, 36 Abs. 1 UmwG, Spaltung: § 125, 135 Abs. 1 UmwG und beim Formwechsel: § 195 Abs. 1 UmwG) innerhalb der allgemeinen Ausschlussfrist von einem Monat nach Beschlussfassung zu erheben, und zwar ohne Rücksicht auf den geltend gemachten Mangel. Ausgeschlossen bleibt die Klage gegen den Umwandlungsbeschluss eines übertragenden oder formwechselnden Rechtsträgers wegen zu niedriger Bemessung des Umtauschverhältnisses der Anteile oder mangelnden Gegenwerts der Mitgliedschaft bei dem übernehmenden Rechtsträger, §§ 14 Abs. 2, 36 Abs. 1, 125, 135 Abs. 1, 195 Abs. 2 UmwG; dem Anteilsinhaber verbleibt aber die Möglichkeit eines Antrags auf Ausgleich durch eine bare Zuzahlung, §§ 15, 36 Abs. 1, 125, 135 Abs. 1, 196 UmwG. Ausgeschlossen ist die Klage ferner bei nicht ordnungsgemäß angebotener oder zu niedrig bemessenen Abfindungen, §§ 32, 36 Abs. 1, 125, 135 Abs. 1 UmwG. Zum gerichtlichen Verfahren deswegen → § 46 Rn. 3 ff.
[72] § 16 Abs. 2 S. 2 UmwG.

befassten Gerichts vorgelegt werden kann, wonach die Klage der Eintragung nicht entgegensteht.[73] Die Erklärung ist **Eintragungs-, nicht Anmeldevoraussetzung**. Die Anmeldung ist daher fristgemäß einzureichen und die Negativerklärung ggf. später – nach Ablauf der Anfechtungsfrist oder Prozessende – nachzureichen.[74]

42 In der Anmeldung der Abspaltung oder der Ausgliederung haben außerdem, wenn der übertragende Rechtsträger eine GmbH oder AG (oder KGaA) ist, Geschäftsführer bzw. Vorstand (bzw. persönlich haftende Gesellschafter) zu **erklären**, dass „die durch Gesetz und Satzung vorgesehenen Voraussetzungen für die Gründung dieser Gesellschaft unter Berücksichtigung der Abspaltung oder der Ausgliederung im Zeitpunkt der Anmeldung vorliegen", praktisch also, dass das **Stamm- bzw. Grundkapital** durch das verbleibende Gesellschaftsvermögen noch gedeckt ist (sog Soliditätserklärung).[75] Ist Letzteres nicht möglich, muss das Kapital des übertragenden Rechtsträgers herabgesetzt werden (→ Rn. 46).

43 Den Handelsregisteranmeldungen sind als **Anlagen** jeweils beizufügen
– der Umwandlungsvertrag (-plan, -beschluss), ggf. im Entwurf, und
– die Umwandlungsbeschlüsse nebst
– etwa erforderlichen Zustimmungserklärungen einzelner Anteilsinhaber;
– die Umwandlungsberichte bzw. entsprechende Verzichtserklärungen;
– die etwa erforderlichen Prüfungsberichte, ggf. Verzichtserklärungen, sowie
– der Nachweis über die Zuleitung des Vertrags (Plans, Beschlusses) bzw. des Entwurfs an den Betriebsrat;
– bei Verschmelzung und Spaltung (nicht beim Formwechsel)[76] außerdem eine höchstens acht Monate alte Schlussbilanz der übertragenden Gesellschaft[77] und
– bei Beteiligung einer GmbH als aufnehmende Gesellschaft oder Gesellschaft neuer Rechtsform die Liste der Personen, die Anteile übernommen haben und ggf. die berichtigte Liste der Gesellschafter (§§ 8 Abs. 1 Nr. 3, 40, 57 Abs. 3 Nr. 2 GmbHG).

44 Das **Gericht überprüft** die Anmeldung und ihre Anlagen nicht nur auf Vollständigkeit und formale Richtigkeit (§§ 378 ff. FamFG), sondern auch materiell[78] und trägt ggf. die Umwandlung ein (§ 19 UmwG). Die Wirksamkeit tritt ein mit Eintragung der Verschmelzung in das Register des übernehmenden Rechtsträgers (§ 20 UmwG), der Spaltung in das Register des übertragenden Rechtsträgers (§ 131 UmwG), der neuen Rechtsform in das Register des formwechselnden Rechtsträgers (§ 202 UmwG).

---

[73] § 16 Abs. 3 S. 1 UmwG. Ob das Registergericht – entgegen § 16 Abs. 2 S. 2 UmwG – berechtigt ist, die Eintragung zu verfügen, wenn es der Klage keine Erfolgsaussichten beimisst, ist zweifelhaft. Die Lit. zum UmwG lehnt dies einmütig ab (vgl. lediglich *Marsch-Barner* in Kallmeyer UmwG § 16 Rn. 33 ff.), und die Praxis respektiert dies, obwohl es nicht recht einleuchtet: § 16 Abs. 3 UmwG sollte die Lage der Gesellschaften erleichtern, siehe die BegrRegE, abgedruckt bei *Stratz* in Schmitt/Hörtnagl/Stratz UmwG § 16 Rn. 26: „Schon nach bislang geltendem Rechte hatte daher die neuere höchstrichterliche Rspr. die Möglichkeit bejaht, dass das RegGericht die Verschmelzung trotz einer anhängigen Klage im HR eintragen kann, wenn die Klage offensichtlich keine Aussicht auf Erfolg hat (vgl. BGHZ 112, 9). Dieser richtige Grds. soll mit der Regelung in Abs. 3 fortgeführt und erweitert werden." Dazu näher *Volhard* AG 1998, 397 (401) mwN in Fn. 62–68 und → § 45 Rn. 29, 100 ff.
[74] *Marsch-Barner* in Kallmeyer UmwG § 16 Rn. 25.
[75] §§ 140, 146 Abs. 1 UmwG; *Hörtnagl* in Schmitt/Hörtnagl/Stratz UmwG § 140 Rn. 7. Die Erklärung ist strafbewehrt, § 313 Abs. 1 Nr. 1 UmwG.
[76] § 199 UmwG.
[77] § 17 Abs. 2 S. 1 UmwG. Für die Fristwahrung ist der Eingang der Anmeldung bei der übertragenden, nicht der übernehmenden Gesellschaft maßgebend, LG Frankfurt a.M. GmbHR 1996, 542 (543).
[78] *Zimmermann* in Kallmeyer UmwG § 19 Rn. 3; *Lutter* NJW 1969, 1873 (1874); *Bokelmann* DB 1994, 1341 ff.; *Volhard* ZGR 1996, 55 (57 f.) mwN. Nach AG Duisburg GmbHR 1996, 372 soll sogar die Angabe, es bestünden keine Betriebsräte, registergerichtlich nachgeprüft werden (§ 12 FGG). Dazu genüge eine eidesstattliche Versicherung, die aber nicht mehr nachgeholt werden könne, wenn die nach dem Stichtag (acht Monate nach dem Bilanzstichtag) in einer Zwischenverfügung gesetzte Frist verstrichen ist.

6. Kapitaländerungen

Übernimmt eine Kapitalgesellschaft einen anderen Rechtsträger ganz oder teilweise, wird idR eine **Kapitalerhöhung** erforderlich. Sie muss vor Eintragung der Umwandlung wirksam geworden sein.[79] Bei der Verschmelzung auf eine AG (oder KGaA) muss eine **Sacheinlageprüfung** nur stattfinden, wenn übertragender Rechtsträger eine Personenhandelsgesellschaft oder ein rechtsfähiger Verein ist und die Buchwerte des übergehenden Vermögens aufgestockt werden oder Zweifel an der Werthaltigkeit des übergehenden Vermögens bestehen[80]; bei der Spaltung mit Kapitalerhöhung ist die Sacheinlageprüfung zwingend (§ 142 UmwG). Die Anwendung der Sachgründungsvorschriften führt dazu, dass bei Aufnahme von Gesellschaften mit einem Nettowert, der negativ ist oder hinter dem Kapitalerhöhungsbetrag zurückbleibt, die Gesellschafter der übertragenden Gesellschaft zur Zahlung des Fehlbetrags verpflichtet sind.[81] Bei Verschmelzung und Spaltung besteht ein Wahlrecht zwischen der Fortführung der Buchwerte des übertragenden Rechtsträgers und den Anschaffungswerten.[82]

45

Spaltet eine Kapitalgesellschaft einen Vermögensteil ab oder gliedert sie ihn aus, muss das Stamm- bzw. Grundkapital **herabgesetzt** werden, sofern und soweit das verbleibende Vermögen der Rumpfgesellschaft das Nominalkapital nicht mehr deckt. Das ist durch vereinfachte Kapitalherabsetzung möglich.[83] Sie muss wie die Kapitalerhöhung vor Durchführung der Abspaltung oder Ausgliederung in das Handelsregister eingetragen worden sein (§§ 139 S. 2, 145 S. 2 UmwG).

46

Die Verschmelzung und Aufspaltung zur Neugründung erlauben es, die neugegründeten Gesellschaften mit einem (auch erheblich) niedrigeren Stamm- bzw. Grundkapital auszustatten als die übertragenden Rechtsträger. Durch Umwandlungsvorgänge kann damit die Kapitalbindung und der durch die Vorschriften über die Kapitalherabsetzung bezweckte Gläubigerschutz außer Kraft gesetzt werden.[84]

47

III. Verschmelzung

1. Verschmelzung durch Aufnahme

Der Inhalt des Verschmelzungsvertrags ist gesetzlich vorgeschrieben;[85] er muss mindestens bestimmen:
- die Firma und den Sitz der beteiligten Rechtsträger;
- die Vereinbarung über die Übertragung des Vermögens der übertragenden Rechtsträger als Ganzes gegen Gewährung von Anteilen am übernehmenden Rechtsträger;

48

---

[79] §§ 53, 66, 78 UmwG (Verschmelzung), § 125 UmwG (Spaltung).
[80] §§ 24, 36 Abs. 1 S. 1, 69 Abs. 1 UmwG; *Marsch-Barner* in Kallmeyer UmwG § 69 Rn. 8 ff.
[81] §§ 56 Abs. 2, 9 Abs. 1 GmbHG; *Koch* in Hüffer/Koch AktG § 27 Rn. 28, AktG § 183 Rn. 21.
[82] §§ 24, 125, 135 Abs. 1 UmwG iVm § 253 Abs. 1 HGB; *Schulze-Osterloh* ZGR 1993, 420 (421 f.); *Ihrig* GmbHR 1995, 622 (633).
[83] § 139 UmwG (für GmbH: §§ 58a ff. GmbHG), § 145 UmwG (für AG/KGaA: §§ 229 ff. AktG). Da es sich hierbei um eine Rechtsfolgenverweisung handelt, brauchen die Voraussetzungen für die Zulässigkeit einer vereinfachten Herabsetzung (Wertminderungen und sonstige Verluste sind auszugleichen, Kapitalrücklagen aufzulösen, es darf kein Gewinnvortrag vorhanden sein) nicht vorzuliegen, Kallmeyer UmwG § 139 Rn. 1; *Reichert* in Semler/Stengel UmwG § 139 Rn. 6. *Mayer* DB 1995, 861 (866); *Priester* DNotZ 1995, 427 (448); aA *Mayer* in Widmann/Mayer UmwG § 139 Rn. 23 ff. Die vereinfachte Kapitalherabsetzung unterscheidet sich von der ordentlichen Kapitalherabsetzung durch die unterschiedliche Ausprägung des Gläubigerschutzes; insbes. muss bei der GmbH ein Jahr nach dem letzten Gläubigeraufruf im Bundesanzeiger verstrichen sein, ehe die Herabsetzung eingetragen werden kann und damit wirksam wird, § 58 Abs. 1 Nr. 3 GmbHG.
[84] *Naraschewski* GmbHR 1998, 356, 357 ff.
[85] § 5 Abs. 1 UmwG. Muster zu Verschmelzungsverträgen, -berichten, -prüfungsberichten, -beschlüssen und Anmeldungen finden sich bei *Hoffmann-Becking* in MVHdB I GesR X.1–13.

- das Umtauschverhältnis, ggf. die Höhe der baren Zuzahlung;
- die Einzelheiten für die Übertragung der Anteile am übernehmenden Rechtsträger;
- den Beginn des Gewinnbezugsrechts sowie Besonderheiten in Bezug auf diesen Anspruch;
- den Zeitpunkt, von dem an die Handlungen der übertragenden Rechtsträger als für Rechnung des übernehmenden Rechtsträgers vorgenommen gelten (Verschmelzungsstichtag);
- etwaige besondere Rechte für einzelne Anteilsinhaber;
- besondere Vorteile für Organmitglieder, geschäftsführende Gesellschafter, Abschlussprüfer oder Verschmelzungsprüfer;
- die Folgen der Verschmelzung für die Arbeitnehmer und ihre Vertretungen und insoweit vorgesehene Maßnahmen;[86]
- ein Abfindungsangebot für Anteilsinhaber, die gegen den Beschluss Widerspruch zu Protokoll erklären und ihre Anteile auf die Gesellschaft übertragen oder – wo dies nicht möglich ist – ihr Ausscheiden erklären (→ Rn. 12).

49 Die Angaben über den Umtausch der Anteile entfallen, wenn sich **alle Anteile** an einem übertragenden Rechtsträger in der Hand des übernehmenden Rechtsträgers befinden (§ 5 Abs. 2 UmwG).

50 Für die **Vorbereitung** der Hauptversammlung gilt, abgesehen von den sonstigen gesetzlichen oder satzungsmäßigen Einberufungserfordernissen:
- Der wesentliche Inhalt des Verschmelzungsvertrags ist in der Einberufung bekannt zu machen.[87]
- Der Verschmelzungsvertrag (oder sein Entwurf) ist, wenn eine AG (oder KGaA) beteiligt ist, vor der Hauptversammlung zum Handelsregister einzureichen,[88] das in den Veröffentlichungsblättern (§ 10 HGB; → § 4 Rn. 113 ff.) einen Hinweis darauf bekannt zu machen hat.
- Spätestens einen Monat vor dem Tag der Versammlung, die über die Zustimmung zum Verschmelzungsvertrag beschließen soll, ist der Vertrag[89] oder sein Entwurf[90] den zuständigen Betriebsräten (sofern er gebildet ist: dem Gesamtbetriebsrat[91]) der beteiligten Rechtsträger zuzuleiten (§ 5 Abs. 3 UmwG).[92]
- Die Vertretungsorgane eines jeden beteiligten Rechtsträgers haben (einzeln, aber zulässigerweise auch gemeinsam) einen ausführlichen schriftlichen Bericht zu erstatten, in dem die Verschmelzung, der Verschmelzungsvertrag (oder sein Entwurf) im Einzelnen, insbes. das Umtauschverhältnis der Anteile und die Höhe einer anzubietenden Barzuzahlung rechtlich und wirtschaftlich erläutert werden („Verschmelzungsbericht"). Auf

---

[86] Sie sind auszuformulieren; der bloße Hinweis auf die gesetzlichen Bestimmungen, etwa § 613a BGB, §§ 321 ff. UmwG genügt nicht, OLG Düsseldorf ZIP 1998, 1190.
[87] § 124 Abs. 2 S. 3 AktG. „Wesentlich" und deshalb bekannt zu machen sind „diejenigen Bestimmungen, von denen ein verständiger Dritter seine Entscheidung abhängig machen würde," *Eckardt* in Geßler/Hefermehl AktG § 124 Rn. 59. Übertriebene Anforderungen sind allerdings nicht zu stellen, weil der vollständige Vertrag im Geschäftsraum jeder beteiligten Gesellschaft ab der Einberufung auszulegen und jedem Aktionär auf Verlangen in Abschrift zu übermitteln ist, § 63 Abs. 1 und 3 UmwG, vgl. OLG Stuttgart ZIP 1997, 75 (76) – Kolbenschmidt.
[88] §§ 61, 78 UmwG. Verspätung hindert die Beschlussfassung allerdings nicht, führt allenfalls zur Anfechtbarkeit des Beschlusses, falls er, was idR nicht der Fall sein wird, auf dem Mangel beruht, *Stratz* in Schmitt/Hörtnagl/Stratz UmwG § 61 Rn. 4; *Grunewald* in Lutter UmwG § 61 Rn. 4.
[89] Dies gilt für alle Umwandlungsfälle gleichermaßen. Die frühzeitige Unterrichtung soll der Sozialverträglichkeit des Umwandlungsvorgangs dienen.
[90] Mit „Entwurf" des Umwandlungsvertrags ist nicht eine beliebige vorläufige Fassung gemeint. Es dürfte aber die Frist nicht erneut in Lauf setzen, wenn sich bei Beurkundung nur kleinere Änderungen oder Ergänzungen des vorgelegten Entwurfs ergeben.
[91] *Hohenstatt/Schramm* in Kölner Komm. UmwG § 5 Rn. 251.
[92] Die Beachtung der Bestimmung wird dadurch gewährleistet, dass der Anmeldung der Umwandlung ein Nachweis über die rechtzeitige Zuleitung an den Betriebsrat beizufügen ist, § 17 Abs. 1 UmwG. Dieser Nachweis wird am einfachsten durch quittierte Kopie des Übersendungsschreibens geführt.

besondere Schwierigkeiten bei der Bewertung und auf die Folgen für die Beteiligung der Anteilsinhaber ist darin hinzuweisen (§ 8 Abs. 1 UmwG).[93]
– Die externen Umwandlungsprüfer sind zu bestellen und haben ihren Prüfungsbericht zu erstatten (§ 9 Abs. 1, §§ 10–12 UmwG).

Von der Einberufung der Hauptversammlung an, die über die Zustimmung zum Verschmelzungsvertrag beschließen soll, sind

– der Verschmelzungsvertrag (oder sein Entwurf),
– die Jahresabschlüsse und die Lageberichte der an der Verschmelzung beteiligten Rechtsträger für die letzten drei Geschäftsjahre,
– bei einer AG (oder KGaA) uU eine Zwischenbilanz,[94]
– die Verschmelzungsberichte und
– die Prüfungsberichte im Geschäftsraum jeder beteiligten AG zur Einsicht der Aktionäre auszulegen (§ 63 Abs. 1 UmwG) und
– auf Verlangen jedem Aktionär der übernehmenden Gesellschaft unverzüglich kostenlos in Abschrift zu übersenden (§ 63 Abs. 3 UmwG), es sei denn, die Unterlagen sind auf der Internetseite der Gesellschaft zugänglich (§ 63 Abs. 4 UmwG).

Befinden sich **mindestens** 9/10 des Stammkapitals oder Grundkapitals einer übertragenden Gesellschaft in der Hand der übernehmenden AG, entfällt die Notwendigkeit eines Zustimmungsbeschlusses der Hauptversammlung der übernehmenden Gesellschaft, es sei denn, Aktionäre, deren Anteile zusammen den zwanzigsten Teil des Grundkapitals der übernehmenden Gesellschaft erreichen, verlangen zu diesem Zweck die Einberufung einer Hauptversammlung.[95] Auch dann sind aber dieselben Unterlagen im Geschäftsraum der **übernehmenden AG** zur Einsicht der Aktionäre **auszulegen** (§ 62 Abs. 3 S. 1 UmwG). Außerdem hat der Vorstand einen Monat vor dem Tag der Versammlung der übertragenden Gesellschaft, die über die Zustimmung zum Verschmelzungsvertrag beschließen soll, einen Hinweis auf die bevorstehende Verschmelzung in den Gesellschaftsblättern **bekannt zu machen** und den Vertrag (oder seinen Entwurf) zum Register der übernehmenden Gesellschaft **einzureichen,** wonach das Registergericht einen Hinweis auf die Einreichung bekannt zu machen hat (§§ 62 Abs. 3, 61 S. 2 UmwG).

In der Hauptversammlung

– sind die vorstehenden Unterlagen auszulegen (§ 64 Abs. 1 S. 1 UmwG),
– hat der Vorstand den Vertrag (oder seinen Entwurf) zu Beginn der Verhandlung mündlich zu erläutern (§ 64 Abs. 1 S. 2 UmwG),
– ist jedem Aktionär auf Verlangen Auskunft auch über alle für die Verschmelzung wesentlichen Angelegenheiten der anderen beteiligten Rechtsträger zu geben (§ 64 Abs. 2 UmwG).

Der Beschluss bedarf neben der einfachen Stimmenmehrheit einer Mehrheit von mindestens 3/4 des bei der Beschlussfassung vertretenen Grundkapitals.[96] Sind Aktien **verschiedener Gattungen** vorhanden, müssen die **stimmberechtigten** Aktionäre jeder Gattung durch **Sonderbeschluss** mit der gleichen Mehrheit des bei der Fassung des Sonderbeschlusses vertretenen Grundkapitals zustimmen.[97] Außerdem müssen der Verschmelzung mit einer übernehmenden GmbH alle Aktionäre zustimmen, die sich wegen abweichen-

---

[93] Ausf. zu den Berichtsanforderungen → § 5 Rn. 12 ff.
[94] Falls sich der letzte Jahresabschluss auf ein Geschäftsjahr bezieht, das mehr als sechs Monate vor dem Abschluss des Vertrags oder der Aufstellung seines Entwurfs endete, § 63 Abs. 1 Nr. 3 UmwG.
[95] § 62 Abs. 1 S. 1, Abs. 2 S. 1 UmwG. Zu den „Gesellschaftsblättern" → § 4 Rn. 134 ff.
[96] § 65 Abs. 1 UmwG. Die Satzung kann eine größere Kapitalmehrheit und weitere Erfordernisse bestimmen. Bei der GmbH bedarf der Beschluss einer Mehrheit von 3/4 der abgegebenen Stimmen, § 50 Abs. 1 UmwG, bei der Personenhandelsgesellschaft, wenn der Gesellschaftsvertrag keine Mehrheitsentscheidung mit mindestens 3/4 der Gesellschafter vorsieht, der Einstimmigkeit und der Zustimmung aller nicht erschienenen Gesellschafter, § 43 UmwG.
[97] § 65 Abs. 2 UmwG; Inhaber stimmrechtsloser Vorzugsaktien brauchen auch hier nicht zuzustimmen, *Stratz* in Schmitt/Hörtnagl/Stratz UmwG § 65 Rn. 4; *Volhard* in MüKoAktG AktG § 141 Rn. 67. Bei der KGaA müssen außerdem alle persönlich haftenden Gesellschafter zustimmen, § 78 S. 3 UmwG.

55 Haben die Haupt- bzw. Gesellschafterversammlung(en) die Zustimmung beschlossen,[98] so haben die Vertretungsorgane eines jeden beteiligten Rechtsträgers die Verschmelzung **spätestens acht Monate nach dem Bilanzstichtag** (§ 17 Abs. 2 UmwG) zur Eintragung in das Register ihres Rechtsträgers **anzumelden**.[99] In der Anmeldung ist die Negativerklärung abzugeben (§§ 16 Abs. 2 S. 1 UmwG; → Rn. 41), ggf. – wenn eine übernehmende, zu 9/10 am Kapital der übertragenden Kapitalgesellschaft beteiligte AG keinen Zustimmungsbeschluss fassen musste – die Erklärung, dass kein Antrag auf Einberufung einer Hauptversammlung gestellt wurde (§ 62 Abs. 3 S. 5 UmwG).

56 Welche der Anmeldungen zuerst einzureichen ist, hängt davon ab, ob die übernehmende AG zur Durchführung der Verschmelzung ihr Grundkapital erhöht hat. Dann darf die Verschmelzung im Register der übertragenden Gesellschaften erst eingetragen werden, nachdem die **Durchführung der Erhöhung** des Grundkapitals der übernehmenden Gesellschaft in deren Register eingetragen wurde (§ 66 UmwG).

57 Jeder Anmeldung zum Register der **übertragenden Rechtsträger** sind in Urschrift oder Abschrift, soweit notariell beurkundet in Ausfertigung oder öffentlich beglaubigter Abschrift, beizufügen (§ 17 UmwG):
– der Verschmelzungsvertrag;[100]
– die Zustimmungsbeschlüsse eines jeden beteiligten Rechtsträgers;
– die erforderlichen Zustimmungen einzelner Anteilsinhaber;
– der Verschmelzungsbericht (ggf. der beurkundete Verzicht darauf);
– der Verschmelzungsprüfungsbericht (ggf. der beurkundete Verzicht darauf);
– der Nachweis über die rechtzeitige Zuleitung des Vertrags (Entwurfs) an den Betriebsrat;
– die Schlussbilanz dieses Rechtsträgers.[101]

58 Der anschließenden[102] Anmeldung zum Register des **übernehmenden Rechtsträgers** sind alle diese Anlagen gleichfalls beizufügen mit Ausnahme der Schlussbilanz, bei einer GmbH außerdem die Liste der Gesellschafter (siehe Fn. 43).

2. Verschmelzung durch Neugründung

59 Hierfür gelten nur wenige Besonderheiten:[103] Der Verschmelzungsvertrag muss den Gesellschaftsvertrag bzw. die **Satzung** des neuen Rechtsträgers enthalten,[104] die Satzung ei-

---

[98] Ebenso, wenn kein Zustimmungsbeschluss nach § 62 UmwG erforderlich ist.
[99] § 16 Abs. 1 S. 1 UmwG; das Vertretungsorgan des übernehmenden Rechtsträgers ist allerdings berechtigt und bei Untätigkeit der Organe des übertragenden verpflichtet (*Stratz* in Schmitt/Hörtnagl/Stratz UmwG § 16 Rn. 9), auch die Anmeldung zum Register jedes übertragenden Rechtsträgers vorzunehmen, § 16 Abs. 1 S. 2 UmwG. Anmeldung in vertretungsberechtigter Zahl genügt; unechte Gesamtvertretung und Bevollmächtigung sind zulässig, *Stratz* in Schmitt/Hörtnagl/Stratz UmwG § 16 Rn. 6.
[100] Der Entwurf genügt jetzt nicht mehr. Bei Einreichung der Anmeldung muss der Vertrag abgeschlossen sein, *Stratz* in Schmitt/Hörtnagl/Stratz UmwG § 17 Rn. 5.
[101] Auf einen höchstens acht Monate vor dem Eingang der Anmeldung beim jeweiligen Registergericht liegenden Stichtag; anderenfalls darf das Registergericht die Verschmelzung nicht eintragen, § 17 Abs. 2 S. 4 UmwG.
[102] Eine etwaige Kapitalerhöhung der übernehmenden GmbH oder AG (oder KGaA) war schon vor Anmeldung der Verschmelzung zum Register der übertragenden Gesellschaft(en) anzumelden, weil sie zuerst eingetragen sein muss, §§ 53 und 66 (§ 78) UmwG.
[103] An die Stelle des „übernehmenden" Rechtsträgers tritt der „neue" Rechtsträger. Außerdem sind die Gründungsvorschriften für den neuen Rechtsträger zu beachten, soweit das UmwG nichts anderes regelt, § 36 UmwG.
[104] § 37 UmwG. Der Gesellschaftsvertrag bzw. die Satzung kann als Anlage der Urkunde des Verschmelzungsvertrags hinzugefügt werden. Die beurkundungsrechtlichen Erfordernisse sind zu beachten (Verlesung, Besiegelung, *Stratz* in Schmitt/Hörtnagl/Stratz UmwG § 37 Rn. 3). Ist die neue Gesellschaft eine AG, müssen die Anteilsinhaber jedes übertragenden Rechtsträgers der Satzung durch Verschmelzungsbeschluss (also in notarieller Form und mit der Mehrheit von mindestens 3/4 des bei der Beschlussfassung

ner AG außerdem etwaige in den Gesellschaftsverträgen bzw. Satzungen der übertragenden Rechtsträger enthaltenen Festsetzungen über Sondervorteile, Gründungsaufwand, Sacheinlagen und Sachübernahmen (§ 74 UmwG).

Ist die neue Gesellschaft eine AG, ist mit Zustimmung der Anteilsinhaber der übertragenden Rechtsträger der **Aufsichtsrat** der neuen Gesellschaft nach den gleichen Regeln wie bei einer Sachgründung nach dem AktG zu bestellen; die Anteilsinhaber müssen durch Verschmelzungsbeschluss (also in notarieller Form und mit der einfachen Stimmenmehrheit und der Mehrheit von mindestens 3/4 des bei der Beschlussfassung vertretenen Kapitals) der Bestellung der Aufsichtsratsmitglieder zustimmen (§§ 76 Abs. 2 UmwG, 31 AktG). 60

Im **Gründungsbericht** bzw. Sachgründungsbericht sind auch der Geschäftsverlauf und die Lage der übertragenden Rechtsträger darzustellen.[105] Ein Bericht und eine externe **Gründungsprüfung** sind erforderlich, es sei denn, eine Kapitalgesellschaft ist übertragender Rechtsträger, oder eine eingetragene Genossenschaft, §§ 75 Abs. 2, 58 Abs. 2 UmwG. 61

Anzumelden haben die Verschmelzung die jeweiligen Vertretungsorgane der übertragenden Rechtsträger, den neuen Rechtsträger dagegen die Vertretungsorgane aller übertragenden Rechtsträger.[106] Da der neue Rechtsträger erst eingetragen werden darf, nachdem die Verschmelzung im Register (je)des übertragenden Rechtsträgers eingetragen wurde (§§ 36 Abs. 1, 19 Abs. 1 UmwG), ist die Verschmelzung zuerst bei den übertragenden Rechtsträgern anzumelden, danach der neue Rechtsträger. Der Anmeldung des neuen Rechtsträgers sind neben den bei Verschmelzung durch Aufnahme erforderlichen Anlagen, es sich um eine AG handelt, als Anlage beizufügen: 62
– der Gründungsprüfungsbericht und
– der Bericht des Gründungsprüfers;[107]
– die Urkunden über die Bestellung des Aufsichtsrats (§§ 36 Abs. 2 UmwG, 37 Abs. 4 Nr. 3 AktG) und
– eine etwa erforderliche staatliche Genehmigung (§§ 36 Abs. 2 UmwG, 37 Abs. 4 Nr. 5 AktG);
– wenn es sich um eine GmbH handelt, die Liste der Gesellschafter (siehe Fn. 43).

3. Exkurs: grenzüberschreitende Verschmelzung

Durch die internationale Verschmelzungsrichtlinie[108] wurden Regelungen zur Verschmelzung von Kapitalgesellschaften aus verschiedenen EU-Mitgliedstaaten neu in §§ 122a ff. UmwG aufgenommen. Beteiligte Gesellschaften deutschen Rechts können die 63
– AG (sowie die ihr gleichgestellte in Deutschland ansässige SE);
– KGaA und
– GmbH sein.[109]

Für grenzüberschreitende Verschmelzungen gilt im Wesentlichen das **reguläre Verschmelzungsrecht** (§ 122a Abs. 2 UmwG). Allerdings muss mindestens eine Gesellschaft dem Recht eines anderen EU-Mitgliedstaates angehören (§ 122a Abs. 1 UmwG). Dabei 64

---

vertretenen Kapitals) zustimmen, § 76 Abs. 2 S. 1 UmwG. Die gesetzliche Terminologie, „enthalten oder festgestellt" nimmt Rücksicht darauf, dass Gesellschaftsverträge abgeschlossen, Satzungen festgestellt zu werden pflegen, *Stratz* in Schmitt/Hörtnagl/Stratz UmwG § 218 Rn. 4.
[105] §§ 75 Abs. 1 UmwG, 32 AktG, §§ 58 Abs. 1 UmwG, 5 Abs. 4 GmbHG.
[106] § 38 UmwG. Anmeldung in vertretungsberechtigter Zahl genügt; unechte Gesamtvertretung und Bevollmächtigung sind zulässig, *Stratz* in Schmitt/Hörtnagl/Stratz UmwG § 16 Rn. 6.
[107] §§ 36 Abs. 2 UmwG, 37 Abs. 4 Nr. 4 AktG iVm §§ 32, 33 AktG; es sei denn, sie sind gem. § 75 Abs. 2 UmwG nicht erforderlich.
[108] Richtlinie 2005/56/EG des Europäischen Parlaments und des Rates vom 26.10.2005 über die Verschmelzung von Kapitalgesellschaften aus verschiedenen Mitgliedstaaten.
[109] *Rubner* in Kölner Komm. UmwG § 122b Rn. 6f.

können sich die Regelungen des UmwG aufgrund des Territorialitätsprinzips nur auf die beteiligten Gesellschaften mit Sitz in Deutschland beziehen, für ausländische Gesellschaften gilt das (harmonisierte) Recht ihres Sitzstaates.

65 Der grenzüberschreitenden Verschmelzung liegt ein **Verschmelzungsplan** zugrunde, der mindestens folgende Angaben enthalten muss (§ 122c UmwG, dazu bereits → Rn. 48):
- Rechtsform, Firma und Sitz der beteiligten (ggf. auch der neuen) Rechtsträger;
- das Umtauschverhältnis der Gesellschaftsanteile, ggf. die Höhe der baren Zuzahlung;
- die Einzelheiten der Übertragung der Anteile der übernehmenden bzw. neuen Gesellschaft;
- die Auswirkungen der Verschmelzung auf die Beschäftigung;[110]
- den Zeitpunkt der Gewinnberechtigung der ausgegebenen Anteile;
- den Verschmelzungsstichtag;
- die an Anteilsinhaber vom übernehmenden bzw. neuen Rechtsträger gewährten Sonderrechte;
- die Sondervorteile, welche Prüfern oder Organmitgliedern gewährt wurden;
- die Satzung des übernehmenden oder neuen Rechtsträgers;
- ggf. Einzelheiten zur Arbeitnehmerbeteiligung in der übernehmenden bzw. neuen Gesellschaft;
- Angaben zur Bewertung des verschmelzungsbedingt übergehenden Vermögens;
- die Stichtage der Verschmelzungsbilanzen;
- ggf. ein Abfindungsangebot, wenn die übernehmende oder neue Gesellschaft nicht deutschem Recht unterliegt (§ 122i UmwG).

66 Der Verschmelzungsplan ist einen Monat vor der Hauptversammlung zum **Handelsregister einzureichen,** was von diesem bekannt zu machen ist (§ 122d UmwG). Die Bekanntmachung hat
- einen Hinweis auf die Einreichung;
- Rechtsform, Firma und Sitz der beteiligten Gesellschaften;
- die Register der beteiligten Gesellschaften und deren Registernummern und
- einen Hinweis auf die Möglichkeiten der Rechteausübung von Gläubigern und Minderheitsgesellschaftern

zu enthalten. Die entsprechenden Angaben sind dem Register bei der Einreichung des Verschmelzungsplans mitzuteilen.

67 Eine Verschmelzungsprüfung hat bei der grenzüberschreitenden Verschmelzung stets stattzufinden, auch bei beteiligten GmbHs.[111]

68 Der **Zustimmungsbeschluss** kann davon abhängig gemacht werden, dass die Anteilsinhaber die Art und Weise der Arbeitnehmermitbestimmung in der übernehmenden bzw. neuen Gesellschaft explizit bestätigen (§ 122g Abs. 1 UmwG). Dadurch wird berücksichtigt, dass der konkrete Modus der Arbeitnehmermitbestimmung im Zeitpunkt der Beschlussfassung uU noch nicht feststeht,[112] dieser aber gleichwohl von wesentlicher Bedeutung für die Rechtsstellung der Anteilsinhaber sein kann. Ansonsten gelten die regulären Mehrheitserfordernisse (→ Rn. 24), zudem ist ein Verschmelzungsbeschluss entbehrlich, wenn es sich bei der übernehmenden Gesellschaft um eine 100%-Tochter der übertragenden Gesellschaft handelt.

69 Bei der **Anmeldung** der grenzüberschreitenden Verschmelzung **zur Registereintragung** durch die **übertragende Gesellschaft** sind die allgemeinen Anlagen beizufügen

---

[110] Hierunter sind die Arbeitnehmerschaft betreffende Informationen zu verstehen, allerdings anders als bei der nationalen Verschmelzung nur solche, die aus Sicht der Anteilsinhaber von Interesse sind, *Rubner* in Kölner Komm. UmwG § 122c Rn. 16; allerdings sind im Verschmelzungsbericht auch die Auswirkungen aus Arbeitnehmersicht zu erläutern, vgl. § 122e UmwG.
[111] § 122f UmwG schließt insoweit die Anwendung des § 48 UmwG aus.
[112] *Rubner* in Kölner Komm. UmwG § 122g Rn. 15.

sowie eine Negativerklärung abzugeben.[113] Zudem ist zu versichern, dass allen nach § 122j UmwG sicherungsberechtigten Gläubigern eine angemessene Sicherung erteilt wurde (§ 122k Abs. 1 S. 3 UmwG). Das Gericht prüft die Eintragungsvoraussetzungen und stellt bei positivem Ergebnis eine Verschmelzungsbescheinigung aus (§ 122k Abs. 2 UmwG). Diese ist binnen sechs Monaten durch eine (ausländische oder inländische) übernehmende oder neue Gesellschaft bei der für sie zuständigen Stelle einzureichen. Handelt es sich ebenfalls um eine deutsche Gesellschaft, ist das entsprechende Handelsregister zuständig.

Die **Anmeldung** durch die **übernehmende Gesellschaft** erfolgt nur insoweit nach allgemeinen Grundsätzen, wie diese Gesellschaft selbst betroffen ist. Alle Anlagen der Anmeldung und Erklärungen in Bezug auf die übertragenden Gesellschaften werden hingegen durch die von diesen beizubringenden Verschmelzungsbescheinigungen ersetzt (§ 122l UmwG). 70

IV. Aufspaltung

1. Aufspaltung zur Aufnahme

Der **Inhalt des Spaltungs- und Übernahmevertrags** ist gesetzlich vorgeschrieben; er muss mindestens bestimmen:[114] 71
- die Firma und den Sitz der beteiligten Rechtsträger;
- die Vereinbarung über die Übertragung der Teile des Vermögens des übertragenden Rechtsträgers jeweils als Gesamtheit gegen Gewährung von Anteilen an den übernehmenden Rechtsträgern;
- das Umtauschverhältnis, ggf. die Höhe der baren Zuzahlung;
- (außer bei der Ausgliederung)[115] die Einzelheiten für die Übertragung der Anteile an den übernehmenden Rechtsträgern;
- den Beginn des Gewinnbezugsrechts sowie Besonderheiten in Bezug auf diesen Anspruch;
- den Zeitpunkt, von dem an die Handlungen des übertragenden Rechtsträgers als für Rechnung jedes der übernehmenden Rechtsträger vorgenommen gelten (Spaltungsstichtag);
- etwaige besondere Rechte für einzelne Anteilsinhaber;
- besondere Vorteile für Organmitglieder, geschäftsführende Gesellschafter, Abschlussprüfer oder Spaltungsprüfer;
- die genaue Bezeichnung und Aufteilung der Gegenstände des Aktiv- und Passivvermögens, die auf jeden der übernehmenden Rechtsträger übertragen werden, sowie der übergehenden Betriebe und Betriebsteile unter Zuordnung zu den übernehmenden Rechtsträgern;
- (außer bei der Ausgliederung)[116] die Aufteilung der Anteile jedes der übernehmenden Rechtsträger auf die Anteilsinhaber des übertragenden Rechtsträgers sowie den Maßstab für die Aufteilung;
- die Folgen der Spaltung für die Arbeitnehmer und ihre Vertretungen und insoweit vorgesehene Maßnahmen und

---

[113] § 122k abs. 1 UmwG verweist insofern auf §§ 16 Abs. 2 und 17 UmwG.
[114] § 126 UmwG. Muster eines Spaltungs- und Übernahmevertrags/Spaltungsplans mit -beschlüssen und Anmeldungen finden sich bei *Heidenhain* in MVHdB I GesR XI.11–17.
[115] Nur bei Auf- und Abspaltung, § 126 Abs. 1 Nr. 4 UmwG.
[116] § 126 Abs. 1 Nr. 10 UmwG. Bei der Ausgliederung erübrigt sich das, da sämtliche für die Übertragung gewährten Anteile an den übertragenden Rechtsträger gehen, § 123 Abs. 3 UmwG.

– ein Abfindungsangebot für Anteilsinhaber, die gegen den Beschluss Widerspruch zu Protokoll erklären und ihre Anteile auf die Gesellschaft übertragen oder – wo dies nicht möglich ist – ihr Ausscheiden erklären (→ Rn. 12).

72 Die Angaben über den Umtausch der Anteile entfallen, wenn sich **alle Anteile** des übertragenden Rechtsträgers in der Hand eines der übernehmenden Rechtsträger befinden, in Ansehung dieses Rechtsträgers (§§ 125, 5 Abs. 2 UmwG).

73 Für die **Vorbereitung** der Hauptversammlung gilt, abgesehen von den sonstigen gesetzlichen oder satzungsmäßigen Einberufungserfordernissen, das Gleiche wie bei der Verschmelzung durch Aufnahme:
– Der wesentliche Inhalt des Spaltungs- und Übernahmevertrags ist, wenn eine AG beteiligt ist, in der Einberufung bekannt zu machen.[117]
– Der Spaltungs- und Übernahmevertrag (oder sein Entwurf) ist, wenn eine AG beteiligt ist, vor der Hauptversammlung zum Handelsregister einzureichen (§§ 125, 61 UmwG), das in den Veröffentlichungsblättern (§ 10 HGB; → § 4 Rn. 113 ff.) einen Hinweis darauf bekannt zu machen hat.
– Spätestens einen Monat vor dem Tag der Versammlung, die über die Zustimmung zum Spaltungs- und Übernahmevertrag beschließen soll, ist der Vertrag oder sein Entwurf den zuständigen Betriebsräten (sofern er gebildet ist: dem Gesamtbetriebsrat) der beteiligten Rechtsträger zuzuleiten (§ 126 Abs. 3 UmwG).
– Die Vertretungsorgane eines jeden beteiligten Rechtsträgers haben (einzeln, aber zulässigerweise auch gemeinsam) einen ausführlichen schriftlichen Bericht zu erstatten, in dem die Aufspaltung, der Spaltungs- und Übernahmevertrag (oder sein Entwurf) im Einzelnen, insbes. das Umtauschverhältnis der Anteile und die Höhe einer anzubietenden Barabfindung rechtlich und wirtschaftlich erläutert werden („Spaltungsbericht"). Auf besondere Schwierigkeiten bei der Bewertung und auf die Folgen für die Beteiligung der Anteilsinhaber ist darin hinzuweisen.[118]
– Die externen Spaltungsprüfer sind zu bestellen und haben ihren Prüfungsbericht zu erstatten (§§ 125, 9 Abs. 1, §§ 10–12 UmwG).

74 **Von der Einberufung** der Hauptversammlung an, die über die Zustimmung zum Spaltungs- und Übernahmevertrag beschließen soll, sind
– der Spaltungs- und Übernahmevertrag (oder sein Entwurf),
– die Jahresabschlüsse und die Lageberichte der an der Aufspaltung beteiligten Rechtsträger für die letzten drei Geschäftsjahre,
– bei einer AG (oder KGaA) uU eine Zwischenbilanz,[119]
– die Spaltungsberichte und
– die Spaltungsprüfungsberichte im Geschäftsraum jeder beteiligten AG zur Einsicht der Aktionäre auszulegen (§§ 125, 63 Abs. 1 UmwG) und
– auf Verlangen jedem Aktionär unverzüglich kostenlos in Abschrift zu übersenden (§§ 125, 63 Abs. 3 UmwG), es sei denn, die Unterlagen sind auf der Internetseite der Gesellschaft zugänglich (§ 63 Abs. 4 UmwG).

75 Befinden sich **mindestens** 9/10 der Anteile der übertragenden Gesellschaft in der Hand eines der übernehmenden Rechtsträger in der Form der AG, entfällt die Notwendigkeit eines Zustimmungsbeschlusses von deren Hauptversammlung, es sei denn, Aktionäre, deren Anteile zusammen den zwanzigsten Teil des Grundkapitals der übernehmenden Gesellschaft erreichen, verlangen zu diesem Zweck die Einberufung einer Hauptversammlung (§ 62 Abs. 1 S. 1, Abs. 2 S. 1 UmwG). Auch dann sind aber dieselben Unterlagen im Geschäftsraum der übernehmenden AG zur Einsicht der Aktionäre **auszulegen,** hat der Vorstand einen Monat vor dem Tag der Versammlung der übertragenden Gesellschaft, die

---

[117] § 124 Abs. 2 S. 3 AktG.
[118] §§ 127, 8 Abs. 1 UmwG. Ausf. zu den Berichtsanforderungen → § 5 Rn. 24 ff.
[119] Falls sich der letzte Jahresabschluss auf ein Geschäftsjahr bezieht, das mehr als sechs Monate vor dem Abschluss des Vertrags oder der Aufstellung seines Entwurfs endete, §§ 125, 63 Abs. 1 Nr. 3 UmwG.

IV. Aufspaltung

über die Zustimmung zum Spaltungsvertrag beschließen soll, einen Hinweis auf die bevorstehende Spaltung in den Gesellschaftsblättern **bekannt zu machen** und den Vertrag (oder seinen Entwurf) zum Register der übernehmenden Gesellschaft **einzureichen,** wonach das Registergericht einen Hinweis auf die Einreichung bekannt zu machen hat (§§ 125, 62 Abs. 3, 61 S. 2 UmwG).

In der Hauptversammlung gilt das Gleiche wie bei der Verschmelzung durch Aufnahme (→ Rn. 48 f.). 76

Haben die Haupt- bzw. die Gesellschafterversammlung(en) die Zustimmung beschlossen, so haben die Vertretungsorgane eines jeden beteiligten Rechtsträgers die Spaltung **spätestens acht Monate nach dem Bilanzstichtag** (§§ 125, 17 Abs. 2 UmwG) zur Eintragung in das Register ihres Rechtsträgers **anzumelden.**[120] In der Anmeldung ist die **Negativerklärung** (§§ 125, 16 Abs. 2 UmwG; → Rn. 23) abzugeben, außerdem – wenn übertragender Rechtsträger eine GmbH oder AG (oder KGaA) ist – die **Erklärung** zur Kapitalerhaltung (§ 140 UmwG; → Rn. 24). Ist Letzteres nicht möglich, muss das Kapital des übertragenden Rechtsträgers herabgesetzt werden. Die Spaltung wird zuerst in das Register des Sitzes eines jeden übernehmenden Rechtsträgers eingetragen und wirksam mit der anschließenden Eintragung im Register des übertragenden Rechtsträgers (§ 130 UmwG). 77

Der Anmeldung zum Register des **übertragenden Rechtsträgers** sind in Urschrift oder Abschrift, soweit notariell beurkundet in Ausfertigung oder öffentlich beglaubigter Abschrift, beizufügen (§§ 125, 17 UmwG): 78
– der Spaltungs- und Übernahmevertrag;[121]
– die Zustimmungsbeschlüsse eines jeden beteiligten Rechtsträgers;
– die erforderlichen Zustimmungen einzelner Anteilsinhaber;
– die Spaltungsberichte (ggf. der beurkundete Verzicht darauf);
– die Prüfungsberichte;
– der Nachweis über die rechtzeitige Zuleitung des Vertrags (Entwurfs) an den Betriebsrat;
– die Schlussbilanz dieses Rechtsträgers.[122]

Den Anmeldungen zum Register der **übernehmenden** Rechtsträger sind alle diese Anlagen gleichfalls beizufügen mit Ausnahme der Schlussbilanz, außerdem, wenn es sich um eine GmbH handelt, die Liste der Gesellschafter (→ Rn. 43). 79

2. Aufspaltung zur Neugründung

Hierfür gelten nur wenige Besonderheiten:[123] An die Stelle des Spaltungs- und Übernahmevertrags tritt der Spaltungsplan, den das Vertretungsorgan des übertragenden Rechtsträgers aufzustellen hat (§ 136 UmwG). Mangels Existenz des neu zu gründenden Rechtsträgers vor Abschluss des Spaltungsvorgangs kommt ein bilateraler Vertrag nicht in Betracht. Infolge der Anwendbarkeit der für den neuen Rechtsträger geltenden Gründungsvor- 80

---

[120] §§ 125, 16 Abs. 1 S. 1 UmwG; das Vertretungsorgan jedes der übernehmenden Rechtsträger ist allerdings berechtigt, auch die Anmeldung zum Register jedes übertragenden Rechtsträgers vorzunehmen, § 129 UmwG. Anmeldung in vertretungsberechtigter Zahl genügt; unechte Gesamtvertretung und Bevollmächtigung sind zulässig, *Stratz* in Schmitt/Hörtnagl/Stratz UmwG § 16 Rn. 6.
[121] Der Entwurf genügt jetzt nicht mehr. Bei Einreichung der Anmeldung muss der Vertrag abgeschlossen sein, *Stratz* in Schmitt/Hörtnagl/Stratz UmwG § 17 Rn. 5.
[122] Auf einen höchstens acht Monate vor dem Eingang der Anmeldung beim jeweiligen Registergericht liegenden Stichtag; anderenfalls darf das Registergericht die Verschmelzung nicht eintragen, §§ 125, 17 Abs. 2 S. 4 UmwG.
[123] An die Stelle des „übernehmenden" Rechtsträgers tritt der „neue" Rechtsträger. Außerdem sind die Gründungsvorschriften für den neuen Rechtsträger zu beachten, soweit das UmwG nichts anderes regelt, § 135 UmwG.

schriften sind uU ein **Gründungsbericht** und eine **externe Gründungsprüfung** erforderlich.[124]

81   Das Vertretungsorgan des übertragenden Rechtsträgers hat jeden neuen Rechtsträger bei dem Register, in dessen Bezirk er seinen Sitz haben soll, außerdem die Spaltung beim Register des übertragenden Rechtsträgers zur Eintragung **anzumelden.**[125]

V. Abspaltung

1. Abspaltung zur Aufnahme

82   Für die **Vorbereitung** der Hauptversammlung gilt das Gleiche wie bei der Aufspaltung zur Aufnahme (→ Rn. 71). **In der Hauptversammlung** gelten ebenfalls keine Besonderheiten.

83   Haben die Haupt- bzw. Gesellschafterversammlung(en) die Zustimmung beschlossen (→ Rn. 24 f.), hat das Vertretungsorgan des übertragenden Rechtsträgers (oder das Vertretungsorgan eines jeden übernehmenden Rechtsträgers)[126] die Abspaltung **anzumelden** (→ Rn. 77). Dabei sind die erforderlichen **Erklärungen**[127] abzugeben und **Unterlagen** beizufügen.[128]

2. Abspaltung zur Neugründung

84   Hier gilt das Gleiche wie bei der Aufspaltung zur Neugründung.[129]

VI. Ausgliederung

1. Ausgliederung zur Aufnahme

85   Hier gilt das Gleiche wie bei der Aufspaltung zur Aufnahme,[130] nur findet bei der Ausgliederung keine Spaltungsprüfung statt (§ 125 S. 2 UmwG); außerdem kann, da keine Anteile übergehen, kein Anteilsinhaber der Ausgliederung mit der Folge widersprechen, anstelle der Beteiligung an dem übernehmenden Rechtsträger anderer Rechtsform eine

---

[124] §§ 36 Abs. 2, 135 Abs. 2 UmwG, jeweils iVm §§ 32, 33 AktG.
[125] § 137 Abs. 1 und 2 UmwG. Anmeldung in vertretungsberechtigter Zahl genügt; unechte Gesamtvertretung und Bevollmächtigung sind zulässig, *Stratz* in Schmitt/Hörtnagl/Stratz UmwG § 16 Rn. 6.
[126] § 129 UmwG.
[127] §§ 125, 16 Abs. 2, 146 Abs. 1 UmwG. → Rn. 77.
[128] Die gem. § 146 Abs. 2 UmwG außerdem beizufügenden Spaltungs- und Prüfungsberichte sind bereits gem. §§ 125, 17 Abs. 1 UmwG beizufügen, *Hörtnagl* in Schmitt/Hörtnagl/Stratz UmwG § 146 Rn. 9.
[129] → Rn. 80 f. Ein Muster eines Spaltungs- und Übernahmevertrags/Spaltungsplans findet sich bei *Heidenhain* in MVHdB I GesR XI.18.
[130] → Rn. 71 ff.; Besonderheiten ergeben sich nur für den – hier nicht behandelten – Fall der Umwandlung in eine AG im Weg der Ausgliederung aus dem Vermögen eines Einzelkaufmanns, §§ 152 ff. UmwG. Ein Muster eines Ausgliederungs- und Übernahmevertrags/Ausgliederungsplans findet sich bei *Heidenhain* in MVHdB I GesR XI.19. Obwohl das Gesetz die Angabe des Umtauschverhältnisses nur für die Auf- und die Abspaltung, ausdrücklich nicht für die Ausgliederung vorschreibt, § 126 Abs. 1 Nr. 3 UmwG, ist auch im Fall der Ausgliederung die Gegenleistung für die Vermögensübertragung im Vertrag festzulegen, vgl. *Hörtnagl* in Schmitt/Hörtnagl/Stratz UmwG § 126 Rn. 38 ff. Bei der Ausgliederung zur Neugründung liegt die Gegenleistung auf der Hand: Die übertragende Gesellschaft erhält alle Anteile an der übernehmenden. Bei der Ausgliederung zur Aufnahme hängt es dagegen vom Wert des übernehmenden Rechtsträgers im Vergleich zum Wert des übertragenen Vermögens ab, wie viele Anteile am übernehmenden Rechtsträger der übertragenden Gesellschaft als Gegenleistung gebühren; das muss im Vertrag geregelt werden, *Hörtnagl* in Schmitt/Hörtnagl/Stratz UmwG § 126 Rn. 38.

Abfindung in bar beanspruchen zu können (§ 125 S. 1 UmwG). Schließlich entfallen mangels Anteilstausch alle diesbezüglichen Angaben im Ausgliederungsvertrag, im Einzelnen auch die Angaben zum Umtauschverhältnis und der Höhe der baren Zuzahlung (§ 126 Abs. 1 Nr. 3 UmwG), Angaben zur Übertragung der Anteile der übernehmenden Rechtsträger (§ 126 Abs. 1 Nr. 4 UmwG) und Angaben zur Aufteilung der Anteile der beteiligten Rechtsträger auf die Inhaber des übertragenden Rechtsträgers (§ 126 Abs. 1 Nr. 10 UmwG).

2. Ausgliederung zur Neugründung

Hier gilt das Gleiche wie bei der Aufspaltung zur Neugründung (siehe Fn. 127), nur ohne Spaltungsprüfung und ohne Widerspruchsrecht sowie mit entsprechend verringerten Angaben im Ausgliederungsvertrag.

VII. Formwechsel

Dem Formwechsel liegt ein Umwandlungsbeschluss zugrunde. Mangels Beteiligung mehrerer Rechtsträger scheidet ein bilateraler Vertrag aus. Der Inhalt des Umwandlungsbeschlusses ist gesetzlich vorgeschrieben;[131] er muss mindestens bestimmen:
− die neue Rechtsform;
− die Firma des Rechtsträgers neuer Rechtsform;
− die Beteiligung der bisherigen Anteilsinhaber an dem Rechtsträger nach den für die neue Rechtsform geltenden Vorschriften;
− Zahl, Art und Umfang der Anteile, welche die Anteilsinhaber durch den Formwechsel erlangen sollen;
− besondere Rechte einzelner Anteilsinhaber;
− sofern nicht der Umwandlungsbeschluss der Zustimmung sämtlicher Anteilsinhaber bedarf oder der formwechselnde Rechtsträger nur einen Anteilsinhaber hat, ein Abfindungsangebot[132] für solche Anteilsinhaber, die dem Formwechsel zu Protokoll widersprechen,[133] oder die ausscheiden, weil sie Anteile an dem Rechtsträger neuer Rechtsform nicht erwerben können (→ Rn. 12 f.);
− die Folgen des Formwechsels für die Arbeitnehmer und ihre Vertretungen sowie die insoweit vorgesehenen Maßnahmen;
− beim Formwechsel einer Kapitalgesellschaft in eine andere Kapitalgesellschaft[134] außerdem die neue Satzung (§§ 218 Abs. 1, 243 Abs. 1 UmwG);

---

[131] § 194 Abs. 1 UmwG. Muster von Formwechselbeschlüssen, -berichten, Prüfungsberichten, Abfindungsangeboten und Anmeldungen finden sich bei *Schmidt-Diemitz/Moszka* in MVHdB I XII.11 ff., 48 ff. und 73 ff.
[132] §§ 194 Abs. 1 Nr. 6, 207 Abs. 1 UmwG. Im Gegensatz zu § 29 Abs. 1 S. 4 UmwG bestimmt § 207 UmwG nicht ausdrücklich, dass der Wortlaut dieses Angebots in der Bekanntmachung des Entwurfs des Umwandlungsbeschlusses enthalten sein müsse; auch § 216 UmwG (Formwechsel von Personenhandelsgesellschaften), § 231 UmwG (Formwechsel in eine Personengesellschaft) und § 238 S. 1 (Formwechsel von Kapitalgesellschaften) bestimmen dies nicht. Doch dürfte es zum „wesentlichen Inhalt" des Beschlusses gehören. Die Anfechtung wegen nicht antragsgemäßen Barabfindungsangebots ist zwar ausgeschlossen (*Bärwaldt* in Semler/Stengel UmwG § 210 Rn. 5), indessen ist es mindestens zweifelhaft, ob das auch beim Fehlen eines Barangebotes gilt.
[133] Ebenso wenn ein nicht erschienener Anteilsinhaber zu Unrecht zur Versammlung nicht zugelassen oder die Versammlung nicht ordnungsgemäß einberufen oder der Gegenstand der Beschlussfassung nicht ordnungsgemäß bekannt gemacht wurde, §§ 207 Abs. 2, 29 Abs. 2 UmwG.
[134] Ebenso beim Formwechsel einer Personenhandelsgesellschaft in eine Kapitalgesellschaft.

– beim Formwechsel einer Kapitalgesellschaft in eine Personenhandelsgesellschaft die Bestimmung des Sitzes und – bei Wechsel in eine Kommanditgesellschaft – die Angabe der Kommanditisten und der Einlage eines jeden von ihnen (§ 234 UmwG).

88 Für die **Vorbereitung** der Hauptversammlung gilt, abgesehen von den sonstigen gesetzlichen oder satzungsmäßigen Einberufungserfordernissen:
– Der wesentliche Inhalt des Umwandlungsbeschlusses ist in der Einberufung bekannt zu machen.[135]
– Den Aktionären ist das Abfindungsangebot zu übersenden; der Übersendung steht die Bekanntmachung des Angebots gleich (§§ 238 S. 1, 231 UmwG).
– Spätestens einen Monat vor dem Tag der Versammlung, die den Formwechsel beschließen soll, ist der Entwurf des Umwandlungsbeschlusses dem Betriebsrat des formwechselnden Rechtsträgers zuzuleiten (§ 194 Abs. 2 UmwG).
– Das Vertretungsorgan des formwechselnden Rechtsträgers hat einen ausführlichen schriftlichen Bericht zu erstatten, in dem der Formwechsel, insbes. die künftige Beteiligung der Anteilsinhaber an dem Rechtsträger, rechtlich und wirtschaftlich erläutert werden („Umwandlungsbericht"). Der Bericht muss den Entwurf des Umwandlungsbeschlusses enthalten.[136]
– Das Vertretungsorgan der formwechselnden Gesellschaft hat das Abfindungsangebot den Gesellschaftern oder Aktionären spätestens zusammen mit der Einberufung zu übersenden oder bekannt zu machen.[137]
– Die externen Prüfer sind zu bestellen und haben ihren Prüfungsbericht zu erstatten.[138]

89 Von der Einberufung der Versammlung an, die den Formwechsel beschließen soll, ist
– wenn die formwechselnde Gesellschaft AG (oder KGaA) ist, der Umwandlungsbericht in dem Geschäftsraum der Gesellschaft auszulegen und
– jedem Aktionär auf Verlangen unverzüglich und kostenlos in Abschrift zu übersenden, es sei denn, die Unterlagen sind auf der Internetseite der Gesellschaft zugänglich (§ 230 Abs. 2 S. 4 UmwG),
– wenn die formwechselnde Gesellschaft GmbH ist, der Umwandlungsbericht allen Gesellschaftern zusammen mit der Einberufung, die den Formwechsel schriftlich ankündigen muss, zu übersenden (§§ 230 Abs. 1, 238 S. 1 UmwG).

90 In der Hauptversammlung ist
– der Umwandlungsbericht auszulegen[139] und
– der Entwurf des Umwandlungsbeschlusses einer AG (oder KGaA) von deren Vertretungsorgan zu Beginn der Verhandlung mündlich zu erläutern (§ 239 Abs. 2 UmwG).

91 Der Beschluss bedarf beim Formwechsel in eine andere Kapitalgesellschaft neben der einfachen Stimmenmehrheit einer Mehrheit von mindestens 3/4 des bei der Beschlussfassung

---

[135] Einschließlich des Angebots nach § 207 UmwG, siehe Fn. 191. Nach LG Hanau ZIP 1996, 422 (423) sollen in analoger Anwendung des § 124 Abs. 2 S. 1 AktG erster Fall (Satzungsänderung) sogar der Beschluss und der Gesellschaftsvertrag im vollständigen Wortlaut bekannt zu machen sein; zust. *Happ* in Lutter UmwG § 230 Rn. 32 ff., 37; *Dirksen* in Kallmeyer UmwG § 230 Rn. 9. Dem ist nicht zu folgen; krit. auch *Koch* in Hüffer/Koch AktG § 124 Rn. 15. Der Formwechsel sollte wie die anderen Umwandlungsfälle behandelt werden, bei denen es sich auch nicht stets um „Verträge" handelt. Ebenso *Wilde* ZGR 1998, 423 (437) Fn. 47. Übertriebene Anforderungen wie die des LG Hanau ZIP 1996, 422 (423) verbieten sich schon wegen der Auslegung ab Einberufung und des Rechts jedes Aktionärs, die Übersendung einer Abschrift zu verlangen, § 230 Abs. 2 UmwG; vgl. OLG Stuttgart ZIP 1997, 75 (76) – Kolbenschmidt.

[136] § 192 Abs. 1 UmwG. Ausnahme: Wenn an dem formwechselnden Rechtsträger nur ein Anteilsinhaber beteiligt ist oder alle Anteilsinhaber durch notariell beurkundete Erklärung darauf verzichten, §§ 238, 192 Abs. 3 UmwG. Dem Bericht ist – außer im Fall des Formwechsels in eine Kapitalgesellschaft anderer Rechtsform, § 238 S. 2 UmwG – eine Vermögensaufstellung beizufügen, in der die Gegenstände und Verbindlichkeiten des formwechselnden Rechtsträgers mit ihrem aktuellen wirklichen Wert anzusetzen sind, § 192 Abs. 2 UmwG. Ausf. zu den Berichtsanforderungen → 5 Rn. 37 ff.

[137] Nicht auch den Prüfungsbericht, § 231 UmwG. Siehe im Übrigen Fn. 97.

[138] Zu prüfen ist die Angemessenheit des Abfindungsangebots, §§ 208, 30 UmwG.

[139] § 239 Abs. 1 UmwG. Nicht auch der Prüfungsbericht.

einer AG (oder KGaA) vertretenen Kapitals.[140] Sind Aktien **verschiedener Gattungen** vorhanden, müssen die **stimmberechtigten** Aktionäre jeder Gattung durch **Sonderbeschluss** mit der gleichen Mehrheit des bei der Fassung des Sonderbeschlusses vertretenen Grundkapitals zustimmen.[141] Außerdem muss beim Formwechsel einer AG (oder KGaA) in eine GmbH jeder Aktionär zustimmen, der sich am Stammkapital nicht mit seinem gesamten Anteil beteiligen kann, weil der Nennbetrag der Geschäftsanteile abweichend vom Betrag der Aktien festgesetzt wird.[142]

Hat die Haupt- bzw. die Gesellschafterversammlung die Zustimmung beschlossen, hat das Vertretungsorgan des formwechselnden Rechtsträgers die neue Rechtsform zur Eintragung in das Register, in dem der formwechselnde Rechtsträger eingetragen ist, **anzumelden.**[143] Dabei ist die **Negativerklärung**[144] abzugeben. Ungeachtet der grundsätzlichen Anwendung der Gründungsvorschriften (§ 197 UmwG) braucht eine Erklärung zur vollständigen (Sach-)Einlageleistung nicht abgegeben zu werden.[145] Gesellschaftsrechtlich gilt beim Formwechsel keine Anmeldefrist.[146]

92

Der **Anmeldung** sind in Urschrift oder Abschrift, soweit notariell beurkundet in Ausfertigung oder öffentlich beglaubigter Abschrift, beizufügen (§ 199 UmwG):
– die Niederschrift des Umwandlungsbeschlusses;
– etwaige erforderliche Zustimmungserklärungen einzelner Anteilsinhaber;[147]
– der Umwandlungsbericht (ggf. der beurkundete Verzicht darauf);[148]
– der etwaig erforderliche Prüfungsbericht, ggf. Verzichtserklärungen;
– der Nachweis über die rechtzeitige Zuleitung des Entwurfs des Umwandlungsbeschlusses an den Betriebsrat sowie
– die Liste der Gesellschafter (→ Rn. 43).

93

---

[140] Bei einer GmbH 3/4 der abgegebenen Stimmen, § 240 Abs. 1 UmwG.
[141] §§ 240 Abs. 1, 65 Abs. 2 UmwG, außerdem beim Formwechsel in eine KGaA alle Gesellschafter, die dort persönlich haftende Gesellschafter werden sollen, § 240 Abs. 2 UmwG. Der Gesellschaftsvertrag bzw. die Satzung der formwechselnden Gesellschaft kann eine größere Mehrheit und weitere Erfordernisse bestimmen, beim Formwechsel einer KGaA (nicht: in eine KGaA) auch eine geringere Mehrheit, § 240 Abs. 1 S. 2 UmwG, doch müssen von diesem Formwechsel hier alle persönlich haftenden Gesellschafter zustimmen, wenn deren Satzung nicht eine Mehrheitsentscheidung dieser Gesellschafter genügen lässt, § 240 Abs. 3 UmwG; siehe dazu *Arnold* in Semler/Stengel UmwG § 240 Rn. 9.
[142] § 242 UmwG. Beim Formwechsel einer GmbH in eine AG (oder KGaA) muss jeder Gesellschafter zustimmen, der sich nicht entsprechend dem Gesamtnennbetrag seiner Geschäftsanteile beteiligen kann, weil die Aktien auf einen höheren als den gesetzlichen Mindestnennbetrag, § 8 Abs. 2 oder 3 AktG, und abweichend vom Nennbetrag der Geschäftsanteile gestellt werden, § 241 Abs. 1 UmwG.
[143] §§ 246 Abs. 1, 198 Abs. 1 UmwG. Anmeldung in vertretungsberechtigter Zahl genügt; unechte Gesamtvertretung und Bevollmächtigung sind zulässig, *Stratz* in Schmitt/Hörtnagl/Stratz UmwG § 16 Rn. 6. Beim Formwechsel in eine BGB-Gesellschaft ist nicht „die neue Rechtsform", sondern die Umwandlung anzumelden, § 235 Abs. 1 UmwG.
[144] § 16 Abs. 2 UmwG; → Rn. 41 f. Der Widerspruch zu Protokoll gem. § 207 Abs. 1 S. 1 UmwG berechtigt nicht zur Anfechtung wegen zu niedriger Abfindung, sondern nur zu einem Antrag auf gerichtliche Überprüfung, § 212 UmwG, im Spruchverfahren, §§ 305 ff. UmwG, steht der Negativerklärung also nicht entgegen.
[145] § 246 Abs. 3 UmwG erklärt § 8 Abs. 2 GmbHG und § 37 Abs. 1 AktG für unanwendbar.
[146] Allerdings ist ggf. unter steuerlichen Gesichtspunkten eine Achtmonatsfrist zB nach § 20 Abs. 8 UmwStG zu berücksichtigen.
[147] § 193 Abs. 2, 3 UmwG, bei der KGaA §§ 217 Abs. 3, 233 Abs. 2 S. 3, Abs. 3 S. 1, 240 Abs. 2 S. 1, Abs. 3 S. 1 UmwG ferner bei bestimmten Änderungen des Anteilsbetrags, §§ 241 Abs. 1 S. 1, Abs. 3 und 242 UmwG.
[148] § 192 Abs. 3 UmwG.

§ 40 Sonstige Beschlüsse

Übersicht

	Rn.
I. Überblick	1
II. Vertrauensentzug	1a
III. Bewilligung der Aufsichtsratsvergütung	4
IV. Geschäftsordnungsbeschlüsse/Erlass einer Geschäftsordnung	11
V. „Delisting"	14
VI. Sonderbeschlüsse	20
1. Allgemein	20
2. Sonderbeschlüsse bei Vorhandensein verschiedener stimmberechtigter Aktiengattungen	23
3. Sonderbeschlüsse nicht stimmberechtigter Vorzugsaktionäre	26
4. Sonderbeschlüsse der außenstehenden Aktionäre	29
VII. Fortgeltung/Beseitigung von Mehrstimmrechten	33
1. Fortgeltung von Mehrstimmrechten	33
2. Beseitigung fortgeltender Mehrstimmrechte	34
3. Ausgleich	36
VIII. Neueinteilung des Grundkapitals	38
IX. Geltendmachung von Ersatzansprüchen	41
X. Bestätigungsbeschlüsse	47
XI. Aufhebung von Beschlüssen	53
XII. Beschlüsse in Übernahmesituationen	56

Stichworte

Aufhebung von Beschlüssen Rn. 53 ff.
Bestätigung von Beschlüssen Rn. 47 ff.
Bewilligung der Aufsichtsratsvergütung Rn. 4 ff.
Delisting Rn. 14 ff.
Ersatzansprüche Rn. 41 ff.
Geschäftsordnung Rn. 11

Mehrstimmrechte Rn. 33 ff.
– Ausgleich Rn. 35
– Beseitigung Rn. 34
Sonderbeschlüsse Rn. 20 ff.
– Außenstehende Aktionäre Rn. 29 ff.
– Vorzugsaktionäre Rn. 26 ff.
Vertrauensentzug Rn. 1 ff.

Schrifttum:
S. unter den einzelnen Abschnitten.

I. Überblick

Im nachfolgenden Abschnitt werden sonstige Beschlüsse der Hauptversammlung behandelt. Hierbei handelt es sich im Einzelnen um Beschlüsse in Bezug auf den Vertrauensentzug gegenüber dem Vorstand (→ Rn. 1 ff.), die Bewilligung von Aufsichtsratsvergütungen (→ Rn. 4 ff.), den Erlass einer Geschäftsordnung (→ Rn. 11 ff.), das sog. Delisting von der Börse (→ Rn. 14 ff.), Sonderbeschlüsse (→ Rn. 23 ff.), die Beseitigung von Mehrstimmrechten (→ Rn. 33 ff.), die Neueinteilung des Grundkapitals (→ Rn. 38 ff.), die Geltendmachung von Ersatzansprüchen (→ Rn. 41 ff.) sowie um die Bestätigung (→ Rn. 47 ff.) oder Aufhebung (→ Rn. 53 ff.) von Beschlüssen der Hauptversammlung. 1

II. Vertrauensentzug

Schrifttum:
Tschöpe/Wortmann, Der wichtige Grund bei Abberufungen und außerordentlichen Kündigungen von geschäftsführenden Organvertretern, NZG 2009, 161.

1a Die Bestellung zum Vorstandsmitglied kann aus wichtigem Grund (§ 84 Abs. 3 S. 1 AktG) widerrufen werden. Als wichtigen Grund betrachtet das Gesetz grobe Pflichtverletzungen, die Unfähigkeit zur ordnungsmäßigen Geschäftsführung, aber auch den **Vertrauensentzug durch Beschluss der Hauptversammlung,** der nicht auf offenbar unsachlichen Gründen beruht (§ 84 Abs. 3 S. 2 AktG).[1] Unsachlich ist ein Grund, der nur als Vorwand genommen wird, völlig haltlos ist oder wegen der damit verfolgten Zwecke als rechtswidrig und unsittlich anzusehen ist.[2] Eine besondere Begründung oder ein objektiv vorwerfbarer Pflichtenverstoß sind dabei nicht erforderlich.[3]

2 Der Beschluss bedarf der einfachen Mehrheit der abgegebenen Stimmen (§ 133 Abs. 1 AktG). Er muss dem Widerruf der Bestellung **vorausgehen.**[4]

3 Wirksam wird der Widerruf erst mit Erklärung gegenüber dem Vorstandsmitglied. Ihm muss außer dem Hauptversammlungsbeschluss noch ein **Beschluss des Gesamtaufsichtsrats** zugrunde liegen.[5] Üblicherweise sieht die Satzung vor, dass der Vorsitzende des Aufsichtsrats die zur Durchführung der Beschlüsse des Aufsichtsrats erforderlichen Erklärungen abgibt.

III. Bewilligung der Aufsichtsratsvergütung

Schrifttum:
Freidank/Sassen, Aufsichtsratsvergütung als Instrument der Corporate Governance, BB 2013, 1195; *Ringleb/Kremer/Lutter/v. Werder*, Die Kodex-Änderungen vom Mai 2012, NZG 2012, 1081; *Vetter*, Beratungsverträge mit Aufsichtsratsmitgliedern, AG 2006, 173; *ders.*, Aufsichtsratsvergütung und Verträge mit Aufsichtsratsmitgliedern, ZIP 2008, 1.

4 Eine Vergütung der Aufsichtsratsmitglieder für ihre Tätigkeit kann in der **Satzung** festgesetzt werden.[6] Ist das nicht geschehen oder soll die in der Satzung festgesetzte Vergütung geändert werden,[7] ist sie durch **Beschluss der Hauptversammlung** zu „bewilligen".[8] Den Mitgliedern des ersten Aufsichtsrats (im Gründungsstadium) kann nur die

---

[1] *Messer* FS Nirk, 1992, 681 ff.
[2] BGHZ 13, 188 (193); BGH WM 1956, 1182 (1184); vgl. dazu auch *Spindler* in MüKoAktG AktG § 84 Rn. 139. Die Unwirksamkeit des Widerrufs muss durch Gestaltungsklage gegen die Gesellschaft geltend gemacht werden, *Koch* in Hüffer/Koch AktG § 84 Rn. 42; eine Anfechtung des Hauptversammlungsbeschlusses kommt nicht in Betracht. Bis zur „Feststellung" der Unwirksamkeit ist der Widerruf wirksam, § 84 Abs. 3 S. 4 AktG.
[3] *Tschöpe/Wortmann* NZG 2009, 161 (166); *Spindler* in MüKoAktG AktG § 84 Rn. 137.
[4] *Koch* in Hüffer/Koch AktG § 84 Rn. 38.
[5] *Koch* in Hüffer/Koch AktG § 84 Rn. 33. Der Aufsichtsrat ist nach überwiegender Auffassung aufgrund des Vertrauensentzugs berechtigt, aber nicht verpflichtet, die Bestellung zu widerrufen; *Spindler* in MüKoAktG AktG § 84 Rn. 127 mwN; *Wiesner* in MHdB AG § 20 Rn. 51.
[6] § 113 Abs. 1 S. 2 Alt. 1 AktG. Auf die Vergütung entfallende Mehrwertsteuer ist den Aufsichtsratsmitgliedern zusätzlich zu zahlen, soweit sie sie gesondert ausweisen dürfen und ausweisen, und zwar auch ohne dass dies in der Satzung vorgesehen oder von der Hauptversammlung bewilligt sein muss, *Hoffmann-Becking* in MHdB AG § 33 Rn. 42; das ist allerdings str., siehe *Koch* in Hüffer/Koch AktG § 113 Rn. 7 mwN. Eingehend zur Vergütung der Aufsichtsratsmitglieder *Wagner* in Semler/v. Schenck AR HdB § 11; *Freidank/Sassen* BB 2013, 1195.
[7] Das ist eine Satzungsänderung, die, wenn die Vergütung herabgesetzt wird, nur der einfachen Stimmenmehrheit bedarf, § 113 Abs. 1 S. 4 AktG, sonst der Mehrheit von drei Vierteln des bei der Beschlussfassung vertretenen Grundkapitals, wenn die Satzung keine andere Mehrheit vorschreibt, § 179 Abs. 2 AktG.
[8] § 113 Abs. 1 S. 2 Alt. 2 AktG. Eine Ermächtigung des Vorstands durch die Hauptversammlung, dem Aufsichtsrat eine Vergütung zuzubilligen, verstieße gegen die Zuständigkeitsordnung, OLG München ZIP

III. Bewilligung der Aufsichtsratsvergütung

Hauptversammlung, und zwar erst die Hauptversammlung, die über ihre Entlastung beschließt, eine Vergütung bewilligen (§ 113 Abs. 2 AktG).[9]

Zur Vergütung gehören auch **Nebenleistungen** der Gesellschaft an das Aufsichtsratsmitglied.[10] Ob auch für den Abschluss einer D&O-Versicherung (oder die Übernahme der Prämie für eine solche durch die Gesellschaft) ein Hauptversammlungsbeschluss erforderlich ist,[11] obwohl eine solche Versicherung in erster Linie dem Schutz der Gesellschaft (Sicherung der Erfüllung etwaiger Schadensersatzansprüche aus Organhaftung) dient, ist noch immer nicht höchstrichterlich endgültig geklärt.[12]

Ohne eine derartige Festsetzung oder Bewilligung haben die Aufsichtsratsmitglieder keinen Vergütungsanspruch, weil das gesetzliche Schuldverhältnis, das durch Annahme des Amts begründet wurde, kein Geschäftsbesorgungsvertrag oÄ ist; es kommt dann nur ein Anspruch auf **Auslagenersatz** in Betracht.[13]

Bewilligt die Hauptversammlung die Vergütung, gelten folgende Grundsätze: Die Vergütung „soll in einem **angemessenen Verhältnis** zu den **Aufgaben** der Aufsichtsratsmitglieder und zur **Lage der Gesellschaft** stehen" (§ 113 Abs. 1 S. 3 AktG). Üblicherweise wird eine jährliche feste Vergütung bestimmt, für den Vorsitzenden das Doppelte, für stellvertretende Vorsitzende das Eineinhalbfache des für die Mitglieder ausgeworfenen Betrags.[14]

Die bisher in Ziff. 5.4.6 Abs. 2 DCGK enthaltene Empfehlung, neben einer Festvergütung eine erfolgsorientierte Vergütung vorzusehen, ist von der Kommission im Jahr 2012 aufgegeben worden.[15] Entscheidet sich die Hauptversammlung für eine – grundsätzlich weiterhin zulässige – (zum Teil) erfolgsabhängige Vergütung, empfiehlt der Kodex in Ziff. 5.4.6 Abs. 2 S. 2, dass diese an der nachhaltigen Unternehmensentwicklung ausgerichtet sein soll.[16] Eine ausschließlich an der Dividende für das abgelaufene Geschäftsjahr ausgerichtete Vergütung für den Aufsichtsrat ist damit nicht mehr kodexkonform.[17]

Die „Aufbesserung" der Vergütung durch honorarpflichtige Dienst- oder Werkverträge („**Beratungsverträge**") mit der Gesellschaft[18] ist nur zulässig, soweit diese sich auf Tätigkeiten erstrecken, die außerhalb der Aufgaben als Mitglied des Organs Aufsichtsrat liegen (§ 114 Abs. 1 AktG).[19] Anderenfalls sind sie der Genehmigung nicht zugänglich und nichtig;[20] eine bereits empfangene Vergütung ist zurückzuzahlen (§ 114 Abs. 2

2002, 1150 (1151) – AAFORTUNA – (zur Entscheidung des Vorstands über die – nach BGH AG 2004, 265 unzulässigen, dazu aber *Schneider/Schneider* WuB II A. § 71 AktG 1.04 sowie *Fuchs* WM 2004, 2233.

[9] Vgl. zur Rechtslage im Fall eines Formwechsels *Hoffmann-Becking* in MHdB AG § 33 Rn. 40; *Habersack* in MüKoAktG AktG § 113 Rn. 49.

[10] Ob auch Aufsichtsräten Aktienoptionen im Rahmen eines Aktienoptionsplans zugebilligt werden können (zur Vergütung in eigenen Aktien der Gesellschaft abl. BGH ZIP 2004, 613), ist umstr.; siehe dazu *Habersack* in MüKoAktG AktG § 113 Rn. 17 mwN. Bejahend noch OLG Schleswig AG 2003, 102.

[11] So *Kästner* AG 2000, 113 (118); *Feddersen* AG 2000, 385 (394); *Seibt* AG 2002, 249 (258); dagegen: *Habersack* in MüKoAktG AktG § 113 Rn. 13; *Hopt/Roth* in GroßKommAktG AktG § 113 Rn. 53; *Hemeling* FS Hoffmann-Becking, 2013, 491 (492).; *Hoffmann-Becking* in MHdB AG § 33 Rn. 19; nunmehr auch *Koch* in Hüffer/Koch AktG § 113 Rn. 2a.

[12] Ausdrücklich offenlassend BGH NZG 2009, 550, 552.

[13] *Hoffmann-Becking* in MHdB AG § 33 Rn. 10.

[14] Nur besondere Funktionen (Vorsitz, Mitgliedschaft in besonderen Ausschüssen) rechtfertigen eine unterschiedliche Höhe der Vergütung, vgl. *Kremer* in Kremer/Bachmann/Lutter/v. Werder, Deutscher Corporate Governance Kodex, 6. Aufl. 2016, Rn. 1433 ff.

[15] *Kremer* in Kremer/Bachmann/Lutter/v. Werder, Deuscher Corporate Governance Kodex, 6. Aufl. 2016, Rn. 1439; *Koch* in Hüffer/Koch AktG § 113 Rn. 4.

[16] Vgl. *Kremer* in Kremer/Bachmann/Lutter/v. Werder, Deuscher Corporate Governance Kodex, 6. Aufl. 2016, Rn. 1439.

[17] Vgl. *Ringleb/Kremer/Lutter/v. Werder* NZG 2012, 1081 (1088).

[18] Die Gesellschaft wird dabei vom Vorstand vertreten, § 78 Abs. 1 AktG, nicht etwa vom Aufsichtsrat.

[19] Zu solchen Verträgen siehe *Mertens/Cahn* in Kölner Komm. AktG § 114 Rn. 4 ff.; *Spindler* in Spindler/Stilz AktG § 114 Rn. 16 ff.; *Leuering/Simon* NJW-Spezial 2006, 171; *Happ* FS Priester, 2007, 175.

[20] BGHZ 114, 127 (129); BGH BB 1991, 1068; ZIP 1994, 1216 (1217); 2007, 22 mit Anm. *Drygala* EWiR § 114 AktG 1/07, 99; BGH ZIP 2009, 1661 mit Anm. *Staake* EWiR § 114 AktG 1/09; *Spindler* in Spindler/Stilz AktG § 114 Rn. 16 ff.; *Mertens/Cahn* in Kölner Komm. AktG § 114 Rn. 5; *Goette* DStR 2007, 2264; *Peltzer* ZIP 2007, 305; *v. Schenck* DStR 2007, 395.

AktG).²¹ Das Gleiche gilt für Verträge der Gesellschaft mit einer anderen (Beratungs-, Anwalts-) Gesellschaft, an der das Aufsichtsratsmitglied nicht nur unwesentlich beteiligt ist.²² Zu derartigen (Sonder-) Aufgaben gehören Fragen spezieller Art oder Verträge mit einem spezifischen Leistungsprogramm, etwa die anwaltliche Betreuung eines Rechtsstreits oder die Behandlung von Steuerproblemen der Gesellschaft.²³ Solche Verträge bedürfen, sofern sie nach Amtsantritt abgeschlossen wurden, der Zustimmung/Genehmigung durch Beschluss des Aufsichtsratsplenums, bei dem das betroffene Mitglied nicht mitstimmen darf;²⁴ wurden sie vorher abgeschlossen, verlieren sie für die Dauer des Aufsichtsratsmandats ihre Wirkung, soweit sie unter die allgemeine Beratungstätigkeit des Aufsichtsrats fallen; anderenfalls müssen sie nunmehr genehmigt werden.²⁵ Die Hauptversammlung hat bei Bewilligung der Vergütung solche Verträge unberücksichtigt zu lassen.

10 Anzumelden ist nichts.

IV. Geschäftsordnungsbeschlüsse/Erlass einer Geschäftsordnung

11 Bei der Abwicklung einer Hauptversammlung unterliegt eine Reihe von Maßnahmen der Beschlusszuständigkeit der anwesenden und vertretenen Aktionäre. Die Hauptversammlung kann sich außerdem durch **Beschluss** eine **Geschäftsordnung** mit Regeln für die Vorbereitung und Durchführung der Hauptversammlung geben (§ 129 Abs. 1 S. 1 AktG).²⁶ Es erscheint allerdings wenig sinnvoll, von dieser Möglichkeit Gebrauch zu machen. Zumindest bei größeren (Publikums-) Gesellschaften liegt dem Versammlungsleiter idR ein bewährter, ständig auf den letzten Stand gebrachter **Leitfaden** vor, dem er bei der Abwicklung der Hauptversammlung folgt (siehe Anhang 1). Ein solcher Leitfaden kann – anders als eine jeweils von der Hauptversammlung zu ändernde Geschäftsordnung – aktuellen Anforderungen, insbes. Erfordernissen, die sich aus der Rechtsprechung und neuen Gesetzen ergeben, flexibel und zeitnah entsprechen. Bei einer gut vorbereiteten Hauptversammlung sind in einer Geschäftsordnung aufgestellte Regeln **unnötig** und **eher nachteilig:** Die Versammlungsleitung und die Ausübung der „Sitzungspolizei" werden nicht dadurch „anfechtungsfest", dass der Versammlungsleiter seine Maßnahmen mit der Geschäftsordnung zu rechtfertigen vermag. Umgekehrt kann eine derartige Geschäftsordnung die Verhandlungs-

---

[21] BGH DB 2009, 1870.
[22] BGH ZIP 2006, 1529 – IFA; BGH ZIP 2007, 22; OLG Frankfurt NJW 2011, 1231; *Spindler* in Spindler/Stilz AktG § 114 Rn. 9f.
[23] Vgl. zu Beispielsfällen *Mertens/Cahn* in Kölner Komm. AktG § 114 Rn. 8. Allgemeine Leistungsbeschreibungen wie „Beratung in betriebswirtschaftlichen und steuerlichen Fragen" (BGH ZIP 2006, 1529 – IFA) oder „in wirtschaftlichen und strategischen Angelegenheiten" (BGH ZIP 2007, 22) oder „in allen Rechtsangelegenheiten" (BGH ZIP 2007, 1056; OLG Hamburg ZIP 2007, 814 (817)) genügen den Anforderungen nicht, *Vetter* ZIP 2008, 1 (7).
[24] Das betroffene Aufsichtsratmitglied hat dabei kein Stimmrecht, OLG Frankfurt a.M. ZIP 2005, 2322; vgl. *Koch* in Hüffer/Koch AktG § 108 Rn. 9 mwN. (§ 34 BGB analog). Darauf ist sorgfältig zu achten, da der Beschluss sonst uU (wenn der Stimme für das Beschlussergebnis ursächlich war, *Koch* in Hüffer/Koch AktG § 108 Rn. 27) nichtig ist und mangels analoger Anwendbarkeit der §§ 243 ff. auf Aufsichtsratsbeschlüsse (BGH ZIP 1993, 1079; *Koch* in Hüffer/Koch AktG § 108 Rn. 28 mwN) bleibt. Eine angemessene Vergütung lässt sich dadurch erreichen, dass ein Mitglied mit der Muttergesellschaft oder einem Großaktionär oder einem Dritten einen Geschäftsbesorgungsvertrag abschließt. Dieser – nicht mit der Gesellschaft abgeschlossene – Vertrag unterliegt weder sachlichen Beschränkungen noch der Zustimmungspflicht des Aufsichtsrats, *Hoffmann-Becking* FS K. Schmidt, 2009, 657 (666). Das gilt selbstverständlich nicht, wenn die Vergütung mittelbar doch von der Gesellschaft geleistet wird, *Koch* in Hüffer/Koch AktG § 114 Rn. 4 wie zB bei Beratungsverträgen mit einer Tochtergesellschaft. Eingehend hierzu *Spindler* in Spindler/Stilz AktG § 114 Rn. 7 ff.
[25] Vgl. *Spindler* in Spindler/Stilz AktG § 114 Rn. 5; *Koch* in Hüffer/Koch AktG § 114 Rn. 2.
[26] Das sollte nach der Begr. des Entwurfs des KonTraG, BR-Drs. 872/1997 zu einer Revitalisierung der Hauptversammlung, zur Konzentration auf eine inhaltliche Sachdebatte und im Ergebnis zur Verbesserung der Kontrolle durch die Eigentümer in der Hauptversammlung beitragen.

führung eher erschweren und bei einer etwaigen Abweichung davon zusätzliche Anfechtungsmöglichkeiten begründen.

Der Beschluss bedarf neben der einfachen Stimmenmehrheit mindestens der **Dreiviertelmehrheit** des bei der Beschlussfassung vertretenen Grundkapitals (§ 129 Abs. 1 S. 1 AktG).

12

Anzumelden ist nichts.

13

V. „Delisting"

Schrifttum:
Bayer, Delisting: Korrektur der Frosta-Rechtsprechung durch den Gesetzgeber, NZG 2015, 1169; *Groß,* Die Neuregelung des Anlegerschutzes beim Delisting, AG 2015, 812; *Harnos,* Aktionärsschutz beim Delisting, ZHR 179 (2015), 750; *Kocher/Seiz,* Das neue Delisting nach § 39 II–VI BörsG, DB 2016, 153; *Mense/Klie,* Neues zum Going Private – Praxisfragen zur aktuellen Rechtslage zum Delisting, DStR 2015, 2782; *Wackerbarth,* Das neue Delisting-Angebot nach § 39 BörsG oder: Hat der Gesetzgeber hier wirklich gut nachgedacht?, WM 2016, 385.

Gesellschaften, deren Aktien börsennotiert sind, können den Wunsch haben, sich **vom börslichen Handel zurückzuziehen.** IdR sind das Gesellschaften mit einem (oder mehreren) Großaktionär(en) und geringem Streubesitzanteil. Als Motiv steht meist das Freiwerden von Publizitäts- und Verhaltenspflichten im Vordergrund, deren Erfüllung einen als unwirtschaftlich betrachteten Aufwand verlangt.[27] Die Einstellung der Notierung steht am Ende des börsenrechtlichen Marktentlassungsverfahrens. Neben diesem sog „echten" Delisting gibt es das „unechte" oder „kalte" Delisting, das als (Neben-)Folge anderer Maßnahmen[28] zum Wegfall der Börsennotiz oder zum Verlust der Börsenfähigkeit führt.[29]

14

Die Entlassung setzt einen **Antrag** der Gesellschaft auf Widerruf der Zulassung zum Handel voraus, über den die Zulassungsstelle der betreffenden Börse nach pflichtgemäßem **Ermessen** entscheidet.[30] Dabei ist ausdrücklich der Schutz der Anleger zu berücksichtigen.[31]

15

Das Betreiben des börsenrechtlichen Marktentlassungsverfahrens fällt in die Geschäftsführungskompetenz des **Vorstands,** der die AG auch bei der Antragstellung auf Widerruf der Börsenzulassung vertritt.[32]

16

In der älteren Literatur war in diesem Zusammenhang indes äußerst umstritten, ob bei einem **vollständigen Rückzug** von der Börse vor Antrag auf Widerruf der Börsenzulassung stets ein **Beschluss der Hauptversammlung** vorauszugehen hat.[33] Die überwiegende Auffassung in der Literatur und Rechtsprechung hatte eine entsprechende Verpflichtung im Innenverhältnis angenommen. Der BGH hatte sich dieser Ansicht im Ergebnis in seiner – nunmehr überholten – Macroton-Entscheidung vom 25.11.2002 angeschlossen und einen Hauptversammlungsbeschluss mit der Begründung verlangt, ein

17

---

[27] So gelten etwa nicht mehr das Verbot von Insidergeschäften (Art. 14 Marktmissbrauchsverordnung), die Vorschriften zur Ad hoc-Publizität (Art. 17 Marktmissbrauchsverordnung) oder die Mitteilungspflichten bei Veränderung der Beteiligungshöhe (§ 21 Abs. 1 WpHG [ab 3.1.2018 § 33 WpHG]).
[28] Mehrheitseingliederung, § 320 AktG; Verschmelzung auf eine nicht börsennotierte Gesellschaft, § 29 UmwG und entsprechende Spaltung, § 125 UmwG; Formwechsel (§ 190 UmwG) in eine Gesellschaft, deren Anteile nicht börslich handelbar sind, Auflösung durch Übertragung des Vermögens auf eine nicht börsennotierte Gesellschaft, § 179a AktG; Squeeze out, § 327a AktG.
[29] Vgl. *Koch* in Hüffer/Koch AktG § 119 Rn. 30.
[30] Vgl. § 39 Abs. 2 S. 1 BörsG; *Groß,* Kapitalmarktrecht, 6. Aufl. 2016, BörsG § 39 Rn. 15.
[31] Vgl. § 39 Abs. 2 S. 2 BörsG; *Groß,* Kapitalmarktrecht, 6. Aufl. 2016, BörsG § 39 Rn. 15.
[32] *Groß,* Kapitalmarktrecht, 6. Aufl. 2016, BörsG § 39 Rn. 25.
[33] Vgl. zur Entwicklung der Diskussion in Rechtsprechung und Literatur zur Hauptversammlungszuständigkeit im Fall eines Delistings etwa *Koch* in Hüffer/Koch AktG § 119 Rn. 31 ff.; *Groß,* Kapitalmarktrecht, 6. Aufl. 2016, BörsG § 39 Rn. 21a ff.; *ders.* AG 2015, 812; *Bayer,* NZG 2015, 1169; *Harnos,* ZHR 179 (2015), 750; *Mense/Klie* DStR 2015, 2782; *Kocher/Seiz* DB 2016, 153.*Mense/Klie* DStR 2015, 2782.

Delisting beeinträchtige die von Art. 14 GG geschützte Verkehrsfähigkeit der Aktie.[34] Nachdem das BVerfG dem eine klare Absage erteilte,[35] gab der BGH seine Macroton-Rechtsprechung im Jahr 2013 ausdrücklich wieder auf.[36]

18 Neuere Studien zu Auswirkungen des Delistings auf die Kursentwicklung[37] haben den Gesetzgeber veranlasst, den Aktionärsschutz beim Delisting zu stärken, **ohne** dabei die Macrotron-Grundsätze zu kodifizieren.[38] So wird in der Gesetzesbegründung zum Transparenzrichtlinie-Änderungsrichtlinie-Umsetzungsgesetz[39] klargestellt, dass „es sich beim Delisting – ebenso wie beim Listing – um einen kapitalmarktrechtlichen Vorgang und **nicht** um eine gesellschaftsrechtliche Strukturmaßnahme handelt" und dementsprechend „eine Regelung im Börsengesetz sachgerecht" ist.[40] Ferner wird mit Blick auf die Macroton-Rechtsprechung ausgeführt, dass erweiterte Mitentscheidungsrechte für die Aktionäre, wie sie die Rechtsprechung bislang durch den von ihr geforderten **Hauptversammlungsbeschluss** verlangte, vor dem Hintergrund der nunmehr vorgesehenen umfassenden kapitalmarktrechtlichen Schutzbestimmungen **nicht mehr geboten** seien.[41]

19 Ein Delisting-Antrag des Vorstands erfordert damit **keine** entsprechende Ermächtigung durch die Hauptversammlung.[42]

VI. Sonderbeschlüsse

Schrifttum:

Krauel/Weng, Das Erfordernis von Sonderbeschlüssen stimmrechtsloser Vorzugsaktionäre bei Kapitalerhöhungen und Kapitalherabsetzungen, AG 2003, 561; *Röhricht*, Die Rechtsstellung der außenstehenden Aktionäre beim Beitritt zum Beherrschungsvertrag, ZHR 162 (1998), 249; *Volhard/Goldschmidt*, Nötige und unnötige Sonderbeschlüsse der Inhaber stimmrechtsloser Vorzugsaktien, FS Lutter, 2000, 779.

1. Allgemein

20 Meist genügt es – abgesehen von der Beurkundung – für die Wirksamkeit eines Hauptversammlungsbeschlusses, wenn die Aktionäre über einen Beschlussgegenstand abgestimmt haben und der Versammlungsleiter das Abstimmungsergebnis verkündet und den Beschluss damit „festgestellt" hat.[43] Für bestimmte Maßnahmen verlangt das Gesetz[44] jedoch außerdem einen **zustimmenden Sonderbeschluss.** Dieser Sonderbeschluss ist nicht Bestandteil, sondern **zusätzliches Wirksamkeitserfordernis** des Hauptversammlungsbeschlusses.[45] Solange der Sonderbeschluss nicht gefasst wurde, ist der Hauptver-

---

[34] BGH ZIP 2003, 387 – Macrotron.
[35] BVerfG NZG 2012, 826: „Widerruf der Börsenzulassung für den regulierten Markt auf Antrag des Emittenten berührt grundsätzlich nicht den Schutzbereich des Eigentumsgrundrechts des Aktionärs (Art. 14 I GG)."
[36] BGH NJW 2014, 146 – Frosta; *Koch* in Hüffer/Koch AktG § 119 Rn. 33; *Groß*, Kapitalmarktrecht, 6. Aufl. 2016, BörsG § 39 Rn. 22.
[37] Vgl. *Bayer/Hoffmann* AG 2014, R 371 ff.; *Bayer/Hoffmann* AG 2015, R 55 ff.
[38] Vgl. § 39 BörsG nF; vgl. zur neuen Rechtslage *Koch* in Hüffer/Koch AktG § 119 Rn. 36 ff.; *Wackerbarth* WM 2016, 385.
[39] BGBl. 2015 I 2029.
[40] BT-Drs. 18/6220, 84.
[41] BT-Drs. 18/6220, 86.
[42] *Koch* in Hüffer/Koch AktG § 119 Rn. 36; *Groß*, Kapitalmarktrecht, 6. Aufl. 2016, BörsG § 39 Rn. 25a.
[43] Die beschlossene Maßnahme setzt zu ihrer Wirksamkeit uU neben einem wirksamen Hauptversammlungsbeschluss noch dessen Eintragung in das Handelsregister voraus, wie dies insbes. der Fall ist bei allen Satzungsänderungen, §§ 181 Abs. 3, 189, 211, 224 AktG, Unternehmensverträgen, § 294 Abs. 2 AktG, und Umwandlungen, §§ 19, 131, 202 UmwG.
[44] Auch die Satzung kann Sonderbeschlüsse vorsehen, § 138 S. 1 AktG, doch spielt dies in der Praxis keine Rolle, vgl. *Koch* in Hüffer/Koch AktG § 138 Rn. 2.
[45] *Koch* in Hüffer/Koch AktG § 182 Rn. 21.

sammlungsbeschluss **schwebend unwirksam**.[46] Mit Zustimmung durch Sonderbeschluss wird er wirksam, mit Ablehnung der Zustimmung durch Sonderbeschluss wird er endgültig unwirksam.

Sonderbeschlüsse können in **gesonderter Abstimmung** oder in einer **gesonderten** 21 **Versammlung** gefasst werden (§ 138 AktG). Die Entscheidung trifft der Vorstand, falls nicht eine gesonderte Versammlung zwingend vorgeschrieben ist (→ Rn. 27), nach seinem Ermessen. Er wird idR die gesonderte Abstimmung im Anschluss an die Abstimmung der Hauptversammlung wählen.

Sonderbeschlüsse sind als solche nicht anzumelden sondern den (elektronischen) An- 22 meldungen der Hauptversammlungsbeschlüsse beizufügen, die der Zustimmung durch Sonderbeschluss bedürfen.

2. Sonderbeschlüsse bei Vorhandensein verschiedener stimmberechtigter Aktiengattungen

Bestimmte Maßnahmen bedürfen, wenn mehrere Gattungen[47] **stimmberechtigter** Akti- 23 en vorhanden sind, zu ihrer Wirksamkeit der **Zustimmung der Aktionäre jeder Gattung** durch Sonderbeschluss mit einer Mehrheit von mindestens drei Vierteln des bei der Beschlussfassung vertretenen Grundkapitals; die Satzung kann eine andere (für die Ausgabe von Vorzugsaktien aber nur eine größere) Mehrheit und weitere Erfordernisse bestimmen (§ 182 Abs. 1, Abs. 2 AktG). Das gilt für
– die reguläre Kapitalerhöhung (§ 182 Abs. 2 AktG), aber ebenso für alle Maßnahmen, bei denen auf sie verwiesen ist, also
– die bedingte Kapitalerhöhung (§ 193 Abs. 1 S. 3 AktG),
– das genehmigte Kapital (§ 202 Abs. 2 S. 4 AktG),
– die Begebung von Wandelschuldverschreibungen, Gewinnschuldverschreibungen und Genussrechten (§ 221 Abs. 1 S. 4 AktG),
– die Kapitalherabsetzung (§ 222 Abs. 2 S. 2 AktG),
– die (nicht bereits satzungsmäßig angeordnete) Zwangseinziehung[48] und
– Umwandlungen nach dem UmwG (siehe § 39).
Erforderlich ist neben der **einfachen Stimmenmehrheit** die **qualifizierte Kapital-** 24 **mehrheit.** Ein Unterschied zwischen Stimmrechts- und Kapitalquote besteht nur bei Vorhandensein von Höchst- und Mehrstimmrechten[49] und von teileingezahlten Aktien (§ 134 Abs. 2 AktG).

Unnötig sind Sonderbeschlüsse insbesondere bei der Einpersonengesellschaft[50] sowie 25 regelmäßig dann, wenn neben Stammaktien ausschließlich **stimmrechtslose** Vorzugsaktien vorhanden sind (Ausnahmen: → Rn. 27 f.).

---

[46] Nicht etwa anfechtbar oder gar nichtig, *Koch* in Hüffer/Koch AktG § 182 Rn. 21.
[47] Die unterschiedliche Gattung wird durch unterschiedliche Rechte begründet. „Aktien mit gleichen Rechten bilden eine Gattung" (§ 11 S. 2 AktG). Einen Gattungsunterschied begründet insbes. die Ausstattung von Aktien mit einem Gewinnvorzug (§ 11 S. 1 AktG), die fast ausschließlich in der Form stimmrechtsloser Vorzugsaktien (§ 139 AktG) vorkommen.
[48] Da bei ihr „die Vorschriften über die ordentliche Kapitalherabsetzung zu befolgen" sind, § 237 Abs. 2 S. 1 AktG.
[49] Höchststimmrechte sind gem. § 134 Abs. 1 S. 2 AktG nur noch bei nichtbörsennotierten Gesellschaften zulässig. Mehrstimmrechte sind durch Aufhebung des § 12 Abs. 2 S. 2 AktG abgeschafft, sofern ihre Fortgeltung nicht vor dem 1. 6. 2003 beschlossen wurde.
[50] *Koch* in Hüffer/Koch AktG § 141 Rn. 18.

3. Sonderbeschlüsse nicht stimmberechtigter Vorzugsaktionäre

26 Gewisse Beschlüsse der Stammaktionäre bedürfen der Zustimmung der Vorzugsaktionäre durch Sonderbeschluss. **Sonderbeschlüsse der Vorzugsaktionäre** sind indes seltener nötig, als in der Praxis zT angenommen wird, weswegen viele überflüssige Sonderbeschlüsse gefasst werden.[51] Insbes. gilt das Erfordernis **nicht für Kapitalmaßnahmen**,[52] weil diese Beschlüsse das **Stimmrecht** der Gattung voraussetzen.[53]

27 In zwei Fällen muss die Abstimmung in einer **gesonderten Versammlung** stattfinden:
- wenn einem Beschluss zuzustimmen ist, durch den der Vorzug aufgehoben oder beschränkt wird oder durch den die Ausgabe von Vorzugsaktien beschlossen wurde, die bei der Verteilung des Gewinns (oder des Gesellschaftsvermögens) den bestehenden stimmrechtslosen Vorzugsaktien vorgehen oder gleichstehen;[54]
- wenn Aktionäre mit mindestens 10% der zur Sonderbeschlussfassung zugelassenen Anteile dies verlangen (§ 138 S. 3 AktG).

28 In **gesonderter Abstimmung** zu fassende Sonderbeschlüsse der benachteiligten Gattung (en)[55] sind erforderlich und ausreichend, wenn durch Kapitalmaßnahmen das Verhältnis mehrerer Aktiengattungen zum Nachteil einer Gattung, insbes. also das Verhältnis zwischen Stamm- und Vorzugsaktien zum Nachteil der Vorzugsaktionäre (aber auch umgekehrt) geändert werden soll (§ 179 Abs. 3 AktG).

4. Sonderbeschlüsse der außenstehenden Aktionäre

29 Die außenstehenden Aktionäre müssen bestimmten Hauptversammlungsbeschlüssen durch Sonderbeschluss **in gesonderter Abstimmung** zustimmen. „Außenstehend" sind im Konzernrecht alle Aktionäre der Gesellschaft mit Ausnahme des „anderen Vertragsteils", also der herrschenden Gesellschaft, und der von ihm abhängigen Aktionäre. Außenstehend ist „jeder Aktionär, dessen Anspruch auf den Bilanzgewinn durch den Unternehmensvertrag beeinträchtigt wird und der nicht aufgrund seiner rechtlichen Verbindung zu dem anderen Vertragsteil an den diesem zufließenden Gewinnen oder Vorteilen aus dem Vertrag teil hat".[56]

---

[51] Dazu ausf. *Volhard/Goldschmidt* FS Lutter, 2000, 779.
[52] §§ 182 Abs. 2, 222 Abs. 2 AktG. Das gilt auch, wenn das Stimmrecht nach § 140 Abs. 2 AktG aufgelebt ist, *Schröer* in MüKoAktG AktG § 141 Rn. 18.
[53] Das hat das Gesetz für kleine Aktiengesellschaften und zur Deregulierung des Aktienrechts vom 2. 8. 1994 (BGBl. I 1961) klargestellt.
[54] § 141 Abs. 1, Abs. 2 S. 1, Abs. 3 AktG. Das ist nicht erforderlich, wenn die Ausgabe neuer Vorzugsaktien vorbehalten worden war und das Bezugsrecht der Vorzugsaktionäre nicht ausgeschlossen wird, § 141 Abs. 2 S. 2 AktG. Nicht unumstr. ist, ob im Fall eines Kapitalschnitts (Herabsetzung des Grundkapitals exakt im Verhältnis von Stamm- und Vorzugsaktien mit gleichzeitiger Kapitalerhöhung, §§ 229 ff. AktG) durch Ausgabe nur von Stammaktien der Vorzug iSd § 141 Abs. 1 AktG „aufgehoben oder beschränkt" wird. Folgt man der hA, ist die Frage zu verneinen, weil kein unmittelbarer Eingriff in den Vorzug, sondern nur eine mittelbare Auswirkung auf den Vorzugsbetrag vorliegt, LG Frankfurt a.M. DB 1991, 1162 – co op; ebenso OLG Frankfurt a.M. DB 1993, 272; *Koch* in Hüffer/Koch AktG § 141 Rn. 4, 8 f. mwN.
[55] Sind mehrere Gattungen benachteiligt, genügt nicht ein einheitlicher Zustimmungsbeschluss, *Koch* in Hüffer/Koch AktG § 179 Rn. 45.
[56] OLG Nürnberg AG 1996, 228; außenstehend ist auch der Erwerber des Anteils des Mehrheitsaktionärs, der einen Beherrschungs- und Gewinnabführungsvertrag mit der AG abgeschlossen hatte, BGH Nichtannahmebeschluss ZIP 1997, 786; *Koch* in Hüffer/Koch AktG § 304 Rn. 2 mwN. Tritt dem Beherrschungsvertrag ein weiteres Unternehmen bei, ist ein neues Ausgleichs- und Abfindungsangebot erforderlich, OLG Karlsruhe Vorlagebeschluss AG 1997, 270 (271 f.) – entgegen BGHZ 119, 1 – ASEA/BBC –; Grund: Neues Ausscheidensrecht, neuer Stichtag für den Ausgleich.

Erforderlich ist ein Sonderbeschluss der außenstehenden Aktionäre in folgenden Fällen: 30
- **Änderung** der Bestimmungen **eines Unternehmensvertrags,** die zur Leistung von Ausgleich oder Abfindung an die außenstehenden Aktionäre verpflichten;[57]
- **Aufhebung** eines Unternehmensvertrags, der zur Leistung von Ausgleich oder Abfindung an die außenstehenden Aktionäre verpflichtet (§ 296 Abs. 2 AktG);
- **Kündigung** eines solchen Vertrags ohne wichtigen Grund (§ 297 Abs. 2 AktG);

Ein Sonderbeschluss ist ferner für den **Verzicht** der Gesellschaft auf oder den **Vergleich** über folgende Ansprüche erforderlich (→ § 38 Rn. 41 ff.):
- gegen die herrschende Gesellschaft auf Ausgleich des Jahresfehlbetrags (§ 302 Abs. 1 AktG) und auf Schadensersatz wegen pflichtwidriger Ausübung von Leitungsmacht (§ 309 Abs. 2 AktG) und Veranlassung zu nachteiligen Geschäften oder Maßnahmen (§ 317 Abs. 1 AktG);
- gegen Mitglieder ihres Vorstands und ihres Aufsichtsrats auf Schadensersatz wegen pflichtwidriger Befolgung von Weisungen (§ 310 Abs. 1 AktG) und Nichtaufnahme nachteiliger Geschäfte oder Maßnahmen in den Abhängigkeitsbericht oder unrichtige Darstellungen dazu bzw. Verletzung der Prüfungs- und Berichtspflichten (§ 318 Abs. 1, Abs. 2 AktG).

Auf alle derartigen Ansprüche kann die Gesellschaft nur mit Zustimmung der außenstehenden Aktionäre durch Sonderbeschluss mit einfacher Mehrheit verzichten,[58] es sei denn, der Ersatzpflichtige ist zahlungsunfähig und vergleicht sich zur Abwendung des Insolvenzverfahrens mit seinen Gläubigern, oder wenn die Ersatzpflicht in einem Insolvenzplan geregelt wird.[59] 31

Anzumelden ist nichts. 32

VII. Fortgeltung/Beseitigung von Mehrstimmrechten

Schrifttum:
Saenger, Mehrstimmrechte bei Aktiengesellschaften, ZIP 1997, 1813; *Zöllner/Hanau,* Die verfassungsrechtlichen Grenzen der Beseitigung von Mehrstimmrechten, AG 1997, 206.

1. Fortgeltung von Mehrstimmrechten

Die Hauptversammlung hat heute kaum noch Anlass, sich mit Mehrstimmrechtsaktien zu befassen: „Mehrstimmrechte sind unzulässig" (§ 12 Abs. 2 AktG). Bestehende Mehrstimmrechte sind am 1.6.2003 **erloschen,** wenn nicht die Hauptversammlung mit drei Vierteln des vertretenen Grundkapitals zuvor ihre **Fortgeltung** beschlossen hatte.[60] 33

---

[57] § 295 Abs. 2 AktG. Nicht erforderlich ist ein Sonderbeschluss, wenn die „Änderung" sich in dem Beitritt eines weiteren herrschenden Unternehmens zu dem Vertrag erschöpft, BGHZ 119, 1 (7) – ASEA/BBC. Differenzierend *Röhricht* ZHR 162 (1998) 249 ff.: Ein Sonderbeschluss ist erforderlich, wenn der Unternehmensvertrag die Abfindung in Aktien der herrschenden Gesellschaft vorsieht und das Wahlrecht außenstehender Aktionäre (*Koch* in Hüffer/Koch AktG § 305 Rn. 15) noch nicht erloschen ist (durch bloße Entgegennahme von Ausgleichszahlungen gem. § 304 erlischt es nicht, *Koch* in Hüffer/Koch AktG § 305 Rn. 4) oder wenn ein Aktionär sich gegen die Abfindung für den Ausgleich (§ 304 AktG) entschieden hatte.
[58] *Koch* in Hüffer/Koch AktG § 302 Rn. 27. Zur Zustimmung der Hauptversammlung im Übrigen → § 38 Rn. 43.
[59] Eine Minderheit von 10 % des bei der Sonderbeschlussfassung vertretenen Grundkapitals, die zur Niederschrift Widerspruch erhebt, kann den Verzicht/Vergleich verhindern, §§ 302 Abs. 3 S. 3, 309 Abs. 3 S. 1, 310 Abs. 4, 317 Abs. 4, 318 Abs. 4 AktG.
[60] Dabei waren die Inhaber von Mehrstimmrechtsaktien vom Stimmrecht ausgeschlossen, § 5 Abs. 1 EG-AktG.

2. Beseitigung fortgeltender Mehrstimmrechte

34 Die Hauptversammlung kann die Beseitigung der fortgeltenden Mehrstimmrechte beschließen. Für die Einberufung der Hauptversammlung gelten die allgemeinen Regeln (siehe § 4) mit der Besonderheit, dass jeder Aktionär verlangen kann, dass die Beseitigung der Mehrstimmrechte auf die Tagesordnung der Hauptversammlung gesetzt wird (§ 5 Abs. 2 S. 4 EGAktG). Der Beschluss bedarf nicht der Mehrheit der abgegebenen Stimmen, aber einer Mehrheit von mindestens der Hälfte des vertretenen Grundkapitals (§ 5 Abs. 2 S. 2 EGAktG).[61] Bei diesem Beschluss können die Inhaber von Mehrstimmrechtsaktien mitstimmen; obwohl er in ihre Rechte eingreift, bedarf der Beschluss dagegen nicht ihrer Zustimmung durch Sonderbeschluss (§ 5 Abs. 2 S. 2, 3 EGAktG).

35 Der Beschluss ist **Satzungsänderung,** die anzumelden ist und mit Eintragung in das Handelsregister wirksam wird (§ 181 AktG).

3. Ausgleich

36 Die Gesellschaft hat den Inhabern von Mehrstimmrechtsaktien einen Ausgleich für den Verlust des Mehrstimmrechts zu leisten, „der den **besonderen Wert der Mehrstimmrechte** angemessen berücksichtigt."[62] Dieser Ausgleich muss bei Beseitigung der Mehrstimmrechte durch Hauptversammlungsbeschluss im Beschluss mit festgesetzt werden (§ 5 Abs. 3 S. 3 EGAktG). Jeder Aktionär, der in der Hauptversammlung Widerspruch erklärt hat, kann binnen zwei Monaten, nachdem die Eintragung der Satzungsänderung im Handelsregister als bekannt gemacht gilt (§ 10 HGB), bei dem für den Sitz der AG zuständigen LG Antrag auf gerichtliche Bestimmung des Ausgleichs stellen; eine Anfechtung des Beschlusses kann auf die Unangemessenheit des Ausgleichs nicht gestützt werden, §§ 5 Abs. 4, 5 EGAktG, 306 Abs. 1 AktG. Im Fall des Erlöschens der Mehrstimmrechte kraft Gesetzes kann der Ausgleichsanspruch nur binnen zwei Monaten nach dem Erlöschen gerichtlich geltend gemacht werden (§ 5 Abs. 3 S. 2 EGAktG).

37 Fällig wird der Ausgleich, wenn ein Antrag auf gerichtliche Bestimmung des Ausgleichs nicht oder nicht fristgemäß gestellt oder das Verfahren rechtskräftig oder durch Antragsrücknahme abgeschlossen ist. Der Ausgleich ist kraft Gesetzes zu verzinsen (§ 5 Abs. 6 EGAktG).

VIII. Neueinteilung des Grundkapitals

Schrifttum:
Zöllner, Neustückelung des Grundkapitals und Neuverteilung von Einzahlungsquoten bei teileingezahlten Aktien der Versicherungsgesellschaften, AG 1985, 19.

38 Aktien können nicht geteilt (§ 8 Abs. 5 AktG) und nicht vereinigt werden. Nicht nur der Aktionär, auch die Hauptversammlung kann den Nennbetrag bzw. anteiligen Betrag

---

[61] Er muss deswegen nicht notariell beurkundet werden, § 130 Abs. 1 S. 3 AktG.
[62] § 5 Abs. 3 S. 1 EGAktG. Zur Berechnung des Werts der Mehrstimmrechte siehe LG München I AG 2002, 105 (107 ff.) – Siemens AG, abgeändert mangels Feststellbarkeit eines Vermögenswerts der Mehrstimmrechte durch BayObLG ZIP 2002, 1765; dazu krit. Löwe/Thoß ZIP 2002, 2075 (2077 f.): Schätzung nach § 297 ZPO auf der Grundlage der Differenz der Börsenkurse stimmrechtsloser und stimmberechtigter Aktien. Zust. dagegen Hering/Olbrich, ZIP 2003, 104. Der Beschluss des OLG Stuttgart AG 2002, 353 – Schlossgartenbau AG – enthält, zumindest soweit abgedruckt, keine Ausführungen dazu. Ursprünglich war eine Entschädigung nur für Aktionäre vorgesehen, die neben der Einlageleistung aufgrund vertraglicher Vereinbarung im Vergleich mit anderen Aktionären besondere Leistungen an die Gesellschaft erbracht oder zu erbringen haben, ein vermutlich seltener Fall. Koch in Hüffer/Koch AktG § 12 Rn. 14 mwN.

des Grundkapitals und die Mitgliedschaftsrechte, die sich mit der Aktien verbinden, nicht aufspalten;[63] sie können mehrere Aktien auch nicht zu einer zusammenlegen.[64]

Eine **Neustückelung** der Aktien durch Neueinteilung des Grundkapitals ist dagegen möglich.[65] Die Aktien müssen bei Nennbetragaktien auf volle Euro, mindestens einen Euro lauten (§ 8 Abs. 2 AktG), bei Stückaktien muss der auf die einzelne Aktie entfallende anteilige Betrag des Grundkapitals ein voller Euro-Betrag, mindestens ein Euro sein (§ 8 Abs. 3 AktG). In diesem Rahmen steht der Hauptversammlung die Stückelung der Aktien frei. Die Änderung der Stückelung ist **Satzungsänderung.** Der Beschluss bedarf, wenn die Satzung nicht eine geringere Mehrheit genügen lässt, neben der einfachen Stimmenmehrheit einer Mehrheit von drei Vierteln des bei der Beschlussfassung vertretenen Grundkapitals (§ 179 Abs. 2 AktG). Er bedarf keiner sachlichen Rechtfertigung, aber der **Zustimmung** aller Aktionäre, die infolge der Neueinteilung nicht Aktionäre bleiben könnten; schon deswegen kommt eine Neueinteilung zwecks Verringerung der Zahl der Aktien nur in Betracht, wenn **keine Kleinaktionäre** vorhanden sind. 39

Wie jede Satzungsänderung ist der Beschluss **anzumelden** und wird mit **Eintragung** in das Handelsregister wirksam (§ 181 AktG). Die Berichtigung von Aktienurkunden ist zur Wirksamkeit nicht erforderlich. 40

IX. Geltendmachung von Ersatzansprüchen

Ersatzansprüche der Gesellschaft **gegen Gründer und Organe** (§§ 46 ff. AktG) zu prüfen und ggf. geltend zu machen, gehört zu den Aufgaben der Organe.[66] Sie können dazu durch Beschluss der Hauptversammlung mit einfacher Mehrheit der abgegebenen Stimmen gezwungen werden (§ 147 Abs. 1 AktG). 41

Für die **Vorbereitung** der Hauptversammlung gelten die allgemeinen Regeln: Der Beschluss setzt voraus, dass er Gegenstand der Tagesordnung ist (§ 124 Abs. 4 S. 1 AktG). Die Minderheit muss also verlangt haben, ihn auf die Tagesordnung zu setzen (§§ 122 Abs. 2, 124 Abs. 1 S. 2 AktG). Der Tagesordnungspunkt „Vorlage eines Sonderprüfungsberichts" (§ 145 Abs. 6 S. 5 AktG) umfasst dabei auch die Beschlussfassung über sich daraus ergebende Schadensersatzansprüche.[67] 42

Der Beschluss muss die Ansprüche so genau angeben, dass klar ist, wozu die Gesellschaft verpflichtet wird, und die Übereinstimmung der von ihr geltend gemachten Ansprüche mit dem Beschlussinhalt festgestellt werden kann. Dazu müssen der **Lebenssachverhalt,** aus dem die Ansprüche hergeleitet werden, und die **Personen** bezeichnet werden, gegen die sie zu richten sind.[68] Nicht von § 147 Abs. 1 AktG erfasst sind Erfüllungs- oder Unterlassungsansprüche.[69] 43

Die Hauptversammlung kann **besondere Vertreter** zur Geltendmachung der Ansprüche bestellen (§ 147 Abs. 2 S. 1 AktG), also eine oder mehrere Personen namentlich be- 44

---

[63] AllgM, *Koch* in Hüffer/Koch AktG AktG § 8 Rn. 26.
[64] Ausnahme: Die Zusammenlegung der Aktien iRd Kapitalherabsetzung, wenn die Herabsetzung der Nennbeträge zu einer Unterschreitung des Mindestbetrags nach § 8 Abs. 2 S. 1 oder Abs. 3 S. 3 AktG führen würde, § 222 Abs. 4 S. 2 AktG.
[65] AllgM, *Koch* in Hüffer/Koch AktG § 8 Rn. 27 mwN.
[66] *Koch* in Hüffer/Koch AktG § 147 Rn. 2. Aktionäre, deren Anteile 1% des Grundkapitals oder einen anteiligen Betrag von 100.000 EUR erreichen, können diese Ansprüche unter den Voraussetzungen des § 148 Abs. 1 AktG im eigenen Namen geltend machen, wenn das Landgericht des Gesellschaftssitzes die Klage zugelassen hat. Diese Klage wird gem. § 148 Abs. 3 AktG unzulässig, wenn die Gesellschaft ihre Ansprüche selbst geltend macht, durch neue Klage oder Übernahme der anhängigen, *Koch* in Hüffer/Koch AktG § 148 Rn. 13 f.
[67] *Koch* in Hüffer/Koch AktG § 147 Rn. 4 mwN.
[68] OLG Frankfurt a.M. DB 2004, 177 (178); *Schröer* in MüKoAktG AktG § 147 Rn. 26.
[69] *Schröer* in MüKoAktG AktG § 147 Rn. 18; *Spindler*, NZG 2005, 865, 867; nunmehr auch *Koch* in Hüffer/Koch AktG § 147 Rn. 2.

stimmen, die anstelle des Vorstands bzw. des Aufsichtsrats die Gesellschaft vertreten.[70] Die Bestellung wird erst mit Annahme durch den/die Bestellten wirksam. Es empfiehlt sich, dies vor der Nominierung zu klären.[71]

45 **In der Hauptversammlung** ist zu beachten, dass Aktionäre, gegen die Ersatzansprüche geltend gemacht werden sollen, kein Stimmrecht haben und auch für andere nicht mitstimmen können (§ 136 Abs. 1 AktG). Ein solches Stimmverbot gilt für einen Aktionär, der zum besonderen Vertreter bestellt werden soll, nicht.[72]

46 Anzumelden ist nichts.

X. Bestätigungsbeschlüsse

47 Ist ein Beschluss wegen Gesetzes- oder Satzungsverstoßes anfechtbar,[73] ist er zunächst – und uU auf längere Zeit – **nicht durchführbar.** Das gilt vor allem für diejenigen Beschlüsse, die zu ihrer Wirksamkeit der Eintragung in das Handelsregister bedürfen, auch wenn das Eintragungshindernis der Anfechtbarkeit/Anfechtung in einem besonderen (Unbedenklichkeits-)Verfahren beseitigt (§ 319 Abs. 6 AktG, § 16 Abs. 3 UmwG) oder ein Freigabeverfahren[74] durchlaufen werden kann. Hinzu kommt, dass **Verfahrensfehler**[75] bei erneuter Beschlussfassung[76] idR ohne weiteres vermieden werden können, der Ausgang eines Anfechtungsprozesses dagegen häufig nicht verlässlich vorhersehbar ist.[77] Insbes. bei Verletzung der Informationsrechte der Aktionäre in der Hauptversammlung, aber auch bei Verstößen vor der Hauptversammlung oder während ihrer Durchführung[78] wird der Beschluss auf Anfechtungsklage für nichtig erklärt.

48 Dem kann die Hauptversammlung dadurch begegnen, dass sie den anfechtbaren oder bereits angefochtenen Hauptversammlungsbeschluss – anstelle oder neben eines Antrags im Unbedenklichkeits- bzw. Freigabeverfahren – durch einen mit ihm übereinstimmenden Beschluss **bestätigt**[79] und dabei die – tatsächlichen oder behaupteten – Mängel der ursprünglichen Beschlussfassung vermeidet.[80] Eine zeitliche Beschränkung zur Fassung des

---

[70] Sonst obliegt die Geltendmachung der Ansprüche dem Vorstand, § 78 AktG, bzw. soweit sie sich gegen Vorstandsmitglieder richten, dem Aufsichtsrat, § 112 AktG.
[71] Anderenfalls bleibt die Möglichkeit der gerichtlichen Bestellung eines (anderen) besonderen Vertreters auf Antrag von Aktionären, deren Anteile 10% des Grundkapitals oder den anteiligen Betrag von 1 Mio. EUR erreichen, § 147 Abs. 2 S. 2 AktG.
[72] *Koch* in Hüffer/Koch AktG § 147 Rn. 7.
[73] Bei Nichtigkeit wird die Möglichkeit einer Bestätigung allgemein verneint, siehe AktG *Koch* in Hüffer/Koch AktG § 244 Rn. 2 mwN.
[74] Vgl. § 246a AktG.
[75] Soweit diese nicht zur Nichtigkeit des Beschlusses führen, vgl. § 241 Nr. 1 AktG. Inhaltliche Verstöße lassen sich durch Bestätigung deswegen nicht „heilen", weil bei inhaltlicher Abweichung der Bestätigungsbeschluss eine Neuvornahme darstellt, *Koch* in Hüffer/Koch AktG § 244 Rn. 2a; zur Abgrenzung vgl. BGH ZIP 2006, 227 – Webac Holding AG.
[76] Zum Unterschied zwischen erneuter Beschlussfassung und – im Zweifel anzunehmender – Bestätigung, *Röricht,* Aktuelle höchstrichterliche Rechtsprechung, in VGR (Hg), Gesellschaftsrecht in der Diskussion, 2004 (Band 9), 26; *Koch* in Hüffer/Koch AktG § 244 Rn. 2a, siehe auch LG München I ZIP 2001, 1415 (1417).
[77] Vgl. lediglich *Koch* in Hüffer/Koch AktG § 243 Rn. 11 ff.
[78] ZB bei Bekanntmachungsfehlern, Fehlern der Stimmauszählung, Missachtung eines Stimmrechtsausschlusses (§ 136 Abs. 1 AktG oder § 142 Abs. 1 AktG, dazu BGH ZIP 2006, 227) oder des Stimmrechtsverlusts wegen Meldepflichtverletzung (§ 28 S. 1 WpHG [ab 3.1.2018 § 44 WpHG], dazu LG Köln ZIP 2009, 1818), falscher Beschlussfeststellung durch den Versammlungsleiter (OLG Stuttgart ZIP 2004, 1456) und dgl.
[79] § 244 AktG. OLG München AG 2003, 645 – Webac Holding AG.
[80] OLG Dresden ZIP 2001, 1539 – Sachsenmilch. Anderenfalls ist auch der Bestätigungsbeschluss anfechtbar, LG Karlsruhe AG 2001, 204. Bereits erfüllten Berichtspflichten braucht die Gesellschaft dabei nicht erneut nachzukommen, OLG Karlsruhe AG 1999, 470; auch materielle Voraussetzungen für den Erstbeschluss brauchen im Zeitpunkt des Bestätigungsbeschlusses nicht (mehr) vorzuliegen, BGH ZIP 2004, 310 – Sachsenmilch – mit krit. Besprechungsaufsatz von *Zöllner* AG 2004, 397.

Bestätigungsbeschlusses existiert dabei nicht.[81] Wird die Fassung eines Bestätigungsbeschlusses vorgeschlagen, können Aktionäre diejenigen Fragen, die vor Fassung des Erstbeschlusses (vermeintlich oder tatsächlich) nicht beantwortet wurden, erneut stellen und den Bestätigungsbeschluss ggf. (wiederum) anfechten.[82]

Wird der Bestätigungsbeschluss nicht gleichfalls angefochten,[83] ist der Mangel des früheren, nunmehr mangelfrei bestätigten Beschlusses **geheilt.**[84] „Die Anfechtung kann nicht mehr geltend gemacht werden" (§ 244 S. 1 AktG). Eine bereits erhobene Anfechtungsklage wird unbegründet und, wenn der Kläger sie nicht in der Hauptsache für erledigt erklärt, (als unbegründet) abgewiesen,[85] es sei denn, der Kläger hat ein rechtliches Interesse an der Feststellung, dass der Beschluss für die Zeit bis zum Bestätigungsbeschluss rechtswidrig war (§ 244 S. 2 AktG). 49

Wird auch der Bestätigungsbeschluss angefochten, kann erneut – ggf. neben einem (weiteren) Antrag im Unbedenklichkeits- bzw. Freigabeverfahren[86] – ein Bestätigungsbeschluss gefasst werden.[87] Der Bestätigungsbeschluss, der als erster unanfechtbar wird, erledigt dann die Hauptsache der anhängigen Anfechtungsverfahren.[88] 50

Statt durch Bestätigungsbeschluss könnte die Hauptversammlung der Klage das Rechtsschutzbedürfnis auch dadurch nehmen, dass sie einen mit dem angefochtenen inhaltlich **identischen** Beschluss mangelfrei fasst.[89] Erklärt der Kläger nicht in der Hauptsache für erledigt, wird die Klage dann (als unzulässig) abgewiesen. Die Neuvornahme ist jedoch aus tatsächlichen oder rechtlichen Gründen nicht immer möglich, zB weil das Risiko, das Kapital zweimal zu erhöhen, nicht eingegangen werden soll oder weil eine Frist verstrichen ist.[90] 51

Für die **Vorbereitung** und **Durchführung** der Hauptversammlung, die erforderlichen Mehrheiten und die **Anmeldung** von Bestätigungsbeschlüssen gelten jeweils die für den bestätigten Beschluss maßgeblichen Regeln. 52

XI. Aufhebung von Beschlüssen

Die Hauptversammlung kann jeden im Rahmen ihrer Zuständigkeit gefassten Beschluss durch **erneute Beschlussfassung** wieder aufheben, solange der Beschluss noch keine Außenwirkung entfaltet hat.[91] 53

Für den Aufhebungsbeschluss genügt die **einfache Mehrheit,** auch wenn der Beschluss, der aufgehoben werden soll, einer qualifizierten Mehrheit bedurfte, sofern dieser 54

---

[81] Allerdings muss er noch anfechtbar sein, dh es darf keine anderweitige Heilung (§ 242 AktG) eingetreten und auch die Anfechtungsfrist nicht abgelaufen sein, *Kiethe* NZG 1999, 1086 (1088).
[82] OLG Dresden ZIP 2001, 1539 – Sachsenmilch. Für die Rechtmäßigkeit des Bestätigungsbeschlusses kommt es auf die Sachlage bei Fassung des angefochtenen Beschlusses an; seitdem eingetretene Veränderungen bleiben unberücksichtigt, S. 1542f. Dagegen ist der Vorstand nicht von sich aus verpflichtet, die Informationen, die bei Fassung des Ausgangsbeschlusses fehlerhaft nicht erteilt wurden, nun zu erteilen, *Kiethe* NZG 1999, 1086 (1090).
[83] Der Aktionär, der die Heilungswirkung verhindern will, muss nach hA den Bestätigungsbeschluss anfechten, und zwar auch, wenn er etwa unter demselben Mangel leidet wie der frühere Beschluss (notwendige „Doppelanfechtung"), *Koch* in Hüffer/Koch AktG § 244 Rn. 4 und 9; *ders.* ZGR 2001, 833 (849).
[84] *Koch* in Hüffer/Koch AktG § 244 Rn. 5; *Kiethe* NZG 1999, 1086 (1091). Vgl. zum Zeitpunkt der Heilungswirkung *Hüffer/Schäfer* in MüKoAktG AktG § 244 Rn. 12f. mwN.
[85] OLG Frankfurt a.M. ZIP 2008, 2286; *Kiethe* NZG 1999, 1086 (1091).
[86] OLG Frankfurt a.M. AG 2008, 167 – Wella – mwN.
[87] OLG Dresden ZIP 2001, 1539 – Sachsenmilch.
[88] Eine Verbindung der Anfechtungsverfahren scheidet aus, sobald eines von ihnen entscheidungsreif geworden ist, OLG Dresden AG 2000, 43 (44) – Sachsenmilch AG II.
[89] Durch die „Neuvornahme" entfällt das Rechtsschutzbedürfnis der Anfechtungsklage, OLG Hamm ZIP 2005, 214 mit krit. Anm. von *Götz* DB 2004, 2573.
[90] *Koch* in Hüffer/Koch AktG § 244 Rn. 1.
[91] *Austmann* in MHdB AG § 40 Rn. 58; *Tröger* in Kölner Komm. AktG AktG § 133 Rn. 218.

noch nicht wirksam geworden und noch keine Außenwirkungen entfaltet hat.[92] In derselben Hauptversammlung genügt die einfache Mehrheit stets, da der aufzuhebende Beschluss noch nicht protokolliert ist, wozu die Fertigstellung und Unterzeichnung des Protokolls durch den Notar erforderlich ist (→ § 13 Rn. 62).

55 Dagegen ist zusätzlich die **qualifizierte Mehrheit** erforderlich, wenn der Beschluss, zB eine Satzungsänderung mit Eintragung in das Handelsregister, bereits wirksam geworden ist; dann bedarf die Aufhebung als erneute Satzungsänderung der satzungsändernden Mehrheit.[93] Die Aufhebung in einer neuen Hauptversammlung wird daher idR der Mehrheit bedürfen, die für den aufzuhebenden Beschluss erforderlich ist.[94]

XII. Beschlüsse in Übernahmesituationen

56 In Übernahmesituationen kommen unterschiedliche Beschlüsse der Hauptversammlung in Betracht, je nachdem, ob es sich um die Bieter- oder die Zielgesellschaft handelt, und ob ein Übernahmeangebot erwartet wird oder bereits gemacht wurde (siehe dazu §§ 6, 37). Inhaltlich handelt es sich dabei stets um Beschlüsse, die bereits an anderer Stelle behandelt wurden, namentlich Ermächtigungen, Kapitalmaßnahmen, Umwandlungen, nach „Holzmüller"-Grundsätzen zustimmungsbedürftige Erwerbe oder Veräußerungen und dgl. Auf die betreffenden Abschnitte kann hier verwiesen werden.

---

[92] *Tröger* in Kölner Komm. AktG AktG § 133 Rn. 231.
[93] *Tröger* in Kölner Komm. AktG AktG § 133 Rn. 228.
[94] ZB die Zustimmung zu einem Beherrschungsvertrag, deren Aufhebung freilich nur möglich ist, solange der Vertrag noch schwebend unwirksam ist, weil die Zustimmung der Hauptversammlung des anderen Vertragsteils noch aussteht, *Tröger* in Kölner Komm. AktG AktG § 133 Rn. 223.

§ 41 Organhaftung und Hauptversammlung

Übersicht

	Rn.
I. Überblick	1
II. Allgemeines	2
III. Dispositionsbefugnis der Hauptversammlung über Organhaftungsansprüche	4
1. Enthaftung durch vorherigen Beschluss nach § 93 Abs. 4 S. 1 AktG	5
2. Zustimmung zu Vergleich und Verzicht nach § 93 Abs. 4 S. 3	10
a) Grundstruktur der Regelung	10
b) Anwendungsbereich	13
c) Pflichtenlage des Aufsichtsrats bei der Beschlussvorbereitung	19
d) Voraussetzungen der Zustimmung der Hauptversammlung	21
e) Rechtsfolgen	25
IV. Durchsetzungsmöglichkeiten und -rechte der Hauptversammlung sowie einzelner Aktionäre	26
1. Beschluss über die Anspruchsdurchsetzung nach § 147 Abs. 1 AktG	27
a) Sinn und Zweck der Norm	27
b) Anwendungsbereich	28
c) Voraussetzung der Beschlussfassung	30
d) Weitere Bindung des zur Anspruchsdurchsetzung berufenen Organs	33
e) Rechtsfolgen des Beschlusses	35
2. Geltendmachung von Organhaftungsansprüchen durch besondere Vertreter nach § 147 Abs. 2 AktG („Klageerzwingungsverfahren")	37
a) Anforderungen an den besonderen Vertreter; Rechtsstellung	38
b) Bestellung durch die Hauptversammlung (§ 147 Abs. 2 S. 1 AktG)	43
c) Bestellung des besonderen Vertreters durch das Gericht (§ 147 Abs. 2 S. 2–8)	45
3. Klagezulassungsverfahren nach § 148 AktG	49

Stichworte

Beschlussvorlage des Aufsichtsrats Rn. 19 ff.
Besonderer Vertreter Rn. 38 ff.
Dreijahresfrist Rn. 24
Klageerzwingungsverfahren Rn. 37 ff.
Minderheitsverlangen Rn. 23
Vergleich mit D&O-Versicherern Rn. 18

Verpflichtung zur Anspruchsdurchsetzung nach § 147 I AktG Rn. 27 ff.
Wirtschaftlich einem Verzicht/Vergleich entsprechende Rechtshandlungen Rn. 14
Zustimmungsbeschluss, Voraussetzungen Rn. 21

Schrifttum:

Bayer, Vorstandshaftung in der AG de lege lata und de lege ferenda, NJW 2014, 2546; *Fabritius,* Der besondere Vertreter des § 147 Abs. 2 AktG, GS Gruson 2009, 133; *Fleischer,* Zulässigkeit und Grenzen von Vergleichen im Aktienrecht, in Fleischer/Kalss/Vogt (Hrsg), Enforcement im deutschen, österreichischen und schweizerischen Gesellschafts- und Kapitalmarktrecht, 2015, 123; *Kling,* Der besondere Vertreter im Aktienrecht, ZGR 2009, 190; *Mertens,* Die gesetzlichen Einschränkungen der Disposition über Ersatzansprüche der Gesellschaft durch Verzicht und Vergleich in der aktien- und konzernrechtlichen Organhaftung, Festschrift Fleck, 1988, 209; *Mock,* Inhalt und Reichweite der Ersatzansprüche in den §§ 147 ff. AktG, NZG 2015, 1013; *Rahlmeyer/Fassbach,* Vorstandshaftung und Prozessfinanzierung, GWR 2015, 331; *Schumacher,* Organhaftung und D&O-Versicherung im Schiedsverfahren, NZG 2016, 969; *Ulmer,* Die Aktionärsklage als Mittel der Kontrolle des Vorstands- und Aufsichtsratshandelns, ZHR 1999, 290; *Westermann,,* Freistellungserklärungen für Organmitglieder im Gesellschaftsrecht, FS Beusch 1993, 872; *Zieglmaier,* Die Systematik der Haftung von Aufsichtsratsmitgliedern gegenüber der Gesellschaft, ZGR 2007, 144; *Zimmermann,* Vereinbarungen über die Erledigung von Ersatzansprüchen gegen Vorstandsmitglieder von Aktiengesellschaften, Festschrift Duden, 1977, 773.

I. Überblick

1 Die Geltendmachung von Schadenersatzansprüchen der Gesellschaft gegen deren Verwaltungsorgane obliegt nicht primär der Hauptversammlung, sondern entweder dem Aufsichtsrat (für Ansprüche gegen Mitglieder des Vorstands) oder dem Vorstand (für Ansprüche gegen Mitglieder des Aufsichtsrats). Allerdings kann die Hauptversammlung maßgeblich auf die Geltendmachung bzw. Nichtgeltendmachung Einfluss nehmen. Die Freistellung der Organe von derartigen Ansprüchen erfordert jeweils einen Beschluss der Hauptversammlung, wobei das Gesetz hinsichtlich der Beschlussfassung vor oder nach dem jeweiligen Handeln eines Verwaltungsorgans differenzierte Anforderungen aufstellt (→ Rn. 5 ff.; 10 ff.). Neben ihrem Einfluss auf die Enthaftung eines Gesellschaftsorgans hat die Hauptversammlung auch Möglichkeiten, die Durchsetzung von Haftungsansprüchen gegen Organmitglieder zu forcieren. Die Hauptversammlung kann das jeweils zur Anspruchsdurchsetzung berufene Organ mittels Mehrheitsbeschluss zur Durchsetzung von Ansprüchen verpflichten (→ Rn. 26 ff.). Überdies kann die Hauptversammlung die Durchsetzung von Organhaftungsansprüchen auch einem von ihr gewählten besonderen Vertreter überantworten (→ Rn. 37 ff.). Neben diese Rechte der Hauptversammlung treten die Rechte der einzelnen Aktionäre, die entweder die gerichtliche Bestellung besonderer Vertreter oder das Recht, in eigenem Namen auf Leistung an die Gesellschaft klagen zu dürfen, gerichtlich durchsetzen können (→ Rn. 48 ff.).

II. Allgemeines

2 Die Mitglieder des Vorstands der Aktiengesellschaft haften im Falle einer schuldhaften Pflichtverletzung der Gesellschaft auf den hierdurch entstandenen Schaden nach § 93 Abs. 2 AktG. Neben diese spezifisch aktienrechtliche Organhaftung treten als denkbare Anspruchsgrundlagen der Gesellschaft noch Normen des Deliktsrechts, etwa § 823 Abs. 1 BGB, § 823 Abs. 2 iVm einem Schutzgesetz sowie § 826 BGB. Besteht ein Anspruch der Gesellschaft, hat der Aufsichtsrat diesen nach der „ARAG/Garmenbeck"-Rechtsprechung des BGH grundsätzlich zu verfolgen. Davon darf der Aufsichtsrat ausnahmsweise dann absehen, wenn gewichtige Gründe des Gesellschaftswohls dagegen sprechen und diese Umstände die Gründe, die für die Verfolgung der Ansprüche sprechen, überwiegen oder ihnen zumindest gleichwertig sind.[1]

3 Nach denselben Kriterien haften im Falle einer schuldhaften Pflichtverletzung nach §§ 93 Abs. 2, 116 AktG die Mitglieder des Aufsichtsrats. Die Ausführungen werden sich im Folgenden allerdings auf die Haftung des Vorstands konzentrieren.

III. Dispositionsbefugnis der Hauptversammlung über Organhaftungsansprüche

4 Die Organhaftung dient in erster Linie dem Wohl der Gesellschaft, soll also mittelbar das in die Gesellschaft investierte Vermögen der Aktionäre schützen. Um diesen Schutz nicht ohne Zustimmung des Prinzipals leerlaufen zu lassen, sieht das Gesetz in § 93 Abs. 4 AktG Kompetenzen der Hauptversammlung in Bezug auf die Befreiung des Vorstands von der oben dargestellten Haftung vor.

---

[1] BGHZ 135, 244 (252); bestätigt durch BGH, NZG 2014, 1058 Rn. 19; zuvor bereits BGHZ 180, 9 Rn. 23; BGH ZIP 2009, 860 Rn. 30. Vgl. auch *Reichert* ZIP 2016, 1189.

1. Enthaftung durch vorherigen Beschluss nach § 93 Abs. 4 S. 1 AktG

Ein Vorstandsmitglied haftet gegenüber der Gesellschaft nach § 93 Abs. 4 S. 1 AktG dann nicht für Schadensfolgen seines Handelns, wenn die jeweilige Handlung auf einem Beschluss der Hauptversammlung beruht. Diese Rechtsnorm ist Konsequenz des Verbots widersprüchlichen Verhaltens (§ 242 BGB). Dem Vorstand kann nicht auf der einen Seite von der Hauptversammlung ein bestimmtes Verhalten verbindlich (§ 83 Abs. 2 AktG iVm. § 119 Abs. 2 AktG) angewiesen, andererseits aber für die Folgen dieses Verhaltens seitens der Gesellschaft auf Schadensersatz in Anspruch genommen werden.[2]

Die Enthaftung des Vorstands erfordert nach § 94 Abs. 4 S. 1 AktG einen „gesetzmäßigen Beschluss" der Hauptversammlung. Es muss ein **formeller Beschluss** vorliegen, der nach § 130 Abs. 1 S. 1 AktG in der Versammlungsniederschrift beurkundet wurde. Eine bloße Willensbekundung eines Aktionärs begründet, auch wenn es sich um einen Mehrheitsaktionär handeln sollte, keinen Haftungsausschluss.[3] Vorbehaltlich abweichender Regelungen in der Satzung erfolgt dieser Beschluss gemäß § 133 AktG mit einfacher Mehrheit. Der Beschluss muss inhaltlich derart gefasst sein, dass dem Vorstand eine bestimmte Verhaltensweise gemäß § 83 Abs. 2 AktG verbindlich aufgegeben wird, eine bloße Ermächtigung des Vorstands zu einem bestimmten Verhalten reicht nicht aus.[4] Erforderlich ist auch, dass der Beschluss seitens der Hauptversammlung im Rahmen ihrer Kompetenzen geschlossen wird, also ein Fall des § 119 Abs. 2 AktG, einer sonstigen gesetzlichen Zuständigkeit oder einer ungeschriebenen Hauptversammlungszuständigkeit, etwa nach den „Holzmüller/Gelatine-Grundsätzen", vorliegt.[5]

Der Beschluss darf zudem nicht fehlerhaft, also wegen Verstoßes gegen das Gesetz oder die Satzung nach Maßgabe des § 241 AktG nichtig oder nach § 243 AktG anfechtbar sein.[6] Ein derart **fehlerhafter Beschluss** kann nur und erst dann zur Haftungsbefreiung führen, wenn im Falle der Nichtigkeit die Heilung des Beschlusses nach § 242 AktG[7] und im Falle der Anfechtbarkeit der Ablauf der Anfechtungsfrist gemäß § 246 Abs. 1 AktG eingetreten ist.[8]

In **zeitlicher Hinsicht** erfordert § 94 Abs. 4 S. 1 AktG, dass der Beschluss vor der jeweiligen Handlung des Vorstands gefasst wird. Ein im Nachhinein gefasster Beschluss, der das Vorstandshandeln als dem Willen der Hauptversammlung gemäß billigt, kann allenfalls nach den Maßgaben des § 93 Abs. 4 S. 3 AktG zur Haftungsbefreiung des Vorstands führen.[9] Wenn der Vorstand ein Rechtsgeschäft unter der aufschiebenden Bedingung eines zustimmenden Hauptversammlungsbeschlusses eingeht, kann auch der dem tatsächlichen Vorstandshandeln nachfolgende – aber der rechtlichen Wirkung des Geschäfts vorausgehende – Hauptversammlungsbeschluss zum Haftungsausschluss nach § 93 Abs. 4 S. 1 AktG führen.[10]

---

[2] OLG Köln NZG 2013, 872 (873); *Fleischer* in Spindler/Stilz AktG § 93 Rn. 264; *Wiesner* in MHdB AG § 26 Rn. 39; *Krieger/Sailer-Coceani* in K. Schmidt/Lutter AktG § 93 Rn. 59; *Grigoleit/Tomasic* in Grigoleit AktG § 93 Rn. 73; *von Falkenhausen* NZG 2016, 601 (602); *Wolff/Jansen* NZG 2013, 1165 (1166); *Kleinhenz/Leyendecker* BB 2012, 861; *Canaris* ZGR 1978, 207 (209).

[3] OLG Köln NZG 2013, 872 (Ls.); *Spindler* in MüKoAktG AktG § 93 Rn. 239, 248; *Fleischer* in Spindler/Stilz AktG § 93 Rn. 265; *Krieger/Sailer-Coceani* in K. Schmidt/Lutter AktG § 93 Rn. 60.

[4] *Spindler* in MüKoAktG AktG § 93 Rn. 241; *Fleischer* in Spindler/Stilz AktG § 93 Rn. 267.

[5] *Spindler* in MüKoAktG AktG § 93 Rn. 240; *Fleischer* in Spindler/Stilz AktG § 93 Rn. 265; *Krieger/Sailer-Coceani* in K. Schmidt/Lutter AktG § 93 Rn. 63.

[6] *Fleischer* in Spindler/Stilz AktG § 93 Rn. 268.

[7] *Spindler* in MüKoAktG AktG § 93 Rn. 238; *Fleischer* in Spindler/Stilz AktG § 93 Rn. 270; *Krieger/Sailer-Coceani* in K. Schmidt/Lutter AktG § 93 Rn. 61; aA noch *Hefermehl* FS Schilling, 1973, 159 (168).

[8] *Spindler* in MüKoAktG AktG § 93 Rn. 237; *Fleischer* in Spindler/Stilz AktG § 93 Rn. 271; *Krieger/Sailer-Coceani* in K. Schmidt/Lutter AktG § 93 Rn. 61; *Wolff/Jansen* NZG 2013, 1165 (1167); *Hefermehl* FS Schilling, 1973, 159 (166 ff.).

[9] *Spindler* in MüKoAktG AktG § 93 Rn. 242, 250; *Fleischer* in Spindler/Stilz AktG § 93 Rn. 267.

[10] *Krieger/Sailer-Coceani* in K. Schmidt/Lutter AktG § 93 Rn. 59; *von Falkenhausen* NZG 2016, 601 (602); *Kleinhenz/Leyendecker* BB 2012, 862 f.

9 Das Vorstandsmitglied, das sich vor Gericht gegen die Inanspruchnahme nach § 93 Abs. 2 AktG mit Verweis auf § 93 Abs. 4 S. 1 AktG verteidigt, trägt die **Darlegungs- und Beweislast** für die oben dargestellten Voraussetzungen des Haftungsausschlusses.[11] Damit trägt der Vorstand auch das Risiko der Darlegungs- und Beweislast für die Rechtmäßigkeit des Beschlusses, insbesondere auch für den Umstand, dass sich zwischen Beschlussfassung und Handlung die maßgeblichen Umstände des Einzelfalls nicht in zu hohem Ausmaß verändert haben[12] oder dass er den Beschluss nicht schuldhaft unter Missachtung seiner Sorgfaltspflichten[13] herbeigeführt hat.

2. Zustimmung zu Vergleich und Verzicht nach § 93 Abs. 4 S. 3

a) Grundstruktur der Regelung

10 Ein dem Vorstandshandeln zeitlich nachgelagerter Beschluss der Hauptversammlung kann auf die Frage der Vorstandshaftung nur nach § 93 Abs. 4 S. 3 AktG Einfluss nehmen. Diese Regelung enthält zwei Kernaussagen:

11 Erstens begründet sie eine **originäre Entscheidungszuständigkeit der Hauptversammlung.** Dem Vorstand gegenüber vertritt nach § 112 AktG der Aufsichtsrat die Gesellschaft, damit wäre dieser grundsätzlich auch dafür zuständig, in diesen Fällen über den Abschluss von Vergleichs- oder Verzichtsvereinbarungen zu entscheiden.[14] Um der Gefahr der Schädigung der Gesellschaft durch kollusives Zusammenwirken von Vorstand und Aufsichtsrat vorzubeugen, ordnet § 93 Abs. 4 S. 3 AktG an, dass die Letztentscheidung über Vergleichs- oder Verzichtsvereinbarungen betreffend Organhaftungsansprüche der Hauptversammlung obliegt.[15] Nur die Hauptversammlung hat das Recht, über einen seitens des Aufsichtsrats geschlossenen Vergleich/Verzicht zu entscheiden (und der Aufsichtsrat die Pflicht, für eine entsprechende Entschließung der Hauptversammlung zu sorgen). Die Regelung gibt der Hauptversammlung weder das Recht noch die Vertretungsmacht, selbsttätig mit einem Vorstandsmitglied einen Vergleich/Verzicht zu vereinbaren.

12 Zweitens beinhaltet diese Regelung einen **Übereilungsschutz** dahingehend, dass die Hauptversammlung diese Zustimmungskompetenz für Verzichts- oder Vergleichsvereinbarungen betreffend die Vorstandshaftung erst nach Ablauf von drei Jahren ab Entstehung des betreffenden Anspruchs ausüben kann. Eine zeitnahe Beschlussfassung der Hauptversammlung nach dem Vorstandshandeln birgt die Gefahr, dass der Beschluss möglicherweise auf Grundlage eines nicht vollständig ermittelten Sachverhalts ergeht und damit möglicherweise nicht dem Wohl der Gesellschaft dient; nach Ablauf von drei Jahren ist hingegen davon auszugehen, dass der Hauptversammlung alle notwendigen Informationen und damit eine hinreichende Entscheidungsgrundlage vorliegen.[16]

---

[11] *Spindler* in MüKoAktG AktG § 93 Rn. 239.
[12] *Spindler* in MüKoAktG AktG § 93 Rn. 245; *Fleischer* in Spindler/Stilz AktG § 93 Rn. 275; *Krieger/Sailer-Coceani* in K. Schmidt/Lutter AktG § 93 Rn. 61; *Hefermehl* FS Schilling, 1973, 159 (172).
[13] *Spindler* in MüKoAktG AktG § 93 Rn. 244; *Fleischer* in Spindler/Stilz AktG § 93 Rn. 272; *Krieger/Sailer-Coceani* in K. Schmidt/Lutter AktG § 93 Rn. 61; *von Falkenhausen* NZG 2016, 601 (602); *Canaris* ZGR 1978, 207 (213); *Hefermehl* FS Schilling, 1973, 159 (172).
[14] *Hasselbach* NZG 2016, 890; *Fleischer* AG 2015, 133 (135).
[15] *Spindler* in MüKoAktG AktG § 93 Rn. 252; *Weller/Rahlmeyer* GWR 2014, 167 (168); *Harbarth* GS Winter (2011), 215 (225); *Zimmermann* FS Duden, 1977, 773 (774); *Bayer/Scholz* ZIP 2015, 149 (150).
[16] *Spindler* in MüKoAktG AktG § 93 Rn. 251; *Krieger/Sailer-Coceani* in K. Schmidt/Lutter AktG § 93 Rn. 65; *Dietz-Vellmer* NZG 2011, 248 (249); *Weller/Rahlmeyer* GWR 2014, 167 (168); *Hirte/Stoll* ZIP 2010, 253; *Bayer/Scholz* ZIP 2015, 149 (150).

b) Anwendungsbereich

Der Anwendungsbereich der Norm umfasst sowohl den Verzicht auf Ansprüche aus Organhaftung als auch den Vergleich über solche Ansprüche. Ein (Teil-)Verzicht in diesem Sinne ist nach § 397 BGB eine vertragliche Vereinbarung zwischen dem Vorstand und der Gesellschaft mit dem Inhalt, dass der Anspruch aus Organhaftung ganz oder teilweise nicht mehr bestehen soll. Ein Vergleich in diesem Sinne ist nach § 779 BGB eine vertragliche Vereinbarung zwischen den oben genannten Parteien mit dem Inhalt, dass in Bezug auf die in Frage stehende Organhaftung beide Parteien ihre Rechtsposition teilweise aufgeben, etwa indem die Gesellschaft nur einen geringeren Schadenersatzbetrag fordert und das Vorstandsmitglied sich dafür gegen die Inanspruchnahme mit diesem geringeren Betrag nicht verteidigt. Hierzu zählen insbesondere auch Verzichte und Vergleiche, die im Rahmen eines laufenden Gerichtsverfahrens, etwa als Prozessvergleich (§§ 794 Abs. 1 Nr. 1, 1053 ZPO; § 796a ff. ZPO), abgeschlossen werden.[17]

13

Über diese Fälle hinaus bezieht sich der Anwendungsbereich des § 93 Abs. 4 S. 3 AktG auf alle Fälle rechtsgeschäftlichen oder prozessualen Handelns des Aufsichtsrates, das unmittelbaren Einfluss auf Bestand oder Durchsetzbarkeit des Organhaftungsanspruches hat und damit wirtschaftlich einem Verzicht/Vergleich nahe kommt.[18] Im Einzelnen sind insbesondere folgende Fälle umfasst:

14

- Sonstige **Prozesshandlungen,** die sich auf die Durchsetzbarkeit des Anspruchs auswirken, wie etwa ein Klageverzicht nach § 306 ZPO oder ein Anerkenntnis gegenüber einer negativen Feststellungsklage des Vorstands nach § 307 ZPO.[19]
- **Ausgleichsklauseln** im Rahmen von Aufhebungsvereinbarungen mit dem Inhalt, dass mit Erfüllung dieser Vereinbarung alle wechselseitigen Ansprüche aus dem Anstellungsverhältnis ausgeglichen sind.[20]
- Abschluss einer **Stundungsvereinbarung** mit sehr langer Laufzeit.[21]
- Abschluss einer **Abfindungsvereinbarung** mit dem Inhalt, dass dem Vorstandsmitglied im Zuge seines Ausscheidens aus der Organstellung seitens der Gesellschaft ein bestimmter Geldbetrag ausgezahlt wird.[22]
- Freistellung eines Organmitglieds von einer **Geldstrafe oder -buße,** wenn und soweit der bestrafte oder bebußte Sachverhalt gleichzeitig im Innenverhältnis zur Gesellschaft eine Pflichtverletzung darstellt.[23]

Nicht umfasst vom Anwendungsbereich der Norm ist die bloße **Nichtverfolgung des Anspruchs** durch den Aufsichtsrat. Dies gilt auch dann, wenn infolge dieses Unterlassens der Anspruch verjährt,[24] auch wenn dieses – hierauf verweist schon die „ARAG/Garmenbeck"-Entscheidung des BGH[25] – einem Verzicht im Sinne des § 93 Abs. 4 S. 3 AktG „außerordentlich nahe" komme.

15

---

[17] *Krieger/Sailer-Coceani* in K. Schmidt/Lutter AktG § 93 Rn. 64; *Harbarth* GS Winter, 2011, 215 (224); *Fleischer* AG 2015, 133 (140); *Hirte/Stoll* ZIP 2010, 253 (254); *Zimmermann* FS Duden, 1977, 773 (784); *Mertens* FS Fleck, 1988, 209 (213).
[18] *Hirte/Stoll* ZIP 2010, 253 (254).
[19] *Krieger/Sailer-Coceani* in K. Schmidt/Lutter AktG § 93 Rn. 64; *Habersack* NZG 2015, 1297 (1299); *Schnorbus/Klormann* NZG 2015, 938 (944); *Mertens* FS Fleck, 1988, 209 (213).
[20] *Weller/Rahlmeyer* GWR 2014, 167 (168); *Koch* in Born/Ghassemi-Tabar/Gehle, Münchener Handbuch des Gesellschaftsrechts, Bd. 7, 5. Aufl. 2016, § 30 Rn. 57; *Mertens* FS Fleck, 1988, 209 (212).
[21] *Spindler* in MüKoAktG AktG § 93 Rn. 261; *Koch* in Born/Ghassemi-Taber/Gehle, Münchener Handbuch des Gesellschaftsrechts, Bd. 7, 5. Aufl. 2016, § 30 Rn. 57.
[22] *Spindler* in MüKoAktG AktG § 93 Rn. 261.
[23] BGH NZG 2014, 1058 (1059); *Koch* in Born/Ghassemi-Taber/Gehle, Münchener Handbuch des Gesellschaftsrechts, Bd. 7, 5. Aufl. 2016, § 30 Rn. 56, 57; *Krieger/Sailer-Coceani* in K. Schmidt/Lutter AktG § 93 Rn. 64.
[24] *Habersack* NZG 2015, 1297 (1299); *Schnorbus/Klormann* NZG 2015, 938 (944). *W. Goette* ZHR 176 (2012), 588 (598 f.); *Paefgen* AG 2014, 554 (573 f.); *Paefgen* AG 2008, 761 (765); *Reichert* FS Hommelhoff 2013, 907 (917); s. ferner *Hopt/Rot* in GroßkommAktG, 5. Aufl. 2015 § 93 Rz. 530; *Habersack* in MüKoAktG AktG § 111 Rn. 35.
[25] BGHZ 135, 244 (256).

16 Ebenfalls kein Fall des § 93 Abs. 4 S. 3 AktG (aber möglicherweise eine Sorgfaltspflichtverletzung des Aufsichtsrats nach §§ 116, 93 Abs. 2 AktG) ist es, wenn der Aufsichtsrat durch **nachlässiges Handeln bei der Prozessführung** den Rechtsstreit der Gesellschaft gegen das Vorstandsmitglied verliert – etwa durch Säumnis bei Hauptverhandlungsterminen – und hierdurch die gerichtliche Durchsetzung der Vorstandshaftung vereitelt.[26] Auch Abreden zwischen Vorstand und Gesellschaft, die die verbindliche Entscheidung über die Organhaftung einem Schiedsgericht überantworten, unterfallen nicht den besonderen Voraussetzungen des § 93 Abs. 4 S. 3 AktG,[27] der Abschluss eines Schiedsvergleichs (→ Rn. 14) bleibt dessen ungeachtet zustimmungspflichtig nach § 93 Abs. 4 S. 3 AktG.[28]

17 **Verfügungen über die Forderung** aus § 93 Abs. 2 AktG an Dritte, etwa deren Abtretung oder Verpfändung, fallen nach allgemeiner Meinung nicht unter den Anwendungsbereich des § 93 Abs. 4 S. 3 AktG, und zwar unabhängig davon, ob der Gesellschaft hierfür eine vollwertige Gegenleistung zufließt.[29] Grenze der Unzulässigkeit ist hier allerdings die (nachweisbare) Absicht der Umgehung der Beschränkungen des § 93 Abs. 4 S. 3 AktG.[30] Ob dagegen Vereinbarungen mit einem Prozessfinanzierer für den Organhaftungsstreit, die dem Prozessfinanzierer für seine Leistung eine Erfolgsbeteiligung an der Haftungssumme zusprechen, einer Zustimmung der Hauptversammlung bedürfen, ist noch nicht abschließend geklärt.[31] Im Zweifel ist es daher ratsam, auch in diesen Fällen die Entscheidung der Hauptversammlung zur Zustimmung vorzulegen.

18 Noch nicht abschließend geklärt ist die Frage, wann ein **Vergleich der Gesellschaft mit dem D&O-Versicherer** unter den Anwendungsbereich der Norm fällt. Zu bejahen ist dies eindeutig dann, wenn in diesem Vergleich auch ein Vergleich über die Haftung des Vorstandsmitglieds enthalten ist (Haftungsvergleich).[32] Liegt – was in der Praxis nur selten vorkommen wird – ausschließlich ein Vergleich über die Einstandspflicht des D&O-Versicherers ohne Auswirkung auf Bestehen oder Höhe der Organhaftung vor (Deckungsvergleich), so liegt streng genommen kein Fall des § 93 Abs. 4 S. 3 AktG vor. Vereinzelt wird allerdings auch in diesem Fall eine – jedenfalls vorsorgliche – Vorlage zur und Zustimmung der Hauptversammlung empfohlen, da die Reichweite der Einstandspflicht des D&O-Versicherers jedenfalls faktisch Einfluss auf die Durchsetzbarkeit des Organhaftungsanspruches nehme.[33]

c) Pflichtenlage des Aufsichtsrats bei der Beschlussvorbereitung

19 Aus der „ARAG/Garmenbeck"-Rechtsprechung trifft den Aufsichtsrat keine Pflicht, überhaupt einen Vergleich/Verzicht zu vereinbaren, auch ergeben sich aus dieser Rechtsprechung keine Vorgaben bezüglich des genauen Inhalts eines der Hauptversammlung vorzulegenden Verzichts/Vergleichs.[34] Der Aufsichtsrat hat dies vielmehr nach pflichtge-

---

[26] *Zimmermann* FS Duden, 1977, 773 (785); *Mertens* FS Fleck (1988), 209 (213).
[27] *Leuering* NJW 2014, 657 (660); *Schumacher* NZG 2016, 969 (970); *Spindler* in Spindler/Stilz AktG § 116 Rn. 162; *Habersack* in MüKoAktG AktG § 116 Rn. 4; *Koch* in Hüffer/Koch § 93 Rn. 90; kritisch *Bayer* NJW 2014, 2546 (2549f.); aA *Zimmermann* FS Duden, 1977, 773 (786); *Mertens* FS Fleck, 1988), 209 (211).
[28] *Spindler* in MüKoAktG AktG § 93 Rn. 251; *Hopt/Roth* in GroßkommAktG AktG § 93 Rn. 529.
[29] In diesem Sinne *Krieger/Sailer-Coceani* in K. Schmidt/Lutter AktG § 93 Rn. 64; *Spindler* in MüKoAktG AktG § 93 Rn. 263; *Hasselbach* DB 2010, 2037 (2040); *Fleischer* AG 2015, 133 (139); *Zimmermann* FS Duden, 1977, 773 (783).
[30] Vgl. statt aller *Koch* in Hüffer/Koch AktG § 93 Rn. 77 mwN.
[31] Für die generelle Zulässigkeit einer Prozessfinanzierung ohne Beachtung der Voraussetzungen des § 93 Abs. 4 S. 3 AktG plädieren *Rahlmeyer/Fassbach* GWR 2015, 331 (335) sowie *Koch* in Hüffer/Koch AktG § 93 Rn. 77.
[32] *Hempel* NJW 2015, 2077; *Thole* ZWeR 2015, 93ff.
[33] *Dietz-Vellmer* NZG 2011, 248 (253).
[34] *Krieger/Sailer-Coceani* in K. Schmidt/Lutter AktG § 93 Rn. 67; *Dietz-Vellmer* NZG 2011, 248 (251); *Fleischer* AG 2015, 133 (135); *Bayer/Scholz* ZIP 2015, 149 (151); aA *Hasselbach* NZG 2016, 890 (891).

mäßem Ermessen zu entscheiden, wobei er sich auf die Business Judgment Rule berufen kann.[35]

Entschließt sich der Aufsichtsrat dazu, einen Verzicht/Vergleich zu vereinbaren und diesen der Hauptversammlung vorzulegen, ergeben sich aus § 93 Abs. 4 S. 3 AktG keine über die allgemeinen Regeln hinausgehenden Anforderungen bezüglich der Frage, in welcher Art diese Beschlussvorlage zu erfolgen hat. Insbesondere erfordert die Norm keinen (schriftlichen) Bericht des Aufsichtsrats über die wirtschaftlichen Hintergründe der zu beschließenden Maßnahme. Nach § 124 Abs. 2 S. 2 AktG ist es nur erforderlich, dass gegenüber der Hauptversammlung der **wesentliche Inhalt des Vergleichsvertrags offengelegt** wird.[36] Für die Praxis hat es sich jedoch als empfehlenswert erwiesen, gegenüber der Hauptversammlung über die gesetzlichen Anforderungen hinaus den vollständigen Inhalt der konkreten Verzichts- oder Vergleichsvereinbarung sowie die maßgeblichen wirtschaftlichen Hintergründe und Motive offenzulegen.[37] 20

d) Voraussetzungen der Zustimmung der Hauptversammlung

Die Zustimmung der Hauptversammlung zu einem Verzicht, einem Vergleich oder den oben dargestellten wirtschaftlich gleichwertigen Maßnahmen (→ Rn. 14) kann nur im Wege eines formellen Beschlusses (§ 130 Abs. 1 S. 1 AktG) erfolgen.[38] Ebenso wie im Fall des § 93 Abs. 4 S. 1 AktG sind informelle Meinungskundgaben einzelner oder mehrerer Aktionäre, unabhängig von deren jeweiligem oder kumulativem Stimmgewicht, ohne Belang.[39] Vorbehaltlich abweichender Regelungen in der Satzung erfolgt dieser Beschluss nach § 133 AktG mit einfacher Mehrheit.[40] Sind die betroffenen Vorstandsmitglieder selbst Aktionäre der Gesellschaft, so sind diese gemäß § 136 Abs. 1 AktG bei der Beschlussfassung über Verzicht oder Vergleich bezüglich der gegen sie gerichteten Ansprüche nicht stimmberechtigt.[41] 21

Seinem Inhalt nach muss der Beschluss sich konkret auf den jeweiligen Vergleichs- oder Verzichtsvorgang beziehen, ein bloßer Entlastungsbeschluss ist mit Blick auf § 120 AktG nicht ausreichend.[42] 22

Die Wirksamkeit eines nach obigen Maßstäben gefassten Beschlusses erfordert nach § 93 Abs. 4 S. 3 AktG weiterhin, dass nicht seitens einer Minderheit von Aktionären ein **Widerspruch** gegen diesen Beschluss eingelegt wird. Ein solches Minderheitsverlangen ist nur beachtlich wenn die daran teilhabenden Aktionäre auf sich mindestens 10% des vorhandenen (nicht nur des auf der jeweiligen Hauptversammlung vertretenen) Grundkapitals der Gesellschaft vereinen. Unerheblich ist insoweit, ob dieser Schwellenwert durch einen einzelnen oder eine beliebige Mehrzahl von Aktionären erreicht wird.[43] Unerheblich ist auch, ob die Anteile der widersprechenden Aktionäre selbst stimmberechtigt sind 23

---

[35] *Krieger/Sailer-Coceani* in K. Schmidt/Lutter AktG § 93 Rn. 67; *Dietz-Vellmer* NZG 2011, 248 (251); *Hasselbach* NZG 2016, 890 (891); *Fleischer* AG 2015, 133 (135); differenzierend *Bayer/Scholz* ZIP 2015, 149 (150).
[36] *Fleischer* AG 2015, 133 (136); *Hirte/Stoll* ZIP 2010, 253 (254).
[37] *Dietz-Vellmer* NZG 2011, 248 (250); *Fleischer* AG 2015, 133 (136). So etwa die Vorgehensweise der Siemens AG in der ordentlichen Hauptversammlung am 27.1.2015 unter TOP 11; der Infineon Technologies AG in der ordentlichen Hauptversammlung am 17.2.2011 unter TOP 10 sowie der Constantin Medien AG in der außerordentlichen Hauptversammlung am 15./16.12.2009.
[38] *Spindler* in MüKoAktG AktG § 93 Rn. 252; *Krieger/Sailer-Coceani* in K. Schmidt/Lutter AktG § 93 Rn. 67.
[39] *Fleischer* in Spindler/Stilz AktG § 93 Rn. 278.
[40] *Spindler* in MüKoAktG AktG § 93 Rn. 252; *Fleischer* in Spindler/Stilz AktG § 93 Rn. 278; *Krieger/Sailer-Coceani* in K. Schmidt/Lutter AktG § 93 Rn. 67.
[41] *Spindler* in MüKoAktG AktG § 93 Rn. 252; *Krieger/Sailer-Coceani* in K. Schmidt/Lutter AktG § 93 Rn. 67; *Fleischer* in Spindler/Stilz AktG § 93 Rn. 279; *Fleischer* AG 2015, 133 (135); *Weller/Rahlmeyer* GWR 2014, 167 (168); *Hasselbach* DB 2010, 2037 (2043); *Mertens* FS Fleck, 1988, 209 (215).
[42] *Fleischer* in Spindler/Stilz AktG § 93 Rn. 278; *Fleischer* AG 2015, 133 (135); *Zimmermann* FS Duden, 1977, 773 (777).
[43] *Spindler* in MüKoAktG AktG § 93 Rn. 253.

oder in welcher Höhe auf diese eingezahlt wurde.[44] Zweck dieses Erfordernisses ist es, die in den § 147 Abs. 2 AktG sowie § 148 AktG geregelten Minderheitenrechte davor zu schützen, dass die Mehrheit diese Rechte durch die Zustimmung zu Verzichts- oder Vergleichsvereinbarungen unterläuft.[45]

24   Die Berechnung der in § 93 Abs. 4 S. 3 AktG vorgegebenen **Frist von drei Jahren** richtet sich nach den Regeln des bürgerlichen Rechts (§§ 187, 188 BGB). Diese Frist kann weder durch die Hauptversammlung noch durch Dritte verkürzt werden.[46] Eine gesetzliche Ausnahme besteht nach § 93 Abs. 4 S. 4 AktG nur dann, wenn das Vorstandsmitglied zahlungsunfähig iSd. § 17 Abs. 2 InsO ist und den Vergleich zur Abwendung eines Insolvenzverfahrens abschließt oder die Ersatzpflicht in einem Insolvenzplan (§§ 217 ff. InsO) geregelt ist.

e) Rechtsfolgen

25   Ohne Zustimmung der Hauptversammlung vorgenommene Verzichte, Vergleiche oder ähnliche Maßnahmen sind nichtig und entfalten keine Rechtswirkung.[47] Nichtig ist auch ein vor Ablauf der Dreijahresfrist des § 93 Abs. 4 S. 3 AktG mit Zustimmung der Hauptversammlung vorgenommener Verzicht oder Vergleich.[48] Unschädlich ist es jedoch, bereits vor Ablauf der Frist Verhandlungen über den Inhalt einer Vergleichs- oder Verzichtsvereinbarung zu führen und sich an dieser Stelle unverbindlich über den Inhalt eines später abzuschließenden und der Hauptversammlung vorzulegenden Vergleichs oder Verzichts zu verständigen.[49]

IV. Durchsetzungsmöglichkeiten und -rechte der Hauptversammlung sowie einzelner Aktionäre

26   Neben den oben dargestellten Rechten der Hauptversammlung, ihre vorherige oder nachträgliche Zustimmung zur Enthaftung eines Vorstandsmitglieds zu geben, beinhaltet das AktG zudem noch Rechte der Hauptversammlung sowie einzelner Aktionäre die Durchsetzung eines bestehenden Organhaftungsanspruchs zu veranlassen. Dabei beinhaltet das deutsche Aktienrecht ein Regel-/Ausnahmeverhältnis: Grundsätzlich zuständig (und nach den Maßgaben der „ARAG/Garmenbeck"-Rechtsprechung auch verpflichtet) zur Durchsetzung von Organhaftungsansprüchen sind die Verwaltungsorgane selbst, dh der Aufsichtsrat prüft und setzt Ansprüche gegen den Vorstand (§ 93 Abs. 2 AktG) durch und der Vorstand prüft und setzt Ansprüche gegen den Aufsichtsrat (§§ 93 Abs. 2, 116 AktG) durch. Die zur Durchsetzung berufenen Verwaltungsorgane verfügen insoweit in den Grenzen der oben dargestellten „ARAG-Garmenbeck"-Rechtsprechung über ein eigenes Entscheidungsermessen, die Hauptversammlung ist in diesen Prozess grundsätzlich nicht involviert (→ Rn. 2). Die Regelungen der §§ 147 Abs. 1, 148 Abs. 1 AktG stellen hierzu eine Ausnahme dar. Sie ermöglicht es der Hauptversammlung (§ 147 Abs. 1 AktG) bzw. einer Aktionärsminderheit (§ 148 Abs. 1 AktG) in die Durchsetzung der Organhaftungsansprüche aktiv einzugreifen.

---

[44] *Spindler* in MüKoAktG AktG § 93 Rn. 253.
[45] *Fleischer* in Spindler/Stilz AktG § 93 Rn. 280; *Dietz-Vellmer* NZG 2011, 248 (250).
[46] *Spindler* in MüKoAktG AktG § 93 Rn. 251; *Hasselbach* DB 2010, 2037 (2039).
[47] *Hasselbach* DB 2010, 2037 (2039).
[48] *Fleischer* in Spindler/Stilz AktG § 93 Rn. 288.
[49] *Krieger/Sailer-Coceani* in K. Schmidt/Lutter AktG § 93 Rn. 65.

1. Beschluss über die Anspruchsdurchsetzung nach § 147 Abs. 1 AktG

a) Sinn und Zweck der Norm

§ 147 Abs. 1 AktG eröffnet der Hauptversammlung die Möglichkeit, das zuständige Verwaltungsorgan zur Geltendmachung von Organhaftungsansprüchen zu verpflichten und somit der vom Gesetzgeber gesehenen Gefahr von Interessenkonflikten oder gar eines kollusiven Zusammenwirkens zu begegnen.[50] Mit der Beschlussfassung nach § 147 Abs. 1 AktG übt die Hauptversammlung das oben beschriebene Entscheidungsermessen der Verwaltungsorgane für diese abschließend aus; der Beschluss bewirkt daher eine Verpflichtung der Verwaltungsorgane, die beschlussgegenständlichen Organhaftungsansprüche der Gesellschaft durchzusetzen.[51] Kommt das zur Durchsetzung der Ansprüche berufene Verwaltungsorgan dieser Pflicht nicht nach, kommt eine schuldhafte Pflichtverletzung nach §§ 93 Abs. 2, 116 AktG in Betracht (→ § 47 Rn. 38 ff.).[52]   27

b) Anwendungsbereich

Der Beschluss der Hauptversammlung nach § 147 Abs. 1 AktG kann sich beziehen auf Schadensersatzansprüche der Gesellschaft gegen Gründer, Gründergenossen, Emittenten, sowie Vorstand und Aufsichtsrat bei Gründung und Nachgründung (§§ 46-48, 53 AktG), Ersatzansprüche aus unzulässiger Einflussnahme (§ 117 AktG) sowie auf Ersatzansprüche gegen die Mitglieder des Vorstands und des Aufsichtsrats nach § 93 Abs. 2 ggf. iVm. § 116 AktG.[53] Noch nicht höchstrichterlich entschieden – in der Literatur aber weitgehend befürwortet – ist die Frage, ob nach § 147 Abs. 1 AktG auch Ansprüche konzernrechtlicher Natur durchgesetzt werden können.[54] In Bezug auf Ansprüche aus §§ 317, 318 AktG wird dies von der obergerichtlichen Rechtsprechung bejaht.[55]   28

Im Gegensatz zum Klagezulassungsverfahren nach § 148 AktG bestehen in Bezug auf § 147 AktG keine Einschränkungen dahingehend, dass Ansprüche nur bei hohem objektivem Pflichtwidrigkeitsgehalt oder einem hohen subjektiven Schuldvorwurf auf diese Weise durchgesetzt werden können. Als Folge werden von § 47 AktG alle Ansprüche erfasst, auch unabhängig von der Höhe des potentiellen Schadens.[56]   29

c) Voraussetzung der Beschlussfassung

Voraussetzung des § 147 Abs. 1 AktG ist ein formeller Beschluss der Hauptversammlung, nicht ausreichend ist etwa die bloße Verweigerung der Entlastung nach § 120 AktG.[57] Der Beschluss muss nach den allgemeinen Regeln (§§ 124 Abs. 1, Abs. 4 S. 1 AktG) als Gegenstand der Tagesordnung bekannt gemacht worden sein, ggf. über ein Aktionärsverlangen gemäß § 122 Abs. 2 AktG.[58] Ausnahmsweise kann ein derartiger Beschluss aber auch   30

---

[50] *Schröer* in MüKoAktG AktG § 147 Rn. 15; *Koch* in Hüffer/Koch AktG § 147 Rn. 1; *Mock* in Spindler/Stilz AktG § 147 Rn. 1.
[51] *Schröer* in MüKoAktG AktG § 147 Rn. 15, 32; *Krieger/Sailer-Coceani* in K. Schmidt/Lutter AktG § 147 Rn. 1, 6; *Mock* in Spindler/Stilz AktG § 147 Rn. 36; *Westermann* AG 2009, 237 (238).
[52] *Spindler* in K. Schmidt/Lutter AktG § 147 Rn. 12; *Schröer* in MüKoAktG AktG § 147 Rn. 32; *Mock* in Spindler/Stilz AktG § 147 Rn. 36.
[53] Umfassend *Mock* NZG 2015, 1013 ff.
[54] OLG München WM 2008, 1971 (1973); *Schröer* in MüKoAktG AktG § 147 Rn. 20; *Altmeppen* in MüKoAktG AktG § 317 Rn. 63; *Mock* in Spindler/Stilz AktG § 147 Rn. 13; *Koch* in Hüffer/Koch AktG § 147 Rn. 3: Anwendbarkeit des § 147 Abs. 1 AktG auf §§ 309 Abs. 4, 310 Abs. 4, 317 Abs. 4, 318 Abs. 4 AktG.
[55] OLG München NZG 2008, 230 (232); WM 2008, 1971 (1973 f.); dem folgend LG Frankfurt NZG 2013, 1181 (1182 f.).
[56] *Schröer* in MüKoAktG AktG § 147 Rn. 21; *Mock* DB 2008, 393 (395).
[57] LG Stuttgart BeckRS 2011, 13162 Rn. A I; *Spindler* in K. Schmidt/Lutter AktG § 147 Rn. 8.
[58] *Spindler* in K. Schmidt/Lutter AktG § 147 Rn. 8; *Schröer* in MüKoAktG AktG § 147 Rn. 37; *Mock* in Spindler/Stilz AktG § 147 Rn. 32.

ohne vorherige Bekanntmachung wirksam gefasst werden. Dies ist nach § 124 Abs. 4 S. 2 Alt. 2 AktG der Fall, wenn der Beschluss im Zusammenhang zu anderen Gegenständen der Tagesordnung steht, etwa wenn ein Tagesordnungspunkt die Vorlage eines Sonderprüfungsberichts, der Ausführungen zu Organhaftungsansprüchen enthält, beinhaltet. Dann muss der Beschluss nach § 147 Abs. 1 AktG nicht zusätzlich auf die Tagesordnung gesetzt und im Vorfeld bekannt gemacht werden, sondern kann als ergänzender Sachantrag zu dem Tageordnungspunkt Sonderprüfungsbericht von jedem Aktionär im Rahmen der Hauptversammlung beantragt werden.[59]

31   Der Beschluss nach § 147 Abs. 1 AktG kann mit einfacher Stimmenmehrheit gemäß § 133 Abs. 1 AktG gefasst werden.[60] Wie auch im Fall des § 93 Abs. 4 S. 3 AktG unterliegt das betroffene Organmitglied nach § 136 Abs. 1 AktG einem Stimmverbot.[61] Noch nicht abschließend geklärt ist dies allerdings im Falle der Durchsetzung konzernrechtlicher Ansprüche für diejenigen Aktionäre, um deren Verwaltungsorgane es sich bei den Anspruchsschuldnern handelt.[62] Der Beschluss muss seinem Inhalt nach erkennen lassen, gegen wen Ersatzansprüche geltend gemacht werden sollen und aus welchen konkreten Handlungen oder Maßnahmen des Anspruchsgegners sich der Tatbestand des jeweiligen Ersatzanspruches ergeben soll.[63] Es müssen allerdings weder eine Anspruchsgrundlage noch ein konkret bezifferter Schaden genannt werden.[64] Genügt der Beschluss diesen Anforderungen nicht, so ist er anfechtbar.[65]

32   Die Aufhebung des Beschlusses, die bezüglich Mehrheitserfordernis und Stimmverboten denselben Voraussetzungen wie der Ursprungsbeschluss folgt, ist jederzeit durch Beschluss der Hauptversammlung möglich.[66]

d) Weitere Bindung des zur Anspruchsdurchsetzung berufenen Organs

33   Der Beschluss nach § 147 Abs. 1 AktG verpflichtet das zur Geltendmachung berufene Organ grundsätzlich nur hinsichtlich des „Ob" der Geltendmachung. Das „Wie" der Geltendmachung bleibt dem pflichtgemäßen Ermessen des jeweiligen Organs überlassen, wobei diesbezüglich sowohl außergerichtliche als auch gerichtliche Maßnahmen zulässig sind.[67] Eine Beschränkung sieht das Gesetz nur dahingehend vor, dass gem. § 147 Abs. 1 S. 2 AktG die Geltendmachung innerhalb einer Frist von sechs Monaten – berechnet nach §§ 187, 188 BGB – seit dem Tag derjenigen Hauptversammlung, in der der Beschluss nach § 147 Abs. 1 AktG gefasst wurde, vorgenommen werden soll. Diese Frist kann durch Beschluss der Hauptversammlung verlängert werden.[68]

34   Über die oben genannte Verpflichtung hinaus kann die Hauptversammlung dem zur Geltendmachung berufenen Organ im Rahmen des Beschlusses weitergehend noch die

---

[59] *Spindler* in K. Schmidt/Lutter AktG § 147 Rn. 8; *Schröer* in MüKoAktG AktG § 147 Rn. 37; *Mock* in Spindler/Stilz AktG § 147 Rn. 32; 42; *Bungert* in Krieger/Schneider, Handbuch Managerhaftung, 2. Aufl. 2010, § 13 Rn. 56.
[60] *Spindler* in K. Schmidt/Lutter AktG § 147 Rn. 7; *Schröer* in MüKoAktG AktG § 147 Rn. 33; *Mock* in Spindler/Stilz AktG § 147 Rn. 32; *K. Schmidt*, NZG 2005, 796, 798.
[61] *Spindler* in K. Schmidt/Lutter AktG § 147 Rn. 7; *Schröer* in MüKoAktG AktG § 147 Rn. 34; *Mock* in Spindler/Stilz AktG § 147 Rn. 32; 42; *Bungert* in Krieger/Schneider, Handbuch Managerhaftung, 2. Aufl. 2010, § 13 Rn. 59.
[62] Für ein Stimmverbot: *Mock* DB 2008, 393 (395). Differenzierend: *Schröer* in MüKoAktG AktG § 147 Rn. 35 der einen Stimmrechtsausschluss nur annimmt, sofern das Organmitglied einen maßgeblichen Einfluss auf das Stimmverhalten des Aktionärs ausübt.
[63] *Spindler* in K. Schmidt/Lutter AktG § 147 Rn. 9; *Schröer* in MüKoAktG AktG § 147 Rn. 28; *Mock* in Spindler/Stilz AktG § 147 Rn. 29f.
[64] *Schröer* in MüKoAktG AktG § 147 Rn. 28; *Mock* in Spindler/Stilz AktG § 147 Rn. 30.
[65] *Spindler* in K. Schmidt/Lutter AktG § 147 Rn. 9; 42; *Bungert* in Krieger/Schneider, Handbuch Managerhaftung, 2. Aufl. 2010, § 13 Rn. 58.
[66] *Mock* in Spindler/Stilz AktG § 147 Rn. 41; *Schröer* in MüKoAktG AktG § 147 Rn. 36.
[67] *Spindler* in K. Schmidt/Lutter AktG § 147 Rn. 11; *Schröer* in MüKoAktG AktG § 147 Rn. 30; *Mock* in Spindler/Stilz AktG § 147 Rn. 24.
[68] *Spindler* in K. Schmidt/Lutter AktG § 147 Rn. 12.

IV. Durchsetzungsmöglichkeiten und -rechte der Hauptversammlung § 41

Art und Weise der Geltendmachung, das „Wie" der Anspruchsdurchsetzung, vorgeben. Die Reichweite der Bindungswirkung einer solchen Vorgabe ist indes nicht abschließend geklärt. Eine Bindungswirkung liegt für das betreffende Organ in jedem Fall dahingehend vor, dass Beschlussinhalte vorgegeben werden können, welche Maßnahmen zur Anspruchsdurchsetzung mindestens vorgenommen werden müssen.[69] Ob ein derartiger Beschlussinhalt das zur Anspruchsdurchsetzung berufene Organ auch dahingehend binden kann, dass ausschließlich die im Beschlussinhalt genannten Verfolgungsmaßnahmen durchgeführt werden dürfen, ist umstritten.[70] Im Ergebnis ist die Möglichkeit einer dementsprechenden Bindungswirkung zu bejahen, es ist aber in jedem Fall sorgfältig zu prüfen, ob nicht die Voraussetzungen des § 93 Abs. 4 S. 3 AktG durch den konkreten Beschlussinhalt, der im Einzelfall einem Teilverzicht gleich stehen kann, unterlaufen werden.

e) Rechtsfolgen des Beschlusses

Ein Hauptversammlungsbeschluss gem. § 147 Abs. 1 AktG entfaltet Rechtswirkungen 35 ausschließlich im Innenverhältnis zwischen Gesellschaft und dem zur Anspruchsdurchsetzung berufenen Organ. Im Falle der Vorstandshaftung sind daher im Außenverhältnis zwischen Gesellschaft und Vorstandsmitglied alle seitens des Aufsichtsrats getroffenen Maßnahmen der Anspruchsdurchsetzung, sowohl gerichtliche als auch außergerichtliche Maßnahmen, unabhängig vom Inhalt des Hauptversammlungsbeschlusses, wirksam. Dies gilt sowohl in Bezug auf die Über- bzw. Unterschreitung der im Beschluss festgelegten Vorgaben betreffend die Art und Weise der Anspruchsdurchsetzung als auch in Bezug auf die Überschreitung der Frist des § 147 Abs. 1 S. 2 AktG (→ § 47 Rn. 40).[71]

Eine **schuldhafte Missachtung** der inhaltlichen oder zeitlichen Vorgaben des Haupt- 36 versammlungsbeschlusses nach § 147 Abs. 1 AktG kann allerdings im Schadensfall zu einer Haftung des betroffenen Organs nach §§ 93 Abs. 2, 116 AktG zu führen.[72]

2. Geltendmachung von Organhaftungsansprüchen durch besondere Vertreter nach § 147 Abs. 2 AktG („Klageerzwingungsverfahren")

Die Hauptversammlung kann darüber hinaus zur Durchsetzung von Haftungsansprüchen 37 der Gesellschaft gegen Organmitglieder nach Maßgabe des § 147 Abs. 2 AktG besondere Vertreter bestellen. Einen sachlichen Grund hierfür benötigt die Hauptversammlung nicht. Ausreichend ist es, dass die Hauptversammlung Zweifel daran hat, dass die Organhaftungsansprüche von dem zur Durchsetzung berufenen Organ im Sinne der Gesellschaft durchgesetzt werden.[73] Denkbar ist auch der Fall, dass das zur Anspruchsdurchsetzung berufene Organ nicht handlungsfähig ist.[74]

a) Anforderungen an den besonderen Vertreter; Rechtsstellung

Als besondere Vertreter im Sinne des § 147 Abs. 2 AktG kann jede geschäfts- und pro- 38 zessfähige, nicht befangene natürliche Person bestellt werden. Juristische Personen und Gesamthandsgemeinschaften scheiden wie auch in § 76 Abs. 3 AktG sowie § 100 Abs. 1

---

[69] *Spindler* in K. Schmidt/Lutter AktG § 147 Rn. 10.
[70] Für eine Bindung: *Schröer* in MüKoAktG § 147 Rn. 38. Gegen eine Bindung: *Spindler* in K. Schmidt/Lutter AktG § 147 Rn. 10.
[71] *Mock* in Spindler/Stilz AktG § 147 Rn. 38; *Schröer* in MüKoAktG § 147 Rn. 40.
[72] *Spindler* in K. Schmidt/Lutter AktG § 147 Rn. 12; *Schröer* in MüKoAktG § 147 Rn. 40.
[73] *Schröer* in MüKoAktG § 147 Rn. 42; *Bungert* in Krieger/Schneider, Handbuch Managerhaftung, 2. Aufl. 2010, § 13 Rn. 49; *Westermann* AG 2009, 237 (238).
[74] *Schröer* in MüKoAktG § 147 Rn. 42.

AktG aus.⁷⁵ Es ist unschädlich, wenn der besondere Vertreter gleichzeitig Aktionär der Gesellschaft ist, auch Mitglieder von Vorstand und Aufsichtsrat können – falls die geltend zu machenden Ansprüche sich nicht gegen sie persönlich richten – zu besonderen Vertretern bestellt werden.⁷⁶

39 Bezüglich der Frage, welche weiteren Anforderungen an die Person des besonderen Vertreters gestellt werden müssen, ist nach der Art seiner Bestellung zu unterscheiden. Im Falle der Bestellung durch Beschluss der Hauptversammlung ist es zweckmäßig, nicht aber rechtlich erforderlich, mit der Aufgabe des besonderen Vertreters nur eine Person zu betrauen, die über die zur Durchsetzung der Ansprüche erforderlichen **notwendigen Fähigkeiten und Qualifikation** verfügt.⁷⁷ Im Falle der Bestellung durch gerichtliche Entscheidung ist das Gericht indes gehalten, eine sowohl persönlich als auch fachlich geeignete Person als besonderen Vertreter zu bestellen.⁷⁸

40 Zu den **Rechten und Pflichten** des besonderen Vertreters gehört die gerichtliche und außergerichtliche Geltendmachung der von der Hauptversammlung spezifizierten Ersatzansprüche – einschließlich konzernrechtlicher Ansprüche.⁷⁹ Dies beinhaltet auch die Verteidigung gegen Maßnahmen der in Haftung zu nehmenden Organmitglieder, etwa gegen negative Feststellungsklagen.⁸⁰

41 Zur Wahrnehmung dieser Rechte und Pflichten verfügt der besondere Vertreter über **Vertretungs- und Informationsbefugnisse.** Während der Zeit seiner Bestellung hat der besondere Vertreter die Stellung eines Organs der Gesellschaft inne.⁸¹ Er ist daher **gesetzlicher Vertreter der Gesellschaft.** Seine Vertretungsmacht ist allerdings inhaltlich auf die Durchsetzung der im Beschluss nach § 147 Abs. 1 AktG spezifizierten Ansprüche beschränkt.⁸² Innerhalb seines Aufgabenbereichs ist die Vertretungsmacht des besonderen Vertreters allerdings unbeschränkt und auch nicht beschränkbar.⁸³ Im Rahmen seines Aufgabenbereichs verdrängt der besondere Vertreter die anderen zur Vertretung berechtigten Organe der Gesellschaft, insbesondere können diese die vom besonderen Vertreter initiierten gerichtlichen Verfahren nicht übernehmen und selbst weiterführen (Umkehrschluss aus § 148 Abs. 3 AktG).⁸⁴

42 Weniger weitreichend, aber auch im Einzelnen nicht unumstritten, sind die Befugnisse des besonderen Vertreters in Bezug auf die **Informationsgewinnung.** Das Aktienrecht geht davon aus, dass der besondere Vertreter für die Durchsetzung von Ansprüchen bestellt wird, deren tatbestandliche Grundlagen bereits im Wesentlichen aufgeklärt sind. Nur so erklärt sich die für Aufklärungsmaßnahmen in komplexen Sachverhalten in der Regel

---

[75] *Schröer* in MüKoAktG AktG § 147 Rn. 43; 42; *Bungert* in Krieger/Schneider, Handbuch Managerhaftung, 2. Aufl. 2010, § 13 Rn. 61; *Spindler* in K. Schmidt/Lutter AktG § 147 Rn. 22; *Kling* ZGR 2009, 190 (198f.); aA aber *Verhoeven* ZIP 2008, 245 (248).
[76] *Schröer* in MüKoAktG AktG § 147 Rn. 43; *Spindler* in K. Schmidt/Lutter AktG § 147 Rn. 22.
[77] *Spindler* in K. Schmidt/Lutter AktG § 147 Rn. 22; *Schröer* in MüKoAktG AktG § 147 Rn. 43: Bestellung eines Rechtsanwalts bei erwarteter gerichtlicher Anspruchsdurchsetzung.
[78] KG AG 2012, 328; *Spindler* in K. Schmidt/Lutter AktG § 147 Rn. 18; *Schröer* in MüKoAktG AktG § 147 Rn. 70.
[79] OLG München NZG 2008, 230 Ls. 1; *Schröer* in MüKoAktG AktG § 147 Rn. 44; *Spindler* in K. Schmidt/Lutter AktG § 147 Rn. 23; 42; *Bungert* in Krieger/Schneider, Handbuch Managerhaftung, 2. Aufl. 2010, § 13 Rn. 71; *Westermann* AG 2009, 237 (242f.); *Kling* ZGR 2009, 190 (199, 202f.).
[80] *Bungert* in Krieger/Schneider, Handbuch Managerhaftung, 2. Aufl. 2010, § 13 Rn. 71; *Kling* ZGR 2009, 190 (199).
[81] BGH NJW 1981, 1097 (1098); LG Heidelberg ZIP 2016, 471; LG Duisburg ZIP 2016, 1970 (1972); *Schröer* in MüKoAktG AktG § 147 Rn. 47; *Spindler* in K. Schmidt/Lutter AktG § 147 Rn. 23; *Mock* DB 2008, 393 (395); *Kling* ZGR 2009, 190 (209ff.); aA. aber OLG München NZG 2008, 230 (235); *Wirth/Pospiech* DB 2008, 2471 (2474).
[82] BGH NJW 1981, 1097, 1098; *Spindler* in K. Schmidt/Lutter AktG § 147 Rn. 23; *Schröer* in MüKoAktG AktG § 147 Rn. 47; 42; *Bungert* in Krieger/Schneider, Handbuch Managerhaftung, 2. Aufl. 2010, § 13 Rn. 69; *Kling* ZGR 2009, 190 (212).
[83] *Spindler* in K. Schmidt/Lutter AktG § 147 Rn. 23.
[84] *Schröer* in MüKoAktG AktG § 147 Rn. 47, 75; 42; *Bungert* in Krieger/Schneider, Handbuch Managerhaftung, 2. Aufl. 2010, § 13 Rn. 71.

zu kurze Durchsetzungsfrist von sechs Wochen in § 147 Abs. 1 S. 2 AktG.[85] Dennoch soll der besondere Vertreter nach Ansicht einzelner erstinstanzlicher Entscheidungen als Annexkompetenz zu seinem Aufgabenbereich über eigene Informationsrechte gegenüber der Gesellschaft und deren Organen verfügen.[86]

b) Bestellung durch die Hauptversammlung (§ 147 Abs. 2 S. 1 AktG)

Die Bestellung des besonderen Vertreters zur Durchsetzung des Beschlusses nach § 147 Abs. 1 AktG erfolgt durch weiteren formellen Beschluss der Hauptversammlung mit einfacher Mehrheit.[87] Wird diese zusammen mit der Geltendmachung der Haftungsansprüche nach § 147 Abs. 1 AktG beschlossen, so muss dieser Beschlussinhalt – auch wenn es sich hier um einen anderen Beschlussgegenstand handelt und durchaus zweckmäßig wäre – nicht zwingend gesondert in der Tagesordnung angekündigt werden.[88] Der Beschluss hat die anspruchsbegründenden Sachverhalte sowie den als Haftungsschuldner in Betracht kommenden Personenkreis hinreichend konkret darzulegen.[89] Zudem muss die Person, die als besonderer Vertreter bestellt werden soll, benannt werden.[90] 43

Wie auch beim Beschluss nach § 147 Abs. 1 AktG unterliegen die Anspruchsschuldner, falls sie Aktionäre der Gesellschaft sind, einem Stimmverbot nach § 136 AktG (→ Rn. 31).[91] 44

c) Bestellung des besonderen Vertreters durch das Gericht (§ 147 Abs. 2 S. 2–8)

Weiterhin besteht die Möglichkeit, die Bestellung eines besonderen Vertreters durch das Gericht zu beantragen (→ § 47 Rn. 41). Entsprechend der Regelung in § 147 Abs. 2 S. 1 AktG ist aber auch die gerichtliche Bestellung davon abhängig, dass ein Beschluss bezüglich des „Ob" der Anspruchsverfolgung von der Hauptversammlung bereits mehrheitlich getroffen wurde.[92] 45

Im Gegensatz zur Bestellung eines besonderen Vertreters nach § 147 Abs. 2 S. 1 AktG begründen die § 147 Abs. 2 S. 2–8 AktG **kein Recht des Organs Hauptversammlung.** Die Antragsbefugnis beim zuständigen Gericht obliegt nicht der Hauptversammlung, sondern lediglich einer Ein- oder Mehrzahl von Aktionären, die im Rahmen des gerichtlichen Verfahrens weder für die Gesellschaft, noch für die Hauptversammlung auftritt, sondern dieses Verfahren vielmehr in eigenem Namen und auf eigene Rechnung führt. 46

Folglich hat dieses Verfahren auf Vorbereitung oder Durchführung der Hauptversammlung im Sinne des § 121 Abs. 1 AktG keinen unmittelbaren Einfluss. Allerdings kann es einen Hauptversammlungsbeschluss im Sinne des § 147 Abs. 2 S. 1 AktG obsolet machen. Das Verfahren nach § 147 Abs. 2 S. 2–8 AktG kann auch durchgeführt werden, nachdem bereits ein besonderer Vertreter durch Hauptversammlungsbeschluss bestellt wurde, der 47

---

[85] LG Heidelberg ZIP 2016, 471; LG Köln ZIP 2016, 162 (163f.); *Schröer* in MüKoAktG AktG § 147 Rn. 49; aA etwa *Mock* in Spindler/Stilz AktG § 147 Rn. 83.
[86] LG Duisburg ZIP 2016, 1970 (1972); *Schröer* in MüKoAktG AktG § 147 Rn. 49.
[87] *Schröer* in MüKoAktG AktG § 147 Rn. 63; *Spindler* in K. Schmidt/Lutter AktG § 147 Rn. 14; 42; *Bungert* in Krieger/Schneider, Handbuch Managerhaftung, 2. Aufl. 2010, § 13 Rn. 53.
[88] *Schröer* in MüKoAktG AktG § 147 Rn. 61; *Spindler* in K. Schmidt/Lutter AktG § 147 Rn. 14; 42; *Bungert* in Krieger/Schneider, Handbuch Managerhaftung, 2. Aufl. 2010, § 13 Rn. 56.
[89] OLG München NZG 2008, 230 Ls. 1; *Schröer* in MüKoAktG AktG § 147 Rn. 61; *Westermann* AG 2009, 237 (239f.); *Mock* DB 2008, 393 (394).
[90] *Schröer* in MüKoAktG AktG § 147 Rn. 62; *Spindler* in K. Schmidt/Lutter AktG § 147 Rn. 14; 42; *Bungert* in Krieger/Schneider, Handbuch Managerhaftung, 2. Aufl. 2010, § 13 Rn. 61.
[91] *Schröer* in MüKoAktG AktG § 147 Rn. 63; *Spindler* in K. Schmidt/Lutter AktG § 147 Rn. 14; *Mock* DB 2008, 393 (395).
[92] *Spindler* in K. Schmidt/Lutter AktG § 147 Rn. 15; *Schröer* in MüKoAktG AktG § 147 Rn. 64; 42; *Bungert* in Krieger/Schneider, Handbuch Managerhaftung, 2. Aufl. 2010, § 13 Rn. 66.

nach § 147 Abs. 2 S. 1 AktG bestellte besondere Vertreter wird in diesem Fall durch die gerichtliche Entscheidung von Rechts wegen seines Amtes enthoben.[93]

48 Eine Abberufung des nach dieser Maßgabe bestellten besonderen Vertreters durch Beschluss der Hauptversammlung ist nicht möglich.[94]

3. Klagezulassungsverfahren nach § 148 AktG

49 Nur der Vollständigkeit halber sei als eine weitere Möglichkeit der Durchsetzung von Haftungsansprüchen der Gesellschaft gegen deren Organmitglieder das Klagezulassungsverfahren gemäß § 148 AktG erwähnt (→ § 47 Rn. 42 ff.). Dieses Verfahren wird allerdings ausschließlich zwischen den klagenden Aktionären und dem in Anspruch zu nehmenden Organmitglied geführt.[95] Die Gesellschaft selbst wird in diesem Verfahren zwar beigeladen. Die Rechte der Gesellschaft werden aber nach allgemeinen Regeln vom Vorstand und nicht von der Hauptversammlung wahrgenommen.[96]

---

[93] *Schröer* in MüKoAktG AktG § 147 Rn. 65, 72; *Westermann* AG 2009, 237 (239).
[94] *Schröer* in MüKoAktG AktG § 147 Rn. 73; 42; *Bungert* in Krieger/Schneider, Handbuch Managerhaftung, 2. Aufl. 2010, § 13 Rn. 83.
[95] *Mock* in Spindler/Stilz AktG § 148 Rn. 36; *Spindler* in K. Schmidt/Lutter AktG § 148 Rn. 8; *Schröer* in MüKoAktG AktG § 147 Rn. 53.
[96] *Schröer* in MüKoAktG AktG § 148 Rn. 53; *Mock* in Spindler/Stilz AktG § 148 Rn. 93.

§ 42 Registergericht

Übersicht

	Rn.
I. Überblick	1
II. Registergericht und Hauptversammlung	1a
III. Das Handelsregister	3
1. Die Führung des Handelsregisters	3
2. Einzutragende Tatsachen	6
3. Bedeutung von Eintragungen	10
IV. Das Verfahren vor den Registergerichten	11
1. Anmeldung	12
2. Anmeldepflichtige Personen	14
3. Vertretung bei der Anmeldung	15
4. Prüfung der Anmeldung	18
a) Prüfung der formellen Voraussetzungen	19
b) Prüfung der materiellen Voraussetzungen	20
c) Kein Eintragungsverbot	21
d) Aussetzung des Verfahrens	22
e) Negativerklärung, Freigabeverfahren	24
5. Eintragung und Bekanntmachung	28
6. Löschung	30
7. Verletzung der Anmeldepflicht	31
8. Strafbarkeit bei unrichtigen oder unvollständigen Angaben	33
9. Rechtsmittel gegen Entscheidungen des Registergerichts	34
10. Anmeldungen mit Auslandsberührung	35
11. Europäische Aktiengesellschaft (SE)	38
12. Kosten der Handelsregisteranmeldung und -eintragung	39
V. Die einzelnen Anmeldungen	40
1. Satzungsänderungen allgemein	40
a) Anmeldung	41
b) Form und Inhalt der Anmeldung	42
c) Beizufügende Urkunden	43
d) Verhalten des Vorstands bei nichtigen, anfechtbaren oder angefochtenen Beschlüssen	46
e) Prüfung durch das Registergericht	48
f) Wirkung der Eintragung	52
g) Fehlerhafte Eintragung	53
2. Kapitalerhöhung	54
a) Kapitalerhöhung gegen Einlagen	55
b) Bedingte Kapitalerhöhung	67
c) Genehmigtes Kapital	74
d) Kapitalerhöhung aus Gesellschaftsmitteln	78
3. Kapitalherabsetzung	84
a) Ordentliche Kapitalherabsetzung	85
b) Vereinfachte Kapitalherabsetzung	89
c) Kapitalherabsetzung durch Einziehung von Aktien	91
4. Kapitalerhöhung und Kapitalherabsetzung zur Umstellung des Grundkapitals auf den Euro	94
5. Auflösung und Abwicklung	95
6. Anmeldungen mit Registersperre	98
a) Negativerklärung und Freigabeverfahren	98
b) Eingliederung	99
c) Squeeze-Out	99a
d) Umwandlungen	100
VI. Amtslöschung durch das Registergericht	113

Stichworte

Abspaltung Rn. 108
Amtsgericht Rn. 3
Amtslöschung Rn. 113
Anfechtbarer Hauptversammlungsbeschluss Rn. 51
Anmeldende/anmeldepflichtige Personen Rn. 14
Anmeldepflicht Rn. 31
Anmeldung Rn. 12
– durch Notar Rn. 17
Apostille Rn. 37
Auflösung Rn. 95
Aufsichtsrat
– Mitgliederliste Rn. 2
Aufsichtsratsvorsitzender
– Mitwirkung bei der Anmeldung Rn. 14, 56, 60, 68, 76, 79, 86, 91, 93a
Aufspaltung Rn. 108
Ausgliederung Rn. 108
Auslandsbezug Rn. 35
Auslandsbeurkundung Rn. 35
Aussetzung des Verfahrens Rn. 22, 47
bedingte Kapitalerhöhung Rn. 67
Bekanntmachung Rn. 29
Deklaratorische Eintragungen Rn. 10
Elektronisches Handelsregister Rn. 5, 12
Eingliederung Rn. 99
Eintragung Rn. 28, 52
Eintragung, fehlerhafte Rn. 53
Eintragungsfähige Tatsachen Rn. 7
Eintragungspflichtige Tatsachen Rn. 8
Einzutragende Tatsachen Rn. 6
Europäische Aktiengesellschaft Rn. 38
Formwechsel Rn. 110 ff.
– grenzüberschreitender Rn. 112
Freigabeverfahren Rn. 24, 98
Genehmigtes Kapital Rn. 74
Genehmigungen, staatliche Rn. 45
Handelsregister Rn. 3
Kapitalerhöhung Rn. 54 ff.

– Bareinlagen Rn. 61
– bedingte Rn. 67
– Durchführung Rn. 60
– genehmigtes Kapital Rn. 74
– Gesellschaftsmittel Rn. 78
– Hin- und Herzahlen Rn. 62
– Sachkapitalerhöhung Rn. 57, 62
Kapitalherabsetzung Rn. 84 ff.
– Einziehung von Aktien Rn. 91
– ordentliche Rn. 85
– vereinfachte Rn. 89
Konstitutive Eintragung Rn. 10
Kosten der Handelsregisteranmeldung und -eintragung Rn. 39
Legalisation Rn. 37
Liquidation Rn. 95
Löschung von Eintragungen Rn. 30, 113
Negativerklärung Rn. 24, 98
Notar Rn. 17
Prozessgericht Rn. 49
Prüfung durch das Registergericht Rn. 18 ff., 48
Publizitätsfunktion Rn. 9
Squeeze-Out Rn. 99a
Rechtsmittel Rn. 34
Registergericht Rn. 3
Satzungsänderung Rn. 40 ff.
SE Rn. 38
Societas Europaea Rn. 38
Spaltung Rn. 108
Strafbarkeit bei unrichtigen/unvollständigen Anmeldungen Rn. 33
Umwandlungen Rn. 100 ff.
Verschmelzung Rn. 100 ff.
– durch Aufnahme Rn. 100
– durch Neugründung Rn. 104
– grenzüberschreitende Rn. ???
Vertretung bei der Anmeldung Rn. 15 ff.
Zuständigkeit Registergericht Rn. 3 f.
Zwangsgeld Rn. 31

Schrifttum:

Herrler, Anforderungen an den satzungsmäßigen Versammlungsort – Hauptversammlung im Ausland?, ZGR 2015, 918; *Hushahn,* Grenzüberschreitende Formwechsel im EU/EWR-Raum – die identitätswahrende statutenwechselnde Verlegung des Satzungssitzes in der notariellen Praxis –, RNotZ 2014, 137; *Kallweit/Simons,* Aktienrückkauf zum Zweck der Einziehung und Kapitalherabsetzung, AG 2014, 352; *Klein,* Grenzüberschreitende Verschmelzungen von Kapitalgesellschaften, RNotZ 2007, 565; *Limmer,* Grenzüberschreitende Umwandlungen nach dem Sevic-Urteil des EuGH und den Neuregelungen des UmwG, ZNotP 2007, 242, 282; *D. Mayer,* Praxisfragen des verschmelzungsrechtlichen Squeeze-Out-Verfahrens, NZG 2012, 561; *Verse,* Das Beschlussmängelrecht nach dem ARUG, NZG 2009, 1127; *Wicke,* Einführung in das Recht der Hauptversammlung, das Recht der Sacheinlagen und das Feigabeverfahren nach dem ARUG, 2009; *ders.,* Zulässigkeit des grenzüberschreitenden Formwechsels – Rechtssache „Vale" des Europäischen Gerichtshofs zur Niederlassungsfreiheit, DStR 2012, 1756.

I. Überblick

Die Beschlüsse der Hauptversammlung sind in grundlegenden Angelegenheiten zur Eintragung in das Handelsregister anzumelden. Dies gilt allgemein für Satzungsänderungen (→ Rn. 40 ff.), für die verschiedenen Konstellationen der Kapitalerhöhung (→ Rn. 54 ff.) oder -herabsetzung (→ Rn. 84), für Eingliederung (→ Rn. 99) und Squeeze-Out (→ Rn. 99a), für Maßnahmen nach dem UmwG wie Verschmelzung (→ Rn. 100), Spaltung (→ Rn. 108) und den Formwechsel (→ Rn. 110) sowie für die Auflösung der Gesellschaft und deren Beendigung (→ Rn. 95.). Zweck der Eintragungen ist es, bestimmte für den Rechtsverkehr bedeutsame Tatsachen und Rechtsverhältnisse offenzulegen (Publizitätsfunktion). Die Handelsregister werden dezentral von den Amtsgerichten ausschließlich elektronisch geführt (→ Rn. 3 ff.). Die Anmeldungen sind elektronisch in öffentlich beglaubigter Form einzureichen (→ Rn. 12) und grds. von Mitgliedern des Vorstands in vertretungsberechtigter Zahl zu unterzeichnen; bei Kapitalmaßnahmen bedarf es der Mitwirkung des Aufsichtsratsvorsitzenden. Stellvertretung ist zulässig, soweit nicht höchstpersönliche Erklärungen abzugeben sind (→ Rn. 15). Die Rechtsgrundlagen für das Verfahren vor den Registergerichten finden sich primär im HGB, im FamFG und in der Handelsregisterverordnung (→ Rn. 11). Was die AG zur Eintragung anmelden muss oder darf, ergibt sich vornehmlich aus dem AktG, daneben aus dem UmwG.

II. Registergericht und Hauptversammlung

Grundlegende Beschlüsse über die Entwicklung der Gesellschaft wie die Änderung materieller Satzungsbestimmungen, insbes. **Beschlüsse** über eine Kapitalerhöhung oder -herabsetzung und die Entscheidung über die Auflösung der Gesellschaft, fallen in den Kompetenzbereich der **Hauptversammlung.** Diese Beschlüsse sind regelmäßig zur Eintragung in das Handelsregister anzumelden.[1] Daneben ist jeder Hauptversammlungsbeschluss in Abschrift zum Handelsregister einzureichen (§ 130 Abs. 5 AktG).

Die Mehrzahl der Hauptversammlungsbeschlüsse ist allerdings weder anmeldepflichtig noch eintragungsfähig.[2] Mitunter bestehen im Hinblick auf diese Beschlüsse aber neben der Pflicht zur Einreichung einer Abschrift des Hauptversammlungsbeschlusses weitere Pflichten gegenüber dem Registergericht, bspw. zur **Einreichung von Unterlagen.**[3]

III. Das Handelsregister

1. Die Führung des Handelsregisters

Das Handelsregister wird dezentral von den Amtsgerichten elektronisch geführt (§ 8 HGB, § 376 FamFG), **die in dieser Funktion als Registergerichte bezeichnet werden.**[4] **Die funktionelle Zuständigkeit** für die Registersachen liegt grundsätzlich beim Rechtspfleger, jedoch ist die Eintragung einiger grundlegender Angelegenheiten bei Kapitalgesellschaften (zB Ersteintragung, Eintragung einer Eingliederung, Umwandlung oder das Bestehen eines Unternehmensvertrags) dem Richter vorbehalten (§§ 3 Nr. 2d, 17

---

[1] So bestimmt § 181 Abs. 1 AktG, dass Satzungsänderungen zur Eintragung im Handelsregister angemeldet werden müssen.
[2] *Lutter* NJW 1969, 1873.
[3] Vgl. zB § 106 AktG – Einreichung einer Liste der Mitglieder des Aufsichtsrats bei personellen Veränderungen.
[4] Vgl. nunmehr die Definition der „Registersachen" in § 374 FamFG.

Nr. 1 RPflG). **Die AG wird in Abteilung B des aus zwei Abteilungen bestehenden Handelsregisters eingetragen** (vgl. § 3 Abs. 3 HRV).

4 **Örtlich zuständig** für Eintragungen ist das Amtsgericht am Sitz des Landgerichts, in dessen Bezirk sich der Sitz der AG befindet.[5] Der Sitz der Gesellschaft ist durch die Satzung festgelegt (§ 5 Abs. 1 AktG). Dieser Satzungssitz muss nach Änderung des § 5 AktG durch das MoMiG nicht mehr mit dem Verwaltungssitz der AG übereinstimmen, der an einem anderen Ort im In- und Ausland liegen kann.[6] Im Handelsregister wird nach neuer Rechtslage zusätzlich eine inländische Geschäftsanschrift eingetragen, die Anknüpfungspunkt für die öffentliche Zustellung von Schriftstücken ist.[7] Sind in der Satzung der Gesellschaft zwei Orte als Gesellschaftssitz bestimmt, können die jeweiligen Registergerichte diesen sog Doppelsitz ausnahmsweise zulassen, wenn die Gesellschaft ein besonderes Interesse daran hat.[8]

5 Aufgrund des EHUG werden seit dem 1.1.2007 die **Handelsregister** im Interesse der Schnelligkeit und Transparenz **ausschließlich elektronisch** geführt.[9] Bei Registeranmeldungen übernimmt es der Notar, neben seiner Beglaubigungs- und Beratungsfunktion von sämtlichen Anmeldungen und Unterlagen elektronische (beglaubigte) Abschriften zu erstellen und darüber hinaus die eintragungsrelevanten Daten dem Gericht strukturiert elektronisch zu übermitteln. Auf sämtliche Registerdaten kann bundesweit unter der Internetadresse www.handelsregister.de zugegriffen werden. Daneben werden alle wesentlichen Unternehmensdaten in ein zentrales Unternehmensregister eingestellt (www.unternehmensregister.de) und die Unterlagen zur Rechnungslegung im elektronischen Bundesanzeiger veröffentlicht (www.ebundesanzeiger.de). Anmeldungen zum Handelsregister ebenso wie notariell beurkundete Dokumente oder öffentlich beglaubigte Abschriften sind elektronisch in öffentlich beglaubigter Form zu übermitteln (§ 12 Abs. 1 und 2 S. 2 Hs. 2 HGB; § 39a BeurkG).

2. Einzutragende Tatsachen

6 Was die AG zur Eintragung in das Handelsregister anmelden muss oder darf, ergibt sich vornehmlich aus dem AktG. Daneben enthält das UmwG Regelungen über Handelsregistereintragungen. Die entsprechenden Vorschriften finden sich meist im Zusammenhang mit den Vorschriften, welche die materiellen Voraussetzungen für den einzutragenden gesellschaftsrechtlichen Vorgang selbst regeln. Auch von wem die Anmeldung vorzunehmen ist, wird häufig in diesen Vorschriften geregelt. Gegenstand der Handelsregistereintragung sind nach herkömmlicher Terminologie Tatsachen. Dazu gehören insbes. auch die maßgeblichen **Rechtsverhältnisse** der Gesellschaft.[10]

7 Zu unterscheiden sind eintragungsfähige und nicht eintragungsfähige Tatsachen: In der Regel sind solche Tatsachen, die nicht gesetzlich zur Eintragung vorgesehen sind, auch **nicht eintragungsfähig**.[11] Damit wird die Zahl der Eintragungen im Interesse der Übersichtlichkeit des Handelsregisters beschränkt. Nur unter besonderen Umständen können

---

[5] § 14 AktG, § 376 FamFG. Durch Rechtsverordnung der Landesregierungen bzw. nach Delegation durch Rechtsverordnung der Landesjustizverwaltungen können andere oder zusätzliche Gerichte als Handelsregister bestimmt werden. Vgl. etwa die Übersicht bei Heinemann in *Keidel* FamFG § 376 Rn. 10 ff.

[6] Vgl. *Wicke* in Grigoleit AktG § 5 Rn. 1, 5, 12; *Blasche* GWR 2010, 25, dort jeweils auch zur Eintragungspflicht eines abweichenden inländischen Verwaltungssitzes.

[7] § 37 Abs. 3 Nr. 1 AktG, §§ 15a, 31 HGB, § 185 Nr. 2 ZPO; siehe dazu auch *Wicke* NZG 2009, 296.

[8] IE umstritten. Vgl. *Drescher* in Spindler/Stilz AktG § 5 Rn. 7; *Wicke* in Grigoleit AktG § 5 Rn. 4 jeweils mwN.

[9] Siehe dazu etwa *Müther* Rpfleger 2008, 233; *Bormann/Apfelbaum* ZIP 2007, 946; *Apfelbaum* DNotZ 2007, 166; *Jeep/Wiedemann* NJW 2007, 2439; *Schlotter/Reiser* BB 2008, 118; *Mödl/Schmidt* ZIP 2008, 2332; *Sikora/Schwab* MittBayNot 2007, 1; *Melchior* NotBZ 2006, 409.

[10] *Krafka* in MüKoHGB HGB § 8 Rn. 26; *Schaub* in Ebenroth/Boujong/Joost/Strohn HGB § 8 Rn. 63.

[11] *Hildebrandt/Steckhan* in Schlegelberger HGB § 8 Rn. 17; *U.H. Schneider* WM 1986, 181 (186).

auch Tatsachen in das Register aufgenommen werden, deren Eintragung gesetzlich nicht vorgeschrieben ist.[12] Voraussetzung dafür ist, dass nach Sinn und Zweck des Handelsregisters ein **sachliches Bedürfnis** für die Eintragung besteht.[13] Dies ist der Fall, wenn die Eintragung dringend geboten und unumgänglich ist. Die Eintragungsfähigkeit kann dabei nur durch die Auslegung gesetzlicher Vorschriften, durch Analogie oder durch richterliche Rechtsfortbildung begründet werden.[14] Handelt es sich in diesen Fällen um Eintragungen mit deklaratorischer Wirkung, besteht eine erzwingbare Anmelde- und entsprechend eine Eintragungspflicht.[15]

Bei den eintragungsfähigen Tatsachen ist noch zwischen eintragungspflichtigen und bloß eintragungsfähigen Tatsachen zu unterscheiden. Hinsichtlich der nur eintragungsfähigen Tatsachen besteht **keine Anmeldepflicht** gegenüber dem Registergericht.[16] Wird die eintragungsfähige Tatsache angemeldet, besteht für das Registergericht die Pflicht zur Eintragung,[17] so dass dann ebenfalls von einer eintragungspflichtigen Tatsache gesprochen werden kann. Eine präzise Unterscheidung wird möglich, wenn man, anders als bisher üblich, nicht mehr zwischen eintragungspflichtigen und nur eintragungsfähigen Tatsachen unterscheidet, sondern danach, ob eine eintragungsfähige Tatsache im Sinne des § 14 HGB erzwingbar anmeldepflichtig ist oder nicht.[18]

Zweck der Eintragungen ist es, bestimmten Tatsachen und Rechtsverhältnisse, die im Rechtsverkehr von Bedeutung sind, offenzulegen **(Publizitätsfunktion).**[19] Daneben dient das Handelsregister dem Verkehrsschutz und den Interessen der eingetragenen Gesellschaft selbst.[20] Das Handelsregister ist öffentlich, so dass jedermann die Eintragungen und die zum Handelsregister eingereichten Dokumente ohne Nachweis eines besonderen Interesses einsehen kann (§ 9 HGB). Die Einsichtnahme erfolgt in der Praxis heute regelmäßig online (www.handelsregister.de), ist aber weiterhin bei der Geschäftsstelle des Registergerichts möglich (§ 10 HRV).

3. Bedeutung von Eintragungen

Nach ihrer rechtlichen Bedeutung unterscheidet man konstitutive und deklaratorische Eintragungen. Wird der Eintritt einer Rechtsfolge im Gesetz von der Eintragung einer Tatsache ins Handelsregister abhängig gemacht, verändert die Eintragung die materielle Rechtslage. Daher spricht man in diesem Fall von einer **konstitutiven Wirkung der Eintragung.** Bei der AG werden Änderungen der Satzung idR gegenüber Dritten wie auch im Verhältnis der Gesellschafter untereinander erst mit ihrer Eintragung im Handelsregister wirksam (vgl. § 181 Abs. 3 AktG). Das Gleiche gilt für Umwandlungen nach dem UmwG, die Eingliederung, den Ausschluss von Minderheitsaktionären (Squeeze out) und für Unternehmensverträge. Macht die Eintragung dagegen nur kenntlich, was bereits gilt, und bewirkt sie keine Rechtsänderung, spricht man von der **deklaratorischen Bedeu-**

---

[12] Zu den Voraussetzungen im Einzelnen siehe *Krafka* in MüKoHGB HGB § 8 Rn. 31 ff.; Einzelfälle eintragungsfähiger und nicht eintragungsfähiger Tatsachen führt *Sonnenschein* in Heymann HGB § 8 Rn. 15 f. auf.
[13] BayObLGZ 1978, 182 (185 f.); 1987, 449 (452); OLG Frankfurt a.M. BB 1984, 238 (239); OLG Hamburg BB 1986, 1255.
[14] BGH NJW 1992, 1452; 1998, 1071; *Krafka* in MüKoHGB HGB § 8 Rn. 32; *Preuß* in Oetker HGB § 8 Rn. 23.
[15] *Krafka* in MüKoHGB HGB § 8 Rn. 33; *Schaub* in Ebenroth/Boujong/Joost/Strohn HGB § 8 Rn. 72; aA OLG Hamm BB 1983, 858.
[16] ZB besteht gegenüber dem Registergericht keine Pflicht zur Anmeldung einer Satzungsänderung. Unberührt davon bleibt jedoch die Pflicht des Vorstands gem. § 181 Abs. 1 S. 1 AktG zur Anmeldung gegenüber der Gesellschaft aus dem Organverhältnis, *Koch* in Hüffer/Koch AktG § 181 Rn. 5.
[17] *Krafka* in MüKoHGB HGB § 8 Rn. 30.
[18] *Krafka* in MüKoHGB HGB § 8 Rn. 30.
[19] *Schaub* in Ebenroth/Boujong/Joost/Strohn HGB § 8 Rn. 48.
[20] *Krafka* in MüKoHGB HGB § 8 Rn. 5.

tung der Eintragung. Das ist etwa der Fall bei der Eintragung der Bestellung und Abberufung von Vorstandsmitgliedern oder Prokuristen.

IV. Das Verfahren vor den Registergerichten

11 Die Rechtsgrundlagen für das Verfahren vor den Registergerichten finden sich primär im HGB, im FamFG[21] und in der Handelsregisterverordnung. Das FamFG regelt dabei lediglich das vom Registergericht anzuwendende Verfahren. Die eigentlichen Eintragungsinhalte und weitere das Register betreffende Vorschriften ergeben sich aus dem materiellen Recht (insbes. HGB, AktG, UmwG).[22] Nähere Bestimmungen über Einrichtung und Führung des Registers, die Einsicht in das Register und das Verfahren bei Anmeldungen, Eintragungen und Bekanntmachungen sind in der Handelsregisterverordnung aufgeführt.[23] Es handelt sich bei der **Handelsregisterverordnung** um ein Gesetz im materiellen Sinne, das nicht nur Verwaltungsvorschriften enthält.[24] Eintragungen in das Handelsregister erfolgen idR nicht im Amtsverfahren, sondern **auf Antrag**.[25] Nur ausnahmsweise nimmt das Gericht Eintragungen von Amts wegen vor.[26] Unterbleibt die Anmeldung, obwohl eine öffentlich-rechtliche Pflicht hierzu besteht, kann das Gericht sie erzwingen.[27]

1. Anmeldung

12 Als Anmeldung wird der **verfahrensrechtliche Antrag** an das Registergericht bezeichnet, der zur Eintragung führen soll.[28] Anmeldungen zur Eintragung in das Handelsregister sind **elektronisch in öffentlich beglaubigter Form** einzureichen (§ 12 Abs. 1 HGB, § 39a BeurkG). Die gleiche Form ist für eine Vollmacht zur Anmeldung erforderlich. Dokumente sind elektronisch zum Handelsregister einzureichen.[29] Sofern eine Urschrift oder einfache Abschrift einzureichen oder für das Dokument Schriftform bestimmt ist, wie in den Fällen der § 106 AktG, § 130 Abs. 5 Hs. 2 AktG, § 188 Abs. 3 Nr. 1 AktG und § 199 Hs. 2 UmwG, genügt die Übermittlung einer eingescannten elektronischen Aufzeichnung. Dies gilt auch im Fall der Anmeldung des Vorsitzenden des Aufsichtsrats nach § 107 Abs. 1 S. 2 AktG, die nicht „zur Eintragung" erfolgt.[30] Ist ein notariell beurkundetes Dokument oder eine öffentlich beglaubigte Abschrift einzureichen, wie in den Fällen der § 12 Abs. 1 S. 1 HGB, § 37 Abs. 4 Nr. 1 AktG, § 130 Abs. 5 Hs. 1 AktG, § 181 Abs. 1 S. 2 AktG oder § 199 Hs. 1 UmwG, so ist ein mit einem einfachen elektronischen Zeugnis im Sinne des § 39a BeurkG versehenes Dokument zu übermitteln.

13 Als rein verfahrensrechtliche Erklärung gegenüber dem Gericht unterliegt die Anmeldung grundsätzlich nicht den Regeln über Rechtsgeschäfte. Einige Vorschriften über Rechtsgeschäfte sind jedoch entsprechend anwendbar.[31] Die Anmeldung wird als **emp-**

---

[21] Vgl. insbes. §§ 374 ff. FamFG.
[22] *Heinemann* in Keidel FamFG § 374 Rn. 2; *Maass* in Prütting/Helms, FamFG, 3. Aufl. 2013, FamFG Vor § 374 Rn. 38; *Bumiller/Harders/Schwamb*, FamFG, 11. Aufl. 2015, FamFG § 374 Rn. 3.
[23] *Bumiller/Harders/Schwamb*, FamFG, 11. Aufl. 2015, FamFG § 374 Rn. 3.
[24] *Krafka* in MüKoHGB HGB § 8 Rn. 23; *Heinemann* in Keidel FamFG § 387 Rn. 1.
[25] *Heinemann* in Keidel FamFG § 374 Rn. 36; *Baumbach/Hopt* HGB § 8 Rn. 6.
[26] ZB § 32 HGB; vgl. auch §§ 34 Abs. 4 und 5 HGB sowie §§ 393 ff. FamFG.
[27] § 14 HGB. Einzelheiten → Rn. 31 f.
[28] BayObLG DB 1979, 84; *Ries* in Röhricht/v. Westphalen/Haas HGB § 12 Rn. 2; *Schaub* in Ebenroth/Boujong/Joost/Strohn HGB § 12 Rn. 2.
[29] § 12 Abs. 2 HGB; dazu etwa *Krafka* in MüKoHGB HGB § 12 Rn. 22.
[30] *Koch* in Hüffer/Koch AktG § 107 Rn. 8; *Schaub* in Ebenroth/Boujong/Joost/Strohn HGB § 12 Rn. 4.
[31] So übereinstimmend für §§ 104 ff. und § 130 BGB *Roth* in Koller/Kindler/Roth/Morck, HGB, 8. Aufl. 2015, HGB § 12 Rn. 2; *Sonnenschein* in Heymann HGB § 12 Rn. 3; *Krafka* in MüKoHGB HGB § 12 Rn. 6.

fangsbedürftige Erklärung mit Eingang beim Registergericht wirksam.[32] Für die Wirksamkeit der Anmeldung ist es nach zutreffender Auffassung daher ohne Bedeutung, ob die angemeldete Tatsache im Zeitpunkt der Unterschriftsleistung bereits vorliegt.[33] Anders als rechtsgeschäftliche Erklärungen ist die Anmeldung nach dem Zugang jedoch bis zur Eintragung ohne Einhaltung einer bestimmten Form frei widerruflich.[34] Wird der **Widerruf** einer Anmeldung zurückgenommen, handelt es sich um eine erneute Anmeldung, die wieder in öffentlich beglaubigter Form eingereicht werden muss.[35] Nach hM ist eine Anmeldung unter Bedingungen oder Befristungen unzulässig.[36] Eine Ausnahme gilt jedoch für Rechtsbedingungen und für die Abhängigkeit von innerverfahrensmäßigen Voraussetzungen, wenn etwa verschiedene Anträge in einer vorgegebenen Reihenfolge vollzogen werden sollen,[37] nach zutreffender Auffassung darüber hinaus auch für zeitnahe Befristungen.[38]

2. Anmeldepflichtige Personen

Wer die Eintragung zum Handelsregister anzumelden hat, ergibt sich im Einzelnen aus den Vorschriften, in denen die Anmeldung geregelt ist. Die Eintragung erfolgt regelmäßig in Angelegenheiten der Gesellschaft. Bei der AG als juristische Person ist daher die Anmeldung idR von den **gesetzlichen Vertretern** vorzunehmen. Dies sind entweder der gesamte Vorstand, Teile des Vorstands oder einzelne Vorstandsmitglieder. Bei der Erstanmeldung sieht das Gesetz bspw. die Anmeldung durch sämtliche Gründer, Vorstandsmitglieder und Aufsichtsratsmitglieder vor (vgl. § 36 Abs. 1 AktG). Teilweise ist aber auch die Mitwirkung des Aufsichtsratsvorsitzenden neben Vorstandsmitgliedern in vertretungsberechtigter Zahl an der Anmeldung vorgesehen, so in sämtlichen Fällen der Kapitalerhöhung, im Fall der Kapitalherabsetzung und bei der vereinfachten Kapitalherabsetzung (vgl. insbes. § 184 Abs. 1 AktG). Einfache Satzungsänderungen, mit der Auflösung der Gesellschaft oder mit Unternehmensverträgen zusammenhängende Tatsachen sind dagegen allein vom Vorstand in vertretungsberechtigter Zahl zur Eintragung anzumelden.[39]

14

3. Vertretung bei der Anmeldung

Grundsätzlich ist die Anmeldung zum Handelsregister durch einen Bevollmächtigten zulässig (vgl. §§ 10, 378 FamFG; 12 Abs. 1 S. 2 HGB). Ausreichend ist eine **Vollmacht,** aus der sich ergibt, dass sie die in Frage stehende Handelsregisteranmeldung abdeckt. Eine Spezialvollmacht ist nicht erforderlich. Die Vollmacht ist, ebenso wie die Anmeldung zur Eintragung, **elektronisch in öffentlich beglaubigter Form** einzureichen (§ 12 Abs. 1 S. 2 HGB). **Nicht zulässig** ist eine **Vertretung bei höchstpersönlichen Erklärungen oder Versicherungen,** für deren Wahrheit der Anmeldende nach dem Gesetz zivil- oder strafrechtlich haftet.[40]

15

---

[32] Entsprechend § 130 Abs. 1 S. 1 BGB.
[33] Vgl. *Krafka* in MüKoHGB HGB § 12 Rn. 6 mwN; aA aber OLG Düsseldorf DNotZ 2000, 529.
[34] *Ries* in Röhricht/v. Westphalen/Haas HGB § 12 Rn. 2; *Krafka* in MüKoHGB HGB § 12 Rn. 4; *Hildebrandt* in Schlegelberger HGB § 12 Rn. 10; *Baumbach/Hopt* HGB § 12 Rn. 2.
[35] *Ries* in Röhricht/v. Westphalen/Haas HGB § 12 Rn. 2; *Krafka* in MüKoHGB HGB § 12 Rn. 11.
[36] *Baumbach/Hopt* HGB § 12 Rn. 2; BayObLG DNotZ 1993, 197.
[37] *Schaub* in Ebenroth/Boujong/Joost/Strohn HGB § 8 Rn. 34.
[38] *Krafka* in MüKoHGB HGB § 12 Rn. 9.
[39] Vgl. §§ 181 Abs. 1 S. 2, 263, 266, 294, 319 Abs. 4 AktG; § 16 Abs. 1 UmwG.
[40] ZB §§ 37, 188 Abs. 2, 203; 399 AktG; *Krafka* in MüKoHGB HGB § 12 Rn. 32, 34; *Heinemann* in Keidel FamFG § 374 Rn. 47; *Koch* in Hüffer/Koch AktG § 184 Rn. 3; *Schürnbrand* in MüKoAktG AktG § 184 Rn. 11; für die Anmeldung der Durchführung der Kapitalerhöhung in der GmbH BayObLG BB 1986, 1532 (1533); offengelassen in BGHZ 116, 190 (199).

16 Ob die **Mitwirkung eines Prokuristen** im Rahmen unechter Gesamtvertretung bei solchen höchstpersönlichen Anmeldungen zulässig ist, ist streitig.[41] Unechte Gesamtvertretung in der AG liegt vor, wenn einzelne gesamtvertretungsberechtigte Vorstandsmitglieder in Gemeinschaft mit einem Prokuristen zur (Allein-) Vertretung der Gesellschaft befugt sind (§ 78 Abs. 3 S. 1 AktG). Die Vertretung durch ein einzelnes Vorstandsmitglied darf durch die Möglichkeit der unechten Gesamtvertretung nur erleichtert, nicht jedoch erschwert werden.[42] Besteht nämlich der Vorstand aus mehreren Personen, sind diese, wenn die Satzung nichts anderes bestimmt, nur gemeinschaftlich zur Vertretung der Gesellschaft befugt, dh gesamtvertretungsberechtigt (§ 78 Abs. 2 S. 1 AktG). Nach richtiger Ansicht ist die Mitwirkung des Prokuristen bei höchstpersönlichen Handelsregisteranmeldungen ausgeschlossen. Zwar gelten die gesetzlichen Einschränkungen der Prokura für die Mitwirkung des Prokuristen an der gesetzlichen Vertretung der Gesellschaft nicht,[43] der Prokurist wird aber nicht gesetzlicher Vertreter.[44] Gegen die Mitwirkung des Prokuristen bei höchstpersönlichen Anmeldungen spricht letztlich, dass der Prokurist für falsche Angaben im Zusammenhang mit Handelsregisteranmeldungen nicht haftbar gemacht werden kann, da die aktienrechtliche Strafvorschrift eindeutig nur Vorstands- und Aufsichtsratsmitglieder, nicht aber Prokuristen als taugliche Täter nennt (§ 399 AktG).

17 Ist die zu einer Eintragung erforderliche Erklärung von einem **Notar beurkundet oder beglaubigt,** so **gilt dieser** gem. § 378 Abs. 2 FamFG **als ermächtigt,** im Namen des zur Anmeldung Berechtigten die Eintragung zu beantragen.[45] Zur Eintragung erforderlich ist die Erklärung, die Eintragungsgrundlage ist.[46] Das sind bspw. Gesellschafterbeschlüsse, Gesellschafter- und Unternehmensverträge oder sonstige Erklärungen, deren Inhalt eingetragen werden soll. Das Antragsrecht besteht nach dem neuen Gesetzeswortlaut des § 378 Abs. 2 FamFG („im Namen des zur Anmeldung *Berechtigten*") auch dann, wenn nur ein Recht, aber keine Pflicht zur Anmeldung besteht, wie bei der Anmeldung einer Ausgliederung nach dem UmwG.[47] Die gesetzliche Vermutung begründet jedoch kein eigenes Antragsrecht des Notars. Bei Erklärungen, die höchstpersönlich erfolgen müssen (→ Rn. 15), ist eine Vertretung durch den Notar ausgeschlossen.[48]

4. Prüfung der Anmeldung

18 Das Registergericht prüft die Voraussetzungen für die Eintragung in formeller und materieller Hinsicht. Entscheidend ist dabei, ob alle **Eintragungsvoraussetzungen** vorliegen,[49] darüber hinausgehende Prüfungen darf das Registergericht nicht vornehmen. Insbesondere darf das Registergericht die Eintragung nicht von zusätzlichen Voraussetzungen abhängig machen.[50]

---

[41] Abl. *Krafka* in MüKoHGB HGB § 12 Rn. 34; *Wiedemann* in GroßkommAktG AktG § 184 Rn. 11; aA *Schürnbrand* in MüKoAktG AktG § 184 Rn. 11; *Koch* in Hüffer/Koch AktG § 184 Rn. 3; *Lutter* in Kölner Komm. AktG § 184 Rn. 5; *Scholz* in MHdB AG § 57 Rn. 88.
[42] *Koch* in Hüffer/Koch AktG § 78 Rn. 16; *Fleischer* in Spindler/Stilz AktG § 78 Rn. 31.
[43] BGHZ 13, 61 (64); *Mertens* in Kölner Komm. AktG § 78 Rn. 36; *Koch* in Hüffer/Koch AktG § 78 Rn. 17.
[44] So ausdrücklich *Mertens* in Kölner Komm. AktG § 78 Rn. 36; *Krafka* in MüKoHGB HGB § 12 Rn. 34.
[45] § 378 FamFG; siehe dazu iE *Heinemann* in Keidel FamFG § 378 Rn. 4 ff.
[46] *Heinemann* in Keidel FamFG § 378 Rn. 5.
[47] *Heinemann* in Keidel FamFG § 378 Rn. 8; *Bumiller/Haders/Schwamb,* FamFG, 11. Aufl. 2015, FamFG § 378 Rn. 4; aA noch BayObLG NJW-RR 2000, 990 zu § 129 FGG.
[48] BayObLGZ 1986, 203 (205) = NJW 1987, 136; *Preuß* in Oetker HGB § 12 Rn. 47; *Krafka* in MüKoHGB HGB § 12 Rn. 28; *Heinemann* in Keidel FamFG § 378 Rn. 11; aA *Bumiller/Haders/Schwamb,* FamFG, 11. Aufl. 2015, FamFG § 378 Rn. 4; OLG Köln NJW 1987, 135.
[49] *Krafka* in MüKoHGB HGB § 8 Rn. 57.
[50] S. auch *Schaub* in Ebenroth/Boujong/Joost/Strohn HGB § 8 Rn. 142.

IV. Das Verfahren vor den Registergerichten   § 42

a) Prüfung der formellen Voraussetzungen

Das Registergericht prüft seine eigene sachliche und örtliche Zuständigkeit (→ Rn. 3 f.), 19
das **Vorliegen einer Anmeldung** mit den erforderlichen Erklärungen und Angaben
durch den Anmeldepflichtigen (→ Rn. 14), die Form der Anmeldung sowie bei Anmeldung durch einen Vertreter das Vorliegen seiner Vertretungsmacht in der vorgeschriebenen Form. Daneben müssen mit der Anmeldung auch die im Einzelfall erforderlichen zusätzlichen Unterlagen eingereicht worden sein.

b) Prüfung der materiellen Voraussetzungen

Das Registergericht hat die **Rechtmäßigkeit** und die **inhaltliche Richtigkeit** der Eintragung zu prüfen. Die Eintragung kann nur im Ausnahmefall auch wegen inhaltlicher 20
Unklarheit abgelehnt werden, so etwa bei Widersprüchen in der Anmeldung oder den
eingereichten Unterlagen, die sich auf eintragungsrelevante Umstände beziehen.[51] Maßstab für die Prüfung ist, ob die Voraussetzungen für die Eintragung plausibel, also schlüssig dargelegt und in sich glaubhaft sind. Es ist nicht erforderlich, dass das Gericht vom Vorliegen der Voraussetzungen vollständig überzeugt ist.[52] Hat das Registergericht Zweifel am Vorliegen der Eintragungsvoraussetzungen, kann es von Amts wegen **zusätzliche Ermittlungen** anstellen.[53] Liegt ein behebbares Eintragungshindernis vor, ergeht idR eine Zwischenverfügung des Gerichts, welche die Behebung des Mangels innerhalb einer Frist ermöglicht (§ 382 Abs. 4 FamFG).

c) Kein Eintragungsverbot

Voraussetzung für die Eintragung ist weiter, dass kein Eintragungsverbot besteht (§ 16 21
Abs. 2 HGB). Ein Eintragungsverbot besteht, wenn das Prozessgericht die **Eintragung**
durch rechtskräftige oder vollstreckbare Entscheidung oder durch einstweilige Verfügung[54] **für unzulässig erklärt** hat und zusätzlich derjenige, der die Entscheidung erwirkt hat, der Eintragung widerspricht. Fehlt es an einem Widerspruch, ist die Entscheidung des Prozessgerichts für das Registergericht unbeachtlich.

d) Aussetzung des Verfahrens

Ist die vom Registergericht zu erlassende Verfügung von der Beurteilung eines streitigen 22
Rechtsverhältnisses abhängig, kann das Registergericht die Verfügung bis zum Abschluss
des Rechtsstreits aussetzen (§§ 21, 381 FamFG). Ist noch kein Rechtsstreit anhängig, kann
eine Aussetzung ebenfalls erfolgen, sie ist aber im Interesse der Verfahrensbeschleunigung
zwingend mit einer Fristsetzung zur Klageerhebung zu verbinden.[55] Die Frage nach einer
solchen **Aussetzung des Verfahrens** stellt sich immer dann, wenn ein einzutragender
Hauptversammlungsbeschluss angefochten worden ist oder noch angefochten werden
kann. Das Registergericht kann je nach Konstellation die beantragte Eintragung vornehmen, sie ablehnen oder das Verfahren aussetzen.

Die Entscheidung über die Aussetzung steht im **pflichtgemäßen Ermessen** des Re- 23
gistergerichts. Dabei sind einerseits die Erfolgsaussichten der Klage zu berücksichtigen,

---

[51] Vgl. dazu iE *Wicke* in MüKoGmbHG GmbHG § 9c Rn. 9; die hM differenziert danach, ob Unklarheiten nur das Innenverhältnis der Gesellschafter oder auch den Rechtsverkehr betreffen, vgl. etwa *Schaub* in Ebenroth/Boujong/Joost/Strohn HGB § 8 Rn. 143.
[52] *Krafka* in MüKoHGB HGB § 8 Rn. 62; *Wicke* in MüKoGmbHG GmbHG § 9c Rn. 12.
[53] § 26 FamFG; *Preuß* in Oetker HGB § 8 Rn. 99; *Wicke* in MüKoGmbHG GmbHG § 9c Rn. 12.
[54] LG Heilbronn AG 1971, 372; *Krafka* in MüKoHGB HGB § 16 Rn. 11; *Preuß* in Oetker HGB § 8 Rn. 30; *Baumbach/Hopt* HGB § 16 Rn. 5.
[55] § 381 S. 2 FamFG; vgl. auch *Maass* in Prütting/Helms, FamFG, 3. Aufl. 2013, § 381 Rn. 3.

anderseits das Interesse der Gesellschaft an rascher Eintragung.⁵⁶ Die **Nichtigkeit eines Hauptversammlungsbeschlusses** führt nach hM regelmäßig zu einem Eintragungshindernis.⁵⁷

e) Negativerklärung, Freigabeverfahren

24 In einigen Fällen, nämlich bei Eingliederung, Squeeze out, Umwandlungen und Vermögensübertragungen nach dem UmwG, sieht das Gesetz eine sog **Negativerklärung** vor, dass eine Klage nicht oder nicht fristgerecht erhoben oder dass eine solche Klage rechtskräftig abgewiesen ist.⁵⁸ Wenn die Negativerklärung fehlt und auch kein Klageverzicht sämtlicher klageberechtigter Aktionäre in notarieller Form vorliegt, darf die betreffende Maßnahme nicht im Handelsregister eingetragen werden (Registersperre).⁵⁹ Das Registergericht hat die Beteiligten im Wege der Zwischenverfügung unter Fristsetzung aufzufordern, das Negativattest nachzureichen.⁶⁰ Unterbleibt dies, ist das Verfahren gemäß §§ 21, 381 FamFG auszusetzen.⁶¹ Die durch eine anhängige (Anfechtungs- oder Nichtigkeits-) Klage ausgelöste Registersperre kann durch einen Beschluss des (nunmehr zuständigen) OLG im sog **Freigabeverfahren** oder Unbedenklichkeitsverfahren überwunden werden.⁶²

25 Im Regelfall, wie insbes. bei Satzungsänderungen und Kapitalmaßnahmen, ist eine zwingende **Negativerklärung** nach dem Gesetz hingegen **nicht erforderlich.** Sofern allerdings ein **Aktionär Widerspruch zur Niederschrift** erklärt hat, geben die Registergerichte dem Vorstand gelegentlich im Wege einer Zwischenverfügung auf, **nach Ablauf der Klagefrist des § 246 AktG zu erklären,** dass eine Anfechtungsklage nicht eingereicht wurde. Das Zuwarten der Monatsfrist wird in aller Regel zu keinem wesentlichen Nachteil für die Gesellschaft führen.⁶³ Diese Praxislösung der Zwischenverfügung (also ohne förmliche Aussetzung unter gleichzeitiger Fristsetzung zur Klageerhebung gem. § 381 S. 2 FamFG) dürfte angesichts der ohnehin bestehenden Klagefrist des § 246 AktG und der parallelen Rechtslage bei der gesetzlichen Negativerklärung nicht zu beanstanden sein. Wird eine **Anfechtungsklage erhoben,** muss das Registergericht eine **eigene Interessenabwägung** unter Berücksichtigung des Anliegens der Gesellschaft hinsichtlich einer alsbaldigen Eintragung einerseits und der Erfolgsaussichten der Klage andererseits vornehmen. In Zweifelsfällen wird das Verfahren in der Praxis ausgesetzt.⁶⁴ Die dadurch bewirkte faktische Registersperre kann, soweit es um Kapitalmaßnahmen oder Unternehmensverträge geht, im Freigabeverfahren des § 246a AktG durchbrochen werden.⁶⁵ Der Registerrichter ist aber nach zutreffender Auffassung nicht gehindert, einen Hauptver-

---

⁵⁶ *Hüffer/Schäfer* in MüKoAktG AktG § 243 Rn. 135; *Bokelmann* DB 1994, 1341.
⁵⁷ Vgl. *Hüffer/Schäfer* in MüKoAktG AktG § 241 Rn. 95 mwN. Etwas anderes kann zu erwägen sein, soweit die Nichtigkeit wegen Einberufungsmängeln gem. § 242 Abs. 2 S. 4 AktG geheilt werden kann; siehe auch *Wicke* in Spindler/Stilz AktG § 130 Rn. 22.
⁵⁸ Vgl. §§ 319, 320 Abs. 1 S. 3, 327e Abs. 2 AktG, 16 Abs. 2, 125, 176 Abs. 1, 198 Abs. 3 UmwG.
⁵⁹ HM, vgl. BGH NJW 2007, 224 (225); *Decher* in Lutter UmwG § 16 Rn. 12; *Marsch-Barner* in Kallmeyer UmwG § 16 Rn. 27; *Koch* in Hüffer/Koch AktG § 319 Rn. 15 f.
⁶⁰ Vgl. auch BGH NJW 1990, 2747; *Koch* in Hüffer/Koch AktG § 243 Rn. 57; *Singhof* in Spindler/Stilz AktG § 319 Rn. 19; *Decher* in Lutter UmwG § 16 Rn. 12.
⁶¹ *Zimmermann* in Kallmeyer UmwG § 16 Rn. 28.
⁶² Vgl. §§ 16 Abs. 3 UmwG, 319 Abs. 6 AktG; ferner *Ziemons* in K. Schmidt/Lutter AktG § 319 Rn. 37; *Marsch-Barner* in Kallmeyer UmwG § 16 Rn. 32; → Rn. 26 ff.
⁶³ *Koch* in Hüffer/Koch AktG § 243 Rn. 52.
⁶⁴ *Hüffer/Schäfer* in MüKoAktG AktG § 243 Rn. 135; *Bokelmann* DB 1994, 1341. Zu dieser Praxis hat auch beigetragen, dass für Entscheidungen im Registerverfahren das Richterprivileg des § 839 Abs. 2 BGB nicht gilt und dem Registerrichter daher ein Amtshaftungsprozess drohen kann. Teilweise wird im Hinblick auf diese Praxis von einer faktischen Registersperre gesprochen, so *Timm* ZGR 1996, 247 (262).
⁶⁵ *Koch* in Hüffer/Koch AktG § 243 Rn. 53.

sammlungsbeschluss auch schon vor Abschluss eines von der Gesellschaft beantragten Freigabeverfahrens einzutragen.[66]

f) Reform des Freigabeverfahrens. Die Anfechtungsklage gegen eintragungsbedürftige Hauptversammlungsbeschlüsse entfaltet nach dem Gesagten nicht selten eine Blockadewirkung, sei es, dass bereits kraft Gesetzes eine Registersperre besteht (§ 319 AktG, § 16 UmwG), sei es, dass die Registergerichte das Verfahren aussetzen (§§ 21, 381 FamFG). Diese Registersperren können mittels eines Freigabeverfahrens überwunden werden (§§ 246a, 319 Abs. 6 AktG, § 16 Abs. 3 UmwG). Das Freigabeverfahren, das dem Schutz der beteiligten Gesellschaften vor einer unzumutbaren Belastung durch den mit der Registersperre verbundenen Zeitverlust und das daraus resultierende Erpressungspotenzial durch missbräuchliche Anfechtungsklagen dient,[67] wurde durch das ARUG in mehrfacher Hinsicht reformiert.[68] Zur Verfahrensbeschleunigung ist nunmehr das **OLG erst- und letztinstanzlich zuständig.** Daneben werden die Voraussetzungen für eine Freigabeentscheidung abgesenkt. Künftig ergeht der Freigabebeschluss nicht nur dann, wenn die Klage unzulässig oder offensichtlich unbegründet ist, sondern auch dann, wenn der Kläger nicht binnen einer Woche nach Zustellung des Antrags durch Urkunden nachgewiesen hat, dass er seit Bekanntmachung der Einberufung einen anteiligen Betrag von mindestens 1.000 EUR hält (vgl. § 246a Abs. 2 Nr. 2, § 319 Abs. 6 S. 3 Nr. 2 AktG, § 16 Abs. 3 S. 3 Nr. 2 UmwG). 26

Darüber hinaus wurden die Vorgaben für die vom Gericht anzustellende **Interessenabwägung** dahin gehend neu konturiert, dass auf einer ersten Stufe der Prüfung die Nachteile des klagenden Aktionärs gegen die Unternehmensnachteile und diejenigen der anderen Aktionäre abzuwägen sind und auf einer zweiten Stufe zu untersuchen ist, ob ausnahmsweise eine besondere Schwere des Rechtsverstoßes vorliegt, die einer Freigabe ungeachtet des überwiegenden Unternehmensinteresses entgegen steht (§ 246a Abs. 2 Nr. 3, § 319 Abs. 6 S. 3 Nr. 3 AktG, § 16 Abs. 3 S. 3 Nr. 3 UmwG). Eine **Bindung des Registergerichts an die Freigabeentscheidung** besteht bezogen auf solche Gründe, die auch Prüfungsgegenstand des Freigabeverfahrens waren, eine Ablehnung der Eintragung aus anderen Gründen ist hingegen nicht ausgeschlossen.[69] 27

5. Eintragung und Bekanntmachung

Sind die Voraussetzungen für die Eintragung erfüllt, so besteht ein **Anspruch auf unverzügliche Eintragung.**[70] Die Eintragung ist vom Gericht sodann regelmäßig ihrem ganzen Inhalt nach bekannt zu machen.[71] Ist bspw. die Satzung der Gesellschaft geändert worden, bedeutet dies, dass die Eintragung der Satzungsänderung in das Handelsregister bekannt gemacht wird, dagegen nicht die Satzungsänderung selbst.[72] In Folge der elektronischen Registerführung werden seit 1.1.2007 Registereintragungen nach § 10 HGB elektronisch bekanntgemacht und sind für jedermann kostenfrei im Internet einsehbar (www.handelsregister.de).[73] 28

Die Rechtswirkungen der Eintragung treten mit der Eintragung ein,[74] die Rechtswirkungen der **Bekanntmachung** dagegen erst fünfzehn Tage nach der Bekanntmachung (§ 15 Abs. 2 S. 2 HGB), falls nicht der Dritte, der die eingetragene Tatsache gegen sich 29

---

[66] *Schwab* in K. Schmidt/Lutter AktG § 246a Rn. 48 mwN; aA *Seibert/Schütz* ZIP 2004, 252 (257).
[67] *Leuering* NJW-Spezial 2009, 543.
[68] Vgl. dazu *Wicke* Einführung in das Recht der HV 63 ff.; *Verse* NZG 2009, 1127.
[69] *Koppensteiner* in Kölner Komm. AktG § 319 Rn. 35; *Dörr* in Spindler/Stilz § 246a Rn. 36; *Grunewald* in MüKoAktG AktG § 319 Rn. 45.
[70] *Krafka* in MüKoHGB HGB § 8 Rn. 63; *Koch* in Hüffer/Koch AktG § 38 Rn. 16.
[71] § 10 S. 2 HGB; vgl. auch *Krafka/Kühn* RegisterR Rn. 197.
[72] *Stein* in MüKoAktG AktG § 181 Rn. 67.
[73] *Schaub* in Ebenroth/Boujong/Joost/Strohn § 10 Rn. 1.
[74] ZB § 189 AktG: Das Grundkapital ist mit Eintragung der Durchführung der Kapitalerhöhung erhöht.

gelten lassen muss, diese Tatsache schon zuvor kannte oder kennen musste. Ist eine einzutragende Tatsache unrichtig bekannt gemacht worden, so kann sich ein Dritter demjenigen gegenüber, in dessen Angelegenheiten die Tatsache einzutragen war, auf die bekannt gemachte Tatsache berufen, es sei denn, dass er die Unrichtigkeit kannte (§ 15 Abs. 3 HGB). Aktionäre der Gesellschaft sind als solche nicht Dritte iSd handelsrechtliche Vorschriften über die Registerpublizität,[75] wohl aber, wenn sie mit der Gesellschaft wie Dritte in rechtsgeschäftliche Beziehungen treten.[76] Wird eine eintragungspflichtige Tatsache weder eingetragen noch bekannt gemacht, kann sich die Gesellschaft einem Dritten gegenüber nicht darauf berufen, es sei denn, sie war diesem bekannt (§ 15 Abs. 1 HGB).

6. Löschung

30 Die Löschung einer Eintragung ist zugleich eine **eigene Eintragung.** Wird eine Eintragung von Amts wegen gelöscht (→ Rn. 113), geschieht dies grundsätzlich durch Eintragung des Vermerks „Von Amts wegen gelöscht" (§ 19 HRV). Verfügt das Registergericht die Löschung der Eintragung eines Hauptversammlungsbeschlusses, ist der jeweilige Beschluss in einem Vermerk im Handelsregister als nichtig zu bezeichnen (§ 44 HRV). Wird ein Hauptversammlungsbeschluss durch Urteil für nichtig erklärt, ist dieses Urteil unverzüglich zum Handelsregister einzureichen (§ 248 Abs. 1 S. 2 AktG). War der Beschluss im Handelsregister eingetragen, wird auch das Urteil eingetragen (§ 248 Abs. 1 S. 3 AktG; § 44 HRV).

7. Verletzung der Anmeldepflicht

31 Wird eine öffentlich-rechtliche Pflicht zur Anmeldung oder zur Einreichung von Schriftstücken verletzt, muss das Registergericht die Anmeldung durch Festsetzung eines Zwangsgelds durchsetzen.[77] Das **Zwangsgeld** ist Beugemittel, nicht Strafe.[78] Ein Zwangsgeld kann nur festgesetzt werden, wenn in der entsprechenden Gesetzesvorschrift nicht auf die Zwangsgeldbewehrung verzichtet wird, zB durch Verweis in den aktienrechtlichen Straf- und Bußgeldvorschriften (§ 407 Abs. 2 S. 1 AktG). Regelmäßig wird bei konstitutiven Eintragungen (→ Rn. 10), die bestimmten Rechtsverhältnissen oder Rechtsänderungen erst zur Wirksamkeit verhelfen, auf den Registerzwang verzichtet. Beim Unterbleiben der Anmeldung von konstitutiven Eintragungen tritt nämlich die erwünschte Rechtsfolge nicht ein, worin ein mittelbarer Zwang zur Anmeldung liegt. Für nicht anmeldepflichtige Tatsachen ist der Registerzwang unzulässig. Bei glaubhafter Kenntnis von der Verletzung der Anmeldepflicht besteht für das Registergericht die Pflicht zum Einschreiten (§ 388 FamFG). Adressaten des Zwangsgelds sind die Organmitglieder,[79] da Registerzwang nur gegen natürliche Personen zulässig ist.[80] Bei juristischen Personen fallen daher der Anmeldepflichtige und der Zwangsgeldadressat zuweilen auseinander.

32 Das Verfahren der Zwangsgeldfestsetzung richtet sich nach den §§ 388–392 FamFG. Das Registergericht muss einschreiten, wenn es glaubhafte Kenntnis von einer Verletzung der Anmeldepflicht erhält. In der daraufhin zu erlassenden Verfügung des Registergerichts muss zur Erfüllung der möglichst genau bezeichneten Anmeldepflicht eine Frist gesetzt und für den Fall der Nichterfüllung ein Zwangsgeld angedroht werden. Innerhalb der

---

[75] *Preuß* in Oetker HGB § 8 Rn. 24.
[76] *Preuß* in Oetker HGB § 8 Rn. 24.
[77] Das einzelne Zwangsgeld darf 5.000 EUR nicht übersteigen, § 14 HGB.
[78] *Ries* in Röhricht/v. Westphalen/Haas HGB § 14 Rn. 2; *Krafka* in MüKoHGB HGB § 14 Rn. 1.
[79] *Preuß* in Oetker HGB § 8 Rn. 25; *Krafka* in MüKoHGB HGB § 14 Rn. 8a.
[80] *Preuß* in Oetker HGB § 8 Rn. 25.

IV. Das Verfahren vor den Registergerichten   § 42

gesetzten Frist kann der Beteiligte Einspruch mit dem Ziel der Aufhebung der Verfügung einlegen.[81] Befolgt der Beteiligte die Verfügung nicht, ohne Einspruch einzulegen, setzt das Registergericht das angedrohte Zwangsgeld fest und droht dabei ein erneutes Zwangsgeld an (§ 389 Abs. 1 FamFG). Gegen die **Festsetzung des Zwangsgelds** und gegen die Verwerfung des Einspruchs findet die Beschwerde statt (§ 391 FamFG).

8. Strafbarkeit bei unrichtigen oder unvollständigen Angaben

Mitglieder des Vorstands oder des Aufsichtsrats können sich strafbar machen, wenn sie in Anmeldungen, namentlich bei der Erhöhung des Grundkapitals **falsche Angaben** machen.[82] Die falschen Angaben können sich auf die Erbringung des bisherigen Kapitals, die Zeichnung des neuen Kapitals, die Erbringung des neuen Kapitals, den Ausgabebetrag der Aktien oder die Sacheinlagen beziehen. Das gilt auch bei der Erhöhung des Grundkapitals aus Gesellschaftsmitteln (§ 399 Abs. 2 AktG). Den falschen Angaben steht das Verschweigen erheblicher Umstände gleich.[83]

33

9. Rechtsmittel gegen Entscheidungen des Registergerichts

Gegen Entscheidungen des Registergerichts einschließlich Zwischenverfügungen ist unter Geltung des FamFG einheitlich die Beschwerde statthaft, die innerhalb einer Frist von einem Monat beim Amtsgericht einzulegen ist (§§ 58, 63, 64, 382 Abs. 4 S. 2 FamFG).[84] Die Gesellschaft ist regelmäßig selbst beschwerdeberechtigt.[85] Zuständig zur Entscheidung über die Beschwerde ist (im Fall der Nichtabhilfe) das Oberlandesgericht als Beschwerdegericht (§ 69 FamFG, § 119 Abs. 1 Nr. 1b GVG). Gegen die Entscheidung des Beschwerdegerichts ist die Rechtsbeschwerde zum BGH statthaft (§ 70 Abs. 1 FamFG; § 133 GVG), wenn das Beschwerdegericht diese zugelassen hat (zu den Zulassungsgründen siehe § 70 Abs. 2 FamFG). Der BGH ist an die Zulassung gebunden, kann diese jedoch durch Beschluss zurückweisen, wenn die Zulassungsvoraussetzungen nicht vorliegen oder die Beschwerde auch in der Sache keine Aussicht auf Erfolg hat (§ 74a FamFG). Die Verfügung der **Eintragung** durch das Registergericht ist allerdings **nicht rechtsmittelfähig** (§ 383 Abs. 3 FamFG). Nach erfolgter Eintragung besteht für die Eintragung erhöhter Bestandsschutz, so dass diese nur im Wege der Amtslöschung nach § 395 FamFG beseitigt werden kann.[86] Eine gegen die Eintragungsverfügung erhobene Beschwerde wird daher idR als **Anregung** zur Einleitung eines Amtslöschungsverfahrens umgedeutet.[87]

34

10. Anmeldungen mit Auslandsberührung

Besondere Fragen stellen sich bei Anmeldungen mit Auslandsberührung, insbes. dann, wenn im Registerverfahren ausländische Urkunden vorgelegt werden. Da § 12 HGB Verfahrensvorschriften enthält, ist für die Anmeldung bei einem deutschen Registergericht für die Form der Anmeldung deutsches Recht maßgebend. Dies ergibt sich aus dem in-

35

---

[81] *Heinemann* in Keidel FamFG § 388 Rn. 40; *Bumiller/Harders/Schwamb*, FamFG, 11. Aufl. 2015, FamFG § 388 Rn. 23.
[82] § 399 Abs. 1 Nr. 4 AktG; sog Kapitalerhöhungsschwindel, *Otto* in GroßkommAktG AktG § 399 Rn. 162.
[83] *Otto* in GroßkommAktG AktG § 399 Rn. 223; *Hefendehl* in Spindler/Stilz AktG § 399 Rn. 43.
[84] Vgl. *Wicke* Einl. Rn. 27; *Heinemann* DNotZ 2009, 6 (11).
[85] Vgl. *Krafka* NZG 2009, 650 (654); *Meyer-Holz* in Keidel FamFG § 59 Rn. 86 für die Ablehnung einer konstitutiven Eintragung oder eine darauf bezogene Zwischenverfügung.
[86] *Krafka* in MüKoFamFG FamFG § 395 Rn. 1; *Heinemann* in Keidel FamFG § 383 Rn. 22.
[87] *Baumbach/Hopt* HGB § 8 Rn. 10.

ternationalprivatrechtlichen Grundsatz, dass als Verfahrensrecht die am Ort des Verfahrens geltenden Vorschriften (lex fori) anwendbar sind.[88] Eine Auslandsbeurkundung genügt deutschen Formvorschriften, wenn sie einer Inlandsbeurkundung gleichwertig ist. Die Voraussetzung der **Gleichwertigkeit** ist bei der Beglaubigung der Anmeldung im Ausland regelmäßig erfüllt, da eine Unterschriftsbeglaubigung nicht die inhaltliche Richtigkeit der Erklärung, sondern lediglich die Identität des Erklärenden beweisen soll.[89] Daher genügt die Auslandsbeglaubigung der Anmeldung idR dem nach deutschem Recht zu beachtenden Formerfordernis. Die im Ausland beglaubigte Anmeldung muss gem. § 12 Abs. 2 Hs. 2 HGB allerdings mit einem elektronischen Zeugnis iSd § 39a BeurkG versehen werden. Da hierfür eine Apostille (bzw. Legalisation) erforderlich wäre und die Apostille ihrerseits noch papiergebunden ist, also für das elektronische Zeugnis selbst nicht erteilt werden kann, erfolgt die Übermittlung der im Ausland beglaubigten Anmeldung in der Praxis regelmäßig durch einen inländischen Notar.[90]

36 Nicht abschließend geklärt erscheint die Frage, inwieweit die Protokollierung der Hauptversammlung wirksam durch einen **ausländischen Notar** innerhalb dessen Amtsgebiet vorgenommen werden kann.[91] Die Auseinandersetzung betrifft vor allem zwei Aspekte, nämlich zum einen, ob die Wahrung der Ortsform im Rahmen des § 130 AktG ausreichend ist und zum anderen, ob zumindest bei Gleichwertigkeit der ausländischen Beurkundung den gesetzlichen Anforderungen Rechnung getragen wird. Nach zutreffender Auffassung sprechen der enge Sachzusammenhang mit gesellschaftsrechtlichen Regelungen sowie Erwägungen der Rechtssicherheit[92] und des Verkehrsschutzes dafür, dass zwingend die Form des Gesellschaftsstatuts zu wahren ist.[93] Art. 11 EGBGB steht dieser Interpretation nicht entgegen, da die Vorschrift nach ihrer Entstehungsgeschichte das Gesellschaftsrecht nicht erfasst.[94] Auf Fragen betreffend das Gesellschaftsrecht ist Art. 11 Abs. 2 Rom I-VO gemäß Art. 1 Abs. 2 lit. f Rom I-VO nicht anzuwenden. Der BGH hält die Beurkundung durch einen ausländischen Notar für zulässig, wenn sie der deutschen Beurkundung gleichwertig ist. Gleichwertigkeit ist demzufolge gegeben, wenn die ausländische Urkundsperson nach Vorbildung und Stellung im Rechtsleben eine der Tätigkeit des deutschen Notars entsprechende Funktion ausübt und für die Urkunde ein Verfahrensrecht zu beachten hat, das den tragenden Grundsätzen des deutschen Beurkundungsrechts entspricht.[95] Nicht näher thematisiert hat der BGH allerdings, ob dies für sämtliche Hauptversammlungsbeschlüsse gelten soll oder ob nicht – entsprechend der Auffassung des früheren Senatsvorsitzenden Goette – eine Auslandsbeurkundung von Grundlagenbeschlüssen, welche die Verfassung der Gesellschaft betreffen, ausscheiden

---

[88] *Schaub* in Ebenroth/Boujong/Joost/Strohn Anhang § 12 Rn. 43; *Baumbach/Hopt* HGB § 12 Rn. 8.
[89] *Preuß* in Oetker HGB § 8 Rn. 34; *Schaub* in Ebenroth/Boujong/Joost/Strohn Anhang § 12 Rn. 51.
[90] Vgl. *Böttcher* ZNotP 2010, 6 (10); *Begemann/Galla* GmbHR 2009, 1069; *Krauss* GWR 2010, 51.
[91] Ablehnend *Goette* DStR 1996, 709; *Terbrack/Lohr* in NK-AktG AktG § 130 Rn. 12; *Großfeld* in Staudinger, IntGesR, 1998, Rn. 497; befürwortend *Koch* in Hüffer/Koch AktG § 121 Rn. 16; *Schiessl* DB 1992, 823; *Bungert* AG 1995, 26; ferner *Reger* in Bürgers/Körber AktG § 130 Rn. 9; *Drinhausen* in Hölters AktG § 130 Rn. 13.
[92] Vgl. BGH NJW 2009, 2207, Rn. 12: § 130 AktG bezweckt vor allem Rechtssicherheit.
[93] Vgl. auch OLG Hamm NJW 1974, 1057; OLG Karlsruhe RIW 1979, 567 (568); AG Köln GmbHR 1990, 171 (172); AG Köln WM 1989, 1810 (1811); LG Augsburg DB 1996, 1666; ferner Deutscher Rat für IPR und Max-Planck-Institut für ausländisches und internationales Privatrecht RabelsZ 47 (1983), 620 f. mit Hinweis auf den Zusammenhang mit dem deutschen Registerrecht und die enge Beziehung zu der auch im Außenverhältnis bedeutsamen Verfassung der Gesellschaft; *Koch* in Hüffer/Koch AktG § 121 Rn. 16; *Großfeld* in Staudinger, IntGesR, 1998, Rn. 497; *Heckschen* DB 1990, 161; *Goette* DStR 1996, 709 (710 f.) (soweit die Verfassung der Gesellschaft betroffen ist); aA OLG Stuttgart IPRax 1983, 79; OLG Düsseldorf NJW 1989, 2200; LG Köln GmbHR 1990, 171; offen gelassen von BGH NJW 1981, 1160; ZIP 2014, 2494 (2496).
[94] Vgl. BT-Drs. 10/504, 49; *Schervier* NJW 1992, 593 (594).
[95] BGH ZIP 2014, 2494 (2495 f.); s. dazu zustimmend *Noack* WuB 2015, 50; *Bungert/Leyendecker* BB 2015, 268; *Görtz* BB 2015, 144, *Kiem/Reutershahn* EWiR 2015, 3 (4); *Koch* in Hüffer/Koch AktG § 130 Rn. 14; kritisch *Hüren* DNotZ 2015, 213; *Wicke* in Spindler/Stilz AktG § 130 Rn. 18; ferner *Herrler* ZGR 2015, 918.

IV. Das Verfahren vor den Registergerichten § 42

muss.⁹⁶ Gegen eine Auslandsbeurkundung von Grundlagenbeschlüssen spricht aber die Erwägung, dass die Einschaltung des Notars nach überwiegender Auffassung und im Einklang mit den Vorstellungen des historischen Gesetzgebers auch die Einhaltung der materiell-rechtlichen Anforderungen des AktG sicherstellen soll. Die insoweit erforderlichen, mitunter weitreichenden Kenntnisse können bei ausländischen Amtsträgern unabhängig von der Frage der Gleichwertigkeit nicht generell voraus gesetzt werden (wie auch umgekehrt das entsprechende Wissen zu ausländischen Rechtsordnungen bei deutschen Notaren nicht allgemein vorhanden wäre).⁹⁷ Mit den Geboten der Rechtssicherheit wäre es demgegenüber nicht vereinbar, auf die im Einzelfall vorhandene Kompetenz der konkreten Urkundsperson abzustellen.⁹⁸ Ein Verzicht der Beteiligten auf die Prüfungs- und Hinweispflichten erscheint in diesem Zusammenhang problematisch, da das Beurkundungserfordernis nicht zuletzt im Interesse Dritter, wie insbesondere künftiger Anleger und Gläubiger der Gesellschaft besteht.⁹⁹ Vor diesem Hintergrund werden in der Registerpraxis Auslandsbeurkundungen über Gesellschafterversammlungen inländischer Gesellschaften nach wie vor vielerorts nicht anerkannt.¹⁰⁰

Bei der Vorlage einer ausländischen Urkunde im Registerverfahren entscheidet das Gericht im Übrigen nach pflichtgemäßem Ermessen, ob es für die Annahme der Echtheit der ausländischen Urkunde notwendig ist, eine Legalisation der Urkunde herbeizuführen.¹⁰¹ Die **Legalisation** ist ein Zeugnis der deutschen Auslandsvertretung über die Echtheit einer ausländischen Urkunde oder die rechtliche Kompetenz der sie beurkundenden oder Unterschriften beglaubigenden Person. Nur öffentliche Urkunden können legalisiert werden. Die Legalisierung wird durch den deutschen Konsul, in dessen Bezirk die Urkunde ausgestellt oder beglaubigt worden ist, oder durch die jeweilige diplomatische Mission der Bundesrepublik vorgenommen. Zwischen den Vertragsstaaten des Haager Übereinkommens vom 5.10.1961 zur Befreiung ausländischer öffentlicher Urkunden von der Legalisation¹⁰² ist die Bestätigung der Echtheit der Urkunde durch eine Behörde des Staates, in dem die Urkunde errichtet wurde, ausreichend. Diese Bestätigung wird als **Apostille** bezeichnet. Daneben bestehen auch zahlreiche bilaterale Verträge, durch die öffentliche Urkunden von der Pflicht zur Legalisation befreit werden.

37

---

⁹⁶ S. *Goette* DStR 1996, 709; vgl. auch BGH ZIP 2014, 2494 (2496) mit der Bezugnahme auf die gesetzliche Ausnahme vom Beurkundungserfordernis für weniger bedeutende Beschlüsse nicht börsennotierter Gesellschaft gemäß § 130 Abs. 1 S. 3.
⁹⁷ Zur Frage der Gleichwertigkeit s. BGH NJW 1981, 1160.
⁹⁸ Vgl. auch OLG Karlsruhe RIW 1979, 567 (568); LG Augsburg DB 1996, 1666; aA wohl *Bungert* AG 1995, 26 (30); zur GmbH ferner *Dignas* GmbHR 2005, 139 (144 ff.).
⁹⁹ *Goette* DStR 1996, 709 (713); *Reger* in Bürgers/Körber AktG § 130 Rn. 1; *Terbrack/Lohr* in NK-AktG AktG § 130 Rn. 12, die zudem auf das Fehlen von Amtshaftungsansprüchen bei Auslandsbeurkundungen hinweisen; aA aber BGH NJW 1981, 1160 iv § 17 BeurkG; ferner BGH BB 2014, 462 mit krit. Anm. *Heckschen* BB 2014, 466. In praktischer Hinsicht dürfte der Internationalisierungs- und Imagegewinn durch Hauptversammlungen im Ausland (hierzu *Schiessl* DB 1992, 823; *Bungert* AG 1995, 26) als eher geringfügig zu veranschlagen sein. Zu berücksichtigen ist ferner, dass der Geschäftswert bei der Beurkundung von Hauptversammlung insgesamt höchstens 5 Mio. EUR beträgt, auch wenn mehrere Beschlüsse mit verschiedenem Gegenstand in einem Beurkundungsverfahren zusammen gefasst werden (§ 108 Abs. 5 GNotKG), so dass der Kostenersparnis von Auslandsbeurkundungen auch nach Inkrafttreten des GNotKG begrenzt sein dürfte.
¹⁰⁰ Soweit (insbesondere) Konzerngesellschaften im Einklang mit § 5 AktG in der durch das MoMiG geänderten Fassung ihren Verwaltungssitz im Ausland haben oder ausländische Muttergesellschaften über Konzerntöchter im Inland verfügen, können Hauptversammlungen zumeist ohne größere Schwierigkeiten mittels Vollmachten abgehalten werden, für die nach § 134 Abs. 3 Satz 3 AktG Textform genügt, oder nach neuem Recht durch Übertragung der Hauptversammlung und Online-Teilnahme der Aktionäre (§ 118 Abs. 1 Satz 2, Abs. 4 AktG).Die den deutschen Konsularbeamten nach § 10 KonsularG zustehenden Befugnisse erfassen nach hM auch die Beurkundung von Hauptversammlungen; vgl. auch *Schiessl* DB 1992, 823 (825) mwN.
¹⁰¹ *Preuß* in Oetker HGB § 8 Rn. 31; *Krafka/Kühn* RegisterR Rn. 152.
¹⁰² BGBl. 1965 II 876.

11. Europäische Aktiengesellschaft (SE)

38 Soweit nach den für Aktiengesellschaften geltenden Rechtsvorschriften der Vorstand **Anmeldungen und die Einreichung von Unterlagen zum Handelsregister** vorzunehmen hat, ist bei der SE zwischen der dualistischen und der monistischen Leitungsstruktur zu unterscheiden. Im Fall des **dualistischen Systems** sind Anmeldungen von die SE betreffenden Änderungen regelmäßig durch Leitungsorganmitglieder in vertretungsberechtigter Zahl vorzunehmen. Bei Kapitalmaßnahmen hat wie bei Aktiengesellschaften je nach Konstellation noch der Vorsitzende des Aufsichtsorgans mitzuwirken.[103] Im **monistischen System** treten an die Stelle des Vorstands die geschäftsführenden Direktoren (§ 40 Abs. 2 S. 4 SEAG). Für die Anmeldung von Kapitalmaßnahmen bedarf es anstelle des Vorsitzenden des Aufsichtsrats nach der Auslegungsregel des § 22 Abs. 6 SEAG der Beteiligung des Vorsitzenden des Verwaltungsrats (§ 34 Abs. 1 S. 1 SEAG).[104] Im Hinblick auf die **Eintragung** der angemeldeten Änderungen finden die Vorschriften zur Aktiengesellschaft regelmäßig entsprechende Anwendung (Art. 9 SE-VO, § 3 SEAG).[105]

12. Kosten der Handelsregisteranmeldung und -eintragung

39 Die öffentliche Beglaubigung der vom Notar entworfenen **Anmeldung zum Handelsregister** erfordert eine 0,5-Gebühr (KV-Nr. 24102, 21201 Nr. 5).[106] Für die elektronische Einreichung der vom Notar gefertigten Anmeldung unter Erzeugung der XML-Strukturdaten zur Weiterbearbeitung durch das Registergericht fällt daneben eine 0,3-Vollzugsgebühr an, höchstens 250 EUR (KV-Nr. 22114).[107] Sofern der Notar lediglich mit der Unterschriftsbeglaubigung beauftragt ist, entsteht eine 0,2-Gebühr nach KV-Nr. 25100 (mindestens 20 EUR, höchstens 70 EUR).[108] Der Gebührensatz für die Erzeugung der XML-Strukturdaten beträgt in diesem Fall 0,6, wiederum aber höchstens 250 EUR (KV-Nr. 22125). Für **Eintragungen in das Handelsregister** sowie für die Bekanntmachung von Verträgen oder Vertragsentwürfen nach dem UmwG werden Gebühren gemäß § 58 GNotKG nach der **Handelsregistergebührenverordnung** erhoben. In der Anlage zu dieser Verordnung findet sich ein detailliertes Gebührenverzeichnis, das den zugrunde liegenden europarechtlichen Anforderungen gerecht werden soll.[109] Die Höhe der Gebühren richtet sich regelmäßig nach den auf die Amtshandlungen entfallenden durchschnittlichen Personal- und Sachkosten.

V. Die einzelnen Anmeldungen

1. Satzungsänderungen allgemein

40 Die Satzungsänderung (§ 181 AktG) wird erst mit Eintragung in das Handelsregister wirksam; die Eintragung hat konstitutive Wirkung (§ 181 Abs. 3 AktG). Dies gilt auch, wenn es sich lediglich um eine Fassungsänderung handelt.[110] Das Datum der Eintragung und damit des **Wirksamwerdens der Satzungsänderung** ist in das Handelsregister auf-

---

[103] *Krafka/Kühn* RegisterR Rn. 1764.
[104] *Oechsler/Minhaylova* in MüKoAktG SE-VO Art. 5 Rn. 30.
[105] *Krafka/Kühn* RegisterR Rn. 1765.
[106] Zum Geschäftswert s. § 105 Abs. 1 Nr. 4, Abs. 4 Nr. 1, Abs. 5, 106, 92 Abs. 2, 119 Abs. 1 GNotKG.
[107] Zum Geschäftswert s. § 112 GNotKG.
[108] S. zum Ganzen auch Notarkasse AdöR, Streifzug durch das GNotKG, 12. Aufl. 2017, Rn. 1624 ff.
[109] Vgl. *Krafka/Kühn* RegisterR Rn. 483.
[110] *Hefermehl* in Geßler/Hefermehl AktG § 181 Rn. 3; *Wiedemann* in GroßkommAktG AktG § 181 Rn. 4.

zunehmen.[111] Es besteht jedoch keine vom Registergericht erzwingbare Pflicht zur Anmeldung der Satzungsänderung (§ 407 Abs. 2 AktG iVm § 181 Abs. 1 AktG). Registerrechtlich ist die Satzungsänderung eine bloß eintragungsfähige Tatsache. Allerdings besteht eine Pflicht des Vorstands gegenüber der Gesellschaft, die Satzungsänderung unverzüglich anzumelden.[112]

a) Anmeldung

Für die **Anmeldung der Satzungsänderung** ist der Richter funktional zuständig, handelt es sich bei der Satzungsänderung um eine bloße Fassungsänderung, ausnahmsweise der Rechtspfleger (§ 17 Abs. 1 Nr. 1 lit. b RPflG). Die Satzungsänderung ist durch den Vorstand zur Eintragung anzumelden (§ 181 Abs. 1 S. 1 AktG). Ausreichend ist die Anmeldung durch den Vorstand in vertretungsberechtigter Zahl.[113] Im Fall einer unechten Gesamtvertretung im Sinne des § 78 Abs. 3 S. 1 Alt. 2 AktG kann auch ein Prokurist neben einem oder mehreren Vorstandsmitgliedern an der Anmeldung mitwirken.[114] Die Anmeldung erfolgt im Namen der Gesellschaft.[115]

41

b) Form und Inhalt der Anmeldung

Die Anmeldung der Satzungsänderung hat elektronisch in öffentlich beglaubigter Form zu erfolgen.[116] Der Inhalt der Anmeldung richtet sich nach dem **Gegenstand der Satzungsänderung.** Im Regelfall genügt die Bezugnahme auf die beigefügten Unterlagen, insbes. auf das notarielle Beschlussprotokoll, eine inhaltliche Wiedergabe der Satzungsänderung in der Anmeldung ist entbehrlich.[117] Ebenso ist die Angabe des geänderten Satzungsparagraphen nach zutreffender hM nicht erforderlich.[118] Betrifft die Satzungsänderung aber Tatsachen, die gem. § 39 AktG einzutragen sind, muss der Inhalt der Satzungsänderung konkret, dh schlagwortartig, bezeichnet werden.[119] Bei einer Änderung der allgemeinen Vertretungsregelung des Vorstands wird es für erforderlich gehalten, dass nicht nur diese Tatsache, sondern auch der exakte Inhalt der neu getroffenen Bestimmung angemeldet wird, soweit er gemäß § 43 Nr. 4 lit. a HRV in das Handelsregister einzutragen ist.[120]

42

c) Beizufügende Urkunden

Der Anmeldung der Satzungsänderung ist eine elektronisch beglaubigte **Abschrift der Hauptversammlungsniederschrift** mit Anlagen beizufügen, soweit diese nicht schon zuvor eingereicht worden ist (§ 130 Abs. 5 AktG). Sonderbeschlüsse (§§ 141, 179 Abs. 3 AktG) und Zustimmungserklärungen betroffener Aktionäre sind ebenfalls einzureichen. Die beim Handelsregister einzureichenden Niederschriften der Sonderbeschlüsse und

43

---

[111] § 382 Abs. 2 FamFG; § 27 Abs. 4 HRV; dazu *Heinemann* in Keidel FamFG § 382 Rn. 8.
[112] Diese Pflicht ergibt sich schon aus § 83 Abs. 2 AktG, ausdrücklich aber aus § 181 Abs. 1 S. 1 AktG; *Koch* in Hüffer/Koch AktG § 181 Rn. 5.
[113] *Koch* in Hüffer/Koch AktG § 181 Rn. 4; *Wiedemann* in GroßkommAktG AktG § 181 Rn. 8; *Seibt* in Schmidt/Lutter AktG § 181 Rn. 6.
[114] HM, vgl. *Seibt* in K. Schmidt/Lutter AktG § 181 Rn. 6; *Koch* in Hüffer/Koch AktG § 181 Rn. 4.
[115] *Ehmann* in Grigoleit AktG § 181 Rn. 3; *Stein* in MüKoAktG AktG § 181 Rn. 9; *Seibt* in K. Schmidt/Lutter AktG § 181 Rn. 6; *Koch* in Hüffer/Koch AktG § 181 Rn. 4; BGH NJW 1989, 295 (zur GmbH).
[116] Vgl. § 12 Abs. 1 S. 1 HGB, § 129 BGB, § 39a BeurkG.
[117] HM, vgl. *Koch* in Hüffer/Koch AktG § 181 Rn. 6; *Seibt* in K. Schmidt/Lutter AktG § 181 Rn. 12; aA *Krafka/Kühn* RegisterR Rn. 1372 für den Fall der Änderung einzelner Paragraphen im Gegensatz zur Satzungsneufassung.
[118] *Koch* in Hüffer/Koch AktG § 181 Rn. 6; aA *Krafka/Kühn* RegisterR Rn. 1372.
[119] *Koch* in Hüffer/Koch AktG § 181 Rn. 6; *Stein* in MüKoAktG AktG § 181 Rn. 21; *Seibt* in K. Schmidt/Lutter AktG § 181 Rn. 12.
[120] *Krafka/Kühn* RegisterR Rn. 1372.

formbedürftige Zustimmungserklärungen (vgl. zB § 285 Abs. 3 S. 2 AktG) müssen notariell beurkundet sein und sind daher in Form elektronisch beglaubigter Abschriften einzureichen.[121] Formfreie Zustimmungserklärungen der betroffenen Aktionäre[122] können dem Handelsregister mit jedem geeigneten Beweismittel nachgewiesen werden.[123] Bei einer Fassungsänderung sind die Niederschrift des Aufsichtsrats über die Fassungsänderung als elektronische Aufzeichnung iSd § 12 Abs. 2 HGB und der notarielle Nachweis der Befugnis zur Satzungsänderung in Form einer elektronisch beglaubigten Abschrift beizufügen. Bei einer Anmeldung durch Bevollmächtigte ist auch die Vollmacht elektronisch in öffentlich beglaubigter Form zu übermitteln.

44   Mit der Anmeldung ist der vollständige Wortlaut der Satzungsurkunde in der Form einzureichen, die künftig gelten soll (§ 181 Abs. 1 S. 2 AktG). Auch überholte, aber nicht förmlich geänderte Satzungsbestimmungen sind dabei aufzunehmen.[124] Dem eingereichten Satzungswortlaut ist eine **Bescheinigung des Notars** darüber beizufügen, dass die geänderten Bestimmungen der Satzung mit dem Beschluss über die Satzungsänderung und die unveränderten Bestimmungen mit dem zuletzt zum Handelsregister eingereichten vollständigen Wortlaut der Satzung übereinstimmen (§ 181 Abs. 1 S. 2 AktG). Nach Möglichkeit sollte diese Bescheinigung von dem die Satzungsänderung beurkundenden Notar ausgestellt werden, da sie dann regelmäßig ein gebührenfreies Nebengeschäft ist.[125] Der vollständige Satzungswortlaut mit notarieller Bescheinigung muss entgegen der hM nicht eingereicht werden, wenn die Hauptversammlung die Neufassung der Satzung insgesamt beschlossen hat.[126] In diesem Fall liegt dem Registergericht der Wortlaut der neugefassten Satzung bereits als Teil der notariellen Niederschrift über die Hauptversammlung vor.

45   **Staatliche Genehmigungen** müssen der Anmeldung zum Handelsregister nach Streichung des § 181 Abs. 1 S. 3 AktG durch das ARUG regelmäßig nicht mehr beigefügt werden.[127] Ausnahmen von diesem Grundsatz werden insbes. diskutiert für rechtsformunabhängige Registervorschriften wie § 43 KWG (ggf. iVm § 3 Abs. 4 InvG) und für (seltene) Genehmigungsvorbehalte zur Errichtung von juristischen Personen des Privatrechts durch öffentlich-rechtliche Körperschaften.[128]

d) Verhalten des Vorstands bei nichtigen, anfechtbaren oder angefochtenen Beschlüssen

46   **Nichtige Beschlüsse** darf der Vorstand nicht zur Eintragung in das Handelsregister anmelden.[129] Hat der Vorstand Zweifel, ob der Beschluss nichtig ist, muss er ihn unter Hinweis auf seine Bedenken zur Eintragung anmelden. **Anfechtbare oder angefochtene Beschlüsse,** die zu ihrer Wirksamkeit der Eintragung bedürfen, sind dagegen, anders als nichtige Beschlüsse, vom Vorstand zum Handelsregister anzumelden.[130] Der Vorstand kann das Registergericht bei Anfechtbarkeit des Beschlusses auf seine Zweifel an der Rechtmäßigkeit hinweisen. Wenn der Vorstand seinerseits von der Anfechtbarkeit des

---

[121] *Seibt* in K. Schmidt/Lutter AktG § 181 Rn. 19; §§ 13 Abs. 2, 193 Abs. 2, 242 UmwG.
[122] ZB 180 AktG, Änderung des Gesellschaftszwecks.
[123] *Stein* in MüKoAktG AktG § 181 Rn. 11; *Seibt* in K. Schmidt/Lutter AktG § 181 Rn. 19.
[124] *Koch* in Hüffer/Koch AktG § 181 Rn. 7; *Holzborn* in Spindler/Stilz AktG § 181 Rn. 14; *Wiedemann* in GroßkommAktG AktG § 181 Rn. 16; aA *Gustavus* BB 1969, 1335 (1336).
[125] S. *Sikora* in Korintenberg GNotKG 25104 KV Rn. 14 f.; Bormann in Bormann/Diehn/Sommerfeldt GNotKG § 107 Rn. 62.
[126] Vgl. zur GmbH OLG Zweibrücken NZG 2002, 93; *Wicke* GmbHG § 54 Rn. 5; aA Grigoleit/*Ehmann* AktG § 181 Rn. 7; *Koch* in Hüffer/Koch AktG § 181 Rn. 9; *Seibt* in K. Schmidt/Lutter AktG § 181 Rn. 15.
[127] Siehe zum Gesetzgebungsverfahren *Wicke* Einführung in das Recht der HV 384.
[128] Vgl. etwa § 96 Abs. 4 SächsGemO; siehe zum Ganzen *Leitzen* GmbHR 2009, 480, der (zu weitgehend) eine Ausnahme teilweise aber auch bei Firmenrechtsrelevanz der öffentlich-rechtlichen Erlaubnis annehmen will; ferner *Wicke* in MüKoGmbHG GmbHG § 9c Rn. 29.
[129] *Holzborn* in Spindler/Stilz AktG § 181 Rn. 7; *Volhard* ZGR 1996, 55 (59).
[130] *Koch* in Hüffer/Koch AktG § 181 Rn. 5.

V. Die einzelnen Anmeldungen § 42

Satzungsänderungsbeschlusses überzeugt ist, trifft ihn die Verpflichtung, den Beschluss nach § 245 Nr. 4 AktG anzufechten, wenn der Beschluss das Gesellschaftsinteresse verletzt oder ein pflichtwidriges Verhalten vom Vorstand verlangt.[131] Für besondere Fälle, insbes. die Eingliederung und Umwandlungen nach dem UmwG, ist der Vorstand verpflichtet, die Klageerhebung dem Registergericht mitzuteilen.[132] Generell besteht eine solche Mitteilungspflicht kraft Gesetzes nicht,[133] doch wird überwiegend angenommen, dass der Vorstand dem Registergericht aus Zweckmäßigkeitsgründen mitteilen soll, wenn ein Beschluss angefochten ist.

Ein Recht des Vorstands hierzu besteht zweifellos; eine Pflicht ist zu verneinen. Insbesondere bei Anhängigkeit eines Rechtsstreits kann die **Aussetzung des Verfahrens** von Amts wegen oder auf Antrag bzw. Anregung erfolgen (§§ 21, 381 FamFG). Ein solcher Antrag oder eine Anregung kann auch vom Kläger ausgehen. Damit hat jeder Kläger jederzeit die Möglichkeit, das Registergericht auf die Anfechtung aufmerksam zu machen. Das geschieht auch regelmäßig, weil in vielen Anfechtungsfällen der Zweck der Klage gerade darin besteht, die Eintragung zu verhindern. Daneben kann das **Registergericht von Amts wegen ermitteln,** ob der zur Eintragung angemeldete Beschluss angefochten worden ist und daher eine Aussetzung in Betracht kommt. Wird ein Beschluss eingetragen, von dessen Anfechtung das Registergericht keine Kenntnis hat, und der Klage vom Prozessgericht später stattgegeben, wird die unrichtig gewordene Eintragung durch die Eintragung des stattgebenden Urteils korrigiert (§ 248 Abs. 1 S. 3 AktG, § 44 HRV). 47

e) Prüfung durch das Registergericht

Das Registergericht hat zu prüfen, ob die formellen und materiellen Bestimmungen für die Beschlussfassung über die Satzungsänderung eingehalten worden sind. Zu prüfen sind insbes. die **ordnungsgemäße Anmeldung** und die **Wirksamkeit** des Beschlusses. Stellt das Registergericht fest, dass der Beschluss nichtig ist,[134] muss es die Eintragung ablehnen.[135] Das Registergericht darf den nichtigen Beschluss auch dann nicht eintragen, wenn durch die Eintragung die Nichtigkeit geheilt werden könnte.[136] Ist ein Beschluss schwebend unwirksam, weil etwa eine erforderliche Zustimmung noch aussteht (§§ 179 Abs. 3, 180 AktG), darf das Registergericht die Eintragung nicht vornehmen. 48

aa) Bindungswirkung der Entscheidungen des Prozessgerichts

Hat das Prozessgericht den Beschluss auf eine Anfechtungs- oder Nichtigkeitsklage hin für nichtig erklärt, ist das Registergericht an diese Entscheidung gebunden. Ist umgekehrt die Nichtigkeitsklage vom Prozessgericht abgewiesen worden, tritt keine **Bindung des Registergerichts** an die Entscheidung ein: Das Registergericht hat den Beschluss zu prüfen und kann die Eintragung ablehnen, wenn es entgegen der Entscheidung des Prozessgerichts zu dem Ergebnis kommt, dass der Beschluss nichtig ist.[137] 49

bb) Angefochtene Hauptversammlungsbeschlüsse

Ist ein Hauptversammlungsbeschluss angefochten, kann das Registergericht die **Eintragung** bis zur Entscheidung des Prozessgerichts **aussetzen.**[138] Setzt das Registergericht das 50

---

[131] *Stein* in MüKoAktG AktG § 181 Rn. 16; *Seibt* in K. Schmidt/Lutter AktG § 181 Rn. 10; *Holzborn* in Spindler/Stilz AktG § 181 Rn. 8.
[132] §§ 319 Abs. 5 S. 1 AktG, 320 Abs. 1 S. 3, 327e Abs. 2 AktG, §§ 16 Abs. 2 S. 1, 176 Abs. 1 UmwG.
[133] *Seibt* in K. Schmidt/Lutter AktG § 181 Rn. 10; *Koch* in Hüffer/Koch AktG § 181 Rn. 5.
[134] Die Nichtigkeitsgründe ergeben sich aus § 241 AktG.
[135] *Koch* in Hüffer/Koch AktG § 181 Rn. 14.
[136] § 242 Abs. 1 AktG; allgM vgl. nur *Holzborn* in Spindler/Stilz AktG § 181 Rn. 23.
[137] Vgl. *Stein* in MüKoAktG AktG § 181 Rn. 52.
[138] §§ 21, 381 FamFG. Die Gesichtspunkte, die das Registergericht bei der Entscheidung über die Aussetzung zu berücksichtigen hat, sind unter → Rn. 25 erläutert.

Verfahren nicht aus, entscheidet es in der Sache. Das Registergericht kann dann die Eintragung des angefochtenen Hauptversammlungsbeschlusses verfügen oder sie ablehnen.

cc) Anfechtbare Hauptversammlungsbeschlüsse

51 Ob das Registergericht auch die **Anfechtbarkeit** eines Hauptversammlungsbeschlusses zu prüfen hat, ist umstritten. Nach überwiegender Ansicht ist der Umfang der materiellen Prüfungsbefugnis des Registergerichts danach zu bestimmen, ob der mögliche Mangel des Beschlusses Interessen Dritter betrifft oder allein Interessen der Aktionäre.[139] Ist Anfechtungsgrund die Verletzung einer Vorschrift im Allgemeininteresse, so obliegt dem Registergericht die Prüfung der Anfechtbarkeit des Beschlusses. Kommt das Registergericht zu dem Ergebnis, dass der Beschluss anfechtbar ist, ist die Eintragung abzulehnen. Liegt dagegen der Mangel des Beschlusses in der Verletzung einer Vorschrift, die allein Interessen der Aktionäre betrifft, so besteht keine Prüfungskompetenz des Registergerichts. In diesem Fall ist die Anfechtungsbefugnis der Aktionäre ausreichend, um ihre Interessen zu wahren.

f) Wirkung der Eintragung

52 Mit der Eintragung wird die Satzungsänderung wirksam, die Eintragung hat **konstitutive Wirkung**.[140]

g) Fehlerhafte Eintragung

53 Bei **fehlerhaften Eintragungen** ist zwischen Mängeln des Beschlusses selbst und Mängeln des Eintragungsverfahrens zu unterscheiden. Ist der Satzungsänderungsbeschluss nichtig, können bestimmte Nichtigkeitsgründe durch die Eintragung geheilt werden. Die **Heilung** von Beurkundungsmängeln tritt unmittelbar mit der Eintragung des Beschlusses ein (§ 242 Abs. 1 AktG). Ist die beschlussfassende Hauptversammlung unter Verstoß gegen § 121 Abs. 2 und 3 S. 1 oder Abs. 4 AktG einberufen worden, verstößt der Inhalt des Beschlusses gegen gläubigerschützende oder im öffentlichen Interesse liegende Vorschriften oder gegen die guten Sitten, so tritt die Heilung dieser Nichtigkeitsgründe drei Jahre nach Eintragung des Beschlusses im Handelsregister ein.[141] Die Eintragung entfaltet dagegen keine Wirkung, wenn das Registergericht etwas anderes einträgt, als angemeldet wurde, oder wenn eine Anmeldung gänzlich fehlt.[142] Bei diesen Mängeln des Eintragungsverfahrens muss die erfolgte Eintragung dann von Amts wegen gelöscht werden.[143] Wurde dagegen im Eintragungsverfahren der Satzungswortlaut nicht oder unrichtig beigefügt, wurde die notarielle Bescheinigung nicht vorgelegt oder leidet die Anmeldung unter einem Formmangel, so berührt dies die Wirksamkeit der Eintragung nicht.[144]

2. Kapitalerhöhung

54 Jede Kapitalerhöhung hat die Änderung des Grundkapitals und idR der Zahl der Aktien[145] zur Folge. Sie ist daher gleichzeitig immer ein **besonderer Fall der Satzungsän-**

---

[139] Grundlegend dazu *Lutter* NJW 1969, 1873; ferner *Ehmann* in Grigoleit AktG § 181 Rn. 8; *Koch* in Hüffer/Koch AktG § 181 Rn. 14.
[140] *Koch* in Hüffer/Koch AktG § 181 Rn. 24.
[141] § 242 Abs. 2 S. 1 AktG; siehe aber auch § 242 Abs. 2 S. 3 AktG iVm § 398 FamFG.
[142] Grigoleit/*Ehmann* AktG § 181 Rn. 13; *Koch* in Hüffer/Koch AktG § 181 Rn. 28.
[143] *Koch* in Hüffer/Koch AktG § 181 Rn. 29.
[144] *Koch* in Hüffer/Koch AktG § 181 Rn. 28.
[145] § 182 Abs. 1 S. 4 AktG; Ausnahmen: die Kapitalerhöhung aus Gesellschaftsmitteln bei Stückaktien (§ 207 Abs. 2 S. 2 AktG) und bei Umstellung auf Euro (§ 4 Abs. 3 EGAktG).

derung.¹⁴⁶ Daher sind die für die verschiedenen Arten der Kapitalerhöhungen erforderlichen Hauptversammlungsbeschlüsse zum Handelsregister anzumelden und einzureichen (§ 130 Abs. 5 AktG).

a) Kapitalerhöhung gegen Einlagen

Zur Wirksamkeit der Kapitalerhöhung gegen Einlagen¹⁴⁷ sind zwei Handelsregistereintragungen erforderlich: Neben der **Eintragung des Erhöhungsbeschlusses** muss auch die **Durchführung der Kapitalerhöhung** eingetragen werden. Die Kapitalerhöhung wird erst mit Eintragung der Durchführung wirksam, die Eintragung des Kapitalerhöhungsbeschlusses allein bereitet die Satzungsänderung lediglich vor.¹⁴⁸

aa) Kapitalerhöhungsbeschluss

Der **Erhöhungsbeschluss** ist vom Vorstand in vertretungsberechtigter Zahl und dem Vorsitzenden des Aufsichtsrats zum Handelsregister anzumelden. Bei der Anmeldung hat der Vorstand eine Erklärung darüber abzugeben, welche Einlagen auf das bisherige Grundkapital noch nicht geleistet sind und warum sie nicht erlangt werden können (§ 184 Abs. 1 S. 2 AktG). Eine falsche Erklärung des Vorstands darüber ist strafbar (§ 399 Abs. 1 Nr. 4 AktG). Daher ist eine Vertretung des Vorstands bei der Anmeldung des Kapitalerhöhungsbeschlusses unzulässig (→ Rn. 15 f.). Die Angaben des Vorstands über die rückständigen Einlagen müssen so genau sein, dass dem Registergericht die Prüfung möglich ist, ob die Höhe der Rückstände unerheblich und ob ihre Beitreibung unmöglich ist. Der Anmeldung ist die Niederschrift über die Hauptversammlung beizufügen, in der die Satzungsänderung beschlossen wurde (§ 130 AktG), wenn sie nicht bereits im Anschluss an die Hauptversammlung eingereicht wurde. Soweit **Sonderbeschlüsse** (§ 182 Abs. 2 AktG) gefasst worden sind, sind auch deren Niederschriften einzureichen.

Im Fall einer **Sachkapitalerhöhung** ist regelmäßig der Bericht des gerichtlich bestellten Prüfers über die Prüfung von Sacheinlagen beizufügen (§§ 184 Abs. 2, 183 Abs. 3 AktG). Wird **von einer Prüfung der Sacheinlage nach Maßgabe der §§ 183a, 33a abgesehen,** muss in der Anmeldung gem. § 184 Abs. 1 S. 3 AktG die Versicherung abgegeben werden, dass keine wertbeeinflussenden Umstände iSv § 37a Abs. 2 AktG bekannt geworden sind.¹⁴⁹ Zudem sind Unterlagen über die Werthaltigkeit nach § 37a Abs. 3 AktG einzureichen sowie ein Nachweis über die Veröffentlichung des Beschlusses über die Kapitalerhöhung gem. § 183a Abs. 2 AktG einschließlich der darin enthaltenen Angaben nach § 37a Abs. 1 und 2 AktG in den Gesellschaftsblättern.¹⁵⁰ Die Durchführung der Kapitalerhöhung darf nicht vor Ablauf von vier Wochen seit dieser Bekanntmachung in das Handelsregister eingetragen werden (§ 183a Abs. 2 S. 2 AktG). Geht man von der Zulässigkeit eines Verzichts auf die Veröffentlichung durch sämtliche Aktionäre aus, so sind Nachweise hierüber sowie Erklärungen der Anmeldenden gem. § 37a Abs. 1 und 2 AktG anstelle des Belegs über die Veröffentlichung vorzulegen.¹⁵¹ Erfolgt die Sachkapitalerhöhung in den ersten zwei Jahren nach Eintragung der Gesellschaft im Handelsregister, sind daneben auch die Nachgründungsregelungen des § 52 AktG anwendbar, so dass der

---

¹⁴⁶ *Veil* in K. Schmidt/Lutter AktG § 182 Rn. 1; *Koch* in Hüffer/Koch AktG § 182 Rn. 3.
¹⁴⁷ §§ 184, 188 ff. AktG; s. § 20.
¹⁴⁸ OLG Karlsruhe AG 1986, 167 (168).
¹⁴⁹ Nach *Bayer/Schmidt* ZGR 2009, 805 (818) ist diese Versicherung bei einer (getrennt erfolgenden) Anmeldung der Durchführung der Kapitalerhöhung zu wiederholen, die ihrerseits nicht vor Ablauf der Vier-Wochen-Frist des § 183a Abs. 2 S. 2 erfolgen darf.
¹⁵⁰ Vgl. dazu *Wicke* Einführung in das Recht der HV 45; ferner Henssler/Strohn/*Hermanns* Gesellschaftsrecht § 183a AktG Rn. 4.
¹⁵¹ Vgl. *Wicke* Einführung in das Recht der HV 46; *Hermanns* in Henssler/Strohn AktG § 183a Rn. 5; siehe auch *Herrler/Reymann* DNotZ 2009, 914 (933); vgl. ferner *Servatius* in Spindler/Stilz AktG § 183a Rn. 33, wonach die Registeranmeldung stets die Angaben nach § 37a Abs. 1 und 2 AktG enthalten muss.

Einbringungsvertrag der Zustimmung der Hauptversammlung und der Eintragung in das Handelsregister bedarf.¹⁵²

58 Eine öffentlich-rechtliche Pflicht zur Anmeldung des Kapitalerhöhungsbeschlusses gegenüber dem Registergericht besteht nicht, so dass Registerzwang unzulässig ist.¹⁵³ Der Zeitpunkt der Anmeldung wird von den Anmeldenden nach pflichtgemäßem Ermessen bestimmt.¹⁵⁴ Die Anmeldung des Kapitalerhöhungsbeschlusses kann mit der Anmeldung der Durchführung verbunden werden.¹⁵⁵

59 Die registerrechtliche Prüfung und Entscheidung entspricht den für sonstige Satzungsänderungen geltenden Grundsätzen (→ Rn. 18 ff., 48). Das Registergericht hat ein formales und materielles Prüfungsrecht hinsichtlich der Rechtmäßigkeit des Kapitalerhöhungsbeschlusses und der ordnungsgemäßen Anmeldung.¹⁵⁶ Stehen noch erhebliche Einlagen auf das bisherige Grundkapital aus, etwa aus früheren Kapitalerhöhungen, verstößt ein dennoch gefasster Kapitalerhöhungsbeschluss gegen § 182 Abs. 4 S. 1 AktG. Zwar ist der Beschluss nicht nichtig,¹⁵⁷ doch darf der Vorstand einen solchen Beschluss nicht zum Handelsregister anmelden.¹⁵⁸ Geschieht dies dennoch, hat das Registergericht die Eintragung abzulehnen. Trägt das Gericht einen Beschluss trotz Nichtigkeit ein, werden ebenso wie bei sonstigen Satzungsänderungen die in § 242 Abs. 1 und Abs. 2 AktG genannten Nichtigkeitsgründe durch die Eintragung im Handelsregister bzw. durch Eintragung und Ablauf von drei Jahren geheilt (→ Rn. 53).

bb) Durchführung der Kapitalerhöhung

60 Die Durchführung der Kapitalerhöhung ist ebenfalls vom Vorstand in vertretungsberechtigter Zahl und vom Vorsitzenden des Aufsichtsrats zur Eintragung anzumelden (§ 188 Abs. 1 AktG). Wie bei der Anmeldung des Kapitalerhöhungsbeschlusses sind die Anmeldenden auch bei der Anmeldung der Durchführung für die zusätzlich abzugebenden Erklärungen strafrechtlich verantwortlich,¹⁵⁹ so dass auch hier eine **Vertretung durch Bevollmächtigte nicht zulässig** ist.¹⁶⁰ Die Anmeldung der Durchführung kann nicht mittels Registerzwangs durchgesetzt werden, da keine öffentlich-rechtliche Pflicht zur Anmeldung besteht.¹⁶¹ Die Anmeldung der Durchführung muss erfolgen, bevor die Zeichnung der neuen Aktien unverbindlich wird. Dieser Zeitpunkt ergibt sich aus dem Zeichnungsschein.¹⁶²

61 In der Anmeldung ist unter Bezug auf den Kapitalerhöhungsbeschluss anzugeben, **in welcher Höhe die Kapitalerhöhung durchgeführt ist.**¹⁶³ Bei den daneben abzugebenden Erklärungen ist zwischen der Kapitalerhöhung gegen Bareinlagen und der Kapitalerhöhung gegen Sacheinlagen zu unterscheiden. Bei der Kapitalerhöhung gegen **Bareinlagen** muss gem. § 36a Abs. 1 AktG iVm § 188 Abs. 2 S. 1 AktG auf jede Aktie mindestens ein Viertel des geringsten Ausgabebetrags und bei Ausgabe der Aktien für einen höheren als diesen auch der Mehrbetrag eingezahlt sein.¹⁶⁴ Die Anmeldenden haben zu erklären, dass die eingeforderten Bareinlagen ordnungsgemäß an die Gesellschaft ge-

---

¹⁵² *Krafka/Kühn* RegisterR Rn. 1397.
¹⁵³ *Servatius* in Spindler/Stilz AktG § 184 Rn. 11; *Koch* in Hüffer/Koch AktG § 184 Rn. 3. Die Pflicht des Vorstands gegenüber der Gesellschaft ergibt sich aus §§ 83 Abs. 1 S. 2, 181 AktG.
¹⁵⁴ *Koch* in Hüffer/Koch AktG § 184 Rn. 2.
¹⁵⁵ § 188 Abs. 4 AktG; in der Praxis werden beide Anmeldungen und Eintragungen idR gleichzeitig vorgenommen.
¹⁵⁶ *Servatius* in Spindler/Stilz AktG § 184 Rn. 18.
¹⁵⁷ Umstritten ist, ob ein Beschluss, der gegen § 182 Abs. 4 S. 1 AktG verstößt, anfechtbar ist.
¹⁵⁸ *Wiedemann* in GroßkommAktG AktG § 184 Rn. 14.
¹⁵⁹ § 399 Abs. 1 Nr. 4 iVm §§ 188 Abs. 2 S. 1, 37 AktG; Grigoleit/Rieder/Holzmann AktG § 188 Rn. 4.
¹⁶⁰ *Servatius* in Spindler/Stilz AktG § 188 Rn. 6.
¹⁶¹ *Servatius* in Spindler/Stilz AktG § 188 Rn. 6; *Koch* in Hüffer/Koch AktG § 188 Rn. 2.
¹⁶² § 185 Abs. 1 S. 3 Nr. 4 AktG; *Veil* in K. Schmidt/Lutter AktG § 188 Rn. 4.
¹⁶³ *Koch* in Hüffer/Koch AktG § 188 Rn. 3; *Servatius* in Spindler/Stilz AktG § 188 Rn. 9.
¹⁶⁴ *Veil* in K. Schmidt/Lutter AktG § 188 Rn. 7.

leistet worden sind und endgültig zur freien Verfügung des Vorstands stehen (§ 188 Abs. 2 S. 1 iVm § 37 Abs. 1 S. 1 und 2 AktG). Da nach der Rechtsprechung des BGH einer Einzahlung auf die Einlageforderung bereits ab deren Entstehen Erfüllungswirkung zukommt, eine wertgleiche Deckung zum Zeitpunkt der Anmeldung somit nicht zwingend erforderlich ist, genügt auch die Versicherung, dass der Betrag zur freien Verfügung für Zwecke der AG eingezahlt und nicht an die Inferenten zurückgeflossen ist.[165]

Soll hingegen nach Maßgabe der §§ 27 Abs. 4, 183 Abs. 2 AktG ein **Hin- und Herzahlen** der Einlagen erfolgen, muss dies gegenüber dem Registergericht offengelegt werden.[166] Im Eintragungsverfahren wird über die Angaben nach § 27 Abs. 4 AktG hinaus zum Zweck der Prüfung der Vollwertigkeit und Fälligkeit des Rückgewähranspruchs regelmäßig die Vorlage der schuldrechtlichen Vereinbarungen über die Rückzahlung der Einlage (beispielsweise der Darlehensvertrag) und Unterlagen über die Werthaltigkeit des Rückgewähranspruchs verlangt werden wie insbesondere eines Sachverständigengutachtens oder auch die Vorlage einer positiven Bewertung des Rückgewährschuldners durch eine anerkannte Ratingagentur.[167] Bei der Anmeldung von **Sacheinlagen** ist zu berücksichtigen, dass diese vollständig zu erbringen sind. Im Grundsatz müssen sie vor Anmeldung zur freien Verfügung des Vorstands geleistet werden.[168] Besteht die Sacheinlage aber in der Verpflichtung, einen Vermögensgegenstand auf die Gesellschaft zu übertragen, so muss die Leistung innerhalb von fünf Jahren nach Eintragung der Kapitalerhöhung zu bewirken sein (§ 188 Abs. 2, 36a Abs. 2 S. 2 AktG). In der Anmeldung ist schließlich zu erklären, dass der Wert der Sacheinlage dem geringsten Ausgabebetrag und bei Ausgabe der Aktien für einen höheren als diesen auch dem Mehrbetrag entspricht.[169] 62

Der Anmeldung der Durchführung sind **Unterlagen beizufügen,** die dem Registergericht die Prüfung der Anmeldung ermöglichen. Einzureichen sind die Zweitschriften der Zeichnungsscheine sowie ein vom Vorstand unterschriebenes Verzeichnis aller Zeichner (§ 188 Abs. 3 Nr. 1 AktG). Aus dem Verzeichnis muss sich ergeben, wie viele Aktien auf jeden Zeichner entfallen und in welcher Höhe Einlagen geleistet worden sind. Das Verzeichnis muss nach hM auch die geleisteten Sacheinlagen enthalten, falls solche vereinbart worden sind.[170] Im Fall von Bareinlagen muss die ordnungsgemäße Einzahlung nachgewiesen werden, regelmäßig durch schriftliche Bankbestätigung (§§ 188 Abs. 2, 37 Abs. 1 S. 3 AktG). Bei **Sacheinlagen** sind die Verträge vorzulegen, die den Festsetzungen im Beschluss über die Kapitalerhöhung zugrunde liegen oder die zu ihrer Ausführung geschlossen wurden (§ 188 Abs. 3 Nr. 2 AktG). Ferner ist eine Zusammenstellung der (geschätzten) Kosten beizufügen, die der Gesellschaft durch die Kapitalerhöhung entstehen werden.[171] Dazu zählen bspw. die Kosten für die notarielle Beurkundung des Hauptversammlungsbeschlusses und der notariellen Beglaubigung der Anmeldung, ferner die Eintragungskosten, die Kosten für den Druck der Aktien, sowie ggf. die Kosten der Börseneinführung, Entgelte für eine Emissionsbank und bei Sacheinlagen die Kosten einer externen Prüfung. 63

---

[165] Vgl. dazu *Koch* in Hüffer/Koch AktG § 188 Rn. 6; BGH NJW 2007, 515; NZG 2005, 180; 2002, 522.
[166] § 27 Abs. 4 S. 2 AktG; vgl. auch BGH NZG 2009, 463 (465); *Wicke* Einführung in das Recht der HV 55 auch zu europarechtlichen Bedenken gegenüber § 27 Abs. 4 AktG; dazu eingehend *Herrler* in Spindler/Stilz AktG § 27 Rn. 288 ff.
[167] OLG München DB 2011, 581; OLG Schleswig GmbHR 2012, 908; *Krafka/Kühn* RegisterR Rn. 1315, 1317; ferner *Wicke* GmbHG § 19 Rn. 35.
[168] § 188 Abs. 2, 36a Abs. 2 S. 1 AktG, *Koch* in Hüffer/Koch AktG § 188 Rn. 3, 9.
[169] § 188 Abs. 2 S. 1 iVm §§ 37 Abs. 1 S. 1, 36a Abs. 2 AktG; zur streitigen Frage der gerichtlichen Prüfungskompetenz hinsichtlich des Mehrbetrags → Rn. 64.
[170] *Lutter* in Kölner Komm. AktG § 188 Rn. 34; *Schürnbrand* in MüKoAktG AktG § 188 Rn. 9; *Koch* in Hüffer/Koch AktG § 188 Rn. 13; aA *Hefermehl* in Geßler/Hefermehl AktG § 188 Rn. 34.
[171] § 188 Abs. 3 Nr. 3 AktG. Der Wortlaut der Vorschrift, der sich nur auf die Kosten für die Ausgabe der Aktien bezieht, ist nach allgemeiner Auffassung insoweit zu eng, *Koch* in Hüffer/Koch AktG § 188 Rn. 15.

64 Das **Registergericht prüft** die **formellen und materiellen Voraussetzungen** der Anmeldung.[172] In formeller Hinsicht unterliegen insbes. die ordnungsgemäße Anmeldung einschließlich der Befugnis der Anmelder sowie die Vollständigkeit und Ordnungsgemäßheit der einzureichenden Unterlagen der gerichtlichen Kontrolle.[173] Die materielle Prüfungskompetenz umfasst nach hM die Vereinbarkeit des **gesamten Vorgangs der Kapitalerhöhung mit den gesetzlichen Vorschriften und der Satzung**.[174] Zu kontrollieren ist insbes. die vollständige und wirksame Zeichnung des Erhöhungsbetrags, bei der **Barkapitalerhöhung** die Leistung der Mindesteinlage und die Bedeutung einer Abrede über einen Aufpreis.[175] Im Fall des **Hin- und Herzahlens** im Sinne des § 27 Abs. 4 AktG hat das Registergericht die Vollwertigkeit, jederzeitige Fälligkeit und Einredefreiheit des Rückzahlungsanspruchs zu prüfen, was regelmäßig die Vorlage der schuldrechtlichen Vereinbarungen über die Rückzahlung der Einlage (zB Darlehensvertrag) und eines Werthaltigkeitsnachweises, zB in Form eines Sachverständigengutachtens zur Voraussetzung hat.[176] Bei der **Sachkapitalerhöhung** erstreckt sich die richterliche Prüfung darauf, dass der Wert der Sacheinlagen nicht unwesentlich hinter dem geringsten Ausgabebetrag zurück bleiben darf,[177] nach hM aber nicht auf einen etwaigen Mehrbetrag (Aufgeld).[178] Das Registergericht ist an eine vorangegangene Entscheidung bei der Eintragung des Kapitalerhöhungsbeschlusses nicht gebunden.[179] Dies gilt allerdings dann nicht, wenn der Richter nun auf einen Beurkundungsmangel aufmerksam wird, da dieser durch die Eintragung der Kapitalerhöhung geheilt worden ist (→ Rn. 53). Wurde ein Erhöhungsbeschluss bereits eingetragen, obwohl ausstehende Einlagen auf das bisherige Grundkapital noch erlangt werden können,[180] ist die Eintragung der Durchführung der Kapitalerhöhung abzulehnen.

65 Da mit der Eintragung der Durchführung der Kapitalerhöhung die Satzung hinsichtlich der Höhe des Grundkapitals und der Zahl der Aktien unrichtig wird, ist eine **formelle Satzungsänderung** erforderlich. Überwiegend wird angenommen, dass diese Anmeldung der Änderung des Satzungstextes mit der Anmeldung der Durchführung verbunden werden muss, nicht nur kann.[181] Einzureichen ist daher auch ein vollständiger Satzungswortlaut mit Notarbescheinigung.[182] Sofern die neue Grundkapitalziffer wie im Fall der bis-zu-Kapitalerhöhung noch nicht durch die Hauptversammlung festgesetzt wurde, ist ein Beschluss des Aufsichtsrats zur Änderung der Fassung nach § 179 Abs. 1 S. 2 AktG vorzulegen.

66 Die Anmeldung und Eintragung der Durchführung der Kapitalerhöhung kann, was in der Praxis häufig geschieht, mit der Anmeldung und Eintragung des Kapitalerhöhungsbeschlusses verbunden werden (§ 188 Abs. 4 AktG). Werden beide in einer Anmeldung zu-

---

[172] Vgl. *Veil* in K. Schmidt/Lutter AktG § 188 Rn. 34.
[173] *Koch* in Hüffer/Koch AktG § 188 Rn. 20.
[174] BayObLG AG 2002, 397 (398); 2002, 510. Nach hM hat das Registergericht auch einem möglichen Verstoß gegen § 56 Abs. 1 und 2 im Unterschied zu Abs. 3 nachzugehen, vgl. *Koch* in Hüffer/Koch AktG § 188 Rn. 20; *Schürnbrand* in MüKoAktG AktG § 188 Rn. 51.
[175] *Koch* in Hüffer/Koch AktG § 188 Rn. 20.
[176] *Wicke* Einführung in das Recht der HV 60.
[177] § 184 Abs. 3 S. 1 AktG; wird von einer früheren Prüfung der Sacheinlage nach § 183a Abs. 1 AktG abgesehen, ist der Prüfungsumfang des Registergerichts nach Maßgabe der §§ 184 Abs. 3 S. 2, 38 Abs. 3 AktG eingeschränkt; zu den damit zusammen hängenden Zweifelsfragen siehe *Wicke* Einführung in das Recht der HV 43.
[178] *Veil* in K. Schmidt/Lutter AktG § 183 Rn. 30; *Servatius* in Spindler/Stilz AktG § 188 Rn. 47 zur Parallelproblematik des Umfangs der externen Prüfung siehe *Wicke* Einführung in das Recht der HV 40.
[179] *Koch* in Hüffer/Koch AktG § 188 Rn. 21.
[180] In diesem Fall verstößt der Kapitalerhöhungsbeschluss gegen § 182 Abs. 4 S. 1 AktG, ist aber nicht nichtig, nach hM nicht einmal anfechtbar.
[181] *Koch* in Hüffer/Koch AktG § 188 Rn. 11; *Veil* in K. Schmidt/Lutter § 188 Rn. 31; *Scholz* in MHdB AG § 57 Rn. 188; *Schürnbrand* in MüKoAktG AktG § 188 Rn. 9; *Schüppen* AG 2001, 125 (126 f.); *Cahn* AG 2001, 181 (182).
[182] § 181 Abs. 1 S. 2 AktG.

sammengefasst, handelt es sich um nur eine Eintragung,[183] so dass die Kosten für eine zweite Eintragung entfallen.

b) Bedingte Kapitalerhöhung

Die bedingte Kapitalerhöhung (§§ 195, 201 AktG; → § 25 Rn. 1ff.) bringt zwei Handelsregistereintragungen mit sich. Zum einen die Eintragung des Beschlusses über die bedingte Kapitalerhöhung, zum anderen die Eintragung des Grundkapitals nach Ausgabe der Bezugsaktien. **67**

aa) Kapitalerhöhungsbeschluss

Der **Beschluss über die bedingte Kapitalerhöhung** ist vom Vorstand in vertretungsberechtigter Zahl und vom Vorsitzenden des Aufsichtsrats zum Handelsregister anzumelden (§ 195 Abs. 1 AktG).[184] Die Eintragung des Beschlusses ist Voraussetzung für die Ausgabe der Bezugsaktien (§ 197 S. 1 AktG), hat aber auf die Höhe des Grundkapitals zunächst keinen Einfluss; erst mit Ausgabe der Bezugsaktien ist das Kapital erhöht (§ 200 AktG). **68**

Bei einer bedingten Kapitalerhöhung mit Sacheinlagen sind der Anmeldung, soweit bereits vorhanden, die **Verträge,** die den Festsetzungen im Kapitalerhöhungsbeschluss zugrunde liegen oder die zu ihrer Ausführung geschlossen worden sind (andernfalls eine entsprechende Erklärung), sowie der Sachprüfungsbericht **beizufügen** (§ 195 Abs. 2 Nr. 1 AktG); wird von einer Prüfung der Sacheinlage nach Maßgabe der §§ 194 Abs. 5, 183a AktG abgesehen, muss in der Anmeldung darüber hinaus die Versicherung gem. §§ 195 Abs. 1 S. 2, 184 Abs. 1 S. 3 AktG abgegeben werden, zudem sind anstelle des Sachprüfungsberichts Unterlagen über die Werthaltigkeit gem. §§ 195 Abs. 2 Nr. 1, 37a Abs. 3 AktG vorzulegen sowie ein Nachweis über die Veröffentlichung des Beschlusses (→ Rn. 57).[185] Einzureichen ist daneben, wie auch bei der Kapitalerhöhung gegen Einlagen, eine Berechnung der (geschätzten) Kosten, die der Gesellschaft durch die Ausgabe der Bezugsaktien entstehen werden (§ 195 Abs. 2 Nr. 2 AktG). Im Fall eines Hin- und Herzahlens der Einlage ist dies im Rahmen der Anmeldung offenzulegen (§§ 194 Abs. 2, 27 Abs. 4 AktG).[186] **69**

bb) Ausgabe der Bezugsaktien

Die Anmeldung der **Anzahl der ausgegebenen Bezugsaktien** zum Handelsregister erfolgt durch den Vorstand in vertretungsberechtigter Zahl (§ 201 Abs. 1 AktG). Dies hat mindestens einmal jährlich bis spätestens zum Ende des auf den Ablauf des Geschäftsjahrs folgenden Kalendermonats zu erfolgen. Die vormalige generelle Beschränkung auf eine Anmeldung pro Jahr ist aufgrund der Aktienrechtsnovelle[187] entfallen.[188] **70**

Der Anmeldung beizufügen sind die Zweitschriften der Bezugserklärungen (§ 198 AktG) und ein vom Vorstand unterschriebenes Verzeichnis der Personen, an die wirksam Bezugsaktien ausgegeben worden sind (§ 201 Abs. 2 AktG). In diesem Verzeichnis muss **71**

---

[183] *Koch* in Hüffer/Koch AktG § 182 Rn. 34a.
[184] Das Bestehen des bedingten Kapitals wird in der Praxis regelmäßig in den Text der Satzung aufgenommen. In diesem Fall ist auch die entsprechende Satzungsänderung unter Beifügung des vollständigen Satzungswortlauts mit Notarbescheinigung (§ 181 Abs. 1 S. 2 AktG) anzumelden. Notwendig ist dies nach dem Gesetz allerdings nicht; die Satzungsfassung ist vielmehr erst nach Wirksamwerden der Kapitalerhöhung zwingend zu ändern, s. Scholz in MHdB AG § 58 Rn. 58; *Koch* in Hüffer/Koch AktG § 192 Rn. 5.
[185] *Wicke* Einführung in das Recht der HV 46; vgl. auch *Bayer/Schmidt* ZGR 2009, 805 (819), wonach die Bezugsaktien nicht vor Ablauf der Sperrfrist der §§ 194 Abs. 5, 183a Abs. 2 S. 2 AktG ausgegeben werden dürfen.
[186] *Krafka/Kühn* RegisterR Rn. 1506.
[187] Vom 22.12.2015, BGBl. 2015 I 2565.
[188] *Krafka/Kühn* RegisterR Rn. 1515.

angegeben werden, wie viele Aktien auf jeden Aktionär entfallen und in welcher Höhe Einlagen auf diese Aktien (auch Sacheinlagen) geleistet worden sind.[189] Bei Sacheinlagen müssen die Unterlagen vorgelegt werden, die nicht bereits bei der Anmeldung des Erhöhungsbeschlusses verfügbar waren.[190] Der Vorstand muss bei der Anmeldung erklären, dass die Bezugsaktien nur in Erfüllung des im Beschluss festgesetzten Zwecks und nicht vor der vollen Leistung des Gegenwerts ausgegeben worden sind (§ 201 Abs. 3 AktG). Sofern der Aufsichtsrat zur Satzungsanpassung ermächtigt ist (§ 179 Abs. 1 S. 2 AktG), ist auch die Satzungsänderung bzgl. des Grundkapitals wie auch der Höhe des verbleibenden bedingten Kapitals anzumelden und neben dem Aufsichtsratsbeschluss der vollständige Satzungswortlaut samt Notarbescheinigung (§ 181 Abs. 1 S. 2 AktG) zum Handelsregister einzureichen.[191]

72 Da die Kapitalerhöhung mit Ausgabe der Bezugsaktien wirksam wird (§ 200 AktG), hat die **Eintragung der Ausgabe** lediglich **deklaratorische Bedeutung**. Nach Ablauf der Bezugsfrist ist die Satzung zu ändern und der Satzungsänderungsbeschluss zum Handelsregister anzumelden.[192]

73 Die **Verbindung der Anmeldung** des Kapitalerhöhungsbeschlusses mit der Anmeldung der Ausgabe der Bezugsaktien ist im Fall der bedingten Kapitalerhöhung **nicht möglich**.[193] Dies ergibt sich schon daraus, dass vor der Eintragung des Beschlusses über die Kapitalerhöhung Bezugsaktien nicht ausgegeben werden können (§ 197 S. 1 AktG).

c) Genehmigtes Kapital

74 Der Beschluss der Hauptversammlung, den Vorstand (für höchstens fünf Jahre) zu ermächtigen, das Grundkapital bis zu einem bestimmten Nennbetrag (genehmigtes Kapital) durch Ausgabe neuer Aktien gegen Einlagen zu erhöhen,[194] ist ebenfalls Satzungsänderung und unterliegt daher bei der Handelsregisteranmeldung und -eintragung den dafür geltenden Vorschriften (§§ 202 Abs. 2, 181 AktG). Für die Ausgabe der neuen Aktien selbst verweist das AktG weitgehend auf die Vorschriften über die Kapitalerhöhung gegen Einlagen (§ 203 Abs. 1 S. 1 AktG). Auch beim genehmigten Kapital ist also neben der satzungsändernden Ermächtigung des Vorstands durch Hauptversammlungsbeschluss die Durchführung der Kapitalerhöhung zum Handelsregister anzumelden. Die Ermächtigung des Vorstands wird erst mit Eintragung wirksam, die Erhöhung des Grundkapitals erst mit der Eintragung der Durchführung.

aa) Ermächtigung des Vorstands

75 Der **Beschluss über die Ermächtigung des Vorstands** ist vom Vorstand in vertretungsberechtigter Zahl zur Eintragung in das Handelsregister anzumelden, ggf. bei unechter Gesamtvertretung auch unter Mitwirkung eines Prokuristen. Einer Mitwirkung des Aufsichtsratsvorsitzenden bedarf es nicht.[195] Da das genehmigte Kapital gem. § 39 Abs. 2 AktG im Handelsregister eingetragen wird, muss die Anmeldung den Inhalt der Änderung konkret bezeichnen (→ Rn. 42). Für den Inhalt der Anmeldung und das Verfahren gelten gegenüber anderen Satzungsänderungen keine Besonderheiten (→ Rn. 42ff.).

---

[189] Vgl. *Rieckers* in Spindler/Stilz AktG § 201 Rn. 13f.; *Fuchs* in MüKoAktG AktG § 201 Rn. 12f.
[190] *Koch* in Hüffer/Koch AktG § 201 Rn. 5; *Veil* in K. Schmidt/Lutter § 201 Rn. 4.
[191] *Krafka/Kühn* RegisterR Rn. 1517.
[192] *Koch* in Hüffer/Koch AktG § 201 Rn. 5; *Fuchs* in MüKoAktG AktG § 201 Rn. 9.
[193] *Koch* in Hüffer/Koch AktG § 195 Rn. 1; *Rieckers* in Spindler/Stilz AktG § 195 Rn. 2.
[194] §§ 202, 203 Abs. 1 AktG; s. § 20. Das ist die häufigste Form der Kapitalerhöhung.
[195] *Krafka/Kühn* RegisterR Rn. 1479.

bb) Durchführung der Kapitalerhöhung

Die **Anmeldung der Durchführung** obliegt dem Vorstand in vertretungsberechtigter Zahl und dem Aufsichtsratsvorsitzenden gemeinsam (§§ 203, 188 Abs. 1 AktG). Die Anmeldenden müssen wie bei der regulären Kapitalerhöhung erklären, dass der auf jede Aktie eingeforderte Betrag eingezahlt ist und zur freien Verfügung des Vorstands steht, bei Sacheinlagen ist zu erklären, dass der Wert der Sacheinlage dem Nennbetrag bzw. dem Ausgabebetrag der Aktien entspricht.[196] In der (ersten) Anmeldung der Durchführung der Kapitalerhöhung ist ferner anzugeben, welche Einlagen auf das bisherige Grundkapital noch nicht geleistet sind und warum sie nicht erlangt werden können (§ 203 Abs. 3 S. 4 AktG). Anders als bei der Kapitalerhöhung gegen Einlagen ist es nicht möglich, diese Angabe bereits in der Ermächtigung des Vorstands zur Kapitalerhöhung zu machen, da es zu diesem Zeitpunkt noch von der Entscheidung des Vorstands abhängt, ob es zur Durchführung der Kapitalerhöhung kommen wird.[197] Diese Angabe entfällt, wenn die neuen Aktien an Arbeitnehmer der Gesellschaft (§ 203 Abs. 4 AktG) oder verbundener Unternehmen ausgegeben werden.[198] Dadurch wird die Ausgabe von Arbeitnehmeraktien erleichtert, bei denen nicht die Kapitalbeschaffung, sondern die Beteiligung der Arbeitnehmer vorrangiges Ziel ist.[199] Der **Anmeldung beizufügen** sind der Beschluss des Vorstands über die Ausnutzung des genehmigten Kapitals, der Zustimmungsbeschluss des Aufsichtsrats samt Beschluss über die Änderung der Satzungsfassung (§ 179 Abs. 1 S. 2 AktG), der vollständige neue Satzungswortlaut mit Notarbescheinigung (§ 181 Abs. 1 S. 2 AktG), die Zweitschriften der Zeichnungsscheine[200] sowie ein Verzeichnis der Zeichner, ein Beleg über die Einzahlung der Bareinlagen[201] bzw. bei Sacheinlagen Einbringungsvertrag und Prüfungsbericht[202] und schließlich die Berechnung der Kosten (§§ 203, 188 Abs. 2 Nr. 3 AktG).

Das Registergericht hat zusätzlich zu den sonstigen formellen und materiellen Eintragungsvoraussetzungen zu prüfen, ob das **Handeln des Vorstands von der Ermächtigung gedeckt** ist. Der Registerrichter prüft, ob die Ermächtigung innerhalb des darin angegebenen Zeitraums ausgenutzt und ob der zugelassene Erhöhungsbetrag nicht überschritten worden ist. Außerdem prüft das Registergericht, ob die Zustimmung des Aufsichtsrats zur Kapitalerhöhung (§ 202 Abs. 3 S. 2 AktG), zur Entscheidung des Vorstands über die Bedingungen der Aktienausgabe (§ 204 Abs. 1 S. 2 AktG) und, wenn die Ermächtigung die Ausgabe neuer Aktien gegen Sacheinlagen vorsieht, zur Festsetzung der Sacheinlage vorliegt (§ 205 Abs. 2 S. 2 AktG). Aufgrund der Mitwirkung des Aufsichtsratsvorsitzenden bei der Anmeldung kann das Registergericht aber regelmäßig davon ausgehen, dass der Aufsichtsrat zugestimmt hat.[203]

---

[196] §§ 203 Abs. 1, 188 Abs. 2, 37 Abs. 2, 36 Abs. 2, 36a AktG. Für Sacheinlagen ohne externe Prüfung wird in § 205 Abs. 5 und 6 ebenfalls auf die einschlägigen Vorschriften in §§ 183a, 184 Abs. 1 S. 3 und Abs. 2 AktG verwiesen, wobei § 205 Abs. 5 S. 3 AktG besonders zu berücksichtigen ist. Zum Ganzen → Rn. 57.
[197] *Lutter* in Kölner Komm. AktG § 203 Rn. 53.
[198] *Wamser* in Spindler/Stilz § 203 Rn. 130.
[199] Bei der Ausgabe von Aktien an Arbeitnehmer der Gesellschaft kann die Anwendung des § 188 Abs. 2 AktG entfallen (§ 204 Abs. 3 S. 2 AktG); stattdessen ist der Jahresabschluss mit Bestätigungsvermerk vorzulegen und die Versicherung gemäß § 210 Abs. 1 S. 2 AktG abzugeben (§ 204 Abs. 3 S. 4 AktG). S. *Krafka/Kühn* RegisterR Rn. 1487.
[200] Beim Zeichnungsschein tritt an die Stelle des Tages der Beschlussfassung über die Kapitalerhöhung (§ 185 Abs. 1 S. 3 Nr. 1 AktG) der Tag der Ermächtigung (§ 203 Abs. 1 S. 2 AktG), wobei streitig ist, ob dies der Tag der Eintragung (der Gründung bzw. Satzungsänderung) ist (so hM, vgl. etwa *Rieder/Holzmann* in Grigoleit AktG § 203 Rn. 9; *von Dryander/Niggemann* in Hölters AktG § 203 Rn. 9) oder der Tag, an dem die Satzung festgestellt wurde bzw. der entsprechende Hauptversammlungsbeschluss (so *Krafka/Kühn* RegisterR Rn. 1484).
[201] §§ 203 Abs. 1, 188 Abs. 2, 37 Abs. 1 S. 3 AktG.
[202] Für den Fall von Sacheinlagen ohne Prüfung → Rn. 57.
[203] *Scholz* in MHdB AG § 59 Rn. 73; *Koch* in Hüffer/Koch AktG § 202 Rn. 22.

d) Kapitalerhöhung aus Gesellschaftsmitteln

78 Für die Kapitalerhöhung aus Gesellschaftsmitteln (§§ 207 Abs. 2, 210 AktG; siehe § 28), bei der Rücklagen in Grundkapital umgewandelt werden, ist lediglich die Eintragung des entsprechenden Beschlusses der Hauptversammlung im Handelsregister erforderlich (§ 210 Abs. 1 AktG). Darüber hinaus gehende Maßnahmen zur Durchführung der Kapitalerhöhung bestehen nicht.[204] Daher ist auch keine weitere Handelsregistereintragung für die Wirksamkeit der Kapitalerhöhung notwendig.

aa) Anmeldung des Beschlusses

79 Der **Beschluss über die Kapitalerhöhung** aus Gesellschaftsmitteln ist vom Vorstand in vertretungsberechtigter Zahl und vom Vorsitzenden des Aufsichtsrats (§ 184 Abs. 1 iVm § 207 Abs. 2 AktG) unverzüglich, spätestens innerhalb von acht Monaten nach der Aufstellung der der Kapitalerhöhung zugrunde gelegten Jahresbilanz zum Handelsregister anzumelden (§ 209 Abs. 1 und 2 AktG). Die Anmeldung kann nicht durch Registerzwang herbeigeführt werden.[205] Sollte ein bedingtes Kapital bei der Gesellschaft vorhanden sein, so ist zu beachten, dass nach § 218 AktG sich dieses im gleichen Verhältnis wie das Grundkapital erhöht. Demgemäß muss auch die Änderung der Satzungsbestimmung über das bedingte Kapital angemeldet und eingetragen werden.[206]

80 Der Anmeldung ist der Wortlaut des Beschlusses beizufügen, daneben die der Kapitalerhöhung **zugrunde gelegte Bilanz.** Diese Bilanz muss geprüft und mit einem uneingeschränkten **Bestätigungsvermerk** versehen sein (§ 209 Abs. 1 S. 1 AktG). Wird der Kapitalerhöhung eine zu diesem Zweck aufgestellte, besondere Bilanz zugrunde gelegt, ist daneben, sofern sie nicht schon gemäß § 325 HGB beim Betreiber des elektronischen Handelsregisters eingereicht wurde, die letzte Jahresbilanz beizufügen (§ 210 Abs. 1 S. 1 AktG). Soll die Kapitalerhöhung mittels Zuführungen aus dem Jahresüberschuss erfolgen (vgl. § 208 Abs. 1 S. 1 AktG aE), muss auch der Beschluss der Hauptversammlung über die Verwendung des Bilanzgewinns beigefügt werden.[207] Da es sich bei der Kapitalerhöhung um eine Satzungsänderung handelt, ist ferner eine Neufassung der Satzung einzureichen.[208] Bei der Anmeldung haben die Anmelder eine Erklärung darüber abzugeben, dass nach ihrer Kenntnis seit dem Stichtag der zugrunde gelegten Bilanz bis zum Tag der Anmeldung keine Vermögensminderung eingetreten ist, die der Kapitalerhöhung entgegenstünde, wenn sie am Tag der Anmeldung beschlossen worden wäre (§ 210 Abs. 1 S. 2 AktG). Die Anmelder müssen zuvor in angemessener Form prüfen, dass eine der Eintragung entgegenstehende Vermögensminderung nicht eingetreten ist.[209] Für diese Erklärung sind die Anmelder strafrechtlich verantwortlich (§ 399 Abs. 2 AktG). Eine Angabe über etwaige ausstehende Einlagen ist nicht erforderlich, da solche eine Kapitalerhöhung aus Gesellschaftsmitteln nicht ausschließen (§ 215 Abs. 2 AktG).[210]

bb) Prüfung durch das Registergericht

81 Der Kapitalerhöhungsbeschluss darf nur eingetragen werden, wenn er ordnungsgemäß angemeldet worden ist (unter Einschluss der Erklärung nach § 210 Abs. 1 S. 2) und materiell

---

[204] *Lutter* in Kölner Komm. AktG § 207 Rn. 9; *Veil* in K. Schmidt/Lutter § 210 Rn. 10.
[205] *Koch* in Hüffer/Koch AktG § 210 Rn. 2.
[206] *Krafka/Kühn* RegisterR Rn. 1443; *Koch* in Hüffer/Koch AktG § 218 Rn. 3; *Rieder/Holzmann* in Grigoleit AktG § 218 Rn. 2.
[207] *Veil* in K. Schmidt/Lutter § 210 Rn. 4; *Fock/Wüsthoff* in Spindler/Stilz § 210 Rn. 5.
[208] *Koch* in Hüffer/Koch AktG § 210 Rn. 3; *Veil* in K. Schmidt/Lutter § 210 Rn. 4; sofern Anpassungen der Satzung nach § 216 Abs. 1 oder Abs. 3 S. 2 bzw. 218 S. 1 AktG notwendig werden, ist der Beschluss zur Änderung des Satzungswortlauts mit vorzulegen.
[209] *Koch* in Hüffer/Koch AktG § 210 Rn. 4; *Lutter* in Kölner Komm. AktG § 210 Rn. 9; *Scholz* in MHdb AG § 60 Rn. 52.
[210] *Krafka/Kühn* RegisterR Rn. 1435.

wirksam zustande gekommen ist. Hinsichtlich der materiellen Wirksamkeitsvoraussetzungen des Beschlusses prüft das Registergericht insbes., ob die bei der Beschlussfassung zugrunde gelegte Bilanz auf einen höchstens acht Monate vor der Anmeldung liegenden Stichtag aufgestellt worden ist und ob sie geprüft sowie uneingeschränkt testiert ist. Die inhaltliche Richtigkeit der Bilanz selbst hat das Registergericht nicht zu prüfen (§ 210 Abs. 3 AktG). Bei **Zweifeln an der Richtigkeit** ist das Registergericht an einer Prüfung der Bilanz aber nicht gehindert.[211] Weiter prüft das Registergericht, ob die in Grundkapital umzuwandelnden Kapital- oder Gewinnrücklagen vorschriftsmäßig ausgewiesen und umwandlungsfähig sind (§ 208 AktG).[212] Der richterlichen Kontrolle unterliegt nach zutreffender Auffassung hingegen nicht, ob eine Zweckbindung der Umwandlung der Gewinnrücklage entgegensteht.[213] Zu prüfen ist ferner, ob § 212 Abs. 2 AktG beachtet ist (verhältnismäßige Berechtigung der Aktionäre) und (soweit relevant), ob im Fall des § 215 Abs. 2 AktG der Beschluss die Art der Erhöhung angibt und im Fall des § 217 Abs. 2 AktG die dort angegebene Drei-Monats-Frist nicht überschritten ist.[214]

Ist der Beschluss anfechtbar, wurde aber keine Anfechtungsklage erhoben, hat das Registergericht nach streitiger Ansicht die Eintragung vorzunehmen, wenn der Mangel auf der Verletzung von Vorschriften beruht, die ausschließlich im Interesse der Aktionäre bestehen.[215]

Mit der Eintragung der Kapitalerhöhung ist das Grundkapital wirksam erhöht (§ 211 Abs. 1 AktG); die Eintragung wirkt **konstitutiv.** In der Eintragung ist anzugeben, dass das Kapital aus Gesellschaftsmitteln erhöht wurde (§ 210 Abs. 4 AktG). Ein Verstoß gegen die Vorschrift des § 210 Abs. 2 AktG lässt die Wirksamkeit der Eintragung unberührt.[216] Die Eintragung ist ihrem ganzen Inhalt nach bekannt zu machen.

3. Kapitalherabsetzung

Alle Formen der Kapitalherabsetzung führen zu einer Änderung des Grundkapitals und sind damit zugleich immer auch Satzungsänderung. Im Hinblick auf eine Anpassung der Mitgliedsrechte der Aktionäre an die neue Grundkapitalziffer sind folgende vier Varianten zu unterscheiden:[217]
– bei Nennbetragsaktien die Herabsetzung der Aktiennennbeträge (§ 222 Abs. 4 S. 1 AktG),
– bei Stückaktien die bloße Herabsetzung der Grundkapitalziffer,[218]
– die Zusammenlegung von Aktien (§ 222 Abs. 4 S. 2 AktG) und
– die Einziehung von Aktien (§ 237–§ 239 AktG).
Die der Kapitalherabsetzung zugrunde liegenden Hauptversammlungsbeschlüsse bedürfen der Eintragung im Handelsregister.

---

[211] *Koch* in Hüffer/Koch AktG § 210 Rn. 6; *Scholz* in MHdB AG § 60 Rn. 52.
[212] *Koch* in Hüffer/Koch AktG § 210 Rn. 6; *Arnold* in MüKoAktG AktG § 210 Rn. 22.
[213] Vgl. *Koch* in Hüffer/Koch AktG § 208 Rn. 11; *Scholz* in MHdB AG § 60 Rn. 52; anders die wohl hM vgl.; *Lutter* in Kölner Komm. AktG § 208 Rn. 27; *Hirte* in GroßkommAktG AktG § 208 AktG Anm. 56; *Veil* in K. Schmidt/Lutter § 210 Rn. 6.
[214] *Krafka/Kühn* RegisterR Rn. 1438.
[215] → Rn. 51; *Koch* in Hüffer/Koch AktG § 210 Rn. 7.
[216] *Koch* in Hüffer/Koch AktG § 210 Rn. 10.
[217] *Scholz* in MHdB AG § 61 Rn. 5; siehe auch § 4 Abs. 3 EGAktG.
[218] Wenn die Herabsetzung des Grundkapitals aber dazu führen würde, dass der von den Stückaktien anteilsmäßig verkörperte Betrag des Grundkapitals den Mindestbetrag des § 8 Abs. 3 S. 2 AktG von einem Euro unterschreitet, muss eine Zusammenlegung der Aktien erfolgen, vgl. *Marsch-Barner* in Spindler/Stilz AktG § 222 Rn. 39; *Veil* in K. Schmidt/Lutter AktG § 222 Rn. 33.

a) Ordentliche Kapitalherabsetzung

85 Bei der ordentlichen Kapitalherabsetzung (§§ 223, 227 AktG; → § 29 Rn. 4 ff.) sind zwei Handelsregisteranmeldungen erforderlich. **Anzumelden** sind zum einen der Hauptversammlungsbeschluss über die Kapitalherabsetzung, zum anderen die Durchführung der Kapitalherabsetzung.

aa) Kapitalherabsetzungsbeschluss

86 Der Kapitalherabsetzungsbeschluss ist vom Vorstand in vertretungsberechtigter Zahl und dem Vorsitzenden des Aufsichtsrats zum Handelsregister anzumelden. Dabei sind auch die Mitwirkung eines Prokuristen im Rahmen unechter Gesamtvertretung oder Bevollmächtigung zulässig, da falsche Angaben bei der Anmeldung der Kapitalherabsetzung nicht strafbar sind.[219] Die **Anmeldung** muss unverzüglich vorgenommen werden. Anderes gilt, wenn der Beschluss einen bestimmten Zeitpunkt für die Anmeldung festgelegt hat. Der Anmeldung sind die notarielle Niederschrift der Hauptversammlung sowie die Niederschriften ggf. gefasster Sonderbeschlüsse beizufügen. Das Registergericht prüft formelle und materielle Eintragungsvoraussetzungen, im Hinblick auf den Beschluss insbesondere die Vorgaben des § 222 AktG.[220] Voraussetzung für die Eintragung ist zudem, dass der **Herabsetzungsbetrag konkret bestimmt** ist. Ist der Herabsetzungsbetrag nicht im Beschluss bestimmt, trifft den Vorstand die Pflicht zur genauen Bezifferung des Betrags.[221] Zusammen mit der Kapitalherabsetzung ist die **Satzungsänderung anzumelden.** Als Anlage ist insoweit ein Nachweis über die Satzungsänderung durch Beschluss der Hauptversammlung oder des Aufsichtsrats nach § 179 Abs. 1 S. 2 AktG beizufügen, zudem eine Neufassung des Satzungswortlauts mit Notarbescheinigung gem. § 181 Abs. 1 S. 2 AktG.[222] Für eine automatische Herabsetzung auch des Betrags von bereits vorhandenem bedingten oder genehmigten Kapital fehlt es an einer § 218 AktG entsprechenden Regelung, zur Anpassung an die Grenzwerte der §§ 192 Abs. 3, 202 Abs. 3 AktG bedarf es ggf. eines zusätzlichen satzungsändernden Beschlusses der Hauptversammlung.[223] Die Kapitalherabsetzung wird mit der Eintragung im Handelsregister wirksam (§ 224 AktG). In die Bekanntmachung der Eintragung muss ein Hinweis auf das Recht der Gläubiger auf Sicherheitsleistung aufgenommen werden (§ 225 Abs. 1 S. 2 AktG).

bb) Durchführung der Kapitalherabsetzung

87 Die Durchführung der Kapitalherabsetzung ist vom Vorstand in vertretungsberechtigter Zahl zur Eintragung anzumelden. Eine Durchführung der Kapitalherabsetzung ist nur erforderlich, wenn sie durch Zusammenlegung von Aktien erfolgt. Die Zusammenlegung von Aktien erfordert eine entsprechende Entscheidung des Vorstands, daneben kann auch die Kraftloserklärung von Aktien erforderlich sein. Bei der Kapitalherabsetzung durch Änderung der Aktiennennbeträge ist eine Durchführung dagegen nicht notwendig, da der neue Nennbetrag bereits mit Eintragung des Herabsetzungsbeschlusses gilt. Die Anmeldung der Eintragung der Durchführung kann in diesem Fall mit der Anmeldung und Eintragung des Herabsetzungsbeschlusses verbunden werden.[224] Die Eintragung der Durchführung wirkt nur **deklaratorisch.**

---

[219] *Marsch-Barner* in Spindler/Stilz AktG § 223 Rn. 2; *Veil* in K. Schmidt/Lutter AktG § 223 Rn. 3.
[220] Daneben werden regelmäßig die Vorgaben der §§ 7, 8 AktG und im Falle von Vorzugsaktien § 139 Abs. 2 AktG geprüft, s. *Krafka/Kühn* RegisterR Rn. 1535.
[221] *Koch* in Hüffer/Koch AktG § 223 Rn. 2. Unzulässig und nach § 241 Rn. 3 AktG nichtig wäre ein Beschluss der den Herabsetzungsbetrag ganz in das Ermessen des Vorstands stellt, s. *Koch* in Hüffer/Koch AktG § 222 Rn. 12.
[222] *Marsch-Barner* in Spindler/Stilz AktG § 223 Rn. 6.
[223] *Krafka/Kühn* RegisterR Rn. 1532.
[224] § 227 Abs. 2 AktG; *Koch* in Hüffer/Koch AktG § 227 Rn. 8.

Wird das Grundkapital unter den **Mindestnennbetrag** herabgesetzt und gleichzeitig eine 88
Kapitalerhöhung beschlossen, so müssen die diesen Maßnahmen zugrunde liegenden Beschlüsse spätestens sechs Monate nach der Beschlussfassung in das Handelsregister eingetragen sein (§ 228 Abs. 2 S. 1 AktG). Die Beschlüsse und die Durchführung der Kapitalerhöhung sollen nur zusammen im Handelsregister eingetragen werden (§ 228 Abs. 2 S. 3 AktG).

b) Vereinfachte Kapitalherabsetzung

Die vereinfachte Kapitalherabsetzung ist nur zu den in § 229 Abs. 1 S. 1 AktG genannten 89
Zwecken zulässig, also um **Wertminderungen auszugleichen, sonstige Verluste zu decken** oder um Beträge in die **Kapitalrücklage einzustellen.** Sie bedarf ebenso wie die ordentliche Kapitalherabsetzung der Eintragung des Kapitalherabsetzungsbeschlusses und der Eintragung der Durchführung der Kapitalherabsetzung in das Handelsregister.[225] Der Registerrichter prüft, ob der im Kapitalherabsetzungsbeschluss anzugebende Zweck zulässig ist und dass die Vorgaben gemäß § 222 Abs. 1, 2 und 4 AktG und § 229 Abs. 2 AktG (kein Gewinnvortrag, Auflösung von Rücklagen) beachtet wurden.[226] Bei der Herabsetzung zur Verlustdeckung prüft der Registerrichter im Rahmen einer Plausibilitätskontrolle, ob die Prognose des Verlusts nach kaufmännischen Grundsätzen vertretbar erscheint.[227] Bei der Herabsetzung zur Einstellung in Kapitalrücklagen prüft er, ob die Rücklage in dieser Höhe zulässig ist (§ 231 AktG).

Hat die Hauptversammlung gleichzeitig unter Feststellung des Jahresabschlusses beschlossen, dass die Kapitalherabsetzung **zurückwirken,** also bereits in dem Jahresabschluss 90
berücksichtigt werden soll, welcher der Beschlussfassung über die Kapitalherabsetzung vorausgeht, muss sie innerhalb von drei Monaten nach der Beschlussfassung im Handelsregister eingetragen sein (§ 234 Abs. 3 S. 1 AktG) und – sofern der Beschluss zur Feststellung des Jahresabschlusses voraus geht – innerhalb von drei Monaten nach dem Feststellungsbeschluss.[228] Anderenfalls ist der Beschluss nichtig. Wird in diesem Fall mit der vereinfachten Kapitalherabsetzung eine **Kapitalerhöhung verbunden,** darf der Beschluss nur gefasst werden, wenn neue Aktien gezeichnet, keine Sacheinlagen festgesetzt sind und auf jede Aktie eine Einzahlung entspr. § 188 Abs. 2 AktG geleistet ist (§ 235 Abs. 1 S. 2 AktG), ferner müssen die in einer Hauptversammlung zu fassenden Beschlüsse über die Kapitalerhöhung und die Kapitalherabsetzung sowie die Durchführung der Kapitalerhöhung innerhalb von drei Monaten nach der Beschlussfassung im Handelsregister eingetragen werden (§ 235 Abs. 2 S. 1 AktG; → § 27 Rn. 42). Die Beschlüsse und die Durchführung der Kapitalerhöhung sollen nur zusammen in das Handelsregister eingetragen werden (§ 235 Abs. 2 S. 2 AktG).

c) Kapitalherabsetzung durch Einziehung von Aktien

Bei der Kapitalherabsetzung durch Einziehung (§§ 237 ff. AktG; → § 29 Rn. 20 ff.) sind 91
der Beschluss der Hauptversammlung über diese Maßnahme, soweit ein solcher erforderlich ist, und regelmäßig die Durchführung der Kapitalherabsetzung zur Eintragung im Handelsregister anzumelden (§ 239 AktG). Die Kapitalherabsetzung wird erst wirksam, wenn der Hauptversammlungsbeschluss im Handelsregister eingetragen ist und die Aktien eingezogen worden sind (§ 238 AktG). Ist die Einziehung der Aktien zum Zeitpunkt der Eintragung des Beschlusses noch nicht durchgeführt, wird die Kapitalherabsetzung wirksam, sobald die Aktien eingezogen worden sind. Mit dem Wirksamwerden der Kapital-

---

[225] § 229 Abs. 3 AktG verweist ua auf §§ 223, 224, 227 AktG.
[226] *Krafka/Kühn* RegisterR Rn. 1550.
[227] *Marsch-Barner* in Spindler/Stilz AktG § 229 Rn. 28.
[228] *Marsch-Barner* in Spindler/Stilz AktG § 234 Rn. 12; *Veil* in K. Schmidt/Lutter § 234 Rn. 10; *Oechsler* in MüKoAktG AktG § 234 Rn. 14.

herabsetzung wird die Satzung unrichtig, so dass eine **formelle Satzungsänderung erforderlich** wird; diese ist ebenfalls unter Vorlage des Beschlusses der Hauptversammlung bzw. des hierzu ermächtigten Aufsichtsrats und einer notariell bescheinigten Satzung anzumelden (§§ 179 bis 181 AktG).[229] Der Hauptversammlungsbeschluss ist vom Vorstand in vertretungsberechtigter Zahl und vom Aufsichtsratsvorsitzenden anzumelden (§ 237 Abs. 4 S. 5 AktG). Die Durchführung der Kapitalherabsetzung ist vom Vorstand zur Eintragung anzumelden, wenn alle notwendigen Einziehungshandlungen vorgenommen worden sind (§ 239 Abs. 1 AktG). Beide **Anmeldungen** können miteinander verbunden werden (§ 239 Abs. 2 AktG). Die Eintragung der Durchführung hat nur deklaratorische Bedeutung.[230]

aa) Ordentliches Einziehungsverfahren

92 Für das ordentliche Einziehungsverfahren sind die Vorschriften über die ordentliche Kapitalherabsetzung anwendbar (§ 237 Abs. 2 AktG; → § 27 Rn. 27). Der Registerrichter prüft im Eintragungsverfahren, ob die **Zwangseinziehung** der Aktien von einer entsprechenden Satzungsermächtigung gedeckt ist.[231] In der Bekanntmachung der Eintragung muss auf das Recht der Gläubiger hingewiesen werden, Sicherheitsleistung zu verlangen.

bb) Vereinfachtes Einziehungsverfahren

93 Liegen die in § 237 Abs. 3 AktG genannten Voraussetzungen vor, kann die Hauptversammlung die Kapitalherabsetzung[232] durch Einziehung von Aktien im vereinfachten Einziehungsverfahren beschließen.[233] Die Vorschriften über die ordentliche Kapitalerhöhung brauchen in diesem Fall nicht befolgt zu werden, für den Beschluss der Hauptversammlung genügt die einfache Mehrheit. Der Zweck der Kapitalherabsetzung ist im Beschluss festzusetzen (§ 237 Abs. 4 S. 4 AktG). Der **Registerrichter** hat im Eintragungsverfahren neben den sonstigen formellen und materiellen Eintragungsvoraussetzungen auch zu prüfen, ob die Voraussetzungen für das vereinfachte Einziehungsverfahren gemäß § 237 Abs. 3 AktG und eventuellen weitergehenden Satzungsvorschriften vorliegen.[234]

cc) Einziehung durch Vorstandsentscheidung

93a Soweit es sich um eine durch die Satzung angeordnete Zwangseinziehung handelt (§ 237 Abs. 6 AktG), wird die an die Stelle des Hauptversammlungsbeschlusses tretende Vorstandsentscheidung nach zutreffender Auffassung nicht selbständig zur Eintragung in das Handelsregister angemeldet, vielmehr ist die Entscheidung des Vorstandes allein als Durchführung der Kapitalherabsetzung iSd § 239 Abs. 1 S. 2 AktG anzumelden.[235] Ebenso ist im Fall einer Ermächtigung des Vorstands zur Einziehung ohne weiteren Hauptversammlungsbeschluss nach Maßgabe des § 71 Abs. 1 Nr. 8 S. 6 AktG lediglich die Herabsetzung des Grundkapitals nach erfolgter Einziehung vom Vorstand beim Registergericht zur Eintragung anzumelden (§ 239 AktG).[236] Der Aufsichtsratsvorsitzende muss nicht mit-

---

[229] *Krafka/Kühn* RegisterR Rn. 1560.
[230] *Lutter* in Kölner Komm. AktG § 239 Rn. 2; *Koch* in Hüffer/Koch AktG § 239 Rn. 1.
[231] *Koch* in Hüffer/Koch AktG § 237 Rn. 26.
[232] Im Fall des § 237 Abs. 3 Nr. 3 AktG erfolgt die Einziehung von Stückaktien ohne Herabsetzung des Stammkapitals; vgl. *Veil* in K. Schmidt/Lutter AktG § 237 Rn. 41; Kallweit/Simon AG 2015, 352, 353. Einer Änderung der Satzung bedarf es in diesem Fall im Hinblick auf § 23 Abs. 3 Nr. 4 AktG erforderlich.
[233] § 225 Abs. 2 AktG ist insoweit nicht anwendbar, für den Hauptversammlungsbeschluss genügt nach § 237 Abs. 4 S. 2 AktG die einfache Stimmenmehrheit.
[234] *Krafka/Kühn* RegisterR Rn. 1562; *Koch* in Hüffer/Koch AktG Rn. 37.
[235] *Oechsler* in MüKoAktG AktG § 237 Rn. 115; *Veil* in K. Schmidt/Lutter AktG § 237 Rn. 52; *Koch* in Hüffer/Koch AktG § 237 Rn. 41; aA wohl *Krafka/Kühn* RegisterR Rn. 1560.
[236] Vgl. *Oechsler* in MüKoAktG AktG § 71 Rn. 278; Kallweit/Simon AG 2015, 352 (358); aA wohl *Krafka/Kühn* RegisterR Rn. 1560.

wirken[237], unechte Gesamtvertretung ist zulässig. Der Ermächtigungsbeschluss ist mit vorzulegen, sofern dieser noch nicht zum Handelsregister eingereicht wurde (§ 130 Abs. 5 AktG).[238] Die Einhaltung der Voraussetzungen des § 237 Abs. 3 AktG ist bei einer Einziehung aufgrund § 71 Abs. 1 Nr. 8 S. 6 AktG nicht zu überprüfen.[239]

4. Kapitalerhöhung und Kapitalherabsetzung zur Umstellung des Grundkapitals auf den Euro

Nach § 4 EGAktG werden Hauptversammlungsbeschlüsse über die Kapitalerhöhung und die Kapitalherabsetzung zur **Umstellung des Grundkapitals** auf den nächsthöheren oder nächstniedrigeren Betrag, mit dem die Nennbeträge der Aktien **auf volle Euro** gestellt werden können, erleichtert. Für die Beschlussfassung genügt teilweise die einfache Mehrheit des dabei vertretenen Grundkapitals.[240] Bei der Anmeldung der zugrunde liegenden Hauptversammlungsbeschlüsse und der Einreichung von Unterlagen ergeben sich aber keine Unterschiede zu den im AktG geregelten, herkömmlichen Formen der Kapitalerhöhung und -herabsetzung. 94

5. Auflösung und Abwicklung

Sofern die **Auflösung der Gesellschaft** (§§ 262 ff. AktG) nicht von Amts wegen eingetragen wird (§ 263 AktG), ist sie vom Vorstand in vertretungsberechtigter Zahl zur Eintragung anzumelden.[241] Die Anmeldung obliegt dem Vorstand, der zurzeit der Auflösung im Amt war.[242] Die Eintragung der Auflösung hat regelmäßig deklaratorische Bedeutung.[243] Nach der Auflösung muss die Gesellschaft abgewickelt werden (§ 264 AktG). Die Abwickler sind zur Eintragung im Handelsregister anzumelden, einschließlich ihrer Vertretungsbefugnis und zwar in abstrakter und konkreter Form.[244] Im Fall der Auflösung durch Beschluss der Hauptversammlung ist die notarielle Niederschrift mit einzureichen. Die **Anmeldung der ersten Abwickler** obliegt dem Vorstand, bei einem Wechsel der Abwickler den Abwicklern jeweils in vertretungsberechtigter Zahl. Nachweise über die Bestellung und die Vertretungsbefugnis der Abwickler sind beizufügen (§ 266 Abs. 2 AktG). Zu beachten ist, dass zudem sämtliche Abwickler persönlich in öffentlich beglaubigter Form die (strafbewehrte) Versicherung nach § 266 Abs. 3 AktG über das Fehlen von Bestellungshindernissen und die Belehrung über ihre unbeschränkte Auskunftspflicht abgeben müssen. Ist der Abwickler eine juristische Person, haben deren Vertreter die Versicherung abzugeben[245], wobei die Registerpraxis insoweit regelmäßig ein Handeln in vertretungsberechtigter Zahl genügen lässt. Diese Versicherung ist ebenso wie die Anmeldung selbst nach allgemeinen Grundsätzen elektronisch in öffentlich beglaubigter Form 95

---

[237] Kallweit/Simon AG 2015, 352 (358); aA *Krafka/Kühn* RegisterR Rn. 1560.
[238] *Krafka/Kühn* RegisterR Rn. 1560.
[239] OLG München NZG 2012, 876; s. dazu auch *Rachlitz* in Grigoleit AktG § 71 Rn. 64; *Wicke* DNotZ 2013, 812, 829; *Kallweit/Simon* AG 2015, 352 (354) mit dem kritischen Hinweis, dass auch die Kapitalhaltungsregeln nach § 71 Abs. 2 AktG im Hinblick auf § 71 Abs. 4 AktG nicht der Prüfung des Registergerichts unterliegen.
[240] Siehe im Einzelnen 4 Abs. 2 EGAktG.
[241] Dies betrifft die Auflösungsgründe des § 262 Abs. 1 Nr. 1 und 2 AktG: Auflösung durch Ablauf der in der Satzung bestimmten Zeit; Auflösung durch Beschluss der Hauptversammlung.
[242] So die hM, vgl. *Servatius* in Grigoleit AktG § 263 Rn. 6; *Koch* in Hüffer/Koch AktG § 263 Rn. 2; aA mit guten Gründen *Krafka/Kühn* RegisterR Rn. 1645.
[243] Zu den Sonderfällen der Verbindung einer Satzungsänderung mit der Auflösung sowie des Fortsetzungsbeschlusses siehe *Hüffer* in GroßkommAktG AktG § 263 Rn. 6.
[244] BGH NZG 2007, 595.
[245] *Bachmann* in Spindler/Stilz AktG § 266 Rn. 10.

zum Handelsregister einzureichen. Wenn das Registergericht gem. § 265 Abs. 3 S. 1 AktG auf Antrag die Abwickler bestellt, werden die Bestellung und ein Wechsel von Amts wegen eingetragen (§ 266 Abs. 4 AktG).

96 Der **Schluss der Abwicklung** ist ebenfalls zur Eintragung anzumelden (§ 273 Abs. 1 AktG). Voraussetzung ist, dass die Abwicklung beendet ist, was regelmäßig den Ablauf des Sperrjahres gem. § 272 Abs. 1 AktG zur Voraussetzung hat, und dass die Schlussrechnung vorliegt. Anzumelden haben die Abwickler in vertretungsberechtigter Zahl. Unechte Gesamtvertretung ist zulässig. Es empfiehlt sich, der Anmeldung zur Prüfung durch das Registergericht einen Beleg über die Veröffentlichung des Gläubigeraufrufs nach § 267 S. 2 AktG im Bundesanzeiger sowie die Schlussrechnung beizufügen und einen Vorschlag zum Verwahrungsort der Bücher und Schriften der Gesellschaft zu unterbreiten (§ 273 Abs. 2 AktG). Liegen die sonstigen formellen und materiellen Eintragungsvoraussetzungen vor, trägt das Registergericht den Schluss der Abwicklung und von Amts wegen die Löschung der Gesellschaft ein (§ 273 Abs. 1 S. 2 AktG). Sofern das Gesellschaftsvermögen schon vor Ablauf des Sperrjahres erschöpft ist, kann unter Berücksichtigung der gleichfalls bestehenden Löschungsmöglichkeit nach § 394 FamFG bereits vorher angemeldet und eingetragen werden.[246]

97 Der Beschluss der Hauptversammlung, die aufgelöste Gesellschaft fortzusetzen, ist von den Abwicklern in vertretungsberechtigter Zahl zur Eintragung anzumelden.[247] Die Abwickler müssen bei der Anmeldung die notarielle Beschlussniederschrift vorlegen und nachweisen, dass mit der Verteilung des Vermögens unter die Aktionäre noch nicht begonnen worden ist. Dieser Nachweis erfordert die Bescheinigung oder Auskunft eines Wirtschaftsprüfers oder Buchprüfers.[248] Die bloße Versicherung, dass mit der Verteilung des Vermögens nicht begonnen wurde, soll nicht genügen.[249] Im Fall einer Fortsetzung nach Insolvenzeröffnung trifft die neuen Vorstände die Anmeldepflicht, da Abwickler nicht bestellt sind und der Insolvenzverwalter nicht zuständig ist.[250] Darüber hinaus sind generell die neuen Vorstandsmitglieder sowie ihre (allgemeine und konkrete) Vertretungsbefugnis anzumelden, welche zudem die Versicherung nach § 81 Abs. 3 AktG abzugeben haben.[251] Je nach Sachlage kann zusätzlich die Anmeldung einer wirtschaftlichen Neugründung erforderlich sein.[252] Der **Fortsetzungsbeschluss** wird mit Eintragung ins Handelsregister wirksam (§ 274 Abs. 4 S. 1 AktG). Beruht die Auflösung der Gesellschaft jedoch auf einem Mangel der Satzung, ist daneben die Eintragung einer Satzungsänderung erforderlich, die diesen Mangel behebt (§ 274 Abs. 2 Nr. 2 AktG).

6. Anmeldungen mit Registersperre

a) Negativerklärung und Freigabeverfahren

98 Einigen Anmeldungen muss eine sog **Negativerklärung** beigefügt werden, wonach eine Klage gegen den angemeldeten Beschluss nicht oder nicht fristgemäß erhoben oder rechtskräftig abgewiesen oder zurückgenommen worden ist. Dies gilt bei der Eingliederung, dem Squeeze out sowie Umwandlungen und Vermögensübertragungen nach dem UmwG. Das Fehlen dieser Erklärung ist ein Eintragungshindernis. Die Klage führt daher zu einer **Registersperre,** die im Freigabeverfahren überwunden werden kann (→ Rn. 26 ff.).

---

[246] *Koch* in Hüffer/Koch AktG § 273 Rn. 2; *Krafka/Kühn* RegisterR Rn. 1667.
[247] § 274 Abs. 3 AktG; zu den Fällen einer zulässigen Fortsetzung siehe Grigoleit/Servatius AktG § 274 Rn. 2 ff.; *Riesenhuber* in K. Schmidt/Lutter AktG § 274 Rn. 2 f.
[248] *Riesenhuber* in K. Schmidt/Lutter AktG § 274 Rn. 7.
[249] *Koch* in Hüffer/Koch AktG § 274 Rn. 7; aA *Krafka/Kühn* RegisterR Rn. 1663.
[250] *Koch* in Hüffer/Koch AktG § 274 Rn. 7; *Krafka/Kühn* RegisterR Rn. 1663.
[251] *Krafka/Kühn* RegisterR Rn. 1663.
[252] Vgl. *Servatius* in GrigoleitAktG § 274 Rn. 3; zur GmbH *Wicke* GmbHG § 60 Rn. 12.

V. Die einzelnen Anmeldungen §42

b) Eingliederung

Bei der Eingliederung[253] hat die einzugliedernde Gesellschaft die Tatsache der Eingliederung und nach dem Gesetzeswortlaut zudem die Firma der Hauptgesellschaft, zweckmäßigerweise aber auch deren Sitz und Registerstelle[254], zur Eintragung im Handelsregister anzumelden. Die Anmeldung obliegt dem Vorstand der einzugliedernden Gesellschaft. Beizufügen sind die Niederschriften der Hauptversammlungsbeschlüsse sowohl der einzugliedernden Gesellschaft[255] als auch der Hauptgesellschaft. Die Anmeldenden müssen eine **Negativerklärung** abgeben, deren Fehlen zu einer Registersperre führt. Diese kann jedoch durch einen Freigabebeschluss des OLG überwunden werden.[256] Alternativ genügt auch der Nachweis notariell beurkundeter Verzichtserklärungen der Aktionäre (§ 319 Abs. 5 AktG). Für die Hauptgesellschaft bestehen keine Pflichten gegenüber dem Registergericht, es bedarf lediglich des Hauptversammlungsbeschlusses der Hauptgesellschaft über die Eingliederung, der gem. § 130 Abs. 5 AktG zum Handelsregister einzureichen ist.[257] 99

c) Squeeze-Out

Nach Maßgabe der § 327a ff. AktG kann die Hauptversammlung auf Verlangen eines Aktionärs, dem Aktien der Gesellschaft in Höhe von 95 vom Hundert des Grundkapitals gehören, die Übertragung der Aktien der übrigen Aktionäre auf den Hauptaktionär gegen Gewährung einer angemessenen Barabfindung beschließen. Der Übertragungsbeschluss ist vom Vorstand in vertretungsberechtigter Zahl unter Vorlage des Beschlussprotokolls samt Anlagen zur Eintragung in das Handelsregister anzumelden. Welche weiteren Unterlagen dem Registergericht vorzulegen sind, ist umstritten. Nach hier vertretener Auffassung sind der Bericht des Hauptaktionärs und der Prüfungsbericht, nicht hingegen die in § 327c Abs. 3 AktG genannten Jahresabschlüsse und Lageberichte einzureichen.[258] Zur Vermeidung einer Zwischenverfügung kann es sich jedoch empfehlen, auch diese Unterlagen sowie eine Abschrift der Verpflichtungserklärung gemäß § 327b Abs. 3 AktG beizufügen. Hinsichtlich der Abgabe der Negativerklärung über die Nichtanfechtung (§ 327e Abs. 2 iVm § 319 Abs. 5 AktG) gelten die Ausführungen zur Eingliederung entsprechend. Das **Registergericht** hat die formellen und materiellen Voraussetzungen der Beschlussfassung, insbes. die Vorgaben des § 327a AktG und die Abgabe der Negativerklärung zu prüfen, nicht jedoch die Angemessenheit der Abfindung.[259] Zum verschmelzungsrechtlichen Squeeze-Out → Rn. 105. 99a

d) Umwandlungen

aa) Verschmelzung

(1) Verschmelzung durch Aufnahme. Bei einer **Verschmelzung durch Aufnahme**[260] haben sowohl die übernehmende als auch die übertragende Gesellschaft die Verschmelzung zur Eintragung in das Handelsregister anzumelden. Daher kommt es, je nach Anzahl der beteiligten Gesellschaften, mindestens zu zwei Registerverfahren.[261] Die Anmeldung ist von den Vertretungsorganen der beteiligten Gesellschaften vorzunehmen. Es besteht 100

---

[253] § 319 Abs. 4 AktG. Zur Eingliederung siehe § 37.
[254] *Krafka/Kühn* RegisterR Rn. 1625.
[255] Soweit diese noch nicht vorliegt, § 130 Abs. 5 AktG.
[256] § 319 Abs. 5 und 6 AktG; → Rn. 26.
[257] *Grunewald* in MüKoAktG AktG § 319 Rn. 28.
[258] S. *Emmerich/Habersack*, Aktien/GmbH KonzernR, 8. Aufl. 2016, AktG § 327e Rn. 3 mwN.
[259] *Krafka/Kühn* RegisterR Rn. 1641.
[260] § 16 Abs. 1 S. 1 UmwG: Zur Verschmelzung → § 39 Rn. 48 ff.
[261] S. dazu *Fronhöfer* in Widmann/Mayer UmwG § 16 Rn. 9.

daneben im Interesse der Verfahrensbeschleunigung für das Vertretungsorgan der übernehmenden Gesellschaft die Befugnis, die Anmeldung auch für die übertragenden Gesellschaften vorzunehmen.[262] Eine Anmeldung durch Organmitglieder in vertretungsberechtigter Zahl genügt jeweils, es sei denn, mit der Anmeldung der Verschmelzung wird zugleich eine Kapitalerhöhung bei der übernehmenden Gesellschaft verbunden.[263] Wird zur Durchführung der Verschmelzung das Grundkapital der übernehmenden Gesellschaft erhöht, so ist sowohl die **Kapitalerhöhung** als auch deren Durchführung (von Vorstand und Aufsichtsratsvorsitzendem) anzumelden (§§ 184, 188 AktG) und vor der Verschmelzung einzutragen (§ 66 UmwG).[264]

101   Bei der Anmeldung der Verschmelzung ist anzugeben, welche Gesellschaften beteiligt sind und welches der Verschmelzungstatbestand ist. Außerdem ist von den Anmeldenden die **Negativerklärung** abzugeben, dass eine Klage gegen die Verschmelzung nicht erhoben wurde, soweit nicht notariell beurkundete Verzichtserklärungen der Aktionäre vorliegen (siehe iE § 16 Abs. 2 UmwG). Das Fehlen der erforderlichen Negativerklärung führt zur Registersperre, die jedoch durch einen Unbedenklichkeitsbeschluss des nunmehr zuständigen OLG überwunden werden kann.[265]

102   Der Anmeldung der Verschmelzung sind der Verschmelzungsvertrag, die Niederschriften der Verschmelzungsbeschlüsse einschließlich etwaiger Sonderbeschlüsse (§ 65 Abs. 2 UmwG), uU die Zustimmungserklärungen einzelner Anteilsinhaber und die Zustimmungserklärungen der nicht erschienenen Anteilsinhaber, bei Verzicht auf die Gewährung von Anteilen am aufnehmenden Rechtsträger ggf. die entsprechenden Verzichtserklärungen (§§ 54 Abs. 1 S. 3, 68 Abs. 1 S. 3 UmwG) sowie Verschmelzungs- und Prüfungsberichte oder etwaige diesbezügliche Verzichtserklärungen als **Anlagen** beizufügen. Soweit nach Maßgabe von § 62 Abs. 1 bzw. 4 UmwG von einem **Verschmelzungsbeschluss** bei der übernehmenden bzw. der übertragenden Gesellschaft **abgesehen** wird, hat der Vorstand zu erklären, dass ein Antrag auf Einberufung der Hauptversammlung nicht gestellt wurde und die Veröffentlichung des Hinweises auf die Verschmelzung oder alternativ einen diesbezüglichen Verzicht der Aktionäre nachzuweisen.[266] Außerdem ist die **rechtzeitige Zuleitung** des Verschmelzungsvertrags oder seines Entwurfs an den **zuständigen Betriebsrat** zu belegen bzw. bei Fehlen eines solchen eine entsprechende Negativerklärung der Vertretungsorgane des betreffenden Rechtsträgers vorzulegen. Schließlich muss jede übertragende Gesellschaft an ihrem Sitz eine **Bilanz** zum Handelsregister einreichen (§ 17 UmwG). Der Stichtag dieser Bilanz darf höchstens acht Monate vor der Anmeldung liegen (§ 17 Abs. 2 S. 4 UmwG). Daraus ergibt sich eine **Anmeldefrist** von acht Monaten seit dem Bilanzstichtag.[267] Die **Eintragung** der Verschmelzung darf erst erfolgen, wenn der nach § 71 UmwG bestellte Treuhänder den Empfang der Aktien bzw. baren Zuzahlung angezeigt hat. Die Einsetzung eines Treuhänders erübrigt sich nach zutreffender Auffassung aber, wenn der Verschmelzungsvertrag bare Zuzahlungen nicht vorsieht und die den Anteilsinhabern des übertragenden Rechtsträgers zukommenden Aktien nicht verbrieft sind[268], was im Rahmen der Anmeldung darzulegen ist.[269] Wird der Verschmelzungsvertrag in den ersten zwei Jahren seit Eintragung der übernehmenden Aktiengesellschaft geschlossen, sind nach § 67 UmwG Vorschriften über die **Nachgründung** zu beachten.

---

[262] § 16 Abs. 1 S. 2 UmwG; *Decher* in Lutter UmwG § 16 Rn. 9.
[263] *Zimmermann* in Kallmeyer UmwG § 16 Rn. 4f.
[264] Dies gilt bei der ordentlichen Kapitalerhöhung wie beim genehmigten Kapital gleichermaßen. Beim bedingten Kapital, bei dem das Grundkapital mit Ausgabe der Bezugsaktien erhöht wird, erlangt die Kapitalerhöhung nach hM abweichend von § 200 AktG erst mit Eintragung der Verschmelzung Wirksamkeit, vgl. *Habersack* in BeckOGK UmwG § 66 Rn. 8.
[265] Vgl. § 16 Abs. 3 S. 7 UmwG; zu den Einzelheiten → Rn. 26f.
[266] *Krafka/Kühn* RegisterR Rn. 1676a.
[267] Siehe ggf. aber auch § 63 Abs. 1 Nr. 3 UmwG.
[268] *Habersack* in BeckOGK UmwG § 71 Rn. 2, 11 mwN.
[269] *Krafka/Kühn* RegisterR Rn. 1679.

Die **Wirksamkeit der Verschmelzung** hängt allein von der Eintragung der Verschmelzung im Handelsregister der übernehmenden Gesellschaft ab (§ 20 Abs. 1 UmwG). Die Eintragung der Verschmelzung im Register der übertragenden Gesellschaft führt dagegen nicht zu ihrer Wirksamkeit.[270] Dabei kann die Eintragung der Verschmelzung beim Registergericht der übernehmenden Gesellschaft erst erfolgen, wenn sie beim Registergericht der übertragenden Gesellschaft eingetragen wurde. Bei der Eintragung der Verschmelzung beim Registergericht der übertragenden Gesellschaft, ggf. nach vorherigen Eintrags einer Kapitalerhöhung bei der übernehmenden Gesellschaft,[271] ist zu vermerken, dass die Verschmelzung erst mit Eintragung im Register der übernehmenden Gesellschaft wirksam wird. Ist die Verschmelzung durch die Eintragung im Register der übernehmenden Gesellschaft wirksam geworden, wird dies im Register der übertragenden Gesellschaft(en) vermerkt. Die einzelnen Registergerichte trifft eine Mitteilungspflicht über die vorgenommenen Eintragungen (§ 19 UmwG). 103

(2) Verschmelzung durch Neugründung. Bei der **Verschmelzung durch Neugründung** tritt an die Stelle der Eintragung der Verschmelzung beim übernehmenden Rechtsträger die Eintragung des neuen Rechtsträgers (§ 36 Abs. 1 S. 2 UmwG; → § 42 Rn. 44). Die Anmeldung obliegt den Vertretungsorganen aller übertragenden Rechtsträger jeweils in vertretungsberechtigter Zahl (§ 38 Abs. 2 UmwG). Zusätzlich zu den bei der Verschmelzung durch Aufnahme einzureichenden Unterlagen sind bei der Anmeldung im Fall einer AG als neuem Rechtsträger der Gründungsbericht, der Bericht des Gründungsprüfers, die Urkunden über die Bestellung des Aufsichtsrats (als Teil des Verschmelzungsvertrags) und bei einer prüfungspflichtigen Gesellschaft über die Bestellung des Abschlussprüfers, ferner der Aufsichtsratsbeschluss zur Ernennung des Vorstands, die Vorstandserklärungen nach § 37 Abs. 2 AktG in öffentlich beglaubigter Form sowie eine Berechnung des Gründungsaufwands beizufügen.[272] Im Übrigen gelten die Vorschriften über die Verschmelzung durch Aufnahme entsprechend (§ 36 Abs. 1 S. 1 UmwG). 104

(3) Verschmelzungsrechtlicher Squeeze-Out. Aufgrund § 62 Abs. 5 UmwG wurde neben dem aktienrechtlichen und dem übernahmerechtlichen Squeeze-Out eine weitere Möglichkeit des Ausschlusses von Minderheitsaktionären durch eine enge Verzahnung von Verschmelzung und Squeeze-Out geschaffen mit der für die Praxis wichtigen Besonderheit, dass die übernehmende Gesellschaft als Hauptaktionär der übertragenden Gesellschaft nur über eine Beteiligung von 90% verfügen muss.[273] Der **Übertragungsbeschluss** der Hauptversammlung ist vom Vorstand in vertretungsberechtigter Zahl zur Eintragung in das Handelsregister **anzumelden** (§§ 62 Abs. 5 S. 8 UmwG, 327e AktG) und die Negativerklärung hinsichtlich der Klageerhebung abzugeben (§§ 65 Abs. 5 S. 8 UmwG, 327e Abs. 2, 319 Abs. 5 AktG).[274] Zusätzlich zu den beim aktienrechtlichen Squeeze-Out einzureichenden Unterlagen[275] ist der Verschmelzungsvertrag in Ausfertigung oder beglaubigter Abschrift vorzulegen, um dem Registergericht die Prüfung zu ermöglichen, ob die Drei-Monatsfrist des § 62 Abs. 5 S. 1 UmwG eingehalten wurde.[276] Das **Registergericht** überprüft neben dem Squeeze-Out-Beschluss nach § 327a AktG 105

---

[270] *Fronhöfer* in Widmann/Mayer UmwG § 19 Rn. 46.
[271] Was nach zutreffender, wenngleich streitiger Auffassung, nicht erforderlich ist. Vgl. *Zimmermann* in Kallmeyer § 53 Rn. 18.
[272] § 36 Abs. 2 S. 1 UmwG iVm § 37 AktG; ggf. ist die Anzeige eines Treuhänders nach § 71 UmwG vorzulegen sowie ein Nachweis, dass die übertragende AG bereits im Sinne des § 76 UmwG zwei Jahre im Register eingetragen ist; vgl. auch *Zimmermann* in Kallmeyer UmwG § 38 Rn. 15.
[273] *Habersack* in BeckOGK UmwG § 62 Rn. 41.
[274] → Rn. 98.
[275] → Rn. 99a.
[276] Entgegen dem Gesetzeswortlaut reicht ein Entwurf des Verschmelzungsvertrags nach zutreffender Auffassung insoweit nicht, s. *Habersack* in BeckOGK UmwG § 62 UmwG Rn. 56; *D. Mayer* NZG 2012, 561 (571).

und dem Vorliegen der Negativerklärung, ob die Vorgaben des § 62 Abs. 5 UmwG beachtet wurden (Beteiligungsquote, Beachtung der Drei-Monats-Frist, Einhaltung der Informations- und Bekanntmachungspflichten), nicht aber die Angemessenheit der Barabfindung.[277] Die **Eintragung** des Übertragungsbeschlusses ist nach § 62 Abs. 5 S. 7 UmwG mit dem **Vermerk** zu versehen, dass er erst gleichzeitig mit der Eintragung der Verschmelzung im Register des Sitzes der übernehmenden Aktiengesellschaft wirksam wird.

105a   Die **Anmeldung der Verschmelzung** zum Handelsregister des übertragenden und des übernehmenden Rechtsträgers richtet sich nach den allgemeinen Vorschriften (§§ 16, 17 UmwG). Bei der übertragenden Gesellschaft kann die Verschmelzung zeitgleich mit dem Beschuss über den Ausschluss der Minderheitsaktionäre angemeldet und eingetragen werden. Da ein Verschmelzungsbeschluss weder für die übertragende noch für die übernehmende Gesellschaft erforderlich ist (§ 62 Abs. 1 bzw. 4 UmwG), bedarf es keiner Negativerklärung nach § 16 Abs. 2 UmwG.[278] Bei der übernehmenden Gesellschaft ist dem Registergericht nachzuweisen, dass der Übertragungsbeschluss bei der übertragenden Gesellschaft eingetragen wurde und deshalb ein Verschmelzungsbeschluss der übertragenden Gesellschaft entbehrlich war (§ 62 Abs. 4 S. 2, Abs. 5 S. 7 UmwG).[279] Eine Verschmelzungsprüfung und ein Prüfbericht sind nach zutreffender Auffassung entbehrlich.[280]

105b   **(4) Grenzüberschreitende Verschmelzung.** Besonderheiten ergeben sich bei einer **grenzüberschreitenden Verschmelzung** im Sinne der §§ 122a ff. UmwG, bei der mindestens eine der beteiligten Gesellschaften dem Recht eines anderen Mitgliedstaates der EU oder des EWR unterliegt. Für eine beteiligte deutsche Gesellschaft finden grundsätzlich die allgemeinen Regeln über inländische Gesellschaften Anwendung, soweit sich aus den §§ 122a ff. UmwG keine Besonderheiten ergeben (§ 122a UmwG). Auf die vorstehenden Ausführungen wird daher zunächst verwiesen. Im Ausgangspunkt zu unterscheiden ist zwischen der Konstellation, in der die beteiligte deutsche Gesellschaft als übertragender Rechtsträger fungiert (§ 122k UmwG) und derjenigen, in der eine ausländische Kapitalgesellschaft als übertragender Rechtsträger auf eine bestehende oder neu zu gründende deutsche Kapitalgesellschaft verschmolzen wird (§ 122l UmwG).[281]

106   Eine **inländische übertragende Gesellschaft** hat ausschließlich durch ihr Vertretungsorgan die Verschmelzung bei dem für ihren (Satzungs-)Sitz zuständigen Registergericht anzumelden, eine Anmeldemöglichkeit durch das Vertretungsorgan des übernehmenden ausländischen Rechtsträgers besteht nicht (§ 122k Abs. 1 S. 1 UmwG).[282] Gegenstand der Anmeldung ist, dass für die deutsche übertragende Gesellschaft die Voraussetzungen der grenzüberschreitenden Verschmelzung vorliegen. Daneben muss eine Versicherung im Hinblick auf die Gläubigersicherung (§ 122k Abs. 1 S. 3 UmwG) abgegeben werden[283], die frühestens nach Ablauf von zwei Monaten nach Bekanntmachung des Verschmelzungsplans erfolgen darf (§§ 122j Abs. 1 S. 2, 122d UmwG), sowie eine Negativerklärung über die Klageerhebung (§ 122k Abs. 1 S. 2 iVm § 16 Abs. 2 UmwG), soweit nicht alle klageberechtigten Aktionäre durch notariell beurkundete Erklärung auf eine Klageerhebung verzichtet haben oder ein Verschmelzungsbeschluss nicht gefasst wurde (§ 122g Abs. 2 UmwG).[284] Der Anmeldung sind folgende **Unterlagen** beizufügen

---

[277] *D. Mayer* NZG 2012, 561 (571).
[278] *Habersack* in BeckOGK UmwG § 62 Rn. 65; ähnlich *D. Mayer* NZG 2012, 562 (574): Abgabe der Erklärung in modifizierter Form.
[279] *Habersack* in BeckOGK UmwG § 62 Rn. 57; *D. Mayer* NZG 2012, 562 (574).
[280] *D. Mayer* NZG 2012, 562 (573); *Krafka/Kühn* RegisterR Rn. 1679i.
[281] *Klein* RNotZ 2007, 565 (603).
[282] *Klett* in BeckOGK UmwG § 122k Rn. 12; *Zimmermann* in Kallmeyer UmwG § 122k Rn. 3.
[283] *Bayer* in Lutter UmwG § 122k Rn. 10.
[284] *Klett* in BeckOGK UmwG § 122k Rn. 30.

V. Die einzelnen Anmeldungen

(§ 122k Abs. 1 S. 2 iVm § 17 UmwG):[285] der gemeinsame Verschmelzungsplan (§ 122c UmwG; s. auch § 122i UmwG), Verschmelzungsbeschluss der Hauptversammlung der übertragenden Aktiengesellschaft (soweit erforderlich), Verschmelzungsbericht, ein Nachweis darüber, dass dieser den Anteilsinhabern und dem zuständigen Betriebsrat bzw. den Arbeitnehmern rechtzeitig zugänglich gemacht wurde oder zumindest eine diesbezügliche Erklärung (§ 122e S. 2 UmwG)[286], Verschmelzungsprüfungsbericht (oder ggf. entsprechende Verzichtserklärungen), etwa erforderliche Zustimmungs- oder Verzichtserklärungen einzelner Anteilsinhaber, Schlussbilanz der übertragenden Gesellschaft.[287] Das **Registergericht** prüft in formeller und materieller Hinsicht, ob für die übertragende Gesellschaft die Voraussetzungen der grenzüberschreitenden Verschmelzung gegeben sind, nicht hingegen ob die Anforderungen und Unterlagen für die Eintragung der Verschmelzung bei den übrigen beteiligten ausländischen Gesellschaften vorliegen.[288] Im Fall des positiven Abschlusses des Prüfungsverfahren ist unverzüglich eine Verschmelzungsbescheinigung auszustellen (§ 122k Abs. 2 S. 1 UmwG), die innerhalb von sechs Monaten nach ihrer Ausstellung zusammen mit dem Verschmelzungsplan der zuständigen Stelle des Staates der übernehmenden oder neuen Gesellschaft vorzulegen ist (§ 122k Abs. 3 UmwG). Die Eintragungsnachricht soll nach dem Gesetzeswortlaut als Verschmelzungsbescheinigung gelten (§ 122k Abs. 2 S. 2 UmwG).[289]

Wenn bei einer grenzüberschreitenden Verschmelzung eine **deutsche Gesellschaft die übernehmende oder neue Gesellschaft** ist, überprüft das Registergericht die Verschmelzungsvoraussetzungen bei der übertragenden Gesellschaft nicht, vielmehr kommt der Verschmelzungsbescheinigung der zuständigen (in- oder ausländischen) Stelle umfassende Bindungswirkung zu.[290]

107

Die **Verschmelzung zur Aufnahme** ist vom Vertretungsorgan der übernehmenden Gesellschaft zur Eintragung in deren Handelsregister anzumelden (§ 122l Abs. 1 S. 1 Alt. 1 UmwG) und dabei auch eine Negativerklärung abzugeben (§§ 122a Abs. 2, 16 Abs. 2 UmwG).[291] Der Anmeldung sind beizufügen der (gemeinsame) Verschmelzungsplan, der Verschmelzungsbeschluss der Anteilsinhaber der übernehmenden Gesellschaft, sofern nicht nach § 62 UmwG entbehrlich, evtl. Zustimmungserklärungen einzelner Anteilsinhaber, der Verschmelzungsbericht der übernehmenden Gesellschaft, der Verschmelzungsprüfungsbericht (oder entsprechende Verzichtserklärungen), Verschmelzungsbescheinigungen aller übertragenden Gesellschaften, die nicht älter als sechs Monate sein dürfen (ggf. übersetzt und mit Apostille bzw. Legalisation versehen), evtl. eine Vereinbarung über die Beteiligung der Arbeitnehmer (bzw. – zweckmäßigerweise – eine entsprechende Negativerklärung) sowie ein Nachweis, dass der Verschmelzungsbericht den Anteilsinhabern und dem Betriebsrat oder den Arbeitnehmern rechtzeitig zugänglich gemacht wurde oder eine Erklärung hierzu (§ 122e S. 2 UmwG).[292]

107a

Im Fall der **Verschmelzung durch Neugründung** haben die Vertretungsorgane der übertragenden Gesellschaften die neue Gesellschaft bei deren Register zur Eintragung an-

107b

---

[285] Vgl. *Klett* in BeckOGK UmwG § 122k Rn. 18 ff.; *Zimmermann* in Kallmeyer UmwG § 122k Rn. 11; *Bayer* in Lutter UmwG § 122k Rn. 11.
[286] *Klett* in BeckOGK UmwG § 122k Rn. 35.
[287] Eine etwaige Vereinbarung über die Mitbestimmung der Arbeitnehmer bei der übernehmenden/neuen Gesellschaft muss nach hM nicht beigefügt werden, vgl. *Zimmermann* in Kallmeyer UmwG § 122k Rn. 11; *Bayer* in Lutter UmwG § 122k Rn. 13; aA *Vossius* in Widmann/Mayer UmwG § 122k Rn. 22.
[288] Vgl. *Klett* in BeckOGK UmwG § 122k Rn. 39; *Bayer* in Lutter UmwG § 122k Rn. 12, 18; *Hörtnagl* in Schmitt/Hörtnagl/Stratz UmwG § 122k Rn. 14; *Drinhausen* in Semler/Stengel UmwG § 122k Rn. 9, 14; *Limmer* ZNotP 2007, 282 (285).
[289] Kritisch dazu etwa *Bayer* in Lutter UmwG § 122k Rn. 21; *Heckschen* in Widmann/Mayer UmwG Vor §§ 122a ff. Rn. 108, UmwG § 122a Rn. 181; *Limmer* ZNotP 2007, 282 (286).
[290] *Bayer* in Lutter UmwG § 122l Rn. 19; *Drinhausen* in Semler/Stengel UmwG § 122l Rn. 10.
[291] Eine Negativerklärung ist nicht erforderlich, wenn die Anfechtung formgültig verzichtet wurde, alle vorhandenen Anteilsinhaber der Verschmelzung zugestimmt haben oder ein Beschluss der übernehmenden Gesellschaft gem. § 62 Abs. 1 UmwG entfällt, vgl. *Zimmermann* in Kallmeyer UmwG § 122l Rn. 12.
[292] Vgl. *Zimmermann* in Kallmeyer UmwG § 122l Rn. 16; *Klett* in BeckOGK UmwG § 122l Rn. 33.

zumelden (§ 122l Abs. 1 S. 1 Alt. 2 UmwG). Die Vertretungsbefugnis der ausländischen Gesellschaften richtet sich nach dem jeweiligen Gesellschaftsstatut und ist durch geeignete Dokumente (zB Registerauszug, notarielle Bescheinigung, ggf. Apostille oder Legalisation) nachzuweisen.[293] Mit der Anmeldung sind einzureichen der Verschmelzungsplan, die Verschmelzungsbescheinigungen der übertragenden Gesellschaften, eine etwaige Vereinbarung über die Beteiligung der Arbeitnehmer in der neuen Gesellschaft (sonst zweckmäßigerweise eine entsprechende Negativerklärung), nach teilweise vertretener Auffassung auch eine Niederschrift über den Zustimmungsbeschluss der übertragenden ausländischen Gesellschaft.[294] Darüber hinaus sind die Unterlagen vorzulegen, die nach besonderen Vorschriften des UmwG (§§ 73 ff. UmwG) und nach den Gründungsvorschriften für die neue Aktiengesellschaft erforderlich sind.[295]

bb) Spaltung (Aufspaltung, Abspaltung, Ausgliederung)

108 Zu beachten ist zunächst das Spaltungsverbot des § 141 UmwG, wonach bei einer Aktiengesellschaft, die noch nicht zwei Jahre im Register eingetragen ist, eine Auf- und Abspaltung unzulässig ist, unabhängig davon, ob diese zur Aufnahme oder zur Neugründung erfolgt, ebenso wie eine Ausgliederung zur Aufnahme.[296] Die für die Verschmelzung von Aktiengesellschaften geltenden Sondervorschriften, insbesondere zur Einreichung des Spaltungs- und Übernahmevertrags (§ 61 UmwG), zur Entbehrlichkeit des Hauptversammlungsbeschlusses (§ 62 UmwG), zur Nachgründung (§ 67 UmwG) und zur Bestellung eines Treuhänders (§ 71 UmwG)[297] finden bei Spaltungen entsprechende Anwendung.[298] Die Spaltung (Aufspaltung, Abspaltung oder Ausgliederung) ist durch die Vertretungsorgane der beteiligten Rechtsträger (in vertretungsberechtigter Zahl, auch in unechter Gesamtvertretung) spätestens acht Monate[299] nach dem Bilanzstichtag zur Eintragung in das jeweilige Register anzumelden. Ist mit der Spaltung eine Kapitalerhöhung verbunden, muss bei der AG der Vorsitzende des Aufsichtsrats mitwirken (§§ 184 Abs. 1, 188 Abs. 1 AktG). Der übernehmende Rechtsträger kann die Spaltung auch beim übertragenden Rechtsträger anmelden (§ 129 UmwG). Die Spaltung ist als solche unter Angabe von Firma und Sitz der beteiligten Rechtsträger anzumelden. Die Anmeldung sollte erkennen lassen, ob es sich um eine Aufspaltung, eine Abspaltung oder eine Ausgliederung handelt. Empfehlenswert ist ferner eine kurze Bezeichnung des übertragenen Vermögensteils.[300] Darüber hinaus ist eine **Negativerklärung** gem. § 16 Abs. 2 UmwG abzugeben und bei der Beteiligung einer übertragenden Kapitalgesellschaft die Erklärung über die Deckung des Nennkapitals.[301] Der Anmeldung als **Anlagen** beizufügen[302] sind der Spaltungs- und Übernahmevertrag, die Zustimmungsbeschlüsse der beteiligten Rechtsträger einschließlich etwaiger Sonderbeschlüsse (§§ 125 S. 1, 65 Abs. 2 UmwG), die erforderlichen Zustimmungserklärungen einzelner Anteilsinhaber, die Spaltungs- und

---

[293] *Klett* in BeckOGK UmwG § 122l Rn. 8; *Zimmermann* in Kallmeyer UmwG § 122l Rn. 4.
[294] So *Drinhausen* in Semler/Stengel UmwG § 122l Rn. 8; ähnlich *Zimmermann* in Kallmeyer UmwG § 122l Rn. 18 (sofern Zustimmung nicht aus den Verschmelzungsbescheinigungen ersichtlich); aA *Louven* ZIP 2006, 2021 (2028).
[295] S. *Benz* in BeckOGK UmwG § 38 Rn. 18 ff.
[296] *Brellochs* in BeckOGK UmwG § 141 Rn. 29.
[297] Ausgenommen im Fall der Ausgliederung gemäß § 125 S. 1 UmwG.
[298] *Krafka/Kühn* RegisterR Rn. 1680.
[299] § 17 Abs. 2 S. 4 UmwG; siehe auch § 63 Abs. 1 Nr. 3 UmwG.
[300] BeckOGK UmwG/*Verse* § 129 Rn. 17; *Priester* in Lutter UmwG § 129 Rn. 6; *Zimmermann* in Kallmeyer UmwG § 129 Rn. 6.
[301] Vgl. für die AG § 146 Abs. 1 UmwG; dazu *Zimmermann* in Kallmeyer UmwG § 129 Rn. 8.
[302] *Verse* in BeckOGK UmwG § 129 Rn. 20. Bei Satzungsänderungen, insbes. Kapitalerhöhungen im Zusammenhang mit der Spaltung sind nach allgemeinen Vorschriften ggf. weitere Angaben und Unterlagen erforderlich; die bei regulärer Kapitalerhöhung abzugebenden Versicherungen zur Einlageleistung entfallen aber bei Spaltungsvorgängen, vgl. *Priester* in Lutter UmwG § 129 Rn. 9, 11.

Prüfungsberichte[303] oder diesbezügliche Verzichtserklärungen, Verzichtserklärungen hinsichtlich der Gewährung von Anteilen (§ 125 S. 1, 68 Abs. 1 S. 3 UmwG), der Nachweis über die rechtzeitige Zuleitung des Vertrags an den Betriebsrat und die Schlussbilanz des übertragenden Rechtsträgers.[304] Bei den Registergerichten erfolgt zuerst die Eintragung in das Register der übernehmenden Rechtsträger und erst dann die Eintragung in das Register des übertragenden Rechtsträgers (§ 130 Abs. 1 S. 1 UmwG). Wie bei der Verschmelzung wird die Einhaltung der Eintragungsreihenfolge durch Mitteilungspflichten der Registergerichte über die Eintragungen sichergestellt.[305] Mit Eintragung in das Register des übertragenden Rechtsträgers wird die Abspaltung wirksam (§ 131 Abs. 1 UmwG).

Bei der **Spaltung zur Neugründung** tritt an die Stelle der Eintragung der Spaltung im Register des übernehmenden Rechtsträgers die Eintragung des neuen Rechtsträgers in das Register. Anzumelden ist zum einen „der neue Rechtsträger" mit der Angabe, durch welche Spaltungsart (Auf-, Abspaltung, Ausgliederung) die Neugründung erfolgt.[306] Zum anderen ist die Spaltung bei dem Registergericht des übertragenden Rechtsträgers unter Angabe von übertragendem und neuem Rechtsträger je mit Firma und Sitz sowie der Art der Spaltung anzumelden (§ 137 Abs. 2 UmwG).[307] Beide Anmeldungen obliegen den Vertretungsorganen des übertragenden Rechtsträgers in vertretungsberechtigter Zahl.[308] Der Anmeldung beizufügen sind jeweils die in § 17 UmwG genannten Anlagen sowie beim Register des neuen Rechtsträgers zusätzlich – soweit das Gesetz nichts Abweichendes vorsieht – die nach dem jeweiligen Gründungsrecht erforderlichen Unterlagen.[309] Die Spaltung wird erst mit der Eintragung der Spaltung im Register des übertragenden Rechtsträgers wirksam, dies ist auch im Register des neuen Rechtsträgers zu vermerken (§ 135 iVm § 131 Abs. 1 bzw. 130 Abs. 1 S. 2 UmwG).

109

cc) Formwechsel

Hat die Hauptversammlung einen Formwechsel beschlossen, ist die neue Rechtsform des Rechtsträgers zur Eintragung im Handelsregister anzumelden. Die Anmeldung obliegt je nach Rechtsform, die wechselt bzw. in die gewechselt wird, dem künftigen Vertretungsorgan oder dem Vertretungsorgan der formwechselnden Gesellschaft.[310] Die **Anmeldung** erfolgt bei dem Registergericht, in dem der formwechselnde Rechtsträger eingetragen ist (§ 198 Abs. 1 UmwG). Ist der Rechtsträger bislang nicht in einem Register eingetragen, wird er als Rechtsträger bei dem für die neue Rechtsform maßgebenden Registergericht angemeldet (§ 198 Abs. 2 S. 1 UmwG).

110

---

[303] Ausgenommen bei der Ausgliederung, bei der eine Prüfung nicht statt findet (§ 125 UmwG); vgl. auch *Zimmermann* in Kallmeyer UmwG § 129 Rn. 11.

[304] § 17 Abs. 2 UmwG; Schlussbilanz meint eine Gesamtbilanz des übertragenden Rechtsträgers; in der Praxis übliche Teilbilanzen der zu übertragenden Vermögensteile sind nach zutreffender Auffassung regelmäßig weder erforderlich noch ausreichend, vgl. *Rieckers/Cloppenburg* in BeckOGK UmwG § 17 Rn. 95 ff. mwN; ferner *Kallmeyer/Sickinger* in Kallmeyer UmwG § 125 Rn. 23 mwN. Siehe ferner § 63 Abs. 1 Nr. 3 UmwG.

[305] § 130 Abs. 2 UmwG. Eine Benachrichtigung von Amts wegen über die Voreintragung bei dem übernehmenden Rechtsträger erfolgt aber – anders als bei Spaltung zur Neugründung (§ 137 Abs. 3 S. 1 UmwG) – nach dem Gesetz nicht und ist im Registerverfahren ggf. nachzuweisen; vgl. *Priester* in Lutter UmwG § 130 Rn. 10; *Zimmermann* in Kallmeyer UmwG § 130 Rn. 11.

[306] § 137 Abs. 1 UmwG; dazu *Benz/Weiß* in BeckOGK UmwG § 137 Rn. 14; *Zimmermann* in Kallmeyer UmwG § 137 Rn. 7; *Priester* in Lutter UmwG § 137 Rn. 4.

[307] *Benz/Weiß* in BeckOGK UmwG § 137 Rn. 58.

[308] Für höchstpersönliche Erklärungen (wie zB in Fällen des § 8 Abs. 3 GmbHG, § 37 Abs. 2 AktG) kann bei der Anmeldung des neuen Rechtsträgers nach § 137 Abs. 1 UmwG zusätzlich die Mitwirkung von dessen Vertretungsorganen erforderlich sein.

[309] § 135 Abs. 2 UmwG; vgl. dazu *Benz/Weiß* in BeckOGK UmwG § 137 Rn. 31; *Zimmermann* in Kallmeyer UmwG § 137 Rn. 12, 19.

[310] Vgl. zum Formwechsel von Personenhandelsgesellschaften § 222 UmwG, von Partnerschaftsgesellschaften § 225c UmwG, von Kapitalgesellschaften §§ 235, 246, 254 UmwG, von Genossenschaften § 265 UmwG, von Vereinen §§ 278, 286 UmwG und von Versicherungsvereinen auf Gegenseitigkeit § 296 UmwG.

111 Ändert sich durch den Formwechsel die Zuständigkeit des maßgebenden Registers, ist ebenfalls nicht der Formwechsel, sondern der neue Rechtsträger zum maßgebenden Registergericht anzumelden:[311] entsprechendes gilt, wenn durch eine mit dem Formwechsel verbundene Sitzverlegung die Zuständigkeit eines anderen Registergerichts begründet wird (§ 198 Abs. 2 S. 2 Hs. 2 UmwG). Daneben ist auch der Formwechsel zur Eintragung beim bisherigen Register anzumelden (§ 198 Abs. 2 S. 3 UmwG). Dabei muss zuerst die **Eintragung des Formwechsels** erfolgen; sie wird mit dem Vermerk versehen, dass sie erst mit Eintragung des neuen Rechtsträgers wirksam wird. Dann erst kann der neue Rechtsträger eingetragen werden (§ 198 Abs. 2 S. 4 und 5 UmwG). Da die verschiedenen Registergerichte anders als bei der Verschmelzung (s. § 19 Abs. 2 UmwG) nicht von Amts wegen zusammen wirken, ist die Eintragung des Formwechsels im Register des formwechselnden Rechtsträgers dem künftigen Register ggf. durch beglaubigten Handelsregisterauszug nachzuweisen.[312]

112 Mit der Anmeldung ist die **Negativerklärung** abzugeben (§ 198 Abs. 3 iVm § 16 Abs. 2 und 3 UmwG). Der Anmeldung sind als **Anlagen** die Niederschrift des Umwandlungsbeschlusses, erforderliche Zustimmungserklärungen einzelner Anteilsinhaber, der Umwandlungsbericht oder die Erklärungen über den Verzicht und die Nachweise über die rechtzeitige Zuleitung des Entwurfs des Umwandlungsbeschlusses an den Betriebsrat beizufügen (§ 199 UmwG), ferner zusätzlich etwa nach besonderen Vorschriften oder dem jeweiligen Gründungsrecht erforderliche Unterlagen.[313] Der Formwechsel wird mit der Eintragung des Rechtsträgers neuer Rechtsform wirksam (§ 202 UmwG).

112a Der **grenzüberschreitende Formwechsel** ist im Gegensatz zur grenzüberschreitenden Verschmelzung nicht im UmwG vorgesehen[314], fällt aber nach der Rechtsprechung des EuGH in den Anwendungsbereich der Niederlassungsfreiheit (Art. 49, 54 AEUV).[315] Eine besondere Herausforderung liegt wie bei der grenzüberschreitenden Verschmelzung in der sukzessiven Anwendung von zwei nationalen Rechtsordnungen.[316] Da allerdings genaue gesetzliche Vorgaben fehlen, geht die hM für die Verfahrensschritte einer beteiligten deutschen Gesellschaft von einer entsprechenden, europarechtskonformen Anwendung der §§ 190 ff. UmwG unter partieller Heranziehung der Regelungen über die grenzüberschreitende Verschmelzung oder den Formwechsel supranationaler Rechtsformen wie der SE aus.[317] Dies gilt sowohl für den Hereinformwechsel[318], als auch für den Hinausformwechsel.[319]

112b Für den Fall des **Hinausformwechsels einer deutschen Aktiengesellschaft** lassen sich Voraussetzungen und Verfahrensschritte für den Umwandlungsbeschluss und dessen Vorbereitung aus den §§ 192–194 UmwG unter Berücksichtigung der §§ 226 ff. UmwG

---

[311] § 198 Abs. 2 S. 2 Hs. 1 UmwG. Die Abteilungen A und B des Handelsregisters gehören zum selben Register iSd Vorschrift, vgl. BeckOGK UmwG/*Simons* § 198 Rn. 8; *Zimmermann* in Kallmeyer UmwG § 198 Rn. 5.
[312] *Zimmermann* in Kallmeyer UmwG § 198 Rn. 23.
[313] Vgl. *Simons* in BeckOGK UmwG § 199 Rn. 13 ff.; *Decher* in Lutter UmwG § 199 Rn. 3 ff.; *Zimmermann* in Kallmeyer UmwG § 199 Rn. 5 ff. ZB sind beim Formwechsel in die GmbH regelmäßig einzureichen: Gesellschafterliste iSd § 8 Abs. 1 Nr. 3 GmbHG, Beschluss über die Bestellung der Geschäftsführer, soweit nicht im Umwandlungsbeschluss enthalten, Versicherung gem. § 8 Abs. 3 GmbHG, Sachgründungsbericht, Werthaltigkeitsnachweis, ggf. Liste der Aufsichtsratsmitglieder nach § 52 Abs. 3 GmbHG.
[314] S. §§ 191, 1 Abs. 2 UmwG; ferner *Schürnbrand* in BeckOGK UmwG § 191 Rn. 6 f.
[315] S. EuGH NJW 2012, 2715 – Vale; dazu *Wicke* DStR 2012, 1756; EuGH NJW 2009, 569 – Cartesio; ferner EuGH NZG 2006, 112 – Sevic; Schlussanträge RS C-106/16 – Polbud; dazu *Wicke* NZG 2017, 702; ferner *Wicke* in Grigoleit AktG § 5 Rn. 11.
[316] EuGH NJW 2012, 2715 Rn. 37 – Vale.
[317] *Drinhausen/Keinath* in BeckOGK UmwG § 1 Rn. 38 ff., 42 mwN.
[318] OLG Nürnberg ZIP 2014, 128; KG NZG 2016, 834 kritisch zur Anwendung der Vorschriften über den Formwechsel der SE.
[319] OLG Frankfurt RNotZ 2017, 257; s. dazu aber die krit Anm von Hushahn; kritisch auch Stiegler GmbHR 2017, 392 (394).

entnehmen.³²⁰ Nach umstrittener Auffassung kann auf einen Umwandlungsbericht entsprechend § 122e S. 3 UmwG nicht verzichtet werden³²¹, der nach Maßgabe von § 122e S. 2 UmwG dem Betriebsrat der Gesellschaft zuzuleiten ist.³²² Zum Gläubigerschutz wird es darüber hinaus für erforderlich gehalten, dass spätestens ein Monat vor der Beschlussfassung der Gesellschafter ein Umwandlungsplan entsprechend § 122d UmwG unter Hinweis auf die Gläubigerrechte des § 122j UmwG offenzulegen ist, und hierzu eine Versicherung gemäß § 122k Abs. 1 UmwG im Rahmen der analog § 198 UmwG vorzunehmenden Anmeldung abzugeben ist.³²³ Die Eintragung des grenzüberschreitenden Formwechsels sollte zunächst mit einem Wirksamkeitsvermerk erfolgen und hierüber eine Bescheinigung zur Verwendung im ausländischen Registerverfahren ausgestellt werden, die Rötung des Registerblatts sollte demgegenüber erst nach Mitteilung über die Eintragung der Gesellschaft im Register des neuen Sitzlandes unter Hinweis hierauf vollzogen werden.³²⁴ Dementsprechend wird die Einhaltung der nach dem Zuzugsstaat zu erfüllenden Gründungsvoraussetzungen im deutschen Registerverfahren nicht überprüft.

In der Konstellation des **Hineinformwechsels** sind neben den für den Formwechsel nach dem UmwG geltenden Vorschriften entsprechend § 197 UmwG die für eine Gründung der Aktiengesellschaft nach deutschem Recht maßgeblichen Regelungen zu beachten.³²⁵ Zum Gründungsprüfer kann durch das Gericht (selbstverständlich) auch ein ausländischer Experte mit entsprechenden Fachkenntnissen bestellt werden. Zusammen mit der Anmeldung entsprechend § 198 UmwG ist eine Bescheinigung durch die zuständige Stelle des Ausgangsstaates über die ordnungsgemäße Erfüllung der Vorgaben nach den maßgeblichen ausländischen Vorschriften vorzulegen, die vom deutschen Registergericht nicht zu überprüfen sind. Nach neuester Rechtsprechung des EuGH bedarf es wohl keiner Prüfung mehr, ob eine tatsächliche Ansiedlung der Gesellschaft sowie die Ausübung einer wirklichen Tätigkeit im Inland vorliegen.³²⁶ 112c

VI. Amtslöschung durch das Registergericht

Das Registergericht kann Eintragungen im Handelsregister **von Amts wegen löschen.** Hauptversammlungsbeschlüsse können unter der Voraussetzung gelöscht werden, dass der Inhalt des Beschlusses gegen zwingende Gesetzesvorschriften verstößt und seine Löschung im öffentlichen Interesse erforderlich scheint (§ 398 FamFG). Die Löschung eines Hauptversammlungsbeschlusses kann daher nicht erfolgen, wenn er zwar an einem Verfahrensmangel leidet, etwa wegen Verletzung der Vorschriften über die Einberufung der Hauptversammlung oder über die Beurkundung des Beschlusses, inhaltlich aber nicht zu beanstanden ist.³²⁷ Die bloße Anfechtbarkeit des Beschlusses genügt nach hM im Rahmen 113

---

³²⁰ *Drinhausen/Keinath* in BeckOGK UmwG § 1 Rn. 42; ähnlich *Krafka/Kühn* RegisterR Rn. 1211b: notariell beurkundeter Umwandlungsplan entsprechend § 122c UmwG und notariell beurkundeter Zustimmungsbeschluss entsprechend § 193 Abs. 3 UmwG.
³²¹ *Krafka/Kühn* RegisterR Rn. 1211b, *Hushahn* RNotZ 2014, 137, 145; aA aber zutreffend LG Nürnberg NZG 2014, 349 (350).
³²² *Krafka/Kühn* RegisterR Rn. 1211b.
³²³ *Krafka/Kühn* RegisterR Rn. 1211b; für eine Offenlegung zwei Monate vor der Beschlussfassung der Gesellschafter „Checkliste" des AG Charlottenburg GmbHR 2014, R311. Zur Negativerklärung über die Nichterhebung einer Klage s. o.
³²⁴ *Krafka/Kühn* RegisterR Registerrecht Rn. 1211d; zur Frage der Anwendbarkeit der Vorschriften des MgVG *Drinhausen/Keinath* in BeckOGK UmwG § 1 Rn. 44 mwN.
³²⁵ *Drinhausen/Keinath* in BeckOGK UmwG § 1 40; *Krafka/Kühn* RegisterR Rn. 1211e.
³²⁶ EuGH DStR 2017, 2684 mAnm *Wicke* DStR 2017, 2690 – Polbud.
³²⁷ *Krafka* in MüKoZPO FamFG § 398 Rn. 7; *Heinemann* in Keidel FamFG § 398 Rn. 15.

des § 398 ebenfalls nicht.[328] Die **Löschung des Beschlusses** liegt idR im öffentlichen Interesse, wenn Interessen von Gläubigern oder künftiger Aktionäre betroffen sind. Soweit nur die Belange gegenwärtiger Aktionäre berührt sind, liegt die Löschung dagegen nicht im öffentlichen Interesse.[329]

114 **Andere Eintragungen** können gelöscht werden, wenn die Eintragung unzulässig war oder geworden ist und diese Unzulässigkeit auf dem Fehlen einer wesentlichen Eintragungsvoraussetzung beruht (§ 395 FamFG). Bei der Löschung von Hauptversammlungsbeschlüssen ist der Rückgriff auf den weniger strengen allgemeinen Löschungstatbestand des § 395 FamFG ausgeschlossen, da § 398 FamFG die Löschung von Hauptversammlungsbeschlüssen spezialgesetzlich abschließend regelt.[330]

115 Bei **Löschung der Durchführung der Kapitalerhöhung** könnte das Fehlen eines der Durchführung selbst zugrunde liegenden Hauptversammlungsbeschlusses für die Anwendung des allgemeinen Löschungstatbestands sprechen. Mit der Begründung, die Eintragung der Durchführung stehe mit der Eintragung des Kapitalerhöhungsbeschlusses sachlich auf gleicher Stufe und habe die gleiche weittragende Bedeutung, wird jedoch die Anwendbarkeit der strengeren Vorschrift des § 398 FamFG angenommen.[331]

116 Das Verfahren der Amtslöschung richtet sich sowohl für die Löschung von Hauptversammlungsbeschlüssen als auch für die Löschung anderer Eintragungen nach den allgemeinen Vorschriften über die Löschung unzulässiger Eintragungen.[332] Die **Einleitung des Verfahrens** steht im pflichtgemäßen Ermessen des Gerichts. Eine unzulässige Beschwerde gegen die zu löschende Eintragung kann als Anregung an das Gericht zur Verfahrenseinleitung aufgefasst werden. Leitet das Registergericht ein Löschungsverfahren ein, so benachrichtigt es als Beteiligte[333] die Gesellschaft sowie den Vorstand von der beabsichtigten Löschung und setzt eine angemessene Frist zur Geltendmachung eines Widerspruchs (§ 395 Abs. 2 FamFG (iVm § 398 FamFG)).

117 Die Zurückweisung des Widerspruchs erfolgt durch Beschluss (§ 393 Abs. 3 iVm § 395 Abs. 3 FamFG), gegen den die Beschwerde und ggf. die Rechtsbeschwerde statthaft ist.[334] Wird innerhalb der Frist kein Widerspruch erhoben oder der den Widerspruch zurückweisende Beschluss rechtskräftig, löscht das Registergericht die Eintragung (§ 393 Abs. 5 iVm § 395 Abs. 3 iVm § 398 FamFG). Auch die Löschung kann ggf. im Amtslöschungsverfahren wieder beseitigt werden.[335]

---

[328] OLG Karlsruhe FGPrax 2001, 161 (162); OLG Hamm NJW-RR 1994, 548; *Krafka* in MünchKomm FamFG § 398 Rn. 8; *Heinemann* in Keidel FamFG § 398 Rn. 10; aA *Hüffer/Schäfer* in MüKoAktG AktG § 241 Rn. 77.
[329] *Krafka* in MüKoFamFG FamFG § 398 Rn. 9; *Heinemann* in Keidel FamFG § 398 Rn. 16.
[330] *Heinemann* in Keidel FamFG § 395 Rn. 7; da die Vorschrift des § 398 FamFG allerdings nur *inhaltliche Mängel* betrifft, bleibt ein Rückgriff auf § 395 FamFG dann möglich, wenn im Rahmen des § 398 überhaupt der Vorliegen eines eingetragenen Beschlusses in Frage steht (BayObLG NJW-RR 1992, 195; *Krafka* in MüKoFamFG FamFG § 395 Rn. 6) oder (nach umstrittener Auffassung), wenn die zu löschende Eintragung materiell-rechtlich fehlerhaft ist und zugleich besonders *wesentliche Verfahrensmängel* in Frage stehen (*Krafka* in MüKoFamFG FamFG § 395 Rn. 6; OLG Zweibrücken GmbHR 1995, 723; aA aber OLG Karlsruhe FGPrax 2001, 161; OLG Hamm NJW-RR 1994, 548).
[331] OLG Frankfurt a.M. FGPrax 2002, 35; OLG Karlsruhe ZIP 1986, 711; *Koch* in Hüffer/Koch AktG § 189 Rn. 7; entsprechendes gilt für die Ausnutzung eines genehmigten Kapitals, s. *Krafka* in MüKoFamFG FamFG § 398 Rn. 4.
[332] § 395 Abs. 2 FamFG verweist auf § 394 Abs. 2 S. 1 und 2 FamFG, § 395 Abs. 3 FamFG verweist auf § 393 Abs. 3–5 FamFG, § 398 verweist seinerseits auf § 395 FamFG.
[333] Vgl. *Heinemann* in Keidel FamFG § 398 Rn. 22 f.
[334] § 393 Abs. 3 S. 2 FamFG; *Heinemann* in Keidel FamFG § 398 Rn. 26.
[335] Vgl. *Heinemann* in Keidel FamFG § 398 Rn. 29.

§ 43 Auskunftserzwingungsverfahren

Übersicht

	Rn.
I. Überblick	1
II. Allgemeines	1a
III. Zuständiges Gericht	3
IV. Verfahren	4
1. Verfahrensregeln	4
2. Antrag	5
3. Antragsberechtigter und Antragsgegner	7
4. Entscheidung des Gerichts, Rechtsmittel	10
5. Auskunftserteilung, Eintragung im Handelsregister, Zwangsvollstreckung	13
6. Kosten	16

Stichworte

Amtsermittlungsgrundsatz Rn. 4
Anfechtungsklage Rn. 1
Antrag
– Antragsberechtigter Rn. 7
– Antragsgegner Rn. 9
– formlos 5
– Frist Rn. 5
– Rücknahme Rn. 6

Auskunftsanspruch Rn. 1
Auskunftserteilung Rn. 13
Entscheidung des Gerichts Rn. 10, 13
FamFG Rn. 4
Kosten des Verfahrens Rn. 16
Rechtsmittel Rn. 12
Unrichtige Auskunft Rn. 2
Zuständiges Gericht Rn. 3
Zwangsvollstreckung Rn. 15

Schrifttum:
Ebenroth, Das Auskunftsrecht des Aktionärs und seine Durchsetzung im Prozess unter besonderer Berücksichtigung des Rechtes der verbundenen Unternehmen, 1970; *Hellwig*, Der Auskunftsanspruch des Aktionärs nach unrichtiger Auskunftserteilung, FS Budde, 1995, 65; *Lieder*, Auskunftsrecht und Auskunftserzwingung – Höchstrichterliche Fingerzeige in Sachen Porsche/VW-Beteiligungsaufbau, NZG 2014, 601; *Lüke*, Das Verhältnis von Auskunfts-, Anfechtungs- und Registerverfahren im Aktienrecht, ZGR 1990, 657; *Quack*, Unrichtige Auskünfte und das Erzwingungsverfahren des § 132 AktG, FS Beusch, 1993, 663; *Simons*, Ungeklärte Zuständigkeitsfragen bei gesellschaftsrechtlichen Auseinandersetzungen, NZG 2012, 609; *Werner*, Fehlentwicklungen in aktienrechtlichen Auskunftsstreitigkeiten – Zugleich ein Beitrag über die Zulässigkeit negativer Feststellungsanträge in Auskunftserzwingungsverfahren, FS Heinsius, 1991, 911.

I. Überblick

Das Auskunftserzwingungsverfahren bezweckt einen beschleunigten Rechtsschutz im Rahmen der freiwilligen Gerichtsbarkeit (→ Rn. 1) und ist auf Antrag eines Aktionärs eröffnet, dem eine in der Hauptversammlung verlangte Auskunft nicht erteilt wurde, oder der gegen den Beschluss zu dem betreffenden Tagesordnungspunkt Widerspruch zur Niederschrift erklärt hat (→ Rn. 7). Der Antrag ist innerhalb einer Frist von zwei Wochen nach der Hauptversammlung (→ Rn. 5) bei dem Landgericht am Sitz der Gesellschaft zu stellen (→ Rn. 3). Im Erfolgsfall hat der Vorstand die erstrebte Auskunft nach Wahl des Aktionärs in der nächsten Hauptversammlung oder außerhalb der Hauptversammlung zu erteilen (→ Rn. 13); letzterenfalls ensteht ein Anspruch der übrigen Aktionäre auf Erteilung dieser Auskunft in der nächsten Hauptversammlung. Alternativ oder kumulativ ist die Erhebung einer Anfechtungsklage zulässig (→ Rn. 1). 1

II. Allgemeines

1a Der Auskunftsanspruch ist ein zentrales Mitverwaltungsrecht des Aktionärs (→ § 11 Rn. 14). Das Auskunftserzwingungsverfahren dient der **Durchsetzung dieses Auskunftsanspruchs** und bezweckt im Rahmen der freiwilligen Gerichtsbarkeit einen beschleunigten Rechtsschutz.[1] Wird die Erteilung einer Auskunft verweigert, ist jedoch auch die Erhebung einer Anfechtungsklage möglich.[2] Voraussetzung ist, dass die verweigerte Auskunft für eine sachgerechte Beurteilung des Gegenstands eines Hauptversammlungsbeschlusses erforderlich ist.[3] Angefochten wird der daraufhin gefasste Hauptversammlungsbeschluss. Anfechtung und Auskunftserzwingungsverfahren können nach hM nebeneinander eingeleitet werden,[4] denn die beiden Verfahren unterscheiden sich durch ihre Zielsetzung und die Reichweite der Rechtskraft der gerichtlichen Entscheidung. Während das Auskunftsverfahren das individuelle Informationsbedürfnis eines Aktionärs befriedigt[5] und die Entscheidung nur für und gegen die Verfahrensbeteiligten wirkt,[6] dient die Anfechtung dazu, den Hauptversammlungsbeschluss für nichtig erklären zu lassen, und wirkt die Entscheidung für und gegen sämtliche Aktionäre (§ 248 Abs. 1 S. 1 AktG).

2 Wird dem Aktionär eine **unrichtige Auskunft** erteilt, kann er nach Teilen der Rechtsprechung und des Schrifttums nicht im Wege des Auskunftserzwingungsverfahrens vorgehen, sondern ist auf die Anfechtungsklage oder andere zivil- und strafprozessuale Rechtsschutzmöglichkeiten beschränkt.[7] Diese Auffassung hat in der Literatur zunehmend Kritik erfahren. Nach der im Vordringen befindlichen Gegenauffassung steht dem Aktionär auch bei unrichtiger Auskunftserteilung das Auskunftsverfahren des § 132 AktG offen, da die Erteilung einer falschen Auskunft ebenfalls eine Form der Nichterfüllung der Auskunftspflicht sei.[8] Dafür spricht, dass die Auskunft den Grundsätzen einer gewissenhaften und getreuen Rechenschaft entsprechen muss (§ 131 Abs. 2 AktG). Eine höchstrichterliche Stellungnahme zu dieser Frage aus neuerer Zeit fehlt bislang.[9] Daher bestehen für die Zulässigkeit eines Auskunftserzwingungsverfahrens nach einer angeblich unrichtigen Auskunft unsichere Aussichten. Die Gesellschaft sollte sich nicht mehr ohne weiteres darauf verlassen, dass ein solcher Antrag wie in der Vergangenheit als unzulässig abgewiesen wird. Für den Aktionär besteht dagegen inzwischen zumindest eine realistische Chance, dass sein Antrag zulässig ist.

---

[1] *Herrler* in Grigoleit AktG § 132 Rn. 1; *Koch* in Hüffer/Koch AktG § 132 Rn. 3.
[2] § 243 Abs. 4 AktG setzt eine auf Verweigerung einer Auskunft gestützte Anfechtungsklage voraus.
[3] *Schwab* in K. Schmidt/Lutter AktG § 243 Rn. 35.
[4] BGHZ 86, 1 (3 ff.) = NJW 1983, 878; *Herrler* in Grigoleit AktG § 132 Rn. 1; *Koch* in Hüffer/Koch AktG § 132 Rn. 2; ausf. *Lüke* ZGR 1990, 660 ff.; aA *Werner* FS Heinsius, 1991, 918 ff.; im Auskunftserzwingungsverfahren ergangene Entscheidungen binden das Gericht im Anfechtungsprozess nicht, vgl. BGH NJW 2009, 2207.
[5] BGHZ 86, 1 (4).
[6] *Lüke* ZGR 1990, 661; *Spindler* in K. Schmidt/Lutter AktG § 132 Rn. 44; siehe aber auch § 131 Abs. 4 S. 1 AktG.
[7] KG ZIP 2010, 698; OLG Dresden AG 1999, 274 (276); LG Köln AG 1991, 38; LG Dortmund AG 1999, 133; *Zöllner* in Kölner Komm., 2. Aufl., AktG § 132 Rn. 5; anders nunmehr Kersting in Kölner Komm. AktG § 132 Rn. 5.
[8] *Lieder* NZG 2014, 601, 608; *Hellwig* FS Budde, 1995, 280; *Quack* FS Beusch, 1993, 670; *Koch* in Hüffer/Koch AktG § 132 Rn. 4a; *Spindler* in K. Schmidt/Lutter AktG § 132 Rn. 9; *Siems* in Spindler/Stilz AktG § 132 Rn. 10; LG München I BeckRS 2010, 18229; offen lassend BGH NZG 2014, 423 Rn. 83.
[9] Offen lassend BayObLG AG 2003, 499 (500).

III. Zuständiges Gericht

Das **Landgericht,** in dessen Bezirk die **Gesellschaft ihren Sitz** hat, ist für das Auskunftserzwingungsverfahren ausschließlich zuständig.[10] Besteht am Landgericht eine Kammer für Handelssachen, so entscheidet diese (§§ 71 Abs. 2 Nr. 4b, 95 Abs. 2 Nr. 2 GVG).[11] Die Zuständigkeit der Kammer für Handelssachen ist im Unterschied zur früheren Rechtslage aber keine ausschließliche mehr, sondern ist vom Antragsteller (§ 96 Abs. 1 GVG) oder Antragsgegner (§ 98 Abs. 1 GVG) geltend zu machen.[12] Durch landesrechtliche Vorschrift kann die Zuständigkeit für das Auskunftserzwingungsverfahren für mehrere Landgerichtsbezirke einem der Landgerichte übertragen werden, wenn dies der Sicherung einer einheitlichen Rechtsprechung dient.[13]

IV. Verfahren

1. Verfahrensregeln

Auf das Verfahren ist das FamFG anzuwenden, soweit nicht gem. § 132 Abs. 3 iVm § 99 Abs. 3 und 5 AktG Sondervorschriften zu beachten sind. Da es sich um ein echtes Streitverfahren handelt, sind einige Grundsätze der ZPO zu berücksichtigen.[14] Für die Ermittlung der Tatsachen gilt der **Amtsermittlungsgrundsatz** (§ 26 FamFG). Danach ist es Aufgabe des Gerichts, die entscheidungserheblichen Tatsachen festzustellen. Es besteht jedoch die Pflicht der Beteiligten, an der Feststellung des Sachverhalts mitzuwirken und die für sie jeweils vorteilhaften Umstände darzulegen.[15] Die Gesellschaft genügt ihrer Verfahrensförderungsobliegenheit nach Auffassung des BGH, wenn sie die Nachteile plausibel macht, die das Auskunftsverweigerungsrecht nach § 131 Abs. 3 Nr. 1 AktG begründen.[16] Das Verfahren ist nach hM nicht öffentlich.[17]

2. Antrag

Das **Auskunftserzwingungsverfahren** kann **nur auf Antrag** eingeleitet werden. Der Antrag kann formlos, etwa durch Telefax gestellt werden und gem. § 132 Abs. 3 S. 1, § 99 Abs. 1 AktG, § 25 FamFG zu Protokoll des zuständigen Landgerichts oder eines beliebigen Amtsgerichts.[18] Der Antragsteller kann sich im Verfahren durch einen Bevollmächtigten vertreten lassen; es besteht jedoch kein Anwaltszwang (§ 10 FamFG). Der Antrag muss innerhalb einer **Frist** von zwei Wochen nach der Hauptversammlung gestellt werden, in der die vom Aktionär verlangte Auskunft verweigert worden ist (§ 132 Abs. 2 S. 2

---

[10] § 132 Abs. 1 S. 1 AktG; § 71 Abs. 2 Nr. 4b GVG.
[11] Es entscheidet die Kammer, die Einzelrichterzuständigkeit nach §§ 348, 349 ZPO ist im FamFG-Verfahren nicht eröffnet, s. Grigoleit/Herrler AktG § 132 Rn. 11; *Koch* in Hüffer/Koch AktG § 132 Rn. 6.
[12] *Simons* NZG 2012, 609 (610); *Koch* in Hüffer/Koch AktG § 132 Rn. 3; *Kubis* in MüKoAktG AktG § 132 Rn. 7.
[13] § 71 Abs. 4 GVG; Übersicht bei Kölner KommAktG/Kersting § 132 Rn. 21 und Spindler/Stilz/Siems AktG § 132 Rn. 5; kritisch gegenüber einem Fortwirken der Konzentrationsermächtigung, die noch auf Grundlage des § 132 Abs. 1 S. 3 aF erlassen und seitdem nicht angepasst wurde, Simons NZG 2012, 609, 612; aA *Koch* in Hüffer/Koch AktG Rn. 3; Preuß/Leuering, NJW-Spezial 2009, 671.
[14] *Kubis* in MüKoAktG AktG § 132 Rn. 26; *Siems* in Spindler/Stilz AktG § 132 Rn. 16.
[15] BGH NZG 2014, 423 Rn. 42; *Koch* in Hüffer/Koch AktG § 132 Rn. 7; *Spindler* in K. Schmidt/Lutter AktG § 132 Rn. 17.
[16] BGH NZG 2014, 423 Rn. 42; dazu Lieder NZG 2014, 601 (607).
[17] *Siems* in Spindler/Stilz AktG § 132 Rn. 18; *Spindler* in K. Schmidt/Lutter AktG § 132 Rn. 16; aA *Kubis* in MüKoAktG AktG § 132 Rn. 28.
[18] *Kubis* in MüKoAktG AktG § 132 Rn. 8.

AktG).[19] Diese Antragsfrist ist eine materielle Ausschlussfrist. Dies hat zur Folge, dass bei einem verspäteten Antrag die Wiedereinsetzung in den vorigen Stand nicht möglich ist.[20] Für die Berechnung der Frist sind die bürgerlich-rechtlichen Vorschriften maßgebend (§§ 187 Abs. 1, 188 Abs. 2 BGB). Hat die Hauptversammlung an einem Mittwoch stattgefunden, kann der Antrag im Auskunftserzwingungsverfahren noch bis zum Ablauf des Mittwochs zwei Wochen darauf gestellt werden. Bei einer mehrtägigen Hauptversammlung ist für die Fristberechnung der Tag entscheidend, an dem die Hauptversammlung geendet hat.[21]

6   Der Antragsteller kann den **Antrag zurücknehmen,** solange das Verfahren anhängig ist, und es dadurch beenden.[22] Eine bereits ergangene, aber noch nicht rechtskräftige Entscheidung des Gerichts wird durch die Rücknahme wirkungslos. Die Rücknahme des Antrags bedarf nicht der Einwilligung der Gesellschaft.[23]

3. Antragsberechtigter und Antragsgegner

7   Antragsberechtigt ist zum einen jeder Aktionär, dessen Auskunftsverlangen in der Hauptversammlung abgelehnt worden ist (§ 132 Abs. 2 S. 1 AktG), wobei wirksame Vertretung genügt.[24] Ausreichend ist ferner, dass der Antragsteller sich in der Hauptversammlung konkret bezeichnete Fragen anderer Aktionäre zu eigen gemacht hat.[25] Zum anderen ist entsprechend der Regelung der Anfechtungsbefugnis (§ 245 Nr. 1 AktG) **jeder in der Hauptversammlung erschienene Aktionär antragsberechtigt,** wenn über den Tagesordnungspunkt, auf den sich eine unbeantwortete Frage bezogen hat, Beschluss gefasst wurde und er **Widerspruch zur Niederschrift erklärt** hat (§ 132 Abs. 2 S. 2 AktG). Im zweiten Fall ist es also nicht notwendig, dass der antragsberechtigte Aktionär selbst die Frage gestellt hat, um die es im Auskunftserzwingungsverfahren geht. Hat sich der Aktionär in der Hauptversammlung vertreten lassen, so ist sein Vertreter nicht schon allein aufgrund seiner Auskunftsberechtigung zur Antragstellung im Auskunftserzwingungsverfahren ermächtigt.[26] Der Antragsberechtigte kann sich bei der Antragstellung nur aufgrund einer besonderen Vollmacht vertreten lassen.[27] Wenn anstelle des Aktionärs ein Legitimationsaktionär an der Hauptversammlung teilgenommen hat, ist dieser nur dann antragsberechtigt, wenn die Legitimationszession die Befugnis zur Antragstellung im Verfahren nach § 132 AktG ausdrücklich umfasst.[28]

8   **Veräußert ein Aktionär,** dessen Frage in der Hauptversammlung nicht beantwortet wurde, nach der Hauptversammlung, aber vor Antragstellung bzw. vor der gerichtlichen Entscheidung, alle seine Aktien, erlischt das Antragsrecht. Erwirbt ein Aktionär nach der Hauptversammlung Aktien, hat er ebenfalls kein Antragsrecht. Ist jedoch ein zulässiger Antrag gestellt worden, und verstirbt der antragstellende Aktionär im Laufe des Verfahrens, so sind seine Erben zur Fortführung des Verfahrens berechtigt.[29]

9   **Antragsgegner** ist die Gesellschaft, die im Verfahren durch den Vorstand vertreten wird.

---

[19] Auf die Kenntnis von der Unrichtigkeit der Auskunft kommt es nach zutreffender Auffassung nicht an, s. *Spindler* in K. Schmidt/Lutter AktG § 132 Rn. 11; *Kersting* in Kölner Komm. AktG § 132 Rn. 44.
[20] OLG Dresden AG 1999, 274; BayObLG AG 1995, 328; *Koch* in Hüffer/Koch AktG § 132 Rn. 5; *Siems* in Spindler/Stilz AktG § 132 Rn. 11; *Kersting* in Kölner Komm. AktG § 132 Rn. 43.
[21] *Spindler* in K. Schmidt/Lutter AktG § 132 Rn. 11; *Decher* in GroßkommAktG § 132 Anm. 24.
[22] *Koch* in Hüffer/Koch AktG § 132 Rn. 4; *Kubis* in MüKoAktG AktG § 132 Rn. 20.
[23] *Koch* in Hüffer/Koch AktG § 132 Rn. 4; *Kubis* in MüKoAktG AktG § 132 Rn. 20 ff.; *Siems* in Spindler/Stilz AktG § 132 Rn. 13.
[24] OLG Frankfurt NZG 2013, 23 (26).
[25] KG ZIP 2016, 608 (610); *Koch* in Hüffer/Koch AktG § 132 Rn. 5.
[26] *Koch* in Hüffer/Koch AktG § 132 Rn. 5; *Kubis* in MüKoAktG AktG § 132 Rn. 23.
[27] *Kubis* in MüKoAktG AktG § 132 Rn. 23; gem. § 118 Abs. 1 S. 2 AktG elektronisch an der Hauptversammlung teilnehmende Aktionäre gelten als „erschienen" iSd § 132 Abs. 2 AktG.
[28] *Hoffmann-Becking* in MHdB AG § 38 Rn. 60.
[29] OLG Frankfurt NZG 2013, 23, 26; *Spindler* in K. Schmidt/Lutter AktG § 132 Rn. 7.

4. Entscheidung des Gerichts, Rechtsmittel

Das Gericht prüft, ob der Vorstand die vom Aktionär verlangte Auskunft zu geben hat. 10
Die verlangte Auskunft ist zu erteilen, wenn ein Auskunftsrecht besteht und kein **Auskunftsverweigerungsgrund** vorliegt (§ 131 Abs. 1 und 3 AktG). Ein Nachschieben von Gründen ist sowohl dem Aktionär als auch dem Vorstand möglich.[30]

Die Gesellschaft ist bei der Darlegung von Auskunftsverweigerungsgründen nicht verpflichtet, dem Gericht den **Inhalt der erstrebten Auskunft** selbst mitzuteilen, um ihm 11
die rechtliche Beurteilung zu ermöglichen.[31] Vielmehr muss das Gericht beispielweise im Fall der Verweigerung der Auskunft wegen Nachteilszufügung ohne Kenntnis der Auskunft prüfen, ob eine Auskunft der verlangten Art geeignet ist, der Gesellschaft einen Nachteil zuzufügen.[32] Es ist dagegen grundsätzlich nicht Aufgabe des Gerichts zu prüfen, ob tatsächlich ein solcher Nachteil eintritt. In der Praxis kann es jedoch im Einzelfall unvermeidbar sein, dem Gericht zur Beurteilung der Rechtslage den Inhalt der verlangten Auskunft offenzulegen.

Das Gericht entscheidet durch **Beschluss,** der **mit Gründen** versehen sein muss (§ 99 12
Abs. 3 S. 1 AktG). Gegen den Beschluss findet die Beschwerde statt, wenn das Landgericht sie für zulässig erklärt hat (§ 99 Abs. 3 S. 2 iVm § 132 Abs. 3 S. 2 AktG). Die Beschwerde soll nur zugelassen werden, wenn die Rechtssache grundsätzliche Bedeutung hat oder die Fortbildung des Rechts oder die Sicherung einer einheitlichen Rechtsprechung eine Entscheidung des Rechtsbeschwerdegerichts erfordert (§ 132 Abs. 3 S. 3 AktG, § 70 Abs. 2 FamFG). Eine Nichtzulassungsbeschwerde gegen die Entscheidung des Landgerichts findet nicht statt (Ausnahme: „greifbare Gesetzeswidrigkeit").[33] Die Beschwerde ist durch Einreichung einer vom Rechtsanwalt unterzeichneten Beschwerdeschrift innerhalb eines Monats beim Landgericht einzulegen (§§ 63 Abs. 1, 64 Abs. 1 FamFG, §§ 132 Abs. 3 S. 1, 99 Abs. 3 S. 4 AktG). Hilft das Landgericht der Beschwerde nicht ab, hat es diese dem zuständigen Oberlandesgericht vorzulegen (§ 68 FamFG, § 119 Abs. 1 Nr. 2 GVG). Gegen die Entscheidung des Beschwerdegerichts ist die Rechtsbeschwerde zum BGH statthaft (wenn das Beschwerdegericht diese zugelassen hat, § 70 Abs. 2 FamFG). Erst mit der Rechtskraft wird die Entscheidung des Gerichts wirksam.[34] Die Entscheidung des Landgerichts wird rechtskräftig, wenn innerhalb der Monatsfrist keine Beschwerde eingelegt wird. Die Beschwerdeentscheidung wird mit Erlass rechtskräftig.

5. Auskunftserteilung, Eintragung im Handelsregister, Zwangsvollstreckung

Entscheidet das Gericht, dass der Vorstand die Auskunft geben muss, so kann die **Aus-** 13
kunftserteilung entweder in der nächsten Hauptversammlung erfolgen oder außerhalb der Hauptversammlung (§ 132 Abs. 4 S. 1 AktG). Dem Aktionär steht insoweit ein **Wahlrecht** zu.[35] Die Auskunft in der Hauptversammlung ist mündlich, außerhalb der Hauptversammlung mündlich oder schriftlich zu geben. Gibt der Vorstand die Auskunft außerhalb der Hauptversammlung, entsteht ein Anspruch der übrigen Aktionäre auf Erteilung dieser Auskunft in der nächsten Hauptversammlung (§ 131 Abs. 4 S. 1 AktG).

---

[30] *Spindler* in K. Schmidt/Lutter AktG § 132 Rn. 19.
[31] *Spindler* in K. Schmidt/Lutter AktG § 132 Rn. 20.
[32] *Decher* in GroßkommAktG AktG § 132 Rn. 41; *Spindler* in K. Schmidt/Lutter AktG § 132 Rn. 20; vgl. auch § 131 Abs. 3 Nr. 1 AktG.
[33] *Kersting* in Kölner Komm. AktG § 132 Rn. 88; *Herrler* in Grigoleit AktG § 132 Rn. 11; *Koch* in Hüffer/Koch AktG § 132 Rn. 8; *Meyer-Holz* in Keidel FamFG § 70 Rn. 4, 41.
[34] § 99 Abs. 5 AktG; dazu *Drygala* in K. Schmidt/Lutter AktG § 99 Rn. 9.
[35] *Siems* in Spindler/Stilz AktG § 132 Rn. 24; *Kubis* in MüKoAktG AktG § 132 Rn. 47.

14 Der Vorstand ist verpflichtet, die **Entscheidung des Gerichts** nach Eintritt der Rechtskraft **zum Handelsregister einzureichen** (§ 99 Abs. 5 S. 3 AktG); eine Bekanntmachung in den Gesellschaftsblättern erfolgt nicht.[36] Durch die Einreichung zum Handelsregister ist gewährleistet, dass die übrigen Aktionäre von der Entscheidung des Gerichts durch Einsichtnahme Kenntnis nehmen können und die Erteilung der Auskunft in der nächsten Hauptversammlung verlangen können.

15 Verweigert der Vorstand die Auskunftserteilung, kann der Aktionär die Zwangsvollstreckung nach den Vorschriften der Zivilprozessordnung einleiten und die Gesellschaft durch Verhängung von **Geldstrafen** bzw. Vorstandsmitglieder durch **Zwangshaft** zur Auskunftserteilung anhalten lassen.[37]

6. Kosten

16 Das Gericht bestimmt gemäß § 132 Abs. 5 AktG nach billigem Ermessen, welchem Beteiligten die (gerichtlichen und außergerichtlichen Kosten) aufzuerlegen sind. Die Gebühren werden nunmehr unmittelbar nach dem GNotKG erhoben (§ 1 Abs. 2 Nr. 1 GNotKG).[38] Im Unterschied zur allgemeinen Vorschrift des § 81 Abs. 1 S. 1 FamFG ist das Gericht zu einer Kostenentscheidung verpflichtet.[39] Für das Verfahren der ersten Instanz ist nach KV-Nr. 13500 eine 2,0-Gebühr zu erheben. Der Geschäftswert, der von Amts wegen festgesetzt wird (§ 79 Abs. 1 S. 1 GNotKG), ist nach billigem Ermessen zu bestimmen und beträgt mangels hinreichender Anhaltspunkte 5.000 EUR (§ 36 Abs. 2 und 3 GNotKG).[40]

---

[36] § 99 Abs. 4 S. 2 ist im Auskunftserzwingungsverfahren nicht anwendbar; s. auch *Hoffmann-Becking* in MHdB AG § 38 Rn. 63.
[37] § 132 Abs. 4 S. 2 AktG, § 888 ZPO; siehe dazu *Kubis* in MüKoAktG AktG § 132 Rn. 54; *Spindler* in K. Schmidt/Lutter AktG § 132 Rn. 36.
[38] S. *Simons* AG 2014, 182 (185 f.).
[39] *Siems* in Spindler/Stilz § 132 Rn. 26; *Liebscher* in Henssler/Strohn AktG § 132 Rn. 8. Nach *Lieder* in *Born/Ghassemi-Tabar/Gehle,* Münchener Handbuch des Gesellschaftsrechts Band 7: Gesellschaftsrechtliche Streitigkeiten (Corporate Litigation), 5. Aufl. 2016, § 26 Rn. 97 gilt dies nicht für die außergerichtlichen Kosten.
[40] *Lieder* in *Born/Ghassemi-Tabar/Gehle,* Münchener Handbuch des Gesellschaftsrechts Band 7: Gesellschaftsrechtliche Streitigkeiten (Corporate Litigation), 5. Aufl. 2016, § 26 Rn. 96.

§ 44 Anfechtungs- und Nichtigkeitsklage

Übersicht

	Rn.
I. Überblick	1
II. Einleitung	1a
III. Nichtigkeit von Hauptversammlungsbeschlüssen	7
1. Begriff der Nichtigkeit	7
2. Nichtigkeitsgründe	9
a) Verstöße gegen Form- und Verfahrensregeln	10
b) Verletzung der Generalklauseln nach § 241 Nr. 3 und 4 AktG	14
c) Verletzung grundlegender materiell-rechtlicher Vorschriften	22
d) Heilung nichtiger Beschlüsse	26
IV. Anfechtbarkeit von Hauptversammlungsbeschlüssen	29
1. Begriff der Anfechtung	29
2. Anfechtungsgründe	30
a) Verfahrensfehler	32
b) Inhaltsfehler	42
c) Verfolgung von Sondervorteilen	55
d) Gesetzlicher Ausschluss der Anfechtbarkeit	58
e) Ausschluss der Anfechtbarkeit durch Bestätigungsbeschluss	62
V. Anfechtungsklage	68
1. Zuständigkeit; Schiedsfähigkeit	69
a) Zuständigkeit	69
b) Schiedsfähigkeit	70
2. Anfechtungsbefugnis; missbräuchliche Klagen	72
a) Anfechtungsbefugnis	73
b) Missbrauch	82
3. Verfahren	86
a) Parteien und gesetzlicher Vertreter	86
b) Klageerhebung und Antrag	88
c) Bekanntmachung	93
d) Nebenintervention	94
e) Dispositionsmaxime; Vergleichsfähigkeit?	96
f) Streitwert	97
4. Registerverfahren	100
5. Urteil und weiterer Gang der Dinge	103
a) Entscheidung in der Sache	103
b) Urteilswirkung	105
c) Publizität des Verfahrensausgangs	111
6. Positive Beschlussfeststellungsklage	114
VI. Nichtigkeitsklage	116

Stichworte

Abschlussprüfer Rn. 59
Anerkenntnis Rn. 96
Anfechtungsbefugnis Rn. 73 ff.
Anfechtungsfrist Rn. 90
Anfechtungsgründe Rn. 30 ff.
Auskunftsverweigerung Rn. 38
Ausschluss Rn. 58
Bekanntmachung Rn. 93
Bestätigungsbeschluss Rn. 62 ff.
Beurkundungsmängel Rn. 11
Bewertungsrüge Rn. 60
Bezugsrechtsausschluss Rn. 45

Doppelvertretung Rn. 87
Formverstöße Rn. 10
Generalklausel Rn. 46
Gewinnverwendung Rn. 25, 44
Gleichbehandlungsgrundsatz Rn. 53
Gute Sitten Rn. 21
Heilung Rn. 8, 26 f.
Informationsmängel Rn. 60
Informationspflichtverletzung Rn. 39
Inhaltsfehler Rn. 42 ff.
Inter-Omnes-Wirkung Rn. 105
Klageverbindung Rn. 92

Missbrauch Rn. 82 ff.
Nebenintervention Rn. 94 f.
Nichtbeschlüsse Rn. 6
Nichtigkeitsklage Rn. 116
Positive Beschlussfeststellungsklage Rn. 114
Publizität Rn. 111 ff.
Registersperre Rn. 100 ff.
Relevanz Rn. 36
Scheinbeschlüsse Rn. 6
Schiedsfähigkeit Rn. 70 f.
Schwebende Unwirksamkeit Rn. 5

Streitgenossenschaft Rn. 106
Streitwert Rn. 97 ff.
Teilnichtigkeit Rn. 107
Verfahrensfehler Rn. 32 ff.
Verfahrensverstöße Rn. 10
Verfolgung von Sondervorteilen Rn. 55 ff.
Vergleich Rn. 96
Vertragskonzern Rn. 109
Verwendung des Bilanzgewinns Rn. 25
Wesen der Aktiengesellschaft Rn. 15
Zustellung Rn. 89

Schrifttum:
Baums, Empfiehlt sich eine Neuregelung des aktienrechtlichen Anfechtungs- und Organhaftungsrechts, insbesondere der Klagemöglichkeiten von Aktionären?, Gutachten F für den 63. Deutschen Juristentag, 2000; *Bayer*, Die Kontrollfunktion der aktienrechtlichen Anfechtungsklage, Gesellschaftsrecht in der Diskussion 1999, Bd. 2 [2000], 35; *Florstedt*, Die Reform des Beschlussmängelrechts durch das ARUG, AG 2009, 465; *Henze/Born/Drescher*, Aktienrecht – Höchstrichterliche Rechtsprechung, 6. Aufl. 2016; *ders.*, Aspekte und Entwicklungstendenzen der aktienrechtlichen Anfechtungsklage, ZIP 2002, 97; *Nießen*, Die prozessualen Auswirkungen des Bestätigungsbeschlusses auf Ausgangs- und Freigabeverfahren, Der Konzern 2007, 239; *Raiser*, Nichtigkeits- und Anfechtungsklagen, in: Bayer/Habersack, Aktienrecht im Wandel, 2007, Bd. II Kap. 14; *Timm* (Hrsg.), Missbräuchliches Aktionärsverhalten, 1990; *Waclawik*, Prozessführung im Gesellschaftsrecht – Corporate Litigation, 2. Aufl. 2013; *Zöllner*, Zur Problematik der aktienrechtlichen Anfechtungsklage, AG 2000, 145; *ders.*, Beschlussfassung und Beschlussmängel, in: Bayer/Habersack, Aktienrecht im Wandel, 2007, Bd. II Kap. 10.

I. Überblick

1 Gesellschafterbeschlüsse können aus vielerlei Gründen Mängel aufweisen. Die Mängel können auf Rechtsverstößen beruhen, die im Beschlussverfahren begangen worden sind, sie können aber auch auf den Inhalt des Beschlusses bezogen sein. Teilweise führen die Mängel zur Nichtigkeit von Hauptversammlungsbeschlüssen (→ Rn. 7 ff.); im Regelfall jedoch lediglich zur Anfechtbarkeit (→ Rn. 29 ff.). Die Anfechtbarkeit kann allein im Wege der Anfechtungsklage geltend gemacht werden (→ Rn. 68 ff.). Dem Verfahren der Anfechtungsklage ist dasjenige der Nichtigkeitsklage weitgehend angenähert (→ Rn. 116 ff.).

II. Einleitung

1a Die Hauptversammlung der Aktiengesellschaft trifft ihre Entscheidung durch einfachen oder qualifizierten Mehrheitsbeschluss. Aus der Möglichkeit, überstimmt zu werden, folgt der Anspruch jedes einzelnen Gesellschafters darauf, dass die Mehrheit bei der Beschlussfassung die gesetzlichen und satzungsmäßigen Vorgaben achtet.[1] Die Möglichkeit, Hauptversammlungsbeschlüsse einer **Kontrolle** im Hinblick auf ihre formelle und inhaltliche Rechtmäßigkeit hin zu unterziehen, zählt daher zu den zentralen mitgliedschaftlichen Rechten.

2 Wann Hauptversammlungsbeschlüssen die rechtliche Wirksamkeit versagt bleibt, gehört zu den praxisrelevantesten Fragen des Aktienrechts.[2] Der Materie wohnt eine **beträchtliche Spannung** inne. Zum einen verlangen der für die Hauptversammlung erforderliche Aufwand und die Tragweite ihrer Beschlüsse ein hohes Maß an Bestandssicherheit. Auf der anderen Seite lassen sich die Vorschriften zum Schutz der Aktionäre und der Allge-

---

[1] *Baums* Gutachten S. F 17 f. sowie F 40; *Bayer* 35, 36; *Casper* in Spindler/Stilz AktG vor § 241 Rn. 7.
[2] *Raiser/Veil* KapGesR § 16 Rn. 120.

meinheit nur effektiv durchsetzen, wenn das Recht die Wirksamkeit des Beschlusses von ihrer Einhaltung abhängig macht. Vor allem aber ist der rechtliche Angriff gegen einen Hauptversammlungsbeschluss das wesentliche Instrument, mit Hilfe dessen sich die überstimmte Aktionärsminderheit gegen einen Missbrauch der Mehrheitsmacht zur Wehr setzen kann.[3]

Anfechtungs- und Nichtigkeitsklage sind nur gegen **Beschlüsse** der Hauptversammlung statthaft. Hierzu zählen auch ablehnende Beschlüsse.[4] Für Sonderabstimmungen der Aktionäre einer bestimmten Aktiengattung ordnet § 138 S. 2 AktG eine sinngemäße Anwendung an. Demgegenüber sind Anordnungen und Maßnahmen des Versammlungsleiters von der Anfechtung ebenso ausgeschlossen[5] wie Beschlüsse des Vorstands oder des Aufsichtsrats.[6] Auch ist die Nichtigkeit oder Anfechtbarkeit eines Beschlusses als solchem von der Nichtigkeit oder Anfechtbarkeit einzelner Stimmen zu unterscheiden.[7] Die Mangelhaftigkeit der Stimmabgabe richtet sich nach den Regeln des BGB über Willenserklärungen (→ § 9 Rn. 204). Auf die Wirksamkeit des Beschlusses kann sie sich dann auswirken, wenn in der Folge die notwendige Mehrheit nicht mehr erreicht ist (→ Rn. 40). 3

Das Aktienrecht kennt drei verschiedene Kategorien von fehlerhaften Beschlüssen, die allesamt auch in ein und demselben Beschluss zusammentreffen können. Das Gesetz unterscheidet zwischen nichtigen, also den angesichts der Schwere des Fehlers schlechterdings nicht hinnehmbaren sowie lediglich anfechtbaren Beschlüssen. **Nichtige Beschlüsse** sind von Anfang an unwirksam; eine Heilung ist nur in den Sonderfällen des § 242 AktG möglich. **Anfechtbare Beschlüsse** entfalten zwar zunächst die angestrebte Rechtswirkung, können aber durch Anfechtungsklage und -urteil mit Rückwirkung vernichtet werden. Sie sind also nicht per se nichtig, sondern vernichtbar (schwebende Wirksamkeit). Anfechtbarkeit und Nichtigkeit stehen dabei in einem Regel-Ausnahme-Verhältnis.[8] 4

Daneben stehen die **schwebend unwirksamen Beschlüsse**.[9] Hierbei handelt es sich nicht um fehlerhaft zustande gekommene oder inhaltlich zu beanstandende Beschlüsse, sondern um Beschlüsse, deren Wirksamwerden von weiteren Tatbestandsvoraussetzungen wie der Zustimmung bestimmter Personen oder Gruppen oder einer behördlichen Genehmigung abhängt.[10] Hierzu zählen zunächst die Beschlüsse, durch welche die Rechte von Vorzugsaktionären aufgehoben oder beschränkt werden (§ 141 Abs. 1 AktG), ferner Satzungsänderungen, durch welche das bisherige Verhältnis mehrerer Aktiengattungen zum Nachteil einer Gattung geändert wird.[11] Auch eine fehlende kartellrechtliche Genehmigung führt gem. § 41 Abs. 1 S. 1 GWB zur Unwirksamkeit. Der unwirksame Beschluss wird mit Hinzutritt des fehlenden Tatbestandselements voll wirksam.[12] Die zunächst schwebende Unwirksamkeit wird endgültig, wenn feststeht, dass die fehlende Wirksamkeitsvoraussetzung nicht mehr eintreten wird;[13] der endgültig unwirksame Beschluss steht 5

---

[3] *Raiser/Veil* KapGesR § 16 Rn. 120.
[4] *Würdinger*, Aktienrecht und das Recht der verbundenen Unternehmen, 4. Aufl. 1981, 148; *Zöllner* FS Lutter, 2000, 821 (823) – zu Besonderheiten bei ablehnenden Beschlüssen (positive Beschlussfeststellungsklage) → Rn. 114f.
[5] *Mülbert* in GroßkommAktG AktG § 129 Rn. 229.
[6] BGHZ 164, 249 = BGH NJW 2006, 374 – Mangusta/Commerzbank II – (keine analoge Anwendung der §§ 241ff. AktG auf rechtswidrige Beschlüsse von Vorstand und Aufsichtsrat); OLG Frankfurt a.M. NJW-RR 1989, 704 (keine Anfechtung eines Aufsichtsratsbeschlusses durch einzelne Mitglieder des Aufsichtsrats); *Baums* Gutachten, S. F 43 und F 188; *Florstedt* AG 2009, 465; *Raiser* in Bayer/Habersack AktienR im Wandel Kap. 14 Rn. 19; *Würthwein* in Spindler/Stilz AktG § 241 Rn. 29 und 39f.
[7] *Raiser/Veil* KapGesR § 16 Rn. 122; *K. Schmidt* GesR 866.
[8] Siehe den Eingang von § 241 AktG: „Ein Beschluss der Hauptversammlung ist […] nur dann nichtig, wenn …"
[9] *Casper* in Spindler/Stilz AktG vor § 241 Rn. 12; *Würdinger*, Aktienrecht und das Recht der verbundenen Unternehmen, 4. Aufl. 1981, 150 spricht insoweit von „unvollständigen Beschlüssen".
[10] *Würthwein* in Spindler/Stilz AktG § 241 Rn. 42.
[11] § 179 Abs. 3 AktG, ferner §§ 138, 180 Abs. 1, 182 Abs. 2, 222 Abs. 2 AktG.
[12] Übersicht *Baumbach/Hueck* AktG Vor § 241 Rn. 5.
[13] *Koch* in Hüffer/Koch AktG § 241 Rn. 6.

einem nichtigen gleich.[14] Nach überwiegender Auffassung kann ein Aktionär die (schwebende und endgültige) Unwirksamkeit allerdings nicht mittels Nichtigkeitsklage (§ 249 AktG), sondern nur mit der allgemeinen Feststellungsklage (§ 256 ZPO) feststellen lassen.[15]

6 Nach hergebrachter Sicht[16] treten neben die genannten Arten fehlerhafter Beschlüsse die **Nicht- oder Scheinbeschlüsse** als vierte Kategorie. Genannt wird zB der in einer ad hoc erfolgten Zusammenkunft nur einiger Gesellschafter gefasste Beschluss.[17] Nach heute überwiegend vertretener Auffassung können derartige Fälle mit den gesetzlichen Regeln zur Anfechtbarkeit und Nichtigkeit angemessen bewältigt werden, womit für die Figur des Scheinbeschlusses kein Bedarf besteht.[18]

III. Nichtigkeit von Hauptversammlungsbeschlüssen

1. Begriff der Nichtigkeit

7 Bei **Nichtigkeit** eines Hauptversammlungsbeschlusses liegt eine rechtswirksame Willensbildung der Gesellschaft nicht vor.[19] Die Nichtigkeit von Beschlüssen tritt nur aufgrund von bestimmten Mängeln ein, die das Gesetz in geringer Zahl vorsieht. Sie kann von jedermann ohne zeitliche Begrenzung[20] in jeder ihm geeignet erscheinenden Weise (zB einredeweise) geltend gemacht werden.[21] Gegebenenfalls ist sie als Vorfrage in einem auf einen anderen Streitgegenstand gerichteten Prozess festzustellen.[22] Mit der Nichtigkeitsklage nach § 249 AktG steht eine besondere, mit erweiterter Rechtskraft *(inter omnes)* ausgestattete Klage auf Feststellung der Nichtigkeit zur Verfügung.[23]

8 Der Registerrichter darf nichtige Beschlüsse nicht in das **Handelsregister** eintragen.[24] Vorstand und Aufsichtsrat dürfen nichtige Beschlüsse nicht ausführen.[25] Die Nichtigkeit eines Beschlusses lässt sich nicht durch Bestätigung beheben.[26] Wollen die Aktionäre an dem Beschlossenen festhalten, so ist ein neuer Hauptversammlungsbeschluss herbeizuführen, der nicht an dem Nichtigkeitsgrund leidet. Eine **Heilung** sieht das Gesetz nur in wenigen Fällen vor, so wenn der Beschluss zu Unrecht in das Handelsregister eingetragen wurde und die in §§ 242, 253 Abs. 1 S. 1, 256 Abs. 6 AktG genannten Fristen danach abgelaufen sind (→ Rn. 26).

---

[14] *Langenbucher*, Aktien- und Kapitalmarktrecht, 2008, § 6 Rn. 224.
[15] *Würthwein* in Spindler/Stilz AktG § 241 Rn. 49; *Koch* in Hüffer/Koch AktG § 249 Rn. 21; demgegenüber hält *Casper* in Spindler/Stilz AktG vor § 241 Rn. 12 die Nichtigkeitsklage im Fall der endgültigen Unwirksamkeit für statthaft.
[16] *v. Godin/Wilhelmi* AktG § 241 Rn. 2; *Würthwein* in Spindler/Stilz AktG § 241 Rn. 52.
[17] OLG Hamm WE 1993, 24 (zum WEG).
[18] *Koch* in Hüffer/Koch AktG § 241 Rn. 3; *Semler* in MHdB AG § 41 Rn. 4; *Volhard* in MüKoAktG AktG § 133 Rn. 12; *Zöllner* in Baumbach/Hueck GmbHG Anh. nach § 47 Rn. 27; aA indes *Würthwein* in Spindler/Stilz AktG § 241 Rn. 52 mit beachtlicher Begründung.
[19] *Würdinger*, Aktienrecht und das Recht der verbundenen Unternehmen, 4. Aufl. 1981, 149.
[20] Auch mit dem ARUG wurde entgegen einigen Forderungen keine Befristung der Nichtigkeitsklage eingeführt, dazu *Florstedt* AG 2009, 465 (473).
[21] *Koch* in Hüffer/Koch AktG § 241 Rn. 35; *Würdinger*, Aktienrecht und das Recht der verbundenen Unternehmen, 4. Aufl. 1981, 149.
[22] *Raiser/Veil* KapGesR § 16 Rn. 123; *K. Schmidt* GesR S. 858.
[23] *K. Schmidt* GesR 862; aus der *inter-omnes*-Wirkung leitet *Würthwein* in Spindler/Stilz AktG § 241 Rn. 27, überzeugend die Gestaltungswirkung der Nichtigkeitsklage ab.
[24] → § 42 Rn. 98; ferner *Koch* in Hüffer/Koch AktG § 181 Rn. 14 und 16; *Preuß* in Oetker HGB § 8 Rn. 108.
[25] *Fleischer* in Spindler/Stilz AktG § 83 Rn. 9; *Würthwein* in Spindler/Stilz AktG § 241 Rn. 18.
[26] OLG Stuttgart NZG 2004, 822; *Würthwein* in Spindler/Stilz AktG § 241 Rn. 18; auch → Rn. 65.

2. Nichtigkeitsgründe

Die gesetzlichen Nichtigkeitsgründe sind teils Mängel formeller, teils Mängel materieller Art. Stets handelt es sich um die Verletzung des Gesetzes; Satzungsverstöße haben niemals die Nichtigkeit, sondern allenfalls die Anfechtbarkeit zur Folge.[27] Die Nichtigkeitsgründe können in **drei Gruppen** eingeteilt werden[28]: Verstöße gegen Form- und Verfahrensregeln (→ Rn. 10 ff.), Verletzung der Generalklauseln nach § 241 Nr. 3 und 4 AktG (→ Rn. 14 ff.) sowie Verletzung grundlegender materiell-rechtlicher Vorschriften (→ Rn. 22 ff.). Außerdem sind Beschlüsse als von Anfang an nichtig anzusehen, die auf Anfechtungsklage rechtskräftig für nichtig erklärt wurden (§§ 241 Nr. 5, 248 Abs. 1 S. 1 AktG) oder die im Handelsregister nach § 398 FamFG gelöscht wurden, weil sie durch ihren Inhalt zwingende Vorschriften des Gesetzes verletzen und ihre Beseitigung im öffentlichen Interesse erforderlich erscheint.[29]

a) Verstöße gegen Form- und Verfahrensregeln

§ 241 Nr. 1 und 2 AktG ordnet die Nichtigkeit von Beschlüssen an, die unter Verstoß gegen dort in Bezug genommene Form- und Verfahrensregeln gefasst wurden. Ein zur Nichtigkeit führender Form- und Verfahrensverstoß liegt zunächst in der **mangelhaften Einberufung** wegen Verstoßes gegen § 121 Abs. 2, 3 oder 4 AktG (§§ 241 Nr. 1, 250 Abs. 1, 256 Abs. 3 Nr. 1 AktG). Danach sind die Beschlüsse der Hauptversammlung nichtig, die nicht von den dazu befugten Personen einberufen oder deren Einberufung nicht ordnungsgemäß bekanntgemacht wurde. Die ordnungsgemäße Bekanntmachung erfordert, dass Firma und Sitz der Gesellschaft, Ort und Zeit der Hauptversammlung sowie die gesetzlichen und satzungsmäßigen Teilnahme- und Stimmrechtsausübungsvoraussetzungen vollständig in der Einberufung mitgeteilt werden. Zur Nichtigkeit nach § 241 Nr. 1 AktG führt nicht nur das Fehlen von Angaben,[30] sondern auch die Aufnahme unzutreffender Angaben bzgl. der Voraussetzungen für die Teilnahme- und Stimmrechtsausübung, für die sich insbesondere in der Satzung keine Grundlage findet.[31] Etwas anderes gilt im Fall der Universalversammlung, wenn alle Aktionäre erschienen oder vertreten sind.[32] Die Nichtigkeit tritt unabhängig davon ein, ob der Mangel für die Beschlussfassung kausal oder **relevant** war.[33] Andere als die genannten Einberufungsmängel begründen nur die Anfechtbarkeit nach § 243 Abs. 1 AktG.

Auch **Beurkundungsmängel** aufgrund Verstoßes gegen § 130 Abs. 1, 2 und 4 AktG begründen die Nichtigkeit gefasster Beschlüsse, § 241 Nr. 2 AktG.[34] Dies ist der Fall, wenn die Niederschrift gem. § 130 AktG nicht vollständig oder fehlerhaft ist oder vom Notar nicht unterzeichnet wurde (§§ 241 Nr. 2, 250 Abs. 1, 256 Abs. 3 Nr. 2 AktG). Aus §§ 241 Nr. 2 iVm 130 AktG folgt zugleich, dass Beschlüsse erst mit ihrer ordnungsgemäßen Beurkundung wirksam werden; solange eine in der Hauptversammlung begonnene Protokollierung gem. § 130 AktG nicht abgeschlossen und deren Fertigstellung nicht endgültig unmöglich geworden ist, bleibt die Nichtigkeit gem. § 241 Nr. 2 AktG in der Schwebe.[35] Die Überwachung und Protokollierung der Stimmenauszählung fällt nicht unter die „Art der Abstimmung" iSv § 130 Abs. 2 AktG; das dort weiter genannte Ab-

---

[27] *Würdinger*, Aktienrecht und das Recht der verbundenen Unternehmen, 4. Aufl. 1981, 150; *Zöllner* in Habersack/Bayer Bd. II Kap. 10 Rn. 67.
[28] Systematik nach *Raiser/Veil* KapGesR § 16 Rn. 125.
[29] § 241 Nr. 6 AktG iVm § 398 FamFG; dies ist kein Fall der hier behandelten Nichtigkeitsklage; zur Amtslöschung → § 42 Rn. 113.
[30] OLG Frankfurt a.M. NZG 2008, 796.
[31] *K. Schmidt* in GK-AktG AktG § 241 Rn. 46.
[32] § 121 Abs. 6 AktG; → Rn. 58 sowie → § 4 Rn. 331.
[33] *Würthwein* in Spindler/Stilz AktG § 241 Rn. 20.
[34] Zur Beurkundung siehe § 13; Fallbeispiel: BGH NZG 2009, 342 – Kirch/Deutsche Bank.
[35] BGH NZG 2009, 342 Rn. 14 aE – Kirch/Deutsche Bank.

stimmungsergebnis ist entsprechend der Bekanntgabe des Versammlungsleiters zu protokollieren.[36]

12 Ebenfalls zu den Form- und Verfahrensregeln, deren Nichtbeachtung die Nichtigkeit nach sich zieht, gehört auch die überwiegende Zahl der vor § 241 Nr. 1 AktG referenzierten Normen.[37] Das Gesetz sieht in verschiedenen Fällen der Kapitalerhöhung und -herabsetzung **Eintragungsfristen** vor und ordnet die Nichtigkeit gefasster Beschlüsse auch bei Versäumnis dieser Fristen an. So muss ein Beschluss über die Kapitalerhöhung aus Gesellschaftsmitteln binnen drei Monaten nach Beschlussfassung in das Handelsregister eingetragen werden (§ 217 Abs. 2 S. 4 und 5 AktG). Weitere Fristen mit Nichtigkeitsfolge im Fall der Überschreitung finden sich in § 228 Abs. 2 S. 1 AktG für die rückwirkende ordentliche Kapitalherabsetzung mit gleichzeitiger Kapitalerhöhung, § 234 Abs. 3 AktG für die rückwirkende vereinfachte Kapitalherabsetzung und in § 235 Abs. 2 S. 1 und 2 AktG für die rückwirkende vereinfachte Kapitalherabsetzung mit gleichzeitiger Kapitalerhöhung. In all diesen Fällen kommt eine Heilung gem. §§ 242 Abs. 3, 256 Abs. 6 AktG in Betracht.

13 Nach § 192 Abs. 4 AktG ist ein Beschluss der Hauptversammlung nichtig, wenn er einem Beschluss über die **bedingte Kapitalerhöhung** entgegensteht. Ein Beschluss steht einer bedingten Kapitalerhöhung entgegen und ist deshalb nichtig, wenn er die Durchsetzung von Umtausch- oder Bezugsrechten erschwert. Erfasst werden insbesondere Beschlüsse, die einen eingetragenen Erhöhungsbeschluss aufheben oder den Erhöhungsbetrag herabsetzen.[38]

b) Verletzung der Generalklauseln nach § 241 Nr. 3 und 4 AktG

14 Die zweite Gruppe der Nichtigkeitsgründe bilden eine Reihe von Generalklauseln. Danach sind Hauptversammlungsbeschlüsse nichtig, die *(erstens)* mit dem Wesen der Aktiengesellschaft nicht zu vereinbaren sind oder die durch ihren Inhalt Vorschriften verletzen, die ausschließlich oder überwiegend zum Schutze der Gläubiger der Gesellschaft oder die sonst im öffentlichen Interesse gegeben sind (§ 241 Nr. 3 AktG) und *(zweitens)* die durch ihren Inhalt gegen die guten Sitten verstoßen (§ 241 Nr. 4 AktG). Beide Tatbestände könnten in weitem Umfang zur Nichtigkeit von Beschlüssen führen, wenn sie weit ausgelegt würden. Sie müssen jedoch vor dem Hintergrund des § 243 Abs. 1 AktG gesehen werden, wonach die bloße Gesetzeswidrigkeit noch keine Nichtigkeit zur Folge hat, sondern im Interesse der Rechtssicherheit nur zur Anfechtung berechtigt. Eine weite Auslegung ist daher nicht angezeigt.[39]

aa) § 241 Nr. 3 AktG

15 Ein Beschluss ist nichtig, wenn er mit dem Wesen der Aktiengesellschaft nicht zu vereinbaren ist oder durch seinen Inhalt Vorschriften verletzt, die ausschließlich oder überwiegend zum Schutz der Gläubiger der Gesellschaft oder sonst im öffentlichen Interesse gegeben sind. Die Unwirksamkeit folgt hier aus einem **Inhaltsmangel** des Beschlusses. Die Anwendung von § 241 Nr. 3 AktG erfolgt fortschreitend vom Konkreten zum Allgemeinen:[40] Zunächst ist zu prüfen, ob gläubigerschützende Normen verletzt sind; sodann, ob der Beschluss gegen andere im öffentlichen Interesse gegebene Bestimmungen verstößt; schließlich, ob er dem Wesen der Aktiengesellschaft widerspricht.[41]

---

[36] BGH NZG 2009, 342 Rn. 16 – Kirch/Deutsche Bank.
[37] „… außer in den Fällen des …".
[38] *Koch* in Hüffer/Koch AktG § 192 Rn. 27; auch → § 23 Rn. 21.
[39] *K. Schmidt* GesR 857.
[40] *Koch* in Hüffer/Koch AktG § 241 Rn. 16.
[41] *Koch* in Hüffer/Koch AktG § 241 Rn. 16.

III. Nichtigkeit von Hauptversammlungsbeschlüssen § 44

An erster Stelle stehen Verstöße gegen offenkundige **Gläubigerschutzvorschriften,** 16
§ 241 Nr. 3 Fall 2 AktG. Dazu gehören vor allem die Vorschriften, nach denen den Gläubigern der Gesellschaft Sicherheit zu leisten ist.[42] Auch die Vorschriften über die aktienrechtliche Vermögensbindung[43] und das daraus folgende Verbot der Einlagenrückgewähr und der verdeckten Gewinnausschüttung gehören zu den Vorschriften, die überwiegend dem Schutz der Gesellschaftsgläubiger dienen. So ist der Beschluss über den Rückerwerb eigener Aktien zu einem überhöhten Preis wegen Verstoßes gegen § 57 AktG nichtig, wobei allerdings die Zahlung einer angemessenen Prämie über dem Börsenkurs zulässig ist.[44]

Des Weiteren führt auch ein Verstoß gegen eine **sonst im öffentlichen Interesse** ge- 17
gebene Vorschrift zur Nichtigkeit (§ 241 Nr. 3 Fall 2 AktG). Mit *Koch* ist davon auszugehen, dass der Begriff des öffentlichen Interesses zunächst einen weit verstandenen *ordre public* herkömmlichen Zuschnitts abdeckt, aber darüber hinaus auch Vorschriften umfasst, die das Strukturbild der Aktiengesellschaft als einer Organisationsform vorzugsweise für Großunternehmen prägen; hierhin gehören vor allem Normen über Verbandsstruktur und Mitgliedschaft.[45] So prägen die Kompetenzvorschriften die Struktur der Aktiengesellschaft und liegen überwiegend im öffentlichen Interesse; ein Beschluss der Hauptversammlung, der in die Kompetenz eines anderen Organs eingreift (zB wenn die Hauptversammlung über eine Geschäftsführungsmaßnahme Beschluss fasst, ohne hierzu nach § 119 Abs. 2 AktG zuständig zu sein), ist daher nichtig.[46]

Enthält ein Hauptversammlungsbeschluss über eine Kapitalerhöhung eine zu lang be- 18
messene **Durchführungsfrist,** verletzt er mit § 182 Abs. 1 S. 1 AktG eine Vorschrift, die zumindest überwiegend im öffentlichen Interesse gegeben ist, weil die Kapitalgrundlage einer Aktiengesellschaft sowohl für ihre Aktionäre als auch für ihre Gläubiger von erheblicher Bedeutung ist.[47] Auch bei straf- oder verwaltungsrechtlichen Vorschriften wird es sich regelmäßig um im öffentlichen Interesse gegebene Vorschriften handeln, so dass jedenfalls bei schwerwiegenden Verstößen die Nichtigkeitsfolge eintritt.[48]

Umstritten ist, ob **satzungsändernde Beschlüsse,** die gegen die aktienrechtlichen 19
Grenzen der Satzungsautonomie (§ 23 Abs. 5 AktG) als zwingende Vorschrift des Aktienrechts verstoßen, generell nach § 241 Nr. 3 AktG nichtig sind. Der BGH hat die Frage bisher offen gelassen.[49] Nach hM soll stets Nichtigkeit eintreten.[50]

Die Nichtigkeit wegen Unvereinbarkeit mit dem **Wesen der Aktiengesellschaft** 20
(§ 241 Nr. 3 Fall 1 AktG) hat in Rechtsprechung und Schrifttum bisher keine eigenständige Bedeutung erlangt. Die Regelung wird als Auffangtatbestand für Fälle verstanden, „die anders nicht in den Griff zu bekommen sind".[51]

bb) § 241 Nr. 4 AktG

Ein Hauptversammlungsbeschluss, der durch seinen Inhalt gegen die guten Sitten ver- 21
stößt, ist nichtig. Gegen die **guten Sitten** verstößt ein Hauptversammlungsbeschluss,

---

[42] *Koch* in Hüffer/Koch AktG § 241 Rn. 17 – Kapitalherabsetzung (§§ 225, 233 AktG), Beendigung eines Beherrschungs- oder Gewinnabführungsvertrags (§ 303 AktG), Eingliederung (§ 321 AktG) sowie in Umwandlungsfällen (§§ 22, 133f., 204 UmwG).
[43] *Koch* in Hüffer/Koch AktG § 241 Rn. 17 – §§ 57, 58 Abs. 4 und 5, 71ff. AktG.
[44] *Baum* ZHR 167 (2003), 580 (593); *Leuering* AG 2007, 435 (437).
[45] *Koch* in Hüffer/Koch AktG § 241 Rn. 18.
[46] *Raiser* in Habersack/Bayer AktienR im Wandel Bd. II Kap. 14 Rn. 50; *Raiser/Veil* KapGesR § 16 Rn. 131; *Koch* in Hüffer/Koch AktG § 241 Rn. 20.
[47] *Koch* in Hüffer/Koch AktG § 182 Rn. 17; *Schürnbrand* in MüKoAktG § 182 Rn. 45; *Wiedemann* in GK-AktG AktG § 182 Rn. 57.
[48] *Raiser/Veil* KapGesR § 16 Rn. 130.
[49] BGH NJW 1988, 1214.
[50] *Koch* in Hüffer/Koch AktG § 241 Rn. 20 mwN auch zur Gegenansicht.
[51] So die treffende Formulierung von *Raiser/Veil* KapGesR § 16 Rn. 132.

wenn er den Normen einer anständigen Geschäftsmoral widerspricht.[52] Die Formulierung des Gesetzes „durch seinen Inhalt" bringt im Vergleich mit § 243 Abs. 2 AktG eine Einschränkung zum Ausdruck. Der Beschluss muss für sich allein genommen oder für sich allein betrachtet sittenwidrig sein.[53] Ein Beschluss, der nur nach Beweggrund und Zweck, insbesondere auch wegen Machtmissbrauchs im Abstimmungsverfahren, sittenwidrig ist, kann lediglich angefochten werden.[54] Dieses abstellen auf den Inhalt des Beschlusses ist der Grund, warum zu dieser Norm „praktische Fälle der Nichtigkeit kaum denkbar sind".[55]

c) Verletzung grundlegender materiell-rechtlicher Vorschriften

22 Die dritte Gruppe der Nichtigkeitsgründe bildet die Verletzung grundlegender materiell-rechtlicher Vorschriften, für die das Gesetz außerhalb des § 241 AktG jeweils ausdrücklich die Nichtigkeitsfolge vorsieht. Hierunter fallen folgende Fälle:

23 Gem. § 212 S. 1 AktG stehen neue Aktien aus einer Kapitalerhöhung aus Gesellschaftsmitteln den Aktionären im Verhältnis ihrer Anteile am bisherigen Grundkapital zu. Die Hauptversammlung hat hier keinen Gestaltungsspielraum: Ein Beschluss, der diesem **Zuteilungsrecht der Aktionäre** entgegensteht, ist nichtig, § 212 S. 2 AktG, und zwar auch dann, wenn die betroffenen oder sogar alle Aktionäre dem entsprechenden Beschluss zugestimmt haben.[56]

24 Die **Wahl von Aufsichtsratsmitgliedern** ist gem. § 250 Abs. 1 AktG über die Fälle des § 241 Nr. 1, 2 und 5 AktG hinaus nichtig, wenn der Aufsichtsrat falsch zusammengesetzt ist, wenn sich die Hauptversammlung im Bereich der Montanmitbestimmung nicht an die Wahlvorschläge der Arbeitnehmer hält, wenn die gesetzliche Höchstzahl der Aufsichtsratsmitglieder nach § 95 AktG überschritten wird oder wenn der Gewählte die Wählbarkeitsvoraussetzungen nach § 100 Abs. 1 und 2 AktG nicht erfüllt.[57] Obwohl § 250 Abs. 1 AktG die Vorschrift des § 105 AktG nicht erwähnt, ist anzunehmen, dass die Wahl auch dann nichtig ist, wenn die Inkompatibilität zwischen der Mitgliedschaft im Vorstand und im Aufsichtsrat nicht beachtet wurde.[58]

25 § 256 Abs. 1–2 AktG enthält Sondervorschriften in Bezug auf die Feststellung des Jahresabschlusses und die Verteilung des Bilanzgewinns. Ist nach diesen Bestimmungen die Feststellung des Jahresabschlusses nichtig, schlägt dies auf den Beschluss über die **Verwendung des Bilanzgewinns** durch, § 253 Abs. 1 AktG. Stellt die Hauptversammlung den Jahresabschluss fest, weil ihr Vorstand und Aufsichtsrat dies überlassen haben oder der Aufsichtsrat den Jahresabschluss nicht gebilligt hat (§ 173 Abs. 1 S. 1 AktG), und ändert sie dabei die von dem Abschlussprüfer bereits geprüfte Vorlage, so bedarf die Änderung einer erneuten Prüfung und Bestätigung. Wird die Bestätigung nicht binnen zwei Wochen erteilt, wird der Beschluss gleichfalls nichtig (§ 173 Abs. 3 S. 2 AktG).

d) Heilung nichtiger Beschlüsse

26 Trotz der Nichtigkeit sieht das Gesetz in §§ 242, 253 Abs. 1 S. 2, 256 Abs. 6 AktG aus Gründen der Rechtssicherheit in gewissen Fällen eine **Heilung nichtiger Beschlüsse** vor. Nach § 242 Abs. 1 AktG bewirkt die bloße Eintragung eines nicht gehörig beurkundeten Hauptversammlungsbeschusses in das Handelsregister die Heilung von Beurkun-

---

[52] *Raiser/Veil* KapGesR § 16 Rn. 133.
[53] *Baumbach/Hueck* AktG § 241 Rn. 10; *Koch* in Hüffer/Koch AktG § 241 Rn. 24; verfehlt daher LG Mühlhausen DB 1996, 1967 f.
[54] *Henze/Born/Drescher* HRR AktienR Rn. 1529.
[55] So *Nirk/Ziemons/Binnewies* AG-HdB, Loseblatt – Stand: 48. Erg.-Lfg./Dezember 2007, Rn. 1633.
[56] *Koch* in Hüffer/Koch AktG § 212 Rn. 43; auch → § 26 Rn. 7.
[57] Zu den Folgen der angeordneten Nichtigkeit *Marsch-Barner* FS Karsten Schmidt, 2009, 1109 (1123 f.).
[58] *Koch* in Hüffer/Koch § 105 Rn. 6 sowie § 250 Rn. 2 und 11.

dungsmängeln.⁵⁹ Da kein Inhaltsmangel vorliegt, kommt insofern eine Amtslöschung nach § 398 FamFG⁶⁰ nicht in Betracht. Fehler bei der Einberufung der Hauptversammlung (§§ 121 Abs. 2–4, 241 Nr. 1 AktG; → Rn. 10) und Inhaltsmängel (§ 241 Nr. 3 und 4 AktG; → Rn. 14 ff.) werden geheilt, wenn der Beschluss in das Handelsregister eingetragen worden ist und seitdem drei Jahre verstrichen sind; im Fall einer Nichtigkeitsklage verlängert sich die Frist bis zur Erledigung des Verfahrens (§ 242 Abs. 2 S. 1 und 2 AktG). Ist bei Einladung durch eingeschriebenen Brief nach § 121 Abs. 4 AktG ein Aktionär übergangen oder vergessen worden, tritt die Heilung auch dann ein, wenn dieser den Beschluss genehmigt (§ 242 Abs. 2 S. 4 AktG). Hiervon erfasst sind nicht nur die Fälle, in denen ein Aktionär versehentlich nicht eingeladen wurde, sondern auch die bewusst durch den Vorstand unterbliebene Einladung.⁶¹ § 242 Abs. 2 AktG ist auch anwendbar, wenn schon eine Bestimmung der ursprünglichen Satzung nichtig ist.⁶² § 242 Abs. 3 AktG erstreckt die Heilungsvorschriften auf die Fälle, in denen Kapitalveränderungen, die binnen einer bestimmten Frist einzutragen sind, verspätet eingetragen wurden. Die verspätete Eintragung wirkt dann so, als ob sie rechtzeitig erfolgt wäre.

§ 242 AktG spricht in der Überschrift von Heilung der Nichtigkeit, im Text selbst jedoch nur davon, dass die Nichtigkeit nicht mehr geltend gemacht werden kann. Ungeachtet dieser Formulierung wird die **Rechtsfolge** gemeinhin im Sinne einer materiellrechtlichen Beseitigung der Rechtswidrigkeit des Beschlusses verstanden.⁶³ Sie wirkt *ex tunc* und gegenüber jedermann.⁶⁴ Der Vorstand hat den Beschluss daher nunmehr gem. § 83 Abs. 2 AktG auszuführen.⁶⁵ 27

Trotz der Heilung bleibt nach § 242 Abs. 2 S. 3 AktG – außer in den Fällen der Beurkundungsmängel, → Rn. 26 – die **Amtslöschung** möglich, sofern nicht zuvor ein erfolgreiches Freigabeverfahren durchgeführt wurde.⁶⁶ Diese Amtslöschung ist als Wiederherstellung der Nichtigkeit durch privatrechtsgestaltenden Verwaltungsakt zu begreifen.⁶⁷ Die Voraussetzungen der Amtslöschung richten sich nach § 398 FamFG.⁶⁸ Dieser fordert ua, dass die Beseitigung des Beschlusses im öffentlichen Interesse geboten sein muss. Dies wird nur in wenigen Fällen bejaht werden können.⁶⁹ 28

IV. Anfechtbarkeit von Hauptversammlungsbeschlüssen

1. Begriff der Anfechtung

Im Gegensatz zur Nichtigkeit ist ein anfechtbarer Beschluss bis zur Anfechtung vorläufig wirksam (schwebende Wirksamkeit). Die Anfechtung kann allein im Wege der **Anfechtungsklage** geltend gemacht werden. Sie kann nur von einem begrenzten Kreis von Personen (→ Rn. 72) binnen einer Frist von einem Monat erhoben werden (→ Rn. 90). Wird keine Klage erhoben, wird ein an sich anfechtbarer Beschluss ungeachtet seiner Rechtswidrigkeit endgültig wirksam. Jeder Aktionär hat es also in der Hand, ob er den Beschluss trotz seiner Fehlerhaftigkeit gegen sich gelten lassen oder gegen ihn gerichtlich 29

---

⁵⁹ § 241 Nr. 2 AktG; → Rn. 11.
⁶⁰ Zur Amtslöschung → § 42 Rn. 113.
⁶¹ *Casper* in Spindler/Stilz AktG § 242 Rn. 11.
⁶² BGHZ 144, 365 = BGH NJW 2000, 2819; *Casper* in Spindler/Stilz AktG § 242 Rn. 29; *Henze* Rn. 1219; *Koch* in Hüffer/Koch AktG § 23 Rn. 43.
⁶³ *Koch* in Hüffer/Koch AktG § 242 Rn. 7.
⁶⁴ *Casper* in Spindler/Stilz AktG § 242 Rn. 13 f.
⁶⁵ *Casper* in Spindler/Stilz AktG § 242 Rn. 16.
⁶⁶ *Casper* in Spindler/Stilz AktG § 242 Rn. 22; *Henze* ZIP 2002, 97 und dort in Fn. 4 spricht der Amtslöschung keine praktische Relevanz zu.
⁶⁷ *Casper* in Spindler/Stilz AktG § 242 Rn. 22.
⁶⁸ Zur Amtslöschung → § 42 Rn. 113.
⁶⁹ *Koch* in Hüffer/Koch AktG § 242 Rn. 8.

vorgehen will.[70] Wurde demgegenüber Klage erhoben und ist diese begründet, erklärt das Gericht den Beschluss für von Anfang an nichtig (§§ 241 Nr. 5, 248 AktG).

2. Anfechtungsgründe

30 Ein Hauptversammlungsbeschluss kann erfolgreich angefochten werden, wenn er das **Gesetz** oder die **Satzung** verletzt (§§ 243 Abs. 1, 251 Abs. 1 S. 1 AktG). Gesetz iSd § 243 Abs. 1 AktG ist jede Rechtsnorm;[71] maßgeblich ist dabei der materielle Gesetzesbegriff des Art. 2 EGBGB.[72] Verstöße gegen die Satzung vermögen eine Anfechtungsklage nur dann zu tragen, wenn es sich um körperschaftsrechtliche und nicht um individualrechtliche Satzungsbestimmungen handelt.[73]

31 Der Verstoß kann entweder in einem **Verfahrensfehler** (→ Rn. 32 ff.) oder in einem **inhaltlichen Fehler** (→ Rn. 42 ff.) liegen. Daneben sind Beschlüsse anfechtbar, wenn ein Aktionär mit der Ausübung des Stimmrechts Sondervorteile zum Schaden der Gesellschaft oder anderer Aktionäre zu erlangen sucht (→ Rn. 55).

a) Verfahrensfehler

32 Ein Beschluss kann zunächst wegen eines Verfahrensfehlers anfechtbar sein. Ein Verfahrensfehler liegt vor, wenn das Gesetz oder die Satzung beim Zustandekommen des Beschlusses verletzt wurden.[74] Als Verfahrensverstöße sind namentlich Verletzungen der Vorschriften über die Einberufung und über den Ablauf der Hauptversammlung nach §§ 121 ff. und §§ 129 ff. AktG zu nennen, soweit der entsprechende Verstoß nicht bereits die Nichtigkeit begründet. Darüber hinaus gibt es noch eine Vielzahl weiterer Verfahrensvorschriften, welche die Vorbereitung und Durchführung einer Hauptversammlung regeln; jeder Verstoß gegen solch eine Vorschrift kann zumindest potentiell zur Anfechtbarkeit führen.[75]

aa) Einzelne Verfahrensfehler

33 **Beispiele** für Verfahrensfehler sind die Anfechtung wegen Nichteinhaltung der Einberufungsfrist oder verspäteter oder unvollständiger Bekanntmachung der Tagesordnung (§ 124 AktG, → § 4 Rn. 331), wegen einer unberechtigten Verweigerung der Teilnahme an der Hauptversammlung (→ § 8 Rn. 100 ff.) oder unberechtigten Ausschlusses vom Stimmrecht (→ § 9 Rn. 242), ferner die falsche Zählung der Stimmen oder die unrichtige Feststellung des Abstimmungsergebnisses durch den Vorsitzenden (→ § 9 Rn. 224) usw. Der Vortrag, dass einzelne Aktionäre wegen fehlender oder fehlerhafter Stimmrechtsmitteilung gem. § 28 WpHG (ab 3.1.2018 § 44 WpHG) kein Stimmrecht besaßen, weswegen das Abstimmungsergebnis falsch ermittelt worden sei, zählt derzeit zu einer der am häufigsten erhobenen Anfechtungsrügen.[76] Auch die Satzung kann (in den Grenzen des § 23 Abs. 5 AktG) Verfahrensvorschriften für die Hauptversammlung enthalten, deren Missachtung die Anfechtung begründet.

---

[70] *Goette* DStR 2005, 603 (605).
[71] *Waclawik* Rn. 63.
[72] *Koch* in Hüffer/Koch AktG § 243 Rn. 6; umfasst sind also formelle Gesetze, Rechtsverordnungen und auch Satzungen öffentlich-rechtlicher Körperschaften, soweit sie für die jeweilige Gesellschaft einschlägig sind, geschriebene wie ungeschriebene Rechtsnormen, nicht nur aktienrechtliche Vorschriften, sondern Bestimmungen aller Rechtsgebiete, soweit ihr Geltungsanspruch die AG umfasst; so *Koch* in Hüffer/Koch, ebenda.
[73] *Austmann* in MHdB AG § 42 Rn. 44.
[74] *Koch* in Hüffer/Koch AktG § 243 Rn. 11.
[75] *Waclawik* Rn. 65.
[76] *Scholz* AG 2009, 313.

IV. Anfechtbarkeit von Hauptversammlungsbeschlüssen

Der anfechtungsbegründende Fehler kann auch in der Verletzung der Teilnahmerechte ("Partizipationsrechte") des Aktionärs liegen. Hauptanfechtungsgrund in der Praxis ist der behauptete Verstoß gegen **Informationspflichten**. Der Vorstand hat auf Verlangen des Aktionärs in der Hauptversammlung Auskunft über Angelegenheiten der Gesellschaft und Konzerngesellschaften zu geben (§ 131 Abs. 1 AktG; → § 10 Rn. 98). Wird die begehrte Auskunft zu Unrecht verweigert, ist das Informationsrecht des auskunftsbegehrenden Aktionärs verletzt und der zugehörige Beschluss anfechtbar.[77] Dabei ist die Durchführung eines Auskunftserzwingungsverfahrens nach § 132 AktG (dazu oben § 43) keine Voraussetzung für eine auf die Verletzung des Auskunftsrechts gestützte Anfechtungsklage.[78] Dasselbe gilt, wenn **Berichte** fehlerhaft oder unvollständig sind, die der Hauptversammlung im Zusammenhang mit einer Strukturmaßnahme zu erstatten ist. 34

Nicht zu verkennen ist, dass gerade das Auskunftsrecht ein Einfalltor für missbräuchlich handelnde Aktionäre darstellt: Durch endloses Auskunftsersuchen provozieren Berufskläger die Verkürzung ihres Auskunftsrechts, um anschließend gefasste Beschlüsse anfechten zu können (provozierte Rechtsverkürzung).[79] Ebenfalls eine Verletzung der Teilnahmerechte stellt der unberechtigte Wortentzug oder Saalverweis dar.[80] 35

bb) Relevanz

Nach dem Wortlaut von § 243 Abs. 1 AktG begründet jeder Gesetzesverstoß die Anfechtbarkeit eines Beschlusses. Diese Auslegung schießt nach einhelliger Auffassung über Sinn und Zweck der Norm hinaus.[81] Die Anfechtung wegen Verfahrensfehlern setzt daher voraus, dass der Verfahrensfehler für das Beschlussergebnis relevant war.[82] Die Relevanz des Gesetzesverstoßes ist nicht nach Kausalitätsüberlegungen, sondern aufgrund wertender Betrachtung zu bestimmen, für die es auf die Bedeutung des Verfahrensverstoßes im Verhältnis zum Schutz der Mitgliedschaft ankommt.[83] Die **Relevanz** ist bei den genannten Fallgruppen unterschiedlich zu beurteilen: 36

Fehler bei der **Einberufung** der Hauptversammlung, die nicht schon zur Nichtigkeit der gefassten Beschlüsse führen, begründen stets deren Anfechtbarkeit. Auf einen weiteren Ursachenzusammenhang zwischen dem Verfahrensfehler und dem Beschlussergebnis kommt es nicht an.[84] 37

Wurde eine in der Hauptversammlung verlangte **Auskunft** zu Unrecht verweigert, so bestimmt sich die Anfechtbarkeit nach § 243 Abs. 4 S. 1 AktG. Wegen unrichtiger, unvollständiger oder verweigerter Erteilung von Informationen kann nur angefochten werden, wenn ein **objektiv urteilender Aktionär** die Erteilung der Information als wesentliche Voraussetzung für die sachgerechte Wahrnehmung seiner Teilnahme- und Mitgliedschaftsrechte angesehen hätte. Der Gesetzgeber wollte mit dieser Vorschrift die höchstrichterliche Rechtsprechung zur Relevanz aufgreifen und positivrechtlich „verdichten".[85] Das Gesetz stellt darauf ab, ob der Fragegegenstand so gewichtig ist, dass er – abhängig von der Antwort, die aber nicht bekannt ist – das Verhalten beeinflusst hätte.[86] Der fragliche Umstand muss demnach bei Anlegung eines objektiven Beurteilungsmaßsta- 38

---

[77] *Raiser* in Habersack/Bayer AktienR im Wandel Bd. II Kap. 14 Rn. 29.
[78] BGHZ 86, 1 (3 ff.) = NJW 1983, 878; *Baums* Gutachten S. F 134; *Henze/Born/Drescher* HRR AktienR Rn. 1645; *Kubis* in MüKoAktG AktG § 132 Rn. 60.
[79] *Florstedt* AG 2009, 465 (466).
[80] *Austmann* in MHdB AG § 42 Rn. 49.
[81] *Baums* Gutachten S. F 77; *Langenbucher*, Aktien- und Kapitalmarktrecht, 3. Aufl. 2015, § 6 Rn. 249.
[82] Darstellung der Entwicklung von der potentiellen Kausalität hin zur Relevanz bei *Raiser/Veil* KapGesR § 16 Rn. 150; grdl. zur Relevanz bzw. Erheblichkeit *Zöllner* in Kölner Komm. AktG § 243 Rn. 137; *Karsten Schmidt* in GK-AktG AktG § 243 Rn. 36; *Kort*, Bestandsschutz fehlerhafter Strukturveränderungen im Kapitalgesellschaftsrecht, 1998, 63 ff.
[83] *Zöllner* in Habersack/Bayer AktienR im Wandel Bd. II Kap. 10 Rn. 69 aE.
[84] *Koch* in Hüffer/Koch AktG § 243 Rn. 15; *Raiser/Veil* KapGesR § 16 Rn. 151.
[85] Begr. RegE UMAG, BR-Drs. 3/05, 53.
[86] *Raiser/Veil* KapGesR § 16 Rn. 153.

bes für die Meinungsbildung des Aktionärs über einen bestimmten Beschlussgegenstand ein so wesentliches Element darstellen, dass der Aktionär ohne die vorherige ordnungsgemäße Erteilung der Information der Beschlussvorlage nicht zugestimmt hätte.[87]

39 Ob die Verletzung **anderer Informationspflichten,** zB nach §§ 186 Abs. 2, 203 AktG und §§ 8, 12, 127, 192 UmwG, die Anfechtbarkeit begründet, bestimmt sich ebenfalls nach § 243 Abs. 4 S. 1 AktG.[88] Die Rüge, bewertungsrelevante Umstände seien im Strukturbericht nicht ausreichend oder unzutreffend dargestellt worden, ist allerdings nicht gem. § 243 Abs. 4 S. 2 AktG ausgeschlossen, da die Vorschrift ausweislich ihres Wortlauts nur fehlerhafte Informationen in der Hauptversammlung erfasst. Diese Entscheidung des Gesetzgebers ist misslich.[89]

40 Wurde das **Abstimmungsergebnis** falsch festgestellt, so bleibt der Beschluss gleichwohl unanfechtbar, sofern feststeht, dass die notwendige Mehrheit auch ohne die fehlerhaften Stimmen zustande gekommen wäre. Insofern ist die potentielle Kausalität maßgeblich.[90] Diese Regel gilt, wenn falsch gezählt wurde oder wenn unwirksame Stimmen mitgezählt oder wirksame nicht mitgezählt wurden.

41 Bei anderen Fehlern ist zu differenzieren. Verstöße gegen Verfahrensvorschriften, die dem Schutz der Minderheitsaktionäre dienen, wie zB das **Recht auf Teilnahme** an der Hauptversammlung, müssen als „absolute" Anfechtungsgründe behandelt werden, welche die Anfechtung in jedem Fall rechtfertigen.[91] Die Teilnahme einer nicht teilnahmeberechtigten Person an der Versammlung macht den Beschluss demgegenüber nicht anfechtbar.[92] Verstöße gegen formale Ordnungsvorschriften ohne sachliches Gewicht (zB eine unvollständige Ortsangabe ohne Irreführungspotenzial in der Einberufung) sind als nicht relevant zu betrachten.[93]

b) Inhaltsfehler

42 Die Anfechtung wegen **inhaltlicher Unvereinbarkeit** des Beschlusses mit materiellem Recht kommt vor allem in Betracht, wenn der Inhalt des Beschlusses gegen materiellrechtliche Bestimmungen des Gesetzes oder der Satzung verstößt. Solche Verstöße führen stets zur Anfechtbarkeit des Beschlusses, falls nicht bereits nach § 241 AktG ausnahmsweise ein Nichtigkeitsgrund vorliegt. Kausalitäts- oder Relevanzerwägungen sind in diesen Fällen nicht anzustellen.[94]

aa) Sondertatbestände

43 Zunächst gibt es mit §§ 251, 254 und 255 AktG einige **Sondertatbestände,** die die Anfechtbarkeit von Beschlüssen begründen. Nach § 251 Abs. 1 S. 2 AktG kann die **Wahl von Aufsichtsratsmitgliedern** außer bei Verstößen gegen das Gesetz oder die Satzung auch dann angefochten werden, wenn die Hauptversammlung an Wahlvorschläge gebunden war und die Wahlvorschläge gesetzeswidrig zustande gekommen waren.[95]

44 § 254 Abs. 1 AktG gewährt ein besonderes Anfechtungsrecht für den Fall, dass die Hauptversammlung im **Gewinnverwendungsbeschluss** Rücklagen bildet, obwohl dies bei vernünftiger kaufmännischer Beurteilung nicht notwendig ist, um die Lebens- und

---

[87] *Raiser/Veil* KapGesR § 16 Rn. 153.
[88] *Koch* in Hüffer/Koch AktG § 243 Rn. 47a.
[89] Siehe auch *Koch* in Hüffer/Koch AktG § 243 Rn. 47b aE.
[90] *Koch* in Hüffer/Koch AktG § 243 Rn. 19.
[91] *Koch* in Hüffer/Koch AktG § 243 Rn. 16; siehe zB LG Köln Der Konzern 2005, 759 (764 f.) zum Saalverweis gegenüber einem Aktionär.
[92] *Raiser/Veil* KapGesR § 16 Rn. 155.
[93] *Raiser/Veil* KapGesR § 16 Rn. 155.
[94] *Langenbucher,* Aktien- und Kapitalmarktrecht, 3. Aufl. 2015, § 6 Rn. 269; *Waclawik* Rn. 64.
[95] Siehe dazu § 101 Abs. 1 S. 2 AktG, §§ 6 und 8 MontanmitbestG sowie § 5 Abs. 3 S. 2 MontanMitbestErgG.

Widerstandsfähigkeit des Unternehmens für einen übersehbaren Zeitraum zu sichern, und die ausgeschüttete Dividende infolgedessen unter 4 Prozent des Grundkapitals sinkt.[96] Die Vorschrift soll den Aktionären eine Mindestdividende sichern; allerdings ist der durch sie bewirkte Schutz eher gering, da ein Satz von 4 Prozent des Grundkapitals angesichts des oft um vieles höheren (Börsen-)Wertes der Aktien eine kaufmännisch angemessene Gewinnbeteiligung in aller Regel nicht gewährt.[97] Praktische Bedeutung erlangt die Norm daher in den Fällen, in denen trotz Vorliegens eines Gewinnes gar keine Dividende gezahlt wird.

Nach § 255 Abs. 2 AktG kann ein Beschluss über eine **Kapitalerhöhung unter Ausschluss des Bezugsrechts** angefochten werden, wenn der Ausgabekurs der Aktien unangemessen niedrig ist. Die Vorschrift schützt die Aktionäre vor einer Verwässerung des Werts ihrer Anteile (→ § 20 Rn. 50). Sie ist auf Kapitalerhöhungen gegen Sacheinlagen entsprechend anzuwenden.[98] Beschließt die Hauptversammlung allerdings im Rahmen der Schaffung eines genehmigten Kapitals selbst über den Bezugsrechtsausschluss, ohne dabei über den Inhalt der neuen Aktienrechte und die Bedingungen der Aktienausgabe Festlegungen zu treffen, sondern ermächtigt sie den Vorstand hierzu (§§ 202, 204 AktG), kann eine Anfechtung des Hauptversammlungsbeschlusses weder unmittelbar noch analog auf eine Unangemessenheit der Ausgabemodalitäten iSd § 255 Abs. 2 AktG gestützt werden.[99]

bb) Generalklauseln

Neben Verstößen gegen die vorstehenden Sondertatbestände begründet auch die Verletzung **gesellschaftsrechtlicher Generalklauseln** die Anfechtbarkeit von Beschlüssen, insbesondere Verstöße gegen die Treuepflicht und den Gleichbehandlungsgrundsatz.

(1) Treuepflicht und materielle Beschlusskontrolle. Unter dem Gesichtspunkt der Treuepflichtverletzung eröffnet der BGH die richterliche Inhaltskontrolle von Hauptversammlungsbeschlüssen.[100] Diese **materielle Beschlusskontrolle** kann eröffnet sein, wenn ein Beschluss in die Mitgliedschaft der Minderheitsaktionäre eingreift. Ihren gesetzlichen Ausgangspunkt findet diese Beschlusskontrolle im Bezugsrechtsausschluss nach § 186 AktG bei einer Kapitalerhöhung[101] oder bei Schaffung eines genehmigten Kapitals.[102] Die mitgliedschaftliche Treuepflicht gebietet einer den Beschluss tragenden Mehrheit, nur nach Maßstäben der Erforderlichkeit und der Verhältnismäßigkeit in die Mitgliedschaft der Minderheit einzugreifen. Ob diese Maßstäbe gewahrt sind, ist Gegenstand richterlicher Prüfung. Ein Beschluss ist folglich gesetzwidrig iSd § 243 Abs. 1 AktG,[103] wenn er in die Mitgliedschaft der Minderheitsaktionäre eingreift und der Eingriff nicht durch das Gesellschaftsinteresse sachlich gerechtfertigt oder zwar gerechtfertigt, aber nach Abwägung des Gesellschaftsinteresses und der Interessen der betroffenen Minderheitsaktionäre unverhältnismäßig ist.

Die materielle Beschlusskontrolle wirft eine Reihe von **schwierigen Abgrenzungsproblemen** auf. Zum einen ist zu fragen, welche Fälle der Inhaltskontrolle unterliegen sollen, zum anderen ist der Beurteilungsmaßstab zu präzisieren. Die dazu im Schrifttum vertretenen Theorien sind vielgestaltig;[104] der BGH selbst hat die Fragen noch nicht ab-

---

[96] Fallbeispiel: BGH NJW 1983, 282.
[97] *Raiser/Veil* KapGesR § 16 Rn. 158.
[98] → § 21 Rn. 8; ferner *Koch* in Hüffer/Koch AktG § 255 Rn. 7; siehe auch OLG Jena NZG 2007, 147 (148) zur analogen Anwendbarkeit von § 255 Abs. 2 AktG auf eine einheitliche gemischte Bar- und Sachkapitalerhöhung.
[99] BGH NZG 2009, 589 Rn. 5f.
[100] *Raiser/Veil* KapGesR § 16 Rn. 160; *Koch* in Hüffer/Koch AktG § 53a Rn. 17.
[101] BGHZ 71, 40 (43ff.) = NJW 1978, 1316; *Koch* in Hüffer/Koch AktG § 186 Rn. 25.
[102] BGHZ 83, 319 (321) = NJW 1982, 2444; *Koch* in Hüffer/Koch AktG § 203 Rn. 27f. und 35.
[103] Nicht nichtig gem. § 241 Nr. 3 AktG, so BGHZ 132, 84 (93f.) = NJW 1996, 1756.
[104] Überblick bei *Boese*, Die Anwendungsgrenzen des Erfordernisses sachlicher Rechtfertigung bei Hauptversammlungsbeschlüssen, 2004, 13–37.

schließend geklärt. Bestehende Rechtsprechung bezieht sich hauptsächlich auf strukturelle Veränderungen wie den Abschluss von Unternehmensverträgen, Verschmelzungen, Mehrheitseingliederungen und -umwandlungen.

49 Auszugehen ist davon, dass eine Inhaltskontrolle bei Hauptversammlungsbeschlüssen in Betracht kommt, durch welche sich die Stellung der Minderheitsgesellschafter, ihr Einfluss auf das Unternehmen oder ihre Chancen auf Beteiligung am Unternehmensertrag strukturell nachhaltig verschlechtern. Diese Gefahr besteht vorrangig bei den mit einer Mehrheit von drei Vierteln der abgegebenen Stimmen zu fassenden **strukturändernden Beschlüsse**.[105] Für eine materielle Beschlusskontrolle ist indes in den Fällen kein Raum, in denen das Gesetz selbst den Eingriff in die Mitgliedschaft vorsieht, ohne seine sachliche Rechtfertigung durch das Gesellschaftsinteresse zu fordern, oder wenn die gesetzliche Zulässigkeit von Eingriffen in die Mitgliedschaft als normative Abwägung gegen Interessen der Minderheitsaktionäre verstanden werden muss.[106] So ist in gesetzliche Regelungen, die ein qualifiziertes Mehrheitserfordernis mit einer materiell überprüfbaren Abfindung verbinden, eine im Übrigen nicht rechtfertigungsbedürftige Ermächtigung an die Mehrheit zu erkennen.[107] Hierunter wird man auch die Fälle fassen dürfen, in denen die Rechtsprechung von einer unternehmerischen Entscheidung der Hauptversammlung ausgeht.[108]

50 So hat der **BGH** für den Fall des Ausschlusses von Minderheitsaktionären (§§ 327a ff. AktG) feststellt, dass der Übertragungsbeschluss gem. § 327a AktG keiner sachlichen Rechtfertigung bedarf, da der Gesetzgeber selbst die Abwägung der widerstreitenden Interessen vorgenommen hat, weshalb der Squeeze-out seine Rechtfertigung „in sich" trägt.[109] Die Entscheidung über den Rückzug von der Börse (reguläres Delisting) hat unternehmerischen Charakter; da sie von der Hauptversammlung zu treffen ist, liegt es im Ermessen der Mehrheit der Aktionäre, ob die Maßnahme im Interesse der Gesellschaft zweckmäßig ist und geboten erscheint. Der vermögensrechtliche Schutz der Minderheitsaktionäre ist durch das Erfordernis eines Pflichtangebots, die Aktien zum vollen Wert zu übernehmen, sowie die Möglichkeit sicherzustellen, die Höhe in einem Spruchverfahren überprüfen zu lassen.[110] Auch die Zustimmung zu einer Verschmelzung stellt solch eine unternehmerische Entscheidung dar und bedarf daher keiner weiteren sachlichen Rechtfertigung.[111]

51 Der BGH hat ferner Auflösungsbeschlüsse von der materiellen Beschlusskontrolle ausgenommen, weil die Mehrheit nicht gegen ihren Willen an der Gesellschaft festgehalten werden kann.[112] Dasselbe gilt bei der nachträglichen Einführung eines Höchststimmrechts, weil § 134 Abs. 1 S. 2 AktG eine normative Abwägung gegen die Interessen der vom Höchststimmrecht betroffenen Minderheitsaktionäre enthält.[113] Weitere Fälle, in denen **keine Inhaltskontrolle** erfolgt: Beschlüsse zur Vermögensveräußerung an den Mehrheitsaktionär (§ 179a AktG) mit nachfolgender Auflösung der Gesellschaft;[114] Änderung des Unternehmensgegenstands;[115] Kapitalherabsetzung.[116]

---

[105] *Raiser/Veil* KapGesR § 16 Rn. 162.
[106] *Koch* in Hüffer/Koch AktG § 243 Rn. 24; zur „Immunisierung der Eingriffsmöglichkeit durch Mehrheitsentscheidung gegenüber der Frage nach der Übereinstimmung mit dem Gesellschaftsinteresse" *Zöllner* AG 2000, 145 (155).
[107] So die Darstellung der hM bei *Roth/Altmeppen* GmbHG § 47 Rn. 128; ebenso *Würthwein* in Spindler/Stilz AktG § 243 Rn. 167; ähnlich *Koch* in Hüffer/Koch AktG § 243 Rn. 27, gestützt auf den lex spezialis-Grundsatz.
[108] OLG Jena NJW-RR 2009, 182.
[109] BGH NZG 2009, 585 Rn. 14.
[110] BGH NZG 2003, 280 (283f.) – Macrotron.
[111] OLG Jena NJW-RR 2009, 182.
[112] BGHZ 76, 352 (353) = NJW 1980, 1278 (zur GmbH); *Koch* in Hüffer/Koch AktG § 243 Rn. 28 und § 262 Rn. 11; *Stein* in MüKoAktG AktG § 179a Rn. 76.
[113] BGHZ 70, 117 (121 ff.) = NJW 1978, 540; *Koch* in Hüffer/Koch AktG § 243 Rn. 28.
[114] *Koch* in Hüffer/Koch AktG § 179a Rn. 10.
[115] *Koch* in Hüffer/Koch AktG § 179 Rn. 29 sowie AktG § 243 Rn. 28.
[116] *Koch* in Hüffer/Koch AktG § 222 Rn. 14 sowie AktG § 243 Rn. 28.

IV. Anfechtbarkeit von Hauptversammlungsbeschlüssen § 44

Findet eine **materielle Beschlusskontrolle** statt, bedarf die fragliche Maßnahme zunächst eines Sachgrundes. Der Eingriff in die Mitgliedschaft muss ferner den Grundsatz der Erforderlichkeit wahren, dh es muss das zur Erreichung des Zwecks schonendste Mittel gewählt werden. Des Weiteren muss die beschlossene Maßnahme dem Grundsatz der Verhältnismäßigkeit entsprechen, dh der Eingriff muss in angemessenem Verhältnis zu dem erstrebten Ziel stehen.[117] 52

(2) Gleichbehandlungsgrundsatz. Auch die Verletzung des Gleichbehandlungsgrundsatzes begründet die Anfechtbarkeit eines Beschlusses.[118] Dieser ist in **§ 53a AktG** normiert; die Norm hat allerdings lediglich klarstellenden Charakter. Das dort verankerte Gebot, Aktionäre unter gleichen Bedingungen gleich zu behandeln, ist nichts anderes als das Verbot, Aktionäre ohne genügende sachliche Rechtfertigung und in diesem Sinne willkürlich unterschiedlich zu behandeln.[119] Normadressat und damit Schuldnerin der Gleichbehandlungspflicht ist allein die Gesellschaft. Aktionäre können sich also gegen Maßnahmen der Gesellschaftsorgane wenden, aber nicht von ihren Mitaktionären Gleichbehandlung fordern.[120] Verstöße gegen den Gleichbehandlungsgrundsatz können nur von Aktionären geltend gemacht werden, die von diesem Verstoß benachteiligt werden.[121] Als Beispiele einer (vorbehaltlich einer sachlichen Rechtfertigung) unzulässigen Ungleichbehandlung können die Ermächtigung der Hauptversammlung zum Rückerwerb eigener Aktien von nur einigen Aktionären[122] sowie unterschiedliche Zahlungsmodalitäten bei der Gewinnausschüttung an die Aktionäre[123] genannt werden. 53

cc) Vertragsverletzungen

Kein Verstoß gegen Gesetz oder Satzung sind **Vertragsverletzungen**; die Vertragswidrigkeit eines Beschlusses begründet also nicht dessen Anfechtbarkeit. Dies gilt grundsätzlich auch für Stimmbindungsverträge, durch die sich ein Aktionär gegenüber anderen Aktionären dazu verpflichtet, sein Stimmrecht in einer vertraglich festgelegten Weise auszuüben.[124] 54

c) Verfolgung von Sondervorteilen

§ 243 Abs. 2 AktG eröffnet die Anfechtung, wenn ein Aktionär mit der Ausübung des Stimmrechts zum Schaden der Gesellschaft oder anderer Aktionäre für sich oder eine Dritten **Sondervorteile** zu erlangen sucht. Die Vorschrift soll verhindern, dass Großaktionäre sich mit Hilfe ihres Stimmgewichts Vorteile verschaffen, welche das Unternehmen und/oder die übrigen Aktionäre schädigen. Die praktische Bedeutung der Norm ist gering.[125] 55

---

[117] *Zöllner* in Baumbach/Hueck GmbHG Anh. § 47 Rn. 101 f.
[118] *Raiser* in Habersack/Bayer AktienR im Wandel Bd. II Kap. 14 Rn. 54; *Würdinger,* Aktienrecht und das Recht der verbundenen Unternehmen, 4. Aufl. 1981, 152; *Zöllner* in Habersack/Bayer AktienR im Wandel Bd. II Kap. 10 Rn. 52 f. und 68.
[119] *Koch* in Hüffer/Koch AktG § 53a Rn. 4.
[120] *Koch* in Hüffer/Koch AktG § 53a Rn. 4.
[121] *Zöllner* AG 2000, 145 (146).
[122] *Leuering* AG 2007, 435 (440).
[123] *Raiser* in Habersack/Bayer AktienR im Wandel Bd. II Kap. 14 Rn. 14.
[124] *Koch* in Hüffer/Koch AktG § 243 Rn. 6 sowie 9 f. (Stimmbindungsverträge); *Noack,* Gesellschaftervereinbarungen bei Kapitalgesellschaften, 1994, 156 ff., 168 f.; siehe jedoch BGH NJW 1983, 1910 (1911) sowie BGH NJW 1987, 1890 (1892) zum Recht der GmbH, wonach schuldrechtliche Nebenabreden die Anfechtbarkeit des Beschlusses dann begründen können, wenn sämtliche Gesellschafter untereinander die Ausübung ihres Stimmrechts gebunden haben; ebenso für das Aktienrecht *Zöllner* in Habersack/Bayer AktienR im Wandel Bd. II Kap. 10 Rn. 68 und dort in Fn. 22.
[125] *Koch* in Hüffer/Koch AktG § 243 Rn. 31.

56 Der **Anwendungsbereich** der Norm ist eng, da die Hauptversammlung über Angelegenheiten der Geschäftsführung regelmäßig nicht entscheidet. Bei den wichtigsten in ihre Kompetenz fallenden Strukturentscheidungen, namentlich beim Abschluss von Unternehmensverträgen, bei der Eingliederung, der Verschmelzung, der Spaltung und beim Formwechsel, ist die Anwendung von § 243 Abs. 2 AktG zur Überprüfung der Angemessenheit des Ausgleichs zugunsten des Spruchverfahrens ausgeschlossen.[126] Hinzu kommt, dass infolge der auf § 243 Abs. 1 AktG gestützten Rechtsprechung zur Anfechtung wegen Verletzung der Treuepflicht und des Gleichbehandlungsgrundsatzes ohnehin nur besonders gelagerte Restfälle verbleiben, in denen die materielle Beschlusskontrolle (→ Rn. 47) nicht eingreift, aber das Verhalten von Aktionären aus Gründen des Einzelfalls missbrauchsbehaftet ist.[127]

57 Im **objektiven Tatbestand**[128] erfordert § 243 Abs. 2 S. 1 AktG die Ausübung des Stimmrechts durch einen Aktionär. Mit dieser Stimmabgabe muss der Aktionär Sondervorteile für sich oder einen Dritten erstreben. Ein Sondervorteil ist ohne Rücksicht auf die Art seiner Erlangung jedweder Vorteil gleich welcher Art, sofern er aufgrund einer Gesamtwürdigung der Umstände des Einzelfalls als sachwidrige, mit den Interessen der Gesellschaft oder ihrer Aktionäre unvereinbare Bevorzugung erscheint, den Vorteilserwerb zu gestatten oder aber einen bereits vollzogenen Vorteilserwerb hinzunehmen.[129] Zum *Sonder*vorteil wird ein Vorteil, wenn er nicht allen zufließen soll, die sich der Gesellschaft gegenüber in der gleichen Lage befinden.[130] Dieser Sondervorteil muss zum Schaden der AG oder der anderen Aktionäre erstrebt werden. Ferner muss der Beschluss geeignet sein, der Erlangung von Sondervorteilen zu dienen. Im **subjektiven Tatbestand** setzt § 243 Abs. 2 S. 1 AktG voraus, dass der Aktionär den Sondervorteil „zu erlangen suchte". Darin liegt auf Erwerb des Sondervorteils beschränktes Vorsatzerfordernis.[131] Soweit ein nicht weisungsgebundener Vertreter für den Aktionär auftritt, muss der Vertreter den Sondervorteil erstreben, § 166 Abs. 1 BGB.[132] – Auch wenn die objektiven und subjektiven Tatbestandsvoraussetzungen des § 243 Abs. 2 S. 1 AktG erfüllt sind, ist eine Anfechtung gleichwohl ausgeschlossen, wenn der Hauptversammlungsbeschluss eine **Ausgleichsregelung** zugunsten der anderen Aktionäre enthält, § 243 Abs. 2 S. 2 AktG.

d) Gesetzlicher Ausschluss der Anfechtbarkeit

58 Das Aktiengesetz ordnet bezüglich einiger Verfahrensverstöße einen **Ausschluss der Anfechtbarkeit** an.[133] So kann die Anfechtung nicht auf die durch eine technische Störung verursachte Verletzung von Rechten, die auf elektronischem Wege wahrgenommen werden (§ 118 Abs. 1 S. 2 AktG , Abs. 2 und § 134 Abs. 3 AktG; → § 7 Rn. 21), gestützt werden; etwas anderes gilt, wenn der Gesellschaft grobe Fahrlässigkeit oder Vorsatz vorzuwerfen ist.[134] Ferner berechtigt ein Verstoß gegen *(erstens)* die Vorschriften über die Weitergabe von Mitteilungen durch Kreditinstitute und Vereinigungen von Aktionären

---

[126] §§ 304 Abs. 3 S. 2, 320b Abs. 2 S. 1 und 327f S. 1 AktG sowie §§ 14 Abs. 2, 125 S. 1, 195 Abs. 2 UmwG.
[127] *Koch* in Hüffer/Koch AktG § 243 Rn. 32; *Raiser/Veil* KapGesR § 16 Rn. 165 halten die Norm gar für überflüssig.
[128] *Koch* in Hüffer/Koch AktG § 243 Rn. 33 und 35 f.
[129] *Waclawik* Rn. 68.
[130] *Baumbach/Hueck* AktG § 243 Rn. 10; *v. Godin/Wilhelmi* AktG § 243 Rn. 5; *Austmann* in MHdB AG § 42 Rn. 63; *Karsten Schmidt* in GK-AktG AktG § 243 Rn. 54.
[131] *Koch* in Hüffer/Koch AktG § 243 Rn. 34.
[132] Zur Anwendbarkeit des § 166 BGB im Rahmen von § 243 Abs. 2 AktG siehe nur *Koch* in Hüffer/Koch AktG § 243 Rn. 33; *Hüffer/Schäfer* in MüKoAktG § 243 Rn. 74; *Zöllner* in Kölner Komm. AktG § 243 Rn. 222; anscheinend enger *Würthwein* in Spindler/Stilz AktG § 243 Rn. 186, der auf den „Bevollmächtigten" abstellt.
[133] *Zöllner* AG 2000, 145 (151 ff.).
[134] § 243 Abs. 3 Nr. 1 AktG, eingefügt durch das Gesetz zur Umsetzung der Aktionärsrechterichtlinie (ARUG) vom 30. 7. 2009 (BGBl. I 2479).

IV. Anfechtbarkeit von Hauptversammlungsbeschlüssen § 44

(§ 128 AktG; → § 4 Rn. 268), *(zweitens)* die Verpflichtung börsennotierter Gesellschaften, die Einberufung an Medien mit Verbreitung in der gesamten Europäischen Union zur Veröffentlichung zuzuleiten (§ 121 Abs. 4a AktG; → § 4 Rn. 116), sowie *(drittens)* die Verpflichtung zur Veröffentlichungen von hauptversammlungsbezogenen Informationen auf der Internetseite der Gesellschaft (§ 124a AktG; → § 6 Rn. 16) nicht zu Anfechtung.[135] Im systematischen Zusammenhang hiermit steht auch der Anfechtungsausschluss in § 30g WpHG (ab 3.1.2018 § 52 WpHG):[136] Die Anfechtung eines Hauptversammlungsbeschlusses kann nicht auf eine Verletzung der kapitalmarktrechtlichen Informationspflichten aus §§ 30a–30f WpHG (ab 3.1.2018 §§ 48–51 WpHG) gestützt werden. Gem. § 121 Abs. 6 AktG scheidet die Anfechtung nicht ordnungsgemäß bekanntgemachter Beschlüsse bei vollständiger Präsenz aller Anteilseigner aus, soweit kein Aktionär der Beschlussfassung widerspricht (Universalversammlung). Nach § 120 Abs. 4 S. 3 AktG[137] kann der Beschluss über die Billigung des Systems zur Vergütung der Vorstandsmitglieder nicht nach § 243 AktG angefochten werden.

Das Verfahren zur Abberufung des gesetzlichen **Abschlussprüfers** aus Gründen, die in seiner Person liegen (§ 318 Abs. 3 HGB), geht der Anfechtungsklage vor, so § 243 Abs. 3 Nr. 3 AktG. Die Rüge, der Abschlussprüfer sei befangen oder aus anderen gesetzlichen Gründen ausgeschlossen gewesen, weswegen der Jahresabschluss als Grundlage der Gewinnverwendung anfechtbar sei, wird so aus dem Anfechtungsprozess herausgehalten. Dieser Anfechtungsausschluss dient der Korrektur einer gegenläufigen Rechtsprechung des BGH.[138] 59

Mit dem UMAG[139] wurde die Anfechtung von Hauptversammlungsbeschlüssen aufgrund von **Informationsmängeln** neu geregelt (§ 243 Abs. 4 AktG). § 243 Abs. 4 AktG enthält in S. 1 einen relativen, in den speziellen Fällen des S. 2 sogar einen vollständigen Anfechtungsausschluss.[140] Nach S. 1 kann ein Hauptversammlungsbeschluss wegen falscher, unvollständiger oder verweigerter Erteilung von Informationen nur dann angefochten werden, wenn ein objektiv urteilender Aktionär die Erteilung der Information als wesentliche Voraussetzung für die sachgerechte Wahrnehmung seiner Teilnahme- und Mitgliedschaftsrechte angesehen hätte. Die Regelung ist eine gesetzliche Ausprägung der Relevanzlehre (→ Rn. 38). Nach S. 2 der Norm sind **Bewertungsrügen** ausgeschlossen: Auf falsche, unvollständige oder unzureichende Informationen in der Hauptversammlung über die Ermittlung, Höhe oder Angemessenheit von Ausgleich, Abfindung, Zuzahlung oder über sonstige Kompensationen kann eine Anfechtungsklage nicht gestützt werden, wenn das Gesetz für solche Bewertungsrügen ein Spruchverfahren vorsieht. 60

Daneben gibt es weitere spezialgesetzliche Ausschlusstatbestände **zu Gunsten des Spruchverfahrens**.[141] Auch in diesen Vorschriften geht es stets darum, dass die Anfechtung dann nicht auf Bewertungsrügen gestützt werden kann, wenn das Gesetz hierfür ein Spruchverfahren vorsieht; bei einzelnen Vorschriften sind weitere Voraussetzungen zu beachten. 61

---

[135] § 243 Abs. 3 Nr. 2 AktG – dass § 251 Abs. 1 S. 3 AktG nicht auch auf § 243 Abs. 3 AktG verweist, wird man als Redaktionsversehen ansehen dürfen, so zu Recht *Koch* in Hüffer/Koch § 251 Rn. 6.
[136] *Zimmermann* in Fuchs, WpHG, 2009, § 30g Rn. 2 meint, die Norm hätte „systemgerecht in das AktG aufgenommen werden müssen"; aA *Zöllner* AG 2000, 145 (152).
[137] IdF des Gesetzes zur Angemessenheit der Vorstandsvergütung (VorstAG) vom 31.7.2009 (BGBl. I 2509); dazu *Seibert* WM 2009, 1489.
[138] *Waclawik* Rn. 74 unter Hinweis auf BGH NJW 2003, 970 (973).
[139] Gesetz zur Unternehmensintegrität und Modernisierung des Anfechtungsrechts (UMAG) vom 22.9.2005 (BGBl. I 2802).
[140] *Waclawik* Rn. 75.
[141] §§ 304 Abs. 3 S. 2 und 305 Abs. 5 S. 1 AktG, §§ 14 Abs. 2, 32, 122h Abs. 1, 122i Abs. 2, 195 Abs. 2 und 210 UmwG; dazu *Simon* SpruchG § 1 Rn. 2.

e) Ausschluss der Anfechtbarkeit durch Bestätigungsbeschluss

62 Die Anfechtbarkeit eines Hauptversammlungsbeschlusses ist nicht nur dann ausgeschlossen, wenn gesetzliche Vorschriften dies anordnen, sondern auch, wenn die Hauptversammlung einen (etwaig) anfechtbaren Beschluss bestätigt. Die Hauptversammlung kann die Anfechtbarkeit nach § 244 AktG beseitigen, wenn sie den Beschluss durch einen neuen, vor Abschluss eines laufenden Anfechtungsverfahrens gefassten Beschluss bestätigt, der nicht mehr an dem zur Anfechtung berechtigenden Mangel leidet (→ § 40 Rn. 47 ff.). Einer Neuvornahme des seinerzeit gefassten Beschlusses bedarf es nicht.

63 Die Heilung eines anfechtbaren Hauptversammlungsbeschlusses setzt voraus, dass der Bestätigungsbeschluss die behaupteten oder tatsächlich bestehenden Mängel beseitigt und seinerseits nicht an Fehlern leidet.[142] Eine Bestätigung kommt daher praktisch nur bei **Verfahrensfehlern** in Frage.[143] Bei inhaltlichen Mängeln hätte der Bestätigungsbeschluss zwangsläufig die gleichen Mängel wie der Erstbeschluss und wäre damit ebenfalls anfechtbar.[144] Inhaltlich erklärt die Hauptversammlung durch den Bestätigungsbeschluss, dass die Gesellschaft das seinerzeit Beschlossene – trotz seiner (etwaigen) Mangelhaftigkeit – als gültige Regelung anerkennt. Da es sich nicht um eine Neuvornahme des seinerzeit gefassten Beschlusses handelt, müssen im Zeitpunkt der Bestätigung die **materiellen Voraussetzungen** für den Erstbeschluss nicht mehr erfüllt sein.[145]

64 Hierin liegt gerade der Vorteil des Bestätigungsbeschlusses gegenüber einer Neuvornahme: für die Wirksamkeit des Erstbeschlusses kommt es allein auf die zum Zeitpunkt seiner Fassung geltende Gesetzes- und Satzungslage an. Gerade bei Strukturmaßnahmen kann es für die Gesellschaft äußerst wichtig sein, dass der gefasste Beschluss allein nach den bei Fassung des Erstbeschlusses bestehenden tatsächlichen Verhältnissen und dem in jenem Zeitpunkt geltenden Gesetzes- und Satzungsrechts beurteilt wird.[146] Konsequenterweise kann die Rechtmäßigkeit des Erstbeschlusses nicht unter Berufung auf inzwischen seit dessen Fassung eingetretenen Entwicklungen oder verfristete Mängel des Erstbeschlusses in Frage gestellt werden. Sinn der Bestätigung ist es gerade, die Fehlerhaftigkeit des Erstbeschlusses, die zu seiner Anfechtung geführt haben, dem Streit zu entziehen, nicht aber eine Prüfung darauf herbeizuführen, ob der Beschluss auch zum Zeitpunkt der Bestätigung erneut vorgenommen werden könnte.[147] Hieraus folgt auch, dass die für den Erstbeschluss erforderlichen Erläuterungen ungeachtet etwaiger Veränderungen im Aktionärskreis nicht wiederholt werden müssen; Erläuterungen, die in **schriftlichen Berichten** oder mündlich in der Hauptversammlung abgegeben worden waren, behalten damit uneingeschränkte Wirksamkeit auch für den Bestätigungsbeschluss.[148] Zusätzliche Auskünfte können auch nicht mit der Begründung verlangt werden, dass sich die wirtschaftlichen Verhältnisse seit Fassung des Erstbeschlusses verändert hätten.[149]

65 **Nichtige Beschlüsse** können nicht bestätigt werden, wie bereits der Wortlaut des § 244 AktG unzweideutig klarstellt.[150] Hieraus folgt, dass ein Bestätigungsbeschluss nur vor rechtskräftigem Abschluss eines Anfechtungsrechtsstreits (so → Rn. 62) möglich ist: Mit Rechtskraft ist der anfechtbare Beschluss nichtig, § 241 Nr. 5 AktG; eine Bestätigung

---

[142] *Goette* DStR 2005, 603 (606).
[143] *Marsch-Barner* FS Karsten Schmidt, 2009, 1109 (1120); *Würthwein* in Spindler/Stilz AktG § 244 Rn. 16.
[144] Denkbar – wenn auch wohl eher praxisfern – ist auch, dass mittels eines nicht angefochtenen Bestätigungsbeschlusses ein wegen Inhaltsfehlern angefochtener Ausgangsbeschluss geheilt wird; in diese Richtung auch *Würthwein* in Spindler/Stilz AktG § 244 Rn. 16.
[145] BGH NZG 2004, 235; *Goette* DStR 2005, 603 (606); *Röhricht*, Gesellschaftsrecht in der Diskussion 2004, Bd. 9 [2005], S. 1, 27.
[146] *Röhricht*, Gesellschaftsrecht in der Diskussion 2004, Bd. 9 [2005], 1, 27.
[147] *Röhricht*, Gesellschaftsrecht in der Diskussion 2004, Bd. 9 [2005], 1, 27.
[148] *Röhricht*, Gesellschaftsrecht in der Diskussion 2004, Bd. 9 [2005], 1, 27 f.
[149] OLG Dresden ZIP 2001, 1539.
[150] *Goette* DStR 2005, 603 (606); *Koch* in Hüffer/Koch AktG § 244 Rn. 2; *Waclawik* Rn. 80.

V. Anfechtungsklage § 44

ginge ins Leere.[151] Bis zum Abschluss des Anfechtungsstreits kann der Bestätigungsbeschluss jederzeit gefasst werden.[152]

Rechtsfolge des Bestätigungsbeschlusses ist die Beseitigung der behaupteten oder 66 wirklich bestehenden Anfechtbarkeit des Erstbeschlusses für die Zukunft. Die Bestätigung hat materiell-rechtliche Wirkung.[153] Mit der Fassung eines formell und materiell rechtmäßigen Bestätigungsbeschlusses entfällt *ex nunc* die bis dahin etwa bestehende Begründetheit der Anfechtungsklage.[154] Will der Anfechtungskläger verhindern, dass die Bestätigungswirkung des Beschlusses eintritt, muss er auch den Bestätigungsbeschluss anfechten.[155] In der Praxis bedeutet dies, dass der über die Wirksamkeit des Bestätigungsbeschlusses geführte Rechtsstreit vorgreiflich gegenüber dem Ausgangsverfahren ist, woraus sich die Notwendigkeit einer Aussetzung des ersten Verfahrens ergibt.[156] Wird der Bestätigungsbeschluss nicht oder nicht erfolgreich angefochten und will der Anfechtungskläger sodann verhindern, dass die Anfechtungsklage gegen den Erstbeschluss als unbegründet abgewiesen wird, wird er den Rechtsstreit in der Hauptsache für erledigt erklären.[157] Schließt sich die beklagte Gesellschaft dieser Erledigungserklärung an, ist das Gericht nur noch zur Kostenentscheidung berufen (§ 91a ZPO).[158]

Hat der Aktionär ein rechtliches Interesse daran, dass der anfechtbare Beschluss für die 67 Zeit bis zum Bestätigungsbeschluss **für nichtig erklärt** wird, so kann die Anfechtung mit dem Ziel geltend gemacht werden, den Beschluss für diese Zeit für nichtig zu erklären (§ 244 S. 2 AktG).

V. Anfechtungsklage

Hauptkennzeichen der Anfechtungsklage ist, den zwar rechtswidrigen, aber zunächst be- 68 standskräftigen Beschluss in einen nichtigen Beschluss zu verwandeln, um dauerhaft eine Bestandskraft auszuschließen.[159] Die Anfechtungsklage ist daher Gestaltungsklage.[160] Ihr **Streitgegenstand** ist das Begehren des Klägers, die Nichtigkeit des von ihm bezeichneten Hauptversammlungsbeschlusses wegen des von ihm vorgebrachten Sachverhalts mit Wirkung für und gegen jedermann zu klären.[161]

1. Zuständigkeit; Schiedsfähigkeit

a) Zuständigkeit

Für Anfechtungs- und Nichtigkeitsklagen – auch solche aufgrund der besonderen in 69 §§ 251, 254, 255, 257 AktG vorgesehenen Anfechtungsgründe – ist das Landgericht am Sitz der Gesellschaft ausschließlich zuständig (§§ 246 Abs. 3 S. 1, 249 Abs. 1 S. 1 AktG). Ist eine Kammer für Handelssachen gebildet, entscheidet diese anstelle der Zivilkammer

---

[151] *Würthwein* in Spindler/Stilz AktG § 244 Rn. 3.
[152] *Würthwein* in Spindler/Stilz AktG § 244 Rn. 11.
[153] BGH NZG 2004, 235 (236) („heute allgemeine Meinung"); *Goette* DStR 2005, 603 (606); *Koch* in Hüffer/Koch AktG § 244 Rn. 11; *Nießen* Der Konzern 2007, 239 (240); *Wadawik* Rn. 78; *Würthwein* in Spindler/Stilz AktG § 244 Rn. 4; **aA** *Zöllner* in Habersack/Bayer AktienR im Wandel Bd. II Kap. 10 Rn. 82.
[154] BGH NZG 2004, 235 (236); *Goette* DStR 2005, 603 (606).
[155] Auch ein angefochtener Bestätigungsbeschluss kann seinerseits bestätigt werden, *Würthwein* in Spindler/Stilz AktG § 244 Rn. 20; *Zöllner* in Habersack/Bayer AktienR im Wandel Bd. II Kap. 10 Rn. 82.
[156] *Goette* DStR 2005, 603 (606); *Nießen* Der Konzern 2007, 239, 240.
[157] *Nießen* Der Konzern 2007, 239, 240.
[158] *Nießen* Der Konzern 2007, 239, 240.
[159] *Casper* in Spindler/Stilz AktG vor § 241 Rn. 8.
[160] *Dörr* in Spindler/Stilz AktG § 246 Rn. 2.
[161] *Koch* in Hüffer/Koch AktG § 246 Rn. 12.

(§§ 246 Abs. 3 S. 2, 249 Abs. 1 AktG, § 95 Abs. 2 Alt. 1 GVG). Den Bundesländern steht die Möglichkeit offen, die Zuständigkeit in aktienrechtlichen Beschlussmängelklagen durch Rechtsverordnung zu konzentrieren (§§ 246 Abs. 3 S. 3, 148 Abs. 2 S. 3 und 4 AktG). Von dieser Möglichkeit haben bisher Baden-Württemberg (LG Mannheim und LG Stuttgart), Bayern (LG München I und LG Nürnberg-Fürth), Hessen (LG Frankfurt a.M.), Niedersachsen (LG Hannover), Sachsen (LG Leipzig) und Nordrhein-Westfahlen (LG Köln, LG Dortmund und LG Düsseldorf) Gebrauch gemacht.[162]

b) Schiedsfähigkeit

70 Bislang entsprach es der überwiegenden Sicht der Dinge, dass ein **Schiedsgericht** bei Beschlussmängelstreitigkeiten nicht zuständig sein könne.[163] Auch der BGH vertrat bislang die Ansicht, dass die Voraussetzungen für eine Schiedsfähigkeit von Beschlussmängelstreitigkeiten nicht im Wege richterlicher Rechtsfortbildung zu entwickeln, sondern einer Regelung durch den Gesetzgeber vorbehalten seien. Die *inter-omnes*-Wirkung von Urteilen im Rahmen einer Anfechtungs- oder Nichtigkeitsklage (§§ 248 Abs. 1 S. 1, 249 Abs. 1 S. 1 AktG) könne ohne gesetzliche Anordnung nicht für den Spruch privater Schiedsgerichte gelten, weswegen eine Schiedsfähigkeit insgesamt ausscheide.[164] Diese Rechtsprechung hat der BGH jüngst aufgegeben und geurteilt, dass Beschlussmängelstreitigkeiten im Recht der GmbH schiedsfähig sind, sofern das schiedsgerichtliche Verfahren einen dem staatlichen Gerichtsverfahren gleichwertigen Rechtsschutz gewährleistet.[165] Dies setzt voraus, dass das vereinbarte schiedsrichterliche Verfahren aus dem Rechtsstaatsprinzip abzuleitende Mindeststandards einhält. Demnach muss die Schiedsabrede grundsätzlich mit Zustimmung sämtlicher Gesellschafter in der Satzung verankert sein; alternativ reicht eine außerhalb der Satzung unter Mitwirkung sämtlicher Gesellschafter und der Gesellschaft getroffene Absprache aus. Ferner muss jeder Gesellschafter – neben den Gesellschaftsorganen – über die Einleitung und den Verlauf des Schiedsverfahrens informiert und dadurch in die Lage versetzt werden, dem Verfahren zumindest als Nebenintervenient beizutreten. Alle Gesellschafter müssen an der Auswahl und Bestellung der Schiedsrichter mitwirken können, sofern nicht die Auswahl durch eine neutrale Stelle erfolgt. Schließlich muss gewährleistet sein, dass alle denselben Streitgegenstand betreffenden Beschlussmängelstreitigkeiten bei einem Schiedsgericht konzentriert werden. Die genannten Verfahrensgarantien müssen mittels einer entsprechenden kautelarjuristischen Gestaltung vor Prozessbeginn gewährleistet werden.

71 Zu der Frage, ob diese Rechtsprechung auf **Aktiengesellschaften** übertragen werden kann, äußert sich die Entscheidung nicht. Aus diesem Schweigen kann man indessen nicht den Schluss ziehen, dass der BGH einer Übertragung der genannten Grundsätze auf das Aktienrecht eine Absage erteilt hat.[166] Im Hinblick auf die vom Senat als „Gleichwertigkeitskautelen" genannten Verfahrensgarantien scheidet eine Erledigung von Beschlussmängelstreitigkeiten durch private Schiedsgerichte bei großen Aktiengesellschaften ohnehin mangels Praktikabilität aus.[167] Sofern der Grundsatz der Satzungsstrenge als Argument *gegen* die Schiedsfähigkeit aktienrechtlicher Streitigkeiten ins Feld geführt wird,[168] bringt die „Schiedsfähigkeit II"-Entscheidung des BGH hierzu keine weitere Klärung.

---

[162] *Hüffer/Schäfer* in MüKoAktG AktG § 246 Rn. 70.
[163] *Henze* Rn. 1177 ff., insbes. 1184.
[164] BGH NJW 1996, 1753 – Schiedsfähigkeit I.
[165] BGH NZG 2009, 620 – Schiedsfähigkeit II.
[166] *Goette* GWR 2009, 103.
[167] *Goette* GWR 2009, 103; auch schon *Henze* Rn. 1200.
[168] So *Baums* Gutachten S. F 97; *Koch* in Hüffer/Koch AktG § 246 Rn. 19; *Dörr* in Spindler/Stilz AktG § 246 Rn. 11; **aA** *K. Schmidt* GesR 859; *Zöllner* AG 2000, 145 (150).

V. Anfechtungsklage   § 44

2. Anfechtungsbefugnis; missbräuchliche Klagen

Die Anfechtungsklage kann nicht von jedermann erhoben werden. Der Kreis der zur An- 72
fechtung Befugten wird durch § 245 AktG auf verschiedene Personengruppen und Organe **beschränkt**.

a) Anfechtungsbefugnis

Die Anfechtungsbefugnis ist ein subjektives Recht, das nur in den Grenzen des § 245 73
AktG besteht. Fehlt sie, ist die Klage unbegründet, nicht unzulässig.[169]

aa) Aktionäre

Die Anfechtungsbefugnis einzelner Aktionäre ist in § 245 Nr. 1–3 AktG geregelt. Der 74
bedeutsamste Tatbestand – und damit zugleich die bedeutsamste Einschränkung des Anfechtungsrechts[170] – findet sich in § 245 Nr. 1 AktG: Zur Anfechtung wegen Verstoßes gegen das Gesetz oder die Satzung ist jeder in der Hauptversammlung **erschienene Aktionär** befugt, wenn er seine Aktie (eine einzige Aktie genügt!)[171] schon vor der Bekanntmachung der Tagesordnung erworben und gegen den Beschluss Widerspruch zur Niederschrift erklärt hat. Der Widerspruch muss in der Hauptversammlung selbst zu Protokoll erklärt werden, wobei es unerheblich ist, ob der Widerspruch vor oder nach der jeweiligen Beschlussfassung eingelegt wird.[172] Das Widerspruchserfordernis geht auf die Aktienrechtsnovelle von 1884 zurück und wurde eingeführt, um das Anfechtungsrecht einzugrenzen, da eine unbeschränkte Anfechtungsbefugnis „Chikanen und Erpressungen Thür und Thor" öffnen würde.[173] Nach heutigem dogmatischen Verständnis beruht es auf dem Verbot des *venire contra factum proprium:* Wer schweigt, verliert seine Anfechtungsbefugnis.[174] Indem der Gesetzgeber vom Aktionär verlangt, dass er noch in der laufenden Hauptversammlung widerspricht, entspricht er dem erhöhten Bedürfnis der versammelten Aktionäre, noch vor Schluss der Versammlung darüber unterrichtet zu werden, ob der Bestand ihrer Beschlüsse in Frage gestellt wird.[175]

Ebenfalls aus dem Grundsatz des *venire contra factum proprium* folgt, dass sich ein Gesell- 75
schafter an einer von ihm erteilten **Zustimmung** festhalten lassen muss. Wer für einen Beschluss stimmt, verliert damit seine Anfechtungsbefugnis.[176]

Ein **nicht erschienener Aktionär** kann nur anfechten, wenn eine der weiteren Vor- 76
aussetzungen des § 245 Nr. 2 AktG erfüllt ist (unberechtigte Nichtzulassung, Einberufungs- oder Bekanntmachungsfehler). Ein Aktionär ist nicht erschienen, wenn er weder persönlich anwesend noch unmittelbar oder mittelbar vertreten war und auch nicht durch einen Legitimationsaktionär repräsentiert wurde.[177] Dem steht der Aktionär gleich, der die Hauptversammlung aufgrund eines unberechtigten Saalverweises verlassen musste; sein Widerspruch ist entbehrlich.[178] § 245 Nr. 2 AktG bewirkt dabei keine Limitierung der Anfechtungsgründe. Der so Anfechtungsbefugte kann seine Klage auf jeden Verfahrens-

---

[169] Ganz hM; BGH AG 2007, 863 Rn. 6; *Koch* in Hüffer/Koch AktG § 245 Rn. 2; *Waclawik* Rn. 49.
[170] *Zöllner* in Habersack/Bayer AktienR im Wandel Bd. II Kap. 10 Rn. 80.
[171] Ein Mindestaktienbesitz kann auch nicht in der Satzung vorgeschrieben werden, so *K. Schmidt* GesR 860; siehe auch *Baums* S. F 102 ff. und *Bayer* 35, 40 ff. zur Einführung eines Quorums.
[172] BGH NZG 2007, 907; 2009, 342 Rn. 17 – Kirch/Deutsche Bank.
[173] Gesetzesbegründung, abgedruckt bei: Schubert/Hommelhoff, 100 Jahre modernes Aktienrecht, 1984, 467.
[174] *Noack* AG 1989, 80.
[175] *Noack* AG 1989, 80.
[176] BGH NZG 2010, 943 Rn. 36 ff.; LG Braunschweig Der Konzern 2006, 386; *Baumbach/Hueck* AktG § 245 Rn. 3; *Leuering/Simon* NJW-Spezial 2006, 219; *Zöllner* AG 2000, 145 (146).
[177] *Koch* in Hüffer/Koch AktG § 245 Rn. 17.
[178] *Dörr* in Spindler/Stilz AktG § 245 Rn. 36.

und Inhaltsverstoß des angegriffenen Beschlusses stützen und ist nicht auf die unberechtigte Nichtzulassung oder die Einberufungs- oder Bekanntmachungsfehler beschränkt.

77 Des Weiteren ist jeder Aktionär im Fall der Stimmrechtsausübung zur unzulässigen Erlangung von Sondervorteilen anfechtungsbefugt, sofern er die Aktien schon vor der Bekanntmachung der Tagesordnung erworben hatte (§ 245 Nr. 3 AktG).

78 Die **Beweislast** für die Aktionärseigenschaft trifft in allen drei Fällen den klagenden Aktionär. Der Beweis kann durch Vorlage der Aktienurkunde, bei Namensaktien durch die Eintragung im Aktienregister (§ 67 AktG) und bei verwahrten Aktien durch Bescheinigung der Depotbank erbracht werden.[179]

79 Erfüllt ein Aktionär seine Mitteilungspflicht aus § 20 Abs. 1 AktG über eine Kapitalbeteiligung von mehr als 25 Prozent nicht, erfasst der (temporäre) Verlust der Rechte gem. § 20 Abs. 7 S. 1 AktG auch seine Anfechtungsbefugnis.[180] Dasselbe gilt bei einem **Rechtsverlust** gem. § 28 WpHG (ab 3.1.2018 § 44 WpHG) und gem. § 59 S. 1 WpÜG.[181] Auch ein komplett stimmrechtslos gefasster Beschluss ist nicht nichtig, sondern lediglich anfechtbar.[182]

bb) Vorstand und Organmitglieder

80 Anfechtungsbefugt ist der Gesamtvorstand als Gremium (§ 245 Nr. 4 AktG). Einzelne Vorstands- und Aufsichtsratsmitglieder sind anfechtungsbefugt, wenn sie sich durch die Ausführung des Beschlusses strafbar oder schadensersatzpflichtig machen würden (§ 245 Nr. 5 AktG).

cc) Sondertatbestände

81 Bei einer fehlerhaften Wahl von Aufsichtsratsmitgliedern steht das Anfechtungsrecht auch den Repräsentanten der Arbeitnehmer zu (§ 251 Abs. 2 AktG). Im Fall des § 254 AktG (Anfechtung des Beschlusses über die Verwendung des Bilanzgewinnes) setzt die Anfechtung ein Quorum von mindestens fünf Prozent des Grundkapitals oder den anteiligen Betrag von 500.000 EUR voraus (§ 254 Abs. 2 S. 3 AktG).

b) Missbrauch

82 In zahlreichen Fällen wird die Anfechtungsklage erhoben, um die Aktiengesellschaft oder einen (Mehrheits-)Aktionär zu Sonderzahlungen an die Kläger, zum „Abkauf der erhobenen Anfechtungsklage", zu veranlassen (**Funktionsmissbrauch der Anfechtungsklage**).[183] Bedarf eine von der Hauptversammlung beschlossene Maßnahme der Eintragung in das Handelsregister, eröffnet gerade die Blockadewirkung einer Anfechtungsklage (→ Rn. 100 f.) räuberischen Aktionären[184] ein weites Betätigungsfeld.[185] Das Druckmittel der räuberischen Aktionäre ist die Registerblockade, ihr Hebel ist das Zeitmoment.[186] Der „Lästigkeitswert" der Klage erhöht sich, je dringender die Gesellschaft auf eine rasche Durchführung der angemeldeten Maßnahme angewiesen ist.[187] Für die Verwaltung be-

---

[179] *Koch* in Hüffer/Koch AktG § 245 Rn. 9.
[180] BGH NZG 2006, 505; *Paudtke* NZG 2009, 939 (940).
[181] OLG Frankfurt a.M. NZG 2007, 553 (555 und 558); OLG Schleswig Der Konzern 2006, 294 (296); zum Rechtsverlust allgemein *Mülbert* FS Karsten Schmidt, 2009, 1219 *(passim)* sowie *Scholz* AG 2009, 313.
[182] *Goette* Gesellschaftsrecht in der Diskussion 2006, Bd. 12 [2007], 1, 20.
[183] *Bayer* 35, 43; *Timm*, Missbräuchliches Aktionärsverhalten, 1990, 1, 2.
[184] Begriff nach *Lutter* FS 40 Jahre Der Betrieb, 1988, 193.
[185] *Baums* Gutachten S. F 155 ff.; *Zöllner* AG 2000, 145 (147 ff.); dazu auch *Bayer* 35, 44 f.
[186] *Florstedt* AG 2009, 465 (468); gleichsinnige historische Äußerungen nachgewiesen bei *Bayer* 35, 45 f.; allgemeiner historischer Überblick bei *Baums* Gutachten S. F 144 ff.
[187] Zur Blockade der (seinerzeitigen) Sanierungsbemühungen des KarstadtQuelle-Konzerns *Jahn* BB 2005, 5 (6).

deutet dies vor allem dann ein Dilemma, wenn der angefochtene Beschluss ein wichtiges Element der Unternehmenspolitik bildet, das durch den Anfechtungsprozess jahrelang blockiert werden kann: in dieser Lage wächst die Neigung, sich auf die Erpressung einzulassen und die (häufig auf dieses profitable Geschäft spezialisierten) Kläger durch beträchtliche Abfindungen zufrieden zu stellen.[188]

Die Ausübung der Anfechtungsbefugnis unterliegt den für private Rechtsausübung auch sonst geltenden Schranken. Nach allgemeinen Rechtsgrundsätzen (§ 242 BGB) kann die Anfechtungsklage wegen (individuellen) **Rechtsmissbrauchs** unbegründet sein.[189] Es besteht seit langem Einverständnis, dass eine derartige Klage als rechtsmissbräuchlich und deshalb als unbegründet abgewiesen werden kann.[190] Früher wurde dafür die Erfüllung des Straftatbestandes der Nötigung oder Erpressung verlangt.[191] Der BGH hat sich von diesen engen Voraussetzungen gelöst und sieht einen individuellen Rechtsmissbrauch bereits dann als gegeben an, „wenn der Kläger Anfechtungsklage mit dem Ziel erhebt, die verklagte Gesellschaft in grob eigennütziger Weise zu einer Leistung zu veranlassen, auf die er keinen Anspruch hat und billigerweise auch nicht erheben kann".[192] Ein derartiger Verstoß gegen die Treuepflicht kann selbst dann zu bejahen sein, wenn die Klage im Übrigen begründet ist und sie deshalb an sich „der Herbeiführung eines Gesetz oder Satzung entsprechenden Rechtszustandes dient".[193] 83

Für die gerichtliche Praxis stellt sich das **Abgrenzungsproblem,** wo im Einzelfall die Grenze zwischen einer legitimen Vergleichsverhandlung und einer missbräuchlichen Forderung zu ziehen ist.[194] Nicht erforderlich ist, dass Zahlung verlangt wird. Vielmehr kann es genügen, wenn die Klage in der Erwartung erhoben worden ist, die Gesellschaft werde sich unter dem Druck der infolge dieses Vorgehens befürchteten wirtschaftlichen Nachteile an den Kläger wenden und ihm Zahlungsangebote unterbreiten[195] oder wenn sich der Kläger in früheren Fällen rechtsmissbräuchlich verhalten hat.[196] Auf der anderen Seite braucht der klagende Aktionär grundsätzlich kein eigenes Rechtsschutzinteresse an der Klage darzulegen, da die Anfechtungsbefugnis ein eigennütziges Mitgliedschaftsrecht ist.[197] 84

Der Bundesgerichtshof hebt in seiner Rechtsprechung zur rechtsmissbräuchlichen Anfechtungsklage auf den aus dem Rechtsgedanken der §§ 226, 242, 826 BGB entwickelten Einwand des Rechtsmissbrauchs ab, der durch eine nicht dem Gesetz entsprechende Ausübung des Anfechtungsrechts verwirklicht wird; auf den Gedanken der Treuepflicht, zu der jeder Aktionär gegenüber der Gesellschaft verpflichtet ist, greift er nicht zurück.[198] Es ist jedoch allgemein anerkannt, dass in der Ausübung der Mitgliedschaftsrechte ohne angemessene Berücksichtigung der Gesellschaftsbelange oder der gesellschaftsbezogenen Interessen der Mitaktionäre eine Treuepflichtverletzung liegt, weswegen der rechtsmissbräuchlich klagende Aktionär sich gegenüber dem Verband, dem er angehört, **schadens-** 85

---

[188] *Klein,* F.A.Z. v. 29.12.2000, S. 16 unter der Überschrift „Der ‚räuberische Aktionär' ist eigentlich ein Erpresser, der Millionen verdient".
[189] BGHZ 107, 296 (310 f.) = NJW 1989, 2689; *Koch* in Hüffer/Koch AktG § 245 Rn. 23; *Raiser/Veil* Kap-GesR § 16 Rn. 180.
[190] Der Einwand des Rechtsmissbrauchs richtet sich gegen das Anfechtungsrecht des Aktionärs, das ihm als materielles Gestaltungsrecht zusteht; wird der Einwand zu Recht erhoben, zieht dies daher die Unbegründetheit der Anfechtungsklage nach sich, so BGH NJW-RR 1992, 1388.
[191] RGZ 146, 385 (395 f.).
[192] BGHZ 107, 296 (311) – Kochs-Adler.
[193] BGHZ 107, 296 (308) – Kochs-Adler; *Raiser* FS 100 Jahre GmbH-Gesetz, 1992, 587 (605); K. *Schmidt* GesR 864.
[194] *Raiser* in Habersack/Bayer AktienR im Wandel Bd. II Kap. 14 Rn. 61 spricht von den eher tastenden Versuchen der Rechtsprechung, dem Problem missbräuchlicher Anfechtungsklagen beizukommen, die noch nicht zu einem befriedigenden Ergebnis geführt hätten.
[195] BGH NJW-RR 1990, 350.
[196] BGH WM 1992, 1404 (1406).
[197] *Waclawik* Rn. 81 f.
[198] *Henze/Born/Drescher* HRR AktienR Rn. 1607.

ersatzpflichtig macht.[199] Dieser Schadensersatzanspruch kann sowohl der Gesellschaft als auch den Gesellschaftern zustehen.[200] Ferner kann auch eine Haftung wegen sittenwidriger vorsätzlicher Schädigung aus § 826 BGB bestehen.[201]

3. Verfahren

a) Parteien und gesetzlicher Vertreter

86 Als **Kläger** kommen nur Personen in Betracht, die anfechtungsbefugt sind. Mehrere Kläger sind notwendige Streitgenossen iSd § 62 Abs. 1 ZPO. Der notwendigen Streitgenossenschaft steht nicht entgegen, dass ggf. einzelne Klagen abgewiesen werden, wenn die Anfechtungsbefugnis nicht vorliegt oder die Klage nicht zulässig ist, bspw. wegen Versäumung der Anfechtungsfrist (→ Rn. 106).

87 Die Klage ist gegen die Gesellschaft zu richten; diese ist **Beklagte**. Abweichend von § 78 Abs. 1 AktG obliegt die Vertretung der Gesellschaft dabei grundsätzlich Vorstand und Aufsichtsrat gemeinsam, sofern die Klage durch einen Aktionär erhoben wird **(Grundsatz der Doppelvertretung)**.[202] Dies gilt für alle Prozesshandlungen der Gesellschaft und ist auch und gerade bei Zustellung der Klageschrift (§ 253 Abs. 1 ZPO – dazu noch → Rn. 88) zu beachten.[203] Klagt der Vorstand oder ein Vorstandsmitglied, wird die Gesellschaft durch den Aufsichtsrat, klagt ein Aufsichtsratsmitglied, wird sie durch den Vorstand vertreten. Wird die Klage durch Mitglieder des Vorstands und des Aufsichtsrats erhoben, muss der Vorsitzende des Prozessgerichts einen Prozesspfleger bestellen.

b) Klageerhebung und Antrag

88 Die Klageerhebung erfolgt durch **Zustellung** der Klageschrift (§ 253 Abs. 1 ZPO). Notwendiger Inhalt der Klageschrift ist neben der Bezeichnung der Parteien und des Gerichts die Angabe von Gegenstand und Grund des erhobenen Anspruchs und ein bestimmter Antrag. Nach dem Wortlaut des § 249 Abs. 1 AktG ist die Nichtigkeitsklage auf die Feststellung eines Hauptversammlungsbeschlusses gerichtet; entsprechend ist der **Antrag** zu stellen.[204] Ein lediglich anfechtbarer Beschluss ist demgegenüber schwebend wirksam (→ Rn. 4); hier ist der Antrag auf Gestaltung der Rechtslage zu richten.[205] Jedoch ist zwischenzeitlich anerkannt, dass sowohl die Anfechtungsklage als auch die Nichtigkeitsklage auf dasselbe Ziel gerichtet sind, nämlich die Nichtigkeit des angegriffenen Hauptversammlungsbeschlusses mit Wirkung für und gegen jedermann zu klären.[206] Aus der Identität des Streitgegenstandes folgt, dass das Gericht auch Nichtigkeitsgründe zu prüfen hat, sofern formell nur Anfechtungsklage erhoben wurde, und umgekehrt.[207] Das Gericht ist

---

[199] *Baums* Gutachten S. F 151 und 186f.; *Henze* ZIP 2002, 97 (100); *Lutter* ZHR 153 (1989), 446 (466) sowie *ders.* JZ 1995, 1053; 1055; *Raiser* FS 100 Jahre GmbH-Gesetz, 1992, 587 (605); *Timm*, Missbräuchliches Aktionärsverhalten, 1990, 1, 29; *Zöllner* AG 2000, 145 (148).
[200] *Lutter* ZHR 153 (1989), 446 (466); *Häsemeyer* ZHR 160 (1996), 109 (117).
[201] OLG Frankfurt a.M. NZG 2009, 222 rechtskräftig, siehe BGH BeckRS 2010, 21505 – die Vorläufergesetze zum AktG 1965 kannten noch einen speziellen Haftungstatbestand für unbegründete Anfechtungsklagen (Art. 190b, 222 ADHGB, später dann § 200 Abs. 2 AktG 1937); dazu *Raiser* FS 100 Jahre GmbH-Gesetz, 1992, 587 (589); *Timm*, Missbräuchliches Aktionärsverhalten, 1990, 1, 6f.
[202] §§ 246 Abs. 2 S. 2, 249 Abs. 1 AktG.
[203] *Koch* in Hüffer/Koch AktG § 246 Rn. 31.
[204] Formulierungsvorschlag bei *Henze* ZIP 2002, 97 (98).
[205] Formulierungsvorschlag bei *Henze* ZIP 2002, 97 (98).
[206] BGHZ 134, 364 (366) = NJW 1997, 1510; BGH NJW 1999, 1638.
[207] *K. Schmidt* GesR 858 u. 861.

V. Anfechtungsklage § 44

zu solcher Prüfung nicht nur befugt, sondern auch verpflichtet, weil die Anwendung der § 246 AktG und § 249 AktG eine reine Rechtsfrage ist.[208]

Aufgrund der Doppelvertretung (→ Rn. 87) muss die Klage Vorstand *und* Aufsichtsrat ordnungsgemäß zugestellt werden, beide sind Zustellungsadressaten (§ 170 Abs. 1 S. 1 ZPO). Nach § 170 Abs. 3 ZPO genügt dabei die Zustellung an jeweils ein Mitglied des Vorstands und des Aufsichtsrats.[209] Die **ordnungsgemäße Zustellung** erfolgt durch die Aushändigung einer Abschrift an den Adressaten in Person (§ 177 ZPO). Eine Ersatzzustellung (§ 178 ZPO) an den Vorstand kann auch in der Wohnung des Vorstandsmitglieds erfolgen, insbesondere durch Aushändigung an Familienangehörige oder Hauspersonal, ferner in den Geschäftsräumen durch Aushändigung an dort beschäftigte Personen. Dabei wird es sich in aller Regel um die Räume der beklagten Aktiengesellschaft handeln.[210] Eine Ersatzzustellung an ein Mitglied des Aufsichtsrats kann zunächst unter seiner Privatanschrift erfolgen (§ 178 Abs. 1 Nr. 1 ZPO). Nach § 178 Abs. 1 Nr. 2 ZPO kommt auch die Zustellung in Geschäftsräumen in Betracht, die das Aufsichtsratsmitglied nutzt oder unterhält. Einem Aufsichtsratsmitglied, das Vorstandsmitglied einer anderen Gesellschaft ist, kann daher auch in den dortigen Geschäftsräumen zugestellt werden.[211] Ausgeschlossen ist demgegenüber eine Ersatzzustellung in Geschäftsräumen der beklagten Gesellschaft.[212]

Die **Anfechtungsfrist** von einem Monat nach § 246 AktG ist eine materiell-rechtliche Ausschlussfrist, weshalb es keine Hemmung oder Unterbrechung und auch keine Wiedereinsetzung in den vorigen Stand gibt.[213] Sie beginnt am letzten Tag der Hauptversammlung, in welcher der Beschluss gefasst wurde. Die Frist ist mit rechtzeitiger Einreichung der Klageschrift beim Gericht gewahrt, sofern die Zustellung „demnächst" iSv § 167 ZPO erfolgt. Für die Frage, ob die Zustellung einer Klage trotz einer von dem Kläger zu vertretenden Verzögerung noch in diesem Sinne demnächst erfolgt ist, wird der auf vermeidbare Verzögerungen im Geschäftsablauf des Gerichts zurückzuführende Zeitraum nicht mitgerechnet.[214] Enthält die Klageschrift **unvollständige Angaben** wie etwa die Angabe einer unzutreffenden Anschrift des Vorstands- oder Aufsichtsratsmitglieds, gehen daraus entstandene Zustellungsverzögerungen zu Lasten des Klägers.

Die Klage ist innerhalb der Anfechtungsfrist zu begründen, dh die **Anfechtungsgründe** müssen in ihrem wesentlichen tatsächlichen Kern in den Rechtsstreit eingeführt werden.[215] Geschieht das erst nach Ablauf der Anfechtungsfrist, kommt dies einer verspäteten Klage gleich; die nachgeschobenen (weil verspätet vorgebrachten) Gründe sind unbeachtlich.[216] Wird die Anfechtungsklage auf nicht oder nicht zutreffend beantwortete Fragen gestützt, müssen diese in der Klageschrift konkret benannt werden.[217]

Mehrere Anfechtungsprozesse sind zur gleichzeitigen Verhandlung und Entscheidung zu **verbinden** (§ 246 Abs. 3 S. 6 AktG). Dies setzt identische Anfechtungsgegenstände voraus und gilt damit nicht für Anfechtungsklagen, die sich gegen unterschiedliche Beschlussgegenstände richten. Unerheblich ist demgegenüber, ob dieselben Anfechtungs-

---

[208] BGHZ 134, 364 (366f.) = NJW 1997, 1510; BGH AG 1999, 1638 reSp; BGHZ 160, 253 (256) = NJW 2004, 3561.
[209] BGHZ 32, 114 (119) = NJW 1960, 1006.
[210] *Koch* in Hüffer/Koch AktG § 246 Rn. 33.
[211] *Koch* in Hüffer/Koch AktG § 246 Rn. 34.
[212] *Dörr* in Spindler/Stilz AktG § 246 Rn. 46; *Koch* in Hüffer/Koch AktG § 246 Rn. 34; offen gelassen von BGH NZG 2009, 342 Rn. 52 – Kirch/Deutsche Bank.
[213] *Zöllner* in Habersack/Bayer AktienR im Wandel Bd. II Kap. 10 Rn. 74.
[214] Im Fall BGH NZG 2009, 342 Rn. 51 – Kirch/Deutsche Bank – wurde eine Klageschrift erst nach rd. neuneinhalb Monaten zugestellt. Die Zustellung erfolgte nach Auffassung des BGH aber noch „demnächst" und damit fristwahrend, weil dem Kläger der auf vermeidbare Verzögerungen im gerichtlichen Geschäftsablauf zurückzuführende Zeitraum nicht angelastet werden konnte.
[215] BGHZ 120, 141 (157) = NJW 1993, 400 (404); BGH NZG 2005, 479.
[216] BGHZ 120, 141 (157) = NJW 1993, 400 (404); BGH NZG 2005, 479; *Henze* Rn. 1245.
[217] BGH NZG 2009, 342 Rn. 34 – Kirch/Deutsche Bank.

gründe vorgetragen wurden.[218] Die Verbindung ist zwingend vorgeschrieben; sie steht weder zur Disposition der Parteien noch liegt sie im Ermessen des Gerichts.

c) Bekanntmachung

93 Der Vorstand ist verpflichtet, die Erhebung einer Anfechtungsklage und den Termin zur mündlichen Verhandlung unverzüglich in den Gesellschaftsblättern, also jedenfalls im elektronischen Bundesanzeiger (§ 25 AktG), bekannt zu machen.[219] Bekanntzumachen sind die Klageerhebung und der Termin zur mündlichen Verhandlung. Hat das Gericht anstelle eines frühen ersten Termins ein schriftliches Vorverfahren nach § 276 ZPO angeordnet, so ist dies bekannt zu machen. Eine Bekanntmachung einer späteren Terminbestimmung ist dann nicht mehr erforderlich,[220] da dem Zweck der Norm – Unterrichtung von Aktionären und Öffentlichkeit über die Anfechtung des Beschlusses – genüge getan ist. Die Bekanntmachung kann vom Registergericht durch Festsetzung eines Zwangsgeld durchgesetzt werden, § 407 Abs. 1 AktG.

d) Nebenintervention

94 Die Nebenintervention (§ 66 ZPO) ist sowohl auf Seiten des Anfechtungsklägers als auch auf Seiten der beklagten Gesellschaft möglich. Nebenintervenient kann aber nur sein, wer **parteifähig** ist, also jeder Aktionär und jedes Mitglied des Vorstands und des Aufsichtsrats, ferner (allein auf Klägerseite) der Vorstand.[221] Der Nebenintervenient wird Streitgenosse der Hauptpartei (§§ 61, 69 ZPO), soweit er zu dem in § 248 Abs. 1 S. 1 AktG genannten Personenkreis (Aktionäre sowie Verwaltungsmitglieder) gehört.[222] Weil die Nebenintervention wegen §§ 248, 249 streitgenössisch ist (§ 69 ZPO), besteht keine Kostenparallelität gem. § 101 Abs. 1 ZPO, weswegen eine Kostenentscheidung gem. § 101 Abs. 2, 100 ZPO zu treffen ist. Ob ein Nebenintervenient Ersatz seiner außergerichtlichen Kosten beanspruchen kann, ist deshalb eigenständig und unabhängig von der gegenüber der unterstützten Partei zu treffenden Kostenentscheidung nach seinem persönlichen Obsiegen und Unterliegen im Verhältnis zu dem Gegner zu beurteilen.[223]

95 Eine Nebenintervention ist nur **binnen eines Monats** seit der Bekanntmachung des Vorstands über die Klageerhebung (→ Rn. 93) zulässig (§ 246 Abs. 4 S. 2 AktG). Zur Wahrung der Frist muss der Schriftsatz des Nebenintervenienten innerhalb der Frist bei dem Prozessgericht eingegangen sein (§ 70 Abs. 1 ZPO). Ein verspäteter Beitritt ist unwirksam.[224] Für einen Beitritt auf Beklagtenseite gilt diese Beschränkung nicht.[225]

e) Dispositionsmaxime; Vergleichsfähigkeit?

96 Vorstand und Aufsichtsrat sind verpflichtet, Beschlüsse der Hauptversammlung auszuführen und angegriffene Beschlüsse grundsätzlich zu verteidigen.[226] Ihnen kommt keine materiell-rechtliche Befugnis zu, über die Wirksamkeit eines Beschlusses zu disponieren.[227] Die Prozessparteien eines Beschlussmängelstreits können daher keinen **Vergleich** schließen, der die Wirkung des Beschlusses berührt; eine vergleichsweise Vernichtung von

---

[218] *Dörr* in Spindler/Stilz AktG § 246 Rn. 42.
[219] § 246 Abs. 4 S. 1 AktG.
[220] *Dörr* in Spindler/Stilz AktG § 246 Rn. 53.
[221] *Koch* in Hüffer/Koch AktG § 246 Rn. 5.
[222] *Koch* in Hüffer/Koch AktG § 246 Rn. 7.
[223] BGH NZG 2009, 948; 2007, 789.
[224] OLG Frankfurt a.M. AG 2006, 755; OLG Nürnberg AG 2007, 295 f.
[225] BGH NZG 2009, 948; *Dörr* in Spindler/Stilz AktG § 256 Rn. 56; *Koch* in Hüffer/Koch AktG § Rn. 40.
[226] *Würthwein* in Spindler/Stilz AktG § 241 Rn. 89 f.
[227] *Dörr* in Spindler/Stilz AktG § 246 Rn. 50; *Würthwein* in Spindler/Stilz AktG § 241 Rn. 90.

V. Anfechtungsklage   § 44

Hauptversammlungsbeschlüssen ist ausgeschlossen.[228] Da dies allgemein anerkannt ist, überrascht es, dass umstritten ist, ob die Verwaltung im Beschlussmängelstreit ein **Anerkenntnis** (§ 307 ZPO) erklären kann.[229] Auch dies ist mit denselben Gründen (fehlende materiell-rechtliche Dispositionsbefugnis) abzulehnen. Auch darf die Verwaltung nicht prozessual untätig bleiben und Versäumnisurteil gegen die Gesellschaft ergehen lassen.

f) Streitwert

Zentrale Bedeutung für den Rechtschutz der Aktionäre durch die Anfechtung von Hauptversammlungsbeschlüssen hat die **Sonderregelung** für den Streitwert in Anfechtungsprozessen:[230] Das Prozessrisiko und die Höhe der Prozesskosten bestimmen den wirtschaftlichen Wert eines Rechts.[231] Ein lediglich nach dem Interesse der Gesellschaft bemessener Streitwert würde oft so hoch liegen, dass das Prozesskostenrisiko gerade die schutzbedürftigen Kleinaktionäre davon abhielte, Klage zu erheben. Ohne Begrenzung des Kostenrisikos wäre das Anfechtungsrecht lediglich ein stumpfes Schwert.[232] Auf der anderen Seite provoziert ein nur nach dem Nennwert oder anteiligen Wert der Aktien des Aktionärs berechneter Streitwert mutwillige Klagen. Die Regelung des § 247 AktG sucht diese widerstreitenden Aspekte auszugleichen. 97

Gem. § 247 Abs. 1 AktG bestimmt das Gericht den Streitwert unter Berücksichtigung aller Umstände des einzelnen Falles, insbesondere der Bedeutung der Sache für die Parteien, dh sowohl des klagenden Aktionärs als auch der Gesellschaft, nach billigem Ermessen. Es ist jedoch an die im Gesetz genannten **Höchstwerte** von einem Zehntel des Grundkapitals und höchstens 500.000,– Euro gebunden. Die Höchstgrenze gilt für jeden einzelnen Klageantrag; bei der Anfechtung mehrerer Beschlüsse mittels einer Klage kann der Gesamtstreitwert höher liegen.[233] 98

Macht eine Partei (gewöhnlich der klagende Aktionär) glaubhaft, dass die Belastung mit den Prozesskosten ihre wirtschaftliche Lage erheblich gefährden würde, so kann das Prozessgericht auf Antrag anordnen, dass für sie der für die Berechnung der Anwalts- und Gerichtskosten maßgebliche Streitwert niedriger, und zwar nach einem ihrer Wirtschaftslage angepassten Teil, bemessen wird (**Streitwertspaltung** nach § 247 Abs. 2 AktG). 99

4. Registerverfahren

Das **Registergericht** ist berechtigt und verpflichtet, den zur Eintragung angemeldeten Beschluss oder die zur Eintragung angemeldete Maßnahme in formeller und materieller Hinsicht zu prüfen.[234] Vorschriften über das Registerverfahren finden sich in §§ 374 ff. FamFG. Spezielle gesetzliche Vorgaben über die Behandlung angefochtener eintragungsbedürftiger Hauptversammlungsbeschlüsse bestehen dabei indes nicht; (bedeutsame) Ausnahmen sind die Fälle, in denen das Gesetz als formelle Eintragungsvoraussetzung eine Negativerklärung fordert (→ Rn. 101). Weil der Registerrichter die Erfolgsaussichten einer erhobenen Anfechtungsklage regelmäßig nicht mit ausreichender Sicherheit beurteilen kann und er hierbei auch nicht das Spruchrichterprivileg des § 839 Abs. 2 S. 1 BGB ge- 100

---

[228] *Dörr* in Spindler/Stilz AktG § 246 Rn. 50; *Koch* in Hüffer/Koch AktG § 246 Rn. 18; *Raiser/Veil* KapGesR § 16 Rn. 173; *Waclawik* Rn. 110; *Windbichler* in Timm, Missbräuchliches Aktionärsverhalten, 1990, 35, 38; **aA** anscheinend *Zöllner* in Habersack/Bayer AktienR im Wandel Bd. II Kap. 10 Rn. 76.
[229] Bejahend *Bork* ZIP 1992, 1205; *Koch* in Hüffer/Koch AktG § 246 Rn. 17; *Würthwein* in Spindler/Stilz AktG § 241 Rn. 90; **aA** *Dörr* in Spindler/Stilz AktG § 246 Rn. 51; *Volhard* ZGR 1996, 55 (69 ff.); *Waclawik* Rn. 109.
[230] *Zöllner* in Habersack/Bayer AktienR im Wandel Bd. II Kap. 10 Rn. 95.
[231] *Baums* Gutachten FS Lutter, 2000, 283.
[232] *Henze* ZIP 2002, 97 (100).
[233] *Koch* in Hüffer/Koch AktG § 247 Rn. 9; *Dörr* in Spindler/Stilz AktG § 247 Rn. 15.
[234] *Koch* in Hüffer/Koch AktG § 181 Rn. 14; *Preuß* in Oetker HGB § 8 Rn. 83.

nießt,²³⁵ ist es in der Praxis die Regel, dass das Registergericht das Eintragungsverfahren gem. § 21 Abs. 1 FamFG aussetzt, womit eine **faktische Registersperre** eintritt.²³⁶

101   Im Fall der Eingliederung (§§ 319, 320 AktG), des Squeeze-out (§ 327a AktG) und der Strukturmaßnahmen nach dem UmwG²³⁷ besteht demgegenüber eine **formelle Registersperre:** Der Vorstand hat bei der Anmeldung der jeweiligen Maßnahmen zur Eintragung in das Handelsregister eine Negativerklärung abzugeben, ohne die das Registergericht die Eintragung nicht vornehmen darf.²³⁸ Inhalt dieser Erklärung ist, dass eine Klage gegen die Wirksamkeit des Beschlusses nicht oder nicht fristgemäß erhoben oder rechtskräftig abgewiesen oder zurückgenommen worden ist. Diese Erklärung ist formelle Eintragungsvoraussetzung;²³⁹ liegt sie nicht vor, trägt das Registergericht nicht ein. Es kann die Erklärung mittels förmlicher Zwischenverfügung (§ 382 Abs. 4 FamFG) anfordern; kann sie nicht beigebracht werden, kann das Registergericht die Anmeldung als zurzeit unzulässig zurückweisen.²⁴⁰ In der Praxis setzt das Gericht seine Entscheidung über die Eintragung in aller Regel aus,²⁴¹ bis eine Entscheidung im Freigabeverfahren ergangen ist. Diese Verfahrensweise ist für Umwandlungsmaßnahmen vor dem Hintergrund der Stichtagsregelung für die Schlussbilanz (§ 17 Abs. 2 S. 4 UmwG) wichtig, da auch die Handelsregisteranmeldung ohne beigefügte Negativerklärung resp. Freigabeentscheidung die Frist wahrt.²⁴²

102   Der BGH urteilte 1990 zum alten Verschmelzungsrecht (§ 345 Abs. 1 S. 2 AktG aF), dass das Registergericht nicht gehindert sei, die Verschmelzung bereits vor der rechtskräftigen Beendigung des Anfechtungsverfahrens in das Handelsregister einzutragen, wenn eine gegen einen Verschmelzungsbeschluss erhobene Anfechtungsklage eines Aktionärs zweifelsfrei ohne Erfolgsaussicht ist.²⁴³ Der Gesetzgeber hat diesen Ansatz im **Freigabeverfahren** übernommen und ausgedehnt.²⁴⁴ Er trägt damit der Erkenntnis Rechnung, dass es wirtschaftlich unvertretbar sein kann, einem beklagten Rechtsträger zuzumuten, vor dem Vollzug einer Maßnahme erst den rechtskräftigen Abschluss oftmals langwieriger Gerichtsverfahren zur Wirksamkeit eines Hauptversammlungsbeschlusses abzuwarten.²⁴⁵ – Siehe zum Freigabeverfahren § 45.

5. Urteil und weiterer Gang der Dinge

a) Entscheidung in der Sache

103   Nichtigkeits- und Anfechtungsklage verfolgen mit der richterlichen Klärung der Nichtigkeit von Gesellschafterbeschlüssen mit Wirkung für und gegen jedermann dasselbe materielle Ziel.²⁴⁶ Ob dieses Ziel durch Klage auf Feststellung oder Nichtigkeit eines Hauptversammlungsbeschlusses oder durch Anfechtung des vorerst wirksamen, aber vernichtbaren Gesellschafterbeschlusses verfolgt wird, ist nicht entscheidend. Aufgrund dieser **Identität des Ziels** muss der Tatrichter den angegriffenen Beschluss unter Berücksichtigung des gesamten Klagevortrages auf seine Nichtigkeit prüfen, gleichgültig, ob die Gründe unter dem Gesichtspunkt der Nichtigkeit oder Anfechtbarkeit vorgetragen wor-

---

[235] *Büchel* FS Happ, 2006, 1 (4); *Spindler* NZG 2005, 825 (829).
[236] *Baums/Keinath/Gajek* ZIP 2007, 1629 (1648); *Koch* in Hüffer/Koch AktG § 243 Rn. 53; *Preuß* in Oetker HGB § 8 Rn. 116; *M. Winter* FS Happ, 2006, 363 (367); Vorgängernorm war § 127 FGG.
[237] Verschmelzung, §§ 2 ff. UmwG, Spaltung, §§ 123 ff. UmwG, Formwechsel, §§ 190 ff. UmwG.
[238] § 319 Abs. 5 S. 2 AktG und § 16 Abs. 2 S. 2 UmwG.
[239] *Preuß* in Oetker HGB § 8 Rn. 95 und 113.
[240] *Koch* in Hüffer/Koch AktG § 243 Rn. 57; *Veil* ZIP 1996, 1065.
[241] Zur Aussetzung *Preuß* in Oetker HGB § 8 Rn. 129 f.
[242] *Bork* in Lutter, UmwG, 4. Aufl. 2009, UmwG § 17 Rn. 6.
[243] BGHZ 112, 9 ff. = NJW 1990, 2747 – Hypothekenbanken-Schwestern.
[244] § 16 Abs. 3 UmwG sowie §§ 246a und 319 Abs. 6 AktG.
[245] Begr. RegE zu § 16 UmwG, BR-Drs. 75/94, 88.
[246] BGHZ 134, 364 (366) = NJW 1997, 1510; BGH NJW 1999, 1638.

den sind. Eine Teilung des Streitgegenstandes danach, ob der Sachvortrag die Voraussetzungen der Nichtigkeit oder der Anfechtbarkeit erfüllt, und der Erlass eines Teilurteils iSd § 301 ZPO scheiden daher aus.[247]

Welche Formulierung für den **Urteilstenor** gewählt wird, hängt allein davon ab, ob der Sachverhalt die Voraussetzungen der Nichtigkeitsvorschriften oder (nur) die der Vorschriften über die Anfechtbarkeit erfüllt. Im ersten Fall spricht das Gericht die Feststellung aus, dass der näher bezeichnete Beschluss nichtig ist, im zweiten Fall wird der Beschluss für nichtig erklärt.[248]

104

b) Urteilswirkung

Die Wirkung eines in einem Beschlussmängelstreit ergehenden Urteils, durch das der Beschluss für nichtig erklärt bzw. seine Nichtigkeit festgestellt wird, erstreckt sich auf alle Aktionäre sowie auf die Mitglieder des Vorstands und des Aufsichtsrats, auch wenn sie nicht Partei sind (§§ 248 Abs. 1, 249 Abs. 1, 252 AktG). Wird die Nichtigkeit einer Aufsichtsratswahl nach § 250 AktG festgestellt, wirkt das Urteil auch für und gegen die Arbeitnehmer und deren klageberechtigte Repräsentanten (§ 252 AktG). Über den Wortlaut dieser Vorschriften hinaus wird den Urteilen ohne Rücksicht auf ihre Rechtsnatur generelle Wirkung gegenüber jedermann (*inter-omnes-***Wirkung**) zugemessen.[249] Einem die Klage abweisenden Urteil kommt dieselbe generelle Wirkung hingegen nicht zu, da nicht ausgeschlossen werden kann, dass der vom Kläger vergeblich angegriffene Beschluss sich aus anderen Gründen als nichtig erweist.[250] Das Urteil wirkt *ex tunc,* die angegriffenen Beschlüsse sind als von Anfang an nichtig zu behandeln.[251]

105

Während das Gesetz von dem Grundfall ausgeht, dass gegen einen Hauptversammlungsbeschluss *eine* Anfechtungsklage erhoben wird, stellt dies in der Praxis – jedenfalls bei Publikumsgesellschaften – eher die Ausnahme dar; einige Anfechtungsrechtsstreite sind echte Massenverfahren.[252] Hier gelten Besonderheiten: Im Anfechtungsrechtsstreit sind mehrere Klageparteien **notwendige Streitgenossen** iSd § 62 Abs. 1 ZPO, weil das Urteil in einem Beschlussmängelstreit, durch das ein Hauptversammlungsbeschluss für nichtig erklärt wird, für und gegen alle Aktionäre der verklagten Gesellschaft wirkt, § 248 Abs. 1 AktG.[253] Die Entscheidung eines Anfechtungsrechtsstreits muss daher in der Sache einheitlich ergehen.[254] Der Erfolg eines Anfechtungsklägers kommt damit auch den anderen Klägern zugute, die mit ihrem Vorbringen nicht durchgedrungen sind, ohne dass es einer Bezugnahme auf das Vorbringen der anderen Kläger bedarf.[255] Auch der Erlass eines Teilurteils, das einen oder mehrere Aktionäre ausnimmt, ist nicht zulässig.[256] Die notwendige Streitgenossenschaft führt indes nicht dazu, dass sämtliche Anfechtungskläger zu einer „einheitlichen Streitpartei" werden.[257] Daher erstreckt sich die Einheitlichkeit der Entscheidung nicht auf Punkte, die zu einer Klageabweisung aus Gründen führen, die nur die jeweilige Klage betreffen, wie insbesondere das Fehlen der Anfechtungsbefugnis nach § 245 AktG oder die Nicht-

106

---

[247] *Henze/Born/Drescher* HRR AktienR Rn. 1632.
[248] Formulierungsbeispiele bei *Henze* ZIP 2002, 97 (98).
[249] *Raiser/Veil* KapGesR § 16 Rn. 173; *K. Schmidt* GesR 862.
[250] *Raiser/Veil* KapGesR § 16 Rn. 173.
[251] *Raiser/Veil* KapGesR § 16 Rn. 174.
[252] Als Beispiel sei das Anfechtungsverfahren gegen den Ausschluss der Minderheitsaktionäre der HypoVereinsbank AG, OLG München NZG 2008, 795, genannt, wo es 126 Kläger gab.
[253] BGHZ 122, 211 (240) = NJW 1993, 1976 (1983).
[254] BGHZ 122, 211 (240); BGH NZG 2009, 342 Rn. 55 – Kirch/Deutsche Bank.
[255] BGHZ 122, 211 (240); BGH NZG 2009, 342 Rn. 55 – Kirch/Deutsche Bank; KG ZIP 2009, 1223 (1226).
[256] *Henze/Born/Drescher* HRR AktienR Rn. 1638.
[257] *Schultes* in MüKoZPO ZPO § 62 Rn. 41.

wahrung der Klagefrist des § 246 AktG.[258] Insoweit hat das Gericht nicht über das gemeinsame streitige Rechtsverhältnis (§ 62 Abs. 1 ZPO) zu entscheiden.[259]

107 Bezieht sich der Mangel nicht auf alle Teile eines Beschlusses, kommt § 139 BGB zur Anwendung.[260] Im Zweifel führt damit die **Teilnichtigkeit** zur Gesamtnichtigkeit. Steht allerdings fest, dass der nicht zu beanstandende Teil des Beschlusses auch ohne den rechtswidrigen Teil gefasst worden wäre, so ist nur dieser Teil des Beschlusses nichtig.[261]

108 Für **strukturändernde Beschlüsse** der Hauptversammlung nach dem UmwG bestehen bezüglich der Urteilswirkungen Spezialregelungen: einer einmal erfolgten Eintragung der Maßnahme in das Handelsregister ist konstitutive Wirkung beizumessen, die durch Mängel des Beschlusses nicht berührt wird.[262] Wurde ein Beschluss aufgrund eines stattgebenden Freigabebeschlusses eingetragen, sind die erfolgreichen Anfechtungskläger darauf beschränkt, Schadensersatz zu verlangen (→ § 45 Rn. 43 ff.).

109 Das **Vertragskonzernrecht** kennt keine dem UmwG entsprechende Regelung. Auf fehlerhafte Unternehmensverträge finden grundsätzlich die Lehre von der fehlerhaften Gesellschaft mit der Folge Anwendung, dass die Gesellschaft in der Regel nur mit Wirkung für die Zukunft analog § 297 AktG abgewickelt werden kann. Ob diese Lehre auch im Fall der nichtigen Zustimmung oder einer erfolgreichen Anfechtung anzuwenden ist, ist streitig.[263] Dies erscheint tatsächlich zweifelhaft: Auch eine fehlerhafte Gesellschaft setzt zwingend einen – wenngleich fehlerhaften – Vertrag voraus.[264] An diesem Vertrag fehlt es im Fall einer Vertretung ohne Vertretungsmacht (§ 177 BGB).[265] Fehlt es an der Zustimmung der Hauptversammlung zum Abschluss eines Unternehmensvertrags, ist dieser aufgrund fehlender Vertretungsmacht des Vorstands zum Abschluss des Vertrages (schwebend) unwirksam. Warum etwas anderes im Fall der Nichtigkeit der Zustimmung von Anfang an gelten soll, ist nicht ersichtlich. – Hat die Gesellschaft einen Freigabebeschluss erwirkt, folgt der Bestandsschutz aus § 246a Abs. 1, Abs. 3 S. 5 und Abs. 4 S. 2 AktG.

110 Auf einen durchgeführten nichtigen **Kapitalerhöhungsbeschluss** können die Regeln über die fehlerhafte Gesellschaft demgegenüber herangezogen werden. Entsprechendes gilt bei einer fehlerhaften Kapitalherabsetzung.[266] Auch hier gibt es einen Bestandsschutz aus § 246a AktG.

c) Publizität des Verfahrensausgangs

111 Ist die Anfechtungsklage erfolgreich, hat der Vorstand das rechtskräftige Urteil unverzüglich zum **Handelsregister** einzureichen (§ 248 Abs. 1 S. 2 AktG). Das Urteil ist in das Handelsregister einzutragen, sofern der angegriffene Beschluss in das Handelsregister eingetragen war (§ 248 Abs. 1 S. 3 AktG). Eine erweiterte Einreichungspflicht gilt für den Fall, dass ein satzungsändernder Beschluss erfolgreich angefochten wurde (§ 248 Abs. 2 AktG).

112 Börsennotierte Aktiengesellschaften[267] haben jede **Verfahrensbeendigung** unverzüglich in den Gesellschaftsblättern, jedenfalls also dem elektronischen Bundesanzeiger (§ 25

---

[258] KG ZIP 2009, 1223 (1226); *Koch* in Hüffer/Koch AktG § 246 Rn. 3; *Dörr* in Spindler/Stilz AktG § 246 Rn. 22.
[259] BGH NZG 2009, 342 Rn. 55 – Kirch/Deutsche Bank.
[260] *Koch* in Hüffer/Koch AktG § 241 Rn. 36; *Austmann* in MHdB AG § 42 Rn. 74.
[261] BGH NJW 1988, 1214; *Austmann* in MHdB AG § 42 Rn. 74; *Würthwein* in Spindler/Stilz AktG § 241 Rn. 60 ff.
[262] §§ 20 Abs. 2, 125, 176, 202 Abs. 2 UmwG, → § 42 Rn. 10.
[263] Bejahend *Raiser/Veil* KapGesR § 16 Rn. 176; *Langenbucher*, Aktien- und Kapitalmarktrecht, 5. Aufl. 2015, § 6 Rn. 332, aA *Koch* in Hüffer/Koch AktG § 291 Rn. 21.
[264] *Roth* in Baumbach/Hopt HGB HGB § 105 Rn. 79.
[265] *Roth* in Baumbach/Hopt HGB HGB § 105 Rn. 80.
[266] *Raiser/Veil* KapGesR § 16 Rn. 176.
[267] Definition in § 3 Abs. 2 AktG.

AktG), bekannt zu machen.²⁶⁸ Bekanntzumachen ist, wie sich aus §§ 248a S. 2, 149 Abs. 2 AktG ergibt, jede Art der Beendigung. Die Bekanntmachung muss sich auf alle Vereinbarungen und Nebenabreden erstrecken; Leistungsverpflichtungen ohne oder ohne vollständige Bekanntmachung sind unwirksam (§§ 248a S. 2, § 149 Abs. 2 S. 3 AktG). Auch prozessvermeidende Absprachen bedürfen einer Bekanntmachung; erfolgt diese nicht, sind die Absprachen unwirksam (§§ 248a S. 2, § 149 Abs. 3 AktG).

Die Pflicht zur **Publizität** von Verfahrensbeendigungen einschließlich etwaiger Zahlungsverpflichtungen der Gesellschaft sollte nach der ausdrücklichen Intention des Gesetzgebers eine abschreckende Wirkung auf missbräuchliche Klagen und unzulässige Vergleichsleistungen mit sich bringen.²⁶⁹ Die erhoffte Wirkung hat sich allerdings nicht eingestellt; ganz im Gegenteil wurde die Attraktivität des „Berufsklägertums" damit breiter bekannt, was auch ein Grund für seine Ausweitung gewesen sein mag.

113

6. Positive Beschlussfeststellungsklage

Ein besondere Konstellation besteht bei der Anfechtung eines ablehnenden Beschlusses: Nichtigkeits- und Anfechtungsklage haben **kassatorische Wirkung,** sie führen zur Beseitigung des angegriffenen Hauptversammlungsbeschlusses. Dieses Ergebnis bleibt unbefriedigend, wenn der Versammlungsleiter fälschlich die Ablehnung eines Antrags festgestellt hat und der Mangel des Beschlusses so beschaffen ist, dass an Stelle des ablehnenden ein positiver Beschluss hätte festgestellt werden müssen. In solchen Fällen besteht das Bedürfnis, durch das Gericht feststellen zu lassen, dass der Beschluss zustande gekommen ist. Eine gegen die Ablehnung eines Beschlussantrags gerichtete Anfechtungsklage muss daher mit einer Feststellungsklage, gerichtet auf die positive Feststellung des Beschlussergebnisses, verbunden werden.²⁷⁰ Ohne Erhebung der Anfechtungsklage ist diese Feststellungsklage wegen der (schwebenden) Wirksamkeit des Beschlusses unbegründet.²⁷¹ Ferner ist die positive Beschlussfeststellungsklage nicht statthaft, wenn dem Beschlussantrag stattgegeben wurde, da das Klageziel dann infolge der Anfechtungsklage nicht mehr erreicht werden kann.²⁷²

114

Die Beschlussfeststellungsklage ist – anders, als ihre Bezeichnung vermuten lässt – eine **Gestaltungsklage**.²⁷³ Sie ist innerhalb der Monatsfrist des § 246 Abs. 1 AktG zu erheben²⁷⁴ und gegen die Gesellschaft zu richten. Ein stattgebendes Urteil wirkt *inter omnes*.²⁷⁵ Eine solche Rechtsfolge setzt die Gewährung rechtlichen Gehörs voraus, weshalb den betroffenen Aktionären Gelegenheit zur Mitwirkung am Verfahren zu gewähren ist. Gewöhnlich genügt es zu diesem Zweck, dass sie Kenntnis von dem Verfahren erhalten.²⁷⁶ Wird die Klage jedoch darauf gestützt, dass der Aktionär treuwidrig und rechtsmissbräuchlich gegen den Antrag gestimmt hat, so muss er auf positive Stimmabgabe mitverklagt werden.²⁷⁷

115

---

²⁶⁸ § 248a AktG.
²⁶⁹ Begr. RegE UMAG BR-Drs. 3/05, 50 und 62; siehe auch *Baums* Gutachten S. F 184.
²⁷⁰ *Baums* Gutachten S. F 192 f.; *Casper* in Spindler/Stilz AktG vor § 241 Rn. 11; wird eine Anfechtungsklage gegen einen abgelehnten Beschlussantrag nicht mit einer positiven Beschlussfeststellungsklage verbunden, fehlt ihr das Rechtsschutzinteresse, ähnlich *Würthwein* in Spindler/Stilz AktG § 241 Rn. 32; zur Dogmatik der positiven Beschlussfeststellungsklage als „Ergebnisrichtigstellungsklage" *Zöllner* FS Lutter, 2000, 821 (830).
²⁷¹ *Zöllner* in Habersack/Bayer AktienR im Wandel Bd. II Kap. 10 Rn. 94.
²⁷² BGH NZG 2003, 284 (285 f.) (GmbH); *Würthwein* in Spindler/Stilz AktG § 241 Rn. 34.
²⁷³ *Casper* in Spindler/Stilz AktG vor § 241 Rn. 11: gestaltende Feststellungsklage.
²⁷⁴ *Zöllner* in Habersack/Bayer AktienR im Wandel Bd. II Kap. 10 Rn. 94.
²⁷⁵ *Casper* in Spindler/Stilz AktG vor § 241 Rn. 11; *Würdinger*, Aktienrecht und das Recht der verbundenen Unternehmen, 4. Aufl. 1981, 153.
²⁷⁶ *Raiser/Veil* KapGesR § 16 Rn. 179.
²⁷⁷ *Raiser/Veil* KapGesR § 16 Rn. 179.

VI. Nichtigkeitsklage

116 Das Verfahren der Nichtigkeitsklage nach § 249 AktG[278] ist dem der Anfechtungsklage weitgehend angenähert. So gelten kraft Verweisung für die Nichtigkeitsklage die für die Anfechtungsklage vorgesehenen Bestimmungen über die ausschließliche Zuständigkeit des Landgerichts am Sitz der Gesellschaft (→ Rn. 69), die Vertretung der beklagten Gesellschaft (→ Rn. 87), den Streitwert (→ Rn. 97), die Bekanntgabe der Klage (→ Rn. 93) sowie die Wirkung und Bekanntmachung des Urteils (→ Rn. 103 und 111). Wie das Anfechtungsurteil entfaltet das Urteil aufgrund einer Nichtigkeitsklage kraft Gesetzes Wirkung für und gegen alle Aktionäre, die Mitglieder des Vorstands und des Aufsichtsrats sowie den Vorstand selbst, über den Wortlaut des Gesetzes hinaus aber nach allgemeiner Ansicht auch gegenüber jedermann.[279]

117 Abweichend von der Anfechtungsklage kann jeder Aktionär Nichtigkeitsklage erheben; auf die Voraussetzungen des § 245 Nr. 1 AktG kommt es ebenso wenig an wie auf den Nachweis eines Feststellungsinteresses. Auch müssen die besonderen Voraussetzungen für die Klagebefugnis der Vorstands- und Aufsichtsratsmitglieder nicht erfüllt werden.

118 Im Rahmen einer Nichtigkeitsklage ist es unerheblich, ob der angegriffene Beschluss auf dem geltend gemachten Nichtigkeitsgrund beruht;[280] die Nichtigkeit tritt also unabhängig davon ein, ob der Mangel für die Beschlussfassung **relevant** war.[281]

---

[278] Zur dogmatischen Einordnung (besondere Feststellungsklage vs. Gestaltungsklage) siehe *Casper* in Spindler/Stilz AktG vor § 241 Rn. 9.
[279] *Koch* in Hüffer/Koch AktG § 249 Rn. 17.
[280] *Henze/Born/Drescher* HRR AktienR Rn. 1532.
[281] *Würthwein* in Spindler/Stilz AktG § 241 Rn. 20.

§ 45 Freigabeverfahren

Übersicht

	Rn.
I. Überblick	1
II. Allgemeines	1a
1. Blockadewirkung von Beschlussmängelklagen	1a
2. Freigabeverfahren	5
a) Freigabeverfahren im Fall der formellen Registersperre	7
b) Freigabeverfahren im Fall der faktischen Registersperre	9
III. Voraussetzungen der Freigabe	10
1. Unzulässigkeit	11
2. Offensichtliche Unbegründetheit	12
3. Bagatellquorum	16
4. Vorrangiges Vollzugsinteresse	18
a) Interessenabwägung	21
b) Besondere Schwere des Rechtsverstoßes	26
IV. Verfahren	28
1. Statthaftigkeit des Freigabeverfahrens	29
2. Antragsverfahren	32
3. Glaubhaftmachung	37
4. Entscheidung des Gerichts	38
V. Rechtsfolgen	41
VI. Bestandskraft und Schadensersatzpflicht	43

Stichworte

Antrag Rn. 32
Antragsbefugnis Rn. 33
Bagatellquorum Rn. 16 f.
Besondere Schwere des Rechtsverstoßes Rn. 26
Blockadewirkung Rn. 4
Glaubhaftmachung Rn. 37
Interessenabwägung Rn. 21 ff.

Offensichtliche Unbegründetheit Rn. 12 ff.
Rechtsfolgen Rn. 41
Schadensersatzhaftung Rn. 45
Voraussetzungen Rn. 10
Vorrangiges Vollzugsinteresse Rn. 18 ff.
Registersperre Rn. 2 f.
Registerverfahren Rn. 2
Statthaftigkeit Rn. 29

Schrifttum:

Baums, Zur Anfechtung von Hauptversammlungsbeschlüssen – rechtspolitische Vorschläge, VGR 2007, 109; *Büchel*, Vom Unbedenklichkeitsverfahren nach §§ 19 Abs. 3 UmwG, 319 Abs. 6 AktG zum Freigabeverfahren nach UMAG, FS Happ, S. 1; *Florstedt*, Die Reform des Beschlussmängelrechts durch das ARUG, AG 2009, 465; *Kösters*, Das Unbedenklichkeitsverfahren nach § 16 Abs. 3 UmwG, WM 2000, 1921; *Leuering*, Das neue „Bagatellquorum" im Freigabeverfahren, NJW Spezial 2009, 543; *Noack*, ARUG: das nächste Stück der Aktienrechtsreform in Permanenz, NZG 2008, 441; *Poelzig,* Der Referentenentwurf eines Gesetzes zur Umsetzung der Aktionärsrechterichtlinie im Kampf gegen „räuberische Aktionäre", DStR 2008, 1538; *Rubel,* Die Interessenabwägungsklauseln in Freigabeverfahren nach dem ARUG – Bestandsaufnahme und Anwendungshinweise, DB 2009, 2077; *Schall/Habbe/Wiegand,* Anfechtungsmissbrauch – Gibt es einen überzeugenderen Ansatz als das ARUG?, NJW 2010, 1789; *M. Winter,* Reform des Beschlussanfechtungsrechts, FS Happ, S. 363.

I. Überblick

Eine Vielzahl von Beschlüssen der Hauptversammlung bedarf zu ihrer Wirksamkeit der Eintragung in das Handelsregister. Wird gegen den Beschluss eine Klage erhoben, kann diese eine Registersperre bewirken, sei es aufgrund gesetzlicher Anordnung, sei es rein faktisch (→ Rn. 1 ff.). Ausgehend von der Rechtsprechung des BGH hat der Gesetzgeber daher ein Freigabeverfahren entwickelt, mit dem die Eintragung angegriffener Beschlüsse

1

trotz noch laufendem Streitverfahren erreicht werden kann (→ Rn. 5 ff.). Die Freigabe erfolgt, wenn eine der vier gesetzlich genannten Fallgruppen gegeben ist (→ Rn. 10 ff.). Für das Freigabeverfahren selbst als summarisches Eilverfahren sui generis bestehen besondere Verfahrensvoraussetzungen (→ Rn. 28 ff.). Ergeht der Freigabebeschluss (→ 41 f.), führt dies zur Bestandskraft der eingetragenen Strukturmaßnahme (→ Rn. 43 ff.).

II. Allgemeines

1. Blockadewirkung von Beschlussmängelklagen

1a Eine Vielzahl von Beschlüssen der Hauptversammlung bedarf zur Wirksamkeit der **Eintragung** in das Handelsregister. Dies gilt einerseits für Satzungsänderungen, Kapitalmaßnahmen und sonstige im Aktiengesetz geregelte strukturändernde Maßnahmen,[1] andererseits für die Strukturmaßnahmen nach dem UmwG, die ebenfalls erst mit ihrer letzten Eintragung in die Handelsregister der beteiligten Rechtsträger wirksam werden.[2]

2 Vorschriften über das **Registerverfahren** finden sich in §§ 374 ff. FamFG. Dabei bestehen keine speziellen gesetzlichen Vorgaben, wie der Registerrichter zu verfahren hat, wenn gegen einen eintragungsbedürftigen Hauptversammlungsbeschluss eine Anfechtungsklage erhoben wurde; (bedeutsame) Ausnahmen sind die Fälle, in denen das Gesetz eine Negativerklärung fordert (→ Rn. 3). Nach allgemeinen Regeln ist das Registergericht berechtigt und verpflichtet, den zur Eintragung angemeldeten Beschluss oder die zur Eintragung angemeldete Maßnahme in formeller und materieller Hinsicht zu prüfen.[3] Gelangt es dabei zu dem Ergebnis, dass ein Beschluss nichtig ist, hat die Eintragung zu unterbleiben.[4] Kann das Registergericht die Erfolgsaussichten einer Klage gegen einen Hauptversammlungsbeschluss nicht zuverlässig beurteilen – was insbes. dann der Fall ist, wenn es dafür auf das Ergebnis einer Beweisaufnahme ankommt –, setzt es das Eintragungsverfahren gem. § 21 Abs. 1 FamFG aus.[5] Die Erhebung der Anfechtungsklage führt damit zu einer **faktischen Registersperre**.

3 Im Fall der Eingliederung (§§ 319, 320 AktG), des Squeeze-out (§ 327a AktG) und der Strukturmaßnahmen nach dem UmwG[6] besteht demgegenüber eine gesetzliche oder auch **formelle Registersperre:** Der Vorstand hat bei der Anmeldung der jeweiligen Maßnahmen zur Eintragung in das Handelsregister eine Negativerklärung abzugeben, ohne die das Registergericht die Eintragung nicht vornehmen darf (§ 319 Abs. 5 S. 2 AktG und § 16 Abs. 2 S. 2 UmwG). Inhalt dieser Erklärung ist, dass eine Klage gegen die Wirksamkeit des Beschlusses nicht oder nicht fristgemäß erhoben oder rechtskräftig abgewiesen oder zurückgenommen worden ist. Diese Erklärung ist formelle Eintragungsvoraussetzung;[7] liegt sie nicht vor, trägt das Registergericht nicht ein. Es kann die Erklärung mittels förmlicher Zwischenverfügung (§ 382 Abs. 4 FamFG) anfordern; kann sie nicht beigebracht werden, kann das Registergericht die Anmeldung als zur Zeit unzulässig zurückweisen.[8] In der Praxis setzt das Gericht seine Entscheidung über die Eintragung in aller Regel aus,[9] bis eine Entscheidung im Freigabeverfahren ergangen ist. Diese Verfahrensweise ist für Umwandlungsmaßnahmen vor dem Hintergrund der Stichtagsregelung

---

[1] Siehe als Grundfall § 181 Abs. 3 S. 1 AktG – Der Ausschluss von Minderheitsaktionären (§§ 327a ff. AktG) stellt an sich keine Strukturmaßnahme auf Gesellschaftsebene dar, wird aber vom Gesetz so behandelt.
[2] § 20 Abs. 1 UmwG für die Verschmelzung und § 202 Abs. 1 UmwG für den Formwechsel.
[3] *Koch* in Hüffer/Koch AktG § 181 Rn. 14; *Preuß* in Oetker HGB § 8 Rn. 83.
[4] *Koch* in Hüffer/Koch AktG § 181 Rn. 14 und 16; *Preuß* in Oetker HGB § 8 Rn. 108.
[5] *Koch* in Hüffer/Koch AktG § 243 Rn. 53; *Preuß* in Oetker HGB § 8 Rn. 116.
[6] Verschmelzung, §§ 2 ff. UmwG, Spaltung, §§ 123 ff. UmwG, Formwechsel, §§ 198 ff. UmwG.
[7] *Preuß* in Oetker HGB § 8 Rn. 95 und 113.
[8] *Koch* in Hüffer/Koch AktG § 243 Rn. 57; *Veil* ZIP 1996, 1065.
[9] Zur Aussetzung *Preuß* in Oetker HGB § 8 Rn. 129 f.

II. Allgemeines

für die Schlussbilanz (§ 17 Abs. 2 S. 4 UmwG) wichtig, da auch die Handelsregisteranmeldung ohne beigefügte Negativerklärung resp. Freigabeentscheidung die Frist wahrt.[10]

Angesichts der aus der Registersperre folgenden **Blockadewirkung** einer Anfechtungsklage liegt es auf der Hand, dass die Erhebung von Klagen gegen eintragungsbedürftige Hauptversammlungsbeschlüsse einem rechtsmissbräuchlich handelnden Aktionär ein weites Betätigungsfeld eröffnet.[11] Das Druckmittel der räuberischen Aktionäre ist die Registerblockade, ihr Hebel ist das Zeitmoment.[12] Dies folgt vor allem daraus, dass sich der „Lästigkeitswert" der Klage erhöht, je dringender die Gesellschaft auf eine rasche Durchführung der angemeldeten Maßnahme angewiesen ist.[13] Zwar ist das Registergericht – außer in den Fällen, in denen das Gesetz eine Negativerklärung verlangt – zu der beschriebenen Aussetzung des Eintragungsverfahrens keineswegs verpflichtet. Es wird daher sein Ermessen vor allem dann, wenn die erhobene Anfechtungsklage offensichtlich unzulässig oder unbegründet ist, dahingehend ausüben, die Eintragung der angemeldeten Maßnahme vorzunehmen und damit dem Interesse der Gesellschaft an einer baldigen Durchführung dieser Maßnahme zur Durchsetzung zu verhelfen. Weil aber der Registerrichter die Erfolgsaussichten einer erhobenen Anfechtungsklage nicht mit ausreichender Sicherheit beurteilen kann und er hierbei auch nicht das Spruchrichterprivileg des § 839 Abs. 2 S. 1 BGB genießt,[14] ist es in der Praxis die Regel, dass das Registergericht die Eintragung aussetzt, womit die faktische Registersperre eintritt.[15]

2. Freigabeverfahren

Der BGH urteilte 1990 zur Registersperre im alten Verschmelzungsrecht (§ 345 Abs. 1 S. 2 AktG aF), dass das Registergericht nicht gehindert sei, die Verschmelzung bereits vor der rechtskräftigen Beendigung des Anfechtungsverfahrens in das Handelsregister einzutragen, wenn eine gegen einen Verschmelzungsbeschluss erhobene Anfechtungsklage eines Aktionärs zweifelsfrei ohne Erfolgsaussicht ist.[16] Der Gesetzgeber hat diesen Ansatz übernommen und ausgedehnt. Er trägt damit der Erkenntnis Rechnung, dass es wirtschaftlich unvertretbar sein kann, einem beklagten Rechtsträger zuzumuten, vor dem Vollzug einer Maßnahme erst den rechtskräftigen Abschluss oftmals langwieriger Gerichtsverfahren zur Wirksamkeit eines Hauptversammlungsbeschlusses abzuwarten.[17] Das Freigabeverfahren dient damit dem Schutz der beteiligten Gesellschaften vor einer unzumutbaren Belastung durch den mit der Registersperre verbundenen Zeitverlust und das damit verbundene Erpressungspotential. Mit dem Freigabeverfahren soll zugleich ein Ausgleich zwischen den von dem Kläger im Hauptsacheverfahren verfolgten Interessen und dem Interesse der Gesellschaft an einer möglichst raschen Umsetzung unternehmerischer Entscheidungen erreicht werden.[18]

Das Freigabeverfahren wurde und wird vor dem Hintergrund der Aktivitäten räuberischer Aktionäre intensiv diskutiert.[19] Diese Diskussion mündete in dem Gesetz zur Umsetzung der Aktionärsrechterichtlinie (**ARUG**),[20] das ua eine Vereinheitlichung der Interessenabwägungsklausel (→ Rn. 19) sowie die Beschränkung auf eine Instanz (→ Rn. 39)

---

[10] *Bork* in Lutter UmwG § 17 Rn. 6.
[11] *Baums*, Gutachten F für den 63. Deutschen Juristentag in Leipzig 2000, S. F 155 ff.
[12] *Florstedt* AG 2009, 465 (468).
[13] Zur Blockade der Sanierung des KarstadtQuelle-Konzerns *Jahn* BB 2005, 5 (6).
[14] *Büchel* FS Happ, 2006, 1 (4); *Spindler* NZG 2005, 825 (829).
[15] *Baums/Keinath/Gajek* ZIP 2007, 1629 (1648); *M. Winter* FS Happ, 2006, 363 (367).
[16] BGHZ 112, 9 ff. = NJW 1990, 2747 – Hypothekenbanken-Schwestern.
[17] BegrRegE zu § 16 UmwG, BR-Drs. 75/94, 88.
[18] *Simon* in Kölner Komm. UmwG § 16 Rn. 46.
[19] Vgl. nur die Beschlüsse Nr. 14–17 des 67. Deutschen Juristentages in Erfurt 2008, dokumentiert in ZIP 2008, 1896.
[20] Gesetz v. 30.7.2009 (BGBl. 2009 I 2479).

bei Zuständigkeit des Oberlandesgerichts (→ Rn. 36) brachte; darauf wird im einzelnen zurückzukommen sein.

a) Freigabeverfahren im Fall der formellen Registersperre

7 In den Fällen der formellen Registersperre stellt das Gesetz (§ 319 Abs. 6 AktG sowie § 16 Abs. 3 UmwG) ein **Freigabeverfahren** zur Verfügung, dass den betroffenen Gesellschaften erlaubt, unter bestimmten Voraussetzungen eine Durchsetzung der erforderlichen Registereintragung trotz Anhängigkeit einer Beschlussmängelklage zu erreichen. Rechtstechnisch steht es dabei der Abgabe einer Negativerklärung gleich, wenn das angerufene Oberlandesgericht nach Erhebung einer Klage gegen die Wirksamkeit des jeweiligen Hauptversammlungsbeschlusses auf Antrag der betroffenen Gesellschaft durch rechtskräftigen Beschluss festgestellt hat, dass die Erhebung der Klage der Eintragung nicht entgegensteht. Diese Feststellung darf das Gericht treffen, wenn die Klage unzulässig oder offensichtlich unbegründet ist oder wenn das alsbaldige Wirksamwerden des Hauptversammlungsbeschlusses vorrangig erscheint, weil die vom Antragsteller dargelegten wesentlichen Nachteile für die Gesellschaft und ihre Aktionäre nach freier Überzeugung des Gerichts die Nachteile für den Antragsgegner überwiegen und der Eintragung nicht die Schwere der mit der Klage geltend gemachten Rechtsverletzungen entgegensteht.

8 Eine strukturverwandte formelle Umsetzungssperre enthält § 20 Abs. 3 S. 3 SchVG 2009: Angefochtene Beschlüsse der Gläubigerversammlung dürfen nicht umgesetzt werden. Gem. § 20 Abs. 3 S. 3 SchVG 2009 steht aber auch dem **Anleiheschuldner** das Freigabeverfahren nach Maßgabe des § 246a AktG zur Verfügung, wenn ein Beschluss der Gläubigerversammlung angefochten wurde.

b) Freigabeverfahren im Fall der faktischen Registersperre

9 Der Anwendungsbereich des Freigabeverfahrens wurde durch das UMAG[21] durch die Einführung von § 246a AktG erweitert und erstreckt sich nunmehr auch auf bestimmte Bereiche der faktischen Registersperre. Die Anwendbarkeit des Freigabeverfahrens nach § 246a AktG erstreckt sich auf sämtliche Beschlüsse, die nach den Vorschriften der §§ 182–240 und §§ 219–307 AktG mit dem Ziel der Kapitalbeschaffung, der Kapitalherabsetzung oder bezüglich eines Unternehmensvertrages gefasst werden; insbes. auch Beschlussfassungen über solche Kapitalerhöhungen, die mit einem Bezugsrechtsausschluss verbunden sind, können daher Gegenstand des Freigabeverfahrens sein. Das Freigabeverfahren kann auch hinsichtlich eines bereits in das Handelsregister eingetragenen Beschlusses beantragt werden, um diesem zu dem sich aus § 246a Abs. 3 S. 5 Hs. 2 AktG ergebenden besonderen Bestandsschutz zu verhelfen (→ Rn. 30).

III. Voraussetzungen der Freigabe

10 Das Gesetz kennt **vier Fälle,** in denen der Freigabebeschluss ergehen darf, nämlich
– bei Unzulässigkeit der Klage,
– bei offensichtlicher Unbegründetheit der Klage,
– wenn die Bagatellgrenze für den Anteilsbesitz nicht überschritten wird (Bagatellquorum), und
– bei Vorrangigkeit des Interesses am Wirksamwerden des angefochtenen Beschlusses.

---

[21] Das Gesetz zur Unternehmensintegrität und Modernisierung des Anfechtungsrechts vom 22.9.2005 (BGBl. 2005 I 2802); zur Verfassungsmäßigkeit der Neuregelungen durch das ARUG KG NZG 2010, 224; OLG Stuttgart NZG 2010, 27; *Saß/Ogorek* NZG 2010, 337.

1. Unzulässigkeit

Der Erlass eines Freigabebeschlusses kommt zunächst dann in Betracht, wenn die Klage gegen die Wirksamkeit des Hauptversammlungsbeschlusses **unzulässig** ist.[22] Hierbei kommt es nicht auf die Frage der Offensichtlichkeit an; das Gericht muss die Zulässigkeitsfrage also abschließend prüfen.[23] Entscheidend sind die allgemeinen Kriterien für die Zulässigkeit einer Klage, dh das Vorliegen der allgemeinen und besonderen Prozessvoraussetzungen.[24]

2. Offensichtliche Unbegründetheit

Der Freigabebeschluss kann auch dann ergehen, wenn die Klage gegen die Wirksamkeit des Hauptversammlungsbeschlusses **offensichtlich unbegründet** ist.[25] Unbegründet ist die Klage, wenn keiner der geltend gemachten Anfechtungs- oder Nichtigkeitsgründe durchgreift oder die Klageerhebung rechtsmissbräuchlich ist.[26]

Es ist nicht erforderlich, dass die Unbegründetheit auf den ersten Blick erkennbar ist. Bei der Frage, welcher **Prüfungsaufwand** dem Gericht zuzumuten ist, ist zwischen Tatsachenfeststellungen einerseits und der rechtlichen Bewertung andererseits zu unterscheiden.[27]

Sind für die Entscheidung über die Begründetheit oder Unbegründetheit der Klage schwierige **Tatsachenermittlungen** nötig, fehlt es an der Offensichtlichkeit. Im Freigabeverfahren entscheidet das Gericht allein auf Basis der unstreitigen oder hinreichend glaubhaft gemachten Tatsachen; geringer Ermittlungsaufwand ist dem Gericht zumutbar.[28] Hängt die Sachentscheidung hingegen von einer Beweisaufnahme jenseits von präsenten Beweismitteln (→ Rn. 37) ab, ist die Unbegründetheit nicht offensichtlich.[29]

Für die **rechtliche Beurteilung** wurde die Offensichtlichkeit anfangs teilweise davon abhängig gemacht, dass nur einfach gelagerte Rechtsfragen zu entscheiden seien, die keine schwierigen rechtlichen Überlegungen forderten.[30] Demgegenüber hat sich zu Recht die Ansicht durchgesetzt, dass das Gericht alle Rechtsfragen vollständig zu durchdringen und aus seiner eigenen Rechtsüberzeugung zu entscheiden hat, so dass die Begründetheit oder Unbegründetheit der Klage für das entscheidende Gericht offensichtlich wird.[31] Offensichtlich unbegründet ist eine Klage daher nicht nur dann, wenn die Unbegründetheit „evident", dh der Klage die Unbegründetheit „auf die Stirn geschrieben" ist, sondern auch dann, wenn das Gericht nach seiner Überzeugung zu dem Ergebnis gelangt, dass die Klage mit hoher Wahrscheinlichkeit unbegründet ist.[32] Der Prüfungsaufwand spielt dabei keine Rolle;[33] vielmehr muss das Gericht auch im Freigabeverfahren eine umfassende

---

[22] Jeweils die erste Variante von § 319 Abs. 6 S. 2 AktG, § 16 Abs. 3 S. 2 UmwG und § 246a Abs. 2 S. 1 AktG.
[23] *Leuering* in Hölters AktG § 319 Rn. 36.
[24] *Leuering* in Hölters AktG § 319 Rn. 36.
[25] Jeweils die zweite Variante von § 319 Abs. 6 S. 2 AktG, § 16 Abs. 3 S. 2 UmwG und § 246a Abs. 2 S. 1 AktG.
[26] OLG Jena NJW-RR 2009, 182 unter Verweis auf *Schwanna* in Semler/Stengel UmwG § 16 Rn. 29.
[27] *Leuering* in Hölters AktG § 319 Rn. 37.
[28] *Leuering* in Hölters AktG § 319 Rn. 37.
[29] *Bork* in Lutter UmwG § 16 Rn. 22; *Schwab* in K. Schmidt/Lutter AktG § 246a Rn. 3.
[30] Nachweise bei *Bork* in Lutter UmwG § 16 Rn. 22 und dort in Fn. 5 und *Büchel* FS Happ, 2006, 1 (9 f.).
[31] OLG Jena NJW-RR 2009, 182; OLG Köln ZIP 2004, 760; OLG Stuttgart NZG 2004, 146 (147); OLG Düsseldorf NZG 2004, 328 (329).
[32] OLG Jena NJW-RR 2009, 182; ähnlich OLG Frankfurt a.M. NZG 2008, 78 (79): „wenn sich mit hoher Sicherheit die Unbegründetheit der Klage vorhersagen lässt"; ebenso OLG Schleswig ZIP 2007, 2162 (2163); *Schwab* in K. Schmidt/Lutter AktG § 246a Rn. 3; strenger *Bork* in Lutter UmwG § 16 Rn. 22: die Klage müsse „zweifelsfrei unbegründet" sein.
[33] *Büchel* FS Happ, 2006, 1 (10).

rechtliche Prüfung des Sachverhalts durchführen. Nach Sinn und Zweck ist für eine nur kursorische Rechtsprüfung im Freigabeverfahren kein Raum. Aktienrechtliche Klagen werfen häufig schwierige Rechtsfragen auf, denen sich das Gericht auch im Freigabeverfahren stellen muss.[34] Kommt das Gericht nach sorgfältiger Prüfung zu dem Ergebnis, dass die Klage unbegründet ist, und erscheint ihm dieses Ergebnis rechtlich hinreichend klar, ist dem Antrag stattzugeben. Wenn das Gericht sich seiner Beurteilung sicher ist, schadet es auch nicht, wenn zu der maßgeblichen Rechtsfrage auch andere Standpunkte vertreten werden.[35]

3. Bagatellquorum

16 Der Freigabebeschluss ergeht auch dann, wenn der Kläger nicht binnen einer Woche nach Zustellung des Antrags durch Urkunden nachgewiesen hat, dass er seit Bekanntmachung der Einberufung einen anteiligen Betrag von mindestens **1.000 EUR** hält.[36] Wer nicht in diesem Umfang[37] Aktien hält, kann zwar eine Anfechtungsklage erheben, aber nicht die Freigabe der Eintragung hindern.[38] In diesem Fall kommt es nicht auf die Schwere der Rechtsverstöße an.[39]

17 Obschon mehrere Anfechtungsprozesse nach § 246 Abs. 3 S. 3 AktG zu verbinden sind, wenn derselbe Hauptversammlungsbeschluss angegriffen wird, werden bei **mehreren Anfechtungsklagen** die Anteile der jeweiligen Kläger nicht addiert; vielmehr gilt die Bagatellgrenze für jede einzelne Klage.[40] Grund hierfür ist, dass zwar für alle Anfechtungsklagen ein einheitliches Freigabeverfahren zu beantragen ist; die Zulässigkeit und Begründetheit sowie der Vorrang des Vollzugsinteresses vor dem Aussetzungsinteresse ist aber für *jede einzelne* Anfechtungsklage zu prüfen.[41] Liegt also der Anteilsbesitz des Klägers A unter der Bagatellgrenze, der des Klägers B indes darüber, so steht die Klage von A bereits aus diesem Grunde der Eintragung nicht entgegen; für die Klage des Klägers B ist weiter zu prüfen. Die Abweisung eines Antrags führt auch nicht dazu, dass ein einzelner Anfechtungskläger, der das Bagatellquorum nicht erreicht, die endgültige Eintragung des Hauptversammlungsbeschlusses herbeiführen könnte – was dann von der antragstellenden Gesellschaft manipulativ eingesetzt werden könnte.[42] Über den Freigabeantrag ist insgesamt einheitlich zu entscheiden.[43] Nur wenn bzgl. *aller* Klagen die Unzulässigkeit oder offensichtliche Unbegründetheit oder der Vorrang des Vollzugsinteresses vor dem Aussetzungsinteresse feststeht, ergeht eine stattgebende Freigabeentscheidung.[44]

---

[34] OLG Jena NJW-RR 2009, 182; NZG 2007, 147; *Bork* in Lutter UmwG § 16 Rn. 22 unter Aufgabe seines gegenteiligen Standpunktes in den Vorauflagen.
[35] OLG Karlsruhe ZIP 2007, 270 (271); aA *Schwab* in K. Schmidt/Lutter AktG § 246a Rn. 3.
[36] §§ 319 Abs. 6 S. 3 Nr. 2 AktG, § 16 Abs. 3 S. 3 Nr. 2 UmwG und § 246a Abs. 2 Nr. 2 AktG.
[37] Der anteilige Betrag ist iSv § 8 Abs. 3 S. 3 AktG zu verstehen, entscheidend ist also (vereinfacht gesagt) der „Nennwert" der Aktien; siehe auch OLG Hamburg NZG 2010, 666 (667).
[38] Zu dieser „spanischen Lösung" *Baums* VGR 2007, 109 (116 f.); *Gehling/Heldt/Royé*, Squeeze Out. Recht und Praxis, Studie des Deutschen Aktieninstituts, 2007, 88 f.; zur Verfassungsmäßigkeit der Neuregelung OLG Hamburg NZG 2010, 666 (667 f.).
[39] *Noack* NZG 2008, 441 (446).
[40] *Simon* in Kölner Komm. UmwG § 16 Rn. 104; *Poelzig* DStR 2008, 1538 (1541); *Wicke*, Einführung in das Recht der Hauptversammlung, 2009, 65.
[41] BegrRegE zu Art. 1 Nr. 23 UMAG (§ 246a AktG), BT-Drs. 15/5092, 28 (Hervorhebung hinzugefügt).
[42] So aber *Poelzig* DStR 2008, 1538 (1541) („merkwürdiges Ergebnis").
[43] BegrRegE zu Art. 1 Nr. 23 UMAG (§ 246a AktG), BT-Drs. 15/5092, 28.
[44] OLG Frankfurt a.M. NZG 2009, 1183; *Leuering* NJW Spezial 2009, 543 (544); in diesem Sinne wohl auch *Marsch-Barner* in Kallmeyer UmwG § 16 Rn. 6 und 43.

4. Vorrangiges Vollzugsinteresse

Zum Erlass eines Freigabebeschlusses ist das Gericht zudem dann befugt, wenn das alsbaldige Wirksamwerden des Hauptversammlungsbeschlusses **vorrangig erscheint,** weil die vom Antragsteller dargelegten wesentlichen Nachteile für die Gesellschaft und ihre Aktionäre nach freier Überzeugung des Gerichts die Nachteile für den Antragsgegner überwiegen und der Eintragung nicht die Schwere der mit der Klage geltend gemachten Rechtsverletzungen entgegensteht.[45]

Die amtliche Begründung des UMAG enthält bereits weittragende Hinweise zur Auslegung der Interessenabwägungsklausel nach § 246a Abs. 2 AktG, die auch für die Freigabeverfahren nach § 319 AktG und § 16 UmwG Bedeutung haben sollten.[46] Der Gesetzgeber ist mit dem **ARUG** der Forderung[47] gefolgt, diese Auslegungsmaßstäbe zur Interessenabwägung im Interesse der Rechtssicherheit in das Gesetz aufzunehmen: Während § 246a Abs. 2, § 319 Abs. 6 S. 1 AktG, § 16 Abs. 3 UmwG aF einen Freigabebeschluss zuließen, „wenn das alsbaldige Wirksamwerden des Hauptversammlungsbeschlusses nach freier Überzeugung des Gerichts unter Berücksichtigung der Schwere der mit der Klage geltend gemachten Rechtsverletzungen zur Abwendung der vom Antragsteller dargelegten wesentlichen Nachteile für die Gesellschaft und ihre Aktionäre vorrangig erscheint",[48] darf nach neuer Gesetzeslage ein Freigabebeschluss ergehen, wenn das „alsbaldige Wirksamwerden des Hauptversammlungsbeschlusses vorrangig erscheint, weil die vom Antragsteller dargelegten wesentlichen Nachteile für die Gesellschaft und ihre Aktionäre nach freier Überzeugung des Gerichts die Nachteile für den Antragsgegner überwiegen und der Eintragung nicht die Schwere der mit der Klage geltend gemachten Rechtsverletzungen entgegensteht".

Die Ermittlung, ob das Interesse am Wirksamwerden des angefochtenen Beschlusses vorrangig ist, erfolgt zweistufig: Zunächst erfolgt eine Interessenabwägung (→ Rn. 21 ff.). Überwiegt das Vollzugsinteresse, ist in einem zweiten Schritt zu fragen, ob die Schwere der geltend gemachten Rechtsverletzungen einer Freigabe entgegensteht (→ Rn. 26 ff.).[49]

a) Interessenabwägung

Zunächst ist zu fragen, ob das alsbaldige Wirksamwerden des Hauptversammlungsbeschlusses vorrangig erscheint, weil die vom Antragsteller dargelegten wesentlichen Nachteile für die Gesellschaft und ihre Aktionäre nach freier Überzeugung des Gerichts die Nachteile für den Antragsgegner überwiegen. Durch die Formulierung macht der Gesetzgeber deutlich, dass das Gericht zwischen dem Interesse des Anfechtungsklägers einerseits und den wirtschaftlichen Interessen der Gesellschaft und ihrer übrigen Aktionäre andererseits abzuwägen hat.[50] Aktionäre mit einer geringen Beteiligung an der Gesellschaft sollen daran gehindert werden, unbedeutende Rechtsverstöße zum Anlass zu nehmen, wichtige unternehmensstrukturelle Maßnahmen zu verzögern oder gar zu verhindern. Die Interessen der Aktionäre sind in diesen Fällen dadurch ausreichend geschützt, dass sie bei Rechtswidrigkeit des Hauptversammlungsbeschlusses Anspruch auf Schadensersatz haben und diesen im Spruchverfahren durchsetzen können.[51]

Bei der Frage des **vorrangigen Vollzugsinteresses** ist abzuwägen, ob das Interesse der beteiligten Gesellschaften und ihrer Aktionäre am Wirksamwerden des einzutragenden Beschlusses das Interesse des Anfechtungsklägers am Aufschub dieses Beschlusses

---
[45] Jeweils Nr. 3 von § 319 Abs. 6 S. 3 AktG, § 16 Abs. 3 S. 3 UmwG und § 246a Abs. 2 AktG.
[46] BegrRegE zu Art. 1 Nr. 23 UMAG (§ 246a AktG), BT-Drs. 15/5092, 29.
[47] *Baums* VGR 2007, 109 (119).
[48] *Marsch-Barner* in Kallmeyer UmwG § 16 Rn. 43.
[49] *Simon* in Kölner Komm. UmwG § 16 Rn. 83 und 91.
[50] BegrRegE zu Art. 1 Nr. 39 lit. b ARUG (Änderung von § 246a AktG), BT-Drs. 16/11642, 41.
[51] BegrRegE zu Art. 1 Nr. 39 lit. b ARUG (Änderung von § 246a AktG), BT-Drs. 16/11642, 41.

überwiegt. Ob ein solches vorrangiges Vollzugsinteresse vorliegt, ist im Rahmen einer Abwägung zu entscheiden, wobei im Interesse einer größtmöglichen Entscheidungsfreiheit[52] ein weiter Beurteilungsspielraum begründet wird.[53]

23   Dabei hat das Gericht auf der einen Seite die mit dem Aufschub der beschlossenen Maßnahme für die antragstellende Gesellschaft und ihre Aktionäre verbundenen **wirtschaftlichen Nachteile** zu würdigen, die von der Antragstellerin substantiiert darzulegen sind. Zu denken ist in diesem Zusammenhang insbes. an Synergieeffekte, die auf der Grundlage der Maßnahme erzielt werden sollen. Dem gegenüberzustellen ist auf der anderen Seite das Aufschubinteresse des Anfechtungsklägers, für das insbesondere die Schwere der geltend gemachten Rechtsverletzungen von Bedeutung ist.

24   Die Schwierigkeit der Abwägung liegt darin, dass **nicht gleichartige Rechtsgüter**, sondern ungleiche Rechtsgüter gegeneinander abzuwägen sind, nämlich nicht allein die (in aller Regel geringeren) ökonomischen Nachteile des Anfechtungsklägers gegen die (in aller Regel weitaus größeren) ökonomischen Nachteile der Gesellschaft und ihrer Aktionäre, sondern zusätzlich das ideelle Rechtsgut einer „möglicherweise rechtswidrigen Mehrheitsentscheidung" gegenüber dem Schaden, der aus einer Nichtdurchführung der mehrheitlich beschlossenen Maßnahme resultiert.[54] Der Gesetzgeber ist der Auffassung, dass das Interesse eines klagenden Kleinaktionärs gegenüber den wirtschaftlichen Interessen der Gesellschaft im Regelfall zurücktreten müsse, es sei denn, es liege ein besonders schwerwiegender Rechtsverstoß vor.[55]

25   Bei der Anwendung der Interessenabwägungsklausel ist die **Begründetheit** der Anfechtungsklage zugunsten des Anfechtungsklägers stets zu unterstellen.[56] Diese Interessenabwägung kann also selbst dann zugunsten der antragstellenden Gesellschaft ausgehen, wenn die Klage (vermutlich) erfolgreich sein wird.[57] Selbst überwiegende oder offensichtliche Erfolgsaussichten der Klage schließen die Freigabe daher nicht aus.[58] Diese Prämisse gewinnt insbes. dann praktische Bedeutung, wenn das Gericht die vom Kläger behaupteten Beschlussmängel im summarischen Verfahren nicht ohne weiteres klären kann.[59] Bei der Abwägung sind die vom Kläger behaupteten Beschlussmängel jedoch nicht „blind" als gegeben zu unterstellen.[60] Das Gericht hat zumindest die offensichtlich unbegründeten Rügen außer Betracht zu lassen.[61] Die Prämisse der Begründetheit der Anfechtungsklage hat auch dann Bestand, wenn der sich insoweit ergebende Rechtsverstoß besonders schwer ist.

b) Besondere Schwere des Rechtsverstoßes

26   Überwiegt das Vollzugsinteresse der antragstellenden Gesellschaft, kann gleichwohl noch keine Freigabeentscheidung ergehen. Zunächst ist weiter zu fragen, ob eine **besondere Schwere des Rechtsverstoßes** der Freigabeentscheidung entgegensteht.[62] Ein Rechtsverstoß wiegt dann besonders schwer, wenn durch den in Rede stehenden Hauptversammlungsbeschluss Aktionärsrechte massiv verletzt werden bzw. eine Be-

---

[52] BegrRegE zu § 16 Abs. 3 UmwG, BT-Drs. 12/6699, 90.
[53] OLG Frankfurt a.M. NZG 2006, 227.
[54] OLG Jena NZG 2007, 147 (152) unter Verweis auf *Büchel* FS Happ, 2006, 1 (13).
[55] BegrRegE zu Art. 1 Nr. 23 UMAG (§ 246a AktG), BT-Drs. 15/5092, 29; zustimmend *Büchel* FS Happ, 2006, 1 (14); *Veil* AG 2005, 567; 574; ablehnend *Halfmeier* WM 2006, 1465.
[56] BegrRegE zu Art. 1 Nr. 23 UMAG (§ 246a AktG), BT-Drs. 15/5092, 29.
[57] BT-Drs. 15/5092, 29; *Koppensteiner* in Kölner Komm. AktG § 319 Rn. 31; ablehnend OLG Jena NZG 2007, 147 (152).
[58] *Leuering* in Hölters AktG § 319 Rn. 47.
[59] *Schwanna* in Semler/Stengel UmwG § 16 Rn. 32; *Bork* in Lutter UmwG § 16 Rn. 20; *Marsch-Barner* in Kallmeyer UmwG § 16 Rn. 44.
[60] *Leuering* in Hölters AktG § 319 Rn. 47.
[61] KG AG 2007, 359.
[62] *Simon* in Kölner Komm. UmwG § 16 Rn. 91.

standskraft des Beschlusses schlechthin nicht erträglich wäre.[63] Dabei ist ausweislich der Gesetzesbegründung zum ARUG auf die Bedeutung der verletzten Norm und das Ausmaß der Rechtsverletzung abzustellen.[64] Für die Bedeutung der Norm ist die Unterscheidung des Gesetzgebers zwischen nichtigen, anfechtbaren, durch Eintragung heilbaren und bestätigungsfähigen Beschlüssen zu beachten. Für das Ausmaß des Verstoßes ist etwa zu fragen, ob es sich um einen gezielten Verstoß handelt, der den Kläger des Hauptsacheverfahrens im Vergleich zu der Mehrheit ungleich trifft. Zu denken ist auch daran, ob dieser Kläger schwerwiegende wirtschaftliche Nachteile erleidet, die sich nicht auf andere Weise, etwa durch Schadensersatzansprüche, ausgleichen lassen. Umgekehrt kann eine besondere Schwere des Verstoßes auch dann abzulehnen sein, wenn ein Nichtigkeitsgrund iSd § 241 AktG anzunehmen ist; nicht jeder Nichtigkeitsgrund wegen eines kleinen formalen Fehlers führt zu einer besonderen Schwere des Verstoßes. Das Kriterium der Nichtigkeit bildet vielmehr nur einen Näherungswert für die Annahme eines besonders schweren Verstoßes.

Als besonders schwere Rechtsverstöße kommen **beispielsweise** die Nichtveröffentlichung der Einberufung zur Hauptversammlung oder ein gravierender Verstoß gegen Informationspflichten von Vorstand und Aufsichtsrat in Betracht (bspw. das Fehlen eines Verschmelzungsberichts iSd § 8 UmwG). Demgegenüber sind Lücken oder Ungenauigkeiten in einem Verschmelzungsbericht nicht als besonders schwerer Rechtsverstoß einzuordnen. Regelmäßig nicht als besonders schwerer Verstoß dürfte die Dauer einer Hauptversammlung über 24 Uhr hinaus[65] zu werten sein, wenn die Einladung zu dieser nur für einen Tag erfolgte.   27

IV. Verfahren

Bei dem Freigabeverfahren handelt es sich um ein **summarisches Eilverfahren** *sui generis*.[66] Auf das Verfahren finden die Regelungen der ZPO, insbesondere die Vorschriften zu Arrest und einstweiliger Verfügung,[67] Anwendung, soweit nicht §§ 246a, 319 Abs. 6 AktG oder § 16 UmwG spezielle Vorschriften enthalten.   28

1. Statthaftigkeit des Freigabeverfahrens

Nach §§ 246a Abs. 1 S. 1, 319 Abs. 6 S. 1 AktG sowie § 16 Abs. 3 S. 1 UmwG kann das Gericht auf Antrag einen Freigabebeschluss erlassen, wenn gegen den fraglichen Beschluss Klage „erhoben wurde". Diese Anforderung wird oftmals als Verweis auf § 253 Abs. 1 ZPO gelesen und daraus gefolgert, dass der Antrag im Freigabeverfahren erst **statthaft** ist, wenn eine Klage gegen die Wirksamkeit des Hauptversammlungsbeschlusses der beklagten Gesellschaft zugestellt ist.[68] Insbesondere mit Blick auf die vom Gesetzgeber angestrebte Beschleunigung des Freigabeverfahrens (exemplarisch das Akteneinsichtrecht *vor* Zustellung nach § 246a Abs. 2 S. 5 AktG) erscheint diese Auffassung indes nicht zwingend.[69] Für die Zeit nach Klageerhebung sieht das Gesetz keine Antragsfrist vor. Der Antrag kann deshalb zu jedem beliebigen Zeitpunkt des Rechtsstreits über die Wirksamkeit des einzutragenden Hauptversammlungsbeschlusses gestellt werden.[70]   29

---

[63] BegrRegE zu Art. 1 Nr. 23 UMAG (§ 246a AktG), BT-Drs. 15/5092, 29.
[64] BegrRegE zu Art. 39 lit. b ARUG (§ 246a AktG), BT-Drs. 16/11, 642, 41.
[65] Zur „‚Mitternachtsstund' als Nichtigkeitsgrund" *Decher* FS Happ, 2006, 17 (18) sowie → § 9 Rn. 125.
[66] *Simon* in Kölner Komm. UmwG § 16 Rn. 46.
[67] *Kösters* WM 2000, 1921 (1922).
[68] *Bork* in Lutter UmwG § 16 Rn. 19; *Schwab* in K. Schmidt/Lutter § 246a Rn. 12.
[69] *Göz* in Bürgers/Körber § 246a Rn. 3.
[70] *Marsch-Barner* in Kallmeyer UmwG § 16 Rn. 37.

30 Das Freigabeverfahren nach § 246a AktG ist auch noch nach erfolgter Eintragung durch den Registerrichter **statthaft**.[71] Es kann also „nachgeschoben" werden, um zur Bestandskraft der Eintragung vor rechtskräftigem Abschluss des Anfechtungs- oder Nichtigkeitsprozesses zu kommen.[72] Das hat insbes. Bedeutung für den Fall, dass – mangels Erhebung einer Anfechtungsklage binnen Monatsfrist – ein Freigabeverfahren zunächst gar nicht durchgeführt werden konnte, später aber doch noch Nichtigkeitsklage erhoben wird.[73] Der Gesetzgeber hat die Einleitung des Freigabeverfahrens nicht davon abhängig gemacht, dass tatsächlich eine faktische Registersperre aufgrund einer Aussetzungsentscheidung des Registergerichts besteht; alleiniger Anknüpfungspunkt für das Freigabeverfahren ist vielmehr die Erhebung einer Beschlussmängelklage.

31 Hat die Hauptversammlung zu einem anfechtungsbehafteten Beschluss einen **Bestätigungsbeschluss** (§ 244 AktG) gefasst, kann ein neues Freigabeverfahren eingeleitet werden.[74] Auch das erneute Freigabeverfahren zielt auf die Feststellung, dass die erhobenen Anfechtungsklagen kein Eintragungshindernis darstellen, denn das Freigabeverfahren bezieht sich immer auf den Ausgangsbeschluss, da lediglich dieser und nicht der Bestätigungsbeschluss im Handelsregister eingetragen wird.[75] Wurde auch der Bestätigungsbeschluss angefochten, muss das Gericht eine inzidente Prüfung durchführen.[76]

2. Antragsverfahren

32 Das Gericht darf die Freigabe nicht von Amts wegen aussprechen, sondern entscheidet nur auf **Antrag**. Der Antrag ist seinem Inhalt nach darauf zu richten festzustellen, dass die Erhebung der Klage durch die Antragsgegnerin gegen die Wirksamkeit des relevanten Hauptversammlungsbeschlusses der Eintragung der Maßnahme in das Handelsregister nicht entgegensteht. Der Wortlaut des Antrags sollte den Wortlaut der einschlägigen Vorschriften des AktG und des UmwG widerspiegeln. Der Antrag ist der Auslegung zugänglich. Es genügt, wenn überhaupt erkennbar ist, was sachlich gewollt ist (Rechtsschutzziel); bei Unklarheiten hat das Gericht auf Klarstellung hinzuwirken (§ 139 ZPO).

33 **Antragsbefugt** ist die Gesellschaft, gegen deren Hauptversammlungsbeschluss sich die Klage richtet.[77] Ob ein Antrag gestellt wird, entscheidet der Vorstand nach pflichtgemäßen Ermessen, § 78 AktG.[78] Nach § 83 Abs. 2 AktG ist der Vorstand zur Ausführung von Hauptversammlungsbeschlüssen grundsätzlich verpflichtet; dazu gehört neben der Einreichung und Anmeldung zum Handelsregister auch ein Antrag auf Freigabe, da darin die notwendige Fortsetzung der Anmeldung zur Eintragung liegt.[79] Daher ist der Vorstand gegenüber der Gesellschaft jedenfalls dann verpflichtet, den Freigabeantrag im Namen der Gesellschaft zu stellen, wenn es sich um einen objektiv rechtmäßigen Hauptversammlungsbeschluss handelt. Ob und inwieweit sich die Ausführungspflicht des Vorstands – und damit dann auch seine Verpflichtung, ein Freigabeverfahren zu betreiben – auf rechtswidrige Beschlüsse erstreckt, ist umstritten.[80] Liegt der einzutragenden Maßnahme ein Vertrag zugrunde (zB ein Verschmelzungsvertrag), kann die Pflicht des Vorstands zur Durchführung eines Freigabeverfahrens auch eine vertragliche Nebenpflicht sein.[81]

---

[71] OLG Celle AG 2008, 217.
[72] *Ihrig/Erwin* BB 2005, 1973 *(passim)*; *M. Winter* FS Happ, 2006, 363 (369).
[73] *M. Winter* FS Happ, 2006, 363 (369).
[74] OLG Frankfurt a.M. NZG 2008, 78; *Riegger/Scheckenhoff* ZIP 1997, 2105 (2110).
[75] OLG Frankfurt a.M. NZG 2008, 78.
[76] *Nießen* Der Konzern 2007, 239 (243 f.).
[77] *Grzimek* in Geibel/Süßmann AktG § 327e Rn. 12, nimmt im Fall des Squeeze-out ein eigenes Antragsrecht des Hauptaktionärs an.
[78] *Bork* in Lutter UmwG § 16 Rn. 18.
[79] *Poelzig* DStR 2008, 1538 (1540).
[80] *Fleischer* in Spindler/Stilz AktG § 83 Rn. 9 mit Nachw. zum Streitstand.
[81] *Marsch-Barner* in Kallmeyer UmwG § 16 Rn. 36.

IV. Verfahren

Die **Vertretung** der antragstellenden Gesellschaft obliegt im Freigabeverfahren gemäß 34
den allgemeinen Regeln (§ 51 Abs. 1 ZPO iVm § 78 Abs. 1 AktG) allein ihrem Vorstand;
die analoge Anwendung des Prinzips der Doppelvertretung (§ 246 Abs. 2 S. 2 AktG) ist
auch mit Blick auf dessen Schutzzweck nicht geboten.[82] Um in der Praxis gleichwohl
Verzögerungen im Verfahrensablauf vorzubeugen, kann es sich empfehlen, den Freigabeantrag durch Vorstand und Aufsichtsrat zu stellen. Eine „Zuvielvertretung" durch Vorstand und Aufsichtsrat ist unschädlich; da jedenfalls auch das zuständige Organ unterzeichnet hat, schadet die zusätzliche Unterschrift nicht.[83]

Antragsgegner ist der Kläger des Hauptsacheverfahrens. Gegen etwaige Nebenintervenienten des Anfechtungsverfahrens ist der Antrag nicht zu richten; sie sind am Freigabeverfahren auch nicht *per se* beteiligt.[84] Die **Prozessvollmacht** des für den Kläger im Anfechtungsprozess tätigen Prozessbevollmächtigten erstreckt sich auch auf das Freigabeverfahren. Dies wurde bereits zuvor in Analogie zu § 82 ZPO so vertreten;[85] mit dem ARUG wurde die entsprechende Anwendung der §§ 82, 83 Abs. 1 und 84 ZPO auf das jeweilige Freigabeverfahren angeordnet.[86] Die Zustellung des Antrags kann also an den Prozessbevollmächtigten erfolgen. Hintergrund der Regelung ist, dass sich einzelne Anfechtungskläger in der Vergangenheit zur Erhebung ihrer Beschlussmängelklagen ausländischer Gesellschaften bedienten, die ihren deutschen Prozessbevollmächtigten ausdrücklich nur für das Anfechtungsklageverfahren, nicht aber auch für das zugehörige Freigabeverfahren bevollmächtigten, um auf diese Weise eine zeitaufwendige Zustellung des Freigabeantrages im Ausland (Dubai, China etc) zu provozieren.

Zuständig für den Antrag ist – dies ist eine bedeutsame Änderung des ARUG – das 36
Oberlandesgericht, in dessen Bezirk die Gesellschaft ihren Sitz hat.[87] Eine Übertragung
auf den Einzelrichter ist jeweils ausgeschlossen.

3. Glaubhaftmachung

Die vorgebrachten Tatsachen, aufgrund derer ein Freigabebeschluss ergehen soll, sind 37
glaubhaft zu machen.[88] Dazu kommen nur präsente Beweismittel, insbes. also Urkunden, präsente Zeugen sowie die Abgabe von eidesstattlichen Versicherungen, in Frage
(§ 294 ZPO). Bei der Glaubhaftmachung tritt an die Stelle des Vollbeweises die Feststellung überwiegender Wahrscheinlichkeit; es reicht mithin aus, wenn das Gericht die beweisbedürftigen Tatsachen für überwiegend wahrscheinlich hält.[89] Auch der Antragsgegner hat die von ihm vorgebrachten Tatsachen glaubhaft zu machen.

---

[82] OLG Frankfurt a.M. NZG 2009, 1183; OLG Karlsruhe ZIP 2007, 270 (271); OLG Hamm ZIP 2005, 1457 (1458); *Austmann* in MHdB AG § 74 Rn. 78; *Schwab* in K. Schmidt/Lutter AktG § 246a Rn. 11; aA (Doppelvertretung) OLG Düsseldorf NZG 2004, 328; *Dörr* in Spindler/Stilz AktG § 246a Rn. 9.
[83] Auch hier gilt der schon im römischen Recht anerkannte Grundsatz, dass ein Zuviel nicht schadet (I. 6.23.17: „Abundans cautela non nocet").
[84] OLG Stuttgart AG 2005, 662 (663); OLG Düsseldorf AG 2005, 662; *Bork* in Lutter UmwG § 16 Rn. 30; *K. Schmidt* FS *Happ*, 2006, 259 *(passim)*; aA *Schwab* in K. Schmidt/Lutter AktG § 246a Rn. 15.
[85] LG Münster AG 2007, 377; *Lüttge/Baßler* Der Konzern 2005, 341.
[86] §§ 246a Abs. 1 und 319 Abs. 6 AktG sowie des § 16 Abs. 3 UmwG idF des ARUG.
[87] § 319 Abs. 6 S. 6 AktG, § 16 Abs. 3 S. 6 UmwG und § 246a Abs. 1 S. 3 AktG, jeweils in der Fassung des ARUG (BGBl. 2009 I 2479); dazu *Florstedt* AG 2009, 465; *Schall/Habbe/Wiegand* NJW 2010, 1789 f.
[88] § 246a Abs. 3 S. 2 AktG, § 319 Abs. 6 S. 6 AktG, auch iVm § 327e Abs. 2 AktG, sowie § 16 Abs. 3 S. 6 UmwG, auch iVm § 125 S. 1 und § 198 Abs. 3 UmwG, die vorgenannten Vorschriften jeweils iVm § 294 ZPO.
[89] *Kösters* WM 2000, 1921 (1924).

4. Entscheidung des Gerichts

38 Das Gericht entscheidet durch **Beschluss**. Dieser ist mit Gründen zu versehen, denn die Beteiligten müssen erkennen können, dass das Gericht ihre Standpunkte zur Kenntnis genommen und sich mit ihnen auseinandergesetzt hat.[90] Im Allgemeinen entscheidet das Gericht auf der Basis einer mündlichen Verhandlung. In dringenden Fällen kann der Beschluss ohne mündliche Verhandlung ergehen.[91] Insofern unterscheidet sich das Freigabeverfahren strukturell von den Verfahren nach den §§ 916 ff. ZPO, welche dem Gericht die Durchführung einer mündlichen Verhandlung freistellen (vgl. insbes. § 922 Abs. 1 S. 1 ZPO). Der Beschluss soll binnen dreier Monate nach Antragstellung ergehen;[92] eine Verzögerung der Entscheidung muss das Gericht durch einen gesonderten Beschluss begründen; dieser Beschluss ist unanfechtbar.[93]

39 Die Sachentscheidung des OLG ist **unanfechtbar**;[94] auch diese Beschränkung auf eine Instanz stellt eine bedeutsame Neuerung des ARUG dar.

40 Der Beschluss im Freigabeverfahren präjudiziert nicht eine Entscheidung über die Begründetheit einer Anfechtungs- und Nichtigkeitsklage im Hauptsacheverfahren;[95] das Freigabeverfahren ist weder ein Zwischen-[96] noch ein Annexverfahren zum Hauptsacheverfahren. Auch inhaltlich abweichende Entscheidungen im Hauptsache- und Freigabeverfahren sind daher möglich.

V. Rechtsfolgen

41 Im Fall einer **formellen Registersperre** steht der rechtskräftige Freigabebeschluss der Negativerklärung gleich (§ 16 Abs. 3 S. 1 UmwG, § 319 Abs. 6 S. 1 AktG). Die Registersperre ist dann überwunden. Darüber hinaus ist das Registergericht auch materiell-rechtlich gebunden und nicht mehr befugt, die Eintragung wegen eines der mit der Klage geltend gemachten Gründe zu verweigern.[97] Hingegen bleibt das Prüfungsrecht des Registerrichters aufrechterhalten, soweit es um Gesichtspunkte geht, die nicht Gegenstand einer Klage waren und im Freigabeverfahren nicht geprüft wurden.[98] Da bei den Bagatellquorum-Fällen keine rechtliche Prüfung durch das Prozessgericht stattfindet, hat der Registerrichter nach erfolgter Freigabe den einzutragenden Beschluss allein auf Nichtigkeitsgründe zu prüfen.[99]

42 Erlässt das Gericht im Fall einer **faktischen Registersperre** die beantragte Freigabeentscheidung, ist das Registergericht an diese Entscheidung mit Eintritt ihrer Rechtskraft gebunden, § 246a Abs. 3 S. 5 Hs. 1 AktG. Auch hier darf der Registerrichter die Eintragung der Maßnahme in das Handelsregister daher jedenfalls nicht mit Blick auf die im

---

[90] *Bork* in Lutter UmwG § 16 Rn. 32.
[91] § 319 Abs. 6 S. 3 AktG, § 16 Abs. 3 S. 3 UmwG und § 246a Abs. 3 S. 1 AktG.
[92] Diese Regelung hat allerdings nicht zu einer wesentlichen Beschleunigung geführt, so *Riehmer* Der Konzern 2009, 273 (276); skeptisch auch schon *Diekmann/Leuering* NZG 2004, 249 (254) (zum RefE UMAG).
[93] § 319 Abs. 6 S. 4 AktG, § 16 Abs. 3 S. 4 UmwG einerseits und § 246a Abs. 3 S. 6 AktG andererseits.
[94] § 16 Abs. 3 S. 8 UmwG, § 319 Abs. 6 S. 3 AktG und § 246a Abs. 3 S. 3 AktG; verfassungsrechtliche Erwägungen bei *Saß/Ogorek* NZG 2010, 337 (338).
[95] BegrRegE zu Art. 1 Nr. 23 UMAG (§ 246a AktG), BT-Drs. 15/5092, 27; *Seibert/Schütz* ZIP 2004, 252 (257).
[96] Der Arbeitskreis Beschlussmängelrecht fordert die Ersetzung des Freigabeverfahrens durch eine in das Hauptsacheverfahren integrierte bzw. innerhalb dessen zugelassene Zwischenentscheidung, AG 2008, 617 (624).
[97] *Krafka/Kühn* in Krafka/Willer/Kühn, Registerrecht, 8. Aufl. 2010, Rn. 171b.
[98] *Marsch-Barner* in Kallmeyer UmwG § 16 Rn. 35; *Noack* NZG 2008, 441 (446).
[99] *Noack* NZG 2008, 441 (446).

Freigabeverfahren entschiedenen Fragen verweigern.[100] Mit einer aufgrund der gerichtlichen Freigabeentscheidung erfolgenden Eintragung der betreffenden Maßnahme in das Handelsregister erlangt diese Bestandskraft „für und gegen jedermann" (§ 246a Abs. 3 S. 5 Hs. 2 AktG). Für die Wirksamkeit der Maßnahme bleibt es damit ohne Bedeutung, ob die in ihrer Anhängigkeit unberührt bleibende Beschlussmängelklage später Erfolg hat oder nicht.

VI. Bestandskraft und Schadensersatzpflicht

Ist die Strukturmaßnahme auf Grund einer Entscheidung im Freigabeverfahren eingetragen worden und erweist sich die Klage im Hauptsacheverfahren später als begründet, ist die Gesellschaft, die den Beschluss erwirkt hat, verpflichtet, dem Antragsgegner den **Schaden** zu ersetzen, der aus einer auf dem Freigabebeschluss beruhenden Eintragung entstanden ist.[101] Eine Beseitigung der Eintragungswirkung kann nicht verlangt werden.[102] Selbst im Erfolgsfall kann der Kläger lediglich die ihm durch die Eintragung entstandenen Schäden in Geld ersetzen verlangen.

43

Bei § 246a Abs. 4 AktG wird die Bestandskraft der Eintragung flankierend dadurch gewährleistet, dass das der Anfechtungs- oder der Nichtigkeitsklage später stattgebende Urteil in Abweichung von dem in §§ 248 Abs. 1 S. 3, 249 Abs. 1 AktG niedergelegten Prinzip gem. § 242 Abs. 2 S. 5 AktG nicht mehr in das Handelsregister eingetragen werden kann; auch eine **Löschung von Amts wegen** iSd § 398 FamFG scheidet nach dieser Regelung aus.

44

Die **Schadensersatzhaftung** der Gesellschaft ist verschuldensunabhängig.[103] Haftungsgrund ist vielmehr die mit Einleitung des Unbedenklichkeitsverfahrens zu Lasten des (Hauptsache-)Klägers verbundene Risikoerhöhung.[104] Der Schadensersatz umfasst denjenigen Schaden, der dem Anfechtungskläger durch die Eintragung entstanden ist, wobei eine Naturalrestitution (Löschung der Eintragung) von vornherein ausgeschlossenen ist. Typischerweise wird der Schaden des Klägers in erster Linie in seinen, aufgrund der Bestandskraft der Eintragung vergeblichen, Prozesskosten bestehen. Bei fehlerhaften Kapitalerhöhungen ist auch ein Verwässerungsschaden möglich.[105]

45

---

[100] BegrRegE zu Art. 1 Nr. 23 UMAG (§ 246a AktG), BT-Drs. 15/5092, 27.
[101] § 319 Abs. 6 S. 8 AktG, § 16 Abs. 3 S. 8 UmwG und § 246a Abs. 4 S. 1 AktG.
[102] § 16 Abs. 3 S. 6 UmwG, § 246a Abs. 4 S. 4 AktG sowie – seit dem Inkrafttreten des ARUG – auch § 319 Abs. 6 S. 9 AktG.
[103] BegrRegE zu Art. 1 Nr. 23 UMAG (§ 246a AktG), BT-Drs. 15/5092, 28.
[104] *Grzimek* in Geibel/Süßmann AktG § 327e Rn. 20.
[105] BegrRegE zu Art. 1 Nr. 23 UMAG (§ 246a AktG), BT-Drs. 15/5092, 28.

§ 46 Spruchverfahren

Übersicht

	Rn.
I. Überblick	1
II. Einleitung	1a
III. Sachlicher Anwendungsbereich	3
IV. Gerichtliche Zuständigkeit	5
V. Antragsberechtigung	8
1. Unternehmensvertrag	9
2. Eingliederung und Squeeze-out	10
3. Umwandlungsmaßnahmen	11
4. Gründung oder Sitzverlegung einer SE	15
5. Gründung einer Europäischen Genossenschaft	18
6. Antragsberechtigung jenseits des Katalogs des § 3 S. 1 SpruchG	19
VI. Antragstellung	20
1. Antrag	20
2. Antragsfrist und Antragsbegründungsfrist	24
3. Begründung des Antrags	27
4. Gemeinsame Vertreter	30
VII. Weiterer Verfahrensablauf	34
1. Vorbereitung der mündlichen Verhandlung	34
2. Durchführung der mündlichen Verhandlung	39
VIII. Beendigung des Verfahrens	43
1. Entscheidung des Gerichts	43
2. Antragsrücknahme, Erledigung und Vergleich	51
IX. Kosten	54
1. Gerichtskosten	55
2. Außergerichtliche Kosten	57

Stichworte

Antrag Rn. 20 ff.
Antragsbegründungsfrist Rn. 24
Antragsberechtigung Rn. 8 ff.
Antragsfrist Rn. 24
Antragsrücknahme Rn. 51
Anwaltszwang Rn. 23
Anwendungsbereich Rn. 3
Außergerichtliche Kosten Rn. 57
Beweisaufnahme Rn. 37, 40
Bewertungsrüge Rn. 28
Eingliederung Rn. 10
Erledigung Rn. 52
Erwiderungsfrist Rn. 34
Europäische Genossenschaft Rn. 18
Gemeinsamer Vertreter Rn. 30
Gerichtskosten Rn. 55
Grenzüberschreitende Verschmelzung Rn. 14

Kosten Rn. 54
Mehrstimmrechte Rn. 19
Mündliche Verhandlung Rn. 39
Nachweis der Aktionärsstellung Rn. 27
Rechtsbehelfsbelehrung Rn. 45
Reformatio in peius Rn. 45
SCE-Gründung Rn. 18
SE-Gründung Rn. 15
SE-Sitzverlegung Rn. 15
Sofortige Beschwerde Rn. 47
Squeeze-out Rn. 10
Umwandlungsmaßnahmen Rn. 11
Unternehmensvertrag Rn. 9
Verfahrensförderungspflicht Rn. 42
Vorbereitende Maßnahmen Rn. 37
Zuständigkeit Rn. 5 ff.

Schrifttum:

Büchel, Neuordnung des Spruchverfahrens, NZG 2003, 793; *Neye,* Die Reform des Spruchverfahrens, DStR 2002, 178; *Preuß,* Auswirkungen der FGG-Reform auf das Spruchverfahren, NZG 2009, 961; *v. Schweinitz,* Der gemeinsame Vertreter im Spruchverfahren, 2007; *Winter/Nießen,* Amtsermittlung und Beibringung im Spruchverfahren, NZG 2007, 13; *Wittgens,* Das Spruchverfahrensgesetz, 2005.

I. Überblick

1 Soweit (Minderheits-)Aktionären im Rahmen einer Strukturmaßnahme eine Kompensation für etwaige Wertverluste zu gewähren ist, kann deren Höhe im Wege eines gerichtlichen Spruchverfahrens überprüft werden. Der sachliche Anwendungsbereich ist vielerorts geregelt, allerdings nicht abschließend (→ Rn. 3 f.). Die gerichtliche Zuständigkeit liegt beim Landgericht (→ Rn. 5 ff.), die Antragsberechtigung richtet sich nach der jeweiligen Strukturmaßnahme (→ Rn. 8 ff.). Das Verfahren selbst wird durch einen entsprechenden Antrag eingeleitet (→ Rn. 20 ff.). Der weitere Verfahrensablauf (→ Rn. 34 ff.) sowie die Beendigung des Verfahrens (→ Rn. 43 ff.) sind spezialgesetzlich geregelt; dasselbe gilt für die Kostenentscheidung (→ Rn. 54 ff.).

II. Einleitung

1a Aktien- und Umwandlungsrecht erlauben Kapitalgesellschaften, Strukturmaßnahmen (wie zB Verschmelzungen, Formwechsel und Abschluss von Unternehmensverträgen) gegen den Willen von Minderheitsgesellschaftern durchzuführen. Diese Maßnahmen können den Wert des Gesellschaftsanteils beeinträchtigen. Dafür sieht das Gesetz (oder im Einzelfall die Rechtsprechung) einen Ausgleich oder eine Abfindung als Kompensation vor. Gegenstand eines Spruchverfahrens ist die Überprüfung der Angemessenheit (und ggf. die Anpassung) einer Kompensation, die Anteilsinhabern einer Gesellschaft aufgrund einer gesellschaftsrechtlichen Strukturmaßnahme anzubieten ist.[1] Das Spruchverfahren stellt diesbezüglich einen **ausschließlichen Rechtsbehelf** dar. Die betroffenen Anteilsinhaber können die Angemessenheit der Höhe des Angebots weder im Rahmen einer Leistungsklage überprüfen lassen noch die dem Kompensationsangebot zugrunde liegende Strukturmaßnahme mit der Begründung anfechten, die Kompensation sei zu niedrig bemessen.[2]

2 Zum 1. 9. 2003 hat das Spruchverfahren, dessen Regelungen zuvor sowohl im AktG als auch im UmwG enthalten waren, eine einheitliche Regelung im **Spruchverfahrensgesetz (SpruchG)**[3] erfahren.[4] Wie schon nach früherem Recht handelt es sich auch bei dem Spruchverfahren nach dem SpruchG um ein **echtes Streitverfahren der freiwilligen Gerichtsbarkeit**,[5] das jedoch vor dem Hintergrund der mit dem Spruchverfahrensgesetz beabsichtigten Verfahrensbeschleunigung einer Vielzahl besonderer Regelungen unterliegt.

III. Sachlicher Anwendungsbereich

3 § 1 SpruchG nennt – rein deklaratorisch,[6] → Rn. 4 – verschiedene Verfahrensanlässe, bei denen auf Antrag ein Spruchverfahren durchgeführt wird:
- Bestimmung des Ausgleichs und der Höhe der Abfindung für außenstehende Aktionäre bei Beherrschungs- und Gewinnabführungsverträgen (§§ 304, 305 AktG),
- Bestimmung der Höhe der Abfindung von ausgeschiedenen Aktionären bei der Eingliederung (§ 320b AktG),

---

[1] *Puszkajler* Der Konzern 2006, 256.
[2] *Drescher* in Spindler/Stilz SpruchG § 1 Rn. 31 f.
[3] Gesetz über das gerichtliche Spruchverfahren vom 12.6.2003 (BGBl. 2003 I 838), zuletzt geändert durch Art. 42 des FGG-ReformG v. 17.12.2008 (BGBl. 2008 I 2586), in Kraft getreten am 1.9.2009.
[4] Hintergründe dazu bei *Neye* DStR 2002, 178.
[5] *Koch* in Hüffer/Koch SpruchG § 1 Rn. 3 (Anh. § 305 AktG); *v. Schweinitz* 76 f.
[6] BegrRegE zu § 1 SpruchG, BT-Drs. 15/371, 12.

- Bestimmung der Höhe der Barabfindung von Minderheitsaktionären, deren Aktien durch Beschluss der Hauptversammlung auf den Hauptaktionär übertragen worden sind (Squeeze-out, §§ 327a ff. AktG),
- Bestimmung des Ausgleichs durch bare Zuzahlung an Anteilsinhaber oder Bestimmung der Höhe der Barabfindung von Anteilsinhabern anlässlich der Umwandlung von Rechtsträgern (§§ 15, 34, 122h, 122i, 176–181, 184, 186, 196 oder 212 UmwG),
- Bestimmung des Ausgleichs durch bare Zuzahlung an Anteilsinhaber oder Bestimmung der Höhe der Barabfindung von Anteilsinhabern bei der Gründung oder Sitzverlegung einer SE (§§ 6, 7, 9, 11 und 12 SEAG) und
- Bestimmung des Ausgleichs durch bare Zuzahlung an Mitglieder bei der Gründung einer Europäischen Genossenschaft (§ 7 SCEAG).

Diese gesetzliche Aufzählung in § 1 SpruchG ist indes **nicht abschließend.** Das Spruchverfahren findet vielmehr auch Anwendung[7] bei Streitigkeiten über den Ausgleich beim Wegfall von Mehrstimmrechten (§ 5 Abs. 5 EGAktG). Anderes hat der BGH in jüngerer Vergangenheit nunmehr für das Delisting entschieden,[8] für das er ursprünglich in seiner „Macroton-Rspr." das Erfordernis eines Barabfindungsangebotes entwickelt hatte, nunmehr aber im Hinblick auf den ausreichenden Schutz des § 39 BörsenG ablehnt.[9] Weiterhin findet ein Spruchverfahren bei Informationsstreitigkeiten statt, in denen das Spruchverfahren nach § 243 Abs. 4 S. 2 AktG das Anfechtungsverfahren wegen bewertungsbezogener Informationspflichtverletzungen verdrängt.[10]

IV. Gerichtliche Zuständigkeit

Nach § 2 Abs. 1 S. 1 SpruchG liegt die **sachliche Zuständigkeit** für das Spruchverfahren ausschließlich bei den Landgerichten. Die **funktionelle Zuständigkeit** liegt – soweit bei dem jeweiligen Landgericht existent – bei der Kammer für Handelssachen, § 71 Abs. 2 Nr. 4 lit. e GVG. Deren Vorsitzenden sind in § 2 Abs. 2 SpruchG besondere Kompetenzen eingeräumt.

Die **örtliche Zuständigkeit** richtet sich gem. § 2 Abs. 1 S. 1 SpruchG ausschließlich nach dem Sitz des Rechtsträgers, dessen Anteilsinhaber antragsberechtigt sind. In den aktienrechtlichen Spruchsachen iSd § 1 Nr. 1–3 SpruchG kommt es daher auf den Gesellschaftssitz nach § 5 AktG an. Unter Geltung des früheren Rechts umstritten war die Behandlung solcher Fälle, in denen – zB vor dem Hintergrund, dass die Gesellschaft über einen Doppelsitz verfügt – in einem Spruchverfahren nach der Grundregel über die örtliche Zuständigkeit zwei verschiedene Landgerichte zuständig sind; nunmehr führt der in § 17 SpruchG enthaltene Verweis auf § 2 Abs. 1 FamFG zur Alleinzuständigkeit des zuerst befassten Gerichts. § 2 Abs. 1 FamFG kommt auch dann zur Anwendung, wenn sachlich zusammenhängende Verfahren bei verschiedenen Landgerichten anhängig sind. Der Sache nach ist immer das zuerst befasste Gericht örtlich zuständig. Besteht Streit oder Ungewissheit über die gerichtliche Zuständigkeit (bspw. weil sich verschiedene Gerichte für zuständig erklärt haben), ist die Vorschrift des § 5 FamFG anzuwenden. Das zuständige Gericht wird dann durch das nächst höhere gemeinsame Gericht bestimmt.

Für die örtliche Zuständigkeit zu beachten bleibt, dass § 71 Abs. 4 GVG eine Verordnungsermächtigung zugunsten der Landesregierungen enthält, nach der die Zuständigkeit für das Spruchverfahren für die Bezirke mehrerer Landgerichte bei einem Landgericht

---

[7] Eine sorgsame Zusammenstellung der Fälle, in denen das Spruchverfahren *nicht* statthaft ist, findet sich bei *Drescher* in Spindler/Stilz SpruchG § 1 Rn. 17–29.
[8] BGH NJW 2014, 146 Rn. 2 – Frosta; *Koch* in Hüffer/Koch SpruchG § 1 Rn. 7; *Drescher* in Spindler/Stilz SpruchG § 1 Rn. 21.
[9] So noch stRspr vgl. etwa BGHZ 153, 47 (57 ff.) = NJW 2003, 1032.
[10] *Koch* in Hüffer/Koch SpruchG § 1 Rn. 7.

konzentriert werden kann. Dies entspricht einer früher in § 2 Abs. 4 SpruchG aF und davor in § 306 Abs. 1 S. 2 AktG aF iVm § 132 Abs. 1 S. 3 AktG und § 306 Abs. 3 UmwG aF enthaltenen Regelung, von der viele Länder Gebrauch gemacht hatten. Ob die aufgrund früherer Ermächtigungen erlassenen Verordnungen ohne Weiteres Fortgeltung beanspruchen können, ist umstritten, dürfte indes zu bejahen sein.[11]

V. Antragsberechtigung

8 Ein Spruchverfahren findet nur auf Antrag statt.[12] In den in § 1 SpruchG benannten Fällen sind zur Antragstellung im Spruchverfahren nur die näher in § 3 SpruchG bestimmten Personen berechtigt; entsprechendes gilt für die ungeschriebenen Spruchverfahrensanlässe (→ Rn. 19). Dabei richtet sich die Antragsberechtigung nach der Art der Maßnahme, deren Angemessenheit im Spruchverfahren geprüft werden soll.

1. Unternehmensvertrag

9 Bei einem Spruchverfahren zwecks Bestimmung des Ausgleichs und der Höhe der Abfindung für die außenstehenden Aktionäre bei Beherrschungs- und Gewinnabführungsverträgen (§ 1 Nr. 1 SpruchG) ist jeder außenstehende Aktionär antragsberechtigt (§ 3 S. 1 Nr. 1 SpruchG). Wer in diesem Sinne „außenstehend" ist, bestimmt sich nach dem materiellen Recht: Wem nach dem Aktienrecht ein Ausgleich zusteht (§ 304 Abs. 1 AktG) oder eine Abfindung anzubieten ist (§ 305 Abs. 1 AktG), kann deren Angemessenheit in einem Spruchverfahren überprüfen lassen.[13] Es genügt die Innehabung einer einzigen Aktie.[14] Auch diejenigen Aktionäre sind antragsberechtigt, die dem Vertrag im Rahmen der Beschlussfassung nach § 293 Abs. 1 AktG zugestimmt haben;[15] ein Widerspruch ist also nicht erforderlich. Maßgeblicher Zeitpunkt für die Aktionärsstellung ist gem. § 3 S. 2 SpruchG der Zeitpunkt der Antragstellung.

2. Eingliederung und Squeeze-out

10 Bei einem Spruchverfahren nach § 1 Nr. 2 SpruchG zwecks Bestimmung der Höhe der Abfindung von ausgeschiedenen Aktionären bei der Eingliederung oder nach § 1 Nr. 3 SpruchG zwecks Bestimmung der Höhe der Barabfindung von Minderheitsaktionären, deren Aktien durch Beschluss der Hauptversammlung auf den Hauptaktionär übertragen worden sind, ist jeder hierdurch[16] ausgeschiedene Aktionär antragsberechtigt (§ 3 S. 1 Nr. 2 SpruchG). Derjenige Aktionär scheidet aus, der im Zeitpunkt der Eintragung der Eingliederung oder des Squeeze-out-Beschlusses in das Handelsregister Aktionär der Gesellschaft war.[17]

---

[11] Überzeugend *Simon* in Simon SpruchG § 2 Rn. 5; ferner *Emmerich* in Emmerich/Habersack Aktien/GmbH-KonzernR SpruchG § 2 Rn. 11 u. 12; *Volhard* in Semler/Stengel SpruchG § 2 Rn. 9; aA *Drescher* in Spindler/Stilz SpruchG § 2 Rn. 6; *Koch* in Hüffer/Koch SpruchG § 2 Rn. 7.
[12] *Krieger* in MHdB AG § 71 Rn. 145; *Leuering* in Simon SpruchG § 4 Rn. 5.
[13] *Leuering* in Simon SpruchG § 3 Rn. 15.
[14] *Krieger* in MHdB AG § 71 Rn. 145.
[15] *Drescher* in Spindler/Stilz SpruchG § 3 Rn. 6.
[16] *Wasmann* WM 2004, 819 (822).
[17] So § 320a S. 1 AktG zur Eingliederung und § 327e Abs. 3 S. 1 AktG zum Squeeze-out.

3. Umwandlungsmaßnahmen

Bei einem Spruchverfahren zwecks Bestimmung des Ausgleichs durch bare Zuzahlung an 11
Anteilsinhaber oder zwecks Bestimmung der Höhe der Barabfindung von Anteilsinhabern
anlässlich der Umwandlung von Rechtsträgern (§ 1 Nr. 4 SpruchG) sind gem. § 3 S. 1
Nr. 3 SpruchG diejenigen Anteilsinhaber antragsberechtigt, die in den in § 1 Nr. 4
SpruchG aufgezählten Vorschriften des Umwandlungsgesetzes genannt werden. Soweit
diese Vorschriften Barzuzahlungsansprüche gewähren (Grundfall: § 15 UmwG), gelten die
zu den unternehmensvertraglichen Abfindungs- und Ausgleichsansprüchen dargestellten
Grundsätze (→ Rn. 9) entsprechend, sodass die Antragsberechtigung insbes. nicht davon
abhängt, dass der betreffende Aktionär gegen den Umwandlungsbeschluss Widerspruch
zur Niederschrift eingelegt hat.

Demgegenüber ist für die Entstehung eines umwandlungsrechtlichen Abfindungsan- 12
spruchs (Grundfall: § 34 UmwG) Voraussetzung, dass der betreffende Anteilsinhaber **Widerspruch** zur Niederschrift erklärt hat.[18] Entsprechend setzt auch die Antragsberechtigung im Spruchverfahren diesen Widerspruch voraus, sofern kein Fall der §§ 29 Abs. 2,
122l Abs. 1 S. 3, 207 Abs. 2 UmwG vorliegt. Dabei gilt es zu beachten, dass die Einlegung eines Widerspruchs in diesen Fällen nach wohl hM nur dann in Betracht kommt,
wenn der Widersprechende im Rahmen der Beschlussfassung auch gegen die Umwandlung gestimmt hat.[19]

Gemäß § 3 S. 2 SpruchG soll es für die Beurteilung der Antragsberechtigung in allen 13
genannten Umwandlungsfällen auf die Anteilsinhaberschaft zum Zeitpunkt der Antragstellung ankommen. Dies passt nicht ganz, da zB im Falle der Verschmelzung die Aktionäre der übertragenden Gesellschaft ihre Aktionärsstellung ja gerade im Zeitpunkt der
Eintragung dieser Maßnahme in das Handelsregister verlieren.[20] § 3 S. 2 SpruchG ist daher in diesen Fällen dahingehend auszulegen, dass die Antragsberechtigung zu bejahen ist,
wenn der Antragsteller im Moment der Antragstellung Anteilsinhaber des übernehmenden bzw. des Rechtsträgers neuer Rechtsform ist, und zwar mit solchen Anteilen, die er
im Zuge der Umwandlung für die Anteile des übertragenden bzw. formwechselnden
Rechtsträgers erhalten hat.[21]

Bei der **grenzüberschreitenden Verschmelzung** (ebenfalls § 3 S. 1 Nr. 3 SpruchG) 14
kann jeder Anteilsinhaber einer übertragenden Gesellschaft gem. § 15 UmwG von dem
übernehmenden Rechtsträger einen Ausgleich durch bare Zuzahlungen verlangen, sofern
das Umtauschverhältnis der Anteile zu niedrig bemessen ist. Dies gilt jedoch nur dann,
wenn entweder das Recht der ausländischen an der grenzüberschreitenden Verschmelzung
beteiligten Gesellschaften ein Verfahren zur Kontrolle und Änderung des Umtauschverhältnisses der Anteile kennt oder wenn die Anteilsinhaber der ausländischen Gesellschaften
diesem Verfahren im Verschmelzungsbeschluss ausdrücklich zustimmen (**Unterwerfungserfordernis**, § 122h Abs. 1 UmwG). In dem Spruchverfahren zur Bestimmung einer baren Zuzahlung ist jeder Anteilsinhaber des übertragenden Rechtsträgers antragsbefugt. Der
Erhebung eines Widerspruchs gegen den Verschmelzungsbeschluss oder eines ablehnenden
Stimmverhaltens bei der Beschlussfassung bedarf es nicht. Des Weiteren muss eine deutsche
übertragende Gesellschaft jedem Anteilsinhaber, der gegen den Verschmelzungsbeschluss
der Gesellschaft Widerspruch zur Niederschrift erklärt, den Erwerb seiner Anteile gegen
eine Barabfindung anbieten, wenn die übernehmende oder neue Gesellschaft nicht dem
deutschen Recht unterliegt (§ 122i Abs. 1 S. 1 UmwG). Die Angemessenheit dieser Barabfindung kann gem. § 122i Abs. 2 iVm § 34 UmwG im Spruchverfahren überprüft werden,
wobei wiederum Voraussetzung ist, dass das Recht der ausländischen, an der grenzüber-

---

[18] *Simon* in Kölner Komm. UmwG § 34 Rn. 4.
[19] *Simon* in Kölner Komm. UmwG § 34 Rn. 4.
[20] Mitgliedschaftsperpetuierung nach § 20 Abs. 1 Nr. 3 UmwG; ausführlich dazu *Simon* in Kölner Komm. UmwG § 2 Rn. 78 ff.
[21] *Mennicke* in Lutter SpruchG § 3 Rn. 6.

schreitenden Verschmelzung beteiligten Gesellschaft ein Verfahren zur Kontrolle und Änderung des Umtauschverhältnisses der Anteile kennt oder dass die Anteilsinhaber der ausländischen Gesellschaften diesem Verfahren im Verschmelzungsbeschluss **ausdrücklich zustimmen** (§ 122i Abs. 2 S. 1 UmwG). Auch § 3 Abs. 2 findet Anwendung; es gelten die oben bei der innerstaatlichen Verschmelzung dargestellten Grundsätze.

4. Gründung oder Sitzverlegung einer SE

15 Gegenstand eines Spruchverfahrens zwecks Bestimmung des Ausgleichs durch bare Zuzahlung an Anteilsinhaber oder zwecks Bestimmung der Höhe der Barabfindung von Anteilsinhabern bei der Gründung oder Sitzverlegung einer SE (§ 1 Nr. 5 SpruchG) können einerseits Barzuzahlungsansprüche (§ 6 Abs. 2 SEAG), andererseits Abfindungsansprüche (§ 7 SEAG) sein. Ein Anspruch auf **bare Zuzahlung** setzt indes voraus, dass die Anteilsinhaber der ausländischen Gesellschaften diesem Verfahren im Verschmelzungsbeschluss ausdrücklich zustimmen (**Unterwerfungserfordernis**, Art. 25 Abs. 3 S. 1 SE-VO).[22] Antragsberechtigt ist dann jeder Anteilsinhaber des übertragenden Rechtsträgers; der Erhebung eines Widerspruchs bedarf es nicht.[23] Entsprechendes gilt nach § 11 SEAG für die Gründung einer Holding-SE. Für den Formwechsel einer deutschen AG in eine SE fehlt zwar eine gesetzliche Anordnung einer baren Zuzahlung, eine solche wird aber entsprechend § 196 UmwG befürwortet.[24]

16 Gem. § 7 Abs. 1 SEAG hat eine deutsche übertragende Gesellschaft jedem Aktionär, der gegen den Verschmelzungsbeschluss Widerspruch zur Niederschrift erklärt,[25] den Erwerb seiner Aktien gegen eine angemessene **Barabfindung** anzubieten, wenn die zu gründende SE ihren Sitz im Ausland haben soll (Wegzug). Hierbei ist wiederum Voraussetzung, dass die Anteilsinhaber der ausländischen, an der grenzüberschreitenden Verschmelzung beteiligten Gesellschaft einem Verfahren zur Kontrolle und Änderung der Abfindung **ausdrücklich zustimmen** (Art. 25 Abs. 3 S. 1 SE-VO). Entsprechendes gilt nach § 9 SEAG für die Gründung einer Holding-SE sowie nach § 12 SEAG im Fall der Sitzverlegung der SE.

17 Maßgeblicher Zeitpunkt für die Aktionärsstellung ist gem. § 3 Abs. 2 S. 1 SpruchG wiederum der Zeitpunkt der Antragstellung. Sofern es um die Gründung einer SE durch Verschmelzung geht, ist diese gesetzliche Vorgabe ebenso wie bei der nationalen Verschmelzung teleologisch zu reduzieren (→ Rn. 13).

5. Gründung einer Europäischen Genossenschaft

18 Bestehen gem. § 7 Abs. 2 SCEAG Barzuzahlungsansprüche wegen Gründung einer Europäischen Genossenschaft (§ 1 Nr. 6 SpruchG), ist jedes Mitglied der übertragenden Genossenschaft antragsberechtigt (§ 3 Nr. 5 SpruchG). Ein Anspruch auf **bare Zuzahlung** setzt indes voraus, dass die Anteilsinhaber der ausländischen Gesellschaften diesem Verfahren im Verschmelzungsbeschluss ausdrücklich zustimmen (**Unterwerfungserfordernis**, Art. 29 Abs. 1 S. 1 SCE-VO).

---

[22] *Bayer* in Lutter/Hommelhoff SE-VO Art. 25 Rn. 20 ff.
[23] *C. Schäfer* in MüKoAktG SE-VO Art. 24 Rn. 12 und 17.
[24] *C. Schäfer* in MüKoAktG SE-VO Art. 37 Rn. 38.
[25] Ausnahmen vom Widerspruchserfordernis in den Fällen der §§ 7 Abs. 1 S. 5, 9 Abs. 1 S. 5, 12 Abs. 1 S. 5 SEAG, jeweils iVm § 29 Abs. 2 UmwG.

6. Antragsberechtigung jenseits des Katalogs des § 3 S. 1 SpruchG

Bei der **Beseitigung von Mehrstimmrechten** gem. § 5 Abs. 2 EGAktG sind zunächst alle vormaligen Inhaber der beseitigten Mehrstimmrechte antragsberechtigt, sofern sie in der Hauptversammlung Widerspruch gegen den Beschluss erklärt haben. Darüber hinaus räumt das Gesetz jedem in der Hauptversammlung *erschienenen* Aktionär eine Antragsberechtigung ein,[26] also auch solchen Aktionären, deren Mehrstimmrecht nicht beseitigt wurde, sofern sie ebenfalls Widerspruch erklärt haben.

19

VI. Antragstellung

1. Antrag

Ein Spruchverfahren ist als echtes Streitverfahren ein Antragsverfahren und setzt somit einen entsprechenden **Verfahrensantrag** eines Antragsberechtigten voraus.[27] Das Vorliegen eines Antrags ist als Verfahrensvoraussetzung in jeder Lage des Verfahrens, als auch vom Beschwerdegericht, von Amts wegen zu prüfen. Neben dem Verfahrensantrag steht der **Sachantrag;** dieser ist im Spruchverfahren stets ein Gestaltungsantrag.[28] Der Antrag ist seinem Inhalt nach darauf zu richten, dass das Gericht zwecks Bestimmung der angemessenen Kompensation die Höhe der angebotenen Kompensationen überprüft und, sofern eine zu niedrige Kompensation angeboten wurde, diese entsprechend anpasst. Dabei obliegt es dem Gericht in einigen Fällen auch zu bestimmen, ob überhaupt dem Grunde nach eine Kompensation in Form einer baren Zuzahlung geschuldet wird.

20

Der Antragsteller muss in seinem Antrag nicht die seiner Ansicht nach angemessene Höhe der Kompensation beziffern; umgekehrt ist solch eine Bezifferung allerdings auch unschädlich, da sie weder die beantragte Entscheidung auf diese Höhe begrenzt noch zu einer Teilabweisung führt, wenn die Entscheidung hinter dem bezifferten Betrag zurückbleibt.[29]

21

Die **Form** des Antrags richtet sich nach § 25 Abs. 1 FamFG, der über § 17 SpruchG Anwendung findet.[30] Danach können Anträge schriftlich oder zur Niederschrift der Geschäftsstelle des zuständigen Gerichts oder eines Amtsgerichts gestellt werden. Ferner können Anträge auch per Telefax eingereicht werden. Für Anträge per E-Mail ist zusätzlich § 130a ZPO und insbes. dessen Abs. 2 zu beachten, wonach dieser Kommunikationskanal mit der Justiz zunächst durch eine entsprechende Rechtsverordnung formell eröffnet sein muss.

22

Für das Spruchverfahren erster Instanz besteht **kein Anwaltszwang,**[31] im Beschwerdeverfahren besteht ein solcher nur für die Einlegung der Beschwerde, nicht für das weitere Beschwerdeverfahren.[32] Die Beteiligten können das Verfahren gem. § 10 Abs. 1 FamFG daher selbst betreiben. Im Fall der Vertretung durch einen Bevollmächtigten ist indes eine Verfahrensvollmacht zu den Gerichtsakten einzureichen, § 11 FamFG. Hinsichtlich des Umfangs, des Fortbestands und der Wirkung des Vollmacht ordnet § 11 S. 5 FamFG die entsprechende Anwendung der §§ 81–87 sowie 89 ZPO an. Wie im Zivilprozess (§ 88 Abs. 2 ZPO) gilt auch für das FG-Verfahren, dass das Gericht das Fehlen eines Voll-

23

---

[26] So ausdrücklich § 5 Abs. 4 S. 2 EGAktG.
[27] *Leuering* in Simon SpruchG § 4 Rn. 5.
[28] *Leuering* in Simon SpruchG § 4 Rn. 7; *Puszkajler* Der Konzern 2006, 256.
[29] *Leuering* in Simon SpruchG § 4 Rn. 11.
[30] *Preuß* NZG 2009, 961 (963).
[31] OLG Düsseldorf AG 1995, 85 (86); *Koch* in Hüffer/Koch SpruchG § 4 Rn. 5.
[32] *Emmerich* in Emmerich/Habersack Aktien/GmbH-KonzernR SpruchG § 12 Rn. 4; *Koch* in Hüffer/Koch SpruchG § 12 Rn. 5; *Simon* in Simon SpruchG § 12 Rn. 19.

2. Antragsfrist und Antragsbegründungsfrist

24 Der Antrag auf Durchführung eines Spruchverfahrens ist innerhalb einer **Antragsfrist** von drei Monaten ab dem Tag zu stellen, an dem die registergerichtliche Eintragung der jeweiligen Strukturmaßnahme bekannt gemacht worden ist (§ 4 Abs. 1 SpruchG). Hierbei handelt es sich um eine materiell-rechtliche Ausschlussfrist, die zugleich eine verfahrensrechtliche Komponente aufweist („Doppelnatur").[34] Die Versäumung der Frist hat deshalb die Unbegründetheit des Antrages zur Folge; eine Wiedereinsetzung in den vorigen Stand kommt nicht in Betracht.[35] – Gem. § 4 Abs. 2 AktG hat der Antragsteller seinen Antrag ferner innerhalb der dreimonatigen Antragsfrist zu begründen (**Antragsbegründungsfrist**). Die Begründung muss nicht notwendig gleichzeitig mit Erhebung des Antrages erfolgen, sondern kann in einem separaten Schriftsatz vorbehalten bleiben.[36] Zu den inhaltlichen Anforderungen → Rn. 27.

25 Maßgeblich für den **Fristbeginn** ist gem. § 4 Abs. 1 S. 1 SpruchG der Tag, an dem die Eintragung der jeweiligen Maßnahme in das Handelsregister bekannt gemacht worden ist. Dies richtet sich in den Fällen des § 1 Nr. 1–3 SpruchG nach § 10 HGB. In den Fällen des § 1 Nr. 4 SpruchG ist auf die rechtsbegründende Eintragung gem. §§ 19 Abs. 3 S. 2, 201 S. 2 UmwG abzustellen. Ausnahmen bei der Fristberechnung gelten für die in § 1 Nr. 4 SpruchG genannten Fälle der §§ 122h und 122l UmwG sowie in den Konstellationen des § 1 Nr. 5 und 6 SpruchG, in denen sich der Fristbeginn uU nach dem Recht des fremden Sitzstaates richten kann.

26 Für die **Fristberechnung** gelten über § 16 FamFG und § 222 ZPO die Regelungen des BGB; also die §§ 187–193 BGB. Die Frist endet somit gem. § 193 BGB erst am nächsten Werktag, falls der nach § 188 Abs. 2 BGB berechnete Tag ein Sonntag, Sonnabend oder Feiertag ist. Zur Fristwahrung genügt es, wenn die den Anforderungen des § 4 Abs. 2 SpruchG genügende Antragsschrift bei dem Gericht eingeht; einer innerhalb der Frist erfolgenden Zustellung an die Gesellschaft bedarf es somit nicht. Aus § 4 Abs. 1 S. 2 SpruchG wird von der ganz herrschenden Meinung auch abgeleitet, dass ein Antrag bei einem von vornherein **unzuständigen Gericht** nicht zur Fristwahrung ausreicht; dies gilt auch dann, wenn nur ein einziges Gericht zuständig ist.[37] Zwar hat der BGH für das bis zum Inkrafttreten des SpruchG anwendbare Spruchverfahrensrecht die analoge Anwendbarkeit des § 281 ZPO – mit dem Ergebnis der Fristwahrung auch in diesem Fall – festgestellt; er hat die Frage für das geltende SpruchG jedoch ausdrücklich offen gelassen.[38] – Anträge, die vor Fristbeginn gestellt werden, sind nur dann unzulässig, wenn im Zeitpunkt der Antragstellung auch die die jeweilige Kompensationsleistung auslösende Strukturmaßnahme selbst noch nicht in das Handelsregister eingetragen ist; nach dieser Eintragung muss der Antragsteller also den Zeitpunkt der Bekanntmachung des Registergerichts weder ermitteln noch abwarten.[39]

---

[33] *Preuß* NZG 2009, 961 (962).
[34] *Koch* in Hüffer/Koch SpruchG § 4 Rn. 2.
[35] OLG Düsseldorf NZG 2005, 719; *Drescher* in Spindler/Stilz SpruchG § 4 Rn. 11; *Koch* in Hüffer/Koch SpruchG § 4 Rn. 2; *Krieger* in MHdB AG § 71 Rn. 145; *Preuß* NZG 2009, 961 (963).
[36] *Leuering* in Simon SpruchG § 4 Rn. 17; *Koch* in Hüffer/Koch SpruchG § 4 Rn. 9.
[37] OLG Düsseldorf NZG 2005, 719; *Koch* in Hüffer/Koch SpruchG § 4 Rn. 5; *Leuering* in Simon SpruchG § 4 Rn. 32; aA *Drescher* in Spindler/Stilz SpruchG § 4 Rn. 8.
[38] BGHZ 166, 329 Rn. 12 ff. = NZG 2006, 426 mit abl. Anm. *Hirte/Wittgens* EWiR 2006, 355.
[39] *Drescher* in Spindler/Stilz SpruchG § 4 Rn. 5; *Leuering* in Simon SpruchG § 4 Rn. 33.

3. Begründung des Antrags

Der Antrag ist innerhalb der Antragsbegründungsfrist zu begründen. Erfolgt dies nicht oder aber mit Blick auf die dargestellten Vorgaben des § 4 Abs. 2 SpruchG nur unzureichend, ist der Antrag als **unzulässig** zurückzuweisen.[40] Diese Begründung hat gem. § 4 Abs. 2 S. 2 Nr. 1 und 2 SpruchG zunächst eine Bezeichnung des nach § 5 SpruchG zu bestimmenden Antragsgegners (Nr. 1) sowie die Darlegung der Antragsberechtigung iSd § 3 SpruchG zu enthalten (Nr. 2). Entgegen der ganz herrschenden Meinung in der Literatur[41] geht der BGH davon aus, dass der **Nachweis der Aktionärsstellung** nicht innerhalb der Dreimonatsfrist geführt werden muss: § 4 Abs. 2 S. 2 Nr. 2 SpruchG verlange nur die Darlegung der Antragsberechtigung in der Antragsbegründung. Darlegung sei im Unterschied zum Beweis oder Nachweis als dem Beleg einer Tatsache die bloße Darstellung eines Sachverhalts. Auch bestehe eine Begründung, als deren Teil die Darlegung der Antragsberechtigung ausdrücklich bezeichnet ist, in der Angabe von Tatsachen, aus denen sich ein Anspruch oder ein Recht ergeben soll oder die einen Antrag als begründet erscheinen lassen sollen. Der Nachweis oder der Beweis der behaupteten Tatsachen sei regelmäßig nicht Teil der Begründung.[42] Gem. § 4 Abs. 2 S. 2 Nr. 3 und 4 SpruchG sind in der Begründung ferner Angaben zur Art der Strukturmaßnahme und der vom Gericht zu bestimmenden Kompensation zu machen sowie schließlich konkrete Einwendungen gegen die Angemessenheit der Kompensation oder ggf. gegen den als Grundlage für die Kompensation ermittelten Unternehmenswert des Antragsgegners zu erheben ("konkrete Bewertungsrüge"). 27

Das gem. § 4 Abs. 2 Nr. 4 SpruchG bestehende Erfordernis der **konkreten Bewertungsrüge** stellt eine Neuerung gegenüber dem früheren Recht dar, wonach das Spruchverfahren uneingeschränkt dem Amtsermittlungsgrundsatz unterlag und einen entsprechenden Begründungszwang nicht vorsah. Welche Anforderungen im Einzelnen an diese Rüge zu stellen sind, lässt die gesetzliche Regelung offen. Erforderlich ist eine ausreichend fallbezogene Kritik, die von bloßen Pauschaleinwendungen abzugrenzen ist. Der notwendige Grad der Konkretisierung muss zum einem in Abhängigkeit vom Gehalt der erstellten Dokumente (Bericht des Vorstands oder des Hauptaktionärs, Prüfungsberichte etc) bestimmt werden.[43] Konkrete Einwendungen – oder in einer prozessrechtlichen Diktion: substantiierte Einwendungen – sind nur dann möglich, wenn der Antragsteller aus diesen Unterlagen über detaillierte Informationen zur vorgenommen Bewertung verfügen kann.[44] Es muss erkennbar sein, dass sich der Antragsteller mit den für die Bewertung maßgeblichen Unterlagen iSv § 7 Abs. 3 SpruchG und den darin enthaltenen Ausführungen auseinandergesetzt hat.[45] Die Anforderungen an die Darlegung sind zum anderen auch an die jeweiligen Möglichkeiten der Partei auszurichten.[46] Im Ausgangspunkt ist hierbei auf den durchschnittlichen Aktionär abzustellen. Die Anforderungen dürfen indes nicht überspannt werden, da bei der Ermittlung des Sachverhalts (eigenes oder fremdes) Sachverständigenwissen erforderlich und eine anwaltliche Vertretung nicht vorgeschrieben ist. Die Ausrichtung an den Möglichkeiten der Partei bedeutet aber auch, dass vom Antragsteller zu verlangen ist, "dass er bei der Begründung des Antrags so tief geht, wie ihm dies vernünftigerweise zuzumuten ist".[47] Mit dem Kammergericht ist davon auszugehen, dass der Antragsteller dabei im Regelfall darzulegen hat, dass die in Frage stehende Abfin- 28

---

[40] *Drescher* in Spindler/Stilz SpruchG § 4 Rn. 24; *Koch* in Hüffer/Koch SpruchG § 4 Rn. 9.
[41] *Koch* in Hüffer/Koch SpruchG § 3 Rn. 7 mwN.
[42] BGHZ 177, 131 Rn. 14 = NZG 2008, 658.
[43] *Drescher* in Spindler/Stilz SpruchG § 4 Rn. 21.
[44] *Koch* in Hüffer/Koch SpruchG § 4 Rn. 8.
[45] *Wittgens* NZG 2007, 853 (856).
[46] *Büchel* NZG 2003, 793 (796); *Koppensteiner* in Kölner Komm. AktG Anh. § 327f Rn. 13.
[47] *Koppensteiner* in Kölner Komm. AktG Anh. § 327f Rn. 13; ähnlich *Koch* in Hüffer/Koch SpruchG § 4 Rn. 9.

dung unangemessen ist; hierzu muss die vom Antragsteller **dargelegte und begründete Abweichung** so erheblich sein, dass das Festhalten an der Kompensation einem verständigen Dritten unangemessen erscheint.[48]

29 Macht der Antragsteller glaubhaft, dass er bei Antragstellung aus Gründen, die er nicht zu vertreten hat, über diese Unterlagen nicht verfügt, kann die Begründungsfrist nach § 4 Abs. 2 S. 2 Nr. 4 SpruchG angemessen verlängert werden, sofern der Antragsteller zugleich die Erteilung von Abschriften gem. § 7 Abs. 3 SpruchG verlangt (§ 4 Abs. 2 S. 2 Nr. 4 SpruchG). Lediglich ein Sollerfordernis enthält schließlich § 4 Abs. 2 S. 4 SpruchG, wonach der Antragsteller die Zahl der von ihm gehaltenen Anteile angeben soll; ein Verstoß berührt die Zulässigkeit des Antrags nicht, sondern löst lediglich die Vermutung nach § 31 Abs. 1 S. 3 RVG aus, dass der Antragsteller nur einen Anteil hält.[49]

4. Gemeinsame Vertreter

30 Der **gemeinsame Vertreter** (§ 6 SpruchG)[50] soll die Interessen der Anteilsinhaber schützen, die nicht selbst einen Antrag gestellt haben.[51] Hintergrund ist, dass die spätere rechtskräftige Entscheidung des Gerichts gem. § 13 S. 2 SpruchG Wirkung auch ihnen gegenüber entfaltet, sie also materiell beteiligt sind.[52] Aus berufenem Munde wird dabei die rechtspolitische Frage aufgeworfen, ob die Bestellung eines gemeinsamen Vertreters tatsächlich das Verfahren fördere oder ob sich daraus nur zusätzlicher prozessualer Aufwand und für die Antragsgegner zusätzliche Kosten ergeben; es sei jedenfalls nicht die Regel, dass der gemeinsame Vertreter zusätzliche Fakten oder Argumente einbringe, die zu einer höheren Abfindung oder zu einer höheren Ausgleichszahlung führten.[53]

31 Der gemeinsame Vertreter soll **frühzeitig** bestellt werden. Es ist jedoch in aller Regel nicht sachgerecht, ihn sofort nach Eingang eines Antrags zu bestellen, da dann oft noch nicht feststeht, ob der Antrag zulässig ist und die Angemessenheit der Kompensation in der Sache überprüft wird.[54] Solange diese Fragen ungeklärt sind, ist zur Wahrung der Beteiligtenrechte der nicht antragstellenden Anteilsinhaber auch keine Vertretung erforderlich.[55] Die Bestellung selbst erfolgt durch (einen nicht zu begründenden) Beschluss des Vorsitzenden der KfH, § 2 Abs. 2 Nr. 5 SpruchG. Sie wird im elektronischen Bundesanzeiger sowie den satzungsmäßigen Blättern der Gesellschaft, deren Anteilsinhaber antragsberechtigt sind, **bekannt gemacht**.

32 Dem gemeinsamen Vertreter kommt nach § 6 Abs. 1 S. 1 SpruchG die Rechtsstellung eines **gesetzlichen Vertreters** der Antragsberechtigten, die keinen eigenen Antrag stellen, zu. Seine Vertretungsmacht beschränkt sich auf das Verfahren, wie es von den Antragstellern durch ihre Anträge bestimmt wird, sodass der gemeinsame Vertreter im Namen der nicht selbst beteiligten Anteilsinhaber zwar Anträge stellen, Rechtsmittel einlegen und Vergleiche schließen, diese Anteilsinhaber aber nicht außerprozessual rechtsgeschäftlich verpflichten kann.[56] Gem. § 6 Abs. 3 SpruchG steht es dem gemeinsamen Vertreter frei, das Spruchverfahren „auch nach Rücknahme eines Antrags" fortzuführen, was richtigerweise als „nach Rücknahme aller Anträge" zu lesen ist.[57]

---

[48] KG NZG 2008, 469 (in Anschluss an *Leuering* in Simon SpruchG § 4 Rn. 50) mit zust. Anm. *Leuering/Rubner* NJW-Spezial 2008, 337.
[49] *Mennicke* in Lutter SpruchG § 4 Rn. 23.
[50] Monographisch hierzu *v. Schweinitz*, Der gemeinsame Vertreter im Spruchverfahren, 2007.
[51] BayObLG AG 1992, 59.
[52] *v. Schweinitz* 87–96.
[53] *Büchel* NZG 2003, 793 (796).
[54] *Drescher* in Spindler/Stilz SpruchG § 6 Rn. 4.
[55] *Büchel* NZG 2003, 793 (795); *Drescher* in Spindler/Stilz SpruchG § 6 Rn. 4; *v. Schweinitz* 110; *Wittgens* 104 f.
[56] *Koch* in Hüffer/Koch SpruchG § 6 Rn. 6.
[57] *Koch* in Hüffer/Koch SpruchG § 6 Rn. 9.

Ist an einer der in den §§ 6a, 6b und 6c SpruchG genannten Strukturmaßnahmen, die 33
zum Gegenstand eines Spruchverfahrens gemacht worden ist, eine ausländische Gesellschaft beteiligt, so können auch deren Anteilsinhaber nach diesen Vorschriften die Bestellung eines gemeinsamen Vertreters beantragen, sofern sie selbst *nicht* antragsberechtigt sind. Dessen Aufgabenkreis ist mit demjenigen eines gemeinsamen Vertreters iSd § 6 SpruchG allerdings nicht vergleichbar, weil dieser gemeinsame Vertreter nicht auf die Erhöhung der ursprünglich festgesetzten Kompensationsleistung hinzuwirken, sondern diese vielmehr im Interesse der Anteilsinhaber der ausländischen Gesellschaft zu verteidigen hat.

VII. Weiterer Verfahrensablauf

1. Vorbereitung der mündlichen Verhandlung

Das Gericht stellt die **Anträge** der Antragsteller unverzüglich dem Antragsgegner sowie – 34
nach seiner Bestellung – dem gemeinsamen Vertreter zu und fordert den Antragsgegner zu einer schriftlichen Erwiderung auf, in der insbes. zur Höhe der jeweiligen Kompensationsmaßnahme Stellung zu nehmen ist (§ 7 Abs. 2 S. 2 SpruchG). Die Zustellung erfolgt entweder von Amts wegen nach §§ 166 ff. ZPO oder durch Aufgabe zur Post, § 15 FamFG. Für die **Erwiderung** setzt das Gericht dem Antragsgegner eine Frist, die gem. § 7 Abs. 2 S. 3 SpruchG mindestens einen und höchstens drei Monate betragen soll; die Frist kann durch den Vorsitzenden verlängert werden, § 16 Abs. 2 FamFG iVm §§ 224 Abs. 2 und 3, 225 ZPO.[58] Da die Zustellung der Anträge unverzüglich (§ 121 Abs. 1 S. 1 BGB) zu erfolgen hat, sollte die Frist schon bei Zustellung des ersten Antrags nach Möglichkeit so bemessen werden, dass auch noch auf später eingehende und zuzustellende Anträge innerhalb dieser Frist zusammenfassend erwidert werden kann. Eine Fristüberschreitung des Antragsgegners kann zur Präklusion führen (§ 10 Abs. 1 S. 1 SpruchG).

Der Antragsgegner ist nach Zustellung der Anträge und ohne weitere Aufforderung 35
durch das Gericht[59] verpflichtet, die nach den gesetzlichen Vorschriften im Rahmen der jeweiligen Strukturmaßnahme erstellten **Berichte und Prüfungsberichte** bei Gericht einzureichen (§ 7 Abs. 3 S. 1 und 2 SpruchG). Das Gericht kann dem Antragsgegner aufgeben, Abschriften dieser Unterlagen unverzüglich und kostenlos dem Antragsteller oder dem gemeinsamen Vertreter zu erteilen, wenn diese dies verlangen (§ 7 Abs. 3 S. 3 SpruchG). Zur Durchsetzung dieser Verpflichtungen steht dem Gericht das Zwangsgeldverfahren zur Verfügung (vgl. § 7 Abs. 8 SpruchG).

Nach Eingang der Erwiderung des Antragsgegners iSd § 7 Abs. 2 SpruchG stellt das 36
Gericht diese den Antragstellern und dem gemeinsamen Vertreter nach § 15 FamFG zu (§ 7 Abs. 4 SpruchG).[60] Dabei hat das Gericht den Antragstellern und dem gemeinsamen Vertreter eine Frist von mindestens einem und höchstens drei Monaten zu setzen, binnen derer diese Beteiligten Einwendungen gegen die Erwiderung des Antragsgegners und gegen die durch den Antragsgegner vorgelegten Berichte und Prüfungsberichte vorbringen können. Die Überschreitung der Frist kann wiederum Präklusionsfolgen auslösen (§ 10 Abs. 1 S. 1 SpruchG). Die genannten inhaltlichen Beschränkungen der zulässigen Einwendungen gelten entgegen dem Wortlaut der Regelung jedenfalls nicht für die Replik des gemeinsamen Vertreters,[61] weil dieser zu der jeweiligen Kompensationsleistung darin

---

[58] *Mennicke* in Lutter SpruchG § 7 Rn. 6.
[59] *Mennicke* in Lutter SpruchG § 7 Rn. 8.
[60] Dass das Gesetz von „zuleiten" spricht, ist unscharf, dazu *Mennicke* in Lutter SpruchG § 7 Rn. 10.
[61] *Emmerich* in Emmerich/Habersack Aktien/GmbH-KonzernR SpruchG § 7 Rn. 4a lehnt eine Präklusionswirkung insgesamt, also auch für die Antragsteller, ab; *Mennicke* in Lutter SpruchG § 7 Rn. 10 geht davon aus, dass dem gemeinsamen Vertreter zwar eine längere Frist zur Replik als den Antragstellern zu gewähren sei, da dieser erstmals im Verfahren Stellung nehme. Allerdings müsse auch für ihn gelten, dass in der

erstmals Stellung nimmt. Der gemeinsame Vertreter ist deshalb insbes. nicht an die durch die bisherigen Antragsteller erhobenen Einwendungen gebunden, sondern kann im Interesse der von ihm vertretenen nicht antragstellenden Anteilsinhaber auch anderweitige Einwendungen geltend machen.[62]

37 Gem. § 7 Abs. 5–7 SpruchG kann das Gericht weitere **Maßnahmen zur Vorbereitung** der mündlichen Verhandlung ergreifen. So kann den Beteiligten zB eine Ergänzung oder Erläuterung ihres schriftlichen Vorbringens oder die Vorlage von Aufzeichnungen aufgegeben oder ihnen eine Frist zur Erklärung über bestimmte klärungsbedürftige Punkte gesetzt werden (§ 7 Abs. 5 S. 2 SpruchG). Ferner kann das Gericht amtliche Auskünfte einholen, die Vorlage behördlicher und sonstiger Urkunden und Unterlagen anordnen sowie die Beteiligten auffordern, zusammenfassende Übersichten und Tabellen vorzulegen.[63] Das Gericht kann aber auch schon im Vorfeld der mündlichen Verhandlung gem. § 7 Abs. 6 SpruchG eine **Beweisaufnahme** anordnen, die indes nur der „Klärung von Vorfragen" dienen darf.[64] Zur Klärung von Vorfragen lässt § 7 Abs. 6 SpruchG schließlich ausdrücklich auch die Einholung einer schriftlichen Stellungnahme des sachverständigen Prüfers zu.

38 Auf Verlangen der Antragsteller oder des Vorsitzenden hat der Antragsgegner gem. § 7 Abs. 7 SpruchG dem Gericht oder einem von ihm bestellten Sachverständigen darüber hinaus sonstige Unterlagen, die für die Entscheidung des Gerichts erheblich sind, unverzüglich vorzulegen. Der Gesetzgeber hat dabei vor allem an durch den Antragsgegner in Auftrag gegebene interne Bewertungsgutachten und an vorbereitende Arbeitspapiere der beauftragen Wirtschaftsprüfer gedacht. Bestehen auf Seiten des Antragsgegners wichtige **Geheimhaltungsinteressen,** die die Interessen der Antragsteller überwiegen, kann der Vorsitzende gem. § 7 Abs. 7 S. 2 SpruchG auf Antrag des Antragsgegners anordnen, dass diese Unterlagen den Antragstellern nicht zugänglich gemacht werden dürfen.[65] Nach den Gesetzesmaterialien soll dann auch das Gericht „konsequenterweise" nicht befugt sein, diese Unterlagen in seinem späteren Beschluss offenzulegen. Überzeugender scheint es zu sein, danach zu differenzieren, ob die Unterlagen den Antragstellern zum Vorteil oder zum Nachteil gereichen; nur im ersten Fall dürfen sie ohne Offenlegung verwandt werden.[66] Zur Durchsetzung der sich aus § 7 Abs. 7 SpruchG ergebenden Vorlagepflichten steht dem Gericht wiederum das Zwangsgeldverfahren zur Verfügung, § 7 Abs. 8 SpruchG.

2. Durchführung der mündlichen Verhandlung

39 Das Gericht soll gem. § 8 Abs. 1 S. 1 SpruchG regelmäßig aufgrund einer – möglichst frühzeitig anzuberaumenden (§ 8 Abs. 1 S. 2 SpruchG) - **mündlichen Verhandlung** entscheiden. Für diese Verhandlung soll auch das persönliche Erscheinen eines nach den jeweiligen gesetzlichen Vorgaben im Rahmen der Strukturmaßnahme bestellten sachverständigen Prüfers angeordnet werden, sofern das Gericht seine „Anhörung als sachverständigen Zeugen" nicht ausnahmsweise als entbehrlich erachtet (§ 8 Abs. 2 S. 1 SpruchG). Trotz dieser gesetzlichen Formulierung ist die Stellung des sachverständigen Prüfers im

---

Replik vorgetragene neue Einwendungen als verspätet nicht zu berücksichtigen seien, da die nicht antragstellenden Anteilsinhaber sonst besser stünden als die Antragsteller.

[62] *Koch* in Hüffer/Koch SpruchG § 7 Rn. 6; *Puszkajler* Der Konzern 2006, 256; *v. Schweinitz* 145–151; *Winter* in Simon SpruchG vor § 7 Rn. 34 sowie § 7 Rn. 35; *Winter/Nießen* NZG 2007, 13 (16).
[63] *Emmerich* in Emmerich/Habersack Aktien/GmbH-KonzernR SpruchG § 7 Rn. 5.
[64] Str., wie hier *Emmerich* in Emmerich/Habersack Aktien/GmbH-KonzernR SpruchG § 7 Rn. 7a; *Mennicke* in Lutter SpruchG § 7 Rn. 12; aA *Koch* in Hüffer/Koch SpruchG § 7 Rn. 8.
[65] *Winter* in Simon SpruchG § 7 Rn. 69 ff.
[66] *Winter* in Simon SpruchG § 7 Rn. 92 f.; *Drescher* in Spindler/Stilz SpruchG § 7 Rn. 13; krit. *Koch* in Hüffer/Koch § 7 Rn. 9; weitergehend einerseits *Emmerich* in Emmerich/Habersack Aktien/GmbH-KonzernR SpruchG § 7 Rn. 14 (Verwertungsverbot) und andererseits *Mennicke* in Lutter SpruchG § 7 Rn. 20 (unbeschränkte Verwertbarkeit).

Spruchverfahren bislang nicht abschließend geklärt. Als sachverständiger Zeuge iSd § 414 ZPO kann er nach richtiger Auffassung in aller Regel schon deshalb nicht angesehen werden, weil es dem Gericht üblicherweise nicht um seine persönlichen Wahrnehmungen, sondern um seine wertenden Feststellungen gehen wird, die aber nicht nur der konkrete Prüfer, sondern auch jeder andere Sachverständige aufgrund seiner Sachkunde zu treffen in der Lage ist.[67] Der Prüfer ist indessen auch kein gerichtlicher Sachverständiger iSd §§ 402ff. ZPO:[68] Zwar wird er nach den jeweiligen gesetzlichen Vorgaben durch das Gericht bestellt (vgl. zB § 293c Abs. 1 S. 1 AktG). Diese Bestellung erfolgt jedoch weder aufgrund eines Beweisbeschlusses noch wird den später antragsberechtigten Personen in diesem Verfahren rechtliches Gehör gewährt; daneben findet auch keine gerichtliche Leitung der Prüfungstätigkeit iSd § 404a ZPO statt. Zutreffend erscheint daher die im Schrifttum vertretene Annahme, dass das Gericht den Prüfer im Falle des § 8 Abs. 2 S. 1 SpruchG als sachkundige Auskunftsperson *sui generis* anhört.[69]

Die **Beweisaufnahme** und damit auch die Einholung eines Sachverständigengutachtens stehen im Ermessen des Gerichts. § 30 Abs. 1 FamFG regelt den anerkannten Grundsatz, dass das Gericht nach pflichtgemäßem Ermessen zwischen Freibeweis und Strengbeweis nach Maßgabe der Regeln der ZPO wählen kann.[70] Zumeist wird das Gericht dazu einen **Sachverständigen** bestellen. Zwar soll als gerichtlich bestellter Sachverständiger nach den Gesetzesmaterialien „grundsätzlich" auch der bereits tätig gewordene sachverständige Prüfer in Betracht kommen; nicht zu verkennen ist jedoch, dass dieser Prüfer auf diese Weise zum „Obergutachter in eigener Sache" würde und dass – wie auch die Begründung zum RegE des § 8 SpruchG feststellt – „in den meisten Fällen eine gewisse Hemmschwelle bestehen (dürfte), sich selbst zu korrigieren".[71] Jedenfalls bei der Beantwortung von Einzelfragen kann und sollte das Gericht den sachverständigen Prüfer als Sachverständigen hören; anders mag bei einer „flächendeckenden" Neubewertung zu entscheiden sein.[72] 40

Die schließlich in § 8 Abs. 3 SpruchG angeordnete entsprechende Anwendung der §§ 138, 139 ZPO bewirkt – unter Zurückdrängung des Amtsermittlungsgrundsatzes (§ 26 FamFG) – die Einführung des **Beibringungsgrundsatzes** in das Spruchverfahren.[73] Besonders bedeutsam ist dabei die Geltung der **Geständnisfiktion** des § 138 Abs. 3 ZPO, wonach das Gericht im Spruchverfahren nicht zur Ermittlung solcher Tatsachen gezwungen ist, die unbestritten bleiben. 41

Hinsichtlich ihres tatsächlichen Vorbringens unterliegen alle Beteiligten gem. § 9 SpruchG im Übrigen umfassenden **Verfahrensförderungspflichten,** die sich inhaltlich an die in § 282 ZPO geregelten Pflichten anlehnen. Eine Verletzung dieser Verfahrensförderungspflichten kann unter den Voraussetzungen des § 10 SpruchG eine **Präklusion** zur Folge haben. Dabei lässt § 10 Abs. 2 SpruchG für eine schuldhafte Verspätung schon jede einfache Fahrlässigkeit ausreichen und stellt somit im Gegensatz zu der weniger strengen Parallelregelung des § 296 Abs. 2 ZPO dafür nicht auf eine grobe Nachlässigkeit ab. Unter den Voraussetzungen des § 10 Abs. 4 SpruchG kann das Gericht auch Zulässigkeitsrügen, die der Antragsgegner gem. § 9 Abs. 3 SpruchG innerhalb der ihm durch das Gericht zur Erwiderung auf den Antrag gem. § 7 Abs. 2 SpruchG gesetzten Frist geltend zu machen hat, im Falle der Verspätung zurückweisen. Da jedoch sämtliche Rügen von Amts wegen zu berücksichtigen sind, ist die Regelung funktionslos.[74] 42

---

[67] *Koch* in Hüffer/Koch SpruchG § 8 Rn. 4.
[68] *Koch* in Hüffer/Koch SpruchG § 8 Rn. 4.
[69] *Mennicke* in Lutter SpruchG § 8 Rn. 6.
[70] *Winter* in Simon SpruchG vor § 7 Rn. 42.
[71] BegrRegE zu § 8 SpruchG, BT-Drs. 15/371, 15.
[72] *Winter* in Simon SpruchG § 8 Rn. 20; insgesamt ablehnend *Emmerich* in Emmerich/Habersack Aktien/GmbH-KonzernR SpruchG § 8 Rn. 6ff.
[73] Dazu *Winter/Nießen* NZG 2007, 13 (*passim*).
[74] OLG Stuttgart AG 2015, 326 (329); *Drescher* in Spindler/Stilz SpruchG § 10 Rn. 5; ähnlich *Winter* in Simon SpruchG § 10 Rn. 23 (lediglich die Rüge der mangelnden Vollmacht).

VIII. Beendigung des Verfahrens

1. Entscheidung des Gerichts

43 Das Spruchverfahren vor dem Landgericht endet gem. § 11 Abs. 1 SpruchG regelmäßig durch eine gerichtliche Entscheidung, die in Form eines mit Gründen versehenen **Beschlusses** ergeht. Kommt das Gericht nach Durchführung seiner Ermittlungen und Erhebung der erforderlichen Beweise zu der Erkenntnis, dass die Kompensation nicht unangemessen niedrig ist, bleibt es bei der ursprünglich angebotenen Kompensation; die Feststellungslast liegt insoweit beim Antragsteller.[75] Anderenfalls setzt das Gericht die zu erbringende Kompensationsleistung nebst etwaiger Zinsen fest.

44 Die Beurteilung der Angemessenheit der angebotenen Kompensation ist eine reine Rechtsfrage und insoweit als solche vom Gericht zu beantworten.[76] Die Entschädigung muss den „wirklichen" oder „wahren" von der jeweiligen Strukturmaßnahme betroffenen Beteiligungswert unter Einschluss der stillen Reserven und des inneren Geschäftswerts abbilden.[77] Hinsichtlich des durch das Gericht mithilfe des Sachverständigen zu ermittelnden Unternehmenswertes ist davon auszugehen, dass es nicht einen einzigen „richtigen" Unternehmenswert gibt. Vielmehr besteht bei jeder Unternehmensbewertung eine Bandbreite vertretbarer Werte. Es geht insoweit nur um die „Vertretbarkeit" und nicht „Richtigkeit" der angebotenen Kompensation.[78] Die gerichtliche Wertermittlung kann also ihrerseits nur eine Schätzung sein (§ 287 Abs. 2 ZPO).[79]

45 Unangemessen und vom Gericht neu festzusetzen ist die angebotene Kompensation lediglich dann, wenn sie sich außerhalb einer vertretbaren Bandbreite bewegt. Dies ist grds. erst bei Abweichungen von 5–10% zwischen der angebotenen Kompensation und dem durch das Gericht ermittelten Wert anzunehmen.[80] Allein für den Fall, dass das Bewertungsgutachten unter einem fachlichen Mangel leidet, etwa weil ihm eine nicht anerkannte oder nicht gebräuchliche Methodik zu Grunde gelegt wurde, oder weil es auf unzutreffenden tatsächlichen Annahmen beruht, und dieser Mangel sich nicht nur unerheblich zum Nachteil der Anteilseigner ausgewirkt hat, kommt eine Korrektur des Barabfindungsangebots im Spruchverfahren in Betracht.[81] Eine *reformatio in peius* ist prinzipiell ausgeschlossen.[82]

46 Nach § 39 FamFG muss jeder Beschluss in Verfahren der freiwilligen Gerichtsbarkeit mit einer **Rechtsbehelfsbelehrung** versehen werden; die Rechtsbehelfsbelehrung ist Bestandteil des Beschlusses.[83] § 39 FamFG schreibt zugleich den notwendigen Inhalt der Rechtsbehelfsbelehrung vor. Mangels abweichender Regelung für das Spruchverfahren ist

---

[75] *Drescher* in Spindler/Stilz SpruchG § 8 Rn. 4a.
[76] OLG Stuttgart AG 2013, 724 (725).
[77] *Steinle/Liebert/Katzenstein* in Born/Ghassemi-Tabar/Gehle, Münchener Handbuch des Gesellschaftsrechts, Bd. 7: Gesellschaftsrechtliche Streitigkeiten (Corporate Litigation), 5. Aufl. 2016, § 34 Rn. 83.
[78] OLG Frankfurt AG 2012, 513 (514); KG AG 2011, 627 (628).
[79] *Krieger* in MHdB AG § 71 Rn. 146; *Steinle/Liebert/Katzenstein* in Born/Ghassemi-Tabar/Gehle, Münchener Handbuch des Gesellschaftsrechts, Bd. 7: Gesellschaftsrechtliche Streitigkeiten (Corporate Litigation), 5. Aufl. 2016, § 34 Rn. 85.
[80] Wie hier *Krieger* in MHdB AG § 71 Rn. 146; *Steinle/Liebert/Katzenstein* in Born/Ghassemi-Tabar/Gehle, Münchener Handbuch des Gesellschaftsrechts, Bd. 7: Gesellschaftsrechtliche Streitigkeiten (Corporate Litigation), 5. Aufl. 2016, § 34 Rn. 88, wonach vieles dafür spreche, bei einer Abweichung unter 10% noch nicht von Unangemessenheit auszugehen; Angemessenheit bei Abweichung zw. 5–10% offen gelassen: OLG Stuttgart AG 2011, 205 (211); bejaht bei Abweichung von 1%: OLG Karlsruhe AG 2013, 353 (354); OLG Stuttgart AG 2011, 205 (211); 3,7%: OLG Celle ZIP 2007, 2025 (2028); zum Maßstab der Ermittlung der Angemessenheit auch OLG Saarbrücken NZG 2017, 308; OLG Düsseldorf NZG 2017, 186 (spricht von „richterlichem Schätzungsermessen"); OLG Frankfurt AG 2012, 513 (514); aA etwa *Lochner* AG 2011, 692 (693), der davon ausgeht, das Gericht habe im Spruchverfahren die „Richtigkeit" und nicht lediglich die Vertretbarkeit der Wertbemessung zu überprüfen.
[81] OLG Saarbrücken NZG 2017, 308 f.
[82] BGH AG 2010, 910 (Rn. 12); *Koch* in Hüffer/Koch SpruchG § 11 Rn. 2.
[83] *Oberheim* in Schulte-Bunert/Weinreich, FamFG, 2009, FamFG § 39 Rn. 25.

VIII. Beendigung des Verfahrens

deshalb gem. § 17 Abs. 1 SpruchG von der Anwendung der Vorschrift auszugehen.[84] Sollte eine Rechtsbehelfsbelehrung versäumt werden, wird der Beschluss gem. § 45 FamFG dennoch formell rechtskräftig;[85] den Beteiligten kann bei Versäumung einer Rechtsmittelfrist auf Antrag Wiedereinsetzung in den vorigen Stand gem. § 17 Abs. 1 und 2 FamFG gewährt werden.

Gegen diese Entscheidung findet die **sofortige Beschwerde** statt (§ 12 Abs. 1 S. 1 SpruchG), über die nach § 119 GVG das Oberlandesgericht entscheidet.[86] Die Beschwerdefrist beträgt gem. § 63 Abs. 1 FamFG im Regelfall einen Monat. Der Fristablauf beginnt nach § 63 Abs. 3 S. 1 FamFG mit der schriftlichen Bekanntgabe des Beschlusses, bei der Bekanntmachung durch Zustellung mit dem Tag der ordnungsgemäßen Zustellung des Beschlusses.[87] Die Beschwerde ist bei dem erstinstanzlichen Gericht einzulegen, dessen Beschluss angefochten wird *(iudex a quo)*. Nach § 75 Abs. 1 FamFG soll die Beschwerde begründet werden; das Gericht kann dem Beschwerdeführer hierfür eine Begründungsfrist einräumen, § 64 Abs. 2 FamFG. § 68 Abs. 1 S. 1 FamFG räumt dem Gericht der angefochtenen Entscheidung eine generelle Abhilfebefugnis ein. Dem Gericht ist insoweit eine angemessene Überprüfungspflicht zuzubilligen.[88] Hilft das erstinstanzliche Gericht nicht ab, so muss es die Beschwerde unverzüglich dem Beschwerdegericht vorlegen. § 68 Abs. 1 S. 1 FamFG entspricht § 572 Abs. 1 S. 1 ZPO.

47

Gegen die Entscheidung des OLG besteht die Möglichkeit der **Rechtsbeschwerde.**[89] Die Rechtsbeschwerde ist gem. § 70 Abs. 1 FamFG nur nach Zulassung durch das Beschwerdegericht statthaft. Zulassungsgründe sind die grundsätzliche Bedeutung der Rechtsache (§ 70 Abs. 2 S. 1 Nr. 1 FamFG) und die Fortbildung des Rechts oder die Sicherung einer einheitlichen Rechtsprechung (§ 70 Abs. 2 S. 1 Nr. 2 FamFG). Sie kann nur von einem Rechtsanwalt eingelegt werden (§ 12 Abs. 1 S. 2 SpruchG).

48

Die Entscheidung wird erst mit Rechtskraft wirksam. Sie entfaltet gem. § 13 S. 2 SpruchG Rechtskraftwirkung *inter omnes,* also Wirkung **für und gegen alle,** nicht nur die Anteilsinhaber, die sich am Verfahren beteiligen oder durch den gerichtlich bestellten gemeinsamen Vertreter (§ 6 SpruchG) vertreten werden, sondern auch für und gegen diejenigen, die das ursprüngliche Angebot auf Ausgleich, Zuzahlung oder Abfindung ohne Vorbehalt angenommen haben.[90] Derjenige Anteilsinhaber, der die Kompensationsmaßnahme bereits angenommen hat (§ 13 S. 2 SpruchG), hat einen Abfindungsergänzungsanspruch.[91] Die rechtskräftige Entscheidung ist vor dem Hintergrund dieser allseitigen Wirkung nach näherer Maßgabe des § 14 SpruchG bekannt zu machen.

49

Da die gerichtliche Entscheidung im Spruchverfahren keinen vollstreckungsfähigen Inhalt hat, ist diese gegen den Anspruchsverpflichteten, falls er die geschuldete Kompensationsleistung nicht erbringen sollte, im Wege der **Leistungsklage** geltend zu machen. Örtlich zuständig für diese Klage ist das erstinstanzlich im Spruchverfahren tätig gewordene Landgericht; die funktionelle Zuständigkeit liegt ausschließlich bei demjenigen Spruchkörper, der zuletzt inhaltlich mit den vorausgegangenen Spruchverfahren befasst war (§ 16 SpruchG).

50

---

[84] *Preuß* NZG 2009, 961 (964).
[85] Vgl. *Oberheim* in Schulte-Bunert/Weinreich, FamFG, 2009, FamFG § 39 Rn. 57.
[86] Dazu *Preuß* NZG 2009, 961 (964).
[87] *Unger* in Schulte-Bunert/Weinreich, FamFG, 2009, FamFG § 63 Rn. 12.
[88] BegrRegE FGG-RG, BT-Drs. 16/6308, 207.
[89] *Preuß* NZG 2009, 961 (965).
[90] *Gottwald* in MüKoZPO ZPO § 325 Rn. 7.
[91] *Koch* in Hüffer/Koch SpruchG § 13 Rn. 4; *Drescher* in Spindler/Stilz SpruchG § 13 Rn. 4.

2. Antragsrücknahme, Erledigung und Vergleich

51 Gem. § 22 Abs. 1 FamFG kann ein Antrag bis zur rechtskräftigen Endentscheidung **zurückgenommen** werden, nach Erlass der Endentscheidung nur mit Zustimmung der übrigen Beteiligten.[92] Eine bereits ergangene, aber noch nicht rechtskräftige Endentscheidung wird gem. § 22 Abs. 2 S. 1 FamFG infolge der Rücknahme des Antrags unwirksam; diese Wirkung stellt das Gericht auf Antrag durch nicht anfechtbaren Beschluss fest (§§ 22 Abs. 2 S. 2 und 3 FamFG). Das Spruchverfahren ist jedoch erst dann beendet, wenn alle Anträge zurückgenommen wurden und auch der gemeinsame Vertreter nicht gem. § 6 Abs. 3 SpruchG nach der Rücknahme sämtlicher Anträge das Verfahren fortführt.

52 § 22 Abs. 3 FamFG räumt den Beteiligten im Antragsverfahren die Möglichkeit der Verfahrensbeendigung durch übereinstimmende **Erledigungserklärung** ein.[93] Auch hier ist allerdings § 6 Abs. 3 SpruchG zu beachten.

53 Nach § 11 Abs. 2 S. 1 SpruchG soll das Gericht in jeder Lage des Verfahrens auf eine **gütliche Einigung** bedacht sein. Der Abschluss eines gerichtlichen Vergleichs wird somit durch das SpruchG ausdrücklich zugelassen.[94] Der Abschluss des Vergleiches ist auch außerhalb der mündlichen Verhandlung – entsprechend § 278 Abs. 6 ZPO – durch schriftliche Annahme eines gerichtlichen Vergleichsvorschlages möglich (§ 11 Abs. 4 SpruchG). Der Vergleich setzt stets die Zustimmung aller Beteiligten voraus (§ 11 Abs. 2 S. 2 SpruchG).

IX. Kosten

54 Das FamFG sieht eine einheitliche Kostenentscheidung über die Erstattung der Gerichtskosten und der „zur Durchführung des Verfahrens notwendigen Aufwendungen der Beteiligten" (§ 80 FamFG) vor. Nach § 81 Abs. 1 S. 1 FamFG kann das Gericht die Verfahrenskosten den Beteiligten nach Ermessen ganz oder zum Teil auferlegen, wobei insbes. auch eine Kostenverteilung orientiert am Grad des Obsiegens oder Unterliegens in Betracht kommt. Das SpruchG modifiziert die allgemeine Kostenregelung des § 81 Abs. 1 S. 1 FamFG. Das grundsätzliche Regel-Ausnahme-Verhältnis des § 15 Abs. 2 SpruchG ändert die allgemeinen Regeln des § 81 Abs. 1 S. 1 FamFG bezogen auf die Gerichtskosten, § 15 Abs. 4 SpruchG verdrängt § 81 Abs. 1 S. 1 FamFG bezogen auf die außergerichtlichen Kosten.[95]

1. Gerichtskosten

55 Für die Gerichtskosten erklärt § 15 Abs. 1 S. 1 SpruchG die Kosten vorbehaltlich einiger Sonderregelungen für anwendbar. Die Gebührenhöhe hängt von dem **Geschäftswert** ab, der nach § 15 Abs. 1 S. 2 SpruchG mindestens 200.000 EUR und höchstens 7,5 Mio. EUR beträgt und den das Gericht gem. § 15 Abs. 1 S. 4 SpruchG von Amts wegen festzusetzen hat. Auszugehen ist dabei grundsätzlich von dem Verfahrenserfolg (§ 15 Abs. 1 S. 2 SpruchG), der sich als Differenz zwischen der ursprünglich vorgesehenen und der durch das Gericht festgesetzten Kompensationsleistung pro Anteil multipliziert mit der Gesamtzahl der bei Ablauf der Antragsfrist (§ 15 Abs. 1 S. 3 SpruchG) von antragsberechtigten Anteilsinhabern gehaltenen Anteilen bestimmt. Da diese Berechnung bei erfolglosen An-

---

[92] *Preuß* NZG 2009, 961 (962 ff.).
[93] *Preuß* NZG 2009, 961 (962 ff.).
[94] *Koch* in Hüffer/Koch SpruchG § 11 Rn. 5; zum Vergleich im Spruchverfahren insbes. *Zimmer/Meese* NZG 2004, 201.
[95] *Preuß* NZG 2009, 961 (963).

tragen ausscheidet, kommt für sie nur eine Ermessensausübung im Einzelfall in Betracht. Die anhand des Geschäftswertes bestimmte Gebühr erhöht sich auf das Vierfache, sofern es in der Hauptsache zu einer gerichtlichen Entscheidung – ausgenommen ein Feststellungsbeschluss nach § 11 Abs. 4 S. 2 SpruchG – kommt (§ 15 Abs. 1 S. 5 SpruchG).

Schuldner der Gerichtskosten ist nur der Antragsgegner (§ 15 Abs. 2 S. 1 SpruchG); allerdings können den Antragstellern die Gerichtskosten ganz oder teilweise auferlegt werden, wenn es der Billigkeit entspricht (§ 15 Abs. 2 S. 2 SpruchG). Dies kommt jedoch nur in besonders außergewöhnlichen Fällen, zB bei eindeutig verspäteter Antragstellung oder bei rechtsmissbräuchlicher Verfahrenseinleitung in Betracht. 56

2. Außergerichtliche Kosten

Die **außergerichtlichen Kosten** der Antragsteller sind in § 15 Abs. 4 SpruchG geregelt. Danach sind die außergerichtlichen Kosten der Antragsteller, auch wenn sie zur zweckentsprechenden Erledigung der Angelegenheit notwendig waren, grundsätzlich von diesen selbst zu tragen, es sei denn, eine vollständige oder teilweise Erstattung durch den Antragsgegner entspricht der Billigkeit. Die Billigkeitsentscheidung hängt nach Vorstellung des Gesetzgebers von dem Ausgang des Verfahrens ab: Werden die Kompensationsleistungen durch das Gericht nicht erhöht, soll dies für das Verbleiben der Kostenlast bei den Antragstellern sprechen, während sich ein Erfolg der Antragsteller für eine Billigkeitsentscheidung zu Lasten des Antragsgegners anführen lasse; auch eine Teilung soll – zB bei nur geringfügiger Erhöhung – in Betracht kommen.[96] 57

Für die Berechnung der den Antragsstellern ggf. zu erstattenden **Rechtsanwaltsgebühren** gilt – sofern mehrere Antragsteller am Spruchverfahren beteiligt sind – nach § 31 RVG der so genannte gespaltene Geschäftswert, sodass der anzusetzende Gegenstandswert nicht dem für die Gerichtskosten maßgeblichen vollen Geschäftswert, sondern lediglich einem Teil dieses Wertes entspricht. Die konkrete Höhe des Gegenstandswerts richtet sich dabei gem. § 31 Abs. 1 S. 1 RVG nach Kopfteilen: Danach entspricht der maßgebliche Gegenstandswert dem Bruchteil des für die Gerichtskosten anzusetzenden Geschäftswerts, der sich aus dem Verhältnis der Anzahl der dem Auftraggeber – im Zeitpunkt der Antragstellung (§ 31 Abs. 1 S. 2 RVG) – zustehenden Anteile zu der Gesamtzahl der Anteile aller Antragsteller ergibt; gem. § 31 Abs. 1 S. 4 RVG sind jedoch mindestens 5.000 Euro anzusetzen. Wurde das Verfahren nur von einem Antragsteller betrieben, ist für die Berechnung der Rechtsanwaltsgebühren auf den vollen Geschäftswert abzustellen. 58

---

[96] BegrRegE zu § 15 SpruchG, BT-Drs. 15/371, 18.

§ 47 Sonstige gerichtliche Verfahren

Übersicht

	Rn.
I. Überblick	1
II. Einleitung	1a
III. Unterlassungs- und Beseitigungsklage gegen rechtswidriges Verwaltungshandeln	2
1. Ausgangspunkt: Keine allgemeine Rechtmäßigkeitskontrolle	2
2. Abwehrklage als Ergänzung der Beschlussmängelklage	3
3. Abwehrklage gegen Verletzung aktionärsschützender Vorschriften	8
a) Eingriff in die Zuständigkeit der Hauptversammlung	11
b) Rechtswidrige Ausnutzung eines genehmigten Kapitals	15
c) Verstoß gegen das übernahmerechtliche Vereitelungsverbot	18
d) Rechtsfolgen und prozessuale Durchsetzung	19
4. Deliktischer Schutz	26
IV. Vorbeugender Rechtsschutz gegen Beschlussfassung	27
V. Verpflichtungsklagen	31
1. Auskunftserzwingungsverfahren	32
2. Gesetzlich nicht geregelte Fälle	34
VI. Individualschadensersatzklage	35
VII. Schadensersatzklage aus abgeleitetem Recht (Verfolgungsrecht)	38
1. Geltendmachung aufgrund eines Hauptversammlungsbeschlusses	39
2. Verfolgungsrecht einer Minderheit	42
3. Bestellung eines Sonderprüfers als Begleitmaßnahme	46
VIII. Kapitalanleger-Musterverfahrensgesetz	47
1. Wesentlicher Gegenstand eines KapMuG-Verfahrens	49
2. Verfahrensabschnitte unter Einbeziehung eines KapMuG-Verfahrens	50
a) Vorlageverfahren	51
b) Musterverfahren im engeren Sinne und Fortsetzung des Ausgangsverfahrens	54

Stichworte

Abwehranspruch Rn. 10
Aktionärsforum Rn. 45
Auskunftserzwingungsverfahren Rn. 32 f.
Beseitigungsklage Rn. 3
Besonderer Vertreter Rn. 41
Deliktsrecht Rn. 37
Einstweilige Verfügung Rn. 6
Faktischer Konzern Rn. 36
Feststellungsklage Rn. 23
Genehmigtes Kapital Rn. 15
Holzmüller-Entscheidung Rn. 9, 12 f.
Individualschadensersatzklage Rn. 35 ff.

Kapitalanleger-Musterverfahrensgesetz Rn. 47 ff.
Rechtmäßigkeitskontrolle Rn. 2
Reflexschaden Rn. 24
Sammelverfahren Rn. 47
Sonderprüfer Rn. 46
Stimmrechtsausübung Rn. 27
Übernahme rechtliches Vereitelungsverbot Rn. 18
Unterlassungsklage Rn. 3, 16, 20, 27
Verpflichtungsklage Rn. 31 ff.
Vorlageverfahren Rn. 51

Schrifttum:

Baums, Empfiehlt sich eine Neuregelung des aktienrechtlichen Anfechtungs- und Organhaftungsrechts, insbesondere der Klagemöglichkeiten von Aktionären?, Gutachten F für den 63. Deutschen Juristentag, 2000; *ders.,* Aspekte und Entwicklungstendenzen der aktienrechtlichen Anfechtungsklage, ZIP 2002, 97; *Busch,* Mangusta/Commerzbank – Rechtsschutz nach Ausnutzung eines genehmigten Kapitals, NZG 2006, 81; *Duve/Pfitzner,* Braucht der Kapitalmarkt ein neues Gesetz für Massenverfahren?, BB 2005, 673 ff.; *Gebauer,* Zur Bindungswirkung des Musterentscheids nach dem Kapitalanleger-Musterverfahrensgesetz (KapMuG), ZZP 119 (2006), 159 ff.; *Langenbucher,* Vorstandshandeln und Kontrolle – Zu einigen Neuerungen durch das UMAG, DStR 2005, 2083; *Möllers/Weichert,* Das Kapitalanleger-Musterverfahrensgesetz, NJW 2005, 2737 ff.; *Plaßmeier,* Brauchen wir ein Kapitalanleger-Musterverfahren? – Eine Inventur des KapMuG, NZG 2005, 609 ff.; *Reichert/Senger,* Berichtspflicht des Vorstands und Rechtsschutz der Aktionäre gegen Beschlüsse der Verwaltung über die Ausnutzung eines genehmigten Kapitals im Wege der allgemeinen Feststellungsklage, Der Konzern 2006, 338; *Seiler/Singhof,* Zu den Rechtsfolgen der Nichtbeachtung der „Holzmüller"-Grundsätze, Der Konzern 2003, 313; *Wagner,* Neue Perspektiven im Schadensersatzrecht – Kommerzialisierung, Strafschadensersatz, Kollektivschaden, Gutachten A zu den Verhandlungen des 66. Deutschen Juristentages Stuttgart 2006; *Waclawik*, Prozessführung im Gesellschaftsrecht – Corporate Litigation, 2008; *Werner*, Einstweiliger Rechtsschutz im Gesellschafterstreit in der GmbH, NZG 2006, 761.

I. Überblick

1 Jenseits des Beschlussmängelrechts (Anfechtungs- und Nichtigkeitsklage) kennt das Aktienrecht eine ganze Reihe weiterer gerichtlicher Verfahren. So kann die Beschlussmängelklage durch eine Unterlassungs- und Beseitigungsklage begleitet werden (→ Rn. 2 ff.). Teilweise ist auch ein vorbeugender Rechtsschutz gegen eine anstehende Beschlussfassung möglich, um so eine Rechtsverletzung von vornherein abzuwehren (→ Rn. 27 ff.). Mittels einer Verpflichtungsklage kann ein bestimmtes Verwaltungshandeln eingefordert werden (→ Rn. 31 ff.). Individualschadensersatzklagen geschädigter Aktionäre kommen nur in Ausnahmefällen in Betracht (→ Rn. 35 ff.); relevanter ist die Schadensersatzklage aus abgeleitetem Recht, also die Geltendmachung von Schadensersatzansprüchen der Gesellschaft durch Aktionäre (→ Rn. 38 ff.). Daneben steht als besonderes Verfahrensrecht das Kapitalanleger-Musterverfahrensgesetz, in dem für eine Vielzahl von Individualverfahren einzelne, für diese Individualverfahren gleichsam relevante Voraussetzungen festgestellt werden können (→ Rn. 47 ff.).

II. Einleitung

1a Das Aktiengesetz enthält außer den in §§ 241 ff. AktG geregelten Nichtigkeits- und Anfechtungsklagen nur wenige Normen, die den Aktionären je für sich oder als Teile eines Mindestquorums ein eigenes Klagerecht gegen die AG, ihre Organe oder verbundene Unternehmen gewähren. Der Sache nach geht es jeweils um die Verfolgung von Schadensersatzansprüchen der Gesellschaft im Wege der *actio pro socio*.[1] Hierzu sind bezüglich Schadensersatzklagen gegen Vorstand und/oder Aufsichtsrat wegen Sorgfaltsverletzung solche Aktionäre befugt, die je für sich oder als Gruppe ein Prozent des Grundkapitals oder 100.000 Euro Nennkapital auf sich vereinen (§ 148 AktG); allerdings ist diese Aktionärsklage subsidiär gegenüber einer von der AG selbst als Anspruchsinhaberin erhobenen Klage. Weitergehend begründen die für verbundene Unternehmen geltenden Vorschriften der §§ 309 Abs. 4, 317 Abs. 4 und 318 Abs. 4 AktG ein – bisher freilich kaum praktisch gewordenes – Recht jedes Aktionärs einer beherrschten oder abhängigen Gesellschaft, gegen das herrschende Unternehmen bzw. dessen gesetzlichen Vertreter sowie gegen die Verwaltungsmitglieder der abhängigen Gesellschaft auf Schadensersatz an die Gesellschaft zu klagen. Im Übrigen beschränken sich die Kontroll- und Informationsbefugnisse der Aktionäre jedoch auf die Ausübung ihrer Rechte in der Hauptversammlung; nach dem Wortlaut des Gesetzes steht der Hauptversammlung ein Mitspracherecht in Geschäftsführungsfragen nur zu, wenn der Vorstand es verlangt (§ 119 Abs. 2 AktG).

---

[1] *Ulmer* in Habersack/Bayer AktienR im Wandel Bd. II Kap. 3 Rn. 57.

III. Unterlassungs- und Beseitigungsklage gegen rechtswidriges Verwaltungshandeln

1. Ausgangspunkt: Keine allgemeine Rechtmäßigkeitskontrolle

Das Aktiengesetz geht davon aus, dass die Gesellschaft gegenüber rechtwidrig handelnden Vorstandsmitgliedern vom Aufsichtsrat, gegenüber dem Aufsichtsrat vom Vorstand vertreten wird (§§ 78, 112 AktG). Klagerechte einzelner Aktionäre oder von Aktionärsminderheiten, welche darauf gerichtet sind, den Vorstand, den Aufsichtsrat oder einzelne ihrer Mitglieder zu verpflichten, bestimmte Handlungen vorzunehmen oder umgekehrt zu unterlassen, sind der Tradition des deutschen Aktienrechts folglich ebenso fremd wie gegen die Organe oder ihre Mitglieder gerichtete Schadensersatzklagen von Aktionären.[2] Damit soll verhindert werden, dass die Entscheidungsfreude und Verantwortungsbereitschaft des Vorstands oder Aufsichtsrats und von deren Mitgliedern durch die Gefahr geschwächt werden, von einzelnen Aktionären in Streitigkeiten über ihre Amtsführung verwickelt zu werden.[3]

2. Abwehrklage als Ergänzung der Beschlussmängelklage

Soweit die Anfechtungs- oder Nichtigkeitsklage zur Abwehr rechtswidriger Hauptversammlungsbeschlüssen zur Verfügung steht, ist eine Unterlassungs- oder Beseitigungsklage wegen der Spezialregelung der §§ 241 ff. AktG ausgeschlossen.[4]

Eine Abwehrklage kommt indes als **Ergänzung der Anfechtungs- und Nichtigkeitsklage** gegenüber denjenigen Hauptversammlungsbeschlüssen in Betracht, die der Ausführung durch die Verwaltung, zB durch Anmeldung zur Eintragung in das Handelsregister, bedürfen. Der Anspruch des Aktionärs, dass ein rechtswidriger Beschluss nicht ausgeführt wird, entsteht nicht erst mit dem seiner Anfechtungsklage endgültig stattgebenden Urteil, sondern bereits mit Fassung des Beschlusses selbst.[5] Die Möglichkeit einer gegen die Gesellschaft gerichteten Klage, die sich auf **Unterlassung** einer vom Vorstand beabsichtigten Handlung richtet, ist daher heute im Grundsatz anerkannt.[6]

Den ersten wichtigen Anwendungsfall stellt die angezweifelte Rechtmäßigkeit eines Gesellschafterbeschlusses dar, der mittels eines **Rechtsgeschäfts** mit einem Dritten ausgeführt wird, so etwa der Fall des Verkaufs eines Betriebsteils oder einer Unternehmensbeteiligung. Eine zweite wichtige Gruppe bilden die Fälle der Beschlüsse, die der **Eintragung in das Handelsregister** bedürfen. Hier kann das Rechtsschutzbegehren darauf gerichtet sein, der Verwaltung entweder bereits die Stellung des Eintragungsantrags zu untersagen oder aber diese zu verpflichten, einen bereits gestellten Eintragungsantrag wieder zurückzunehmen.[7]

Ansprüche dieser Art sind regelmäßig im Wege des einstweiligen Rechtsschutzes geltend zu machen. Sie setzen voraus, dass der Kläger die Voraussetzungen für die Erhebung der Beschlussmängelklage erfüllt[8] und diese dann auch fristgerecht erhebt.[9] Vor der Entscheidung über die Anfechtungsklage kann die Ausführung eines rechtswidrigen Beschlus-

---

[2] *Raiser* in Habersack/Bayer AktienR im Wandel Bd. II Kap. 14 Rn. 78.
[3] *Raiser* in Habersack/Bayer AktienR im Wandel Bd. II Kap. 14 Rn. 78.
[4] *Baums* Gutachten S. F 205.
[5] *Baums* Gutachten S. F 205; *Casper* in Spindler/Stilz vor § 241 Rn. 19; *Preuß* in Oetker HGB § 16 Rn. 28.
[6] *Baums* Gutachten S. F 208; *Casper* in Spindler/Stilz vor § 241 Rn. 19; *Koch* in Hüffer/Koch AktG § 243 Rn. 66 ff.; *Leuering/Simon* NJW-Spezial 2005, 411; *Werner* NZG 2006, 761 (763); *Würthwein* in Spindler/Stilz § 243 Rn. 260.
[7] BVerfG WM 2004, 2354; *Baums* Gutachten S. F 205; *Raiser* in Habersack/Bayer AktienR im Wandel Bd. II Kap. 14 Rn. 79.
[8] *Raiser* in Habersack/Bayer AktienR im Wandel Bd. II Kap. 14 Rn. 79.
[9] *Casper* in Spindler/Stilz vor § 241 Rn. 19.

ses der Hauptversammlung daher unter den engen Voraussetzungen der §§ 935, 940 ZPO durch **einstweilige Verfügung** untersagt werden. Die einstweilige Verfügung bindet unter den weiteren Voraussetzungen des § 16 Abs. 2 HGB (Widerspruch des erfolgreichen Verfügungsklägers) auch den Registerrichter;[10] eine Eintragung darf dann nicht gegen den Widerspruch desjenigen erfolgen, welcher die Entscheidung erwirkt hat.

7 Nicht eröffnet ist der einstweilige Rechtsschutz hingegen bei **strukturändernden Beschlüssen,** bei denen der Gesetzgeber die Erhebung einer Anfechtungsklage mit der Anordnung einer Registersperre verbunden hat.[11] Hier verdrängt das gesetzliche System von Registersperre und Freigabeverfahren in seinem Anwendungsbereich das allgemeine einstweilige Verfügungsverfahren.[12]

3. Abwehrklage gegen Verletzung aktionärsschützender Vorschriften

8 Die Anfechtungs- und Nichtigkeitsklage gegen Hauptversammlungsbeschlüsse ist der bei Weitem wichtigste Rechtsbehelf des Aktionärs. Er wehrt damit Verstöße gegen seinen Schutz bezweckende gesetzliche Vorschriften und Satzungsbestimmungen durch Beschlüsse der Hauptversammlung einschließlich treupflichtwidriger Beschlüsse ab. Soweit diese Abwehrklage reicht, schließt sie sonstige Rechtsbehelfe, insbesondere Beseitigungs- oder Unterlassungsansprüche, aus.[13]

9 Dagegen sieht das Aktiengesetz keinen entsprechenden Rechtsbehelf bei Eingriffen in die Mitgliedschaft oder einzelne mitgliedschaftliche Befugnisse seitens der Verwaltung vor. Ein solcher ist erst durch die **Holzmüller-Entscheidung** des Bundesgerichtshofes[14] anerkannt worden.[15] Tatbestandsvoraussetzung ist dabei eine Handlung der Gesellschaft, welche die Mitgliedsrechte des Aktionärs „über das durch Gesetz und Satzung gedeckte Maß hinaus beeinträchtigt". Damit sind zunächst einmal die Holzmüller-Sachverhalte erfasst: Wird die Ausübung einer Hauptversammlungskompetenz vereitelt, entsteht zur Schließung dieser Schutzlücke ein Abwehranspruch.

10 Neben den Holzmüller-Fällen ist ein **Abwehranspruch** insbesondere bei einer Überschreitung einer dem Vorstand durch die Hauptversammlung gewährten Ermächtigung anerkannt. Ob der Vorstand eine Maßnahme vornimmt, ohne die hierfür zuständige Hauptversammlung zu befragen, oder den Rahmen einer von der Hauptversammlung gewährten Ermächtigung überschreitet, rechtfertigt mit Blick auf die hiermit verbundene Beeinträchtigung von Aktionärsrechten nämlich keine unterschiedliche Behandlung. Auch in diesen Fällen entsteht folglich ein Abwehranspruch des Aktionärs.

a) Eingriff in die Zuständigkeit der Hauptversammlung

11 Das Aktiengesetz behält den Aktionären die grundlegenden Entscheidungen vor, die die Kontrolle der Verwaltung betreffen oder die Grundlagen des Investments der Eigenkapitalgeber verändern (vgl. insbesondere § 119 Abs. 1 AktG).[16] Vorstand und Aufsichtsrat dürfen sich über diese den Aktionären vorbehaltene Entscheidungszuständigkeit nicht hinwegsetzen. Die den Aktionären zustehenden Mitverwaltungsrechte setzen indes voraus, dass die Verwaltung den Aktionären im Rahmen der Hauptversammlung überhaupt

---

[10] *Busch* NZG 2006, 81 (83); *Waclawik* Rn. 342.
[11] ZB Umwandlungen, § 16 UmwG, → § 42 Rn. 98, 100.
[12] *Schlitt/Seiler* ZHR 166 (2002), 544; *Kort* BB 2005, 1577; differenzierend *Koch* in Hüffer/Koch AktG § 243 Rn. 68.
[13] *Baums* Gutachten S. F 197.
[14] BGHZ 83, 122 – Holzmüller.
[15] *Baums* Gutachten S. F 197.
[16] *Baums* Gutachten S. F 209.

III. Unterlassungs- und Beseitigungsklage gegen rechtswidriges Verwaltungshandeln § 47

Gelegenheit zur Ausübung dieser Rechte verschafft. Legt der Vorstand eine geplante Maßnahme der Hauptversammlung pflichtwidrig nicht vor, versagt dieses System.

Hierauf kann die Rechtsordnung auf zweierlei Weise reagieren: Nach dem Gesetzeswortlaut existieren nur **Schadensersatzansprüche** der Gesellschaft gegen die pflichtwidrig handelnde Verwaltung, § 93 Abs. 2 AktG, sowie im Ausnahmefall ein Anspruch gegen einen Schädiger aus § 117 Abs. 1 S. 2 AktG. Dies bewirkt eine nachlaufende Kontrolle. Die Aktionäre werden dann vor vollendete Tatsachen gestellt, bei denen eine Naturalrestitution häufig nicht möglich sein wird. Bliebe man hierbei stehen, wären gerade die Hauptversammlungskompetenzen ungenügend abgesichert. Die Rechtsprechung hat deshalb bereits im Holzmüller-Urteil einen anderen Weg eröffnet. In Fortbildung des Rechts hat der BGH einem Aktionär ausnahmsweise die Befugnis zu einer gegen die Gesellschaft gerichteten Unterlassungsklage für den Fall zugesprochen, dass der Vorstand eine Handlung vornimmt, für welche nach der gesetzlichen Kompetenzverteilung zwischen der Organen einer AG nicht er, sondern die Hauptversammlung zuständig ist, und dadurch rechtswidrig in die Mitgliedsrechte der Aktionäre eingreift.[17] Soweit der Aktionär seine rechtlich schutzwürdigen Interessen durch die Anfechtung eines Hauptversammlungsbeschlusses nicht vollständig durchsetzen kann, existiert daher ein **ungeschriebener Unterlassungs- oder Beseitigungsanspruch** des Aktionärs gegen rechtswidriges Verwaltungshandeln.[18]

Im Jahr 2004 hatte der BGH dann Gelegenheit, seine Holzmüller-Rechtsprechung, die zu einer überaus intensiven Diskussion im Schrifttum geführt hatte,[19] weitere Konturen zu verleihen. In den **Gelatine-Urteilen**[20] stellte das Gericht klar, dass ungeschriebene Hauptversammlungskompetenzen nur ausnahmsweise und in engen Grenzen anzuerkennen sind. Sie kommen – so der Leitsatz der zweiten Entscheidung – allein dann in Betracht, wenn eine von dem Vorstand in Aussicht genommene Umstrukturierung der Gesellschaft an die Kernkompetenz der Hauptversammlung, über die Verfassung der Aktiengesellschaft zu bestimmen, rührt, weil sie Veränderungen nach sich zieht, die denjenigen zumindest nahe kommen, welche allein durch eine Satzungsänderung herbeigeführt werden können. – Ausführlich zum Ganzen auch → § 5 Rn. 95 ff., → § 38 Rn. 31.

Dogmatische Grundlage des Unterlassungs- und Beseitigungsanspruchs des Aktionärs ist nach Rechtsprechung und herrschender Lehre seine Stellung als Verbandsmitglied.[21] **Gläubiger** des Anspruchs ist deshalb jeder Aktionär. **Schuldner** ist nicht der Vorstand oder gar einzelne pflichtwidrig handelnde Vorstandsmitglieder, sondern die Gesellschaft.[22]

b) Rechtswidrige Ausnutzung eines genehmigten Kapitals

Ebenfalls anerkannt sind Abwehransprüche des Aktionärs im Fall der rechtswidrigen Ausnutzung eines genehmigten Kapitals.[23] Die Hauptversammlung kann sich bei der **Ermächtigung** an den Vorstand, neues Kapital aufzunehmen und dabei das Bezugsrecht der Aktionäre zugunsten anderer Zwecke auszuschließen, damit begnügen, die Maßnahme,

---

[17] BGHZ 83, 122 (133) – Holzmüller.
[18] *Baums* Gutachten S. F 209; *Casper* in Spindler/Stilz vor § 241 Rn. 19; *Langenbucher*, Aktien- und Kapitalmarktrecht, 3. Aufl. 2015, § 7 Rn. 38.
[19] Überblick zB bei *Kubis* in MüKoAktG AktG § 119 Rn. 35 ff. sowie *Koch* in Hüffer/Koch AktG § 119 Rn. 17.
[20] BGH NZG 2004, 575 – Gelatine I – und BGHZ 158, 30 = NJW 2004, 1860 – Gelatine II; hierzu *Altmeppen* ZIP 2004, 993; *Bungert* DB 2004, 1345; *Fleischer* NJW 2004, 2335; *Fuhrmann* AG 2004, 339; *Götze* NZG 2004, 585; *Goette* DStR 2004, 922; *Habersack* AG 2005, 137; *Koppensteiner* Der Konzern 2004, 381; *Liebscher* ZGR 2005, 1; *Noack* LMK 2004, 162; *Pentz* BB 2005, 1397 (1402); *Reichert* AG 2005, 150; *Röhricht* in VGR (Hrsg.), Gesellschaftsrecht in der Diskussion 2004, S. 1, 4 ff.; *Simon* DStR 2004, 1482 und *Simon* DStR 2004, 1528; *Weißhaupt* AG 2004, 585.
[21] *Baums* Gutachten S. F 199 ff.; *Langenbucher*, Aktien- und Kapitalmarktrecht, 3. Aufl. 2015, § 7 Rn. 39.
[22] *Waclawik* Rn. 280.
[23] Dazu *Bürgers/Holzborn* BKR 2006, 202; *Busch* NZG 2006, 81 (83 f.).

für die das Kapital verwendet werden soll, generell-abstrakt zu umschreiben.[24] Macht der Vorstand von dieser Ermächtigung Gebrauch, muss er prüfen, ob das konkrete Vorhaben innerhalb des durch die Ermächtigung gesetzten Rahmens bleibt und ferner, ob es im wohlverstandenen Interesse der Gesellschaft liegt.[25] Verletzt der Vorstand diese Pflichten, greift er in das Mitgliedsrecht der von dem Bezugsrecht ausgeschlossenen Aktionäre nicht weniger tief ein als wenn die Hauptversammlung die Kapitalerhöhung und den Bezugsrechtsausschluss selbst beschlossen hätte.

16 Eine Nichtigkeits- oder Anfechtungsklage nach §§ 246, 249 AktG kommt in diesem Fall nicht in Betracht, weil sie auf Angriffe gegen Hauptversammlungsbeschlüsse zugeschnitten und beschränkt sind.[26] Der BGH hat daher auch hier die Möglichkeit der Erhebung einer **Unterlassungsklage** gegen die Eintragung der Maßnahme in das Handelsregister anerkannt.[27] Wurde die Maßnahme bereits eingetragen und damit wirksam, bejaht er das Rechtsschutzbedürfnis jedes vom Bezugsrecht ausgeschlossenen Aktionärs für eine gegen die Gesellschaft zu richtende allgemeine Klage auf Feststellung der ursprünglichen Nichtigkeit der Maßnahme, deren Erfolg anschließend die Grundlage von Schadensersatzforderungen bilden kann.[28]

17 Stellt das Gericht im Rahmen der Feststellungsklage fest, dass die Entscheidung des Vorstands das Bezugsrecht der Aktionäre verletzt, berührt dies die **Wirksamkeit** der durchgeführten und eingetragenen Kapitalerhöhung und die dadurch neu entstandenen Mitgliedschaftsrechte nicht.[29] Den Aktionären können gegen die Gesellschaft Schadensersatzansprüche zustehen.[30]

c) Verstoß gegen das übernahmerechtliche Vereitelungsverbot

18 Nach § 33 Abs. 1 WpÜG ist der Vorstand einer Zielgesellschaft im Fall eines Übernahmeangebot daran gehindert, ohne Ermächtigung der Hauptversammlung Maßnahmen zu ergreifen, durch welche der Erfolg des Angebot verhindert werden könnte. Teilweise wird vertreten, dass Aktionäre bei Geschäftsführungsmaßnahmen des Vorstands, die gegen § 33 Abs. 1 WpÜG verstoßen, Unterlassung verlangen können.[31] Die ganz überwiegende Auffassung lehnt dies ab;[32] dem ist beizupflichten.

d) Rechtsfolgen und prozessuale Durchsetzung

19 Der Anspruch des Aktionärs richtet sich zunächst einmal auf die Unterlassung der Maßnahme. Dies setzt allerdings voraus, dass er rechtzeitig von der geplanten Maßnahme erfährt. Greift eine Unterlassungsklage nicht mehr, weil der Aktionär von der geplanten Maßnahme nicht rechtzeitig erfahren hat, kann der Beseitigungsanspruch mit der Leistungsklage geltend gemacht werden.

aa) Unterlassung

20 Erfährt ein Aktionär rechtzeitig von einer bevorstehenden rechtswidrigen Maßnahme des Vorstands, die in den Kompetenzbereich der Hauptversammlung eingreift, kann er (auch

---

[24] Grundlegend BGHZ 136, 133 (139 f.) – Siemens/Nold; dazu *Koch* in Hüffer/Koch AktG § 203 Rn. 26.
[25] *Koch* in Hüffer/Koch AktG § 203 Rn. 34 f.
[26] *Marsch-Barner* in Bürgers/Körber AktG § 203 Rn. 33; *Raiser* in Habersack/Bayer AktienR im Wandel Bd. II Kap. 14 Rn. 83.
[27] BGHZ 136, 133 (140) – Siemens/Nold; BGHZ 164, 249 – Mangusta/Commerzbank II.
[28] BGHZ 164, 249 – Mangusta/Commerzbank II; dazu *Goette*, Gesellschaftsrecht in der Diskussion 2005, Bd. 10 (2006), 1 (14 ff.); zustimmend *Koch* in Hüffer/Koch AktG § 203 Rn. 37.
[29] *Scholz* in MHdB AG § 59 Rn. 65; *Marsch-Barner* in Bürgers/Körber § 203 AktG Rn. 33.
[30] *Goette*, Gesellschaftsrecht in der Diskussion 2005, Bd. 10 (2006), 1, 16 f.; *Scholz* in MHdB AG § 59 Rn. 65; *Marsch-Barner* in Bürgers/Körber AktG § 203 Rn. 33.
[31] *Bayer* NJW 2000, 2609 (2611); *Raiser* in Habersack/Bayer AktienR im Wandel Bd. II Kap. 14 Rn. 80.
[32] Zuletzt *Schwennicke* in Geibel/Süßmann WpÜG § 33 Rn. 82 mwN.

im einstweiligen Rechtsschutz) eine **vorbeugende Unterlassungsklage** erheben.[33] Im Rahmen der summarischen Prüfung wägt das Gericht das Interesse der Gesellschaft an der sofortigen Durchführung der Maßnahme gegen die Schwere der Beeinträchtigung der Mitgliedsrechte des Aktionärs ab. Besondere Risiken birgt der einstweilige Rechtsschutz für den Kläger wegen § 945 ZPO.[34]

In der Hauptsache kommt eine **Leistungsklage,** gerichtet auf Vorlage der Maßnahme in der Hauptversammlung, oder eine Unterlassungsklage, gerichtet auf Unterlassung der Maßnahme vor ordnungsgemäßer Beteiligung der Hauptversammlung, in Betracht.

bb) Beseitigung

Die Befugnis des einzelnen Aktionärs erschöpft sich nicht in einem Unterlassungsanspruch. Ist die Maßnahme bereits vollzogen, kann Beseitigung verlangt werden.[35] Die Rückabwicklung abgeschlossener Transaktionen ist freilich nicht immer möglich, § 275 Abs. 1 BGB.

cc) Feststellung der Rechtswidrigkeit

Zusätzlich ist eine **allgemeine Feststellungsklage** möglich mit dem Rechtschutzziel der Feststellung, dass die Hauptversammlung für Maßnahmen der angegriffenen Art zuständig ist, § 256 ZPO.[36] Alternativ kann auch eine Entscheidung über die Rechtmäßigkeit der durchgeführten Maßnahme, beispielsweise einer Kapitalerhöhung, begehrt werden.[37] Das besondere Rechtsschutzinteresse wird in beiden Klagevarianten meist in der Vorbereitung eines Schadensersatzprozesses liegen, kann sich aber auch auf die anstehende Entlastung der Verwaltung beziehen.[38]

dd) Schadensersatz

Auch ein Anspruch auf Schadensersatz kommt grundsätzlich in Betracht. Wegen der Subsidiarität des Abwehranspruchs und des Rechtsgedankens des § 254 Abs. 1 BGB sind allerdings Schäden nicht ersatzfähig, die bei rechtzeitiger Erhebung einer Beschlussmängelklage nicht entstanden wären. Die Ersatzfähigkeit von Schäden setzt außerdem voraus, dass der Aktionär einen über den **Reflexschaden** hinausgehenden eigenen Schaden erlitten hat.

ee) Prozessuales

Sämtliche Klagen unterliegen grundsätzlich den allgemeinen Regeln des Zivilprozessrechts.[39] Bei der Beurteilung der Rechtzeitigkeit der Klageerhebung wird man sich allerdings an der Frist des § 246 Abs. 1 AktG, gerechnet von der Kenntnisnahme des Aktionärs von der angegriffenen Handlung an, als Leitbild zu orientieren haben.[40]

4. Deliktischer Schutz

Die Haftung der Organe ist von Gesetzes wegen als Innenhaftung, also als Haftung gegenüber der Gesellschaft, ausgestaltet. Eigene Ansprüche stehen Gesellschaftern aus diesen

---

[33] *Drinkuth* AG 2006, 142 (143); *Waclawik* Rn. 283 und 286.
[34] *Waclawik* Rn. 286.
[35] *Waclawik* Rn. 288.
[36] *Waclawik* Rn. 292.
[37] *Drinkuth* AG 2006, 142 (144 f.).
[38] *Waclawik* Rn. 292 und 340.
[39] *Drinkuth* AG 2006, 142 (143); *Waclawik* Rn. 282–292.
[40] *Waclawik* Rn. 290.

Innenhaftungsnormen nicht zu, auch nicht iVm § 823 Abs. 2 BGB.[41] Indes wird die Mitgliedschaft des Aktionärs im Verband als solche zu den absolut geschützten Rechten des § 823 Abs. 1 BGB gerechnet.[42] Nach allgemeinen Regeln kommt daher eine unmittelbar gegen ein einzelnes Vorstands- oder Aufsichtsratsmitglied gerichtete vorbeugende Unterlassungs- oder Beseitigungsklage eines Aktionärs in Betracht, wenn dieses ihm gegenüber eine unerlaubte Handlung begangen, also einen der Tatbestände der §§ 823–826 BGB erfüllt hat.[43] Fälle dieser Art spielen in der Praxis (jedenfalls bislang) kaum eine Rolle.[44]

IV. Vorbeugender Rechtsschutz gegen Beschlussfassung

27 Im Zusammenhang mit der der Unterlassungs- und Beseitigungsklage gegen rechtswidriges Verwaltungshandeln ist der vorbeugende Rechtsschutz gegen das dritte Organ, nämlich die Beschlussfassung durch die Hauptversammlung, zu sehen. Nach der früher vorherrschenden Auffassung wurden Anträge auf Erlass einstweiliger Verfügungen, mit denen Gesellschaftern verboten werden sollte, ihr **Stimmrecht** in einer Gesellschafterversammlung in der einen oder anderen Weise auszuüben bzw. nicht auszuüben, für von vornherein unzulässig gehalten. Meist wurde dies mit dem Verbot der Vorwegnahme der Hauptsache begründet,[45] teilweise auch mit der Erwägung, dass der Rechtsordnung ein Eingriff in die Willensbildung fremd sei, weshalb ein Verfügungsanspruch fehle.[46] Anders wurde dies allein im Fall des Vorliegens einer Stimmbindungsvereinbarung gesehen: Hat sich der Gesellschafter schuldrechtlich verpflichtet, seine Stimme in der Gesellschafterversammlung in der einen oder anderen Weise abzugeben, besteht hierauf ein klagbarer Erfüllungsanspruch, der dann auch der Sicherung durch einstweiligen Rechtsschutz zugänglich ist.[47]

28 Seit Anfang der 1990er Jahre besteht allerdings eine klare Tendenz in der obergerichtlichen Rechtsprechung, den einstweiligen Rechtsschutz zur Einflussnahme auf die Willensbildung der Gesellschafter auch jenseits der Stimmbindungsverträge jedenfalls nicht als von vornherein unzulässig anzusehen.[48] Eine Vorwegnahme der Hauptsache ist nämlich nicht in jedem Fall unzulässig, sondern muss ausnahmsweise zulässig sein, wenn sich auf andere Weise ein effektiver Rechtsschutz, den Art. 19 Abs. 4 GG garantiert, nicht erreichen lässt. Diese Rechtsprechung erkennt dabei an, dass jede Einwirkung auf die Beschlussfassung einer Gesellschafterversammlung eine endgültige Regelung herbeiführt, da ein einmal gefasster Beschluss im Fall der Aufhebung der einstweiligen Verfügung nicht wegfällt und ebenso wenig ein nicht gefasster Beschluss nachträglich zur Entstehung gelangt. Deshalb werden **hohe Anforderungen** an den Verfügungsanspruch und den Verfügungsgrund gestellt.

29 Im Ergebnis führt dies dazu, dass eine einstweilige Verfügung zur Untersagung eines bestimmten Abstimmungsverhaltens nur bei einer **völlig klaren Sach- und Rechtslage** oder bei einer **besonders schwerwiegenden Beeinträchtigung** der Interessen des Verfügungsklägers, die nicht auf andere Weise abgewendet werden kann, in Betracht kommt.[49] Genannt wird beispielsweise der bevorstehende Ausschluss eines Gesellschafters

---

[41] *Altmeppen* in Krieger/Schneider, Handbuch Managerhaftung, 3. Aufl. 2017, § 7 Rn. 7.4.
[42] Ausführlich *Habersack*, Die Mitgliedschaft – subjektives und „sonstiges" Recht, S. 117 ff., 297 ff.; ferner *Altmeppen* in Krieger/Schneider, Handbuch Managerhaftung, 3. Aufl. 2017, § 7 Rn. 7.29 ff.
[43] *Rieckers* in MHdB AG § 18 Rn. 12.
[44] *Raiser* in Habersack/Bayer AktienR im Wandel Bd. II Kap. 14 Rn. 79.
[45] So zB OLG Koblenz NJW 1991, 1119.
[46] So *Drescher* in MüKoZPO ZPO § 935 Rn. 45.
[47] *Drescher* in MüKoZPO ZPO § 935 Rn. 45.
[48] OLG Düsseldorf NZG 2005, 633.
[49] OLG München NZG 1999, 407; OLG Düsseldorf NZG 2005, 633; *Casper* in Spindler/Stilz AktG vor § 241 Rn. 19 sowie *Koch* in Hüffer/Koch AktG § 243 Rn. 66; *Leuering/Simon* NJW-Spezial 2005, 411; *Würthwein* in Spindler/Stilz AktG § 243 Rn. 256; unklar *Baums* Gutachten S. F 206 („nur in seltenen

bei offensichtlichem Fehlen eines Ausschlussgrundes.[50] Daher lautet der allgemeine Grundsatz zum vorbeugenden Rechtsschutz bei Gesellschafterbeschlüssen: Die Untersagung der Beschlussausführung ist gegenüber der Untersagung der Beschlussfassung vorrangig.[51]

Ein bislang noch wenig beachtetes Problem des einstweiligen Rechtsschutzes stellt sich bei der „drohenden" Beschlussfassung einer Aktiengesellschaft, deren Anteile sich im **Streubesitz** befinden: Ist kein Großaktionär vorhanden, kann ein bestimmtes Abstimmungsergebnis nur schwerlich dadurch verhindert werden, dass einzelnen Aktionären die Stimmabgabe in der einen oder anderen Weise untersagt wird. Ein denkbarer Anknüpfungspunkt sind hier die in der Hauptversammlung versammelten Aktionäre in ihrer Gesamtheit. Ob es dagegen auch möglich ist, dem Versammlungsleiter zu untersagen, einen bestimmten Gegenstand der Tagesordnung überhaupt zur Abstimmung zu stellen, erscheint fraglich.[52] 30

V. Verpflichtungsklagen

Einen Anspruch von Aktionären, der sich auf die Vornahme bestimmter Handlungen durch die Verwaltung richtet, gibt es wegen der gesetzlich vorgegebenen Kompetenzverteilung grundsätzlich nicht. Dieser Grundsatz wird indes teilweise vom Gesetz, teilweise auch rechtsfortbildend durchbrochen. 31

1. Auskunftserzwingungsverfahren

Ein gesetzlich geregeltes Verfahren mit dem Ziel der Verpflichtung ist das Auskunftserzwingungsverfahren nach § 132 AktG. Ist ein Aktionär mit einer vom Vorstand gegebenen Auskunft nicht einverstanden, so kann er verlangen, dass seine Frage und der Grund, aus dem die Auskunft verweigert wurde, in das Hauptversammlungsprotokoll aufgenommen werden (§ 131 Abs. 5 AktG). Anschließend kann er die Verweigerung im Auskunftserzwingungsverfahren nach § 132 AktG gerichtlich nachprüfen lassen. In diesem zur freiwilligen Gerichtsbarkeit gehörenden Verfahren hat das Gericht zu klären, ob die Auskunft vollständig und richtig erteilt wurde oder ob die Voraussetzungen für eine Auskunftsverweigerung erfüllt waren. Wird dem Antrag des Aktionärs stattgegeben, so ist die Auskunft nachzuholen. Eine im Auskunftserzwingungsverfahren ergangene Entscheidung bindet das Gericht im Anfechtungsprozess nicht.[53] 32

In der Praxis hat das Verfahren keine allzu große Bedeutung, weil die Aktionäre mit der Anfechtungsklage ein schärferes Schwert zur Hand haben: Eine zu Unrecht verweigerte Auskunft berechtigt den Aktionär zur Anfechtung der nachfolgend gefassten Hauptversammlungsbeschlüsse wegen Gesetzesverletzung (§ 243 Abs. 1 und 4 AktG). 33

2. Gesetzlich nicht geregelte Fälle

Auch in den Fällen, in denen das Gesetz den Vorstand ohne Ermessensspielraum zu einer bestimmten Handlung verpflichtet, wird die Möglichkeit der Verpflichtungsklage durch 34

Ausnahmefällen") einerseits und S. F 207 („bei nicht ausführungsbedürftigen, sofort wirksamen Beschlüssen") andererseits; ferner *Werner* NZG 2006, 761 (763).
[50] *Vollkommer* in Zöller ZPO § 940 Rn. 8 „Gesellschaftsrecht".
[51] *Winter* Gesellschaftsrecht 1999, 2000, 62.
[52] *Leuering/Simon* NJW-Spezial 2005, 411.
[53] BGH NZG 2009, 1270.

den Aktionär diskutiert. So wird von einigen Stimmen eine gegen die Gesellschaft gerichtete Verpflichtungsklage einzelner Aktionäre für den Fall bejaht, dass sich der Vorstand entgegen § 83 AktG weigert, die Entscheidungen der Hauptversammlung sachgemäß vorzubereiten oder sie auszuführen.[54] Auch in anderen Fällen könnte ein Bedarf für eine Klage gegen die Gesellschaft oder ein nach dem FamFG durchzuführendes Verfahren auftreten, wodurch der Vorstand zu einem bestimmten Verhalten verpflichtet wird, zB, wenn der Vorstand unter Verstoß gegen § 71 AktG eigene Aktien der Gesellschaft erwirbt und sie nicht rechtzeitig wieder veräußert oder wenn er Gesellschaftsvermögen, das unter Verstoß gegen § 179a AktG veräußert wurde, nicht wieder zurückverlangt.[55] Die Fälle sind bislang nicht geklärt.

VI. Individualschadensersatzklage

35 Wird einer AG ein Schaden zugefügt, wird dadurch der innere Wert der Aktien um den Schadensbetrag gemindert. Der Schaden, den der einzelne Aktionär auf diese Weise erleidet, stellt sich als „Reflex" des bei der AG eingetretenen Schadens dar. Ein solcher Fall der Schadenskongruenz liegt den in §§ 117 Abs. 1 S. 2 und 317 Abs. 1 S. 2 AktG getroffenen Regelungen zugrunde. Dieser im Gesetz zum Ausdruck kommende Gedanke ist insoweit verallgemeinerungsfähig, als der Ausgleich mittelbarer Schäden durch Zahlung in das Privatvermögen des Gesellschafters nicht in Betracht kommt. Der mittelbar geschädigte Gesellschafter hat nur einen Anspruch auf Ersatzleistung an die Gesellschaft.[56]

36 Das Gesetz kennt indes Ausnahmen. An erster Stelle sind dies die vorgenannten Normen aus dem Recht des **faktischen Konzerns.** Danach kann ein Aktionär Ausgleich eines persönlich erlittenen Schadens verlangen, wenn dieser über die durch den Schaden im Gesellschaftsvermögen verursachte Minderung des Wertes seiner Aktien hinausgeht (§ 317 Abs. 1 S. 2, 318 Abs. 2 AktG). Auch das **Umwandlungsrecht** gewährt den Aktionären Ersatzansprüche, soweit sie durch die Umwandlung einen Schaden erleiden (§§ 25 f., 205 f. UmwG). Dieser muss durch einen besonderen Vertreter geltend gemacht werden.

37 Individuelle Schadensersatzansprüche von Aktionären gegen einzelne Vorstands- oder Aufsichtsratsmitglieder können sich ferner jenseits des Aktienrechts aus den Vorschriften des **Deliktsrechts** ergeben. Insbesondere werden die Straftatbestände der §§ 399, 400 AktG und §§ 263, 266 StGB als Schutzgesetze iSd § 823 Abs. 2 BGB auch zugunsten der Aktionäre angesehen.[57] Soweit einzelne Organmitglieder haftpflichtig sind, hat dann gemäß § 31 BGB auch die Gesellschaft selbst für den Schaden einzustehen. Hinzu kommen die **kapitalmarkrechtlichen Schadensersatzansprüche** nach §§ 44 BörsG, 37b, 37c WpHG (ab 3.1.2018 §§ 97, 98 WpHG) etc. Diese berechtigen nicht Aktionäre als solche, sondern Kapitalanleger, zu denen aber die Aktionäre von Publikumsgesellschaften gehören. Vorstandsmitglieder haben persönlich gegenüber den Berechtigten Schadensersatz zu leisten, wenn sie kapitalmarktbezogene Pflichten verletzt haben, die ihnen gegenüber diesen obliegen.

---

[54] So *Seibt* in K. Schmidt/Lutter AktG § 83 Rn. 14; *Habersack* in GK-AktG AktG § 83 Rn. 16; offen gelassen von *Koch* in Hüffer/Koch AktG § 83 Rn. 6.
[55] *Raiser* in Habersack/Bayer AktienR im Wandel Bd. II Kap. 14 Rn. 85.
[56] *Henze/Born/Drescher* HRR AktienR, 6. Aufl. 2015 Rn. 751.
[57] *Raiser* in Habersack/Bayer AktienR im Wandel Bd. II Kap. 14 Rn. 20.

VII. Schadensersatzklage aus abgeleitetem Recht (Verfolgungsrecht)

Vorstands- und Aufsichtsratsmitglieder machen sich bei der Verletzung der mit ihrer Stellung in der Gesellschaft verknüpften Sorgfalts- und Treuepflichten nach Maßgabe der §§ 93, 116 AktG **schadensersatzpflichtig.** Gläubiger der Ansprüche ist die Gesellschaft als juristische Person, der sie dienen und in deren Vermögen der Schaden regelmäßig eintritt. Die Schadensersatzansprüche sind von den Gesellschaftsorganen geltend zu machen, gegenüber Aufsichtsratsmitgliedern also vom Vorstand, gegenüber Vorstandsmitgliedern vom Aufsichtsrat (§§ 78, 112 AktG). Die Hauptversammlung ist nicht vertretungsberechtigt; auch einzelne Aktionäre können die Gesellschaft nicht vertreten.[58] Unerwünschte Nebenfolge der Beschränkung der Klagebefugnis auf Vorstand und Aufsichtsrat kann allerdings sein, dass die Schadensersatzsanktion in der Praxis leerläuft, wenn die Mitglieder dieser beiden Organe – sei es wegen ihrer persönlichen Verbundenheit, sei es, weil sie beide zugleich in die Pflichtverletzung verstrickt sind – ihrer Pflicht nicht nachkommen, sich wechselseitig zu verklagen.[59] Macht das jeweilige Organ etwaige Ersatzansprüche nicht geltend, besteht für den Aktionär die Möglichkeit der Klageerzwingung durch die Hauptversammlung[60] nach § 147 AktG und des Klagezulassungsverfahrens nach § 148 AktG. Einzelne Aktionäre können auch dann nicht die Anspruchsverfolgung in die Hand nehmen, wenn die zuständigen Gesellschaftsorgane nicht handeln und auch §§ 147, 148 AktG versagen.[61]

1. Geltendmachung aufgrund eines Hauptversammlungsbeschlusses

Nach § 147 Abs. 1 AktG müssen Ersatzansprüche der Gesellschaft aus der **Gründung** (§§ 46–48, 53 AktG) oder aus der **Geschäftsführung** (§§ 93, 116, 117 AktG) gegen die Mitglieder des Vorstands und des Aufsichtsrats geltend gemacht werden, wenn es die Hauptversammlung mit einfacher Mehrheit beschließt.[62] Aktionäre, gegen die sich Ersatzansprüche richten, unterliegen dem Stimmverbot des § 136 Abs. 1 S. 1 Fall 3 AktG.

Nach § 147 Abs. 1 S. 2 AktG soll der Ersatzanspruch **binnen sechs Monaten** seit dem Tage der Hauptversammlung geltend gemacht werden. Welche Handlungen innerhalb der Frist konkret vorgenommen sein müssen, sagt das Gesetz nicht. Jedenfalls genügend ist jede Form der gerichtlichen Geltendmachung (Klageerhebung, Mahnbescheid).[63] Ob auch außergerichtliche Schritte ausreichen, ist noch nicht geklärt.[64]

Ein Beschluss nach § 147 Abs. 1 AktG ändert zunächst einmal nichts an der Organkompetenz von Vorstand und Aufsichtsrat. Bei der Verfolgung gegen sie selbst gerichteter Ansprüche zeigen die Mitglieder der Verwaltung jedoch häufig wenig Energie. Um dem entgegenzuwirken, ermöglicht § 147 AktG des weiteren die Bestellung eines besonderen Vertreters, der für die AG handelt und deren Verwaltung im Rahmen seiner Aufgabe verdrängt.[65] Die Hauptversammlung kann einen **besonderen Vertreter** der Gesellschaft bestellen, der die Ersatzansprüche der Gesellschaft verfolgt (§ 147 Abs. 2 S. 1 AktG). Auch das Gericht kann einen besonderen Vertreter bestellen, wenn dies von einer Minderheit, die zusammen mindestens zehn Prozent des Grundkapital oder einen anteiligen Betrag[66]

---

[58] Raiser in Habersack/Bayer AktienR im Wandel Bd. II Kap. 14 Rn. 68.
[59] Baums Gutachten S. F 241; Raiser in Habersack/Bayer AktienR im Wandel Bd. II Kap. 14 Rn. 69; Karsten Schmidt NZG 2005, 796 (798).
[60] So Raiser/Veil § 11 Rn. 42.
[61] Krieger in Krieger/Schneider, Handbuch Managerhaftung, 3. Aufl. 2017, § 3 Rn. 3.54.
[62] Ausführlich Spindler NZG 2005, 865.
[63] Koch in Hüffer/Koch AktG § 147 Rn. 5.
[64] Ablehnend Koch in Hüffer/Koch AktG § 147 Rn. 5.
[65] Langenbucher DStR 2005, 2083 (2089).
[66] S. § 8 Abs. 3 S. 3 AktG.

von 1 Mio. EUR besitzt, beantragt wird (§ 147 Abs. 2 S. 2 AktG). Das Gericht bestellt diesen besonderen Vertreter, wenn ihm das „zweckmäßig erscheint" (§ 147 Abs. 2 S. 2 AktG aE), wenn es also im Einzelfall davon überzeugt ist, dass die Rechtsverfolgung bei einem (anderen) besonderen Vertretern in besseren Händen liegt als bei den sonst zuständigen Personen.[67]

2. Verfolgungsrecht einer Minderheit

42 Mit dem UMAG wurde ein Verfolgungsrecht der Minderheit geschaffen. Dieses unterscheidet sich grundlegend von dem nach § 147 AktG vorgesehenen Verfahren. Während dort die AG klagt, sieht § 148 AktG ein Klagerecht der Aktionärsminderheit im eigenen Namen auf Leistung an die Gesellschaft, mithin eine gesetzliche Prozessstandschaft vor. Die Einschaltung des bislang üblichen „besonderen Vertreters" entfällt.[68] Hierbei handelt es sich um ein als *actio pro socio* ausgestaltetes Verfolgungsrecht einer Minderheit.[69]

43 Das Verfolgungsrecht der Minderheit ist als ein zweistufiges Verfahren ausgestaltet: Der von den Aktionären im eigenen Namen zu erhebenden Klage (§ 148 Abs. 1 S. 1 AktG) ist zwingend ein Klagezulassungsverfahren vor dem Prozessgericht vorgeschaltet. Es kann von Aktionären eingeleitet werden, die zusammen mindestens ein Prozent der Aktien oder Aktien mit einem anteiligen Betrag von 100.000 EUR besitzen (§ 148 Abs. 1 S. 1 AktG). Diese recht niedrigen Schwellenwerte rechtfertigen sich aus der zunehmend in das Blickfeld geratenen Steuerungsfunktion der organschaftlichen Haftung.[70]

44 Mittels der in § 148 Abs. 1 S. 2 Nr. 1–4 AktG normierten Voraussetzungen[71] für eine Klagezulassung sollen aussichtslose oder rechtsmissbräuchlich erhobene Klagen von vornherein ausgeschaltet werden. Denn die Aktionäre müssen nachweisen, dass sie die Aktien vor dem Zeitpunkt erworben haben, in dem sie von den behaupteten Pflichtverstößen oder dem behaupteten Schaden auf Grund einer Veröffentlichung Kenntnis erlangen mussten (Nr. 1). Ferner haben sie nachzuweisen, dass sie die Gesellschaft unter Setzung einer angemessenen Frist vergeblich aufgefordert haben, selbst Klage zu erheben (Nr. 2). Auch müssen Tatsachen vorliegen, die den Verdacht rechtfertigen, dass der Gesellschaft durch Unredlichkeit oder grobe Verletzung des Gesetzes oder der Satzung ein Schaden entstanden ist (Nr. 3). Das Gericht hat schließlich zu prüfen, ob der Geltendmachung des Ersatzanspruchs überwiegende Gründe des Gesellschaftswohls entgegenstehen (Nr. 4). Weiterhin soll die Kostenregelung (§ 148 Abs. 6 AktG) dazu beitragen, dass Vorstand und Aufsichtsrat nicht aus sachfremden Erwägungen heraus mit Schadensersatzforderungen konfrontiert werden.

45 Im Zusammenhang mit dem Klagezulassungsverfahren ist das **Aktionärsforum** zu sehen (§ 127a Abs. 1 AktG).[72] Hier können Aktionäre andere Aktionäre auffordern, gemeinsam einen Antrag zu stellen. Auf diese Weise ist es ihnen auch möglich, Informationen auszutauschen.

3. Bestellung eines Sonderprüfers als Begleitmaßnahme

46 Kleinaktionäre haben in der Regel keinen Zugang zu den Informationen, die sie für eine Anspruchsdurchsetzung benötigen. Aus diesem Grund gibt der Gesetzgeber den Aktionä-

---

[67] *Koch* in Hüffer/Koch AktG § 147 Rn. 9.
[68] *Langenbucher* DStR 2005, 2083 (2089).
[69] *Diekmann/Leuering* NZG 2004, 249 (250); *Raiser/Veil* § 11 Rn. 44.
[70] *Raiser/Veil* § 11 Rn. 44.
[71] Ausführlich *Spindler* NZG 2005, 865 (866 ff.).
[72] Hierzu *Noack* in Habersack/Bayer AktienR im Wandel Bd. II Kap. 15 Rn. 26–32.

ren mit der Sonderprüfung ein Untersuchungsrecht (Enquêterecht) an die Hand.[73] Zweck ist daher vor allem, die tatsächlichen Grundlagen für Ersatzansprüche der Gesellschaft aufzuhellen[74] – zur Sonderprüfung → § 18 Rn. 65 ff.

VIII. Kapitalanleger-Musterverfahrensgesetz

Fehlerhafte Kapitalmarktinformationen verursachen auf Anlegerseite in aller Regel gleichartige Streuschäden mit vielen Geschädigten und vergleichsweise geringen Schadensersatzsummen jedes einzelnen.[75] Demnach ist es konsequent, die Feststellung gleicher schadensbegründender Tatsachen in einem **Sammelverfahren** vorzunehmen. Auf diese Weise werden nicht nur voneinander abweichende Gerichtsentscheidungen zu identischen Sachverhalten vermieden; es werden auch die Kostenrisiken, die mit einer individuellen Rechtsverfolgung verbunden sind, minimiert. Denn in jedem einzelnen Rechtsstreit können aufwändige Beweisaufnahmen mit teuren Sachverständigengutachten erforderlich sein, um komplexe kapitalmarktrechtliche Fragen zu klären. Das kann dazu führen, dass sich Kapitalanleger von einer Klage abhalten lassen. Dadurch büßen zugleich die kapitalmarktrechtlichen Haftungsnormen ihre ordnungspolitische Steuerungsfunktion teilweise ein.[76] Mit dem KapMuG soll diesen Nachteilen abgeholfen und ein synergiebildendes und zeitlich wie kostenmäßig effizientes Rechtsverfolgungsinstrument geschaffen werden. 47

Besonderen Anlass, mit dem KapMuG eine weitere Form der „Kollektivierbarkeit" gleichgelagerter Ansprüche zu entwickeln, bot im Jahre 2001 das Verfahren zahlreicher Anleger gegen die Deutsche Telekom AG vor dem LG Frankfurt a.M. Dort gingen innerhalb kurzer Zeit im Zusammenhang mit dem sog „dritten Börsengang" der Deutsche Telekom AG (Platzierung von 200 Mio. Aktien der DT AG aus dem Bestand der Kreditanstalt für Wiederaufbau am 19.6.2000) mehr als 14.000 Klagen gegen die Gesellschaft ein, welche auf einen vermeintlich unrichtigen Börsenprospekt gestützt wurden. Das Gericht konnte in diesen Verfahren Terminierungen nur mit großen Zeitverzögerungen vornehmen. Das in diesem Zusammenhang wegen Verstößen gegen die Grenzen des Rechts auf zeitgerechten Rechtsschutz[77] angerufene BVerfG schlug ausdrücklich die Schaffung eines Musterverfahrens zur Bewältigung des Gesamtkomplexes der anhängigen Sachen vor.[78] Der Gesetzgeber setzte diesen Vorschlag mit dem KapMuG um. 48

1. Wesentlicher Gegenstand eines KapMuG-Verfahrens

Das Kapitalanleger-Musterverfahrensgesetz (KapMuG) schafft ein Kollektivverfahren, in welchem für eine Vielzahl von Individualverfahren einzelne, für diese Individualverfahren gleichsam relevanten Voraussetzungen festgestellt werden können (§ 1 Abs. 1 S. 1 KapMuG). Gegenstand jener Individualverfahren muss die Verfolgung von Schadensersatzansprüchen wegen fehlerhafter oder unterlassener Kapitalmarktinformationen oder von Ansprüchen aus Vertrag, die auf einem Angebot nach dem WpÜG beruhen, sein. 49

---

[73] Zur historischen Entwicklung siehe *Raiser* in Habersack/Bayer AktienR im Wandel Bd. II Kap. 14 Rn. 69 ff.
[74] *Koch* in Hüffer/Koch AktG § 142 Rn. 1.
[75] BegrRegE des KapMuG, BT-Drs. 15/5091, 1. Krit. zu diesem Beweggrund *Wagner*, Gutachten A für den 66. DJT, 2006, S. A 121.
[76] BegrRegE KapMuG, BT-Drs. 15/5091, 1.
[77] Art. 2 Abs. 1 iVm Art. 20 Abs. 3 GG (allgemeiner Justizgewähranspruch).
[78] BVerfG NJW 2004, 3320 (3321).

2. Verfahrensabschnitte unter Einbeziehung eines KapMuG-Verfahrens

50 Die Verfolgung individueller Ansprüche, bei denen ein Verfahren nach dem KapMuG zwischengeschaltet wird, kann grob in vier Prozessphasen unterteilt werden: Zunächst erhebt ein (vermeintlich) geschädigter Anleger beim Prozessgericht[79] Klage gegen das Unternehmen, die sich auf die streitgegenständliche Kapitalmarktinformation bezieht. Aufgrund eines sog Musterfeststellungsantrags (§ 1 Abs. 1 S. 1 iVm Abs. 2 S. 1 KapMuG) des Klägers oder des Beklagten kann das Prozessgericht ein Vorlageverfahren zum OLG einleiten. Dort beginnt das Musterverfahren im engeren Sinne. Dieses Verfahren endet mit einem Musterentscheid (§ 14 Abs. 1 S. 1 KapMuG). Daraufhin können die Individualverfahren vor den jeweiligen Landgerichten unter Berücksichtigung des Inhalts des Musterentscheids fortgesetzt werden.

a) Vorlageverfahren

51 Das Vorlageverfahren ist in den §§ 1–5 KapMuG geregelt. § 1 Abs. 1 S. 1 KapMuG bestimmt eingehend, dass in einem erstinstanzlichen Individualverfahren, in dem ein Schadensersatzanspruch wegen falscher, irreführender oder unterlassener öffentlicher Kapitalmarktinformationen[80] oder ein Erfüllungsanspruch aus Vertrag, der auf einem Angebot nach dem WpÜG beruht, geltend gemacht wird, durch (Musterfeststellungs-)Antrag die Feststellung des Vorliegens oder Nichtvorliegens anspruchsbegründender oder anspruchsausschließender Voraussetzungen oder die Klärung von Rechtsfragen begehrt werden kann (Feststellungsziel).[81] Damit kommen Musterfeststellungsanträge insbesondere im Zusammenhang mit fehlerhaften Börsenprospekten und fehlerhaften Ad-hoc-Mitteilungen[82] in Betracht.[83] Ein Musterfeststellungsantrag hat nur dann Erfolg, wenn die Entscheidung des Rechtsstreits von der vorgenannten Feststellung oder Klärung abhängt (§ 1 Abs. 1 S. 1 KapMuG aE).

52 Das Prozessgericht macht einen zulässigen Musterfeststellungsantrag gem. § 2 Abs. 1 S. 1 KapMuG im elektronischen Bundesanzeiger unter der Rubrik „Klageregister nach dem KapMuG"[84] bekannt. Ziel der Bekanntmachung ist es, andere potenziell geschädigte Anleger über die Rechtshängigkeit eines Rechtsstreits zu informieren und ihr Interesse zu wecken, sich an dem beabsichtigten Musterverfahren zu beteiligen.[85] Mit der Bekanntmachung des Musterfeststellungsantrags im Klageregister wird das Verfahren gem. § 3 KapMuG unterbrochen.

53 Das Prozessgericht legt daraufhin dem zuständigen OLG den Musterfeststellungsantrag gem. § 4 Abs. 1 S. 1 KapMuG zur Entscheidung vor, wenn in dem Verfahren bei dem Prozessgericht ein Musterfeststellungsantrag gestellt wurde und innerhalb von vier Monaten nach seiner Bekanntmachung in mindestens neun weiteren Verfahren bei demselben oder anderen Gerichten gleichgerichtete Musterfeststellungsanträge gestellt werden. Gleichgerichtetheit der Musterfeststellungsanträge liegt vor, wenn ihr Feststellungsziel den gleichen zugrunde liegenden Lebenssachverhalt betrifft (§ 2 Abs. 1 S. 4 KapMuG). Wesentliche Voraussetzung für einen erfolgreichen Antrag in einem Verfahren nach dem

---

[79] Dessen Zuständigkeit richtet sich nach § 32b ZPO, ggf. iVm einer Verordnung über die Konzentration von Verfahren nach dem KapMuG (vgl. für NRW die auf § 32b Abs. 2 ZPO, § 4 Abs. 5 KapMuG gestützte Konzentrations-VO-NW vom 23.11.2005, GV. NRW. 2005, 920); krit. zu dieser Zuständigkeitsregelung *Plaßmeier* NZG 2005, 609 (613f.).
[80] Definiert in § 1 Abs. 1 S. 3 KapMuG.
[81] Zum sachlichen Anwendungsbereich des KapMuG bzw. den einschlägigen Anspruchsgrundlagen vgl. *Buck-Heeb*, Kapitalmarktrecht, 9. Aufl. 2017, Rn. 1163f.
[82] Vgl. nur OLG Stuttgart AG 2007, 250ff. – DaimlerChrysler.
[83] *Buck-Heeb*, Kapitalmarktrecht, 9. Aufl. 2017, Rn. 1163f.
[84] Vgl. dazu die Verordnung über das Klageregister nach dem KapMuG (Klageregisterverordnung – KlagRegV) vom 26.10.2005 (BGBl. I 3092).
[85] BegrRegE des KapMuG, BT-Drs. 15/5091, 18.

VIII. Kapitalanleger-Musterverfahrensgesetz   § 47

KapMuG ist damit, dass der Entscheidung über einen dort gestellten Antrag Bedeutung für andere gleichgelagerte Rechtsstreitigkeiten über den einzelnen Rechtsstreit hinaus zukommen kann (§ 1 Abs. 2 S. 3 KapMuG). Der Vorlagebeschluss des Prozessgerichts ist für das OLG gem. § 4 Abs. 1 S. 2 KapMuG bindend.

b) Musterverfahren im engeren Sinne und Fortsetzung des Ausgangsverfahrens

Die Durchführung des Musterverfahrens im engeren Sinne beim OLG ist in den §§ 6–15 KapMuG geregelt. Zu Beginn des Musterverfahrens wählt das OLG zunächst aus den Klägern bei dem Gericht, das den Musterentscheid einholt, gem. § 8 Abs. 2 KapMuG nach seinem Ermessen durch unanfechtbaren Beschluss einen Musterkläger aus. § 8 Abs. 2 KapMuG enthält für diese Auswahl ermessensleitende Vorgaben.[86] Ist diese Auswahl getroffen, so macht das OLG ua gem. § 6 S. 1 Nr. 1 KapMuG die namentliche Bezeichnung des Musterklägers im Klageregister öffentlich bekannt. Daraufhin hat das Prozessgericht gem. § 7 Abs. 1 S. 1 KapMuG von Amts wegen alle bereits anhängigen oder bis zum Erlass des Musterentscheids noch anhängig werdenden Verfahren auszusetzen, deren Entscheidung von der im Musterverfahren zu treffenden Feststellung oder der im Musterverfahren zu klärenden Rechtsfrage abhängt. Der Aussetzungsbeschluss gilt gem. § 8 Abs. 3 S. 2 KapMuG zugleich als Beiladung im Musterverfahren; dadurch werden alle Kläger zwingend Beteiligte des Musterverfahrens.[87] Im Rahmen des durch § 1 Abs. 1 S. 1 KapMuG bestehenden Feststellungsziels des Musterverfahrens können der Musterkläger, der Musterbeklagte und die Beigeladenen (§ 8 Abs. 3 S. 1 KapMuG) bis zum Abschluss des Musterverfahrens unter bestimmten Voraussetzungen die Feststellung weiterer Streitpunkte begehren.

54

Das OLG entscheidet über das Feststellungsziel in Form eines Musterentscheides durch Beschluss (§ 14 Abs. 1 S. 1 KapMuG). Dieser bindet jene Prozessgerichte, deren Entscheidung von der im Musterverfahren getroffenen Feststellung oder der im Musterverfahren zu klärenden Rechtsfrage abhängt.[88] Die gem. § 3 KapMuG unterbrochenen Verfahren können mit der Einreichung des rechtskräftigen Musterentscheids durch einen Beteiligten des Musterverfahrens gem. § 16 Abs. 1 S. 5 KapMuG wieder aufgenommen werden. Die Prozessgerichte entscheiden sodann abschließend in den Individualverfahren.

55

---

[86] Dazu im Detail *Reuschle* in Kölner Komm. zum KapMuG, 2008, § 8 Rn. 37 ff.; durch die gerichtliche Auswahl des Musterklägers will der Gesetzgeber die Gefahr eines „race to the courtroom" unterbinden, wie sie bei der Sammelklage nach US-amerikanischem Muster auftritt. Dort repräsentiert dasjenige Gruppenmitglied, das zuerst eine „class action" einbringt, bei Zulassung der Klage die gesamte Gruppe (so BegrRegE KapMuG, BT-Drs. 15/5091, 25; insofern krit. *Duve/Pfitzner* BB 2005, 673 (677 f.)).
[87] Vgl. *Buck-Heeb,* Kapitalmarktrecht, 9. Aufl. 2017, Rn. 1175.
[88] § 16 Abs. 1 S. 1 KapMuG; *Möllers/Weichert* NJW 2005, 2737 (2740), weisen zu Recht darauf hin, dass die Bindungswirkung weitergeht als eine bloße Rechtskraftwirkung, denn in Rechtskraft erwächst regelmäßig nur der Tenor eines Urteils, wohingegen die Bindungswirkung des Musterentscheids neben dem Tenor auch die im Musterverfahren festgestellten Tatsachen umfasst; dazu auch *Gebauer* ZZP 119 (2006) 159 (169 ff.).

§ 48 Besonderheiten der Hauptversammlung der KGaA

Übersicht

	Rn.
I. Überblick	1
II. Grundsätzliches zum Recht der KGaA	1a
1. Rechtsnatur der KGaA	1a
2. Anwendbare Vorschriften	2
III. Die Hauptversammlung der KGaA	6
1. Einberufung	7
a) Einberufung durch die geschäftsführungsbefugten Komplementäre	7
b) Einberufung durch den Aufsichtsrat	8
c) Einberufung durch eine Minderheit der Kommanditaktionäre	9
d) Abweichende Satzungsgestaltungen	10
2. Teilnehmerkreis	11
a) Kommanditaktionäre	11
b) Komplementäre	12
3. Stimmrecht und Stimmrechtsbeschränkungen	15
a) Stimmrecht	15
b) Stimmrechtsbeschränkungen für die Komplementäre	16
c) Stimmrechtsbeschränkungen für die Kommanditaktionäre	21
d) Ausnahmen von Stimmrechtsbeschränkungen: Einmann-KGaA, Gesellschaftergruppenidentität	22
4. Kompetenzen der Hauptversammlung	25
a) Autonome und zustimmungsbedürftige Hauptversammlungsbeschlüsse	26
b) Gesetzlich den Kommanditaktionären zugewiesene Kompetenzen	29
c) Mitwirkungsbefugnisse bei Geschäftsführungsmaßnahmen	38
d) Erteilung der Zustimmung durch die Komplementäre	49
IV. Besonderheiten der Publikums-KGaA	51
1. Einschränkung der Kompetenzen der Hauptversammlung	51
2. Erweiterung des Zustimmungsvorbehalts der Komplementäre	55

Stichworte

Auflösungsbeschluss Rn. 36
Ausschluss eines Komplementärs Rn. 34
Einberufung der Hauptversammlung
– durch den Aufsichtsrat Rn. 8
– durch die Komplementäre Rn. 7
– durch eine Minderheit der Kommanditaktionäre Rn. 9
Entziehung der Geschäftsführungsbefugnis Rn. 35
Gewinnverwendungsbeschluss Rn. 33
Hauptversammlungsbeschlüsse
– autonome Rn. 26
– zustimmungsbedürftige Rn. 28, 49
Jahresabschluss Rn. 32
Mitwirkungsbefugnisse der Kommanditaktionäre
– außergewöhnliche Geschäfte Rn. 40

– gewöhnliche Geschäftsführungsmaßnahmen Rn. 39
– Grundlagengeschäfte Rn. 41
Publikums-KGaA Rn. 51
Stimmrechtsbeschränkungen für Kommanditaktionäre Rn. 21
Stimmrechtsbeschränkungen für Komplementäre
– aktienrechtliche Rn. 17
– kommanditrechtliche Rn. 16
– personengesellschaftsrechtliche Rn. 18
Teilnahmeausschluss eines Komplementärs von der Hauptversammlung Rn. 14
Teilnahmepflicht der Komplementäre Rn. 13
Teilnahmerecht
– der Kommanditaktionäre Rn. 11
– der Komplementäre Rn. 12

Schrifttum:
Bork/Jacoby, Das Ausscheiden des einzigen Komplementärs nach § 131 Abs. 3 HGB, ZGR 2005, 611; *Cahn*, Die Änderung von Satzungsbestimmungen nach § 281 AktG bei der Kommanditgesellschaft auf Aktien, AG 2001, 579; *Dreisow*, Zu den Stimmverboten für die Komplementäre einer KGaA, DB 1977, 851; *Fett/Förl*, Die Mitwirkung der Hauptversammlung einer KGaA bei der Veräußerung wesentlicher Unternehmensteile,

NZG 2004, 210; *Heermann,* Unentziehbare Mitwirkungsrechte der Minderheitsaktionäre bei außergewöhnlichen Geschäften der GmbH & Co. KGaA, ZGR 2000, 61; *Ihrig/Schlitt,* Die KGaA nach dem Beschluss des BGH vom 24. 2. 1997 – organisationsrechtliche Folgerungen, ZHR-Sonderheft 67 (1998), S. 33; *Kallmeyer,* Rechte und Pflichten des Aufsichtsrats in der Kommanditgesellschaft auf Aktien, ZGR 1983, 57; *Mense,* Besonderheiten bei der Vorbereitung und Durchführung der Hauptversammlung einer börsennotierten Kommanditgesellschaft auf Aktien, GWR 2014, 320; *Pflug,* Der persönlich haftende Gesellschafter in der Kommanditgesellschaft auf Aktien, NJW 1971, 345; *Schnorbus,* Gestaltungsfragen fakultativer Aufsichtsratsorgane der KGaA, Liber Amicorum Winter, 2011, 627; *Schlitt,* Die Satzung der KGaA, 1999; *Sethe,* Die Besonderheiten der Rechnungslegung bei der KGaA, DB 1998, 1044; *Strieder,* Die Kommanditgesellschaft auf Aktien – Ein Überblick, MittBayNot 1998, 65; *Veil,* Die Kündigung der KGaA durch persönlich haftende Gesellschafter und Kommanditaktionäre, NZG 2000, 72 ff.; *Wichert,* Satzungsänderungen in der Kommanditgesellschaft auf Aktien, AG 1999, 362.

I. Überblick

1 Die Hauptversammlung der KGaA ist die Versammlung aller Kommanditaktionäre. Teilnahmeberechtigt und sogar teilweise verpflichtet sind neben diesen die Komplementäre (→ Rn. 12 ff.). Im Abstimmungsverfahren müssen Stimmrechtsbeschränkungen eingehalten werden (→ Rn. 16 ff.). Kompetenzen ergeben sich für die Hauptversammlung sowohl aus dem Aktien- als auch aus dem Personengesellschaftsrecht, wobei gewisse Hauptversammlungsbeschlüsse der Zustimmung der Komplementäre bedürfen (→ Rn. 25 ff.). Besonderheiten ergeben sich hierbei für die Publikums-KGaA (→ Rn. 51 ff.).

II. Grundsätzliches zum Recht der KGaA

1. Rechtsnatur der KGaA

1a Die KGaA ist im Aktiengesetz (§§ 278 ff. AktG) geregelt, hat ihre historischen Ursprung allerdings im Recht der Kommanditgesellschaft.[1] Sie ist eine Mischform aus Kommandit- und Aktiengesellschaft,[2] was sich ua durch die Verbindung der personengesellschaftsrechtlich geprägten Stellung der Komplementäre mit der aktienrechtlichen Aufbringung des Grundkapitals über die Ausgabe von Aktien an die Kommanditaktionäre zeigt.[3] Auf die KGaA finden sowohl die handelsrechtlichen Vorschriften über die Kommanditgesellschaft als auch aktienrechtliche Vorschriften Anwendung (§ 278 Abs. 2 und 3 AktG). Aus der Duplexität ihrer rechtlichen Grundlagen ergibt sich auch die Komplexität des Rechts der KGaA.

2. Anwendbare Vorschriften

2 Das Recht der KGaA kann in **mehrere Regelungskomplexe** – abhängig davon, welche Rechtsbeziehung innerhalb der KGaA betroffen ist – unterteilt werden: Für die **Rechtsbeziehungen der Komplementäre untereinander,** das **Verhältnis der Komplementäre zur Gesamtheit der Kommanditaktionäre und** das Verhältnis zwischen den Komplementären und Dritten gelten die Vorschriften über die Kommanditgesellschaft (§ 278 Abs. 2 AktG). Davon erfasst sind insbesondere die Bereiche der Geschäftsführung

---

[1] *Herfs* in MHdB AG § 76 Rn. 10.
[2] RGZ 129, 260 (267 f.); *K. Schmidt* GesR § 32 I 1; *Perlitt* in MüKoAktG AktG Vor § 278 Rn. 29; *Herfs* in MHdB AG § 76 Rn. 10; *Assmann/Sethe* in GroßkommAktG AktG Vor § 278 Rn. 142: KGaA als „selbstständige Rechtsform". Von einer Gesellschaft „sui generis" sprach dagegen BGHZ 134, 392 (398); zustimmend *Cahn* AG 2001, 579 (582); *Heermann* ZGR 2000, 61 (85).
[3] *Assmann/Sethe* in GroßkommAktG AktG § 278 Rn. 8.

und Vertretung sowie die Rechte der Gesellschafter untereinander (mitgliedschaftliche Ebene).[4]

Soweit für die KGaA die Vorschriften über die Kommanditgesellschaft Anwendung finden, gilt anstatt der Satzungsstrenge des Aktienrechts die im Personengesellschaftsrecht grundsätzlich geltende **Gestaltungsfreiheit.** Damit ist eine freiere Gestaltung der Binnenverfassung der KGaA möglich, dh es können insbesondere die Bereiche der Geschäftsführung durch die Komplementäre und die Mitwirkungsrechte der Kommanditaktionäre individuell ausgestaltet werden. Indes sind die personengesellschaftsrechtlichen Grenzen der Gestaltungsfreiheit (Grundsatz der Selbstorganschaft, Kernbereichslehre und Einhaltung des Bestimmtheitsgrundsatzes) zu beachten.[5] Weitere Grenzen der Gestaltungsfreiheit ergeben sich aus den besonderen Vorschriften des Aktiengesetzes zur KGaA: Zwingend ist die Anordnung der aktienrechtlichen Vorschriften in § 283 AktG[6] oder die Zuständigkeit der Hauptversammlung für die Feststellung des Jahresabschlusses (§ 286 AktG).

Gestaltungsfreiheit gilt grundsätzlich auch in der kapitalistisch ausgestalteten KGaA, dh in der KGaA ohne eine natürliche Person als persönlich haftenden Gesellschafter.[7] Für diese hatte der BGH zwar erwogen, zum Schutz der Kommanditaktionäre die für die Publikums-KG entwickelten Grundsätze auch auf die Publikums-KGaA zu übertragen und die Gestaltungsfreiheit insoweit einzuschränken.[8] Es ist jedoch zu bezweifeln, dass aufgrund des grundsätzlich höheren Schutzniveaus bei der KGaA ein Bedürfnis hierfür besteht. Denn in dieser wird die Rechtsstellung der Kommanditaktionäre im Wesentlichen durch die aktienrechtlichen Vorschriften bestimmt und kann nicht abgeändert werden (ausführlich → Rn. 51 ff.).

Für das **Verhältnis der Kommanditaktionäre untereinander** finden die Vorschriften des Aktiengesetzes (§ 278 Abs. 3 AktG) einschließlich der **Satzungsstrenge** in § 23 Abs. 5 AktG Anwendung. Damit sind die Bestimmungen über Rechte und Pflichten der Kommanditaktionäre sowie die Rechte von Hauptversammlung und Aufsichtsrat von vornherein der personengesellschaftsrechtlichen Gestaltungsfreiheit entzogen. Allerdings sind die Kompetenzen des Aufsichtsrats in der KGaA bereits von Gesetzes wegen eingeschränkt.[9]

---

[4] *Assmann/Sethe* in GroßkommAktG AktG Vor § 278 Rn. 56; *Fett* in Bürgers/Fett § 3 Rn. 3.
[5] *Herfs* in MHdB AG § 76 Rn. 15; Überblick über die Grenzen der Gestaltungsfreiheit etwa auch *Sethe*, Die personalistische Kapitalgesellschaft, 1996, 115 ff.; *Heermann* ZGR 2000, 61 (63); *Wichert* AG 1999, 362 (365 ff.); *Perlitt* in MüKoAktG AktG Vor § 278 Rn. 35 f.; *Reger* in Bürgers/Fett § 5 Rn. 7 ff.
[6] Nr. 1: Anmeldungen, Einreichungen, Erklärungen und Nachweise vom Handelsregister sowie über Bekanntmachungen; Nr. 2: Gründungsprüfungen; Nr. 3: Sorgfaltspflicht und Verantwortlichkeit; Nr. 4: Pflichten gegenüber dem Aufsichtsrat; Nr. 5: Zulässigkeit einer Kreditgewährung; Nr. 6: Einberufung der Hauptversammlung; Nr. 7: Sonderprüfung; Nr. 8: Geltendmachung von Ersatzansprüche wegen Geschäftsführung; Nr. 9: Aufstellung, Vorlegung und Prüfung des Jahresabschlusses und des Vorschlags für die Verwendung des Bilanzgewinns; Nr. 10: Vorlegung und Prüfung des Lageberichts sowie eines Konzernabschlusses und eines Konzernlageberichts; Nr. 11: Vorlegung, Prüfung und Offenlegung eines Einzelabschlusses nach § 325 Abs. 2a HGB; Nr. 12: Ausgabe von Aktien bei bedingter Kapitalerhöhung, bei genehmigtem Kapital und bei Kapitalerhöhung aus Gesellschaftsmitteln; Nr. 13: Nichtigkeit und Anfechtung von Hauptversammlungsbeschlüssen sowie Nr. 14: Antrag auf Eröffnung des Insolvenzverfahrens.
[7] Die GmbH & Co. KGaA war mit Entscheidung des BGH, BGHZ 134, 392 ff. grundsätzlich für zulässig erachtet worden.
[8] BGHZ 134, 392 (399 f.); vgl. hierzu auch *Ladwig/Motte* DStR 1997, 1539 (1540); *Striedel/Habel* BB 1997, 1375; *Halasz/Kloster/Kloster* GmbHR 2002, 77 (80 ff.); zustimmend auch – jedenfalls für die gesetzesatypische Publikums-KGaA ohne überschaubaren Gesellschafterkreis – *Ihrig/Schlitt* ZHR-Sonderheft 67 (1998), 33 (60 ff.).
[9] *Mertens/Cahn* in Kölner Komm. AktG § 287 Rn. 30; *Herfs* in MHdB AG § 76 Rn. 16; *Perlitt* in MüKoAktG AktG § 287 Rn. 36 ff.; *Kallmeyer* DStR 1994, 977 (978).

III. Die Hauptversammlung der KGaA

6 Die Hauptversammlung der KGaA ist eine **Versammlung nur der Kommanditaktionäre,** nicht aller Gesellschafter.[10] Sie nimmt als Gesamtheit die Rechte der Kommanditisten einer KG wahr.[11]

1. Einberufung

a) Einberufung durch die geschäftsführungsbefugten Komplementäre

7 Grundsätzlich entspricht die Einberufung und Durchführung der Hauptversammlung dem Ablauf in der AG.[12] Da die KGaA keinen Vorstand hat und die Geschäftsführung den Komplementären obliegt,[13] sind diese grundsätzlich auch zur Einberufung der Hauptversammlung berechtigt.[14] Eine Einberufungspflicht besteht nach heute allgemeiner Meinung bei Verlust des halben Grundkapitals (§ 92 Abs. 1 AktG) und folgt aus der jeden Komplementär treffenden Sorgfaltspflicht (§ 93 Abs. 1 AktG).[15] Die nicht geschäftsführungsbefugten Komplementäre sind nur dann einberufungsberechtigt, wenn deren Rechtsstellung gefährdet erscheint. Erhält ein nicht zur Geschäftsführung befugter Komplementär beispielsweise Kenntnis von Umständen, die es rechtfertigen können, einem Komplementär die Geschäftsführungsbefugnis zu entziehen, muss es ihm möglich sein, die notwendigen Schritte einzuleiten. Da die Entziehung der Geschäftsführungsbefugnis einen Beschluss der Hauptversammlung erfordert, könnten die Rechte vereitelt werden, wenn der nichtgeschäftsführungsbefugte Komplementär bei der Einberufung auf die (abzuberufende) Geschäftsführung angewiesen wäre.[16]

b) Einberufung durch den Aufsichtsrat

8 Nach einer (allerdings umstrittenen) Ansicht kann auch der Aufsichtsrat als zwingend erforderliches Organ der KGaA[17] die Hauptversammlung einberufen, wenn das Wohl der Gesellschaft dies erfordert.[18] Es ist nicht ersichtlich, warum ein solches Einberufungsrecht des Aufsichtsrats eingeschränkt werden sollte, auch wenn in der typisch ausgestalteten

---

[10] *Strieder* MittBayNot 1998, 67; *Perlitt* in MüKoAktG AktG § 285 Rn. 2.
[11] §§ 278 Abs. 2, 285 Abs. 2 S. 1 AktG; OLG Stuttgart NZG 2003, 778 (782).
[12] *Perlitt* in MüKoAktG AktG § 285 Rn. 3; *Reger* in Bürgers/Fett § 5 Rn. 372; *Assmann/Sethe* in GroßkommAktG AktG § 285 Rn. 4.
[13] *Koch* in Hüffer/Koch AktG § 278 Rn. 11.
[14] § 283 Nr. 6 AktG; § 278 Abs. 3 iVm § 121 Abs. 2 AktG; *Reger* in Bürgers/Fett § 5 Rn. 373.
[15] *Perlitt* in MüKoAktG AktG § 283 Rn. 43; *Koch* in Hüffer/Koch § 283 Rn. 2; *Bachmann* in Spindler/Stilz AktG § 283 Rn. 15; *Mertens/Cahn* in Kölner Komm. AktG § 283 Rm- 13 *Perlitt* in MüKoAktG AktG § 283 Rn. 43; *Koch* in Hüffer/Koch § 283 Rn. 2; *Bachmann* in Spindler/Stilz AktG § 283 Rn. 15; *Mertens/Cahn* in Kölner Komm. AktG § 283 Rm- 13; *Perlitt* in MüKoAktG AktG § 283 Rn. 43; *Koch* in Hüffer/Koch AktG § 283 Rn. 2; *Bachmann* in Spindler/Stilz AktG § 283 Rn. 15; *Mertens/Cahn* in Kölner Komm. AktG § 283 Rn. 13.
[16] *Assmann/Sethe* in GroßkommAktG AktG § 283 Rn. 27; aus einem Minderheitenrecht ableitend: *Perlitt* in MüKoAktG AktG § 283 Rn. 28 (entsprechende Anwendung von § 122 AktG); *Förl/Fett* in Bürgers/Körber § 283 Rn. 11, die das Recht aus der Treuepflicht zwischen den Komplementären herleiten; aA *Mertens/Cahn* in Kölner Komm. AktG § 283 Rn. 6.
[17] §§ 95 ff. AktG iVm § 278 Abs. 3 AktG; *Koch* in Hüffer/Koch AktG § 278 Rn. 15.
[18] *Bürgers* in Bürgers/Fett § 5 Rn. 487 mit Verweis auf §§ 278 Abs. 3, 111 Abs. 3 S. 1 AktG; *Schlitt* Satzung der KGaA 194 f.; *Assmann/Sethe* in GroßkommAktG AktG § 287 Rn. 42 f.; *Bachmann* in Spindler/Stilz AktG § 287 Rn. 7; *Perlitt* in MüKoAktG AktG § 283 Rn. 26; *Mertens/Cahn* in Kölner Komm. AktG § 287 Rn. 14.

KGaA die Rechte des Aufsichtsrats zur Mitsprache bei der Geschäftsführung nur eingeschränkt bestehen.[19]

c) Einberufung durch eine Minderheit der Kommanditaktionäre

Ebenso wie bei der Aktiengesellschaft kann auch bei der KGaA eine qualifizierte Minderheit von Kommanditaktionären, die mindestens 5% des Grundkapitals auf sich vereinigen, unter Angabe des Zwecks und der Gründe die Einberufung verlangen.[20] Kommen die Komplementäre diesem Verlangen nicht unverzüglich nach, kann das zuständige Gericht die das Verlangen stellenden Kommanditisten zur Einberufung ermächtigen.[21]

d) Abweichende Satzungsgestaltungen

Die Satzung kann den zur Einberufung ermächtigten Personenkreis erweitern. So kann etwa einem einzelnen Aktionär oder Mitgliedern des Aufsichtsrats oder eines Ausschusses ein Einberufungsrecht eingeräumt werden.[22]

2. Teilnehmerkreis

a) Kommanditaktionäre

Die Hauptversammlung dient der Willensbildung der Kommanditaktionäre,[23] jedem Kommanditaktionär steht daher auch ein **Recht zur Teilnahme** an der Hauptversammlung zu (§ 278 Abs. 3 iVm § 118 Abs. 1 AktG), und zwar unabhängig vom Stimmrecht.[24] Die Ausübung der Teilnahme- und Stimmrechte der Kommanditaktionäre kann – ebenso wie in der Aktiengesellschaft – von Bedingungen wie Anmeldung oder Vorlage eines Berechtigungsnachweises abhängig gemacht werden.[25]

b) Komplementäre

aa) Teilnahmerecht

Die persönlich haftenden Gesellschafter sind rechtlich gesehen keine Teilnehmer der Hauptversammlung. Sie haben ein Teilnahme- und Stimmrecht, wenn sie zugleich Aktionäre der KGaA sind; das Teilnahmerecht folgt dann ohne weiteres aus ihrem Aktienbesitz.[26] Aber auch wenn ein Komplementär nicht im Besitz von Aktien der Gesellschaft ist, steht ihm grundsätzlich ein Recht zur Teilnahme zu.[27] Denn in der Regel beschließt die Hauptversammlung nicht nur über Angelegenheiten der Kommanditaktionäre, sondern befasst sich mit Angelegenheiten der Gesellschaft im Allgemeinen. Aus diesem Grund sind

---

[19] So aber *Kallmeyer* ZGR 1983, 57 (72), demzufolge ein Einberufungsrecht des Aufsichtsrats nicht bestehe, weil dieser die Geschäftspolitik der Komplementäre hinzunehmen habe und es deshalb eines Einberufungsrechtes nicht bedürfe. Dem folgt mangels Verweis auf § 111 Abs. 3 AktG wohl auch *Koch* in Hüffer/Koch AktG § 278 Rn. 15.
[20] § 278 Abs. 3 iVm § 122 Abs. 1 AktG; *Schlitt* Satzung der KGaA 195; auch → § 4 Rn. 32 ff.
[21] § 278 Abs. 3 iVm § 122 Abs. 3 AktG; *Schlitt* Satzung der KGaA 195; ferner → § 4 Rn. 49 ff.
[22] *Schlitt* Satzung der KGaA 195; auch → § 4 Rn. 62.
[23] *Koch* in Hüffer/Koch AktG § 278 Rn. 17.
[24] Relevant etwa bei stimmrechtslosen Vorzugsaktien (vgl. § 140 AktG), nicht voll eingezahlten Aktien (vgl. § 134 Abs. 2 AktG) oder vom Stimmrecht ausgeschlossenen Aktien (§ 236 AktG); vgl. etwa *Reger* in Bürgers/Fett § 5 Rn. 366; *Schlitt* Satzung der KGaA 200.
[25] § 278 Abs. 3 iVm § 123 Abs. 2 und Abs. 3 AktG. Die Ausführungen in → § 4 Rn. 76 ff. gelten entsprechend. Die Bedingungen zur Teilnahme und Stimmrechtsausübung sind in der Satzung zu regeln.
[26] *Bachmann* in Spindler/Stilz AktG § 285 Rn. 3 f.; *Mertens/Cahn* in Kölner Komm. AktG § 285 Rn. 3.
[27] Vgl. § 278 Abs. 3 iVm § 118 Abs. 3 AktG; *Bachmann* in Spindler/Stilz AktG § 285 Rn. 4; *Kessler* NZG 2005, 145 (147).

die Komplementäre grundsätzlich auch dann zur Teilnahme berechtigt, wenn die Tagesordnung nur Gegenstände enthält, die von den Kommanditaktionären autonom beschlossen werden (wie zB die Wahl oder Abberufung von Aufsichtsratsmitgliedern).[28] Die nicht geschäftsführungsbefugten Komplementäre sind daher neben den Kommanditaktionären auch zur Hauptversammlung einzuladen.[29]

bb) Teilnahmepflicht

13 Das Recht zur Teilnahme wandelt sich etwa dann in eine **Teilnahmepflicht,** wenn die Hauptversammlung den Jahresabschluss durch Beschluss feststellt. Denn die geschäftsführungsbefugten Komplementäre haben den Jahresabschluss nebst den dazugehörigen Unterlagen vorzulegen, zu erläutern und auf Verlangen jedem Aktionär Auskunft darüber zu geben,[30] was ihre Teilnahme erforderlich macht. Entsprechend sind die **geschäftsführungsbefugten Komplementäre** in allen weiteren Fällen zur Teilnahme verpflichtet, in denen sich die Hauptversammlung mit Gegenständen beschäftigt, die die Geschäftsführung betreffen. Zur Teilnahme verpflichtet sind allerdings nur die geschäftsführungsbefugten Komplementäre, bei den **nicht geschäftsführungsbefugten Komplementären** bleibt es bei einem Teilnahmerecht.[31]

cc) Ausschluss der Komplementäre von der Teilnahme an der Hauptversammlung

14 Besteht nach den oben genannten Grundsätzen keine Teilnahmepflicht, können die Kommanditaktionäre durch Beschluss der Hauptversammlung die Komplementäre von der Teilnahme ausschließen.[32] Hält ein Komplementär Aktien an der Gesellschaft, ist sein Teilnahmerecht als gleichzeitiger Kommanditaktionär von einem solchen Ausschluss indes nicht betroffen.[33]

3. Stimmrecht und Stimmrechtsbeschränkungen

a) Stimmrecht

15 Da die Hauptversammlung die Versammlung der Kommanditaktionäre ist, sind alleine diese in der Hauptversammlung stimmberechtigt.[34] Den Komplementären steht in der Hauptversammlung nur dann ein Stimmrecht zu, wenn sie zugleich Kommanditaktionäre sind,[35] wobei die zwingenden[36] Stimmrechtsbeschränkungen der KGaA (§ 285 Abs. 1 S. 2, Abs. 2 S. 2 AktG) zu beachten sind.[37]

---

[28] *Mertens/Cahn* in Kölner Komm. AktG § 285 Rn. 4; grds. zustimmend *Perlitt* MüKoAktG AktG § 285 Rn. 7 (keine Teilnahmepflicht); *Bachmann* in Spindler/Stilz AktG § 285 Rn. 4; *Herfs* in MHdB AG § 79 Rn. 36.
[29] *Bachmann* in Spindler/Stilz AktG § 285 Rn. 4; *Assmann/Sethe* in GroßkommAktG AktG § 285 Rn. 8; *Wichert* in NK-AktG AktG § 285 Rn. 3; *Herfs* in MHdB AG § 78 Rn. 36; *Reger* in Bürgers/Fett § 5 Rn. 378. Hieraus ergibt sich jedoch nicht zugleich auch eine Teilnahmepflicht; die Zustimmung kann vielmehr auch im Nachhinein erteilt bzw. – soweit erforderlich – notariell beurkundet werden, vgl. etwa *Mertens/Cahn* in Kölner Komm. AktG § 285 Rn. 5. Gegen ein unentziehbares Teilnahmerecht der nicht geschäftsführungsbefugten Komplementäre *Mertens/Cahn* in Kölner Komm. AktG § 285 Rn. 5 mit dem Verweis darauf, dass das Teilnahmerecht nicht an die Gesellschafter-, sondern Organstellung anknüpfe.
[30] §§ 283 Nr. 9 AktG iVm §§ 120 Abs. 3, 176 Abs. 1 S. 1, 175 Abs. 1 AktG.
[31] *Perlitt* in MüKoAktG AktG § 285 Rn. 6; *Bachmann* in Spindler/Stilz AktG § 285 Rn. 4; *Herfs* in MHdB AG § 79 Rn. 36.
[32] *Bachmann* in Spindler/Stilz AktG § 285 Rn. 5; *Herfs* in MHdB AG § 79 Rn. 35; *Perlitt* in MüKoAktG AktG § 285 Rn. 8; differenzierend nach Geschäftsführungsbefugnis *Mertens/Cahn* in Kölner Komm. AktG § 285 Rn. 4 und 5.
[33] *Perlitt* in MüKoAktG AktG § 285 Rn. 8; iE auch *Bachmann* in Spindler/Stilz AktG § 285 Rn. 5.
[34] *Assmann/Sethe* in GroßkommAktG AktG § 285 Rn. 22.
[35] § 285 Abs. 1 S. 1 AktG; *Assmann/Sethe* in GroßkommAktG AktG § 285 Rn. 22; *Strieder* MittBayNot 1998, 67; *Kessler* NZG 2005, 145 (147).

III. Die Hauptversammlung der KGaA §48

b) Stimmrechtsbeschränkungen für die Komplementäre
aa) Die besonderen kommanditaktienrechtlichen Stimmverbote

Besondere aktienrechtliche Stimmverbote ergeben sich aus § 285 Abs. 1 S. 2 AktG 16 Nr. 1–6 AktG. Danach dürfen Komplementäre (oder ein Dritter in Ausübung des Stimmrechts eines Komplementärs) für die von ihnen gehaltenen Aktien bei der Beschlussfassung über die Wahl und Abberufung des Aufsichtsrates (§ 285 Abs. 1 S. 2 Nr. 1 AktG), die Entlastung der persönlich haftenden Gesellschafter und Mitglieder des Aufsichtsrates (§ 285 Abs. 1 S. 2 Nr. 2 AktG), die Bestellung von Sonderprüfern (§ 285 Abs. 1 S. 2 Nr. 3 AktG), die Geltendmachung von Ersatzansprüchen (§ 285 Abs. 1 S. 2 Nr. 4 AktG), den Verzicht von Ersatzansprüchen (§ 285 Abs. 1 S. 2 Nr. 5 AktG) sowie über die Wahl von Abschlussprüfern (§ 285 Abs. 1 S. 2 Nr. 6 AktG) nicht mitstimmen. Die Stimmverbote gelten für alle persönlich haftenden Gesellschafter, die Aktien an der Gesellschaft halten, und zwar grundsätzlich unabhängig davon, ob sie zur Geschäftsführung befugt sind oder nicht.[38] Darüber hinaus betreffen sie nicht nur die Sachbeschlüsse selbst, sondern umfassen auch die dazugehörigen Verfahrensbeschlüsse wie beispielsweise die Vertagung eines Verhandlungspunktes.[39]

bb) Weitere aktienrechtliche Stimmverbote

Neben den besonderen Stimmverboten des § 285 Abs. 1 S. 2 AktG gelten für die Ausübung des Stimmrechts der Komplementäre in der Hauptversammlung auch die allgemeinen aktienrechtlichen Stimmverbote.[40] § 136 Abs. 1 AktG ordnet zB über den Anwendungsbereich des § 285 Abs. 1 S. 2 AktG hinaus den Ausschluss des Stimmrechts für jeden Aktionär an, über dessen Befreiung von einer Verbindlichkeit beschlossen werden soll. Anders als in § 136 AktG ist nach § 285 Abs. 1 S. 2 AktG allerdings nicht nur der jeweils konkret betroffene Komplementär von der Stimmabgabe ausgeschlossen, sondern alle (geschäftsführenden) Komplementäre.[41] Bei der Übertragung vinkulierter Namensaktien eines Komplementärs besteht nach allerdings nicht unumstrittener Auffassung dann ein Stimmrechtsverbot hinsichtlich der Entscheidung der geschäftsführenden Komplementäre, wenn die Beschlussfassung an die Zustimmung der Komplementäre gebunden ist und nicht per Satzung der Hauptversammlung übertragen ist.[42] Eine Ausnahme ist nur im Fall des einzigen persönlich haftenden Gesellschafters anzunehmen.[43]

---

[36] *Perlitt* in MüKoAktG AktG § 285 Rn. 23; *Reger* in Bürgers/Fett § 5 Rn. 409; *Assmann/Sethe* in GroßkommAktG AktG § 285 Rn. 24, 44.
[37] *Dreisow* DB 1977, 851; *Koch* in Hüffer/Koch AktG § 285 Rn. 1; *Mertens* in Kölner Komm. AktG § 285 Rn. 7; *Perlitt* in MüKoAktG AktG § 285 Rn. 23 ff.
[38] *Reger* in Bürgers/Fett § 5 Rn. 410; *Perlitt* in MüKoAktG AktG § 285 Rn. 20. Mit Ausnahmen für die nicht geschäftsführungsbefugten Komplementäre *Mertens/Cahn* in Kölner Komm. AktG § 285 Rn. 7 (bzgl. einer Sonderprüfung über Vorgänge bei der Geschäftsführung Rn. 18; bzgl. der Geltendmachung von Ersatzansprüchen und Verzicht auf Ersatzansprüche Rn. 20; bzgl. der Wahl von Abschlussprüfern Rn. 22).
[39] *Reger* in Bürgers/Fett § 5 Rn. 411; *Assmann/Sethe* in GroßkommAktG AktG § 285 Rn. 24.
[40] § 131 Abs. 1 AktG; § 68 Abs. 2 S. 1 AktG. In diesem Sinne auch *Assmann/Sethe* in GroßkommAktG AktG § 285 Rn. 36 ff.; *Perlitt* in MüKoAktG AktG § 285 Rn. 24, 34 ff.
[41] *Mertens/Cahn* in Kölner Komm. AktG § 285 Rn. 25; *Assmann/Sethe* in GroßkommAktG AktG § 285 Rn. 36 ff.; aA *Perlitt* in MüKoAktG AktG § 285 Rn. 35.
[42] §§ 278 Abs. 3, 68 Abs. 2 S. 2 AktG. Für ein Stimmrechtsverbot: *Mertens/Cahn* in Kölner Komm. AktG § 285 Rn. 26; *Perlitt* in MüKoAktG AktG § 285 Rn. 36; *Assmann/Sethe* in GroßkommAktG AktG § 285 Rn. 38; *K. Schmidt* in K. Schmidt/Lutter AktG § 285 Rn. 22. Gegen ein Stimmrechtsverbot: *Bachmann* in Spindler/Stilz AktG § 285 Rn. 21.
[43] *Mertens/Cahn* in Kölner Komm. AktG § 285 Rn. 26; *Perlitt* in MüKoAktG AktG § 285 Rn. 36; *K. Schmidt* in K. Schmidt/Lutter AktG § 285 Rn. 22.

cc) Stimmverbote kraft Personengesellschaftsrechts

18 Darüber hinaus sind bei der Stimmrechtsausübung des Komplementärs auch die Stimmrechtsausschlüsse des Personengesellschaftsrechts zu beachten.[44] Die Stimmverbote treffen den Komplementär sowohl bei der Ausübung von Stimmrechten aus „seinen" Kommanditaktien in der Hauptversammlung als auch bei einer Entscheidung der Komplementäre (zB bei zustimmungspflichtigen Maßnahmen). Bei Beschlüssen, die der Zustimmung beider Gesellschaftergruppen bedürfen, schlagen die personengesellschaftsrechtlichen Stimmverbote auch auf die aktienrechtliche Ebene durch: Hält ein Komplementär Aktien der Gesellschaft, unterliegt sein Stimmrecht aus der Aktie den gleichen Einschränkungen wie sein Stimmrecht als Komplementär.[45]

19 So darf ein Komplementär bei einem Beschluss über die **Geltendmachung eines gegen ihn gerichteten Anspruchs, über die Einleitung und Erledigung eines ihn betreffenden Rechtsstreits**, über die **Entlastung oder Befreiung von einer Verbindlichkeit** oder über die **Vornahme eines Rechtsgeschäfts des Gesellschafters** mit der Gesellschaft nicht mitstimmen.[46] Daneben besteht ein Stimmverbot im Bezug auf Maßnahmen gegen einen Komplementär, die nur bei Vorliegen eines wichtigen Grundes ergriffen werden können wie etwa die **Entziehung der Geschäftsführungsbefugnis** und/oder der Vertretungsmacht (§§ 117, 127 HGB), **die Abberufung als Beiratsmitglied** aus wichtigem Grund[47] oder den Ausschluss aus der Gesellschaft (§ 140 HGB).

20 Ist die Komplementärin ihrerseits eine Gesellschaft, erstreckt sich das Stimmverbot entsprechend der allgemeinen Vorgaben auch auf die Organe dieser Gesellschaft.[48] Handelt es sich bei der Gesellschaft um eine GmbH, sind auch deren Gesellschafter aufgrund eines potenziellen Interessenkonflikts von der Abstimmung ausgeschlossen, allerdings nur, wenn sie mehr als unwesentlich an der Komplementär-Gesellschaft beteiligt sind.[49] Ein bestehendes Stimmverbot verbietet es den Komplementären grundsätzlich nicht, in der Hauptversammlung anwesend zu sein, Auskunft zu verlangen oder von ihren sonstigen Rechten als Kommanditaktionär Gebrauch zu machen.[50]

c) Stimmrechtsbeschränkungen für die Kommanditaktionäre

21 Für die **Kommanditaktionäre** gelten die allgemeinen aktienrechtlichen Stimmverbote.[51] Danach ist es den Aktionären verwehrt, mit über ihre Entlastung, die Befreiung von einer Verbindlichkeit oder ihre Inanspruchnahme durch die Gesellschaft zu entscheiden.[52] Der Betroffene darf darüber hinaus weder als Bevollmächtigter eines anderen Aktionärs an der Abstimmung teilnehmen,[53] noch darf er sein Stimmrecht durch einen Bevollmächtigten ausüben lassen.[54]

---

[44] § 278 Abs. 2 AktG iVm §§ 117, 127, 140 HGB; *Assmann/Sethe* in GroßkommAktG AktG § 285 Rn. 39; *Mertens/Cahn* in Kölner Komm. AktG § 285 Rn. 27.
[45] *Assmann/Sethe* in GroßkommAktG AktG § 285 Rn. 42; *Bachmann* in Spindler/Stilz AktG § 285 Rn. 21; *K. Schmidt* in K. Schmidt/Lutter AktG § 285 Rn. 23.
[46] BGH NJW 1974, 1555; WM 1983, 60 (60) (bezüglich des Ausschlusses der Vertretungsbefugnis); *Roth* in Baumbach/Hopt HGB § 119 Rn. 8; *Martens* in Schlegelberger HGB § 119 Rn. 40; *Assmann/Sethe* in GroßkommAktG AktG § 285 Rn. 40.
[47] Vgl. zum Ganzen *Assmann/Sethe* in GroßkommAktG AktG § 285 Rn. 40; *Bachmann* in Spindler/Stilz AktG § 285 Rn. 16 ff.; *K. Schmidt* in K. Schmidt/Lutter AktG § 285 Rn. 15 ff.
[48] *Schlitt* Satzung der KGaA 207; *Mertens/Cahn* in Kölner Komm. AktG § 285 Rn. 8; *Assmann/Sethe* in GroßkommAktG AktG § 285 Rn. 25 mwN.
[49] *Perlitt* in MüKoAktG AktG § 278 Rn. 325; *Hoffmann-Becking/Herfs* FS Sigle, 2000, 273 (289); *Schlitt* Satzung der KGaA 207; aA *Mertens/Cahn* in Kölner Komm. AktG § 285 Rn. 8, die keinen Grund für eine solche Erstreckung erkennen.
[50] *Assmann/Sethe* in GroßkommAktG AktG § 285 Rn. 24, 41; *Koch* in Hüffer/Koch AktG § 285 Rn. 1.
[51] §§ 136 Abs. 1, 68 Abs. 2 S. 1 AktG; *Assmann/Sethe* in GroßkommAktG AktG § 285 Rn. 36.
[52] § 136 Abs. 1 S. 1 AktG; *Schlitt* Satzung der KGaA 206; *K. Schmidt* in K. Schmidt/Lutter AktG § 285 Rn. 21.
[53] *Schlitt* Satzung der KGaA 206.

d) Ausnahmen von Stimmrechtsbeschränkungen: Einmann-KGaA, Gesellschaftergruppenidentität

Die Satzung kann von den gesetzlichen Stimmverboten keine Ausnahmen statuieren.[55] 22
Sind jedoch **keine Interessenskonflikte** zu befürchten, dann finden die Stimmverbote ausnahmsweise keine Anwendung. Im Einzelnen:

aa) Einmann-KgaA

Dies ist zunächst dann der Fall, wenn sich alle Aktien in der Hand des einzigen Komple- 23
mentärs beziehungsweise der einzigen Komplementär-Gesellschaft befinden **(Einmann-KGaA)**.[56] Das Stimmverbot dient nicht dem Schutz potentieller Anleger,[57] vielmehr soll dem Interessengegensatz von Komplementären und Kommanditaktionären Rechnung getragen werden.[58] Würde man bei der Einmann-KGaA an den Stimmverboten festhalten, würde dies im Übrigen zu einer teilweisen Funktionsunfähigkeit der Gesellschaft führen.[59]

bb) Gesellschaftergruppenidentität

Gleiches muss für den Fall gelten, in dem die Mitglieder der beiden Gesellschaftergruppen 24
identisch sind **(Gesellschaftergruppenidentität)**. Allerdings besteht Uneinigkeit darüber, in welchem Umfang bei gesellschaftergruppenidentischen Gesellschaften die Stimmverbote entfallen: Ein Teil der Literatur unterscheidet zwischen der **Bestellung von Sonderprüfern, Abberufung und Entlastung des Aufsichtsrats und der Wahl des Abschlussprüfers** einerseits und allen sonstigen Fällen von Stimmverboten andererseits. Es wird davon ausgegangen, dass bei den erstgenannten Fällen das Stimmverbot im Fall der Gesellschaftergruppenidentität entfalle, wenn alle Komplementäre von der Interessenkollision betroffen sind, dh wenn alle geschäftsführungs- und vertretungsbefugt sind.[60] Sei dies nicht der Fall, dann sollen die nicht geschäftsführungsbefugten Komplementäre genauso schutzwürdig sein wie die Kommanditaktionäre und zB bei der **Wahl von Sonderprüfern** das **Stimmverbot der Komplementäre bestehen bleiben,** deren Verhalten überprüft werden soll.[61] Nach wohl vorherrschender und zutreffender Meinung sollen die Stimmverbote in dem Fall der Gesellschaftergruppenidentität aufgrund „gleicher Befangenheit" gänzlich nicht einschlägig sein.[62]

4. Kompetenzen der Hauptversammlung

Die Hauptversammlung nimmt zunächst einmal alle Kompetenzen wahr, die auch in der 25
AG von der Hauptversammlung wahrzunehmen sind **(aktienrechtliche Kompetenzen)**.[63] Zu den Kompetenzen der AG kommt die unabdingbare Mitwirkungskompetenz

---

[54] *Schlitt* Satzung der KGaA 206.
[55] *Schlitt* Satzung der KGaA 207.
[56] *Assmann/Sethe* in GroßkommAktG AktG § 285 Rn. 32; *Bachmann* in Spindler/Stilz AktG § 285 Rn. 27; *Perlitt* in MüKoAktG AktG § 285 Rn. 21; aA *Zöllner* in Kölner Komm. AktG § 120 Rn. 33.
[57] *Assmann/Sethe* in GroßkommAktG AktG § 285 Rn. 32.
[58] *Perlitt* in MüKoAktG AktG § 285 Rn. 21.
[59] *Assmann/Sethe* in GroßkommAktG AktG § 285 Rn. 32; *Dreisow* DB 1977, 851 (851 ff.); *Perlitt* in MüKoAktG AktG § 285 Rn. 22.
[60] *Assmann/Sethe* in GroßkommAktG AktG § 285 Rn. 35; *Reger* in Bürgers/Fett § 5 Rn. 410; ähnlich *Mertens/Cahn* in Kölner Komm. AktG § 285 Rn. 24.
[61] *Assmann/Sethe* in GroßkommAktG AktG § 285 Rn. 35.
[62] *Dreisow* DB 1977, 851 (853); *Schlitt* Satzung der KGaA 207; *Bachmann* in Spindler/Stilz AktG § 285 Rn. 28; *Perlitt* in MüKoAktG AktG § 285 Rn. 21 f.; *K. Schmidt* in K. Schmidt/Lutter AktG § 285 Rn. 13.
[63] Bspw. § 119 Abs. 1 AktG; *Bachmann* in Spindler/Stilz AktG § 285 Rn. 6 ff.; zu den Kompetenzen der Hauptversammlung der Aktiengesellschaft → § 1 Rn. 12 ff.

der Hauptversammlung bei der Feststellung des Jahresabschlusses. Darüber hinaus repräsentiert die Hauptversammlung die **Gesamtheit der Kommanditaktionäre**[64] **(personengesellschaftsrechtliche Kompetenzen).** Die Gesamtheit der Kommanditaktionäre ist für das Rechtsverhältnis gegenüber den persönlich haftenden Gesellschaftern zuständig, vor allem in Fragen der Geschäftsführung. Dieses Verhältnis richtet sich nach den Bestimmungen des HGB über die Kommanditgesellschaft.[65]

a) Autonome und zustimmungsbedürftige Hauptversammlungsbeschlüsse

26 Eine Reihe von Hauptversammlungsbeschlüssen bedarf keiner Zustimmung der persönlich haftenden Gesellschafter **(sog autonome Hauptversammlungsbeschlüsse).** Die Gegenstände dieser autonomen Beschlussfassung sind enumerativ im Gesetz aufgeführt (§ 285 Abs. 2 S. 2 AktG). **Nicht erforderlich ist die Zustimmung der Komplementäre** (§ 285 Abs. 2 S. 2 AktG) daher bei der Bestellung von Sonder- (§§ 142 ff., 258 ff. AktG) und Abschlussprüfern[66] und der Geltendmachung von Ansprüchen der Gesellschaft aus der Gründung oder der Geschäftsführung. Gleiches gilt für die Wahl und Abberufung des Aufsichtsrates und der Entlastung der persönlich haftenden Gesellschafter und des Aufsichtsrates; ansonsten würden die Stimmverbote in § 285 Abs. 1 S. 2 Nr. 1 und Nr. 2 AktG leer laufen.[67] Ebenso zu den autonomen Hauptversammlungsbeschlüssen zählt das Verlangen eines Aktionärs, der 95 % des Grundkapitals hält, auf Übertragung der Aktien der Minderheitsaktionäre, sog. Squeeze out.[68] **Nicht** in Abs. 2 S. 2 genannt ist im Übrigen der **Verzicht auf Schadensersatzansprüche.** Beschließt die Hauptversammlung einen solchen, bedarf dieser auch der Zustimmung der Komplementäre, wobei der von dem Anspruch betroffene Komplementär von der Abstimmung ausgeschlossen ist.[69]

27 Die Satzung kann den Kreis zustimmungsbedürftiger Maßnahmen bis zur Grenze des § 285 Abs. 2 S. 2 AktG erweitern.[70] Außerdem kann die Satzung festlegen, dass bestimmte Geschäfte nicht der Zustimmung der Komplementäre bedürfen,[71] soweit das Gesetz die Zustimmung beider Gesellschaftergruppen nicht als zwingend ansieht[72] und dabei die Grenzen der Vertragsfreiheit (insbesondere der Kernbereich der Mitgliedschaft und der Bestimmtheitsgrundsatz) beachtet werden.[73]

28 Beschlüsse der Hauptversammlung in Angelegenheiten, die nicht ausschließlich in die Zuständigkeit der Kommanditaktionäre fallen, bedürfen der **Zustimmung der persön-**

---

[64] §§ 161–177a HGB; *Koch* in Hüffer/Koch AktG § 278 Rn. 17; *Perlitt* in MüKoAktG AktG Vor § 278 Rn. 54 f., AktG § 278 Rn. 119.
[65] § 278 Abs. 2 AktG; *Baumann/Kusch* FS Boujong, 1996, 3 (7 f.); *Binz/Sorg* BB 1988, 2041 (2043 f.); *Koch* in Hüffer/Koch AktG § 278 Rn. 6; *Steindorff* FS Ballerstedt, 1975, 127 (129 f.) mwN zu spezifischen Einzelfragen.
[66] §§ 316 ff. HGB; der Ausschluss des Zustimmungserfordernisses beseitigt jedoch nicht das den Komplementären zustehende Widerspruchsrecht aus § 318 Abs. 3 HGB; vgl. *Perlitt* in MünchKomm AktG § 285 Rn. 48; *Assmann/Sethe* in GroßkommAktG AktG § 285 Rn. 66 f.; aA v. *Godin/Wilhelmi* AktG § 285 Rn. 9.
[67] *Perlitt* in MüKoAktG AktG § 285 Rn. 50; *Assmann/Sethe* in GroßkommAktG AktG § 285 Rn. 56, 66 ff.
[68] § 327a Abs. 1 S. 2 AktG ordnet ausdrücklich an, dass § 285 Abs. 2 S. 1 AktG keine Anwendung findet. Ebenso: *Perlitt* in MüKoAktG AktG § 285 Rn. 46; *Bachmann* in Spindler/Stilz AktG § 285 Rn. 37.
[69] *Assmann/Sethe* in GroßkommAktG AktG § 285 Rn. 68.
[70] In diesem Sinne etwa *Assmann/Sethe* in GroßkommAktG AktG § 285 Rn. 66, 80; *Koch* in Hüffer/Koch AktG § 285 Rn. 2; *Perlitt* in MüKoAktG AktG § 285 Rn. 45 f., *Bachmann* in Spindler/Stilz AktG § 285 Rn. 33, 37.
[71] Eine solche Satzungsregelung wird teilweise als antizipierte Zustimmung und teilweise als abstrakte und formelle Ermächtigung angesehen; *Assmann/Sethe* in GroßkommAktG AktG § 285 Rn. 69; grundlegend *Hermanns* ZGR 1996, 103 (105).
[72] Bspw. im Rahmen von § 286 Abs. 1 AktG (Jahresabschluss) oder Erweiterung der Mitspracherechte der Kommanditaktionäre bei einfachen Geschäftsführungsfragen, vgl. etwa *Bachmann*, in Spindler/Stilz AktG § 285 Rn. 31 ff.; ausführlich auch *Assmann/Sethe* in GroßkommAktG AktG § 285 Rn. 69.
[73] *Assmann/Sethe* in GroßkommAktG AktG § 285 Rn. 69; *Sethe*, Die personalistische Kapitalgesellschaft, 1996, 115 ff.

lich haftenden Gesellschafter[74] (**zustimmungsbedürftige Hauptversammlungsbeschlüsse**). Diese Zustimmung kann in der Hauptversammlung, aber auch außerhalb, erteilt werden. Bei Beschlüssen, die in das Handelsregister eingetragen werden müssen, ist die Zustimmung im Hauptversammlungsprotokoll oder in einem Anhang zum Protokoll zu beurkunden.[75]

b) Gesetzlich den Kommanditaktionären zugewiesene Kompetenzen
aa) Satzungsänderungen

In Bezug auf Satzungsänderungen, die in die originäre Entscheidungskompetenz der Hauptversammlung fallen, muss unterschieden werden: Handelt es sich um Änderungen **aktienrechtlicher Satzungsbestandteile** (§§ 278 Abs. 3 iVm § 12 Abs. 3, 4 AktG) wie beispielsweise der Firma oder des Grundkapitals, dann sind die einschlägigen aktienrechtlichen Vorschriften (Mehrheitserfordernisse etc) zugrunde zu legen.[76] Es bedarf somit sowohl der Zustimmung der Hauptversammlung als auch der persönlich haftenden Gesellschafter.[77] Die Notwendigkeit des Hauptversammlungsbeschlusses kann nicht abbedungen werden.[78] 29

Sollen **personengesellschaftsrechtliche Bestandteile** der Satzung geändert werden wie die Regelungen zur Geschäftsführung oder der mitgliedschaftlichen Rechte der Kommanditaktionäre, so unterliegen diese Änderungen grundsätzlich den aktienrechtlichen Vorschriften.[79] Diese sind jedoch dispositiv bzw. die Satzung kann in Abweichung zu § 179 AktG die Möglichkeit einer antizipierten „Zustimmung" der Kommanditaktionäre vorsehen. Nach anderer Auffassung wird hingegen vollumfänglich **Personengesellschaftsrecht** angewendet[80] beziehungsweise die materielle Zuständigkeit der Hauptversammlung zwar für dispositiv gehalten (§ 179 AktG), jedoch hinsichtlich der formellen Seite stets die Beachtung des Aktienrechts verlangt.[81] 30

In praktischer Hinsicht weichen die Ansichten kaum voneinander ab, da im Ergebnis die satzungsmäßige Übertragung von Änderungen der in § 278 Abs. 2 AktG angesprochenen Bereiche auf andere Organe nach allen Auffassungen als zulässig angesehen wird.[82] Das Gesetz unterscheidet nicht zwischen personengesellschaftsrechtlichen und aktienrechtlichen Bestandteilen. Eine Zustimmungspflicht kann sich jedoch aus der gesellschaftsrechtlichen Treuepflicht ergeben, nämlich sofern die Änderung für die Gesellschaft objektiv notwendig und dem Gesellschafter zuzumuten ist.[83] Andererseits kann sowohl die Zustimmung der Hauptversammlung als auch die der Komplementäre bereits in der Satzung enthalten sein.[84] Eine Vorwegnahme des Hauptversammlungsbeschlusses durch die Satzung setzt jedoch voraus, dass der Beschlussgegenstand ausreichend klar umschrie- 31

---

[74] § 285 Abs. 2 S. 1 AktG; *Koch* in Hüffer/Koch AktG § 285 Rn. 2 f.; *Perlitt* in MüKoAktG AktG § 285 Rn. 39; *Mertens/Cahn* in Kölner Komm. AktG § 285 Rn. 34 ff.
[75] § 285 Abs. 3 S. 2 AktG; allgM *Koch* in Hüffer/Koch AktG § 285 Rn. 4; vgl. auch *Assmann/Sethe* in GroßkommAktG AktG § 285 Rn. 59.
[76] §§ 179 ff., 182 ff. AktG; *Bachmann* in Spindler/Stilz AktG § 281 Rn. 18, AktG § 285 Rn. 6, 32; *Koch* in Hüffer/Koch AktG § 281 Rn. 3; *Kessler* NZG 2005, 145 (149); *Philbert*, Die Kommanditgesellschaft auf Aktien zwischen Personengesellschaftsrecht und Aktienrecht, 178.
[77] *Bachmann* in Spindler/Stilz AktG § 281 Rn. 18, AktG § 285 Rn. 7, 32.
[78] *Philbert*, Die Kommanditgesellschaft auf Aktien zwischen Personengesellschaftsrecht und Aktienrecht, 176.
[79] §§ 179–181 AktG; *Assmann/Sethe* in GroßkommAktG AktG § 278 Rn. 49, 181; *Perlitt* in MüKoAktG AktG § 281 Rn. 63 f.; *Philbert*, Die Kommanditgesellschaft auf Aktien zwischen Personengesellschaftsrecht und Aktienrecht, 178.
[80] *Bachmann* in Spindler/Stilz AktG § 281 Rn. 20–22 mwN und einer ausführlichen Darstellung des Streitstands; *Fett* in Bürgers/Fett § 3 Rn. 25; *Schnorbus* in Liber Amicorum Winter, 2011, 627 (641).
[81] § 181 AktG; *Cahn* AG 2001, 579 (582 f.); *Mertens/Cahn* in Kölner Komm. AktG Vor. § 278 Rn. 13.
[82] *Bachmann* in Spindler/Stilz AktG § 281 Rn. 21.
[83] *Assmann/Sethe* in GroßkommAktG AktG § 278 Rn. 182, 56 ff.
[84] *Assmann/Sethe* in GroßkommAktG AktG § 278 Rn. 182.

ben ist und der Grundsatz des Kernbereichs der Mitgliedschaft nicht verletzt wird.[85] Gleiches gilt für **versteckte Satzungsänderungen** wie etwa bei der Unterschreitung des Satzungsgegenstandes.[86]

bb) Jahresabschluss

32 Im Unterschied zur Aktiengesellschaft wird der von den geschäftsführungs- und vertretungsbefugten Komplementären[87] aufgestellte **Jahresabschluss** nicht durch den Aufsichtsrat, sondern zwingend durch die Hauptversammlung festgestellt.[88] Soweit in der Satzung nichts anderes bestimmt ist, bedarf es dabei der Zustimmung aller Komplementäre.[89] Zuvor hat der Aufsichtsrat den Jahresabschluss, den Lagebericht sowie den Gewinnverwendungsvorschlag zu prüfen (§ 171 Abs. 1 AktG) und der Hauptversammlung davon schriftlich zu berichten (§ 171 Abs. 2 AktG). Ist der Jahresabschluss durch einen Abschlussprüfer zu prüfen, hat der Aufsichtsrat auch hierzu Stellung zu nehmen (§ 171 Abs. 2 S. 3 AktG). Ändert die Hauptversammlung den ihr vorgelegten Jahresabschluss ab, so führt dies nur dann zur Feststellung des abgeänderten Abschlusses, wenn dieser nach erneuter Prüfung durch den Abschlussprüfer binnen zwei Wochen einen Bestätigungsvermerk erhält (§ 173 Abs. 3 AktG) und die Komplementäre dem Änderungsbeschluss zustimmen.[90]

cc) Gewinnverwendungsbeschluss

33 Der Gewinnverwendungsbeschluss liegt ebenfalls in der Kompetenz der Hauptversammlung.[91] Bestimmt die Satzung nichts anderes, genügt zur Beschlussfassung eine einfache Mehrheit.[92] Der Zustimmung der Komplementäre bedarf es nicht. Ein solches Zustimmungserfordernis kann jedoch durch die Satzung begründet werden,[93] jedenfalls dann, wenn der Eingriff in den Kernbereich der Mitgliedschaft der Kommanditaktionäre auf einem sachlichen Grund beruht.[94] Eine Zustimmungsverweigerung bleibt jedoch im kon-

---

[85] *Assmann/Sethe* in GroßkommAktG AktG § 278 Rn. 182.
[86] OLG Stuttgart NZG 2003, 778 (783).
[87] In der KGaA ist umstritten, ob auch die nicht geschäfts- und vertretungsberechtigten Komplementäre für die Aufstellung zuständig sind. Für eine Zuständigkeit *Hüttemann* in Ulmer HGB § 264 Rn. 7; *Grottel/H. Hoffmann* in BeBiKo HGB Vor § 325 Rn. 85; gegen eine Zuständigkeit die hM: *Schließer* in Bürgers/Fett § 6 Rn. 6; *Herfs* in MHdB AG § 81 Rn. 1; *Perlitt* in MüKoAktG AktG § 286 Rn. 48; *Assmann/Sethe* in GroßkommAktG AktG § 286 Rn. 2; *Sethe* DB 1998, 1044 (1044); *Schlitt* Satzung der KGaA 219. Letztgenannter Ansicht ist zu folgen, da die Aufstellung des Jahresabschlusses nach § 264 Abs. 1 S. 1 HGB den gesetzlichen Vertretern obliegt.
[88] § 286 Abs. 1 S. 1 AktG; *Strieder* MittBayNot 1998, 67; *Reger* in Bürgers/Fett § 5 Rn. 407; *Schilling* BB 1998, 1906; *Assmann/Sethe* in GroßkommAktG AktG § 286 Rn. 5; *Herfs* in MHdB AG § 81 Rn. 12; *Perlitt* in MüKoAktG AktG § 286 Rn. 60 f.
[89] *Koch* in Hüffer/Koch AktG § 286 Rn. 1; *Perlitt* in MüKoAktG AktG § 286 Rn. 60 f.
[90] *Perlitt* in MüKoAktG AktG § 286 Rn. 62 f.; *Assmann/Sethe* in GroßkommAktG AktG § 286 Rn. 5; *Göz* in Bürgers/Fett § 5 Rn. 639.
[91] *Schließer* in Bürgers/Fett § 6 Rn. 35.
[92] § 133 Abs. 1 AktG; *Reger* in Bürgers/Fett § 5 Rn. 408.
[93] *Pühler* in *Happ/Groß* AktR 1.03 Rn. 37.1; *Herfs* in MHdB AG § 81 Rn. 21; *Sethe* DB 1998, 1044 (1045); *Mertens/Cahn* in Kölner Komm. AktG § 285 Rn. 39, AktG § 286 Rn. 33; *Perlitt* in MüKoAktG AktG § 286 Rn. 80, § 285 Rn. 45; für eine personalistisch strukturierte KGaA LG München I NZG 2014, 700 (701); offengelassen dagegen in der Berufungsinstanz OLG München WM 2015, 335 (338); *Schlitt* Satzung der KGaA 227; aA *Wichert* AG 2000, 268 (270), der davon ausgeht, dass die Verwendung des Bilanzgewinns nicht das Verhältnis zwischen Hauptversammlung und Komplementäre betrifft, sondern den mitgliedschaftlichen Gewinnansprüchen der Kommanditaktionären zuzuordnen sei und daher das Prinzip der Satzungsstrenge gelte; *Assmann/Sethe* in GroßkommAktG AktG § 285 Rn. 82; ebenso: *Bachmann* in Spindler/Stilz AktG § 286 Rn. 2; *Förl/Fett* in Bürgers/Körber § 286 Rn. 9; *Mense* GWR 2014, 320 (323); *Schließer* in Bürgers/Fett § 6 Rn. 37.
[94] Einen solchen sachlichen Grund sah das LG München I (NZG 2014, 700 (702)) in dem Haftungsrisiko einer natürlichen Person als besonderem Komplementär; die persönliche Haftung erkennt indes das OLG München (WM 2015, 335 (338)) in der Berufungsinstanz nicht per se als wichtigen Grund an, sondern verweist vielmehr auf die persönliche Haftung als typisches Kennzeichen der Komplementärsstellung; *Perlitt* in MüKoAktG AktG § 286 Rn. 80.

kreten Fall einer Kontrolle am Maßstab der mitgliedschaftlichen Treuepflicht unterworfen.[95] Aufgrund dieser rechtlichen Unsicherheiten wird sich die Aufnahme einer entsprechenden Satzungsregelung nur in Ausnahmefällen empfehlen.[96]

dd) Ausschluss eines persönlich haftenden Gesellschafters aus wichtigem Grund

Liegt in der Person eines persönlich haftenden Gesellschafters ein **wichtiger Grund** vor, kann die Hauptversammlung per Beschluss diesen Gesellschafter ausschließen (§ 278 Abs. 2 AktG iVm §§ 161 Abs. 2, 140 Abs. 1, 133 Abs. 1 HGB). Grundsätzlich bedarf es einer Mehrheit von drei Vierteln des bei der Beschlussfassung anwesenden Grundkapitals, wobei strittig ist, worin das Mehrheitserfordernis seine Rechtsgrundlage findet. Sieht man diese in § 179 Abs. 2 AktG, dann kann die Satzung an das Mehrheitserfordernis auch niedrigere Voraussetzungen knüpfen.[97] Hält man hingegen § 289 Abs. 4 S. 4 AktG für maßgeblich, dann ist nur eine Verschärfung der Erfordernisse erlaubt.[98] Für ersteres spricht die Tatsache, dass der Ausschluss zwar eine Satzungsänderung darstellt, er jedoch nicht zur Auflösung der Gesellschaft führt und somit die Ausnahmeregelung des § 289 Abs. 4 AktG nicht einschlägig ist.[99]   34

ee) Entziehung der Geschäftsführungsbefugnis

Die Hauptversammlung, unter Mitwirkung der sonstigen Komplementäre,[100] kann weiterhin mit einfacher Mehrheit[101] beschließen, dass Klage auf Entziehung der Geschäftsführungsbefugnis eines Komplementärs erhoben werden soll.[102] Diese ist dann vom Aufsichtsrat, als Vertreter der Gesellschaft, zu erheben, wenn die Satzung nichts anderes bestimmt (§ 287 Abs. 1 AktG).[103] Der Zustimmung der Hauptversammlung bedarf auch die **Niederlegung der Geschäftsführung,** soweit diese nicht aus einem wichtigen Grund erfolgt.[104]   35

ff) Auflösungsbeschluss

Der Beschluss der Hauptversammlung, die Gesellschaft aufzulösen (§ 289 Abs. 1 AktG, § 131 Abs. 1 Nr. 2 HGB), bedarf einer Dreiviertelmehrheit des bei der Beschlussfassung vertretenen Grundkapitals (§ 289 Abs. 2 S. 1, 3 AktG). Zwar kann die Satzung das Mehr-   36

---

[95] *Koch* in Hüffer/Koch AktG § 285 Rn. 2; *Bachmann* in Spindler/Stilz AktG § 285 Rn. 33.
[96] So iE auch *Perlitt* in MüKoAktG AktG § 286 Rn. 80; *Herfs* in MHdB AG § 81 Rn. 21; *Pühler* in Happ/ Groß AktienR 1.03 Rn. 37.1.
[97] *Assmann/Sethe* in GroßkommAktG AktG § 289 Rn. 99; *Bachmann* in Spindler/Stilz AktG § 289 Rn. 19; *Perlitt* in MüKoAktG AktG § 289 Rn. 125; *Cahn* AG 2001, 579 (580); wohl auch *Schlitt* Satzung der KGaA 143. Auch *Ihrig/Schlitt* ZHR-Sonderheft 67 (1998), 33 (70) sehen § 179 Abs. 2 AktG als Grundlage, jedoch nur für eine Verschärfung durch die Satzung.
[98] *Koch* in Hüffer/Koch AktG § 289 Rn. 6f.
[99] *Reger* in Bürgers/Fett § 5 Rn. 403; *Assmann/Sethe* in GroßKommAktG AktG § 289 Rn. 99.
[100] Kommanditaktionäre und sonstige Komplementäre als „übrige […] Gesellschafter" iSv § 117 HGB; *Perlitt* in MüKoAktG AktG § 278 Rn. 188; *Koch* in Hüffer/Koch AktG § 278 Rn. 17b; *Assmann/Sethe* in GroßkommAktG AktG § 278 Rn. 165; iE wohl auch BGH BeckRS 2016, 00462 Rn. 5f.; OLG Frankfurt AG 2015, 448 (449) (Vorinstanz).
[101] BGH BeckRS 2016, 00462 Rn. 6; OLG Frankfurt AG 2015, 448 (449); LG Frankfurt ZIP 2013, 1425 (1428) (Instanzenzug); *Bachmann* in Spindler/Stilz AktG § 278 Rn. 75; *Herfs* in MHdB AG § 79 Rn. 7; iE auch *Perlitt* in MüKoAktG AktG § 278 Rn. 188, 368.
[102] § 278 Abs. 2 AktG iVm §§ 161 Abs. 2, 117, 127 HGB; *Mertens/Cahn* in Kölner Komm. AktG § 278 Rn. 83.
[103] § 117 HGB; OLG Frankfurt AG 2015, 448 (449); *Koch* in Hüffer/Koch AktG § 278 Rn. 17b; *Bachmann* in Spindler/Stilz AktG § 278 Rn. 75; *Assmann/Sethe* in GroßkommAktG AktG § 278 Rn. 165; Klageerhebung nur gemeinsam durch übrige (auch nicht geschäftsführende) Komplementäre und Aufsichtsrat zusammen: *Mertens/Cahn* in Kölner Komm. AktG § 278 Rn. 83; *K. Schmidt* in K. Schmidt/Lutter AktG § 278 Rn. 40; sowie noch in dieser Vorauflage.
[104] *Mertens/Cahn* in Kölner Komm. AktG § 278 Rn. 82.

heitserfordernis erschweren, jedoch nicht erleichtern oder sogar gänzlich ausschließen.[105] Daneben bedarf der Beschluss der Zustimmung aller persönlich haftenden Gesellschafter.[106] Keiner Zustimmung der Komplementäre bedarf der Entschluss zur Erhebung einer **Auflösungsklage aus wichtigem Grund,**[107] da auch die Erhebung der Auflösungsklage bei einer KG nicht der Zustimmung bedarf.[108] Auch hier kann die Satzung die Anforderungen an den Hauptversammlungsbeschluss zwar erschweren, aber nicht erleichtern oder gar ausschließen (§ 289 Abs. 4 S. 3, 4 AktG).

gg) Sonstige Zuständigkeiten

37 Die Hauptversammlung ist zuständig für die Wahl und Abberufung der **Aufsichtsratsmitglieder** (§§ 278 Abs. 3 AktG, 101 Abs. 1 AktG). Die Veräußerung des **gesamten Vermögens** der KGaA ist ebenfalls von der Zustimmung der Hauptversammlung abhängig.[109] Die **Aufnahme neuer persönlich haftender Gesellschafter** und deren **Ausscheiden** bedarf grundsätzlich einer Satzungsänderung und somit der Zustimmung aller persönlich haftender Gesellschafter und der Gesamtheit der Kommanditaktionäre.[110] In der Satzung kann Abweichendes geregelt werden.[111]

c) Mitwirkungsbefugnisse bei Geschäftsführungsmaßnahmen

38 Zwar sind die Kommanditaktionäre ebenso wie die Aktionäre der AG von der Geschäftsführung ausgeschlossen. Aber die persönlich haftenden Gesellschafter benötigen nach dem Gesetz die Zustimmung[112] der Kommanditaktionäre zu Handlungen, die über den gewöhnlichen Betrieb des Handelsgewerbes der Gesellschaft hinausgehen (§ 164 HGB). Dieses **Zustimmungserfordernis** kann **in der Satzung abbedungen** oder auch auf ein anderes Gremium, zB einen Aktionärsausschuss, übertragen werden. Es kann auch erweitert und auf bestimmte Arten von Geschäften erstreckt werden, die normalerweise von den persönlich haftenden Gesellschaftern ohne Mitwirkung der Kommanditaktionäre abgewickelt werden. Kurz: In der KGaA besteht für das Verhältnis der Kommanditaktionäre zu den persönlich haftenden Gesellschaftern weitgehende Gestaltungsfreiheit. Dazu im Einzelnen:

aa) Gewöhnliche Geschäftsführungsmaßnahmen

39 Die Geschäftsführung erfolgt grundsätzlich allein durch die Komplementäre, soweit es sich nicht um außergewöhnliche Maßnahmen (→ Rn. 40) oder Grundlagengeschäfte (→ Rn. 41 ff.) handelt. Der Hauptversammlung steht grundsätzlich keine Beschlussbefugnis hinsichtlich **gewöhnlicher Geschäftsführungsmaßnahmen** zu, also solcher Maßnahmen, die der gewöhnliche Betrieb des Handelsgewerbes der Gesellschaft mit sich bringt.[113]

---

[105] § 289 Abs. 4 S. 3, 4; *Reger* in Bürgers/Fett § 5 Rn. 401.
[106] *Reger* in Bürgers/Fett § 5 Rn. 401.
[107] § 289 Abs. 1 AktG, §§ 131 Abs. 1 Nr. 4, 133 Abs. 1 HGB; *Reger* in Bürgers/Fett § 5 Rn. 402.
[108] Vgl. § 285 Abs. 2 AktG iVm §§ 171 Abs. 2, 133 Abs. 1 HGB.
[109] § 179a AktG; OLG Stuttgart NZG 2003, 778 (784); aA *Kessler* NZG 2005, 145 (148).
[110] *Mertens/Cahn* in Kölner Komm. AktG § 278 Rn. 23 f.; *K. Schmidt* in K. Schmidt/Lutter AktG § 278 Rn. 28; *Schlitt* Satzung der KGaA 133; *Perlitt* in MüKoAktG § 278 Rn. 66.
[111] *Mertens/Cahn* in Kölner Komm. AktG § 278 Rn. 23; Einzelheiten bei *Reger* in Bürgers/Fett § 5 Rn. 313 ff. und *Perlitt* in MüKoAktG § 278 Rn. 66 ff. Nach hM ist es zulässig, die Entscheidung über den Wechsel oder die Aufnahme eines persönlich haftenden Gesellschafters auf ein anderes Organ zu übertragen; vgl. *Schlitt* Satzung der KGaA 133 mwN; *Philbert*, Die Kommanditgesellschaft auf Aktien zwischen Personengesellschaftsrecht und Aktienrecht, 172 f.
[112] Das Gesetz spricht in § 164 HGB nur von einem Widerspruchsrecht. Rspr. und Lit. sind sich aber darin einig, dass es sich in der Sache um ein echtes Zustimmungserfordenis der Kommanditaktionäre handelt; vgl. *Roth* in Baumbach/Hopt HGB § 164 Rn. 2.
[113] § 116 Abs. 1 HGB; *Assmann/Sethe* in GroßkommAktG AktG § 278 Rn. 108 f.

bb) Außergewöhnliche Geschäfte

Außergewöhnliche Geschäfte bedürfen grundsätzlich der Zustimmung aller Gesellschafter 40 (§§ 116 Abs. 2, 164 S. 1 Hs. 2 HGB) und somit in der KGaA der Zustimmung der Hauptversammlung, die die Rechte der Kommanditisten einer KG wahrnimmt.[114] Unter außergewöhnlichen Geschäftsführungsmaßnahmen sind solche zu verstehen, die nach ihrem Gegenstand und Zuschnitt, ihrer Bedeutung oder ihrem Risikopotential über „übliche Geschäfte" hinausgehen.[115] Bei solchen Geschäften ist neben der Zustimmung der Hauptversammlung auch die **Zustimmung aller persönlich haftenden Gesellschafter** notwendig, wenn die Satzung nichts anderes bestimmt[116] beziehungsweise keine Gefahr in Verzug besteht.[117] In der gesetzestypischen KGaA kann das aus § 164 S. 1 Hs. 2 HGB folgende Zustimmungsrecht der Kommanditaktionäre ohne weiteres abbedungen werden.[118]

cc) Grundlagengeschäfte

Von den gewöhnlichen und außergewöhnlichen Geschäftsführungsmaßnahmen sind die 41 sog. **Grundlagengeschäfte,** also solche Geschäfte, die die wesentlichen Rechte der Gesellschafter betreffen, zu unterscheiden.[119] Das ist regelmäßig der Fall bei Änderungen der Satzung, Umfirmierungen, Umwandlungen, Abschluss von Unternehmensverträgen, die Auflösung der Gesellschaft oder anderweitigen Einstellung oder Veräußerungen des Geschäftsbetriebs.[120] Allgemein spricht man von Grundlagengeschäften, wenn das Geschäft vorhersehbare Auswirkungen auf die Grundlage der Tätigkeit, die Organisationsverfassung, die Struktur oder die Zusammensetzung der Gesellschaft hat.[121] Die Geschäftsführungsbefugnis der Komplementäre erstreckt sich grundsätzlich nicht auf Grundlagengeschäfte; diesen müssen grundsätzlich sämtliche Gesellschafter beider Gesellschaftergruppen der KGaA zustimmen.[122]

Uneinigkeit besteht bei der Frage, ob das Recht der Hauptversammlung zur Entschei- 42 dung über Grundlagengeschäfte in der Satzung abbedungen werden kann. Während ein Teil des Schrifttums dies – innerhalb der Grenzen von Bestimmtheitsgrundsatz und Kernbereichslehre – uneingeschränkt bejaht,[123] ist nach anderer – zutreffender – Auffassung zwischen Gegenständen, die dem Aktienrecht und damit dem Gebot der indisponiblen Satzungsstrenge unterfallen, und solchen Grundlagengeschäften, die dem Personengesellschaftsrecht und der dort geltenden Gestaltungsfreiheit unterfallen, zu unterscheiden.[124]

Sämtliche **nach Aktienrecht zwingenden Satzungsregelungen,** insbesondere sol- 43 che zur Gründung, Kapitalaufbringung, -erhaltung, -erhöhung oder -herabsetzung einschließlich der Entscheidung über den Bezugsrechtsausschluss, Konzernierungs- oder Umwandlungsmaßnahmen sowie die nach § 283 AktG erforderlichen Hauptversamm-

---

[114] OLG Stuttgart NZG 2003, 778 (782).
[115] OLG München NZG 2004, 374 (375); *Fett/Förl* NZG 2004, 210 (212); *Assmann/Sethe* in GroßkommAktG AktG § 285 Rn. 55.
[116] *Perlitt* in MüKoAktG AktG § 285 Rn. 59.
[117] § 115 Abs. 2 HGB; *Bachmann* in Spindler/Stilz AktG § 278 Rn. 61.
[118] *Bachmann* in Spindler/Stilz AktG § 278 Rn. 62; *Perlitt* in MüKoAktG AktG § 278 Rn. 230; *Mertens/Cahn* in Kölner Komm. AktG § 278 Rn. 90. Zu den Besonderheiten in der kapitalistischen KGaA, → Rn. 51 ff.
[119] *Bachmann* in Spindler/Stilz AktG § 278 Rn. 64.
[120] Vgl. etwa die Aufzählung bei *Bachmann* in Spindler/Stilz AktG § 278 Rn. 64 mwN.
[121] *Assmann/Sethe* in GroßkommAktG AktG § 278 Rn. 123.
[122] *Bachmann* in Spindler/Stilz AktG § 278 Rn. 64; *Perlitt* in MüKoAktG AktG § 285 Rn. 60; *Assmann/Sethe* in GroßkommAktG AktG § 278 Rn. 122.
[123] *Assmann/Sethe* in GroßkommAktG AktG § 285 Rn. 69, 79; *Mertens/Cahn* in Kölner Komm. AktG § 285 Rn. 42 ff.; *Reger* in Bürgers/Fett § 5 Rn. 89.
[124] *Bachmann* in Spindler/Stilz AktG § 278 Rn. 66 ff.; *K. Schmidt* in K. Schmidt/Lutter AktG § 278 Rn. 39; *Perlitt* in MüKoAktG AktG Vor § 278 Rn. 34 f.; *Wichert* AG 1999, 362 (366).

lungsbeschlüsse können damit **nicht** der Entscheidungsbefugnis der Hauptversammlung entzogen werden.[125]

44 Für Grundlagengeschäfte, die in den **Bereich des Personengesellschaftsrechts** fallen, bleibt es dagegen bei der grundsätzlichen Gestaltungsfreiheit, die es ebenfalls erlaubt, diese aufgrund statutarischer Anordnung der Entscheidungskompetenz der Hauptversammlung zu entziehen. Damit kann etwa für die Aufnahme neuer Komplementäre,[126] die Erbringung oder Veränderung der Vermögenseinlage[127] oder für Entscheidungen über den Entzug der Geschäftsführungs- und Vertretungsbefugnis[128] **auf die Zustimmung der Kommanditaktionäre verzichtet werden**. Eine (kompensierende) Übertragung der Mitwirkungsrechte der Hauptversammlung auf den Aufsichtsrat oder ein anderes Gremium, welches die Teilhabeinteressen der Kommanditaktionäre angemessen wahrnehmen soll,[129] ist dagegen nicht zwingend erforderlich, aber möglich.[130]

dd) „Holzmüller"-Grundsätze

45 Umstritten ist, ob eine Zuständigkeit der Hauptversammlung der KGaA auch durch die sog „Holzmüller/Gelatine"-Doktrin begründet werden kann.[131] Nach „Holzmüller" und der konkretisierenden Entscheidung in Sachen „Gelatine"[132] bedürfen Geschäftsführungsmaßnahmen, die zu einer Mediatisierung des Aktionärseinflusses führen und bei denen die Gefahr einer nachhaltigen Schwächung des Wertes der Beteiligungen der Aktionäre besteht, der Zustimmung der Gesellschafterversammlung.[133]

46 Ausgangspunkt der Diskussion um die Übertragbarkeit der „Holzmüller"-Grundsätze auch auf die KGaA ist die Verweisung in § 278 Abs. 2 AktG, die für Maßnahmen der Geschäftsführung grundsätzlich das Personengesellschaftsrecht für anwendbar erklärt.[134] Damit gilt § 119 Abs. 2 AktG, der zur Rechtfertigung der „Holzmüller"-Grundsätze herangezogen wurde, für die KGaA – jedenfalls unmittelbar – nicht, weshalb nach Teilen der Literatur auch die „Holzmüller"-Grundsätze in der KGaA keine Anwendung finden sollen. In der Entscheidung „Gelatine" stellte der BGH allerdings klar, dass sich die Zuständigkeit der Hauptversammlung in „Holzmüller"-Fallgestaltungen nicht aus § 119 Abs. 2 AktG ergebe, sondern das Ergebnis einer offenen Rechtsfortbildung sei.[135] Von Teilen des Schrifttums wird daher mittlerweile darauf verwiesen, dass Grundlage der „Holzmüller"-Regeln (nunmehr) eine wertungsmäßige Parallele zu Strukturänderungen sei, für die das Gesetz auch bei der KGaA einen Hauptversammlungsbeschluss vorschreibe.[136]

47 Indes besteht bei der **gesetzestypischen KGaA** – im Unterschied zur Aktiengesellschaft – für die Übertragung der entwickelten Grundsätze keine Notwendigkeit. Denn

---

[125] *Bachmann* in Spindler/Stilz AktG § 278 Rn. 67.
[126] *Bachmann* in Spindler/Stilz AktG § 278 Rn. 68; *Assmann/Sethe* in GroßkommAktG AktG § 285 Rn. 76; *Perlitt* in MüKoAktG AktG Vor § 278 Rn. 34.
[127] *Bachmann* in Spindler/Stilz AktG § 278 Rn. 68; *Assmann/Sethe* in GroßkommAktG AktG § 285 Rn. 75.
[128] *Bachmann* in Spindler/Stilz AktG § 278 Rn. 68; *Assmann/Sethe* in GroßkommAktG AktG § 285 Rn. 77; *Perlitt* in MüKoAktG AktG Vor § 278 Rn. 34.
[129] So aber *Bachmann* in Spindler/Stilz AktG § 278 Rn. 69.
[130] OLG Stuttgart NZG 2003, 778 (782 f.).
[131] Dafür; *Bachmann* in Spindler/Stilz AktG § 278 Rn. 70 ff.; *K. Schmidt* in K. Schmidt/Lutter AktG § 278 Rn. 39; dagegen *Philbert*, Die Kommanditgesellschaft auf Aktien zwischen Personengesellschaftsrecht und Aktienrecht, 200; *Assmann/Sethe* in GroßkommAktG AktG Vor § 278 Rn. 102; *Mertens/Cahn* in Kölner Komm. AktG § 278 Rn. 59, 67; *Perlitt* in MüKoAktG AktG § 278 Rn. 181.
[132] BGH ZIP 2004, 993 (996 f.).
[133] BGH ZIP 2004, 993 (996 f.) – Gelatine; zu diesem Gesichtspunkt auch BGHZ 153, 47 (54). – Macrotron; vgl. aus dem Schrifttum etwa *Koch* in Hüffer/Koch AktG § 119 Rn. 25; *Krieger* in MHdB AG § 70 Rn. 9 f.
[134] In diesem Sinne auch OLG Stuttgart NZG 2003, 778 (783); *Fett/Förl* NZG 2004, 210 (211); *Assmann/Sethe* in GroßkommAktG AktG Vor § 278 Rn. 102; *Kessler* NZG 2005, 145 (147).
[135] BGH ZIP 2004, 993 (996 f.); hierauf verweisen etwa auch *Bachmann* in Spindler/Stilz AktG § 278 Rn. 71 sowie *K. Schmidt* in K. Schmidt/Lutter AktG § 278 Rn. 39.
[136] *Bachmann* in Spindler/Stilz AktG § 278 Rn. 71.

bei dieser bedarf die Geschäftsführung der KGaA bei Grundlagengeschäften und außergewöhnlichen Geschäftsführungsmaßnahmen bereits aufgrund §§ 285 Abs. 2 S. 1, 278 Abs. 2 AktG iVm §§ 161 Abs. 2, 116 Abs. 2 HGB bzw. § 164 HGB der Zustimmung der Kommanditaktionäre.[137]

Etwas anderes kann nur dann gelten, wenn die **personengesellschaftsrechtlichen Zustimmungsrechte** der Hauptversammlung **kraft Satzung ausgeschlossen** wurden.[138] Dieser Ausschluss wird freilich nur in den Grenzen der Kernbereichslehre und des Bestimmtheitsgrundsatzes zulässig sein,[139] so dass in den meisten Fällen die beiden unterschiedlichen Ansichten zu dem gleichen Ergebnis (**unabdingbares Erfordernis einer Zustimmung der Hauptversammlung** in den sog. „Holzmüller"-Fallgestaltungen) kommen werden.[140] Aufgrund der noch nicht abschließend geklärten Rechtslage und der Tatsache, dass die unterlassene Befragung der Hauptversammlung eine haftungsbegründende Pflichtverletzung der geschäftsführenden Organe darstellt, sollte die Hauptversammlung in Zweifelsfällen gleichwohl mit der entsprechenden Maßnahme befasst und ihre Zustimmung eingeholt werden.

48

d) Erteilung der Zustimmung durch die Komplementäre

Im Unterschied zur Aktiengesellschaft bedürfen Beschlüsse, die nicht ausschließlich in die Zuständigkeit der Hauptversammlung fallen, der Zustimmung der persönlich haftenden Gesellschafter (**zustimmungsbedürftige Hauptversammlungsbeschlüsse**), § 285 Abs. 2 S. 2 AktG. Hierzu zählen die Feststellung des Jahresabschlusses (§ 286 Abs. 1 S. 2 AktG), Satzungsänderungen[141] einschließlich des beschlossenen Komplementärwechsels,[142] der Verzicht auf Ersatzansprüche[143] und sonstige Grundlagengeschäfte.[144] Darüber hinaus zählen auch außergewöhnliche Geschäftsführungsmaßnahmen (§§ 116 Abs. 2, 164 HGB) zu den zustimmungsbedürftigen Hauptversammlungsbeschlüssen.[145] Der Beschluss der Komplementäre muss grundsätzlich einstimmig erfolgen, jedoch kann die Satzung auch Mehrheitsentscheidungen vorsehen.[146] Die Zustimmung kann in oder außerhalb der Hauptversammlung erteilt werden. Erklärungsempfänger ist die Hauptversammlung selbst oder der Aufsichtsrat,[147] falls die Satzung keinen anderen Erklärungsempfänger vorsieht.[148]

49

Bis zur Erteilung der Zustimmung sind zustimmungsbedürftige **Beschlüsse schwebend unwirksam**.[149] Bedarf ein Beschluss der Eintragung ins Handelsregister, ist die Zustimmung der persönlich haftenden Gesellschafter zu beurkunden.[150] Dies kann im Hauptversammlungsprotokoll oder im Anhang zum Protokoll geschehen (§ 285 Abs. 3 S. 2 AktG). Der Beschluss ist beim Handelsregister erst einzureichen, wenn die Zustimmung vorliegt (§ 285 Abs. 3 S. 1 AktG).

50

---

[137] In diesem Sinne etwa auch *Assmann/Sethe* in GroßkommAktG AktG Vor § 278 Rn. 102; *Reger* in Bürgers/Fett § 5 Rn. 91; *Koch* in Hüffer/Koch AktG § 278 Rn. 17a; *Perlitt* in MüKoAktG AktG § 278 Rn. 181; *Kessler* NZG 2005, 145 (148); aA *Bachmann* in Spindler/Stilz AktG § 278 Rn. 71 mwN zu beiden Ansichten.
[138] *Fett/Förl* NZG 2004, 210 (215); *Koch* in Hüffer/Koch AktG § 278 Rn. 17a; aA *Mertens/Cahn* in Kölner Komm. AktG § 278 Rn. 57, die die „Holzmüller"-Grundsätze für gänzlich unanwendbar halten.
[139] *Assmann/Sethe* in GroßkommAktG AktG Vor § 278 Rn. 102; hierauf verweist etwa auch *Bachmann* in Spindler/Stilz AktG § 278 Rn. 72.
[140] Ähnlich auch die Bewertung von *Bachmann* in Spindler/Stilz AktG § 278 Rn. 72.
[141] *Fett/Förl* NZG 2004, 210 (214).
[142] OLG Stuttgart NZG 2003, 293 (293); *Koch* in Hüffer/Koch AktG § 285 Rn. 2.
[143] *Perlitt* in MüKoAktG AktG § 285 Rn. 49.
[144] Etwa die Zustimmung zu Unternehmensverträgen, Auflösung, Verschmelzung und Formwechseln; vgl. *Koch* in Hüffer/Koch AktG § 285 Rn. 2.
[145] *Koch* in Hüffer/Koch AktG § 285 Rn. 2.
[146] § 278 Abs. 2 AktG iVm § 119 HGB; *Assmann/Sethe* in GroßkommAktG AktG § 278 Rn. 99.
[147] *Koch* in Hüffer/Koch AktG § 285 Rn. 3; *Assmann/Sethe* in GroßkommAktG AktG § 285 Rn. 59.
[148] *Perlitt* in MüKoAktG AktG § 285 Rn. 51.
[149] *Assmann/Sethe* in GroßkommAktG AktG § 285 Rn. 51; *Perlitt* in MüKoAktG AktG § 285 Rn. 52.
[150] *Perlitt* in MüKoAktG AktG § 285 Rn. 53.

IV. Besonderheiten der Publikums-KGaA

1. Einschränkung der Kompetenzen der Hauptversammlung

51 Bei Publikums-KGaA ergeben sich aus Anlegerschutzgesichtspunkten Besonderheiten. Unter einer Publikums-KGaA versteht man eine sog kapitalistische Kommanditgesellschaft, deren einziger Komplementär eine Kapitalgesellschaft ist[151] und die nicht personalistisch strukturiert ist.[152]

52 Lassen sich bei einer KGaA mit einer natürlichen Person als Komplementär die Kommanditaktionäre durch die Satzung von der Mitbestimmung bei **außergewöhnlichen Geschäften** grundsätzlich ausschließen (→ Rn. 40), äußerte der BGH in seiner Grundsatzentscheidung zur „GmbH & Co. KGaA" Bedenken hinsichtlich eines solchen Ausschlusses bei einer kapitalistischen KGaA. Nach dieser Ansicht soll eine Abweichung bei der Satzungsgestaltung einer GmbH & Co. KGaA vom gesetzlichen Leitbild zu Lasten der Kommanditaktionäre nur in engen Grenzen möglich und insoweit auf die Grundsätze der Publikums-KG zurückzugreifen sein.[153]

53 Ein Teil des Schrifttums hat diese Bedenken des BGH aufgegriffen und sieht einen Ausschluss des Widerspruchs- bzw. Zustimmungsrechts der Kommanditaktionäre aus § 164 S. 1 Hs. 2 HGB nur in engen Grenzen als zulässig an. Begründet wird dies ua damit, dass anderenfalls die Kommanditaktionäre keinerlei Einfluss mehr auf die Geschäftsführung ausüben könnten. Dies könne bei **außergewöhnlichen Geschäftsführungsmaßnahmen nicht** zulässig sein; diese seien unabänderlich an die Zustimmung der Hauptversammlung gebunden, da dies im Interesse des Anlegerschutzes geboten sei.[154] Nach wohl vorherrschender Ansicht im Schrifttum soll dagegen der **Ausschluss des Zustimmungsrechts auch im Fall der kapitalistischen Publikums-KGaA uneingeschränkt zulässig sein.**[155] Dem ist das OLG Stuttgart[156] jedenfalls dann gefolgt, wenn das Zustimmungsrecht auf den Aufsichtsrat übertragen wird. In diesen hat das OLG Stuttgart einen Ausschluss des Zustimmungsrechts bei außergewöhnlichen Geschäften für wirksam erachtet, ohne dabei jedoch eine Aussage für solche Fälle zu treffen, in denen eine solche Übertragung nicht stattgefunden hat. Aus unserer Sicht besteht für ein generelles Verbot des Ausschlusses des Zustimmungsrechts der Komplementäre keine Notwendigkeit. Die Komplementäre unterliegen bei allen Geschäftsführungsmaßnahmen der gesellschaftlichen Treuepflicht, in diesem Fall gar in Anwendung eines besonders strengen Maßstabs.[157]

54 Etwas anderes gilt im Hinblick auf **Grundlagengeschäfte.** Darunter sind solche Geschäfte zu verstehen, die den Kernbereich der Mitgliedschaft und damit wesentliche ge-

---

[151] Deren grundsätzliche Zulässigkeit wurde vom BGH anerkannt mit Urt. v. 24.2.1997, BGHZ 134, 392 ff.; vgl. hierzu aus dem Schrifttum etwa *Mayer* MittBayNot 1997, 329; ausführlich *Assmann/Sethe* in GroßkommAktG AktG § 278 Rn. 32 ff.

[152] Richtigerweise ist eine Unterscheidung zwischen einer rein kapitalistisch organisierten (GmbH & Co.) KGaA, die weder börsennotiert ist und auch ansonsten personalistische Züge aufweist, dh nicht darauf angelegt ist, eine Vielzahl von Gesellschaftern aufzunehmen, und einer Publikums-KGaA vorzunehmen, so auch – im Ausgangspunkt zutreffend – *Ihrig/Schlitt* ZHR-Sonderheft 67 (1998), 33 (60 ff.). In Rechtsprechung Schrifttum wird diese Unterscheidung indes – soweit ersichtlich – nicht immer trennscharf vorgenommen.

[153] BGHZ 134, 392 (399 f.); OLG Stuttgart NZG 2003, 778 (782 f.), wobei das OLG Stuttgart den Fall einer „echten" Publikums-KGaA zu entscheiden hatte.

[154] *Ihrig/Schlitt* ZHR-Sonderheft 67 (1998), 33 (66); *Dirksen/Möhrle* ZIP 1998, 1377 (1385); offenlassend *Motte* DStR 1997, 1539 (1541).

[155] *Perlitt* in MüKoAktG AktG § 278 Rn. 360; *Bachmann* in Spindler/Stilz AktG § 278 Rn. 30 f., 32, 63; *Schnorbus*, Liber Amicorum M Winter, 2011, 627 (636 f.); *Philbert*, Die Kommanditgesellschaft auf Aktien zwischen Personengesellschaftsrecht und Aktienrecht, 56; *Assmann/Sethe* in GroßkommAktG AktG § 278 Rn. 114; *Jaques* NZG 2000, 401 (408); *Mertens/Cahn* in Kölner Komm. AktG § 278 Rn. 90.

[156] OLG Stuttgart NZG 2003, 778 (782 f.).

[157] BGHZ 134, 392 (399); *Perlitt* in MüKoAktG AktG § 278 Rn. 360.

sellschaftsrechtliche Rechte berühren.[158] Beispiele dafür sind strukturelle Maßnahmen, die einer Änderung des Gesellschaftsvertrages bedürfen oder aber, ohne die Notwendigkeit einer formellen Änderung, wesentliche gesellschaftsvertragliche Rechte berühren, also strukturverändernde Maßnahmen.[159] Hier kann das Zustimmungsrecht der Hauptversammlung nicht, auch nicht gegen eine Übertragung des Zustimmungsrechts auf den Aufsichtsrat, abbedungen werden.[160] Weiter bestehen Bedenken gegen einen satzungsmäßigen Zustimmungsvorbehalt der Komplementäre über die Verwendung des Bilanzgewinns.[161]

2. Erweiterung des Zustimmungsvorbehalts der Komplementäre

Darüber hinaus wird vertreten, dass in einer Publikums-KGaA, deren einzige Komplementärin eine Kapitalgesellschaft ist, das **Zustimmungserfordernis der Komplementäre** über die im Gesetz genannten Fälle **nicht** ausgedehnt werden könne, da dies sonst auf die Etablierung eines unzulässigen Vetorechts zugunsten der Komplementär-Gesellschaft hinauslaufe.[162] Diese Ansicht geht jedoch zu weit: Soweit das Zustimmungserfordernis nicht durch zwingende gesetzliche Regelungen ausgeschlossen ist (→ Rn. 26 f.), muss die Erweiterung grundsätzlich als zulässig erachtet werden und kann allenfalls in einer Gesamtschau zu einer unangemessenen Benachteiligung der Anleger-Kommanditaktionäre führen.[163]

55

---

[158] So ausdrücklich OLG Stuttgart NZG 2003, 778 (783) mwN.
[159] OLG Stuttgart NZG 2003, 778 (783).
[160] OLG Stuttgart NZG 2003, 778 (783); *Assmann/Sethe* in GroßkommAktG AktG § 278 Rn. 122 ff.
[161] *Mertens/Cahn* in Kölner Komm. AktG Vor § 278 Rn. 17; grundsätzlich zustimmend auch *Perlitt* in MüKoAktG AktG § 278 Rn. 363, die jedoch einen Zustimmungsvorbehalt als zulässig erachten, wenn die Interessen der Kommanditaktionäre durch andere Satzungsregeln gesichert sind.
[162] *Schlitt* Satzung der KGaA 213; *Ihrig/Schlitt* ZHR-Sonderheft 67 (1998), 33 (69) mwN.
[163] *Assmann/Sethe* in GroßkommAktG AktG § 285 Rn. 80; *Perlitt* in MüKoAktG AktG § 278 Rn. 363.

§ 49 Besonderheiten der Hauptversammlung der SE

Übersicht

	Rn.
I. Überblick	1
II. Einleitung	2
1. Das Organ „Hauptversammlung"	2
2. Erscheinungsformen der Hauptversammlung	4
III. Zuständigkeiten	5
1. Besondere Zuständigkeiten der SE-VO	6
a) Mitgliederbestellung	7
b) Satzungsänderungen	9
c) Weitere Zuständigkeiten	10
2. Zuständigkeiten nach dem AktG	13
3. Ungeschriebene Zuständigkeiten	14
IV. Verfahren der Hauptversammlung	15
1. Zeit und Ort der Hauptversammlung	16
2. Einberufung	18
a) Zeitpunkt	19
b) Einberufungsberechtigte	20
c) Einberufungsgründe	25
d) Tagesordnung	27
3. Ablauf und Leitung	29
4. Beschlussfassung	30
a) Einfache Stimmenmehrheit als Grundsatz	31
b) Satzungsändernde Beschlüsse	34
V. Anfechtungs- und Nichtigkeitsklage gegen Beschlüsse der Hauptversammlung	35

Stichworte

Beschlussfassung Rn. 30 ff.
– Anfechtungs- und Nichtigkeitsklage Rn. 35
– satzungsändernde Beschlüsse Rn. 34
Einberufung Rn. 18 ff.
– Einberufungsberechtigte Rn. 20 f.
– Einberufungsgründe Rn. 24 f.
– Minderheitsverlangen Rn. 23
– Zeitpunkt Rn. 19
Einmann-SE Rn. 4
Organhierarchie Rn. 2
Tagesordnung Rn. 27
– Ergänzungsverlangen Rn. 28
Verfahren Rn. 15 ff.
– Ablauf und Leitung Rn. 29

– Beschlussfassung Rn. 30 ff.
– Einberufung Rn. 19 ff.
Versammlungsort Rn. 15 f.
Vollversammlung Rn. 4
Zuständigkeiten
– Auflösung Rn. 10
– Bestellung und Abberufung von Organmitgliedern Rn. 7 f.
– Gründungsverfahren Rn. 10
– Letztentscheidungsrecht Rn. 11
– Rückumwandlung Rn. 10
– Satzungsänderungen Rn. 9
– Sitzverlegung Rn. 10
– ungeschriebene Zuständigkeiten Rn. 14
– Verschmelzung Rn. 10

Schrifttum:

Brandt, Die Hauptversammlung der Europäischen Aktiengesellschaft (SE), 2005; *van Hulle/Maul/Drinhausen*, Handbuch zur Europäischen Gesellschaft (SE), 2007; *Hirte*, Die Europäische Aktiengesellschaft, NZG 2002, 1 ff.; *Knapp*, Die Hauptversammlung der Europäischen Aktiengesellschaft (SE) – Besonderheiten bei der Vorbereitung und Durchführung, DStR 2012, 2392 ff.; *Lutter*, Europäische Aktiengesellschaft – Rechtsfigur mit Zukunft?, BB 2002, 1 ff.; *Raiser*, Die Europäische Aktiengesellschaft und die nationalen Aktiengesetze, in Festschrift für Johannes Semler, 1993, 277 ff.; *Spindler*, Die Hauptversammlung der europäischen Aktiengesellschaft, in Lutter/Hommelhoff (Hrsg.), Die Europäische Gesellschaft, 2005, 223 ff.; *Spitzbart*, Die Europäische Aktiengesellschaft (Societas Europea – SE) – Aufbau der SE und Gründung –, RNotZ 2006, 369; *Thümmel*, Die Europäische Aktiengesellschaft (SE), 2005.

I. Überblick

1 Bei der Rechtsform der SE ergeben sich für die Hauptversammlung im Vergleich zur AG sowohl Gemeinsamkeiten als auch Unterschiede. Die Hauptversammlung ist auch bei der SE das Grundorgan, wobei für Einzelheiten auf das nationale Recht verwiesen wird (→ Rn. 1 f.). Auch hinsichtlich der Erscheinungsformen der Hauptversammlung erfolgt eine Verweisung in das nationale Recht (→ Rn. 3). Die Zuständigkeiten der Hauptversammlung ergeben sich aus der SE-VO (→ Rn. 5 ff.) sowie nationalem Recht und ungeschriebenen Zuständigkeiten (→ Rn. 13 f.). Bezüglich des Verfahrens der Hauptversammlung enthält die SE-VO einige Unterschiede zum deutschen Recht (→ Rn. 15 ff.). Auch für Anfechtungs- und Nichtigkeitsklagen ist das nationale Recht anwendbar (→ Rn. 35).

II. Einleitung

1. Das Organ „Hauptversammlung"

2 Art. 38a SE-VO nennt die Hauptversammlung als Organ der SE. Dies gilt sowohl für das dualistische (Leitungs- und Aufsichtsorgan als Verwaltungsorgane) als auch für das monistische System (Verwaltungsrat als Verwaltungsorgan).[1] Wie im deutschen Aktienrecht wird die Hauptversammlung der SE gerne als „Grundorgan" oder „oberstes Organ der Gesellschaft" bezeichnet.[2] Diese Bezeichnungen sind jedoch insoweit irreführend, als damit keine Aussage über die Organhierarchie getroffen werden kann. Die alleinige originäre Geschäftsführungsbefugnis liegt bei beiden Arten der Verwaltung beim Verwaltungsorgan. Ein Weisungsrecht der Hauptversammlung sieht die SE-VO nicht vor.[3] Sie stellt vielmehr ein zwingend vorgesehenes Organ dar, das gleichrangig neben den Verwaltungsorganen besteht.[4]

3 Die SE-VO enthält nur wenige Vorschriften zur Hauptversammlung (Art. 52–60 SE-VO) und verweist weitgehend auf das nationale Recht. Die Konzeption der SE-Hauptversammlung weist somit erhebliche Parallelen zur deutschen Aktiengesellschaft auf, insbes. verweist die SE-VO bezüglich der Zuständigkeit (II.), der Organisation, des Ablaufs und der Leitung der Hauptversammlung (III.) sowie für die Anfechtung- und Nichtigkeitsklage (IV.) vielfach auf das nationale Recht, enthält jedoch teilweise eine gemeinschaftsrechtsspezifische Ausgestaltung.

2. Erscheinungsformen der Hauptversammlung

4 In den Erscheinungsformen unterscheidet sich die Hauptversammlung der SE teilweise von den nationalen Vorbildern. Die SE-VO unterscheidet nicht zwischen **ordentlicher und außerordentlicher** Hauptversammlung. Jedoch ist eine solche Unterscheidung in den mitgliedstaatlichen Vorschriften möglich.[5] Des Weiteren enthält die SE-VO keinerlei Regelungen über eine **Vollversammlung**. Aufgrund der Verweisung des Art. 53 SE-VO gilt jedoch für die Voraussetzungen und Folgen das nationale Aktiengesetz und damit für eine SE mit Sitz in Deutschland § 121 Abs. 6 AktG.[6] Eine **Einmann-SE** lässt Art. 3

---

[1] *Van Hulle/Maul/Drinhausen* HdB zur SE § 4 Rn. 1.
[2] *Lutter* BB 2002, 1 (4); *Raiser* FS Semler, 1993, 277 (293).
[3] *Kubis* in MüKoAktG SE-VO Art. 52 Rn. 5.
[4] *Brandt* 105; *Kubis* in MüKoAktG SE-VO Art. 52 Rn. 7.
[5] *Brandt* 66 f.; *Spindler* in Lutter/Hommelhoff/Teichmann, SE-Kommentar, 2. Aufl. 2015, SE-VO Art. 52 Rn. 1.
[6] *Kubis* in MüKoAktG SE-VO Art. 52 Rn. 3.

Abs. 2 S. 2 SE-VO zwar ausdrücklich zu, enthält jedoch keinerlei Regelungen über den erforderlichen Willensbildungsprozess. Somit greift auch in diesem Fall die Verweisung des Art. 53 SE-VO, sodass das AktG Anwendung findet. Zudem enthält die SE-VO, anders als das AktG, keine Differenzierung zwischen börsennotierten und nicht-börsennotierten Aktiengesellschaften. Folglich gelten auch hier über Art. 53 SE-VO das nationale Aktienrecht und damit die in §§ 121 Abs. 5 S. 2, 130 Abs. 1 S. 3 AktG enthaltenen Privilegien für nicht-börsennotierte Aktiengesellschaften.[7]

III. Zuständigkeiten

Art. 52 SE-VO stellt die Generalnorm für die Festlegung der Zuständigkeiten der Hauptversammlung dar. Die Hauptversammlung ist für die Angelegenheiten zuständig, die ihr durch die VO selbst, die SE-Richtlinie oder durch das Recht des jeweiligen Sitzstaates beziehungsweise mit diesem Recht in Einklang stehender Satzung übertragen wurde. Infolge des Prinzips des Anwendungsvorrangs des Gemeinschaftsrechts greift primär Art. 52 UAbs. 1 SE-VO. Die nationalen Regelungen stellen somit nur eine Art „Lückenfüller" dar.[8] Der Hinweis auf die SE-Richtlinie läuft leer, da diese keine besonderen Zuständigkeiten für die Hauptversammlung enthält.

1. Besondere Zuständigkeiten der SE-VO

Aufgrund der dargelegten Normenhierarchie richtet sich die Zuständigkeit der Hauptversammlung primär nach den Vorschriften der SE-VO. Diese begründet für die SE-Hauptversammlung folgende Zuständigkeiten:

a) Mitgliederbestellung

Für die **Bestellung von Organmitgliedern** (Aufsichtsrat, Verwaltungsrat) beinhalten die Art. 40 und 43 Kompetenzzuweisungen an die Hauptversammlung. Art. 39 Abs. 2 UAbs. 2 SE-VO gibt den Mitgliedstaaten daneben die Möglichkeit, eine direkte Wahl des Vorstandes oder des Leitungsorgans durch die Hauptversammlung vorzusehen. Von dieser Öffnungsklausel hat der deutsche Gesetzgeber im SEAG jedoch keinen Gebrauch gemacht, da dies, anders als für andere Mitgliedstaaten, eine Besonderheit im Vergleich zu einer nach nationalem Statut gegründeten Aktiengesellschaft darstellen würde.[9]

Eine ausdrückliche Regelung zur **Abberufung** von Aufsichtsrats- bzw. Verwaltungsratsmitgliedern sieht die SE-VO nicht vor, so dass sich die Frage stellt, ob gem. Art. 52 SE-VO die nationalen Vorschriften Anwendung finden oder aus dem Schweigen zu folgern ist, dass die SE-VO eine vorzeitige Abberufung ausschließen wollte. Die Abberufung ist jedoch die Kehrseite der Bestellung, so dass die Zuständigkeit für eine Abberufung als Annexkompetenz zur Bestellung der Hauptversammlung zusteht.[10] Auch würde eine feste Amtszeit den Aktionären jegliche Einflussnahme für diesen Zeitraum nehmen. Zudem sieht § 29 SEAG für das monistische System eindeutig eine Abberufungsmöglichkeit

---

[7] Kubis in MüKoAktG SE-VO Art. 53 Rn. 4 f.; Knapp DStR 2012, 2392.
[8] Brandt 121, der sogar von der Unzulässigkeit einer solchen Regelung ausgeht; van Hulle/Maul/Drinhausen HdB zur SE § 4 Rn. 3; Spindler in Lutter/Hommelhoff/Teichmann, SE-Kommentar, 2. Aufl. 2015, SE-VO Art. 52 Rn. 7.
[9] Brandt 138; Spindler 234.
[10] Brandt 146 f.; Kubis in MüKoAktG SE-VO Art. 52 Rn. 11; **aA** Hirte NZG 2002, 1 (5) lehnt eine Abberufung unter Hinweis auf Art. 46 SE-VO ab. „Die Bestellung für den satzungsmäßig festgelegten Zeitraum schließt eine freie vorzeitige Abberufung vor Ablauf dieses Zeitraums aus".

vor.[11] Lückenhaft ist die SE-VO jedoch im Hinblick auf Anforderungen an die nötige Mehrheit. Insoweit gilt gem. Art. 9 Abs. 1c SE-VO auch § 103 AktG[12] einschließlich der statutarischen Möglichkeit zur Herabsetzung des Mehrheitserfordernisses auf die einfache Mehrheit.

b) Satzungsänderungen

9   Wie im nationalen Recht (§ 119 Abs. 1 Nr. 5 AktG) bedarf gem. Art. 59 SE-VO die **Satzungsänderung** eines Beschlusses der Hauptversammlung. Eine Ausnahme gestattet Art. 12 Abs. 4 UAbs. 2 SE-VO nur für den Fall, dass die Satzungsänderung erfolgt, um einen Widerspruch zur Vereinbarung über die Arbeitnehmerbeteiligung zu beseitigen. Erfasst sind davon in jedem Fall alle materiellen Satzungsänderungen.[13] Inwieweit eine Delegation der Befugnis zur Satzungsänderung im formalen Sinn (Fassungsänderungen) möglich ist, wird von der SE-VO nicht geregelt und insoweit uneinheitlich beurteilt. Konkret stellt sich damit die Frage, ob § 179 Abs. 1 S. 2 AktG entsprechend angewandt werden kann.[14] Dafür sprechen zwar Praktikabilitätserwägungen, jedoch lässt der Wortlaut keinen Auslegungsspielraum. Zudem besteht die Gefahr von Abgrenzungsunsicherheiten zwischen sprachlichen und inhaltlichen Änderungen, so dass schon allein aus Schutzaspekten gegenüber den Aktionären eine Delegation ausscheidet.[15]

c) Weitere Zuständigkeiten

10   Des Weiteren enthält die SE-VO eine Reihe weiterer ausdrücklicher, originär gemeinschaftsrechtlich begründeter Hauptversammlungszuständigkeiten. Hierzu gehören die **Gründungsverfahren,** wie gem. Art. 37 Abs. 7 SE-VO, wonach die Hauptversammlung bei Umwandlung einer bestehenden Aktiengesellschaft in eine SE dem Umwandlungsplan zustimmen und die Satzung genehmigen muss, die Verschmelzung gem. Art. 23 Abs. 1 SE-VO, die Auflösung nach Art. 63 und die Rückumwandlung gem. Art. 66 Abs. 4–6 SE-VO. Des Weiteren sieht Art. 8 Abs. 4 SE-VO vor, dass die Hauptversammlung über die **Sitzverlegung** befindet.

11   Ein § 111 Abs. 4 AktG vergleichbares **Letztentscheidungsrecht** der Hauptversammlung, wenn der Aufsichtsrat eine Zustimmung nach Art. 48 SE-VO zu einer Geschäftsführungsmaßnahme verweigert, fehlt in der SE-VO. Die SE-VO regelt jedoch die interne Organisation des Aufsichtsrats detailliert, so dass daraus der Schluss gezogen werden kann, dass die SE-VO dahingehend abschließend ist.[16]

12   Im Übrigen überlässt es die SE-VO dem nationalen Recht, die Stellung der SE-Hauptversammlung auszugestalten. Insbes. fehlt eine den §§ 119 Abs. 1, 2 und 76 AktG vergleichbare Norm, die das Verhältnis der Organe zueinander regelt. Somit ergeben sich aus der Verweisung auf das nationale Aktienrecht die weiteren Zuständigkeiten.[17]

2. Zuständigkeiten nach dem AktG

13   Aufgrund der Verweisung in Art. 52 SE-VO finden für eine SE mit Sitz in Deutschland ergänzend die Kompetenzzuweisungen nach § 119 AktG Anwendung. Weitere Kompetenzen sind im AktG sowie im SEAG verstreut.

---

[11] *Kubis* in MüKoAktG SE-VO Art. 52 Rn. 11, Fn. 15 aE; *Spindler* 234.
[12] *Spindler* 234.
[13] *Van Hulle/Maul/Drinhausen* HdB zur SE § 4 Rn. 5.
[14] *Van Hulle/Maul/Drinhausen* HdB zur SE § 4 Rn. 6; *Spindler* 232 f.
[15] *Spindler* 232 f.; **aA** *Kubis* in MüKoAktG SE-VO Art. 52 Rn. 13.
[16] *Brandt* 151 f.; *Kubis* in MüKoAktG SE-VO Art. 52 Rn. 20; *Spindler* 235.
[17] *Thümmel* Rn. 258.

3. Ungeschriebene Zuständigkeiten

Aufgrund der nur spärlichen Regelung der Zuständigkeiten in der SE-VO und des Verweises auf das nationale Recht in Art. 52 SE-VO stellt sich auch für die SE die Frage, ob die von der Rechtsprechung für die Aktiengesellschaft entwickelten ungeschriebenen Zuständigkeiten – insbes. die sog „Holzmüller/Gelatine"-Rechtsprechung[18] (→ § 10 Rn. 21 sowie → § 38 Rn. 31 ff.) – auch für die SE-Hauptversammlung gelten. Die herrschende Meinung bejaht dies.[19]

IV. Verfahren der Hauptversammlung

Wie die Zuständigkeit werden auch das Verfahren und die interne Organisation der Hauptversammlung nur sehr lückenhaft geregelt (Art. 54 ff. SE-VO); über Art. 53 SE-VO wird wiederum auf das Recht des Mitgliedstaats verwiesen. Somit gelten die §§ 124 ff. AktG auch für die SE-Hauptversammlung. Soweit die einzelnen Normen der SE-VO jedoch Regelungen treffen, sind diese abschließend.[20]

1. Zeit und Ort der Hauptversammlung

Für die Frage der Ortswahl kommt über die Verweisungsnorm § 121 Abs. 5 AktG zur Anwendung. Gleiches gilt für die Frage der Wahl des Tages und der Uhrzeit. Aus diesem Grund ergeben sich an sich für Zeit und Ort der Hauptversammlung keine Besonderheiten im Vergleich zum deutschen Recht. Allerdings ist die Frage aufgeworfen, welche Auswirkungen der Charakter der SE als transnationale Gesellschaft auf die Auslegung der Vorschriften des AktG hat.

Bei der deutschen Aktiengesellschaft ist im Rahmen des § 121 AktG umstritten, ob die Satzung auch eine Hauptversammlung im Ausland vorsehen kann.[21] Auch die Frage der Anerkennung ausländischer Beurkundungen gehört zu diesem Problemkreis.[22] Der BGH hat mittlerweile entschieden, dass die satzungsmäßige Bestimmung eines ausländischen Hauptversammlungsortes grundsätzlich zulässig ist,[23] allerdings unter der Einschränkung, dass dies nur gelte, wenn die Bestimmung eine sachgerechte, am Teilnahmeinteresse der Hauptversammlung ausgerichtete Vorgabe enthalte, das das Ermessen der Einberufungsberechtigten binde[24]. Das Beurkundungserfordernis des § 130 Abs. 1 AktG steht nach Ansicht des BGH einer Versammlung im Ausland nicht entgegen. Vielmehr ist den Erfordernissen des § 130 AktG genügt, wenn die Niederschrift durch eine unabhängige ausländische Urkundsperson, deren Stellung mit der eines deutschen Notars vergleichbar ist, beurkundet wird.[25] Der Entscheidung ist grundsätzlich zuzustimmen.[26] Jedenfalls für die SE, bei der es sich um eine europäische Rechtsform mit von Natur aus grenzüberschreitendem Charakter handelt, würde ein Ausschluss ausländischer Versammlungsorte

---

[18] BGHZ 159, 30 = NJW 2004, 1860 – Gelatine; BGHZ 83, 122 = NJW 1982, 1703 – Holzmüller.
[19] *Spindler* 228; *Thümmel* Rn. 258.
[20] *Brandt* 173.
[21] Siehe dazu *Koch* in Hüffer/Koch AktG § 121 Rn. 14 ff.; das Problem wird vornehmlich für die GmbH diskutiert, ist jedoch auf die Aktiengesellschaft übertragbar, vgl. für die GmbH: *Bayer* in Lutter/Hommelhoff GmbHG § 48 Rn. 12; *Römermann* in Michalski GmbHG § 48 Rn. 25 f.; *Hillmann* in Henssler/Strohn GmbHG § 48 Rn. 3.
[22] Siehe dazu *Koch* in Hüffer/Koch AktG § 121 Rn. 16.
[23] BGHZ 203, 68 Rn. 8 ff.
[24] BGHZ 203, 68 Rn. 20 ff.
[25] BGHZ 203, 68 Rn. 16; *Liebscher* in Henssler/Strohn AktG § 121 Rn. 25.
[26] Siehe *Liebscher* in Henssler/Strohn AktG § 121 Rn. 25.

auch zu unhaltbaren Ergebnissen führen. Denn die grenzüberschreitende SE ist bereits von der Konzeption deutlich stärker auf einen nicht nur nationalen, sondern europaweit ansässigen Aktionärskreis ausgerichtet; dieser Charakter gebietet eine europarechtsfreundliche Auslegung – auch der Vorschrift des § 121 Abs. 5 AktG.[27]

2. Einberufung

18 Die SE-VO enthält in Art. 54 zumindest in Ansätzen Regelungen für die Einberufung. Diese werden ergänzt durch § 50 SEAG.

a) Zeitpunkt

19 Europarechtlich festgelegt ist, dass die Hauptversammlung *mindestens einmal im* Kalenderjahr binnen sechs Monaten nach Schluss des Geschäftsjahres stattzufinden hat (Art. 54 Abs. 1 SE-VO). Die §§ 129 Abs. 1 S. 1, 175 Abs. 1 S. 2 AktG bestimmen dagegen als Zeitpunkt des Zusammentretens acht Monate nach Ablauf des Geschäftsjahres, so dass die SE-Regelung vom AktG abweicht und damit vorrangig gilt.

b) Einberufungsberechtigte

aa) Organe und sonstige Behörden

20 Im deutschen Aktienrecht dürfen nur der Vorstand und, wenn es das Wohl der Gesellschaft gebietet, der Aufsichtsrat gem. § 111 Abs. 3 S. 1 AktG die Hauptversammlung einberufen. Bei der SE dagegen steht das Einberufungsrecht allen **Leitungsorganen,** aber auch sonstigen Organen und Behörden ohne Einschränkungen zu. Folglich können grundsätzlich auch fakultative Organe wie ein Beirat die Hauptversammlung einberufen.

21 Problematisch ist jedoch, wie der Verweis in Art. 54 Abs. 2 SE-VO auf die „für die Aktiengesellschaft im Sitzstaat der SE maßgeblichen einzelstaatlichen Rechtsvorschriften" zu verstehen ist. Es stellt sich namentlich die Frage, ob das nationale Recht einem der aufgeführten Organe die Einberufungsberechtigung absprechen kann.[28] Der Verweis bezieht sich jedoch nur auf das Verfahren der Einberufung, so dass den zwingend vorgesehenen Organen die Kompetenz nicht abgesprochen werden kann.[29] Allerdings gilt der Verweis für die ebenfalls in Art. 54 Abs. 2 SE-VO genannten Behörden, die nicht in der SE-VO bestimmt werden. Es ist somit Sache des Mitgliedstaats zu bestimmen, welche Behörden für die Einberufung zuständig sind. Eine solche Zuständigkeit staatlicher Stellen wurde durch das SEAG indes nicht bestimmt.[30]

bb) Andere Personen

22 **Andere Personen** können abweichend zu § 121 Abs. 2 S. 3 AktG dagegen nicht per Satzung zur Einberufung ermächtigt werden. Art. 54 SE-VO ist insoweit abschließend.[31]

---

[27] *Brandt* 176; *Spindler* 239.
[28] *Van Hulle/Maul/Drinhausen* HdB zur SE, § 4 Rn. 49; *Brandt* 181: für fakultative Organe muss bei der Schaffung festgelegt werden, ob sie zur Einberufung berechtigt sein sollen; bei zwingenden Organen ist die Einberufungsberechtigung dagegen zwingend; *Spindler* 241.
[29] *Brandt* 181; *Spindler* 241.
[30] *Van Hulle/Maul/Drinhausen* HdB zur SE § 4 Rn. 49.
[31] *Brandt* 182; *van Hulle/Maul/Drinhausen* HdB zur SE, § 4 Rn. 49; *Spindler* 242.

cc) Minderheitsverlangen

Festgelegt in der Verordnung ist auch, dass eine **Kapitalminderheit** von 10% das Recht 23 auf Einberufung der Hauptversammlung (Art. 55 Abs. 1 SE-VO) hat.[32] Dieses Recht auf Einberufung wurde zweistufig aufgebaut. Auf der ersten Stufe steht das an die Gesellschaft gerichtete Einberufungsverlangen, und bei dessen Nichtbeachtung auf der zweiten Stufe ein staatliches Einberufungsverlangen. Die Öffnungsklausel in Art. 55 Abs. 1 aE SE-VO erlaubt die Festlegung geringerer Quoren, jedoch keine Einschränkung des Minderheitenschutzes, so dass schon auf gemeinschaftsrechtlicher Ebene ausreichender Schutz gewährleistet wird.[33] Der deutsche Gesetzgeber hat in § 50 SEAG von der Ermächtigung Gebrauch gemacht und das Quorum auf 5% des Grundkapitals gesenkt. Die Höhe des Grundkapitals bemisst sich entsprechend den allgemeinen Regeln nach dem im Zeitpunkt des Verlangens im Handelsregister eingetragenen Grundkapital (→ § 4 Rn. 33). Im deutschen Aktienrecht ist des Weiteren erforderlich, dass die Aktionäre glaubhaft machen, dass sie seit drei Monaten Inhaber der Aktien sind. Jedoch beinhaltet Art. 55 SE-VO keine dahingehenden Anforderungen, sodass eine solche zusätzliche Anforderung mangels entsprechender Ermächtigung nicht möglich ist. Dies würde die Minderheitsrechte unzulässig einschränken.[34]

Kommen die Organe dem Antrag nicht nach, so kann gem. Art. 55 Abs. 3 SE-VO, um 24 einen effektiven Minderheitenschutz zu gewährleisten, das am Sitz der SE zuständige Gericht oder die zuständige Verwaltungsbehörde anordnen, die Versammlung innerhalb einer bestimmten Frist einzuberufen, oder die antragstellenden Aktionäre zur Einberufung ermächtigen. Beide Wege werden durch die SE-VO zwingend vorgeschrieben, sodass man für die deutsche SE nicht nur die aus § 122 Abs. 3 AktG bekannte gerichtliche Ermächtigung der Aktionärsminderheiten genügen lassen kann.[35]

c) Einberufungsgründe

Nach Art. 54 Abs. 2 SE-VO kann die Hauptversammlung jederzeit durch die dort Ge- 25 nannten einberufen werden. Besondere Einberufungsgründe fordert die Norm mithin nicht. Diese Offenheit weicht vom deutschen Aktienrecht insoweit ab, als dort der Vorstand nach freiem Ermessen die Hauptversammlung einberufen kann, jedoch nicht der Aufsichtsrat. Das Einberufungsrecht für die Hauptversammlung der SE besteht uneingeschränkt.[36]

Zwingende Einberufungsgründe enthält die SE-VO nicht, so dass auch hier ergänzend 26 das nationale Recht greift.

d) Tagesordnung

Festgelegt in der Verordnung ist als weitere Regelung des Minderheitenschutzes, dass eine 27 *Kapitalminderheit* von 10% das Recht auf Ergänzung der Tagesordnung (Art. 56 S. 1 SE-VO) hat.[37] Auch hier enthält § 50 Abs. 2 SEAG eine Abmilderung dahingehend, dass die entsprechende aktienrechtliche Regelung aus § 122 Abs. 2 AktG übernommen wird, sodass ein Fixbetrag von 500.000 Euro genügt. Ob diese Regelung europarechtskonform

---

[32] *Hirte* NZG 2002, 1 (9); *Spindler* 242.
[33] *Spindler* in Lutter/Hommelhoff/Teichmann, SE-Kommentar, 2. Aufl. 2015, SE-VO Art. 55 Rn. 2.
[34] *Van Hulle/Maul/Drinhausen* HdB zur SE § 4 Rn. 52; *Bücker* in Habersack/Drinhausen, SE-VO Art. 55 Rn. 11.
[35] *Brandt* 201 f.; *Spindler* in Lutter/Hommelhoff/Teichmann, SE-Kommentar, 2. Aufl. 2015, SE-VO Art. 55 Rn. 18; **aA** *Thümmel* Rn. 254.
[36] *Spindler* 242 f.
[37] *Hirte* NZG 2002, 1 (9); *Spindler* 242.

ist, wird jedoch in Frage gestellt.[38] Der eindeutige Wortlaut spreche nur von einem „niedrigeren Prozentsatz" und nicht von einer absoluten Kapitalbeteiligung. Des Weiteren gilt auch in diesem Fall nicht die Voraussetzung der Glaubhaftmachung der Besitzdauer. § 122 Abs. 1 S. 3 AktG greift nicht.

28 Anders als Art. 55 Abs. 3 SE-VO sieht Art. 56 SE-VO kein staatliches Rechtsdurchsetzungsverfahren für den Fall der unberechtigten Weigerung gegenüber dem Ergänzungsverlangen vor. Auch Art. 56 SE-VO erfordert jedoch nach seinem Zweck, den Minderheitenschutz ergänzend zu Art. 55 SE-VO sowie die Effektivität der Vorschrift zu gewährleisten, eine entsprechende Rechtsschutzvorschrift, so dass von einer Regelungslücke auszugehen ist.[39] In Betracht kommt eine Anwendung des § 122 Abs. 3 AktG[40] kraft Verweisung in Art. 56 Abs. 2 SE-VO oder eine analoge Anwendung des Art. 55 Abs. 3 SE-VO[41] aufgrund der Parallelität der beiden Vorschriften. Für letzteres spricht insbes., dass durch die analoge Anwendung ein Gleichklang zwischen den Rechtsbehelfen auf europäischer Ebene hergestellt werden kann.

3. Ablauf und Leitung

29 Für den Ablauf der Hauptversammlung sowie für das Abstimmungsverfahren verweist Art. 53 SE-VO auf das nationale Recht und damit auf die entsprechenden aktienrechtlichen Vorschriften. Eigene Bestimmungen enthält die SE-VO nicht.

4. Beschlussfassung

30 Für die Beschlussfassung dagegen enthält die SE-VO in den Art. 57 ff. teilweise detaillierte Regelungen. Bezüglich der erforderlichen Beschlussmehrheiten ist zwischen einfachen und satzungsändernden Beschlüssen zu differenzieren.

a) Einfache Stimmenmehrheit als Grundsatz

31 Gem. Art. 57 SE-VO werden die Beschlüsse der Hauptversammlung grundsätzlich mit der Mehrheit der abgegebenen Stimmen (vgl. Art. 58 SE-VO zum Begriff der „abgegebenen Stimmen") gefasst, es sei denn, die SE-VO oder das für die Aktiengesellschaft maßgebliche Recht schreiben eine größere Mehrheit vor.[42] Im deutschen Aktienrecht besteht eine solche erhöhte Anforderung zB in § 103 AktG für die Abberufung von Aufsichtsratsmitgliedern.

32 Des Weiteren enthält das AktG Regelungen, die neben der erforderlichen Stimmenmehrheit eine qualifizierte Kapitalmehrheit fordern. Fraglich ist, ob auch solche Anforderungen von der Öffnungsklausel des Art. 57 SE-VO gedeckt sind. Die überwiegende Meinung bejaht dies im Wege einer Umdeutung der Dreiviertelkapitalmehrheit in eine Dreiviertelstimmenmehrheit.[43]

---

[38] *Brandt* 210; *Spindler* 243; *Spindler* in Lutter/Hommelhoff/Teichmann, SE-Kommentar, 2. Aufl. 2015 SE-VO Art. 56 Rn. 9; **aA** *Bücker* in Habersack/Drinhausen SE-VO Art. 56 Rn. 9; *van Hulle/Maul/Drinhausen* HdB zur SE § 4 Rn. 57, es könne anhand der Beteiligungsquote von 500.000 Euro unter Heranziehung des Grundkapitals der Prozentsatz errechnet werden.
[39] *Brandt* 219; *Spindler* 244.
[40] *Thümmel* Rn. 255.
[41] *Brandt* 221; *Spindler* in Lutter/Hommelhoff/Teichmann, SE-Kommentar, 2. Aufl. 2015, SE-VO Art. 56 Rn. 21.
[42] *Spitzbart* RNotZ 2006, 369 (385).
[43] *Brandt* 251; *Kubis* in MüKoAktG SE-VO Art. 57, 58 Rn. 7, eine Kapitalmehrheit laufe dem Grundsatz der Gleichbehandlung („one share one vote") von Aktie und Stimme zuwider; **aA** van *Hulle/Maul/Drin-*

Fraglich ist, ob über diese gesetzlich vorgesehenen Fälle hinaus weitere Fälle einer qualifi- 33
zierten Mehrheit in der Satzung vorgesehen werden können. § 133 Abs. 1 AktG gestattet
dies für die Aktiengesellschaft ausdrücklich. Zu fragen ist somit, ob der Verweis des
Art. 57 Abs. 1 SE-VO auf das nationale Aktienrecht so weit geht, dass er auch mögliche
Satzungsgestaltungen nach nationalem Recht umfasst.[44] Die überwiegende Meinung lehnt
dies mit der Begründung ab, dass der Wortlaut anders als Art. 52 SE-VO keinen entsprechenden Spielraum vorsehe. Auch aus dem Vergleich mit Art. 59 SE-VO, der zwischen
„vorsehen" und „zulassen" differenziert, wird gefolgert, dass Art. 57 SE-VO abschließend
sei.[45] Somit folgt im Umkehrschluss aus den genannten Vorschriften, dass eine Satzungsgestaltung nicht möglich ist.

b) Satzungsändernde Beschlüsse

Für satzungsändernde Beschlüsse enthält Art. 59 SE-VO eine spezielle Ausprägung und 34
sieht eine Mehrheit von zwei Dritteln der abgegebenen Stimmen vor. Abweichend kann
nur ein höheres Quorum festgelegt werden, bzw. kann vorgesehen werden, dass eine einfache Mehrheit genügt, wenn die Hälfte des gezeichneten Stammkapitals vertreten ist.
Von dieser Öffnungsklausel wurde in § 51 S. 1 SEAG Gebrauch gemacht und bestimmt,
dass die Satzung eine entsprechende Bestimmung enthalten kann.

V. Anfechtungs- und Nichtigkeitsklage gegen Beschlüsse der Hauptversammlung

Über den Verweis auf das nationale Recht gem. Art. 9 Abs. 1c SE-VO finden die 35
§§ 241 ff. AktG in vollem Umfang auf die SE Anwendung. Der Verweis gilt sowohl für
die Anfechtungs- und Nichtigkeitsgründe, als auch für die Klagebefugnis und die zu beachtenden Fristen.[46]

---

hausen HdB zur SE § 4 Rn. 65, die Vorschrift beziehe sich nach Wortlaut und Satzbau nur auf die Stimmenmehrheit.
[44] *Spitzbart* RNotZ 2006, 369 (385).
[45] *Bücker* in Habersack/Drinhausen, SE-Recht, 2. Aufl. 2016, SE-VO Art. 57 Rn. 29; *Brandt* 240 f.; *Spindler*
246; aA *Thümmel* Rn. 260 hält es ohne nähere Begründung für zulässig.
[46] *Van Hulle/Maul/Drinhausen* HdB zur SE § 4 Rn. 74.

Anhang 1
Hauptleitfaden

Teil I: Eröffnung und Aktionärsdebatte

Der Hauptleitfaden hat zwei Teile: (i) Eröffnung und Aktionärsdebatte und (ii) Abstimmungen. Nach dem Schluss der Aktionärsdebatte wird dem Versammlungsleiter ein angepasster Leitfaden (Teil II) gereicht, wenn der Leitfaden aufgrund von Aktionärsanträgen oder sonstiger Umstände, die während der Aktionärsdebatte eingetreten sind, angepasst werden muss (etwa Durchführung eines zweiten Abstimmungsgangs oder Ergänzungen zur Abstimmung über Aktionärsanträge).

Eröffnung und Begrüßung	Liebe Aktionäre, sehr verehrte Damen und Herren, ich eröffne die ordentliche Hauptversammlung der … AG und begrüße Sie herzlich auch im Namen des Vorstands und meiner Aufsichtsratskollegen. Ich begrüße auch unsere Gästen und die Damen und Herren der Presse. Mein Name ist … Als Vorsitzender des Aufsichtsrats übernehme ich die Leitung der Versammlung.
Präsenz Vorstand und Aufsichtsrat[1]	Alle Mitglieder des Vorstands sind anwesend, ebenso die Mitglieder des Aufsichtsrats (bis auf Frau/Herrn …, die/der wegen anderweitiger Verpflichtungen entschuldigt ist/sind).
Vorstellung des Notars	An meiner Seite begrüße ich Herrn Notar …. Er nimmt die Niederschrift der Hauptversammlung auf.[2]
Organisatorische Hinweise	Meine Damen und Herren, ich möchte Ihnen zunächst einige organisatorische Hinweise zur heutigen Haupversammlung geben. Sie finden die Hinweise in gedruckter Form auch in dem Merkblatt, das Sie bei der Eingangskontrolle erhalten haben und das am Informationsstand im Foyer ausliegt. Ich bitte Sie, auch die weiteren Hinweise in dem Merkblatt zu beachten. Sie sind für die Versammlung verbindlich, soweit ich Sie nicht ausdrücklich ändere.
Präsenzbereich[3]	Zum Präsenzbereich bestimme ich diesen Versammlungssaal und die Ihnen zugänglichen Räume bis zur Eingangs- und Ausgangskontrolle. Alle Aktionäre, die sich im Präsenzbereich aufhalten, nehmen an der Hauptversammlung teil.
Teilnehmerverzeichnis	Das Teilnehmerverzeichnis wird vorbereitet. Sobald es fertig gestellt ist, gebe ich die Präsenz bekannt geben[4] und lege das Verzeichnis am Wortmeldetisch zu Ihrer Einsicht aus.

---

[1] Zu empfehlen, um Aktionären die Möglichkeit zu geben, sich ein Bild zur Erfüllung der Soll-Regelung nach § 118 Abs. 3 S. 1 AktG zu machen.
[2] In den Hauptversammlungen größerer börsennotierte Aktiengesellschaften ist zum Teil ein zweiter Notar anwesend, um die Hauptversammlung nicht wiederholen zu müssen, wenn der „Erstnotar" die Aufnahme der Sitzungsniederschrift nicht fortführen kann. Der Versammlungsleiter begrüßt ihn und sollte kurz erläutern, dass der Notar Aufgaben in der Hauptversammlung nur in Abstimmung mit dem Versammlungsleiter wahrnimmt.
[3] Kann auch in den organisatorischen Hinweisen festgelegt werden.
[4] Bekanntgabe der Präsenz nicht erforderlich, aber nach wie vor verbreitet.

Anhang 1

Einladung[5] — Die heutige Hauptversammlung ist form- und fristgerecht einberufen worden.

Unterlagen — Die Einladung zu unserer heutigen ordentlichen Hauptversammlung mit der Tagesordnung und den Beschlussvorschlägen von Vorstand und Aufsichtsrat sowie die Unterlagen, die in der Hauptversammlung zugänglich zu machen sind, liegen am Informationsstand im Foyer zu Ihrer Einsicht aus. Die Unterlagen sind dort auch in gedruckter Fassung erhältlich. Dort erhalten Sie auch den Lebenslauf von Herrn ..., den wir Ihnen heute zur Wahl in den Aufsichtsrat vorschlagen.

Übertragung[6] — Wir übertragen die Hauptversammlung im Präsenzbereich (ohne die Nebenräume) und in das Back Office. Damit ist sichergestellt, dass Sie und unsere Mitarbeiter im Back Office der Versammlung folgen können. [Das Back Office erfasst, wie Sie vielleicht wissen, Ihre Fragen und bereitet die Unterlagen und Informationen für unsere Antworten vor.]

Die Versammlung wird nicht aufgezeichnet. Private Aufzeichnungen sind nicht gestattet.

Wortmeldungen[7] — Während der Generaldebatte haben Sie Gelegenheit, Ausführungen zu allen Gegenständen der Tagesordnung zu machen. Sie können sich während der gesamten Debatte zu Wort melden. Ich bitte in diesem Fall um Ihre schriftliche Wortmeldung am Wortmeldetisch. Formulare liegen dort aus. Im Interesse eines zügigen und koordinierten Ablaufs bitte ich Sie, Ihre Meldung frühzeitig abzugeben. Bitte sprechen Sie nach meinem Aufruf von einem der beiden Rednerpulte.

Wenn Sie Fragen, Anträge oder Wahlvorschläge bereits vorab schriftlich eingereicht haben, müssen Sie diese bitte noch einmal mündlich vortragen.

Wenn Sie Anträge zur Geschäftsordnung haben, bitte ich Sie, das auf ihrer Wortmeldung zu vermerken. Das erleichtert die Behandlung dieser Anträge.

Vorzeitiges Verlassen der Hauptversammlung — Ich bitte Aktionäre, die die Hauptversammlung vorzeitig verlassen, sich bei der Ausgangskontrolle zu melden und dort ihre Stimmkarten vorlegen. Wir können dann das Teilnehmerverzeichnis anpassen.

Vollmachten[8] — Wenn Sie die Hauptversammlung vorzeitig verlassen möchten, können Sie einem anderen Teilnehmer oder einem Dritten Vollmacht erteilen. Hierfür steht Ihnen die Vollmachtskarte in Ihrem Stimmkartenblock zur Verfügung. Wenn Sie die Stimmrechtsvertreter der Gesellschaft bevollmächtigen wollen, geben Sie bitte die ausgefüllte Vollmachts- und Weisungskarte an einem der

---

[5] Nicht notwendig, aber nach wie vor verbreitet.
[6] Hinweis kann auch in den organisatorischen Hinweisen gegeben werden.
[7] Empfehlenswert; gehört zu den zentralen Verfahrensanordnungen und sollte nicht nur in den organisatorischen Hinweisen erläutert werden.
[8] Kann gekürzt werden und näher in den organisatorischen Hinweisen erläutert werden.

Teil I: Eröffnung und Aktionärsdebatte   Anhang 1

	Ausgangsschalter ab. Bei Fragen helfen Ihnen die Damen und Herren an den Ausgangsschaltern.
Stimmverfahren[9]	Wir stimmen über die Punkte der Tagesordnung – wie in den Vorjahren – im Additionsverfahren ab. Ich erkläre das Verfahren näher vor den Abstimmungen. Wenn Sie mehrere Eintrittskarten haben, bitte ich Sie zu prüfen, ob Sie alle Eintrittskarten in Stimmkartenblöcke umgetauscht haben. Falls dies nicht geschehen ist, holen Sie es bitte nach, damit alle Ihre Stimmen bei den Abstimmungen berücksichtigt werden können.
Bericht AR	Sehr geehrte Aktionärinnen und Aktionäre, wir kommen zur Erläuterung des Berichts des Aufsichtsrats. Ich konzentriere mich auf die wesentlichen Themen. Eine ausführliche Darstellung können Sie dem umfassenden Bericht des Aufsichtsrats auf den Seiten ... des Geschäftsberichts entnehmen. […]
Bericht des Vorstands	Sehr geehrte Aktionärinnen und Aktionäre, ich bitte nun den Vorstandsvorsitzenden, Herrn …, uns über das vergangene Geschäftsjahr, die aktuelle Situation und die Aussicht auf das laufende Geschäftsjahr zu berichten. [Rede] Vielen Dank für Ihre Ausführungen, Herr …
Tagesordnung[10]	Meine Damen und Herren, bevor wir in die Aktionärsdebatte eintreten, darf ich Sie mit der Tagesordnung vertraut machen. Sie hat sechs Punkte, die wir heute in einer Generaldebatte zu allen Tagesordnungspunkten behandeln. TOP 1 Vorlage des festgestellten Jahresabschlusses und des gebilligten Konzernabschlusses, der Lageberichte für die Gesellschaft und den Konzern mit dem erläuternden Bericht zu den Angaben nach § 289 Abs. 4, § 315 Abs. 4 HGB sowie des Berichts des Aufsichtsrats für das Geschäftsjahr […] TOP 2 Verwendung des Bilanzgewinns TOP 3 Entlastung der Mitglieder des Vorstands für das abgelaufene Geschäftsjahr TOP 4 Entlastung der Mitglieder des Aufsichtsrats für das abgelaufene Geschäftsjahr

---

[9] Empfehlenswert; gehört zu den zentralen Verfahrensanordnungen; allerdings ist Erläuterung des Abstimmungsverfahrens nach Schluss der Aktionärsdebatte ausreichend.
[10] Kann im Grundsatz als bekannt vorausgesetzt werden; wenn die Tagesordnung in gedruckter Form verfügbar ist, ist eine Verlesung überflüssig.

Anhang 1

TOP 5
Bestellung des Abschlussprüfers und Konzernabschlussprüfers für das Geschäftsjahr ... und des Prüfers für die prüferische Durchsicht von Zwischenfinanzberichten

TOP 6
Wahl zum Aufsichtsrat

Die Beschlussvorschläge von Vorstand und Aufsichtsrat bitte ich Sie, der gedruckten Fassung der Tagesordnung zu entnehmen, die Sie am Informationstisch im Foyer erhalten.

Teilnehmerverzeichnis[11]

Meine Damen und Herren,

inzwischen ist das Teilnehmerverzeichnis fertig. Vom Grundkapital unserer Gesellschaft von ... sind ... Stückaktien in der Hauptversammlung vertreten, das entspricht einer Präsenz von ...% des Grundkapitals. Das Teilnehmerverzeichnis liegt am Wortmeldetisch zu Ihrer Einsichtnahme aus. Dort können Sie auch die Nachträge einsehen.

Eröffnung der Generaldebatte

Ich eröffne nun die Aktionärsaussprache zu allen Tagesordnungspunkten.

Redezeit

Im Interesse einer zügigen und sachgemäßen Erledigung unserer Tagesordnung bitte ich Sie, sich kurz zu fassen und nur zu den Gegenständen der Tagesordnung zu sprechen. Nach unserer Erfahrung hat sich eine Redezeit von zehn Minuten bewährt. Es wäre schön, wenn wir uns darauf verständigen können, dass Ihnen für Ihre Redebeiträge jeweils zehn Minuten zur Verfügung stehen. Das gibt allen Aktionären, die dies wünschen, die Möglichkeit, in dieser Hauptversammlung frühzeitig das Wort zu ergreifen. Es bleibt Ihnen unbenommen, nach Ablauf der zehn Minuten am Wortmeldetisch erneut eine Wortmeldung abzugeben. Wenn uns genügend Zeit verbleibt, werde ich das Wort dann erneut erteilen.

Um Ihnen die Kontrolle über Ihre Redezeit zu erleichtern und alle Redner gleich zu behandeln, finden Sie in den Rednerpulten eine Uhr vor. Als optisches Signal wird eine Minute vor Ende der Redezeit ein rotes Licht blinken, das nach Ablauf der Redezeit in ein Dauerlicht übergeht. Ich behalte mir vor, im Verlauf der Debatte das Rede- und Fragerecht der Aktionäre zeitlich weiter zu beschränken.

Mit dem Vorstand habe ich vereinbart, dass ich als Aufsichtsratsvorsitzender die Beantwortung derjenigen Fragen übernehme, die in die originäre Zuständigkeit des Aufsichtsrats fallen.

Aufruf des ersten Redners

Ich rufe als ersten Redner Frau/Herrn ... auf. Danach werde ich Frau/Herrn ... das Wort erteilen.

Frau/Herrn ..., ich bitte um Ihre Ausführungen.

Weitere Aufrufe

Ich erteile nun Frau/Herrn ... das Wort und bitte Frau/Herrn ... sich für den nächsten Aufruf bereit zu halten.

---

[11] Präsenzmitteilung ist nicht erforderlich, aber sehr verbreitet; Hinweis, wie das Teilnehmerverzeichnis zugänglich ist, ist wegen § 129 Abs. 4 S. 1 AktG erforderlich.

Worterteilung an den Vorstand	Ich erteile nun Herrn/Frau .... das Wort, um Ihnen Auskünfte und Informationen zu Ihren Fragen aus dem ersten Rednerblock zu geben. Herrn/Frau .... Danke, Frau/Herr ... Damit kommen wir zum zweiten Rednerblock. [wie oben]
Ende der Diskussion	Meine Damen und Herren, mir liegen keine weiteren Wortmeldungen vor. Soweit ich sehe, sind Ihre Fragen umfassend beantwortet worden. Darf ich fragen, ob das Wort nochmals gewünscht wird oder einzelne Fragen unbeantwortet geblieben sind? Ich bitte Sie in diesem Fall um ein Zeichen. Ich sehe, dass dies nicht der Fall ist. Ich stelle fest, dass die Diskussion zu allen Tagesordnungspunkten abgeschlossen ist und alle Ihre Fragen, [soweit nicht anders zu Protokoll des Notars erklärt,] vollständig beantwortet sind. Erhebt sich Widerspruch. [Erneute Vergewisserung, dass keine Reaktion mehr erfolgt.]
Schließung der Debatte	Das ist nicht der Fall. Dann schließe ich hiermit die Debatte zu unserer heutigen Tagesordnung. Wir kommen damit zur Abstimmung.

Teil II
Abstimmungen, Feststellung der Beschlussergebnisse und Schließung der Hauptversammlung (Standard)

Die Untergliederung des Hauptleitfadens in zwei Teile bietet die Möglichkeit, dem Versammlungsleiter einen angepassten Leitfaden für den zweiten Teil zu überreichen. Eine Anpassung ist erforderlich, wenn das Abstimmungsverfahren auf in der Hauptversammlung gestellte Beschlussanträge von Aktionären geändert werden muss.

Einleitung

Meine Damen und Herren, ich benenne nochmals die zur Abstimmung anstehenden Tagesordnungspunkte:

TOP 2
Verwendung des Bilanzgewinns

TOP 3
Entlastung der Mitglieder des Vorstands für das abgelaufene Geschäftsjahr

TOP 4
Entlastung der Mitglieder des Aufsichtsrats für das abgelaufene Geschäftsjahr

TOP 5
Bestellung des Abschlussprüfers und Konzernabschlussprüfers für das Geschäftsjahr ... und des Prüfers für die prüferische Durchsicht von Zwischenfinanzberichten

TOP 6
Wahl zum Aufsichtsrat

Die Beschlussvorschläge von Vorstand und Aufsichtsrat bitte ich Sie, der gedruckten Fassung der Tagesordnung zu entnehmen, die Sie am Informationstisch im Foyer erhalten. Ich gehe von Ihrem Einverständnis aus, dass wir die Beschlussvorschläge von Vorstand und Aufsichtsrat nicht verlesen.

Ich hatte Sie schon Eingangs darauf hingewiesen, dass Sie alle Eintrittskarten in Stimmkartenblöcke eintauschen. Falls dies noch nicht geschehen ist, bitte ich Sie, dies jetzt rasch nachzuholen.

Wenn Sie an der Abstimmung teilnehmen möchten, begeben Sie sich bitte jetzt in diesen Saal. Die Stimmkarten werden nur in hier im Versammlungssaal und nicht in den Vor- und Nebenräumen eingesammelt.

Abstimmungsverfahren

Ich möchte Ihnen zunächst das Abstimmungsverfahren erläutern.

Für die Abstimmung zu den Tagesordnungspunkten verwenden Sie bitte die Sammelstimmkarte „A".

Wir stimmen – wie in den Vorjahren – im Additionsverfahren ab. Das bedeutet, dass sowohl die „Ja-Stimmen" als auch die „Nein-Stimmen" ausgezählt werden. Auf den Stimmkarten können Sie zu den einzelnen Tagesordnungspunkten Ihr Abstimmungsvotum eintragen.

Wenn Sie den Beschlussvorschlägen der Verwaltung zustimmen möchten, kreuzen Sie bitte auf der Sammelstimmkarte „A" bei dem jeweiligen Tagesordnungspunkt das entsprechende „Ja"-Markierungsfeld an. Zur Vereinfachung ist auf der Stimmkarte ein Feld vorgesehen, mit dem Sie sich zu allen Tagesordnungspunkten den Beschlussvorschlägen der Verwaltung anschließen können. Wenn Sie sich gegen die Beschlussvorschläge der Verwaltung entscheiden, kreuzen Sie bitte das entsprechende „Nein"-Markierungsfeld an. Wenn Sie zu einem oder mehreren Abstimmungspunkten weder mit „Ja" noch mit „Nein" stimmen möchten, haben Sie die Möglichkeit, das Markierungsfeld „Enthaltung" anzukreuzen. Falls Sie zu keinem Abstimmungspunkt Ihre Stimmen abgeben möchten, erübrigt sich die Abgabe der Stimmkarte insgesamt.

Die Stimmkarten werden durch unsere Mitarbeiter in diesem Saal, nicht aber in den Vor- und Nebenräumen eingesammelt. Wir führen einen einzigen Sammelvorgang durch.

Auch in diesem Jahr konnten unsere Aktionäre wieder Vollmachten und Weisungen an die Stimmrechtsvertreter der Gesellschaft erteilen. Ferner hat die Gesellschaft im Vorfeld der Hauptversammlung Kreditinstituten und Aktionärsvereinigungen die Verwendung einer virtuellen Stimmkarte angeboten. Die den Stimmrechtsvertretern der Gesellschaft bzw. den Kreditinstituten und Aktionärsvereinigungen insoweit erteilten Weisungen sind zur Vorbereitung der Abstimmung vorab im System hinterlegt worden. Nach Freigabe durch die Stimmrechtsvertreter bzw. die Vertreter der Kreditinstitute und Aktionärsvereinigungen im Rahmen der Abstimmung fließt der Weisungsspiegel in das EDV-System zur Stimmenauszählung ein. Die Briefwahlstimmen liegen bereits vor und werden zu den abgegebenen Stimmen hinzugerechnet.

Abstimmungsgang Ich lasse nun über die Beschlussvorschläge der Verwaltung zu den Tagesordnungspunkten 2–6 abstimmen.
[Werden die Beschlussvorschläge der Verwaltung mit der notwendigen Mehrheit angenommen, haben sich die Gegenanträge erledigt, so dass über diese keine Abstimmung mehr erfolgt.]

Meine Damen und Herren, wir sammeln nun die Stimmkarten ein. Die Mitarbeiter werden jetzt durch die Reihen gehen und Ihnen Sammelboxen reichen. Die Stimmkarten werden nur hier im Versammlungssaal und nicht in den Vor- und Nebenräumen eingesammelt.
[Gong]

Beendigung des Einsammelvorgangs Meine Damen und Herren, ich gehe davon aus, dass jeder Gelegenheit hatte, seine Stimmkarten abzugeben. Ist das richtig? Wenn nicht, geben Sie mir bitte ein Zeichen.

[Vergewissern, dass aus dem Publikum kein Zeichen kommt]

Ich sehe kein Zeichen und stelle fest, dass jeder Gelegenheit hatte, seine Stimmkarten abzugeben. Damit schließe ich die Abstimmung.

Anhang 1

Meine Damen und Herren, bis das Ergebnis der Abstimmung vorliegt, werden einige Minuten vergehen. Sobald mir die Abstimmungsergebnisse vorliegen, werde ich sie Ihnen unverzüglich bekannt geben. Solange unterbreche ich die Hauptversammlung.

Feststellung des Beschlussergebnisses

Meine Damen und Herren, das Ergebnis der Abstimmung liegt mir nun vor. Wir kommen zur Feststellung und Verkündung der Ergebnisse.

Die vollständige Feststellung der Beschlussergebnisse habe ich in schriftlicher Form Herrn Notar ... zur Aufnahme in die Sitzungsniederschrift übergeben. Sie wird nach der heutigen Versammlung auf der Internetseite der Gesellschaft veröffentlicht.

Das Aktiengesetz gibt uns die Möglichkeit, die Feststellung über die Beschlussfassung für jeden Beschluss darauf zu beschränken, dass die erforderliche Mehrheit erreicht wurde. Dies setzt voraus, dass kein Aktionär eine umfassende Beschlussfeststellung verlangt. Ich darf daher fragen, ob sich Widerspruch gegen die verkürzte Beschlussfeststellung erhebt?

[Reaktion aus dem Publikum]

Ich sehe, dass der verkürzten Beschlussfeststellung nicht widersprochen wird, und bitte den Notar, dies zu Protokoll zu nehmen.

Ich stelle fest und verkünde hiermit, dass alle im Bundesanzeiger vom [...] zu den Tagesordnungspunkten 2 bis 6 bekannt gemachten Beschlussvorschläge von Vorstand und Aufsichtsrat jeweils mit der erforderlichen Mehrheit angenommen wurden.

Die Zustimmungsquoten lauten wie folgt:

TOP 2
Verwendung des Bilanzgewinns: Zustimmungsquote in Höhe von [...] %.

TOP 3
Entlastung der Mitglieder des Vorstands: Zustimmungsquote in Höhe von [...] %.

TOP 4
Entlastung der Mitglieder des Aufsichtsrats: Zustimmungsquote in Höhe von [...] %,

Meine Damen und Herren, ich danke Ihnen für Ihr Vertrauen.

TOP 5
Bestellung des Abschlussprüfers und Konzernabschlussprüfers für das Geschäftsjahr 2017 und des Prüfers für die prüferische Durchsicht von Zwischenfinanzberichten: Zustimmungsquote in Höhe von [...] %.

TOP 6
Wahl von Frau/Herrn [...] zum Mitglied des Aufsichtsrats: Zustimmungsquote in Höhe von [...] %.

Frau/Herr [....] ich gratuliere Ihnen zu Ihrer Wahl in den Aufsichtsrat.

[Meine Damen und Herren, die Beschlussvorschläge der Verwaltung haben die erforderliche Mehrheit gefunden. Die gestellten Gegenanträge und vorgetragenen Wahlvorschläge haben sich damit erledigt.]

Schluss

Wir sind damit am Ende unserer Tagesordnung angekommen. Ich danke Ihnen für Ihren Besuch und Ihre Teilnahme. Mein Dank gilt auch dem Vorstand sowie allen Mitarbeitern und Helfern, die bei der Vorbereitung und Durchführung dieser Hauptversammlung mitgewirkt haben.

Ich schließe die Versammlung und wünsche Ihnen einen guten Heimweg.

Teil III
Abstimmungsteil mit zwei Abstimmungsgängen und Abstimmungen zu Aktionärsanträgen

Die Aktionäre können in der Versammlung Beschlussanträge stellen, über die abgestimmt werden muss. Es kann sein, dass zwei Abstimmungsgänge durchzuführen sind. Der nachfolgende Leitfaden enthält die für einen zweiten Sammelgang erforderlichen Anpassungen. Er geht davon aus, dass die folgenden Sonderanträge zur Abstimmung gestellt worden sind: (i) Antrag auf Absetzen eines Tagesordnungspunkts, (ii) Antrag auf Einzelentlastung des Vorstands, (iii) Wahlvorschlag eines Aktionärs, der vorrangig zu behandeln ist und (iv) Sonderprüfungsantrag.

Einleitung der Abstimmung	Meine Damen und Herren, ich gehe davon aus, dass Sie alle Eintrittskarten in Stimmkartenblöcke eingetauscht haben. Falls dies noch nicht geschehen ist, bitte ich Sie, das jetzt nachzuholen. Wenn Sie an den Abstimmungen teilnehmen möchten, begeben Sie sich bitte in diesen Saal. Die Stimmkarten werden nur in diesem Saal, nicht in den Vor- und Nebenräumen eingesammelt.
Erster Abstimmungsgang	Bevor wir in die Abstimmung zu der Beschlussvorschlägen von Vorstand und Aufsichtsrat eintreten, müssen wir zunächst in einem eigenen Abstimmungsgang die Geschäftsordnungsanträge von Frau/Herrn [...] und von Frau/Herrn [...] sowie den Wahlantrag von Frau/Herrn [...] behandeln. Im ersten Wahlgang wollen wir auch den Sonderprüfungsantrag von Frau/Herrn [...] zur Abstimmung stellen.[12]
	Wir stimmen über die Aktionärsanträge im Additionsverfahren ab. Das bedeutet, dass sowohl die „Ja-Stimmen" wie auch die „Nein-Stimmen" ausgezählt werden. Die Einzelheiten erläutere ich Ihnen gleich.
Antrag auf Absetzung eines Tagesordnungspunktes	Mir liegt zunächst der Antrag von Herrn/Frau [...] vor, die Beschlussfassung zu Tagesordnungpunkt [...] von der Tagesordnung abzusetzen, also keinen Beschluss zu diesem Tagesordnungpunkt zu fassen. Vorstand und Aufsichtsrat haben der Hauptversammlung vorgeschlagen, [...]. Der Beschlussvorschlag von Vorstand und Aufsichtsrat an die Hauptversammlung wurde rechtzeitig und ordnungsgemäß bekannt gemacht. Ich sehe keinen Grund für eine Absetzung von der Tagesordnung. Gleichwohl muss ich über den Absetzungsantrag abstimmen lassen.
	Meine Damen und Herren, noch einmal zur Klarstellung: Wir stimmen im ersten Abstimmungsgang nicht in der Sache ab. Mit der Abstimmung jetzt entscheiden Sie nur, ob die Sachentscheidung von der Tagesordnung abgesetzt wird oder nicht. Nur wenn Sie mehrheitlich *gegen* den Absetzungsantrag stimmen, kommen wir im zweiten Abstimmungsgang zur Abstimmung über den Beschlussvorschlag von Vorstand und Aufsichtsrat.
	Wir verwenden für die Abstimmung über den Absetzungsantrag die Sonderstimmkarte [S1]. Wenn Sie für die Absetzung stimmen

---

[12] Der Sonderprüfungsantrag kann auch im zweiten Sammmelgang zur Abstimmung gestellt werden.

möchten, markieren Sie bitte auf der Sonderstimmkarte [S1] das mit „JA" gekennzeichnete Feld. Wenn Sie gegen die Absetzung stimmen möchten, markieren Sie bitte das mit „NEIN" gekennzeichnete Feld. Wenn Sie sich der Stimme enthalten wollen, kreuzen Sie weder „JA" noch „NEIN" an. Sie müssen dann die Sonderstimmkarte nicht abgeben.

Antrag auf Einzelentlastung

Mir liegt weiterhin der Antrag von Frau/Herrn [...] vor, über die Entlastung der Mitglieder des Vorstands/von Frau/Herrn [...]/der Damen/Herren [...] im Wege der Einzelabstimmung abzustimmen. Meine Damen und Herren, zur Klarstellung weise ich [auch hier] darauf hin, dass es sich jetzt noch nicht um die Abstimmung über die Entlastung selbst, sondern nur über das Verfahren handelt: Soll über die Entlastung der Vorstandsmitglieder im Wege der Einzelentlastung abgestimmt werden. Vorstand und Aufsichtsrat haben Ihnen mit der Einberufung der Haupversammlung einen Gesamtentlastungsvorschlag unterbreitet. Ich sehe keinen Grund für eine Abstimmung im Wege der Einzelentlastung der Vorstandsmitglieder. Gleichwohl ist über den Antrag abzustimmen.

Für die Abstimmung verwenden wir die Sonderstimmkarte [S2]. Wer dafür ist, dass wir über die Entlastung der Mitglieder des Vorstands/von Frau/Herrn [...]/der Damen/Herren [...] im Wege der Einzelentlastung abstimmen, markiert bitte das mit „JA" gekennzeichnete Feld auf der Sonderstimmkarte [S2]. Wer gegen eine Abstimmung im Wege der Einzelentlastung ist und damit – entsprechend den Vorschlägen zur Tagesordnung – die Abstimmung en bloc befürwortet, markiert bitte das mit „NEIN" gekennzeichnete Feld auf der Sonderstimmkarte [S2]. Wenn Sie sich der Stimme enthalten wollen, kreuzen Sie weder „JA" noch „Nein" an. Sie müssen dann die Sonderstimmkarte nicht abgeben.

Wahlvorschlag eines Aktionärs

Frau/Herrn [...] hat vorgeschlagen, Frau/Herrn [...] zum Mitglied des Aufsichtsrats zu wählen. Sie wissen, dass der Aufsichtsrat vorschlägt, Frau/Herrn [...] zum Mitglied des Aufsichtsrats zu wählen. Ich muss gleichwohl von Gesetzes wegen zunächst über den Wahlvorschlag von Frau/Herrn [...] abstimmen lassen.

Noch einmal der Beschlussvorschlag: Frau/Herr [...] schlägt vor, Frau/Herrn [...] für die Zeit bis zur Beendigung der Hauptversammlung, die über die Entlastung für das vierte Geschäftsjahr nach dem Beginn der Amtszeit beschließt, wobei das laufende Geschäftsjahr nicht mitzurechnen ist, zum Mitglied des Aufsichtsrats zu wählen. Findet der Antrag von Frau/Herrn [...] nicht die notwendige Mehrheit, lasse ich über den Wahlvorschlag des Aufsichtsrats, Frau/Herrn [...] zum Mitglied des Aufsichtsrats zu wählen, im nächsten Abstimmungsgang abstimmen.

Für die Abstimmung über den Wahlvorschlag von Frau/Herrn [...] verwenden wir die Sonderstimmkarte [S3]. Wer dafür ist, Frau/Herrn [...] zum Mitglied des Aufsichtsrats zu wählen, markiert bitte das mit „JA" gekennzeichnete Feld auf der Sonderstimmkarte [S3]. Wer gegen eine Wahl von Frau/Herrn [...]

zum Mitglied des Aufsichtsrats ist, markiert bitte das mit „NEIN" gekennzeichnete Feld auf der Sonderstimmkarte [S3]. Wenn Sie sich der Stimme enthalten wollen, kreuzen Sie weder „JA" noch „Nein" an. Sie müssen dann die Sonderstimmkarte nicht abgeben.

Sonderprüfungs-antrag

Frau/Herr [...] hat den folgenden Sonderprüfungsantrag gestellt: [...] Ich sehe keinen Grund für eine Sonderprüfung, muss aber gleichwohl über den Antrag Beschuss fassen lassen.

Die Mitglieder des Vorstands dürfen an dieser Abstimmung weder für sich noch für einen anderen mitwirken. Ebenso wenig dürfen Dritte das Stimmrecht aus Aktien ausüben, die einem Mitglied des Vorstands oder des Aufsichtsrats gehören. Es ist systemseitig dafür Sorge getragen, dass das Stimmverbot bei der Beschlussfassung über den Antrag auf Sonderprüfung eingehalten wird.

Für die Abstimmung über den Sonderprüfungsantrag von Frau/Herrn [...] verwenden wir die Sonderstimmkarte [S4]. Wer für den Sonderprüfungsantrag stimmen möchte, muss das mit „JA" gekennzeichnete Feld auf der Sonderstimmkarte [S4] ankreuzen. Wer gegen den Sonderprüfungsantrag stimmt, markiert bitte das mit „NEIN" gekennzeichnete Feld auf der Sonderstimmkarte [S4]. Wenn Sie sich der Stimme enthalten wollen, müssen Sie kein Kreuzchen machen und keine Stimmkarte abgeben.

Einsammlen der Sonderstimmkarten

Meine Damen und Herren,

ich darf noch einmal zusammenfassen: Für den Antrag von Frau/Herrn [...] auf Absetzung von Tagesordnungspunkt [...] verwenden wir die Sonderstimmkarte [S1], für den Verfahrensantrag auf Abstimmung über die Entlastung der Mitglieder des Vorstands im Wege der Einzelentlastung die Sonderstimmkarte [S2], für den Vorschlag, Frau/Herrn [...] zum Mitglied des Aufsichtsrats zu wählen, die Sonderstimmkarte [S3] und für den Sonderprüfungsantrag von Frau/Herrn [...] die die Sonderstimmkarte [S4]. Bitte halten Sie jetzt die Sonderstimmkarten bereit, wenn Sie an der Abstimmung teilnehmen wollen. Die Mitarbeiter werden jetzt durch die Reihen gehen und Ihnen die Sammelboxen reichen. Die Stimmkarten werden nur im bestuhlten Bereich dieses Saals und nicht in den Vor- und Nebenräumen eingesammelt.

[Gong]

Einsammelvorgang

Meine Damen und Herren, ich gehe davon aus, dass jeder Gelegenheit hatte, seine Sonderstimmkarten [S1], [S2] [S3] und [S4] abzugeben. Ist das richtig?

[Zeichen abwarten]

Ich sehe, dass dies der Fall ist. Dann schließe ich die Abstimmung zu Aktionärsanträgen.

[Gong]

Meine Damen und Herren, bis das Ergebnis der Abstimmung vorliegt, werden einige Minuten vergehen. Sobald mir die Abstimmungsergebnisse vorliegen, werde ich sie Ihnen unverzüglich bekannt geben. Nach der Feststellung und Verkündung der Abstimmungsergebnisse zu den Geschäftsordnungsanträgen und zu dem Wahlvorschlag von Frau/Herrn [...] werde ich zur Abstimmung über die Beschlussvorschläge von Vorstand und Aufsichtsrat sowie zu den übrigen Sachanträgen übergehen.

Bis dahin unterbreche ich die Hauptversammlung für einige Minuten.

Abstimmungs-ergebnis

Meine Damen und Herren, das Ergebnis der Abstimmung im ersten Abstimmungsgang liegt mir nun vor. Wir kommen zur Feststellung und Verkündung der Ergebnisse.

Zunächst zum Antrag von Frau/Herrn [...], Tagesordnungspunkt [...] von der Tagesordnung abzusetzen. Die Abstimmung ergab bei [...] Aktien, für die gültige Stimmen abgegeben wurden, dies entspricht [...] % des Grundkapitals,

... NEIN-Stimmen und
... JA-Stimmen.

Ich stelle fest und verkünde, dass die Hauptversammlung den Antrag von Frau/Herrn [...] auf Absetzen des Tagesordnungspunkts [...] abgelehnt hat.

Nun zum Antrag von Frau/Herrn [...] auf Abstimmung über die Entlastung der Mitglieder des Vorstands/von Frau/Herrn [...]/der Herren [...] im Wege der Einzelentlastung: Die Abstimmung ergab bei ... Aktien, für die gültige Stimmen abgegeben wurden, dies entspricht [...] % des Grundkapitals,

... NEIN-Stimmen und
... JA-Stimmen.

Ich stelle fest und verkünde, dass die Hauptversammlung den Antrag von Frau/Herrn [...], über die Entlastung der Mitglieder des Vorstands/von Frau/Herrn [...]/der Damen/Herren [...] im Wege der Einzelabstimmung abzustimmen, abgelehnt hat.

Weiter zum Antrag auf Wahl von Frau/Herrn [...] zum Mitglied des Aufsichtsrats: Die Abstimmung ergab bei [...] Aktien, für die gültige Stimmen abgegeben wurden, dies entspricht [...] % des Grundkapitals,

... NEIN-Stimmen und
... JA-Stimmen.

Ich stelle fest und verkünde, dass die Hauptversammlung den Antrag von Frau/Herrn [...], Frau/Herrn [...] zum Mitglied des Aufsichtsrats zu wählen, abgelehnt hat.

Schließlich zum Sonderprüfungsantrag von Frau/Herrn [...]: Die Abstimmung ergab bei [...] Aktien, für die gültige Stimmen abgegeben wurden, dies entspricht [...] % des Grundkapitals,

... NEIN-Stimmen und
... JA-Stimmen.

Ich stelle fest und verkünde, dass die Hauptversammlung den Sonderprüfungsantrag von Frau/Herrn [...] abgelehnt hat.

Zweiter Abstimmungsgang

Wir können damit jetzt zum zweiten Abstimmungsgang kommen. Ich lassen im zweiten Abstimmungsgang über die Beschlussvorschlägen von Vorstand und Aufsichtsrat abstimmen. Ich benenne Ihnen zunächst noch einmal die Tagesordnungspunkte, zu denen Ihnen Beschlussvorschlägen von Vorstand und Aufsichtsrat vorliegen. [wie Teil II unter S. 1062]

Anhang 2
Sonderleitfäden

Übersicht

Seite

1. Anordnungen zur zeitlichen Steuerung des Versammlungsablaufs

Anlage 1.1:	Generelle (unechte) Redezeitbeschränkung zu Beginn der Debatte....	1073
Anlage 1.2:	Generelle (unechte) Redezeitbeschränkung während der Debatte	1073
Anlage 1.3:	Individuelle (unechte) Redezeitbeschränkung	1073
Anlage 1.4:	Weitere Verkürzung der Redezeit	1074
Anlage 1.5:	Schließung der Rednerliste	1074
Anlage 1.6:	Schluss der Debatte vor Erledigung aller Wortmeldungen	1075
Anlage 1.7:	Unterbrechung der Versammlung	1075
Anlage 1.8:	Vorübergehende Räumung des Gebäudes wegen Gefahr	1076
Anlage 1.9:	Abbruch der Hauptversammlung wegen Gefahr	1076

2. Störungsleitfäden

Anlage 2.1:	Redner überschreitet eingeräumte Redezeit/Wortentziehung	1076
Anlage 2.2:	Redner verlässt das Pult nach Entziehung des Wortes nicht/Räumung des Rednerpults	1077
Anlage 2.3:	Redner stört den Versammlungsablauf nach Entziehung des Worts erheblich/Vorübergehender Verweis aus dem Versammlungssaal	1077
Anlage 2.4:	Fortsetzung von Störungen nach vorübergehendem Saalverweis/Versammlungsverweis	1078
Anlage 2.5:	Aktionär spricht nicht zum Abwahlantrag/Wortentziehung	1078
Anlage 2.6:	Aktionär spricht nicht zur Tagesordnung/Wortentziehung	1079
Anlage 2.7:	Beschimpfungen durch den Redner am Pult/Wortentziehung	1079
Anlage 2.8:	Störungen aus dem Publikum/Vorübergehender Verweis aus dem Versammlungssaal	1080
Anlage 2.9:	Störung durch Mobiltelefone	1080
Anlage 2.10:	Aufforderung zum Unterlassen von Bild- und Tonaufnahmen/Vorübergehender Verweis aus dem Versammlungssaal	1080

3. Behandlung von Aktionärsanträgen, die auf eine Beschlussfassung der Hauptversammlung gerichtet sind

Anlage 3.1:	Antrag auf Einzelentlastung des Vorstands und/oder des Aufsichtsrats	1081
Anlage 3.2:	Antrag auf Abwahl des Versammlungsleiters	1083
Anlage 3.3:	Antrag auf Vertagung der Hauptversammlung	1087
Anlage 3.4:	Antrag auf Einberufung einer weiteren Hauptversammlung	1087
Anlage 3.5:	Antrag auf Absetzung oder Vertagung einzelner Punkte von der Tagesordnung	1088
Anlage 3.6:	Antrag auf Einzelabstimmung zur Wahl von Aufsichtsratmitgliedern/Widerspruch gegen Listenwahl	1088
Anlage 3.7:	Antrag auf vorrangige Abstimmung über den Vorschlag eines Aktionärs zur Wahl eines Aufsichtsratsmitglieds	1088
Anlage 3.8:	Antrag auf Bestellung von Sonderprüfern	1089

Anhang 2

Anlage 3.9: Antrag auf Antrag auf Geltendmachung von Schadensersatz-
ansprüchen und Bestellung von besonderen Vertretern 1090
Anlage 3.10: Antrag auf Vertrauensentzug gegenüber dem Vorstand 1090
Anlage 3.11: Zulässige Sachanträge 1090
Anlage 3.12: Antrag nicht von Tagesordnung gedeckt 1091
Anlage 3.13: Gesetzlich nicht zulässige Beschlussfassung (am Beispiel des Antrags auf Verwendung des Bilanzgewinns, die gesetzlich nicht zulässig ist) . 1091

4. Behandlung sonstiger Aktionärsanträge und -erklärungen

Anlage 4.1: Antrag auf vorrangige Erteilung des Worts 1091
Anlage 4.2: Einwendungen gegen die Reihenfolge der Redner 1091
Anlage 4.3: Antrag auf Beantwortung durch Versammlungsleiter 1091
Anlage 4.4: Antrag auf Beantwortung durch Abschlussprüfer oder Bewertungsgutachter 1092
Anlage 4.5: Widerspruch gegen Bild- und Tonübertragung des eigenen Wortbeitrags im Internet 1092
Anlage 4.6: Widerspruch gegen Bild- und Tonübertragung in das Back Office ... 1092
Anlage 4.7: Antrag auf Verlesen der Tagesordnung 1092
Anlage 4.8: Antrag auf Verlesen von Urkunden 1093
Anlage 4.9: Antrags auf Einsicht in Dokumente 1093
Anlage 4.10: Antrag auf Überlassung von Kopien der zur Einsicht ausliegenden Unterlagen 1093
Anlage 4.11: Antrag auf Erstellung eines stenographischen Protokolls 1094
Anlage 4.12: Antrag auf Abschrift der stenografisch aufgenommenen Fragen 1094
Anlage 4.13: Antrag auf Kopie der notariellen Sitzungsniederschrift 1094
Anlage 4.14: Antrag auf Erteilung einer Kopie über einen Ton- und Videomitschnitt 1094
Anlage 4.15: Antrag auf Ergänzung der Tagesordnung 1094
Anlage 4.16: Antrag auf Protokollierung einer Auskunftsverweigerung ... 1094
Anlage 4.17: Antrag auf Auswechselung des Notars 1095
Anlage 4.18: Antrag auf Beschränkung der Dauer der Hauptversammlung ... 1095
Anlage 4.19: Antrag auf Vorziehen eines Tagesordnungspunktes 1096
Anlage 4.20: Antrag nach Erteilung des Worts nach Schluss der Debatte . 1096
Anlage 4.21: Antrag auf Änderung des Abstimmungsverfahrens 1096
Anlage 4.22: Widerspruch zu Protokoll 1096
Antrag 4.23: Antrag auf Unterbrechung der Hauptversammlung 1096
Anlage 4.24: Widerspruch gegen Blockabstimmung 1097
Anlage 4.25: Antrag auf geheime Abstimmung 1097

1. Anordnungen zur zeitlichen Steuerung des Versammlungsablaufs[1]

Die zeitliche Steuerung des Versammlungsablaufs hat hohe praktische Bedeutung. Die Anordnungen zur zeitlichen Steuerung des Versammlungsablaufs sind daher in einem gesonderten Gliederungspunkt zusammengefasst.

Anlage 1.1: Generelle (unechte) Redezeitbeschränkung zu Beginn der Debatte[2]

Wenn bereits zu Beginn der Hauptversammlung mehr als zehn Wortmeldungen vorliegen oder dies nach den Erfahrungen der Vorjahre zu erwarten ist, sollte frühzeitig eine unechte Redezeitbeschränkung eingeführt werden, um die Gleichbehandlung der Aktionäre zu sichern:

„Im Interesse einer zügigen und sachgemäßen Erledigung unserer Tagesordnung bitte ich Sie, sich kurz zu fassen und nur zu den Gegenständen der Tagesordnung zu sprechen.

Nach unserer Erfahrung hat sich eine Redezeit von zehn Minuten bewährt. Ich räume daher jedem Redner, den ich aufrufe, zunächst eine Redezeit von zehn Minuten ein. Das gibt allen Aktionären, die dies wünschen, die Möglichkeit, in dieser Hauptversammlung frühzeitig das Wort zu ergreifen. Es bleibt Ihnen unbenommen, nach Ablauf der zehn Minuten am Wortmeldetisch erneut eine Wortmeldung abzugeben. Wenn uns genügend Zeit verbleibt, erteile ich das Wort dann erneut. Bitte stellen Sie Ihre Fragen – soweit möglich – bereits in Ihrem ersten Redebeitrag.

Um Ihnen die Kontrolle über Ihre Redezeit zu erleichtern und alle Redner gleich zu behandeln, finden Sie in den Rednerpulten eine Uhr vor. Sie ist auf zehn Minuten eingestellt. Die Uhr beginnt zu laufen, sobald Sie mit Ihrer Rede begonnen haben. Als optisches Signal blinkt eine Minute vor Ende der Redezeit ein rotes Licht, das anschließend in ein Dauerlicht übergeht. Durch den Lauf der Uhr können Sie Ihren Beitrag gut einteilen und auch rechtzeitig beenden, damit andere Aktionäre ebenfalls zu Wort kommen.

Ich behalte mir vor, das Rede- und Fragerecht der Aktionäre im Verlauf der Debatte zeitlich weiter zu beschränken."

Anlage 1.2: Generelle (unechte) Redezeitbeschränkung während der Debatte[3]

„Mir liegen bereits jetzt mehr als 10 Wortmeldungen vor. Ich bitte um Ihr Verständnis, dass ich die Redezeit der nachfolgenden Redner auf zehn Minuten beschränke. Das dient der Gleichbehandlung aller Aktionäre. Es bleibt Ihnen unbenommen, nach Ablauf der zehn Minuten am Wortmeldetisch eine weitere Wortmeldung abzugeben. Wenn uns genügend Zeit verbleibt, erteile ich das Wort dann erneut. Bitte stellen Sie Ihre Fragen – soweit möglich – bereits in Ihrem ersten Redebeitrag. Ich behalte mir vor, das Rede- und Fragerecht der Aktionäre im Verlauf der Debatte zeitlich weiter zu beschränken."

Anlage 1.3: Individuelle (unechte) Redezeitbeschränkung[4]

„Frau/Herr …, ich muss Sie an dieser Stelle unterbrechen. Sie reden bereits seit 15 Minuten. Ich bitte Sie um Verständnis, dass ich allen Aktionä-

---

[1] → § 9 Rn. 150 ff.
[2] → § 9 Rn. 158.
[3] → § 9 Rn. 159.
[4] → § 9 Rn. 159.

ren, die dies wünschen, die Möglichkeit geben möchte, in dieser Hauptversammlung frühzeitig das Wort zu ergreifen. Da mir noch ... weitere Wortmeldungen vorliegen, ist das nur gewährleistet, wenn sich jeder Aktionär bei seinem ersten Redebeitrag an den üblichen zeitlichen Rahmen hält. Ich bitte Sie, innerhalb der nächsten drei Minuten zum Ende Ihrer Ausführungen zu kommen. Es bleibt Ihnen unbenommen, am Wortmeldetisch erneut eine Wortmeldung abzugeben. Wenn uns genügend Zeit verbleibt, erteile ich Ihnen das Wort erneut.

Meine Damen und Herren, mir liegen noch ... weitere Wortmeldungen vor. Ich bitte daher um Ihr Verständnis, dass ich den nachfolgenden Rednern generell eine Redezeit von zunächst zehn Minuten einräume. Das dient der Gleichbehandlung aller Aktionäre. Es bleibt Ihnen unbenommen, nach Ablauf der zehn Minuten am Wortmeldetisch erneut eine Wortmeldung abzugeben. Wenn uns genügend Zeit verbleibt, erteile ich nochmals das Wort."

Anlage 1.4: **Weitere Verkürzung der Redezeit**[5]

„Meine Damen und Herren, es ist jetzt bereits [...] Uhr. Gleichwohl liegen mir noch zahlreiche Wortmeldungen vor. Ich beabsichtige, gegen [...] Uhr zum Schluss der Debatte zu kommen und in die Abstimmung einzutreten. Um die Wortmeldeliste bis dahin zu erledigen und dem Vorstand noch genügend Zeit einzuräumen, Ihre Fragen zu beantworten und Ihnen weitere Informationen zu geben, ordne ich eine (weitere) Redezeitbegrenzung auf fünf Minuten an. Ich behalte mir vor, bei weiteren Wortmeldungen die Rednerliste vorläufig zu schließen. Wenn der Zeitrahmen für unsere heutige Debatte wider Erwarten unterschritten wird, hebe ich Verkürzung der Redezeit wieder auf."

Anlage 1.5: **Schließung der Rednerliste**[6]

Ankündigung

„Meine Damen und Herren, mir liegen noch ... Wortmeldungen vor. Ich will die Debatte etwa gegen ... Uhr beenden und in die Abstimmung eintreten. Ich werde daher in fünf Minuten die Wortmeldeliste vorerst schließen. Es sind, wenn ich das richtig sehe, bereits zahlreiche Aspekte zur Diskussion gekommen. Bitte überlegen Sie, ob Sie neue Aspekte beitragen können. Wenn Sie das Wort noch einmal wünschen, bitte ich innerhalb der nächsten fünf Minuten um Ihre Wortmeldung. Ich behalte mir vor, die Rednerliste wieder zu öffnen, wenn uns nach Erledigung der Wortmeldeliste entgegen meiner Erwartung noch Zeit bleibe sollte."

Anordnung

„Meine Damen und Herren, wie angekündigt, schließe ich nunmehr die Wortmeldeliste. Ich plane den Schluss der Debatte für etwa ... Uhr. Danach will ich in die Abstimmungen eintreten. Wenn wir die Wortmeldeliste nicht bis [eine Stunde vorher] erledigen können, behalte ich mir vor, den Aktionären, die der Ansicht sind, dass Ihre Fragen nicht oder nicht genügend beantwortet sind oder die für die Beurteilung unserer Tagesordnungs wesentliche neue Fragen an den Vorstand richten wollen, vorrangig das Wort zu erteilen. Danach werde ich den Vorstand bitten, Ihre ab-

---

[5] → § 9 Rn. 160 ff.
[6] → § 9 Rn. 167 ff.

schließenden Fragen zu beantworten und dann die Debatte schließen. Ich behalte mir vor, die Rednerliste wieder zu öffnen, wenn uns nach Erledigung der jetzt noch vorliegenden Wortmeldungen noch Zeit bleibe sollte."

Anlage 1.6: Schluss der Debatte vor Erledigung aller Wortmeldungen[7]

Ankündigung

„Meine Damen und Herren, mir liegen noch … Wortmeldungen vor. Ich hatte bereits mitgeteilt, dass ich die Debatte etwa gegen … Uhr beenden und in die Abstimmung eintreten will. Das ist in etwa einer Stunde der Fall. Nach meiner derzeitigen Einschätzung können wir die Wortmeldeliste bis dahin nicht vollständig erledigen. Ich möchte daher nun alle Aktionäre um einen Hinweis am Wortmeldetisch bitten, die der Ansicht sind, dass Ihre Fragen nicht oder nicht genügend beantwortet sind oder die für die Beurteilung unserer Tagesordnung wesentliche neue Fragen an den Vorstand richten möchten. Ich werde diesen Aktionären vorrangig das Wort erteilen, um uns auf die nicht oder nicht ausreichend beantworteten Frage hinzuweisen oder für die Beurteilung unserer Tagesordnung wesentliche neue Fragen zu stellen. Wie schon angekündigt, will ich danach, also etwa gegen … Uhr, dem Vorstand nochmals das Wort erteilen, um Ihre Fragen abschließend zu beantworten. Wie geplant werde ich die Aktionärsdebatte gegen … Uhr schließen und in die Abstimmungen eintreten."

Anordnung

„Meine Damen und Herren, es ist jetzt … Uhr. Ich sehe gegenwärtig keine Möglichkeit mehr, alle noch offenen Wortmeldungen zu erledigen. Wir haben Ihnen in der letzten Stunde nochmals Gelegenheit gegeben, uns auf unbeantwortete oder nicht genügend beantwortete Fragen hinzuweisen oder für die Beurteilung unserer Tagesordnung wesentliche neue Fragen zu stellen. Der Vorstand hat ihre Fragen abschließend beantwortet. Ich habe den Eindruck, dass wir eine große Vielzahl von Aspekten beleuchtet und nun eine gute Grundlage für die Beschlussfassung haben. Ich schließe daher die Debatte und komme nun zu den Abstimmungen."

Anlage 1.7: Unterbrechung der Versammlung[8]

Eine Unterbrechung kann sich etwa empfehlen, wenn (i) das Back Office die für die Fragenbeantwortung erforderlichen Informationen nicht schnell genug zusammentragen kann, (ii) nach einer erheblichen Störung des Versammlungsablaufs noch keine Beruhigung eintritt, (iii) der Notar das Ergebnis einer Zwischenauszählung beaufsichtigen muss, (iv) am Ende der Debatte eine Vielzahl von Aktionären Aufnahme von Fragen, deren Beantwortung verweigert wurde, in die notarielle Sitzungsniederschrift verlangen, (v) wenn Sondersituationen vorbereitet werden müssen oder (vi) die Hauptversammlung schon mehr als 6–8 Stunden angedauert hat und eine Pause gemacht werden soll.

„Meine Damen und Herren, [kurze Zusammenfassung des Grunds für die Unterbrechung]. Ich unterbreche daher für [30] Minuten. Wir werden die

---
[7] → § 9 Rn. 170 ff.
[8] → § 9 Rn. 145.

Anhang 2 — Sonderleitfäden

Hauptversammlung pünktlich um ... Uhr fortsetzen. [Ich werde drei Minuten vor Fortsetzung der Hauptversammlung eine Durchsage machen.]"

Anlage 1.8: Vorübergehende Räumung des Gebäudes wegen Gefahr

„Meine Damen und Herren, wir sind soeben über eine Störung unterrichtet worden. Wir müssen das Versammlungsgebäude vorsorglich räumen. Es besteht kein Grund zur Beunruhigung. Die Hauptversammlung wird für [90] Minuten unterbrochen und voraussichtlich um ... Uhr hier fortgesetzt.

Ich bitte Sie, das Gebäude ruhig und zügig zu verlassen. Nehmen Sie bitten Ihre persönlichen Sachen und die Ihnen ausgehändigten Stimmkartenblöcke mit. Der Stimmkartenblock dient Ihnen bei Fortsetzung der Hauptversammlung als Eintrittskarte. Unsere Gäste bitte ich, ihre Eintrittskarte mitzunehmen. [Die an der Garderobe abgegebenen Gegenstände erhalten Sie außerhalb des Gebäudes.] Die Notausgänge werden gerade geöffnet. Folgen Sie bitte den Hinweisen des Sicherheitspersonals."

Anlage 1.9: Abbruch der Hauptversammlung wegen Gefahr

„Meine Damen und Herren, wir sind soeben über eine Störung unterrichtet worden. Wir müssen das Versammlungsgebäude vorsorglich räumen. Es besteht kein Grund zur Beunruhigung. Wir können die Hauptversammlung aber nicht fortsetzen.

Ich bitte Sie, das Gebäude ruhig und zügig zu verlassen. Nehmen Sie bitten Ihre persönlichen Sachen mit. [Die an der Garderobe abgegebenen Gegenstände erhalten Sie außerhalb des Gebäudes.] Die Notausgänge werden gerade geöffnet. Folgen Sie bitte den Hinweisen des Sicherheitspersonals."

2. Störungsleitfäden

Die Leitfäden für Störungssituationen[9] folgen einem in der Praxis bewährten Steigerungsmuster: (i) die Aufforderung, die Störung zu unterlassen, (ii) die Androhung einer Ordnungsmaßnahme und (iii) die Anordnung der Ordnungsmaßnahme. Auch die Durchsetzung folgt diesem Muster: Aufforderung – Androhung – Durchsetzungsmaßnahme. Der „Dreischritt" bietet dem Versammlungsleiter eine einfache und sofort verwendbare Unterstützung, wenn rasches und sofortiges Einschreiten geboten ist. Die einzelnen Schritte können wiederholt und mehrfach unternommen werden. Die Pausen und Dauer zwischen den Schritten können variiert und der Situation angepasst werden.

Anlage 2.1: Redner überschreitet die eingeräumte Redezeit[10]/Wortentziehung

Aufforderung

Herr/Frau [...], ich muss Sie an dieser Stelle unterbrechen. Ich hatte zu Beginn der Debatte erläutert, dass jedem Aktionär zunächst eine Redezeit von 10 Minuten zur Verfügung steht. Die Zeit ist abgelaufen. Bitte kommen Sie zum Ende Ihrer Ausführungen. Es bleibt Ihnen unbenommen, am Wortmeldetisch erneut eine Wortmeldung abzugeben. Wenn uns genügend Zeit verbleibt, erteile ich Ihnen das Wort erneut.

---

[9] → § 9 Rn. 240 ff.
[10] → § 9 Rn. 246 ff.

Androhung der Wortentziehung

Herr/Frau […], Sie haben nun 12 Minuten gesprochen. Wir haben eine lange Wortmeldeliste. Ich möchte allen Aktionären die Möglichkeit geben, sich frühzeitig zu Wort zu melden. Das dient der Gleichbehandlung. Ich muss Sie daher bitten, Ihre Ausführungen nun vorerst zu beenden. Sie können gern eine weitere Wortmeldung abgeben.

Entziehung des Worts

Herr/Frau […], Sie sind meiner wiederholten Bitte nicht nachgekommen. Ich entziehe Ihnen nunmehr das Wort. Bitte räumen Sie das Rednerpult.

Wenn Redner das Rednerpult nicht räumt: siehe Anlage 2.2.

Anlage 2.2: **Redner räumt das Pult nach Entziehung des Wortes nicht/Räumung des Rednerpults**

Wenn ein zweites Saalmikrophon zur Verfügung steht, kann die Versammlung vom zweiten Saalmikrophon aus fortgeführt werden. Es ist dann nicht erforderlich, das erste Rednerpult zu räumen.

Aufforderung

Ich hatte Ihnen das Wort entzogen und fordere Sie auf, das Rednerpult für den nächsten Redner frei zu machen. Bitte nehmen Sie wieder im Auditorium Platz. Es bleibt Ihnen unbenommen, am Wortmeldetisch erneut eine Wortmeldung abzugeben. Wenn uns genügend Zeit verbleibt, erteile ich Ihnen das Wort erneut.

Androhung der Räumung des Rednerpults

Ich fordere Sie erneut auf, das Rednerpult frei zu machen. Ich werde Sie vom Rednerpult geleiten lassen, wenn Sie meiner Aufforderung nicht folgen.

Räumung des Rednerpults

Ich bitte die Ordnungskräfte, den Teilnehmer vom Rednerpult zu geleiten. Nun hat das Wort Frau/Herrn _____.

Anlage 2.3: **Redner stört den Versammlungsablauf nach Entziehung des Worts erheblich/Vorübergehender Verweis aus dem Versammlungssaal**

Aufforderung

Sie stören die Versammlung. Ich fordere Sie auf, die Störung zu unterlassen. Bitte nehmen Sie wieder im Auditorium Platz. Ich hatte Ihnen bereits gesagt, dass Sie am Wortmeldetisch eine weitere Wortmeldung abgeben können. Wenn uns genügend Zeit verbleibt, erteile ich Ihnen das Wort erneut.

Androhung des vorübergehenden Saalverweises[11]

Ich fordere Sie erneut auf, die Störung zu unterlassen. Ich werde Sie vorübergehend des Saales verweisen, wenn Sie die Störung nicht unverzüglich einstellen.

---

[11] → § 9 Rn. 251.

Vorübergehender Saalverweis

Ich verweise Sie für 15 Minuten des Saals, um sich zu beruhigen. Ich bitte die Ordnungskräfte, den Teilnehmer aus dem Saal zu begleiten. Sie können dem Versammlungsverlauf im Foyer folgen. Wenn Sie ohne Störung teilnehmen wollen, dürfen Sie den Versammlungssaal nach 15 Minuten wieder betreten. Bis dahin können Sie einen anderen Teilnehmer mit der Wahrnehmung Ihrer Aktionärsrechte betrauen. Sie können auch die Stimmrechtsvertreter der Gesellschaft bevollmächtigen, ihr Stimmrecht gemäß Ihren Weisungen auszuüben.

Anlage 2.4: Fortsetzung von Störungen nach vorübergehendem Saalverweis/ Versammlungsverweis

Alternativ sollte ein nochmaliger (verlängerter) Verweis aus dem Versammlungssaal erwogen werden und ein Versammlungsverweis nur ausgesprochen werden, wenn der Verweis aus dem Versammlungssaal keinen Erfolg verspricht.

Aufforderung

Ich hatte gehofft, dass Sie Einsicht zeigen und uns die ungestörte Fortführung der Hauptversammlung erlauben. Dies ist offenbar nicht der Fall. Im Interesse eines ungestörten Versammlungsablaufs bitte ich Sie nochmals um Ruhe. Ich werde weitere Störung durch Sie nicht dulden.

Androhung des Versammlungsverweises

Ich fordere Sie letztmalig auf, die fortgesetzten Störungen zu unterlassen. Ich werde Sie andernfalls aus der Versammlung verweisen.

Versammlungsverweis[12]

Ich verweise Sie nunmehr aus der Versammlung und bitte die Ordnungskräfte darum, Sie zum Ausgang zu begleiten. Sie haben dort die Möglichkeit, eine Vollmacht zur Ausübung Ihres Stimmrechts zu erteilen.

Anlage 2.5: Aktionär spricht nicht zum Abwahlantrag[13]/Wortentziehung

Aufforderung

Ich habe Ihnen bevorzugt das Wort erteilt, weil Sie einen Antrag zur Abwahl des Versammlungsleiters angekündigt haben. Ich stelle fest, dass Sie nicht dazu vortragen. Ich bitte Sie daher, nunmehr unverzüglich den angekündigten Antrag zu stellen und sich auf die Begründung des Antrags zu konzentrieren. Wenn Sie meiner Aufforderung nicht nachkommen, muss ich Ihnen das Wort entziehen.

Androhung der Wortentziehung

Ich fordere Sie nochmals auf, den angekündigten Antrag zu stellen und sich auf die Begründung zu konzentrieren. Wenn Sie nicht unverzüglich den Antrag zur Abwahl des Versammlungsleiters begründen, muss ich Ihnen das Wort entziehen.

---

[12] → § 9 Rn. 248.
[13] Vgl. S. 1083 f.

Entziehung des Wortes

Ich muss feststellen, dass Sie immer noch keine Ausführungen zu dem angekündigten Antrag auf Abwahl des Versammlungsleiters gemacht haben. Ich entziehe Ihnen daher jetzt das Wort. Bitte verlassen Sie jetzt das Rednerpult. Ein wichtiger Grund für meine Abwahl als Versammlungsleiter ist nicht vorgetragen. Ich werde daher über den Abwahlantrag nicht abstimmen lassen. Seien Sie versichert, dass ich die Versammlung neutral und sachgerecht leite.

Anlage 2.6: Aktionär spricht nicht zur Tagesordnung[14]/Wortentziehung

Aufforderung

Ich muss Sie an dieser Stelle unterbrechen. Als Versammlungsleiter habe ich für einen zügigen Ablauf der Hauptversammlung zu sorgen. Ich darf Sie daher bitten, sich in Ihren Ausführungen auf die Dinge zu beschränken, die Gegenstand der Tagesordnung dieser Hauptversammlung sind.

Androhung der Wortentziehung

Ich muss Sie jetzt dringlich bitten, mit Ihren Ausführungen zur Tagesordnung unserer heutigen Hauptversammlung zu Ende zu kommen. Ich entziehe Ihnen andernfalls das Wort.

Wortentzug

Sie machen keine Anstalten, meiner Aufforderung Folge zu leisten. Ich entziehe ich Ihnen daher nun das Wort.

Ich darf Sie bitten, das Rednerpult zu verlassen. Es steht Ihnen frei, am Wortmeldeschalter eine weitere Wortmeldung abzugeben. Wenn Sie uns versichern, dass Sie zur Tagesordnung sprechen wollen, berücksichtige ich Ihre Wortmeldung später nochmals. Ich bitte den nächsten Redner an das Mikrophon.

Anlage 2.7: Beschimpfung von Dritten durch den Redner/Wortentziehung

Aufforderung

Ich muss Sie an dieser Stelle unterbrechen. Ihre Äußerungen sind in ihrer Wortwahl unangemessen. Ich bitte Sie, zu einer sachlichen Diskussion zurückzukehren und weder uns noch andere Versammlungsteilnehmer in unangemessenem Ton anzugreifen. Kritik ist Ihnen selbstverständlich erlaubt.

Androhung der Wortentziehung

Ich muss Sie jetzt dringlich bitten, zu einem sachlichen und angemessenen Ton zurückzukehren. Ich entziehe Ihnen andernfalls das Wort.

Wortentziehung

Sie machen keine Anstalten, meiner Aufforderung Folge zu leisten. Ich dulde keine Diskussion, die sich im Ton außerhalb des angemessenen Rahmens bewegt und entziehe ich Ihnen daher nun das Wort.

Ich darf Sie bitten, das Rednerpult jetzt zu verlassen. Es steht Ihnen frei, am Wortmeldeschalter eine weitere Wortmeldung abzugeben. Wenn Sie

---

[14] → § 9 Rn. 260 f.

Anhang 2

uns versichern, dass Sie sich im Ton mäßigen, berücksichtige ich Ihre Wortmeldung später nochmals. Ich schalte jetzt das Mikrofon ab und bitte den nächsten Redner an das Rednerpult.

Anlage 2.8: **Störungen aus dem Publikum (Lärm, Zwischenrufe, Sprechchöre, Blockieren der Gänge, Verteilung von Flugblättern, Betreten der Bühne oder vergleichbare Störungen)/Vorübergehender Verweis aus dem Versammlungssaal**

Aufforderung

Sie stören die Versammlung. Als Leiter der Hauptversammlung muss ich für den ordnungsgemäßen Verlauf der Versammlung Sorge tragen. Ich fordere Sie auf, die Störung zu unterlassen. Bitte nehmen Sie wieder im Auditorium Platz und verhalten sich ruhig.

Androhung des vorübergehenden Saalverweises

Ich fordere Sie erneut auf, die Störung sofort zu unterlassen. Ich werde Sie anderfalls vorübergehend des Saales verweisen.

Vorübergehender Saalverweis

Ich verweise Sie für 15 Minuten des Saals, um sich zu beruhigen. Ich bitte die Ordnungskräfte, den/die Teilnehmer aus dem Saal zu begleiten. Sie können dem Versammlungsverlauf im Foyer folgen. Wenn Sie ohne Störung teilnehmen wollen, dürfen Sie den Versammlungssaal nach 15 Minuten wieder betreten. Bis dahin können Sie einen anderen Teilnehmer mit der Wahrnehmung Ihrer Aktionärsrechte betrauen. Sie können nen auch die Stimmrechtsvertreter der Gesellschaft bevollmächtigen, Ihr Stimmrecht gemäß Ihren Weisungen auszuüben.

Anlage 2.9: **Störung durch Mobiltelefone**

Meine Damen und Herren, wir haben Sie [eingangs/in den organisatorischen Hinweisen] gebeten, Ihre Handys und Mobiltelefone in diesem Saal auszuschalten. Sie können gerne im Foyer telefonieren. Um allen Aktionären eine ungestörte Teilnahme an der Hauptversammlung zu ermöglichen, möchte ich Sie nochmals bitten, die Handys oder Mobiltelefone hier im Saal auszuschalten.

Anlage 2.10: **Aufforderung zum Unterlassen von Bild- und Tonaufnahmen/ Vorübergehende Verweisung aus dem Versammlungssaal**

Aufforderung

Ich muss die Versammlung für einen Moment unterbrechen. Wie ich sehe, befindet sich im Versammlungssaal ein Teilnehmer, der Bildaufnahmen [Tonaufnahmen] macht. Ich hatte Sie [eingangs/in den organisatorischen Hinweisen] gebeten, in den Versammlungsräumen keine Bild- und Tonaufnahmen zu machen. Um allen Aktionären eine ungestörte Teilnahme an der Hauptversammlung zu ermöglichen, möchte ich Sie nochmals bitten, in den Versammlungsräumen keine Bild- und Tonaufnahmen zu machen. Vielen Dank.

Androhung des vorübergehenden Saalverweises

Ich bitte Sie letztmalig, Bild- und Tonaufnahmen in dieser Hauptversammlung zu unterlassen. Wenn Sie meiner Anordnung nicht Folge leisten, werde ich meine Anordnung von den Ordnungskräften durchsetzen lassen. Die Ordnungskräfte geleiten Sie dann aus dem Versammlungssaal.

Saalverweis

Ich hatte Sie gebeten, Bild- und Tonaufnahmen in dieser Hauptversammlung zu unterlassen. Da Sie meiner Aufforderung nicht nachkommen, bitte ich daher nunmehr die Ordnungskräfte, Sie aus dem Saal hinauszubegleiten. Sie können Ihr Aufnahmegerät in ein Schließfach einschließen [im Foyer in Verwahrung geben] und dann in den Saal zurückkehren. In der Zwischenzeit können Sie einen anderen Teilnehmer mit der Wahrnehmung Ihrer Aktionärsrechte betrauen.

3. Behandlung von Aktionärsanträgen, die auf eine Beschlussfassung der Hauptversammlung gerichtet sind

Anlage 3.1: Antrag auf Einzelentlastung des Vorstands und/oder des Aufsichtsrats[15]

Standardvorgehen

(wird vielfach als umständlich empfunden und macht unter Umständen einen gesonderten Abstimmungsgang nach Schluss der Debatte erforderlich)

Reaktion während der Aktionärsdebatte:

„Herr/Frau ... hat beantragt, über die Entlastung der Mitglieder des Vorstands einzeln abzustimmen. Es geht noch nicht um die Entlastung selbst, sondern nur um die Verfahrensfrage, ob über die Entlastung der Vorstandsmitglieder, wie von Vorstand und Aufsichtsrat vorgeschlagen, im Block abgestimmt wird oder, wie von Herr/Frau ... beantragt, gesondert über die Entlastung jedes einzelnen Vorstandsmitglieds. Das Gesetz bestimmt, dass über die Entlastung der Vorstandsmitglieder einzeln abzustimmen ist, wenn die Hauptversammlung es beschließt oder eine Minderheit es verlangt, deren Anteile zusammen den zehnten Teil des Grundkapitals oder den anteiligen Betrag von einer Million Euro erreichen.

Ich stelle den Aktionären, die das Einzelentlastungsverlangen von Herrn/Frau ... unterstützen möchten, anheim, sich bei Ihnen zu melden. Ich biete Ihnen hierzu an, die Anzahl der Sie unterstützenden Stimmen durch Vorzeigen der betreffenden Stimmkartenblöcke am Wortmeldeschalter festzustellen und unter notarieller Aufsicht zählen zu lassen. Meine Damen und Herren, das Verfahren zum Nachweis der erforderlichen Stimmen nimmt etwas Zeit in Anspruch. Wir fahren daher mit der Debatte fort. Ich komme später auf das Einzelentlastungsverlangen zurück."

Quorum wird verfehlt:

Wenn das Quorum nicht erreicht wird, haben die Aktionäre nach h.M. die Möglichkeit, einen Antrag auf Beschlussfassung der Hauptversammlung zu verlangen[16]. Wenn der Versammlungleiter einen rechtlich abgesicherten Weg gehen will, fragt er beim Aktionär nach:

---

[15] → § 9 Rn. 214 ff.
[16] → § 9 Rn. 217.

„Der Antrag von Frau/Herrn ... auf Einzelentlastung wird von ... Aktien unterstützt. Damit ist das Minderheitsquorum für eine Einzelentlastung deutlich unterschritten. Frau/Herrn ..., darf ich davon ausgehen, dass sich Ihr Einzelentlastungsverlangen damit erledigt hat und sie nicht eine Abstimmung der Hauptversammlung über das Einzelentlastungsverlangen wünschen?"

Wenn Aktionär widerspricht:

„Ich habe Ihren Beschlussantrag aufgenommen und werde hierüber im Anschluss an die Aktionärsaussprache abstimmen lassen."

Die Abstimmung muss in einem gesonderten Abstimungsgang vor der Sachentscheidung über die Entlastung der Mitglieder von Vorstand und/oder Aufsichtsrat vorgenommen werden.[17]

Alternativvorgehen 1: Zusammenfassung von Feststellung des Minderheitsquorums und der Abstimmung über den Verfahrensantrag während fortlaufender Debatte

Das Alternativvorgehen setzt die Anwesenheit eines zweiten Notars oder kurze Unterbrechung zur notariellen Aufsicht über die Stimmauszählung voraus. Die Unterbrechung muss nicht notwendig sofort nach Feststellung des Minderheitsquorums und der Abstimmung erfolgen. Jede Unterbrechung während der Debatte kann für Auszählung unter notarieller Aufsicht genutzt werden.

„Herr/Frau ... hat beantragt, über die Entlastung der Mitglieder des Vorstands einzeln abzustimmen. Es geht nicht um die Sachentscheidung über die Entlastung, sondern nur um die Verfahrensfrage, ob Sie über die Entlastung der Vorstandsmitglieder, wie von Vorstand und Aufsichtsrat vorgeschlagen, *insgesamt* abgestimmen wollen, oder gesondert über die Entlastung jedes einzelnen Vorstandsmitglieds. Letzteres beantragt Herr/Frau ... Das Gesetz bestimmt, dass über die Entlastung der Vorstandsmitglieder einzeln abzustimmen ist, wenn die Hauptversammlung es beschließt oder eine Minderheit es verlangt, deren Anteile zusammen den zehnten Teil des Grundkapitals oder den anteiligen Betrag von einer Million Euro erreichen.

Ich möchte die Feststellung des Minderheitsquorums und die Abstimmung über die Verfahrensfrage zusammenfassen und im Subtraktionsverfahren durchführen. Wir verwenden dazu die Sonderstimmkarte S ... Ich bitte alle Aktionäre, die den Antrag auf Einzelentlastung unterstützen, also mit ‚Ja' stimmen oder sich der Stimme enthalten wollen, dies auf der Stimmkarte S ... entsprechend anzukreuzen und die Sonderstimmkarte S ... nach dem Gongzeichen in den Sammelbehälter am Wortmeldeschalter einzuwerfen. Das gilt auch für die Aktionäre, die sich gegenwärtig im Foyer oder in den Nebenräumen aufhalten. Ich werde die Stimmabgabe in etwa zehn Minuten beenden. Sie haben also genügend Zeit, Ihre Sonderstimmkarte S ... am Wortmeldeschalter in den Sammelbehälter einzuwerfen.

Wenn Sie *gegen* den Antrag auf Einzelabstimmung sind, müssen Sie nichts unternehmen. Ihre Stimme wird als „Nein"-Stimme gezählt, wenn Sie

---

[17] Vgl. S. 1069.

bei dem gleich folgenden Gongzeichen Teilnehmer der Versammlung sind und die Simmkarte S ... nicht am Wortmeldetisch abgeben. Die am Wortmeldeschalter abgegebenen Ja-Stimmen und Stimmenthaltungen werden unter notarieller Aufsicht ausgezählt. [Gong] Meine Damen und Herren, die Feststellung des Minderheitsquorums und die Abstimmung über die Verfahrensfrage wird einige Zeit in Anspruch nehmen. Wir können daher mit der Hauptversammlung fortfahren."

Zehn Minuten nach dem Gong:

„Meine Damen und Herren, darf ich nachfragen, ob jeder, der *für* den Einzelentlastungsantrag stimmen oder sich der Stimme enthalten will, Gelegenheit hatte, die Sonderstimmkarte S ... am Wortmeldeschalter in den Sammelbehälter einzuwerfen? [abwarten] Dann schließe ich jetzt die Abstimmung über den Einzelentlastungsantrag. Das Ergebnis teile ich Ihnen mit, sobald es mit vorliegt. Wir fahren mit der Hauptversammlung fort. Ich rufe nun als Redner auf: Frau/Herrn ..."

Feststellung des Beschlussergebnisses:

„Meine Damen und Herren, bei der Abstimmung über den Einzelentlastungsantrag haben sie für ... Aktien gültige Stimmen abgegeben. Dies entspricht ... % des Grundkapitals. Bei ... Ja-Stimmen, ... Enthaltungen und ... Nein-Stimmen liegt die Zustimmungsquote bei nur ... % der abgegebenen Stimmen. Ich stelle fest und verkünde, dass die Hauptversammlung den Einzelentlastungsantrag von Frau/Herrn ... abgelehnt hat und das Minderheitsquorum nicht erreicht ist."

Alternativvorgehen 2: Anordnung der Einzelentlastung durch den Versammlungsleiter

Gesellschaften haben oft Einzelentlastungstimmkarten vorbereitet und wollen die umständliche Behandlung eines Einzelentlastungsverlangens dadurch abkürzen, dass der Versammlungsleiter die Einzelabstimmung anordnet. Das ist zulässig[18].

„Frau/Herr ... beantragt, über die Entlastung der Mitglieder des Vorstands im Wege der Einzelabstimmung abzustimmen. Als Versammlungsleiter kann ich die Einzelabstimmung anordnen. Um eine gesonderte Abstimmung über die Verfahrensfrage zu vermeiden und im Interesse einer zügigen Durchführung der heutigen Hauptversammlung mache ich von dieser Befugnis Gebrauch. Wir werden über die Entlastung der Mitglieder des Vorstands im Wege der Einzelentlastung unter Verwendung der dafür vorgesehen Stimmkarte ... abstimmen. Ich werde dies vor Beginn der Abstimmung nochmals erläutern."

Anlage 3.2: Antrag auf Abwahl des Versammlungsleiters[19]

Standardvorgehen (Zeitaufwand ca. 90 Minuten/Ziel: hohe rechtliche Sicherheit):

Frühe Ankündigung eines Abwahlantrags in einer Wortmeldung/ Vorrangige Erteilung des Wortes:

---

[18] → § 9 Rn. 214.
[19] → § 9 Rn. 25 ff. und 204 ff.

"Frau/Herr ... hat mit seiner/ihrer Wortmeldung angekündigt, den Antrag auf Abwahl des Versammlungsleiters stellen zu wollen. Die Hauptversammlung kann eine Abwahl des Versammlungsleiters nur beschließen, wenn ein wichtiger Grund vorliegt, wenn also die Versammlungsleitung durch mich objektiv unzumutbar ist. Frau/Herr ... hat uns die Wortmeldung um 10.07 Uhr überreicht. Dass bis dahin ein Abwahlgrund eingetreten sein könnte, sehe ich nicht. Gleichwohl muss ich Frau/Herr ... vorrangig das Wort erteilen, um den Antrag zu stellen und zu begründen.

Frau/Herr ..., ich erteilen Ihnen das Wort für höchstens zehn Minuten, ausschließlich um den angekündigten Abwahlantrag zu stellen und zu begründen. Ich werde Ihnen das Wort entziehen[20], wenn Sie zu anderen Gegenständen der Tagesordnung sprechen."

Ankündigung des Abwahlantrags während der Debatte/Vorrangige Erteilung des Wortes:

"Frau/Herr ... hat mit seiner/ihrer Wortmeldung angekündigt, den Antrag auf Abwahl des Versammlungsleiters stellen zu wollen. Die Hauptversammlung kann eine Abwahl des Versammlungsleiters nur beschließen, wenn ein wichtiger Grund vorliegt, wenn also die Versammlungsleitung durch mich unzumutbar ist. Ich muss unsere Sachdiskussion leider unterbrechen und Frau/Herr ... vorrangig das Wort erteilen.

Frau/Herr ..., ich erteilen Ihnen nun das Wort für zehn Minuten, ausschließlich um den angekündigten Abwahlantrag zu stellen und zu begründen. Ich werde Ihnen das Wort entziehen, wenn Sie zu anderen Gegenständen der Tagesordnung sprechen."

Einleitung einer Zwischendebatte und -abstimmung:

"Meine Damen und Herren, ich weise die Vorwürfe von Frau/Herrn ... gegen meine Person zurück. Sie entbehren der Grundlage. Sie stehen auch in keinem Zusammenhang zu unserer heutigen Hauptversammlung und meiner Versammlungsleitung. Gleichwohl möchte ich denjenigen Aktionären, die dies wünschen, Gelegenheit geben, sich dem Antrag von Frau/Herrn ... anzuschließen. Ich bitte um Ihre Wortmeldung innerhalb der nächsten fünf Minuten am Wortmeldetisch. Ich werde jedem Redner, der sich dazu zu Wort meldet, eine Redezeit von [fünf] Minuten einräumen und die Zwischendebatte über den Abwahlantrag auf insgesamt 90 Minuten beschränken. Je nach Zahl der Wortmeldungen behalte ich mir vor, die Redezeit auf drei Minuten zu beschränken.

Frau/Herr ..., ich erteilen Ihnen nun das Wort für fünf Minuten, ausschließlich um zum Abwahlantrag Stellung zu nehmen."

Hinweis auf Teilnehmerverzeichnis während der Zwischendebatte:

"Meine Damen und Herren, uns liegt jetzt auch das Teilnehmerverzeichnis unserer heutigen Hauptversammlung vor. Es ist am Wortmeldetisch einsehbar. Das gilt auch für die Nachträge, in denen wir Änderungen erfassen."

---

[20] Vgl. dazu oben Anlage 2.5, S. 1078.

Abstimmung:

„Wir kommen zur Abstimmung über den Abwahlantrag. Wir stimmen im Subtraktionsverfahren ab, und zwar mit der Sonderstimmkarte S ... Wer gegen meine Abwahl als Versammlungsleiter ist, muss keine Stimmkarte abgeben. Wer sich dem Antrag von Frau/Herrn ... anschließen, also zu meiner Abwahl mit „Ja" stimmen oder sich der Stimme enthalten will, muss dies auf der Stimmkarte S ... entsprechend ankreuzen. Bitte werfen Sie die Sonderstimmkarte S ... innerhalb der nächsten zehn Minuten in die Sammelbox am Wortmeldetisch ein. Ich wiederhole: Wenn Sie gegen den Abwahlantrag, also mit „Nein" stimmen wollen, müssen Sie nichts unternehmen. Ihre Stimme wird als Nein-Stimme gezählt, wenn Sie bei dem Gongzeichen, das ich gleich gebe, Teilnehmer der Versammlung sind und die Stimmkarte S ... nicht am Wortmeldetisch abgeben. Nur wer für den Abwahlantrag stimmen oder sich der Stimmen enthalten will, muss die Stimmkarte S ... ausfüllen und innerhalb der nächsten zehn Minuten in die Sammelbox am Wortmeldetisch einwerfen. Die am Wortmeldetisch abgegebenen Ja-Stimmen und Stimmenthaltungen werden unter notarieller Aufsicht ausgezählt. [Gong] Meine Damen und Herren, wir fahren einstweilen in der Hauptversammlung fort. Ich rufe nun als Redner auf: Frau/Herrn ....,"

Zehn Minuten nach dem Gong:

„Meine Damen und Herren, darf ich nachfragen, ob jeder, der für den Abwahlantrag stimmen oder sich der Stimme enthalten will, Gelegenheit hatte, die Sonderstimmkarte S ... am Wortmeldeschalter abzugeben? [abwarten] Dann schließe ich jetzt die Abstimmung über den Abwahlantrag. Das Ergebnis teile ich Ihnen mit, sobald es mit vorliegt. Wir fahren mit der Hauptversammlung fort. Ich rufe nun als Redner auf: Frau/Herrn ..."

Feststellung des Beschlussergebnisses:

„Meine Damen und Herren, ich hatte Ihnen bereits erläutert, dass die Vorwürfe von Frau/Herrn ... gegen meine Person jeder sachlichen Grundlage entbehren. Ein wichtiger Grund für eine Abwahl liegt nicht vor. Das ist offenbar auch die Einschätzung der großen Mehrheit unserer Aktionäre. Bei der Abstimmung über den Abwahlantrag haben Sie für ... Aktien gültige Stimmen abgegeben. Dies entspricht ... % des Grundkapitals. Bei ... Ja-Stimmen, ... Enthaltungen und ... Nein-Stimmen liegt die Zustimmungsquote bei nur ... % der abgegebenen Stimmen. Ich stelle fest und verkünde, dass die Hauptversammlung den Abwahlantrag von Frau/Herrn ... abgelehnt hat. Ich bedanke mich für Ihr Vertrauen."

Alternativvorgehen (Zeitaufwand ca. 15 Minuten; zu den rechtlichen Grundlagen des Alternativvorgehens → § 9 Rn. 32):

Ankündigung des Abwahlantrags während der Debatte/Vorrangige Erteilung des Wortes:

„Frau/Herr ... hat mit seiner/ihrer Wortmeldung angekündigt, den Antrag auf Abwahl des Versammlungsleiters stellen zu wollen. Es ist umstritten, ob ein durch die Satzung bestimmter Versammlungsleiter abgewählt werden kann. Die Beschlussfassung über die Abwahl ist allenfalls zulässig, wenn ein wichtiger Grund für die Abwahl vorliegt. Darüber hinaus muss der Antrag von Aktionären unterstützt werden, deren Anteile zusammen 5 Prozent des Grundkapitals oder den anteiligen Betrag von 500.000 Euro erreichen. Ich will gleichwohl unsere Sachdiskussion kurz unterbrechen und Frau/Herr ... vorrangig das Wort erteilen.

Frau/Herr ..., ich erteilen Ihnen nun das Wort für zehn Minuten, ausschließlich um den angekündigten Abwahlantrag zu stellen und zu begründen. Ich werde Ihnen das Wort entziehen, wenn Sie zu anderen Gegenständen als der Tagesordnung sprechen."

Feststellung des Minderheitsquorums und der Mehrheitsverhältnisse/Hinweis auf Teilnehmerverzeichnis während der Zwischendebatte:

„Meine Damen und Herren, uns liegt jetzt auch das Teilnehmerverzeichnis unserer heutigen Hauptversammlung vor. Es ist am Wortmeldetisch einsehbar. Änderungen werden in Nachträgen erfasst, die ebenfalls am Wortmeldetisch zur Einsicht ausliegen werden.

Nun zum Abwahlantrag: Ich muss zunächst die Vorwürfe von Frau/Herrn ... gegen meine Person zurückweisen. Sie sind haltlos, unsachlich und entbehren der Grundlage. Vor allem aber stehen sie in keinem Zusammenhang zu unserer heutigen Hauptversammlung und meiner Versammlungsleitung. Ich sehe gegenwärtig keinen Grund zur Abwahl des Versammlungsleiters. Ich möchte daher jetzt in einem zweiten Schritt feststellen, wer den Abwahlantrag unterstützt. Das erledigen wir im Subtraktionsverfahren, und zwar unter Verwendung der Sonderstimmkarte S ... Wer sich dem Antrag von Frau/Herrn ... anschließen, also die Abwahl des Versammlungsleiters wünscht oder sich der Stimme enthalten will, muss das entsprechende Kästchen auf der Stimmkarte S ... ankreuzen und die Sonderstimmkarte S ... innerhalb der nächsten zehn Minuten am Wortmeldetisch abgeben. Wer sich dem Abwahlantrag *nicht* anschließen, also mit „Nein" stimmen will, muss keine Stimmkarte abgeben. Ich wiederhole: Wenn Sie gegen den Anwahlantrag sind, müssen Sie nichts unternehmen. Ihre Stimme wird als Nein-Stimme gezählt, wenn Sie bei dem Gongzeichen, das ich gleich gebe, Teilnehmer der Versammlung sind und die Stimmkarte S ... nicht am Wortmeldetisch abgeben. Nur wer den Abwahlantrag unterstützen oder sich der Stimmen enthalten will, muss die Stimmkarte S ... ausfüllen und innerhalb der nächsten zehn Minuten am Wortmeldetisch abgeben. Die am Wortmeldetisch abgegebenen Stimmkarten werden unter notarieller Aufsicht ausgezählt. Das Ergebnis gebe ich später bekannt. [Gong]

Wir fahren einstweilen in der Hauptversammlung fort. Ich rufe nun als Redner auf: Frau/Herrn ...,"

Feststellung nach Auszahlung des Ergebnisses:

„Meine Damen und Herren, ich hatte Ihnen bereits erläutert, dass die Vorwürfe von Frau/Herrn ... gegen meine Person haltlos sind und jeder sachlichen Grundlage entbehren. Sie stehen in keinem Zusammenhang zu unserer heutigen Hauptversammlung und meiner Versammlungsleitung. Ein wichtiger Grund für ein Abwahl liegt nicht vor. Das ist offenbar auch die Einschätzung der großen Mehrheit von Ihnen. Ich bedanke mich für Ihr Vertrauen. Die Feststellung der Stimmverhältnisse hat ergeben, dass bei ... gültigen Stimmen, das entspricht ... Prozent des Grundkapitals unserer Gesellschaft, der Abwahlantrag nur von ... Stimmen, also von nur ... Prozent des Grundkapitals und ... Prozent der gültigen Stimmen unterstützt wird. Es liegen uns ... Stimmenthaltungen vor. ... Stimmen und damit die deutliche Mehrheit der abgegebenen Stimmen hat sich dem Abwahlantrag nicht angeschlossen. Ich stelle fest und verkünde, dass der Abwahlantrag abgelehnt ist und sich erledigt hat."

Anlage 3.3: **Antrag auf Vertagung der Hauptversammlung**[21]

Während der Debatte

„Frau/Herr ... hat beantragt, die Hauptversammlung zu vertagen. Ich sehe keinen sachlichen Grund für eine Vertagung. Über den Antrag ist auch nicht während der Debatte abzustimmen. Ich komme auf den Antrag nach dem Schluss der Debatte bei den Abstimmungen zurück."

Nach Schluss der Debatte (optional)

„Frau/Herr ... hat beantragt, die Hauptversammlung zu vertagen. Ich sehe unverändert keinen sachlichen Grund für eine Vertagung. Im Gegenteil: Ihnen stehen die zur sachgemäßen Beurteilung der Tagesordnung erforderlichen Informationen vollständig zur Verfügung.

Frau/Herr ..., darf ich vor diesem Hintergrund fragen, ob Sie an Ihrem Vertagungsantrag festhalten?

[Wenn das bejaht wird:]

Meine Damen und Herren, dann müssen wir bei den Abstimmungen zunächst über den Verfahrensantrag von Frau/Herrn ... abstimmen lassen.

[Fortsetzung mit angepasstem Hauptleitfaden.]"

Anlage 3.4: **Antrag auf Einberufung einer weiteren Hauptversammlung**[22]

Während der Debatte:

„Ich sehe keinen Grund für die Einberufung einer weiteren Hauptversammlung. Sie würde hohe Kosten verursachen. Ich schlage vor, dass Sie Ihre Kritik zunächst in der heutigen Hauptversammlung vortragen. Über den Antrag ist auch nicht während der Debatte abzustimmen. Ich komme auf den Antrag nach dem Schluss der Debatte zurück."

Nach Schluss der Debatte:

Frau/Herr ... hat beantragt, eine weitere Hauptversammlung einzuberufen. Ich sehe unverändert keinen sachlichen Grund dafür. Im Gegenteil: Wir haben eine inhaltsreiche Debatte geführt, die alle Aspekte unserer heutigen Tagesordnung beleuchtet hat. Frau/Herr ..., darf ich vor diesem Hintergrund fragen, ob Sie an Ihrem Antrag festhalten?

[Wenn das bejaht wird:]

Meine Damen und Herren, dann müssen wir bei den Abstimmungen zunächst über den Antrag von Frau/Herrn ... abstimmen lassen, eine weitere Hauptversammlung einzuberufen."

[Fortsetzung mit angepasstem Hauptleitfaden.]

---

[21] → § 9 Rn. 213.
[22] → § 9 Rn. 182.

Anlage 3.5: **Antrag auf Absetzung einzelner Punkte von der Tagesordnung**[23]

Während der Debatte

„Frau/Herr … hat beantragt, den Punkt … von der Tagesordnung abzusetzen. Ich sehe keinen sachlichen Grund für eine Absetzung. Über den Antrag ist auch nicht während der Debatte abzustimmen. Ich komme auf den Antrag nach dem Schluss der Debatte bei den Abstimmungen zurück."

Nach Schluss der Debatte (optional)

„Frau/Herr … hat beantragt, den Punkt … von der Tagesordnung abzusetzen. Ich sehe unverändert keinen sachlichen Grund für eine Vertagung. Im Gegenteil: Soweit ich sehe, stehen Ihnen die zur sachgemäßen Beurteilung von Tagesordnungspunkt … erforderlichen Informationen nach unserer eingehenden Ausspache zur Verfügung. Frau/Herr …, darf ich vor diesem Hintergrund fragen, ob Sie an Ihrem Vertagungsantrag festhalten?

[Wenn das bejaht wird:]

Meine Damen und Herren, dann müssen wir bei den Abstimmungen zunächst über den Verfahrensantrag von Frau/Herrn … abstimmen lassen.

[Fortsetzung mit angepasstem Hauptleitfaden.]"

Anlage 3.6: **Antrag auf Einzelabstimmung zur Wahl von Aufsichtsratsmitgliedern**[24]**/Widerspruch gegen Listenwahl**[25]

Wenn Satzung den Versammlungsleiter ermächtigt, die Wahl im Wege der Listenwahl durchzuführen:

„Ich habe nach § … unserer Satzung bestimmt, über die Wahl der Aufsichtsratsmitglieder durch Listenwahl zu beschließen. Im Interesse einer zügigen Abwicklung unserer heutigen Hauptversammlung möchte ich daran festhalten. Wenn Sie gegen ein vorgeschlagenes Aufsichtsratsmitglied stimmen wollen, müssen Sie die gesamte Liste ablehnen. Ich gehe gegenwärtig davon aus, dass die vom Aufsichtsrat vorgeschlagene Liste die Mehrheit findet. Wenn das wider Erwarten nicht der Fall ist, gehen wir zur Einzelwahl über."

Wenn Satzungsermächtigung für die Listenwahl fehlt:

„Entsprechend dem Antrag von Frau/Herr … gehen wir bei der Aufsichtsratswahl zur Einzelwahl über. Wir verwenden dafür die Sammelstimmkarte …"

Anlage 3.7: **Antrag auf vorrangige Abstimmung über den Vorschlag eines Aktionärs zur Wahl eines Aufsichtsratsmitglieds**[26]

Wenn die Voraussetzungen von § 137 AktG nicht gegeben sind:

„Als Versammlungsleiter obliegt mir, über die Reihenfolge der Abstimmung zu entscheiden. Ich lasse zunächst über den Beschlussvorschlag des

---

[23] → § 9 Rn. 208 ff.
[24] → § 9 Rn. 234.
[25] → § 9 Rn. 236.
[26] → § 9 Rn. 187.

Aufsichtsrats abstimmen, da er nach meiner Einschätzung die Mehrheit finden wird."

Wenn die Voraussetzungen von § 137 AktG gegeben sind:

„Meine Damen und Herren, über den Wahlvorschlag von Frau/Herrn ... muss ich aus gesetzlichen Gründen vorrangig abstimmen lassen. Ich erläutere das Abstimmungsverfahren, sobald wir die Aktionärsaussprache abgeschlossen haben."

Im (alternativen) Hauptleitfaden muss ein gesonderter Wahlgang vorgesehen werden.[27]

Anlage 3.8: **Antrag auf Bestellung von Sonderprüfern**[28]

Wenn der Aktionär den Sonderprüfungsantrag abliest:

„Ich sehe, dass Sie den Sonderprüfungsantrag schriftlich vorliegen haben. Ich wäre Ihnen dankbar, wenn Sie uns Ihr Manuskript am Wortmeldetisch überreichen, um eine Fotokopie zu machen?"

Wenn Aktionär den Antrag frei vorgetragen hat oder das Manuskript nicht aus der Hand geben will, ist auf die von den Stenographen aufgenomme Fassung zu warten:

„Mir liegt nun der Wortlaut Ihres Sonderprüfungsantrags vor. Darf ich Sie bitten, den Ausdruck am Wortmeldetisch zu lesen und uns zu bestätigen, dass wir ihn richtig aufgenommen haben. Bitte bringen Sie Korrekturen schriftlich an."

Nach Bestätigung der von den Stenographen aufgenommen Fassung und Prüfung des Sonderprüfungsantrags im Back Office:

„Ich bedanke mich für Ihre Durchsicht. Ich komme auf Ihren Antrag im Rahmen der Abstimmungen zurück."

Wenn sich Bedenken gegen die Zulässigkeit des Sonderprüfungsantrags ergeben:

„Danke für Ihre Durchsicht. Ich habe den Sonderprüfungsantrag rechtlich überprüfen lassen. Wir können ihn so nicht zur Abstimmung stellen. [Begründung]."

Wenn Sonderprüfungsantrag zur Abstimmung gestellt werden kann:

„Wir kommen auf den Sonderprüfungsantrag bei den Abstimmungen zurück."

Im (alternativen) Hauptleitfaden muss die Erläuterung der Abstimmung eingefügt werden.[29]

---

[27] Vgl. dazu oben S. 1068.
[28] → § 9 Rn. 222.
[29] Vgl. dazu oben S. 1069.

Anlage 3.9: **Antrag auf Geltendmachung von Schadensersatzansprüchen und Bestellung von besonderen Vertretern**[30]

Gegenstand ist als Tagesordnungspunkt ordnungsgemäß bekannt gemacht:

Wenn Aktionär seinen Antrag abliest:

„Ich sehe, dass Sie Ihren Antrag schriftlich vorliegen haben. Ich wäre Ihnen dankbar, wenn Sie uns Ihr Manuskript am Wortmeldetisch überreichen, um eine Fotokopie zu machen?"

Wenn Aktionär den Antrag frei vorgetragen hat oder das Manuskript nicht aus der Hand geben will, ist auf die von den Stenographen aufgenomme Fassung zu warten:

„Mir liegt nun der Wortlaut Ihres Antrags vor. Darf ich Sie bitten, den Ausdruck am Wortmeldetisch zu lesen und uns zu bestätigen, dass wir ihn richtig aufgenommen haben. Bitte bringen Sie Korrekturen schriftlich an."

Nach Bestätigung der von den Stenographen aufgenommen Fassung und Prüfung des Antrags im Back Office:

„Ich bedanke mich für Ihre Durchsicht. Ich komme auf Ihren Antrag im Rahmen der Abstimmungen zurück."

Wenn sich Bedenken gegen die Zulässigkeit des Antrags ergeben:

„Danke für Ihre Durchsicht. Ich habe den Antrag rechtlich überprüfen lassen. Wir können ihn so nicht zur Abstimmung stellen. [Begründung]."

Gegenstand ist _nicht_ als Tagesordnungspunkt bekannt gemacht:

„Sie haben den Antrag gestellt, Ersatzansprüche gegen … geltend zu machen [besondere Vertreter zur Geltendmachung von Ersatzansprüchen gegen … zu bestellen].

Das Aktiengesetz bestimmt, dass über Gegenstände, die nicht entsprechend den aktienrechtlichen Vorschriften als Tagesordnungspunkte bekannt gemacht worden sind, keine Beschlüsse gefasst werden dürfen. Das gilt auch für Anträge auf Geltendmachung von Ersatzansprüchen und Bestellung von besonderen Vertretern. Ich kann Ihren Antrag daher nicht zur Abstimmung stellen."

Anlage 3.10: **Antrag auf Vertrauensentzug gegenüber dem Vorstand**

„Frau/Herr… hat den Antrag gestellt, dem Vorstand das Vertrauen zu entziehen. Vorstand und Aufsichtsrat haben Ihnen vorgeschlagen, dem Vorstand Entlastung zu erteilen. Ich sehe keinen Grund, der einen Vertrauensentzug rechtfertigt. Ich werde nach der Generaldebatte zunächst über die Entlastung des Vorstands abstimmen lassen. Wird die Entlastung erteilt, hat sich ein Antrag auf Vertrauensentzug erledigt."

Anlage 3.11: **Zulässige Sachanträge**

„Ich habe Ihren Antrag/Gegenantrag aufgenommen. Ich komme darauf bei den Abstimmungen zurück."

---

[30] → § 9 Rn. 231.

Anlage 3.12: **Antrag nicht von Tagesordnung gedeckt**[31]

„Ich kann Ihren Antrag nicht zur Abstimmung stellen. Das Aktiengesetz bestimmt, dass die Hauptversammlung nur über Gegenstände der Tagesordnung, die ordnungsgemäß bekannt gemacht worden sind, Beschlüsse fassen darf. Die Beschlussfassung über […] ist nicht als Gegenstand der heutigen Tagesordnung angekündigt worden."

Anlage 3.13: **Gesetzlich nicht zulässige Beschlussfassung (am Beispiel des Antrags auf Verwendung des Bilanzgewinns, die gesetzlich nicht zulässig ist)**

Hinweis in der Hauptversammlung oder bei Erläuterung der Abstimmungen:

„Die Hauptversammlung kann nach den geltenden Bestimmungen des Aktiengesetzes den im Jahresabschluss ausgewiesenen Bilanzgewinn den Rücklagen zuführen, ihn auf neue Rechnung vortragen oder, so wie vorgeschlagen, unter den Aktionären verteilen. Eine andere Möglichkeit gibt es nach dem Gesetz und unserer Satzung nicht."

4. Behandlung sonstiger Aktionärsanträge und -erklärungen

Anlage 4.1: **Antrag auf vorrangige Erteilung des Worts**[32]

Sie bitten um sofortige Erteilung des Wortes, um den Antrag auf [_____] stellen zu können. Ich darf Ihnen dazu mitteilen, dass, solange die Generaldebatte andauert und noch nicht in die Abstimmung eingetreten werden soll, keine Notwendigkeit besteht, Ihnen das Wort vorrangig zu erteilen. Ich werde Ihnen daher nach der mir vorliegenden Rednerliste das Wort erteilen. Sie werden dann ausreichend Gelegenheit haben, einen Antrag zu stellen und zu begründen.

Anlage 4.2: **Einwendungen gegen die Reihenfolge der Redner**[33]

Ich bin als Versammlungsleiter nicht an die Reihenfolge der Wortmeldungen gebunden. Ich habe den Vertretern der Aktionärsvereinigungen und Aktionären mit größerem Anteilsbesitz zu Beginn das Wort erteilt. [Darüber hinaus habe ich Wortmeldungen, bei denen ich einen thematischen Zusammenhang gesehen habe, zusammengefasst.] Ich kann Ihnen versichern, dass ich die Reihenfolge der Redner nach sachlichen Kriterien bestimme. Wir haben zudem allen Aktionären und Aktionärsvertretern eine Redezeit von zunächst zehn Minuten gewährt. Das zielt darauf, möglichst viele Aktionäre frühzeitig zu Wort kommen zu lassen.

Anlage 4.3: **Antrag auf Beantwortung durch Versammlungsleiter**

Sie bitten, dass Ihre Fragen von mir beantwortet werden. Ich nehme an der heutigen ordentlichen Hauptversammlung als Vorsitzender des Aufsichtsrats unserer Gesellschaft und als Versammlungsleiter teil. Mit dem Vorstand habe ich vereinbart, dass ich als Aufsichtsratsvorsitzender die Beantwortung derjenigen Fragen übernehme, die in die originäre Zustän-

---

[31] Vgl. zu den Ausnahmen → § 9 Rn. 182.
[32] → § 9 Rn. 195 ff.; zum Sonderfall des Antrags auf vorrangige Erteilung des Worts bei Ankündigung eines Antrags auf Abwahl des Versammlungsleiters → § 9 Rn. 199 und 204 ff.
[33] → § 9 Rn. 141 ff.

digkeit des Aufsichtsrats fallen. Dasselbe gilt für Fragen zur Versammlungsleitung. Im Übrigen bitte ich um Ihr Verständnis, dass die Auskünfte zu Aktionärsfragen heute in Übereinstimmung mit den Vorschriften des Aktiengesetzes ausschließlich vom Vorstand unserer Gesellschaft erteilt werden.

Anlage 4.4: **Antrag auf Beantwortung durch Abschlussprüfer oder Bewertungsgutachter**

Sie bitten, dass Ihre bewertungsrelevanten Fragen von den gerichtlich bestellten Prüfern [von den Bewertungsgutachtern/von der Hauptaktionärin] beantwortet werden. Nach den aktienrechtlichen Bestimmungen sind Auskünfte auf Aktionärsfragen ausschließlich vom Vorstand unserer Gesellschaft zu erteilen. Ich bitte um Verständnis, dass wir von den aktienrechtlichen Regeln nicht abweichen. Der gerichtlich bestellte Prüfer [die Bewertungsgutachter/Mitarbeiter der Haupaktionärin] stehen uns aber in der heutigen Hauptversammlung für Rückfragen zur Verfügung.

Anlage 4.5: **Widerspruch gegen Bild- und Tonübertragung des eigenen Wortbeitrags im Internet**[34]

§ ___ unserer Satzung bestimmt, dass der Versammlungsleiter die Bild- und Tonübertragung der Hauptversammlung zulassen kann. Ich habe als Versammlungsleiter die Übertragung im Internet zugelassen. Während der laufenden Hauptversammlung können wir die Übertragung im Internet nicht stoppen, da wir andernfalls Aktionäre, die der Versammlung über Internet folgen, ausschließen.

Anlage 4.6: **Widerspruch gegen Bild- und Tonübertragung in das Back Office**[35]

Ich bitte um Verständnis, dass ich Ihrem Wunsch nicht nachkommen kann. Die Übertragung der Hauptversammlung in das Back Office ermöglicht unseren Mitarbeitern, den Ablauf der Hauptversammlung zu verfolgen, Fragen oder Anträge aufzunehmen und den Vorstand bei der Beantwortung von Fragen zu unterstützen. Ich halte das für zweckmäßig. Es entspricht üblicher Praxis.

Anlage 4.7: **Antrag auf Verlesen der Tagesordnung**

„Die Tagesordnung liegt auch am Auslagentisch in gedruckter Form aus. Sind Sie einverstanden, die Tagesordnung dort selbst nachzulesen?"

Wenn der Aktionär dies verneint:

„Bitte wenden Sie sich an den Auslagentisch. Unsere Mitarbeiter werden Ihnen dort die Tagesordnung der heutigen Hauptversammlung und, sofern Sie dies wünschen, die Beschlussvorschläge von Vorstand und Aufsichtsrat vorlesen."

---

[34] → § 9 Rn. 88 ff.
[35] → § 9 Rn. 86 f.

Anlage 4.8: **Antrag auf Verlesen von Urkunden**[36]

Alternative 1: Urkunde soll weder verlesen noch vorgelegt werden:

Wir haben über den Inhalt der Urkunde ordnungsgemäß und in dem gebotenen Umfang Auskunft gegeben. Ein weitergehendes Interesse auf Verlesung der Urkunde besteht nicht. Wir bitten daher um Verständnis, dass wir die Urkunde nicht verlesen. Sofern Sie weitere Auskünfte wünschen, bitten wir Sie, uns dies mitzuteilen und Fragen zu den konkreten Aspekten, zu denen Sie Auskunft wünschen, an den Vorstand zu richten.

Alternative 2: Urkunde wird zur Einsicht vorgelegt

Ich bin für den zügigen Ablauf der Hauptversammlung verantwortlich. Ich bitte daher um Verständnis, dass wir von einem Verlesen der [Urkunde] absehen. Allen Aktionären bieten wir aber die Möglichkeit, am Auslagentisch in eine Ablichtung der [Urkunde] Einsicht zu nehmen.

Anlage 4.9: **Antrag auf Einsicht in Dokumente**[37]

Alternative 1: Urkunde soll zur Einsichtnahme ausgelegt werden:

Ich weise darauf hin, dass eine Rechtspflicht, die Einsichtnahme in das Dokument zu gestatten, nicht besteht. Wir möchten unseren Aktionären gleichwohl die Einsichtnahme ermöglichen. Bitte, wenden Sie sich an den Auslagentisch. Dort liegt eine Kopie zur Einsichtnahme aus.

Alternative 2: Urkunde wird nicht zur Einsicht ausgelegt.

Sie haben ein Recht auf mündliche Auskunft in der Hauptversammlung. Das Dokument, in das Sie Einsicht nehmen wollen, ist kein öffentliches Dokument. Es besteht keine Rechtspflicht, die Einsichtnahme in das Dokument zu gestatten. Wir bitten um Verständnis, dass wir Ihnen die Einsichtnahme nicht gewähren können.

Anlage 4.10: **Antrag auf Überlassung von Kopien der zur Einsicht ausliegenden Unterlagen**

Alternative 1: Kopien werden erteilt.

Abschriften liegen für Sie am Auslagentisch bereit.

Alternative 2: Kopien werden nicht erteilt.

Sie beantragen die Überlassung von Kopien der zur Einsichtnahme ausliegenden Unterlagen. Die in der Einladung genannten Unterlagen sind seit Einberufung der Hauptversammlung auf der Internetseite der Gesellschaft zugänglich. Wir bitten um Verständnis, dass wir in der Hauptversammlung nur über Einsichtsexemplare verfügen, die wir Ihnen nicht herausgeben können. Die Unterlagen werden aber für gewisse Zeit noch auf der Internetseite der Gesellschaft zugänglich sein. Wir werden im Nachgang prüfen, ob wir Ihnen die gewünschten Kopien [gegen Kostenerstattung] nachsenden können. Bitte wenden Sie sich an den Auslagentisch und geben Sie dort Ihre Adresse und die von Ihnen im Einzelnen gewünschten Dokumente an.

---

[36] → § 9 Rn. 144.
[37] → § 9 Rn. 144.

Anlage 4.11: Antrag auf Erstellung eines stenographischen Protokolls

Das Aktiengesetz sieht vor, dass über die Hauptversammlung eine notarielle Sitzungsniederschrift aufgenommen wird. Wir haben Herrn Notar [____] gebeten, die Niederschrift aufzunehmen. Wie Sie sicher wissen, wird die notarielle Sitzungsniederschrift nach der Hauptversammlung zum Handelsregister eingereicht und ist dort jedermann zugänglich. Wir führen kein stenographisches Protokoll.

Anlage 4.12: Antrag auf Abschrift der stenografisch aufgenommenen Fragen

Die stenographische Fragenaufnahme dient nur internen Zwecken. Wir wollen damit sicherstellen, dass wir Aktionärsfragen richtig erfassen, und die ordnungsgemäße Beantwortung kontrollieren. Ich kann Ihnen daher eine Abschrift Ihrer stenographisch aufgenommenen Fragen nicht zusagen. [Wir werden Ihre Anregung aber nach der Hauptversammlung nochmals prüfen, wenn Sie dies wünschen.]

Anlage 4.13: Antrag auf Kopie der notariellen Sitzungsniederschrift

Sie bitten um Erteilung einer Kopie der notariellen Sitzungsniederschrift. Wir können dieser Bitte nicht nachkommen. Dasselbe Recht müssten wir allen Aktionären unserer Gesellschaft zubilligen. Sie wissen sicher, dass die notarielle Sitzungsniederschrift nach der Hauptversammlung zum Handelsregister eingereicht wird und dort jedermann zugänglich ist. Bitten wenden Sie sich nach der Hauptversammlung an das Handelsregister beim Amtsgericht [____].

Anlage 4.14: Antrag auf Erteilung einer Kopie über einen Ton- und Videomitschnitt

Die Hauptversammlung wird weder auf Tonträger noch per Video aufgezeichnet. Wir können daher keinen Mitschnitt zur Verfügung stellen.

Anlage 4.15: Antrag auf Ergänzung der Tagesordnung

Ich muss Ihnen leider mitteilen, dass eine Ergänzung der Tagesordnung während der Hauptversammlung weder von mir angeordnet noch von der Hauptversammlung beschlossen werden kann. Ich bitte um Verständnis, dass ich Ihren Antrag nicht zur Abstimmung stellen kann.

Anlage 4.16: Antrag auf Protokollierung einer Auskunftsverweigerung[38]

Antrag während der laufenden Debatte:

„Frau/Herr ..., Sie verlangen die Aufnahme Ihrer Fragen in die notarielle Sitzungsniederschrift. Das Gesetz sieht dies nur vor, wenn der Vorstand Ihnen eine Auskunft verweigert. Soweit mir ersichtlich, hat der Vorstand Ihre Fragen beantwortet. Wenn sie Nachfragen haben, bitte ich Sie um eine weitere Wortmeldung, in der Sie Ihre Nachfragen stellen können.

Meine Damen und Herren, ich möchte allgemein so verfahren, dass Sie, bevor wir in eine zeitintensive Protokollierung von Fragen während der Dabatte eintreten, Ihre Nachfragen zunächst mündlich stellen. Wenn Fragen am Schluss der Debatte offen sein sollten, gebe ich Ihnen Gelegenheit, diese dann [schriftlich oder mithilfe eines Stenografen] zu Protokoll des Notars zu geben. [Wir werden die Hauptversammlung dazu gegebe-

---

[38] → § 9 Rn. 156.

nenfalls unterbrechen.] Danach bitte ich den Vorstand zu erklären, ob er noch weitere Informationen gibt, die wir dann ebenfalls zu Protokoll nehmen."

Am Schluss der Debatte

„Ich hatte angekündigt, dass ich Ihnen vor Schluss der Debatte Gelegenheit gebe, Fragen, auf die der Vorstand die Antwort verweigert hat, zu Protokoll des Notars zu geben. Mir liegen gegenwärtig keine weiteren Wortmeldungen mehr vor. Soweit ich sehe, sind Ihre Fragen umfassend beantwortet worden. Darf ich fragen, ob es nach wie vor Fragen gibt, auf die nach Ihrer Ansicht die Antwort verweigert worden ist und die daher in die notarielle Sitzungsniederschrift aufzunehmen sind?"

Bei wenigen Fragen oder den Fragen einzelner Aktionäre:

„Dann bitte ich den Notar jetzt um Aufnahme in das Protokoll. [Wenn Sie die Fragen schriftlich vorliegen haben, lassen Sie uns bitte eine Kopie anfertigen.]"

Nach Aufnahme:

„Ich unterbreche die Hauptversammlung für etwa 30 Minuten, um dem Vorstand Gelegenheit zu geben, die Fragen nochmals zu prüfen und gegebenenfalls weitere Auskünfte zu geben."

Bei einer Vielzahl von Fragen oder einer Mehrzahl von Aktionären:

„Dann bitte ich jetzt den Notar um Aufnahme in das Protokoll. Ich stelle dafür einen Stenografen ab. Für die Dauer der Fragenaufnahme und die anschließende Prüfung durch den Vorstand, ob er ergänzende Informationen geben kann, unterbreche ich die Hauptversammlung. Ich kündige die Fortführung mit einer Vorlaufzeit von drei Minuten an."

Wenn Vorstand das Wort erteilt wird (dem Notar sollten die Antworten in Schriftform überreicht werden):

„Ich bitte den Notar, die Ausführungen des Vorstands ebenfalls in das Protokoll aufzunehmen."

Anlage 4.17: **Antrag auf Auswechselung des Notars**

Ich sehe keinen Grund, Herrn Notar [____] auszuwechseln. Herr Notar [____] ist in der Begleitung von Hauptversammlungen erfahren. Ich kann dem Antrag nicht folgen.

Anlage 4.18: **Antrag auf Beschränkung der Dauer der Hauptversammlung**

Als Leiter der Hauptversammlung bin ich allen Teilnehmern gegenüber verpflichtet, die Versammlung zügig und sachgerecht zu führen. Dabei habe ich jedoch gleichzeitig allen Aktionären Raum für ihre Redebeiträge, Fragen und Anträge zu geben. Wir haben alle Aktionäre gebeten, Ihren Redebeitrag auf zunächst 10 Minuten zu beschränken. Die Debatte wird nach meinem Eindruck konzentriert und inhaltsreich geführt. Aufgrund des gegenwärtigen Standes der Rednerliste halte ich es an dieser Stelle nicht für sachgerecht, die Dauer der Hauptversammlung oder der Redebeiträge weiter zu beschränken. Ich behalte mir jedoch vor, zu gegebener Zeit die Redezeit weiter zu verkürzen, die Rednerliste zu schließen oder den Schluss der Debatte anzuordnen. Ich plane, die Aktionärsdebatte gegen [____] Uhr zu beenden.

Anlage 4.19: Antrag auf Vorziehen eines Tagesordnungspunktes

Wir führen die Aktionärsdebatte heute als Generaldebatte zu allen Punkten der Tagesordnung. Es erscheint mir nicht sinnvoll, einen einzelnen Tagesordnungspunkt vorzuziehen.

Anlage 4.20: Antrag nach Erteilung des Worts nach Schluss der Debatte[39]

Ich habe die Aktionärsdebatte geschlossen. Wir haben mehr als [____] Stunden über sämtliche Aspekte der heutigen Tagesordnung gesprochen. Ich habe vor dem Schluss der Debatte noch einmal gefragt, ob das Wort noch gewünscht werde, und keinen Hinweis erhalten. Eine Wortmeldung von Ihnen lag mir nicht vor. Ich bitte daher um Verständnis, dass ich nun mit dem Abstimmungsverfahren fortfahren.

Anlage 4.21: Antrag auf Änderung des Abstimmungsverfahrens[40]

Ich bitte um Verständnis, dass ich diesem Antrag nicht entsprechen kann. Die Abstimmungen in der Hauptversammlung einer Aktiengesellschaft mit vielen Teilnehmern müssen im Einzelnen vorbereitet werden. § [____] der Satzung unserer Gesellschaft bestimmt, dass der Versammlungsleiter die Art und Form der Abstimmungen bestimmt. Wir bleiben in der heutigen Versammlung bei dem von mir bestimmten Abstimmungsverfahren. Ich darf Ihnen versichern, dass wir ein rechtlich sicheres, übliches und angemessenes Abstimmungsverfahren gewählt haben.

Anlage 4.22: Widerspruch zu Protokoll

Alternative 1: Aktionär ist am Rednerpult

Herr/Frau Notar [____] nimmt Ihren Widerspruch zu Protokoll.

Alternative 2: Aktionär ist nicht am Rednerpult

Sie können sich gern erneut zu Wort melden und dann den Widerspruch erklären. Sie können den Widerspruch aber auch – etwa in der Pause, in der wir die Stimmauszählungen vornehmen – unmittelbar Herrn/Frau Notar [____] erklären. Bitte erklären Sie Ihren Widerspruch jedenfalls vor Beendigung der Hauptversammlung gegenüber dem Notar.

Antrag 4.23: Antrag auf Unterbrechung der Hauptversammlung[41]

Alternative 1: Versammlungsleiter gibt dem Antrag nicht statt

Im Interesse einer zügigen Erledigung der heutigen Tagesordnung bitte ich um Verständnis, dass ich die Hauptversammlung nicht unterbreche.

Alternative 1: Versammlungsleiter gibt dem Antrag statt

Frau/Herr [____] hat beantragt, die Hauptversammlung für [____]Minuten zu unterbrechen. Ich halte im Hinblick auf die Dauer der Debatte für angemessen und unterbreche die Hauptversammlung für [____] Minuten. Ich möchte Sie bitten, den Versammlungsraum, zu dem dieser Saal und das Foyer mit den allgemein zugänglichen Nebenräumen gehören, nach

---

[39] → § 9 Rn. 134ff.
[40] → § 9 Rn. 39ff.
[41] → § 9 Rn. 145.

Möglichkeit nicht zu verlassen, damit wir die Hauptversammlung pünktlich um [____] Uhr fortsetzen können.

Anlage 4.24: Widerspruch gegen Blockabstimmung[42]

Alternative 1: „Unechte" Blockabstimmung

Frau/Herr [____] widerspricht der Abstimmung über die Zustimmung zu allen unter Tagesordnungspunkt [____] genannten Beherrschungs- und Gewinnabführungsverträgen. Er/Sie sieht darin eine unzulässige Blockabstimmung. Das ist offensichtlich ein Missverständnis: Sie können ihre Stimme – wie Sie auf der Stimmkarte „A" sehen – zu jeden einzelnen Beherrschungs- und Gewinnabführungsverträgen gesondert abgeben. Wir fassen die Abstimmung nur in einem Sammelgang – mit allen übrigen Abstimmungen – zusammen.

Alternative 2: „Echte" Blockabstimmung

Frau/Herr [____] widerspricht der Abstimmung über die Zustimmung zu allen, unter Tagesordnungspunkt [____] genannten Beherrschungs- und Gewinnabführungsverträgen in einer einzigen Abstimmung. Ich muss dem Widerspruch von Frau/Herr [____] entsprechen. Wir stimmen daher über die Zustimmung zu den unter Tagesordnungspunkt [____] genannten Beherrschungs- und Gewinnabführungsverträgen mit den Sonderstimmkarten [____] ab. Die Einzelheiten dazu erläutere ich vor Eintritt in die Abstimmungen.

Es ist eine entsprechende Anpassung im (alternativen) Hauptleitfaden vorzunehmen.

Anlage 4.25: Antrag auf geheime Abstimmung

Das von uns gewählte Abstimmungsverfahren ist üblich und hat sich in der Vergangenheit bewährt. Eine geheime Abstimmung sieht das Aktiengesetz nicht vor. Die Satzung weist mir die Aufgabe zu, über das Abstimmungsverfahren zu entscheiden. Ich sehe keinen Grund, von dem vorgesehenen Abstimmungsverfahren abzuweichen.

---

[42] → § 9 Rn. 232 ff.

Anhang 3
Notarielles Protokoll der Hauptversammlung einer börsennotierten Gesellschaft

UR.

Aufgenommen zu Frankfurt am Main am …
in …

Der unterzeichnende

Notar …
mit dem Amtssitz in Frankfurt am Main

hat sich heute auf Ersuchen des Vorstands der [Gesellschaft], [Sitz], in die [Adresse] nach [Ort] begeben und dort diese notarielle Niederschrift über die

ordentliche Hauptversammlung

der Gesellschaft aufgenommen.

Auf Befragen des Notars[1] erklärte …[2], dass nach seiner/ihrer Kenntnis eine Vorbefassung[3] im Sinne von § 3 Abs. 1 Nr. 7 des Beurkundungsgesetzes nicht gegeben ist.

Es waren anwesend:
A. vom Aufsichtsrat, bestehend aus den Damen und Herren

…

sämtliche Mitglieder, außer …, der/die entschuldigt fehlten;
B. vom Vorstand, bestehend aus den Damen und Herren

…

sämtliche Mitglieder, außer…, der/die entschuldigt fehlten;
C. die in dem Teilnehmerverzeichnis aufgeführten Aktionäre und Aktionärsvertreter.

Der Vorsitzende des Aufsichtsrats eröffnete die Versammlung um … Uhr[4] und übernahm gemäß § … der Satzung den Vorsitz der Versammlung. Er begrüßte die erschienenen Aktionäre und Aktionärsvertreter und stellte fest, dass die heutige Hauptversammlung form- und fristgerecht durch Bekanntmachung im Bundesanzeiger Nr. … vom … einberufen worden sei. Einen Ausdruck der Einberufung im Bundesanzeiger ist als <u>Anlage</u> 1 zu dieser Niederschrift genommen[5].

Der Versammlungsleiter gab die folgenden organisatorischen Hinweise[6]:
– Er bestimmte zum Präsenzbereich den Versammlungssaal und die den Aktionären und Aktionärsvertretern zugänglichen Räume bis zur Eingangs- und Ausgangskontrolle. Alle Aktionäre, die sich im Präsenzbereich aufhalten, würden an der Hauptversammlung teilnehmen.

---

[1] Zum persönlichen Anwendungsbereich von § 3 S. 2 BeurkG vgl. nur *Gößl* in BeckOGK BeurkG § 3 Rn. 59; *Litzenburger* in BeckOK BGB BeurkG § 3 Rn. 28.
[2] Das Gesetz bestimmt nicht, an wen der Notar die Frage nach § 3 S. 2 BeurkG zu richten hat. Nach zutreffender Ansicht ist die Frage an einen Mitarbeiter in der Gesellschaft zu richten, der an der Vorbereitung der Hauptversammlung in verantwortlicher Position beteiligt ist und die Vorbefassung des Notars oder einer in § 3 S. 1 Nr. 4 BeurkG bezeichneten Person beurteilen kann. Der Notar muss nicht den Versammlungsleiter fragen, der die Frage der Vorbefassung in der Regel auch gar nicht beurteilen kann. Erst recht muss er nicht andere Teilnehmer der Versammlung, etwa die Mitglieder des Vorstands oder des Aufsichtsrats befragen.
[3] Eine Vorbefassung im Sinne von § 3 S. 1 Nr. 7 BeurkG („in derselben Angelegenheit") ist nur gegeben, wenn der Notar oder eine andere in § 3 S. 1 Nr. 7 BeurkG im Zusammenhang mit der Vorbereitung und Durchführung der Hauptversammlung tätig geworden ist.
[4] → § 9 Rn. 67 und 69.
[5] § 130 Abs. 3 AktG.
[6] → § 9 Rn. 68 ff.

- Die Einladung zur heutigen ordentlichen Hauptversammlung mit der Tagesordnung und den Beschlussvorschlägen von Vorstand und Aufsichtsrat sowie die Unterlagen, die in der Hauptversammlung zugänglich zu machen sind, würden am Informationsstand im Foyer zur Einsicht der Aktionäre und Aktionärsvertreter ausliegen. Die Unterlagen seien dort auch in gedruckter Fassung erhältlich.
- Die Hauptversammlung werde im Präsenzbereich (ohne die Nebenräume) und in das Back Office übertragen[7]. Die Versammlung werde nicht aufgezeichnet. Private Aufzeichnungen seien nicht gestattet[8].
- Während der Generaldebatte hätten die Aktionäre und Aktionärsvertreter Gelegenheit, Ausführungen zu allen den Gegenständen der Tagesordnung zu machen[9]. Sie könnten sich während der gesamten Debatte zu Wort melden. Der Versammlungsleiter bat um schriftliche Wortmeldung am Wortmeldetisch[10]. Nach Aufruf durch ihn könnten die aufgerufenen Aktionäre und Aktionärsvertreter von einem der beiden Rednerpulte aus sprechen. Wenn Fragen, Anträge oder Wahlvorschläge bereits vorab schriftlich eingereicht worden seien, müssten diese noch einmal mündlich vorgetragen werden. Er bat, auf der Wortmeldung zu vermerken, wenn ein Antrag zur Geschäftsordnung gestellt werden solle[11].
- Er bat die Aktionäre und Aktionärsvertreter, die die Hauptversammlung vorzeitig verlassen, sich bei der Ausgangskontrolle zu melden und dort ihre Stimmkarten vorzulegen. Es kann dann das Teilnehmerverzeichnis angepasst werden[12]. Wer die Hauptversammlung vorzeitig verlassen wolle, könne einem anderen Teilnehmer oder einem Dritten Vollmacht erteilen. Hierfür stehe die Vollmachtskarte in dem ausgehändigten Stimmkartenblock zur Verfügung. Wenn der Teilnehmer die Stimmrechtsvertreter der Gesellschaft bevollmächtigen wolle, möge er die ausgefüllte Vollmachts- und Weisungskarte an einem der Ausgangsschalter abgeben.
- Über die Beschlussvorschläge von Vorstand und Aufsichtsrat zu den Tagesordnungspunkten werde – wie in den Vorjahren – im Additionsverfahren abgestimmt. Er erkläre das Verfahren näher vor den Abstimmungen und behalte sich eine Änderung des Abstimmungsverfahrens vor, wenn weitere Beschlussfassungen erforderlich würden.

Der Versammlungsleiter wies darauf hin, dass die organisatorischen Hinweise auch in dem Merkblatt nachzulesen seien, das den Aktionären und Aktionärsvertretern bei der Eingangskontrolle angeboten worden sei und das am Informationsstand im Foyer ausliege. Er bat, auch die weiteren Hinweise in dem Merkblatt zu beachten. Sie seien für die Versammlung verbindlich[13], soweit er sie nicht ausdrücklich ändere.

Der Versammlungsleiter erläuterte sodann den Bericht des Aufsichtsrats, der auf den Seiten ... des Geschäftsberichts abgedruckt sei[14].

Ab ... Uhr berichtete der Vorstandsvorsitzende, Herr ..., über das abgelaufene Geschäftsjahr, die aktuelle Situation der Gesellschaft und des Konzerns und die Aussicht auf das laufende Geschäftsjahr[15].

Danach wies der Versammlungsleiter auf die Tagesordnung hin. Sie habe sechs Punkte, die in einer Generaldebatte zu allen Tagesordnungspunkten behandelt würden.

---

[7] → § 9 Rn. 86 f.
[8] → § 9 Rn. 97.
[9] → § 9 Rn. 130 f.
[10] → § 9 Rn. 138 f.
[11] → § 9 Rn. 191 ff.
[12] → § 9 Rn. 119.
[13] → § 9 Rn. 68 und 78.
[14] → § 9 Rn. 99 ff.
[15] → § 9 Rn. 102 ff.

Notarielles Protokoll der Hauptversammlung — Anhang 3

TOP 1 Vorlage des festgestellten Jahresabschlusses und des gebilligten Konzernabschlusses, der Lageberichte für die Gesellschaft und den Konzern mit dem erläuternden Bericht zu den Angaben nach § 289 Abs. 4, § 315 Abs. 4 HGB sowie des Berichts des Aufsichtsrats für das Geschäftsjahr [____]

TOP 2 Verwendung des Bilanzgewinns

TOP 3 Entlastung der Mitglieder des Vorstands für das abgelaufene Geschäftsjahr

TOP 4 Entlastung der Mitglieder des Aufsichtsrats für das abgelaufene Geschäftsjahr

TOP 5 Bestellung des Abschlussprüfers und Konzernabschlussprüfers für das Geschäftsjahr … und des Prüfers für die prüferische Durchsicht von Zwischenfinanzberichten

TOP 6 Wahl zum Aufsichtsrat

Die Tagesordnung mit den Beschlussvorschlägen von Vorstand und Aufsichtsrat zu den Tagesordnungspunkten 2 bis 6 seien der gedruckten Fassung am Informationstisch im Foyer erhältlich.

In der Hauptversammlung haben zur Einsicht der Aktionäre und Aktionärsvertreter am Informationstisch im Foyer und am Wortmeldetisch ausgelegen und waren in gedruckter Form verfügbar:
– die Einberufung und Tagesordnung mit den Beschlussvorschlägen von Vorstand und Aufsichtsrat (eingeschlossen den Vorschlag des Vorstands für die Verwendung des Bilanzgewinns);
– der festgestellte Jahresabschluss und der gebilligte Konzernabschluss zum 31. 12. …, die Lageberichte für die Gesellschaft und den Konzern, mit dem erläuternden Bericht zu den Angaben nach §§ 289 Abs. 4, 315 Abs. 4 HGB sowie der Bericht des Aufsichtsrats für das Geschäftsjahr …

Der Versammlungsleiter erklärte, dass das Teilnehmerverzeichnis nunmehr erstellt sei[16]. Vom Grundkapital der Gesellschaft von … seien … Stückaktien in der Hauptversammlung vertreten, das entspreche einer Präsenz von …% des Grundkapitals. Das Teilnehmerverzeichnis liege am Wortmeldetisch zur Einsichtnahme der Aktionäre und Aktionärsvertreter aus[17]. Dort könnten auch spätere Nachträge eingesehen werden.

Um … Uhr eröffnete der Versammlungsleiter die Aktionärsaussprache zu allen Tagesordnungspunkten. Im Interesse einer zügigen und sachgemäßen Erledigung der Tagesordnung bat er die Aktionäre und Aktionärsvertreter, sich kurz zu fassen und nur zu den Gegenständen der Tagesordnung zu sprechen[18]. Es stehe jedem Aktionär und Aktionärsvertreter eine Redezeit von zehn Minuten zur Verfügung. Das gebe allen Aktionären, die dies wünschen, die Möglichkeit, in der Hauptversammlung frühzeitig das Wort zu ergreifen. Es bleibt jedem Aktionär und Aktionärsvertreter unbenommen, nach Ablauf der zehn Minuten am Wortmeldetisch erneut eine Wortmeldung abzugeben[19]. Wenn genügend Zeit verbleibe, werde er das Wort erneut erteilen. Um die Kontrolle über die Redezeit zu erleichtern und alle Redner gleich zu behandeln, würden die Aktionäre und Aktionärsvertreter in den Rednerpulten eine Uhr vorfinden. Als optisches Signal werde eine Minute vor Ende der Redezeit ein rotes Licht blinken, das nach Ablauf der Redezeit in ein Dauerlicht übergehe. Er behalte sich vor, im Verlauf der Debatte das Rede- und Fragerecht der Aktionäre zeitlich weiter zu beschränken[20]. Mit dem Vorstand habe er vereinbart, dass er als Aufsichtsratsvorsitzender die Beantwortung derjenigen Fragen übernehme, die in die originäre Zuständigkeit des Aufsichtsrats fallen.

---

[16] → § 9 Rn. 120.
[17] § 129 Abs. 4 S. 1 AktG.
[18] → § 9 Rn. 78 und 82.
[19] → § 9 Rn. 82.
[20] → § 9 Rn. 158.

Während der Generaldebatte sprachen
- ... von ... bis ... Uhr;
- ... von ... bis ... Uhr;
- ... von ... bis ... Uhr.

Der Vorstandsvorsitzende und der Aufsichtsratsvorsitzende beanworten die Fragen von Aktionären in ... Blöcken (von ... bis ... Uhr, von ... bis ... Uhr und von ... bis ... Uhr).

Um ... Uhr stellte der Versammlungsleiter fest, dass ihm keine weiteren Wortmeldungen mehr vorliegen. Auf Nachfrage wurde das Wort nicht nochmals gewünscht und nicht geltend gemacht, dass Fragen unbeantwortet geblieben seien. Der Versammlungsleiter stellte fest, dass die Diskussion zu allen Tagesordnungspunkten abgeschlossen sei und alle Fragen der Aktionäre und Aktionärsvertreter vollständig beantwortet seien. Auf Nachfrage erhob sich auch dagegen kein Widerspruch. Er schloss die Debatte[21] und trat um ... Uhr in die Abstimmung ein. Er benannte zunächst nochmals die zur Abstimmung anstehenden Tagesordnungspunkte 2 bis 6. Die Beschlussvorschläge von Vorstand und Aufsichtsrat könnten der gedruckten Fassung der Tagesordnung entnommen werden, die am Informationstisch erhältlich seien. Er gehe von dem Einverständnis der Aktionäre und Aktionärsvertreter aus, dass die Beschlussvorschläge von Vorstand und Aufsichtsrat nicht verlesen werden müssten. Dem widersprach niemand.

Der Versammlungsleiter bat, alle Eintrittskarten in Stimmkartenblöcke einzutauschen, falls dies noch nicht geschehen sei. Er forderte die Aktionäre und Aktionärsvertreter auf, sich in den Versammlungssaal zu begeben, wenn sie an der Abstimmung teilnehmen möchten. Die Stimmkarten würden nur im Versammlungssaal und nicht in den Vor- und Nebenräumen eingesammelt. Sodann erläuterte der Versammlungsleiter das Abstimmungsverfahren: Für die Abstimmung über die Beschlussvorschläge von Vorstand und Aufsichtsrat zu den Tagesordnungspunkten 2 bis 6 werde die Sammelstimmkarte „A" verwendet. Die Abstimmung finde im Additionsverfahren statt: Es würden sowohl die „Ja-Stimmen" als auch die „Nein-Stimmen" ausgezählt. Auf den Stimmkarten könnten die Aktionäre und Aktionärsvertreter zu den einzelnen Tagesordnungspunkten Ihr Abstimmungsvotum eintragen. Wer den Beschlussvorschlägen der Verwaltung zustimmen wolle, müsse auf der Sammelstimmkarte „A" bei dem jeweiligen Tagesordnungspunkt das entsprechende „Ja"-Markierungsfeld ankreuzen. Zur Vereinfachung sei auf der Stimmkarte ein Feld vorgesehen, mit dem sich die Aktionäre und Aktionärsvertreter zu allen Tagesordnungspunkten den Beschlussvorschlägen der Verwaltung anschließen könnten. Wer gegen die Beschlussvorschläge der Verwaltung stimmen wolle, müsse das entsprechende „Nein"-Markierungsfeld ankreuzen. Wer zu einem oder mehreren Abstimmungspunkten weder mit „Ja" noch mit „Nein" stimmen möchte, hat die Möglichkeit, kein Markierungsfeld oder das Markierungsfeld „Enthaltung" anzukreuzen. Wer zu keinem Abstimmungspunkt seine Stimmen abgeben wolle, müsse keine Stimmkarte abgeben. Die Stimmkarten würden durch Mitarbeiter im Versammlungssaal, nicht aber in den Vor- und Nebenräumen eingesammelt. Es werde ein einziger Sammelvorgang durchgeführt.

Der Versammlungsleiter erläuterte, dass die Aktionäre wie in den Vorjahren Vollmachten und Weisungen an die Stimmrechtsvertreter der Gesellschaft erteilen konnten. Die Gesellschaft habe Kreditinstituten und Aktionärsvereinigungen die Verwendung einer virtuellen Stimmkarte angeboten. Die den Stimmrechtsvertretern der Gesellschaft bzw. den Kreditinstituten und Aktionärsvereinigungen insoweit erteilten Weisungen seien zur Vorbereitung der Abstimmung vorab im System hinterlegt worden. Nach Freigabe durch die Stimmrechtsvertreter bzw. die Vertreter der Kreditinstitute und Aktionärsvereinigungen im Rahmen der Abstimmung fließe der Weisungsspiegel in das EDV-System zur Stimmenauszählung ein. Die Briefwahlstimmen würden bereits vorliegen und würden zu den abgegebenen Stimmen hinzugerechnet.

---

[21] → § 9 Rn. 146 ff.

Einwendungen gegen das Stimmrecht der erschienenen Aktionäre und gegen die Beschlussfähigkeit der Versammlung wurden nicht erhoben. Von ... Uhr bis ... Uhr ließ der Versammlungsleiter, wie angekündigt, die Stimmkarten einsammeln. Er fragte abschließend, ob jeder Gelegenheit gehabt habe, seine Stimmkarten abzugeben, und stellte unwidersprochen fest, dass dies der Fall war. Sodann schloss er die Abstimmung und unterbrach die Versammlung für die Auszählung der Stimmen.

Der unterzeichnende Notar hat während der Hauptversammlung die Einsammlung der Stimmkarten durch die Stimmkartenzähler, die Leerung der Stimmkartenboxen sowie die elektronische Auszählung der Stimmkarten durch die elektronische Stimmkartenzählmaschinen mitverfolgt[22]. Die Stimmkartenboxen wurden, soweit ihm ersichtlich, vollständig entleert und jeweils vollständig von den elektronischen Kartenlesestationen ausgelesen. Der unterzeichnende Notar hat sich davon überzeugt, dass die ermittelten Abstimmungsergebnisse ordnungsgemäß in die Ergebnisblätter übertragen wurden. Er hat sich ferner die Erfassung von Sammelstimmkarten und der Briefwahlstimmen und ihre Einbeziehung in die Stimmauszählung erläutern lassen.

Um ... Uhr setzte der Versammlungsleiter die Hauptversammlung fort. Er überreichte dem unterzeichnenden Notar die Blätter mit den Beschlussergebnissen (einschließlich der Angaben nach § 130 Absatz 2 Satz 2 AktG) zu Protokoll, wie sie in <u>Anlage</u> 2 beigefügt sind[23]. Der Versammlungsleiter erläuterte den Teilnehmern, dass er im Interesse der Beschleunigung des Versammlungsverlaufs von der Möglichkeit einer verkürzten Beschlussfeststellung Gebrauch machen wolle, wenn dem kein Aktionär widerspreche[24]. Die vollständigen Angaben zu den festgestellten Abstimmungsergebnissen werden nach der heutigen Versammlung auf der Internetseite der Gesellschaft veröffentlicht[25]. Auf die entsprechende Frage des Versammlungsleiters erhob sich kein Widerspruch gegen die verkürzte Beschlussfeststellung.

Der Versammlungsleiter erklärte, dass die im Bundesanzeiger vom ... bekannt gemachten Beschlussvorschläge von Vorstand und/oder Aufsichtsrat zu den Tagesordnungspunkten 2 bis 6 zur Abstimmung gestanden hätten.

Er stellte fest und verkündete, dass alle im Bundesanzeiger zu den Tagesordnungspunkten 2 bis 6 bekannt gemachten Beschlussvorschläge jeweils mit der erforderlichen Mehrheit angenommen worden seien.

Die Zustimmungsquoten lauteten wie folgt:

TOP 2 – Verwendung des Bilanzgewinns:
　　　　　Zustimmungsquote ... % der abgegebenen Stimmen
TOP 3 – Entlastung der Mitglieder des Vorstands:
　　　　　Zustimmungsquote ... % der abgegebenen Stimmen
TOP 4 – Entlastung der Mitglieder des Aufsichtsrats:
　　　　　Zustimmungsquote ... % der abgegebenen Stimmen

---

[22] In der Praxis wird hinsichtlich der Überwachung der Abstimmung durch den Notar zum Teil unterschiedlich verfahren; nach der Rechtsprechung des Bundesgerichtshof gehört die Überwachung des Abstimmungs- und Auszählungsvorgangs nicht zu den gesetzlichen Aufgaben des Notars, vgl. BGHZ 180, 9 Rn. 16 – Kirch/Deutsche Bank; ebenso OLG Frankfurt WM 2011, 221 (225); vgl. auch schon, wenngleich in der Tendenz zu weit OLG Düsseldorf WM 2003, 1266 (1270).

[23] Auch wenn der Versammlungsleiter von der Möglichkeit der verkürzten Feststellung des Versammlungsleiters über die Beschlussfassung Gebrauch machen will, müssen die Abstimmungsergebnisse einschließlich der Angaben nach § 130 Absatz 2 S. 2 AktG in die Sitzungsniederschrift aufgenommen werden, arg. § 130 Abs. 2 S. 1 und Abs. 6 AktG. Die Ermittlung des Abstimmungsergebnisses gehört zu den Aufgaben des Versammlungsleiters, der sich der dafür eingesetzten Hilfspersonen bedient, nicht aber zu den Aufgabe des Notars, der in die Sitzungsniederschrift nur über seine Wahrnehmung zu dem vom Vorsitezenden ermittelten Beschlussergebnis zu berichten hat, § 37 Abs. 1 S. 1 Nr. 2 BeurkG. Der Notar hat allenfalls dann einzuschreiten, wenn er eine vom Versammlungsleiter abweichende Wahrnehmung zu den gestellten Anträgen, etwa zu Aktionärsanträgen hat, und damit zu dem Inhalt der Beschlussfassung hat.

[24] § 130 Abs. 2 S. 3 AktG.

[25] § 130 Abs. 6 AktG.

TOP 5 – Bestellung des Abschlussprüfers und Konzernabschlussprüfers für das Geschäftsjahr 2017 und des Prüfers für die prüferische Durchsicht von Zwischenfinanzberichten:
Zustimmungsquote in Höhe von ... % der abgegebenen Stimmen

TOP 6 – Wahl zum Aufsichtsrat:
Zustimmungsquote in Höhe von ... % der abgegebenen Stimmen

Die Beschlüsse hätten die jeweils erforderliche Mehrheit erreicht. Er stellte fest und verkündete, dass die Beschlüsse entsprechend den Beschlussvorschlägen von Vorstand und Aufsichtsrat gefasst worden seien.[26]

Nachdem die Tagesordnung erledigt war und sich niemand mehr zu Wort meldete[27], schloss der Versammlungsleiter die Hauptversammlung um ... Uhr.

Hierüber wurde diese Niederschrift aufgenommen und von dem amtierenden Notar eigenhändig unterschrieben[28].

Notar

Anlagen

Anlage 1: Ausdruck des Bundesanzeigers vom [_____]
Anlage 2: Blätter mit den vom Versammlungsleiter festgestellten Beschlussergebnissen

---

[26] Ggf. Hinweis zur Erledigung von (echten) Gegenanträgen.
[27] Ggf. Hinweis auf Erklärungen von Aktionären oder Aktionärsvertretern von Widersprüchen gegen die Beschlussfassungen der Hauptversammlung zu Protokoll des Notars.
[28] § 130 Abs. 4 S. 1 AktG.

Anhang 4
Einfache (nicht-notarielle) Niederschrift über die Hauptversammlung einer nichtbörsennotierten Gesellschaft

Niederschrift über die ordentliche Hauptversammlung der ... AG vom ...[1]

I.

Der Unterzeichnende ist Vorsitzender des Aufsichtsrats der [Gesellschaft] und hat gemäß § ___ der Satzung der Gesellschaft die ordentliche Hauptversammlung der Gesellschaft am ... in [Ort, Straße, Gebäude] geleitet. Über die Versammlung hat er diese Niederschrift aufgenommen.

Es waren anwesend:
A. vom Aufsichtsrat, bestehend aus den Damen und Herren ...
   sämtliche Mitglieder, außer ..., der/die entschuldigt fehlten;
B. vom Vorstand, bestehend aus den Damen und Herren ...
   sämtliche Mitglieder, außer ..., der/die entschuldigt fehlten;
C. die in dem Teilnehmerverzeichnis aufgeführten Aktionäre und Aktionärsvertreter, die ihre Berechtigung zur Teilnahme an der Hauptversammlung und zur Ausübung des Stimmrechts ordnungsgemäß nachgewiesen haben. Das Teilnehmerverzeichnis ist in Anlage ... beigefügt.

II.

Als Vorsitzender des Aufsichtsrats übernahm ich gemäß § ... der Satzung den Vorsitz der Versammlung und eröffnete diese um ... Uhr.

Ich stellte fest, dass die heutige Hauptversammlung form- und fristgerecht durch eingeschriebenen Brief an alle Aktionäre[2] einberufen worden ist. Ein Ausdruck der Einberufung ist als <u>Anlage 1</u> zu dieser Niederschrift genommen[3]. In der Hauptversammlung haben zur Einsicht der Aktionäre und Aktionärsvertreter am Informations- und Wortmeldetisch ausgelegen und waren in gedruckter Form verfügbar:
– die Einberufung und Tagesordnung mit den Beschlussvorschlägen von Vorstand und Aufsichtsrat (eingeschlossen den Vorschlag des Vorstands für die Verwendung des Bilanzgewinns);
– der festgestellte Jahresabschluss zum 31.12. ..., der Lagebericht und der Bericht des Aufsichtsrats für das Geschäftsjahr ...
Ich habe die Tagesordnungspunkte wie folgt benannt:

<u>TOP 1</u> Vorlage des festgestellten Jahresabschlusses, des Lageberichts sowie des Berichts des Aufsichtsrats für das Geschäftsjahr ...
<u>TOP 2</u> Verwendung des Bilanzgewinns
<u>TOP 3</u> Entlastung der Mitglieder des Vorstands für das abgelaufene Geschäftsjahr
<u>TOP 4</u> Entlastung der Mitglieder des Aufsichtsrats für das abgelaufene Geschäftsjahr
<u>TOP 5</u> Bestellung des Abschlussprüfers für das Geschäftsjahr ...
<u>TOP 6</u> Wahl zum Aufsichtsrat

---

[1] Vgl. § 130 Abs. 1 S. 3 AktG.
[2] Vgl. § 121 Abs. 4 S. 2 AktG.
[3] § 130 Abs. 3 AktG.

Anhang 4   Einfache (nicht-notarielle) Niederschrift über die Hauptversammlung

Ich habe den Teilnehmern erklärt, dass das Teilnehmerverzeichnis erstellt sei[4] und am Informations- und Wortmeldetisch zur Einsicht ausliege[5]. Dort könnten auch spätere Nachträge eingesehen werden. Vom Grundkapital der Gesellschaft von ... seien ... Stückaktien in der Hauptversammlung vertreten, das entspreche einer Präsenz von ...% des Grundkapitals.

Ab ... Uhr berichtete der Vorstandsvorsitzende, Herr ..., über das abgelaufene Geschäftsjahr, die aktuelle Situation der Gesellschaft und die Aussicht auf das laufende Geschäftsjahr[6]. Als Vorsitzender des Aufsichtsrats erläuterte ich sodann den Bericht des Aufsichtsrats.

Um ... Uhr eröffnete ich die Aktionärsaussprache zu allen Tagesordnungspunkten. Ich bat die Aktionäre um ihr Handzeichen. Der Vorstandsvorsitzende und ich beanworten die Fragen der Aktionäre. Um ... Uhr lagen mir keine weiteren Wortmeldungen mehr vor. Auf Nachfrage wurde das Wort nicht nochmals gewünscht und nicht geltend gemacht, dass Fragen unbeantwortet geblieben seien. Ich stellte daher fest, dass die Diskussion zu allen Tagesordnungspunkten abgeschlossen sei und alle Fragen der Aktionäre und Aktionärsvertreter vollständig beantwortet seien. Auf Nachfrage erhob sich auch dagegen kein Widerspruch. Kein Aktionär machte geltend, dass ihm eine Auskunft verweigert worden sei und seine Frage als unbeantwortet in die Niederschrift aufgenommen werden solle[7].

Ich trat sodann in die Abstimmung ein und benannte zunächst nochmals die zur Abstimmung anstehenden Tagesordnungspunkte 2 bis 6. Ich erklärte, dass ich von dem Einverständnis der Aktionäre und Aktionärsvertreter ausgehe, dass die Beschlussvorschläge von Vorstand und Aufsichtsrat nicht verlesen werden müssten. Dem widersprach niemand. Ich erläuterte das Abstimmungsverfahren wie folgt: Für die Abstimmung über die Beschlussvorschläge von Vorstand und Aufsichtsrat zu den Tagesordnungspunkten 2 bis 6 werde die Sammelstimmkarte „A" verwendet. Die Abstimmung finde im Additionsverfahren statt: Es würden sowohl die „Ja-Stimmen" als auch die „Nein-Stimmen" ausgezählt. Auf den Stimmkarten könnten die Aktionäre und Aktionärsvertreter zu den einzelnen Tagesordnungspunkten Ihr Abstimmungsvotum eintragen. Wer den Beschlussvorschlägen der Verwaltung zustimmen wolle, müsse auf der Sammelstimmkarte „A" bei dem jeweiligen Tagesordnungspunkt das entsprechende „Ja"-Markierungsfeld ankreuzen. Zur Vereinfachung sei auf der Stimmkarte ein Feld vorgesehen, mit dem sich die Aktionäre und Aktionärsvertreter zu allen Tagesordnungspunkten den Beschlussvorschlägen der Verwaltung anschließen könnten. Wer gegen die Beschlussvorschläge der Verwaltung stimmen wolle, müsse das entsprechende „Nein"-Markierungsfeld ankreuzen. Wer zu einem oder mehreren Abstimmungspunkten weder mit „Ja" noch mit „Nein" stimmen möchte, sich also der Stimme enthalten wolle, müsse kein Markierungsfeld ankreuzen. Wer zu keinem Abstimmungspunkt seine Stimme abgeben wolle, müsse seine Stimmkarte nicht abgeben.

Zu den Beschlussvorschlägen zu TOP 3 und 4 wies ich auf die gesetzlichen Bestimmungen über Stimmverbote nach § 136 AktG hin. Für die Beachtung der Stimmverbote ist im Vorfeld der Hauptversammlung gesondert Sorge getragen worden. Weitergehende Einwendungen gegen das Stimmrecht der erschienenen Aktionäre und gegen die Beschlussfähigkeit der Versammlung wurden nicht erhoben. Ich habe sodann die Stimmkarten einsammeln lassen und abschließend gefragt, ob jeder Gelegenheit gehabt habe, seine Stimmkarten abzugeben. Ich stellte unwidersprochen fest, dass dies der Fall war. Sodann schloss ich die Abstimmung und unterbrach die Versammlung für die Auszählung der Stimmen.

---

[4] → § 9 Rn. 120.
[5] § 129 Abs. 4 S. 1 AktG.
[6] → § 9 Rn. 102 ff.
[7] § 131 Abs. 5 AktG.

Einfache (nicht-notarielle) Niederschrift über die Hauptversammlung — Anhang 4

Die Stimmen wurden unter meiner Aufsicht von Frau/Herrn … und Frau/Herrn … ausgezählt und das Abstimmungsergebnis in die Beschlussergebnisblätter übertragen. Um … Uhr setzte ich die Hauptversammlung fort.

Ich stellte fest und verkündete, dass die Hauptversammlung zu den Tagesordnungspunkten 2 bis 6 die folgenden Beschlüsse gefasst habe:

TOP 2 Verwendung des Bilanzgewinns

Die Abstimmung ergab bei … Aktien, für die gültige Stimmen abgegeben wurden, dies entspricht … % des Grundkapitals,

… Ja-Stimmen und

… Nein-Stimmen.

Ich stellte fest und verkündete, dass die Hauptversammlung beschlossen hat, den Bilanzgewinnn des Geschäftsjahres … in Höhe von EUR … zur Verteilung an die Aktionäre durch Ausschüttung einer Dividende von EUR … auf jede Stückaktie zu verwenden und in Höhe von EUR … auf neue Rechnung vorzutragen.

TOP 3 Entlastung der Mitglieder des Vorstands

Die Abstimmung ergab bei … Aktien, für die gültige Stimmen abgegeben wurden, dies entspricht … % des Grundkapitals,

… Ja-Stimmen und

… Nein-Stimmen.

Ich stellte fest und verkündete, dass die Hauptversammlung den Mitgliedern des Vorstands Entlastung für das Geschäftsjahr [_____] erteilt hat.

TOP 4 Entlastung der Mitglieder des Aufsichtsrats

Die Abstimmung ergab bei … Aktien, für die gültige Stimmen abgegeben wurden, dies entspricht … % des Grundkapitals,

… Ja-Stimmen und

… Nein-Stimmen.

Ich stelle fest und verkünde, dass die Hauptversammlung den Mitgliedern des Aufsichtsrats mit der erforderlichen Mehrheit Entlastung für das Geschäftsjahr [_____] erteilt hat.

Ich bedankte mich zugleich im Namen der übrigen Mitglieder des Aufsichtsrats sowie der Vorstandsmitglieder für das Vertrauen.

TOP 5 Bestellung des Abschlussprüfers für das Geschäftsjahr …

Die Abstimmung ergab bei … Aktien, für die gültige Stimmen abgegeben wurden, dies entspricht … % des Grundkapitals,

… Ja-Stimmen und

… Nein-Stimmen.

Ich stelle fest und verkünde, dass die Hauptversammlung die [Wirtschaftsprüfungsgesellschaft] zum Abschlussprüfer für das Geschäftsjahr … bestellt hat.

TOP 6 Wahl zum Aufsichtsrat

Die Abstimmung ergab bei … Aktien, für die gültige Stimmen abgegeben wurden, dies entspricht … % des Grundkapitals,

… Ja-Stimmen und

… Nein-Stimmen.

Ich stelle fest und verkünde, dass die Hauptversammlung Frau/Herrn … für die Zeit bis zur Beendigung der Hauptversammlung, die über die Entlastung für das Geschäftsjahr … beschließt, zum Mitglied des Aufsichtsrats gewählt hat.

Gegen die Beschlussfassungen erhob sich kein Widerspruch.[8]

---

[8] § 245 Nr. 1 AktG.

Anhang 4 Einfache (nicht-notarielle) Niederschrift über die Hauptversammlung

Nachdem die Tagesordnung erledigt war und sich niemand mehr zu Wort meldete[9], schloss ich die Hauptversammlung um ... Uhr.

Diese Niederschrift wurde von mir aufgenommen und eigenhändig wie folgt unterschrieben[10]:

Vorsitzender des Aufsichtsrats

Anlagen

Anlage: Ausdruck des Bundesanzeigers vom [_____]

---

[9] Gegebenenfalls Hinweis auf Erklärungen von Aktionären oder Aktionärsvertretern von Widersprüchen gegen die Beschlussfassungen der Hauptversammlung zu Protokoll des Notars.
[10] § 130 Abs. 4 S. 1 AktG.

Sachverzeichnis

Die Verweise beziehen sich auf die Paragrafen der Gliederung (fett gedruckt) und die jeweiligen Randnummern (mager gedruckt). Verweise auf den Anhang werden fett gedruckt mit A 1–4 und mager gedruckt mit der jeweils spezielleren Anlage aufgeführt.

Abberufung (Abschlussprüfer) **44** 59
Abberufung (Aufsichtsratsmitglied AG) **12** 14, 25; **17** 34 ff.
Abberufung (Aufsichtsratsmitglied KGaA) **48** 37
Abberufung (Aufsichtsratsmitglied SE) **49** 8
Abberufung (Beiratsmitglied KGaA) **48** 19
Abberufung (Verwaltungsmitglied SE) **49** 8
Abberufungsantrag **9** 56
Abberufungsrecht **9** 16 ff., 26 f.
Abfindung **34** 4
Abfindungsangebot
– Abspaltung **39** 82 ff.
– Aufspaltung **39** 71
– Ausgliederung **39** 85 ff.
– BEAV **33** 13
– Berichtspflicht **5** 23
– Eingliederung **34** 4
– Erläuterungspflicht **10** 90
– Formwechsel **39** 88
– Spruchverfahren **46** 4, 9 ff.
– Squeeze out **35** 5 ff.
– Umwandlungen **39** 13 ff., 22
– Verschmelzung **39** 48
Abfindungsberechtigung **33** 13
Abfindungsbeträge **11** 56
Abfindungsergänzungsanspruch **46** 49
Abfindungsregelung (Unternehmensverträge) **10** 83
Abfindungsvereinbarung mit Vorstand **41** 14
Abgang von Aktionären **9** 412
Abgegebene Stimmen **12** 3
Abgeltungssteuer **26** 4
Abgestimmtes Verhalten *s. Acting in Concert*
Abhängige Gesellschaft **33** 2; **38** 42
Abhängigkeitsbericht
– Abschlussprüfung **2** 48
– Auskunftsanspruch **11** 55 f.
– Entherrschungsvertrag **33** 36
– Jahresabschluss **2** 22
Ablauf (Amtsdauer) **17** 44
Ablauf (HV) **9** 58 ff.
Ablehnungsrecht (Notar) **13** 29 ff.
Abmahnung (Störer) **9** 248 f.; *s. auch Störungsabwehr*
Abschlussprüfer **2** 1 ff., **18** 1 ff.
– Abberufung **44** 59
– Ablehnung **2** 40
– Abschlussprüfungsreformgesetz **18** 28, 55
– Amtsniederlegung **18** 21
– Annahme **18** 17

– Auftrag **2** 39; **18** 17 ff.
– Ausschlusstatbestände **2** 42 f., 44; *s. auch dort*
– Ausschreibung des **18** 38
– Befangenheit **18** 29 ff.
– Bewertungsleistungen **18** 28
– Beschlussvorschlag **18** 8, 11 ff.
– Bestellung eines anderen Prüfers **12** 22
– Black-List **18** 26 ff.
– Cooling-off Periode **18** 37 ff.
– Ersatzprüfer **2** 47
– EU-Abschlussprüferverordnung **2** 36, 66a; **18** 26 ff., 38, 44
– externer Prüfer **2** 1, **2** 23
– Gegenantrag **18** 12
– gerichtliche Bestellung **18** 48 ff., 54
– gerichtliche Ersetzung **18** 53 ff.
– Gründung einer AG **2** 31
– Haftung **2** 46
– Halbjahresfinanzberichtsprüfer **18** 63 ff.
– Joint audit **18** 38, 41
– Kapitalmarktorientierte Gesellschaften **18** 37 ff.
– Konzernabschlussprüfer **18** 45 ff.
– Kreditinstitute **18** 39
– Kündigung **2** 43
– mehrere Prüfer **18** 45 ff.
– Mehrheit **2** 44
– Muttergesellschaft **18** 61
– Netzwerke von Prüfern **18** 42 f.
– Prüferische Durchsicht **18** 65 f.
– Prüfungsausschuss **18** 9
– Prüfungsgesellschaften **18** 36
– Prüfungsvertrag **2** 44, 42
– Quartalsfinanzberichtsprüfer **18** 68 f.
– Rechtsbehelfe **2** 32 f.
– reguläres Bestellungsverfahren **18** 3 ff.; *s. dort*
– Rotation **18** 37 ff.
– Schadensersatz **2** 46
– Schlussbilanz Verschmelzung **18** 70 ff.
– Sonderprüfer *s. dort*
– Steuerberatungsleistungen **18** 28
– Teilnahmerecht an HV **8** 81 ff.
– untauglicher Prüfer **2** 37
– Unternehmen von öffentlichem Interesse **2** 36, 66a
– Verfahren **2** 30
– verbotene Nichtprüfungsleistungen **18** 26 ff.
– Verschmelzung **18** 70 ff.
– Verschwiegenheit **2** 45
– Versicherungsgesellschaften **18** 39
– Voraussetzungen **2** 37
– Wahl **2** 28, 36 f.; **4** 223; **18** 5 ff.

1109

Sachverzeichnis

- Wahl, rechtswidrige 18 44, 57 f.
- Wählbarkeit 18 7
- Wahlbeschluss 2 37; 18 15, 58
- Wahlperiode 2 36
- Wiederwahl 18 4
- Zuständigkeit 18 5

Abschreibungen 11 55 f.
Abschrift 6 15 ff.; 11 63
- Internetpublikation 11 63
- Übersendung, elekronisch 6 20
- Übersendungspflicht 6 17 ff.

Absetzung (Abwehr-HV) 37 55
Absetzung (HV) s. *Verschiebung (HV)*
Absetzung (Tagesordnungspunkte) 9 49 ff.
Absolute Beträge 31 10
Abspaltung 5 45; 39 82 ff.
- zur Aufnahme 39 82 f.
- zur Neugründung 39 84

Abspaltung eines Vermögensanteils 39 46
Abstimmblock 9 378 ff.
Abstimmbogen 9 347, 398
Abstimmung 12 3 ff.
- Abstimmungsverbote 12 4 ff.
- Reihenfolge der Abstimmung 12 7
- Stimmabgabe 12 3
- Zusammenfassende Abstimmung 12 8

Abstimmungsart 9 263 ff.
- Abstimmungstypen 9 266 ff.
- einheitliche Abstimmung 9 273 ff.
- Eventualabstimmung 9 289
- Festlegung 9 263 f.
- Konzentration der Abstimmungsvorgänge 9 271 f., 286 ff.
- offene Abstimmung 9 266
- Ort 9 276
- Reihenfolge 9 277 ff.
- Stimmabgabe 9 270
- verdeckte Abstimmung 9 266
- verschiedene Arten 9 266 ff.
- Zusammengefasste Abstimmung 9 273 ff.

Abstimmungsergebnis
- Ermittlung 9 290 ff.
- fehlerhafte Feststellung 44 40

Abstimmungskosten 9 255
Abstimmungskriterien 9 255 f.
Abstimmungsleitung 9 263 ff.
- Abstimmungsart 9 263 f.; *s. auch dort*
- Auszählung 9 291 ff, 316 ff.; *s. auch dort*
- Ergebnis 9 290 ff.
- Ort 9 276
- Reihenfolge 9 277 ff.
- Satzungsbestimmung 9 263 f.
- Verfahren 9 290 ff.
- Verkündung des Ergebnisses 9 311 ff.
- Versammlungsleiter 9 263 ff.

Abstimmungsort 9 276
Abstimmungspräsenz 9 412

Abstimmungsreihenfolge 9 277 ff.; 12 7
- Blockentlastung 9 281
- Wahlvorschlag AR-Wahlen 9 278, 284

Abstimmungssonderfälle 9 418
Abstimmungsszenarien 9 323 ff.
Abstimmungstisch 9 348 ff.
Abstimmungsverbote 12 4 ff.
Abstimmungsvorschläge 4 285 ff.; 8 47; 11 56
- Abweichungen 4 294
- Aktionärsinteresse 4 288
- Allgemeines 4 285 f.
- Ausschluss 4 296
- Einholung von Weisungen 4 292
- Formblatt für Weisungen 4 293
- Geltungsbereich 4 285 f.
- Kostenersatz 4 291
- Kreditinstitut 8 52
- Organisation 4 289
- Satzungsänderungen 12 5
- Verflechtungen 4 297 ff.
- Vorkehrungen 4 289
- Weisungen 4 292
- Weisungsfrist 4 295
- Zugänglichmachen (Aktionärsvorschlag) 4 287
- Zugänglichmachen (Verwaltungsvorschlag) 4 290

Abstufung (Stimmrechte) 9 184
Abwägung (nachteilige Auskünfte) 11 44
Abwahl (Versammlungsleiter) 9 23 ff.; A 2 Anlage 3.2
Abwehr-Hauptversammlung 37 3, 15, 44 ff.
- Absetzung 37 55
- Allgemeines 37 44
- Anwendungsbereich 37 45
- Einberufungsfrist 37 76 ff.
- Einberufungsgründe 37 56 ff.
- Einberufungszuständigkeit 37 61 ff.
- Erleichterungen 37 75 ff.
- Fristverlängerung 37 54
- Informationspflichten 37 83 ff.
- Mitteilungsfristen 37 82
- Mitteilungspflicht des Vorstands 37 65 ff.
- Stimmrechtsvollmachten 37 93
- Unterbleiben der Zusendung 37 89 ff.
- Veröffentlichungspflicht des Bieters 37 70 ff.
- Versammlungsort 37 80
- Versammlungszeitpunkt 37 81
- Verstöße 37 94
- Vorbereitungspflicht 10 23
- Zusammenhang mit Angebot 37 46 ff.

Abwehranspruch 47 10
- Subsidiarität 47 24

Abwehrklage gegen Verletzung aktionärsschützender Vorschriften 47 8 ff.
Abwehrmaßnahmen 4 108; 10 5, 63
- autodynamische 37 5 f.

Abwehrzweck 37 27
Abweichung (Beschlusstext) 4 197

Sachverzeichnis

Abweichung (gesetzlichen Voraussetzungen) 24 31
Abweichende Mehrheitserfordernisse 19 8
Abwicklung (Gesellschaft) 42 95 ff.
Abwicklung (mittelbare Bezugsrechte) 20 41 f.
Abwicklung (Umtausch) 23 43
Acting in Concert 4 1, 245 f.
actio pro socio 47 42
Ad-hoc-Entscheidung 4 101
Ad-hoc-Mitteilung 10 81
Ad-hoc-mitteilungspflichtige Vorgänge 11 56
Ad-hoc-Publizitätssysteme 3 88
Additionsmaschinen 9 267
Additionsverfahren 9 294 f., 404, 415 ff., 426
ADR 8 3, 27; 11 76 (Fn. 282); 30 4 (Fn. 2)
Akklamation 9 338
AktFoV 4 242 ff.
Aktien als Akquisitionswährung 30 3; 36 17
Aktien als Gegenleistung 36 13 ff.
Aktienart 23 14
Aktiengattungen
– Genehmigtes Kapital 22 19
– Protokoll 13 45
– reguläre Kapitalerhöhung 20 20 ff.
– Satzungsänderung 19 12 f.
– Weisungsbeschluss 10 30
Aktiennennbeträge 11 71
Aktienoptionsplan 23 64; 24 1 ff.
– Allgemeines 24 2 ff.
– Aufsichtsratmitglieder 24 10, 18
– Auskünfte 11 56
– Gestaltungsformen 24 7 ff.
– Hauptversammlungsbeschluss s. dort
Aktienoptionsplan (Hauptversammlungsbeschluss) 24 15 ff.
– Abweichung von gesetzlichen Voraussetzungen 24 31
– Aufteilung der Bezugsrechte 24 19 f.
– Ausgabebetrag und Erfolgsziele 24 21 ff.
– Ausübungszeiträume 24 25
– bedingtes Kapital 24 8 f., 17, 27; s. auch bedingte Kapitalerhöhung
– Beschlussformen 24 32
– Bezugsberechtigung 24 18
– Bezugsrechte, Aufteilung 24 19
– Bezugsrechte, Verfall 24 28
– Cash Settlement 24 3
– eigene Aktien 24 12 ff.; 32 16
– Erfolgsziele 24 22 f.
– Erwerbszeiträume 24 24
– Fakultativer Inhalt 24 28 ff.
– genehmigtes Kapital 24 11
– Inhalt 24 15 ff.
– Konzernunternehmen 24 5, 29
– Kursziel 24 23
– Meldepflichten 24 6
– Obligatorischer Inhalt 24 16 ff.
– Phantom Stocks 24 4
– Rückstellungsbedarf 24 4
– „Say on Pay" 24 2
– Stock Appreciation Rights 24 4
– Veräußerungssperre 24 28
– Verwässerung 24 4
– Volumen des bedingten Kapitals 24 17
– Vorstandsbericht 24 33
– Wartezeit 24 26
– Wertangabe 24 30
– Zuständigkeit 24 29
– Zweck des bedingten Kapitals 24 27
Aktienrechtliche Kompetenzen (KGaA) 48 25, 29
Aktienrechtliche Stimmverbote (KGaA) 48 17
Aktienrechtsnovelle 2016
– Besitzzeit 4 226
– Einberufungsfrist, Verlängerung 4 105
– Eintragungsstop 4 104; 8 66
– Girosammelverwahrung, Inhaberaktien 8 28
– Hinterlegung 8 67
– Inhaberaktien, Umstellung 30 4, 18
– Inhabernachweis 4 35
– Legitimationsnachweise 8 64 ff.
– Mitteilungspflichten 4 271 f.
– Namensaktien als Regel 4 94; 30 3
– Quorum bei gerichtlicher Entscheidung 4 50
– Sonderverwahrung, Inhaberaktien 8 28
– Umschreibungsstop 4 104; 8 66; 30 18
– Veröffentlichungsmedien 4 57, 74
– Vorzugsaktien 11 91
– Wahlvorschläge, Bindung an 4 180
– Wandlungsrecht 23 1, 5
Aktienregister 4 35, 80, 83, 94 ff., 140, 259, 275; 30 15 ff.
Aktiensplit 31 3
Aktienumgestaltung 29 4
Aktienurkunden 4 95; 8 67
Aktionärsaktivierung 8 15
Aktionärsanträge s. Anträge
Aktionärsbestand 4 88
Aktionärsdebatte
– Anträge 9 174 ff.
– Beendigung 9 146 ff., 166 ff.
– Entscheidung über 9 40
– Einzeldebatte 9 40, 130 f.
– Eröffnung A 1
– Gegenanträge 9 143
– Generaldebatte 11 5, 12; 9 40, 74, 130 f.; s. auch dort
– Generalprobe 3 96
– Geschäftsordnungsanträge 9 143, 200
– Gleichbehandlungsgrundsatz 9 158
– Leitfaden, Anpassung 9 80, 229
– Redezeit 9 150 ff.; s. auch Redezeitbeschränkung

1111

Sachverzeichnis

- Rednerblöcke **9** 141 ff., 148
- Rednerliste **9** 148, 165, 166 ff.
- Schließung vor Erledigung **9** 172; **A 2** 1.6
- Schluss **9** 170 ff.
- Schlussphase **9** 148 f.,
- Strukturmaßnahmen **9** 154
- Tagesordnungspunkte, abgeschlossene **9** 134
- Tagesordnungspunkte, Abweichungen **9** 133
- Tagesordnungspunkte, Verbindung von **9** 132
- Unterbrechung **9** 145
- Versammlungsleiter, Ermessen **9** 130 f.
- Wiedereröffnung **9** 134 ff.
- Wiederöffnung, Beschlussaufhebung **9** 134, 136
- Wortmeldeliste **9** 146
- Wortmeldungen **9** 138 ff., 141 ff.
- Wortmeldungen, Reihenfolge **9** 142 f.
- Wortmeldungen, unberücksichtigte **9** 172
- Zwischendebatte **9** 27, 191, 194, 201; *s. auch dort*

Aktionärsforum **4** 240 ff.; **7** 52
- Acting in Concert **4** 245 f.
- Berichtigung der Aufforderung **4** 244
- Erstellen der Aufforderung **4** 243
- Formulare **4** 243
- Gebühr **4** 243
- Löschung der Aufforderung **4** 244
- Missbrauch **4** 244
- Klagezulassungsverfahren **47** 45
- Veröffentlichung von Aufforderungen **4** 242

Aktionärsinteresse **4** 115
Aktionärsminderheit **4** 10, 262
Aktionärsrechte **8** 10
Aktionärsrechte in der HV
- Aufzeichnungen **11** 124 f.
- Einsichtsrecht **11** 60 ff.
- Fragerecht **11** 14 ff.
- Rederecht **11** 1 ff.
- Stimmrecht **11** 69 ff.

Aktionärsrechterichtlinie **1** 10; **4** 318; **7** 19 f.; *s. auch ARUG*
Aktionärstypische Vermögensrechte **28** 1
Aktionärsvereinigungen **3** 74; **4** 256, 275, 286, 292, 297, 300, 301; **11** 9
Aktionärsvertreter **8** 34 ff., 123 ff.
Aktivistische Investoren **3** 7; *s. auch kritische Aktionäre*
Aktualisierung **6** 22
Aktualisierungspflicht **10** 94
Allgemeine Feststellungsklage **47** 23
Allgemeine Missstandsaufsicht **36** 24
Allgemeine Überwachungspflicht (Aufsichtsrat) **2** 80
Altana/Milupa-Entscheidung **5** 122
American Depositary Receipt *s. ADR*
Amerikanische Pensionsfonds **30** 3
Amtierende Vorstandsmitglieder **10** 35
Amtsannahme **17** 22

Amtsbereich **13** 17
Amtsbezirk **13** 16
Amtsermittlungsgrundsatz **43** 4; **46** 28
Amtsgericht **17** 36, 41
Amtsgerichtsbezirk **13** 17
Amtslöschung des Registergerichts **42** 28, 113 ff.
- Löschung der Durchführung der Kapitalerhöhung **42** 115
- Löschung von anderen Eintragungen **42** 114
- Löschung von Beschlüssen **42** 113
- Verfahren **42** 116 f.

Amtsniederlegung (Abschlussprüfer) **18** 21
- Form **18** 22
- Wirtschaftsprüferkammer **18** 23

Amtsniederlegung (Aufsichtsratsmitglieder) **17** 37
Amtswalter **8** 35
Amtszeit (Aufsichtsrat) **8** 77; **17** 14 ff.
Analoge Bekanntmachungspflicht **4** 201
Analoge Berichtspflicht **5** 97
Änderung (Angebot) **37** 50
Änderung (Gesellschaftszweck) **19** 10
Änderung (Jahresabschluss nach Feststellung)
- bei Gesetzesverstoß **2** 103
- bei inhaltlichen Mängeln **2** 103
- bei Nichtigkeit **2** 103
- Fallgruppen **2** 103
- Grundlage **2** 102
- In sonstigen Fällen **2** 103
- Rechtsfolge der Änderung **2** 104

Änderung (Reihenfolge der Tagesordnung) **9** 133
Änderung (Sach- und Rechtslage) **10** 132
Änderung (Unternehmensgegenstand) **12** 28
Anfahrt **7** 45
Anfechtbarkeit (HV-Beschluss) **44** 29 ff.; *s. für einzelne Anfechtungsgründe auch unter Anfechtungsrisiken*
- Anfechtungsgründe **44** 30 ff.
- Begriff **44** 29
- Bestätigungsbeschluss **44** 62 ff.
- Einberufung durch Minderheit **4** 69
- Generalklauseln **44** 46 f.
- Gesetzlicher Ausschluss **44** 58 ff.
- Gleichbehandlungsgrundsatz **44** 53
- Inhaltsfehler **44** 42 ff.
- Sondertatbestände **44** 43 ff.
- Treuepflicht und materielle Beschlusskontrolle **44** 47 ff.
- Verfahrensfehler **44** 32 ff.
- Verfolgung von Sondervorteilen **44** 55 ff.
- Vertragsverletzung **44** 54

Anfechtungsausschluss (Berichtsmängel) **5** 134 ff.
- Abfindungsansprüche **5** 134

Sachverzeichnis

- Ausdehnung **5** 136
- Ausgleichsansprüche **5** 134
- Barabfindung **5** 135
- Bewertungsfragen **5** 134
- Formwechsel **5** 135
- MEZ/Aqua Butzke-Entscheidung **5** 137
- Umtauschverhältnisse **5** 134
- Wertungsbezogene Informationen **5** 134

Anfechtungsausschluss (Erläuterungspflichten) 10 105

Anfechtungsausschluss (online-HV) 7 22

Anfechtungsbefugnis
- einzelner Aktionäre **44** 74
- generelle Anfechtungsbefugnis **44** 73

Anfechtungsfrist 44 90

Anfechtungsgründe 44 30 ff., 91; **10** 45 f.

Anfechtungsklage 44 68 ff.
- Anfechtungsbefugnis **44** 73
- Bekanntmachung **44** 93
- Beschlussfeststellungsklage **44** 114 f.
- Dispositionsmaxime **44** 96
- Klageerhebung und Antrag **44** 88 ff.
- Missbrauch **44** 82 ff.
- Nebenintervention **44** 94 f.
- Parteien **44** 86 f.
- Publizität **44** 111 ff.
- Registerverfahren **44** 100 ff.
- Schiedsfähigkeit **44** 70 f.
- SE **49** 35
- Streitwert **44** 97 ff.
- Unternehmensverträge **33** 32
- Urteil **44** 103 f.
- Urteilswirkung **44** 105 ff.
- Verfahren **44** 86 ff.
- Vergleichsfähigkeit **44** 96
- Vorstandsberechtigung **10** 130
- Zuständigkeit **44** 69

Anfechtungsprozess 5 11

Anfechtungsrisiken
- Abschlussprüfer **18** 16; **44** 59
- Abwahlantrag Versammlungsleiter **9** 25, 33
- Aktienoptionspläne **24** 31
- Auskunft, verspätete **11** 33
- Auskunftsverweigerung **44** 38
- Auslegung von Unterlagen **6** 24 ff.; **10** 67 f.
- Bagatellverstöße **4** 147
- Bekanntmachung der Tagesordnung **41** 3; **44** 33
- Berichte **44** 34
- Berichtspflicht **5** 23; **41** 3
- Bestätigung anfechtbarer Beschlüsse **40** 48
- Beurkundungsmängel **13** 9
- Bezugsrechtsausschluss **20** 65 ff.; **22** 30
- Einberufung (Aufsichtsrat) **4** 67
- Einberufung (HV) **4** 21, 65 ff., 146; **44** 37
- Einberufungsfrist **4** 153; **44** 33
- Einberufungsgrund **4** 65
- Erläuterung Aufsichtsrat **9** 101

- Erläuterungspflicht des Vorstandes **9** 104; **10** 101 ff.
- erneute Beschlussfassung **9** 136
- fehlerhafte Angaben **4** 151
- Feststellung des Abstimmungsergebnisses **44** 33, 40
- Gegenanträge **4** 321
- Genehmigung **4** 68
- gesellschaftsrechtliche Treuepflichten **12** 30 f.
- Gewinnverwendungsbeschluss **44** 44
- Gleichbehandlungsgrundsatzverletzung **41** 12
- Heilung **4** 68; **40** 49
- Informationsmängel **44** 60
- Informationspflichten **44** 34, 39
- Kapitalerhöhung aus Gesellschaftsmitteln **26** 9
- Kapitalerhöhung unter Ausschluss der Bezugsrechts **44** 45
- materielle Beschlusskontrolle **12** 32 ff.
- Minderheitenschutz **44** 41
- Minderheitsverlangen **4** 69
- Mitteilungen **4** 273 f.
- nicht beantwortete Fragen **11** 33
- nichtberechtigte Einberufung **4** 64
- nichtiger Beschluss **4** 66
- Online-HV **7** 18 ff.
- Ordnungsmaßnahmen **9** 259
- Partizipationsrechte **44** 34
- Provozierte Rechtsverkürzung **44**
- Rede- und Fragerecht **9** 260 f.
- Saalverweis **44** 35
- Stimmauszählung **44** 33
- Stimmrechtsausschluss **44** 33
- Stimmrechtsmitteilung **44** 33
- Stimmrechtsvollmacht **8** 55
- Substraktionsverfahren **9** 304, 309
- Tagesordnung **4** 247 ff.
- technische Störungen **3** 26; **7** 13, 22; **8** 14
- Teilnahmebedingung **4** 152
- Teilnahmepflicht (Vorstand) **10** 34 ff.
- Teilnahmerecht **44** 34
- Teilnehmerverzeichnis, Führung **9** 126
- Übermittlungspflicht **4** 301 ff.
- Uhrzeit **4** 115, 153
- Umwandlung von Vorzugs- in Stammaktien **29** 9
- unzulässige Uhrzeit **4** 153
- unzulässiger Ort **4** 153
- Verhältnismäßigkeit **12** 38 f.
- Vermögensübertragung **38** 25
- Versammlungszeit **4** 115, 153
- Versäumnis der Verbreitung **4** 155
- Verschmelzung **5** 24
- Verweigerung der Teilnahme **44** 33
- Vollversammlung **4** 349
- Wiedereröffnung Aktionärsdebatte **9** 136
- Wortentzug **44** 35
- Zeit der Versammlung **4** 115, 153

Angaben (Abstimmung) 13 40 ff.

1113

Sachverzeichnis

Angaben (Teilnehmerverzeichnis) 13 67
Angebot zum Erwerb von Wertpapieren
 s. *Öffentliches Angebot zum Erwerb von Wertpapieren (Hauptversammlungsbeschluss)*
Angebotsfrist 37 50
Angebotsunterlage 4 108 f.; 36 29; 37 35
Angelegenheiten der Gesellschaft 11 22
Angelegenheiten verbundener Unternehmen 11 55
Angemessene Gegenleistung 38 25
Angemessenes Verhältnis der Aufsichtsratsvergütung 40 7
Anhang (Jahresabschluss) 2 4
Anhängige Verfahren 39 41
Anlegerschutz
 – Delisting 40 15
 – KGaA 48 51
Anleihekonditionen 23 45
Anleiheschuldner 45 8
Anmeldefrist 3 21; 4 82; 42 102
Anmeldepflicht 40 40
Anmeldepflichtige Personen 42 14
Anmeldepflichtige Vorgänge 42 40 ff.
 – Anmeldung mit Registersperre 2 98 ff.
 – Eingliederung 42 99
 – Formwechsel 42 110 ff.
 – Negativerklärung und Freigabeverfahren 42 98 f.
 – Spaltung 42 108 ff.
 – Umwandlungen 42 100 ff.
 – Verschmelzung 42 100 ff.
 – Auflösung und Abwicklung 42 95
 – bedingte Kapitalerhöhung 42 67 ff.
 – genehmigtes Kapital 42 74 ff.
 – Kapitalerhöhung 42 54 ff.
 – Kapitalerhöhung aus Gesellschaftsmitteln 42 78 ff.
 – Kapitalerhöhung gegen Einlagen 42 55 ff.
 – Kapitalerhöhung und Kapitalherabsetzung zur Umstellung des Grundkapitals auf den Euro 42 94
 – Kapitalherabsetzung 42 84 ff.
 – ordentliche Kapitalherabsetzung 42 85 ff.
 – ordentliche Einziehungsverfahren 42 92
 – vereinfachte Kapitalherabsetzung 42 89 f.
 – vereinfachtes Einziehungsverfahren 42 93
 – Satzungsänderung 42 40 ff.
Anfechtbare HV-Beschlüsse 42 51
Angefochtene HV-Beschlüsse 42 50
Anmeldung 42 41
 – beizufügende Urkunden 42 43 ff.
 – Bindungswirkung 42 49
 – fehlerhafte Beschlüsse 42 46 f.
 – fehlerhafte Eintragung 42 53
 – Form und Inhalt 42 42
 – Prüfung durch das Registergericht 42 48 ff.
 – Wirkung der Eintragung 42 52
Anmeldeprozess 3 58 ff.

Anmeldeverzeichnis 3 76 ff., 79 f., 81 ff.
Anmeldung (Aufsichtsratsvorsitzender/Stellvertreter) 17 47.
Anmeldung (Handelsregister) 13 90 f.
Anmeldung (Satzungsänderung) 42 41 ff.
Anmeldung (Teilnehmer) 4 79 ff.; 8 61 f.
Anmeldungsfrist 4 104 ff.
Anmeldungsreihenfolge 39 40
Anmeldungsvoraussetzung 39 41
Annahme (Amt) 9 8
Annahmefrist 36 29; 37 50, 53
Annahmefristverlängerung 37 54
Anpassung früherer Kapitalerhöhungsbeschlüsse 31 6 ff.
Anpassungsbedarf 31 10 f.
Anrechnungsklausel 22 35; 23 61
Anschaffungskosten 11 55
Anschaffungswerte 39 45
Anspruch auf Erteilung von Ausfertigungen 13 83
Anteile (Kapitalgesellschaft) 11 55
Anteiliger Grundkapitalbetrag 31 2
Anteilseignervertreter 17 23, 34
Anteilserwerbsmodalitäten 39 12
Anträge (*Beispiele für Stellungnahmen zu/Erwiderungen auf s. nachstehende Anlagenverweise*)
 – Abberufung Versammlungsleiter 9 25, 204 ff., 280; A 2 Anlage 3.2
 – Abbruch der HV 9 213; A 2 Anlage 1.9
 – Absage der HV 9 213
 – Abstimmungsfähigkeit 9 178
 – Abstimmungsreihenfolge 9 186 f., 279 ff.; A 2 Anlage 3.7, 4.19
 – Annahme 9 177
 – Aufnahme verweigerter Auskünfte ins Protokoll 9 237; A 2 Anlage 4.16
 – Beispiele für Reaktion auf A 2 Anlagen 3.1 ff.
 – besondere Vertreter 9 231; A 2 Anlage 3.9
 – Blockabstimmungen, Widerspruch 9 232 ff.; A 2 Anlage 4.24
 – Börsennotierte Gesellschaften 9 177
 – dringliche 9 280
 – Einzelentlastung 9 80, 214 ff.; A 2 Anlage 3.1
 – Erwiderung auf A 2 Anlagen 3.1 ff. (Beispiele)
 – Fallgruppen 9 204 ff.
 – Form 9 174 ff., 177
 – Gegenanträge 9 184 ff.; s. auch dort
 – Geschäftsordnungsanträge 9 143, 191 ff., 280 ff.; s. auch dort
 – Listenwahl, Widerspruch 9 232 ff.; A 2 Anlage 3.6
 – Reaktion auf A 2 Anlagen 3.1 ff. (Beispiele)
 – Reihenfolge von Abstimmungen 9 186 f., 279 ff.; A 2 Anlage 3.7, 4.19
 – Sachanträge 9 181 ff.; A 2 Anlage 3.11
 – Sachanträge, selbständige 9 190
 – schriftliche 9 175

Sachverzeichnis

- Sonderprüfung 9 180, 182, 222 ff.; A 2 Anlage 3.8
- Tagesordnungspunkt, Absetzung 9 208 ff.
- Tagesordnungspunkt, Vertagung 9 208 ff.
- Tagesordnungspunkt, Vorziehung 9 211; A 2 Anlage 4.19
- unsinnige 9 177 f.; 26 0 f.
- Verfahrensanträge 9 45, 57, 80, 202, 281, 349
- Vertagung 9 208 ff., 213; A 2 Anlage 3.5
- Vertrauensentzug 40 1a ff.; A 2 Anlage 3.10
- weitergehende 9 285
- Widerspruch zur Listenwahl 9 232 ff.; A 2 Anlage 3.6
- Zulässigkeitsprüfung 9 179 f.
- zur Tagesordnung 9 208 ff.; A 2 Anlage 3.5, 4.19

Antragsbegründung 46 27 ff.
Antragsbegründungsfrist (Spruchverfahren) 46 24
Antragsberechtigter (Auskunftserzwingungsverfahren) 43 7 f.
Antragsberechtigung (Spruchverfahren) 46 8 ff.
- Eingliederung 46 10
- Gründung einer Europäischen Genossenschaft 46 16
- Gründung oder Sitzverlegung einer SE 46 15 ff.
- sonstige Antragsberechtigung 46 19
- Squeeze out 46 10
- Umwandlungsmaßnahmen 46 11 ff.
- Unternehmensvertrag 46 9

Antragserwiderung 46 34
Antragsfrist (Auskunftserzwingungsverfahren) 43 5
Antragsfrist (Spruchverfahren) 46 24
Antragsgegner (Auskunftserzwingungsverfahren) 43 9
Antragsidentität 4 324 f.
Antragsrecht 8 5
Antragsrücknahme 46 51
Antragssituation 9 324
Antragsverfahren (Freigabeverfahren) 45 32
Anwaltszwang 43 5, 46 23
Anwendungsbereich (Spruchverfahren) 46 3 ff.
Anwendungsbereich (WpÜG) 36 3 ff.
Anwesenheitspflicht 10 34
Anwesenheitsrecht 8 5
- Ausübung 8 22

Anzeige (HV) 3 29
Anzeigen 4 215
Apostille 42 35, 37
ARAG/Garmenbeck 41 1, 19, 26
Arbeitnehmer 24 20
Arbeitnehmerbeteiligung 39 65
Arbeitnehmervertreter 17 27 ff., 35
Art der Emission 23 30

ARUG 1 7; 3 20, 42, 55, 86; 4 70, 78, 117, 126, 267; 5 7; 6 1; 7 2 ff., 44, 47 f., 56, 71, 73, 80; 8 4 ff., 37, 40, 45 ff., 126, 129; 9 266, 402 ff., 416; 12 38; 21 6, 14; 23 65, 38 4, 42 26, 45; 45 6, 16, 19, 35 f., 39
Aufbewahrung (Belegmaterial) 9 387
Aufdeckung (Missstände) 11 44
Aufforderung s. Aktionärsforum
Aufgliederung (Beteiligung) 11 56
Aufhebung (Beschluss zur bedingten Kapitalerhöhung) 23 26
Aufhebung (Beschluss) 40 53 ff.
Aufhebung (Beschlusses zum genehmigten Kapital) 22 20
Aufhebung (Redezeitbeschränkung) 9 164 f.
Aufhebungsvereinbarungen mit Vorstand 41 14
Aufleben des Stimmrechts 11 93
Auflösung (AG) 12 28
Auflösung (Gesellschaft) 42 95 ff.
Auflösung (Gewinnrücklage) 10 67
Auflösungsbeschluss 44 51
Auflösungsbeschluss (KGaA) 48 36
Aufnahme neuer persönlich haftender Gesellschafter (KGaA) 48 37
Aufsichtsrat
- Amtsniederlegung 17 37
- Beauftragung HV-Dienstleister 4 32
- DrittelbG 17 3, 27, 35
- Entsendungsrecht 17 19
- Ersatzmitglieder 17 30 ff.
- Erster 17 15
- gerichtliche Bestellung 17 41 ff.
- Geschlechterquote 4 181, 336; 17 6 ff., 17; s. auch dort
- Haftung für Einberufung 4 32
- Lücke 17 41 ff.
- MgVG 17 7
- Mindestanzahl 17 3
- MitbestG 17 4, 28, 35
- Mitglieder siehe Aufsichtsratsmitglieder
- MontanMitbestG 17 5, 29
- Umwandlungen 17 15
- Unterschreitung Anzahl 17 41 ff.
- Vergütung 40 4 ff.
- Wahl 17 1 ff. siehe Aufsichtsratswahlen
- Zusammensetzung 17 2 ff.

Aufsichtsratsbericht 10 44 ff.; 9 99 ff.
Aufsichtsratsmitglieder 4 260; 8 76 ff.
- Abberufung 17 34 ff.
- Abberufung, gerichtliche 17 36
- Amtsniederlegung 17 37
- Amtszeit 17 14 ff.
- Ausscheiden ex nunc 17 11
- Beratungsverträge 40 9
- Bestellung 17 22, 38 f., 41 ff.
- Bestellung, fehlerhafte 17 38 ff.
- Bestellung, gerichtliche 17 41 ff.

1115

Sachverzeichnis

- Ersatzmitglieder **17** 31 ff.
- fachliche Eignung **17** 12 f.
- Financial Expert **17** 12
- Haftung **17** 13
- Kapitalmarktorientierte Gesellschaften **17** 12
- Konzernmandate **4** 264
- persönliche Voraussetzungen **17** 9 ff.
- Stellvertreter **17** 30
- Vergütung **40** 4 ff.
- Wahl **17** 19 ff.; *s. auch Aufsichtsratswahlen*

Aufsichtsratssitzungen **11** 56
Aufsichtsratsvergütung **4** 178
Aufsichtsratsvorbehalte **38** 18 ff.
Aufsichtsratsvorsitzender
- Versammlungsleiter **9** 10 ff.
- Bericht **9** 99 ff.

Aufsichtsratswahlen **17** 1 ff.
- Abberufung **17** 34 ff.
- Anträge **A 2** Anlage 3.6, 3.7
- Amtsniederlegung **17** 37
- Amtszeit **17** 14 ff.
- Anfechtung **17** 38
- Anmeldung **17** 47 f.
- Anteilseignervertreter **17** 23 ff.
- Arbeitnehmervertreter **17** 27 ff.
- Bekanntmachung **17** 46 f.
- Beschluss **17** 21
- Bestellung **17** 22, 38 ff.
- Bestellung, fehlerhafte **17** 38 ff.
- Bestellung, gerichtliche **17** 41 ff.
- Blockwahl **17** 24, 26
- Entsprechenserklärung **17** 24
- Ergänzungswahl **17** 44 f.
- Ersatzmitgliedschaft **17** 30 ff.
- gerichtliche Bestellung **17** 41 ff.
- Geschlechterquote **4** 181, 336; **17** 17, 24 f.
- Listenwahl **17** 24 26
- Nichtigkeit **44** 24
- Simultanwahl **17** 25
- Tagesordnung **4** 217 ff.
- Wahl **17** 19 ff.
- Wählbarkeit **17** 9 ff.
- Wahlvorschläge **4** 217 ff., 333 ff.; **9** 187, 278; **17** 17 f.
- Zusammensetzung **17** 2 ff.

Aufspaltung **5** 45; **39** 71 ff.
Aufspaltung zur Aufnahme **39** 71 ff.
- Auslegungspflicht **39** 75
- Bekanntmachung **39** 73
- Bekanntmachungspflicht **39** 75
- Hauptversammlung **39** 73
- Spaltungsbericht **39** 73 f.
- Spaltungsprüfer **39** 74
- Veröffentlichung **39** 73
- Vertragsinhalt **39** 71
- Zustimmung **39** 73 f.

Aufspaltung zur Neugründung **39** 47, 80 ff.
- Besonderheiten **39** 80
- Gründungsbericht **39** 80
- Gründungsprüfung **39** 80
- Registeranmeldung **39** 81
- Spaltungsplan **39** 80

Aufspaltungsvertrag **39** 71
Aufteilung (Bezugsrechte bei Aktienoptionsplänen) **24** 19 ff.
Aufzeichnungen **11** 124 f.
Ausdehnung (HV) **4** 116
Ausfertigung (Protokoll) **13** 79
Ausforschungsbeweis **10** 141
Ausforschungsfragen **11** 36, 56
Ausführung (Beschluss) **10** 128 ff.
Ausgabe (Belegschaftsaktien) **20** 57
Ausgabe (Bezugsaktien) **42** 70
Ausgabe (Vorzugsaktien) **12** 28
Ausgabe (Wandelschuldverschreibungen) **12** 28
Ausgabebetrag
- Aktienoptionsplan **24** 21 ff.
- bedingte Kapitalerhöhung **23** 12, 29
- Begründung **5** 14
- Bezugsrechtsausschluss **5** 21; **20** 46 f.
- genehmigtes Kapital **22** 12, 38
- Gewinnbezugsrecht **4** 186
- Reguläre Kapitalerhöhung **20** 10 f.

Ausgabekurs **5** 12
Ausgangskontrolle **9** 66, 119, 409 ff.
Ausgelegte Unterlagen **13** 69
Ausgeschiedene Vorstandsmitglieder **10** 35
Ausgleich (Wegfall von Mehrheitsstimmrechten) **46** 4
Ausgleichsaspekt **29** 7
Ausgleichsregelung **44** 57
Ausgleichsverpflichtung **33** 10
Ausgleichszahlung **33** 12
Ausgliederung **5** 45, **39** 84 ff.
- zur Aufnahme **39** 84 f.
- zur Neugründung **39** 86

Ausgliederungsbericht **5** 35 ff.
Ausgliederungsvertrag **4** 197
Ausgliederungsvorhaben **5** 107
Auskunftsanspruch **9** 144; **11** 14 ff.
- allgemein **11** 14 ff.
- anerkannte (Übersicht) **11** 55
- Auskunftsverpflichteter **11** 19 ff.
- Besondere Auskunftsansprüche **11** 34 ff.
- Einsichtsrecht **11** 60 ff.
- Gegenstand **11** 22 ff.
- konkrete Fallgruppen
- nicht zu erteilende Auskünfte **11** 56
- zu erteilender Auskünfte **11** 55
- mündliche Auskunft **9** 144; **11** 25 ff.
- vollständige Auskunft **11** 29 ff.

Auskunftserteilung **10** 112 ff.; **43** 13
- unrichtige **9** 144

Sachverzeichnis

Auskunftserzwingungsverfahren 43 1 ff.; 47 32 f.
– Allgemeines 43 1a f.
– Antrag 43 5
– Antragsberechtigter 43 6 f.
– Antragsgegner 43 8
– Auskunftserteilung 43 13
– Beweislast 11 53
– Eintragung 43 14
– Kosten 43 16
– nicht beantwortete Fragen 11 33, 41
– Verfahren 43 4
– Verfahrensregeln 43 4
– zuständiges Gericht 43 3
– Zwangsvollstreckung 43 15

Auskunftsgegenstand 11 22 ff.
Auskunftspflichten 10 108 ff.
– Adressat 10 110
– Art und Weise der Erteilung 10 115 ff.
– Beschränkung 10 127
– Entscheidung über Auskunftserteilung oder -verweigerung 10 112 ff.
– Erteilung der Auskunft 10 109 ff.
– Falschauskünfte 10 123
– Grenzen 10 125 f.
– Vorbereitung 10 123 ff.

Auskunftsverpflichteter 11 19 ff.
Auskunftsverweigerung 10 112 ff.; 11 38 ff.
– Allgemein 11 38
– Anfechtungsrisiken 44 34
– Antrag auf Protokollierung A 2 Anlage 4.16
– Bankenprivileg 11 49
– Beweislast 11 53
– Bezugsrechtsausschluss bei genehmigtem Kapital 5 17
– Bilanzierungs- und Bewertungsmethoden 11 47
– Grund 10 114; 11 42 ff., 53; 43 10 f.
– Insiderinformationen 11 51
– Missbrauch 11 52 f.
– nachteilige Auskünfte 11 43 f.
– Steuern 11 45
– stille Reserven 11 46
– Strafbarkeit 11 48
– Totalverweigerung 5 138
– Vertraulichkeitsvereinbarungen 11 43, 56
– Verweigerungsrecht 10 112; 34 9
– Zeitkontingent 11 54

Auslagenersatz 40 6
Ausland 13 19
Ausländische Notare 10 14; 13 20; 42 36
Ausländische Teilnehmer 11 13
Auslandsberührung 42 35 ff.
Auslandsbeurkundungen 4 122 f.; 10 14; 13 19; 42 35
Auslandssitz 33 23
Auslegung (Unterlagen) 6 1 ff.; 9 78; 11 24
Auslegung (Verträge) 11 68

Auslegungspflicht 6 1 ff.
– Aktualisierung 6 21 ff.
– Anfechtungsrisiken 6 24 ff.
– Berichte 6 6 ff.
– Deutscher Corporate Governance Kodex 6 1a
– Einbringungsbilanz 6 11
– Form 6 12 ff.
– Gegenstand 6 1a ff.
– Internetseite der Gesellschaft 6 16
– Jahresabschlüsse 6 8 ff.
– Kosten 6 19
– Ort 6 13.
– Spaltungsvertrag 6 2
– Strukturmaßnahmen 6 3, 7, 9
– Übermittlungsrisiko 6 20
– Übersendung 6 17 ff.
– Umfang 6 3
– Unternehmensübernahmen 6 23
– Unternehmensverträge 6 2
– Veränderungen 6 21 f.
– Verschmelzungsverträge 6 2
– Verträge 6 1a ff.
– Verzicht 6 28
– Zeitpunkt 6 14
– Zwischenabschluss 6 8 ff.
– Zwischenbilanzen 6 11

Auslegungsverzicht 6 28; 10 65 f.
Ausnahmesituationen 9 328
Ausnutzung (genehmigtes Kapital) 5 17; 10 107
Ausnutzung (Insiderkenntnisse) 24 25
Ausreichende Beantwortung 11 17
Ausscheidung (Aktionäre) 27 8
Ausschließlicher Rechtsbehelf 46 1a
Ausschluss (Anfechtbarkeit) 44 58
Ausschluss (Bezugsrecht) 5 11 ff.; 12 28
Ausschluss (Eigeninteresse) 8 53
Ausschluss (Gesellschafter KGaA) 48 34
Ausschluss (Komplementäre) 48 14
Ausschluss (Minderheitsaktionäre) 35 1 ff.; s. auch Squeeze out
Ausschluss (Stimmrecht bei der Entlastung) 16 9 ff.
Ausschluss (Stimmrecht) 11 101
Ausschlusstatbestände (Abschlussprüfer) 18 24 ff.
– Befangenheit 18 27 ff.
– Grundsatz der Unbefangenheit 18 26 ff.
– Kapitalmarktorientierte Gesellschaften 18 37
– Netzwerkweite Ausdehnung 18 42 f.
– Prüfungsgesellschaften 18 36
– Sanktionen 18 44

Ausschüttbarer Gewinn 2 5
Ausschüttungsanspruch 2 5
Ausschüttungsbedingte Steuerbelastung 26 4
Außenstehende Aktionäre 33 10

1117

Sachverzeichnis

Außenwirkungen von Stimmbindungsverträgen 11 117
Außergerichtliche Kosten 46 57 f.
Außergewöhnliche Geschäfte (KGaA) 48 40
Außergewöhnliche Geschäfte (Publikums-KGaA) 48 52 ff.
Außernotarielle Tätigkeit 13 24
Außerordentliche Hauptversammlung 4 9
– Grundlage 1 14; 4 9
– Kurzfristige Entscheidung 4 9
Aussetzung (Registerverfahren) 42 22 f.
Aussetzung (Verfahren) 42 47
Aussetzungsbeschluss 47 54
Aussprache 9 128 f.; 11 11; *s. auch Aktionärsdebatte*
Ausstehende Einlagen 20 26
Ausstrahlungswirkung 5 133
Austauschplattform 7 50
Austrittserklärung 39 14
Ausübung des Stimmrechts durch Kreditinstitut/Aktionärsversammlung (Abwehr-HV) 37 92
Ausübungszeiträume 24 25
Ausweis 8 119
Auswirkungen (Verschmelzung) 39 65
Auszählung 9 291, 316 ff., 332 ff.
– Art der Auszählung 9 316 ff.
– Aufnahme der Stimmen 9 332 ff.
– Auszählung 9 402 ff.
– Ergebnisverkündung 9 311 ff.
– Medium der Abstimmung 9 378 ff.
– Software für 9 317 f.
– Stimmverfahren 9 322 ff.; *s. dort*
– Verfahren 9 290 ff.
– Vorbereitung 9 318 ff.
– Weisungen an Stimmrechtsvertreter 9 429 ff.
Auszahlungssperre 27 26
Authentifizierung (online) 7 70; 9 60
Autodynamische Abwehrmaßnahmen 37 2, 5 ff.
Autonome HV-Beschlüsse (KGaA) 48 26
Autonomieverlust 34 2
Back-Office 3 72 ff.; 9 138, 141, 148, 177, 446; 10 123; 11 30
BaFin
– allgemeine Missbrauchsaufsicht 36 24, 31
– Mitteilungsform 37 73
– Mitteilungspflicht 4 109
– öffentliche Angebote 36 24, 26, 31; 37 65
– Satzungsänderungen 3 31
– Teilnahmerecht 8 3, 85 ff.
– Veröffentlichung der Angebotsunterlage 37 35
– Vorratsbeschluss 37 33
Bagatellfälle (Ausgliederung) 5 103
Bagatellquorum 45 16 f.
Bankbescheinigung 4 35
Bankenprivileg 11 49
Bankgeheimnis 11 38

Barabfindung *s. Abfindungsangebot*
Bardividende 15 5 ff.; 26 15
Bareinlage 27 43; 42 61
Bargründung 38 1a
Barkapitalerhöhung 5 15; 20 69; 42 64
Barzuzahlungsanspruch 46 15, 18
Bausparkasse 8 85
Beantwortungszeitraum 10 120
Beauftragung (Dienstleister) 3 23 ff.
Bedeutung der Registereintragung 42 10
Bedingte Entlastung 16 6
Bedingte Kapitalerhöhung 23 1 ff.
– Anleihenumtausch 23 5
– Anmeldung 42 67 ff.
– ähnliche Fälle 23 66 ff.
– Aktienoptionspläne 23 64
– Allgemeines 23 2 ff.
– Bekanntmachungspflicht 4 189
– Handelsregistereintragung 42 67
– Hauptversammlungsbeschluss 23 4 ff.; *s. auch dort*
– Huckepack-Optionen 23 70
– Kapitalherabsetzung, gleichzeitige 23 5
– Mehrheitserfordernis 12 28
– naked warrants 23 71
– Obergrenze 23 5 ff.
– Obergrenze, Ausnahmen 23 5 f.
– Optionsanleihen 23 27
– Öffentliches Angebot 36 16
– Sacheinlage 23 65
– Überschuldung, Abwendung 23 5
– Unternehmenszusammenschluss 23 63, 65
– Wandelschuldverschreibungen 23 5, 27 ff.; *s. auch dort*
– Zweck 23 2 f.
Bedingte Kapitalerhöhung (Hauptversammlungsbeschluss) 23 4 ff.
– Aktienart 23 14
– Aufhebung des Beschlusses 23 26
– Ausgabebetrag 23 12 f.
– Bekanntmachung 23 25
– Betragsangaben für einzelne Gattungen 23 15
– Bezugsrechte 23 18
– börsennotierte Gesellschaften 23 25
– Ermächtigung des Aufsichtsrates 23 22
– Ermächtigung des Vorstandes 23 21
– fakultativer Inhalt 23 17 ff.
– Gegenstand des Beschlusses 23 8
– Gewinnberechtigung 23 19
– Kreis der Bezugsberechtigten 23 10
– Nennbetrag der neuen Aktien 23 11
– Obligatorischer Inhalt 23 4 ff.
– Sonstiges 23 23 ff.
– Umfang der Kapitalerhöhung 23 5
– Umtauschrechte 23 18
– Zweck der Kapitalerhöhung 23 9

Sachverzeichnis

Bedingtes Kapital
- Absicherung einer Wandelschuldverschreibung 24 9f.
- Absicherung nackter Optionen 24 8
- Belegschaftsaktien 25 3
- Minderheitsverlangen 4 34
- Stückaktie 31 7f.

Bedingungen 39 16f.
Bedingungseintritt, -ausfall 36 30f.
Bedingungsfeindlichkeit 36 20
Beendigung (HV) 9 98, 449f.
- Mitternachtsgrenze 9 98, 154

Befangenheit 18 25, 26ff.
Befristung 19 6, 39 16f.
Befristung (Wandelschuldverschreibung) 23 32
Begebung durch eine Tochtergesellschaft 23 36
Beginn (Gewinnberechtigung) 20 12
Beginn (Stimmrecht) 11 70
Begründung (Auskunftsverweigerung) 11 41
Begründungszwang 46 28
Begrüßung 9 68, 70; 13 65
Beherrschender Einfluss 2 17; 33 2
Beherrschungs- und Ergebnisabführungsvertrag *s. EAV*
Beherrschungsvertrag 33 5
Behördenvertreter 8 136
Beibringungsgrundsatz 46 41
Bekanntgabeverlangen 4 236
Bekanntmachung (Absage/Verschiebung) 4 150
Bekanntmachung (Anfechtungsklage) 44 98
Bekanntmachung (Aufsichtsratswahl) 17 46f.
Bekanntmachung (Einberufung) 4 134ff.
- andere Publikationen 4 134
- Anfechtungsrisiken 4 151
- eingeschriebener Brief 4 57, 76, 138, 270ff.
- Bundesanzeiger 4 134ff.
- Genehmigung 4 147
- Gesellschaftsblätter 4 134
- gesellschaftsinterne Bekanntmachung 4 140
- Inhaberaktien 4 140
- Inhalt 4 144
- Internet 4 137
- Kosten 4 144
- mehrfache Bekanntmachung **(Altsatzungen)** 4 134
- Mitteilungen 4 145f.
- Namensaktien 4 139
- Rechtsgemeinschaft 4 141

Bekanntmachung (Gegenanträge)
- Frist 3 63, 66
- Internetseite 3 64
- merkwürdige Begründung 3 65
- Nachweis der Aktionärseigenschaft 3 64
- skurrile Inhalte 3 65
- Veröffentlichung 3 63, 66

Bekanntmachung (Kurzform) 5 4
Bekanntmachung (Satzungsänderung) 19 14
Bekanntmachung (Tagesordnung) 4 162ff.
- Allgemeines 4 162
- bekanntmachungsbedürftige Inhalte 4 174ff.
- bekanntmachungsfreie Inhalte 4 164ff.
- Form 4 163

Bekanntmachung (Vorlageverfahren) 47 52
Bekanntmachungsbedürftige Inhalte 4 74ff.
- Allgemeines 4 174
- Ausschluss Minderhaitsaktionäre 4 199f.
- Begründung Satzungsänderung 4 183f.
- Bezugsrecht 4 188
- Eingliederung 4 198
- Ermächtigungsbeschluss 4 202
- Formwechsel 4 176
- Gegenstand ordentliche HV 4 175
- genehmigtes Kapital 4 190
- Gewinnbezugsrecht 4 186
- Kapitalerhöhung 4 176, 185ff.
- Kapitalherabsetzungung 4 191
- Mehrheitseingliederung 4 198
- Sacheinlagen 4 185, 187
- Satzungsänderung 4 176, 182
- Sonderbeschlüsse 4 198
- Spaltung 4 176
- Squeeze out 4 199f.
- strukturändernde Maßnahmen 4 200
- Unternehmensvertrag 4 176
- unzureichende Bezeichnung 4 178
- Verschiedenes 4 177
- Vorstandsberichte 4 203
- Wahl des Aufsichtsrates 4 179f.
- Zustimmungsbedürftige Verträge 4 193ff.

Bekanntmachungsfehler 44 76
Bekanntmachungsfreie Inhalte 4 164ff.
- Anträge 4 168
- Ausnahmen 4 171
- Erörterungen 4 166
- Gegenanträge 4 169
- Geschäftsordnungsanträge 4 172
- Kapitalerhöhung 4 171
- sachlich ergänzende Anträge 4 170
- Verhandlung ohne Beschluss 4 165ff.
- Verlust des hälftigen Grundkapitals 4 167
- Weitere HV 4 173

Bekanntmachungspflicht 4 201
Bekanntmachungsverlangen 12 22
Belegabgabe 9 343
Belege über die Einberufung 13 74
Beleghafte Abstimmverfahren 9 355ff.
Belegschaftsaktien 25 1ff.
- Allgemeines 25 2
- Ausgabe 20 57

1119

Sachverzeichnis

- Bezugsrechtsausschluss bei Kapitalerhöhung 20 57; 25 4
- Gestaltungsformen 25 3 f.
- Hauptversammlungsbeschluss 25 5
- reguläre Kapitalerhöhung 20 57
- Steuern 25 2

Belehrungspflicht des Notars 13 26
Beleidigungen 4 5, 323
Benachbarte Räumlichkeiten 7 10; 9 86 f.
Beratungstätigkeit 13 17
Beratungsverträge 40 9
Berechnungsgrundlagen 5 14
Berechtigung
- Einzelrechtsnachfolge 4 90 f.
- formell/materiell 4 89 ff.
- Gesamtrechtsnachfolge 4 90 f.
- relative 4 89

Berechtigungsnachweis
- Aktienregister 4 98 f.
- börsennotierte Gesellschaften 4 86 ff.
- Fälschungen 4 92
- Publikumsgesellschaften 4 94, 98
- Teilnahme an HV 4 77, 84 ff.
- unrichtiger 4 92

Bereinigung der freien Meldebestände 3 35
Bericht (Bezugsrechtsausschluss) 20 46 ff.
Berichterstattung, BörsG FWB 18 68 f.
Berichterstattungspflicht (Vorstand) 5 1
Berichtigung (Protokoll) 13 86 ff.
Berichtsintensität 5 24
Berichtsmängel 5 129 ff.
- Anfechtung 5 131 ff.
- Anfechtungsausschluss 5 134 ff.; s. auch Anfechtungsausschluss (Berichtsmängel)
- Heilung 5 129 f.

Berichtspflichten 5 1 ff.
- allgemeine Grundsätze 5 3
- Anfechtungsrisiken 5 131 f.; 44 34
- Bekanntmachung 5 6
- Börsennotierte Gesellschaften 5 7 f.
- Form der Bekanntmachung 5 5 f.
- Formerfordernisse 5 9 ff.
- gesetzliche Berichtspflichten 5 1 ff.; s. dort
- Informationspflicht 5 3
- Inhalt 5 1 f.
- konkrete Berichtspflichten s. dort
- Ungeschriebene Berichtspflichten 5 96 ff.; s. dort
- Vereinfachung 5 8
- Verletzung 5 129 ff.; s. auch Berichtspflichtverletzung
- Zugänglichmachung 5 5

Berichtspflichten (konkrete) 5 12
- Abschluss des Unternehmensvertrages 5 64
- Abwägung bei Spaltung 5 43
- Anfechtungsprozess 5 11
- Aufsichtsrat 5 85 ff.
- Ausgabekurs 5 12

- Ausgangslage 5 42
- Ausgliederung 5 45
- Ausschluss des Bezugsrechts 5 12 ff.; s. auch Bezugsrechtsausschluss
- Ausschussbildung 5 87
- Barabfindung 5 23, 27, 58, 82
- Barkapitalerhöhung 5 15
- BEAV 5 61
- Berichtsadressat 5 41
- Berichtsintensität 5 43, 73
- Berichtsumfang bei Ausschluss 5 14
- Beteiligungsquote 5 29
- Beteiligungsstruktur 5 29
- Bewertung 5 23
- Bewertungsgrundsätze 5 27
- Deutscher Corporate Governance Kodex 5 91
- Eingliederung 5 71 ff.
- Eingliederungsbericht 5 73
- Eingliederungsfolgen 5 74
- entbehrliche Berichtspflichten 5 32 f.
- Entbehrlichkeit des Spaltungsberichts 5 50
- Entbehrlichkeit des Umwandlungsberichts 5 60
- Ertragsprognose 5 67
- Folgen 5 68 f.
- formwechselnde Umwandlung 5 52 ff.
- Geschäftsführung 5 86
- Grenzen der Berichtspflicht 5 92
- Heilungsmöglichkeiten 5 94
- Kapitalisierungszinsfuß 5 27
- Konkretisierung des Berichts 5 24
- Konzernabschluss 5 80 ff.
- Konzernlagebericht 5 80 ff.
- Nachgründungsbericht 5 85
- Planzahlen 5 27
- Plausibilitätskontrolle 5 24, 31, 40, 45, 53, 67, 73, 124
- Prüfung der Geschäftsführung 5 86
- Prüfungsbericht 5 79
- sonstige Personen 5 95
- Spaltung 5 38 ff.
- Spaltung mit Kapitalerhöhung 5 47
- Spaltungsbericht 5 38 ff.
- Spaltungsplan 5 44
- Spaltungsvertrag 5 44
- Squeeze out 5 78 ff.
- stille Reserven 5 69
- Synergieeffekt 5 25
- Übernahmevertrag 5 44
- übernehmende Rechtsträger 5 46
- Umtauschbericht 5 38 ff.
- Umtauschverhältnis 5 23, 27, 38, 45
- Umwandlungsbericht 5 52 ff.
- Umwandlungsbeschluss (Entwurf) 5 53
- Unternehmensbewertung 5 28, 85, 75
- Unternehmensvertrag 5 61 ff.
- unzureichende Berichterstattung 5 93

Sachverzeichnis

- verändertes Umtauschverhältnis **5** 37
- Verschmelzung **5** 23 ff.
- Verschmelzungsvertrag **5** 26
- Vertragstypus **5** 66
- Voraussetzungen des Ausschlusses **5** 82
- wirtschaftliche Ausgangslage **5** 25
- Wirtschaftsprüfer **5** 95
- Zielstruktur **5** 42

Berichtspflichtverletzung **5** 129 ff.
- Anfechtbarkeit **5** 131
- Anfechtungsausschluss **5** 134
- Heilung **5** 129 f.

Berücksichtigung von Wortmeldungen **9** 138 ff.

Berufliche Vorbildung **11** 55

Berufsrechtliche Verfahren gegen Abschlussprüfer **11** 56

Beschaffung von Eigenkapital oder Aktien als Gegenleistung **36** 8 ff.

Beschlossene Kapitalerhöhung **20** 26

Beschlüsse in der Übernahmesituation **40** 56 ff.

Beschlüsse *s. Zustandekommen von Beschlüssen*

Beschlussfähigkeit **12** 2

Beschlussfassung **1** 43 ff.; **12** 1 ff.
- SE **49** 30 ff.

Beschlussfeststellung **9** 406

Beschlussfeststellungsklage **44** 114 f.

Beschlussformen **24** 32

Beschlusskompetenz HV
- Geschäftsführungsmaßnahmen **4** 31
- Haftungsansprüche gegen Vorstand **41** 4, 11 ff.; *s. auch Organhaftung*
- Mitwirkungsbefugnisse, ungeschriebene **9** 29 ff.
- Satzung **9** 53 ff.

Beschlusslose Hauptversammlung **9** 107; **13** 6, **37** 47

Beschlussmehrheit **12** 12 ff.

Beschlussmitteilung **10** 142

Beschlussmuster **20** 17

Beschlussprotokoll **13** 37

Beschlussverhinderung **12** 28

Beschlussvorbereitung **10** 18 ff.

Beschlussvorschlag (Feststellung des Jahresabschlusses) **14** 3

Beschränkung (Auskunftsrecht) **10** 127; *s. auch Redezeitbeschränkung*

Beschränkung (Fragerecht) **9** 150 ff.

Beschränkung (Rederecht) **9** 150 ff.; *s. auch Redezeitbeschränkung*

Beschränkung (Teilnahmerecht) **8** 75

Beschwerde (gegen gerichtliche Entscheidung – Abschlussprüfer) **18** 50, 56 f.

Beseitigung (Mehrstimmrechte) **19** 8; **40** 34 f.

Beseitigungsanspruch (Verwaltungshandeln) **47** 12 ff., 22

Beseitigungsklage *s. Unterlassungsklage*

Besitzmittlungsverhältnis **8** 58

Besondere Auskunftsansprüche **11** 34

Besondere Schwere des Rechtsverstoßes **45** 26 f.

Besonderer Vertreter
- Anforderungen an **41** 38 f.
- Antrag auf Bestellung **9** 190, 231; **A 2** Anlage 3.9
- Befugnisse **41** 41 f.
- Bestellung **41** 43 f.
- Bestellung, Stimmverbote **40** 45; **41** 44
- Geltendmachung Ersatzansprüche **40** 44 f.; **41** 37 ff.; **47** 36, 41
- Gerichtliche Bestellung **41** 45 ff.
- Haftung **8** 114
- Informationsrechte **41** 42
- Minderheit, Verfolgungsrecht **47** 42
- Organhaftung, Geltenmachung **41** 37 ff.; *s. auch Organhaftung*
- Qualifikation **41** 39
- Stimmquoren **12** 25
- Stimmrecht **8** 56
- Teilahmepflicht **8** 113 ff.
- Teilnahmerecht **8** 79
- Vertretungsmacht **41** 41

Besonderes Notariatsgeschäft **13** 27

Besonderheiten Volkswagen AG **9** 50

Bestandsschutz **33** 32

Bestandsicherheit **44** 2

Bestätigungsbeschlüsse **40** 47 ff.; **44** 62 ff.
- Freigabeverfahren **45** 31
- SE **49** 30 ff.

Bestätigungsvermerk **2** 63 ff.
- Bestandteile **2** 66 f.
- Bilanzierungs- und Bewertungsmethoden **11** 47
- eingeschränkter **2** 43, 83
- Ergänzung bei Änderungen **2** 72
- Heilung durch Änderung des Jahresabschlusses **2** 68
- Inhalt **2** 63 ff.
- Lagebericht **2** 49
- Registeranmeldung **42** 80
- Untersagung **2** 67
- versagter **2** 43, 83, 112
- Widerruf **2** 70
- Zusammenfassung der Prüfung **2** 65

Bestellungsurkunde **8** 124

Bestellungswiderruf **40** 2

Beteiligung **11** 55

Beteiligung (gesamtes Grundkapital) **12** 19 ff.

Beteiligung (Liquidationserlös) **28** 4

Beteiligung (Mitarbeiter am Kapital der Gesellschaft) **25** 2

Beteiligung (vertretenes Grundkapital) **12** 26

Sachverzeichnis

Beteiligungserwerb 5 108 ff.; 20 62
Beteiligungsmitteilung 3 81
Beteiligungsquote 12 19 ff.; 20 63
Beteiligungsquote (künftige) 5 29
Beteiligungsquote (Squeeze out) 35 5 ff.
Beteiligungsschwelle 3 82
Beteiligungsstruktur 5 29
Betragsangaben für einzelne Gattungen 23 15
Betreuungspflicht des Notars 13 26
Betriebsdauer 9 377
Betriebsführungsvertrag 33 46
Betriebspacht 33 46 ff.
Betriebsrat 39 9, 50
Betriebsüberlassung 33 46 ff.
BeurkG 4 123
Beurkundung von Fragen 13 71
Beurkundungsfehler 13 9
Beurkundungsmängel 44 11
Beurkundungspflicht 13 1 ff.
Beurkundungsverbote 13 21
Bevollmächtigte 4 83
Bevollmächtigte (Vorgaben) 11 89
Beweisaufnahme 46 37, 40
Beweislast 44 78
Beweislast (Auskunftsverweigerung) 11 53
Bewertungsfragen 10 105
Bewertungsgutachten 5 27; 46 38
Bewertungskriterien 5 14
Bewertungsleistungen 18 31
Bewertungsmethode 11 47; 39 14
Bewertungsrügen 44 60
Bewertungsschwierigkeiten 5 67
Bewertungswahlrecht 18 71
Bewertungszeitpunkt 21 13
Bewilligung der Aufsichtsratsvergütung 40 4 ff.
Bezug zur Tagesordnung 11 1
Bezüge (leitende Mitarbeiter) 11 56
Bezüge (Vorstand und Aufsichtsrat) 11 55
Bezüge (Vorstandsmitglieder) 11 56
Bezugsberechtigung 24 18
Bezugsfrist (reguläre Kapitalerhöhung) 20 13
Bezugsfrist 20 29
Bezugskonditionen 5 21
Bezugsrecht 4 188; 20 28 ff.; *s. auch mittelbares Bezugsrecht*
– Aktiengattungen 20 31
– Ausschluss 20 28, 43 ff.; *s. auch Bezugsrechtsausschluss*
– Bezugsfrist 20 29
– Ausschluss, erleichterter 20 68 ff.; *s. auch erleichterter Bezugsrechtsausschluss*
– Genussrechte 28 4
– Mitgliedschaftserhaltung 20 28, 30
– mittelbares 20 34; *s. auch mittelbares Bezugsrecht*
– pari passu-Ausgabe 20 31

– Stimmrechtsmitteilungspflichten 20 30
– Tochtergesellschaft, Börsengang 20 33
– Übertragbarkeit, Ausschluss 20 28
Bezugsrecht (Aktien) 11 55
Bezugsrecht (Börsengang einer Tochtergesellschaft) 20 33
Bezugsrecht (Minderheitsaktionäre) 35 9
Bezugsrechtsausschluss 5 12 ff.; 20 43 ff.
– Anfechtungsrisiken 5 14; 20 65 ff.; 22 30
– Barkapitalerhöhung 5 15
– bedingte Kapitalerhöhung 23 55 f.
– Bericht 20 46 ff.
– Berichtspflichten 5 6, 12 ff.
– Einzelfälle 20 54 ff.; *s. dort*
– Erläuterungspflicht 10 107
– erleichterter Bezugsrechtsausschluss 20 68 ff.; 22 32
– Erwerb eigener Aktien 5 22 ff.
– faktischer Bezugsrechtsausschluss 20 74
– fehlerhafter Bezugsrechtsausschluss 23 56
– formelle Anforderungen 20 40 ff.; 22 24 ff.
– gekreuzter 20 31, 58
– genehmigtes Kapital 5 16 ff.; 22 24 ff.
– Genussrechte 28 4
– Greenshoe 22 42 ff.
– Hauptversammlungsbeschluss 20 47 ff.
– Kapitalerhöhung gegen Sacheinlagen 21 8 ff.
– Materielle Anforderungen 20 49 ff.; 22 27 ff.
– Rechtfertigung 20 50 ff., 64
– reguläre Kapitalerhöhung 5 12 ff.
– Sacheinlagen 21 8 ff.
– sachliche Rechtfertigung 20 50 ff.
– Schuldverschreibung 5 21
– Siemens/Nold Entscheidung 5 16 ff.; *s. auch dort*
– teilweiser 5 14
– Vorratsermächtigung 5 16
– Zuweisung neuer Aktien 20 75
Bezugsrechtsausschluss (Einzelfälle) 20 54 ff.
– Belegschaftsaktien 20 57
– Beteiligungserwerb 20 62
– Börseneinführung 20 59
– feindliche Übernahme 20 63
– gekreuzter Bezugsrechtsausschluss 20 32, 58
– Merger 20 62
– mittelbares Bezugsrecht durch Nicht-Kreditinstitut 20 56
– Sanierungsfälle 20 61
– Schaffung von Aktien für Börseneinführung 20 59
– sonstige Fälle 20 62 ff.
– Vermeidung freier Spitzen 20 55
– Wandel- und Optionsanleihen 20 60
Bezugsrechtsemissionen 22 41
Bezugsrechtshandel 20 70
Bezugsverhältnis 23 34; 26 16 ff.
Bieter (WpÜG) 36 6 f.
Bilanz 2 4

Sachverzeichnis

Bilanz (Erhöhungsbeschluss) 26 5
Bilanzausschuss 2 78
Bilanzeid 2 9; 18 64
Bilanzgewinn 10 77; 15 2, 7
Bilanzierungsfehler 4 173
Bilanzierungsmethode 10 77; 11 47
Bilanzpositionen 11 56
Bilanzpressekonferenz 3 38
Bilanzstichtag 39 55 f., 77; 42 102, 108
Bilanzverlust 15 2
Bilanzwirksame Maßnahmen 10 79
Bildaufnahmen 9 63, 94, 97; 11 124 f.
– heimliche 9 97
Bildübertragung 13 101
– Widerspruch **A 2** Anlage 4.5, 4.6
Billigung (Jahresabschluss durch Aufsichtsrat) 2 89 ff.
– abgeänderte Form 2 90
– bedingte Feststellung 2 90
– Bindung an Verweis 2 91
– Folgen bei Nichtbilligung 2 94
– Rücknahme des Verweises 2 92
– Verweisung an HV 2 91
Billigung (Entlastung) 16 3; *s. auch Entlastung*
Billigung durch Nichtwiderspruch 11 40
BilMoG 2 51
BilRUG 1 6
– Einreichungsfrist 2 118 f.
– Größenklassen 2 3
– Jahresabschluss 2 1a ff.; *s. auch Jahresabschluss*
– Kleinstkapitalgesellschaften 2 114
– Konzernabschluss 2 15 ff.
– Offenlegungsfristen 2 112
Bindung (Jahresabschluss) 15 6
Bindung (Registergericht an die Freigabeentscheidung) 42 27
Bindung (Wahlvorschläge) 4 180
Biometrisches Messverfahren 8 129
Black-List 18 26 ff.
Blankoermächtigung 5 17, 37 28, 38 33
Blankoindossament 30 6
Blockabstimmung 9 75, 138, 232 ff., 324, 353, 369, 371, 384, 389
– Widerspruch **A 2** Anlage 4.24
Blockentlastung 9 281
Blockadewirkung (Beschlussmängelklage) 45 1a ff.
Blockwahl 9 232 ff.; 12 10; 17 24, 26
BNotO 4 123
Bookbuilding-Verfahren 22 40 f.
Börseneinführung 20 59
Börseneintrittstendenz 5 117
Börsengang (Tochtergesellschaft) 20 33
Börsenhandel 13 3
Börsenkurs 22 36; 33 18
Börsenordnung Frankfurter Wertpapierbörse 18 68 f.
Börsenpflichtblatt 3 39, 42

Börsenpreis 20 69
Börsenrückzug 40 14 ff.
BörsG 47 37
Briefwahl 7 18, 73 ff., 8 4, 15 ff.; 9 107, 358 ff.
– Begriff 7 73
– börsennotierte Gesellschaften 4 127
– Briefwahlvoten 7 78
– Einberufung, Angabe bei 4 127
– Form 7 75
– Rechtsschutz 7 74
– Teilnehmerverzeichnis 7 74; 9 107 f.
– Versammlungsleitung 9 358 ff.
– Wahlgeheimnis 7 77
– Widerruflichkeit 7 76
– Zulässigkeit 8 16 ff.
– zusätzliche Teilnahme an HV 8 20
Briefwahlgeheimnis 7 77
Browser 7 70
Bruchteilsgemeinschaften 8 57
Buchwert 39 45
Buchwertaufstockung 18 71
Bundesanstalt für Finanzdienstleistungsaufsicht *s. BaFin*
Bundesanzeiger 4 134 ff.; 42 5
– Aktionärsforum 4 240 ff.; *s. auch dort*
– Bekanntmachung (Einberufung) 3 39; 4 127 ff.
– Druckausgabe 4 134
– Einberufung 7 36 f., 39
– Erleichterungen für Tochtergesellschaften 2 16
– Fristberechnung 3 45
– Pflichtmedium 4 134
– Publizitätspflichten 2 108
– tatsächliche Veröffentlichung 3 46
– Versammlungsort 3 44
Bundeskartellamt 33 24
Bundesrechnungshof 8 88
Business Judgement Rule
– Ausnutzung genehmigten Kapitals 22 31
– Verzicht Organhaftungsansprüche (AR) 41 19
Call-Option
– Erwerb eigene Aktien 32 22
– Greenshoe 22 42
Cash Pool 33 9
Cash Settlement 24 3
Certificate of Good Standing 8 125
Certificate of Incorporation 8 125
Chatroom 7 91
Checkliste 3 90
Chinese-Walls 4 289
Chipkarten 9 300
Clearstream 4 276; 8 28, 68; 11 80; 23 50 (Fn. 38)
CoCo-Bonds 23 73
Commerzbank/Mangusta-Entscheidung 5 18, 127
Computerviren 7 43

1123

Sachverzeichnis

Cyber-HV **7** 24 ff.
D&O-Versicherung **11** 55; **40** 5
DAMBA-System **3** 59
Darstellung (Eigenkapital) **2** 12
Datenerfassungsterminals **9** 366 ff.
Datentransfer **7** 12
Dauerauftrag **4** 258
DCGK
– Allgemeines **1** 5
– Anfechtbarkeit **10** 45 f.
– Aufsichtsrat **4** 218, 264
– Berichtspflichten (Abschlussprüfer) **2** 42
– Berichtspflichten (Aufsichtsrat) **5** 91
– Briefwahl, Erleichterung **7** 79
– Einhaltung, Angaben zur **10** 40
– Einberufung HV **10** 42
– Einzelwahl (Aufsichtsratsmitglieder) **9** 120; **17** 24
– Finanzkalender **3** 28
– Hauptversammlungsvorbereitung **3** 7
– Online-Elemente **7** 15, 36
– Prüfungsausschuss **18** 18
– Stimmrechtsvertreter **3** 26; **7** 60, 71; **8** 36; **9** 433
– Unabhängigkeit des Abschlussprüfers **2** 38
– Vergütung (Aufsichtsratsmitglieder) **40** 7 f.
– Versammlungsleitung **4** 116
– Zustimmungsbedürftige Geschäfte **38** 18
Debt-to-Equity-Swap **20** 61; **27** 42
Deklaratorische Bedeutung der Eintragung **42** 10
Delegationsbefugnis **7** 56
Deliktische Schadensersatzansprüche **47** 37
Deliktischer Schutz **47** 26
Delisting **40** 14 ff.
– Aktionärsschutz **40** 19
– Berichtspflicht des Vorstands **5** 119
– HV Beschluss, Erforderlichkeit **5** 119; **40** 18 f.
– Marktentlassungsverfahren **40** 14
– Strukturmaßnahme **5** 118 f.; **40** 19
Depotbanken **3** 56
DepotG **8** 28
Depotstimmrecht **8** 46; **11** 118 ff.
Depotstimmrechtsvollmacht **8** 48
Depotvertrag **7** 51
Deutscher Corporate Governance Kodex s. *DCGK*
Deutsches Aktieninstitut e. V. **8** 27
Deutsches Patent- und Markenamt s. *DPMA*
Dienstalter **25** 2
Dienstleister für HV **3** 23 ff.; **4** 32; **9** 81
Direct Voting **7** 18
Direktplatzierung **20** 34
Dispositionsmaxime **44** 96
Dissens **10** 114
Dividendenanspruch
– Entstehung **4** 91, 103
– Jahresabschluss, Änderung **2** 104

– Sacheinlage **21** 2
Dividendenbeschluss **4** 103
Dividendencoupons **4** 103
Dividendenergänzungsgarantie **33** 10
Dividendengarantie **33** 10
Dividendenprozentpunkt **31** 11
Dividendensumme **26** 3
Dividendenvorrecht **15** 3
Dividendenvorzug **26** 6
Dokumentation **1** 46 ff.
Dolmetscher **11** 13; **9** 84
Doppelmarkierung **9** 361, 393
Doppelmitteilungen **4** 270
Doppelprüfung **18** 46
Doppelsitz **4** 113
Doppelte Stimmabgabe **9** 424
Doppelvertretung **44** 87
Dotierung **2** 12
DPMA **8** 3, 87
Dreiviertelmehrheit **12** 14
Dresdner Bank/Commerzbank-Entscheidung **5** 110
Dringendes Interesse **4** 16
Dringliche Anträge **9** 280
Drittbeteiligung **5** 112
Drittbeteiligungsgesetz s. *DrittbG*
DrittbG **4** 179; **17** 2, 22, 30
DRS **18** 68
DSW **3** 74
Dualistisches System (SE) **42** 38; **49** 2
Duldungsvollmacht **9** 36
Durchführung (HV) **1** 35 ff.
Durchführung (Kapitalerhöhung) **22** 3; **39** 56; **42** 60
Durchführung (Kapitalherabsetzung) **27** 15
Durchführungsfrist **44** 18
Durchsetzung des Auskunftsanspruchs **43** 1a
DV-Systeme **9** 318 ff., 356 ff., 438 ff.
EAV **33** 5 ff.
– Abfindung in Aktien **33** 15
– Änderung **11** 34; **33** 33
– Anfechtungsrisiken **33** 32
– Anmeldung **33** 31
– Aufhebung **33** 34
– Ausgleichszahlung **33** 11 ff.
– Auskunftsanspruch **11** 34, 55
– Barabfindung **33** 16
– Berichtspflicht **5** 61
– Beschluss **33** 29
– Ertragswertmethode **33** 17
– Gewinnabführungsvertrag **33** 6 ff.
– Hauptversammlung **33** 27 ff.
– Kartellrechtliche Erfordernisse **33** 24
– Kündigung **33** 35
– Spruchverfahren **46** 3, 9
– Synergieeffekte **33** 20
– Vorlagepflicht **10** 53

Sachverzeichnis

E-Mail-Adresse 7 43
E-Postbrief 8 128
Echte Kapitalerhöhung 26 2
Echte Vorratsbeschlüsse 37 2, 14, 17 ff.
– Abwehrzweck 37 27
– Allgemeines 37 17 ff.
– Aufhebung von Vorratsbeschlüssen 37 34
– Ausnutzen eines echten Vorratsbeschlusses 37 35 f.
– Befristung 37 29
– Begriff 37 17 ff.
– Beschlussfassung 37 30
– Bestimmtheit der Art nach 37 24
– Bestimmtheit der Ermächtigung 37 23 ff.
– europäisches Verhinderungsverbot 37 40 ff.
– Inhalt der Ermächtigung 37 21 f.
– Konkretisierung der Vorgaben 37 25 f.
– mangelnde Bestimmtheit 37 28
– praktische Bedeutung 37 20
– Vorbereitung und Durchführung der HV 37 31 ff.
– Zeitpunkt der Beschlussfassung 37 30
– Zustimmung des Aufsichtsrats 37 37 ff.
Echter Vertrag zugunsten Dritter 20 39
EDV 3 69 ff.
EG-Übernahmerichtlinie 35 3
EGAktG 40 36, 39
EGBGB 42 36
eGuide 9 265
Eigenbesitz 11 83
Eigene Aktien 3 79; 4 34; 24 12 ff.; 32 1 ff.
Eigenes Recht 9 71
Eigenkapital 36 10
Eigenkapitalposten 27 19
Eigenkapitalspiegel 2 4
Eigenkapitalzufuhr 23 72
Eigennützige Rechtsausübung 11 52
Eigenverantwortliche Leitung 33 1
Eignung und Erforderlichkeit 12 33
Einberufendes Gremium 4 112
Einberufung 1 27 ff.; 4 1 ff.
– Anfechtungsrisiken 4 21; 44 37; s. auch Anfechtungsrisiken
– Anlass 4 4
– Art und Weise 4 70 ff.
– außerordentliche HV 4 9
– durch nicht berechtigte Personen 4 66
– Einberufungsgründe 4 5 ff.; s. dort
– E-Mail 10 11
– erleichterte 10 13
– fakultative Einberufung 4 18
– fehlerhafte Angaben 4 128
– Gegenanträge 4 303; s. dort
– gesetzliche Einberufungsgründe 4 5 ff.
– Mitteilungen 4 253; s. dort
– Ordentliche HV 4 7 ff.
– Rechtsfolgen unterbliebener Einberufung 4 20

– sonstige Einberufungsgründe 4 10 ff.
– Tagesordnung 4 158; s. dort
– Übermittlung durch Kreditinstitute 4 275; s. Übermittlungspflicht der Kreditinstitute
– unvollständige Angaben 4 128
– Vollversammlung 4 338; s. dort
– Wahlvorschläge 4 333
– Wohl der Gesellschaft 4 4,15; s. dort
– Zuständigkeit 4 22; s. Einberufung (Zuständigkeit)
Einberufung (Mindestangaben) 4 111 ff.
– Aktionärsrechte 4 131
– Anmeldeadresse 4 126
– Anmeldeform 4 126
– Anmeldefrist 4 126
– Ausland 4 114
– Beschränkung der Redezeit 4 117
– börsennotierte Gesellschaften 4 125 ff.
– Checkliste 4 156
– Datum 4 114
– Dauer der HV 4 114 ff.
– einberufendes Gremium 4 112
– Firma 4 113
– Form der Bevollmächtigung 4 127 ff.
– Fragebeschränkung 4 117
– Gremium 4 112
– Leica-Entscheidung 4 128
– Nachweisstichtag 4 126
– Nichtigkeit 4 128
– notwendige Angaben 4 156 ff.
– Ort 4 118 ff.
– Ortswechsel 4 120
– Redebeiträge 4 115
– Sitz der Gesellschaft 4 113, 119
– Stimmabgabe 4 127
– Stimmrechtsausübung 4 126
– Stimmrechtsbeschränkungen 4 126
– Stimmrechtsvollmacht, Mitteilung 4 127 ff.
– Tagesordnung 4 124; s. auch dort
– Termin 4 114
– Uhrzeit 4 114 f.
– unzulässiger Zeitpunkt 4 114
– Verlegung 4 120
– Widerruf 10 8
– Zeitpunkt 4 114 f.
Einberufung (SE) 49 18 ff.
Einberufung (Verlangen einer Minderheit) 4 33 ff.
– Adressat 4 37
– Anfechtungsrisiken 4 65 ff.
– Berechnung des Grundkapitals 4 34
– Beschlussvorschläge 4 39, 60 f.
– Bevollmächtigung 4 38
– Eilbedürftigkeit 4 43 f.
– Einberufung durch Minderheit 4 57
– Einberufungsfrist 4 47
– erforderliche Mehrheit 4 48
– Ermächtigungsbeschluss 4 55

1125

Sachverzeichnis

- Erstattungsanspruch 4 61
- Form der Bevollmächtigung 4 38
- Form des Verlangens 4 37 f.
- Frist gerichtlicher Antrag 4 51
- gerichtliche Ermächtigung 4 49 ff.
- Geschäftsführungsangelegenheiten 4 40
- Haltefrist 4 35
- Holzmüller-Doktrin 4 41
- Inhaberzeitraum 4 34
- Inhalt des Verlangens 4 39
- Initiativrecht 4 40
- Konkretisierung 4 39
- Kosten der HV 4 63
- Kosten des gerichtl. Verfahrens 4 56
- Legitimationsprüfung 4 59
- Nachweis der Beteiligung 4 35, 59
- Organisatorische Vorkehrung 4 63
- Petitum 4 37
- Rechtsmissbrauch 4 45
- Rechtsmittel 4 56
- Schranken 4 40
- Sonderversammlung 4 32
- Tagesordnung 4 58
- Unterrichtung des Aufsichtsrates 4 47
- Veröffentlichung 4 57
- Veröffentlichung (Beschlussvorschläge) 4 60
- Veröffentlichungsmedium 4 57
- Verpflichtung des Vorstandes 4 47
- Verweis auf gerichtliche Ermächtigung 4 57
- Verweis auf HV 4 45
- Voraussetzung gerichtlicher Antrag 4 50
- Voraussetzungen 4 32
- Widerruf 10 8
- Zeitpunkt 4 36
- Zugang bei Gesellschaft 4 59
- Zurücknahme 4 46
- Zurückweisung 4 48
- Zusätze 4 39
- zuständiges Gericht 4 52
- Zuständigkeit 4 37
- Zweck 4 42

Einberufung (Zuständigkeit)
- Aufsichtsrat 4 23, 29 ff.
- Berechtigung 4 22, 26 f.
- Durchführung 4 25, 31
- Gesamtaufsichtsrat 4 30
- Liquidatoren 4 28
- Mehrheit 4 24
- Notvorstand 4 28
- Umsetzung des Beschlusses 4 25
- Unzuständigkeit 4 31
- Verfahren 4 23 f.
- Verlangen einer Minderheit 4 33 ff.
- Vorstand 4 22 ff.
- Wohl der Gesellschaft 4 29

Einberufungsberechtigte (SE) 49 20 ff.
Einberufungsbeschluss 10 11 ff.
Einberufungsfehler 4 128; 44 76

Einberufungsfrist 4 70 ff.
- Abwehr-HV 37 76 ff.
- Abweichungen in Satzung 4 72
- Bekanntmachungen 4 74 f.
- Form 4 73 ff., 76
- Fristberechnung 4 70
- gesetzliche Frist 4 71
- Längere Frist 4 72
- Satzungsbestimmung 4 72
- Tag der Einberufung 4 73
- Übersicht 4 157
- Verkürzung 4 6
- Verlängerung 4 6, 105
- Veröffentlichung 4 73 f.
- Veröffentlichungsmedium 4 73 ff.

Einberufungsfristverlängerung bei Anmeldung und Berechtigungsnachweis
- abweichende Regelungen 4 82, 88
- Abweichung von Anmeldefrist 4 81, 105
- Aktienregister 4 98 f.
- Anmeldefrist 4 82, 104 ff.
- Anmeldung 4 80 f.
- Berechtigung bei Namensaktien 4 96
- Berechtigung (formell/materiell/relativ) 4 89 ff.
- Berechtigungsnachweis 4 84 ff.
- Bevollmächtigte 4 83
- Form der Anmeldung 4 81
- Form des Nachweises 4 85 f.
- Fristenkombination 4 104 f.
- Inhaberaktien 3 83; 4 86 ff.
- Legitimationsnachweis 4 89; 8 64
- Mindestangaben s. Einberufung, Mindestangaben
- Nachweisstichtag 4 87
- Namensaktien 4 94
- Organkompetenz 4 78
- Publikumsgesellschaften 4 94
- Record-Date 4 85, 87 ff.
- Satzungsregelungen 4 104 ff.
- Übernahmesituation 4 108 ff.
- Wahlrecht 4 77
- Wirkung der Legitimation 4 89

Einberufungsgründe 4 2 ff.
- Abwehr-HV 37 56 ff.
- Anfechtungsrisiken 4 21
- Außerordentliche HV 4 9
- Einberufungspflicht 3 21; 10 5 f.
- fakultative Einberufung 4 18 ff.
- fehlender Einberufungsgrund 4 65
- Geschäftsführungsmaßnahmen 4 11
- gesetzliche Einberufungsgründe 4 5 ff.
- Maßnahmen der Geschäftsführung 4 11
- ordentliche HV 4 6 ff.
- Rechtsfolgen unterbliebener Einberufung 4 20
- SE 49 25 f.
- statutarische Einberufungsgründe 4 12 ff.
- Wohl der Gesellschaft 4 15 ff.

Sachverzeichnis

Einberufungspflicht 3 20; 10 5 f.
Einberufungsverlangen 12 21
Einberufungszuständigkeit (Abwehr-HV) 37 61 ff.
Einbringung von Forderungen 25 3
Einbringungsbilanz 6 11
Einfache Mehrheit 12 12
Einfache Niederschrift 13 92 ff.; A 4
Einfache Stimmenmehrheit 9 14
Einfluss, beherrschender s. Beherrschender Einfluss
Einführung der Stückaktie 31 4 ff.
Eingangskontrolle 9 58 ff., 119, 409 ff.
– Ausschluss Aktionäre 9 61
– Gleichbehandlungsgrundsatz 9 62
– Onlineteilnahme 9 60, 410
– Sicherheitskontrollen 9 61 f.
– Sicherheitspersonal 3 93
– Teilnahmerecht, Erschwerung 9 61
– Verzögerungen 9 67
Eingeschriebener Brief 4 57, 76, 138, 270 ff.
Eingestellte Beträge 15 7
Eingliederung 34 1 ff.
– Allgemeines 34 2 ff.
– Auskunftsansprüche 11 34
– Beendigung 34 25 f.
– Beendigung der Eingliederung 34 25 ff.
– Berichtspflichten/Eingliederungsbericht 5 69 ff.; 10 97; 34 8
– Beschluss 34 10 ff., 15 ff.
– Einberufung der Hauptversammlung 34 15 f., 18 f.
– Eingliederung durch die Alleinaktionärin 34 7 ff.
– Eingliederung durch Mehrheitsbeschluss 34 15 ff.
– Folgen 5 72
– Hauptversammlungsbeschluss 34 3 ff.
– Konzern 34 11
– Prüfer 18 100; 34 5, 15 f., 18 f.
– Registeranmeldung 42 99
– Spruchverfahren 46 3, 10
Eingriff in die Willensbildung 47 27
Eingriff in Zuständigkeit der HV 47 11 ff.
Einheitliche Stellungnahme 10 121
Einladepflicht bei Namensaktien 3 21
Einlage 25 3
Einlagefähige Sachen 21 2
Einlagenverpflichtungen 27 16, 18
Einlagepflicht 27 6
Einmann-KGaA 48 23
Einmann-SE 49 4
– Erleichterungen 13 10
– Protokollierung 13 10 f.
Einpersonen-Gesellschaften
– Einberufung 4 114
– Entlastung 16 11
– KGaA 48 23

– Protokollierung 13 10 f., 46, 74; A 4
– SE 13 10; 49 4
– Sonderbeschluss 20 20; 40 25
– Teilnehmerverzeichnis 9 107
– Versammlungsort 10 14
Einreichung (Handelsregister) 13 63, 84
Einschränkung (Mehrstimmrechte) 19 8
Einschränkung der Kompetenzen der HV (Publikums-KGaA) 48 51 ff.
Einsetzendes Dokument 8 124
Einsichtnahme 10 116
Einsichtnahmeanspruch (Teilnehmerliste) 9 60
Einsichtsrecht (Aktionäre) 11 60 ff.
– Internetpublikation 11 63
Einsichtsrecht (Prüfungsbericht) 2 62
Einstellung von Rücklagen 27 6
Einstweilige Verfügung 47 6
– Stimmrechtsausübung 47 27
Einstweiliger Rechtsschutz 47 20
– drohende Beschlussfassung 47 30
Eintragung der Satzungsänderung 42 40 ff.
– anfechtbare HV-Beschlüsse 42 51
– angefochtene HV-Beschlüsse 42 50
– Anmeldung 42 41
– beizufügende Urkunden 42 43 ff.
– Bindungswirkung 42 49
– fehlerhafte Beschlüsse 42 46 f.
– fehlerhafte Eintragung 42 53
– Form und Inhalt 42 42
– Prüfung durch das Registergericht 42 48 ff.
– Wirkung der Eintragung 42 52
Eintragung des Formwechsels 42 111
Eintragung und Bekanntmachung 42 28 f.
– Fehlerhafte Eintragung 42 53
Eintragungsanspruch 42 28
Eintragungsbedürftige Tatsachen 42 6 ff.
Eintragungsfristen (Kapitalerhöhung, -herabsetzung) 44 12
Eintragungshindernisse 38 4
Eintragungsstopp 4 95; 8 66
Eintragungsverbote 42 21
Eintragungsvoraussetzung 39 41; 42 18 ff.
Eintrittskarte 8 118
Eintrittskarten via Internet 7 72
Eintrittskartennummer 7 69
Einzeldebatte 9 40, 130 f.; s. auch Aktionärsdebatte
– Entscheidungsbefugnis 9 40
– Übergang zur Generaldebatte 9 131
Einzelentlastung (durch Anordnung des Versammlungsleiters) 16 16
Einzelentlastung 9 80, 214 ff.; 16 15 ff.
– Antrag A 2 Anlage 3.1
– neben Gesamtentlastung 12 7; 16 16
Einzelne Geschäfte 11 56
Einzelprüfung 2 52
Einzelrechtsnachfolge 5 105

1127

Sachverzeichnis

Einzelurkunden 11 76
Einzelwahl (Aufsichtsratsmitglieder) 9 120
Einziehung (eigene Aktien) 27 27 f.; 32 18 ff.
– Einziehungsbeschluss 32 30 ff.
– Kapitalherabsetzung, vereinfachte 32 30
Einziehung (ohne Kapitalherabsetzung) 27 37
Einziehungsentgelt 27 25 f., 29
Elektronische Kommunikation 1 52 ff.
Elektronische Mitteilung 7 46
Elektronische Sammelbehälter 9 366
Elektronischer Bundesanzeiger s. *Bundesanzeiger*
Emissionsabteilung 4 283
Emissionskonsortium 4 298; 22 42
Empfehlung DCGK 4 110
Empfehlungen des Bundesjustizministeriums 2 11
en bloc-Entlastung 16 15
Ende der HV 4 107
Endgültige Unwirksamkeit 44 5
Enquêterecht 47 46
Entgeltliche Stimmbindungen 11 116
Entherrschungsvertrag 33 2, 36 ff.
Entlastung (Organmitglieder) 12 25
Entlastung (Vorstand/Aufsichtsrat) 16 1 ff.
– Bedeutung 16 2 ff.
– Beschlussfassung 16 6 ff.
– Blockentlastung 9 281
– Entlastungszeitraum 16 5
– Nichtigkeit der Entlastung 16 23
– Trennung Anteilseignervertreter/Arbeitnehmervertreter 16 19
– Trennung Vorstand/Aufsichtsrat 16 8
– Verweigerung der Entlastung 16 20 ff.
Entlastungsbeschluss 10 45 f.
– Anfechtbarkeit 10 45 f.; 16 4, 6 ff.
Entlastungsbeschlussfassung 16 6 ff.
Entlastungsmöglichkeiten des Abschlussprüfers 18 43
Entlastungszeitraum 12 6; 16 5
Entschädigungsaspekt 29 7
Entscheidender Einfluss 16 10
Entscheidung (Auskunftserteilung oder –verweigerung) 10 112 ff.
Entscheidung (Aussetzung des Verfahrens) 42 23
Entscheidungsdelegation 7 73
Entscheidungsveröffentlichung (Bieter) 37 16
Entsendungsrecht 4 180; 17 19
Entwicklung der Umsatzerlöse 11 56
Entwurf des Protokolls 13 80
Entwurfstätigkeit 13 17
Entziehung der Geschäftsführungsbefugnis (KGaA) 48 19, 35
Entzug des Teilnahmerechts 8 73 f.
Entzug des Vertrauens 4 170; A 2 Anlage 3.10

Erben 11 82
Erbengemeinschaften 4 141; 8 57
Erfolgsorientierte Vergütung 40 8
Erfolgsziele 24 22 f.
Ergänzende Niederschrift 13 89
Ergänzung der Anfechtungs- und Nichtigkeitsklage 47 4
Ergänzungen (Tagesordnung) 4 226 ff.
– Aktionärsforum 4 240 ff.
– Antrag A 2 Anlage 4.15
– Antragsberechtigung 4 226
– Aufforderung 4 242
– Bekanntmachung 4 232 f.
– gerichtliche Ermächtigung 4 238
– Form 4 228
– Frist 4 232
– Gegenanträge 4 230
– Inhalt 4 229
– Rechtsmissbrauch 4 236
– Übernahmeangebot 4 234
– Umfang 4 229
– Verspätung 4 235
– weitere Beschlussgegenstände 4 226
– Zurücknahme 4 237
Ergänzungsantragsfrist 3 20
Ergänzungsverlangen 3 50 ff.
– Aktionärsforum 4 242
– Beschlussvorlage 4 61
– Stimmrechtsvertreter, Weisungen 3 57
– Veröffentlichung 4 137
– Versand 3 50 f.
Ergänzungswahl des Aufsichtsrats 17 44 f.
Ergebnis (Abstimmung) 13 48 ff.
Ergebnisabführungsvertrag 33 5 ff.; *s. auch* EAV
Ergebnisverkündung 9 311 ff.
Ergebnisverwendung, prüferische Durchsicht 18 69
Ergebnisverwendungsbeschluss 2 5
Erhöhungsbeschluss 27 43
Erhöhungsbetrag 20 5 f.
Erhöhungsbilanz 26 14
Erklärung zur Kapitalerhaltung 39 77
Erlass (Einlagenforderung) 27 25
Erlass (Geschäftsordnung) 12 28
Erlassvertrag 38 45
Erläuterung (Ablauf) 9 39; 13 66
Erläuterung (Vorlage) 10 69 ff.
– Anfechtungsrisiken 10 101 ff.
– Eingliederung 10 97
– Gewinnverwendung 10 69 ff.
– Inhalt 10 74 ff.
– Jahresabschlüsse 10 69 ff.
– Lagebericht 10 69 ff.
– Nachgründungsverträge 10 87
– Squeeze out 10 98
– Strukturändernde Maßnahmen 10 99
– Umfang 10 74 ff.

Sachverzeichnis

- Umwandlungsvorgänge **10** 88 ff.
- Unternehmensverträge **10** 82 ff.
- Vermögensübertragungen **10** 86
- Verzichtsmöglichkeit **10** 100

Erläuterungspflicht **10** 69; *s. auch Erläuterung (Vorlage)*
Erledigung (Tagesordnung) **9** 4, 129, 449
Erledigung (Wortmeldungen) **9** 146, 170
Erledigungserklärung **46** 52
Erleichterter Bezugsrechtsausschluss **20** 68 ff.
- Allgemeines **20** 68
- Beschlussfassung über Wandelschuldverschreibungen **23** 57 ff.
- erleichterter Bezugsrechtsausschluss beim genehmigten Kapital **22** 32 ff.
- Greenshoe **22** 42 ff.
- Muster **20** 72 f.
- Sachkapitalerhöhung **21** 10
- Voraussetzungen **20** 69; **22** 32 ff.
- Vorstandsbericht **20** 70 f.

Erleichterung (Konzernabschluss) **2** 16
Erlöse **11** 55
Ermächtigung
- Einführung von Stückaktien) **31** 8 f.
- Überschreiten der **47** 10

Ermächtigungsbeschluss **4** 55, 196; **24** 32; **38** 33
Ermessen des Versammlungsleiters **9** 59, 65, 135, 145, 151 f., 172, 180, 186, 257, 265, 449
Ermessensfehler **9** 24
Ermessensgebrauchsvorgaben **37** 26
Erneute Beschlussfassung **9** 82; **40** 53
Ernstfall **3** 94
Eröffnung (Aussprache) **13** 70
Eröffnung (HV) **9** 58 ff.
- Anordnungen **9** 68 ff.
- Beginn **9** 67 ff.
- Erläuterungen des Leiters **9** 74 ff.
- Formalien **9** 68 ff.
- organisatorische Hinweise **9** 78
- Teilnehmerverzeichnis **9** 58 f.; *s. dort*

Ersatzabschlussprüfer **18** 44
Ersatzansprüche (gegen Gründer und Organe) **12** 25; **40** 41, **41** 28; *s. auch Organhaftung*
Ersatzansprüche (Gesellschaft) **12** 20
Ersatzmitgliedschaft (Aufsichtsrat) **17** 30 ff.
Ersatzprüfer **2** 44; **18** 47 ff.
Ersatzzustellung **44** 89
Erschöpfung der Tagesordnung **9** 449
Erst- und Zweitbeschluss **44** 65 ff.
Erstattungsanspruch **4** 63
Erste Abstimmung **9** 82
Erstmalige Ausgabe von Vorzugsaktien **20** 76 f.
Erteilte Informationen **11** 26
Erträge (Lizenzverträge) **11** 55
Ertragsaussichten **33** 11

Ertragslage **2** 10; **33** 11
Ertragsprognose **5** 67
Ertragswertmethode **33** 17
Erweiterung des Zustimmungsvorbehalts (Publikums-KGaA) **48** 55
Erwerb eigener Aktien **32** 1 ff.; **36** 15
- Aktienoptionsplan **24** 12 ff.; **32** 16
- Auskunftsanspruch **11** 55
- Belegschaftsaktien **25** 3
- Darlegungspflicht **10** 106
- eigene Aktien als Gegenleistung **36** 15
- erlaubte Zwecke **32** 4
- Ermächtigung **32** 3 ff.
- Ermächtigungsbeschluss, Mehrheit **32** 9
- Ermächtigungsbeschluss, zwingende Bestandteile **32** 5 f.
- Gleichbehandlungsgebot **32** 8
- Publizität **32** 26
- Unterrichtung nächste HV **32** 9
- Veräußerung eigener Aktien **32** 10 ff.
- Voraussetzungen **32** 7 f.

Erwerbsangebot **36** 2, 21; **36** 9
Erwerbsermächtigung (Einziehung eigen Aktien) **32** 18 ff.
Erwerbsermächtigung (Handel in eigenen Aktien) **32** 28 ff.
Erwerbszeiträume **24** 24
Essentialia der Transaktion **5** 128
EU-Abschlussprüferverordnung **18** 26 ff.
EU-Aktionärsrechte-RL **1** 10
Europäische Aktiengesellschaft *s. SE*
Europäische Durchbrechungsregel **37** 4
Europäische Genossenschaft **46** 3
Europäisches Medienbündel **3** 41
Europäisches Verhinderungsverbot **37** 4, **40** ff.
EWR **33** 13; **36** 3
Ex-Dividende **4** 97
Exaltiertes Verhalten **7** 33
Expertenteam **3** 72 ff.
Externer Prüfer **38** 4
Fachliche Eignung **17** 12
Faktisch virtuelle HV **7** 25
Faktische Abhängigkeit **33** 36
Faktische Registersperre *s. Registersperre*
Faktischer Bezugsrechtsausschluss **20** 74 ff.
Faktischer Konzern **47** 36
Fakultative Einberufung
- Beschlusslose HV **4** 19
- Information und Unterrichtung **4** 19
- Vorbereitung späterer Beschlussfassung **4** 19
- Zweckmäßigkeit **4** 18

Fälligkeit der Einlagen **20** 25
Falschangaben (Berichtspflichten) **4** 322
Falschauskünfte (Vorstand) **10** 123
Fälschung des Berechtigungsnachweises **4** 92

Sachverzeichnis

FamFG 4 52, 56; **42** 17, 116; **43** 4 f., 12; 44 100; **45** 2 f.; **46** 46 ff., 51 ff.
Fassungsänderungen 19 15; 20 16
Fehlanreize 24 2
Fehlende Ernstlichkeit 4 318
Feiertagsschutz 4 70
Fernsehaufnahmen 13 100
Fernteilnahme 9 377; 42 1 ff.
Festsetzung (Nennbeträge) 39 54
Festsetzung (Zwangsgeldes) 42 32
Feststellung (Beschlussfassung) 13 52
Feststellung (Jahresabschlusses durch Hauptversammlung) 14 1 ff.
– Abschlussprüfer 2 97
– Allgemein 2 95
– Änderung des Jahresabschlusses nach Feststellung 2 102 ff.
– Auskunftsrecht der Aktionäre 2 100
– Bestätigungsvermerk 2 97
– Billigung durch Aufsichtsrat 2 89 ff.
– Entscheidung 2 96
– Feststellung durch die HV 2 95 ff.
– Konzernabschluss 2 106 f.
– Nachtragsprüfung 2 96
– Nichtigkeit 2 97
– Praxisrelevanz 2 96
– (Gewinn-)Rücklagen 2 98 f.
Feststellung (Nichtigkeit) 44 7
Feststellung (Stimmrecht) 11 75 ff.
Feststellungsbeschluss der HV 37 48
Feststellungsklage 5 17
FGG s. *FamFG*
Filmaufnahmen 13 100
Financial Expert 17 12
Finanzamt 13 85
Finanzdienstleistungen 18 31
Finanzielle Interessen 18 29
Finanzinstitute 32 28
Finanzkalender 3 28
Finanzlage 2 10
Firmensitz 39 48
Flexible Kapitalerhöhung 20 71
FMSTFG 5 110
Form (Auslegungsverzicht) 10 66
Form (Kapitalerhöhung) 26 5
Formalisierte Informationspflichten 11 61
Formelle Kontrolle 12 33
Formelle Registersperre s. *Registersperre*
Formelle Satzungsänderung 42 65
Formular für Vollmacht- und Weisungserteilungen 7 61 f., 68 f.
Formwechsel 39 87 ff.
– Abfindungsangebot 39 87
– Anmeldung 39 92; 42 110 ff.
– Auslegungspflicht 39 89 f.
– Bekanntmachung 39 88
– Bekanntmachungspflicht 4 176
– Beschluss 39 91
– Einberufung und Vorbereitung der Hauptversammlung 39 88 f.
– Eintragungspflicht 38 8
– Folgen des Formwechsels 39 87
– Grenüberschreitender 42 112
– Handelsregistereintragung 42 110 ff.
– Mehrheit 39 91
– Mehrheitserfordernis 12 28
– Nachgründungsrecht 38 8
– Negativerklärung 39 92
– Registeranmeldung 39 92 f.
– Sonderbeschluss 39 91
– Umwandlungsbericht 39 88
– Umwandlungsbeschluss 39 87 ff.
– Vorbereitung der HV 39 88
– Vorlagepflicht 10 60
Formwechselnde Umwandlung 5 52 ff.
Fortgeltung (Mehrstimmrechte) 40 33
Fortsetzung (aufgelöste Gesellschaft) 12 28
Fortsetzung (HV) 9 451
Fortsetzungsbeschluss 42 97
Fragebeschränkung 4 117
Fragen (an Versammlungsleiter) 11 21
Fragen 13 55 ff., 76
Fragerecht (Aktionäre) 11 14 ff.
Fragerechtsbeschränkung 9 150 ff.
Frauenquote s. *Geschlechterquote*
Freigabe des Rednerpults 8 75
Freigabeverfahren 45 1 ff.
– Antragsbefugnis 45 33
– Antragsgegner 45 35
– Antragsverfahren 45 32 ff.
– Bagatellquorum 45 16 f.
– Bestandskraft 45 43 ff.
– Entscheidung 45 38 ff.
– Glaubhaftmachung 45 37
– Negativerklärung 42 98
– offensichtliche Unbegründetheit 45 12 ff.
– Rechtsfolgen 45 41 f.
– Rechtsverstoß 45 26 f.
– Reform 42 26
– Registersperre 45 5 ff.
– Registerverfahren 44 102
– Schadensersatzpflicht 45 43 ff.
– Statthaftigkeit 45 29 ff.
– Überblick 45 1 ff.
– Unternehmensverträge 33 32
– Unzulässigkeit 45 11
– Verfahren 45 28 ff.
– Vollzugsinteresse 45 18 ff.
– Voraussetzungen 45 10 ff.
– Zuständigkeit 42 26
Freistellung von Vorstandsmitgliedern s. auch *Organhaftung*
– Auskunftsanspruch 11 55
– Bußgelder 41 14
– Geldstrafe 41 14
– Haftungsansprüche der Gesellschaft 41 4 ff.

Sachverzeichnis

Freistellungsvereinbarung 11 55
Freiwillige Gerichtsbarkeit 46 2
Freiwilliges Angebot (Zustimmung der Hauptversammlung als Bedingung) 36 20 ff.
– Allgemeines 36 20 f.
– Außerordentliche HV 36 27
– Eintritt oder Ausfall der Bedingung 36 30 f.
– Erforderlichkeit des Beschlusses 36 22 ff.
– Stellung der Hauptversammlung der Zielgesellschaft bei einem öffentlichen Angebot 37 1 ff.; *s. auch dort*
– unverzügliche Herbeiführung 36 25 ff.
– Vorbereitung der HV 36 28 ff.
Fremdbesitz 3 83; 9 117; 11 86
Fremdemission 20 34
Frequently Asked Questions (FAQ) 7 53
Frist (Aufstellung des Jahresabschlusses) 2 8
Frist (regulären Kapitalerhöhung) 20 13
Fristbeginn 46 25
Fristberechnung 37 77; 46 25 f.
Fristverkürzung 2 8
Fristverlängerung 2 8
Frosta-Entscheidung 5 119; 12 28; *s. auch Delisting*
Frühere Geschäftsjahre 11 56
Frühwarnsystem 18 2
Frühzeitige Abstimmung 9 258
Führungskräfte 25 2
Full-Service Provider 3 25
Funkabstimmung 9 365 ff.
Funkbasierte Netzwerktechnik 7 66
Funktionsmissbrauch der Anfechtungsklage 44 82
Gäste 8 95 ff., 137; 9 63
Gästekarten 3 80; 8 95, 137
Gattungsbezugsrecht 20 31
Gebietskörperschaften 13 25
Gebotenheit einer Redezeitbeschränkung 9 158
Gefälligkeitscharakter 8 92
Gefälschter Nachweis *s. Nachweis (gefälschter)*
Gegenanträge 3 64 ff.; 4 303 ff.; 9 184 ff.
– Abstimmungsreihenfolge 9 186
– Adresse 4 312
– Alternativverhältnis 9 185
– Ankündigung 4 306
– Antragsteller 4 305
– Ausführungen des Vorstands 10 76
– Ausschlussverhältnis z. Beschlussvorschlag 9 184, 190
– Begründung 4 310
– Begründung, unsinnige 3 65
– Bekanntmachung 3 64 ff.; 4 169; *s. Bekanntmachung (Gegenanträge)*
– Bestimmtheit 4 307
– Beurkundung 13 54
– Form 4 311 ff.

– Frist 4 314 ff.
– Kombinationsmöglichkeiten 9 429 ff., 437
– Kürzung 4 320, 323, 329 f.
– Mitteilung 4 304
– Nachweis 4 305
– Negierung 4 307
– Oppositionsantrag 4 306
– Sachanträge 9 184
– Stellungnahme der Verwaltung 4 331
– Tagesordnung 4 230
– unechte 9 189
– unzulässige Gegenanträge 4 317 ff.; *s. auch dort*
– Veröffentlichung 4 308; 10 15
– Voraussetzungen 4 307
– Vorrang 9 143, 285
– Weisungen zu 9 429 ff., 437
– Wesentliche Argumente 4 310
– Widerspruch 4 306
– Zugang 4 314 f.
– Zugänglichmachung 4 305 ff., 332; 10 15
– Zusammenfassung mehrerer 4 330
Gegenantragsfrist 3 21
Gegenleistung bei Unternehmensverträgen 10 83
Gegenstand der Sacheinlage 21 4
Gegenstandsklausel 36 32
Gehaltsstruktur 11 56
Geheime Abstimmung 9 203
– Antrag A 2 Anlage 4.25
Geheimhaltungsinteressen 46 38
Geheimhaltungsvereinbarungen 11 56
Gekreuzter Bezugsrechtsausschluss 20 32, 58
Gelatine-Entscheidung *s. Holzmüller/Gelatine-Doktrin*
Geldleistung 36 9
Geldmarktinstrumente 38 4
Geldstrafe 43 15
Geltendmachung (Ersatzansprüche) 40 41 ff.
Geltendmachung (Schadensersatzansprüche) 16 3; 41 1 ff., 47 39 ff.
– Antrag A 2 Anlage 3.9
Gemeinsame Vertreter 46 30 ff.
Gemeinschaftsprüfung 18 45 ff.
Gemeinschaftsstimmrecht 11 104
Gemische Beurkundung 13 14
Gemischte Bar-/Sachkapitalerhöhung 21 18
Gemischte Hauptversammlung 13 5, 11
Genehmigtes Kapital 22 1 ff.
– Aktienoptionsplan 24 11
– Anmeldung 42 74 ff.
– Allgemeines 22 2
– Ausnutzung, Informations-/Berichtspflichten 22 26
– Ausnutzung, Rechtsschutz Aktionäre 22 31
– Ausnutzungsbeschluss 22 3, 6 ff., 31
– Anmeldung 42 74 ff.
– Bekanntmachung 22 5; 4 190

Sachverzeichnis

- Belegschaftsaktien 25 3
- Bezugsrechtsausschluss 22 4, 13, 24 ff.; 25 5; 36 15, 19
- börsennotierte Gesellschaften 20 3
- Business Judgement Rule 22 31
- Durchführung 22 3
- Ermächtigung, Bekanntmachung 4 190
- Ermächtigung, Dauer 22 7
- Ermächtigung, Umfang 22 16
- Gegenstände, unzugängliche 4 321
- Greenshoe 22 42 ff.
- Hauptversammlungsbeschluss s. dort
- Informations-/Berichtspflichten 22 26
- mehrere genehmigte Kapitalien 22 21
- Mehrheitserfordernis 12 28
- mittelbares Bezugsrecht 22 14
- Muster für Beschluss 22 18
- Nachberichterstattung 22 26
- Publizitätspflichten 22 5
- Sacheinlage 22 22 f., 28
- Schaffung von Eigenkapital 36 11
- Sonstiges 22 38 ff.
- Stückaktie 31 9
- Verfahren 22 3 f.
- Voraussetzungen 22 3 f.
- Vorratsermächtigung, Bekanntmachung 4 190
- Vorratsermächtigung, Dauer 22 7
- Vorratsermächtigung, Umfang 22 16
- Vorteile 22 2

Genehmigtes Kapital (Hauptversammlungsbeschluss) 22 6 ff.
- Anmeldung 42 74 ff.
- Anfechtbarkeit 22 30
- Art der Aktien 22 10
- Aufhebung des Beschlusses 22 20
- Ausgabebetrag 22 18
- Beschlussmuster 22 18
- Bezugsrechtsausschluss 22 13, 24 ff.
- Ermächtigungsdauer 22 7
- fakultativer Inhalt 22 11 ff.
- Fassungsänderungen durch Aufsichtsrat 22 14
- mittelbares Bezugsrecht 22 15
- Nennbetrag 22 8
- obligatorischer Inhalt 22 6 ff.
- Selbstbefreiung (Insiderinformationen) 22 28
- sonstige Beschlussanforderungen 22 19
- Stimmrechtslose Vorzugsaktien 22 9
- unzulässiger Inhalt 22 16 f.
- Vorstandsbericht 22 25
- Vorstandsbericht, wettbewerbserhebliche Informationen 22 26

Genehmigungsversagung 39 16
Generaldebatte 11 5, 12; 9 40, 74, 130 f.; s. auch Aktionärsdebatte
- Entscheidungsbefugnis 9 40
- Präsenz- HV 7 15
- Strukturierung der 11 12
- Vorteile 9 130

- Wiedereröffnung 9 134 ff.
- Wortmeldung 11 5 f.

Generalklausel 11 37; 44 46 f.
Generalprobe 3 13, 95 ff.; 9 329
Genussrechte 5 21; 8 32; 28 1 ff.
- Hauptversammlungsbeschluss 28 2

Genussrechtsvertragspflichten 28 3
Geplante Jahresergebnisse 11 56
Gerichtliche Auseinandersetzungen 1 56 ff.
Gerichtliche Bestellung (Abschlussprüfer) 18 48 ff.
Gerichtliche Bestellung (Aufsichtsrat) 17 41 ff.
Gerichtliche Ersetzung (Abschlussprüfer) 18 53 ff.
Gerichtliche Zuständigkeit (Anfechtungs- und Nichtigkeitsklage) 44 69
Gerichtliche Zuständigkeit (Spruchverfahren) 46 5 ff.
Gerichtliche Zwischenverfügung 42 20
Gerichtlicher Prüfungsumfang 39 44
Gerichtskosten (Spruchverfahren) 46 55 f.
Gesamtanalogie 5 98
Gesamtaufsichtsrat 4 29
Gesamtaufsichtsratsbeschluss 40 3
Gesamtbetriebsrat 39 50
Gesamtentlastung 16 15 ff.
- neben Einzelentlastung 12 7; 16 16; s. auch dort

Gesamtheit der Kommanditaktionäre (KGaA) 48 25
Gesamtnennbetrag 23 33
Gesamtorgan 10 6
Gesamtrechtsnachfolge 4 90; 39 3, 10
Gesamtvorstand 2 6; 10 44, 71, 88; 44 80
Geschäftliche Kalkulation 11 56
Geschäfte mit Organmitgliedern 11 55
Geschäftsbericht 4 262; 10 49
Geschäftsbetrieb 5 111
Geschäftsführungsbefugte Komplementäre 48 13
Geschäftsführungsfragen 11 39
Geschäftsführungsmaßnahmen 38 1 ff.; s. auch Holzmüller/Gelatine-Doktrin
- Aufsichtsratsvorbehalte 38 18 ff.
- Beschlusskompetenz HV 4 31, 38
- Holzmüller 38 31 ff.
- Mehrheitserfordernis 12 14
- Minderheitsverlangen 4 38
- Nachgründung 38 1 ff.
- Vergleich über Ersatz- und Ausgleichsansprüche 38 41 ff.
- Vermögensübertragung 38 24 ff.
- Verzicht über Ersatz und Ausgleichsansprüchen 38 41 ff.

Geschäftsführungsvertrag 33 6
Geschäftsordnung 9 37 ff.
- Änderung, Wirksamwerden 9 55

Sachverzeichnis

- Anträge s. *Geschäftsordnungsanträge*
- Beschlüsse **40** 11 ff.
- Durchbrechung **9** 54 ff.
- Fragen zur **9** 39; **11** 2

Geschäftsordnungsanträge 9 143, 191 ff.
- Abstimmungsreihenfolge **9** 279 ff.
- Entscheidungskompetenz **9** 191 f., 203
- Umgang mit **9** 192
- Verfahrensanregungen **9** 192 f.
- vorrangige Behandlung **9** 195 ff.
- Wirkung **9** 191
- Zwischendebatte **9** 201

Geschäftsordnungsbeschlüsse 40 11 ff.
Geschäftsordnungsfragen 9 39 ff.; **11** 2
Geschäftsprüfungsumfang 5 86
Geschäftsräume 3 35; **6** 13; **38** 47
Geschäftsverhältnis 13 23
Geschäftsvorfälle
Geschäftswert 46 55
Geschlechterquote
- Aufsichtsrat, Zusammensetzung **17** 6 ff.
- Aufsichtsratswahl **4** 181, 336; **17** 17, 24 f.
- Erklärung zur Unternehmensführung **10** 40
- Sanktionen **17** 7
- Zielgröße, Publikation **10** 40

Gesellschaftergruppenidentität 48 24
Gesellschaftsblätter 4 72; **7** 36; **20** 48
Gesellschaftsinteresse 12 33, 36; **20** 51
Gesellschaftsinterne Bedeutung 10 22
Gesellschaftsinterne Informationssysteme 4 140
Gesellschaftsrechtliche Treuepflichten
  s. *Treuepflichten*
Gesellschaftssitz 36 4; **37** 66, 69
Gesellschaftsstimmverbot 11 106 f.
Gesetz über die Zulassung von Stückaktien
  s. *StückAG*
Gesetz zur Namensaktie und zur Erleichterung der Stimmrechtsausübung s. *NaStraG*
Gesetz zur Umsetzung der Aktionärsrechterichtlinie s. *ARUG*
Gesetz zur Unternehmensintegrität und Modernisierung des Anfechtungsrechts
  s. *UMAG*
Gesetz zur weiteren Reform des Aktien- und Bilanzrechts, zu Transparenz und Publizität s. *TransPuG*
Gesetzestypische KGaA 48 47
Gesetzesverstöße 2 58
Gesetzliche Berichtspflichten
- Aufsichtsrat **5** 85 ff.
- Ausschluss des Bezugsrechts **5** 12 ff.
- Eingliederung **5** 71 ff.
- einzelne Berichtspflichten **5** 12 ff.
- Formwechselnde Umwandlung **5** 52 ff.
- Grundsätze **5** 3 ff.
- sonstige Berichtspflichten **5** 78 ff.
- sonstige Personen **5** 95 ff.
- Spaltung **5** 38 ff.
- Squeeze out **5** 78 ff.
- Unternehmensvertrag **5** 61 ff.
- Verschmelzung **5** 23 ff.
- Vorstand **5** 1 f.

Gesetzliche Einberufungsgründe 4 5 ff.
Gesetzliche Mehrheitserfordernis 12 12 ff.
Gesetzliche Vertreter 46 32
Gesetzliches Bezugsrecht 28 4
Gesetzmäßige Beschlüsse 10 130
Gesiegelte Urkunde 8 136
Gesonderte Abstimmung 8 33; **40** 28 ff.
Gesonderte Versammlung 4 199; **8** 33
Gespaltene Publizität 2 117
Gestaltungsformen von Aktienoptionsplänen 24 7 ff.
Gestaltungsfreiheit 48 3
Gestaltungsklage 44 115
Geständnisfiktion 46 41
Getrennte Abstimmung für Vorstand und Aufsichtsrat 16 8
Gewinn pro Aktie 24 23
Gewinn- und Verlustrechnung 2 4
Gewinnabführungsvertrag 33 6 ff.; s. auch *EAV*
Gewinnberechtigung 23 19; **39** 65
Gewinnbezugsrecht 4 186; **39** 48
Gewinngemeinschaft 33 40 ff.
Gewinnrücklagen 10 77; **15** 7 f.; **26** 14
Gewinnschuldverschreibung 5 21; **8** 30; **10** 22
Gewinnthesaurierung 36 12
Gewinnverwässerung 24 4, 17
Gewinnverwendung 15 2 ff.
Gewinnverwendungsbeschluss 15 2 ff.; **26** 13; **44** 44
- Änderung **15** 4
- Gliederung **15** 12
- Scrip dividend **15** 9
- Superdividende **15** 6

Gewinnverwendungsbeschluss (KGaA) 48 33
Gewinnverwendungsvorschlag
- Bardividende **15** 5 ff.
- Erläuterungspflicht **10** 7
- Gliederung **15** 5
- Hauptversammlungsbeschluss über Bardividende **15** 12
- Verwaltungsvorschlag **4** 218
- Vorlagepflicht **10** 44 ff.

Gewinnvortrag 10 77
Gewöhnliche Geschäftsführungsmaßnahmen (KGaA) 48 39
Girosammelverwahrung 8 28, 57; **30** 2
Glättung des Grundkapitals 26 17
Glaubhaftmachung 45 37
Gläubigerschutzvorschriften 27 16, 29, 33
Gleichbehandlung 8 10; **9** 62, 150 ff.

1133

Sachverzeichnis

Gleichbehandlungsgrundsatz 20 53; 30 10
- Aktionärsdebatte **9** 158
- Anfechtungsrisiken **44** 53
- Eingangskontrolle **9** 62
- Erwerb eigene Aktien **32** 8
- gerichtliche Kontrolle **9** 252
- Redezeitbeschränkung **9** 158 ff.
- Satzungsänderungen **19** 9
- Störungsabwehr **9** 246, 252, 262
- Veräußerung eigener Aktien **32** 10
- Versammlungsleiter **9** 6
- Wortmeldung, wiederholte **9** 142
- Wortmeldungen **9** 172

Gleiche Befangenheit 48 24
Globalmarkierung 9 394 ff.
Globalurkunden 11 76
GoB 2 11
Going Public und Going Private 5 117 ff.; 40 14 ff.; s. auch *Delisting*
good will 39 14
Greenshoe 22 42 ff.
Gremium, einberufendes 4 22, 29, 104
Grenzen (Auskunftsanspruch) 11 33
Grenzen (Auskunftsrecht) 10 126
Grenzen (Berichtspflicht) 5 92
Grenzen (Satzungsautonomie) 44 19
Grenzüberschreitender Formwechsel 42 112
Grenzüberschreitende Verschmelzung 39 63 ff.; 42 105 ff.; 46 14
- geltendes Recht **39** 64
- Spruchverfahren **46** 14
- Verschmelzungsplan **39** 65

Großaktionäre 11 55
Große Kapitalgesellschaften 2 3
Größenklassen 2 3
Grundbuch 39 10
Grundfall der Kapitalerhöhung 20 2
Grundkapital 4 10
- Berechung bei lfd. Kapitalmaßnahmen **4** 34

Grundkapitalerhöhende Sachleistungen 21 15
Grundkapitalerhöhungsbetrag 20 25
Grundlagenbeschlüsse 4 111
Grundlagengeschäfte (KGaA) 48 41 ff.
Grundlagengeschäfte (Publikums-KGaA) 48 54
Grundsatz der Doppelvertretung 44 87
Grundsatz der Gleichbehandlung s. *Gleichbehandlungsgrundsatz*
Grundsatz der Unbefangenheit 18 26
Grundsatz der Verfahrensökonomie 9 9
Grundsatz der Verhältnismäßigkeit 9 6, 246 ff., 255
Grundsätze ordnungsgemäßer Abschlussprüfung 2 51
Grundsätze ordnungsmäßiger Buchführung 2 11
Grundstücke 39 10

Grundstücksverkaufserlös 11 55
Grundstückswerte 11 56
Gründungsbericht 39 23, 61, 80
Gründungsprüfer 18 99; 38 11, 16, 41
Gründungsprüfung 39 23, 61, 80
Gründungsverfahren (SE) 49 10
Gültigkeit der Stimmabgabe 9 315
Gute Sitten 44 21
Gütergemeinschaften 8 57
Gütliche Einigung 46 53
GWB 33 24; 34 24; 35 22

Haftung 41 1 ff.; 37 35 ff.; s. auch *Organhaftung*
Haftungsrisiken 17 13
Halbjahresergebnisse
Halbjahresfinanzberichtsprüfung 18 64 ff.
Handel in eigenen Aktien 32 28 f.
Handelsrechtsausschuss 4 77
Handelsregister 42 3 ff.
- Ausführung des Beschlusses **10** 133
- Bedeutung der Eintragung **42** 10
- Einberufungsbefugnis des Vorstandes **4** 25, 64; **10** 12
- Eingliederung **34** 22
- einzutragende Tatsachen **42** 6 ff.
- Führung des Registers **42** 3 ff.
- Unternehmensverträge **33** 3, 30
- Verfahrensausgang **44** 111
- Zuständigkeit **42** 3 ff.

Handelsregisteranmeldung (Umwandlung) 38 16; 39 31, 37 ff.
- Anlagen **39** 43
- Anmeldefrist **39** 38
- Reihenfolge der Eintragung **39** 40

Handelsregistergebührenverordnung 42 39
Handlaserscan 9 332
Handlungsspielraum der Verwaltung 37 25
Hauptaktionär 5 76
Hauptleistungspflichten 4 189
Hauptniederlassung 4 316
Hauptsache 47 21
Hauptversammlung 1 1 ff.; 4 5 ff.
- Außerordentliche s. *dort*
- Dienstleister **3** 22 ff.; **4** 32
- Einberufung s. *dort*
- kritische **3** 96; **9** 16, 96 f., 148, 204, 238, 251
- Öffentlichkeit **8** 1a
- ordentliche s. *dort*
- Zuständigkeit s. *Einberufung (Zuständigkeit)*
- Zutrittsberechtigung **8** 1a

Hauptversammlung (SE) 49 2 ff.
Hauptversammlungsbeschluss 12 1 ff.
- Abstimmung **12** 3 ff.; s. auch *dort*
- Aktienoptionsplan s. *Aktienoptionsplan (Hauptversammlungsbeschluss)*
- bedingte Kapitalerhöhung s. *Bedingte Kapitalerhöhung (Hauptversammlungsbeschluss)*
- Belegschaftsaktien s. *Belegschaftsaktien → Hauptversammlungsbeschluss*

Sachverzeichnis

- Beschlussfähigkeit **12** 2
- Einführung der Stückaktie *s. Einführung der Stückaktie (Hauptversammlungsbeschluss)*
- genehmigtes Kapital *s. Genehmigtes Kapital (Hauptversammlungsbeschluss)*
- Genussrechte *s. Genussrechte → Hauptversammlungsbeschluss*
- Kapitalerhöhung aus eigenen Mitteln *s. Kapitalerhöhung aus eigenen Mitteln (Hauptversammlungsbeschluss)*
- Mehrheitserfordernisse **12** 12 ff.
- öffentliches Angebot zum Erwerb von Wertpapieren *s. Öffentliches Angebot zum Erwerb von Wertpapieren (Hauptversammlungsbeschluss)*
- Organhaftungsanprüche **41** 21 ff., 27 ff.; *s. auch Organhaftung*
- reguläre Kapitalerhöhung *s. Reguläre Kapitalerhöhung (Hauptversammlungsbeschluss)*
- sachliche Rechtfertigung **12** 30 ff.
- Squeeze out *s. Squeeze out → Hauptversammlungsbeschluss*
- Unternehmensverträge *s. Unternehmensverträge → Hauptversammlungsbeschluss*
- Wandelschuldverschreibungen *s. Wandelschuldverschreibungen (Hauptversammlungsbeschluss)*

Hauptversammlungsdienstleister **3** 22 ff.; **4** 32
Hauptversammlungstermin **4** 106
Hauptversammlungszuständigkeit **5** 100
Hausnotare **13** 23
Hausrecht **9** 244, 262
Heilung (Berichtsmängel) **5** 130 ff.
Heilung (Einberufungsmängel) **9** 73, 79
Heilung (nichtige Beschlüsse) **44** 26 ff.
Herabsetzung (Grundkapital) **27** 7
Herabsetzungsbetrag **27** 11; **42** 86
Herrschendes Unternehmen **33** 2; **38** 42
Hilfskräfte **8** 99
– Störungsabwehr **9** 256
Hilfsmittel **3** 84
Hilfstexte **3** 84
Hinterlegung **4** 35; **8** 67
Hinterlegungsbescheinigung **8** 67; **11** 76 ff.
Hinterlegungsdauer **8** 69
Hinterlegungsfrist **11** 88
Hinterlegungsklausel **4** 85
Hinterlegungskosten **8** 70
Hinterlegungsstellen **8** 68; **11** 87
Hinweis (Aktionärsrechte) **4** 131
Hinweispflicht des Notars **13** 26, 28
Höchstbetrag **23** 5
Höchstpersönliche Anmeldungen **8** 104; **42** 16
Höchststimmrecht **11** 71 ff.
Höchstwert (reguläre Kapitalerhöhung) **20** 5
Höhe der Steuern **11** 45
Holding-Gesellschaften **36** 38

Holzmüller/Gelatine-Doktrin
- Abwehrmaßnahmen **37** 21
- Allgemeines **1** 21 f., 28; **10** 21; **38** 31 ff.
- Ausführungspflicht **10** 129
- Ausgliederung **5** 106 f.
- Berichtspflicht **5** 96 ff.; **6** 3, 7; **10** 61
- Beteiligungserwerb **5** 109 ff.
- Delisting **5** 118
- Einberufungspflicht **4** 10, 12
- Erläuterungspflicht **10** 99
- Ermächtigungsbeschluss **38** 31 ff.
- freiwillige Angebote **36** 20 ff.
- Gegenantrag **4** 321
- Gelatine-Entscheidung **47** 13
- going private **40** 19
- Informationspflichten **38** 35
- Initiativrecht **4** 41
- KGaA **48** 45 ff.
- Konzeptbeschlüsse **5** 126; **38** 33
- Konzernbildung **5** 108 ff.
- Konzernmaßnahmen **5** 120 ff.
- Mehrheitserfordernis **12** 28
- Minderheitsverlangen **4** 41
- Rechtsbehelf **47** 9 f.
- Strukturentscheidung **4** 200
- Vorlagepflichtige Verträge **4** 194, 197

HTTPS **7** 29, 70
Huckepack-Optionen **23** 70
HybridModell **7** 18
Hypothekenbank **8** 85
IAS-Verordnung **2** 19
IAS **2** 19; **18** 64
Identifizierbarkeit **7** 31 ff.
Identische Anträge **4** 324
Identität der Beteiligten **13** 15
IDW PS **18** 67 f.
IFRS **18** 64
IFRS-Zwischenabschluss **18** 64
IKS **2** 52
Image-Schaden **11** 44
Individualrecht **30** 7
Individualschadensersatzklage **47** 35 ff.
Individuelle Redezeitbeschränkung **9** 163
Indossament **30** 6
Inferenten **38** 5
Informationsbedürfnis der Aktionäre **5** 4, 18
Informationsfunktion **2** 5
Informationsmängel **10** 104
Informationspflichten **5** 3; *s. Berichtspflichten*
Informationspflichtverletzung **5** 135
Informationstransfer **7** 13
Informationsvermittler **4** 253
Informationsverweigerung **10** 103
Inhaberaktien **7** 69; **11** 76; *s. auch Umwandlung (Inhaber- in Namensaktien)*
Inhaberaktien im Fremdbesitz
- Nachweis Besitzübergang **3** 83

1135

Sachverzeichnis

Inhaberaktien mit Börsennotierung 4 86
Inhaberaktien ohne Börsennotierung 4 95
Inhaltliche Schranken der Satzungsänderung 19 4ff.
Inhaltsfehler 44 42ff.
Inhaltskontrolle 44 48ff.
Inhaltsmangel 44 15
Initiativrecht 4 40
Innenverhältnis 2 6
Insiderinformation 3 17, 31; 11 51; 22 28
– Selbstbefreiung 22 28
Insidergeschäft 11 55
Institutionelle Investoren 36 38
Instruktion d. Sicherheitspersonals 3 93
inter-omnes-Wirkung 44 7, 105; 46 49
Interaktion verschiedener Systeme 7 64ff.
Interessen der Minderheit 12 33
Interessenabwägung 45 21ff.
Interessenabwägung (Registergericht) 42 25, 27
Interessenabwägungsklausel 45 6
Interessenkollision 11 55, 101
Interessenverknüpfung 11 107
Interimsleiter 9 85
Internationale Platzierung 22 39
Internationalisierung 4 121
Interne Kalkulationen
Interne Revision 18 31
Internes Revisionssystem 18 9
Internet Proxy Voting 7 5, 18, 56ff.
Internet-Terminals 8 11
Internetaffine Aktionäre 7 26
Interneteintrittskarten 7 72
Internetforum 7 91
Internetgestützte HV 7 15ff.; 9 88ff.; s. auch *Präsenz-Hauptversammlung*
– präsente Teilnehmer 9 92
– Übertragung HV 9 88ff.
– Übertragungsermächtigung 9 91
Internetseite des Unternehmens
– börsennotierte Gesellschaften 3 44, 49, 64
– Formulare 3 49
– Informationen, Einstellen von 3 43f., 48
– Unterlagen, Zugänglichmachung 3 37, 48
– Veröffentlichungen 3 48
Internetübertragung 9 88ff.
Internetvollmachten 7 58ff.
Internetweisungen 7 58ff.
Investor Relations-Maßnahme 30 2
InvG 42 45
IPO 5 117; 20 59; 22 40
Irreführenden Auskünfte 10 113
Isolierter Beherrschungsvertrag 33 10
Isolierter Sonderbeschluss 4 204, 206
iudex a quo 46 47
Jahresabschluss 2 1 ff.; 10 32ff., 40, 50
– Abhängigkeitsbericht 2 22; s. auch dort
– Aufgaben 2 5

– Aufstellung 2 4ff.
– Aufstellungsfrist 2 8
– Bilanzeid 2 9
– Fehlerhaft 2 14
– Feststellung 2 89ff.
– Frist 2 8
– gesetzliche Gliederungsschemata 2 13
– Grundsätze ordnungsmäßiger Buchführung 2 11
– KGaA 2 7; 48 32
– kleine Kapitalgesellschaften 2 8
– Konzernabschluss 2 15ff.
– Loyalitätspflichten 2 108ff.
– Nichtigkeit 2 14, 37, 97
– Prüfung 2 23ff.
– Unterzeichnung 2 9
– Verfahren 2 1ff.
– Umwandlung 39 51
Jahresfehlbetrag 10 78; 33 9; 38 42
Joint audit 18 45ff.
Kaltes Delisting 40 14
Kapitalabfindung 39 47
Kapitaländerung 39 45ff.
Kapitalanleger-Musterverfahrensgesetz 47 47ff.
Kapitaldeckung 39 42
Kapitalerhöhung
– Auskunftsanspruch 11 55
– Anmeldung 42 54ff.
– Barkapitalerhöhung 5 15
– Berichtspflicht 5 12ff., 117
– Beschlussfassung 4 170, 176
– Bezugsrechtsausschluss 5 12ff.; s. auch dort
– reguläre 5 12ff.; 20 2ff.
– Satzungsänderungen 4 185ff.
– Tauschangebot 29 6
– Umwandlungen 39 45
Kapitalerhöhung aus Gesellschaftsmitteln 26 1ff.
– Allgemeines 26 2ff.
– Anmeldung 42 78ff.
– Bezugsverhältnis 26 16ff.
– Gestaltungsmöglichkeiten 26 16ff.
– Handelsregistereintragung 42 78ff.
– Hauptversammlungsbeschluss s. dort
– Kapitalerhöhung ohne Ausgabe neuer Aktien 26 19ff.
– Kombination mit anderen Kapitalmaßnahmen 26 25.
– Nennwertaktien 26 22
– Schütt-aus-hol-zurück-Verfahren 26 4
– Stock Dividend 26 15
– Stückaktien 26 20
– teileingezahlte Aktien 26 21
– verwendbare Rücklagen 26 14f.
– vorbereitende Maßnahmen 26 13
– weitere Voraussetzungen 26 13ff.

Sachverzeichnis

Kapitalerhöhung aus Gesellschaftsmitteln (Hauptversammlungsbeschluss) 26 5 ff.
– Beschlussmehrheit 26 12
– Beschlussmuster 26 11
– fakultativer Inhalt 26 6
– Gewinnverwendungsbeschluss 26 13
– Inhalt des Beschlusses 26 5 ff.
– Nichtigkeit 26 8
– obligatorischer Inhalt 26 5
– unzulässige Bestimmungen 26 7
– Wahlrecht 26 24

Kapitalerhöhung durch vinkulierte Aktien 20 19

Kapitalerhöhung gegen Bareinlagen 36 10

Kapitalerhöhung gegen Einlagen 12 28; 42 55 ff.

Kapitalerhöhung gegen Sacheinlagen 21 1 ff.; 38 9
– Allgemeines 21 2
– Anmeldung 42 55 ff.
– erleichterter Bezugsrechtsausschluss 21 10
– gemischte Bar-/Sachkapitalerhöhung 21 3, 18
– Mischeinlage 21 3
– Muster für Beschluss 20 5
– Nachgründung 21 7
– scrip dividend 21 2
– stille Reserven 21 12
– verdeckte Sacheinlagen 21 15 ff.
– Vereinbarung 21 3, 6
– vereinfachte 21 14
– Wert der Sacheinlage 21 12 ff.

Kapitalerhöhung gegen Sacheinlagen mit Bezugsrechtsausschluss 36 15

Kapitalerhöhung ohne Ausgabe neuer Aktien 26 19 ff.

Kapitalerhöhung unter Ausschluss der Bezugsrechts 44 45

Kapitalerhöhung zur Umstellung des Grundkapitals auf Euro 42 94

Kapitalerhöhungsbeschluss
– nichtige Kapitalerhöhungsbeschlüsse 44 110
– Registeranmeldung 42 56, 68
– Sacheinlagen 21 4 ff.

Kapitalerhöhungsverhältnis 26 5

Kapitalerhöhungszeitpunkt 20 13

Kapitalflussrechnung 2 4, 19, 48

Kapitalherabsetzung 4 34, 191; 12 28; 27 1 ff.; 42 84 ff.
– Allgemein 27 1 ff.
– Anmeldung 42 84 ff.
– Beschlussinhalt 27 9 ff.
– Beschlussmehrheit 27 13
– börsennotierte Gesellschaften 27 5
– Durchführung 27 15
– Gläubigerschutz 27 1, 16, 20
– Herabsetzungsbetrag 27 11
– Kapitalherabsetzung durch Einziehung 27 22 ff.; s. dort

– Kapitalschnitt 27 42 ff.
– Nennbetragsaktien 27 7
– Ordentliche Kapitalherabsetzung 27 6 ff.
– Stückaktien 27 5
– vereinfachte Kapitalherabsetzung 27 17 ff.; 32 30
– Zusammenlegung 27 8

Kapitalherabsetzung durch Einziehung 27 22 ff.; 32 30 ff.
– Allgemein 27 22 f.
– Anmeldung 27 39 ff.; 32 33; 42 91 ff.
– Beschlussinhalt 27 31
– Beschlussmehrheit 27 32
– Durchführung 27 39 ff.; 32 31
– Einziehung eigener Aktien 27 27 f.; 32 30 ff.
– Einziehungsentgelt 27 26
– Handelsregisteranmeldung 42 91 ff.
– Insolvenzplanverfahren 27 22
– Mehrheitserfordernis 19 8
– ordentliches Einziehungsverfahren 27 29 ff.
– sachliche Rechtfertigung 27 25
– Satzungsregelung 27 22, 25
– vereinfachtes Einziehungsverfahren 27 33 ff.
– Zwangseinziehung 27 24 ff.

Kapitalherabsetzung zur Umstellung des Grundkapitals auf Euro 42 94

Kapitalisierungszinsfuß 5 26

Kapitalmarktorientierte Gesellschaften 2 3, 4, 20, 25, 78, 113, 118; 3 88; 17 12; 18 37

Kapitalmarktrechtliche Schadensersatzansprüche 47 37

Kapitalmäßige Verflechtungen s. *Verflechtung*

Kapitalmehrheit 12 15, 29; 19 7; 20 18; 23 23

Kapitalminderheit (SE) 49 23

Kapitalrücklage 26 14

Kapitalschnitt 27 42 ff.
– Debt-toEquity-Swap 27 42
– Durchführung 27 43 ff.
– sachliche Rechtfertigung 27 42
– Rückwirkung 27 45

Kapitalverhältnisse 11 55

KapMuG 47 47 ff.

Kartellrechtliche Erfordernisse 33 24

Kartellrechtliche Genehmigung 39 16

Kartellvorbehalt 39 16

Kassatorische Wirkung 44 114

Kaufangebote für Wertpapiere oder Aktien 10 13

Kaufmännische Beurteilung 5 30; 11 43

Kaufpreis (GmbH-Anteil) 11 55

Kaufpreis (Tochtergesellschaft) 11 55

Kenntnisstand des Vorstands 10 126

Kernphase eines Angebots 37 16

KGaA
– Abberufung von Aufsichtsratsmitgliedern 48 37
– anwendbare Vorschriften 48 2 ff.
– Auflösungsbeschluss 48 36

1137

Sachverzeichnis

- Aufnahme neuer persönlich haftender Gesellschafter **48** 37
- Aufsichtsrat **48** 8
- Aufstellung Jahresabschluss **2** 7
- Ausschluss der Komplementäre **48** 14, 34
- Ausschluss eines Gesellschafters **48** 34
- Außergewöhnliche Geschäfte **48** 40
- Autonome HV-Beschlüsse **48** 26
- Besonderheiten in der kapitalistischen Publikums-KGaA **48** 51 ff.
- Einberufung der HV **4** 28; **48** 7 ff.
- Entziehung der Geschäftsführungsbefugnis **48** 35
- Feststellung Jahresabschluss **2** 100
- Geschäftsführungsmaßnahmen **48** 38 ff.
- Gesellschaftergruppenidentität **48** 24
- Gewinnverwendungsbeschluss **48** 33
- gewöhnliche Geschäftsführungsmaßnahmen **48** 39
- Grundlagengeschäfte **48** 41 ff., 54
- Hauptversammlung **48** 6 ff.
- Holzmüller-Grundsätze **48** 45 ff.
- Jahresabschluss **2** 7; **48** 25, 32
- Kommanditaktionäre **48** 6
- Kompetenzen der Kommanditaktionäre **48** 29
- Komplementäre **48** 7
- Komplementäre, Zustimmungsbedürfnis **48** 26 f., 49 f., 55
- Minderheit der Kommanditaktionäre **48** 9
- Mitwirkungsbefugnisse bei Geschäftsführungsmaßnahmen **48** 38 ff.
- Niederlegung der Geschäftsführung **48** 35
- Prüfungsrecht **2** 79
- Publikums-KGaA **48** 51 ff.; s. auch dort
- Publizitätspflicht **2** 110
- Rechtsnatur **48** 1a
- Satzungsgestaltungen **48** 10
- Stimmrecht und Beschränkungen **48** 15 ff.
- Stimmrechtsbeschränkungen **48** 16 ff.; s. auch dort
- Teilnahmepflicht **48** 13
- Teilnahmerecht **48** 12
- Teilnehmerkreis der HV **48** 11 ff.
- Umwandlung **39** 12
- Veräußerung des gesamten Vermögens **48** 37
- versteckte Satzungsänderung **48** 31
- Verzicht auf Schadensersatzansprüche **48** 26
- Zustimmungsbedürftige HV-Beschlüsse **48** 28, 49
- Zustimmungserteilung **48** 49 f.
- Zustimmungsvorbehalt der Komplementäre **48** 26 ff., 49 f., 55

Klageerhebung und Antrag **44** 88 ff.
Klageerzwingungsverfahren **41** 37 ff.
Klagezulassungsverfahren **41** 49, **47** 43 ff.
Kleine Kapitalgesellschaften **2** 3, 13, 114
- Prüfungspflicht **2** 97

Kleinstkapitalgesellschaften **2** 3
- Jahresabschluss **2** 4, 13, 114
- Prüfungspflicht **2** 97

Kollektivgremium **2** 6
Kollektivverfahren **47** 49
Kombination der Bezugsrechte **20** 35
Kombination der ordentlichen Kapitalerhöhung mit Kapitalherabsetzung **27** 45
Kombination mit anderen Kapitalmaßnahmen **26** 25 ff.
Kommanditaktionäre **48** 6
Kommunikation des HV-Termins **3** 28
Kompetenzen der Kommanditaktionäre **48** 29
Komplementäre **48** 7
Konkrete Bewertungsrüge **46** 27 f.
Konkretisierung der Berichtsintensität **5** 24
Konkurrierendes Angebot **37** 49
Konsortien **20** 34
Konstitutive Wirkung der Eintragung **42** 10
Konsularbeamten **4** 123
Kontinuitätsprinzip **4** 174
KonTraG **11** 30, 74; **24** 9; **32** 3
Kontrollerwerb **36** 32; **37** 30
Kontrollgremien **4** 264
Kontrollpersonal **9** 58
Kontrollschwelle **36** 36
Konzentration (Abstimmungsvorgänge) **9** 271 f., 286 ff.
Konzeptbeschlüsse **5** 125 ff.; **38** 33
Konzernabschluss **2** 15 ff.
- Abhängigkeitsbericht **2** 22
- Aufstellung **2** 17
- befreiender Konzernabschluss **2** 21
- Besonderheiten **2** 15
- Billigung **2** 106 f.
- Erläuterungspflicht **10** 69; **11** 56
- Erleichterungen **2** 15
- Frist **2** 20
- handelsrechtlicher Konzernabschluss **2** 19
- IAS-Verordnung **2** 19
- Pflicht **2** 17
- Publizität **2** 118 f.
- Voraussetzungen **2** 16
- Vorlagepflicht **5** 80

Konzernabschlussprüfer **2** 37 ff.; **18** 60 ff.
Konzernanhang **2** 16
Konzernbildungskontrolle **5** 109
Konzernierungsmaßnahmen **29** 4
Konzernlagebericht **5** 80
Konzernrechnungslegung **2** 11
Konzerntochter **5** 120
Konzernumlagen **11** 55
Konzernunternehmen **33** 2
Konzernverrechnungspreise **11** 55
Konzernverschmelzung **1** 27; **4** 10
Körperschaftsteuer **11** 56

Sachverzeichnis

Korporationsrechtliches Rechtsgeschäft 18 3
Kosten (Auskunftserzwingungsverfahren) 43 16
Kosten (Einberufung) 4 140
Kosten (Registereintragung) 42 39
Kosten (Sicherheitskräfte) 11 56
Kosten (Spruchverfahren) 46 54 ff.
Kostenentscheidung 44 94; 46 54
Kostenordnung 43 16
Krankheit 8 101
Kreditinstitute 4 256; 20 35; 32 28
Kriterien für Abstimmungsverfahren 9 321
Kritische Aktionäre
– Abwahl d. Versammlungsleiters 9 27
– Auskunftsverweigerung 9 237
– potenzielle Fragen, Vorbereitung auf 3 74
– Redezeit 9 158, 165
– Verzögerungstaktik 9 8, 27
– Vorbereitung HV 9 321
Kritische Hauptversammlung 3 96; 9 16, 96 f., 148, 204, 238, 251
Kundenzahl 11 56
Kündigung (Abschlussprüfer) 2 43
Künftige Beteiligungsquote 5 28
Künftige Ergebnisse 11 56
Kupon 9 298 ff.
Kuponabstimmung 9 347, 358
Kursdifferenz 29 4
Kursverfall 20 33
Kursziel 24 23
Kurzfristige Planungsphase 3 35 ff.
– Abstimmungsmedium 3 70
– Abstimmungssystem 3 69 ff.
– aktuelle Ereignisse 3 62
– Anmeldeprozess 3 58 ff.
– Anmeldestelle 3 59
– Anmeldeverzeichnis 3 79, 81 ff.
– Auszulegende Unterlagen 3 35 ff.
– Beschlussvorschläge 3 57
– Beteiligungsmitteilung 3 81
– Beteiligungsschwelle 3 81
– Bilanzpressekonferenz 3 38
– Börsenpflichtblatt 3 42
– Bundesanzeiger 3 39
– EDV-System 3 69 ff.
– Einladefrist 3 52
– Einladung 3 50 f.
– Einreichung des Abschlusses 3 38
– elektronische Kommunikation 3 44
– Ergänzungsverlangen 3 50, 54
– Europäisches Medienbündel 3 41
– Expertenteam 3 72
– Fragen und Antworten 3 72 ff.
– Fragenkatalog 3 73
– Gästekarten 3 80
– Gegenanträge 3 64
– Hilfsmaterialien 3 84 ff.
– Hilfstexte 3 84
– Internet 3 43
– Internetrecherche nach Fragen 3 75
– Kontakt mit Aktionärsvereinigungen 3 74
– Leitfaden Versammlungsleiter 3 61 ff.; **A** 1
– Meldepflichtverletzung 3 82
– Organisationshilfsmittel 3 84
– Stimmverbote 3 76 ff.
– Versendung an Depotbanken 3 56
– Vollmachtsformulare 3 86
– Zugang 3 80
Kurzfristige Risikoübernahme 24 2
Kürzung des Gegenantrags 4 321
KWG 42 45
Lage der Gesellschaft 11 55
Lagebericht 10 44 ff., 40
Landesjustizverwaltung 13 16
Landgericht 39 22
Langfristige Planungsphase 3 5 ff.
– Ankündigung 3 28 ff.
– Auf- und Abbau 3 13
– Betriebshaftpflicht 3 6
– Budget 3 6
– Dauer der HV 3 11
– Einberufungspflicht 3 8 f.
– erste Schritte 3 5
– Fristen 3 20 ff.
– geeignete Räumlichkeiten 3 13 f.
– Generalprobe 3 13
– Grobterminplanung 3 8 ff.
– HV-Dienstleister 3 16, 3 22 ff.
– inhaltliche Vorbereitung 3 30
– Insiderinformation 3 17
– Jahresabschluss 3 12
– Namensaktien 3 33 f.
– neue Gesichtspunkte 3 7
– Notar 3 15
– Notfallplanung 3 18
– Organisationsrisiko 3 2
– Prognoserisiko 3 14
– Stimmrechtsvertreter 3 26 f.
– Terminfestlegung 3 17
– Terminplan 3 19
– zeitliche Vorgaben 3 8
– Zuständigkeiten 3 31
Laufendes Geschäftsjahr 11 23
Legalisation 42 35, 37
Legitimationsaktionär 11 85 f.
– Anfechtungsberechtigung 44 76
– Einberufungsantrag 4 33
– Teilnahme 11 76
– Teilnahmerechte 8 58
– Übermittlungspflicht 4 276
Legitimationsdefizit 10 104 f.
Legitimationsnachweis 4 88
– Form 8 64
– Namensaktien 4 95 ff.
– nicht börsennotierte Gesellschaften 8 65

Sachverzeichnis

- Stichtag **8** 64; s. auch record date
Legitimationsprüfung s. *Prüfung (Legitimation)*
Legitimationsübertragung **11** 119
Legitimationsvoraussetzungen **8** 132
Legitimationszession **4** 34; **43** 7
Leica-Entscheidung **4** 128
Leistung der Einlage **11** 70
Leistungsklage **46** 50; **47** 21
Leiter der HV **10** 110
Leitfaden **3** 61 ff.; **9** 327 ff.; **A 1**; **A 2**
- Abstimmungsszenarien **9** 327
- Anpassung **9** 80, 229, 322, 330
- Finalisierung **3** 61, 63
- Hauptleitfaden **9** 80
- Hauptleitfaden (Muster) **A 1**
- Notar, Übersendung Entwurf an **3** 99
- Softwaretool **9** 331
- Sonderleitfäden **9** 80; **A 2** (Beispiele)
- Stimmabgabe, Erläuterung **9** 417, 446
- Störungsleitfäden, Beispiele **A 2** Anlagen 2.1 ff.
- Szenarien, Abstimmung **9** 327
- Vorbereitung **3** 61 ff.; **9** 80
Leitungsaufgabe **4** 213
Leitungsbefugnis **9** 4, 40 f., 58 f., 63, 133, 235, 243 ff.
Leitungsermessen **9** 6 ff., 67, 135, 192
Leitungsgremium **11** 55
Leitungsmacht **38** 42
Leitungsmaßnahmen **9** 6, 246 ff., 257; s. auch *Störungsabwehr*
Leseabschrift **13** 81
Letztentscheidungsrecht (SE) **49** 11
Lichtbild **8** 119
Liquidationswert **33** 17
Liquidatoren **4** 28, 333
Liquide Aktien **36** 9
Liquidität **2** 10
Listenwahl **9** 232 ff.; **12** 10; **17** 24, 26
Live-Dialogs **8** 13
Lochkarte **9** 380
Lock-up Periode **20** 24
Lohnsteuerbefreiung bei Belegschaftsaktien **25** 2
Löschung (Registereintragung) **42** 30
Machtmissbrauch **44** 21
Macrotron-Entscheidung **5** 98, 118 f.; **10** 24; **40** 18 f.
- überholt **40** 18
Managers' Transactions **24** 6
Mandate im Konzern **11** 55
Mangel (Stimmabgabe) **44** 3
Mangel (Vorstandsbericht) **10** 85
Mangusta/Commerzbank I-Entscheidung **5** 18
Manipulation **5** 9
Market Abuse Regulations (MAR) **3** 17, 82
Markierungskarte **9** 389 ff.

Marktentlastungsverfahren **40** 14
Marktmissbrauchsverordnung **3** 17, 82
Marktverzerrung **36** 26
Massenverfahren **44** 106
Maßnahmen bei Konzerngesellschaften **5** 120
- Aufnahme Dritter in Tochter **5** 121
- Ausgliederung auf Tochter **5** 120
- Ausgliederung in Enkelgesellschaft **5** 121
- Ausnahmen **5** 122
- Kapitalerhöhung in der Tochter **5** 121
- Konzeptbeschlüsse **5** 125 ff.
- Strukturbericht **5** 123
- Übertragende Auflösung der Tochter **5** 121
- Veräußerung des gesamten Vermögens bei der Tochter **5** 121
Maßnahmen der Geschäftsführung **4** 10
Maßnahmenkatalog **37** 24
Materielle Beschlusskontrolle **12** 32 ff.; **44** 47, 52 ff.
Materielle Frist **43** 5
Materielle Satzungsänderung **19** 3
Materielle Überprüfung der Beschlüsse **12** 32 ff.
Materieller Prüfungsmaßstab des Gerichts bei Bezugsrechtsausschlüssen **20** 67
Mediatisierung des Aktionärseinfluss **5** 110
Mediatisierungseffekt **38** 32
Medien **8** 91 ff.; **9** 63
Medienvertreter **8** 89 ff., 96 f. 137
Mehrdividende **26** 9; **31** 10
Mehrere Abschlussprüfer **18** 45 ff.
Mehrere genehmigte Kapitalien **22** 21
Mehrfachbevollmächtigung **8** 37
Mehrfachstimmkarte **9** 322
Mehrfachumwandlungen **39** 16
Mehrfachvertretung **8** 37
Mehrheit bei Einberufung **4** 24
Mehrheit gegenüber der Minderheit **12** 31
Mehrheitsbestimmungen in der Satzungen **12** 17
Mehrheitseingliederung **4** 198; **10** 97
Mehrheitserfordernisse **12** 12 ff., 15
Mehrstimmrechte **11** 74; **44** 33 ff.; **46** 19; s. auch *Fortgeltung (Mehrstimmrechte) oder Beseitigung (Mehrstimmrechte)*
Meldepflichtige Tatbestände **3** 9
Meldepflichtverletzung **3** 82
MEZ/Aqua Butzke-Entscheidung **5** 136
MgVG **17** 7
Minderheit der Kommanditaktionäre **48** 9
Minderheit gegenüber der Mehrheit
Minderheitenschutz (Stimmquoren) s. *Stimmquoren zum Schutz der Minderheit*
Minderheitenschutz **2** 21; **12** 31; **44** 41
Minderheitsbeteiligung **33** 2
Minderheitsinitiativen **10** 31
Minderheitsstimmquoren **12** 19 ff.

1140

Sachverzeichnis

Minderheitsrechte **12** 16 ff.
Minderheitsverlangen (Abwehr-HV) **37** 58
Minderheitsverlangen (Entlastung) **16** 15, 18
Minderheitsverlangen (Organhaftungsansprüche) **40** 23
Minderheitsverlangen (SE) **49** 23 f.
Minderheitsverlangen **9** 350; **13** 53
– Protokollierung **13** 6
– Quorum, Ermittlung **9** 350
Mindestabfindung **33** 18
Mindestabschlag **33** 20
Mindestangaben Einberufung *s. Einberufung (Mindestangaben)*
Mindestaufgabenkatalog **18** 9
Mindestbetrag **20** 10
Mindesteinzahlung **27** 45
Mindestnennbetrag **42** 88
Mindestzugehörigkeit zum Konzern **24** 28
Mischbezugsrecht **20** 31
Mischeinlage **21** 3
Missbrauch (Anfechtungsklage) **44** 82 ff.
Missbrauch (Anträge, Rede-/Fragerecht) **9** 177 f.; **26** 0 f.; **11** 52
Missbrauch (Mehrheitsmacht) **44** 2
Missbräuchliche Übernahmebeschlüsse **35** 7
Missbrauchskontrolle **39** 28
Mitberechtigung des Notars **13** 22
MitbestErgG **4** 181, 327, 336
MitbestG **4** 181, 336; **17** 4, 28, 35
Mitgliederbestellung (SE) **49** 7 f.
Mitgliedschaftsperpetuierung **39** 10
Mitgliedschaftsverhältnis **9** 180
Mithaftung für Kredite **11** 55
Mitteilung **4** 253 ff.
– Aktionärsminderheit **4** 262
– Aktionäre **4** 259
– Allgemeines **4** 2453 ff.
– Anfechtungsrisiken **4** 273
– Aufsichtsratsmitglieder **4** 260
– Bevollmächtigung **4** 265
– börsennotierte Gesellschaften **4** 264
– Einberufung **4** 261
– Empfänger **4** 256 f.
– Falsch- und irreführende Angaben **4** 322
– Form **4** 258, 266 ff.
– Freiwillige Angaben **4** 261
– Frist **4** 267 ff.
– Gegenanträge **4** 263
– Gegenstand **4** 261
– Geschäftsbericht **4** 262
– Jahresabschluss **4** 262
– Kontrollgremien **4** 264
– Kreditinstitute **4** 256
– Pflicht bei Einladung durch eingeschriebenen Brief **4** 270 ff.
– Stimmrechtsausübung **4** 265
– Übermittlung durch Kreditinstitute **4** 269 ff.; *s. auch dort*
– Verpflichtung **4** 255
Mitteilung (Abstimmungsergebnis) **17** 22
Mitteilung (Kreditinstitute) **20** 48
Mitteilungsfristverkürzung (Abwehr-HV) **37** 81
Mitteilungspflicht **11** 111; **13** 85
Mitteilungspflicht (Abwehr-HV) **37** 65 ff.
Mitteilungspflichtige Wahlvorschläge **17** 20
Mitteilungspflichtverletzung (Abwehr-HV) **37** 69
Mittelbare Platzierung **20** 34
Mittelbares Bezugsrecht **20** 34 ff.; **22** 15
– Abwicklung **20** 41 f.
– Beschlussmuster **20** 40
– Bis-zu-Kapitalerhöhung **20** 37
– Broker **20** 56
– Hauptversammlungsbeschluss **20** 37
– Kreditinstitut **20** 38, 41 f.
– Nicht-Kreditinstitut **20** 56
– praktische Bedeutung **20** 34 f.
– Umwandlungen **23** 44
– Vertrag zugunsten Dritter **20** 39
– Voraussetzungen **20** 33
Mittelbares Bezugsrecht (Nicht-Kreditinstitut) **20** 56
Mittelgroße Kapitalgesellschaften **2** 3, 115
Mitternachtsgrenze **9** 98, 154
– Beschlussanfechtung **4** 115
– Unterbrechung **4** 115
Mitverwaltungsrecht **11** 14
Mitwirkung eines Prokuristen bei der Eintragung **42** 16
Mitwirkungsbefugnisse bei Geschäftsführungsmaßnahmen (KGaA) **48** 38 ff.
Mitwirkungspflicht **19** 11
Mitwirkungsverbot **13** 22
Mobile App **9** 366, 377
Mobile Datenerfassung **9** 366 ff., 371 ff.
Mobiltelefon
– Abstimmung **9** 366, 377
– Eintrittskarte **7** 64, 72
– Störung **9** 242; **A 2** Anlage 2.9
– Vollmachtsnachweis **8** 43
Modifikation der Mitteilungs- und Informationspflicht (Abwehr-HV) **37** 83 ff.
– Anträge der Aktionäre **37** 83 ff.
– Ausschluss des Bezugsrechts **37** 87
– Bekanntmachung der Informationen **37** 85
– erweiterte Pflichten **37** 88
– Unterbleiben der Zusendung **37** 89 ff.
– Vorstandsbericht **37** 87
Modifiziertes Angebot **37** 49
MoMiG
– Satzungssitz **42** 4
Monistisches System (SE) **42** 38; **49** 2
Montan-Mitbestimmungsgesetz **4** 181, 327, 336; **17** 5, 24

1141

Sachverzeichnis

Münchener Rückversicherungs-Gesellschaft AG 7 4
Mündliche Auskunft 11 25 ff.
Mündliche Verhandlung 46 39 ff.
Musterentscheid 47 55
Musterfeststellungsantrag 47 51 ff.
Musterkläger 47 54
Musterverfahren im engeren Sinne 47 54 ff.
Nachauskunftsrecht 11 35 ff.
Nachberichterstattung 22 26
Nachforschungspflicht 8 50; *s. auch genehmigtes Kapital*
Nachforschungspflicht (Email-Adressen) 37 90
Nachfrist zur regulären Kapitalerhöhung 20 13
Nachgründung 12 2; 18 99; 38 1 ff., 41 28
– Organhaftung 41 28
– Unternehmensübernahme 36 37 ff.
Nachgründung (Kapitalerhöhung) 21 7
Nachgründungsbericht 5 85; 38 11; 39 23
Nachgründungsfälle 36 37 ff.
Nachgründungsfreiheit 38 7
Nachgründungsprüfung 39 23
Nachgründungsverträge 10 55, 68, 87
Nachgründungsvorschriften 21 7; 38 5 ff.
Nachinformation 5 34 ff.
Nachpflichten (Vorstand) 10 128 ff.
– Abschrift des Tonbandprotokolls 10 139 ff.
– Ausführung der Beschlüsse 10 128 ff.
– Einreichung der Niederschrift 10 135 ff.
– Mitteilung von Beschlüssen 10 142
– Unterlassene Beschlussausführung 10 134
Nachrangige Vorzugsaktien 20 22
Nachteilige Auskünfte 11 43 ff.
Nachteilige Rechtsgeschäfte 11 55
Nachteilszufügung 12 20
Nachtragsvermerk 13 88
Nachweis (Aktionärsstellung) 46 27
Nachweis (gefälschter) 4 92
Nachweis (Teilnahmeberechtigung) 4 84 ff.
Nachweis (unrichtiger) 4 92
Nachweisfrist 4 87 ff.
Nachweisliste 3 91
Nachweisstichtag 3 20; 8 65 ff.
Nachzuzahlender Vorzug 11 91
Nahe Angehörige 11 105
Naked Warrants 23 71; 24 6 ff., 31
Name des Notars 13 39
Namensaktien 3 22, 33, 53, 59; 4 94; 7 68; 11 76, 79; *s. auch Umwandlung (Inhaber- in Namensaktien)*
Namensaktiengesetz *s. NaStraG*
NaStraG 7 3; 9 125; 11 120
Naturalrestitution 45 45
Nebenabreden 10 86
Nebenintervention 44 94 ff.

Nebenleistungen (Aufsichtsratsmitglieder) 40 5
Nebenräume 9 86 f.; 10 48
Nebentätigkeiten 11 55
Negative Bezugsrechte 20 70
Negative Kursentwicklungen 22 38
Negativerklärung 1 60; 42 98 ff.
– Aufspaltung 39 77
– Eingliederung 34 22
– Formwechsel 39 92
– Registeranmeldung 42 24 f.
– Registerverfahren 44 101
– Squeeze out 35 20
– Umwandlungen 39 41
– Verschmelzung 39 55
Negierung 4 307
Nennbetrag
– bedingte Kapitalerhöhung 23 11
– Festsetzung des Nennbetrags 26 6
– genehmigtes Kapital 22 8
– Kapitalherabsetzung 27 3, 7
– reguläre Kapitalerhöhung 22 8
– Stimmrechte 13 44
Nennbetragsaktien 26 21
Nennwertlosigkeit 31 2
Netzwerktechnik 7 66
Netzwerkweite Ausdehnung 18 42
Neueinteilung des Grundkapitals 40 38 ff.
Neugründung 39 47
Neustückelung 40 39
Neutrale Stimmkarte 9 386
Neutraler Prüfer 21 11
Neutralitätspflicht 4 108
New York Stock Exchange *s. NYSE*
Nicht gleichartige Rechtsgüter 45 25
Nicht-Kreditinstitut (Bezugsrecht) 20 56
Nichtbeschlüsse 44 6
Nichteinhaltung der Einberufungsfrist 44 33
Nichtige Beschlüsse 10 130; 13 30 f.; 44 4, 65
– Umsetzungspflicht des Vorstands 10 130
Nichtigkeit (Einberufung) 4 64 ff.
Nichtigkeit (Entlastung) 16 23
Nichtigkeit (HV-Beschluss) 44 7 ff.
– Begriff 44 7 f.
– Beurkundungsmängel 44 11
– Eintragungsfristen 44 12
– entgegenstehende Beschlüsse 44 13
– Heilung 44 26
– Nichtigkeitsgründe 44 9
– Uhrzeit 4 107
– Verletzung der Generalklausel nach § 241 Nr. 3 und 4 AktG 44 15 ff.
– Verletzung grundlegender Vorschriften 44 22 ff.
– Verstöße gegen Form- und Verfahrensregeln 44 10 ff.
Nichtigkeit (Jahresabschluss) 14 7

Sachverzeichnis

Nichtigkeit (Stimmrechtsausschlusses) **16** 13
Nichtigkeitsgründe **44** 9
Nichtigkeitsklage **1** 62; **33** 32; **44** 116 ff.
Nichtigkeitsklage (SE) **49** 35
Nichtöffentlichkeit **8** 1a
Niederlegung der Geschäftsführung (KGaA) **48** 35
Niederlegung des Vorstandsamtes **16** 22
Niederschrift **13** 14, 63; **A 3**; *s. auch Protokoll*
Nießbrauch **4** 34; **8** 29, 130; **11** 76 (Fn. 281)
Notar **3** 15; **8** 95; **13** 12 ff.
– Befugnisse **9** 239
– Hinweispflichten **13** 28
– Mitwirkungsverbot **13** 21 ff.
– Teilnehmerverzeichnis, Verantwortlichkeit **9** 111
– Vermerke des **9** 239
– Vorstellung **9** 71
– Wahl **9** 15
Notarielle Amtspflichten **13** 13
Notarielle Beglaubigung **13** 91
Notarielle Beurkundung **4** 109, 123; **38** 24; **39** 29; **42** 17
Notarielle Mitwirkung **13** 28
Notarielle Niederschrift **4** 115; **12** 3; **10** 135
Notarielle Protokollierung **12** 39 f.; **13** 12 ff.; **A 3**
– Anmeldung **13** 91
– Ausfertigung und Einreichung **13** 79 ff.
– Ausland **4** 123; **10** 14; **13** 19
– Berichtigung **13** 86 ff.
– Beurkundungsfehler **13** 9
– gemischte Hauptversammlung **13** 5
– Notar **13** 12 ff.
– Reinschrift **12** 40; **13** 63, 80
– übliche Anlagen **13** 78
– üblicher Inhalt des Protokolls **13** 64 ff.; *s. Protokollinhalt (üblicher)*
– vorgeschriebene Anlagen **13** 72 ff.
– Zwingender Inhalt **13** 37 ff.; *s. Protokollinhalt (zwingend)*
Notarielle Systemabnahme *s. Systemabnahme*
Notbestellung **4** 23; **10** 6
Notfallplanung **3** 18
Notvorstand **4** 28, 37, 53
Notwendige Angaben (Einberufung) **4** 156
Notwendige Streitgenossen **44** 106
Nullausgleich **33** 11
NYSE **30** 2, 19
Obergesellschaft **5** 61
Offene Abstimmung **9** 266
Offenkundige Gläubigerschutzvorschriften **44** 16
Offenlegung **2** 108
Offensichtliche Unbegründetheit der Klage **45** 12 ff.

Öffentliche Kaufangebote **10** 13; **36** 2, 8, 10 ff.
Öffentliche Tauschangebote **36** 2, 8, 13 ff.
Öffentliches Amt **13** 12
Öffentliches Angebot zum Erwerb von Wertpapieren **36** 1 ff.
– Aktien als Gegenleistung **36** 13 ff.
– Allgemeines **36** 1a ff.
– Erforderliche Satzungsänderungen **36** 32 ff.
– Geld als Gegenleistung **36** 10 ff.
– genehmigtes Kapital mit Bezugsrechtsausschluss **36** 19
– Nachgründungsfälle **36** 37 ff.
– Stellung der Hauptversammlung der Zielgesellschaft bei einem öffentlichen Angebot **37** 1 ff.; *s. auch dort*
– Umwandlungsvorgänge **36** 35 f.
– Zustimmung der HV als Bedingung des freiwilligen Angebots **36** 20 ff.; *s. Freiwilliges Angebot*
Öffentliches Interesse **44** 17
Onlineelemente (optional) **7** 44 ff.
– Aktionärsforum **7** 52; *s. auch dort*
– Aktionärsfragen **7** 53
– Eintrittskarten **7** 72
– gesetzliche Normierung **7** 44
– Informationen **7** 46 f.
– Mitteilungen **7** 48 ff.
– Persönlichkeitsrechte **7** 55
– Übertragungen **7** 54 ff.
– Übertragungen, Widerspruch **7** 55
– Vollmachten **7** 58 ff.
– Vorstandsrede **7** 54
– Weisungen **7** 58 ff.
– Widerspruchsrecht d. Redners **7** 55
– Zugänglichmachen von Informationen **7** 47
– Zuschaltung verhinderter AR-Mitglieder **7** 57
Onlineelemente (zwingend) **7** 36 ff.
– Bundesanzeiger **7** 37
– Einberufung **7** 37
– Internetveröffentlichung **7** 38 ff.
– Probleme **7** 27 ff.; *s. Probleme virtuelle HV*
– Vollmachten **7** 41 ff.
Online-HV **7** 19 ff., 80 ff.
– Antragsrecht **7** 93
– Fragerecht **7** 87 ff.
– Rederecht **7** 87 ff.
– sonstige Rechte **7** 97
– **Stimmrechtsausübung** **7** 95 f.
– Teilnehmerverzeichnis **7** 85 f.; **9** 93, 107
– Vollmachten **7** 94
– Widerspruch zu Protokoll **13** 60
– Zugangskontrolle **9** 60, 93
Online-Abstimmung **9** 365 ff.
Online-Teilnahme **7** 19 f., 80 ff.; **8** 8 ff.; **9** 93, 107
Oppositionsantrag **4** 300
opt in **37** 4, 15, 42

1143

Sachverzeichnis

opt out 37 40
Option (Bezugsrechtsausschluss) 5 21
Option (Erwerb von Aktien) 28 4
Optionsanleihen 20 24, 60; 23 27 ff., 34, 39; 36 11
Optionsanleihen (ausländischer Tochtergesellschaften) 23 67 f.
Optionspläne s. *Aktienoptionsplan*
Optionsprogramme 11 55
Optionsrechte (ohne Optionsanleihe) 23 69 ff.
Optionsschuldverschreibung 8 30
Ordentliche Hauptversammlung 1 11 ff.
– Anfechtbarkeit 4 21
– Billigungszuständigkeit 4 7
– Einberufungsfrist 4 6
– Entlastung 4 7
– Jahresabschluss 4 7
– Konzernabschluss 4 8
– Konzernlagebericht 4 8
– Notwendigkeit 4 5
– Verwendung Bilanzgewinn 4 7
– Wahl des Abschlussprüfers 4 7
– Zuständigkeit 1 15 ff.
Ordentliche Kapitalherabsetzung 27 6 ff.; 42 85 ff.
Ordentliches Einziehungsverfahren 27 29 ff.; 42 92
Orderpapier 30 6
Ordnungsmaßnahmen 9 240 ff.; s. auch *Störungsabwehr*
Ordnungsgeld 2 6
Ordnungsmäßige Willensbildung 3 2
Ordnungswidrigkeit (Aktionäre, Vertreter) 9 127
Ordnungswidrigkeit (Missachtung des Stimmrechtsausschlusses) 16 14
ordre public 44 17
Organhaftung 38 41 ff.; 41 1 ff.; 47 35 ff.
– abhängige Gesellschaft 38 42
– Abtretung von Ansprüchen 41 16
– Aktionärsforum 47 45
– ARAG/Garmenbeck 41 1, 19, 26
– Anerkenntnis 41 14
– Ansprüche von Aktionären 47 37
– Aufsichtsrat 41 3
– Aufsichtsrat, Bericht 41 20
– Aufsichtsrat, Sorgfaltspflichten 41 16, 19
– Auskunftsrecht Aktionäre 11 55
– Befreiung von 41 4, 6 ff., 19
– Beschlusskongruentes Handeln 10 130; 41 5
– Beschluss der HV 41 21 ff., 27 ff.
– Beschlussvorlage 41 19 ff.
– besonderer Vertreter 41 37 ff.; 47 41; s. auch dort
– besonderer Vertreter, Bestellung 41 43 ff.; 47 41
– Beweislast 41 9
– Bindung zur Durchsetzung 41 27, 33
– Business Judgement Rule 41 19
– Darlegungslast 41 9
– Deliktshaftung 41 2; 47 37
– Durchsetzung, Ermessen 41 24
– Durchsetzungspflicht 41 27
– Einflussnahme, unzulässige 41 28
– Erlassvertrag 38 45
– Ermessen 41 26, 27, 33
– Freistellung 41 4
– Freistellung, Beschluss 41 6 ff., 11 f.
– Geltendmachung, Antrag A 2 Anlage 3.9
– Geltendmachung, Frist 41 33; 47 40
– Geltendmachung, Pflicht 41 27; 47 38
– Geltendmachung, Unterlassen 41 15; 47 38
– Geltendmachung, Zuständigkeit 41 11, 26
– gerichtliche Durchsetzung 41 16
– Gründer 41 28; 47 39
– Haftungsausbefreiung 41 4, 6 ff.
– Hauptversammlung, Zuständigkeit 41 4, 11 ff.
– Hauptversammlung, Zustimmung 41 21 ff.
– Hauptversammlung, Zustimmungsfrist 41 12, 24, 25
– individuelle Ansprüche von Aktionären 47 37
– Innenhaftung 27 26
– Interessenkonflikte 41 11, 27; 47 38
– kapitalmarktrechtliche Ansprüche 47 37
– Klagebefugnis 47 38
– Klagezulassungsverfahren 41 49; 47 43 ff.
– Klageerzwingungsverfahren 41 37 ff.
– Klageverzicht 41 14
– Kollusion 41 11, 27; 47 38
– konzernrechtliche Ansprüche 41 28
– Minderheitsverlangen 41 23, 26; 47 42 ff.
– Nachgründung 41 28
– Prozessfinanzierer 41 17
– Prüfung von Ansprüchen 41 26
– Schiedsvergleich 41 16
– Sonderprüfung 41 30; 47 46
– Unterlassungsklage 47 26
– Vergleich, Begriff 41 13
– Vergleich, D&O Versicherer 41 18
– Vergleichs-/Verzichtsvereinbarungen, Bekanntmachung 38 45
– Vergleichs-/Verzichtsvereinbarungen, Entscheidungsrecht 41 11 f., 18
– Vergleichs-/Verzichtsvereinbarungen, Offenlegung 41 20
– Verpflichtung zur Geltendmachung 41 27
– Verzicht, Begriff 41 13
– Verzicht, Frist 38 43
– Vorstand 41 2
– Wohl der Gesellschaft 41 4, 12
– Zuständigkeit 41 2
Organisationshilfsmittel 3 84
Organisationsrisiko 3 2
Organisatorische Vorkehrungen 8 53
Organschaftsvertrag 33 7

Sachverzeichnis

Originalprotokoll 13 79
Originäre Zuständigkeiten 9 32 ff.
Ort der Verhandlung 13 38
Österreichisches Aktienrecht 7 12
Parallel-HV 7 9 ff.
pari passu-Ausgabe 20 31; s. auch Bezugsrecht
Parkmöglichkeit 7 45
Partielle Gesamtrechtsnachfolge 39 10
Partizipationsrechte 44 34
Pauschaleinwendung 46 28
Pensionäre 25 2
Pensionsrückstellungen 11 55
Person des Sacheinlegers 21 4
Personelle Verflechtungen 18 29; s. Verflechtung
Personengesellschaftsrecht (KGaA) 48 30
Personengesellschaftsrechtliche Kompetenzen (KGaA) 48 25, 30
Personengesellschaftsrechtliche Stimmverbote (KGaA) 48 18 ff.
Persönliche Angelegenheiten 11 56
Persönliche Beantwortung 10 119
Persönliche Wählbarkeitsvoraussetzungen 17 9 ff.
Persönlichkeitsrecht 7 55; 10 141
Pfandrechtsgläubiger 8 28
Pflichtangebot 36 2, 9, 20, 36
Pflichtwandelanleihe 23 62, 72 f.
Phantom Stocks 24 4
Phishing-Angriffe 7 70
PIN-Code 8 128
Planmäßiger Verlauf 9 324
Planungssicherheit 3 22
Planzahlen 5 26
Platzierungsreserve 22 42
Platzierungsrisiko 29 9
Plausibilitätskontrolle 5 23, 30, 37, 42, 50, 65, 73, 125
Plausibler Vortrag 9 27
Polizei 3 94
Polizeiliche Ordnungskräfte 9 251
Positive Beschlussfeststellungsklage 44 114
Postfächer der Onlinedepots 7 49
Postlaufzeit 4 143
Präjudiz 45 40
Präklusion 46 34 f., 42
Prämien 40 5
Präsenz-HV 7 15 ff.; 9 92
Präsenzaktualisierung 9 409 f.
Präsenzänderung 9 55, 409 ff.
Präsenzfeststellung 9 82, 302, 308 ff.
Präsenzliste 9 306
Präsenzschwankungen 9 303
Präsenzveränderung 9 343
Präsenzzone 9 255
Pre-Marketing-Phase 22 40
Prinzip der physischen Präsenz 8 8
Private Equity-Häuser 36 38
Private Niederschrift 13 5
Private Tonbandaufnahmen 11 125; 13 99; 9 97
Probleme virtuelle HV 7 27 ff.
– Förderung exaltierten Verhaltens 7 34
– Identifizierbarkeit 7 31 ff.
– Sicherheit 7 29
– technische Realisierung 7 30
– Verfügbarkeit 7 28
– Verlust der persönlichen Kommunikation 7 35
Prognoserisiko 3 13
Prokuristen 42 16
Prospektive Synergieeffekte 10 57
Protokoll 3 103; 13 2; A 3; A 4
– Beschlusslose HV 13 6
– einfache Niederschrift 13 92 ff.; A 4
– Einpersonen-AG 13 10 f.
– notarielle Aufnahme 13 3
– Reinschrift, Erstellung 12 40; 13 63
Protokollabschrift 10 140
Protokollauszug 10 141
Protokolldateien 9 371
Protokollierung 13 1 ff.; A 3; A 4
– Allgemein 13 1 ff.
– einfache Niederschrift 13 92 ff.; A 4
– Notarielle Protokollierung 12 40; 13 12 ff.; s. auch dort
– stenographisches Protokoll 13 95 ff.; 9 94 ff.
– Tonbandaufnahme 13 98 ff.; 9 94 ff.
– private 9 97; 11 125; 13 99
– Protokollinhalt (zwingend) 13 37 ff.; s. dort
Protokollierung (Auskunftsverlangen) 11 56 f.
Protokollierung (erteilte Antwort) 13 57
Protokollierung (Geschäftsordnungsmaßnahme) 13 37, 58
Protokollierung (Stimmauszählung) 44 11
Protokollierungsansuchen 13 56
Protokollinhalt (üblicher) 13 64 ff.
– Angaben zum Teilnehmerverzeichnis 13 67
– ausgelegte Unterlagen 13 69
– Begrüßung 13 65
– Erläuterung zum Ablauf 13 66
– Eröffnung der Aussprache 13 70 f.
– Tagesordnung 13 68
Protokollinhalt (zwingend) 13 37 ff.
– Art der Abstimmung 13 40 ff.
– Ergebnis der Abstimmung 13 48 ff.
– Feststellung über die Beschlussfassung 13 52
– Fragen 13 55 ff.
– Gegenanträge 13 54
– Geschäftsordnungsmaßnahmen 13 58
– Minderheitsverlangen 13 53
– Name des Notars 13 38
– Ort der Verhandlung 13 38
– Stimmkraft 13 47
– Stimmverbote 13 47
– Tag der Verhandlung 13 38

Sachverzeichnis

- Unterschrift des Notars **13** 62 f.
- Widerspruch zu Protokoll **13** 59 ff.

Protokollsprache 13 8

Prozessfinanzierer
- Geltendmachung von Organhaftungsansprüchen **41** 17

Prozesshandlungen 41 14; **44** 87
Provokationen 9 255
Provozierte Rechtsverkürzung 44 35
Proxy Voting 8 36
Prozessrisiko 44 97 ff.
Prozessvollmacht 45 35
Prüfer s. Abschlussprüfer
Prüferische Durchsicht 18 65 ff.
Prüfung (durch Aufsichtsrat) 2 75 ff.
- Abhängigkeitsbericht **2** 86
- Bericht **2** 84
- Berichtspflicht **2** 85
- Bilanzausschuss **2** 78
- Bindung an Vorlage **2** 82
- Frist **2** 87
- Gewinnverwendung **2** 77
- Pflichtverletzung **2** 88
- Prüfungspflicht **2** 80
- Recht auf Kenntnisnahme **2** 78
- Schadensersatzpflicht **2** 76
- Umfang **2** 81
- Verfahren bei Abschlussprüfern **2** 80
- Verweigerung des Bestätigungsvermerks **2** 83
- Vorlage des Jahresabschlusses **2** 76
- Zwangsgeld **2** 76

Prüfung (Jahresabschluss)
- Abhängigkeitsbericht **2** 48
- Allgemein **2** 23 ff.
- Änderung des Jahresabschlusses nach Prüfung **2** 72 ff.
- Auskunftsrecht **2** 55
- Bericht **2** 57 ff.
- Bestätigungsvermerk **2** 49, **2** 63 ff.
- Bestellung des Prüfers **2** 27 ff.
- durch Aufsichtsrat **2** 75 ff.
- Einsichtsrecht **2** 55
- Einzelprüfung **2** 52
- Funktionsprüfung **2** 52
- Gegenstand und Umfang **2** 48 ff.
- Konzernabschluss **2** 49 f.
- kritische Prüfungsgebiete **2** 52
- ordnungsgemäße Abschlussprüfung **2** 51
- Planung **2** 52
- Prüfungsbericht **2** 57
- Systemprüfung **2** 52
- Vollständigkeitserklärung **2** 55
- Vor- und Zwischenprüfung **2** 55
- Ziele **2** 24

Prüfung (Konzernabschluss) 18 60
Prüfung (Legitimation) 8 116 ff.
- Aktionäre **8** 117 ff.
- Aktionärsvertreter **8** 123

- Behördenvertreter **8** 136
- Gäste **8** 137
- gesetzliche Vertreter **8** 124 f.
- Medienvertreter **8** 89 ff., 137
- Minderheitsverlangen **4** 59, 77 ff.
- Nichtaktionäre **8** 122 ff.
- rechtsgeschäftliche Vertretung **8** 126 ff.

Prüfung (Registeranmeldung) 42 18 ff.
- Aussetzung des Verfahrens **42** 22 f.
- Eintragungsverbote **42** 21
- formelle Voraussetzungen **42** 19
- Freigabeverfahren **42** 24 f.
- materielle Voraussetzungen **42** 20
- Negativerklärung **42** 24 f.
- Reform des Freigabeverfahrens **42** 26 f.

Prüfungsauftrag 18 19
Prüfungsaufwand 45 13
Prüfungsausschuss 18 9 ff.
Prüfungsbericht 2 57 ff.
- Auskunftsanspruch **11** 55
- Berichtspflichten **5** 79
- Bestätigungsvermerk **2** 69
- Einsichtsrecht **2** 62
- Form **2** 57, **2** 62
- Grundsätze **2** 61
- Hauptteil **2** 59
- Inhalt **2** 58 ff.
- Konzernabschluss **2** 71
- Nachprüfungsbericht **2** 74
- Prüfungsgegenstand **2** 60
- Spruchverfahren **46** 35
- Überwachungssystem **2** 60
- Umwandlung **39** 51
- Unabhängigkeit **2** 60
- Unterzeichnungspflicht **2** 62
- Vorstandspflichten **10** 57, 59, 79
- Weiterleitung **2** 62

Prüfungsdurchführung 2 44
Prüfungsgesellschaften 18 34
Prüfungsleiter 8 109
Prüfungspflicht 2 80
Prüfungsprogramme 2 52
Prüfungsumfang s. Gerichtlicher Prüfungsumfang
Prüfungsvertrag 2 42
Prüfziffer 7 68
Publikums-KGaA 48 51 ff.
- außergewöhnliche Geschäfte **48** 52 ff.
- Einschränkung der Kompetenzen der HV **48** 51 ff.
- Erweiterung des Zustimmungsvorbehalts **48** 55
- Grundlagengeschäfte **48** 54
- Stimmrechtsausschluss **48** 53

Publizität (Veräußerung und des Erwerbs eigener Aktien) 32 26 f.
Publizität (Verfahrensausgang) 44 111 ff.
Publizität (Vorstandsbericht) 20 48

Sachverzeichnis

Publizitätsfunktion des Handelsregisters **42** 9
Publizitätspflicht **2** 108 ff.
- Einreichung **2** 109
- Form **2** 119
- freiwillige Veröffentlichung **2** 121 f.
- Gegenstand **2** 111
- gespaltene Publizität **2** 117
- Grundsätze **2** 108
- kleine Kapitalgesellschaften **2** 114
- mittelgroße Kapitalgesellschaften **2** 115
- sonstige Publizitätspflichten **2** 123
- Sorgfaltspflicht **2** 110 f.
- Überprüfung **2** 116
- Verantwortlichkeit **2** 110
- Zeitpunkt **2** 113

PuG **38** 18
Q&A-Liste **10** 124; **11** 30
Qualifizierte Ansprechpartner **3** 73
Qualifizierte Kapitalmehrheit **13** 4
Qualifizierte Mehrheit der abgegebenen Stimmen **13** 4
Qualitätskontrollverfahren **18** 7
Quartalsabschlüsse **18** 68
Quartalsfinanzbericht **18** 68 f.
Quartalsmitteilung **18** 68 f.
Querulatorische Anträge s. *unzulässige Gegenanträge*
Quorum
- Bagetellquorum **45** 16 f.
- Ermittlung **9** 283 f.

Quotenausgleich **39** 28
Räuberische Aktionäre **44** 82; **45** 6
Räumlichkeiten **3** 13 f.; **9** 86 f.
Rechenschaftslegung **2** 5
Rechnungslegungsprozess **18** 9
Rechtfertigung (Bezugsrechtsausschluss) **20** 47, 50 ff.
Rechtliche Beurteilung **45** 15
Rechtliches Interesse **44** 67
Rechtmäßigkeitskontrolle **18** 2; **44** 62 ff.; **47** 2
Rechtsanwaltsgebühren **46** 58
Rechtsbehelfsbelehrung **46** 46
Rechtsbeschwerde **46** 48
Rechtsfolge (Bestätigungsbeschluss) **44** 66
Rechtsfolge (Freigabeverfahren) **45** 41 f.
Rechtsfolge (verdeckte Sacheinlage) **21** 17
Rechtsgemeinschaft **4** 136
Rechtsgeschäft zu Lasten Dritter **26** 10
Rechtsmissbrauch **4** 230; **44** 83 ff.
Rechtsmissbräuchliche Einberufung **4** 45
Rechtsmissbräuchliche Klagen **47** 44
Rechtsmittel (Entscheidungen des Registergerichts) **42** 34
Rechtsschutz **43** 2
Rechtsträger **39** 14
Rechtsverlust **44** 79

Rechtsverstoß **45** 26 f.
Rechtswidrige Ordnungsmaßnahmen **9** 196
Rechtswirkung (Bekanntmachung) **42** 29
Rechtswirkung (Eintragung) **42** 29, 52
Record-Date **3** 21, **4** 83, 86, 94; **8** 65
Redebeiträge **4** 116; **10** 140; **11** 1
Rederecht der Aktionäre **8** 5; **11** 1 ff.
Redezeitbeschränkung **4** 117; **8** 75; **9** 150 ff.
- Angemessenheit **9** 152 ff.
- Anordnungen (Beispiele) **A 2** Anlagen 1.1 ff.
- Aufhebung **9** 164 f.
- Debatte **9** 150 ff.; s. auch *Aktionärsdebatte*
- echte **9** 160 ff.
- Geschäftsordnungsermächtigung **9** 150
- Gleichbehandlung **9** 158
- individuelle **9** 163
- nachträgliche **9** 159
- Satzungsermächtigung **9** 150, 157, 161
- Teilnahmerechtsbeschränkung **8** 75
- unechte **9** 158 f.
- unechte, Umwandlung in echte **9** 161, 164 f.
- vorläufige **9** 159
- Zweck **9** 160, 162
- Wortentzug **9** 248

Rednerblöcke **9** 141 ff.
Rednerliste
- Erschöpfung **9** 40, 170
- Geschäftsordnung **9** 45 (Fn. 82)
- Redezeitbeschränkung **9** 169
- Reihenfolge **11** 10
- Schließung **9** 167 ff.; **11** 58; **A 2** Anlage 1.5
- Verkürzung **9** 165
- Wiedereröffnung

Reduzierung des Kursniveaus **31** 3
Referenzperiode **5** 82; **23** 34
Reflexschaden **47** 25
Reform des Freigabeverfahrens **42** 26 f.
reformatio in peius **46** 45
Regelmanagement **9** 444
Registeranmeldung **39** 69 f., 78 f., 81, 92 f.
Registerauszug **8** 126
Registerbericht **26** 5
Registereintragung **47** 5
Registergericht **42** 1 ff.
- Amtslöschung **42** 113 ff.
- einzelne Anmeldungen **42** 40 ff.; s. *Anmeldungspflichtige Vorgänge*
- Handelsregister **42** 3 ff.; s. dort
- Hauptversammlung **42** 1a f.
- Kapitalerhöhung gegen Sacheinlagen **21** 11
- Protokollierung **13** 83
- Verfahren vor den Registergerichten **42** 11 ff.; s. dort

Registersperre **1** 63; **33** 32
- Faktische **44** 100; **45** 2, 9, 42
- Fehlende Negativerklärung **42** 24, 98
- Formelle **44** 101; **45** 3, 7 f., 41

Registerverfahren **44** 100 ff.

1147

Sachverzeichnis

Registerzwang 42 31
Reguläre Kapitalerhöhung 5 12 ff.; 20 2 ff.; 25 3;
- Allgemeines 20 2 f.
- Bezugsrecht 20 28 ff.
- Bezugsrechtsausschluss 20 43 ff.
- börsennotierte Gesellschaften 20 2
- erstmalige Ausgabe von Vorzugsaktien 20 76 f.
- Hauptversammlungsbeschluss *s. dort*
- Mindest-/Höchstbetrag 20 2, 5 f.
- mittelbares Bezugsrecht 20 34 ff.
- Tranchen 20 6

Reguläre Kapitalerhöhung (Hauptversammlungsbeschluss) 20 4 ff.
- Aktiengattungen 20 20 ff.
- Art der Aktien 20 8
- Ausgabebetrag 20 10 f.
- Beginn der Gewinnberechtigung 20 12
- Beschlussmehrheit 20 18 f.
- Beschlussmuster 20 17
- Betrag 20 5 f.
- Bezugsrecht 20 28; *s. auch dort*
- „Bis-zu-Kapitalerhöhung 20 6
- Erhöhungsbetrag 20 5 f.
- Ermächtigung des Aufsichtsrats 20 16
- Ermächtigung des Vorstands 20 15
- fakultativer Inhalt 20 9 ff.
- Fristen 20 13
- Gewinnberechtigung 20 12
- Inhalt 20 4 ff.
- Lock-up Periode 20 24
- Mindestbetrag 20 10
- Muster für Beschluss 20 17
- Nennbetragsaktien 20 7
- obligatorischer Inhalt 20 5 ff.
- Sonderbeschluss 20 20, 23
- Sonstiges 20 25 ff.
- Stückaktien 20 7
- Tagesordnung 20 23, 45
- verschiedene Aktiengattungen 20 19 ff.
- vinkulierte Aktien, Ausgabe 20 19
- Zeichnungsbevorrechtigte 20 14

Reguläres Bestellungsverfahren 8 3 ff.
- Amtsniederlegung 18 21
- Auftragserteilung 18 17
- Ausschlusstatbestände 18 24 ff.; *s. dort*
- mehrere Prüfer 18 39 ff.
- Wahl durch die HV 18 5 ff.
- Widerruf der Bestellung 18 21

Reguläres Delisting 44 50
Reibungsloser Ablauf 8 74
Reihenfolge (Abstimmung) 17 26
Reihenfolge (Anträge) 9 91 ff.
Reihenfolge (Tagesordnungspunkte) 9 76 ff.
Reihenfolge (Wortmeldung) 9 97 ff.
Reinschrift 12 40; 13 63, 80
Relationsbewertung 33 15
Relative Berechtigung 4 89

Relevante Verfahrensfehler 6 24
Relevanztheorie 4 251; 6 24; 10 103; 44 60
Religionsgemeinschaften 13 25
Repräsentanten der Arbeitnehmer 44 82
RFID-Chips 9 300
RisikoBegrG 30 3
Risikofrüherkennung 2 53, 61
Risikomanagementsystem 2 80; 18 9
Risikovorsorge 11 55
Rohertragsanteil 11 56
Rückerwerb zum Zweck der Einziehung 27 27
Rücklauf eigener Aktien 24 12 ff.
Rückstellungen 11 55
Rücktrittsvorbehalt 39 17
Rückwirkung der Satzungsänderung 19 4
Rückzahlung von Einlagen 27 6
Ruhen des Stimmrechts 11 110 f.
Saalverweis 8 73; 9 248 ff., 256, 259; 44 35
Sachantrag 9 181 ff., 190; 46 20
Sachausschüttung 15 10 ff.
Sachdienliche Erwägungen 9 131, 133, 138, 279
Sachdividende 15 10 ff.
- Bewertung 15 13

Sacheinlagen 4 185, 181; 11 55; 21 1 ff.; 22 22 ff.; 23 65; 38 2; 42 62 f.; *s. Kapitalerhöhung gegen Sacheinlagen*
Sacheinlagenprüfung 39 45
Sacheinlagenprüfungsbericht 5 47
Sacheinlagenvereinbarung 21 3
Sachkapitalerhöhung 21 1 ff.; 42 57, 64; *s. auch Kapitalerhöhung gegen Sacheinlagen*
Sachleistung 38 2
Sachlich ergänzende Anträge 4 170
Sachlich zusammenhängende Tagesordnungspunkte 9 272, 274
Sachliche Rechtfertigung 12 30 ff.; 27 25
Sachübernahme 38 2
Sachverständige 10 119; 39 22; 46 40, 44
Sachverständigenwissen 46 28
Sachwerte 36 8
Sachzusammenhang 9 274, 289
Sammelbehälter 9 270, 347, 360, 362, 383, 386, 391
Sammelgang 9 325
Sammelkarten 9 364, 440 ff.
Sammelverfahren 47 47
Sammelverwahrung 11 80
Sanierung 27 42
Sanierungsfälle 20 61
- Debt-to-Equity-Swap 20 61

Sanierungsmaßnahme 4 178
Satellitenorte 7 11
Satellitenversammlung 7 9 ff.
Satzungen 39 65
- befristete Bestimmungen 19 6
- Nebenabreden 19 2

Sachverzeichnis

Satzungsändernde Beschlüsse 19 7 ff.; 44 19
Satzungsändernde Beschlüsse (SE) 49 34
Satzungsänderungen 19 1 ff.
– Abstimmungsverbot 12 5
– Aktiengattungen 19 12 f.
– Anmeldung 42 40 ff.
– Begriff 19 2 f.
– Bekantmachung 19 14
– Beschlussmehrheit 19 7 ff.
– Einberufung 4 182 ff.
– Ermächtigung Aufsichtsrat 19 15; 20 2
– Gesellschaftszweck 19 10
– inhaltliche Schranken 19 4 ff.
– materielle Satzungsbestandteile 19 3
– Mehrheitsstimmrechte 40 35
– Mitteilungspflicht 3 32
– Mitwirkungspflicht 19 11
– Nebenabreden 19 2
– reguläre Kapitalerhöhung 20 3
– Rückwirkung 19 4
– unechte Satzungsbestandteile 19 3
– SE 49 9
– Sonderbeschluss 19 12
– Sonderrrechte 19 9
– Sonstiges 19 14 f.
– Stimmquoren 12 28
– Tagesordnung 19 14
– Unternehmensgegenstand 19 10
Satzungsbestimmungen der Versammlungsleitung 9 10 f., 14 f., 22 ff.
Satzungsdurchbrechung
– Abwahl d. satzungsmäßigen Versammlungsleiters 9 23 ff.
– Beschluss der HV 9 54 ff.
– punktuelle 9 30 f.
– Quorum 9 56
– Zustandsbegründende 9 31
Satzungsmäßige Mehrheitserfordernisse 12 29
Satzungsstrenge 19 4; 48 5
Satzungstext 4 39
SCE-VO 46 18
SCEAG 46 3
Schadensersatz 47 24
Schadensersatz (Vorstand) 2 14
Schadensersatzansprüche (gegen Verwaltung) 37 94; 41 1 ff.; 47 12; *s. auch Organhaftung*
Schadensersatzansprüche (Aktionäre) 47 35 ff.
Schadensersatzklage aus abgeleitetem Recht 47 38 ff.
Schadensersatzpflicht 4 20
Schadensersatzpflicht (Freigabeverfahren) 45 45
Schadensersatzpflicht (unentschuldigter Abwesenheit) 10 38
Schädigung der Gesellschaft 4 45

Schaffung von Aktien für Börseneinführung 20 59
Scheinbeschlüsse 44 6
Schiedsgericht 44 70 f.
Schließen (Ein- und Ausgänge) 9 410 ff.
Schluss (Abwicklung) 42 96
Schluss (Debatte) 9 170 ff.; 11 57 ff.
Schluss (HV) 9 449; 13 36
Schlussbilanz 18 62 ff.; 39 39
Schlussbilanzprüfer 18 62 ff.
Schranken des Teilnahmerechts 8 59 ff.
– formelle Schranken 8 60 ff.
– materielle Schranken 8 72 ff.
Schriftliche Abstimmung 9 346 ff.
Schriftliche Beantwortung von Fragen 9 149
Schriftliches Umlaufverfahren 4 348
Schuldverschreibung 8 30
Schütt-aus-hol-zurück-Verfahren 26 4
Schutzklausel 5 31
Schwebend unwirksame Beschlüsse 44 5
Schwebende Wirksamkeit 44 4
Schweigen bei Abstimmung 9 300 f.
Schwerwiegende Beeinträchtigung 47 29
Schwerwiegende Pflichtverletzungen 11 55
Schwerwiegende Verstöße 16 4
Scrip dividend 15 9; 21 2
SdK 3 74
SE 49 1 ff.
– Ablauf und Leitung der HV 49 29
– Anfechtungsklage 49 35
– Beschlussfassung 49 30 ff.
– besondere Zuständigkeiten der SE-VO 49 6 ff.
– Einberufung 49 18 ff.
– Einberufungsberechtigte 49 20 ff.
– Einberufungsgründe 49 25 f.
– Formwechsel, grenzüberschreitend 42 112
– Gründung oder Sitzverlegung 46 16 ff.
– Hauptversammlung 49 2 ff.
– Minderheitsverlangen 49 23 f.
– Mitgliederbestellung 49 7 f.
– Nichtigkeitsklage 49 35
– Registereintragung 42 39
– satzungsändernde Beschlüsse (SE) 49 34
– Satzungsänderungen 49 9
– Spruchverfahren 46 4
– Stimmenmehrheit 49 31 ff.
– Tagesordnung 49 27 f.
– ungeschriebene Zuständigkeiten 49 14
– Verfahren der HV 49 15 ff.
– Zeit und Ort der HV 49 16 f.
– Zuständigkeiten 49 5 ff.
SE-Richtlinie 49 5
SE-VO 46 15 f.; 49 2 ff.
SEAG 46 3, 15 f.; 49 7
Secretary's Certificate 8 125
Selbstbefreiung (Insider) 22 28

1149

Sachverzeichnis

Selbstverwaltungsautonomie 9 43 ff.
Sensible Informationen 10 114
Separater Abstimmungsvorgang 4 199
Serversysteme 7 29
Shareholder Activism 3 7; *s. auch kritische Aktionäre*
Short-Position 22 42
Sichere Übertragung 7 29, 70
Sicherheitskontrollen 9 61 f.
Sicherheitsleistung 27 26
Sicherheitspersonal 3 93
Sicherstellung der Barabfindung 35 10 ff.
Sicherungsabrede 8 28
Sicherungsübereignung 8 28
Siemens/Nold-Entscheidung 5 16 ff., 127; 10 47; 22 28, 30
Signaturgesetz 8 41
Simultanwahl 12 11; 17 25
Sitz (Börse) 4 119
Sitz (Gesellschaft) 4 119
Sitzverlegung (SE) 49 10
Skurrile Gegenanträge 3 65
Smart Card 8 41
Smartphone
– Abstimmung 9 366, 377
– Eintrittskarte 7 64, 72
– Störung 9 242; **A 2** Anlage 2.9
– Vollmachtsnachweis 8 43
Sofortige Beschwerde 4 56; **46** 47
Soliditätserklärung 39 42
Sonderabstimmungen 3 70
Sonderanfechtungsbefugnisse 44 81
Sonderbeschlüsse 40 20 ff.
– Aktionäre jeder benachteiligten Gattung 19 12 f.
– Ausgabe stimmrechtsloser Vorzugsaktien 22 9
– Außenstehende Aktionäre 40 29 ff.
– Bekanntmachungspflicht 4 198
– Einberufungsgründe 4 10
– Formwechsel 39 91
– Genussrechte 28 8
– Geschäftsführungsmaßnahmen 38 43
– Kapitalerhöhung 42 56
– Kapitalherabsetzung 27 13, 25
– Mehrheitserfordernis 12 15
– nicht stimmberechtigte Vorzugsaktionäre 40 26 ff.
– Stammaktionäre 29 2
– Stimmrechtslose Vorzugsaktien 11 98
– Umwandlungsmaßnahmen 39 25 ff.
– Unternehmensverträge 33 33 ff.
– verschiedene Aktiengattungen 40 23 ff.
– Verschmelzung 39 54
– Vorzugsaktionäre 29 2
– Wirksamkeitserfordernis 40 20
Sonderleitfäden 9 80; **A 2** (Beispiele) *s. auch Anträge*

Sonderprüfer 18 73 ff.
– Ausschlussgründe 18 81
– Beauftragung durch HV 18 93
– Bestellung, Antrag **A 2** Anlage 3.8
– Bestellung durch das Gericht 18 85 ff.; **47** 46
– Bestellung durch HV 18 76 ff.
– Bestellung, Widerruf 18 95
– Ergänzungsantrag 4 170
– Ersatzansprüche 18 97
– Gegenstand der Sonderprüfung 18 74 f., 77
– gerichtliche Auswechslung 18 88
– gerichtliche Zuständigkeit 18 89
– Hauptversammlungsrechte 8 93
– Inhalt des Sonderprüfungsauftrags 18 94
– Kosten der Prüfung 18 96
– Mehrheitserfordernis 18 79
– Namentliche Nennung 18 80
– Prüfungsauftrag 18 90 ff.
– Qualifikation 18 80
– Stimmquoren 12 20, 22
– Stimmverbot 18 82
– Tagesordnungspunkt 18 79
– Umgehung des Stimmverbots 18 84
– Vertrag, Abschluss 18 93
– Widerruf 18 87
Sonderprüfung 2 14; 9 222; 18 73 ff.
– Antrag 9 222 ff.
– Protokollierung 13 6
– Organhaftung 41 30; **47** 46; *s. auch Organhaftung*
– „Untechnische" 18 75
Sonderprüfungsgutachten 11 55
Sonderrecht 39 65
Sonderrecht (Verbriefung der Inhaberaktionäre) 30 8
Sondertatbestände 44 43 ff.
Sonderversammlung 4 32; 20 76
Sonderverwahrung 8 28
Sondervorteile
– Anfechtungsbefugnis 44 77
– Verfolgung von Sondervorteilen 44 55 ff.
– Vermögensübertragung 38 25
– Verschmelzung 39 65
Sonstige Beschlüsse 40 1 ff.
– Aufhebung von Beschlüssen 40 53 ff.
– Beschlüsse in der Übernahmesituation 40 56 ff.
– Beseitigung von Mehrstimmrechten 40 34 f.
– Bestätigungsbeschlüsse 40 47 ff.
– Bewilligung der Aufsichtsratsvergütung 40 4 ff.
– Delisting 40 14 ff.
– Fortgeltung von Mehrstimmrechten 40 33
– Geltendmachung von Ersatzansprüchen 40 41 ff.
– Geschäftsordnungsbeschlüsse 40 11 ff.
– Neueinteilung des Grundkapitals 40 38 ff.
– Sonderbeschlüsse 40 20 ff.

Sachverzeichnis

- Vertrauensentzug **40** 1a ff.
Sonstige Beurkundung **13** 13
Sonstige Vertreter der Gesellschaft **12** 25
Sorgfaltspflichten **47** 38
Sozialpolitische Beteiligung **25** 2
Sozietät **18** 35
Spaltung
- Aktualisierungspflicht **10** 94
- Auskunftsanspruch **11** 34
- Bekanntmachungspflicht **4** 176
- Erläuterungspflichten **10** 93 ff.
- Grundsatz **10** 93
- Informationspflichten gegenüber den Organen der anderen Gesellschaft **10** 95
- Informationspflichten gegenüber der HV **10** 94 ff.
- Nachgründungsvorschriften **38** 8
- zur Neugründung **42** 109
- Registeranmeldung **42** 109 ff.
- Stimmquoren **12** 28
Spaltungsbericht **5** 38 ff.; **39** 18 ff.
- Entbehrlichkeit **5** 49 ff.
- Vorbereitung der Hauptversammlung **39** 73 f.
- Zugänglichmachen **10** 59
Spaltungsplan
- Abweichender Beschluss **4** 197
- Erläuterungspflicht **5** 44; **10** 93
- Umwandlungsprüfung **39** 19
- Zugänglichmachen **10** 59
Spaltungsprüfer **39** 74
Spaltungsvertrag **10** 93; **39** 7, 19
- Auslegung **6** 2, 9
Spam **7** 43
Spartenverlust **10** 78
Spenden **11** 55
Sperrjahr **42** 96
Sperrminorität **5** 28
Sperrung des Aktienregisters **4** 99
Spontaner Beschluss **9** 45, 48, 57
Sprache
- HV **11** 13; **9** 84
- Jahresabschluss **2** 9
SpruchG **33** 12; **46** 2 f., 9 ff.
Spruchverfahren **1** 63; **46** 1 ff.
- Antragsberechtigung **46** 8 ff.; *s. dort*
- Antragsstellung **46** 20 ff.
- Anwendungsbereich **5** 133; **10** 105
- Beendigung des Verfahrens **46** 43 ff.
- Einleitung **46** 1a f.
- gerichtliche Zuständigkeit **46** 5 ff.
- Kosten **46** 54 ff.
- sachlicher Anwendungsbereich **46** 3 f.
- Umwandlungen **46** 14
- Unternehmensverträge **33** 12 f.
- Verfahrensverlauf **46** 34 ff.
- Wertermittlung **46** 44
- Zulässigkeit der Anfechtungsklage **44** 61
Spruchverfahrensgesetz *s. SpruchG*

Squeeze out **35** 1 ff.
- aktienrechtlicher Squeeze out **35** 3
- Anmeldung **42** 99
- Angebot der Barabfindung **35** 8 f.
- Bekanntmachung **4** 198 f.
- Berichtspflicht **5** 78 f.
- Beteiligungsquote **35** 5 ff.
- Erläuterungen **10** 98
- gesetzlicher Rahmen **35** 2 f.
- Handelsregistereintragung **35** 19
- Hauptversammlungsbeschluss **10** 25; **35** 11 ff.
- Prüfer **18** 100
- Rechtfertigung **44** 50
- Sicherstellung der Barabfindung **35** 10
- Spruchverfahren **46** 3, 10
- Übernahmerechtlicher Squeeze out **35** 3; **42** 105
- Verfahren **35** 11 ff.
- verschmelzungsrechtlicher Squeeze out **12** 251a; **35** 2; **42** 105
- Zugänglichmachung **10** 64
- Zulässigkeit **35** 5 ff.
Staatliche Genehmigungen **42** 45
Staffelung der Amtszeit **17** 16
Stammaktien **20** 22
Statusverfahren **4** 179
Statutarische Einberufungsgründe
- Grundsätze **4** 12
- Sonstige Erweiterungen **4** 14, 64
- Unzulässige Gründe **4** 13, 64
Steigerung (Kapitalpräsenz) **7** 35
Steigerung (Unternehmenswert) **11** 56
Stellung der Hauptversammlung der Zielgesellschaft bei einem öffentlichen Angebot **37** 1 ff.
- Abwehr-HV *s. dort*
- Allgemeines **37** 1
- Autodynamische Abwehrmaßnahmen **37** 5 ff.
- echte Vorratsbeschlüsse *s. dort*
- HV der Zielgesellschaft **37** 4
- Sonderzuständigkeit der HV **37** 14 ff.
- unechte Vorratsbeschlüsse **37** 8 ff.
- unveränderte aktienrechtliche Zuständigkeit der HV **37** 11 ff.
- Zuständigkeit der HV **37** 5 ff.
Stenographisches Protokoll **10** 139; **13** 95 ff.
Sterbefall **8** 101
Steuerliche Wertansätze **11** 45
Steuerungsfunktion der organschaftlichen Haftung **47** 43
StGB **47** 37
Stille Gesellschaft **33** 43
Stille Reserven **5** 67; **11** 46
Stillschweigende Ermächtigung **8** 42
Stimmabgabe **9** 270 ff.; **12** 3
Stimmaufnahme **9** 332 ff.
Stimmausübung (elektronische) **4** 120
Stimmberechtigte Aktien **20** 20

Sachverzeichnis

Stimmberechtigung 11 56
Stimmbindungsvereinbarung 47 27 f.
Stimmbindungsverträge 11 112 ff.; 33 2
Stimmenfluktuation 9 410
Stimmenmehrheit 12 29; 19 7; 20 18
Stimmenmehrheit (SE) 49 31 ff.
Stimmensplitting 9 373
Stimmkarten 9 268, 311 ff., 440 ff.
– neutrale 9 386
– virtuelle, Splitting 9 373
Stimmkarten mit festem Abstimmverhalten 9 381 ff.
Stimmkraft 11 70; 13 47
Stimmpflichten 11 112 ff.
Stimmpoolung/Stimmpooling 4 256; 19 2
Stimmquoren zum Schutz der Minderheit 12 16 ff.
Stimmrecht (Aktionäre) 11 69 ff.
– Abstimmung 13 44
– Allgemein 11 69 ff.
– Depotstimmrecht 11 118 ff.
– einstweilige Verfügung gegen Ausübung 47 27
– Feststellung 11 75 ff.
– Nießbrauch 4 34; 8 130; 11 76 (Fn. 281)
– Stimmpflichten 11 112 ff.
– stimmrechtslose Vorzugsaktien 11 91 ff.
– Stimmrechtsmitteilung 44 33
– Stimmverbote 11 101 ff.
Stimmrechtsausschluss
– Entlastung 16 9 ff, 15 ff.
– Missachtung 16 13 f.
– Publikums-KGaA 48 53
Stimmrechtsausübung 4 77
Stimmrechtsausübungsregelungen 4 88
Stimmrechtsberater 3 7, 43, 74
Stimmrechtsbeschränkungen 4 126; 11 73; 48 16 ff.
Stimmrechtsbeschränkungen KGaA 48 16 ff.
– aktienrechtliche 48 17
– Ausnahmen 48 21 ff.
– Kommanditaktionäre 48 21
– personengesellschaftsrechtliche 48 18 ff.
Stimmrechtslose Vorzugsaktien 11 91 ff.
– Aktionärsrechte 11 91 ff.
– Ausgabe 22 9
– reguläre Kapitalerhöhung 20 22 f.
– Stimmrecht, Aufleben 11 93 ff.
– Teilnahmerecht 8 25
– Vorzugsbeschränkende Beschlüsse 11 98 ff.
Stimmrechtsverbot 2 29; 9 315, 420; 48 17
Stimmrechtsvertreter 3 26 f.
Stimmrechtsvertretermodell 7 16 ff.
Stimmrechtsvollmacht 8 42
– Anfechtungsrisiken 8 55
Stimmrechtsvoraussetzungen 11 75 ff.
– Nachweis 11 76
– persönliche Voraussetzungen 11 76

– Vorzulegende Unterlagen 11 76
Stimmtafel 9 340
Stimmunterlage 9 354
Stimmverbot 3 76 ff.; 9 108, 221, 305, 315, 420; 11 101 ff.; 13 47; 16 17
Stimmverfahren 9 332 ff.; s. auch Abstimmungsart
– beleghafte Verfahren 9 356 ff.
– Funkabstimmung 9 365 ff.
– manuelle Verfahren 9 333 ff.
– Mobile App 9 366
– Online-Verfahren 9 365 ff.
Stock Appreciation Rights 24 4
Stock Dividend 26 15
Stock Options 23 64; 24 2; s. auch Aktienoptionplan
Störungen 9 241; s. auch Störungsabwehr
Störungen (technische)
– Anfechtungsrisiken 3 26; 7 13, 22; 8 14
Störungsabwehr 9 246 ff.; A 2 Anlagen 2.1 ff.
– Aufforderungen, Beispiele A 2 Anlagen 2.1 ff.
– Beleidigungen 7 90; 8 74; 9 163, 241
– Beschimpfungen 9 241; A 2 Anlage 2.7
– Dritten gegenüber 9 244, 262
– Drohungen 9 255
– Eskalationsprogramm 3 94; 9 250, 255
– Erstaufforderung 9 250
– gerichtliche Kontrolle 9 252 ff.
– Gleichbehandlung 9 246, 252
– Hausrecht 9 244, 262
– Hilfskräfte 9 256
– Leitfäden, Beispiele A 2 Anlagen 2.1 ff.
– Maßnahmen, Beispiele 9 248 f.; A 2 Anlagen 2.1 ff.
– Maßnahmen, rechtswidrige 9 259
– Mobiltelefone 9 242; A 2 Anlage 2.9
– Neutralität 9 246, 252
– Ordnungsbefugnisse 9 248
– polizeiliche Ordnungskräfte 9 251
– Provokationen 9 255
– Publikumsstörungen A 2 Anlage 2.8
– Rauchen 9 242
– Redezeitbeschränkung 9 163
– Saalverweis 9 248 ff., 256, 259; 44 35; A 2 Anlage 2.4, 2.10
– Sachbeschädigungen 9 255
– unsinnige Wortmeldungen 9 260 f.; A 2 Anlage 2.5, 2.6
– Verhältnismäßigkeit 9 246 f., 250 ff.
– Verweis aus Versammlungsaal 9 248 ff., 256, 259; 44 35; A 2 Anlage 2.4, 2.10
– Wortentziehung 8 74; 9 204, 248; A 2 Anlage 2.1, 2.5, 2.6
Strafbare Mitteilung 4 320
Strafbarkeit 4 92; 11 48
Strategische Neuorientierung 5 16
Streitgegenstand 44 68
Streitwert (Anfechtungsklage) 44 97 ff.

Sachverzeichnis

Streitwertregelung 12 31
Streitwertspaltung 44 99
Streubesitz 4 235; 47 30
Strichcodes 9 357
Strukturändernde Beschlüsse 44 49, 108; 47 7
Strukturändernde Maßnahmen 4 203; 10 99
Strukturänderung 5 96
Strukturbericht 5 107, 116, 123, 128
Strukturentscheidungen 5 106 ff.
– Auslegung Verträge 6 3, 9
– Drittbeteiligung (Veräußerung des gesamten Vermögens) 5 112
– Einzelrechtsnachfolge 5 106
– Erwerb von Beteiligungen 5 108 ff.
– Going Public und Going Private 5 117 ff.
– IPO 5 117
– Konzernbildungskontrolle 5 109
– Konzerngesellschaften 5 120 f.
– Mediatisierung 5 110
– Übertragende Auflösung 5 114 f.
– Veräußerung des gesamten Vermögens 5 111
– Veräußerungen von Unternehmensbeteiligungen 5 111
– Veräußerungen von Unternehmensteilen 5 111
– Vermögensübertragung 5 114
– wesentliche Strukturmaßnahme 5 106
Strukturmaßnahmen 33 13
– Entschädigung, Ermittlung 46 44
– Entschädigung, Festsetzung 46 45
– Vorstandsbericht 9 105
Strukturmaßnahmen herausragender Bedeutung 38 32
StückAG 31 1
Stückaktie 26 20; 31 1 ff.
– Anpassung früherer Kapitalerhöhungsbeschlüsse 31 6 ff.
– Einführung 31 4 ff.
– Einführungsbeschluss 31 5
– Rechtsinstrument der Stückaktie 31 2 f.
– sonstiger Anpassungsbedarf 31 10
Stückelung 31 2, 5
Stufenermächtigung 22 34
Substantiierte Einwendungen 46 28
Substitution 4 123
Subtraktionsverfahren 9 230 ff., 337, 340, 359
Summarisches Eilverfahren 45 28 ff.
Superdividende 15 6
Synergieeffekte 5 24; 10 57; 33 20
Synoptische Gegenüberstellung 4 182
Synthetischer Börsenpreis der Wandelschuldverschreibung 23 59 ff.
Systemabnahme 3 99 ff.
Tabellenkalkulationsprogramme 9 333
Tag der Verhandlung 13 38
Tagesordnung 4 158 ff.
– Allgemeines 4 158

– Anfechtungsrisiken 4 247 ff.
– Anträge zur 9 49
– Aufstellung 4 159
– Bekanntmachung 4 160, 162 ff.
– Ergänzungen 4 226 ff.; *s. Ergänzungen (Tagesordnung)*
– Ergänzungsbegehren 4 226 ff., 237, 309
– Fehlerhafte Bekanntmachung 44 33
– Grund 4 160
– Inhalt 4 160
– Protokollierung 13 68
– SE 49 27 f.
– Tagesordnungspunkte *s. dort*
– Verlesung 9 83
– Verpflichtung 4 159
– Vorschläge der Verwaltung 4 161, 207 ff.
– Zweck 4 162
Tagesordnungspunkte
– Abgeschlossene 9 134
– Absetzung von 9 49 ff., 208 ff.
– abweichende von Einladung 9 133
– Aktionärsdebatte 9 132 ff.; *s. auch dort*
– Anträge zu 9 208 ff.
– Aufnahmeverlangen 9 55
– Äußerung der Aktionäre 9 128; *s. auch Aktionärsdebatte*
– Minderheitsverlangen 9 180, 212
– sachlich zusammenhängende 9 272, 274
– Verbindung mehrerer 9 132
– Vertagung von 9 49 ff., 208 ff.; **A** 2 Anlage 3.4
– Wiederaufgreifen erledigter 9 134 ff.
TAN-Code 8 128
Tantieme für den Aufsichtsrat 31 11
Tatsachenermittlung 45 14
Tauschangebot der AG an Vorzugsaktionäre 29 5 ff.
Technische Komplexität 7 64 f.
Technische Störungen
– Anfechtungsrisiken 3 26; 7 13, 22; 8 14
Technische Vorbereitung 3 1 ff.
– kurzfristige Planungsphase 3 35 ff.; *s. dort*
– Langfristige Planungsschritte 3 5 ff.; *s. dort*
– unmittelbare Planungsphase 3 87 ff.; *s. dort*
Technische Vorrichtungen 8 51
Teilausschluss des Bezugsrechts 20 63
Teileingezahlte Aktien 26 21
Teilentlastung 16 6
Teilgewinnabführungsvertrag 33 43 ff.
Teilliquidation 27 25
Teilnahme an der HV 8 1 ff.
– Allgemeines 8 1 ff.
– Prüfung der Legitimation 8 116 ff.; *s. dort*
– Teilnahmepflicht 8 99 ff.; *s. dort*
– Teilnahmerecht 8 5 ff.; *s. dort*
Teilnahmebedingungen 4 77
– online 7 82; 9 93
Teilnahmepflicht 8 99 ff.
– Abschlussprüfer 8 108 ff.

1153

Sachverzeichnis

- Aufsichtsratsmitglieder **8** 105 ff.
- besonderer Vertreter **8** 113 ff.
- Entbindung von **10** 36
- Entfall **10** 36
- KGaA **48** 13
- Übersicht **8** 3, 115
- Vertretenlassen **10** 36
- Vorstandsmitglieder **8** 99 ff.; **10** 34 ff.

Teilnahmepflichtverletzung
- Abschlussprüfer **8** 112
- Aufsichtsratsmitglieder **8** 107
- besonderer Vertreter **8** 114
- Sanktionen **10** 38
- Übersicht **8** 115
- Vorstandsmitglieder **8** 104; **10** 37

Teilnahmerecht **8** 5 ff.; **11** 68
- Abschlussprüfer **8** 1 f.
- Aktionäre **8** 25 ff.
- Aktionärsvertreter **8** 34 ff.
- Aufsichtsratsmitglieder **8** 76 ff.
- Behördenvertreter **8** 85 ff.
- Berechtigte **8** 24 ff.
- Beschränkung **8** 75
- Besondere Vertreter **8** 79
- Durchsetzung **8** 21 ff.
- Entzug **8** 73 f.
- Gäste **8** 95 ff.; **9** 63
- Hilfskräfte **8** 98
- KGaA **48** 12
- Legitimationsaktionär **8** 58
- Medienvertreter **8** 89 ff.
- Notar **8** 94
- Pfandrechtsgläubiger **8** 28
- Prüfung der Legitimation s. dort
- Schranken **8** 59 ff.
- Schranken (formelle) **8** 60 ff.
- Schranken (materielle) **8** 72 ff.
- Sicherungsnehmer **8** 28
- Übersicht **8** 3
- Vorbereitung der Hauptversammlung **3** 79
- Vorstandsmitglieder **8** 76 ff.

Teilnahmevoraussetzung **11** 14

Teilnehmerverzeichnis **9** 40 ff.
- Aktualisierung **9** 66, 119, 122; **10** 33
- Angaben **9** 114 ff.
- Aufstellung **9** 112 f.; **10** 32 ff.
- Aufstellungspflicht **4** 345
- Auslegung **9** 122
- Beschlusslose HV **9** 107
- Briefwähler **9** 107 f.
- Einpersonen AG **9** 107
- Einsichtsrecht **9** 124 f.
- Erstellung **9** 109 ff.
- fehlerhaftes **9** 126 f.
- Form **9** 112 f.
- Inhalt **9** 114 ff.
- Notar **9** 111
- Online-HV **7** 85 f.; **9** 107, 118, 122

- organisatorische Vorkehrungen **9** 122
- Protokoll **13** 75; **9** 125
- Sanktionen gegen Aktionäre **9** 127
- Sanktionen gegen die Gesellschaft **9** 126 f.
- Unterzeichnung **9** 112
- Verantwortlichkeit **9** 109 ff.
- Zeitpunkt **9** 120 f.
- Zugänglichmachung **9** 120 f.; **10** 33
- Zuständigkeit **9** 109 ff.; **10** 32
- Zweck **9** 108

Teilnichtigkeit **44** 107

Teilrechtehandel **26** 16

Teilung des Streitgegenstandes **44** 103

Tele-HV **7** 9 ff.; s. auch Parallel-Hauptversammlung

Termin **4** 70 ff.

Terminfestlegung **3** 17

Terminplan **3** 19 ff.

Testabstimmung **3** 100

Tiefgreifende Maßnahmen in Mitgliedschaftsrechte **12** 28

Tochterunternehmen **5** 30

Tonaufnahmen **11** 125; **13** 98 f.; **9** 94 ff.
- heimliche **9** 97

Tonprotokoll **9** 94 ff.; **10** 139 ff.

Tonübertragung **7** 88; **9** 86 f.
- Widerspruch **A** 2 Anlage 4.5, 4.6

Totalverweigerung von Auskünften **5** 138

Transparenz- und Publiziätsgesetz s. TransPuG

Transparenzrichtlinie-Änderungsrichtlinie-Umsetzungsgesetz **18** 68; **40** 19

Transportmöglichkeit **4** 113

TransPuG **4** 134; **7** 3, 38, 55; **38** 18

Treuepflicht **11** 112; **12** 30 f.; **47** 38

Treuepflicht und materielle Beschlusskontrolle **44** 47 ff.

Treuhänder **4** 276; **39** 15

Treuhandverhältnis **8** 31

Übergabesurrogat **8** 58

Überlange Begründung **4** 328 f.

Übermäßige Rechtsausübung **11** 52

Übermittlungsmethode **6** 20

Übermittlungspflicht **4** 253, 275 f.

Übermittlungspflicht der Kreditinstitute **4** 275 f.
- Aktionärsvereinigungen **4** 275
- Anfechtungsrisiken **4** 301 ff.
- Form **4** 282
- Frist **4** 283
- Gegenstand **4** 281
- Grundsatz **4** 275
- Inhalt **4** 281
- Kosten **4** 284
- Kreditinstitute **4** 276
- Namensaktien **4** 278
- Schadensersatz **4** 300
- Stimmrechtsvertreter **4** 279

Sachverzeichnis

– Übermittlungspflicht **4** 275 ff.
– Verpflichtete **4** 276
– Weiterleitungspflicht **4** 277
– Weitergabepflichtbegünstigte **4** 278 f.
Übermittlungsrisiko **6** 20
Übernahme **11** 55
– Abwehr **37** 1 ff.; *s. auch Abwehr-HV*
– Begriff **36** 7
– white knight **37** 87
– Zugänglichmachen Unterlagen **6** 23
Übernahmeangebot
– außerordentliche HV **36** 27
– BaFin, Veröffentlichung **36** 26
– Bedingung **36** 21
– Einberufung **4** 254, 108 ff.
– Ermächtigung für **36** 32 f.
– Gegenleistung **33** 13; **36** 2, 9
– Kaufangebot **36** 8, 10 ff.
– Pflichtangebot **36** 20, 36
– Tauschangebot **36** 8, 13 ff.
– Unternehmensgegenstand **36** 32 f.
– Vereitelungsverbot **47** 18
– Veröffentlichung **36** 35 f.
– Zugänglichmachung **4** 254
– Zustimmung HV **36** 20 ff.
– Zustimmungsvorbehalt HV **36** 22 ff.; **30** f.
Übernahmebereitschaft **20** 61
Übernahmekämpfe **10** 23
– white knight **37** 87
Übernahmerecht **36** 36
Übernahmesituation **4** 108 ff.; **10** 23; **11** 35a
Übernahmeverfahren **4** 108
Übernahmevertrag **5** 41; **39** 7
Übernehmende Rechtsträger **5** 43
Überprüfung (Angemessenheit der Ausgleichsansprüche) **46** 1a ff.
Überprüfung (Jahresabschluss) **14** 6
Überprüfung (Vollmacht) **8** 128 ff.; *s. auch Prüfung (Legitimation)*
Überprüfungspflicht **46** 47
Übersendungskosten **6** 19
Übertragbarkeit (Bezugsrechte) **20** 28
Übertragung
– HV **7** 55 f.; **9** 86 ff.
– Vorstandsrede **7** 54
Übertragung (gesamten Vermögen) **12** 28
Übertragungsbeschluss **44** 50
Übervergütung **24** 2
Überwachung (Stimmauszählung) **44** 11
Überwachungsmaßnahmen **5** 86
Übliche Anlagen **13** 78
UMAG **5** 136 f.; **7** 2; **24** 18; **44** 60; **45** 9, 19; **47** 42
Umfangreiche Nachforschungen **10** 125
Umgehung der Vorschriften über die Sachkapitalerhöhung **21** 15
Umgehungstatbestände **36** 24
Umlaufverfahren **4** 213

Umsatzerlöse **11** 55
Umschreibestopp **8** 66; **30** 18
Umstellung des Grundkapitals auf Euro **19** 8; **26** 23; **42** 94
Umstrukturierung **27** 42
Umtausch auf Verlangen **30** 4
Umtauschrechte **23** 18
Umtauschverhältnis
– Änderung (Verschmelzung) **5** 35 f.
– bedingte Kapitalerhöhung **23** 39 ff.
– Berichtspflicht (Auf- und Abspaltung) **5** 45
– Berichtspflicht (Verschmelzung) **5** 23 ff.
– Erläuterungspflicht **10** 90
– Nachgründung **38** 8
– Verschmelzung **39** 48
– Verschmelzungsplan **39** 65
Umwandlung (Inhaber- in Namensaktien) **30** 1 ff., 9
– Aktienart **30** 12 ff.
– Aktienregister **30** 15
– Allgemeines **30** 2 f.
– Anmeldevoraussetzungen **30** 17
– Beschlussmehrheit **30** 5
– Einberufung einer Hauptversammlung **30** 16
– Satzungsänderung **30** 4, 10 ff.
– Umschreibestopp **30** 18
– Umstellung **30** 4 ff.
– Verbriefung **30** 19
– vinkulierte Namensaktien **30** 9
– Zustimmungserfordernis einzelner Aktionäre **30** 6 ff.
Umwandlung (Nennbetrags- in Stückaktien) **31** 5; *s. auch Einführung der Stückaktie*
Umwandlung (Rücklagen) **26** 5
Umwandlung (Vorzugs- in Stammaktien) **29** 1 ff.
– Allgemeines **29** 1
– Erwerb, Einziehung und Kapitalerhöhung **29** 8 f.
– Tauschangebot der AG an Vorzugsaktionäre **29** 5 ff.
– Umgestaltung durch Satzungsänderung **29** 2 ff.
Umwandlungen **39** 1 ff.
– Abspaltung **39** 82 ff.
– Aufspaltung **39** 71 ff.
– Ausgliederung **39** 85 f.
– Auslegung von Dokumenten **39** 32 ff.
– Formwechsel **39** 87 ff.; **42** 110 ff.
– Grundlagen **39** 2 ff.
– Handelsregisteranmeldung **39** 37 ff.
– Handelsregistereintragung **42** 100 ff.
– Hauptversammlung **39** 30 ff.
– Kapitaländerungen **39** 45 ff.
– Nachgründungsvorschriften **38** 8
– Rechtsgeschäftliche Grundlage **39** 7 ff.
– Umwandlungsbericht **39** 18 ff.
– Verfahren **39** 6
– Verschmelzung **39** 48 ff.

1155

Sachverzeichnis

- Zustimmungsbeschluss **39** 24 ff.
Umwandlungsbericht
- Anmeldung **39** 43
- Berichtspflicht **5** 52 ff.
- Vorbereitung der Hauptversammlung **39** 88
- Vorlagepflicht **10** 60
Umwandlungsberichtsprüfung 39 18 ff.
Umwandlungsbeschluss 10 96; **39** 7, 43, 87
Umwandlungsfolgen 39 8 f.
- arbeitsrechtliche Konsequenzen **39** 9
- besondere Vorteile **39** 8
Umwandlungsmaßnahmen 46 3, 11 ff.
Umwandlungsplan 39 8
Umwandlungsprüfung 39 19 ff.
Umwandlungsrecht 36 36
Umwandlungsrechtliche Ersatzansprüche 47 36
Umwandlungsverfahren 39 6
Umwandlungsverfahren (Prüfer) 18 93
Umwandlungsvertrag 10 57 ff.; **39** 7 f., 43
Umwandlungsvorgänge 10 57 ff., 88 ff.; **36** 35 f.
Umwandlungswiderspruch 39 27
UmwÄndG 20 11 **35** 4
UmwG 45 1a
Unbedenklichkeitsverfahren 40 47 f.; **45** 45
Unberechtigte Auskunftsverweigerung 10 37; **44** 38
Unberechtigte Nichtzulassung 44 76
Unberechtigte Verweigerung der Teilnahme 44 33
Unberechtigter Stimmrechtsausschluss 44 33
Unberechtigter Wortentzug 44 35
Unechte Bedingungen 19 15
Unechte nennwertlose Aktien 31 2
Unechte Satzungsbestandteile 19 3
Unechte Vorratsbeschlüsse 37 2, 8 ff.
Unentziehbarkeit des Teilnahmerechts 8 59
Ungenutztes Kapitalerhöhungspotential 22 34
Ungeschriebene Berichtspflichten
- allgemeine Voraussetzungen **5** 99 ff.
- analoge Pflichten **5** 97
- Anforderungen **5** 105
- Ausgliederung **5** 106 f.
- Ausgliederung des Kernbereichs **5** 102
- Beteiligungserwerb **5** 108 ff.
- Form des Berichtes **5** 105
- Frosta-Entscheidung **5** 119
- Gesamtanalogie **5** 99
- Going Private/Going Public **5** 117 ff.
- Holzmüller/Gelatine-Entscheidung **5** 96 ff.
- inhaltliche Anforderungen **5** 105
- Konzeptbeschlüsse **5** 125 ff.
- Konzernmaßnahmen **5** 120 ff.
- Strukturentscheidungen **5** 106 ff.
- übertragende Auflösung **5** 114

- Unternehmensteile **5** 111 ff.
- Veräußerung von Unternehmensteilen **5** 111 ff.
Ungeschriebene Zuständigkeiten (SE) 49 14
Ungleichbehandlung 9 62; **15** 11; **29** 5
Unheilbare Mängel 4 145; **9** 79
Universalversammlung 4 338; **13** 8; **44** 10; s. auch *Vollversammlung*
Unmittelbare Planungsphase 3 88 ff.
- Auslage von Unterlagen **3** 90
- Ausstattung **3** 87
- Checklisten **3** 90
- Generalprobe **3** 95 ff.
- Instruktion der Mitarbeiter **3** 91 ff.
- Leitfaden **3** 99
- Nachweislisten **3** 90
- notarielle Systemabnahme **3** 98
- Notfallszenario **3** 94
- Protokoll **3** 102
- Sicherheitspersonal **3** 93
- Sicherung des Präsenzbereichs **3** 91
- Simulation von Störungen **3** 96
- Standarddokumente **3** 89
- Testabstimmung **3** 100
- Überwachung des Auszählungsvorganges **3** 101
- Vollmachten **3** 88
- Zugang zu ad-hoc-Publizitätssystemen **3** 88
Unnötige Nachfragen 9 177 f., 260 f.
Unparteilichkeit 11 10; **13** 33 ff.
Unredlichkeit 12 22; **18** 87
Unrichtige Angaben 42 33
Unrichtige Auskunft 43 2
Unrichtige Feststellung des Abstimmungsergebnisses 44 33
Unrichtige Informationen 10 103
Unrichtige Stimmauszählung 44 33
Unrichtiger Nachweis s. *Nachweis (unrichtiger)*
Unrichtiges Teilnehmerverzeichnis 9 126
Unrichtigkeiten der Unternehmensführung 2 58
Unsachliche Gründe 40 1a
Untechnische Sonderprüfung 18 75
Unterbilanz 27 6
Unterbleibende Beschlussausführung 10 134
Unterbliebene Einberufung 4 20
Unterbrechung (Aufzeichnung) 10 139
Unterbrechung der HV 4 115; **9** 145, 148, 155, 191, 248
- Anordnung **A 2** Anlage 1.7
- Antrag, neg. Reaktion auf **A 2** Anlage 4.23
- Versammlungsleiter, Leitungskompetenz **9** 145
- Mitternacht **4** 115; s. auch *Mitternachtsgrenze*
Untergesellschaft 5 61; **10** 53
Unterlassungsanspruch gegen Verwaltungshandeln 47 12 ff.

Sachverzeichnis

Unterlassungsklage 5 17, 47 2 ff.
- Abwehrklage als Ergänzung der Beschlussmängelklage 47 3 ff.
- Abwehrklage gegen Verletzung aktionärsschützender Vorschriften 47 8 ff.
- Deliktischer Schutz 47 26
- Prozessuale Durchsetzung 47 19 ff.
- Rechtsfolgen 47 19 ff.

Unternehmen von öffentlichem Interesse 2 36, 66a

Unternehmensbewertung 5 28, 58, 75

Unternehmensergebnisse 11 55

Unternehmensgegenstand 19 10; 36 33 f.

Unternehmensregister 42 5

Unternehmensübernahmen 4 108 ff.; 6 23

Unternehmensverträge 33 1 ff.
- Abschlusskompetenz 33 3
- abweichender Beschluss 4 197
- Allgemeines 33 1 ff.
- Änderung 33 33
- Anmeldung und Eintragung 33 3
- Aufhebung 33 34
- Auslegung 6 2, 9
- BEAV 33 5 ff.
- Berichtspflicht 5 60 ff.
- Betriebspacht 33 46 ff.
- Betriebsüberlassung 33 46 ff.
- Entherrschungsvertrag 33 36 ff.
- Erläuterungspflicht 10 82 ff.
- Gewinngemeinschaft 33 40 ff.
- Hauptversammlungsbeschluss 4 176; 33 25 ff.
- Kündigung 33 35
- Mehrheitserfordernis 33 29
- Rückwirkung 33 22
- Teilgewinnabführungsvertrag 33 43 ff.
- Vertragsteile 33 2
- Zugänglichmachung 10 52

Unternehmensvertragsänderung 40 30

Unternehmenszusammenschluss 20 62; 23 63 f.

Unternehmenszweck 5 65

Unternehmerisches Konzept s. *Konzeptbeschlüsse*

Unterschiedliche Nennwerte 31 5

Unterschlagung wesentlicher Tatsachen 10 123

Unterschrift des Notars 13 62 f.

Untersuchungsrecht 47 46

Untervollmachten 8 54

Unterwerfungserfordernis 46 14 f., 18

Unterzeichnungspflicht 2 9

Unvollständige Angabe 42 33

Unvollständige Angabe (Klageschrift) 44 90

Unvollständige Informationen 10 103

Unvollständigkeit (Kapitalerhöhungsbeschluss) 21 6

Unzulässige Erlangung von Sondervorteilen 44 77

Unzulässige Gegenanträge 4 317 ff.
- Anfechtbarkeit 4 321
- Beleidigung 4 323
- Falschangaben 4 322
- fehlende Ernstlichkeit 4 326 f.
- gesetzwidriger Beschluss 4 321
- identische Anträge 4 324
- irreführende Angaben 4 322
- Rechtsmißbrauch 4 317
- Satzungsregelungen 4 311
- satzungswidriger Beschluss 4 321
- strafbare Mitteilung 4 320
- überlange Begründung 4 328
- Verleumdungen 4 323
- Veröffentlichungspflicht 4 318 ff., 323
- Voraussetzungen 4 317
- Wiederholung 4 325
- Zugänglichmachung 4 318 ff., 323

Unzulässiger Inhalt 22 16 f.

Unzulässigkeit der Klage 45 11

Unzutreffende Sachverhaltsdarstellung 4 322

Urheberschaft einer Analyse 11 56

Urschrift 13 79

Urteilstenor 44 104

Urteilswirkung 44 105

US-GAAP 24 22 f.

variable plan 24 22

Variables Wandelverhältnis 23 42

Veränderung 6 21

Veränderung (Aktionärsstruktur) 32 9

Veranlassung zu nachteiligen Geschäften 38 42

Veräußerung des gesamten Vermögens 5 111

Veräußerung des gesamten Vermögens (KGaA) 48 37

Veräußerung eigener Aktien 32 10 ff.
- Bezugsrechtsausschluss 32 12, 14 ff.
- Bezugsrechtsausschluss, Ermächtigung des Vorstands 32 13
- Gleichbehandlungsgebot 32 10 ff.
- Stimmenmehrheit 32 14

Veräußerungen von Unternehmensteilen 5 111

Veräußerungssperren 24 28

Verbandsrechtliche Strukturmaßnahmen 39 11; *s. auch Umwandlungen*

Verbindung von Anfechtungsklagen 44 92

Verbot der Selbstprüfung 18 30

Verbot eines Nebeneinanders von Stück- und Nennbetragsaktien 31 7 ff.

Verbotene Einlagenrückgewähr 29 7; 32 5; 38 25

Verbriefung 30 19

Verbriefung (Dividendenanspruch) 4 103

Verbundeffekte 33 20

1157

Sachverzeichnis

Verbundene Unternehmen 5 30, 39, 90; 33 2f.
Verdeckte Abstimmung 9 266
Verdeckte Sacheinlagen 21 15ff.; 38 5
Verdeckte Stimmrechtsausübung 8 135
Vereinbarte Sacheinlagen 21 3ff.
Vereinfachte Kapitalherabsetzung 27 17ff.; 39 46; 42 89ff.
Vereinfachte Sachkapitalerhöhung 21 14
Vereinfachtes Einziehungsverfahren 27 33ff.; 42 92
Vereinheitlichung der Interessenabwägungsklausel 45 6
Verfahren der HV (SE) 49 15ff.
Verfahren vor den Registergerichten 42 11ff.
– anmeldepflichtige Personen 42 14
– Anmeldung 42 12f.
– Antrag 42 12
– Auslandsberührung 42 35ff.
– Eintragung und Bekanntmachung 42 28f.
– Europäische Aktiengesellschaft (SE) 42 38
– Kosten der Eintragung 42 39
– Löschung 42 30
– Prüfung der Anmeldung 42 18ff.; s. *Prüfung (Registeranmeldung)*
– Rechtsmittel 42 34
– Strafbarkeit 42 33
– unrichtige Angaben 42 33
– Verletzung der Anmeldepflicht 42 31f.
– Vertretung bei der Anmeldung 42 15ff.
Verfahrensanregungen 9 192f.
Verfahrensanträge 9 45, 57, 80, 202, 281, 349; 46 20
Verfahrensbeendigung 44 112
Verfahrensfehler
– Anfechtungsgründe 9 136; 44 32ff.
– Bestätigungsbeschlüsse 40 47
– Heilung 44 63
Verfahrensförderungspflicht 46 42
Verfahrensfragen 9 54
Verfahrensleitung s. *Versammlungsleitung*
Verfahrensökonomie 9 9
Verfahrensökonomische Versammlungsleitung 9 9
Verfall der Bezugsrechte 24 28
Verfallsfrist zur regulären Kapitalerhöhung 20 13
Verflechtung 4 297ff.
– kapitalmäßige Verflechtung 4 298
– personelle Verflechtung 4 297
Verfolgung von Sondervorteilen 44 55ff.
Verfolgungsrecht 47 38ff.
Verfolgungsrecht einer Minderheit 47 42
Verfügbarkeit 7 28
Vergleich über Ersatz- und Ausgleichsansprüche 38 41ff.
– Berichts- und Auslegungspflichten 38 46ff.

Vergleichsfähigkeit 44 96
Vergleichsindex 24 22f.
Vergleichsvertrag 38 45
Vergütung 11 55
Vergütung (Aufsichtsratsmitglied) 19 8
Vergütung (Leitungsgremium) 11 55
Vergütungskompetenz 24 29
Vergütungssystem
– Bericht des Aufsichtsrats 9 100
– Beschluss 24 2
– Billigung 16 3
– Bezugsrechtsausschluss, erleichterter 24 9
– Kontrolle durch HV 1 8
Verhältnismäßigkeit 12 33
Verhältnismäßigkeit (Bezugsrechtsausschluss) 20 53
Verhältnismäßigkeit (Maßnahme) 12 38
Verhältnisse (tatsächliche) 2 9f.
Verhandlung ohne Beschluss 4 165
Verhandlungen zu Unternehmensverträgen 11 56
Verhandlungsformen 1 13
Verhandlungsökonomie 11 10
Verhandlungssprache 11 13
Verhinderung der Eingliederung 12 23
Verhinderungsabsicht 37 47
Verhinderungsgründe 8 101
Verhinderungsverbot 8 9
Verkehrsfähigkeit 5 120 (Fn. 364); 40 18
Verkündung des Abstimmungsergebnisses 9 311ff.; 17 22
– konstitutive Wirkung 9 312
Verkürzte Ergebnisfeststellung 9 314
Verkürzter Zwischenabschluss 18 65
Verlangen 11 22
Verlangen einer Minderheit 4 216; s. auch *Einberufung (Verlangen einer Minderheit)*
Verlangen einer Minderheit (Tagesordnungspunkte) 9 180, 212
Verlassen des Versammlungssaals 10 122
Verlesung nach Wortlaut 9 144
Verlesung von Dokumenten 10 118; 11 27
Verlesung von Urkunden 9 144
Verlesungspflicht 10 72f.
Verletzung (Anmeldepflicht) 42 31f.
Verletzung (Generalklausel nach § 24 Abs. 1 Nr. 3 und 4 AktG) 44 15ff.
Verletzung (grundlegender Vorschriften) 44 22ff.
Verletzung (Informationspflicht) 44 39
Verletzung (Konzernrechnungslegungspflicht) 10 45
Verletzung (Teilnahmerecht) 44 34
Verlust 10 78; 11 55
Verlust (Eintrittskarte) 8 118
Verlust (hälftiges Grundkapital) 4 167
Verlust (verbundener Unternehmen) 11 56
Verlust (wirtschaftliche Autonomie) 34 2

Sachverzeichnis

Verlustdeckung 27 18
Verlustgeschäfts 11 55
Verlustübernahme 2 16
Vermeidung freier Spitzen 20 55
Vermögensaufstellung 5 53 (Fn. 186)
Vermögensgegenstände 36 37; 39 10
Vermögenslage 2 10
Vermögensübertragung 38 24 ff.
– Einsichtsrecht 11 62
– Erläuterungspflicht 10 86
– Zugänglichmachung 10 56
Vermögensveränderung 5 34
Vermögensverhältnisse 11 55
Veröffentlichung (Angebotsunterlage) 37 16
Veröffentlichung (Jahresabschluss) 2 108
Veröffentlichungsblätter 39 50
Veröffentlichungspflicht (Bieter) 37 70 ff.
Veröffentlichungspflichtverletzung (Bieter) 37 74
Verpflegung 7 43
Verpflichtungsklagen 47 31 ff.
– Auskunftserzwingungsverfahren 47 32 f.
– Sonstige Fälle 47 34
Verrat von Privatgeheimnissen 11 48
Verrat von Staatsgeheimnissen 11 48
Versammlungsdurchführung 8 74
Versammlungsleiter 8 93; 9 1 ff.; **A 1**; **A 2**
– Abberufung 9 21 ff., 53, 194, 204 ff.
– Abberufung, Grund 9 25, 33
– Abberufung, Quorum 9 32
– Abberufung, Satzungsdurchbrechung 9 28 ff.
– Abstimmungsmodalitäten, Entscheidung über 9 263 ff., 292
– Abstimmungsreihenfolge 9 186 f., 277 ff.
– Abwägungsentscheidungen 9 8
– Abwahl 9 23 ff.
– Abwahlantrag 9 204 ff.; **A 2** Anlage 3.2
– Abwahlantrag, Missbrauch 9 254
– Amtseigenschaft 9 13, 81
– Aktionärsbeiträge 9 137, 138 ff.
– Aktionärsdebatte 9 128 ff.; *s. auch dort*
– Anordnungen 9 64 ff.; 90, 97, 155, 175 f.
– Anordnungen, Beispiele **A 2** Anlagen 1.1 ff.
– Anträge 9 175 ff., 280 f.; *s. auch Anträge*
– Aufgabe 9 8, 253
– Aufsichtsratsvorsitzender 9 10 ff.
– Ausschluss von Teilnehmern 9 64
– Auszählverfahren, Bestimmung 9 292; *s. auch Auszählung*
– Blockabstimmung 9 234 ff.
– Dauer der HV 9 98
– DCGK 9 9
– Einberufungsvoraussetzungen, Prüfung 9 79
– Einlasskontrolle 9 58 ff.; *s. auch Eingangskontrolle*
– Entscheidungsbefugnisse 9 37 ff., 58 f., 63
– Ermessen 9 59, 65, 145, 151 f., 172, 180, 186, 265, 449

– Ermessensreduzierung auf „Null" 9 135, 257
– Eröffnung der HV 9 67 ff.
– Erwiderung auf **A 2** Anlagen 3.1 ff. (Beispiele)
– Formalien 9 68 ff.
– Gestaltungsermessen 9 151
– Generalzuständigkeit 9 4
– Gerichtliche Entscheidung 9 19 f., 34
– Geschäftsordnung 9 37 ff.
– Geschäftsordnungsanträge 9 191 ff.; *s. auch dort*
– Gleichbehandlung 9 6
– Hilfspersonen 9 81, 291
– Hinweispflichten 9 78, 178, 274
– Höchstpersönliche Aufgabe 9 5
– konzentrierte Abstimmung 9 286 ff.
– kritische Aktionäre 9 8, 27, 148
– Leitfaden 3 61 ff.; 9 80, 229, 322, 327 ff., 446; 40 11; *s. auch dort*
– Leitfäden, Beispiele/Muster **A 1**; **A 2**
– Leitungsbefugnis 9 4, 37 ff., 58 f., 63, 133, 235, 243 ff.
– Leitungsermessen 9 6 ff.
– Nachfragen des 9 146 f.
– Neutralität 9 246
– Ordnungsmaßnahmen 9 6
– Ordnungsmaßnahmen, Pflicht zur Ergreifung 9 257
– Ordnungsbefugnis 9 246 ff.; *s. auch Störungsabwehr*
– organisatorische Hinweise 9 74 ff.
– Person des 9 10 ff., 15 f.
– Präsenzfeststellung 9 82, 302, 308 ff.
– Prüfungspflichten 9 179 f.
– Reaktion auf **A 2** Anlagen 3.1 ff. (Beispiele)
– Redezeit 9 150 ff.; *s. auch Redezeitbeschränkung*
– Redezeitbeschränkung 9 150 ff.; **A 2** Anlage 1.1, 1.2, 1.3; *s. auch dort*
– Redezeit, Verkürzung 9 162; **A 2** Anlagen 1.1 – 1.4
– Reihenfolge Beschlussfassung 9 186 f.
– sachdienliche Erwägungen 9 131, 133, 138, 279
– Schließung HV 9 382 f.
– Sonderleitfäden 9 80; **A 2** (Beispiele)
– Sprache 9 16
– Stellungnahme zu **A 2** Anlagen 3.1 ff. (Beispiele)
– Störungen 9 163, 240 ff.; *s. auch Störungsabwehr*
– Tagesordnung, Verlesung 9 83
– Tagesordnungspunkte, Abarbeitung 9 128 ff.; *s. auch Aktionärsdebatte; s. auch Tagesordnungspunkte*
– Teilnehmerverzeichnis 9 107 ff.; *s. auch dort*
– Unterbrechung der HV 9 145
– Verfahrensanregungen 9 192 f.
– Verfahrensfragen 9 39 ff.
– Verhältnismäßigkeitsgrundsatz 9 6, 246 ff., 255
– Verhinderung 9 85
– Vertreter 3 63; 9 14, 69

1159

Sachverzeichnis

- Wahl durch HV **9** 11, 14 ff.
- Wahl, Sitzungsleitung bis zur **9** 17
- Wahlvorschläge zur AR-Wahl **9** 187, 278
- Wortentziehung **8** 74; **9** 248; **A 2** Anlage 2.1, 2.5, 2.6
- Wortmeldeliste, Erledigung und Dokumentation **9** 146 f.
- Wortmeldungen **9** 138 ff., 141 ff., 146, 158; *s. auch dort*
- Worterteilung, Reihenfolge **9** 142
- Zeitmanagement **9** 155 f., 165

Versammlungsleitung **9** 1 ff.; *s. auch Versammlungsleiter*
- Abstimmungen **9** 263 ff.; *s. auch Abstimmungsleitung*
- Aktionärsdebatte **9** 128 ff.; *s. auch dort*
- Anträge (Reaktionsbeispiele) **A 2** Anlagen 3.1 ff.; *s. auch Anträge*
- Beginn **9** 58
- Beendigung **9** 98, 449
- Dauer der HV **9** 98, 154
- Dienstleister **9** 81
- Erörterungen, Zulassung **9** 137
- fehlerhafte **9** 31, 79, 84, 304, 309 f., 453
- Geschäftsordnung **9** 37 ff.; **40** 11
- Hilfspersonen **9** 81, 291
- Interimsleiter **9** 85
- Leitfaden **3** 61 ff.; **9** 80, 229, 322, 327 ff., 446; **40** 11; *s. auch dort*
- Leitfäden, Reaktionsbeispiele **A 1**; **A 2**
- organisatorische Hinweise (Merkblatt) **9** 78
- Planbarkeit (zeitl.) **9** 165
- Redezeit **9** 150 ff.; *s. auch Redezeitbeschränkung*
- Redezeitbeschränkung **9** 150 ff.; **A 2** Anlage 1.1, 1.2, 1.3; *s. auch dort*
- Redezeit, Verkürzung **9** 162; **A 2** Anlagen 1.1 – 1.4
- Sprache **9** 16, 84
- Spontanbeschlüsse **9** 45, 48, 57
- Stellungnahmen zu Anträgen **A 2** Anlagen 3.1 ff. (Beispiele)
- Störungsabwehr **9** 240 ff.; *s. auch dort*
- Tagesordnungsanträge **9** 49 ff.
- Teilnehmerverzeichnis, Zuständigkeit **9** 110; **10** 32
- Verfahrensfragen **9** 39 ff.
- Versammlungsleiter *s. dort*
- Vorbereitung **9** 80
- Wortentziehung **8** 74; **9** 248; **A 2** Anlage 2.1, 2.5, 2.6
- Wortmeldungen **9** 138 ff.; *s. auch dort*
- Zeitmanagement **9** 155 f., 165
- zügige Abwicklung **9** 9

Versammlungslokal **4** 113; **10** 58

Versammlungsort
- Abwehr-HV **37** 80
- Ausland **4** 121 ff.; **10** 14
- freie Bestimmung **10** 14

Versammlungsraum
- Ausgangskontrolle **9** 66; *s. auch dort*
- Eingangskontrollen **9** 58 ff.; *s. auch dort*
- freier Zugang **8** 22
- Größe **3** 14
- Sicherheitskontrollen **9** 61 f.
- Sicherung **3** 91
- Räumung **3** 18; **A 2** Anlage 1.8
- Teilung **7** 13
- Verlegung **4** 120

Versammlungszeitpunkt (Abwehr-HV) **37** 81

Versandtermine **3** 21

Versäumnis der Verbreitung **4** 155

Verschiebung (HV)
- Absage **4** 150
- Absetzung **4** 150
- Antrag **A 2** Anlage 3.3
- Bekanntmachung **4** 150
- erneute Einberufung **4** 150
- Kompetenz **4** 150
- Schadensersatz **4** 150
- unerhebliche **4** 148
- Veröffentlichung **4** 150

Verschiedenes (Tagesordnungspunkt) **4** 177

Verschleierte Sacheinlage *s. Verdeckte Sacheinlage*

Verschmelzung **39** 48 ff.
- Auskunftsrecht **11** 34
- Berichtpflicht **10** 57; *s. Verschmelzungsbericht*
- Bescheinigung **42** 106
- Bilanzen **39** 65
- Handelsregisteranmeldung **42** 100
- Prüfung **39** 67
- Stichtag **39** 65
- Stimmquoren **12** 28
- Verschmelzungsplan **39** 65 f.

Verschmelzung (durch Aufnahme) **39** 48 ff.
- Anmeldung **39** 55 ff.
- Anmeldungsfrist **39** 55
- Auslegungspflicht **39** 51
- Bekanntmachung **39** 52
- Bericht **39** 50
- Einreichung **39** 52
- Handelsregisteranmeldung **39** 50
- Hauptversammlung **39** 50 ff.
- Sonderbeschluss **39** 54
- Zustimmung **39** 50

Verschmelzung (durch Neugründung) **39** 47, 59 ff.
- Anmeldung **39** 62
- Aufsichtsrat **39** 60
- Gründungsbericht **39** 61
- Gründungsprüfung **39** 61
- Handelsregistereintragung **42** 105, 108

Verschmelzungsbericht **5** 23 ff.; **10** 57, 88 ff.; **39** 18 ff.
- Aufteilung **5** 25 ff.
- Auslegungspflicht **39** 51

Sachverzeichnis

- Erläuterungspflicht **10** 88 ff.; **10** 89 ff.
- Geheimhaltungsbedürftige Tatsachen **5** 31
- Mängel **10** 92
- Nachinformation **5** 34 ff.
- Umtauschverhältnis **5** 27 ff.
- Unternehmensverträge **5** 30
- Vorlagepflicht **10** 57
- Zugänglichmachung **10** 57 f.

Verschmelzungsvertrag 39 7 ff.
- abweichende Fassung **4** 197
- Auslegung **6** 2, 9
- Auslegungspflicht **39** 51
- Erläuterungspflicht **10** 88 ff.
- Nachgründungsvorschriften **38** 8
- Prüfung **39** 19

Verschwiegenheitspflicht 13 35
Versendungsstopp 4 259
Versicherungsaktiengesellschaften 8 87
Verspätetes Einberufungsverlangen 4 235
Versteckte Satzungsänderungen (KGaA) 48 31
Verstoß (Form- und Verfahrensregeln) 44 10 ff.
Verstoß (Informationspflicht) 44 34
Verstoß (übernahmerechtliche Vereitelungs-gebote) 47 18
Vertagung (Entlastung) 16 6
Vertagung (HV) 9 388 ff.; *s. Verschiebung der HV*
- Antrag **A 2** Anlage 3.3

Vertagung (Tagesordnungspunkte) 9 208 ff.; **A 2** Anlage 3.5

Verteilung bei Bezugsrechtsausschluss 22 13
Vertrag zugunsten Dritter 20 39
Verträge 13 76
Vertragsentwurf 10 56, 62
Vertragskontext 10 83
Vertragskonzernrecht 44 109
Vertragsprüfer 10 52; **18** 100; **33** 26
Vertragstypus 5 66
Vertragsverletzung 44 54
Vertragszuleitung 39 43
Vertrauensausspruch 16 3
Vertrauensentzug 40 1a ff.; **A 2** Anlage 3.10
Vertretenes Kapital 12 26
Vertretung (Bevollmächtigte bei Eintragung) 42 60
Vertretung (Registeranmeldung) 42 15 ff.
Vertretung (Versammlungsleiter) 9 14, 69
Verunglimpfung 8 74
Verwaltung 4 62
Verwaltungsgutachten 11 55
Verwaltungsvorschläge 4 207 ff.
- Abschlussprüfer **4** 223
- abweichende Anträge **4** 211
- Adressat **4** 212
- Alternativvorschläge **4** 209
- Antrag **4** 208
- Anzeigen **4** 215
- Beschlussfassung **4** 213
- Bindung bei Wahlvorschlägen **4** 217
- Bindung der HV **4** 210
- Bindung der Verwaltung **4** 211
- Eventualvorschläge **4** 209
- gemeinsame Vorschläge **4** 214
- Gewinnverwendungsvorschlag **4** 224
- Grundsatz **4** 207
- strukturändernde Maßnahmen **4** 225
- Verlangen einer Minderheit **4** 216
- Vorlagen **4** 215
- Vorschlagesfreie Gegenstände **4** 215
- Wahl des Aufsichtsrates **4** 217
- Wahlvorschläge **4** 217 f.
- Zweck **4** 207

Verwässerung 29 4
Verwässerungsschaden 45 45
Verwässerungsschutz 23 46 ff.
Verwässerungsschutzklausel 23 47 ff.
Verweigerung (Auskunft) 13 55
Verweigerung (Entlastung) 8 104; **16** 20 ff.
Verweis auf Unterlagen 11 28
Verwendbare Rücklagen 26 14 f.
Verwendung des Bilanzgewinns 44 25
Verwertungsgesellschaften 8 87
Verzicht auf Ersatz- und Ausgleichsansprüchen 38 41 ff.
- Berichts- und Auslegungspflichten **38** 46 ff.

Verzicht auf Schadensersatzansprüche (KGaA) 48 26
Verzicht auf Schadensersatzansprüche 12 15
Verzichtserklärung 5 49; **39** 43
Verzichtsmöglichkeit auf Erläuterungen 10 100
Verzögerungstaktik 9 8
Videoaufzeichnungen 13 100
Videokonferenz 7 11; **8** 6
Vinkulierung
- Namensaktie **4** 94, 99; **30** 3
- Satzungsänderung **19** 9
- Schließung des Aktienregisters **4** 94
- Umwandlungen **39** 25

Vinkulierungsklausel 5 54
Virtualisierung 7 15
Virtuelle HV 1 56; **7** 1 ff.; **8** 7
- Allgemeines **7** 1 ff.
- Anfechtungsbegrenzung **7** 22, 29
- Briefwahl **7** 73 ff.
- Cyber-HV **7** 24 ff.
- Online-HV **7** 19 ff., 80 ff.; *s. auch dort*
- Onlineelemente (zwingend/optional) **7** 36 ff., 42 ff.; *s. auch Onlineelemente*
- Parallel-HV **7** 9 ff.
- Präsenz-HV **7** 15 ff.; **9** 92
- Satzungsregelung **7** 18, 21, 55 f., 80
- Sicherheit **7** 29
- Störungen **7** 22

1161

Sachverzeichnis

Virtuelle Stimmkarte 9 306, 373 ff.
Volatilität 20 41
Vollausschüttung 33 11
Volleingezahlte Nennwertaktien 26 22
Voller Ausgabebetrag 27 33
Vollmacht
– Abwehr-HV 37 93
– Anfechtungsrisiken 4 302
– bevollmächtigte Kreditinstitute 4 285, 287
– Depotstimmrecht 8 46 ff.
– Einberufungsbegehren 4 38
– Erleichterungen nach WpÜG 4 109
– Form bei Formularen 3 87, 89 f.
– Form bei Stimmabgabe 4 121 f.
– Formulare 3 25, 48
– Hauptversammlungsanmeldung 4 83
– Internetvollmachten 7 58 ff.
– Internetweisungen 7 58 ff.
– Nachweis 3 43; 8 43
– Online-HV 7 41 ff.
– Stimmabgabe 4 127 ff.
– Stimmrechtsausübungsvereinbarungen 4 89
– Stimmrechtsvertretermodell 7 16, 18
– Tagesordnung 4 296
– technische Realisierbarkeit Online 7 30 ff.
– technische Vorbereitung 3 81
– Verwaltungsvorschläge 4 290
– Virtuelle HV 7 4 f., 18
– Vollmachtsbesitz 3 76
– Vollversammlung 4 339
– Weitergabe 3 80
– Widerruf 8 42
Vollmachtsbesitz 3 77, 83; 11 83
Vollmachtserklärung 8 133
Vollmachtsform 8 38 ff.
Vollmachtsformulare 3 86
Vollständige Auskunft 11 29 ff.
Vollversammlung 4 338 ff.
– Aktiengattungen, Präsenz 10 16
– Allgemeines 4 338
– Anfechtungsrisiken 4 349
– Begriff 4 339
– Besonderheiten 4 340 ff.
– Briefwahl 10 16
– Einberufungsformalitäten 4 340 ff.
– Fristen 10 17
– Form 4 340 f.
– Ort 4 342
– schriftliches Umlaufverfahren 4 348
– schuldrechtliche Vereinbarungen 4 341
– Teilnehmerverzeichnis 4 345
– Voraussetzungen 10 16
– Widerspruch 4 341, 346 f.
Vollzugsinteresse 45 18 ff.
Volumen (bedingtes Kapital) 24 17
Volumen (bedingtes Kapital bei Aktienoptionsplänen) 24 17
Vorabberichtspflicht 5 17

Vorbefassung 13 24
Vorbereitung der mündlichen Verhandlung im Spruchverfahren 46 34
Vorbereitung späterer Beschlussfassung 4 18
Vorbeugende Unterlassungsklage 47 20
Vorbeugender Rechtsschutz 47 27 ff.
Vorgänge des Geschäftsjahrs 11 55
Vorgeschrieben Anlagen 13 72 ff.
Vorlage (Begriff) 10 48
Vorlage (Jahresabschluss) 11 34
Vorlagegegenstände 10 39 ff.
Vorlagen 4 215
Vorlagepflicht 10 39 ff.; 11 60 ff.
– allgemeine Vorlagegegenstände 10 39 ff.
– Anfechtungsrisiken 10 67 f.
– Aufsichtsratsbericht 10 44 ff.
– Auslegungsverzicht 10 65 f.
– Bericht über den Bezugsrechtsausschluss 20 48
– DCGK, Einhaltung Empfehlungen 10 40
– Geschlechterquote, Zielgröße 10 40
– Geschäftsführungsangelegenheiten 10 42
– Gewinnverwendungsvorschläge 10 39, 32 ff.
– Grundsätze 10 39 ff.
– Jahresabschlüsse 10 44 ff.
– Lagebericht 10 44 ff.
– Nachgründungsverträge 10 55
– strukturändernde Maßnahmen 10 39, 99
– Umwandlungsvorgänge 10 57 ff.
– Unternehmensverträge 10 452 ff.
– Vermögensübertragungen 10 56
– Veröffentlichungspflicht 10 42
Vorlagerecht des Aktionärs 2 117
Vorlageverfahren 47 51 ff.
Vorrang der regulären Kapitalerhöhung 22 4
Vorrangiges Vollzugsinteresse 45 18 ff.
Vorratsbeschlüsse 37 4; *s. Echte Vorratsbeschlüsse oder Unechte Vorratsbeschlüsse*
Vorratsermächtigung 5 15 ff.
Vorratsgesellschaft 38 6
Vorschläge (Verwaltung) *s. Verwaltungsvorschläge*
VorstAG 1 8
Vorstand *s. auch Vorstandspflichten in der HV*
– Aufhebungsvereinbarungen 41 14
– Beschlusskongruentes Handeln 41 5
– Freistellung von Ansprüchen 41 4 ff., 14
– Haftung 41 1 ff.; *s. auch Organhaftung*
Vorstandsbericht 4 203; 24 33
– Strukturmaßnahmen 9 105
– Inhalt 9 102 ff.
Vorstandsbericht (Bezugsrechtsausschluss) 20 46 ff.; 22 25
Vorstandsbericht (erleichterter Bezugsrechtsausschluss) 20 70 ff.
Vorstandsbeschluss 11 20
Vorstandsentscheidung 10 6
Vorstandsmitglieder 8 76 ff.

Sachverzeichnis

Vorstandspflichten in der HV 10 5 ff.
– Auskunftspflichten 10 108 ff.; *s. dort*
– Beschlussvorbereitung 10 18 ff.
– Darlegungs- und Erläuterungspflichten 10 106 f.
– Einberufungspflicht 10 5 ff.
– Erläuterung der Vorlagen 10 69 ff.; *s. dort*
– Hinweispflichten 10 41
– Nachpflichten 10 128 ff.; *s. dort*
– Teilnahmepflicht 10 34 ff.
– Teilnehmerverzeichnis 10 32 f.
– Vorlagepflicht 10 41 f.; *s. dort*
Vorstandssprecher 10 71
Vorstandsverlangen (Abwehr-HV) 37 59
Vorstandsvorsitzender 9 17; 10 71
Vorzugsaktien 11 91 ff. 20 22
– ohne Stimmrecht 20 27
– Einberufungsverlangen 4 34
– Mehrheitserfordernis 12 14
Vorzugsbetrag 11 94
Vorzugsdividende 31 10
Wahl (Aufsichtsrat) 4 179, 217; 17 9 ff.; *s. auch Aufsichtsratwahlen*
Wählbarkeit 17 9 ff.
Wählbarkeitsvoraussetzungen 44 24
Wahlrecht (Auskunftserzwingungsverfahren) 43 13
Wahlrecht (Wandelschuldverschreibung) 23 38
Wahlrechtsgrundsätze 7 77
Wahlvorschläge 4 217 ff., 333 ff.; 17 17 f.; *s. auch Aufsichtsratwahlen*
– Bekanntmachung 4 222
– einer Minderheit 17 18, 20
– Inhalt 4 218
– Inhalt bei Aktionärsvorschlag 4 334 f.
– Liquidatoren 4 333
– Mehrheit 4 221
– Mitteilung 4 220
– von Aktionären 4 333 ff.; 9 187, 278
– weitere Mandate 4 219
Wandel- und Optionsanleihen 20 60
Wandelanleihen
– Anleihebedingungen 23 27
– CoCo-Bonds 23 72
– Emissionen 23 55
– Pflichtwandelanleihe 23 62, 72 f.
– umgekehrte 23 62
– Wandlungspflicht 23 65
Wandelschuldverschreibungen 23 27 ff.
– Ausgabebetrag 23 34, 55, 57 f.
– Bezugsrecht 5 20; 23 54
– Bezugsrechtsausschluss 23 48, 50 f.; *s. auch dort*
– Börsenpreis, synthetischer 23 59
– erleichterter Bezugsrechtsausschluss 23 57 ff.
– Hauptversammlungsbeschluss *s. dort*
– Schaffung von Eigenkapital 36 11
– Teilnahmerecht 8 30

– Vorstandsentscheidung 10 22
– Wandelverhältnis 23 39 ff.
Wandelschuldverschreibungen (Hauptversammlungsbeschluss) 23 28 ff.
– Abwicklung 23 43
– Anleihekonditionen 23 45
– Art der Emission 23 30
– Ausgabebetrag 23 34
– Befristung 23 32
– Begebung durch eine Tochtergesellschaft 23 36
– Bekanntmachung 23 53
– Beschlussmehrheit 23 52
– Beschlussmuster 23 45 f.
– Bezugsverhältnis 23 34
– Ermächtigung oder Verpflichtung 23 31
– Ermächtigungsbeschluss 23 28, 44
– fakultativer Inhalt 23 35 ff.
– Gesamtnennbetrag 23 33
– mittelbares Bezugsrecht 23 44
– obligatorischer Inhalt 23 29 ff.
– Umtauschverhältnis 23 39 ff.
– Verwässerungsschutz 23 46 f.
– Wahlrecht 23 38
– Wandelverhältnis 23 39 ff.
– Wandlungspflicht 23 37
– Zustimmungsbeschluss 23 28
– Zwangsumtausch 23 37
Wandelverhältnis 23 39 ff.
Wandlungspflicht 23 37
Warnfunktion 29 2
Wartezeit (Bezugsrecht) 24 26
Webcam-Zuschaltung 7 88 f.
Wegzug 46 16
Weisungen 4 292 ff.
Weisungen (Hauptversammlung von Kreditinstituten) 11 121 ff.
Weisungen (Stimmrechtsvertreter) 9 429 ff.
– Beschlussvorschläge der Verwaltung 9 437
– Weisungsgruppen 9 438
Weisungsbeschluss der HV 10 28 ff.
Weisungserteilung über das Internet 7 63
Weisungsfreiheit des Vorstands 10 19
Weisungsgebundenheit 33 6
Weisungsgruppen 9 438
Weisungsrecht 10 19, 20, 23
Weitere Rechtsbeschwerde 4 56
Weitergabepflicht 4 277
Weitergehende Anträge 9 285
Weiterleitungsauftrag 8 51
Werbe-E-Mails 7 43
Wert (eingeräumter Optionen) 24 30
Wert (Sacheinlagen) 21 11 f.
Wertberichtigung 11 55
Wertpapiere 38 4
Wertpapiersammelbank 4 276; 8 28, 68, 80; 11 80; 23 50 (Fn. 38)
Wertpapier-Mitteilungen 3 29

Sachverzeichnis

Wertsteigerung 11 55
Wertzweifel 39 45
Wesentliche Strukturmaßnahme 5 106
Wesentlichkeit der Beeinträchtigung der Vermögensinteressen 23 58
Wettbewerbsfähigkeit 10 104
White knight 37 87
Wichtige Gründe 8 101, 105
Widerruf (Abschlussprüfungsauftrag) 18 21
Widerruf (Börsenzulassung) 10 24
Widerrufsrecht (Bestätigungsvermerk) 2 70
Widerspruch (Abfindungsanspruch) 46 12
Widerspruch (Mehrheit) 13 34
Widerspruch (Minderheit) 38 43
Widerspruch (Niederschrift) 43 7
Widerspruch (Protokoll) 13 59 ff.
– Online-Teilnehmer 13 60
Widersprüchliche Rechtsausübung 11 52
Wiederaufnahme abgeschlossener Tagesordnungspunkte 9 134 ff.
Wiedereröffnung (HV) 9 451 ff.
Wiederholte Beantwortung 11 16
Wiederholungsfragen 11 26
Wiederhoungshauptversammlung 9 127
Wiederwahl des Abschlussprüfers 18 4
Wiederzugang von Stimmen 9 418
Willensbekundungen 37 48
Willkürfreiheit 12 34
windfall profits 24 2
Wirksamkeit (Kapitalerhöhung) 47 17
Wirksamkeit (Stimmabgabe) 9 270
Wirksamkeit (Verschmelzung) 42 103
Wirksamkeitsbedingungen 19 5
Wirtschaftliche Abhängigkeit (Abschlussprüfer) 18 34
Wirtschaftliche Ausgangslage 5 65
Wirtschaftliche Nachteile 45 23
Wirtschaftsprüfer 2 37; 39 22; 46 38
Wirtschaftsprüferkammer 2 43
Wirtschaftsprüfungsgesellschaften 39 22
WKN 33 13
WM Datenservice 3 28
Wohl der Gesellschaft
– Beispiele 4 16
– dringendes Interesse 4 15
– Ermessen 4 15
– Organhaftung 41 4, 12
– Verpflichtung des Aufsichtsrates 4 15
– Verpflichtung des Vorstandes 4 15
Worterteilung 11 7 ff.
Wortentziehung 8 74; 9 248
Wortmeldeliste 9 138, 146, 169
Wortmeldezettel 11 5
Wortmeldungen 9 138 ff., 141 ff., 150 ff.; 11 5 f.;
s. auch Redezeitbeschränkung
– Dauer 9 158, 161
– Dokumentation 9 146
– Erkenntnisgewinn, fehlender 9 260 f.
– Erledigung 9 146, 170
– Rederecht, Fehlgebrauch 9 260 f.
– Rednerliste 9 40, 148, 165, 166 ff.
– Schriftlichkeit 9 138
– unsinnige 9 177 f.; 26 0 f.
– Weitere 9 158
– Worterteilung, erneute 9 147
– Worterteilung, Reihenfolge 9 142, 172; 11 7 ff.
– Wortmeldeliste 9 138, 146, 169
– zur Geschäftsordnung 9 194; s. auch Geschäftsordnungsanträge
Wortübertragung 13 101
WpHG 3 9, 16, 31, 82 ff.; 4 130, 239; 7 50 f.; 18 64 ff.; 38 4; 44 33; 47 37
WPO 18 7 ff.
WpÜG 4 108 f., 234, 245, 254; 5 6; 6 23; 10 23, 47; 11 14, 84, 96, 1; 35 3; 36 1a ff., 13 f., 21 ff.; 37 1 ff.
– Sonderzuständigkeit der HV 37 14 ff.; s. auch Abwehr-HV
WpÜG-AngebotsVO 18 55; 37 4
Zahl der Arbeitnehmer 11 56
Zahlungsunfähigkeit 38 44
Zeichner 38 4
Zeichnung von Teilbeträgen 22 45
Zeichnungsbevorrechtigte 20 14
Zeichnungsgewinn 20 33
Zeit und Ort der HV (SE) 49 16 f.
Zeitkontingent als Auskunftsverweigerungsgrund 11 54
Zeitkritischer Ablauf 9 324
Zeitlicher Vorlauf 3 71
Zeitlicher Zusammenhang der Abwehr-HV 37 52 ff.
Zeitpunkt geltenden Rechts 44 64
Zerlegung des Grundkapitals in Aktien verschiedener Gattungen 29 2
Zielgesellschaften 36 4
Zielidentität 44 103
Zuführung zu Kapital- oder Gewinnrücklagen 26 14
Zugang zu ad-hoc-Publizitätssystemen 3 88
Zugänglichmachen (Unterlagen) 10 48 ff.
– Auslegung 6 13 ff.; s. auch Auslegungspflicht
– Internetseite 6 17
– Zeitpunkt 6 13
Zugangsberechtigung 3 80
Zulässigkeit (Squeeze out) 35 5 ff.
Zulässigkeitsrügen 46 42
Zulassung (Beschwerde) 43 12
Zulassung (Gäste) 9 63
Zuleitungspflicht 39 9
Zurückweisung (Minderheitsverlangen) 4 48
Zusammenfassung (Abstimmung) 9 273 ff.; 12 8 ff.
Zusammenlegung (Aktien) 27 7

Sachverzeichnis

Zusammensetzung (Aktionärskreis) **11** 56
Zusammensetzung (Aufsichtsrates) **17** 2 ff.; **19** 8
Zusatzfragen **11** 26
Zustandekommen von Beschlüssen **12** 1 ff.
– Abstimmung **12** 3 ff.; s. auch dort
– Beschlussfähigkeit **12** 2
– Mehrheitserfordernisse **12** 12 ff.
– sachliche Rechtfertigung **12** 30 ff.
Zuständigkeit (HV) **1** 21 ff.; **10** 20 ff.
Zuständigkeit (HV SE) **49** 5
Zuständigkeit (Optionsrecht) **24** 29
Zuständigkeit (SE) **49** 5 ff., 13
Zustellung der Klageschrift **44** 88 f.
Zustimmung (Aufsichtsrat bei Abwehrmaßnahmen) **37** 37 ff.
Zustimmung (Nachgründung) **12** 28
Zustimmung (Unternehmensverträge) **12** 28
Zustimmungsbedürftige HV-Beschlüsse (KGaA) **48** 28
Zustimmungsbedürftige Verträge **4** 193
Zustimmungsbeschluss **5** 6; **38** 22, 24, 29; **39** 68
Zustimmungsbeschluss (Umwandlungsmaßnahmen) **12** 28; **39** 24 ff.
Zustimmungserfordernisse **19** 9
Zustimmungserteilung (KGaA) **48** 49 f.
Zustimmungsvorbehalt **38** 18
Zuteilungsrecht der Aktionäre **44** 23
Zutrittsberechtigung **8** 1a
Zuweisung neuer Aktien **20** 75
Zuzahlung **39** 48
Zwangseinziehung **27** 24 ff.; **42** 92
Zwangsgeld **4** 20; **6** 27

Zwangsgeld (Verletzung der Anmeldefrist) **42** 31
Zwangsgeldverfahren **46** 35, 38
Zwangshaft **43** 15
Zwangsumtausch **23** 37
Zwangsvollstreckung der Auskunftserteilung **43** 15
Zweck des bedingten Kapitals **24** 27
Zweckmäßigkeit (Auszählungsverfahren) **9** 306
Zwei-Tranchen-Modell **22** 44
Zweifel (Richtigkeit der Bilanz des Registergerichts) **42** 81
Zweigstelle **4** 316
Zweistufige Verfahren **22** 40
Zweitschrift **9** 341
Zwischenabschluss **6** 8 ff.
Zwischenberichterstattung **18** 64
Zwischenberichtspflicht **18** 64
Zwischenbilanz
– Auslegung **39** 51
– Erstellung **39** 33
– Zugänglichmachung **6** 8 ff.; **10** 57, 59, 62
Zwischendebatte **9** 27, 191, 194, 201
– Abwahl Versammlungsleiter **9** 27, 201, 204 ff.
– Abstimmung nach **9** 194
– besondere Vertreter, Antrag auf Bestellung **9** 231
– Einleitung in **A** 2
– Entscheidungskompetenz **9** 191, 194
– vorsorgliche **9** 27
– Zwischenabstimmung **9** 194, 201; **A** 2
Zwischenrufe **8** 74
Zwischenscheine **11** 76, 79
Zwischenverwahrer **4** 276

1165